XIANDAIHANYUCIDIAN

现代汉语词典

光明日报出版社

总 目 录

凡　例

一、字　头

1. 收录《现代汉语通用字表》中常见的通用字 6300 个(其中《现代汉语常用字表》的 3500 个常用字全部收录)。

2. 字头用规范的楷体字,字头后加圆括号附列繁体字。字的形体、笔顺依照《现代汉语通用字表》《现代汉语通用字笔顺规范》处理。

3. 凡形同而音、义不同的字,如"长"(cháng)和"长"(zhǎng);形、义相同而读音不同,各有使用范围的字,如"血"(xuè)和"血"(xiě),一般都分立字头。

4. 字头按汉语拼音字母顺序排列。同音字按笔画由少到多排列;笔画数相同的按第一笔笔形横(一)、竖(丨)、撇(丿)、点(丶)、折(乛)的顺序排列。

二、词　条

1. 本词典收现代汉语通用词近三万条。

2. 收词原则:①根据中学生的认知水平,重点收录中学生常用的词语。②适当收录社会上已经比较习用的新词、新语。③原则上不收科技语及专科用语,不收方言词、罕用词和文言词;一般也不收人名、地名、官职名、机关名、国家名等。

3. 词条分立:

①多音节的同音词分立词条。

②甲乙词条形同,但乙词条最后一个音节读轻声,意义上也不同于甲词条时,分立词条。

③甲乙词条形同,但乙词条最后一个音节读儿化音,意义上也不同于甲词条时,分立词条。

4. 异形词不一一出条,在选用的词条后用提示的办法引导读者使用规范词形。如:

【家具】jiājù 名 家庭用具,主要指桌、椅、床、柜等。☞不要写作"傢具"。

【安逸】ānyì 形 安闲自在▷生活~。☞不宜写作"安佚"。

5. 每个字头下的词条均按第二个字的音序排列。第二个字读音相同的,按笔画排列;第二字音、形都相同的,按第三字的音序排列。以下类推。

三、注 音

1. 全部条目均用汉语拼音字母注音,按四声标调,一般不注变调(部分重叠式词语如"沉甸甸"等除外)。

2. 有异读的字、词一律按照《普通话异读词审音表》审定的读音注音,未经审订的按约定俗成的原则注音。

3. 轻声字只注音不标调。如"宽绰 kuānchuo"。可读轻声也可不读轻声的不标轻声。

4. 有区别意义作用的儿化音和必须读儿化音的,标出儿化音,并在词条中用缩小的"儿"字表示。如"白面儿 báimiànr"。可儿化也可不儿化的不标儿化音。

5. 多音字在单字全部释义完了之后,用"○另见×"注出其他读音。

四、释 义

1. 一般只收列普通话中的常用义项。

2. 字头或词条如有两个或两个以上义项的标出序号❶❷❸等。一个义项下还需要分条的,用 a) b) c)等表示。

3. 多义字词的义项一般按照意义的发展脉络排列。

4. 为了揭示词语的使用范围,用圆括弧引入语境的限制语。如:

【深厚】③(基础)牢固而结实▷功底~。

5. 特殊的语义或语用条件,用括注的形式在释义中揭示:

①"含…""多含…"。如:(含诙谐义)、(多含贬义)。

②"多指…"。如:(多指抽象事物)、(多指积极方面)。

③"多用于…"。如:(多用于书信)、(多用于否定式)。

6. 成语、典故的释义：

只有字面意义的，只释字面意义；有字面意义又有比喻义或引申义的，先解释字面意义；字面意义显而易见、无需解释的，直接解释比喻义或引申义。如果需要解释其中疑难的字词义，在解释完成语、典故的整体意义后用括注的形式表述。

7. 比喻义、借代义的释义：

比喻义的提示用语是"比喻"，借代义的提示用语是"借指"。如：

【顶峰】❶山的最高处。❷比喻事物发展过程中的最高点。

【烽火】古代边防人员为报警而在高处点燃的烟火，借指战火、战争。

有的比喻用法虽然比较多见，但还没有形成词的比喻义，不单列义项，用"◇"引出比喻用法的例句。如：

【浪花】波浪互相撞击或拍击其他物体而溅起的水点和飞沫▷~四溅◇激起感情的~。

8. 有文言色彩的词标〈文〉，如"银铛"。有口语色彩的词标〈口〉，如"夯儿"。音译外来词标〈外〉，如"沙发"，但不注原文。〈文〉〈口〉〈外〉的位置放在词性标注的后面和释义的前面。多个义项均属于〈文〉〈口〉〈外〉的，在义项之前统标一个，不逐项标注。

9. 释义后举例说明，释义同用例中间用"▷"隔开。用例之间用"|"隔开，属于比喻用法的用例用"◇"同前面的用例隔开。用例中出现的被释字或词语用"~"代替。

10. 词性的标注：

①字头(词缀或非语素用字除外)和双音节词、多音节词均标注词性。成语、惯用语和其他词组不标注词性。

②词性的标注依据一般的词类划分方法，将词分为 12 类：名词(包括时间词、方位词)、动词(包括助动词)、形容词、数词、量词、代词、副词、介词、连词、助词(包括语气词)、叹词和拟声词。

③词性用词类简称加小方框标注，如"【表率】biǎoshuài 名 好榜样"。拟声词用"拟声"标注。

④单义词、多义词各义项的词性均标注在释义文字之前。未标出词性者，表示与前一义项词性相同。

五、提　示

1. 在容易产生分歧、出现差错和造成不规范的地方，本词典尽可能分别不同情况加以提示。"提示"放在释义文字(包括举例)全部完了之后，用"▮☞"同释义文字隔开。

2．字头部分的提示侧重在字音、字形、字义容易产生混淆和出现错误的地方。

3．字音的提示主要有以下几种情况：

①《普通话异读词审音表》规定的统读音，提示为"统读××"。

②易误读的字，提示为"不要读××"。

③多音字易混读的，提示为"这里不读××"。

④多音多义字的罕用义如不出字头，在已出字头后加提示弥补。如【侯】hóu……☞在"闽侯"（福建地名）中读 hòu。

4．词条部分的提示侧重以下几个方面：

①提出对异形词规范的处理意见。

②指出词语在读音或写法上应注意的地方。如："叶公好龙"条下提示"'叶'这里旧读 shè，今读 yè"；"驰骋"条下提示"'骋'不读 pìn"；"按部就班"条下提示"'部'不要写作'步'"。

③指出词语在使用中应注意的地方。如："服法"条下提示，"'服法'跟'伏法'意义不同，不能混用"。

④对一些易混的同义词、近义词着重在用法上作简要的比较。如："斥责"条下提示。"'叱责'强调大声叱呵，'斥责'没有这个意思"；"必需"条下提示，"'必需'是动词，多用在名词性词语前面；'必须'是副词，用来修饰动词性的词语。"

汉语拼音音节索引

（音节后面是例字,右边的号码是词典正文的页码）

xue	削	430	yu	迂	465	zeng	曾	479	zhuai	转	502
xun	勋	432	yuan	鸢	469	zha	扎	479	zhuan	专	502
			yue	曰	472	zhai	斋	480	zhuang	妆	503
Y			yun	晕	473	zhan	占	480	zhui	追	504
						zhang	张	482	zhun	肫	505
ya	丫	434	**Z**			zhao	钊	483	zhuo	拙	505
yan	咽	435				zhe	折	484	zi	孜	506
yang	央	440	za	扎	475	zhen	贞	486	zong	宗	510
yao	幺	442	zai	灾	475	zheng	正	487	zou	邹	511
ye	耶	444	zan	糌	476	zhi	之	490	zu	租	512
yi	一	445	zang	赃	477	zhong	中	495	zuan	钻	513
yin	因	454	zao	遭	477	zhou	舟	498	zui	嘴	513
ying	应	457	ze	则	478	zhu	朱	499	zun	尊	513
yong	佣	460	zei	贼	478	zhua	抓	502	zuo	作	514
you	优	461	zen	怎	479						

部首检字表

怎样使用本词典部首检字表

一、本词典的部首检字表采用国家发布的《汉字统一部首表(草案)》立部。

(1)本部首检字表共设 201 部,分主部和附部,如"足"为主部,"𧾷"是它的附部。附部加圆括号。

(2)部首按笔画数由少到多顺序排列;笔画数相同的,按起笔笔形一(横)、丨(竖)、丿(撇)、丶(点)、乛(折)顺序排列;第一笔相同的按第二笔,第二笔相同的按第三笔,依次类推。

二、本检字表按照国家有关部门确定的"据形归部"原则对所收的字归部,以便于查检。

三、提取部首时,先对字形在部件相离处进行分解。凡笔画相交的,不可强行切分;笔画相接的,一般也不宜切分。如"寒"可分解为"宀、共、仌",不可切分为"宲、仌";"春"可分解为"𡗗、日",不可切分为"夫、一、日"。

四、部件分解后,分别不同情况按下述办法确定部首:

(1)上下结构或左右结构的字

a.上下或左右两部分大体平衡的上下或左右结构的字,先分解为两部分,如:"索"分解为"𣍄"和"糸","点"分解为"占"和"灬","桌"分解为"卓"和"木","松""江"分解为"木、公"和"氵、工"。然后按照"先上后下、先左后右"的方法提取"糸""灬""木""木""氵"为部首。再如:

"思"字上边"田"下边"心",都是部首,从上,归入"田"部;

"灵"字上边"彐"下边"火",都是部首,从上,归入"彐"部;

"旧"字左边"丨"右边"日",都是部首,从左,归入"丨"部;

"对"字左边"又"右边"寸",都是部首,从左,归入"又"部。

这类字若第一次分解后上边或左边不是部首,则从下边或右边提取部首。如:

"券"字归入"刀"部;　　　"契"字归入"大"部;

"剃"字归入"刂"部;　　　"彩"字归入"彡"部。

b.若上下结构的字,第一次分解后,上、下两部分都不是部首,则按先上后下的顺序进行第二次分解,提取该字的部首。如"舞"字,经第一次分解成"無""舛"两部分,都不是部首,则进行第二次分解,先分解上边的"無",得"𠂉""卌",两个都不是部首,再分解下边的"舛",得"夕""牛",其中"夕"是部首,据此把"舞"归入"夕"部。

c.若左右结构的字,第一次分解后,左、右两部分都不是部首,则按先左后右的顺序进行第二次分解,提取该字的部首。如"疑"字,经第一次分解成"𰯲""𤴯"两部分,都不是部首,再进行第二次分解,先分解左边的"𰯲",得"匕""矢",两个都是部首,根据先上后下的原则,把"疑"字归入"匕"部,而不归入"矢"部。

(2)上中下三部分构成的字,按上、中、下先后顺序提取部首。如"莹"分解为"艹、冖、玉",取"艹"部。"暮"分解为"艹、吳、日",取"艹"部。左中右三部分构成的字,按左中右先后顺序提取部首。如"鸿"分解为"氵、工、鸟",取"氵"部;"树"分解为"木、又、寸",取"木"部。

(3)全包围结构的字,取外框部件为部首。如"国"取"囗"部。镶嵌式结构的字,取笔画相离并起镶嵌框架作用的部分为部首。如"幽"取"山"部,"爽"取"大"部。

(4)左上半包围结构的字,先取左上部分为部首。如"厄"取"厂"部,"虑"取"虍"部,"产"取"立"部。若左上部分不是部首,则从右下被包围部分取部首。如"危","𠂊"不是部首,则取右下"㔾"为部首。若两部分都不是部首,则按先上后下原则进行第二次分解,提取部首。如"詹",取"𠂊"为部首。

(5)左下半包围结构的字,先从左下部分取部首,如"迥"取"辶"部;"赵"取"走"部。如左下不是部首,则取被半包围的部分作部首。如"题"取"页"部。

(6)右上半包围结构的字,如右上部件为独立部首,则取它作该字部首,如"戎""戒",取"戈"部。如右上部分非独立部首,而被包围的左下部分为部首,则取左下为该字部首,如"栽"取"木"部,"裁"取"衣"部。如右上和左下都不是独立部首,则按先上后下顺序对右上、左下部分再作分解,提取部首。

如"戴"，右上"戈"和左下"異"都不是部首，则先把"戈"分解为"十、戈"，取"十"为部首。

（7）在同一位置可提取单笔画部首，也可提取多笔画部首的字，归入多笔画部首，而不归入单笔画部首。如"辛""产"可归入"亠"部，也可归入"立"部，取多笔画的"立"，而不取"亠"为部首。

（8）笔画相接或相交，不便分解提取部首的字，按起笔笔形提取部首，如：

"本""枣""事"归入"一"部；　　　　"电""甲""果"归入"丨"部；

"乌""我""秉"归入"丿"部；　　　　"丑""书""承"归入"乛"部。

五、本检字表对同一部首的字，按全字（包含部首在内）的笔画由少到多顺序排列；笔画数相同的，按起笔笔形排列；第一笔相同的，按第二笔，依次类推。

部首目录

<small>（部首左边的号码是部首的序号；
右边的号码是所在检字表的页码）</small>

142 臼	29	159 辰	30	176 黾	31	191 高	32
143 自	29	160 豕	30	177 隹	31		
144 血	30	161 卤	30	23 (阜)	14	**11 画**	
145 舟	30	162 里	30	114 (金)	27	192 黄	32
146 色	30	163 足(䟢)	30	178 鱼	31	193 麻	32
147 齐	30	24 (邑)	15	179 隶	31	194 鹿	32
148 衣	30	164 身	31				
149 羊(𦍌)	30	165 釆	31	**9 画**		**12 画**	
149 (⺶)	30	166 谷	31	180 革	31	195 鼎	32
150 米	30	167 豸	31	181 面	31	196 黑	32
151 聿	30	168 龟	31	182 韭	31	197 黍	32
152 艮	30	169 角	31	183 骨	31		
153 羽	30	20 (言)	14	184 香	31	**13 画**	
63 (糸)	20	170 辛	31	185 鬼	31	198 鼓	32
				48 (食)	18	199 鼠	32
7 画		**8 画**		186 音	32		
154 麦	30	171 青	31	187 首	32	**14 画**	
155 走	30	172 卓	31			200 鼻	32
156 赤	30	173 雨	31	**10 画**			
157 豆	30	174 非	31	188 髟	32	**17 画**	
158 酉	30	175 齿	31	189 鬲	32	201 龠	32
		136 (虍)	29				

检字表

(字上边的笔画数包含部首的笔画在内
字右边的号码是所在词典正文的页码)

芜	436	茜	299	莸	463	落	219	**16画**		夯	142
苇	394	茬	36	莘	334		223	隷	151	夸	214
芸	473	荐	180	莎	325		224	薤	420	夺	90
苣	199	荚	175	莞	389	萱	429	薷	224	奁	229
	309	荑	449	莹	458	葵	381	薯	352	**8画**	
芽	435	荜	34	莺	458	葵	217	薛	430	奈	265
芷	492	茧	178	莼	57	**13画**		薇	392	奔	15
苋	411	茼	379	**11画**		蒜	361	薪	422		16
花	154	莒	199	菁	194	蓍	341	蕙	454	奇	168
芹	302	茵	455	著	502	蒡	320	薤	398	奄	292
芥	189	茴	161	菱	235	蓝	221	薮	360	奋	438
苁	59	茱	499	菜	265	墓	263	薄	11		105
芬	105	莛	376	萎	291	幕	263		26	**9—10画**	
苍	33	荞	300	菲	103	葛	261		19	契	295
芡	298	茯	110	菽	350	蓓	15	薛	143	奎	217
芰	326	荏	316	菖	38	蓖	19	**17画**		牵	64
芳	100	荃	310	萌	252	蒡	398	藉	171	牵	296
芎	501	荟	162	萝	243	蓟	174		190	奖	182
芦	239	茶	36	菌	203	蓬	280	薹	366	奕	453
芯	421	茗	259	萎	394	蓑	363	藏	34	套	370
	422	荠	173	黄	466	蒿	143		477	奘	477
劳	222	荬	184	菜	32	葵	171	薰	432	**11画以上**	
芭	5	荒	158	菀	382	蓄	429	藐	256	匏	279
苏	360	茫	248	萄	370	蓢	356	薛	411	奢	331
苡	451	荡	71	菊	199	蒲	289	**18—19画**		爽	354
8画		荣	317	菩	289	蓉	318	藕	275	奥	4
茉	260	荦	163	萃	62	蒙	252	藜	226	奠	79
苦	214	荥	424	菏	147		253	藤	371	樊	98
苯	16	荜	244	萍	287	鍪	459	藩	97		
苟	208	荧	458	菠	25	蒸	488	藿	166	**37 尢部**	
苤	285	荨	297	菅	178	**14画**		蘖	271	尤	462
若	321	荩	432	萤	458	蔫	269	蘅	149	尬	232
茂	249	荫	192	营	458	蔷	299	蘑	260	尥	114
茏	238	荪	363	萦	459	慕	263	藻	477	尴	116
苹	287	荫	457	萧	416	暮	263	**20画以上**		**(37) 兀部**	
苫	327	茹	319	菰	128	摹	259	蘖	271	兀	402
苴	198	荔	228	萨	322	蔓	247	蘸	482	尧	442
苜	263	药	443	菇	128		390	**34 寸部**		**38 弋部**	
苗	256	**10画**		**12画**			256	寸	62		452
英	457	荸	17	葜	336	蔸	84	寿	349	式	344
苒	313	莆	289	葫	153	蔗	485	封	107	忒	370
苘	306	莽	248	葳	392	蔟	61	尉	395	鸢	469
苓	235	莱	220	惹	314	蔻	213	尊	513	贰	94
苟	126	莲	229	葬	477	蓿	428	**35 廾部**		**39 小部**	
茑	270	莳	346	募	263	蔼	1	弃	295		
苑	471	莫	261	葺	295	蔚	395	弈	453	小	416
苞	11	莴	398	葛	121	蓼	232	弊	19	少	331
范	100	莪	92	葸	406	**15画**		**36 大部**		尔	93
茇	431	莉	228	尊	93	蕙	163			尘	42
茔	458	莠	464	蒽	128	蕈	433	**3—7画**		尖	177
茕	307	莓	250	董	83	蕨	202	大	65	杂	114
苗	506	荷	147	葆	12	蕹	320		67	雀	311
茄	301	莜	463	葩	276	蕉	184	太	366		
茎	193	莅	228	葡	289	蕃	98				
苔	366	荼	382	葱	59	蕲	293				
茅	249	莩	362	蒋	182	蕊	320				
9画		获	75	蒂	77	蔬	351				
茸	317	狄	165	萋	239	蕴	474				

没 249	浊 506	涌 461	温 396	漫 247	觇 37
260	洞 84	浚 203	渴 209	潦 244	览 221
沟 126	洇 455	**11画**	渭 395	激 230	觉 185
汴 21	洄 161	清 304	溃 217	潴 499	201
汶 398	测 35	渍 510	湍 382	漪 449	觊 173
沆 143	洗 406	添 373	溅 181	潋 240	觎 466
沪 154	活 164	渚 501	滑 155	漳 482	觏 193
沈 335	洑 113	鸿 150	湃 277	滴 75	觑 308
沉 42	涎 410	淇 292	湟 159	漩 430	309
沁 303	派 277	淋 234	渝 466	漾 442	
8画	浍 162	淅 405	湲 471	演 439	**84 手(手)部**
沫 260	洽 296	淞 359	湾 388	漏 239	
浅 298	洮 369	淡 86	渡 87	潍 393	**4—11画**
法 96	淘 432	淮 435	游 463	**15画**	手 347
泔 116	洛 244	淹 436	滋 507	潜 298	拜 8
泄 419	浏 236	涿 506	渲 430	澎 281	看 206
沽 127	济 171	渐 181	溉 115	潮 41	挈 302
沭 352	173	淑 350	湄 250	潭 367	挚 495
河 146	洋 441	淖 267	滁 53	潦 232	拿 264
沾 480	洲 498	淌 369	**13画**	潲 331	挛 242
泸 239	浑 163	混 163	溘 210	澳 4	拳 310
沮 199	浒 153	渑 283	溻 333	潘 277	掌 363
泪 224	浓 272	涸 147	满 247	潼 379	**12画以上**
油 462	津 191	渑 255	漠 261	澈 42	掣 42
决 440	浔 432	淮 157	滇 77	澜 221	掰 6
泅 307	**10画**	淦 117	溧 228	澄 289	擎 306
泗 359	涛 369	渭 416	源 471	潺 38	擘 26
泊 26	浙 223	渊 469	滤 242	澄 46	攀 277
288	涝 290	淫 456	滥 221	澄 74	
沿 437	浦 197	淝 103	滗 19	**16画**	**(84) 扌部**
泡 278	酒 220	渔 466	溴 427	濒 23	
279	涞 229	淘 370	滔 369	潞 240	**4—5画**
注 501	涟 332	淳 57	溪 405	澧 227	扎 475
泣 295	涉 415	液 445	溜 236	澡 477	479
泞 271	消 270	淬 62	238	激 169	打 64
沱 385	涅 200	涪 110	滦 242	澥 420	扑 289
泻 419	涓 398	淤 465	滴 226	濂 230	扒 5
泌 254	涡 453	淡 69	滚 136	**17画以上**	276
泳 461	浥 35	淙 60	溏 369	濡 319	扔 317
泥 268	涔 145	淀 79	溶 278	濮 289	**6画**
泯 257	浩 140	深 334	溢 454	濠 144	扛 117
沸 103	海 10	渌 240	溯 361	濯 506	207
泓 150	浜 382	测 354	滨 23	瀑 290	扣 213
沼 484	涂 404	涵 141	溶 318	瀚 142	扦 296
波 25	浠 468	渗 336	滓 508	瀍 420	托 384
泼 288	浴 110	淄 507	溟 259	瀛 459	执 491
泽 478	浮 75	**12画**	溺 269	灌 133	扩 218
泾 193	涤 158	湛 482	滩 367	**(82) 米部**	扪 252
治 494	涣 237	港 117	**14画**	泰 366	扫 324
9画	流 321	滞 495	潢 159	**83 见部**	扬 440
洼 387	润 181	湖 153	潇 416	见 179	**7画**
洁 188	涧 372	湘 414	漤 221	411	扶 109
洱 94	涕 158	渣 479	漆 291	规 135	抚 110
洪 150	浣 222	渤 26	漕 34		抟 383
洒 322	浪 193	湮 436	漱 353		技 173
洌 233	涨 482	湎 255	漂 285		抔 289
浃 175	涩 324	渺 256	漶 153		抠 212
浇 184		湿 340			扰 313

舀	443	胨	84	腕	390	欤	465	炀	441	煌	159
爱	1	胆	69	腱	181	欧	275	**8画**		煊	429
奚	404	胛	176	**13画**		款	216	炙	494	煸	20
舜	356	胜	338	腻	269	欺	291	炬	199	煺	384
孵	109	胗	486	膝	60	欲	54	炖	89	熄	405
爵	202	胝	491	腰	442	歇	418	炒	41	熘	236
92 父部		胸	308	腼	255	歃	326	炝	300	熔	318
父	110	胞	11	腥	423	歌	120	炊	56	煽	327
	111	胖	278	腮	322	歉	299	炕	207	熥	371
爷	444	脉	246	腭	93	歙	333	炎	437	**15画以上**	
斧	111		261	腹	113	**97 殳部**		炉	239	熠	454
爸	6	胫	196	腺	412	殴	275	炔	311	熨	474
釜	111	胎	365	鹏	281	段	87	**9画**		燎	232
爹	80	**10画**		膳	46	殷	455	炳	24	燃	313
93 月(肉)部		胯	214	腾	371	彀	127	炻	343	燧	363
4—7画		胰	449	腿	383	毂	129	炼	230	爆	478
月	472	胱	134	**14—15画**		毁	161	炽	48	爇	411
有	463	胴	84	膜	259	殿	79	炯	196	爆	13
刖	472	胭	435	膊	26	毅	454	炸	480	爨	61
肌	168	脍	215	膈	121	**98 文部**		烁	356	**(100) 灬部**	
肋	224	脆	62	膀	10	文	396	炮	11	**9—12画**	
肝	116	脂	491		278	刘	236		279	点	78
肛	117	胸	425	膂	241	齐	234	炷	501	热	314
肚	86	胳	120	膝	405	斋	480	炫	430	烈	233
肘	499	脏	477	膘	22	紊	397	烂	221	羔	369
肠	39	脐	292	膛	369	斌	23	炱	366	煮	501
肓	158	胶	184	滕	371	齑	169	**10画**		然	313
8画		脑	266	**16画以上**		斓	221	烤	207	**13画以上**	
肾	335	胼	284	膨	281	**99 方部**		烘	149	煦	429
肴	442	朕	487	臁	54	方	100	烦	97	照	484
肤	109	脓	272	膳	328	放	101	烧	330	煞	325
肺	103	脊	172	臁	129	施	340	烛	500		326
肢	491	朔	356	朦	252	旆	249	烟	435	煎	178
肱	125	朗	222	臊	324	旅	241	烨	445	熬	4
肫	505	**11画**		膻	327	旁	278	烩	162	熙	405
肿	497	脚	185	臆	454	旌	194	烙	223	熏	432
胀	483	脖	26	臃	460	族	512	烬	193		433
朋	280	脯	111	臀	384	旋	268	烫	369	熊	426
肷	298		289	臂	19	旋	430	**11—12画**		熟	347
股	128	豚	384	**94 氏部**		旗	293	焐	403		351
肮	3	腘	243	氏	343	旖	452	焊	142	燕	436
肪	101	脸	230	氐	74	**100 火部**		烯	405		440
肥	103	脬	278	昏	163	**4—7画**		焕	158	**101 斗部**	
服	109	脱	385	**95 风部**		火	164	烽	108	斗	84
	112	脘	389	风	106	灰	160	焖	252	斜	419
胁	419	**12画**		飑	22	灯	73	烷	389	斟	486
育	468	期	291	飓	200	灸	197	焌	308	**102 户部**	
9画		腈	194	飕	360	灶	478	焚	105	户	154
胡	153	腊	219	飘	284	灿	33	焯	41	启	293
背	14	腌	436	飙	22	灼	506	焰	440	所	363
	15	腓	103	**96 欠部**				焙	15	戾	228
胄	499	腆	374	欠	298			**13—14画**		肩	177
胚	279	腴	466					煲	250		
胧	238	脾	282					煤	153		
		腋	445					煜	469		
		腑	111					煨	392		
		腙	83					煅	88		
		腔	299								

A

a

阿 ā ❶前缀(多用于方言)▷~斗 | ~姨。❷用于音译▷~拉伯。○另见ē。

【阿斗】 ādǒu 图三国蜀后主刘禅(shàn)的小名,为人庸碌无能。借指懦弱无能的人。

【阿飞】 āfēi 图指打扮怪异,举止轻狂,好惹是生非的青少年。

【阿拉伯数字】 ālābó shùzì 国际通用的数字符号,即0,1,2,3,4,5,6,7,8,9。

【阿姨】 āyí ❶图对跟母亲年岁相仿而无亲属关系的女性的称呼。❷对保育员或保姆的称呼。

啊 ā ❶叹表示惊讶、赞叹、怀疑、醒悟、追问、应答等多种思想感情。受不同语调的影响,声调比较灵活多变,四种不同的声调都可能出现▷~,起风了 | ~,这儿风景太美了! | ~,这怎么可能呢? | ~,我全明白了 | ~,你说的是谁? | ~,就这么办吧。❷劻读轻声。a)用在句末,在不同的句型或语境中,加重不同的语气或带有不同的感情色彩▷我不得不防备~ | 路上可要注意安全~! | 你找谁~? b)用在句中停顿的地方,表示强调,或一个一个地举出来▷这些小猫~,真够烦人的 | 桃~,杏~,李子~,买了一书包。☞助词"啊"受到前一字的韵母或韵尾的影响发生音变,有时写成不同的字:

前字的韵母或韵尾	啊的发音和写法
a,o,e,i,ü	a→ia 呀
u,ao,ou	a→ua 哇
-n	a→na 哪

ai

哎 āi 同"唉"①,通常写作"唉"。

哀 āi ❶劻怜悯▷~怜。❷悲伤▷喜怒~乐。❸圖苦苦地▷~告。

【哀兵必胜】 āibīng-bìshèng 在势力相近的情况下,受侵犯而悲愤的军队,最终一定会胜利。

【哀愁】 āichóu 圏悲哀忧愁▷~的神情。

【哀悼】 āidào 劻悲哀地悼念▷沉痛~死者。

【哀号】 āiháo 劻悲哀地大声哭叫▷亲人在灵前~。☞"号"这里不读hào。

【哀鸿遍野】 āihóng-biànyě 悲哀鸣叫的大雁遍布田野。比喻流离失所、啼饥号寒的灾民到处都是。

【哀怜】 āilián 劻怜悯;同情▷他的不幸,令人~。

【哀鸣】 āimíng 劻悲伤地鸣叫。

【哀泣】 āiqì 劻悲伤地哭泣▷~不已。

【哀伤】 āishāng 圏难过;悲伤▷过度~,有损健康。

【哀思】 āisī 图(对死者)沉痛思念的感情。

【哀叹】 āitàn 劻悲哀地叹息。

【哀痛】 āitòng 圏悲伤悲痛。

【哀婉】 āiwǎn 圏悲切婉转▷曲调~。

【哀怨】 āiyuàn 圏悲伤怨恨▷歌声~缠绵。

【哀乐】 āiyuè 图悼念死者的乐曲。

埃 āi 图灰尘;尘土▷尘~。

挨 āi ❶劻靠近;接触▷~着妈妈睡 | 雪花一~地就化了。❷介顺着(次序)▷~门~户通知 | 一个儿签名。○另见ái。

【挨边儿】 āibiānr 劻接近事实▷他说的话根本不~。

【挨次】 āicì 圖按着次序▷~就座。

【挨近】 āijìn 劻靠近▷小船已经~码头。

唉 āi ❶叹表示惊讶、不满、失望、惋惜、悔恨等多种思想感情或呼唤应答。受不同语调的影响,声调比较灵活多变▷~,你怎么又来了? | ~,你这就不对了 | ~,一点希望都没有了 | ~,事情怎么会闹到这地步! | ~,我想起来了。❷拟声模拟叹息的声音▷他愁得~~地直叹气。

【唉声叹气】 āishēngtànqì 因苦闷、忧愁而发出叹息的声音。

【唉呀】 āiyā 叹表示痛苦、惊讶、埋怨、不耐烦等强烈感情▷~,你捏得我好疼! | ~,着火啦! | ~,你怎么不小心点儿?

【唉哟】 āiyāo 叹表示惊讶、痛苦、赞叹等▷~,你怎么到这种地方来了? | ~,疼死我啦! | ~,小小年纪就唱得这么好!

挨 ái ❶劻遭受;勉强承受▷~打 | ~饿。❷艰难地度过(时间)▷好容易~到天亮。○另见āi。

皑(皚) ái [皑皑]ái'ái 圏(霜雪)洁白▷白雪~~。☞右下是"己"(jǐ),不是"已"(yǐ)、"巳"(sì)。

癌 ái 图恶性肿瘤▷~症 | 肺~。☞统读ái。

【癌变】 áibiàn 劻由良性病变的肌体细胞转化为癌细胞。

嗳(嗳) ǎi 劻打嗝儿▷~气。作叹词用时通常写作"唉"。

矮 ǎi ❶圏(身量)短;高度小(跟"高"相对,②同)▷~个子 | 树很~。❷(等级、地位)低▷我念二年级,比他~一级 | 干清洁工并不比别人~半截。

【矮墩墩】 ǎidūndūn 圏矮而粗壮的样子▷~的身材。

【矮小】 ǎixiǎo 圏又矮又小▷房屋~。

蔼(藹) ǎi 圏态度和善▷~和 | 可亲。☞㊀统读ǎi。㊁右下不是"匈"。

霭(靄) ǎi 图云气;烟雾▷云~ | 烟~。☞统读ǎi。

艾 ài ❶图草本植物,叶子有香气,可以做药材。❷劻终止;结束▷方兴未~。☞在"自怨自艾"中读yì。

【艾滋病】 àizībìng 图获得性免疫缺陷综合症。人感染艾滋病毒后,体内淋巴细胞受到损害,丧失免疫功能,容易感染其他疾病而死亡。传染途径为性接触、共用针头、输血等。

爱(愛) ài ❶劻对人或事物有深厚的感情(跟"恨"相对)▷~父母 | ~祖国。❷爱惜▷~面子 | ~名誉。❸喜欢;爱好▷~打球 | ~打扮。❹容易发生(某种行为或变化)▷~发脾气 | ~感冒。

【爱不释手】 àibùshìshǒu 喜爱得舍不得放手(释:放下)。

【爱称】 àichēng 图亲昵的称呼▷小燕子是大家对她的～。

【爱戴】 àidài 团敬爱并衷心拥护▷同学们～班主任老师。

【爱抚】 àifǔ 团疼爱抚慰▷～的目光｜～地摸了摸孩子的脸。

【爱国主义】 àiguó zhǔyì 对祖国忠诚和热爱的思想观念。

【爱好】 àihào ❶团对某些事物有浓厚的兴趣;喜爱▷～集邮｜群众～什么,我们就演什么。❷图对某些事物的浓厚兴趣▷他有多种～。

【爱护】 àihù 团爱惜保护▷～青少年｜～文物。

【爱恋】 àiliàn 团喜爱眷恋▷他们夫妻～难舍｜～故土。

【爱莫能助】 àimònéngzhù 内心同情,但无力帮助。

【爱慕】 àimù 团喜爱;向往▷倾心～｜～虚荣。

【爱情】 àiqíng 图男女爱恋的感情。

【爱人】 àiren ❶图指配偶。❷指未婚的恋人。

【爱神】 àishén 图古罗马神话中主宰爱情的神,名叫丘比特,传说他专以箭射人心,被金箭射中者即产生爱情。

【爱屋及乌】 àiwūjíwū 爱一个人,连他屋上的乌鸦也喜爱。比喻喜欢某个人,连带着也喜欢跟这个人有关的人或物。☞"乌"不要写作"鸟"。

【爱惜】 àixī ❶团爱护珍惜,不滥用、不浪费▷～光阴｜～粮食。❷疼爱▷妈妈特别～小妹。

【爱心】 àixīn 图爱护关心的感情▷献上～。

隘 ài ❶圈狭窄;狭小▷狭～。❷图关口;险要的地方▷要～｜边～。☞统读 ài。

碍(礙) ài 团妨害;阻挡▷～手～脚｜～事｜妨～。

【碍面子】 àimiànzi 怕伤害情面▷有意见就提,别～不说。

【碍手碍脚】 àishǒuàijiǎo 妨碍手脚,使做事不便。

【碍眼】 àiyǎn ❶圈看着不舒服▷一进门就是一个大立柜,真～。❷有人在眼前感到不方便▷人家嫌他～,把他打发出去了。

嫒(嬡) ài 见[令嫒]lìng'ài。

暖(曖) ài [暖昧]àimèi 圈(态度、用意)不明朗;(行为)不光明正大▷态度～｜关系～。☞跟"暖"(nuǎn)不同。

an

安 ān ❶圈没有事故或威胁的;安全(跟"危"相对)▷平～｜治～。❷平静;稳定▷坐立不～｜～静。❸团使平静、稳定▷～神｜～慰。❹圈舒适;快乐▷～闲｜～乐。❺团感到满足,不想改变▷～于现状｜～土重迁。❻安置▷～家落户｜～放。❼装▷～玻璃｜～电话。❽怀着(不好的念头)▷你～的什么心? ❾代〈文〉表示疑问,询问处所,相当于"哪里"▷计将～出? ❿〈文〉表示反问,相当于"怎么""哪里"▷～能坐以待毙?

【安步当车】 ānbùdàngchē 从容步行,当作坐车。☞"当"这里不读 dāng。

【安插】 ānchā 团把人或事物安排、插入(在一定位置)▷编制已满,难已～｜～党羽。

【安定】 āndìng ❶圈稳定正常,没有波动▷社会～｜～的生活。❷团使安定▷～情绪。

【安顿】 āndùn 团安排妥帖▷新来的同志都～好了｜把家～在农村。

【安分守己】 ānfènshǒujǐ 安守本分,约束自己,不惹是生非。☞"分"这里不读 fēn。

【安抚】 ānfǔ 团安定抚慰▷～灾民。

【安好】 ānhǎo 圈平安(多用于问候、祝愿)▷敬祝～｜家中老小全都～。

【安家】 ānjiā ❶团安顿家庭▷到农村～落户。❷结婚;成立家庭▷你也不小了,该～了。

【安静】 ānjìng ❶圈寂静无声;没有嘈杂声音的▷夜深了,院子里十分～。❷安稳平静▷他睡得～极了。

【安居工程】 ānjū gōngchéng 指由国家贷款和地方政府自筹资金建设的非营利性住宅工程,建成的住宅原则上按成本价出售给中低收入家庭。

【安居乐业】 ānjūlèyè 安定地生活,愉快地工作(居;住处;业;职业)。

【安康】 ānkāng 圈平安健康;平安康乐(多用于问候、祝愿)▷身体～｜全家～。

【安乐】 ānlè 圈平安快乐▷百姓～。

【安眠】 ānmián 团安稳地睡觉▷一夜～,连梦也没做。

【安宁】 ānníng 圈平安;宁静▷边境很～｜整天吵嚷,让人不得～。

【安排】 ānpái 团有计划地安置处理▷～就业｜情况有变化,会议要重新～。☞不要写作"按排"。

【安全】 ānquán 圈平安;没有危险或不受威胁的▷～施工｜～人身。

【安全带】 ānquándài 图乘坐飞机、汽车或进行高空作业、表演时,为保证安全而系(jì)的带子。

【安全岛】 ānquándǎo 图马路中间设置的供行人避让车辆的地方。

【安然】 ānrán ❶圈心情安定、没有顾虑的样子▷神态～｜～处之。❷平安;平平稳稳▷～度过危险期。

【安身】 ānshēn 团能在某处或某种环境中生存▷漂泊半生,终于得以在祖国～。

【安生】 ānshēng ❶圈(生活)平静稳定▷到处奔波,不得～｜安安生生地过几年好日子。❷安静;安分▷这孩子总是闹,一会儿也不～｜今后你要～些,不要再惹是生非。

【安适】 ānshì 圈安静舒适▷～的住所｜生活～。

【安土重迁】 āntǔzhòngqiān 安于故土,不愿轻易搬迁。☞"重"这里不读 chóng。

【安危】 ānwēi 图平安和危险(偏指危险)▷关系着国家的～｜不顾个人～。

【安慰】 ānwèi ❶团安抚慰问▷～了他几句。❷圈安心快慰▷孩子们个个事业有成使他感到无比～。

【安息】 ānxī ❶团安静地休息;安歇▷劳累一天了,早点～吧。❷安然长眠(悼念死者的用语)。

【安闲】 ānxián 圈安适清闲▷～自在｜退休后过上了～的日子。

【安详】 ānxiáng 圈从容,稳重▷神态～｜老人～地踱着步子。

【安歇】 ānxiē 团睡觉;休息▷今晚早点～,明天还要赶路呢｜暂时就地～。

【安心】¹ ānxīn 圈心情安定▷～养病｜工作很～。

【安心】² ānxīn 团存心;居心(含贬义)▷你是～要气死人哪｜到处拨弄是非,到底安的什么心?

【安逸】 ānyì 圈安闲自在▷生活～｜安安逸逸地躺着。☞不宜写作"安佚"。

【安营扎寨】 ānyíngzhāzhài 军队安置营寨,驻扎下来。借指建立劳动或工作基地。

【安葬】 ānzàng 团埋葬(含庄重色彩)。

【安之若素】 ānzhīruòsù 遇到不顺利或异常情况,心态仍能像平常一样坦然(素:平常)。

【安置】　ānzhì　囯使有着落,有一定位置▷家具都～好了 | ～下岗人员。

【安装】　ānzhuāng　囯按一定要求把设备或器材固定在一定的位置▷～天然气管道 | ～空调。☞不要写作"按装"。

桉 ān　囡桉树。常绿乔木,树干高且直,木质坚韧,可做建筑等用材;叶和小枝可提取桉油,供药用或做香料。

氨 ān　囡氮和氢的化合物,无色气体,有臭味,可制硝酸、化肥和致冷剂。

庵 ān　❶囡圆顶的草屋。❷小寺庙(多指尼姑住的)▷尼姑。

谙(諳) ān　囷〈文〉熟悉;懂得▷不～世事 | 练～。☞统读 ān。

鹌(鵪) ān　[鹌鹑]ānchún　囡鸟,形体像小鸡,头小尾秃,羽毛赤褐色,肉和卵可供食用。

鞍 ān　囡鞍子,用木架和皮革等制成的器具,扎在马、骡等背上,供人骑坐或驮运东西▷马～。

【鞍马】　ānmǎ　❶囡马和鞍子,借指骑马或作战▷～劳顿。❷体操器械,形状有些像马,背部有两个固定的半圆环。❸男子竞技体操项目之一,运动员手握鞍环或支撑在鞍马背上做各种动作。

【鞍前马后】　ānqiánmǎhòu　比喻跟随别人身边,奔走效劳。

俺 ǎn　忙北方某些地区指"我"或"我们"▷家里就～一个人 | ～们 | ～村。

揞 ǎn　❶囡点种瓜、豆等挖的小坑。❷囷挖小坑点种▷～瓜 | ～豆。❸囻用于点种的植物▷几～儿南瓜。☞统读 ǎn。

揞 ǎn　囷用手指把药面等敷在伤口上▷赶紧～上点止血粉。

岸 àn　❶囡江、河、湖、海等水边的陆地▷两～果树成行 | 海～。❷囷高大▷～伟。

【岸然】　ànrán　囷严肃或高傲的样子▷道貌～ | ～不群。

按 àn　❶囷用手压▷～手印 | ～电钮。❷压住;抑制▷～不住心头怒火。❸编者、注释者或引用者对原文作出说明▷编者～。❹忿依照▷～计划进行 | ～时交作业。

【按兵不动】　ànbùbùdòng　让军队驻扎下来暂不行动。借指确定任务后有意先不执行。

【按部就班】　ànbùjiùbān　按照一定的条理、程序办事(部:门类;班:次序)。☞"部"不要写作"步"。

【按揭】　ànjiē　囡一种购房抵押贷款。是银行、房地产开发商和买主共同参与房地产开发的一种融资业务。

【按摩】　ànmó　囷用手在人体上按、推、捏、揉,以舒经活血,调整神经功能,达到保健、治疗的目的。也说推拿。☞㊀"摩"不读 mō。㊁不要写作"按摸"。

【按捺】　ànnà　囷克制▷～不住满腔的义愤。☞㊀"捺"不读 nài。㊁不宜写作"按纳"。

【按语】　ànyǔ　囡编者或引用者对原文所作的考证、评论或说明。☞不宜写作"案语"。

【按照】　ànzhào　忿引进行动所遵循的依据、标准▷～章程办事。

案 àn　❶囡古代端食物用的矮脚木盘▷举～齐眉。❷一种狭长的桌子,也指支起来的长方形木板▷伏～工作 | ～板。❸保存的备查文件▷有～可查 | 档～。❹有关建议或计划的文件▷提～ | 方～。❺有关法律或政治的事件▷破～ | 冤～。

【案件】　ànjiàn　囡立案审理的有关诉讼和违法的事件。

【案卷】　ànjuàn　囡机关、企业等分类整理保存,以供查考的文字材料。

【案例】　ànlì　囡某类案件的例子;具有典型性的事例。

【案头】　àntóu　囡书桌或办公桌上▷～堆满了工具书。

暗 àn　❶囷光线微弱;不明亮(跟"明"相对,②③同)▷屋里太～。❷隐藏的;不外露的▷～沟 | ～号。❸副偷偷地▷明争～斗 | ～杀。

【暗淡】　àndàn　❶囷(光线)昏暗;(色泽)不鲜艳▷～的烛光 | ～颜色。❷比喻前景不光明▷前途～。

【暗害】　ànhài　囷阴谋陷害;暗中杀害。

【暗含】　ànhán　囷(言行中)包含着没有明说的意思▷一举一动都～杀机 | 话里～着歉意。

【暗号】　ànhào　囡秘密的记号或信号。

【暗箭】　ànjiàn　囡暗中射人的箭,比喻暗中攻击、陷害别人的言行▷明枪易躲,难防 | ～伤人。

【暗礁】　ànjiāo　❶囡水下的礁石,是航行的障碍。❷比喻潜藏的障碍或危险。

【暗流】　ànliú　❶囡地下的水流。❷比喻潜伏着的思潮或社会动向。

【暗器】　ànqì　囡藏在身上可暗中伤人的武器。

【暗伤】　ànshāng　❶囡身体所受的内伤▷受到的伤害▷心灵上的～很难愈合。❷泛指没有显露在物体外部的损伤▷这块钢材有～,不能用。

【暗示】　ànshì　囷不明说而用含蓄的方式向人示意▷他努努嘴～我应该发言了。

【暗算】　ànsuàn　囷暗中谋划害人▷不幸遭人～。

【暗无天日】　ànwútiānrì　形容政治腐败,社会极其黑暗。

【暗线】[1]　ànxiàn　囡秘密为己方做侦察或内应的人。

【暗线】[2]　ànxiàn　囡文学作品中并未直接描写,只是间接呈现的线索。

【暗箱操作】　ànxiāngcāozuò　少数当事人为谋取私利而有意回避公众,暗中进行某事(含贬义)。

【暗喻】　ànyù　囡比喻的一种,采用"甲是乙"的比喻形式,如"祖国是母亲","一棵大树就是一个氧气加工厂"等。比喻词还可用"成""成为"等。也说隐喻。

【暗中】　ànzhōng　❶囡黑暗中。❷副不公开地;暗地里▷～盘算 | ～勾结。

【暗自】　ànzì　副私下;暗地里▷～叫苦 | ～更换。

黯 àn　❶囷昏暗;～然无光。❷精神沮丧;情绪低落▷～然泪下。

【黯然】　ànrán　❶囷昏暗的样子▷～失色。❷内心沮丧,情绪低落的样子▷神色～。

ang

肮(骯) āng　[肮脏]āngzāng　❶囷脏;不洁净▷这个厕所太～。❷比喻下流丑恶▷灵魂～ | ～的勾当。

昂 áng　❶囷抬起(头)▷～首阔步。❷囷价钱高▷～贵。❸情绪高▷慷慨激～。☞统读 áng。㊁下边不是"卬"(mǎo)。

【昂贵】　ángguì　囷价格很高▷市中心地皮～。

【昂然】　ángrán　囷昂头挺胸、毫不畏惧的样子▷神态～。

【昂首阔步】　ángshǒukuòbù　仰着头迈大步。形容精神饱满,勇往直前。

【昂扬】　ángyáng　❶囷(情绪)饱满高涨▷斗志～。❷(声音)高扬响亮▷～的歌声。

盎 àng　囷盛大;洋溢▷春意～然 | 诗意～然。

āo

凹 āo ❶形四周高,中间低(跟"凸"相对)▷~凸不平。❷动由周围向中心陷下去▷病了几天,眼窝都~进去了。☞统读āo。

【凹版】　āobǎn 名版面图文部分低于空白部分的印刷版。凹版印刷品,如钞票,纸面上油墨稍微凸起,有立体感。

【凹面镜】　āomiànjìng 名反射面凹进去的球面镜。也说凹镜。

【凹透镜】　āotòujìng 名中央比四周薄的透镜,如近视镜片。也说发散透镜。

【凹陷】　āoxiàn 动向内或向下陷进去▷双眼~|地面~。

熬 āo 动烹调时把蔬菜等加水和作料放在锅里煮▷~鱼|~豆腐。○另见áo。

敖 áo [敖包]áobāo 名蒙古族人做路标或界标的土石堆子。旧时当作神灵的住地来祭祀。

遨 áo 动漫游。

【遨游】　áoyóu 动周游;漫游▷~名山大川。

嗷 〔拟声〕模拟哀鸣、呼号的声音。

【嗷嗷待哺】　áo'áodàibǔ 哀号着等待喂食,形容饥饿时急于求食的样子。☞"哺"不读pǔ。

熬 áo ❶动长时间地煮▷~药。❷忍耐;勉强支撑▷饥渴难~。○另见āo。

【熬煎】　áojiān 动比喻折磨▷经受病痛~。

【熬夜】　áoyè 动为某种需要,深夜不睡▷工作任务繁重,他经常~。

聱 áo [聱牙]áoyá 形读起来不顺口▷佶屈~。

螯 áo 名螃蟹等节肢动物的第一对脚,钳状,能开合,用来取食、御敌。

翱 áo [翱翔]áoxiáng 动回旋地飞▷山鹰~。☞左下是"皋"(gāo),不是"本"。

鳌（鰲） áo 名传说中海里的大龟或大鳖▷独占~头。

鏖 áo 动激战;苦战▷~战|~兵。

袄（襖） ǎo 名有衬里的中式上衣▷棉~|皮~|夹~。☞右边不是"天"。

坳 ào 名山间的平地▷山~。☞统读ào。

拗 ào 动违背;不顺▷违~|~口。○另见niù。

傲 ào ❶形自高自大,看不起人▷骄~|~气。❷自尊自重,坚强不屈▷~然挺立。❸动〈文〉轻视▷恃才~物。

【傲骨】　àogǔ 名高傲不屈的品格▷身处困境,~犹存。

【傲慢】　àomàn 形看不起别人;对别人不尊重▷态度~|~的神色。

【傲然】　àorán 形坚强不屈的样子▷~屹立。

【傲视】　àoshì 动傲慢地看待▷~群众。

奥 ào 形含义深,不容易懂▷深~|~妙。☞上边是半包围结构,里面是"米"。

【奥林匹克运动会】　àolínpǐkè yùndònghuì 古希腊人常在奥林匹亚举行体育竞技,1894年国际体育大会决定把世界性的综合体育运动会叫做奥林匹克运动会。简称奥运会。每四年举行一次。

【奥秘】　àomì 名神秘的不易了解的事理▷探索大自然的~。

【奥妙】　àomiào 形高深微妙▷~的哲理。

骜（驁） ào ❶名古代骏马名。❷形马不驯良,比喻傲慢、不顺服▷桀~不驯。

澳 ào ❶名指澳门▷港~同胞。❷指澳大利亚▷~毛。

懊 ào 形悔恨;烦恼。

【懊悔】　àohuǐ 动因自己的言行不妥而后悔▷事情到了这一步,~也来不及了。

【懊恼】　àonǎo 形烦恼;心里别扭▷对别人的误解,他并不~。

【懊丧】　àosàng 形懊恼沮丧▷不要因失败而~。

鏊 ào [鏊子]àozi 名炊具。铁制,圆形、平底,中间稍高,用来烙饼或摊煎饼等。

B

ba

八 bā 〖数〗数字,七加一的和。☞㊀在去声字前变调读bá,如"八字"。为了简便,本词典一律标本调。㊁数字"八"的大写是"捌"。

【八成】 bāchéng ❶〖数〗十分之八▷任务已经完成了~|~新的二手车。❷〖副〗大概;多半▷好几天没见他的面,~是出差了。

【八方】 bāfāng 〖名〗指东、南、西、北及东南、东北、西北八个方向;泛指各方▷四面~|眼观六路,耳听~。

【八股】 bāgǔ 〖名〗明清两代科举考试规定的一种文体。文章由破题、承题、起讲、入手、起股、中股、后股、束股等部分组成,形成固定模式。后用以比喻内容空洞、形式死板的文章、讲话。

【八卦】 bāguà 〖名〗《周易》中具有象征意义的八种基本图形。每种图形由三个爻("—"是阳爻,"--"是阴爻)组成,一共可得八种,即乾(☰)、坤(☷)、震(☳)、巽(☴)、坎(☵)、离(☲)、艮(☶)、兑(☱),分别象征天、地、雷、风、水、火、山、泽,称为八卦。任取两卦互相搭配,可得六十四卦,用来象征各种自然现象和社会现象的发展变化。

【八九不离十】 bājiǔbùlíshí 形容非常接近实际情况。

【八面玲珑】 bāmiànlínglóng 原指窗户多而明亮。现多形容人世故、圆滑,能讨好各方。

【八面威风】 bāmiànwēifēng 形容神气十足,令人敬畏。

【八字】 bāzì 〖名〗用天干和地支相配,表示人出生年、月、日、时的八个字。迷信的人用以推算人的吉凶祸福。

【八字没一撇】 bāzìméiyīpiě 比喻事情还没有开头或没有头绪。

巴 bā ❶〖动〗盼望;期望▷~不得。❷紧挨着;贴近▷壁虎~在墙上。❸(粥、饭等)粘(在锅底上)▷~锅。❹指今重庆一带▷山蜀水。❺后缀,读轻声。附在某些词后,构成双音节名词▷尾~|嘴~|哑~。

【巴不得】 bābude 〈口〉急切地盼望▷~马上就去。

【巴结】 bājie 〖动〗迎合;奉承▷这家伙没别的本领,只会~总经理。

【巴士】 bāshì 〖名〗〈外〉公共汽车。

【巴掌】 bāzhang 〖名〗手掌。

扒 bā ❶〖动〗抓住;把住▷~着梯子往上爬|~栏杆。❷刨;拆▷~个洞|~旧房。❸拨动▷往嘴里~饭|~开人群。❹剥;脱▷~树皮|~光衣服。○另见pá。

【扒拉】 bāla 〖动〗〈口〉拨动(物体),使移开▷~煤渣|把盖在上面的土~开|他从领导岗位上被~下来了。

叭 bā 同"吧"①。通常写作"吧"。

芭 bā 〖名〗古书上说的一种香草。☞跟"笆"不同。

【芭蕉】 bājiāo 〖名〗多年生草本植物,叶子宽大,果实叫芭蕉,跟香蕉相似,可以食用。

【芭蕾舞】 bālěiwǔ 〖名〗一种欧洲古典舞蹈,女演员跳舞时常用脚尖着地。

吧 bā ❶〖拟声〗模拟断裂、撞击等的声音▷~的一声,扁担压断了|~地给了个耳光子。❷〖名〗〈外〉小店▷酒~|网~|氧~。❸〖助〗读轻声。a)用于句尾,表示揣测、不敢肯定或委婉的语气▷您就是李老师~?|好像是去年~|快点儿走~!b)用在"好""行""可以"等词后面表示同意▷好~,就这么办|可以~,先试试看。c)用在句中停顿处,表示不很肯定或两难的意思▷去~,路太远;不去~,又不好意思。

【吧嗒】 bādā 〖拟声〗模拟物体相碰或落下时发出的声音▷眼泪~~往下掉。

【吧嗒】 bāda 〖动〗〈口〉双唇开合作响▷馋得直~嘴儿。

【吧唧】 bājī 〖拟声〗模拟脚踏水或咂嘴的声音▷穿着雨鞋在泥路上~~地走|他~~地吃得挺香。

【吧唧】 bāji 〈口〉❶〖动〗双唇开合作响▷吃饭不要~嘴。❷抽(旱烟)▷不大会儿工夫他就~了好几袋烟。

疤 bā ❶〖名〗伤口或疮口长好后留下的痕迹▷脸上有块~|伤~|~痕。❷器物上的疤痕▷脸盆上有块~。

捌 bā 〖数〗数字"八"的大写。

笆 bā 〖名〗用树枝、荆条、竹篾等编制的器物▷荆~|竹~|篱~|~斗。

拔 bá ❶〖动〗抽出;连根拉出▷把电源插头~下来|~萝卜。❷超出;高出▷高楼~地而起|出类~萃|~尖儿。❸挑选(人才)▷选~|提~。❹攻克▷连~三城。❺吸出▷~毒|~脓。☞㊀统读bá。㊁跟"拨"(bō)不同。

【拔除】 báchú 〖动〗拔去;除掉▷~窝点|~病根。

【拔高】 bágāo ❶〖动〗往高里提▷~嗓子(练嗓音)。❷不切实际地抬高(某人或某作品等的地位)▷对模范人物的宣传要实事求是。

【拔尖儿】 bájiānr ❶〖形〗超群出众▷在青年科技人员中,他是最~的。❷〖动〗突出个人▷他爱出风头,处处都想~。

【拔苗助长】 bámiáozhùzhǎng 把禾苗拔起,让它快快长高(见《孟子·公孙丑》)。比喻违反事物发展规律,急于求成,反而坏事。

【拔腿】 bátuǐ ❶〖动〗快速抬腿起步▷二话没说,~就走。❷抽身;摆脱▷这几天忙得怎么也拔不出腿来。

跋 bá ❶〖动〗在山地行走▷~山涉水。❷〖名〗写在书籍、文章、字画等的后面,说明写作经过或进行评价的短文。

【跋扈】 báhù 〖形〗骄横霸道▷专横~。

【跋涉】 báshè 〖动〗爬山越水,长途奔波▷~山川◇在科学研究的崎岖道路上艰难~。

把 bǎ ❶〖动〗握住;抓住▷~住方向盘|手~手地教孩子写字。❷〖名〗车把。❸〖动〗控制;独占▷大事小事都~着不放。❹守卫;看守▷~门|~关。❺〖名〗手可以握住、抓起或扎成小捆的东西▷手巾~儿|草~儿。❻〖量〗a)用于一只手可以握住、抓起的或扎成小捆的东西▷一~芹菜|一~水果糖。b)用于有柄或有把手的东西▷一~菜刀|三~椅子。c)用于同手有关的动作▷推了一~|擦一~汗。d)用于某些抽象事物▷加~力|加~劲儿。❼〖介〗表示处置或致使▷别~时间浪费掉|鞋都挤掉了。❽〖数〗表示大约的数量▷万~人

|个~月。○另见 bà。

【把柄】 bǎbǐng 图器物上供人用手拿的部分,比喻可以被人抓住进行要挟或利用的短处▷对方抓不住他的~。

【把持】 bǎchí 团独揽(权力)(含贬义)▷~人事大权。

【把关】 bǎguān 团把守关口,比喻按照一定原则或标准严格检查,防止出现问题▷毕业班由老教师~|坚决把好用人关。

【把式】 bǎshi 图①指武术▷学~。②精通某种技术的人▷车~。☞不宜写作"把势"。

【把守】 bǎshǒu 团守卫(重要的地方)▷~要害部门。

【把手】 bǎshou 图器物上供手执握或拉拽的部分▷门上安个~。

【把头】 bǎtóu 图把某一行业从中进行剥削的头目。

【把玩】 bǎwán 团拿着或托着赏玩▷展卷~,赞不绝口。

【把握】 bǎwò ❶团握住;掌握▷~好方向盘|~机遇。❷图成功的依据或信心▷有~|~不大。

【把戏】 bǎxì ❶图魔术、杂技等▷耍~的。❷骗人的伎俩▷鬼~。

靶 bǎ 图练习、比赛射箭或射击用的目标▷~场|心|打~。

坝(壩❶垻❷) bà ❶图拦截水流或保护堤岸的建筑物▷拦河~|丁字~。❷山间的平地或小平原(多用于地名)▷沙坪~(在重庆)|留~(在陕西)。

把 bà ❶图器物上便于拿的部分▷刀~儿|印~子。❷花、叶或果实跟茎、枝相连的部分▷花~儿|海棠~儿。○另见 bǎ。

爸 bà 图父亲。也说爸爸(bàba)。

耙 bà ❶图农具,用来把耕过的田里的土块弄碎、弄平。❷团用耙碎土平地▷地刚~一遍。☞第一画是横,不是撇。○另见 pá。

罢(罷) bà ❶团停;歇▷~手|~工。❷免去或解除(职务)▷~官|~免。❸完毕▷洗~脸。

【罢了】 bàle 团用在陈述句的末尾,表示仅此而已(有把事情往小里说的意味,前面常有"不过、只是、无非"等词相配搭)▷领导只是说说~,事情没那么严重|你不必担心,他无非吓唬吓唬你~。

【罢了】 bàliǎo 团作罢;算了(有表示容忍,勉强放过不再计较的意味)▷他不想参加也就~|难道就此~不成?

【罢免】 bàmiǎn 团通过法制或组织程序免去官职等;特指选民或原选举单位撤销他们所选出的人员的职务。

【罢休】 bàxiū 团停止;不再进行下去(多用于否定式)▷不查个水落石出,决不~。

鲅(鮁) bà 图鱼,腹部两侧银灰色,背部有暗色横纹或斑点,性凶猛,生活在海洋中。

霸 bà ❶图古代诸侯联盟的领袖▷春秋五~|主。❷凭借权势欺压他人的人▷恶~|渔~。❸团凭借权势强占▷独~一方|~占。

【霸道】 bàdào ❶图古代指凭借武力、刑法、权势等统治天下的政策(跟"王道"相对)。❷图蛮横强暴,不讲道理▷他也太~了,连话也不让人说。

【霸权】 bàquán 图在国际关系中依仗政治、经济、军事的优势,欺凌、操纵或控制其他国家的行为或权势。

【霸占】 bàzhàn 团凭借权势强行占有。

bai

掰 bāi 团用手把东西分开或折断▷~玉米|一块月饼~成两半。☞第四画是竖撇(丿),不是竖钩(亅)。

白 bái ❶图像雪一样的颜色(跟"黑"相对)▷墙刷得很~|~洁。❷明亮▷东方发~|~昼|~天。❸清楚;使人容易了解▷真相大~|明~。❹团说明;陈述▷表~|辩~|对~。❺图戏曲中只说不唱的台词▷道~|独~。❻白话▷半文半~。❼形没有加其他东西的;空的▷~开水|交~卷|~手起家。❽副没有效果地▷~操心|~浪费时间。❾不出钱地;无偿地▷~吃|~喝|给~。❿图读音或字形有错误的▷写~字|念~字。

【白皑皑】 bái'ái'ái 形形容霜、雪洁白▷大雪过后,整个原野~一片。

【白案】 bái'àn 图炊事工作中属于做馒头、糕点之类的活儿(跟"红案"相对)。

【白璧微瑕】 báibìwēixiá 洁白的璧玉上有些小斑点。比喻美中略有不足。

【白醭】 báibú 图酱油、醋等表面生的一层白霉。☞"醭"不读 pú 或 pǔ。

【白茬儿】 báichár〈口〉❶图(土地)收割后没有再种植农作物的▷这块~地明年春种玉米。❷(木器等)没有上油漆的▷衣柜|卧室铺上了~地板。❸(皮衣等)没有吊面的▷~皮袄。

【白痴】 báichī ❶图一种精神病,表现为智力低下,神情痴呆,口齿不清,动作迟钝,甚至生活不能自理。多由脑先天发育不全或由脑外伤等所致。❷患白痴病的人(常用来贬斥人)。

【白搭】 báidā 团〈口〉不起作用;白白费钱费力▷他固执己见,你再说也~|吃了那么多药也不管事,药费算~了。

【白宫】 báigōng 图美国总统的官邸,常用作美国政府的代称。

【白骨精】 báigǔjīng 图古典小说《西游记》中的女妖精。比喻善于伪装的狡诈凶狠的女人。

【白花花】 báihuāhuā 形形容白得耀眼▷~的银元|整个盐场都是一片~的世界。

【白话】[1] báihuà 图空话;没有根据或不能兑现的话▷不要空口说~。

【白话】[2] báihuà 图唐宋以来在口语基础上形成的现代汉语书面语(跟"文言"相对)。

【白金】 báijīn 图❶古代指银子。❷铂的通称。

【白净】 báijing 形白而洁净▷~的脸膛儿|白白净净的衬衣。

【白领】 báilǐng 图称以脑力劳动为主的职员,他们工作时穿着整齐,衣领洁白,故名(区别于"蓝领")。

【白马王子】 báimǎwángzǐ 指少女向往的理想青年男子。

【白茫茫】 báimángmáng 形形容云层、雪地、水面等白而一望无边▷眼前一片~,分不清哪是水,哪是天。

【白蒙蒙】 báiméngmēng 形形容大片水汽、烟雾等白而模糊不清▷~的大雾。

【白面儿】 báimiànr 图毒品海洛因的俗称。

【白描】 báimiáo 图❶中国画技法,用墨线勾画物像,不加彩色渲染。❷文学表现手法,用简洁的文字,不加烘托渲染地勾勒出鲜明生动的形象。

【白皮书】 báipíshū 图某些国家的政府或议会正式发表的有关政治、经济、外交等重大问题的文件,因封面为白色而称白皮书。不同的国家或不同内容的文件,有其不同的习惯颜色，因此还有红皮书、蓝皮书、黄皮书等。

【白热化】　báirèhuà　动（感情或事态等）达到最紧张的状态▷斗争日趋～。

【白润】　báirùn　形（皮肤）白净、细腻而有光泽。

【白色恐怖】　báisè kǒngbù　指反动统治者用大规模屠杀、逮捕等暴力手段镇压人民所造成的令人恐惧的社会环境。

【白手起家】　báishǒuqǐjiā　形容在一无所有或基础很差的情况下创立起事业。

【白条儿】　báitiáor　❶图不能做报销凭证的非正式单据。❷收购部门不付现款而给交售者打的欠条。

【白头偕老】　báitóuxiélǎo　指夫妻共同生活到老（常用作新婚颂词）。

【白眼】　báiyǎn　❶图白眼珠。❷团用白眼看人（表示对人藐视或厌恶）▷遭人～|白了他一眼。

【白眼儿狼】　báiyǎnrláng　〈口〉比喻忘恩负义或恩将仇报的人。

【白夜】　báiyè　图黄昏没有过去就出现黎明的现象，出现于纬度48.5°以上的地区。

【白衣战士】　báiyī zhànshì　指身着白色工作服，工作在救死扶伤第一线的医护人员。

【白纸黑字】　báizhǐhēizì　指确凿的书面证据。

百　bǎi　❶圈数字，十个十。❷表示很多▷千方～计|～折不挠。

【百般】　bǎibān　形多种多样▷～温情|蒙受～的屈辱。

【百倍】　bǎibèi　形一百倍的，形容数量多或程度深▷信心～|～珍惜。

【百尺竿头，更进一步】　bǎichǐgāntóu, gèngjìnyíbù　比喻学习、成就等已达到很高的程度，但仍须继续努力。

【百川归海】　bǎichuānguīhǎi　所有的江河都流归大海。比喻许多分散的事物都汇集到一处。也比喻大势所趋或众望所归。

【百发百中】　bǎifābǎizhòng　❶形容射箭、放枪等技术十分高超，每次都命中目标。❷比喻做事或料事有充分把握，绝不落空。☞"中"这里不读 zhōng。

【百废俱兴】　bǎifèijùxīng　bǎifèijùxīng　许多被废置的事业又都兴办起来。

【百分点】　bǎifēndiǎn　图统计学指"1%"。如去年的利润是10%，今年是12%，就可以说今年比去年上升了两个百分点。

【百感交集】　bǎigǎnjiāojí　各种感触交织在一起，形容心情特别复杂。

【百花齐放】　bǎihuāqífàng　比喻艺术上的不同形式和风格同时存在，自由发展。

【百货】　bǎihuò　图服装、化妆品、器皿、家用电器等日用商品的总称。

【百家争鸣】　bǎijiāzhēngmíng　指学术上不同学派之间自由论争。

【百科全书】　bǎikē quánshū　大型工具书，选择人类知识各领域或某个知识领域中的重要事项，加以较详细的解说。一般按词典形式分条编排。按内容可分综合性百科全书和专科性百科全书两大类。

【百孔千疮】　bǎikǒngqiānchuāng　比喻破坏程度严重或缺漏、弊病很多。

【百炼成钢】　bǎiliànchénggāng　比喻经过长期锻炼，变得无比坚强。

【百年大计】　bǎiniándàjì　事关长远利益的计划或措施。

【百事通】　bǎishìtōng　图指知识广博、事事都懂的人。

【百思不解】　bǎisībùjiě　经过百般思索仍然不能理解。

【百闻不如一见】　bǎiwénbùrúyíjiàn　听别人说一百次不如自己看一次。表示听别人说的远不如自己亲眼看见的真切和印象深刻。

【百无聊赖】　bǎiwúliáolài　指思想感情毫无寄托，空虚无聊（聊赖：赖以寄托）。

【百姓】　bǎixìng　图人民；群众（区别于"官员""军人"）。

【百依百顺】　bǎiyībǎishùn　形容不问是非，事事处处顺从听话。

【百折不挠】　bǎizhébùnáo　无论遇到多少挫折都不屈服，形容意志坚强。

【百足之虫，死而不僵】　bǎizúzhīchóng, sǐ'érbùjiāng　节肢动物马陆每节都有足一至二对，切断致死后仍能各自行走。比喻基础深厚、势力强大的事物垮台后，余威和影响仍然存在，还能挣扎一时（多含贬义）。

佰　bǎi　圈数字"百"的大写。

柏　bǎi　图柏树，常绿乔木，木材坚硬，是建筑和制造家具的优良用材。☞在"柏林"（德国首都）中读
bó。

捭　bǎi　团〈文〉分开▷纵横～阖（联合分化）。

摆（擺❶—❺襬❻）　bǎi　❶团排列；放置▷把书～整齐|橱窗里～着各种商品。❷列举；陈述▷～事实，讲道理|评功～好。❸故意显示▷～老资格|～阔。❹来回摇动▷～手|～动。❺图钟表、仪器里来回摆动的部件或零件▷钟～|～轮。❻衣、裙等的最下面的部分▷下～。

【摆布】　bǎibù　❶团安排▷事情太多，～不开。❷控制；支配▷受人～。

【摆渡】　bǎidù　❶团用船渡（人或物）过河▷这里没有桥，只能靠船来回～。❷图摆渡的船或筏子▷～上没人。

【摆架子】　bǎijiàzi　为显示身份地位而装腔作势。

【摆阔】　bǎikuò　团讲排场；炫耀富有。

【摆擂台】　bǎilèitái　搭起擂台招人比武。比喻竞赛中向人挑战。

【摆弄】　bǎinòng　❶团来回拨动；把玩▷～算盘珠子|～玩具。❷用手操作或修理▷～电脑|打开表壳，～了半天也没修好。❸捉弄；摆布▷受人～。

【摆平】　bǎipíng　团摆放平正，比喻处理事情妥帖，使各方能接受▷这件事得～，不然今后双方不好合作。

【摆设】　bǎishè　团摆放；陈设▷～展品。

【摆设】　bǎishe　❶图摆设的东西；陈列品▷家里的～很时髦。❷比喻徒有其表而无实用价值的东西▷这个管委会纯粹是个～，什么事也管不了。

【摆脱】　bǎituō　团脱离（不利处境或不良状况）▷～干扰|～旧传统的束缚。

败（敗）　bài　❶团损坏；搞坏▷伤风～俗|身～名裂。❷做事情没有成功（跟"成"相对）▷坐观成～。❸在战争或竞赛中失利（跟"胜"相对）▷只许胜，不许～|～仗。❹使对方失败▷大～敌军。❺图衰落；腐烂▷花开～了|衰～|腐～。❻团使某些致病因素减弱或消失▷～毒|～火。

【败北】　bàiběi　❶团打了败仗逃跑，泛指打败仗▷敌军～。❷在竞赛中失败▷该队在循环赛中接连～。

【败笔】　bàibǐ　图书法、绘画或诗文中有毛病的地方。也比喻工作中的缺点。

【败坏】　bàihuài　❶团损坏（风气、声誉等）▷门庭|～名誉。❷形（道德、品行等）腐朽恶劣▷道德～。

【败家】　bàijiā　团使家庭、家业破落▷～容易兴家难|他因为赌博败了家。

【败局】　bàijú　图失败的局面▷扭转～。

【败类】bàilèi 图指腐败堕落分子或变节分子。

【败露】bàilù（坏事、丑事）被人发觉▷私情～I阴谋～。☞"露"这里不读lòu。

【败落】bàiluò 囮衰败；衰落▷家境～。

【败诉】bàisù 团在诉讼判决中失败（跟"胜诉"相对）。

【败兴】bàixìng 囮因遇到不称心的事情而兴致低落▷～而返。

拜　bài ❶团古代指为表示敬意而拱手弯腰，现泛指行礼▷请受我一一I向父母遗像～了三～。❷尊崇；敬奉▷崇～I～服。❸行礼致敬表示祝贺▷～年I～寿。❹通过一定的礼仪授予某种名位或结成某种关系▷～将I～师I把兄弟。❺敬词，用于人事往来▷～读I～托。❻第四画是竖撇（丿），不是竖钩（亅）。

【拜倒】bàidǎo 团跪在地上行拜礼，比喻崇拜或屈从▷～在权势者脚下。

【拜访】bàifǎng 团看望；探望▷登门～I～几个老朋友。

【拜服】bàifú 囮敬重佩服▷他知识渊博，让人～。

【拜会】bàihuì 团拜访会见（现多用于外交场合）。

【拜见】bàijiàn 团恭敬地进见▷～师长。

【拜金主义】bàijīn zhǔyì 一种崇拜金钱的价值观念，认为金钱至高无上。

【拜年】bàinián 团行礼致敬，祝贺春节或新年。

【拜师】bàishī 团拜认某人为老师或师傅▷～学艺I拜名家为师。

【拜托】bàituō 团敬词，用于委托别人办事▷孩子学习的事就～您了。

【拜谢】bàixiè 团敬词，郑重地行礼致谢▷～救命恩人I改日一定到府上～。

【拜谒】bàiyè ❶团谒见；拜见▷～恩师。❷敬词，用于瞻仰陵墓等▷～了黄花岗七十二烈士墓。

稗　bài ❶图稗子，草本植物，叶子同稻相似，是稻田杂草。❷囮比喻微小、琐碎▷～史（记载轶闻琐事的书）。

ban

扳　bān ❶团使一头固定的东西改变方向或扭转▷～道岔I～着指头算。❷扭转（败局）▷～回一局。☞不读bǎn。

【扳倒】bāndǎo 团用力使直立的人或东西倒下，比喻使垮台▷～了横行乡里的村霸。

【扳手】bānshou ❶图用来拧紧或旋松螺钉、螺母等的工具。也说扳子。❷器具上供用手扳动的部分。

班　bān ❶图为了便于工作或学习而分成的单位▷装卸～I学习～。❷工作按时间分成的段落▷早～I晚～I三～倒～值。❸定时运行的班次▷～车I～机。❹军队的编制单位，在排以下。❺量a)用于人群▷这～小青年干劲真不小。b)用于定时运行的交通工具▷搭头～车走。❻团调回（武装力量）▷～师。

【班次】bāncì ❶图学校教学班的排列次序。❷有固定路线并定时往来的交通工具开行的次数▷春运期间增加列车的～。❸某些工作排班的次序▷一昼夜分三个～。

【班底】bāndǐ 图泛指一个组织中的基本成员或领导班子的成员。

【班房】bānfáng ❶图旧时官衙差役值班的地方。也指差役。❷指监狱或拘留所▷蹲～。

【班级】bānjí 图学校里年级和班的总称。

【班门弄斧】bānménnòngfǔ 在鲁班门前摆弄斧子（班:鲁班，即公输班，古代巧匠）。比喻在行家面前卖

弄本领。☞"班"不要写作"搬""斑"。

【班师】bānshī 团调回出征的军队，也指出征的军队凯旋。

【班子】bānzi ❶图戏班子▷草台～。❷指为完成一定任务而专门成立的组织▷写作～。❸指一个单位或部门里由若干主要负责人组成的领导集体▷现在的市委领导～很年轻。

般　bān ❶量种；类；样▷百～照顾I万～无奈I俩人一～高。❷囮一样▷珍珠～的露水I翻江倒海～的气势。

【般配】bānpèi ❶囮指婚姻双方条件大体相当▷小夫妻俩挺～。❷指人的衣着等与身份相称▷她的打扮同身份不～。

颁（頒）bān 团发布；发下▷～行I～奖。

【颁布】bānbù 团（国家机关）公布▷～宪法I～管理条例。

【颁发】bānfā ❶团发布；下达（命令、指示、政策等）。❷授予（勋章、奖金、证书等）。

斑　bān ❶图斑点或斑纹▷红～I～痕。❷囮有斑点或斑纹的▷～竹I～马。❸几种颜色夹杂在一起的▷～驳。

【斑白】bānbái 囮（胡须、头发）花白。☞不宜写作"班白""颁白"。

【斑斑】bānbān 囮斑点很多▷～血迹I油渍～。

【斑驳陆离】bānbólùlí 形容色彩错杂纷繁。☞不宜写作"班驳陆离"。

【斑点】bāndiǎn 图一种颜色的物体表面显露出来的别种颜色的点子。

【斑痕】bānhén 图斑点或斑纹的痕迹▷工作服上的油渍～很难洗净。

【斑斓】bānlán 囮色彩交错、灿烂▷～猛虎I色彩～的鹦鹉。

【斑马线】bānmǎxiàn 图马路上标示出的人行横道线，因所涂的白线像斑马的横纹而得名。

【斑纹】bānwén 图一种颜色的物体表面夹杂的别种颜色的条纹▷老虎身上有黄黑色的～。

搬　bān ❶团把较重或较大的东西移到另外的位置▷把桌子～开I箱子太重，一个人～不动I～运。❷迁移▷～进新居I～家。❸移用；套用▷把古典名著《红楼梦》～上银幕I生～硬套。

【搬兵】bānbīng 团调动救援军队，比喻请求支援▷情况危急，快回去～。

【搬弄】bānnòng ❶团反复拨动▷～枪栓I～电动玩具。❷挑拨▷～是非I～口舌。❸卖弄；炫耀▷他就爱～自己那点儿小聪明。

【搬起石头砸自己的脚】bānqǐshítouzázìjǐdejiǎo 比喻本想加害别人，结果却害了自己。

【搬迁】bānqiān 团住所或单位等由原处所迁移到另一地方▷我们那儿要盖大楼，整条胡同的住户都得～。

【搬用】bānyòng 团照搬（现成的做法、经验）▷别人的经验不能机械～。

瘢　bān 图创（chuāng）伤或疮疖等愈合后留下的痕迹▷疮～I～痕。

癍　bān 图皮肤上生斑点的病。

坂　bǎn 图〈文〉山坡；斜坡▷～上走丸（比喻迅速）。

板（闆）❼bǎn ❶图片状的木头；成片的较硬的物体▷木～I石～I钢～。❷特指黑板▷～书I～报。❸打节拍的乐器，也指打出的节拍▷打

竹~儿l快~儿书l有~有眼。❹圈不灵活；缺少变化▷死~l呆~。❺圈使表情严肃▷~面孔训斥人。❻结成像板子似的硬块▷地~了，锄不动。❼见[老板]lǎobǎn。

【板壁】　bǎnbì　图房间里用板材制成的隔断墙。

【板材】　bǎncái　图经加工呈板状的木材或其他材料。

【板儿车】　bǎnrchē　图〈口〉人力蹬的平板三轮车，多用来运货。

【板结】　bǎnjié　团指土壤因缺乏有机质，降雨或灌水后变硬。

【板块】　bǎnkuài　❶图指根据大地构造理论划分的地球岩石圈的构造单元，全球划分为欧亚、太平洋、美洲、非洲、印澳和南极六大板块。❷指构成事物整体的相对独立的各组成部分▷知识~l大容量新闻~。

【板上钉钉】　bǎnshàngdìngdīng　比喻事情已成定局，无法改变。

【板书】　bǎnshū　❶团（教师等）在黑板上书写▷老师边讲课边~。❷图在黑板上写的字▷~设计得很好。

【板眼】　bǎnyǎn　❶图民族音乐或戏曲中的节拍。每小节中，强拍叫"板"，次强拍、弱拍叫"眼"，如一板三眼、一板一眼。❷比喻层次、条理▷别看他人小，说起话来还挺有~。

【板滞】　bǎnzhì　圈（文章、图画等）死板；（神情）呆滞▷演讲切忌~l目光~。

版　bǎn　❶图印刷用的底板，上面有文字或图形▷木~l铅~l胶~l排~。❷书籍排印一次为一版（一版可以有许多次印刷）▷初~l再~。❸报纸的一面▷今日本报共8~l头~l头条。❹照相的底片▷底~l修~。

【版本】　bǎnběn　图同一部书经多次编辑、传抄、制版和装订等而形成的不同本子。如《红楼梦》有甲戌本、庚辰本、正本等多种版本。

【版画】　bǎnhuà　图用刀子或化学药品在版面上雕刻或蚀刻后印成的画。有凸版、凹版、平版和孔版四种。

【版面】　bǎnmiàn　❶图书籍报刊每一页的整面，包括版心及四周空白部分。❷书籍报刊每一面上文字图画的编排形式▷~新颖。

【版权】　bǎnquán　图著作权。

【版权页】　bǎnquányè　图书刊等正式出版物中印有书名、作者、出版者、发行者、印刷者、版次、印刷年月、印数、定价、书号等内容的一页。

【版式】　bǎnshì　图书籍报刊排版的格式▷双栏~l横排~。

【版税】　bǎnshuì　图出版者向作者支付稿酬的一种形式，即按出售所得收入的约定百分数付给作者的报酬。

【版图】　bǎntú　图原指户籍和地图，现泛指国家的疆域。

办（辦）　bàn　❶团做；处理▷帮我~件事。❷采购；购置▷~年货l置~l备~。❸处罚▷首恶必~l严~l法~。❹创建并经营；从事并负责（事业）▷~了一家公司l~工厂l教育l创~。

【办案】　bàn'àn　团（公安、检察、法院等）办理案件▷依法~。

【办法】　bànfǎ　图处理事情或问题的方法。

【办公】　bàngōng　团办理公事。

【办理】　bànlǐ　团办理（事务）；承办▷出国手续l小件行李存放业务。

半　bàn　❶题二分之一▷~瓶酒l~个月l~价。❷圈在……中间的▷~途而废l~山腰l~夜。❸不完全▷~自动l~成品。❹题同量词连用，表示量

很少▷一星~点。

【半壁】　bànbì　图半边，特指国土一半或一部分▷~江山。

【半边天】　bànbiāntiān　❶图天空的一半或一部分。❷比喻妇女▷~的作用一点儿也不比男子小。

【半岛】　bàndǎo　图三面临水，一面跟大陆连接的陆地，如山东半岛。

【半吊子】　bàndiàozi　图旧时一千个铜钱串在一起为一吊，五百钱为半吊。比喻知识不丰富或技能不熟练的人。也比喻言行失检或办事有始无终的人。

【半封建】　bànfēngjiàn　图一种特殊的社会形态。封建国家在帝国主义入侵后，原有的封建经济虽遭到破坏，但仍保持着封建剥削制度，同时资本主义又有了一定的发展。

【半酣】　bànhān　圈形容酒兴正浓，但尚未尽兴▷酒至~。

【半斤八两】　bànjīnbāliǎng　旧制1市斤是16两，半斤就是8两。比喻彼此相当，不分上下（含贬义）。

【半拉】　bànlǎ　〈口〉❶半个▷~月饼。❷图半边▷北~是教室，南~是宿舍。☞"拉"这里不读lā。

【半路】　bànlù　❶图路程的一半或路途中间。❷比喻事情进行中间；中途▷会没开完，他~就退场了l改行。也说半道。

【半瓶醋】　bànpíngcù　比喻对某种知识或技术一知半解的人。

【半晌】　bànshǎng　图〈口〉半天。

【半身不遂】　bànshēnbùsuí　偏瘫。☞"遂"这里不读suí。

【半死不活】　bànsǐbùhuó　接近死亡状态。形容没有一点生气和活力。

【半天】　bàntiān　❶图白天的一半▷再给你~时间。❷指较长的一段时间（带有夸张意味）▷气得~说不出话来l好~才把孩子哄着(zháo)。

【半推半就】　bàntuībànjiù　一边推辞，一边凑近。形容内心愿意，表面却假意推辞。

【半文半白】　bànwénbànbái　文言和白话夹杂使用。

【半信半疑】　bànxìnbànyí　既有点儿相信，又有点儿怀疑。

【半夜三更】　bànyèsāngēng　零点前后。也泛指深夜。☞"更"不读jīng。

【半殖民地】　bànzhímíndì　图指形式上保持独立，但在政治、经济等方面都受别国控制的国家。

【半中腰】　bànzhōngyāo　❶图指高度或长度的中间部位。❷比喻事情进行的中间阶段▷这部小说写到~就写不下去了。

扮　bàn　团化装；化装成（某种人物）▷女~男装l在《空城计》里~诸葛亮l假~。

【扮鬼脸】　bànguǐliǎn　指脸上装出奇特滑稽的模样。

【扮相】　bànxiàng　图演员化装成的剧中人物的形象；泛指打扮后的外貌▷~俊美。☞"相"不宜写作"像"。

【扮演】　bànyǎn　团演员化装成剧中人进行表演▷他在剧中~诸葛亮◇他在这次事件中~了不光彩的角色。

伴　bàn　❶图在一起生活、工作或活动的人▷同~l伙~。❷团陪着；随同▷~我渡过难关l陪~。❸从旁配合▷~奏l~舞。

【伴唱】　bànchàng　团在一旁为配合表演而歌唱。

【伴读】　bàndú　团旧指陪伴官宦子女在书房读书，今指出国留学期间，配偶随同出国陪伴读书。

【伴侣】　bànlǚ　❶图同伴；伙伴▷志同道合的~。❷特指夫妻或夫妻中的一方▷结为终身~。

【伴随】　bànsuí　团陪伴；随同▷~祖母出门旅游l阅历

~着年龄而增长。

【伴舞】　bànwǔ　❶动陪伴别人跳舞。❷为配合表演在旁边跳舞。

【伴音】　bànyīn　名电影、电视中为配合图像而同时播放的声音。

【伴奏】　bànzòu　动为配合唱歌、跳舞或独奏等而演奏乐器。

拌　bàn　❶动搅和▷~豆腐｜~草料搅~。❷争吵▷~嘴。

【拌和】　bànhuò　动使两种或多种物质均匀地混合在一起▷把沙子和水泥~匀了。☞"和"这里不读hé或hè。

【拌嘴】　bànzuǐ　动吵嘴;口角▷他俩从来不~｜跟街坊拌了一回嘴。

绊(絆)　bàn　动阻挡或缠住,使行走不便或跌倒▷~了个跟头。

【绊脚石】　bànjiǎoshí　比喻阻碍前进的人或事物▷虚伪是科学的~。

【绊子】　bànzi　名摔跤时用一只腿去别住对方的腿使跌倒的一种招数,比喻暗地里害人的手段▷他嘴上说得好听,脚底下却给人使~。

瓣　bàn　❶名植物的花、果实、种子或球茎可以分开的小片或小块▷花~儿｜橘子~儿｜豆~儿｜蒜~儿。❷物体分成的小块或小片▷碗摔成好几~儿。

bang

邦　bāng　名国家▷治国安~｜友~。

【邦交】　bāngjiāo　名国家间的正式外交关系。

帮(幫)　bāng　❶名物体两边或四周的部分▷鞋~｜船~｜白菜~。❷动替别人出力;协助▷~妈妈做饭｜~工。❸名群;团伙▷搭~｜匪~。❹量用于成群结伙的人▷一~孩子。

【帮倒忙】　bāngdàománg　帮忙没帮好,反而给人添了麻烦。

【帮会】　bānghuì　名旧时民间秘密组织的统称。如天地会、哥老会、三合会和青帮等。

【帮教】　bāngjiào　动帮助和教育▷对失足青少年,要耐心~。

【帮忙】　bāngmáng　动帮人做事或解决困难。

【帮派】　bāngpài　名某些政党或社会集团内部结成的小集团▷清除~势力。

【帮腔】　bāngqiāng　❶动指某些戏曲演出中,一些人在幕后齐唱,应和(hè)台上演唱。❷比喻支持、附和别人说话▷他要拉人给他~,千万不要上当。

【帮手】　bāngshǒu　名帮忙的人。

【帮闲】　bāngxián　❶动(某些文人)为权贵、富豪帮腔或消闲作乐。❷名帮闲的人。

【帮凶】　bāngxiōng　❶动帮坏人行凶作恶。❷名帮坏人行凶作恶的人。

【帮助】　bāngzhù　动给他人以人力、物力或精神上的援助▷~他解决困难。

【帮子】　bāngzi　❶名指鞋帮。❷某些蔬菜外层较厚硬的叶子▷白菜~。❸量〈口〉用于成群或成伙的人▷一~狐朋狗友｜来了一~人。

梆　bāng　❶拟声模拟敲击、碰撞木头的声音▷把桌子敲得~~响｜~的一声,门撞开了。❷名梆子。

【梆子】　bāngzi　❶名旧时打更用的响器,中空,有柄,用木或竹制成。❷打击乐器,用两根长短不同的枣木制成,多用于地方戏曲梆子腔的伴奏。❸指梆子腔(一种地方戏曲)▷河北~｜山西~。

浜　bāng　名通向江河的小河沟(多用于地名)▷张华~(在上海)｜沙家~(在江苏)。☞不读bīng或bīn。

绑(綁)　bǎng　动捆;缠绕▷把两根竹竿~在一起｜捆~｜~腿。

【绑架】　bǎngjià　动用强力把人劫走。

【绑票】　bǎngpiào　动绑匪把人劫走,强迫被劫者的家属用钱赎人。

【绑扎】　bǎngzā　动捆扎;包扎▷把伤口~好。☞"扎"这里不读zhā。

榜　bǎng　名张贴出来的文告或名单▷~上有名｜发~｜落~｜~光荣。

【榜首】　bǎngshǒu　名指公布名单中的首位;泛指第一名。

【榜样】　bǎngyàng　名值得学习的人、单位或事。

膀　bǎng　❶名胳膊和躯干相连的部分▷~大腰圆｜肩~。❷鸟类等的飞行器官▷翅~。○另见pāng;páng。

【膀大腰圆】　bǎngdàyāoyuán　形容人身材高大粗壮。

蚌　bàng　名软体动物,有两片可以开闭的长圆形介壳,有的种类壳内可以产珍珠。☞在"蚌埠"(安徽地名)中读bèng。

棒　bàng　❶名较粗、较短的棍子▷棍~｜~槌。❷形强;好▷身体~｜技术~。

【棒槌】　bàngchui　❶名一端粗、一端较细的木棒,多用于捶洗衣服。❷比喻死心眼儿的人。

【棒喝】　bànghè　名比喻使人猛醒的警告▷当头~。☞"喝"这里不读hē。

傍　bàng　❶动靠;靠近▷船~岸了｜依山~水。❷临近(某时间)▷~晚。☞统读bàng。

【傍人门户】　bàngrénménhù　借指依赖别人,不能自立。

【傍晚】　bàngwǎn　名快到晚上的时候。

谤(謗)　bàng　动无中生有地说人坏话▷诽~。

磅　bàng　❶名英美制重量单位。1磅等于0.4536千克。❷磅秤,金属制的有承重底座的秤。❸动用磅秤称重量▷~体重｜把这车煤~一~。☞不读bèng。○另见páng。

镑(鎊)　bàng　名〈外〉英国、爱尔兰、埃及、黎巴嫩、苏丹、叙利亚、以色列等国的本位货币。

bao

包　bāo　❶动用纸、布等裹东西或蒙在东西表面▷伤口~着纱布｜~饺子。❷名成件的包起来的东西▷把棉花打成~｜皮~｜书~｜针线~。❸表面近似半球形的东西▷头上起了个~｜蒙古~｜山~｜面~。❹量用于包起来的东西▷~衣服｜两~糖。❻动容纳在内;总括在一起▷无所不~。❼总揽下来,全面负责▷这件工作~给你了｜~工｜~承。❽担保;保证▷~您满意｜退~换。❾全部买下或租用;约定专用▷~圆儿｜~了一场电影｜~了三辆车｜~饭。❿围拢;围绕▷~围。☞下边是"巳",不是"已""己"。

【包办】　bāobàn　❶动全部承担下来;单独负责办理▷~酒席｜连带料都由他一人~。❷个人独揽,不让有关人员参与▷~代替｜~婚姻。

【包庇】　bāobì　动公开或暗中保护(坏人、坏事)▷~犯罪嫌疑人｜彼此~。

【包藏】　bāocáng　动心里藏着;隐藏▷~祸心｜杀机。

【包抄】 bāochāo 囫绕到敌军侧面或背面包围夹击▷迂回～｜分兵两面～。

【包打天下】 bāodǎtiānxià 比喻个人或少数人把任务都包揽下来,不放手让别人干。

【包袱】 bāofu ❶囵包有衣物等的布儿▷衬衣在～里。❷囵包衣物等用的布。也说包袱皮儿。❸比喻某种负担▷思想～。❹曲艺界指相声、快书等中设计的笑料。

【包干儿】 bāogānr 囫承担并保证完成一定范围的全部工作▷分片～｜门前卫生由各单位～。

【包裹】 bāoguǒ ❶囫捆扎;包扎▷匣子用布～得严严实实的。❷囵包扎成的包儿▷～寄走了。

【包含】 bāohán 囫里面含有(多用于抽象事物)▷这一成果～着许多人的心血。

【包涵】 bāohan 囫客套话,表示请求宽容、原谅▷招待不周,请多多～!

【包括】 bāokuò 囫总括在一起;里面含有▷全校教师,～教授、讲师、助教,已有一千人｜大家都去,也～你们。

【包揽】 bāolǎn 囫把事情全揽过来自己办▷～诉讼｜他～了所有杂活儿。

【包罗万象】 bāoluówànxiàng 包容一切。形容内容丰富,无所不包。

【包票】 bāopiào ❶囵旧指保单。❷比喻保证事情万无一失的许诺▷他一定会来,我敢打～。也说保票。

【包容】 bāoróng ❶囫宽容;容忍▷他很能～人｜一味～。❷容纳▷一篇文章不可能～一切。

【包围】 bāowéi ❶囫四面围住▷他被欢迎的人群～了。❷囵指包围圈▷我们终于冲破了敌国的～。

【包席】 bāoxí ❶囫订购成桌配套的酒席。❷囵饭馆成桌供应的酒席▷吃～比现点菜省事。也说包桌。

【包厢】 bāoxiāng 囵剧场中特设的单间观众席,多在楼上。

【包圆儿】 bāoyuánr 囫把货物(多为剩余的货物)一总买下▷萝卜我～了,便宜点◇剩下的活儿,我们小组～了!

【包孕】 bāoyùn 囫包含;容纳▷～古今｜这一片嫩绿里～着无限的生机。

【包蕴】 bāoyùn 囫深含;蕴含▷发自肺腑的歌唱～着对祖国深深的爱恋。

【包扎】 bāozā 囫包裹捆扎▷～伤口｜把报纸～成捆。☞"扎"这里不读zhā。

【包装】 bāozhuāng ❶囫将商品包裹起来或装进盒子、瓶子等容器,以起到保护和装饰的作用▷商品｜礼物～得真漂亮。❷囵指包装用的盒子、箱子等▷软～｜陈旧。❸囫比喻对人进行形象设计▷这个歌手经过～后,顿时面貌一新。

苞 bāo 囵花没开放时包着花蕾的小叶▷含～待放｜花～～。

孢 bāo ［孢子］bāozǐ 囵某些低等动物和植物在无性繁殖或有性生殖中产生的生殖细胞或少数细胞的繁殖体,脱离母体后能直接或间接发育成新个体。☞不宜写作"胞子"。

胞 bāo ❶囵胞衣,包在胎儿外面的膜质囊▷同～。❷指同父母所生的▷～兄｜～妹。❸同祖国或同民族的人▷侨～｜台～｜藏～。☞统读bāo。

炮 bāo ❶囵烹调时把肉片放在锅内用旺火急炒▷～羊肉。❷把物品放在器物上烘烤使干▷～干尿布｜把花生放在锅里～一～。○另见páo;pào。

剥 bāo 囫去掉(外皮或壳)▷香蕉要～了皮吃｜～栗子。☞左下是"水",不是"氺"。○另见bō。

龅(齙) bāo ［龅牙］bāoyá 囵暴露在唇外的牙齿。☞统读bāo。

煲 bāo 囵壁较为陡直,呈圆筒状的锅▷瓦～｜电饭～。

褒 bāo 囫赞扬;给予高的评价(跟"贬"相对)▷～义词｜～奖。☞不读bǎo。

【褒贬】 bāobiǎn 囫赞美或贬低;议论是非好坏▷～鲜明｜妄加～。

【褒贬】 bāobian 囫批评;指责;贬低(人)▷把别人～得一文不值。

【褒奖】 bāojiǎng 囫表扬奖励▷～劳动模范。

【褒扬】 bāoyáng 囫赞美表扬▷～好人好事。

【褒义】 bāoyì 囵词句里面含有的赞扬的意思▷这个词～。

雹 báo 囵雹子,空气中水蒸气遇冷凝结的冰粒或冰块,常在夏季随雷阵雨落下▷冰～｜～灾。

薄 báo ❶囮扁平物体的厚度小▷这本书很～。❷不肥沃▷地～。❸(感情)冷淡▷他待你不～。❹(味道)淡▷酒味太～。☞跟"簿"(bù)不同。○另见bó。

饱(飽) bǎo ❶囮吃足了(跟"饿"相对)▷酒足饭～｜温～。❷囫满足;装满▷大～眼福｜中～私囊。❸囮充足;充分▷经风霜｜受。❹(子粒)丰满▷麦粒儿很～｜颗粒～满。

【饱含】 bǎohán 囫满含;充满▷眼里～泪水｜话里～辛酸。

【饱汉不知饿汉饥】 bǎohànbùzhīèhànjī 比喻处境好的人不理解处于困境中的人的艰难和痛苦。

【饱和】 bǎohé ❶囮在一定温度和压力下,溶液里的溶质达到最大限度,不能再溶解。❷比喻在某个范围内达到最大限度▷市场已经～。

【饱经风霜】 bǎojīngfēngshuāng 形容经受过无数艰难困苦的磨炼。

【饱满】 bǎomǎn ❶囮充实;丰满▷子粒～｜天庭～。❷充沛;旺盛▷热情～｜以～的精力投入新的工作。

宝(寶) bǎo ❶囵玉石的统称;泛指珍贵的东西▷珍～｜珠～｜粮食是～中之～。❷囮稀有而珍贵的▷～刀｜～剑。❸敬词,用于称对方的家眷、店铺或所在的地方等▷～眷｜～号｜～地。❹囵古代指货币或充当货币的金银▷通～｜元～。

【宝贝】 bǎobèi ❶囵珍稀的物品。❷对小孩儿的昵称。❸讥称无能或怪异的人▷他家那个～,让人哭笑不得。

【宝刀不老】 bǎodāobùlǎo 比喻人虽老了,但技艺仍然精湛。

【宝地】 bǎodì ❶囵富饶的土地;位置优越的地方。❷敬词,称对方所在地。

【宝贵】 bǎoguì 囮非常有价值的;很值得重视的▷～财富｜～经验。

【宝库】 bǎokù 囵储藏珍贵物品的处所(多用作比喻)▷理论～｜书籍是智慧～。

【宝藏】 bǎozàng 囵储藏的珍宝;蕴藏在地下或海洋中的自然资源▷祖国有丰富的～◇少数民族文学的～有待进一步发掘。☞"藏"这里不读cáng。

【宝座】 bǎozuò 囵帝王或神佛的坐位,也泛指尊贵的地位。

保 bǎo ❶囫养育;抚养▷～育员｜～姆。❷保护▷～家卫国｜明哲～身。❸维持(原状),使不消失或减弱▷～住优势｜～暖。❹保证,使一定做到或不出问题▷旱涝～收｜～质｜～量｜～担。❺囵担保人;保证人▷作～｜找～。

【保安】bǎo'ān ❶囫维护社会治安,如防火、防盗等。❷图做保安工作的人。

【保镖】bǎobiāo ❶囫(镖局或有武艺的人)为雇主护送财物或保护人身安全,也泛指起护卫作用。❷图从事保镖工作的人,也泛指起护卫作用的人。☛不宜写作"保镳"。

【保藏】bǎocáng 囫保存收藏。

【保持】bǎochí 囫保留;维持,使不消失或改变▷要～原貌|～清洁。

【保存】bǎocún 囫加以保护,使继续存在。

【保底】bǎodǐ ❶囫保住本钱或投入的资金。❷保持所定数值的最下限▷奖金上不封顶,下不～。

【保管】bǎoguǎn ❶囫保藏管理。❷图担任保管工作的人。❸剾表示很有把握▷这双鞋是货真价实的名牌,～你满意。

【保护】bǎohù 囫尽力护卫,使不受损害。

【保护伞】bǎohùsǎn 比喻可以起庇护作用的威慑力量或有权势的人物▷核～|决不能充当坏人的～。

【保护色】bǎohùsè 图某些动物身上具有的跟所处环境相似的颜色,能起到自身不容易被发觉的作用;比喻伪装的手段▷他假装积极,有一层～。

【保驾】bǎojià 囫原指保卫皇帝,现指保护他人▷大胆游吧,有我给你～,怕什么? ◇人民军队为改革开放～护航。

【保健】bǎojiàn ❶圀保护健康的▷～操|～药品。❷图保护健康的工作▷妇幼～。

【保举】bǎojǔ 囫担保举荐(人才)。

【保留】bǎoliú ❶囫保存下来;留着▷～原貌|一部分卧铺票。❷(对决议、观点、工作等)表示不赞成或有异议▷他对这种作法～个人看法。

【保密】bǎomì 囫保守秘密,使不泄漏。

【保姆】bǎomǔ 图受雇为人照管儿童或为人从事家务劳动的妇女。☛不宜写作"保母""褓母""褓姆"。

【保全】bǎoquán 囫保护,使完好无损▷～信誉|～性命。

【保释】bǎoshì 囫在保人保证被拘押者随时接受传讯和不再犯新罪的前提下,司法部门暂时释放被拘押者。也指为犯人担保,使其获释。

【保守】bǎoshǒu ❶囫保持住;不丧失▷～机密。❷圀守旧;不图改进或革新▷思想～|工作～,毫无创新。

【保守派】bǎoshǒupài 图指政治上主张维持现状,甚至反对变革的派别或个人。也泛指思想守旧的人。

【保送】bǎosòng 囫不经过统一考试,由国家机关、团体、学校等择优选送入学。

【保卫】bǎowèi 囫护卫,使不受侵犯。

【保温】bǎowēn 囫使热量少散失,以保持一定的温度▷～杯。

【保鲜】bǎoxiān 囫使食物在一定时间内保持新鲜▷冰箱得使蔬菜～。

【保险】bǎoxiǎn ❶囫保证;担保▷～工程质量没问题。❷圀靠得住;稳妥▷钱存入银行很～。❸图一种社会互助性质的补偿方法。个人或单位定期或一次性向保险机构交纳一定数量的费用,当自然灾害或其他意外事故发生时,保险机构对在保险范围内所受的损失负责赔偿。❹锁、枪支等起安全保证作用的装置。

【保修】bǎoxiū ❶囫某些商品出售后在规定时间内如果出现质量问题,由售货单位或厂家免费修理。❷保养,维修▷织布车间的机器是由李师傅～的。

【保养】bǎoyǎng ❶囫保护调养(身体)。❷养护,维修～机器设备。

【保佑】bǎoyòu 囫迷信指神仙庇护和帮助。☛不要写作"保祐"。

【保障】bǎozhàng ❶囫保护(安全、权益等),使不受侵犯和破坏▷～公民的合法权益。❷确保,使充分实现▷增加生产,～供给。❸图起保障作用的事物▷后勤～|安全～。

【保证】bǎozhèng ❶囫担保;一定做到▷～按时排除故障。❷确保(既定的要求和标准)▷～质量|～供应。❸图作担保或起决定作用的事物▷向银行贷款,他有实力作～。

【保证金】bǎozhèngjīn ❶图被告人为了保证不逃避审讯而向司法或公安机关依法缴纳的一定数量的钱。❷为了保证履行某种义务而缴纳的一定数量的钱。

【保证人】bǎozhèngrén ❶图为别人的行为符合要求做担保的人。❷法律上指担保被告人随传随到不逃避审讯的第三人。❸法律上指担保偿还债务的第三人。

【保值】bǎozhí 囫使保值币或财产不受物价上涨的影响而保持原有价值▷～储蓄。

【保重】bǎozhòng 囫(希望对方)爱护身体,注重健康▷请多多～。

鸨(鴇) bǎo ❶图鸟,像雁而略大,不善飞而善奔驰,能涉水。❷旧指开设妓院的女老板▷～母|老～子。

葆 bǎo 囫保持▷永～青春。

堡 bǎo 图堡垒▷碉～|～地|～桥头～。○另见bǔ。☛在某些地名中读pù,如"十里堡"。

【堡垒】bǎolěi ❶图防御用的坚固建筑物。❷比喻难以解决的课题或顽固守旧的人▷科学～|顽固～。

褓 bǎo 图包裹婴儿的被子▷襁～。

报(報) bào ❶囫告诉;通知▷通风～信|通～。❷图报纸或刊物▷订了两份～|晚～|学～|画～。❸某些传达信息的东西▷海～|警～。❹特指电报▷发～机|～务员。❺囫回答;答谢▷～以热烈的掌声。❻报复▷～仇。

【报案】bào'àn 囫向公安或司法机关报告违犯法律、危害社会治安的事件。

【报偿】bàocháng 图报答和补偿。

【报仇】bàochóu 囫对仇敌采取报复行动▷为牺牲的烈士～。

【报酬】bàochou 图作为使用别人的劳动或借用物品的代价付给的钱或实物。

【报答】bàodá 囫以实际行动来感谢、回报▷～父母的养育之恩。

【报到】bàodào 囫向有关单位或组织报告自己已经来到。

【报道】bàodào ❶囫通过报纸、广播、电视等把新闻传播出去▷～消息。❷图用书面、广播或电视等形式发表的新闻稿▷这篇～很好。

【报废】bàofèi 囫设备、设施、产品、器物等因不合格或损坏而成为废品。

【报复】bàofù 囫(对有损自己利益的人)进行回击▷～敌人|打击～|警惕有人对举报人进行～。

【报告】bàogào ❶囫向上级或群众正式讲述、说明(意见或事情)▷～救灾情况。❷图向上级或群众所做的口头或书面形式的正式陈述▷写总结～。

【报告文学】bàogào wénxué 一种具有文学性质,又具有新闻特点的作品。它是在具有典型意义的真人真事的基础上,经过艺术加工而成的。

【报关】 bàoguān 囫货物、行李物品、船舶等进出国境时,向海关申请接受检验,办理有关手续。

【报国】 bàoguó 囫报效国家▷立志～。

【报捷】 bàojié 囫报告获胜的消息。

【报警】 bàojǐng 囫向公安等部门报告危急情况或发出紧急信号。

【报刊】 bàokān 图报纸和杂志。

【报考】 bàokǎo 囫报名参加考试。

【报幕】 bàomù 囫在每个节目演出之前向观众介绍节目名称和演员姓名等。

【报批】 bàopī 囫向上级呈送文件并请求批复。

【报丧】 bàosāng 囫向亲友通报亲人去世的消息。

【报社】 bàoshè 图编辑、出版报纸的新闻机构。

【报失】 bàoshī 囫向公安机关或有关部门报告丢失财物的情况,请求帮助查找。

【报送】 bàosòng 囫写出书面报告并呈送▷此件～上级机关。

【报务】 bàowù 图收发电报的业务。

【报销】 bàoxiāo ❶囫把领用的款项或收支的账目开出清单,报请主管财会部门审核销账。❷将用坏或作废的东西呈报销账。❸比喻人或物被除掉(含诙谐意)▷纵火坏蛋当场就～了|这么多水果我帮你～一点。

【报晓】 bàoxiǎo 囫(用声音)报告天已经亮了▷金鸡～。

【报效】 bàoxiào 囫为报答对方给自己的恩惠而为其效劳▷～母校。

【报应】 bàoyìng 囫佛教本指由某种原因得某种结果,后多指因作恶得恶报。☞"应"这里不读yīng。

【报怨】 bàoyuàn 囫对所怨恨的人作出某种反应▷以德报怨,以怨～。

【报账】 bàozhàng 囫把经手款项的使用情况及结果报告会计部门或主管人。

【报纸】 bàozhǐ ❶图以刊登新闻为主的散页定期出版物,有日报、晨报、晚报等。❷印制书报的普通用纸。也说白报纸、新闻纸。

刨 bào ❶图推刮物料使平滑的工具▷～子|床|牛头～。❷囫用刨子或刨床推刮▷～光|～平。○另见páo。

抱 bào ❶囫心里怀有(某种想法或意见)▷～着一线希望|不～成见。❷带着(疾病)▷～病出席。❸用手臂围住▷～孩子|拥～。❹量用于两臂合围的量▷这棵树有两～粗。❺囫孵▷～小鸡|～窝。

【抱不平】 bàobùpíng 为他人遭受欺凌或不公平待遇而愤慨或为其抗争。

【抱残守缺】 bàocánshǒuquē 抱着残缺破旧的东西不放。形容思想保守,拒绝接受新事物。

【抱粗腿】 bàocūtuǐ 比喻巴结、投靠有权势的人▷这种人惯于～找靠山。

【抱负】 bàofù 图志向。

【抱恨】 bàohèn 囫心存悔恨▷～终身。

【抱愧】 bàokuì 囫心里感到惭愧▷我辜负了老师对我的期望,一直很～。

【抱歉】 bàoqiàn 圀觉得对不起别人而内心不安▷错怪了你,实在～。

【抱屈】 bàoqū 囫因受委屈而感到不平▷无故受到斥责,大家都替他～。

【抱头鼠窜】 bàotóushǔcuàn 形容仓皇逃跑的狼狈相(含贬义)。

【抱薪救火】 bàoxīnjiùhuǒ 抱着柴火去救火。比喻用

错误的方法去消除祸患,只会使祸患更加严重。

【抱怨】 bàoyuàn 囫埋怨;心中不满▷他做了错事不从自身找原因,却～这个、～那个。☞"抱怨"跟"报怨"意义不同,不要混用。

趵 bào 囫〈文〉跳跃;向上喷涌▷～突泉(泉名,在山东济南)。

豹 bào 图哺乳动物,像虎而较小,身上有黑色斑纹或斑点,性凶猛,能上树。

鲍(鮑) bào ❶图鲍鱼,软体动物,贝壳坚硬,肉味鲜美。❷〈文〉指咸鱼▷如入～鱼之肆(肆:店铺),久而不闻其臭。

暴 bào ❶囫显露出来▷～露。❷圀急骤;突然而且猛烈▷～风骤雨|～饮～食。❸凶恶;残酷▷～行|～徒|残～。❹囫糟踏;损害▷自～自弃。❺圀过分急躁▷脾气～。☞下边是"氺",不是"水"。○另见pù。

【暴病】 bàobìng 图突然发作的危及生命的病。

【暴跌】 bàodiē 囫(价格、声誉等)突然猛烈下降▷股市～|支持率～。

【暴动】 bàodòng 囫为反抗政府而进行的集体武装行动。

【暴发】 bàofā ❶囫突然发生▷～传染病。❷突然发财或得势(多含贬义)▷这个人炒地皮～了|～户。

【暴风骤雨】 bàofēngzhòuyǔ 来势急速而猛烈的大风大雨。比喻迅猛激烈规模浩大的群众运动。

【暴光】 bàoguāng 通常写作"曝光"。

【暴力】 bàolì ❶图强制的力量;武力▷动用～|～革命。❷特指国家的强制力量,包括军队、警察、法庭等。

【暴利】 bàolì 图在短期内通过非正当手段所获的巨额利润。

【暴戾】 bàolì 圀粗暴怪僻;凶恶残酷▷性情～|～恣睢(恣睢:胡作非为)。

【暴烈】 bàoliè ❶圀狂暴猛烈▷火势～。❷暴躁刚烈▷性情～。

【暴露】 bàolù 囫(使隐蔽的东西)公开;显露▷原形～|～真相。☞这里"暴"不读pù;"露"不读lòu。

【暴乱】 bàoluàn 图武装骚动。

【暴虐】 bàonüè 圀凶狠残酷▷～行为。

【暴珍天物】 bàotiǎntiānwù 指残害灭绝自然界的万物,也指任意糟踏东西。

【暴跳如雷】 bàotiàorúléi 使劲跳着脚喊叫,像打雷一样。形容暴怒的样子。

【暴徒】 bàotú 图用暴力残害别人、扰乱社会秩序的坏人。

【暴行】 bàoxíng 图残暴凶恶的行为。

【暴躁】 bàozào 圀好发火;急躁▷脾气～。☞"躁"不要写作"燥"。

【暴涨】 bàozhǎng 囫(水位、物价等)急剧上升▷连降大雨,江水～|近一个时期,物价基本稳定,没有～暴跌。

【暴政】 bàozhèng 图反动统治者施行的极其凶残的统治措施。

曝 bào 义同"曝"(pù),用于"曝光"一词。○另见pù。

【曝光】 bàoguāng ❶囫使照相底片或感光纸在一定条件下感光并形成潜影。经冲洗、处理后即可呈现可见的影像。❷比喻隐私或秘密事情(多为不体面的)披露出来,公之于世▷那件丑闻～后,群众反应强烈。

爆 bào ❶囫猛然迸裂▷车胎晒～了|～破。❷烹调时把食物放到滚油里略炸或在滚水中略煮,立即

取出▷～肚儿(dǔr)丨～炒。❸出人意料地发生▷～冷门。☞统读bào。

【爆发】bàofā ❶囫因爆炸而迅速迸发▷火山～。❷像爆炸一样突然发生▷～战争丨怒火～。☞"暴发"用于洪水、疫病等,如"暴发山洪";"爆发"用于火山、战争等,如"爆发革命"。

【爆冷门】bàolěngmén (竞赛中)突然出现了出乎人们意料的结果。

【爆裂】bàoliè 囫猛烈地破裂▷自来水管～了。

【爆满】bàomǎn 囫(公共场所的听众、观众、游客等)达到或超过了容量的限度▷新剧目上演时,场场～。

【爆破】bàopò 囫用炸药炸开或炸毁(建筑物、军事目标等)▷遥控～。

【爆炸】bàozhà ❶囫物体在瞬间体积急剧膨胀,使周围气压发生强烈变化,发出巨大声响▷～碉堡。❷比喻数量在短时间内急剧增加▷知识～丨人口～。

【爆竹】bàozhú 囵用多层纸紧卷火药,两头封严,接有供点燃的引线,点燃后能发出爆裂声响的东西。

bei

杯 bēi ❶囵盛饮料等液体的器皿,一般不大▷茶～丨酒～丨玻璃～。❷杯状的奖品▷奖～。

【杯弓蛇影】bēigōngshéyǐng 古代有人赴宴,见酒杯中有蛇,酒后肚子疼痛,疑心中了蛇毒。后来知道那是墙上挂的弓映入杯中似蛇,病不治自愈。比喻疑心太重,自相惊扰。

【杯盘狼藉】bēipánlángjí 杯子、盘子等乱七八糟地堆放着(狼藉:纵横杂乱的样子)。形容吃喝后桌上杂乱。☞"藉"不要写作"籍"。

【杯水车薪】bēishuǐchēxīn 用一杯水去浇灭一车着了火的柴草。比喻力量太小,无济于事。

卑 bēi ❶圙(位置或地位)低下▷地势～湿丨尊～长幼。❷(品质)低劣▷行为～劣。☞第六画是长撇,不要断成一竖一撇。

【卑鄙】bēibǐ ❶圙(品德、言行)恶劣;下流▷～无耻丨～小人。❷〈文〉卑微鄙俗。

【卑躬屈膝】bēigōngqūxī 弯腰下跪。形容没有骨气,谄媚讨好。

【卑贱】bēijiàn ❶圙旧指出身或地位低下。❷卑鄙下贱▷此人品质～。

【卑劣】bēiliè 圙卑鄙恶劣▷行为～。

【卑怯】bēiqiè 圙卑下怯懦▷这人～成性,没有一点儿斗争的勇气。

【卑微】bēiwēi 圙地位低下▷出身～。

背 bēi ❶囫人用背(bèi)驮(东西)▷把柴火～到山下丨～着孩子。❷承受;负担▷替别人～恶名丨～债。○另见 bèi。

【背包袱】bēibāofu 比喻有思想负担▷这次没有获奖,别～。

【背黑锅】bēihēiguō 比喻蒙冤受屈,代人受过。

悲 bēi ❶圙心里难受▷～哀丨～伤。❷囫怜悯▷慈～。

【悲哀】bēi'āi 圙悲伤;难过。

【悲惨】bēicǎn 圙(境遇)非常痛苦,使人伤心▷～的遭遇。

【悲愤】bēifèn 圙悲痛愤慨。

【悲歌】bēigē ❶囫悲壮地歌唱▷慷慨～。❷囵悲壮或哀痛的歌曲。

【悲观】bēiguān 圙情绪低落,对前途缺乏信心(跟"乐观"相对)。

【悲号】bēiháo 囫伤心地大声哭叫。

【悲欢离合】bēihuānlíhé 悲哀、欢乐、离散、团聚,泛指人世的种种经历和遭遇。

【悲剧】bēijù ❶囵指以表现主人公与现实之间不可调和的冲突及其悲惨结局为基本特点的戏剧(跟"喜剧"相对)。❷比喻不幸的结局或遭遇▷人间～丨车祸造成了多少家庭～。

【悲凉】bēiliáng 圙悲伤凄凉▷深夜里那哀怨的箫声,令人倍感～。

【悲泣】bēiqì 囫伤心地哭泣。

【悲伤】bēishāng 圙悲痛伤心。

【悲叹】bēitàn 囫悲哀地叹息。

【悲天悯人】bēitiānmǐnrén 哀叹时世的艰辛,怜悯百姓的痛苦。多表示对社会腐败和人民疾苦的悲愤和不平。

【悲恸】bēitòng 圙极度地悲伤哀痛▷噩耗传来,人人～。

【悲痛】bēitòng 圙伤心难过。

【悲壮】bēizhuàng 圙悲哀而雄壮;悲愤而壮烈▷救亡歌曲异常～。

碑 bēi 囵竖立起来作为纪念物或标志的石块,上面多刻有文字或图案▷墓～丨里程～丨纪念～丨～文。

【碑刻】bēikè 囵碑石上刻的文字或图画。也指有文字图画的碑石。

【碑拓】bēità 囵碑刻的拓本或印本。☞"拓"这里不读 tuò。

【碑帖】bēitiè 囵石刻或木刻文字的拓本或印本,供学习书法用▷临摹～。

北 běi ❶囵四个基本方向之一,早晨面对太阳时左手的一边(跟"南"相对)▷由～往南丨～房丨～边。❷囫打了败仗往回跑▷败～。☞第三画是提(ㄧ),第四画是撇(ノ),都不是短横。

【北半球】běibànqiú 囵地球赤道以北的部分。

【北斗星】běidǒuxīng 囵北方天空大熊星座中的七颗明亮的星,排列成勺形,四颗星如斗勺,三颗星成斗柄,可据以找到北极星。常借以指示季节。

【北极】běijí 囵地轴的最北端,是北半球的顶点。

【北极星】běijíxīng 囵夜晚天空正北部稍亮的一颗星,从地球上观察,它的位置几乎不变,旅行者、航海者夜间可以靠它辨别方向。

【北上】běishàng 囫向北去,因中国自古以北为上(跟"南下"相对)▷～京津。

贝(貝) bèi ❶囵蛤、蚌等有介壳的软体动物的统称▷～壳丨～雕。❷古代用贝壳做的货币。

【贝雕】bèidiāo 囵用贝壳雕琢加工制成的工艺品。

【贝壳】bèiké 囵贝类的介壳。☞"壳"这里不读 qiào。

狈(狽) bèi 囵古代传说中的一种野兽▷狼～。

备(備) bèi ❶圙齐全▷求全责～丨齐～。❷囫具有▷德才兼～。❸事先安排或防备▷料～课丨筹～丨戒～。❹囵设施;装置▷军～丨装～丨设～。❺副完全;都▷关怀～至丨～受欢迎。

【备案】bèi'àn 囫把事由写成书面报告呈送给上级主管部门,以备查考▷本校的招生计划已呈报给教育厅～。

【备查】bèichá 囫留供查考(多用于公文)▷所有群众来信都要登记～。

【备件】bèijiàn 囵准备供替换用的部件或零件▷汽车～。

【备考】bèikǎo ❶囫供需要时参考▷本书在正文后面

附录有关资料～。❷图供参考的附录或附注▷本书每章后面都有～。

【备课】　bèikè　团上课前教师做教学准备工作。

【备取】　bèiqǔ　团招工或招生录取时在正式录取名额外多录取几名以备递补。

【备忘录】　bèiwànglù　❶图外交文书的一种。其内容通常是声明本方对某一问题的看法和态度，或向对方通报某些事项的概况。也可用作政府或群众团体阐明对某一问题的立场、态度和要求的文书。❷指随时记录下来以备查阅的笔记等。

【备用】　bèiyòng　团准备着供需要时使用▷带上雨伞在路上～｜多配几把钥匙～。

【备至】　bèizhì　团周到已极▷他对学生关爱～。☞不要写作"倍至"。

【备注】　bèizhù　❶图表格上为必要的注释说明而设的一栏。❷备注栏内所填写的内容。

背　bèi　❶图躯干上跟胸和腹相对的部位▷～脊｜～马。❷物体的反面或后面▷～面｜刀～｜手～。❸团背着（跟"向"相对）▷～着风走｜～水一战｜～光。❹违反；不遵守▷～信弃义｜～约｜违～。❺团不顺▷手气～。❻团离开▷～井离乡。❼避开；瞒着▷～着大伙干坏事。❽凭记忆读出来▷～书。❾团听觉不灵▷耳朵～。❿偏僻▷住处太～，买东西不方便。○另见 bēi。

【背包】　bèibāo　图行军或外出时背（bēi）在背上的行李包裹。

【背道而驰】　bèidào'érchí　朝相反的方向奔跑。比喻行动与方向、目标等完全相反。

【背后】　bèihòu　❶图身体或物体的后面▷门～。❷暗中；不当面▷对当面说好话，～说坏话的人，要多加小心。

【背井离乡】　bèijǐnglíxiāng　远离家乡到外地生活（多为不得已）（井：古代指人口聚居的单位）。

【背景】　bèijǐng　❶图图画、摄影中衬托主体形象的景物。❷戏剧舞台或电影、电视剧中的布景。❸对人物、事件的存在、发展及变化起作用的历史情况或现实环境▷分析历史人物离不开当时的社会～。❹靠山或可倚仗的势力▷他全凭自己的实力受到重用，没有什么～。

【背离】　bèilí　❶团离开▷～故土。❷违背▷～基本原则。

【背面】　bèimiàn　❶图物体的反面（跟"正面"相对）▷图片的～｜屏风的～。❷指某些动物的脊背▷螃蟹的～是比较硬的甲壳。

【背叛】　bèipàn　团背离自己原先所属的一方▷～封建家庭。

【背气】　bèiqì　团暂时停止呼吸（多由疾病引起）。

【背弃】　bèiqì　团违背并抛弃▷～诺言。

【背时】　bèishí　❶图不合时务或时宜▷～的论调｜这种花色早就～了。❷运气坏▷这几年他真～，家里几口人接连不断地闹病。☞不宜写作"悖时"。

【背水一战】　bèishuǐyīzhàn　比喻在绝境中为寻求出路而做最后一搏。

【背诵】　bèisòng　团凭记忆读出诗文。

【背信弃义】　bèixìnqìyì　违背诺言或约定，背弃道义。

【背阴】　bèiyīn　图阳光不能照到的（地方）。

【背约】　bèiyuē　团违背约定▷不守信用。

倍　bèi　❶图增加跟原数相同的数▷事半功～｜道兼程。❷图用在数词后，表示增加的是跟原数相同的数，某数的几倍就是某数乘以几▷3 的 5～是 15。❸副更加；格外▷每逢佳节～思亲｜感亲切。

【倍加】　bèijiā　副表示程度比原来加深许多▷～珍惜｜～艰难。

【倍增】　bèizēng　团成倍地增长▷产量～｜力量～。

悖　bèi　❶团相冲突；抵触▷并行不～｜～逆。❷图不合常理；错误▷～谬。

【悖谬】　bèimiù　图荒谬；违背事理▷说人口多多益善，～之极。☞不宜写作"背谬"。

【悖逆】　bèinì　团违反正道▷～天伦｜～历史潮流。

被　bèi　❶图被子▷棉～｜夹～。❷团覆盖▷～覆。❸团遭受▷～屈含冤。❹团用于动词前，表示主语是受动作支配的对象▷房子～拆｜商店～盗。❺介用于被动句，引进动作行为的发出者▷树～风刮倒了｜～人误解。

【被动】　bèidòng　❶图形容只有受外力推动才动（跟"主动"相对，②同）▷他工作消极～，一点儿也不主动。❷形容处于不利地位，不能按自己的意志行事▷性格上的怯懦使他处处非常～。

【被告】　bèigào　图法律上指诉讼中被起诉的人或单位（跟"原告"相对）。

【被迫】　bèipò　团受外力强制；不得已▷他做错事不是出于本心，是～的。

辈（輩）　bèi　❶图等；类（指人）▷我～｜无能之～。❷辈分▷他比我小一｜长一｜晚～。❸人的一世或一生▷后半一｜一～子。

【辈出】　bèichū　团（人才）一批一批不断地涌现▷英才～。☞不要写作"倍出"。

【辈分】　bèifen　图家族或亲友的长幼相承的顺序。☞不宜写作"辈份"。

惫（憊）　bèi　图非常疲乏▷疲～。☞统读 bèi。

焙　bèi　团把东西放在器皿里，用微火在下面烘烤▷～花椒｜～干研碎。☞统读 bèi。

蓓　bèi　[蓓蕾]bèilěi　图花骨朵儿，还没有开放的花朵。☞不读 péiléi。

褙　bèi　团把布或纸逐层地糊在一起▷裱～｜～鞋帮。

鞴　bèi　团把鞍辔等套在马上▷～马。

錍　bèi　团刀在布、皮子、石头等东西上反复摩擦，使锋利▷把刀一～一｜～刀布。

呗（唄）　bei　❶助表示理所当然或只能如此的语气▷有困难就克服～。❷表示勉强同意的语气▷你愿意去就去～。

ben

奔　bēn　❶团快跑；急走▷狂～｜～走相告。❷特指逃跑；流亡▷私～｜出～。❸赶忙去做（某事）▷～丧（sāng）。○另见 bèn。

【奔波】　bēnbō　团（忙碌地）来回奔走▷为招商引资四处～。

【奔驰】　bēnchí　团（车、马等）快速地行驶或奔跑。

【奔放】　bēnfàng　形（思想、感情、气势等）毫无拘束，尽情表露▷热情～｜刚健～的蒙古舞。

【奔赴】　bēnfù　团赶忙前往▷～救灾第一线。

【奔劳】　bēnláo　团（为工作或生活）奔走劳碌▷四处～。

【奔流】　bēnliú　❶团急速地流淌▷江河～。❷图急速流淌的水。

【奔忙】　bēnmáng　团奔走忙碌▷为工作～。

【奔跑】　bēnpǎo　团快跑。

【奔腾】　bēnténg　❶团奔跑跳跃▷万马～。❷（水流）

汹涌▷江水～而下。

【奔突】 bēntū 团猛冲乱撞▷发怒的大象在森林里～｜～向前。☞"突"不读 tù。

【奔泻】 bēnxiè 团(大水)从高处急速地向下流淌▷飞瀑～而下,格外壮观。

【奔涌】 bēnyǒng 团很快地涌出或流淌▷潮水～◇文思～,下笔万言。

【奔走】 bēnzǒu ❶团快走;跑▷～相告。❷四处活动▷为筹款而～。

贲(賁) bēn 团〈文〉奔走▷虎～(像虎一样奔走逐兽,比喻勇士)。

锛(錛) bēn ❶图锛子,削平木料的平头斧,用时向下向内用力。❷团用锛子砍削;用镐挖掘▷～木头｜用镐～下一块土。❸刀刃出现缺口▷剁排骨把刀刃～了。

本 bēn ❶图草木的根或茎干;泛指事物的根源(跟"末"相对)▷固枝荣｜～末倒置｜忘～。❷形原来的;固有的▷～性｜～质。❸副本来;原来▷他～是河南人｜～以为他不来了。❹代指自己或自己方面的▷～人｜～校。❺现今的▷～世纪｜～年度。❻图册子▷笔记～｜书～。❼版本;底本▷修订～｜刻～。❽量用于书籍簿册等▷一～书｜两～账。❾图本钱▷做买卖亏了～｜成～。❿形中心的;主要的▷～校｜～部｜大学～科。☞"本"字是"木"下加一横,不是"夲"(tāo)。

【本分】 běnfèn ❶图自身范围内的责任和义务▷军人的～。❷形安于自身目前的环境、地位▷爸爸是个～人｜本本分分地埋头工作。☞不宜写作"本份"。

【本固枝荣】 běngùzhīróng 树木主根札得深札得牢,枝叶才能繁茂。比喻事物基础雄厚,才能有充分的发展。

【本金】 běnjīn ❶图存入银行或借贷给他人以及购买股票、债券等以获取利息的钱。❷经营工商业或其他事业以获利为目的的资本。

【本科】 běnkē 图高等院校的基本组成部分(区别于"专科"等)。我国高校本科的学制一般为四年。本科毕业是取得学士学位的必备条件。

【本来】 běnlái ❶形原有的▷～面目。❷副早先;在此以前▷我俩～不认识,今天是初次见面。❸表示理应如此▷病没好,～就不该出院。

【本领】 běnlǐng 图技能;能力。

【本命年】 běnmìngnián 图我国有用十二属相记人的出生年的风俗。如丑年出生的属牛,每隔十二年轮回一次,再遇丑年,就是属牛的人的本命年。

【本末】 běnmò ❶图树根和树梢,比喻一个事件从头至尾的经过▷事情的～。❷比喻主要的和次要的▷～倒置。

【本能】 běnnéng ❶图人和动物不需传授的行为,如婴儿吮奶、哭等。❷形不知不觉的;下意识的(反应)▷对面列车飞驰而过,他～地缩回了头。

【本钱】 běnqián ❶图用来谋取利润、利息或进行赌博等活动的钱财。❷比喻可以凭借的特长等条件▷他自认为资历不深,～不大。

【本色】 běnsè 图本来的精神品质及其表现▷勤俭是劳动人民的～。

【本事】 běnshì 图诗歌、戏剧或小说等文学作品创作所依据的故事情节▷《白毛女》～。

【本事】 běnshi 图本领;技能▷练～凭｜～吃饭。

【本位】 běnwèi ❶图货币制度的基础或货币价值的计算标准▷金～。❷自己所在的单位或岗位▷做好～工作。❸某种理论观点或作法的出发点▷词典按词

～排列词条,只要是不同的词,即使字形、读音相同,也分立为不同的词条。

【本位货币】 běnwèi huòbì 一个国家货币制度中的基本货币,我国以人民币"圆"(元)作为本位货币。简称本币。

【本相】 běnxiàng 图本来的面目。

【本性】 běnxìng 图本来的性质或个性。

【本义】 běnyì 图词语的本来意义(区别于"引申义""比喻义")。

【本意】 běnyì 图原来的想法或打算。

【本原】 běnyuán 图哲学上指万物的最初根源或构成世界的基本元素。唯心主义以为世界的本原是精神,唯物主义认为世界的本原是物质。

【本着】 běnzhe 介根据、依据▷双方～互惠互利的精神,达成了协议｜～求同存异的原则,两国外长坦率地交换了意见。

【本职】 běnzhí 图自身承担的职务。☞"职"不读 zhǐ。

【本质】 běnzhì 图事物本身所固有的根本属性,它对事物的性质、状况和发展起决定作用。☞"质"不读 zhí。

苯 bēn 图〈外〉碳氢化合物,分子式 C_6H_6。无色液体,气味芳香,有毒,是重要的化工原料。

畚 běn 图用竹篾等编成的撮东西的器具▷～箕。

奔 bèn ❶团径直(向目的地或目标)走去▷出门直～车站｜～向小康。❷为某种目的而到处奔(bēn)走▷还缺哪味药,我给您～去。❸接近(某个年龄段)▷爷爷已经是～七十的人了。❹介朝、向▷一直～南走｜到了路口～西拐。○另见 bēn。

【奔命】 bènmìng 团拼命地赶路或做事▷昼夜～,按期抵达｜奔了一天命,刚喘过气儿来。☞"奔命"(bēnmìng)跟"奔命"(bènmìng)意义不同,不要混用。

【奔头儿】 bèntour 图经过努力奋斗可以争取到的好处或美好前景▷干这事有～。

笨 bèn ❶形理解力差;不聪明▷这孩子一点也不～｜～头～脑｜愚～。❷不灵巧▷～手～脚｜嘴～。❸粗大不灵活▷～重。

【笨鸟先飞】 bènniǎoxiānfēi 比喻能力差的人做事比别人提前行动(常用作谦词)。

【笨重】 bènzhòng ❶形沉重的;不能灵活使用的(跟"轻巧"相对)▷～的机床。❷繁重而耗力气多的▷～劳动。

【笨拙】 bènzhuō 形愚笨;行动迟缓▷生性～｜手脚～。☞"拙"不读 zhuó。

【笨嘴拙舌】 bènzuǐzhuōshé 形容言语表达能力很差。

beng

崩 bēng ❶团倒塌▷山～地裂｜雪～。❷爆裂,物体猛然破裂▷气球～了。❸使爆裂▷放炮～山｜～石头。❹爆裂或弹射出来的东西击中(人或物)▷放爆竹～了手。

【崩溃】 bēngkuì 团倒塌毁坏;彻底垮台▷大坝～｜敌军防线～。

【崩裂】 bēngliè 团(物体)猛然裂开▷输油管～。

【崩塌】 bēngtā 团崩裂倒塌▷江水冲刷,堤岸～。

绷(繃) bēng ❶团拉紧;抻紧▷把弦～得紧紧的｜裤子太瘦,～在腿上不舒服。❷(物体)猛然弹起▷弹簧～飞了。❸稀疏地缝上或用针别上▷～被头｜袖子上～着臂章。○另见 běng;bèng。

【绷带】 bēngdài 图包扎伤口或患处的纱布带。

嘣　bēng　[拟声]模拟跳动、爆裂等的声音▷心~~直跳|弹棉花的弓子~~响。

甭　béng　[合]"不用"的合音词，表示用不着、不必▷您就~操心了|这事你~插手。

绷（綳）　běng　①[动]脸部肌肉拉紧，表情严肃▷~着脸谁也不理。②用力支持；勉强忍住▷~住劲儿，别松手|~不住哭了。○另见bēng；bèng。

泵　bèng　[名]能抽出、压入液体或气体的机械▷水~|气~|油~。

迸　bèng　[动]向四外溅射或爆开▷火星儿乱~|~飞。

【迸发】bèngfā　[动]从内向外突然发出；喷射出▷火山~|◇感情~。

【迸溅】bèngjiàn　[动]向四处喷射飞落▷泥浆~。

【迸裂】bèngliè　[动]突然破裂而向外飞溅▷山石~|豆粒从豆荚中~出来。

【迸射】bèngshè　[动]向四处喷射；猛烈地放射▷火星~|焰火在高空~。

绷（繃）　bèng　[动]裂▷~开了一道缝。○另见bēng；běng。

镚（鏰）　bèng　[镚子]bèngzi　[名]旧指圆形不带孔的小铜币，十个合一个铜元，现在泛称小的硬币。也说钢镚儿。

蹦　bèng　[动]双脚齐跳▷从窗台上~下来|连~带跳|~~跳跳。

【蹦跶】bèngda　[动]〈口〉跳跃，比喻挣扎▷别看他一时得意，实际上也~不了几天了。

bi

逼　bī　①[动]靠近；接近▷队伍直~城下|~近|真~。②强迫；威胁▷~他交出图纸|形势~人|~迫。③强行索要▷~债|~供。

【逼供】bīgòng　[动]用折磨受审人精神或肉体等手段强迫其招供。

【逼近】bījìn　[动]接近；挨近▷先头部队已~敌军主力。

【逼迫】bīpò　[动]施加压力促使；十分紧急地催促▷他~自己进行高难度的训练。

【逼人】bīrén　[动]（形势、气氛、话语等）给人以威胁或催促▷寒气~|形势~。

【逼上梁山】bīshàngliángshān　原指《水浒传》中的英雄遭官府迫害而上梁山聚众造反。泛指被迫进行反抗或被迫做某种事情。

【逼视】bīshì　[动]靠近目标紧盯着▷在众人的~下，他不安地低下了头。

【逼问】bīwèn　[动]紧紧查问迫令对方回答▷造假者被群众~得无言以对。

【逼真】bīzhēn　①[形]跟真的极相像▷形象~。②极清楚▷看得~。

荸　bí　[荸荠]bíqí　[名]多年生草本植物，生在池沼或水田里。地下茎也叫荸荠，扁圆形，皮赤褐色，肉白色，可以吃或制成淀粉。☞不读bó。

鼻　bí　①[名]鼻子，人和高等动物的外呼吸器官。②器物上凸起或带孔的部分▷门~儿|针~儿。③[形]创始的▷~祖。☞下边是"丌"，不是"廾"。

【鼻音】bíyīn　[名]发音时声带振动，口腔闭塞，软腭下垂，气流通过鼻腔而发出的音。汉语普通话语音有m、n、ng三个鼻音。

【鼻祖】bízǔ　[名]始祖；创始人▷儒家学派的~是孔子。

匕　bǐ　[匕首]bǐshǒu　[名]短剑之类的武器。

比　bǐ　①[动]挨着；并列▷鳞次栉~|~翼双飞。②较量（高低）；比较（异同）▷~武|对~|③比得上；

能够相比▷身子骨儿已经不~头几年了|今非昔~。④[动]引进比较的对象▷我~他高|生活一天~一天好。⑤[名]数学上指比较两个数而得出的倍数关系，其中一个数是另一个数的几倍或几分之几▷粮食作物产值和畜牧业产值约为二与一之~。⑥[动]表示竞赛双方得分的对比▷主队以3：1胜客队。⑦仿照；比照▷~着这件衣服再做一件|将心~心。⑧比方；比喻▷把祖国~做母亲。☞㈠统读bǐ。㈡右边是"匕"，不是"七"。

【比比】bǐbǐ　①[副]屡屡；接连▷~失利。②到处▷~皆是。

【比方】bǐfang　①[动]用明白易懂的某事物来说明难懂的另一事物（两者有相似点）▷太阳系的众多星球可~为一个大家族的成员。②[名]用甲事物说明描写乙事物的方式▷打了一个~。③[动]例如▷北京著名公园很多，~颐和园、北海。

【比附】bǐfù　[动]用不能相比的事物勉强去比▷研究问题不能随意~。

【比画】bǐhua　①[动]空手或手拿东西做某些动作来帮助说话或代替说话▷连说带~。②指比武或练武▷兄弟俩枪来剑往地在运动场上~起来了。☞不宜写作"比划"。

【比价】bǐjià　[名]不同商品的价格比率；不同货币兑换的比率。

【比肩继踵】bǐjiānjìzhǒng　肩靠着肩，脚挨着脚。形容人多拥挤。

【比较】bǐjiào　①[动]对照辨别事物的异同、优劣▷今昔一~，还是今天好。②[副]表示具有一定程度▷孩子近来学习~努力。☞"较"不读jiǎo。

【比例】bǐlì　①[名]数学上表示两个比的比值相等的式子。如3：5＝6：10。②比重②▷~失调。

【比邻】bǐlín　①[名]邻居；近邻▷天涯若~。②[动]靠近▷公寓~大街。

【比美】bǐměi　[动]水平或程度相当，可以相比▷国产电视机能同国外货~。

【比拟】bǐnǐ　①[动]比较①▷只有氢弹爆炸瞬间的强烈闪光，才能与激光相~。②[动]把人当作物，把物当作人，或把甲事物当作乙物▷把蟋蟀~成人，能唱歌，会弹琴。③[名]指这种修辞方法▷~广泛应用于童话和其他文学作品。☞"拟"不读ní。

【比如】bǐrú　[动]表示举例。

【比赛】bǐsài　①[动]在技艺、本领等方面较量，以定出名次先后或高低、优劣▷~足球。②[名]比赛的活动▷举行大型国际~。

【比试】bǐshi　[动]较量▷咱俩~~，看谁先到终点。

【比翼】bǐyì　[动]翅膀挨着翅膀（飞）▷~而飞。

【比喻】bǐyù　①[动]比方①。②[名]指这种修辞方法▷~有明喻、暗喻、借喻。

【比喻义】bǐyùyì　[名]由词的本义通过比喻用法而形成的意义（区别于"本义"）。如帽子的本义是戴在头上用来保护头部或装饰的用品，由此产生强加于人的坏名义或罪名的比喻义。

【比照】bǐzhào　①[动]对照着样子（做）▷这问题可~去年同类问题处理。②比较、对照▷两种结果一~，就看出哪种方法更有效了。

【比值】bǐzhí　[名]两数相比得出的数值，如6：2的比值是3。也说比率。

【比重】bǐzhòng　①[名]物体的重量与4℃时同体积的纯水重量的比值。②部分在整体中占的分量▷加大教育事业在国家建设事业中的~。

妣 bǐ 图已去世的母亲▷如丧考~(像死了父母一样悲伤)|先~。

彼 bǐ ❶代那;那个(跟"此"相对)▷顾此失~|~一时|~此。❷对方▷知己知~。

【彼岸】 bǐ'àn ❶图对岸;江海等水域的那一边▷太平洋~。❷佛教指超脱生死的境界。❸比喻所向往的境界▷不断努力,一定能够达到成功的~。

【彼一时,此一时】 bǐyīshí,cǐyīshí 那是一个时候,现在又是一个时候。形容时间不同,情况也就不同了。

秕 bǐ 图子粒不饱满▷~谷。

笔(筆) bǐ ❶图写字、绘画的文具▷毛~|钢~。❷团用笔写▷代~|亲~。❸图指汉字的笔画▷这个字只有三~。❹量 a)用于款项、债务等▷一~钱|两~债。b)用于书画▷能写一~好字|画几~山水。☞统读bǐ。

【笔触】 bǐchù 图原指画笔接触画面所形成的痕迹和用笔的方法,现多指文章、书画等的格调、笔法。

【笔调】 bǐdiào 图文章的特点、风格▷幽默|论~。

【笔法】 bǐfǎ 图写字、作画、写文章的方法、技巧或特色▷豪放|夸张的~。

【笔锋】 bǐfēng ❶图毛笔的尖端。❷书画的笔势▷古拙有力。❸文章的锋芒▷~直指时弊。

【笔耕】 bǐgēng 团旧指依靠写文章或抄写文章来谋生,今泛指写作▷勤于~。

【笔画】 bǐhuà 图组成汉字的点和线,包括横(一)、竖(|)、撇(丿)、点(丶)、折(乛)等。☞不宜写作"笔划"。

【笔记】 bǐjì ❶图听课、参加会议或读书所做的记录。❷一种不拘体例,取材广泛、随笔记录的著作体裁。如陆游的《老学庵笔记》。

【笔迹】 bǐjì 图字迹;具有个人特点的字的形象▷~模糊|仿他人~。

【笔力】 bǐlì 图写字、绘画或写文章时在运笔或气势上所表现的力量。

【笔录】 bǐlù ❶团用笔记录▷~口供。❷图记录下来的书面材料▷打印~。

【笔名】 bǐmíng 图作者发表作品时用的别名▷鲁迅是周树人的~。

【笔墨】 bǐmò 图借指诗文书画等。

【笔墨官司】 bǐmòguānsī 用文章进行的论辩、争执。

【笔试】 bǐshì 团用笔在试卷上写答案▷先~再口试。

【笔顺】 bǐshùn 图汉字笔画的书写次序。如"十"字先写一横,再写一竖。

【笔谈】 bǐtán ❶团两人面对面用笔写出文字代替口头交谈。❷用书面形式发表谈话▷如口说不便,可以~。❸图笔记一类的著作,如沈括的《梦溪笔谈》。

【笔挺】 bǐtǐng ❶形像笔杆一样直直挺立▷他~地站在那里,听候命令。❷(衣服等)平整挺括而线条分明▷~的西装。

【笔误】 bǐwù ❶团因疏忽把字写错。❷图因疏忽而写错的字。

【笔译】 bǐyì 团书面翻译(区别于"口译")。

【笔直】 bǐzhí 形像笔杆一样直▷水渠修得~。

俾 bǐ 团〈文〉使▷~人说合。☞统读bǐ。

鄙 bǐ ❶图边远的地方▷边~。❷形(言行)粗俗(品格)低下▷~俗|卑~。❸团认为粗俗;看不起▷~视。❹形〈文〉谦词,用于称自己▷~人|~意。☞统读bǐ。

【鄙薄】 bǐbó 团认为粗俗而嫌恶(wù);看不起▷不该~技术工作。☞"薄"这里不读báo。

【鄙陋】 bǐlòu 形见识浅薄▷言谈~。

【鄙弃】 bǐqì 团蔑视;厌弃▷这种见利忘义的行为为老百姓所~。

【鄙视】 bǐshì 团轻视;小看▷不要~失足青少年。

【鄙夷】 bǐyí 团〈文〉轻视;瞧不起▷~不屑(认为粗俗得不值得一看)。

币(幣) bì 图货币;钱▷钱~|纸~|硬~|人民~。☞第一画是撇(丿),不是横。

【币值】 bìzhí 图货币购买商品的能力。

【币制】 bìzhì 图国家的货币制度,包括造币材料、货币单位的确定,货币的发行、流通等制度。

必 bì 副一定;必须▷骄兵~败|~不可少|不~着急。

【必定】 bìdìng ❶副表示判断准确无误▷坚持锻炼对身体大有益处。❷表示意向已定▷我~准时归还。

【必恭必敬】 bìgōngbìjìng 通常写作"毕恭毕敬"。

【必然】 bìrán ❶形(事理上)肯定的;不可改变的▷~联系|~结果。❷图哲学上指发展的客观规律。

【必然性】 bìránxìng 图指事物确定不移的发展趋势(跟"偶然性"相对)。

【必须】 bìxū ❶副表示事实或情理上必要▷冬泳之前~做好准备活动。❷表示命令语气▷这件事你~解释清楚。☞"必须"的否定式为"不必""无须"或"不须"。

【必需】 bìxū 团一定需要;不可缺少▷食品中含有许多人体所~的营养成分。☞"必需"是动词,多用在名词性词语前面;"必须"是副词,用来修饰动词性词语。

【必要】 bìyào ❶形不可缺少的;必需的▷~条件。❷图必然的需要和要求▷进行爱国主义教育很有~。

毕(畢) bì ❶团完成;终结▷默哀~|完~。❷副全部;完全▷原形~露。

【毕恭毕敬】 bìgōngbìjìng (对人)十分恭敬有礼貌。

【毕竟】 bìjìng 副毕归;到底▷虽然有些不情愿,他~还是去了。☞"竟"不要写作"竞"。

【毕生】 bìshēng 图一辈子;终生▷~事业|为之奋斗~。

【毕肖】 bìxiào 团完全相像▷神情~。

【毕业】 bìyè 团学生在学校学习期满,达到规定要求而被批准结束学业(区别于"结业""肄业")。

闭(閉) bì ❶团关;合(跟"开"相对)▷~上嘴|门造车|~关~。❷堵塞▷~气。❸结束;停止▷~会。

【闭关锁国】 bìguānsuǒguó 紧闭关口,封锁国境。比喻同外界隔绝。

【闭卷】 bìjuàn 团考试中不看任何资料,独立完成试题答案(跟"开卷"相对)。

【闭路电视】 bìlù diànshì 一种在有限区域内用电缆传输节目的有线电视系统。

【闭门羹】 bìméngēng 图拒绝接待客人的举动▷别让客人吃~。

【闭门造车】 bìménzàochē 比喻不管客观实际情况,单凭主观想法办事。

【闭目塞听】 bìmùsètīng 闭上眼睛,堵住耳朵。形容与外界隔绝,对实际情况很不了解。☞"塞"这里不读sāi或sài。

【闭幕】 bìmù ❶团演出告一段落或结束时闭上幕布。❷(规模较大的会议、展览会等)结束。

【闭塞】 bìsè ❶团堵住▷水管~了。❷形偏僻;与外界交往不便▷~的山村。❸消息不灵通;知道的事少▷消息~|他耳目~。☞"塞"这里不读sāi或sài。

庇 bì 囫遮蔽;掩护▷~护|包~。☞统读 bì。

【庇护】 bìhù ❶囫袒护;包庇▷家长不该~孩子的错误。❷保护▷~政治。

【庇荫】 bìyìn ❶囫(大树)遮蔽阳光。❷比喻祖宗保佑或尊长照顾。☞"荫"不读 yīn。

畀 bì 囫给与▷投~豺虎(把坏人扔给豺狼老虎吃掉)。

毖 bì ❶圃谨慎。❷囫使人谨慎▷惩前~后。

哔(嗶) bì 用于音译。哔叽,一种密度较小的斜纹纺织品。

陛 bì 图宫殿的台阶▷~下(对帝王的尊称)。

毙(斃) bì 囫死▷坐以待~|命|击~|枪~。

敝 bì ❶圃破旧▷~衣|~帚自珍。❷谦词,用于称有关自己的事物▷~人|~舍。☞第5画是竖,贯穿上下。

【敝屣】 bìxǐ 图〈文〉破旧的鞋子,比喻废物▷弃之如~。

【敝帚自珍】 bìzhǒuzìzhēn 把自家的破扫帚当宝贝珍惜。比喻东西虽不好,自己却很看重。

婢 bì 图旧时供人役使的年轻女子▷~女|奴~|奴颜~膝。☞统读 bì。

筚(篳) bì 图用树枝、竹子等编成的篱笆、门等遮拦物▷蓬~生辉|蓬门~户。

【筚路蓝缕】 bìlùlánlǚ 赶着柴车、穿着破烂的衣服(去开山伐林)(筚路:柴车;蓝缕:破衣服)。形容创业的艰辛。☞"筚"不宜写作"荜"。

愎 bì 圃固执;任性▷刚~自用。☞不读 fù。

弼 bì 囫〈文〉辅助;辅佐▷辅~。

蓖 bì [蓖麻]bìmá 图一年或多年生草本植物,种子榨的油叫蓖麻油,可以做工业润滑油,也可供药用。

痹 bì 见[麻痹]mábì。☞统读 bì。

滗(潷) bì 囫挡住容器里液体里的东西,把液体倒出▷~出一碗米汤|药熬好了就~出来。

裨 bì ❶囫增补▷~补阙漏。❷图益处▷无~于事|大有~益。○另见 pí。

【裨益】 bìyì ❶图益处▷坚持锻炼,对身体大有~。❷囫使受益▷发展教育是~国家与社会的大好事。

辟 bì 图君主▷复~。○另见 pì。

碧 bì ❶图〈文〉青绿色的玉石。❷圃青绿色▷~空|~绿。

【碧波】 bìbō 图碧绿的水波。

【碧海】 bìhǎi 图蓝绿色的大海。

【碧空】 bìkōng 图蔚蓝的天空。

【碧蓝】 bìlán 圃(颜色)青蓝。

【碧绿】 bìlǜ 圃(颜色)青绿。

【碧血】 bìxuè 图《庄子·外物》说周敬王时大夫苌弘死于蜀,其血三年化为碧玉,后多用碧血指为正义事业而流的血▷~丹心,浩气长存。

蔽 bì ❶囫覆盖;遮挡▷遮~|隐~。❷概括▷一言以~之。

算 bì [算子]bìzi 图有孔眼或空隙的片状物,用来隔离物品使不致落下,并能通气、漏水,如竹算子、炉算子。

弊 bì ❶图害处;毛病(跟"利"相对)▷利多~少|兴利除~|流~。❷欺诈蒙骗的行为▷舞~|作~。

【弊病】 bìbìng 图事情的毛病;缺点。

【弊端】 bìduān ❶图引起弊病发生的缘由▷管理不严是引发企业经济混乱的~。❷弊病▷克服~。

薜 bì [薜荔]bìlì 图常绿藤本植物,茎蔓生。果实含果胶,可制作凉粉;茎、叶、果实都可以做药材。

篦 bì ❶图篦子,密齿的竹制梳头用具。❷囫用篦子梳▷~头发。

壁 bì ❶图墙▷~画|~灯|断垣残~。❷像墙一样陡峭的山石▷悬崖峭~|~绝。❸军营的围墙或防御设施▷坚~清野。❹中空物体内层和实心物体外层作用像墙的部分▷井~|胃~|细胞~。☞统读 bì。

【壁挂】 bìguà 图挂在墙壁上用作装饰的一种织物,有毛织、棉织、印染、刺绣等不同种类。

【壁画】 bìhuà 图在岩壁、建筑物墙壁或天花板上绘制的图画。

【壁垒】 bìlěi ❶图古代军营的围墙,泛指防御工事。❷比喻对立的事物或对立事物的界限▷敌我两大~|双方~分明,各执己见。

【壁障】 bìzhàng ❶图像墙壁一样的遮挡物。❷比喻妨碍彼此间建立正常关系的问题▷拆除团结的~。

避 bì ❶囫躲开▷开锋芒|躲~。❷防止▷~雷器|~兔。☞统读 bì。

【避风】 bìfēng ❶囫避免风吹。❷比喻躲避不利的情势▷到乡下~去了。

【避讳】 bìhuì 囫封建社会为了维护等级制度的尊严,不能直接说出或写出君主或尊长的名字,叫作避讳。

【避讳】 bìhui 囫指社会习俗中,人们有意避免使用一些引起不愉快的词语或有意避开某种行为,如避讳说"死",结婚时避讳送伞(与"散"谐音)等。

【避免】 bìmiǎn 囫设法避开或免除不好的情况;防止▷~武断|~错误。

【避难】 bìnàn 囫躲避灾难或摆脱迫害▷地震时孩子们都在广场上~|政治~。

【避让】 bìràng 囫躲避;让开▷互相~,减少拥堵。

【避实就虚】 bìshíjiùxū 避开敌人的实力,去攻击敌人力量薄弱的地方。也指办事先找容易的突破;还指谈问题或处理问题时回避要害。

【避暑】 bìshǔ ❶囫避开高温暑热到凉爽的地方去住▷夏天他打算到承德去~。❷防止中暑▷夏天多喝绿豆汤可以~。

【避嫌】 bìxián 囫避免嫌疑▷审案时作为当事人亲属的法官应当~。

【避重就轻】 bìzhòngjiùqīng 避开繁重的任务,而拣轻松的来承担。也指回避主要的方面,只谈次要的方面。

髀 bì 图大腿,也指大腿骨。☞统读 bì。

臂 bì 图胳膊,从肩到腕的部分▷振~高呼|手~|膀~|~力。☞在"胳臂"中读 bei。

【臂膀】 bìbǎng ❶图胳膊。❷比喻得力的助手▷他俩是我的左右~。

璧 bì 图古代一种中间有孔的扁平圆形玉器;泛指美玉▷和氏~|珠连~合。

bian

边(邊) biān ❶图物体的外沿部分▷桌子~儿|海~|路~。❷物体的近旁;侧面▷身~|手

~|旁~。❸方面▷站在我们这~|一~倒|双~会谈。❹副两个或两个以上的"边"分别用在动词前面,表示不同动作同时进行▷~走~谈|~打工、~读书、~写作。❺图交界处;界限▷一望无～。❻数学上指夹成角或围成多角形的线段▷这个三角形的三条～相等|四～形。❼后缀,附在方位词后面,构成表方位的双音节名词,读轻声▷前～|下～|左～|外～。

【边陲】 biānchuí 图边境▷～驻守。
【边防】 biānfáng 图在边境地区采取的防御措施。
【边幅】 biānfú 丝、棉等纺织品的边缘,比喻人的穿着、仪表▷不修～。
【边关】 biānguān 图边境上的关隘▷～将士|～告急|大漠～风|~雪。
【边际】 biānjì 图边缘、边界;比喻范围、中心▷他讲话常常不着～。
【边疆】 biānjiāng 图接近国界的领土。
【边界】 biānjiè 图国家之间或地区之间的界线。
【边境】 biānjìng 图接近边界的地方。☞"边疆""边境"都指接近国界的地方,但"边疆"所指地区比"边境"大。
【边卡】 biānqiǎ 图边界上设置的关卡。☞"卡"这里不读 kǎ。
【边区】 biānqū 图从土地革命时期起到全国解放,共产党领导下的革命军队和人民在数省连接的边缘地带建立的根据地,如湘赣边区、陕甘宁边区。
【边塞】 biānsài 图边疆地区的要塞;泛指边疆。
【边缘】 biānyuán ❶图物体的靠边部分或边界▷池子的~◇他的精神处于崩溃的~。❷形处于边缘位置的;同两个或几个方面有关系的▷~地区|~学科。
【边缘科学】 biānyuán kēxué 两种或多种学科或因对某些问题的共同研究,或因理论、方法上的互相借用、渗透而发展形成的科学。如物理化学就是在物理学和化学基础上形成的边缘科学。
【边远】 biānyuǎn 形远离中心地区的▷～省份|～山区。

砭　biān 团古代用石针刺皮肉治病▷针～|石～|针～。

编(編)　biān ❶团把细长的条状物交叉地织起来▷~筐|~小辫儿|~草帽。❷按顺序组织或排列▷~成几队|~号。❸对资料或现成的作品进行整理、加工▷~稿|~杂志。❹图整本的书;书的一部分▷续~|简~|上~|下~。❺团创作(剧本、歌舞等)▷~剧本|~曲子|~舞蹈。❻捏造▷~瞎话|胡~乱造。

【编导】 biāndǎo ❶团编剧和导演。❷图做编导工作的人。
【编辑】 biānjí ❶团对资料或文稿进行整理、加工。❷图做编辑工作的人;特指新闻、出版系统的中级专业技术职称▷责任～|由～晋升为副编审。
【编校】 biānjiào 团编辑和校订▷这本书是先生亲手～的。☞"校"这里不读 xiào。
【编码】 biānmǎ ❶团运用一定方法或手段将数字、文字等编成数码或将数据、信息等转换成电脉冲信号。❷图为了达到某种目的而编成的数码▷邮政～。
【编目】 biānmù ❶团为书刊、文献等编制目录。❷图编制成的目录。
【编年体】 biānniántǐ 图按年代顺序编排记述史实的体裁。如《春秋》就是我国第一部编年体史书。
【编排】 biānpái ❶团按照一定次序排列▷～考场座次。❷编剧并排演▷~几个反映农村新貌的小戏。
【编派】 biānpai 团夸大或捏造(别人的短处)▷那些话

都是他给人家～的。
【编外】 biānwài 形编制以外的▷～人员。
【编写】 biānxiě ❶团参考一定的材料,编辑、整理,写成书或文章▷~字典|~教学大纲。❷创作▷~故事。
【编译】 biānyì 团编辑并翻译▷~外国童话丛书。
【编造】 biānzào ❶团把资料编排起来列成册▷~工程预算。❷胡编;捏造▷~理由,欺骗群众。
【编者按】 biānzhě'àn 图编者对文章或消息等所作的评论或说明(多加在正文的前面)。☞不宜写作"编者案"。
【编制】[1] biānzhì ❶团把条状物交叉编起来制成器具▷藤条可以~成椅子。❷根据资料编写(计划、程序等)▷~预算|~计算机程序。
【编制】[2] biānzhì ❶团指国家机关、企事业单位组织机构的设置、人员定额、职位分配等▷精简～。❷指军队的组织机构设置、官兵定额、武器装备配置等▷现役部队～。
【编著】 biānzhù ❶团参考利用已有材料写成书。❷图编著的书。
【编撰】 biānzhuàn 团编辑写作▷~一部近代史。
【编纂】 biānzuǎn 团编辑(大部头著作)▷~地方志。☞"纂"不读 cuàn。

煸　biān 团烹调时把肉类等放到热油中炒到半熟(再加入其他蔬菜一起烹调)。

蝙　biān [蝙蝠]biānfú 图哺乳动物,头和身子像老鼠,前后肢和尾部之间有薄膜,夜间在空中飞翔,捕食蚊、蛾等昆虫。☞统读 biān。

鳊(鯿)　biān 图鳊鱼,身体略呈菱形,头小而尖,生活在淡水中。

鞭　biān ❶图鞭子,赶牲口的用具▷马~|皮~|扬~。❷古代兵器,长条形,有节,没有刃▷九节~|钢~|竹节~。❸编连成串的小爆竹▷一挂~|~炮。
【鞭策】 biāncè 团用鞭子赶马前进。比喻督促激励。
【鞭长莫及】 biānchángmòjí 比喻力量达不到。
【鞭笞】 biānchī 团用皮鞭、木杖或竹板子抽打,比喻用言词谴责。
【鞭炮】 biānpào 图各种爆竹的统称;特指鞭形的成串的小爆竹。
【鞭辟入里】 biānpìrùlǐ 深刻剖析,进入最里层。形容言论或文章说理透彻。☞"辟"这里不读 bì 或 pī。
【鞭挞】 biāntà 团鞭打;比喻抨击、斥责▷这出戏无情地～了贪官污吏。

贬(貶)　biǎn ❶团降低▷~价|~官。❷给予低的评价(跟"褒"相对)▷~得一钱不值|褒~。
【贬斥】 biǎnchì ❶团降职并斥逐▷屡遭～。❷贬低并排斥或斥责▷推崇一派,~一派|对员工横加～。
【贬低】 biǎndī 团有意降低评价▷不能~别人,抬高自己。
【贬义】 biǎnyì 图词句里含有的贬斥或厌恶意义。
【贬值】 biǎnzhí ❶团货币购买能力下降▷物价上涨,货币～。❷减少货币的法定含金量,降低货币对黄金或外币的比价(跟"升值"相对)。❸泛指降低价值▷知识不应～。

扁　biǎn 形物体的厚度小于长度和宽度▷盒子压~了|鸭嘴是~的|~桃。☞在"扁舟"(小船)中读 piān。
【扁担】 biǎndan 图放在肩上挑、抬东西的工具,扁而长,用竹木制成。

【扁豆】 biǎndòu 图一年生草本植物，茎蔓生，小叶披针形，开白色或紫色花，荚果长椭圆形，种子白色或紫黑色。荚角或种子也叫扁豆。嫩荚是普通蔬菜，种子可以做药材。☞不要写作"萹豆""稨豆""藊豆"。

【扁桃体】 biǎntáotǐ 图咽与口、鼻腔交界处粘膜下淋巴组织构成的扁桃状的团块。左右各一，是机体的防御器官。

匾 biǎn 图挂在门上或墙上的题字的横牌▷光荣~|横~|~额。☞最后一画是竖折(乚)。

褊 biǎn 形〈文〉狭小：狭隘▷~小|~狭。

弁 biàn 〈文〉❶图古代男子戴的一种帽子。❷指低级武官或供差使的士兵▷武~|马~|差~。❸形放在前头的▷~言(序言)。

汴 biàn 图河南开封的别称。

变(變) biàn ❶团性质、状态或情况跟原来有了不同▷面貌~了|天气~热了|改~。❷使改变▷~落后为先进|~本加厉|~压器。❸图突然发生的重大变化▷政~|事~|兵~。

【变本加厉】 biànběnjiālì 情况变得比原来更加严重(含贬义)。☞"厉"不要写作"利""历""励"。

【变调】 biàndiào ❶图指乐曲从一个调过渡到另一个调。❷指汉字连读时，某些字的声调发生变化。如普通话中两个上声字连读时，头一个上声变成阳平。

【变动】 biàndòng 团变化；改动▷价格~|文字上要作些~。

【变法】 biànfǎ 团指历史上对国家法令、制度等做重大改变▷商鞅~|~维新。

【变法儿】 biànfǎr 团想出种种办法▷~开导他|变着法儿气人。

【变革】 biàngé 团改变事物的本质▷政治~|~经济体制。

【变更】 biàngēng 团改变；更动▷~计划。

【变故】 biàngù 图意外发生的事情或灾难▷遭此~以后，家道一蹶不振。

【变卦】 biànguà 团突然改变原来的主张和决定(多含贬义)▷说好了的事情，怎么又~？

【变化】 biànhuà 团事物的性质、形态变得与原来不同▷感情~|气候~|~得太剧烈。

【变幻】 biànhuàn 团难以揣测地改变▷政局~|~无常。

【变换】 biànhuàn 团改变；更换(事物的形式或内容)▷~工作|~队形。

【变节】 biànjié 团丧失节操，向敌人屈服投降▷~投敌。

【变脸】 biànliǎn ❶团改变脸色；翻脸(多指发怒)▷不要为一点小事就~啊。❷川剧表演特技，演员扭身做一个遮脸的动作，就由一种脸谱变成另一种脸谱，能接连变换好几次。

【变乱】 biànluàn 图战争等暴力行动造成的混乱。

【变卖】 biànmài 团出卖家产或其他物件，换取现款。

【变迁】 biànqiān 团事物变化转移▷社会~|景物~。

【变色】 biànsè ❶团变换颜色▷~龙◇山河~(比喻时局发生重大变化)。❷改变脸色▷陡然~|面对酷刑，他脸不~心不跳。

【变色龙】 biànsèlóng ❶图能变换表皮颜色以保护自己的蜥蜴类动物。❷比喻善于变化与伪装的政治投机分子。

【变态】 biàntài ❶图人的生理、心理的不正常状态(跟"常态"相对)▷~心理。❷大多数昆虫发育的必经过程，有完全变态和不完全变态两种。

【变天】 biàntiān ❶团天气发生变化，如由晴变阴，刮风，下雨等。❷比喻改变现有政治制度(多指反动势力复辟)▷敌视人民的势力妄图~。

【变通】 biàntōng 团处理事情时，对规定等作非原则性的变动。

【变相】 biànxiàng 形改变了事物的形式，而内容并未改变(多指坏事)▷~涨价|~走私。

【变心】 biànxīn 团改变原来对人、事业或国家的爱心、诚心或忠心▷人民卫士永不~。

【变质】 biànzhì 团事物的性质或人的思想品质发生变化(多指向坏的方面转变)▷药品~了|此人已蜕化~。☞"质"不读 zhí。

【变种】 biànzhǒng ❶团生物由原种变生新种。❷图生物由原种变生的新种▷这种三黄鸡是~。❸比喻形式有变而实质未变的思潮、流派等(含贬义)。

便 biàn ❶形适宜；方便▷不~公开|~于装卸。❷图适宜的时候；顺便的机会▷得~|就~。❸形简单的；非正式的▷~饭|~服。❹团排泄屎、尿等▷大~|小~|~血。❺图屎；尿▷排~|粪~。❻副就▷一问~知|没有工业，~没有巩固的国防。○另见 pián。

【便当】 biàndang 形方便；顺手▷这里车多，进城很~|这把剪刀用起来可~了。

【便道】 biàndào ❶图距离近便的小路。❷马路两侧的人行道。❸非正式的临时开辟的通道▷这里正修路，来往卡车请走~。

【便函】 biànhán 图非正式公文的形式简便的信件(区别于"公函")。

【便捷】 biànjié ❶形方便迅速▷信函专递十分~。❷(动作)轻便、快捷▷行动~。

【便利】 biànlì ❶形方便，有利(易于达到目的)▷~的条件|交通~。❷团使便利▷增开公交车，以~公众。

【便秘】 biànmì 团一种病症，粪便干结，排便困难。☞"秘"这里不读 bì。

【便民】 biànmín 形方便民众的▷~措施|~商店。

【便条】 biàntiáo 图简单记事的纸条；非正式的书信。

【便携式】 biànxiéshì 形便于携带的▷~婴儿床|~录音机。

【便宴】 biànyàn 图简便的宴席。

【便衣】 biànyī ❶图便服，日常穿的衣服。❷身着便衣执行任务的军人或警察等。

【便宜】 biànyí 形方便适宜▷~行事。☞意义不同于"便宜"(piányi)。

遍 biàn ❶形全面；广泛▷全村都找~了|漫山~野|~地。❷量用于一个动作从头至尾的全过程▷说了两~|看过好多~。☞统读 biàn。

【遍布】 biànbù 团各处都有；散布到每个地方▷他的学生~各地。

【遍及】 biànjí 团普遍地达到▷我们的朋友~五大洲。

【遍体鳞伤】 biàntǐlínshāng 浑身都是伤痕。形容伤势极重。

缠(纏) biàn 图用麦秆等编成的扁平的辫状带子，可用来制作草帽、提篮、扇子等▷草帽~。

辨 biàn 团区分；识别▷~清是非曲直。

【辨别】 biànbié 团根据事物不同的特点，对事物加以区分▷~是非|~虚实。

【辨认】 biànrèn 团区别特点，加以判断并认定▷~凶手|~真伪。

【辨识】 biànshí 团辨认；识别▷小孩子对许多东西还

~不清。

【辨析】 biànxī 团辨别，分析▷~同义词。

【辨正】 biànzhèng 团辨明是非，改正谬误▷~史实，增删文字。☞不宜写作"辩正"。

辩（辯） biàn 团提出理由或根据来说明真假或是非▷真理愈~愈明丨争~。

【辩白】 biànbái 团为了消除别人的误会或指责而说明事实真相▷他站出来为受委屈的战友~了一番。

【辩驳】 biànbó 团申述理由，反驳对方的意见▷他对无理指控予以~。

【辩护】 biànhù ❶团提出事实、理由进行辩解，以保护别人或自己。❷在法庭上被告人为自己申辩或辩护人为被告人申辩。

【辩解】 biànjiě 团对受人批评指责的事情进行解释▷她对自己的所作所为没有理由加以~。

【辩论】 biànlùn 团彼此论证自己的观点，揭露对方的矛盾，以使对方接受自己的观点或取得共同的见解。

【辩难】 biànnàn 团进行辩论并提出责问▷双方唇枪舌剑，彼此~。☞"难"这里不读 nán。

【辩证】 biànzhèng ❶团分析考证▷~源流丨~邪正。❷圃合乎辩证法的▷~观点丨~统一。☞不宜写作"辨证"。

【辩证法】 biànzhèngfǎ 图关于事物矛盾的运动、发展、变化的一般规律的哲学学说，是与形而上学相对立的世界观和方法论。它认为事物永远处在不断运动、变化和发展之中，这是由事物内部的矛盾斗争所引起的。

辫（辮） biàn ❶图辫子，分股交叉编起来的头发▷小~儿。❷像辫子的东西▷蒜~子。

biao

标（標） biāo ❶图事物的枝节或表面；非根本性的一面▷不能只治~不治本。❷旗帜；泛指发给优胜者的奖品▷锦~丨夺~。❸标志；记号▷点丨商丨~补。❹团做记号；用文字或其他方式表明▷把行进路线~在地图上丨明码~价。❺图计划达到的要求；衡量事物的标准▷指~丨达~。❻向承包或承买的一方公布的标准和条件▷投~丨招~。

【标榜】 biāobǎng 团用动听的名义和字眼加以宣传▷~博爱丨自我~丨互相~。

【标本】 biāoběn ❶图泛指枝节和根本▷双管齐下，~兼治。❷经过整理加工，保持实物原样，供展览、研究的动物、植物、矿物的样品。❸供医学化验或研究的血液、痰液、粪便、组织切片等。

【标兵】 biāobīng ❶图阅兵场或群众集会上，用来标示界线的兵士或人员。❷比喻作为榜样的个人或单位▷教育工作者~丨国有企业~。

【标点】 biāodiǎn ❶图古代指标记句读(dòu)的符号，现指标点符号。❷团给没有标点符号的文字加上标点符号▷~古书。

【标点符号】 biāodiǎn fúhào 用来表示停顿、语气以及词语的性质和作用的符号，是书面语的有机组成部分。共有 16 种，包括句号(。)、问号(?)、叹号(!)、逗号(，)、顿号(、)、分号(；)、冒号(：)、引号（" "' '）、括号（( )）、破折号（——）、省略号（……）、着重号(．)、连接号(—)、间隔号(·)、书名号（《 》〈 〉）、专名号(＿＿)。

【标杆】 biāogān 图用来指示测量点的测量工具。

【标记】 biāojì ❶团图用文字、图形、记号等表示出来▷照片上~着拍照的日期。❷图标志；记号▷纳税~丨打上~。

【标签】 biāoqiān 图系在或贴在物品上标明品名、性能、价格等的纸片。

【标题】 biāotí 图概括文章、新闻等内容的简明语句。也说题目。

【标新立异】 biāoxīnlìyì 提出新颖独特的见解、主张，表示与众不同。

【标语】 biāoyǔ 图简短的书面宣传鼓动性口号，张贴或张挂于公众场合。

【标志】 biāozhì ❶图显示事物特征的记号。❷团标明或显示某种特征▷联合公报的发表~着两国关系进入了新的阶段。☞不宜写作"标识(zhì)"。

【标致】 biāozhì 圃(女子)容貌秀丽；姿态优美▷姑娘长得十分~。

【标准】 biāozhǔn ❶图衡量、区别事物的依据▷合乎~丨检验真理的~只能是实践。❷圃合乎标准的；可供同类事物比较参照的▷~时丨~语丨他的普通话说得很~。

【标准音】 biāozhǔnyīn 图标准语的语音，如北京语音就是汉语普通话的标准音。

【标准语】 biāozhǔnyǔ 图在语音、词汇、语法诸方面都有一定规范的语言，是全民族共同的交际工具。如普通话就是现代汉语的标准语。

飚（飈） biāo 图气象学上指风向突变、风速剧增的强风带。

彪 biāo ❶图老虎身上的斑纹，借指文采▷~炳。❷小老虎；比喻人健壮高大▷~形大汉。

【彪炳】 biāobǐng 团〈文〉文彩焕发；照耀▷~青史丨~千秋。

膘 biāo 图牲畜身上的肥肉▷上~丨掉~。

飙（飆） biāo 图暴风▷狂~。

镖（鏢） biāo 图旧时一种投掷用的暗器，形状像长矛的头▷飞~。

镳（鑣） biāo 图马嚼子两头露出马嘴的部分▷分道扬~。

表（錶❻） biāo ❶图外面；外部▷~里如一丨外~丨~皮。❷团(把思想感情等)显示出来▷~~~心意丨发~。❸图表格▷填~丨登记~。❹古代奏章的一种▷《陈情~》丨《出师~》。❺称祖父、父亲的姐妹的子女或祖母、母亲的兄弟姐妹的子女，表示亲戚关系▷~妹丨~叔丨~姨丨~亲丨姑~亲。❻计时间的器具，比钟小，可以随身携带▷怀~丨手~。❼测量用的仪器▷电~丨压力~丨水~。❽标准；榜样▷师~。

【表白】 biǎobái 团向人说明、解释(自己的心意)▷~爱情丨~心意。

【表层】 biǎocéng 图物体表面的一层▷~土壤◇社会~。

【表达】 biǎodá 团把思想、感情表示出来▷~谢意。

【表功】 biǎogōng 团述说功劳；也有意显示自己的功劳▷我们得为他~丨他这人就喜欢向人~。

【表决】 biǎojué 团在会议上用举手、投票等方式，根据多数人的意见做出决定。

【表里如一】 biǎolǐrúyī 外表和内心一致。比喻言行和思想完全一致。

【表露】 biǎolù 团显露或表现出来▷颤动的手指~出内心的焦虑。☞"露"这里不读 lòu。

【表面】 biǎomiàn ❶图物体最外层▷玻璃球~很光滑。❷事物的外在现象或非本质部分▷看问题不能只看~，要看本质。

【表明】 biǎomíng 动明白地表示▷～立场|种种迹象～他出事了。

【表情】 biǎoqíng ❶名表现在面部和姿态上的思想感情▷喜悦的～。❷动表露内心思想感情▷～达意。

【表示】 biǎoshì ❶动通过言行表明(思想、感情、态度)▷～同意|～不满。❷事物本身或借助其他事物显示出某种意义▷书名前带"＊"号的～是必读参考书。

【表述】 biǎoshù 动说明、陈述▷～清楚。

【表率】 biǎoshuài 名好榜样。

【表态】 biǎotài 动表明态度。

【表现】 biǎoxiàn ❶动显示出来▷这幅作品～了时代主旋律。❷名言行等状况▷他的～一贯很好。❸动有意显示自己(含贬义)▷他好在人前～自己。

【表象】 biǎoxiàng 名客观事物的外部特征在人脑中再现的形象。

【表演】 biǎoyǎn ❶动演出(戏剧、舞蹈、音乐、杂技等)。❷做示范▷～速算法|技术～。

【表扬】 biǎoyáng 动公开赞扬。

【表彰】 biǎozhāng 动隆重地表扬▷～全国劳动模范。

婊 biǎo [婊子]biǎozi 名旧时称妓女,也用作骂人的话。

裱 biǎo ❶动用纸、布或丝织品把字画、古书等衬托粘贴起来,使美观耐久,也便于展示▷把这幅画～一～|装～|～褙。❷用纸或其他材料糊屋子的顶棚或墙壁。

摽 biǎo ❶动紧紧捆住或钩住▷把行李～在车架子上|两人～着胳膊走。❷过分亲近;频繁接触▷不要跟不三不四的人～在一块儿。

鳔(鰾) biào 名鱼类体内的囊,里面充满气体,收缩时鱼下沉,膨胀时鱼上浮,还可以辅助呼吸。

bie

憋 biē ❶动极力忍住▷闭上嘴,～足一口气|着一肚子的话想跟你说。❷呼吸不畅;不痛快▷屋子不通风,让人～得慌|～闷。

鳖(鱉) biē 名爬行动物,形状像龟,背甲上没有纹,边缘柔软,生活在淡水中。肉鲜美,甲可以做药材。也说甲鱼。

别 bié ❶动分离▷分～|离～。❷区分;分辨▷分门～类|辨～。❸名差异▷内外有～|天壤之～。❹按照不同特点区分出的类▷性～|类～|级～。❺匹指另外的▷～人|～处。❻动用针等(把东西)附着(zhuó)或固定▷胸前～着校徽|把几张票据～在一起。❼插着;卡(qiǎ)住▷上衣口袋里～着钢笔|腿～在树杈里拔不出来。❽表示禁止或劝阻,相当于"不要"▷～出声|～开玩笑。○另见 biè。

【别称】 biéchēng 名正式名称以外的名称(多指地方的别名)▷羊城是广州的～|成都的～是蓉。

【别出心裁】 biéchūxīncái 另出新意,与众不同(别:另外;心裁:心中的策划)。

【别号】 biéhào 名旧时人的名和字以外另起的称号▷白居易字乐天,～香山居士。

【别具匠心】 biéjùjiàngxīn 另有与众不同的巧妙构思。

【别开生面】 biékāishēngmiàn 另外开创新的局面(生面:新面貌)。

【别墅】 biéshù 名本宅外另建的园林住宅,多建在郊外或风景区。☞"墅"不读 yě。

【别无长物】 biéwúchángwù 另外再没有多余的东西(长物:多余的东西),形容极其清贫。☞"长"这里不读 zhǎng。

【别有用心】 biéyǒuyòngxīn 指言行中包含着不可告人的动机或企图。

【别致】 biézhì 形独特而富有情趣▷式样新颖,造型～|房间的布置很～。

【别字】 biézì ❶名写错或读错的字。也说白字。❷别号。

蹩 bié [蹩脚]biéjiǎo 形扭了脚腕,比喻质量差或程度低▷～货|只会说几句～的英语。

瘪(癟) biě 形物体表面下陷;不充实▷轮胎～了|肚子饿～了|干～。☞在"瘪三"(上海人所指的以乞讨或偷盗为生的无业游民)中读 biē。

別 biè [别扭]bièniu ❶形不顺心;不舒服▷事情没办好,心里很～|着了点凉,浑身觉着～。❷不融洽▷为了一点小事,俩人闹得很～。○另见 bié。

bin

宾(賓) bīn 名客人(跟"主"相对)▷～至如归|嘉～|贵～。

【宾馆】 bīnguǎn 名招待宾客食宿的地方。现指档次较高的旅馆。

【宾语】 bīnyǔ 名语法学上指动词后面的连带成分,表示动作行为关涉的对象。如"尊敬师长"中的"师长","我希望他来"中的"他来"。

【宾至如归】 bīnzhìrúguī 宾客来到这里,如同回到家里一样。形容主人或旅馆等对客人招待殷勤周到。

彬 bīn [彬彬]bīnbīn 形形容文雅的样子▷文质～～|～～有礼。

傧(儐) bīn [傧相]bīnxiàng 名婚礼中陪伴新郎的男子或陪伴新娘的女子。☞统读 bīn。

斌 bīn 同"彬"。多用于人名。

滨(濱) bīn ❶名靠近水边的地方▷湖～|海～。❷动紧靠(水边)▷～江大道|东～大海。

缤(繽) bīn [缤纷]bīnfēn 形繁盛;纷乱▷五彩～|落英～。☞统读 bīn。

槟(檳) bīn [槟子]bīnzi 名苹果同沙果嫁接而成的果树。果实也叫槟子,比苹果小。○另见 bīng。

濒(瀕) bīn 动临近(某种境地)▷～于死亡|～危。☞统读 bīn。

【濒临】 bīnlín 动紧靠;临近▷～大海|有些动物～灭绝,要很好保护。

【濒危】 bīnwēi 动临近危险、死亡▷爷爷卧病～。

摈(擯) bīn 动排斥;抛弃▷～斥|～弃。

【摈除】 bīnchú 动排除▷～杂念。

【摈弃】 bìnqì 动抛弃▷～陈旧观点。

殡(殯) bìn ❶动停放灵柩待葬▷～葬|～仪馆。❷指灵柩▷出～。

髌(髕) bìn ❶名髌骨,组成膝盖的骨头。通称膝盖骨。❷动削去髌骨,古代一种酷刑。☞统读 bìn。

鬓(鬢) bìn 名脸两侧靠近耳朵的部位▷～发|两～。

【鬓角】 bìnjiǎo 名面颊两侧、耳朵前面长头发的部位;也指这个部位长的头发▷～染霜|留～。☞不宜写作"鬓脚"。

bing

冰 bīng ❶名水遇冷凝结成的固体▷河水结～了。❷动接触低温的东西而感到寒冷▷这里的水真

~手。❸用冰使物体变凉▷把西瓜～一～。❹图像冰一样无色半透明的东西▷～糖|～片。

【冰雹】 bīngbáo 图空气中水蒸气遇冷凝结的冰粒或冰块,常在夏季随暴雨落下,对农作物危害极大。也说雹子。

【冰川】 bīngchuān 图在两极和高山地区,沿地面倾斜方向运动的巨大冰块。也说冰河。

【冰点】 bīngdiǎn 图在标准大气压下水开始凝结成冰时的温度,摄氏温度计上用"0°"表示(0℃)。

【冰雕】 bīngdiāo 图用冰块雕刻造型的艺术,也指用冰块雕凿成的艺术品。

【冰冻三尺,非一日之寒】 bīngdòngsānchǐ,fēiyīrìzhīhán 比喻某种现象或结局,不是短期内形成的。

【冰冷】 bīnglěng ❶形像冰那样冷▷四肢～。❷(态度、表情)很冷淡▷那～的神情令人不寒而栗。

【冰凌】 bīnglíng ❶图冰。❷冰柱。

【冰淇淋】 bīngqílín 图冷食,用水、牛奶、鸡蛋、果汁、糖等调匀后,边加冷边搅拌凝成的半固体物。

【冰球】 bīngqiú ❶图冰上球类运动,每场比赛3局,每队上场6人,用球杆把球击入对方球门得分。❷冰球运动所用的球,黑色,扁圆形,用硬橡胶制成。

【冰山】 bīngshān ❶图冰层终年不化的高山。❷两极地带的冰川断裂、滑落而漂浮海上的巨型冰块,形如高山。❸比喻不能长久依赖的靠山。

【冰释】 bīngshì 团(误会、疑虑、隔阂等)像冰块消融一样消除。

【冰消瓦解】 bīngxiāowǎjiě 比喻完全消失或彻底崩溃。

【冰镇】 bīngzhèn 团用冰块或冰箱冷藏室等使食物、饮料等冷却。

兵 bīng ❶图武器▷短～相接。❷武装力量;军队▷～强马壮|装甲～。❸战士▷我是一个～|当～。❹指军事或战争▷纸上谈～|～书。

【兵变】 bīngbiàn 团军队突然叛变▷防止阵前～。

【兵不血刃】 bīngbùxuèrèn 兵刃上连血都没沾。指未经交战就取得胜利。☞"血"这里不读 xiě。

【兵不厌诈】 bīngbùyànzhà 指作战时,不排斥使用欺诈的手段迷惑敌人(厌:排斥)。

【兵法】 bīngfǎ 图古代指用兵作战的策略和方法。

【兵贵神速】 bīngguìshénsù 用兵最重要的在于行动特别迅速。

【兵荒马乱】 bīnghuāngmǎluàn 形容战争造成的社会动荡、混乱的景象。

【兵力】 bīnglì 图军队的实力,主要指人员的素质、数量及武器装备等▷～单薄◇集中优势～,攻克技术难关。

【兵强马壮】 bīngqiángmǎzhuàng 形容军队实力雄厚,战斗力强。

【兵役】 bīngyì 图公民当兵的义务,一般分为现役和预备役。

【兵种】 bīngzhǒng 图军种内部按武器装备等的不同所作的分类。如空军有航空兵、雷达兵等兵种。

槟(檳) bīng [槟榔]bīnglang 图常绿乔木,生长在热带、亚热带。果实也叫槟榔,可以食用,也可以做药材。○另见 bīn。

丙 bīng 天干的第三位。

秉 bīng ❶团拿着▷～笔|～烛。❷掌握;主持▷～公执法。☞中间是"彐",不是"彐"。

【秉承】 bīngchéng 团接受并奉行(某人意旨或指示)▷～领导的指示|～主子的旨意。☞不宜写作"禀承"。

承"。

【秉公】 bīnggōng 团坚持公平原则,主持公道▷～处理|～行事。

【秉性】 bīngxìng 图性格▷～内向。

柄 bīng ❶图东西的把(bà)儿▷斧～|枪～|刀～。❷权力▷权～。❸比喻在言行上被人抓住的缺点或漏洞▷笑～|话～。❹花、叶或果实跟茎或枝相连的部分▷花～|叶～。☞统读 bīng。

饼(餅) bīng ❶图熟的面食,一般为扁圆形▷烙～|蒸～|油～儿。❷形状像饼的东西▷柿～|铁～。

炳 bīng 形明亮;显著▷彪～。

屏 bīng ❶团抑止,忍住▷～住呼吸|～声敛息。❷排除▷～退。○另见 píng。

【屏气】 bīngqì 团抑制住,暂不呼吸▷～肃立。

【屏退】 bīngtuì 团使退出、离开▷～左右。

禀 bīng ❶团赐予;赋予▷～赋。❷旧指向长辈或上级报告▷回～。

【禀报】 bīngbào 团向上级或尊长报告▷～给省长|向祖父～了事情经过。

【禀赋】 bīngfù 图人所具有的才智、体魄等方面的素质▷～超群。☞不宜写作"秉赋"。

【禀性】 bīngxìng 图与生俱来的性质;本性▷江山易改,～难移。☞"禀性"跟"秉性"意义不同,不要混用。

并 bīng ❶团合在一起▷合二|兼～。❷平列;挨着▷肩～肩,手拉手|两人～排坐着。❸副一起;同时▷工农业～举|齐头～进。❹表示实际上不是那样▷翻译～不比创作容易|不要多心,我～没有别的意思。❺连表示更进一层▷讨论～通过了工作报告|任务已经完成,～比原计划提前三天。☞作为太原别称的"并"读 bīng。

【并存】 bìngcún 团同时存在▷多种经济成分～。

【并发】 bìngfā 团由已发的疾病引发其他的疾病▷～哮喘。

【并轨】 bìngguǐ 团将原来不同组的轨道合并为一组轨道,比喻将两种或几种办法、制度、形式等合并为一种。

【并驾齐驱】 bìngjiàqíqū 几匹马并排一齐拉车快跑。比喻齐头并进,不分前后。也比喻地位相当,不分高下。

【并肩】 bìngjiān ❶团肩挨着肩。❷比喻协同一致▷同心协力,～战斗。

【并举】 bìngjǔ 团同时举办,一齐进行▷国营民营～。

【并列】 bìngliè 团不分主次,不分先后,并排而列▷～亚军。

【并拢】 bìnglǒng 团合拢在一起▷五指～。

【并且】 bìngqiě 连连接并列的动词或分句,表示并列或递进关系▷会议讨论～通过了工作报告|这种植物我们家乡也有,～还很多。

【并吞】 bìngtūn 团把别国或别人的土地、财产强行据为己有。

【并网】 bìngwǎng 团指某一输送传播电能或信息的系统合并入更大范围的网络系统之中。

【并行不悖】 bìngxíngbùbèi 同时进行,互不抵触。

【并重】 bìngzhòng 团同样重视▷生产与流通～。

病 bìng ❶图生理上或心理上出现的不正常的状态▷闹了一场～|精神～|治～。❷团生病▷孩子～了。❸图缺点,错误▷弊～|语～。

【病变】 bìngbiàn 图病理变化,指细胞、组织、器官等受致病因素侵害,导致结构、功能、代谢等发生的变化。

【病病歪歪】　bìngbìngwāiwāi　圈〈口〉形容身体多病，衰弱无力。

【病毒】　bìngdú　❶图生物界中比病菌更小的不具细胞结构的病原体。❷指计算机软件中人为设计的破坏性程序，能破坏贮存在计算机内的文件，甚至使计算机无法正常运行。

【病根】　bìnggēn　❶图指没有彻底治愈的旧病。❷比喻导致失败、挫折、灾祸的根本原因▷多次失败的～就是盲目自大。

【病害】　bìnghài　图指植物体的发育障碍、枯萎或死亡，多由真菌、细菌、病毒或不适宜的气候、土壤等因素引起。

【病句】　bìngjù　图在语法或逻辑上有毛病的句子。

【病菌】　bìngjūn　图引起疾病的细菌。也说病原菌。

【病历】　bìnglì　图医生对病人病情、检查情况及诊治处理的方法、意见所作的记录。也说病案。

【病魔】　bìngmó　图像魔鬼一样缠身的疾病(多指长期不愈的病)。

【病情】　bìngqíng　图病症变化的状况。

【病入膏肓】　bìngrùgāohuāng　形容病情严重，不可救治；比喻事情严重到无可挽救的地步(膏肓：古人称心尖脂肪为膏，心脏与隔膜之间为肓，认为是药力达不到的地方)。☞"肓"不要写作"盲"(máng)。

【病逝】　bìngshì　团因病去世。

【病态】　bìngtài　图生理或心理上不正常的状态▷突然消瘦是种～｜心理～。

【病危】　bìngwēi　团病势严重，生命垂危。

【病愈】　bìngyù　团病好了。

【病原体】　bìngyuántǐ　图引起疾病的微生物的统称，包括病毒、病菌、真菌等。

【病灶】　bìngzào　图机体上发生病变的部分▷结核～｜骨髓炎～。

【病征】　bìngzhēng　图疾病显示出来的征象。

【病症】　bìngzhèng　图疾病▷疑难～。

摒　bìng　团排除；抛弃▷～之于外。

【摒除】　bìngchú　团排除▷～杂念。

【摒弃】　bìngqì　团抛弃▷～糟粕。

bo

拨(撥)　bō　❶团用手脚或棍棒等移动或分开▷～弦｜把钟～到九点｜用脚轻轻一～，把球送进球门。❷调配；分出一部分▷～人去值夜班｜～款｜划～。❸量用于分批的人或物▷来了一～儿人｜货分两～儿运。☞跟"拨"(bá)不同。

【拨付】　bōfù　团调拨并支付(款项)▷～教育经费。

【拨乱反正】　bōluànfǎnzhèng　治理混乱局面，使恢复正常秩序。

【拨弄】　bōnong　❶团来回拨动；摆弄▷算盘珠儿小宝正在～玩具。❷挑拨▷～是非。

波　bō　❶图起伏不平的水面▷随～逐流。❷比喻突然出现的情况▷风～。❸比喻流转的目光▷眼～｜秋～。❹物理学指振动在物体中的传播，是能量传递的一种形式，包括机械波和电磁波。☞统读bō。

【波动】　bōdòng　❶团起伏动荡▷河水～｜社会～。❷图波④。

【波及】　bōjí　团影响到；涉及到▷这次寒潮～全国大部分地区。

【波澜】　bōlán　图波涛▷～壮阔◇感情～。

【波浪】　bōlàng　图江河湖海等受到外力作用呈现出的起伏不平的水面。

【波涛】　bōtāo　图巨浪。

【波纹】　bōwén　图小波浪呈现的水纹。

【波折】　bōzhé　图事态的曲折变化▷两国关系出现过～。

玻　bō　[玻璃]bōlí　❶图一种脆硬透明的建筑、装饰材料，用石英砂、石灰石等混合熔化制成。❷像玻璃的东西▷～纸｜有机～。

钵(鉢)　bō　❶图一种敞口器皿，像盆而较小，多为陶制▷饭～｜乳～。❷僧人盛饭的器具(梵语音译词"钵多罗"的简称)▷～盂｜衣～相传。

饽(餑)　bō　[饽饽]bōbo　图〈口〉用面粉或杂粮面制成的面饼、馒头之类食物。

剥　bō　❶义同"剥"(bāo)，用于合成词或成语▷生吞活～。❷团脱落▷～落｜～落。❸强行夺去▷盘～。☞左下是"氺"，不是"水"。○另见bāo。

【剥夺】　bōduó　❶团用强制手段夺取▷无理～别人财产。❷依法取消▷～政治权利三年。

【剥离】　bōlí　团使原来紧贴的东西脱落或分开▷墙皮～｜～羊皮。

【剥落】　bōluò　团(附着在物体表面的东西)层层脱落▷桦树皮年年～。

【剥蚀】　bōshí　❶团物体表层受风、水等侵蚀而损坏▷这些石人、石马已被风雨～得很厉害｜～下来的墙皮碎块堆在那里。❷侵蚀。

【剥削】　bōxuē　团凭借政治上的特权或生产资料的私人所有权，无偿地占有别人劳动或劳动成果。☞不读bāoxiāo。

菠　bō　见下。☞统读bō。

【菠菜】　bōcài　图一年生或二年生草本植物，是常见的蔬菜。

【菠萝】　bōluó　图多年生草本植物，果实也叫菠萝，果皮像鳞甲，果肉酸甜，有很浓的香味，是著名的热带水果。

播　bō　❶团撒布种子▷春～。❷散布；传扬▷传～｜～广。㊀统读bō。㊁右上是"米"上加一撇(七画)，不是"采"(cǎi，八画)。

【播报】　bōbào　团通过广播、电视等大众传播媒介播出和报道▷～新闻。

【播发】　bōfā　团通过广播、电视播出、发布▷～联合公报。

【播放】　bōfàng　团通过广播、电视播送出来▷～音乐｜～电视剧。

【播撒】　bōsǎ　团撒开播种；撒▷～小麦｜～药粉◇～革命种子。

【播送】　bōsòng　团通过电台、电视台等把节目、消息等传送给听众、观众。

【播音】　bōyīn　团通过无线电或有线电播送有声节目。

【播映】　bōyìng　团电视台播送声像节目。

【播种】　bōzhòng　团把农作物的种(zhǒng)子种(zhòng)到地里▷～玉米。

伯　bó　❶图古人用伯、仲、叔、季代表兄弟的排行顺序，伯是老大▷～仲之间(比喻不相上下)。❷称父亲的哥哥；尊称跟父亲同辈、年纪比父亲大的男子▷～父｜～母｜～老｜～赵。❸古代贵族五等爵位的第三等▷公侯～子男｜～爵。☞在"大伯子"(丈夫的哥哥)中读bǎi。

【伯乐】　bólè　图相传古代善于相(xiàng)马的人，比喻善于发现和选用人才的人。

驳(駁)　bó　❶团用自己的观点否定别人的观点；指出别人意见的错误▷当场～了他几句｜

批~。❷圈颜色或内容混杂不纯▷斑~。❸团用船运送旅客或货物▷~运|~船。

【驳斥】bóchì 团批驳(错误的言论和意见)。

【驳船】bóchuán 图运送旅客或货物的船只,本身没有动力装置,靠机轮牵引航行。

【驳回】bóhuí ❶团不允许或不采纳(某种请求、建议)▷~申请|对种种非议一一~。❷法律上指法院对诉讼当事人的请求予以拒绝。

【驳杂】bózá 圈混杂纷乱▷人员~|内容~。

帛 bó 图丝织品的总称▷布~|玉~|~书。☞统读bó。

【帛画】bóhuà 图我国古代绘在丝织品上的图画。

【帛书】bóshū 图我国古代写在丝织品上的著述。

泊 bó ❶团靠岸停船▷停~|漂~。❷圈(对名利)淡漠▷淡~。○另见pō。

【泊位】bówèi 图港区内供船舶停靠的位置▷这个港口有五个万吨级~。

勃 bó 圈旺盛▷生机~|蓬~。☞统读bó。

【勃勃】bóbó 圈生机、精力旺盛或欲望强烈的样子▷兴致~|雄心~。

【勃然】bórán ❶圈因盛怒或惊慌脸色突然改变的样子▷~拍案|~变色。❷旺盛的样子▷~兴起的高科技事业。

钹(鈸) bó 图打击乐器,铜制,圆形,中间凸起,两片相击发声。☞统读bó。

亳 bó 图用于地名。亳州,在安徽。☞下部是"毛",跟"毫"(háo)不同。

舶 bó 图大船▷船~。

【舶来品】bóláipǐn 图指进口的商品。

脖 bó ❶图脖子,头和躯干连接的部位。❷身体或器物上像脖子的部分▷脚~子|长~儿瓶子|烟筒拐~儿。

博 bó ❶圈广;丰富▷地大物~|~大|~渊~。❷团通晓▷~古通今。❸取得▷~得好评|~取。❹图古代一种棋戏;后来泛指赌钱一类活动▷~奕|赌~。☞左边是"忄",不是"讠"。

【博大】bódà 圈宽广;丰富(多用于抽象事物)▷~的胸怀|庐山山势~雄奇。

【博大精深】bódàjīngshēn 形容思想和学识广博高深。

【博览】bólǎn 团广泛地读或看▷~群书|~会。

【博识】bóshí 圈博学▷~多才。

【博士】bóshì ❶图古代传授经学等的官员▷太学~。❷古代对精于某种技艺的人的尊称▷酒~。❸最高一级学位;也指取得这一学位的人。

【博闻强记】bówénqiángjì 见【博闻强识】,见闻广博,记忆力强。

【博物】bówù ❶图万物▷~馆|~志。❷对动物、植物、矿物、生理等学科的总称。

【博学】bóxué 圈学识广博。

鹁(鵓) bó 见下。

【鹁鸽】bógē 图鸽子的一种。即家鸽。

【鹁鸪】bógū 图鸟,羽毛灰褐色,天将下雨或刚放晴时,常在树上咕咕地叫。

渤 bó 图渤海,中国内海,在山东半岛和辽东半岛之间。

搏 bó ❶团对打▷肉~|拼~。❷跳动▷脉~。

【搏动】bódòng 团(心脏、动脉等)有节奏地跳动▷心

【搏斗】bódòu ❶团激烈地对打▷与犯罪分子~。❷激烈地斗争▷与山洪~。

【搏击】bójī 团搏斗冲击▷~海浪。

箔 bó ❶图用苇子或秫秸编成的片状物▷苇~|席~。❷蚕箔,养蚕用的竹席或竹筛子。❸金属打成的薄片▷银~|镍~。❹涂上金属粉末或裱上金属薄片的纸▷锡~。☞统读bó。

膊 bó 图臂的上部靠近肩的部分;肩膀以下手腕以上的部分▷赤~|胳~(gēbo)。

薄 bó ❶团迫近▷日~西山。❷圈微;少▷~利多销|广种~收。❸团轻视▷厚此~彼|鄙~。❹圈苛刻;轻浮▷刻~|轻~。❺意思跟"薄"(báo)相同,多用于合成词或成语▷如履~冰|~地|~情|~酒。❻在"薄荷"(多年生草本植物,茎叶有清凉香味,可提取薄荷油、薄荷脑等)中读bò。○另见báo。

【薄产】bóchǎn 图很少的产业。

【薄地】bódì 图贫瘠的田地。

【薄酒】bójiǔ 图不醇厚的酒(多用作谦词)。

【薄礼】bólǐ 图不厚重的礼物(多用作谦词)。

【薄暮】bómù 图傍晚。

【薄情】bóqíng 圈不念情义;背弃感情(多用于爱情)▷他不是~的人。

【薄弱】bóruò 圈脆弱;不坚强▷基础~|意志~。

磅 bó 见[磅礴]pángbó。

跛 bǒ 圈腿或脚有残疾,走路时一瘸一拐▷~脚|~子。☞不读pō。

簸 bǒ ❶团上下颠动盛有粮食的簸箕,除去糠秕和杂物▷把这堆粮食~~。❷上下颠动▷颠~。☞在"簸箕"(簸粮食或撮垃圾的器具)中读bò。

【簸箩】bǒluo 图用竹条、柳条或藤条等编制的大型盛物器具。

檗 bò 图黄檗,落叶乔木,树皮厚,小枝黄色。枝茎可提制黄色染料,树皮可以做药材。

擘 bò 图大拇指▷巨~(比喻在某一方面居于首位的人物)。

bu

醭 bú 图醋、酱、酱油等表面生出的白霉▷白~。☞统读bú。

卜 bǔ ❶团古代指用龟甲等预测吉凶,后来泛指占卜▷~了一卦|求签问~。❷预测▷成败未~|预~。☞在"萝卜"中读bo。

【卜辞】bǔcí 图殷代刻在龟甲或兽骨上的占卜记录。

补(補) bǔ ❶团加上材料,修理破损的东西▷~衣服|修~。❷把缺少的充实起来或添上▷~缺|填~|滋~。❸图益处▷于事无~。

【补白】bǔbái ❶图为填补报刊空白而发的短文。❷团补充说明。

【补偿】bǔcháng 团补足;抵偿▷~差额|~亏损。

【补充】bǔchōng ❶团增添充实▷~经费|~人力。❷在基本内容之外追加▷~一些新规定。

【补丁】bǔdīng 图补在衣服或其他物件破损处的材料。☞不宜写作"补钉"。

【补过】bǔguò 团补救过失▷将功~。

【补给】bǔjǐ ❶团补充、供给▷~弹药。❷图补充、供给的军需品▷这批~拨给你们团。☞"给"这里不读gěi。

【补救】bǔjiù 团防止差错造成不利影响;出了差错后弥补挽救▷~漏洞|~事故造成的损失。

【补考】　bǔkǎo　囫对经批准未参加考试或考试不及格的学生进行另一次考试。

【补缺】　bǔquē　❶囫补齐缺额。❷补上缺漏的东西▷拾遗～。

【补贴】　bǔtiē　❶囫给以资财补助，弥补不足▷～日用。❷囵补贴的费用。

【补习】　bǔxí　囫在课余或工余学习（某些所缺的知识）▷～英语。

【补养】　bǔyǎng　囫以饮食、药物等滋补（身体）。

【补遗】　bǔyí　囫因书籍、文章有遗漏而在正文后加以增补。

【补益】　bǔyì　❶囵好处；益处。❷囫使产生或得到好处▷～后人｜～社会。

【补语】　bǔyǔ　囵动词、形容词后的补充成分，补充说明动作变化的结果、数量等或性质状态的程度等。如"洗得干净"、"看一遍"、"好极了"中"干净"、"一遍"、"极"都是补语。

【补助】　bǔzhù　❶囫在经济上给以帮助（多指组织对个人的、临时性的）。❷囵指补助的钱物。

捕　bǔ　囫捉拿▷凶手已被～｜～鱼｜逮(dài)～。☞统读bǔ。

【捕风捉影】　bǔfēngzhuōyǐng　比喻说话、做事以不确实的传闻或似是而非的表面现象为根据。

【捕获】　bǔhuò　囫捉住；抓到。

【捕捞】　bǔlāo　囫捕捉打捞（水生动植物）。☞"捞"不读láo。

【捕猎】　bǔliè　囫捕捉（野生禽兽）。

【捕捉】　bǔzhuō　囫捉拿▷～蝴蝶｜～逃犯◇～机遇｜～灵感。

哺　bǔ　❶囫（鸟）用含着的食物喂▷乌鸦反～。❷泛指喂养▷～养。☞统读bǔ。

【哺乳】　bǔrǔ　囫用乳汁喂。

【哺养】　bǔyǎng　囫喂养。

【哺育】　bǔyù　❶囫喂养▷～婴儿。❷比喻培养教育▷～新人。

堡　bǔ　囵堡子，有围墙的村镇（多用于地名）▷瓦窑～（在陕西）｜柴沟～（在河北）。○另见bǎo。

不　bù　❶囵表示否定▷～走｜～漂亮｜～～走？｜写～好｜～言～语。❷单用，表示否定性的回答▷他来开会吗？——～，他不能来。❸用在句尾，表示疑问▷你看书～？｜天气冷～？☞在去声字前变调读bú，如"不对"。为了简便，本词典一律标本调。

【不白之冤】　bùbáizhīyuān　无法申辩、得不到昭雪的冤屈（白：辩白）。

【不卑不亢】　bùbēibùkàng　既不自卑，也不高傲。形容态度自然，言行得体。

【不必】　bùbì　囵表示不需要或没有必要▷～拘礼｜绕道走。

【不便】　bùbiàn　❶囵不方便▷人老了，乘车～。❷不适宜▷他正在讲话，～打扰。❸缺钱用▷手头～。

【不测】　bùcè　❶囵没有或不能预料到的▷天有～风云。❷囵险恶的事情；灾难▷提高警惕，以防～。

【不曾】　bùcéng　囵表示否定，相当于"没有"▷～想过｜天～亮，他就走了。

【不成文】　bùchéngwén　囵未用文字写定的▷～的规定。

【不齿】　bùchǐ　囫不与同列；不愿提到（表示极端瞧不起）▷为人们所～。

【不耻下问】　bùchǐxiàwèn　不认为向不如自己的人请教是耻辱。形容虚心好学。

【不揣】　bùchuǎi　囵谦词，用于向人提出请求或陈述见解时，表示不自量▷～冒昧。

【不辞】　bùcí　❶囫不告辞▷～而别。❷不推辞；不拒绝▷万死～｜～辛劳。

【不错】[1]　bùcuò　囵好▷日子过得很～。

【不错】[2]　bùcuò　囵正确；对▷～，他是我老同学。☞这里的"不错"做独立语，不能受"很"一类副词修饰。

【不但】　bùdàn　囵连接分句，用在复句的前一分句中，与后一分句中的"而且"、"也"等词语搭配，表示递进关系▷鲁迅～是伟大的文学家，而且是伟大的思想家。

【不当】　bùdàng　囵不恰当；不合适。

【不到黄河心不死】　bùdàohuánghéxīnbùsǐ　比喻不达到目的决不罢休。

【不得了】　bùdéliǎo　❶囵（情况）很严重▷～了，他从崖上摔下来了！❷形容程度极深▷他俩好得～。

【不得已】　bùdéyǐ　囵无可奈何；不能不这样▷这是～的办法。

【不等】　bùděng　囵不相等；不一样▷人数～｜个子高矮～。

【不迭】　bùdié　囫不止一次；连续不断▷称赞～｜叫苦～。

【不定】　bùdìng　❶囵不稳定▷忽左忽右，摇摆～。❷囵表示不一定或说不清▷他～来不来。

【不动产】　bùdòngchǎn　囵不能移动的财产（跟"动产"相对），如土地、建筑物以及附着于它们之上的树木、相关设施等。

【不动声色】　bùdòngshēngsè　不说话，也不改变脸色。形容沉着镇静。

【不端】　bùduān　囵不正派；不规矩▷行为～｜心术～。

【不断】　bùduàn　❶囫连续；不间断▷雨雪～。❷囵不间断地▷～努力。

【不乏】　bùfá　囫不缺乏；有一定数量▷～其例｜～其事。

【不凡】　bùfán　囵不一般；不平常▷谈吐～｜举止～。

【不妨】　bùfáng　囵表示没有什么不可以▷～见见面再说。

【不服】　bùfú　❶囫不信服；不服从▷你这么说，我就是～。❷不适应；不习惯▷～水土｜～气候。

【不负众望】　bùfùzhòngwàng　不辜负众人的希望。

【不甘】　bùgān　囫不情愿；不甘心▷～寂寞｜～示弱。

【不敢当】　bùgǎndāng　谦词，用于表示承当不起对方的礼遇或称赞。

【不敢越雷池一步】　bùgǎnyuèléichíyībù　原指不能擅自领兵越过雷池（雷池：古水名，在今安徽望江县）。现指办事非常小心不敢超越一定的界限。

【不攻自破】　bùgōngzìpò　没有受到攻击，自己就破灭了；或指理论、观点不用批驳，自己就站不住脚了。

【不共戴天】　bùgòngdàitiān　不能在同一个天底下生活（戴：顶）。形容仇恨极深，誓不两立。

【不管】　bùguǎn　囵连接分句，用在表示任指的"谁"、"怎样"等词语前边，与后边的"都"、"也"等副词配合使用，表示在任何条件下结果或结论都一样▷～是谁，都要遵纪守法｜～遇到什么困难，我们也要完成任务。

【不轨】　bùguǐ　囵越出常规法度；搞叛乱▷行为～｜图谋～。

【不过】[1]　bùguò　❶囵表示不超过某一范围，相当于"只"▷～七八里路｜他～说说罢了。❷用在某些形容性词语后，表示程度很高▷此人精明～｜你能来，再好～。

【不过】[2]　bùguò　囵连接分句，用在后一分句开头，表示轻微转折，▷他有自己的看法，～不轻易表示出来。

【不寒而栗】 bùhán'érlì 不冷而发抖，形容非常害怕。☞"栗"不要写作"慄"。

【不好意思】 bùhǎoyìsi ❶害羞▷别人一夸，他就很～。❷碍于情面而不便▷都是熟人，实在～不答应。❸难为情▷这样的场合迟到，真～。

【不惑之年】 bùhuòzhīnián 指阅历较为丰富、不会被世事所迷惑的四十岁左右的年纪。

【不及】 bùjí ❶囫赶不上；比不上▷在反应的敏捷上，他～小张。❷来不及▷追赶｜事发突然，～禀告。

【不即不离】 bùjíbùlí 既不亲近，也不疏远。

【不济】 bùjì 囮不好；差(chà)▷老年人终归体力～了。

【不假思索】 bùjiǎsīsuǒ 不经思考(假：凭借)。形容说话做事反应快。

【不见得】 bùjiànde 未必；不一定。

【不禁】 bùjīn 圃禁不住；不由自主▷到了目的地，人们～欢呼起来。☞"禁"这里不读 jìn。

【不仅】 bùjǐn 围不但。

【不经之谈】 bùjīngzhītán 荒唐而没有根据的谈论(经：正常，合理)。

【不景气】 bùjǐngqì 经济萧条，泛指不兴旺。

【不胫而走】 bùjìng'érzǒu 没有腿却能跑，比喻不待宣传迅速流传开来。

【不拘一格】 bùjūyīgé 不受一种格式的限制。

【不刊之论】 bùkānzhīlùn 不可改变或不可磨灭的言论、观点(刊：削除)。形容言论精当，无懈可击。

【不堪】 bùkān ❶囵承受不住▷～其忧｜～重负。❷不能▷～容忍｜～入目｜～设想｜～造就。❸用在某些形容词后，表示程度深▷忙碌～｜痛苦～。

【不可或缺】 bùkěhuòquē 不能缺少。

【不可救药】 bùkějiùyào 病重得已无法医治(药：用药治疗)。比喻人或事物到了不可挽救的地步。

【不可开交】 bùkěkāijiāo 形容无法摆脱或了结。

【不可理喻】 bùkělǐyù 不能用道理使其明白。形容极愚昧、蛮横。

【不可思议】 bùkěsīyì 指不可想象，无法理解。

【不可同日而语】 bùkětóngrì'éryǔ 不能放在同一时间谈论。形容不能同等相待，无法相提并论。

【不可一世】 bùkěyīshì 自认为当代没有谁比得上。形容极其狂妄自大。

【不快】 bùkuài ❶囮不愉快▷心情～。❷不舒服▷最近身体略感～。

【不愧】 bùkuì 囵当得起；不感到惭愧。

【不劳而获】 bùláo'érhuò 自己不劳动而占有别人的劳动成果。

【不力】 bùlì 囮不尽力；不得力▷工作～｜指挥～。

【不利】 bùlì ❶囮没有好处▷过量摄入脂肪对健康～。❷不顺利；被动▷出师～｜改变～局面。

【不了】 bùliǎo ❶囵没完(用在动词后面的"个"之后)▷忙个～｜哭个～。❷不得；不下②(用在动词后)▷动弹～｜箩里盛(chéng)～。

【不了了之】 bùliǎoliǎozhī 事情没有完，却放在一边不管，就算了结(了：了结)。

【不料】 bùliào 囵没有料想到。

【不伦不类】 bùlúnbùlèi 既不是这一类，也不是那一类(伦：类)。形容不像样子或不三不四。

【不论】 bùlùn ❶囵不考虑；不评论▷置之～｜利害得失，一概～。❷围无论。

【不落窠臼】 bùluòkējiù 比喻文学作品等不落俗套，有独创性(窠臼：现成格式，老套子)。☞"窠"不读 cháo，不要写作"巢"。

【不毛之地】 bùmáozhīdì 不长庄稼的地方，泛指贫瘠、荒凉的土地。

【不免】 bùmiǎn 圃难免；免不了。

【不名一文】 bùmíngyīwén 没有一个钱(名：占有)。形容极其贫困。

【不谋而合】 bùmóu'érhé 事先没有经过商量，意见、行动等却完全一致。

【不偏不倚】 bùpiānbùyǐ 指不偏袒任何一方，表示中立或公正；也形容正中(zhòng)目标。

【不期而遇】 bùqī'éryù 事先没有约定而意外相遇(期：约定时间)。

【不巧】 bùqiǎo 囮不凑巧。

【不求甚解】 bùqiúshènjiě 原指读书只求领会主旨，不抠字眼儿。现指学习不深入，只停留在一知半解上。

【不屈不挠】 bùqūbùnáo 形容人的意志坚强，永不向困难或敌人屈服(挠：弯曲)。

【不然】 bùrán ❶囮不是这样；不对(用在对话开头，表示否定对方的话)▷一般人都用右手写字，有些人则～｜～，他不是这样说的。❷围连接分句，表示如果不是上面所说情况，就会出现或可能出现后面的情况▷快点走吧，～就赶不上车了。

【不日】 bùrì 圃不几天；未来几天之内▷大厦～即可竣工。

【不入虎穴，焉得虎子】 bùrùhǔxué，yāndéhǔzǐ 不进老虎洞穴，怎能捕到小老虎呢(焉：怎么)。比喻不亲历艰险便不能获得成功；也比喻不大胆实践，就不能获得真知。

【不甚了了】 bùshènliǎoliǎo 不大了解，不大清楚(了了：了解)。

【不胜】 bùshèng ❶囵承受不起；经不住▷～其苦｜～其烦。❷圃表示不能做或做不尽▷数～数｜防～防。❸圃非常；特别▷～感激。☞"胜"不读 shēng。

【不时】 bùshí 圃时时▷从街上传来卖花声｜法庭在预审中～传唤证人。

【不识时务】 bùshíshíwù 认不清当前的形势或时代的潮流。

【不识抬举】 bùshítáiju 不接受或不珍视别人对自己的好意(抬举：器重)。

【不是】 bùshì 图过失；错误▷这就是你的～了。

【不适】 bùshì 囮(身体)不舒服。

【不爽】 bùshuǎng ❶囮(身体)不舒服；(心里)不痛快。❷不错▷丝毫～｜屡试～。

【不速之客】 bùsùzhīkè 没有邀请而自己来的客人(速：邀请)。

【不通】 bùtōng ❶囵堵塞▷道路～。❷囮不通顺▷文理～。❸囵不懂得▷～人情。

【不同凡响】 bùtóngfánxiǎng 不同于一般的音乐(响：声响，指音乐)。形容人或事物不平凡。

【不外】 bùwài 囵不超出某一范围▷～两种情况。也说不外乎。

【不闻不问】 bùwénbùwèn 形容对有关的事情漠不关心。

【不惜】 bùxī 囵不顾惜；舍得▷～血本。

【不下】 bùxià ❶囵不少于▷～二十人。❷用在动词后，表示由于某种原因致动作完成不了或难以完成▷容纳｜放～架子。

【不消】 bùxiāo 囵用不着；不需要▷～嘱咐｜这点儿小事，就～您劳神了。

【不肖】 bùxiào 囮不像，特指不像其先辈(形容后代不成器或品行不好)▷～子孙。☞"肖"不读 xiāo。

【不屑】 bùxiè ❶囵(认为)不值得▷～一提｜～隐瞒自

己的观点。❷圈轻蔑▷流露出一副 ~ 的神情。

【不兴】 bùxīng ❶团不合时尚;不流行▷ ~ 这种式样了。❷不许▷ ~ 这样无礼! ❸不能(用于反问句)▷你就 ~ 再等一会儿吗?

【不省人事】 bùxǐngrénshì ❶团失去知觉。❷不懂得人情事理。☞"省"这里不读 shěng。

【不幸】 bùxìng ❶圈不幸运;痛苦▷她的一生很 ~。❷副表示不希望发生而发生▷ ~ 遇害 | ~ 言中(zhòng)。❸图指灾祸,特指死亡▷遭此 ~ ,令人心痛。

【不修边幅】 bùxiūbiānfú 不注意衣着、仪表的整饰(边幅:纺织品的边缘,借指人的衣着、仪表)。

【不朽】 bùxiǔ 团永存;永不磨灭(多用于精神、事业等)▷永垂 ~ | ~ 的功绩。

【不虚此行】 bùxūcǐxíng 没有白跑这一趟。形容有收获。

【不学无术】 bùxuéwúshù 没有学问,没有本领(术:技艺、方法)。

【不逊】 bùxùn 圈蛮横;没有礼貌▷出言 ~ | 行为 ~。

【不言而喻】 bùyán'éryù 不用解释就可以明白(喻:明白)。

【不一】 bùyī 圈不一样;不相同▷表里 ~ | 花色 ~。☞在句中只作谓语。

【不宜】 bùyí 团不适宜;不适合。

【不遗余力】 bùyíyúlì 不留一点力量(遗:留)。形容把全部力量都使出来。

【不以为然】 bùyǐwéirán 不认为是对的(然:对)。表示不赞成。

【不翼而飞】 bùyì'érfēi 没有长翅膀却飞走了。比喻物品突然不见或消息迅速传开。

【不由得】 bùyóude ❶团容不得▷他说得活龙活现, ~ 你不信。❷副表示不由自主▷实在太感人了,听众 ~ 流下泪来。

【不约而同】 bùyuē'értóng 事前没有约定,而彼此意见、行动相同。

【不在话下】 bùzàihuàxià 不在所说的范围之内。形容事物轻微,不值得说或事属当然,用不着说。

【不折不扣】 bùzhébùkòu 不打折扣。比喻完全,十足。

【不正】 bùzhèng ❶圈不端正;不正派▷作风 ~ | 为人 ~。❷不纯正▷这酒味儿 ~ | 这布色儿 ~。

【不支】 bùzhī 圈不能支撑;支持不住。

【不知所措】 bùzhīsuǒcuò 不知手脚如何放才好(措:放置)。形容不知怎么办才好。

【不止】 bùzhǐ ❶团连续不断▷掌声 ~。❷超出一定范围或数量▷到会的 ~ 五百人。

【不只】 bùzhǐ 囲连接分句,与"而且"等配合,表示递进关系,相当于"不但"▷他 ~ 思想品质好,而且学识非常渊博。

【不致】 bùzhì 团不会导致(某种后果)▷伤势重,但 ~ 有生命危险。也说不致于。☞"致"不要写作"至"。

【不置可否】 bùzhìkěfǒu 既不说对,也不说不对。形容不明确表态。

【不周】 bùzhōu 圈不周到;不齐备。

【不着边际】 bùzhuóbiānjì 形容言谈离题太远或内容空泛。☞"着"这里不读 zháo。

【不自量力】 bùzìliànglì 不能正确估量自己的实力。多指过高估计自己力量,去做力所不及的事情。

【不足】 bùzú ❶团不够;不充足▷两万 ~ 准备 | ❷不值得;不必▷ ~ 为奇 | ~ 挂齿。❸不能;不可以▷为凭 | 不富强 ~ 自立。

【不足挂齿】 bùzúguàchǐ 不值得挂在嘴边。形容不值得提起。

【不足为训】 bùzúwéixùn 不能作为典范或准则。

布 bù ❶图棉、麻或人造纤维等纺织品,可以做衣服或其他物件▷棉 ~ | 麻 ~ | 尼龙 ~ | 鞋 ~。❷团分散到各处,广泛传播▷阴云密 ~ | 遍 ~ | 分 ~ | 散 ~。❸陈设;设置▷ ~ 下天罗地网。❹宣告;当众陈述▷开诚 ~ 公 | 宣 ~。

【布帛】 bùbó 图棉、麻和丝、葛等织品的总称。

【布告】 bùgào ❶图(政党、机关)为广泛告知而张贴的文件。❷团通告;告知▷ ~ 天下。

【布景】 bùjǐng ❶图舞台或摄影场地布置的景物。❷团国画时从画面大小安排画中景物。

【布局】 bùjú ❶团下围棋、象棋时从全局出发进行布子。❷图围棋、象棋一局棋的开始阶段。❸对事物的整体结构做出的安排▷建筑 ~。

【布设】 bùshè 团分布设置;布置▷ ~ 水雷 | ~ 岗哨。

【布头】 bùtóu ❶图整匹布料裁剪下来不够整料的部分。❷剪裁衣物等剩下的零碎布块儿。

【布置】 bùzhì ❶团按照需要恰当地摆放(物品等)▷ ~ 展览品 | 把会议室 ~ 一下。❷安排工作或活动等▷ ~ 作业 | ~ 迎接外宾事务。

步 bù ❶团用脚走;行走▷ ~ 入会场 | 徒 ~ | 散 ~ | ~ 行。❷跟随▷ ~ 人后尘 | 原韵而(hè)诗一首。❸图行走时两脚之间的距离;脚步▷紧走了几 ~ | 昂首阔 ~ | ~ 子。❹事情进行的程序或阶段▷为下一 ~ 作准备 | 初 ~。❺处境;境地▷想不到会落到这一 ~ | 地 ~。☞下边是"少"不是"少"。"少"不出现在合体字或部件的下面,而"少"只出现在合体字的下面。

【步兵】 bùbīng 图徒步作战的兵种(包括机械化步兵),陆军的主力兵种。

【步步为营】 bùbùwéiyíng 军队每前进一段距离就设一道营垒。比喻稳扎稳打,做事谨慎。

【步调】 bùdiào 图脚步的大小快慢,比喻事情进行的步骤和进度▷ ~ 一致。

【步伐】 bùfá ❶图队伍行进时的脚步▷ ~ 整齐。❷比喻时代、事业等向前跨进的速度▷时代的 ~ 加快改革的 ~。

【步履】 bùlǚ 团〈文〉行走▷ ~ 蹒跚 | ~ 从容。

【步人后尘】 bùrénhòuchén 跟在别人的后面走(步:踏着;后尘:走路时带起的尘土)。比喻追随、模仿他人。

【步行】 bùxíng 团徒步行走。

【步韵】 bùyùn 团和(hè)别人诗时遵从原诗的韵脚和次序。也说次韵。

【步骤】 bùzhòu 图办事的程序。

怖 bù 团害怕▷可 ~ | 恐 ~。

埔 bù 图用于地名。大埔,在广东。☞在"黄埔"(广东地名)中读 pǔ。

部 bù ❶图全体中的一部分▷内 ~ | 上半 ~ | ~ 头 ~。❷军队的一部分;军队▷解放军某 ~ | 率 ~ 歼敌。❸量用于书籍、影剧、车辆等▷一 ~ 小说 | 两 ~ 故事片 | 一 ~ 大卡车。❹图国家机关中央主管部门的名称▷财政 ~ | 教育 ~。❺党派团体及某些企事业单位中按业务划分的部门▷组织 ~ | 编辑 ~ | 门市 ~。❻军队中连以上的领导机构▷连 ~ | 司令 ~。

【部队】 bùduì ❶图军队的通称。❷特指军队的一部分▷空军 ~ | 沈阳 ~。

【部分】 bùfen 图(事物)整体中的局部或一些个体▷ ~ 房间 | ~ 同学 | 每个人都是集体的一个组成 ~。

【部件】 bùjiàn ❶图机器的一个相对独立的组成单元，由若干零件装配而成。❷图构成一个汉字的相对独立的部分，如"杨"就是由"木""刃"两个部件构成的。

【部类】 bùlèi 图概括性较大的类；门类▷商品～齐全，货物充足。

【部落】 bùluò 图原始社会中由若干血缘相近的氏族构成的社会组织。

【部门】 bùmén 图组成整体的某一部分或一些单位▷工业～｜～经理。

【部首】 bùshǒu 图字典、词典根据汉字的形体结构所分的门类。如"江、河、湖、海"等字都有同一部件"氵"（称三点水），这些字就归为一部（氵部），"氵"就是该部的部首。

【部属】 bùshǔ 图在职务上构成隶属关系时被领导的一方；部下。

【部署】 bùshǔ ❶团安排或布置（多用于大的方面）▷～兵力。❷图做出的安排或布置。☛不要写作"布署"。

【部头】 bùtóu 图书籍的篇幅▷这本词典～不小。

【部位】 bùwèi 图位置▷人的要害～。

【部下】 bùxià 图军队中被统率的人，泛指下属。

埠 bù 图码头，多指有码头的城镇；泛指城市▷本～｜外～｜商～。☛统读bù。

簿 bù 图本子▷笔记～｜练习～｜账～。☛跟"薄"（bó）不同。

【簿籍】 bùjí 图名册、账簿等本子。

【簿记】 bùjì ❶图会计工作中有关记账工作的统称。❷财务工作专用的会计账册。

C

ca

擦 cā ❶囵摩擦▷手~破了。❷贴近;挨近▷~着水面飞|~着墙根走。❸用手、布等揩拭▷~眼泪|~皮鞋。❹涂抹▷~粉|~药膏。☞右边的"察",中间是"夂",不是"夊"。

【擦边】 cābiān ❶囵紧贴着或挨近物体的边沿很快地过去▷车从他身旁~而过。❷图接近某个数目▷他50岁~了。

【擦屁股】 cāpìgu 比喻处理别人没有做完或出了问题的事。

嚓 cā 拟声模拟摩擦的声音▷汽车~的一下停了|~~的脚步声。

礤 cā 见[礓礤]jiāngcā。

磜 cǎ [磜床]cǎchuáng 图把瓜果等擦成丝的器具。

cai

猜 cāi ❶囵猜想▷我~他不会来了。❷(为戒备别人而)怀疑▷~疑。

【猜测】 cāicè 囵猜想推测▷他这么晚还没回来,大家不免胡乱~起来。

【猜度】 cāiduó 囵猜想揣度▷她想些什么,我无从~。☞"度"这里不读dù。

【猜忌】 cāijì 囵猜疑怨恨▷~他人。

【猜谜】 cāimí ❶囵根据谜面,推测谜底。❷比喻揣摩说话的真实意图或事实真相。☞不宜写作"猜迷"。

【猜想】 cāixiǎng 囵根据一定线索凭经验和想像作出判断▷这么久不来,我~他病了。

【猜疑】 cāiyí 囵缺乏根据地怀疑(人或事)▷有话摆在桌面上,不要相互~。

才(纔❸—❻) cái ❶图能力;才能▷~智|口~。❷有某种才能的人▷人~|天~。❸囵表示原来不是这样,现在出现了新情况▷说了半天~明白你的意思。❹表示动作发生不久▷~出门就下雨了。❺表示范围小或数量少▷本校~有五个班。❻表示在某种条件下或由于某种原因,然后会出现某种结果▷只有坚持到底,~能胜利|由于大家的努力,情况~有了好转。

【才分】 cáifèn 图才能,天资。☞"分"这里不读fēn。

【才干】 cáigàn 图办事和实践活动的能力▷领导~|组织~。

【才华】 cáihuá 图表现于外的杰出才能▷艺术~|~横溢。

【才略】 cáilüè 图才干和谋略(多指政治、军事方面)▷文武~|~出众。

【才貌】 cáimào 图才华和容貌▷~双全。

【才能】 cáinéng 图知识和能力▷根据各人的~,安排适当的工作。

【才气】 cáiqì 图才华▷~超凡。

【才识】 cáishí 图才能和见识。

【才疏学浅】 cáishūxuéqiǎn 才思不足,学识浅薄(多用作谦词)。

【才思】 cáisī 图才气和文思(多指文艺创作方面)▷~纵横|~敏捷。

【才学】 cáixué 图才能和学识。

【才智】 cáizhì 图才能和智慧▷聪明~|~过人。

【才子】 cáizǐ 图才华出众的人。

材 cái ❶图木料▷用~林。❷泛指材料▷钢~|建~。❸资料▷教~。❹人的资质▷因~施教。

【材料】 cáiliào ❶图可供制作成品的物资、原料▷家具~|包装~。❷图写作的素材▷这篇学术论文~很丰富。❸供参考用的资料▷档案~。❹比喻适合做某项工作的人才▷是当经理的~。

【材质】 cáizhì ❶图木材的质地;泛指材料的质地▷松木的~|这种砚台~细密|红木的~家具。

财(財) cái 图物资和金钱的统称▷劳民伤~|资~。

【财宝】 cáibǎo 图钱财和珍宝。

【财产】 cáichǎn 图国家、集体或个人拥有的财富,包括有形财产(产业、金钱等)、无形财产(知识产权、商标等)。

【财大气粗】 cáidàqìcū 形容人仗着钱多盛气凌人。

【财富】 cáifù ❶图生产资料和生活资料及其货币形式。❷泛指一切有价值的东西▷精神~|人才是企业的~。

【财经】 cáijīng 图财政和经济。

【财会】 cáikuài 图财务和会计▷~专业。☞"会"这里不读huì。

【财力】 cáilì 图资金等方面的实力。

【财路】 cáilù 图获取钱财的途径。

【财迷心窍】 cáimíxīnqiào 因一心想发财而失去理智。

【财气】 cáiqì 图获得钱财的运气▷~旺盛|~欠佳。

【财权】 cáiquán ❶图财产的所有权。❷经济的支配权▷~在握。

【财神】 cáishén ❶图迷信指可使人发财的神。道教尊奉的财神相传叫赵公明,称"赵公元帅"。❷借指巨富,或能使自己赚钱的人。

【财税】 cáishuì 图财政和税务。

【财团】 cáituán 图控制许多企业和银行,掌握巨大财富的集团。

【财务】 cáiwù 图(机关企业等机构中)有关财产的管理、经营及现金出纳、保管、计算等事务。

【财物】 cáiwù 图金钱和物资。

【财源】 cáiyuán 图钱财的来源。

【财政】 cáizhèng 图政府对预算内及预算外资财收入和支出的管理活动▷~预算|~补贴。

裁 cái ❶囵用刀、剪等分割布、纸等片状物▷~衣服。❷削减;去掉不用的或多余的▷~军|~减。❸惩罚▷制~。❹作出判断、决定▷~定|独~。❺图指文章的格式▷体~。

【裁处】 cáichǔ 囵作出裁决并给予处理▷犯罪事实已经查清,正等候~。

【裁定】 cáidìng 囵裁决审定。特指法院在审理案件或执行判决过程中就某个问题作出决定。

【裁断】 cáiduàn 囵裁决判断;斟酌决定▷方案的取舍,请领导~。

【裁夺】 cáiduó 囵裁断。

【裁减】 cáijiǎn 囵削减▷~冗员。

【裁剪】　cáijiǎn　❶动按尺寸剪裁衣料等。❷比喻对材料取舍▷~内容。

【裁决】　cáijué　动由上级或各方同意的有关方面对争议的问题作出决定。❷司法机关对仲裁案件或对违反治安管理法规的行为作出处理决定。

【裁判】　cáipàn　❶动法院对诉讼案件做出裁定和判决,也泛指对是非曲直做出评判。❷在体育比赛中,根据比赛规则对运动员的成绩和比赛中发生的问题做出评判。❸名体育比赛中,执行裁判工作的人员。

采　cǎi　❶动摘▷~花。❷选取▷博~众长。❸搜集▷~集。❹挖掘▷~矿。❺名神情;神色▷无精打~。☞"采"字上半是"爫",下半是"木",不要写成"米"上加撇。

【采办】　cǎibàn　动采购(多指较大宗的)▷~一批木料。

【采编】　cǎibiān　❶动采访和编辑。❷名指新闻出版单位的采访编辑人员。

【采伐】　cǎifá　动砍伐树木,采集木材▷封山育林,禁止~。

【采访】　cǎifǎng　动寻访采集新闻写作的材料▷~劳模|下乡~。

【采风】　cǎifēng　❶动搜集民歌。❷(文艺工作者)为创作下基层了解民情。

【采购】　cǎigòu　❶动选购▷~原材料。❷名担任采购工作的人。

【采光】　cǎiguāng　❶动使建筑物内得到适宜的光线。❷名建筑物内获得光线的情况▷卧室的~不错。

【采集】　cǎijí　动选取收集▷~树种。

【采掘】　cǎijué　动开采挖掘▷~矿石。

【采录】　cǎilù　❶动搜集并记录▷~民谣。❷采访并录制▷~节目。

【采纳】　cǎinà　动接受(别人建议等)。

【采取】　cǎiqǔ　动选取采用(方针、政策、态度、措施等)。❷获取▷~血样。

【采写】　cǎixiě　动采访写作▷~通讯。

【采用】　cǎiyòng　动接受并使用▷~先进技术|这篇稿子已~。

【采摘】　cǎizhāi　❶动摘取▷~鲜花|~桑叶。❷摘录▷~诗句|~名言。

【采制】　cǎizhì　❶动采集并加工制作▷~中草药。❷采录②。

彩　cǎi　❶名指多种颜色▷五~缤纷|~旗。❷彩色的丝织品▷剪~|张灯结~。❸赌博或抽奖活动中给赢者的钱物▷~金|~票。❹表示称赞的欢呼声▷喝(hè)~。❺比喻受伤者所流的血▷挂~。

【彩号】　cǎihào　名作战中的伤员。

【彩虹】　cǎihóng　名虹。

【彩绘】　cǎihuì　❶名建筑物、器物上的彩色图画。❷动用彩色描绘▷天安门城楼~一新。

【彩扩】　cǎikuò　动用彩色照相底片放大洗印照片。

【彩礼】　cǎilǐ　名旧俗订婚或结婚时为确定婚姻关系,男方送给女方的钱物。

【彩排】　cǎipái　动文艺演出、节庆活动和大型文体表演前进行化装排练。

【彩票】　cǎipiào　名以抽签给奖方式为资助福利、体育等社会公益事业发展筹款所出售的凭证。

【彩色】　cǎisè　形多种颜色的▷~电视|标图~|胶卷。

【彩头】　cǎitóu　❶名吉利的兆头。❷指中奖、赌博等得来的财物。

【彩霞】　cǎixiá　名日出、日落前后天空中或云层上出现的彩光或彩云。

睬　cǎi　动对别人的言行作出反应▷问了几句,她连~也不~。

踩　cǎi　动脚接触地面或蹬在物体上▷~了一脚泥|~油门。

【踩水】　cǎishuǐ　动人直立深水中,两脚轮番踏水,使身体浮在水中并能游动。

菜　cài　❶名可以用作副食的植物▷蔬~。❷经过烹调的蔬菜、肉类等副食品的统称▷点了几个~|炒~。

【菜单】　càidān　❶名写有各种菜肴名称和价格的单子或本子▷顾客看~点菜。❷电脑软件的功能目录。

【菜篮子】　càilánzi　名盛菜的篮子,借指城镇的蔬菜及其他副食品的供应。

【菜谱】　càipǔ　❶名菜单①。❷介绍菜肴烹饪方法的书(常用于书名)。

【菜畦】　càiqí　名种植蔬菜的一块块排列整齐的田地,四周围着土埂。

【菜色】　càisè　名青黄色(常形容营养极度不良的面容)▷饥民一脸~。

【菜薹】　càitái　名韭菜、油菜等蔬菜的花茎,嫩的可做菜吃。☞"薹"不要写作"苔"。

【菜系】　càixì　名不同地区菜肴的烹调在理论、方法、风味等方面所形成的独特体系。如粤菜菜系、川菜菜系等。

【菜肴】　càiyáo　名烹调好的鱼肉蛋蔬菜等▷丰盛的~。

can

参(參)　cān　❶动加入▷~展|~谋。❷对照别的材料加以考察▷~阅|~照。❸会见(地位或辈分高的人)▷~见。○另见 cēn;shēn。

【参拜】　cānbài　动以礼进见所敬仰的人;祭拜所尊崇的人的遗像、陵墓等。

【参半】　cānbàn　动各占一半▷喜忧~。

【参观】　cānguān　动到现场观察学习▷~新农村|~展览。

【参加】　cānjiā　❶动加入参与(某组织或活动)▷~少先队|~比赛。❷提出或加进(建议)▷这事,他不想~意见。

【参看】　cānkàn　❶动读书或写作时,参照阅读其他资料▷前人有不少论述可以~。❷提示读者可参照阅读(某处、某资料)▷关于这个问题,~本书 25 页注释。

【参考】　cānkǎo　❶动在处理或研究问题时,参阅或考虑(有关材料)▷~有关资料。❷名供参考的材料▷《经济~》。

【参谋】　cānmóu　❶名军队中协助部队首长制订作战计划、指挥部队行动的干部。泛指代人谋划、出主意的人。❷动代人谋划,出主意▷有件棘手的事,请你给~一下。

【参天】　cāntiān　动(树木等)高入天空▷古树~。

【参透】　cāntòu　动彻底领悟;看透▷~玄机|参不透其中奥秘。

【参与】　cānyù　动参加(某项工作、活动)▷~讨论。☞㊀"与"这里不读 yǔ。㊁不宜写作"参预"。

【参照】　cānzhào　动参考并对照比较;仿照▷他们的做法我们可以~。

【参政】　cānzhèng　动参与国家政务▷~议政。

【参酌】　cānzhuó　动参考并斟酌。

餐 ᵗcān ❶囫吃(饭)▷会～。❷图饭食▷快～。☞不能简化成"歺"。
【餐巾】　cānjīn 图用餐时为防止弄脏衣服用的布巾。
【餐具】　cānjù 图碗、筷等饮食用具。
【餐厅】　cāntīng ❶图经营饮食的场所▷北海～。❷家庭中专供用餐的房间。

残(殘)　cán ❶囫伤害；毁坏▷～杀｜摧～。❷形凶狠；凶恶▷～暴｜～酷。❸剩下的▷～羹｜～余。❹有缺损的；不完整的▷这套书～了｜～破。☞统读cán。
【残暴】　cánbào 形残酷凶暴▷匪徒～地杀害无辜。
【残兵败将】　cánbīngbàijiàng 打了败仗后残存下来的将士。
【残部】　cánbù 图战败后残存的人马▷敌寇收罗～，妄图卷土重来。
【残存】　cáncún 囫未被消除或毁尽而存留下来▷地震后～了几所房子。
【残废】　cánfèi 囫肢体、器官等受损伤或身体的一些机能丧失。
【残羹冷饭】　cángēnglěngfàn 吃剩的汤菜饭食，泛指别人剩下的一点点东西。
【残骸】　cánhái 图残留的尸骨；比喻飞机、车辆等毁坏后的残体。
【残害】　cánhài 囫伤害；杀害▷～无辜｜敌人疯狂地～被捕的同志。
【残疾】　cánjí 图肢体、器官的缺陷或生理机能的障碍▷～人｜左腿有点～。
【残局】　cánjú ❶图临近结束的棋局。❷比喻事情已经很糟或社会变乱后的局面。
【残卷】　cánjuàn 图残缺破损的书卷、文稿等▷敦煌写本～。
【残酷】　cánkù 形凶残冷酷▷～的暴行｜～的斗争。
【残留】　cánliú 囫少量遗留▷把～在桌面上的墨迹擦干了。
【残年】　cánnián 图人的晚年；一年最后不多的日子▷～余力｜～将尽。
【残缺】　cánquē 囫(物体)破损；缺少一部分▷四肢～不全｜这本书～多页。
【残忍】　cánrěn 形凶残狠毒。
【残杀】　cánshā 囫残暴杀害。
【残生】　cánshēng ❶图人老后剩下的生命时间▷于此～。❷幸存的生命▷劫后～。
【残余】　cányú ❶形残存的；剩余的▷～人马。❷图(主体大部消失后)剩余的部分▷封建～。
【残垣断壁】　cányuánduànbì 残破倒塌的墙壁。形容房舍残破的景象。
【残渣余孽】　cánzhāyúniè 比喻残存下来的坏人或恶势力。
【残照】　cánzhào 图夕阳的光辉。

蚕(蠶)　cán 图蚕蛾的幼虫，吃桑树等的叶子，长大后吐丝做茧，变成蛹，蛹再变成蚕蛾。常见的有桑蚕、柞(zuò)蚕等。☞上边是"天"，不是"天"(yāo)。
【蚕豆】　cándòu 图一年生或二年生草本植物，结大而肥厚的蚕形荚果，种子也叫蚕豆，椭圆扁平，可食用。
【蚕茧】　cánjiǎn 图蚕在化蛹前吐丝结成的椭圆形壳，是缫丝的原料。
【蚕食】　cánshí 囫像蚕吃桑叶那样逐渐侵吞▷国家财产不容～。

惭(慚)　cán 形羞愧▷大言不～｜羞～。☞统读cán。

【惭愧】　cánkuì 形因为有过失或做得不够而内疚。

惨(慘)　cǎn ❶形狠毒；凶恶▷～无人道。❷(亏损、失败等)程度严重▷输得好～。❸处境或遭遇不幸，使人悲伤▷遭遇～极｜凄～。
【惨案】　cǎn'àn ❶图反动势力制造的惨痛的流血事件▷五卅～｜济南～。❷造成大量死伤的不幸事故▷飞机坠毁～。
【惨白】　cǎnbái 形❶(景物等)微露白色而暗淡无光。❷(面色)略带青色的白；灰白。
【惨败】　cǎnbài 囫惨重地失败▷侵略军～｜这次围棋大赛，对方～。
【惨不忍睹】　cǎnbùrěndǔ 悲惨得使人不忍心看下去。
【惨淡】　cǎndàn ❶形暗淡；光线微弱▷风沙满天，日色～｜灯光～。❷(景象等)萧条；不景气▷满园残枝败叶，景况～｜生意～。❸苦心费力▷～经营。
【惨剧】　cǎnjù 图指悲惨的事件。
【惨绝人寰】　cǎnjuérénhuán 人间没有比这更悲惨的(人寰：人世)。
【惨烈】　cǎnliè ❶形十分凄惨；壮烈▷～的号叫｜牺牲～。❷剧烈；猛烈▷战争空前～。
【惨痛】　cǎntòng 形悲惨沉痛。
【惨无人道】　cǎnwúréndào 残暴到了毫无人性的地步(人道：人性)。
【惨象】　cǎnxiàng 图悲惨的景象▷电影再现了南京大屠杀的～。
【惨笑】　cǎnxiào 囫心里悲痛而强作笑容。
【惨重】　cǎnzhòng 形(损失)极为严重▷伤亡～｜付出了～的代价。
【惨状】　cǎnzhuàng 图悲惨的情状▷现场～表明案犯是丧心病狂的暴徒。

灿(燦)　càn 形光彩夺目▷～若云霞。☞统读càn。
【灿烂】　cànlàn 形鲜明耀眼▷～的阳光｜光辉～。

璨　càn 见[璀璨]cuǐcàn。

cang

仓(倉)　cāng 图仓库▷粮～｜清～。☞跟"仑"(lún)不同。
【仓储】　cāngchǔ ❶囫用仓库储存▷粮食已～完毕。❷图仓库内的储存物。
【仓促】　cāngcù 形匆忙；急促▷～上阵。☞不宜写作"仓猝""仓卒"。
【仓皇】　cānghuáng 形仓促而慌张▷～出逃。☞不宜写作"仓黄""仓惶""苍黄"。
【仓库】　cāngkù 图储存物资的建筑物。

苍(蒼)　cāng ❶形青色(包括蓝和绿)▷～松｜～天。❷灰白色▷白发～～。
【苍白】　cāngbái ❶形略带青或灰的白色▷面色～。❷比喻没有活力▷人物形象～｜文章论据不足，～无力。
【苍翠】　cāngcuì 形浓绿(多指草木)▷树木～｜～的山峰。
【苍黄】　cānghuáng ❶形暗黄；黄而发青▷～的脸色。❷图青色和黄色。素丝可染成青色，也可染成黄色，比喻事物变化不定▷钟山风雨起～。
【苍劲】　cāngjìng ❶形(树木)苍老挺拔▷古柏～。❷(艺术风格等)雄健而老练▷笔力雄浑，风格～。
【苍老】　cānglǎo 形衰老▷多年不见，他～多了。
【苍凉】　cāngliáng 形苍茫凄凉。
【苍茫】　cāngmáng 形空阔辽远，迷茫无际▷～的原野

|海天～。

【苍莽】　cāngmǎng　形草木茂盛、无边无际的样子▷～大地|林海～。

【苍穹】　cāngqióng　名〈文〉苍天；天空▷仰望～，浮想联翩。

【苍天】　cāngtiān　名天；天神（古人以为天是主宰人们命运的神）。也说老天爷。

【苍蝇】　cāngying　名昆虫，种类多，一般指家蝇。夏季繁殖极快，能传染伤寒、霍乱等疾病。

【苍郁】　cāngyù　形（草木）苍翠茂密。

沧（滄）　cāng　形（水）深绿色▷～海。☞跟"沦"（lún）不同。

【沧海桑田】　cānghǎisāngtián　大海变为田地，田地变为大海。比喻世事变化巨大。

【沧海一粟】　cānghǎiyīsù　大海里的一颗谷粒。比喻其渺小。☞"粟"不要写作"栗"（lì）。

舱（艙）　cāng　名船或飞行器中载人、物的空间▷船～|驾驶～。

【舱位】　cāngwèi　名船舱内的铺位或机舱内的坐位。

藏　cáng　❶动躲起来不让人看见；隐蔽▷～在家里不出来|隐～。❷储存▷收～|储～。○另见zàng。

【藏奸】　cángjiān　❶动藏有坏心▷话里～。❷要滑；不尽力▷取巧。

【藏龙卧虎】　cánglóngwòhǔ　比喻潜藏着杰出的人才。

【藏匿】　cángnì　动隐藏起来▷案犯四处～。

【藏头露尾】　cángtóulùwěi　形容说话遮遮掩掩，不肯把实情全暴露出来。☞"露"这里不读lòu。

【藏污纳垢】　cángwūnàgòu　比喻容纳、包庇坏人坏事。

cao

操　cāo　❶动拿在手里；掌握▷～刀|稳～胜券。❷做；从事▷～之过急|～作。❸使用（某种语言或方言）▷～英语|～粤语。❹练习；演习▷～演|出～。❺名体操▷做～|徒手～。❻名品德；情～。

【操办】　cāobàn　动主持办理▷～展览会。

【操持】　cāochí　动主持料理；筹划办理▷～家务|筹办企业的事由他～。

【操劳】　cāoláo　动辛勤劳作▷奶奶一生～。

【操练】　cāoliàn　动在体育或军事活动中，以队列的形式进行技能训练。

【操守】　cāoshǒu　名品行▷我们应重～，不要为不义之财所动。

【操心】　cāoxīn　动费心劳神▷～儿子的婚事|你何必操那份心。

【操行】　cāoxíng　名品德、行为（多指学生的表现）▷评语|～良好。

【操纵】　cāozòng　❶动操作驾驭（机器、仪器等）▷远距离～。❷暗中控制▷看来作案人背后有人～。

【操作】　cāozuò　❶动按规定的要求和程序去做▷按规程～机器。❷具体实施（计划、措施等）▷条例不便～。

糙　cāo　形粗；不光滑；不精细▷～米|桌面很～|活儿太～。☞统读cāo。

曹　cáo　名〈文〉同类的人▷吾～（我们这些人）|尔～（你们这些人）。

嘈　cáo　形喧闹▷～杂。☞统读cáo。

【嘈杂】　cáozá　形（声音）杂乱▷人声～。

漕　cáo　动旧指通过水道向京城运输▷～运|～粮|～河。

槽　cáo　❶名装饲料喂牲口或存水、酿酒用的器具，多为长方形，四周高，中间凹下▷牲口～|水～。❷指某些两边高中间凹下的水道▷渡～|河～。❸物体上像水槽一样凹下的部分▷在木板上挖个～。

【槽口】　cáokǒu　名借指牲畜的食欲▷这小猪～好，长得快。

草　cǎo　❶名树木、谷物、菜蔬以外，茎秆柔软的高等植物的统称▷杂～。❷指用作燃料、饲料等的植物的茎、叶▷谷|柴。❸形雌性的（多指家畜或家禽）▷～驴|～鸡。❹不细致；不认真▷字写得太～了|潦～。❺名草书▷～体。❻团初始▷～创。❼撰写文章的初稿▷～拟。❽名文章的初稿▷～起～。❾形没有确定或没有公布的▷～稿|～图。

【草案】　cǎo'àn　名初步拟成而未经通过公布，或虽经公布而尚在试行的决议、法令、规章、条例等▷宪法～。

【草包】　cǎobāo　❶名用稻草绳等编成的袋子。❷装着草的口袋；比喻头脑简单、能力极差的人。

【草本】　cǎoběn　形草质茎的（植物）▷～植物。

【草草】　cǎocǎo　副马虎、匆忙▷～过目|～写就。

【草虫】　cǎochóng　名生活在草丛中的昆虫，如蚱蜢、蟋蟀等。

【草创】　cǎochuàng　动开始创办、组建等▷刊物～时，困难重重。

【草丛】　cǎocóng　名多而密集地生长在一起的草。

【草菅人命】　cǎojiānrénmìng　把人命看作野草一样，指任意残害人命。☞"菅"不读guǎn；不要写作"管"。

【草莽】　cǎomǎng　❶名草丛；杂草丛生的地方。❷旧指民间▷～出身。

【草莓】　cǎoméi　名多年生草本植物，匍匐茎，花白色。果实也叫草莓，圆形，肉质多汁，味酸甜，可食用。

【草木皆兵】　cǎomùjiēbīng　公元383年，前秦苻坚攻打东晋，率军至淝水，登寿春城瞭望，晋兵阵容严整，又北望八公山，见山上草木像人形，非常惧怕。形容极度惊恐疑惧。

【草拟】　cǎonǐ　动初步写出或设计出▷～方案|～文件。

【草皮】　cǎopí　名连带薄土层的草，用来铺在地表，有绿化环境、防风固沙、防止水土流失等作用。

【草签】　cǎoqiān　动谈判代表在条约、协议、合同的草案上临时签署姓名。

【草书】　cǎoshū　名汉字书写形体的一种。特点是笔画相连，写起来快。

【草率】　cǎoshuài　形做事不认真细致，随便应付▷事情做得太～。

【草写】　cǎoxiě　❶动用草书书写。❷名草书；草体。

【草样】　cǎoyàng　名初步画出或剪出的图样▷她已画出了新时装的～。

【草药】　cǎoyào　名以植物为原料的中药药材▷上山采集～。

【草原】　cǎoyuán　名半干旱地区长满野草或间有耐旱树木的大面积土地▷内蒙古～。

【草约】　cǎoyuē　名没有正式签字的契约或条约。

【草泽】　cǎozé　名低洼积水、野草丛生的地带。

ce

册　cè　❶名古代指编在一起的竹简，现指装订好的本子▷画～|手～。❷量用于书籍▷全书共八～。

厕（廁）　cè　❶名供人大小便的地方▷公～|～所。❷动混杂在其中；参与▷～身教育界（谦

词）。☞统读 cè。

侧（側）cè ❶图旁边▷两～｜～门。❷团向旁边扭或转▷～着身子走过去｜～耳细听。

【侧击】cèjī 团从侧面袭击。

【侧记】cèjì 图从侧面写的记述（多用于通讯的标题）▷《职工代表会议～》。

【侧面】cèmiàn ❶图物体的左、右两面（区别于正面）▷从～看，这座桥像彩虹◇你从～了解一下。❷方面▷要从不同的～考察一个人。

【侧目而视】cèmù'érshì 斜着眼睛看。形容畏惧、憎恨或鄙薄的样子。

【侧身】cèshēn 团斜着身子。

【侧卧】cèwò 团侧着身子躺着。

【侧翼】cèyì 图（部队）所在地的两侧。

【侧影】cèyǐng ❶图侧面的影像。❷比喻事物某方面的反映▷影片向观众展示了农村变革的一个～。

【侧重】cèzhòng 团偏重；着重（于某一方面）▷～于人物性格的刻画。

测（測）cè ❶团测量▷一～河水的深度。❷料想；推测▷天有不～风云。

【测报】cèbào 团测量并报告▷地震｜及时～。

【测度】cèduó 团推测；猜想▷～市场需求情况。☞"度"这里不读 dù。

【测绘】cèhuì 团测量和绘图▷～路基｜对地形重新～。

【测控】cèkòng 团观测并控制（机械、仪器等）▷～宇宙飞船。

【测量】cèliáng 团用工具或仪器测定各种物理量的数值▷～风速｜～地形。☞"量"这里不读 liàng。

【测试】cèshì ❶团测量试验（机械等的性能和精确度）。❷考查评定（学习成绩、业务能力等）▷英语水平～。

【测算】cèsuàn ❶团测量计算▷～大气污染数值。❷推测估算▷～建桥投资数额。

【测验】cèyàn ❶团用仪器等检验▷经～，血压计还能使用。❷对学习情况进行考查▷～数学｜期中～。

【测字】cèzì 团拆开或合并汉字的笔画偏旁，强作解释，以占卜吉凶（迷信）。

恻（惻）cè 图忧伤；悲痛▷凄～｜～隐。

【恻隐】cèyǐn 团对人表示同情怜悯▷～之心。

策cè ❶图〈文〉马鞭▷扬鞭～马｜鞭～。❷团用鞭子驱赶▷扬鞭～马｜～～。❸图古代写字用的一种狭长而薄的竹、木片▷简～。❹团计划；谋划▷～划。❺图谋略；计策▷出谋划～。☞下边是"束"（cì）不是"束"（shù）。

【策动】cèdòng 团策划鼓动▷～起义｜幕后～。

【策反】cèfǎn 团深入敌方内部秘密策动敌方的人倒戈。

【策划】cèhuà ❶团谋划；运筹▷精心～。❷图指负责策划的人。

【策励】cèlì 团督促勉励▷～后进。

【策略】cèlüè ❶图为实现一定的战略任务，根据形势发展而制定的行动方针和斗争方式▷对敌斗争要讲究～。❷图指在斗争和工作中注意方式方法▷这种说法不够～。

【策应】cèyìng 团配合友军作战。也泛指比赛中队友互相配合。

【策源地】cèyuándì 图社会运动、战争等重大事件策动和发起的地方。

cen

参（參）cēn ［参差］cēncī 图长短、高低不一致▷～错落｜～不齐。☞不读 cānchà。○另见 cān；shēn。

岑cén 图〈文〉小而高的山。☞统读 cén。

涔cén ［涔涔］céncén 图〈文〉形容雨、汗、血、泪等不断流下或渗出的样子▷春雨～～｜泪下～。

ceng

噌cēng 拟声模拟快速行动或摩擦的声音▷～地从椅子上跳了起来｜的一下划着了火柴。

层（層）céng ❶团重叠▷～峦叠嶂。❷图重叠的东西；重叠的东西中的一部分▷高～建筑｜表～。❸量 a)用于重叠的或可以分步骤、分项的事物▷三～楼｜这段话有三～意思。b)用于覆盖在物体表面上的东西▷桌子上落一～土。

【层出不穷】céngchūbùqióng 形容一次又一次地出现，没有穷尽。

【层次】céngcì ❶图（事物的）层级、等级▷高～人才｜机构～太多。❷（事物排列或安排的）顺序▷文章中心突出，～清楚｜画面～清晰。

【层叠】céngdié 图层层叠合的样子▷山峦～｜层层叠叠的山峰。

【层峦叠嶂】céngluándiézhàng 形容山峰重重叠叠，连绵起伏。

【层面】céngmiàn 图层次、方面；范围▷新闻应多～地反映社会生活。

曾céng 副曾经▷～到过上海｜似～相识。☞中间不是"田"。○另见 zēng。

【曾几何时】céngjǐhéshí 才过了多少时间，指时间并不长（几何：多少）。

【曾经】céngjīng 副表示从前有过某种动作、行为或情况▷她～当过演员。

蹭cèng ❶团磨；擦▷把刀在石头上～了两下。❷擦过并沾上▷～了一身机油。❸拖延▷磨～（mócèng）。

cha

叉chā ❶图叉子，头上有两个以上的长齿，可以挑起或扎取东西▷粪～｜鱼～。❷团用叉子挑或扎▷～稻草｜～鱼。❸交错▷交～。❹图指叉形符号，形状是"×"，用来表示错误或删除▷对的打个钩，错的打个～。☞㊀在"两腿叉开"中读 chǎ。㊁在"劈叉""排叉儿"（一种食品）中读 chà。

杈chā 图用树杈（chà）加工制成的农具，头上一般有三个长齿，用来挑取柴草等。○另见 chà。

差chā ❶图不一样；不相合▷～别｜～价。❷图错误▷一念之～｜～错。❸两数相减所得的余数，如 5 减 2 的差是 3。☞第六画是长撇，不要断成两画。○另见 chà；chāi；cī。

【差别】chābié 图事物之间的不同▷职业～｜性格～。

【差错】chācuò ❶图过错▷盘点库存要仔细，不要出～。❷意外事故▷开车要小心，严防出～。

【差额】chā'é 图与标准数或另一数相比所差的数额▷选举～｜填补～。

【差价】chājià 图同一商品由于地区、季节或批发零售等的不同所产生的价格差别▷地区～｜赚取～。

【差距】chājù 图事物之间差别的大小，也指与某种标准或要求相比，不足部分的大小▷他俩年龄有很大～

|他的外语水平离要求还有一定~。

【差强人意】 chāqiángrényì 大体上还能让人满意(差：稍微)。☞"差"这里不读 chà。

【差异】 chāyì 图差别▷中西文化~。

【差之毫厘,谬以千里】 chāzhīháolí, miùyǐqiānlǐ 相差一点点,结果会形成极大的错误。强调不能有丝毫差错。☞"差"这里不读 chà。

插 chā ❶圆把细长或薄片状的东西放进或穿入别的物体里▷地上~着一块牌子|~秧。❷从中间加进去;加入到里面▷中间~一段景物描写|安~。☞右边由"千"和"臼"组成。

【插班】 chābān 圆休学期满或转学来的学生编入适当的班级。

【插播】 chābō 圆电台或电视台播送节目时,中途插入其他节目▷~广告。

【插翅难飞】 chāchìnánfēi 形容极难逃脱被围或受困的境地。

【插队】 chāduì ❶圆插入排好的队伍。❷指二十世纪六七十年代我国城镇知识青年、干部到农村劳动和生活▷到农村~落户。

【插杠子】 chāgàngzi 比喻介入或干预进行中的某些事情▷人家两口子的事儿,外人别去~!

【插花】 chāhuā ❶圆把修剪后的各种花卉错落有致地插进花篮、花瓶里。❷圈夹杂;交错▷~种植。

【插科打诨】 chākēdǎhùn 戏曲等演员在演出中插入滑稽的动作和诙谐的台词引得观众发笑。泛指用滑稽的动作和语言引人发笑。

【插曲】 chāqǔ ❶图插在电影、戏剧中的有相对独立性的乐曲。❷比喻事情发展过程中附带出现的小故事。

【插手】 chāshǒu 圆参与或干预▷他还顾不上~这件事|不懂不要乱~。

【插图】 chātú 图插附在书刊报纸等文字中帮助说明内容的图画。

【插叙】 chāxù ❶圆在叙述主要情节时,不按时间顺序插入其他情节。❷图插叙的内容▷小说的~写得好。

【插足】 chāzú 圆挤进站稳▷车上人多得连~之地都没有◇有第三者~。

【插嘴】 chāzuǐ 圆在别人说话时,插进去说话▷人家正在讲课,你别~。

喳 chā [喳喳]chāchā 圈声模拟小声说话的声音▷嘁嘁~~。〇另见 zhā。

馇(餷) chā 圆一边煮一边搅拌(猪、狗等的饲料)。☞在"饹馇"中读 zha。

荃 chá ❶圆庄稼收割后残留在地里的茎和根▷玉米~。❷量指同一块地里作物种植或生长的次数▷一年种两~稻子|二~韭菜。❸图胡须、头发(多指剪落的、没剪干净的或刚长出的)▷长出了胡子~儿|领子上沾了许多头发~儿。

【荃口】 chákǒu ❶图作物轮作的种类和次序▷安排好~,以提高作物产量。❷指某种作物收割以后的土性▷种过西瓜的~,再种玉米一定长得好。

茶 chá ❶图茶树,常绿灌木,嫩叶加工后就是茶叶。❷用茶叶冲成的饮料▷喝~|浓~。❸指某些糊状食品▷面~|果~。❹圈像浓茶的颜色▷~镜。

【茶道】 chádào 图通过沏茶、品茶以达到修身养性目的的特定方式、礼仪。

【茶点】 chádiǎn 图茶水和点心。泛指招待客人的饮料、糕点、小食品等。

【茶会】 cháhuì 图用茶点招待宾客进行社交的集会。

【茶几】 chájī 图放茶具等用的家具,比桌子矮小。☞"几"这里不读 jǐ。

【茶具】 chájù 图喝茶用的器具,包括茶壶、茶杯等。

【茶锈】 cháxiù 图茶水的黄褐色沉淀物,常附着在茶具表面上。俗称茶垢。

【茶座】 cházuò ❶图茶馆里供顾客喝茶的坐位。❷卖茶的场所▷音乐~|露天~。

查 chá ❶圆仔细检查▷~票|抽~。❷仔细了解▷调~|侦~。❸翻检(图书资料)▷~字典|目录。☞作姓时读 zhā。

【查办】 chábàn 圆对错误或罪行审查后处理或惩办▷撤职~|~案件。

【查抄】 cháchāo 圆清查并没收(财物)等▷~毒品。

【查处】 cháchǔ 圆查明情况,加以处理▷严加~|~不力。

【查点】 chádiǎn 圆检查清点▷人数~完了|库存物资。

【查访】 cháfǎng 圆调查(案情),询问(有关人员)▷~案情|~知情人。

【查封】 cháfēng 圆查点后封存或封闭▷~赃款|~地下刊物。

【查核】 cháhé 圆查对核实▷~账目。

【查获】 cháhuò ❶圆搜查缴获▷~罪证。❷侦查抓获▷~车祸肇事者。

【查检】 chájiǎn ❶圆查阅检索▷按音序~,比较方便。❷检查▷~行李。

【查禁】 chájìn 圆检查并禁止▷~非法印刷品。

【查看】 chákàn 圆检查观看▷~现场。

【查考】 chákǎo 圆调查考证▷~文献。

【查实】 cháshí 圆调查核实▷~灾情。

【查收】 cháshōu 圆查点后收下▷所寄稿件请~。

【查问】 cháwèn ❶圆了解询问▷~地址。❷审查盘问▷~当事人。

【查寻】 cháxún 圆调查寻找。

【查询】 cháxún 圆了解询问。

【查验】 cháyàn 圆检查验证▷~证书。

【查阅】 cháyuè 圆查找翻阅▷~资料。

【查证】 cházhèng 圆调查取证;检查核实▷经过多方~,案情已经弄清。

搽 chá 圆往脸上或身上涂抹▷~油|~药。☞统读 chá。

猹 chá 图一种獾类野兽。☞统读 chá。

碴 chá ❶图器物上的裂痕、破口或折断的地方▷碗上有一道破~儿|刚摔的新~儿。❷感情的裂痕;引起争执的事由▷他们从前有~儿,今天是借题发挥|找~儿打架。❸物体的小碎块▷冰~儿|骨头~儿。

察 chá ❶圆仔细看▷明~秋毫|~言观色|考~|勘~。☞中间是"夕",不是"歹"。

【察访】 cháfǎng 圆观察访问,了解事实▷~赈灾款使用情况。

【察觉】 chájué 圆发觉;了解到▷我没~他有心事。

【察看】 chákàn 圆为了解实情而仔细看▷~汛情|暗中~。

【察言观色】 cháyánguānsè 观察别人的言语和脸色来推测别人的心意。

檫 chá 图檫木,落叶乔木,高可达 35 米,木材坚韧。

镲(鑔) chǎ 图一种打击乐器,钹(bó)的变体。

汊 chà 图水流的分支,也指水流分岔的地方▷港~|河~|~港。

杈 chà 植物的分枝▷树~|~子|枝~。〇另见 chā。

岔 chà ❶图由主干分出来的山、水流或道路▷山~｜～道。❷团打断别人说话或转移话题▷怕他听了不高兴，忙用话～开｜打～。❸团把时间错开▷两个画展的时间要～开。❹图偏差；差错▷出了～子｜这次比赛一点～儿也没出。

【岔道】　chàdào　图干道分出来的路。

【岔气】　chàqì　团呼吸时两肋不舒服或有疼痛的感觉。

刹 chà　图佛教的寺庙▷古～｜宝～。○另见 shā。

【刹那】　chànà　图一瞬间；眨眼之间▷～间，飞机昂头冲上了蓝天。

衩 chà　图衣裙下边开的口。☞在"裤衩"（贴身穿的短裤）中读 chǎ。

诧（詫） chà　团惊讶；觉得奇怪▷惊～。

【诧异】　chàyì　圈感到惊讶、奇怪。

差 chà　❶团不相同（用于口语）▷～不多。❷欠缺▷还～一道工序。❸圈不好；不符合标准▷学习成绩太～｜质量～。☞第六画是长撇，不要断成两画。○另见 chā；chāi；cī。

【差不多】　chàbuduō　❶团相差很少；相近▷"戍"(shù)和"戌"(xū)两个字，样子～，容易混淆。❷圈一般的；大多数▷～的农活他都会。❸副几乎；非常接近▷她俩～高｜送葬的～有一万人。

【差点儿】　chàdiǎnr　❶图(质量、技术、成绩等)稍差。❷副 a)表示不希望实现的事情几乎实现而没有实现，有庆幸的意思(动词用肯定式或否定式意思相同)▷～出洋相(＝没出洋相)｜～摔倒了(＝没摔倒)。b)表示希望实现的事情几乎不能实现而终于实现，有庆幸的意思(动词用否定式)▷～不及格｜～没见着。c)表示希望实现的事情几乎实现而终于没有实现，有惋惜的意思(动词用肯定式，后面常用"就")▷～就及格了｜～就见着了。

【差劲】　chàjìn　圈(人的品质、能力)低、差；(产品质量)低劣。

姹 chà　圈〈文〉艳丽▷～紫嫣红。

【姹紫嫣红】　chàzǐyānhóng　形容各种颜色的花卉十分娇艳(嫣：鲜艳)。

chai

拆 chāi　❶团把合起来的东西分开或打开▷～毛衣｜～信。❷拆除▷把土墙～了。☞跟"折"(zhé)不同。

【拆除】　chāichú　团拆掉(建筑物等)▷～违章建筑。

【拆东墙，补西墙】　chāidōngqiáng，bǔxīqiáng　比喻只是挪东补西，被动应付，不从根本上解决问题。

【拆封】　chāifēng　团把封条拆去；把封好的邮件、货箱等打开。

【拆换】　chāihuàn　团拆洗和替换(衣被等)；拆下并更换(零部件等)。

【拆毁】　chāihuǐ　团拆除毁掉(建筑物等)。

【拆迁】　chāiqiān　团拆除原建筑，用户搬迁到别处。

【拆散】　chāisǎn　团把成套的东西分散开▷客厅小，好把组合柜～放。

【拆散】　chāisàn　团使家庭、集体等离散▷～了一对好夫妻｜公司被～了。

【拆台】　chāitái　团要弄手段使别人或集体的事业不能顺利进行或受到破坏▷要补台，不要～｜拆别人的台。

【拆洗】　chāixǐ　团拆开洗净后再缝好▷～被褥。

【拆卸】　chāixiè　团拆开机器、车辆等并卸下部件。

钗（釵） chāi　图妇女固定发髻的一种首饰，双股长针形▷金～。

差 chāi　❶团派去做事▷鬼使神～｜～遣。❷图被派去做的事▷交～｜出～。○另见 chā；chà；cī。

【差遣】　chāiqiǎn　团指派▷听候～。

【差事】　chāishi　图被差遣去办的事情。

柴 chái　图烧火用的草木、庄稼秸秆等▷往灶里添把～｜打～｜木～。

【柴油】　cháiyóu　图由石油中分馏、裂化而得的燃料油，主要用于柴油机。

豺 chái　图哺乳动物，形状像狼，性情残暴，常成群袭击家畜。

【豺狼】　cháiláng　图比喻贪婪残忍的人▷～当道｜～成性。

chan

觇（覘） chān　图窥视；观测▷～标(一种测量标志)。

掺（摻） chān　团混入；加进▷酒里～了水｜～沙子。

【掺和】　chānhuo　❶团混杂在一起▷玉米面里～点豆面。❷介入(含贬义)▷人家两口子的事，你别去～。☞不宜写作"搀和"。

【掺假】　chānjiǎ　团往真的或好的东西里面加入假的或差的东西。☞不宜写作"搀假"。

【掺杂】　chānzá　团混杂；夹杂▷煤块里～了煤矸石｜办公事不要把个人利害～进去。☞不宜写作"搀杂"。

搀（攙） chān　团用手轻轻架着别人的手或胳臂▷～着老人上楼。☞右上的"免"第六画是长撇，不要断成两画。

【搀扶】　chānfú　团从旁架住对方的手臂或扶着对方的身子(站立或行走)。☞不宜写作"掺扶"。

谗（讒） chán　❶团说别人的坏话▷～言｜～害。❷图毁谤离间的话▷进～｜信～。

【谗害】　chánhài　团用毁谤离间的话陷害▷～好人｜岳飞遭秦桧～。

【谗言】　chányán　图为陷害人或挑拨离间而说的诽谤性的话。

婵（嬋） chán　[婵娟]chánjuān〈文〉❶圈姿态美好。❷图指美女。❸指月亮▷千里共～。

馋（饞） chán　❶圈看到好吃的食物想吃；专爱吃好的▷～嘴。❷看到好东西想得到；羡慕▷眼～。

【馋涎欲滴】　chánxiányùdī　馋得口水都快要滴下来了。形容非常想吃到某种食物，也比喻非常想得到某种东西。

【馋嘴】　chánzuǐ　❶圈贪吃。❷图贪吃的人▷真是个小～。

禅（禪） chán　❶图佛教指收心静思的功夫▷坐～｜参～。❷泛指有关佛教的事物▷～师｜～院。○另见 shàn。

孱 chán　圈瘦弱；弱小▷～弱。

缠（纏） chán　❶团绕；围绕▷～绷带。❷不停地搅扰▷疾病～身｜纠～。☞右边不是"厘"。

【缠绵】　chánmián　❶圈(情意)深切浓厚▷情思～。❷圈摆脱不开▷～病榻｜于繁杂人事～。❸圈婉转动人▷～的笛声。❹连续不断的▷～的风雨｜～不绝。

【缠扰】　chánrǎo　团纠缠；搅扰▷各种不顺心的事～着他。

【缠绕】 chánrào 团(绳索、葛藤等条状物)回旋地围绕在别的物体上▷牵牛花～在竹架上◇他被忧愁～着。

【缠手】 chánshǒu 形脱不开手▷这活儿得时刻盯着，很～。

蝉(蟬) chán 图昆虫,雄的腹部有发音器,叫声很响,俗称知了。

【蝉联】 chánlián 团指接连获得(某称号)或连续担任(某职位)▷世乒赛单打冠军|～国际足联主席。

潺 chán 见下。

【潺潺】 chánchán 拟声模拟流水的声音▷水声。

【潺湲】 chányuán 形〈文〉形容水流的缓慢▷溪水～。

蟾 chán ❶图指蟾蜍▷～酥。❷〈文〉借指月亮▷～光|～宫。

【蟾蜍】 chánchú ❶图两栖动物,背面多呈黑绿色,有大小不等的疙瘩,内有毒腺,分泌的黏液可制成蟾酥供药用。通称癞蛤蟆。❷借指月亮(古代传说月亮里有三条腿的蟾蜍)。

巉 chán 形〈文〉形容山势险峻▷～岩。

产(産) chǎn ❶团(人或动物)从母体中分离出幼体▷～卵|～子。❷出产▷山西～煤～大豆。❸生产▷投～|国～。❹图生产出来的东西▷畜～|矿～。❺指拥有的金钱、物资、产业等▷财～|破～。

【产儿】 chǎn'ér 图刚出生的婴儿▷～不足月◇经济特区是改革开放政策的～。

【产妇】 chǎnfù 图分娩期或产褥期中的妇女。

【产假】 chǎnjià 图职业妇女在分娩期间按有关法规享受的休假。

【产量】 chǎnliàng 图产品的数量。

【产品】 chǎnpǐn 图产出的物品。

【产权】 chǎnquán 图财产所有权。

【产褥期】 chǎnrùqī 图指产妇从分娩后到生殖器官恢复常态这段时间。

【产生】 chǎnshēng 团(某事物)从已有事物中生长出来;出现▷～了新的问题|对学习～了浓厚的兴趣。

【产物】 chǎnwù 图(在一定条件下)产生的事物或结果▷人类文明是劳动的～。

【产业】 chǎnyè ❶图私有的房屋、土地等财产。❷指工业▷～工人。❸指各种生产、经营事业,如第一产业、第二产业、第三产业。

【产值】 chǎnzhí 图一定时期内按货币计算的产品价值量▷工业～。

谄(諂) chǎn 团奉承讨好;献媚▷～上欺下|～笑。

【谄媚】 chǎnmèi 团用巴结奉承的言行讨人喜欢▷～求荣。

【谄笑】 chǎnxiào 团为讨好奉承人而装出笑脸。

铲(鏟) chǎn ❶图撮取或清除东西的器具▷铁～|饭～。❷团用锹或铲削平、撮取或清除▷～土|～除。

阐(闡) chǎn 团(把道理)说明白▷～明。☞统读chǎn。

【阐发】 chǎnfā 团说明并加以发挥▷～了建设精神文明的意义。

【阐明】 chǎnmíng 团说明白(道理)▷这篇讲话～了物质和精神的关系。

【阐释】 chǎnshì 团论述并解释(较难懂的问题)。

【阐述】 chǎnshù 团说明、论述▷专家们～了各自的看法。

忏(懺) chàn 团为所犯的过失而悔恨▷～悔。

颤(顫) chàn 团颤动;抖动▷两腿发～。☞左下不是"且"。○另见zhàn。

【颤动】 chàndòng 团短促而频繁地振动▷大地在剧烈地～。

【颤抖】 chàndǒu 团颤动发抖▷他浑身不住地～|吓得嘴唇都～了。

【颤巍巍】 chànwēiwēi 形微微颤抖的样子(多形容老人、病人的动作)。

【颤悠】 chànyou ❶团颤动摇晃▷你的腿干吗在那儿直～呀。❷形形容颤动摇晃的样子▷花轿抬起来颤颤悠悠的。

chang

伥(倀) chāng 图传说中被老虎咬死的人变成的鬼,专门帮助老虎吃人▷为虎作～。☞统读chāng。

昌 chāng 形兴盛;旺盛。

【昌隆】 chānglóng 形昌盛,兴隆▷生意～。

【昌明】 chāngmíng 形(政治、文化等)兴盛清明▷国事～。

【昌盛】 chāngshèng 形(国家、民族等)兴旺,繁盛▷～的祖国。

倡 chāng 图古代指以演奏乐器和表演歌舞为业的人▷～优。○另见chàng。

菖 chāng [菖蒲]chāngpú 图多年生草本植物,生长在水中,有香气,地下有粗壮的根茎。全草可以提取芳香油,根茎可以做药材。

猖 chāng 形行为放肆▷～狂。

【猖獗】 chāngjué 形横行,放肆▷走私～一时。

【猖狂】 chāngkuáng 形狂妄放肆,气势汹汹▷敌人～进犯|～的气焰。

阊(閶) chāng [阊阖]chānghé 图神话传说中的天门;宫门。

娼 chāng 图妓女▷逼良为～|～妓。

鲳(鯧) chāng 图鲳鱼,体侧扁略呈卵圆形,银灰色,没有腹鳍,生活在海洋中。也说平鱼。

长(長) cháng ❶形两点之间的距离大(跟"短"相对)。a)指空间▷这座桥很～。b)指时间▷冬天昼短夜～。❷图长度,两点之间的距离▷全～10公里|身～。❸优点;长处▷扬～避短|专～。❹团在某方面有特长▷～于书法篆刻。❺副永远▷～眠地下|友谊～存。○另见zhǎng。

【长策】 chángcè 图长期起作用的策略▷改革开放是治国～。

【长城】 chángchéng ❶图万里长城。❷比喻坚不可摧的力量或不可逾越的障碍▷解放军是祖国的钢铁～。

【长处】 chángchu 图优点;特长。

【长此以往】 chángcǐyǐwǎng 长期这样下去(多用于不好的情况)。

【长存】 chángcún 团长久存在;永不消逝▷英雄业绩万古～。

【长度】 chángdù 图两点之间的距离。

【长短】 chángduǎn ❶图长度▷这根跳绳～正合适。

❷意外危险或变故▷难免有个～。❸优劣、是非等▷他们各有～。

【长久】 chángjiǔ 圈久远；时间很长▷～之计。

【长卷】 chángjuàn 图长幅书画。

【长空】 chángkōng 图高远的天空▷万里～|比翼。

【长眠】 chángmián 团婉词，指死亡(有庄重色彩)▷～于九泉之下。

【长年】 chángnián 图从年初到年末；整年▷～在外地工作。

【长篇】 chángpiān ❶圈诗文篇幅长或讲演占用时间多▷～报告。❷图长篇小说▷他已经出版了两部～。

【长篇大论】 chángpiāndàlùn 篇幅很长的文章或滔滔不绝的讲话。

【长期】 chángqī 图长时期▷～合同。

【长驱直入】 chángqūzhírù 长距离地快速向目的地进军(驱:奔驰)。

【长途】 chángtú ❶圈路途远的；远距离的▷～跋涉。❷图指长途电话、长途汽车▷打～|乘～去探亲。

【长物】 chángwù 图多余的财物或像样的东西▷他身无～，穷困潦倒。

【长线】 chángxiàn ❶圈供给量超过需求量的(产品或专业等)(跟"短线"相对)▷压缩～行业。❷路程远的▷～旅游。

【长效】 chángxiào 圈长时间有效的▷～磺胺|～肥料。

【长性】 chángxìng 图长时间坚持做某事的耐性；持久性▷他干什么都没～，三天两头换工作。☞不宜写作"常性"。

【长吁短叹】 chángxūduǎntàn (因愁苦、烦恼等)长一声短一声地叹气。☞"吁"不读yú。

【长夜】 chángyè ❶图漫长的黑夜；比喻黑暗的岁月▷隆冬～|难明赤县天。❷整夜▷～苦思。

【长远】 chángyuǎn 圈(未来)很长久的▷～规划|目光～。

【长征】 chángzhēng ❶团长途行军；远行。❷图特指中国工农红军1934—1935年从江西转战至陕北的二万五千里长征。

【长治久安】 chángzhìjiǔ'ān 国家长期稳定，人民生活长期安宁。

【长足】 chángzú 圈形容快速(进展)▷～发展|～进步。

场(場) cháng ❶图晒粮和脱粒的平地▷～院|打～。❷量用于一件事情的过程▷一～大雨|一～激战。☞不要写作"坊"。○另见 chǎng。

肠(腸) cháng ❶图肠子，人和高等动物消化器官的一部分。长管状，上端胃相连，下端通肛门，一般分小肠、大肠两部分。❷比喻心思、感情▷愁～|哀～。

尝(嘗) cháng ❶团试着吃一点；辨别滋味▷～一～菜的味道|品～。❷试；试探▷～试。❸经历；感受▷～到甜头|～受。❹副曾经▷未～(没有过)|何～(哪里有过)。☞㊀左边没有"口"。㊁不是"赏"的简化字，"赏"的简化字是"赏"。

【尝试】 chángshì 团试着做；试一试▷～一下|大胆～。

【尝鲜】 chángxiān 团品尝时鲜的食品。

常 cháng ❶图纲纪；规律▷三纲五～|天行有～。❷圈普通的；一般的▷人之～情|～态。❸图普通的事▷习以为～|家～。❹圈长期不变的▷冬夏～青。❺副时常；经常▷他们～来|～不出门。

【常备不懈】 chángbèibùxiè 时刻准备着，一点不松懈。

【常规】 chángguī ❶图相沿习用的规矩、办法▷按～办事。❷医学上经常使用的处理方法▷血～|尿～。❸圈军事上指一般的、通常的▷～武器|～战争。

【常轨】 chángguǐ 图正常的途径或方法▷生活转入～。

【常理】 chánglǐ 图通常的道理▷不合～|尊老爱幼是～。

【常例】 chánglì 图一向的做法；常规▷打破～，使人才脱颖而出。

【常年】 chángnián ❶图一般的年份▷今年梨树的挂果量比～多。❷终年；长期▷南极科学考察队员～在冰雪中工作。☞"常年"不限于一年之内，指多年。"长年"指一年到头来。

【常情】 chángqíng 图一般的情理▷按～，他会来参加婚礼。

【常识】 chángshí 图一般知识。

【常务】 chángwù 圈主持或参与日常工作的▷～副省长。

【常温】 chángwēn 图一般指15℃至25℃的温度。

【常性】 chángxìng 图本性；习性▷马失～，狂奔不已。

【常住】 chángzhù 团长期在某地居住▷～人口|～北京。

【常驻】 chángzhù 团长期在外埠或境外设立或派驻的(机构或人员)▷～北京办事处|～联合国代表。

偿(償) cháng ❶团归还；抵补▷～还|赔～。❷图代价；报酬▷无～援助|有～服务。❸团(愿望)得到满足▷如愿以～。☞不读shǎng。

【偿命】 chángmìng 团用生命抵偿被杀害者的生命▷杀人～。

徜 cháng [徜徉]chángyáng 团〈文〉悠闲自在地行走▷～山水之间。

裳 cháng 图古人穿的下衣，形状像现在的裙子，男女都可以穿▷绿衣黄～。☞在"衣裳"中读shang。

嫦 cháng [嫦娥]cháng'é图神话传说中从世间飞到月宫里的仙女。

厂(廠) chǎng ❶图有宽敞的地面，有棚式简易房屋，可以存货并进行贸易的场所▷木～|煤～。❷工厂，进行工业生产或加工活动的单位▷汽车～|制药～。

【厂方】 chǎngfāng 图工厂方面；工厂领导或老板方面▷已经来人联系过|工人与～签合同。

【厂家】 chǎngjiā 图指工厂或工厂方面▷参加展销会的～|～对产品实行三包。

场(場) chǎng ❶图有专门用途的比较开阔的地方或建筑▷广～|飞机～。❷指某个特定的地点或范围▷现～|官～。❸特指演出的舞台和比赛的场地▷出～|上～。❹图表演或比赛的全过程▷开～|终～。❺量a)用于文娱体育活动▷一～电影|一～比赛。b)用于戏剧中较小的段落▷第一幕第二～。❻图有一定规模的生产单位▷农～|林～。❼物理学上指物质相互作用的范围，如磁场、引力场等。☞"场"❻跟"厂"❷含义不同。"厂"指进行工业生产的单位，"农场""林场"的"场"不能写作"厂"。○另见 cháng。

【场次】 chǎngcì 图电影、戏剧等演出的次数和时间安排▷安排演出～。

【场地】 chǎngdì 图施工或举行各种活动的地方▷施工～|活动～。

【场合】 chǎnghé 图指一定的时间、地点、状况等▷社交丨～说话要分～。

【场馆】 chǎngguǎn 图进行文化、娱乐、体育活动的场地和馆舍。

【场记】 chǎngjì ❶图对摄制影视片或排演话剧情况的记录。❷指做这种工作的人。

【场景】 chǎngjǐng ❶图指戏剧影视中的场面。❷指情景▷工作的～。

【场面】 chǎngmiàn ❶图生活中的情景▷催人泪下的～。❷戏剧、电影、文学作品中人物的相互关系及其生活环境所构成的特定情景。❸表面的排场▷工厂亏损，厂长还死撑～。

【场面话】 chǎngmiànhuà 图公开场合说的敷衍应酬话。

【场所】 chǎngsuǒ 图供活动的处所▷公共～丨禁止吸烟。

敞 chǎng ❶形宽阔；没有遮拦▷宽～丨～车。❷团打开▷～着怀丨～着口儿。

【敞开】 chǎngkāi ❶团打开▷～窗子通通风◇～思路。❷副不受约束、限制▷有什么想法～说丨～供应。

【敞亮】 chǎngliàng ❶形宽敞亮堂▷客厅～舒适。❷（心情）舒展开朗▷看了有关文件，他心里～多了。

氅 chǎng 图罩在衣服外面的长衣▷大～。

怅（悵） chàng 形失望；失意▷惆～。

【怅然】 chàngrán 形闷闷不乐；失望的样子▷～而归丨～若有所失。

【怅惘】 chàngwǎng 形因失意或伤感而愁闷迷惘▷神色～。

畅（暢） chàng ❶形没有阻碍▷流～。痛快；尽情▷欢～丨～饮。

【畅达】 chàngdá ❶形（交通等）通行无阻▷交通～。❷（语言或文章）通畅明白▷行文～丨思路～。

【畅怀】 chànghuái 团没有拘束；尽情▷～欢歌丨长谈。

【畅快】 chàngkuài ❶形舒畅痛快▷心情～。❷爽直▷他为人～，有什么说什么。

【畅所欲言】 chàngsuǒyùyán 畅快地说出想说的话。

【畅谈】 chàngtán 团尽情地说▷～学习体会丨～观后感。

【畅通】 chàngtōng 团没有任何阻碍地通过或通行▷线路～丨车辆～。

【畅想】 chàngxiǎng 团敞开思路，尽情想象▷～光辉前程。

【畅销】 chàngxiāo ❶团在比较大的范围内很快售出▷产品～各地。❷形卖得快的▷这本书很～丨～产品。

【畅游】 chàngyóu ❶团尽兴地游览▷～长城。❷尽兴地游泳▷～长江。

倡 chàng 团带头；发起▷提～丨首～。○另见chāng。

【倡办】 chàngbàn 团带头或发起举办（事业、活动等）▷～老年公寓。

【倡导】 chàngdǎo 团率先提倡。

【倡议】 chàngyì ❶团首先提议▷～成立学会。❷图首先提出的建议。

唱 chàng ❶团依照乐律发声▷～歌丨～领。❷大声呼叫▷～收～付。❸图歌曲；戏曲唱词▷渔家小～丨～本。

【唱白脸】 chàngbáiliǎn 充当严厉、遭反感的人（白脸：中国古典戏曲脸谱的一种，象征奸邪）。

【唱对台戏】 chàngduìtáixì 两个戏班子同时同地演出同样剧目，以争取观众，压倒对方。比喻双方在同一领域里或同一件事上相互抗争。

【唱反调】 chàngfǎndiào 比喻持相反的意见或采取相反的行动。

【唱功】 chànggōng 图戏曲中唱的艺术功底▷～深厚。☞不宜写作"唱工"。

【唱和】 chànghè 团一个人写了诗词，别人写诗词作答（多照原韵）。☞"和"这里不读hé。

【唱红脸】 chànghóngliǎn 以温和的受欢迎的面孔出现（红脸：中国古典戏剧脸谱的一种，象征正直、忠良）。

【唱片】 chàngpiàn 图用塑料等制成的圆片，表面有记录声音的槽纹，可用唱机把所录的声音重现出来。☞口语读chàngpiānr。

【唱腔】 chàngqiāng 图戏曲演员唱出来的曲调。

【唱双簧】 chàngshuānghuáng 比喻一些由一人公开出面，而另一人则在幕后策划、操纵的活动。也比喻活动中两人一唱一和、配合默契，以达到混淆对方视听的目的。

chao

抄 chāo ❶团照着原文或底稿写▷～笔记丨～写。❷把别人的作品、语句、作业等抄下来当自己的▷～袭。❸搜查并没收（财物等）▷家产被～了丨查～。❹从侧面绕过去或走近道▷～近道丨包～。❺〈口〉抓；拿▷～起一根大棒。

【抄后路】 chāohòulù 绕到对方背后（进行袭击或阻断退路）。

【抄袭】[1] chāoxí ❶团照抄别人的成果当作自己的。❷机械地沿用别人的经验、方法等。☞不宜写作"剿袭"。

【抄袭】[2] chāoxí 团绕到侧面或背后突然袭击▷～敌人的后路。

吵 chāo ［吵吵］chāochao 团许多人乱嚷嚷▷别～，好好听讲。○另见chǎo。

钞（鈔） chāo 图钞票▷现～丨验～机。☞统读chāo。

【钞票】 chāopiào 图纸币。

超 chāo ❶团从后面赶到前面▷～车丨～过。❷越过规定的限度▷～期丨～龄。❸越出正常的程度▷～等丨～高温。❹不受某种约束；凌驾其上▷～现实丨～俗。

【超编】 chāobiān 团超出编制定额。

【超标】 chāobiāo 团超过规定标准▷～排放丨食品细菌含量～。

【超常】 chāocháng 形超越寻常的▷耐力～丨比赛中～发挥，夺得冠军。

【超额】 chāo'é 团超出预定的数额。

【超凡】 chāofán 团超出常人或超出寻常▷～入圣丨才能～。

【超过】 chāoguò ❶团从某对象后面赶到他的前面▷她～对手，跑到最前面。❷高出▷～限额。

【超级】 chāojí 形高出普通等级的▷～大国丨～油轮。

【超量】 chāoliàng 团超过规定的数量▷携带的物品已经～了。

【超前】 chāoqián 形超越当前的；提前的▷～意识丨～消费。

【超群】 chāoqún 形超出众人▷～出众。

【超然】 chāorán ❶形突出的样子▷主峰～耸立于群峰之上。❷置身于物外或争端之外的样子▷态度～。

【超人】chāorén ❶形（智力等）超群▷~的体力。❷名超出常人的人。

【超生】chāoshēng ❶动佛教指人死后灵魂投生为人。❷宽容或开脱▷笔下~。❸生育超过计划规定的指标。

【超声波】chāoshēngbō 名频率高于2万赫兹的弹性波。人耳听不见。方向性强，穿透力大，能量容易集中，广泛用于工业生产及医疗等。

【超市】chāoshì 名超级市场。指有相当规模的、顾客可自选自取的商场。

【超速】chāosù 形超过规定或正常速度的▷~行车｜~运转。

【超脱】chāotuō ❶形不拘泥于一般规矩的▷文笔~。❷动超出；摆脱▷~红尘。

【超音速】chāoyīnsù 形超过声波在空气中的传播速度（340米/秒）的▷~飞机。

【超员】chāoyuán 动超过规定人数。

【超越】chāoyuè 动超出，越过▷~千山万水的阻隔｜~职权范围｜~古人。

【超载】chāozài 动运输工具装载量超过规定限度。☞"载"这里不读 zǎi。

【超支】chāozhī ❶动支出超过原定数额。❷名超支的钱物▷退回。

【超重】chāozhòng ❶动物体沿远离地心的方向作加速运动时，超过原有的重量▷飞船离开地球时，产生明显的~现象。❷超过了规定的重量或载重量▷信件~｜飞机绝对不能~了。

焯 chāo 动烹调时把蔬菜等放进滚开的水中略微煮烫，随即取出▷把洋白菜~一下。

巢 cháo ❶名鸟、虫等的窝▷鸟~｜蜂~。❷比喻盗匪或敌人盘踞的地方▷倾~出动｜匪~。☞统读 cháo。

【巢穴】cháoxué ❶名鸟、兽的窝。❷比喻敌人或盗匪盘踞的地方▷捣毁匪徒的~。

朝 cháo ❶动臣子拜见君主；宗教徒参拜神、佛▷~拜｜~圣。❷名君主接受朝见、处理政事的地方▷上~｜退~。❸一姓君主世代相传的整个统治时期，也指某个君主统治的时期▷汉~｜三~元老。❹动正对着；面向着▷这房子坐北~南｜仰面~天。❺介向；对▷~我笑了笑｜~着伟大目标前进。○另见 zhāo。

【朝代】cháodài 名某姓帝王世代相传的整个统治时期。如秦朝、汉朝。

【朝廷】cháotíng 名帝王处理政务的地方。也指帝王的中央统治机构。

【朝向】cháoxiàng 名指建筑物面对着的方向▷这套房子~不错。

【朝野】cháoyě 名旧时指朝廷和民间。今指政府和非政府方面。

嘲 cháo 动讥笑；取笑▷冷~热讽｜~笑。

【嘲讽】cháofěng 动讥笑讽刺▷文章~了社会弊端。

【嘲弄】cháonòng 动讥笑戏弄▷~人是不道德的行为。

【嘲笑】cháoxiào 动挖苦取笑，使人难堪▷不要~残疾人。

【嘲谑】cháoxuè 动开玩笑而不使人难堪▷同学间相~，笑声不断。☞"谑"不读 nüè。

潮 cháo ❶名月亮和太阳引力造成的海洋水面定时涨落的现象▷海~｜涨~。❷比喻像潮水那样有起有伏的事物▷寒~｜心~。❸形湿▷地面太~｜

湿。

【潮流】cháoliú ❶名海水受潮汐影响而产生的周期性流动。❷比喻社会发展演变的趋势▷时代~。

【潮气】cháoqì 名含水分较多的空气▷地下室~很重。

【潮润】cháorùn ❶形空气、土壤等湿润泽。❷（眼睛）含泪的样子▷她两眼~，说不下去了。

【潮湿】cháoshī 形含水分较多▷刚下过雨，山坡上很~｜~的空气。

【潮水】cháoshuǐ 名海洋及沿海江河受潮汐影响而定期涨落的水流。

【潮汐】cháoxī 名潮①。早潮称潮，晚潮称汐，合称潮汐。

【潮涌】cháoyǒng 动像潮水一样涌流▷观众~而至。

吵 chǎo ❶形声音杂乱扰人▷临街的房子太~。❷动吵架▷两人一见面就~。○另见 chāo。

【吵架】chǎojià 动激烈争吵▷有问题好商量，何必~｜从没吵过架。

【吵闹】chǎonào ❶动高声争吵▷有理说理，别~。❷扰乱喧闹▷每天都来~，真不像话！❸形（声音）嘈杂▷人声、车马声~得让人心烦。

【吵嚷】chǎorǎng 动争吵喊叫▷为点小事就~整天吵吵嚷嚷，多不好！

【吵嘴】chǎozuǐ 动争吵；口角▷小两口又~了｜吵了好几回嘴。

炒 chǎo ❶动把食物放在锅里加热并反复翻动使熟或使干▷~瓜子｜~菜。❷反复报道，哄抬宣传效果；通过买进卖出获利▷~新闻｜~股票。

【炒汇】chǎohuì 动炒买炒卖外汇。

【炒家】chǎojiā 名专门从事炒买炒卖的人（多指专以金融投机为业的人）。

【炒冷饭】chǎolěngfàn 比喻重复现成的东西，没有新内容。

【炒买炒卖】chǎomǎichǎomài 就地转手买卖（股票等），从中牟利。

【炒鱿鱼】chǎoyóuyú 鱿鱼加热会卷起，借指卷铺盖走人，即解雇。

【炒作】chǎozuò 动（传媒）大吹大擂地宣传；反复地夸大宣扬。

耖 chào ❶名农具，像耙（bà）而齿更密，用来把耙过的土块打碎。❷动用耖平整田地。☞统读 chào。

che

车（車） chē ❶名陆地上有轮子的交通运输工具▷坐~｜货~。❷名利用轮轴转动来工作的机械；泛指机器▷纺~｜~床｜拉闸停~｜~间。❸动用水车取水▷~水。❹用车床切削物件▷~零件。○另见 jū。

【车场】chēchǎng ❶名专门停放、保养和修理车辆的场所。❷铁路站内进行列车技术作业的场所。❸公路运输和城市公共交通企业的基层管理单位。

【车床】chēchuáng 名金属切削机床。主要用于内圆、外圆和螺纹加工。也说旋（xuàn）床。

【车次】chēcì 名列车或汽车等运行的班次编号。

【车工】chēgōng ❶名使用车床切削的工种。❷使用车床的工人。

【车祸】chēhuò 名行车时发生的灾祸（多指伤亡事故）。

【车间】chējiān 名工业企业中直接从事生产活动的一级管理单位，完成某些工序或单独生产某些产品。

【车轮战】chēlúnzhàn 名几个人或几群人轮番不断攻

击一个人或一群人，使对方因乏而败的一种战法。

【车皮】 chēpí 图火车的货车车厢。

【车水马龙】 chēshuǐmǎlóng 形容交通繁忙，繁华热闹。

【车厢】 chēxiāng 图火车、汽车等载人或载货的部分。☞不宜写作"车箱"。

【车载斗量】 chēzàidǒuliáng 形容数量极多。☞这里"载"不读 zǎi；"量"不读 liàng。

【车照】 chēzhào 图车辆检验合格准许行驶的执照。

【车辙】 chēzhé 图车轮碾出的痕迹。

【车组】 chēzǔ 图负责一列车厢或一辆车的运行和服务工作的职工组成的集体。

扯 chě ❶囫拉▷牵▷~住他的袖子不放|牵~◇~着嗓子喊。❷撕▷~几尺布。❸漫谈；闲谈▷天南地北瞎~|~家常。

【扯皮】 chěpí ❶囫无原则地争论▷开会不议正事，都在那里~。❷推委▷遇事推来推去，互相~。

彻(徹) chè 囫通▷透▷~夜(通宵)|透~。

【彻底】 chèdǐ 囮一直到底；无保留的▷~解决问题|~交代罪行。☞不宜写作"澈底"。

【彻骨】 chègǔ 透入骨髓，形容程度极深▷河水冰冷~|对敌人~仇恨。

【彻头彻尾】 chètóuchèwěi 从头到尾，完完全全(多含贬义)。

坼 chè 囫〈文〉裂开▷天寒地~|~裂。

掣 chè ❶囫拽(zhuài)；拉▷牵~。❷闪过▷风驰电~。

【掣肘】 chèzhǒu 囫拽住胳膊。比喻从旁牵制别人做事▷互相~。

撤 chè ❶囫除去；取消▷~掉冷荤，摆上热菜|~销。❷退；向后转移▷部队正在向南~|~兵。

【撤换】 chèhuàn 囫撤掉原来的，换上另外的▷~零件|~干部。

【撤回】 chèhuí ❶囫(军队等)撤退下来。❷将派驻在外的人员召回▷~外交人员。❸收回(已发出的文件、命令等)▷~通知|原告~诉状。

【撤离】 chèlí 囫撤出并离开▷~危险地带|灾民已安全~。

【撤诉】 chèsù 囫(原告)撤回诉状。

【撤退】 chètuì 囫(军队)从占领的地区或阵地撤出来；撤离。

【撤消】 chèxiāo 通常写作"撤销"。

【撤销】 chèxiāo 囫取消▷~原判|~职务。

【撤职】 chèzhí 囫撤销职务。

澈 chè 囮水清而透明▷清~见底|明~。☞"彻"简化为"彻"，"澈"没有简化，不能类推写作"沏"(qī)。

chen

抻 chēn 囫拉；拉长▷把衬衣袖子~出来|皮筋儿越~越长|~面。

郴 chēn 图用于地名。郴州，在湖南。

琛 chēn 图珍宝。☞不读 shēn。

嗔 chēn ❶囮生气；怒▷半~半笑。❷囫责怪；埋怨▷老太太~着儿女们不来看她。

【嗔怪】 chēnguài 囫埋怨责怪▷老王~我没及时把情况告诉他。

【嗔怒】 chēnnù 囫恼怒；气恼▷对于他的无礼，她大为~。

臣 chén ❶图君主时代的官吏▷大~|忠~。❷官吏对皇帝上书或说话时的自称。☞第六画是竖折(乚)，一笔连写。

尘(塵) chén ❶图细小的灰土▷甚器~|上|除~。❷世俗；佛教、道教等指的现实社会▷~事|~俗。

【尘埃】 chén'āi 图尘土▷~四起。

【尘封】 chénfēng 囫(东西放置时间长)被尘土覆盖▷杂物已~多年。

【尘垢】 chéngòu 图尘土和污垢。

【尘寰】 chénhuán 图人世；尘世。

【尘世】 chénshì 图佛教、道教等指人世间。

【尘土】 chéntǔ 图细小可悬浮的灰土。

【尘雾】 chénwù ❶图尘土和烟雾的混合物▷~弥漫。❷像雾一样漫天飘浮的尘土。

【尘嚣】 chénxiāo 图人间的纷扰、喧哗▷与~隔绝。

【尘烟】 chényān 图尘土和烟雾；飘浮在空中像烟雾似的尘土▷轰炸过后，阵地上~四起|天空中~迷漫。

辰 chén ❶图地支的第五位。❷日、月、星的统称▷星~。❸时间；日子▷良~|寿~。

沉 chén ❶囮〈文〉深；由水面向下的距离大▷~泉|~渊。❷程度深▷睡得很~|暮气~~。❸重；分量大▷包袱很~。❹感到沉重，不舒服▷两腿发~。❺囫(在水里)向下落(跟"浮"相对)▷敌舰被击~|石~大海。❻向下陷落；降落▷月落星~|~陷。❼使下沉▷破釜~舟◇~下心来。❽落入某种境地▷~于酒色。❾囮(情绪等)低落▷低~|消~。

【沉沉】 chénchén ❶囮形容程度深▷夜~|~睡去。❷物体分量重；心情沉重▷~的包裹|心事~。❸低沉；不开朗▷暮气~。

【沉甸甸】 chéndiàndiān 囮沉重的样子▷~的谷穗◇失败使心里~的。☞不宜写作"沉细细"。

【沉淀】 chéndiàn ❶囫溶液中不易溶解的物质沉积到溶液底部▷浑浊的水~后再用。❷图溶液中沉在底层的没溶解的物质▷水里有~。

【沉浮】 chénfú 囫在水面隐现，比喻人或事起落、盛衰或增损▷官场~。

【沉积】 chénjī ❶囫(河流或大风所挟带的泥沙等或溶液中的不易溶解的物质)下沉堆积。❷图指下沉堆积的物质(多用于抽象事物)▷民俗是历史文化的~。

【沉寂】 chénjì ❶囮没有声响▷~的山林。❷没有消息▷音信~。

【沉降】 chénjiàng 囫往下沉落▷地基开始~|蛙人已~到水底。

【沉浸】 chénjìn 囫比喻进入某种境界和思想状态▷~在欢乐的海洋里。

【沉静】 chénjìng ❶囮十分寂静▷山村的夜格外~。❷(性格、心情、神色等)沉稳；平静▷~的女孩。

【沉沦】 chénlún 囫沦落；陷入颓废、堕落或罪恶的境地▷~于罪恶的深渊之中。

【沉闷】 chénmèn ❶囮(环境气氛等)使人感到压抑、烦闷▷天气~|会议~。❷(情绪、性格)低沉不开朗▷近来他很少说话，~得很。❸(声音)低沉；不响亮▷远处传来~的炮声。

【沉迷】 chénmí 囫深深地迷恋；过分地醉心▷~于幻想之中|~酒色。

【沉没】 chénmò 囫沉入水中。

【沉默】 chénmò 囮不说话▷争论中他始终~不语|保持~。

【沉溺】 chénnì ❶动淹没到水中▷～湖底。❷比喻深陷某种境地(多指不良嗜好)▷～于享乐。

【沉睡】 chénshuì 动熟睡▷婴儿正安然～◇开发～了亿万年的宝藏。

【沉思】 chénsī 动深深思索▷掩卷～。

【沉痛】 chéntòng ❶形极其悲痛▷心情～。❷深刻而痛心的▷教训很～。

【沉稳】 chénwěn ❶形沉着稳重▷办事～。❷平稳踏实▷心情～。

【沉吟】 chényín 〈文〉❶动低声吟咏(诗、文)。❷反复思索,低声自语▷～未决。

【沉冤】 chényuān 名指申诉无门或长期得不到昭雪的冤屈。

【沉渣】 chénzhā 名沉淀下来的渣滓,比喻残留的腐朽事物▷～泛起。

【沉重】 chénzhòng 形分量重;程度严重▷～的箱子|～的打击。

【沉着】 chénzhuó 形(遇事)镇静;从容不迫▷～应对|～冷静。

【沉醉】 chénzuì 动大醉,比喻迷恋或陷入某种精神状态中▷幸福让人～。

忱 chén 名心意▷谨致谢～|热～。

陈(陳) chén ❶动排列;摆出▷～列|～放。❷有条理地说出来▷慷慨～词。❸形时间久的;过时的▷酒还是～的好|～旧。❹名朝代名,南朝之一。

【陈陈相因】 chénchénxiāngyīn 原指粮仓里的粮食,逐年堆积起来一层压着一层。比喻沿袭旧的一套,不图创新。

【陈词滥调】 chéncílàndiào 陈旧的言词,空泛的论调。

【陈放】 chénfàng 动排列;放置▷新出土的文物～在东厅展览。

【陈腐】 chénfǔ 形陈旧而落后▷观念～。

【陈规陋习】 chénguīlòuxí 陈旧的规章制度,不合理、不文明的习俗。

【陈迹】 chénjì 名过去的事物;遗迹▷历史～。

【陈旧】 chénjiù 形过时的;老化的▷款式～|观念～|～的基础设施。

【陈列】 chénliè 动为供人看而摆放(物品)▷～展品。

【陈年】 chénnián 形多年以前的;年代久的▷～老醋|～旧账|～老话。

【陈设】 chénshè ❶动摆放▷玻璃柜里～着许多瓷器。❷名摆放的东西▷卧室的～非常雅致。

【陈述】 chénshù 动有条理地叙述▷～意见。

晨 chén 名太阳刚刚升起的时候或升起前后的一段时间▷早～。※统读 chén。

【晨光】 chénguāng 名清晨的阳光。

【晨练】 chénliàn 动清晨锻炼。

【晨曦】 chénxī 名晨光▷～微露。

【晨星】 chénxīng 名清晨稀疏的星;天文学指日出前在东方出现的金星或水星。

碜(磣) chěn ❶动食物里夹杂着沙子▷牙～(yáchen)。❷形丑;难为情▷寒～(hánchen)。

衬(襯) chèn ❶动贴身的(衣服)▷～衣|～裙|～裤。❷名附在衣裳、鞋、帽等里面的材料▷领～|鞋～。❸动在里面或下面垫上(纸、布等)▷在柜子下面～上木板。❹衬托;陪衬▷映～|反～。

【衬垫】 chèndiàn 名夹在两个表面之间,减轻摩损、避免生热或起加固作用的东西▷轮胎～|～上放着平底

【衬衫】 chènshān 名穿在里边的西式单上衣。

【衬托】 chèntuō 动用乙事物陪衬或对照,以突出甲事物▷绿叶～红花。

【衬字】 chènzì 名歌词在表意的字以外,为调节音节所增加的字。如"数九(那个)寒天下大雪"句中的"那个"。

称(稱) chèn ❶动符合▷～心如意|相～。❷形合适▷匀～|对～。○另见 chēng。

【称心】 chènxīn 形符合心意;满意。

【称职】 chènzhí 形品德才能与职位相符合▷在新的岗位上,他很～。

趁 chèn 动利用时间、条件或机会等▷～早赶路|～热喝|～势。

【趁便】 chènbiàn 副顺便▷来北京开会,～给你带来冬衣。

【趁火打劫】 chènhuǒdǎjié 比喻乘人危难时去捞取不义之财。

【趁机】 chènjī 动利用机会▷～捣乱。

【趁热打铁】 chènrèdǎtiě 比喻抓住有利时机,一鼓作气地去做。

【趁势】 chènshì 动利用有利形势▷～反击,不给敌人以喘息的机会。

【趁早】 chènzǎo 副及早;尽快▷发现病情,要～治疗|不赚钱,～关门。

谶(讖) chèn 名迷信认为将来能应验的预言、预兆▷～语|图～。

cheng

柽(檉) chēng [柽柳]chēngliǔ 名落叶小乔木,能耐碱抗旱,适于造防沙林,嫩枝叶可以做药材。

称(稱) chēng ❶动测量轻重▷～一～有多重。❷用言语表达对别人好事的肯定或表扬▷～赞|～颂。❸用言语或动作表示自己的意见或感情▷拍手～快|声～。❹称呼;叫作▷大家都～他叶老。❺凭借权势自称或自居▷～王|～霸一方。❻名对人或事物的叫法▷通～|敬～。○另见 chèn。

【称霸】 chēngbà ❶动凭借权势横行霸道▷～乡里。❷比喻在某方面占绝对优势▷～世界乒坛。

【称便】 chēngbiàn 动称赞方便▷建了过街天桥,人人～。

【称道】 chēngdào 动称赞▷值得～|人人～。

【称号】 chēnghào 名由有关方面正式授予的光荣名称▷获十佳青年～。

【称呼】 chēnghu ❶动叫▷人们都～他王大爷。❷名表示对方身份或体现彼此关系的称谓,如同志、舅母等。

【称快】 chēngkuài 动表示痛快▷严惩犯罪团伙,群众～。

【称奇】 chēngqí 动称赞神奇▷三峡山水古今～。

【称说】 chēngshuō 动叫出事物的名称▷这种新现象如何～,还可商量。

【称颂】 chēngsòng 动歌颂;赞扬▷英雄事迹人人～。

【称谓】 chēngwèi 名人们由于相互关系、身份、职业、年纪等不同而得到的不同称呼。如老师、科长、阿姨等。

【称谢】 chēngxiè 动道谢。

【称雄】 chēngxióng 动凭借武力或某种特殊权势称霸一方。也比喻在某一方面实力超群,无人比得过。

【称誉】 chēngyù 动表扬赞美▷这部电视剧受到广泛

【称赞】 chēngzàn 囵用言语表达对人或事物喜爱、赞美▷交口 ~ 。

蛏(蟶)　chēng 图蛏子,软体动物,甲壳长形。生活在浅海内湾,肉可以吃。

铛(鐺)　chēng 图烙饼或煎食物的平底浅锅▷饼 ~ 。○另见 dāng。

撑　chēng ❶囵用力抵住▷ ~ 着扶手慢慢站起来。❷用篙抵住河床使船前进▷ ~ 船。❸支撑▷ ~ 局面。❹张开▷ ~ 开雨伞。❺装得过满;吃得过饱▷口袋 ~ 破了 | 吃 ~ 着了。☞统读 chēng。

【撑持】 chēngchí 囵艰难地支持▷为了 ~ 这个家,她不知付出了多少艰辛。

【撑门面】 chēngménmiàn 维持外表的排场;摆样子,使外观上过得去。

【撑腰】 chēngyāo 囵比喻给以强有力的支持▷ ~ 壮胆。

瞠　chēng 囵瞠着眼睛看。

【瞠乎其后】 chēnghūqíhòu 在后面干瞠眼,想赶也赶不上。

【瞠目结舌】 chēngmùjiéshé 瞠着眼睛说不出话来。形容惊呆或发窘的样子。

成　chéng ❶囵成功(跟"败"相对)▷事情没办 ~ | 完 ~ 。❷帮助人达到目的▷ ~ 全 | 促 ~ 。❸发育到完备的阶段▷ ~ 长 | ~ 熟。❹囮已定的;现成的;做好的▷ ~ 约 | ~ 语 | ~ 品 | ~ 果 | ~ 绩。❺发育成熟的▷ ~ 人 | ~ 虫。❻囵成为;变为▷弄假 ~ 真。❼达到一定的数量单位▷ ~ 套设备 | ~ 年。❽表示同意、认可▷ ~ ,我马上就办。❾表示有能力做好▷我 ~ ,您放心吧!❿量一个整体分成相等的十份,每份叫一成▷比去年增产两 ~ 。

【成败】 chéngbài 图(事业或工作)成功或失败▷事关 ~ ,不可大意。

【成倍】 chéngbèi 副表示增加的幅度很大,约为原数的一倍▷产量 ~ 地增加。

【成本】 chéngběn 图生产产品的费用▷降低 ~ 。

【成才】 chéngcái 囵成为有用的人才▷立志 ~ | 自学 ~ 。

【成材】 chéngcái ❶囵成为可用的材料,比喻成为有用的人。❷图制材工业中锯解原木所得的木材。泛指能使用的材料。

【成虫】 chéngchóng 图发育到能繁殖后代的昆虫。如蚕蛾是蚕的成虫。

【成堆】 chéngduī 囵较多地聚集或堆积在一起▷垃圾 ~ | 问题 ~ 。

【成方】 chéngfāng 图现成的处方(多指中药方)。

【成分】 chéngfèn ❶图构成事物的各种物质及因素▷水的 ~ | 有效 ~ 。❷家庭或个人根据职业和所处的经济地位所确定的阶级或阶层属性▷工人 ~ | 学生 ~ 。☞不宜写作"成份"。

【成风】 chéngfēng 囵形成某种风气或流行一时▷尊老爱幼蔚然 ~ | 炒作 ~ 。

【成功】 chénggōng 囮获得期望的结果(跟"失败"相对)▷试验 ~ 。

【成规】 chéngguī 图现成的或沿袭下来的规章制度或办法▷墨守 ~ 。☞"成规"跟"陈规"意义不同,不要混用。

【成果】 chéngguǒ 图工作、劳动的收获▷科研 ~ | ~ 喜人。

【成活】 chénghuó 囵动植物等在出生或种植后能继续发育、成长▷树 ~ 了。

【成绩】 chéngjì 图工作、学习等所获得的成果▷考试 ~ | ~ 显著。

【成家】[1] chéngjiā 囵结婚(多指男子)▷他刚大学毕业,还没有 ~ 。

【成家】[2] chéngjiā 囵成为专家▷成名 ~ 。

【成家立业】 chéngjiālìyè 结了婚并有了职业或在事业上有了一定成绩。

【成见】 chéngjiàn 图偏见;固定不变的主观看法▷抛弃 ~ | 固执 ~ 。

【成交】 chéngjiāo 囵交易谈成▷买卖 ~ 。

【成就】 chéngjiù ❶囵造成;完成(多用于事业)▷ ~ 伟业。❷图事业上大的成绩▷伟大 ~ | 艺术 ~ 。

【成立】 chénglì ❶囵(组织、机构等)正式建立▷ ~ 学会。❷(理论、见解)有根据,能站得住▷这个观点能够 ~ 。

【成龙配套】 chénglóngpèitào (各个环节或设施等)配搭成一个完整的系统。

【成名成家】 chéngmíngchéngjiā 在一定领域获得成就而出名,成为专家。

【成命】 chéngmìng 图已经发出的命令指示等▷ ~ 难违。

【成年】 chéngnián 囵人或高等动物、树木发育到已经成熟的时期。

【成年累月】 chéngniánlěiyuè 年复一年,月复一月,形容时间持续很长。

【成批】 chéngpī 囮大宗;大量▷ ~ 的货物。

【成品】 chéngpǐn 图按一定规格制作、加工完成,可以直接使用的产品。

【成气候】 chéngqìhòu 比喻有成就或有势力;形成一种有利于发展的氛围、架势▷他一定能 ~ | 不 ~ 。

【成器】 chéngqì 囵比喻成为有用的人才▷这孩子不求上进,太不 ~ 了。

【成全】 chéngquán 囵帮助人实现其愿望▷ ~ 了他俩的婚事。

【成群】 chéngqún 囵聚集成为群体▷ ~ 结队 | 三五 ~ 。

【成人】 chéngrén ❶囵发育成熟,长成大人▷长大 ~ 。❷图成年人。

【成人之美】 chéngrénzhīměi 成全或帮助他人实现良好的愿望。

【成色】 chéngsè ❶图金币、银币或金银器皿等所含金、银的量。❷泛指物品的质地▷毛线 ~ 好,手感柔软。

【成事不足,败事有余】 chéngshìbùzú,bàishìyǒuyú 形容工作能力极差,只能把事情办坏,而很少把事办成。

【成熟】 chéngshú ❶囵植物的果实或生物体成长到完备程度。❷比喻发展到完善的程度▷思想 ~ | ~ 的方案。

【成说】 chéngshuō 图已有的通行的说法▷这篇论文拘泥于 ~ ,了无新意。

【成套】 chéngtào 囵组合配置成一个整体或系列▷建制 ~ 。

【成天】 chéngtiān 图整天。

【成文】 chéngwén ❶图现成的文章。❷囵形成文字;写成条文▷这些还只是思考,尚未 ~ 。

【成效】 chéngxiào 图功效▷ ~ 显著 | 初见 ~ 。

【成心】 chéngxīn 囵故意▷ ~ 骗人。

【成行】 chéngxíng 囵旅行、出访等计划得以实现▷几天后,参观团即可 ~ 。

【成形】 chéngxíng ❶囵形成某种形状或格局▷麦穗

已经~了|豆腐~了|性格早已~。❷医学上指修复受损伤的组织或器官▷外科~手术。

【成性】 chéngxìng 囫形成某种癖好、习性(多指不好的)▷偷盗~|嗜赌~。

【成药】 chéngyào 图配制好了的各种剂型药品。

【成因】 chéngyīn 图(事物)形成的原因▷地震的~|农民起义的~。

【成语】 chéngyǔ 图熟语的一种,是人们长期习用的、简短精辟的定型词组或短句。多为四字格。

【成员】 chéngyuán 图构成家庭、社会组织的人员或单位▷主席团~。

【成长】 chéngzhǎng 囫生长;向成熟阶段发展▷小树苗壮~|健康~。

丞 chéng ❶囫辅佐;帮助▷~相。❷图辅佐的官吏▷县~。

【丞相】 chéngxiàng 图古代辅佐帝王的最高官吏。也说宰相。

呈 chéng ❶囫恭敬地递上▷面~。❷图递交给上级的文件▷辞~。❸囫显现;露出▷大海~深蓝色。

【呈报】 chéngbào 囫用公文向上级报告▷~领导。

【呈交】 chéngjiāo 囫恭敬地交上。

【呈请】 chéngqǐng 囫用公文请示(上级)▷~上级批准|~领导审阅。

【呈送】 chéngsòng 囫恭敬地送上▷~公文。

【呈文】 chéngwén ❶图指下对上用的公文。❷囫呈交文书▷此事已向上级~。

【呈现】 chéngxiàn 囫显露出;出现▷~出勃勃生机。

【呈献】 chéngxiàn 囫恭敬地献上▷~给读者|向祖国~出一片赤诚。

【呈阅】 chéngyuè 囫恭敬地送给尊长或上级审阅。

诚(誠) chéng ❶囵(心意)真实;忠实▷~恳|忠~。❷副〈文〉的确;实在▷~有此事|~惶~恐。

【诚惶诚恐】 chénghuángchéngkǒng 形容极端小心以至恐惧不安。

【诚恳】 chéngkěn 囵真挚恳切▷态度~|~地听取群众意见。

【诚然】 chéngrán ❶副确实;的确▷他的运气~不坏,这回又中了奖。❷固然▷教育~是重要的,但也不是万能的。

【诚实】 chéngshí 囵真诚老实;表里一致▷~可靠。

【诚心】 chéngxīn ❶图真诚的心意▷祖露~。❷囵诚而恳切▷~请罪。

【诚意】 chéngyì 图真诚的心意▷谈判失败是由于对方缺乏~。

【诚挚】 chéngzhì 囵真诚恳切▷致以~的慰问|~的友谊。

承 chéng ❶囫(在下面)托着或支撑着▷~重|~载。❷接受;担当;接续▷~办|当~|继~。❸表示受到(对方的好处)▷~蒙指教。

【承办】 chéngbàn 囫承担办理(商务等);承担举办(会议、活动等)。

【承包】 chéngbāo 囫依照双方议定的条件,接受工程建设、销售货物或其他生产经营活动。

【承担】 chéngdān 囫答应担负▷~任务|~费用。

【承当】 chéngdāng 囫担当▷出什么事由我~。

【承建】 chéngjiàn 囫承包建造某工程▷这座大桥由一家大公司~。

【承接】 chéngjiē ❶囫承担;接受▷~工程|~订货。❷接下;衔接▷~火炬|上文。

【承揽】 chénglǎn 囫应承招揽(各种业务)▷~了多项工程。

【承蒙】 chéngméng 囫客套话,用于感谢对方所给予的帮助▷~贵方协助。

【承诺】 chéngnuò ❶囫答应办(某事);答应按要求办▷~上门服务|欣然~。❷图对办某事做出的应允▷限时服务的~|履行~。

【承前启后】 chéngqiánqǐhòu 多指在事业、学术等领域内继承前代,启发后代。

【承认】 chéngrèn ❶囫对实际存在的事实表示认可▷~章程|~缺点。❷外交上指一国肯定另一国政府的合法地位或另一国为主权国家。

【承上启下】 chéngshàngqǐxià 承接上面的,开启下面的。

【承受】 chéngshòu ❶囫承担;接受(重担、考验等)▷~巨大压力。❷继承,接受▷~家业。

【承想】 chéngxiǎng 囫料到;想到(多用于否定式)▷没~这孩子这么有出息!☞不宜写作"成想"。

【承允】 chéngyǔn 囫许诺;应允▷满口~|你既然~了,就一定要办到。

城 chéng ❶图古代建在居民聚集地四周用来防守的高大围墙▷~楼|~门。❷城墙以内的地方▷~南|~东~。❸城市(跟"乡"相对)▷北京~|~乡接合部。

【城堡】 chéngbǎo 图堡垒式的小城。

【城池】 chéngchí 图城墙和护城河,借指城市▷~陷落|固守~。

【城防】 chéngfáng 图城市的防务▷加固~|~部队。

【城府】 chéngfǔ 图待人接物的心机▷此人~很深,喜怒不形于色。

【城关】 chéngguān 图城外靠近城门一带的地方。也泛指城区。

【城郭】 chéngguō 图内城墙和外城墙,借指城市。

【城壕】 chéngháo 图城墙外的壕沟。即护城河。☞不宜写作"城濠"。

【城门失火,殃及池鱼】 chéngménshīhuǒ,yāngjíchíyú 城门着了火,取护城河的水救火,水用尽了,鱼也都干死了。比喻受牵连而遭祸殃。

【城市】 chéngshì 图工商业、交通运输都比较发达,非农业人口较集中的地方,通常是周围地区的政治、经济、文化中心。

【城下之盟】 chéngxiàzhīméng 敌人兵临城下时被迫订立的盟约。泛指被迫签订的不平等条约。

【城镇】 chéngzhèn 图城市和集镇。

戚 chéng 图〈文〉藏书的屋子;明、清时专指皇宫收藏文书档案的地方▷皇史~。

乘 chéng ❶囫搭坐交通工具▷~车|搭~。❷利用▷无隙可~|~机。❸介表示利用机会或条件▷~虚而入|~兴而来。❹图佛教的教义(把教义比作使众生到达成正果境地的车)▷小~|大~◇上~。❺囫进行乘法运算。☞表动作义不读 shèng。〇另见 shèng。

【乘便】 chéngbiàn 副趁方便;顺便▷~搭过路车进城。

【乘风破浪】 chéngfēngpòlàng 比喻不畏艰险,奋勇前进。也形容事业发展迅猛。

【乘机】 chéngjī 囫利用时机▷~破坏|~出击。

【乘警】 chéngjǐng 图旅客列车上负责治安的警察。

【乘客】 chéngkè 图乘坐车、船、飞机的人。

【乘凉】 chéngliáng 囫热天在凉爽通风的地方休息。

【乘人之危】 chéngrénzhīwēi 趁人危难的时候,去要挟或侵害。

【乘胜】 chéngshèng 囫趁着胜利▷～追击｜～扩大战果。

【乘务】 chéngwù 图车、船和飞机上为乘客服务的各种事务▷～工作。

【乘隙】 chéngxì 囫利用空子，抓住机会▷～攻入一球。

【乘兴】 chéngxìng 囫趁着高兴▷～挥毫。

【乘虚而入】 chéngxū′érrù 趁着对方内部空虚或没有防备而侵入或进入。

盛 chéng ❶囫用容器装东西▷拿小篮～点豆子。❷用铲、勺等把饭菜放进容器▷～碗饭。❸容纳▷货太多，仓库～不下。○另见 shèng。

程 chéng ❶图规矩；法度▷章～｜规～。❷(进行的)距离▷路～｜航～。❸(进行的)道路；一段路▷登～｜送一～又一～。❹事物发展的经过或进行的步骤▷过～｜疗～。

【程度】 chéngdù 图事物发展所达到的水平、状况▷理解～｜严重的～。

【程控】 chéngkòng 囶用程序控制的▷～电话。

【程式】 chéngshì 图特定的格式、法式▷公文～｜～化动作。

【程序】 chéngxù ❶图(事情)进行的先后次序▷大会～。❷用计算机语言表达出来的指令序列。

【程序控制】 chéngxù kòngzhì (电脑)按照预定的指令序列，对生产等过程进行自动制约。广泛用于工业、通讯、交通等领域。

【程序设计】 chéngxù shèjì (用电脑)编制固定程序以实现自动控制的构想和实践。俗称编软件。

惩(懲) chéng ❶囫警戒▷～前毖后。❷处罚▷～治｜奖～。☞统读 chéng。

【惩办】 chéngbàn 囫处罚▷～罪犯。

【惩处】 chéngchǔ 囫惩罚，处分▷依法～。

【惩罚】 chéngfá 囫处罚▷～贪官。

【惩前毖后】 chéngqiánbìhòu 从以前的错误或失败中吸取教训，使以后更加谨慎，不致重犯(毖:谨慎)。

【惩一儆百】 chéngyījǐngbǎi 惩罚一人以警戒众人。

【惩治】 chéngzhì 囫惩办、治罪▷严厉～毒贩。

塍 chéng 图〈文〉田间的土埂▷田～。

澄 chéng ❶囶(水)平静而清澈▷～净。❷囫使清明；使清楚▷～清。○另见 dèng。

【澄澈】 chéngchè 囶(水)清澈见底▷池水～｜～照人。☞不宜写作"澄彻"。

【澄净】 chéngjìng 囶清澈明净▷～的湖水｜天空～碧蓝，没有一丝云彩。

【澄清】 chéngqīng ❶囶(水)明亮清澈。❷囫搞清楚；弄明白▷～事实。

橙 chéng ❶图常绿小乔木，果实叫橙子，红黄色，汁多，味道酸甜。❷囶黄、红合成的颜色。☞统读 chéng。

逞 chěng ❶囫炫耀▷～威风。❷施展；实现(多指坏事)▷阴谋得～。❸放纵▷～性子。

【逞能】 chěngnéng 囫显示或炫耀自己有本事▷这事儿你干不了，别～。

【逞性】 chěngxìng 囶任性。

【逞凶】 chěngxiōng 囫放肆地行凶作恶。

骋(騁) chěng ❶囫纵马奔跑▷驰～。❷尽量展开;放任▷～目｜～望。☞"骋"和"聘"(pìn)形、音、义都不同。

秤 chèng 图称物体轻重的衡器▷一杆～｜～盘｜～砣｜弹簧～｜～杆｜～过～。☞不宜写作"称"。

撑 chēng ❶囫斜着的支柱▷墙要倒，赶紧支一根～子。❷桌椅等腿与腿之间的横木。

chi

吃 chī ❶囫把食物嚼后咽下去▷馒头｜饭。❷吸入(液体)▷沙土～水力强｜这种纸不～墨。❸消灭▷～掉犯罪团伙。❹承受；接受▷～不消｜～不住。❺依靠某种事物生活▷～老本。❻领会；理解▷～透教材。❼囶(说话)结巴，不流利▷口～。☞统读 chī。

【吃不开】 chībukāi 行不通;不受欢迎▷他的那一套已经～了。

【吃不消】 chībuxiāo 承受不住,支持不了▷干重活,老人肯定～。

【吃醋】 chīcù 囫产生嫉妒心理(常用于男女关系上)。

【吃大锅饭】 chīdàguōfàn 比喻分配上人人都一样,实行平均主义。

【吃得开】 chīdekāi 受欢迎;受重用▷小型农用汽车在农村很～｜这个人在单位挺～。

【吃得消】 chīdexiāo 能支持住;能受得了(多用于人)▷这么搞法谁～?

【吃独食】 chīdúshí 比喻独占好处。

【吃饭】 chīfàn ❶囫进食。❷借指维持生活▷他靠打工～｜靠本事～。

【吃官司】 chīguānsi 由于被人控告而被关入监狱或受到处罚▷他因贪污吃了官司。

【吃紧】 chījǐn ❶囶形势紧张▷前线～｜供应～。❷十分重要;不同一般▷这可是大堤最～的地段,千万警惕。

【吃惊】 chījīng 囫感到惊奇;受到惊吓▷出了这样的事,真让人～｜吃了一惊。

【吃苦】 chīkǔ 囫承受艰难困苦▷他很能～｜救灾中战士们吃了很多苦。

【吃亏】 chīkuī ❶囫受到损失▷～上当。❷囶(在某方面)不利▷相比之下,我队在身高上太～了。

【吃老本】 chīlǎoběn 比喻凭已有的资历、功劳或经验过日子,不思进取。

【吃里爬外】 chīlǐpáwài 比喻享受自己所在一方的好处,暗中却为另一方办事(含贬义)。

【吃力】 chīlì 囶费劲儿▷拉车很～。

【吃偏饭】 chīpiānfàn 比喻得到特殊照顾。

【吃请】 chīqǐng 囫接受别人的邀请去吃饭。

【吃水】 chīshuǐ ❶囫食用的水。❷囫吸收水分▷糯米不～。❸图船体入水的深度▷那条船～很深。

【吃透】 chītòu 囫透彻理解▷～文件的精神。

【吃闲饭】 chīxiánfàn 指没有工作或不劳动,靠别人养活。

【吃现成饭】 chīxiànchéngfàn 指不劳动而享受别人的劳动成果。

【吃香】 chīxiāng 囶受欢迎;受重用▷酷暑来临,空调很～｜他是～的人。

【吃哑巴亏】 chīyǎbakuī 吃了亏,申诉无门或不敢声张。

【吃一堑,长一智】 chīyīqiàn,zhǎngyīzhì 受一次挫折,多一分见识(堑:壕沟,比喻挫折)。

【吃准】 chīzhǔn 囫准确把握;搞清楚▷～上级的意图。

【吃罪】 chīzuì 囫承担罪名和责任▷这可是要～的｜这样干,谁也～不起呀。

哧　chī [拟声]模拟笑声或撕裂声等▷～～地笑｜～的一下，裤子撕了个大口子。

鸱(鴟)　chī [鸱鸮]chīxiāo 图猫头鹰一类的鸟。头大，嘴短而弯曲，吃鼠、兔等动物，是益鸟。☞不宜写作"鸱枭"。

眵　chī 图眼睑分泌的淡黄色糊状物；眼屎▷眼～。

笞　chī 团用鞭、杖或竹板抽打▷鞭～｜～责。☞㊀"笞"不读tái。㊁"笞"和"苔"不同。

嗤　chī 团讥笑▷～笑。

【嗤之以鼻】　chīzhīyǐbí 用鼻子发出像冷笑的声音，表示鄙视。

痴　chī ❶形呆傻；愚▷如醉如～｜～笨。❷形容极度不能自拔的▷痴｜～心。❸图陷入极度迷恋而不能自拔的人▷书～｜情～。☞统读chī。

【痴呆】　chīdāi 形呆傻；(神情、举止)呆滞▷～症｜他～地张了张嘴，没说话。

【痴迷】　chīmí 团极度迷恋▷～于当演员｜～不悟。

【痴情】　chīqíng ❶图痴迷的爱情▷他感受到了她的～。❷形爱慕迷恋到不能摆脱的地步▷～男女。

【痴心】　chīxīn ❶图(对某人或某事)迷恋不舍的心思▷～不变。❷形形容心思痴迷▷～等待。

【痴心妄想】　chīxīnwàngxiǎng ❶失去理智的荒唐想法。❷痴迷地想着不切实际、永远不能实现的事情。

媸　chī 形〈文〉面貌丑陋(跟"妍"相对)▷妍～莫辨。

魑　chī 见下

【魑魅】　chīmèi 图传说中的山林神怪，泛指鬼怪。

【魑魅魍魉】　chīmèiwǎngliǎng 比喻形形色色的坏人。

池　chí ❶图水塘▷水～。❷护城河▷金城汤～。❸指某些四周高中间低的地方▷乐～｜舞～。

【池塘】　chítáng 图蓄水坑。

【池沼】　chízhǎo 图较大的天然水池。

弛　chí ❶团放松▷松懈▷一张一～。❷〈文〉解除；废除▷～禁(解除禁令)。☞统读chí。

【弛缓】　chíhuǎn 形(情况、心情等)松弛和缓▷局势日渐～。

驰(馳)　chí ❶团(车、马等)快跑▷奔～｜风～电掣。❷向往▷心～神往。❸传播▷～名中外。

【驰骋】　chíchěng 团(骑马)奔跑，比喻在某个领域纵横自如▷～千里｜体坛十多年。☞"骋"不读pìn。

【驰名】　chímíng 团名声远扬▷～神州大地。

【驰驱】　chíqū ❶图〈文〉(策马)奔驰▷～沙场。❷奔走效劳。

【驰援】　chíyuán 团〈文〉飞奔(某地)救援▷部队星夜～地震灾区。

迟(遲)　chí ❶形缓慢▷～缓。❷晚于规定的或适宜的时间▷我来～了。

【迟钝】　chídùn 形(感官、言行等)反应不敏捷▷思维～｜听觉～。

【迟缓】　chíhuǎn 形慢；不快▷事情进展～。☞"迟缓"跟"弛缓"意义不同，不要混用。

【迟疑】　chíyí 形犹豫不决；不果断▷说干就干，毫不～。

【迟早】　chízǎo 副早晚；总有一天▷问题～会解决的。

【迟滞】　chízhì ❶形迟缓呆滞；缓慢不通畅▷他思维～｜血液粘度过高，在血管内～不畅。❷呆滞▷～的神情。❸团使缓慢▷资金不到位，～了工程进度。

持　chí ❶团握住▷手～鲜花。❷主张；抱有(思想、见解)▷～反对态度。❸掌管；料理▷～俭｜家～主～。❹支持；维持▷保～｜扶～。❺相持不下；对抗▷僵～｜争～。❻控制▷劫～｜挟～。

【持久】　chíjiǔ 形持续的时间长▷～战｜旷日～。

【持论】　chílùn 图拿出的主张；提出的观点▷～公允｜～独到。

【持平】　chípíng ❶形没有偏向的▷～之论。❷团某指数跟所比的指数保持相等(多用于经济统计)▷去年的收入跟今年大体～。

【持续】　chíxù 团保持并延续不断▷两人交往～多年。

【持之以恒】　chízhīyǐhéng 长期地坚持下去。

【持重】　chízhòng 形(言谈举止)谨慎稳重▷年纪不大，待人接物却老成～。

匙　chí 图匙子，小勺▷汤～｜茶～。☞在"钥匙"中读shi。

墀　chí 图〈文〉台阶▷丹～。

踟　chí [踟蹰]chíchú 团犹豫不定，要走不走▷～不前。☞不宜写作"踟蹰"。

尺　chǐ ❶量市制长度单位，10寸为1尺，3市尺等于1米。❷图量长短或画图的器具▷木～｜卷～｜丁字～。

【尺寸】　chǐcùn ❶图指长短，大小▷量了一下上衣的～｜这个零件，～不合要求。❷分寸▷说话要注意～。❸形借指极小或狭小▷无～之功｜～之地。

【尺度】　chǐdù 图标准▷掌握～。

【尺短寸长】　chǐduǎncùncháng 由于应用的场合不同，一尺有时也显得短，一寸有时也显得长。比喻人或事物都各有长处和短处。

【尺幅千里】　chǐfúqiānlǐ 一尺长的画卷展现了千里山河的景象。比喻事物的外形虽小，包含的内容很丰富。

【尺码】　chǐmǎ ❶图尺寸▷你穿多大～的鞋？❷标准▷不能用一个～去衡量所有的事物。

【尺子】　chǐzi ❶图量长短的器具。❷图比喻确定事物性质、衡量事物好坏的标准▷用什么～来衡量我们的干部？

齿(齒)　chǐ ❶图牙齿，高等动物咬嚼食物的器官。❷像牙齿一样排列的东西▷锯～｜梳～。☞下边不是"凶"。

【齿冷】　chǐlěng 团牙齿感到寒冷。借指耻笑▷令人～。

侈　chǐ ❶形浪费；奢华▷奢～。❷过分；夸大▷～欲｜～言。☞统读chǐ。

【侈靡】　chǐmí 形(生活)奢侈浪费▷骄横～。☞不宜写作"侈糜"。

【侈谈】　chǐtán ❶团不切实际地夸张地谈论▷不要脱离实际去～什么高消费。❷图不切实际的夸张的话▷他的种种～，不值一驳。

耻　chǐ ❶团感到不光彩和惭愧；羞愧▷羞～｜～可～。❷图感到耻辱的事▷洗雪国～。

【耻辱】　chǐrǔ 图(声誉上)所受的侮辱；羞辱的事▷香港回归，洗雪百年～。

【耻笑】　chǐxiào 团瞧不起而讥笑。

豉　chǐ 见[豆豉]dòuchǐ。☞㊀统读chǐ。㊁跟"鼓"(gǔ)不同。

彳　chì [彳亍]chìchù 团〈文〉小步慢走或时走时停▷独自～街头。

叱　chì 团大声斥骂▷怒～｜～骂。

【叱喝】chìhè 〔动〕怒喝▷大声～。
【叱问】chìwèn 〔动〕大声责问。
【叱责】chìzé 〔动〕大声斥骂▷不要再～孩子了,他知错了。
【叱咤风云】chìzhàfēngyún 大声怒喝,能使风云变色。形容声势威力极大,能够左右形势。

斥 chì ❶〔形〕多▷充～。❷〔动〕使离开▷排｜～退。❸责备▷怒～｜训～。
【斥骂】chìmà 〔动〕斥责骂▷～顽固分子。
【斥责】chìzé 〔动〕严厉地指责▷愤怒～贪污分子的罪行。☞"叱责"强调大声叱呵,"斥责"没有这个意思。

赤 chì ❶〔形〕红色▷面红耳～。❷纯真▷心～诚。❸空;尽▷～贫｜～地千里。❹裸露▷～着脚。
【赤膊】chìbó ❶〔动〕光着膀子,泛指上身裸露▷～祖胸。❷〔名〕裸露的上身▷打着～乘凉。
【赤诚】chìchéng 〔形〕极为真诚▷～的心｜～招待。
【赤胆忠心】chìdǎnzhōngxīn 形容极其忠诚,绝无二心。
【赤道】chìdào 〔名〕环绕地球表面,与南、北极距离相等的假设圆周线。
【赤地】chìdì 〔名〕由严重的旱灾虫灾或战乱造成的寸草不生的土地▷～千里。
【赤脚】chìjiǎo ❶〔动〕光着脚,即不穿袜子或不穿▷～穿。❷〔名〕不穿袜子或鞋袜都不穿的脚。
【赤裸】chìluǒ 〔动〕身体光着或部分裸露▷全身～｜～着两条大腿。
【赤裸裸】chìluǒluǒ ❶〔形〕形容裸露着身子,不穿衣服。❷形容没有遮盖掩饰▷丑恶行径～地暴露出来了。
【赤贫】chìpín 〔形〕穷得一无所有。
【赤色】chìsè 〔名〕红色,常象征革命▷～的旗帜｜～政权。
【赤身】chìshēn ❶〔动〕赤裸着身子▷～露体。❷〔形〕比喻人一无所有▷他只一夜就输得个～净光。
【赤手空拳】chìshǒukōngquán 两手空空,手中没拿东西。也比喻无所凭借。
【赤条条】chìtiáotiáo 形容裸露着身子,一丝不挂。
【赤子】chìzǐ 〔名〕刚出生的婴儿,借指感情纯真的人,特指对祖国、家乡怀有纯真感情的人▷～之心｜海外～。
【赤字】chìzì 〔名〕支出大于收入的差额,其数字在会计的簿记上用红笔书写▷财政～。

饬(飭) chì 〔动〕整顿;治理▷整～。

炽(熾) chì 〔形〕(火)旺;比喻旺盛热烈▷～热｜白～。☞统读chì。
【炽烈】chìliè 〔形〕(火)旺盛而猛烈▷炉火～｜◇战斗～地进行着。
【炽热】chìrè 〔形〕火热;旺盛而热烈▷～的阳光｜对祖国～的爱。

翅 chì ❶〔名〕动物的飞行器官▷展～高飞。❷某些鱼类的鳍▷鱼～。
【翅膀】chìbǎng ❶〔名〕翅①。❷物体上像翅膀并起翅膀作用的部分▷飞机～。

敕 chì 〔名〕皇帝的命令或诏书▷奉～｜～书｜～封｜～令。

chong

冲(衝) chōng ❶〔名〕交通要道▷要～。❷〔动〕朝特定的方向或目标快速猛闯▷～进敌人的阵地。❸向上升;向上顶▷～入云霄｜～天。❹(思想感情、力量等)猛烈碰撞▷～突｜～撞。❺(水)撞击(物体)▷洪水～垮了大坝。❻用开水浇▷～奶粉。

○另见chòng。
【冲刺】chōngcì 〔动〕跑步、滑冰、游泳等体育比赛中临近终点时竭尽全力往前冲▷百米～｜◇今年的生产已到了最后～阶段。
【冲淡】chōngdàn ❶〔动〕把一种液体加入到其他液体中,使原来的液体所含的某种成份比例降低。❷感情、气氛、效果等在一定的条件下被减弱▷时光～了记忆。
【冲动】chōngdòng ❶〔动〕感情过分激动,不能用理智有效控制。❷〔名〕能引起某种行为的神经兴奋▷创作～。
【冲犯】chōngfàn 〔动〕言行冲撞冒犯了对方▷刚才的话～了您,很对不起。
【冲锋】chōngfēng 〔动〕向敌人快速逼近,用轻武器猛烈进击。比喻在工作中勇敢拼搏▷～陷阵｜在前。
【冲服】chōngfú 〔动〕用水、酒等把粒状、粉状的药物冲着喝下去。
【冲击】chōngjī ❶〔动〕(水流等)重重撞击▷洪水～了房屋。❷冲锋▷向世界纪录～。❸因打击或干扰而严重影响▷新兴产业～着老产业。
【冲积】chōngjī 〔动〕高处的岩石、沙砾、泥土被水流冲到低洼地带沉积起来。
【冲剂】chōngjì 〔名〕中药的一种剂型,颗粒或粉末状,用水冲服。
【冲决】chōngjué 〔动〕水流冲击使堤岸决口;比喻突破严厉的束缚、约束▷河堤被～｜～封建家长制的束缚。
【冲力】chōnglì 〔名〕运动的物体在动力停止后,由于惯性的作用而继续运动的力。
【冲破】chōngpò ❶〔动〕因冲撞而使物体破损▷急流～渔网。❷比喻打破限制▷～条条框框的限制。
【冲刷】chōngshuā ❶〔动〕用水的冲力刷掉污物▷～地面。❷水流冲击,使河床、海岸、山体的土壤沙石流失或剥蚀▷暴雨～山体造成滑坡。
【冲天】chōngtiān ❶〔动〕向高空▷火光～。❷〔形〕情绪激越、意气豪迈▷～的志气。
【冲突】chōngtū ❶〔动〕矛盾爆发,激烈争斗▷双方～起来。❷相互抵触;相悖▷你的观点前后～。❸〔名〕相互争斗的行为▷发生了两场～。
【冲洗】chōngxǐ ❶〔动〕用水冲掉物体上附着的尘垢。❷把已经曝光的感光材料进行显影、定影等加工处理。
【冲账】chōngzhàng 〔动〕收入和支出账目相互抵消;双方欠账相互抵消。
【冲撞】chōngzhuàng ❶〔动〕冲击碰撞。❷冒犯▷我的话～了你,很抱歉。

充 chōng ❶〔形〕满;足▷～满｜～足。❷〔动〕使满;填塞▷～气｜～塞。❸担任▷～任｜～当。❹假冒▷～好汉｜以次～好。
【充畅】chōngchàng ❶〔形〕(物资来源)充足而畅通▷货源～。❷(诗文等的气势)充沛而流畅▷文气～。
【充斥】chōngchì 〔动〕布满或塞满(含贬义)▷决不让伪劣商品～市场。
【充当】chōngdāng 〔动〕充任;以某种面目出现▷～证婚人｜～好人。
【充电】chōngdiàn ❶〔动〕将直流电输入蓄电池。❷比喻在学识、技能等方面继续学习、深造,以充实自己,适应需要。
【充耳不闻】chōng'ěrbùwén 堵住耳朵不听。形容不愿听别人的意见。
【充分】chōngfèn 〔形〕充足(多用于抽象事物);尽量▷根据～｜～发挥作用。

【充公】 chōnggōng 动将依法没收的财物归公。

【充饥】 chōngjī 动填饱肚子▷在实验室里有时中午只能用几片面包～。

【充满】 chōngmǎn ❶动布满;处处都有▷让世界～爱。❷充分具有;饱含▷～生机｜～激情。

【充沛】 chōngpèi 形充足而旺盛▷感情～｜～的精力。

【充其量】 chōngqíliàng 副表示估计到最大限度;至多▷这所学校～一千人。

【充实】 chōngshí ❶形充足;丰富(跟"空虚"相对)▷材料～｜生活～。❷动使充足;加强▷～一线｜～自己。

【充数】 chōngshù 动用不符合要求或标准的人或物凑够数额▷滥竽～。

【充裕】 chōngyù 形充足;富裕▷粮食～｜时间还很～。

【充足】 chōngzú 形数量多,能满足需要▷电力～｜资金～。

忡 chōng 形形容忧愁不安▷忧心～～。

舂 chōng 动用杵在石臼或乳钵里捣谷物等,使去掉皮壳或破碎▷～高粱｜～药。☞统读 chōng。

憧 chōng [憧憧]chōngchōng 形形容来往不定或摇曳不定的样子▷往来～｜灯影～。

【憧憬】 chōngjǐng 动向往(理想、美好的境界)▷～美好的未来。

虫（蟲） chóng ❶名虫子▷杀～剂。❷比喻具有某种特点的人(含贬义)▷害人～｜应声～。

【虫灾】 chóngzāi 名害虫严重侵害农作物、林木等造成的灾害。

重 chóng ❶动重叠;重复▷两个影子～在一起｜～合。❷副再;又▷～抄一遍。❸量相当于"层"▷两～包装。○另见 zhòng。

【重唱】 chóngchàng 动由两个或两个以上的歌手各自按不同的声部演唱同一歌曲。有二重唱、三重唱、四重唱等。

【重重】 chóngchóng 形一重又一重▷～阻挠｜障碍～。

【重蹈覆辙】 chóngdǎofùzhé 走翻过车的老路。比喻不吸取教训,又犯同样的错误。☞"覆"不要写作"复"。

【重叠】 chóngdié 动(相同或相似的事物)一层层地摞在一起▷这个词可以～｜机构～。

【重犯】 chóngfàn ❶动再一次犯以往犯过的错误或罪行。❷名刑满释放后再犯罪的人▷他是个～。

【重逢】 chóngféng 动(长时间分别后)再次相遇▷故地～。

【重复】 chóngfù 动(相同的事物)再次出现▷影片里这个画面～好几次。

【重合】 chónghé 两个或两个以上外形相同的东西合在一起▷两个阴影～了。

【重婚】 chónghūn 动已婚者未解除现有婚姻关系,又与他人结婚。

【重起炉灶】 chóngqǐlúzào 比喻事情遭挫败或停顿后,重新做起。

【重申】 chóngshēn 动又一次申说▷～我们的观点｜厂长～厂规。

【重弹】 chóngtán 动比喻重新提出(旧的过时的主张、理论等)▷老调不必～。

【重围】 chóngwéi 名一层又一层的包围▷突出～。

【重温】 chóngwēn 动重新回忆、体味等▷～旧梦。

【重霄】 chóngxiāo 名指特别高的天空。古代传说天有九重。也说九霄。

【重新】 chóngxīn ❶副表示再做一遍▷～排练一次。❷表示从头另行开始(须明显变更)▷～安排人力。

【重修】 chóngxiū ❶动重新撰写或修订▷～方志。❷重新修建▷～居庸关。❸重新恢复、建立▷～睦邻友好关系。❹再次从头学习▷这门课考试不及格,暑假后得～。

【重演】 chóngyǎn 动重新演出;同样的事情再次出现▷歌剧《红岩》｜不许～旧中国的历史。

【重阳】 chóngyáng 名农历九月九日。这一天有登高、赏菊等习俗。

【重洋】 chóngyáng 名辽阔无际的海洋▷飞越～。

【重整旗鼓】 chóngzhěngqígǔ 比喻失败后,重新组织力量再干。

【重组】 chóngzǔ 动重新组合▷～人员｜～企业。

崇 chóng ❶形高▷～山峻岭｜～高。❷动尊重▷尊～｜～拜。☞跟"祟"(suì)不同。

【崇拜】 chóngbài ❶动崇敬钦佩▷～英雄。❷极度崇敬并盲目遵从▷个人～。

【崇高】 chónggāo 形极高的;极高尚的▷～的敬意｜理想～。

【崇敬】 chóngjìng 动推崇敬重▷～伟人｜这些无名英雄很值得～。

【崇山峻岭】 chóngshānjùnlǐng 高大险峻的山岭。

【崇尚】 chóngshàng 动十分推崇并积极提倡▷～科学。

【崇洋媚外】 chóngyángmèiwài 盲目崇拜外国,奉承巴结外国人。

宠（寵） chǒng 动过分喜爱;偏爱▷别～坏了孩子｜受～若惊。

【宠爱】 chǒng'ài 动(尊长对下)过分喜爱;娇纵偏爱▷备受～｜别太～孩子。

【宠儿】 chǒng'ér 名比喻特别受宠爱的人▷时代的骄子,世纪的～。

【宠物】 chǒngwù 名指家庭饲养的各种玩赏动物。如猫、狗、鱼、鸟等。

【宠信】 chǒngxìn 动偏爱和偏信(含贬义)▷～小人。

冲（衝） chòng ❶动面对着;朝着▷门～南｜面～大海。❷介朝;对▷汽车～南开｜我发火。❸凭;根据▷～这几句话就知道他是行家。❹形力量大;劲头足▷水流得很～。❺(气味)浓烈▷辣味儿很～。❻动用机器冲压▷在铝板上～一个圆孔。○另见 chōng。

【冲床】 chòngchuáng 名可将金属板料剪切加工或使金属板成型的机床。

【冲劲儿】 chòngjìnr ❶名敢说、敢做的气势▷小伙子有股子～。❷强烈的刺激作用▷这农药很有～。

铳（銃） chòng 名旧时用火药发射弹丸的管形火器▷火～｜鸟～。

chou

抽 chōu ❶动把夹在或缠在中间的东西取出或拉出▷～出宝剑。❷从总体中取出一部分▷～样。❸(某些植物体)开始长出▷～穗。❹收缩▷这种料子下水不～。❺吸▷～油烟机。❻用长条形东西打▷～了一鞭子。

【抽查】 chōuchá 动从中取一部分进行检查▷～了几个班,出勤率较好。

【抽搐】 chōuchù 动由于情绪紧张,或某些疾病等,肌肉不受控制地抖动收缩。

【抽搭】 chōuda 动〈口〉一吸一停顿地哭泣▷一边～

着，一边断断续续地说。

【抽调】 chōudiào 团从中调出一部分（人员、物资等）▷～粮食支援灾区。

【抽风】 chōufēng 团神经系统受刺激，引起肌肉痉挛、口眼歪斜等。

【抽奖】 chōujiǎng 团通过一定程序，抽取中奖者及等次。

【抽筋】 chōujīn 团筋肉抽动、痉挛▷游泳前要做准备运动，否则腿容易～。

【抽空】 chōukòng 团挤出空余时间（做其他事）▷忙完这件事～去看你。

【抽泣】 chōuqì 抽抽搭搭地哭泣▷她低着头不停地～。

【抽签】 chōuqiān ❶团从许多做了标记或写了文字的签子中抽取一个或几个，用以决定次序或输赢等。❷求取神签问吉凶（迷信）。

【抽取】 chōuqǔ 团从总体中提取▷～血样丨按一定比例～税金。

【抽身】 chōushēn 团使自身从某种环境、局面中摆脱出来▷只要有机会，就尽快～，到大西北去创业。

【抽穗】 chōusuì 团某些农作物从叶鞘中长出穗来。

【抽屉】 chōuti 图桌子、柜子等家具中可以推拉的匣形部件，用来盛放东西。

【抽象】 chōuxiàng ❶团从众多的具体事物中抽取共同的本质属性而形成概念。❷形不具体的；笼统空洞的（跟"具体"相对）▷～概念。

【抽样】 chōuyàng 团从中抽取一部分作为样品（进行检验、鉴定等）。

【抽咽】 chōuyè 抽搭。

仇 chóu ❶图被极端憎恨的人；敌人▷亲痛～快。❷仇恨▷两个人有～丨结大～深。☞作姓用时读 qiú。

【仇敌】 chóudí 图仇人；敌对的人。

【仇恨】 chóuhèn ❶团极度憎恨▷～侵略者。❷图极度憎恨的感情▷化解～。

【仇家】 chóujiā 图相互之间有仇恨的人▷这场官司使他俩成了～。

【仇视】 chóushì 团当作仇人看待▷～贪官。

【仇隙】 chóuxì 图仇恨，嫌隙▷你我素无～，为什么要加害于我。

【仇怨】 chóuyuàn 图强烈的不满和憎恨▷消除～。

俦（儔） chóu 图〈文〉伴侣；同类▷～侣丨～类。

惆 chóu 形失意；伤感。

【惆怅】 chóuchàng 形因失望或失意而伤感▷他望着没娘的孩子，十分～。

绸（綢） chóu ❶图绸子，又薄又软的丝织品▷纺～丨～丝。❷像绸子的纺织品▷尼龙～。

【绸缎】 chóuduàn 图绸子和缎子，泛指丝织品。

畴（疇） chóu ❶图田地▷田～丨平～丨沃野～。❷类别▷范～。

酬 chóu ❶团回报▷～谢丨～金。❷图报酬▷稿～丨计～。❸实现▷壮志未～。❹指交际往来▷应～。

【酬报】 chóubào ❶团用财物或行动对别人给予自己的好处表示感谢。❷图表示感谢的财物▷他义务给农民看病，不接受任何～。

【酬宾】 chóubīn 团商家以优惠的价格和优质的服务答谢顾客光顾。

【酬答】 chóudá ❶团酬谢，报答▷他的恩情，日后定当

～。❷用诗文或言语赠答▷～友人的诗作。

【酬和】 chóuhè 团以诗词应答▷以诗～。☞"和"这里不读 hé。

【酬劳】 chóuláo ❶团报答和感谢（帮忙出力的人）。❷图给帮忙出力的人的报酬▷这点～，请笑纳。

【酬谢】 chóuxiè 团用钱物等对别人的帮助表示谢意▷略备薄酒，～诸位。

稠 chóu ❶形多而密▷～人广众。❷液体的浓度大（跟"稀"相对）▷粥不稀不～，正合适。

【稠密】 chóumì 形众多而密集▷这个城市的公交线路相当丨人口～。

愁 chóu ❶形忧虑苦闷▷不～吃，不～穿。❷图苦闷忧伤的心情▷离～别绪。

【愁肠】 chóucháng 图忧愁郁结的心绪▷～九转丨～寸断。

【愁苦】 chóukǔ 形忧虑苦恼▷不幸的事接踵而至，让她～万分。

【愁眉苦脸】 chóuméikǔliǎn 紧皱着眉头，哭丧着脸。形容愁苦的心情外露。

【愁闷】 chóumèn 形忧愁苦闷▷母亲的病使他十分～。

【愁容】 chóuróng 图忧愁的神色。

【愁云】 chóuyún 图比喻忧愁的神情或凄惨的景象▷～满面丨～惨雾。

筹（籌） chóu ❶图古代计数的用具，多用小竹片、小木棍制成▷～码丨略胜一～。❷团谋划；想法子弄到▷～划丨～款。

【筹办】 chóubàn 团筹划创建或举办▷～公司丨～运动会。

【筹备】 chóubèi 团筹划准备▷～庆祝大会丨一切～就绪。

【筹措】 chóucuò 团想办法筹集（财物等）▷～资金丨～赈灾物资。

【筹划】 chóuhuà 团谋划；计划▷周密～丨市政府～在交通要道修建立交桥。

【筹集】 chóují 团设法聚集▷～款项。

【筹建】 chóujiàn 团筹备修建或设立▷～水电站丨～公司。

【筹码】 chóumǎ ❶图计数的用具，赌博中常用以计算胜负。❷比喻斗争中可以影响胜负的条件▷政治～。☞不宜写作"筹马"。

【筹谋】 chóumóu 团谋划，思虑。

【筹组】 chóuzǔ 团筹备组建▷～新的领导班子。

踌（躊） chóu ［踌躇］chóuchú ❶形犹豫▷～再三。❷形容得意的样子▷～满志（形容非常得意）。☞不宜写作"踌蹰"。

雠（讎） chóu ❶图相对峙的双方；对手▷仇～。❷校对；校勘▷校～。

丑（醜②—④） chǒu ❶团地支的第二位。❷形相貌难看（跟"美"相对）▷长得～。❸讨厌的；可耻的▷～恶。❹指丑态；丑事▷现丨家～。❺丑角▷文～丨武～。

【丑八怪】 chǒubāguài 图鄙称或戏称长得丑的人。

【丑恶】 chǒu'è 形丑陋恶劣▷～嘴脸丨～现象。

【丑化】 chǒuhuà 团把美的、好的歪曲或诬蔑成丑的▷不许～群众。

【丑话】 chǒuhuà ❶图不文明的话；粗俗的话。❷使对方听着不满意的话▷我先把～说了，到时候别怪我不讲情面。

【丑剧】 chǒujù 图具有戏剧性的丑事▷这场复辟帝制的～以失败告终。

【丑角】chǒujué ❶图戏曲行当之一，扮演滑稽人物或反面人物。❷比喻在某一事件中充当的不光彩角色。☞"角"这里不读jiǎo。

【丑类】chǒulèi 图对坏人、恶人的蔑称▷这帮～见不得人。

【丑陋】chǒulòu 圈(容貌)难看;(思想)低劣;(行为)卑下▷长相～|灵魂～。

【丑态】chǒutài 图丑恶的令人生厌的神态举止▷～百出。

【丑闻】chǒuwén 图关于丑事的消息和传闻▷披露～|文坛～。

瞅　chǒu 团〈口〉看▷有人叫门，你去～一～。☞不读qiū。

臭　chòu ❶圈(气味)不好闻(跟"香"相对)▷～气。❷令人生厌的;丑恶的▷～排场|～德行(déxing)。❸(棋艺、球技等)低劣;不高明▷球踢得真～|～棋。❹圈狠狠地▷～揍一顿。○另见xiù。

【臭烘烘】chòuhōnghōng 圈形容气味很臭。

【臭架子】chòujiàzi 图令人厌恶的、装腔作势的作风▷放下～，甘当小学生。

【臭美】chòuměi 团讥讽人得意地显示自己▷你～什么!

【臭名】chòumíng 图坏名声▷～远扬。

【臭味相投】chòuwèixiāngtóu 由于有相同的坏的思想和习气而彼此合得来。

chu

出(齣⑩)　chū ❶团从里面到外面(跟"进""入"相对)▷～了家门|～城。❷出现;显现▷这条成语～自《左传》|水落石～。❸来到(某处)▷～场|～庭。❹向外拿▷～力|～题。❺离开;脱离▷～发|～轨。❻超过▷不～十天|～格。❼生长;生产▷～芽|～大豆。❽发生▷～事|～问题。❾用在动词后面，表示动作的趋向或效果▷跑～教室|作～成绩。❿量用于戏曲▷三～戏。

【出版】chūbǎn 团把书刊、绘画、音像制品等编印或制作出来。

【出榜】chūbǎng ❶团张贴被录取、推选人员的名单。❷旧时张贴文告。

【出殡】chūbìn 团把灵柩或骨灰盒送往墓地或寄放处所。

【出岔子】chūchàzi 发生意外事故或差错。

【出差】chūchāi 团被派临时去外地办事或干活▷办案人员～去了广州。

【出产】chūchǎn ❶团天然生成或人工制成▷山西～煤炭|本厂～电器。❷图出产的物品▷本国的～。

【出场】chūchǎng ❶团演员登台或进入拍摄场地(排练或演出)。❷运动员进入赛场(参加比赛或表演)。

【出超】chūchāo 团一定时期内出现贸易顺差，即出口货物总值超过进口货物总值(跟"入超"相对)。

【出丑】chūchǒu 团丢人现眼▷当场～。

【出处】chūchù 图(引文或成语典故的)来源▷引文应注明～。

【出道】chūdào 团学艺出师，泛指年轻人初入社会，开始独立工作。

【出动】chūdòng ❶团(许多人)行动起来;外出活动▷干部全体～，上山植树|部队随时准备～。❷派出▷敌人～了三个师。

【出尔反尔】chū'ěrfǎn'ěr 原指你怎样对待别人，别人就会怎样对待你。现指说了不算或说了不做，言行前后矛盾，反复无常。

【出发】chūfā ❶团从所在的地方起程▷车队～了。❷把某一方面作为思考或处理问题的着眼点▷从实际～。

【出发点】chūfādiǎn ❶图行程的起点。❷比喻言行的动机、着眼点▷这件事虽然办得不理想，但～是好的。

【出访】chūfǎng 团特指到国外访问。

【出风头】chūfēngtou 在人前显示自己与众不同或炫耀才能。

【出格】chūgé 团言行超出常规，做得过分▷开玩笑要有分寸，不要～。

【出轨】chūguǐ ❶团(有轨车辆等)脱离轨道。❷比喻言行越出常规▷这样办事已经～了。

【出海】chūhǎi ❶团(船舶)离开泊地向海上行驶▷～远航。❷(船员、渔民等)乘船到海上去▷～打鱼。

【出乎意料】chūhūyìliào 对事情的发展变化感到十分意外。

【出活】chūhuó ❶图干出的活儿▷人家可是老把式，～就是好。❷圈活儿干得快▷使用掘土机真～。

【出击】chūjī ❶团出动兵力攻打敌方。❷泛指在竞争或竞赛中发动攻势。

【出价】chūjià 团买方或卖方提出认为合适的价格▷他～最高，买下了拍卖品|你卖方不～，我怎么买?

【出境】chūjìng 团离开国境▷～旅游。

【出具】chūjù 团开出(证明、证件等)。

【出口】¹ chūkǒu ❶团(话)说出口来▷～不逊。❷输出本国或本地区的商品▷～美国|商品～。

【出口】² chūkǒu 图通向外面的门或通道▷影院共有四个～。

【出口成章】chūkǒuchéngzhāng 形容才思敏捷或能言善辩。

【出来】chūlái ❶团从里面到外面，表示朝着说话人方向行进▷从屋里～。❷出现;产生▷又～了新矛盾。❸用在动词后面，表示动作朝着说话人方向▷把他叫～。❹用在动词后面，表示动作完成或实现▷这道题算～了|我猜～了|积极性焕发～了。

【出类拔萃】chūlèibácuì 高出同类，超出一般。

【出笼】chūlóng ❶团从笼屉中取出(刚蒸熟的食品)▷包子刚～。❷比喻某些事物出现(含贬义)▷严禁黄色书刊～。

【出路】chūlù ❶图通往外边的路。❷比喻解决问题的途径▷自找生活～。

【出落】chūluo 团年青人(多指女性)容貌、体态、才智等变得更加美好▷几年不见，她～成美丽端庄的大姑娘了。

【出马】chūmǎ 团本指将士上阵作战，现多指出面作事▷领导亲自～。

【出卖】chūmài ❶团用物换钱▷～旧书。❷以损害国家民族和他人利益换取个人利益▷～国家机密|～朋友。

【出面】chūmiàn 团以某种身份或名义出来(办事)▷领导～跟他谈。

【出名】chūmíng 圈名声大，为人们所熟悉▷～的歌手|中国的瓷器很～。

【出没】chūmò 团出现和隐没;时隐时现▷山上常有狼群～。

【出谋划策】chūmóuhuàcè 出计谋，定对策。

【出纳】chūnà ❶团财务管理中现金、票据的付出和收进。❷图担任出纳工作的人。

【出品】chūpǐn ❶团制造;生产▷我厂～中成药。❷图制造出来的产品。

【出其不意】 chūqíbùyì 指行动出乎对方的意料。

【出奇制胜】 chūqízhìshèng 用奇兵或奇计打败敌人。也指采用出人意外的方法或行动来取胜。

【出气】 chūqì ❶囫呼出或排放气体。❷发泄怨愤▷不痛快别拿孩子。

【出气筒】 chūqìtǒng 图比喻发泄怨气的对象▷谁也不是你的~。

【出勤】 chūqín 囫按规定的时间在岗位上工作▷今天他没~。

【出去】 chūqù ❶囫从里面到外面,朝离开说话人的方向行进▷从家里~买菜。❷用在动词后面,表示动作离开出发地点或基准点▷从仓库里提~一批货|消息泄漏~了。

【出让】 chūràng 囫出卖或转让(自用物品等)▷此房~出让。

【出人头地】 chūréntóudì 指超过众人,高人一等。

【出人意料】 chūrényìliào (人或事物的状况)跟人们预想到的不一致。

【出任】 chūrèn 囫出来担任(官职)。

【出入】 chūrù ❶囫出去进来▷~重地,请出示证件。❷图差别;不一致、不相符的情况(多指数目、话语等)▷~不大|这笔账与实际有~。

【出色】 chūsè 图极好;超出一般的▷工作~|~的教师。

【出身】 chūshēn ❶图由早期经历或家庭经济状况决定的身份▷农民~|他的~是工人。❷囫出身属于(某阶层)▷他~学生|他~于农民。

【出神】 chūshén 图精神过度专注于某事▷孩子们看展览看得~。

【出神入化】 chūshénrùhuà 形容技艺达到高超绝妙的境界。

【出生入死】 chūshēngrùsǐ 形容在有生命危险的环境下战斗、活动。

【出师】[1] chūshī 囫(学徒)学习期满艺成。

【出师】[2] chūshī ❶囫出动军队(作战)。❷比喻竞赛或某些行动开始▷第一场比赛~不利。

【出示】 chūshì 囫拿出来让人查看▷请~证件。

【出世】 chūshì ❶囫出生来到人世。❷泛指产生▷刊物一~,就受到读者的欢迎。❸超脱人世(跟"入世"相对)。▷他不赞成~,主张入世。

【出事】 chūshì 囫出现事故▷飞机~了|旅途中千万别出什么事。

【出手】 chūshǒu ❶囫卖出(货物)▷这批货已~。❷拿出(钱);花钱▷~大方。❸开始处理某事▷~不凡。❹动手打人▷是他先~。

【出售】 chūshòu 囫出卖(商品)。

【出台】 chūtái ❶囫演员出场表演。❷比喻(政策、计划、方案等)正式推出▷医疗制度改革方案已经~。

【出逃】 chūtáo 囫逃出去▷通缉~的犯罪嫌疑人。

【出庭】 chūtíng 囫与诉讼案件有关的人员到法庭接受审问、讯问等。

【出头】 chūtóu ❶囫(物体)露出顶部。❷出面,领头▷由我来~向上反映。❸从艰难困境中解脱出来▷终于可以~了。❹放在整数之后,表示超出不多▷他也就三十岁~。

【出土】 chūtǔ ❶囫从土中长出▷小草~了。❷高出地面▷这尊白檀香木雕成的弥勒佛像,~高达3米,地下1米。❸(文物)从地下挖掘出来。

【出席】 chūxí 囫参加会议或典礼等▷~座谈会。

【出息】 chūxi ❶图指成绩、发展前途或上进心▷这孩子有~|安于现状是没~的。❷囫长进▷如今他~多了。

了。

【出现】 chūxiàn ❶囫显露;呈现▷一轮红日~在东方。❷产生;发生▷~地震的先兆。

【出线】 chūxiàn 囫在分区、分组或分阶段进行的比赛中,参赛者获得参加下一阶段比赛的资格。

【出血】 chūxiě ❶囫血液从血管破裂处流出来▷脑~。❷比喻破费钱财▷这次让他出点血。☞"血"这里不读 xuè。

【出言不逊】 chūyánbùxùn 说话傲慢无礼。

【出洋相】 chūyángxiàng 当众出丑;闹笑话▷他基本功太不扎实,一登台准得~。

【出战】 chūzhàn ❶囫(军队)奔赴战场作战。❷比喻上场竞赛▷今晚女排~。

【出诊】 chūzhěn 囫(医生)到病人所在地给病人治病。

【出征】 chūzhēng ❶囫外出打仗▷壮士们为国~。❷比喻外出参加竞争性活动▷中国女排即将~奥运会。

【出众】 chūzhòng 图高于众人▷才能~|相貌~。

【出走】 chūzǒu 囫因环境或情势所迫秘密离开家庭或所在地▷~他乡。

【出租】 chūzū 囫(房屋、用具等)让别人定期使用而收取一定费用。

初 chū ❶图起头的▷~冬。❷图开始的一段时间▷明末清~。❸图原来的▷~衷。❹第一个▷~伏。❺副第一次;刚刚▷~试|如梦~醒。❻图最低的(等级)▷~等数学。

【初版】 chūbǎn ❶囫(书籍)刊印第一版▷该书于1996年~。❷图(书籍的)第一版。

【初步】 chūbù 图开始阶段的,不成熟或不完善的▷~设想|~方案。

【初潮】 chūcháo 图女子第一次出现的月经。

【初出茅庐】 chūchūmáolú 比喻刚步入社会或刚参加工作。

【初创】 chūchuàng 囫刚创立▷公司~,凡事都要谨慎从事。

【初稿】 chūgǎo 图最初写成、尚须修改和加工的稿子,泛指未定稿。

【初级】 chūjí 图最低层次的;低等级的▷~产品|~阶段|~职称。

【初交】 chūjiāo ❶囫初次交往。❷图刚认识或交往时间不长的人▷只有这位是~,其余的都是老朋友。

【初来乍到】 chūláizhàdào 初次来到某个地方或刚到不久。

【初期】 chūqī 图开始不久的一段时期▷封建社会~|感冒~。

【初生之犊】 chūshēngzhīdú 比喻无所畏惧、敢作敢为的青年。

【初试】 chūshì ❶囫初次试验▷~了一下机器的性能,有几项指标还不行。❷图考试中的第一次(跟"复试"相对)▷他~合格,进入复试。

【初速】 chūsù ❶图物体开始运动时的速度。❷特指弹头射出枪口或炮口一瞬间的速度。

【初探】 chūtàn 囫初步探索或探讨(多用于论著名称)。

【初诊】 chūzhěn ❶囫病人初次在某医院看病。❷(医生对病情)初步诊断▷医生~为肾炎。

【初衷】 chūzhōng 图最初的意思▷~不改。

刍(芻) chú ❶图牲畜吃的草▷反~。❷图谦词,称自己的言论、见解等▷~议。

除 chú ❶图〈文〉台阶▷洒扫庭~。❷囫〈文〉授予(官职)▷~忠州刺史。❸去掉;清除▷把杂草~掉。❹算术的一种计算方法,用一个数把另一个数平均分为若干份,如8除16等于2。❺囧引入排除不计的对象▷~此以外。

【除暴安良】 chúbàoānliáng 铲除强暴势力,安抚善良百姓。

【除弊】 chúbì 囧清除弊端▷兴利~。

【除尘】 chúchén 囧清除尘土,特指清除污染空气的粉尘▷用机器~。

【除恶务尽】 chú'èwùjìn 铲除恶势力务必彻底干净。

【除非】 chúfēi ❶囲用于分句,表示某种结果的唯一先决条件▷~你答应守口如瓶,我才会告诉你。❷囧表示不计算在内▷~他,再没人熟悉山林里的情况。

【除根】 chúgēn 囧铲除草木的根,比喻消除根源▷斩草~丨这种病不能~。

【除垢】 chúgòu 囧清除污垢。

【除旧布新】 chújiùbùxīn 废除旧的,建立新的。

【除了】 chúle ❶囧表示所说的不包括在内▷这件事,~他,谁都不知道。❷表示所说的之外,还有别的▷他~喜欢语文以外,还喜欢数学、外语。❸表示二者必居其一▷他~上课,就是去图书馆。

【除名】 chúmíng 囧从名册中除掉姓名;开除。

【除外】 chúwài 囧不包括在内▷这些人我都不认识,小王~。

【除夕】 chúxī 囧原指农历一年中最后一天的夜晚,也指这一天;现也用于阳历(除:更易,变换)。

厨 chú ❶囧做饭菜的地方▷~房丨下~。❷指以烹调为职业的人▷名~。

【厨具】 chújù 囧做饭菜的器具,如锅、铲、刀、砧板等。

【厨师】 chúshī 囧掌握或精通烹饪技艺并以此为职业的人。

锄(鋤) chú ❶囧间苗、除草、培土等用的农具▷~头丨耘~。❷囧用锄除草等▷玉米地该~二遍了丨~草。❸铲除▷~奸。

滁 chú 囧用于水名和地名。滁河,发源于安徽,流经江苏入长江;滁州,在安徽。

蜍 chú 见[蟾蜍]chánchú。

雏(雛) chú ❶囧雏儿①▷鸭~丨育~。❷囷幼小的▷~燕丨~笋丨~凤。

【雏儿】 chúr 〈口〉❶囧幼禽▷雁~丨鹊~。❷比喻年轻、阅历少的人。

【雏形】 chúxíng 囧事物定型之前的不完备的初期形态。

橱 chú 囧放衣物的家具,前面有门▷壁~丨~柜。

【橱窗】 chúchuāng ❶囧商店临街展览样品的玻璃窗。❷展览报纸、图片等的玻璃窗,像橱而较浅。

蹰 chú 见[踌蹰]chóuchú。

蹰 chú 通常写作"蹰"。

处(處) chǔ ❶囧置身在(某个地方、时期或场合)▷地~山区丨正~在创业阶段丨设身~地。❷跟别人交往▷这人很难~。❸安排;办理▷~置丨~事。❹惩办▷~分(fèn)丨~死。☞表动作义不读chù。○另见chù。

【处变不惊】 chǔbiànbùjīng 碰到重大变故,镇定自若,不惊慌失措。

【处罚】 chǔfá 囧对犯错误或犯罪的人给予惩治▷予以~丨~了一批人。

【处方】 chǔfāng ❶囧医生给病人开药方▷~权。❷囧医生给病人开的药方。

【处分】 chǔfèn ❶囧对犯错误的人做出处罚决定。❷囧指处罚决定或被处罚的这件事▷警告~丨严厉的~。

【处境】 chǔjìng 囧所处的环境,面临的情况(多指不利方面)▷~艰难。

【处决】 chǔjué ❶囧执行死刑。❷处理,裁决▷此事令他难以~。

【处理】 chǔlǐ ❶囧设法安排、解决▷这件事由他来~。❷依法处治▷~了几个贪污犯。❸降价出售▷~滞销商品。❹对工件或产品进行一定加工,使符合某种要求▷~热。

【处女】 chǔnǚ ❶囧未曾有过性经历的女子。❷囷未经开垦的;第一个▷~地丨~作。

【处世】 chǔshì 囧在社会上与人交往▷~厚道。

【处心积虑】 chǔxīnjīlǜ 形容费尽心机地盘算(含贬义)。

【处治】 chǔzhì 囧处罚,惩办▷对于顶风作案的,一定要严加~。

【处置】 chǔzhì ❶囧处理,安排▷恰当~丨~遗产。❷惩罚▷他劣迹太多,早晚要受到~。

杵 chǔ ❶囧舂米、洗衣服等用的圆木棒,一头粗,一头细▷白木~。❷囧用杵捣▷~药。❸泛指用长形东西的一端捅或戳▷用棍子~~~就结实了丨窗户纸被~了个洞。

础(礎) chǔ 囧垫在房屋柱子底下的石头▷~石丨基~。

楮 chǔ 囧构树,落叶乔木。树皮是制造桑皮纸和宣纸的原料。

储(儲) chǔ ❶囧积蓄;存放▷冬~菜丨~藏。❷囧已被确立的王位继承人▷王~丨立~。☞统读chǔ。

【储备】 chǔbèi ❶囧储存备用▷~粮食。❷囧储存备用的钱物等▷动用~。

【储藏】 chǔcáng ❶囧储存收藏▷~文物。❷蕴藏▷这里~着天然气。

【储存】 chǔcún 囧将钱或物存放起来。

【储户】 chǔhù 囧在金融机构中存款的户头。

【储量】 chǔliàng 囧(自然资源)蕴藏的数量▷探明~。

【储蓄】 chǔxù ❶囧积存钱财,多指把钱存入金融机构。❷囧积存的钱财▷他把~取出来捐献给灾区了。

楚 chǔ ❶囷痛苦▷凄~丨痛~。❷清晰;整齐▷一清二~丨衣冠~~。❸囧周朝诸侯国名,战国七雄之一。❹囧指湖南和湖北,特指湖北▷~天。

【楚楚动人】 chǔchǔdòngrén 形容姿容娇柔、美好,能打动人。

亍 chù 见[彳亍]chìchù。

处(處) chù ❶囧地方▷去~丨暗~。❷事物的方面或部分▷长~丨坏~。❸某些机关、团体的名称或机关中按业务划分的单位▷办事~丨总务~丨他~。☞表名义不读chù。○另见chǔ。

【处处】 chùchù 囧各处;各个方面▷他~起模范作用丨好人好事~可见。

【处所】 chùsuǒ 囧居住、工作或停留的地点;地方。

怵 chù 囧害怕▷咱们有理,别~他丨发~。

【怵场】 chùchǎng 囷害怕在公开场合出现。

【怵头】 chùtóu 囷遇事畏缩,不敢出头。

绌(絀) chù 囷短缺▷相形见~。☞㊀统读chù。㊁跟"拙"(zhuō)不同。

畜　chù 图禽兽,多指家畜▷耕~|~类。☞表名物义不读 xù。○另见 xù。
【畜力】 chùlì 图指用于运输或耕作等方面的牲畜。
【畜牲】 chùsheng 图禽兽,常用作骂人话。☞不宜写作"畜生"。

搐　chù 团(肌肉)不自地收缩▷抽~|~动。☞统读 chù。

触(觸)　chù ❶团碰到;挨上▷~觉|接~。❷因碰到某种刺激而引起(感情变化等)▷感~。☞统读 chù。
【触电】 chùdiàn ❶团人畜因接触较高电压在体内形成的电流超过一定限度,以致肌体受损乃至死亡。❷非影视界的人临时从影视工作(含诙谐谐意)▷名模、歌星也想去。
【触动】 chùdòng ❶团碰撞▷不要轻易~这些东西。❷打动引发(情感、意念)▷感情受到~。❸触犯▷~了他的既得利益。
【触发】 chùfā 团因受触动而引发▷一件偶发的事~了他的创作灵感。
【触犯】 chùfàn 团冒犯;违犯▷~众怒|~刑律。
【触及】 chùjí 团接触到▷~灵魂。
【触礁】 chùjiāo ❶团(船只)在航行中撞上礁石。❷比喻碰到障碍▷谈判一再,很难继续进行。
【触角】 chùjiǎo 图某些动物的感觉器官,生在头部(常用于比喻)▷蜗牛的~◇他们居然已经把~伸向了党政机关。
【触景生情】 chùjǐngshēngqíng 接触到眼前景象而产生某种情感。
【触觉】 chùjué 图肌体表面或毛发接触物体时产生的感觉。
【触类旁通】 chùlèipángtōng 掌握一事物的规律而推知同类其他事物。
【触目惊心】 chùmùjīngxīn 看到的情景使人感到震惊,形容事态严重。
【触怒】 chùnù 团触犯而使发怒;惹恼▷不知哪句话~了他。
【触手可及】 chùshǒukějí 伸手就可以碰到,多形容相距很近。

憷　chù 通常写作"怵"。

黜　chù 团贬职;罢免▷贬~|~免|罢~。☞统读 chù。
【黜免】 chùmiǎn 团罢免官职▷受此案牵连而遭~的官员很多。

矗　chù 形直而高;高耸▷~立。
【矗立】 chùlì 团高高地向上直立▷广场中心~着雄伟的人民英雄纪念碑。

chua

欻　chuā ❶拟声模拟急促的声音▷~地一声球投进了篮筐。❷模拟整齐的脚步声(多叠用)▷队伍~~地走过来。

chuai

揣　chuāi 团放在身上穿的衣服里▷怀里~着录取通知书。○另见 chuǎi。
搋　chuāi ❶团用手使劲压和揉▷~面|~碱。❷用搋子疏通下水道▷水池子堵了,一~就能通。
【搋子】 chuāizi 图疏通下水道的工具,由手柄和胶碗制成。

揣　chuǎi 团估量;推测▷~测|不~冒昧。○另见 chuāi。
【揣测】 chuǎicè 团揣摸,推测▷他闪烁其词,人们很难~他的真正用意。
【揣度】 chuǎiduó 团估计;估量。☞"度"这里不读 dù。
【揣摩】 chuǎimó 团反复揣度、思索▷细心~别人对他的看法。
【揣想】 chuǎixiǎng 团揣测;猜想▷王老师~着学生缺课的真正原因。

踹　chuài ❶团踩;踏▷一脚~在泥里。❷用脚底向外用力▷把门一开|~了他一脚。
膪　chuài 见[囊膪]nāngchuài。

chuan

川　chuān ❶图河;水道▷名山大~|河~。❷指四川▷~剧|~菜。❸平坦的陆地▷米粮~|一马平~。
【川流不息】 chuānliúbùxī 形容行人、车马等像流水一样连续不断。☞不要写作"穿流不息"。

穿　chuān ❶团凿、钻或刺,使形成孔洞▷在墙上~个洞|~孔。❷通过▷~大街走小巷|~针。❸把物体串联起来▷~一挂珠子|贯~。❹把衣服、鞋袜等套在身上▷~西服|~袜子。❺用在动词后,表示彻底显露▷说~|拆~。
【穿插】 chuānchā ❶团交叉▷秋收、秋种~进行。❷插进▷宴会中不时~一些小节目。
【穿戴】 chuāndài ❶团打扮佩戴▷给新娘子~起来。❷图指穿戴的衣帽首饰等▷她的这身~很时麾。
【穿连裆裤】 chuānliándāngkù 比喻互相勾结、串通。
【穿梭】 chuānsuō 团像织布机的梭子来回活动,形容频繁往来。
【穿线】 chuānxiàn 团比喻从中撮合,使双方联系▷这事可让他给~。
【穿小鞋】 chuānxiǎoxié 比喻有权势的人暗中对他人打击报复或刁难。
【穿靴戴帽】 chuānxuēdàimào 比喻讲话写文章在开头结尾硬加进一些空洞无物的套话。
【穿越】 chuānyuè 团穿过,跨越▷~戈壁滩。
【穿凿附会】 chuānzáofùhuì 生拉硬扯地强作解释,把毫无联系的事强拉在一起。
【穿针引线】 chuānzhēnyǐnxiàn 比喻从中联系沟通。
【穿着】 chuānzhuó 图穿戴;衣着▷~大方。

传(傳)　chuán ❶团一方交给另一方;上代交给下代▷把球~给守门员|祖~秘方。❷广泛散布;宣扬▷宣~。❸命令别人来▷~犯人|~唤。❹表达;流露▷眉目~情|~神。❺热或电在导体中流通▷~热。○另见 zhuàn。
【传播】 chuánbō 团广泛散布、传送▷四处推广▷预防病毒~|~文明新风。
【传布】 chuánbù 团宣传;传递;散布▷~革命真理|~花粉。
【传承】 chuánchéng 团传递继承▷~文明|中华文化~至今。
【传达】 chuándá ❶团转告,通报▷~文件|警卫替他~。❷团传递表达▷~了海外同胞盼望祖国早日统一的愿望。❸图传达室的工作人员。
【传单】 chuándān 图向公众散发的单张宣传品。
【传递】 chuándì 团由一方交给另一方或一个接一个地送过去▷~信息|~奥运圣火。
【传呼】 chuánhū ❶团公用电话的管理人员通知受话

人去接电话。❷通过寻呼台向携带寻呼机的人发信号。

【传唤】 chuánhuàn 动司法机关用传票通知有关人员到案。

【传家宝】 chuánjiābǎo 名家中世代相传的珍贵物品▷这部善本书是他家的～◇勤俭是我们的～。

【传经送宝】 chuánjīngsòngbǎo 传授宝贵的先进经验和技术等。

【传令】 chuánlìng 动传达命令。

【传媒】 chuánméi ❶名传播媒介，包括各种信息工具，如报纸、广播、电视、网络公司等。❷疾病传染的媒介或途径▷受污染的毛蚶成了甲肝病毒的～。

【传票】 chuánpiào ❶名会计财务工作中据以登记账目的凭证。❷司法机关传唤有关人员到案的文书。

【传奇】 chuánqí ❶名一种小说体裁。一般指唐宋短篇小说。❷明清两代演唱的长篇戏曲。❸形离奇超常▷～色彩｜～人物。

【传情】 chuánqíng 动传达感情（多指男女之间）▷眉目～｜～达意。

【传染】 chuánrǎn ❶动病原体从有病的生物体内侵入到别的生物体内，使产生病理反应▷预防流感～。❷比喻受消极思想、情绪或作风等影响▷～了坏习气。

【传人】 chuánrén 名能继承某种学说或技艺并使它流传后世的人，也泛指继承人▷麒派～｜龙的～。

【传神】 chuánshén 形指文学、艺术作品生动逼真地描绘出对象的神韵▷故事讲得～｜这个细节很～。

【传声筒】 chuánshēngtǒng ❶名扩大音量的圆锥形话筒。❷比喻只照着别人的话说，自己毫无见解的人。

【传世】 chuánshì 动（文物，作品等）流传到后世▷有～文章。

【传授】 chuánshòu 动把知识、技艺等教给别人▷～学问。

【传输】 chuánshū 动传导输送（能量、信息等）▷～电力｜～信号。

【传说】 chuánshuō ❶动经过许多人递相讲述▷这棵树～有200年了。❷名民间流传下来的故事或说法▷关于孟姜女的～。

【传诵】 chuánsòng 动流传诵读▷名篇千古～。

【传颂】 chuánsòng 动传扬歌颂▷英雄的事迹在百姓中广为～。

【传统】 chuántǒng ❶名世代相传，具有一定民族、地方或集团特色的社会文化因素▷发扬～｜～节日。❷形原有的；旧的▷～作法｜他的思想很～。

【传闻】 chuánwén ❶动从人们相传的话中听到（表示消息不一定可靠）▷～山中有老虎。❷名人们相传的未经证实的信息▷～轶事。

【传讯】 chuánxùn 动司法机关传唤与案件有关的人员到案接受讯问。

【传言】 chuányán 名递相转述的话。

【传扬】 chuányáng 动传播宣扬（事情、名声等）▷他的美名到处～。

【传阅】 chuányuè 动依次传看。

【传真】 chuánzhēn 名即利用光电效应，用光电器件将文字、图表、照片等的真迹传送到对方的通讯方式。

【传宗接代】 chuánzōngjiēdài 使子孙一代一代延续下去。

船 chuán 名水上常用的交通工具▷轮～｜乘～。

【船舶】 chuánbó 名船的总称。

【船户】 chuánhù ❶名以行船为业的人家。❷在船上生活的人家。

【船坞】 chuánwù 名用于停泊、建造、检修船舶的水上建筑物。

【船舷】 chuánxián 名船帮的边缘。

【船闸】 chuánzhá 名在河道水位差较大的地段（如建造闸、坝的地方）用来保证船舶顺利通过的水中建筑物。

椽 chuán 名椽子，架在檩上承接屋顶的木条。

舛 chuǎn 〈文〉❶名差错▷～误｜～讹。❷不顺利的事▷命途多～。

喘 chuǎn ❶动不由自主地急促呼吸▷跑得～不过气来。❷指哮喘▷～病。

【喘息】 chuǎnxī ❶动急促地、费力地呼吸。❷在紧张活动间隙中短暂休息▷大家～一会儿再干。

【喘吁吁】 chuǎnxūxū 形形容急促喘气的样子▷他～地跑上楼来。☞不宜写作"喘嘘嘘"。

串 chuàn ❶动把事物连贯起来▷～讲｜贯～。❷名连贯而成的物品▷珠宝～儿｜羊肉～儿。❸量用于连贯在一起的东西▷一～项链｜两～糖葫芦。❹动暗中勾结，互相配合▷～供｜～通。❺随处走动▷走街～巷｜～门儿。❻错乱地连接▷看书老～行。❼指两种东西混杂在一起而改变了原来的特点▷～种｜～秧。

【串供】 chuàngòng 动（同案犯罪嫌疑人）互相串通、编造口供。

【串讲】 chuànjiǎng 动语文教学中逐字逐句讲解课文的内容。也指分段讲解某篇文章或著作后再把各部分连贯起来讲解。

【串连】 chuànlián 通常写作"串联"。

【串联】 chuànlián ❶动逐一连接起来▷素材被作者思想的红线～起来了。❷为共同行动进行联系▷～几个朋友一块儿旅游。❸名把电路元件在一条电路上逐个依次连接的方法。

【串门儿】 chuànménr 动到别人家去坐一坐、聊聊天▷到邻居家去～。

【串通】 chuàntōng 动勾结起来，互相配合▷他～坏人制造事端。

【串味儿】 chuànwèir 动不同的食品、饮料之间，食品、饮料与其他物品之间气味互串，使食品、饮料变味。

【串线】 chuànxiàn 动不同的通讯线路错接在一起▷电话～了。

钏（釧） chuàn 名镯子，带在手腕上的饰物▷金～｜玉～。☞不读 chuān。

chuang

创（創） chuāng ❶名身体受外伤的地方▷～口。❷动使受伤害；打击▷重～敌军。☞㊀以上意义不读 chuàng。㊀左下是"巳"，不是"已""卪"。㊁另见 chuàng。

【创口】 chuāngkǒu 名伤口。

【创伤】 chuāngshāng ❶名外伤；身体受外伤的地方。❷比喻事物遭到的某种破坏或损害▷婚变的～。

疮（瘡） chuāng ❶名伤口；外伤▷刀～｜棒～。❷指皮肤或黏膜红肿溃烂的病▷冻～｜口～。

【疮疤】 chuāngbā ❶名疮疖愈合后留下的疤痕▷癞～。❷比喻短处或痛苦的经历等▷不怕揭～。

【疮口】 chuāngkǒu 名疮疖的破口。

【疮痍满目】 chuāngyímǎnmù 所见都是创伤，形容战乱或灾害后的凄凉景象（疮痍：创伤）。

窗 chuāng 图房屋、车船上通气透光的装置▷玻璃~|~户。

【窗户】 chuānghu 图窗。

【窗花】 chuānghuā 图贴在窗户上用作装饰的民间工艺剪纸。

【窗口】 chuāngkǒu ❶图窗户或靠近窗户处▷列车~|有人从~闪过。❷借指窗形的口,多有窗扇可以开关▷挂号~|售票~。❸比喻与外界交往的重要部门或沟通的渠道、途径▷机场是我市的~|开发区是对外开放的~。❹比喻从中可以反映事物全貌的局部或侧面▷公民义务献血是展示我市精神文明的~之一。

【窗帘】 chuānglián 图挡窗户的织品。

【窗明几净】 chuāngmíngjījìng 形容室内非常亮堂整洁。

【窗纱】 chuāngshā 图安在窗户上的稀疏织物,可通风、阻挡飞虫。

床 chuáng ❶图供人睡卧的家具▷~铺|~位。❷像床一样起承托作用的东西▷车~|牙~。❸量用于被褥等▷一~棉被。

【床单】 chuángdān 图铺在床上的布单子。

【床垫】 chuángdiàn 图铺在床上与床面积相当的垫子。

【床铺】 chuángpù 图床❶。

【床头】 chuángtóu 图床的两端▷~柜|~灯。

【床位】 chuángwèi 图医院、旅馆、集体宿舍等设置的床铺▷医院~紧张。

【床罩】 chuángzhào 图覆盖在床上的大单子,边缘下垂常有装饰物。

幢 chuáng 图刻着佛名或经咒的石柱▷经~|石~。○另见 zhuàng。

闯（闖） chuǎng ❶团猛冲▷拼命往外~|~劲。❷四处奔走活动▷年轻人应该到外边~一~|~荡。❸惹出;招来▷~乱子。☞统读 chuǎng。

【闯荡】 chuǎngdàng 团离家出外谋生、干事业▷~天下。

【闯关】 chuǎngguān 团冲过关口,比喻经过拼搏,战胜对手▷我运动健儿~斩将,勇夺冠军。

【闯红灯】 chuǎnghóngdēng ❶车辆遇红灯信号不停车,继续行驶。❷比喻违犯法规和禁令▷干部应廉洁自律,不要~。

【闯祸】 chuǎnghuò 团惹出灾祸,闯下乱子▷可别在外边~。

【闯将】 chuǎngjiàng 图作战冲杀在前的将领,比喻不畏艰险困难、勇往直前的人▷改革的~。

【闯劲】 chuǎngjìn 图勇往直前敢于创新的劲头。

创（創） chuàng ❶团第一次做;刚开始做▷~刊|~草~。❷形前所未有的;崭新独到的▷~举|~见。❸团通过经营等活动而获取▷~汇|~利。☞以上意义不读 chuāng。○另见 chuāng。

【创办】 chuàngbàn 团开始兴办,最初办▷秋瑾~了《中国女报》。

【创汇】 chuànghuì 团创造外汇收入▷积极开发新产品,力争多~。

【创见】 chuàngjiàn 图创造性的见解;独到的见解▷学术研究贵在有~。

【创举】 chuàngjǔ 图前所未有的有重大意义的举动或事业▷修筑万里长城是中华民族的一大~。

【创刊】 chuàngkān 团(报刊)开始刊行▷~号。

【创立】 chuànglì ❶团首次建立▷马克思~了剩余价

值学说。❷开始建立▷~基业|协会~时,条件是很差。

【创牌子】 chuàngpáizi 提高产品质量和服务质量,赢得信誉,提高产品和企业的知名度。

【创始】 chuàngshǐ 团开始建立或创造▷这项先进技术~于90年代初。

【创收】 chuàngshōu 团学校、科研机关等事业单位,用从事劳动、输出技术或提供信息等方式增加经济收入。

【创新】 chuàngxīn ❶团创造革新▷热衷改革、勇于~。❷图创造性;新意▷这个新车站在建筑风格上多有~。

【创业】 chuàngyè 团创立基业;开创事业▷先辈艰辛~。

【创造】 chuàngzào ❶团开创或制造出新的事物▷劳动~一切|~新家园。❷图创造的成果▷"双曲拱桥"是我国劳动人民的~。

【创作】 chuàngzuò ❶团直接产生文学、艺术和科学作品的智力活动▷~好作品。❷图创作出的作品▷这是一部伟大的~。

怆（愴） chuàng 厖悲伤▷悲~|~痛。

【怆然】 chuàngrán 厖忧伤的样子▷~流涕|~动容。

chui

吹 chuī ❶团拢圆嘴唇用力呼气▷把蜡烛~灭|~口哨。❷吹奏▷~喇叭。❸说大话▷自~自擂。❹(事情)失败;(感情)破裂▷那桩买卖要~|他们俩~了。❺空气流动▷春风迎面~来。

【吹风】 chuīfēng ❶团用吹风机向头发吹出暖风,使干松。❷比喻有意透露某种意向或信息给他人▷先给大家吹吹风,好有个精神准备。

【吹拂】 chuīfú 团(微风)轻轻掠过▷春风~着他的面庞。

【吹鼓手】 chuīgǔshǒu ❶图指旧式婚丧礼仪中吹奏乐器的人。❷比喻为某人某事大肆宣扬捧场的人(含贬义)。

【吹胡子瞪眼】 chuīhúzidèngyǎn 形容生气或发怒的样子。

【吹喇叭,抬轿子】 chuīlǎba,táijiàozi 比喻为有权势的人捧场效力。

【吹冷风】 chuīlěngfēng 比喻以冷言冷语打击人的热情或在别人头脑过热时劝人冷静一些。

【吹毛求疵】 chuīmáoqiúcī 比喻故意挑剔别人的毛病和差错。

【吹牛】 chuīniú 团说大话。也说吹牛皮。

【吹拍】 chuīpāi 团吹捧奉承。

【吹捧】 chuīpěng 团吹嘘捧场。

【吹嘘】 chuīxū 团夸张或无中生有地宣扬▷~自己|~所谓成绩。

炊 chuī 团烧火做饭▷~烟|~事员。

【炊具】 chuījù 图做饭烧菜的器具。

【炊烟】 chuīyān 图烧火做饭冒出的烟▷袅袅~。

垂 chuí ❶团物体的一头朝下挂着▷谷穗向下~着。❷(头)低下▷头垂气。❸向下流或滴▷~泪告别。❹留传▷名~青史。❺副将要;将近▷~死挣扎。

【垂爱】 chuí'ài 团敬词,称对方(多为尊长)对自己的关爱(多用于书信)▷承蒙~。

【垂钓】 chuídiào 团垂竿钓鱼。

【垂范】 chuífàn 动给后人或下级做榜样▷率先～。

【垂柳】 chuíliǔ 名落叶乔木,枝条柔长下垂▷微风吹拂,～依依。

【垂青】 chuíqīng 动用黑眼珠正眼看,表示重视或看得起▷观众～现代传媒。

【垂死】 chuísǐ 动临近死亡▷～挣扎。

【垂头丧气】 chuítóusàngqì 形容情绪低落,失意懊丧的神态。

【垂危】 chuíwēi 动接近死亡;面临危亡▷生命～|民族～。

【垂涎】 chuíxián 动因想吃而流口水,比喻看见别人的好东西极想得到▷他们对这块宝地早已～三尺。

【垂直】 chuízhí 动两条直线、直线与平面或两个平面相交成直角时称互相垂直。

陲 chuí 名边境;边疆▷边～。

捶 chuí 动用拳或槌敲打▷～了他一拳|打|～击。

【捶胸顿足】 chuíxiōngdùnzú 用拳捶胸,用脚踩地。形容极其悲痛、懊丧或焦躁的样子。

棰 chuí 〈文〉❶名短棍▷一尺之～。❷动用棍子打▷～杀。

槌 chuí 名类似棒子的敲打用具,一般一头较粗或为球形▷鼓～|～儿|棒～。

锤(錘) chuí ❶名穿有细绳的金属块,称东西时把它在秤杆上使它平衡▷秤～。❷像秤锤的东西▷纺～。❸古代兵器,柄的一端有金属球形重物。❹敲打东西的工具▷汽～|～子。❺动用锤子敲打▷千～百炼。

【锤炼】 chuíliàn ❶动冶炼锻造(金属)。❷比喻磨炼(意志等)▷运动员在大赛中～毅力。❸比喻反复推敲使作品等更精炼、纯熟▷～语言。

【锤子】 chuízi 名由金属的头和与之垂直的柄构成的敲击工具。

chun

春 chūn ❶名一年四季的第一季▷～风|～耕。❷比喻生机▷妙手回～。❸指男女情欲▷～情|怀～。

【春播】 chūnbō 动春季播种。

【春风得意】 chūnfēngdéyì 原形容进士及第后的欢畅心情。现多形容功成名就、志得意满的神态。

【春风化雨】 chūnfēnghuàyǔ 使万物复苏滋长的风和雨。比喻潜移默化的良好教育。

【春风满面】 chūnfēngmǎnmiàn 形容喜悦和善的面容。

【春耕】 chūngēng 动春季翻松土壤,以利春播▷不误农时,抓紧～。

【春光】 chūnguāng 名春天的景色▷～诱人|～无限好。

【春寒料峭】 chūnhánliàoqiào 形容初春天气还有些寒冷(料峭:微寒)。

【春晖】 chūnhuī 名春天的阳光,比喻父母养育的恩惠。

【春节】 chūnjié 名我国传统节日。指农历正月初一,或初一及以后的几天。

【春兰秋菊】 chūnlánqiūjú 比喻不同时期、不同领域的人或物各有所长,各有其美。

【春雷】 chūnléi 名春天的雷声(多用于比喻)▷～滚动|一声震乾坤。

【春联】 chūnlián 名春节时贴的吉庆对联。

【春秋】 chūnqiū 名春季和秋季,常借指一年四季,也泛指光阴▷安度～|在这所学校里他已度过了四十个～。

【春秋笔法】 chūnqiūbǐfǎ 古代学者认为孔子修订《春秋》,每字暗寓褒贬。后世称文笔曲折而意含褒贬的写作手法为春秋笔法。

【春色满园】 chūnsèmǎnyuán 春天的景色布满全园。比喻一片欣欣向荣的景象。

【春宵】 chūnxiāo 名春夜▷共度～。

【春心】 chūnxīn 名爱慕异性的情怀▷～萌动。

【春汛】 chūnxùn 名春天桃花盛开时发生的河水暴涨。也说桃花汛。

【春意】 chūnyì ❶名春天的气息▷～宜人。❷春心。

【春游】 chūnyóu 动春天到郊野游玩或游览▷到八达岭去～。

【春运】 chūnyùn 名运输部门指春节前后繁忙的客运。

【春装】 chūnzhuāng 名春季所穿的服装▷脱下冬装,换上～。

椿 chūn 名落叶乔木。常见的有香椿、臭椿。

纯(純) chún ❶形成分单一;没有杂质▷～金|单～。❷熟练▷功夫不～|～熟。

【纯粹】 chúncuì ❶形不含杂质的;真正的;也指品德完美的▷这才是～的诗|白求恩是个～的人。❷副完全▷他说的这些话～是无稽之谈。

【纯洁】 chúnjié ❶形洁净;没有污点或私心▷品质高尚,心地～。❷动使纯洁▷～队伍。

【纯净】 chúnjìng 形纯粹洁净;不含杂质▷～水◇～的心灵。

【纯美】 chúnměi 形纯洁美丽;纯真美好▷～的少女|音色～。

【纯朴】 chúnpǔ 形单纯朴素▷思想～|生活～。

【纯情】 chúnqíng 名纯洁的感情(多指女子的爱情)▷莫辜负她的一片～。

【纯熟】 chúnshú 形很熟练▷演奏～。

【纯真】 chúnzhēn 形纯洁真挚▷～的友情。

【纯正】 chúnzhèng ❶形纯粹、地道▷口味～。❷纯洁正派▷思想～。

莼(蓴) chún 名纯菜,多年生水草,叶子漂在水面上,嫩叶可以食用。

唇 chún 名嘴唇,人和某些动物嘴边的肌肉组织。

【唇齿相依】 chúnchǐxiāngyī 比喻互相依存,关系密切。

【唇焦舌敝】 chúnjiāoshébì 嘴唇焦干,舌头破裂。形容费尽口舌。

【唇枪舌剑】 chúnqiāngshéjiàn 形容言词锋利,争辩激烈。

【唇舌】 chúnshé 名借指言词▷徒费～。

淳 chún 形厚道▷～厚|～朴。

【淳厚】 chúnhòu 形质朴敦厚▷民风～。☞不宜写作"纯厚"。

【淳朴】 chúnpǔ 形温厚质朴▷山里人生性～。☞"淳朴"突出敦厚,"纯朴"突出纯净。

鹑(鶉) chún 名鹌鹑。❷比喻破烂的衣服▷悬～|百结|～衣。

醇 chún ❶形酒味等纯正浓厚▷～酒|清～。❷名有机化合物的一大类,如乙醇(酒精)、胆固醇等。

【醇厚】 chúnhòu 形(味道等)纯正浓厚▷～的佳酿◇他的演唱刚柔相济,韵味～。☞"醇厚"多形容气味、味道等，"淳厚"多形容风气等。

【醇美】 chúnměi 〔形〕(味道等)醇厚甘美▷酒味～◇嗓音～。

【醇香】 chúnxiāng 〔形〕(酒味)纯正芳香。

蠢 chǔn ❶〔形〕形容虫子爬动的样子，比喻坏人进行活动▷～～欲动。❷愚笨；笨拙▷～人∣愚～。

【蠢笨】 chǔnbèn 〔形〕愚蠢；笨拙▷～的企鹅。

【蠢动】 chǔndòng ❶〔动〕(虫子)蠕动。❷(敌人或坏分子)活动▷伺机～。

chuo

戳 chuō ❶〔动〕用手指或长条形物体的顶端触或捅▷把窗户纸～个洞。❷(手指或长条形物体顶端)因猛力触击硬物而受伤或损坏▷打排球～了手∣把笔尖～了。❸〔名〕图章▷手～儿∣盖～儿。☛跟"戮"(lù)不同。

【戳穿】 chuōchuān ❶〔动〕刺破；刺透▷钢钎～脚掌。❷揭穿；揭露▷～阴谋。

【戳脊梁骨】 chuōjǐlianggǔ 背后指责、议论▷绝不干让人～的事。

啜 chuò〈文〉❶〔动〕喝▷～酒。❷〔形〕形容抽泣时的样子▷～泣。

绰(綽) chuò〔形〕宽松；宽裕▷～～有余∣阔～∣宽～。

【绰号】 chuòhào 〔名〕外号。

【绰约】 chuòyuē 〔形〕姿态柔美的样子▷～的少妇。

辍(輟) chuò〔动〕中止；停止▷～学∣～演。

【辍笔】 chuòbǐ 〔动〕中途停止写作等。

【辍学】 chuòxué 〔动〕中途离校，停止上学▷因病～。

龊(齪) chuò 见[龌龊]wòchuò。

ci

刺 cī〔拟声〕模拟撕裂、磨擦、喷发的声音▷～的一声，衣服被扯了个大口子∣汽车～地刹住了。☛跟"刺"(là)不同。○另见 cì。

【刺啦】 cīlā〔拟声〕模拟撕裂或在硬物上划动的声音▷钢锯发出～～的响声。

【刺溜】 cīliū〔拟声〕模拟迅速滑动的声音▷～一下从旁边滑过去了。

差 cī 见[参差]cēncī。○另见 chā；chà；chāi。

疵 cī〔名〕小毛病▷白璧微～。☛统读 cī。

【疵点】 cīdiǎn 〔名〕缺点；毛病▷哪怕是微小的～，也要勇于揭露。

跐 cī〔动〕(脚底下)滑动▷脚下一～，几乎摔倒∣～溜。○另见 cǐ。

【跐溜】 cīliū〔动〕脚底滑动▷脚一～下滑倒了。

词(詞) cí ❶〔名〕在句子里能独立运用的最小的语言单位，如"人""跑""伟大""因为"等。❷话；语句▷理屈～穷∣台～。❸古代一种诗歌体裁，按谱填写，句子有长有短▷唐诗宋～∣填～。❹戏曲、歌曲配合曲调唱出的语言部分▷歌～∣唱～。

【词不达意】 cíbùdáyì (说话，写文章)词句不能确切地表达意思。

【词典】 cídiǎn 〔名〕收集词语，按一定顺序编排、解释，供人查阅的工具书。也说词书。

【词锋】 cífēng 〔名〕如刀剑锋芒般的口才或文笔▷～犀利。

【词根】 cígēn 〔名〕体现一个词的基本词汇意义的语素，是词的主要组成成分。如"老师"里的"师"、"木头"里的"木"。

【词汇】 cíhuì 〔名〕一种语言里所使用的词和成语等固定词组的总汇，是语言的建筑材料；也指一个人或一部作品所使用的词语的总汇。☛不宜写作"辞汇"。

【词类】 cílèi 〔名〕根据词的语法特点划分出来的词的类别。如名词、动词、形容词等。

【词令】 cílìng 〔名〕交际场合应用得体的言词▷外交～。

【词牌】 cípái 〔名〕词调的名称。如"满江红"、"菩萨蛮"。

【词谱】 cípǔ 〔名〕辑录各种词调格式作填词依据的书。

【词性】 cíxìng 〔名〕一个词所具有的某种词类的语法属性。如"人民"具有名词的基本属性，即为名词。

【词义】 cíyì 〔名〕语言中词所表示的意义，即使用该语言的人们共同了解的词所反映的事物、现象或关系。

【词藻】 cízǎo 〔名〕诗文中工巧的词语，常指引用的典故和古诗文中的词语；泛指词语▷华丽堆砌～。

【词章】 cízhāng ❶〔名〕诗文的总称。❷文章的写作技巧▷～学∣写作要讲究～。

【词缀】 cízhuì 〔名〕跟词根相对而言的语素，不体现词的基本词汇意义，主要表示语法意义。如"老师"里的"老"，"木头"里的"头"。

【词组】 cízǔ 〔名〕由两个或两个以上的词组合成的语言单位，如"发展经济"、"伟大的祖国"。也说短语。

祠 cí 〔名〕旧时祭祀神鬼、祖先或先贤的房子▷宗～∣～堂∣武侯～。

瓷 cí ❶〔名〕用高岭土等纯净的黏土烧成的一种材料，质地坚硬细致，多为白色▷～砖∣～碗。❷指瓷器▷江西～∣唐山～。

【瓷器】 cíqì 〔名〕以瓷土、粘土、长石、石英等为原料烧制而成的器皿的总称。

【瓷实】 císhi 〔形〕(物体等)结实；坚固▷他那身肉别提多～了∣地基很～。

辞(辭) cí ❶〔名〕准确优美的语言▷修～。❷古代一种文学体裁▷楚～∣～赋。❸〔动〕不接受；推托▷不～辛苦∣推～。❹主动要求解除职务▷～去局长的职务。❺辞退；解雇▷被老板～了。❻告别▷～旧迎新。

【辞别】 cíbié 〔动〕告别▷～故乡。

【辞呈】 cíchéng 〔名〕要求辞职的呈文▷接受主教练的～∣递交～。

【辞典】 cídiǎn 〔名〕主要收释比词大的语言单位的工具书。如文学鉴赏辞典。

【辞赋】 cífù 〔名〕古代一种文学体裁。汉朝人把屈原等所作的赋称为楚辞，后人便把赋体文学统称为"辞赋"。☛不宜写作"词赋"。

【辞令】 cílìng 通常写作"词令"。

【辞书】 císhū 〔名〕字典、词典、辞典、百科全书等工具书的统称。

【辞退】 cítuì ❶〔动〕解聘▷～职员。❷谢绝；不接受▷～礼物。

【辞谢】 cíxiè 〔动〕客气地推辞不受。

【辞行】 cíxíng 〔动〕远行前向亲友告别▷留学前，他到亲友家一一～。

【辞藻】 cízǎo 通常写作"词藻"。

【辞章】 cízhāng 通常写作"词章"。

【辞职】 cízhí 〔动〕辞去现有职务▷她不想在公司干下去，决定～。

慈 cí ❶〔动〕(长辈对晚辈)爱▷父～子孝。❷〔形〕仁爱；和善▷～善∣仁～。❸〔名〕指母亲▷家～。

【慈爱】 cí'ài 〔形〕(尊长对年幼者)仁慈和喜爱▷～的双

亲。

【慈悲】 cíbēi 团同情和怜悯▷发点～｜为本。

【慈眉善目】 címéishànmù 慈祥和善的样子。

【慈善】 císhàn 圈仁慈善良▷～事业。

【慈祥】 cíxiáng 圈慈善安祥▷～的面容｜她～地望着大家。

磁 cí 图能吸引铁等金属的性能▷～石｜～力｜～化。

【磁带】 cídài 图涂有磁性材料的塑料带子，用来记录声像、数据等。

【磁化】 cíhuà 团使原来不显磁性的物体获得磁性。

【磁卡】 cíkǎ 图利用磁性记录付款购买信息而具有价值功能的卡片。如电话磁卡、购物磁卡、公交磁卡等。

【磁盘】 cípán 图固定在电子计算机中记录和存储信息的磁性盘形器，分硬盘和软盘两种。

【磁石】 císhí 图具有磁性的矿石。俗称吸铁石。

【磁体】 cítǐ 图具有磁性的物体。

【磁铁】 cítiě 图用钢或合金钢经磁化制成的磁体，有的用磁铁矿加工制成。

【磁头】 cítóu 图录音机和录像机中重要的电磁换能元件。

【磁性】 cíxìng 图磁体能吸引铁、镍、钴等金属的性质。

【磁针】 cízhēn 图针形磁体，中间支起，可在水平方向自由转动。受地磁作用，静止时两端指着南和北。

雌 cí 圈动植物中两性之一（跟"雄"相对）▷～雄｜～蜂｜～蕊。☞统读 cí。

【雌伏】 cífú 团比喻退步藏身，不进取▷暂且～，以待时机。

【雌蕊】 círuǐ 图花的重要组成部分，一般位于花中央，受精后发育成种子。由子房、花柱和柱头构成。

【雌性】 cíxìng 圈生物中能产生卵细胞的▷～动物｜～花。

【雌雄】 cíxióng ❶图雌性和雄性，借指胜负、高下▷～同株｜一决～。❷圈成对的▷～剑。

鹚(鶿) cí 见[鸬鹚]lúcí。

糍 cí [糍粑]cíbā 图把蒸熟的糯米捣碎捣软后制成的食品。

此 cí ❶伐这；这个（跟"彼"相对）▷～事｜～物｜～地。❷这会儿；这里▷从～以后｜由～往南。❸这样▷事已如～，后悔也没用。

【此刻】 cǐkè 图这时；这一时刻▷此时～，他再也忍不住悲痛。

【此起彼伏】 cǐqǐbǐfú 这里起来，那里隐伏下去。形容接连不断。

【此外】 cǐwài 围除这以外▷他会说英语，～也懂点儿俄语。

跐 cǐ 团〈口〉用脚踩着支持身体▷～着椅子擦玻璃。○另见 cī。

次 cì ❶圈排在第二的▷～年｜～女。❷质量较差的，等级较低的▷质量太～｜等～。❸图顺序▷依～入场｜～第。❹量用于需要按顺序计量的动作或事物▷初～见面｜T21～特快列车。

【次大陆】 cìdàlù 图面积比洲小，在地理上或政治上有某种独立性的陆地。通常把印度、巴基斯坦、孟加拉国等构成的地区称南亚次大陆。

【次等】 cìděng 圈第二等；比上等较差的一等▷～品。

【次第】 cìdì ❶图次序▷篇目～。❷副依次；一个接一个地▷～加深。

【次品】 cìpǐn 图不符合标准的产品。

【次数】 cìshù 图动作或事情重复的回数▷文章改动～太多。

【次序】 cìxù 图先后顺序▷按～进行口试。

【次要】 cìyào 圈重要性相对较差的▷较～的位置｜～人物。

伺 cì [伺候]cìhou 团照料▷让别人～｜在家～病人。○另见 sì。

刺 cì ❶团（尖锐的东西）扎入或穿透▷～绣｜～刀。❷暗杀▷遇～行～｜～客。❸讥讽▷讥～｜讽～。❹图像针一样尖锐的东西▷月季花有～｜鱼～。❺团侦察▷～探。❻团刺激▷～鼻｜～眼。☞"刺"和"刺"(là)不同。"刺"左边是"朿"(cì)，"刺"左边是"束"(shù)。○另见 cī。

【刺鼻】 cìbí 圈（气味）呛鼻难闻。

【刺刺不休】 cìcìbùxiū 形容说话絮叨；没完没了。

【刺耳】 cì'ěr ❶圈（声音）尖锐杂乱，使耳朵不舒服▷～的枪炮声。❷（话语）尖刻，使人听着不舒服▷他的话很～。

【刺骨】 cìgǔ 圈寒气侵入骨髓，形容极冷▷江水～。

【刺激】 cìjī ❶团内、外因作用于感觉器官，使人激动或起反应。❷促使事物发生变化▷～国内需求。❸图使人激动、反应或使事物起变化的因素▷失恋对他是个～｜利率下调对消费是一个～。

【刺客】 cìkè 图携凶器搞暗杀的人。

【刺儿头】 cìrtóu 图爱挑剔指摘、不好对付的人。

【刺杀】 cìshā ❶团用凶器暗杀。❷用刺刀拼杀。

【刺探】 cìtàn 团暗中打听；侦察▷～情报｜派人～对方的真实意图。

【刺痛】 cìtòng ❶图像针刺一样的疼痛。❷团强烈的刺激使人内心痛苦▷他的冷漠～了妻子的心。

【刺猬】 cìwèi 图哺乳动物，体肥肢短，身上长着短而密的硬刺，遇敌害时能蜷曲成球，用刺保护身体。

【刺绣】 cìxiù ❶团用彩色丝线在织物上绣制各种图画。❷图指刺绣工艺和刺绣产品▷学习～｜买件～送人。

【刺眼】 cìyǎn ❶圈强光刺激，使眼睛睁不开▷～的阳光。❷惹人注意，使人看了不舒服▷打扮得太～。

赐(賜) cì ❶团上级或长辈把财物等送给下级或晚辈▷～予｜赏～。❷敬词，称别人对自己的行动▷～教｜～复。☞㊀统读 cì。㊁右边不能简化成"㞪"。

【赐教】 cìjiào 团敬词，称他人给予的指教▷承蒙～。

cong

匆 cōng 圈急促；急忙▷～忙｜来去～～。

【匆匆】 cōngcōng 圈行动急迫的样子▷～离家而去。

【匆促】 cōngcù 圈匆忙仓促▷他走得～，连钱都没带。☞不宜写作"匆卒""匆猝"。

【匆忙】 cōngmáng 圈急急忙忙。

苁(蓯) cōng [苁蓉]cōngróng 图指草苁蓉和肉苁蓉。草本植物，可以做药材。

囱 cōng 图烟筒▷烟～。☞"囱"和"囟"(xìn)、"卤"(lǔ)形、音、义不同。

枞(樅) cōng 图冷杉，常绿乔木，茎高大，木材轻软而脆，可以做火柴杆或造纸原料。

葱 cōng ❶图多年生草本植物，茎叶有辣味，是普通蔬菜和调味品。❷圈青绿色▷～翠｜～绿。

【葱翠】 cōngcuì 圈青翠▷竹林～。

【葱茏】 cōnglóng 圈（草木）苍翠茂盛▷花木～的大院子。

【葱绿】 cōnglǜ 圈葱心绿;浅绿而微黄▷~的麦苗。

【葱郁】 cōngyù 圈葱翠茂密▷山上林木~,风光秀丽。

聪(聰) cōng ❶图听觉▷失~。❷圈听觉敏锐▷耳~目明。❸智力发达,记忆和理解能力强▷~明|~慧。

【聪慧】 cōnghuì 圈聪明;智力强▷这孩子~异常,悟性极高。

【聪敏】 cōngmǐn 圈聪明敏捷▷他头脑~,反应快捷,赢得了辩论的胜利。

【聪明】 cōngmíng 圈天分高,智力强。

【聪颖】 cōngyǐng 圈智力发达,才能出众▷她~过人,有非凡的音乐天赋。

从(從) cóng ❶团跟随▷~师学艺。❷图跟随的人▷随~|仆~。❸圈附属的;次要的▷~犯。❹团听从;不违背▷顺~|服~。❺采取▷长计议。❻参加;参与▷~政|~事。❼介表示时间、处所或范围的起点▷~古至今|北京出发|~繁到简。❽引出经过的路线▷~小路走。❾引出凭借或依据▷~工作上考虑。❿圈一向;向来▷~不迟到|~没见过。☞统读 cóng。

【从长计议】 cóngchángjìyì 用较长时间商量,不急于做出决定。

【从此】 cóngcǐ 圙从这时起▷新中国成立了,中国人民~站起来了。

【从而】 cóng'ér 匣用于后一分句开头,引出结果、目的等▷经过调查研究,~找到了解决问题的方法。

【从犯】 cóngfàn 图法律上指在共同犯罪中起次要或辅助作用的罪犯。

【从俭】 cóngjiǎn 团采取俭省的原则▷婚事~。

【从简】 cóngjiǎn 图采取简易的方法、方式处理▷丧事~。

【从宽】 cóngkuān 团采取宽大(处理)的办法▷坦白~,抗拒从严。

【从来】 cónglái 圙一直;历来▷~就没有什么救世主。

【从命】 cóngmìng 团遵命;听从吩咐▷不敢~|只得~。

【从前】 cóngqián 图以前▷那是~的事情。

【从轻】 cóngqīng 团采取较轻的(处罚)▷~发落。

【从容】 cóngróng ❶圈临事沉着冷静,不改变常态▷应对~|举止~。❷宽裕;不急迫▷时间比较~,再商量一下。

【从容不迫】 cóngróngbùpò 沉着冷静,不慌不忙。

【从善如流】 cóngshànrúliú 采纳正确的意见,像流水一样顺畅自然。

【从事】 cóngshì ❶团致力于(某项事业)▷~教学。❷(按一定办法)处置;(以某种态度)对待▷军法~|马虎~。

【从属】 cóngshǔ 团依附、附属▷这家医院~于医科大学。

【从俗】 cóngsú ❶团跟随习俗▷婚礼~。❷对于陋习,不能~。

【从速】 cóngsù 团尽快;赶紧▷~处置|办理~。

【从严】 cóngyán ❶团按照严格的标准▷~要求~|治警。❷采取严厉的处罚▷抗拒~。

【从优】 cóngyōu 团采取优待或优惠的办法▷待遇|条件~。

【从众】 cóngzhòng 团依从多数人的意见或做法。

【从重】 cóngzhòng 团在法律规定的范围内,采用最重或较重的刑罚▷~从快打击刑事犯罪。

丛(叢) cóng ❶团聚合在一起▷杂草~生。❷图聚合在一起的人或物▷人~|刀~|树~。

☞统读 cóng。

【丛刊】 cóngkān 图丛书(多用于书名),如《四部丛刊》。

【丛林】 cónglín 茂密的树林。

【丛山】 cóngshān 图层层叠叠的的群山。

【丛生】 cóngshēng ❶团(草木等)茂密地生长▷野草~。❷(多种事物)同时产生▷悬念~|怪象~。

【丛书】 cóngshū 图在一个总书名下,汇集各种单独著作成为一套的图书。

【丛葬】 cóngzàng 团许多尸体合葬在一处▷被害的同胞~于此。

淙 cóng [淙淙]cóngcóng 拟声模拟流水的声音▷溪水~。☞不读 zōng。

琮 cóng 图古代玉制礼器,方柱形或长筒形,中间有圆孔。

cou

凑 còu ❶团聚合▷全家人~到一起。❷靠拢;挨近▷~过去看热闹|~到耳边。❸遇着;碰上▷~巧。

【凑合】 còuhe ❶团聚在一起▷小伙子们就爱往一块~。❷将就▷钢笔不大好,~着用吧。

【凑巧】 còuqiǎo 圈碰巧▷真不~,我们到他家时,他刚出去。

【凑趣】 còuqù ❶团迎合所好,使人高兴▷为了讨好上司,他常去~。❷逗笑取乐▷他爱~,大家很喜欢他。

【凑热闹】 còurènao ❶凑在一起增添热闹气氛▷他喜欢清静,从不爱~。❷添麻烦▷够乱了,你别~了。

【凑数】 còushù ❶团凑够数额。❷勉强充数▷我不行,不过~罢了。

辏(輳) còu 团〈文〉车轮的辐条集中到毂上▷辐~(集集)。

腠 còu 图肌肤上的纹理▷~理(中医指皮肤纹理和皮下组织间的空隙)。

cu

粗 cū ❶圈毛糙;不精致(跟"细"相对。②—⑤同)▷活儿干得太~|~粮。❷圈疏;不周密▷心太~。❸颗粒较大▷~盐。❹条状物横切面的面积大;长条形的东西宽度大▷柱子真~|腰~。❺声音低而大▷说话声音很~。❻粗鲁;没礼貌▷~野|~俗。

【粗暴】 cūbào 圈粗鲁暴躁▷脾气~。

【粗笨】 cūbèn ❶圈(器具等)粗大笨重。❷笨拙▷那妇人体态~。

【粗鄙】 cūbǐ 圈粗俗▷言וּ~不堪。

【粗糙】 cūcāo ❶圈不光滑;不圆润;不精细▷皮肤~|音色~|陶器比瓷器显得~一点。❷(工作)草率马虎▷这些电视片拍得太~。

【粗茶淡饭】 cūchádànfàn 粗糙清淡的饭食,形容生活简朴清苦。

【粗犷】 cūguǎng ❶圈粗鲁,不文明▷生性~。❷率直狂放▷作风~。☞"犷"不读 kuàng。

【粗话】 cūhuà 图粗俗,不文明的话。

【粗活】 cūhuó 图笨重费力、技术要求不高的工作。

【粗狂】 cūkuáng 圈豪爽狂放而不受拘束▷他写的草书具有~的风格。

【粗粮】 cūliáng 图一般指大米、白面以外的粮食,如玉米、高粱等。

【粗劣】 cūliè 圈粗糙低劣▷装修~。

【粗陋】 cūlòu ❶圈粗糙简陋▷~的茅草屋。❷粗俗丑陋▷相貌~。

【粗鲁】 cūlǔ 圈粗率鲁莽▷举止~。☞不宜写作"粗卤"。

【粗略】 cūlüè 圈简略;不精确▷~地计算一下。

【粗浅】 cūqiǎn 圈浅显;不精深▷~的看法。

【粗人】 cūrén ❶图没有文化的人(有时用作谦词)▷我是个~,直来直去。❷粗心的人▷他是个~,干不了这精细活儿。

【粗疏】 cūshū ❶圈(毛发、线条等)不细而且稀疏▷这幅画的线条太~。❷马虎;不精细。

【粗率】 cūshuài 圈粗疏草率▷文字~|决策~。

【粗俗】 cūsú 圈粗野庸俗;不文雅。

【粗细】 cūxì 图粗和细的程度▷像枯草那样~的枝|声音的~要控制好。

【粗线条】 cūxiàntiáo ❶图笔道粗的线条。❷圈大致的;简略▷对文章内容有了~的了解。❸比喻性格、作风等较为粗率的▷~的工作作风。

【粗心】 cūxīn 圈马虎▷工作不能~。

【粗野】 cūyě 圈粗鲁野蛮▷行为~。

【粗枝大叶】 cūzhīdàyè 原指简略或概括。后多形容作风草率,不认真。

【粗制滥造】 cūzhìlànzào (产品)制作粗劣只追求数量。形容对工作马虎草率,不负责任。

【粗重】 cūzhòng ❶圈(器物)粗拙笨重▷~的拐杖。❷(工作)繁重而费力▷~的力气活儿。❸(声音)低沉而有力▷大提琴发音~。❹(长条状东西)宽而且颜色深▷~的眉毛。

【粗壮】 cūzhuàng ❶圈(人体)粗大强壮▷身躯~。❷(物品)粗大坚固▷~的树干。❸(声音)洪大有力▷~的嗓音震得小屋嗡嗡作响。

促 cù ❶圈急迫;匆忙▷仓~|急~。❷团催;推动▷抓管理、~效益|~使。❸靠近▷~膝谈心。

【促成】 cùchéng 团促进使成功▷尽力~合同的签订。

【促进】 cùjìn 团促使进步或发展▷~生产。

【促使】 cùshǐ 团推动使产生行动或发生变化▷~社会进步。

【促膝谈心】 cùxītánxīn 彼此挨近坐着说心里话。

【促销】 cùxiāo 团促进产品销售▷用完善售后服务等方法~。

猝 cù 副突然▷~死|~发中风|~不及防(突然发生,来不及预防)。

蔟 cù 图蚕蔟,供蚕吐丝作茧的设备,用麦秸等制成。

醋 cù ❶图有酸味的液体调料,多用粮食发酵制成▷米~|熏~。❷比喻忌妒情绪(多用在男女关系上)▷~意大发。

【醋劲儿】 cùjìnr 图嫉妒情绪。

【醋坛子】 cùtánzi 图比喻在男女关系问题上嫉妒心极强的人。

簇 cù ❶团聚集在一起▷~拥。❷图聚集成堆的事物▷花团锦~。❸量用于聚集在一起的东西▷一~礼花。☞不读 zú。

【簇拥】 cùyōng 团(很多人)团团围着▷同学们~着长跑冠军,要求签名。

蹙 cù ❶团收缩;皱(眉)▷双眉紧~。❷圈紧迫;急促▷气~。

【蹙额】 cù'é 团皱眉头,表示愁苦▷他内心痛苦,不语~。

蹴 cù ❶团踏;踩▷一~而就。❷〈文〉踢▷~鞠(踢球)。

汆 cuān 团烹调时把易熟的食物放到开水锅里稍微煮一下▷~丸子|~榨菜。

撺(攛) cuān 团怂恿▷~掇|~弄。

【撺掇】 cuānduo 团鼓动别人(做某事);怂恿▷他一再~我买股票。

镩(鑹) cuān ❶图镩子,一种顶端尖、有倒钩的凿冰工具▷冰~。❷团用镩子凿(冰)▷~冰。

蹿(躥) cuān ❶团快速向上或向前跳跃▷身体向上一~|房越脊。❷〈口〉喷发▷火苗腾腾地往上~|~稀(泻肚)。

攒(攢) cuán 团拼凑;聚集▷买零件~电脑|~钱。○另见 zǎn。

【攒动】 cuándòng 团拥挤移动▷台上高歌劲舞,台下万头~。

【攒聚】 cuánjù 团聚集▷人们~在路旁为战士送行。

窜(竄) cuàn ❶团乱跑;逃亡(含贬义)▷流~|逃~。❷改动(文字)▷~改。

【窜犯】 cuànfàn 团(成股土匪或小股敌军)流窜进犯▷敌机~我领空。

【窜改】 cuàngǎi 团改动(文字、记载等)(含贬义)▷~文稿。

【窜扰】 cuànrǎo 团(成股土匪或小股敌军)窜犯骚扰。

篡 cuàn 团(用不正当的手段)夺取▷~位|~夺。☞下边是"厶",不是"么"。

【篡夺】 cuànduó 团用非法手段夺取(地位或权力)▷~王位。

【篡改】 cuàngǎi 团故意改动或歪曲(历史、理论等)▷~方针政策。

爨 cuàn 〈文〉❶团烧火做饭▷分~(分家过日子)。❷图炉灶。

崔 cuī ❶圈〈文〉(山)高大▷~嵬|~巍。

【崔巍】 cuīwēi 圈高大雄伟▷~的黄山|宫殿~。

【崔嵬】 cuīwéi 圈高耸的样子▷古老的泰山显得越发~了。

催 cuī ❶团叫人赶快去做▷~他快起床|催~。❷促使事物的发展变化加快▷~肥|~化剂。

【催逼】 cuībī 团施压促使▷~招供。

【催促】 cuīcù 团促使赶快行动▷来电~他赶快动身。

【催肥】 cuīféi 团畜、禽宰杀前一段时间,喂以大量精饲料促使迅速长肥。

【催眠】 cuīmián 团促使睡眠。

【催命】 cuīmìng 团表示催促得紧▷工作已很紧张了,他又来~。

【催讨】 cuītǎo 团催人归还或交付▷用完赶快还,别等人家~|~欠款。

摧 cuī 团折断;毁坏▷无坚不~|~毁。

【摧残】 cuīcán 团使遭受严重损害▷她被法西斯匪徒~得精神失常。

【摧毁】 cuīhuǐ 团彻底破坏▷将贩毒集团一举~|用炮火~敌人的工事。

【摧枯拉朽】 cuīkūlāxiǔ 摧折枯草朽木,比喻迅速摧毁腐朽势力。

璀 cuǐ [璀璨]cuǐcàn 圈(珠玉等)光亮鲜明▷~的明星|夺目。

脆 cuì ●形容易断或容易碎(跟"韧"相对)▷塑料薄膜一老化就发～。❷受挫折后动摇;不坚强▷～弱。❸(食物)酥脆爽口▷这种苹果又甜又～。❹(声音)清亮▷嗓音又～又甜。❺(说话、做事)利落,不拖泥带水▷这人办事干～利落。☞㊀统读 cuì。㊁右下不是"巳""已""己"。

【脆嫩】 cuìnèn 形(瓜果蔬菜等)酥脆鲜嫩▷～的黄瓜|鸭梨～爽口。

【脆弱】 cuìruò 形禁不起挫折,软弱▷性格～。

萃 cuì ●动汇集▷荟～。❷名指聚集在一起的人或物▷出类拔～。

啐 cuì 动使劲儿吐出来▷～唾沫。

淬 cuì 动把金属制品加热后放进水里或油里急速冷却,使更坚硬▷～火。☞不读 cù。

悴 cuì 见[憔悴]qiáocuì。

瘁 cuì 形过于劳累▷心力交～|鞠躬尽～。

粹 cuì ●形纯净;成分不杂▷纯～。❷名精华▷国～|精～。

翠 cuì ●名指翡翠鸟的羽毛,可供镶嵌装饰品用▷点～。❷形像翡翠鸟羽那样的绿色▷～柏|～绿。❸名指翡翠,一种矿物▷～玉|～花。

【翠柏】 cuìbǎi 名青绿色的柏树。

【翠蓝】 cuìlán 形青蓝色▷～的天空|～的孔雀毛。

【翠绿】 cuìlǜ 形翡翠般的绿色▷～的油菜。

【翠鸟】 cuìniǎo 名鸟名。头大体小尾短,羽毛以苍翠、暗绿色为主。捕鱼为食。

【翠竹】 cuìzhú 名青绿色的竹子▷井冈～|一丛～。

cun

村 cūn ●名乡民聚居的地方;泛指居民小区▷两个～紧挨着|工人新～。❷形粗野▷性情～野|～话。

【村落】 cūnluò 名村庄。

【村俗】 cūnsú ●名农村习俗▷进村随～。❷形粗俗▷话虽～,倒是实理。

【村寨】 cūnzhài 名村庄;寨子。

【村庄】 cūnzhuāng 名乡间农民集中居住的地方。

皴 cūn 动(皮肤)因风吹受冻而裂口▷手～了。

【皴裂】 cūnliè 动皴。

存 cún ●动存在;活着▷生～|～亡。❷积聚;储藏▷仓库里～着粮食|保～。❸特指存款▷零～整取|～折。❹寄放▷寄～。❺记在心里;怀着▷～心不良。❻保留;存留▷～根|～查。

【存储器】 cúnchǔqì 名电子计算机中用来保存数据、程序等信息的装置。

【存贷】 cúndài 动借入和借出钱款。

【存单】 cúndān 名金融机构给存款者的凭证▷大额～。

【存档】 cúndàng 动把处理过的文件、资料、稿件等存入档案,以备查考。

【存底】 cúndǐ ●动(文件等)留作底本▷各种文件都须～。❷名存留的货、款▷～不多|外汇～。

【存根】 cúngēn 名开出单据或证明后,留存备查的底联▷发票～。

【存活】 cúnhuó 动生存下来▷幼畜只只～。

【存款】 cúnkuǎn ●动把钱存入银行等金融机构。❷名存在银行等金融机构的钱▷巨额～|～余额。

【存身】 cúnshēn 动安身▷无处～。

【存亡】 cúnwáng 动生存或死亡;存在或灭亡▷国家～|誓与阵地共～。

【存心】 cúnxīn ●名居心▷～不良。❷副成心;故意▷～捣乱。

【存疑】 cúnyí 动对疑难问题暂不做决断▷这个问题一时争论不清,暂且～。

【存在】 cúnzài ●动客观上没有消失▷供求双方～矛盾。❷名哲学上指独立于人的意识之外的客观物质世界▷唯物主义认为～决定意识。

【存折】 cúnzhé 名金融机构发给存款者作为凭证的折子▷活期储蓄～。

忖 cǔn 动揣度;思量▷～度(duó)|思～。☞不读 cūn。

【忖量】 cǔnliàng ●动猜度;估量▷他～着那句话的含义。❷动思量;权衡▷她～良久,还是拿不定主意。

寸 cùn ●量市制长度单位,10分为1寸,10寸为1尺。❷形形容极短或极小▷手无～铁|～步难行。

【寸步不离】 cùnbùbùlí 一步也不离开,形容紧紧跟随。也形容关系密切。

【寸草春晖】 cùncǎochūnhuī 小草难以报答春天阳光的恩惠。比喻儿女报答不尽父母的养育之恩。

【寸断】 cùnduàn 动断成许多小段▷肝肠～(比喻极其悲伤)。

【寸土】 cùntǔ 名指极少的土地▷～金|～必争。

cuo

搓 cuō 动两手相对摩擦或用手来回揉别的东西▷～手|～麻绳。

【搓板】 cuōbǎn 名搓洗衣物用的长方形薄板,面上有窄而密的横槽。

【搓手顿脚】 cuōshǒudùnjiǎo 形容焦躁不安、不知该怎么办。

【搓洗】 cuōxǐ 动两手反复揉搓泡在水里的衣物,以去掉污垢。

磋 cuō ●动把象牙磨制成器物;磨制▷如切如～,如琢如磨。❷商量、研讨▷切～。

【磋商】 cuōshāng 动反复商讨▷经～,终于达成协议。

撮 cuō ●动用手指捏取(细碎的东西)▷～点儿白糖。❷摘取(要点)▷～录。❸量用于手指所撮取的东西;借指极小的量▷一～茶叶|一小～坏人。❹动聚拢▷～合。❺用簸箕等把东西收集起来▷把炉灰～走。〇另见 zuǒ。

【撮合】 cuōhé 动介绍促成;从中说合(多指婚姻)▷～二人成婚。

蹉 cuō [蹉跎]cuōtuó 动把时光白耽误过去▷～岁月。

痤 cuó [痤疮]cuóchuāng 名皮肤病,通常是圆锥形的小红疙瘩,多生在脸或胸、背上。通称粉刺。☞不读 zuò。

挫 cuò ●动失败;失利▷～折|受～。❷使受挫;使失败▷力～卫冕冠军|～败。

【挫败】 cuòbài ●动使失败▷～了敌人的阴谋。❷名挫折和失败▷从～中汲取教训。

【挫伤】 cuòshāng ●动身体因碰撞或挤压而受伤▷小腿软组织～。❷名身体因碰撞挤压而受的伤▷几处～。❸动使(热情、积极性等)受损伤▷～群众的积极性。

【挫折】 cuòzhé ●动使削弱或受阻▷不要～他的进取心。❷名失利;失败▷在～面前不灰心。

厝 cuò〈文〉❶囫放置。❷把灵柩暂时停放或浅埋，等待安葬或改葬▷暂～|浮～。

措 cuò ❶囫安放；处理▷手足无～|～置。❷筹划▷筹～。❸办法；做法▷～施|举～。☞统读cuò。

【措词】 cuòcí 囫说话行文时选用词句▷慎重～。☞不宜写作"措辞"。

【措施】 cuòshī 囡为解决问题而采取的办法▷安全～|～得力。

【措手不及】 cuòshǒubùjí 事出意外，来不及处理。

锉（銼） cuò ❶囡钢制的手工磨削工具，用来对金属、竹木等的表面进行加工。❷囫用锉磨削▷钢管口上有毛刺，还要再～～。

【锉刀】 cuòdāo 囡锉①。

错（錯） cuò ❶囫互相交叉；杂乱▷～综|～乱。❷囵不对；不正确▷字写～了|～怪|～觉。❸囵过失▷过～|～误。❹囵坏；差（用于否定式）▷他的字写得很不～|你这么用功，成绩～不了。❺囫避开，使不碰上或不冲突▷把两个会的时间～开。

【错爱】 cuò'ài 囫谦词，用于感谢对方对自己的关心爱护▷承蒙～，不胜感激。

【错车】 cuòchē 囫车辆在窄路上相向行驶或超车时，一方避让另一方。

【错讹】 cuò'é 囡（文字上的）错误▷来稿～很多，不宜刊用。

【错怪】 cuòguài 囫错误地责怪别人▷把事情弄清楚了再说，别～了人。

【错过】 cuòguò 囫失掉（机会）。

【错觉】 cuòjué 囡对客观事物的不正确的知觉▷避免形成～。

【错乱】 cuòluàn 囵杂乱无序；失常▷步伐～|精神～。

【错落有致】 cuòluòyǒuzhì 交错参差而有情致。

【错位】 cuòwèi ❶囫医学上指因跌打扭伤等造成骨骼移位。❷泛指方向、位置等发生错误▷判断～。

【错误】 cuòwù ❶囵不正确；不符合客观实际▷～倾向|～的决定。❷囡不正确的行为、认识等▷纠正～。

【错杂】 cuòzá 囫交错夹杂在一起▷五颜六色的花朵～其间，非常好看。

【错综复杂】 cuòzōngfùzá 形容头绪交叉牵连，情况多而杂。

D

da

奓 dā [奓拉]dāla 动下垂▷～着脑袋。☞不宜写作"搭拉"。

搭 dā ❶动把衣服、手等放在可以支撑的东西上▷绳子上～满了手巾。❷乘坐(交通工具)▷～便车进城｜～班机。❸支起;架设▷～桥｜～脚手架。❹配合▷干的稀的～着吃。❺附加上▷不但花钱,还得～上人情。❻连接;结合▷两根电线～在一起了｜～伴。❼共同搬(东西)▷桌子太沉,俩人～不动。☞统读 dā。

【搭班子】 dābānzi ❶旧时指艺人临时组成演出集体。❷比喻组建领导机构▷局里正在～。

【搭档】 dādàng ❶动合伙▷他们俩已经～多年了。❷名合作的伙伴▷一对黄金～。☞不宜写作"搭当"。

【搭话】 dāhuà 动接着别人的话来说▷对方不～,就难以交谈起来。

【搭伙】 dāhuǒ ❶动加入伙食团体就餐。❷加入集体;合为一伙▷～做买卖。

【搭架子】 dājiàzi 传统建筑法,建筑时先搭好框架。比喻写文章、组建机构、创办事业等先勾画整体轮廓或布局。

【搭救】 dājiù 动救助,使脱离困境或险境▷～落水儿童。

【搭理】 dāli 动〈口〉理睬;打招呼(多用于否定式)▷你不用～他,他就是那么个脾气。☞不宜写作"答理"。

【搭配】 dāpèi ❶动按照某种标准或要求分配或组合▷词语～不当｜反对～次品。❷形相称▷这对夫妻年龄悬殊,很不～。

【搭桥】 dāqiáo 动架桥;比喻沟通双方的关系▷朋友给～,他们俩才喜结良缘。

【搭讪】 dāshàn 动为了接近别人或从难堪的局面中摆脱出来而找话说。☞不宜写作"搭趄""答讪"。

【搭载】 dāzài 动顺便载运(客人或货物)▷货船不准～旅客。

嗒 dā 拟声模拟马蹄声、机枪声等(常叠用)▷～～的马蹄声｜～～～～,机关枪猛烈地扫射着。☞不要写作"哒"。

答 dā 义同"答"(dá)①,用于"答应"等词。

【答应】 dāying ❶动出声回答▷叫了他一声,他没有～。❷允许;同意▷无论怎么央求,他都不～。

褡 dā [褡裢]dālián 名一种中间开口、两头可以装东西的长方形口袋。也指中国式摔跤运动员穿的厚布上衣。

打 dá 量用于某些商品,12件为1打,12打为1罗。○另见 dǎ。

达(達) dá ❶动通▷从北京直～广州。❷达到▷不～目的,决不罢休｜抵～。❸彻底懂得▷知书～理。❹形心胸开阔▷豁～｜～观。❺地位高,名声大▷～官贵人。❻动表达;告诉▷词不～意｜转～。

【达标】 dábiāo 动达到有关的标准▷产品～｜检测｜体育锻炼～。

【达成】 dáchéng 动通过谈判、讨论而得到(一致结果)▷～共识｜～协议。

【达到】 dádào 动通过努力实现某一目的或到达某一程度▷～目的｜指标还没有～。

【达观】 dáguān 形性格开朗,不为不如意的事情烦恼▷为人～。

沓 dá 量用于叠在一起的纸张等▷一～旧报纸｜一大～钞票。○另见 tà。

答 dá ❶动回答▷你问我～。❷回报别人给予自己的好处▷报～。☞上边不是"艹"。○另见 dā。

【答案】 dá'àn 名针对问题所作的解答▷～正确。

【答辩】 dábiàn 动在公开场合或公开形式中对别人的提问、指责、控告等进行答复或申辩▷论文～｜被告可以～。

【答复】 dáfù ❶动回答问题或要求▷应及时～别人。❷名对问题或要求的回答▷得到了满意的～。

【答卷】 dájuàn ❶动解答试卷▷学生们正在～。❷名做答题的试卷或要求解答试题的卷子▷标准～｜～收齐了。

【答谢】 dáxiè 动对别人的帮助和款待表示感谢▷～社会各界人士。

【答疑】 dáyí 动解答疑惑▷～解难。

瘩 dá [瘩背]dábèi 名中医称长在背部的痈。☞在"疙瘩"(gēda)中读轻声。

打 dǎ ❶动用手或凭借工具、武器击打▷～苍蝇｜～仗｜捶～。❷表示某些动作,"打"后面的词需要和什么动作搭配,"打"就表示什么动作▷～鱼｜每亩地～800多公斤粮食｜～柴｜从井里～水｜～家具｜～地基｜～井｜～毛衣｜～领带｜～蜡｜～肥皂｜～戳子｜～伞｜～灯笼｜～背包｜～工｜～杂儿｜～醋｜～票｜～扑克｜～篮球｜～草稿｜～收据｜～棉花｜～尖｜～蛔虫｜～电话｜～针｜～比方｜听人讲话别～岔｜～官司｜～交道｜～呼噜｜～哈欠｜～哆嗦。❸跟某些表示动作变化或性质状态的单音节词结合,构成双音节词▷～扫｜～算｜～扮｜～听｜～败｜～倒｜～扰｜～破｜～开｜～消｜～滑。❹介引进时间的起点或经过的地点,相当于"自""从"▷我～天津来｜上星期他就病了。○另见 dá。

【打靶】 dǎbǎ 动对预设的目标按一定规则进行射击▷练习～。

【打败】 dǎbài ❶动战胜(对方)▷～敌人。❷被(对方)战胜▷这场球赛～了。

【打扮】 dǎban ❶动装饰;修饰使端庄美丽▷～得漂漂亮亮的。❷名装饰、修饰的样子▷她的～很入时。

【打擦边球】 dǎcābiānqiú 原指乒乓球比赛时侥幸打了一个从球台边沿擦过的得分球。比喻有意钻政策的空子,干不明显违背政策又不很符合政策的事。

【打草惊蛇】 dǎcǎojīngshé 拨弄草惊动了草丛里的蛇。原比喻惩治甲以警告乙,现多比喻采取秘密行动时,走漏了风声,惊动了对方。

【打岔】 dǎchà 动干扰或打断别人的话语、思路等▷他一～我就说乱套了。

【打成一片】 dǎchéngyīpiàn 不同的部分结合为一个整体。形容关系密切、感情融洽。

【打从】 dǎcóng 介打④▷～明天起,大家要出操｜科技支农队～镇上经过。

【打点】 dǎdian ❶动办理,收拾▷～行装。❷因有所求而送人钱财礼物▷这帮人过年的时候都得～～。

【打动】 dǎdòng 团使人动心；使人感动▷情真意切的一席话～了她。

【打发】 dǎfa ❶团分派出去▷～人去提货。❷设法使离去▷好说歹说才把他们俩～走。❸消磨(时间)▷躺在病床上～日子。

【打工】 dǎgōng 团受雇做工(多为临时性的)。

【打哈哈】 dǎhāha ❶开玩笑▷别拿人～。❷敷衍搪塞▷这件事得认真去办，可别～。

【打鼾】 dǎhān 团熟睡时因呼吸受阻而发出粗重的响声。也说打呼噜。

【打横】 dǎhéng ❶团围着方桌入座时，坐在侧面末位。❷横着躺。❸制止、阻拦(别人的言行)▷他不帮忙，却光给人家～。

【打击】 dǎjī ❶团敲打；撞击▷～乐。❷攻击；挫伤▷～侵略者|不要～人家的积极性。

【打家劫舍】 dǎjiājiéshè 结伙入室抢夺财物。

【打搅】 dǎjiǎo ❶团扰乱▷他正在写作，别去～了。❷客套话，用于被接待后，表示谢意和谦意。也说打扰。

【打捞】 dǎlāo 团把沉入水下的东西捞取上来▷～中山舰。☞"捞"不读 láo。

【打擂】 dǎlèi 团上擂台参加比武，现多比喻应战▷今天的擂主是世界乒乓球锦标赛的冠军，16岁的乒坛新秀上场。也说打擂台。

【打冷枪】 dǎlěngqiāng 乘人不备在隐蔽处突然开枪。比喻暗算别人。

【打量】 dǎliang ❶团审视；观察(人的衣着、外貌)。❷估量；以为▷这件事，你～我不知道?

【打乱】 dǎluàn 团使混乱▷～他们的计划。

【打落水狗】 dǎluòshuǐgǒu 比喻毫不留情地打垮仍在挣扎的坏人。

【打马虎眼】 dǎmǎhuyǎn 装糊涂蒙混骗人▷质量检查员非常认真，你们切不可～。

【打埋伏】 dǎmáifu ❶先把兵力隐藏起来，适时出击。❷比喻把物资、人力或存在的问题隐蔽起来▷把问题摆出来认真解决，不要～。

【打蔫儿】 dǎniānr ❶团植物枝叶萎缩下垂。❷比喻不振作，没精神▷小伙子别～，吸取教训接着干。

【打屁股】 dǎpìgu 比喻严厉批评(含诙谐意)▷这任务要是拿不下来，可是要～的啊。

【打破沙锅问到底】 dǎpòshāguōwèndàodǐ 比喻对事情的原委追根寻底("问"与"璺"谐音。璺：瓦器上的裂痕)。

【打气】 dǎqì ❶团把气体压入需充气的物体内▷给车胎～。❷比喻给人鼓劲▷领队不断给队员～。

【打手】 dǎshou 图受主子豢养，替主子欺压人的恶棍。

【打算】 dǎsuan ❶团计划；谋划▷大学毕业后，我～去边疆工作。❷图想法；念头▷你这个～不错。

【打听】 dǎting 团探听；询问▷四处～消息。也说打探。

【打通】 dǎtōng ❶团除去阻隔，使贯通▷～隧道。❷比喻消除思想障碍▷他的思想已经～了。

【打退堂鼓】 dǎtuìtánggǔ 本指封建官吏退堂时击鼓。后多比喻做事中途退缩或将承担的事情推辞掉。

【打消】 dǎxiāo 团取消；消除(多用于念头、想法等)▷～疑虑，轻装上阵。

【打小报告】 dǎxiǎobàogào 出于不正当的动机，违背组织原则向领导说别人的坏话。

【打掩护】 dǎyǎnhù ❶指用牵制迷惑敌军的方法保护主力部队完成任务。❷比喻包庇、掩饰▷不应给那些坏人～。

【打游击】 dǎyóujī ❶团从事游击战争。❷比喻从事没有固定地点的工作或活动。

【打圆场】 dǎyuánchǎng 为调解纠纷，缓和僵局而活动▷要不是他出来～，事情还不知道闹到什么地步呢。

【打杂儿】 dǎzár 团干零碎活儿。

【打造】 dǎzào ❶团制造(多指金属制品)▷～小农具。❷创造；营造▷根据新理念，～新模式。

【打仗】 dǎzhàng 团进行战争或战斗。

【打折扣】 dǎzhékòu ❶按一定比率降价。❷比喻不能百分之百地完成任务或照原来应允的去做。

【打主意】 dǎzhǔyi 盘算；琢磨▷必须在节约原材料方面～。

【打总儿】 dǎzǒngr 团加在一起；合并起来一齐(做)▷～没多少钱，一次给他算了|他就不怕人家和他～算账?

大 dà ❶图(在面积、体积、数量、力量、程度、重要性等方面)超过通常的情况或比较的对象(跟'小'相对)▷最～的洋是太平洋|～瓶子|～发展|～事情。❷副表示程度深▷～红|～绿|～失所望。❸图称跟对方有关的事物，表示尊敬▷尊姓～名|～作。❹排行第一的▷～舅|～哥。❺图大小的程度▷面积有两个篮球场那么～。❻图时间较远的▷～前天|～后年。❼用在某些时令、天气、节假日或时间前，表示强调▷～热天的，歇会儿吧|～年三十|～清早。○另见 dài。

【大半】 dàbàn ❶题半数以上▷我们班女生占一～。❷副表示比较大的可能性▷他～会坐火车去。

【大饱眼福】 dàbǎoyǎnfú 看到珍奇或美好的事物而得到很大的满足。

【大本营】 dàběnyíng ❶图战争时期军队的最高统帅部。❷泛指某种活动的根据地▷登山队按时返回～。

【大步流星】 dàbùliúxīng 形容步伐大，走得快。

【大材小用】 dàcáixiǎoyòng 用大材料制作小器物。比喻用人不当，把有大本领的人用到了小地方，小事上。

【大潮】 dàcháo 图大的潮汐；比喻声势浩大的社会变化▷改革开放的～席卷全国。

【大处落墨】 dàchùluòmò 写文章等在主要的地方下力气。比喻做事从大处着眼。

【大吹大擂】 dàchuīdàléi 比喻大肆宣扬吹嘘。

【大打出手】 dàdǎchūshǒu 形容蛮横地逞凶打人或无端猛烈地攻击别人。

【大大咧咧】 dàdaliēliē (为人处事)随便、粗率。

【大胆】 dàdǎn 题胆量大，不畏惧▷工作很～|～创新。

【大刀阔斧】 dàdāokuòfǔ 比喻做事果断，有气势，进展快。

【大道理】 dàdàolǐ 图带有全局性质的道理▷小道理要服从～。

【大抵】 dàdǐ ❶副大都▷游苏州的人，～都要去观前街。❷基本上▷剧本的情节，～就是我说的这些。

【大典】 dàdiǎn ❶图重要文献或重要图书▷《永乐～》。❷(国家举行的)隆重的典礼▷国庆五十周年～。

【大动干戈】 dàdònggāngē 原指动用武器，发动战争。现多比喻大张旗鼓地去做不必要的事。

【大都】 dàdōu 副表示大部分或基本上▷他们～是刚进入军校的学员。

【大度】 dàdù 题度量宽宏；胸怀开阔▷为人～|宽宏～。

【大多】 dàduō 副表示多数▷植物～春天开花。

【大凡】 dàfán 副用在句首表示总括，常和"总""都"呼应▷~跟他一起工作过的人，都称赞他的干练。

【大方】　dàfāng　图〈文〉专家学者；内行人▷贻笑～｜就教于～之家。

【大方】　dàfang　❶圈不吝啬；不小气▷为人～豪爽。❷（言谈、举止）自然不拘束；文雅▷谈吐～。❸（装束、样式等）端庄不俗▷穿着朴素～。

【大放厥词】　dàfàngjuécí　原指写出大量美好的词章（厥：其）。现多指大发谬论。

【大风大浪】　dàfēngdàlàng　比喻社会上的激烈斗争。

【大腹便便】　dàfùpiánpián　形容人肥胖，肚子大。☞"便"这里不读 biàn。

【大概】　dàgài　❶图大体情况；主要内容▷文章的～我已经知道了。❷圈不很准确或不很详尽▷～的数字｜～的情况。❸副表示对情况不很精确的估计▷这箱子梨有三十多斤。

【大纲】　dàgāng　❶图网的总绳，比喻著作、计划、讲稿等的内容要点。❷纲领性的政策法令▷《土地法～》。

【大公无私】　dàgōngwúsī　一切为了国家和人民而没有私心。也指办事公正，不徇私情。

【大功告成】　dàgōnggàochéng　伟大的事业或重要的任务宣告完成。

【大关】　dàguān　❶图重要关口。❷重要转折关头▷突破了百万吨～。

【大观】　dàguān　❶图雄伟壮丽的景观▷钱塘江海潮实为天下难得之～。❷丰富多彩的事物▷蔚为～｜洋洋～。

【大锅饭】　dàguōfàn　用大锅做的供很多人用餐的普通饭食。比喻不分高低好坏的平均主义分配方式。

【大海捞针】　dàhǎilāozhēn　在广阔的海洋里打捞一根小针。比喻很难办到或找到。

【大亨】　dàhēng　图指有钱有势的大商人▷石油～｜金融～。

【大户】　dàhù　❶图旧指有钱、有势、有名望的人家。❷人口多、分支多的大家族▷在村里钱家是～。❸在某方面所占份额大的单位或个人▷电视机生产～｜养鸡～。

【大话】　dàhuà　图虚夸不实的话▷要办实事，不要说～。

【大环境】　dàhuánjìng　指总的社会环境▷孩子的教育，家庭和学校的小环境固然重要，社会的～也很重要。

【大惑不解】　dàhuòbùjiě　对某事存有很大的疑惑，难以理解。

【大计】　dàjì　图重要而长远的计划▷共商国家～。

【大家】[1]　dàjiā　圈称某个范围内所有的人▷我们～和睦相处。

【大家】[2]　dàjiā　❶图有名望的专家学者▷王羲之是我国杰出的书法～。❷有名望的大家族▷～闺秀。

【大驾】　dàjià　图敬词，用于称对方▷～光临｜有劳～。

【大节】　dàjié　图在大是大非或生死安危关头的节操；道德品行的主要方面（跟"小节"相对）。

【大惊小怪】　dàjīngxiǎoguài　对不值得惊奇的事情，过分敏感和惊讶。

【大局】　dàjú　图整个局面；总的形势。

【大举】　dàjǔ　副大规模地（多用于军事行动）▷～进攻｜～入侵。

【大军】　dàjūn　图人数多，声势大的军队或队伍▷～云集｜筑路～。

【大款】　dàkuǎn　图特指当代发大财的人。

【大力】　dàlì　❶图大的力气、力量▷出～，流大汗。❷副表示用大的力量▷～协助。

【大量】　dàliàng　❶圈数量很多▷～供应｜生产了～粮食。❷度量大▷宽容。

【大龄】　dàlíng　圈年龄较大的（用于超过法定婚龄的男女或超过一般学龄的学生）▷～青年｜～学生。

【大路货】　dàlùhuò　价格较低而销路很广的商品，泛指一般的没有特点的货物▷这些服装都是～。

【大陆】　dàlù　❶图面积辽阔的陆地。❷特指我国领土中除岛屿以外的广大陆地▷台湾同胞来～投资办厂。

【大陆架】　dàlùjià　图大陆从海岸向海面以下延伸、坡度平缓的部分，是沿海国家领土的自然延伸。

【大略】　dàlüè　❶图远大的谋略▷宏图～。❷简要的情况；概要▷事情的原委，他只谈了个～。❸副简略；大致▷他～地介绍了一下情况。

【大帽子】　dàmàozi　比喻强加给人的夸大其词的罪名或过错▷扣～。

【大名】　dàmíng　❶图人的正式名字。❷大的名气▷～鼎鼎，谁人不知?

【大谬不然】　dàmiùbùrán　非常错误，完全不是这样（谬：错误；然：对，这样）。

【大模大样】　dàmúdàyàng　形容理直气壮，大大方方或骄傲自大，旁若无人的样子。☞"模"这里不读 mó。

【大逆不道】　dànìbùdào　封建统治者对反抗封建统治，背叛封建礼教的人所加的重大罪名（逆：叛逆；不道：不合正道）。

【大年】　dànián　❶图农作物、果木等的丰收年（跟"小年"相对）▷今年是～，苹果、鸭梨样的果特别多。❷农历十二月有三十天的年份。❸指春节▷～初一。

【大农业】　dànóngyè　广义的农业，包括农、林、牧、副、渔各业及其各项加工业。

【大炮】　dàpào　❶图口径大的火炮。❷比喻喜欢发表激烈意见或好说直话的人▷他是我们班上有名的～。

【大批】　dàpī　圈数量多的▷有～粮食等着外运｜一～一～的救灾物资运到了灾区。☞多单独作名词的定语，是特殊的不定量词词。

【大起大落】　dàqǐdàluò　形容变化或起伏很快很大。☞"落"这里不读 lào。

【大气候】　dàqìhòu　比喻国际、国内的政治经济形势和社会思潮▷当前～有利于我国的改革开放。

【大器】　dàqì　图古代指珪、璋等重要而宝贵的玉器；比喻能担当重任的人才▷长大后必成～｜～晚成。

【大千世界】　dàqiānshìjiè　原为佛教用语。现泛指广阔无垠的世界。

【大权】　dàquán　图处理重要事务的权力；主要权力▷～在握｜军事～。

【大赦】　dàshè　团国家元首依法颁布命令对有关犯人普遍地实行赦免（免除或减轻刑罚）。

【大师】　dàshī　❶图在学术、艺术等方面名望大、地位高、造诣深的人▷国画～。❷某些棋类运动的等级称号▷国际象棋～。❸对和尚的尊称。

【大使】　dàshǐ　图一国常驻他国的最高级别的外交代表。全称特命全权大使。

【大势】　dàshì　图事物发展的主要趋势（多指政治态势）▷～已去。

【大事】　dàshì　❶图重大事情；重要事件▷国家～｜终身～。❷副表示大力（去做某事）▷～夸耀。

【大是大非】　dàshìdàfēi　指带有原则性、根本性的是非问题。

【大手大脚】　dàshǒudàjiǎo　形容花钱没有节制。

【大肆】　dàsì　副表示没有顾忌（含贬义）▷～造谣｜～攻击。

【大体】　dàtǐ　❶图整体；全面▷识～，顾大局。❷副大致▷你说的情况～与实际相符。

【大庭广众】　dàtíngguǎngzhòng　指人多的公众场合（庭：厅堂；广：多）。

【大同】　dàtóng　❶图儒家提出的"天下为公"的理想社会。❷形主要的方面一致▷求～，存小异。

【大王】　dàwáng　❶图比喻在某经济行业中居垄断地位的人▷汽车～。❷比喻对某种技艺有卓越才能的人▷焊接～。

【大为】　dàwéi　副很；极其▷～不满｜～振奋。

【大我】　dàwǒ　图指集体▷小我要服从～。

【大喜过望】　dàxǐguòwàng　事情的结果超过了自己所期望的，因而非常高兴。

【大相径庭】　dàxiāngjìngtíng　原指从门外小路到门内庭院还有一段距离。后比喻相差很远，大不相同。

【大小】　dàxiǎo　❶形大和小▷～屋子共有10间。❷图大、小的程度▷这鞋～正合适。❸图大人和孩子▷全家～，欢聚一堂。❹辈分高低▷说话没有礼貌，不分～。❺副表示无论怎样▷～算个领导。

【大写】　dàxiě　❶图汉字数字的一种写法，笔画比较繁多（跟"小写"相对）。如壹、贰、叁、肆、伍、陆、柒、捌、玖、拾、佰等。❷拼音字母的一种写法。如 A、B、G，区别于小写的 a、b、g。

【大言不惭】　dàyánbùcán　说大话而不感到羞愧。

【大义灭亲】　dàyìmièqīn　为了维护正义，对触犯刑律的亲属，不徇私情，使其受法律制裁。

【大意】　dàyì　图大概的或中心的意思▷文章～。

【大意】　dàyi　形马虎；疏忽～。

【大约】　dàyuē　副大致▷比赛～安排在下月中旬｜他动身两三天了，～已经到了吧?

【大张旗鼓】　dàzhāngqígǔ　形容规模和声势很大（张：展开）。

【大丈夫】　dàzhàngfu　图有志向、有作为、有气节的男子▷～志在四方。

【大政】　dàzhèng　图重大的政务或重要的政策▷主持～｜确定了～方针。

【大致】　dàzhì　副约略；大概▷两篇文章的观点～相同｜从建厂到投产～要二、三年的时间。

【大智若愚】　dàzhìruòyú　才智高而不炫耀，看上去好像愚笨似的。

【大宗】　dàzōng　圖用于大数量或大批的东西▷收入一～款子｜～商品。

【大作】　dàzuò　图敬词，称对方的作品▷～已经拜读了。

趿（蹧）　da　见[蹦趿]bèngda。

dai

呆　dāi　❶形傻；笨▷～头～脑｜～痴。❷呆板▷两眼发～。❸团停留；逗留▷～会儿｜最近一直～在家里。☞统读 dāi。

【呆板】　dāibǎn　❶形神情不活泼▷别看他样子～，做事满实在的。❷死板；不灵活▷形式～｜文章～。

【呆若木鸡】　dāiruòmùjī　痴呆得像木头刻的鸡。形容发愣的样子。

【呆头呆脑】　dāitóudāinǎo　又笨又傻的样子。

歹　dǎi　形坏；恶(è)▷不知好～｜～意。

【歹毒】　dǎidú　形心黑手辣▷手段～。

【歹徒】　dǎitú　图恶人；坏人。

逮　dǎi　团意思跟"逮"(dài)②相同，用于口语，只限单用▷～小偷儿｜～耗子。○另见 dài。

傣　dǎi　图指傣族(我国少数民族之一)▷～剧｜～历。☞统读 dǎi。

大　dài　用于"大夫"(dàifu，医生)"大王"(dàiwang，戏曲、旧小说中对国王或强盗首领的称呼)、"大城"(河北地名)等。☞"大夫"作为古职官名，读 dàfū，不读 dàifu。○另见 dà。

代　dài　❶团替；替换▷～我向他问好｜新陈～谢｜取～。❷图朝代；历史的分期▷改朝换～｜汉～｜时～｜古～｜现～。❸辈分▷祖孙三～｜传宗接～。❹地质年代分期的第二级，如古生代、中生代。❺团暂时替人担任某项工作▷～省长。

【代办】　dàibàn　❶团代为办理▷这件事情让老郑替我～吧。❷图国家以外交部长名义派驻另一国的外交代表。

【代笔】　dàibǐ　团替人写书信、文章等。

【代表】　dàibiǎo　❶图由选举产生替选举人办事或表达意见的人▷职工～。❷受委托替个人、集体、国家办事或表达意见的人▷私人～｜公司～｜外交～。❸团替个人或集体办事或表达意见▷我～全校师生表示感谢。❹表示某种意义或象征某种概念▷这两支曲子～了他不同时期的艺术风格｜箭头～前进的方向。❺图某一类人或事物的典型▷王进喜是工人阶级的优秀～。

【代步】　dàibù　团以交通工具代替步行▷以自行车～。

【代词】　dàicí　图起替代和指示、区别作用的词。按照作用不同，可分为三类：(1)人称代词，如"我、我们、咱们、你、他"等；(2)指示代词，如"这、那、这样、那里"等；(3)疑问代词，如"谁、什么、哪里、怎么样"等。

【代沟】　dàigōu　图上下两代人由于年龄和阅历的差别而在价值观、行为趋向、兴趣爱好与生活方式等方面的差异。

【代号】　dàihào　图为了简便等所采用的代替本事物名称的编号、字母或别名。

【代价】　dàijià　图买东西所付的钱；比喻为达到某一目的所耗费的物资、精力或作出的牺牲▷他们为事业的成功付出了极大的～。

【代理】　dàilǐ　❶团暂时代人担任某职务▷局长职务，暂时由老王～。❷受当事人委托，代表当事人进行某种活动▷厂方委派他～厂方，签订合同。❸图代理人▷某公司～。

【代码】　dàimǎ　图表示某种信息的符号组合，如电子计算机能识别的二进制数码。

【代替】　dàitì　团替换；取代▷～战友值班｜大机器生产～了手工作业。

【代为】　dàiwéi　团代替进行▷请～致意。

【代言人】　dàiyánrén　图代表某一方面发表言论的人。

岱　dài　图泰山的别称。也说岱宗、岱岳。

玳　dài　[玳瑁]dàimào　图爬行动物，形状像龟，背上覆盖着多片甲质板。甲质板可做眼镜框或装饰品，也可以做药材。

带（帶）　dài　❶图带子，用皮、布等做成的长条状的东西▷腰～｜鞋～。❷像带子的东西▷磁～｜海～。❸团随身拿着▷要多～些衣服。❹带领；引着▷～兵打仗｜～路。❺露出；显出▷面～愁容。❻含有▷话里～着讽刺的口气。❼连着；附带▷～叶的橘子｜连蹦～跳。❽顺便做(某事)▷路过书店请帮我～本书来。❾图地带；地区▷热～｜沿海一～。❿轮胎▷外～｜车～。

【带动】　dàidòng　❶团借助动力使相关东西动起来▷电动机～水泵。❷依靠带头作用使有关人或事物一

同前进▷沿海~内地|先进~后进。

【带劲】dàijìn ❶圈劲头足;有精神,有活力▷瞧他干得多~|他唱得真~。❷有兴趣;能引起兴趣▷他们玩得很~|看世界杯足球赛最~。

【带累】dàilěi 圙因某人或某方面出了问题而使别人或别方面连带受到损害▷他出交通事故~了全班。☞"累"这里不读 lèi。

【带领】dàilǐng 圙率领或指挥▷~一个排打埋伏|老师~同学参加义务劳动。

【带头】dàitóu 圙在前边带领其他人(行动)▷~搞技术革新。

殆 dài〈文〉❶圈危险▷知己知彼,百战不~。❷圖几乎;差不多▷敌人被歼~尽。

贷(貸) dài ❶圙借出或借入▷银行~给他一笔款|向金融机构~款。❷圝借出的款项▷农~|高利~。❸圙宽恕;减免▷严惩不~。❹推脱(责任)▷责无旁~。

待 dài ❶圙等;等候▷守株~兔|等~|~机。❷想要;打算▷~答不理。❸对待▷他~我不薄|优~。❹招待▷~客|款~。

【待聘】dàipìn 圙等候招聘或聘任▷下岗~|两人~。

【待价而沽】dàijià'érgū 等待好价钱出售。比喻等待有人重用才肯出来做事。

【待命】dàimìng 圙等待命令▷部队原地~。

【待人接物】dàirénjiēwù 指与人交际相处。

【待遇】dàiyù ❶圝权利、社会地位;物质报酬等▷政治~|优厚。❷待人的态度、方式等▷受到非礼的~。

怠 dài ❶圈(对人)冷淡;不恭敬▷~慢。❷松懈;懒散▷懈~。

【怠惰】dàiduò 圈懒惰;懈怠▷~成性。

【怠工】dàigōng 圙故意消极对待工作,拖延时间,降低效率。

【怠慢】dàimàn ❶圈(待人)冷漠;不热情▷态度~。❷圙客套话,表示对客人招待不周▷请原谅,~大家了。

袋 dài ❶圝袋子,用软而薄的材料制作的盛东西的用具▷面~|塑料~。❷圎用于装在口袋里的东西▷一~牛奶|两~大米。❸用于水烟、旱烟▷抽一~烟|一~接着一~地抽。☞不要写作"代"。

逮 dài ❶圙赶上;达到▷~及|不~(达不到)。❷捉拿▷~捕。○另见 dǎi。

【逮捕】dàibǔ 圙公安、司法机关依法对犯罪嫌疑人捉拿羁押。

戴 dài ❶圙把东西加在头、面或身体其他部位▷~帽子|~手套|~眼镜|胸前~着大红花◇披星~月。❷尊奉;推崇▷感恩~德|爱~|拥~。

【戴高帽子】dàigāomàozi 故意对人说恭维话。

黛 dài ❶圝古代妇女画眉的青黑色颜料▷粉~|眉~。❷圈青黑色▷~绿。

dan

丹 dān ❶圈红色▷~心。❷圝按成方制成的颗粒状或粉末状的中药▷~药|妙药~。

【丹青】dānqīng ❶圝指红色和青色颜料▷~玄黄,色彩分明。❷借指绘画▷遥望远山如~。❸借指史书。

【丹心】dānxīn 圝赤诚的心。

担(擔) dān ❶圙用肩挑▷肩不能~,手不能提。❷担负;承当▷~责任|分~。○另见 dàn。

【担保】dānbǎo 圙承担责任,保证完全负责▷我敢~,他绝不会干这种事。

【担待】dāndài ❶圙客套话,用于请人原谅▷货物未能如期送到,请多~。❷承担▷出了事,我可~不起。

【担当】dāndāng 圙承担;承受▷敢于~重任|出了问题,我~责任。

【担负】dānfù 圙承担(工作等)▷~繁重的任务|全部费用。

【担纲】dāngāng 圙担任主要角色;负主要责任▷这部大片由两位名演员~|本书的编纂由权威专家~。

【担惊受怕】dānjīngshòupà 承受惊吓,内心感到紧张害怕。

【担任】dānrèn 圙担负(某种工作或职务)▷~大会的警卫工作|~校长。

【担心】dānxīn 圙挂念;不放心▷~他的健康状况|~儿女的安全。☞不宜写作"耽心"。

【担忧】dānyōu 圙担心忧虑▷这事真让人~。☞不宜写作"耽忧"。

单(單) dān ❶圈独自一个的;不跟别的合在一起的▷~扇窗户|~身。❷微弱;微薄▷势~力薄|~薄。❸项目、种类少;结构、头绪不复杂▷简~|~调|~纯。❹(衣物等)只有一层的▷~褂儿。❺圝铺盖用的大幅单层的布▷床~|被~。❻分项记事用的纸片▷~据|名~|清~。❼圈奇(jī)数的(如 1、3、5、7、9 等,跟"双"相对)▷~数|~号。❽圎仅;只▷别的不管,~说这件事|做事不能~凭热情。☞在"单于"(古代匈奴君主的称号)中读 chán。

【单薄】dānbó ❶圈(衣、被等)厚度小;件数少▷穿得~了些|被子太~了。❷(身体)瘦弱▷身子骨儿~。❸(内容、力量、资金等)不充实;不雄厚▷资金短缺,实力~。☞"薄"这里不读 báo。

【单传】dānchuán ❶圙旧指一代只有一个儿子▷他家三代~。❷旧指技艺只受一家师傅传授,不杂其他派别。

【单纯】dānchún ❶圈简单,不复杂▷头脑~。❷单一▷不能~抓学习,要抓全面素质的培养。

【单纯词】dānchúncí 圝由一个语素构成的词。汉语的单纯词有的只由一个字表示,如人、来、大;有的由多个字表示(即合起来才有意义)如螳螂、腼腆、布尔什维克。

【单打一】dāndǎyī 只做一件事或只接触一方面的事物而不顾及其他▷咱们做工作,不能~,要兼顾其他。

【单刀直入】dāndāozhírù 用短柄长刀径直刺人。多比喻说话直截了当,不转弯抹角。

【单调】dāndiào 圈简单重复,缺少变化▷~乏味|~的生活。

【单独】dāndú 圖表示不跟其他的合在一起;独自▷成本~核算。

【单方】dānfāng 圝民间流传的专治某种疾病而用药简单的药方。☞不宜写作"丹方"。

【单句】dānjù 圝语法上指由一个词或一个词组构成的句子。全句有一个语调,书面上有一个句末标点。如"咦?""太阳出来了。"是两个单句。

【单列】dānliè 圙单独开列▷~项目|~计划。

【单枪匹马】dānqiāngpǐmǎ 原指作战时单骑上阵。泛指单独行动。

【单身】dānshēn 圝没有结婚或不跟家属生活在一起的成年人。

【单位】dānwèi ❶圝对事物进行计量的标准量的名称。如米、千克、秒分别是长度、质量、时间的计算单位。❷指党政机关、社会团体或在一个机关团体属下的各个部门▷本~盖章有效|我们机关有 12 个处级

【单向】 dānxiàng 厖单一方向的;只朝着某一个方面的▷～行驶|高校毕业分配由～选择变为双向选择。

【单行】 dānxíng ❶厖就单一事项而实行的或仅在某地颁行和适用的(条例、法规等)▷民族地区的～法规。❷单一方向运行的▷这条街道是～线。❸单独印行的▷～本《呐喊》。❹厖单独降临▷祸不～。

【单一】 dānyī 厖只有一种类型的;单调▷～性别|衣着～。

【单音词】 dānyīncí 图一个音节的词。如人、走、大。

【单元】 dānyuán 图整体中一个相对独立的部分▷这册语文分七个～|这栋楼共有三个～。

【单子】 dānzi ❶图铺在床上的大块布料▷床～|干干净净。❷分条分项记载事物的纸单▷我给你开个～。

眈 dān [眈眈]dāndān 厖眼睛注视的样子▷虎视～(凶狠地注视着)。

耽 dān ❶团沉溺,迷恋▷～于幻想|～于酒色。❷拖延(时间)▷～搁|～误。☞"耽"和"眈"音同、形近、义不同。

【耽搁】 dānge ❶团延迟▷他有意～时间。❷停留▷回来的路上,又在重庆～了几天。❸耽误▷因为有病,把会～了。☞不宜写作"担搁"。

【耽误】 dānwu 团拖延了时间或因错过时机而误事▷因堵车～了上班|～农时。

郸(鄲) dān 用于地名。邯郸,在河北。

殚(殫) dān 团用尽;竭尽▷～精竭虑。

箪(簞) dān 图古代盛饭的竹器,圆形有盖▷～食(sī)壶浆(用箪盛饭,用壶盛汤)。

儋 dān 图用于地名。儋县,在海南省。

胆(膽) dǎn ❶图胆囊的通称。❷胆量;勇气▷小如鼠|～大心细。❸某些器物内部可以盛水或充气的东西▷热水瓶的～碎了|球～。

【胆大包天】 dǎndàbāotiān 形容胆量极大,什么都不怕(含贬义)。

【胆大妄为】 dǎndàwàngwéi 无所顾忌地胡作非为。

【胆敢】 dǎngǎn 团居然敢于(干某种事)▷谁～以身试法,一定严惩不贷。

【胆寒】 dǎnhán 厖惊恐▷初次跳伞真令人～。

【胆量】 dǎnliàng 图勇敢精神;勇气。

【胆略】 dǎnlüè 图勇气和谋略。

【胆怯】 dǎnqiè 厖胆小;害怕。

【胆识】 dǎnshí 图胆量和见识▷～过人。

【胆战心惊】 dǎnzhànxīnjīng 形容十分害怕(战:发抖)。☞不宜写作"胆颤心惊"。

疸 dǎn 图病名,如黄疸、胃疸。

掸(撣) dǎn 团轻轻地扫或抽打(以去掉尘土等)▷～土。

石 dàn 圉市制容量单位,10斗为1石,1市石等于法定容量单位100升。○另见 shí。

旦 dàn ❶图天亮的时候;早晨▷通宵达～。❷指某一天▷元～。❸传统戏曲里的一个行当,扮演妇女▷～角|花～|老～|刀马～。

【旦夕】 dànxī 图早晨和晚上,借指短暂的时间▷危在～。

但 dàn ❶副表示对动作行为范围的限制,相当于"只"▷～见绿草满地,不见黄沙飞扬。❷团连接分句,表示转折关系▷他很聪明,～不用功。

【但是】 dànshì 圉但②▷虽然风很大,～不觉得冷。

担(擔) dàn ❶图担子▷货郎～。❷圉市制重量单位,100市斤为1市担。1市担等于50千克。❸用于成挑的东西▷一～水。○另见 dān。

【担子】 dànzi ❶图扁担和挂在两头的东西▷一挑～。❷比喻担负的责任▷这任务交给你,～可不轻啊!

诞(誕) dàn ❶图荒唐;不合情理▷怪～|荒～。❷团(人)出生▷～生。❸图出生的日子▷圣～|寿～。☞右边"延"的第四画是竖折(乚)。

【诞辰】 dànchén 图生日(用于尊敬的人和庄重的场合)▷鲁迅～。

【诞生】 dànshēng 团(人)降生;出生▷鲁迅～于1881年◇1921年7月1日中国共产党～了。

啖 dàn 〈文〉❶团吃;喂▷～以荔枝。❷用利益引诱或收买▷～以重金。

淡 dàn ❶厖味道不浓;不咸▷清～可口|～水。❷所含的某种成分少;稀薄(跟"浓"相对)▷～墨|云～风清|～红。❸(感情、兴趣等)不深;不热心▷家庭观念很～|冷～。❹生意少;不兴旺▷～季|～月。❺(内容)不精彩;没有特色▷平～无味。❻图无聊的话▷扯～。

【淡泊】 dànbó 看得淡;不热衷▷～功名利禄。☞不宜写作"澹泊"。

【淡薄】 dànbó ❶厖不浓,密度小▷～的晨雾。❷冷淡;不亲密▷兴趣～|感情～。❸(印象)浅淡而模糊▷时间太久了,记忆都～了。❹(味道)不浓厚▷有一股～的酒香。

【淡季】 dànjì 图生意不兴旺或某种东西出产少的季节(跟"旺季"相对)。

【淡漠】 dànmò ❶厖冷淡;不热情▷态度很～。❷(印象)模糊;不真切▷四十年前那分手时的情景,哪能会～呢?

【淡忘】 dànwàng 团印象逐渐淡薄,以至消失▷有些往事已经～了。

【淡雅】 dànyǎ 厖清淡素雅▷衣着～。

【淡妆】 dànzhuāng 图清淡雅致的妆饰。

惮(憚) dàn 团害怕▷肆无忌～。

弹(彈) dàn ❶图用弹弓弹(tán)射的小丸▷铁～|泥～。❷可以发射或投掷出去的爆炸物▷炮～|手榴～。○另见 tán。

【弹弓】 dàngōng 图借助弹(tán)力发射弹丸的弓。古时曾当作武器应用,后用来打鸟或当作玩具。

【弹丸】 dànwán ❶图"弹"①。❷形容狭小的地方▷～之地。

蛋 dàn ❶图鸟、龟、蛇等产的卵▷鸡～|蛇～。❷形状像蛋的东西▷驴粪～儿|山药～。❸比喻具有某种特点的人(含贬义)▷糊涂～|坏～。

【蛋白】 dànbái ❶图禽类的卵中,包在蛋黄周围由蛋白质组成的透明胶状物质。也说蛋清。❷指蛋白质▷血清～。

【蛋白质】 dànbáizhì 图生物体内普遍存在的一种主要由氨基酸构成的高分子有机化合物,是构成生物体活质最重要部分,是生命的基础。

【蛋黄】 dànhuáng 图禽类的卵中被蛋清包裹着的黄色物质,胶状,呈球形。

氮 dàn 图非金属元素,无色无臭无味的气体,符号N。

【氮肥】 dànféi 图以氮素为主的化学肥料。常见的有尿素、氨水、硝酸铵等。

dang

当（當噹⑨）　dāng　❶囫相称(chèn)▷门～户对 | 旗鼓相～。❷囫掌管;主持▷～权。❸承担;承受▷一人做事一人～。❹阻拦;抵挡▷螳臂～车。❺担任;充任▷选他～大会主席 | ～老师。❻对着;向着▷首～其冲 | ～众表扬。❼囦引进动作行为的处所或时间▷～我动身的时候,天已经大亮了。❽囫应当▷～省就省 | 理～如此。❾拟声模拟金属器物撞击的声音▷～的一声,饭盒掉在地上了 | 传来一阵～～的敲锣声。○另见dàng。

【当班】　dāngbān　囫在规定时间内担任一定任务;值班▷今天该他～。

【当场】　dāngchǎng　剾在事情发生的当时、当地▷犯罪嫌疑人～被公安人员抓获 | ～作画。

【当初】　dāngchū　囦起初;特指从前发生某事的时候▷～这里是荒草一片 | 早知如此,～就不应同意。

【当代】　dāngdài　囦现在这个时代▷他是～的活雷锋。

【当道】　dāngdào　囫处在道路中间;比喻当政掌权(含贬义)▷奸贼～,国无宁日。

【当地】　dāngdì　囦人、物所在的那个地方▷～向导 | ～风俗 | ～政府。

【当机立断】　dāngjīlìduàn　抓住恰当时机,果断做出决定。

【当即】　dāngjí　剾立刻;马上▷受伤后,～送往医院抢救。☞"即"不读jì。

【当家】　dāngjiā　❶囫主持家务;比喻处在领导或主人的地位▷妈妈～理财 | 当好全厂的家 | 过去的奴隶,现在～做主人。❷囦当家的人▷选一个好～。

【当今】　dāngjīn　囦现在;目前▷～时代 | ～著名作家。

【当局】　dāngjú　囦指政府、党派等的主管领导▷日本～ | 教育部～。

【当局者迷】　dāngjúzhěmí　下棋的人往往看不清楚,比喻当事人因利害得失而陷入主观片面,难免认识不全面。

【当空】　dāngkōng　囫位于天空;在上空▷明月～ | 飞过来一只鸟。

【当面】　dāngmiàn　剾面对面▷现钞要一点清 | 有些话～不便讲,以后再谈。

【当年】　dāngnián　❶囦过去了的某一段时间▷～,他正在农村上小学。❷囫正值身强力壮的时候▷小伙子正～,活干得又快又好。

【当前】　dāngqián　❶囦目前;现阶段▷～的最大困难是人才缺乏。❷囫在眼前▷大敌～,要同仇敌忾。

【当然】　dāngrán　❶彫应当如此▷理所～ | 同学们互相帮助、互相关心是～的。❷剾表示对事理上或情理上的肯定;不必怀疑▷不下水,～学不会游泳。❸囲用在分句或句子开头,承接上文,有退一步补充说明的作用▷这部作品思想内容、艺术手法都很好,～,某些情节还有待推敲提炼。

【当仁不让】　dāngrénbùràng　碰到应当做的事情要勇于去做,不推辞,不退让。

【当时】　dāngshí　囦事情发生的那个时候▷你的想法,为什么～不说呢?

【当事人】　dāngshìrén　❶囦法律上指参加诉讼的各方。❷与某事物有关的人▷参加谈判的～。

【当头】　dāngtóu　❶囫朝着头部▷～棒喝。❷到眼前▷大难～。❸放在第一位▷他办事总是"稳"字～。

【当头棒喝】　dāngtóubànghè　佛教禅宗和尚接待初学者时,常用棒虚击一下或大喝一声,促使人领悟教义。比喻给人以警告,促使其猛醒。

【当务之急】　dāngwùzhījí　指当前最急需办的事▷把食品送到被洪水围困的灾民手中是～。

【当心】　dāngxīn　囫小心;留意▷走路要～ | ～着凉。

【当之无愧】　dāngzhīwúkuì　承当某种称号或荣誉,完全有资格不用感到惭愧。

【当中】　dāngzhōng　❶囦正中间的位置▷广场～是一个喷泉。❷其中;之内▷他们～有一个北京人。

【当众】　dāngzhòng　囫在众人面前;面对着众人▷～出丑 | ～抽奖。

珰（璫）　dāng　〈文〉囦妇女耳垂上戴的装饰品。

铛（鐺）　dāng　同"当"⑨。现通常写作"当"。○另见chēng。

裆（襠）　dāng　❶囦两条裤腿相连的地方▷这条裤子～太浅 | 裤～ | 开～裤。❷两腿之间的部位▷兔子从～底下钻过去。

挡（擋）　dāng　❶囫阻拦;抵抗▷别一道～ | 兵来将～ | 阻～。❷遮蔽▷阳光～一～。❸囦用来遮挡的东西▷炉～ | 窗～。❹指排挡,用于调节机械运行速度及控制方向的装置▷挂～ | 换～ | 空～。

【挡驾】　dǎngjià　囫委婉谢绝来客访问▷群众反映情况,任何人也不准～。

【挡箭牌】　dǎngjiànpái　抵挡箭支的盾牌。比喻推托和掩饰的借口。

党（黨）　dǎng　❶囫因私人利害关系而结合成的集团▷结～营私 | 朋～。❷囫〈文〉偏私;偏袒▷～同伐异。❸囦指政党▷共产～ | ～派。❹在我国特指中国共产党▷入～ | ～员。

【党风】　dǎngfēng　囦政党的作风(思想作风和工作作风等)▷整顿～。

【党纪】　dǎngjì　囦政党为本党组织和党员所规定的纪律▷遵守～。

【党派】　dǎngpài　囦政党和政治派别的统称。

【党同伐异】　dǎngtóngfáyì　跟与自己意见相同的人结为一伙,打击排斥与自己意见不同的人。

【党徒】　dǎngtú　囦指反动党派或黑帮的成员▷纳粹～ | 黑帮～。

【党团】　dǎngtuán　❶囦党派和团体的合称;特指中国共产党和中国共产主义青年团。❷某些国家议会中,同一政党的议员集体。

【党性】　dǎngxìng　❶囦政党阶级性的最高、最集中的表现。不同政党有不同的党性,代表不同阶级的利益和意志。❷特指中国共产党的党性。

【党羽】　dǎngyǔ　囦指反动党派或团伙头目的随从和追随者。

【党政】　dǎngzhèng　囦党的机关和政府机关的合称;也指党务和政务▷～齐抓共管 | ～工作。

当（當）　dàng　❶彫合适;适宜▷用词不～ | ～适。❷囫等于;抵得上▷一个人～两个人用。❸当作;作为▷把学生～自己的孩子一样爱护。❹以为▷天这么晚了,我～你不来了呢。❺用实物作抵押向专营抵押放贷的店铺借钱▷用皮袄～了二百块钱。❻彫同一(时间)▷～年(同一年) | ～天(同一天) | ～晚(同一晚上)。○另见dāng。

【当铺】　dàngpù　囦收取抵押物品并借款给物主的店铺。借款钱数视抵押物品的价值而定。到规定时间不赎,当铺可以变卖或处理。

【当时】　dàngshí　剾立刻▷听到噩耗,他～就昏了过去。☞"当时"(dàngshí)跟"当时"(dāngshí)意义不同,不要混用。

【当真】　dàngzhēn　❶囫当成真的▷这是开玩笑,不必

～。❷形确实；可靠▷你说的话～吗？

【当作】 dàngzuò 动当成；作为▷她把这个孤儿～自己的亲闺女。

凼 dàng ❶名田里蓄水的池子或沤肥的小坑▷水～|～肥。❷用于地名。凼仔岛，在澳门。

砀(碭) dàng 名用于地名。砀山，在安徽。

宕 dàng ❶形放纵；不受拘束▷跌～。❷动拖延▷延～|推～。

荡(蕩) dàng ❶动冲洗▷～涤。❷摇动；晃动▷～秋千|动～|晃～。❸没有目的地走来走去；闲逛▷游～|逛～。❹清除；弄光▷扫～|倾家～产。❺形行为放纵，不检点▷放～|淫～。❻名浅水湖▷芦苇～。❼形平坦广阔▷浩～|坦～。

【荡涤】 dàngdí 动冲洗；清除▷～污泥浊水◇山中美景～襟怀。

【荡然无存】 dàngránwúcún 空荡荡地什么也不存在了。

【荡漾】 dàngyàng 动（水波等）微微晃动▷碧波～◇歌声在田野里～。

档(檔) dàng ❶名存放案卷的带格子的架子或橱柜▷归～|存～。❷档案▷查～。❸器物上起支撑固定作用的条状物▷横～。❹货物的等级▷高～商品|低～材料。❺量件；桩▷事情一～又一～|几～子事都凑一块了。☛统读 dàng。

【档案】 dàng'àn 名国家机关、社会组织及个人从事各种活动所形成的有保存价值的文字材料和音像记录。

【档次】 dàngcì 名根据某种标准排列的级别和等次▷工资的～|不同～的商品。

dao

刀 dāo ❶名古代兵器；泛指切、割、削、刺的工具▷手上拿着～|菜～。❷形状像刀的东西▷冰～|瓦～。❸量用于手工制造的纸张，一刀通常为一百张▷一～毛边纸。

【刀把儿】 dāobàr ❶名刀柄；比喻可以被别人用来进行要挟的过失或错误▷他叫人握住了～，遇事不敢做声。❷比喻权柄▷～在他手里攥着，就为非作歹了。

【刀耕火种】 dāogēnghuǒzhòng 把草木烧成灰当肥料，就地用刀挖坑下种。指一种最原始的耕作方法。

【刀光剑影】 dāoguāngjiànyǐng 形容拼死厮杀的场面和杀气腾腾的气氛。

【刀刃】 dāorèn ❶名刀的锋利部分▷～锋利。❷比喻最关键、最能发挥作用的地方▷把力气用在～上。

叨 dāo 见下。☛跟"叼"(diāo)不同。○另见 dáo；tāo。

【叨叨】 dāodao 动翻来覆去地说▷老太太～几句没什么。

【叨唠】 dāolao 动叨叨。

叨 dáo [叨咕]dáogu 动小声自言自语▷你在那儿～什么呢？○另见 dāo；tāo。

捯 dáo ❶动两手不断替换着往回拉或绕（线、绳等）▷把风筝～下来|～线。❷顺着线索追究▷这件事已经～出头儿来了|～根儿。

导(導) dǎo ❶动引；带领▷～游|～航。❷指导；开导▷教～|劝～。❸（热、电等）通过物体由一处传到另一处▷～电|～热|半～体。☛统读 dǎo。

【导播】 dǎobō ❶动在广播、电视播出时进行指导▷这个节目有人～。❷名担任导播的人。

【导弹】 dǎodàn 名依靠自身动力装置推进，由制导系统导引，将弹头射向预定目标并引爆的高速飞行武器。

【导读】 dǎodú 动引导、启发读者阅读。

【导航】 dǎoháng 动用航行标、雷达、无线电装置等引导飞机或轮船等航行。

【导火线】 dǎohuǒxiàn ❶名引爆爆炸物的引线。❷比喻引发事件的直接原因▷边界争端是两国关系紧张的～。

【导师】 dǎoshī ❶名高等学校和科研部门中指导他人进修、学习和撰写论文的教师▷研究生～。❷在伟大的事业中，提出理论、制定路线、指引方向的人。

【导向】 dǎoxiàng ❶动引导朝着某个方向发展▷把人们的思想～何方？❷名引导的方向▷以市场为～|舆论～。

【导言】 dǎoyán 名全书或文章的开头，起介绍引导作用的部分。

【导演】 dǎoyǎn ❶动组织和指导舞台演出或影视片的排演、拍摄工作。❷名担任导演工作的人。

【导游】 dǎoyóu ❶动带领并指导游人游览。❷名担任导游的人。

【导致】 dǎozhì 动造成；引起▷～失败|～灭亡。

岛(島) dǎo 名海洋或江河、湖泊中被水包围的陆地▷海南～|半～。

【岛屿】 dǎoyǔ 名岛的总称▷这一带大小～有 100 多个。

捣(搗) dǎo ❶动用棍棒等工具的一端撞击或捶打▷～药|～米|～衣。❷冲击；攻打▷直～敌营|～毁。❸搅扰；扰乱▷～蛋。

【捣鬼】 dǎoguǐ 动耍阴谋▷当面表示同意，背地里又～|这事弄成这样，肯定是他捣的鬼。

【捣乱】 dǎoluàn 动搅乱；破坏▷严防敌人～|你捣什么乱！

倒 dǎo ❶动由直立变为横卧▷～在床上睡着了|跌～|推～。❷垮台；失败▷～台|～闭。❸（人的某些器官）受到损伤或刺激致使功能变坏▷～了嗓子|牙给酸～了。❹转换；更换▷两人～了坐位|～车|三班～。❺腾；挪动▷～不开身子。❻把货物或店铺作价卖给他人▷这批货已经～给别人了。❼投机倒把▷～买～卖|～粮食。○另见 dào。

【倒闭】 dǎobì 动（工厂或商店）因经营亏本而停业关闭。

【倒戈】 dǎogē 动投降对方，掉转枪口攻打自己原来所属的一方。

【倒换】 dǎohuàn ❶动交换；掉换▷～稻种。❷轮流替换▷三个人～着护理病人。

【倒嚼】 dǎojiào 动反刍，牛羊等反刍动物把吃下去的东西返回到嘴里重嚼。☛㊀"嚼"这里不读 jiáo。㊁不宜写作"倒噍"。

【倒霉】 dǎoméi 形遇到不顺心的事▷事事都不如意，真～。☛不宜写作"倒楣"。

【倒手】 dǎoshǒu ❶动（物品）从自己这只手倒换到另一只手上▷烤白薯烫得她直～。❷（商品）从这人手上转卖到另一人手上▷这些货一～，价钱就涨上去了|这货都倒了几道手了。

【倒塌】 dǎotā 动（建筑物）倾倒坍塌。

【倒台】 dǎotái 动崩溃；垮台。

【倒腾】 dǎoteng ❶动翻动；移动▷场上晒的麦子要勤～着点儿。❷贩卖；经营▷他经常～点儿小买卖。❸掉换；分派▷工作多，人手～不开。☛不宜写作"捣腾"。

【倒胃口】 dǎowèikǒu ❶因为吃腻了而不想再吃▷看

见这个菜我就～。❷比喻对某人某事有反感▷这个人张嘴就说脏话，真让人～。

祷(禱) dǎo ❶囫祷告，向神祝告，祈求保佑▷祈～｜默～。❷囫请求；盼望（多用于书信）▷是所至｜盼～。

蹈 dǎo ❶囫踏；踩▷赴汤～火｜重～覆辙。❷跳动▷手舞足～｜～舞。❸遵循▷循规～矩。☞㊀统读 dǎo。㊁右边是"舀"，不是"臽"。

【蹈袭】 dǎoxí 囫因袭；沿用▷～旧例。

到 dào ❶囫抵达；达到▷今天就～北京｜～期｜～点。❷囵周全；周密▷礼节不～的地方请包涵｜周～。❸囫去；往▷亲戚家去坐坐。❹用在动词后表示动作达到目的或有了结果▷想～｜做～｜收～。

【到处】 dàochù 囷处处；各地▷～欢声笑语，人流如潮。

【到达】 dàodá 囫到①；抵达（某一地点或阶段等）▷～终点｜～新境界。

【到底】[1] dàodǐ 囫到达尽头▷追查～。

【到底】[2] dàodǐ ❶囵表示经过某些过程之后出现的最后结果；终于▷我们的书～出版了。❷用于问句，表示追究；究竟▷那里的气候～怎么样？❸毕竟▷不管好不好，～是人家的一片心意。

【到家】 dàojiā 囵达到相当高水平的；达到要求标准的▷这菜做得真算～了，色香味俱全｜售后服务很～。

【到任】 dàorèn 来到并担负起了新的职务▷新厂长已经～。

【到位】 dàowèi ❶囫到达规定的位置、要求或程度▷资金已全部～｜释义不～。❷囵达到或超出应有水平的▷表演很～。

倒 dào ❶囫颠倒（dǎo）▷"9"字～过来就成"6"了｜标语贴～了｜～立。❷使向后退或向相反方向移动▷把车～回去｜～流。❸翻转或倾斜容器，使所盛的东西出来▷把口袋里的米～出来｜～脏土。❹囵表示客观事实同主观意料相反▷没吃药病～好了｜想स～简单，实际上满不是那么回事。○另见 dǎo。

【倒背如流】 dàobèirúliú 首尾颠倒地背诵像流水一样顺畅。形容诗文等读得很熟。

【倒春寒】 dàochūnhán 早春回暖后气候又变冷，气温降到正常年份同期平均温度以下▷～对作物正常生长不利。

【倒打一耙】 dàodǎyīpá 不仅不接受批评，反而指摘或加罪于批评者。

【倒挂】 dàoguà ❶囫头向下悬垂着▷金钟花～在枝头上。❷指商品的收购价高于销售价▷粮价不能再～下去。

【倒贴】 dàotiē 囫得不到本该得到的收益，反而还要付出▷不仅没赚到钱，反而～了一笔。

【倒行逆施】 dàoxíngnìshī 指做事违背时代发展方向和常理（倒行：颠倒行事；逆施：朝反方向做）。

【倒序】 dàoxù 囹相反的次序；逆序。

【倒叙】 dàoxù 囫先叙述结局或后发生的情节，然后再记叙事情的开头和经过。

【倒栽葱】 dàozāicōng 形容头朝下栽下来▷中弹敌机一个～，掉进了大海。

【倒置】 dàozhì 囫倒着放；违背事物的正常次序▷椅子～在桌面上｜抓工作不能轻重～。

【倒转】 dàozhuǎn 囫倒过来；换个角度▷～来说，你也应该同情他。

【倒转】 dàozhuàn 囫向相反的方向旋转▷时光的车轮不会～。

【倒装】 dàozhuāng 囹修辞方式的一种，颠倒词语的

正常次序，以收到调整音节，错综语句，加强语势等的表达效果。如"起来，不愿做奴隶的人们！"

盗 dào ❶囫偷窃；抢劫▷仓库被～｜欺世～名。❷囹偷窃、抢劫财物的人▷强～｜江洋大～。

【盗版】 dàobǎn ❶囫未经书刊或音像制品的版权所有者同意而偷偷翻印或翻录▷他大肆～被严惩。❷囹指偷印或偷录的版本。

【盗匪】 dàofěi 囹抢劫财物、破坏社会治安的人。

【盗汗】 dàohàn 囫因病或身体虚弱睡眠时出汗，醒时汗止。

【盗窃】 dàoqiè 囫偷盗；用秘密手段非法取得▷～财物｜～国家经济情报。

【盗用】 dàoyòng 囫非法使用；窃取使用▷～名牌商标｜～他人名义。

【盗贼】 dàozéi 囹强盗和小偷的泛称。

悼 dào 囫追念死去的人▷哀～｜追～。☞统读 dào。

【悼词】 dàocí 囹对死者表示悼念的讲话或文章。☞不宜写作"悼辞"。

【悼念】 dàoniàn 囫对死者表示哀悼和怀念▷沉痛～亲人。

道 dào ❶囹路▷这条～儿近｜林阴～｜～路。❷水流的途径▷河～｜下水～。❸途径；规律▷志同合｜门～。❹学术思想或宗教教义▷离经叛～｜尊师重～｜～传。❺行为的准则或规范▷～义。❻道家▷儒～、～、墨、法。❼指道教或道教徒▷～观｜～士｜老～。❽囫用言语表示（情意）▷～谢｜～歉。❾说▷能说会～｜指名～姓。❿量 a）用于某些细长的东西▷一～白光｜一～河｜三～防线。b）用于门、墙等▷三～门｜两～关口。c）用于题目、命令等▷五～题｜一～命令。d）用于连续动作中的一次▷上了三～菜｜多费一～手续。⓫囹线条；细长的痕迹▷书上画了不少横～｜铅笔～儿。

【道白】 dàobái 囹戏曲中的对话或独白，是戏曲表演艺术四大要素（唱、念、做、打）之一。也说说白、念白。

【道道儿】 dàodāor ❶囹线条▷不要在墙上乱画～。❷主意▷人多～也多。❸门道；窍门▷我听不懂也看不出你的～在哪儿。

【道德】 dàodé ❶囹调整人与人之间，个人与社会之间关系的行为规范的总和。以真诚和虚伪、善与恶、正义和非正义、公正与偏私等观念来衡量和评价人们的思想、行动。❷囵合乎行为规范的▷干这种事是很不～的。

【道家】 dàojiā 囹我国古代的一个思想流派。以老子、庄子为主要代表，主张清静无为，一切顺其自然。

【道教】 dàojiào 囹我国的固有宗教，认为"道"是化生万物的本原。东汉张道陵根据传统的民间信仰而创立，南北朝时逐渐盛行。

【道具】 dàojù 囹戏剧等表演时所需的一切用具。

【道理】 dàolǐ ❶囹法则规律▷研究比赛中攻防的～。❷根据；理由▷讲清～他讲的很有～。❸方法；主意▷怎样对付这些无赖，我自有～。

【道路】 dàolù ❶囹供人或车马通行的路▷平坦的～｜◇致富～。❷路程；路途（包括陆路、水路）▷～遥远。

【道貌岸然】 dàomàoànrán 神态庄重严肃的样子（道貌：正经的神态；岸然：严肃的样子。多用于讽刺）。

【道歉】 dàoqiàn 囫认错，表示歉意。

【道听途说】 dàotīngtúshuō 路上听来的又在路上传播消息。泛指没有根据的传闻。

【道谢】 dàoxiè 囫表示感谢。

【道学】 dàoxué ❶囹宋代儒家朱熹等的哲学思想。也

说理学。❷圙形容为人处事古板迂腐▷~先生。
【道牙】　dàoyá　图马路人行道边的牙子。多用水泥构件制成。
【道义】　dàoyì　图道德和正义▷反动派践踏~|~上的支持。

稻　dào　图一年生草本植物，子实叫稻谷，去壳后叫大米。
【稻草】　dàocǎo　❶图脱粒后的稻秆。❷比喻不可靠的、不起作用的东西▷捞~|救命~。
【稻草人】　dàocǎorén　图用稻草扎成的像人的东西，一般竖在田间驱赶雀鸟。比喻以假充真、没有实力的人或事物。

纛　dào　图古代军队或仪仗队的大旗。☞统读dào。

de

嗒　dē　拟声模拟马蹄踏地的声音▷~~的马蹄声。

得　dé　❶圙获取到（跟"失"相对）▷~了冠军|~胜|取~。❷用在别的动词前，表示许可或能够▷库房重地，不~入内|计划~以实现。❸适合▷当(dàng)。❹称心如意；心满意足▷洋洋自~|志满意~。❺完成▷衣服做~了|饭还没~。❻表示无须再说▷~，这事就定了|~，不用再谈了。❼表示只好如此▷~，~，~，又该挨批评了。❽演算得到结果▷三加五~八|二三~六。❾圙读轻声。a)在动词后面，表示可能、可以▷这种野果吃~|他们的话听不~。b)用在动词或形容词后面，连接表示程度或结果的补语▷说~很清楚|漂亮~很|激动~热泪盈眶。○另见dèi。
【得不偿失】　débùchángshī　得到的利益抵偿不了所受的损失。
【得逞】　déchěng　圙(坏主意)得到实现▷敌人的阴谋绝不能~。
【得寸进尺】　décùnjìnchǐ　形容贪心越来越大；欲望越来越高。
【得当】　dédàng　圛(说话、做事)妥当；合适▷他的话深浅有度，十分~。
【得到】　dédào　圙拿到；获得▷~奖金|~支持。
【得道多助】　dédàoduōzhù　掌握真理正义，就会得到多数人的支持。
【得法】　défǎ　圛方法得当▷保养~。
【得过且过】　déguòqiěguò　指不思进取，混日子；也指不认真对待工作，随便敷衍。
【得计】　déjì　圙计谋得到成功(多含贬义)▷他自认为~，其实是自掘坟墓。
【得了】　déle　❶圙表示同意或要求停止▷~，就这样定了|~，再谈下去就没意思了。❷圙表示肯定语气▷你放心~，这里的事有我呢!
【得力】　délì　❶圙受益；得到帮助▷他身体这么好，~于长期的体育锻炼。❷圛能干；坚强有力▷~的助手|领导~，职工齐心。
【得了】　déliǎo　圛了得；表示发生了严重情况(多用于否定感叹句或反诘句后)▷小小的年纪就抽烟喝酒，这还~吗？|不~啦，仓库进水啦!☞"得了"(déliǎo)跟"得了"(déle)意义不同，不要混用。
【得失】　déshī　图得到的和失去的；益处和害处▷不顾个人~|权衡~。
【得势】　déshì　❶圙得到权势(多含贬义)▷奸佞~。❷占有优势▷这个队在比赛中~不得分。
【得手】　déshǒu　❶圛顺手；得心应手▷这台电脑使起

来很~。❷圙顺利达到目的▷连连~。
【得体】　détǐ　圛(言语、行为)得当；分寸恰当▷言谈~。
【得天独厚】　détiāndúhòu　独占优越的先天条件。泛指所处的环境或具有的条件特别优越。
【得心应手】　déxīnyìngshǒu　形容心手相应，技艺纯熟。也形容做事很顺利。☞"应"这里不读yīng。
【得宜】　déyí　圛合适；相宜▷处理~|繁简~。
【得意忘形】　déyìwàngxíng　高兴得失去了常态。
【得志】　dézhì　圙志向得到实现；也指名利欲望一时得到满足▷少年~|郁郁不~|小人~。
【得主】　dézhǔ　图获奖者▷金牌~。
【得罪】　dézuì　圙触犯；招人怪罪、怀恨▷在工作中，他坚持原则~了一些人。

德　dé　❶图道德；品行▷~才兼备|公~|美~。❷信念▷同心同~。❸恩惠▷感恩戴~|恩~。☞右下"心"上有一横。
【德高望重】　dégāowàngzhòng　品德高尚，声望很大(常指受人尊敬的长者)。
【德行】　déxíng　图道德品行▷~高尚。
【德行】　déxíng　图指令人不快的仪态、举止、言语、作风等(多用于贬斥、讥讽)。☞不宜写作"德性"。
【德育】　déyù　图政治思想和道德品质方面的教育。

地　de　圙用在做状语的词或词组后面，表示这个词或词组修饰动词性或形容词性中心语▷好好~学习|一步一步~引向深入|天渐渐~黑了。○另见dì。

的　de　❶圙用在定语之后表示对中心语的限制或描写▷我~书|幸福~童年|昨天到~客人|愁眉苦脸~样子。❷用在名词、动词或形容词后组成词组，代替跟这些词语有关的人或事物▷北京~、上海~都来了|有大~、也有小~|说~比唱~还好听。❸用在句末，表示肯定的或已然的语气▷你这样做是行不通~|老王什么时候走~？○另见dí;dì。

dei

得　dèi　❶圙需要▷这篇文章~三天才能写完|垒这堵墙，至少~八个工。❷应该；必须▷话~这么说才行|遇事~跟大家商量。❸要；会▷再不出发就~迟到了。另见dé。

deng

灯(燈)　dēng　图用来照明或起指示作用的发光的器具▷电~|红绿~|点~。
【灯标】　dēngbiāo　❶图有发光设备的航标▷夜间行驶，有~导航。❷有灯光设备的标志或标语牌▷夜市上有不少~，很醒目。
【灯彩】　dēngcǎi　❶图供人们观赏或装饰用的花灯。❷指民间扎制彩灯的工艺。
【灯蛾扑火】　dēng'épūhuǒ　灯蛾扑向发光的火焰。比喻自我毁灭。
【灯光】　dēngguāng　❶图各种灯点燃或开启时发出的光亮。❷特指舞台或摄影棚内的照明。
【灯红酒绿】　dēnghóngjiǔlǜ　形容腐朽奢糜的生活。也用来描写宴会的盛况。
【灯笼】　dēnglong　图一种笼子状的灯具。用竹篾或铁丝等制成骨架，外面蒙上纸、纱、绢等透明物，里边点燃蜡烛(今多用电灯)。
【灯谜】　dēngmí　图原指写在灯笼上的谜语，也指用纸写好后悬挂在绳上或张贴在墙上的谜语)。
【灯塔】　dēngtǎ　图夜晚指引船舶航行的大型航标，有较强的发光设备，呈高塔形。

登 dēng ❶囫由低处向高处行进▷～台演出|～山。❷刊载；记载▷报上～了消息|～记。❸古代指科举考试中选▷～科。❹(谷物)成熟▷五谷丰～。☞上边是"癶"，不是"夅"。

【登场】 dēngcháng 囫把收割的谷物运到场(cháng)上。

【登场】 dēngchǎng 囫(演员或剧中人)上了舞台▷～表演。

【登峰造极】 dēngfēngzàojí 登上高峰，达到顶点(造：达到)。比喻达到最高的境地。

【登记】 囫将有关事项记录在主管单位设置的表格或册页上作为一种合法的手续▷～结婚|党员重新～。

【登陆】 dēnglù 囫(从水域)登上陆地；上岸▷～作战|台风～。

【登台】 dēngtái ❶囫走上舞台或讲台▷～讲课。❷比喻上任或登上政治舞台▷在议会～亮相。

【登堂入室】 dēngtángrùshì 比喻学识和技艺逐渐达到更高的水平。

【登载】 dēngzǎi 囫刊登在报刊上。

噔 dēng 拟声模拟重物落地或撞击的声音▷楼顶上～～乱响。

蹬 dēng ❶囫踩；踏▷脚～在凳子上。❷腿和脚向脚底的方向用力▷～三轮车。

等 děng ❶囫(程度或数量等)相同▷高下不～|大小相～|于。❷囵等级▷分成三～|上～。❸种；类▷有这～事？|此～人。❹囫表示列举未完，不再一一说出▷英、法～西欧国家|比赛项目包括田径、游泳、球类～～。❺列举之后用来收尾▷东北有辽宁、吉林、黑龙江～三个省。❻囫等待；等候▷我在家～你|～车。❼等到；到▷～吃完饭再说。

【等差】 děngchā 囵等级的差别。

【等次】 děngcì 囵各等级高低的次序▷划分～，按质论价。

【等待】 děngdài 囫不采取引动，直到所期望的人、事物或情况出现▷～亲人|～机遇。

【等到】 děngdào 囫等候得到；到某一时间产生某种行为▷～了时机|～人来齐了，咱们就出发。

【等第】 děngdì 囵等级次第▷区分～。

【等额】 děng'é 囫名额相等▷～选举。

【等而下之】 děngérxiàzhī 由这一等级再逐级往下。形容逐渐下降或降低。

【等分】 děngfèn 囵每一份的数量相等的份儿▷把东西分成五～。

【等候】 děnghòu 囫等待▷～好消息。

【等级】 děngjí 囵按照质量、程度等的不同而划分出的级别▷学习成绩一般优、良、中、及格、不及格几个～。

【等价】 děngjià 囫价值相等▷二者～|～物。

【等量齐观】 děngliàngqíguān 同等看待有差别的事物。

【等米下锅】 děngmǐxiàguō 比喻景况极窘迫，也比喻不积极地寻找需要的东西而消极被动地等待。

【等同】 děngtóng 囫当作同样的事物▷两者区别很大，不能一起来。

【等闲】 děngxián 囮〈文〉平常；普通▷此人非～之辈。

【等于】 děngyú ❶囫表示前后数值相等▷三加五～八。❷跟某种情况相同▷说了不做，～没说。

戥 děng ❶囵戥子，用来称量金、银、药品等的小秤，最大计量单位是两，小到分或厘。❷囫用戥子称▷每味药都要～一～。

邓(鄧) dèng 囵姓。

凳 dèng 囵凳子，有腿没有靠背的坐具▷板～|小圆～儿。☞统读 dèng。

澄 dèng ❶囫使液体里的杂质沉淀▷水太浑，～清了才能用。❷挡住容器中液体里的其他东西，把液体倒出来▷～出一碗米汤来。○另见 chéng。

磴 dèng ❶囵石头台阶。❷囥用于台阶、楼梯或梯子▷七～台阶。

瞪 dèng ❶囫(因生气或不满)睁大眼睛直视▷狠狠地～他一眼。❷用力睁大眼睛▷～着俩大眼不知想什么。

镫(鐙) dèng 囵挂在马鞍两旁供骑马人蹬(dēng)脚的东西▷马～|脚～。

dī

氐 dī 囵我国古代西部民族。

低 dī ❶囮矮；由下往上的距离短(跟"高"相对，③—⑤同)▷跳得不～|～空。❷囫向下垂或弯▷把头～下。❸囮(地势)洼下▷地势～|～谷。❹在一般状况之下的▷价钱～|～温。❺等级在下的▷～年级|～等动物。

【低潮】 dīcháo ❶囵最低潮位。❷比喻事物发展低落的阶段。

【低沉】 dīchén ❶囮(天色、声音、气氛等)沉重、压抑。❷(情绪)低落。

【低垂】 dīchuí 囫向下垂落；低低地垂挂▷～着的柳丝随风飘荡。

【低档】 dīdàng 囮档次低的▷～商品|～饭馆。☞"档"不读 dǎng。

【低调】 dīdiào ❶囵调值低的声调▷这个方言有两个～。❷比喻悲观低沉的论调▷唱～。❸囮形容不张扬，不强调，淡化(处理)▷～处理这件事|～的访问。

【低谷】 dīgǔ ❶囵深的山谷。❷比喻事物下落的最低点▷经济跌入～。

【低回】 dīhuí ❶囫迟疑不决▷～良久，未置一词。❷起伏回旋▷曲调～婉转。☞不要写作"低徊(huái)"。

【低级】 dījí ❶囮初始的；简单的▷～产品|～形式。❷低下；庸俗▷～趣味|行为～下流。

【低贱】 dījiàn ❶囮(地位)低微卑贱▷家境贫寒并不等于出身～。❷(价钱)低；便宜▷货价～。❸(人格、品质)低下▷～下流。

【低廉】 dīlián 囮便宜▷物价～。

【低劣】 dīliè 囮(品质)很差▷产品～|品格～。

【低落】 dīluò 囫降低▷情绪～。

【低迷】 dīmí 囮低落；不景气▷需求趋向～|经济持续～。

【低能】 dīnéng 囮能力、智能低下。

【低三下四】 dīsānxiàsì 形容卑贱奉迎的样子。

【低声下气】 dīshēngxiàqì 形容说话时恭顺小心的样子。

【低头】 dītóu 囫头向下垂；比喻屈服▷罪犯已经～认罪|从不向困难～。

【低微】 dīwēi ❶囮细弱微小的(声音)▷～的喘息声。❷低下微薄▷～的收入。

【低下】 dīxià ❶囮(数量、质量、程度等)低于一般标准▷质量～|水平～。❷(品质、情操等)庸俗下流▷人品～|～的格调。

羝 dī 囵〈文〉公羊。☞统读 dī。

堤 dī 图用土石等材料沿江河湖海修筑的挡水建筑物▷河~|~坝。☞统读 dī。

嘀 dī 见下。〇另见 dí。

【嘀嗒】 dīdā 拟声模拟水滴落下、钟表走动或打电报的声音▷豆大的汗珠|~往下落。☞不宜写作"滴答""滴嗒""嘀哒"的嗒。

【嘀里嘟噜】 dīlidūlū 拟声模拟一连串让人听不清的说话声▷~地说了半天，谁也听不懂。

滴 dī ❶动(液体)一点一点地落下▷~下眼泪|水成冰。❷图滴下的液体▷水~|汗~。❸量用于滴下的液体▷一~眼泪|几~血。❹动使液体滴下▷~眼药水。☞右边不是"商"。

【滴答】 dīdā 动滴①▷水龙头关不严，老~水。☞不宜写作"嘀嗒""滴嗒""嘀哒"的嗒。

【滴水不漏】 dīshuǐbùlòu 形容说话做事严密无漏洞。

【滴水穿石】 dīshuǐchuānshí 水滴可以把岩石滴出洞来。形容力量虽小，但持之以恒，就能成功。

狄 dí 图我国古代北方的一个民族；泛指北方各民族。

迪 dí 动开导▷启~。

【迪斯科】 dísīkē 图〈外〉20 世纪 70 年代在美国兴起的一种自娱性舞蹈。节奏快而强烈。动作幅度大，无严格规范，可随音乐节奏的变化而即兴发挥。

的 dí 副确实；实在▷~确。〇另见 de；dì。

【的确】 díquè 副确实实▷这本书~好|生活的确确比过去好多了。

【的士】 díshì 图〈外〉出租的小轿车。

籴(糴) dí 动买(谷米)(跟"粜"相对)▷~米。

荻 dí 图多年生草本植物，形状像芦苇，茎秆可用来编席、造纸。

敌(敵) dí ❶形因利害冲突互相不能相容的▷仇~|~意。❷图敌人；对手▷仇~|天下无~。❸动抵挡；抗拒▷寡不~众。

【敌对】 díduì 形敌视而相对抗的▷~双方|~行为。

【敌寇】 díkòu 图入侵的敌人。

【敌情】 díqíng 图敌方的情况，特指敌方针对我方采取的行动等▷掌握~。

【敌人】 dírén 图因利害冲突而互不相容的人；敌对的方面▷消灭~◇学习的~是自满。

【敌视】 díshì 动仇视；以敌人看待▷~我国，决无好下场。

【敌手】 díshǒu 图技艺、能力相当的对手▷下围棋，谁也不是他的~。

【敌意】 díyì 图敌对、仇视的心理▷怀有~|带着~的目光。

涤(滌) dí ❶动清洗▷洗~|荡~。❷清除▷净心~虑|~除。

【涤荡】 dídàng 动洗涤；荡除▷~污垢。

笛 dí ❶图笛子，横吹管乐器，用竹或金属制成，上面有一排按音高排列的气孔。❷响声尖锐的发音器▷汽~|警~。

嘀 dí [嘀咕]dígu ❶动私下里小声说话▷你们俩在那儿~什么呢？心里犹豫不定，略感不安▷见了面说什么呢，他心里直~。〇另见 dī。

嫡 dí ❶图旧指正妻(跟"庶"相对)▷~出(正妻所生)|~子(正妻所生的儿子)。❷血统最近的▷~亲姐妹|~堂兄弟。❸正宗的；关系最亲近的▷~系|~传。

【嫡传】 díchuán 形嫡派相传的；通常指某学术或技艺等一代代直接传授的▷~弟子。

【嫡派】 dípài ❶图嫡系①▷~子孙。❷武术、技艺等得到传授者亲授的一派。

【嫡亲】 díqīn 图血统关系中最近的亲属▷~哥哥。

【嫡系】 díxì ❶图家族中的正支▷~亲属。❷一线相传的派系；最高领导人自己的派系▷~部队|~人员。

翟 dí 图〈文〉长尾野鸡。☞用作姓氏读 zhái。

镝(鏑) dí 图箭头；箭▷鸣~(射时发出响声的箭，古代用作信号)。

邸 dǐ 图高级官员的住宅▷官~|私~。

诋(詆) dǐ 动责骂；毁谤▷~毁。

【诋毁】 dǐhuǐ 动诽谤；诬蔑▷不怕~，也不怕造谣中伤。

抵 dǐ ❶动顶；支撑▷用手枪~着罪犯的腰|倾斜的山墙只靠一根柱子~着。❷挡住；抵抗▷~挡|~御。❸互相对立、排斥▷~触|~牾。❹相当；能顶替▷一个人~两个人用。❺抵消▷收支相~。❻用价值相当的事物赔偿或抵偿▷~命|~债。❼到达▷昨日~沪。☞㊀统读 dǐ。㊁"抵"和"抵"(zhǐ)形、音、义都不同。

【抵偿】 dǐcháng 动用同等价值的货币或实物补偿或赔偿▷~欠债。

【抵触】 dǐchù 动冲突；对立▷观点互相~。

【抵达】 dǐdá 动到达▷~首都。

【抵挡】 dǐdǎng 动挡住；阻挡▷~风沙|我军猛攻，敌人~不住。

【抵抗】 dǐkàng 动反抗(压迫、入侵或攻击)▷~侵略|~疾病。

【抵赖】 dǐlài 动(对过失、罪行等)拒不承认或用谎言、假相等手段否认▷人证物证俱在，你~不了。

【抵牾】 dǐwǔ 动抵触；矛盾▷很显然，这与常情相~。

【抵消】 dǐxiāo 动(两种事物)由于作用相反而相互消除▷以功劳~过错。☞不宜写作"抵销"。

【抵押】 dǐyā 动把财物押给对方，作为清还债务或履行有关协议的保证。

【抵御】 dǐyù 动抵抗；抵挡▷~风暴|~外敌。

【抵制】 dǐzhì 动阻挡；不响应并予以反对▷~假冒伪劣商品|错误领导。

垫 dǐ 图用于地名。宝垫，在天津。

底 dǐ ❶图物体最下面的部分▷箱子~儿|鞋~儿|海~。❷事物的基础、根源或内情▷对情况不摸~|刨根问~|家~儿。❸留作根据的草稿▷文件要留~儿|~稿。❹(一年或一个月的)最后一些日子▷年~|月~。

【底层】 dǐcéng ❶图建筑物地面上最下边的一层。❷比喻社会阶层中最低的一层▷旧中国，劳动妇女生活在社会的~。

【底价】 dǐjià 图招标或拍卖前预定的起始价格▷成交价几乎是~的两倍。

【底码】 dǐmǎ ❶图商业上指商品的最低价码；银行业中指规定的最低放款利息额。❷必须坚持的最低条件▷已经摸清了他们的~。

【底牌】 dǐpái ❶图扑克牌游戏中留在最后亮出的牌。❷比喻留待最后使用的力量▷不能随便打出~。❸比喻底细、内情▷摸清对方~。

【底气】dǐqì ❶图人的呼吸量,借指内在的生命力▷老人声音宏亮,说话～很足。❷指劲头;信心▷看到都赞成他的倡议,他的～更足了。

【底细】dǐxì 图原委;内情▷事情的～|学校的～他最清楚。

【底蕴】dǐyùn 图蕴藏着的才智、见识▷这位老先生知识渊博,～深厚。❷内情;底细▷洞察～。

【底子】dǐzi 图底①▷铝锅～。❷内情;底细▷摸清～再做决定。❸基础;根底▷新建的小厂经济实力差,～薄。❹底本;底稿▷这些文件的～要妥善保管。❺剩下的最后一些东西▷货～|油～。❻图案的衬底▷一件白～蓝碎花的上衣。

柢 图树的主根;泛指树根▷根～。

砥 dǐ ❶图质地较细的磨刀石▷～石。❷团磨炼;修养▷～节励行。

【砥砺】dǐlì ❶图磨刀石。❷团磨炼▷～意志。❸勉励;鼓舞▷朋友之间要相互～。

骶 dǐ 图腰部下面尾骨上面的部分▷～骨。

地 dì ❶图指地球的外壳,也指地球表面除去海洋的部分▷天～|质～|盆～。❷土地;地面▷草～|扫～。❸范围较大的地方▷世界各～。❹场所;地点▷实～考察|场～。❺地位;处境▷设身处～|境～。❻思想活动的领域▷见～|心～。❼路程▷一百多里～。❽衬托花纹、图案的底面▷红～白字。〇另见 de。

【地板】dìbǎn 图房屋地面或楼面铺筑的起装饰作用的表面层▷木～|大理石～。

【地步】dìbù ❶图境地;状况(一般指坏的事情)▷怎么落到这个～? ❷达到的境界或程度▷他对哥德巴赫猜想的研究执著到了废寝忘食的～。

【地产】dìchǎn 图属于一定所有者的土地。

【地带】dìdài 图具有某种共同特点和一定范围的地区▷沙漠～|无人～。

【地道】dìdào 图在地下挖成的通道▷战备～。

【地道】dìdao ❶厖真正的;纯正的▷～的长白山人参。❷扎实;符合标准的▷活儿做得很～|～的普通话。

【地点】dìdiǎn 图处所;所在地方▷上课～不变|警察迅速赶到案发～。

【地段】dìduàn 图地面上范围较小的一定区域▷施工～|危险～。

【地方】dìfāng ❶图中央以下的各级行政区划的统称。❷本地▷～特色。❸部队中指部队以外的部门▷部队和～相互支持。

【地方戏】dìfāngxì 图产生和流行于某一地区,用当地方言演唱,音乐唱腔具有地方特色的剧种。如越剧、川剧、豫剧、秦腔、黄梅戏等。

【地方志】dìfāngzhì 图系统记载某地方历史沿革,地理环境,政治、文化、经济状况,重要人物,风土人情等情况的书。包括省志、市志、县志等(旧时有府志)。也说方志。

【地方主义】dìfāng zhǔyì 片面强调地方局部利益而不顾全局和别地利益的错误思想以及排斥外地干部等的错误做法。

【地方】dìfang 图区域;处所;部分▷你家在什么～? |文章有值得商榷的～。

【地极】dìjí 图地球自转轴与地球表面相交的两点。在北半球的称北极,在南半球的称南极。

【地界】dìjiè ❶图土地或地区间的界限▷这条河是两个县的一段～。❷管辖范围▷河那边就是邻县的～了。

【地雷】dìléi 图爆炸性武器。一般埋入地下,装有特殊的引爆装置。

【地理】dìlǐ ❶图地球表面各种自然环境和社会经济因素以及它们之间的相互关系等情况▷～位置|经济～。❷指地理学。

【地力】dìlì 图土壤肥力▷合理施肥,增强～。

【地利】dìlì ❶图地理方面具有的优势▷天时、～、人和。❷土地对农业生产有利的因素▷利用～,发展生产。

【地貌】dìmào 图地表(包括陆地和海底表面)各种形态和形态组合的统称。也说地形。

【地面】dìmiàn ❶图土地的表面▷～温度。❷建筑物或道路等的脚踩的表层▷水泥～|大理石～。❸地区(多指行政区域)▷河北～。❹图当地▷他在～上混得很熟。

【地盘】dìpán ❶图(某种势力)占领或控制的地区;势力范围▷军阀混战,争夺～。❷建筑物基地所占面积。

【地皮】dìpí ❶图土地的表面▷雨太小了,～刚湿。❷指供建筑使用的土地▷买了块～准备盖楼。

【地痞】dìpǐ 图地方上的流氓无赖。

【地平线】dìpíngxiàn 图向水平方向望去,天和地相交的线▷太阳落在～以下了。

【地壳】dìqiào 图地球固体圈层的最外层,由坚硬的岩石组成。大陆地壳平均厚度约为35公里。

【地球】dìqiú 图太阳系九大行星之一。人类居住的星球。

【地区】dìqū ❶图某一范围较大的地方;区域▷华北～受灾～。❷我国省、自治区管辖的行政区,下辖若干市、县。旧称专区。❸在国际上相对国家而言,指一国中在特定情况下单独参加某些国际活动的行政区域,或指未获得独立的殖民地、托管地等。

【地势】dìshì 图地表高低起伏的状态或格局。

【地铁】dìtiě 图地下铁道,也指地铁列车。

【地头蛇】dìtóushé 图当地横行霸道、欺压人民的坏人。

【地图】dìtú 图按一定比例用符号系统标明地球表面的自然状况和社会经济信息的图▷世界～|城市交通～。

【地位】dìwèi 图(个人、团体、国家等)在社会上或国际上所处的位置▷政治～|战略～|他在学生中很有～。

【地下】dìxià ❶图地面以下▷～有煤|～通道。❷厖秘密状态的;不公开的▷～工厂|～活动。

【地形】dìxíng ❶图地貌。❷测绘工作中,指地表的形态和分布在地表上的所有固定物体。

【地狱】dìyù ❶图佛教指人活的时候做了坏事,死后灵魂受苦受难的地方。❷比喻黑暗痛苦的生活环境▷人间～。

【地域】dìyù ❶图面积相当大的地区;区域▷～辽阔|～经济。❷指本乡本土▷～观念太重。

【地震】dìzhèn 图地面的震动。多指因地球内部结构变动而引起的地壳的急剧震动。

【地支】dìzhī 参见[干支]gānzhī。

【地址】dìzhǐ ❶图个人或单位的所在地点。❷标志存储器中存储单元的编号。❸电子计算机指令码的一部分,用来规定操作数的所在位置。

【地质】dìzhì ❶图地面上土地的成分和地壳岩石的结构。❷指地质学。

【地主】dìzhǔ ❶图占有土地，自己不劳动或只有附带的劳动，靠出租土地或雇工剥削农民为生的人。❷指住在本地的主人(对外来客人而言)▷尽～之谊。

弟 dì ❶图称同父母(或只同父、只同母)而比自己年纪小的男子▷二～｜胞～。❷泛指同辈亲属中比自己年纪小的男子▷堂～｜表～。❸朋友间的谦称▷愚～。

【弟兄】dìxiong ❶图弟弟和哥哥▷他就一个人，没有～。❷对同辈、同伙或下属男子人群的亲昵称呼▷～们，加油干！☞"弟兄"(dìxiong)跟"兄弟"(xiōngdi)意义不同，不要混用。

【弟子】dìzǐ 图指学生或徒弟。

的 dì 图箭靶的中心▷众矢之～◇一语破～。○另de；dí。

帝 dì ❶图神话传说或宗教中指创造和主宰宇宙的最高天神▷玉皇大～｜上～。❷君主▷王｜皇～。❸指帝国主义▷反～反封建。

【帝国】dìguó ❶图以皇帝为国家元首的君主制国家。❷泛指一切占有殖民地和压迫其他民族、实行领土扩张的帝国主义国家，如日不落帝国、金元帝国等。

【帝制】dìzhì 图君主专制的政体。

递(遞) dì ❶团传送；一方交给另一方▷～给我一封信｜传～。❷副顺着次序一个接一个地▷～补｜～增。

【递变】dìbiàn 团依次变化；演变▷季节～，冬去春来，万物复苏。

【递交】dìjiāo 团当面送交。

【递进】dìjìn 团依次推进▷层层～。

娣 dì (文)❶图古代姐姐称妹妹为娣。❷古代兄妻称弟妻为娣▷～姒(姒娣)。

第 dì ❶图次序▷次～。❷显贵人家的住宅▷府｜宅～。❸词的前缀。加在整数前面，表示次序▷～一个｜～二次｜～五。❹图科第(古代科举考试时分科录取，每科按成绩排列等级，叫科第)▷进士及～｜落～。

【第二产业】dì'èr chǎnyè 指工业和建筑业。

【第二人称】dì'èr rénchēng 指听话人一方。单数用"你"或"您"，复数用"你们"。

【第三产业】dìsān chǎnyè 指第一、二产业以外的其他行业。包括为生产和生活服务的流通部门和服务部门两大类。

【第三人称】dìsān rénchēng 指说自己和对方以外的人(或物)。用"他"、"她"、"它"、"他们"、"她们"等。

【第三者】dìsānzhě ❶图泛指当事双方以外的个人或团体▷结婚必须男女双方自愿，不允许～强迫或加以干涉。❷特指同他人夫妇中的一方有恋情或发生不正当男女关系的人。

【第四产业】dìsì chǎnyè 指知识产业，即传播知识、提供知识的产业，如教育部门、科研部门、信息服务部门等。

【第一】dìyī ❶题列在等级、次序首位的▷他是全校～名。❷彫最重要的▷健康～。

【第一把手】dìyībǎshǒu 领导班子中排在首位的负主要责任的成员。

【第一产业】dìyī chǎnyè 指农业(包括林业、牧业和渔业等)。

【第一人称】dìyī rénchēng ❶指说话人自己一方。用"我"、"我们"、"咱"、"咱们"等。❷作品中以"我"为视点的叙述方式("我"可以是作者自己，也可以是虚构的人物)。

【第一线】dìyīxiàn 图最前线或最前列；直接从事生产劳动、教学、科研等的地方或岗位▷直接从事党政领导工作的岗位▷学校领导要深入教学～和生产～的工人交朋友｜一批老同志从～退下来。

谛(諦) dì ❶彫仔细▷～听｜～视。❷图道理、意义▷真～｜妙～。☞统读dì。

蒂 dì 图花或果实与枝、茎相连的部分▷花～｜瓜熟～落｜根深～固。☞统读dì。

棣 dì [棣棠]dìtáng 图落叶灌木，花可供观赏，也可以做药材。

缔(締) dì ❶团结合▷～交｜～盟。❷建立▷～造。☞统读dì。

【缔结】dìjié 团(国与国之间)订立(条约、协定等)▷两国～和约。

【缔造】dìzào 团创造；建立(大事业)▷～新中国。

dian

掂 diān 团手里托着东西上下抖动(估量轻重)▷～一～它有多重。

【掂量】diānliang ❶团掂。❷估量；斟酌▷这事儿，你～着办吧。

滇 diān 图云南的别称▷～剧｜～军。

颠(顛) diān ❶图高而直立的物体的顶端▷树～｜塔～｜檐～。❷团跌落、倒(dǎo)▷～扑不破。❸颠簸▷骑马～得骨头疼。

【颠簸】diānbǒ 团上下震动；动荡▷小船在风浪里～。

【颠倒】diāndǎo ❶团上下或前后的位置相反▷上下联贴～了。❷错乱；混淆▷神魂～｜～是非。

【颠覆】diānfù ❶团倾覆；翻倒。❷用阴谋手段从内部推翻(合法政权和组织)▷从事～活动。☞不要写作"颠复"。

【颠沛流离】diānpèiliúlí 生活困苦艰难，到处流浪。

【颠扑不破】diānpūbùpò 不管怎样摔打拍击，都不会损坏(颠：跌倒；扑：拍打)。比喻理论思想等正确，无法驳倒。

【颠三倒四】diānsāndǎosì (说话和做事)不按次序，错杂混乱。

巅(巔) diān 图山顶▷山～｜～峰。

癫(癲) diān 彫精神失常▷疯～｜疯疯～～。

【癫狂】diānkuáng ❶团精神错乱，言行异常。❷彫(言行)轻浮；不庄重。

【癫痫】diānxián 一种脑病。发作时突然昏倒，口吐泡沫，全身抽动。俗称羊角疯。

典 diǎn ❶图可以作为标准或规范的书籍▷经～｜字～。❷规范；法则▷～范｜～章。❸典礼▷开国大～｜庆～。❹诗文里引用的古书中的故事或词句▷通俗文章不宜用～太多。❺团用抵押品借钱▷把房子～出去了｜～押。

【典当】diǎndàng 团典❺。当(dàng)❺。也说典押。

【典范】diǎnfàn 图可以作为榜样的人或物▷全心全意为人民服务的～。

【典故】diǎngù 图诗文里引用的典籍中的词语或故事。

【典籍】diǎnjí 图指经典书籍等重要文献；也泛指古代图书。

【典礼】diǎnlǐ 图隆重的仪式。

【典型】diǎnxíng ❶图具有代表性的人物或事件▷勤劳致富的～。❷彫有代表性的▷他艰苦创业的事迹十分～。❸图文艺作品中塑造出来的反映一定社会本质而又有鲜明个性的艺术形象▷阿Q已成为中国现代文学中不朽的艺术～。

【典雅】　diǎnyǎ　圈优美大方▷款式～。

【典章】　diǎnzhāng　图法令制度等的统称。

点（點）　diǎn　❶图细小的斑痕；小滴的液体▷泥～儿斑～。❷汉字的笔画，形状是"、"。❸团用笔等加上点子；指定▷一个点儿画龙～睛｜～歌｜～菜。❹指点；启发▷这道数学题，一～他就明白了。❺逐个查对；数(shǔ)▷把货～清楚｜～钱。❻(头)轻微起落；触及物体立刻离开▷～了一头｜蜻蜓～水。❼引燃▷～火｜～爆竹。❽使一点一滴地落下眼药。❾图时间单位，1昼夜的1/24▷上午10❿指规定的时间▷到～就走｜火车正～到站。⓫一定的位置或限度▷起～｜沸～｜突破一～，带动全面。⓬事物特定的部分或方面▷重～｜优～。⓭量用于事项▷三～意见。⓮图指小数点，如3.1416读"三点一四一六"。⓯量表示少量▷一～儿小事｜手里还有～儿钱。⓰图点心、糕饼类食品▷糕～｜～茶。

【点播】¹　diǎnbō　图一种播种方法，每隔一定距离挖个小坑，将种子放入。也说点种(diǎnzhòng)。

【点播】²　diǎnbō　团指定节目，请电台、电视台播放▷～歌曲。

【点拨】　diǎnbo　团指点；辅导▷经过名师～，学业大有长进。

【点滴】　diǎndī　❶形零星细小▷～的知识。❷图零星细小的事物▷赛事～。

【点号】　diǎnhào　图标点符号的一大类。表示书面语言的停顿和语气。

【点化】　diǎnhuà　❶团古代指方士点物成金，引申为用宗教教义指点感化。❷泛指对人启发、开导▷先生用自己的治学之道～过不少学生。

【点将】　diǎnjiàng　团旧指主帅点名将官分派任务。现泛指领导指定某人完成某项任务。

【点卯】　diǎnmǎo　团旧时官衙在卯时(上午五点到七点)查点到班人数。现泛指到点上班敷衍一下差事。

【点评】　diǎnpíng　团指点，评论▷～作文要有针对性。

【点铁成金】　diǎntiěchéngjīn　迷信说神仙用手指点铁石便能变成金子。比喻写作中略加修饰改动，就能收到极好效果。

【点头哈腰】　diǎntóuhāyāo　形容对人低三下四的媚态或过分谦恭的情态。

【点缀】　diǎnzhuì　❶团略加衬饰，使更漂亮生动▷白色的羊群把绿色的大草原～得更加生气勃勃。❷凑数；充门面▷让他当个有名无实的副职，不过是～一下罢了。

【点子】¹　diǎnzi　❶图点①▷雨～｜泥～。❷打击乐的节拍▷振奋人心的鼓～。

【点子】²　diǎnzi　❶图紧要处▷话不在多，而要说到～上。❷主意；办法▷想个好～解决难题。

碘　diǎn　图非金属元素，符号I。紫黑色晶体，用来制药品、染料等。

踮　diǎn　团抬起脚跟，用脚尖着(zháo)地▷～起脚来想看个究竟。

电（電）　diàn　❶图一种重要能源，广泛应用于生产、生活各方面▷发～｜～灯｜～闪雷鸣。❷团电击▷插座漏电，～了我一下。❸图指电报▷致～｜贺～。

【电报】　diànbào　图用电信号传递文字、照片、图表的通讯方式，也指用电报装置传递的文字等。

【电车】　diànchē　图经接触网供电、用牵引电动机驱动的城市公共交通车辆，分有轨和无轨两种。

【电池】　diànchí　图将机械能除外的其他形式的能量直接转化成电能的装置。分化学电池、太阳能电池、原子电池、温差电池等。一般指化学电池，如蓄电池、干电池。

【电传】　diànchuán　❶团使用电子传真机和电子计算机，把文字和图像直接传送到远距离的地方。❷图指电传的信息、文件▷收到一份～。

【电动】　diàndòng　圈用电力使之运转的▷～自行车｜～剃须刀。

【电化教育】　diànhuà jiàoyù　运用各种现代化教学手段和现代科学技术进行教育教学的活动。也说电教。

【电话】　diànhuà　❶图利用电信号的传输进行两地交谈的通讯装置。❷图用电话装置传递的话。

【电汇】　diànhuì　❶团汇出银行或邮电局接受汇款人委托，用电报或电传通知汇入行、局，将款项交付收款的人。❷图通过电报、电传方式办理的汇款。

【电击】　diànjī　团有机体触电时受到电力的打击。

【电极】　diànjí　图电源或电器上用来接通电流的地方。分正极和负极。

【电缆】　diànlǎn　图由多股彼此绝缘的导线构成的较粗的导线。

【电力】　diànlì　图电的作功能力。也指做动力用的电。

【电疗】　diànliáo　团利用电气设备发热或电流刺激来治疗疾病。

【电流】　diànliú　❶图电荷的流动。❷电流强度。国际实用单位为"安培"。

【电路】　diànlù　图电源的总体及电流在电气装置中的通路。

【电码】　diànmǎ　图打电报时用以传送字母、数字、标点等所使用的符号。用汉字打电报，四个数字代表一个汉字，这些数字也称电码。

【电脑】　diànnǎo　图电子计算机。

【电能】　diànnéng　图电流或带电物质作功的能量。

【电钮】　diànniǔ　图电气设备的开关或调节设备上能用手操作的部件。

【电气化】　diànqìhuà　团指把电力普遍使用于国民经济各生产部门和城乡人民生活之中。是生产机械化和自动化的技术基础。

【电器】　diànqì　❶图电气元件或装置的总称。❷家用电器的统称。包括电扇、电冰箱、电视机、电灯等。

【电热】　diànrè　图利用电能产生的热能▷～锅｜～壶｜～器。

【电视】　diànshì　❶图利用无线电波传送物体音像的一种广播、通讯装置。由发射台把实物的音像进行光电转换，变成电信号发送出去，接收机把收到的信号再还原成实物的音像播放出来。❷用电视装置接收的音像▷收看。

【电视大学】　diànshì dàxué　利用无线电广播和电视进行高等教育的学校。

【电视剧】　diànshìjù　图一种融合舞台剧和电影表现方法，运用电子技术制作，在电视屏幕上播映的戏剧。

【电视台】　diànshìtái　图播送电视节目的机构。

【电台】　diàntái　❶图无线电台，是发送或接收无线电信号的场所。❷广播电台。

【电网】　diànwǎng　❶图由发电、输电系统形成的网络▷通过～送电。❷以可通电的金属线架设成的网式障碍物，用以阻止通行或翻越。

【电文】　diànwén　图电报的文字内容。

【电信】　diànxìn　图利用有线电、无线电以及光学通信技术传输信息的方式，包括电报、电话等。

【电讯】　diànxùn　❶图无线电信号。❷用电话、电报或无线电传播的消息。

【电唁】　diànyàn　囫用电报表示吊唁。

【电影】　diànyǐng　图一种独特的艺术形式。利用摄像技术把人物或其他被摄物的活动情况拍摄成连续的画面，再用放映机使之呈现在银幕上。

【电源】　diànyuán　❶图生成电能供给电器的装置。如电池、发电机等。❷指电子设备中变换电能的装置。如整流器、变压器等。

【电子】　diànzǐ　图原子中带负电的基本粒子，质量极小，在原子中围绕原子核旋转。

【电子出版物】　diànzǐ chūbǎnwù　指以数学代码方式将图文声像等信息储存在磁、光、电介质上的大众传播媒体，通过计算机或具有类似功能的设备阅读使用，并可复制发行。

【电子计算机】　diànzǐ jìsuànjī　利用电子技术快速进行数学运算和信息处理的设备。分数字计算机、模拟计算机和混合计算机三种。通常指数字计算机。在工程技术、科学研究以及自动控制等方面广泛应用。也说计算机，通称电脑。

【电子音乐】　diànzǐ yīnyuè　❶20世纪50年代兴起的一种用各种电子乐器演奏的音乐。❷运用电子技术制作或改编的音乐。

【电子邮件】　diànzǐ yóujiàn　用计算机通信方式传递信件、文稿的"邮政"业务。是计算机通信网提供的一种数据通信方式。也说电子函件、电子信箱。

佃

diàn　囫租地耕种▷~户 | ~农。

甸

diàn　❶图古代都城城郭以外称郊，郊以外称甸。❷甸子，放牧的草地，多用于地名，如桦甸（在吉林）。

店

diàn　❶图商店▷粮~ | 金~。❷设备简单的小旅馆▷住~。

【店家】　diànjiā　❶图指店主人或掌柜的。❷店铺。

【店铺】　diànpù　图各种商店、铺子的统称▷~林立。

【店员】　diànyuán　图商店的职工，有时也指服务性行业的职工。

【店主】　diànzhǔ　图店铺的所有者。也说店东。

玷

diàn　❶图白玉上面的污点▷白圭之~。❷囫使有污点▷~污。☞不读zhān。

【玷辱】　diànrǔ　囫污损；使蒙受耻辱▷不能~他人的人格。

【玷污】　diànwū　囫使受到污辱。

垫（墊）

diàn　❶囫用东西支撑、铺衬或填充▷把桌子~高些 | 床上~一条褥子 | 瓷器装箱要六面都~好。❷图用来铺垫的东西▷椅子上铺个~儿 | 鞋~。❸囫替人暂付款项▷书钱你先~上，明天还给你 | ~付。

【垫背】　diànbèi　囫比喻代替或跟着别人一起受过▷不要让别人去~。

【垫底】　diàndǐ　❶囫将别的东西放置在底部▷箱子里先铺一层白纸~。❷为了暂时解饿，先吃一点食物▷先吃点饼干~，一会儿就开饭。❸比喻把某种事物作为基础▷有你的这个表态~，我们就可以放开手脚地干了。

【垫脚石】　diànjiǎoshí　图比喻向上爬所借助的人或事物。

钿（鈿）

diàn　图古代用金翠珠宝镶成的花朵形的首饰▷宝~ | 螺~。

淀（澱❷）

diàn　❶图较浅的湖泊（多用于地名）▷白洋~（在河北）。❷囫液体中没有溶

解的物质沉到底层▷沉~ | ~粉。☞不读dìng。

【淀粉】　diànfěn　❶图一种有机化合物。粮食作物的种子或块根、块茎中的主要成分。❷特指烹调用的淀粉，多用荸荠、菱角、绿豆、土豆等制成。也说团粉。

惦

diàn　囫思念▷心里一直~着这件事。

【惦记】　diànjì　囫心里牵挂；不能忘记。

【惦念】　diànniàn　囫惦记；想念。

奠

diàn　❶囫摆放祭品向死者致敬▷祭~。❷使稳固；建立▷~基 | ~定。

【奠定】　diàndìng　囫稳定地建立；使稳固安定▷为经济腾飞~了基础。

【奠基】　diànjī　❶囫奠定基础▷市长为纪念碑~。❷比喻（大的事业）创始▷我国新文学是由鲁迅、郭沫若、茅盾等著名文学家~的。

殿

diàn　❶图高大的建筑物，特指供奉神佛或帝王接受朝见、处理国事的房屋▷大雄宝~ | 宫~。❷囫走在最后▷~后 | ~军。

【殿下】　diànxià　图旧时对太子或亲王的尊称。今用于外交场合尊称王储、亲王、皇太后、皇后、公主等。

靛

diàn　❶图靛蓝。❷深蓝色有机染料，用蓼蓝叶加工而成。❸深蓝色▷~青。

癜

diàn　图皮肤上出现紫色或白色斑片的病▷紫~ | 白~风。

diāo

刁

diāo　囫奸诈；奸诈▷这家伙真~ | 耍~。

【刁悍】　diāohàn　囫奸猾强横。

【刁横】　diāohèng　囫奸猾蛮横。

【刁滑】　diāohuá　囫奸诈狡猾。

【刁难】　diāonàn　囫故意为难（nán）（别人）▷不应~服务员。

【刁顽】　diāowán　囫奸猾顽固。

【刁钻】　diāozuān　囫奸猾诡诈。

叼

diāo　囫用嘴衔住（物体的一部分）▷嘴上~着一根香烟 | 猫~走了。☞跟"叨"（dāo）不同。

凋

diāo　❶囫（草木花叶）枯萎脱落▷~落。❷（事业）衰败▷~敝。

【凋敝】　diāobì　囫艰难困苦；衰落破败▷家境~ | 经济~。

【凋残】　diāocán　囫枯萎；残破▷寒风劲吹，草木~。

【凋零】　diāolíng　❶囫（草木）枯萎零落。❷衰落破败▷百业~。☞不宜写作"雕零"。

【凋萎】　diāowěi　囫凋落枯萎。

【凋谢】　diāoxiè　囫（草木花叶）枯萎脱落。☞不宜写作"雕谢"。

貂

diāo　图哺乳动物，四肢短，尾巴粗，尾毛长而蓬松。毛皮珍贵。

碉

diāo　图防御用的建筑物▷~堡 | ~楼。

雕

diāo　❶图大型猛禽，嘴像钩子，眼大而深，钩爪锐利有力，善飞翔，捕食羊、兔等。❷囫在玉石、象牙、竹木等材料上刻写▷~花 | ~像。❸图指雕刻的艺术品▷石~ | 冰~。

【雕虫小技】　diāochóngxiǎojì　微不足道的技能（雕：雕刻；虫：鸟虫书，古代的一种篆书，笔画像鸟的形状），多指文字技巧。

【雕刻】　diāokè　❶囫在木、石、骨或金属等上面雕琢、刻出花纹或形象。❷图雕刻成的艺术品。

【雕梁画栋】　diāoliánghuàdòng　饰有雕花、彩绘的栋、

梁。借指富丽堂皇的建筑物。

【雕饰】 diāoshì ❶囫雕琢；装饰▷屏风上的景物～得活灵活现。❷图雕刻装饰成的图形、花纹等▷整个房屋没有任何～。❸囫刻意修饰▷道理讲明白就可以，文字上不必过多地～。

【雕塑】 diāosù ❶囫在木、石、金属上雕刻或用石膏、泥土、水泥等塑造各种艺术形象。❷图雕刻、塑造成的艺术品。☞"塑"不读 suò。

【雕琢】 diāozhuó ❶囫雕刻琢磨▷这只生动活泼的蝈蝈是用精美的玉石一而成的▷文章辞采华丽，是经过精心～的。❷囫刻意地修饰文章▷文章辞采华丽，是经过精心～的。

鸟（鳥） diǎo 图人、畜雄性生殖器。旧小说、戏剧中常用作骂人的话。☞这个意义不读 niǎo。○另见 niǎo。

吊 diào 囫❶追悼死者或慰问死者家属▷～丧（sāng）。❷悬挂▷大树上～着一口钟｜～桥。❸把人或物体固定在绳子上，向上提或向下放▷从井里～一桶水上来｜用绳子把人～到悬崖下面｜～车。❹收回▷～销。❺给皮筒子缀上面子或里子▷给皮袄～个面儿。

【吊儿郎当】 diào'érlángdāng 形容生活散漫随便，对事敷衍塞责。

【吊丧】 diàosāng 囫到死者家吊唁。

【吊嗓子】 diàosǎngzi 声乐或戏曲演员按照一定的程式，锻炼嗓音。

【吊胃口】 diàowèikǒu 用好吃的东西引起人们强烈的食欲，比喻使人产生过高的兴趣、欲望。

【吊销】 diàoxiāo 囫收回、注销（执照、证件等）▷～资格证书。☞不要写作"吊消"。

【吊唁】 diàoyàn 囫祭奠死者并慰问其家属、单位或国家。

【吊子】 diàozi 烧水或煎药的器具，有盖，有柄，形似壶▷药～。

钓（釣） diào ❶囫用装有食饵的钩诱捕（鱼虾等水生动物）▷～鱼。❷用手段骗取▷沽名～誉。☞跟"钩"（gōu）不同。

【钓饵】 diào'ěr ❶囫诱鱼上钩的食物（如蚯蚓等），比喻诱人上当的事物。

【钓具】 diàojù 图垂钓时用的渔具，包括钓竿、钓线、钓钩等。

调（調） diào ❶囫改变原来的安排、处置；分派▷～工作｜～任｜抽～。❷考查了解▷内查外～。❸提取▷～卷｜～档。❹图标示乐音高的名称。乐曲用什么音做 do，就是什么调，比如现代乐谱中用 A 做 do 就是 A 调。❺曲调▷这首歌的～很好听。❻指说话的声音特点、口音等▷他说话的～儿像南方人｜南腔北～。❼比喻风格、才情▷格～｜笔～｜情～。❽指语音上的声调▷～类。○另见 tiáo。

【调兵遣将】 diàobīngqiǎnjiàng 调动兵力，派遣将领；泛指调配人力。

【调拨】 diàobō ❶囫调动拨付▷～救灾物资。❷调动派遣▷这二百个民工全由你们～指挥。

【调查】 diàochá 囫深入考查了解（实际情况）▷～灾情。

【调动】 diàodòng ❶囫调换更动▷～干部｜～岗位。❷发动▷～各种积极因素，促进事业发展。

【调度】 diàodù ❶囫安排部署▷列车～有序。❷图负责调度工作的人员。

【调号】 diàohào 图语音学指表示音节声调的符号。《汉语拼音方案》规定普通话音节的阴平、阳平、上声、去声的调号分别是"-""ˊ""ˇ""ˋ"，轻声无号。❷音乐

上指确定乐曲主音高音的符号。

【调虎离山】 diàohǔlíshān 诱使老虎离开自己巢穴。比喻使用计策，使对方离开所在地，以便乘机行事。

【调换】 diàohuàn ❶囫（工作）相互对换▷他和我～了工作单位。❷（人员）更换▷公司经理～了好几位。☞不宜写作"掉换"。

【调集】 diàojí 囫调动聚集▷～人力｜～粮草。

【调类】 diàolèi 图语音学指声调的类别。普通话的调类有四个，即阴平、阳平、上声、去声。

【调离】 diàolí 囫调动使离开（原工作单位或岗位）▷～工厂｜～领导岗位。

【调令】 diàolìng 图工作调动的命令。

【调门儿】 diàoménr ❶图音调的高低▷请你把～定低一点。❷论调；口气（常含贬义）▷他们说话的～如出一辙。

【调配】 diàopèi 囫调动和分配▷今天人手少，一定要把人力～好。

【调遣】 diàoqiǎn 囫调动和派遣▷～人马｜等候～。

【调研】 diàoyán 囫调查研究。

【调演】 diàoyǎn 囫抽调演员或节目集中演出。

【调子】 diàozi ❶图曲调▷演奏欢快的～。❷文章或讲话带有的某种情绪▷文章～过于低沉伤感。❸比喻论调▷这种～我们实在不敢苟同。

掉 diào ❶囫回转▷汽车～头｜翻过来～过去。❷调换▷～个位子。❸往下落▷～雨点儿。❹跟不上；落在后面▷永不～队。❺遗漏；失去▷这行～了几个字。❻表示除去或离开▷消灭～｜跑～。❼摇动；摆动▷尾大不～。❽降低；减损▷身上～了几斤肉。

【掉包】 diàobāo 囫暗地里调换▷这批货物让人给～了。☞不宜写作"调包"。

【掉队】 diàoduì ❶囫跟不上行进中的队伍。❷比喻思想、行动跟不上客观形势▷紧跟新形势，不要～｜思想掉了队。

【掉价】 diàojià ❶囫价格下降▷夏季蔬菜普遍～。❷比喻降低身份▷他不认为下基层是～。

【掉书袋】 diàoshūdài 讥讽人爱引证古书，卖弄才学。

【掉头】 diàotóu ❶囫转过头▷～一看。❷掉转头朝向相反的方向（多指车船等）▷前面路不通，汽车只好～返回。☞不宜写作"调头"。

【掉以轻心】 diàoyǐqīngxīn 漫不经心，不在意。

【掉转】 diàozhuǎn 囫转到与原来相反的方向▷把车～过来。☞不宜写作"调转"。

铞（銱） diào 见[钓铞儿]liàodiàor。

铫（銚） diào [铫子]diàozi 通常写作"吊子"。

die

爹 diē 图父亲▷亲～｜亲娘｜～妈。

跌 diē ❶囫摔；摔倒▷～了一跤｜～倒。❷下降▷粮价～了｜水位下～｜～价。☞统读 diē。

【跌宕】 diēdàng ❶囵洒脱；不受约束。❷（音调）高低顿挫富于变化▷琴声悠扬、～。❸（文章结构）有起伏变化，不平铺直叙▷文章～有致。☞不宜写作"跌荡"。

【跌跤】 diējiāo ❶囫跌倒；摔跟头▷孩子学走路，难免要～。❷比喻犯错误或遭受失败▷要严格自律，可不能再～了。☞不宜写作"跌交"。

迭 dié ❶囫轮换；交替▷更（gēng）～。❷圖屡次▷高潮～起。❸囫及▷后悔不～｜忙不～。☞"迭"

不是"叠"的简化字。

【迭出】　diéchū　动连续不断出现▷新作～｜怪事～。

【迭起】　diéqǐ　动一次次地兴起▷波浪～。

谍（諜）　dié　❶图秘密刺探敌方或别国情报的人▷间(jiàn)～。❷动秘密刺探敌方或别国情报▷～报。

【谍报】　diébào　图侦查、刺探到的军事、政治等方面的情报。

堞　dié　图外城墙上凹凸状的矮墙▷城～。

耋　dié　形七八十岁的(人)；泛指老(人)▷耄(mào)～之年。

喋　dié　见下。

【喋喋】　diédié　形语言繁琐；啰唆▷～不休。

【喋血】　diéxuè　动因死人很多而血流满地。

牒　dié　图文书；凭证▷通～。

叠　dié　❶动一层一层地往上加；累积▷～罗汉｜重～。❷重复▷层见～出。❸折叠▷把衣裳～起来｜～一纸。☞不能简化写成"迭"。

【叠床架屋】　diéchuángjiàwū　比喻累赘繁复。

【叠韵】　diéyùn　动汉语音韵学指两个或几个音节中的韵母完全相同，如千 qiān、年 nián；或韵腹、韵尾相同，如徘 pái、徊 huái。

碟　dié　图碟子，盛食品的器皿，比盘子小▷菜～儿｜搪瓷～儿。

蝶　dié　图蝴蝶▷采茶扑～｜粉～｜～泳。☞统读 dié。

ding

丁　dīng　❶图天干的第四位。❷成年男子▷壮～。❸从事某种劳动的人▷园～｜家～。❹指人口▷人～兴旺。❺肉类、蔬菜等切成的小块▷肉～｜萝卜～｜炒三～。

【丁是丁，卯是卯】　dīngshìdīng，mǎoshìmǎo　钉子是钉子（"丁""钉"谐音），卯眼是卯眼。比喻做事认真，丝毫不含糊。

仃　dīng　见[伶仃]língdīng。

叮　dīng　❶动(蚊子等)用针形口器吸▷被蚊子～了一个大包。❷嘱咐▷我又～了他一句。

【叮当】　dīngdāng　拟声模拟金属、瓷器、玉石等撞击的响声。☞不宜写作"丁当""叮噹"。

【叮咛】　dīngníng　动反复地嘱咐。☞不宜写作"丁宁"。

【叮问】　dīngwèn　动反复问；追问。

【叮嘱】　dīngzhǔ　动反复嘱咐。

盯　dīng　动目光长久地集中在一点上▷两眼直～着黑板。

【盯梢】　dīngshāo　动暗中尾随别人，监视其行动▷他发现有人～。

钉（釘）　dīng　❶图钉子▷图～螺丝～。❷动紧跟着或紧挨着(某人)；监视▷牢牢～住对方中锋｜～着他，别让他跑了。❸督促；催▷天天～着孩子做作业｜你要～着问，一定要问出结果。○另见 dìng。

【钉子】　dīngzi　❶图用金属或竹木等制成的一头有尖的细长形制品。❷比喻对解决或处理问题造成障碍的人或事▷找他准会碰～。❸比喻打入敌对方面的人▷他是我们安插在敌方内部的～。

疔　dīng　图中医指一种毒疮，形小根深，多长在颜面和四肢末梢。也说疔疮。

耵　dīng　[耵聍]dīngníng　图耳垢。

酊　dīng　图酊剂，含有其他药物成分的酒精制剂▷碘～｜颠茄～。○另见 dǐng。

顶（頂）　dǐng　❶图人体或物体的最上部▷头～｜房～｜山～。❷副最；极▷～好｜～难看。❸图用于带顶的东西▷一～帽子｜一～蚊帐。❹动用头承载或承受▷头上～着瓦罐｜～着太阳赶路。❺(用东西)支撑；支持▷把大门～上｜水势太猛，大坝快～不住了。❻抵得上；相当▷三个臭皮匠，～个诸葛亮｜一个～俩。❼代替▷这是次品，～不了正品｜冒名～替。❽用头撞击▷把球～进了球门｜这头牛好(hào)～人。❾面对着；迎着▷～风冒雪｜～着困难前进。❿用言语顶撞▷他这么说，我就敢～他。⓫从下面向上拱▷幼芽～出地面。

【顶班】　dǐngbān　❶动代替别人上班▷现在任务紧，要请假，必须找人～。❷在岗位上干一个劳动力应干的活▷师傅年纪大了，可还在～劳动。

【顶点】　dǐngdiǎn　❶图最高的不能再超过的极限。❷数学指两条线的交点或锥体的顶尖。

【顶端】　dǐngduān　❶图物体顶上的部分▷大楼的～有大型广告牌。❷物体的尽头、末尾▷山洞的～。

【顶风】　dǐngfēng　❶动逆着风▷～冒雪。❷迎面而来的风▷出发不久，就遇上了～。❸动比喻公然违反政策或犯法▷～作案。

【顶峰】　dǐngfēng　❶图山的最高处。❷比喻事物发展过程中的最高点▷他虽年轻，却敢于攀登世界遗传工程技术的～。

【顶呱呱】　dǐngguāguā　形极好▷戏演得～。☞不宜写作"顶刮刮"。

【顶尖】　dǐngjiān　❶图物体最高部分的尖端。❷植株的顶心▷掐掉～才能多结棉桃。❸形水平最高的▷～科学家｜～人才。

【顶礼膜拜】　dǐnglǐmóbài　佛教徒最虔诚的跪拜礼节(顶礼：两手伏地，头顶住受礼人的脚；膜拜：合掌加额，伏地跪拜)。比喻对人无限崇拜。

【顶梁柱】　dǐngliángzhù　图支撑大梁的立柱；比喻起骨干中坚作用的力量。

【顶事】　dǐngshì　形管用；能解决问题▷这种药吃少了不～｜他在单位真～。

【顶替】　dǐngtì　动由其他人、物替代▷冒名～。

【顶天立地】　dǐngtiānlìdì　形容雄伟高大，气势非凡。

【顶头】　dǐngtóu　❶动迎头；当头▷大风～，骑不动自行车。❷图尽头；末尾▷他家就在这条胡同的～。

【顶真】　dǐngzhēn　图一种修辞方式。前一句或分句末尾的词语与下一句或分句开头的词语相同，使几个句子或分句头尾相连，递接紧凑。☞不宜写作"顶针"。

【顶针】　dǐngzhen　图做针线活时戴在手指上的环形金属工具。用来抵住针鼻儿，保护手指不使受伤。

【顶撞】　dǐngzhuàng　动碰撞，也指用强硬不合体的话语反驳(长辈或上级)▷这样～伯伯太不礼貌。☞"撞"不读 chuàng。

【顶嘴】　dǐngzuǐ　动(跟尊长)吵嘴、顶撞▷有话好好说，不要跟爷爷～。

酊　dǐng　见[酩酊]mǐngdǐng。○另见 dīng。

鼎　dǐng　❶图古代烹、煮食物的用具，一般有三条腿。❷借指对立的三方▷三国～立。❸形大；重▷力助协｜～～(显赫)。❹图正当；正在▷～盛。

【鼎沸】　dǐngfèi　动像锅里沸腾的水一样喧腾、动荡▷天下～，时局动荡。

【鼎盛】 dǐngshèng 圈正值兴盛、强壮▷~阶段|国势~|春秋~(正值年富力强)。

【鼎足】 dǐngzú 图鼎的三条腿。比喻三方对峙的局势▷~之势|~而立。

订(訂) dìng ❶团改正(书面材料中的错误)▷修~|审~。❷(研讨或协商后把章程、条约、合同等)基本确定下来▷~计划|~制|签~。❸预定▷~报纸|~货。❹用线或铁丝等把零散书页或纸张穿连成册▷~一个本儿|~装。☞统读 dìng。

【订单】 dìngdān 图订货的单据、合同。☞不宜写作"定单"。

【订购】 dìnggòu 团预约购买(物品)▷~教材。☞不宜写作"定购"。

【订户】 dìnghù 图事先付款而得到按时供应产品的个人或单位▷报刊~。☞不宜写作"定户"。

【订婚】 dìnghūn 团男女双方确立婚约。☞不宜写作"定婚"。

【订货】 dìnghuò ❶团预订货物。❷图预订的货物。☞不宜写作"定货"。

【订金】 dìngjīn 图预付的部分货款。经济合同签订后,订货人照合同约定,预先付给对方一定比例的货款,但法律上不起担保作用。

【订立】 dìnglì 团把协商一致的结果用书面形式写下来▷~经济合同。

【订约】 dìngyuē 团订立条约、契约等。☞不宜写作"定约"。

【订阅】 dìngyuè 团预先订购(报刊等)▷请速到邮局~本刊。☞不宜写作"定阅"。

【订正】 dìngzhèng 团校订;改正(文字或计算中的错误)。

钉(釘) dìng ❶团把钉子或楔子打入他物▷~钉(dīng)子|~马掌。❷缝(在别的物体上)▷~扣子。❸另见 dīng。

定 dìng ❶圈安稳;平静▷等大家坐~了再讲|大局已~|安~。❷团使固定或镇静▷居~|~神。❸确定;决定▷事情还~不下来|~规。❹圈确定不变的▷~义|~论。❺团事先确定▷~了两桌酒席|~金。❻圈已经约定或规定了的▷~价|~量。☞"订③"和"定⑤"意义和用法不完全相同。"订"指事先经过双方商讨的,只是约定,而不是确定不变的;"定"侧重在确定,不轻易变动。

【定案】 dìng'àn ❶团对案件、事件、方案等作出决定或结论▷这个问题要经过充分讨论才能最后~。❷图决定或结论▷不要轻易推翻~。

【定编】 dìngbiān ❶团确定人员编制。❷图确定的人员编制▷我们单位小,~只有25人。

【定点】 dìngdiǎn ❶团确定某个地点或单位▷这种商品~供应。❷圈确定专门从事某项生产或工作的▷~工厂。❸规定固定时间的▷~班车。

【定夺】 dìngduó 团决定可否或取舍▷究竟怎样做,请领导~。

【定额】 dìng'é ❶团规定数量;规定人力、物力、财力利用时应遵守的标准▷~生产|~管理。❷图规定的数量▷劳动~。

【定格】 dìnggé 团(影视片中的活动画面)突然固定下来,泛指把标准或格式固定下来▷文学创作不应~在一个模式。

【定级】 dìngjí 团确定级别或等级▷试用期满就可~。

【定价】 dìngjià ❶团确定价格▷自行~。❷图确定的价格▷对原有~作适当调整。☞不宜写作"订价"。

【定金】 dìngjīn 图签订合同的一方为保证履行合同而先行付给对方的款项(不是预付的部分货款)。在合同不能履行时,如责任在交付定金的一方,即丧失其定金;如责任在接受定金的一方,则应加倍返还。双方履行合同后,定金应抵作价款或收回。☞"定金"跟"订金"意义不同,不要混用。

【定局】 dìngjú 图确定不变的局势▷我队进入总决赛已成~。

【定理】 dìnglǐ 图从公理出发,演绎推导出来的真实命题,如几何学定理。

【定例】 dìnglì 图沿用下来的常规;惯例▷周一开班务会已成~。

【定量】 dìngliàng ❶团规定数量;分配数量▷按人~。❷经测量,确定物质各种成分的数量▷~分析。❸图规定的数量▷偏高|完成~。

【定律】 dìnglǜ 图对某种客观规律的科学表达形式,反映事物在一定条件下发生一定变化过程的必然规律。

【定论】 dìnglùn 图确定了的论断▷是非曲直自有~。

【定盘星】 dìngpánxīng 图秤杆上的第一颗星,秤砣悬在此点,标志重量为零。❷比喻办事的基准和一定的主意▷不管别人怎么说,他心里自有~。

【定评】 dìngpíng 图确定的评价▷那部影片早有~。

【定期】 dìngqī ❶团确定日期▷游泳馆落成典礼将~举行。❷圈有一定期限的;按照一定时间的▷~航班。

【定情】 dìngqíng 团确定爱情关系▷~相爱|~信物。

【定神】 dìngshén ❶团集中注意力▷~凝视。❷使心神安定▷他坐下来定了定神,接着构思文章。

【定时】 dìngshí 团遵守规定的时间▷~作息。

【定时炸弹】 dìngshí zhàdàn ❶图由计时器控制雷管,按预定时间引爆的爆炸性武器。❷比喻潜藏的危险或隐患▷案件的破获等于挖出了一颗~。

【定式】 dìngshì ❶图长时间形成的固定方式、模式▷~思维|打破~。❷围棋界普遍认定的妥善的走子程式。

【定位】 dìngwèi ❶团用仪器测定物体所在的位置,泛指确定事物所占的位置▷用X光~|本书读者~在中小学生。❷图确定的位置▷人有~,各负其责。

【定向】 dìngxiàng 团确定方向▷~培养|~反射。

【定心丸】 dìngxīnwán 比喻能使心绪安定的话语或行为▷联产承包几十年不变的规定,无疑给了农民一颗~。

【定型】 dìngxíng 团(事物的形态、特点)形成并固定下来▷孩子的思想未~,可塑性大|~产品。

【定性】 dìngxìng ❶团经过测定,确定物质所含的成分和性质▷~研究|~分析。❷确定问题的性质(多指错误或罪行)▷这个案子~为渎职罪。

【定义】 dìngyì ❶图对概念的内涵和外延或者语词的理性意义所作的简洁而确切的表达。最有代表性的定义方法是"属"加"种差"。如"人"可定义为"能制造并使用生产工具进行劳动的高等动物"。也说界说。❷团下定义。

【定于一尊】 dìngyúyīzūn 泛指以具有最高权威的作为唯一标准(一尊:唯一的权威)。

【定语】 dìngyǔ 图语法学指名词性短语里中心语前面的修饰或限制成分。如"新面貌"中的"新"、"五辆汽车"中的"五辆"。

【定员】 dìngyuán ❶团规定人员的数目▷~定岗。❷图规定的人数▷削减~。

【定准】 dìngzhǔn ❶图确定的标准或规律▷他作息没有~,生活没有规律。❷团确定▷上场队员还没有~。❸副一定▷我想,你~不会去。

腚　dìng 图臀部▷光着～。

碇　dìng 图船停泊时固定船身的石礅。

锭（錠）　dìng ❶图金属或药物制成的块状物▷金～｜钢～｜至宝～（中成药名）。❷纺纱机上绕纱的机件▷纱～。

diu

丢　diū ❶团遗失▷东西～了。❷扔；抛弃▷瓜子皮不要～在地上｜～掉幻想。❸放下；搁置▷～下手里的活儿就跑了｜外语～了好几年了。

【丢盔卸甲】　diūkuīxièjiǎ 丢弃头盔，脱掉铠甲。形容打仗一败涂地，仓皇逃跑的狼狈相。

【丢脸】　diūliǎn 形丧失体面。

【丢三落四】　diūsānlàsì 形容不认真或记忆力不好而顾此失彼。☞"落"这里不读 luò。

dong

东（東）　dōng ❶图四个基本方向之一，太阳出来的一边（跟"西"相对）▷水向～流｜～方。❷指东道主▷今晚我做～，请大家喝酒。❸财产的主人▷房～｜股～。

【东半球】　dōngbànqiú 图地球的东半球，从西经20°起向东到东经160°止。陆地包括欧洲、非洲的全部，亚洲、大洋洲的绝大部分和南极洲的大部分。

【东道主】　dōngdàozhǔ 图请客或接待的主人。

【东风】　dōngfēng ❶图指春天的风▷一夜～，大地解冻。❷比喻革命的威势和力量▷改革开放的～吹遍神州。

【东家】　dōngjia 图旧时被雇用的人称他的雇主，佃户称租给他土地的地主。

【东拉西扯】　dōnglāxīchě 东说一句，西说一句。形容说话或写文章前言不搭后语，杂乱无章。

【东鳞西爪】　dōnglínxīzhǎo 传说龙在云中，很难见到全貌。因此，画龙时就东画一片鳞，西画一只爪。比喻事物零星琐碎，不完整不全面。

【东山再起】　dōngshānzàiqǐ 东晋谢安曾一度退职隐居东山，后来又复职做了大官。比喻失败或失势后重新得势。

【东施效颦】　dōngshīxiàopín 春秋时越国美女西施病了，用手按着心口，皱着眉头。邻居的丑女东施觉得西施的病容很美，也跟着学，结果更加丑陋。比喻生硬模仿，效果适得其反。

【东西】　dōngxi ❶图泛指各种事物▷吃～｜感情这一～，也是可以培养的。❷特指使人厌恶或喜爱的人或动物▷看他那贼眉鼠眼的样子，准不是好～｜这小～很可爱。

【东张西望】　dōngzhāngxīwàng 这边看看，那边看看；向四处察看寻找或漫无目标地随意看。

冬　dōng 图四季的最后一季▷春夏秋～。

【冬烘】　dōnghōng 形嘲讽人浅陋迂腐▷～先生。

【冬令】　dōnglìng ❶图冬季▷～蔬菜。❷指冬季的气候▷春行～。

【冬眠】　dōngmián 团蛇、蛙、龟、刺猬等动物为适应冬季的寒冷和食物不足而出现休眠现象。

咚　dōng 拟声模拟重物落下、击鼓、敲门的声音。

董　dǒng ❶团监督管理▷～理｜～事。❷图指董事，某些企业、学校等推举出来担任监督管理工作的

人▷校～｜商～。

懂　dǒng 团明白；理解▷你的话我听不～｜～英语｜～事。

【懂行】　dǒngháng 团熟悉某一行业业务▷要说办教育，他很～。

【懂事】　dǒngshì 团明白事理；善解人意▷这孩子才十岁，便十分～了。

动（動）　dòng ❶团改变原来的位置或状态（跟"静"相对）▷躺着不～地｜～山摇｜流～。❷使改变原来的位置或状态▷谁～过桌子上的书？｜改～。❸使用；使活动起来▷～笔｜～脑筋。❹使情感起变化、有反应▷无～于衷｜～心。❺行动；进行活动▷大家都～起来，事情就好办了｜闻风而～。❻副常常▷每逢假日，游客～以万计｜～辄得咎。

【动产】　dòngchǎn 图可以移动而不损失经济价值或使用价值的财产（跟"不动产"相对）。如金钱、证券、器物等。

【动词】　dòngcí 图表示人或事物的动作、发展、变化、存在或消失等的词，如跑、跳、看、保护、成立、有等。

【动荡】　dòngdàng 团水面起伏波动，比喻局势或情况等不安定▷～不安。

【动感】　dònggǎn 图某些静物给人活生生的感觉▷这幅画极富～。

【动工】　dònggōng 团指建设工程开工或施工▷住宅楼已经～。

【动画片】　dònghuàpiàn 图美术片的一种。把人或物的表情、动作、变化分段画成若干幅画，逐格摄影，再用每秒钟24格的速度放映，可以产生活动画面的艺术效果。

【动火】　dònghuǒ 团生气▷你怎么一说话就～｜不值得跟他动这么大的火。

【动机】　dòngjī 图促使人从事某种活动的主观愿望▷看～，也看效果。

【动静】　dòngjing ❶图动作或响声▷别说话，屋外好像有～。❷情况；消息▷密切注意敌人的～。

【动力】　dònglì ❶图使机械作功的力，如电力、风力、水力等。❷泛指推动事物运动和发展的力量▷人民群众是社会发展的基本～。

【动乱】　dòngluàn 团（社会）动荡变乱。

【动脉】　dòngmài ❶图把血液从心脏运送到身体各部位的血管。❷比喻交通干线▷京广铁路是我国南北交通的大～。

【动情】　dòngqíng ❶团产生爱慕的感情。❷形情绪激动▷～地述说。

【动人】　dòngrén 形使人感动的▷楚楚～｜～的情节。

【动人心弦】　dòngrénxīnxián 拨动了心中的琴弦。形容十分激动人心。

【动容】　dòngróng 团内心有所感动而表现于面容▷一席话说得听众无不为之～。

【动身】　dòngshēn 团出发。

【动手】　dòngshǒu ❶团着手去做▷～植树。❷用手触摸▷参观展品请勿～。❸用手打人▷君子动口不～。

【动态】　dòngtài 图运动中的状态；事物发展变化的情况▷仔细观察鱼的～｜及时了解基层的～。

【动听】　dòngtīng 形声音悦耳；话说得使人爱听▷～的言词。

【动物】　dòngwù 图生物的一大类，有神经，有感觉器官，能自由运动，多以有机物为食料。

【动向】　dòngxiàng 图（行动或事态）发展变化的方向▷投资新～｜时局～。

【动心】dòngxīn 动触动感情,引起思想变化▷金钱的诱惑,不能使他～。

【动摇】dòngyáo ❶动摆动;摇晃▷～不定。❷形不坚定的▷～分子。❸动使不稳固;使不安定▷～军心。

【动议】dòngyì 名会议进行中提出的建议▷临时～I紧急～。

【动员】dòngyuán ❶动把军队和政治、经济等部门都转入战时的状态▷战争总～。❷动发动群众参与某种活动▷～全体人员抗洪救灾。

【动辄】dòngzhé 副〈文〉往往;动不动▷～怒目相向I～得咎(动不动就受到指责或惩罚)。

【动作】dòngzuò ❶名身体的各种活动▷四肢～。❷动活动起来▷协同～。

冻(凍) dòng ❶动(水分)遇冷凝结▷天寒地～。❷寒冷刺激人体▷小心冻～着。❸名遇冷凝结的自然现象▷上～I解～。❹汤汁等凝结成的胶状体▷肉皮～I果～。

【冻结】dòngjié ❶动液体在低温下凝结。❷比喻使人员、资金等暂时停止流动或变动▷人事～I存款被～。

侗 dòng 名侗族,我国少数民族之一,分布在贵州、湖南和广西。

栋(棟) dòng ❶名房屋的大梁▷雕梁画～。❷量用于房屋▷一～房子。

【栋梁】dòngliáng 名房屋的大梁,比喻担负重任的人▷～之才I国家～。

胨(腖) dòng 名蛋白胨,有机化合物。医学上用作细菌的培养基。

洞 dòng ❶形透彻;清晰▷～察I～悉。❷名物体中穿通或深陷的部位;窟窿▷槽牙上有个～I防空～◇漏～。☞在"洪洞"(山西地名)中读tóng。

【洞察】dòngchá 动透彻地观察了解▷～民情。

【洞达】dòngdá 动透彻地理解▷～世事。

【洞房】dòngfáng 名新婚夫妻的卧室。

【洞开】dòngkāi 动(门、窗等)敞开▷大门～◇几句话说得我心扉～。

【洞若观火】dòngruòguānhuǒ 形容观察事物非常透彻,就像看火一样。

【洞悉】dòngxī 动清晰地知道▷～一切。

【洞晓】dòngxiǎo 动透彻地了解;精通▷～内情I～世故。

【洞烛其奸】dòngzhúqíjiān 看清楚了对方的阴谋诡计。

恫 dòng 动恐惧;使恐惧▷～吓(hè)。

【恫吓】dònghè 动恐吓(hè)▷战争～。

胴 dòng 名躯干;体腔(除去头、四肢、内脏)▷～体。

【胴体】dòngtǐ ❶名指牲畜屠宰后剩下的体腔。❷人的躯体。

dou

都 dōu ❶副表示总括全部▷什么～没说I无论春夏秋冬他～坚持长跑。❷表示加重语气▷他的事连我～不知道I～半夜了,快睡吧。○另见dū。

兜 dōu ❶动用手巾、衣襟等把东西拢住并包起▷用手巾～着鸡蛋。❷名能装东西的口袋、包等▷手插在裤～里I网～。❸动环绕▷在街上～了一圈I～圈子。❹招揽▷～揽。❺全部承担▷别怕,出了事由我～着。

【兜捕】dōubǔ 动包抄捕捉▷刑警撒下罗网～犯罪嫌疑人。

【兜底】dōudǐ 动将底细彻底暴露出来▷索性把这事～告诉他算了。

【兜风】dōufēng ❶动(车船的篷布、帆布)拢住风▷船帆已破,不能～。❷坐车、乘船或骑马等绕圈子游览。

【兜揽】dōulǎn ❶动吸引(顾客),招揽(生意)▷～生意。❷包揽(事情)▷大事小事不能都～过来。

【兜售】dōushòu 动四处推销(货物)。

菀 dōu ❶名指某些植物的根或靠近根的茎▷禾～I～距。❷量用于单棵或丛生的植物▷两～白菜I一～草。

篼 dōu 名盛东西的器具,用竹、藤、柳条等编制而成▷背～I笼～。

斗 dǒu ❶名a)星宿名,二十八宿之一,有星六颗,通称南斗▷气冲～牛。b)指北斗七星▷星移～转I～柄。❷旧时量粮食的器具,多为方形,口大底小。❸量市制容量单位,10升为1斗,10斗为1石,1市斗等于法定计量单位10升。❹形极言其大或小▷～胆I～室。❺形状有些像斗的器物▷～漏I～烟I～熨～。❻旋转成圆形的指纹。○另见dòu。

【斗胆】dǒudǎn 副表示大胆(做某事)▷～向你进一言。

【斗笠】dǒulì 名用竹篾夹上油纸或竹叶编制成的帽子,用来遮阳挡雨。

【斗篷】dǒupeng 名没有袖子的宽大外衣。☞"篷"不要写作"蓬"。

【斗室】dǒushì 名面积狭小的房间。

【斗转星移】dǒuzhuǎnxīngyí 北斗转向,星辰移动。指季节变迁,时光流逝;也指时代发展变化。

抖 dǒu ❶动发颤;哆嗦▷浑身发～I～战。❷甩动;使振动▷～掉身上的雪。❸振作;奋起▷～起精神。❹人因突然得势或发财而得意▷这小子在外面混了几年,居然～起来了。❺抖动着向外全部倒出▷把面袋里的面粉都～了出来。❻彻底揭露▷把事情的经过全～出来了。

【抖搂】dǒulou ❶动抖动衣物之类,使上面的尘土等附着物撒落下来。❷全部说出或揭露出来▷有什么心事全～出来就痛快了。❸没有节制地耗费钱财▷这点家产都让他～光了。

【抖擞】dǒusǒu 动振奋;振作▷～精神。

【抖威风】dǒuwēifēng 显示自己的威势和阔气(含贬义)。

陡 dǒu ❶形坡度大▷山坡很～。❷副突然▷风云～变。

【陡峻】dǒujùn 形陡峭险峻▷山势～。

【陡峭】dǒuqiào 形坡度极大,近乎垂直▷～的山路。

【陡然】dǒurán 副骤然▷～变色。

【陡削】dǒuxuē 形陡直得像刀削过一样▷～的峭壁。

【陡直】dǒuzhí 形陡峭笔直▷～的山峰。

蚪 dǒu 见[蝌蚪]kēdǒu。

斗(鬥) dòu ❶动对打▷搏～I格～。❷一方跟另一方争斗▷战天～地I～嘴。❸为了一定的目的而努力;竞争▷奋～I～智。❹使争斗▷～鸡I～牛。○另见dǒu。

【斗法】dòufǎ 动旧小说中指用法术争斗,现多指暗中用计斗智。

【斗殴】dòu'ōu 动相互争斗;打架。

【斗争】dòuzhēng ❶动在激烈的矛盾冲突中,双方极力战胜对方▷政治～I与腐败现象～到底。❷用讲理、批判的方式揭露、打击▷对妨碍团结的言行必须坚决～。❸奋斗▷为民族的振兴而～。

【斗志】 dòuzhì 图斗争的意志▷鼓舞～。

【斗智】 dòuzhì 团用智慧和计谋进行斗争▷～斗勇。

【斗嘴】 dòuzuǐ ❶团吵架▷夫妻常常～。❷耍贫嘴；互相取笑▷他专爱跟别人～，没几句正经话。

豆 dòu ❶图豆类作物的统称，也指豆类作物的种子▷种～得｜绿～。❷形状像豆粒的东西▷花生～｜土～（马铃薯）。

【豆豉】 dòuchǐ 图调味品，把黄豆或黑豆泡透，蒸或煮后，经发酵而成。

【豆腐渣】 dòufuzhā 图豆浆过滤后剩下的松散而无黏性的渣滓（常用作比喻）▷～工程。也说豆渣。

【豆蔻】 dòukòu 图多年生常绿草本植物，形似芭蕉，花淡黄色。也指这种植物的果实或种子。也说草果。

【豆蔻年华】 dòukòuniánhuá 豆蔻开花的时光，多比喻少女十三四岁的年龄。

【豆蓉】 dòuróng 图煮熟晒干的大豆、绿豆、豌豆等磨成的细粉，用来做点心、糕饼等的馅儿。

【豆沙】 dòushā 图把煮烂的红豆、红豇豆或绿豆等捣烂成泥状，去掉豆皮再加上糖、香料等制成，用作糕点的馅儿。

【豆制品】 dòuzhìpǐn 图以黄豆等为原料制成的食品。如豆腐、腐竹等。

逗 dòu ❶团停留▷～留。❷（用言语或行为）招引▷～孩子玩｜～乐。❸招；惹▷这孩子真～人喜欢。

【逗哏】 dòugén 团用有趣的语言逗人发笑。

【逗号】 dòuhào 图标点符号的一种，形式为"，"，用于句子内部，表示一般性停顿。

【逗留】 dòuliú 团短暂停留▷出差经过北京时，曾～了几天。☞不宜写作"逗遛"。

【逗弄】 dòunong ❶团引逗；挑逗▷～着小猫玩儿。❷耍弄；取笑▷他是你的好朋友，不该这么～他。

【逗趣儿】 dòuqùr 团开玩笑；打趣。☞不宜写作"斗趣儿"。

【逗人】 dòurén 圐惹人喜爱▷这女孩儿怪～的。

痘 dòu ❶图天花，急性传染病，症状是全身出现脓疱，十天左右结痂，痂脱落后形成疤痕，俗称麻子。❷指牛痘疫苗▷种～可以预防天花。

【痘苗】 dòumiáo 图用于人体接种以获得天花免疫活性的减毒活疫苗。

窦（竇） dòu ❶图孔穴；洞▷狗～（狗洞）◇情～初开。❷指称人体某些器官类似孔穴的部分▷鼻～｜额～。

du

乴 dū 团用指头等轻点▷～一个点儿。

都 dū ❶图大城市▷～市｜首～。❷特指首都▷建～。○另见 dōu。

【都城】 dūchéng 图首都。

【都会】 dūhuì 图大城市。

督 dū ❶团察看▷监～。❷监督指导▷～战｜～学。

【督办】 dūbàn 团督察或督促办理▷此事需领导亲自～。

【督察】 dūchá ❶团监督检察▷～救灾事宜。❷图指负责督察工作的人员。

【督促】 dūcù 团监督并催促。

【督导】 dūdǎo 团督察并指导。

【督阵】 dūzhèn 团主帅到阵前监督作战，也指到基层监督工作。

嘟 dū 拟声模拟某些发声器发出的声音▷哨子吹得～～响。

【嘟噜】 dūlu ❶量用于成串成簇的东西▷一～葡萄。❷团向下耷拉着▷裤腿都～到地了。❸图连续颤动舌或小舌所发出的声音▷接连打了几个～。

【嘟囔】 dūnang 团含混不清地不断低声自语▷老人一边～着，一边干活。

毒 dú ❶图毒素①▷这种蘑菇有～｜中～身亡。❷圐含有毒素的▷～蛇｜～药。❸残酷；猛烈▷心肠真～｜太阳正～。❹团用有毒的东西杀害▷这东西能～死人。❺图对思想有害的东西▷肃清流～。❻毒品▷贩～｜吸～｜瘾。

【毒草】 dúcǎo 图有毒的草；比喻对社会有害的言论、主张和作品等。

【毒害】 dúhài ❶团用有毒的物品使人受到损害▷绝不允许黄色书刊～青少年。❷图使人受到毒害的物品▷肃清封建迷信的～。

【毒化】 dúhuà 团用有毒的东西污染使恶化▷～空气｜～青少年灵魂。

【毒计】 dújì 图狠毒的计谋▷策划～。

【毒辣】 dúlà 圐残忍狠毒▷手段～。

【毒手】 dúshǒu 图残忍狠毒的手段▷惨遭～。

【毒素】 dúsù ❶图能损害生物体组织和机能的有害物质，猛烈的可导致死亡。❷比喻能腐蚀人心灵的思想意识。

【毒刑】 dúxíng 图残忍的肉刑。

独（獨） dú ❶圐单一▷～木桥｜～幕剧。❷图孤独没有依靠的人，特指年老无子的人▷鳏寡孤～。❸副单独；独自▷～当一面｜～占。❹与众不同；特别▷匠心～具｜～到之处。

【独霸】 dúbà 团独自霸占；单独占有▷～政坛｜～电器市场。

【独白】 dúbái ❶团独自抒发自己的感情或愿望（多用于电影、戏剧中的人物）。❷图独白的话。

【独裁】 dúcái 团独自做出裁决；特指大权独揽，实行专制统治▷～专制。

【独创】 dúchuàng ❶团独自创造▷～多功能机床。❷图独到的创造▷国内～。

【独到】 dúdào 圐跟一般不同的▷见解很～｜～的看法。

【独断专行】 dúduànzhuānxíng 不考虑别人意见，只按个人意见行事。

【独家】 dújiā 图独此一家▷～生产。

【独角戏】 dújiǎoxì 只有一个演员扮演角色演出的戏。比喻一个人单独做本应多个人做的工作▷你们都请假，让他一个人唱～，怎么行？☞㊀"角"这里不读 jué。㊁不宜写作"独脚戏"。

【独具】 dújù 团特别具有；跟其他人或事物不同▷～匠心｜～慧眼。

【独揽】 dúlǎn 团独自掌管▷～大权。

【独力】 dúlì 副表示凭一个人或单方面的力量去做▷他～完成设计任务。

【独立】 dúlì ❶团独自站立▷～湖边，遥望远处。❷一个国家、政权或组织不受外来势力的干预、控制和支配▷原殖民地国家纷纷～。❸不再隶属于原单位，而单独成为一个单位▷农机管理处已经～，并升格为农机管理局。❹圐在军队编制中直属于更高一级单位领导的▷～大队。❺团不依赖别人的支持和帮助▷十五岁就开始～生活。

【独立王国】 dúlì wángguó 比喻不听从上级领导而自

行其是的地区或单位。

【独立自主】 dúlìzìzhǔ （国家、民族、政党等）行使自己的主权,不受外来势力的支配和控制。也泛指不依赖别人,自己作主。

【独苗】 dúmiáo 图比喻独生子女;唯一的后代。

【独木难支】 dúmùnánzhī 一根木柱难以支撑建筑物。比喻一个人的力量难以维持整个局面。

【独辟蹊径】 dúpìxījìng 单独开辟一条道路。比喻独创新方法或新思路。

【独善其身】 dúshànqíshēn 原指保持个人的节操、修养。现多指只顾自己,不管他人、集体和国家。

【独身】 dúshēn ①团独自一人▷夫妻两地过～生活。②指不嫁或不娶的成年人。

【独树一帜】 dúshùyīzhì 比喻与众不同,自成一家或一派。

【独特】 dútè 形特有的;与众不同的▷见解～｜～风味。

【独体字】 dútǐzì 图汉字形体结构的一种类型。即结构单一、不能再分析的汉字。如"大、寸"等。

【独一无二】 dúyīwú'èr 没有相同的;没有可以相比的。

【独有】 dúyǒu ①团独自具有;独自占有▷唯我～。②副唯有;只有▷大家都同意,～你反对。

【独占鳌头】 dúzhànáotóu 封建时代,考中状元的人要站在皇宫台阶浮雕巨鳌头上迎接皇榜。所以把中状元称为"独占鳌头"。现泛指获得第一名或占据首位。

【独资】 dúzī 形由一人或一方独自投入资金的▷～公司。

【独自】 dúzì 副表示由一个主体单独进行某种活动▷～外出。

读（讀） dú ①团看着文字并念出声来▷把这段文章大声一遍｜朗～。②看着文字并理解其意思▷这本书值得一～｜细～。③指上学或学习▷他又～过初中｜走。～读作＂这个字＂去声来,不～阴平。☞在"句读"（古时称文词停顿的地方）中读dòu。

【读本】 dúběn 图教学用的课本（多指语文等文科教科书）。

【读书】 dúshū ①团阅读或诵读▷凝神～。②泛指学习▷那时他正在学校～。③形有文化有知识的▷～人｜～知礼。

【读物】 dúwù 图供人阅读的书籍、报刊。

渎（瀆） dú 团侮慢;对人不尊敬▷亵～。

【渎职】 dúzhí 团不尽职;玩忽职守,使国家和人民利益遭受重大损失。

椟（櫝） dú 图匣子;柜子▷买～还珠。

犊（犢） dú 图小牛▷初生牛～不怕虎。

牍（牘） dú ①图古代写字用的长方形木板▷连篇累～。②书信;公文▷尺～（书信,古代书简约长一尺）｜文～。

黩（黷） dú 团滥用▷穷兵～武。

髑 dú ［髑髅］dúlóu 图死人的头骨,也指死人的头。

肚 dǔ 图作为食品的猪、牛、羊等的胃▷牛～｜丝｜爆～儿。○另见dù。

笃（篤） dǔ ①形忠实;专一▷～信｜～行。②（病势）重▷病～。

堵 dǔ ①图墙壁▷观者如～。②量用于墙壁▷一～墙。③团阻挡;阻塞▷住敌人的退路｜下水道～了。④形心里憋闷;不畅快▷心里～得慌。

【堵截】 dǔjié 团拦截,阻塞去路▷～惊马｜～逃犯。

【堵塞】 dǔsè 团阻塞,使不通畅▷管道～◇财务漏洞。☞"塞"这里不读sài或sāi。

【堵嘴】 dǔzuǐ 团不让人讲话或让人无法说出真情▷应该畅所欲言,不要堵人家的嘴。

赌（賭） dǔ ①团拿财物作注比输赢▷～钱｜～聚～。②泛指比胜负、争输赢▷我敢打～,这场球我们准赢。

【赌博】 dǔbó ①团用金钱、财物做赌注,通过打牌、掷色子、轮盘赌等决定输赢▷严禁～。②比喻冒着风险从事某种投机活动▷政治～。

【赌气】 dǔqì 团生气;闹情绪▷他受到批评～不干工作了。

【赌徒】 dǔtú 图经常赌博的人。

【赌咒】 dǔzhòu 团以诅咒自己的方式做出保证▷～发誓。

【赌注】 dǔzhù 图赌博时押注的钱财。

睹 dǔ 团看到▷先～为快｜熟视无～。

【睹物伤情】 dǔwùshāngqíng 看到有关的东西就会伤感动情。

杜 dù ①图杜梨,落叶乔木,枝上有针刺,果实小,味酸。②团阻塞;防止▷防微～渐｜～绝。

【杜衡】 dùhéng 图多年生草本植物,野生,开紫色小花。根茎入药。

【杜鹃】[1] dùjuān 图鸟,以毛虫为食,属益鸟。初夏时常昼夜啼叫。也说布谷、子规。

【杜鹃】[2] dùjuān 图常绿或落叶灌木,花多为红色,可供观赏。也说映山红。

【杜绝】 dùjué 团防止,使不产生▷坚决～假冒伪劣商品的生产。

【杜撰】 dùzhuàn 团随意编造;虚构▷新闻报道一定要真实,绝不许～。

肚 dù ①图肚子,人或动物的腹部▷挺胸凸～。②物体圆而凸起或中间鼓出的部分▷腿～子｜大～坛子。○另见dǔ。

【肚量】 dùliàng 图饭量。

妒 dù 团对比自己强的人心怀忌恨▷嫉贤～能｜～忌。

【妒火】 dùhuǒ 图极为强烈的忌妒心理▷～中烧。

度 dù ①图计量长短的标准和器具▷～量衡。②法则;准则▷法～｜制～。③团用于计量弧、角、电能等。④图限度;限额▷每月上交款以1000元为～｜过～。⑤一定范围的时间或空间▷年～｜国～。⑥程度,事物所达到的境界▷知名～｜风～。⑦特指事物的某种性质所达到的程度▷硬～｜长～。⑧团（时间上）经过;经历▷虚～｜日如年。⑨量用于动作的次数▷一年一～｜再～上映。☞"度"和"渡"意义不同。"欢度春节""度假"的"度"不能写作"渡"。"过度"与"过渡"是两个不同的词。○另见duó。

【度量】 dùliàng 图对人宽容忍让的限度▷他～大,不会记恨你的。

【度量衡】 dùliànghéng 图长短、容积、轻重等计量标准的统称。

【度命】 dùmìng 团（在困境中）维持生命▷大漠深处,他们就靠这点水～了。

【度日】 dùrì 团（在困境中）过日子;过活▷父亲在年轻时靠拉板车～｜～如年。

渡　dù ❶㔋通过水面；由一岸到另一岸▷远～重洋｜武装泅～｜～船｜～轮。❷通过；由一个阶段到另一个阶段▷～过难关｜过～时期。❸㕚渡口▷古～｜风陵～（在山西）。

【渡槽】dùcáo 㕚在山谷、道路、河道之上架起的连接水渠的槽子。

【渡口】dùkǒu 㕚有船把人或物摆渡过河的固定的地方。

镀（鍍）dù 㔋用化学方法把一种金属薄薄地均匀地附着（zhuó）在别的金属或物体的表面▷电～。

【镀金】dùjīn ❶㔋在金属或器物的表面附着上一层薄薄的金子。❷比喻借着学习、深造的机会只取得某种资格，而没有获得真才实学（含讥讽意）。

蠹　dù ❶㕚蠹虫▷～鱼｜书～。❷㔋蛀蚀；侵害▷流水不腐，户枢不～。

【蠹虫】dùchóng ❶㕚能咬坏书籍、衣服、家具等的虫子。❷比喻危害国家或集体利益的坏人。

duan

端　duān ❶㔶直；正▷～坐｜五官～正。❷品行正直，作风正派▷～庄｜～重｜态度～正。❸㔋（手）平平正正地拿（东西）▷把锅～下来｜～着枪。❹㕚（东西的）一头▷上～｜两～｜尖～。❺（事情的）开头或起因▷开～｜发～｜～争。❻事情（多指不好的事）▷事～｜弊～。❼（事情的）头绪、项目▷思绪万～｜诡计多～。

【端量】duānliang 㔋仔细察看▷～了好久｜上下～留学归来的女儿。

【端倪】duānní ❶㕚线索；眉目▷经多方查证，案件的来龙去脉才稍露～。❷㔋推测▷形势的发展，难以～。

【端午】duānwǔ 㕚我国传统节日。指农历五月初五日（"端"有初的意思，旧历中，逢五都称"午"、"午日"）。也说端阳。☞不宜写作"端五"。

【端详】duānxiáng ❶㕚详细情况▷细说～。❷㔶端正稳重▷她举止～。☞不要写作"端祥"。

【端详】duānxiang 㔋端量▷左～，右～。☞不要写作"端祥"。

【端由】duānyóu 㕚事情的起因。

【端正】duānzhèng ❶㔶不歪不斜▷字迹～。❷正直；正派▷行为～。❸㔋使转到好的方面来▷～作风。

【端庄】duānzhuāng 㔶（神态、举止）端正庄重。

短　duǎn ❶㔶一端到另一端的长度小（跟"长"相对，②同）▷绳子太～。❷时间的距离小▷昼～夜长｜～期。❸㔋缺少；欠▷这套书还一本｜～缺。❹㕚缺点；扬长避～｜护～。❺㔶浅薄▷见识～。

【短兵相接】duǎnbīngxiāngjiē 双方都用刀、剑等短兵器拼杀，比喻面对面地进行激烈斗争。

【短处】duǎnchu 㕚不足之处▷每个人都有长处和～，应该相互学习。

【短促】duǎncù 㔶短暂，急促▷时间～｜呼吸～。

【短见】duǎnjiàn 㕚浅薄的见识。

【短跑】duǎnpǎo 㕚距离较短的赛跑项目。如 60 米、100 米、200 米、400 米等。

【短篇】duǎnpiān 㕚篇幅较短的文章或作品，多指短篇小说。

【短平快】duǎnpíngkuài ❶排球比赛时二传手传出弧度很小、速度极快的球后，扣球手迅速跃杀并扣出高速、平射的球。❷比喻企业、工程、科学技术研究投入

资金少，周期短，并能很快取得经济效益。

【短评】duǎnpíng 㕚短小的评论文章▷文艺～｜国际形势～。

【短期】duǎnqī 㔶时间较短的▷～培训｜～行为。

【短浅】duǎnqiǎn 㔶（认识）狭隘肤浅▷眼光～。

【短视】duǎnshì 㔶目光短浅▷这样看问题也太～了。

【短途】duǎntú 㔶路途不远的；距离短的▷～行军｜～旅游。

【短线】duǎnxiàn 㔶供应量不能满足需求的；发展速度滞后的（跟"长线"相对）▷～产品｜～专业。

【短小】duǎnxiǎo ❶㔶又短又小▷～的文章。❷矮小▷身躯～。

【短暂】duǎnzàn 㔶（时间）短促▷～的停留。

段　duàn ❶🄰ａ）用于条状物分成的若干部分▷绳子剪成三～｜一～甘蔗。ｂ）用于时间或空间的一定距离▷一～时间｜一～路程。ｃ）用于事物的一部分▷一～文章｜一～话｜两～京剧。❷㕚事物划分成的部分▷阶～｜片～｜地～。❸某些部门下面分设的机构▷工～｜机务～。☞跟"叚"不同。

【段落】duànluò ❶㕚根据内容的相对独立性把文章划分成的若干部分▷文章～分明。❷工作、事情等相对独立完整的阶段▷事情到此告一～。

【段子】duànzi 㕚有相对完整的内容，可以一次表演完的曲艺节目▷传统相声～，颇受欢迎。

断（斷）duàn ❶㔋（长形的东西）分成几截▷桌子腿儿～了｜砍～。❷隔绝；使不再连贯▷关系～了｜间～。❸判定；决定▷当机立～｜诊～。❹㔯绝对；一定（多用于否定式）▷～无此理｜～不可行。

【断层】duàncéng ❶㕚地壳表层岩石沿破裂面发生明显位移的地质构造。❷比喻事业、人才层次中断，不能衔接的现象▷要避免事业的～。

【断代】[1] duàndài ❶㔋断绝后代。❷指事业缺乏继承人▷人才～。

【断代】[2] duàndài 㔋按时代或朝代划分历史时期▷这段历史如何～，尚需研究。

【断定】duàndìng 㔋做出判断▷我敢～，他今天是不会来了。

【断喝】duànhè 㔋猛然大声呼喊▷突然～一声，会场里马上鸦雀无声。

【断交】duànjiāo 㔋断绝外交关系；断绝交往▷两国关系恶化后～了｜好友因意见严重分歧而～。

【断句】duànjù 㔋诵读没有标点符号的古书时，根据文意、语气作停顿或同时加表示停顿的圈点。

【断绝】duànjué 㔋使失去联系或不能贯通▷～外交｜交通。

【断裂】duànliè 㔋折断，裂开▷由于长年风化，碑身已经～。

【断然】duànrán ❶㔶果断▷～的决定。❷㔯绝对；一定▷～不能接受对方无理要求。

【断送】duànsòng 㔋葬送；毁灭▷～了美好前程。

【断线】duànxiàn 㔋线折（shé）了，比喻联系或关系中断▷自从他出国后我俩就～了。

【断想】duànxiǎng 㕚片断的、零碎的感想▷读史～。

【断言】duànyán ❶㔋极其肯定地说▷我敢～，他没安好心。❷㕚作出的结论▷她这样下～，真令人遗憾。

【断语】duànyǔ 㕚极其肯定的结论▷在情况不甚了解时，不要急于下～。

【断章取义】duànzhāngqǔyì 不顾整篇文章或讲话的内容，孤立摘取对自己有利的某段或某句话的意思。

缎(緞) **duàn** 图缎子,质地厚密、正面平滑有光泽的丝织品▷绸。

椴 **duàn** 图椴树,落叶乔木。木材优良,纹理细致,供作家具等用。

煅 **duàn** 团制中药时,把药材放在火里烧,以降低烈性▷~石膏|~龙骨。

锻(鍛) **duàn** 团把金属加热到一定温度后锤打,使改变形状▷~压|~工。

【锻炼】 **duànliàn** ❶团锻造和冶炼。❷通过体育活动,使身体健壮并陶冶情操▷~身体。❸通过各种实践活动,提高工作能力和思想水平▷到生产第一线实际~。

【锻造】 **duànzào** 团将金属加热到高温,用锻锤锤打,或用压力机压缩,制成一定形状并有一定机械性能的锻件。

dui

堆 **duī** ❶团累积;聚集在一起▷桌上~满了书|~雪人。❷图堆积在一起的东西▷稻草~|粪~。❸比喻众多的人或事▷往人~里钻|问题成~。❹量用于成堆的事物▷一~石头|一大~事。☛统读duī。

【堆叠】 **duīdié** 团层层地堆积起来。

【堆放】 **duīfàng** 团成堆地放在一起。

【堆积】 **duījī** 团大量地聚积▷粮库里的粮食~如山。

【堆集】 **duījí** 团成堆地聚集▷摘下的苹果都~在路边。

【堆砌】 **duīqì** ❶团用泥灰粘合堆接砖石。❷在诗文中罗列大量华丽却不必要的词语▷写文章切忌~词藻。

队(隊) **duì** ❶图某些有组织的团体▷连~|球~。❷团行列;队形▷排~。❸量用于排成队列的人或动物▷一~人马|一~骆驼。❹图特指中国少年先锋队▷~礼|~日。

【队列】 **duìliè** 图队伍的行列。

【队伍】 **duìwu** ❶图部队▷解放军是人民的~。❷有组织的或自然形成的行列▷参观的~|学生~。❸属于一定范围的人员或集体▷拥有一支高水平的科技~。

【队形】 **duìxíng** 图队列的形式。

对(對) **duì** ❶团回答▷~答如流|应~。❷向着;朝着;窗户|~着大街|枪口~准靶心。❸团向;跟▷他~我笑了笑。❹团对待;对付▷~事不~人|针尖~麦芒。❺团对于▷~下棋不感兴趣。❻团面对面的;对立的▷~门|~手。❼团彼此相向▷~换|~流。❽互相拼合或配合▷把破镜片~到一起|~对子。❾团成双的▷~联|~虾。❿量用于成双成对的人或事物▷一~夫妇|一~沙发。⓫团适合于▷~脾气|~心思。⓬通过比较,核查是否相符▷~答案|核~|~照。⓭团正确▷数字不~|回答了说得很~。⓮团调整使符合要求▷照相要~好焦距|~表。⓯平分成两份▷~开|~半分。

【对白】 **duìbái** 图戏剧、电影、电视剧中人物的对话。

【对半儿】 **duìbànr** 副表示双方各二分之一▷兄弟二人~分。

【对比】 **duìbǐ** ❶团(两种事物)进行比较▷黑白~|两相~。❷图比例▷两公司资本的~是五对三。

【对策】 **duìcè** 图针对问题提出的策略或办法▷研究~。

【对称】 **duìchèn** 团物体相对的部分在大小、形状、颜色和距离等方面互相对应▷人体的四肢、耳、目都是很~的。

【对答如流】 **duìdárúliú** 答话像流水一样顺畅。形容思维敏捷,口才好。

【对待】 **duìdài** ❶团对人或事物表示某种态度或施以某种行为▷顾客要热情耐心。❷事物或情况相对而存在▷快和慢也是相互~的,没有慢,哪显得出快?

【对等】 **duìděng** 团对应,相等(用于地位、数量等方面)▷~交流|~关系。

【对付】 **duìfu** ❶团应付和处理▷事情再多,我一个人也能~。❷凑合▷生活虽有困难,但还可以~。

【对号】 **duìhào** ❶团查核相合的号码▷~领奖。❷(理论与实践、说和做)相符▷言行要~。

【对话】 **duìhuà** ❶图相互间的谈话(多指戏剧小说等文艺作品中人物间谈话)。❷团双方或多方进行接触或谈判▷经过多次~,两国关系已趋向缓和|经常~可以使彼此增进了解,消除隔阂。

【对换】 **duìhuàn** 团相互交换;掉换▷两家的住房~一下,上班都方便了。

【对襟】 **duìjīn** 图中式上衣的一种式样,两襟在胸前正中相对。

【对劲儿】 **duìjìnr** ❶团脾气相投;合得来▷他们一直不~,经常闹矛盾。❷对头;正常▷他情绪好像有点不~。

【对开】¹ **duìkāi** 团车、船、飞机等从两地相向开行。

【对开】² **duìkāi** 团把整体对半分开▷利润~。

【对抗】 **duìkàng** ❶团对立相持▷阶级~。❷抗衡;抵制▷不要~法律|~批评。

【对口】 **duìkǒu** ❶团(两个演员)交替着说或唱▷~快板儿|~山歌。❷团内容和性质相近或一致的▷~单位|专业很~。

【对垒】 **duìlěi** 团两军交战,也指各种体育对抗赛或竞赛。

【对立】 **duìlì** ❶团相互矛盾的两种事物或同一事物的两个方面相互排斥、相互冲突▷质量和数量既~又统一。❷抵触;敌对▷自己说的跟做的不能~起来|反动派处处与人民~。

【对联】 **duìlián** 图由上下两联组成的对偶的句子。多张贴或悬挂在门、厅堂两侧或两边柱子上。

【对路】 **duìlù** ❶团符合需要或要求相合的▷产品适销~。❷合心意▷他喜欢唱歌,学音乐专业挺~。

【对面】 **duìmiàn** ❶图对过▷他家~是个商店。❷迎面▷~开过来一辆汽车。❸团当面▷你们两个~谈谈,就可以消除误会。

【对牛弹琴】 **duìniútánqín** 比喻对不懂道理的人讲道理。也讥讽讲话,写文章不看对象。

【对偶】 **duìǒu** 图一种修辞方式,指用字数相等、平仄相对、句法结构相同或相似的语句表达相关或相反内容的语言形式。如"书山有路勤为径,学海无涯苦作舟"。

【对手】 **duìshǒu** ❶图竞赛或争斗中与己方相对的一方▷这次比赛的~是世界强队。❷指本领、技艺水平与己方相当的一方▷今天是棋逢~,竞争格外激烈。

【对头】 **duìtóu** ❶团正确▷看法很~。❷(表情或事情的发展)正常(常用于否定式)▷他情绪不~,可能有心事。

【对头】 **duìtou** 图指敌对的或对立的双方或一方▷死~|赛场~。

【对味儿】 **duìwèir** ❶团跟口味相合的▷这汤挺~。❷比喻事情正常、对头(多用于否定式)▷他的言论不~。

【对象】 **duìxiàng** ❶图目标;思考或行动所涉及的人或事物▷教育~|论述的~。❷特指恋爱中的男方或女方▷介绍~|她的~勤快能干。

【对弈】 **duìyì** 团〈文〉下棋▷二人~,难解难分。

【对应】 duìyìng ❶团在性质、数量、位置或作用等方面，某事物同另一事物相对或相当▷人民大会堂的位置与中国历史博物馆相～。❷形跟某种情况相适应的▷～方式|～举动。

【对于】 duìyú 介引进动作行为的对象或有关联的人或事物▷～外来人口管理问题，有关部门进行了认真研究。

【对照】 duìzhào ❶团对比参照▷～原文，认真校订。❷比较；比照▷按校规～自己找不足。

【对折】 duìzhé ❶团对半折扣▷～销售。❷对半折叠▷这么大的纸，两次裁开正好。

【对阵】 duìzhèn 团双方摆开阵势，准备交战。也指体育比赛中双方交锋。

【对证】 duìzhèng 团核对证实▷当面～|已经～过了，事实清楚。

【对症下药】 duìzhèngxiàyào 针对病症用药。也比喻针对具体情况处理问题。

【对质】 duìzhì 团就同一事实组织双方及有关人员当面质询诘问。也泛指对一般问题的当面质问和对证。

【对峙】 duìzhì ❶团相向而立▷两楼东西～。❷比喻对抗▷双方隔河～。

【对酌】 duìzhuó 团二人相对喝酒。

【对子】 duìzi ❶图指对偶语句或对联。❷结成互相帮助关系的两个人或两个单位▷青年工人都结成～，开展互学互帮活动。

兑 duì ❶团兑换▷把支票～成现金|现|～一点美元。❷指下象棋时用自己的棋子换掉对方实力相同的棋子▷～车(jū)|～卒。❸掺和▷往酒里～水|水太热，～点凉的|勾～。

【兑付】 duìfù 团根据票据的面额支付现款。

【兑换】 duìhuàn 团凭票据或有价证券换现金；按一定比价将一种货币换为另一种货币▷国债～现金|港币～人民币。

【兑现】 duìxiàn ❶团凭票据换取现金。❷比喻实现承诺▷只有～诺言，才能取信于民。

碓 duì 图舂米的工具，一头装有圆形的石头，用脚踩另一头使石头起落，舂去石臼中糙米的皮。

dun

吨(噸) dūn ❶量重量单位，我国法定计量单位，1吨等于1000千克。☞统读dūn。

【吨位】 dūnwèi 量表示船只大小或运输能力的单位▷这是艘90～的小货轮。

惇 dūn 形〈文〉教厚。

敦 dūn 形忠厚；诚恳▷～厚|～聘。

【敦促】 dūncù 团诚恳地催促▷～前往。

【敦厚】 dūnhòu 形忠厚▷为人～。

【敦请】 dūnqǐng 团诚恳邀请▷～与会。

墩 dūn ❶图土堆▷土～。❷墩子，厚实粗大的木头▷木～|门～儿。❸团用拖把擦(地)▷～地|～布。❹量用于丛生的或几棵合在一起的植物▷种了几～花生|一～稻秧。

【墩布】 dūnbù 图擦地板的工具，多用布条或线绳绑在长棍的一头制成。也说拖把。

礅 dūn 图厚实粗大的整块石头▷石～。

镦(鐓) dūn 团冲压金属板，使改变形状。

蹾 dūn 团猛然用力往下放，使重重地触地▷筐里是瓷器，千万别～坏了。

蹲 dūn ❶团双腿弯曲到最大限度，但臀部不着地▷～在地里拔草。❷借指闲着▷别老～在屋里。

【蹲班】 dūnbān 团留级。

【蹲点】 dūndiǎn 团下到某个基层单位，通过实际工作进行调查研究。

【蹲苗】 dūnmiáo 团为促使幼苗根系发达、防止疯长，在一定时期内控制灌水和施肥，并进行中耕。

盹 dǔn 图短暂时间的睡眠▷课间十分钟，他也能打个～儿。

趸(躉) dǔn ❶形整批；整批地▷～批|～买～卖(整批进货，整批出售)。❷团整批地买进货物(准备出卖)▷～点鲜货|现～现卖。

【趸船】 dǔnchuán 图固定在岸边的平底船，矩形，没有动力设备。供船舶停靠、旅客上下和装卸货物用。

囤 dùn 图储存粮食的器物，用竹篾、荆条等编成或用席箔等围成▷粮食～|尖儿|～底儿。○另见tún。

沌 dùn 见[混沌]hùndùn。

炖 dùn 团把食物用小火煮得烂熟▷～排骨|清～。

砘 dùn ❶图播种后用来压实松土的石制农具▷石～。❷团播种后用砘子压实松土▷用砘子～一～。

钝(鈍) dùn ❶形不锋利；不尖锐(跟"快"或"锐"相对)▷这把刀太～了|～角。❷笨拙；反应慢▷迟～。

【钝角】 dùnjiǎo 图大于直角(90°)小于平角(180°)的角。

【钝器】 dùnqì 图没有尖刃、质地较硬的凶器，如棍棒、锤子、砖石等。

盾 dùn ❶图古代用来遮挡刀箭的防护武器▷矛～。❷形状像盾的东西▷金～|银～。☞"盾"字统读dùn。

【盾牌】 dùnpái ❶图盾①。❷比喻推托或拒绝的借口▷不要拿我当～，我和这事儿没有关系。

顿(頓) dùn ❶团用头、脚等叩地▷～首|～足捶胸。❷停下来；暂停▷说一半就～住了|停～。❸副立刻；忽然▷茅塞一开|～悟。❹团安排；处理▷安～|整～。❺量a)用于饭食▷学校供应一～午饭|一天吃三～饭。b)用于斥责、打骂等行为的次数▷痛打一～。❻形疲劳▷困～|劳～。

【顿挫】 dùncuò 团(语调、音律)等停顿转折▷～有致。

【顿号】 dùnhào 图标点符号的一种，形式为"、"，用于表示句子内部并列词语之间的停顿。

【顿然】 dùnrán 副表示动作、状态发生或变化很急剧▷～消散|～清晰。

【顿时】 dùnshí 副立即；马上▷演出一结束，全场～响起热烈的掌声。

遁 dùn 团逃跑；躲避▷逃～|～词。

【遁词】 dùncí 图逃避责任或掩饰错误的话。☞不宜写作"遁辞"。

【遁迹】 dùnjì 团隐匿行迹；隐居▷销声～|～深山。

duo

多 duō ❶形数量比较大(跟"少"相对，②同)▷街上人很～|凶～吉少。❷团超过原来的或应有的数量▷比原文～了3个字。❸形超过合适程度的；不必

要的▷~嘴|~舌|~疑。❹团剩余▷这些纸刚够用，没有~的|~余。❺形表示整数后的零头▷30~公里。❻表示相差大▷比以前高~了。❼副用在疑问句中，询问程度、数量▷这孩子~大了？❽用在感叹句中，表示程度高▷这孩子~讨人喜欢！❾表示不定的程度▷不管~高的山都要上。☞统读 duō。

【多半】　duōbàn　❶名大部分；大半▷他分一~|青年~富有朝气。❷副大约▷他今天~不会来了。

【多边】　duōbiān　形由三个或更多的方面参加的▷~会议|~协作。

【多才多艺】　duōcáiduōyì　具有多方面的才能，掌握多方面的技艺。

【多愁善感】　duōchóushàngǎn　经常发愁，又易感伤。形容感情非常脆弱。

【多端】　duōduān　形头绪多；方面多▷变化~|诡计~。

【多多益善】　duōduōyìshàn　越多越好。

【多会儿】　duōhuìr　❶代询问什么时候▷现在走了，~再来啊。❷指某一时间或任何时间▷~我有空，一定再来看你们。❸和"没"连用，指不长的时间▷刚躺下没~，就睡着了。

【多极】　duōjí　形多元的；多方面并存的▷~世界|~社会。

【多久】　duōjiǔ　❶代询问多长时间▷你等了~？❷和"没"连用，指不长的时间▷住了没~就搬家了。

【多亏】　duōkuī　动由于某种有利因素，获得了成功或避免了不如意的事情(含有感谢或庆幸的意思)▷这次~你指点，要不就可能考不上了|刹车及时，不然就要发生车祸了。

【多媒体】　duōméitǐ　名指声像、通信和计算机相结合的信息传播方式。

【多么】　duōme　❶副用在疑问句中，询问程度或数量▷从这里到北京有~远？❷用在陈述句中，表示程度较高▷无论工作~忙，也要抽时间锻炼。❸用在感叹句中，表示程度很高▷~好的同志啊！☞"多么"的用法与"多"的副词用法基本相同，但"多么"多用于感叹句，其他用法不如"多"普遍。

【多面手】　duōmiànshǒu　名具有多种本领，掌握多种技能的人。

【多谋善断】　duōmóushànduàn　富有谋略又善于决断。

【多少】　duōshǎo　❶名指数量的大小▷不拘~，有一点儿就行。❷副稍微▷上了几年学，~有点文化。

【多少】　duōshao　❶代询问数量▷今年亩产~斤？❷表示某个不定数量▷要~，给~|今年招~新生早已确定。

【多事之秋】　duōshìzhīqiū　不断发生事变的时期，多指时局动荡不定。

【多数】　duōshù　❶形超过半数的▷~国家不赞成这一方案。❷名指超过半数的人▷我们是~，怕什么？

【多向】　duōxiàng　形多种方向的▷~选择|~投资。

【多样】　duōyàng　形各种不同样式的▷款式~|多种~。

【多义词】　duōyìcí　名具有两个或两个以上相关意义的词。

【多音字】　duōyīnzì　名不只一个读音的字，如"重"在"沉重、重视"等词中读 zhòng，在"重叠、重复"等词中读 chóng。

【多元论】　duōyuánlùn　名主张世界由多种独立的本原构成的哲学学说(跟"一元论"相对)。

【多姿】　duōzī　形姿态多样▷~多彩|婀娜~。

【多嘴】　duōzuǐ　动不该说而说▷在那种严肃的场合，你可别~。

咄　duō　叹〈文〉表示呵斥或惊异。☞统读 duō。

【咄咄】　duōduō　形表示斥责或惊诧▷~怪事。

【咄咄逼人】　duōduōbīrén　形容说话气势汹汹，盛气凌人。

哆　duō　[哆嗦]duōsuo　动身体受外界刺激而不由自主地颤动▷浑身打~。

剟　duō　动刺；击▷把匕首~在桌面上|用针~几个小眼儿。

掇　duō　动拾取；采取▷撺~|掇~|拾~。☞在"撺掇""掇掇""拾掇"中均读轻声。

裰　duō　动缝补(破衣)▷补~。☞统读 duō。

夺(奪)　duó　❶动脱离；脱漏▷眼泪~眶而出|文字讹~。❷使失去；削除▷剥~。❸强拿；抢▷把失去的阵地~回来|巧取豪~。❹争先取得▷~丰收|争分~秒。❺决定如何处理▷定~|裁~。

【夺标】　duóbiāo　❶动夺取优胜的锦标；特指夺取冠军。也指夺得锦标或冠军。❷在投标时中标。

【夺魁】　duókuí　动争夺第一名；夺得第一名。

【夺目】　duómù　形耀眼▷光彩~。

【夺取】　duóqǔ　❶动用强力取得▷~敌人据点。❷极力争取▷~胜利。

度　duó　动揣测；估计▷以小人之心~君子之腹|揣~。○另见 dù。

【度德量力】　duódéliànglì　估量自己的品德和能力(能否胜任)。☞这里"度"不读 dù，"量"不读 liáng。

铎(鐸)　duó　名古代宣布政教法令或遇到战事时使用的一种大铃▷铃~。

踱　duó　动慢慢地走动▷~来~去|~步。☞统读 duó。

朵　duǒ　量用于花或形状像花的东西▷一~花|红霞万~|白云~~|花~~。

垛　duǒ　名垛子，墙或墙两侧凸出的部分▷城~|门~。○另见 duò。

【垛口】　duǒkǒu　名城墙上两个垛子间的缺口，也指城墙上部呈凹凸形的短墙。

躲　duǒ　❶动避开；避让▷他老~着我。❷隐藏▷~在哪儿了？

【躲避】　duǒbì　动有意避开或离开不利的情况▷你不愿见他就到里屋~一下|~困难。

【躲藏】　duǒcáng　动躲避隐藏起来，不让人看见▷~在山洞里。

【躲闪】　duǒshǎn　动闪身避开▷~不及，被车撞了。

驮(馱)　duó　[驮子]duòzi　❶名牲口驮(tuó)的货物。❷用在牲口驮(tuó)的货物▷五~货刚运来三~。○另见 tuó。

剁　duò　动用刀、斧等向下砍▷~肉馅。

垛　duò　❶动整齐地堆放▷把柴火~起来。❷名堆成的堆儿▷秫秸~|砖~。❸量用于堆积的东西▷两~砖。○另见 duǒ。

舵　duò　名船、飞机等交通工具控制方向的装置▷升降~|掌~。

【舵轮】　duòlún　名汽车、轮船等上面的方向盘。

【舵手】　duòshǒu　❶名掌舵的人。❷比喻掌握方向的领导人。

堕(墮)　duò　动掉下来；坠落▷~地|~马。

【堕落】 duòluò 囝思想、品质、行为等变坏▷～成为罪犯。

惰 duò ❶形懒▷懒～｜～息～。❷不易变化▷～性。

【惰性】 duòxìng ❶图不思改变的不良习性▷要想进步,必须克服～。❷指某些物质不易跟其他物质化合的性质▷～气体｜～元素。

跺 duò 囝提起脚向下用力踏地▷～脚。

E

e

阿 ē ❶名(山、水等)弯曲的地方▷山~。❷动曲从；逢迎▷刚直不~。○另见ā。

【阿弥陀佛】ēmítuófó〈外〉❶大乘佛教指西方极乐世界的大佛。❷信仰佛教的人常念诵的名号，表示祈愿、致谢或叹息等意思。☞不读āmítuófó。

【阿谀】ēyú动(为私利)以言行曲意讨好、奉承▷~权贵。☞"阿"这里不读ā。

婀 ē[婀娜]ēnuó形轻柔美好▷~多姿|柳枝~。☞㊀统读ē。㊁不要写作"娿娜"。

讹(訛) é❶形不真实的；有错误的▷以~传~|~字。❷动敲诈；威吓(hè)▷让人~了一笔钱|~人。

【讹传】échuán名不符合事实的传闻。

【讹误】éwù名指文字或记载方面的错误▷盗版书印制粗糙，~很多。

【讹诈】ézhà❶动找借口强行勒索，敲诈▷~钱财。❷名威吓(hè)▷政治~|军事~。

俄 é❶副〈文〉不久；很快▷~而|~顷。❷名俄罗斯的简称▷~式大菜。

莪 é[莪蒿]éhāo名多年生草本植物，生在水边。叶子像针。

峨 é形〈文〉高峻▷巍~|~~。

娥 é❶形〈文〉美好(多指女性的姿容)。❷名美女▷宫~。

鹅(鵝) é名家禽，比鸭子大，前额有肉瘤。

【鹅黄】éhuáng形像小鹅绒毛那样淡黄的颜色。

【鹅卵石】éluǎnshí名形状大小类似鹅蛋一样的石头。

【鹅毛】émáo名鹅的羽毛，比喻轻微的礼物，有时表示深厚的情意▷千里送~，略表心意。

【鹅行鸭步】éxíngyābù形容走路像鹅和鸭子那样缓慢。

蛾 é名蛾子，昆虫，形状像蝴蝶，种类很多，多数是害虫。

额(額) é❶名额头，头发以下眉毛以上的部位▷前~。❷牌匾，挂在门楣上或墙上，写有文字的长方形木质或金属板▷匾~|横~。❸限定的数目▷名~|定~|超~|~数。

【额定】éding形按数额规定的▷~电流|~编制。

【额角】éjiǎo名额头的两边。

【额手称庆】éshǒuchēngqìng古人表示庆幸时常将手放在额角上，后沿用来表示庆幸。

【额外】éwài形所限定的数量范围以外的；另外加上去的▷~照顾|~负担。

恶(噁) ě[恶心]ěxin❶形想呕吐▷闻见汽油味儿就~。❷使人讨厌▷那样子让人见了~。○另见è;wū;wù。

厄 è❶形困苦▷困~|~运。❷名险要的境地▷险~|阻~。☞右下是"巳"，不是"巳"。

【厄尔尼诺】è'érnínuò名〈外〉指秘鲁和厄瓜多尔沿岸圣诞节前后发生的海水温度异常升高的现象。这种现象造成赤道东太平洋海洋生物和食鱼海鸟的大量死亡，并常出现世界性的气候异常。

【厄境】èjìng名艰难的境地。

【厄运】èyùn名不幸的遭遇或命运▷跟~抗争。☞不宜写作"噩运""恶运"。

扼 è❶动掐住；抓住▷~杀|~要。❷守卫；控制▷守~|~制。

【扼杀】èshā动掐死；比喻利用压制或残暴的手段使不能存活或发展▷他们企图把这项规划~在摇篮里。

【扼守】èshǒu动牢固地把守(险要的地点)▷~大桥。

【扼腕】èwàn动〈文〉用自己的一只手握住另一只手的手腕，表示激奋、同情、惋惜等激情▷~赞叹。

【扼要】èyào形(讲话、文章)能抓住要点和中心▷~传达|内容很~。

【扼制】èzhì动极力控制▷~悲痛。

呃 è[呃逆]ènì动由于横隔膜不正常收缩而发出声音。通称打嗝儿。

轭(軛) è名牛马等牲畜驾车、拉套时架在脖子上，用来连接套绳的弯曲横木。

垩(堊) è名白垩，粉刷墙壁用的白土▷~土。

恶(惡) è❶名极坏的行为(跟"善"相对)▷善~不分|罪~。❷形凶狠；凶猛▷~毒|凶~。❸极坏的；不好的▷穷山~水|~习。○另见ě;wū;wù。

【恶霸】èbà名凭借暴力和权势，欺压掠夺一方百姓的坏人。

【恶毒】èdú形险恶毒辣▷手段~。

【恶感】ègǎn名十分不满或厌恶的感情▷对他只是有些意见，并没有~。

【恶贯满盈】èguànmǎnyíng形容罪大恶极，末日已到(恶贯：一连串罪恶)。

【恶棍】ègùn名为非作歹，欺压群众的无赖。

【恶果】èguǒ名很坏的结果；苦果。

【恶化】èhuà❶动向坏的方向转化▷病情更加~。❷使向坏的方向转化▷绝不允许再~人类赖以生存的环境。

【恶劣】èliè形非常不好；很坏▷态度~|气候异常~。

【恶梦】èmèng名非常吓人的梦。

【恶魔】èmó名佛教指阻碍佛法的恶神、恶鬼；比喻极端凶残狠毒的人。

【恶声恶气】èshēngèqì形容说话粗鲁、刁横。

【恶习】èxí名很坏的习气。

【恶性】èxìng形严重的；导致不良后果的(跟"良性"相对)▷~事故|~循环。

【恶意】èyì 图不良的居心▷~诽谤。
【恶战】èzhàn 图残酷激烈的战斗。
【恶兆】èzhào 图不祥的或凶险的兆头。
【恶浊】èzhuó 围不干净;肮脏▷~的空气。
【恶作剧】èzuòjù 图捉弄人的行为。

饿(餓) è ❶围肚子里没有食物,想吃东西(跟"饱"相对)▷肚子~了|饥~。❷团使挨饿▷~他两天。

【饿殍】èpiǎo 图〈文〉饿死的人▷连年战乱,~遍野。☞不要写作"饿莩"。

鄂 è 图湖北的别称。

萼 è 图花萼,包在花瓣外缘的一圈绿色叶状薄片,花芽期保护花芽,花开时托着花冠。

遏 è 团抑制;阻止▷怒不可~|~止。

【遏止】èzhǐ 团阻遏抑止▷~病毒的蔓延。
【遏制】èzhì 团极力控制;阻止▷这些措施有效地~了猎獭的偷猎。

愕 è 围惊讶;发呆▷~然|惊~。

腭 è 图口腔的顶壁。包括硬腭和软腭两部分。通称上膛。

鹗(鶚) è 图鸟。爪锐利,性凶猛,常在水面上捕食鱼类。也说鱼鹰。

锷(鍔) è 图〈文〉刀剑的刃▷刺破青天~未残。

颚(顎) è 图某些节肢动物吸取食物的器官。

噩 è 围惊人的;可怕的▷~耗。

【噩耗】èhào 图指亲近或敬爱的人死亡的消息▷~传来,不胜哀恸。
【噩梦】èmèng 图凶险可怕的梦。

鳄(鰐) è 图鳄鱼,爬行动物,嘴大牙尖,四肢短,尾长,全身有硬皮和鳞甲,性凶暴,生活在江河湖泽中。

【鳄鱼眼泪】èyú yǎnlèi 西方传说,鳄鱼吞食人或其他动物时,边吃边掉眼泪。比喻坏人的假慈悲、假怜悯。

en

恩 ēn 图恩惠▷他对我有~|忘~负义。

【恩爱】ēn'ài 围(夫妻)感情融洽。
【恩赐】ēncì 团旧指君王对臣下例外赏赐;现多指出于对别人的怜悯而给予(财物)▷无需别人~◇珍惜大自然所~的原始森林。
【恩惠】ēnhuì 图他人对己的恩情▷用努力学习来报答您给我的~。
【恩将仇报】ēnjiāngchóubào 得到别人的恩惠,反而用仇恨来回报。
【恩情】ēnqíng 图他人给予的好处;深厚的情谊▷铭记家乡父老的~。
【恩怨】ēnyuàn 图恩德和仇怨(多偏指仇怨)▷不要计较个人~。

嗯 ēn 叹表示应答、疑问、出乎意外或不以为然等多种思想感情,受不同语调的影响,声调比较灵活▷~,我马上就来|~,你说什么? |~,怎么不响了? |~,有什么了不起! ☞口语中有时变读 n 或 ng。

摁 èn 团用手按或压▷把歹徒~倒在地|~电铃|~钉儿。

er

儿(兒) ér ❶图小孩儿▷婴~|幼~。❷青年人(多指男青年)▷中华健~|热血男~。❸儿子▷一~一女|~媳妇。❹后缀,附加在某些词的后面,使原来的词义、色彩或用法发生变化,读时与前面的音节融合为一个音节,注音时只在原音节后加"r"▷门~|白面~|盖~|尖~|个~|片~|玩~。

【儿歌】érgē 图为儿童写的歌谣。也说童谣。
【儿化】érhuà 团把现代汉语音节中的韵母变为卷舌韵母。即"儿"不自成音节,而是和前面的音节合成一个,如"盆儿、瓶儿"不读"pén'ér、píng'ér",而读作"pénr、píngr"。
【儿皇帝】érhuángdì 图五代时,石敬瑭投靠契丹灭了后唐,被契丹册封为帝,国号晋(史称后晋),对契丹主自称"儿皇帝"。后泛指依仗外来势力建立傀儡政权的首脑人物。
【儿女】érnǚ ❶图儿子和女儿▷~们很孝敬老人◇祖国的英雄~。❷指青年男女▷~之情。
【儿孙】érsūn 图儿子和孙子;泛指后代▷~满堂。
【儿戏】érxì 图儿童的玩耍嬉戏,比喻无须认真对待的小事情▷不要把工作当~。

而 ér ❶连连接并列的形容词、动词或词组、分句等,表示前后语意相承或互相补充或前后的意思相反▷少~精|肥~不腻|她很健美,~健美是苦练出来的|费力大~收效小。❷连接状语和中心词,表示前项是后项的目的、原因、依据、方式、状态等▷为正义~战|因下雨~延期|凭个人兴趣~定|挺身~出|侃侃~谈。❸连接意义上有阶段之分的词或词组,表示由一种状态过渡到另一种状态▷一~再,再~三|从下~上|自东~西|由童年~少年、壮年。

【而后】érhòu 连连接前后发生的两件事情,表示承接关系,相当于"然后"▷他今天先去北京,~再去哈尔滨。
【而今】érjīn 图如今▷这里原先是一片荒滩,~变成了良田。
【而立之年】érlìzhīnián 《论语·为政》:"三十而立"。认为人到了三十岁的时候就学有所成了。后用而立之年指人已到了三十岁左右的年纪。
【而且】érqiě 连连接词、词组、分句等,表示后者意思比前者更进一层,可单用,也可与"不仅"、"不但"、"不只"等连用▷要了解学生,~要关心学生。
【而已】éryǐ 团用在陈述句末尾,有把事情往小里说的意味,常与"不过、无非、只、仅仅"等呼应,表示不过如此,相当于"罢了"▷我只是提点建议~,最后由你自己做决定。

尔(爾) ěr 〈文〉❶代这;那▷~时|~后。❷你▷~等|~虞我诈。❸这样▷问君何能~。❹词的后缀,附在某些副词或形容词后面▷率~(轻率地)。

【尔后】ěrhòu 图从那时以后▷我们在一起工作两年，~就分手了。

【尔虞我诈】ěryúwǒzhà 你欺骗我，我欺骗你(虞、诈：欺骗)。

耳 ěr ❶图耳朵，听觉器官。❷外形像耳朵的东西▷木~|银~。❸团位置在两侧的▷~房。

【耳背】ěrbèi 团听觉迟钝，不灵敏。

【耳边风】ěrbiānfēng 从耳朵旁边刮过的风，比喻过耳即逝、不放在心上的话▷别把我的话当成~。也说耳旁风。

【耳鬓厮磨】ěrbìnsīmó 两人耳朵和鬓发挨在一起(厮：互相)。形容亲密相处。

【耳聪目明】ěrcōngmùmíng 听觉敏锐，视觉明晰。形容感觉灵敏，思路清晰。

【耳朵软】ěrduoruǎn 形容没有主见，容易轻信别人的话。

【耳福】ěrfú 图能听到美妙动听音乐等的福气▷听音乐会？我没有那~。

【耳垢】ěrgòu 图外耳道内皮脂腺分泌的黄色蜡状物质。俗称耳屎。

【耳机】ěrjī ❶图直接扣在耳朵上或放在外耳道内的小型受听器。也说耳塞机。❷指连为一体的受话器和发话器。也说听筒。

【耳鸣】ěrmíng 团外界并无声音而感觉耳内有声响。多由中耳、内耳或神经系统的疾病引起。

【耳目】ěrmù ❶图耳朵和眼睛▷谎言岂能掩人~？❷借指为人刺探情况的人▷敌人的~很多。

【耳目一新】ěrmùyīxīn (所见所闻)使耳朵和眼睛都感到新鲜。形容感觉跟以往大不相同。

【耳濡目染】ěrrúmùrǎn 经常耳听眼见而不知不觉受到影响(濡：沾染)。☞"濡"不读 xū。

【耳饰】ěrshì 图戴在耳垂上的装饰物，如耳坠、耳环等。

【耳熟能详】ěrshúnéngxiáng 听得很熟悉了，以至能详细地说出来。

【耳提面命】ěrtímiànmìng 不仅当面指点，而且提着耳朵叮咛。形容谆谆地嘱咐和恳切地教诲(用于长辈对晚辈)。

【耳闻】ěrwén 团亲自听到▷~目睹。

【耳语】ěryǔ 团嘴贴近别人的耳朵，低声说话▷悄声~。

迩(邇) ěr 团〈文〉近▷闻名遐~。

饵(餌) ěr ❶图糕饼；泛指食物▷饼~|果~。❷引诱鱼上钩或诱捕其他动物的食物▷鱼~|诱~。

【饵料】ěrliào ❶图养鱼或钓鱼用的食物。❷拌上毒药用来诱杀有害虫类的食物。

洱 ěr 图洱海，湖名，在云南。

二 èr ❶题数字，一加一的和。❷团两样；不同▷言不~价|决无~话。☞㊀数字"二"的大写是"贰"。㊁"二"和"两"用法上有区别，参见"两"。

【二重性】èrchóngxìng 图指事物本身同时具有的互相矛盾的两种属性。

【二次能源】èrcì néngyuán 图依靠一次能源制取或产生的能源，如汽油(由一次能源石油分馏而出)、电(由一次能源煤、水力、核能等产生)等。也说人工能源。

【二十八宿】èrshíbā xiù 我国古代天文学家把观察到的黄道附近的恒星分成二十八个星组，称为二十八宿。在古代以二十八宿在天空中的出没和在中天的时刻来定四时，为农事安排服务。☞"宿"这里不读 sù。

【二十四节气】èrshísì jiéqì 我国农历根据太阳在黄道上移动的不同位置，将一年划分为二十四个节气：立春、雨水、惊蛰、春分、清明、谷雨、立夏、小满、芒种、夏至、小暑、大暑、立秋、处暑、白露、秋分、寒露、霜降、立冬、小雪、大雪、冬至、小寒、大寒。二十四节气对安排农牧业生产有重要的作用。

【二手】èrshǒu ❶团非直接得到的▷~资料|~货。❷使用过后再出售的▷买了一辆八成新的~汽车。

【二线】èrxiàn 图战争中的第二道防线(现多用于比喻)▷他身体不好，早就退居~了。

【二心】èrxīn 图不忠实的念头▷矢志报国，绝无~。☞不宜写作"贰心"。

【二元论】èryuánlùn 图认为世界有物质和精神两个本原的哲学学说。这种学说企图调和唯物主义和唯心主义的哲学观点，但由于它实质上坚持精神可以离开物质而独立地存在发展，归根结底，还是唯心主义的。

贰(貳) èr 题数字"二"的大写。☞不要写作"式"。

F

fa

发(發) fā ❶团发射▷万箭齐～。❷团发生▷～芽|～病。❸团引起;开始行动▷～人深思|～动。❹团显现出▷脸色～青。❺团显露(感情)▷～怒|～愁。❻团产生(某种感觉)▷头～晕。❼团(财势)兴旺▷张家这两年～了。❽团扩展▷～展|～扬。❾团特指食物由于发酵或水泡而胀大▷蒸馒头的面～好了|～海带。❿团离开;起程▷朝～夕至|出～。⓫团派遣▷兵～打～。⓬团打开;揭示出来▷～掘|揭～。⓭团放散;散布▷散～|挥～。⓮团发布;表达▷颁～|～言。⓯团发送出去▷～信|～货。⓰圖用于枪弹、炮弹▷一～子弹。〇另见 fà。

【发案】 fā'àn ❶团发生案件▷这条偏僻小路附近经常～。❷案情被发现▷仓库保管员监守自盗的事～了。

【发榜】 fābǎng 团(考试后)公布被录取者的名单▷高考～了。

【发表】 fābiǎo ❶团用口头或书面形式向公众或社会表达、宣布▷～声明|～见解。❷在报刊上登载▷～作品。

【发布】 fābù 团(把命令、文告、有关事项、新闻等)公开告诉大家▷国家主席令|～汛情通报。

【发颤】 fāchàn 团颤动;发抖▷声音有点～。☞"颤"这里不读 zhàn。

【发愁】 fāchóu 团由于遇到难题而忧虑愁苦▷他～找不到合适的人选。

【发达】 fādá 圈(事物)发展很充分;(事业)兴旺▷～国家|商业～。

【发动】 fādòng ❶团使机器转动▷～汽车引擎。❷开始某种举动▷～进攻。❸使行动起来▷～群众植树造林。

【发抖】 fādǒu 团由于极度气愤、畏惧或寒冷等而引起肢体颤动▷气得全身～。

【发凡】 fāfán 图述说某一学科主要内容的文章或书籍,相当于"概论",如《修辞学发凡》。

【发放】 fāfàng ❶团(政府、机构等)给单位或个人分发有关的钱物▷～救灾物资。❷发射;放出▷～催泪弹。

【发奋】 fāfèn 团让精神振作起来▷～向上|～努力。

【发愤】 fāfèn 团痛下决心(努力奋斗)▷～苦读|～图强。☞"发愤"强调感情激愤,"发奋"强调精神振奋。

【发疯】 fāfēng 团受到严重刺激而精神失常;比喻言行超出常情。

【发福】 fāfú 团婉词,指人发胖▷几年不见,您可～了。

【发号施令】 fāhàoshīlìng 发指示,下命令。

【发横】 fāhèng 团不讲道理;乱发脾气▷他修养好,从来不～。

【发花】 fāhuā ❶团(看东西)视觉模糊不清▷强光照得人们两眼～。❷因色彩、图案、线条等过于杂乱而使人看不清。

【发慌】 fāhuāng 圈因缺乏自信或做了亏心事怕暴露而精神紧张;慌乱▷她第一次登台演唱,有点～。

【发挥】 fāhuī 团(使内在的性质或能力)表现出来▷～创造性|～带头作用。

【发昏】 fāhūn 团(头脑)迷糊不清,也用来比喻思想糊涂,是非、得失、轻重不分。

【发火】 fāhuǒ 团生气;发怒▷千万别惹他～儿。

【发迹】 fājì 团指人在事业上得志,变得有财有势▷他是靠做生意～的。

【发家】 fājiā 团使家境变富▷～致富。

【发酵】 fājiào 团复杂的有机物质在微生物的作用下被分解成简单的物质,日常的发面、酿酒等都是发酵的应用。☞不宜写作"酸酵"。

【发窘】 fājiǒng 团感到为难,呈现窘态。

【发觉】 fājué 团开始觉察▷上车后才～没带月票。

【发掘】 fājué ❶团把埋藏的东西挖出来▷～恐龙化石。❷比喻把难以或未曾发现的事物、道理揭示出来▷～人才|～作品的主题思想。

【发狂】 fākuáng 圈极度丧失理智▷敌人～了,连老太太都要残害。

【发落】 fāluò 团处置;处理(有过失的人)▷他被～到农场|从轻～。

【发毛】 fāmáo 团产生恐惧▷第一次黑夜走山路,心里直～。

【发霉】 fāméi 团物品因霉菌作用而变质▷剩菜～了◇思想～变质。

【发闷】 fāmēn ❶团感到透不过气来▷屋子不透气,人会～。❷因心情不愉快或有难事而沉默寡言。

【发蒙】 fāmēng 团感到糊涂;弄不明白▷这个突如其来的事故,令他～。

【发蒙】 fāméng 团指开始教儿童识字读书。

【发明】 fāmíng ❶团研究创制出新的物品或方法▷不断～创造。❷图发明的物品或方法▷这项～获得了国家的奖励。

【发木】 fāmù 团产生麻木的感觉▷冻得两脚～|这两天大脑～,效率不高。

【发难】 fānàn 团发动并掀起反对对方的斗争▷蔡锷的反袁护法运动首先在云南～。

【发蔫】 fāniān ❶团(庄稼、花草等)显出萎缩的情况。❷比喻精神不振▷这两天他有点～,总是没精打采的。

【发怒】 fānù 团因生气而言行激动和粗暴▷动不动就～,影响健康。

【发起】 fāqǐ ❶团倡导;倡议▷～成立志愿者协会。❷开始(行动)▷～进攻。

【发情】 fāqíng 团雌性高等动物卵子成熟前后出现要求交配的种种反应。

【发热】 fārè ❶团产生热量▷引擎～了◇他争取在工作上多发光～。❷发烧。❸比喻感情冲动,不冷静▷头脑～。

【发人深省】 fārénshēnxǐng 引起人们深刻思考而有所醒悟。☞㊀"省"这里不读 shěng。㊁不宜写作"发人深醒"。

【发软】 fāruǎn ❶团(物体)变得柔软▷炽热的阳光,把柏油马路都晒得～了。❷感到无力▷病后体弱,两腿～。

【发散】 fāsàn ❶团(气体、热量等)向周围散布▷牡丹花～着阵阵香气。❷指中医用发汗药使体内邪热散发出来▷吃两剂汤药～一下就好了。

【发傻】 fāshǎ ❶励出现表情呆滞、反应迟钝的情况▷他不知其中底细,被我问得一个劲儿。❷言行不合常理;犯糊涂▷别～,你一个人搬不动。

【发烧友】 fāshāoyǒu 图称迷恋某事达到狂热程度的人(多指业余)▷音响～。

【发射】 fāshè 励(把电波、枪弹、炮弹、火箭等)射出去。

【发生】 fāshēng 励产生;出现(新情况、新现象)▷新中国～了前所未有的变化|强烈地震。

【发誓】 fāshì 励郑重地表示决心或作出保证。

【发送】 fāsòng ❶励发射(无线电信号等)。❷发出;送出(信函、报刊、旅客等)。

【发酸】 fāsuān ❶励食品产生酸味。❷快要流泪时鼻子和眼睛感到不舒适。❸肢体产生酸痛无力的感觉。❹心里感到难过、悲痛▷看他生活竟如此困难,我心里阵阵～。

【发现】 fāxiàn ❶励通过钻研探求找到前人没有认识到的事物或规律▷天文学家又～了一颗小行星。❷发觉▷我～他这两天神情不大正常。

【发祥地】 fāxiángdì 图原指帝王祖先出生或创业的地方,现指某事物或某项事业起源的地方▷长春是我国汽车工业的～。

【发泄】 fāxiè 励(把怨愤等情欲等)尽量宣泄出来▷～怨气|～兽欲。

【发行】 fāxíng 励组织对新出版物、音像制品、货币及某些有价证券的流通、传布和销售▷图书～|新版人民币。

【发虚】 fāxū ❶励做事感到胆怯,没把握▷第一次参加比赛心里有点～。❷(身体)感到虚弱▷经过调养,身体不再～了。

【发言】 fāyán ❶励(在会议上)发表意见▷踊跃～。❷图发表的意见▷专家的～很精彩。

【发扬】 fāyáng 励提倡和弘扬(美好品德、作风、传统等)▷～团结互助的精神|～民主。

【发扬光大】 fāyángguāngdà 提倡和弘扬,使更加盛大、提高。

【发育】 fāyù 励生物体的构造和功能从不成熟到成熟▷～成长。

【发源】 fāyuán ❶励(江河)开始流出▷长江～于青海西南部的各拉丹冬雪山。❷比喻事物起源▷诗～于民歌。

【发展】 fāzhǎn 励(事物)演变、扩展(一般指由小到大、由简单到复杂、由低级到高级等)▷小企业～成了跨国公司|事态发展如何～,难以预料。

【发作】 fāzuò ❶励(隐伏的因素)显现出来或产生作用▷药性～|酒力～。❷发脾气▷即使脾气再坏,在父母面前他也不敢～。

乏 fá ❶励缺少▷不～其人|人力|缺～。❷疲倦无力▷人困马～|疲～。

【乏术】 fáshù 励缺少或没有办法▷经营～|回天～。

【乏味】 fáwèi 圏没有趣味;单调、枯燥▷这部作品很～|故事情节～得很。

伐 fá ❶励本指用戈斫杀人,后特指砍伐(树木等)▷把树～掉|滥砍乱～|采～。❷征讨;攻击▷讨～|征～|口诛笔～。☞统读fá。

罚(罰) fá 励处罚,使犯规或犯罪的人受到惩戒▷～款|～球|惩～。☞右下是"刂",不是"寸"。

【罚不当罪】 fábùdāngzuì 处罚与所犯罪行不相称,多指处罚过重。

【罚金】 fájīn ❶励审判机关强制罪犯在一定期限内向国家缴纳一定数量的金钱。我国刑法规定的附加刑之一。❷图指被判罚缴纳的金钱。

【罚款】 fákuǎn ❶励通常指国家行政机关依法强制违反行政管理秩序者在规定期限内缴纳一定数额的款项。❷图被罚缴纳的款项。☞"罚款"跟"罚金"意义不同,不要混用。

【罚没】 fámò 励行政机关对违法者强制收缴罚款,没收其非法所得的财物。

阀(閥) fá ❶图具有垄断和支配势力的人物或集团▷财～|军～|学～。❷活门,管道或机器中起调节、控制作用的装置;阀门▷水～|气～|油～。☞统读fá。

筏 fá 图筏子,用竹、木或皮囊等并排编扎成的水上交通工具▷皮～。

法 fǎ ❶图指国家立法机关制定的一切法规▷奉公守～。❷标准;模式;常理▷～则|语～。❸办法;方式▷这事没～办|想方设～|土～。❹励仿效▷效～|师～古人。❺图指佛教的教义,也指僧道等画符念咒之类的手段▷现身说～|仗剑作～。☞统读fǎ。

【法案】 fǎ'àn 图提交国家立法机关审议的法律草案。

【法办】 fǎbàn 励依法惩办。

【法宝】 fǎbǎo ❶图佛教指本教教义和教典。❷宗教或神话中说的能降服妖魔的宝物。❸比喻有特效的武器、方法或经验▷学好外语的～是多练、多用。

【法典】 fǎdiǎn 图比较系统、完备的某一类法律的总称,如民法典、刑法典。

【法定】 fǎdìng 圏由法律、法令规定的▷～继承人|～节日。

【法度】 fǎdù ❶图法律和法令制度▷国家的～必须遵守。❷行为的准则和规范▷待人讲礼仪,处事合～。

【法规】 fǎguī 图法律、法令、条例、规则、章程、制度的总称。

【法纪】 fǎjì 图法律和纪律▷严肃～。

【法家】 fǎjiā 图战国时期一个重要学派。主张以严刑峻法治国。代表人物有商鞅、韩非等。

【法令】 fǎlìng ❶图国家行政机关颁布的政令▷遵守政府～。❷法规,指一切规范性文件▷～汇编。

【法律】 fǎlǜ 图由国家立法机关制定或批准,以国家强制力保证其实施的行为规范的总和。

【法盲】 fǎmáng 图缺乏法律知识没有法制观念的人。

【法人】 fǎrén 图法律上指具有权利能力和行为能力,依法独立享有民事权利和承担民事义务的组织。包括企业、事业单位、机关、社会团体等。代表法人行使职权的负责人,是法人的法定代表(跟"自然人"相对)。

【法术】 fǎshù ❶图神话传说中指一种超凡的神奇本领。❷道士、巫师等使用的所谓驱除鬼怪、邪魔的骗人手法。

【法庭】 fǎtíng 图法院审理诉讼案件的机构和场所。

【法统】 fǎtǒng 图宪法和法律的传统,是统治权力在法律上的根据。

【法网】 fǎwǎng 图像网一样严密的法律制度▷难逃～。

【法西斯】 fǎxīsī 〈外〉❶图意大利法西斯党的标志"权标"的拉丁文译音,原是古罗马执法官的权力标志,借指实行恐怖主义、专制独裁的统治者。❷法西斯主义的倾向、体制等▷～行径|～统治。

【法医】 fǎyī 图公安机关、检察机关和法院中负责运用医学技术作出鉴定的专门人员。

【法院】 fǎyuàn 图行使审判权的国家机关。

【法则】 fǎzé 图规律▷运算～|自然～。

【法制】　fǎzhì 图通过国家政权建立起来的法律制度和根据这些法律制度建立的社会秩序▷～国家｜增强～观念。

【法治】　fǎzhì ❶团依照法律治理国家▷要实行～，不要实行人治。❷图中国古代法家学派主张严刑峻法、以法治国的政治思想。

砝　fǎ ［砝码］fǎmǎ 图天平或磅秤上用作重量标准的金属块或金属片。☞统读 fǎ。

发（髮）　fà 图头发▷理～｜染～。☞不读 fǎ。○另见 fā。

【发髻】　fàjì 图把头发挽成各种形状，盘在脑后或头顶的一种发式。☞"髻"不读 jí。

【发胶】　fàjiāo 图用来固定发型的化妆品。

【发蜡】　fàlà 图使头发有光泽不蓬乱的蜡状化妆品。

【发露】　fàlù 图使头发滋润、散发芳香的液体化妆品。

【发妻】　fàqī 图结发时（刚成年）娶的妻子；泛指原配妻子。

【发乳】　fàrǔ 图使头发光泽柔软，容易梳理成型的乳状化妆品。

【发形】　fàxíng 图人类头发的粗细及生长方式的组合特征。一般分为直发、波状发和卷发三类。是区别不同人种的特征之一。

【发型】　fàxíng 图头发梳理成的样式。

【发指】　fàzhǐ 团头发竖起来，形容极度愤怒▷令人～！

珐　fà ［珐琅］fàláng 图一种像釉子的涂料。涂在金属器物上有防锈和装饰作用，证章、纪念章多为珐琅制品。

fan

帆　fān 图挂在桅杆上借助风力推动船行进的布篷▷扬～｜～船。☞统读 fān。

【帆板】　fānbǎn ❶图由风帆和长板两部分组成的水上运动器械。❷指以帆板为器械的水上体育运动。

【帆布】　fānbù 图用多股线织成的粗厚结实的布，用于做旅行包、行军床、帐篷等。

【帆船】　fānchuán 图主要利用风力推动船帆航行的船。

番　fān ❶图旧指外国或外族▷～邦｜～将｜～薯｜～茄。❷团轮换；更替▷轮～上阵。❸量 a）用于动作的遍数，相当于"回""次"▷重新解释一～｜几～较量。b）用于事物的种类，相当于"种"▷这一～情景使人难忘。☞㊀上边是"米"上加撇，不是"采"（cǎi）。㊁在"番禺"（广东地名）中读 pān。

幡　fān ❶图一种狭长形的、垂直悬挂的旗子。❷出殡时孝子手持的狭长像幡的东西▷打～儿。

【幡然】　fānrán 通常写作"翻然"。

藩　fān ❶图篱笆▷～篱。❷古代称属国、属地▷～国。☞统读 fān。

【藩属】　fānshǔ 图旧指封建时代属国或属地。

【藩篱】　fānlí 图篱笆；栅栏。比喻门户或屏障。

翻　fān ❶团上下或里外位置变换▷歪倒｜袜子要～过来洗｜茶杯打～了。❷改变▷花样～新。❸翻译▷把英语～成汉语。❹翻脸▷他俩吵～了。❺把原有的推翻▷～案｜～供。❻成倍增加▷产量～了两番。❼越过▷～过两座山。

【翻案】　fān'àn 团推翻原定的判决；泛指推翻原来的处分、结论、评价等▷为冤假错案～。

【翻版】　fānbǎn ❶图翻印的版本。❷比喻照抄照搬原样或形式不同而实质一样的事物、论调▷这本"新作"不过是前人著作的～。

【翻车】　fānchē ❶团车辆翻倒。❷比喻事情遭到挫折或失败。

【翻番】　fānfān 团增加一倍；翻一番▷短短三年，粮食亩产就～了。

【翻盖】　fāngài 团拆除破旧建筑物在原地重建▷明天动工～那几间旧平房。

【翻江倒海】　fānjiāngdǎohǎi ❶形容雨势或水势大，使江海巨浪翻滚。❷比喻力量或声势非常强大。❸比喻心情非常激动或思想活动非常剧烈。

【翻浆】　fānjiāng 团春暖解冻时地面或路面由于地下水的作用而突起，出现裂纹并渗出水分、泥浆。也说返浆。

【翻旧账】　fānjiùzhàng 比喻旧事重提或对过去的事加以追究。也说翻老账。

【翻来覆去】　fānláifùqù 来回翻身，形容反复多次。☞"覆"不宜写作"复"。

【翻脸】　fānliǎn 团态度突然变坏▷～无情｜～不认人。

【翻拍】　fānpāi 团用照相机拍摄复制（图片、文件等）。

【翻然】　fānrán 形容迅速彻底转变▷～悔悟｜～改过。

【翻身】　fānshēn ❶团躺着转动身体。❷比喻从被压迫、被剥削的苦难中解放出来▷～作主人。❸比喻根本改变落后或不利局面▷打～仗。

【翻腾】　fānténg 团上下剧烈翻滚▷波浪～｜巨龙～◇往事在脑海里～着。

【翻天】　fāntiān ❶团比喻吵闹得非常厉害▷闹～了。❷比喻造反，作乱▷决不许坏人～。

【翻天覆地】　fāntiānfùdì 形容变化巨大而彻底（多指好的变化）。也形容闹得很凶。☞"覆"不要写作"复"。

【翻新】　fānxīn ❶团拆掉旧的东西重做（多指衣服）▷这件衣服可以～一下再穿。❷由旧的变化出新的▷花样～｜旧曲～。

【翻修】　fānxiū 团把旧的房屋、道路等拆除后在原处按原有规模修建▷校舍～一新。

【翻译】　fānyì ❶团把用一种语言文字表达的意义改用另一种语言文字来表达；也指同种语言内部民族共同语与方言、方言与方言、古代语与现代语之间对译。❷语言文字与相应的数码符号之间相互变换▷把字～成电码。❸图从事翻译工作的人。

凡　fán ❶图概要；大概▷～例｜大～。❷副凡是；所有的▷～属重大问题，都要集体讨论决定。❸形平常；平庸▷自命不～｜平～。❹图人世间▷仙女下～。

【凡例】　fánlì 图工具书等正文前面说明编写体例的文字。

【凡人】　fánrén ❶图平常的人；一般的人▷～琐事。❷尘世的人（跟神话中的"神仙"相对）▷七仙女与～董永的爱情故事，在民间广为流传。

【凡是】　fánshì 副表示在某个范围之内的一切（常同"都"等词配合使用）▷～应该做的，都要努力去做。

【凡庸】　fányōng 形（人的才智）平常，一般▷～之辈。

矾（礬）　fán 图某些金属硫酸盐的含水结晶。最常见的是明矾，也说白矾。可供制革、造纸及制造颜料、染料。

烦（煩）　fán ❶形心情不畅快▷心里～得慌。❷厌烦▷腻～。❸团使厌烦▷你别再～我了。❹客套话，表示请托▷～您写几个字。❺形多而杂乱▷要言不～｜～乱。

【烦乱】　fánluàn 形心绪烦躁杂乱▷这两天他～得很，动不动就发火。

【烦闷】　fánmèn 形心情不舒畅，不痛快▷录取通知书总不来，他～极了。

【烦恼】fánnǎo 囷烦躁苦恼▷家庭纠纷使她很～。

【烦扰】fánrǎo ❶囷打搅;干扰▷这点小事就别去扰他了。❷因受搅扰而心里厌烦▷老板总是横挑鼻子竖挑眼,使她～得不得了。

【烦人】fánrén 囷使人心烦或厌烦▷编目录太～了。

【烦琐】fánsuǒ 囷琐细令人心烦。

【烦杂】fánzá 囷杂乱而使人心烦。

【烦躁】fánzào 囷烦乱焦躁▷～不安。

蕃 fán〈文〉❶囷茂盛▷草木～盛。❷囷滋生;繁殖▷～滋(繁衍滋长)|～息。☞在"吐蕃"(我国古代民族名)中读bō。

樊 fán 图〈文〉篱笆▷～篱。

【樊篱】fánlí 图篱笆,比喻束缚事物发展的东西▷冲出陈旧观念的～。

【樊笼】fánlóng 图关鸟兽的笼子,比喻受拘束不自由的情状▷精神上的～使她不能振作起来。

繁 fán ❶囷多▷～多|～杂|频～。❷茂盛;兴旺▷枝～叶茂|～荣。❸囷繁殖;逐渐增多▷自～|自养|～育|～衍。❹复杂(跟"简"相对)▷删～就简|～难。

【繁花似锦】fánhuāsìjǐn 繁茂的花像锦绣一样,形容各种各样的鲜花都在盛开、色彩异常绚丽。

【繁华】fánhuá 囷(城镇、街市)繁荣兴旺▷～的南京路。

【繁乱】fánluàn 囷(事情)繁杂混乱▷事务～,没有头绪。☞"繁乱"跟"烦乱"意义不同,不要混用。

【繁忙】fánmáng 囷事情多,没有空闲。

【繁茂】fánmào 囷(草木)多而茂盛。

【繁密】fánmì 囷多而稠密▷～的村落|果实|枪声～。

【繁难】fánnán 囷复杂而困难▷工作～。☞不宜写作"烦难"。

【繁荣】fánróng ❶囷兴旺昌盛,蓬勃发展▷国家～。❷囷使繁荣▷～市场。

【繁冗】fánrǒng ❶囷(事务)又多又乱▷公务～。❷(文章、讲话等)繁杂、冗长▷文词～,内容空泛。☞不宜写作"烦冗"。

【繁盛】fánshèng ❶囷繁荣兴旺▷～的港口。❷繁茂▷花木～。

【繁琐】fánsuǒ 囷繁乱琐细▷礼节～|～的程式。

【繁体字】fántǐzì 图指笔画较多、有相应简体字的字。如"擔"、"塵"有"担"、"尘"对应,"擔、塵"就是繁体字。

【繁文缛节】fánwénrùjié 繁琐多余的仪式礼节(文:仪式;节:礼节;缛:繁多)。比喻其他繁琐多余的事。

【繁芜】fánwú 囷(内容、文字)繁多杂乱▷删削～,去粗存精。

【繁衍】fányǎn 囷生物数量或品种逐渐增多衍化▷后代|孳乳。☞不宜写作"蕃衍"。

【繁育】fányù 囷繁殖培育▷～大熊猫。

【繁杂】fánzá 囷(事情)多而杂乱▷～跟"烦杂"意义不同,不要混用。

【繁殖】fánzhí 囷(生物)产生新的个体,传种接代▷人工～|～良种。

【繁重】fánzhòng 囷多而重▷捐税～|减轻中小学生～的课业负担。

反 fǎn ❶囷翻转;掉转▷易如～掌|～守为攻|～败为胜。❷囷翻转的;颠倒的;方向相背的(跟"正"相对)▷袜子穿～了|～话。❸囷表示跟上文意思相反或出乎预料▷身体～不如前|此计不成,～被他人

耻笑。❹囷回;掉转头向反方向(行动)▷义无～顾|～攻。❺反抗;反对▷官逼民～|～腐败。❻违背▷违～|～常。

【反比】fǎnbǐ 图两个有关联的事物或事物相关联的两个方面,一方发生变化,另一方也随之在相反方向上发生相应的变化(跟"正比"相对)。

【反驳】fǎnbó 囷用理由去推翻跟自己不同的观点▷～错误观点。

【反差】fǎnchā 图指人或事物的相反性状在对比中显示出来的差异▷这两个角色～很大|这幅照片利用明暗～造成奇特的效果。

【反常】fǎncháng 囷指正常的道理或情况相反▷气候～|表情～。

【反衬】fǎnchèn 囷用相反的人或事物作陪衬▷颂扬廉洁奉公的高尚,～贪污腐化的可耻。

【反刍】fǎnchú ❶囷牛、羊等动物把经过粗嚼吞下的食物再返回嘴里咀嚼后咽下消化。❷比喻对往事追忆回味▷～往事是为总结人生经验。

【反唇相讥】fǎnchúnxiāngjī 受到批评或指责不服气,反过来讽刺对方。

【反动】fǎndòng ❶图与进步行为相反的表现或作用▷自由主义是对集体意志的～。❷囷逆历史潮流而动的;反对革命的▷～思想|～统治。

【反对】fǎnduì 囷不赞成;持相反或对立的意见▷～派|～种族歧视。

【反而】fǎn'ér 囷表示跟上文意思相反或超出预料▷经过这次挫折,～使他坚强起来。

【反方】fǎnfāng 图公开辩论中,对辩论的命题持相反意见的一方(跟"正方"相对)。

【反复】fǎnfù ❶囷翻来覆去;翻悔▷～无常|决定了的事,谁也不许～。❷图指恢复原状的现象▷病情出现了～。❸囷表示多次重复同一个动作行为▷～修改。

【反感】fǎngǎn ❶囷强烈不满或抵触▷对搞形式主义他很～。❷图不满或抵触的情绪▷这种坏作风激起了大家强烈的～。

【反戈一击】fǎngēyījī 掉转矛头攻击自己原来从属的一方。

【反革命】fǎngémìng ❶囷以推翻革命政权、破坏革命事业为目的而进行罪恶活动的▷～组织|～罪行。❷图指进行反革命活动的人▷肃清～。

【反攻】fǎngōng 囷原防御的一方转为向进攻的一方发起攻击▷由防御转入～。

【反攻倒算】fǎngōngdàosuàn 指被打倒的势力向打倒它的一方进行报复。

【反躬自问】fǎngōngzìwèn 回过头来问自己(躬:自身)。

【反光】fǎnguāng ❶囷使光线反射▷镜子能～。❷图反射的光线▷一道～。

【反话】fǎnhuà 图故意说的跟自己本意相反的话。

【反悔】fǎnhuǐ 囷因后悔而推翻已经认可的事情▷说话要算数,不要～。

【反击】fǎnjī 囷回击。

【反间】fǎnjiàn 囷原指利用敌人间谍使敌人获得假情报,现多指用计策使敌人内部产生矛盾分化▷～计|选派得力干警入匪巢～策应。

【反诘】fǎnjié 囷反问。

【反抗】fǎnkàng 囷反对,抵抗▷～压迫|～种族歧视。

【反客为主】fǎnkèwéizhǔ 客人反过来成为主人,主客关系颠倒。比喻变被动为主动,变次要的为主要的。

【反口】fǎnkǒu 囷对说过的话加以否定▷人要讲信

用,不能刚说过的话就 ~ 。

【反馈】 fǎnkuì 团指(信息、意见等)返回▷把消费者的意见 ~ 给厂家。

【反面】 fǎnmiàn ❶图物体上跟正面相对的一面;背面▷邮票不要贴在信封 ~ 。❷事情的另一面▷被胜利冲昏了头脑,就会走向胜利的 ~ 。❸图坏的、消极的(事物)▷ ~ 教材 | ~ 角色。

【反目】 fǎnmù 图不和睦;关系由好变坏▷夫妻 ~ | 兄弟 ~ 。

【反派】 fǎnpài 图反面人物(常用于戏剧、影视等作品中的人物)。

【反叛】 fǎnpàn 团背叛;叛变▷ ~ 旧传统 | ~ 封建家庭。

【反扑】 fǎnpū 团被打退后又反攻过来▷敌人被打退了,但要防备他们 ~ 。

【反求诸己】 fǎnqiúzhūjǐ 反过来要求自己,指从本身寻找原因或追究责任。

【反射】 fǎnshè ❶团声波、光波和电磁波碰到障碍物或跟原来的媒质不同的媒质面而折回,如山谷回声就是声波碰到山体这种障碍物反射回来的声音。❷有机体通过神经系统对外界刺激发生反应,如在强光刺激下猫的瞳孔缩小。

【反身】 fǎnshēn 团转身;回身▷看见前面有人拦截, ~ 就跑。☞不宜写作"返身"。

【反思】 fǎnsī 团指对过去的事情进行深入的再思考▷对十年动乱进行 ~ 。

【反弹】 fǎntán ❶团有弹性的物体受外力作用变形后恢复原状▷压紧的弹簧一松手就 ~ 回来◇环境治理又出现了 ~ 。❷运动的物体遇到障碍物向相反的方向弹回▷足球射向门柱 ~ 回来。❸比喻物价等下跌后又回升▷股票价格暴跌后又开始 ~ 。

【反胃】 fǎnwèi 团指吃了某食物后,胃里难受,恶心,以至呕吐▷一吃这种东西就 ~ ◇品位低下的电视剧让人 ~ 。

【反问】 fǎnwèn ❶团向提问者发问。❷用疑问语气表达跟字面相反的意思,如"克服困难不是一种乐趣吗?"

【反诬】 fǎnwū 团不但不接受对方的指控或批评,反而诬赖对方▷他非但不承认自己散布歪理邪说, ~ 对方造谣中(zhòng)伤。

【反响】 fǎnxiǎng 图言论、行动等所引起的反应▷抗洪英雄事迹报告在社会上产生了强烈 ~ 。

【反向】 fǎnxiàng 团向着同对方相反的方向▷两辆汽车 ~ 行驶。

【反省】 fǎnxǐng 团思考检查自己的思想言行▷要经常深刻 ~ 自己。☞"省"这里不读 shěng 。

【反义词】 fǎnyìcí 图词性相同而意义相反或相对的一组词。如"生"和"死"、"公"和"私"是意义相反的反义词,"左"和"右"、"宽阔"和"狭窄"是意义相对的反义词。

【反应】 fǎnyìng ❶团有机体受到刺激而产生相应活动;物质发生化学变化或物理变化▷过敏 ~ | 化学 ~ | 热核 ~ 。❷图事情发生后在人们中间引起的看法或做法▷强烈 ~ | 在读者中引起不同的 ~ 。

【反映】 fǎnyìng ❶团反照,反射;比喻显现出客观事物的本质▷夜晚因雪光 ~ ,路面依然很明亮 | 这部电视剧 ~ 了时代的主旋律。❷向上级或有关部门报告情况或问题▷把群众的意见 ~ 给市政府。❸图有机体接受和回答客观事物影响的机能;客观事物引起的主观感受和看法▷狗靠气味儿的 ~ 能认路 | 所谓认识就是对客观事物的 ~ 。

【反映论】 fǎnyìnglùn 图辩证唯物主义的认识论。认为人的认识是客观事物在人头脑中的反映,实践是认识的基础和检验真理的标准。

【反照】 fǎnzhào 团物体接受光线后又反射出去;光线反射▷一面大镜子把阳光 ~ 到室内。

【反正】[1] fǎnzhèng 团回到正道上来▷拨乱 ~ 。

【反正】[2] fǎnzhèng ❶副表示不管什么情况也不变▷不管怎么说, ~ 你得去。❷表示强调肯定的语气▷ ~ 快亮了,索性就不睡了 | 接着玩吧, ~ 明天不上班。

【反证】 fǎnzhèng ❶图可以驳倒原论证的证据。❷团从证明跟论题相矛盾的判断是不真实的来证明论题的真实性。

【反之】 fǎnzhī 匣连接分句或句子,表示"与此相反",引出同上文相反的另一意思▷无私的人心宽, ~ ,自私的人心窄。

【反作用】 fǎnzuòyòng ❶团受影响的事物对施加影响的事物产生相反的影响▷上层建筑是由经济基础决定的,它又 ~ 于经济基础。❷图相反的作用▷事情做过了头就会产生 ~ 。

返 fǎn 团回;归▷ ~ 老还童 | 往 ~ 。

【返潮】 fǎncháo 团由于环境潮湿,建筑物和物品变得潮湿▷连日阴雨,粮食都 ~ 了。

【返工】 fǎngōng 团由于质量不合格而再加工或重新制作。

【返老还童】 fǎnlǎohuántóng 形容老年人焕发青春。

【返聘】 fǎnpìn 团指雇用离退休人员继续工作。

【返青】 fǎnqīng 团植物的幼苗移栽后或越冬后,由黄转绿恢复生长。

【返修】 fǎnxiū 团产品返回原生产单位修理;没修理好的物品返回原修理者重新修理。

犯 fàn ❶团侵害;损害▷来 ~ 之敌 | 秋毫无 ~ 。❷冲撞;抵触▷众怒难 ~ | 冒 ~ | 触 ~ 。❸违背;违反▷ ~ 法。❹做出(违法或不应做的事情)▷ ~ 了罪 | ~ 错误。❺图犯罪的人▷刑事 ~ | 惯 ~ 。❻团引发;发作(多指不好的事情)▷关节炎又 ~ 了 | ~ 病 | ~ 疑心。

【犯案】 fàn'àn 团作案后受到查办。

【犯法】 fànfǎ 团违反或触犯法律、法令。

【犯难】 fànnán 形为难;觉得不好办的▷一碰到 ~ 的事,你就往后缩了。

【犯人】 fànrén 图经法院依法定罪处以刑罚的人,特指正在服刑的人。

【犯罪】 fànzuì 团违犯法律,对国家、社会、集体或他人造成危害。

【犯罪嫌疑人】 fànzuì xiányírén 被侦察机关怀疑有犯罪行为,已移交司法机关但尚未宣判定罪的人。

饭(飯) fàn ❶图粮食做成的熟食;特指米饭▷ ~ 做熟了 | 吃面还是吃 ~ ?❷图吃饭▷ ~ 前 | ~ 后。❸图每天按时吃的食品▷吃了一顿 ~ | 早 ~ 。

【饭局】 fànjú 图指受请的餐饮▷今天我有个 ~ 。

【饭碗】 fànwǎn 图盛饭的碗,比喻职业▷好好干,别把 ~ 砸了。

泛 fàn ❶团在水上漂浮▷ ~ 舟秦淮河 | 沉渣 ~ 起。❷形一般;不深入▷浮 ~ | 空 ~ 。❸团透出;漾出▷东方 ~ 出鱼肚白 | 胃里直 ~ 酸水。❹团江河湖泊的水漫溢出来▷ ~ 滥成灾。❺形广泛;普遍▷宽 ~ | ~ 指。

【泛称】 fànchēng 图总称;统称▷学校里的教师、职员 ~ 教育工作者。

【泛读】 fàndú 团一般地阅读▷这是一篇 ~ 课文。

【泛泛】 fànfàn 形肤浅;不深入▷ ~ 而谈。

【泛滥】 fànlàn ❶团江河湖泊的水向四处漫流▷黄河

~。❷比喻坏的思想、行为无限制地扩散传播▷制止吃喝风~。

【泛论】　fànlùn　❶团广泛地论述▷~古今兴亡大事。❷一般地谈论;随便议论▷不要~,讲具体一点。

范(範)　fàn　❶图法式;榜样▷规~|示~|模~|典~。❷界限;范围▷就~|~畴。❸团不使越过界限▷防~。

【范本】　fànběn　图书画等可做典范的样本▷素描~|书法~。

【范畴】　fànchóu　❶图反映客观事物本质联系的基本概念。各门科学知识都有自己特有的范畴,如哲学中的质和量、本质和现象,化学中的化合和分解等。❷范围;类型▷经济学属于社会科学~。

【范例】　fànlì　图能够作为典范的事例▷深圳的成功是中国特区建设的~。

【范围】　fànwéi　图界线以内▷管辖~|职权~|考试~。

【范文】　fànwén　图供学习的典范文章。

贩(販)　fàn　❶图买进货物再卖出以获取利润的行商或小商人▷小~|摊~。❷团购进货物出卖,也单指买进货物▷~牲口|~毒。

【贩卖】　fànmài　团买进货物后卖出,从中获取利润▷~日用小商品◇借保健练功之名,~迷信,坑害人民。

【贩私】　fànsī　团贩卖逃避关税的私货或法律禁止的货物▷严禁走私~。

【贩运】　fànyùn　团从一地购进货物运到另一地出卖▷~木材。

【贩子】　fànzi　团往来各地贩卖货物的人(含贬义)▷书~|鱼~|◇战争~。

畈　fàn　图成片的田地(多用于地名)▷白水~(在湖北)|洪口~(在安徽)。

梵　fàn　❶图有关古代印度的▷~文|~语|~历。❷有关佛教的▷~宫|~钟。☞统读 fàn。

fang

方　fāng　❶图直角正四边形或六面都是直角正四边形的立体▷桌面是~的|~木头|长~|正~。❷古代称面积的术语,"方十里"即纵横十里▷太行、王屋二山,~七百里。❸地方▷~音|远~。❹方向▷东~|四面八~。❺相对或相关的一面▷敌我双~|对~|甲~。❻方法▷引导有~|千~|百~计。❼图正直▷品格端~。❽图指药方▷处~|偏~|儿~。❾数学上称一个数自乘为方▷平~|立~。❿量 a)用于方形的东西▷一~砚台。❶副 a)正;来日~长|~兴未艾。b)始;才▷如梦~醒|年~30。

【方案】　fāng'àn　❶图工作或行动的计划▷工资改革~。❷制定的法式▷汉字简化~。

【方便】　fāngbiàn　❶团便利▷这里打电话~。团使便利;给予便利▷电话亭~了行人。图指钱有富余▷手头~的话,就借点钱给他。❹团婉词,指大便或小便▷我~一下就回来。

【方寸】　fāngcùn　❶图一寸见方▷~之内|~之物。❷借指心;心绪▷乱了~。

【方法】　fāngfǎ　图为达到某个目的而采取的途径、步骤、手段等▷训练~。

【方法论】　fāngfǎlùn　图关于认识和改造世界的根本方法的理论。包括哲学方法论、一般科学方法论和具体科学方法论。

【方剂】　fāngjì　图由单味或多味中药配合组成而有特

定主治作用的药方。

【方略】　fānglüè　图总体的计划和策略▷建国~|作战~。

【方面】　fāngmiàn　图指相对的或并列的人或事物中的一个或一部分▷发包和承包两~|教育、科技、文化等~。

【方枘圆凿】　fāngruìyuánzáo　方形榫(sǔn)头和圆形卯眼两者不能吻合。比喻彼此格格不入。☞"凿"不读 zuò。

【方式】　fāngshì　图言行等各种所采取的方法和形式▷生活~|生产~|提意见要考虑~。

【方位】　fāngwèi　图方向位置,如东、南、西、北、上、下、左、右、前、后等▷测定敌军炮兵阵地的~。

【方向】　fāngxiàng　❶图指东、南、西、北的区分▷指南针可以定~。❷面对的方位;前进的目标▷指出胜利的~。

【方兴未艾】　fāngxīngwèi'ài　事情正在发展,一时不会停止(艾:停止)。形容事物正处在兴旺阶段。

【方言】　fāngyán　图同一种语言中跟标准语有区别的、只在一定地区使用的话,如汉语中的闽语、吴语、粤语等。

【方音】　fāngyīn　图方言的语音。

【方圆】　fāngyuán　❶图周围▷~之内一片废墟。❷周围的长度▷这片森林~500 里。❸比喻合乎标准或规范的事物▷没有规矩不成~。

【方针】　fāngzhēn　图指引事业前进的方向和目标▷施政~|教育~。

【方正】　fāngzhèng　❶图方而端正▷用~的楷体字书写|字写得方方正正。❷(人品)正直▷清廉~|~质朴。

【方志】　fāngzhì　图地方志。

坊　fāng　❶图城镇中的小街小巷▷白纸~(北京街道名)|街~~(邻居)。❷牌坊,旧时为表彰功德、宣扬忠孝节义而修造的一种类似牌楼的建筑物。○另见 fáng。

芳　fāng　❶图香▷~草|芬~。❷美好的(多用于敬词,称对方的或对方有关的事物)▷~龄|~名。❸图指美好的德行或名声▷千古流~。

【芳菲】　fāngfēi　❶图花草散发出的香气▷满园~|沁人心脾。❷香花芳草▷~凋零。

【芳名】　fāngmíng　❶图美好的名声▷英雄的~永留人间。❷称年轻女子的名字▷久仰~。

【芳香】　fāngxiāng　图香气、香味。

防　fáng　❶图挡水的建筑物▷堤~。❷团防备▷对这种人可得~着点|~腐|~预~。❸警戒守卫▷~卫|联~。❹图有关防卫的事务、措施等▷边~|国~|~设~。☞统读 fáng。

【防暴】　fángbào　团防止发生暴力或暴动▷注意防盗、防毒、~。

【防备】　fángbèi　团为应付攻击或避免受害而事先做好准备▷~坏人破坏。

【防范】　fángfàn　团防备,控制;戒备▷对贩毒活动要严加~|~敌人偷袭。

【防腐】　fángfǔ　❶团抑制或阻止微生物在有机体中生长、繁殖,防止有机体腐烂变质。❷防止腐化堕落▷~倡廉。

【防护】　fánghù　团防备和保护。

【防患未然】　fánghuànwèirán　在祸患发生之前就预先防备。

【防空】　fángkōng　团防备和防御敌人空袭。

【防空洞】　fángkōngdòng　❶图为躲避空袭而挖掘的

洞。❷比喻可以掩护坏人、坏事的地方▷有的废品收购站已成了小偷销赃的～。

【防身】　fángshēn　囝防御伤害，保护自身▷练武术既可健身，又可～。

【防守】　fángshǒu　囝防御守卫▷～边关。

【防微杜渐】　fángwēidùjiàn　指在错误或坏事刚露头时就及时制止，不让它继续发展(杜:堵塞;渐:事物的征兆、开端)。

【防伪】　fángwěi　囝防止假冒。

【防卫】　fángwèi　囝防御守卫▷正当～|严密～。

【防务】　fángwù　囝有关国防和国家、地区安全方面的事务▷加强～。

【防线】　fángxiàn　囝连成一线的防御工事▷突破敌人两道～|◇心中的～。

【防汛】　fángxùn　囝防止江河汛期泛滥成灾▷～抗洪|～器材。☞"汛"不读 fàn;不要写作"氾"。

【防御】　fángyù　囝防守抵御▷积极～|由～转入进攻。

【防止】　fángzhǐ　囝预先想办法使消极或有害情况不发生▷～食物中毒。

【防治】　fángzhì　囝(对疾病或病虫害)预防和治疗。

坊　fáng　囝作(zuō)坊，某些个体劳动者的工作场所▷磨～|粉～。〇另见 fāng。

妨　fáng　囝阻碍;损害▷～碍|～害。☞统读 fáng。

【妨碍】　fáng'ài　囝阻碍;干扰▷～交通|不要～别人休息。

【妨害】　fánghài　囝给带来麻烦和害处▷吸烟～健康。

肪　fáng　见[脂肪]zhīfáng。☞统读 fáng。

房　fáng　❶囝房子或房间▷买了一所～|楼～|书～。❷结构或功能类似房子的东西▷蜂～|莲～。❸家族中的一支▷长(zhǎng)～|远～亲戚。❹旧指妻室▷正～|填～。❺量用于妻室等▷说一～亲事|两～儿媳妇。

【房产】　fángchǎn　囝依法属于个人或团体所有的房屋及房基地等。

【房东】　fángdōng　囝出租或出借房屋的人(跟"房客"相对)。

【房客】　fángkè　囝租房或借房居住的人(跟"房东"相对)。

【房主】　fángzhǔ　囝房屋所有者。

鲂(魴)　fáng　囝鱼，形状像鳊鱼，全身银灰色，生活在淡水中。

仿　fǎng　❶囝相像;类似▷两种布花色相～。❷比照原样做;效法▷～古|～效|～制|～模。☞跟"彷"(páng)不同。

【仿佛】　fǎngfú　❶囝像;类似▷河水奔腾咆哮，～脱缰的野马。❷副似乎;好像▷狂风～要把屋顶掀掉|他～并没有听懂。☞不要写作"彷佛""髣髴"。

【仿古】　fǎnggǔ　囝模仿古代器物或艺术品▷～建筑。

【仿冒】　fǎngmào　囝仿制假冒▷～注册商标|～名牌产品。

【仿生学】　fǎngshēngxué　囝模仿生物的某种构造和功能，用来改进和提高工程技术工艺水平的科学。如研究鸟类肢体构造和飞行技能，用来改进飞机的性能。

【仿宋】　fǎngsòng　囝仿照宋朝刻书字体设计的一种字体，笔画粗细均匀，讲究顿笔，是现行汉字印刷字体的一种。也说仿宋体、仿宋字。

【仿效】　fǎngxiào　囝模仿;效法▷～古人的礼节。

【仿造】　fǎngzào　囝仿照已有的样式制造或建造▷按原样～。

【仿照】　fǎngzhào　囝依照现成的方法或样式去做▷～执行。

【仿真】　fǎngzhēn　❶囝模仿真实物品，建立模型，进行实验，以掌握系统的性能和它的运动规律的方法和技术▷～技术|系统～。❷图计算机术语，内容是关于系统与程序的仿制。

【仿制】　fǎngzhì　囝仿照制作▷许多展览品都是～的。☞"仿制"对象侧重一般物品，如茶壶、茶碗。"仿造"对象侧重大的物件，如房屋、船只。

访(訪)　fǎng　❶囝向人调查打听;探寻▷察～|寻～|采～。❷拜访;探望▷～问|～友|回～。

【访查】　fǎngchá　囝寻访调查▷～当年战友的下落。

【访求】　fǎngqiú　囝探访寻求▷～民间验方|～名师。

【访谈】　fǎngtán　囝访问并交谈▷对几位学者进行了～,收获很大|焦点～。

【访问】　fǎngwèn　囝有目的地去看望或拜会▷～退休干部|出国～。

纺(紡)　fǎng　❶囝把棉、丝、麻、毛等纤维制成纱或线▷～棉花|～织。❷图一种经纬线较稀疏、质地轻薄的丝织品▷～绸|杭～。

【纺织】　fǎngzhī　囝把棉、丝、毛等纤维纺成纱或线，再织成布、绸、呢绒等。

舫　fǎng　囝船▷画～|游～。

放　fàng　❶囝不加拘束;放纵▷～开嗓子唱|豪～|～任自流。❷把有罪的人驱逐到边远地区▷流～|～逐。❸解除禁令或拘押，使自由▷他从监狱里～出来|～行。❹放牧▷～羊|～牛。❺暂时停止工作或学习，使自由活动▷～学|～假。❻指引火焚烧▷～火。❼发出;发射▷～炮|～光芒。❽发放▷～赈。❾为收取利息借出钱▷～款|～高利贷。❿(花)开▷鲜花怒～。⓫扩大;延长▷把袖子再～长些。⓬放置;存放▷把被子在床上安～|停～。⓭搁置;停止进行▷不要紧的事先一一再说。⓮使倒下▷上山～树。⓯把某些东西加进去▷炒菜别忘了～盐。⓰控制(行动、态度等)，使达到某种状态▷～慢速度|请～尊重些。

【放荡】　fàngdàng　❶形放纵任性,不受约束▷生性～|～不羁。❷(行为)放纵,(性生活)随便▷举止轻浮,生活～。

【放刁】　fàngdiāo　囝奸猾,不讲理▷撒泼～。

【放电】　fàngdiàn　囝带异性电荷的两极接近时,发出火花和声响而使电荷中和。如打雷和打闪就是自然界的放电现象。❷电池等释放电能。

【放毒】　fàngdú　❶囝投放毒药或施放毒气。❷比喻散布、宣扬反动的或有害的言论。

【放飞】　fàngfēi　❶囝准许飞机起飞▷大雾消散,机场可以～了。❷把鸟等放出去使飞上天空▷几百只白鸽同时～。

【放风】　fàngfēng　❶囝让坐牢的人定时到院子里活动或上厕所。❷透露或散布消息▷有人～说,上级正在调查市里的问题。

【放虎归山】　fànghǔguīshān　比喻放走敌人,留下后患。

【放火】　fànghuǒ　❶囝故意引火焚烧▷杀人～。❷比喻煽动骚乱▷少数坏人到处～,妄图制造事端。

【放开】　fàngkāi　囝不加控制;特指在经济生活中解除束缚和限制▷～喉咙,高声歌唱|～零售价格。

【放空】　fàngkōng　囝运营的交通工具空着行驶▷去远郊的出租车回程时常～。

【放空炮】 fàngkōngpào 比喻只说空话，没有实际行动▷不要～，要干实事。

【放宽】 fàngkuān 团适当降低原来的要求、标准等▷～政策｜～期限。

【放冷箭】 fànglěngjiàn 比喻用言语暗中伤人。

【放牧】 fàngmù 团把牲畜放到草地里觅食和活动。

【放炮】 fàngpào ❶团发射炮弹。❷燃放爆竹。❸点燃火药爆破岩石、矿石等▷～崩山。❹密闭充气的物体爆裂▷轮胎～。❺比喻发表抨击性的言论▷在讨论阶段，就是要多听意见，不怕大家～。

【放弃】 fàngqì 团丢掉不要；不再坚持(意见、权利等)▷～阵地｜～原则。

【放晴】 fàngqíng 团雨雪后天气转晴。

【放权】 fàngquán 团把某些权力交给下级或下级部门▷简政～。

【放任】 fàngrèn 团听其自然，不加任何约束▷～自流｜～不管。

【放哨】 fàngshào 团派人在固定岗位或往来巡行执行警戒任务▷站岗～。

【放射】 fàngshè ❶团(光线等)由一点向四外射出▷～光芒｜～性元素。❷发射▷～鱼雷。

【放生】 fàngshēng 团放掉捕捉的动物；特指信佛的人或热爱野生动物的人把别人捕捉的动物买来放掉。

【放手】 fàngshǒu ❶团把握着东西的手松开▷抓住缆绳不～。❷比喻打消顾虑或解除束缚▷～让年轻人挑大梁。❸放弃；罢休▷不查个水落石出，决不～。

【放肆】 fàngsì 超毫无顾忌，任意妄为▷要收敛一点，不要太～。

【放松】 fàngsōng 团减轻对人或事物的控制和注意；由紧张状态变成松弛状态▷～管理｜～警惕｜精神～。

【放下屠刀，立地成佛】 fàngxiàtúdāo, lìdìchéngfó 原为佛教劝人改恶从善的用语。比喻作恶的人一旦决心改过自新，就能变成好人。

【放心】 fàngxīn 超心情坦然，没有顾虑和牵挂。

【放眼】 fàngyǎn 团放开视野；放开眼界看▷～未来｜～一望，满目苍翠。

【放映】 fàngyìng 团用强光把影片或幻灯片上的图像映射在银幕或白墙上。

【放债】 fàngzhài 团借钱给他人并收取利息。也说放账。

【放置】 fàngzhì 团安放；搁置▷许多设备长期～不用。

【放纵】 fàngzòng ❶团任性而为；不受约束▷父母去世后，从小～惯了｜～不羁。❷放任纵容；不加约束▷对孩子不能～。

fei

飞(飛) fēi ❶团(鸟、虫等)扇(shān)动翅膀在空中往来活动▷大雁南～。❷(物体)在空中飘荡或行动▷天上～雪花了｜飞机起～了。❸像飞一样快速运动▷摩托从眼前～过｜物价～涨。❹超没有根据的；无缘无故的▷～短流长｜～灾横祸。

【飞奔】 fēibēn 团像飞一样地快跑▷惊马～而来｜汽车～在高速公路上。

【飞驰】 fēichí 团(车马)飞奔▷火车～而过｜骏马～。

【飞船】 fēichuán 图指宇宙飞船。

【飞地】 fēidì ❶图位于甲省而行政上属于乙省的土地。❷甲国境内隶属于乙国的领土，与本国领土不相毗连。

【飞碟】 fēidié ❶图未明来历的空中飞行物，发光，速度极快，形扁平似碟。❷射击比赛用的一种像碟的靶，用抛靶机射到空中，供运动员瞄准射击。

【飞渡】 fēidù 团从上空越过▷～太平洋。

【飞短流长】 fēiduǎnliúcháng 散布流言蜚语，拨弄是非。

【飞蛾投火】 fēi'étóuhuǒ 比喻自取灭亡。

【飞红】 fēihóng 团(脸、颈等)迅速出现红晕。

【飞黄腾达】 fēihuángténgdá 比喻官职、地位迅速上升(飞黄：古代传说中的神马名；腾达：升腾)。

【飞机】 fēijī 图由机翼、机身和发动机等构成的空中飞行器。

【飞溅】 fēijiàn 团液体或细碎物快速向四外迸射▷浪花～。

【飞快】 fēikuài ❶超特别迅速▷车开得～。❷特别锋利▷刀磨得～。

【飞沫】 fēimò 图喷出或溅起的小水泡儿▷～四溅。

【飞沙走石】 fēishāzǒushí 沙土飞扬，碎石翻滚。形容风力迅猛。

【飞身】 fēishēn 团身体迅速灵活地向前或向上▷～上马｜～越过横杆。

【飞逝】 fēishì 团极快地逝去或消失▷光阴～｜流星～。

【飞速】 fēisù 超速度极快▷～行驶｜～前进。

【飞腾】 fēiténg ❶团迅速飞起或升起▷展翅～｜烈焰～。❷奔跑跳跃▷骏马～。

【飞舞】 fēiwǔ 团在空中飘浮舞动▷彩蝶～｜雪花～。

【飞翔】 fēixiáng 团盘旋着飞行；飞▷雄鹰～。

【飞旋】 fēixuán 团回旋飞行▷海鸥在水面～◇优美的乐曲在耳边～。

【飞扬】 fēiyáng ❶团向上飘扬▷柳絮～｜尘土～。❷精神振奋▷神采～。☞不要写作"飞飏"。

【飞跃】 fēiyuè ❶团(鸟类等)飞腾跳跃▷展翅～。❷比喻进展迅速▷经济～发展。❸哲学上指事物完成由旧质向新质的转化。

【飞越】 fēiyuè 团从空中通过▷～地中海｜跳高运动员～横竿。

【飞涨】 fēizhǎng 团飞快地上涨▷物价～。

妃 fēi 图皇帝的妾；太子、王、侯的妻子▷后～｜贵～｜嫔～｜～子｜王～。

非 fēi ❶团违背；不合于▷～法｜～礼。❷图错误；坏事▷明辨是～｜为～作歹。❸团认为不对；反对；指责▷口是心～｜～议｜～难。❹表示否定的判断，相当于"不是"▷～答～所问｜～亲～故。❺词的前缀。附在名词或名词性词组前，表示不属于某种范围▷～金属｜～卖品。❻副表示否定，相当于"不"▷～常｜～凡。❼与"不行""不可""不成""不足"等词呼应，表示必须、一定▷～下苦功不可｜～你去不成。❽图指非洲▷北～。

【非常】 fēicháng ❶超不寻常的；特殊的▷～措施｜～时期。❷副表示程度极高▷～勇敢。

【非但】 fēidàn 连不但▷～不能削弱，而且还要加强。

【非法】 fēifǎ 超不合法▷没收～所得。

【非凡】 fēifán 超不一般的；出众的▷～人物｜技艺～。

【非分】 fēifèn 超超越本分的；不合规矩的▷～的要求｜～之想｜～之财。

【非礼】 fēilǐ ❶超不合礼法的▷～行为。❷团指非礼的事▷欲行～。

【非难】 fēinàn 团指责▷无可～。

【非人】 fēirén 超不是人能承受得了的▷受到～的待遇｜过着～的生活。

【非同小可】 fēitóngxiǎokě 不同寻常；不容轻视。

【非议】 fēiyì 团责备；指摘▷无可～。

菲 fēi 圏形容花草美，香气浓▷芳～｜～～。○另见 fěi。

啡 fēi 用于音译。如"咖啡"(kāfēi)、"吗啡"(mǎfēi)等。

绯(緋) fēi 圏大红色▷～红。

【绯闻】 fēiwén 图有关男女不正当恋情的传闻。

扉 fēi ❶图门▷柴～◇心～。❷书刊封面之后印有书名、作者姓名等内容的一页▷～页｜～画。

蜚 fēi 同"飞"。用于"流言蜚语""蜚声"等词语中。

【蜚短流长】 fēiduǎnliúcháng 通常写作"飞短流长"。

【蜚声】 fēishēng 团扬名▷～海内外。

霏 fēi [霏霏]fēifēi 圏雨雪纷飞或烟云浓厚的样子▷～～细雨｜云雾～。

鲱(鯡) fēi 图鱼，背部灰黑，腹部银白。生活在海洋中，是重要的经济鱼类。

肥 féi ❶圏肥胖，含脂肪多(跟"瘦"相对，一般不形容人)▷～肉。❷肥沃▷这块地～。❸团使肥沃或肥胖▷河泥可以～田｜～猪粉。❹图肥料▷绿～｜化～。❺團靠不正当收入而富裕▷损公～私。❻圏收入多的▷～缺｜～差(chāi)。❼(衣服等)宽大(跟"瘦"相对)▷裤腰太～了。

【肥大】 féidà ❶圏(生物体或生物体的某部分)粗壮▷身躯～｜～的鲢鱼头｜叶子～。❷人体某脏器或组织因病变而体积变大▷扁桃体～。❸(衣服等)又宽又大。

【肥分】 féifèn 图肥料中所含营养元素的成分，如氮、磷、钾等。

【肥厚】 féihòu 圏肥大而厚实▷仙人掌叶茎很～｜果肉～。

【肥力】 féilì 图土壤肥沃的程度▷土壤的～不够。

【肥料】 féiliào 图能给植物提供养分、促使其发育生长的物质▷有机～｜化学～。

【肥美】 féiměi ❶圏肥沃美好▷长江三角洲是～之地。❷肥壮丰美▷水草～。❸肥而味美▷～的烤鸭。

【肥胖】 féipàng 圏(人体)脂肪多，肉厚。

【肥水】 féishuǐ ❶图含有粪尿或其他肥料的水。❷比喻利益、好处▷～不外流。

【肥硕】 féishuò ❶圏(果实等)大而饱满。❷(肢体)肥大▷～的种牛。

【肥沃】 féiwò 圏土地中含有适合植物生长的养分多、水分足。

【肥壮】 féizhuàng 圏(庄稼、牲畜等)肥大而健壮▷～的麦苗｜猪羊～。

淝 féi 图淝水，古水名，在今安徽，分两支，现在叫西淝河、北淝河，都流入淮河。

腓 féi 图人的小腿肌。俗称腿肚子。

匪 fěi ❶團〈文〉表示否定，相当于"不""不是"▷获益～浅。❷图用暴力抢劫财物、危害他人的歹徒▷土～｜～徒。☞最后一画是竖折(L)，一笔连写。

【匪帮】 fěibāng 图盗匪集团或行为像盗匪一样的反动政治集团。

【匪巢】 fěicháo 图盗匪或反动势力盘踞的窝点。也说匪窟，匪穴。

诽(誹) fěi 團说别人的坏话▷～谤。

【诽谤】 fěibàng 團无中生有地说人坏话，败坏别人名誉▷造谣～。

菲 fěi 圏〈文〉微薄▷～仪(薄礼)｜～薄。○另见 fēi。

【菲薄】 fěibó ❶圏〈文〉微薄(量少质次)▷礼物～，不成敬意。❷團轻视；看不起▷妄自～。

悱 fěi [悱恻]fěicè團内心悲伤痛苦▷缠绵～。

斐 fěi 圏形容有文采▷～然成章。

【斐然】 fěirán 〈文〉❶圏有文采的样子▷文词～。❷显著；突出▷政绩～。

榧 fěi 图香榧，常绿乔木，木材耐水湿，可供造船用；种子叫榧子，可以食用、榨油、做药材。

翡 fěi [翡翠]fěicuì ❶图鸟，嘴长而直，有蓝色和绿色的羽毛。羽毛可做装饰品。❷矿物，绿色的硬玉，半透明，有玻璃光泽，用于制作装饰品。

吠 fèi 團狗叫▷鸡鸣狗～｜蜀犬～日｜狂～。

肺 fèi 图人和某些高等动物胸腔中的呼吸器官，也说肺脏。☞右边是"市"(fú，四画)，中间长竖贯穿上下，不是"市"(shì，五画)。

【肺腑】 fèifǔ 图代指内心▷～感人。

狒 fèi [狒狒]fèifèi 图哺乳动物，形状像猕猴，头部似狗，多产在非洲。

废(廢) fèi ❶團覆灭；破灭▷王朝兴～。❷放弃不用；停止▷寝忘食｜～除。❸圏失去效用的；无用的▷铜烂铁｜～物｜～话。❹图失去原有效用的东西▷修旧利｜～变～为宝。❺圏特指肢体伤残▷这条腿算是～了｜残～。❻衰败；荒芜▷～墟｜～园。❼沮丧；消沉▷颓～。

【废弛】 fèichí 團废弃松弛(多指法令、规章、制度等)▷纪律～。

【废除】 fèichú 團取消；废止(法令、规章、制度、条约等)▷～干部终身制。

【废黜】 fèichù 團废除，罢免(现多用于取消王位或废除特权地位)▷～帝制，建立共和。

【废品】 fèipǐn ❶图指工业生产中不合格的产品▷绝不让～出厂。❷指破损的、陈旧的或丧失原有使用价值的物品▷～回收。

【废弃】 fèiqì 團抛弃；丢弃▷旧的法规早就该～。

【废寝忘食】 fèiqǐnwàngshí 顾不上睡觉、吃饭。形容对工作或学习非常专心勤奋。

【废人】 fèirén 图指对社会无用的人。

【废物】 fèiwù ❶图丧失原来使用价值的物品▷～利用。❷比喻无能和没有作为的人▷他纯粹是个～。☞②口语常读 fèiwu。

【废墟】 fèixū 图城市、园林、村庄等遭受毁灭性破坏后的残迹。

【废止】 fèizhǐ 團取消；停止实行(多指法令、制度等)▷旧法在新法颁布实行后即行～。

【废置】 fèizhì 團认为没有用处而搁置起来。

沸 fèi 團液体因受热到一定温度而翻腾▷扬汤止～｜～腾。☞统读 fèi。

【沸点】 fèidiǎn 图水、油等液体开始沸腾时的温度。沸点随外界压力变化而改变，压力小，沸点就低。水在标准大气压下的沸点是100℃。

【沸沸扬扬】 fèifèiyángyáng 形容人声喧闹、议论纷纷，就像开水翻滚升腾。

【沸腾】 fèiténg ❶圏由于加热，液体表面和内部同时发生汽化过程▷锅里的水～了。❷比喻情绪热烈高涨，或人声喧闹▷热血～｜工地上一片～。

费(費) fèi ❶團消耗掉▷～了九牛二虎之力｜耗～｜花～｜浪～｜消～。❷图开支的钱▷挂号～。❸圏消耗得过多(跟"省"相对)▷汽油用得太

【费解】　fèijiě　形难懂，不易理解。

【费尽心机】　fèijìnxīnjī　用尽心思和计谋。

【费劲】　fèijìn　形精力耗费多；吃力。

【费神】　fèishén　❶动耗费精神(常用作请托或致谢的客套话)▷您~照看一下这孩子！❷形精神耗费得多▷看稿子太~了。

【费事】　fèishì　形事情复杂，麻烦难办。

【费心】　fèixīn　❶动操心；耗费心力(常用作请托或谢的客套话)▷对不起，让您~了|请~关照一下。❷形心力耗费得多▷这事太~。

【费用】　fèiyòng　名花费的钱。

痱　fèi　[痱子]fèizi　名受暑热皮肤表面起的红色或白色小疹，非常刺痒。

fēn

分　fēn　❶动使整体变成若干部分；使相联系的离开(跟"合"相对)▷把钱~成两份|割~|离。❷分配；分派▷毕业后~到工厂工作|把重活儿~给年轻人干。❸动从主体中分出来的▷~部|~队|~册。❹动区分；辨别▷五谷不~|~清是非。❺名指分数▷~母|~子。❻量表示分数，整体分成相等的十份中占一份叫一分▷七~成绩，三~缺点。❼计量单位名称。a)(市制)长度，10厘为1分，10分为1寸。b)(市制)面积，10厘为1分，10分为1亩。c)(市制)重量，10厘为1分，10分为1钱。d)货币，10分为1角，10角为1圆。e)时间，60秒为1分，60分为1小时。f)弧或角，60秒为1分，60分为1度。g)利率，年利1分为本金的1/10，月利1分为本金的1/100。❽评定成绩的单位▷语文考了95~。○另见fèn。

【分崩离析】　fēnbēnglíxī　形容国家或集团等四分五裂，涣散瓦解。

【分辨】　fēnbiàn　动区分辨别▷~好人坏人。

【分辩】　fēnbiàn　动澄清说明▷批评错了也不容别人~。

【分别】　fēnbié　❶动分手，离别。❷区分事物▷细心~两类不同性质的问题。❸名差别▷国画和油画有很大~。❹副表示用不同方式▷~对待。❺表示各自(做)▷各系~召开迎新会。❻表示先后(做同类的事)▷王厂长~听取了干部和群众的意见。

【分布】　fēnbù　动(事物在一定范围内)分散着或分散存在▷湖中~着许多小岛|血管~全身。

【分餐】　fēncān　动集体就餐时，一人一份饭菜，分别进餐▷~比较卫生。

【分成】　fēnchéng　动按照一定的比例分配钱财、物品等▷利润~。

【分寸】　fēncun　名借指根据具体情况而定的合适尺度▷批评人要掌握好~。

【分道扬镳】　fēndàoyángbiāo　骑马分路而行(扬镳：提起马嚼子，令马前进)。比喻志向、爱好等不同而各奔各的目标或各干各的事情。☞"镳"不要写作"镖"。

【分割】　fēngē　动使整体或有联系的事物分裂开▷把敌人~开，逐个歼灭|公路把小镇~成东西两部分。

【分隔】　fēngé　动分开；隔断▷一条小河把两个村子自然地~开来|他们之间的情谊是~不开的。

【分工】　fēngōng　动分别担任不同的工作▷工作~|组长给我们分了工。

【分毫】　fēnháo　名一分一毫，借指很小的数量▷不差~|~不少。

【分号】　fēnhào　名标点符号的一种，形式为";"，多用在并列分句之间表示大于逗号小于句号的停顿。

【分红】　fēnhóng　动分配盈利。

【分洪】　fēnhóng　动在河流的适当地点修建引水沟渠等设施，把汛期的部分洪水引向其他水域，以防下游泛滥成灾▷汛期~|荆江~工程。

【分化】　fēnhuà　❶动事物发生分裂或事物性质发生质的变易。❷使分化▷~敌人。

【分解】　fēnjiě　❶动把某个事物的各组成部分剖析出来▷~动作|这个问题可~为几个方面。❷排解；调解▷吵得不可开交，难以~。❸说明；交代▷且听下回~。❹一种化合物经过化学反应生成两种或两种以上不同的物质，如水通电分解成氢和氧。

【分界】　fēnjiè　❶动划分界线▷两省以黄河~。❷名划定的界线▷两地的~还没有划定。

【分镜头】　fēnjìngtóu　名导演把整部影片或电视片所要表现的内容按场景、摄法、对话、音乐、镜头长度等切分为许多准备拍摄的镜头，每个镜头称为分镜头▷导演已经写出了~剧本。

【分居】　fēnjū　❶动夫妻不和，导致分开居住和生活。❷夫妻因工作原因不在同一城市或地区生活▷要抓紧解决夫妻长期两地~问题。

【分句】　fēnjù　名语法上指构成复句的单句形式。分句和分句之间一般有较小的停顿，书面上用逗号或分号表示。分句之间在意义上有密切的联系，常使用关联词语来表示。如"即使下雨，他们也不迟到"是两个分句构成的复句。

【分类】　fēnlèi　动按一定标准和方法把事物分别归类▷词可以按语法特点~。

【分离】　fēnlí　❶动分开；离开▷连体婴儿~成功|白头借老，永不~。❷(把某种物质从混合物中)离析出来▷把盐从海水中~出来|从空气中~出氮气来。

【分裂】　fēnliè　❶动整体事物分成若干部分或个体▷细胞~。❷使整体事物分成若干部分或个体▷不容许~我们的国家。

【分流】　fēnliú　❶动江河水分道而流▷长江~泄洪。❷比喻人员、车辆、资金或物资等向多个方向流动▷城市交通管理实行人车~|使科技人员合理~。

【分泌】　fēnmì　动生物体某些细胞、组织或器官产生某些特殊物质。如唾液腺分泌唾液，胃分泌胃液。

【分娩】　fēnmiǎn　动生孩子。

【分秒】　fēnmiǎo　名一分一秒，代指极少的时间▷惜寸阴，争~|珍惜分分秒秒。

【分明】　fēnmíng　❶形清楚(常用于区分界限)▷对比~|职责~。❷副显然；明明▷老师~讲过，你怎么忘了？

【分蘖】　fēnniè　动禾本科等植物发育时，从茎的基部生出分枝▷麦苗~情况良好。

【分派】　fēnpài　❶动指定人去完成某项任务▷上级~专人督促检查此项工作。❷指定分摊▷救灾款不搞~，请大家自愿捐献。

【分配】　fēnpèi　❶动按规定的标准或要求分给财物▷~奖金|~住房。❷安排；分派▷~工作|~他开车。

【分期】　fēnqī　❶动(把一个连续的过程)分成若干阶段▷中国古代史~。❷分次(进行)▷~培训|~刊登。

【分歧】　fēnqí　❶形不一致(多指思想、主张等)▷看法很~。❷名不一致的地方▷有两点~|~很大。

【分散】　fēnsàn　❶形分布在各处；不集中▷人员太~。❷动使分散▷~精力。

【分身】　fēnshēn　动抽出时间或精力去做另外的事情▷我太忙，不能~照顾你。

【分手】　fēnshǒu　动离别；分开。

【分水岭】　fēnshuǐlǐng　❶名相邻两个流域分界的山脊

或高地▷秦岭山脉是渭水和汉水的～。❷比喻区别不同事物的主要分界▷"五四运动"是新民主主义革命和旧民主主义革命的～。

【分摊】　fēntān　囵各自分别负担一部分(多用于费用方面)▷吃饭的钱大家～|修水库所需劳力由各乡～。

【分庭抗礼】　fēntíngkànglǐ　古代宾主相见,站在庭院两边,相对行礼,以示平等相待(抗:对等)。后来比喻双方平起平坐或相互对立。

【分析】　fēnxī　囵对事物进行分解、考察,认识其各部分、方面或组成因素的性质特点及其相互关系(跟"综合"相对)▷～问题|～得正确。

【分享】　fēnxiǎng　囵和他人共享▷～胜利的喜悦。

【分心】　fēnxīn　❶囵分散心思;不专心▷读书时不能～。❷费心;操心(多用于请求帮助时的客套话)▷我的事,请您多～吧。

【分野】　fēnyě　囵事物的分界;界限(多用于思想认识等抽象事物)▷存在决定意识,还是意识决定存在,这是唯物论和唯心论的根本～。

【分忧】　fēnyōu　囵分担并设法减轻别人的忧虑▷干部要为群众～。

【分赃】　fēnzāng　囵指瓜分合伙盗窃或抢掠来的财物,泛指分取一切以不正当手段得来的财物或权益▷坐地～|～不均。

【分支】　fēnzhī　囵总体或主体分出来的部分▷家族的～|方言学是语言学的一个～。

【分子】　fēnzǐ　囵物质中能够独立存在并保持该物质一切化学特性的最小微粒,由原子组成。

芬　fēn　囵花草的香气▷含～吐芳|～芳。

【芬芳】　fēnfāng　❶囮香▷气味～。❷囵香气▷柔风送来野花的～。

吩　fēn　[吩咐]fēnfù　囵口头指派、嘱托或嘱咐▷有事您尽管～。☞㊀"咐"有时可读轻声。㊁不宜写作"分付"。

纷(紛)　fēn　❶囮繁多;杂乱▷～繁|～乱。❷囵争执的事▷排难解～|纠～。

【纷呈】　fēnchéng　囵纷纷显现出▷五彩～|服装表演,花样～。

【纷繁】　fēnfán　囮多而复杂▷事务～|～的色彩。

【纷飞】　fēnfēi　囵多而杂乱地飘飞▷大雪～|炮火～。

【纷纷】　fēnfēn　❶囮多而密▷春雨～。❷囷接连不断▷外国朋友～来中国旅游。

【纷乱】　fēnluàn　囮杂乱,没有秩序或条理▷局势～|心绪～|～的脚步声。

【纷扰】　fēnrǎo　囮混乱(多指社会和人群秩序)▷战乱频繁,天下～。

【纷纭】　fēnyún　囮形容多而杂乱▷聚讼～|众说～。

【纷争】　fēnzhēng　囵纠纷;争执▷～不休|调解～。

【纷至沓来】　fēnzhìtàlái　接连不断地到来(沓:繁多)。

氛　fēn　囵周围的情景;情势▷气～|～围。☞不读fèn。

【氛围】　fēnwéi　囵充满或笼罩着某个场合的气氛和情调▷欢乐祥和的～。☞不要写作"雰围"。

酚　fēn　囵有机化合物的一类,特指苯酚。

坟(墳)　fén　囵墓穴上面筑起的土堆;坟墓▷上～|～墓|～地。

【坟墓】　fénmù　囵坟头和墓穴的总称。

【坟茔】　fényíng　囵坟墓;坟地。

汾　fén　囵汾河,在山西,流入黄河。☞统读fén。

棼　fén　囵〈文〉纷乱▷治丝益～。

焚　fén　囵烧▷～香|心急如～。

【焚化】　fénhuà　囵(把尸骨、纸钱、花圈等)烧掉▷遗体定于明日下午～。

【焚烧】　fénshāo　囵烧;烧掉▷收缴的走私香烟全部～。

粉　fěn　❶囵化妆用的白色或浅红色细末▷脂～|香～。❷细末状的东西▷面～|洗衣～。❸囵变成或使变成粉末▷～身碎骨。❹囵用淀粉制作的成形的食品,特指粉条或粉丝▷～皮|凉～|米～|炒～。❺特指面粉▷标准～|富强～。❻囵用白垩等刷墙壁等▷屋里的墙壁还没～过。❼囮白色的▷～底皂靴。❽粉红▷～色裙子。

【粉红】　fěnhóng　囮红与白混合成的颜色▷～窗帘|～的花朵。

【粉末】　fěnmò　囵微小的颗粒;碎末。

【粉墨登场】　fěnmòdēngchǎng　化装好了上台演戏,泛指经过一番准备(多指坏人经过一番乔装打扮)登上政治舞台。

【粉身碎骨】　fěnshēnsuìgǔ　全身粉碎而丧生。指甘心为某一目的而献身,也比喻被彻底摧毁的下场。

【粉饰】　fěnshì　❶囵粉刷装饰,使美观▷店堂内外～一新。❷涂饰美化表面,掩盖问题▷～现实,掩盖矛盾。

【粉碎】　fěnsuì　❶囵使固体物变成小块儿或小颗粒、碎末儿,多指用机械把大块原材料破碎。❷囮像粉末一样细碎▷玻璃打得～。❸囵使毁灭▷～敌人的阴谋。

分　fèn　❶囵构成事物的不同物质或因素▷成～|水～|养～。❷指情谊、机缘、资质等因素▷情～|缘～|天～。❸责任和权利的限度▷本～|～内|～外。○另见fēn。

【分量】　fènliàng　囵重量▷这袋东西～不轻◇他的意见很有～。☞不宜写作"份量"。

【分内】　fènnèi　囵本身职责或义务范围以内▷保护环境是公民的～事。☞不宜写作"份内"。

【分外】　fènwài　❶囵本身职责或义务范围以外▷他本职工作出色,对～的事也很热心。❷囷格外;特别▷战地黄花～香。☞不宜写作"份外"。

【分子】　fènzǐ　囵属于一定社会群体或具有某种特征的人▷知识～|骨干～。

份　fèn　❶囵整体中的一部分▷股～|等～|额～。❷囶a)用于整体分成的部分▷把蛋糕分成八～。b)用于经过组合整理的东西▷整理两～材料。c)用于报刊、文件等▷订一～报|把文件复印五～。❸囵用在某些行政区划和时间名词后面,表示划分的单位▷省～|县～|年～|月～。

【份额】　fèn'é　囵在整体中分占的规定数量▷在股份制企业中职工股占有一定～。

【份子】　fènzi　❶囵集体送礼时各人分摊的钱。❷指赠送的礼金。

奋(奮)　fèn　❶囵振作;鼓劲▷～不顾身|振～。❷举起;挥动▷～臂高呼|～笔疾书。

【奋不顾身】　fènbùgùshēn　奋勇向前,不顾个人安危(身:自己)。

【奋斗】　fèndòu　囵为达到一定目的而坚持不懈地努力去做▷为祖国的繁荣富强而～。

【奋发】　fènfā　囮激励振作,努力上进▷～进取。

【奋发图强】　fènfātúqiáng　振奋精神,鼓起干劲,谋求进步和强盛。☞不宜写作"愤发图强"。

【奋飞】　fènfēi　囵(鸟类)振翅高飞▷候鸟～远徙◇21

世纪是中华民族～的世纪。

【奋进】 fènjìn 团鼓足勇气努力前进▷齐心协力,不断～。

【奋力】 fènlì 团尽可能使出所有的力量▷～追赶。

【奋勇】 fènyǒng 团形容振奋精神鼓起勇气▷～当先|自告～去抢险。

【奋战】 fènzhàn ❶团奋勇战斗▷他常年～在边防线上。❷奋力从事工作或活动▷～洪水|～在足球场。

忿
fèn 团恼怒▷～詈(因愤怒而骂)|不～(不平)。

粪(糞)
fèn 图屎▷马～|～车。

【粪便】 fènbiàn 图屎尿。

【粪土】 fèntǔ ❶图粪便和泥土的混合物。❷比喻没有价值的东西▷视荣华富贵如～。

愤(憤)
fèn 团因不满而激动;发怒▷激～|悲～。

【愤愤】 fènfèn 团气愤的样子▷～不平。☞不宜写作"忿忿"。

【愤恨】 fènhèn 团气愤痛恨▷贪污腐化人人～。☞不宜写作"忿恨"。

【愤激】 fènjī 团愤怒而激动▷面对这样重大的经济损失,群众无不～。

【愤慨】 fènkǎi 团气愤不平▷法西斯的暴行,使全世界人民无比～。☞不宜写作"忿慨"。

【愤懑】 fènmèn 团气愤;郁郁不平▷～之情,溢于言表。☞不宜写作"忿懑"。

【愤怒】 fènnù 团极为生气恼怒▷～的心情|斥责。☞不宜写作"忿怒"。

【愤世嫉俗】 fènshìjísú 对社会的不良现象和习俗愤恨憎恶。

feng

丰(豐❶❷❹❺)
fēng ❶团草木茂盛▷～茂|～美。❷丰满▷体态～盈。❸图人的风度、仪态▷～韵|～姿绰约|～仪。❹团丰富▷～衣足食|～盛。❺高大;伟大▷～碑|～功伟绩。☞第一画是横(一),不是撇(丿)。

【丰碑】 fēngbēi 图高大的石碑,比喻不朽的功绩或传世的杰作▷万里长征是中国革命史上的～。

【丰采】 fēngcǎi 图丰满的体态,优雅的神采▷～照人。

【丰富】 fēngfù ❶团(物质和精神财富)种类多或数量大▷经验～|～的矿藏。❷团使数量大、种类多▷～自己的词汇。

【丰功伟绩】 fēnggōngwěijī 伟大的功绩、成就。

【丰厚】 fēnghòu 团数量多;价值大(多指收入、礼品等)▷一笔～的酬金。

【丰满】 fēngmǎn ❶团丰富充实▷粮仓～。❷(身体或身体的某部分)略胖而匀称▷她比她姐姐长得～◇字体～有力。❸(羽毛)长成▷羽翼～。

【丰茂】 fēngmào 团繁密、茂盛▷土地肥沃,草木～。

【丰美】 fēngměi 团又多又好▷水草～|～的佳肴。

【丰年】 fēngnián 图收成好的年份▷瑞雪兆～。

【丰沛】 fēngpèi 团丰富充足▷雨量～。

【丰润】 fēngrùn 团丰满有光泽(多形容肌肤)。

【丰盛】 fēngshèng 团(食物等)数量多,质量好▷～的晚餐。

【丰收】 fēngshōu 团获得又多又好的收成▷小麦连年～◇工作、思想双～。

【丰硕】 fēngshuò 团(果实、成绩等)多而大▷～的果实|～的成果。

【丰衣足食】 fēngyīzúshí 穿的丰富,吃的充足。形容生活富裕。

【丰韵】 fēngyùn 图多指妇女丰满的体态和优雅的风度▷她身材匀称,～可人。

【丰姿】 fēngzī 图丰满美好的仪态(多指妇女)▷～绰约。

风(風)
fēng ❶图流动的空气现象▷北～刮～|～灾。❷团风俗;风气▷移～易俗|蔚然成～。❸指民歌▷采～。❹姿态;作风▷～度|文～。❺风声;传播出来的消息▷闻～而动|通～报信。❻团传闻的;不确实的▷～言～语。❼图景象;景色▷～景|～光|～物。❽图中医指致病的一个重要因素▷～寒|～热|～湿。❾团借指风力吹干吹净▷～干|晒干～净。

【风暴】 fēngbào ❶图一般指大风伴有大雨的天气现象。❷比喻气势猛烈震动全社会的运动、事件或现象▷革命～|股市～。

【风波】 fēngbō 图比喻有较大影响的矛盾冲突事件▷政治～|球场～。

【风采】 fēngcǎi 图风度神采,多指美好的仪表举止▷军人～|学者～。

【风餐露宿】 fēngcānlùsù 风中吃饭,露天住宿。形容旅途或野外生活艰辛。

【风潮】 fēngcháo 图比喻群众性的反抗运动或事件▷罢工～|～迭起。

【风尘】 fēngchén ❶图借指旅途的劳累▷～仆仆|一路～。❷旧时借指混浊、悲苦的社会底层▷沦落～。

【风驰电掣】 fēngchídiànchè 形容像疾风和闪电一样快。

【风传】 fēngchuán 团(消息在非正式渠道)传播流布▷前一时期～他要辞职。

【风吹草动】 fēngchuīcǎodòng 比喻变故或变动的细微先兆。

【风刀霜剑】 fēngdāoshuāngjiàn 寒风像刀、霜雪像剑,形容天气异常寒冷。比喻人情险恶或环境恶劣。

【风度】 fēngdù 图美好的言谈举止、姿态等▷学者～|大将～。

【风帆】 fēngfān 图船帆,挂在船的桅杆上,借助风力推动船前进的布篷▷升起～。

【风范】 fēngfàn 图有典范意义的人格、品貌▷大家～|一代～。

【风风火火】 fēngfēnghuǒhuǒ ❶团像风和火一样,形容动作匆匆忙忙、冒冒失失▷他们干什么都～的。❷形容有生气,很活跃▷他一直有一股～的劲头儿。

【风干】 fēnggān 团放在阴凉处让风吹干▷栗子～以后很好吃|～鱼。

【风格】 fēnggé ❶图作风;品格▷～高尚。❷特指文学艺术作品所表现出来的思想特点和艺术特色▷京剧有它独特的～。

【风光】 fēngguāng 图风景;景色▷江南～。

【风寒】 fēnghán 图冷风和寒气▷冬小麦能够抗～|他的病因是外感～。

【风和日丽】 fēnghérìlì 微风和煦,阳光明媚,多形容春秋季节的晴好天气。

【风花雪月】 fēnghuāxuěyuè 原指旧文学作品中常描写的四种自然现象,后多比喻词藻华丽、内容空泛的诗文。

【风华】 fēnghuá 图风采和才华▷～正茂|～不减当年。

【风化】[1] fēnghuà 图社会的风俗习惯、道德规范等▷这种行为有伤～。

【风化】² fēnghuà 圆地壳表面的岩石在大气、水和生物等外力的长期联合作用下发生破坏或化学分解的现象▷山崖已开始～。

【风级】 fēngjí 图风力的等级，从零到12，共13级，级数越高，风力越大。

【风纪】 fēngjì 图作风和纪律▷军容～｜～严明。

【风景】 fēngjǐng ❶图可供人观赏的景象▷西湖～优美。❷指社会生活中的某种人文景象▷街头纳凉文艺晚会是这城市的一道～。

【风口浪尖】 fēngkǒulàngjiān 风浪最大的地方，比喻社会矛盾斗争最尖锐的地方。

【风浪】 fēnglàng ❶图江湖海洋上的大风和波浪。❷比喻社会生活中的艰难险阻▷他们饱经沧桑，经受过各种各样的～。

【风凉话】 fēngliánghuà 图不负责任或没有同情心的冷言冷语。

【风流】 fēngliú ❶圈杰出的、符合时代要求的；有功绩的▷一代～人物。❷指有才学而不拘礼法的▷～才子｜～名士。❸有关男女情爱的，或行为放荡的▷～案件｜～女人。

【风流云散】 fēngliúyúnsàn 像风一样流失，像云一样飘散。形容四散消失。

【风马牛不相及】 fēngmǎniúbùxiāngjí 比喻所说的事物之间毫不相干(风:雌雄相诱；及:遇到)。

【风貌】 fēngmào ❶图事物的整体特色及外在表现▷草原～｜时代～。❷人的风采、相貌▷相隔多年，～依旧。

【风靡】 fēngmǐ 团(草木等)顺风倒下，比喻事物像风吹倒草木一样迅速地流行▷这首歌曾在国内一时。☞"靡"这里不读 mí。

【风平浪静】 fēngpínglàngjìng ❶无风无浪，水面平静。❷比喻(生活、局势等)安定平静。

【风起云涌】 fēngqǐyúnyǒng 比喻事物发展迅猛，声势浩大。

【风气】 fēngqì 图社会上或团体内流行的风尚或习俗▷我们班有～很好｜抵制一切钱看的坏～。

【风情】 fēngqíng ❶图风土人情▷欧洲～｜西双版纳～。❷情怀；意趣▷别有一番～。❸表现出来的男女相爱之情▷卖弄～｜万种～。

【风趣】 fēngqù ❶圈(言语等)诙谐幽默▷小王的话很～。❷图诙谐幽默的趣味▷老舍的作品有～。

【风骚】¹ fēngsāo ❶图本指《诗经》中的《国风》和《楚辞》中的《离骚》，后泛指一切文学作品。❷指才华、文采▷唐宗宋祖，稍逊～｜独领～。

【风骚】² fēngsāo 圈(妇女言谈举止)轻浮、放荡▷～女人｜卖弄～。

【风色】 fēngsè ❶图关于风向、风力的变化情况，泛指天气▷今天是否开船，看看～再说。❷比喻事物发展的状况与形势▷一看～不对，他立即改变策略。

【风尚】 fēngshàng 图一个时期中社会崇尚的风气▷尊重知识、崇尚科学应该成为社会的新～。

【风声】 fēngshēng ❶图刮风的声音。❷比喻透露出来的消息▷行动前不得走漏任何～｜～很紧，要多加小心。

【风声鹤唳】 fēngshēnghèlì 淝水之战中秦主苻坚的败兵听到风声和鹤叫，都以为是东晋的追兵(见《晋书·谢玄传》)。形容特别惊慌疑惧。

【风势】 fēngshì ❶图风的大小变化情况▷～逐渐减弱。❷比喻事物发展变化的情势▷看准～行动。

【风霜】 fēngshuāng 图比喻旅途或生活路上的艰难困苦▷饱经～。

【风俗】 fēngsú 图在较长时期内形成并流行的社会风气、礼节和习俗▷讲究过春节是中国人的～。

【风调雨顺】 fēngtiáoyǔshùn 风雨适时适量。

【风头】 fēngtóu ❶图风来的方向▷别冲着～站。❷比喻事情发展的趋势或对自己不利的情势▷看清～再商量｜避一下～。❸显示自己的表现(多与"出"搭配)▷爱出～｜出尽了～。

【风土人情】 fēngtǔrénqíng 一个地方特有的地理环境、气候、物产、居民特点和风俗、习惯等。

【风味】 fēngwèi ❶图具有地方特色的滋味▷四川～｜～小吃。❷特有的色彩和情调▷这首诗具有民歌～。☞口语读 fēngwèir。

【风闻】 fēngwén 团从传闻中听说(未加证实)▷～这儿也要拆迁，不知是不是真的?

【风险】 fēngxiǎn 图难以预料的危险▷股票交易要冒一定～。

【风向】 fēngxiàng ❶图风吹来的方向。❷比喻事态发展的动向▷看～行事。

【风行】 fēngxíng 团很快地普遍流行开来▷一种新式夏装～全市｜～一时。

【风雅】 fēngyǎ ❶图原指《诗经》中的《国风》、《大雅》、《小雅》；后借指与诗文有关的事▷附庸～。❷圈文雅▷举止～。

【风言风语】 fēngyánfēngyǔ ❶私下里不负责任地议论或暗中散布流言。❷无根据的话;恶意中伤的话。

【风雨飘摇】 fēngyǔpiāoyáo 在风雨中飘荡不定，多形容动荡不安或摇摇欲坠的局面。

【风雨同舟】 fēngyǔtóngzhōu 在急风暴雨中同乘一条船。比喻共度艰难困苦。

【风源】 fēngyuán ❶图产生风的地方▷查～，治流沙。❷产生某种社会风气(多指不正之风)的根源▷坚决堵住行业不正之风的～。

【风云】 fēngyún 图比喻局势▷～莫测｜～突变｜～变幻。

【风云人物】 fēngyúnrénwù 在一定时期内影响较大、舆论关注的中心人物。

【风韵】 fēngyùn ❶图指诗文书画的风格、韵味▷这些诗颇有唐代～。❷指美好的神态和风度(多用于女性)▷她已 50 多岁，但～犹存。

【风烛残年】 fēngzhúcánnián 形容临近死亡的晚年就像风中的蜡烛，随时都可能熄灭。

【风姿】 fēngzī 图风采仪态▷～典雅。

枫(楓) fēng 图枫树，落叶乔木，秋叶艳红，可供观赏。也说枫香、红枫、丹枫。

封 fēng ❶团古代帝王把土地、爵位等分给子女或功臣▷分～｜～侯。❷严密盖住、关住或糊住，使不透气或不露出▷密～｜～条。❸禁止或限制(通行、活动、联系等)▷～山育林｜～锁｜查～。❹圖用于封着的东西▷两～信｜一～公函。❺图用来封闭或包装东西的纸袋或外皮▷信～｜～套｜～面。

【封闭】 fēngbì ❶团盖住或关闭，使处于隔绝状态▷机场｜这种液体药物的瓶口需要用蜡～好。❷查封▷～地下工厂。

【封存】 fēngcún 团封好保存起来▷这些材料已经～好几年了。

【封顶】 fēngdǐng ❶团完成建筑物顶部的建造▷这几栋楼房已经～。❷比喻数量方面不许超过规定的上限▷奖金可以不～。

【封建】 fēngjiàn ❶图我国周朝开始实行的政治制度。君主把土地分给亲属和功臣，让他们在封地上建国，并向君主称臣纳贡。❷指封建主义▷反帝反～。❸

带有封建伦理道德色彩的▷他的思想太～了。

【封建社会】　fēngjiàn shèhuì 以农民和地主两大对立阶级为主体构成的社会形态。地主阶级占有绝大多数土地,掌握国家政权。农民阶级只有少量土地或没有土地,大部分人靠租种地主土地为生,受地主阶级的剥削、压迫。

【封口】　fēngkǒu ❶团使开着的口子闭合▷寄信时信封要～。❷使闭口不谈▷他想封大伙儿的口,不揭发他的问题。❸把话说死,不改口▷别忙～,留点余地。

【封锁】　fēngsuǒ 团用强制手段使与外界断绝联系▷～通向对岸的大桥丨～消息。

疯(瘋)　fēng ❶团精神错乱,言行失常▷～人院丨～癫。❷指不受管束或没有节制地玩乐▷老不回家,成天在外边▷。❸团言行轻狂,没有礼节▷这孩子整天一闹丨说～话。❹形容农作物猛长枝叶(却不结果实)▷棉花长～了把～枝打掉丨防止作物～长。

【疯狂】　fēngkuáng 团拼死般的猖狂▷敌人～的反扑被粉碎了。

【疯子】　fēngzi 图患严重精神病的人,有时也贬称失去理智的人。

峰　fēng ❶图山的尖顶▷两～对峙丨顶～丨山～。❷像山峰的事物▷驼～丨洪～丨眉～。

【峰回路转】　fēnghuílùzhuǎn 山势迂回,道路曲折。也比喻情况出现转机。

【峰峦】　fēngluán 图连绵的山峰▷～起伏。

烽　fēng 图古代遇敌人来犯时,边防人员在高处点燃柴草或狼粪报警,白天放的烟叫烽,夜里点的火叫燧▷～烟丨～火丨～燧。

【烽火】　fēnghuǒ 图古代边防人员为报警而在高处点燃的烟火,借指战火、战事▷～连天。

【烽烟】　fēngyān 图烽火▷～四起。

锋(鋒)　fēng ❶图刀、剑等武器的锐利部分▷刀～丨～利。❷某些器物的尖端部分▷笔～丨针～相对。❸带头的或居于前列的人或事物▷前～丨先～丨冷～。❹比喻言语、文章的气势▷谈～丨话～丨词～。

【锋利】　fēnglì ❶图形容(器物)头部尖利或刃口既薄且硬。❷(言语、文笔等)尖锐,有力▷鲁迅的杂文笔触～。

【锋芒】　fēngmáng ❶图刀剑的尖端,多比喻工作或斗争的着力点▷廉政工作的～指向贪污腐化。❷比喻显露出来的锐气和才干▷他在科研中初露～。☞不要写作"锋铓"。

蜂　fēng ❶图昆虫的一类,有毒刺,能蜇人。种类很多,有蜜蜂、胡蜂、黄蜂等。❷特指蜜蜂▷～蜜丨～蜡。

【蜂蜜】　fēngmì 图工蜂用采集到的花蜜酿制成的一种黏稠液体,黄白色,味甜,有较高的营养价值。

【蜂王浆】　fēngwángjiāng 图工蜂喂养蜂王及雄蜂的乳状液。内含多种营养物。也说蜂王精、王浆、蜂乳。

【蜂拥】　fēngyōng 圖像一群蜜蜂拥挤着(前行)▷成千上万的人～而至。

冯(馮)　féng 图姓。○另见 píng。

逢　féng 团碰到;遇见▷千载难～丨相～。

【逢场作戏】　féngchǎngzuòxì 原指街头艺人遇有合适的场合就表演。比喻遇事凑凑热闹,随便应酬。

【逢凶化吉】　féngxiōnghuàjí 把遇到的凶险转化为平安、吉祥。

【逢迎】　féngyíng 团用言行去迎合别人所好(含贬义)▷曲意～。

缝(縫)　féng 团用针线连缀▷～衣服丨～补丨～制。○另见 fèng。

【缝纫】　féngrèn 团指制做衣服鞋帽等▷她学会了～。

讽(諷)　fēng ❶团用含蓄委婉的话劝告或批评▷借古～今丨～谏。❷讥讽▷嘲～丨冷嘲热～。☞统读 fēng。

【讽刺】　fēngcì 团用比喻、夸张、反语等表达手段进行揭露、批评或嘲笑。

【讽喻】　fēngyù 图比喻的一种。用故事来打比方,含蓄而有启发地把道理讲明白。

凤(鳳)　fèng 图凤凰▷百鸟朝～丨龙～呈祥丨～毛麟角。

【凤凰】　fènghuáng 图古代传说中的鸟中之王。雄的叫凤,雌的叫凰。传统文化中常用作吉祥的象征或指代美好、珍贵的事物。

【凤毛麟角】　fèngmáolínjiǎo 比喻稀少而可贵的人或事物。

奉　fèng ❶团(从上级或长辈那里)接受▷～命转移丨～令。❷尊奉;信仰▷被人们～为楷模丨～行。❸恭敬地送给;献给▷～上一束鲜花丨～送。❹供养;侍候▷侍～老人。❺副敬词,用于涉及对方的行动▷～还丨～告。

【奉承】　fèngcheng 团用吹捧和说好听的话来讨好他人▷～上司。

【奉告】　fènggào 团敬词,把有关的情况告诉(对方)▷详细情形,容后～丨无可～。

【奉公守法】　fènggōngshǒufǎ 兢兢业业地对待国家、集体的事情,严格遵守政纪法令。

【奉陪】　fèngpéi ❶团敬词,用于陪伴或陪同所尊敬的人▷老兄若去爬山,小弟当然～。❷婉词,指对立、对抗与你们打要打,我们就～到底。

【奉若神明】　fèngruòshénmíng 像信奉神仙那样过分或盲目地尊崇某些人或事物。

【奉献】　fèngxiàn ❶团恭敬真诚地献出▷无私地～了自己的青春年华。❷图恭敬而真诚地献出的东西▷这笔捐款是他给祖国教育事业的一点～。

【奉行】　fèngxíng 团遵照实行▷我国～的是和平外交政策。

【奉养】　fèngyǎng 团侍候和赡养(父母或长辈)▷～老人。

俸　fèng 图旧时官吏的薪金▷薪～丨～禄。

缝(縫)　fèng ❶图缝(féng)合或接合的地方▷裤～丨无～钢管。❷空隙;裂开的窄长口子▷窗户～丨墙～丨桌面裂了一道～儿。○另见 féng。

【缝隙】　fèngxì 图两个物体之间或一个物体裂开的狭长空间▷从门的～向里张望。

fo

佛　fó ❶图佛教称佛教创始人释迦牟尼或修行圆满的人▷立地成～。❷指佛教▷信～丨～经。❸指佛像、佛号或佛经▷千～洞丨石～丨念～丨诵～。☞在"仿佛"中读 fú。

【佛教】　fójiào 图世界主要宗教之一。公元前6世纪到前5世纪中,古印度的迦毗罗卫国(今尼泊尔境内)王子悉达多·乔答摩(释迦牟尼)创立。后流传到亚洲许多国家,相传西汉末年传入中国。

fou

缶 fǒu ❶图古代一种盛酒的瓦器，大腹小口，有盖。❷古代一种瓦质的打击乐器▷击～。

否 fǒu ❶副用在动词前，表示对这种动作行为的否定▷～认｜～决。❷用在动词或形容词后，等于"不"加这个词▷知～（知道不知道）｜在～｜当～。○另见 pǐ。

【否定】fǒudìng ❶团对事物的存在或事物的真实性、合理性不予承认（跟"肯定"相对，②③同）▷～一切。❷形表示否认的或反面的▷～判断。❸团哲学上指事物发展过程中新质要素对旧质要素的替代▷肯定～规律。

【否决】fǒujué 团通过一定的程序否定议案、意见等▷提案被大会～了。

【否认】fǒurèn 团不承认▷～自己犯了错误。

【否则】fǒuzé 连表示前面的条件如果不能实现，就会出现后面所说的情况。常与副词"就"配合使用▷一定抓紧训练，～就会被淘汰。

fu

夫 fū ❶图成年男子的通称▷一～当关，万～莫开｜懦～。❷丈夫（跟"妻""妇"相对）▷～唱妇随｜～妻。❸称为某种体力劳动的人▷农～｜渔～。❹旧时指为官方或军队服劳役的人▷拉～｜民～｜～役。☞义项④不要写作"伕"。

【夫人】fūrén 图尊称他人的妻子。

呋 fū 用于音译。呋喃，有机化合物，供制药用，也是重要的化工原料。

肤（膚） fū ❶图人体的表皮▷体无完～｜切～之痛｜皮～。❷形浅薄▷～浅｜～泛。☞统读 fū。

【肤浅】fūqiǎn 形学问见识浅薄，仅限于表面的▷课讲得很～｜～的认识。☞不宜写作"敷浅"。

麸（麩） fū 图麸子，小麦磨成面粉过罗后剩下的皮屑▷麦～｜～皮。

跗 fū 图脚背▷～面(脚面)｜～骨。

稃 fū 图禾本科植物小花外面包着的两枚苞片▷内～｜外～。

孵 fū 团鸟类用体温使卵内的胚胎发育成幼体，也指用人工的方法使卵内的胚胎发育成幼体▷～小鸡｜～化。

【孵育】fūyù 团孵化并哺育▷～雏燕。

敷 fū ❶团铺开；布置▷～设｜～陈。❷(用粉、药等)搽；涂▷～药｜～粉。❸足够▷不～应用。☞㊀统读 fū。㊁左下是"方"，不是"万"。

【敷陈】fūchén 团铺叙；详细论述。

【敷料】fūliào 图用来清洁和保护伤口的纱布、棉球、棉垫等的总称。

【敷设】fūshè ❶团铺设(电缆、铁轨、管道等)▷～一条光缆。❷把炸药、地雷等放置在需要的地方▷～水雷。

【敷衍】fūyǎn ❶团办事不认真；待人不真诚▷～了事｜～塞责。❷将就应付▷剩下的粮食还能～两天。☞不宜写作"敷演"。

弗 fú 副〈文〉表示否定，略相当于"不"▷自叹～如。

伏 fú ❶团胸腹朝下卧倒▷俯～｜趴～。❷脸朝下身体前倾靠在物体上▷～在桌子上睡着了｜～案工作。❸隐藏；隐蔽▷昼～夜出｜危机四～｜埋～｜～兵。❹图伏天▷入～｜歇～。❺团低下去；落下去▷此起

彼～｜倒～｜起～。❻低头屈服；顺服▷～诛｜～法。❼使服从▷降龙～虎｜制～。

【伏笔】fúbǐ 图文章中为后面的内容所作的暗示、铺垫等▷设下～。

【伏法】fúfǎ 团罪犯依法被处决▷抢劫杀人犯昨日～。

【伏击】fújī 团将部队预先埋伏在敌人必经的地方，待敌进入该区域突然发起袭击▷～敌人运输队。

【伏输】fúshū 通常写作"服输"。

【伏天】fútiān 图三伏的总称。我国夏季最热的一段时间。

【伏贴】fútiē 形形容紧贴在上面的物体平平实实▷地板革铺得平整。

【伏罪】fúzuì 通常写作"服罪"。

凫（鳧） fú 图水鸟，形状像鸭子，善游水，能飞，常群栖于湖泊中。通称野鸭。☞上边是"鸟"去掉末尾一横。

扶 fú ❶团用手支撑使起立或不倒下▷把跌倒的孩子～起来。❷帮助▷救死～伤｜～贫。❸用手抓住或靠着他物来支撑身体▷～着栏杆下楼｜～着桌子站起来。

【扶病】fúbìng 团带着病(勉强做事)▷～参加会议。

【扶持】fúchí ❶团搀扶▷没人～他就站不起来。❷帮助，支持▷～贫困户。

【扶贫】fúpín 团扶持贫困户或贫困地区发展生产，改变贫困面貌。

【扶桑】fúsāng ❶图古代神话中海外的大桑树，据说是太阳出来的地方。❷称日本。

【扶危济困】fúwēijìkùn 对处境危难、生活困苦的人给予帮助和救济。

【扶摇直上】fúyáozhíshàng 形容急速上升(扶摇：盘旋而上的风)。

【扶正祛邪】fúzhèngqūxié ❶中医指增强人体的抗病能力，祛除引发疾病的因素。❷扶持正气，祛除歪风邪气。

【扶植】fúzhí 团帮助，培养▷～新人｜～新生事物。

【扶助】fúzhù 团扶持帮助▷～贫困户。

芙 fú [芙蓉]fúróng ❶图荷花的别名▷出水～。❷木芙蓉，落叶灌木，开白色或淡红色花，可供观赏。

孚 fú 团令人信服▷深～众望。

拂 fú ❶团擦拭；掸掉尘土▷～拭｜～尘。❷轻轻擦过▷春风～面｜吹～。❸接近▷～晓。❹甩动▷～袖而去。❺违反；违逆▷～意。☞统读 fú。

【拂拂】fúfú 形形容风微微吹动▷晓风～｜～的海风吹着衣襟。

【拂拭】fúshì 团掸去或擦掉(物体表面的尘土等)▷把桌子～干净。

【拂晓】fúxiǎo 图接近天亮的时候。

服 fú ❶团从事；担任▷～兵役。❷承受▷～刑。❸听从；信服▷不～管教｜佩～。❹使信服；使听从▷以理～人｜说～。❺适应▷习惯水土不～。❻吃(药物)▷～药｜～毒。❼图衣裳▷校～｜～装。○另见 fù。

【服从】fúcóng 团遵照；听从▷下级～上级｜～分配。

【服法】fúfǎ ❶团服从法院的判决▷主犯从犯皆已～，不再上诉。❷图(药物等)服用的方法。☞"服法"跟"伏法"意义不同，不要混用。

【服老】fúlǎo 团承认自己年老，精力衰减▷不～。

【服气】fúqì 团由衷地信服▷事实面前，不～不行。

【服人】 fúrén 圆使人相信或信服▷要以理～，不能以力～。

【服侍】 fúshì 圆照料饮食起居；伺候▷～病人。☞不宜写作"伏侍""服事"。

【服饰】 fúshì 图服装和与之相配的装饰品▷华美的～｜讲究～｜～庄重。

【服输】 fúshū 圆承认失败▷这盘棋我～了。

【服帖】 fútiē ❶圆顺从；听话▷他在长辈面前～得很｜枣红马一到他手里就服服帖帖的了。❷妥帖；恰当▷相信他可以把事情办得很～。☞不宜写作"服贴"。

【服务】 fúwù 圆为国家、集体、他人的利益或某种事业工作，发挥作用▷为国家建设～｜社区～网络。

【服刑】 fúxíng 圆(犯人)按法律规定接受刑罚▷在监狱～。

【服役】 fúyì ❶圆旧指服劳役(现常活用于物)▷这座桥已超期～多年。❷服兵役。

【服装】 fúzhuāng 图衣服或衣服鞋帽的总称。

【服罪】 fúzuì 圆认罪▷～受罚。

佛
fú 圆形容忧郁或愤怒的样子▷～郁｜～然大怒。

茯
fú [茯苓]fúlíng 图一种真菌。一般寄生在松树根上，外形与甘薯相似。可以加工制作食品，也可以做药材。

呆
fú 用于地名。芝呆，半岛名，又海湾名，均在山东。☞不读bù。

氟
fú 图气体元素，符号F。淡黄绿色，有强烈的腐蚀性和刺激性。

俘
fú ❶圆作战时擒获(敌人)▷～获｜被～。❷图作战时擒获的敌人▷战～。☞统读fú。

【俘获】 fúhuò 圆打仗时俘虏(敌人)、缴获(军械、军需等)▷～了大量的敌兵和枪支弹药。

【俘虏】 fúlǔ ❶圆打仗时捉住(敌人)▷～了敌指挥官。❷图打仗时捉住的敌人▷押送～。

浮
fú ❶圆漂在液体表面(跟"沉"相对)▷船～在水面上｜汤上～了一层油花｜～桥◇脸上～现出一丝笑意。❷在水里游动▷从江上～过去。❸在空中飘游▷天上～着几朵白云｜～云。❹图空虚；不切实际▷～夸｜～华｜～名。❺不踏实；不稳重▷这孩子心太～｜～躁｜轻～。❻外表上的▷～土。❼圆多余▷人～于事。☞统读fú。

【浮标】 fúbiāo 图一种设置在水面的航行标志。

【浮尘】 fúchén ❶图飘浮在空中或附着在物体表面的尘土。❷特指大量沙尘飘浮于空中的天气现象。

【浮沉】 fúchén 圆在水中时上时下，比喻跟着世俗升降，随波逐流▷随俗～｜与世～。❷比喻盛或衰、得意或失意▷官场～｜人海～。

【浮荡】 fúdàng ❶圆在水面或空中飘荡▷浮萍在水面～｜琴声在大厅里～。❷图轻浮放荡▷改变～作风｜～子弟。

【浮雕】 fúdiāo 图在平面材料上雕出的凸起的形象。

【浮动】 fúdòng ❶圆漂浮游动▷渔火～在水面上。❷上下变动；不稳定▷物价～｜汇率～｜思想～｜情绪～。

【浮泛】 fúfàn ❶圆飘浮▷野鸭在湖中～◇脸上～着欢愉的表情。❷图表面的，不深入的▷～之论。

【浮光掠影】 fúguānglüèyǐng 水面上的反光，一闪而过的影子。比喻一晃而过，印象不深。

【浮夸】 fúkuā 图虚夸；不切实际▷狠刹～风。

【浮力】 fúlì 图物体在液体或气体中受到的向上托举的力，大小等于被物体排开的液体或气体的重量。

【浮皮潦草】 fúpíliáocǎo 形容马马虎虎，不深入，不认真。

【浮现】 fúxiàn ❶圆显现；显露▷脸上～出得意的神情。❷往事情景在脑海中再现▷欢庆抗战胜利的场面又～在眼前。

【浮想联翩】 fúxiǎngliánpiān 比喻众多的想象或感想接连不断地涌现出来(浮想：飘浮不定的想象或感想；联翩：众鸟飞翔的样子)。

【浮躁】 fúzào 图轻浮急躁，不踏实▷性情～｜工作～。

符
fú ❶图古代朝廷派遣使节或调兵遣将时用的凭证，分为两半，君臣或有关双方各执一半，两半相合，作为验证▷～节｜兵～｜虎～。❷标记；记号▷音～｜休止～｜～号。❸道士或巫师画的驱鬼避邪的图形或线条▷护身～｜～咒。❹圆相合；吻合▷两人口供相～｜与实际情况不～。

【符号】 fúhào ❶图标志事物的记号▷标点～｜化学元素～。❷佩戴在身上表示身份、职业等的标志。

【符合】 fúhé 圆事物或情况相吻合或一致▷所说情况～事实。

匐
fú 见[匍匐]púfú。

涪
fú 图用于水名和地名。涪江，发源于四川，流经重庆，入嘉陵江；涪陵，在重庆。

袱
fú 图用来包裹东西的布单▷包～。

幅
fú ❶图布匹等纺织品的宽度▷这种布～宽1米2｜～面｜单～。❷泛指宽度▷～度｜～员｜振～。❸量用于布帛、字画等▷一～布｜几～画。☞统读fú。

【幅度】 fúdù 图振动或摇摆的物体偏离中心的距离；比喻事物发展所达到的最高点和最低点之间的距离▷摆动的～有0.5米｜今年物价上涨的～比去年略低。

【幅员】 fúyuán 图指国家领土面积(幅指宽度，员指周围)▷～广阔。

辐(輻)
fú 图车轮上连接车毂和轮圈的条状物▷～条｜～辏◇～射。☞统读fú。

【辐射】 fúshè 圆从中心向四周沿直线发射出去▷核～｜热～｜～范围。

蜉
fú [蜉蝣]fúyóu 图昆虫。幼虫生活在水中，成虫常在水面飞行。成虫寿命极短，往往数小时即死。

福
fú ❶图幸福(跟"祸"相对)▷造～｜享～。❷福气▷托您的～｜～分｜口～。❸指福建▷～橘。

【福地】 fúdì ❶图道教所谓神仙居住的地方▷洞天～。❷泛指幸福安乐的地方▷这里是块～。

【福分】 fúfen 图获得幸福的机缘▷和您共事是我的～。

【福利】 fúlì 图生活方面的利益，特指职工在住房、医疗、伙食、交通或文化娱乐等方面应该得到或享有的补贴或其他照顾▷～金｜为职工谋～。

【福气】 fúqi 图能过上好生活的命运▷他万事如意，真有～。

【福音】 fúyīn ❶图指能为人们带来利益的好消息。❷基督教徒把传说的耶稣讲的话及其门徒传布的教义称为福音。

蝠
fú 见[蝙蝠]biānfú。

父
fù 图对从事某种行业的人的称呼▷田～｜渔～。○另见fù。

抚(撫)
fǔ ❶圆用手轻轻按着▷～摸｜～弄。❷安慰；慰问▷～慰｜～恤｜安～。❸爱护；养育▷～爱｜～育｜～养。

【抚爱】 fǔ'ài 圆悉心照顾；爱护(多用于长辈对晚辈)

▷～这些孤儿。

【抚今追昔】　fǔjīnzhuīxī　接触到眼前的事物而回忆起已往的事。

【抚摸】　fǔmō　用手轻轻地接触并慢慢地来回移动▷～着白鸽光滑的羽毛。

【抚慰】　fǔwèi　囫安抚慰问▷～死者家属。

【抚恤】　fǔxù　囫(国家或组织)慰问并从物质上帮助因公伤残人员或牺牲者及病故人员的家属▷～金｜～烈士子女。

【抚养】　fǔyǎng　囫关心爱护并教育培养▷～下一代。

【抚育】　fǔyù　囫照料培育(少年儿童、动植物等)▷夫妻俩～了8个孤儿｜～幼苗。

甫　fǔ〈文〉①囵古代对男子的美称,多加在表字之后,如孔丘字的全称是仲尼甫。后来尊称别人的表字为"台甫"。②副刚;才▷喘息～定。☞统读fǔ。

拊　fǔ　囫〈文〉拍;击▷～掌而笑。

斧　fǔ　①囵斧子▷板～。②古代一种兵器,也用作杀人的刑具▷～钺。

【斧凿】　fǔzáo　囵比喻诗文的词句加工过分,不自然▷过于～。

【斧正】　fǔzhèng　囫敬词,用于请他人指正、修改诗文▷敬请～。

【斧子】　fǔzi　囵用于砍伐竹、木等的工具。由楔形的金属头和木柄两部分组成。也说斧头。

府　fǔ　①囵古代官方收藏文书或财物的处所▷～库。②旧指官吏办公的处所,现在指国家机关▷官～｜政～。③旧指高级官员或贵族的住所,现在也指某些国家首脑办公或居住的地方▷王～｜相～｜总统～。④敬词,尊称对方的住宅▷～上｜贵～。⑤旧时行政区划名,在县以上▷保定～｜城～｜知～。

俯　fǔ　①囫向前屈身低头(跟"仰"相对)▷～首帖耳。②向下▷～卧｜～视｜～冲。③副敬词,用于对方对自己的动作▷～就｜～念｜～允｜～察。

【俯冲】　fǔchōng　囫(飞机、猛禽等)从空中高速度、大角度地飞向地面▷敌机向地面人群～下来。

【俯瞰】　fǔkàn　囫从高处往下看▷从飞机上～北京城。

【俯身】　fǔshēn　囫向下弯曲身子▷医生～检查病人的眼睛｜～拾取。

【俯拾即是】　fǔshíjíshì　一弯腰就能拾到。形容某种东西多而极容易得到。

【俯首帖耳】　fǔshǒutiē'ěr　低着头耷拉着耳朵,原用于描写动物的驯顺,后多用来形容人的卑恭、顺从。☞不宜写作"俯首贴耳"。

【俯仰由人】　fǔyǎngyóurén　形容一切行动都受别人支配。

釜　fǔ　囵古代一种用来蒸煮食物的炊具,相当于现在的锅▷破～沉舟。

【釜底抽薪】　fǔdǐchōuxīn　从锅底下把柴火抽掉,比喻从根本上解决问题。

辅（輔）　fǔ　囫从旁帮助▷～导｜～佐｜～助。

【辅币】　fǔbì　囵辅助货币的简称,指本位货币单位以下的币值小的货币。如我国人民币元以下的角币、分币。

【辅导】　fǔdǎo　囫(在学业等方面)帮助和指导▷～孩子们学习外语。

【辅助】　fǔzhù　①囫协助,帮助▷派一个助手～你工作。②囵辅助性的;非主要的▷～机构。

脯　fǔ　①囵肉干▷肉～｜兔～。②用糖、蜜等腌制的瓜果干(gān)▷桃～｜苹果～。〇另见 pú。

腑　fǔ　囵中医对胃、胆、膀胱、三焦、大肠、小肠的统称▷脏～｜五脏六～｜◇感人肺～。

腐　fǔ　①囵朽烂;变坏▷～烂、～臭。②囵(思想)陈旧迂阔▷陈～｜迂～。③囵指豆腐▷～竹｜～乳｜～皮。

【腐败】　fǔbài　①囵(有机物)腐烂变质▷这箱食品已经～了。②形容人腐化堕落▷～分子。③形容制度、机构等黑暗、混乱▷～社会。

【腐化】　fǔhuà　囫思想行为变坏,多指贪图享乐、生活糜烂▷～堕落。

【腐烂】　fǔlàn　囫有机体由于细菌和微生物的滋生而败坏▷这些猪肉已～变质。

【腐蚀】　fǔshí　①囫物体由于化学作用而逐渐变质损坏▷硫酸～了金属薄膜。②比喻人受到不良的影响而逐渐腐化堕落▷享乐至上的坏思想～了他的灵魂。

【腐蚀剂】　fǔshíjì　囵有腐蚀作用的化学物质(如盐酸、硫酸等),常比喻能使个人或集体变坏的因素▷自由主义是一种十分有害的～。

【腐朽】　fǔxiǔ　①囫木料及其他含纤维物质腐烂变质▷这些出土的棺木早就～了。②囵比喻思想陈腐、生活堕落、道德败坏或制度垂死等▷必须批判～没落的封建意识。

父　fù　①囵父亲;泛指有子女的男子▷～子｜～母｜同～异母。②对男性长辈的通称▷祖～｜伯～｜叔～｜舅～｜姨～｜岳～。〇另见 fǔ。

【父本】　fùběn　囵动植物杂交育种中参与杂交的雄性个体。

【父老】　fùlǎo　囵对老年人的尊称(用于群体)▷～乡亲｜兄弟｜家乡的～。

【父亲】　fùqīn　囵子女对生养自己的男性的称呼(多用于背称或书面)。

【父系】　fùxì　①囵父子世代相承的▷～社会。②在血统上属于父亲这一方面的(跟"母系"相对)▷叔叔、伯伯、姑姑等属～亲属。

讣（訃）　fù　囫报丧,把去世的消息通知死者的亲友或向大众公布▷～告｜～电。☞不读 bǔ。

【讣告】　fùgào　①囫报告丧事。②囵报告丧事的文告、通知▷电台播发了～的全文。

【讣文】　fùwén　囵报丧的通知,一般附有死者简历及办丧事的时间地点。

【讣闻】　fùwén　通常写作"讣文"。

付　fù　囫交给▷～出巨大的代价｜邮｜交～｜～钱｜支～。

【付排】　fùpái　囫将书稿等交给出版部门排版▷刊物已于昨日～。

【付讫】　fùqì　囫交清(多指款项)▷邮资～。

【付印】　fùyìn　囫交付印刷。

【付邮】　fùyóu　囫把邮件交给邮局递送。

【付账】　fùzhàng　囫结清账目付款。

【付之东流】　fùzhīdōngliú　把东西扔进东流的江河。比喻前功尽弃或希望落空。

【付之一炬】　fùzhīyījù　用一把火烧光,多表示彻底烧毁。

负（負）　fù　①囫用背部背(bēi)▷～重。②承担;担任▷～责任｜身～重任｜肩～｜担～。③囵承担的任务或责任▷如释重～。④囫遭受;蒙受▷～屈衔冤。⑤享有▷久～盛名。⑥依靠;仗恃▷～险固守。⑦欠(债)▷～债累累。⑧违背;背弃▷忘恩～义｜辜～。⑨战败;失败(跟"胜"相对)▷三胜二～。⑩囵指对立的两方中跟"正"相对的▷～数｜～电｜～极。☞上边不是"刀"。

【负担】　fùdān　①囫承担(责任、工作、费用等)▷～全家人的生活费用。❷图承担的责任、工作、费用、压力等▷减轻农民～l思想～。

【负电】　fùdiàn　图物体因电子数多于质子数而带上的电。也说阴电。

【负荷】　fùhè　图动力设备、机械设备、生理组织等在一定的时间内承受的工作量；建筑构件承受的重量▷电机在超～运转l钢梁～太重。

【负极】　fùjí　图阴极①。

【负荆请罪】　fùjīngqǐngzuì《史记·廉颇蔺相如列传》记载，蔺相如年轻，但位居老将军廉颇之上，廉不服，处处跟蔺作对。蔺为了顾全大局，一直忍让。廉知错后十分惭愧，就光着上身背着荆条去向蔺赔罪。后来用"负荆请罪"表示诚恳地赔礼道歉。

【负疚】　fùjiù　团内心感到惭愧不安▷为一时的过失而～多年。

【负面】　fùmiàn　形跟正面事物相反的方面；消极的、不好的方面▷～影响l～作用。

【负屈】　fùqū　团遭受委屈或冤屈▷含冤～。

【负伤】　fùshāng　团受伤▷因公～。

【负有】　fùyǒu　团应该承当而不能推卸▷这次事故，厂长～责任。

【负隅顽抗】　fùyúwánkàng　借助险要地势或某种条件顽固地抵抗。☞"隅"不读ǒu；不要写作"偶"。

【负责】　fùzé　❶团承担责任▷防汛工作要确定专人～。❷形尽职尽责，认真努力▷小王对工作非常～。

【负债】　fùzhài　团欠人钱财▷～累累。

【负罪】　fùzuì　❶团被认为有罪▷他因一句话而～。❷背(bēi)上罪责▷对她的不幸，小刘一直有一种～的感觉。

妇(婦)

fù　❶图成年女子▷～女l～代会。❷已婚女子▷～人l媳～。❸妻子(跟"夫"相对)▷夫～。

【妇女】　fùnǚ　图成年女子的通称▷～队长l～能顶半边天。

附

fù　❶团依傍；依从▷依～。❷挨近▷在他耳边小声说着。❸附带；另外加上▷信的正文后边还～着几句话l～件l～设。

【附笔】　fùbǐ　图书信等写完后，另外补充的话▷这件事我在上封信的～里已经讲明了。

【附带】　fùdài　❶副捎带地；顺便地▷在计划生育报告末了，他又～讲了儿童的保健问题。❷形次要的；附加的▷解决了主要问题，～的问题不难处理l～条件。

【附和】　fùhè　团自己没有主见或不拿主张，只是对他人的言行迎合追随▷随声～l不能一味～他人的意见。

【附会】　fùhuì　团生拉硬扯，加给事物本不存在的意义，或把本无联系的事物说成有联系▷牵强～l穿凿～。☞不宜写作"傅会"。

【附件】　fùjiàn　❶图随主要文件一同制定的附带文件。❷随主要文件一同发出的有关文件和资料。❸机器设备主件之外的零部件或备用件。

【附近】　fùjìn　图距某地或距说话人较近的地方。

【附录】　fùlù　图附在正文后面的参考性文章或资料。

【附属】　fùshǔ　❶团依附、归属▷这所中学～省师范大学。❷形依附、归属某机构的▷～中学l～医院。

【附议】　fùyì　团对别人的提议、提案表示赞同并作为共同的提出人▷代表中～此项提案的已经有50人。

【附庸】　fùyōng　❶图依附于别国、受别国支配的国家▷主权国家不能做别国的～。❷泛指缺少独立性、依赖别的事物而存在的事物▷妻子不能作丈夫的～。

【附庸风雅】　fùyōngfēngyǎ　指缺乏文化素养的人，结

交文化人，并装出很有修养的样子。

【附则】　fùzé　图附在法规、章程、条约等正文后面的补充性条文。

【附注】　fùzhù　图对著述的正文做补充说明或解释的文字。

【附着】　fùzhuó　团小的物体粘附在较大的物体上▷这种虫子的卵就～在树叶上。☞"着"这里不读zháo。

咐

fù　见[吩咐]fēnfù；[嘱咐]zhǔfù。

阜

fù　〈文〉❶图土山。❷形丰盛；丰厚▷民康物～。

服

fù　量用于中药▷三～汤药。○另见fú。

驸(駙)

fù　图古代几匹马同拉一辆车时，在边上拉帮套的马；拉副车(皇帝的侍从车辆)的马▷～马(借指帝王的女婿)。

赴

fù　团到(某处)去；前往▷～京l～宴l赶～前线l～任。

【赴敌】　fùdí　团到前方同敌人作战▷热血男儿同仇敌忾，齐心～。

【赴难】　fùnàn　团赶去奋力拯救国难▷抗日战争开始，许多爱国华侨归国～。

【赴任】　fùrèn　团前往就任职。

【赴汤蹈火】　fùtāngdǎohuǒ　奔向滚烫的水，践踏炽热的火。比喻无所畏惧，奋不顾身。

【赴约】　fùyuē　团按约定同人见面。

复(復❶—❺複❻)

fù　❶团反过来；转过去▷循环往～l反～思考。❷回答；回报▷～信l～命l答～。❸报复▷～仇。❹还原▷～原l收～l恢～。❺副表示状况再现，相当于"再"▷死灰～燃l旧病～发l无以～加。❻形非单一的；两个或两个以上的▷山重水～l～句l～制。☞统读fù。

【复辟】　fùbì　团下台的君主重新复位；泛指被推翻的统治者重新掌权或被推翻的制度复活。

【复仇】　fùchóu　团报仇。

【复归】　fùguī　团回复到原来的状况▷风波过后，社会～稳定l人性的～。

【复会】　fùhuì　团会议中断一段时间后再接着开下去。

【复婚】　fùhūn　团夫妻离异后依照法律程序自愿恢复夫妻关系。

【复活】　fùhuó　❶团死后又活了，比喻已被推翻或已衰落消亡的事物又活动或兴盛起来▷人死不能～l新技术使濒临倒闭的企业得以～l警惕法西斯主义～。❷使复活▷反对～军国主义。

【复旧】　fùjiù　团恢复旧的制度、风俗、观念等。

【复句】　fùjù　图语法上指由两个或两个以上意义上有联系，结构上互不包含的单句形式(分句)组成的句子。全句只有一个语调，书面上有一个句末标点。如"虽然下雨，事又多，但是他还能按时去听课。"就是包含三个分句的复句。

【复课】　fùkè　团因故停课后恢复上课。

【复利】　fùlì　图一种计算利息的方法。把前一期的本金和利息加在一起做本金，再计算下一期的利息。

【复审】　fùshěn　❶团再次审查▷初审后的稿件还需～。❷法院再次审理已经审理过的案件▷交上级法院～。

【复试】　fùshì　图分两次进行的考试中的第二次考试，多是对第一次考试及格的人进行专门科目的考核▷初试不及格不能参加～。

【复述】　fùshù　❶团把自己或别人说过的话重复说一遍。❷用自己的话把课文的内容说一遍或写出来。

【复苏】 fùsū ❶囝生物体在极度衰弱垂危的情况下又逐渐恢复正常的生命活动▷大地回春,草木~。❷比喻继经济萧条后,生产逐步恢复,市场渐趋活跃。

【复位】 fùwèi ❶囝骨关节脱位后又回到原来的位置。❷失位的君主重新掌权。

【复习】 fùxí 囝温习已经学过的知识。

【复信】 fùxìn ❶囝回复来信。❷囵回复的信。

【复兴】 fùxīng ❶囝(事物)由盛转衰后又重新兴盛起来▷经济~|民族~。❷使复兴▷文艺创作。

【复姓】 fùxìng 囵由两个字构成的汉族姓氏,如欧阳、诸葛、司马等。

【复学】 fùxué 囝休学或退学一段时间后按规定办理一定手续接着上学。

【复议】 fùyì 囝对做出的决定重新进行审议。

【复元】 fùyuán 囝病后恢复健康▷手术后身体~需要一段时间。

【复员】 fùyuán ❶囝军人因服役期满或战争结束而退出现役。❷武装力量及国家各部门由战时状态转入和平状态。

【复原】 fùyuán 囝恢复原来的样子▷要尽量使这座古建筑~。

【复杂】 fùzá 囵形容事物、问题等牵涉的面广,种类多,头绪繁劳▷事情很~|人际关系。

【复职】 fùzhí 囝解职或降职后又恢复原来的职位。

【复制】 fùzhì ❶囝仿照原件制作(多指文物或艺术品)▷这些兵马俑都是~的|~品。❷用印刷、复印、临摹、拓印、录音、录像、翻录、翻拍等方式将作品另外制作一份或多份。

【复种】 fùzhòng 囝在同一块土地上,一年种植两次或两次以上农作物▷南方有些地方可以~三次|扩大~面积。

洑 fù 囝游水▷河太宽,~不过去|~水。

副 fù ❶囵居第二位的;起辅助作用的▷~司令|~手|~标题。❷囵副职;任副职的人▷队~|营~|大~二~。❸囵附带的;次要的;次等的▷~产品|~业|~本|~品。❹囝符合▷名实不~|名~其实。❺量a)用于成双成对的东西▷两~手套|一~对联。b)用于配套的东西▷一~铺板|全~武装。c)用于面部表情▷一~虚伪的面孔|一~笑脸。☞不要写作"付"。

【副本】 fùběn 囵文件正式签署本以外的复制本▷判决书的~。

【副词】 fùcí 囵修饰或限制动词、形容词,表示范围、程度、情态、语气、频率等的词,一般不能修饰或限制名词。如"都、很、也、不、竟然、再三"等。

【副刊】 fùkān 囵报纸刊登新闻以外文章的专版或专栏,如文艺副刊、教育副刊、科技副刊等。

【副食】 fùshí 囵泛指主食以外的食物,多指帮助下饭的鱼、肉、蛋、菜等。也说副食品。

【副题】 fùtí 囵加在文章、新闻等主标题之后起补充说明作用的标题。也说副标题。

【副业】 fùyè 囵主要生产经营活动之外附带经营的产业(多用于农村)。

【副作用】 fùzuòyòng 囵主要作用之外附带产生的不良作用▷抗生素类药一般都有~。

赋(賦) fù ❶囵旧指田地税▷~税。❷囝交给▷~予。❸囵人的天性;自然具有的资质▷~性|天~。❹我国古代一种文体,盛行于汉魏六朝,是散文和韵文的综合体▷《赤壁~》。❺囝写作(诗、词)▷~诗一首。

【赋予】 fùyǔ 囝给予(重大使命等)▷这是时代~青年的光荣任务。☞不宜写作"赋与""付予""付与"。

傅 fù ❶囵传授技艺的人~。❷囝〈文〉依附;附着▷皮之不存,毛将安~?❸使附着,涂抹▷~粉。

富 fù ❶囵多;丰盛▷~于感情|~矿。❷指钱财多(跟"贫""穷"相对)▷这个村子两年就~起来了。❸囵资源、财产的总称▷财|~源。❹囝使富裕▷~国强兵|~民政策。

【富贵】 fùguì ❶囵财产多,地位高▷~人家。❷囵借指富贵的生活和地位▷享受荣华~。

【富豪】 fùháo 囵钱财多而又有权势大的人。

【富丽】 fùlì 囵宏伟壮丽▷~堂皇|陈设~。

【富强】 fùqiáng 囵(国家)经济发达,实力雄厚▷中国日益繁荣~。

【富饶】 fùráo 囵物产丰盛▷~的洞庭湖。

【富庶】 fùshù 囵物产丰盛,人口众多,现多偏指物产丰盛。

【富态】 fùtai 囵婉词,指体态肥胖。

【富有】 fùyǒu ❶囵财产多▷那里的农民很~◇精神~。❷囝充分地具有(用于抽象事物和积极方面)▷~说服力|诗人气质|~创造性。

【富于】 fùyú 囝在某些方面很擅长▷~想象|~创造。

【富余】 fùyú ❶囵多余▷~了两个人|钱~两万。❷囝多余▷~了两个人|钱~两万。

【富裕】 fùyù 囵丰富;充裕▷物质生活很~|时间相当~。

【富足】 fùzú 囵(物资和钱财)丰富充足。

腹 fù ❶囵肚子▷~腔|~泻|空~。❷比喻内心或中心地区▷打~稿|深入~地。❸坛子、瓶子等器物中间凸出像肚子的部分▷壶~|瓶~。

【腹背受敌】 fùbèishòudí 前后同时受到敌人的攻击。

【腹地】 fùdì 囵距离边缘或沿海较远的地区▷深入~。

【腹稿】 fùgǎo 囵写作前,脑子里构思的初稿。

鲋(鮒) fù 囵鲫鱼▷涸辙之~(比喻在困境中急待救援的人)。

缚(縛) fù 囝捆;绑▷作茧自~|束|~送。☞统读fù。

蝮 fù [蝮蛇]fùshé 囵毒蛇的一种,头呈三角形,灰褐色。

覆 fù ❶囝下部朝上翻过来或翻倒▷天翻地~|巢之下无完卵|~辙。❷灭亡▷~灭。❸遮盖▷~盖。

【覆被】 fùbèi ❶被草木覆盖的地面▷森林~面积。❷覆盖地面的草木等▷滥伐森林,破坏了地面~。

【覆盖】 fùgài ❶囝遮蔽;遮盖▷用塑料薄膜把秧苗~起来。❷比喻事物传播、影响所及▷这颗通讯卫星~了整个亚洲。

【覆灭】 fùmiè 囝(军队等)全部被消灭;(国家、政权等)彻底灭亡▷全军~|小朝廷彻底~。

【覆没】 fùmò ❶囝(船等)翻沉到水中。❷全部被消灭。

【覆水难收】 fùshuǐnánshōu 倒在地上的水很难以收回。比喻事情已成定局,无法挽回,多指离异的夫妻已无复婚的可能。

【覆亡】 fùwáng 囝(国家、社会制度等)不复存在;灭亡。

【覆辙】 fùzhé 囵翻过车的道路,比喻过去导致失败的做法、措施▷重蹈~|~之鉴。

馥 fù 囵香气浓重▷~郁。

【馥郁】 fùyù 囵香气浓厚▷花园里散发着~的花香。

G

ga

旮 gā [旮旯儿]gālár 图〈口〉角落;狭窄偏僻的地方 ▷墙~|背~|山~。

伽 gā 用于音译。伽马射线,由镭等放射性元素的原子放出的射线。○另见 kā。

咖 gā 用于音译。咖喱(gālí),用胡椒、姜黄、茴香、陈皮等制成的粉末状调味品。○另见 kā。

嘎 gā [拟声]模拟响亮而短促的声音 ▷河面上的冰~的一声裂开了。○另见 gǎ。

【嘎吱】 gāzhī [拟声]模拟受挤压的物件所发出的声音(多叠用)▷扁担压得~~响。

夹 gá [夹夹]gága〈口〉❶图一种两头尖中间大的儿童玩具。❷像夹夹的东西▷~枣|~汤(用玉米面等做的食品)。☞不宜写作"嘎嘎"。

噶 gá 用于音译。噶伦(gálún),原西藏地方政府的主要官员;噶厦(gáxià),原西藏地方政府。☞统读gá。

嘎 gǎ〈口〉❶厖脾气古怪;乖僻▷这个人太~,跟谁也合不来。❷调皮▷~小子。○另见 gā。

尬 gà 见[尴尬]gāngà。

gai

该(該) gāi ❶团应当是▷今天~我值班。❷表示理应如此▷我~走了|~不~努力学习?❸表示估计应当如此▷他今年~小学毕业了吧?❹欠▷这笔账~了一年了。❺代指上面说过的人或事物,相当于"这个"▷~校|~同志。

【该当】 gāidāng ❶团应当;应该▷~如何处置。❷应该承担▷~何罪?

垓 gāi [垓下]gāixià 图古地名,在今安徽灵璧东南,是刘邦围困并击溃项羽的地方。

赅(賅) gāi 图〈文〉完备;齐全▷言简意~|~备|~博(渊博)。

改 gǎi ❶团变更;更换▷开会时间~了|朝令夕~。❷改正▷一定要~掉这个毛病|~邪归正。❸修改;改动▷~稿子|~一~|~小。

【改版】 gǎibǎn ❶团(按着校样上修改处)在版面上逐个改正。❷报纸、刊物、电视节目等部分或全部改换样式和内容▷该报~后,面貌一新。

【改扮】 gǎibàn 团改换装束、重新打扮(改变为另一个模样)▷为躲过敌人的注意,她~成一个老太太。

【改编】 gǎibiān ❶团根据某一著作重新编写(体裁往往不同)▷把小说《三国演义》~成同名电视连续剧。❷改变军队原来的编制▷这支部队由五个团~为三个团。

【改变】 gǎibiàn ❶团事物发生明显的变化▷社会制度~了,人与人的关系也跟着~了。❷更改;变动▷~计划。

【改朝换代】 gǎicháohuàndài 新朝代替换了旧朝代。泛指政权更替。

【改动】 gǎidòng 团更改,变动▷~线路。

【改恶从善】 gǎi'ècóngshàn 改掉邪恶,归从善良。指由坏变好。

【改革】 gǎigé 团改掉或革除事物中不合理的部分,使合理、完善▷政治体制~|~招生制度。

【改观】 gǎiguān 团改变旧貌,出现新貌▷工厂的面貌大为~。

【改过自新】 gǎiguòzìxīn 改正错误,重新做人。

【改行】 gǎiháng 团放弃原来从事的行业而从事另一个行业。

【改换】 gǎihuàn 团放弃原来的,选取另外的▷~字号|~思维方式。

【改换门庭】 gǎihuànméntíng ❶改变门第出身,借以提高社会地位。❷转向新的部门或组织、集团,以谋求新的发展。

【改悔】 gǎihuǐ 团(对自己的过失或错误)有悔悟之心,并能加以改正。

【改进】 gǎijìn 团改变现有情况使进步▷~教学方法|生产设备有待~。

【改口】 gǎikǒu ❶团临时改变刚说过的话▷他饭前刚说参加培训,饭后就~了。❷改变称呼▷叫惯了阿姨,现在不好~。

【改良】 gǎiliáng 团改变事物旧有的某些方面,使比原来好▷~工具。

【改色】 gǎisè 团改变脸色▷面不~,心不跳。

【改善】 gǎishàn 团把原来的条件、状况改得好一些,使完善▷~关系。

【改天】 gǎitiān 团换一个日子▷今天我有事,我们~再谈。

【改天换地】 gǎitiānhuàndì 使天地改变面貌。多形容大规模地改造自然;也比喻社会发生了巨大变革。

【改头换面】 gǎitóuhuànmiàn 指化装改扮。比喻只在形式上变换花样,而不改变内容和实质。

【改弦更张】 gǎixiángēngzhāng 改换琴弦,重新安装,使琴声和谐。比喻改变主张、打算、方案、方式、方法等。

【改邪归正】 gǎixiéguīzhèng 从邪路返回正路,不再做坏事。

【改易】 gǎiyì 团改变;更换▷该县县名几经~。

【改元】 gǎiyuán 团改换年号。过去朝代更迭,君主更换都要更改纪年的名称,新年号开始的一年叫元年,所以改换年号叫改元。也有一些君主中途改元的。

【改造】 gǎizào 团在原有事物的基础上加以修改或变更,或从根本上改变旧的,建立新的▷把设备~一下|彻底~盐碱地。

【改正】 gǎizhèng 团把缺点错误改掉,使言行正确▷~错误。

【改制】 gǎizhì 团改变体制、制度▷经济~。

【改装】 gǎizhuāng ❶团改变装束、打扮▷服装模特儿经常~。❷改变物品的装饰或包装▷这种产品,只要~一下,就会成为抢手货。❸改变机器仪表等原来的装置▷他把变压器~了一下,现在安全多了。

【改组】 gǎizǔ 团改变原有的组织或更换组织中主要的负责人员。

丐 gài 图以乞讨为生的人▷乞~|~头。

钙(鈣) gài 图金属元素,符号 Ca。银白色,钙的碳化合物在建筑工程和医药上用途很广。

人体缺钙会引起佝偻病、手足抽搐等。

【钙化】　gàihuà　囫有机体的局部组织由于钙盐沉积而变硬。例如肺结核病灶经过钙化而痊愈。又如儿童骨骼经过钙化而变硬，长成为成人骨骼。

盖（蓋）　gài　❶图器物上部具有遮蔽和封闭作用的东西▷锅～|箱子～儿。❷车篷▷华～（古代车上像伞的篷子）。❸形状像盖子的骨骼；某些动物背部的甲壳▷头～骨|膝～|乌龟～|螃蟹～。❹囫把盖儿扣在器物上；蒙上▷～锅|覆～。❺掩饰▷真相想～也～不住|欲～弥彰|掩～。❻用印▷～章。❼压倒；超过▷海啸声～过了一切声响|～世无双。❽建筑（房屋）；搭盖▷房子～好了|～楼。

【盖棺论定】　gàiguānlùndìng　指一个人的功过是非到死后才能做出结论。

【盖然性】　gàiránxìng　图有可能但又不是必然的性质。也说或然性。

溉　gài　囫浇灌▷灌～。☞"既"的右边是"旡"，不是"无"。

概　gài　❶图气度；风度▷气～。❷大略▷梗～|况～|～貌。❸副表示全部，没有例外（后面多带"不"）▷～不负责|～不退换。

【概观】　gàiguān　❶囫概括地总体观察▷～事件发生的前前后后。❷图概况（多用于书名）▷《中国画～》。

【概括】　gàikuò　❶囫归纳，总括▷～出一些共同特点。❷囷简明扼要▷把经过～地叙述了一下。

·【概率】　gàilǜ　图某一类事件在相同条件下，发生的可能性大小的量。例如，把一个硬币抛到空中落地，是正面朝上还是反面朝上，二者的概率都是1/2。

【概略】　gàilüè　❶图大致的情况▷本书的～。❷副大概；大略▷～地说。

【概论】　gàilùn　图概括的论述（多用于书名）▷《语言学～》。

【概莫能外】　gàimònéngwài　所有的都不能处在这个范围之外，即无任何例外。

【概念】　gàiniàn　图思维的基本形式之一，它是客观事物的本质特征在人们头脑中的概括反映。人们在感性认识的基础上，从事物的许多属性中，抽出本质的区别性特征，加以抽象和概括就形成概念。概念用词或词组来表达。

【概念化】　gàiniànhuà　图文艺创作中的一种不良倾向。在创作过程中对生活和人物缺乏具体的描写和典型形象的塑造，用抽象的概念代替人物个性▷～的作品是不能感染人的。

【概述】　gàishù　囫全面而简要地叙述▷～烈士的生平事迹。

【概要】　gàiyào　图对重要内容的概括（多用于书名）▷《汉语方言～》。

gan

干（乾❺－⓬**）**　gān　❶图盾▷～戈。❷囫扰乱▷～扰。❸关连；牵涉▷不～我的事|～涉。❹图指天干，详见"干支"。❺囷不含水分或水分极少（跟"湿"相对）▷衣裳还没～|～菜|～燥。❻枯竭；净尽▷眼泪流～了|外强中～。❼囫使净尽▷～了这一杯。❽副空；白白地▷～等了半天|～着急。❾虚假的；只具形式的▷～号（háo）|儿～笑。❿囷没有血缘或婚姻关系而拜认的（亲属）▷～娘|～亲。⓫图加工制成的干的食品▷把白薯晾成～儿|葡萄～儿|饼～。⓬囷不用水的▷～洗|～馏。〇另见 gàn，"乾"另见 qián。

【干巴】　gānba　❶囷因失去水分而收缩或干枯▷～的脸上布满了皱纹。❷内容不丰富生动或语言单调枯燥▷语言～。

【干瘪】　gānbiě　❶囷干瘦，干而收缩▷～老头儿|～的柿子。❷比喻诗文内容贫乏，枯燥无味▷～的文章令人难以卒读。

【干脆】　gāncuì　❶囷（言语行动）直截了当，不拖泥带水▷说话～，办事利索。❷副索性▷这事儿，～你来办。

【干戈】　gāngē　图古代两种兵器，泛指武器，借指战争▷大动～|化～为玉帛。

【干涸】　gānhé　囷（河道、池塘等）水枯竭▷大旱之年，有的河道、湖泊～。

【干结】　gānjié　囷含水少而发硬▷土壤～|～的粪便。

【干净】　gānjìng　❶囷清洁，不肮脏▷把手洗～了再吃饭◇嘴～点，别骂人。❷形容一点不剩▷消灭～。❸比喻说话动作干脆▷动作～、利落。

【干枯】　gānkū　❶囷（草木等）因衰老或缺少水分、营养而失掉生机▷～的禾苗。❷皮肤因缺乏脂肪、水分而干燥发皱。❸干涸▷～的水井。

【干亲】　gānqīn　图没有血缘或婚姻关系而结认的亲戚关系。

【干扰】　gānrǎo　❶囫打扰，扰乱▷排除一切～，一心一意搞建设。❷图妨碍无线电设备正常接收信号的电磁振荡。主要由接收设备附近的电气装置引起。

【干涩】　gānsè　❶囷因干燥而不滑润；枯涩▷～的皮肤。❷形容声音嘶哑▷～的笑声。☞"涩"不读 shē。

【干涉】　gānshè　囫强行过问或干预（含有不该管而硬管的意思）▷～内政|～私事。

【干爽】　gānshuǎng　囷清新爽快；不潮湿闷热▷中秋以后，天气～。

【干笑】　gānxiào　囫勉强装笑▷为了应付场面，他也只好～两声。

【干预】　gānyù　囫过问或干涉▷我的事请别～。☞不宜写作"干与"。

【干燥】　gānzào　囷不含水分的或水分极少▷土壤～|气候～。

【干支】　gānzhī　图天干和地支的合称。"甲乙丙丁戊己庚辛壬癸"十个字叫天干，简称"干"；"子丑寅卯辰巳午未申酉戌亥"十二个字叫地支，简称"支"。把天干的十个字和地支的十二个字顺次相配，组成"甲子、乙丑、丙寅、丁卯……"等六十组，常叫"六十花甲子"，也称"甲子"。古人用来表示年、月、日的次序。周而复始，循环无穷。现在农历仍使用干支纪年。

甘　gān　❶囷圈甜；美好（跟"苦"相对）▷～甜|同～共苦。❷囫情愿；乐意▷不～落后|～居中游|决不～休。

【甘拜下风】　gānbàixiàfēng　由衷地承认不如别人（下风：风向的下方，比喻劣势）。

【甘苦】　gānkǔ　图美味和苦味；比喻生活和工作中的欢乐和艰苦，有时偏指艰苦的一面▷干部要和人民群众同～|编辑工作的～。

【甘霖】　gānlín　图甘雨▷普降～。

【甘美】　gānměi　囷（味道）甜美▷～可口。

【甘泉】　gānquán　图甘甜的泉水，也指流出甘甜泉水的泉眼▷沙漠中的～。

【甘甜】　gāntián　囷甜美。

【甘心】　gānxīn　囫愿意；心满意足▷～情愿|不夺回阵地决不～。

【甘雨】　gānyǔ　图适时而有益于农事的雨▷久旱逢～。

【甘愿】　gānyuàn　囫心甘情愿；打心里愿意▷～做人民的老黄牛。

杆 gān 图杆子,用木头或金属、水泥等制成的有专门用途的细长的东西▷旗~|栏~|桅~。○另见 gǎn。

肝 gān 图人和动物主要内脏之一。有合成与贮存养料、分泌胆汁、解毒、造血和凝血等作用。也说肝脏。

【肝肠寸断】 gānchángcùnduàn 肝脏和肠子一寸一寸断裂。形容极度伤心。

【肝胆】 gāndǎn ❶图肝和胆,两种紧密相连的内脏,借指真诚的心▷~相照。❷借指勇气、胆量▷~过人。

【肝火】 gānhuǒ 图中医指肝中火气亢盛的病理现象。一般指易怒的情绪▷~太盛|大动~。

【肝脑涂地】 gānnǎotúdì 原指战争中惨死,后来指竭尽忠诚,不惜牺牲生命。

坩 gān [坩埚]gānguō 图用来熔化金属或其他物质的耐高温器皿。

矸 gān 图夹杂在煤里的石块▷煤~石|~子。

泔 gān 图泔水。淘米、洗菜、刷锅、洗碗等用过的水。

柑 gān 图常绿灌木或小乔木。果实也叫柑,多汁,味道酸甜可口。主要品种有焦柑、椪柑、蜜柑等。

竿 gān 图竹竿▷钓鱼~|揭~而起|立~见影。

疳 gān 图中医指小儿食欲减退、面黄肌瘦、肚子膨大、时发潮热的病症。也说疳积。

尴(尷) gān [尴尬]gāngà ❶图处境困难,难以处理▷说也不是,不说也不是,十分~。❷神态不自然▷谎话被揭穿,他显得非常~。

杆 gǎn ❶图某些器物上细长的棍状部分▷笔~|秤~儿|枪~子。❷量用于带杆的东西▷一~笔|两~秤|几~枪。○另见 gān。

秆 gǎn 图高粱、玉米等庄稼的茎▷麦~儿|高粱~儿。☞跟"杆"不同。

赶(趕) gǎn ❶团追▷~上队伍|追~。❷加快或抓紧进行▷~任务|~紧。❸驱逐▷~出家门|~蚊子。❹驾;驱使▷~马|~大车。❺前往参加(有定时的活动)▷~集|~庙会。❻遇到;碰到▷~上一场雪。

【赶潮流】 gǎncháoliú 比喻迎合时尚。也说赶浪头。

【赶赴】 gǎnfù 团加快前往▷~考场。

【赶集】 gǎnjí 团去集市买卖东西。

【赶紧】 gǎnjǐn 副表示马上行动,毫不拖延▷你~去吧|~搀住她。

【赶快】 gǎnkuài 副表示抓紧时间,加速进行▷咱们得~干才行。

【赶巧】 gǎnqiǎo 副碰巧;正赶上▷我正要去找他,~他来了。

【赶早】 gǎnzǎo 副表示趁早或提前行事▷~走吧,大雨快来了。

敢 gǎn ❶形有胆量▷勇~|果~。❷团表示有勇气做某事▷大家~不~比赛?|~想~干。❸有把握(推断)▷我~断定这场球我们准赢。

【敢当】 gǎndāng ❶敢于承担▷敢作~。❷谦词,与"不"连用,表示承担不起对方的夸奖或款待▷先生过奖了,我实在不~。

【敢情】 gǎnqing〈口〉❶副原来(表示出乎预料,恍然大悟)▷我说他怎么还没来呢,~是没通知他呀。❷当然;自然(表示求之不得或赞叹)▷要在河上修桥,那~好。

【敢为人先】 gǎnwéirénxiān 勇于做别人没做过的事;敢于领头去干。

感 gǎn ❶团受到外界的影响,刺激而引起思想情绪变化▷~动|~受。❷图外界事物在头脑中引起的反应▷百~交集|观~。❸团对别人的好意或帮助怀有谢意▷~恩戴德|~谢。❹觉得;认识到▷深~不安|~到。❺(底片等)因接触光线而产生化学变化▷~光。

【感触】 gǎnchù 图由于外界事物的触动而产生的思想、情感▷第一次到深圳,~很多。☞"感触"深浅都可指,"感触"指感受较深。

【感动】 gǎndòng ❶团受到外界事物影响而引起内心激动▷~得流下了眼泪。❷使感动▷雷锋精神深深~了我们。

【感恩戴德】 gǎn'ēndàidé 感激别人给予的恩德。

【感恩图报】 gǎn'ēntúbào 感激别人给予的恩惠,谋求回报对方。

【感奋】 gǎnfèn 团因感激、感动而振奋▷消息传来,人们莫不~。

【感官】 gǎnguān 图感受外界刺激的器官,如眼、耳、鼻、舌、皮肤等。

【感化】 gǎnhuà 团用潜移默化或劝导的方法感动人,使其思想逐渐转化▷为真情~。

【感激】 gǎnjī 团由衷地感谢▷~朋友的真诚帮助。☞"感激"比"感谢"语意更强。

【感觉】 gǎnjué ❶图客观事物作用于人的感官在人脑中引起的直接反应(感觉是最简单的心理过程,是形成各种复杂心理的基础)▷凉爽的~。❷团产生某种感觉;觉得▷~温暖|我~这篇文章有问题。

【感慨】 gǎnkǎi 团由于内心受到触动而激动和叹息▷~万千。

【感情】 gǎnqíng ❶图受外界刺激而产生的喜、怒、哀、乐、爱、憎等心理反应▷~激动|动~。❷对人或事物关切、喜爱的心情▷他对教育工作越来越有~。

【感情用事】 gǎnqíngyòngshì 单凭个人的好恶或一时的感情冲动来处理事情。

【感染】 gǎnrǎn ❶团被传染上;生物体被病菌侵入而得病▷夏天伤口容易~|~了肠炎。❷给予积极影响;通过言语行动等激起别人相同的思想感情▷演讲者的爱国热情深深地~了听众。☞"感染"涉及他人,"感受"则指自己。

【感伤】 gǎnshāng 形因有所感触而悲伤▷悲惨的情景,令人~不已。

【感受】 gǎnshòu ❶团感觉到;受到▷~风邪|~到深切的爱。❷图从接触外界事物中得到的影响或产生的感想、体会▷有很深的~。

【感叹】 gǎntàn 团因有某种深刻的感触而叹息;感慨。

【感同身受】 gǎntóngshēnshòu 自己虽未亲身经历,但那种感受就同亲身经历过一样(多用于代人向对方表示感谢)。

【感悟】 gǎnwù 团通过接触而领悟▷读完这本书,~颇深。

【感想】 gǎnxiǎng 图同外事物的接触中引起的想法▷谈谈参观~。

【感谢】 gǎnxiè 团用言语或行动向对方表示谢意▷~你们的大力支援。

【感性】 gǎnxìng 图属于感觉、知觉、表象等直观的思维活动(跟"理性"相对)▷从~到理性的飞跃|~认识|~知识。

【感召】 gǎnzhào 团(政策、精神等的力量)使思想上受到触动而有所觉悟▷在党的政策的~下,他终于坦白了自己的罪行。☞"召"不读 zhāo。

【感知】　gǎnzhī ❶图感觉和知觉的统称;知觉▷这是一种直觉的～,还不是对规律性的认识。❷团觉得,觉出▷他看不见,但能～亲情。

橄 gǎn ［橄榄］gǎnlǎn 图常绿乔木。果实也叫橄榄或青果,可以吃,也可做药材。

擀 gǎn 团用棍形工具来回碾轧▷～面条|把椒盐～成碎末。

鳡(鱤) gǎn 图鱼,体呈圆筒形,性凶猛,捕食鱼类,肉鲜嫩,是优质食用鱼。

干(幹) gàn ❶图事物的主体或主要部分▷树～|躯～|～线。❷指干部▷群关系|提～才干。❸团做(事)▷这事我来～|～家务。❹图办事能力▷才干。❺囮办事能力强▷精明强～|～练。❻团担任(某种职务)▷他在部队～过卫生员。○另见 gān。

【干部】　gànbù ❶图担任公职的人员(士兵和勤杂人员等除外)▷国家～应是人民的公仆。❷担任领导或管理工作的人员▷省、部级～要带头廉政。

【干才】　gàncái ❶图办事的能力▷小王业绩出众,有～。❷有办事能力的人▷张工程师连克难关,是个～。

【干将】　gànjiàng 图指集体中敢干而能干的成员。

【干劲】　gànjìn 图工作的劲头。

【干警】　gànjǐng 图公、检、法部门中干部和警察的合称。

【干练】　gànliàn 囮办事能力强,经验丰富▷他办事十分～。

【干流】　gànliú 图在同一水系内汇集全部支流的主要河流(跟"支流"相对)。

【干渠】　gànqú 图直接从水源引水的渠道。从中又分出支渠、斗渠、毛渠等,共同组成灌溉网。

【干事】　gànshi 图负责某项事务性工作的人员,如体育干事、组织干事。

【干线】　gànxiàn 图(交通线、电线、输送管道等)主要线路▷交通～。

绀(紺) gàn 囮黑里透红的颜色▷～青|～紫。

淦 gàn 图淦水,水名,在江西。

赣(贛) gàn ❶图赣江,水名,在江西。❷江西的别称▷～南。

gang

冈(岡) gāng 图本指山梁,后来泛指山岭或小山▷山～|～峦|景阳～。☞统读 gāng。

扛 gāng 团〈文〉双手举(重物)▷力能～鼎。○另见 káng。

刚(剛) gāng ❶囮坚硬;坚强(跟"柔"相对)▷～毛(硬毛)|～强。❷圆方;方才▷～开完会|天～亮。❸仅仅▷声音不大,～能听见。❹恰好▷长短～合适。☞统读 gāng。

【刚愎自用】　gāngbìzìyòng 固执己见,自以为是。☞"愎"不读 fù。

【刚才】　gāngcái 图指过去不久,离现在较近的时间▷～的消息,你是听谁说的|你为什么～不说,现在才说?

【刚健】　gāngjiàn 囮(性格、风格、姿态等)刚毅雄健▷他的书法～清新。

【刚劲】　gāngjìng 囮(形态、风格等)挺拔雄健有力▷字体～秀丽。☞"劲"这里不读 jìn。

【刚烈】　gāngliè 囮刚直而有气节▷老将军侠肝义胆,忠勇～。

【刚强】　gāngqiáng 囮(性格、意志等)坚强不屈▷他～地站了起来。

【刚韧】　gāngrèn 囮(性格、意志等)刚强而坚忍不拔。

【刚柔相济】　gāngróuxiāngjì 刚和柔互相补充,互相配合。

【刚性】　gāngxìng 图(物体)受到外力后不易发生形变的坚硬性质;泛指不易改变的性质▷～路面|～规则。

【刚毅】　gāngyì 囮(性格、意志等)坚强而有毅力▷性格～|～的目光。

【刚正不阿】　gāngzhèngbù'ē 刚强正直,毫不逢迎、曲从。☞"阿"这里不读 ā。

肛 gāng 图肛管(直肠末端同肛门连接的部分)和肛门的总称▷～脱。

纲(綱) gāng ❶图鱼网上的总绳,比喻事物最主要的部分▷提～挈领|大～。❷生物学分类范畴的一个等级,门以下为纲,纲以下为目。

【纲纪】　gāngjì 图社会行为规范和法纪▷整顿～。

【纲举目张】　gāngjǔmùzhāng 提起鱼网的总绳一撒,所有网眼就都张开了。比喻做事抓住要领,就可带动其他。也比喻文章条理分明。

【纲领】　gānglǐng 图国家、政党或社会团体根据一定的理论,指导完成一定时期任务的最根本的方针政策;也泛指指导某方面工作的基本原则▷党的～|～行动。

【纲目】　gāngmù 图大纲和细目▷起草一份调查～。

【纲要】　gāngyào 图提纲;概要(多用做书名或文件名)▷《普通语言学～》|《中国农业发展～》。

钢(鋼) gāng 图铁和碳的合金,比生铁坚韧,比熟铁质硬,是极重要的工业材料。○另见 gàng。

【钢材】　gāngcái 图用钢锭或钢坯加工成的产品,分为型钢、钢板、钢管、线材等。

【钢筋铁骨】　gāngjīntiěgǔ 筋骨像钢铁一样。形容体格强健、意志坚强。

【钢精】　gāngjīng 图制造日用器皿所用的铝。也说钢种。

【钢口】　gāngkǒu 图指刀刃、剑刃等的质量▷买一把～儿好的刀。

【钢铁】　gāngtiě 图钢和铁的统称,有时专指钢。

【钢印】　gāngyìn ❶图钢质印章,盖在公文、证件上面,印文凸起,有显示庄重、防伪等作用。❷用钢印在公文、证件上印出的痕迹。❸用钢字打在机器或自行车等上面的印痕。也说钢号。

缸 gāng ❶图用陶土、瓷土、玻璃等烧制的容器,一般口大底小▷鱼～|水～。❷外形像缸的器物▷汽～。

罡 gāng 图天罡星,北斗星的斗柄。

岗(崗) gǎng ❶图地势不高而较平的土石山;隆起的坡地▷黄土～。❷平面上凸起的长条形的东西▷木板没刨平,中间还有一道～子。❸军警守卫的位置▷～楼|～哨|站～。❹比喻职位▷在～|～下职工。

【岗哨】　gǎngshào ❶图在特定处所执行守卫任务的岗位。❷执行守卫任务的人。

【岗位】　gǎngwèi 图原指军警的哨位,现泛指职位▷～责任制|～工作。

港 gǎng ❶图水运和空运线上供上下旅客、装卸货物的地方▷～湾|航空～。❷指香港▷～币|～澳(香港和澳门)同胞。☞㊀统读 gǎng。㊁右下是

"巳",不是"己""巳"。

【港汊】 gǎngchà 图同江河、湖泊相连接的分支水道。

【港口】 gǎngkǒu 图具有一定面积的水域和陆地,供船舶进出、停泊、补给、修理和旅客或货物集散的场所。

【港湾】 gǎngwān 图江河湖海边可供船舶停靠的水域和一定范围的陆地,常建有人工设施,如防波堤、防风设施等。

杠 gàng ❶图较粗的棍棒▷木~|铁~。❷体操运动器械▷单~|双~。

【杠杆】 gànggǎn ❶图利用直杆或曲杆在外力作用下能绕杆上一固定点转动的一种简单机械,如橇杆、杆秤、剪刀等。❷比喻可起平衡或调节作用的事物或力量▷金融机构在经济发展中具有~作用。

【杠杠】 gànggang〈口〉❶图在图书文字下面画的线条▷书上的重点句都画了~。❷政策、制度、条例等规定的界限▷条条~|死~。

钢(鋼) gàng 团把刀放在布、皮、石头或缸沿儿上用力磨几下,使刀刃锋利▷把菜刀~一~。○另见 gāng。

gao

皋 gāo 图〈文〉水边的高地;泛指高地▷江~|汉~|山~。■下边的是"夲"(tāo),不是"本"。

高 gāo ❶图从底部到顶部的距离大;所处的位置到地面的距离大(跟"低"相对,④⑤同)▷楼房很~|站得真~。❷图从上到下的距离大▷身~2米。❸高的地方▷居~临下|登~。❹图地位、等级在上的▷职务相当~|~档。❺程度、水平等超出一般的;大于平均值的▷见解比别人~|~蛋白。❻用于称跟对方有关的事物,表示尊敬▷~寿|~见。

【高矮】 gāo´ǎi 图高度▷两个孩子~差不多|量一量~。

【高昂】 gāo´áng ❶团高扬▷英雄~着头。❷图(声音、情绪等)上升;高涨▷斗志~|~的歌声。❸(价格)贵▷造价~。

【高傲】 gāo´ào ❶图坚强不屈▷海燕在闪电中~地飞翔。❷极其骄傲,看不起人▷摆出一副~的神气。

【高不成,低不就】 gāobùchéng,dībùjiù 高的得不到,低的又不迁就。常形容求职、择偶和交易等活动中取舍两难的处境。

【高层】 gāocéng ❶图(建筑物)层数多的▷~公寓。❷所处地位高▷~管理人员。❸图高的楼层;高的层次▷处在~。

【高产】 gāochǎn ❶图产量大▷~品种◇~作家。❷图大的产量▷连年~。

【高超】 gāochāo 图水平远远超出一般的▷演技~。

【高潮】 gāocháo ❶图潮汐涨落的一个周期里的最高潮位。❷比喻事业最兴旺发达的阶段▷掀起建设新~。❸小说、戏剧、电影情节中矛盾冲突发展的最尖锐、最紧张的阶段▷戏进入~。

【高大】 gāodà ❶图又高又大▷身材~。❷崇高伟大▷形象~。

【高等】 gāoděng 图高级阶段的▷~植物|~代数。

【高低】 gāodī ❶图高低的程度▷不知山之~|水平不一样。❷(说话、做事的)深浅轻重,利害得失▷这孩子不知~|张口就训人◇看不出眉眼~。❸图无论如何(多用于不改变主意)▷说了半天,他~不同意。

【高调】 gāodiào ❶图唱歌或说话时比一般频率高的音调▷~大嗓。❷比喻不切实际或只说不做的漂亮话▷不要光唱~。

【高度】 gāodù ❶图从地面或某个基准面上方某一位置的距离;从物体底部到顶端的距离▷电视塔的~|这座楼第四层到第十层的~为30米。❷(认识、水平等)高的程度▷新的发现把这项研究提高到一个新的~。❸图程度很高的▷生产~集中|领导~赞扬了他的苦干精神。

【高额】 gāo´é 图数额特大的▷~利润。

【高风亮节】 gāofēngliàngjié 高尚的风格和坚贞的气节。

【高峰】 gāofēng ❶图高的山峰。❷比喻事物发展的最高阶段▷攀登科学~|事业的~期。❸比喻政府首脑或各界权威人士等▷~会议。

【高歌猛进】 gāogēměngjìn 高声歌唱,勇猛前进。形容在前进道路上意气风发,斗志昂扬。

【高阁】 gāogé ❶图高的楼阁。❷放置书籍或器物的高架子▷束之~。

【高贵】 gāoguì ❶图价值贵重的▷~的礼品。❷地位显赫而富有的▷出身~。❸(品德)高尚宝贵▷品质~。

【高级】 gāojí ❶图具有一定高度的(发展阶段、等级、地位等)▷~神经活动|~干部。❷高出一般的(质量、水平)▷~饮品|这个收音机真~。

【高洁】 gāojié 图(思想、品格等)高尚而纯洁▷~之士|像松树一样~。

【高精尖】 gāojīngjiān 高级的、精密的、(发展水平属)尖端的▷~产品。

【高就】 gāojiù 团敬词,指别人就任较高的职务▷你在哪个公司~。

【高踞】 gāojù 团坐在高处(多指高高在上)▷干部不能~于群众之上,要和群众打成一片。

【高峻】 gāojùn 图(山)高耸而陡峭。

【高亢】 gāokàng 图(声音)高昂洪亮▷这支曲子~有力。

【高考】 gāokǎo 图高等学校的招生考试。

【高科技】 gāokējì 图处于当代科学技术领先地位,属于知识密集型的难度大、要求高的新兴知识体系和技能方法。

【高利贷】 gāolìdài 图向借贷者索取很高利息的贷款。

【高龄】 gāolíng ❶图敬词,称老人的年龄▷您~多少|80~。❷图较一般年龄大的▷~产妇。

【高论】 gāolùn 图见解高明的言论;尊称对方的言论▷愿听~。

【高妙】 gāomiào 图高超神妙▷主意~|技法~。

【高明】 gāomíng ❶图(见解或技艺)高超、出色▷办法~。❷图指见解、技艺高超的人▷有劳~。

【高难】 gāonán 图难度很大的▷~技巧动作。

【高能】 gāonéng 图具有很高能量的▷~燃料|~粒子。

【高攀】 gāopān 团指主动跟地位高的人拉关系(多用于客套话)▷不敢~。

【高频】 gāopín ❶图无线电学中指15000赫兹或20000赫兹以上的电磁振动;无线电频段表中指3—30兆赫范围内的频率。❷图泛指较高频率的▷~词。

【高强】 gāoqiáng 图(武功、技巧等水平)超出一般▷本领~。

【高尚】 gāoshàng ❶图道德修养好,品格高▷~的情操|品格~。❷引导积极向上的▷开展~有益的活动。

【高深】 gāoshēn 图(学问、技艺等)造诣高,程度深▷~的学问。

【高视阔步】 gāoshìkuòbù 眼睛向高处看,迈开大步走。形容有气概或神情傲慢。

【高手】　gāoshǒu 图技艺水平特别高的人▷武林～｜围棋～。

【高寿】　gāoshòu ❶厖寿命长。❷图敬词,用于问老人的年纪▷您老人家～?

【高耸】　gāosǒng 囵高高直立▷山峰～云端。

【高速】　gāosù 厖速度很快的▷～列车｜经济～发展。

【高抬贵手】　gāotáiguìshǒu 表示请求对方宽恕或通融。

【高谈阔论】　gāotánkuòlùn 形容不着边际地大发议论或无拘束地畅谈。

【高徒】　gāotú 图水平高、有成就的学生或徒弟▷名师出～。

【高位】　gāowèi ❶图高贵而显赫的地位▷身居～。❷(肢体)靠上的部位▷～截瘫。❸指多位数中靠左的数位。

【高屋建瓴】　gāowūjiànlíng 在高大的屋脊上向下倾倒瓶里的水(建:倾倒;瓴:水瓶)。形容居高临下,气势不可阻挡。

【高效】　gāoxiào 厖效率或效能超出一般的▷优质｜～无毒农药。

【高新技术】　gāoxīn jìshù 指尖端和新兴的科学技术。其标准根据世界科技发展现状而确定。

【高兴】　gāoxìng ❶厖愉快、兴奋▷老同学见面非常～。❷囵喜欢;有兴趣(做某事)▷他～看足球赛。

【高压】　gāoyā ❶囵强力压制▷～政策。❷图较高的压强▷～容器｜在高温～下人工合成金刚石。❸指高气压区▷冷锋云系后边有一个副热带～。❹高电压▷～输电。❺指血压的收缩压▷～120,低压 80 为正常血压。

【高雅】　gāoyǎ 厖(格调)高尚而不俗气▷～艺术｜情趣～。

【高扬】　gāoyáng ❶囵高高举起或往上升▷～改革开放的旗帜｜歌声～。❷大力发扬▷～舍己助人精神。

【高原】　gāoyuán 图海拔在 500 米以上的地势起伏不大的辽阔地区。

【高远】　gāoyuǎn 厖又高又远▷寓意～。

【高瞻远瞩】　gāozhānyuǎnzhǔ 站得高,看得远。形容眼光远大。

【高涨】　gāozhǎng 囵迅速地上升或发展▷水位～｜物价～｜士气～。

【高招】　gāozhāo 图高明的办法、主意。☞不宜写作"高着"。

【高枕无忧】　gāozhěnwúyōu 把枕头垫高睡大觉。形容平安无事,无须忧虑。

【高姿态】　gāozītài 图在解决与他人的矛盾时所采取的严于律己,宽以待人的态度▷你们双方都～,这个问题就好解决。

【高足】　gāozú 图敬词,称别人的学生。

羔　gāo 图小羊;泛指幼小的动物▷羊～｜兔～儿｜鹿～子。

【羔羊】　gāoyáng ❶图没断奶的幼羊,泛指一岁以内的小羊。❷比喻代人受过,受欺凌的弱者▷替罪～。

楱　gāo 见[桔楱]jiégāo。

睪　gāo [睪丸]gāowán 图男子或某些雄性动物生殖器官的一部分,在阴囊内,能产生精子。☞不读gào。

膏　gāo ❶图肥肉;脂肪▷民脂民～。❷浓稠的糊状物▷牙～｜～药。❸古代医学指人的心尖脂肪(认为是药力达不到的地方)▷病人～肓。○另见gào。

【膏粱】　gāoliáng ❶图肥肉和精粮,泛指美味佳肴。❷借指富贵人家▷～子弟。

【膏血】　gāoxuè 图(人的)脂肪和血液,比喻辛勤劳动创造的财富▷惩办那些吮吸人民～的贪官污吏。

【膏腴】　gāoyú ❶厖肥沃▷～之地。❷指富贵人家的▷～子弟。

篙　gāo 图撑船或搭脚手架用的竹竿或木杆▷杉(shā)～｜竹～。☞跟"蒿"(hāo)不同。

糕　gāo 图用米粉、面粉等制成的块状食品▷年～｜蛋～｜绿豆～。

【糕点】　gāodiǎn 图指各种糕和点心▷一盒～｜西式～。

杲　gǎo 厖光明;光线充足▷～日｜秋阳～～。

搞　gǎo ❶囵做;干;办▷～教学工作｜好群众关系｜～一场义演。❷设法得到▷想办法给我～张票。❸整(人)▷想办法把对方～垮。

【搞鬼】　gǎoguǐ 囵暗中使坏,做不可告人的勾当▷当面说好话,背后又在～。

缟(縞)　gǎo 图古代的一种白色的丝织品▷～练｜～素。

槁　gǎo 厖干枯;干瘪▷枯～｜～木。

镐(鎬)　gǎo 图刨土的工具▷十字～。

稿　gǎo ❶图诗文、公文、图画等的草底▷草～｜初～。❷写成或画成的作品▷投了一篇～｜发～。

【稿件】　gǎojiàn 图出版机构和报刊编辑部门收到的作品。

告　gào ❶囵说给别人听▷奔走相～｜～诉｜转～｜劝～。❷请求▷～假｜央～。❸宣布或表示(某一过程的结束或某种目标的实现)▷～一段落｜～成｜～终。❹表明;表示▷自～奋勇｜～别｜～辞。❺向司法机关检举或控诉▷上法院～他去｜控～。

【告别】　gàobié ❶囵向人表示离别;辞别▷～亲人｜向朋友～。❷特指向死者最后诀别▷向遗体～。

【告成】　gàochéng 囵(大工程或重要任务)宣告完成▷大功～。

【告吹】　gàochuī 囵(事情、计划等)宣告落空或失败▷这项酝酿已久的工程,因筹集不到资金而～。

【告辞】　gàocí 囵(向人)辞别▷向主人～。

【告贷】　gàodài 囵请求别人借钱给自己▷向人～｜～无门。

【告发】　gàofā 囵举报揭发▷他们倒卖文物的事被人～。

【告急】　gàojí 囵报告情况紧急请求救援▷洪水猛涨,大坝～。

【告捷】　gàojié ❶囵报告胜利的消息▷电话～。❷(战斗、比赛等)取得胜利▷首战～。

【告诫】　gàojiè 囵(对下级或晚辈等)正告劝诫▷父亲～孩子做事要认真。☞不宜写作"告戒"。

【告竣】　gàojùn 囵宣告完成(多指较大的工程等)▷编写工作～。

【告密】　gàomì 囵告发别人的私下言论或秘密活动(含贬义)▷叛徒～。

【告罄】　gàoqìng 囵本指事情完毕,后指财物用尽或货物售空▷现金～。

【告饶】　gàoráo 囵求情讨饶▷小偷儿被抓后一个劲儿地～。

【告示】　gàoshi ❶囵发布通告、禁令等▷政府～居民,禁止在市区燃放烟花爆竹。❷图布告▷发布～。

【告诉】gàosu 团对人说(有关事情),让人了解▷请把实情~我。

【告退】gàotuì ❶团自己请求辞去职位▷年老~。❷(在集会中)自己请求先离去▷诸位请便,我~了。

【告慰】gàowèi 团表示安慰;使感到安慰▷~亲人。

【告终】gàozhōng 团宣告结束▷谈判以失败~。

【告状】gàozhuàng ❶团〈口〉(当事人)向法院报告案情,请求立案审理。❷向某人的单位或家庭诉说这个人的错误言行▷找领导~|告他一状。

诰(誥) gào 图帝王下达命令的文告▷~命|~词|~封。

膏 gào ❶团给经常转动的东西加润滑油▷给缝纫机~点儿油。❷把毛笔在砚台上或墨盒里蘸上墨汁并揉匀▷~笔|~墨。○另见 gāo。

ge

戈 gē 图古代兵器,长柄横刃;泛指武器▷反~一击|干~。

【戈壁】gēbì 图指草木稀少的沙漠地区(蒙古语音译)。

仡 gē [仡佬族]gēlǎozú 图我国少数民族之一,主要分布在贵州。

圪 gē [圪垯]gēda 图小土块;小土丘(多用于地名)▷土~|杨家~。

疙 gē [疙瘩]gēda❶团皮肤或肌肉上突起的硬块▷让蚊子咬了个~|鸡皮~。❷球形或块状的东西▷冰~|树~|毛线~◇宝贝~。❸比喻思想上或人际关系中有困扰的问题▷思想~|他们两人之间总是有点~。☞不宜写作"纥繨""垯垯""疙疸"。

【疙疙瘩瘩】gēgedādā ❶圈表面粗糙,不平滑▷~的石子路。❷不流畅;不顺利▷小张念起外语来总是~的。也说疙里疙瘩。

咯 gē 见下。○另见 kǎ。

【咯噔】gēdēng 拟声模拟物体猛然撞击或震动的声音▷鞋底硬,走路总是~~地响◇听说他出了车祸,我心里~一下。☞不宜写作"格登"。

【咯咯】gēgē 拟声模拟笑声、咬牙声、鸟叫声或机关枪射击声等▷逗得孩子~笑。☞不宜写作"格格"。

【咯吱】gēzhī 拟声模拟竹、木等器物受挤压的声音▷大胖子把床板压得~~响|一声,门开了。

饹(餎) gē [饹馇]gēzha 图一种用豆面摊成的饼状食品,切成块炸着吃或炒着吃▷绿豆~。☞在"饸饹"中读 le。

哥 gē ❶图对同父母或亲属中同辈而年龄比自己大的男子的称呼▷二~|堂~|亲~。❷对年龄跟自己差不多的男子的敬称▷老大~|王二~。

【哥们儿】gēmenr ❶图指弟兄们▷他家~三个。❷熟人间亲昵地称呼▷~,明天到我家坐坐。也说哥们儿。

胳 gē [胳膊]gēbo 图臂,从肩到手腕的部分。也说胳臂(gēbei)。☞㊀在"胳肢"(在别人腋下抓挠,使发痒、发笑)中读 gé。㊁在"胳肢窝"(腋窝)中读gā。

鸽(鴿) gē 图鸽子,种类很多,其中家鸽翅膀大,飞翔能力极强,有的经训练可以用来传递书信。

袼 gē [袼褙]gēbei 图用碎布或纸裱糊成的厚片,多用来制作布鞋、纸盒等▷打~|~纸。

搁(擱) gē ❶团放置▷水果~久了要烂。❷放着;暂缓进行▷这件事先~几天再办。❸放进▷包饺子多~点肉。○另见 gé。

【搁浅】gēqiǎn ❶团(船只)进入浅水区域不能行驶▷木船~了。❷比喻办事受到阻碍,停滞不前▷谈判~了。

【搁置】gēzhì 团放下;没继续进行▷方案刚实施几天就~起来。

割 gē ❶团用刀截断;切下▷~草|~阑尾。❷分割;分开▷~地赔款|~据。❸舍弃▷忍痛~爱|难以~舍。

【割爱】gē'ài 团放弃喜爱的东西▷忍痛~。

【割除】gēchú 团(用刀具)拉(lá)掉▷~扁桃体。

【割据】gējù 团一国之内,一些在野的政治集团凭借武装力量,占据一方,形成分裂对抗的局面▷军阀~|~称雄。

【割裂】gēliè 团把本来统一或相互联系的东西人为地分开▷因果关系被~了。

【割让】gēràng 团因战败等原因被迫把部分领土划归别国。

【割舍】gēshě 团丢开;放弃▷亲骨肉难以~。

歌 gē ❶团唱▷载~载舞|~手。❷图歌曲▷唱一支~儿|山~|~谱。❸颂扬▷可~可泣|~颂。

【歌唱】gēchàng ❶团唱歌▷放声~。❷用唱歌、咏诵等形式颂扬▷~最可爱的人。

【歌功颂德】gēgōngsòngdé 颂扬功绩和恩德(现多含贬义)。

【歌剧】gējù 图综合音乐、美术、诗歌、舞蹈等艺术而以歌唱为主的戏剧。如《白毛女》。

【歌曲】gēqǔ 图供人歌唱的文艺作品,由歌词和曲谱结合而成。

【歌颂】gēsòng 团用言词或诗歌等文学或艺术作品加以赞美和颂扬。

【歌舞】gēwǔ ❶图歌唱和舞蹈的合称▷~晚会。❷指歌唱和舞蹈结合的表演形式▷下一个节目是《送红军》。

【歌舞剧】gēwǔjù 图熔歌唱、音乐和舞蹈为一体的戏剧。如《兄妹开荒》。

【歌舞升平】gēwǔshēngpíng 唱歌跳舞,庆贺太平(多指粉饰太平)。

【歌谣】gēyáo 图一种民间文学,包括民歌、民谣、儿歌、童谣等。风格朴素清新,为群众喜闻乐见。

【歌咏】gēyǒng 团演唱(歌曲)。

革 gé ❶图经过去毛和鞣制的兽皮或仿制品▷皮~|制~|人造~。❷团改变;更换▷改~|变~|沿~。❸除掉;撤销(职务)▷~职|~除。

【革除】géchú ❶团去掉▷~时弊。❷开除;撤销(职务)▷~公职。

【革命】gémìng ❶团变革社会制度,解放生产力。❷图指摧毁旧制度,建立新制度的社会变革▷辛亥~。❸圈参加革命的;具有革命性的▷~英雄。❹团重大变革▷技术~|~产业。

【革新】géxīn 团革除旧的,创造新的▷~设备|~教学方法。

阁(閣) gé ❶图存放东西的架子▷束之高~。❷旧指女子的卧室▷闺~|出~(出嫁)。❸供人远眺的建筑物,多为两层▷亭台楼~|仙山琼~|滕王~。❹指内阁,某些国家的最高行政机关▷组~|~员。

【阁下】géxià 图敬词,用于称对方(旧时书信中常用,今多用于外交场合)▷总理~|部长~。

格 gé ❶图格子▷橱柜有三个~|花~布|方~~。❷标准;格式▷合~|破~|及~|规~。❸品位;品质▷风~|品~|人~|性~。❹团打▷~杀勿论。

【格调】 gédiào ❶图文艺作品或作家的艺术特点的综合表现,即艺术风格▷奔放的～｜清新。❷指人的作风和品性等▷～文雅。

【格斗】 gédòu 囻激烈地搏斗▷双方拼死～。

【格格不入】 gégébùrù 互相抵触,不相投合。

【格局】 géjú 图一定的格式和布局▷室内陈设的～｜打破～。

【格律】 gélǜ 图创作诗、词、曲、赋所依循的语言上的格式和规则。包括字数、句数、对仗、平仄、押韵等。

【格式】 géshì 图(作为标准的)样式▷书写～｜公文～。

【格外】 géwài ❶副超过一般;特别▷～高兴｜明亮。❷额外;另外▷～奖赏｜他不吃荤,给他做了素菜。

【格言】 géyán 图含有劝诫教育意义的较定型化的语句。多出于名家的言论,如"言者无罪,闻者足戒""虚心使人进步,骄傲使人落后。"

搁(擱) gé 囻禁(jīn)受;承受▷上岁数的人～不住这么折腾｜～得住。○另见 gē。

葛 gé ❶图多年生草本植物,茎蔓生,块根肥大,含淀粉,可以食用。❷一种有花纹的纺织品▷毛～｜华丝～。☞作用姓氏时读 gě。

【葛布】 gébù 图葛的纤维加工后织成的布,质地轻薄,透气性好,多用来做夏装。

蛤 gé 图蛤蜊、文蛤等瓣鳃类软体动物的统称。○另见 há。

【蛤蜊】 géli 图软体动物,壳卵圆形。生活在浅海泥沙中。肉鲜美可食。

【蛤蚧】 géjiè 图爬行动物,体形大于壁虎,可入药。

隔 gé ❶囻遮断;阻挡使不能或不便相通▷河流被大坝～成两段｜两个村子～着一座大山｜阻～。❷(空间或时间上)有距离;相距▷两座大楼相～200米｜～了两年才见面。☞统读 gé。㊀右下"鬲"内是"丫"不是"羊"。

【隔岸观火】 gé'ànguānhuǒ 站在河边看对岸起火。比喻对别人的危难见而不救,采取旁观的态度。

【隔阂】 géhé 图沟通思想感情的障碍▷多年没联系,他们之间不免有了～。

【隔绝】 géjué 囻隔断;不往来▷声息～｜不能与世～。

【隔离】 gélí 囻使分开,使断绝往来▷～审查｜染病牲畜必须～治疗。

【隔膜】 gémó ❶图思想感情不相通,相互不了解的状况▷消除彼此的～。❷形不了解的;不熟悉的▷我是学文学的,对考古学很～。

【隔墙有耳】 géqiángyǒu'ěr 隔着墙有人偷听。比喻秘密谈话也可能泄漏。

【隔靴搔痒】 géxuēsāoyǎng 隔着靴子抓痒。比喻说话写文章没有抓住要点或做事不切实际,不解决问题。

嗝 gé 图人体由于气逆反应而发出的声音▷打～｜饱～儿。

膈 gé 图人或哺乳动物分隔胸腔和腹腔的膜状肌肉。也说横膈膜。

骼 gé 见[骨骼]gǔgé。

合 gé 量市制容量单位,10勺为1合,10合为1升。○另见 hé。

舸 gě 图大船;泛指船▷百～争流。

个(個) gè ❶量 a)用于单独的人或物以及没有专用量词的事物,也可用于某些有专用量词的事物▷两～人｜三～包子｜一～国家｜四～钟头｜一

～念头｜一～(所)学校。b)用在约数之前,语气显得轻松、随便▷一封信总要看～三四遍｜每周去～一两次｜一口气能跑～十来里。c)用在某些动词和宾语之间,起表示动量的作用▷上了～当｜见～面儿。d)用在某些动词和补语之间,作用与"得"相近(有时与"得"连用)▷笑～不停｜闹得～满城风雨。❷形单独的;非普遍的▷～人｜～体｜～别｜～性。☞在"自个儿"(自己)中读 gě。

【个儿】 gèr ❶图指人的身材或物体的体积▷这孩子现在正是长～的时候｜西瓜～大、味儿甜。❷指一个的个体▷馒头论～卖。

【个案】 gè'àn 图特殊的、个别性的案件或事件▷以～处理的方式解决。

【个别】 gèbié ❶形单个;单独▷～谈话｜～指导。❷极少数的▷只有～同学缺课。❸图哲学上指使事物彼此区别的单一事物的个体性、独特性。个别跟一般相对,组成辩证法的一对范畴。

【个人】 gèrén ❶图单个的人(跟"集体"相对)▷～爱好｜～利益。❷代我(用于自称)▷～觉得这事儿有点难办。❸自己(指当事人)▷你～怎么想｜这是他～的意见。

【个人主义】 gèrén zhǔyì 一切以个人利益为出发点的思想。

【个体】 gètǐ ❶图单个的人或生物(跟"集体""群体"相对)▷～离不开群体。❷指个体户▷～经济。

【个体户】 gètǐhù 图指独立从事生产或经营的家庭、个人。

【个性】 gèxìng ❶图一个人比较固定的特性,包括气质、性格、兴趣等。❷事物的特殊性(跟"共性"相对)。

各 gè ❶代指一定范围中的所有个体,大体相当于"每个"▷～人｜～家｜～国｜～种样式。❷表示分别做或分别具有▷双方～执一词｜男女生～半。

【各得其所】 gèdéqísuǒ 每个人或每件事都得到了适当的位置或安排。

【各个】 gègè ❶代所有的(个体);每一个▷～单位。❷副一个一个地;分别地▷～歼灭。

【各抒己见】 gèshūjǐjiàn 各自发表自己的意见。

【各行其是】 gèxíngqíshì 不遵循约定的规范,各自按照自己认为正确的去做(含贬义)。☞"是"不要写作"事"。

【各有千秋】 gèyǒuqiānqiū 比喻各有特点,各有所长。

【各执一端】 gèzhíyīduān 各自坚持一方面的道理。形容争执不下,意见不统一。

【各自为政】 gèzìwéizhèng 按照各自的主张去处理政务。比喻不顾整体,各搞一套。

虼 gè [虼蚤]gèzao 图蚤的通称。

硌 gè 囻身体跟凸起的或硬的东西接触而感到不适或受到损伤▷饭里有沙子,把牙～了｜走石头子儿路～脚。

gei

给(給) gěi ❶囻使对方得到或受到▷～孩子点儿水喝｜净～我气受。❷介引进动作行为的主动者,相当于"被"▷衣服～雨淋湿了｜这本书～你弄脏了。❸引进动作行为的对象▷～老师敬个礼｜～人家赔个不是｜～老大娘看病｜～祖国争光。❹直接用在表示处置或被动意义的动词前面,加强语气▷他把自行车～修好了。❺介后面带上宾语"我",用于命令句,表示说话人的意志,加强语气▷～我把地扫干净。○另见 jǐ。

【给以】　gěiyǐ 团使对方得到▷有重大贡献的同志要～重奖。

gen

根 gēn ❶图植物茎干下部长在土中的部分▷移栽时不要伤了～。❷图物体的基部▷～基|城墙～儿|耳～|舌～。❸事物的本源▷刨～问底|祸～|～源。❹比喻子孙后代▷这孩子可是老王家的一条～呀！|独～独苗。❺依据▷～据|存～。❻圖从根本上；彻底地▷～治|～除。❼圍用于草木或条状的东西▷一～草|两～筷子|儿～钢筋。

【根本】　gēnběn ❶图事物的根基或最主要的部分▷治国的～|从～上解决问题。❷圈重要的、起决定作用的▷最～的原因。❸圖从头至尾；完全；本来(多用于否定式)▷我～不知道这件事。❹彻底▷～改变态度。

【根除】　gēnchú 团从根本上铲除▷～隐患。

【根底】　gēndǐ ❶图根基；基础▷做学问要打好～。❷底细；详细的内情▷不知他的～。

【根基】　gēnjī ❶图建筑物的地下部分；基础▷桥梁的～一定要打扎实。❷比喻政治、经济、文化、知识等多方面的基础▷打好～，再图发展。

【根究】　gēnjiū 团彻底追究▷～他的来历|～原因。

【根据】　gēnjù ❶图作为论断前提或言行基础的事物或理论▷事实|～不充分。❷团以某一事实或理论作为基础▷量刑要～事实求是的原则。❸引出某一事实或行为表示为另一动作行为的条件或依据▷～您的意见修改了剧本。

【根绝】　gēnjué 团从根本上消灭；灭绝▷～小儿麻痹症。

【根深蒂固】　gēnshēndìgù 根扎得深，蒂也牢固。比喻根基牢固，不可动摇。

【根深叶茂】　gēnshēnyèmào 植物的根扎得深，枝叶才长得繁茂。比喻基础打得好，事业就兴旺发达。

【根由】　gēnyóu 图(事物的)来历，原因▷查问～。

【根源】　gēnyuán 图草木的根和水的源头，比喻事物产生和变化的根本原因▷社会～。

【根治】　gēnzhì ❶团从根本上治理▷～沙漠|～腐败。❷完全治愈，不再复发(用于疾病等)▷～癌症有望。

跟 gēn ❶图脚或鞋袜的后部▷脚～|袜子后～。❷团紧随在后面向同一方行动▷他前面走，我后面～着◇紧～形势。❸囧引进动作的对象，相当于"同"▷这个问题要～大家商量|～去年比，今年夏天热多了。❹囲表示并列关系，相当于"和"▷桌上摆着纸墨。

【跟班】　gēnbān 团随同某一集体(劳动、学习等)▷领导下车间～劳动。

【跟前】　gēnqián ❶图身边；身旁▷在他～|孩子很愉快。❷附近；近处▷大楼～停着一辆轿车。❸临近的时间▷等到劳动节～再开会。

【跟随】　gēnsuí 团跟在后边(一起行动)▷几年来他一直～着我走南闯北。

【跟头】　gēntou ❶图指失去平衡而摔倒▷不小心摔了一个～。❷前后翻倒▷飞机翻了几个～。

【跟踪】　gēnzōng 团紧紧追随别人的踪迹▷～那个可疑的人|～服务。

哏 gén 图滑稽有趣的动作、语言或表情▷逗～|捧～。

艮 gèn ❶圈(食物)韧而不脆，不易咀嚼▷萝卜～了挺难吃|点心搁久了发～。❷比喻脾气倔，说话生硬▷老王头儿的脾气真够～的，谁的话也听不进。

☞八卦之一的"艮"读 gèn。

亘 gèn 团(空间或时间上)延续不断▷横～千里|绵～。☞统读 gèn。

【亘古】　gèngǔ 图从古到今▷～以来。

geng

更 gēng ❶团改变；更换▷～改|～换。❷图古代夜间计时单位，一夜分为五更，每更相当两小时▷三～半夜|五～天。〇另见 gèng。

【更动】　gēngdòng 团改动▷设计图纸有所～|人事～。

【更改】　gēnggǎi 团改变；改动(时间、计划、数字、决定等)▷～指标。

【更换】　gēnghuàn 团改换；替换▷～齿轮|～展品|～位置。

【更年期】　gēngniánqī 图指人由生育年龄向老年转化的过渡时期。

【更替】　gēngtì 团(整体)变更；接替▷四时～|新老～。

【更新】　gēngxīn ❶团旧的消失，新的产生▷万象～|世事～。❷去掉旧的，换上新的▷～设备|～知识|观念～。

【更易】　gēngyì 团改换；改动▷所列条目稍有～。

【更正】　gēngzhèng 团对已发表的文章或谈话中的错误作出改正▷～了书中的内容。

庚 gēng ❶图天干的第七位。❷年龄▷同～|贵～(问人年龄的敬词)。

耕 gēng ❶团用犁或机器翻地松土▷～地。❷比喻致力于某种事业▷笔～|舌～。☞左边是"耒"(lěi)，第一画是横(一)，不是撇(ノ)。

【耕地】　gēngdì ❶团用犁或机器把田地里的土翻松，使适合耕作▷用拖拉机～。❷图指可以种植农作物的土地▷不能随便占用～。

【耕云播雨】　gēngyúnbōyǔ 指飞机在云层中来回喷撒催化剂，促使降雨。泛指用人力改造自然。

【耕耘】　gēngyún 团耕地和除草，泛指田间劳作；也比喻在其他方面辛勤劳动▷他家几代人都在这块黑土地上辛勤～|没有辛勤～，哪来好文章？

【耕种】　gēngzhòng 团耕耘种植▷土地由承包人～。

【耕作】　gēngzuò 团为使农作物适于生长发育而在田地中进行除草、松土、施肥、灌溉等一系列工作。

羹 gēng 图蒸成或煮成的汁状或糊状食品▷银耳～|莲子～|鸡蛋～。

【羹匙】　gēngchí 图小勺子。也说匙子。

埂 gěng ❶图堤防▷堤～|～堰。❷高于四周的长条形地方▷山～|土～。❸特指田间分界处高起的小土梁▷田～|地～。

耿 gěng 圈正直▷～直|～介。

【耿耿】　gěnggěng ❶圈明亮▷～星河。❷形容忠诚▷忠心～。❸形容难以摆脱▷～于怀。

【耿介】　gěngjiè 圈〈文〉正直，不阿谀逢迎▷性情～|～不苟。

【耿直】　gěngzhí 圈正派、直爽▷性格～。☞不宜写作"梗直""鲠直"。

哽 gěng ❶团食物堵塞咽喉；噎▷慢点吃，别～着。❷因感情激动而声气阻塞▷～咽|～塞。

【哽塞】　gěngsè 团指声音在喉咙里受到堵塞发不出来。☞"塞"这里不读 sāi。

【哽咽】　gěngyè 团因极度悲伤时喉咙堵塞，不能痛快地出声▷她～着述说了自己的遭遇。

绠（綆）gěng 图井绳。

【绠短汲深】gěngduǎnjíshēn 吊桶的绳子很短，却要从深井里汲水。比喻能力有限，而任务很重（多用作谦词）。

梗 gěng ❶图草本植物的茎或枝▷荷～儿|花～儿。❷团直着；挺直▷～着脖子。❸阻塞；阻碍▷从中作～|阻～|～塞。

【梗概】gěnggài 图大略的内容或情节▷剧情～。

【梗塞】gěngsè 团阻塞不通▷交通～。

【梗死】gěngsǐ 团局部组织因血流阻断而引起坏死▷心肌～。

【梗滞】gěngzhì 团阻塞停滞▷流通环节～|销售渠道～。

【梗阻】gěngzǔ 团阻塞▷山路～|肠～。

鲠（鯁）gěng ❶图鱼骨头；鱼刺▷骨～|～在喉。❷团（鱼刺等）卡在嗓子里▷鱼刺把喉咙～住了。

更 gèng ❶副又；再▷～上一层楼。❷表示程度加深，相当于"越发"▷任务～艰巨了。〇另见 gēng。

【更加】gèngjiā 副更②（常用在双音节形容词、动词前）▷市场～繁荣|他～喜欢读书。

gong

工 gōng ❶图本指手工工人，后来泛指工人▷木～|女～。❷生产劳动；工作▷做～|～龄。❸一个劳动力干一天的工作量▷耕完这块地需要八个～。❹工程▷施～|竣～|～期|～地。❺指工业▷轻～|产品|～化。❻指工程师▷高～（高级工程师）|李～。❼图精巧；细致▷～笔画|～整。❽团擅长；善于▷～诗善画|～于写生。

【工本】gōngběn 图制造物品所用的原料和加工费用▷核算～。

【工笔】gōngbǐ 图中国画的一种画法，特点是笔法工整，描绘细致（区别于"写意"）▷～画|擅长～。

【工厂】gōngchǎng 图直接从事工业生产活动的单位和场所。

【工潮】gōngcháo 图工人们为实现本阶级或群体的某种要求而举行的连续的抗争活动。如罢工、游行示威等。

【工程】gōngchéng ❶图将自然科学基础学科的原理和科学实验、生产实践中所积累的经验应用到工农业生产部门而形成的各应用学科的总称，如土木建筑工程、水利工程、生物工程等。❷指需要用较大而复杂的设备来进行的基本建设项目▷京九铁路～|三峡～。❸泛指规模大而复杂，需要各方面通力合作的工作▷经济体制改革是一项巨大的社会系统～。

【工程师】gōngchéngshī 图工程技术领域中级专业职务名称。

【工读】gōngdú ❶团用自己的劳动收入供自己读书▷他想去国外～深造。❷图指工读教育，即对有较轻违法犯罪行为的青少年进行教育、挽救，其特点是边劳动、边学习▷～学校|～生。

【工夫】gōngfu ❶图（做事）所耗费的精力或时间▷他干什么工作都舍得下～。❷时间▷我没有～去看戏▷～一段时间；时候▷我当学生那～，总是按时写完作业。

【工会】gōnghuì 图工人阶级的群众性组织。

【工匠】gōngjiàng 图手艺工人的总称▷各地的～都来参加比赛。

【工具】gōngjù ❶图泛指从事劳动生产所使用的器具。❷比喻用来达到某种目的的手段或事物▷外语是一种～。

【工科】gōngkē 图各工程学科的统称。

【工力】gōnglì ❶图（做一项工作所需要的）人力、人工▷这项工程投入的～太大了。❷〈文〉本领和力量▷～悉敌（双方本领和力量不相上下）。

【工巧】gōngqiǎo 图精致而细巧（多指艺术品的技艺、手法等）▷雕刻～|笔法～。

【工人】gōngrén 图靠工资为生的劳动者（多指体力劳动者）。

【工事】gōngshì 图战争中军队为保护自己、攻击敌人而修建的土木工程，如掩蔽部、地堡、战壕等。

【工效】gōngxiào 图工作效率▷讲求～|～很高。

【工薪】gōngxīn 图工资▷～阶层|～收入。

【工序】gōngxù ❶图生产过程的各组成部分▷这种产品的生产大致要经过三道～。❷生产过程中各个加工环节的先后次序▷生产要按～进行。

【工业】gōngyè 图采掘自然物质资源和对原材料进行加工的物质生产事业。有重工业和轻工业两大类。

【工艺】gōngyì ❶图对原材料、半成品进行加工或处理，产出成品的方法、技术和过程等▷采用新～生产的产品质量好。❷指手工技艺▷～品|～美术|～精细。

【工整】gōngzhěng ❶图（字）细致整齐，不潦草▷文章好，字也～。❷整齐稳妥▷对仗～。

【工资】gōngzī 图国家或企业根据劳动者所提供的劳动数量和质量，以货币等形式付给的报酬。

【工作】gōngzuò ❶团从事体力或脑力劳动▷～到深夜。❷泛指机器、设备运转，发挥作用▷计算机按照指令开始～。❸图业务；任务▷开展咨询～|教学～|推销～。❹职业▷他喜欢教师这个～。

弓 gōng ❶图发射箭或弹丸的器具▷一张～|～箭|弹(dàn)～|～拉～。❷形状或作用像弓的器具▷琴～|弹棉花的绷～。❸团使弯曲▷～着腰|前腿～，后腿蹬。

公 gōng ❶图属于群众、集体或国家的（跟"私"相对）▷～款|～事。❷图指群众、集体或国家；也指属于群众、集体或国家的事务▷因～出差|办～。❸图没有偏私；公正▷～买～卖|分配不～。❹共同的；公认的▷～倍数|人民～敌|～理|～式。❺国际的▷～海|～历|～制|～里。❻公开的▷～报|～演|～判|～然。❼团使公开▷～之于世。❽图古代贵族五等爵位的第一等▷～侯伯子男。❾对男子的尊称▷李～|诸～。❿称丈夫的父亲▷～婆|～～|～爹。⓫图雄性的（跟"母"相对）▷～牛|～鸡。

【公安】gōng'ān 图社会的公共治安（多作定语）▷～机关|～人员。

【公案】gōng'àn 图指难以审理的案件，泛指社会上有争执或离奇的事情▷～小说|了结这桩～。

【公报】gōngbào ❶图国家、政党或团体就重大事件或会议发表的公开文告▷新闻～。❷不同的国家及其政党、团体就某些问题达成协议所发表的正式文件▷联合～。❸由政府编印的专门登载法律、法令、决议等官方文件的刊物▷政府～。

【公布】gōngbù 团公开发布（文告、账目等）▷～选举结果。

【公道】gōngdào 图公正的道理。

【公道】gōngdao 图公正；合理▷办事很～|价钱不～。

【公德】gōngdé 图公共道德▷加强～教育|遵守～。

【公断】 gōngduàn ❶囫由各方都信任的非当事人居中裁断；也指公众舆论的评断▷是非自有～。❷由执法部门裁决▷是～还是私了，你自己选择。

【公告】 gōnggào ❶囫(政府机关)郑重宣布▷特此～。❷图指以国家政府名义向国内外宣布的重要事项的文告▷发布政府～。

【公共】 gōnggòng 圆属于全社会的；公众共同遵守或使用的▷～道德|～秩序|～财物|～汽车。

【公共关系】 gōnggòng guānxì 指社会组织或个人在社会活动中的相互关系。

【公海】 gōnghǎi 图不受任何国家支配、管辖，各国都可平等使用的海域。

【公害】 gōnghài ❶图指工业生产过程排放的废水、废气、噪音等对环境的污染和对社会的危害。❷泛指对公众有害的事物▷扫黄打非，清除～。

【公函】 gōnghán 图平级或不相隶属的机关、团体之间的往来信件。

【公会】 gōnghuì 图同行业者自行组织起来的联络团体。如律师公会等。

【公积金】 gōngjījīn ❶图企业等每年从收益中提存的用于扩大再生产等的备用资金。❷为公共福利事业积累的长期性专项资金▷住房～。

【公祭】 gōngjì 囫人民团体或社会各界为对社会做出重大贡献的死者举行祭奠，表示哀悼。

【公家】 gōngjia 图指国家、集体(跟"私人"相对)。

【公决】 gōngjué 囫(重大的事情)由公众共同决定▷全民～|集体投票～。

【公开】 gōngkāi ❶圆毫不隐蔽；面对大众的(跟"秘密"相对)▷～的行动|～反对|财务～。❷囫使秘密的成为大家都知道的▷～他的身份。

【公理】 gōnglǐ ❶图多数人认为正确的道理▷～战胜强权。❷已反复为实践所证实而被公认的命题，可作为证明的论据，如"同一平面上两点之间直线最短"就是一条公理。

【公历】 gōnglì 图世界上大多数国家通用的历法，我国通称"阳历"。

【公路】 gōnglù 图能通行机动车辆的公有交通大道。

【公论】 gōnglùn 图公众的或公正的评论▷是非曲直自有～。

【公民】 gōngmín 图具有一国的国籍，享有宪法和法律规定的权利并履行其义务的人。

【公民权】 gōngmínquán 图公民依法享有的人身、政治、经济、文化等方面的权利。其中宪法规定的称为公民基本权利。

【公平】 gōngpíng 圆合情合理，不徇私、不偏袒▷～竞争|～调解|裁决～。

【公仆】 gōngpú 图为公众服务的人，特指国家公务员▷当好人民～。

【公然】 gōngrán 圖明目张胆地；毫无顾忌地▷～反对|～侵犯。

【公认】 gōngrèn 囫众人一致认为。

【公式】 gōngshì ❶图自然科学中用数学符号或文字表示各个量之间关系变化的式子。具有适合于同类关系的普遍性。❷泛指经过概括的对于同类事物普遍适用的方式、方法▷"团结—批评—团结"是正确处理人民内部矛盾的～。

【公式化】 gōngshìhuà ❶囫文艺创作中套用某种固定的模式来表现现实生活▷文学创作不能～。❷指用某种固定的程式处理不同问题，缺乏灵活性▷处理这类事情不能～，要灵活一些。

【公事】 gōngshì 图公家的事情▷出差办～|～公办。

【公司】 gōngsī 图依法定程序设立、以营利为目的的具有法人资格的一种企业组织形式。

【公诉】 gōngsù 图刑事诉讼方式之一。由检察机关代表国家对被认为确有犯罪行为、应负刑事责任的犯罪嫌疑人向法院提起的诉讼(区别于"自诉")。

【公文】 gōngwén 图国家行政机关在行政管理过程中形成的具有法定效力和规范体式的文书，是依法行政和进行公务活动的重要工具。

【公务】 gōngwù 图公家的事务。

【公务员】 gōngwùyuán ❶图各级国家行政机关中除工勤人员以外的工作人员。❷旧指机关、团体中的勤杂人员。

【公心】 gōngxīn 图公正的心；把公家、公众的利益放在首位的思想▷办事出于～。

【公休】 gōngxiū 囫在国家法定节假日、双休日休假。

【公议】 gōngyì 囫大家共同评议。

【公益】 gōngyì 圆有关社会公共利益的▷～活动|～事业。

【公益金】 gōngyìjīn 图企业、集体经济组织等用于本单位职工的社会保险和福利事业的资金，每年按规定的百分比从收益中提取或从其他来源积累。

【公有制】 gōngyǒuzhì 图生产资料归国家或集体所有的制度。我国现阶段存在两种公有制，一是社会主义全民所有制，一是社会主义集体所有制。

【公寓】 gōngyù ❶图可以容纳许多人家居住的公共寓所。有成套房间，有较好的设备，大多为楼房。❷指专为学生开办的收费的宿舍。

【公元】 gōngyuán 图国际通用的公历纪元，从传说的耶稣诞生那一年算起，这年以前称公元前。我国从1949年起正式采用公元纪年。

【公园】 gōngyuán 图供公众游览休闲的风景优美的园林。

【公约】 gōngyuē ❶图国际间就某些经济、技术、法律以及一些重大政治问题达成的多边条约，如万国邮政公约。❷为维护公众共同利益所制定的人人共同遵守的条规，如市民文明公约等。

【公允】 gōngyǔn 圆公平适当；不偏袒▷评论～。

【公债】 gōngzhài 图国家以信用方式向国内或国外借的债。

【公正】 gōngzhèng 圆公平正直，毫不徇私▷处理～|～的态度。

【公证】 gōngzhèng 囫国家公证机关根据当事人申请，依法证明民事法律行为、有法律意义的文书和事实的真实性、合法性的一种活动。

【公职】 gōngzhí 图国家机关、国有企事业单位中的正式职务。

【公制】 gōngzhì 图指国际公制。如重量单位用克、千克、吨等，长度单位用毫米、厘米、米、千米等。

【公众】 gōngzhòng 图指社会上大多数的人；大众▷社会～|～的意愿。

【公诸同好】 gōngzhūtónghào 把自己喜爱的东西拿出来供有同样爱好的人共同欣赏。

【公主】 gōngzhǔ 图帝王的女儿。

【公转】 gōngzhuàn 囫指一个天体围绕另一个天体转动。如地球围绕太阳公转一周是一年，月球围绕地球公转一周是一个月。☞"转"这里不读 zhuǎn。

【公子】 gōngzǐ 图古代称诸侯的儿子，后来称富贵人家的儿子，也用来尊称别人的儿子。

【公子哥儿】 gōngzǐgēr 图不懂人情世故的富贵人家的子弟，泛指娇生惯养又不求上进的年轻男子。

功 gōng ❶图作出的贡献；较大的业绩（跟"过"相对）▷～大于过丨～绩。❷成效；功效▷事半～倍丨～能。❸作出成效所需要的技术修养▷练～丨基本～。

【功败垂成】 gōngbàichuíchéng 在将近成功的时候却遭到失败。

【功臣】 gōngchén 图君主时代指有功劳的大臣，现指对人民、国家、革命事业有很大功劳的人▷人民～。

【功成名就】 gōngchéngmíngjiù 事业取得了成功，获得了名誉。

【功德】 gōngdé ❶图功业和德行▷牢记老科学家的～。❷佛教指诵经、行善等。

【功底】 gōngdǐ 图功夫的底子；基本功▷～浅薄丨扎实的～。

【功夫】 gōngfu ❶图本领，技能；特指武术▷～片。❷学问、技艺等的水平▷他的画很见～。

【功过】 gōngguò 图功劳和过失▷是非～自有公断。

【功绩】 gōngjì 图功劳和成就。

【功课】 gōngkè ❶图学生在学校学习的内容▷学好～。❷教师给学生布置的作业▷每日留的～不能太多。

【功亏一篑】 gōngkuīyīkuì 堆很高的土山，只差一筐土而没有完成。比喻做一件事情最后只差一点而没有取得成功。

【功劳】 gōngláo 图对事业作出的贡献。

【功力】 gōnglì ❶图效力▷药酒的～很大。❷功夫▷他的画颇有～。

【功利】 gōnglì ❶图成效和利益▷办企业不能不讲～。❷名誉、地位和钱财等▷不能一味追求个人～。

【功能】 gōngnéng 图事物所具有的积极作用▷肝～丨名词的句法～丨消化～。

【功效】 gōngxiào 图功能；效果▷这种药对治疗风湿性关节炎有良好的～。

【功勋】 gōngxūn 图为国家和人民立下的特殊功劳。

【功业】 gōngyè 图功绩和事业▷千秋～丨建立～。

【功用】 gōngyòng 图事物所能发挥的作用▷字典的～是供查考。

【功罪】 gōngzuì 图功劳和罪过▷千秋～任凭后人评说。

攻 gōng ❶团进击；攻打（跟"守"相对）▷～下敌人的阵地。❷指责；抨击▷群起而～之。❸专心致志地研究；钻研▷专～哲学。

【攻读】 gōngdú 团专心致志地研读或钻研▷～《资本论》丨～地球物理学。

【攻关】 gōngguān 团攻打险要的地方或关口，比喻努力突破难关。

【攻击】 gōngjī ❶团进攻；打击▷～敌人的右翼。❷恶意指责；诽谤▷无端～。

【攻坚】 gōngjiān ❶团强攻敌人的坚固设防▷浴血～。❷比喻努力解决最难的问题▷努力～，开发新产品。

【攻讦】 gōngjié 团（因利害冲突）揭发并攻击别人的过失或阴私▷敌人各派互相～。

【攻克】 gōngkè ❶团攻下（敌方的城市、据点）。❷比喻突破（难题、难关等）。

【攻势】 gōngshì 图进攻的态势▷展开强大的～丨这位棋手开局就～凌厉。

【攻守同盟】 gōngshǒu tóngméng 原指国与国之间缔结盟约，以便战时互相救援，联合攻防。现多指共同作案或共同犯错误的人为了掩盖罪行或错误，事先暗中约定采取一致行动。

【攻无不克】 gōngwúbùkè 没有攻打不下来的。表示力量强大无比。

【攻陷】 gōngxiàn 团攻下▷～敌方重镇。

【攻心】 gōngxīn 团瓦解对方的斗志或意志▷政策～。

【攻占】 gōngzhàn 团攻下并占领（阵地、据点等）▷～无名高地。

供 gōng ❶团供给(jǐ)；供应▷～电丨～养。❷提供某种东西让人使用▷以上意见，仅～参考。○另见 gòng。

【供不应求】 gōngbùyìngqiú 供应不能满足需求。☞这里"供"不读 gòng，"应"不读 yīng。

【供给】 gōngjǐ 团向需要的人提供生产、生活必需的物资、钱财等▷～生活费用。☞"给"这里不读 gěi。

【供求】 gōngqiú 图商品的供给和需求▷～平衡。

【供销】 gōngxiāo 图供应和销售的商业性活动▷～业务。

【供养】 gōngyǎng 团供给亲属生活费用；赡养▷全家老小都靠他～。

【供应】 gōngyìng 团供给所需物资▷～各种生产资料。

肱 gōng 图人的上臂，即从肩到肘的部分；手臂▷～骨。

宫 gōng ❶图帝王的住所▷故～。❷神话中仙人的住所▷天～丨龙～。❸某些庙宇的名称▷雍和～丨天后～。❹某些文化娱乐场所的名称▷文化～丨少年～。❺指子宫▷刮～丨～颈炎。

【宫殿】 gōngdiàn 图帝王高大豪华的住所。

【宫廷】 gōngtíng ❶图帝王居住和听政的地方。❷借指以帝王为首的封建制国家的统治集团。

【宫廷政变】 gōngtíng zhèngbiàn 原指帝王宫廷内部发生篡夺帝位的事变，后用来比喻国家统治阶级上层中少数人用暴力等手段争夺政权的事变。

恭 gōng 囮严肃有礼貌▷洗耳～听丨谦～。☞下边不是"小"或"水"。

【恭贺】 gōnghè 团敬词，恭敬地祝贺▷～新年。

【恭敬】 gōngjìng 囮对长者或宾客尊重而有礼貌。

【恭顺】 gōngshùn 囮恭敬顺服▷对老祖父十分～。

【恭维】 gōngwéi 团为迎合而奉承▷不敢～丨不喜欢当面～。☞不宜写作"恭惟"。

【恭喜】 gōngxǐ 团客套话，用于为对方的喜事而祝贺▷～发财丨～你荣登榜首。

蚣 gōng 见[蜈蚣]wúgōng。

躬 gōng ❶副亲自▷～逢其盛丨～行丨事必～亲。❷团身子向前弯曲▷～身下拜。

觥 gōng 图古代盛酒的器具，用兽角制作。

【觥筹交错】 gōngchóujiāocuò 酒器和行酒令的筹码错杂相交。形容相聚饮酒的热闹场面。☞"觥"不读 guāng。

巩(鞏) gǒng 囮牢固；坚固▷～固。

【巩固】 gǒnggù ❶囮牢固，不易动摇的（多形容抽象事物）▷政权～。❷团使牢固▷～国防。

汞 gǒng 图金属元素，符号 Hg。银白色液体，有毒。可用来制造镜子、温度计、血压计、药品等。通称水银。

拱 gǒng ❶团两手在胸前合抱，表示敬意▷～手。❷围；环绕▷众星～月。❸囮弧形的（建筑物）▷～门丨～石丨～桥。❹团（肢体）向上耸或向前弯成弧形▷～肩缩背丨～腰。❺向前或向上顶；向里或向外钻▷肥猪～门丨麦苗儿从土里～出来了。☞不读 gōng 或

gòng。

【拱抱】 gǒngbào (山峦等)环抱▷群峰～山城。

【拱卫】 gǒngwèi 团围绕在四周护卫着▷四周的军事重镇～着京师 | 绿水环绕、群峰～。

共 gòng

❶团一起承受或进行▷同甘苦、～患难 | ～事。❷形大家都具有的;相同的▷～性 | ～识。❸副一同;一齐▷同舟～济 | ～管。❹总计:合计▷～五本书。❺图指共产党▷中～中央。

【共产党】 gòngchǎndǎng 图无产阶级的政党,是无产阶级的先锋队。指导思想是马克思列宁主义,组织原则是民主集中制,根本目的是实现社会主义和共产主义。

【共和制】 gònghézhì 图共和政体。指国家权力机关和元首由选举产生,并有一定任期的政权组织形式(跟"君主制"相对)。

【共计】 gòngjì 团合在一起算;总共▷所有花费～85元。

【共勉】 gòngmiǎn 团一起努力;相互勉励▷师生～。

【共鸣】 gòngmíng ❶团物体因共振而发声。❷比喻由思想上的某种情绪、情感而引发出相同的情绪、情感▷朗读可以唤起听众心灵。

【共青团】 gòngqīngtuán 图中国共产主义青年团。中国共产党领导下的先进青年的群众性组织。

【共识】 gòngshí 图一致的认识▷双方在谈判中取得了～。

【共同】 gòngtóng ❶形大家都有的;属于大家的▷～的爱好。❷副一起或一齐(做某事)▷～奋斗 | 对敌。

【共享】 gòngxiǎng 团共同享用▷资源～ | ～丰收的喜悦。

【共性】 gòngxìng 图指某类事物所共有的普遍性质(跟"个性"相对)▷～存在于个性之中。

贡(貢) gòng

❶团古代指臣民或附属国向君主奉献物品,后来泛指进献▷～品 | ～奉。❷图所进献的物品▷进 | 纳～。

【贡献】 gòngxiàn ❶团把财物、才智、力量等无偿地献给国家或公众,或做有益于国家和人民的事▷为祖国建设～力量。❷图为国家和人民所做的有益的事▷李时珍在药物学方面作出了很大～。

供 gòng

❶团向神佛或祖先献祭品▷桌上～着果品。❷图供品▷摆～ | 上～。❸团从事;担任▷～职。❹受审的人交代案情▷～认不讳。❺图受审的人所交代的有关案情的话▷口～。○另见 gōng。

【供词】 gòngcí 图刑事犯罪嫌疑人、被告人在审讯中所写或所说的有关案情的话。

【供品】 gòngpǐn 图供奉神佛、祖先时摆放的瓜果、酒食的总称。

【供认不讳】 gòngrènbùhuì 被审讯的人毫无顾忌和保留地招认所做的事情。

gou

勾 gōu

❶团用钩形符号(√)表示重点或删掉▷把重点词句～出来。❷描画▷几笔就～出远山的轮廓 | ～脸。❸结合;串通▷～搭 | ～通。❹引出▷几句话～起了她辛酸的往事。❺涂抹砖石建筑的缝隙▷～墙缝儿。❻用淀粉等调和使(汁水)变稠▷给菜里～点儿芡。❼在"勾当"(今指不好的行为)中读 gòu。

【勾搭】 gōuda ❶团引诱▷～成奸。❷互相串通(干坏事)▷他们暗中～,图谋不轨。

【勾画】 gōuhuà ❶团勾勒描画▷～草图 | ～头像。❷用简洁文字描述▷那篇通讯报道～出了罪犯的丑恶嘴脸。☞不宜写作"勾划"。

【勾魂摄魄】 gōuhúnshèpò 魂魄被勾摄走。形容具有吸引人的强大魅力,动人心魄,令人迷恋。

【勾结】 gōujié 团互相勾通、结合在一起(做坏事)▷几个人～在一起造谣生事 | 不法商贩勾弄虚作假。

【勾勒】 gōulè ❶团用线条画出(人或物的轮廓)。❷用简洁文字描写出(人或物的概貌)。

【勾通】 gōutōng 团勾结串通。

【勾销】 gōuxiāo 团用笔勾去(用符号"√")已了结的账目、泛指消去、抹掉▷～了多年的积怨 | 一笔～。☞不宜写作"勾消"。

【勾心斗角】 gōuxīndòujiǎo 原作"钩心斗角",形容宫室建筑的内外结构错综精巧(见唐·杜牧《阿房宫赋》)。后形容用尽心机,明争暗斗,多写作"勾心斗角"。

【勾引】 gōuyǐn ❶团勾结(某种势力一起干坏事)▷是那个二流子把土匪～进村的。❷引诱(别人做不正当的事)▷毒贩子～青少年吸毒。

佝 gōu

[佝偻]gōulóu 团脊背弯曲▷身体～ | ～着腰。☞统读 gōu。

沟(溝) gōu

❶图流水的通道▷门前有条～ | 小河～。❷沟状防御工事▷壕～ | 交通～。❸类似沟渠的浅槽▷车轮把耕地压了一道～。

【沟壑】 gōuhè 图山沟或大坑▷弃尸～ | ～连绵。

【沟渠】 gōuqú 图人工开掘的大小排灌水道。

【沟通】 gōutōng 团开沟使水道相通,泛指采用多种方法使双方或多方彼此相通▷修一条海底通道,～大陆与海南 | 信息～ | ～大家的思想感情。

钩(鈎) gōu

❶图悬挂或探取东西的用具,形状弯曲▷把铁丝弯～ | 鱼上～ | 秤～ | 衣～。❷团用钩子或钩状物探取、悬挂或连接▷用拐棍儿把床底下的鞋～出来。❸用带钩的针编织▷～一块桌布。❹图汉字的笔画,形状是"亅""乀""→""乚"等▷横 | 竖弯～。❺钩形符号,形状是"√",用来表示"正确"或"合格"▷对的打个～。☞跟"钓"(diào)不同。

篝 gōu

图竹笼▷～火。

【篝火】 gōuhuǒ 图古代指用笼子罩着的火;今指在野外或空旷处点燃木柴、柴禾而生成的火▷～晚会。

苟 gǒu

❶形随便;草率▷一丝不～ | 不敢～同。❷副表示姑且,只顾眼前▷～全性命 | ～延残喘 | ～活 | ～安。

【苟安】 gǒu'ān 团只顾眼前,暂图安逸▷不可～于一隅 | ～一时。

【苟合】 gǒuhé ❶团无原则地附和或迎合▷他为人讲原则,不～。❷(男女间)不正当地结合。

【苟活】 gǒuhuó 团苟且生存▷与其～,不如苦战到死。

【苟且】 gǒuqiě ❶形草率;不认真▷因循～ | 一字一句都不敢～。❷副得过且过;姑且▷～偷生。

【苟同】 gǒutóng 团随便地、轻易地同意(别人的观点或主张)▷苟延残喘。

【苟延残喘】 gǒuyáncánchuǎn 生命垂危,勉强地延续喘息,形容勉强维持生命。

狗 gǒu

图家畜,听觉和嗅觉灵敏,可以看守门户,有的品种训练后可以帮助侦察、打猎、牧羊等,有的可作宠物。

【狗急跳墙】 gǒují tiàoqiáng 比喻在走投无路时不顾一切地冒险。

【狗头军师】 gǒutóujūnshī 指给坏人出谋划策的人或

专爱给人出馊主意的人。

【狗尾续貂】　gǒuwěixùdiāo 古代近侍官员以貂尾为冠饰，后朝廷任官太滥，貂尾不足，以狗尾替代，原指官爵太滥。后比喻以坏续好，前后不相称。

【狗熊】　gǒuxióng ❶图黑熊。❷比喻怯懦无能的人▷要当英雄，不当～。

【狗仗人势】　gǒuzhàngrénshì 比喻奴才仗恃主人的势力欺负人。泛指仗势欺人。

枸　gǒu [枸杞]gǒuqǐ 图落叶小灌木。果实叫枸杞子，红色，椭圆形，可以做药材。

构（構）　gòu ❶团把各组成部分安排、结合起来▷～筑｜～件｜～图｜～词。❷团结成；组织(用于抽象事物)▷～思｜虚～。❸图构树，落叶乔木。

【构成】　gòuchéng 团组成；形成▷"构"字由两个偏旁～｜～犯罪。

【构架】　gòujià 图建筑物的结构框架；比喻事物的组织结构▷作品的～。

【构建】　gòujiàn 团构造，建立(多用于抽象事物)▷～学科理论体系｜一种理想的文化模式。

【构思】　gòusī ❶团写文章或创作文艺作品时进行思维活动▷这篇小说～了很长时间。❷图所进行的思维活动▷作品的～很缜密。

【构图】　gòutú 图绘画或摄影时为了表现主题思想和追求美感效果，在一定的空间安排处理人、物的关系和位置，使整个画面成为一个艺术整体。

【构想】　gòuxiǎng ❶团构思；设想▷～美好蓝图。❷图所形成的构思设想▷关于体制改革的～。

【构造】　gòuzào ❶团营造；制造▷～新生活。❷图结构体内部各组成成分的安排、组织和相互关系▷机器的～｜地球的～。

【构筑】　gòuzhù 团构造、建造(多用于军事工程)▷～掩体。

购（購）　gòu 团买▷～买｜采～｜收～｜订～。

【购销】　gòuxiāo 图收购和销售▷～土特产品｜～两旺。

【购置】　gòuzhì 团购买置办(耐用的设备或器材等)▷～教学仪器｜～家具。

诟（詬）　gòu 〈文〉❶图耻辱▷忍辱含～。❷团辱骂▷～骂。

垢　gòu ❶图污秽、肮脏的东西▷油～｜牙～。❷图肮脏▷蓬头～面。

够　gòu ❶团满足或达到需要的数量、标准等▷买票的钱～了｜人手不～。❷副表示达到某种标准或程度很高▷这块布做上衣不～长｜天气真～冷的。❸图厌烦；腻▷老吃一种菜，真吃～了。❹团(用手或工具)伸向不易达到的地方去探取或接触▷把柜顶上的书～下来。

【够本】　gòuběn ❶团经商等不赔不赚。❷比喻得失持平▷跟敌人拼刺刀一个～，拼俩赚一个。

【够格】　gòugé 团〈口〉达到规定的条件或标准▷他参军已经～了。

【够呛】　gòuqiàng 〈口〉❶图厉害；难受▷把人气得～。❷表明情况糟糕▷他这个病我看～。☞不宜写作"够戗"。

【够味儿】　gòuwèir 图(食品的味道)很好，让人满意▷这龙井茶还真～。

【够意思】　gòuyìsi ❶赞扬达到相当高的水平或程度▷家具做得～。❷够朋友；够交情▷人家自己急用的钱先让我们用，真～。

彀　gòu 团〈文〉把弓拉满▷～弩而射。

【彀中】　gòuzhōng 图射箭所能达到的范围，比喻圈套、牢笼▷入我～。

媾　gòu ❶团〈文〉亲上加亲；泛指结为婚姻▷婚～(两家结亲)｜媒～。❷彼此交好；讲和▷～和。❸两性交配▷交～。

【媾和】　gòuhé 团交战双方缔结和约或缔结停战协定；为结束战争状态进行活动▷两国已经～｜交战双方正在～。

gu

估　gū 团大致推算；估计▷您给～个价｜群众热情不可低～。○另见 gù。

【估计】　gūjì 团对事物进行大致的推断▷～三两天就可完工。

【估价】　gūjià ❶团估计商品的价格▷这幅古画～多少？❷评价人或事物▷应该正确～自己。❸图对人或事物所作的评价▷对我的成就要有正确的～。

【估量】　gūliáng 团估计▷这件事影响之大，不可～｜我～他来不了。

咕　gū 拟声模拟某些禽鸟的叫声▷母鸡～～地叫。

【咕叨】　gūdao 团低声跟别人说话或小声自言自语▷你一个人嘴里～什么呢？也说叨咕、咕叨、咕哝。

【咕噜】　gūlu 团言语含混不清，也指低声说话▷病人嘴里～着，听不清说什么。

呱　gū [呱呱]gūgū 拟声模拟小孩子哭的声音▷～而泣｜～坠地。○另见 guā。

沽　gū ❶团买▷～酒。❷卖▷待价而～。

【沽名钓誉】　gūmíngdiàoyù 用各种手段谋取名誉。

孤　gū ❶图幼年失去父亲或父母亲的▷～儿。❷单独；掌难鸣▷～军。❸独特的；特出的▷～高自许。❹图古代王侯的自称▷～称～道寡。

【孤傲】　gū'ào 图(性情)孤僻高傲。

【孤本】　gūběn 图仅有一部流传于世的图书，也指原物已散佚的碑帖拓本，有时也指未刊行问世的著作手稿。

【孤单】　gūdān ❶图形容单身一人，无依无靠▷无亲无故，非常～。❷比喻力单势薄▷力量～，难以招架。

【孤独】　gūdú 图孤单寂寞▷一个人脱离了集体，感到十分～。

【孤儿寡母】　gū'érguǎmǔ 死了丈夫的女人及其子女。

【孤芳自赏】　gūfāngzìshǎng 比喻自视清高而自我欣赏。

【孤家寡人】　gūjiāguǎrén 孤家、寡人都是古代君主的自称，现用来指脱离群众或孤立无援的人。

【孤苦伶仃】　gūkǔlíngdīng 形容孤单没有依靠。☞不宜写作"孤苦零丁"。

【孤立】　gūlì ❶图脱离大多数，得不到同情、支持的▷他在群众中很～。❷和其他事物没有联系的▷不要～地看问题。❸团使孤单无助▷～少数敌人。

【孤零零】　gūlínglíng 图孤孤单单没有依靠的▷一座山只剩～一个人。☞㊀"零零"这里读变调。㊁不宜写作"孤伶伶"。

【孤陋寡闻】　gūlòuguǎwén 学识浅薄，见闻狭隘。

【孤僻】　gūpì 图(性格)怪僻；不合群▷他性格～，很少跟人交往。

【孤掌难鸣】　gūzhǎngnánmíng 一个巴掌拍不出声音来。比喻势单力薄，很难成事。也比喻双方发生矛盾冲突，各有责任，不是由一方造成的。

【孤注一掷】　gūzhùyīzhì 把所有的钱一次投作赌注以求扭转输钱局面。比喻在危急时刻竭尽全力冒险行事。

姑　gū ❶名对父亲姐妹的称呼▷大～｜二～｜母～。❷妻子对丈夫姐妹的称呼▷大～子｜小～子。❸(乡村里的)青年女子▷村～。❹出家的女子或从事宗教职业的妇女▷尼～｜道～。❺副〈文〉暂且▷～妄言之｜～置勿论。

【姑表】　gūbiǎo 名兄妹或姐弟的子女之间的亲戚关系(区别于"姨表")。

【姑娘】　gūniang ❶名未婚的女子▷年轻～。❷女儿▷他有一个～，两个儿子。

【姑且】　gūqiě 副表示暂时做某事▷这一点～不说，先说别的。

【姑妄听之】　gūwàngtīngzhī 姑且随便听听，表示不一定就相信。

【姑息】　gūxī 团毫无原则地宽容▷不能～坏人坏事。

轱(軲)　gū [轱辘]gūlu ❶名车轮▷十个～的大卡车。❷团滚动一块石头从山上一～下去了。☞不宜写作"轱轳"。

骨　gū 见下。〇另见 gǔ。

【骨朵儿】　gūduor 名还没有开放的花苞▷花～。

【骨碌】　gūlu 团滚；翻滚▷把油桶一～过来｜从床上一～爬起来。

鸪(鴣)　gū 见[鹁鸪]bógū、[鹧鸪]zhègū。

菰　gū 名多年生草本植物，生长在池沼里。嫩茎基部寄生菰黑粉菌后膨大，俗称茭白，是一种蔬菜。

菇　gū 名蘑菇▷香～｜冬～。

蛄　gū 见[蝼蛄]huìgū、[蝼蛄]lóugū。

菁　gū [菁葖]gūtū ❶名果实的一种类型。如芍药、木兰、八角等的果实。❷骨朵儿。

辜　gū 名罪；罪过▷死有余～｜无～。

【辜负】　gūfù 团对不住(别人的好意、期望或帮助)▷～了他的一番好意。☞不宜写作"孤负"。

酤　gū〈文〉❶团买酒。❷卖酒。

箍　gū ❶团用竹篾或金属条束紧；用带子或筒状物勒紧或套紧▷～木桶｜头上～着条白带子｜袖子太瘦，一～得慌。❷团用来套紧的圈状物▷孙悟空头上有个金～铁～。

古　gǔ ❶名过去已久的年代；很久以前(跟"今"相对)▷～今中外。❷古代的事物▷食～不化｜怀～｜访～｜考～。❸形过去很久的；年代久远的▷～书｜～画｜～老｜～旧。❹质朴；真挚▷人心不～｜～朴｜～拙。❺名指古体诗▷五～｜七～。

【古奥】　gǔ'ào 形(诗文等)古老深奥，不好理解▷用词～。

【古板】　gǔbǎn 形呆板固执，不知变通▷性格～，不合潮流。

【古代】　gǔdài 名距离现代较久远的年代，我国的历史分期中泛指 1840 年以前；特指原始公社和奴隶社会时期。

【古典】　gǔdiǎn ❶名典故▷引用～。❷形古代流传下来被认为具有典范性的▷～文学｜～音乐。

【古董】　gǔdǒng ❶名古代存留下来的有价值的器物

▷收藏～。❷比喻过时的东西或古板迂腐的人▷穿了件老～｜别当～。☞不宜写作"骨董"。

【古风】　gǔfēng ❶名古代的风俗习惯、社会风尚(常指俭朴淳厚的风尚)▷～犹存。❷古体诗。

【古怪】　gǔguài 形怪异奇特▷性情～｜装束～。

【古国】　gǔguó ❶名古代的国家▷楼兰～遗址。❷历史悠久的国家▷文明～。

【古籍】　gǔjí 名古代留传下来的典籍；泛指古书▷整理～。

【古迹】　gǔjì 名古代的遗迹(多指留传下来的古代建筑物或具有历史价值的地方)▷保护～｜名胜～。

【古老】　gǔlǎo 形历史悠久的▷～的文化｜～的传说。

【古朴】　gǔpǔ 形纯朴而有古代风格的▷～的民风｜摆设典雅～。

【古色古香】　gǔsègǔxiāng 形容古朴典雅的色彩、情调。

【古诗】　gǔshī ❶名泛指古人写的诗歌。❷古体诗。

【古体诗】　gǔtǐshī 名诗体的一种(跟"近体诗"相对)。特点是句数不限，不必对仗，用韵与平仄也较自由，形式有四言、五言、六言、七言、杂言等多种。也说古风、古诗。

【古玩】　gǔwán 名可供玩赏的古代留传下来的器物。

【古往今来】　gǔwǎngjīnlái 从古代到现在。

【古为今用】　gǔwéijīnyòng 利用古代的文化遗产，为今天的社会服务。☞"为"这里不读 wèi。

【古文】　gǔwén 名原指先秦、两汉以来用文言写成的散体文(跟"骈体"相对)，后来泛指文言文(跟"白话"相对)。

【古稀】　gǔxī 名指七十岁(语出杜甫诗句"人生七十古来稀")▷～之年。

【古训】　gǔxùn 名古代流传至今可作为行为准则的言论。

【古雅】　gǔyǎ 形古朴典雅(多指器物和诗文)▷陈设～。

【古拙】　gǔzhuō 形古朴，未加修饰▷文字～｜雕饰～。

谷(穀❷—❹)　gǔ ❶名两山之间狭长而有出口的夹道或水道▷山～｜河～。❷粮食作物的统称▷百～｜五～。❸谷子，一种未脱壳的粮食作物，脱壳后称小米。❹稻子或稻子的子实▷稻～。

【谷底】　gǔdǐ ❶名山谷、峡谷的底部。❷比喻事物下降到的最低点▷股市行情已跌至～。

【谷类】　gǔlèi 名谷子、稻、麦、玉米、高粱等粮食的统称。

【谷物】　gǔwù ❶名谷类。❷谷类作物的子实。

汩　gǔ [汩汩]gǔgǔ 拟声模拟水流动的声音▷泉水～流淌。☞"汩"和"汨"(mì)不同。"汩"右边是"曰"，"汨"右边是"日"。

诂(詁)　gǔ 团用通行的语言解释古代的语言或方言▷训～｜解～｜～字。

股　gǔ ❶名大腿，从胯到膝盖部分▷头悬梁，锥刺～。❷某些机关、企业、团体中的一个部门，一般比科小▷人事～｜总务～。❸组成线、绳的一部分▷四～的粗毛线。❹量 a)用于成条的东西▷一～线｜两～道。b)用于气体、气味、力气等▷一～热气｜一～清香｜一～猛劲。c)用于成批的人(多含贬义)▷几～顽匪｜一～敌军。❺名财物分配或集资中的一份▷家产按三～均分｜入～｜～东｜～金。❻指股票▷～民｜～市。

【股东】　gǔdōng 名出资参与公司经营并分享利润或分担债务的人，也指其他合资经营的工商企业的投资人。

【股份】　gǔfèn 图股份公司或其他合伙投资企业的资本总额按相等金额分成的单位。简称股。☞不宜写作"股分"。

【股份制】　gǔfènzhì 图一种资本组织形式和企业组织形式。由股东入股集资，建立法人企业，对企业财产实行联合占有，自主经营，并自负盈亏，按股分红。

【股肱】　gǔgōng 图大腿和胳臂，比喻得力的辅佐人才▷～之臣。

【股票】　gǔpiào 图股份有限公司发给股东，证明其所入股份数，并有权取得股息的可转让的有价证券。

【股市】　gǔshì ❶图买卖股票的市场▷上海～。❷指股票的行市▷～暴跌。

骨　gǔ ❶图骨头▷～肉相连|肋～。❷比喻人的品格、气概等▷～气|傲～|奴颜媚～。❸比喻诗文雄健有力的艺术特色▷风～|～力。❹物体内部起支撑作用的架子▷伞～|扇～。○另见 gū。

【骨干】　gǔgàn ❶图骨骼的主干。❷比喻在总体中起支柱般重要作用的人或事物▷～队伍|技术～|～作用。

【骨骼】　gǔgé 图支持体形，保护内部器官，供肌肉附着的全部坚硬组织。

【骨鲠在喉】　gǔgěngzàihóu 鱼骨头卡在喉咙里。比喻话憋在心里，不说出来不痛快。

【骨架】　gǔjià 图由骨头自然连接而形成的架子，比喻物体内部起支撑作用的东西▷铁路大桥的～，已经筑好。

【骨气】　gǔqì 图坚强不屈的气节▷中国人民是有～的。

【骨肉】　gǔròu 图骨头和肉，比喻父母兄弟子女等血统关系近的人▷～同胞。

【骨瘦如柴】　gǔshòurúchái 瘦得如同一层皮包裹着木柴。形容异常消瘦。☞不宜写作"骨瘦如豺"。

【骨髓】　gǔsuǐ 图在骨头的中心腔和内部孔隙中包含的胶状液汁，具有造血功能。

【骨头】　gǔtou ❶图骨骼。❷比喻人的品格、品质▷硬～|懒～。

【骨子里】　gǔzǐli 图比喻人的思想深处或实质▷他表面上很谦虚，～却谁也看不起。

牯　gǔ 图牯牛，公牛▷水～|黄～。

贾（賈）　gǔ ❶图商人；特指定点设店的商人▷富商大～。❷团卖▷余勇可～(有多余的力气可以卖出，后用来表示还有力量没用完)。☞用作姓氏时读 jiǎ。

罟　gǔ 图〈文〉捕鱼和捕鸟兽的网▷网～。

蛊（蠱）　gǔ ❶图古代传说中一种由人工培育的毒虫。把许多毒虫放在器皿里互相吞食，最后剩下不死的毒虫叫蛊，可以用来毒害人。❷团毒害▷～惑。

【蛊惑】　gǔhuò 团使人迷惑，受毒害▷～人心。☞不宜写作"鼓惑"。

鹄（鵠）　gǔ 图箭靶的中心，比喻目标、目的▷～的(dì)|中(zhòng)～。○另见 hú。

鼓　gǔ ❶图打击乐器，多为圆柱形，中空，两端或一端蒙着皮子▷敲锣打～。❷形状、作用像鼓的东西▷耳～|石～。❸团敲鼓▷一～作气。❹敲、弹、拍，使某些乐器或东西发出声音▷～琴|～掌。❺振奋▷～起勇气|～动。❻使动起来▷摇唇～舌。❼凸起▷～着腮帮子。

【鼓吹】　gǔchuī 团大力宣扬；努力提倡▷到处～保护环境|竭力～自己那一套。

【鼓捣】　gǔdao ❶团反复摆弄拆装▷他爱～家用电器。❷挑拨；唆使▷不要～别人干坏事。

【鼓动】　gǔdòng 团(用文章、言词等)激励人心，使行动起来▷大家的情绪被他的一席话～起来了。

【鼓鼓囊囊】　gǔgunāngnāng 形形容口袋包裹等填塞得满满的▷口袋～的，装得特别满。☞"囊囊"这里读变调。

【鼓角】　gǔjiǎo 图战鼓和号角，古代军队常用来发出号令▷～声声。

【鼓劲】　gǔjìn 团鼓动情绪，激发干劲▷给球队～|再鼓鼓劲任务就完成了。

【鼓励】　gǔlì 团鼓动勉励▷校长～同学们努力学习。

【鼓气】　gǔqì 团鼓劲；打气▷啦啦队一个劲儿地给运动员～。

【鼓舞】　gǔwǔ ❶团兴奋；振奋▷欢欣～|令人～。❷激励；使振作▷英雄的事迹～着我们。

【鼓乐】　gǔyuè 图击鼓声和奏乐声▷～齐鸣。

【鼓噪】　gǔzào ❶团古代出战时击鼓呐喊，以壮声威；现泛指喧嚷起哄▷聚众～|～不休。

【鼓掌】　gǔzhǎng 团拍手，表示欢欣、赞赏、欢迎或感谢。

毂（轂）　gǔ 图车轮中心的部分，有圆孔，可以插入车轴并同辐条相连接。

臌　gǔ 团中医指由水、气、淤血、寄生虫等引起的腹部臌胀的病▷～症|水～|气～。

瞽　gǔ 形〈文〉瞎眼▷～者|～叟(算命的盲人)。

估　gù [估衣]gùyī 图旧称出售的旧衣服。○另见 gū。

固　gù ❶形结实；牢靠▷本～枝荣|坚～|牢～|稳～。❷团使结实、牢靠▷～沙造林。❸形坚硬▷～体。❹不易改变的▷～执|顽～。❺副坚决地▷～守。❻〈文〉本来；原来▷人～有一死，或重于泰山，或轻于鸿毛。

【固定】　gùdìng ❶形不易移动或不变化的▷～的地点|次序不～|～收入。❷团使稳定不移动、不变化▷把经营项目～下来。

【固然】　gùrán ❶连连接分句，表示先确认某一事实，然后转入下文，前后意思有转折▷文章～好，就是太长了。❷连接分句，表示确认某一事实，也不否定另一事实，前后意思不矛盾，转折较轻▷考上了～好，考不上也别灰心。

【固若金汤】　gùruòjīntāng 形容城池、阵地、工事非常坚固(金：指金属铸造的城墙；汤：指蓄有沸水的护城河)。

【固守】　gùshǒu ❶团牢固地防卫▷～城池。❷一成不变地遵循▷～旧制。

【固态】　gùtài 图固体状态，物质存在的形态之一。

【固体】　gùtǐ 图常温下有固定的体积和形状，加力不易变形的物体。

【固有】　gùyǒu 形原来就有的▷～传统|这种弊端是～的。

【固执】　gùzhí ❶团顽固地坚持▷～己见|～一端。❷形形容坚持己见，不愿变通▷他很～，听不得别人的意见。

故　gù ❶图原因▷无缘无～|借～推辞|缘～。❷连所以；因此▷近日旧病复发，～未能如期返校。❸图指意外的或不幸的事情▷事～|变～。❹副故意▷明知～犯。❺图原有的、过去的事物(跟"新"相对)

▷温～知新 I 吐～纳新。❻指老朋友；旧交▷一见如～。❼囮原来的；过去的▷～乡 I ～土难离 I ～态复萌。❽囮灭亡▷病～ I ～去。

【故步自封】 gùbùzìfēng 把自己局限在陈旧的框框、境地中。比喻墨守成规，不思进取。☞不宜写作"固步自封"。

【故道】 gùdào ❶图过去走过的路。❷河流改道后留下的旧河道▷黄河～。

【故宫】 gùgōng 图旧王朝遗留下来的宫殿。特指北京的紫禁城。

【故伎】 gùjì 图惯用的花招；要弄过的手法▷重施～ I 重演～。☞不宜写作"故技"。

【故旧】 gùjiù 图旧交；老朋友▷亲朋～ I 不忘～。也说故交。

【故居】 gùjū 图曾经居住过的房屋▷宋庆龄～。

【故弄玄虚】 gùnòngxuánxū 故意玩弄花招迷惑人，使人摸不着深浅。

【故人】 gùrén ❶图老朋友，旧友▷～相聚。❷已经去世的人▷光阴荏苒，老友皆成～。

【故世】 gùshì 图婉词，指所尊敬的人死去▷两位老人．相继～。

【故事】 gùshi ❶图用来述说的真实或虚构的事情，情节连贯，吸引人▷讲～。❷叙事文学中能够展现人物性格或体现主题的生活事件▷这本小说～性很强。

【故态复萌】 gùtàifùméng 原有的不良习气、缺点又重新表现出来。

【故土】 gùtǔ 图家乡；故乡▷留恋～。

【故乡】 gùxiāng 图出生地；长期生活过的地方▷重返～ I 北京是我的第二～。也说故里。

【故意】 gùyì 囮有意；存心▷～捣乱 I 他并不是～的。

【故障】 gùzhàng ❶图影响机械、仪器等正常运转的毛病▷半路上汽车出了～。❷泛指影响工作顺利进行的障碍▷事情办着办着出了～。

【故作】 gùzuò 囫故意装出▷～姿态 I ～多情。

顾（顧） gù ❶囫回头看；看▷瞻前～后 I 回～ I 左～右盼。❷拜访；看望▷三～茅庐 I 光～寒舍。❸商业、服务行业称服务对象到来▷惠～敝店 I ～客。❹照顾；照应▷事太多，～不过来。❺怜惜；眷念▷奋不～身 I ～恋 I 眷～。

【顾此失彼】 gùcǐshībǐ 顾了这个，丢了那个，没有全面顾及到。

【顾忌】 gùjì 囫(说话、做事)有顾虑和畏忌▷他有所～而不敢大胆发言。

【顾客】 gùkè 图商业或服务行业对自己服务对象的称呼▷竭诚为～服务。

【顾恋】 gùliàn 囫惦念；留恋▷～家乡的亲人。

【顾虑】 gùlǜ ❶囫因思前顾后而有所疑虑；担心▷你不要～干不好。❷图因思前顾后而产生的疑虑▷消除～。

【顾名思义】 gùmíngsīyì 看到字面就想到它的含义。

【顾念】 gùniàn 囫顾及，惦念▷～双亲。

【顾盼】 gùpàn 囫向左右或四周来回观看▷～自雄(自认为不平凡)I～左右。

【顾全】 gùquán 囫顾及并保全(使不受损害)▷～整体 I ～脸面 I ～大局。

【顾问】 gùwèn 图有某方面的专门知识或经验，可供机关团体或个人咨询的人▷法律～ I 聘请～。

【顾惜】 gùxī 囫注意爱惜▷～荣誉。

梏 gù 图古代套住罪犯两手的刑具▷桎～。

崮 gù 图四面陡峭、顶端较为平坦的山(多用于地名)▷孟良～ I 抱犊～(两山均在山东)。

雇 gù ❶囫出钱让人做事▷～一位保姆。❷出钱临时使用别人的车、船等▷～车 I ～船。☞右下是"隹"(zhuī)，不是"隹"。

【雇佣】 gùyōng 囮有雇用关系的▷～劳动 I ～观点。

【雇用】 gùyòng 囫出钱让人(或车船)给自己办事▷～保姆。

【雇员】 gùyuán 图受雇用的员工。

【雇主】 gùzhǔ 图雇用工人或车船等的人。

锢（錮） gù ❶囫用熔化的金属浇灌填塞(物体的空隙)▷～漏。❷禁止；监禁▷党～ I 禁～。☞统读gù。

痼 gù ❶囮积久难治的(病)▷～疾。❷长期形成不易改掉的▷～弊。

【痼弊】 gùbì 图长期形成不易改掉的毛病、弊端▷消除了管理混乱的～。

【痼疾】 gùjí 图积久难治的病▷牛皮癣被认为是一种～。☞不宜写作"固疾""锢疾"。

【痼癖】 gùpǐ 图长期形成不易改掉的积习和嗜好▷抽烟是他多年的～。

【痼习】 gùxí 图长期形成不易改掉的坏习惯▷痛改～。☞不宜写作"固习"。

gua

瓜 guā 图葫芦科某些植物的统称。茎蔓生，多开黄色花，果实可以吃。种类很多，如冬瓜、南瓜、黄瓜、丝瓜、西瓜、香瓜等。瓜，也指这种植物的果实。

【瓜分】 guāfēn 囫像切瓜似的分割占有▷～领土 I ～财产。

【瓜葛】 guāgé 图瓜和葛，两种蔓生植物，都有缠绕和攀附的特点；比喻社会关系中彼此之间的牵连，也比喻事与事或人与事之间互相牵连的关系▷我同王先生毫无～ I 这两件事很有些～。

【瓜熟蒂落】 guāshúdìluò 瓜熟了，瓜蒂自然脱落。比喻条件具备或时机成熟了，事情自然就会成功。

【瓜田李下】 guātiánlǐxià 经过瓜田时不要弯身提鞋子，走过李树时不要举手整理帽子。比喻容易招惹是非嫌疑的场合或情况。

呱 guā 见下。○另见gū。

【呱呱】 guāguā 拟声模拟鸭子、青蛙等鸣叫的声音▷青蛙～地叫着。

【呱呱叫】 guāguājiào 囮形容非常好▷他英语说得～。☞不宜写作"刮刮叫"。

刮（颳④） guā ❶囫用有锋刃的器具挨着物体的表面移动，清除附着在上面的东西▷～锅底 I ～胡子。❷用各种方法贪婪地索取(财物)▷贪官千方百计地～老百姓的血汗。❸用片状物沾上糊糊等，贴着物体的表面均匀涂抹▷先～泥(nì)子再刷漆。❹(风)吹～～大风了。

【刮目相看】 guāmùxiāngkàn 用新眼光看待(刮目：擦亮眼睛)。

栝 guā [栝楼]guālóu 图多年生草本植物，茎上有卷须，果皮、种子和根都可以做药材。

鸹（鴰） guā 鸟名▷老～(乌鸦)。

剐（剮） guǎ ❶囫把人体分割成许多块，古代一种残酷的死刑▷千刀万～。❷(被尖锐的东西)划破▷裤腿～破了。

寡 guǎ ❶囮少(跟"众""多"相对)▷敌众我～。❷死了丈夫的▷～妇 I ～居。❸图古代王侯的谦称

▷称孤道～。

【寡合】guǎhé 圈〈性情〉同别人不易投合▷生性～。

【寡廉鲜耻】guǎliánxiǎnchǐ 缺少廉洁,不知羞耻。☞"鲜"这里不读 xiān。

【寡头】guǎtóu 图少数独揽政治、经济大权的头目(含贬义)▷～政治|金融。

卦 guà ❶图古代占卜的符号。参见"八卦"。❷泛指其他预测吉凶的行为▷用骨牌打了一～。

诖(詿) guà 团〈文〉牵累;连累▷～误(被牵连而受损)。

挂 guà ❶团用钩子、钉子等使物体悬在某个地方▷墙上～着字画◇月亮高高地～在天上。❷惦念▷从来不把家里的事～在心上。❸表面带着;蒙着▷脸上～着笑容|玻璃上～了一层霜。❹放置;搁置▷这个问题先～起来。❺钩住;绊住▷风筝～到树上了。❻把听筒放回电话机上,使线路切断▷电话不要～,我马上给你找人去。❼接通电话;打电话▷有事给我～个电话。❽量 a)用于成串成套可以悬挂的东西▷一～鞭炮|一～朝珠。b)用于畜力车▷拴了一～大车。❾团登记▷～失|～号。

【挂彩】guàcǎi ❶团披挂彩绸,表示庆贺▷为见义勇为的英雄披红～。❷在战斗中负伤流血。也说挂花。

【挂钩】guàgōu ❶图悬挂东西、吊起重物或连接车厢的钩子。❷团用车钩把两节火车车厢钩连起来▷车厢已跟车头～。❸比喻两者之间发生联系▷产销～。☞不宜写作"挂勾"。

【挂号】guàhào ❶团编号登记以便确定次序或查考(多指医院看病前预先登记交费)。❷重要函件付邮时由邮局登记编号,给收据,以便函件遗失时作为追查的凭据。❸图指挂号信件▷寄了一封～。

【挂甲】guàjiǎ ❶团披挂盔甲,指穿上戎装▷～上阵。❷把盔甲挂起来,指脱去戎装,离开队伍▷～归田◇几名老国脚已～隐退。

【挂靠】guàkào 团因工作需要,一个单位在组织、经济等方面依附于另一个较大的单位,而本身仍有相对的独立性▷研究所～在经贸公司。

【挂零】guàlíng 团用在整数后,表示不确定的零数▷年纪五十～。

【挂名】guàmíng 团空担名义,不做实事或并无实权▷我是个～经理,做不了主。

【挂念】guàniàn 团心中惦念,放心不下▷非常～父母。

【挂拍】guàpāi ❶团借指以球拍为比赛器具的球类运动员退役▷一批老乒乓球运动员已～。❷指乒乓球、羽毛球、网球等比赛结束▷全国网球公开赛已于昨日～。

【挂牌】guàpái ❶团医生、律师等挂出招牌营业▷郭大夫在县城～多年。❷服务业、商业等工作人员在工作时佩戴胸卡▷服务员～上岗。❸在证券交易所中获得交易资格的股票都有一块牌子标名挂出,以证明此种股票可以在证券交易所买卖(现多为电子屏幕显示)▷该种股票将～交易。❹将职业足球俱乐部所属的足球队员标名挂出,准备上市转会(跟"摘牌"相对)。

【挂失】guàshī 团票据、证件丢失后,到原发出单位登记,声明作废▷存折丢了,赶紧到银行～。

【挂帅】guàshuài 团执掌帅印,统率全军;比喻处在领导、统辖的位置▷由公安局长～,组成侦破指挥部。

【挂靴】guàxuē 团收也起靴子,指足球、滑冰、田径等运动员退役。也说挂鞋。

【挂羊头卖狗肉】guàyángtóumài gǒuròu 比喻名不副实的欺骗行为。

【挂一漏万】guàyīlòuwàn 形容列举不全,多有遗漏(常用作谦词)。

【挂账】guàzhàng 团把交易的货款记在账上推迟收付;赊欠▷本店现金交易,概不～。

【挂职】guàzhí ❶团为某种需要而临时担任某个职务▷到基层～锻炼。❷不在岗位后仍保留原来职务▷～下放。

褂 guà 图中式上衣▷短～儿|长袍马～儿|大～儿。

guai

乖 guāi ❶圈(性情、行为)不正常;不合情理▷～僻|～张。❷机灵;伶俐▷你嘴倒挺～。❸(小孩儿)不淘气;听话▷～孩子。

【乖乖】guāiguai ❶图表示亲昵的称呼(多用于小孩儿)▷小～,真懂事。❷圈听话;顺服▷～地在家里玩,别乱跑。❸叹表示惊讶或赞叹▷～,这张图纸真难画!

【乖戾】guāilì 圈古怪,不合情理▷性格～|言行～。

【乖僻】guāipì 圈(性情)古怪孤僻。

【乖巧】guāiqiǎo ❶圈机灵;聪明▷这孩子能说会道,～可爱。❷形容善解人意;讨人欢心▷他处事非常～,善于周旋。

掴(摑) guāi 团用手掌打;打耳光▷～了他一巴掌。

拐 guǎi ❶图走路时拄的棍子,手拿的一端一般有弯柄▷～棍|～杖。❷特指下肢患病或伤残的人拄在腋下帮助走路的棍子,上端有横木▷架着双～。❸团瘸;跛▷～着腿走了老远|一瘸一～。❹转弯;行进时改变方向▷往东一～就是商店|～弯。❺把人或财物骗走▷孩子被骗子～走了|～带|～卖|～诱。

【拐骗】guǎipiàn 团用蒙骗手段搞走(人或财物)▷～妇女|～金钱。

【拐弯】guǎiwān ❶团(走路时)转变方向▷照直走,别～。❷比喻思路、语言等发生转折▷脑子半天还没拐过弯儿来|他性格耿直,说话从来不知道～。

【拐弯抹角】guǎiwānmòjiǎo 形容走路绕弯很多。常比喻说话等不坦率,不直截了当。

怪 guài ❶圈奇异的;不常见的▷脾气真～|～现象。❷图奇异的事物或人▷妖魔鬼～|～妖。❸团感到惊奇;惊异▷大惊小～。❹副〈口〉非常;很▷这花～香的|～不好意思。❺团埋怨;责备▷这事不能～他|责～|～罪。☞右边不是"圣"。

【怪不得】guàibude ❶不必埋怨或责备▷这件事是我自己没办好,～别人。❷表示明白了原因,不再觉得奇怪▷广场东头有文艺演出,～这么热闹。

【怪诞】guàidàn 圈怪异,荒诞▷情节～,难以置信。

【怪话】guàihuà ❶图离奇荒诞的话▷这种～,简直是天方夜谭。❷牢骚话▷有意见当面提,不要背后讲～。

【怪里怪气】guàiliguàiqì 圈(形状、装束、声音等)稀奇古怪,不同一般。

【怪癖】guàipǐ 图古怪、少见的嗜好。

【怪异】guàiyì 圈奇怪异常▷行为～。

【怪罪】guàizuì 团指摘;责怪▷错误是我犯的,不能～别人。

guan

关(關) guān ❶团闭;使开着的东西合上(跟"开"相对)▷把门～上。❷拘禁;放置在里面不让出来了丨罪犯被~起来了丨把老虎~在笼子里。❸停止经营活动或暂时歇业▷由于不善经营，只好把铺子~了。❹使开动的机器、电气设备等停止工作▷~电视。❺图交通要道或边境出入口设立的守卫处所▷嘉峪~丨~口◇把住质量~。❻特指山海关▷~内丨~外丨~东。❼城门外附近的地方▷城~丨北~丨~厢。❽对出入国境的商品和物品进行监督、检查并照章征税的国家机关▷海~丨~税。❾比喻重要的阶段▷难~丨年~。❿起关联转折作用的环节▷突破这一~丨~键。⓫团牵涉；牵挂▷不~你的事丨有~人员。

【关爱】　guān'ài　团关心爱护。

【关隘】　guān'ài　图形势险要的关口▷山高路远，~重重。

【关闭】　guānbì　❶团使合拢▷幼儿园大门晚九点~。❷(工厂、商店等)歇业▷~了两家长期亏损的工厂。❸比喻停止活动、使用、通行等▷~机场。

【关怀】　guānhuái　❶团关心照顾(多用于上对下)▷领导~着我们丨~备至。❷图给予的关心照顾▷感谢老师的~。

【关键】　guānjiàn　❶图门闩或锁钥，比喻最关紧要的部分，起决定作用的因素▷培养人才，~在教育。❷图对事情起决定作用的▷这一招最~，关系到全局的成败。

【关节】　guānjié　❶图骨头与骨头相连结的地方。❷比喻事物起关键作用的环节▷重视产品质量这个~丨打通~。

【关口】　guānkǒu　❶图往来必经的险要处所▷山海关是个重要~。❷关头。

【关联】　guānlián　团(事物之间)互相联系和影响▷工业和农业是互相~互相依存的。☞不宜写作"关连"。

【关联词】　guānliáncí　图语句中起关联作用的词。如"不但…而且"、"如果…就"等。

【关门】　guānmén　❶团借指停业▷晚十点，商店才~丨亏损太多，只好~了事。❷比喻把话说死，没有商量的余地▷你说话别先~，我们还可以商量嘛。❸比喻不与外界接触或不愿容纳(不同的人或意见)▷不能~办报。❹图最后的▷~弟子。

【关卡】　guānqiǎ　❶图在交通要道设立的收税站、检查站或岗哨等。❷比喻不易通过的难关或人为设置的障碍▷过去文学艺术创作的~太多。☞"卡"这里不读kǎ。

【关切】　guānqiè　❶图热情，亲切▷他对同志非常~。❷团十分关心▷深表~。

【关涉】　guānshè　团关联；涉及▷此事与他毫无~。

【关税】　guānshuì　图海关根据国家有关法律对进出口物品所征的税。

【关头】　guāntóu　图对全局具有决定性作用的时机或转折点▷生死~丨成败~。

【关系】　guānxi　❶图人与人之间、事物之间、人与事物之间相互联结、相互影响、相互作用的状态▷朋友~丨教育事业与社会发展的~。❷对有关事物的影响；重要性等▷碰一下没~丨他来不来对工作很有~。❸泛指原因、条件等▷由于健康~他一年没上班。❹表明某种身份的证件▷党组织~。❺团关联；涉及▷这件事~着事业的全局。

【关厢】　guānxiāng　图城门外大街及其附近的地方。

【关心】　guānxīn　团(对人或事)爱护或重视；总挂在心上▷~国家大事丨对孩子的成长要多关点儿心。

【关押】　guānyā　团把犯罪的人管起来。

【关于】　guānyú　囧表示动作行为的范围或所涉及的事物▷~处理污水的方案丨~彗星的知识，人们比从前

知道得多了。

【关照】　guānzhào　❶团关心照顾▷我刚参加工作，请您多~。❷互相配合照应▷文章的那两部分要互相~一下。❸提醒；叮嘱▷你~小刘一声，明天早点起床。

【关注】　guānzhù　团因重视而特别注意▷中国人民十分~环保事业。

观(觀)　guān　❶团观看；察看▷~天象。❷图看到的景象▷壮~丨外~。❸对客观事物的认识和态度▷世界~丨乐~。○另见guàn。

【观测】　guāncè　❶团观察测量(天文、地理、气象等)▷~地形丨~星象。❷观察测度(情况、动向等)▷~动向。

【观察】　guānchá　团仔细察看▷~大熊猫的生活习性。

【观察家】　guānchájiā　图专门从事观察社会政治等方面动态，并对社会产生一定影响的人士。特指政治评论家。

【观点】　guāndiǎn　图从某一立场或角度出发对事物所持的看法或态度▷政治~丨纯技术~丨错误~。

【观感】　guāngǎn　图观察事物得到的印象和感想▷发表~。

【观光】　guānguāng　团参观考察异国异地的风土人情、景物建设等；也泛指参观游览▷外国朋友前来~。

【观礼】　guānlǐ　团应邀参加盛大的庆典▷国庆节那天，劳模们登上天安门城楼~。

【观摩】　guānmó　团参观学习、研究切磋▷~教学。

【观念】　guānniàn　❶图思想意识▷冲破旧~，树立新~。❷客观事物的外部特征在人脑中呈现的形象。

【观赏】　guānshǎng　团观看；欣赏▷公园里展出了许多菊花，供游人~。

【观望】　guānwàng　❶团眺望；张望▷向四周~。❷以怀疑的态度或犹豫的心情看事物的发展变化▷他对事态的变化还在~。

【观瞻】　guānzhān　❶团瞻望；观看▷前往~。❷图外观给人留下的印象；景象▷~宏伟丨衣着不整有碍~。

【观众】　guānzhòng　图观看电影、电视节目或表演、比赛、展出的人▷~如潮。

官　guān　❶在国家机构中经过任命、选拔承担一定领导职责的公职人员▷外交~。❷图属于国家或政府的▷~办丨~价丨~商。❸器官▷五~丨感~丨~能。

【官本位】　guānběnwèi　图指一切以长官的意志、愿望、利益为出发点来审视、考虑、处理问题的思想主张▷按级别论是非的作法是~的表现。

【官场】　guānchǎng　图指政界或政界中人。

【官邸】　guāndǐ　图政府为高级官员提供的住所(跟"私邸"相对)▷总统~丨大使~。

【官僚主义】　guānliáo zhǔyì　指脱离群众、脱离实际、独断专行的领导作风和工作作风。

【官能】　guānnéng　图生物器官的生理机能。如嗅觉是鼻子的官能。

【官气】　guānqì　图官僚主义的习气、作风。

【官腔】　guānqiāng　图指公职人员利用冠冕堂皇的理由推托、搪塞或责备的话▷他一个劲地打~，让人没法儿说话。

【官司】　guānsi　❶图指诉讼▷一场~。❷论争(多指用文字进行的)▷打笔墨~。

【官样文章】　guānyàng wénzhāng　原指向皇帝进呈的堂皇而典雅的应制文章。比喻徒具形式，充满套话或虚应故事的文章或讲话。

【官员】　guānyuán　图经过考核任命的具有一定领导职务的政府工作人员。

冠　guān　❶图帽子▷衣～整齐。❷像帽子的东西▷鸡～|树～。☞㊀"冠心病""冠状动脉"的"冠"不读 guàn。㊁跟"寇"(kòu)不同。㊂另见 guàn。

【冠冕堂皇】　guānmiǎntánghuáng　形容表面上很庄严很有气派的样子(冠冕:古代皇帝、官员戴的帽子。堂皇:庄严而有气派)。

倌　guān　❶图旧时称服杂役的人▷堂～儿。❷专门饲养某些牲畜的人▷猪～儿|羊～儿。

棺　guān　图棺材,装殓死人的器具▷盖～论定|～木|水晶～|～椁。

鳏(鰥)　guān　图没有妻子或妻子死亡的▷～夫|～居。

【鳏夫】　guānfū　图成年无妻或丧妻的人。

馆(館)　guǎn　❶图接待宾客、旅客住宿的场所▷宾～|旅～。❷某些驻外机构的办公处所▷大使～|领事～。❸学习、参观或开展文化体育活动的场所▷图书～|天文～|博物～|体育～|文化～。❹某些服务性行业店铺的名称▷饭～|茶～|理发～|照相～。

【馆藏】　guǎncáng　❶团图书馆、博物馆、档案馆等收藏▷～大量珍本善本。❷图图书馆、博物馆、档案馆等收藏的东西▷～十分丰富。

管　guǎn　❶图吹奏乐器的统称▷双簧～|乐器。❷泛指细长中空的圆筒▷竹～|钢～|输油～。❸特指外形像管的电器件▷真空～|电子～|晶体～。❹团管辖;管理▷这个县～着七八个乡|分～教学。❺照料;约束▷孩子要耐心细致|～教。❻过问;参与▷～闲事|楼道卫生要大家～。❼囨不管;无论▷～他什么难关,都要闯过去。❽团负责(供给);保证▷～吃～住|次品～换。❾鉽把(跟"叫"连用)▷大家～他叫"小辣椒"。☞跟"营"(jiān)不同。

【管保】　guǎnbǎo　团可以保证▷明天～下不了雨,可以郊游。

【管道】　guǎndào　图用来输送或排除气体或液体的管状物。

【管见】　guǎnjiàn　图谦词,用于指自己的见解,如同从管子里看事物一样,看到的东西很有限▷区区～,仅供参考。

【管教】　guǎnjiào　团约束并教育▷这个孩子可得好好～一下。

【管窥蠡测】　guǎnkuīlícè　从竹管孔里看天,用瓢来量大海。比喻对事物的观察和了解很狭小浅薄。

【管理】　guǎnlǐ　❶团保管和料理▷～报刊资料。❷看管并约束▷～俘虏。❸根据一定的目标进行科学的组织工作▷～学校。

【管束】　guǎnshù　团管教和约束▷对部下要严加～。

【管辖】　guǎnxiá　团管理辖制(区域、人员、案件、事务等)▷内河航运业务由交通部门|该市～9个县。

【管弦乐】　guǎnxiányuè　图管乐器、弦乐器和打击乐器协同演奏的音乐。

【管用】　guǎnyòng　圂〈口〉有效;发挥作用▷这种方法真～。

【管制】　guǎnzhì　❶团强制管理▷战时要～灯火。❷对某些罪犯不予关押,但限制其一定的行动自由(我国独创的刑罚主刑之一)。❸图指强制性的管理方式▷实行交通～。

【管中窥豹】　guǎnzhōngkuībào　通过竹管去看豹,只能看见豹身上的一个斑点。比喻只看到事物的极小一部分,看不到整体。

观(觀)　guàn　图道教的庙宇▷白云～|～寺～。○另见 guān。

贯(貫)　guàn　❶图古代用绳子穿铜钱,每一千个为一贯▷腰缠万～。❷团穿过;连通▷如雷～耳|学～古今|～通|连～。❸图世代居住的地方;出生地▷籍～。☞上边不是"毋""母"。

【贯彻】　guànchè　团彻底实现或体现(方针、政策、意图、精神等)▷深入～开放搞活的方针。

【贯穿】　guànchuān　❶团连接;穿过▷京广铁路～大江南北。❷从头到尾地体现▷要把实事求是的精神～到工作的全过程。

【贯串】　guànchuàn　团从头到尾地连贯▷爱国主义思想～他全部作品。

【贯通】　guàntōng　❶团全部透彻地理解▷～古今|融会～。❷首尾连通;沟通▷～东西|～一气。

【贯注】　guànzhù　❶团(精神、精力等)集中▷他把全部精力～在科研事业上。❷(语意、语气等)连贯▷上下文一气～。

冠　guàn　❶团超出众人,居第一位▷勇～三军|～军。❷图指夺冠军▷奋勇夺～。❸团在前面加(某种名号或称谓)▷～以劳动模范称号。○另见 guān。

【冠军】　guànjūn　图第一名,特指体育运动比赛中的第一名。

掼(摜)　guàn　❶团扔;摔掉▷～纱帽。❷跌倒;使跌倒▷把他～了一个跟头。

惯(慣)　guàn　❶囷经常接触而逐渐适应;习以为常▷干～了,不觉得累|习～。❷团纵容;溺爱▷把孩子给～坏了|娇生～养。

【惯犯】　guànfàn　图经常犯罪,屡教不改的犯罪分子。

【惯伎】　guànjì　图经常采用的不正当手段▷装疯卖傻是他的～。

【惯例】　guànlì　❶图习惯性的做法;常规▷这事最好按以往的～办。❷法律上虽无明文规定,但过去曾经施行,可以仿照办理的做法▷国际～。也说成例、通例、旧例。

【惯性】　guànxìng　图物体属性。即在不受外力的情况下,物体永远保持自身原有的匀速直线运动状态或静止状态不变变。

【惯用语】　guànyòngyǔ　图口语中相沿习用的定型短语,多为三个音节,多具有双重语义(字面义和引申或比喻义),比较生动。如"碰钉子""半瓶醋"。

盥　guàn　团洗手洗脸▷～漱|～洗室。

灌　guàn　❶团把水放进田里;浇地▷放水～田|排～。❷把液体、气体或颗粒状物体倒进去或装进去▷～开水|鞋里～了好多沙子。❸指录音▷～唱片。

【灌溉】　guàngài　团用水浇田。

【灌米汤】　guànmǐtāng　比喻用好听的话奉承人、迷惑人。

【灌木】　guànmù　图丛生而比较矮小的木本植物,如茉莉、玫瑰、酸枣。

【灌输】　guànshū　团输送;传播(思想、知识等)▷向青年～爱国主义思想。

【灌制】　guànzhì　团录制;把声音或图像录制到磁带或光盘上▷～教学片。

【灌注】　guànzhù　❶团把液体浇进(模具等)。❷把心血、精力等投入(事业)▷老师们在学生身上～了许多心血。

鹳(鸛)　guàn　图鹳科各种鸟的统称。外形像鹤;常在水边活动,捕食鱼、虾、蛙、贝等。常见的有白鹳、黑鹳两种。

罐 guàn 图罐子，盛东西用的大口圆筒形器皿，多用陶、瓷、玻璃或金属制成▷玻璃~儿|瓦~儿。
【罐头】 guàntou 图指罐头食品，是加工后密封在广口瓶或金属罐子里的食品，可长时间存贮，容易运输。

guang

光 guāng ❶图太阳、火、电等放射出来照耀在物体上，使眼睛能看见物体的那种物质，广义上也包括眼睛看不见的红外线和紫外线▷阳~|~波。❷圈明亮▷~明。❸图光彩；荣誉▷为集体争~。❹团使荣耀；显耀▷~宗耀祖。❺图敬词，表示对方的行动使自己感到光荣▷~临|~顾。❻图比喻好处▷沾|借|叨~。❼时间；日子▷时~|~阴。❽景色；景物▷春~明媚|观~|风~。❾图光滑；平滑▷地板擦得挺~|~洁。❿净；尽；一点不剩▷把病虫害消灭|精。⓫团赤裸；露出▷~着膀子。⓬圈只；仅▷~动嘴，不动手|他~说~想到了，也做了。
【光彩】 guāngcǎi ❶图光泽和色彩▷战士们脸上焕发着~。❷圈光荣；体面▷参军是~的事。☞不宜写作"光采"。
【光彩夺目】 guāngcǎiduómù 光泽色彩鲜明耀眼。形容人或事物十分美好，引人注目。
【光大】 guāngdà 团使更加发展兴盛▷让祖国优秀文化传统发扬。
【光复】 guāngfù 图恢复（已灭亡的国家或原有的典章、文物）；收复（被侵占的国土）▷~旧物|~国土。
【光杆儿】 guānggǎnr〈口〉❶图花和叶子都落光的草木或没有叶子衬托的花朵。❷比喻失去亲属的孤独人或失去部属、助手的领导者▷~司令。
【光顾】 guānggù 团敬词，赏光惠顾，多用于欢迎顾客购物▷欢迎~本店。
【光怪陆离】 guāngguàilùlí 形容事物色彩斑斓，离奇古怪（光怪：光泽奇异；陆离：色彩繁杂）。
【光华】 guānghuá 图明亮的光辉▷月亮的~|她的眼睛已失去往日的~。
【光滑】 guānghuá 圈（物体表面）平滑；细腻▷大理石磨得挺~。也说光溜。
【光辉】 guānghuī ❶图闪烁夺目的光▷太阳放射着~。❷圈光明灿烂；鲜明美好▷~前景|~的榜样。
【光洁】 guāngjié 图光滑洁净。
【光景】 guāngjǐng ❶图境况；状况▷现在，农民的~好多了。❷上下；左右（表示估计）▷那天下午5点钟~他才来|他女儿30岁~。
【光亮】 guāngliàng ❶圈明亮▷皮鞋擦得~。❷图明亮的光▷黑暗处突出一点~。
【光临】 guānglín 图敬词，称客人到来▷欢迎~|各位~寒舍，不胜荣幸。
【光芒】 guāngmáng 图向四周放射的强烈光线▷太阳放射着耀眼的~。
【光明】 guāngmíng ❶图亮光▷一缕~。❷圈明亮▷大厅里一片~。❸心怀坦白，没有私心▷心地~|正大。❹正义的；有希望的▷前途无限~。
【光盘】 guāngpán 图视频记录媒体的一种。用激光束记录和读取信息，再现被记录的声音、静止图像和活动图像。
【光谱】 guāngpǔ 图复色光经过色散系统（如三棱镜）所变成的按波长（或频率）的大小依次排列的图案。如太阳光经过三棱镜后形成按红、橙、黄、绿、蓝、靛、紫次序连续分布的光谱。
【光荣】 guāngróng ❶圈公认值得尊敬赞扬的▷参军

是十分~的。❷图荣誉▷~属于人民。
【光润】 guāngrùn 图（皮肤等）光滑而润泽。
【光束】 guāngshù 图聚集成柱状的光线，如手电筒射出的光线。也说光柱。
【光天化日】 guāngtiānhuàrì 原形容太平盛世，后指是非好坏大家都能看得清清楚楚的环境。
【光焰】 guāngyàn ❶图火焰；火光▷油灯的~很小。❷光芒；光辉▷万丈~。
【光阴】 guāngyīn 图时光；岁月。
【光泽】 guāngzé 图物体表面反射出来的亮光▷脸上失去~。
【光照】 guāngzhào ❶团光辉照耀▷鲜红的太阳~大地◇~千秋。❷图光线的照射▷植物生长要有充足的~。

咣 guāng 拟声模拟物体撞击振动的声音▷~的一声，脸盆掉在地上了。

胱 guāng 见[膀胱]pángguāng。

广（廣） guǎng ❶圈宽大；宽阔（跟"狭"相对）▷受灾面很~|宽。❷团使宽阔；扩大▷推~。❸圈普遍▷用途很~|~泛。❹多；众多▷大庭~众。❺图指广东▷柑。
【广播】 guǎngbō ❶团广播电台或电视台通过发射无线电波或通过导线播发节目▷~国内新闻。❷图广播电台或有线电台播发的节目▷收听~。
【广博】 guǎngbó 圈（学识、胸怀等）宽广博大▷~的知识|胸怀~。
【广场】 guǎngchǎng 图广阔的场地。多指城市中的广阔场地，如天安门广场。现也有将综合商用大厦叫广场的。
【广大】 guǎngdà ❶圈（面积、空间）宽广▷~地区。❷（人数）很多▷~听众。
【广度】 guǎngdù 图广狭的程度（多用于抽象事物）▷大学生的知识既要有一定~，又要有一定深度。
【广泛】 guǎngfàn 圈（涉及的）范围广▷普遍▷~地团结群众|~的联系。
【广告】 guǎnggào 图通过各种媒体向用户和消费者传递商品和劳务等信息的宣传方式▷~不得含有虚假内容。
【广开言路】 guǎngkāiyánlù 广泛打开进言的途径。指尽力创造条件，让人们能尽量发表意见。
【广阔】 guǎngkuò 圈（范围、面积）广大▷辽阔▷湖面~|~的原野。
【广袤】 guǎngmào 〈文〉❶图土地的长度和宽度（东西为广，南北为袤）▷~千里。❷圈广阔；辽阔▷~的国土。
【广漠】 guǎngmò 圈（土地、空间）辽阔空旷▷~的宇宙空间。
【广义】 guǎngyì 图范围较为宽泛的定义（跟"狭义"相对）。

犷（獷） guǎng 圈粗野▷~悍|粗~。☞统读guǎng。

桄 guàng ❶图桄子，绕线的器具，多用竹木制成。❷团把线绕在桄子等器具上▷把线给~上|~线。❸量用于线▷一~线。

逛 guàng 团闲游；游览▷~大街。
【逛荡】 guàngdang 团漫无目的地到处闲逛。

gui

归（歸） guī ❶团返回▷早出晚～。❷还给；使返回▷物～原主。❸集中到一起▷百川～海。❹依附▷～附｜～依。❺属于▷土地～国家所有｜派车～他管。

【归并】 guībìng ❶团（把两个或几个）合并；归拢▷把两个班～成一个班。❷把甲并到乙里边；并入▷汉江的水流到武汉才～到长江里去。

【归档】 guīdàng 团指将办理过的具有保存价值的文件等按类收藏起来。☞"档"不读 dǎng。

【归队】 guīduì ❶团返回所在或过去所在的部队。❷比喻回到原来所从事的行业或专业▷他要求～干本行。

【归附】 guīfù 团从其他方面投奔到某一方面▷各路人马纷纷～于起义军。

【归根结底】 guīgēnjiédǐ 归结到根本上（多作总结概括的用语）。☞不宜写作"归根结柢"。

【归功】 guīgōng 团功劳归属（某人或集体）▷胜利～于全体将士。

【归结】 guījié 团归纳或总括▷请把大家的意见～一下。

【归咎】 guījiù 团归罪▷错误不能～于别人。

【归口】 guīkǒu ❶团按性质划归应属的系统▷按行业～｜～领导。❷专业人员回到原来从事的行业或专业▷尽快使离队的教师～。

【归拢】 guīlǒng 团（把分散的东西）汇集在一起▷把散乱的文稿～好。

【归谬法】 guīmiùfǎ 图反驳方法的一种，先假定被反驳的观点是正确的，再从它推出明显荒谬的结论，从而证明被反驳的观点是错误的。也说反证法。

【归纳】 guīnà 团归并；概括▷先～大家的意见再进行总结。

【归纳法】 guīnàfǎ 图通常指由一系列个别的、特殊性的前提推出一般的、普遍性的结论的推理方法。

【归属】 guīshǔ ❶团归附；从属▷著作权应当～于你。❷图从属关系▷确定房屋产权的～。

【归宿】 guīsù 图结局；最后的着落▷为人民谋利益，是我们一切工作的～。

【归于】 guīyú ❶团归某一方面所有（多指抽象事物）▷功劳～人民。❷朝某个方向发展▷紧张气氛逐渐～缓和。

【归总】 guīzǒng 团归拢▷你把这些账目～～，看看到底结余多少钱。

【归罪】 guīzuì 团把罪责或过错归于某方面▷不能～于无辜者。

圭 guī ❶图古代帝王、诸侯在举行典礼时手执的玉器。❷古代测日影、定节气的天文仪器▷～表｜～臬（臬：测日影的表）。

龟（龜） guī 图龟科爬行动物的统称。背部有甲壳，头、尾和四脚都可缩入甲壳内。一般栖息在水边。常见的有乌龟（也说金龟）、水龟等。〇另见 jūn。

【龟缩】 guīsuō 团像乌龟把头缩进甲壳里一样，隐藏着不敢出来（含贬义）▷敌人～在山沟里。

规（規） guī ❶图画圆的工具▷圆～。❷法度；准则▷～律｜校～。❸团打算；谋划▷～划。❹劝告；告诫▷～劝｜～勉。

【规程】 guīchéng 图为进行操作或执行某种制度而作的具体规定▷施工～。

【规定】 guīdìng ❶团预先对事物在方式、方法、数量或质量等方面定出要求▷每人完成三项自选动作。❷决定▷矛盾的主要方面～着事物发展的方向。❸图所规定的内容▷作出了几项～。

【规范】 guīfàn ❶图约定俗成的标准；明文规定的准则▷语法～｜行为～。❷团符合规范的▷应该写～字。❸团使符合规范▷用法律来～人们的言行。

【规格】 guīgé ❶图产品质量的标准，如一定的大小、轻重、精密度、性能等。❷泛指规定的要求或条件▷接待～很高。

【规划】 guīhuà ❶团谋划；计划▷～根治黄河的宏伟蓝图。❷图全面而长远的发展计划▷制订教育发展～。

【规矩】 guīju ❶图画圆形和方形的两种工具，比喻一定的标准、准则或习惯▷没有～不能成方圆｜要懂得这儿的～。❷团老实本分；符合标准或常理的▷他很～，决不会乱来｜他写的字总是一笔一画，规规矩矩的。

【规律】 guīlǜ ❶图事物之间的内在的必然联系，决定着事物发展的必然趋向▷对立统一～是宇宙的根本～。❷条理；规则▷生活很有～。

【规模】 guīmó 图事物的规格和范围▷建筑～｜～宏伟。

【规劝】 guīquàn 团用道理劝说，使改正错误▷耐心地～他认错。

【规行矩步】 guīxíngjǔbù ❶按照规矩、法度行事。❷因循守旧，不知变通。

【规则】 guīzé ❶图规定出来供遵守的制度或章程；合于某种要求的程式或方式▷竞赛～｜展品陈列得很有～。❷团（在形式、结构、分布等方面）合乎一定标准或规定的；整齐▷车辆摆放得很～。

【规章】 guīzhāng 图规则和章程▷交通～。

【规整】 guīzhěng ❶团规矩，整齐，符合一定标准的▷衣物放得很～。❷团收拾；整理▷把桌子上的东西～～。

皈 guī ［皈依］guīyī 团原指佛教信仰者入教，后泛指虔诚地归信佛教或参加其他宗教组织。

闺（閨） guī 图内室；旧时特指女子的居室▷～房｜～阁｜～深。

【闺女】 guīnǚ 图姑娘；女儿。

【闺秀】 guīxiù 图旧指显贵人家的女子（多指未婚者）▷名门～。

硅 guī 图非金属元素，符号 Si。灰色无定形的固体或晶体。可用来制造硅钢等，高纯度硅是重要的半导体材料。

【硅谷】 guīgǔ 图美国新兴的高新技术产业开发区、电子技术研究中心和计算机生产的重要基地。位于美国旧金山附近。

瑰 guī 团珍奇；珍贵▷～宝｜～异。

【瑰宝】 guībǎo 图特别珍奇的东西▷秦始皇兵马俑是古代文物中的～。

【瑰丽】 guīlì 团极为美丽▷～的东方艺术。

鲑（鮭） guī 图鱼。口大而斜，鳞细而圆。种类很多，重要的有大马哈鱼。

轨（軌） guǐ ❶图轨道▷～迹｜火车出～了｜无～电车。❷铺设火车道的长条钢材▷钢～｜铁～。❸比喻法度、规矩、秩序等▷越～｜步入正～。☞右边是"九"，不是"丸"。

【轨道】 guǐdào ❶图用钢轨铺成，供火车和有轨电车等行驶的路线。❷天体和物体有规则的运动路线，如地球围绕太阳运行，人造地球卫星围绕地球运行，原子内电子的运动,都有一定轨道。也说轨迹。❸比喻应遵守的规则、程序或范围▷国民经济已步入持续快速高效发展的～。

【轨迹】 guǐjì ❶囝一个点在空间移动所经过的路线叫做这个点的轨迹。❷轨道②。❸比喻人生的经历或事物发展的路径▷人生～I社会发展的～。

诡(詭) guǐ ❶囮狡诈;虚伪▷～计I～辩。❷怪异;奇特▷～异。

【诡辩】 guǐbiàn ❶囝逻辑学上指故意违反形式逻辑的规律与规则,用错误的思维形式与推理方法做出似是而非的推论。❷强词夺理,无理狡辩▷要尊重客观事实,不要再～了。

【诡称】 guǐchēng 囝虚伪、狡诈地宣称▷敌人～自己是和平的使者。

【诡计】 guǐjì 囮狡诈的计谋;花招▷～多端。

【诡秘】 guǐmì 囮(行动、态度等)隐秘而难测▷行踪～。

【诡诈】 guǐzhà 囮狡猾奸诈▷～难测。

鬼 guǐ ❶囝迷信指人死后存在的灵魂。❷对具有某种缺点或不良行为的人的蔑称▷胆小～I酒～I讨厌～。❸不可告人的打算或行为▷捣～I心里有～。❹囮不正大光明;不正当▷～头～脑I～混。❺不好的;令人不快的▷～天气I这～地方。❻囝机灵▷这小家伙真～。❼囝对人的昵称(多用于未成年人)▷小～I机灵～儿。☞第六画是撇,中间不断开。

【鬼斧神工】 guǐfǔshéngōng 形容建筑、雕塑等技艺细巧妙,好像鬼神所为。

【鬼怪】 guǐguài 囝鬼和妖怪,比喻邪恶势力▷铲除～。

【鬼话】 guǐhuà 囝谎话;胡话▷谁也不会相信他那骗人的～。

【鬼混】 guǐhùn ❶囝糊里糊涂地混日子▷他不愿～下去。❷非正常地结交和生活▷不要和流氓混在一起～。

【鬼哭狼嚎】 guǐkūlángháo 形容大哭大喊,声音凄厉刺耳(含贬义)。

【鬼门关】 guǐménguān ❶迷信传说指阳间通往阴间的关口;借指死亡的边缘。❷比喻十分凶险的地方或难于度过的时刻▷即使是～,我们也要闯过去。

【鬼迷心窍】 guǐmíxīnqiào 比喻被不良思想或坏人坏事所迷惑,执迷不悟。

【鬼使神差】 guǐshǐshénchāi 好像鬼神暗中支使一样。形容某些事情出乎意料,不由自主或是偶然巧合。

【鬼祟】 guǐsuì ❶囝鬼怪或比喻暗中害人的人。❷囮行动诡秘;不光明正大▷行动～I几个人鬼鬼祟祟,不知想干什么坏事。☞"祟"不要写作"崇"(chóng)。

【鬼胎】 guǐtāi 囝比喻不可告人的心计▷彼此各怀～。

【鬼头鬼脑】 guǐtóuguǐnǎo 形容行为诡秘,不光明正大。

癸 guǐ 囝天干的第十位。☞上半是"癶",不是"癶"。

晷 guǐ ❶囝〈文〉日影;日光▷焚膏继～。❷日晷,古代观测日影、确定时刻的仪器。

柜(櫃) guì ❶囝柜子,装东西的家具▷衣～I床头～I书～I保险～。❷特指商店的钱柜▷现款都交～了I掌～的(商店老板或负责管店的人)。○另见 jǔ。

【柜橱】 guìchú 囝盛衣物的柜子,也指放置餐具的柜子。也说橱柜。

【柜台】 guìtái ❶囝商店的售货台。❷指大商场基层营业单位。

刽(劊) guì 囝〈文〉砍断;剖开。☞统读 guì。

【刽子手】 guìzishǒu 囝旧指执行斩刑的人;泛指残酷杀害无辜的人。

贵(貴) guì ❶囮价格或价值高(跟"贱"相对,②同)▷春雨～如油I昂～。❷社会地位高▷～族I～人。❸值得珍视或珍爱的▷宝～I珍～。❹囝以……为可贵▷人～有自知之明I～在坚持。❺囝敬词,称与对方有关的事物▷～姓I～校I～处I～体。

【贵宾】 guìbīn 囝尊贵的宾客。

【贵干】 guìgàn 囝敬词,用于询问对方要做什么▷先生有何～?

【贵庚】 guìgēng 囝敬词,用于询问中青年人的年龄。

【贵金属】 guìjīnshǔ 囝地球上储量很少,价格昂贵的金属。多数都具有化学稳定性,很好的延展性、耐溶性。包括金、银、铂、铱、钯等。

【贵恙】 guìyàng 囝敬词,用于询问对方的病情▷～如何?

【贵重】 guìzhòng 囮价值高;珍贵▷～药材I～金属。

【贵族】 guìzú 囝奴隶社会、封建社会以及现代君主国家中享有世袭特权的上层统治阶级。

桂 guì ❶囝肉桂,常绿乔木。树皮叫桂皮,嫩枝叫桂枝,都可以做药材。❷月桂,常绿乔木,花可以供观赏,叶子和果实可以提取芳香油。❸桂花,常绿小乔木或灌木,开白色、红色或黄色花,有诱人的幽香,是珍贵的观赏植物。❹广西的别称▷～剧。

桧(檜) guì 囝常绿乔木。木材细致坚实,有香气,可供建筑及制作家具笔杆等用。也说圆柏、桧柏。☞在"秦桧"(南宋奸臣)中读 huì。

跪 guì 囝两膝弯曲,单膝或双膝着地▷～在地上I下～I～射。

【跪拜】 guìbài 囝屈膝下跪磕头。

鳜(鱖) guì 囝鳜鱼,青黄色,有黑色斑纹。性凶猛,吃鱼虾。生活在淡水中。是我国特产的名贵食用鱼之一。☞不宜写作"桂鱼"。

gun

衮 gǔn 囝古代君主、王公的礼服▷～服。☞中间是"公",上下合起来是"衣"。

绲(緄) gǔn 囝缝纫时沿着衣物的边缘镶上布条、带子等▷在袖口上～一道边I～边的旗袍。

辊(輥) gǔn 囝机器中可以滚动的圆柱形机件▷～轴I～轧。

滚 gǔn ❶囝旋转着移动;使翻动▷～雪球I～翻。❷液体达到沸点而翻腾▷油～了。❸走开(用于辱骂或斥责)▷～出去I～开。❹剾非常;特别▷～圆I～烫I～热。

【滚动】 gǔndòng ❶囝运动物体(多为球体或圆柱体)在另一物体表面上作连续翻转移动▷～磨擦I向前～了一段距离。❷连续不断地变换▷人员有出有进,不断～。

【滚瓜烂熟】 gǔnguālànshú 像从瓜藤上自动滚落下来的瓜熟透了一样。形容朗读、背诵等十分纯熟。

【滚雪球】 gǔnxuěqiú 在雪地上滚动雪团,使体积越滚越大。比喻事物越聚越多,力量越来越大。

磙 gǔn ❶囝碌碡,石制的圆柱形碾轧工具▷石～。❷囝用碌子碾轧▷～地I～路面。

鲧(鯀) gǔn ❶囝古书上说的一种大鱼。❷古代人名,传说是夏禹的父亲。

棍 gùn ❶囝棍子▷木～I铁～。❷指具有某些坏品质、坏作风的人▷恶～I赌～I淫～。

guo

埚（堝） guō 见[坩埚]gānguō。

郭 guō 名古代城墙以外围着的大墙▷城～。

聒 guō 动（声音）嘈杂扰人▷～噪｜～耳（刺耳）。☞统读guō。

锅（鍋） guō ❶名烹饪用具，多用铁、铝或不锈钢等制成。❷形状像锅的东西▷烟袋～。

【锅炉】 guōlú 名烧制水蒸气、热水或开水的装置。

蝈（蟈） guō [蝈蝈儿]guōguor 名昆虫，腹部大，翅短，善跳跃，雄的前翅根部有发声器，能振翅发出清脆的声音。☞统读guō。

国（國） guó ❶名国家▷为～争光｜祖～。❷代表国家的▷～旗｜～歌｜～号｜～花｜～徽。❸指本国的▷～产｜～画｜～货。

【国宝】 guóbǎo ❶名国家的珍贵器物▷历代～。❷比喻对国家有特殊贡献的人才▷杰出科学家是我们的～。

【国宾】 guóbīn 名应邀前来访问的外国元首或政府首脑。

【国策】 guócè 名国家的根本政策。

【国耻】 guóchǐ 名由于受到侵略而使国家蒙受的耻辱▷勿忘～。

【国粹】 guócuì 名我国传统文化中的精华▷京剧是～。

【国度】 guódù 名国家（多从国家区域、范围的角度称说）▷英雄的～。

【国法】 guófǎ 名国家的法律▷～不容。

【国防】 guófáng 名为捍卫国家主权、领土完整，防御外来侵略和颠覆，在武装部队、军事装备、军事设施和军事科学等方面的建设，以及相关的政治、外交领域的斗争。

【国格】 guógé 名国家政府、团体或公民在对外交往中为维护国家利益和尊严所应有的行为、姿态和品格。

【国画】 guóhuà 名我国传统的绘画，也就是中国画。

【国徽】 guóhuī 名由宪法规定的代表国家的标志。我国的国徽是：中间是五星照耀下的天安门，周围是谷穗和齿轮。

【国籍】 guójí ❶名一个人作为某国公民或国民的资格。❷指船只、飞机等隶属于某个国家的关系▷一艘中国～的远洋货轮。

【国计民生】 guójìmínshēng 国家经济和人民生活。

【国际】 guójì ❶名国家与国家之间；全球各国之间▷～往来。❷形和全球各国有关的（事物）▷～准则｜～惯例。

【国际单位制】 guójì dānwèizhì 国际间通用的一种计量制度，1960年第11届国际计量大会通过采用。如长度的单位"米"，质量的单位"千克"（公斤），电流的单位"安培"等。

【国际互联网】 guójì hùliánwǎng 新兴的全球性通信工具和媒介，它将全球各国的电脑网络连接在一起。用户遵守共同的协议，共享资源。主要功能有电子函件、文件传输、信息浏览与查询等。也说因特网。

【国家】 guójiā ❶名在一定的历史阶段中由固定的土地和人民组成，有一个进行管理的组织的共同实体。❷由军队、警察、法庭、监狱等组成的阶级统治的工具。

【国界】 guójiè 名一国领土和他国领土、一国领海与公海及其领空与外层空间的界线。也说疆界、边界。

【国境】 guójìng ❶名国家的领土范围。❷国界；边境▷越过～。

【国库】 guókù 名办理国家财政收入、支出的机构。

【国库券】 guókùquàn 名由国家银行发行的一种定期还本付息的债券。☞"券"不读juàn。

【国力】 guólì 名国家所具备的实力，主要表现在政治、经济、军事、科技等方面▷增强综合～。

【国门】 guómén ❶名指国家的边关口岸和边防哨卡▷出入～｜～卫士。❷泛指国家的边境、边关▷把侵略者赶出～。

【国民】 guómín 名具有某国国籍的人。在我国，作为法律名词称"公民"。

【国情】 guóqíng 名国家在一个时期的基本情况，也就是国家的社会性质、政治、经济、文化等方面的情况和特点▷认清～｜～教育。

【国庆节】 guóqìngjié 名国家建立或独立的纪念日。中华人民共和国的国庆节是每年的10月1日。

【国势】 guóshì ❶名国力▷～强盛。❷国家的形势▷～危急。

【国事】 guóshì 名国家的重大事务。

【国是】 guóshì 名〈文〉国家的大政方针▷共商～。

【国手】 guóshǒu 名某项技艺能在全国领先、少有对手的人（多指体育运动）▷象棋～｜篮球～。

【国书】 guóshū 名一种外交文件。是一国元首派遣或召回使节，向驻在国元首递交的正式文书。

【国泰民安】 guótàimín'ān 国家太平，人民安乐。

【国体】 guótǐ 名国家的体制，表明国家的根本性质，由社会各阶级在国家中的地位所决定。我国的国体是工人阶级领导的、以工农联盟为基础的人民民主专政的社会主义国家。

【国威】 guówēi 名国家的力量和威严▷扬我～。

【国务】 guówù 名国家的政务；国家的重大事务。

【国务院】 guówùyuàn 名我国最高国家行政机关，即中央人民政府。它对国家最高权力机关即全国人民代表大会及其常务委员会负责并向其报告工作。

【国有】 guóyǒu 动国家所有▷土地～｜～农场｜～资产。

【国葬】 guózàng 名以国家名义举行的葬礼。

【国贼】 guózéi 名出卖祖国或对国家有重大危害的人▷严惩～。

【国债】 guózhài 名国家举借的各种债务的总称。国家通过信用吸收资金的一种方式，包括内债和外债。也说公债。

帼（幗） guó 名古代妇女的发饰▷巾～（头巾和发饰，借指妇女）。

果 guǒ ❶名植物的果实▷开花结～｜树～｜水～。❷事情的最后结局（跟"因"相对）▷前因后～｜成～。❸副果然▷～不出我所料。❹形有决断；不犹豫▷～敢｜～断。

【果断】 guǒduàn 形形容当机立断，不犹豫▷～决定｜沉着～的领导者。

【果脯】 guǒfǔ 名蜜饯的一种。把鲜果直接用糖液或蜜浸煮，再烘干或晒干，具有干爽、鲜美、透明的特点。☞"脯"不读pǔ。

【果敢】 guǒgǎn 形果断，勇敢▷英勇～｜～的气概。

【果然】 guǒrán ❶副表示实际情况与预料的相同▷他～来了。❷连连接分句，表示假设的情况与所预料的相符合▷～像你所说的那样，事情就好办了。也说果真。

【果实】　guǒshí　❶图植物的花经受粉、受精后，雌蕊的子房或连同花的其他部分逐渐发育长大而成的器官，外有果皮，内有种子。❷比喻经过努力获得的成绩、收获▷胜利～。

馃（餜）　guǒ［馃子］guǒzi 图一种油炸面食，长条形或圆形▷香油～｜煎饼～。☞不宜写作"果子"。

椁　guǒ 图古代套在棺材外面的大棺材▷棺～。

螺　guǒ［螺蠃］guǒluǒ 图昆虫，常捕捉稻、棉、玉米等作物小害虫为食，可用于防治农业害虫。

裹　guǒ ❶团包；缠绕▷把伤口～好｜腿～包～。❷强行或顺带卷入▷暴雨～着冰雹猛砸下来｜游行的人群把路边看热闹的也～了进去。☞中间是"果"，上下合起来是"衣"。

【裹胁】　guǒxié 团胁迫使跟从（做坏事）▷～他人犯罪。

【裹挟】　guǒxié ❶团（风、流水等）把别的东西卷入，使随着移动▷洪水～着沿岸的庄稼，奔泻而去。❷（形势、潮流等）把人卷进去，迫使其跟随势头行动▷一些不明真相的人被～进去。

【裹足不前】　guǒzúbùqián 脚被缠住，不能前进。比喻因害怕或有顾虑等而停步不前。

过（過）　guò ❶团在空间移动位置；经过▷～黄河。❷经历；度过（一段时间）▷半年就毕业了｜～节｜～冬。❸从一方转移到另一方▷姑娘还没～门｜继｜～账。❹使经过（某种处理）▷您～个数｜把衣裳～一下水｜～秤｜～油肉。❺超出（某种界限）▷放学时间早～了｜～量｜～期｜～火。❻形超过某种限度的▷～多｜～细｜～激。❼图过失；错误（跟"功"相对）▷将功补～｜错｜～记｜～。❽团用在其他动词后面。a)表示事物随动作经过某处或从一处到另一处▷翻～这座山｜递～一本书来｜接～奖状。b)表示物体随动作改变方向▷侧～身子｜回～头去。c)表示动作超过了合适的界限▷坐～站｜使～了劲儿。d)表示胜过（"过"与前面的动词之间可以加"得"或"不"）▷他一个人能抵～三个人｜他跑得～你吗？❾用在形容词后面，表示超过▷呼声一浪高～一浪。❿团读轻声。a)用在动词后面，表示动作已经完成或曾经发生过▷这本书我看～｜他没去～上海。b)用在形容词后，表示曾经有过某种性质或状态，有同现在相比较的意思▷他家以前也穷～。

【过程】　guòchéng 图事情发展变化的经历▷事情总要有个发展～。

【过错】　guòcuò ❶图过失；差错。❷民法上指因故意或过失损害他人的违法行为。

【过度】　guòdù 形超过适当限度▷～紧张｜操劳～。

【过渡】　guòdù ❶团乘船从此岸到彼岸▷从汉口～到武昌。❷（事物）从一个阶段逐步发展转变到另一个阶段▷由新民主主义～到社会主义。

【过分】　guòfèn 形超过了应有的限度或程度▷～悲痛｜你这话说得～了。☞不宜写作"过份"。

【过关】　guòguān 团通过关口，比喻达到某种标准或要求而获得通过和认可▷参加会计师考试～了。

【过河拆桥】　guòhéchāiqiáo 比喻达到目的后就把借以成事的人一脚踢开。

【过户】　guòhù 团依照法定程序，办理房地产、车辆、记名有价证券等改换户主的手续。

【过火】　guòhuǒ 形言行超过限度或分寸▷你对人家大发雷霆，太～了。

【过激】　guòjī 形（言行）过分激烈▷言词～｜～行动。

【过继】　guòjì 团父母把儿女过给没有孩子的兄弟或亲戚做儿女。

【过奖】　guòjiǎng 团谦词，用于向夸奖自己的人表示谦虚和谢意▷先生～了，学生不敢当。

【过来】　guòlái ❶团向说话人的方向移动（由远至近）▷从对面店铺里～了一个人。❷通过（某个时期或某种考验）▷大风大浪我都～了，还怕这点小风波吗？❸用在动词后，多读轻声。a)表示前边的动作趋向是朝着说话人的▷他从教室跑～。b)表示回到原来的、正常的或较好的状态▷人们这才明白～｜把毛病改～了。c)表示能力许可▷这么多功课，复习不～。d)表示人或事物随动作从某处经过▷学生把篮球从墙上扔～。

【过来人】　guòláirén 图对某一类事情有过亲身体验或经历的人▷你是～了，对这事不会不懂。

【过录】　guòlù 团把文字、音像等从一个载体抄写、整理或转录到另一个载体上。

【过虑】　guòlǜ 团担心过头或瞎担心▷他已是大人，对他的生活你不必～。

【过滤】　guòlǜ 团使气体或液体通过滤纸、滤布等多孔材料，把其中的固体物或有害成分分离出去▷把熬好的中药用纱布～一下。

【过敏】　guòmǐn ❶团（人或某些动物）对药物、食物或某种外界刺激产生异常反应和病态变化▷他对青霉素～。❷形对事物的反应过快、程度超过实际▷你太～了，总是疑神疑鬼。

【过目】　guòmù ❶团粗略地看一遍或看一看▷～不忘。❷（请上级）审核▷上报材料请局长～。

【过目成诵】　guòmùchéngsòng （文章等）看一遍就能背诵出来。形容记忆力极好。

【过去】¹　guòqù 图指从现在算起的以往的时期▷成绩只能说明～，不能说明现在和将来。

【过去】²　guòqù ❶团表示离开或经过说话人或叙述对象的地点向另一地点行动（由近至远）▷大门口刚刚～了一辆吉普车。❷表示曾经历过某个阶段▷半年～了，工作才走上正轨。❸表示某种状态或时期已经消失▷最困难的时期已经～了。❹团用在动词后表示动作的趋向，如离开、经过、变向、通过、完毕等，多读轻声▷把东西扔～｜汽车开～｜管子弯～｜说～就完了，别老放在心上。❺用在形容词后，常跟"得"或"不"连用表示超过▷湖再大能大得～海洋吗？｜这风再猛也猛不过台风去。

【过热】　guòrè 形形容超过正常、健康的发展速度；情绪不冷静，思想不实际▷经济发展～｜头脑～。

【过筛】　guòshāi ❶团（粮食、矿石等颗粒状物品）通过筛子进行选择▷这些黄豆～了没有？❷比喻进行严格选择▷～好几遍才选出了六名选手。也说过筛子。

【过剩】　guòshèng ❶团（数量）超过需要和某种限度▷劳动力～。❷（供给）超出市场需要或购买能力▷产品～。

【过失】　guòshī ❶图由于疏忽大意造成的错误▷丢失文件是机要文书的～。❷团法律上指由于疏忽大意或过于自信导致犯罪▷～杀人。

【过时】　guòshí ❶团超过了规定或约定的时间▷～不候。❷形已经不时兴或不流行；陈旧▷～款式。

【过世】　guòshì 团婉词，指长辈或成年人死亡。

【过头】　guòtóu 形超过限度的；过分▷这话说得有点～｜你也老实得～了，简直成了呆子。

【过往】　guòwǎng ❶团来来去去▷桥上桥下，车船～频繁。❷（人与人）交往；来往▷二人～甚密。

【过问】 guòwèn 囫(对某事)参与或进行干预▷～军政大事|这事儿我要～。

【过细】 guòxì 囮十分仔细;细心▷～的思想工作|对这个问题要～地研究。

【过眼云烟】 guòyǎnyúnyān 比喻容易消失或很快消失的事物。也说过眼烟云。

【过瘾】 guòyǐn 囮形容癖好或爱好得到满足▷这场足球赛看得很～|开开你的新车过把瘾。

【过硬】 guòyìng 囮形容经得起检查或考验▷作风～|～本领。

【过犹不及】 guòyóubùjí 办事超过了限度,就跟做得不够一样(两者都是不好的)。

【过于】 guòyú 囵表示程度或数量超过了限度,相当于"太"▷～急躁。

【过誉】 guòyù 囫谦词,用于向赞誉自己的人表示谦虚和谢意▷先生如此～,倒叫我于心不安了。

H

ha

哈 hā ❶囫张开嘴呼气▷～气。❷囫表示得意或惊喜▷～～～,这下可好了!|～,我们班受表扬啦!❸拟声模拟大笑的声音▷～～～,传来一阵笑声|～～大笑。❹囫弯(腰)▷～着腰跑过去。○另见 hǎ。

【哈哈镜】 hāhājìng 囵一种用凹凸不平的玻璃做的镜子,镜中形象奇形怪状、令人发笑。

【哈喇】 hāla 囮〈口〉食油或带油食品放久变坏▷月饼～了,不能吃。

【哈欠】 hāqian 囵困倦或刚醒来时不自觉地张嘴深吸气又呼出的生理现象▷打～。

蛤 há [蛤蟆]háma 囵青蛙和蟾蜍的统称。☞不宜写作"虾蟆"。○另见 gé。

哈 hǎ 见下。○另见 hā。

【哈巴狗】 hǎbagǒu 囵一种体小、毛长、腿短的供玩赏的狗。比喻受主子豢养的驯顺奴才。也说狮子狗、巴儿狗。

【哈达】 hǎdá 囵藏族和部分蒙古族人表示敬意和祝贺时献给神佛或对方的白色长丝巾或纱巾(藏语音译)。

hai

咳 hāi ❶囫表示招呼或提醒▷～,你到哪儿去?|～,大家快来呀!❷囫表示惊异或懊悔▷～,能有这样的好事吗?|～,误了这趟车了。○另见 ké。

嗨 hāi 拟声歌词中的衬字▷～啦啦|呼儿～哟。

【嗨哟】 hāiyō 囫集体劳动时,为协调动作而呼喊的声音▷加把劲呀,～!

还(還) hái ❶囵仍然▷他～在写作业。❷又▷会读,会写,～要会用。❸更加▷今年比去年～热。❹表示勉强达到一般的程度▷这篇作文写得～不错。❺表示超出预料▷想不到你～真把事儿办成了。○另见 huán。

【还是】 háishi ❶囵还(hái)①▷多年不见,他～那么年轻。❷表示经过比较,提出选择意见(多含商量或希望口气)▷你比我熟悉情况,这个会～你去参加吧。❸囵表示选择(常与"是"呼应,多用于问句)▷你是上午走～下午走?|出国～留下,你自己决定。❹与"无论"(不管、不论)和"都"连用,表示在举出的范围内都如此▷无论城市～农村,都变化很大。

孩 hái 囵孩子。

【孩子】 háizi ❶囵儿童。❷儿女▷他的几个～都很争气。

【孩子气】 háiziqì ❶囵小孩子一样的脾气或神气▷一说话就露出了～。❷囮脾气、神气等像孩子似的▷你这话太～。

骸 hái ❶囵人的骨头(多指尸骨)▷尸～。❷身体▷形～。

【骸骨】 háigǔ 囵骨头(多指死人的)。

海 hǎi ❶囵靠近大陆的比洋小的水域▷～浪|～龟|～鲜。❷用于一些湖泊的名称▷青～|中南～。❸比喻聚积成一片的人或事物▷人～|火～。❹囮

大▷～碗|～量|夸下～口。

【海拔】 hǎibá 囵以平均海水面为起点的高度▷这座雪山的主峰,～6900多米。也说拔海。

【海报】 hǎibào 囵预告戏剧、电影或体育比赛等的大幅宣传品。

【海防】 hǎifáng 囵为防备海上来敌而在沿海地区和领海内采取的军事防御措施▷加强～|～前哨。

【海关】 hǎiguān 囵管理进出口事务的国家行政机关。

【海涵】 hǎihán 囮敬词,极大的包涵。用于请人原谅▷多有不恭,敬请～。

【海货】 hǎihuò 囵市场出售的海产品。

【海疆】 hǎijiāng 囵领海和沿海地区。

【海军】 hǎijūn 囵军种之一。在海上作战的军队,通常由舰艇、航空兵、陆战队等兵种和各专业部队组成。

【海口】 hǎikǒu ❶囵河流的出海口。❷位于海湾内的港口。❸大嘴,借指大话▷夸～。

【海枯石烂】 hǎikūshílàn 海水枯竭,山石破碎,形容历时久远,世上万物都已经发生巨变(用于发誓,反衬意志坚定,永不改变)。

【海阔天空】 hǎikuòtiānkōng 像大海和天空一样广阔、空旷。比喻想象或说话等无拘无束或漫无边际。

【海里】 hǎilǐ 圖海上距离的计量单位,一海里等于1852米。

【海量】 hǎiliàng ❶囵广阔的度量▷您～,请多包涵。❷很大的酒量▷一人喝一瓶白酒也不醉,真是～。

【海洛因】 hǎiluòyīn 囵〈外〉有机化合物,毒品,白色晶体。医学上用作镇静、麻醉剂。俗称白面儿。

【海米】 hǎimǐ 囵海产小虾去头尾去壳后的干制品。

【海绵】 hǎimián ❶囵低等多细胞动物,多生在海底岩石间。❷指这种动物的骨骼。❸人工制成的像海绵的多孔材料,柔软有弹性▷～床垫。

【海难】 hǎinàn 囵船舶在海上发生的灾难,诸如火灾、触礁、碰撞等。

【海内】 hǎinèi 囵国境以内(古人以为我国四面临海,故称)▷～存知己。

【海平面】 hǎipíngmiàn 囵海水的平面。即长期观测海水水位而确定的海水平面的平均位置,是测量陆上高度和水下深度的起点。

【海参】 hǎishēn 囵海生棘皮动物。种类很多,有的可食用,其中梅花参是珍贵的海味。

【海市蜃楼】 hǎishìshènlóu ❶光线因不同密度空气层的折射,把远处景物显示在空中或地面的奇异幻景。古人误以为是蜃(大蛤蜊)吐气而成。也说海市、蜃景。❷比喻虚幻不实的事物。

【海誓山盟】 hǎishìshānméng 誓言和盟约像大海和高山一样永恒(多用来表示爱情的坚贞)。

【海棠】 hǎitáng 囵落叶乔木。春季开白色或淡粉色的花,可供观赏;果实近球形,味酸甜,可食。

【海涂】 hǎitú 囵河流入海处或海岸附近因泥沙沉积而形成的较平坦的地带。

【海豚】 hǎitún 囵海洋哺乳动物。身体呈流线型,鼻孔长在头顶上;背部青黑色,有背鳍;腹部白色;前肢变为鳍。能学会许多复杂的动作,并有记忆力。

【海湾】 hǎiwān 囵海岸线的凹进部分或海洋伸进陆地的部分。

【海味】hǎiwèi 图海洋里出产的可供食用的动植物（多指珍贵的）。

【海峡】hǎixiá 图夹在两块陆地之间连接两个海或洋的狭窄水道▷台湾～。

【海鲜】hǎixiān 图供食用的新鲜的海生动物。

【海啸】hǎixiào 图因海底地震、火山爆发或风暴等引起的伴有巨响的巨大海涛。往往冲上陆地，造成严重灾害。

【海洋】hǎiyáng 图海和洋，地球表面广大连续水体的总称。

【海员】hǎiyuán 图在海洋轮船上工作的人员。。

【海运】hǎiyùn 团海上运输▷这批货～到大连。

【海藻】hǎizǎo 图海洋中生长的藻类，如海带、紫菜、龙须菜等。

【海蜇】hǎizhé 图海生腔肠动物，身体平球形，上面有伞状部分，腌制后叫海蜇皮；下面有八条口腕，腌制后叫海蜇头。

亥　hài 图地支的第十二位。

骇(駭)　hài 团惊吓▷惊涛～浪｜惊～。

【骇人听闻】hàiréntīngwén 使人听了非常吃惊害怕。

氦　hài 图非金属元素，符号 He。无色无臭无味气体。可用来填充电子管、飞艇和潜水服等。通称氦气。

害　hài ❶团使蒙受损失；使招致不良后果（跟"利"相对，②同）▷～得我连饭也没吃上｜迫～｜损～。❷图坏处，对人或事物不利的因素▷这种药物对人体有～｜有益无～。❸祸患；灾祸▷为民除～｜祸～｜病虫～。❹团有害的（跟"益"相对）▷～虫｜～鸟。❺团杀；杀死▷被～身亡｜遇～。❻患（病）▷～了一种奇怪的病。❼产生（某种不安的感觉或情绪）▷～羞。

【害处】hàichu 图坏处；不利于人或事物的因素▷酸雨对庄稼的～很大。

【害怕】hàipà 团对困难或危险等胆怯、不安▷走独木桥她一点儿也不～｜他特别～蛇。☞不宜写作"骇怕"。

【害群之马】hàiqúnzhīmǎ 比喻有害于集体的人。

【害臊】hàisào〈口〉害羞；感到难为情▷说出这种话来你也不～？

【害羞】hàixiū 题难为情；不好意思▷这孩子一见生人就～。

han

蚶　hān [蚶子]hānzi 图软体动物。品种很多，大都可以食用；有的壳可以做药材。俗称瓦楞子、瓦垄子。

酣　hān ❶题酒喝得畅快、尽兴▷～饮｜酒～耳热。❷畅快；深沉▷～笑｜～睡。❸（战斗）激烈▷～战。

【酣畅】hānchàng ❶题（睡觉、喝酒等）舒畅痛快▷睡得～｜喝得～。❷（文章表达）充分、饱满▷笔墨～。

【酣梦】hānmèng 图熟睡中的美梦；熟睡▷她从～中惊醒。

【酣睡】hānshuì 团熟睡。

【酣战】hānzhàn 团激烈而较久的战斗▷～一场，得胜收兵。

憨　hān ❶题愚；傻▷这人有点～｜～笑｜～痴。❷朴实▷～直。

【憨厚】hānhòu 题朴实、厚道▷为人～｜～的庄稼人。

【憨实】hānshí 题憨厚老实▷人很～，不爱说话。

【憨态】hāntài 图纯朴中透着一点傻气的神态▷大熊猫一副～。

【憨笑】hānxiào 团带有傻气地笑；天真无邪地笑▷孩子那～的样子，实在可爱。

【憨直】hānzhí 题憨厚直爽▷待人～。

鼾　hān 图熟睡时打的呼噜▷打～｜～声｜～睡。

【鼾睡】hānshuì 团打着呼噜熟睡▷～不醒。

邯　hán [邯郸学步]hándānxuébù 战国时有个燕国人到了赵国都城邯郸，看到那里的人走路姿势很美，就学习起来，结果不但没学会，反而连自己原来的走法也忘了，只好爬着回去。比喻模仿别人不成，反把自己的技能丢了。

含　hán ❶团嘴里放着东西，不嚼也不咽也不吐▷嘴里～着一块糖。❷存或藏在里面；包括▷眼眶里～着泪｜蔬菜中～多种维生素｜这段话～有三层意思。❸忍受▷～垢忍辱｜～辛茹苦。❹心里怀着某种情感▷～羞｜～怒。

【含垢忍辱】hángòurěnrù 忍受耻辱。

【含恨】hánhèn 团怀着怨愤、仇恨▷～死去。

【含糊】hánhu ❶题（意思、话语等）模糊，不明确▷话说得很～。❷（说话、做事等）马虎；不认真▷他做工作，从来没～过。❸表现出软弱（与"不"连用）▷奉陪到底，绝不～。☞不宜写作"含胡"。

【含混】hánhùn 题模糊；不清断▷用词不当，语意～。

【含量】hánliàng 图物质中含有某种成分的数量▷新鲜蔬菜和水果里，维生素 C 的～较多。

【含沙射影】hánshāshèyǐng 晋干宝《搜神记》记载：水中有一种怪物叫蜮（yù），看到人影就喷沙子。被射中影子的人就会生病或死亡。比喻暗中攻击或陷害人。

【含辛茹苦】hánxīnrúkǔ 受尽艰难困苦（茹：吃）。

【含羞】hánxiū 团面带着羞的神情▷～不语。

【含蓄】hánxù ❶团（思想、情感等）不随意外露▷性格～。❷（表达）委婉不直露▷此诗～深沉，耐人寻味。☞不宜写作"涵蓄"。

【含血喷人】hánxuèpēnrén 比喻用捏造的事实诬陷别人。

【含义】hányì 图（字、词和语句）所包含的意思、意义▷～深刻｜要理解词语的确切～。☞不宜写作"涵义"。

【含英咀华】hányīngjǔhuá 口中含着花儿，细细咀嚼。比喻细细琢磨、体味诗文的精华。

【含冤】hányuān 团有冤屈没能得到申诉、洗雪▷～死去｜～饮恨。

函　hán ❶图匣子；套子▷印～｜～套。❷信封；信件（古代寄信用木函）▷来～｜购～授。

【函告】hángào 团用书信告知▷～亲友。

【函件】hánjiàn 图信件▷～收悉。

【函授】hánshòu 团以通信辅导为主、当面传授为辅的方法进行教学▷通过～培养了一批大专毕业生。

涵　hán ❶团包容；包含▷海～｜～蕴。❷图涵洞▷桥～｜～闸。

【涵盖】hángài 团包含，覆盖▷这篇论文～了多门学科的理论知识。

【涵养】hányǎng 图待人接物方面的修养，特指能控制个人情绪的功夫▷要不是他有～，刚才非吵起来不可。

韩(韓)　hán 图战国七雄之一，在今河南中部和山西东南部。

寒　hán ❶题冷▷天～地冻｜～冷。❷图寒冷的季节（跟"暑"相对）▷～来暑往｜～假。❸题比喻畏惧▷胆～。❹贫困▷贫～｜～士。

【寒潮】 háncháo 图来自北方寒冷地带的强冷空气。

【寒碜】 hánchen ❶形（外貌）不好看，丑陋▷长得太~。❷不光彩；丢脸▷没病装病，多~！❸动使难堪；使丢脸▷你别~我啦。☞不宜写作"寒伧""寒尘"。

【寒带】 hándài 图地球南北极圈以内的纬度带，气候终年寒冷。

【寒光】 hánguāng 图使人感到寒冷或害怕的光▷月亮散着~｜一把闪着~的匕首。

【寒噤】 hánjìn 图因受冷或受惊而身体不由自主地颤抖的动作▷打了一个~。

【寒来暑往】 hánláishǔwǎng 热天去冷天来，形容四季更替，岁月流逝。

【寒冷】 hánlěng 形温度低；冷▷气候~｜~地区｜感到~。

【寒流】 hánliú ❶图从较高纬度流向低纬度的海洋水流。寒流的水温低于所流经区域的水温。❷寒潮▷西伯利亚~。

【寒毛】 hánmáo 图人体皮肤表面的毫毛。也说汗毛。

【寒舍】 hánshè 图谦词，用于指自己住宅▷欢迎光临~。

【寒暑】 hánshǔ 图❶冷和热▷不知~。❷冬天和夏天，借指一年▷一晃过了二十个~。

【寒酸】 hánsuān 形❶贫穷窘迫，不体面▷日子过得很~｜穿着很~。❷形容穷苦读书人的窘态▷~秀才。

【寒心】 hánxīn 形由于失望而伤心、灰心。

【寒暄】 hánxuān 动见面时问候起居、冷暖等应酬话▷熟人见面~了几句。

【寒战】 hánzhàn 图寒噤。☞不宜写作"寒颤"。

罕
hǎn 形稀少▷人迹~至｜稀~｜~有。

【罕见】 hǎnjiàn 形非常少见▷百年~的大水灾｜这种现象实属~。

喊
hǎn 动❶大声呼叫▷大~大叫。❷招呼；叫（人）▷你把他~来。

汉（漢）
hàn ❶图汉水，源出陕西，经湖北东流入长江。❷指银河▷银~｜河~｜气冲霄~。❸朝代名。❹汉族（古代北方民族称汉朝人为汉人）▷~字｜~语。❺男子▷彪形大~｜单身~。❻指汉语▷~译俄｜英~大词典。

【汉白玉】 hànbáiyù 图一种白色的大理石，质地坚硬致密，是名贵的建筑和雕刻材料。

【汉奸】 hànjiān 图原指汉族的败类。泛指中华民族中投靠侵略者，出卖祖国和民族利益的奸贼。

【汉卡】 hànkǎ 图计算机用以处理中文信息的软盘。

【汉学】 hànxué 图❶继承汉儒传统的经、史、名物、训诂、考据之学。❷国际上指研究中国文化、历史、文学、语言等的学问▷日本的~家。

【汉语】 hànyǔ 图汉民族所使用的语言，是我国的通用语言，广义的包括各地方言土语，狭义的指汉民族的共同语，即普通话。

【汉字】 hànzì 图记录汉语的书写符号，是世界上最古老的文字之一。

【汉子】 hànzi ❶图成年男人▷是条~。❷〈口〉丈夫▷你家~是种田能手。

汗
hàn 图❶人和其他高等动物从汗腺分泌的液体▷出了一身~｜~流满面。❷动出汗；冒出汗▷~颜（形容羞愧）｜~马功劳。☞在"可汗"（古代北方某些民族最高统治者的称号）中读 hán。

【汗津津】 hànjīnjīn 形微微有汗的样子▷穿得太多了，身上~的。

【汗淋淋】 hànlínlín 形汗水频频滴落的样子▷满头~

的。☞"淋淋"这里读变调。

【汗流浃背】 hànliújiābèi 汗水湿透了衣背，形容满身大汗（浃：湿透）。

【汗马功劳】 hànmǎgōngláo 在战场上立下的功劳，泛指在工作中作出的贡献（汗马：将士骑马作战，马奔跑出汗）。

【汗牛充栋】 hànniúchōngdòng 形容书籍非常多。搬运时牛累得出汗，存放时一直堆到屋顶（栋：古代指房屋的脊檩）。

【汗渍】 hànzì 图汗留下的痕迹。

旱
hàn ❶形长时间不下雨或雨量太小（跟"涝"相对）▷干~｜~情。❷图旱灾▷抗~｜防~。❸形加在某些原本与水有关的事物前，表示跟水无关或属于陆地上的▷~稻｜~烟｜~船。

【旱地】 hàndì 图土地表面不蓄水的田地。特指浇不上水的耕地。

【旱灾】 hànzāi 图由于长期干旱少雨而造成的灾害。

捍
hàn 动保卫；抵御▷~卫｜~御。

【捍卫】 hànwèi 动使用武力或其他政治手段加以保卫，使不受侵犯或损害▷~祖国的神圣领土｜~人民利益。

悍
hàn ❶形勇猛；干练▷强~｜短小精~。❷凶暴；蛮横▷凶~｜~蛮。

【悍然】 hànrán 副粗暴蛮横地▷~发动侵略战争。

【悍勇】 hànyǒng 形强悍勇猛。

焊
hàn 动用熔化的金属填充、连接、粘合或修补金属器物▷~接｜~铁壶。

【焊接】 hànjiē 动用加热、加压或用熔化的焊料等把金属工件连接起来▷把这两根管子~在一起。

颌（頜）
hàn ❶图下巴▷燕~虎颈。❷动点（头）▷~首。

【颌联】 hànlián 图律诗的第二联（三、四两句），要求对仗。

撼
hàn 动摇动▷蚍蜉~树｜震~｜摇~。

【撼天震地】 hàntiānzhèndì 震动天和地。形容声音响亮或声势巨大。

翰
hàn 图长而坚硬的鸟羽；古代用羽毛做笔，因而借指毛笔、文章、书信等▷挥~｜文~｜华~。☞右边"羽"上没有一横。

【翰墨】 hànmò 图〈文〉笔和墨，借指文章、书画等▷~相赠，略表寸心。

憾
hàn 动不满意；失望▷千古~事｜遗~｜缺~。

瀚
hàn 形广大，浩大▷浩~。

【瀚海】 hànhǎi 图沙漠▷~无垠。

hang

夯
hāng ❶图砸实地基的石制或铁制工具▷打~｜石~。❷动用夯砸▷把地基~结实｜~地。

行
háng ❶图行列▷站成五~｜单~。❷动排行，兄弟姐妹依长幼排列顺序▷我~三｜你~几？❸量用于成行的东西▷两~眼泪｜写了几~字。❹图某些营业机构▷商~｜银~。❺行业；职业▷各~各业｜改~｜~话。❻指某种行业的知识、经验▷懂~｜~家。○另见 xíng。

【行辈】 hángbèi 图辈分▷我们这个家族，他~最大。

【行当】 hángdang ❶图〈口〉行业；职业▷清洁工这个~是很辛苦的。❷戏曲演员根据角色类型分成的专业类别,如京戏有生、旦、净、丑等行当。

【行话】 hánghuà 图行业的专门用语。

【行家】 hángjia 图精通某门业务的人▷~里手。

【行款】 hángkuǎn 图书写或排印文字的顺序和排列款式▷字迹清楚,~规范。

【行列】 hángliè 图纵横排列的总称。借指队伍▷受阅队伍必须~整齐|自动加入扑灭森林大火的~。

【行情】 hángqíng 图市场上商品、证券等的价格以及利率、汇率等的情况▷观察~的变化。也说行市。

【行伍】 hángwǔ 图泛指军队或军人(古代军队编制,五人为"伍",二十五人为"行")▷~出身。

【行业】 hángyè 图指工商企业中的类别,也泛指职业▷服务~|建筑~。

吭 háng 图喉咙▷引~高歌。☞不读 kàng。〇另见 kēng。

杭 háng 图指杭州▷沪~线|~纺(杭州出产的纺绸)。

绗(絎) háng 团缝纫方法,用针线把衣被的面子和里子以及其中的棉絮等稀疏地缝起来,使不致分离滑动▷~棉袄|~被子。

航 háng 团(船)行驶;(飞行器)飞行▷~行|~海|~天。

【航班】 hángbān 图客轮、客机航行的班次。

【航标】 hángbiāo 图为导引和辅助船舶安全航行而设置在岸上或水上的标志。

【航程】 hángchéng 图飞机、船舶自出发港至终点港的路程。

【航次】 hángcì ❶图船舶、飞机出航编排的次第。❷量船舶、飞机完成运输任务的次数。

【航道】 hángdào 图能保证飞机、船舶安全航行的通道。

【航海】 hánghǎi 团在海洋上航行▷他最喜欢~|~生涯|~知识。

【航空】 hángkōng ❶团飞机等在空中飞行▷~器|~兵。❷形有关飞机航行的▷~信|~港|~母舰。

【航空港】 hángkōnggǎng 图设备完善的大型商业性飞机场。

【航模】 hángmó 图飞机和船只的模型。特指参加体育竞赛的航空或航海模型。☞"模"这里不读 mú。

【航天】 hángtiān ❶团在地球大气层之外的宇宙空间航行▷梦想~。❷形有关航天的▷~飞机|~科技|~事业。

【航天器】 hángtiānqì 图从地球上发射到宇宙空间的飞行器。包括人造地球卫星、宇宙飞船、宇宙空间站和航天飞机等。

【航务】 hángwù 图有关航运的业务。

【航线】 hángxiàn ❶图按一定的船舶运行组织方法,联系各港口的客货运输线。❷飞机预定在空中飞行的路线。。

【航向】 hángxiàng 图(舰船、飞机等)航行的方向▷测定船位,修正~◇我们的工作不可偏离~。

【航行】 hángxíng 团舰船在水面或水下行驶;飞机及其他飞行器在空中或宇宙空间飞行▷鱼雷在水中行进。

【航运】 hángyùn ❶团水上运输▷因疏通河道而中断~。❷图水上运输事业的总称,分为内河航运,沿海航运,远洋航运▷~部门|发展远洋~。

沆 hàng 形〈文〉水面广阔无边▷~瀣(夜间的水气)。

【沆瀣一气】 hàngxièyīqì 唐代崔瀣参加科举考试,被考官崔沆录取,有人嘲笑说:"座主门生,沆瀣一气。"后用以比喻气味相投的人勾结在一起。

hao

蒿 hāo 图蒿子,草本植物。花小,羽状叶,种类很多。有的嫩茎叶可以做蔬菜,有的可以驱蚊、做药材。☞跟"篙"(gāo)不同。

薅 hāo 团拔去杂草▷~草|~田。

号(號) háo ❶团拉长声音大叫▷呼~◇狂风怒~。❷高声哭叫▷哀~|~丧。☞"丂"最后一画向上不出头。〇另见 hào。

【号叫】 háojiào 图号(háo)①▷~得嗓音都哑了。

【号哭】 háokū 图大声喊叫着哭。☞不宜写作"嚎哭"。

【号啕】 háotáo 图大声地哭▷~大哭。☞不宜写作"嚎啕""嚎咷"。

蚝 háo 图软体动物,种类很多。肉味美,可以食用,也可制成蚝油;壳可以做药材。也说牡蛎、海蛎子。

【蚝油】 háoyóu 图调味品。利用加工牡蛎干的煮汁浓缩后制成,味鲜。

毫 háo ❶图动物身上细而尖的毛▷狼~|羊~|笔~|明察秋~。❷毛笔▷挥~|泼墨。❸量计量单位名称 a)市制长度,10 丝为 1 毫,10 毫为 1 厘。b)市制重量,10 丝为 1 毫,10 毫为 1 厘。c)用在某一计量单位的前面,表示该单位的千分之一▷~米|~安|~克|~升。❹副极少;一点儿(只用于否定式)▷~不费力|~无办法。

【毫发】 háofà 图毫毛和头发;比喻极小的数量▷~不差。

【毫厘】 háolí 图一毫一厘;比喻极少、极细小的一点儿。

【毫毛】 háomáo 图人或鸟兽身上的细毛;比喻极细微的东西▷这些钱对于你来说还不是拔根~的事。

【毫无二致】 háowúèrzhì 丝毫没有差别,完全相同。

嗥 háo 团(某些野兽)吼叫▷~叫|狼~。☞右下是"李"(tāo),不是"本"(běn)。

貉 háo 图貉子▷~绒。☞在"一丘之貉"中读 hé。

【貉绒】 háoróng 图去掉硬毛,留下软毛的貉子皮,质地十分柔软。是珍贵的毛皮。

【貉子】 háozi 图哺乳动物,外形像狐狸,棕灰色,尾毛蓬松,穴居山林或田野。

豪 háo ❶图才能出众的人▷文~|英~|~杰。❷形气魄大;直爽痛快,不拘谨▷~情满怀|~爽。❸权势大;强横▷~门|~横(hèng)|巧取~夺。❹图有钱有势、强横霸道的人▷土~。❺团感到光荣;值得骄傲▷自~。

【豪放】 háofàng 形气魄大而没有拘束▷性情~|粗犷~|不羁。

【豪富】 háofù ❶形巨富▷~的商家。❷图指巨富的人▷天下~。

【豪华】 háohuá ❶形过分铺张;奢侈▷~的生活。❷(建筑、设备、装潢等)富丽堂皇,格外华丽▷装饰~|~大客车。

【豪杰】 háojié 图才能超常的人▷英雄~。

【豪举】 háojǔ 图气魄很大的举动;也指阔绰的举动。

【豪迈】 háomài 形形容气魄大;气势壮▷~的步伐|气概。

【豪门】 háomén 图权贵人家▷~望族。

【豪气】 háoqì 图豪迈的气概;盛大的气势▷有一股英雄~。

【豪强】háoqiáng ❶形仗势欺人，蛮横强暴▷~之辈。❷名依仗权势，横行霸道的人▷行侠仗义，抑制~。

【豪情】háoqíng 名豪迈的情感▷~满怀|抒发。

【豪绅】háoshēn 名旧指地方上依仗权势欺压百姓的绅士。

【豪爽】háoshuǎng 形豪放直爽；开朗爽快▷~热情|~大度。

【豪兴】háoxìng 名极高的兴致▷大发~。

【豪言壮语】háoyánzhuàngyǔ 豪迈雄壮的言语。

【豪壮】háozhuàng 形豪迈雄壮。

壕 háo ❶名护城河▷城~。❷沟▷防空~|战~。

【壕沟】háogōu ❶名起掩护作用的战壕▷阵地上挖了三道防空~。❷沟▷两个村子之间有一道大~。

嚎 háo 团(动物)大声叫▷鬼哭狼~|~叫。

濠 háo 名〈文〉护城河▷堙阔~深。

好 hǎo ❶形美；优点多的；令人满意的(跟"坏"相对)▷写得~|脾气|美~。❷友爱；和睦▷友~|和~。❸用在动词后面，表示动作已经完成▷衣服做~了|感冒还没~。❹(身体)健康；(疾病)消失▷身体比以前~多了|感冒~的广场|~漂亮|这话~厉害!b)强调数量多▷来了~些人。c)强调时间久▷等了~久|去了~几年。❻形表示赞同、答应、结束或不满、警告等语气▷~，这个主意不错|~吧，就这么办|~，这下可糟了!|~，等着瞧吧! ❼容易(跟"难"相对)▷这事~办|四川话~懂。❽副表示使下文所说的目的容易实现，相当于"可以""以便"▷吃饱了~赶路|你留下地址，有事~给你写信。❾用在某些动词前面，表示效果好▷~吃|~看|~受。○另见hào。

【好比】hǎobǐ 团好如同；好像▷少年儿童~祖国的花朵。❷譬如，表示举例▷~你吧，你会怎么办呢?

【好不】hǎobù 副修饰一些双音节形容词，表示程度深▷~威风|~漂亮。☛"好不+形容词"和"好+形容词"意思相同，都表示肯定，如"好不威风"和"好威风"都是"很威风"的意思。但"好不容易"和"好容易"不是表示"容易"，而是表示"不容易"。

【好处】hǎochǔ 形随和，容易与人相处▷他为人厚道，十分~。

【好处】hǎochu ❶名益处；优点；恩惠▷经常散步对身体有~|这个人的~就是心胸宽广，不爱计较|人家对咱们的~，不能忘了。❷给办事人的利益(多指不正当的)▷从中捞了不少~。

【好歹】hǎodǎi ❶名好坏▷别不识~。❷名指生命危险的情况；祸患▷你要是有个~，我可怎么办? ❸副将就；凑合▷~有个地方睡就行了。❹无论如何；不管怎么样▷他在你身边~也能帮个忙。

【好端端】hǎoduānduān 形好好儿的▷前天还~的，怎么今天就病了呢?

【好感】hǎogǎn 名满意喜爱的情感。

【好汉】hǎohàn 名勇敢坚毅，敢作敢当的男子汉▷做事~当。

【好话】hǎohuà ❶名好听的话；表扬的话。❷有益的话，正确的话▷老伯的一片好心、一番~，我都记住了。❸求情的话；道歉的话▷为了救儿子，他爸爸到处给人家说~。

【好看】hǎokàn ❶形漂亮，看着顺眼、舒服▷封面设计得挺~。❷精彩；美妙▷这个电影太~了。❸体面；光彩▷儿女有出息，父母的脸上也~。

【好手】hǎoshǒu 名技艺精湛或能力强的人▷修车，他是一把~。

【好受】hǎoshòu 形感到愉快、舒服▷心里~多了|这滋味很不~。

【好似】hǎosì ❶团好像。❷胜于；好于▷一日~一日|一代~一代。

【好听】hǎotīng ❶形听起来让人舒服愉快；使人满意▷轻音乐~|唱得非常~|尽说~的话，就是不办。❷光彩；体面▷这是家丑，传扬出去不~。

【好像】hǎoxiàng ❶团像，表示相似▷草原上一片片羊群，~绿波里倒映着的白云。❷副似乎；大概，表示不很肯定▷他~明白我的意思。

【好心】hǎoxīn ❶名好意；与人为善的心▷谢谢你的一片~。❷形心地善良▷~人。

【好在】hǎozài 副表示在困难或不利条件下存在着有利因素▷天黑路滑，~他对这里的路很熟悉|大家已经走得精疲力尽，~快到了。

【好转】hǎozhuǎn 团向好的、有利的方面转化▷情况正在~|病情有点儿~。

【好自为之】hǎozìwéizhī 自己好好地去做(含有告诫意味)。

号(號) hào ❶团传达(命令)▷~令三军。❷名发出的命令▷口~|发~施令。❸古代军队传达命令用的管乐器，后来泛指军队或乐队里所用的西式喇叭▷吹~|~角|~手。❹用军号吹出的表示特定意义的声音▷冲锋~|熄灯~。❺名称▷国~|年~|称~。❻别号，旧时人们在名和字以外另起的别名，后来也泛指在名以外自己另起的字▷稼轩是辛弃疾的~。❼团以……为号▷李白，字太白，~青莲居士。❽名标记；信号▷约定以咳嗽为~|记~|暗~|乘~。❾表示次序的记号；排定的次序▷把我的书都编上~|一~|挂~。❿不同的等级或种类▷特大~的鞋|型~|这~人。⓫某种特殊情况的人员▷病~|伤~。⓬量用于人，相当于"个"▷一共来了500多~人。⓭画上记号(表示归谁使用或所有)▷~房子。⓮名旧作店名，也指商店▷源丰~|~商。⓯团中医指切脉▷大夫给我~了~脉。○另见háo。

【号称】hàochēng ❶团因某名著称▷泰山~五岳之首。❷对外宣称；声称▷~发行50万份。

【号角】hàojiǎo 名军中传递信号或号令用的响器，泛指喇叭一类东西▷~一响，士兵们迅速集合◇吹响了改革的~。

【号令】hàolìng ❶团发布、传达命令▷~全军将士。❷名发布、传达的命令▷发出冲锋的~。

【号码】hàomǎ 名代表事物顺序或大小的数字▷电话~。

【号外】hàowài 名为报道某个重大消息，报社在定期排号出版的报纸之外临时出版的报纸。

【号召】hàozhào ❶团(政府、政党、团体等)向群众郑重提出做某件事的要求，希望大家努力去实现▷政府~大力开展爱国卫生运动。❷名(政府、政党、团体等)向群众郑重提出的做某件事的希望或要求▷响应~|发出~。☛"号召"是提出要求，希望群众去完成；"号令"具有强制性。

【号子】hàozi 名在劳动或其他集体活动中为协调动作、共同用力、鼓舞士气而喊的简短语句或唱的歌▷打夯~。

好 hào ❶团喜爱；喜欢▷从小就~武术|这个人~搬弄是非|~客|~强。❷副易于(发生某种事情)▷酒喝多了~惹事|~流眼泪。○另见hǎo。

【好大喜功】hàodàxǐgōng 一心想做大事、立大功(有时含贬义)。

【好高骛远】 hàogāowùyuǎn 不切实际,追求过高过远的目标(骛:马快跑,引申为竭力追求)。☞"骛"不要写作"鹜"。

【好奇】 hàoqí 圈对不了解的事物感到新奇,发生兴趣▷～心｜～的目光。

【好强】 hàoqiáng 圈好胜,要强▷非常～的一个学生。

【好胜】 hàoshèng 团喜欢比别人强▷～心太强｜他们都是年轻～的人。

【好事】 hàoshì 团喜欢管闲事;做多余或不必要的事▷～之徒｜～者把这事编成歌谣,到处传唱。

【好为人师】 hàowéirénshī 喜欢作别人的老师,总是以教人者自居。

【好恶】 hàowù 圈喜爱与厌恶的感情▷他们的～不同｜不能以个人～对待工作。

【好逸恶劳】 hàoyìwùláo 贪图安闲舒适,厌恶劳苦。☞"恶"这里不读 è。

昊
hào 圈〈文〉广阔(的天)▷～空｜苍～｜～天。

耗
hào ❶团减损;消费▷壶里的水～干了｜精神｜消～。❷团拖延;消耗(时间)▷别～着,快！｜这事～的时间太长。❸图(坏)消息▷噩～。

【耗费】 hàofèi ❶团花费掉,用掉▷了精力和时间｜物力财力～不起。❷团耗费量▷做这件事,～太大。

【耗损】 hàosǔn 团消耗和损失▷走了一天路,～了不少体力。

【耗资】 hàozī 团耗费资金▷～百万。

浩
hào ❶圈(气势、规模等)大▷～大｜～渺。❷众多;繁多▷～如烟海。

【浩大】 hàodà 圈(气势、规模、数量等)极大▷气势～｜～的工程｜经费数额～。

【浩荡】 hàodàng ❶圈水势大▷江水～。❷比喻规模、声势壮阔▷东风～｜军威～｜一支浩浩荡荡的科技大军。

【浩繁】 hàofán 圈(规模)浩大,(数量)繁多▷工程～｜减少～的开支。

【浩瀚】 hàohàn ❶圈水势盛大,泛指广大,无边无际▷～的大海｜星空～。❷繁多▷～的典籍｜卷帙～。

【浩劫】 hàojié 图巨大的灾难▷这是一场空前的～。

【浩茫】 hàománg 圈辽阔无垠▷天宇～｜～的海域◇世事～。

【浩渺】 hàomiǎo 圈水面辽阔,无边无际的样子▷烟波～｜江湖～。☞不要写作"浩淼"。

【浩气】 hàoqì 图浩然之气,正大刚直之气▷～长存。

【浩如烟海】 hàorúyānhǎi 多得像烟波浩渺的大海,形容极其丰富、繁多(多指文献、典籍资料)。

皓
hào ❶圈光亮▷～月当空。❷洁白▷～齿朱唇｜～首｜～发(fà)。

he

诃(訶)
hē 用于音译。如"契诃夫"(俄国作家)。

呵
hē ❶团大声斥责▷～斥｜～责。❷呼(气)▷～了一口气｜～了～手。☞不读 hā。

【呵斥】 hēchì 团大声斥责▷没鼻子没脸地～了他一顿｜除了～,就是鞭打。☞不宜写作"呵叱""喝斥"。

【呵呵】 hēhē 拟声模拟笑的声音▷笑～｜～地笑个不停。

【呵护】 hēhù 团卫护;爱护▷精心～｜百倍～。

喝
hē ❶团咽食液体或流质食物▷～一杯茶｜～粥。❷特指饮酒▷到我家去～两杯｜今天～多了。○

另见 hè。

嗬
hē 四表示惊讶▷～,真棒！｜～,这回考得真不错！

禾
hé ❶图粟;谷子▷～麻菽麦。❷谷类作物的幼苗;特指水稻的植株▷～穗。

【禾苗】 hémiáo 图谷类作物的幼苗▷绿油油的～｜雨水滋润着～。

合
hé ❶团闭;合拢(跟"开"相对)▷乐得～不上嘴｜把书～上｜～眼。❷聚集到一起;结合为一体(跟"分"相对)▷两班学生～到一起｜～伙｜集～。❸副共同;一起▷～编｜～唱｜～办。❹团符合;适合▷这双鞋不～脚｜～法｜情投意合。❺相当于;折合▷1 市斤～500 克加上损耗,～两块钱 1 斤。○另见 gě。

【合抱】 hébào 团张开两臂合围▷庙前有四棵～的古槐。

【合并】 hébìng 团合在一起▷精简～。

【合唱】 héchàng 团多人或多组演唱者分声部或不分声部演唱同一首歌▷男女声四部大｜女声小～。

【合成】 héchéng ❶团若干个部分或个体组成整体▷诸兵种～演习。❷成分简单的物质通过化学反应后变成成分复杂的物质▷～纤维｜～橡胶。

【合成词】 héchéngcí 图由两个或两个以上的语素组合成的词。按结构合成词可分为两类:一类是词根加词根构成的复合词,如书本、友谊、树干等;一类是词根加词缀构成的派生词,如桌子、苦头、花儿、阿姨等。

【合度】 hédù 圈合于尺度、法度;适宜▷裁剪～｜言行～。

【合法】 héfǎ 圈合于法律的规定▷～收入｜～权益｜行为不～。

【合格】 hégé 圈达到一定的标准▷培养～人才｜考试～。

【合乎】 héhū 团符合;与……相一致▷～规格｜～法定程序。

【合伙】 héhuǒ 团合作干事;合成一伙▷～开店｜～走私。

【合击】 héjī 团从不同的方向攻击同一个目标▷我军从四面～敌人据点。

【合计】 héjì 团合起来计算;总共▷支出一百二十元。

【合计】 héjì 团考虑;商议▷入不入股,你们全家再～一下。

【合家】 héjiā 图全家▷～安乐。

【合金】 héjīn 图一种金属元素跟其他金属或非金属元素熔合而成的金属。

【合理】 hélǐ 圈符合道理;合乎事理▷处理不～｜～的报酬。

【合力】 hélì 团共同出力▷～经营。

【合流】 héliú ❶团两条或几条江河汇流在一起。❷比喻不同观点、流派融合为一体,或思想行动趋于一致。

【合龙】 hélóng 团指两端同时施工的桥梁或堤坝工程,最后在中间接合。

【合拢】 hélǒng ❶团闭上,合上▷两眼～｜～书本｜笑得合不拢嘴。❷收拢,聚合▷几股人流～在一起。

【合谋】 hémóu 团共同谋划▷～报复。

【合拍】[1] hépāi ❶团共同拍摄制作▷这部电影是我厂与香港某制片厂～的。❷合在一起照相▷两人～了几张照片。

【合拍】[2] hépāi ❶团符合音乐节奏▷歌声和舞姿,处处～。❷比喻思想行动协调一致▷思想守旧,怎能跟时代的脉博～?

【合群】 héqún ❶圈跟大家合得来,关系融洽▷他性格开朗,很～。❷团结合成群▷～结伙。

【合式】 héshì 团符合一定的规格、程式。

【合适】 héshì 圈适宜;符合主、客观情况的要求▷问题这样解决很～。

【合算】 hésuàn ❶圈算起来不亏而有利▷这样交换,你～吗? l还是坐船去省～了。❷团考虑,计算▷我已经～过,这笔生意是可以做的。

【合体字】 hétǐzì 图由两个或几个独体字合为一体而构成的字。如"较"是"车""交"两个独体字合为一体而构成的,"碧"是由"王"、"白"、"石"三个独体字合为一体而构成的。

【合同】 hétong 图为共同办理某事,当事人双方或数方依法订立的有关民事权利和义务关系的协议。对当事人具有法律的约束力。

【合围】 héwéi ❶团四面包围▷用三个团的兵力～敌人。❷张开两臂合抱▷寺内有一棵两人才能～的古槐。

【合意】 héyì 团合于心意▷那些服装她没有一件～的 l你讲的正合我意。

【合影】 héyǐng ❶团合拍照片▷～留念。❷图合拍的照片▷一张～。

【合辙】 hézhé ❶团若干辆车的车轮转动轧出的印痕相合,多比喻思想一致,言行相合▷不是臭味相投,说话就不会这么。②押韵▷押韵。

【合资】 hézī 团由双方或多方共同投资▷中外～。

【合奏】 hézòu 团由几种或几组乐器分别担任不同声部同奏一支乐曲。

【合作】 hézuò 团相互配合做事▷两人～得很好l分工～ l～施工。

何 hé〈文〉❶代表示疑问。a)代人或事物,相当于"什么"▷～人 l～事 l～故 l～时 l为～。b)代处所,相当于"哪里"▷～去 l从～而来 l～在 l～往。❷副表示反问,相当于"岂"、"怎么"▷～济于事 l～足挂齿。❸副强调程度深,相当于"多么"▷～其秀也!

【何必】 hébì 团用反问语气表示没有必要▷都是老朋友,～这么客气?

【何不】 hébù 副为什么不。用反问语气表示应该或可以▷你～亲自跑一趟呢? l既然不愿意,～早走?

【何曾】 hécéng 副用反问的语气表示从来没有▷我每天起早摸黑搞试验,～叫过一声苦?

【何尝】 hécháng 副用反问语气婉转地表示否定▷这个建议,我～没想过?

【何等】 hédèng ❶团怎样的;什么样的▷～工程,敢如此索价? ❷副多么。用赞叹或强调的语气表示不同于一般▷这是～壮观啊! l～痛苦!

【何妨】 héfáng 副用反问的语气表示没有什么妨碍(带有鼓励意味)▷没有把握,～先搞个试点?

【何干】 hégān 团用反问的语气表示不相干▷此事与你～?

【何故】 hégù 代什么原因▷～使你如此伤心?

【何苦】 hékǔ 团用反问语气表示不值得、不必受这苦▷不就几块钱吗,～大吵大闹呢?

【何况】 hékuàng ❶连连接分句等,用反问语气表示比较起来更显而易见、在情理之中▷那么大的困难都克服了,～这么点小事儿? ❷表示进一步申述理由或追加理由▷这个地方本来就不好找,～他又是第一次来。

【何去何从】 héqùhécóng 离开谁,跟从谁。多指在重大问题上采取什么态度,如何选择。

【何谓】 héwèi 团什么叫做;什么是▷～哲理?

【何须】 héxū 副用反问语气表示无须,不必▷你心里

明白不就得了,～挑明呢?

【何以】 héyǐ ❶副为什么▷他～变得如此不通人情。❷用什么,凭借什么▷～为证? l～见得?

【何止】 hézhǐ 团用反问语气表示比这个数目多或多得多▷这座大城市的立交桥～一两座?

【何足挂齿】 hézúguàchǐ 哪里值得挂在口头上,表示不值得一提。

和 hé ❶圈配合或相处得融洽▷地利人～l～谐。❷温顺;不激烈;不粗暴▷心平气～l谦～l～缓l～善。❸气候温暖▷风～日丽l天气晴～l～暖。❹团平息争端▷媾～l讲～l～解。❺比赛不分胜负▷这盘棋～了l局~l棋。❻连带;连同▷连同～衣而卧l～盘托出。❼介跟;同▷有事要～群众商量l我～这事毫无关系。❽连表示并列关系或选择关系▷教师～同学都到齐了l去～不去,你自己决定。❾图两个或两个以上的数相加的得数,如2加2的和是4。○另见 hè;hú;huó;huò。

【和蔼】 hé'ǎi 圈态度温和,待人和气▷亲切l说话态度～。

【和风细雨】 héfēngxìyǔ 温和的风,细小的雨,比喻方式态度和缓,不粗鲁。

【和好】 héhǎo ❶团恢复和睦关系▷夫妻已经～如初。❷和睦友好▷邻里～。

【和缓】 héhuǎn ❶圈温和;平缓▷语调～l药性～。❷团变和缓;使紧张的情势平缓下来▷两国关系～了许多l～了两国边境的局势。

【和解】 héjiě 团停止仇视、争执或争战,归于和好▷结怨多年,终于～了。

【和局】 héjú 图(下棋、球赛等)分不出输赢的结果▷下成了～l以～结束。

【和睦】 hémù 圈和好相处,关系融洽▷相处～l～的大家庭。

【和盘托出】 hépántuōchū 比喻毫无保留地把话全都说出来。

【和平】 hépíng ❶图没有战争的状态▷～时期l～安定l热爱～。❷圈(性质)温和,不猛烈▷药性～。

【和气】 héqi ❶圈温和;谦和▷待人～。❷图和睦的感情;和谐的气氛▷不要伤了朋友之间的～l一团～。

【和善】 héshàn 圈温和善良,和蔼友善▷性情～。

【和尚】 héshang 图佛教指出家修行的僧人。

【和事佬】 héshìlǎo 图指不讲原则的调解人。

【和顺】 héshùn 圈(性情)和善温顺。

【和谈】 hétán ❶团交战双方为结束战争而谈判。❷图指为结束战争而进行的谈判活动▷～已取得进展。

【和谐】 héxié 圈协调;配合适当▷音韵～l优美l色调～l关系～。

【和煦】 héxù 圈温暖▷阳光～。

【和颜悦色】 héyányuèsè 形容面色和蔼,神态喜悦可亲。

【和约】 héyuē 图交战国间在法律上结束战争状态,恢复正常关系的条约。

【和衷共济】 hézhōnggòngjì 比喻同心协力共同战胜困难(衷:内心;济:渡水)。

劾 hé 团检举揭发(罪状)▷弹～。

河 hé ❶图指黄河▷～套l～西走廊。❷泛指大水道▷江～湖海l淮～护城～。❸指银河▷天～l～汉。

【河床】 héchuáng 图河流两岸之间可以容纳流水的部分。

【河道】 hédào 图能通航的河流水道▷疏浚～l纵

横。

【河谷】hégǔ 图河水长期流动形成的长条形凹地,包括河床、河滩和两边的坡地。

【河流】héliú 图地球表面自然形成或人工开凿的江、河的统称。

【河清海晏】héqīnghǎiyàn 黄河的水清了,大海也平静了。形容天下太平。

【河渠】héqú 图河流和渠道的统称,泛指水道▷开～,筑堤防 | ～纵横。

【河山】héshān 图河流和山岳,借指国家的疆土▷大好～。

【河套】hétào ❶图河流弯曲成大半个圆的河道,也指这样的河道围着的地方。❷特指内蒙古自治区和宁夏回族自治区境内贺兰山以东、狼山、大青山以南,黄河流经的地区。因黄河流经时形成一个大弯儿而得名。

【河网】héwǎng 图纵横交错的网状水道。

曷 hé〈文〉❶代表示疑问,相当于"何""什么"▷激昂大义,蹈死不顾,亦～故哉? ❷表示疑问,相当于"何日""何时"▷吾子其～归? ❸表示疑问或反问,相当于"为什么""哪里"▷～足道哉?

饸(餄) hé [饸饹]héle 图北方一种面食,把和(huó)好的荞麦面、玉米面或高粱面等用专用工具挤压成长条,煮着吃。☞不宜写作"合饹"。

阖(閤) hé 囝阻隔▷隔～。

荷 hé ❶图莲▷～花 | ～叶 | ～塘。❷指荷兰(国名)▷～盾(荷兰的本位货币)。○另见 hè。

【荷包】hébāo 图随身佩带的装零钱和零用东西的小袋。有的袋口有小带或拉链,可封口。

核 hé ❶图果实中心包含果仁的坚硬部分▷枣～ | 杏～。❷物体中心像核的部分▷细胞～。❸特指原子核▷～能 | ～武器。❹囝对照;考查▷～算 | 审～ | 考～。☞口语中,①有些词读成"核儿 húr",如"梨核儿""煤核儿"。

【核查】héchá 囝对照审查▷～账目。

【核定】hédìng 囝经过审核后确定、认定▷～固定资产。

【核动力】hédònglì 图利用核反应堆中核燃料裂变反应产生的热能转变成的动力。

【核对】héduì 囝审核查对▷上报材料已经～ | 笔迹。

【核讹诈】hé'ézhà 囝倚仗核武器的优势对别国进行威胁恫吓。

【核能】hénéng 图指原子核结构发生变化时放出的能量。核反应堆、原子能发电站、原子弹、氢弹等都是利用核能的重要形式。

【核实】héshí 囝审核查实▷把案情再～一下 | 情况。

【核算】hésuàn 囝核查计算,特指企业经营上的核查计算▷成本～ | ～单位。

【核武器】héwǔqì 图利用原子核反应所放出的能量和辐射造成巨大杀伤或破坏力的武器。如原子弹、氢弹等。也说核子武器、原子武器。

【核心】héxīn 图事物的主要部分或中心▷领导～ | ～工事 | 地球的～。

【核准】hézhǔn 囝审查核对后批准▷方案须经上级～。

菏 hé 图用于地名。菏泽,在山东。☞下半是"河",不是"何"。

盒 hé 图盒子▷纸～ | 小铁～ | 火柴～。☞"盒"不能简化成"合"。

【盒子】hézi ❶图可以开合的盛东西的器物▷首饰～ | 鞋～。❷指盒子枪,即驳壳枪▷腰里别着一把～。

涸 hé 圏(水)干枯▷干～ | 枯～。

【涸辙之鲋】hézhézhīfù 处在干涸的车辙里的鲫鱼。比喻处在困境中急需援救的人。

颌(頜) hé 图口腔上下两部的骨骼和肌肉▷上～ | 下～。

阖(闔) hé〈文〉❶囝关闭;闭合▷～户。❷圏全▷～府 | ～城。

吓(嚇) hé ❶囮表示不满意,认为不该如此▷～,两个人才弄来半桶水! | ～,这不是存心闹事儿嘛! ❷囝用威胁的话或手段要挟、吓唬(xiàhu)▷恐～ | 恫～。○另见 xià。

和 hè ❶囝和谐地跟着唱;依样跟着说▷曲高～寡 | 随声附～ | 应(yìng)～。❷囝依照别人诗词的题材和格律做诗、填词▷～诗一首 | 唱～ | 奉～ | ～韵。○另见 hé;hú;huó;huò。

贺(賀) hè 囝对喜事表示庆祝▷庆～ | 祝～ | ～礼 | ～信 | ～喜。

【贺词】hècí 图表示祝贺的言词▷发表了热情洋溢的～。☞不宜写作"贺辞"。

【贺卡】hèkǎ 图表示祝贺节日、生日或其他喜庆事的卡片。

【贺年】hènián 囝祝贺新年、春节。

荷 hè〈文〉❶囝背(bēi);扛▷～枪实弹 | ～锄。❷承担;担负▷～重。❸客套话,表示承受恩惠(多用于书信)▷无任感～ | 是～。❹图指电荷▷正～ | 负～。❺担当的责任▷肩负重～。○另见 hé。

【荷枪实弹】hèqiāngshídàn 扛着枪,子弹上了膛,形容全副武装地戒备。

喝 hè 囝大声叫嚷▷大～一声 | 吆～(yāohe)。○另见 hē。

【喝彩】hècǎi 囝大声喊好,表示赞美赏识▷全场～。☞不宜写作"喝采"。

【喝倒彩】hèdàocǎi 故意喊好取笑表演者的失误▷～是不礼貌的。

【喝令】hèlìng 囝大声地命令。

赫 hè 圏显明;盛大▷～然在目 | 声势显。

【赫赫】hèhè 圏显著盛大的样子▷～有名 | ～权势 | ～。

褐 hè ❶图〈文〉用兽毛或粗麻制成的衣服▷无衣无～。❷圏像棕毛的颜色▷穿一件～色外衣 | ～煤。☞统读 hè。

鹤(鶴) hè 图鹤科水鸟的统称。头小颈长,嘴长而直。常见的有丹顶鹤、白鹤、灰鹤等。☞统读 hè。

【鹤发童颜】hèfàtóngyán 像白鹤羽毛一样的头发,像孩童一样红润的面色。形容老年人身体健康,气色好,有精神。

【鹤立鸡群】hèlìjīqún 比喻人的才能或仪表超群出众。

壑 hè ❶图山谷,深沟或大坑▷千山万～ | 丘～ | 沟～。☞统读 hè。

hei

黑 hēi ❶圏像煤或墨的颜色(跟"白"相对)▷～白分明。❷光线昏暗▷天～了 | 屋里太～。❸图夜晚;黑夜▷起早贪～。❹与"白"对举,比喻是非或善恶▷～白不分 | 颠倒～白。❺圏坏;恶毒▷他的心～

得很|~心肝。❻隐秘的;非法的▷~话|~市|~帮。☞㊀统读 hēi。㊁上边不是"里"。

【黑暗】　hēi'àn　❶❀没有光亮▷~潮湿的地下室。❷比喻腐败、反动▷~的旧社会已经一去不复返了。

【黑白】　hēibái　❶❀黑色和白色▷~电视机。❷比喻是非、善恶▷是非不分,~混淆|颠倒。

【黑板】　hēibǎn　❀用木板或磨沙玻璃等制成的可以用粉笔等在上面写字的黑色或绿色平板。

【黑帮】　hēibāng　❀秘密的反动组织、犯罪团伙和黑社会帮派等;也指这些组织、团伙、帮派中的成员▷~元凶|~爪牙|铲除~。

【黑沉沉】　hēichénchén　❀形容十分黑暗或昏暗▷天色~的,就要下雨了。

【黑道】　hēidào　❶❀指盗匪流氓的黑社会组织▷打入~|~人物。❷非法的秘密途径▷~交易|通过~走私汽车。

【黑店】　hēidiàn　❶❀谋财害命的客店。❷指没有营业执照的商店、客店等。

【黑洞洞】　hēidōngdōng　❀形容空间很黑▷地下室里~的,什么也看不见。☞"洞洞"这里读变调。

【黑乎乎】　hēihūhū　❶❀形容颜色发黑或光线昏暗▷煤油灯罩~的|在仓库里,七零八落地放着一些农具。❷形容模糊不清的密集的人或物▷~的一大片,分不清谁是谁|远处放着一堆东西,看过去~的。☞不宜写作"黑糊糊""黑忽忽"。

【黑话】　hēihuà　❀帮会、盗匪、流氓团伙等所使用的暗语。

【黑货】　hēihuò　❶❀指偷漏税款或违犯禁令的货物▷查抄~|这批~是从海上偷运过来的。❷比喻反动腐朽的东西▷贩卖封建主义的~。

【黑客】　hēikè　❀〈外〉指破坏网络安全措施,侵入电子计算机网络进行破坏活动的人▷电脑~|~入侵证券交易所计算机系统。

【黑亮】　hēiliàng　❀乌黑发亮▷桌子油漆得~~的|~的眼睛|~的头发。

【黑马】　hēimǎ　❀比喻实力难测的竞争者或出人意外的获胜者。

【黑蒙蒙】　hēimēngmēng　❀形容光线昏暗,模糊不清▷越走天色越晚,前边~的什么也看不清了。

【黑名单】　hēimíngdān　❀反动统治者或反动集团等暗中开列的准备对其进行秘密监视和迫害的对象名单。

【黑幕】　hēimù　❀黑色的幕布;比喻用来掩盖丑恶或罪恶行径的事物▷~揭开,一切暴露于光天化日之下。

【黑枪】　hēiqiāng　❶❀非法收藏的枪支。❷暗中射向目标的枪弹▷要防备坏人打~。

【黑手】　hēishǒu　❀比喻暗中进行阴谋活动,在背后指挥、操纵别人干坏事的人或势力。

【黑社会】　hēishèhuì　❀指暗中勾结在一起,进行罪恶活动的各种黑暗势力。

【黑市】　hēishì　❀暗中进行非法买卖的场所▷~交易|取缔~。

【黑匣子】　hēixiázi　❀指飞行记录仪。可以纪录飞行出现事故时的各种情况(黑象征灾难)。

【黑心】　hēixīn　❶❀阴险毒辣的心肠▷没想到他见钱眼开,起了~。❷❀(心地)阴险毒辣▷这家伙杀了人还焚尸,真~。

【黑信】　hēixìn　❀不具名或不具真实姓名的恐吓信。

【黑压压】　hēiyāyā　❀形容密集成片的(人或其他景物)▷广场上聚集了~的人群|成群的候鸟~地铺满了整个山崖。☞不宜写作"黑鸦鸦"。

【黑油油】　hēiyōuyōu　❀黑得发亮▷头发~的。☞"油油"这里读变调。

油"这里读变调。

【黑黝黝】　hēiyōuyōu　❀光线昏暗,形象不清▷淡淡的月光下,西边的群山~的。☞㊀"黝黝"这里读变调。㊁不宜写作"黑幽幽"。

嘿　hēi　❶❀ a)表示得意或赞叹▷~,就凭咱们队的实力,这场球准赢|~,真了不起! b)表示招呼或提醒▷~,小李,上哪儿去? |~,小心点儿,别碰着脑袋。c)表示惊讶▷~,我的自行车怎么不见了? |~,你怎么来了? ❷❀模拟笑声(多叠用)▷~~地傻笑。

hen

痕　hén　❀痕迹▷伤~|瘢~|泪~|裂~。

【痕迹】　hénjì　❀事物留下的印痕;残存的迹象▷作案现场总会留下一点~的|水灾的~还没完全消除。

很　hěn　❀表示程度高▷天~黑|~喜欢|~伤我的心|~看得起|好得~。

狠　hěn　❶❀凶恶;残暴▷心~手辣|凶~。❷坚决;严厉▷人要有股子~劲儿|下~心|~~打击敌人。❸❀抑制情感;不犹豫▷他~了~心,跟她分手了。

【狠毒】　hěndú　❀凶狠毒辣▷~的心肠|手段~。

【狠命】　hěnmìng　❀竭力地,拼命地▷~地打|~地咬住不放。

【狠心】　hěnxīn　❶❀心肠硬;心地残忍▷~地打|~的敌人。❷❀极大的决心▷下~。

恨　hèn　❶❀怨;仇视(跟"爱"相对)▷~那些坏人|怨~|仇~。❷遗憾;懊悔▷遗~|~事。

【恨不得】　hènbude　强烈而急切地希望(做成某事或出现某种情况,多用于实际上不可能实现的愿望)▷一听说儿子病了,她~立刻飞到他身边。也说恨不能。

【恨铁不成钢】　hèntiěbùchénggāng　比喻为自己所期望成才的人不争气而十分焦急。

heng

亨　hēng　❀通达;顺利▷万事~通。☞统读 hēng。

【亨通】　hēngtōng　❀顺利,顺通▷官运~|祝你万事~。

哼　hēng　❶❀模拟鼻子里发出的声音▷~~唧唧。❷❀呻吟▷病痛折磨着他,但他一声也不~|疼得直~~。❸低唱或吟咏▷嘴里~着歌。○另见 hèng。

【哼哧】　hēngchī　❀模拟人或动物粗重的喘息声▷3000 米跑下来,他~~地喘个不停。

【哼唧】　hēngji　❶❀模拟低声说话、唱歌或吟咏时不清晰的声音▷~~地说了半天,也听不清说些什么。❷❀不清晰地低声说话、唱歌或吟咏▷声音太小,不知你~什么。

恒　héng　❶❀长久;固定不变的▷~温|永~。❷❀恒心▷持之以~|有~。❸❀经常的;通常的▷~言(常用语)|~量。

【恒产】　héngchǎn　❀指固定的产业,如房屋、田地等。

【恒温】　héngwēn　❀基本稳定的温度。

【恒心】　héngxīn　❀持久不变的意志▷要想成功,就得有~。

【恒星】　héngxīng　❀由炽热气体组成的自身能发光的天体。如太阳、织女星等星体。

桁　héng　❀檩,架在房梁或山墙上的横木。

横 héng ❶形跟水面平行的(跟"竖""直"相对)▷~梁丨~额丨~空。❷东西方向的(跟"纵"相对)▷~渡太平洋丨陇海铁路~跨我国中部。❸左右方向的(跟"竖""直""纵"相对)▷~笛丨~队丨~幅。❹图汉字的笔画,平着由左到右,形状是"一"。❺形跟物体长的一边垂直的▷~渡长江丨~断面。❻团使长形物体变为横向▷把尺子~过来丨刀立马~。❼形纵横杂乱▷蔓草~生丨血肉~飞。❽不顺情理的;蛮不讲理的▷~加干涉丨~征暴敛。☞"横"❽跟"横"(hèng)①意思相近,但只用于成语或文言词中。○另见 hèng。

【横冲直撞】 héngchōngzhízhuàng 乱冲乱撞。形容行为鲁莽没有顾忌,或凶悍勇猛等。☞"撞"不读 chuàng。

【横渡】 héngdù 团从江河湖海的一边到达另一边▷万里长江~丨~昆明湖。

【横断面】 héngduànmiàn 图横断物体所露出的面。也说横切面、横剖面。

【横幅】[1] héngfú 图横向的标语、书画、锦旗等▷墙上挂着一条~。

【横幅】[2] héngfú 图指布帛、呢绒等的宽度▷这块布料~有三米多。

【横亘】 hénggèn 团(大山等)绵延横列▷巍巍雪峰,~天际。

【横贯】 héngguàn 团横向贯穿▷黄河~中原丨长城~我国华北、西北。

【横加】 héngjiā 团强横(hèng)地施加▷~干涉丨~拦阻。

【横批】 héngpī 图跟对联相配的横幅。

【横披】 héngpī 图横向的长方形字画▷书房挂着一幅~,上面写着"闻鸡起舞"四个大字。

【横七竖八】 héngqīshùbā 纵横交错,杂乱无序。

【横肉】 héngròu 图看起来不协调,显得凶恶的脸部肌肉▷满脸~。

【横扫】 héngsǎo ❶团迅猛扫荡▷~千军如卷席丨一切害人虫。❷扫视:两眼左右迅速移动着看▷~了大家一眼。

【横生】 héngshēng ❶团纵横交错地生长▷杂草~。❷出乎意料地出现▷~事端。❸不断地产生▷妙趣~。

【横竖】 héngshù 副表示无论什么情况或条件怎样,都会有某种结果或结论▷债~是要还的,按时还不是更好吗?

【横向】 héngxiàng ❶形左右方向的▷~书写丨~跨步。❷东西向的▷亚欧大陆桥将成为世界上最长的~铁路之一。❸平行的;没有隶属关系的▷~比较丨加强校际~交流。

【横心】 héngxīn 团排除顾虑,豁出去▷这个问题一~就解决了丨横下一条心。

【横行】 héngxíng 团依仗势力胡作非为▷~乡里丨看他~到几时?

【横溢】 héngyì ❶团江河湖泊的水泛滥▷暴雨过后河水~。❷比喻人的才思等充分显露出来▷才华~。

【横征暴敛】 héngzhēngbàoliǎn 蛮横(hèng)地征收捐税,残暴地搜刮民财。

衡 héng ❶图称重量的器具。❷团称重量▷~器。❸斟酌;比较▷~权丨~利弊丨~量。❹形平▷平~丨均~。

【衡量】 héngliáng ❶团比较、评判▷~轻重得失丨的标准。❷估量,斟酌▷要仔细~~再做决定。

【衡器】 héngqì 图称重量的器具,如天平和秤。

蘅 héng 见[杜蘅]dùhéng。

哼 hèng ❶叹表示不满、鄙视或愤慨▷~,有什么了不起!丨他算什么货色!❷表示威胁▷~,走着瞧吧! ☞口语中有时变读 hng。○另见 hēng。

横 hèng ❶形粗暴,不讲道理▷这个人说话真~丨强~丨蛮~。❷意想不到的;不吉利的▷飞灾~祸丨发~财丨~死。○另见 héng。

【横暴】 hèngbào 形蛮横残暴。

【横财】 hèngcái 图侥幸得来的或用不正当的手段得到的钱财。

【横祸】 hènghuò 图意外遭遇的灾祸▷飞来~。

【横死】 hèngsǐ 团非正常死亡。如自杀、他杀或遭灾祸而死。

hong

轰(轟) hōng ❶拟声模拟巨大的声响▷~的一声巨响。❷团雷鸣、爆炸或炮击▷雷~电闪丨大炮向敌人猛~。❸驱赶▷把他~走丨鸡丨~赶。

【轰动】 hōngdòng 团引起很多人震惊和各方面的关注、议论▷这个消息~了整个山城。☞不宜写作"哄动"。

【轰轰烈烈】 hōnghōnglièliè 形容气势雄壮,声势浩大。

【轰击】 hōngjī 团用炮火猛烈攻击▷~敌人机场。

【轰隆】 hōnglōng 拟声模拟雷鸣、爆炸、机器开动等的声音▷~~的雷声丨炮弹一声炸开了。

【轰鸣】 hōngmíng 团发出轰隆隆的声响▷马达~丨列车~而过。

【轰然】 hōngrán 形形容声响巨大▷炸药点燃后,旧楼~倒塌。

【轰炸】 hōngzhà 团(飞机等)从空中向地面或水上目标投放炸弹、发射导弹。

哄 hōng ❶拟声模拟许多人同时大笑的声音▷~的一声,观众都笑了。❷团很多人同时发声▷~堂大笑。○另见 hǒng;hòng。

【哄传】 hōngchuán 团到处纷纷传说▷~出现过外星人。

【哄抢】 hōngqiǎng 团很多人纷纷抢购或抢夺▷~一空丨严禁~列车物资。☞不宜写作"轰抢"。

【哄抬】 hōngtái 团许多商人纷纷抬高(价格)▷要制止~紧俏商品价格。

【哄笑】 hōngxiào 团很多人同时大笑▷众人~了一阵。☞不宜写作"轰笑"。

訇 hōng ❶拟声模拟很大的响声▷~然倒下。❷用于音译。阿訇,我国伊斯兰教称主持清真寺教务和讲授经典的人。☞统读 hōng。

烘 hōng ❶团烤▷~手丨把衣服~干丨~箱。❷渲染;衬托▷~云托月。

【烘烤】 hōngkǎo 团用火或电热等烤,使变熟或变干燥。

【烘托】 hōngtuō ❶图国画的技法。在画面上物体景象的外围用水墨或较淡的色彩加以点染,使物体景象鲜明突出。❷写作手法。先从侧面描述,借以引出主题,使描述的事物鲜明突出。❸团陪衬;衬托▷明月靠轻云~。

弘 hóng ❶形广博。现在通常写作"宏"。❷团使广大;发扬▷~扬。

【弘扬】 hóngyáng 团大力地宣传、发扬▷~民族文化丨~爱国主义传统。

红(紅) hóng ❶形像鲜血一样的颜色▷~毛衣|~霞|浅~|桃~。❷名象征喜庆的红布等▷披~|挂~。❸形象征喜庆▷~白喜事。❹象征成功或受到重视▷唱戏唱~了|开门~|走~运。❺名指红利▷分~。❻形象征革命▷~心。☞在"女红"中读 gōng。

【红案】 hóng'àn 名指食堂或饭店里烧菜的工作(跟"白案"相对)。

【红白喜事】 hóngbáixǐshì 指男婚女嫁的喜事和高寿人病逝的喜丧,泛指婚丧事。也说红白事。

【红榜】 hóngbǎng 名用红纸书写的光荣榜。

【红包】 hóngbāo 名包着钱的红纸小包。用于馈赠、酬谢等。

【红潮】 hóngcháo 名两颊泛起的红晕▷她不胜酒力,没喝几口,就满脸泛~了。

【红火】 hónghuo ❶形热闹、旺盛▷龙灯赛会非常~|桃花开得十分~。❷(生计,事业)兴旺▷小日子越过越~|生意~。

【红军】 hóngjūn ❶名中国工农红军。是第二次国内革命战争时期,中国共产党领导的军队。❷指1946年以前的苏联军队。

【红利】 hónglì ❶名企业股东所得的利润。❷企业分给职工的额外报酬。

【红脸】 hóngliǎn ❶动指发脾气▷不要跟人~|没有跟别人红过脸。❷名俗称传统戏曲中的红生行当(唱红脸的)。比喻直言不讳的人(跟"白脸"相对)▷你俩一个白脸儿,一个~儿,配合得还真不错!

【红领巾】 hónglǐngjīn ❶名中国少年先锋队员佩带的红色的领巾,代表红旗的一角,象征革命传统。❷借指中国少年先锋队员。

【红娘】 hóngniáng 名中国古典名剧《西厢记》里崔莺莺的侍女。她促成了莺莺和张生的结合。后借指婚姻介绍人。

【红扑扑】 hóngpūpū 形形容脸色红润的▷~的一张小脸。

【红旗】 hóngqí ❶名红色的旗帜,象征革命▷高举~向前进。❷奖励优胜者的红色旗子。❸借指先进榜样▷这个班是我们学校的一面~|单位|"三八"~手。

【红人】 hóngrén 名受上级赏识并得到重用的人。

【红润】 hóngrùn 形(皮肤)红而润泽▷脸色~。

【红十字会】 hóngshízìhuì 名一种国际性的志愿救护、救济团体。以白底红十字为该会的标志。

【红彤彤】 hóngtōngtōng 形形容红得鲜艳夺目▷朝霞~的|~的脸庞。㊀☞"彤彤"这里读变调。㊁不宜写作"红通通"。

【红外线】 hóngwàixiàn 名一种电磁波。在光谱上位于红光外侧,有很强的热能,广泛用于探测、医疗、通讯等。

【红心】 hóngxīn 名对革命事业忠诚的思想▷一颗~献戈壁。

【红殷殷】 hóngyānyān 形深红色▷~的血迹。

【红眼病】 hóngyǎnbìng ❶名传染性急性结膜炎病。发病期间,眼白泛红。❷比喻因羡慕而心怀忌妒的毛病。

【红艳艳】 hóngyànyàn 形红得鲜艳耀眼▷~的山茶花|石榴花开~。

【红晕】 hóngyùn 名中心较浓,周围渐淡的一团红色▷姑娘的脸颊上泛起了~。

【红妆】 hóngzhuāng 通常写作"红装"。

【红装】 hóngzhuāng ❶名女子的漂亮服饰▷~少女。❷借指年轻女子。

闳(閎) hóng 形〈文〉宏大▷~中肆外(形容文章内容丰富,文笔豪放)。

宏 hóng ❶形广大;广博▷~大|~图。❷动使广大;发扬▷~扬。☞②通常写作"弘"。

【宏大】 hóngdà 形(规模、气魄等)宏伟、巨大▷气势~|~的规模。

【宏观】 hóngguān 形自然科学中指不考虑分子、原子、电子等物质内部结构或机制的;泛指有关战略的整体的或大范围的(跟"微观"相对)▷~世界|~分析。

【宏论】 hónglùn 名学识广博见解高深的言论。☞不宜写作"弘论"。

【宏图】 hóngtú 名规模宏伟的计划、设想▷描绘四化~。☞不宜写作"弘图""鸿图"。

【宏伟】 hóngwěi 形(规模、气势等)宏大雄伟▷这座建筑多么~|~的计划。

【宏愿】 hóngyuàn 名远大的志向愿望▷实现毕生的~。☞不宜写作"弘愿"。

泓 hóng〈文〉❶形水又深又广。❷量用于清水,相当于"道""片"▷一~春水|一~清溪。

虹 hóng 名雨后出现在空中的弧形彩色光带。也说彩虹。○另见 jiàng。

洪 hóng ❶名因大雨或融雪而引起的暴涨的水流▷山~暴发。❷形大▷声如~|声如~钟。

【洪大】 hóngdà 形(声音等)大▷~的涛声。

【洪峰】 hóngfēng 名河流在涨水期间达到的最高水位;也指涨到最高水位的洪水▷~高出了警戒水位。

【洪福】 hóngfú 名大的福分▷~齐天。☞不宜写作"鸿福"。

【洪亮】 hóngliàng 形(声音)大而响亮▷~的钟声。☞不宜写作"宏亮"。

【洪量】 hóngliàng ❶名宽大的度量▷先生~,不计前嫌。❷大的酒量。

【洪流】 hóngliú 名浩荡巨大的水流▷汹涌澎湃的~|时代的~|滚滚向前。

【洪炉】 hónglú 名大火炉,比喻培养、锻炼人的环境▷社会是个~。

【洪水】 hóngshuǐ 名因暴雨或冰雪消融等汇于江河而水量迅速增加,水位猛涨的大水▷~泛滥成灾。

【洪钟】 hóngzhōng 名大钟▷声如~。

鸿(鴻) hóng ❶名指鸿雁▷轻如~毛。❷指书信▷来~。❸形宏大;广博▷~篇巨制|~儒。

【鸿沟】 hónggōu 名原指古运河,在今河南省境内,秦末楚汉相争时,曾约定以此河为界;现常比喻明显的界线、距离▷填平~|一道~|判若~。

【鸿毛】 hóngmáo 名大雁的羽毛,比喻分量很轻,微不足道的事物▷泰山~,轻重有异。

【鸿篇巨制】 hóngpiānjùzhì 规模宏伟的著述。也说鸿篇巨著。

【鸿雁】 hóngyàn ❶名鸭科候鸟。飞行时排列成行,或为"一"字形,或为"人"字形。也说大雁。❷借指书信(古书载鸿雁传书)▷~往来。

哄 hǒng ❶动用假话骗人▷你可不能~我|~骗。❷用语言或行动逗人高兴;特指照看小孩儿▷她生气了,快去~~她|~孩子。○另见 hōng;hòng。

【哄骗】 hǒngpiàn 动用好听的话语或某种手段欺骗人家的钱财。

讧(訌) hòng 动争吵;混乱▷内~|~争。☞统读 hòng。

哄　hòng　团吵闹;喧嚣▷一～而起|起～。○另见
hōng;hǒng。

蕻　hòng　图某些蔬菜的长茎▷菜～。

hou

齁　hōu　❶图鼾声。❷团食物太咸或太甜而使口腔
和嗓子感到不好受▷咸得～人|这糖太甜,别～
着。

侯　hóu　❶图古代贵族五等爵位的第二等▷公、伯、
子、男|～爵。❷泛指封国的国君或达官贵人▷诸
～|王～将相|～门公府。☞㊀在"闽侯"(福建地名)
中读 hòu。㊁跟"候"(hòu)不同。

喉　hóu　图人和陆栖脊椎动物呼吸器官的一部分,位
于咽和气管之间,兼有通气和发音的功能。通常
把咽和喉混称喉咙或嗓子。也说喉头。☞右边是
"侯",不是"候"。
【喉咙】　hóulóng　图咽和喉的统称。
【喉舌】　hóushé　图咽喉和舌头,借指代言的人或宣传
媒体▷我们的报纸和电台是人民的～。

猴　hóu　❶图灵长目中部分动物的统称。常见的是
猕猴,形状略像人。通称猴子。❷团〈口〉机灵;
淘气(多用于儿童)▷这孩子～得厉害。
【猴年马月】　hóuniánmǎyuè　借指遥遥无期或难以预
测的时间。

瘊　hóu　图瘊子,疣的通称。

骺　hóu　图长形骨两端的膨大部分。也说骨骺。

吼　hǒu　团大声叫喊▷大～一声,扑向敌人|老虎～
了一声◇北风怒～。
【吼叫】　hǒujiào　团大声叫▷大象～着|人家在休息,你
～什么?

后(後³⁻⁶)　hòu　❶图〈文〉君主▷三～(夏禹、
商汤、周文王)|～羿。❷君主的正
妻▷皇～|～妃。❸时间上比较晚的;未来的(跟
"前"相对)▷先来～到|～来居上|日～。❹后代子孙
▷无～|绝～。❺空间位置在背面的(跟"前"相对,⑥
同)▷～门|车前马～|～院|～背。❻次序靠近末尾
的▷排在～十名之中。
【后备】　hòubèi　❶形为补充需要而预先准备或储备的
▷～干部|～物资。❷图为补充而事先准备好的物
资、人员等▷要留有～|～不足。
【后代】　hòudài　❶图以后的时代▷兵马俑是秦朝留给
～人们的宝贵财富。❷后代人,特指晚辈子孙▷他
一个个都有出息。
【后盾】　hòudùn　图比喻后面的支持和援助力量▷全
国人民是前方将士的坚强～|我们需要你们作～。
【后方】　hòufāng　❶图向后的方向;后面(跟"前方"相
对,②同)▷阵地左～发现敌情。❷自己一边离前线
较远的地方▷伤病员安全撤到了～|支援前方。
【后顾之忧】　hòugùzhīyōu　必须回头照顾的麻烦事
(顾:回头看)。多指后方或家里令人牵挂的困难。
【后果】　hòuguǒ　图结果(多指不希望有的)▷～不堪
设想|～如何还难以预料。
【后患】　hòuhuàn　图所留下的潜在的祸患▷留下这些
问题,将～无穷。
【后悔】　hòuhuǐ　团事情过后感到懊悔▷事故已经发
生,～也来不及了。
【后记】　hòujì　图放在书刊或文章的正文后面,用来说
明写作目的、经过或介绍其背景的短文。

【后继】　hòujì　团后面继续跟上;接续前面▷前仆～,英
勇奋斗|～乏人。
【后进】　hòujìn　❶图〈文〉学识或资历较浅的人▷奖掖
～。❷形进步较慢、水平较低的▷～同学|～单位。
❸图指进步较慢水平较低的人或集体▷先进帮
～。
【后劲】　hòujìn　❶图后一阶段能使出的力量▷～足。
❷需要经过一定过程才逐步显现出来的作用和力
量▷这种酒～|他知识功底扎实,搞研究有～。
【后来】　hòulái　图指在过去某一时间之后的时间▷我
们俩一起上大学,～又在同一个单位工作|我只知道
这些,～的事情就不太清楚了。
【后来居上】　hòuláijūshàng　后来的胜过原来的,后辈
超过前辈。
【后路】　hòulù　❶图指军队作战时的退路或后方的供
应线▷抄断敌人的～。❷借指回旋的余地▷得给自
己留条～。
【后门】　hòumén　❶图房屋或院落后面所开的门(跟
"前门"相对②同)。❷比喻非正当的途径▷走～|杜
绝～。
【后面】　hòumiàn　❶图人或事物背向的一面(跟"前
面"相对,②③同)▷山～是一个池塘。❷空间的次
序、位置靠近末尾的部分▷你的坐位在～。❸晚于现
时的时间或未来▷先解决主要问题,其他问题～再
谈。
【后怕】　hòupà　团事情过后感到害怕▷想起那天夜里
一人走山路,真有点～。
【后期】　hòuqī　图指某一段时间的后一阶段▷～工程|
封建社会～。
【后起之秀】　hòuqǐzhīxiù　指新成长起来的或后出现的
优秀的人或物。
【后勤】　hòuqín　图后方军需勤务,现也泛指企业或事
业单位内部的财务、物资、生活管理等方面的工作▷
～部队|他管教务,我抓～。
【后人】　hòurén　❶图子孙后代▷这个村的赵家～,已
分散到全国各地了。❷泛指后世的人▷前人开创的
事业▷～来继承。
【后任】　hòurèn　图接替前任职务的人▷～县长|前任
要为～打下一个好基础。
【后身】　hòushēn　❶图人体后部或物体的背后部分▷
看～这孩子很象他爸爸|这件上衣的～短了点儿。❷
借指机构、团体等后来改用的名称▷京师大学堂的～
就是现在的北京大学。
【后生可畏】　hòushēngkěwèi　年轻一代往往超过前
人,令人敬畏。
【后事】　hòushì　❶图以后的事情▷要知～如何,请看
下一集。❷身后之事;死后的丧葬等事情。
【后嗣】　hòusì　图有血缘关系的)后代子孙▷他虽然
没有～,在敬老院里倒也活得舒坦。
【后台】　hòutái　❶图舞台的后面部分。❷比喻背后操
纵或撑腰的人或势力。
【后天】¹　hòutiān　图明天的下一天。
【后天】²　hòutiān　图多指人离开母体后的生长时期(跟
"先天"相对)▷人的思想不是先天就有的,而是～形
成的。
【后退】　hòutuì　团向后倒退;退回到以往的发展阶段▷
～5公里|他刚有点进步又～了。
【后卫】　hòuwèi　❶图部队进军、作战或撤退时,在后面
负责掩护或警戒的部队▷三连担任～。❷篮球、足球
等球类比赛中,主要担任防御任务的队员▷～缺人|
他打～。
【后续】　hòuxù　形后边接着来的▷～工程|老伴是～

的,不是原配。

【后遗症】 hòuyízhèng ❶図某些疾病愈后所遗留下的某组织、器官的缺损或功能障碍等症状▷小儿麻痹～。❷比喻处理不当而遗留下来的消极影响▷操之过急往往会留下～。

【后裔】 hòuyì 図子孙后代。

【后援】 hòuyuán 図指支援、支持的力量▷这项工程有强大的～|～部队。

【后院】 hòuyuàn ❶図上房后面的院子。❷比喻后方或内部▷敌人前方吃败仗,～又起火了。

【后缀】 hòuzhuì 図附加在词根后面的词缀。如"桌子"的"子","木头"的"头"。

厚 hòu ❶圈扁平物体上下两面之间的距离较大(跟"薄"相对)▷这本书真～|～嘴唇。❷指扁平物体上下两面之间的距离▷两厘米～的钢板。❸圈多;大;重;浓▷家底很～|～利|浓～|～望。❹团看重;优待▷～今薄古|此薄彼。❺圈(情意)深▷深情～谊。❻能宽容人;待人诚恳▷宽～|忠～|憨～。

【厚爱】 hòu'ài 团深厚的关爱▷承蒙～,感激不尽。

【厚薄】 hòubó ❶图厚度▷这床棉被～正合适。❷指某些事物多少、深浅、浓淡的程度▷不了解他家底的～|不管酒味～|他都喜欢|都是学生,就不分～了。

【厚此薄彼】 hòucǐbóbǐ 重视、厚待一方,轻视、冷待另一方。指对人或事不同等对待。

【厚道】 hòudao 圈待人诚恳宽厚,不刻薄▷他为人～,群众关系极好。

【厚实】 hòushi ❶圈又厚又密实▷椅垫挺～|床上铺得厚厚实实的。❷富足▷家底～。❸深厚、扎实▷知识底子～。

【厚望】 hòuwàng 図深切的期望▷不能辜负恩师的～。

【厚颜无耻】 hòuyánwúchǐ 厚着脸皮,不知羞耻。

【厚谊】 hòuyì 図深厚的情谊、友谊▷他俩忘不了生死与共的～。

【厚意】 hòuyì 図深厚的情意▷深情～|你的～我心领了。☞"厚谊"与"厚意"比较,"厚谊"通常指相互之间的交情,"厚意"只指单方面的情意。

逅 hòu 见[邂逅]xièhòu。

候 hòu ❶团看望;问安▷问～。❷等待▷你在这里～一会儿|请大家稍～|～车。❸図指气象情况▷气～|天～。❹一段时间;时节▷时～|鸟。❺变化着的情况或程度▷症～|火～。

【候补】 hòubǔ ❶圈等候递补缺额的▷～队员|～委员。❷図候补的人。

【候鸟】 hòuniǎo 図随季节变化而变更栖息地的鸟类,如燕子、大雁、杜鹃等。

【候选人】 hòuxuǎnrén 図选举前预先提出作为选举对象的人。

hu

乎 hū 〈文〉❶団用于句末,表示疑问、反问等语气,相当于"吗""呢"等▷汝知之～?|孰为汝多知～? ❷形容词或副词的后缀▷巍巍～若太山|迥～不同。❸囧用在动词之后,引进处所、时间、原因等,相当于"于"▷在～实用,不在～好看|出～意料|合～常情。

呼 hū ❶団生物体通过口、鼻把体内的气体排出体外(跟"吸"相对)▷深深地～了一口气|一～一吸。❷大喊▷～口号。❸称呼;唤▷直～其名|一～百应。❹拟声模拟刮风、吹气等的声音▷风～～地往屋里灌|～的一声,吹灭了蜡烛。

【呼哧】 hūchī 拟声模拟喘气的声音▷累得～～直喘气。☞不宜写作"呼蚩"。

【呼风唤雨】 hūfēnghuànyǔ 原指神仙道士用法力驱使风雨,现多比喻使用强大的力量支配自然或进行煽动。

【呼号】 hūháo ❶团大声哭叫▷痛不欲生,彻夜～。❷为寻求支持而呼叫(常与"奔走"连用)▷四处奔走～。

【呼号】 hūhào ❶図无线电通讯中使用的各种代号。❷某些组织的专用口号,如中国少年先锋队的呼号是:"时刻准备着"。

【呼唤】 hūhuàn ❶团呼叫▷轻轻地～着她|大声～同伴。❷召唤(多用于抽象事物)▷时代～着改革。

【呼机】 hūjī 図单方向的移动通信用具。利用无线电波将信息从一方传递到另一方。使用时,主叫用户通过电话网与寻呼中心联系,再由寻呼中心呼叫被叫用户,并传递信息。也说寻呼机、无线电寻呼机、BP机。

【呼叫】 hūjiào ❶团大声喊叫。❷通过电台或无线电话用代号与对方联系。

【呼救】 hūjiù 团呼唤求救▷被洪水围困的群众在大声～。

【呼噜】 hūlū 拟声模拟呼吸受阻时从喉咙里发出的声响▷喉咙里～～地响。

【呼噜】 hūlu 図〈口〉睡觉时因呼吸受阻而发出的鼾声▷打～。

【呼扇】 hūshān ❶团(平面薄的物体)颤动▷跳板～～一个劲地颤。❷用平面薄的物体扇风▷天太热了,他用扇子不停地～着。☞不宜写作"唿扇"。

【呼哨】 hūshào 図手指放在嘴里用力吹或物体在空中迅速运动发出的像哨子一样的尖声▷这伙人打一声～就跑了。☞不宜写作"唿哨"。

【呼天抢地】 hūtiānqiāngdì 高声喊天,用头撞地。形容极度悲伤和痛苦的状态。☞"抢"这里不读qiǎng。

【呼吸】 hūxī 团呼气和吸气(生物体同外界进行气体交换),有时偏指吸气▷～急促|～新鲜空气。

【呼啸】 hūxiào 团发出尖而长的声音▷狂风～|警车～而过。

【呼应】 hūyìng ❶团呼唤与答应,互相联系▷二人遥相～,配合默契。❷前后关联,互相照应▷剧情前后缺少～。

【呼吁】 hūyù 团向个人或社会申述,希望得到同情支持或主持公道▷～社会各界都来关心教育。

忽 hū ❶团不经心;没有注意到▷玩～|职守～疏。❷圖出人意料,相当于"忽然""忽而"▷声音～大～小|情绪～高～低。

【忽地】 hūdì 圖忽然▷灯光～一闪,保险丝断了。

【忽而】 hū'ér ❶圖忽然(多用于书面语)▷脸上～显出惊恐的神色。❷同时用在两个意思相反或相关的词语前面,表示情况变化快而不定▷声音～高～低|～上下跳动,～左右摇摆。

【忽忽】 hūhū ❶圈形容时间过得很快▷时光～,不觉一年又过去了。❷形容失意或恍惚▷～若有所失。

【忽略】 hūlüè ❶团认为不重要而有意省去或不予考虑(后面常跟"不计")▷枝节问题可以～不计。❷应该注意到而没有注意到▷这点很重要,千万不能～。

【忽然】 hūrán 圖表示情况发生得迅速而又出人意料▷说着说着,～停住了。

【忽闪】 hūshǎn 圈形容光线闪耀▷星星～～地眨着眼睛。

【忽闪】 hūshan 团闪动▷～着两只大眼睛望着我。

【忽视】 hūshì 团疏忽;不注意▷不要～体育锻炼。

惚　hū 见[恍惚]huǎnghū。

滹　hū 用于水名。滹沱河,发源于山西,流入河北。

糊　hū 励用糊(hú)状的东西涂抹缝隙或物体表面▷用水泥~墙缝|苇席上~了一层泥。○另见hú;hù。

囫　hú 见下。☞统读hú。

【囫囵】 húlún 圈整个的;完整的▷~吞枣|长那么大没穿过一件~衣裳。

【囫囵吞枣】 húlúntūnzǎo 指未经细嚼把东西吞咽下去。比喻在学习上生吞活剥,笼统地接受。

和　hú 励打麻将或玩纸牌时,达到规定的要求而取胜▷这一把我~了|半天没开|~了个满贯。○另见hé;hè;huó;huò。

狐　hú 图哺乳动物,形状略似狼。毛皮很珍贵,可做衣帽。通称狐狸。

【狐臭】 húchòu 图由于腋窝、阴部皮肤内汗腺分泌异常而产生的刺鼻臭味。也说狐臊。☞不宜写作"胡臭"。

【狐假虎威】 hújiǎhǔwēi 比喻凭借别人的威势来吓唬或欺压他人。

【狐群狗党】 húqúngǒudǎng 比喻相互勾结的一帮坏人。

【狐疑】 húyí 励像狐狸一样多疑;怀疑▷满腹~|不免~起来。

弧　hú 图❶〈文〉木弓;泛指弓。❷圆周或曲线(如抛物线)上的任意一段▷圆~|~形。

胡（鬍⑦）　hú ❶图古代称我国北部和西部的民族▷南有大汉,北有强~|~服骑射。❷圈来自外族或外国的(东西)▷~琴|~椒|~萝卜。❸图指胡琴▷京~|二~|板~。❹图大~、蜂|~豆(蚕豆)。❺圈表示说话、做事没有根据、不讲道理,相当于"瞎""乱"▷~写乱画|~说八道|~闹|~来。❻表示询问原因或理由,相当于"为什么"▷田园将芜~不归?❼图胡子▷八字~|连鬓~。

【胡话】 húhuà 图神志混乱时说的话▷昏迷了三天三夜,嘴里不断地说~。借指胡乱说的毫无根据的话▷根本没那回事,别尽说~。

【胡搅蛮缠】 hújiǎománchán 蛮不讲理,纠缠捣乱。

【胡乱】 húluàn ❶圆任意;无理地▷不许~占用耕地。❷马虎;随便▷~写上几笔交差|~吃上几口算了。

【胡闹】 húnào ❶圆胡乱打闹;无理取闹▷你们到一块就~,怎么能学习好?|说不行就不行,别在这里~了。❷蛮干;胡作非为▷这事儿要慎重,不要~。

【胡思乱想】 húsīluànxiǎng 毫无根据地随意瞎想。

【胡同】 hútòng 图北方指狭窄的街道;小巷▷北京城里的~数不清。

【胡言乱语】 húyánluànyǔ 指没有根据地随意乱说,也指没有根据或没有道理的话。

【胡诌】 húzhōu 圆信口胡说;随意瞎编▷甭听他~,他的话一点不可信。

【胡作非为】 húzuòfēiwéi 无视法纪,不讲道德,任意为非作歹。

壶（壺）　hú 图一种盛液体的器皿,一般有盖,有嘴,还有柄或提梁▷一把~|茶~|瓷~|暖~。☞下边是"业",不能写作"亚"。

斛　hú ❶图古代一种方形量器,口小底大。❷圈古代容量单位,1斛原为10斗,南宋末年改为5斗。☞不读hù。

葫　hú [葫芦]húlú 图一年生草本植物,茎蔓生。果实中间细,上、下部膨大,像大小两只连在一起的球。嫩时可以食用,老后可做容器或供观赏。葫芦,也指这种植物的果实。

鹕（鶘）　hú 图〈文〉天鹅▷~立(直立)|鸠形~面。○另见gǔ。

猢　hú [猢狲]húsūn 图猴子的别称。

湖　hú ❶图四周是陆地的大片水域▷江河~泊。❷指浙江湖州(北临太湖)▷~笔|~绉。❸指湖南、湖北(在洞庭湖的南北)▷~广熟,天下足。

【湖光】 húguāng 图湖的景色▷~山色令人流连忘返。

【湖畔】 húpàn 图湖边;湖岸附近▷漫步~|~小憩。

【湖泊】 húpō 图湖的总称。

瑚　hú 见[珊瑚]shānhú。☞统读hú。

煳　hú 圈(食品、衣物等)被烧烤得变焦、变黄或变黑▷饭~了。

槲　hú 图落叶乔木,木材坚实,可做建筑用材,叶子可以饲养柞蚕。

蝴　hú [蝴蝶]húdié 图昆虫,体分头、胸、腹三部分,翅及体表密布各色鳞片和丛毛,形成各种花斑。全世界约有14000余种。简称蝶。☞㊀不宜写作"胡蝶"。㊀统读hú。

糊　hú ❶圆用粥充饥▷~口。❷用黏性糊状物把两个物体粘在一起▷信封|风筝|窗户|裱~。❸图有黏性的东西▷~剂|糨~。○另见hū;hù。

【糊口】 húkǒu 圆勉强维持生活▷养家~。☞不要写作"餬口"。

【糊涂】 hútu ❶圈对事物或事理的认识模糊不清、混乱▷他大事一点也不~。❷内容混乱不清▷一笔~账。☞不要写作"胡涂"。

醐　hú 见[醍醐]tíhú。

虎　hǔ ❶图哺乳动物,毛淡黄色或褐色,有黑色横纹,性凶猛。通称老虎。❷圈威武勇猛▷一员~将|~~有生气。

【虎背熊腰】 hǔbèixióngyāo 形容身材魁梧,体格健壮。

【虎步】 hǔbù 图威武雄健的步伐▷一个~跨过了那条沟。

【虎胆】 hǔdǎn 图无所畏惧的胆量▷英雄~。

【虎虎】 hǔhǔ 圈形容气势旺盛、威武▷~生风|~有生气。

【虎口余生】 hǔkǒuyúshēng 比喻从大灾大难中侥幸活下来的人。

【虎狼】 hǔláng 图比喻凶残暴虐的坏人▷坏人当道,~成行。

【虎气】 hǔqì 图像老虎一样威武的气势▷战士们个个~十足|满脸~。

【虎视眈眈】 hǔshìdāndān 像老虎要扑食时那样凶猛地注视着。☞不要写作"虎视耽耽"。

【虎头蛇尾】 hǔtóushéwěi 比喻做事情前紧后松或有始无终。

【虎穴】 hǔxué 图比喻危险的境地▷不入~,焉得虎子|深入~探敌情。

浒（滸）　hǔ 图水边。

唬　hǔ 圆用夸大事实和声势来吓人;蒙(mēng)人▷你别~人了。☞在"诈唬""吓唬"中读轻声。

琥 hǔ [琥珀]hǔpò 图古代树脂埋入地下形成的化石,可做药材和装饰品。☞不宜写作"虎魄"。

互 hù 副表示彼此进行相同的动作或具有相同的关系,相当于"互相"▷~敬~爱 | ~致问候 | ~通有无。

【互补】 hùbǔ 团互相补充▷优势~ | 两国经济上的~性很强。

【互惠】 hùhuì 团互相给予优惠▷~互利 | 两国之间的贸易是平等~的。

【互利】 hùlì 团互相得到好处。

【互联网】 hùliánwǎng 图指由若干电子计算机网络相互连接而成的网络。

【互勉】 hùmiǎn 团互相勉励。

【互相】 hùxiāng 副表示两方面同样对待的关系▷~勉励 | ~观望。

【互助】 hùzhù 团互相帮助▷~互爱 | 在经济上~合作。

户 hù ❶图单扇的门;泛指门户▷夜不闭~ | 枢不蠹。❷人家;住户▷这栋楼有一百多~ | 家喻~晓。❸从事某种职业的人家或人▷农~ | 猎~ | 个体~。❹门第▷门当~对。❺指建立了正式财物往来关系的个人或团体▷账~ | ~头。

【户籍】 hùjí ❶图公安机关登记居民户口的册子▷他的情况~里有记载。❷指某地区内居民的身份▷她的~在乡下。

【户口】 hùkǒu ❶图住户和每户的人口▷登记~。❷户籍▷注销~。

【户枢不蠹】 hùshūbùdù 门轴经常转动不会被虫蛀蚀(枢:转轴;蠹:蛀蚀)。比喻经常运动着的东西不易被侵蚀。

【户头】 hùtóu 图财务会计部门称在账本上有账务关系的个人或团体▷在银行里立了~。

护(護) hù ❶团尽力照顾,使不受损害▷保卫 | ~爱 | ~救 | ~理 | ~航。❷偏袒;包庇▷~短 | ~祖。

【护短】 hùduǎn 团袒护短处或过失▷别给自己~ | 对孩子不要~。

【护航】 hùháng 团护卫具有特殊使命的船只或飞机航行。

【护驾】 hùjià 团原指护卫皇帝出行,后泛指随从保护(含诙谐意)。

【护理】 hùlǐ ❶团配合医生对老弱病残等进行治疗和照顾▷在家精心~老人 | 尽全力~好重伤员。❷保护管理▷~幼苗。

【护身符】 hùshēnfú 图迷信认为可以驱鬼除邪、保护自身安全的一种类似图画的符号或物体,比喻可以仗恃的人或物。

【护送】 hùsòng 团随同前往,保护人员或物资等安全到达▷~伤员 | ~大熊猫。

【护卫】 hùwèi ❶团保护,防卫▷战士们日夜~着大桥。❷图担任护卫工作的人▷那老板身后有两名~。

【护养】 hùyǎng ❶团护理培育▷~幼林。❷维护保养▷车间有专人~机器。

【护照】 hùzhào 图国家主管机构发给出国人员的证明其国籍、身份的证件。

沪(滬) hù 图上海的别称▷~剧。

怙 hù 〈文〉❶团依靠;凭借▷~恶不悛。❷图指父亲▷失~ | ~恃。

【怙恶不悛】 hù'èbùquān 坚持作恶,不思悔改(怙:依仗;悛:悔改)。☞"怙"不读 gǔ;"悛"不读 jùn。

戽 hù ❶图戽斗▷风~。❷团用戽斗等农具汲水灌田▷~水。

【戽斗】 hùdǒu 汲水灌田的农具,形状略像旧时的量斗。

祜 hù 图〈文〉福▷受天之~。

笏 hù 图古代臣子朝见君主时手中所拿的狭长的板子,按等级分别用玉、象牙等制成,上面可以记事。

瓠 hù 图瓠子,一年生草本植物,茎蔓生。也指这种植物的果实,圆筒形,可以做蔬菜。也说瓠瓜。

扈 hù 团〈文〉随从;护卫▷~从 | ~卫。

糊 hù 图像稠粥一样的食物▷辣椒~。○另见 hū;hú。

【糊弄】 hùnong 〈口〉❶团欺骗;蒙混▷你不用~我,我什么都明白。❷对付;凑合▷自行车还能~着骑,别买新的了。

hua

花 huā ❶图植物的繁殖器官,有多种形状和颜色,有的有香味▷一朵~儿 | 开~结果 | 鸟语~香。❷泛指具有观赏价值的植物▷~展 | ~盆儿。❸像花朵的东西▷雪~ | 浪~ | 炒腰~儿。❹指棉花▷弹~ | 轧~。❺烟火的一种,用黑色火药加多种化学物质制成,能喷出多种彩色火花▷放~ | ~炮 | ~礼。❻指某些滴珠、颗粒、小块状的东西▷泪~ | 油~ | 盐~儿 | 葱~儿。❼花纹;图案▷黑白~ | 这块布的~儿太艳了。❽团用花或花纹装饰的▷~篮 | ~环 | ~轿 | ~灯。❾色彩或种类错杂而不单一的▷这件衣裳太~,你穿不合适 | ~名册 | ~哨。❿(看东西)模糊▷看~了眼 | 老眼昏~ | ~镜。⓫好看或好听但不实在的;用来迷惑人的▷~架子 | ~拳绣腿 | 言巧语。⓬图比喻美女▷~校 | 交际~ | 姊妹~。⓭团指妓女或跟妓女有关的▷~魁(名妓) | ~街柳巷。⓮图打仗、打斗受的外伤▷挂~。⓯比喻精华▷艺术之~ | 自由之~。⓰团用掉;消耗▷~钱 | ~功夫 | ~费。

【花白】 huābái 函(头发、胡子)黑白间杂▷~胡须 | 两鬓已经~。

【花瓣】 huābàn 图构成花冠的各个叶状体。由于细胞内含有的色素不同,形成各种不同的颜色。

【花苞】 huābāo 图花开前,包着花骨朵儿的小叶片。

【花边】 huābiān ❶图带花纹的边缘▷盘子上有一圈蓝色的~。❷编织或刺绣成各种花样的带子▷柜台里摆着各种颜色的缎带~。❸印刷业指报刊书籍上文字图画的花纹边框。

【花丛】 huācóng 图丛生的花▷~里,彩蝶飞来飞去。

【花朵】 huāduǒ 图花的统称▷石榴的~火红火红的◇孩子是祖国的~。

【花萼】 huā'è 图花的组成部分,由若干萼片组成,包在花瓣外边,托着花冠。

【花费】 huāfèi 团消耗;用掉▷~精力。

【花费】 huāfei 图耗费的钱▷外出旅游的~相当可观。

【花岗岩】 huāgāngyán ❶图火成岩,质地坚硬,细腻而有光泽。是一种良好美观的建筑材料。也说花岗石。❷函比喻顽固不化▷带着~的脑袋去见上帝。

【花冠】 huāguān ❶图花的组成部分,由若干花瓣组合而成。❷旧时女子出嫁时戴的帽子,上有华美的装饰。

【花花公子】 huāhuāgōngzǐ 指不务正业,只知吃喝玩乐的富贵子弟。

【花花世界】 huāhuāshìjiè ❶指繁华的都会，也指花天酒地、纸醉金迷的场所。❷泛指人世间（含贬义）。

【花卉】 huāhuì ❶图供观赏的花草。❷以花草为题材的中国画。

【花甲】 huājiǎ 图旧时用干支纪年，天干与地支搭配，每六十年一循环，称花甲；后用以指六十岁▷年届 ~。

【花架子】 huājiàzi ❶图摆放盆花的架子。❷指好看而不实用的武术架式。❸比喻外表漂亮而无实用价值的东西。

【花镜】 huājìng 图用来矫正老花眼的眼镜，镜片是凸透镜。

【花蕾】 huālěi 图含苞未放的花。俗称花骨朵儿。☞"蕾"不读 léi。

【花里胡哨】 huālihúshào 〈口〉❶图形容色彩过于艳丽而繁杂（含贬义）。❷比喻虚夸浮华而不实在。

【花名册】 huāmíngcè 图登记各种人员姓名的册子。

【花圃】 huāpǔ 图培育花草的园地。

【花腔】 huāqiāng ❶图特定使基本唱腔曲折变化的唱法▷ ~ 女高音。❷比喻动听而虚假的话▷油嘴滑舌耍 ~。

【花圈】 huāquān 图用纸花或鲜花扎成的环状物，用于祭奠，表示哀悼。

【花色】 huāsè ❶图花的颜色▷ ~ 洁白。❷花纹和颜色▷运动服的 ~ 很美观。❸从外观上对同一品种的物品所分的类型▷电视机 ~ 很多。

【花哨】 huāshao ❶图色彩艳丽▷穿得太 ~ 了。❷变化大；样式多▷走私的手段 ~ 得很。☞不宜写作"花稍"。

【花饰】 huāshì 图装饰用的花纹▷仿古家具上嵌着美观的 ~。

【花天酒地】 huātiānjiǔdì 形容吃喝玩乐腐化堕落的生活。

【花托】 huātuō 图花的组成部分，在花柄顶端。有的植物的花托发育成果实，如梨、苹果。

【花纹】 huāwén 图各式各样的条纹或图形▷古钱币上的 ~ 铸得非常美观。

【花销】 huāxiao ❶图花费，开支▷他一人的工资够全家 ~ 的。❷图〈口〉开销的费用▷ ~ 太大。☞不宜写作"花消"。

【花序】 huāxù 图花在花轴上的序列。根据花轴分枝状况和开花顺序，可分为无限花序和有限花序两大类。

【花絮】 huāxù 图指柳絮，柳树种子上的白色绒毛，比喻种种零散有趣的新闻▷奥运 ~ ｜文坛 ~。

【花言巧语】 huāyánqiǎoyǔ ❶指虚伪动听的话。❷说虚伪动听的话。

【花样】 huāyàng ❶图花纹的样式。也泛指事物的样式或种类▷草编工艺品的 ~ ｜饭菜的 ~。❷绣花的底样▷描 ~ ｜兜肚 ~。❸花招②。

【花园】 huāyuán 图种植花木供游玩、观赏、休息的地方。

【花招】 huāzhāo ❶图武术中灵巧好看而不实用的动作、招数。❷比喻骗人的奸猾狡诈的手段▷要弄 ~ ｜别想再玩什么 ~，蒙骗别人。☞不宜写作"花着"。

【花枝招展】 huāzhīzhāozhǎn 鲜艳的花枝迎风摆动。形容女子打扮得非常娇艳。

哗（嘩） huā 拟声模拟水流淌、下雨等的声音▷水 ~ ~ 地流｜雨 ~ 地下个不停｜眼泪 ~ 的一下流出来了。○另见 huá。

【哗啦】 huālā 拟声模拟下雨、水流、建筑物倒塌等的声音▷小河的水 ~ ~ 的流着｜雨下得 ~ ~ 的｜一声 ~ 一声

房塌了。

划（劃）❸ huá ❶团拨水前进▷ ~ 船｜ ~ 桨｜ ~ 水。❷图〈口〉合算；上算▷ ~ 得来｜ ~ 不来｜ ~ 算。❸团用刀或其他东西从物体表面擦过▷铅笔刀把手指 ~ 破了｜ ~ 火柴。○另见 huà。

【划拳】 huáquán 团酒宴上劝酒时，两人伸出手指同时各说一个数，谁说的数与双方所伸出手指的总数相符，谁就算胜，负者饮酒▷ ~ 行令。☞不要写作"豁拳""搳拳"。

【划算】 huásuàn ❶团筹划算计▷他反复 ~，始终拿不定主意。❷图合算▷这些东西便宜又耐用，很 ~。

华（華） huá ❶图繁荣▷繁 ~。❷虚华；浮华▷ ~ 而不实｜奢 ~。❸光彩；光辉▷ ~ 丽｜灯 ~。❹图指（美好的）时光▷韶 ~ ｜年 ~。❺图敬词，用于称跟对方有关的事物▷ ~ 诞｜ ~ 章。❻图事物最美好的部分▷含英咀 ~ ｜精 ~ ｜英 ~。❼指中国▷驻 ~ 使馆｜ ~ 人｜ ~ 侨。☞作姓氏用和在"华山"（陕西山名）中读 huà。

【华表】 huábiǎo 图原用来表示帝王纳谏或指路的木柱。后演变成古代宫殿、陵墓、城垣等大型建筑物前具有装饰作用的巨大石柱，柱的上部横插着云形雕花石板，顶端为召兽。

【华诞】 huádàn 图敬词，用于称人的生日▷恭庆语言学大师九十 ~。

【华灯】 huádēng 图装饰精美、光辉灿烂的灯▷ ~ 齐放，一片辉煌。

【华而不实】 huáérbùshí 只开花不结果。比喻外表华美而没有实际内容。

【华贵】 huáguì ❶图华美而贵重▷ ~ 的首饰。❷富有而高贵▷雍容 ~ 的老夫人。

【华丽】 huálì 图光彩美丽▷大厅装饰 ~ ｜词藻 ~。

【华侨】 huáqiáo 图旅居国外的中国人。

【华人】 huárén ❶图中国人。❷取得所在国国籍的有中国血统的人。

【华夏】 huáxià 图中国的古称。

【华裔】 huáyì 图指华侨在旅居国所生并取得该国国籍的子女。

哗（嘩） huá 团喧闹▷听众大 ~ ｜喧 ~。○另见 huā。

【哗变】 huábiàn 团（军队）叛变。

【哗然】 huárán 图很多人喧闹吵嚷的样子▷众人 ~ ｜全场 ~。

【哗众取宠】 huázhòngqǔchǒng 迎合群众，借以取得人们的好感和信任。

铧（鏵） huá 图犁铧，犁下端用来翻土的三角形或梯形铁器。

猾 huá 图奸诈；诡诈▷狡 ~ ｜奸 ~。☞"猾"和"滑"④意思相同，但"猾"通常只用于"狡猾""奸猾"等词中，"滑"④可以单独使用，也可以用于"圆滑""滑头""耍滑"等词中。

滑 huá ❶图物体表面光溜，摩擦力小▷雨后路 ~ ｜ ~ 腻｜光 ~。❷团在光滑的物体表面迅速移动▷ ~ 了个跟头｜ ~ 冰｜ ~ 翔。❸蒙混过去▷人证物证俱在，贪污分子是 ~ 不过去的。❹狡诈；不诚恳▷耍 ~ ｜油腔 ~ 调｜ ~ 头。☞参见"猾"的提示。

【滑冰】 huábīng ❶团在冰上滑行。❷图体育运动项目。运动员穿特制的滑冰鞋在冰上滑行，或比速度，或表演花样动作。

【滑动】 huádòng 团甲物体在乙物体上移动，甲物体的接触面基本不变▷雪橇在冰雪上快速地 ~。

【滑稽】 huájī 图（言词、举动或姿态）逗人发笑▷他的

样子很~。

【滑溜】　huáliu　圈光滑;光溜▷冰面很~。

【滑腻】　huánì　圈(皮肤等)滑润,细腻。

【滑坡】　huápō　❶团地表斜坡上不稳定的土石在重力作用下,整体向下滑动▷山体~,公路交通受阻。❷比喻下降▷工业生产~。

【滑润】　huárùn　圈光滑润泽▷皮肤~。

【滑头】　huátóu　❶圈圆滑;不诚恳▷没想到小小的年纪竟这么~。❷图指圆滑而不诚恳的人▷小~。

【滑翔】　huáxiáng　团不依靠动力,借助空气的浮力在空中飘浮滑行。

【滑行】　huáxíng　❶团滑动行进▷快艇在水面上高速~。❷行驶中的汽车、火车等不用发动机的动力,而靠本身惯性或利用向下的坡度继续行进。

【滑雪】　huáxuě　❶团在雪地上滑行▷~出山。❷图体育运动项目。两脚固定在两条滑雪板上,手撑两支滑雪杖,在雪地上滑行▷高山~|花样~。

化　huà　❶团变化,事物改变了原来的形态或性质▷顽固不~|~石|~脓|进~。❷使变化▷~悲痛为力量|~整为零。❸用言语、行动来影响、诱导人,使有所转变▷潜移默~|教~|感~。❹团风气;风俗习惯▷文~|有伤风~。❺团(僧尼、道士)向人募财物、食品▷~缘|~斋|募~。❻融解;熔化▷雪~了|~铁炉。❼消化;消除▷食~|~痰。❽烧成灰烬▷火~|焚~。❾(僧人、道士)死去▷坐~|羽~。❿图指化学▷数~|~肥|~疗。⓫词的后缀。附着在名词或形容词上构成动词,表示转变成某种状态或性质▷现代~|绿~。

【化合】　huàhé　团化学反应类型。两种或多种物质经过化学反应而形成新的物质。

【化解】　huàjiě　团消除;消释▷~冲突|误会很深,不易~。

【化名】　huàmíng　❶团为了不让人知道真实姓名而改用其他名字▷图为隐瞒真名而改用的名字▷这是他的~。

【化身】　huàshēn　❶图佛教指佛或菩萨出现在世间的形体▷作者所描绘的佛的~,多是以慈悲为怀的善良形象。❷体现某种抽象事物的具体形象▷这些古建筑是中国人民智慧的~。

【化石】　huàshí　图由埋藏在地层中的古生物遗体、遗物或遗迹而变成的跟石头一样坚硬的东西。

【化险为夷】　huàxiǎnwéiyí　使险阻变为平坦;使危险化为平安。

【化学】　huàxué　图自然科学中的基础学科。研究物质的组成、结构、性质和变化规律的科学。

【化验】　huàyàn　团用物理的、化学的或物理化学的方法检验物质的成分和性质▷~血液|水质应经常~。

【化妆】　huàzhuāng　团用化妆品美容。

【化装】　huàzhuāng　❶团演员根据剧本规定的角色要求或表演的需要而进行装扮与修饰。❷改扮;假扮▷他~成一个打柴的,混进了敌人的驻地。☞"化装"强调为扮演某种角色而修饰扮扮,"化妆"则指修饰容貌。

划（劃）　huà　❶团把整体分开▷把校园~成五个清洁区。❷谋划;拟定做事的办法和步骤等▷筹~|出谋~策。❸(把账目或钱物)分出来拨给▷~账|~拨。❹同"画"④—⑤。现在通常写作"画"。〇另见 huá。

【划拨】　huàbō　❶团(账目、款项)从某一单位或户头转到另一单位或户头上▷货款由银行~到你们账号上。❷(物资)调拨▷~粮食|建材已经~到工地了。

【划分】　huàfēn　❶团将整体分为若干部分▷全市~成四个区|~势力范围。❷区别开▷~性质不同的两类事物。☞不宜写作"画分"。

【划价】　huàjià　团(药房)计算患者药费或其他医疗费用,并写在处方单上。

【划时代】　huàshídài　区别于过去任何时期的▷具有~的意义。

【划一】　huàyī　❶圈一致;统一▷队伍的服装要整齐~。❷团使统一▷~规格。

画（畫）　huà　❶团用笔等描绘出图形或线条、符号等▷~一张路线图|~一幅山水画|签字画~押。❷图绘出的图画▷一张~儿|风景如~|国~|~报|~舫。❸团用语言描写▷刻~人物形象|描~。❹图汉字的一笔叫一画▷"大"字是三~|一笔一~写得很认真。❺团用手做出某种姿势帮助示意▷指天~地|比~。

【画报】　huàbào　图以登载图画、照片等为主的报刊。

【画饼充饥】　huàbǐngchōngjī　比喻用空想来自我安慰。

【画供】　huàgòng　团犯罪的人在供词上签字画押,表示承认供词属实。

【画卷】　huàjuàn　❶图成卷(juǎn)轴形的长幅画。❷比喻壮丽的自然景色或宏大动人的场面。

【画廊】　huàláng　❶图展览图画、照片的长廊▷~里挂满了参展的作品。❷有图案、彩绘装饰的走廊▷颐和园的长廊是一条名副其实的~。❸指经营美术作品的场所或商店。

【画龙点睛】　huàlóngdiǎnjīng　画好龙后点上眼睛,龙就像活了。比喻说话、写文章在关键处加上精辟的话,使内容变得深刻而生动。

【画皮】　huàpí　图《聊斋志异·画皮》中恶鬼身上披的画有美女模样的人皮。比喻掩盖凶恶面貌和残暴本质的漂亮外表。

【画屏】　huàpíng　图绘有图画的屏风。

【画蛇添足】　huàshétiānzú　比喻做了多余的事,弄巧成拙。

【画图】　huàtú　❶团绘制各种图形▷全神贯注地~|画了一张图。❷图图画。

【画苑】　huàyuàn　图荟萃绘画作品的地方。也泛指绘画界。

【画轴】　huàzhóu　❶图在裱好的画幅两端安装的木轴。❷带轴的画幅▷花卉~。

话（話）　huà　❶图话语,也包括用文字记录下来的语言▷一句~|信上只有几句~|说~。❷团说;谈论▷~别|对~|茶~会。

【话别】　huàbié　团临离别前聚谈▷宾主在国宾馆~。

【话柄】　huàbǐng　图被别人当作谈笑、讥讽资料的言行▷没想到他的话成了人们的~。

【话锋】　huàfēng　图话头(谈话中所指向的方面或谈话的焦点)▷说着说着把~一转,离开了正题。

【话旧】　huàjiù　团叙说往事▷老朋友们在一起~,感到十分亲切。

【话剧】　huàjù　图主要通过对话和动作塑造人物形象,展现社会生活的戏剧形式。

【话题】　huàtí　图谈话的主题;议题▷换了~|围绕一个~来谈。

【话语】　huàyǔ　图说出的话;言语▷~不多含义深。

桦（樺）　huà　图桦木属植物的统称。品种很多,主要有白桦、黑桦、红桦等。木材坚硬,可供建筑、制作家具、车辆或造纸等用。☞统读 huà。

huai

怀（懷） huái ❶图胸部；胸前▷敞着怀|~里揣着钱|~抱。❷团挂念；想念▷~乡|缅~。❸心中存有▷心~鬼胎|不~好意|~疑。❹图心意；心情▷正中下~|抒~|情~。❺团怀孕▷~着孩子|~胎。

【怀抱】 huáibào ❶团抱在胸前▷~着不满周岁的孩子。❷心中存有▷~远大志向。❸图胸前▷孩子在妈妈~里睡着了◇投到故乡的~。

【怀才不遇】 huáicáibùyù 满怀才学而得不到施展的机会。

【怀恨】 huáihèn 团心里存有怨恨▷~在心。

【怀旧】 huáijiù 团怀念老朋友或过去的事▷人到老年常常~。

【怀恋】 huáiliàn 团怀念，留恋▷~童年伙伴。

【怀念】 huáiniàn 团思念，想念。

【怀疑】 huáiyí ❶团心存疑惑▷我丝毫不~这件事的真实性。❷推测▷这件事，我~是小李干的。

徊 huái 见[徘徊]páihuái。☞统读 huái。

淮 huái 图淮河，发源于河南，流经安徽，入江苏洪泽湖。

槐 huái 图槐属植物的统称。落叶乔木，开淡黄色花，荚果圆柱形。木材坚硬，有弹性，可以制作船舶、车辆、器具等；花和果实等可以做药材。

踝 huái 图小腿与脚连接处左右两侧凸起的部分▷内~|外~|~子骨。☞统读 huái。

坏（壞） huài ❶团破败；变得无用或者有害▷镜子摔~了|天热，剩饭容易~。❷使破损；使败坏▷~了大事|喝生水~肚子。❸图令人不满的；恶劣的（跟"好"相对）▷这种做法太~了|质量不~。❹图坏主意；坏手段▷一肚子~|使~。❺图用在某些动词或形容词后面，表示达到了极深的程度▷气~了|忙~了。

【坏处】 huàichu 图（对人或事）有害的方面▷吸烟有很多~。

【坏水】 huàishuǐ 图比喻坏心眼儿、坏主意▷满肚子~|光出~。

huan

欢（歡） huān ❶图高兴；喜悦▷~天喜地|~庆|~喜。❷活跃；带劲▷孩子们闹得真~|越干越~。

【欢畅】 huānchàng 图欢乐舒畅▷内心无比~。

【欢唱】 huānchàng 团欢快地歌唱▷~我们的新生活◇火车的汽笛在~。

【欢度】 huāndù 团欢快地度过▷~佳节|~晚年。☞不要写成"欢渡"。

【欢歌笑语】 huāngēxiàoyǔ 形容气氛欢快，心情舒畅。

【欢聚】 huānjù 团欢快地相聚▷亲朋~|~一堂。

【欢快】 huānkuài 图欢乐愉快▷~的舞曲|心情比任何时候都~。

【欢乐】 huānlè 图欢欣快乐▷~的歌声|千家万户齐~。

【欢腾】 huānténg 团高兴得欢呼跳跃▷国庆佳节全国一片~。

【欢天喜地】 huāntiānxǐdì 形容特别高兴。

【欢喜】 huānxǐ ❶图快乐，喜悦▷~的心情马上流露了出来|欢欢喜喜迎客人。❷团喜欢；喜爱▷他最~打太极拳|大家都~新来的小王。

【欢心】 huānxīn 图喜爱和赏识的心情▷博得老人的~。

【欢欣鼓舞】 huānxīngǔwǔ 欢快振奋，兴高采烈。

【欢迎】 huānyíng ❶团高兴地迎接▷~贵客。❷乐于接受▷~批评指正|顾客很~该厂的产品。

獾 huān 图哺乳动物，头长耳短，前肢爪特长，适于掘土。穴居于山野，夜间活动，杂食。

还（還） huán ❶团返回；恢复原状▷告老~乡|生~|~俗。❷把借来的钱或物交给原主▷借东西要~|~债。❸回报；回敬▷以牙~牙|~手|~礼。○另见 hái。

【还魂】 huánhún 团迷信认为人死后复活，灵魂又回到了躯体。比喻已经消亡的事物又重新出现▷旧思想借尸~。

【还击】 huánjī 团回击▷奋勇~|~敌人的挑衅。

【还价】 huánjià 团买方提出比卖方要价低的价钱▷讨价~。

【还原】 huányuán ❶团恢复原状。❷化学上指含氧物质失掉氧。如经过冶炼，氧化铁变为铁。

【还嘴】 huánzuǐ 团受到辱骂或指责后，反过来骂对方或进行辩驳。

环（環） huán ❶图中间有大孔的圆形玉器▷玉~|佩。❷泛指圆圈形的东西▷耳~|门~|花。❸团围绕；环绕▷~球旅行|~行。❹图四周；周围▷~顾|~视|~境。❺整体中相互关联的一个部分▷调查研究是解决问题的重要一~|工作要一~扣一~地做。❻圉用于记录射中环靶的成绩▷三枪打了 29 ~|第一箭就射了 10 ~。

【环抱】 huánbào 团环绕；围绕▷青山~着寺院。

【环岛】 huándǎo 图十字路口中间较大的圆形设施，多种植花草。使车辆均按逆时针方向前行或右转，可避免交通紊乱。

【环顾】 huángù 团向四周看▷~全球。也说环视。

【环节】 huánjié ❶图构成环虫类动物的环状结构，如蚯蚓、蜈蚣等一些低等动物的身体都是由许多环状结构连接而成的。❷比喻互相关联互相牵制的许多事物中的一个▷关键~|教学~。

【环境】 huánjìng ❶图人们所在的周围地方和有关事物▷幽静|生态~。❷周围的自然状况和人为条件▷投资~|创造良好~。

【环境保护】 huánjìng bǎohù 保护自然和生活环境，防止其受到污染和破坏，以便更好地适合人类劳动、生活和自然界生物的生存。简称环保。

【环球】 huánqiú ❶团环绕地球。❷图全球；全世界；借指全世界的人。

【环绕】 huánrào 团像圆环一样围绕；围在四周▷绿化带~着城市。

【环行】 huánxíng 团围绕着圈子运行。

【环宇】 huányǔ 图全球；全世界▷~同庆|普照~。

桓 huán 图古多用于谥号，如周桓王、齐桓公。

寰 huán 图广大的区域▷~球|~宇|~人~。

【寰球】 huánqiú 同"环球"②，通常写作"环球"。

【寰宇】 huányǔ 通常写作"环宇"。

鬟 huán 图古代妇女梳的环形发髻，多为青年女子的发式▷云~|~双~。

缓（緩） huǎn ❶图（局势、气氛等）宽松；不紧张▷~和|~解。❷慢▷轻重~急|~行|迟~。❸团推迟；延迟▷~期|~限|~兵之计。❹恢复生理常态▷半天才~过气来|下了一场雨，打蔫的玉

米苗又~过来了。

【缓兵之计】 huǎnbīngzhījì 延缓对方进攻的计策;也指设法拖延时间,使紧急态势势得以缓和的策略。

【缓冲】 huǎnchōng 囲使冲突或冲击缓和▷~作用。

【缓和】 huǎnhé ❶彤平和舒缓;不紧张激烈▷~的气氛|语调~。❷囲使和缓;变和缓▷~紧张的气氛。

【缓解】 huǎnjiě ❶囲程度减轻;状况缓和▷病情~了。❷使减轻、缓和▷~了矛盾。

【缓慢】 huǎnmàn 彤(速度)慢;不快▷节奏~|~移动。

【缓期】 huǎnqī 囲把原定的时间向后推移▷会议~召开。

【缓刑】 huǎnxíng 囲对被判处刑罚的罪犯,依法暂缓执行其刑罚。

幻 huàn ❶彤虚妄的;不真实的▷~觉|~境|~想|梦~。❷囲不可思议地变化▷变~莫测|~化|~术。

【幻景】 huànjǐng 囝主观想象的或虚幻的景象。

【幻境】 huànjìng 囝虚幻缥缈的境界;幻想的境界。

【幻觉】 huànjué 囝虚幻的听觉、视觉和触觉等▷精神病人常常有~。

【幻灭】 huànmiè 囲(愿望等)如同幻影一样地破灭▷他的理想~了。

【幻想】 huànxiǎng 囲对未来或事物的发展进行大胆想象▷~不能代替科学|科学离不开~|~着自己长上翅膀遨游太空。

【幻象】 huànxiàng 囝幻想的或在幻觉中出现的形象,多是虚无缥缈的,常常一闪即逝。

【幻影】 huànyǐng 囝虚幻的景象;幻梦中的景象▷她神智不清,眼前常常出现种种~。

奂 huàn 〈文〉❶彤盛大;众多。❷鲜明。

宦 huàn ❶囲当官▷~游|仕~|~途。❷囝官吏▷~海沉浮|官~|乡~。❸旧指太监,经阉割后在皇宫里伺候皇帝及其家族的男人▷阉~|~官。

【宦海】 huànhǎi 囝官吏追逐功名的场所;官场▷~浮沉。

换 huàn ❶囲对换,以物易物▷拿鸡蛋~盐|交~。❷变换;更替▷~衣服|~个姿势|~~口味。

【换代】 huàndài ❶囲变换朝代▷改朝~。❷彤在结构、性能等方面比原来的有明显改进▷~产品|~设备。

【换季】 huànjì 囲随着季节的变化增减更换(服装)▷衣服该~了。

【换届】 huànjiè 囲原有的机构领导成员任期届满,选举或任命新的一届▷~选举|县人代会今年该~了。

【换取】 huànqǔ 囲用交换或付出代价的办法取得▷用芝麻~香油|用劳动~报酬。

【换算】 huànsuàn 囲同一事物的不同计量单位相互折合▷1公里~为2市里|按牌价把美元~成人民币。

【换血】 huànxiě 囲比喻大幅度地调整、更换人员▷领导班子大~。☞"血"这里不读 xuě。

唤 huàn 囲呼喊;叫▷呼~|叫~|~醒|召~。

【唤起】 huànqǐ ❶囲呼唤使振奋起来▷~劳苦大众。❷引发▷~对教育的关注|~了对童年时代的回忆。

【唤醒】 huànxǐng 囲叫醒;使醒悟▷汽笛声把他从睡梦中~|~人民大众。

涣 huàn 囲消;散▷~散。

【涣然冰释】 huànránbīngshì 像冰块融化一样完全消散(涣然:消散;释:消除融化)。比喻疑难或误会都消除了。

【涣散】 huànsàn ❶彤松弛,散漫▷纪律~。❷囲使松弛,散漫▷~斗志。

浣 huàn 囲洗▷~衣|~纱。☞统读 huàn。

患 huàn ❶囲忧虑;担忧▷不要~得~失|忧~。❷囝灾祸;灾难▷有备无~|水~|隐~。❸囲生病;害病▷~伤寒|身~重病。

【患得患失】 huàndéhuànshī 没有得到时担心得不到,得到后又担心失去。形容过分计较个人得失。

【患难】 huànnàn 囝祸患,困难▷~见真情|~之交|~与共。

焕 huàn ❶彤鲜明;光亮▷~然一新。❷囲放射(光芒)▷容光~发。

【焕发】 huànfā ❶囲光华四射▷英姿~|容光~。❷振奋;振作▷~斗志。

【焕然一新】 huànrányīxīn 形容人或事物呈现出全新的面貌。

痪 huàn 见[瘫痪]tānhuàn。

豢 huàn 囲饲养牲畜▷~养。

【豢养】 huànyǎng ❶囲喂养(动物)▷~狼狗。❷比喻收买驯养(爪牙)▷~了一群打手。

鲩(鯇) huàn 囝淡水鱼。身体圆筒形,吃水草,是我国重要的养殖鱼之一。也说草鱼。

huang

肓 huāng 囝中国古代医学指心脏和隔膜之间的部分,认为是药力达不到的地方▷病入膏~。☞"肓"和"盲"(máng)形、音、义都不同。

荒 huāng ❶彤(田地)长满草;歉收▷几亩地都~了|~芜。❷囝没有开垦或耕种的土地▷开~|生~。❸荒年;灾荒▷度~|救~。❹严重的匮乏▷水~|房~。❺彤人烟稀少;冷落▷郊野外~滩。❻囲因平日缺乏练习而使(学业、技艺等)生疏▷不要~了学业|~疏。❼彤极不合情理的▷~谬|~诞。❽没有节制的;极为放纵的▷~淫。☞中间是"亡",不是"云"。

【荒诞】 huāngdàn 彤过于离奇;很不真实、不合情理的▷~想法|理论很~。

【荒诞不经】 huāngdànbùjīng 形容极其荒唐,不合常理(不经:不正常)。

【荒废】 huāngfèi ❶囲(土地)无人耕种。❷(学业、业务等)荒疏。❸没有充分利用;浪费▷水渠已经~多年了|抓紧学习,从不~时光。

【荒凉】 huāngliáng 彤人烟稀少,冷清寂静▷~的山野。

【荒谬】 huāngmiù 彤荒唐谬误▷~的言论。☞"谬"不读 niù。

【荒谬绝伦】 huāngmiùjuélún 形容荒唐谬误到了无与伦比的地步。

【荒漠】 huāngmò ❶囝荒凉的沙漠或原野▷戈壁|改变~面貌。❷彤荒凉而漫无边际的▷~的戈壁滩。

【荒年】 huāngnián 囝粮食等作物歉收或绝收的年景。

【荒僻】 huāngpì 彤荒凉偏僻▷~的山寨。

【荒疏】 huāngshū 彤长时间不学习或不操作而变得生疏(多指学业、技术)▷多年未用英语,早就~了。

【荒唐】 huāngtáng ❶彤思想、言行离奇古怪,非常不近情理不切实际▷～可笑。❷(行为)放纵,不加检点▷生活上十分～,人称"花花公子"。

【荒芜】huāngwú 圈(土地等)无人耕种或管理而杂草丛生▷土地～了的庭院。

【荒淫】huāngyín 圈沉迷于酒色,生活腐化▷～无度。

【荒置】huāngzhì 团长期闲置,不加利用▷这套住房已～多年。

慌 huāng ❶圈慌张▷沉住气,不要|不～不忙|恐～。❷用在"得"字后面作补语,表示前面所说的情况让人难以忍受(读轻声)▷闷得～|气得～。

【慌乱】huāngluàn 圈慌张而混乱▷败军～不堪,像热锅上的蚂蚁。

【慌忙】huāngmáng 圈不沉着,急忙▷～逃窜。

【慌张】huāngzhāng 圈心情紧张,举动忙乱▷你～什么|神态慌里慌张的。

皇 huáng ❶圈大▷～～|巨著。❷图传说中远古的君主▷三～五帝。❸皇帝▷～位|～后|～室。

【皇储】huángchǔ 图已确定的皇位继承人。

【皇帝】huángdì 图秦以后封建王朝最高统治者。

【皇冠】huángguān 图皇帝戴的帽子,后多用于象征最高权威、最高水平▷摘取数学～上的明珠。☞"冠"这里不读 guàn。

【皇皇】huánghuáng 圈〈文〉堂皇;盛大▷～巨著。

【皇家】huángjiā 图皇帝家族,也泛指王朝▷～子弟|～园林。

【皇历】huánglì 图历书;除载有农历月日和农时节令外,还有一些"宜忌"之类的内容。

【皇室】huángshì ❶图皇帝的家族。也说皇族。❷指朝廷▷～衰微。

【皇位】huángwèi 图皇帝的宝座,借指皇帝的统治地位。

黄 huáng ❶圈像小米或向日葵花瓣的颜色▷～布|米～|杏～。❷图指黄河▷治～|泛区。❸指某些黄颜色的东西▷蛋～|蒜～|牛～。❹圈象征色情的,淫秽的▷～色书刊|～色录像。❺图指黄金▷扫～。❻团事情办不成;计划落空▷买卖～了|事儿～了。❼图指黄帝▷炎～|～子孙。☞统读 huáng。

【黄灿灿】huángcàncàn 圈黄得鲜艳耀眼▷～的金首饰。

【黄澄澄】huángdēngdēng 圈形容明亮的黄色▷～的大橘子|胸前挂着一枚～的金牌。☞"澄澄"这里读变调。

【黄帝】huángdì 图传说中,我国中原各族共同的祖先,居于五帝之首。姬姓,号轩辕氏,也称有熊氏。

【黄昏】huánghūn 图太阳西落以后,天色还没有全黑的一段时间。

【黄昏恋】huánghūnliàn 图比喻丧偶老年男女之间的爱情。

【黄金】huángjīn ❶图见"金"④。❷比喻珍贵;宝贵▷～季节|～地段。

【黄历】huánglì 通常写作"皇历"。

【黄粱梦】huángliángmèng 图唐代沈既济的《枕中记》记载的卢生梦中享受荣华富贵,醒来黄粱(小米)饭尚未熟的故事。比喻虚幻的梦想或美好的愿望落得一场空。也说黄粱美梦、黄粱一梦、一枕黄粱。

【黄梅雨】huángméiyǔ 图春末夏初,梅子黄熟时节的连阴雨。也说梅雨。

【黄色】huángsè ❶图黄的颜色。❷圈下流庸俗甚至充满色情的▷～书刊。

凰 huáng 见[凤凰]fènghuáng。

隍 huáng 图没有水的护城壕▷城～(迷信传说中指主管某个城的神)。

遑 huáng 图〈文〉闲暇▷不～(没有闲暇)。

徨 huáng 见[彷徨]pánghuáng。

湟 huáng 图湟水,发源于青海,流经甘肃入黄河。

惶 huáng 圈惧怕▷～恐|惊～。

【惶惶】huánghuáng 圈惊恐不安▷人心～|敌人～不可终日|～不安。

【惶惑】huánghuò 圈惊恐而疑惑▷内心十分～,坐立不安。

【惶恐】huángkǒng 圈惊慌恐惧▷～万状。

煌 huáng 圈明亮;光明▷辉～|～～。

【煌煌】huánghuáng ❶圈明亮;光彩鲜明▷灯火～|明星～。❷显赫醒目▷～功绩。

潢 huáng 团用黄檗汁染纸(防蛀)▷装～。

璜 huáng 图〈文〉玉器,形状像半块璧。

蝗 huáng 图昆虫,体躯细长,绿色或黄褐色,主要危害禾本科植物。种类很多,如棉蝗、竹蝗、稻蝗等▷～灾。

篁 huáng 图〈文〉竹林,也指竹子▷幽～。

磺 huáng 图指硫磺▷硝～(硝石和硫磺)。

蟥 huáng 见[蚂蟥]mǎhuáng。

簧 huáng ❶图乐器里用以振动发声的有弹性的薄片,多用金属制成。❷某些器物中有弹力的部件▷弹～|锁～|表～。

鳇(鰉) huáng 图鳇属鱼的统称。大的体长可达5米。有5行硬鳞,嘴很突出。夏季在江河中产卵,过一段时间后回海洋生活。

恍 huǎng ❶圈模糊;不清楚▷～惚。❷副似乎;好像(与"如""若"等连用)▷～若置身仙境。❸圈忽然明白的样子▷～然大悟。

【恍惚】huǎnghū ❶圈心神不定▷神情～。❷隐约不清;不真切▷我～看见他进来了。☞不宜写作"恍忽"。

【恍然大悟】huǎngrándàwù 忽然一切都明白了。

晃 huǎng ❶团(亮光)闪耀▷光线太强,～得眼睛难受|明～～。❷快速地闪过▷一～而过|虚～一刀。○另见 huàng。

【晃眼】huǎngyǎn ❶圈(光线)强烈刺眼▷阳光太～。❷团闪眼,表示短暂的时间▷一～他就不见了。

谎(謊) huǎng ❶图假话;骗人的话▷我从没说过～|扯～|撒～。❷圈假;不真实▷～话|～报。

【谎言】huǎngyán 图谎话▷在事实面前,～不攻自破。

幌 huǎng ❶图幔帐;窗帘▷窗～。❷幌子▷酒～|布～。

【幌子】huǎngzi ❶图悬挂在店铺门外显示本店铺经营特点的标志。❷比喻进行某种活动时所用的借口▷

打着考察的～到处游山玩水。

晃 huàng 囡摇;摆▷电线让风刮得来回乱～|摇头～脑。○另见 huǎng。

【晃荡】 huàngdang 囡晃悠;震荡▷碗里的水快～出来了|水面有风浪,小船直～。❷游逛;闲逛▷他不上学,在市场里～了一整天。

【晃动】 huàngdòng 囡摇晃;摆动▷风把旗杆吹得直～。

【晃悠】 huàngyou 囡左右摇晃▷树枝在风中来回～|他拖着虚弱的身子,晃晃悠悠地向门外走去。

hui

灰 huī ❶囵物体燃烧后残留的粉末状物▷把炉子里的～掏出来|烟|骨。❷粉末状的东西▷满桌子都是～|尘|粉笔～。❸特指石灰▷和(huò)点儿～|抹。❹囵灰色①▷～鼠|银。❺比喻消沉,沮丧▷心～意冷。

【灰暗】 huī'àn 囷(光、色)昏暗;不明朗▷色调～|的天空◇～的前程。

【灰尘】 huīchén 囵尘土。

【灰飞烟灭】 huīfēiyānmiè 形容物体完全消失。

【灰烬】 huījìn 囵物体燃烧后剩下的灰一类的东西▷一场大火,库房内的物品化为～。

【灰溜溜】 huīliūliū ❶囷形容暗灰的颜色▷～的衣服太难看。❷形容情绪低落,意志消沉▷别～的,打起精神来。

【灰蒙蒙】 huīmēngmēng 囷暗淡不清晰的样子▷大雾弥漫,天空～的。

【灰色】 huīsè ❶囵介于黑白之间,类似草木灰一样的颜色▷～的高墙。❷消极颓废的▷～人生观。❸不显露或不愿公开的▷～收入。

【灰心】 huīxīn 囡丧失信心▷成功不骄傲,失败不～。

诙(詼) huī 囡戏谑;嘲笑。

【诙谐】 huīxié 囷言谈幽默风趣,引人发笑▷～的语言|谈吐非常～。

挥(揮) huī ❶囡举起手臂(或连同拿着的东西)摆动▷～拳|鞭|一～而就。❷指挥▷～师北上。❸抹去或甩掉(泪、水等)▷～泪|汗如雨。❹散发;散出▷～金如土|发。

【挥发】 huīfā 囡在常温下液态物质变为气态向四周散发▷酒精～完了。

【挥毫】 huīháo 囡用毛笔写字作画▷当场～|～疾书。

【挥霍】 huīhuò 囡无节制地花费(钱财)▷～浪费|钱财～殆尽。

【挥洒】 huīsǎ ❶囡使散落下去▷～热泪。❷(写文章、作画)运笔洒脱不拘谨▷～自如。

【挥舞】 huīwǔ 囡举起手臂,较大幅度地挥动▷用力～手中的彩旗。

恢 huī 囷宽广;广大▷天网～～。

【恢复】 huīfù ❶囡成为原来的样子▷两国外交关系～了|体力还没～过来。❷使重新得到▷～名誉|原来待遇。

【恢宏】 huīhóng 〈文〉囷宽阔;广大▷气势～。

晖(暉) huī 囵阳光▷朝(zhāo)～|春～。

辉(輝) huī ❶囵闪射的光▷与日月同～|余～|增～|光。❷囡照射;闪耀▷星月交～|映耀|～映。

【辉煌】 huīhuáng ❶囷光辉灿烂▷～的事业|成就～。❷囵光辉灿烂的事业▷再创～|走向～。

【辉映】 huīyìng 囡(光线)照射;映照▷晚霞～着大地|山光湖色交相～。☞不要写作"晖映"。

麾 huī 囵古代指挥军队的旗帜▷旌～|～下。

徽 huī ❶囵标志▷国～|帽～|校～。❷指徽州,在安徽▷～墨|～剧。

【徽记】 huījì 囵标志符号▷机身涂有某航空公司的～。

【徽章】 huīzhāng 囵佩带在身上表示身份、职业、所属学校等的标志。

回(迴❶一❸) huí ❶囡曲折环绕;旋转▷峰～路转|～旋|～形针。❷掉转▷～过头去|～身。❸返回到原来的地方▷～娘家|春～大地|～退|～。❹答复;报答▷给他一封信|～电。❺囻a)次|件▷去过两～|那是两～事。b)说书的一个段落、章回小说的一章叫一回▷且听下～分解|七十一～本《水浒传》。❻囵族▷～民。

【回报】 huíbào ❶囡报告(任务或使命的完成、执行情况)▷～情况|火速～动态。❷(用行动)报答▷救命之恩必当～。❸报复;回击▷对敌军的猖狂挑衅一定要给以～。

【回避】 huíbì ❶囡躲避;让开▷不能～困难。❷司法人员不参与侦察、审判跟自己有牵连的案件▷这个案子涉及我的亲戚,我应该～。

【回潮】 huícháo ❶囡晒干的东西又潮湿了。❷比喻旧的事物或习俗重又出现▷赌博活动近几年来又～了。

【回春】 huíchūn ❶囡冬去春来▷万物～。❷比喻高明的医术或灵验的药物使危重病人恢复健康▷妙手～。

【回答】 huídá 囡对提出的问题或要求给予解答或表示意见。

【回荡】 huídàng 囡(声音等)回旋飘荡▷山谷里～着隆隆的雷声。

【回访】 huífǎng 囡在对方来访后去拜访对方。

【回复】 huífù ❶囡(用书信等)回答;答复▷～读者来信。❷(事物)恢复原样▷体温～正常。

【回顾】 huígù ❶囡回转头看。❷有目的地回想或总结▷～一年工作。

【回光返照】 huíguāngfǎnzhào 太阳西落到地平线下时,由于光线返射,天空中出现短时发亮的现象。比喻人弥留时精神短暂兴奋的现象;也比喻事物灭亡前短暂的兴旺景象。

【回归】 huíguī ❶囡回还;返回▷～故里|～大自然。❷(主权)归还▷香港、澳门～祖国。

【回归线】 huíguīxiàn 囵地球上赤道南北23°26′两处的纬度圈。

【回合】 huíhé 囵旧小说中称两方对打交锋一次为一个回合,现在指双方较量一次▷拳击赛打了十个～。

【回环】 huíhuán ❶囡反复循环▷世事～。❷环绕▷长廊～|溪涧～。❸囵修辞方式的一种。词语循环往复的使用,表达两种事物相互制约或彼此依存的关系。如"人人为我,我为人人"。

【回击】 huíjī 囡受到攻击后向对方进行还击▷坚决～敌人。

【回敬】 huíjìng 囡回报答谢(别人的敬意或馈赠),也比喻向对方还击▷～您一杯酒|对方一巴掌。

【回绝】 huíjué 囡回答并拒绝▷一口～|断然～了对方的无理要求。

【回扣】 huíkòu 囵商业活动中,经手采购或为卖主招揽生意的人向卖主索要的钱。这钱是从买主支付的货款中扣出的,所以称回扣。

【回来】　huílái ❶囫从某处回到原处来▷从外地～|他回不来了。❷附着在动词之后,表示动作的趋向▷买～|把那笔钱要～。

【回笼】　huílóng ❶囫(把熟而凉了的食品)放进笼屉再蒸。❷比喻把社会流通的货币收回到发行的银行▷货币～。

【回炉】　huílú ❶囫(金属)再次熔化▷钢材～。❷(食品)再次烘烤▷把凉烧饼回回炉◇毕业生到学校～补课。

【回落】　huíluò 囫(水位、物价等)上升后又下降▷河水～|粮价终于～了。

【回眸】　huímóu 囫转眼看;回顾▷～一笑|～历史。

【回去】　huíqù ❶囫从某处回到原来的地方去▷老家不远,我每年都要～几次。❷用在动词后边,表示动作的趋向▷飞～|走不～。

【回绕】　huírào 囫盘曲环绕▷一条公路～在山间。

【回神】　huíshén 囫从惊恐中稳定下来▷稍一～,他自知刚才有点失态了|惊恐未定,让他回回神再作商量。

【回升】　huíshēng 囫下降后又上升上来▷水位～|经济～|气温～。

【回生】¹　huíshēng 囫从已死或将死的状态中重新获得生机▷起死～。

【回生】²　huíshēng 囫本来熟悉的东西因搁置而变得生疏▷外语学习一间断就～。

【回声】　huíshēng 囵反射回来的声音▷山谷～。

【回师】　huíshī 囫军队往回调动▷胜利～。

【回收】　huíshōu ❶囫把废旧物品收回利用▷～废钢铁。❷把发出的东西收回来▷～贷款|～卫星。

【回首】　huíshǒu ❶囫回头;向后扭头▷蓦然～。❷回忆▷～往事。

【回溯】　huísù 囫向从前追溯;回忆;回顾▷～历史,开拓未来。

【回天】　huítiān 囫形容力量巨大,能扭转危难的局面▷～力能～|～有术。

【回头】¹　huítóu ❶囫把头扭向后边▷～看|回了一下头。❷返回来▷一去不～。❸比喻悔改▷浪子～金不换|若不及早～,后果不堪设想。

【回头】²　huítóu 囵过不长一段时间,稍等一会儿▷～再说|～我再找你。

【回头是岸】　huítóushì'àn 比喻有罪的人,只有决心悔改,才有出路。

【回味】　huíwèi ❶囵吃过东西以后,留在口腔中的余味▷～不尽。❷囫从记忆中体味▷他常～开国大典的盛况。

【回响】　huíxiǎng ❶囫发出回声;回荡▷雷声在山谷间～|他的谆谆教导仍在我耳边～。❷囵回声;反响▷倡议在同行中引起了巨大～。

【回想】　huíxiǎng 囫回忆;想从前的事▷～童年|起往事来,也真有趣。

【回旋】　huíxuán ❶囫盘旋;回旋环绕▷老鹰在天空中～|船在水面~|他们俩在舞池里～。❷商量变通的办法;变通▷请你从中～|这事还有～余地。

【回忆】　huíyì 囫回想(自己经历的事)。

【回音】　huíyīn ❶囵回声▷爆破的～在隧道内回荡。❷回复的音信;回话▷去了几封信,至今不见～|尽快给我个～。

【回应】　huíyìng ❶囫回答;答应▷对记者的提问,他没有~。❷响应;应和▷对方很快~了我方的建议。

【回涨】　huízhǎng 囫(物价、水位等)下降后再次上升。

【回执】　huízhí 囵收到邮件或物品后所开的收据。

【回转】　huízhuǎn ❶囫掉转▷～头就能看见后面的

人。❷返回▷～家乡。

茴　huí [茴香]huíxiāng ❶囵小茴香,草本植物,有强烈的芳香气味,嫩茎、叶可以吃。❷大茴香,常绿乔木,果实叫八角或大料,八角形,可以做调味香料或药材。

洄　huí 囫水流回旋。

【洄游】　huíyóu 囫某些鱼类、海兽等水生动物,由于环境影响,生理和生活习性的要求,形成定期定向的往返迁移。☞不宜写作"回游"。

蛔　huí [蛔虫]huíchóng 囵寄生虫,形状像蚯蚓,寄生在人和某些家畜的小肠内,引起疾病。

悔　huǐ 囫做错事或说错话后心里责怪自己▷追～莫及|懊～不后。

【悔不当初】　huǐbùdāngchū 后悔当初不该或没有那样做。

【悔改】　huǐgǎi 囫悔恨并改正(自己的错误)▷死不～|自觉～。

【悔过】　huǐguò 囫追悔自己的过错▷翻然～|～自新。

【悔恨】　huǐhèn 囫懊悔,怨恨(自己)▷自我～|无限～。

【悔悟】　huǐwù 囫认识到错误后悔恨醒悟▷翻然～,痛改前非。

【悔罪】　huǐzuì 囫悔恨所犯的罪行▷真诚认罪～。

毁　huǐ ❶囫破坏;损坏▷一场雹灾～了几千亩庄稼。❷烧掉▷焚～|烧～。❸无中生有,说别人坏话▷诋～。

【毁谤】　huǐbàng 囫诬蔑,说别人的坏话▷恶毒～|~他人。

【毁坏】　huǐhuài 囫严重地损坏;彻底地破坏▷家园被战争～|严禁～文化古迹。

【毁灭】　huǐmiè 囫彻底毁坏或消灭▷战争～了这座城市。

【毁誉】　huǐyù 囫诽谤和赞誉▷～参半。

卉　huì 囵百草(多指观赏性的)的统称▷花～|奇花异～。

汇(匯❶❹❺彙❷❸)　huì ❶囫(水流)会合到一起▷细水～成巨流|合～。❷聚集;综合▷～印成册|～报|～总。❸囵聚集而成的东西▷语~|词～|字~。❹囫通过邮局、银行等把钱由一地拨付到另一地▷～款|～兑|电～|～票。❺囵指外国货币▷创~|换～。

【汇报】　huìbào 囫汇总工作的情况及有关材料,向上级或群众报告▷~救灾情况|向职代会~工作。

【汇编】　huìbiān ❶囫把资料或文章等编辑在一起▷~资料|文件~成册。❷囵编辑在一起的资料,文献▷《现代文学资料~》|会议文件~。

【汇兑】　huìduì 囫汇款人交纳一定汇费,委托银行或邮局将款项汇给指定的收款人。

【汇合】　huìhé 囫(江河等)合流;合在一起▷条条小溪~成大江|将三股力量~在一起。

【汇集】　huìjí 囫聚集在一起▷~群众意见|人们从四面八方~到广场上。

【汇聚】　huìjù 囫聚集;汇集▷老朋友~一堂。

【汇率】　huìlǜ 囵指外汇行市。又称汇价。是一个国家货币兑换另一个国家货币的价格,是不同国家货币单位之间的兑换比率。

【汇演】　huìyǎn 囫选拔各地各演出团体的优秀文艺节目,集中进行汇演演出。

【汇展】　huìzhǎn 囫(商品)汇集在一起展览并销售▷图书~|油画~。

【汇总】huìzǒng 囫(情况、材料等)汇集到一块▷把情况～一下。

会(會) huì ❶囫聚集在一起▷～合｜～师。❷见面▷～面｜～见｜～客。❸囵有一定目的的集会▷开～｜纪念～。❹为共同目的而结成的团体或组织▷学生～｜工～。❺中心城市▷都～｜省～。❻时机▷机～。❼囵领悟；理解▷心领神～｜体～｜误～。❽懂得；掌握▷～三门外语｜不～骑自行车。❾表示有可能▷只要坚持下去，你～成功的。○另见kuài。

【会标】huìbiāo 囵某些团体组织或集会的标志▷奥运会的～是五色环。

【会餐】huìcān 囫聚会用餐▷毕业～。也说聚餐。

【会操】huìcāo 囫集合在一处操练。

【会合】huìhé 囫聚集、聚合到一起。

【会话】huìhuà 囫对话(多指母语以外的语言)▷能同外国留学生～了。

【会徽】huìhuī 囵某些团体组织或集会的标志▷征集～图案。

【会集】huìjí 通常写作"汇集"。

【会见】huìjiàn 囫与客人、朋友相见▷老朋友～分外热情｜～外国贵宾。

【会聚】huìjù 通常写作"汇聚"。

【会考】huìkǎo 囫在一定范围内统一进行考试▷高中～。

【会商】huìshāng 囫(双方或多方)商议研究▷～对策。

【会审】huìshěn ❶囫(双方或多方)会同审理(案件)▷三堂～。❷会同审查▷～账目｜～设计方案。

【会师】huìshī 囫各自独立的部队在战地会合；也比喻各方面的人员和力量会合▷起义的队伍～井冈山。

【会谈】huìtán 囫(双方或多方)在一起商谈▷两国总理举行了～。

【会同】huìtóng 囫会合有关方面共同(办事)▷环保局～水利局联合调查。

【会晤】huìwù 囫会面▷两国首脑定期～。

【会心】huìxīn 囫无须明说便能领悟别人的心思▷彼此～地点了点头。

【会演】huìyǎn 通常写作"汇演"。

【会议】huìyì ❶囫由有关组织召开的讨论问题的集会。❷一种经常商讨并处理重要事务的常设机构或组织。

【会意】huìyì ❶囫会心。❷囵六书之一。利用已有的字组合成新字，新字的意义与各部分意义密切相关。如"采"，上部是爪(手)，下部是木(树)，组合的意义是采摘。

【会友】huìyǒu ❶囫结交或会见朋友▷以文～｜年年在北京～。❷囵指同一团体、组织的成员▷钓鱼协会的～。

【会战】huìzhàn ❶囫敌对双方的主力部队在一定地区和时间内进行决战▷淮海～。❷调集有关力量，短期完成某项任务▷～京九线。

【会账】huìzhàng 囫结账付款(多用于一人交付多人共同消费的款项)。也说会钞。

【会诊】huìzhěn 囫(若干医生)对疑难病症共同诊断▷几位名医前来～◇工业废水的治理，通过有关部门～，找到了解决办法。

讳(諱) huì ❶囫因有顾虑不敢说或不便说▷～疾忌医｜直言不～｜隐～｜～忌。❷囵旧指已故帝王或尊长的名字，后来也用于敬称在世的人的名字▷名～｜避圣～。

【讳疾忌医】huìjíjìyī 隐瞒自己的病情，不肯医治(讳：隐瞒；忌：畏惧)。比喻掩饰缺点，怕人批评。

【讳莫如深】huìmòrúshēn 原指事情重大而隐瞒不说，今指隐瞒很严，唯恐泄漏。

【讳言】huìyán 囫因有忌讳或顾忌而不说▷不必～。

荟(薈) huì 囫丛聚；汇集▷～集｜～萃。

【荟萃】huìcuì 囫(杰出的人才，精美的物品)聚集▷名家～｜精品～。

浍(澮) huì 囵浍河，发源于河南，流经安徽、江苏，入洪泽湖。

诲(誨) huì ❶囫教导▷～人不倦｜教～｜训～。❷诱导；诱使▷～淫｜～盗。☞统读huì。

【诲人不倦】huìrénbùjuàn 耐心地不知疲倦地教诲别人。

【诲淫诲盗】huìyínhuìdào 引诱他人去干淫邪盗窃的坏事。

绘(繪) huì ❶囫画▷～画｜～图｜～制。❷描写▷～声～色。

【绘画】huìhuà ❶囫用色彩和线条在平面上描绘出形象。❷囵描绘出的作品。绘画以工具和材料不同可分为油画、水彩画、墨笔画、木炭画等。

【绘声绘色】huìshēnghuìsè 描绘声音，描绘神色。形容描写得生动逼真。也说绘影绘声、绘影绘声。

【绘制】huìzhì 囫描绘制作(图表等)▷～地图｜～宏伟蓝图。

贿(賄) huì ❶囫用财物买通别人替自己做事▷～赂｜～选。❷囵用来买通别人的财物▷受～｜纳～。☞统读huì。

【贿赂】huìlù ❶囫用钱物买通别人(办事)▷～干部。❷囵指行贿所用的钱物▷接受～｜拒收～。

【贿选】huìxuǎn 囫贿赂选举人以达到自己或同伙被选中的目的。

烩(燴) huì ❶囫烹调时把菜放在锅里炒后加水烧煮勾芡▷～虾仁。❷烹调时把主食和菜或把多种菜混在一起煮▷～饼｜素杂～。

彗 huì ❶囵〈文〉扫帚。❷彗星，一种围绕太阳旋转的星体，因运行时拖有长长的光尾像扫帚，所以叫彗星。通称扫帚星。☞下边不是"彐"。

晦 huì ❶囵指农历每月的最后一天▷～朔。❷黑夜▷～明｜风雨如～。❸囵昏暗不明▷～暗｜～冥。❹(意思)不明显▷～涩｜隐～。❺囫隐藏▷～迹。

【晦暗】huì'àn 囵昏黑暗淡▷灯光～◇心境～。

【晦气】huìqì ❶囵沮丧难看的气色；不吉祥的时运▷满脸～｜往日的～一扫而空。❷囵倒霉；不吉利▷今年真～，诸事不顺。

【晦涩】huìsè 囵(文章作品等)隐晦艰涩不易懂(跟"明快"相对)。

秽(穢) huì ❶囵肮脏；不洁净▷～土｜～物｜～气｜污～。❷丑恶的；下流的▷～行｜～语｜淫～。

惠 huì ❶囵好处▷恩～｜实～。❷囫给别人好处▷平等互～｜口～。❸圃敬词，用于称对方的行动，表示这样做是对自己的恩惠▷～存｜～顾｜～临。❹囵温和；柔顺▷～风和畅｜～贤～。

【惠存】huìcún 囫敬词，用于赠送给对方物品时题于上款中，表示请保存。

【惠顾】huìgù 囫敬词，用于商家指顾客光临商店购货▷～欢迎。

【惠赠】huìzèng 囫敬词，用于对方赠送给自己物品时，表示珍重▷宝墨为恩师～，珍藏至今。

喙　huì 图原指鸟兽的嘴。借指人的嘴▷百～莫辩｜无庸置～。

慧　huì 圈聪明；有才智▷智～｜聪～。☞中间不是"彐"。

【慧眼】 huìyǎn 图佛教指能看到过去和未来的眼力，今泛指敏锐的洞察力▷～识人才。

蕙　huì 图香草名。香味浓郁。古人常用来避瘟。俗称佩兰。也说薰草。

蟪　huì [蟪蛄]huìgū 图蝉的一种。危害桃、李、梨等果树。

hun

昏　hūn ❶图天色将黑的时候▷黄～。❷图光线暗淡；模糊不清▷天～地暗｜老眼～花。❸头脑糊涂；神志不清▷利令智～｜～睡｜～君。❹团失去知觉▷～倒在地｜～迷｜～厥。

【昏暗】 hūn'àn 圈(光线)暗淡；不明亮▷～的房间｜月色～。

【昏沉】 hūnchén ❶图昏暗，阴沉▷月夜～。❷(头脑)迷糊；不清醒▷过度劳累，头脑～。

【昏花】 hūnhuā 圈(视力)模糊不清▷两眼～。

【昏话】 hūnhuà ❶图不清醒的话；胡话▷神志不清，直说～。❷荒谬无理的话▷不讲道理，尽说～。

【昏黄】 hūnhuáng 圈暗淡模糊的黄色▷～的月光｜灯火～。

【昏厥】 hūnjué 团突然发生短时间意识丧失▷由于过度惊吓，他～过去了。也说晕厥、脑贫血。

【昏聩】 hūnkuì 圈(视力)模糊，(听觉)迟钝。形容反应迟钝，头脑不清醒▷神志～。☞不宜写作"昏愦"。

【昏乱】 hūnluàn ❶圈(头脑、神志)昏沉迷乱▷精神恍惚，思维～。❷指政治腐败，社会混乱。

【昏迷】 hūnmí 团因中枢神经系统功能紊乱，意识长时间完全丧失。

【昏睡】 hūnshuì 团像昏迷一样地睡觉▷他～了整整一天一夜。

【昏天黑地】 hūntiānhēidì ❶形容天色昏黑，暗淡。❷形容神志模糊不清。❸比喻人荒唐颓废或社会黑暗、混乱。

【昏眩】 hūnxuàn 团头脑昏沉，感觉眩晕▷只觉得一阵～，便倒在地上。

【昏庸】 hūnyōng 圈愚昧，糊涂▷～无能｜腐朽～。

荤(葷)　hūn ❶图葱、蒜、韭等有特殊气味的蔬菜。❷指肉食(跟"素"相对)▷吃素不吃～｜～腥。❸圈比喻低俗的、淫秽的▷～话。

【荤腥】 hūnxīng 图鸡鸭鱼肉等食品▷生活困苦的时候，常年见不到一点～。

婚　hūn ❶团结婚，男女正式结合成夫妻▷未～｜～礼｜～期。❷图婚姻，因结婚而产生的夫妻关系▷～约｜离～。

【婚变】 hūnbiàn 图夫妻离异或因故使婚姻关系发生的变化。

【婚龄】 hūnlíng ❶图国家法律规定的最低结婚年龄。❷结婚年数▷他俩已有六十年的～。

【婚配】 hūnpèi 团结婚▷小女尚未～。

【婚外恋】 hūnwàiliàn 图指婚姻关系之外，与第三者发生的恋爱关系。

【婚姻】 hūnyīn 图指男女建立的夫妻关系▷～制度｜～美满。

浑(渾)　hún ❶圈不清纯▷把水搅～｜～浊｜～水。❷质朴的；自然的▷～厚｜～朴。❸糊涂；不明事理▷～人｜～蛋｜～～噩噩。❹整个的；满▷

身。☞跟"诨"(hùn)不同。

【浑厚】 húnhòu ❶圈朴实敦厚▷为人～｜风俗～。❷(诗文、书画等)格调自然雄厚，不雕琢▷风格～。❸(声音)低浑、有力▷歌声～。

【浑浑噩噩】 húnhún'è'è 圈形容糊里糊涂，愚昧无知。

【浑朴】 húnpǔ 圈(作品风格、人品、习俗等)浑厚朴实▷～的民俗｜风格～自然。

【浑然】 húnrán ❶圈完整不可分割的样子▷～一体。❷圖完全地▷～无知。

【浑身】 húnshēn 图全身▷～是劲｜上下身都湿透了。

【浑身解数】 húnshēnjièshù 指全身的技艺、本领(解数：武术的架势，借指武艺、本领)。☞"解"这里不读xiè。

【浑水摸鱼】 húnshuǐmōyú 比喻趁混乱的机会，捞取好处。☞不宜写作"混水摸鱼"。

【浑圆】 húnyuán 圈(形体)很圆▷玛瑙球通体～｜小小的脸蛋，长得～。

【浑浊】 húnzhuó 圈不纯洁，不明澈▷空气～｜河水～｜水晶体～。

珲(琿)　hún 图用于地名。珲春，在吉林。

馄(餛)　hún [馄饨]húntun 图一种用薄面片包上少量馅制成的面食，煮熟后连汤吃。

魂　hún ❶图迷信认为附在人体上的一种非物质的东西，它离开人体人即死亡，而它依然独立存在▷像丢了～儿似的｜～不附体｜借尸还～。❷指人的精神或情绪▷心～不定｜神～颠倒｜～牵梦萦。❸泛指存在于事物中的人格化了的精神▷花～｜诗～。❹特指高尚的精神▷国～｜民族～。

【魂不守舍】 húnbùshǒushè 形容神志不清，精神不集中；也形容惊恐惧怕。

【魂魄】 húnpò 图魂①。

【魂牵梦萦】 húnqiānmèngyíng 形容思念非常深切，达到念念不忘，梦中都在牵挂的地步。

诨(諢)　hùn ❶图开玩笑的话▷插科打～。❷团开玩笑▷～名｜～号。☞㊀不读 hūn。㊁跟"浑"(hún)不同。

【诨名】 hùnmíng 图外号；绰号▷这个土匪的～叫独眼龙。☞不宜写作"混名"。

混　hùn ❶团掺杂在一起▷枪声和喊叫声～成一片｜～为一谈｜～杂。❷蒙混，以假乱真▷鱼目～珠｜别让坏人～进来。❸相处往来▷俩人没几天就～熟了。❹苟且度日▷～一辈子｜～饭吃。

【混沌】 hùndùn ❶图古代传说中指天地未分之前浑然一体的状态▷～初开。❷圈模糊；糊涂▷原野一片～。

【混纺】 hùnfǎng ❶团用两种或两种以上的纤维混合在一起纺织▷棉纱和人造纤维～。❷图混纺的产品。

【混合】 hùnhé ❶团掺杂；掺和▷玉米、大豆～磨细｜男女～双打。❷两种或多种物质掺杂在一起，物质不发生化学反应，不改变各自的性质(区别于"化合")。☞不宜写作"混和"。

【混乱】 hùnluàn 圈没有秩序；杂乱无章▷工作～｜交通～。

【混同】 hùntóng 团混淆；等同▷两类不同性质的矛盾不能～起来。

【混淆】 hùnxiáo 团使界限不分明▷～黑白｜敌我｜是非～。

【混淆视听】 hùnxiáoshìtīng 用假象或谎言迷惑人，让别人分不清是非真假。

【混血儿】 hùnxuè'ér 图指种族不同的父母所生的子

女。

【混杂】　hùnzá　囝混合掺杂▷思路~|真假~|鱼龙~。

【混战】　hùnzhàn　囝指目标不明或对象变化不定的交战▷军阀连年~。

huo

耠　huō　囝用耠子松土▷~地。

【耠子】　huōzi　囝翻松土壤用的农具，比犁小，用于中耕。

劐　huō　囝用耕具划开土地；用刀剪等划开物体▷铧是~地的|刀子把面袋~个口子。

嚯　huō　囶表示惊讶▷~，真了不起!

豁　huō　❶囝裂开；缺损▷衣服~了一个口子|~嘴|~口。❷不惜代价；狠心舍弃▷~~上这条老命。○另见 huò。

攉　huō　囝把堆在一起的东西铲起来放到另一处或容器中~煤机。

和　huó　囝在粉状物中加入水等搅拌，使粘在一起▷~面|~泥。○另见 hé；hè；hú；huò。

活　huó　❶囝有生命；生存(跟"死"相对)▷~了一辈子|死去~来|复~。❷使生存；维持生命▷养家~口|~命之恩。❸囝赖以生存的手段；活计(多指体力劳动)▷干~儿|农~。❹~产品;制成的东西▷~不出~儿|这批~儿不合格|铁~。❺囵活动的;可变动的▷~水|~塞|~期存款|~页文选。❻生动活泼;灵活▷这段文字写得很~|~跃|这孩子心眼儿~。❼囻在对象活着的状态下(作某种处置)▷~捉|~埋|~~打死。❽表示程度深，略相当于"真正""简直"▷长得~像他爸爸|~~受罪。

【活宝】　huóbǎo　囝指言行滑稽可笑的人(含诙谐、讥讽意)。

【活动】　huódòng　❶囝运动▷~了一下筋骨|到室外~~。❷动摇或摇动▷桌子腿儿有点~|两颗门牙~了。❸通过说情或行贿等手段，打通关节门路▷他遇到麻烦，四处~。❹囝为达到某种目的而从事的行动▷开展文娱~。❺囵可变动或可移动▷口气有点~了|~靶。

【活泛】　huófan　❶囵灵活；能随情况变化而变化▷头脑~|遇事要~点，别太古板了。❷指经济状况较好▷这钱等你手头~了再还给我不迟。

【活化石】　huóhuàshí　囝在某一地质年代中曾繁盛一时，而现代虽有生存，但数量很少，有灭绝可能的动物或植物，如大熊猫、银杏等。也说孑遗生物。

【活话】　huóhuà　囝模棱两可的话▷他说的是~，不足为据。

【活计】　huójì　❶囝原指手艺或女子从事的纺织、刺绣等劳作，今泛指维持生活的各种劳动▷地里和家里的~，全由他一个人干。❷手工制品▷这些~细针密线，做得十分精细|一批草编的~，正在赶做。

【活口】[1]　huókǒu　❶囝活着的案情证人或知情人▷罪犯为了不留~，常常对知情人下毒手。❷能提供情报、案情的俘虏或犯人▷要抓一个俘虏做~。

【活口】[2]　huókǒu　囝没有全说死的话；留有回旋余地的话▷对方留了个~，说以后再定。

【活力】　huólì　囝旺盛的生命力；生机▷青春~|企业的~在于创新。

【活灵活现】　huólínghuóxiàn　把人或事物的形象模仿、描述得像真的一样出现在眼前。

【活路】　huólù　❶囝可以通行的道路(跟"死路"相对)▷叉路口左边是一条死胡同，右边才是~。❷能够生存下去的门路、办法，比喻可以摆脱困境的余径、途径▷那时，闯关东也许倒是一条~。

【活命】　huómìng　❶囝延续生命▷靠手艺~|卖苦力~。❷救命▷~之恩。❸囝生命;性命▷拣条~。

【活泼】　huópo　❶囵活跃;生动自然▷孩子们~天真|晚会开得生动~。❷化学上指一种物质性质活跃，容易跟其他物质起化学反应。

【活期】　huóqī　囵可以随时存取的(储蓄)▷~存款。

【活生生】　huóshēngshēng　❶囵有生命力的;生气勃勃的▷~的人物形象。❷实实在在的;在活着状态下的▷~的事实|被~地残杀了。

【活现】　huóxiàn　囝活生生地再现▷当时的情景又~在眼前。

【活像】　huóxiàng　囝很像;极像▷他又蹦又跳，~只小猴子。

【活跃】　huóyuè　❶囵活泼而有生气;热烈而不沉闷▷新年晚会开得十分~。❷囝使活跃▷~气氛|城乡物资交流。❸积极活动▷部队的文艺战士，经常~在基层连队|~在足球场上。

火　huǒ　❶囝物体燃烧时所发出的光和焰▷把~点着|~海。❷囵比喻紧急▷~速|十万~急。❸囝比喻激动、暴躁或愤怒的情绪▷窝着一肚子~|正~上~头上。❹囝发怒▷他~儿|恼~。❺囝中医指致病的一个重要因素▷阴虚~旺|肝~|上~|去~。❻指枪炮子弹▷军~|~器。❼比喻作战的行动▷交~|~线立功。❽囵火红色的▷~鸡。❾兴旺▷生意很~。

【火把】　huǒbǎ　囝夜间照明物。多用竹枝、树枝捆成，在顶部扎上棉花蘸上油。

【火并】　huǒbìng　囝同伙之间自相残杀或吞并▷发生~。

【火车头】　huǒchētóu　囝火车机车;比喻起带头作用的人或事物▷他是技术革新的~。

【火海】　huǒhǎi　❶囝势头猛、范围大的火▷森林烧成了一片。❷比喻极其危险的境地▷上刀山，下~，也在所不辞。

【火红】　huǒhóng　❶囵像火一样红▷~的战旗|火红火红的石榴。❷比喻旺盛、兴隆▷~的年代。

【火候】　huǒhou　❶囝(烧火时)火力的强弱和时间的长短▷掌握好炒菜的~。❷比喻纯熟的地步▷武艺练到~了。❸比喻最佳的时机▷~不到不要轻举妄动。

【火花】　huǒhuā　❶囝物体燃烧时迸发出的火星;也比喻给人以启示、希望、鼓舞的事物▷炉灶里不时迸出细小的~|懂事的孩子给她的生活增添了希望的~。❷火柴盒上的图画。

【火化】　huǒhuà　囝用火焚烧尸体。

【火急】　huǒjí　囵极其紧急▷十万~。

【火箭】　huǒjiàn　囝利用反作用力向前推进的飞行器。用来发射人造卫星、宇宙飞船等，也可装上弹头制成导弹。

【火警】　huǒjǐng　囝失火事故的警报▷报~|~现场。

【火炬】　huǒjù　囝火把。用金属制成，内装可燃物，可举着行进▷~游行|亲手点燃了亚运会的~。

【火坑】　huǒkēng　囝比喻极悲惨困苦的境地▷落入~|逃出~。

【火辣辣】　huǒlālā　❶囵形容咬伤、烧伤、烫伤或鞭打后等的疼痛感觉▷被蝎子蜇过的地方~地疼。❷形容兴奋、激动、害羞等情绪▷动员会上，大家心里~的|我当众受到批评，感到满脸~的。❸形容泼辣的性格

尖刻的言词▷~的脾气|话说得~的刺人。☞"辣辣"这里读变调。

【火力】　huǒlì　❶图燃料燃烧所产生的能量▷管道煤气，~很强．❷武器弹药的杀伤力和破坏力▷~侦察|步枪~。❸(人体)耐寒力▷身体壮，有~。

【火龙】　huǒlóng　❶图传说中浑身带火的神龙，比喻延续不断或成串的灯火。❷比喻迅速蔓延燃烧的烈火。

【火气】　huǒqì　❶图人体中的热量▷年青人~旺，有耐力。❷中医指引起发炎、红肿、烦躁等症状的病因。❸怒气▷不知谁惹着他了，~那么大。

【火器】　huǒqì　图用火药的燃烧爆炸来发挥杀伤和破坏作用的武器。如古代的火枪、现代的枪炮等。

【火热】　huǒrè　❶图像火一样炽热▷~的太阳。❷形容热烈；激烈▷一颗~的心|作家要投身到~的生活中去。❸比喻亲热▷他们来往密切，打得~。

【火山】　huǒshān　图地球深处的岩浆等从地球表层裂缝中喷出而形成的锥形高地。

【火山口】　huǒshānkǒu　火山爆发时地球内部的岩浆等高温物质喷出地面的出口处。常比喻最危险的境地▷他就像坐在~上一样。

【火上浇油】　huǒshàngjiāoyóu　比喻使矛盾更加激化，情绪更加激烈。

【火烧眉毛】　huǒshāoméimao　比喻情况非常紧迫。也说火燎眉毛。

【火舌】　huǒshé　图喷吐的火苗▷机枪吐着愤怒的~。

【火树银花】　huǒshùyínhuā　形容夜晚灿烂绚丽的灯火、烟火。

【火速】　huǒsù　图急速▷~前往增援。

【火线】　huǒxiàn　❶图敌对双方交火的地带▷轻伤不下~。❷电路中带电的线(跟"零线"相对)。

【火星儿】　huǒxīngr　❶图极小的火点▷炉子里噼噼啪啪，~四溅◇气得眼里冒~。❷太阳系九大行星之一。

【火眼金睛】　huǒyǎnjīnjīng　原指《西游记》中孙悟空在八卦炉内炼出的那双能识别妖魔鬼怪的眼睛。后用来泛指洞察一切事物本质的眼力。

【火焰】　huǒyàn　图燃烧着的可燃气体。有光有热，闪烁my向上升。

【火药味】　huǒyàowèi　❶图火药的气味▷战场上硝烟弥漫，充满了~。❷比喻激烈的论战气氛▷会议上斗争激烈，充满了~。

【火种】　huǒzhǒng　图供引火用的火▷保留好~，以便引火◇撒下革命的~。

伙（夥❶-❹）　huǒ　❶图同伴▷~伴。❷同伴组成的集体▷同~|散~|拉帮结~。❸量用于人群▷进来了一~儿学生|三个一群，五个一~。❹团跟别人合起来▷两家~着开店|同~。❺图指伙食▷包~。

【伙伴】　huǒbàn　同伴▷我们是共事多年的老~|他是我小时候的~。☞不宜写作"火伴"。

【伙计】　huǒji　❶图旧时称店员或长工▷他在这家商店当了二十年~。❷指合伙经营工商业的人，泛指一起合作共事的同伴。

【伙食】　huǒshí　图指集体食堂用餐的饭食▷学生食堂~不错|~费。

【伙同】　huǒtóng　团跟别人合在一起共同行动▷~作案。

夥　huǒ　图多▷游人甚~。☞"夥"在表示同伴、同伴组成的集体、跟人合起来等意义时，是"伙"的繁体字；在表示多的意义时，《简化字总表》规定仍用"夥"，不能简化为"伙"。参见"伙"。

或　huò　❶代泛指某人或某事物，相当于"有人""有的"▷人固有一死，~重于泰山，~轻于鸿毛。❷副表示不能肯定，相当于"也许""可能""大概"▷年底前~可完工|~能如愿以偿。❸连连接词、词组或分句，表示选择关系▷今天~明天|赞成，~反对，总要表示个态度。

【或然】　huòrán　形有可能而不一定▷~命题|~性。

【或许】　huòxǔ　副表示猜测、估计▷再等一下，他~能来。

【或者】　huòzhě　❶副或许；也许▷你快进屋看看，~她还没走。❷连连接词语或分句，表示选择关系、并列关系▷这个会~老赵去|小赵去，都可以|孩子们来少年宫活动，~练琴，~学跳舞，~画画。

和　huò　团把粉状物等混合起来；加水搅拌使变稀▷把两种药~在一起|~点儿芝麻酱|搅~。○另见hé；hè；hú；huó。

【和稀泥】　huòxīní　比喻不按原则不问对错地调解、折中。

货（货）　huò　❶图〈文〉财物(金钱、珠玉、布帛等)的统称▷杀人越~。❷商品▷铺子不小，~不多|大路~。❸指认为该贬斥的人(骂人的话)▷蠢~|泼辣~。

【货币】　huòbì　图一种特殊商品，充当一切商品的等价物，可用来购买任何商品；钱▷~流通|回笼|贬值。

【货车】　huòchē　图装运货物的列车和卡车。

【货郎】　huòláng　图农村、山区流动的小商小贩▷山村~。

【货色】　huòsè　❶图货物的品种或质量▷新进的都是上等~。❷比喻人品或思想言论等(含贬义)▷他不是什么好~|这些文章都是一路~。

【货物】　huòwù　图指买卖的物品。

【货运】　huòyùn　图交通运输部门运送货物的业务▷代办~|~单。

【货栈】　huòzhàn　图营业性的货场或货房。

【货真价实】　huòzhēnjiàshí　❶货物可靠，价钱实在。❷泛指事物实在，没有虚假。

获（获❶❷穫❸）　huò　❶团捕到；擒住▷捕~|擒~|俘~。❷得到；取得▷不劳而~|~利|~奖。❸收割(庄稼)▷收~。☞统读huò。

【获得】　huòdé　团(经过奋斗)得到；取得▷~一等奖|~成功。

【获救】　huòjiù　团获得挽救、救助▷遇难~|~生还。

【获取】　huòqǔ　团得到▷~情报|~食物。

【获释】　huòshì　团得到释放▷被扣留的人员全部~。

【获悉】　huòxī　团〈文〉得知(某种消息或情况)▷~噩耗，不胜震惊。

【获益匪浅】　huòyìfěiqiǎn　得到的好处不少(匪:非)。

【获准】　huòzhǔn　团得到许可、批准▷~重返国家队|~出国深造。

祸（祸）　huò　❶图对人危害很大的事；人或自然造成的严重灾害(跟"福"相对)▷是福是~，很难预料|招灾惹~|车~|~首。❷团使受害；损害▷~国殃民。

【祸根】　huògēn　图灾祸的根源▷断绝~|~不除，后患无穷。

【祸国殃民】　huòguóyāngmín　使国家遭受祸害，人民遭受灾殃。

【祸害】　huòhai　❶图灾难；祸患▷水利失修，酿成~。❷引起祸害的人或事▷除掉这个~，人民才能过安稳

的日子。❸囫损害;破坏▷~百姓|~公共设施。

【祸患】　huòhuàn 图造成严重后果的灾难▷根治江河,消除~。

【祸乱】　huòluàn 图灾祸与动乱▷荡平~。

【祸起萧墙】　huòqǐxiāoqiáng 祸患起于内部(萧墙:古代的门屏,即照壁)。

【祸殃】　huòyāng 图祸害;灾祸▷种下~|铲除~。

惑　huò ❶圂不明白;迷惑▷大~不解|疑~|困~。❷囫使迷惑▷造谣~众|蛊~|诱~。

【惑乱】　huòluàn 囫使迷惑混乱▷~民心|~视听。

霍　huò 圂迅速▷她~地站起来|~然。☛统读 huò。

【霍地】　huòdì 副表示(动作)突然发生▷~扭转身来。

【霍乱】　huòluàn 图急性肠道传染病,有水泻、呕吐、四肢痉挛、休克等症状。

【霍然】　huòrán 副忽然;突然▷枪声~响起。|脸色~一变。

豁　huò ❶圂开阔;宽敞▷~亮。❷通达;开朗▷~达大度|~朗。❸囫免去▷~免。○另见 huō。

【豁达】　huòdá 圂胸襟开阔;性格爽朗▷~开朗的胸怀。

【豁朗】　huòlǎng 圂开阔明朗;豁达开朗▷草原的天空格外~|性格~。

【豁亮】　huòliàng ❶圂宽阔敞亮▷房间很~◇心里~多了。❷(嗓音)洪亮▷~的大嗓门儿。

【豁免】　huòmiǎn 囫免除;取消▷外交~权|灾区各种税收一概~。

【豁然】　huòrán 圂开阔和通达的样子▷心胸~|~贯通。

镬(鑊)　huò 图古代煮肉、鱼等的无足鼎,也用作烹人的刑具▷鼎~(多指刑具)。

藿　huò [藿香]huòxiāng 图多年生草本植物,茎方形,叶对生,开白色或紫色花。茎、叶可以提取香油,也可以做药材。

嚯　huò ❶叹表示惊讶或赞叹▷~,你们来得真早哇|~,长这么高了! ❷拟声模拟笑声▷~~地笑了起来。

J

jī

几(幾❷)　jī ❶图矮小的桌子▷茶~。❷副〈文〉几乎▷迄今～40年。〇另见jǐ。

【几乎】jīhū 副接近；差不多▷我～到过太湖一带所有的风景区。

讥(譏)　jī 团讽刺；挖苦▷反唇相～。

【讥讽】jīfěng 团用旁敲侧击或尖锐的话讽刺嘲笑▷～时弊。

【讥诮】jīqiào 团用尖刻的语言讥笑讽刺▷做好事就不怕别人～。

【讥笑】jīxiào 团讽刺嘲笑▷有人～他寒酸，他全不理会。

击(擊)　jī ❶团敲打；拍打▷～鼓｜～掌。❷刺；杀▷反戈一～｜～剑。❸攻打▷迎头痛～｜攻～｜回～。❹碰撞；触及▷冲～｜撞～｜目～。☞统读jī。

【击败】jībài 团打败▷～了敌人。

【击毙】jībì 团打死；枪击致死▷～了几名匪徒。

【击打】jīdǎ 团拍打；打击▷浪涛～着堤岸｜拳击运动员用～沙包进行训练。

【击发】jīfā 团扣动扳机将子弹射出。

【击节】jījié 团打拍子，表示高兴或对诗文、戏曲、音乐等赞赏▷～赞叹。

【击溃】jīkuì 团打垮；打得四处逃散▷～敌军。

叽(嘰)　jī 拟声模拟小鸡、小鸟的叫声▷小鸟～～地叫个不停。

【叽咕】jīgu 团轻声说话▷他们几个～了一会走了｜叽叽咕咕说个不停。☞不宜写作"唧咕"。

【叽叽喳喳】jījizhāzhā 拟声模拟鸟鸣及其他细碎杂乱的声音▷树上的鸟儿～啊！会散了，大家还在～议论着。☞不宜写作"唧唧喳喳"。

【叽里咕噜】jīligūlū 拟声模拟听不清或听不懂的话语或物体滚动声▷他～，不知说了些什么｜倒出来的苹果～滚了一地。

饥(饑)　jī ❶形饿▷～寒交迫。❷饥荒①。

【饥不择食】jībùzéshí 饿极了，就什么都吃。比喻急需时顾不上挑拣。☞"择"这里不读zhái。

【饥肠辘辘】jīchánglùlù 饿得肚子里直叫唤。形容非常饥饿。

【饥寒交迫】jīhánjiāopò 饥饿与寒冷同时袭击。形容极端贫困。

【饥荒】jīhuang ❶图因农业歉收或绝收而造成的灾荒▷大旱三年，～严重。❷(家庭或个人)经济上的困难▷他家最近闹～。

圾　jī 见[垃圾]lājī。☞统读jī。

机(機)　jī ❶图机器▷织布～。❷形灵巧；灵敏▷～灵｜～敏。❸图指飞机▷战斗～｜～场。❹事物变化的关键或情势▷生～｜转～｜危～。❺机遇；机会▷～不可失｜乘～。❻生活机能▷有～物｜无～化学。❼重要事务▷军～。❽心里萌发的念头▷动～｜杀～。

【机变】jībiàn 团机智应变▷长于～。

【机舱】jīcāng ❶图轮船内装置机器的船舱。❷飞机内的主要空间，用以载客放物等。

【机场】jīchǎng 图供飞机起飞、着陆、停放和组织、保障飞行活动的场所。

【机车】jīchē 图火车头；牵引火车车厢的动力车。

【机床】jīchuáng 图用切削或变形等方法使工件获得要求的形状、尺寸和表面质量的机器。包括金属切削机床、木材切削机床等。

【机动】[1] jīdòng 形用发动机开动的▷～车。

【机动】[2] jīdòng ❶形灵活变通▷～灵活。❷可灵活使用的▷～人员。

【机锋】jīfēng 图机敏的言词或才思▷语多～｜～过人。

【机构】jīgòu ❶图机器等内部的机械装置和构造▷传动～。❷机关、团体等工作单位；也指机关、团体等单位的内部组织▷成立专门～｜裁减～。

【机关】jīguān ❶图制动机械的关键部件▷打开了大坝水闸的～。❷用机械控制的▷～枪｜～炮。❸图办事的机构或部门▷检察～。❹机巧的计谋▷识破～｜～算尽。

【机会】jīhuì 图有利时机▷抓住～。

【机警】jījǐng 形机智灵敏；反应迅速▷行动～｜警犬很～。

【机灵】jīling 形聪明机敏；灵活机智。☞不宜写作"机伶"。

【机密】jīmì ❶形重要而秘密▷～文件。❷图重要而秘密的信息▷军事～。

【机敏】jīmǐn 形机智敏捷▷才思～。

【机谋】jīmóu 图遇事应变的计谋。

【机能】jīnéng 图生物体的细胞组织或器官的作用和活动能力▷消化～。

【机器】jīqì 图泛指由多种零部件组成，依靠一定的动力，在人的操纵、控制下能自动运作的装置。

【机器翻译】jīqì fānyì 利用电子计算机等装置把一种语言文字翻译成另一种或多种语言文字。

【机器人】jīqìrén 图由电子计算机控制的一种自动机械，能像人一样做某些工作。

【机器语言】jīqì yǔyán 计算机可以直接使用的语言，即不用经过翻译就能直接由机器执行的信息代码。它的各种信息都由二进制数字组成。

【机巧】jīqiǎo 形聪慧；灵巧▷处事～。

【机体】jītǐ ❶图自然界中一切有生命的物体，包括人、动物和植物。❷指飞机的整体构造。

【机务】jīwù 图机器或机车的操纵、维修、保养等方面的业务▷～段。

【机械】jīxiè ❶图机器和其他利用力学原理装配成的装置的统称。如内燃机、千斤顶、滑轮等。❷形刻板；不灵活▷工作方法十分～。

【机要】jīyào 形机密而重要▷～室。

【机宜】jīyí 图符合实际情况的适宜的对策▷面授～。

【机遇】jīyù 图难得而有利的条件和时机▷抓住～，谋求发展。

【机缘】jīyuán 图机会与缘分▷恰逢～。

【机制】[1] jīzhì 图用机器制造的(跟"手工"相对)▷～水

饺。

【机制】² jīzhì ❶图机器的构造和工作原理▷联合收割机的～。❷有机体的构造、功能和相互关系▷生理～。❸泛指自然现象、社会现象的内部组织和运行变化的规律等▷大气运行～｜管理～。

【机智】 jīzhì 围头脑反映灵敏，能随机应变▷～多谋｜～勇敢。

【机组】 jīzǔ ❶图多部机器的组合▷汽轮发电机～。❷飞机上全体工作人员组成的集体▷先进～。

肌 jī 图肌肉▷面黄｜瘦｜心～。

【肌肤】 jīfū 图肌肉和皮肤。

【肌肉】 jīròu 图人体和动物体由若干肌纤维集合构成的一种组织，附在骨头上或构成某些内脏，能伸缩。

【肌体】 jītǐ 图身体▷提高～｜免疫力◇保护我们党的～不受侵蚀。

矶（磯） jī 图露出水面的大块岩石或石滩（多用于地名）▷城陵～（在湖南）。

鸡（鷄） jī 图常见家禽，头部有肉冠。翅膀不发达，不能高飞。

【鸡蛋里挑骨头】 jīdànlǐtiāogǔtou 比喻故意挑毛病，找碴。

【鸡飞蛋打】 jīfēidàndǎ 比喻两头落空，一无所获。

【鸡毛蒜皮】 jīmáosuànpí 比喻无关紧要的琐碎小事。

【鸡犬不宁】 jīquǎnbùníng 形容被骚扰得非常厉害，连鸡狗都不得安宁。

【鸡尾酒】 jīwěijiǔ 图用几种酒和果汁、香料等混合而成的酒，多在饮用时临时调制。

【鸡眼】 jīyǎn 图皮肤病。脚掌、脚跟或脚趾上因角质层增生形成的圆形小硬结。

奇 jī 围单的；不成双的（跟"偶"相对）▷～偶｜～数。○另见 qí。

【奇数】 jīshù 图不能被 2 整除的整数（跟"偶数"相对）。正奇数也说单数。

唧 jī 围喷射（液体）▷～他一身水｜～筒。

【唧唧】 jījī 拟声模拟虫、鸟的叫声▷秋虫～。

【唧哝】 jīnong 围小声嘟囔。

积（積） jī ❶围逐渐聚集▷～肥｜堆～。❷围长时间积累形成的▷～习｜～怨。❸图数学上指几个数相乘所得的结果。

【积案】 jī'àn 图长时间未侦破或未审理的案件。

【积弊】 jībì 图长时间积累和沿袭下来的弊病▷～难除。

【积存】 jīcún ❶围积蓄留存▷～财物。❷图积蓄留存的钱物▷有点～。

【积淀】 jīdiàn ❶围积存沉淀（多指文化传统等经过漫长的过程而积存下来）▷传统美德是几千年～而成的。❷图积存沉淀的文化传统等▷文化～。☛"淀"不读 dìng。

【积非成是】 jīfēichéngshì 长期形成的谬误，往往被认为是正确的。

【积分】 jīfēn 图比赛中参赛队或个人所累积的分数。

【积愤】 jīfèn 图郁积已久的愤恨▷发泄心中的～。

【积垢】 jīgòu 图积存的污垢▷锅上的～太厚◇清除旧习俗的～。

【积极】 jī ❶围正面的；起促进作用的（跟"消极"相对，②同）▷调动一切～因素。❷主动热心；努力进取的▷工作～｜～分子。

【积聚】 jījù ❶围积累聚集▷～力量。❷图积累聚集起来的钱财、物资等▷经商十年，～颇丰。

【积劳成疾】 jīláochéngjí 因长时间过度劳累而患病。

【积累】 jīlěi ❶围逐渐聚集▷～知识。❷图逐渐聚集起来的东西▷被他一下子糟踏了。❸图国民收入中用于扩大再生产和储备的部分。

【积欠】 jīqiàn ❶围累积拖欠▷～税款。❷图累积下的亏欠（款项）▷～已还清。

【积习】 jīxí 图长期形成的习惯▷～难改。

【积蓄】 jīxù ❶围积累储存▷～财力。❷图积存的钱▷有点儿～。

【积压】 jīyā 围长时间积存▷产品～◇～已久的愧疚感。

【积郁】 jīyù ❶围（忧愁、愤恨等）在心中长期积聚而不得发泄▷～成疾。❷图积聚在心中的忧愁或愤恨等感情▷发泄心中的～。

【积怨】 jīyuàn 图积压很久的怨恨。

【积攒】 jīzǎn 围把零散的、少量的东西积存下来▷～零花钱。

【积重难返】 jīzhòngnánfǎn 积存的问题太多，很难解决。也指长时间形成的坏风气和不良习惯不易改变（积重：习习深重）。

笄 jī 〈文〉❶图古人用来束发的簪子。❷围指女子15岁盘起头发，插上簪子，表示成年▷～礼。

屐 jī 图木底鞋；泛指鞋▷木～｜草～｜履～。

姬 jī 〈文〉❶图古代对妇女的美称▷艳～。❷妾▷姬～｜宠～。❸歌女▷歌～。☞右边是"臣"（yí），不是"臣"。

基 jī ❶图基础▷房～｜路～。❷围最底层的；起始的；根本的▷～层｜～肥｜～调。❸围根据▷～于上述理由。

【基本】 jīběn ❶图根本的▷～建设｜～矛盾。❷围主要的▷～成员｜～因素。❸副大体上；大部分▷目的～达到｜～相同。

【基本点】 jīběndiǎn 图事物最主要、最根本的方面。

【基本法】 jīběnfǎ 图指国家宪法；特指某些方面的基本法律。

【基本功】 jīběngōng 图从事某项工作或学习某种技艺所必须掌握的基本知识和技能▷扎实｜练好～。

【基本建设】 jīběn jiànshè ❶指国民经济各部门为增添固定资产而进行的建设。❷比喻对全局有重大影响的基础性工作▷培养大批高水平的青年教师是发展高等教育的一项～。

【基本粒子】 jīběn lìzǐ 指比原子核小的物质单位，包括电子、中子、质子、光子、介子、夸克等一系列粒子。

【基本矛盾】 jīběn máodùn 规定事物发展全过程的本质的矛盾。它规定和影响事物发展过程中其他矛盾的存在和发展。也说根本矛盾。

【基层】 jīcéng 图各种社会组织中与群众直接联系的最低的一层▷～组织｜～干部。

【基础】 jīchǔ ❶图建筑物的根基。❷事物发展的根基▷小学教育是整个教育工作的～。❸特指经济基础。

【基础工业】 jīchǔ gōngyè 为国民经济各部门提供能源、材料和技术装备的工业部门。

【基础教育】 jīchǔ jiàoyù 国家对国民实施的基本文化知识和基本素质教育。一般指小学教育和初中教育。

【基础科学】 jīchǔ kēxué 研究自然界物质运动规律的科学。一般分为数学、物理学、化学、生物学、地学、天文学六大类。是技术科学和应用科学的基础。

【基地】 jīdì ❶图发展某种事业的重要地区▷钢铁～。❷开展某项事业的专属场所▷海军～｜足球训练～。❸某项活动的临时根据地▷登山队员返回～。

【基点】 jīdiǎn ❶图中心;着重点▷是否有利于经济发展是我们考虑问题的～。❷基础②▷发展基础教育是提高全民族素质的～。

【基调】 jīdiào ❶图音乐作品中主要的曲调。❷比喻基本精神、格调▷这首诗的～是昂扬向上的。

【基督教】 jīdūjiào 图世界主要宗教之一,信仰上帝,奉耶稣为救世主,以《旧约全书》《新约全书》为圣经,公元1世纪产生于亚洲西部地区。公元11世纪分裂为天主教和东正教,公元16世纪,天主教又分裂出许多新的教派,合称新教。我国所称基督教通常专指新教。

【基肥】 jīféi 图播种、移栽前施用的肥料。一般为迟效的厩肥、堆肥、绿肥等。也说底肥。

【基金】 jījīn 图有特定用途并单独进行专算的储备资金或专门拨款,目的是兴办、维持或发展某种事业▷扶贫～｜～会。

【基石】 jīshí 图做建筑物基础的石头;比喻事物的根基▷同人民群众保持密切联系是人民政权的～。

【基数】 jīshù ❶图普通整数,如1、2、3……500等(区别于"序数")。❷在对比时,用作基础的数目▷以1990年的产值为～,如今已翻了两番。

【基业】 jīyè 图作为发展根基的事业或产业,也指国家政权▷千秋～。

【基因】 jīyīn 图一切生物遗传的结构单位和功能单位,通过自身复制能把遗传信息由上一代传递给下一代。绝大多数生物的基因是一段脱氧核糖核酸(DNA),它们存于细胞的染色体上,作直线排列。

【基因工程】 jīyīn gōngchéng ❶一种生物工程技术。用生物化学手段将生物细胞中的遗传物质分离出来,在体外进行重新组合并引入另一种生物的活细胞内,以改变另一种生物的遗传性状或产生新的品种。❷绘制人类基因图谱的工程。

【基于】 jīyú 囧引进前提或根据▷现有条件,还不能作最后的决定。

【基准】 jīzhǔn ❶图测量时计算的起点,如海拔高度以海面高度为基准。❷排列、组合的标准点或标准线▷以第七行为～向左右散开。❸泛指标准。

赍(賫) jī〈文〉❶团送给人东西▷～助。❷心里怀着(某种想法)▷～恨｜～志。

犄 jī [犄角]jījiǎo ❶兽角▷牛～。❷〈口〉图物体两个边沿相接的地方;角落▷桌子～墙～。☞跟"椅"(jǐ)不同。

缉(緝) jī 团搜查;捉拿▷～捕｜～拿。○另见 qī;☞跟"辑"(jí)不同。

【缉毒】 jīdú 团搜查毒品和捕捉贩毒、吸毒的人。

【缉获】 jīhuò 团搜得;捕获▷～大量毒品｜～杀人凶犯。

【缉拿】 jīná 团抓捕▷～归案。

【缉私】 jīsī 团缉查走私活动,缉获走私物品和走私罪犯。

畸 jī ❶圀不规则的;不正常的▷～形｜～变。❷偏▷～轻～重。☞不读 qí

【畸轻畸重】 jīqīngjīzhòng 偏轻偏重。形容事物发展不均衡或对事物采取的态度、措施有偏向、不合理。

【畸形】 jīxíng ❶圀生物体发育不正常▷上唇～。❷比喻事物发展不正常▷～社会｜～发展。

跻(躋) jī 团上升;登上▷～于强国之列｜～升。

【跻身】 jīshēn 团使自己上升到(某种地位)▷～世界名牌之列。

箕 jī ❶图簸箕。❷形状像簸箕的指纹▷～斗。☞在"簸箕"中读轻声。

稽 jī ❶团停留▷～留。❷考核;调查▷有案可～。☞在"稽首"(古代一种跪拜礼)中读 qǐ。

【稽查】 jīchá ❶团检查(违法行为)▷～走私活动。❷图检查违法行为的工作人员。

【稽核】 jīhé 团计算核对(多指账目)。

【稽考】 jīkǎo 团查对考核▷年代久远,无从～。

【稽留】 jīliú 团停留▷在此～多日。

齑(齏) jī ❶图姜、蒜、韭菜等的碎末。❷圀细碎的▷～粉。

【齑粉】 jīfěn 图碎末;细屑▷捣为～。

畿 jī 图古代称国都周围的地方▷京～｜～辅。

激 jī ❶团水流受到阻碍而涌起或溅起▷礁石～起阵阵浪花。❷圀急剧;猛烈▷产量～增｜～战。❸团因受刺激而感情冲动▷～动慷慨～昂。❹使感情冲动▷他有心～你,别上当。❺刺激▷被凉水～着了,浑身发烧｜～起。

【激昂】 jī'áng 圀(情绪、语调等)激奋昂扬▷～地高呼｜雄浑～的歌声。

【激荡】 jīdàng 团受冲击而动荡或激动▷江潮～｜豪情在胸中～。

【激动】 jīdòng ❶团感情强烈震动▷～得热泪盈眶。❷使感情强烈震动▷～人心。

【激发】 jīfā 团刺激引发▷～上进心｜～了投资热。

【激奋】 jīfèn 团(情绪)激动振奋。

【激愤】 jīfèn 团激动愤怒▷群情～。☞不宜写作"激忿"。

【激光】 jīguāng 图某些物质原子中的粒子受光或电激发而放射的光。它具有光亮度极高,颜色极为单纯,方向极为集中等特点。在应用科技和基础科学研究等方面广泛应用。

【激化】 jīhuà ❶团向激烈尖锐的方向发展▷矛盾～了。❷使激烈尖锐▷不要～矛盾。

【激将】 jījiàng 团用刺激性的话促使人下决心去做某事▷请将不如～。

【激进】 jījìn 圀急进(多指改革或改革的主张过于激烈)▷～派｜～的经济改革。

【激励】 jīlì 团激发鼓舞▷英雄事迹～了几代人。

【激烈】 jīliè ❶圀剧烈;猛烈▷打斗场面很～｜竞争～。❷激昂慷慨▷壮怀～。

【激流】 jīliú 图势头猛、流速快的水流▷～险滩◇生活的～。

【激怒】 jīnù 团刺激使愤怒▷轻蔑的目光～了他。

【激情】 jīqíng 图热烈而难以抑制的感情▷～奔放｜抒发～。

【激素】 jīsù 图人和动物的内分泌腺分泌的物质。对调节新陈代谢,维持正常生理活动有重要作用。

【激扬】 jīyáng ❶团激浊飞扬▷岸边海涛～冲溅,无比壮观。❷激浊扬清,比喻抨击和赞扬▷指点江山,～文字。❸团激动昂扬▷神情～。❹团激励使振作▷～斗志｜～士气。

【激越】 jīyuè ❶圀(声音)高亢清远▷军号～。❷(情绪)激烈高昂▷群情～。

【激增】 jīzēng 团急剧增长▷人口～。

羁(羈) jī ❶团约束;拘束▷落拓不～。❷寄居或停留在外地▷～旅｜～留。☞统读 jī。

【羁绊】 jībàn 团束缚▷旧观念～着他,使他不敢迈开大步。

【羁留】 jīliú 团(在外地)长期停留▷～异域。

【羁押】jīyā 动拘留;关押。

及 jí ❶动从后面赶上▷赶不~|来得~。❷到▷由此~彼|涉~。❸推广到;照顾到;牵涉到▷爱屋~乌|攻其一点,不~其余|言~不义。❹圆趁着▷~早。❺连表示并列关系,相当于"跟""和"▷工人、农民~士兵。☞"及"作连词时,一般用于书面语;连接三项以上时,要用在最后一项之前。

【及格】jígé 动(考试成绩)达到规定的最低标准。

【及时】jíshí 厖适时;抓紧时机,不拖延▷~雨|~播种。

【及时雨】jíshíyǔ 图最需要时下的雨。比喻在急需的时候进行支持或救援的人或事物。

【及早】jízǎo 圓趁早▷~准备。

【及至】jízhì 连表示某一时间或等到出现某种情况(常与"才"连用)▷~起飞前十分钟,他才赶到机场。

吉 jí ❶厖幸福;顺利(跟"凶"相对)▷逢凶化~|~利。❷图指吉林▷~剧。☞上边是"士",不是"土"。

【吉利】jílì 厖预示有美好结果▷~的兆头。

【吉庆】jíqìng 厖吉祥喜庆▷~有余。

【吉祥】jíxiáng 厖吉利祥和▷万事~|~话儿。

【吉祥物】jíxiángwù 图某些大型运动会用以象征吉祥的标志物。多选用具有代表性的动物形象。

【吉凶】jíxiōng 图好运与坏运;吉利与凶险▷~难料。

岌 jí ❶厖山高。❷十分危险。

【岌岌可危】jíjíkěwēi 形容十分危险。

汲 jí 动从下往上打水▷~水。☞统读jí。

【汲取】jíqǔ ❶动摄取;吸收(液体)▷雪莲根部扎入岩隙,~雪水。❷吸取(经验、知识、营养等)▷~精华。

级(級) jí ❶图等次▷一~品|等~。❷图台阶▷石~。❸图用于台阶、楼梯、塔层等▷七~宝塔。❹图年级▷升~|留~。

【级别】jíbié 图等级的高低次序▷行政~|工资~。

【级差】jíchā 图等级之间的差别。

极(極) jí ❶图最高点;尽头▷登峰造~。❷动用尽;使达到顶点▷~目远眺。❸厖最高的;最终的▷~刑|~点|~限。❹圓表示最高程度▷~认真|累~了|~能吃苦。❺图特指地球的南北两端;磁体的两端;电路的正负两端▷南~|北~|阴~|阳~。

【极地】jídì 图地球上南北极圈以内的地区。

【极点】jídiǎn 图最高的程度▷兴奋到了~。

【极度】jídù ❶图极点▷愤怒到了~。❷厖表示程度极高▷~紧张|~憎恨。

【极端】jíduān ❶图事物在某个方向的顶点▷两个~|走向~。❷厖表示达到最高程度的;绝对的▷~负责|~民主。

【极光】jíguāng 图在地球的两极和高纬度地区的上空出现的彩色强光。

【极力】jílì 圓表示竭尽全力;想尽办法▷~规劝|~压制冲动的感情。

【极品】jípǐn 图最好的物品▷茶叶中的~◇绘画的~。

【极其】jíqí 圓极端;非常▷~丰富。

【极圈】jíquān 图地球上距离南北极各23°26'的纬度圈。

【极为】jíwéi 圓非常;十分(多用于书面)▷工作~认真。

【极限】jíxiàn 图最大限度▷忍耐已经达到~|冷到了~。

【极刑】jíxíng 图最严厉的刑罚,通常指死刑▷处以~。

即 jí ❶动接近▷若~若离。❷到;开始从事▷~位。❸圙引进动作行为靠近的处所、环境等▷~席演说|~景生情。❹图当时;目前▷~日|成功在~。❺圓a)表示前一件事发生了,后一件事紧接着发生▷一触~溃|知错~改。b)表示事实如此,相当于"就"▷问题的严重性~在于此。❻表示肯定,相当于"就是"▷鲁迅~周树人。❼连即使▷~无外援,也须如期完工。☞"即"和"既"(jì)的形、音、义都不同。

【即将】jíjiāng 圓就要;将要(多用于书面)▷春天~到来。

【即刻】jíkè 圓表示紧接另一事发生或进行▷接到命令,~投入战斗。

【即时】jíshí 圓立刻;当即▷~出发。

【即使】jíshǐ 连连接分句,表示让步关系,常同"也""还"等副词搭配使用▷~富了,也要勤俭节约。☞"即使"后面说的情况,有的有假设性,有的没有假设性。

【即席】jíxí ❶动入席;就座▷~用餐。❷圓当场;在坐位上▷~作画|~挥毫。

【即兴】jíxìng 圓就着眼前的情景或兴致(而说话、演唱、创作等)▷~发挥。

佶 jí [佶屈]jíqū 厖曲折不顺畅▷~聱牙。

【佶屈聱牙】jíqūáoyá 形容文句读起来不顺口。☞㊀"佶"不读jié。㊁不宜写作"诘屈聱牙"。

亟 jí 圓紧急;迫切▷~待解决。

【亟待】jídài 动急切等待▷不少问题~商讨。

【亟需】jíxū 动急迫地需要▷图书市场~整顿。

笈 jí 〈文〉❶图盛书的箱子▷负~游学。❷书籍▷古~|秘~。

急 jí ❶厖迅速▷水流太~|~行军。❷紧迫;迫切(跟"缓"相对)▷~件|~救。❸图紧急严重的事▷当务之~|救~|告~。❹厖急躁▷性子~|操之过~。❺动着急;使着急▷~着往回走|老等不来,真~人。❻气恼;发怒▷大家都别~,心平气和地谈。

【急不可待】jíbùkědài 急得不能再等待。

【急匆匆】jícōngcōng 厖急急忙忙▷~骑车去上班。

【急促】jícù ❶厖快速而短促▷~的电铃声。❷时间短,很紧急▷时间~,不及详谈。

【急公好义】jígōnghàoyì 热心公益,慷慨助人(好义:好做义举)。

【急功近利】jígōngjìnlì 急于追求眼前的功效和好处。

【急救】jíjiù 动紧急救护或救助。

【急就章】jíjiùzhāng 图原为书名(汉·史游《急就篇》),后借指匆促完成的作品或工作。

【急剧】jíjù 厖迅速而猛烈▷~变化。

【急流勇进】jíliúyǒngjìn 比喻不畏艰险,勇往直前。

【急忙】jímáng 厖急促匆忙▷~奔向车站。☞不宜写作"疾忙"。

【急难】jínàn ❶图紧急危难的事▷朋友有~,理当救助。❷动救助危难▷~扶危|急人之难。

【急迫】jípò 厖紧急追切▷~的心情。

【急起直追】jíqǐzhízhuī 立即振作起来,努力追赶上去。

【急切】jíqiè ❶厖急迫切▷~的心情。❷短时间内;仓促▷~间说不出话来。

【急速】jísù 厖十分迅速▷~出击。

【急务】jíwù 图急需处理的事。

【急性】jíxìng ❶厖突然发作的;变化急剧的(病)▷~结膜炎|关节炎~发作。❷性情急躁的▷~人。

【急性病】 jíxìngbìng ❶图发病急，变化快，症状较重的病。❷比喻不顾客观实际，急于求成的毛病。

【急于求成】 jíyúqiúchéng 指脱离客观实际，急于取得成效。

【急躁】 jízào 囮性急；遇事激动，不冷静▷性情～│客队越打越～。

【急骤】 jízhòu 囮急速；急剧▷～的冰雹猛砸下来│功能～减退。

【急转直下】 jízhuǎnzhíxià 情况突然转变并很快顺势发展下去。

疾 jí ❶囮迅速；猛烈▷奋笔～书│～驰│～风知劲草。❷图病▷讳～忌医。❸囮疼；痛心▷～首。❹图(生活上的)痛苦▷～苦。❺囮厌恶；憎恨▷～恶如仇。☞统读jí。

【疾病】 jíbìng 图病。

【疾驰】 jíchí 囮快速奔驰▷骏马～。

【疾恶如仇】 jí'èrúchóu 通常写作"嫉恶如仇"。

【疾呼】 jíhū 囮急切地呼喊▷大声～。

【疾苦】 jíkǔ 图(生活中的)困难和痛苦▷时刻把群众的～放在心上。

【疾驶】 jíshǐ 囮急速行驶。

【疾言厉色】 jíyánlìsè 说话急促，神情严厉。形容愤怒时说话的神态。

棘 jí ❶图酸枣树，落叶灌木，茎上有刺。❷泛指有刺的草木▷披荆斩～│荆～。❸囮刺人；扎▷～手。☞㊀统读jí。㊁两边都是"朿"(cì)，不是"束"(shù)。

【棘手】 jíshǒu 囮荆棘扎手，比喻事情难办▷此事很～。☞不要写作"辣手"。

殛 jí 囮〈文〉杀死▷雷～。

集 jí ❶囮聚在一起；会合▷聚～│召～。❷图由许多单篇作品汇编成的书▷诗～│画～。❸量用于某些书籍或影视片分成的段落或部分▷40～电视连续剧上～。❹图集市▷赶～。

【集大成】 jídàchéng 融合各家所长而自成体系或自成流派▷贝多芬是西方古典音乐的～者。

【集合】 jíhé 囮分散的人或物聚集在一起▷紧急～│～队伍。

【集会】 jíhuì ❶囮聚集起来开会。❷图集合在一起开的会▷参加～。

【集结】 jíjié 囮许多人聚集在一处，特指武装力量在同一地区聚集▷～兵力。

【集锦】 jíjǐn 图各种精彩事物的汇集▷优秀相声～│精彩射门～。

【集权】 jíquán 囮中央集中政治、经济、军事权力。

【集市】 jíshì 图农村或城镇定期进行交易的市场。

【集思广益】 jísīguǎngyì 集中众人的智慧，广泛吸收有益的意见。

【集体】 jítǐ 图许多个体组织成的整体。

【集体经济】 jítǐ jīngjì 以生产资料集体所有制为基础的经济形式。

【集体所有制】 jítǐ suǒyǒuzhì 主要的生产资料和产品归生产者集体所有的经济制度。

【集体主义】 jítǐ zhǔyì 以人民群众的共同利益为出发点，把集体利益置于个人利益之上的思想体系，是社会主义、共产主义道德的核心。

【集团】 jítuán ❶图为一定目的组成的共同行动的团体▷政治～│国际贩毒～。❷指机关、团体、企业、事业等社会单位▷～购买力。❸由大企业联合或兼并有关企业而组成的大型经济实体▷联想～。

【集训】 jíxùn 囮集中在一起训练。

【集腋成裘】 jíyèchéngqiú 狐狸腋下的毛皮虽然块小，但聚集起来就能制成一件皮衣。比喻积少成多。

【集邮】 jíyóu 囮收集、保存邮票及其他邮品，用作鉴赏、研究、交换。

【集中】 jízhōng ❶囮把分散的聚集或归纳在一起▷～人力│～群众智慧。❷囮高度聚集的；不分散▷布局过于～。

【集中营】 jízhōngyíng 图帝国主义、法西斯和反动政权集中监禁、摧残革命者、战俘和无辜群众的地方。

【集装箱】 jízhuāngxiāng 图装运货物的大型箱状容器，具有一定规格，便于机械装卸和运输，可重复使用。

蒺 jí [蒺藜]jíli ❶图一年生草本植物，茎平卧地上，果皮有尖刺。❷像蒺藜那样有刺的东西▷铁～。

楫 jí 图〈文〉桨▷舟～。

辑(輯) jí ❶囮搜集材料编成书刊▷～录│编～。❷图整套书籍或资料按内容或写作、发表顺序分成的部分▷《文史资料》第一～│专～。

【辑录】 jílù 囮搜集、摘录有关作品、资料，编辑成书。

嫉 jí ❶囮嫉妒▷～贤妒能。❷愤恨▷愤世～俗。☞统读jí。

【嫉妒】 jídù 囮看到别人的能力、地位或处境比自己好而憎恨。☞口语中多说"忌(jì)妒"。

【嫉恶如仇】 jí'èrúchóu 憎恨坏人坏事像憎恨仇人一样。

【嫉恨】 jíhèn 囮嫉妒怨恨。

【嫉贤妒能】 jíxiándùnéng 对于德才超过自己的人心怀怨恨。

瘠 jí ❶囮(身体)瘦▷～瘦。❷(土地)不肥沃▷贫～。

【瘠薄】 jíbó 囮(土地)不肥沃。

藉 jí ❶囮〈文〉践踏；凌辱。❷囮杂乱▷狼～。〇另见jiè。

籍 jí ❶图书▷书～│典～。❷籍贯▷祖～│原～。❸登记隶属关系的簿册，借指个人对国家或组织的隶属关系▷国～│党～│学～。

【籍贯】 jíguàn 图祖居或本人出生的地方。

几(幾) jǐ ❶囮用来询问数目的多少▷孩子～岁了？❷表示二至九之间的不定的数目▷所剩无～。〇另见jī。

【几分】 jǐfēn 囮几成；十分之几；一些▷有～把握？│露出～得意之色。

【几经】 jǐjīng 囮经历多次▷～易手。

己 jǐ ❶图天干的第六位。❷囮自己▷舍～为人│固执～见。☞不要写作"已""巳"。

【己见】 jǐjiàn 图自己的见解▷各抒～。

虮(蟣) jǐ 图虮子，虱子的卵。

挤(擠) jǐ ❶囮用身体排开(密集的人)；互相推、拥▷从人群中～出来│不要乱～。❷使人离开▷我的名额被人～掉了│排～。❸加压力使从孔隙中排出▷～牛奶◇～时间学习。❹紧紧地挨在一起▷大厅里～满了人。❺囮拥挤▷屋里很～│这儿不～。

【挤眉弄眼】 jǐméinòngyǎn 用眉眼传情、示意。

【挤压】 jǐyā 囮推挤压迫▷切勿～。

【挤牙膏】 jǐyágāo 比喻经追问才一点儿一点儿说出来。

【挤轧】 jǐyà 囮排挤打击▷遭同事～。

【挤占】 jǐzhàn 囮强行挤入并占用▷严禁～耕地。

济(濟) jǐ 图用于水名和地名。济水，古水名；济南，在山东。〇另见jì。

【济济】jǐjǐ 圐〈文〉(人)多▷人才～。

【济济一堂】jǐjǐyītáng 很多人聚集在一起▷来自各地的科学家～。

给(給) jǐ ❶囝供应▷自～自足｜～养｜～补｜～配～。❷囵富裕;丰足▷家～人足。☞"给"读 gěi 时,限于单用,如"给你一本书";读 jǐ 时,只能用在复合词或成语中。○另见 gěi。

【给养】jǐyǎng 图军队人员和马匹等生活必需的物资的总称▷～充足。

【给予】jǐyǔ 囝给(gěi)(一般用于给对方好处)▷～表扬奖励｜～有力支援。☞不宜写作"给与"。

脊 jǐ ❶图人和脊椎动物背部中间的骨骼。❷物体上像脊一样高起的部分▷屋～｜山～。☞统读 jǐ。

【脊背】jǐbèi 图人和其他脊椎动物的后背。

【脊梁】jǐliang 图脊背▷挺直～｜◇民族的～。

【脊髓】jǐsuǐ 图人和其他脊椎动物中枢神经系统的一部分,在椎管里,上端连着延髓,两旁发出成对的神经,分布到躯体、内脏和四肢。

【脊椎】jǐzhuī 图人和脊椎动物背部的主要支架,也说脊柱。

掎 jǐ〈文〉❶囝(从旁或从后)拖住;拉住。❷囝牵制▷～角之势。

【掎角之势】jǐjiǎozhīshì 比喻分兵两面,相互配合,形成夹击敌人的阵势。☞"掎"不要写作"犄"(jī)。

戟 jǐ 图古代兵器,长杆头上有枪尖,旁边附有月牙形的利刃。

麂 jǐ 图一种小型的鹿类动物,口中有长牙,雄的有短角。通称麂子。

计(計) jì ❶囝计算▷～酬｜统～。❷囝谋划;打算▷～划｜～议。❸图策略;主意▷心～｜妙～。❹囝计议;考虑▷不～名利。❺图测量数值的仪器▷温度～。

【计策】jìcè 图计谋、策略。

【计划】jìhuà ❶图事情进行前预先拟定的内容、步骤和方法等▷工作～。❷囝打算;谋划▷～拍一部电影｜～好了再办。☞不宜写作"计画"。

【计划生育】jìhuà shēngyù 按照宪法规定,指导公民有计划地生育子女,提倡晚婚和优生优育,以使人口增长同经济和社会发展相适应。

【计较】jìjiào ❶囝计算,比较▷～蝇头小利。❷较量;比高低▷不要和他～了,别气坏了身体。❸打算;商议▷这事等你爸爸回来再～。

【计量】jìliàng ❶囝用一个标准量去测定一个未知量▷～土方。❷计算▷损失之大,难以～。

【计谋】jìmóu 图为对付某人或某个势力而预先定下的措施和步骤▷用～取胜｜很有～。

【计日程功】jìrìchénggōng 可以数着日子计算功效(程:估量)。形容进展顺利,有把握如期完成。☞不要写作"计日成功"。

【计算】jìsuàn ❶囝根据已知数通过数学运算求得未知数▷～产量｜～行程。❷考虑;筹划▷干什么事都要好好～,不能心中无数。

【计算机】jìsuànjī 图原指能进行数学运算的机器,包括机械计算机和电子计算机。现多指电子计算机。

【计算器】jìsuànqì 图小型计算装置,现多指电子计算器。

记(記) jì ❶囝记录;记载▷登～｜速～。❷把印象保持在脑子里▷～住｜～仇。❸图记号▷标～｜暗～。❹皮肤上天生的色斑▷胎～。❺记载事物的书或文章▷游～｜《石钟山～》。❻囲用于某些动作的次数▷一～耳光｜一～劲射。

【记功】jìgōng 囝记录功绩,作为一种奖励▷报请上级给你～。

【记过】jìguò 囝把过错记录在案,作为一种处分▷行政～。

【记号】jìhao 图能引起注意,帮助识别的标记。

【记恨】jìhèn 囝怀恨;把对别人的怨恨记在心里▷说开了,就别～了。

【记录】jìlù ❶囝把听到的话或发生的事用文字记下来▷边听录音边～。❷图记录下来的文字▷会议～。❸做记录的人▷老师叫她当～。

【记念】jìniàn 囝惦念;挂念。

【记取】jìqǔ 囝记住(教训、叮嘱等)。

【记事】jìshì 囝记录事实。

【记述】jìshù 囝用文字记载、叙述▷擅长～｜一段历史。

【记诵】jìsòng 囝记忆,背诵▷小时候学的唐诗,至今还能～。

【记性】jìxing 图〈口〉记忆力▷～差。

【记叙】jìxù 囝用文字叙述▷～详实。

【记叙文】jìxùwén 图指记人、叙事、写景、状物的文章。

【记忆】jìyì ❶囝记住;回想▷按特征分类～。❷图往事在头脑中的印象▷一凭～画了一张草图。

【记载】jìzǎi ❶囝用文字记下来▷据报刊～。❷图用文字记载下来的事情▷这是反映古代民俗的一篇～。

【记者】jìzhě 图新闻媒体采写新闻、通讯报道或进行现场采访、摄影、口头报道的专职工作人员。

伎 jì ❶图技巧。❷古代称表演技艺的女子▷歌～｜舞～。

【伎俩】jìliǎng 图不正当的手段、花招▷施展骗人的～。

纪(紀) jì ❶图法度;纪律▷风～｜法～｜违～。❷古代以 12 年为一纪,现代以 100 年为一世纪。❸地质年代分期的第三级,如寒武纪、侏罗纪。❹囝记①,用于"纪元""纪年""纪念""纪要""纪行"等词语中。

【纪检】jìjiǎn 囝纪律检查▷～机关。

【纪录】jìlù ❶囝用录音、录像手段记下事实▷～片。❷图一定时期、一定范围内记载下来的最好成绩▷打破世界～。☞上述意义不宜写作"记录"。

【纪录片】jìlùpiàn 图记录真人真事的影片,不能夸张与虚构。按题材及表现方法不同,可分为时事报道纪录片,文献纪录片,传记纪录片等。☞不宜写作"记录片"。

【纪律】jìlǜ 图政党、军队、机关、团体、企事业单位等为所属人员制定的必须遵守的规章、条文▷课堂～｜严守～。

【纪年】jìnián ❶囝记载年代▷公元～｜干支～。❷图指纪年体,中国史书体裁之一,按年月日顺序排列史实。

【纪念】jìniàn ❶囝对人对事表示怀念▷～孙中山。❷图表示纪念的事物▷种上一棵树,作为永久的～｜留作～。☞上述意义不宜写作"记念"。

【纪实】jìshí ❶囝记述真实情况▷专题～。❷图记述真实情况的文章、作品《九·一八大案～》。

【纪行】jìxíng 图记述旅途见闻的作品▷《延安～》。

【纪要】jìyào 图记述要点的文字▷座谈会～。

【纪元】jìyuán 图纪年的起算年代,公历以传说的耶稣诞生之年为元年(常用作比喻)▷历史新～。

【纪传体】jìzhuàntǐ 图我国史书体裁之一,以人物传记为中心。始创于司马迁的《史记》。

技 jì 图某方面的能力;本领▷一～之长|演～|口～。

【技法】 jìfǎ 图文艺、体育等方面的技巧和方法▷绘画～|～高超。

【技击】 jìjī 图搏斗的技巧。

【技能】 jìnéng 图掌握和运用专门技术的能力,泛指一般的技巧和能力▷职业～|培训|劳动～。

【技巧】 jìqiǎo 图巧妙的技能▷解题～|语言表达～|比赛体育～。

【技术】 jìshù 图人类在实践活动中直接应用的知识、技能、工艺、手段、方法和规则的总和。是人类生产力的专业性能的表征。

【技艺】 jìyì 图富于技巧性的艺术、手艺、武艺等▷表演～|擒拿格斗～。

系(繫) jì 团打结;扣▷～领带|～扣子。☞第一笔是撇(丿),不是横(一)。○另见 xì。

忌 jì ❶团忌妒▷猜～。❷害怕▷顾～。❸认为不适宜而避免▷～生冷|～讳。❹戒除▷～烟。☞"忌"①和"嫉"(jí)①意义相同,但形、音都不同。

【忌妒】 jìdù 团因别人比自己强而心中怨恨。

【忌讳】 jìhuì ❶团由于习俗或个人原因,禁忌某些言语或行动▷船夫～"翻"和"沉"这两个字。❷最怕或最应避免(某些事出现)▷律师～当事人隐瞒实情。

【忌口】 jìkǒu 团因病或其他原因禁吃某些食物▷糖尿病人要～,避免甜食。也说忌嘴。

际(際) jì ❶图交界或靠近边缘的地方▷一望无～|边～。❷中间;里边▷脑～|胸～。❸团互相接触;交往▷交～。❹图彼此之间▷国～|人～关系。❺指某个特定的时候▷强敌压境之～|新婚之～。

妓 jì 图卖淫的女子▷～女|娼～。

季 jì ❶图〈文〉代表兄弟排行中第四或最小的▷伯仲叔～。❷一年分为春夏秋冬四季,三个月为一季。❸指一年中具有某一特点的时期▷雨～|淡～。

【季度】 jìdù 图作为一个计时单位的一季▷第一～|～计划。

【季风】 jìfēng 图以一年为周期,随季节改变风向的风。冬季风由大陆吹向海洋,夏季风由海洋吹向大陆。

【季节】 jìjié 图一年里在气候、农事、出产等方面具有特点的时期▷严冬～|收获～|差价～。

剂(劑) jì ❶团配制或调和(药物、味道等)▷调(tiáo)～。❷图配制、调和成的药;作用像药的东西▷汤～|杀虫～|润滑～。❸量用于中药汤剂▷一～汤药。

【剂量】 jìliàng 图药品、化学试剂或放射治疗的射线等的使用量。

【剂型】 jìxíng 图药品按外部形式分出的类型。如片剂、丸剂、散剂、汤剂、膏剂等。

荠(薺) jì 图荠菜,草本植物,全草可以做药材,嫩茎叶可以吃。☞在"荸荠"中读 qí。

迹 jì ❶图脚印;物体留下的印子▷足～|汗～|痕～。❷指行为或行为结果▷行～|事～|奇～。❸前人留下的事物▷遗～|古～。☞统读 jì。

【迹象】 jìxiàng 图痕迹和现象,常借以推断过去的情况或推测发展趋向。

济(濟) jì ❶团过河;渡▷同舟共～。❷用钱或物帮助有困难的人▷接～|赈～。❸图补益▷无～于事。○另见 jǐ。

【济世】 jìshì 团救助世人▷～救人。

【济事】 jìshì 团顶事;中用(多用于否定式)▷空谈不～,必须动手干实干。

既 jì ❶团〈文〉完了;终了▷终了▷食～|言未～。❷副已经▷～定方针|一如～往。❸连跟"又""且""也"配合,表示两种情况同时存在▷～能文,又能武|～深且广|～要实干,也要巧干。❹既然,常同"就""那么"等呼应▷～要说,就要说清楚。☞㊀右边是"旡",不是"无"。㊁"既"和"即"(jí)的形、音、义都不同。

【既然】 jìrán 连连接分句,后面常同"就、还、也"等搭配,表示先说出前提,然后推论▷～你要管,就管到底。

【既往不咎】 jìwǎngbùjiù 对以往的过错不再追究责罚。

觊(覬) jì [觊觎]jìyú 团〈文〉希望得到(不应该得到的东西)。

继(繼) jì 团接续;连续▷李白、杜甫之后,唐代诗人辈出|前仆后～|～落成。

【继承】 jìchéng ❶团依法接受(死者的遗产或权利等)▷～父亲的遗产。❷接续(前人未竟事业或传统等)▷～传统美德。

【继而】 jìér 副表示紧接某一动作或情况▷始而北风呼啸,～大雪纷飞。

【继任】 jìrèn 团接替担任▷主席缺任时,由副主席～主席职务。

【继往开来】 jìwǎngkāilái 继承前人的事业,开辟未来的局面。

【继续】 jìxù ❶团(活动)接着进行▷工作仍在～|～攀登。❷图与某事有连续关系的另一件事▷姜维九伐中原就是诸葛亮六出祁山的～。

偈 jì 图佛经中的唱词。

祭 jì ❶团祭祀;也指举行仪式对死者表示追悼和崇敬▷～祖|～奠|～品。☞上边是"夕",不是"夕"(登字头)。

【祭拜】 jìbài 团祭祀礼拜▷～祖先。

【祭奠】 jìdiàn 团举行仪式悼念死去的人▷～亡灵。

【祭扫】 jìsǎo 团到墓地打扫祭奠。

【祭祀】 jìsì 团置备供品对神灵或祖先行礼,表示崇奉并祈求护佑。

悸 jì ❶团心脏急速跳动▷心～。❷惊恐;惧怕▷惊～。

寄 jì ❶团委托▷～存|～养。❷依附▷～居。❸图本无亲属关系而以亲属关系相认的▷～父|～子。❹团通过邮局传递▷～信|邮～。

【寄存】 jìcún 团请人代为保存(物)▷～行李。

【寄居】 jìjū 团在外地或他人家里居住。

【寄卖】 jìmài ❶团委托他人代卖。❷受托代卖(他人物品)▷信托商店～高档首饰。

【寄人篱下】 jìrénlíxià 寄居他人门下。比喻依附别人生活,不能自主。

【寄生】 jìshēng ❶团(生物)依附在另一种生物体内或体表,靠吸收寄主体内营养生活,如蛔虫和菟丝子等。❷指不劳动而靠剥削人生活▷～阶层。

【寄生虫】 jìshēngchóng ❶图寄生在另一生物体上的动物。如血吸虫、蛔虫、跳蚤等。❷比喻有劳动能力而不劳动、依靠剥削他人生活的人。

【寄宿】 jìsù 团学生在学校住宿。

【寄托】 jìtuō ❶团托付▷把孩子～在王大妈家。❷把希望放在(某人身上)或把感情体现在(某事物中)▷把希望～在孩子身上|这礼物～了他的思念之情。

【寄养】 jìyǎng ❶团(把子女)委托他人养育。❷(把畜禽)委托他人饲养。

【寄予】 jìyǔ ❶囫给予(关切、同情等)▷~关切丨~满腔爱心。❷囫寄托▷人民对你们~厚望。☞不宜写作"寄与"。

【寄语】 jìyǔ 囫传递话语▷~小读者。

寂 jì ❶圈静▷沉~。❷冷清;冷落▷孤~。☞统读jì。

【寂静】 jìjìng 圈没有声音,十分安静▷~的夜空。

【寂寞】 jìmò ❶圈孤独冷清;被冷落的▷老人丧偶后很~丨他不甘~。❷沉寂、安静▷~荒凉的坟场。

绩(績) jì ❶囫把麻或其他纤维捻成线▷麻丨纺~。❷囵功业;成果▷业丨成~。☞统读jì。

蓟(薊) jì 囵多年生草本植物,开紫红色花,全草可以做药材。

霁(霽) jì〈文〉❶囫雨或雪停止,天色放晴▷雨~丨雪~。❷怒气消除,表情变为和悦▷~怒丨色~。❸圈晴朗;明朗▷~月。

鲚(鱭) jì 囵鱼,体小,银白色,优质食用鱼类。我国产的凤鲚通称鱼尾鱼。

暨 jì 囵和;与▷竣工典礼~庆功大会。☞连词"暨"和"及",语法功能相同,但是读音不同,"暨"音jì,"及"音jí;"暨"带有典雅庄重色彩,"及"不具有这种色彩。

稷 jì ❶囵古代指高粱。一说指谷子或黍子。❷五谷之神。古人以稷为五谷之长(在五谷中,高粱播种的时间最早),所以奉稷为谷神,与土神"社"合称"社稷"。

鲫(鯽) jì 囵鲫鱼,生活在淡水中,是常见的食用鱼。

髻 jì 囵女子梳拢在头上的发结▷~子丨高~丨发~丨抓~。

冀 jì ❶囫希望▷希~丨~图。❷囵河北省的别称▷~中平原。

骥(驥) jì ❶囵〈文〉千里马▷老~伏枥,志在千里。❷比喻杰出的人才▷~才。

jiɑ

加 jiā ❶囫把本来没有的添上去▷往菜里~点儿盐丨添~。❷在原有的基础上增多、扩大或提高▷~大丨~固丨~快。❸把某种行为加在别人身上▷强~于人丨施~压力丨严~管教。❹算术的一种运算方法,把两个或两个以上的数合在一起,如3加4等于7。

【加班】 jiābān 囫额外增加工作时间或班次▷我今晚~。

【加倍】 jiābèi ❶囫增加一倍▷价钱~。❷圃泛指比原来的程度高得多▷~努力学习。

【加大】 jiādà 囫使数量或程度增加▷~工作量丨~改革力度。

【加工】 jiāgōng 囫把原材料或半成品制成成品;使产品达到规定要求或使更完美▷~面粉丨服装~丨零件丨艺术上还要再加加工。

【加固】 jiāgù 囫使坚固、牢固▷~河堤。

【加害】 jiāhài 囫故意伤害▷~他人。

【加紧】 jiājǐn 囫使速度加快或强度增加▷~工作丨~排涝,确保丰收。

【加剧】 jiājù 囫(情况)变得更为严重▷病情丨环境污染的程度仍在~。

【加快】 jiākuài ❶囫提高速度▷施工进度~了。❷铁路部门指乘客将慢车车票改为快车车票。

【加码】 jiāmǎ ❶囫提高价格▷门票又~了。❷提高

数额和数量指标▷指标层层~丨不能再~了。

【加盟】 jiāméng 囫(外部人员)临时参加某团体结成联盟▷外国名演员~拍摄电影。

【加强】 jiāqiáng 囫使力量更强或更有效▷~民族团结丨~防火工作。

【加入】 jiārù ❶囫添加进去;掺入▷~冷水丨各种调料。❷参加;参与▷~少先队。

【加深】 jiāshēn 囫加大深度;使程度更深▷~河道丨认识~丨矛盾~。

【加速】 jiāsù 囫加快速度▷队伍~前进丨列车开始~丨~施工。

【加温】 jiāwēn 囫使温度升高;比喻增加某种行动的强度▷高炉继续~丨这项工作还需加加温。

【加以】 jiāyǐ ❶囫用在双音节动词前,表示对前面提到的事物施加某种行为▷对他的意见~考虑。❷囵承接前一分句,引出进一层的原因▷他基础好,~学习认真,因而进步很快。

【加油】 jiāyóu 囫比喻加大力度;加把劲儿▷~干丨为运动员~。

【加油添醋】 jiāyóutiāncù (为夸张或渲染的需要,在叙事或转述时)增添原来没有的内容。

【加重】 jiāzhòng 囫增加分量或加深程度▷不许~学生负担丨病情~了。

夹(夾) jiā ❶囫从两旁同时向同一对象用力或采取行动▷拿火筷~煤球丨两面~攻。❷囵夹东西的器具▷票~丨讲义~丨皮~。❸囫处在两者之间;从两旁限制住▷小房~在两座楼中间。❹囫掺杂▷~在队伍里丨雨~雪。○另见jiá。

【夹层】 jiācéng 囵双层的片状物▷走私货藏在~里。

【夹带】 jiādài ❶囫夹杂、携带▷一阵疾风~着沙粒扑面而来。❷将违禁物品藏在身上或混在他物中秘密携带▷~私货丨~毒品。❸囵考试时携带的作弊用的资料▷查出~。

【夹道】 jiādào ❶囵两个较高物体间的狭窄通道。❷囫排列在道路两旁▷~欢送。

【夹缝】 jiāfèng ❶囵两个物体之间的狭窄空间。❷比喻有多方威胁的艰难环境▷在~中求生存。

【夹攻】 jiāgōng 囫从两方面同时攻击。

【夹角】 jiājiǎo 囵两直线或两个面所夹的角。

【夹克】 jiākè 囵〈外〉袖口和下摆紧缩的对襟短上衣。☞不宜写作"茄克"。

【夹生】 jiāshēng ❶圈(饭食)没熟透。❷比喻学习或做事一知半解或没搞好▷因为缺课多,他学的知识都是~的。

【夹杂】 jiāzá 囫掺进(另外的东西)▷~几根白发丨不能~个人成见。

【夹注】 jiāzhù 囵夹在正文中的注释性文字(区别于"脚注")。字体一般较正文小。

佳 jiā 圈好的;美的▷最~阵容丨~期。☞跟"隹"(zhuī)不同。右边是"圭"(guī),上下都是"土"。

【佳话】 jiāhuà 囵被人们传诵的好事或趣事▷广为流传的一段~。

【佳节】 jiājié 囵欢乐、美好的节日▷春节是中国的传统~。

【佳境】 jiājìng ❶囵景物优美的处所▷黄山~。❷美妙的境界▷阅读过半已入~。

【佳酿】 jiāniàng 囵美酒。

【佳偶】 jiǎ'ǒu 囵幸福美满的夫妻。

【佳品】 jiāpǐn 囵优质品;上等品▷营养~丨散文中的~。

【佳期】 jiāqī 囵美好的日子,特指结婚的日期。

【佳肴】 jiāyáo 图美味菜肴▷珍馐～。

【佳音】 jiāyīn 图好消息▷喜获～。

【佳作】 jiāzuò 图优秀的作品。

迦 jiā 用于音译。释迦牟尼，佛教创始人。

珈 jiā 图古代贵族妇女的一种玉饰。

枷 jiā 图古代套在犯人颈项上的刑具▷披～带锁｜木～。

【枷锁】 jiāsuǒ 图古代刑具；比喻遭受的束缚和禁锢▷思想～｜砸碎～。

浃（浹） jiā 团湿透▷汗流～背。☞统读 jiā。

痂 jiā 图疮口或伤口表面结成的硬块，愈后自然脱落▷疮～。

家 jiā ❶图本人和共同生活的眷属的固定住所▷回～｜搬～。❷家庭▷成～立业｜分～。❸从事某种行业的人家或具有某种身份的人▷农～｜渔～｜船～｜东～。❹从事某种社会活动或精通某种知识、技艺，并有一定知名度的人；具有某种特征的人▷社会活动～｜科学～｜专～｜野心～。❺跟自己有某种关系的人家或个人▷亲(qìng)～｜冤～｜仇～。❻对别人称辈分比自己高或同辈中年纪比自己大的亲属▷父｜～母｜～兄。❼圃经过驯化、饲养的▷～禽｜～畜～兔。❽图学术上的流派▷自成一～｜百～争鸣。❾量用于人家、店铺、工厂等▷一～商店｜三～工厂。❿词的后缀，读轻声，附着在某些指人的名词后面，表示属于某一类人▷小孩子～｜女人～。

【家长里短】 jiāchánglǐduǎn 家庭生活中的琐事。☞"长"不要写作"常"。

【家常】 jiācháng ❶圃平常的▷～菜。❷图家庭日常事务▷拉～。

【家畜】 jiāchù 图人类驯养的马、牛、猪、狗等兽类。☞"畜"这里不读 xù。

【家当】 jiādàng 图〈口〉家产▷变卖了全部～也不够还贷款。

【家底】 jiādǐ 图家里长期积累的财产▷～厚实｜太薄。

【家访】 jiāfǎng 团到有关人的家里访问▷定期进行～。

【家风】 jiāfēng 图指家庭或家族世代相传的风尚、作风▷良好～。

【家伙】 jiāhuo 〈口〉❶图指器具或武器▷腰间别着～。❷指人(带有亲热、轻视或厌恶等意味)▷这～真有一手｜你这～也太不争气了｜一看那～就不是好人。❸指牲畜▷这～一跑起来一阵风，可快呢。❹量下子▷一把把对方撞倒｜打它一～也不妨干它一～。☞不要写作"傢伙"。

【家教】 jiājiào ❶图家庭教育▷～很严。❷家庭教师▷请了一位～。

【家境】 jiājìng 图家庭的经济状况▷～窘迫｜～富裕。

【家具】 jiājù 图家庭用具。主要指桌、床、椅、橱、沙发等。☞不要写作"傢具""傢俱"。

【家眷】 jiājuàn 图妻子儿女等家庭成员，有时专指妻子。

【家累】 jiālěi 图家庭负担▷～太重。☞"累"这里不读 léi 或 lèi。

【家门】 jiāmén ❶图自家门口；自己的家▷三过～而不入。❷指自己的家族▷败坏～｜～不幸。❸指个人的家世、经历等▷自报～。

【家破人亡】 jiāpòrénwáng 家庭被破坏，亲人死亡。形容家庭惨遭不幸。

【家禽】 jiāqín 图人类驯养的鸡、鸭、鹅等禽类。

【家室】 jiāshì ❶图房舍；住宅▷营造～。❷图家属(多指妻子)。

【家什】 jiāshi 图〈口〉家具；用具▷做饭的～很齐全｜屋里～不多。☞不要写作"傢什"。

【家属】 jiāshǔ 图户主或职工等本人以外的家庭成员▷军人～。

【家庭】 jiātíng 图以婚姻和血缘关系为基础的亲属间共同生活的社会单位。

【家乡】 jiāxiāng 图故乡；自家世代居住的地方▷思念～。

【家小】 jiāxiǎo 图〈口〉妻子儿女。

【家训】 jiāxùn 图家长对子孙持家治学、立身处世等方面的教诲。

【家养】 jiāyǎng 圃人工饲养的(区别于"野生")▷～鸵鸟。

【家业】 jiāyè 图家产；家传的事业▷继承～。

【家用】 jiāyòng ❶图家庭的花销▷贴补～。❷圃供家庭使用的▷～电器。

【家喻户晓】 jiāyùhùxiǎo 家家户户都知道。

【家园】 jiāyuán 图家中庭园，泛指家乡或家庭▷建设～。

【家长】 jiāzhǎng 图一家之主(一般指父母或其他监护人)▷开～会。

【家长制】 jiāzhǎngzhì 图家长拥有绝对权力的家庭制度，是奴隶社会和封建社会的产物；也用来比喻领导者个人独断专行的工作作风▷党内生活要民主化，不能搞～。

【家政】 jiāzhèng 图家务管理工作▷主持～｜～学校。

【家族】 jiāzú 图有共同血缘关系的若干家庭组成的社会群体，包括同一血统的几辈人。

笳 jiā 图胡笳，我国古代北方民族的一种乐器，木制三孔，两端弯曲。

袈 jiā [袈裟]jiāshā 图僧人披的法衣，用各色布片拼缀而成。

嘉 jiā ❶圃善；美▷～宾。❷团赞美；褒扬▷精神可～｜许｜～勉。☞上边是"士"不是"土"；中间是"口"，不是"艹"。

【嘉宾】 jiābīn 图贵宾；尊贵的客人。☞不宜写作"佳宾"。

【嘉奖】 jiājiǎng ❶团表彰奖励▷～有功将士。❷图给予的表彰奖励▷屡获～。

夹（夾） jiá 圃里外两层的(衣被等)▷～衣｜～被。○另见 jiā。

荚（荚） jiá 图豆类等植物的果实，有狭长形的外壳，成熟时外壳裂成两片▷豆～｜油菜～｜槐树～。

戛 jiá [戛然]jiárán 圃形容突然停止(多用于声音)▷～而止｜～曲终。☞不读 gā。

铗（鋏） jiá ❶图夹取东西的钳形金属工具。❷〈文〉剑；剑柄。

颊（頰） jiá 图脸两侧眼以下的部分▷两～｜面～。

蛱（蛺） jiá [蛱蝶]jiádié 图糊蝶的一类，成虫红黄色，幼虫灰黑色。有的吃麻类植物的叶子，是害虫。

甲 jiǎ ❶图天干的第一位，常用来表示顺序或等级的第一位▷～班｜～等｜～级品。❷团位居第一▷桂林山水～天下。❸图某些动物身上具有保护作用的硬壳▷龟～｜～壳｜～鱼。❹手指和脚趾上的角质硬壳▷指～。❺古人作战时穿的、用皮革或金属制成的护身衣▷盔～。❻用金属制成的起保护作用的装置▷装～车。☞统读 jiǎ。

【甲板】　jiǎbǎn　图轮船上将上下各层分开的板,多指船面上的一层。

【甲方】　jiǎfāng　图两个或两个以上单位或个人订立合同或协议时,为了行文方便,规定一方为"甲方",另一方为"乙方"……单位和个人订立合同、协议时,一般单位为"甲方",个人为"乙方"。

【甲骨文】　jiǎgǔwén　图已发现的最古的汉字字体,刻在龟甲和兽骨上,通行于殷商时代。甲骨文多为占卜的记录。

岬　jiǎ　图岬角,伸向海中的陆地尖角,如非洲南端的好望角,山东半岛的成山角等。

胛　jiǎ　图肩胛,背脊上部跟胳膊连接的部分。

钾(鉀)　jiǎ　图碱金属元素,符号 K。银白色。钾的化合物用途很广,钾肥是重要的肥料。

【钾肥】　jiǎféi　图以钾为主要成分的肥料,如氯化钾、硫酸钾、草木灰等。钾肥能使作物茎秆粗壮,促进开花结实,增强抗寒、抗旱、抗病能力。

假　jiǎ　❶团借▷～借。❷凭借;利用▷狐～虎威|～手于人。❸设想或推断▷姑且认定▷～说|～设。❹圉如果▷～如|～使。❺团虚托;冒充▷～托|～冒。❻囮伪;不真实(跟"真"相对)▷真～难辨|虚情～意。❼图虚假的或假冒的东西▷掺～|作～|打～。□右边是"叚",不是"段"。○另见 jià。

【假扮】　jiǎbàn　团有意装扮成另一个人以掩饰真实身份▷侦察员～成的农民。

【假道学】　jiǎdàoxué　图表面上装得正经,实际是卑劣无耻的人。

【假定】　jiǎdìng　❶团姑且看作(某种情况)▷～明天回来,也赶不上参加上午的会了。❷图对某种未成事实的假设▷这只是一种～。

【假公济私】　jiǎgōngjìsī　借公家的名义谋取私利。

【假借】　jiǎjiè　❶团假托或冒充▷～"义演"之名,行敛财之实。❷汉字六书之一。借用已有的字表示同音不同义的词。如"油",本义是水名,后借用来表示油脂的"油",这个"油"就是假借字。

【假冒】　jiǎmào　团冒充;以假充真▷～名牌产品。

【假面具】　jiǎmiànjù　❶图仿照人或动物的脸形制成的面具,用作道具或玩具。❷比喻伪装的假相▷戳穿他的～。

【假如】　jiǎrú　圉连接分句,表示假设关系,后面常用"那么、就、便"等呼应▷～下雨,就不去。

【假设】　jiǎshè　❶团假定①。❷图假定②。❸圉假如。

【假手】　jiǎshǒu　团借助他人达到自己的目的▷自己能做的事自己做,不要～于人。

【假托】　jiǎtuō　❶团借故▷～有病,不去上班。❷假冒(名义)▷～校长的名义,同意几名不合格的学生毕业。❸利用某事物寄托▷～寓言表达深意。

【假想】　jiǎxiǎng　❶团假定;设想▷～敌人从这里偷袭,我方该如何应对? ❷图指假定或设想的内容▷这个～将得到证实。

【假相】　jiǎxiàng　通常写作"假象"。

【假象】　jiǎxiàng　图不能反映事物本质的表面现象▷识破～,看清本质。

【假惺惺】　jiǎxīngxīng　圏形容虚情假意的样子。

【假意】　jiǎyì　❶图虚假的情意▷虚情～|用～试探。❷圗虚伪地▷他明明想叫我走,却～挽留我。

【假装】　jiǎzhuāng　团故意做出某种姿态以掩饰真相▷～不知道|～阔佬。

价(價)　jià　❶图价格▷讨～还～|涨～。❷价值,体现在商品里的社会必要劳动▷等～交换。

【价格】　jiàgé　图商品价值的货币表现,即商品出售的钱数。

【价廉物美】　jiàliánwùměi　(商品)价格便宜,质量上乘。

【价码】　jiàmǎ　图标明的价格。

【价钱】　jiàqian　❶图价格▷～便宜。❷比喻要求的条件▷对工作他从不讲～。

【价位】　jiàwèi　图一种商品的价格在同类商品的价格中所处的位置▷这种商品房～太高,买的人很少。

【价值】　jiàzhí　❶图体现在商品中的社会必要劳动。商品价值的大小决定于生产该商品所需的社会必要劳动时间。它通过商品的交换价值表现出来。❷事物的用途或积极作用▷营养～极高|努力实现自身的～。

【价值观】　jiàzhíguān　图对人生价值的认识,即对个人或别人在社会生活中的作用、地位和意义的观点。

【价值连城】　jiàzhíliánchéng　价格相当于相邻的许多座城。形容极其贵重。

驾(駕)　jià　❶团用牲口拉(车或农具)▷牛耕地,马～车|～辕。❷驾驶▷～车|～飞机|～驶。❸图指车;特指对方的车,借指对方▷～临|大～|挡～|劳～。❹特指帝王的车,借指帝王▷车～|起～|晏～。

【驾轻就熟】　jiàqīngjiùshú　驾轻车,走熟路。比喻对所做的事很熟悉,办起来很容易。

【驾驶】　jiàshǐ　团操纵车、船、飞机等行驶▷～赛车|～拖拉机。

【驾驭】　jiàyù　❶团驱使车马。❷控制,使按自己的意愿进行或发展▷～时局|～各种题材。☞不宜写作"驾御"。

架　jià　❶图支撑物体的构件或放置器物的用具▷骨～|书～|担～。❷团支撑;搭起▷～个梯子|～电线|～桥。❸搀扶;劫持▷～着老奶奶上楼|绑～。❹抵挡;承受▷招～|～不住。❺量用于某些有支柱或骨架的物体▷两～飞机|一～钢琴。❻图殴打或争吵的行为▷打～|吵～。

【架次】　jiàcì　量复合量词。表示飞机出动次数与架数相乘的积。如两架飞机出动五次和五架飞机出动两次均为十架次。

【架空】　jiàkōng　❶团建筑物、器物下面用东西支撑使离开地面▷立交桥是～的。❷圏比喻虚浮不实,没有根基▷～的想法。❸团比喻暗中排挤,使失去实权▷他大权独揽,～了其他领导成员。

【架设】　jiàshè　团设置(凌空的物体)▷～索道|～接收天线。

【架势】　jiàshi　〈口〉❶图姿态;姿势▷摆出了一副吓人的～。❷势头;形势▷看会上的～,免不了一场争论。☞不宜写作"架式"。

【架子】　jiàzi　❶图支架,支撑物体或供人攀缘的构件▷花盆～|书～|工～。❷比喻事物的基本结构▷剧本的～已经有了。❸派头;傲气▷官不大,～不小。❹姿式、架势▷摆出做木匠活儿的～。

假　jià　图法定的或经批准的暂停工作或学习的时间▷请～|休～|寒～。○另见 jiǎ。

【假期】　jiàqī　图放假或休假的日期。

【假日】　jiàrì　图放假或休假的日子。

【假条】　jiàtiáo　图写明请假理由和期限报请领导批准的纸条。

嫁 jià ❶囫女子结婚(跟"娶"相对)▷~闺女｜出～。❷囫转移(祸害、罪名等)▷转～危机。

【嫁祸于人】 jiàhuòyúrén 把灾祸转给别人;把引起灾祸的责任推给别人。

【嫁接】 jiàjiē 囫取一种植物的枝或芽移接到另一植物上,使结合为新植株。

【嫁妆】 jiàzhuang 图女子出嫁时陪嫁的物品。☞不宜写作"嫁装"。

稼 jià ❶囫〈文〉栽种(谷物)▷～穑。❷图泛指田里的作物▷庄～。

jiān

尖 jiān ❶囵末端极细小;锐利▷～刀｜～锐。❷图物体细小锐利的一端▷针～｜刀～儿。❸图事物中像尖儿的突出部分▷鼻子～儿｜脚～儿｜后臀~。❹超出同类的人或物▷～子冒～儿｜拔～儿。❺图声音又高又细▷声音～得刺耳｜～叫。❻感觉敏锐▷他的眼睛很～｜年轻人耳尖～｜警犬的鼻子真～。

【尖兵】 jiānbīng ❶图行军时在前头负警戒侦察任务的部队▷～连。❷比喻起开创作用的先进人物或群体▷改革的～｜国防科技的～。

【尖端】 jiānduān 图尖锐的末端;比喻科技前沿▷避雷针的～｜～科技。

【尖刻】 jiānkè 囵尖酸刻薄▷说话～。

【尖厉】 jiānlì 囵(声音)强烈刺耳▷火车头发出了～的叫声。

【尖利】 jiānlì 囵尖而锋利▷大象有一对～的长牙｜～的眼神。

【尖锐】 jiānruì ❶囵尖利▷～如刺。❷尖厉▷～的汽笛声。❸敏锐深刻▷～地指出问题｜眼光～。❹激烈;紧张▷措词～｜～的矛盾。

【尖酸】 jiānsuān 囵(言语)刻薄伤人▷你这话太～,使人难以接受。

【尖细】 jiānxì 囵高而细▷～的嗓音。

【尖子】 jiānzi ❶图物体尖锐的末端▷枪～｜塔～。❷能力和成绩超群的人▷业务～｜学习～。

奸 jiān ❶囵狡诈;邪恶▷～计｜～诈。❷对君主或国家不忠▷～臣。❸图背叛国家、民族或集团利益的人▷汉～｜内～。❹囵自私自利;虚伪▷这人真～,一毛不拔｜藏～耍滑。❺囫男女间发生不正当的性行为▷通～｜强～。

【奸臣】 jiānchén 图指残害忠良、祸国殃民或阴谋篡夺帝位的大臣。

【奸猾】 jiānhuá 囵奸诈狡猾。☞不宜写作"奸滑"。

【奸计】 jiānjì 图诡诈邪恶的计谋。

【奸商】 jiānshāng 图不讲商业道德,以奸诈手段牟取暴利的商人。

【奸污】 jiānwū 囫用暴力或欺骗手段与女子性交。

【奸细】 jiānxì 图为敌方刺探机密,传递情报的人。

【奸险】 jiānxiǎn 囵狡诈阴险。

【奸雄】 jiānxióng 图用奸诈手段窃取高位的人。

【奸淫】 jiānyín 囵奸污▷～妇女。

【奸诈】 jiānzhà 囵阴险狡诈。

歼(殲) jiān 囫消灭▷全～来犯之敌｜围～。☞统读 jiān。

【歼击】 jiānjī 囫攻击消灭▷～残匪。

【歼灭】 jiānmiè 囫(在战斗中)消灭▷～一切来犯之敌。

坚(堅) jiān ❶囵硬;牢固▷～硬｜～固。❷图坚固的事物▷无～不摧｜攻～。❸囵坚定,不动摇▷～贞｜～决。☞上边是"収",不是"収"。

【坚持】 jiānchí ❶囫坚定地保持,使某种状态或行为继续下去▷～长跑。❷坚决维护▷～真理｜～原则。

【坚定】 jiāndìng ❶囵(立场、主张、意志等)坚决而稳固;不动摇▷～立场。❷囫使坚定▷～信念｜～决心。

【坚固】 jiāngù 囵结实牢固。

【坚决】 jiānjué 囵(态度、行动等)确定不移▷口气很～｜～完成任务。

【坚苦卓绝】 jiānkǔzhuójué 坚毅刻苦的精神达到极点。

【坚强】 jiānqiáng 囵坚定强劲,经得起考验▷领导～｜～地活下去。

【坚韧】 jiānrèn ❶囵结实而柔软▷桑木扁担很～。❷顽强持久▷意志～。

【坚如磐石】 jiānrúpánshí 像磐石一样坚固,不可动摇。☞"磐"不要写作"盘"。

【坚实】 jiānshí 囵稳固结实▷地基～｜迈出～的一步。

【坚挺】 jiāntǐng ❶囵结实挺拔▷身架～｜秸秆～。❷行情、价格上涨或稳定(跟"疲软"相对)▷人民币日趋～。

【坚毅】 jiānyì 囵坚定而有毅力▷～果敢｜神情～。

【坚硬】 jiānyìng 囵结构紧密,非常硬▷木质～｜～的花冈石。

【坚贞】 jiānzhēn 囵坚持正义有气节▷～不渝｜保持～的情操。

间(間) jiān ❶图两个事物当中或两段时间当中▷彼此之～｜两可之～｜课～。❷一定范围之内▷区～｜人～｜夜～｜期～。❸房间,屋子内隔成的各个部分▷套～｜单～｜卫生～。❹量用于房间▷两～教室｜三～房子。○另见 jiàn。

【间架】 jiānjià 图房屋的结构;比喻汉字、书画诗文的结构和布局▷汉字的～结构｜文章的～布局要匀称。

肩 jiān ❶图肩膀▷～上挑着担子｜～头。❷囫担负▷身～重任｜～负。

【肩膀】 jiānbǎng 图上臂和身体相连的部分。

【肩负】 jiānfù 囫肩扛,比喻担负▷青年人～着建设未来的重任。

【肩章】 jiānzhāng 图佩戴在制服两肩上表示行业、级别的标志。

艰(艱) jiān 囵不容易;困难▷～难。

【艰巨】 jiānjù 囵艰难而繁重▷任务～。

【艰苦】 jiānkǔ 囵艰难困苦▷～创业。

【艰难】 jiānnán 囵困难▷日子很～。

【艰涩】 jiānsè 囵(文词)深奥不顺畅▷～的译文令人难以卒读。

【艰深】 jiānshēn 囵深奥难懂▷这本书的文字和道理都很～。

【艰险】 jiānxiǎn ❶囵艰难危险▷极地考察很～。❷图指困难和危险的情况▷战胜了征途上的无数～。

【艰辛】 jiānxīn 囵艰难辛苦▷生活～。

监(監) jiān ❶囫监视;督察▷～工｜～场。❷图关押犯人的处所▷探～｜～牢。☞上边是"収",不是"収"。○另见 jiàn。

【监测】 jiāncè 囫监视并检测▷～灾情｜城市噪声～。

【监察】 jiānchá 囫对国家各级机关及其工作人员进行监督并检举其违法失职行为。

【监督】 jiāndū ❶囫监察督促▷～劳动。❷图负责监督工作的人。

【监管】 jiānguǎn 囫监视管理;监督管理▷对犯人进行～｜市容～。

【监护】 jiānhù ❶囫监视保护▷～长江大堤。❷监察护理▷~治疗。❸法律上指对未成年人、精神病人等的人身、财产及其他合法权益进行监管和保护。

【监禁】 jiānjìn 团把犯人关押起来，禁止其自由行动▷终生~。

【监考】 jiānkǎo ❶团监视考场，维持考场纪律。❷名指监考人员。

【监控】 jiānkòng 团监测控制；监督控制▷自动温度~|质量~|市场物价。

【监理】 jiānlǐ ❶团监督管理▷工程~。❷名做监理工作的人▷他是工程的~。

【监视】 jiānshì 团从旁严密注视▷~敌人的动静。

【监守自盗】 jiānshǒuzìdào 盗窃自己负责看管的财物。

【监听】 jiāntīng 团利用电讯设备监视收听别人的谈话或无线电讯信号。

【监狱】 jiānyù 名国家执行刑罚的机构，监禁犯人的处所。

兼 jiān ❶团同时做两件或两件以上的事情▷在校外~点儿课。❷副表示动作行为同时涉及两个以上的方面▷~顾双方利益|德才~备。❸形加倍的▷~旬(二十天)|~程。☞第五画是长横，右边出头。

【兼备】 jiānbèi 团同时具有(几个方面)▷智勇~|众长。

【兼并】 jiānbìng ❶团侵占；并吞(别国的领土或别人的土地)。❷企业通过购买等手段合并其他企业▷企业~|~重组。

【兼程】 jiānchéng 团以加倍的速度赶路▷~行进|水陆~。

【兼顾】 jiāngù 团同时照顾到▷事业和家庭~|~各方面的利益。

【兼任】 jiānrèn ❶团同时担任两项或几项职务。❷形非专任的▷~校长。

【兼容】 jiānróng 团同时容纳几个方面。特指计算机软件之间在功能上互相容纳。

【兼收并蓄】 jiānshōubìngxù 把各种不同或相反的东西都收进来。

【兼听则明】 jiāntīngzémíng 多方面听取意见，才能明辨是非。

【兼职】 jiānzhí ❶团本职之外兼任其他职务▷他在校外~。❷名本职以外兼任的职务▷他在校外有两个~。

菅 jiān 名多年生草本植物，叶子多毛，细长而尖▷草~人命。☞跟"管"(guǎn)不同。

笺(箋) jiān ❶名古书注释的一种▷~注|《毛诗~》。❷书信▷便~。❸写信、题词用的纸▷信~|便~。☞不读jiàn。

犍 jiān 名阉割过的公牛▷~牛。☞㊀不读jiàn。㊁在"犍为"(四川地名)中读qián。

缄(緘) jiān ❶团关闭▷~口不言。❷特指为书信封口(常用在信封上寄信人姓名后)▷北京王~。☞不读jiàn。

【缄默】 jiānmò 团不说话▷~不语。

搛 jiān 团(用筷子)夹▷~菜。

煎 jiān ❶团把食物放在少量的油里炸到表面变黄▷~鱼。❷把东西放在水中熬煮，使其成分进入水中▷~药。❸量用于中药熬汁的次数▷二~。

【煎熬】 jiān'áo 团烹煮，比喻痛苦地受折磨▷在敌人的监狱中受尽~。

【煎心】 jiānxīn 形心中焦急、痛苦。

拣(揀) jiān ❶团挑；选择▷挑肥~瘦|挑~。☞右边第三画是横折钩(乛)，不要写成"东"。

茧(繭) jiān ❶名蚕类等昆虫在变成蛹之前吐丝做成的包裹自己的壳▷~子。❷手掌或脚掌上因磨擦而生的硬皮▷老~。

柬 jiān 名指信札、请帖等▷请~|书~。

俭(儉) jiān 形节省；简朴▷省吃~用|节~|勤~。☞统读jiǎn。

【俭朴】 jiǎnpǔ 形节俭，朴素▷生活~。

【俭省】 jiǎnshěng 形爱惜钱物，不浪费▷~度日。

捡(撿) jiǎn 团拾取▷~粪|~破烂儿◇~便宜。☞"拣"有挑选的意思，"捡"无此意。

检(檢) jiǎn ❶团约束；限制▷~点|行为不~。❷查▷~字表|~验|翻~。

【检测】 jiǎncè 团检验测试或测定▷仪器|~所含微量元素。

【检查】 jiǎnchá ❶团查看，以便发现问题▷~卫生。❷检讨①▷~自己的言行。❸名指检讨书▷写~。

【检察】 jiǎnchá 团审查、检举(犯罪事实)。

【检点】 jiǎndiǎn ❶团一一验看、查点▷~邮件|~清楚。❷检查，约束自己的言行▷行为有失~。

【检举】 jiǎnjǔ 团向司法和纪检机关等揭发(违法犯罪行为)▷~贪污分子。

【检索】 jiǎnsuǒ 团查检搜寻(资料、图书等)▷音序~|~典故出处。

【检讨】 jiǎntǎo ❶团查找认识自己的缺点或错误▷自我~。❷总结；分析研究▷~工作|成败得失。

【检修】 jiǎnxiū 团检查维修▷~机器。

【检验】 jiǎnyàn 团检查验看；检查验证▷~证件|~理论。

【检疫】 jiǎnyì 团对从外国、外地进入本国、本地的人、动植物及其他物品进行卫生检验和消毒处理，以防止传染病蔓延。

【检阅】 jiǎnyuè ❶团(高级首长或国宾)在一定仪式上检查视察(部队或群众队伍)▷~三军仪仗队。❷泛指对成绩和力量等进行检验察看▷~革新成果。❸翻检阅读▷文件入档，以备~。

趼 jiǎn 名同"茧"②，现通常写作"茧"。☞统读jiǎn。

减 jiǎn ❶团减少(跟"增"相对)▷缩~|裁~|~去1/2。❷降低；衰退▷~速|~轻。☞左边不要写作"氵"。

【减肥】 jiǎnféi 团采取人为方法，使肥胖程度减轻▷健美~◇要给这个臃肿的机构~。

【减幅】 jiǎnfú 名减少或降低的幅度▷价格的~很大。

【减缓】 jiǎnhuǎn 团降低(动作或过程发展的)速度▷~车速|人口增速~。

【减亏增盈】 jiǎnkuī zēngyíng 减少亏损，增加盈利。

【减免】 jiǎnmiǎn 团减轻或免除▷~刑期|~学费。

【减轻】 jiǎnqīng 团数量、重量、程度等由多变少、由重变轻、由强变弱▷~农民负担|体重~了|痛苦~。

【减弱】 jiǎnruò 团(力量、声势等)由强变弱▷火势逐渐~|力度不能~。

【减色】 jiǎnsè 团减少光泽色彩；降低精彩程度▷今天他嗓子哑了，使演讲~不少。

【减少】 jiǎnshǎo 团(从原来的数量中)减去一部分▷~开支。

【减缩】 jiǎnsuō 团降低，压缩。

【减退】 jiǎntuì 团(程度)降低▷色斑在~|新闻热度~|热情~。

【减刑】jiǎnxíng 团被判刑的犯罪分子,在服刑期间,因确有悔改或立功表现得到减轻刑罚的待遇。

【减削】jiǎnxuē 团减少;削减▷应酬的开支。

剪 jiǎn ❶团除掉▷～灭。❷铰▷修一~贴。❸团剪刀▷剪刀~裁衣。❹像剪刀的器具▷火一~夹~。

【剪裁】jiǎncái ❶团做衣服时,把衣服按一定尺寸样式裁开▷衣服～合体。❷团比喻写作时对材料的取舍安排▷写通讯要学会～,不要堆砌材料。

【剪彩】jiǎncǎi 团在开幕、竣工、开业等仪式上剪断彩带。

【剪除】jiǎnchú 团剪去;除掉▷～枯枝败叶|~黑手党。

【剪辑】jiǎnjí ❶团创作电影、电视片时,把拍摄好的镜头和声带进行选择、删剪、整理、组接、编排,使之成为结构完整的艺术形式。也说剪接。❷团经过编辑的影片、录像片▷电影录音。

【剪影】jiǎnyǐng ❶团按照人、物的轮廓剪纸成形。❷团剪影所成的形象▷一张～。❸比喻对于事物大致轮廓的描写(多用于标题)▷青年志愿者活动~。

【剪纸】jiǎnzhǐ ❶团用纸剪出或刻出各种人、物等形象。❷团剪纸作品▷窗上的～。

睑(瞼) jiǎn 团眼皮▷眼~。

铜(鐧) jiǎn 团古代兵器,形状像鞭,有四棱而无刃,下端有柄。

简(簡) jiǎn ❶团古代写字用的狭长竹片或木片▷竹～。❷书信▷书~。❸团简单(跟"繁"相对)▷～体字|~历。❹团使繁变简▷精兵～政|精~。

【简报】jiǎnbào 团就机关团体内部情况或重要会议内容所写的比较简略的报道。

【简编】jiǎnbiān 团内容简要的著作;也指删节原书内容和篇幅而成的简本▷《逻辑学～》|《中国古代史～》。

【简便】jiǎnbiàn 团简单便利▷操作～|~解法。

【简称】jiǎnchēng ❶团复杂名称的缩略或简化形式,如:政协(中国人民政治协商会议)。❷团缩略或简化为▷少年先锋队~少先队。

【简单】jiǎndān ❶团结构单一,头绪不多,容易处理或使用(跟"复杂"相对,②同)▷内容～。❷(经历、思想等)单纯▷头脑～。❸(能力、手段、来历等)平凡(多用于否定式)▷这个人不～。❹马虎,不仔细▷不宜～从事。

【简化】jiǎnhuà 团使比较复杂的事物、过程变得简单和容易理解、容易处理▷～审批手续|~繁体字。

【简洁】jiǎnjié 团简明扼要,没有多余的▷文字~|画面构图~。

【简捷】jiǎnjié 团直截了当;简便快捷▷行文～|选一种～的办法。

【简截】jiǎnjié 通常写作"简捷"。

【简介】jiǎnjiè ❶团简要地介绍。❷团简要介绍的文字▷故宫博物院~。

【简括】jiǎnkuò 团简短而概括▷批语很～。

【简历】jiǎnlì 团对经历的简要叙述。

【简练】jiǎnliàn 团简要而精练▷材料写得~|动作～,易于掌握。☞不宜写作"简炼"。

【简陋】jiǎnlòu 团简单粗陋;不完备▷厂房～|~的家具。

【简略】jiǎnlüè ❶团(口头或书面表达)简单,不详尽▷～的提纲。❷团删简省略▷把很重要的内容~了。

【简慢】jiǎnmàn 团急慢;招待不周到▷待人～。

【简明】jiǎnmíng 团简单明了▷~易懂。

【简朴】jiǎnpǔ 团简单朴素▷生活～|语言精练~。☞"简朴"可用于生活,也可用于语言文字等;"俭朴"只用于生活。用于生活时"简朴"强调"简单","俭朴"强调"节俭"。

【简省】jiǎnshěng ❶团把繁琐部分省去▷～手续|~程序。❷团节俭▷生活很~|支出~。

【简述】jiǎnshù 团简单叙述▷内容～。

【简缩】jiǎnsuō 团精简压缩▷~编制。

【简体字】jiǎntǐzì 团经过简化的汉字(跟"繁体字"相对)。

【简要】jiǎnyào 团简明扼要▷文字～。

【简易】jiǎnyì ❶团简单容易▷方法～,便于操作。❷(设施)简单,容易制作▷～厂房|~宿舍。

【简直】jiǎnzhí 团表示完全如此(含夸张意味)▷他干这工作~是个料。

【简装】jiǎnzhuāng 团(商品)包装简单;不考究。

碱 jiǎn ❶团化学上称存在水溶液中能电离出氢氧根离子的化合物,这种物质能同酸中和形成盐。特指去油污和发面用的纯碱,即碳酸钠。❷团受到盐碱的侵蚀▷墙根已经一了。☞不宜写作"硷"。

【碱化】jiǎnhuà 团(土壤)被盐碱侵蚀▷土地大面积~。

见(見) jiàn ❶团看到▷视而不~|罕~。❷会面,跟别人相见▷接~|会~。❸碰到;接触▷汽油一火就着|这种药怕~光。❹团对事物的认识和看法▷真知灼~|高~。❺团看得出;显现出▷日~好转|相形~绌。❻指明文字的出处或参看的地方▷"一鼓作气"《左传·庄公十年》|~后。❼用在某些动词后面表示结果▷看~|听~。❽〈文〉用在动词前表示受到;接受▷~笑于大方之家|告~示。○另见xiàn。

【见长】jiàncháng 团显出特长▷他绘画,以山水~|此诗以含蓄~。

【见得】jiàndé 团看得出来;可以肯定(用于否定式、疑问式)▷你说他会来,我看不～|你说明天要刮风,何以～?

【见地】jiàndì 团正确独到的见解▷这人很有～。

【见多识广】jiànduōshíguǎng 见过的多,知道的广。形容知识丰富。

【见风是雨】jiànfēngshìyǔ 比喻看到一点迹象就轻率地相信。

【见缝插针】jiànfèngchāzhēn 比喻利用一切可以利用的空间、时间。

【见怪】jiànguài 团责备、怪罪(多用于否定式)▷我说话直率,请不要~。

【见怪不怪】jiànguàibùguài 见到奇怪的事物不感到奇怪。表示对这类事情已经习惯。

【见机行事】jiànjīxíngshì 看准机会,根据具体情况处理问题。

【见教】jiànjiào 团敬词,指教▷承蒙～,不胜感激|有何~?

【见解】jiànjiě 团观点,看法▷学术～。

【见利忘义】jiànlìwàngyì 看到有利可图就不顾道义。

【见谅】jiànliàng 团〈文〉谦词,用于请对方原谅▷来函迟复,望~。

【见面】jiànmiàn 团当面相见▷与读者～◇同志间应该思想~,开诚布公。

【见仁见智】jiànrénjiànzhì 对同一事物或问题人们有不同见解(《易经·系辞上》:"仁者见之谓之仁,智者见之谓之智")。

【见识】 jiànshí ❶团接触事物,增长见闻▷到国外去~~。❷图知识;见解▷小小年纪,便这么有~。❸团认识;对待问题一般~。

【见所未见】 jiànsuǒwèijiàn 见到以前从来没有见到过的。形容非常新奇。

【见外】 jiànwài 团把我当作外人看待▷你要不收下,就是~了。

【见微知著】 jiànwēizhīzhù 见到一点苗头就能看出发展趋势(著:显著)。

【见闻】 jiànwén 图看到和听到的事物▷~广博|西藏~。

【见习】 jiànxí 团(初上工作岗位的人,在独立工作之前)现场观察学习。

【见笑】 jiànxiào 团鄙笑▷说出来,不怕您~|画得不好,让您~了。

【见效】 jiànxiào 团显示出功效▷吃下药即刻~|科技投入~快,效益高。

【见义勇为】 jiànyìyǒngwéi 看到合乎正义的事就勇敢地去做。

【见异思迁】 jiànyìsīqiān 看到别的事物就改变原来的主意或意愿。指意志不坚定,做事、喜好不专一。

【见证】 jiànzhèng ❶图当场目睹而可以作证的▷~人。❷图可以做证的人或物▷历史的~。

件

件 jiàn ❶图指总体中可以分拆开来的事物▷零~|配~。❷图文件▷急~|密~。❸图用于某些可以一一计算的事物▷一~衣服|三~公文。

间(間)

间(間) jiàn ❶图缝隙;空隙▷~隙|亲密无~。❷图非直接的▷~接。❸团隔开;断开▷黑白相~。❹团使有缝隙;挑拨(别人的关系)▷离~|反~计。❺团除去(多余的幼苗)▷~苗。○另见 jiān。

【间谍】 jiàndié 图被敌方或外国情报机关派遣或收买,从事刺探、窃取、传送情报或进行破坏颠覆活动的人。

【间断】 jiànduàn 团(连续的事物)中间隔断,不相连接▷训练从不~。

【间隔】 jiàngé ❶团在时间或空间上隔开,造成距离▷两次注射之间~四周。❷图在时间或空间上的距离▷两座楼之间有规定的~。

【间隔号】 jiàngéhào 图标点符号的一种,形式为"·"。用于一些民族的姓名中间或表示书名和篇名的界线。如列夫·托尔斯泰、《庄子·逍遥游》。

【间或】 jiànhuò 副偶尔▷~有车驶过|多数是桃树,~有杏树。

【间接】 jiànjiē 图通过中介的人或物发生关系(跟"直接"相对)▷~描写|~联系|~了解。

【间苗】 jiànmiáo 团为保证作物健壮成长,按一定株距去掉多余的幼苗。

【间隙】 jiànxì 图未被利用的时间或空间▷抓紧工作、学习|一条约10厘米的~。

【间歇】 jiànxiē 图在连续过程中间的停顿▷动作有~|~性的跳动。

【间作】 jiànzuò 团在同一块耕地上,隔株、隔行或隔畦同时栽培两种或两种以上作物。

饯(餞)

饯(餞) jiàn ❶团设酒食送行▷~行|~别。❷图用蜜或糖浸渍的果品▷蜜~。

【饯别】 jiànbié 团设宴送行告别▷为老友~。

【饯行】 jiànxíng 团饯别。

建

建 jiàn ❶团修筑;修造▷扩~|修~。❷创立;设立▷~国|~立。❸提出(主张)▷~议。❹图指福建▷~漆|~兰。

【建构】 jiàngòu 团建立构筑;构拟(用于抽象事物)▷

~理论框架|~新机制。

【建交】 jiànjiāo 团建立外交关系。

【建立】 jiànlì ❶团创设;成立▷~领导机构|~出口生产基地。❷使形成、产生▷~高品位的城市文化|~联系。

【建设】 jiànshè ❶团增加(新设施),创立和发展(新事业)▷~高速公路|~社会主义新文化。❷图新增加的设施,新创立的事业;有关建设方面的工作▷三峡工程的~|精神文明~。

【建设性】 jiànshèxìng 图对工作和事业有积极促进作用的性质▷~的意见|他的建议富有~。

【建树】 jiànshù ❶团建立;树立▷~了丰功伟绩。❷图建立的功绩▷在理论上有~。

【建议】 jiànyì ❶团提出处理某事的具体主张和意见▷医生~做手术。❷图对某事所提出的主张和意见▷合理化~|提出可供参考的~。

【建造】 jiànzào 团建筑;制造▷~厂房|~桥梁|~货轮。

【建制】 jiànzhì 图机关、军队的组织编制和行政区划等制度。

【建筑】 jiànzhù ❶团建造构筑(土木工程)▷~大坝◇把幸福生活~在勤劳的基础上。❷图建筑物▷高层~◇意识形态属于上层~。

荐(薦)

荐(薦) jiàn ❶图〈文〉草垫子▷草~。❷团推举;介绍▷推~。

【荐举】 jiànjǔ 团推荐▷~他当校长。

贱(賤)

贱(賤) jiàn ❶图价格低(跟"贵"相对,②同)▷~买贵卖|~价。❷地位低▷卑~|贫~。❸卑鄙▷~骨头|下~货。❹谦词,用于称有关自己的事情▷您贵姓,~姓赵|~内(指妻子)。

剑(劍)

剑(劍) jiàn 图古代兵器,长条形,顶端尖,两边有刃,中间有脊,后部有柄▷宝~。

【剑拔弩张】 jiànbánǔzhāng 剑出鞘,弩张开。形容形势紧张,矛盾斗争一触即发。

【剑眉】 jiànméi 图较直而末端微向上翘的眉毛。

【剑侠】 jiànxiá 图剑术高强且行侠仗义的人▷~小说。

监(監)

监(監) jiàn 图古代官府的名称▷钦天~|国子~。☞上边是"此",不是"此"。○另见 jiān。

健

健 jiàn ❶图具有活力的;强壮的▷强~。❷团使强壮▷~脾|~胃。❸善于;易于▷~谈|~忘。

【健步】 jiànbù 图轻快有力的脚步▷老人~登上了泰山。

【健儿】 jiàn´ér 图身体强健、精力充沛、动作敏捷的青壮年(多指运动员或战士)▷体操~|游击~|逐英豪。

【健将】 jiànjiàng ❶图某领域中起重要作用的干将▷中国新文化运动的~。❷由国家授予的运动员等级中最高一级的称号▷短跑~。

【健康】 jiànkāng ❶图人的生理机能和心理状况正常,没有缺陷和疾病的▷身体很~。❷图身体健康的状况▷体育锻炼对~很重要|吸烟有害~。❸图(事物)发展正常;内容积极向上▷使各项事业~发展|思想~。

【健朗】 jiànlǎng 图健康硬朗。

【健美】 jiànměi 图身体健康,体型优美▷体态~|~运动。

【健全】 jiànquán ❶图身体和精神都健康,没有残疾的▷~人。❷(事物)完善,没有缺欠的▷市场经济机制还不~。❸团使完备▷~组织机构。

【健身】 jiànshēn 团锻炼身体,使身体健康▷全民~|

打太极拳可以～。

【健谈】 jiàntán 圈擅长谈话并且谈话的兴致很浓▷这位老先生很～。

【健忘】 jiànwàng 圈记忆力差，容易忘事▷他很～，刚问过又问。

【健旺】 jiànwàng 圈身体健壮，精力旺盛▷老人年事已高，却依然～。

【健在】 jiànzài 团健康地活着(多指老年人)▷希望他依然～。

【健壮】 jiànzhuàng 圈健康，强壮；苗壮▷～的运动员｜这种棉花不论在南方还是北方，都长得很～。

舰(艦) jiàn 图军用的大型船只▷军～。

【舰艇】 jiàntǐng 图军用船只的总称。

洞(澗) jiàn 图山间的水沟▷山～。

渐(漸) jiàn 副表示程度、数量缓慢地变化▷天气～暖｜日～减少｜循序～进。

【渐变】 jiànbiàn 团缓慢变化(跟"突变"相对)▷语言是～的。

【渐进】 jiànjìn 团逐渐进展▷改革只能～，不能急躁｜循序～。

谏(諫) jiàn 团〈文〉直言劝告(一般用于下对上)▷进～｜拒～。

践(踐) jiàn 团❶踏；踩▷～踏。❷履行；实行▷实～｜～约。

【践踏】 jiàntà 团❶踩▷勿～草地。❷比喻摧残蹂躏▷纳粹～了她的家乡。

【践约】 jiànyuē 团实行已约定的事▷～赴会。

毽 jiàn 图毽子，用脚踢的游戏用具，用鸡毛等制作。

腱 jiàn 图肌腱，连接肌肉和骨骼的结缔组织，白色，质地坚韧。

溅(濺) jiàn 团液体受撞击而向四外迸射▷～了一身油｜钢花四～。

【溅落】 jiànluò 团物体从高处落入水中，特指人造卫星、宇宙飞船、火箭等返回地球，落入大海。

鉴(鑒) jiàn ❶图古代的镜子，多用铜制成。❷团〈文〉照；映照▷水清可～。❸图可以使人警戒或仿效的事▷前车之～｜借～。❹团观察；审视▷～别｜～定｜～赏。❺旧式书信套语，用在开头称呼之后，表示请对方看▷台～｜钧～。

【鉴别】 jiànbié 团辨别(真伪优劣)▷～文物古玩｜有比较才好～。

【鉴定】 jiàndìng ❶团鉴别并确定或确认▷请专家～｜～文物。❷图对人在某时期内的表现所写的评语▷毕业～。

【鉴戒】 jiànjiè 图教训、警戒▷引为～。

【鉴赏】 jiànshǎng 团对艺术等进行鉴别、欣赏和评价▷古董～｜唐诗～。

键(鍵) jiàn ❶图插在门闩上起固定作用的金属棍▷关～。❷某些乐器、电器或其他机器上按动后使进入工作状态的部件▷琴～｜按～。❸使皮带轮或齿轮跟轴连接并固定的插销。

【键盘】 jiànpán 图钢琴、手风琴、电子计算机等上边安着许多按键的部分。

槛(檻) jiàn ❶图〈文〉图关牲畜、野兽的栅栏。❷押送犯人的囚笼▷～车。❸栏杆▷～外长江空自流。在"门槛"中读 kǎn。

踺 jiàn [踺子]jiànzi 图体操或武术运动等的一种腾空翻身动作▷他翻了个～。

箭 jiàn 图用弓弩发射的武器，前端装有金属的尖头▷弓～｜～射～。

【箭步】 jiànbù 图飞快跃出的大步子▷一个～赶了上去。

【箭头】 jiàntóu ❶图箭端的尖头。❷箭头形的符号▷向～指引的方向走。

jiang

江 jiāng ❶图指长江▷大～南北｜渡～战役。❷泛指大的河流。

【江河日下】 jiānghérìxià 比喻情势的发展一天不如一天。

【江湖】 jiānghú ❶图指古代士大夫隐居的处所▷遁迹～。❷泛指四方各地▷走～｜落拓～。

【江南】 jiāngnán 图长江南岸广大地区，特指长江下游南岸(即苏南、皖南、浙江北部一带)▷～水乡。

【江山】 jiāngshān ❶图江河和山岭，泛指自然风光▷～如画｜～壮丽。❷借指国家或政权▷巩固～｜人民的～。

【江心补漏】 jiāngxīnbǔlòu 船到江心才修补漏洞。比喻已难以补救。

将(將) jiāng ❶团保养▷～息｜～养。❷〈文〉带着▷挈妇～雏(领着妻子，带着孩子)。❸团 a)拿；用▷～功折罪｜恩～仇报。b)把▷～皮包放下。❹团下象棋时攻击对方的"将"或"帅"▷他一军。❺用言语为难(对方)▷我提了个问题，一下就把他～住了。❻副 a)就要；快要▷飞机即～起飞｜天色～晚。b)刚刚▷屋子～能容十个人｜工资～够过日子。❼团又；且(叠用)▷～信～疑。☞右上是"夕"，不是"歹"或"夛"。○另见 jiàng。

【将计就计】 jiāngjìjiùjì 利用对方向己方展开的计策向对方施当自己的计谋。

【将近】 jiāngjìn 副(数量、时间等)接近▷～一吨｜黄昏｜任务～完成。

【将就】 jiāngjiù 团勉强适应；凑合▷条件不好，～点吧。

【将军】[1] jiāngjūn 图将(jiàng)级军官，泛指高级将领。

【将军】[2] jiāngjūn ❶团下象棋指向对方的"将"或"帅"发动攻击。❷比喻给人出难题▷她请我唱歌，简直是将了我一军。

【将来】 jiānglái 图现今以后的时间▷～会更好。

【将心比心】 jiāngxīnbǐxīn 用自己的心去体会别人的心；设身处地为别人着想。

【将要】 jiāngyào 副表示不久会(发生或进行)；快要▷～发生的事｜他～到柴达木油田工作。

姜(薑❶) jiāng ❶图多年生草本植物。根茎肥大，有辛辣味，是常用的调味品，也可以做药材。❷图姓。

豇 jiāng [豇豆]jiāngdòu 图一年生草本植物，荚果和种子也叫豇豆，荚果长条形，种子肾形。嫩荚和种子可吃。

浆(漿) jiāng ❶图浓的汁液▷豆～｜糖～。❷团用含淀粉的液体浸渍纱、布、衣服等，使干后光滑硬挺▷奶水洗过衣服总爱～一～。☞上边是"夕"，不是"将"。㈡跟"桨"(jiǎng)不同。

【浆果】 jiāngguǒ 图液果类果实，中果皮、内果皮肉质，含有丰富的浆液，如葡萄、蕃茄等。

僵 jiāng ❶圈(肢体)直挺，不能活动▷脚都快冻～了。❷比喻事情无法变通，或两种意见相持不下▷把事情闹～了。

【僵持】 jiāngchí 团双方争执不下，互不让步。

【僵化】jiānghuà 圆变得僵硬;比喻不能跟着情况的变化而变化▷人老了,手脚～了|头脑～。

【僵局】jiāngjú 图相持不下的局面▷谈判陷入～|摆脱～。

【僵尸】jiāngshī 图僵硬的尸体;比喻死亡的或行将死亡的事物▷政治～。

【僵硬】jiāngyìng ❶圈(肢体)不能活动▷四肢～。❷死板;不灵活▷方式方法太～。

【僵直】jiāngzhí 圈僵硬挺直。

缰(韁) jiāng 图拴牲口的绳子▷脱～|~绳。☞统读 jiāng。

礓 jiāng [礓磋]jiāngcǎ 图园林等传统建筑门口铺设的有坡度的石块,上面凿有平行的凸起横纹防滑,可以代替台阶,多供车马行走。

疆 jiāng ❶图边界▷边~。❷界限▷万寿无~。❸指新疆▷~南~。

【疆场】jiāngchǎng 图战场。

【疆界】jiāngjiè 图地界;国界。

【疆土】jiāngtǔ 图国土;领土。

【疆域】jiāngyù 图领土(侧重指范围)▷~辽阔。

讲(講) jiǎng ❶圆说;评说▷~话|~评。❷就某方面来说▷~业务水平他不如你,~工作态度你不如他。❸商议;商谈▷~条件|~价钱。❹解说;口头传授▷~课|~台|听~。❺注重;追求▷~卫生|~排场。

【讲和】jiǎnghé 圆战争或矛盾的双方彼此和解。

【讲话】jiǎnghuà ❶圆说话;发言。❷图演讲的话;说的话▷他的~简短扼要。❸讲解性的文字(多用作书名)▷《语法修辞~》。

【讲解】jiǎngjiě 圆讲述,解释▷他指着地图对学生~本省地形。

【讲究】jiǎngjiu ❶圆讲求;注重▷~实效|~卫生。❷图值得讲求或研究的道理、方法▷行文是很有~的。❸圈精美、考究▷穿着~|摆设很~。

【讲理】jiǎnglǐ ❶圆评论是非▷到居委会~去。❷圈通情达理的▷他很~。

【讲评】jiǎngpíng 圆讲解和评论▷~作文|现代文学作品~。

【讲求】jiǎngqiú 圆讲究;追求▷~效率|穿着不必时髦。

【讲授】jiǎngshòu 圆解说传授▷耐心~|~逻辑学。

【讲述】jiǎngshù 圆叙述或讲解▷~老百姓自己的故事。

【讲坛】jiǎngtán 图讲台;也泛指讲演、发表意见的场所▷大学~|哲学~。

【讲学】jiǎngxué 圆公开讲述自己的学术观点和理论▷请专家来我校~。

【讲演】jiǎngyǎn ❶圆向听众发表演说。❷图讲演的话▷你的~很精彩。

【讲义】jiǎngyì 图为授课编写的教材。

【讲座】jiǎngzuò 图为讲授某门学科或某一专题所采用的教学形式,一般通过现场讲课、广播、电视、报刊连载等方式进行▷英语广播~|学术~。

奖(獎) jiǎng ❶圆称赞;夸赞▷夸～|嘉～。❷为了鼓励或表扬而授予(荣誉或钱物等)▷~品|~状。❸图授予的荣誉或钱物等▷得～|发～|一等~。

【奖惩】jiǎngchéng 圆奖励和惩处▷根据情况予以~。

【奖励】jiǎnglì ❶圆给予荣誉或财物表示鼓励▷~有功人员。❷图奖励的荣誉或财物▷精神~|参赛者有~。

【奖券】jiǎngquàn 图金融机构、企业、社会团体等发售的有编码的证券。开奖后,持有中奖号码奖券的,可按规定领奖。商场为了促销,也有按顾客购货金额情况发给奖券的。☞"券"不读 juàn。

【奖掖】jiǎngyè 圆〈文〉奖励提拔;鼓励扶持▷~后学。

【奖状】jiǎngzhuàng 图为奖励、表彰而颁发的荣誉证书。

桨(槳) jiǎng 图划船的用具,多用木制,上半截为带把的圆杆,下半截为板状▷船~|双~。☞跟"浆"(jiāng)不同。

蒋(蔣) jiǎng 图姓。

耩 jiǎng 圆用耧播种▷~地|~荞麦。

匠 jiàng ❶图有专门技术的手工业工人▷木~|瓦~|铁~|能工巧~。❷在文化艺术上成就大或修养深的人▷文坛巨~。❸圈灵巧;巧妙▷~心。

【匠心独运】jiàngxīndúyùn 独创性地运用巧妙的构思。

降 jiàng ❶圆由高往低移动;落下(跟"升"相对,②同)▷血压~下来了|落～|下～。❷使降下;降低▷~旗|~压|~价。☞右下第二画是竖折(乚)。○另见 xiáng。

【降低】jiàngdī 圆下降;使下降▷质量～|竞争力~|~成本。

【降幅】jiàngfú 图(产量、价格等)下降的幅度(常用百分比表示)▷上半年家用电器价格平均~约为9%。

【降格】jiànggé 圆降低要求、规格或等级、身份等▷~以求|~使用。

【降级】jiàngjí 圆降低级别或年级▷~使用|他几门功课不及格,被~。

【降临】jiànglín 圆来到;来临▷夜幕~|厄运~|小宝宝~人间。

【降落】jiàngluò 圆从空中或高处往下落▷飞机安全~|~伞。

【降生】jiàngshēng 圆出生▷婴儿~了|他~在一个京剧世家。

【降水】jiàngshuǐ ❶圆液态或固态水从大气落到地面▷人工~|~量不足。❷图从大气中降落到地面的液态或固态水▷明天估计将有 30 毫米的~。

【降温】jiàngwēn ❶圆使温度下降▷防暑~。❷图气温下降▷大风~警报。❸比喻热情减退或过热的现象趋于平缓▷两人关系逐渐~|房地产投资~。

【降职】jiàngzhí 圆降低职位▷他因为犯错误已~为副科长|~留用。

虹 jiàng 图〈口〉义同"虹(hóng)",只限单用,不用于合成词中▷天上出~了。○另见 hóng。

将(將) jiàng ❶圆统率;带领▷不善~兵,而善~将。❷图高级军官;泛指军官▷帝王~相|损兵折~|名~。❸军衔名,在校官之上▷上~|中~|~官。☞右上是"夕",不是"夕""夕"。○另见 jiāng。

【将才】jiàngcái 图具备将帅才干的人。泛指具有突出领导才能的人。

【将领】jiànglǐng 图军队中的高级指挥官。

【将令】jiànglìng 图将帅的命令。

【将士】jiàngshì 图军队官兵的统称▷全军~奋勇杀敌。

绛(絳) jiàng 圈深红色▷~紫|~色。

强 jiàng 形态度强硬；执拗▷倔~。☞右上是"口"，不是"厶"。○另见 qiáng；qiǎng。

【强嘴】 jiàngzuǐ 通常写作"犟嘴"。

酱(醬) jiàng ❶名豆、麦等通过发酵制成的糊状调味品▷甜面~｜黄~。❷动用酱或酱油腌制、炖煮▷~了一坛黄瓜。❸形用酱或酱油腌制的或炖煮的▷~牛肉｜~菜。❹名像酱的糊状食品▷果~｜芝麻~。

【酱色】 jiàngsè 名深红褐色。

【酱园】 jiàngyuán 名专门制造、销售酱、酱油、酱菜等的作坊或商店。

犟 jiàng 形执拗；不听人劝▷脾气太~｜~劲。

【犟嘴】 jiàngzuǐ 动顶嘴；无理强辩。

糨 jiàng 形(液体)稠▷把粥熬~一点儿。☞不要写作"浆"。

【糨糊】 jiànghu 名用面粉等制成的用来粘贴东西的糊状物。☞不要写作"浆糊"。

jiāo

交 jiāo ❶动互相交叉；连接▷相~｜~界。❷名指相连的时间和地区▷春夏之~｜太行山在河北、山西两省之~。❸动互相往来；互相接触▷~friends结~。❹名朋友；交情▷故~｜一面之~。❺动生物两性结合▷~配｜杂~。❻动互相▷~接｜~谈。❼动一齐；同时▷内外~困｜风雨~加。❽动把事物转移给有关方面▷把任务~给我。

【交班】 jiāobān 动把工作交给下一班；泛指把职权交给继任的人▷下午五点钟~｜老干部放心地~了。

【交保】 jiāobǎo 动司法机关把人犯交给保证人，保证人要保证其随传随到，准时接受侦查和审判。

【交叉】 jiāochā ❶动方向不同的线或条状物相交▷两臂在胸前~｜立体~。❷间隔穿插▷大小会~进行。❸(部分内容)互相重叠▷~学科。

【交差】 jiāochāi 动完成任务后向有关方面报告结果。

【交错】 jiāocuò 动(两种以上事物)交叉、错杂▷沟渠纵横｜犬牙~。

【交代】 jiāodài ❶动办理移交事务▷~工作｜~使命。❷嘱托、盼咐▷反复~｜~注意事项。❸说明、解释情况▷~清楚｜向领导~不了。❹坦白自己的错误或罪行▷~问题｜全面如实~犯罪经过。❺完结、报废▷他这一生算是~了。☞不宜写作"交待"。

【交底】 jiāodǐ 动告诉真实情况；讲明起码条件▷到底怎么回事，你给交个底｜究竟什么价才出手，请他们~。

【交锋】 jiāofēng 动交战；也指比赛，争论▷双方在边境~｜两种意见激烈~。

【交付】 jiāofù 动付给；交给▷~税款｜新建楼已~使用｜~全体代表表决。

【交割】 jiāogē ❶动买卖双方履行换约和钱货、货款~完毕。❷移交；交代▷~工作。

【交换】 jiāohuàn ❶动(双方)相互把自己的东西给予对方▷~礼品｜~场地。❷互换劳动产品(包括生产过程中各种活动与能力的互换)▷等价~。

【交汇】 jiāohuì 动(河流、气流等)交接；会合▷潮白河，永定河、大清河、卫河等~于天津海河｜冷暖空气~。

【交会】 jiāohuì 动会合；交叉▷京广铁路和长江~于武汉。

【交火】 jiāohuǒ 动互相射击；交战。

【交集】 jiāojí 动(不同的感情等)交织聚集在一起▷悲喜~｜风雨~。

【交际】 jiāojì 动联络和交往▷他很会~｜~频繁。

【交加】 jiāojiā 动(两种或两种以上事物)同时出现▷风雨~｜贫病~。

【交接】 jiāojiē ❶动连接▷两省~地带。❷(一方)移交(另一方)接替▷防务~｜权力~。

【交界】 jiāojiè 动地界相接▷江苏北面与山东~。

【交卷】 jiāojuàn ❶动参加考试的人答卷后，交出考卷。❷比喻完成任务后作汇报▷这项任务你们必须在一星期内~。

【交口称誉】 jiāokǒuchēngyù 众口同声地赞扬。

【交困】 jiāokùn 动各种困难一齐出现▷内外~。

【交流】 jiāoliú 动彼此相互沟通；相互交换(信息、物资等)▷学术~｜~感情。

【交纳】 jiāonà 动(向国家、团体、单位等)交付规定数量的钱物▷~养路费。

【交配】 jiāopèi 动动物之间发生性行为，植物雌雄生殖细胞相结合。

【交情】 jiāoqing 名人们在交往中建立起来的感情；情面▷~不错｜很有~｜他一点~也不讲。

【交融】 jiāoróng 动融合为一体▷情景~｜水天~。

【交涉】 jiāoshè 动跟有关方面协商解决问题▷经~后，他们答应赔偿。

【交手】 jiāoshǒu 动双方较量搏斗▷双方~多次，不分胜负｜交了一次手。

【交售】 jiāoshòu 动农民按规定向国家出售农副产品▷~棉花｜~粮食。

【交谈】 jiāotán 动互相谈话，交流观点▷用普通话~｜~愉快。

【交替】 jiāotì ❶动接替▷新旧~｜昼夜~。❷轮流替换▷~上场表演｜~演奏两个国家乐曲。

【交通】 jiāotōng ❶名各种运输事业的总称▷~管理｜~标志。❷指抗日战争和解放战争时期敌占区内共产党的通信联络工作▷地下~线。

【交头接耳】 jiāotóujiē'ěr 相互头靠着头，在耳旁低声说话。

【交往】 jiāowǎng 动互相往来；结交▷~过几次｜密切｜国际~。

【交相辉映】 jiāoxiānghuīyìng (各种光亮、色彩等)互相照耀、映射。

【交响曲】 jiāoxiǎngqǔ 名大型的管弦乐套曲。适于表现宏伟的意境和磅礴的气势，通常由四个乐章构成。也说交响乐。

【交心】 jiāoxīn 动交流内心的真实想法▷朋友之间应互相~。

【交易】 jiāoyì ❶动买卖商品▷公平~｜期货~。❷名成交的买卖▷这笔~很大◇肮脏的政治~。

【交游】 jiāoyóu 动与朋友结交往来▷多方~。

【交运】 jiāoyùn 动遇到好运气；走运▷这次我~了，中了头奖｜交了好运。

【交账】 jiāozhàng ❶动交付账款▷向财务科~。❷移交账务▷会计换人，正在~。❸交差▷事情办成这样，我看你怎么~！

【交织】 jiāozhī ❶动用不同质地或不同色彩的经纱和纬纱编织▷毛麻~｜红黑双色线~。❷交叉错杂在一起▷惊讶和喜悦的感情~在一起。

郊 jiāo 名城市四周的地区▷四~｜~近~。

【郊区】 jiāoqū 名环绕在城市附近，隶属城市行政管辖的地区。

【郊游】 jiāoyóu 动到郊外去游玩。

茭 jiāo [茭白]jiāobái 图食用菰的肥大嫩茎，由菰黑粉菌侵入引起细胞增生而形成，可以食用。

浇(澆) jiāo ●团灌溉▷～花。❷把液体倒(dào)在物体上▷火上～油。❸把熔化的金属或混凝土等注入模型，使凝固成形▷～铸。☞右上不是"戈"。
【浇灌】 jiāoguàn ●团灌溉▷～花草◇革命青年的血～了革命的新芽。❷浇注▷～混凝土。
【浇注】 jiāozhù 团把金属熔液、混凝土灌入(模型中)▷～大梁。
【浇铸】 jiāozhù 团把金属熔液注入模中铸成铸件▷～铜钟。

娇(嬌) jiāo ●形柔嫩可爱▷～嫩｜～小。❷意志脆弱，不坚强▷一点苦都吃不了，真是太～了｜～气。❸团过分宠爱▷～生惯养｜～纵。
【娇滴滴】 jiāodīdī 形形容妩媚娇柔▷小女孩说话～的。
【娇惯】 jiāoguàn 团溺爱放纵▷独生子女不可～。
【娇贵】 jiāogui ●形看得过分贵重；过分爱护▷这孩子太～了。❷(物品)贵重而且易损▷仪器很～，要特别爱护。
【娇嫩】 jiāonen 形柔嫩；柔弱▷她长得挺壮实，不像富贵人家的孩子那么～｜柳树吐出～的幼芽。
【娇气】 jiāoqì ●形性格脆弱，惯于享受，怕吃苦，受不得委屈▷这种树挺～。❷(物品)容易损坏；(花草)不易培育▷这种树挺～。
【娇柔】 jiāoróu 形娇美温柔▷～身姿。
【娇弱】 jiāoruò 形娇嫩柔弱▷～的小花。
【娇生惯养】 jiāoshēngguànyǎng 在宠爱和纵容中长大。
【娇艳】 jiāoyàn 形柔嫩艳丽▷牡丹花开得分外～。
【娇纵】 jiāozòng 团娇惯放任▷～子女，必成后患。

姣 jiāo 形〈文〉容貌美好▷～妻｜～好｜～美｜～妍。

骄(驕) jiāo ●形强烈▷～阳。❷放纵；傲慢自大▷戒～戒躁｜～气。❸受宠爱的▷天之～子。
【骄傲】 jiāoʼào ●形自负，看不起人▷～自满。❷自豪▷为中国的科技成就而～。❸图值得自豪的人或事物▷长城是我们民族的～。
【骄兵必败】 jiāobīngbìbài 骄慢轻敌的军队必定失败。
【骄横】 jiāohèng 形自以为了不起而蛮横不讲理▷～跋扈｜为人～恣肆。
【骄狂】 jiāokuáng 形骄傲狂妄。
【骄气】 jiāoqì 图骄傲的作风▷～十足。
【骄奢淫逸】 jiāoshēyínyì 骄横奢侈，荒淫无度。☞不宜写作"骄奢淫佚"。
【骄阳】 jiāoyáng 图炎热的太阳；强烈的阳光▷～当空｜～似火。
【骄纵】 jiāozòng 形骄傲放纵▷～不轨。

胶(膠) jiāo ●图黏性物质，有用动物的皮、角等熬制的，也有植物分泌的和人工合成的，如鹿角胶、鳔胶、万能胶。❷团用胶粘住▷～合板。❸形像胶一样有黏性的▷～泥。❹图指橡胶▷～鞋｜～皮｜～垫。
【胶合】 jiāohé 团用胶粘合。
【胶囊】 jiāonáng 图药物剂型。将粉状或细粒状药物装在胶壳内便于吞服。
【胶片】 jiāopiàn 图涂有感光层的塑料薄片，有黑白和彩色两种，用于摄影。
【胶着】 jiāozhuó 团牢固地粘住，比喻相持不下，难分

难解▷战局～。

教 jiāo 团传授(知识或技能)▷～课｜～跳舞｜～徒弟。○另见 jiào。
【教书】 jiāoshū 团教学生读书，对学生进行培养教育▷他在中学～。

椒 jiāo 图指某些果实或种子有刺激性味道的植物▷～花｜胡～｜～辣～。

蛟 jiāo [蛟龙]jiāolóng 图古代传说中能兴云布雨、发洪水的龙。

焦 jiāo ●形物体经高温后变黑变硬▷饭烧～了｜～黑◇～头烂额。❷酥；脆▷麻花炸得挺～｜～枣。❸着急；烦躁▷心～。❹图焦炭，煤经过高温处理后炼成的固体燃料▷炼～。☞上边是"佳"，不是"隹"。
【焦脆】 jiāocuì ●形(煎炸或烘烤的食物)又酥又脆▷～的排叉。❷(声音)短促而响亮▷"叭"，一声～的枪声。
【焦点】 jiāodiǎn ●图光学上指平行光束经透镜折射或曲面镜反射后的交点。❷比喻问题的关键或人们关注的集中点▷斗争的～｜矛盾的～｜访谈。
【焦黄】 jiāohuáng 形干枯而发黄；黄中带黑▷面色～｜面包烤得～～的。
【焦急】 jiāojí 形十分着急▷～等待。
【焦枯】 jiāokū 形(植物)失去水分，变得脆硬▷～的秧苗等待雨露滋润。
【焦虑】 jiāolǜ ●团着急忧虑▷～的神情。❷图焦急忧虑的心情▷声音里充满～。
【焦头烂额】 jiāotóulàné 比喻处境十分狼狈或窘迫。
【焦土】 jiāotǔ 图烧焦的土地。指遭受火灾或战火后的破败景象▷化为一片～。
【焦心】 jiāoxīn 形担心着急▷令人～。
【焦躁】 jiāozào 形焦急烦躁▷～难耐。
【焦灼】 jiāozhuó 形焦急不安▷～神色～。

跤 jiāo 图跟头，身体失去平衡而跌倒▷摔了一～｜跌～。☞不宜写作"交"。

蕉 jiāo 图芭蕉、香蕉等芭蕉科植物的统称，也指某些像芭蕉那样大叶子的植物，如美人蕉。

礁 jiāo 图江河、海洋中隐在水下或露出水面的岩石▷船触～了｜石～暗～。

嚼 jiáo 团用牙齿把食物切碎、磨碎▷嘴里～着饭｜细～慢咽◇咬文～字。☞在"倒嚼"中读 jiào。○另见 jué。
【嚼舌】 jiáoshé ●团信口乱说或有意挑拨是非▷要不是他乱～，咱俩不会有这场误会。

角 jiǎo ●图牛、羊、鹿等动物头上长的硬而尖的东西。❷古代军中一种吹的乐器(多用兽角制成)▷号～｜鼓～。❸形形状像角的东西▷菱～｜皂～｜豆～。❹物体两个边沿相接的地方▷桌子～｜墙～｜眼～｜嘴～。❺几何学名词▷直～｜锐～｜对～线。❻量中国货币的辅助单位，一元的十分之一。☞下边是"用"，末笔一竖的下端出头。○另见 jué。
【角度】 jiǎodù ●图平面角的大小。通常用度或弧度来表示。❷比喻看问题的出发点或侧重点▷作者从不同～描写春景｜换个～看问题。
【角落】 jiǎoluò 图墙角；边角或偏僻的地方▷房子的每一个～都找遍了｜喜讯传遍了祖国的每一个～。

侥(僥) jiǎo [侥幸]jiǎoxìng 形形容意外或偶然地获得利益或免去不幸▷～过了考试这一关｜不要有～心理。

佼 jiǎo 形〈文〉美，美好▷～好｜～人。
【佼佼】 jiǎojiǎo 形美好出众的；超出一般的▷他是我

们同学中的～者。

狡 jiǎo 囮奸猾;诡诈▷～猾|～诈。

【狡辩】 jiǎobiàn 囷狡猾地辩解▷无理～。

【狡猾】 jiǎohuá 囮爱耍花招,极不老实▷～得像只狐狸。☞不宜写作"狡滑"。

【狡赖】 jiǎolài 囷狡辩要赖▷事实俱在,你还敢～?

【狡兔三窟】 jiǎotùsānkū 狡猾的兔子有多个窝。比喻预先准备的多个藏身之处,便于逃避灾祸。

【狡黠】 jiǎoxiá 囮〈文〉狡猾▷～多变。☞"黠"不读jié。

【狡诈】 jiǎozhà 囮狡猾诡诈▷～多疑。

饺(餃) jiǎo 囜饺子,用面片作皮捏成的半圆形面食,里面包着馅▷水～|蒸～|烫面～。

绞(絞) jiǎo ❶囷把两根以上的线、绳、铁丝等拧在一起▷船缆是三四股麻绳～成的。❷拧;扭紧▷把衣服上的水～干◇尽脑汁。❸(用绳索)勒死▷～杀|～刑。❹绳索一端系在轮轴上,另一端系着某物,转动轮轴,绕起绳索,使物体移动▷～辘轳打水|～车。❺纠缠▷各种矛盾～在一起了。

【绞脑汁】 jiǎonǎozhī 费心思。

【绞杀】 jiǎoshā 囷绞死,比喻扼杀、使灭亡▷新生事物被～在摇篮中。

【绞刑】 jiǎoxíng 囜极刑的一种,在绞架上用绞索把犯人勒死。

铰(鉸) jiǎo 囷(用剪刀)剪▷把辫子给～了。

矫(矯) jiǎo ❶囷使弯曲的东西变直;纠正▷～治|～形。❷抑制本性;做作▷～饰|～揉造作。❸囮强,勇敢▷～健|～捷。

【矫健】 jiǎojiàn 囮强健有力▷～的体魄。

【矫捷】 jiǎojié 囮强健有力,灵敏迅捷▷身手～。

【矫情】 jiǎoqíng 囮〈文〉故意违反常情,以显示与众不同▷～沽誉。

【矫揉造作】 jiǎoróuzàozuò 把弯的变直,把直的变弯。形容故意做作,极不自然。

【矫饰】 jiǎoshì 囷故意造作,掩饰、夸饰▷语言质朴,毫不～。

【矫枉过正】 jiǎowǎngguòzhèng 纠正偏差超过了适当的程度,造成新的偏差。

【矫正】 jiǎozhèng 囷把不正常的纠正,改正为正常的▷～口吃|～视力。

皎 jiǎo 囮洁白明亮▷一轮～月|～洁。

【皎洁】 jiǎojié 囮明亮洁白▷～的白雪◇～纯真的心。

脚 jiǎo ❶囜人和某些动物身体最下面的部分,用以行走。❷物体的最下部▷墙～|山～|柜～。❸囮旧指跟体力搬运有关的▷～夫|～行(háng)|～钱。☞右边是"卩",不是"阝"。

【脚本】 jiǎoběn 囜戏剧、曲艺表演或电影、电视节目等摄制所依据的底本。

【脚步】 jiǎobù ❶囜走路时两脚之间的距离▷腿长～大。❷走路时腿的动作▷迈开～|熟悉的～声。

【脚踩两只船】 jiǎocǎiliǎngzhīchuán 比喻犹豫不决,在右摇摆或存心投机,同对立的两方都保持联系。

【脚力】 jiǎolì ❶囜脚劲;走路的能力▷他～不济,不能走远路。❷旧指搬运工人。也说脚夫。❸供人代步的牲口▷这匹马送给你做～。

【脚镣】 jiǎoliào 囜套在犯人脚脖子上的刑具,由一条铁链连着两个锁在脚脖子上的铁箍组成。

【脚踏实地】 jiǎotàshídì 比喻做事踏踏实实。

【脚印】 jiǎoyìn 囜脚踩出的痕迹▷雪地里留下了一行～◇要踏踏实实,一步一个～。

【脚注】 jiǎozhù 囜印在书页最下端的注解(区别于"夹注""尾注")。

搅(攪) jiǎo ❶囷扰乱;打乱▷～得我一夜没睡好觉|胡～|打～。❷用棍子等拌和,使混合物均匀▷把沙子灰～匀了。

【搅拌】 jiǎobàn 囷在混合物中搅使均匀▷把农药和种子～在一起。

【搅浑】 jiǎohún 囷搅动使浑浊;使混淆(多用于比喻)▷他妄图把是非～。

【搅和】 jiǎohuo 〈口〉❶囷使混杂或均匀;掺和▷不清|把粥～～。❷扰乱▷好好一个晚会,生叫你～了。

【搅乱】 jiǎoluàn 囷搅扰,扰乱▷～会场|门外的吵喝声～了他写作的思路。

【搅扰】 jiǎorǎo 囷扰乱,使不得安宁▷请勿～病人。

剿 jiǎo 囷讨伐;消灭▷～匪|围～。

【剿除】 jiǎochú 囷用武力除掉。

【剿灭】 jiǎomiè 囷剿除消灭▷～残匪。

缴(繳) jiǎo ❶囷交付;付出▷～纳。❷迫使交出(武器)▷～了他的枪。

【缴获】 jiǎohuò 囷从战败的敌人或犯罪分子那里夺得(物资、武器等)。

【缴纳】 jiǎonà 囷交纳▷～罚款。

【缴械】 jiǎoxiè 囷敌人被迫交出或强迫敌人交出武器▷被围在炮楼里的日寇终于～投降了|匪徒被我武警～了。

叫 jiào ❶囷大声呼喊▷疼得他直～。❷动物发出声音▷喜鹊喳喳～◇报警器～了起来。❸称呼;称作;算是▷你～什么名字?|那～潜水艇|那也～艺术?❹招呼;呼唤▷快把他～来。❺通知人送来▷再～几个菜。❻要求;命令;使▷医生～他好好休息|连长～你马上出发|这事真～人摸不透。❼容许;听任▷我不～你走|～他们闹去。❽囧被▷～人家给打了。

【叫唤】 jiàohuan ❶囷喊叫▷孩子打针时,一声也没～。❷(动物)叫▷蝈蝈不停地～。

【叫绝】 jiàojué 囷赞美好到极点▷这些展品令人～。

【叫卖】 jiàomài 囷高声吆喝以招徕买主。

【叫屈】 jiàoqū 囷倾诉冤屈▷为受害人～。

【叫嚷】 jiàorǎng 囷叫喊,吵闹。

【叫嚣】 jiàoxiāo 囷疯狂地喊叫;扬言(含贬义)▷敌人～要反攻。

【叫座】 jiàozuò 囮〈口〉演出或讲演等吸引人,上座率高。

觉(覺) jiào 囜从人睡到睡醒的过程▷睡了一～|午～。○另见jué。

校 jiào ❶囷操演或比试(武艺)▷～场。❷比较不同文本,改正文字上的错误▷～对|～样|～点。☞以上意义不读xiào。○另见xiào。

【校订】 jiàodìng 囷按原文或可靠材料改正书籍、文件中的错误。

【校对】 jiàoduì ❶囷核对是否符合标准▷这杆秤已经～过了。❷根据原稿或修改稿核对抄件或校样,改正差错。❸囜担任校对工作的人。

【校勘】 jiàokān 囷对同一书籍的不同版本及有关资料相互比较校对,考订文字的异同,以确定正误真伪▷～古籍。也说校雠。

轿(轎) jiào 囜轿子,一种旧式交通工具,形状像小屋,由人抬着走▷新娘子坐花～。

较（較） jiào ❶囵比较▷~劲 | ~量 | 比~。❷副表示一定程度▷他文化水平~好 | 健康情况~好。❸囵引进比较的对象，相当于"比"▷产量~去年同期有增长。☞统读 jiào。

【较劲】 jiàojìn ❶囵较量；比试▷几个人~比武，看谁的武艺高强。❷作对；为难▷他还是个孩子，你跟他较什么劲。❸使劲；用力▷这小伙子一~，硬是把大石头推开了。☞不宜写作"叫劲"。

【较量】 jiàoliàng 囵比较实力的强弱和本领的高低▷运动员同场~。

教 jiào ❶囵把知识、技能传授给别人；教导▷言传身~ | 孺子可~ | 管~ | 求~。❷囵指宗教▷传~。❸囵使；命令▷他~我来找你。☞"教"(jiāo)一般单用，"教"(jiào)①用于合成词或成语中。○另见 jiāo。

【教案】 jiào'àn 囵教师的教学方案，包括目的、内容、步骤、作业布置等。

【教材】 jiàocái 囵供教学用的材料，包括教科书、讲义、参考资料等。

【教程】 jiàochéng 囵学科的教学步骤、内容（多用作书名）▷《解剖学~》。

【教导】 jiàodǎo ❶囵教诲指导。❷囵教导的话▷父亲的~。

【教化】 jiàohuà 囵用伦理道德等对人进行教育和感化。

【教诲】 jiàohuì 囵教导训诲；教育诱导▷谆谆~。

【教练】 jiàoliàn ❶囵教育、训练别人掌握某种技能▷~足球。❷囵从事教练工作的人▷武术~。

【教师】 jiàoshī 囵担任教育教学工作的专业人员。

【教授】 jiàoshòu ❶囵讲解知识传授技能▷~物理学。❷囵高等学校中最高一级教师的职务。

【教唆】 jiàosuō 囵诱骗、指使别人干坏事▷不许~青少年犯罪。

【教态】 jiàotài 囵教师讲课时的举止神态▷~大方自然。

【教条】 jiàotiáo ❶囵要求教徒遵守的宗教律条。❷比喻僵死的、凝固不变的道理、原则；不结合具体情况盲目引用的原理和概念▷不能把马克思主义的普遍真理当~。

【教务】 jiàowù 囵学校里有关教学管理方面的工作。

【教学】 jiàoxué 囵教师传授和学生学习知识技能的共同活动。常偏指教师向学生传授知识技能的工作。

【教学相长】 jiàoxuéxiāngzhǎng 在教学中，教和学互相促进，共同提高。

【教训】 jiàoxùn ❶囵教导训示或教育训诫▷~学生◇用猛烈的炮火~来犯之敌。❷囵从错误或挫折中总结出的经验和认识▷牢记历史~。

【教养】 jiàoyǎng ❶囵教育培养。❷囵文化品德的修养▷有~。❸法律上指对罪行较轻的人进行强制性的教育▷劳动~。

【教益】 jiàoyì 囵从教导中获得的好处。

【教育】 jiàoyù ❶囵指以影响人的身心发展，提高人的素质，培养人才为目的的社会活动。特指学校对儿童、青少年进行培养的过程。❷囵泛指教导培育▷~青年一代。

【教正】 jiàozhèng 囵〈文〉（请对方）指教纠正著述或讲话中的错误▷敬请~。

窖 jiào ❶囵为贮藏物品在地下挖的洞或坑▷地~。❷囵把物品贮藏在窖里▷~冰。

【窖藏】 jiàocáng 囵在地窖里贮藏。

酵 jiào 囵发酵，利用微生物的作用使有机物起变化。如发面。☞统读 jiào。

【酵母】 jiàomǔ 囵一种真菌，是发酵微生物，发面、酿酒、制酱等都用它。

噍 jiào 囵〈文〉嚼；吃东西▷~类（指能吃东西的动物，也指活着的人）。

醮 jiào ❶囵〈文〉女子嫁人▷改~ | 再~。❷僧、道设坛祈祷▷打~。

jie

节（節） jiē [节骨眼儿] jiēguyǎnr 囵〈口〉比喻关键的环节或时机。○另见 jié。

阶（階） jiē ❶囵台阶▷~梯 | 石~。❷区分高低的等级▷官~ | 军~ | 音~。

【阶层】 jiēcéng ❶囵同一阶级中根据社会经济地位而划分的层次。❷具有某种共同特征的社会群体▷工薪~。

【阶段】 jiēduàn 囵按事物发展进程的状况划分的段落▷起始~ | ~性成果。

【阶级】 jiējí 囵在一定社会经济结构中地位和利益不同的社会集团。这些社会集团对生产资料的占有关系不同，在社会劳动组织中所起的作用不同，因而取得社会财富的方式和多少也不同。

【阶梯】 jiētī 囵台阶，梯子▷~教室◇书籍是人类进步的~。

【阶下囚】 jiēxiàqiú 囵旧指公堂台阶下面的囚犯，今泛指在押犯或俘虏。

疖（癤） jiē 囵疖子，皮肤病，皮下局部出现充血硬块，红肿，疼痛，以至化脓。☞统读 jiē。

皆 jiē 副〈文〉都；都是▷尽人~知。

结（結） jiē 囵植物长出（果实或种子）▷开花~果。○另见 jié。

【结巴】 jiēba ❶囵口吃▷他说话有点~。❷囵口吃的人▷他是个~。

【结实】 jiēshi 囵坚固耐用；健壮▷~的玩具 | 小伙子很~。

接 jiē ❶囵挨近；触▷~触 | ~近。❷连在一起▷把线头儿~上 | 衔~。❸连续；继续▷请您~着说 | 青黄不~。❹接替；接续▷~任 | ~力。❺收下传递来的东西；承受▷~球 | ~过孩子 | ~到来信 | ~纳。❻迎接（跟"送"相对）▷~到机场 | ~人。

【接班】 jiēbān ❶囵接着上一班继续工作。❷比喻接替上一代人的职务和事业。

【接触】 jiēchù ❶囵挨上；触及▷不要~裸露的电线◇他第一次~外国音乐。❷（人之间）交往▷他常~各方面的人物。

【接待】 jiēdài 囵迎接招待▷~亲友。

【接二连三】 jiē'èrliánsān 一个接一个。形容不间断。

【接防】 jiēfáng 囵接替原驻军队的防务。

【接风】 jiēfēng 囵宴请远道来的人。

【接管】 jiēguǎn 囵接收过来加以管理。

【接轨】 jiēguǐ 囵连接轨道；比喻使制度、办法等相互衔接▷与国际~。

【接火】 jiēhuǒ 囵双方开始用枪炮互相射击▷跟敌人~了 | 前方已接上火。

【接济】 jiējì 囵给予财物上的帮助▷~亲友。

【接见】 jiējiàn 囵会见贵宾或来人▷~外国大使 | ~战斗英雄。

【接近】 jiējìn ❶囵靠近；临近▷~农民 | 全国记录。❷囵差别小；距离近▷水平~ | 观点~。

【接力】jiēlì 囫一个接替一个相连贯地进行▷～传递火炬。

【接连】jiēlián 副表示连续不断▷～发生车祸。

【接纳】jiēnà ❶囫吸收接入▷～会员。❷接受采纳▷～了很多好的意见。

【接洽】jiēqià 囫接触商谈▷～业务。

【接壤】jiērǎng 囫两地边境相接；交界▷越南与我国的广西、云南～。

【接任】jiērèn 囫接替前任职务。

【接生】jiēshēng 囫帮助产妇生孩子。

【接收】jiēshōu ❶囫收取▷～信息|～礼物。❷接纳▷～新生。❸依法接管(机构、财产等)▷～敌伪产业。

【接手】jiēshǒu ❶囫从别人手中把工作接过来▷他走了，你来～这项工作。❷承担、接受▷我刚～一项新工程。

【接受】jiēshòu 囫遭受；得到；采纳▷～处罚|～经验教训|～合理化建议。

【接榫】jiēsǔn ❶囫把榫头插入卯眼。❷比喻事物之间互相衔接▷文章段落～要自然。

【接替】jiētì 囫接过别人做的事继续干。

【接头】jiētóu ❶囫把两个条状物或一个条状物的两端连接在一起。❷接洽；联络▷双方已～。❸两个端点相连接的部位▷～太粗。☞义③口语中常读儿化音。

【接续】jiēxù 囫承接延续前面的事▷～前任的工作。

【接应】jiēyìng ❶囫自己一方的人互相配合行动▷入城时有人～你们|传球没有人～。❷提供；供给▷水泥～不上。

【接着】jiēzhe ❶囫跟着；挨着▷大街两旁，店铺一个～一个。❷副表示后一动作紧跟着前一动作▷我做了一半，你～做吧。

秸 jiē 图某些农作物脱粒后的茎秆▷麦～|高粱～。

揭 jiē ❶囫高举▷～竿而起。❷掀起；撩(liāo)开▷～锅盖|～下面纱。❸使隐蔽的事物显露。❹把粘贴着的片状物取下▷～封条。

【揭彩】jiēcǎi 揭示中彩情况▷明日～。

【揭丑】jiēchǒu 囫公开不光彩的事▷当众～。

【揭穿】jiēchuān 囫揭露戳穿(阴谋、丑行)▷～诡计|伪善面目被～。

【揭底】jiēdǐ 囫揭露内情。

【揭短】jiēduǎn 囫揭露缺点或错误。

【揭发】jiēfā 囫揭露告发(坏人坏事)▷～犯罪分子|～腐败丑行。

【揭露】jiēlù 囫揭开使显露▷～内幕。

【揭幕】jiēmù ❶囫在纪念碑、雕像等落成典礼时揭开蒙在上面的幕布。❷比喻重大活动开始▷全运会隆重～。

【揭示】jiēshì ❶囫公开展示出来▷文告～|统一祖国的大政方针。❷指出或阐明(事物的本质)▷～真理。

【揭晓】jiēxiǎo 囫公布结果▷国家优秀图书奖入选名单将于近日～。

嗟 jiē [嗟嗟]jiējiē 拟声〈文〉模拟鸟的叫声或钟、鼓等的声音▷～鸡鸣。

嗟 jiē 〈文〉❶叹表示感叹或呼唤▷～乎。❷囫叹息▷～叹。☞统读jiē。

【嗟来之食】jiēláizhīshí 指带侮辱性的施舍(嗟：傲慢鄙视地招呼)。

【嗟叹】jiētàn 囫〈文〉感叹▷见此惨状，～不已。

街 jiē 图街道▷大～小巷|一条～|上～买东西。☞不能简化成"亍"。

【街道】jiēdào ❶两旁有房屋而又较宽的道路。❷我国城市里的最基层行政区域▷～办事处。

【街坊】jiēfang 图〈口〉同街巷的邻居。

【街市】jiēshì 图商店集中的地区。

【街谈巷议】jiētánxiàngyì 街巷里的言谈议论；群众舆论。

【街头巷尾】jiētóuxiàngwěi 大街小巷，泛指城镇各个地方。

孑 jié 形单独；孤独▷茕茕～立。

【孑孓】jiéjué 图蚊子的幼虫。

【孑然一身】jiérányīshēn 孤独一人。

节(節) jié ❶图竹节；泛指草、禾茎上生叶的部位或植物枝干相连接的部位▷藕～|枝～。❷动物骨骼连接的地方▷关～。❸节气▷清明～。❹具有某种特点的一段时间或一个日子▷季～|春～。❺互相衔接的事物中的一个段落；整体中的一个部分▷章～|脱～。❻从整体中截取一部分▷删～。❼量用于分段的事物▷一～甘蔗|四～课。❽囫限制；约束▷～育|调(tiáo)～。❾俭省▷～约|～省。❿事项▷小～|细～|情～。⓫图礼节▷仪～|繁文缛～。⓬操守▷气～|晚～。⓭节奏；节拍。○另见jiē。

【节哀】jié'āi 囫〈文〉抑制悲痛(多用来安慰死者家属)。

【节操】jiécāo 图气节，所持的道德准则。

【节俭】jiéjiǎn 形节省，俭省。

【节令】jiélìng 图节气时令▷～小吃。

【节录】jiélù ❶囫摘取原文的部分▷～了原书几个章节。❷图从原文摘取的部分▷报上只刊登了文章的～。

【节目】jiémù 图文体表演或电台、电视台播放的或参观、访问、游览的项目。

【节拍】jiépāi 图音乐中有规律地交替出现的有强弱区别的拍子，是度量节奏的单位。

【节气】jiéqì 图根据太阳在黄道上的位置，在一年里定出24个等距离的点，每1点叫1个节气。1年有24个节气。通常也指一点所在的那一天，如立春。

【节日】jiérì ❶图法定的纪念日，如国庆节。❷某个民族的传统的欢庆或祭祀的日子。如汉族的春节。

【节省】jiéshěng 囫有节制地使用，没有不必要的耗费▷～口粮|～财力。

【节外生枝】jiéwàishēngzhī 枝节上又长出枝杈。比喻在解决问题的过程中，又生出新问题。

【节衣缩食】jiéyīsuōshí 省穿省吃，泛指生活非常俭省。

【节余】jiéyú ❶囫节约使剩余。❷图节约而剩余的财物▷本月略有～。

【节约】jiéyuē 囫节省▷～开支。

【节制】jiézhì ❶囫限制▷这种病应～饮食。❷指挥统辖▷～三军|不受～。

【节奏】jiézòu ❶图音的长短、强弱变化的规律；也指舞蹈、体育运动中动作变化的规律▷～明快|跑得很有～。❷比喻生活、工作或其他活动的协调性和规律性▷生活～加快|工作有～。

讦(訐) jié 〈文〉攻击别人短处；揭发别人隐私▷攻～。

劫 jié ❶囫抢夺▷趁火打～|抢～。❷威胁；逼迫▷～持。❸指灾难▷浩～。

【劫持】jiéchí 囫用暴力威逼挟持▷～人质|～飞机。

【劫后余生】 jiéhòuyúshēng 经历灾难幸运地生存下来。

【劫机】 jiéjī 动劫持飞机。

【劫掠】 jiélüè 动抢劫掠夺▷惨遭～。

【劫难】 jiénàn 名厄运;祸患▷～临头。

杰 jié ❶形优异的;超群的▷～出|～作。❷名才能出众的人▷俊～|豪～。

【杰出】 jiéchū 形(才智、成就)超群▷～的科学家|～的贡献。

【杰作】 jiézuò 名杰出的作品。

诘(詰) jié 动追问;质问▷反～。

【诘难】 jiénàn 动责问非难。

【诘问】 jiéwèn 动质问;盘问。

拮 jié [拮据]jiéjū 形缺钱;经济境况窘迫▷手头～。☞"据"这里不读 jù。

洁(潔) jié ❶形干净▷清～。❷清白;廉～▷贞～。

【洁白】 jiébái 形纯白▷～的婚纱◇心地～。

【洁净】 jiéjìng 形清洁干净。

【洁具】 jiéjù 名卫生器具,如浴缸、抽水马桶等。

【洁癖】 jiépǐ 名过分追求清洁的习性。☞"癖"不读 pì。

【洁身自好】 jiéshēnzìhào 珍视自身清白,不同流合污。也指为保全自己而远离是非。☞"好"这里不读 hǎo。

结(結) jié ❶动用条状物打成疙瘩或用这种方法制结品▷～绳|～网。❷名条状物打成的疙瘩▷死～|领～。❸动凝聚▷～冰|～凝。❹结合;形成某种事物或关系▷～盟|～果。❺结束;了结▷账还没～|～完。○另见 jiē。

【结案】 jié'àn 动做出判决或处理,了结案件。

【结拜】 jiébài 动指知己的朋友结为兄弟姐妹。

【结仇】 jiéchóu 动因冲突而形成怨恨。

【结存】 jiécún ❶动经结算余存▷～现金。❷名结存的钱物▷有一笔～。

【结党营私】 jiédǎngyíngsī 结成小集团以谋取私利。

【结构】 jiégòu ❶名事物各部分的配搭、排列和组合▷人体～|经济～。❷建筑上受力部分的构造▷钢木～。

【结果】 jiéguǒ 名由原因产生的事物;事物发展变化的最后状况▷他得了金牌是勤学苦练的～|经过几个回合的比赛,～他输了。

【结合】 jiéhé ❶动人或事物或人事之间形成紧密关系▷把工资跟效益～起来。❷特指结为夫妻。

【结婚】 jiéhūn 动(男女双方)经过合法手续结为夫妻。

【结集】¹ jiéjí 动把若干单篇的文章或作品汇集成书。

【结集】² jiéjí 动集结▷紧急～部队。

【结交】 jiéjiāo 动跟人密切交往▷～名流。

【结晶】 jiéjīng ❶动物质由液态或气态凝结成晶体。❷名晶体▷食盐的～。❸比喻来之不易的成果▷这种新产品是集体智慧的～。

【结局】 jiéjú ❶名最终情况▷完满的～。❷指作品情节发展的最后阶段。

【结论】 jiélùn ❶名形式逻辑上指从已知判断推出的新判断▷这个推理的～错了。❷对人(如历史问题)或事物做出的最后评判▷他的历史问题早已有～|不了解情况就不要下～。

【结盟】 jiéméng 动以缔约形式结成同盟▷不与任何国家～。

【结亲】 jiéqīn ❶动两家因婚姻关系结为亲戚。❷〈口〉结婚。

【结社】 jiéshè 动组织社团▷集会～。

【结识】 jiéshí 动在交往中相识▷在学术活动中～了许多专家学者。

【结束】 jiéshù 动完结;不再继续▷演出～|～战争状态。

【结算】 jiésuàn 动核算清楚(一定时期的经济收支)。

【结尾】 jiéwěi ❶名临近结束的阶段或部分▷事情的～|小说的～。❷动指完成最后的工作▷这件事由我来～。

【结业】 jiéyè 动完成某项学业,多指短期培训(区别于"毕业")。

【结余】 jiéyú ❶动结存;余存▷～三吨大米。❷名结存的钱物▷略有～。

【结账】 jiézhàng ❶动结算账目▷月底～。❷结算付款▷我来～。

桔 jié 见下。☞"桔"不是"橘"(jú)的简化字。

【桔槔】 jiégāo 名一种利用杠杆原理从井里汲水的工具。

【桔梗】 jiégěng 名多年生草本植物,根可以做药材。

桀 jié ❶形凶暴▷～骜不驯。❷名人名,夏朝最后一个君主,相传是个暴君。

【桀骜不驯】 jié'àobùxùn 凶悍倔强,不驯服。

捷 jié ❶动战胜▷告～。❷形迅速▷足先登|敏～。❸近便;方便▷便～|直～。☞右边第三画是长横,向右出头;第五画是长竖,一贯到底。

【捷报】 jiébào 名胜利或成功的消息。

【捷径】 jiéjìng ❶名近便的路▷有条～直通山顶。❷比喻速成的方法和途径▷追赶发达国家要找～走。

【捷足先登】 jiézúxiāndēng 比喻行动快捷,抢先达到目的。

颉(頡) jié 用于人名。仓颉,传说中汉字的创造者。

睫 jié 名睫毛,眼睑边缘的毛▷迫在眉～。

截 jié ❶动割断▷～肢。❷中途阻拦▷拦～|堵～。❸量用于从长条形的东西上截取下来的部分▷一～铁丝|剁成三～。❹动到一定期限为止▷～至发稿时为止,中国队已取得九枚金牌。

【截获】 jiéhuò 动拦截并缴获▷～了一船走私物品|～敌方情报。

【截留】 jiéliú 动从中扣留(经手的财、物、使应到位的不能全部到位)▷～资金。

【截流】 jiéliú 动堵截水流(使改变方向或提高水位)▷三峡工程开始～。

【截取】 jiéqǔ 动从中切取(一部分)▷～精彩片断。

【截然】 jiérán 副表示界限非常分明,像切断一样▷他俩的性格～相反。

【截止】 jiézhǐ 动到某个时间停止▷～日期|报名今日～。

【截至】 jiézhì 动到(某时候)为止▷～11月底,我们已完成了全年的生产任务。☞"截止"用于表示具体时间的词语之后。如"今日截止"。"截至"是"截止到"的意思,用于表示具体时间的词语之前。如"截至11月底,…"。

碣 jié 名圆顶的石碑▷墓～|～碑。

竭 jié ❶动完;尽▷精疲力～|衰～。❷用尽▷～力。❸形干枯▷枯～。

【竭诚】 jiéchéng 副表示极尽忠诚▷～工作|～拥戴。

【竭尽】 jiéjìn 动用尽▷～家资。

【竭力】 jiélì 团尽全力▷~干好工作。

【竭泽而渔】 jiézé'éryú 排干水塘或湖泊捕鱼。比喻只图眼前利益而牺牲长远利益。☞不宜写作"竭泽而鱼"。

羯 jié ❶图羯羊,阉割过的公羊。❷我国古代北方的一个民族。

姐 jiě ❶图对同父母(或只同父、只同母)或同辈亲属中年龄比自己大的女子的称呼▷三~|堂~|表~。❷对年轻的或年龄跟自己差不多的女子的称呼▷刘三~。

【姐妹】 jiěmèi ❶图姐姐和妹妹。❷指女同胞、女同事。

解 jiě ❶团剖开▷~剖。❷离散;分裂▷瓦~|~散。❸解除;消除▷~忧|~雇。❹排泄大小便▷大~|小~。❺把束缚或系着的东西打开▷~鞋带。❻分析;说明▷讲~|注~。❼明白;懂▷~了|理~。❽分析演算▷~题。○另见 jiè;xiè。

【解馋】 jiěchán 团满足吃东西的欲望(多指吃到某种想吃的食物)▷今天吃了一顿烤肉,真~。

【解嘲】 jiěcháo 团掩饰受人嘲笑的事▷他马上把话岔开,借此~。

【解除】 jiěchú 团卸下;取消;消除▷~武装|~劳教|~恐惧心理。

【解答】 jiědá 团解释回答(问题)。

【解冻】 jiědòng ❶团冰冻消融▷江河~|冷冻猪肉还须~。❷解除对资产、人事等的冻结。❸比喻开始恢复被停止的关系▷冷战结束后,两国关系~了。

【解放】 jiěfàng ❶团解除约束,使自由或发展▷从旧的经济体制中~出来|先进科技的运用~了大批劳动力。❷推翻反动统治,使人民获得自由;特指 1949 年推翻国民党统治。

【解雇】 jiěgù 团(雇用者)停止雇用▷保姆被~了|老板~了三个职员。

【解恨】 jiěhèn 团解除心头的愤恨▷毙了这个大贪官真~|解了大伙的恨。

【解甲归田】 jiějiǎguītián 军人脱下军装,回家种田。指将士退伍还乡。

【解救】 jiějiù 团使摆脱危险或困境▷~遇险的群众。

【解决】 jiějué ❶团使问题得到处理,有了结果▷~矛盾。❷消灭▷最近才~了这批歹徒。

【解码】 jiěmǎ 团把编码翻译成信息(文字、数据或图像等)。也说译码。

【解难】 jiěnán 团解决困难;解释疑难▷邻里帮助~|老师耐心地解答~。

【解难】 jiěnàn 团解除灾难▷排忧~。

【解囊相助】 jiěnángxiāngzhù 打开口袋,掏钱物帮助别人。形容慷慨助人。

【解剖】 jiěpōu ❶团用特制的刀剪把生物体剖开,以便观察研究其内部构造▷人体~。❷比喻深入剖析观察▷~思想。☞"剖"不读 pāo。

【解剖麻雀】 jiěpōumáquè 比喻选取典型,进行调查研究,找出带有普遍性的规律,借以指导和推动全面工作。

【解散】 jiěsàn ❶团(聚集的人)散开。❷(机构或社团)被取消或自动离散▷~非法组织|球队~了。

【解释】 jiěshì 团说明别人不明白的情况或道理▷~社会现象|这个问题我~不清。

【解说】 jiěshuō 团讲解说明。

【解体】 jiětǐ ❶团整体结构分解。❷(政治、经济等实体)瓦解;垮台▷国家~。

【解脱】 jiětuō ❶团脱离烦恼,获得自由。❷(从困境中)挣脱出来▷他无法~缠身的琐事。❸推卸;推脱▷车是你撞坏的,这个责任你~不了。

【解围】 jiěwéi ❶团打破敌方的包围。❷泛指帮助人摆脱困境▷他正无言以对,幸好有同事来给~。

介 jiè ❶团处在两者之间▷质量~于优劣之间|~入。❷使二者发生联系▷~绍。❸图使二者发生联系的人或事物▷媒~|中~。❹团放在(心里)▷~意。❺图甲▷~胄|~虫。❻量用于人,相当于"个"▷一~书生|一~武夫。❼邢正直;有骨气▷耿~。

【介词】 jiècí 图多用在名词、名词性词组前边,组成介词词组,表示对象、范围、方式、目的、比较、时间、处所等。如"把、被、对于、关于、比、从"等。

【介入】 jièrù 团参与某事▷这事你不要~。

【介绍】 jièshào ❶团从中沟通使双方认识或发生联系▷~朋友。❷推荐;引进▷给你~一本好书|~入会。❸说明使人了解▷~灾情。❹图说明的文字▷产品~。

【介意】 jièyì 团把不愉快的事放在心里;在意▷一句玩笑,不必~。

【介于】 jièyú 团处在两者当中▷这个村子~两条河之间。

戒 jiè ❶团提防▷警~。❷使警醒而不犯错误▷言者无罪,闻者足~。❸革除;改掉(不良嗜好)▷~赌|~酒|~绝。❹图指佛教徒必须遵守的准则,也泛指应当戒除的事▷受~|杀~。❺指戒指▷钻~。

【戒备】 jièbèi 团警惕戒防范▷~严密。

【戒除】 jièchú 团革除不良嗜好。

【戒惧】 jièjù 团戒备,害怕▷心存~。

【戒律】 jièlǜ ❶图宗教约束教徒行为的法规。❷泛指束缚人行动的过时的规章惯例▷冲破种种~,大胆改革。

【戒心】 jièxīn 图警惕戒备的意识▷消除~|怀有~。

【戒严】 jièyán 团国家在战争或非常情况下,在全国或特定地区采取严格的警戒措施。如实行宵禁、管制交通、加强巡逻等。

【戒指】 jièzhi 图戴在手指上的环形装饰品,多用金银、玉石等制成。

芥 jiè ❶图芥菜,草本植物,种子黄色,有辣味,研成粉末叫芥末,可做调味品。芥菜的变种很多,有叶用芥菜(如雪里红)、茎用芥菜(如榨菜)和根用芥菜(如大头菜)等。❷〈文〉小草,比喻细微的事物▷草~|纤~之祸。☞在"芥蓝菜"(蔬菜名)中读 gài。

【芥蒂】 jièdì 图〈文〉细小的梗塞物,比喻存在心中的怨恨和不快▷心存~。

届 jiè ❶团到(预定的时候)▷~期。❷量用于一定时间举行一次的会议、选举、毕业的班级等▷第一~|本~|历~。

【届满】 jièmǎn 团规定的任期已到。

【届时】 jièshí 团到时间▷恭请~光临。

界 jiè ❶图地区跟地区相交的地方▷国~|交~|分~。❷泛指一定的范围或限度▷眼~|境~|自然~。❸特指按职业、工作、性别等划定的范围▷教育~|知识~|妇女~。

【界标】 jièbiāo 图指界碑、界石等分界处的标志。

【界定】 jièdìng 团划定界限;明确定义▷~职责|词义。

【界说】 jièshuō 图定义。

【界限】 jièxiàn ❶图界线②。❷限度;范围▷开玩笑不可超越~。

【界线】 jièxiàn ❶图两个地域的分界线▷两家地块的

~。❷不同事物的分界▷跟敌对势力划清 | 划清金和罚款的～。☞"界线"用于区分两个地域或两个事物的分界;"界限"用于指某个事物的限度、范围。

疥　jiè 图疥疮。由疥虫寄生引起的传染性皮肤病,症状是皮肤上出现丘疹,瘙痒难忍。

诫(誡)　jiè 团规劝;警告▷告～ | 训～。

蚧　jiè 见[蛤蚧]géjiè。

借(藉❸❹)　jiè ❶团临时使用别人的财物,一定时间内归还▷～东西要还。❷把自己的财物临时给别人使用▷把车～给同学了。❸凭借;利用▷～这个机会谈谈我的意见。❹假托▷故 | ～口。

【借词】　jiècí 图从别的语言中吸收来的词语。

【借代】　jièdài 图一种修辞方式,不直称事物的名称,而用与之密切相关的另一种事物的名称去代替。如"不拿群众一针一线"中的"一针一线"指代一切物品。

【借贷】　jièdài 图出借人把货币或实物交给借用人,借用人在约定期限内负责返还给出借人。

【借刀杀人】　jièdāoshārén 比喻自己不出面而利用别人去害人。

【借调】　jièdiào 团不改变隶属关系的临时调动,即临时从另一单位借用人员到本单位工作。

【借古讽今】　jiègǔfěngjīn 利用议论古代人的是非来影射讽刺现实。

【借故】　jiègù 团假借某种原因▷～请假 | ～推托。

【借光】　jièguāng ❶团沾光;因他人而得益▷她的一手好针线活全借了她母亲的光。❷客套话,用于请别人给予方便或向别人询问▷～,让我用一下电话 | ～,去火车站怎么走?

【借花献佛】　jièhuāxiànfó 比喻用别人的东西做人情。

【借鸡生蛋】　jièjīshēngdàn 比喻利用他人或他物使自己获利。

【借鉴】　jièjiàn 团拿别人的事作为镜子对照,以便从中吸取教训和经验。

【借口】　jièkǒu ❶团假托某种理由▷～工作忙而不回家。❷图假托的理由;托词▷用种种～推卸责任。

【借尸还魂】　jièshīhuánhún 迷信认为人死后灵魂可以附在他人的尸体上复活。比喻已经消亡的事物假借别的名义或形式重新出现。

【借题发挥】　jiètífāhuī 利用另一个话题来表达自己真正的意思。

【借喻】　jièyù 图比喻的一种。这种比喻直接用喻体来代替本体。如"把革命前辈点燃的火炬传下去"中的"点燃的火炬",代替本体"开创的革命和建设事业"。

【借助】　jièzhù 团凭借别的人或事物的帮助▷～社会力量办学。

解　jiè 团押送▷起～ | ～送公款。○另见 jiě;xiè。

藉　jiè〈文〉❶图垫子▷草～。❷团垫;衬▷枕～。☞"借"❸❹的繁体字写作"藉"。○另见 jí。

jīn

巾　jīn 图用来擦、盖或包裹东西的织物▷手～ | 头～ | 围～ | 枕～。

【巾帼】　jīnguó 图〈文〉借指妇女(巾和帼在古代是妇女的头巾和发饰)▷～不让须眉 | ～英雄。

斤　jīn ❶图古代指类似斧子的工具▷～斧。❷量市制重量单位,1市斤等于500克。

【斤斤计较】　jīnjīnjìjiào 指对小事、小利过分计较。☞

"较"不读 jiǎo。

【斤两】　jīnliǎng 图分量▷～不足。

今　jīn ❶图现在;当前▷当～ | ～年。❷现代(跟"古"相对)▷古为～用。

【今非昔比】　jīnfēixībǐ 现在不是过去所能比得上的。形容变化极大。

【今后】　jīnhòu 图从说话的时间以后。

【今天】　jīntiān ❶图说话的这一天;当(dàng)天。❷现在;如今▷不改革开放,哪有～的好生活?

【今宵】　jīnxiāo 图今夜;今晚▷难忘～ | ～月圆。

【今译】　jīnyì 图古代典籍文献的现代汉语译文▷《史记》～。

金　jīn ❶图金属的统称▷五～ | 冶～。❷货币;钱▷拾～不昧 | 现～。❸古时指金属制成的器物▷～文 | ～鼓齐鸣。❹金属元素,符号为 Au。通称金子或黄金。❺图金色的▷～发(fà) | ～橘。❻图朝代名。

【金币】　jīnbì 图现指以黄金为主要成分铸造的货币。

【金碧辉煌】　jīnbìhuīhuáng 色彩华丽、光彩夺目的样子(多形容建筑物)。

【金箔】　jīnbó 图金子锤成的薄片,今也指涂上金粉的纸片,用于装饰。

【金灿灿】　jīncàncàn 圈形容金光闪闪,耀眼夺目▷胸前挂着～的奖章。

【金蝉脱壳】　jīnchántuōqiào 蝉变为成虫时脱去外壳。比喻用计脱身逃走。"壳"这里不读 ké。

【金风】　jīnfēng 图指秋风▷～送爽。

【金刚怒目】　jīngāngnùmù 形容面目像佛殿里的金刚(佛教称佛的侍从力士)一样凶猛可怕。

【金刚石】　jīngāngshí 图矿物,是碳的同素异形体。天然金刚石是在高压高温下形成的八面体结晶,有光泽,是自然界最硬的物质,可加工成宝石。也说金刚钻。

【金婚】　jīnhūn 图指结婚五十周年。

【金奖】　jīnjiǎng 图最高奖(多指以金杯或金质奖章为奖品的)。

【金科玉律】　jīnkēyùlǜ 原指尽善尽美的法律条文。后指必须遵守,不能更改的信条或准则(多含贬义)。

【金口玉言】　jīnkǒuyùyán 原指帝王说的话。现多用来比喻不可变更的话(含讽刺意)。

【金秋】　jīnqiū 图秋天;秋季▷～时节。

【金曲】　jīnqǔ 图最优秀的流行歌曲。

【金融】　jīnróng 图货币资金的融通。主要包括货币的发行、流通和回笼,存款的存入和提取,信贷资金的发放与偿还,企业之间由商品交易引起的结算和往来,金银、外汇、有价证券的买卖,国际间的货币结算,保险和信托等。

【金嗓子】　jīnsǎngzi 图指清脆、圆润、动听的嗓音。

【金色】　jīnsè ❶图黄金般的颜色▷～海湾。❷圈形容珍贵、美好▷～的童年。

【金闪闪】　jīnshǎnshǎn 圈形容金光闪耀▷～的奖牌。

【金石】　jīnshí ❶图金属和玉石,比喻坚强的意志或坚贞的情感等▷～之志 | ～情如。❷指古代刻有文字的钟鼎碑碣等。❸指钟、磬之类的乐器▷～之声。

【金属】　jīnshǔ 图具有导电、导热和延展性,有特殊光泽而不透明的物质。通常分为黑色金属(铁、铬、锰等)和有色金属(金、银,铅、锌等)。

【金文】　jīnwén 图我国古代铸在青铜器上的文字。起源于商代,盛行于西周,延至秦汉。由甲骨文演变而来。

【金星】　jīnxīng ❶图金色的五角星▷～奖章。❷人在头晕眼花时眼前出现的闪动光点▷两眼直冒～。也说金花。❸太阳系九大行星之一。

【金钥匙】 jīnyàoshi 图童话故事中能打开宝库大门的钥匙,比喻极其有效的方法▷科技是促进农业发展的～。

【金玉良言】 jīnyùliángyán 像黄金、美玉一样的好话。形容极其有益的教诲或告诫。

【金字招牌】 jīnzì zhāopái 用金粉涂写的商店招牌。比喻实力雄厚、信誉卓著的人或团体的名称;也比喻可以向人炫耀的名义或称号。

津 jīn ❶图〈文〉渡口▷～渡|无人问～。❷人体或动植物体内的液体,特指唾液▷～液。❸团滋润▷～贴。

【津津乐道】 jīnjīnlèdào 形容很有兴趣地谈论(津津:兴趣浓厚的样子)。

【津津有味】 jīnjīnyǒuwèi 形容对某事物兴味浓厚。

【津贴】 jīntiē ❶图工资以外发给的补助。❷供给发给工作人员的零用钱。❸团给予补贴▷～我生活费用。

矜 jīn〈文〉❶团认为自己了不起▷骄～|自～。❷图拘谨;慎重▷～持。

【矜持】 jīnchí 图端庄严肃;拘谨▷言谈～|神情～。

筋 jīn ❶图肌腱或骨头上的韧带▷抽～剥皮。❷肌肉▷～肉。❸可以看见的皮下静脉血管▷青～。❹像韧带一样的东西▷橡皮～儿|钢～。

【筋骨】 jīngǔ 图肌肉和骨头,泛指身体▷强健的～。

【筋疲力竭】 jīnpílìjié 形容十分劳累疲乏。

禁 jīn ❶团承受;忍受▷～受不住。❷忍住;控制住(多跟"不"结合)▷情不自～。❸承受得住;耐▷这钱不～花|布鞋～穿|～脏。☞以上意义不读 jìn。○另见 jìn。

【禁受】 jīnshòu 团忍受;经受▷～不住强烈的刺激。

襟 jīn ❶图上衣或袍子的前幅▷大～。❷借指胸怀;抱负▷胸～。❸指连襟,姊妹的丈夫间的互称▷～兄|～弟。

【襟怀】 jīnhuái 图心胸;气度▷博大的～|坦荡～|坦白。

仅(僅) jǐn 副只▷～供参考|～收到一封回信。

【仅仅】 jǐnjǐn 副表示只限于某个范围,相当于"只"▷～三天,他病就好了。

尽(盡) jǐn ❶团力求达到最大限度▷～早。❷表示以某个范围为极限,不要超过▷～一个月完成|～着这点钱用吧! ❸把某些人或事物放在最先的位置上▷先～伤病员喝|先～熟的吃。❹副最▷～前头|～底下|～南边。☞以上意义不读 jìn。○另见 jìn。

【尽管】 jǐnguǎn ❶团用于分句,表示让步转折,相当于"虽然"▷～失败了多次,我们还是要坚持实验下去|～环境异常艰苦,可是我们的同志没有一个退缩。❷副表示没有条件限制,相当于"只管"▷有什么话～说。

【尽快】 jǐnkuài 副表示以最快的速度进行▷完成任务后～回来。

【尽量】 jǐnliàng 副表示争取达到最大限量;发挥最大的能力▷～吃饱|文章要～写得通俗些。

【尽先】 jǐnxiān 副表示尽可能放在优先位置▷～安排灾民就医。

【尽早】 jǐnzǎo 副表示尽可能提早▷～写出来。

卺 jǐn 图古代婚礼上新郎新娘用作酒器的瓢▷合～(指成婚)。

紧(緊) jǐn ❶形物体受到较大的拉力或压力后呈现的状态(跟"松"相对,❷❸❼同)▷琴弦太～了|鼓面绷得～～的。❷牢固▷把螺丝拧～。❸团使紧▷～～鞋带。❹形空隙小;靠近▷这鞋我穿着太～|两家～挨着。❺团表示紧密连接▷汽车一辆～跟着一辆。❻形紧张▷风声～|局势很～。❼生活不富裕▷日子过得很～。❽急迫▷催得很～。

【紧绷绷】 jǐnbēngbēng ❶形形容肌肉丰满结实,袋子填塞得结实,拉拽得很紧等▷胳膊上的块块肌肉～的|袋子塞得～的|腰带系得～的。❷形容表情或心情紧张▷脸上～的,没有一点儿笑容|人人的心弦都拉得～的。

【紧凑】 jǐncòu 形连接紧密,没有多余的内容或松弛的现象▷文章写得～|节目安排得～。

【紧促】 jǐncù 形紧迫急促▷时间～。

【紧箍咒】 jǐngūzhòu 图《西游记》中唐僧为管束孙悟空所念的咒语,比喻管束人的措施▷不能太放任,必要时还得念念～。

【紧急】 jǐnjí 形急迫,不容拖延的▷～会议|情况万分～。

【紧邻】 jǐnlín 图挨得最近的邻居。

【紧锣密鼓】 jǐnluómìgǔ 节奏急促的锣鼓。比喻工作安排得非常紧凑,或准备工作紧张地进行。

【紧密】 jǐnmì ❶形密切;牢固▷～的联系|～团结。❷连续不断,密集▷～的锣鼓声。

【紧迫】 jǐnpò 形急迫▷时间～|形势～。

【紧俏】 jǐnqiào 形(商品)销售快而供应不足▷钢材～|～货。

【紧缺】 jǐnquē 形严重短缺▷人才～。

【紧缩】 jǐnsuō 团收紧;缩小▷～费用|～范围。

【紧要】 jǐnyào 形很重要;关键▷～任务|～环节。

【紧张】 jǐnzhāng ❶形精神处于高度兴奋不安的状态▷心情～。❷紧迫;激烈▷战斗很～|～的情节。❸不和谐;矛盾尖锐▷两国的关系～起来了。❹紧缺;不足▷供应～。❺节奏快;不拖拉▷团结,～,严肃,活泼。

堇 jǐn [堇菜]jǐncài 图多年生草本植物,叶子边缘有锯齿,花瓣白色带紫纹。

锦(錦) jǐn ❶图有彩色花纹的丝织品▷织～|～旗。❷形色彩华丽▷～缎|～鸡。

【锦标】 jǐnbiāo 图颁发给竞赛优胜者的奖品,如锦旗、奖杯等。

【锦囊妙计】 jǐnnángmiàojì 旧小说指封存在锦缎袋子里需紧急时取用的巧妙计策。泛指解决紧迫问题的好办法。

【锦上添花】 jǐnshàngtiānhuā 在锦缎上再绣上花。比喻美上加美,好上加好。

【锦绣】 jǐnxiù ❶图美丽鲜艳的丝织品。❷形美好(常形容山河、前程等)▷～前程|～大地。

【锦衣玉食】 jǐnyīyùshí 形容豪华奢侈的生活。

谨(謹) jǐn ❶形慎重小心▷拘～|勤～。❷副表示说话者对对方的恭敬▷～致谢忱|～启|～赠。

【谨防】 jǐnfáng 团谨慎地防范;严格防范▷～受骗|～类似事故发生。

【谨慎】 jǐnshèn 形(言行)慎重;小心▷他讲话很～|～从事。

【谨小慎微】 jǐnxiǎoshènwēi 原指对细小的事情也很谨慎小心。现指待人处事过分小心,缩手缩脚。

馑(饉) jǐn 形〈文〉农作物歉收▷饥～。☞统读 jǐn。

瑾 jǐn 图〈文〉美玉。

槿 jǐn 见[木槿]mùjǐn。

尽(盡) jìn ❶团完▷用～全身的力气|想～办法。❷达到极点▷山穷水～|～头。❸死亡▷同归于～|自～。❹全部使出;竭力做到▷人～其才,物～其用|～职～责|～忠。❺形全部;所有的▷～人皆知|～数收回。❻副完全;都▷屋里～是烟|应有～有。○另见jǐn。

【尽力】jìnlì 团用尽全力▷为国防现代化～|～争取提高水平。

【尽情】jìnqíng 副表示完全表达出感情▷～歌唱|～抒发自己的观感。

【尽善尽美】jìnshànjìnměi 形容事物完美无缺。

【尽数】jìnshù 副全都;统统▷枪支弹药～上交。

【尽头】jìntóu 图事物的终点▷小路～是山林|走到了人生的～。

【尽心】jìnxīn 团用了所有的心力▷他对国事非常～。

【尽兴】jìnxìng 团兴致得到最大限度的满足▷～而归。

【尽责】jìnzé 团尽全力担负起责任▷尽职～|出了力,尽了责。

【尽职】jìnzhí 团尽全力做好本职工作▷敬业～。

进(進) jìn ❶团向前移动(跟"退"相对)▷前～|推～。❷呈上;奉上▷～言|～献。❸由外边到里边(跟"出"相对)▷～门。❹接纳;收入▷～款。❺表示动作由外到里的趋向▷走～大厅|引～新技术。

【进逼】jìnbī 团向目标逼近▷我军～敌军据点。

【进步】jìnbù ❶团(人或事物)向上或向前发展▷世界在～。❷形适合时代潮流的;对社会发展起推动作用的▷～力量|起～作用。

【进程】jìnchéng 图事物变化、发展的过程▷工作～|改革的～不可逆转。

【进度】jìndù 图(工作、学习等)进行的速度或到达的程度▷工程～快|教学～不一致。

【进而】jìn'ér 副表示在原有基础上进一步▷先弄懂基本概念,～举一反三。

【进发】jìnfā 团朝着目的地前进▷缉私队向三号海区～|车队向东～。

【进攻】jìngōng ❶团作战时,主动向敌方逼近并发起攻击▷～敌人阵地。❷在竞争或比赛中向对方发动攻势▷主队几次～奏效,客队阵脚大乱。

【进化】jìnhuà ❶团生物由简单到复杂,由低级到高级,逐渐发展演变。❷泛指事物逐渐地缓慢地发展变化。

【进见】jìnjiàn 团前往会见尊长或上级。

【进军】jìnjūn 团军队向目的地推进▷～敌后◇向社会主义现代化～。

【进口】jìnkǒu ❶团船进入港口。❷外国或外地区的货物、技术等运进或引进本国或本地▷～矿石|～机械。

【进来】jìnlái ❶团到里边来▷从外边～两个人。❷在动词后边,表示动作朝里边来▷从大门外跑～|快拿～。

【进取】jìnqǔ 团努力上进,夺取优异成绩▷不断～|创造辉煌|～精神。

【进去】jìnqù ❶团到里边去▷我～看看。❷用在动词后边,表示动作朝里边去▷从门缝塞～|投不～。

【进入】jìnrù 团到达某时期、状态或范围▷～新的历史时期|工程～收尾阶段|敌人～我军伏击圈。

【进深】jìnshēn 图院子或房间的纵向长度▷正房～比厢房多六尺。

【进退维谷】jìntuìwéigǔ 前进后退都不行(维:句中语气词;谷:山谷)。形容陷入困境。

【进行】jìnxíng 团实施(某项活动)▷～教育|～检查。

【进行曲】jìnxíngqǔ 图以步伐节奏为基础创作的曲子。曲调雄壮,节奏鲜明。适合于队伍行进时演奏或歌唱。

【进修】jìnxiū 团为提高政治觉悟、知识水平或业务能力而进一步学习。

【进言】jìnyán 团提出意见▷向领导～。

【进一步】jìnyíbù 表示在原基础上更深一层或程度更高一些▷～提高人民的生活水平|～加深认识。

【进展】jìnzhǎn 团向前推进发展▷工作～顺利|工程有所～。

【进驻】jìnzhù 团进入某地或某单位并驻扎下来。

近 jìn ❶形距离短(跟"远"相对)▷离得～。❷关系亲密▷亲～。❸差异小;相似▷～似|相～。❹团靠近;接近▷～朱者赤、～墨者黑。

【近便】jìnbiàn 形距离近,往来方便▷从这里进城十分～。

【近处】jìnchù 图距离自己或目标不远的地方▷远处有山,～有水。

【近况】jìnkuàng 图近来的状况。

【近来】jìnlái 图最近一段时间以来▷～身体好多了|请谈谈～的工作状况。

【近期】jìnqī 图距离最近的未来的一段时间▷～我不打算回南方。

【近亲】jìnqīn 图血缘关系近的亲戚。

【近情】jìnqíng 团合乎情理、人情▷话说得～近理|他做事太不～。

【近视】jìnshì ❶形屈光不正,看近清楚,看远模糊。❷比喻目光短浅。

【近似】jìnsì 团接近,类似▷～值。

【近体诗】jìntǐshī 图指唐代定型并大量涌现的律诗和绝句(跟"古体诗"相对)。这种诗体在句数、字数、用韵等方面都有严格的限制,讲究平仄和对仗。排律则不限句数。

【近影】jìnyǐng 图近期拍摄的照片。也说近照。

【近朱者赤,近墨者黑】jìnzhūzhěchì,jìnmòzhěhēi 接近朱砂易变为红,接近墨易变为黑。比喻受好环境熏陶使人变好,受坏环境影响使人变坏。

妗 jìn [妗子]jìnzi ❶图舅母。❷妻兄、妻弟的妻子▷大～|小～。

劲(勁) jìn ❶图力气;力量▷～儿大|使～儿。❷效力;作用▷酒～儿上来了|药～儿过了。❸精神力量▷有股子闯～儿|一头十足。❹神情;样子▷高兴～儿|瞧这副脏～儿。❺兴致;趣味▷这本书越看越带～|这电影真没～。○另见jìng。

【劲头】jìntóu 〈口〉❶图力气;力量▷她扣球的～真大!❷作用;效力▷药的～很大。❸精神;活力▷有开拓的～。❹兴趣▷一提起足球,这些球迷可大啦。

茛(藎) jìn [茛草]jìncǎo 图一年生草本植物,可以做黄色染料,茎和叶可以做药材,茎皮纤维是造纸原料。

晋 jìn ❶团向前或向上▷～见|～升。❷图周朝诸侯国名。❸朝代名。❹山西的别称▷～剧。

【晋级】jìnjí 团提升级别▷调资～。

【晋升】jìnshēng 团提升(职位、等级等)▷破格～|为处

烬(燼) jìn 图物体燃烧后剩下的东西▷余～｜灰～｜。

浸 jìn ❶团泡(在液体里)▷一种｜～泡。❷(液体)渗入▷露水～湿了衣服。☞统读 jìn。

【浸染】 jìnrǎn ❶团浸泡在染液中,使染上颜色。❷比喻人处在某种环境中慢慢受到沾染▷～了不少恶习。

【浸润】 jìnrùn 团液体慢慢渗透▷白衬衣被墨水～了一大片。

【浸透】 jìntòu ❶团渗透;泡浸使饱含水分。❷比喻饱含着某种情感、意识等▷小说里～了作者的爱和恨。

禁 jìn ❶团不准许▷～运｜查～。❷图不许从事某项活动的法令、规章或习俗▷入国问～｜违～｜解～。❸旧时称帝王居住的地方▷宫～｜～城｜～苑。❹团把人关押起来▷监～｜囚～。○另见 jīn。

【禁闭】 jìnbì 团不准犯错误的人走出限定的房间或范围,让其反省。

【禁锢】 jìngù ❶团监禁使失掉自由▷被～在一座土牢里。❷约束;封闭▷封建礼教～着人们的思想。

【禁忌】 jìnjì ❶团忌讳;避免食用(某些食物或药)▷～辛辣食物。❷图忌讳的话或事物▷和迷信有关的～。

【禁绝】 jìnjué 团禁止使绝迹。

【禁令】 jìnlìng 图不准进行某种活动的法令或命令。

【禁律】 jìnlǜ 图禁止某些行为的律条。

【禁区】 jìnqū ❶图不准一般人进入的区域,包括军事禁区和特殊的自然保护区。❷比喻很难进入的范围或不许涉足的领域▷这种手术早已不是医学上的～了｜冲破思想上的～。

【禁止】 jìnzhǐ 团不准;严加制止▷～卖淫嫖娼。

觐(覲) jìn 团朝见(君王);朝拜(圣地)▷～见｜朝～。☞统读 jìn。

噤 jìn ❶团闭上嘴不出声▷～口不言｜～声。❷因寒冷而发抖▷寒～。

【噤若寒蝉】 jìnruòhánchán 一声不响,像深秋的知了不出声。比喻不敢说话。

jing

茎(莖) jīng 图植物体的主干部分,上部一般生有叶、花和果实,下部和根连接。一般生在地上,也有的生在地下。☞㊀统读 jīng。㊁下边是"圣",不是"圣"。

京 jīng ❶图国家的首都▷～城。❷特指我国首都北京▷～腔｜～剧。

【京城】 jīngchéng 图国都;首都。

【京华】 jīnghuá 图〈文〉京城。因京城是人才、文化荟萃的地方,故称。

【京剧】 jīngjù 图流行全国的剧种。18世纪末,以西皮、二黄为主要唱腔的徽剧、汉剧相继入京,逐渐融合演变成北京皮黄戏,即京剧。

【京味儿】 jīngwèir 图北京风味儿;北京风格、特色▷～小吃｜～小说。

泾(涇) jīng 图用于水名和地名。泾河,发源于宁夏,流入陕西;泾县,在安徽。

【泾渭分明】 jīngwèifēnmíng 泾河水清,渭河水浊,当泾河流入渭河时,清浊分明。比喻是非分明,界限清楚。

经(經) jīng ❶图纺织物的纵线(跟"纬"相对,⑦同)。❷中医指人体内气血运行通路的主干▷～络｜～脉。❸图经典▷四书五～｜佛～。❹图常常;正常▷～常｜荒诞不～。❺图指月经▷～期｜～闭。❻团经营;治理▷～商｜～理。❼经过;经历▷

途～上海｜身～百战。❽禁(jīn)受;承受▷～不起。❾图地理学上指通过地球南北极与赤道成直角的线。

【经办】 jīngbàn 团经手办理▷～案件。

【经闭】 jīngbì 团妇女该来月经而不来或月经中止。也说闭经。

【经常】 jīngcháng ❶图平时的;日常的▷～性的工作。❷副表示动作行为发生的次数多,相当于"常常"▷～出差。

【经典】 jīngdiǎn ❶图古代儒家的典范著作,如四书、五经等。❷宣扬宗教教义的典籍。❸具有重要指导作用的权威著作。❹图具有权威性的(作品或学说)▷～乐章｜～力学。

【经度】 jīngdù 图地球表面东西距离的弧度数。经度值以本初子午线(通过英国格林尼治天文台原址的经线)为 0°,分别向东和向西计量,各自从 0°到 180°,为东经和西经。

【经费】 jīngfèi 图经办事业所需的费用。

【经管】 jīngguǎn 团经办管理▷外事由他～｜～教务工作。

【经过】 jīngguò ❶团通过某个地点、某段时间或某过程▷～武汉｜～三年｜～批准｜～长时间磨练。❷图事情的原委和过程▷介绍手术的～。

【经纪人】 jīngjìrén 图为交易双方充当中介并收取佣金的商人。

【经济】 jīngjì ❶图物质资料的生产以及交换、分配和消费的制度和运转。❷泛指财力、物力▷家庭～状况良好。❸图形容耗费少而收益大▷～实惠。

【经济林】 jīngjìlín 图指生产木材、油料、干果或其它林产品的树林。特指除利用木材以外的其他林产品的树林。

【经济特区】 jīngjì tèqū 一个国家或地区内划出的实行特殊经济政策和经济管理体制的地区。

【经济作物】 jīngjì zuòwù 给工业提供原料的农作物,如芝麻(油料作物)、甜菜(糖作物)、枸杞(药用作物)等。

【经久】 jīngjiǔ 团表示持续时间很长或长久不变▷企业的后劲～不衰｜皮鞋～耐穿。

【经理】 jīnglǐ ❶团经营管理▷～酒店。❷图企业中负责经营管理的人。

【经历】 jīnglì ❶团亲身遭遇、体验▷她～了千辛万苦,才找到组织。❷图亲身遭遇或经验过的事情▷～丰富。

【经络】 jīngluò 图经脉和络脉。中医认为经脉和络脉是人体内气血运行、联系内外的通路。纵行的干线叫经,分支叫络。穴位分布在经络上。

【经年累月】 jīngniánlěiyuè 经历了许多岁月。形容时间长久。

【经期】 jīngqī 图妇女来月经期间。

【经纱】 jīngshā 图布匹的纵线。

【经商】 jīngshāng 团从事商业活动。

【经手】 jīngshǒu 团亲自办理▷～展览会的筹备工作｜刑事案件由他～。

【经受】 jīngshòu 团接受;承受▷～磨炼。

【经线】 jīngxiàn ❶图布匹的纵线。❷假定的地球表面上连接南北两极的纵线。也说子午线。

【经销】 jīngxiāo 团经营销售▷独家～。

【经心】 jīngxīn 团着意;放在心上▷～观察｜他十分～这件事。

【经验】 jīngyàn ❶图从实践中得到的感性认识、知识、技能等▷教学～。❷团亲身经历、体验或遭受▷～过许多痛苦。

【经意】jīngyì 团留心;注意▷此事要格外～｜一不～就出了差错。

【经营】jīngyíng 团筹划经办、管理(企业等)▷独自～一个小杂货铺。

【经由】jīngyóu 团经过▷～苏北进入山东境内。

荆 jīng ❶图落叶灌木,树枝坚韧,可以编筐等,果实可以做药材。❷古代指用荆条做的刑杖▷负～请罪。

【荆棘】jīngjí 图酸枣树之类,泛指野生带刺的丛生小灌木。

菁 jīng [菁华]jīnghuá 通常写作"精华"。

旌 jīng ❶图古代一种用羽毛装饰的旗帜;泛指旗帜▷～旗。❷团表彰▷～表。

惊(驚) jīng ❶团骡马因受到突然的刺激而狂奔不止▷马～了。❷由于受到突然的刺激而精神紧张或恐惧不安▷呆了｜受～。❸使受惊;惊动▷打草～蛇。

【惊诧】jīngchà 圈感到奇怪,出乎意料▷人们无不～异常。

【惊动】jīngdòng 团使受惊扰;打扰▷区区小事,怎么敢～你。

【惊愕】jīng'è 圈形容因吃惊而失神发呆▷听到这消息,他～不已。

【惊弓之鸟】jīnggōngzhīniǎo 被弓箭吓怕了的鸟。比喻受过惊吓或打击后仍心有余悸的人。

【惊慌】jīnghuāng 圈惊恐、慌张▷～失措。

【惊惶】jīnghuáng 圈惊惧惶恐▷～的神色。

【惊魂】jīnghún 图惊恐的心态▷～未定。

【惊悸】jīngjì 团因惊吓而心跳加剧。

【惊觉】jīngjué 团因梦中受惊而醒来;受到惊动而有所觉察▷一声高叫使他忽然～,再也没有睡意｜她突然～窗外有个黑影。

【惊厥】jīngjué 团因受惊吓而昏过去。

【惊恐】jīngkǒng 圈吃惊,害怕。

【惊雷】jīngléi 图令人震惊的霹雳。

【惊奇】jīngqí 团感到十分奇怪。

【惊扰】jīngrǎo 团惊动搅扰▷大军过境,切不可～当地百姓。

【惊人】jīngrén 圈令人吃惊▷他的进步～。

【惊叹】jīngtàn 团吃惊地赞叹。

【惊涛骇浪】jīngtāohàilàng 使人惊惧的凶猛浪涛。比喻险恶的环境、遭遇。

【惊天动地】jīngtiāndòngdì 形容声势浩大、影响深远。

【惊悉】jīngxī 团〈文〉惊愕地获悉▷～先生辞世,不胜悲痛。

【惊喜】jīngxǐ 圈又惊又喜。

【惊险】jīngxiǎn 圈因情景场面危险而令人紧张惊奇▷异常～的一幕。

【惊心动魄】jīngxīndòngpò 形容场面等使人感受很深震动很大。

【惊醒】jīngxǐng ❶团因惊动而突然醒来或醒悟。❷使突然醒来或醒悟▷轻点,别～病人｜～世人。

【惊醒】jīngxing 圈形容睡觉不沉,容易醒来▷她睡觉～,你走路轻点。

【惊讶】jīngyà 圈感到意外、奇怪。

【惊疑】jīngyí 圈吃惊疑惑▷他满身血迹地站在我面前,我十分～。

【惊异】jīngyì 团感到不同寻常▷那变幻莫测的景象,令人～。

晶 jīng ❶圈明亮▷～莹。❷图指水晶▷茶～｜墨～。❸指晶体▷结～。

【晶亮】jīngliàng 圈透明光亮▷草上滚着～～的露珠。

【晶体】jīngtǐ 图由有规则排列的粒子构成的固体。如食盐、金刚石等。

【晶莹】jīngyíng 圈明亮剔透▷宝石在灯光下～夺目。

腈 jīng 图有机化合物,无色液体或固体,有特殊气味,遇酸或碱即分解▷～纶。☞不读 qíng。

【腈纶】jīnglún 图聚丙烯腈纤维。膨松、轻暖、不蛀不霉,又称合成羊毛。

睛 jīng 图眼珠▷画龙点～｜定～。

粳 jīng 图粳稻▷～米。☞统读 jīng。

【粳稻】jīngdào 图一种生长期较长的矮秆稻子,米粒短粗,煮熟后有黏性。

兢 jīng 见下。

【兢兢】jīngjīng 圈小心谨慎▷战战～～。

【兢兢业业】jīngjīngyèyè (工作)小心谨慎,勤恳踏实。

精 jīng ❶图提炼出来的东西;精华▷酒～｜香～。❷精神;精力▷聚～会神｜～疲力竭。❸精液;精子。❹神话传说中的妖怪▷妖～。❺圈经过提纯或挑选的▷～盐｜～矿。❻完善▷～美。❼对某门学问或技术掌握得很娴熟▷～于书法。❽细致;严密▷～密｜～确。❾聪明;机敏▷～明｜～干。

【精兵简政】jīngbīngjiǎnzhèng 精简人员,压缩机构。

【精兵强将】jīngbīngqiángjiàng 兵员战斗力强,将领善于指挥。泛指杰出或能干的人才。

【精彩】jīngcǎi 圈精妙出色▷～的表演。☞不宜写作"精采"。

【精粹】jīngcuì 圈精练纯粹▷这篇散文～、生动。

【精打细算】jīngdǎxìsuàn (对人力财力)合理安排,避免浪费。

【精当】jīngdàng 圈(表达)准确而恰如其分▷这段论述非常～｜选词～。

【精到】jīngdào 圈精彩而没有疏漏▷内容阐述得十分～｜手艺～。

【精雕细刻】jīngdiāoxìkè (用刀在器物上)精心细致地雕刻。形容艺术创作细致精微,也比喻办事细致周到。

【精读】jīngdú 团仔细深入地阅读。

【精干】jīnggàn 圈精明干练。

【精耕细作】jīnggēngxìzuò 精心细致地耕种。

【精光】jīngguāng ❶圈什么也没有;一点儿也没剩下▷穷得～｜吃得～。❷光亮洁净▷皮鞋擦得～锃亮。

【精悍】jīnghàn ❶圈精明干练▷办事～。❷精练有力▷他的杂文短小～。❸精良勇猛▷一匹～的蒙古马。

【精华】jīnghuá 图事物中最精粹、最优良的部分▷剔除糟粕,吸取～。

【精简】jīngjiǎn 团去掉多余的留下必要的▷～编制｜～会议。

【精力】jīnglì 图精神气力▷～过人。

【精练】jīngliàn 圈精粹简练▷文字很～｜内容讲得～。

【精炼】jīngliàn ❶团提炼使精纯▷～原油。❷同"精练",通常写作"精练"。

【精良】jīngliáng 圈优良;完备▷设备～｜武器～。

【精美】jīngměi 圈精致美观▷装帧～。

【精密】jīngmì 圈非常准确精细▷～机床。

【精明】jīngmíng 圈精干聪明;机警细心▷～干练｜～的企业家。

【精疲力竭】 jīngpílìjié 精神疲惫,体力用尽。形容极度疲乏。

【精辟】 jīngpì 圈(观点、论点等)深刻透彻。

【精品】 jīngpǐn 图精美、优良的物品或作品▷服装~ | 国画~ | ~意识。

【精巧】 jīngqiǎo 圈精致巧妙▷结构~。

【精确】 jīngquè 圈特别准确;特别确切▷统计数字~无误 | 这个定义下得~。

【精锐】 jīngruì 圈装备先进,战斗力强▷~坦克师。

【精深】 jīngshēn 圈(思想、学问)精微高深▷学识~ | 理论博大~。

【精神】 jīngshén ❶图人的意识、思维、情感等内心世界。❷内容的实质;主旨▷贯彻大会 | 讲话的~。

【精神】 jīngshen ❶图活力的;精力▷提起~ | ~饱满。❷圈有活力;生气勃勃▷小伙子穿上军装显得格外~。

【精神文明】 jīngshén wénmíng ❶指人类在社会实践中创造并发展起来的一切精神财富,包括思想、文化、道德、科学、教育等。❷特指人们的思想精神面貌和道德修养等(跟"物质文明"相对)。

【精神污染】 jīngshén wūrǎn 指腐朽反动庸俗的思想观点、言论、行为等对人们思想的毒害和侵蚀。

【精髓】 jīngsuǐ 图比喻最能体现事物本质的精华部分▷实事求是是马列主义的~。

【精通】 jīngtōng 圆透彻了解,熟练掌握▷~业务 | 诗、词、赋无不~。

【精微】 jīngwēi 圈精深微妙▷~之论。

【精细】 jīngxì ❶圈精致细巧▷家具做工~。❷精干细心▷~的好管家。

【精心】 jīngxīn 圈特别用心、细心▷~备课 | ~施工。☞"精心"跟"经心"意义不同,不要混用。

【精要】 jīngyào 图最精粹最重要的部分▷文章~。

【精益求精】 jīngyìqiújīng 力求更好,使达到尽善尽美的程度。

【精英】 jīngyīng 图精华;杰出人物▷文物中的~ | 知识界的~。

【精湛】 jīngzhàn 圈(技艺)高超;(学问)精深▷~的球艺 | ~的论述。

【精致】 jīngzhì 圈精巧别致▷~的手表。

【精壮】 jīngzhuàng 圈特别强壮▷~劳动力。

鲸(鯨) jīng 图生活在海洋中的哺乳动物,用肺呼吸,胎生,是现在世界上最大的动物。俗称鲸鱼。☞统读 jīng。

【鲸吞】 jīngtūn 圆像鲸一样吞食,形容强者大量吞并、侵占(弱者的土地、财富等)。

井 jīng ❶图从地面向下挖成的能取水的深洞▷水~。❷形状像井的东西▷矿~ | 油~ | 天~。❸人口聚居的地方;乡里▷背~离乡 | 市~。❹圈整齐;有条理▷~然。

【井底之蛙】 jīngdǐzhīwā 比喻眼界狭隘,见识短浅的人。

【井井有条】 jīngjǐngyǒutiáo 形容非常有条理,一点儿不乱。

【井然】 jīngrán 圈形容整齐,有条理▷~有序 | 秩序~。

【井水不犯河水】 jīngshuǐbùfànhéshuǐ 比喻彼此界限清楚,不相触犯。

阱 jīng 图用来防御敌人或捕野兽的陷坑▷陷~。

刭(剄) jīng 圆〈文〉用刀割脖子▷自~。

颈(頸) jīng ❶图脖子▷~椎 | 长~鹿。❷像颈的部分▷瓶~。☞不读 jìng。

【颈项】 jīngxiàng 图脖子。

景 jīng ❶图现象;情况▷情~ | 背~。❷风景▷良辰美~ | 胜~。❸布景▷内~ | 外~。❹圆仰慕;敬佩▷~慕 | ~仰。

【景点】 jīngdiǎn 图供游览的风景地,包括自然景点和人文景点。

【景观】 jīngguān 图自然景色和人工景物▷三峡~ | 故宫~。

【景况】 jīngkuàng 图光景,状况▷生活~逐年改善。

【景慕】 jīngmù 圆〈文〉景仰;思慕▷先生人品学问令后学~。

【景气】 jīngqì 圈(经济情况)繁荣、兴旺▷生意很不~ | 今年比去年~多了。

【景区】 jīngqū 图景点相对集中的地区▷香山~有好几个景点。

【景色】 jīngsè 图景物、景象▷~秀丽。

【景物】 jīngwù 图有观赏价值的风景、事物。

【景象】 jīngxiàng 图情景;状况▷一片丰收~。

【景仰】 jīngyǎng 圆敬佩仰慕▷~英雄的革命情操。

【景致】 jīngzhì 图风光;风景。

儆 jīng 圆〈文〉告诫;使人警醒而不犯错误▷杀一~百 | ~效尤。

憬 jīng 见[憧憬]chōngjīng。

警 jīng ❶圆告诫;使人注意▷~示。❷注意并防备(可能发生的危险)▷~卫。❸(对危险或异常情况)感觉敏锐▷机~ | ~醒。❹图指警察▷民~。❺危急的情况、事件▷火~ | ~报。

【警报】 jīngbào 图预告将出现危急情况的通知或信号▷空袭~ | 台风~。

【警备】 jīngbèi 圆警惕戒备▷~森严。

【警察】 jīngchá 图国家维护社会治安的武装力量▷刑事~ | 武装~。

【警告】 jīnggào ❶圆告诫,使警惕醒悟。❷图对违反纪律的人的一种处分▷~处分。

【警戒】 jīngjiè 圆对可能的威胁和危险进行防备。特指军警戒备突发事件。

【警诫】 jīngjiè 圆告诫,使警惕▷火灾再次~人们要加强防火意识。

【警句】 jīngjù 图词语精练,含义深刻的语句▷格言~。

【警觉】 jīngjué 图对可能出现的情况或问题的敏锐感觉▷错误会使人~起来 | ~地注视着对方。

【警惕】 jīngtì 圆对可能发生的问题高度警觉、戒备▷~间谍窃取机密。

【警卫】 jīngwèi ❶圆警戒保卫▷战士们日夜~着长沙大桥。❷图担任警戒保卫工作的人▷向~出示证件。

【警醒】 jīngxǐng 圆警觉醒悟▷这场事故应该使你们~了。☞不宜写作"警省"。

【警钟】 jīngzhōng 图用以报告危急情况的钟和钟声,比喻提醒人们警惕的措施▷防火工作要~长鸣。

劲(勁) jìng 圈强有力▷~敌 | 旅~强。○另见jìn。

【劲敌】 jìngdí 图实力雄厚的敌人;强有力的对手▷战胜~,取得冠军。

【劲旅】 jìnglǚ 图战斗力特别强的队伍。

径(徑) jìng ❶图小路▷小~ | 曲~。❷指直径▷口~ | 半~。❸途径、方法▷捷~ | 门~。❹圖直接▷~行处理 | ~向有关单位举报。

【径赛】 jìngsài 图田径比赛中赛跑和竞走项目的总称。

【径直】 jìngzhí ❶副表示直接做某件事▷腹稿打好了，就～写下去。❷表示直接前往▷～朝那棵松树走去。

【径自】 jìngzì 副表示不经过允许自己直接做某事▷他～返京了。

净 jìng ❶形清洁▷干～｜洁～。❷团使清洁▷～手。❸尽；一点不剩▷吃～｜用～。❹形纯；单纯▷除了开销，～赚3万元。❺副仅仅▷好的都挑完了，～剩下些次的。❻全都▷我们车间～是小伙子｜满院子～是树叶。❼总是▷别一打岔｜写错字。❽图传统戏曲里的花脸▷生旦～末丑｜武～。

【净产值】 jìngchǎnzhí 图在一定时期内总产值除去固定资产折旧后的余额，即新创造的价值。

【净化】 jìnghuà 团清除杂质、污染，使之变得纯洁▷～空气◇思想～。

【净土】 jìngtǔ ❶图佛教指佛居住的无尘世污染的清净世界。❷泛指未被污染的地方。

【净重】 jìngzhòng 图(物品的)纯重量(跟"毛重"相对)▷这箱饼干～2.5公斤。

胫(脛) jìng 图小腿，从膝盖到踝骨的部分▷不～而走｜～骨。

痉(痙) jìng [痉挛] jìngluán 团肌肉不由自主地收缩▷胃～。☞统读 jìng。

竞(競) jìng ❶团争逐；比赛▷～争｜～走。❷副争着(做事)▷～相支援。

【竞技】 jìngjì 团竞赛技艺(多指体育的)。

【竞赛】 jìngsài 团竞争比赛，争夺优胜▷游泳～｜军备～。

【竞相】 jìngxiāng 副互相争着，比着▷～投保｜～购买国债。

【竞选】 jìngxuǎn 团为了当选，候选人在选举前进行争取选票的活动。

【竞争】 jìngzhēng ❶团竞相争取优胜▷物种～｜上岗。❷商品生产者为在生产和销售方面获得更多的优势而进行角逐▷市场～。

竟 jìng ❶团结束▷完成前人未～的事业。❷副终究▷有志者事～成。❸竟然，居然▷他～敢公开否认事实。☞"竟"和"竞"形、义不同。

【竟然】 jìngrán 副表示出乎常情、常理之外▷这么重要的事儿，他～忘了。

【竟至】 jìngzhì 团居然达到(某种程度)▷短短的一篇散文，印刷错误～二十多处。

敬 jìng ❶团全神贯注；专心致志▷～业。❷形(对人)态度严肃而有礼貌▷恭～｜～意。❸团尊重▷～老｜孝。❹有礼貌地献上(酒、茶等)▷～酒。

【敬爱】 jìng'ài 团尊敬热爱；崇敬爱戴。

【敬词】 jìngcí 图含恭敬意味的用语，如"敬请""光临""指教"等。

【敬而远之】 jìng'éryuǎnzhī 尊敬或表面上尊敬，但不愿或不敢接近。

【敬服】 jìngfú 团尊敬佩服▷～学识渊博的人｜英雄的光荣事迹令人～。

【敬礼】 jìnglǐ ❶团行礼，用注目、举手、立正、鞠躬等动作表示敬意。❷敬词，用于书信的末尾，表示尊敬。

【敬慕】 jìngmù 团敬重仰慕。

【敬佩】 jìngpèi 团敬服。

【敬畏】 jìngwèi 团既尊重又害怕▷祖父对儿孙既慈祥又严格，全家无不～。

【敬献】 jìngxiàn 团恭敬庄严地送上。

【敬仰】 jìngyǎng 团崇敬仰慕▷先生德艺双馨，受到大家真心～。

【敬业】 jìngyè 团集中精力于学业或工作▷爱岗～。

【敬重】 jìngzhòng 团尊敬；尊重。

靖 jìng ❶形〈文〉(社会)安定。❷团使(秩序)安定；平定(动乱)▷～乱｜绥。

静 jìng ❶形安定(跟"动"相对)▷～物｜～坐。❷没有声音；不出声▷四周～极了｜寂～。❸团使(内心)安定▷～下心来。

【静场】 jìngchǎng 团演出结束后，观众退出剧场、影院。也说清场。

【静电】 jìngdiàn 图不形成电流的电荷，如化纤织物受摩擦产生的电荷。

【静观】 jìngguān 团冷静地观察▷～变化。

【静候】 jìnghòu 团耐心平静地等候▷～调遣。

【静脉】 jìngmài 图输送血液返回心脏的血管(跟"动脉"相对)。

【静默】 jìngmò ❶团沉静不语。❷肃立不语，表示哀悼▷向烈士们～致哀。

【静悄悄】 jìngqiāoqiāo 形形容非常安静，没有任何声响▷阅览室里～的。

【静态】 jìngtài 图相对静止状态▷～分析｜～平衡｜保持～。

【静心】 jìngxīn 团安定心神；使心神宁静▷～休养｜别说了，让我静静心。

【静养】 jìngyǎng 团静心休养▷他的身体需要～些时日。

【静止】 jìngzhǐ 团(物体)停止不动，即不发生相对运动。

境 jìng ❶图疆土的边界▷出～｜入～｜国～。❷较大的空间范围；区域▷湘江在湖南～内｜环～。❸环境或状况▷处～｜家～。☞统读 jìng。

【境地】 jìngdì ❶图境界②▷达到了忘我的～。❷所处的景况或所遇到的情况▷生活处于极端困难的～中。

【境界】 jìngjiè ❶图疆界。❷事物所达到的程度或所进入和表现的状况▷思想～｜技艺达到炉火纯青的～。

【境况】 jìngkuàng 图(经济方面的)处境；状况。

【境遇】 jìngyù 图境况，遭遇▷苦难的～。

镜(鏡) jìng ❶图镜子，用来照见形象的器具，多用平面玻璃镀水银制成。❷泛指利用光学原理制成的、可以改善视力或做科学实验的用具▷眼～｜望远～｜显微～。

【镜头】 jìngtóu ❶图摄像机、照相机、放映机等的精密光学部件，由若干透镜组合而成，用来在底片或幕布上形成影像。❷照相机拍摄的一个画面▷只拍了两个～。

jiong

迥 jiǒng 形差别很大▷性格～异。

【迥然】 jiǒngrán 形形容差别很大▷～不同｜～有别。

【迥异】 jiǒngyì 形完全不一样▷她俩相貌相同，可是内在气质～。

炯 jiǒng 形〈文〉明亮▷～然。

【炯炯】 jiǒngjiǒng 形(目光等)明亮▷～有神｜目光～。

窘 jiǒng ❶形穷困▷～困。❷难堪；为难▷～境。☞统读 jiǒng。

【窘迫】 jiǒngpò ❶形穷困；(日子)难过▷生活～。❷非常为难▷他很～，嗫嚅了半天，才把借钱的话说出来。

【窘态】jiǒngtài 图难为情的神态▷为了掩饰自己的~，他赶紧岔开了话题。

【窘相】jiǒngxiàng ❶图尴尬为难的样子▷满脸~。❷穷困而为难的样子▷家计艰难，父亲的~时时显露出来。

jiu

纠（糾）　jiū ❶囵集合；聚集（多含贬义）▷~合｜~集。❷缠绕▷~结｜~缠。❸矫正；改正▷~统读 jiū。

【纠察】jiūchá ❶囵在公共场所监察风纪，维持秩序。❷图在公共场所监察风纪，维持秩序的人员。

【纠缠】jiūchán ❶囵绕在一起▷各种矛盾~交织在一起。❷用麻烦的事搅扰▷不答应要求，他就没完没了地~。

【纠纷】jiūfēn 图争执不下的事情。

【纠葛】jiūgé 图难以弄清的事情▷这些陈年~不必再提了。

【纠合】jiūhé 囵聚集（含贬义）。▷不宜写作"鸠合"。

【纠集】jiūjí 囵召集到一起（含贬义）。▷不宜写作"鸠集"。

【纠正】jiūzhèng 囵把错的改正过来▷~错别字｜~错误。

鸠（鳩）　jiū 图鸽子一类的鸟。常见的如斑鸠，羽毛灰褐色，有斑纹。

究　jiū ❶囵深入探求；钻研▷研~｜推~。❷追查▷违法必~｜追~。▷统读 jiū。

【究竟】jiūjìng ❶图结果；原委▷问个~。❷圃到底▷他的病情~怎么样了？❸毕竟▷礼物虽轻，~是他的一片心意。

赳　jiū ［赳赳］jiūjiū 圈形容威武健壮的样子▷雄~，气昂昂。

阄（鬮）　jiū 图赌胜负或决定事情时供人们抓取的纸团，上面做有记号▷抓~儿。

揪　jiū 囵紧紧抓住；抓住并用力拉▷~住衣襟不放｜~耳朵。

【揪辫子】jiūbiànzi 比喻抓住某些缺点错误（攻击人）。

【揪心】jiūxīn 圈担忧▷小小的年纪自己闯世界，父母多~啊。

啾　jiū ［啾啾］jiūjiū 拟声〈文〉模拟虫鸟等细碎嘈杂的叫声▷黄雀~。

鬏　jiū 图头发盘成的髻。

九　jiǔ ❶题数字，八加一的和。❷指多▷~死一生。❸图时令名，从冬至起每九天为一"九"，到九"九"为止，共八十一天。▷数（shǔ）~｜寒天。▷数字"九"的大写是"玖"。

【九牛一毛】jiǔniúyīmáo 比喻极大数量中极其微小的一部分。

【九泉】jiǔquán 图迷信指阴间，现指人死后埋葬的地方。

【九死一生】jiǔsǐyīshēng 历经多次死亡的威胁而活下来。

【九霄云外】jiǔxiāoyúnwài 借指极高极远的地方。

【九族】jiǔzú 图九代直系亲属，除自身外，上包括父、祖父、曾祖父、高祖父，下包括子、孙、曾孙、玄孙。

久　jiǔ ❶圈时间长▷~别。❷图时间的长短▷他走了有多~了？

【久而久之】jiǔérjiǔzhī 过了很长时间。

【久旱逢甘雨】jiǔhànfénggānyǔ 长久干旱，遇到一场好雨。比喻盼望已久的事物终于得到满足。

【久久】jiǔjiǔ 圃表示很长时间▷谆谆的教诲~回荡在我心中。

【久违】jiǔwéi 囵客套话，用于长时间没见面▷这些年~了，见面真不容易。

【久仰】jiǔyǎng 囵客套话，表示长时间以来就已仰慕（对方）▷~大名，今日相见，真是荣幸。

【久远】jiǔyuǎn 圈（时间）很长。

玖　jiǔ 题数字"九"的大写。

灸　jiǔ 囵中医的治疗方法，用艾叶或艾绒烧灼或熏烤人体的穴位▷针~。▷跟"炙"（zhì）不同。

韭　jiǔ 图韭菜，多年生草本植物。叶子细长扁平。叶和花、茎可以吃，种子可以做药材。▷不能简化成"尤"。

【韭黄】jiǔhuáng 图冬季采用培土、覆盖等遮光措施或地窖等设备培育的韭菜。色黄鲜嫩，有独特的风味。

酒　jiǔ 图用粮食、水果等经发酵酿制的含乙醇的饮料，如白酒、果酒、啤酒等。▷不能简化成"氿"。

【酒吧】jiǔbā 图专设的具有西式风味的卖酒、喝酒的场所（多指在西餐馆、宾馆中）。▷不宜写作"酒巴"。

【酒酣耳热】jiǔhāněrrè 形容喝酒喝得正在兴头儿上。

【酒会】jiǔhuì 图以酒和点心招待客人、形式简便的宴会，不排席位，客人入场、退场比较自由▷鸡尾~。

【酒囊饭袋】jiǔnángfàndài 比喻只会吃喝而无能的人。

【酒窝】jiǔwō 图笑时脸颊上现出的小窝。▷不宜写作"酒涡"。

【酒兴】jiǔxìng 图喝酒的兴趣或喝酒引起的情绪▷~浓厚｜趁着~说起话来没完。

旧（舊）　jiù ❶圈经过长期放置或使用的（跟"新"相对）▷~家具｜房子太~了。❷过时的；不合时宜的▷观念太~｜制度。❸从前的；曾经有过的▷~事｜~交。❹图指老朋友、老交情▷故~｜念~。

【旧观】jiùguān 图原来的模样▷恢复~。

【旧居】jiùjū 图过去居住过的处所▷宋庆龄~｜~保存完好。

【旧诗】jiùshī 图按传统格律用文言写的旧体诗。分古体诗和近体诗两种（跟"新诗"相对）。

【旧习】jiùxí 图陈旧的习俗或习惯。

【旧账】jiùzhàng ❶图以前欠下的账。❷比喻以往的过失或怨恨▷不要老是算~，要向前看。

臼　jiù ❶图捣米等用的器具，多用石头或木头制成，圆形，中间凹下▷石~｜蒜~子。❷形状像臼的东西▷~齿｜脱~。

【臼齿】jiùchǐ 图位于口腔后部两侧的牙齿，咀嚼面上有突起，适于磨碎食物。人类有 12 颗臼齿。也说槽牙。

咎　jiù ❶图罪责；过失▷引~辞职｜归~。❷囵追究罪过；责备▷既往不~｜自~。

【咎由自取】jiùyóuzìqǔ 过失、罪责、灾祸是由自己招来的。

疚　jiù 图由于自己的过失而产生的不安或惭愧的心情▷内~｜负~。▷不读 jiū。

柩　jiù 图装着尸体的棺材▷棺~｜~灵。

柏　jiù 图乌桕，落叶乔木。种子可制蜡、榨油，树皮、叶可入药。

救　jiù ❶囵采取措施，使灾难或危急情况终止▷~火。❷援助，使脱离危险或免遭灾难▷营~｜拯

~。

【救兵】jiùbīng 图解救危急的军队,也比喻前来救助的人▷~一到,我们开始反攻|上级派~帮我们抗旱来了。

【救国】jiùguó 团拯救面临危亡的祖国▷抗日~。

【救护】jiùhù 团救治看护▷~伤员。

【救急】jiùjí 团对突然发生的危难进行救助。

【救济】jiùjì 团用钱物救助灾民或其他生活贫困的人。

【救生】jiùshēng 团救护生命▷海上~。

【救死扶伤】jiùsǐfúshāng 拯救生命垂危的人,照顾护理受伤、有病的人。

【救星】jiùxīng 图比喻把人从苦难中拯救出来的人或团体。

【救应】jiùyìng 团救助接应▷各队在战斗中要互相~。

【救援】jiùyuán 团救助支援▷~被困在洪水中的群众。

【救灾】jiùzāi ❶团救济受灾者▷开仓~。❷消除灾害▷抢险~。

【救治】jiùzhì 团救护治疗,使脱离危险▷~危重患者。

【救助】jiùzhù 团拯救援助▷依法~被拐卖的妇女儿童。

厩 jiù 图马棚;泛指牲口棚▷马~|~肥。

就 jiù ❶团靠近;凑近▷避重~轻。❷到▷各~各位。❸开始进入或从事▷~职|~业。❹团a)引进动作行为发生时所靠近的处所▷~地取材|~近入学。b)引进动作的对象或范围▷~职工教育问题展开讨论。c)趁▷~着这场雨,赶紧把苗补齐。❺副a)表示动作即将发生或两件事紧接着发生▷别急,我马上~走|一说话~脸红。b)表示在某种条件下自然发生某种结果▷只要肯下功夫~能学好。c)表示肯定或强调▷这儿~是我的家。d)只;仅▷屋里~剩下我一个人|这次聚会~他没有来。e)强调数量多寡▷他~要了3张票|人家1个人~挑120斤。❻团即使▷你~坐汽车也赶不上他了。❼团完成▷功成名~|草草写~。❽副食搭配着主食或酒吃▷咸菜~稀饭|花生米~酒。

【就便】jiùbiàn 副表示不是专门做某事,相当于"顺便"▷他去北京出差,~看看老母亲。

【就餐】jiùcān 团吃饭▷按时~。

【就地】jiùdì 副表示就在原地▷~解决。

【就范】jiùfàn 团接受控制和支配▷抓住时机逼他~。

【就近】jiùjìn 副表示就在附近▷~解决。

【就寝】jiùqǐn 团睡觉▷晚十点~。

【就势】jiùshì 副表示顺着某发展势头▷他头朝下从单杠上掉下来,~来了个前滚翻。

【就是】[1] jiùshì ❶副对对方所说表示同意▷~,~,我跟你的看法相同。❷只是▷我~怕冷,不怕热|~这种便宜,别的都贵。❸强调自己的主意或判断▷不去! 我~不去! |没错,~他干的。

【就是】[2] jiùshì 匯连接分句,相当于"即使"▷你~把我关起来,我也不是服。

【就是】[3] jiùshì 团用在句末的"了"之前,表示肯定语气▷您放心~了|我不计较~了。

【就事论事】jiùshìlùnshì 只谈论事情本身(不涉及其他深层次问题)。

【就位】jiùwèi 团到各自的位置上去▷各位来宾请~。

【就绪】jiùxù 团(事情)处置妥当;安排停当▷大会准备~。

【就业】jiùyè 团有了职业,取得工作岗位。

【就医】jiùyī 团患者到医生处治病。

【就义】jiùyì 团为正义事业牺牲。

【就职】jiùzhí 团正式任职。

【就座】jiùzuò 团到座位上坐下▷请各位~。☞不宜写作"就坐"。

舅 jiù ❶图母亲的兄、弟▷~父|大~。❷妻子的兄、弟▷妻~|大~子。

鹫(鷲) jiù 图鸟,像鹰而较大,善飞翔,性凶猛,捕食鸟兽。常见的有秃鹫、兀鹫。

ju

车(車) jū 图象棋棋子中的一种。○另见 chē。

拘 jū ❶团逮捕;扣押▷~捕。❷约束;拘束▷无~无束|~泥。❸限制▷多少不~|不~一格。

【拘谨】jūjǐn 胚(言行)过分谨慎,不洒脱▷要大方些,不必过于~。

【拘禁】jūjìn 团把逮捕的人关押起来。

【拘礼】jūlǐ 团拘泥于礼节▷都是自家人,不必~。

【拘留】jūliú 团公安机关依法将特定的人短时间拘禁留置在一定处所。分为行政拘留、刑事拘留、司法拘留和民事拘留等。拘留期限为15日以下。

【拘泥】jūnì ❶团固守某种限制,不敢有所变通▷~书本|~圣人之言。❷胚拘谨;拘束▷都是老同学,何必那么~! ☞"泥"这里不读 ní。

【拘束】jūshù 胚拘谨;不自然▷他面对摄像机,谈话一点儿也不~。

苴 jū [苴麻]jūmá 图大麻的雌株。☞统读 jū。

狙 jū ❶图古书上指一种猴子。❷团窥伺▷~击。☞不读 zǔ。

【狙击】jūjī 团埋伏起来,乘敌不备加以袭击▷~敌人。

居 jū ❶团住;住宿▷~住。❷图住所▷迁~。❸团存积▷奇货可~。❹团处于(某种位置);占▷后来~上|久~高位|赞成者~多。

【居安思危】jū'ānsīwēi 生活在安定的环境里要想到会有危难发生。

【居多】jūduō 团(在整体中)占多数▷观众中女士~|他的作品中散文~。

【居高临下】jūgāolínxià 占据高处,面对低处。形容占据有利的地势或地位。

【居功自傲】jūgōngzì'ào 自以为有功劳而骄傲自大。

【居民】jūmín 图在某个地方固定居住的人(多指在城镇固定居住的人)。

【居奇】jūqí 团看作珍贵奇特的东西留存起来以便卖高价▷囤积~。

【居然】jūrán 副表示出乎意料,相当于"竟然"▷刚说过的事,他~给忘了。

【居心】jūxīn 图存有的某种念头(含贬义)▷~险恶。

【居中】jūzhōng 团在中间▷每个栏目的小标题要~|~评判。

驹(駒) jū ❶图少壮的马▷千里~。❷初生的马、骡、驴▷小驴~儿|~子。

疽 jū 图中医指局部皮肤肿胀坚硬的毒疮▷痈~。

掬 jū 团〈文〉用手捧▷~水◇笑容可~。☞统读 jū。

据 jū 见[拮据]jiéjū。○另见 jù。

锔(鋦) jū 团用两脚钉(锔子)连接破裂的金属、陶瓷类器物▷~缸|~锅。

裾 jū 图古代指衣服的前襟或后襟。

鞠 jū ❶图古代一种革制的用来习武或游戏的实心球▷蹴~(蹴:踢)。❷团弯曲▷~躬。☞统读 jū。

【鞠躬】 jūgōng 团身躯下弯表示行礼▷向老师~l鞠了个90度的躬。

【鞠躬尽瘁】 jūgōngjìncuì 小心谨慎,尽心竭力。

局 jú ❶图棋盘▷棋~。❷形拘束;狭窄▷~限l~促。❸图一部分▷~部。❹政府的办事机构▷财政~。❺某些业务机构或商店的名称▷邮~l书~。❻量某些比赛一次叫一局▷五~三胜。❼图形势;情况▷政~l结~。❽圈套▷骗~。❾指某些聚会▷饭~l赌~。

【局部】 júbù 图整体中的一部分。

【局促】 júcù ❶形(空间)狭小;不宽敞。❷(举止、神气等)拘谨;不自然▷~不安。☞不要写作"偏促""踙促"。

【局面】 júmiàn 图事物在一定时间内所呈现的态势▷蓬蓬勃勃的~。

【局内人】 júnèirén 图原指棋局对阵的人,泛指参与某事的人。

【局势】 júshì 图(政治、军事、经济等)在一定时间内呈现出的局面态势。

【局外人】 júwàirén 图原指棋局对阵者以外的人,泛指与某事无关的人。

【局限】 júxiàn 团限制在某一范围内。☞统读 jū。

菊 jú 图菊花▷赏~。

【菊花】 júhuā 图多年生草本植物,秋季开花,花也叫菊花。是著名的观赏植物,有的品种可以做药材。

橘 jú 图橘子树,常绿灌木或小乔木,果实叫橘子,是常见的水果。☞不能简化成"桔"(jié)。

柜 jǔ [柜柳]jǔliǔ 图枫杨,落叶乔木,枝条柔韧,可用来编制器具。☞另见 guì。

咀 jǔ 团含在嘴里细嚼品味▷~嚼l含英~华。☞㊀不读 zǔ。㊁"咀"不是"嘴"的简化字。

【咀嚼】 jǔjué ❶团把食物嚼(jiáo)碎。❷比喻对事情反复揣摩。

沮 jǔ 形颓丧。☞不读 zǔ。

【沮丧】 jǔsàng 形灰心丧气的样子▷试验多次失败,但他从不~。

莒 jǔ 图用于地名。莒县,在山东。

矩 jǔ ❶图木工画直角的曲尺。❷方形;特指长方形▷~形。❸规则;法度▷循规蹈~。☞不读 jù。

举(舉) jǔ ❶团向上托;往上抬▷高~l~手。❷图动作;行为▷~止l壮~。❸团发动;兴办▷~兵起义l~办。❹推荐;选拔▷推~l选~。❺提出;揭示▷~个例子l检~。❻形全;整个▷~世闻名l~国同庆。

【举办】 jǔbàn 团举行;经办(较隆重的活动)▷~杂技艺术节l~奥运会。

【举报】 jǔbào 团检举报告(违法乱纪行为)。

【举措】 jǔcuò 图举动;措施▷重大~l~得当。

【举动】 jǔdòng 图举止;行动▷~得体l监视敌人的一切~。

【举荐】 jǔjiàn 团推举引荐▷~贤才。

【举棋不定】 jǔqíbùdìng 拿起棋子不知如何下才好。借指拿不定主意。

【举世瞩目】 jǔshìzhǔmù 形容事情十分重大,受到全世界人们的关注。

【举行】 jǔxíng 团开办;进行(正式或隆重的活动)▷~画展l~毕业典礼。

【举一反三】 jǔyīfǎnsān 指由已知的事类推而懂得其他相关的一些事。

【举止】 jǔzhǐ 图人的举动、风度等▷~文雅得体。

【举足轻重】 jǔzúqīngzhòng 挪动一下脚就会影响两边的重量。比喻所处地位重要,一举一动都会影响全局。

榉(欅) jǔ 图榉树,落叶乔木。木材纹理细,坚实耐湿,是制作家具、建筑等的优良用材。

龃(齟) jǔ [龃龉]jǔyǔ 图上下牙齿对不齐,比喻意见不合。☞不读 zǔwǔ。

踽 jǔ [踽踽]jǔjǔ 形〈文〉形容(一个人行走时)孤独的样子▷~独行。☞不读 yǔyǔ。

巨 jù 形大;非常大▷万吨~轮l~款l~变。

【巨大】 jùdà 形(规模、数量等)非常大▷~的影响l损失~。

【巨匠】 jùjiàng 图泛指在科学、文学艺术等领域取得杰出成就的人▷文学~l画坛~。

【巨人】 jùrén ❶图身材异常高大的人。❷有杰出贡献和巨大影响的伟人。

【巨头】 jùtóu 图政治、经济界有强大实力、能左右局势的人▷工商界~。

【巨著】 jùzhù 图篇幅大,内容丰富精深的著作。

句 jù ❶图句子▷造~。❷量用于言语或诗文▷几~话l两~诗。

【句号】 jùhào ❶图标点符号的一种,形式为"。"。表示陈述句末尾或语气舒缓的祈使句末尾的停顿。❷比喻事情的结束▷这学期的工作算是画了一个~。

【句式】 jùshì 图句子的结构形式。

【句型】 jùxíng 图按一定标准划分出来的句子类型。如根据句子语气的不同,可以划分出陈述句、疑问句、祈使句、感叹句等;根据句子的结构不同,可以划分出单句和复句等。

【句子】 jùzi 图由词或词组组成、能表达一个相对完整的意思、有一个特定语调的语言单位。

拒 jù ❶团抵抗;抵挡▷~腐蚀,永不沾l抗~。❷不接受▷来者不~。

【拒绝】 jùjué 团不接受;不同意▷~帮助l~收礼。

莒 jù 见[莴苣]wōjù。○另见 qǔ。

具 jù ❶团〈文〉备办▷谨~薄礼。❷图日常生活和生产活动中使用的东西▷家~l刀~。❸量用于某些整体的事物▷一~尸体。❹图有(多用于抽象的事物)▷颇~特色。❺写出;开列▷~名。☞中间是三横,不是两横。

【具保】 jùbǎo 团找人担保▷~监外就医。

【具备】 jùbèi 团该有的都有;具有▷参加比赛的条件。

【具体】 jùtǐ ❶形实在;不笼统(跟"抽象"相对)▷内容~。❷特定▷确定~人选l~形式。❸团明确地落实(到)▷为了便于检查,任务要~到个人。

【具有】 jùyǒu 团有;存有(多用于抽象事物)▷~中国特色。

炬 jù 图火把▷火~l目光如~。

俱 jù 副全;都▷万事~备l面面~到l一应~全。☞统读 jù。

【俱乐部】　jùlèbù　图进行社交、文化、艺术、体育等活动的机构和场所▷足球~。

倨　jù　形〈文〉傲慢▷前~而后恭｜~傲｜~慢。

剧（劇）　jù　❶形厉害；猛烈▷病情加~｜急~。❷图戏剧▷京~｜话~。

【剧本】　jùběn　图戏剧文学作品。是戏剧演出的文字依据，主要由剧中人物的对话（或唱词）、独白、旁白和舞台指示等构成。

【剧变】　jùbiàn　❶团急剧地变化▷形势在~。❷图急剧的变化▷农村发生了~。

【剧烈】　jùliè　形急剧猛烈▷气候变化太~｜~的疼痛。

【剧目】　jùmù　图戏剧名目；也指该名目所代表的戏或剧本▷优秀~获奖｜传统~。

【剧情】　jùqíng　图戏剧故事的情节。

【剧痛】　jùtòng　团剧烈疼痛。

【剧种】　jùzhǒng　图根据一定标准划分出的戏剧或戏曲种类。根据不同艺术特点和表现手法，戏剧可分为话剧、歌剧、舞剧等。根据音乐曲调、语言、流行地区等不同，戏曲可分为京剧、豫剧、越剧、川剧等。

【剧作】　jùzuò　图戏剧作品。

据（據）　jù　❶团凭借▷~险固守。❷介按照；根据▷~同名小说改编。❸图可以作为证明的东西▷凭~｜证~。❹团占有▷为己有｜盘~｜窃~。○另见 jū。

【据点】　jùdiǎn　图军队用来驻扎和作战的地点。

【据守】　jùshǒu　团占据（某处）防守▷~要塞｜闭城~。

【据说】　jùshuō　团根据有人说（表示消息不一定确实）▷~他已迁往新居。

【据悉】　jùxī　团根据了解得知▷~，他的论文在评比中获一等奖。

距　jù　❶图雄鸡等的腿后面突出像脚趾的东西。❷团距离▷谢庄~圆明园十里｜~今已有几十年。❸图相隔的长度▷株~。

【距离】　jùlí　❶团两者在空间或时间上相隔▷现在~开车只有十分钟｜汽车在~他不足一米的地方紧急煞住了。❷图两者相隔的长度▷两座楼有二十多米的~｜他俩的岁数有十年的~◇感情的~越来越大。

惧（懼）　jù　团害怕▷临危不~。

【惧怕】　jùpà　团恐惧害怕▷~走夜路。

犋　jù　量畜力单位。能拉动一张犁或耙的畜力叫一犋。

飓（颶）　jù　[飓风]jùfēng　图海上强烈的风暴；气象学上指12级或12级以上大风。

锯（鋸）　jù　❶图剖开或截断物体的工具，主要部分是具有许多尖齿的薄钢片▷电~｜拉~。❷团用锯剖开或截断▷~木头。

聚　jù　团会集；集合▷~会｜~餐。☞下边不是"豕"。

【聚宝盆】　jùbǎopén　图传说中能聚集宝物而且取之不尽的盆，多比喻丰富资源的地方。

【聚合】　jùhé　❶团会合；集聚▷公司~了不少人才。❷图单体相结合，变成高分子化合物。

【聚会】　jùhuì　❶团集聚会合在一起▷老同学~在北京。❷图指聚会的活动▷愉快的~。

【聚积】　jùjī　团逐步地凑集累积▷路两边陆续~了许多看热闹的人。

【聚集】　jùjí　团会合集中▷~各路人马。☞"聚集"强调在较短时间内会合起来的，"聚积"强调是逐步凑集的。

【聚精会神】　jùjīnghuìshén　形容专心一意，注意力高度集中。

【聚拢】　jùlǒng　团聚集到一起▷从四面八方~到这里。

【聚讼纷纭】　jùsòngfēnyún　对某一问题乱纷纷地争辩，得不出一致的看法。

【聚众】　jùzhòng　团把很多人纠集在一起▷~滋事｜~斗殴。

踞　jù　〈文〉❶团蹲或坐▷龙盘虎~｜~坐。❷团占据▷久~山寨｜盘~。

遽　jù　形〈文〉❶团仓促；突然▷~增｜~别。❷团惊慌▷惶~。☞跟"邃"（suì）不同。

【遽然】　jùrán　形〈文〉突然▷滂沱大雨~而至。

juan

捐　juān　❶团抛出；舍弃▷~弃。❷团献出▷~钱｜~赠。❸图一种税收▷上~｜车~｜~税。

【捐躯】　juānqū　团（为正义而崇高的事业）舍弃性命▷为反抗外国侵略~。

【捐献】　juānxiàn　团把财产或其他有价值的东西贡献给（国家、集体或他人）▷为灾群众~财物｜~遗体。

【捐助】　juānzhù　团捐出财物援助▷~失学儿童。

涓　juān　图〈文〉细小的水流▷~滴。

【涓涓】　juānjuān　形小水流慢慢流淌的样子▷泉水~。

娟　juān　形秀丽；美好。

【娟秀】　juānxiù　形美丽而清秀▷字迹~｜风姿~。

圈　juān　❶团把家禽、家畜关起来▷把鸡~在笼子里。❷团拘禁；关闭▷~在牢里｜成天把自己~家里不出门。○另见 juàn；quān。

鹃（鵑）　juān　见[杜鹃]dùjuān。

镌（鐫）　juān　团〈文〉雕刻。

【镌刻】　juānkè　团〈文〉雕刻；凿▷~图章｜于岩壁之上~佛像。☞"镌"不读 juàn。

蠲　juān　团〈文〉减免；除去▷~免｜~除。

卷（捲）　juǎn　❶团把片状的东西弯转成圆筒形或半圆形▷刀刃儿~了｜~帘子。❷团强力裹挟、带动或掀起▷狂风~着巨浪｜马车~起一片尘土｜木材被洪水~走了。❸图弯转成的圆筒形的东西▷行李~儿｜蛋~儿。❹量用于成卷的东西▷一~铺盖｜一~胶卷。☞"巳"，不是"巳"。○另见 juàn。

【卷发】　juǎnfà　图卷曲的头发。

【卷曲】　juǎnqū　形弯曲▷~的头发。

【卷土重来】　juǎntǔchónglái　形容失败或消失后重新恢复（卷土：原指回来的人马所掀起的尘土）。

卷　juàn　❶量用于书籍的一部分▷第一~｜下~｜~二。❷图可以卷（juǎn）起来收藏的书、画；泛指书画▷手不释~｜画~。❸机关里保存的文件▷~宗｜案~。❹考试时书写答案的纸▷试~。○另见 juǎn。

【卷宗】　juànzōng　❶图分类保存的文件。❷保存文件的特制纸夹或纸袋子。

隽　juàn　❶形〈文〉（言论、诗文）意味深长▷~语。

【隽永】　juànyǒng　形〈文〉（诗文等）含意深长，耐人寻味。☞"隽"这里不读 jùn。

倦　juàn　❶团疲劳；劳累▷疲~｜困~。❷团懈怠；厌烦▷海人不~｜~厌。

【倦怠】　juàndài　形疲倦懈怠▷尽管干了一天活儿，却毫无～之意。

【倦容】 juànróng 图疲倦的面容。

【倦意】 juànyì 图疲乏的表现、感觉。

猗 juàn〈文〉❶形急躁；偏激▷～急。❷耿直▷～直｜～介。

绢(絹) juàn 图一种薄而结实的丝织品。

鄄 juàn 图用于地名。鄄城，在山东。

圈 juàn 图饲养家畜或家禽的场所，一般有栏或围墙，有的还有棚▷羊～｜～肥。○另见 juān；quān。

【圈养】 juànyǎng 动在圈舍里饲养(家畜等)。

眷 juàn ❶动关心；顾念▷～恋｜～念。❷图亲属▷～属｜家～｜亲～。

【眷恋】 juànliàn 动怀念，留恋▷～故土。

【眷念】 juànniàn 动满怀深情地思念；怀念▷～祖国｜～妻小。

【眷属】 juànshǔ ❶图家属；亲属▷安置～。❷图夫妻▷多情男女，得成～。

jue

撅 juē ❶动翘起▷～着尾巴。❷折断▷一根甘蔗～成两截。

【撅嘴】 juēzuǐ 动翘起嘴唇，表示不乐意。☞不要写作"噘嘴"。

孓 jué 见[孑孓]jiéjué。

决 jué ❶动水冲垮(堤岸)▷～堤｜溃～。❷破裂▷～裂。❸作出判断；确定▷表～｜判～。❹特指执行死刑▷处～｜枪～。❺判定最后胜负▷～胜。❻形果断；坚定▷果～｜坚～。❼副一定(用在否定词前面)▷～不屈服｜～无他意。☞左边是"冫"，不是"氵"。

【决策】 juécè ❶动决定策略(多指重大问题)▷由领导集体共同～。❷图决定的策略▷伟大的战略～。

【决定】 juédìng ❶动拿定主意▷自己的事由自己～。❷图决定了的事项▷会议作出了三项～。❸动某事物成为另一事物的基础或先决条件▷存在～意识｜这场战争的胜负～国家的命运。❹形起主要或关键作用的▷～条件｜～性因素。

【决断】 juéduàn ❶动做决定▷请董事长～。❷图做出的决定▷英明的～。❸决定事情的魄力▷她很有～。

【决计】 juéjì ❶动拿定主意▷他～要离开这里。❷副必定▷～有好戏看。

【决裂】 juéliè 动(关系)破裂、断绝▷与邪教～。

【决然】 juérán ❶副坚决地▷～回国创业。❷必然；一定▷不深入生活，～写不出好文章来。

【决赛】 juésài ❶动为确定名次进行最后一场或一轮比赛。❷图指决赛的赛事▷排球～。

【决胜】 juéshèng 动决出最后胜败▷两军～战场。

【决算】 juésuàn 图根据年度预算执行情况编制的会计报告。

【决心】 juéxīn ❶动坚定信念；拿定主意▷～把学习搞好。❷图坚定的信心和意志▷痛下～。

【决议】 juéyì 图经会议讨论通过的重要决定。

【决战】 juézhàn 动进行决定胜负的战役或战斗。

诀(訣) jué ❶动告别；分别(多指不再相见的离别)▷～别｜永～。❷图高明的或关键性的方法▷秘～。❸为了便于掌握，根据事物的内容编

成的易于记诵的词句▷口～｜歌～。

【诀窍】 juéqiào 图窍门；方法▷找～。

抉 jué ❶动〈文〉挖出，剜出▷～目。❷挑选。

【抉择】 juézé 动做出选择▷去还是不去，必须马上～。

角 jué ❶图角色▷你扮演什么～儿？｜主～｜配～。❷戏曲中对角色划分的类别▷旦～｜丑～。❸指演员▷名～。❹动较量；竞争▷～斗｜～逐。☞以上意义不读 jiǎo。○另见 jiǎo。

【角斗】 juédòu 动较量；搏斗▷双方正在～。

【角色】 juésè ❶图演员扮演的剧中人物▷反派～。❷借指社会生活中的某一类人物▷扮演了个极不光彩的～。

【角逐】 juézhú ❶动武力较量▷军阀们互相～。❷竞争；竞赛▷～竞选｜两队激烈～。

玦 jué 图〈文〉一种佩带的玉器，环形，有一个缺口。

觉(覺) jué ❶动〈文〉睡醒▷大梦初～。❷醒悟；明白▷自～。❸感到▷不知不～。❹图对外界刺激的感受和辨别▷视～｜听～｜嗅～。○另见 jiào。

【觉察】 juéchá 动感觉到；发觉▷没人～。

【觉得】 juéde ❶动感觉到▷～有点累。❷认为▷我～小兰去最合适。

【觉悟】 juéwù ❶动由不清醒到清醒；由认识不正确或不明确到认识正确或明确▷～得越早越好。❷图对政治理论、理想信念等认识的水平▷～提高～。

【觉醒】 juéxǐng 动由蒙昧而醒悟。

绝(絕) jué ❶动断▷络绎不～｜不～如缕。❷穷尽；完了▷手段都用～了｜弹尽粮～。❸形(水平、程度)达到极点的▷他的手艺真～｜～唱。❹副最；特别▷～大多数｜～妙。❺形没有出路的；无法挽救的▷～境｜～症。❻副断然；绝对(用在否定词前面)▷～无此事｜～不答应。❼动气息终止；死▷悲痛欲～｜～命。

【绝笔】 juébǐ ❶图生前最后所作的诗文、字画等▷临终～。❷绝妙的诗文、字画▷旷世～。

【绝壁】 juébì 图陡峭而无法攀登的悬崖。

【绝唱】 juéchàng ❶图绝无仅有、最高水平的诗文。❷生前最后的歌唱▷这次个人演唱会，成了她的～。

【绝处逢生】 juéchùféngshēng 在看来毫无出路的情况下又找到了生路。

【绝顶】 juédǐng ❶图山的最高峰▷泰山～。❷形达到极高水平的▷聪明～。

【绝对】 juéduì ❶形无条件的；完全的(跟"相对"相对，②同)▷以～优势压倒敌人。❷只以一个条件为依据而不管其他条件的▷～长度｜～重量。❸副完全；无可怀疑▷这个人～可靠｜～不准离开。

【绝技】 juéjì 图不容易学到的高超技艺。

【绝迹】 juéjì 动完全不出现，不见踪迹▷这种动物在地球上几乎～了。

【绝交】 juéjiāo ❶动断绝交往。❷特指国与国之间断绝外交关系。

【绝境】 juéjìng 图没有出路的危困境地▷生活濒临～｜敌人已陷入～。

【绝句】 juéjù 图旧体诗体裁，每首共四句，五个字的称五言绝句，七个字的称七言绝句。

【绝路】 juélù 图无法走通的路；死路▷与人民为敌，只会是～一条。

【绝伦】 juélún 形〈文〉没有能与之相比的▷技艺巧妙

~｜荒谬~。

【绝密】 juémì 厖绝对保密的;极端秘密的▷~文件。

【绝妙】 juémiào 厖极其美妙;非常巧妙▷一件~的工艺品｜~的计策。

【绝情】 juéqíng ❶团断绝情谊▷两人已~多年。❷厖形容无情无义;心狠▷这样做未免太~了。

【绝望】 juéwàng 团感到毫无希望。

【绝无仅有】 juéwújǐnyǒu 除此以外,绝对没有。形容极少有。

【绝缘】 juéyuán ❶团隔绝;与外界或某事物不发生联系▷自从得了气管炎,便与香烟~。❷阻断电流▷这种材料能~。

【绝招】 juézhāo 图独特的高超技艺或办法▷治这种顽症,王大夫有~。☞不宜写作"绝着"。

【绝症】 juézhèng 图目前还不能治愈的疾病。

【绝种】 juézhǒng 团种群灭绝;不复存在▷许多动物濒临~。

倔 jué 义同"倔(juè)",只用于"倔强"。○另见 juè。

【倔强】 juéjiàng 厖性情刚强而又固执▷老人脾气太~,谁的话也听不进去。☞不宜写作"倔犟"。

掘 jué 团挖▷~土｜~井｜~发。

崛 jué 团崛起▷~立。

【崛起】 juéqǐ ❶团(山峰、建筑等)突起;耸起▷高楼大厦平地~。❷迅猛地兴起▷乡镇企业首先在沿海地区~。

厥 jué ❶团气闭;晕倒;失去知觉▷惊~｜昏~。❷ 代〈文〉其▷大放~词。

谲(譎) jué 〈文〉❶厖狡诈▷狡~｜~诈。❷奇异怪诞▷变化多端▷~怪。

蕨 jué 图多年生草本植物,根茎横生地下。嫩叶可食,根茎可制淀粉,全草可做药材。

獗 jué 见[猖獗]chāngjué。

橛 jué 图短木桩▷院里钉个小木~儿。

镢(钁) jué [镢头]juétou 图一种类似镐的刨土农具。

爵 jué ❶图古代酒器,青铜制成,有三条腿。❸爵位。

【爵位】 juéwèi 图君主国贵族的封号和等级,如我国古代爵位分为五等:公、侯、伯、子、男。

蹶 jué 团跌倒,比喻失败或挫折▷一~不振。○另见 juě。

矍 jué [矍铄]juéshuò 厖(老人)精神好,有神采▷精神~。

嚼 jué 义同"嚼(jiáo)",用于某些多音节词和成语▷咀~｜味同~蜡。○另见 jiáo。

攫 jué 团〈文〉夺取▷~为己有。

【攫取】 juéqǔ 团夺取、掠取。

蹶 juě [蹶子]juězi 图骡马等用后腿向后踢的动作▷那马直尥~。○另见 jué。

倔 juè 厖性子耿直,态度生硬▷~脾气。○另见 jué。

【倔头倔脑】 juètóujuènǎo 形容脾气倔,态度生硬。

jun

军(軍) jūn ❶图武装部队▷拥~爱民。❷军队编制单位,在师以上。

【军备】 jūnbèi 图军事编制、设施和配备▷加强~｜~竞赛。

【军阀】 jūnfá 图拥兵自重,割据一方自成派系的人;也指控制政权的军人集团▷~割据｜~混战｜~当政。

【军法】 jūnfǎ 图军队的刑法。

【军火】 jūnhuǒ 图武器和弹药。

【军机】 jūnjī ❶图重要军事秘密。❷关于军事方面的方针策略措施等。

【军舰】 jūnjiàn 图各种军用舰艇的统称。也说兵舰。

【军令状】 jūnlìngzhuàng 图为执行接受的军令所立下的保证书。

【军旗】 jūnqí 图代表军队的旗帜。中国人民解放军的军旗为红底,左上角有金黄色五角星和"八一"二字。

【军情】 jūnqíng 图军事情况、情报▷~紧急｜~有变。

【军容】 jūnróng 图军队或军人的仪容、作风、纪律的状况▷~整肃。

【军师】 jūnshī 图古代指监察军务或为主帅出谋划策,或亲自指挥打仗的高官;后泛指替人出谋划策的人▷他是公司的~,为企业出了不少好主意。

【军事】 jūnshì 图有关军队和战争的事务▷~要地｜~演习。

【军属】 jūnshǔ 图现役军人的家属。

【军威】 jūnwēi 图军队的威力和气势▷~远扬｜打出~。

【军衔】 jūnxián 图军人等级和身份的称号和标志。如元帅、将官、校官、尉官等。

【军饷】 jūnxiǎng 图军人的给养和薪金。

【军械】 jūnxiè 图武器、弹药及各种军用仪器、器材等的统称。

【军需】 jūnxū 图军队所必需的装备、给养、被服、器材及其他物资。

【军训】 jūnxùn 团军事训练。

【军政】 jūnzhèng ❶图军事和政治。❷军队和政府▷搞好~、军民关系。❸军事机关中的行政工作。

【军种】 jūnzhǒng 图军队的基本分类,如陆军、空军、海军等。

均 jūn ❶厖均匀▷分配不~｜势~力敌｜平~。❷副都▷各项指标,~已达到｜历次考试~名列前茅。

【均等】 jūnděng 厖平均;各部分相等▷~分配。

【均衡】 jūnhéng 厖均匀,平衡▷这里气温适度,雨水~｜~发展。

【均摊】 jūntān 团均匀分担▷楼道公用电费按户~。

【均匀】 jūnyún 厖分布或分配的各部分数量或力量相等;疏密程度、大小粗细、时间间隔相等▷下种要~｜呼吸~。

龟(龜) jūn [龟裂]jūnliè 团(田地等)因缺乏水分裂开许多纵横交错的缝儿▷干旱缺雨,农田都~了。○另见 guī。

君 jūn ❶图古代称帝王或诸侯▷国~｜~臣。❷古代一种封号▷商~(商鞅)。❸对人的敬称▷诸~｜李~。

【君主】 jūnzhǔ 图奴隶制、封建制及现代实行君主立宪制国家中的皇帝或国王。

【君主制】 jūnzhǔzhì 图以君主为最高统治者或国家元首的政治制度,可分为君主专制制和君主立宪制两类。

【君子】 jūnzǐ 图〈文〉古代指地位高的男子。后泛指有才德修养的人。

钧(鈞) jūn ❶厖〈文〉敬词,用于尊长或上级▷~座｜~鉴｜~安。❷量古代重量单位,三十斤为一钧▷一发千~｜雷霆万~。

菌 jūn ❶图细菌▷杀～|抗～素|无～操作。❷真菌▷酵母～。〇另见 jùn。

【菌苗】　jūnmiáo 图免疫用生物制品。由病原菌制成。主要用于预防细菌性传染病的发生或蔓延。

鞍（鞍）　jūn ［鞍裂］jūnliè 团〈文〉(皮肤)因受冻或干燥出现裂口▷足跟～。

俊 jùn ❶形才智超群▷英～有为。❷容貌秀美出众▷长得很～|～秀|～美。☞统读 jùn。

【俊杰】　jùnjié 图才智杰出的人;豪杰。

【俊美】　jùnměi 形(容貌、体态)英俊秀美▷她已长成一个颀长、～的少女。

【俊俏】　jùnqiào 形俊美。

【俊秀】　jùnxiù 形俊美秀丽▷～的面孔充满笑容|他的字写得很～。

郡 jùn 图古代的地方行政区划单位,周朝郡比县小,秦汉时郡比县大,隋唐以后州郡互称,明朝郡被废除。

峻 jùn ❶形(山)高而陡峭▷崇山～岭|险～。❷严厉▷严刑～法|冷～。

【峻峭】　jùnqiào 形(山势)高峻陡峭。

【峻秀】　jùnxiù 形(山峰)高耸、秀美▷山岭～,四季如画。

浚 jùn 团深挖;疏通(水道)▷疏～。☞在"浚县"(河南地名)中读 xùn。

骏（骏）　jùn 图良马▷～马。

菌 jùn 图蕈▷香～|～子。〇另见 jūn。

竣 jùn 团完成;结束。

【竣工】　jùngōng 团工程完工▷工厂～投产。

K

ka

咔 kā 〔拟声〕模拟物体碰撞、断裂等的声音▷～的一声扁担折(shé)了。○另见 kǎ。

【咔嚓】 kāchā 〔拟声〕模拟物体猛然断裂的声音▷河里的大冰块～一声,撞成了两半。☞不宜写作"咔喳""喀嚓"。

咖 kā [咖啡]kāfēi 图〈外〉常绿灌木,产在热带,种子炒熟磨成粉,可以做饮料。也指这种植物的种子及其磨成的粉。○另见 gā。

喀 kā 〔拟声〕模拟咳嗽等的声音▷～～地直咳嗽。

【喀斯特】 kāsītè 图〈外〉岩溶。

擖 kā 团用刀或其他片状物刮▷把肉皮上的毛～掉|～土豆皮。

卡 kǎ ❶匱〈外〉卡路里的简称。❷图卡片;类似卡片样式的凭证▷目录～|磁～|会员～。❸录音机中安放盒式磁带的仓式部件▷单～录音机。○另见 qiǎ。

【卡车】 kǎchē 图载重汽车。

【卡路里】 kǎlùlǐ 匱〈外〉热量单位。在 15℃的情况下,使 1 克纯水温度升高 1 度所需的热量。简称卡。

【卡片】 kǎpiàn 图用来记录各种资料的专用纸片。

咔 kǎ 用于音译。咔叽(kǎjī),厚实的斜纹布。○另见 kā。

咯 kǎ 团用力把东西从气管里咳出来▷把瓜子皮～出来|～痰。○另见 gē。

kai

开(開) kāi ❶团打开(跟"关""闭""合"相对)▷门～了|抽屉～|电视。❷(收拢的东西)展开;(冻结的东西)融化▷花儿～了|冰～;雪化。❸解除;除掉▷～禁|～戒。❹(液体)沸腾▷～锅了。❺开辟;发掘▷～山|～采。❻创立;设置▷～商店|电视台新～了两个频道。❼起始▷～了个好头|～春。❽举行(会议等)▷～展览会|召～。❾发动或操纵(车船、机器、枪炮等)▷～车床|～飞机。❿(连接的东西)分离▷鞋带～了|～胶。⓫分项写出;标出(价钱)▷～账单|～价。⓬支付▷～工资|～销。⓭指按一定比例分开▷三七～(三份对七份)。⓮匱印刷上用来表示整张纸的若干分之一▷大 32～|16～。⓯团表示动作的趋向或结果等▷消息传～了|把桌子搬～。⓰匱〈外〉黄金中含纯金量的计量单位(24 开为纯金)▷18～的金项链。

【开拔】 kāibá 团(军队)从所在地出发。

【开办】 kāibàn 团开设、创办(企业或事业实体)▷～工厂|～幼儿园。

【开本】 kāiběn 图书刊幅面的大小。以全张印刷纸为计算单位,每全张纸切成多少相同的小张即为多少开本。如 16 开本、32 开本。

【开标】 kāibiāo 团拆开标单,公布招标结果。

【开播】 kāibō ❶团开始播种。❷(电台、电视台)正式投入运营,开始播放节目;开始播某节目▷这个电视台建成～已经好几年了|中央台的《新闻联播》每晚 7 时～。

【开采】 kāicǎi 团挖掘;开发(矿物等)▷～煤炭。

【开场】 kāichǎng 团演出或电影放映开始,也比喻某种活动开始▷文艺会演～了|风筝节明日～。

【开诚布公】 kāichéngbùgōng 坦诚无私,以公心待人。

【开秤】 kāichèng 团开始交易(多用于收购季节性货物)▷～收购棉花。

【开除】 kāichú 团将成员从集体中除名▷～公职|～学籍。

【开创】 kāichuàng 团开辟;创立▷～新时代|跨国公司。

【开刀】 kāidāo ❶团执行斩刑(多用于戏曲等)。❷比喻先从某件事或某个人下手▷这个单位的管理特别混乱,整顿可以从他们这里先～。❸医生给病人做割治手术。

【开导】 kāidǎo 团用情理启发引导。

【开倒车】 kāidàochē 比喻违反发展规律向后倒退▷坚持改革,反对～。

【开动】 kāidòng 团使车辆起动或机器运转▷～车床◇～脑筋。

【开端】 kāiduān 图事物开头的阶段或部分▷小说的～很吸引人。

【开发】 kāifā ❶团通过垦殖、开采等手段利用原来没有利用的自然资源▷～能源。❷发现或发掘人才、技术等优势并加以利用▷～智力|～新技术。

【开放】 kāifàng ❶团(花苞)绽放▷鲜花～。❷接待公众;允许进出▷机场全天候～。❸特指实施打开国门,同世界各国展开各方面的交流和合作,推动本国建设和发展的国家政策▷改革～。❹圈没有束缚的;外向的▷思想～|性格～。

【开赴】 kāifù 团(队伍)向某处进发▷～边疆|～灾区。

【开国】 kāiguó 团建立新朝代或国家;特指建立中华人民共和国▷～功臣。

【开航】 kāiháng ❶团新开辟或停用的航线开始通航。❷(船只)起航。

【开河】 kāihé ❶团开通河道▷～掘渠。❷河流冰冻融化。

【开后门】 kāihòumén 比喻利用职权通过不正当途径为某人或单位谋利。

【开户】 kāihù 团单位或个人在银行、证券交易所等开设户头,建立业务关系。

【开花】 kāihuā ❶团花蕾开放▷铁树～。❷比喻像花朵那样绽开▷鞋底～了|脸上乐开了花。❸比喻事业开展或经验传开▷科普工作在各地～。

【开化】 kāihuà ❶团指人类由原始蒙昧状态进入文明状态。❷圈(思想)开通;不守旧▷头脑很～。

【开怀】 kāihuái 圈内心无拘无束,愉悦畅快▷～大笑。

【开火】 kāihuǒ ❶团开枪开炮,战斗打响▷两军～了。❷比喻抨击、声讨▷向不正之风～。

【开价】 kāijià 团(售货者)提出价格;(拍卖者)提出底价。

【开架】 kāijià 团让读者或顾客自己动手选取架上的图书或货物。

【开间】 kāijiān ❶匱旧式房屋的宽度单位,大约一丈左右▷正房是三～的。❷图房间的宽度▷屋子～太小。

【开奖】 kāijiǎng 团通过一定的形式,确定并公布获奖名单和等次。

【开戒】 kāijiè 团指宗教徒解除戒律;借指一般人解除某种禁忌▷今天～,陪大家喝一杯。

【开襟】 kāijīn 图中式上衣或长袍的一种样式。纽扣在胸前的叫对开襟;在右侧的叫右开襟。

【开禁】 kāijìn 团解除禁令。

【开镜】 kāijìng 团(影视片)开始拍摄。

【开局】 kāijú ❶团棋赛或球赛开始。❷图棋赛或球赛的开始阶段,比喻事业、阶段的开端▷新世纪新～。

【开具】 kāijù 团开出(单据、证明等)▷～介绍信。

【开卷】 kāijuàn ❶团〈文〉翻开书本,借指读书▷得暇～。❷指答卷时可以查阅资料(跟"闭卷"相对)▷～考试。

【开掘】 kāijué ❶团开凿,挖掘▷～隧道。❷比喻文艺创作中对现实生活的深入探索▷选材要严、～要深。

【开课】 kāikè ❶团开始上课。❷(教师)担任某一门课程的教学▷王老师这学期不～l他开过五门课。❸开设课程▷按教学计划～。

【开垦】 kāikěn 团翻耕荒地,使成为良田▷～荒地。

【开快车】 kāikuàichē 比喻加快工作、学习的进度。

【开阔】 kāikuò ❶图宽阔▷地势～。❷(心胸)开朗;不狭隘▷胸襟～。❸团使开阔▷～思路l～视野。

【开朗】 kāilǎng ❶图开阔明亮▷豁然～。❷(思想、性格)豁达、爽朗。

【开镰】 kāilián 团开始收割(庄稼)▷麦收已～。

【开列】 kāiliè 团逐项写出来▷～清单。

【开裂】 kāiliè 团出现裂缝▷水管～。

【开路】 kāilù ❶团开辟道路。❷在前引路▷摩托车在前面～。

【开绿灯】 kāilǜdēng 借指不加禁止或阻拦▷不能给盗版图书～。

【开门】 kāimén ❶团把门敞开,比喻广泛听取群众意见▷～整风。❷借指营业▷邮局上午九点～。

【开门红】 kāiménhóng 比喻工作、事业一开始就取得好成绩。

【开门见山】 kāiménjiànshān 比喻说话、写文章一开始就涉及正题。

【开门揖盗】 kāiményīdào 打开大门迎接强盗。比喻引进坏人,自招祸害。

【开明】 kāimíng 图思想开通;不顽固守旧▷～人士。

【开幕】 kāimù ❶团拉开幕布,开始演出。❷(盛大的集会、活动等)开始。

【开拍】 kāipāi 团(电影或电视剧)开始拍摄。

【开盘】 kāipán ❶团证券等交易市场每天开始营业时第一次报告行情。❷(棋类比赛)开始进行。

【开辟】 kāipì ❶团打通;开通▷～道路。❷开拓;创立▷～新领域。

【开窍】 kāiqiào 团思想搞通;开始领悟▷头脑～l经启发,他终于～了。

【开设】 kāishè ❶团开办;设立▷～工厂。❷设置▷～专业课。

【开始】 kāishǐ ❶团开头;以某一点作为开端▷新生活～了l要取得成就,必须从不自满～。❷动手▷准备工作早就～了。❸图最初▷～我不明他的来意。

【开释】 kāishì 团解除拘押▷刑满～。

【开天辟地】 kāitiānpìdì 传说盘古氏把混沌一气的天地变成了人类世界。后借指前所未有或有史以来第一回。

【开庭】 kāitíng 团审判人员在法庭上对案件进行审理。

【开通】 kāitōng ❶团打通▷～隧洞。❷开导,使不闭塞▷～民智。❸特指交通、通讯等线路投入使用▷北京至拉萨的航线早已～。

【开通】 kāitong 图通达明智;不守旧▷老人很～,不干涉子女的婚事。

【开头】 kāitóu ❶团开始发生或从事▷好日子才～l这件事由我来开个头。❷图开始的时候或阶段▷～他并不同意l万事～难。

【开脱】 kāituō 团推卸或逃避(罪名或责任)▷这不是检讨而是为自己～。

【开拓】 kāituò 团开辟;拓展▷～市场。

【开外】 kāiwài 图以外;以上(多用在数量词组后边)▷50岁～。

【开玩笑】 kāiwánxiào ❶拿人取笑;戏弄人▷这样～有点过分l开个玩笑,别生气。❷把严肃的事情当成儿戏▷事关重大,不能～。

【开胃】 kāiwèi 团促进食欲▷山楂可以～消食。

【开销】 kāixiāo ❶团开支▷每月的工资刚够～。❷图开支的费用▷～不大。☞不宜写作"开消"。

【开小差】 kāixiǎochāi ❶(军人)私自逃离部队。❷比喻在集体活动中擅自溜走,也比喻注意力不集中。

【开小灶】 kāixiǎozào 指集体伙食中向小范围人提供高标准伙食,比喻给予某些人特殊待遇。

【开心】 kāixīn ❶图心情舒畅▷小日子过得很～。❷团拿别人取笑▷寻～。

【开颜】 kāiyán 团脸上露出高兴的神情▷～一笑。

【开眼】 kāiyǎn 团开阔眼界,看到从未见过的事物▷这次去桂林,我算～了。

【开业】 kāiyè 团(企业等)开始进行业务活动▷商场～l律师事务所～。

【开夜车】 kāiyèchē 比喻在深夜继续学习或工作。

【开源节流】 kāiyuánjiéliú 比喻增加收入,节省开支。

【开展】 kāizhǎn ❶团使(工作、运动、活动等)开始并发展▷～全民健身活动。❷(展览会)开始展出▷美术展览馆开放日～。❸图开朗▷思想不大～。

【开战】 kāizhàn ❶团进行战争。❷比喻展开激烈斗争▷向荒山野岭～。

【开张】 kāizhāng ❶团(店铺等)开始营业▷本店即日～。❷营销者一天中第一次成交▷好几天没～。

【开支】 kāizhī ❶团支付(费用)▷今年～了5万元。❷图支付的费用▷预算中没有这项～。❸团〈口〉发放工资▷我们单位月初就～。

【开宗明义】 kāizōngmíngyì《孝经》第一章的篇名,说明全书的主旨。后指说话写文章一开始就点明主旨。

揩 kāi 团擦;拭▷～干血迹l～拭l～油(比喻占便宜)。☞统读 kāi。

凯(凱) kǎi 图军队打了胜仗后所奏的乐曲▷～歌。☞左下不是"阝"、"己"。

【凯旋】 kǎixuán 团胜利归来▷欢迎大军～。

铠(鎧) kǎi 图铠甲,古代打仗时穿的护身服,上面缀有金属薄片▷铁～。

慨 kǎi ❶图非常气愤▷愤～。❷团感叹▷～叹l感～。❸团慷慨;不吝啬▷～允。☞㊀统读 kǎi。㊀中间不是"艮",右边不是"旡"。

【慨然】 kǎirán〈文〉❶图感慨的样子▷～而叹。❷慷慨▷～相助。

楷 kǎi ❶图楷模。❷楷书▷大～l小～。

【楷模】 kǎimó 图典范;榜样▷学习的～。

【楷书】 kǎishū 图汉字字体的一种,是现在通行的手写正体字,由隶书演变而来,特点是形体方正,笔画平直。

忾（愾） kài 勔愤恨；愤怒▷同仇敌～。☞统读 kài。

kan

刊 kān ❶勔删除；修改▷不～之论｜～误｜～正。❷指排印出版▷～印｜停～。❸图指刊物，也指在报纸上定期出的专版▷季～｜副～｜特～。☞左边不是"千"。

【刊登】 kāndēng 勔在报刊上登载。

【刊定】 kāndìng 勔修改审定▷谬误｜书稿已经～。

【刊头】 kāntóu 图报刊上标示名称、期数等项目的部分。

【刊物】 kānwù 图登载各类作品的定期或不定期的连续出版物。

【刊行】 kānxíng 勔刊印发行。

【刊印】 kānyìn 勔刻板印刷，泛指排板印刷和其他方式印刷。

【刊载】 kānzǎi 勔刊登▷连续～。

看 kān ❶勔守护；照管▷～好大门｜～护。❷监视；监管▷把他～起来。○另见 kàn。

【看管】 kānguǎn ❶勔照看管理▷～仓库。❷监视并管理▷～俘房。

【看护】 kānhù ❶勔照看、护理▷～重病号｜悉心～。❷图旧称护士。

【看家】 kānjiā ❶勔看管门户▷我们上班，奶奶～｜办公室有人～。❷彤最擅长、最拿手的（本领）▷～的本事。

【看守】 kānshǒu ❶勔看管守护▷～果园。❷看管监视▷～犯人。❸图看守犯人的人。

【看押】 kānyā 勔临时拘禁▷～犯罪嫌疑人。

勘 kān ❶勔校（jiào）对；核定▷～误表｜校～。❷现场察看▷～察｜～测。☞统读 kān。

【勘测】 kāncè 勔勘察测量▷野外～。

【勘察】 kānchá 勔对地形、地质结构、地下资源等情况进行现场察看。

【勘探】 kāntàn 勔对已发现的矿床进行勘察探测，以查明矿藏具体情况。

【勘误】 kānwù 勔更正印刷品中的差错。

【勘验】 kānyàn 勔现场察验，法律上特指对具有物证意义的痕迹、物品、尸体或场所进行现场察勘和检验▷对案发现场进行～。

龛（龕） kān 图供奉神像、佛像的小阁子或石室▷佛～｜神～。

堪 kān ❶勔经得起；受得住▷疲惫不～｜难～。❷能够；可以▷～称好汉。

戡 kān 勔平息（叛乱）▷～乱｜～定。

坎 kǎn 图田间高出地面的土埂▷土～儿｜田～。

【坎肩儿】 kǎnjiānr 图无袖的对襟上衣（多指非单层的）▷毛～｜棉～。

【坎坷】 kǎnkě ❶彤地面高低不平。❷比喻人生旅途不顺利▷一生～。

侃 kǎn ❶彤〈文〉理直气壮，从容不迫▷词气～然。❷勔用言语戏弄；调笑▷调（tiáo）～。❸闲聊。

【侃大山】 kǎndàshān〈口〉漫无边际地闲聊。☞不宜写作"砍大山"。

【侃侃而谈】 kǎnkǎn´értán 从容不迫，满怀自信地说话。

砍 kǎn ❶勔用刀斧等猛劈▷～树｜～杀。❷除掉；削减▷把项目～掉三分之一。

【砍伐】 kǎnfá 勔用锯、斧等把树锯断或砍倒▷山林树木未经批准严禁～。

【砍价】 kǎnjià 勔〈口〉买方要求卖方降低售价▷顾客正在～。

看 kàn ❶勔把视线集中在一定的对象上▷～报｜～见｜走马～花。❷观察；判断▷～问题要～本质｜我～可以。❸对待▷没拿你当外人～。❹料理▷照～。❺用在动词或动词词组后，表示试一试▷做做～｜想想办法～。❻给人查病治病▷张医生～病很耐心。❼表示提醒对方留意▷多穿点，～着（zháo）凉！❽探望；访问▷～朋友。○另见 kān。

【看病】 kànbìng ❶勔（医生）给病人诊治疾病。❷（病人）找医生诊治疾病。

【看待】 kàndài 勔（对人或事）持某种态度或看法▷另眼～。

【看跌】 kàndiē 勔（行情）有下降的趋势▷粮价～。☞"跌"不读 diē。

【看法】 kànfǎ 图对客观事物的认识、见解，有时特指否定的意见▷请谈谈你的～｜他对这件事有～。

【看风使舵】 kànfēngshǐduò 比喻随着局势变化而随时改变态度（含贬义）。

【看好】 kànhǎo ❶勔将出现好的势头▷形势～。❷对某种情况看好的估计▷专家们～下半年房地产行情。

【看开】 kànkāi 勔把心胸放开▷遇事～点儿，不可过于较真。

【看齐】 kànqí ❶勔整队时，以指定的人为基准，把行列站整齐▷向右～。❷（向榜样）学习▷向英雄模范～。

【看轻】 kànqīng 勔轻视；小看。

【看头】 kàntou 图〈口〉值得看的东西▷这出戏很有～｜那本书没啥～。

【看望】 kànwàng 勔前往长者或亲友处进行问候▷回家～父母亲。

【看笑话】 kànxiàohua 以不友善的态度旁观他人所发生的差错、麻烦或丑事▷同事工作中出了偏差，别在一旁～。

【看涨】 kànzhǎng 勔（行情）有上升的趋势▷股票～。

【看重】 kànzhòng 勔认为重要；重视▷万万不可只～金钱。

【看作】 kànzuò 勔当作▷把顾客～上帝。

【看做】 kànzuò 通常写作"看作"。

瞰 kàn 勔从高处向下看▷俯～。

kang

康 kāng ❶彤生活安定▷～乐｜～居工程。❷富裕；丰盛▷国富民～｜小～。❸身体强健▷健～｜～复。

【康采恩】 kāngcǎi´ēn 图〈外〉资本主义的一种高级形式的垄断组织。由不同经济部门的许多大企业联合组成。

【康复】 kāngfù 勔恢复健康。

【康健】 kāngjiàn 彤（身体）安康强健。

【康乐】 kānglè 彤安定快乐；健康愉快。

【康庄大道】 kāngzhuāngdàdào 四通八达、宽阔平坦的大路。比喻光明美好的前景。

慷 kāng[慷慨]kāngkǎi ❶彤满怀正气，情绪激昂▷～就义。❷大方；舍得付出财力▷为人～｜大方。☞统读 kāng。

糠 kāng ❶图稻、谷子等子实脱下的皮或壳▷吃～咽菜｜米～。❷彤（萝卜等）内部发空，质地变松

▷~心儿。

扛 káng 囻用肩膀承载▷~行李。○另见 gāng。

亢 kàng ❶囵高▷高~。❷傲慢▷不卑不~。❸高度的;过度的▷~进。

【亢奋】 kàngfèn 囵非常振奋。

伉 kàng 囻匹敌;相称▷~俪(夫妇)。

抗 kàng ❶囻抵御;抵挡▷~敌丨防冻~寒。❷不接受;不妥协▷~税丨~议。❸对等;对抗▷分庭~礼。

【抗暴】 kàngbào 囻抗击暴力的迫害。

【抗旱】 kànghàn 囻开发水源,进行灌溉,避免或减少干旱造成的损失。

【抗衡】 kànghéng 囻对抗;(实力)相当▷两军~丨跟那些大公司~。

【抗洪】 kànghóng 囻抗御洪水灾害,避免或减少洪水带来的损失。

【抗击】 kàngjī 囻抵抗并反击。

【抗拒】 kàngjù ❶囻抵抗▷历史潮流不可~。❷不服从▷~改造。

【抗命】 kàngmìng 囻拒不执行命令▷~不遵。

【抗上】 kàngshàng 囻跟上级对抗▷无原则地~,给工作造成了很大损失。

【抗诉】 kàngsù 囻检察院发现法院的判决或裁定确有错误时,向法院提出重新审理的诉讼要求。

【抗议】 kàngyì 囻以口头或书面形式提出强烈的反对意见▷~霸权主义的野蛮行径。

【抗御】 kàngyù 囻抗击;抵御▷~外族入侵丨~自然灾害。

【抗战】 kàngzhàn 囻抗击外来侵略者发动的侵略战争。特指中国人民 1937—1945 年抗击日本帝国主义发动的侵华战争。

【抗争】 kàngzhēng 囻抗议争辩;对抗斗争▷依法~丨对封建宗法势力~到底。

炕 kàng 囻北方农村睡觉用的台子,用土坯砌成,内有烟道,可以烧火取暖▷~席丨~桌丨火~。

【炕洞】 kàngdòng 囻炕面下长方形的通道,一头与烟囱相通,一头多与炉、灶相接。

【炕头】 kàngtóu 囻炕面上靠近炉灶的一端▷热~。

kao

考 kǎo ❶囻观察,调查▷~核丨~察。❷检查▷~绩丨~查。❸提出问题让人回答;考试▷他被我~住了丨~数学。❹想;研究▷思~丨~虑。❺囻(死去的)父亲▷先~。☞下边是"丂",不是"丂"。

【考查】 kǎochá 囻(用一定的标准)查验评定▷~工作成绩丨这是一门~课。

【考察】 kǎochá ❶囻现场观察、了解▷~冰川源头。❷推求研究▷~土地沙化的成因。

【考订】 kǎodìng 囻考查订正▷~各种版本及诸家校释。

【考风】 kǎofēng 囻考试的风气▷整顿~,严肃考纪。

【考古】 kǎogǔ ❶囻考核研究古代的遗迹、遗物和文献等,进而研究古代历史。❷囻考古学▷从事~研究。

【考核】 kǎohé ❶囻核实并研究▷~事实,归纳例证。❷指对工作人员或单位进行考查审评▷按年度~企业状况。

【考绩】 kǎojì ❶囻考核工作人员的成绩▷考勤~丨年终~。❷囻考核的成绩▷~优秀。

【考究】 kǎojiu ❶囻考查研究▷~史料。❷讲求▷他

对穿戴不怎么~。❸囮精致▷家具十分~。

【考虑】 kǎolǜ 囻进行思考,以便做出判断或决定▷这个问题要认真~。

【考评】 kǎopíng 囻考核评议▷对全市中小学办学状况进行~。

【考勤】 kǎoqín 囻对出勤情况进行核定。

【考求】 kǎoqiú 囻研究探求▷~古义。

【考试】 kǎoshì ❶囻考查测试掌握知识、技能的情况▷学生们正在~。❷囮指考查测试知识、技能的事▷数学~。

【考释】 kǎoshì 囻考证并解释▷~甲骨文。

【考验】 kǎoyàn 囻通过实践考查检验(人或队伍)▷久经~的战士。

【考证】 kǎozhèng 囻根据资料,考核、证实文物、文献中有关史实、文字、语言等方面的问题。

拷 kǎo 囻用刑具逼供▷严刑~打丨~问。☞统读kǎo。

【拷贝】 kǎobèi〈外〉❶囻复制;在电影摄制上,指拍摄完成后将画面和声迹从底片转印到正片上。❷囮复本;供发行和放映的影片▷发行了几万份~。

【拷打】 kǎodǎ 囻泛指用刑。

【拷问】 kǎowèn 囻拷打审讯。

栲 kǎo 囮栲树。常绿乔木,木材坚硬,纹理致密,可以做枕木、车船材。

【栲栳】 kǎolǎo 囮用柳条或竹子等编成的容器,形状像斗。也说笆斗。☞不要写作"筹筹"。

烤 kǎo ❶囻把东西放在离火近的地方,使变熟或变干▷~肉丨衣服湿了,放在炉边~~。❷靠近火取暖▷~一~手。

【烤电】 kǎodiàn 囻利用高频电流使人体内部受热,从而达到治疗目的。

【烤火】 kǎohuǒ 囻到火旁取暖。

【烤箱】 kǎoxiāng 囮烤制食品或使物品干燥的箱形用具。

铐(銬) kào ❶囮手铐▷镣~。❷囻给人戴上手铐▷把犯人~起来。

犒 kào 囻犒劳▷~赏。

【犒劳】 kàoláo ❶囻用酒食等慰问▷~抗洪归来的官兵。❷囮〈口〉用来慰问的酒食等▷慰问团送~来了。

【犒赏】 kàoshǎng 囻用酒食或其他物品慰劳奖赏▷~有功人员。

靠 kào ❶囻(人)倚在别的人或东西上▷~在奶奶怀里睡着了丨背~着墙。❷(物体)凭借别的东西支持而立▷手杖~在桌旁。❸(车、船等)停在某地▷把车~在路边丨船已经~码头了。❹挨近▷你向我这儿~~。❺依靠▷作业要~自己独立完成。❻信赖;信得过▷可~丨牢~。

【靠边】 kàobiān 囻靠到旁边;靠近外缘▷请~站丨面料~处有残损。

【靠不住】 kàobuzhù 不可靠;不能信任▷他这消息~丨他是~的人。

【靠得住】 kàodezhù 可靠;能信任▷他为人正直忠厚,~丨这人说话~吗?

【靠近】 kàojìn ❶囻移动而使相互间的距离缩小▷那颗行星正逐渐~地球。❷囮相互间的距离很小▷两个小岛的位置十分~。

【靠拢】 kàolǒng 囻(向某一目标)挨近;接近▷请向主力部队~。

【靠山】 kàoshān 囮比喻足以依靠的人或势力▷华侨的~是强盛的祖国。

ke

坷 kē［坷垃］kēla 图〈口〉土块▷把～砸碎｜土～。☞在"坎坷"中读 kě。

苛 kē ❶圈繁重▷～捐杂税。❷过于琐细严酷▷要求太～,很难接受。

【苛待】 kēdài 动苛刻地对待。

【苛捐杂税】 kējuānzáshuì 苛细繁重的捐税。

【苛刻】 kēkè 圈(要求)过严或(条件)过高▷对儿童不应提出～的要求。

【苛求】 kēqiú 动过高、过严地要求▷对孩子要严格,但不能～。

珂 kē［珂罗版］kēluóbǎn 图印刷上用的一种照相版,用厚磨砂玻璃作版材,把要复制的字、画的底片,晒制在涂过感光胶层的版材上制成。多用于印刷美术品、手迹和重要文献。也说玻璃版。☞不要写作"珂璍版"。

柯 kē〈文〉❶图斧头的柄▷斧～。❷草木的枝茎▷枝～｜南～一梦。

轲(軻) kē 图用于人名。孟子,名轲,战国时期著名思想家。

科 kē ❶图条目▷～目。❷法律条文▷金～玉律。❸刑罚▷前～。❹学术或业务的分类▷学～｜内～。❺指古代分科取士的制度▷～举｜～场。❻机关中按工作性质分设的单位▷总务～｜～室。❼传统戏曲剧本中指示演员动作的用语▷插～｜打诨｜～白。

【科白】 kēbái 图戏曲中角色的动作和道白,也偏指道白。

【科班】 kēbān 图旧时培养儿童成为戏曲演员的训练班,现常用来指正规的训练和教育▷～出身｜他的绘画是经过美术学院～训练的。

【科幻】 kēhuàn 图科学幻想▷～世界。

【科技】 kējì 图科学技术。

【科举】 kējǔ 图隋唐至清历代封建王朝以设科考试方式选拔文武官吏的一种教育和政治制度。

【科盲】 kēmáng 图不懂得科学常识的成年人。

【科目】 kēmù 图(学术或账目)按性质划分的类别▷人文～｜会计～。

【科普】 kēpǔ 圈科学普及▷～作品。

【科学】 kēxué ❶图反映现实世界各种现象的本质和规律的分科的知识体系。❷圈合乎科学的▷～管理｜～的方法。

【科学家】 kēxuéjiā 图从事科学研究工作有成就的专家。

【科研】 kēyán 图科学研究。

疴 kē 图〈文〉病▷染～。☞统读 kē。

棵 kē 量多用于植物▷一～松树｜几～玉米。☞"棵"和"颗"都是量词,但适用对象不同。

颏(頦) kē 图下巴。☞在"红点颏""蓝点颏"(均为鸟名)中读 ké。

稞 kē 见[青稞]qīngkē。

窠 kē 图鸟窝;泛指动物栖息的地方▷鸡犬同～｜蜂～。

【窠臼】 kējiù 图比喻现成的格式、陈旧的手法(多用于写作或艺术创作)▷冲破～｜不落～。

颗(顆) kē ❶图小而圆的东西▷～粒。❷量多用于小球状或颗粒状的东西▷一～药丸｜几～豆子｜一～心。☞"颗❷"和"棵"适用的对象不同。

【颗粒】 kēlì ❶图小而圆或小碎块状的东西▷食盐～不均匀。❷指每粒粮食▷～不剩。

磕 kē 动撞在硬的物体上;把东西往硬的物体上碰▷～脑袋。

【磕打】 kēda 动〈口〉把物件向较硬的地方碰撞,使附着的东西掉下来▷把靴子上的泥巴～下来。

【磕磕绊绊】 kēkebànbàn ❶圈形容路不平坦或腿脚不灵便,走路时深一脚浅一脚的样子。❷比喻事情遇到困难,不顺利。

【磕碰】 kēpèng ❶动物体互相撞击▷仪器不要～坏了。❷比喻发生矛盾▷彼此共事难免会有一些～。

【磕头】 kētóu 图旧时礼节,双腿下跪,两手扶地,头接近地面或着地。

瞌 kē［瞌睡］kēshuì 动打盹儿,进入半睡眠状态▷～一会儿就不困了。

蝌 kē［蝌蚪］kēdǒu 图青蛙一类动物的幼体。

髁 kē 图骨头两端靠近关节处的凸出部分▷枕骨～。

壳 ké 义同"壳"(qiào),用于口语▷乌龟～儿｜外～儿。☞上边不是"土"。○另见 qiào。

咳 ké 动咳嗽▷整整～了一夜｜百日～。○另见 hāi。

【咳嗽】 késou 动呼吸器官受到刺激而发出反射动作和声音。

可 kě ❶动表示准许▷认～｜未置～否。❷表示可以或能够▷～不～忽视｜～去、不去。❸表示值得或应该▷～歌～泣｜～怜。❹副用在不同类型的句子里,加强不同的语气▷人都走光了,～上哪儿去找呢?｜别问我,我～不知道｜～把他累坏了!｜你～要常给家里来信啊!❺连可是;但是▷话虽不多,～分量很重。❻动适合▷～心｜～口。☞在"可汗"(古代北方某些民族最高统治者的称号)中读 kè。

【可爱】 kě'ài 圈值得爱;让人喜爱▷～的家乡｜这些孩子真～。

【可悲】 kěbēi 圈令人悲痛;使人伤心▷～的命运｜他如此愚昧,实在～。

【可鄙】 kěbǐ 圈让人看不起的▷吹吹拍拍是～的。

【可操左券】 kěcāozuǒquàn 古代的契约写在左右两个竹片上,称为券。立约双方各拿一券,债权人拿左券,作为讨还债务的凭据。比喻有把握成功。

【可曾】 kěcéng 副表示疑问语气,相当于"是否"、"是不是"▷他的新居,你～去过?

【可乘之机】 kěchéngzhījī 可以利用的机会。☞"乘"不读 chèng。

【可耻】 kěchǐ 圈应当感到羞耻▷损人利己实在～。

【可否】 kěfǒu 动〈文〉可以不可以▷～不置｜～一试?

【可歌可泣】 kěgēkěqì (悲壮的事迹)值得歌颂,值得为之流泪。

【可观】 kěguān ❶圈值得观看▷景色～。❷达到较高的水平或较好的状况▷收入～｜～的成果。

【可贵】 kěguì 圈值得珍视;宝贵▷难能～｜～的奉献精神。

【可恨】 kěhèn 圈令人憎恨▷做出这种损害社会公德的事太～了。

【可嘉】 kějiā 圈值得赞扬▷精神～。

【可见】 kějiàn ❶动能够看见▷这种产品市场上到处～。❷连连接分句等,表示后一部分承上作出判断▷基本概念都不懂,～没有认真学习。

【可敬】 kějìng 圈值得敬重▷～的长者｜他大义灭亲,确实可钦～。

【可靠】 kěkào ❶圈可以相信、依靠▷这个小伙子很

~。❷准确无误▷~的消息|你的数据是否~？

【可口】　kěkǒu　形（食品或饮料）口感舒适，味道好▷饭菜~|清凉~。

【可怜】　kělián　❶动值得怜惜；怜惜▷那个孤老头，怪~的|不要~不肯劳动的乞丐。❷形强调数量太少▷今年北方雨水少得~。

【可恼】　kěnǎo　形令人恼怒▷最~的是他总是擅作主张。

【可能】　kěnéng　❶形会成为事实的▷让他改变看法是很~的。❷名成为事实的趋向▷成功的~很大。❸副表示估计，相当于"也许"▷他~了解情况。

【可怕】　kěpà　形让人害怕。

【可取】　kěqǔ　形可以采纳；值得赞同▷他的建议确实~。

【可是】¹　kěshì　连连接分句等，表示转折关系▷人小，~主意多。

【可是】²　kěshì　副表示强调语气，相当于"的确"▷告诉你，我~没钱了！

【可视电话】　kěshì diànhuà　既能通话又能发送和接收图像的通信工具。

【可塑性】　kěsùxìng　❶名固体因外力或高温等作用而发生变形且不破裂的性质。如胶泥在外力作用下就发生这种变形。❷生物体的某些性质因不同生活环境影响，能发生某种变化的特性。❸比喻人的思想、才智等因外界影响而发生变化的特性▷青少年~很强。☞"塑"不读suò或shuò。

【可叹】　kětàn　形使人感慨叹息▷英年早逝，真是~。

【可望】　kěwàng　动可以望见；有可能实现▷~丰收|~成功。

【可望不可即】　kěwàngbùkějí　可以望见而不能接近，多形容事情虽然有眉目但一时还难以实现。☞不宜写作"可望不可及"。

【可谓】　kěwèi　动〈文〉可以说是；可以称为▷用心良苦|~强者。

【可恶】　kěwù　形使人讨厌痛恨▷干这种损人利己的事太~了。☞"恶"这里不读è。

【可惜】　kěxī　形值得惋惜▷我那支新钢笔没使就丢了，真~。

【可喜】　kěxǐ　形值得欣喜▷~的成就。

【可笑】　kěxiào　❶形让人耻笑▷文中竟有如此~的错别字。❷好笑▷那小品有许多~的情节。

【可疑】　kěyí　形令人怀疑▷行踪很~。

【可以】　kěyǐ　❶动表示适合▷这个柜子太重，~两个人抬。❷能够（有某种作用）▷玉米秸秆~做饲料。❸表示许可▷小学生不~抽烟。❹值得▷这部电视剧倒~看看。❺形（算）不错；过得去（前面常加"还"）▷他普通话说得还~。❻表示程度高（前面常加"真"，不加"很"）▷这条河污染得真~了。

【可意】　kěyì　形称心；满意▷这辆车买得还~。

【可憎】　kězēng　形让人憎恨；可恶▷敌人的卑鄙行径实在~。☞"憎"不读zèng。

渴　kě　❶形嘴干想喝水▷喝茶解~|饥~。❷十分急切▷~盼|~求。

【渴慕】　kěmù　动十分景仰和思念▷~为国捐躯的英雄们。

【渴念】　kěniàn　动非常想念▷~散失多年的女儿。

【渴盼】　kěpàn　动急切地盼望▷~与家人团聚。

【渴求】　kěqiú　动急切地追求▷~真理。

【渴望】　kěwàng　动急切地希望▷~出远门的儿子早日返回家乡。

克（剋❷❸❺❻）　kè　❶动〈文〉能够（实现某种动作行为）▷~勤~俭|不~会会。❷战胜；攻取▷~敌制胜|攻~。❸制服；抑制▷柔能~刚。❹消化（食物）▷这药是~食的。❺削减▷~扣。❻〈文〉限定；约定▷~时完稿|~期发兵。❼量〈外〉法定计量单位中的质量单位，1000毫克为1克，1000克为1公斤，1市斤等于500克。

【克敌制胜】　kèdízhìshèng　征服敌人，取得胜利。

【克服】　kèfú　❶动战胜或消除（不利条件或消极现象）▷~艰难险阻|~消极腐败现象。❷忍耐或承受▷这屋里热，请大家暂时~一下。

【克复】　kèfù　动经过战斗把敌人占领的地方夺回▷~沦陷区。

【克己】　kèjǐ　动克制私心，严格要求自己▷事事~，处处为他人着想。☞不宜写作"刻己"。

【克尽职守】　kèjìnzhíshǒu　竭力坚守岗位，做好本职工作。

【克扣】　kèkòu　动擅自扣减（应发给别人的财物）▷~救灾物品。

【克隆】　kèlóng　〈外〉❶动生物体通过无性繁殖方式产生出具有相同遗传性状的后代。❷名指无性繁殖出的后代，也指这种技术。

【克期】　kèqī　动确定或规定日期▷~会师|~返乡。☞不宜写作"刻期"。

【克星】　kèxīng　名迷信的人根据五行相生相克的说法，认为有些人的命运是相克的，把克者叫作被克者的克星，常比喻对某种对象能起制服作用的人或物▷老鼠的~是猫。

【克制】　kèzhì　动自我抑制感情，使态度或行动保持适当的分寸▷他极力~着，始终没有说话。

刻　kè　❶动用刀雕（花纹、文字等）▷花纹|雕~。❷形（待人）冷酷；不厚道▷~薄|~毒。❸名雕刻的物品▷石~。❹时间单位，15分钟为1刻。❺短暂的时间；时候▷~不容缓|时~。❻统读kè。

【刻板】　kèbǎn　❶动在木板或金属板上雕刻文字或图案，作印刷底板用。❷形比喻因循呆板，不知变通▷办事~|~地模仿。☞不宜写作"刻版"。

【刻薄】　kèbó　形（对人）冷酷、苛刻▷~地挖苦人|为人狭隘~。

【刻不容缓】　kèbùrónghuǎn　一点时间也不容耽搁。形容形势非常紧迫。

【刻毒】　kèdú　形刻薄毒辣▷心肠~。

【刻骨】　kègǔ　形比喻感念或仇恨深切难忘，像刻在自己的骨头上那样▷~冤仇。

【刻骨铭心】　kègǔmíngxīn　刻印在骨头上，牢记在心里（铭：在石头或金属上刻）。形容感念深刻，永远难忘。

【刻画】　kèhuà　❶动用刀刻或用笔画▷禁止随意~。❷用语言或其他艺术手段描写（人物和景物等）▷人物~得栩栩如生。☞不宜写作"刻划"。

【刻苦】　kèkǔ　❶形勤奋努力；肯下苦功▷学技术很~。❷（生活）节俭▷~度日。

【刻石】　kèshí　❶动在石头上雕刻（文字、图案等）▷~纪念。❷名刻有文字、图案的碑碣或石壁等▷泰山~。

【刻意】　kèyì　副表示专心一意；用尽心思▷~打扮|~雕琢。

恪　kè　形恭敬而谨慎▷~遵|~守。☞统读kè。

【恪守】　kèshǒu　动〈文〉郑重遵守▷~诺言|~协定。

客　kè　❶名客人（跟"主"相对，❺同）▷来~|宾~。❷从事某种活动的人▷掮~|刺~。❸形外来

的;非本地区、本单位、本行业的▷~座教授丨~队。❹图商业、服务行业称服务对象▷顾~丨游~丨~运。❺形在人的思想、观念之外独立存在的▷~体丨~观。

【客场】　kèchǎng 图甲乙双方在甲方所在地的赛场进行体育比赛,对于乙方来说,这赛场叫客场。在客场的比赛也叫客场。

【客串】　kèchuàn 团演员临时参加非本专业、本团体的演出或非专业演员参加专业演出▷相声演员~京剧。

【客队】　kèduì 图指被邀参加比赛的外单位、外地、外国的运动队。

【客观】　kèguān ❶形不依赖人的主观意识而存在的(跟"主观"相对)▷~事实丨~世界。❷按照事物的本来面目去认识,排除主观偏向的▷~地说,你们俩都有不对的地方。

【客户】　kèhù ❶图指外地迁来的住户。❷工商企业称主顾或经销商▷该厂在新老~中信誉极佳。

【客籍】　kèjí ❶图长期客居的籍贯。❷居住在本地的外地人。

【客居】　kèjū 团在外地或别人家里居住▷~香港丨长期~在一个远房亲戚家里。

【客气】　kèqi ❶形有礼貌;推让▷他们对他很~丨别~,请随便吃。❷团说谦让话;做谦虚表示▷他~了几句就开始大嚼特嚼了丨你也不~,就坐到主位上。

【客人】　kèrén ❶图来访的人。❷旅客、顾客、客商▷欢迎各地~光临。

【客商】　kèshāng 图往来各地做生意的商人▷这个江南重镇~云集。

【客套】　kètào ❶图客气、寒暄的习惯用语▷老朋友聚会还讲什么~?❷团说客气、谦让的话▷他又~了一番。

【客体】　kètǐ ❶图哲学上指不依赖于主体而存在的客观事物,是主体认识和实践的对象。❷法律上指主体(如法人)的权利和义务所指向的事物,如财物、智力成果和行为等等。

【客位】　kèwèi ❶图宾客的席位。❷公共交通工具中供乘客使用的坐位或床位▷这辆卧车有40个~。

【客源】　kèyuán 图指旅客、顾客、乘客、游客等的来源。

【客运】　kèyùn 图交通运输部门运送旅客的业务▷春节前后~最为繁忙。

【客栈】　kèzhàn 图服务设施简陋的旅店,有的兼供客商堆存或转运货物。

【客站】　kèzhàn 图交通运输部门为办理运送乘客业务而设立的集中停车、发车的场所。一般指火车和长途汽车的客运站。

【客座】　kèzuò ❶图招待宾客或顾客的坐位。❷形临时受聘于某单位而不属该单位正式编制的(多为教学科研人员)▷~教授。

课(課)　kè ❶图按规定分段进行的教学活动▷备~丨~堂。❷教学活动的时间单位▷上午上4节~丨每堂~45分钟。❸按内容性质划分的教学科目▷数学~丨专业~。❹教材中一个相对独立的单位▷这本语文教材有30~。

【课本】　kèběn 图教科书。

【课程】　kèchéng 图教学科目和进程。

【课间】　kèjiān 图两节课之间的间歇时间▷~操丨~休息10分钟。

【课时】　kèshí 量1节课的时间▷一上午有4~。也说学时。

【课堂】　kètáng 图进行教学活动时的教室;泛指进行各种教学活动的场所▷~秩序丨户外~◇社会是个大~。

【课题】　kètí 图研究或讨论的重要问题或需要解决的重大事项▷治理环境污染是个大~。

骒(騍)　kè 形雌性的(骒、马)▷~马丨骒子。

缂(緙)　kè [缂丝]kèsī ❶团指将绘画织在丝织品上。织成以后,当空透视,图形好像刻镂而成。❷图用这种工艺织成的衣料和物品。☞不宜写作"刻丝"。

嗑　kè 团用牙咬开或咬穿有壳的或较硬的东西▷~瓜子儿丨衣柜里老鼠~了个洞。

溘　kè 副〈文〉突然▷~然长逝。

ken

肯　kěn ❶图〈文〉依附在骨头上的肉▷~綮丨中(zhòng)~。❷团同意;愿意▷我再三请求,他也不~去丨~帮助同学丨对工作向来不~马虎。

【肯定】　kěndìng ❶团承认事物的正确性或价值(跟"否定"相对)▷~了那个观点丨要~正确的,否定错误的。❷形确定无疑的;明确▷作出了~答复丨他的态度十分~。

【肯綮】　kěnqìng 图〈文〉筋骨结合的地方,比喻关键、要害▷切中~。

【肯于】　kěnyú 团乐意(做某事)▷~事事带头。

垦(墾)　kěn ❶团翻耕土地▷~地丨~田。❷开荒▷开~丨~荒。

【垦区】　kěnqū 图大规模开荒生产的地区。

【垦殖】　kěnzhí 团开垦荒地进行生产。

恳(懇)　kěn 形真诚▷诚~丨~请。

【恳辞】　kěncí 团诚恳地谢绝。

【恳切】　kěnqiè 形真诚而热切▷态度~丨~地祝福各族人民加强团结。

【恳求】　kěnqiú 团恳切地请求▷~核准丨再三~奶奶告诉他事实真相。

【恳谈】　kěntán 团真诚地交谈▷双方定期~丨与老友~。

【恳挚】　kěnzhì 形恳切深挚▷言词~丨态度~。

啃　kěn 团用力从较硬的东西上一点一点地往下咬▷~骨头◇~书本。

裉　kèn 图衣服腋下接缝的部分▷煞~(把裉缝上)。

keng

坑　kēng ❶图地面上凹陷的地方▷挖个~丨深~丨水~。❷团〈文〉挖坑活埋▷焚书~儒丨~杀。❸想办法害人▷~蒙拐骗丨~人丨~害。❹图地洞;地道▷矿~丨~井。

【坑道】　kēngdào ❶图为开矿在地下挖的通道。❷军事上指互相连通的地下工事。

【坑害】　kēnghài 团用阴险狡诈的手段使人受害▷贩毒者~无知青年。

【坑坑洼洼】　kēngkengwāwā 形形容地面或物体表面高低不平。

【坑蒙】　kēngmēng 团坑害、欺骗▷甜言蜜语,~他人。

【坑骗】　kēngpiàn 团用欺诈手段损害(别人)▷~消费者。

【坑人】　kēngrén 团使人受害▷用伪劣产品~丨栽赃~。

【坑杀】　kēngshā 团活埋▷当年日本鬼子~我无辜百姓。

吭 kēng 囫发出声音;说话▷问了半天,他什么也不~|~气。○另见 háng。

【吭哧】 kēngchi ❶拟声模拟干活用力时发出的声音▷累得～～直喘。❷囮形容说话吞吞吐吐▷他吭吭哧哧的,似乎难以开口。❸囫吃力地说话▷～了半天也没说清楚。

【吭声】 kēngshēng 囫〈口〉出声;说话▷她多累也不~|有困难,就跟我吭一声。也说吭气。

铿(鏗) kēng 拟声模拟响亮的声音▷锄头敲得铁板～～地响。

【铿锵】 kēngqiāng 囮形容声音响亮而有节奏▷话语~,掷地有声。

kong

空 kōng ❶囮里面没有东西▷缸是～的,一点水都没有|~车。❷没有内容,不切实际▷～谈|~泛。❸図天空▷高～|航～|领～。❹囫无;没有▷目~一切|人财两~。❺副白白地;徒然▷~高兴一场。○另见 kòng。

【空城计】 kōngchéngjì 小说《三国演义》里的故事。魏军攻下街亭后,直逼西城,诸葛亮无兵迎战,但将城门大开,并在城楼上从容弹琴。魏将司马懿怀疑有埋伏,就带兵退去。后泛指掩饰实力空虚来欺骗对手的计策。

【空荡】 kōngdàng 囮空①▷~无人|新建的仓库,还没有存放东西,空空荡荡的。

【空洞】 kōngdòng ❶图物体上或物体内部的孔隙;窟窿▷水泥浇灌质量好,墙体没有~|肺结核~。❷囮形容言论和文章没有实际内容▷内容~。

【空对空】 kōngduìkōng ❶空中对空中(攻击)▷~导弹。❷指说话不着边际,不联系实际▷写十篇~的文章不如办一件实事。

【空泛】 kōngfàn 囮空虚而浮泛;漫无边际▷这篇文章词句华丽,内容~。

【空话】 kōnghuà 図没有内容或不切实际的话▷少说~,多办实事。

【空幻】 kōnghuàn 囮虚幻不实▷朦胧~的梦境。

【空际】 kōngjì 図空中▷一缕青烟溶入~。

【空架子】 kōngjiàzi 図比喻没有内容,虚有其表的组织机构、文章等。

【空间】 kōngjiān 図物质存在的一种形式,由长度、宽度、高度组成▷三维~。

【空间站】 kōngjiānzhàn 図设在月球及其他行星或宇宙飞船上的空间通信设施。也说航天站、太空站。

【空降】 kōngjiàng 囫利用飞机、降落伞从空中着陆▷尖刀连~在敌后了。

【空姐】 kōngjiě 図客机上的女服务员。

【空军】 kōngjūn 図主要负责空中作战的军种。一般由航空兵和空军地面部队组成。

【空口】 kōngkǒu ❶副表示只是嘴说,没有任何别的行动和办法▷~说白话|承诺不行,您还是得写个字据。❷不就着别的一起(吃或喝)▷别~吃菜,也别~喝酒。

【空旷】 kōngkuàng 囮地方宽广,没有建筑物等遮挡▷~的训练场。

【空阔】 kōngkuò 囮空旷宽阔▷~的场院。

【空灵】 kōnglíng ❶囮虚幻而不好把握的▷这~梦幻般的景色令人陶醉。❷深沉幽渺的(艺术境界和风格)。

【空论】 kōnglùn 図没有实际内容的言论▷多提具体建议,别发~。

【空蒙】 kōngméng 囮〈文〉迷茫缥缈▷山色~。☞不要写作"空濛"。

【空名】 kōngmíng 図虚名,与实际不符的名义▷厂长独断专行,我这副厂长只不过是个~而已。

【空难】 kōngnàn 図飞机空中失事造成的灾难。

【空气】 kōngqì ❶図构成地球周围大气层的气体,无色无味,主要成分是氮、氧等▷呼吸新鲜~。❷指气氛▷让紧张~缓和下来。

【空前】 kōngqián 囮以前不曾有的▷国力~强大|盛况~。

【空前绝后】 kōngqiánjuéhòu 以前不曾有,以后也不会有。多形容特殊的业绩或非凡的盛况等。

【空谈】 kōngtán ❶囫只是说而不去做▷他是个实干家,不尚~。❷図脱离实际的言论▷这种不切实际的~,毫无用处。

【空头】 kōngtóu ❶囮有名无实的;不能实现的▷~政治家|~支票。❷図证券、外汇、期货市场的投机交易方式之一。投机者看跌某种证券、外汇或商品的行情,以信用交易或期货交易方式先期卖出,待价格下跌后再买进,从中获利。从事这种投机交易方式的人也叫空头。

【空袭】 kōngxí 囫从空中袭击▷警惕敌机~|我海防前哨。

【空衔】 kōngxián 図没有实际权力的职衔或不能发挥实际作用的等级头衔。

【空想】 kōngxiǎng ❶囫凭空设想;脱离实际地想。❷図脱离实际的想法和理论。

【空心】 kōngxīn ❶囮物体内部空而不实▷~砖。❷囫(树干等)中心变空▷萝卜~了。

【空虚】 kōngxū 囮里面东西很少;不充实▷敌人老窝~得很,可以乘机进攻|整天无所事事的人,精神难免~。

【空穴来风】 kōngxuéláifēng 原比喻出现传言都有一定原因和根据。现指传言没有根据。

【空运】 kōngyùn 囫用飞机运输▷那批物资已~到京。

【空战】 kōngzhàn ❶囫敌对双方的飞机在空中进行战斗。❷図在空中进行的战斗▷一场激烈的~。

【空中楼阁】 kōngzhōnglóugé 比喻脱离实际的理论、计划或虚幻的事物。

【空转】 kōngzhuàn ❶囫机器在没有负荷的情况下运转。❷车轮因摩擦力太小或转速急剧增加,只是滑转而不能前进▷汽车轱辘在泥水里~。

孔 kǒng ❶図窟窿;洞▷七~桥|弹~。❷囮通达的▷交通~道。❸量用于窑洞、油井等有孔的东西▷一~高产油井|三~窑洞。

【孔孟之道】 kǒngmèngzhīdào 孔子、孟子的学说和主张,即儒家思想。

【孔雀】 kǒngquè 図一种热带鸟,头上有羽冠,雄的尾羽特别长,展开呈扇形。常见的有绿孔雀和白孔雀。

【孔隙】 kǒngxì 図小窟窿;缝隙。☞"隙"不读 xī。

【孔穴】 kǒngxué 図窟窿;洞。

恐 kǒng ❶囫害怕▷~惧|惶~。❷使人害怕▷~吓(hè)。❸副表示担心或推测▷~有不测|~不能参加。

【恐怖】 kǒngbù ❶囮感到危险可怕而非常惊恐▷惨状令人~。❷図使人非常惊恐的状况▷正义的力量不会被~吓倒|白色~。

【恐吓】 kǒnghè 囫威胁、吓唬,使害怕▷游人不得~动物。

【恐慌】 kǒnghuāng 囮因害怕而慌张。

【恐惧】　kǒngjù　囮非常害怕▷~万状。
【恐龙】　kǒnglóng　囵已灭绝的古代爬行动物。种类很多,体型各异,大的长达数十米,体重可达四五十吨。
【恐怕】　kǒngpà　❶囮担心;疑虑▷妈妈~孩子走错了路,才再三叮嘱。❷副表示推测、估计▷~他不会来了。

倥　kǒng　[倥偬]kǒngzǒng　囮〈文〉事务繁杂、紧迫▷行色~。

空　kòng　❶囮使空缺;腾让▷不会写的字先~着|把外屋~出来。❷囮空(kōng)的;没有占用的▷~房|~额。❸图还没有安排利用的时间、地方;可以利用的机会▷这几天一点儿都没有|抽~。○另见 kōng。
【空白】　kòngbái　❶图没有被利用或填满而空着的地方;特指书页、版面、书画等上面空着的部分▷在例句的~处填上适当词语。❷比喻工作还没有开展的地方或方面▷我们的科学家填补了一项又一项高科技的~。
【空场】　kòngchǎng　❶图空着的场地▷找块~放建筑材料。❷文艺演出过程中,舞台上出现没有演员的空当。
【空当】　kòngdāng　图没有被占用的空间或时间▷孩子从栅栏的~挤了过去|利用会议休息的~,你去把他叫来。
【空档】　kòngdàng　图某些事物短缺的地方或时候▷瞄准市场的~,生产紧俏产品。
【空额】　kòng'é　图没有占用的名额▷为引进人才留了几个~。
【空缺】　kòngquē　❶图空着的岗位、名额▷编制上还有~。❷泛指空着的或缺少的部分▷所需物资还有不少~。
【空隙】　kòngxì　❶图窄缝;窄小的空间▷冷风从墙壁的~吹进来。❷繁忙中的短的空闲时间▷利用工作的~锻炼身体。❸空子▷要使对方无~可钻。
【空暇】　kòngxiá　图没有事情的时候。
【空闲】　kòngxián　❶图闲暇时间▷有~就回家看看。❷囮有了闲暇▷等你~下来,咱们看场电影。❸囮空着不用的;未派用场的▷~的楼房。
【空心】　kòngxīn　囮没有进食,肚子空着的▷这种药切忌~服用。☞"空心"(kòngxīn)跟"空心"kōngxīn意义不同,不要混用。
【空余】　kòngyú　囮空闲;闲置▷~名额|~院落。
【空子】　kòngzi　❶图还没有被利用的地方或时间。❷可被利用的疏漏▷这些人很狡猾,专门钻管理不严的~。

控　kòng　❶囮掌握住;操纵▷~制|遥~。❷举报;揭发▷~告|指~。
【控告】　kònggào　囮向国家机关或司法部门举报(违法犯罪、失职的个人或集体)。
【控股】　kònggǔ　囮拥有比例较大的股份,能够对公司业务施加影响。
【控诉】　kòngsù　囮向有关机关或公众陈述受害事实,揭发加害者的罪行,要求给加害者以法律或道义的惩罚。
【控制】　kòngzhì　囮使处于掌握、管理或影响之下▷货币发行量|自动~。

kou

抠(摳)　kōu　❶囮用手指或尖细的东西挖或掏▷把窗户纸~个洞|不要~鼻孔。❷刻(花纹)▷在石壁上~出花纹来。❸向深处或狭窄的方面

钻研▷~难题|死~条文。❹囮吝啬;不大方▷该花的钱不肯花,真~。☞跟"枢"(shū)不同。
【抠字眼儿】　kōuzìyǎnr　在用词造句上下功夫或挑毛病。

眍(瞘)　kōu　眼窝深陷▷累得眼都~进去了。☞统读 kōu。

口　kǒu　❶图嘴▷病从~入|开~说话。❷指说话▷~才|~音。❸指人口;家庭成员▷五~之家|户~。❹器物等同外面相通的部位▷炉~|窗~|袖~。❺出入通过的地方▷路~|渡~。❻特指港口▷出~产品|~岸。❼(人体或物体表面)破裂的地方▷疮~|决~。❽刀、剪、剑等的锋刃▷这把剪子还没开~。❾量 a)用于人或某些牲畜▷全家三~人|两~猪。b)用于某些有口或有刃的器物▷一~锅|一~铡刀。
【口岸】　kǒu'àn　图港口▷边境。
【口才】　kǒucái　图口头表达的才能。
【口称】　kǒuchēng　❶囮开口称呼▷~"大哥"。❷口头上说▷领导虽然~同意,可还没有正式批复。
【口吃】　kǒuchī　囮说话时字音习惯性地重复和词句不连贯▷他说话很~。
【口齿】　kǒuchǐ　❶图指发音吐字状况;口头表达的能力▷~清晰|~流利。❷指马、骡等牲口的年龄。
【口传】　kǒuchuán　囮口头传授或传达▷有些民间故事是~下来的。
【口风】　kǒufēng　图从话语中透露出来的意思▷事先一点儿~也没露。
【口服】[1]　kǒufú　囮口头上表示信服▷~心不服。
【口服】[2]　kǒufú　囮通过口腔服用。也说内服。
【口福】　kǒufú　图吃到好东西的福气▷~不浅|大饱~。
【口感】　kǒugǎn　图食物在嘴里引起的感觉▷这种饮料,~不错。
【口供】　kǒugòng　图受审者口头陈述案情的话▷录下了他的~。
【口号】　kǒuhào　图用来宣传、鼓动的可供呼喊的简短句子▷高呼~。
【口技】　kǒujì　图用嘴的发音模拟各种声音的技艺▷~演员|表演~。
【口紧】　kǒujǐn　囮说话谨慎,不轻易透露情况或应承某事。
【口径】　kǒujìng　❶图器物圆口的直径▷硅胶圈要和高压锅的~吻合。❷比喻对问题的看法和说法▷要和上级的指示对上~。
【口诀】　kǒujué　图为便于记诵而编成的内容扼要的语句▷乘法~。
【口角】　kǒujué　囮吵嘴▷从不与人~。☞"角"这里不读 jiǎo。
【口口声声】　kǒukǒushēngshēng　形容一遍又一遍地说,或把某些话挂在口头上。
【口快】　kǒukuài　囮形容有话就说,胸怀坦诚▷心直~。
【口令】　kǒulìng　❶图口头下达的行动命令▷排长正在喊~。❷口头暗号(一般在夜间用)▷~相符。
【口蜜腹剑】　kǒumìfùjiàn　嘴上甜言蜜语,心里狠毒阴险。
【口气】　kǒuqì　❶图语气的强弱急缓;说话的气势▷朗读要注意~|~好大啊!❷说话时表示出的意向或感情色彩▷~傲慢|听~,他不大赞成。
【口轻】[1]　kǒuqīng　❶囮不咸▷这个菜~点儿。❷口味偏淡▷有的人~,有的人口重。
【口轻】[2]　kǒuqīng　❶囮(人)说话没有分量▷人微

❷❲（骡马等）年龄小▷这驴 ~ 。

【口若悬河】 kǒuruòxuánhé 说话像瀑布一样滔滔不绝。形容能言善辩。

【口舌】 kǒushé ❶图言语（多指劝说、争辩、交涉的话语）▷费了那么多 ~ 才劝住了他。❷不利于人际关系的闲话▷不要搬弄 ~ 。

【口实】 kǒushí 图可以利用的借口、话柄▷不要给人留下 ~ 。

【口试】 kǒushì ❶团进行口头问答式的考试▷先 ~ ，后笔试。❷图口头问答式的考试▷通过了 ~ 。

【口是心非】 kǒushìxīnfēi 嘴里说得好听，心里想的却另是一套。形容心口不一。

【口授】 kǒushòu ❶团口头传授▷旧时艺人的技艺多由师傅 ~ 。❷口述（由别人代笔）▷王大爷 ~ 了回忆录。

【口述】 kǒushù 团口头叙述▷ ~ 了常委会的处理意见。

【口头】 kǒutóu ❶图嘴上▷只停留在 ~ 上。❷形用说话来表达的（跟"书面"相对）▷ ~ 通知 | ~ 文学。

【口头禅】 kǒutóuchán 图原指不懂禅宗和尚用以空谈而并不实行的禅理，现在泛指经常挂在口头的习惯语句（多属个人言语习惯）。

【口头语】 kǒutóuyǔ 图说话时不自觉地惯常说出的习惯语词▷他说话时的 ~ 是"没问题"。

【口味】 kǒuwèi ❶图食品的滋味▷糖醋藕片的 ~ 真不错。❷各人对食品味道的喜好▷红烧肉对我的 ~ 。❸比喻个人的情趣、爱好▷一台晚会不可能适合所有人的 ~ 。

【口吻】 kǒuwěn ❶图某些动物头部向前突出的部分，包括嘴、鼻等。❷说话时流露出来的感情色彩▷傲慢的 ~ 。

【口误】 kǒuwù ❶团因疏忽而说错了话或念错了字▷一时 ~ 把话说反了。❷图因疏忽而说错的话或念错的字。

【口形】 kǒuxíng 图人的口部形状。语音学指发某个音时两唇的形状。

【口型】 kǒuxíng 图指说话或发音时口部形状类型。

【口译】 kǒuyì 团口头翻译▷他擅长 ~ 。

【口音】[1] kǒuyīn ❶图说话的语音特点▷ ~ 低缓。❷方音▷小李没 ~ 。

【口音】[2] kǒuyīn 图语音学指气流只通过口腔而不通过鼻腔发出的音（区别于"鼻音"）。普通话中除 m、n、ng 三个鼻音外，其余都是口音。

【口语】 kǒuyǔ 图口头使用的语言（跟"书面语"相对）。

【口重】 kǒuzhòng ❶形比较咸▷那个菜 ~ 了。❷口味偏咸▷有的人 ~ ，有的人口轻。

【口诛笔伐】 kǒuzhūbǐfá 用口头和书面形式对罪状进行谴责、声讨。

【口拙】 kǒuzhuō 形嘴笨▷他 ~ ，但很能写。☞"拙"不读 chù 。

【口子】[1] kǒuzi ❶图身体或物体破裂的地方▷胳膊被划了一道 ~ 。❷山谷、堤岸、墙体等中间的大豁口。

【口子】[2] kǒuzi ❶量指人口▷他家有五 ~ 人。❷图指配偶▷两 ~ | 我家那 ~ 。

叩　kòu ❶团敲打▷ ~ 诊 | ~ 门。❷磕头▷ ~ 贺 | ~ 拜 | ~ 见。

【叩打】 kòudǎ 团敲打▷ ~ 铁门。

【叩谢】 kòuxiè 团〈文〉以磕头表示感谢，也泛指恭敬地表示谢意▷登门 ~ 。

【叩诊】 kòuzhěn 团（医生）用手指或小锤敲击人体某一部位，以判断人体的生理或病理状态。

扣　kòu ❶团用圈、环一类的东西套住或拢住▷ ~ 上纽扣 | 一环 ~ 一环。❷图绳结▷绳子 ~ 儿 | 解开 ~ 儿。❸纽扣▷领 ~ | 风纪 ~ 。❹团强制留下；关押▷驾驶证让警察给 ~ 了。❺从原有的数量中减去一部分▷ ~ 工资 | ~ 分。❻图减到原价的十分之几叫几扣▷减价八 ~ （减到原价的 80%）| 折 ~ 。也说折。❼团器物口朝下放置；罩住▷ ~ 茶碗 | ~ 在碟子上 | 把鸡 ~ 在鸡笼子里。❽用力自上而下地掷或击（球）▷ ~ 篮 | ~ 杀。

【扣除】 kòuchú 团从总数中减去▷房租已从工资中 | ~ 成本。

【扣发】 kòufā ❶团强行留下，不发给（钱、物等）。❷强行留下，不发出或发表（文稿等）▷ ~ 文件 | 书稿。

【扣留】 kòuliú 团强制留下（人或物）▷他被 ~ 了三天。

【扣帽子】 kòumàozi 比喻轻率地给人加上坏名声或罪名▷乱 ~ 。

【扣人心弦】 kòurénxīnxián 形容文艺作品或表演、比赛等激动人心。

【扣题】 kòutí 团（写文章或讲话）切合题意；扣紧主题▷发言要 ~ 。

【扣压】 kòuyā 团截留搁置▷重要函件不得 ~ | ~ 情报。

【扣押】 kòuyā 团扣留；法律上指司法机关将与案件有关的物品等强制留置。

【扣子】 kòuzi ❶图条状物打成的结▷绳子上系（jì）了几个 ~ | ◇他心里这个 ~ 就是解不开。❷纽扣▷上衣掉了一个 ~ 。❸章回小说或说书，在情节最紧张最吸引人时突然停下的地方▷ ~ 能使人关注下面的情节。

寇　kòu ❶图入侵者；盗匪▷敌 ~ | 贼 ~ 。❷团敌人入侵▷ ~ 入 | ~ 边。☞跟"冠"（guān；guàn）不同。

筘　kòu 图织布机上像梳子的机件，用来确定经纱的密度和位置，并把纬纱推到织口。

蔻　kòu 见[豆蔻]dòukòu。

ku

枯　kū ❶形（草木等）失去水分▷ ~ 叶 | ~ 树 | ~ 尸。❷团（河、井等）变干（gān）▷海 ~ 石烂 | 河 ~ 了。❸形单调；没有趣味▷ ~ 燥。

【枯槁】 kūgǎo ❶形干枯▷草木 ~ 。❷干瘦，憔悴▷面容 ~ 。

【枯黄】 kūhuáng 形又干又黄。

【枯焦】 kūjiāo 团干枯得很厉害。

【枯竭】 kūjié ❶团（水源）断绝。❷比喻用尽；没有来源▷财源 ~ | 精力 ~ 。

【枯木逢春】 kūmùféngchūn 比喻垂危的病人或濒于绝境的事物又获生机。

【枯涩】 kūsè ❶形干燥板滞▷ ~ 的眼睛。❷枯燥；不流利▷语言 ~ 。

【枯萎】 kūwěi 团干枯萎缩▷这朵花 ~ 了。

【枯燥】 kūzào 形单调；无趣味▷节目 ~ | 罗列一大堆 ~ 的数目字。

【枯坐】 kūzuò 团呆坐；干坐着没事做▷他们几位 ~ 着，十分无聊。

哭　kū 团由于痛苦或激动而流泪出声▷她伤心地 ~ 了 | 号啕大 ~ 。

【哭泣】 kūqì 团小声地哭▷暗自 ~ 。

【哭腔】 kūqiāng ❶图戏曲、歌剧演唱中表示哭泣的腔调。❷说话时带有哭泣的腔调。

【哭穷】 kūqióng 团假装穷困向别人叫苦▷你也不必 ~ ，我不会向你借钱。

【哭诉】 kūsù 团哭着诉说或控诉▷孩子向母亲～心中的委屈。

窟 kū ❶图洞穴▷狡兔三～丨石～。❷指某种人聚集的地方、场所(含贬义)▷匪～丨赌～。

【窟窿】 kūlong ❶图孔;洞▷袜子上烧了个～。❷比喻亏空或疏漏▷拉下了一万元的～丨堵塞法律条文的～。

【窟穴】 kūxué 图洞穴▷巢穴(多指坏人藏身的处所)。

骷 kū [骷髅]kūlóu 图没有皮肉毛发的死人头骨或全身骨骼。

苦 kǔ ❶图像苦瓜或黄连的味道(跟"甘""甜"相对)▷药很～丨酸甜～辣。❷劳累;艰辛▷～工丨劳～。❸副竭力地;耐心地▷～劝丨～～相求。❹图难过;痛苦▷～日子。❺团使痛苦;使难受▷我病了一年多,可～了你了。

【苦熬】 kǔ'áo 团忍受着艰难困苦过日子▷～年月。

【苦不堪言】 kǔbùkānyán 苦得难以用言语表达。

【苦差】 kǔchāi 图艰苦的差事;得不到多少好处的差事。

【苦楚】 kǔchǔ 图苦痛(多指生活上的困苦或身心受折磨造成的苦痛)▷岁月留给她的～难道还少吗?。

【苦处】 kǔchu 图感受到的痛苦▷你的～大家很理解。

【苦干】 kǔgàn 团不怕艰难困苦地做事▷～十年,改变家乡面貌。

【苦工】 kǔgōng ❶图被迫从事的条件恶劣、待遇低下的繁重体力劳动。❷指从事这样的体力劳动的人。

【苦功】 kǔgōng 图踏实刻苦的功夫▷～学习写作。

【苦果】 kǔguǒ 图比喻不良后果▷吸毒者的～。

【苦海】 kǔhǎi 图佛教指尘世间的一切烦恼和苦难。后指苦难的处境。

【苦口婆心】 kǔkǒupóxīn 形容诚恳耐心地反复劝说(婆心:老婆婆的心肠,指善意)。

【苦力】 kǔlì ❶图干重活付出的劳力▷卖～。❷旧称被迫干重活的劳动者。

【苦闷】 kǔmèn 图(心情)苦恼烦闷。

【苦难】 kǔnàn 图痛苦和灾难▷～深重丨岁月丨～的历程。

【苦恼】 kǔnǎo ❶图痛苦懊恼▷他比我还～。❷团使痛苦懊恼▷儿子的就业问题～着他。

【苦肉计】 kǔròujì 图故意损伤自己肉体蒙骗对方,以伺机行事的计谋。

【苦涩】 kǔsè ❶图(味道)又苦又涩。❷愁苦▷内心～丨～的面容。

【苦水】 kǔshuǐ ❶图味道苦的水。❷因患某种疾病吐出来的苦液体。❸比喻藏在内心的痛苦▷倾吐～。

【苦思冥想】 kǔsīmíngxiǎng 经久地、深沉地思索和想象。

【苦头】 kǔtóu 图痛苦;困苦▷吃了～。

【苦笑】 kǔxiào ❶团心情不快又无可奈何时勉强发笑▷～了一下。❷图勉强的笑容▷脸上挂着一丝～。

【苦心】 kǔxīn ❶图辛苦耗费的心力▷一片～。❷副费尽心思地▷～钻研。

【苦心孤诣】 kǔxīngūyì 指尽心钻研或经营,达到别人达不到的境界。

【苦行僧】 kǔxíngsēng 图苦修的僧侣。常借指极力克制欲望,物质生活极度节俭的人。

【苦于】 kǔyú 团为某种情况苦恼着▷～缺乏人才。

【苦战】 kǔzhàn 团拼死战斗。泛指突击工作或艰苦奋斗。

【苦衷】 kǔzhōng 图有苦处或为难而又不便说出的心情▷难言的～。

【苦主】 kǔzhǔ 图指命案中被害人的家属。

库(庫) kù ❶图储存物品等的建筑物▷粮～丨～房。❷特指保管、出纳国家资金物资的机关▷金～丨国～。

【库藏】 kùcáng ❶团在仓库里储藏▷～两年。❷图库藏的物资▷清理～。

【库存】 kùcún ❶团在仓库里存放▷～了大量货物。❷图库存的物资▷～极丰。

【库容】 kùróng 图库房或水库的容量。

绔(絝) kù 图〈文〉套裤。现只用于"纨绔"一词中。

裤(褲) kù 图裤子,有裤腰、裤裆和裤腿的下衣▷短～丨棉～。

【裤袜】 kùwà 图兼有裤子和袜子两种功能的紧身女下衣。也说连裤袜。

酷 kù ❶图残暴;苛刻▷残～丨冷～。❷副极;非常▷～爱丨～似。■统读kù。

【酷爱】 kù'ài 团极其爱好▷～文学。

【酷寒】 kùhán 图极度寒冷▷三九～。

【酷吏】 kùlì 图滥用刑罚的残暴官吏。

【酷热】 kùrè 图极度炎热▷盛夏～。

【酷暑】 kùshǔ 图炎热的夏天。

【酷似】 kùsì 团非常像▷二人相貌～。

【酷刑】 kùxíng 图残酷的刑罚。

kua

夸(誇) kuā ❶团说大话▷～下海口。❷赞扬;赞美▷老师～他肯努力丨～赞。

【夸大】 kuādà 团说得超过实际的程度▷～其词丨既不～,也不缩小。

【夸奖】 kuājiǎng 团称赞;赞美▷老师～他品学兼优。

【夸夸其谈】 kuākuāqítán 说话或写文章言词浮夸空泛,不切实际。

【夸示】 kuāshì 团向人炫耀(自己的东西、成绩等)▷他向我们～自己的高级手表。

【夸饰】 kuāshì 团夸张地描绘▷言谈得体,毫无～。

【夸耀】 kuāyào 团向人炫耀或吹嘘(自己的功劳、长处、权势等)▷这点功劳不值得～。

【夸张】 kuāzhāng ❶团夸大;把话说得过分▷说话要恰如其分,不要～。❷图一种修辞方式,用夸大的或缩小的词语来形容事物。❸文艺创作中突出描写对象某些特点的艺术手法。

垮 kuǎ ❶团倒塌;坍塌▷堤坝被洪水冲～了。❷崩溃;溃败▷打～了敌人的进攻。❸(身体)支持不住▷身体累～了。

【垮台】 kuǎtái 团比喻崩溃失败▷反动势力必然会～。

挎 kuà ❶团用胳膊钩或挂(东西)▷两人～着胳膊丨～着包袱。❷把东西挂在肩头、腰间▷～着书包丨腰里～着刀。

【挎包】 kuàbāo 图可挎在肩上的袋子。

胯 kuà 图人体腰部两侧和大腿之间的部分▷～下丨～骨。

【胯裆】 kuàdāng 图两条大腿中间相连的部位。

跨 kuà ❶团迈步;越过▷向右～一步丨～栏。❷两腿分开,使物体处在胯下▷～上马背。❸越过一定的界限▷～世纪丨～省。

【跨度】 kuàdù ❶图建筑物中,梁、屋架、拱券两端的承重结构之间的距离▷这座桥梁的～很大。❷泛指距离▷年代～大。

【跨越】 kuàyuè 团越过某个界限或障碍▷～分界线丨～黄河天险丨～古今。

kuai

蒯 kuǎi 图蒯草,多年生草本植物,丛生在水边或阴湿的地方。茎可以编席或造纸。

会(會) kuài 图总合;合计▷~计。○另见 huì。

【会计】 kuàijì ❶图监督和管理财务的工作,包括填制记账凭证,处理账务,编制报表等。❷图做会计工作的人。

块(塊) kuài ❶图像疙瘩或成团的东西▷土~|~根。❷量 a)用于块状的东西▷一~砖头|两~豆腐。b)用于某些成块的片状物▷一~布|两~手绢儿。c)用于货币,相当于"圆"▷两~钱|三~五毛。

【块块】 kuàikuài 图指行政体系中以地区为界限的横向管理体系(跟"条条"相对)▷处理好条条与~的关系。

【块垒】 kuàilěi 图比喻胸中郁结的不平或愁闷▷无法消除胸中的~。

【块头】 kuàitóu 图指人身材的高矮胖瘦▷老李是个中不溜儿的。

快 kuài ❶形高兴;喜悦▷人心大~|愉~。❷直爽▷心直口~。❸迅速(跟"慢"相对,⑤同)▷跑得~|~车。❹锋利(跟"钝"相对)▷这把刀不~。❺反应敏捷▷脑子~|手疾眼~。❻副赶紧▷~去做操|~走吧。❼将要▷天~黑了|写完了。

【快板儿】 kuàibǎnr 图曲艺的一种,词儿合辙押韵,表演时按节奏一边说,一边打竹板。

【快刀斩乱麻】 kuàidāozhǎnluànmá 比喻采取果断的措施,迅捷解决纷繁复杂的问题。

【快感】 kuàigǎn 图愉快或舒服的感觉▷优美的风景给人以说不尽的~。

【快活】 kuàihuo 形高兴;愉快▷跟他在一起感到很~。

【快捷】 kuàijié 形迅速;敏捷▷步伐十分~|~的动作。

【快乐】 kuàilè 形快活▷回到故乡,他感到格外~|快快乐乐地生活。

【快马加鞭】 kuàimǎjiābiān 对跑得快的马再着鞭子,比喻快上加快。

【快人快语】 kuàirénkuàiyǔ 痛快人说痛快话,形容人性格直爽。

【快事】 kuàishì 图让人感到痛快的事▷炎夏能在海里游泳,真是一大~。

【快手】 kuàishǒu 图指动作敏捷,做事效率高的人▷书写~。

【快书】 kuàishū 图曲艺的一种,用铜板或竹板伴奏,词儿合辙押韵,说的节奏较快。如山东快书。

【快速】 kuàisù 形迅速▷~前进。

【快慰】 kuàiwèi 形愉快而心安;欣慰▷儿女们都争气,父母十分~。

【快讯】 kuàixùn 图快速采集、传播的信息▷体育~|从现场发回了三条~。

【快要】 kuàiyào 副表示在很短的时间内就会出现某种情况▷教学楼~建成了|初中~毕业了。

【快意】 kuàiyì 形(心情)愉快舒畅▷这里的景色让人感到十分~。

侩(儈) kuài 图旧指专为别人介绍买卖以从中取利的人▷市~|牙~。

狯(獪) kuài 形〈文〉狡诈;狡猾▷狡~。

脍(膾) kuài 图切得很细的鱼或肉▷~不厌细|~炙人口。

【脍炙人口】 kuàizhìrénkǒu 美味佳肴,人人爱吃。比喻美好的诗文人人赞美传诵。☞㊀"脍"不读 huì。㊁"炙"的上部是"夕"("肉"的变形),不是"久"。

筷 kuài 图筷子,用竹、木等制作的夹取饭菜等的细长棍儿▷竹~|火~子。

鲙(鱠) kuài [鲙鱼]kuàiyú 图鱼,身体侧扁,银白色,生活在海中。☞不宜写作"快鱼"。

kuan

宽(寬) kuān ❶形横向的距离大;面积大(跟"窄"相对)▷河面很~|银幕~。❷图横向的距离▷这块布6尺长,4尺~。❸动使宽松▷~衣解带|~心。❹形度量大;不严厉▷~以待人|从~处理。❺富裕;富余▷这几年家用~多了|打窄用~。☞下边是"见",右下角没有一点(、)。

【宽畅】 kuānchàng 形(心情)开朗舒畅▷你这一说,我心里~多了。

【宽敞】 kuānchang 形宽阔敞亮▷客厅十分~。

【宽绰】 kuānchuo ❶形面积大;宽阔▷卧室挺~。❷富足▷手头比以前~多了。

【宽打窄用】 kuāndǎzhǎiyòng 计划时宽裕些,使用时节省些。

【宽大】 kuāndà ❶形面积或容积大▷~的房间|裤腿比较~。❷对人宽厚,不苛刻▷为人~。❸动对犯错误或犯罪的人从宽处理▷~俘虏。

【宽泛】 kuānfàn 形牵涉的面广;范围大▷经济建设包含的内容相当~。

【宽广】 kuānguǎng 形面积大;范围广▷场地~|知识领域~。

【宽宏大量】 kuānhóngdàliàng 形容待人宽厚,气量大。☞不宜写作"宽洪大量"。

【宽洪】 kuàihóng 形嗓音宽厚洪亮▷声音~。

【宽厚】 kuānhòu ❶形又宽又厚▷背膀~。❷宽容厚道▷待人~|心地~。

【宽怀】 kuānhuái ❶动宽心;放心▷妹妹的身体日渐好转,请母亲~。❷形胸宽阔▷~大度。

【宽旷】 kuānkuàng 形宽阔空旷▷~的操场。

【宽阔】 kuānkuò 形宽敞广阔▷道路~|心胸~。

【宽让】 kuānràng 动宽容忍让▷~他人|~过分。

【宽饶】 kuānráo 动宽恕▷对屡教不改者决不~。

【宽容】 kuānróng ❶形宽大容忍▷仁德~|~大度。❷动饶恕;原谅▷姑且~他这一次吧!

【宽舒】 kuānshū ❶形愉快舒畅▷心情~。❷宽阔舒展▷一踏上华北大平原,顿时觉得天地~得很。

【宽恕】 kuānshù 动宽容饶恕。

【宽松】 kuānsōng ❶形(地方、穿着等)宽绰;不紧▷搬走几件旧家具,屋里~多了|~的衣服。❷(环境、心情等)轻松;不紧张▷政策~。❸(生活)宽裕▷这几年家境~了。

【宽慰】 kuānwèi ❶动劝慰▷~几句。❷形宽松欣慰▷家庭使他心里很~。

【宽限】 kuānxiàn 动延长限期▷时间太紧,请再~几天。

【宽心】 kuānxīn 动解除忧虑,使心情宽舒▷说了许多让人~的吉利话。

【宽心丸儿】 kuānxīnwánr 比喻使人宽慰的话▷你别给~吃,我知道事情已经没有办法了。

【宽裕】 kuānyù 形充足;富裕▷日子过得很~|有~的时间。

【宽窄】 kuānzhǎi ❶图面积、范围的大小▷客厅的～正合适。❷宽度▷量量布的～。

【宽纵】 kuānzòng 团宽容放纵▷对孩子不要～溺爱。

髋（髖） kuān [髋骨]kuāngǔ 图组成骨盆的骨头，左右各一，形状不规则，由髂骨、坐骨和耻骨合成。通称胯骨。

款 kuǎn ❶形诚恳▷～留。❷图书画上的题名▷上～|落～。❸款式▷行(háng)～|新～时装。❹法令、规章等分条列举的事项▷条～。❺指一定数额的钱▷拨～|贷～。❻形〈文〉缓慢▷～步。

【款待】 kuǎndài 团优厚地招待▷盛情～来客。

【款款】 kuǎnkuǎn 〈文〉❶形诚恳忠实▷～情怀。❷形容徐缓、从容的样子▷～而行。

【款留】 kuǎnliú 团诚恳地挽留▷～宾客。

【款式】 kuǎnshì 图样式▷这套服装～新颖。

【款项】 kuǎnxiàng 图指有专门用途的数额较大的钱▷这笔～已拨付。

kuang

匡 kuāng 团纠正；改正▷～正。☞最后一画是竖折(乚)，一笔连写。

【匡谬】 kuāngmiù 团〈文〉纠正谬误▷～正俗。☞"谬"不读 niù。

【匡算】 kuāngsuàn 团粗略地估算。

【匡正】 kuāngzhèng 团〈文〉纠正；改正▷错误之处，敬请～。

诓（誆） kuāng 团欺骗；哄骗▷你别～我|～骗。

【诓骗】 kuāngpiàn 团说谎骗人▷别看他人小，谁也～不了他。

哐 kuāng 拟声模拟物体撞击、震动的声音▷～的一声，铁门关上了|大锣敲得～～响。

【哐当】 kuāngdāng 拟声模拟器物撞击的声音▷～一声，门被大风吹开了。

【哐啷】 kuānglāng 拟声模拟器物撞击声▷坛子～一声掉在地下。

筐 kuāng 图用竹篾、柳条、荆条等编成的盛物器具▷编个～|土～。

狂 kuáng ❶形疯；精神失常▷疯～|～人。❷自高自大▷这个人也太～了|口出～言。❸副毫无拘束地▷～笑|～饮。❹形猛烈▷～风暴雨|～奔。

【狂傲】 kuáng'ào 形狂妄傲慢。

【狂暴】 kuángbào ❶形凶狠残暴▷～如虎。❷猛烈▷～的风雪。

【狂飙】 kuángbiāo ❶图暴风▷～骤起，飞沙走石。❷比喻急骤猛烈的社会变动▷革命的～席卷全国。

【狂放】 kuángfàng 形傲慢放纵▷生性～|不羁。

【狂吠】 kuángfèi 团狗疯狂地叫。借指疯狂地叫嚣。

【狂欢】 kuánghuān 团纵情欢乐▷元旦～|围着篝火～。

【狂澜】 kuánglán 图汹涌的大浪，比喻动荡的局势▷挽～于既倒。

【狂热】 kuángrè ❶形极度热烈；过分热情▷感情太～了。❷图极度的异乎寻常的热情▷多点理性，少点～。

【狂人】 kuángrén ❶图狂妄自大的人。❷精神失常的人。

【狂妄】 kuángwàng 形极端高傲自大，目空一切。

【狂想】 kuángxiǎng ❶图幻想；大胆的想象▷突发～|对遥远未来的～。❷狂妄的企图。

【狂言】 kuángyán 图傲慢放肆的话▷一派～。

【狂躁】 kuángzào 形极其焦躁▷～不安。

诳（誑） kuáng 团欺骗；瞒哄▷～语|～言。

旷（曠） kuàng ❶形空阔；宽广▷地～人稀|空～。❷心胸开朗▷心～神怡。❸团荒废；耽误▷～日持久|～废。❹形相互配合的东西间隙过大▷车轴磨～了|这双鞋穿着太～了。

【旷达】 kuàngdá 形心胸开阔；看得远▷胸怀～。

【旷废】 kuàngfèi 团荒废▷～学业。

【旷费】 kuàngfèi 团浪费；耽误▷～时日。

【旷古】 kuànggǔ 〈文〉❶图远古。❷自古以来▷～绝伦|～未闻。

【旷课】 kuàngkè 团学生未经批准而不上课。

【旷日持久】 kuàngrìchíjiǔ 耽误时日，拖延很久。

【旷世】 kuàngshì ❶形历时久远的▷～难成之业。❷空前的▷～奇才。

【旷野】 kuàngyě 图空阔的原野。

【旷远】 kuàngyuǎn 形辽阔；久远▷万里无云，天空～|～的岁月。

况 kuàng ❶团比拟；比方▷以古～今|比～。❷图情形▷近～|盛～。

【况且】 kuàngqiě 连连接分句，表示追加理由或原因的递进关系▷路不算远，～还是坐车，准能按时赶到。

矿（礦） kuàng ❶图蕴藏在地层中有开采价值的物质▷铁～|金～。❷开采矿物的场所或单位▷在～里干活儿|以～为家。❸形跟采矿有关的▷～工|～灯。☞统读 kuàng。

【矿藏】 kuàngcáng 图埋藏在地下的各种矿物资源的统称▷勘探～。

【矿产】 kuàngchǎn 图有开采价值的矿物，如铁、金、石油、天然气等。

【矿床】 kuàngchuáng 图有开采价值的矿产聚集地。也说矿体。

【矿井】 kuàngjǐng 图通往矿床的井筒和巷(hàng)道。

【矿苗】 kuàngmiáo 图矿床露出地面的部分。

【矿区】 kuàngqū 图采矿的地区▷大的采矿企业所在地，建设新～。

【矿泉】 kuàngquán 图含有大量矿物质的泉水，有的可以用来治病。

【矿砂】 kuàngshā 图呈砂状的矿石。

【矿石】 kuàngshí 图含矿物且具有开采价值的岩石。

【矿物】 kuàngwù 图天然形成的化合物和自然元素。大部分是固态的，也有液态和气态的。

【矿业】 kuàngyè 图采矿事业。

【矿源】 kuàngyuán 图矿产资源▷丰富|寻找～。

框 kuàng ❶图安门窗的架子▷门～|窗～。❷器物周边的支撑物▷玻璃～|画～。❸加在器物或文字、图片周围的圈▷烈士照片四周有个黑～。❹团在文字、图片的四周加上条条▷重要的段落拿红笔～起来。❺约束；限制▷不要被旧的一套东西～住了手脚。☞统读 kuàng。

【框定】 kuàngdìng 团划定范围▷各职能部门的职责已初步～。

【框架】 kuàngjià ❶图在建筑物中由梁柱等联结起来的结构▷大厦的主体～。❷比喻事物的主要结构▷五年规划的～|小说的～。

【框框】 kuàngkuang ❶图周围的边或线▷错别字都用红笔画了～。❷事物原有的格式、传统或限定的范围▷打破旧～。

眶 kuàng 图眼睛的四周▷热泪盈～|眼～。

kui

亏(虧) kuī ❶团损失;损耗(跟"盈"相对)▷~了血本儿|盈~。❷缺欠;短少▷秤|理。❸使受损失;亏负▷人~地一时,地~人一年。❹幸而有;幸亏▷他及时发现,不然就坏事了。❺不怕难为情(表示讥讽、斥责)▷这种缺德事,~你做得出来!☞第三画上面不出头。

【亏待】 kuīdài 团不尽心或不公平对待▷你到我这里来,我能~你吗?

【亏得】 kuīde ❶团多亏;幸亏▷~你指点,他才走上正路。❷亏⑤▷~你还是大学生,连这点道理都不懂!

【亏耗】 kuīhào 团亏空损耗▷存粮~很大|元气~。

【亏空】 kuīkong ❶团支出超过收入而欠债▷一年下来~了几十万。❷图所欠下的债务▷~还清了。

【亏欠】 kuīqiàn 团短少;拖欠▷~税款。

【亏损】 kuīsǔn ❶团支出多于收入▷经营不善,连年~。❷因病伤等而身体虚弱,精力衰减▷元气~。

【亏心】 kuīxīn 圈违背良心▷问心有愧▷为人正派,一辈子没做过~事。

岿(巋) kuī 圈〈文〉高峻屹立▷~然不动。

盔 kuī ❶图像瓦盆而略深的容器▷瓦~。❷保护头部的帽子,多用金属或硬塑料制成▷头~|钢~。

【盔甲】 kuījiǎ 图盔和甲,古代打仗时穿的护身帽子和衣服,用金属或藤、皮革制成。

窥(窺) kuī 团从孔隙、隐蔽处察看▷管中~豹|~见。

【窥豹一斑】 kuībàoyībān 比喻只见到事物的点滴局部,没看到全体。

【窥测】 kuīcè 团暗里探察推测▷~动向。

【窥视】 kuīshì 团暗中察看▷探头~。

【窥伺】 kuīsì 团暗中观察,等待有利时机▷~时机,以求一逞。

【窥探】 kuītàn 团暗中探察▷~消息。

奎 kuí 图星宿名,二十八宿之一。

逵 kuí 图〈文〉四通八达的道路。

揆 kuí 团〈文〉估量;推测▷~情度(duó)理|~时度(duó)势。

葵 kuí ❶图指冬葵、锦葵、蜀葵、秋葵等草本植物。❷蒲葵,常绿乔木,叶大,可做扇子等。❸指向日葵▷~花。

【葵扇】 kuíshàn 图用蒲葵叶制成的扇子。也说芭蕉扇。

暌 kuí 团〈文〉分隔;离开▷~违|~离。☞跟"睽"(kuí)不同。

魁 kuí ❶图北斗七星的第一颗星(即离斗柄最远的一颗)。一说北斗七星的第一至第四颗星(即构成斗形的四颗星)的总称。❷居首位的人或事物▷罪~祸首|夺~。❸圈(身材)高大▷~梧|~伟。

【魁首】 kuíshǒu ❶图才华在同辈中居首位的人▷诗坛~|女中~。❷首领;头领▷叛军~。

【魁伟】 kuíwěi 圈魁梧的身材。

【魁梧】 kuíwú 圈(身体)强壮;高大▷小伙子长得非常~。

睽 kuí 〈文〉❶圈形容注视的样子▷众目~~。❷团违背;不合▷~异(主张不合)。☞跟"暌"(kuí)不同。

蝰 kuí [蝰蛇]kuíshé 图毒蛇的一种。生活在山林或草丛中,捕食鼠类、青蛙、小鸟等。

夔 kuí 图古代传说中的一种怪兽。

傀 kuí [傀儡]kuílěi 图木偶;比喻像木偶一样被人操纵、摆布的人或组织▷伪满洲国的皇帝是日本人的~|~政府。☞统读kuī。

跬 kuǐ 图〈文〉半步,行走时举足一次为跬,双足各举一次为步▷~步。

匮(匱) kuì 团不足;缺少▷~乏。

【匮乏】 kuìfá 圈缺少(多用于物资)▷粮草极度~。

喟 kuì 团〈文〉叹息▷~然长叹|~叹。

馈(饋) kuì ❶团赠送(礼物)▷~送|~赠。❷传送(信息等)▷反~。

溃(潰) kuì ❶团(大水)冲破(堤防)▷~决|~堤。❷(军队)被打垮;逃散▷不战自~|~败。❸(肌肉)腐烂▷~烂|~疡。☞在"溃脓"中读huì。

【溃不成军】 kuìbùchéngjūn 被打得七零八落,不成队伍。形容惨败。

【溃决】 kuìjué 团大水冲垮(堤防)▷大坝一旦~,后果不堪设想。

【溃烂】 kuìlàn 团(肌肉组织)腐烂化脓▷伤口已经~了。

【溃乱】 kuìluàn 团被打垮而散乱▷敌军早已~不堪。

【溃散】 kuìsàn 团溃败逃散▷~四方。

【溃逃】 kuìtáo 团被打败而逃跑。

【溃退】 kuìtuì 团溃败撤退。

【溃疡】 kuìyáng 团皮肤或粘膜坏死脱落后形成缺损▷十二指肠~。

愦(憒) kuì 圈(头脑)昏乱;糊涂▷昏~。

愧 kuì 圈惭愧▷面有~色|羞~|~领|~受。

【愧悔】 kuìhuǐ 圈惭愧后悔▷万分~。

【愧疚】 kuìjiù 圈惭愧内疚▷想起自己的所作所为,感到十分~。

【愧色】 kuìsè 图惭愧的神色▷如此丢人现眼,他竟毫无~。

聩(聵) kuì 圈耳聋▷振聋发~。

篑(簣) kuì 图盛土的竹器▷功亏一~。☞统读kuì。

kun

坤 kūn ❶图八卦之一,卦形为"☷",代表地。❷指女性▷~包|~伶|~角儿。

昆 kūn ❶图〈文〉哥哥▷~仲(敬称别人的弟兄)。❷圈众多▷~虫。❸用于山名。昆仑山,西起帕米尔高原东部,横贯新疆、西藏,东面延伸到青海境内。

【昆虫】 kūnchóng 图节肢动物的一纲。身体由头、胸、腹三个部分组成,头有口器和触角;胸部有足,有的有翅。如蜜蜂、螳螂、蚊、蝇等。

琨 kūn 图〈文〉像玉的美石。

髡 kūn 团古代的一种刑罚,剃去男子的头发(古代男子留长发)▷~刑。

鲲(鯤) kūn 图古代传说中的一种大鱼▷~鹏。

【鲲鹏】　kūnpéng 图古代传说中的大鱼和大鸟,也指由鲲化成的大鹏鸟▷~展翅。

捆　kǔn ❶团用绳索等缠紧▷~铺盖。❷图捆起来的东西▷捆成~儿。❸量用于成捆的东西▷一~旧报纸。

【捆绑】　kǔnbǎng 团用绳子等绑起来▷把小偷~起来|行李要~结实。

【捆扎】　kǔnzā 团用绳子之类把东西绑在一起▷把这几根竹竿~在一起。

困(睏⑤)　kùn ❶圈艰难窘迫;穷苦▷~境|贫~。❷团陷入艰难痛苦的境地难以摆脱▷~在沙漠里。❸围困;包围▷把敌人~在城里。❹圈疲乏▷~乏。❺圈想睡觉▷睡一会儿就不~了。

【困顿】　kùndùn ❶圈极端疲乏▷人马~。❷(生活或处境等)艰难窘迫。

【困乏】　kùnfá ❶圈贫困;匮乏▷生活~|物资~。❷疲劳乏力。

【困惑】　kùnhuò ❶圈疑惑不解▷~的神情。❷团使困惑▷难题~着我。

【困境】　kùnjìng 图困难的境地。

【困窘】　kùnjiǒng 圈贫困;窘迫▷生活~|这件事使他~得很。

【困倦】　kùnjuàn 圈疲倦想睡。

【困苦】　kùnkǔ 圈贫困穷苦▷生活~。

【困难】　kùnnán ❶圈(事情)难办;有阻碍▷治沙很~|呼吸~。❷贫困▷经济~。❸图困难的事情▷有~。

【困扰】　kùnrǎo 团围困并骚扰▷~敌人|整天被琐事~着。

【困兽犹斗】　kùnshòuyóudòu 比喻身陷绝境仍然竭力挣扎。

kuo

扩(擴)　kuò 团使(范围、规模等)增大▷~大|~军。

【扩版】　kuòbǎn 团报刊扩大或增加版面▷报纸~后增加了不少新内容。

【扩编】　kuòbiān 团扩大编制。

【扩充】　kuòchōng 团扩大并补充。

【扩大】　kuòdà 团使范围、规模等增大▷~权限|~知识面。

【扩建】　kuòjiàn 团扩大原有建筑的面积或规模▷~校舍|~厂房。

【扩散】　kuòsàn 团向外扩展散布▷癌细胞已经~|污染物不断~。

【扩印】　kuòyìn 团放大洗印(照片)。

【扩展】　kuòzhǎn 团扩大;伸展▷~绿化面积|~公司业务。

【扩张】　kuòzhāng ❶团扩大(势力、土地)。❷(血管)舒张▷静脉~。

括　kuò ❶团包含;包括▷概~|囊~。❷(给文字)加上括号▷把繁体字~起来。☞统读 kuò。

【括号】　kuòhào ❶图数学上表示几个数或项的结合关系和先后顺序的符号,有( )、[ ]、︱︱三种形式。❷标点符号的一种,形式主要为"( )",用来表示文中的注释部分,也用于序数字的外面。

【括弧】　kuòhú ❶图数学上的小括号(圆括号)。❷标点符号中的括号。

阔(闊)　kuò ❶圈空间距离大▷~步。❷空泛▷高谈~论。❸面积大;横的距离大▷海天空|宽~。❹富裕;生活奢侈▷这几年~起来了|摆~。❺久远;时间距离长▷~别。

【阔别】　kuòbié 团长久地分别。

【阔步】　kuòbù 团迈大步▷~向前。

【阔绰】　kuòchuò 圈排扬大方;奢侈▷婚礼热闹~|过着~的日子。

【阔佬】　kuòlǎo 图有钱人。☞不宜写作"阔老"。

【阔气】　kuòqi 圈豪华奢侈,也指这种气派▷婚事办得~|摆~。

廓　kuò ❶圈〈文〉广大;空阔▷寥~|~落。❷团〈文〉清除;使空阔▷~清。❸图物体的外缘▷轮~。

【廓清】　kuòqīng 团澄清;清除▷~谣言|~道路。

L

la

垃 lā [垃圾]lājī ❶图脏土；需要清除的废物▷倒~|一堆◇黄色书刊及黄色音像制品是腐蚀人的精神~。☞统读 lā。

拉 lā ❶团用力使人或物朝着或跟着自己移动；牵引▷把椅子~过来|~车。❷用车运▷~了一车粮食。❸拉动乐器的弓或某些乐器的发声器使发出声音▷~胡琴|~手风琴。❹带领；集结▷把队伍~进山里去|~起一支队伍。❺拖长；使延长▷~长声音|~开距离。❻拖欠▷~下几千块钱的账。❼牵连；牵扯▷一人做事一人当，不要~上别人。❽拉拢；招揽▷~关系|~买卖。❾〈口〉闲谈；闲扯▷~家常话。❿排泄(大便)▷~肚子。㊀在"半拉"(半个)等口语词中读 lǎ。㊁在"拉拉蛄"(蝼蛄的通称)中读 là。㊂在"乌拉草"中读 lā。○另见 lá。

【拉帮结伙】lābāngjiéhuǒ 拉拢一帮人，结成团伙。

【拉扯】lāchě ❶团〈口〉拉；拽▷小妹～着我的衣襟。❷艰难地抚养▷妈妈～我们长大不容易。❸提携；扶助▷你发达了，可别忘了～你兄弟一把。❹牵扯；牵连▷这是你们之间的事，别把我～进去。❺闲聊▷我这忙着呢，哪有功夫跟你们～。

【拉大旗作虎皮】lādàqízuòhǔpí 比喻假借名义，虚张声势，吓唬或蒙骗别人。

【拉动】lādòng 团积极带动▷～内需，开拓市场。

【拉后腿】lāhòutuǐ ❶比喻利用亲情或密切的关系来牵制他人正当的行动▷妻子总是支持他的工作，从来不～。❷指局部工作不力影响全局工作的进展▷你们车间完不成任务，给全厂～可不行。也说扯后腿、拖后腿。

【拉锯】lājù 团两个人各自握住大锯的一端，一来一往地锯(木头等)；比喻双方你来我往反复多次，相持不下▷比赛双方在～，比分交错上升|～战。

【拉拉队】lālāduì 图举行各种竞技比赛时，组织起来为参赛者呐喊助威的人们。☞不宜写作"啦啦队"。

【拉力赛】lālìsài 图指汽车或摩托车的分站连续竞赛活动，现也用于飞机等长距离的赛事。

【拉链】lāliàn 图用在衣服、提包等上面，使某部位可开可合的一种生活用品。由一凹一凸的两个金属或塑料链条组合而成。也说拉锁。

【拉拢】lālǒng ❶团拉拽使合拢。❷使手段把别人拉到自己这边来(多含贬义)▷～一部分人，排挤另一部分人。

【拉尼娜】lāníná 图〈外〉指赤道附近东太平洋海温大范围持续变冷的异常现象。

【拉纤】lāqiàn ❶团在岸边用绳子拉船前进。❷比喻替双方说合并从中取利。

【拉山头】lāshāntóu 组织人马，结成以自己为首的宗派或小集团。

【拉下马】lāxiàmǎ 比喻把某人赶下台▷舍得一身剐，敢把皇帝～。

【拉下水】lāxiàshuǐ 比喻用各种手段引诱和腐蚀别人，使堕落或一起干坏事。

【拉杂】lāzá 图拖沓杂乱，缺少条理▷这篇发言稿语言～。

啦 lā ❶用于"呼啦""哇啦""呼啦啦""哗啦啦""哩哩啦啦"等词语。❷团读轻声，"了"(le)和"啊"(a)的合音词，兼有二者的意义▷你们都回来～？

邋 lā [邋遢]lāta 图穿着(zhuó)不整洁；不修边幅▷他打扮得整整齐齐，不像往常那么～了。☞统读 lā。

尥 lá 见[尥尥儿]gālár。

拉 lá 团割开；划破▷～一块玻璃|手上～了个口子。▷不宜写作"剌"。○另见 lā。

喇 lǎ 见下。

【喇叭】lǎba ❶图一种金属制的管乐器，吹气的一端较细，越来越粗，末端口部张开，可以扩大声音。❷形状像喇叭的扩音器▷高音～。

【喇嘛】lǎma 图藏传佛教的僧人，原义为"上人"(藏语音译)。

剌 là 图(性情或行为)怪僻，不合常情、事理▷乖～|～谬。☞"剌"和"刺"(cì)不同。

落 là ❶团〈口〉跟不上，被丢在后面▷他走路总～在别人后面。❷遗漏▷通知上～了他的名字。❸把东西遗留在某处，忘了带走▷铅笔盒～在家里了。☞以上意义不读 luò 或 lā。㊀不宜写作"拉"(là)。○另见 lào；luò。

腊(臘) là ❶图古代农历十二月合祭百神的祭祀。❷指农历十二月▷～月。❸腊味▷～肉|～鱼。

【腊八】làbā 图农历十二月(腊月)初八，相传是佛祖释迦牟尼成道的纪念日。在这一天寺院要举行法会，民间有喝腊八粥的习俗。

【腊味】làwèi 图统称腊月或冬天腌制后风干或熏干的肉类食品。

【腊月】làyuè 图农历十二月▷寒冬～，大雪纷飞。

蜡(蠟) là ❶图图从动、植物或矿物中所提炼的油质，具有可塑性，常温下是固体。有蜂蜡、白蜡、石蜡等。可以用来防湿、密封、浇塑、做蜡烛。❷指蜡烛▷把～吹灭。❸淡黄如蜡的颜色▷～梅|～黄。

【蜡纸】làzhǐ ❶图表面涂蜡的纸，用于包装物品，可以防潮▷镯子外面包着一层～。❷用蜡液浸过的纸，可用做刻写或打字的油印底版。

【蜡烛】làzhú 图用蜡或其他油脂制成的照明用品，多为圆柱形，中心有捻，可以点燃。

瘌 là [瘌痢]lài 图黄癣▷～头。☞不要写作"鬎鬁""癞痢"。

辣 là ❶图辣椒、蒜、姜等具有的有一定刺激性的味道▷辛～|～酱。❷团辣味刺激(感官)▷～舌头。❸图凶悍；狠毒▷手段真够～的|毒？

【辣乎乎】làhūhū 图形容热辣辣的感觉▷面条里辣椒放多了，吃起来～的◇他听说群众投他票的很少，脸上～的。

镴(鑞) là 图锡和铅的合金。可以焊接金属，也可以制造器皿。通称锡镴、焊锡。也说白镴。

lai

来(來) lái ❶囵从另外的地方到说话人这里(跟"去"或"往"相对)▷开会的人都~了。❷厖未来的▷~年|~日。❸囵(事情、问题等)来到;发生▷上级的指示刚~。❹a)用在动词后面,表示来做某事▷老师看望大家~了。b)用在动词前面,表示要做某事▷你去弹琴,我~唱歌。❺做某个动作(代替意义具体的动词)▷你搬不动,我~吧。❻用在另一个动词后,表示动作朝着说话人这里▷开~一辆空车。❼用在另一个动词后,表示动作结果或估量▷说~话长|看~最近是办不成了。❽用在动词性词组(或介词词组)与动词或动词性词组之间,表示前者是方法、态度,后者是目的▷你用什么办法~帮助他?❾跟"得"或"不"连用,表示能够或不能够▷他跟你还合得~|这道题我可做不~。❿囵从过去到现在▷几天~。⓫用在诗歌、叫卖声里做衬字▷二月里~呀,好春光|磨剪子~抢(qiǎng)菜刀。⓬用在句尾,表示曾经发生过什么事情,相当于"来着"▷你昨天干什么~?⓭用在数目或数量词组后面,表示概数,通常略小于那个数目▷二十~岁|一百~件。⓮用在序数词"一""二""三"等后面,表示列举▷我到上海去,一~是办点事,二~是看看朋友。⓯跟"未"(lèi)不同。

【来潮】láicháo ❶囵涨潮▷钱塘江~时的情景非常壮观◇这不过是他一时心血~。❷特指女子来月经▷月经~时,应该注意休息。

【来电】láidiàn ❶囵打来电报或电话▷事情有了结果,请即刻~相告。❷囵打来的电报或电话。❸囵接通电路,恢复供电▷上午停电,下午才~。

【来函】láihán ❶囵寄来或送来信件▷务请~告知。❷囵来的信▷~收阅。

【来回】láihuí ❶囵(在某一段距离之内)一去一回。❷囵往返一次的过程▷这段路半天可以走两个~。❸副表示多次地往返或反复地进行▷这个问题,我~思索了许久。

【来历】láilì ❶囵某人到某处来以前的经历和背景▷不知道这个人的~|这个人有些~。❷某事的原委或背景▷查明事件的~。

【来临】láilín 囵来到(多指抽象事物)▷胜利即将~|新世纪的曙光~了。

【来龙去脉】láilóngqùmài 山脉的走势像龙体一样起伏绵亘,比喻事情的前因后果。

【来路】láilù ❶囵来这里的道路▷~泥泞。❷(事物的)来源;(人的)来历▷断绝了经济的~|这个人~不明。

【来日方长】láirìfāngcháng 未来的时日还很长。表示必有机会,必有所为或劝人不必急于做某事。

【来势】láishì 囵(人或事物)到来的气势▷台风~凶猛。

【来头】láitou ❶囵指人的身份、资历、背景等情况▷他~我们应该了解一下。❷来由▷他这样对待咱们,恐怕是有~的。❸来源(多指经济收入)▷他们除工资外,还有别的~。

【来往】láiwǎng ❶囵到来和离开;往返▷他~于京沪之间。❷交际往来▷今年开始和他~。

【来源】láiyuán ❶囵事物的出处;事物产生的地方▷典故~生活~。❷囵起源;产生(常跟"于"配合使用)▷创作~于生活。

【来由】láiyóu 囵事物、现象出现或发生的根据▷要了解一下这件事的~|不说没~的话。

莱(萊) lái ❶囵〈文〉藜。❷用于音译,如莱塞(激光)。

崃(崍) lái 用于地名。邛崃(qiónglái),在四川。

徕(徠) lái 见[招徕]zhāolái。

涞(淶) lái 囵用于地名。涞源、涞水,均在河北。

赉(賚) lài 囵赏;赐给▷赏~|赐~。

睐(睐) lài 囵向旁边看;看▷明眸善~|青~(青眼)。

赖(賴) lài ❶囵依靠;仗恃▷~以为生|信~。❷厖刁钻撒泼,不讲道理▷这种人真够~的|耍~。❸坏▷不分好~。❹囵无理地留在某处不肯离开▷该走了,他还~着不走。❺抵赖,不承认错误或不承担责任▷证据俱在,~是~不掉的。❻诬赖,把自己的过错硬说成是别人的▷不要~我。❼责备;怪罪▷不能~条件不好,只怪自己不努力。

【赖皮】làipí ❶囵指撒泼耍赖的行为、作风,也指有这种行为、作风的人▷他是当地出了名的~。❷囵撒泼耍赖▷不要在大庭广众~!

【赖账】làizhàng ❶囵不承认所欠下的账▷借了钱就得还,不能~。❷比喻不承认自己所说的话或不承担某种责任▷说话算数,不能~。

癞(癩) lài ❶囵麻风。❷黄癣,皮肤病。❸厖皮毛脱落或表面凹凸不平的▷~皮狗|~蛤蟆。

【癞皮狗】làipígǒu ❶囵身上长着癞疮、毛秃皮厚的狗。❷比喻卑鄙无耻的人。

籁(籟) lài ❶囵古代一种竹制管乐器。❷发自孔穴的声音;泛指声音▷万~俱寂|天~。

lan

兰(蘭) lán ❶囵指某些观赏花木,如兰草、玉兰、木兰等。❷兰花▷春~秋菊。

【兰花】lánhuā 囵多年生草本植物,叶子丛生,细长,春季开淡绿色的花,气味清香,可供观赏,花可制作香料。

岚(嵐) lán 囵〈文〉山林中的雾气▷山~|气|晓~。

拦(攔) lán ❶囵不许通过;遮挡▷~路。❷对着▷~腰斩断。

【拦击】lánjī 囵拦截并攻击▷三连的任务是~敌人。

【拦劫】lánjié 囵拦路并抢劫▷匪徒~行人。

【拦截】lánjié 囵中途阻挡,使不得通过▷~敌机。

【拦路虎】lánlùhǔ 比喻前进道路上的困难、障碍等。

栏(欄) lán ❶囵栏杆▷凭~远望|栅~。❷饲养家畜的圈▷存~头数|牛~|马圈。❸表格中区分项目的格子▷全表共七~。❹书刊报纸上用线条或用空白贯通隔开的部分,也指按内容、性质划分的版面▷广告~|专~|目~。❺固定张贴布告、报纸等的装置▷布告~|宣传~。❻放在跑道上供跨跃用的体育器材▷跨~|低~|高~。

【栏杆】lángān 囵起拦挡作用的辅助性建筑。一般建在道路、桥梁两侧,以及凉台、看台等的边上。

【栏目】lánmù 囵报刊、电视、广播中按内容性质划分并标有名称的专题部分。

婪 lán 厖贪;不满足▷贪~。

阑(闌) lán 厖〈文〉接近结束▷更深夜~|~尾(盲肠尾端的突出部分)。

蓝（藍） lán ❶图蓼蓝，一年生草本植物，叶子干后变成暗蓝色，可加工成靛青，做蓝色染料▷青出于～。❷图像晴天天空那样的颜色▷～衣服｜湛～｜天～。☞"蓝"和"兰"不同。"兰"不是"蓝"的简化字。

【蓝本】 lánběn 图著作或图画所根据的底本。

【蓝领】 lánlǐng 图以体力劳动为主的雇员。他们劳动时多穿蓝色工装，故名（区别于"白领"）。

【蓝图】 lántú ❶图用感光纸制成的图纸（线条多为蓝色）。❷比喻规划；计划▷经济发展的宏伟～。

谰（讕） lán 团抵赖；诬赖。

【谰言】 lányán 图没有根据的话；诬陷他人的话▷无耻～。

澜（瀾） lán 图波浪▷波～壮阔｜力挽狂～｜微～。

褴（襤） lán ［褴褛］lánlǚ 形〈文〉（衣服）破破烂烂▷衣衫～。☞不宜写作"蓝缕"。

篮（籃） lán ❶图篮子▷竹～｜花～。❷篮球架上供投球用的带网铁圈▷上～｜投～。❸指篮球队▷男～｜女～。☞上边是"𥫗"，不是"艹"。

【篮球】 lánqiú ❶图篮球运动使用的球。❷打篮球这种运动项目。☞不能写成"蓝球""兰球"。

斓（斕） lán 见［斑斓］bānlán。

览（覽） lǎn 团观看▷浏～｜博～群书。☞上边不是"⺕"。

【览胜】 lǎnshèng 团观赏或游览胜景、名胜▷庐山～。☞不要写作"揽胜"。

揽（攬） lǎn ❶团握持；把持▷独～大权｜总～。❷把人或事物吸引到自己这边或自己身上来▷延～人才｜一点活儿干｜把责任～过来了。❸围抱；搂▷把孩子紧紧～在怀里。❹用手或绳子等聚拢松完散的东西▷装完车要用绳子～一下。

【揽权】 lǎnquán 团把持权力▷～徇私。

缆（纜） lǎn ❶图缆绳▷船～｜钢～。❷由多股组成的像绳子的东西▷电～｜光～。❸团用绳索拴住（船）▷～舟。

【缆绳】 lǎnshéng 图由多股棕、麻、尼龙丝或金属丝等分别拧成的粗绳。

榄（欖） lǎn 见［橄榄］gǎnlǎn。

罱 lǎn ❶图捕鱼或捞河泥的工具。❷团用罱捞▷～河泥。☞统读lǎn。

漤 lǎn ❶团用糖、盐等调味品腌或拌（生的鱼、肉、水果、蔬菜）▷～桃。❷用热水或石灰水浸泡（柿子）使脱掉涩味▷～柿子。

懒（懶） lǎn ❶形懒惰（跟"勤"相对）▷这人太～，不爱干活。❷疲乏；打不起精神▷这两天身上发～，干什么都没精神。❸团后面跟着"得"用在动词前，表示厌烦或不愿意做某事▷～得搭理他｜～得动。

【懒惰】 lǎnduò 形指不爱干活、学习、动脑筋等▷成天不干活儿，太～了｜～成性。

【懒散】 lǎnsǎn 形懒惰散漫▷应该用纪律约束～的工作人员。

烂（爛） làn ❶形食物熟透后十分松软▷肉炖得很～。❷形容某些固态物体吸收水分后的松软或稀糊状态▷纸泡～了。❸有机体由于微生物的滋生而变坏▷葡萄都放～了。❹残破▷鞋穿～了。

❺混乱▷～摊子。❻用在"熟""醉"等词前，表示程度极深▷背得～熟｜醉如泥。

【烂漫】 lànmàn ❶形颜色鲜艳▷山花～。❷天真自然，毫不做作▷天真～。☞不宜写作"烂熳""烂缦"。

【烂账】 lànzhàng ❶图头绪混乱无法搞清的账目。❷拖欠很久难以收回的账。

【烂摊子】 làntānzi 比喻难以整顿或不好收拾的混乱局面▷厂子连年亏损，这个～谁接下来也不好办。

滥（濫） làn ❶团（江河湖泊的水）漫溢出来▷泛～。❷形过度；没有节制▷～用职权｜乱砍～伐。❸浮泛而不切实际▷陈词～调。

【滥调】 làndiào 图空泛而不切实际的言论。

【滥觞】 lànshāng ❶图江河的发源地，比喻事物的起源（觞：酒杯，江河源头的水少得只能漂起酒杯）▷古代神话是中国文学的～。❷团起源▷中国文化大抵～于夏商周。

【滥竽充数】 lànyúchōngshù 齐宣王喜欢听吹竽，用三百人组成乐队一齐吹奏。南郭先生本不会吹竽，也混在里面充数。后用来比喻没有本事的人混在有真才实学的人里面充数。也指以次充好。

lang

嘟 lāng 见［哐啷］kuānglāng。

郎 láng ❶图古代官名▷侍～员外～｜中～。❷旧时女子称情人或丈夫▷情～｜～君。❸旧时对年轻男子的称呼▷周～（称周瑜）。❹称别人的儿子▷令～。❺从事某些职业的男人▷放牛～｜货～。☞在"屎壳郎"（蜣螂）中读làng。〇左边是"𧘇"，不是"良"。

【郎舅】 lángjiù 图男子与其妻子的弟兄的合称。

狼 láng 图哺乳动物，形状像狗。性凶暴残忍，常袭击各种野生动物，也伤害人畜，是畜（xù）牧业主要害兽之一。

【狼狈】 lángbèi ❶图传说狈这种兽的前腿短，走路时前腿必须搭在狼身上，以便于行走；常用来比喻相互勾结的坏人▷～为奸。❷形形容困顿、窘迫的样子▷敌军大败，～逃窜｜～不堪。

【狼毫】 lángháo 图黄鼠狼的毛，借指用黄鼠狼的毛制成的毛笔。

【狼藉】 lángjí ❶形传说狼常常卧在草中，离开时故意把草弄乱，消除踪迹；形容乱七八糟，杂乱不堪▷室内一片～。❷比喻人的名声极坏▷声名～。☞不宜写作"狼籍"。

【狼吞虎咽】 lángtūnhǔyàn 形容吃东西像狼、虎一样又猛又急。

【狼心狗肺】 lángxīngǒufèi 心肠像狼和狗那样狠毒。多指忘恩负义。

【狼子野心】 lángzǐyěxīn 狼崽子具有难以驯化的残忍本性。比喻凶恶的人对权势或名利等非分而贪婪的欲望。

琅 láng 图一种玉石。☞统读láng。

【琅琅】 lángláng 拟声模拟金石撞击声或响亮的读书声▷书声～。

廊 láng 图有顶的过道，有的在屋檐下，有的在室外▷走～｜游～｜长～。

榔 láng ［榔头］lángtou 图敲打东西的工具，柄的一端装有一个同它垂直的铁或木制的头。☞不宜写作"鎯头"。

锒（鋃） láng ［锒铛］lángdāng〈文〉❶拟声形容金属相撞击的声音▷铁索～。❷图拘禁犯人的铁锁链▷~人狱。▶不宜写作"郎当"。

螂 láng 见[螳螂]tángláng、[蟑螂]zhāngláng。

朗 lǎng ❶圈明亮;光线充足▷天~气清|晴~。❷声音清晰响亮▷~读|~诵。

【朗读】 lǎngdú 圙用清晰响亮的声音读▷~课文。

【朗朗】 lǎnglǎng ❶圈形容声音清晰响亮▷~的读书声|笑声~。❷明亮▷秋月~|~乾坤。

【朗诵】 lǎngsòng 圙大声而富有表情地诵读(带有表演性质)▷~比赛。

阆 làng 图用于地名。阆中,在四川。

浪 làng ❶图江湖海洋上起伏不平的大波▷惊涛骇~|波~。❷像波浪一样起伏的东西▷声~|麦~。❸圙不受约束;放纵▷放~。

【浪潮】 làngcháo ❶图波浪和潮水▷~汹涌。❷比喻大规模的社会运动▷时代的~|改革的~席卷全球。

【浪荡】 làngdàng ❶圙无目的地游逛;不务正业▷到处~,什么活儿也不干。❷圈(行为)放荡不检点▷~不羁。

【浪费】 làngfèi 圙无节制或不恰当地使用财物、人力、时间等▷不要~粮食。

【浪花】 lànghuā 图波浪互相撞击或拍击其他物体而溅起的水点和飞沫▷海水不断溅起朵朵~|四溅◇激起感情的~。

【浪迹】 làngjì 圙行踪不定,四处漂泊▷~天涯。

【浪漫】 làngmàn 〈外〉❶圈原指纵情、任意,后也指在男女关系上放纵。❷富有诗意,充满幻想▷现实生活并不像想象的那么~。

【浪漫主义】 làngmàn zhǔyì 文艺创作方法。按照人们的愿望、理想或幻想的样子去反映生活,常用丰富的想象和夸张的手法塑造人物形象,描写事物和环境。

【浪头】 làngtou ❶图〈口〉波浪▷一个大~向小船扑来。❷比喻社会潮流▷办事不能老是赶~。

lao

捞(撈) lāo ❶圙从液体里取出(东西)▷~取|~面条。❷用不正当的手段取得▷趁机~一把|~油水。▶统读lāo。

劳(勞) láo ❶圈辛勤;辛苦▷~累|~碌。❷圙使劳苦▷~民伤财|~师动众。❸烦劳(请别人做事时的客套话)▷~驾|有~|偏~。❹图功勋▷汗马之~|功~|~绩。❺圙慰劳▷~犒~军。❻劳动而不获▷多~多得。❼图指劳动者▷~资关系|~方。▶统读láo。

【劳动】 láodòng ❶图人类创造财富和价值的活动▷~创造世界。❷特指体力劳动▷不要轻视|加强~教育。❸圙指进行体力劳动▷下乡~。

【劳动力】 láodònglì ❶图人的劳动能力,脑力和体力的总和,是社会生产力中起决定性作用的因素。❷指相当于一个一般成年人的体力劳动能力;参加劳动的人▷~严重缺乏。

【劳改】 láogǎi 圙劳动改造。

【劳苦】 láokǔ 圈勤劳辛苦▷不辞~。

【劳驾】 láojià 圙客套话,用于请人帮忙或让路▷~,请帮忙把桌子挪一下。

【劳累】 láolèi ❶圈劳动强度大而感到疲乏▷连续几天加班,实在太~了。❷圙敬词,表示请人做事让人受累▷~大家辛苦一趟。

【劳力】 láolì ❶图在进行体力劳动时人所使用的力气

▷出卖~。❷劳动力▷合理安排~。

【劳碌】 láolù 圈劳苦忙碌。

【劳民伤财】 láomínshāngcái 既劳累了百姓,又浪费了钱财。指滥用人力、物力、财力。

【劳神】 láoshén ❶圙费神;操心▷~费力|带孩子很~。❷敬词,用于拜托人办事▷这件事让您~了。

【劳务】 láowù 图提供劳动或劳动力方面的服务▷~费|~输出。

【劳作】 láozuò ❶圙劳动(多指体力劳动)▷很多人在水库工地上~。❷图指小学的一门课程,教学生做手工或进行其他的体力劳动。

牢 láo ❶图〈文〉饲养牲畜的圈▷亡羊补~。❷监禁囚犯的地方▷~房。❸圈结实;坚固▷把钉子钉~点儿。❹稳妥;~靠。

【牢不可破】 láobùkěpò 牢固得不能毁坏(多用于抽象事物)。

【牢固】 láogù 圈坚固;结实▷地基很~|城墙~。

【牢靠】 láokao ❶圈稳妥可靠▷他办事~。❷稳固;结实▷你把那梯子放~点,千万别摔着。

【牢笼】 láolóng ❶图关鸟兽的笼子,比喻束缚人的事物▷冲破封建旧传统的~。❷圈套▷小心,别误入人家设好的~。

【牢骚】 láosāo 图抱怨不满的话▷发~。

唠(嘮) láo [唠叨]láodao 圙没完没了地说▷老奶奶~两句,没什么。

崂(嶗) láo 图用于山名和地名。崂山,在山东。

痨(癆) láo 图痨病(中医称结核病)▷肺~|防~。

醪 láo [醪糟]láozāo 图江米酒。☞统读láo。

老 lǎo ❶圈年纪大(跟"少""幼"相对)▷~人|~心不~。❷图年纪大的人▷敬~院|一家~小|谢~。❸圈老练;富有经验的▷~手|~于世故。❹历时长久的(跟"新"相对,⑤同)▷~朋友|~字号。❺陈旧的;过时的▷~脑筋。❻原来的▷~地方。❼(某些颜色)重、深▷~绿|~红。❽(蔬菜)生长时间过长或(食物)加工过了火候而不好吃(跟"嫩"相对)▷~黄瓜|豆角长~了|肉炒~了,咬不动。❾(某些高分子化合物)变得黏软或硬脆▷~塑料|~化。❿剾一直;经常▷这屋子~不住人|他做作业~问人。⓫词的前缀,附加在某些动植物名称、姓氏,排行前面▷~鼠|~虎|~玉米|~李|~三。⓬剾〈口〉很▷这条街~长~长的。

【老板】 lǎobǎn 图民营企业或个体店铺的所有者或经营者。

【老本】 lǎoběn 图开始经营时所投入的本钱,泛指原本有的人力、物力、财力、知识等▷炒股票,亏了~|敌人赔了两个师的~。

【老巢】 lǎocháo 图鸟长期栖息的窝,比喻坏人或匪徒隐藏盘踞的地方▷干警们捣毁了走私分子的~。

【老成】 lǎochéng 圈老练成熟▷这年轻人很~。

【老大难】 lǎodànán 形容问题错综复杂,长期存在而难以解决▷~单位。

【老当益壮】 lǎodāngyìzhuàng 虽然年老但精神更足,干劲更大。

【老调重弹】 lǎodiàochóngtán 比喻把陈旧的观点或理论重新搬出来。

【老好人】 lǎohǎorén 图厚道随和、安分守己的人;也指不坚持原则,谁也不得罪的人。

【老虎】 lǎohǔ ❶图虎的通称。❷比喻耗费能源或原材料十分厉害的机器设备等▷这些老船都是油～。❸比喻严重损害国家与公众利益的部门或个人▷贪污受贿几千万元的大～。❹比喻蛮横凶暴的人▷母～。

【老化】 lǎohuà ❶团老⑨。❷(在一定范围内)老年人的比例增大▷教师队伍～。❸(思想、知识、设备等)变得陈旧过时▷思想～,跟不上时代|设备～,需要更新。

【老皇历】 lǎohuánglì 图过时的历书,比喻陈旧、不合时宜的办法、规矩等▷时代发展了,不能总按～办事。

【老黄牛】 lǎohuángniú 图比喻踏实、埋头苦干的人▷做人民的～。

【老奸巨猾】 lǎojiānjùhuá 形容极其奸诈狡猾。☞不宜写作"老奸巨滑"。

【老辣】 lǎolà ❶团老练厉害▷这是一个铁腕人物,办事敏捷而又～。❷(文艺创作的表现手法等)纯熟泼辣▷文笔～,言词犀利。

【老练】 lǎoliàn 形阅历多,处世经验丰富,办事干练▷沉着～。

【老路】 lǎolù 图从前常走的路,比喻旧的方法和途径▷不能走历史的～。

【老马识途】 lǎomǎshítú 管仲跟随齐桓公出征回来时迷了路,管仲就让老马走在最前边,果然找到了路。比喻年长有经验的人能起引导作用。

【老谋深算】 lǎomóushēnsuàn 老练地谋划,深远地盘算。形容办事老练,考虑深远周全。

【老牛破车】 lǎoniúpòchē 比喻破旧的设备;也比喻慢腾腾的办事方式。

【老牌】 lǎopái ❶形创制时间久、人们信得过的(商品牌号)▷这种自行车是～的。❷资历长久的▷～汉奸。

【老派】 lǎopài ❶形老式;维持原来面貌的▷这衣服太～了,现在极少有人穿|～读音。❷图指守旧的人或派别▷他是个～,思想陈旧得很。

【老气】 lǎoqì ❶形(比实际年龄)显得岁数大;显得老练成熟▷这年青人长得～。❷(服装的颜色、款式等)陈旧或穿起来使人显老▷衣服样式太～。

【老气横秋】 lǎoqìhéngqiū 形容暮气沉沉,缺乏朝气。

【老生常谈】 lǎoshēngchángtán 老书生的平常议论,形容常讲的老话。

【老师】 lǎoshī 图对教员的尊称。也泛指有某种特长,值得学习的人。

【老实】 lǎoshi ❶形忠厚诚实▷～可靠。❷守规矩,服从领导,顺从管理▷小宝很～,从不调皮捣蛋。❸指不机警▷人太～了,容易被骗。

【老手】 lǎoshǒu 图指在某些方面富有经验的人▷行家～|谈判～。

【老鼠过街,人人喊打】 lǎoshǔguòjiē,rénrénhǎndǎ 比喻遭人痛恨的坏人坏事,大家都反对。

【老态龙钟】 lǎotàilóngzhōng 形容体态衰老,动作不灵便的样子。

【老套】 lǎotào 图陈旧过时的形式、方法、言词等▷文学创作应摒弃～,提倡创新。也说老套子。

【老外】 lǎowài ❶图谐称外行▷做买卖你有一手,可修汽车你就是个～了!❷谐称在国内的外国人。

【老窝】 lǎowō 图鸟兽长期栖息的地方。❷比喻坏人盘踞的地方或藏身之所▷直捣贩毒分子的～。

【老爷】 lǎoye ❶图旧时称官吏或有财势的男人;现指有官僚作风的领导干部▷请知府～明鉴|是为人民服务,还是做官当～?❷旧时有钱人家的仆役对年长男主人的称呼。❸形陈旧运转不灵的▷～汽车|～机

床。

【老于世故】 lǎoyúshìgù 形容处世老练、圆滑。

【老账】 lǎozhàng ❶图旧账;旧债▷清理～|还(huán)清～。❷比喻过去的事情▷他总是爱翻过去的～。

【老字号】 lǎozìhào 图指开设多年,有一定声誉的商店。

佬 lǎo 名词后缀,常指成年男子(多含轻蔑意)▷乡巴～|阔～。

姥 lǎo 见下。

【姥姥】 lǎolao 图〈口〉外祖母。☞不宜写作"老老"。

【姥爷】 lǎoye 图〈口〉外祖父。

栳 lǎo 见[栲栳]kǎolǎo。

烙 lào ❶团用烧热的金属工具熨烫,使衣物等平整,或在物体上留下标记▷～衣服|～花|～印。❷把食物放在烧热的铛、锅上烙熟▷～饼|锅贴儿。☞在"炮烙"(古代的一种酷刑)中读 luò。

【烙印】 làoyìn ❶图在牲口或器物等上面烫的作为标记的火印,常比喻不易磨灭的痕迹▷军马的身上被打上了～◇这个大家庭带给我的～是很深的。❷团比喻留下深刻印象▷他的这一番教诲深深～在我的心中,终生难忘。

涝(澇) lào ❶形雨水过多,淹了庄稼(跟"旱"相对)▷庄稼～了。❷图田地里积存的雨水▷排～。

落 lào 义同"落"(luò)①⑦⑧,多用于口语▷价格有涨(zhǎng)有～|～色|埋怨。○另见 là;luò。

耢(耮) lào ❶图农具,长方形,用藤条或荆条编成,用来打碎耙过的耕地里的土块,平整地面。❷团用耢平整土地▷～地。

酪 lào ❶图用牛、羊等家畜的乳汁制成的半凝固或凝固状食品▷奶～。❷用植物的果实做的糊状食品▷山楂～|杏仁～。

le

乐(樂) lè ❶形快活;欢喜▷～事。❷图令人快乐的事情▷找～儿|取～儿。❸团很高兴(做某事)▷～此不疲。❹笑▷～得合不上嘴。○另见 yuè。

【乐此不疲】 lècǐbùpí 喜欢做这事而不知疲倦,形容对某件事情特别爱好。

【乐观】 lèguān 形精神愉快,对未来有信心(跟"悲观"相对)▷～向上|前景～。

【乐呵呵】 lèhēhē 形形容快乐的样子▷他从不发愁,整天～的。

【乐趣】 lèqù 图使人快乐的趣味。

【乐融融】 lèróngróng 形形容快乐和睦的样子▷全家老小～。

【乐意】 lèyì ❶团心甘情愿;高兴▷他心地善良,～帮助别人|心里不大～。

【乐园】 lèyuán ❶图快乐幸福的地方▷这里是孩子们的～。❷基督教用以指天堂或伊甸园。

【乐滋滋】 lèzīzī 形由于满意和喜悦、快乐的样子▷孩子工作有了成绩,父母心里～的。☞不宜写作"乐孜孜"。

勒 lè ❶团拉紧缰绳不让牲口前进▷悬崖～马。❷强迫▷～令|～索|～逼。❸雕刻▷勾～|～石。○另见 lēi。

【勒令】 lèlìng 团用强制方式命令做某件事▷～退学|～停职反省。

【勒索】lèsuǒ 囫用威逼手段向他人索取(钱财、物品等)▷~他人财物。

了 le ❶囫用在句子中间，表示它前面的动作或变化已经完成▷这个月只晴~三天。❷囫用在句子末尾，表示出现某种新情况或发生某种变化▷天快亮~。❸用在句尾或句中停顿的地方，表示劝阻、命令或感叹的语气▷好~，不要说话丨太棒~。○另见liǎo。

lei

勒 lēi 囫〈口〉用绳子等条状物缠住或套住后用力拉紧▷~得喘不出气来丨~紧裤腰带。○另见lè。

累(纍) léi 见下。○另见lěi;lèi。

【累累】léiléi 囮多得连成串▷硕果~。

【累赘】léizhuì ❶囮(文字)繁复;(事物)多余▷文章的结尾显得~。❷囫使人感到多余的事物▷赶上阴天，草帽反而成了~。☞不宜写作"累坠"。

雷 léi ❶图阴雨天气云层放电时发出的巨响▷打~了丨~电丨~击。❷指某些爆炸性武器▷水~丨手~。

【雷达】léidá 图〈外〉利用电磁波反射原理来探测远距离目标的无线电装置。使用时不受气候条件影响，广泛应用于军事、天文、气象、航海、航空和航天等领域。

【雷打不动】léidǎbùdòng 形容十分坚定，绝不改变。

【雷厉风行】léilìfēngxíng 像打雷一样猛烈，像刮风一样急速。比喻行动迅速、大刀阔斧的办事作风。

【雷霆】léitíng 图炸雷，霹雳;比喻威势或暴怒▷势如~丨大发~。

【雷同】léitóng 囮打雷时，万物都同时响应，比喻随声附和或彼此不该相同而相同▷意见~丨两份~的试卷。

擂 léi 囫敲;打▷~鼓丨自吹自~。❷研磨▷~钵(研磨东西用的钵)。

檑 léi 图檑木，古代作战时为阻挡敌人进攻，从高处推下的大块筒状木头。

礌 léi 图礌石，古代作战时从高处推下打击敌人的大块石头。☞统读léi。

镭(鐳) léi 图放射性金属元素，符号Rₐ。用于治疗癌症。

羸 léi 囮〈文〉瘦弱▷~弱丨~顿。☞统读léi。

耒 lěi ❶图古代翻土农具耜(sì)上的曲木柄▷~耜。❷古代一种直向安柄的双齿刃耕具。☞㈠第一画是横。㈡跟"来"(lái)不同。

诔(誄) lěi 〈文〉❶囫列述死者生平事迹，表示哀悼(多用于上对下)。❷图列述死者生平事迹表示哀悼的文章▷~文。

垒(壘) lěi ❶图军队驻地用来防御敌人的建筑▷两军对~丨壁~丨堡~。❷囫用土坯、砖、石等砌▷~一堵墙。❸图棒球、垒球运动的守方据点▷跑~丨一~。

【垒砌】lěiqì 囫用砖、石等材料修筑(建筑物)▷~工事丨~围墙。

累(纍) lěi ❶囫堆积;积聚▷日积月~丨成千~万丨积~。❷连续;连接▷连篇~牍丨长年~月。❸副屡次;多次▷~教不改。❹囫牵连丨牵~丨连~丨带~。○另见léi;lèi。

【累积】lěijī 囫累加，聚积▷把全年的收入~在一起，数目相当可观。

【累及】lěijí 囫牵连涉及到▷~无辜。

【累计】lěijì 囫合起来计算;合计▷前3年贷款~550

万元。

【累累】léiléi ❶囮形容堆积得很多▷~白骨丨恶行~。❷副表示同样的动作行为多次重复，相当于"屡屡"▷事故~出现。☞"累累"(léiléi)和"累累"(léiléi)音、义不同。

磊 lěi [磊落]lěiluò 囮襟怀坦白;光明正大▷光明~。

蕾 lěi 图含苞待放的花朵，通称花骨朵▷花~丨蓓~。☞统读lěi。

傀 lěi 见[傀儡]kuǐlěi。

肋 lèi 图人和某些动物胸部的两侧▷两~丨左~丨~骨。

泪 lèi 图眼内泪腺分泌的无色透明液体▷流~丨眼~。

【泪花】lèihuā 图饱含在眼内将要流出来的泪水▷眼里闪着~。

【泪汪汪】lèiwāngwāng 囮形容眼框里饱含泪的样子▷她两眼~的，让人看了都很伤心。

类(類) lèi ❶图种;相似事物的归纳▷把藏书分成三~丨种~。❷囫相似▷~人猿丨~似。☞下边是"大"，不是"犬"。

【类比】lèibǐ 囫一种逻辑推理(方法)。根据两类事物某些属性相似，推出他们的其他属性也可能相似的结论。是一种或然性推理。

【类别】lèibié 图指事物的不同种类▷植物的~很多丨社会思潮有不同的~。

【类人猿】lèirényuán 图猿类动物。外貌、举动以及体质特征都与人类最为相近。大猩猩、黑猩猩、长臂猿等都属于类人猿。

【类似】lèisì 囮图像;相似▷他们哥俩的长相和性格很~。

【类推】lèituī 囫比照某一事物的原理或做法而推及论断与之同类的其他事物的原理或做法▷依此~丨据此~下去。

【类型】lèixíng 图具有相同性质或特征的事物所形成的类别▷产品~丨◇人物~。

累(纍) lèi ❶囫疲乏▷跑~了。❷使疲乏▷这孩子真~人。❸操劳▷~了一天，晚上还得忙家务。○另见léi;lěi。

酹 lèi 囫〈文〉把酒洒在地上，表示祭奠▷~地丨~祝(祭奠祝告)。

擂 lèi 图擂台▷打~丨~主。○另见léi。

【擂台】lèitái 图比武的台子(常用于比喻)▷车间就是技术比赛的~。

leng

棱 léng ❶图物体上不同方向的两个平面相连接的部分▷桌子~儿丨有~有角丨三~镜。❷物体表面凸起的条状部分▷眉~。

【棱角】léngjiǎo ❶图(物体的)棱与角▷山石如刀砍斧劈一样，~分明。❷比喻人直率尖锐、锋芒外露的言行▷他是一个很有~的人。

楞 léng 同"棱"(léng)。用于"瓦楞""斜楞"及音译词。

冷 lěng ❶囮温度很低;感觉温度低(跟"热"相对)▷天气很~丨风儿你~不~？❷不热情;不温和▷~嘲热讽丨~漠。❸不热闹;萧条▷~寂丨~落丨清清~~。❹偏僻;少见的▷~僻。❺意外的;突然的▷~箭丨~不防。❻很少人过问的▷~门儿丨~货。❼消沉、失望▷心灰意～。☞"冷"和"泠"(líng)不同。

【冷冰冰】 lěngbīngbīng ❶ 形形容像冰一样冷▷屋子里～的,一点热乎气也没有。❷冷淡;不热情▷态度～的。

【冷不防】 lěngbufáng 副表示出乎预料突然发生某种现象▷～飞过来一块大砖头,险些砸到他。

【冷场】 lěngchǎng 动开会时无人发言。

【冷嘲热讽】 lěngcháorèfěng 尖刻、辛辣地嘲笑讽刺。

【冷处理】 lěngchǔlǐ ❶动在金属热处理中,将工件冷却到0℃以下进行处理。目的是提高其机械性能,保持较稳定的规格。❷比喻事情发生后暂时不作处理,等待时机再行处理。

【冷淡】 lěngdàn ❶形冷清;不兴旺▷生意～|市面～。❷动慢待;怠慢▷不可～了客人。

【冷冻】 lěngdòng 动把温度降低到0℃以下,使某些含水分的物品冻结▷这种药品需要～|把鱼肉等一起冻来。

【冷宫】 lěnggōng 名原指封建时代失宠后妃所住的宫院(多见于戏曲、小说等),现比喻被冷落弃置的处境▷这些非常有价值的论著,竟也被打入了～。

【冷光】 lěngguāng ❶名光学上指含热量极少的光线,如荧光和磷光。❷冷峻的目光▷他眼中射出一道道逼人的～。

【冷噤】 lěngjìn 名寒战;寒噤▷冷风吹得他直打～。

【冷静】 lěngjìng 形沉稳;不冲动▷遇事要沉着～。

【冷峻】 lěngjùn 形冷酷严厉;冷静严肃▷他的目光～得令人胆寒|看到厂长～的表情,人们安静了下来。

【冷酷】 lěngkù 形待人冷漠,没有情味。

【冷落】 lěngluò ❶形冷清;不热闹▷街道很～,少有过往行人、车辆。❷动慢待;待人不热情▷不要～了客人。

【冷门】 lěngmén 名原指赌博时很少有人下注的一门,今多用来比喻不引人注目的或不被看好的事物▷～专业|足球赛爆出了～|～货。

【冷漠】 lěngmò 形淡漠;不关心▷待人～|～的神态!

【冷暖】 lěngnuǎn ❶名寒冷和温暖,泛指人的生活状况▷时刻把人民群众的～挂在心上。❷比喻世态炎凉▷他在逆境中体会到了世间的人情～。

【冷僻】 lěngpì ❶形偏僻;不热闹▷地点～,很少有人来。❷不常用的(多指字词、典故、书籍等)▷～字眼。

【冷气】 lěngqì ❶名寒冷的气流▷一股～从门缝里钻了进来。❷利用制冷设备等人工方法造成的凉空气,用于建筑物、交通工具等内部的降温。❸也指冷气设备▷房间安了～。

【冷枪】 lěngqiāng ❶名乘机暗中发射的枪弹▷放～。❷比喻用阴险手段暗中伤人的行径▷要警惕有人用～伤好人。

【冷清】 lěngqīng 形凄凉;不喧器▷一个～的夜晚|假期里校园冷清清的|街道上冷清清的。

【冷却】 lěngquè 动物体的温度降低或采用人工方法使物体温度降低▷那杯冲好的茶早已～了|把煮熟的鸡蛋放在凉水里～～。

【冷热病】 lěngrèbìng 名比喻情绪忽高忽低、极不稳定的毛病。

【冷若冰霜】 lěngruòbīngshuāng 比喻对人非常冷淡或过分严肃而使人难以接近。

【冷色】 lěngsè 名能使人产生清爽感觉的颜色,如白、绿、蓝等(跟"暖色"相对)。

【冷笑】 lěngxiào ❶动发出有讥刺、轻蔑、不满等意味的笑▷他～了一声,转身走了出去。❷名指含有讥刺、轻蔑、不满等意味的笑。

【冷血动物】 lěngxuè dòngwù ❶变温动物,如蛇、鱼。❷比喻缺乏感情的人。

【冷言冷语】 lěngyánlěngyǔ 尖酸刻薄含有讥讽意味的话。

【冷眼】 lěngyǎn ❶名冷静客观的眼光▷～看待周围的一切。❷名冷漠、轻蔑的待遇▷遭到别人的～。

【冷遇】 lěngyù 名冷淡而不礼貌的对待▷遭人白眼,受到～。

【冷战】 lěngzhàn 名指国际上两个国家或两个国家集团之间除直接军事交战外的其他对抗行为。特指第二次世界大战后美国和前苏联之间的所谓东西方对抗状态。

【冷战】 lěngzhan 名因着凉或惊恐身体突然发抖的现象▷凉风吹来,不由地打了个～。☞不宜写作"冷颤"。

愣 lèng ❶动发呆▷听了这话,他～住了。❷形鲁莽;冒失▷～头～脑。❸副〈口〉表示不合常情,相当于"偏偏"▷明明是他弄坏的,还～说不知道。

【愣头愣脑】 lèngtóulèngnǎo 举止鲁莽、冒失。

【愣怔】 lèngzheng ❶动眼睛发直;呆呆地看着▷～着眼睛,不知在想些什么。❷发愣;发呆▷别站在那儿～着了,快帮个忙。☞不要写作"睖睁"。

lí

哩 lī [哩哩啦啦]līlālā 形〈口〉形容零散或断断续续的样子▷这雨～的,真烦人|人们～地来到会场。

厘 lí ❶动〈文〉整理;治理▷～定(整理规定)|～正(订正)。❷量市制计量单位。a)长度单位,10毫为1厘,10厘为1分。b)重量单位,10毫为1厘,10厘为1分。c)地积单位,10厘为1分。❸量利率单位,年利率1厘是本金的1/100,月利率1厘是本金的1/1000。

狸 lí [狸猫]límāo 名哺乳动物,形状像猫,性凶猛。也说山猫、豹猫。

离(離) lí ❶动分开;分别▷分～。❷背离;不合▷众叛亲～。❸缺少▷任何生物都～不了空气和水。❹距离;相距▷他家～公园不远。

【离别】 líbié 动别离;告别。

【离愁别绪】 líchóubiéxù 因离别而引发的愁苦心情。

【离间】 líjiàn 动拨弄是非,使彼此怀疑,互不信任▷散布流言,～骨肉亲人。

【离谱】 lípǔ 动唱得与曲谱不合,比喻言行背离大家公认的准则▷他越说越～,大家都听不下去了。

【离奇】 líqí 形奇特怪异,不同寻常▷～的主张|他自述的经历太～了。

【离散】 lísàn ❶动分离;失散▷夫妻～多年。❷形涣散▷人心～。

【离题】 lítí 动(文章或谈话)离开中心话题;脱离主题▷写文章切忌～。

【离心离德】 líxīnlídé 集体里人心涣散,思想、行动不统一。也指个人在思想上背离集体、组织。

【离心力】 líxīnlì ❶名向心力的反作用力。如当绳子系着的球做圆周运动时,球对绳子的反拉力。❷比喻摆脱集体或领导的思想和行动▷一支队伍要有战斗力,必须消除～,加强向心力。

【离异】 líyì 动离婚。

骊(驪) lí [骊]名用于地名。骊山,在陕西临潼。☞不读lì。

梨 lí [梨]名落叶乔木,果实也叫梨,是常见水果。

犁 lí [犁]❶名耕田的农具,用人力、畜力或机器牵引▷铧～|～杖。❷动用犁耕地▷～田。

鹂(鸝) ‖ 图鸟名,如黄鹂。☞不读lì。

喱 ‖ 用于音译。咖喱(gālí),一种调味品,味香而辣。☞统读lí。

蜊 ‖ 见[蛤蜊]géli。

漓(灕①) ‖ ❶图漓江,水名,在广西。❷见[淋漓]línlí。

璃 ‖ 见[玻璃]bōli、[琉璃]liúli。

黎 ‖ ❶形众多▷~民百姓。❷团接近▷~明。☞下边不是"水"。

【黎明】límíng 图天将亮或蒙蒙亮的时候,也比喻刚刚到来的光明或胜利。

鲡(鱺) ‖ 见[鳗鲡]mánlí。☞不读lì。

罹 ‖ 团遭到;遭遇(不幸的事情)▷~祸|~难(nàn)。

【罹难】línàn 团〈文〉遇灾祸而死亡;遭到杀害▷在事故中幸免~|英雄~。

篱(籬) ‖ ❶图篱笆▷绿~|藩~。❷见[笊篱]zhàoli。

【篱笆】líba 图起遮拦或防护作用的简易设施,用竹子、秸秆、树枝等编成,环绕在房屋、场地等周围。

藜 ‖ ❶图一年生草本植物,茎挺直粗壮。嫩叶可以食用,老茎可以制作手杖,种子可以榨油,全草可以做药材。也说灰菜。❷见[蒺藜]jíli。

黧 ‖ [黧黑]líhēi 形〈文〉(脸色)黑里带黄。☞不宜写作"黎黑"。

蠡 ‖ 图〈文〉瓢▷以~测海。☞在"蠡县"(河北地名)中读lǐ。

礼(禮) ‖ ❶图对神灵、祖先、尊长、宾客等表示敬意的各种形式,或对社会生活中某些重大事情表示庆祝、纪念而举行的仪式▷祭~|婚~|服|~堂。❷我国古代制定的行为准则和道德规范▷~义廉耻|~仪之邦。❸表示尊敬的态度或言语、动作▷赔~|道歉|给老师敬个~。❹表示尊敬、庆贺或感谢而赠送的物品▷送了一份厚~。

【礼拜】 ‖bài ❶团教徒或信徒向所尊奉的神致敬▷大佛|到清真寺~。❷图指星期▷这~任务紧。❸特指星期日▷今天是~。

【礼服】 ‖fú 图举行典礼时或在庄重场合穿用的服装。

【礼教】 ‖jiào 图封建统治者用来束缚人们思想行为的礼节和道德观念。

【礼节】 ‖jié 图表达感情、心愿(尊敬、祝福、欢迎、哀悼等)的各种惯用形式,如敬礼、握手、拥抱等。

【礼貌】 ‖mào ❶图言行谦恭、文明的表现▷孩子懂~了。❷形言行恭敬谦虚▷这样做太不~了。

【礼让】 ‖ràng 团有礼貌地谦让▷互相~|~三分。

【礼尚往来】 ‖shàngwǎnglái 在礼节上注重有来有往,也泛指采取双方对等原则。

【礼俗】 ‖sú 图泛指礼节与习俗▷婚丧嫁娶各民族不同。

【礼贤下士】 ‖xiánxiàshì (有权势或身份高的人)以恭敬谦虚的态度,对待、结交有德有才的人。

【礼仪】 ‖yí 图礼节和仪式▷~从简。

【礼遇】 ‖yù 图敬重的待遇▷给予~。

【礼治】 ‖zhì 图儒家的政治主张。倡导封建统治阶级内部各阶层和人民群众各安名位,遵循礼制,保持国家长治久安。

李 ‖ 图落叶小乔木。果实叫李子,果肉可以食用,果仁等可以做药材。

里(裏❹❺❻❼) ‖ ❶图众人聚居的地方▷邻~|~巷。❷量市制长度单位,150丈为1市里,1市里等于500米。❸图家乡▷故~|乡~。❹衣服被褥等的内层;纺织品的反面(跟"面"相对)▷衣服~儿|被~。❺一定的界限以内;内部(跟"外"相对)▷三层,外三层|我住城~,他住城外。❻图用于方位词和某些单音形容词后面,表示处所、时间、范围、方向等,读轻声▷房间~有人|假期~|话~有话|朝斜~拉。❼词的后缀,附在"这""那""哪"等词后面,表示处所,读轻声▷这~|那~|哪~|头~。

【里边】 ‖biān 图一定的时间、空间或某种范围以内;内部▷一个月~来了三趟|~有客人|介入到这种事情~,就麻烦了。

【里程】 ‖chéng 图路途的长度▷计算~。

【里程碑】 ‖chéngbēi ❶图设在路边用来标明里数的碑。❷比喻标志历史发展阶段性的重大事件▷辛亥革命是中国革命史上的一座~。

【里应外合】 ‖yìngwàihé 外边进攻,里边配合;里边起事,外边接应。☞"应"这里不读yīng。

俚 ‖ ❶形粗野庸俗▷文词鄙~。❷通俗的;民间的▷~歌|~谣|~语。

【俚语】 ‖yǔ 图通俗的语句,经常用于口头,如"赶鸭子上架"(逼迫做力所不及的事)、"喝西北风"(指挨饿)等。

逦(邐) ‖ 见[迤逦]yǐlǐ。

娌 ‖ 见[妯娌]zhóuli。

理 ‖ ❶团治理;管理▷当家~事|日~万机。❷对别人的言行作出表示▷同学们都不~他|置之不~。❸修整▷把头发~一~。❹图玉石的纹路;泛指物质组织的条纹▷肌~|纹~|◇条~。❺事物的规律;道理▷合情合~|不讲~。❻特指自然科学或物理学▷~科|数~化。

【理财】 ‖cái 团管理财物;负责财务▷为人民~|~有方。

【理睬】 ‖cǎi 团对他人的言行表示关注(多用于否定式)▷不予~。

【理会】 ‖huì ❶团理解,领会▷文章写得很浅显,不难~。❷注意;理睬(多用于否定形式)▷我只顾看电视了,没~别人在说什么。

【理解】 ‖jiě 团懂得;了解;认识▷要全面~这篇课文。

【理科】 ‖kē 图对数学、物理、化学、生物、天文、地理等自然学科的统称。

【理亏】 ‖kuī 形(言行)不合或背离道理▷心虚~。

【理论】 ‖lùn ❶图从实践中概括出来的关于自然界和社会的系统知识和原理▷~联系实际。❷团据理争论,辩论是非▷咱们得跟他~~。

【理屈词穷】 ‖qūcíqióng 理亏而无话可说。

【理顺】 ‖shùn 团整治使顺畅妥帖▷~关系。

【理所当然】 ‖suǒdāngrán 按道理讲应该这样。

【理想】 ‖xiǎng ❶图对未来的合理的设想或希望▷远大~|青年人应该有~,有抱负。❷形符合意愿的;令人满意的▷比赛成绩很不~。

【理性】 ‖xìng ❶图属于判断、推理的抽象思维活动(跟"感性"相对)▷~认识|从感性到~。❷理智①▷丧失了~。

【理由】 ‖yóu 图事情所以这样的道理,缘由▷~充分。

【理直气壮】 ‖zhíqìzhuàng 道理正确充分,说话气势雄壮。

【理智】 ‖zhì ❶图据理控制感情、行为的能力▷他大闹公堂,没有一点~。❷形清醒;冷静▷处理问题很~。

鲤(鯉) lǐ 图鱼,肉鲜美,鳞和鳔可以制胶,内脏和骨可以制鱼粉。

澧 lǐ 图澧水,在湖南,流入洞庭湖。

醴 lǐ〈文〉❶图甜酒。❷图甘甜的泉水▷~泉|~液。

鳢(鱧) lǐ 图鱼,体长,呈圆筒形,青褐色。栖息在淡水底层,吃小鱼小虾,是养殖业害鱼之一。肉肥美。也说乌鱼、黑鱼。

力 lì ❶图力气;体力▷~大无穷|畜~。❷人体器官的功能▷听~|想象~。❸事物的功能、力量▷火~|水~|财~。❹物理学上指改变物体运动状态的作用▷地心引~|冲击~|磁~。❺图努力;尽力▷工作不~|查禁不~。❻副尽力地;竭力地▷~戒骄傲|据理~争。

【力不从心】 lìbùcóngxīn 心里想做但力量达不到。

【力度】 lìdù ❶图力量强弱或大小的程度▷这种房梁的~承受不了房顶的重量◇加大改革~。❷(艺术表演或作品)功力或内涵的深度▷要尽快拿出真正有~的作品来。

【力荐】 lìjiàn 团极力推荐▷多名著名学者~他担任中国工程院院士。

【力戒】 lìjiè 团尽力防止或革除(不良思想、作风、习惯等)▷~自高自大。

【力量】 lìliàng ❶图气力▷吃饱了饭觉得浑身有~。❷能力;能量▷群众的智慧和~是无穷无尽的。❸作用;效力▷老师表率的~是很大的。❹可以发挥作用的人▷补充一批新生~。

【力排众议】 lìpáizhòngyì 竭力排除各种不同的议论(坚持一种意见)。

【力挽狂澜】 lìwǎnkuánglán 比喻竭力扭转危急的局势。

【力争】 lìzhēng ❶团尽力争取▷~农业大丰收。❷竭力争辩▷由于他在会议上~,这个方案才未被否决。

【力作】 lìzuò 图功力深厚的作品;精品▷这部~享誉海内外。

历(歷❶—❹曆❺❻) lì ❶团经过▷~时三年|~程。❷图经历,亲身经过的事▷简~|阅~|来~。❸形经过了的;统指过去的各个或各次的▷~年|~代|~届。❹副一个一个地▷~游名山大川|~数他的罪状。❺图推算年月日和时令季节的方法;用年月日计算时间的方法▷阴~|阳~|公~|~法。❻记录年月日和时令季节的书、表、册页等▷日~|年~|挂~。

【历程】 lìchéng 图经历的过程▷革命的~。

【历代】 lìdài ❶图以往各个朝代▷~先贤。❷以往的许多世代▷他家~从医。❸团经历许多世代▷在长期的封建社会中农民起义~不绝。

【历法】 lìfǎ 图根据天象等用年、月、日计算时间的方法,主要有阳历、阴历和阴阳历等。

【历尽】 lìjìn 团经历了所有的▷~人间苦难|~风云变幻。

【历久】 lìjiǔ 团经历了很长时间▷~不变。

【历来】 lìlái 图向来;一直▷~遵守合同|我国西北地区~雨量稀少。

【历历在目】 lìlìzàimù 一个个清清楚楚地出现在眼前。

【历史】 lìshǐ ❶图指包括自然界和人类社会一切事物的发展过程。❷以往的事实▷~是任何人都改变不了的。❸以往事实的记述▷我国已有五千年~。❹历史学科▷他是学~的。

【历书】 lìshū 图根据一定历法排列年月日并提供有关数据,以备查考的书。

【历险】 lìxiǎn 团经历艰险▷北极~,两月有余。

厉(厲) lì ❶形猛烈;严肃▷雷~风行|声色俱~|正颜~色。❷严格;严厉▷~行节约|~禁赌博。☞"厉"和"励"形、义不同。

【厉兵秣马】 lìbīngmòmǎ 磨快兵器,喂饱马,指做好战斗准备。

【厉害】 lìhai ❶形难以对付▷他扣球凶猛刁钻,很~。❷严厉▷这个教练员特别~,但运动员都尊敬他。❸猛烈;剧烈;程度深▷我的头疼得~。☞不宜写作"利害"(lìhài)。

【厉声】 lìshēng 形说话声音大而严厉▷~喝斥。

【厉行】 lìxíng 团严格而认真实行▷~民主集中制。

立 lì ❶团直着身子,两脚着地或踩在物体上;物体垂直地放着▷门口~着一根旗杆|站~。❷使直立;竖起▷把旗杆~起来|竿见影。❸成立;建立▷不破不~|成家~业|~案。❹订立;制定▷~个合同|~字据。❺形直立的▷~柱|~柜|~轴。❻团生存▷独~自主。❼副即刻;马上▷当机~断|见功效。

【立案】 lì'àn ❶团司法机关把犯罪事实、民事纠纷和行政纠纷列为诉讼案件,予以处理。❷在主管部门备案;注册登记▷大会秘书处已对代表所提建议分类~。

【立场】 lìchǎng ❶图认识、处理问题的立足点和所持的态度▷消费者~。❷特指从一定阶级利益出发认识和处理问题的态度▷站稳~。

【立法】 lìfǎ 团国家权力机关按照一定程序制定、修改或废止法律▷~机构|~工作。

【立方】 lìfāng ❶图三个相同数的乘积▷a 的~是a³|2 的~等于8。❷指正方体。❸量指立方米。

【立竿见影】 lìgānjiànyǐng 竖起竹竿,在阳光下立刻便能见到竿影。比喻立刻见效。

【立功赎罪】 lìgōngshúzuì 建立功绩以抵消所犯的罪行或过失。

【立即】 lìjí 副立刻;马上▷一到灾区,医生便~抢救伤员。

【立交桥】 lìjiāoqiáo 图多层次立体交叉的桥梁,建在交通要道上,可使不同行驶方向的车辆同时通行。

【立脚点】 lìjiǎodiǎn ❶图认识或解决问题时所采取的立场▷~一定要站稳。❷赖以存身的地方▷先找个~安顿下来。也说立足点。

【立刻】 lìkè 副表示很快或紧接着发生(某种动作行为),相当于"马上"▷别拖延了,~就走。

【立论】 lìlùn 团对某个问题提出看法,确立自己的观点▷~稳妥。

【立身处世】 lìshēnchǔshì 指在社会上做人和跟人往来相处。

【立体】 lìtǐ ❶形具备长、宽、高多侧面的(物体)▷~地形图。❷图指几何体,如正方体、圆柱体。❸形多层面的;多方面的▷~仓库|~进攻。❹给人以立体感受的▷~声|~彩电。

【立体声】 lìtǐshēng 图使人产生声源分布在整个空间感觉的声音。

【立意】 lìyì ❶团拿定主意▷他~要摘取这次比赛的桂冠。❷确立作品的中心思想▷先~后动笔。

【立锥之地】 lìzhuīzhīdì 仅能插锥子的地方。形容极小的一点地方(多用于否定式)。

【立足】 lìzú ❶团站住脚,借指能生存、安身▷到此地能~,还得好好感谢各位。❷处在(某位置或地域)▷~山村,遥望全国。

吏 ❙❶图古代官员的通称▷贪官污～｜封疆大～。❷图汉代以后特指官府中的小官或差役▷胥～｜刀笔～。

丽（麗） ❙❶图漂亮;美好▷风和日～｜美～｜秀～。❷团附着(zhuó)▷附～。☞在"丽水"(浙江地名)、"高丽"(朝鲜半岛历史上的一个王朝)中读lí。

【丽日】lìrì 图明媚的太阳▷～高照。

【丽质】lìzhì 图(女子)优美的品貌▷倾国～。

励（勵） 团鼓舞;劝勉▷鼓～｜奖～｜激～｜勉～。☞"励"和"厉"形、义不同。

【励精图治】lìjīngtúzhì 振奋精神,谋求治理好(国家或地方等)。

呖（嚦） ❙[呖呖]⟨拟声⟩模拟鸟类清脆的叫声▷莺声～～。

利 ❙❶图器物头尖或刃薄,容易刺进或切入物体;快(跟"钝"相对)▷～刃｜锐～｜～器。❷比喻口才敏捷▷一张～嘴｜言词犀～。❸顺利,没有或很少遇到困难▷无往不～｜成败～钝｜吉～。❹图好处(跟"害""弊"相对)▷有～无害。❺生产、交易或存款、放款等获得的本金以外的钱▷将本取～｜薄～多销。❻团使得到好处▷～国～民｜毫不～己,专门～人。

【利弊】lìbì 图好处和坏处▷衡量～｜权衡～。

【利害】lìhài 图利益和害处▷～得失｜晓以～｜攸关。

【利令智昏】lìlìngzhìhūn 因贪图私利而使头脑发昏,丧失理智。

【利率】lìlǜ 图(一定时期内)利息额与存入或贷出本金的比率▷降低～。

【利落】lìluo〈口〉图❶(言行)干脆爽快;不拖沓▷说话～｜干活利落落。❷整齐;条理分明▷屋子收拾得很～。❸团完结▷工作交接已经～了。

【利润】lìrùn 图经营工商业等的盈利。

【利息】lìxī 图存款或放款而获取的超出本金以外的钱。

【利益】lìyì 图好处;益处▷人民的～高于一切。

【利用】lìyòng 团❶使人或事物发挥效用▷充分～人力资源｜边角废料也要～起来。❷采取措施使人或事物为自己所用▷不要被敌人～｜～矛盾,各个击破。

【利诱】lìyòu 团以名位、钱财等引诱。

【利欲熏心】lìyùxūnxīn 贪图名位、钱财等的欲望迷住心窍。

沥（瀝） 团液体一滴一滴地落下▷呕心～血｜～泣。

【沥青】lìqīng 图有机化合物的混合物,黑色,胶状。多用来铺路面,做防水、防腐材料。

枥（櫪） ❙图〈文〉马槽▷老骥伏～,志在千里。

例 ❙❶图从前有过的可以用来比照或依据的同类事物▷史无前～｜援～｜行～｜事～｜先～。❷性质类同的事物中有代表性的,可以用来说明情况或证明道理的事物▷举～｜事～。❸用作依据的标准或规则▷体～｜条～｜凡～。❹图按照规定进行的▷～行公事｜～会。

【例会】lìhuì 图按常规定期举行的会议。

【例如】lìrú 团举例时表示下面所说的事物就是前面所说的例子▷动物的感觉很灵敏,～狗就很会辨别气味。

【例外】lìwài ❶团在一般规律或常规之外▷正常人每天都得睡觉,谁也不能～。❷图在一般规律或常规之外的情形▷许多物质都冷缩热胀,但水到4℃以下却是个～。

【例行公事】lìxínggōngshì 照惯例处理的公务。多指只重形式的应付差事。

【例证】lìzhèng 图作为某一观点或理论的证据的例子▷～确凿,说理透彻。

疠（癘） ❙❶图瘟疫,即流行性急性传染病▷～疫｜～疾。☞"疠"和"疬"不同。"疬",瘰疬(淋巴结核)。

戾 ❙❶图违背;乖张凶暴▷乖～｜暴～｜恣睢。❷图罪过▷罪～。

隶（隸） ❙❶图旧指附属于主人,没有人身自由的人;泛指社会地位低下被役使的人▷奴～｜仆～。❷团附属;从属▷～属。❸图旧时衙门里的差役▷皂～｜～卒。❹隶书▷真草篆～｜～体｜汉～。

【隶书】lìshū 图汉字字体的一种,由篆书简化演变而成,字体方正,笔画方折,产生于秦,流行于汉魏。

【隶属】lìshǔ 团受(某上级机构等)管辖;从属▷这几个公司都～外贸总公司。

荔 ❙[荔枝]lìzhī 图常绿乔木,果实也叫荔枝,果肉白色,汁水甜美。

栎（櫟） ❙图落叶乔木,通称柞树,品种很多,如麻栎、白栎等。

俪（儷） ❙❶图成对的;对偶的▷～句｜～词｜骈～。❷图指夫妇▷～影(夫妇的合影)｜伉～。

俐 ❙见[伶俐]línglì。

疬（癧） ❙见[瘰疬]luǒlì。☞"疬"和"疠"不同。

莉 ❙见[茉莉]mòlì。

莅 ❙团来;到(含尊敬意)▷～会｜～临。

【莅临】lìlín 团(贵宾等)到来;来到▷欢迎～观光。

栗 ❙❶图栗子树,落叶乔木,果实叫栗子。❷团因为害怕或寒冷而发抖▷不寒而～｜战～。☞跟"粟"(sù)不同。"栗"字下半是"木",指谷子。

砺（礪） ❙〈文〉❶图质地较粗的磨刀石▷～石。❷团磨(刀等)▷兵秣马。❸团磨炼;修养▷砥～(磨炼意志;勉励)。

砾（礫） ❙图碎石块;碎块▷～岩｜～石｜砂～｜瓦～。

猞 ❙见[猞猁]shēlì。

蛎（蠣） ❙图指牡蛎▷～黄(牡蛎的肉)。

唳 ❙团(雁、鹤等)鸣叫▷风声鹤～。

笠 ❙图用竹或草编制的圆形宽檐帽,可以挡雨遮阳光▷斗～｜竹～。

粒 ❙❶图像米一样细小的一颗颗的东西▷谷～｜沙～｜～颗。❷量用于颗粒状的东西▷一～粮食｜两～珍珠。

雳（靂） ❙见[霹雳]pīlì。

詈 ❙团〈文〉骂▷～骂(用恶言恶语侮辱人)。

傈 ❙[傈僳族]lìsùzú 图我国少数民族之一,主要分布在云南和四川。

痢 ❙图痢疾,一种肠道传染病,症状是腹痛、腹泻,粪便中带脓、血或黏液。

溧 ❙图用于地名。溧水、溧阳,均在江苏。

lia

俩（倆） liǎ ❶囮"两""个"的合音词▷～馒头｜兄弟～｜他们～。❷指不多的几个▷就来这么～人。☞㊀"俩"字后面不能再接"个"或其他量词。㊁在"伎俩"中读 liǎng。

lian

奁（奩） lián 囮古代女子梳妆用的镜匣▷镜～｜妆～。

连（連） lián ❶囮(事物)互相衔接▷根～着根｜～接｜～续。❷圃一个接一个地▷～喊了几声。❸囸表示包括、算上▷～你一共三个人。❹表示强调，后面有"也""都"等呼应，有"甚至"的意思▷激动得～话都说不出来。❺囵军队编制单位，在营以下，排以上。☞㊀统读 lián。❷"连"和"联"不同。"连"侧重相接，"联"侧重相合。"水天相连""连日""连年""连续""连接""株连""牵连"的"连"不能写作"联"；"联合""联邦""联欢""对联""三联单"的"联"不能写作"连"。

【连播】 liánbō 囮电台、电视台在一个固定栏目里分若干次连续播送内容较长的节目或同一个节目在一段时间内重复连播送▷长篇小说～|这个通知在广播台～三次。

【连词】 liáncí 囵连接词、短语、分句或句子，表示它们之间语法关系的词，如"和、而且、但是、如果"等。

【连带】 liándài ❶囮引起；关联▷肾病往往～血压高。❷牵扯；捎带▷去邮局发信～买几张邮票。

【连贯】 liánguàn 囮连接；沟通▷京沪高速公路～北京、天津、河北、山东、江苏、上海六省市。☞不宜写作"联贯"。

【连环】 liánhuán ❶囵一个接一个套在一起的一串环▷手里拿着一串玉～。❷圗比喻一个连着一个的▷巧施～计|这是～锁，很保险。

【连接】 liánjiē 囮相互衔接；相连▷几条要道都跟大桥～着。｜使相连▷～光缆。☞不宜写作"联接"。

【连接号】 liánjiēhào 囵标点符号的一种，形式为"—"或"～"。表示把意义密切相关的词语连成一个整体，如"北京—上海"特别快车；亩产 500 ~ 600 公斤。

【连襟】 liánjīn 囵姐妹的丈夫之间的亲戚关系。

【连累】 liánlěi 囮牵连并使别人受到损害▷谁做事谁负责，不能～别人。

【连连】 liánlián 圃表示动作连续不断▷～招手。

【连忙】 liánmáng 圃表示动作行为的迅速急迫，相当于"赶紧"或"急忙"▷一看时间不早了，奶奶～把他叫醒。☞"连忙"只用在陈述句里，"赶紧"还可用在祈使句里。

【连绵】 liánmián 囮连续不断▷秋雨～。☞除"联绵字"外，一般不宜写作"联绵"。

【连篇】 liánpiān ❶囮(文章、著作等)一篇连着一篇▷佳作～。❷满篇▷错别字～。

【连篇累牍】 liánpiānlěidú 形容文字冗长累赘(牍：古人用来写字的木片)。

【连日】 liánrì 圃表示连续许多天▷～赶任务|为拍好这组镜头，他～奔波在荒漠之中。

【连锁店】 liánsuǒdiàn 囵指使用同一商店名称，经营同类商务，采用同样方式进行管理的若干个商店。不宜写作"联锁店"。

【连锁反应】 liánsuǒ fǎnyìng 比喻相互关联的若干事物，其中一个发生变化，其他也跟着发生变化▷血脂高可以引起动脉硬化、肥胖、眼底视网膜改变等～。

【连天】 liántiān ❶囮(山水、草木、光焰等)与天际相连▷烽火～|冰雪～。❷连续不断▷哭声～。

【连通】 liántōng 囮连接贯通▷这条煤气管道与千家万户～着|长廊～前后两座大楼。☞除"联通公司"等专名外，一般不宜写作"联通"。

【连续】 liánxù ❶囮一个接着一个；接连▷南飞大雁的叫声～不绝|～十年获得农业丰收。❷圃表示动作连不断▷发球～得分|他带病～工作了十几天。

【连夜】 liányè ❶圃接连几夜▷这些天我们～在工地奋战。❷同一夜里；当夜▷～赶制第二天早晨要穿的礼服。

【连载】 liánzǎi 囮一部篇幅较长的作品，在同一家报纸或刊物上分为若干次连续登载▷这部长篇小说将在本刊～。

【连轴转】 liánzhóuzhuàn 比喻不停歇连续工作▷为了赶任务，他一人～，一天一夜没合眼。

【连珠炮】 liánzhūpào 囵连续发射的火炮；常比喻急速而又连续不断的声音等▷那边响起了～|～似的说个不停。

怜（憐） lián ❶囮对遭遇不幸的人表示同情▷同病相～|摇尾乞～|～悯|～惜。❷爱▷爱～。

【怜爱】 lián'ài 囮爱怜；疼爱▷老人十分～这个独生女。

【怜悯】 liánmǐn 囮同情；可怜(不幸的人)▷虽身处困境，但不要什么人来～。

【怜惜】 liánxī 囮怜悯爱护▷～坏人会反受其害。

【怜恤】 liánxù 囮同情照顾▷～老弱病残。

帘（簾） lián ❶囵旧时店铺挂在门前作为标志的旗帜▷酒～高挂。❷用布、竹子、苇子、塑料等做成的遮蔽、苫盖用的东西▷门～|窗～|苇～|～子◇眼～。

莲（蓮） lián 囵多年生水生草本植物，地下茎叫藕；叶子大而圆，高出水面，叫荷叶，子实叫莲子。也说芙蓉、荷花。

涟（漣） lián ❶囮风吹水面形成的波纹▷轻～|～漪。❷圗形容泪流不止的样子▷泣涕～～。

【涟漪】 liányī 囵(水面上)细小的波纹▷小船的双桨荡起金鳞似的～。

联（聯） lián ❶囮连接不断▷～绵｜～运｜蝉～｜～袂。❷(彼此)结合在一起或接上关系▷～欢｜～盟｜～络｜～系。❸囵对联▷上～｜春～｜挽～。☞参见"连"字的提示。

【联播】 liánbō 囮若干广播电台、有线广播台或电视台，在规定的时间内同时播送或转播(同一内容的节目)▷新闻～。☞"联播"跟"连播"意义不同，不要混用。

【联合】 liánhé ❶囮联络结合；团结▷全世界人民～起来。❷圗结合起来的；共同▷～一体｜～宣言｜～举办。❸囮两块以上的骨头长在一起或固定在一起▷耻骨～|下颌骨～。

【联合国】 liánhéguó 囵第二次世界大战后建立的国际组织。1945 年 10 月 24 日正式成立，总部设在美国纽约，在日内瓦设有办事处。

【联机】 liánjī ❶囮计算机在中央处理机或中央处理器的直接控制下，直接交互通讯的设备、装置、系统等。❷囮计算机终端设备与传输线连接▷4000 个终端用户已经～。

【联结】 liánjié 囮联系结合(在一起)▷把他们母子～起来的是亲情。☞不宜写作"连结"。

【联络】 liánluò 团互相联系;接上关系▷～几位代表｜写个提案。

【联袂】 liánmèi 团本指衣袖相联,代指携手合作或泛指共同(做某事)▷群英～而至｜名角荟萃,～献艺。☞不宜写作"连袂"。

【联盟】 liánméng ❶团两个或两个以上的国家为协同行动而以条约形式所结成的集团▷东南亚国家～｜欧洲～。❷团个人、团体或阶级等彼此间相互联合在一起▷企业～｜党派～。

【联绵字】 liánmiánzì 团指双音节的单纯词,它们在语音上一般具有双声或叠韵的关系,如秋千、绸缪、辗转、依依等。☞不宜写作"连绵字"。

【联翩】 liánpiān 团众鸟飞翔的样子,比喻连续不断▷遐想～。☞不宜写作"连翩"。

【联手】 liánshǒu 团联合起来;共同合作▷五家电视台～创办一个新栏目｜三位博士～开发新项目。

【联网】 liánwǎng 团指供电、通讯或计算机等网络系统内部各组成部分联结形成更大的网络▷东北各大电网已基本～｜计算机～。

【联系】 liánxì ❶团相互接上关系;结合▷他正用手机与单位～｜理论必须～实际。❷团哲学上指事物内部矛盾的双方或事物之间相互依赖、相互制约、相互渗透和相互转化的关系。

【联想】 liánxiǎng 团由此人、此事、此概念引发而想到相关的彼人、彼事、彼概念▷听人谈到母亲的近况,使我不由一起她老人家辛酸的过去。

【联姻】 liányīn 团通过婚姻结成亲戚关系,常比喻单位、部门间密切结合协作▷科研院所与企业～,共同开发新产品。

【联运】 liányùn 团指公路、铁路、水路、航空等交通部门,或同一交通部门的不同线路之间按一规章或协议联合完成运输任务。旅客或托运者只需一张凭证或办一次手续。

褴(褴) lián 见[褴褛]dālian。

廉 lián ❶形廉洁▷清～｜～正。❷价钱低;便宜▷～价销售｜物美价～。

【廉耻】 liánchǐ 团廉洁的作风和知羞耻的心理▷贪赃枉法,毫无～。

【廉洁】 liánjié 形清廉、清白;不贪污受贿▷为官～｜清正。

【廉正】 liánzhèng 形廉洁公正。

【廉政】 liánzhèng 团廉洁的政治和政务▷订立～公约｜加强～建设。

鲢(鲢) lián 团鲢鱼,体侧扁,银灰色,鳞细,是我国重要的淡水养殖鱼类。也说白鲢、鲢子。

濂 lián 团用于水名。濂江,在江西;濂溪,在湖南。

镰(镰) lián 团镰刀,割庄稼或草的农具▷开～｜挂～。

敛(敛) lián ❶团聚集;征收▷清洁费～齐了。❷收起;约束▷～迹｜收～。☞统读 lián。㊀右边是"攵",不是"欠"。

【敛财】 liáncái 团搜刮财物。

脸(脸) liǎn ❶团头上从额到下巴的部分▷洗～。❷面子;情面▷不要～｜没～见人｜赏～。❸脸上的神态表情▷愁眉苦～｜笑～。❹某些物体的前部▷门～儿｜鞋～儿。

【脸颊】 liǎnjiá 团脸部的两侧▷～绯红。

【脸皮】 liǎnpí ❶团脸部的皮肤▷黝黑的～｜被火烧

伤了。❷脸面;情面▷他拉不下～去求人。

【脸色】 liǎnsè ❶团脸部的色泽▷～焦黄｜苍白的～,直出虚汗。❷脸部的神情▷不要看人家的～行事｜～阴沉可怕。

练(練) liàn ❶团〈文〉把生丝或生丝织品煮熟,使洁白柔软。❷团练过的丝织物,一般指白绢▷波光如～｜彩～。❸团反复学习,以求纯熟▷～本领｜演～｜～习。❹形经验多,阅历广▷熟～｜老～｜干～。☞右边的"东",第三画是横折钩(乛)。

【练笔】 liànbǐ 团练习写文章或练习写字、画画儿▷经常～才能提高写作水平｜刻苦～,就一定能有好的书画问世。

【练兵】 liànbīng 团训练军人,也泛指训练其他人员▷部队正在山地～｜驾驶汽车要先～,后上路。

【练达】 liàndá 形阅历丰富,通晓人情世故▷精明～之士。

【练功】 liàngōng 团练习技艺,有时特指练习武术、气功等▷老师傅帮助青年工人～｜每天早晨练一个小时功。

【练习】 liànxí ❶团反复操作,求得纯熟▷掌握技术要不断～。❷团为巩固所学成果而设置的课目或作业等▷试唱～｜布置～。

炼(炼) liàn ❶团用加热等方法提高物质的纯度或性能▷～出一炉好钢｜～油。❷仔细推敲使字句简洁精当▷～字｜～句。❸通过实际工作或其他活动,提高品质、技能、身体素质等▷在实践中锻～成长。☞"炼"和"练"不同。"练"的常用义是练习、纯熟,"练习""训练""操练""老练""熟练"等的"练"不要写作"炼"。

恋(戀) liàn ❶团念念不忘,不忍舍弃或分离▷～家｜～～不舍。❷团男女相爱▷～人｜～歌｜～爱｜初～。☞统读 liàn。

【恋爱】 liàn'ài ❶团男女彼此爱慕▷他们正在～。❷团男女彼此爱慕的事▷～谈～。

【恋旧】 liànjiù 团对故土、故旧和旧交情怀念▷老年人往往～,经常回忆往事。

【恋情】 liànqíng ❶团留恋的感情▷对故土的～愈加深厚。❷爱恋的感情;爱情▷加深了～。

殓(殓) liàn 团把死人装入棺材▷入～｜装～。

链(链) liàn 团链子,金属小环连缀而成的像绳子一样的东西▷铁～｜～条｜项～。

楝 liàn 团楝树,落叶乔木,高可达 20 米。木材坚实,可制作各种器具;种子、树皮都可以做药材。也说苦楝。

潋(潋) liàn [潋滟]liànyàn 形形容水波荡漾▷湖光～～。

liang

良 liáng ❶形好▷～辰美景｜～田。❷副表示程度深,相当于"很""甚"▷～久｜用心～苦。

【良师益友】 liángshīyìyǒu 能给人以教益的好老师和好朋友。

【良宵】 liángxiāo 团景色美好的夜晚▷中秋佳节,欢度～。

【良心】 liángxīn 团原指善良、仁义的心地,现多指个人内心对自己行为是非等的正确判断▷凭～做事｜这个人没～,恩将仇报。

【良性】 liángxìng 形能产生良好效果的或不至于有严重后果的(跟"恶性"相对)▷～机制｜～循环｜～瘤子。

【良药苦口】 liángyàokǔkǒu 好药往往味道很苦,比喻尖锐的批评,听起来不舒服,但有益于改正缺点和错误▷~利于病,忠言逆耳利于行。

【良莠不齐】 liángyǒubùqí 好的谷苗和莠草混杂,形容好的和坏的混杂在一起。☞"莠"不读 xiù。

【良缘】 liángyuán 图美好的缘分;美满的姻缘▷天作~|喜结~。

凉 liáng ❶形温度较低;微寒(比"冷"的程度浅)▷天气渐渐~了|~菜。❷悲伤▷悲~。❸冷落;不热闹▷荒~|苍~|凄~。❹防暑避热用的▷~棚|~席|~鞋。❺图指阴凉的环境或凉风▷乘~|纳~。○另见 liàng。

【凉快】 liángkuai ❶形清凉舒适▷树阴下真~。❷团使凉爽舒适▷吹吹电扇,一下吃块西瓜。

【凉爽】 liángshuǎng 形清凉爽快▷~的秋风沁人心脾。

【凉意】 liángyì 图清凉的感觉▷秋雨过后,~更浓。

梁 liáng ❶图桥▷桥~。❷架在墙上或柱子上起支撑作用的横木▷房~|栋~|横~。❸物体或身体上凸起或成弧形的部分▷山~|鼻~|茶壶~儿。❹朝代名。☞右上不是"刃"。

椋 liáng [椋鸟]liángniǎo 图椋鸟属各种鸟的统称。喜食昆虫。我国常见的是灰椋鸟。

量 liáng ❶团用工具测定事物的轻重、长短、大小、多少或其他性质▷~体重|用尺~布|测~。❷估计▷估~(gūliang)。○另见 liàng。

【量度】 liángdù 团对长度、重量、容量以及功、能等各种量进行测量。

【量具】 liángjù 图用于计量和检验的器具。也说量器。

粮（糧） liáng 图粮食▷五谷杂~|交公~。

【粮仓】 liángcāng ❶图储粮的仓库。❷比喻产粮多的地方▷这片沃土是祖国的~。

【粮草】 liángcǎo 图粮食和草料,多指军需品▷储存~,以利战备。

【粮食】 liángshi 图供食用的谷类、豆类、薯类等原粮和成品粮的总称。

粱 liáng 〈文〉❶图谷子的优良品种。❷精美的饭食▷膏~(肥肉和细粮,泛指美食)|~肉。☞"粱"和"梁"不同。

两（兩） liǎng ❶数数字,同二,常用在量词或"半""千""万""亿"前▷~扇门|~张纸|~半儿。❷图双方▷~败俱伤|势不~立。❸数表示不定的数目,大致相当于"几"▷多呆一天。❹量市制重量单位,10 钱为 1 两,10 两为 1 斤,1 市两等于 50 克。

【两岸】 liǎng'àn 图江河、海峡等两边的陆地,特指我国台湾海峡两边的大陆和台湾省▷~同胞。

【两败俱伤】 liǎngbàijùshāng 斗争的双方都遭受损害。

【两便】 liǎngbiàn ❶形双方都方便▷主客~,不必客气。❷对双方或一件事的两个方面都有好处▷你租给我空房,我按月交房租,岂不~!

【两重天】 liǎnchóngtiān 两个天地,比喻完全不同的两种景况▷新旧社会~。

【两极】 liǎngjí ❶图地轴的南端和北端。❷电极的阴极和阳极或磁极的南极和北极。❸比喻相反的两个方面或极端▷贫富~。

【两可】 liǎngkě 团两者都可以;两者都可能▷去不去~|能不能录取,还在~之间。

【两肋插刀】 liǎnglèichādāo 比喻为朋友承担极大风险或做出重大牺牲。

【两面光】 liǎngmiànguāng 比喻两面讨好,谁也不得罪。

【两面派】 liǎngmiànpài ❶图通常指政治上表里不一,搞阴谋诡计的人;也指向对立的双方都讨好的人。❷指两面派的手法▷要光明正大,不要搞~。

【两面三刀】 liǎngmiànsāndāo 比喻当面一套,背后一套,玩弄两面手法。

【两面性】 liǎngmiànxìng 图同一人或事物本身同时并存的两种互相矛盾的性质或倾向。

【两栖】 liǎngqī 团能在水中和陆上生活;常比喻能在两个领域内工作或活动▷~动物|水陆~|坦克。

【两讫】 liǎngqì 团指买卖双方已将货、款付清,交易手续完成▷银货~。

【两全其美】 liǎngquánqíměi (做事)顾全了双方或两个方面。

【两手】 liǎngshǒu ❶图借某种技能、技艺▷今天我炒菜,向你们露~。❷两个方面;两套对策▷物质文明和精神文明要~抓|做~准备。

【两厢】 liǎngxiāng ❶图正房两边的厢房(东西厢)▷正房住着人,~都空着。❷两侧▷让开大路,占领~。

【两厢情愿】 liǎngxiāngqíngyuàn 双方都愿意,没有一点勉强。☞不宜写作"两相情愿"。

【两袖清风】 liǎngxiùqīngfēng 比喻为官廉洁、清白;也形容两手空空,毫无积蓄。

【两翼】 liǎngyì ❶图两只翅膀▷鸟和飞机的~作用相似。❷比喻两侧阵地;两侧部队▷攻击敌阵~|全歼~敌军。

魉（魍） liǎng 见[魍魉]wǎngliǎng。

亮 liàng ❶形光线充足;有光泽▷这种灯~得刺眼|铜壶擦得真~。❷团显现出亮光▷屋里~着灯|天刚~。❸图光线▷山洞里一点~儿也没有。❹灯火等照明物▷快拿个~儿来。❺形音量大而且清脆悦耳▷嗓音真~|洪~|嘹~。❻明白;清楚▷打开窗户说~话|心明眼~。❼团摆在明处;显露出来▷把底牌~出来|一~你的真功夫|~相。

【亮底】 liàngdǐ ❶团将内情公开▷别卖关子了,快~吧。❷呈现出结局▷谁第一名,评委们很快就要~了。

【亮晶晶】 liàngjīngjīng 形形容物体晶莹闪烁的样子▷~的宝石|夜空中的星星~。

【亮丽】 liànglì 形明亮,美丽▷一道~的风景线|的青春。

【亮堂】 liàngtang ❶形豁亮;明朗▷会客室宽敞~|灯光照得体育馆很~。❷(心胸)开朗;(认识)明确▷这么一解释,我心里~多了。

【亮相】 liàngxiàng ❶团指剧中人在上下场或一段舞蹈动作结束时摆出一个短暂停顿的展示精神面貌的姿势。❷比喻人或事物公开露面或呈现在世人面前▷新任外交部长昨晚在电视中~|该厂的最新概念车昨天公开~。

【亮铮铮】 liàngzhēngzhēng 形形容闪光耀眼的样子▷~的不锈钢餐具|大刀擦得~。

凉 liàng 团把热东西放一会儿,使温度降低▷把饭一会儿再吃|~一点凉(liáng)开水。○另见 liáng。

谅（諒） liàng ❶团体察并同情别人的处境或错误▷体~|原~|解~|察~。❷预料;估计▷~你也没有这么大本事|~已收到。

【谅解】 liàngjiě 团(在弄清实情后)原谅他人或消除隔阂▷明知故犯,这是不能~的。

辆(輛) liàng 量用于车类▷一~汽车｜两~自行车。

量 liàng ❶名古代指斗、升一类测量体积的器物▷度～衡。❷指一定的限度▷饭～｜酒～｜胆～。❸指数量▷保质保～｜产～｜信息～。❹动估计；权衡▷不自～力。○另见 liáng。

【量变】 liàngbiàn 名事物在数量上的增减，程度上的不显著的变化，是质变的基础。

【量词】 liàngcí 名用于计算人、事物或动作单位的词，常同数词一起使用。分为物量词与动量词。

【量化】 liànghuà 动把评议的结论用数量(常用"分"或百分比)表示出来。如卫生检查打80分。

【量力而行】 liànglì'érxíng 估计自身能力的大小去做相应的事情。

【量入为出】 liàngrùwéichū 估算收入决定支出多少。

【量体裁衣】 liàngtǐcáiyī 按照身材裁剪衣服，比喻办事要符合实际情况。☛"量"这里不读 liáng。

【量刑】 liàngxíng 动法院依法对罪犯确定刑罚的种类和轻重。

晾 liàng ❶动把东西放在阳光下或阴凉通风处使干▷～衣服｜～晒。❷放在一旁不理▷他们几个有说有笑，把我～在那儿了。

跟 liàng [跟跄]liàngqiàng 形形容走路摇摇晃晃▷多喝了几杯酒，跟跟跄跄地回到家中。☛㊀"跟"不读 làng 或 liáng。㊁不要写作"踉跄"。

liao

撩 liāo ❶动把下垂的东西掀起来▷～起长袍｜往上～了～头发。❷用手舀水往外洒▷给花儿～点水。○另见 liáo。

辽(遼) liáo 形远。

【辽阔】 liáokuò 形辽远；空阔▷～的内蒙古大草原｜湖面非常～。

【辽远】 liáoyuǎn 形遥远；久远▷～的南极｜岁月～。

疗(療) liáo 动医治▷医～｜治～。

【疗程】 liáochéng 名医学上指对某些疾病所需要的连续治疗的一段时间▷这种病，三个～方能见效。

【疗效】 liáoxiào 名医治疾病的效果。

【疗养】 liáoyǎng 动治疗疾病，调养身心▷住院～。

聊 liáo ❶副姑且；暂且▷～以自慰。❷略微；稍微▷～表谢意。❸动依赖；依靠▷民不～生｜无～。❹闲谈▷～起来没完｜～天儿。☛右边不是"卯"(áng)。

【聊备一格】 liáobèiyīgé 姑且算作一种格式。表示暂且或以存在的地位。

【聊胜于无】 liáoshèngyúwú 比完全没有略微好些。

【聊以自慰】 liáoyǐzìwèi 姑且用来自我安慰。

僚 liáo ❶名官吏▷官～。❷旧指在同一官署做官的人▷同～。

寥 liáo ❶形空旷高远▷～廓。❷寂静▷寂～。❸稀少；稀疏▷～若晨星｜～～无几｜～落。

【寥廓】 liáokuò 形空阔深远▷碧空～｜～海疆。

【寥落】 liáoluò ❶形稀少零落▷晨星～。❷沉寂冷落▷～的小街，行人稀少。

【寥若晨星】 liáoruòchénxīng 像早晨的星星一样数量稀少。

撩 liáo 动挑逗▷春色～人｜～拨。○另见 liāo。

【撩拨】 liáobō 动引逗；招惹▷游人不可～动物园里的动物。

【撩动】 liáodòng 动拨动；撩起▷琴声～人们的情思｜春风～柳技。

嘹 liáo [嘹亮]liáoliàng 形(声音)清脆响亮▷歌声～｜～的军号声。

獠 liáo 形凶恶丑陋▷青面～牙。

潦 liáo 见下。

【潦倒】 liáodǎo 形颓丧；不得意▷一生～｜穷困～。

【潦草】 liáocǎo 形字迹不工整，泛指做事草率不仔细▷字迹太～｜这件事很重要，不能～从事。

寮 liáo 名〈文〉小屋▷僧～｜茶～｜～舍。

缭(繚) liáo ❶动缠绕；围绕▷～绕｜～乱。❷用针线斜着缝缀▷～衣缝｜随便～上几针。

【缭乱】 liáoluàn 形杂乱；纷乱▷落花～｜～的心情。☛不宜写作"撩乱"。

【缭绕】 liáorào 动云雾、声音等回环缠绕▷烟雾～｜余音～，不绝于耳。

燎 liáo ❶动蔓延燃烧▷放火～荒｜星火～原。❷烫▷～泡。○另见 liǎo。

【燎原】 liáoyuán 动(火势)蔓延原野，比喻不可阻挡的气势▷星火～。

了(瞭❸) liǎo ❶动完结；结束▷没完没～｜敷衍～事。❷跟"得"或"不"合用，表示可能或不可能▷干得～去得～｜这病好不～。❸知道得很清楚▷～如指掌｜一目～然｜明～｜～解。○另见 le。

【了不起】 liǎobuqǐ ❶形不一般；非常突出▷～的英雄。❷严重；影响大(用于否定式)▷你不用担心，没什么～的事。

【了得】 liǎode 形形容情况严重，用在惊讶、反诘等语气的句子末尾，多跟"还"组合▷这还～，他怎么敢造谣生事！

【了结】 liǎojié 动完结▷这桩拖了好几年的案子终于～了。

【了解】 liǎojiě ❶动清楚地知道▷我～他。❷访问、调查▷～一下行情。

【了却】 liǎoquè 动了结▷～终身大事。

【了如指掌】 liǎorúzhǐzhǎng 了解得像指着自己手掌上的东西给人看一样清楚。

蓼 liǎo 名蓼科植物的统称。种类很多，最普通的有水蓼、蓼蓝、何首乌等。

燎 liǎo 动靠近火而烧焦▷头发让火～了一大片｜烟熏火～。○另见 liáo。

尥 liǎo [尥蹶子]liàojuězi 动骡、马等牲畜跳起来用后腿向后踢。

钉(釘) liào [钉锔儿]liàodiào 名钉在门、窗等上面，可以扣住门、窗、箱盖、柜门等的铁制器物。

料 liào ❶动预先推测或测定；根据某些情况对事物作出推断▷没～到你来得这么早｜不出所～。❷处理；照看▷～理｜照～。❸名原料；材料▷不缺人，只缺～｜木～。❹具有某种特定用途的物品▷饮～｜调～｜颜～｜涂～。❺资料，可供参考或用作依据的文字材料▷史～。❻比喻人的素质基础▷他不是干这种工作的～。

【料定】 liàodìng 动料想并断定▷～他不会同意。

【料理】 liàolǐ ❶动照料；办理▷把这个家～得井井有条。❷烹调▷名厨～。❸名特指日本、韩国的菜肴。

【料峭】　liàoqiào　㓁〈文〉形容仍感寒冷▷春寒～。

【料想】　liàoxiǎng　囝预料；猜想▷没～会有这么好的效果。

【料子】　liàozi　❶囝衣料▷衣服～。❷囝料⑥▷这孩子是块好～，得好好培养他。

摺　liào　❶囝放下；弃置▷把行李～在地上｜这件事先～一～再说｜不能～下一家老小不管。❷摔倒；弄倒▷一个绊子就把他～倒了。

【摺荒】　liàohuāng　囝任土地荒芜不耕种▷这么肥沃的地，～太可惜了。

【摺手】　liàoshǒu　囝撒手不做；丢开不干▷这么多事，不能一～全推给别人啊！

【摺挑子】　liàotiāozi　放下担子，比喻把应做的工作放下不干▷一不高兴就～，这是错误的。

瞭　liào　囝从高处向远处看▷你到阳台上～着点儿，看车来了没有？

【瞭望】　liàowàng　囝登高远看，也特指从高处或远处监视险情或敌情▷登泰山极顶～群山｜～哨。☞不要写作"了望"。

镣（鐐）　liào　囝套在犯人脚腕上使不能快走的刑具▷脚～。

【镣铐】　liàokào　囝脚镣和手铐。

lie

咧　liě　囝嘴角向两边伸展▷～着大嘴哭开了｜龇牙～嘴。☞在"大大咧咧""骂骂咧咧"中读 liē。

裂　liě　囝朝两边分开；敞开▷麻袋缝儿～开了｜没系扣子，～着怀。○另见 liè。

列　liè　❶囝把人或事物按一定顺序排放▷～出名单｜陈～。❷囝人或物排成的行▷队～｜出～｜前～｜序～｜数～。❸囝各；众▷～位｜～国｜～强。❹囝类▷不在讨论之～。❺囝用于成行成列的东西▷一～火车。❻囝安排在某一位置上▷～人议事日程｜把经济建设～为首要任务。

【列车】　lièchē　囝连挂成列的车厢，由机车拖带。

【列岛】　lièdǎo　囝群岛，一般指呈线形或弧形排列的岛，如日本列岛。

【列举】　lièjǔ　囝逐个或逐项举出▷～证据｜所犯罪行难以～。

【列席】　lièxí　囝非正式成员参加会议（有发言权而没有表决权）。

劣　liè　囝低下；坏（跟"优"相对）▷～等｜～低～。☞统读 liè。

【劣根性】　liègēnxìng　囝长期形成而难以改变的坏习性▷唯利是图是剥削阶级的～。

【劣迹】　lièjì　囝恶劣的事迹▷～昭著，千夫所指。

【劣势】　lièshì　囝较弱的地位；不利的形势▷在市场竞争中处于～。

【劣质】　lièzhì　囝质量不好的▷～工程｜～商品。

冽　liè　囝寒冷；凛▷凛～。

洌　liè　囝清澈▷泉香而酒～。☞"冽"和"洌"形、义不同。

烈　liè　❶囝形容强度、浓度、力量等很大▷～焰｜日～｜～酒｜～性炸药｜热～。❷囝刚强；正直▷他是个～性子｜刚～。❸为正义事业牺牲的人▷～士。❹囝为正义事业牺牲的人▷先～｜～属。

【烈火】　lièhuǒ　囝猛烈的大火▷～吞没了大片的森林◇革命的～越烧越旺。

【烈火见真金】　lièhuǒjiànzhēnjīn　只有在烈火烧炼中才能鉴别出真正的黄金。比喻在艰难困苦或关键时刻能够发现品质优秀的人。

【烈日】　lièrì　囝灼热难当的太阳▷～当头，汗流浃背。

【烈士】　lièshì　❶囝〈文〉把建功立业作为远大志向的人▷～暮年，壮心不已。❷为正义事业牺牲的人▷革命～永垂不朽。

【烈性】　lièxìng　❶囝性格刚直，不屈服▷～女子。也说烈性子。❷性质猛烈；效力特大▷～白酒｜～农药。

捩　liè　囝〈文〉扭转▷～转｜转～点。☞统读 liè。

猎（獵）　liè　❶囝捕捉禽兽▷～渔｜～手｜～狗。❷寻求；追求▷～取功名｜～奇。

【猎获】　lièhuò　囝由捕猎而获得▷～五只山鸡。

【猎猎】　lièliè　㧟声模拟风的声音或旗帜被风吹动的声音▷寒风～｜～战旗。

【猎奇】　lièqí　囝刻意寻找或了解奇异的事物（多含贬义）。

【猎取】　lièqǔ　❶囝通过捕猎而取得▷禁止～珍稀动物。❷用不正当手段夺取▷～名利｜～不义之财。

裂　liè　囝破开；分离▷西瓜摔～了｜四分五～｜～痕。○另见 liě。

【裂变】　lièbiàn　❶囝一个重原子核（如铀核）分裂成两个或多个中等质量原子核，并放出电子，可获得多种放射性同位素。❷泛指分裂改变▷在社会转型时期，传统的思维模式不断发生～。

【裂缝】　lièfèng　❶囝物体裂开狭长的缝隙▷刚抹上的水泥就～了｜门板裂了几道缝。❷囝裂开的缝▷玻璃窗上的～都糊上了纸条。

【裂痕】　lièhén　囝物体或思想感情破裂的痕迹。

【裂纹】　lièwén　❶囝器物上裂开的纹路▷罐子上～越来越深。❷瓷器在烧制中特意做成类似裂纹的花纹。

趔　liè　[趔趄]lièqie　囝身体摇晃，走路不稳▷～着走了过来｜打了一个～。☞统读 liè。

躐　liè　囝越过；超越▷～等｜～升。

鬣　liè　囝马颈上的长毛；泛指动物头上、颈上的毛▷～鬃｜～狗。

【鬣狗】　liègǒu　囝哺乳动物，外形如狗，多生于热带和亚热带地区，吃大型食肉动物吃剩的尸骸。

lin

拎　līn　囝用手提（东西）▷～着一包东西｜～不动。☞统读 līn。

邻（鄰）　lín　❶囝挨在一起的住家▷街坊四～｜左～右舍｜～里。❷囝位置接近▷～国｜～省。

【邻邦】　línbāng　囝接壤或国土邻近的国家。

【邻接】　línjiē　囝地区等相接连▷石家庄市西面～太行山区，东面～华北平原。

【邻近】　línjìn　❶囝（位置）靠近▷我场～洞庭湖。❷囝近旁▷工厂的～有一个加油站。

【邻居】　línjū　囝住处相连或邻近的人或家庭▷对门～家正办喜事。

【邻里】　línlǐ　囝指住在同一乡里或城镇街道上的人家或人。

林　lín　❶囝连片生长的树木或竹子▷防护～｜树～｜～海。❷指林业▷农～牧副渔。❸比喻聚集在一起的同类事物或人▷石～｜碑～｜儒～｜艺～。

【林产】　línchǎn　囝林业本身及其附属产物，包括树木及其他植物、菌类、动物等。

【林海】　línhǎi　囝海洋般一望无边的大片森林。

【林立】　línlì　囝像森林中的树那样竖立着，比喻密集众多▷厂房～。

【林林总总】 línlínzǒngzǒng 形容数量、种类众多。

【林莽】 línmǎng 图茂密的林木草丛。

【林涛】 líntāo 图风吹动森林发出的波涛般的声音▷朔风吹，～吼。

【林业】 línyè 图培育、管理、保护森林以及开发森林资源的社会生产事业。

【林阴道】 línyīndào 图布满树木绿阴的道路。也说林阴路。☞"阴"(yīn)不要写作"荫"(yìn)。

临(臨) lín ❶团来到;来临▷光～|降～|身～其境。❷面对着;靠近▷街的铺面|背山～水|居高～下|如～大敌。❸副表示动作接近发生▷～行|～产|～别|～终。❹团对照着字或画描摹▷～帖|～画|～摹。☞左边是一短、一长两竖,不是一竖一撇。

【临别】 línbié 团即将离别▷～饯行。

【临场】 línchǎng 团到场参加考试或比赛;亲身到工作或活动场所▷他～发挥得很好|有关领导～指挥。

【临床】 línchuáng 团医学上指医生为病人诊病治病▷～治疗|～检查。

【临近】 línjìn 团(时间、地点或事物等)靠近;快到▷假期～了|～大海。

【临渴掘井】 línkějuéjǐng 临到口渴了的时候才挖井,比喻事到临头才想办法。

【临空】 línkōng 团当空;在天空▷太阳～照。

【临摹】 línmó 团照着模仿(书画)▷～字帖|～壁画。

【临时】 línshí ❶形暂时的;一时的▷～军事法庭|～措施。❷副表示临到事情发生的时候▷本来谈好的,～却发生了变化。

【临帖】 líntiè 团模仿字帖,学习写字▷用毛笔～应力求神似。☞"帖"这里不读 tiē 或 tiě。

【临渊羡鱼】 línyuānxiànyú 面对着深渊,很想得到鱼。比喻空有愿望而不采取实际行动,什么也得不到。

【临阵磨枪】 línzhènmóqiāng 临到要上阵打仗时才磨枪。比喻事到临头才忙忙准备。

【临终】 línzhōng 团临近死亡▷～嘱托。

淋 lín ❶团液体洒落在物体上▷小心～了雨|～浴。❷把液体洒在物体上▷花儿蔫了,快～点儿水吧!|～上点香油。○另见 lín。

【淋漓】 línlí ❶形形容液体往下滴落的样子▷鲜血～|大汗～。❷舒畅;痛快▷～尽致|酣畅。

【淋漓尽致】 línlíjìnzhì 多指文章或谈话内容表达得详尽透辟,也指暴露得非常彻底。

琳 lín [琳琅]línláng 图美玉,比喻珍贵华美的东西▷～满目。

粼 lín [粼粼]línlín 形清澈的样子▷波光～|月光～。

嶙 lín [嶙峋]línxún ❶形形容山石峻峭、重叠▷山石～。❷形容瘦削▷瘦骨～。❸形容为人刚正▷傲骨～。

遴 lín 团慎重挑选▷～才|～选。☞统读 lín。

霖 lín 图久下不停的雨▷～雨|甘～。

辚(轔) lín [辚辚]línlín 拟声〈文〉模拟很多车行进的声音▷车～,马萧萧。

磷 lín 图非金属元素,符号 P。有白磷(黄磷)、红磷和黑磷(紫磷)三种同素异形体。

【磷肥】 línféi 图以磷质为主的肥料。如骨粉、磷矿粉等。

鳞(鱗) lín 图鱼类、爬行动物和少数哺乳动物身体表面的角质或骨质薄片状组织,具有保护身体的作用。

【鳞次栉比】 líncìzhìbǐ 像鱼鳞和梳子齿那样紧密有序地排列着,多用来形容房屋等建筑物排列很密很整齐。

麟 lín 见[麒麟]qílín。

凛 lín ❶形寒冷▷寒风～～|～冽。❷形容神色威严,使人敬畏的样子▷威风～～|大义～然。

【凛冽】 lǐnliè 形极其寒冷▷朔风～。

廪 lín 〈文〉❶图粮仓;仓库▷仓～。❷团由官府供给(粮食等)▷～米|～膳。

檩 lín 图架在房梁上或山墙上用来托住椽子或屋面板的横木。

吝 lín 形过分爱惜,舍不得拿出(自己的财物或力量)▷悭～|不～赐教。

【吝啬】 línsè 形形容舍不得使用应当使用的财物;小气▷他十分～,该花的钱都舍不得花。

【吝惜】 línxī 团过分爱惜而舍不得使用或拿出(力气或财物)▷他助人为乐,从不～。

赁(賃) lín 团租用;出租▷～了两间房子|租～|出～。

淋 lín ❶团过滤▷把药渣～出来再喝|～盐|～硝|过～。❷图指淋病,性病的一种。○另见 lín。

躏(躪) lín 见[蹂躏]róulìn。

ling

○ líng 题同"零",用汉字写数字时,表示数的空位。▷三～一医院|第二～～号。

伶 líng 图旧指戏曲演员▷优～|名～。

【伶仃】 língdīng ❶形形容孤独的样子▷孤苦～。❷形容衰弱的样子▷瘦骨～。

【伶俐】 línglì 形聪明;灵巧▷聪明～|口齿～。

【伶牙俐齿】 língyálìchǐ 灵活乖巧的口齿。形容口才好。

灵(靈) líng ❶图指神或神仙▷神～。❷灵魂;精神▷在天之～|英～|心～。❸称装了死人的棺材;跟死人有关的事物▷～堂|～车|～位。❹形有非凡的效验▷这种药治917疾最～|～丹妙药|～验。❺聪明;机敏▷脑瓜真～|机～。❻活动迅速;反应快捷;了解(信息)多、快▷腿脚不～了|信息特别～。

【灵便】 língbiàn ❶形(肢体、感官)灵活;灵巧▷手脚～。❷(工具等)轻便;方便▷这种器械用起来十分～。

【灵丹妙药】 língdānmiàoyào 灵验而有奇效的药,比喻能解决问题的神奇办法。

【灵感】 línggǎn 图在文艺创作或科技研究活动中由于经验和知识的积累而突然产生的富有创造性的意念和思路▷艺术的～来源于生活。

【灵魂】 línghún ❶图迷信认为主宰人的躯体的一种非物质的东西,它离开躯体后,人即死亡。❷指思想、心灵等▷教师是人类～的工程师。❸良知;良心▷拿～作交易。❹比喻对事物起主导作用的因素▷路线方针是一切工作的～。

【灵活】 línghuó ❶形灵敏;不僵硬▷头脑～|腿脚不大～了。❷能见机行事,不刻板▷方法～多样|处理具体问题。

【灵机】 língjī 图机敏的心思▷～一动,计上心来。

【灵柩】 língjiù 图装殓死者的棺材。

【灵敏】　língmǐn　囮反应迅速▷思路～|警犬的嗅觉非常～。

【灵巧】　língqiǎo　囮灵敏巧妙▷她的手真～，会剪各种窗花。

【灵通】　língtōng　囮(信息)快捷通畅；(头脑)机敏精通▷消息～人士|他对这类事很～。

【灵性】　língxìng　囝天赋的聪明才智；也比喻动物经过驯养、训练后的某些感知力▷他是个有～的人|这只小狗有点～，似乎懂得主人的喜怒哀乐。

【灵秀】　língxiù　囮聪明，秀美◇～的女孩儿◇山水～。

【灵验】　língyàn　❶囮效应神奇▷吃了这种药，果然很～。❷形容预言得到验证▷有科学依据的假设往往是～的。

苓　líng　见[茯苓]fúlíng。

图　líng　[图圄]língyǔ囝〈文〉监狱▷身陷～。☞不宜写作"图圉"。

玲　líng　见下。

【玲珑】　línglóng　❶囮形容器物精致细巧▷八角形的象牙宝塔～古朴。❷形容人机灵乖巧▷八面～。

【玲珑剔透】　línglóngtītou　❶形容器物精致、结构奇巧(多指镂空工艺品等)。❷形容聪慧灵活。

瓴　líng　囝古代一种盛水的瓦器，形状像瓶子▷高屋建～。

铃(鈴)　líng　❶囝铃铛▷～响了|电～|摇～。❷形状像铃的东西▷哑～|杠～。

【铃铛】　língdang　囝金属制的响器，摇动而发出声响▷马颈上系着一串～◇鳞苞里吊着一个个像小～一样的花朵。

凌　líng　❶囝冰▷冰～。❷囮升高；超越▷～空而过|壮志～云|～驾。❸囮欺压；侵犯▷盛气～人|欺～|～辱。❹囮接近▷～晨。

【凌晨】　língchén　囝临近天亮的时候。

【凌驾】　língjià　囮压倒(别人)；置于(别的事物)之上▷个人利益不应～于人民利益之上。

【凌空】　língkōng　囮高耸在空中；升高到空中▷纪念碑～矗立|大雁～飞翔。

【凌厉】　línglì　囮形容气势迅猛▷火势～|攻势～。

【凌乱】　língluàn　通常写作"零乱"。

【凌辱】　língrǔ　囮欺凌侮辱▷备受～。

【凌汛】　língxùn　囝上游冰雪融化下泻，下游尚未解冻，水流宣泄不畅所形成的冰块壅积的洪水▷黄河～。

【凌云】　língyún　囮直冲云霄，也比喻志趣高远▷壮志～|胸怀～志。

陵　líng　❶囝土山▷丘～|山～。❷陵墓▷明十三～|中山～。

【陵墓】　língmù　囝坟墓；特指帝王诸侯的坟墓；也指革命领袖或先烈的坟墓。

【陵园】　língyuán　囝以陵墓为主体而建的园林▷烈士～。

聆　líng　囮仔细地听▷～听|～取|～教。

【聆听】　língtīng　囮(恭敬地)听取▷～宏论|洗耳～。

菱　líng　囝一年生草本植物，生长在池沼中，果实有角或无角的硬壳，果肉可以食用或制作淀粉。菱，也指这种植物的果实。通称菱角。

【菱形】　língxíng　囝邻边相等的平行四边形，对角线互相垂直并平分各顶角。

棂(欞)　líng　囝窗户、栏杆或门上雕有花纹的格子▷窗～。

蛉　líng　见[蟆蛉]mínglíng。☞统读líng。

翎　líng　囝鸟翅和鸟尾上长而硬的毛▷雁～|～毛|野鸡～子。

羚　líng　[羚羊]língyáng囝哺乳动物，形状同山羊相似，四肢细长，善于奔跑。大多生长在草原或沙漠地区。

绫(綾)　líng　囝绫子，像缎子一样平滑，比缎子轻薄柔软有花纹的丝织品▷～罗绸缎|素～。

零　líng　❶囮(雨、露、眼泪等)落下▷感激涕～。❷(草木的花叶)枯萎下落▷～落|～飘|～凋。❸囮分散的；细碎的(跟"整"相对)▷化整为～|～件|～售。❹囝不够一定单位的零碎数量；整数以外的尾数▷年纪七十有～|～头|～数。❺囮a)用于表示重量、长度、时间、年岁等两个单位数中间，表示单位较高的量下附有单位较低的量▷三点～一刻|一岁～五个月。b)表示小于任何正数，大于任何负数的数▷三减三等于～◇我的医学知识几乎等于～。c)表示数的空位，书面上多写作"〇"▷一百～八将|三～六号房间。d)某些量度的计算起点▷～下五摄氏度|～点二十分。

【零点】　língdiǎn　囝午夜十二点。也说零时。

【零丁】　língdīng　通常写作"伶仃"。

【零乱】　língluàn　囮杂乱，无次序▷头发～|各种物品～得很。

【零落】　língluò　❶囮(花叶)凋谢▷那棵牡丹早已～了。❷囮衰落▷园内一派～的景象。❸散乱；不集中▷山脚下有几个～的小村庄|响起了零零落落的掌声。

【零敲碎打】　língqiāosuìdǎ　以断断续续、零零碎碎的方式进行。

【零散】　língsǎn　囮零碎；不集中▷把～资金集中|一些零零散散的材料。

【零碎】　língsuì　❶囮零散；细碎▷～时间|零零碎碎的事儿。❷囝零碎的东西或事情▷到集市上买了点～儿。

【零头】　língtóu　❶囝以一定单位(如计算单位、包装单位)为准剩下的零碎部分▷这笔款共1300元，整数1000由你自筹，～我负责|这些货装箱后还有点～。❷(剩下的)零碎余料▷做家具剩下的～。

【零线】　língxiàn　囝电路中电流量为零的线路。

【零星】　língxīng　囮零碎的；少量的；零散的▷干了一些～活儿|草坪上～地点缀着一些白花|山下住着零零星星的人家。

龄(齡)　líng　❶囝岁数▷年～|适～|老～。❷年数；年限▷工～|舰～|树～。☞不能简化成"令"。

鲮(鯪)　líng　囝鲮鱼，体侧扁，银灰色，口小，有两对短须。生长迅速，是我国南方重要养殖鱼类之一。

岭(嶺)　líng　❶囝有路可通山顶的山峰▷翻山越～|山～|分水～。❷高大的山脉▷秦～|南～。

领(領)　líng　❶囝脖子▷首～|～巾|～带。❷衣服上围绕脖子的部分▷～扣|～口。❸要点；纲要▷要～|纲～。❹囮拥有；管辖▷～土|～域|占～。❺引导；带领▷～孩子去动物园|～航|～路。❻量用于长袍、席子等▷一～道袍|三～席。❼囮接受；领取(发给的东西)▷～教|～情|～奖|～工资。❽了解(含义)▷～会|～悟。

【领班】lǐngbān ❶囫(厂矿、企业里)带领一个班组工作▷工厂生产一线多由老技师～。❷图从事领班工作的人▷有事该跟～请假。

【领带】lǐngdài 图系(jì)在衬衫领子上悬在胸前中央的特制的装饰性带子(外面上衣多为西服)。

【领导】lǐngdǎo ❶囫带领并引导(走向目标或进行工作)▷～群众奔小康。❷图担任领导工作的人;组织、单位或集体的领头人。

【领海】lǐnghǎi 图沿海国家主权管辖下的海岸以外一定宽度的海域。其宽度为从基线量起 12 海里。领海是一国领土的组成部分。

【领会】lǐnghuì 囫领悟;理解▷对教材的内容～得不深。

【领教】lǐngjiào ❶囫客套话,表示从对方的言语谈吐中得到启发,接受教益▷先生的高论,我已～。❷请教▷学生们常去教授家～。❸忍受▷他的暴躁脾气,我可～够了。

【领空】lǐngkōng 图一个国家主权管辖下的空间,包括领土内的陆地和水域之上的空间。领空是一国领土的组成部分。

【领略】lǐnglüè 囫领会;理解▷十年的风风雨雨使他～了人生的甘苦。

【领情】lǐngqíng 囫接受并感激别人的好意▷亲友的关怀,我～了。

【领取】lǐngqǔ 囫把应得的东西取来▷～养老金|～托运的行李。

【领事】lǐngshì 图两国政府根据协议互相派驻对方国家某城市或地区行使一定外交事务的政府代表。

【领受】lǐngshòu 囫接受(有积极意义的事物)▷～美意。

【领属】lǐngshǔ 囫领有和隶属。

【领土】lǐngtǔ 图一国主权管辖下的区域,包括领陆、领水,领陆和领水之下的底土,以及领陆和领水之上的领空。

【领悟】lǐngwù 囫了解并悟出▷苦思苦想了很久,才～了其中真谛。

【领先】lǐngxiān 囫(速度、成绩等)超越相比较的同类的人或事物▷他～一步到达了终点|成绩在小组中～。

【领衔】lǐngxián 囫在共同签署的文件上或联合演出的名单上名列最前面▷～主演。

【领袖】lǐngxiù 图指国家、政党、群众团体等的最高层权威领导人。

【领域】lǐngyù ❶图一个国家主权所达到的区域▷飞机已经进入我国～。❷学术研究、思想意识或社会活动的范围▷哲学～|经济～。

另 lìng ❶阤指前面所说范围之外的(人或事)▷～一个人。❷副表示在前面所说的范围之外▷你忙吧,我～找个人。

【另册】lìngcè 图旧指用来登记盗匪等坏人的户口册子,现常用来比喻受到轻视和不公正待遇▷要促使民营经济发展,就不能将其打入～。

【另辟蹊径】lìngpìxījìng 另外开辟一条途径,比喻创出新方法或新途径。

【另起炉灶】lìngqǐlúzào 比喻重新做起或另搞一套。

【另外】lìngwài ❶阤另①。❷另②。❸围连接分句、句子或段落,表示并列关系,相当于"此外"▷我们班总成绩不错,～,有三位同学得了特等奖。

【另眼相看】lìngyǎnxiāngkàn 用另一种眼光看待。形容对某人某事看得不一般。

令 lìng ❶囫发出命令▷电～各地参照执行|通～全国。❷图上级所发布的命令▷军～如山|法～|手～。❸季节;某个季节的气候和自然现象等▷时～|夏～。❹囫使;让▷～人羡慕|利～智昏。❺图古代某些政府部门的长官▷县～。❻指小令,一种较短的词调或曲调▷十六字～|如梦～。❼圈敬词,用于对方的家属和亲戚▷～兄|～郎|～亲。☞做纸张计量单位的量词时读 lǐng(500 张机制原纸为 1 令)。

【令爱】lìng'ài 图敬词,用于称对方的女儿。

【令媛】lìng'ài 通常写作"令爱"。

【令人发指】lìngrénfàzhǐ 使人头发都竖了起来,形容使人愤怒到了极点。

【令堂】lìngtáng 图敬词,用于称对方的母亲。

【令行禁止】lìngxíngjìnzhǐ 有令即行,有禁则止,形容纪律或执法严明。

【令尊】lìngzūn 图敬词,用于称对方的父亲。

liu

溜 liū ❶囫沿着平面滑行或向下滑动▷～冰|从滑梯上～下来。❷偷偷走掉▷留神别让小偷～了。❸圈光滑;平滑▷皮鞋擦得～光。○另见 liù。

【溜达】liūda 囫随意地走一走▷没事闲～|有时也去商场～。☞不宜写作"蹓跶"。

【溜光】liūguāng ❶圈非常光滑▷～的地板|皮鞋擦得～。❷一点儿没剩▷地里的草拔得～。

【溜号】liūhào 囫偷偷地走掉▷活儿还没干完,他就～了◇司机开车时思想可能～,一定要集中。

【溜之大吉】liūzhīdàjí 偷偷离开;一走了之(含诙谐意)。

熘 liū 囫烹调时把菜肴油炸、水煮或清蒸后,加入卤汁,并使卤汁均匀地裹在菜肴上▷滑～里脊|肝尖|醋～白菜。

刘(劉) liú [刘海儿]liúhǎir 图原指传说中前额垂着短发的仙童,后指妇女或儿童覆盖在前额的整齐短发。

浏(瀏) liú [浏览]liúlǎn 囫大致看一下;泛泛地阅读▷～市容|这本书～一下就可以了。

留 liú ❶囫停在某处;不离开▷一个人～在家里。❷不让离去▷～客人多住几天。❸不丢掉;保存▷～长发|保～。❹囫不带走;遗留▷临走～了 100 元钱|房子是祖上～给我们的。❺注意力集中在某个方面▷～心|～意|～神。❻特指居留外国求学▷～洋|～美。

【留传】liúchuán 囫留存下来传给后世▷英名～千古|世代～下来的绝技。

【留后路】liúhòulù 做事为防万一,预先留下退路▷你还是不要把事做绝了,给自己留条后路吧。

【留恋】liúliàn ❶囫舍不得离开,不忍丢弃▷～欢乐的童年|～故居。❷图留恋的心情▷对那里有种难以割舍的～。

【留念】liúniàn 囫留作纪念▷临别题诗～|师生合影～。

【留情】liúqíng 囫因心软或顾及情面而宽恕或从轻处置▷笔下～|对敌人决不～。

【留神】liúshén 囫小心;注意(多用于提醒他人防备危险或失误)▷在巷道里～别碰着头|年纪大了,上下楼留点神。

【留尾巴】liúwěiba 比喻事情没有彻底了结,还有遗留问题。

【留心】liúxīn ❶圈仔细注意、关心▷～观察|非常～地听广播。❷小心;当心▷黛玉进贾府后步步～,时时

在意。

【留学】 liúxué 动在国外上学。

【留言】 liúyán ❶动用书面形式留下要说的话。❷图用书面形式留下的话。

【留影】 liúyǐng ❶动照相留念▷在天安门前～。❷图留做纪念的照片。

流 liú ❶动水或其他液体移动▷河水向东～去。❷没有固定方向地移动▷～通｜～动｜弹(dàn)｜～星。❸传下来；传播▷～芳百世｜～行。❹趋向(不好的方面)▷～于庸俗｜～于一般。❺图水道中的流水▷水～｜洪～。❻像水流一样移动的东西▷气～｜暖～｜电～｜人～。❼指江河水离开源头以后的部分(跟"源"相对)▷源远～长｜支～｜中～◇开源节～。❽分支；派别；等级▷三教九～｜～派｜二～作品。❾图古代的一种刑罚，把犯人放逐到边远的地方▷～放｜～刑。❿形像流水那样顺畅▷～畅｜～利。

【流弊】 liúbì 图长期流行的弊病▷革除～。

【流产】 liúchǎn ❶动孕期不足 28 周，胎儿就流出母体。俗称小产。❷比喻事情在酝酿或进行中遭到挫折或遇到意外情况而办不成▷那次奥运会因第二次世界大战的爆发而～了。

【流畅】 liúchàng 形流利顺畅▷线条～｜语言清新｜优美～的舞姿。

【流程】 liúchéng ❶图水流所经路线的距离▷勘察地下水～。❷生产工业品的程序，从原料到产品的各种工序▷工艺｜生产～。

【流传】 liúchuán 动顺着时序往下传或扩大范围向外传▷古代～下来的谣谚｜这消息不胫而走，～甚广。

【流窜】 liúcuàn 动四处流动逃窜▷罪犯亡命～｜打击～作案的罪犯。

【流荡】 liúdàng ❶动流动，荡漾▷一缕青烟在原野上～◇不满情绪在他心里隐约地～着。❷流浪；漂泊▷到处～。

【流动】 liúdòng ❶动(气体或液体)向一定方向移动。❷(位置)变动；不固定▷～人口｜～演出｜人才～。

【流毒】 liúdú ❶动流传毒害(多指精神文化方面)▷～全国。❷图流传散播的毒素▷清除封建礼教的～。

【流芳百世】 liúfāngbǎishì 形容美名永远流传。

【流寇】 liúkòu 图到处流动骚扰的土匪。

【流浪】 liúlàng 动流落各地，随处谋生▷～艺人｜过～生活。

【流离失所】 liúlíshīsuǒ 亲人离散，四处流浪，没有安身的地方。

【流利】 liúlì ❶形灵活；不滞塞▷他走笔如飞，书写～｜这钢笔出水～。❷(文章)明晰通畅；(说话)清楚利落▷他能讲一口～的普通话。

【流连】 liúlián 动舍不得离开▷～忘返。☞不宜写作"留连"。

【流露】 liúlù 动(感情、意思、习惯等)不自觉地显示或含蓄地表示出来▷她的普通话～出某些乡音｜临行前她～出依恋之情。

【流落】 liúluò 动穷困或遭遇不幸，奔走他乡▷～异乡｜为躲避战乱而～此地。

【流氓】 liúmáng ❶图原指无业游民，后指不务正业、经常干坏事的人。❷指放刁耍赖、寻衅滋事、聚众斗殴、调戏妇女等恶劣行为▷耍～｜举动～。

【流派】 liúpài 图(学术、文学、艺术、武术等方面的)派别。

【流气】 liúqì ❶形轻狂；不正派▷言谈举止十分～，令人生厌｜满身～。❷图轻狂、不正派的习气▷这个人身上有些～。

【流散】 liúsàn 动流失散落；流离分散▷～多年的古籍善本已陆续收集起来｜昔日亲朋大多～各地。

【流失】 liúshī ❶动水、土、矿物等自然物质或人工制造的物质白白地流走或散失▷水土～｜肥效～。❷人员、财物等从本地本单位流动出去而散失▷人才～｜制止国有资产～。

【流逝】 liúshì 动像流水一样过去▷光阴～｜青春转瞬～。

【流水不腐】 liúshuǐbùfǔ 流动的水不会腐臭，比喻经常运动的东西不易受侵蚀(后面多跟着"户枢不蠹")。

【流水账】 liúshuǐzhàng ❶把钱物进出情况不分类别地按顺序登记的账。也指记流水账的账本。❷比喻不分主次，不加分类地罗列式记载或叙述。

【流俗】 liúsú 图流行的习俗(多含贬义)。

【流体】 liútǐ 图液体和气体的合称，两者都富于流动性，又有相似的运动规律▷～力学｜～有导热性。

【流通】 liútōng ❶动(流体)流动转移；不停滞▷血脉～｜空气～。❷商品、货币流动转移▷商品～｜股票上市～。

【流亡】 liúwáng 动因灾害、战乱、政治等原因而流落逃亡在外地或外国▷～异域｜～海外。

【流线型】 liúxiànxíng 图前部圆，后部尖，表面光滑，类似水滴的形状。小汽车、飞机机身和潜艇等常造成近似这种形状，在空气或水中运行，阻力最小。

【流泻】 liúxiè 动液体快速流下，也比喻光线向下照射▷飞瀑～｜月光～在花丛中◇胸中的激荡之情～出来，化成了一行行诗句。

【流行】 liúxíng 动广泛传播；盛行▷传染病～｜～办集体婚礼｜～歌曲。

【流言】 liúyán 图流传的没有根据的话(多指诬蔑、挑拨或背后议论的话)▷～惑众｜不可轻信～。

【流于】 liúyú 动变成；变得(含贬义)▷～形式｜庸俗。

【流域】 liúyù 图水系的干流及支流流经的全部地域，如黄河流域，包括黄河、渭河、汾河等流经的全部地域。

【流转】 liúzhuǎn ❶动流动转移，位置不定▷～各地｜日月～。❷指商品或货币在流通过程中周转▷加速资金～。

琉 liú [琉璃]liúlí 图原指一种色泽光润的矿石，现特指用石英和长石配制成的釉料，涂于缸、盆、砖瓦坯体表面烧制形成的玻璃质表层，多为绿色或金黄色，起装饰保护作用▷～砖｜～瓦。

硫 liú 图非金属元素，符号 S。在工业和医药上有广泛用途。通称硫磺。

馏(餾) liú 动通过加热等方法使液体中的不同物质分离或分解▷蒸～｜分～｜干～。○另见 liù。

榴 liú 图石榴，落叶灌木或小乔木，果实球形，可以吃。☞统读 liú。

镏(鎦) liú [镏金]liújīn 动我国特有的一种镀金法，用溶解在水银里的黄金涂在器物表面上，再经过晾干、烘烤、轧光等工序而成。

瘤 liú 图瘤子▷肿～｜根～｜赘～。

【瘤子】 liúzi 图生物体某一部分组织细胞长期不正常增生而形成的赘生物。

柳 liǔ 图柳属植物的统称。种类有垂柳、旱柳、杞柳等。

【柳暗花明】 liǔ'ànhuāmíng 形容绿柳成阴，百花灿烂的景象。宋代陆游有"山重水复疑无路，柳暗花明又一村"的诗句,所以也比喻在困境中看到希望或出现转机。

【柳眉】 liǔméi 图指女子如柳叶般秀美的眉毛▷~杏眼。也说柳叶眉。

绺（綹） liǔ 圖用于顺着聚集成束的细丝状的东西▷两~丝线|一~麻|三~头发。

六 liù 圙数字,五加一的和。☞数字"六"的大写是"陆"。

【六畜】 liùchù 图马、牛、羊、猪、狗、鸡六种家畜家禽的合称,也泛指各种家畜家禽▷~兴旺。

【六腑】 liùfǔ 图中医指胃、胆、三焦、膀胱、大肠和小肠。

【六亲不认】 liùqīnbùrèn 形容没有情义或不讲情面。

【六神无主】 liùshénwúzhǔ 形容心慌意乱,没有主意。

【六书】 liùshū 图象形、指事、会意、形声、转注和假借的合称。六书是古人归纳出来的汉字的六种类型。

碌 liù [碌碡]liùzhou 图轧谷物或轧平场地用的圆柱形石制器具。○另见 lù。

遛 liù ❶图慢步走;随便走走▷~大街|出去~了一趟。❷牵着牲畜或提着鸟笼慢步走▷~马|~鸟。

馏（餾） liù 圙〈口〉把凉了的熟食蒸热▷~馒头。○另见 liú。

溜 liù ❶图急速的水流▷大~。❷房檐上流下来的雨水▷承~。❸房檐下横向的槽形排水沟▷水~。❹圖用于成排或成条的事物▷几个人排成一~|一~烟似的跑了。❺圙〈口〉填满或封住(缝隙)▷用水泥~墙缝|进风了,快拿纸把窗户缝~上。○另见 liū。

long

龙（龍） lóng ❶图传说中的神异动物,有鳞、爪,能飞能游,能兴云降雨。❷封建时代用作帝王的象征,也指称属于帝王的东西▷~颜|~袍|~床。❸指某些连成一串像龙的或装饰着龙的图案的东西▷排成长~|火~|旗~|旷◇配套成~。❹指远古某些巨大的爬行动物▷恐~。

【龙飞凤舞】 lóngfēifèngwǔ 图神龙腾飞、凤凰起舞一样,用于形容山势绵延起伏或笔法酒脱多变。

【龙卷风】 lóngjuǎnfēng 图范围小、时间短而风力极强的旋风,形成漏斗状,可把人畜卷上天空,把大树连根拔起,在海洋上可把海水吸到空中形成水柱。

【龙潭虎穴】 lóngtánhǔxué 比喻极为凶险的地方。☞"穴"不读 xuè。

【龙腾虎跃】 lóngténghǔyuè 像龙在飞腾,虎在跳跃,形容威武矫健、富有生气的场面。

【龙头】 lóngtou 图比喻有带头作用和主导作用的单位、产品等▷~工厂|~产品◇江湖上或黑社会的头子▷~老大。

【龙争虎斗】 lóngzhēnghǔdòu 比喻双方势力难分高低,争斗激烈。

茏（蘢） lóng [茏葱]lóngcōng 圏(草木)苍翠茂密▷林木~。

咙（嚨） lóng 见[喉咙]hóulóng。

珑（瓏） lóng 见[玲珑]línglóng。

栊（櫳） lóng 图〈文〉窗上的格木;窗户▷珠~|帘~。

胧（朧） lóng 见[朦胧]ménglóng。

砻（礱） lóng ❶图用竹木制成的磨去稻壳的工具,形状像磨(mò)。❷圙用砻磨去稻壳▷~稻谷。

眬（矓） lóng 见[蒙眬]ménglóng。

聋（聾） lóng 圏听觉丧失或非常迟钝▷耳朵完全~了|耳朵有点~|装~作哑。

笼（籠） lóng ❶图用竹篾或木条等制成的器具,可以关鸟兽或装东西▷鸟~|木~。❷旧时囚禁犯人的木笼▷囚~。❸指笼屉▷小~包子。○另见 lǒng。

【笼屉】 lóngtì 图蒸食物的厨具,多用竹、木、铝、铁皮等制成。

【笼头】 lóngtou 图骡马等头上套着的东西,用来系缰绳、挂嚼子等,多用皮条或麻绳制成。

【笼中鸟】 lóngzhōngniǎo 比喻陷入困境失去自由的人。

隆 lóng ❶圏盛大;气势大▷~重。❷兴盛;发展的气势大▷兴~|~盛。❸圙高;鼓起来▷~起。❹圏程度深▷~冬|情厚谊~。☞在"咕隆""黑咕隆咚"等词中读 lōng。

【隆冬】 lóngdōng 图冬天最冷的时候;深冬▷数九~|塞外的~干冷干冷的。

【隆隆】 lónglóng 拟声模拟剧烈震动时发出的沉重声音▷机器~|~的雷声。

【隆重】 lóngzhòng 圏盛大庄严▷仪式~。

窿 lóng 见[窟窿]kūlong。

陇（隴） lǒng ❶图用于山名。陇山,在甘肃和陕西交界的地方。❷甘肃的别称▷~海铁路|~西高原。

拢（攏） lǒng ❶圙聚合在一起;收束使不松散或不离开▷笑得嘴都合不~|聚~|拉~。❷停靠;靠近▷~岸。❸总计▷把账~一~|共|归~。❹梳理(头发)▷用梳子~一~|~一~头发。☞"拢"和"扰"(rǎo)形、音、义都不同,"扰"是"擾"的简化字。

垄（壟） lǒng ❶图田地分界处略微高起的小路。❷在耕地上培起的用来种植农作物的土埂▷两人合打一条~|白薯~|~沟。❸农作物的行(háng)或行间空地▷缺苗断~|宽~密植。❹形状像垄的东西▷瓦~。

【垄断】 lǒngduàn 圙把持和独占▷~金融|~市场。

笼（籠） lǒng ❶圙像笼(lóng)子似地罩住▷晨雾~住了山城|烟~雾罩|~罩。❷图较大的箱子▷箱~。○另见 lóng。

【笼络】 lǒngluò 圙用手段使靠拢(含贬义)▷以小恩小惠~人心。

【笼统】 lǒngtǒng 圏简略含混;不清晰不具体▷他提的意见很~|他只做了一个笼笼统统的说明。

【笼罩】 lǒngzhào 圙像笼子一样扣在上面▷濛濛细雨~着大地|村庄~在一片夜色之中。

lou

搂（摟） lōu ❶圙用手或工具把东西向自己面前聚集▷~柴火|用耙子~地。❷搜刮(财物)▷大把大把地~钱。❸撩起或挽起(衣服)▷~起袖子。○另见 lǒu。

娄（婁） lóu 〈口〉❶圏(某些瓜类)过熟而中空变质▷这西瓜~了。❷比喻体虚,衰弱▷这几年身子骨儿可~了。

偻(僂) lóu 见[佝偻]gōulóu。

蒌(蔞) lóu [蒌蒿]lóuhāo 图多年生草本植物。嫩茎可以食用，焚烧干茎叶可以驱蚊，全草可以做药材。也说水蒿。

喽(嘍) lóu [喽啰]lóuluó 图旧时指强盗头子的部下，现在多比喻坏人的帮凶和爪牙▷犯罪团伙里的小～。☞㊀不要写作"偻儸"。㊁"喽"用作表示提醒注意的语气助词时(如"客人来喽")，读轻声。

楼(樓) lóu ❶图两层或两层以上的房屋▷一座～|高～大厦。❷某些建筑物上加盖的房子▷城～|箭～。❸某些下面有通道的高大的装饰性建筑▷门～|牌～。❹用于某些店铺或娱乐场所的名称▷茶～|酒～|戏～|影～。❺指楼房的某一层▷他家住二～，不用乘电梯。

【楼阁】lóugé 图中国传统楼房，一般为两层，四周开窗，周围设有隔扇或栏杆回廊。泛指楼房。☞"阁"不读 gě。

【楼台】lóutái ❶图凉台。❷泛指楼房▷殿阁～|近水～。

耧(耬) lóu 图农具，由耧腿、耧斗及机架构成，用畜力或人力牵引，人在后面扶持，用来开沟播种。

蝼(螻) lóu 图蝼蛄▷～蚁。

【蝼蛄】lóugū 图昆虫，前足呈铲状，适于掘土。生活在泥土中，昼伏夜出，危害农作物。通称"拉拉蛄"(làlàgǔ)。

【蝼蚁】lóuyǐ 图蝼蛄和蚂蚁，借指小生灵。

髅(髏) lóu ❶见[髑髅]dúlóu。❷见[骷髅]kūlóu。

搂(摟) lǒu ❶囫两臂合抱；用胳膊拢着▷把孩子紧紧～在怀里|小妹～着姐姐的腰。❷量用于周长相当于两臂合抱的东西▷门前的杨树一～粗。○另见 lōu。

【搂抱】lǒubào 囫用两臂把人或物拢在怀里▷小妹成天～着布娃娃。

篓(簍) lǒu 图篓子▷鱼～|字纸～|～油。

【篓子】lǒuzi 图用竹篾等编成的盛东西的器具。

陋 lòu ❶形(住所)狭窄；不华丽▷～室|～巷。❷缺少见识的；浅薄▷孤～|鄙～|浅～。❸不文明的；不好的▷～俗|陈规～习。❹丑；难看▷丑～。❺粗劣▷因～就简|粗～|简～。☞右边是"乚"加"丙"，不是"匚"加"内"。

【陋规】lòuguī 图坏的或不好的常规▷革除～，创立新风。

【陋室】lòushì 图狭小简陋的房屋，也用作谦词，称自己的居室▷请到～小叙。

【陋习】lòuxí 图不良的习惯▷要改掉不讲卫生的～。

镂(鏤) lòu 囫雕刻▷～刻|～花|～空。☞不读 lóu。

【镂刻】lòukè 囫雕刻▷～玉石。

瘘(瘻) lòu 图瘘管▷痔～|肛～。

【瘘管】lòuguǎn 图人或动物体内发生脓肿时生成的管子，开口在皮肤表面或与其他内脏相通，病灶内的分泌物可以通过瘘管排出。

漏 lòu ❶囫东西由孔隙中滴下、透出或掉出▷盆里的水～光了|氧气袋～气。❷图漏壶(古代计时工具)▷更(gēng)残～尽。❸囫泄漏；没～过半个字|走～消息。❹应该列入的因为疏忽而没有列入▷说～的请大家补充。❺物体有孔隙，可以漏出东西▷水壶～了|房顶～了|～勺。❻图中医指某些流出脓、血、黏液的病▷痔～。

【漏洞】lòudòng ❶图(物体)的裂缝或孔洞▷壶底有～。❷比喻言行有破绽、不严密的地方▷他的话有很多～|管理上的～给工作带来很大损失。

【漏风】lòufēng ❶囫因有孔隙而使风穿过▷这房子四面～。❷因牙齿脱落，说话时不拢气▷这位老人牙都掉了，说话～。❸走漏消息▷有人～，这次秘密行动得取消。

【漏网】lòuwǎng 囫本指鱼逃出渔网，比喻(罪犯、敌人等)侥幸逃脱法律制裁；没有被捕获或消灭▷犯罪团伙中有从犯～。

【漏嘴】lòuzuǐ 囫说话时不小心说出了不该说或本来不想说的话。

露 lòu 义同"露"(lù)❸，多用于口语▷衣服破得～肉了|相～|馅儿～|～一手。○另见 lù。

【露底】lòudǐ 囫泄漏内情▷在价格问题上买卖双方谁也不肯～。

【露脸】lòuliǎn ❶囫光荣；脸上有光彩▷他当了劳模，大家都跟着～。❷露面(公开出现)▷自被新闻媒体曝光，他哪还敢在人前～？

【露马脚】lòumǎjiǎo 暴露出隐蔽的事实真相▷干坏事的人终归会～。

【露怯】lòuqiè 囫显露出见识少、无知而出洋相▷我就怕在台上～。

【露头】lòutóu ❶囫露出头部或顶端▷猫蹲在洞口，吓得老鼠再也不敢～了|洪水汪洋一片，电线杆只露出一个头。❷比喻(迹象)刚显现▷险情已经～，大家要提高警惕。

【露馅儿】lòuxiànr 囫比喻隐秘的事暴露出来▷他挪用公款的事最终还是～了。

lu

撸(擼) lū 〈口〉❶囫捋▷～榆钱儿|～起袖子。❷撤去(职务)▷他的小组长职务让人家给～了。❸训斥▷叫爷爷～了一顿。

卢(盧) lú 用于地名和音译。如"卢沟桥""卢布"等。

芦(蘆) lú 图芦苇▷～花|～根|～荡。☞㊀在"油葫芦"(对农作物有害的昆虫)中读 lǔ。㊁下面不要写成"卢"。

【芦苇】lúwěi 图多年生草本植物，地下有粗壮匍匐的根状茎，叶子披针形，茎秆中空，表面光滑。茎秆可以编席、造纸，也可以做人造丝、人造棉的原料；根状茎叫芦根，可以做药材。也说苇子。

庐(廬) lú 图简陋的小屋▷茅～|草～。☞里面不要写成"卢"。

垆(壚) lú 古代酒店里放酒瓮的土台子；借指酒店▷酒～。

炉(爐) lú 图炉子▷火～|～锅|～熔。

【炉火纯青】lúhuǒchúnqīng 相传道家炼丹成功时，炉中发出纯青的火焰。比喻学问、技艺等达到精湛完美的境地。

泸(瀘) lú 图用于地名。泸州，在四川。

栌(櫨) lú 图栌木，即黄栌。落叶灌木，叶子秋季变红，木材黄色，可制染料。

轳（轤） lú 见[辘轳]lùlu。

鸬（鸕） lú [鸬鹚]lúcí 图水鸟，嘴的尖端有钩，善于潜水捕食鱼类。通称鱼鹰，俗称水老鸦。

颅（顱） lú 图头的上部，即头盖骨，也指头▷骨|头～。

鲈（鱸） lú 图鱼，体侧扁而长，口大，下颌突出。性凶猛，吃鱼虾。栖息于近海，也进入淡水。

卤（鹵❶❹滷❷❸） lǔ ❶图熬盐时剩下的味苦有毒的黑色液体，是做豆腐的凝结剂。也说盐卤、卤水。❷团用盐水或酱油加调料煮▷～鸡|～肉|～味|～煮火烧。❸图饮料的浓汁或食物的汤羹▷茶～|打～面。❹图卤族元素。

【卤菜】 lǔcài 图卤法制作的菜肴，多用作冷盘，如卤鸡、卤虾。

虏（虜） lǔ ❶团在战场上活捉▷～获|俘～。❷图对敌人的蔑称▷强～|人寇|l统读lǔ。

【虏获】 lǔhuò 团俘虏；也指俘虏和缴获▷～万余人|～人、马、枪械无数。

掳（擄） lǔ 团抢夺▷～夺|～|掠。l统读lǔ。

【掳掠】 lǔlüè 团掠夺人和财物▷侵略者烧杀～，无恶不作。

鲁（魯） lǔ ❶团愚钝；蠢笨▷～钝|愚～。❷图冒失；粗野▷～莽|粗～。❸图周朝诸侯国名，在今山东西南部。❹山东的别称▷～菜。

【鲁钝】 lǔdùn 图愚笨而迟钝▷天性～。

【鲁莽】 lǔmǎng 图言行粗鲁、轻率▷办事太～。l不宜写作"卤莽"。

橹（櫓） lǔ 图安在船尾或船边用来摇船的工具，比桨长▷摇～。

陆（陸） lù ❶图高出水面的土地；泛指地面▷大～|登～。❷指陆地上的通路▷水～兼程|水～交通|～运。❸数字"六"的大写。l作为数字"六"的大写时读liù。

【陆地】 lùdì 图地球表面除去海洋水面的部分（有时也除去江河湖泊）。

【陆军】 lùjūn 图在陆地上作战的军种。

【陆续】 lùxù 圃表示动作或行为先先后后、断断续续▷这部大型辞书将分十卷～出版。

录（錄） lù ❶团记载；誊写▷～下口供|摘～。❷图记载言行、事物的表册或文字▷目～|语～|通讯～。❸团接纳▷～取|～用。❹用仪器记录（声音或图像）▷～音|～像。l上边不是"彐"。

【录取】 lùqǔ 团经过选择确定接收（考试或考核合格者）▷～公务员|～新生。

【录像】 lùxiàng ❶团用录像机、摄像机记录图像及伴音信号。也说摄像。❷图录下来的音像▷看|l这盘～不太清晰。

【录音】 lùyīn ❶团用机械、光学或电磁等方法记录声音▷到电台～。❷图录音机记录下来的声音▷播放实况～。

【录用】 lùyòng 团接收并任用或使用▷～干部。❷采纳刊用▷你的大作已～。

【录制】 lùzhì 团通过录音、录像等加工制作（音像作品）▷～音乐电视片。

赂（賂） lù 团用财物买通别人▷贿～。

鹿 lù ❶图反刍类哺乳动物，通常雄性有角。有野生的，也有驯养的。性驯善跑。

【鹿茸】 lùróng 图雄鹿初生的嫩角，含血，外带茸毛，是名贵中药。

【鹿死谁手】 lùsǐshuíshǒu 以追逐野鹿比喻争夺天下。鹿死谁手，意即在争夺中不知天下究竟为谁所得，现在泛指在作战、比赛中胜利最终属于谁尚难预料。

渌 lù 图渌水，发源于江西，流经湖南入湘江。

绿（綠） lù 义同"绿"（lǜ），用于"绿林""绿营""鸭绿江"等词语。○另见lǜ。

【绿林】 lùlín ❶图西汉末年王匡、王凤领导农民在绿林山（今湖北大洪山一带）起义，称"绿林军"；后来泛指聚集山林反抗官府的武装集团▷～英雄。❷旧时也指啸聚山林的盗匪。

禄 lù 图官吏的薪俸▷高官厚～|俸～。

碌 lù ❶形平庸▷庸～|～～无为。❷繁忙▷忙～|劳～。○另见liù。

【碌碌无为】 lùlùwúwéi 平庸而无所作为。

路 lù ❶图地面上供人或车马通行的部分；通道▷一条～|开山修～。❷道路的距离▷～很近|几里～。❸途径▷生～|门～。❹轨迹▷思～|纹～。❺线路▷走东～最近|坐五～车去公园。❻方面；地区▷西～军|各～人马|北～货。❼类型；等次▷这一～哪～的拳脚都学～|一～货。❽量用于队列，相当于"排""行"▷六～纵队|排成两～。

【路标】 lùbiāo 图交通标志，指示路线或道路情况的固定的或临时的标志。

【路不拾遗】 lùbùshíyí 遗失在路上的东西都没人拾取。形容社会风气非常好。

【路程】 lùchéng ❶图路途的远近；所走道路的长度▷上千里的～。❷比喻事物的发展过程▷人生的～。

【路卡】 lùqiǎ 图在交通要道上设立的收费或检查的机构或站点。l"卡"这里不读kǎ。

【路数】 lùshù ❶图他～多，适合搞联络工作。❷招数；手法▷下围棋不讲究～不行|写文章各人有各人的～。❸底细▷这人很神秘，得摸一摸他的～。

【路线】 lùxiàn ❶图从一地到另一地所经过的道路▷他指的～是对的。❷思想上、政治上、工作上所遵循的根本准则▷坚持党的基本～。

【路障】 lùzhàng 图路上设置的障碍。

【路子】 lùzi 图途径；门路；达到目的的办法、做法▷油画创作的～要进一步拓宽|广|找～。

漉 lù 团（液体）向下渗透；过滤▷～酒。

辘（轆） lù 见下。

【辘轳】 lùlu ❶图安在井边汲水的起重装置▷摇着～把儿打水。❷指某些机械上的绞盘。

【辘辘】 lùlù 拟声模拟车轮滚动等的声音▷运粮车一辆接一辆，～声不绝于耳|饥肠～～。

戮 lù ❶团杀▷杀～。❷并▷～力同心。

【戮力同心】 lùlìtóngxīn 齐心协力。

潞 lù 图用于地名。潞城，在山西。

鹭（鷺） lù 图鹭科部分鸟的统称。常见的有白鹭（也说鹭鸶）、苍鹭等。

麓 lù 图山脚▷山～|天山南～。

露 lù ❶图接近地面的水蒸气遇冷凝结在草、木、土、石等物体上的水珠，通称露水▷～珠。❷团在房屋、帐篷等的外面，没有遮盖▷～宿｜～营｜～天。❸显现出；表现出▷不～声色｜暴～。❹图用花、叶、药材等蒸馏，或在蒸馏液中加入果汁、药材等制成的饮料或化妆品▷果子～｜～酒｜花～水。○另见 lòu。

【露骨】lùgǔ 圈用心表达得十分明显直接，毫不隐晦（多含贬义）▷这种～的军事威胁，遭到了普遍的斥责。

【露酒】lùjiǔ 图带花香味或含果汁的酒。

【露头】lùtóu 团出现苗头；刚被发现▷毒贩一～就被警察盯住了。

【露营】lùyíng ❶团军队在室外或野外宿营。❷仿照军队组织形式到野外住宿▷在星光下～，同学们个个兴奋不已。

lǜ

驴（驢）lǘ 图哺乳动物，像马而小。多用作力畜。

【驴唇不对马嘴】lǘchúnbùduìmǎzuǐ 比喻两事物根本不相合或答非所问。

【驴肝肺】lǘgānfèi 比喻坏心肠▷你别把好心当成～。

间（間）lǘ〈文〉❶图里巷的大门▷倚～而望。❷里巷；邻里▷穷～隘巷｜村～｜～巷。

桐（橺）lǘ 见［棕榈］zōnglǘ。☞统读 lǘ。

吕 lǚ 图我国古代十二音律中六种阴律的总称▷六～｜律～。

侣 lǚ 图伙伴；同伴▷伴～｜情～。

捋 lǚ ❶团〈口〉用手顺着长条状物向一端抹过去（使物体顺溜儿或干净）▷胡子～了几下就吃，很不卫生。❷梳理；整理▷问题太多，一时～不出个头绪。○另见 luō。

旅 lǚ ❶图军队编制单位，在师以下，团或营以上。❷指军队▷军～｜劲～。❸团离家居留在外地▷～行｜～途｜～客｜～日侨胞。☞右下不是"氏"。

【旅居】lǚjū 团在外地或外国较长时间居住▷～广州｜～海外三十年。

【旅途】lǚtú 图旅行路上▷～览胜。

【旅行】lǚxíng 团为办事、游览等而到较远的另一个地方去▷～度蜜月｜出国～。

【旅游】lǚyóu 团去较远的地方游历▷～度假｜到大草原～。

铝（鋁）lǚ 图金属元素，符号 Al。制造日用器皿的铝通称钢精。

稆 lǚ 团谷物不种自生▷～生。

屡（屢）lǚ 副多次；不止一次▷～教不改｜～战～胜｜～禁不绝。

【屡次】lǚcì 副表示同样动作行为多次反复进行或发生▷～迎战，均获胜利。

【屡见不鲜】lǚjiànbùxiān 多次见到，不觉得新鲜。

【屡试不爽】lǚshìbùshuǎng 多次试验都没有差错（爽：差错）。

缕（縷）lǚ ❶图线▷千丝万～。❷形有条理；详详细细▷条分～析。❸量用于细长而轻柔的东西▷一～丝线｜几～青烟｜一～白云。

【缕缕】lǚlǚ 形一条一条的；连续不断的▷～银线｜～清香。

膂 lǚ 图〈文〉脊梁骨。

【膂力】lǚlì 图体力；力气▷～过人。

褛（褛）lǚ 见［褴褛］lánlǚ。

履 lǚ ❶团踩踏；践踏▷～险如夷｜如～薄冰。❷图鞋▷西装革～｜削足适～。❸团经历▷～历。❹实践；实行▷～行｜～约。❺图脚▷脚步～步～艰难。

【履历】lǚlì 图个人的经历，也指记录有这种内容的文件▷他填写了个人的～｜～上写着他在外国讲学多年。

【履险如夷】lǚxiǎnrúyí 走险路像走平地一样（夷：平地）。形容本领高强，也比喻身处险境而毫不惧怕。

【履行】lǚxíng 团实行；执行（应做的或自己答应做的事）▷～公约｜严格～自己的职责。

【履约】lǚyuē 团〈文〉履行约定的事▷如期～，前来洽谈。

律 lǜ ❶图古代测定和校正音高的标准▷音～｜乐～。❷图法律；规则▷刑～｜规～｜纪～｜定～｜格～。❸团约束▷严于～已。❹图旧体诗的一种体裁，在形式上有较严格的规则▷五～｜七～｜排～。

【律己】lǜjǐ 团管束自己▷不能～，怎能正人｜～严，待人宽。

【律师】lǜshī 经国家认定资格的法律专业人员。律师受当事人委托或法院指定，依法帮助当事人进行诉讼或出庭辩护以及办理有关法律事务。

【律诗】lǜshī 图我国旧诗的体裁之一，形成于唐初，分五言、七言两种。格律较严，每首八句，偶数句押韵，三四两句、五六两句要对偶，字的平仄也有一定规格。

虑（慮）lǜ ❶团思考▷深思熟～｜考～｜思～。❷担忧▷忧～。

率 lǜ 图两个相关数量间的比例关系▷增长～｜圆周～｜出勤～｜利～。○另见 shuài。

绿（綠）lǜ 形像正在生长的草和树叶的颜色，可由蓝和黄两种颜色合成▷～草如茵｜花红柳～｜水青山～。○另见 lù。

【绿葱葱】lǜcōngcōng 形（草木）苍翠茂盛的样子▷在～的草地上嬉戏。

【绿肥】lǜféi 图有机肥料。把新鲜绿色植物翻压在地里，经发酵分解而成，能增加土壤的有机质，增强地力。

【绿化】lǜhuà 团种植树木花草，使大地葱绿，以美化环境或防止水土流失▷～首都｜把太行山～起来。

【绿卡】lǜkǎ 图某些国家发给外国侨民的允许永久居住的证书。☞"卡"这里不读 qiǎ。

【绿茸茸】lǜrōngrōng 形碧绿而稠密的样子▷～的草坪。☞"茸茸"这里读变调。

【绿色】lǜsè ❶图像树叶和草茂盛时的颜色▷～的田野｜～植物。❷形无污染的▷～食品。❸安全便捷的▷～通道。

【绿色消费】lǜsè xiāofèi 对环境无害、不造成污染的消费▷消除白色污染，倡导～。

【绿意】lǜyì 图草木的绿色和生气▷～盎然｜漫山遍野一派～｜远远望去，柳梢刚有一点～。

【绿茵场】lǜyīnchǎng 足球场（因正规足球场一般都铺满绿草）。

【绿茵茵】lǜyīnyīn 形碧绿而鲜嫩的样子▷～的树苗｜牛羊在～的草原上放牧。

【绿莹莹】lǜyīngyīng 形碧绿而晶莹的样子▷萤火虫夜晚发出～光亮｜细雨冲刷过的树叶～的。☞"莹莹"这里读变调。

【绿油油】lǜyōuyōu 形浓绿而光润的样子▷～的松林｜玉米长得～的。☞"油油"这里读变调。

【绿洲】lǜzhōu 图沙漠中有水有草木，适于人住的地方。

氯

氯 lǜ 图非金属元素，符号 Cl。浅黄绿色气体，比空气重，有毒。通称氯气。☞不读 lù。

滤（濾）

滤（濾）lǜ 团使液体或气体通过沙子、纱布、木炭等除去杂质▷过～｜～纸。

luan

峦（巒）luán 图小而尖的山；泛指山峰▷山～起伏｜峰～。

孪（攣）luán 团一胎双生▷～生。☞统读 luán。

栾（欒）luán 图栾树，落叶乔木。叶子可做青色染料，也可做药材；木材可以制器具；种子可以榨油。

挛（攣）luán 团(手脚)弯曲不能伸开▷～缩｜痉～。☞统读 luán。

【挛曲】luánqū 图蜷曲；弯曲▷两腿～，不能站立。☞"曲"这里不读 qǔ。

【挛缩】luánsuō 团蜷曲萎缩▷关节炎使他双腿～。

鸾（鸞）luán 图传说中凤凰一类的鸟，古人常用鸾凤比喻贤人或夫妻▷～翔凤集(人才会集)｜～凤和鸣(比喻夫妻和美)。

滦（灤）luán 图滦河，在河北，流入渤海。

銮（鑾）luán ❶图古代安装在皇帝车驾上的铃铛▷～铃｜～音。❷〈文〉借指皇帝的车驾▷起驾回～。

卵 luǎn 图雌性生殖细胞，与精子结合后可产生第二代；特指鸟类的蛋▷产～｜鹅～｜鸟～。

【卵巢】luǎncháo 图雌性生殖腺，是产生卵细胞和雌性激素的器官。

【卵翼】luǎnyì 团鸟用翅膀覆盖住卵以孵出小鸟，比喻养育或庇护(含贬义)▷在帝国主义的～下苟延残喘。

乱（亂）luàn ❶图没有秩序和条理▷一团～麻｜头发很～。❷团使混乱；使杂乱▷～了敌人。❸图(社会)动荡不安▷天下大～｜～世。❹图战争；祸患▷战～｜避～。❺图(心绪)不宁；烦乱▷心烦意～｜心～如麻。❻两性关系混乱；淫▷～制；随便▷～花钱｜胡言～语。❼圖不加限制；随便▷～花钱｜胡言～语。

【乱纷纷】luànfēnfēn 图十分杂乱的样子▷溃败的敌兵～地逃命。

【乱哄哄】luànhōnghōng 图形容声音纷乱嘈杂▷集市上人喊马嘶～的。

【乱离】luànlí 团遭战乱而流亡离散▷百姓～，生灵涂炭。

【乱伦】luànlún 团违背法律、风俗或道德观念，近亲之间发生性行为。

【乱蓬蓬】luànpéngpéng 图须发或草木散乱的样子▷长着一脸～的花白胡子｜水塘边杂草丛生，～的。☞"蓬蓬"这里读变调。

【乱七八糟】luànqībāzāo 形容杂乱不堪，毫无条理。

【乱世】luànshì 图社会动荡的时代▷～见忠奸。

【乱弹琴】luàntánqín 比喻没有根据地乱来或胡说。

【乱套】[1] luàntào 团搞乱次序或秩序▷合唱时好几个人不听指挥，全～了。

【乱套】[2] luàntào 团胡乱套用、照搬▷各地的具体情况不同，绝不能生搬～。

【乱腾腾】luànténgténg 图形容纷乱或不安静▷这地方被他们搞得～的｜他脑子里～的，一时拿不定主意。☞"腾腾"这里读变调。

【乱糟糟】luànzāozāo 图事物杂乱或思绪混乱的样子▷院里院外到处是废铜烂铁，～的｜这一阵他心里～的。

【乱真】luànzhēn 团(仿制得很像)让人难以分辨真假▷这幅画仿制得能～了。

【乱子】luànzi 图祸患；纷争▷闯了个～｜谁惹的～谁解决。

lüe

掠 lüè ❶团抢夺▷～夺｜～取｜抢～｜掳～。❷轻轻擦过或拂过▷海鸥～过水面｜一～而过｜浮光～影。☞统读 lüè。

【掠夺】lüèduó 团抢掠；劫夺▷野蛮｜～人民财富。

【掠美】lüèměi 团把别人的好名声、成绩或创见据为己有▷诸家之说均已注明，本人岂敢～｜请勿掠他人之美。

【掠取】lüèqǔ 团劫掠；夺取▷列强用大炮～战败国领土｜地主～农民劳动血汗。

【掠影】lüèyǐng 图目光极快地扫过而得到的大体印象(常用作文章标题)▷《西藏～》。

略 lüè ❶团夺取；掠夺▷攻城～地｜侵～。❷图计谋；规划▷雄才大～｜胆～｜策～｜战～。❸大概情况▷概～｜事～｜传(zhuàn)～。❹图简单▷该详就详，该～就～。❺团省去▷省～｜删～。❻圖稍微▷～有进步。

【略胜一筹】lüèshèngyīchóu 比对方多一个筹码，形容稍微强一点。

【略微】lüèwēi 圖稍微▷他～有点担心｜汽车～停了一会儿，便开走了。

lun

抡（掄）lūn 团(手臂)使劲挥动▷～起镐头就挖。☞跟"抢"(qiǎng)不同。

仑（侖）lún ❶图〈文〉条理；次序。现在通常写作"伦"。❷见"昆"❸。☞"仑"和"仓"(cāng)不同。"仑"是"侖"的简化字，下边是"匕"；"仓"是"倉"的简化字，下边是"巳"。

伦（倫）lún ❶图辈；类▷无与～比｜不～不类｜荒谬绝～。❷伦理▷人～｜～常｜天～之乐。❸条理▷语无～次。

【伦次】lúncì 图条理、次序▷说话毫无～｜文笔～明晰。

【伦理】lúnlǐ 图处理人与人相互关系的各种道理和准则。

囵（圇）lún 见[囫囵]húlún。☞统读 lún。

沦（淪）lún ❶团落到水里▷沉～｜～没。❷陷入(不幸或罪恶的境地)▷～为殖民地｜～为盗贼。❸丧亡；消失▷～亡｜～丧。☞"沦"和"沧"不同。"沦"是"淪"的简化字，右边是"仑"；"沧"是"滄"的简化字，右边是"仓"。

【沦落】lúnluò 团流落；没落▷～他乡｜世风～。

【沦丧】lúnsàng 团沦亡；丧失▷国家～｜道德～。

【沦亡】lúnwáng ❶团领土陷落；国家、民族灭亡。❷丧失▷道义～。

【沦陷】lúnxiàn 团领土陷落(在敌手)▷国土～｜～区。

纶（綸）lún 图〈外〉指某些合成纤维▷丙～锦～。☞在"纶巾"(古代配有青丝带的头巾)中读 guān。

轮（輪）lún ❶图车辆或机械上能转动的圆形部件▷四～马车｜三～车｜齿～。❷团依照次序替换▷明天该～到我值班了。❸图像轮子的东西▷月～｜耳～｜年～。❹轮船▷海～｜客～｜～渡。❺

圜a)用于日、月等圆形的东西▷一~红日|一~明月。b)用于循环的事物或动作▷循环赛已经进行了三~。❻图十二岁为一轮(用十二地支记人的属相，每十二岁轮回一次)▷他也属猴，比我大一~。

【轮唱】　lúnchàng 囫演唱者分成两个或更多的组，规定时距分先后错综演唱同一首歌曲。

【轮次】　lúncì 图轮换的次数▷他们车间干活三班倒(dǎo)，24小时一个~。

【轮番】　lúnfān 囫轮流交替▷~轰炸|劝说。

【轮换】　lúnhuàn 囫轮替更换▷~发球|影片~放映。

【轮回】　lúnhuí 囫循环往复▷太阳天天出没，~不息。

【轮空】　lúnkōng ❶囫在分轮次比赛中，某参赛者在某轮没有安排对手，直接进入下一轮比赛。❷(在编专业人员)在规定时间内没有安排日常任务▷这学期他~，没有教学任务，可以集中精力搞科研。

【轮廓】　lúnkuò ❶图人体、物体、图形等的外缘线条▷勾画人物的~。❷事物的大致情形▷二十年来经济发展的~。

【轮流】　lúnliú 囫按次序一个接一个地循环往复▷~做东|~上台发言。

【轮休】　lúnxiū ❶囫为了恢复地力而在某一个耕种时期不在某块地上种植作物。❷(职工)轮换休假。

【轮训】　lúnxùn 囫轮流培训。

【轮作】　lúnzuò 囫同一块田地上轮换种植不同的作物。也说轮种。

论(論)　lùn ❶囫讨论研究;分析、说明事理▷议~|~说|~文。❷(按某种标准)衡量;评定▷迟到15分钟以上按旷课~|功行赏。❸分表示以某种单位为准(与量词组合)，相当于"按""按照";表示就某个方面来谈▷~斤卖|下棋，他数第一。❹囫谈论;看待▷品头~足|一概而~。❺图言论或议论文▷宏~|谬~|社~|《实践~》。❻主张;学说;观点▷立~|相对~|人性~。☞在《论语》(儒家经典之一)中读 lún。

【论处】　lùnchǔ 囫确定处罚▷以诈骗罪~。

【论敌】　lùndí 图论辩的对手(用于政治、学术等方面)。

【论点】　lùndiǎn 图作者或说话人在文章或讲话中对某一问题的观点和主张▷中心~|必须鲜明。

【论调】　lùndiào 图论辩中的倾向或意见(含贬义)▷不必控制人口增长的~是十分有害的。

【论断】　lùnduàn 图经推理而得出的判断▷科学的~。

【论功行赏】　lùngōngxíngshǎng 评定功劳的大小，分别给予不同奖赏。

【论据】　lùnjù 图在证明和反驳中用来证明论题真实性的判断▷~充分有力。

【论述】　lùnshù 囫论说并阐述▷文章每个部分~一个问题。

【论说】　lùnshuō 囫议论和评说▷~中外古今|对是非加以~。

【论坛】　lùntán 图公开发表议论的场合(如有关部门组织的专题讨论会或报刊、电视台、广播电台等开辟的栏目)▷学术~|经济改革~。

【论题】　lùntí 图逻辑学指真实性需要得到证明的命题;议论的中心。

【论文】　lùnwén 图探讨或论述某个问题的文章▷学位~。

【论战】　lùnzhàn 囫因观点不同在政治或学术等问题上展开激烈辩论。也说论争。

【论证】　lùnzhèng ❶图逻辑推理形式，指引用论据来证明论题真实的论述过程和方法。❷囫论述并证明(观点的真实性)▷专家~过这个问题|~工程立项的

必要性和可行性。

【论著】　lùnzhù ❶图具有理论性、研究性的学术著作▷学术~。❷论文和著作▷几年来发表或出版~二十三种。

【论资排辈】　lùnzīpáibèi 指以资历辈分来确定级别、待遇的高低、提拔的先后等。

luo

捋　luō 囫用手握住(条状物)向一头滑动▷~起袖子|~胳膊|~树叶。○另见 lǚ。

啰(囉)　luō [啰唆]luōsuo ❶囮语言重复不简洁▷他讲话太~了。❷囫絮絮叨叨地说;一再说▷你~了半天，也没说明白。❸囮(事情)琐碎;麻烦▷一天到晚净是~事儿。☞○不宜写作"啰嗦"。○"啰"在"喽啰"中读 luó。○"啰"作句末助词，表示肯定语气时读轻声。如"你放心去就是啰"!

罗(羅)　luó ❶图捕鸟的网▷~网|天~地网。❷囫搜集;包含▷网~|搜~|~致|包~万象。❸图一种质地轻软，表面有纹眼的丝织品▷绫~绸缎。❹一种密孔筛子▷面磨(mò)好后要过一遍~|绢~。❺囫用罗筛▷~面。❻排列;分布▷~列|星~棋布。

【罗布】　luóbù 囫分列;散布▷星辰~|村落~如星。

【罗列】　luóliè ❶囫(众多事物)分布、排列▷碑亭里~着众多石碑。❷逐一举出来▷~事实。

【罗马数字】　luómǎ shùzì 古罗马人的记数符号。1至10是: Ⅰ Ⅱ Ⅲ Ⅳ Ⅴ Ⅵ Ⅶ Ⅷ Ⅸ Ⅹ。

【罗盘】　luópán 图测定方向的仪器。也说罗经。

【罗网】　luówǎng 图由绳线结成的捉鸟捕鱼的器具，比喻束缚人的东西▷挣脱旧观念的~。

【罗织】　luózhī 〈文〉编造(罪名)▷~罪状陷害好人。

【罗致】　luózhì 囫搜罗招揽(人才)。

萝(蘿)　luó 图指某些爬蔓植物▷女~|藤~。

【萝卜】　luóbo 图二年生或一年生草本植物。主根也叫萝卜，圆柱形或球形，肥厚多肉，可以食用。种子可以做药材，叫莱菔子。

逻(邏)　luó 囫巡查▷巡~。

【逻辑】　luójí 〈外〉❶图逻辑学，研究思维及其规律的科学▷学点~|~理。❷客观的规律性;思维的规律性▷生活的~|说话前后矛盾，不合~。

胴(膔)　luó 图指纹▷~纹。

锣(鑼)　luó 图一种铜制的打击乐器，盘状▷一面~|敲~打鼓。

【锣鼓喧天】　luógǔxuāntiān 敲锣打鼓声响震天，形容喜庆热闹或声势浩大。

箩(籮)　luó ❶图竹编器具，多为圆口平底，制作比较细致，用来盛粮食淘米等▷稻~|筐~。❷筛粮食等的竹器，圆形，底有细密的眼儿▷把芝麻过过~。☞跟"萝"不同。

【箩筐】　luókuāng 图用竹子、柳条、藤蔓等编成的盛物、运物器具。

骡(騾)　luó 图骡子▷马成群|马~|驴~。

【骡子】　luózi 图哺乳动物，驴和马交配所生的杂种。我国北方多用作力畜。公驴和母马所生的俗称马骡;公马和母驴所生的俗称驴骡。

螺　luó ❶图软体动物，体外包有锥形、纺锤形或扁椭圆形硬壳，壳上有回旋形纹。种类有田螺、海螺

等。❷像螺一样有回旋形纹理的(东西)▷~纹丨~丝。

【螺钉】 luódīng 图圆柱形或圆锥形的金属杆,一端有帽儿,杆上带有螺纹,常直接旋入木材中或有内螺纹的圆孔中(区别于"螺栓")。也说螺丝钉、螺丝。

【螺母】 luómǔ 图跟螺栓配套使用的中空扁状零件,外缘为六角形、方形或圆形等,中间有圆孔,孔内有阴螺纹。也说螺帽、螺丝母、螺丝帽。

【螺栓】 luóshuān 图跟螺母配套使用的圆杆状零件,一端呈六角形、方形或圆形等,另一端带有一段阳螺纹,常用于钢结构、木结构或机器中,起连接紧固作用。

【螺蛳】 luósī 图淡水螺的通称;一般较小,肉可以吃。

【螺纹】 luówén ❶图指头上的纹理。❷在机件的外表面或圆孔的内表面上制出的螺旋线形的凸起条纹。也说螺丝扣。☞不宜写作"罗纹"。

【螺旋】 luóxuán 图跟螺蛳壳纹理相似的曲线形▷~楼梯丨~式上升。

裸 luǒ 团暴露出来,没有遮盖▷~露丨赤~~。

【裸露】 luǒlù 团没有遮盖,露在外面▷鹅卵石~在河床上。

【裸体】 luǒtǐ ❶团裸露着身体。❷图裸露着的身体。

瘰 luǒ [瘰疬]luǒlì 图即淋巴结核,症状是颈部或腋窝出现硬块,溃烂后流脓,不易愈合。

蠃 luǒ 见[螺蠃]guǒluǒ。☞跟"赢"(léi)、"赢"(yíng)不同。"赢"下边由"月、虫、凡"组成。

莘(莘) luǒ 厖〈文〉显著;分明▷~~大者丨卓~~。

洛 luò ❶图洛河,在陕西,流入渭河。❷洛河,发源于陕西,经河南,流入黄河。

骆(駱) luò [骆驼]luòtuó 图哺乳动物,身体高大,背上有一或两个驼峰,耐饥渴高温。性温驯,能负重在沙漠中长途行走,号称"沙漠之舟"。

络(絡) luò ❶图像网一样的东西▷丝瓜~丨橘~丨腮胡子(luò)。❷中医指人体内气血运行的通道,即经脉的旁支或小支▷经~丨脉~。❸团(用网状物)兜住或罩住▷用发网~住头发◇笼~。❹缠绕▷~丝丨~纱。☞在"络子"(网状小袋子)中读lào。

【络绎不绝】 luòyìbùjué 前后接连不断。形容车马行人来往频繁。

落 luò ❶团物体从上方掉下来▷树叶~了丨叶~归根丨~泪。❷下降;使下降▷潮涨潮~丨~日丨降~丨把窗帘~下来丨~帆。❸掉在里面、后面或外面▷~水丨~网丨~伍丨~榜。❹事物由兴盛转向衰败▷衰~丨破~丨没~。❺归属▷重担~在我们的肩上。❻获得▷~下好名声。❼止息;停留▷脚~话音未~。❽留下;写下▷不~痕迹丨~款丨~账。❾图停留的地方▷下~丨段~。❿(人)聚居的地方▷村~丨院~。○另见 là;lào。

【落榜】 luòbǎng 团参加考试未被录取▷高考~。

【落笔】 luòbǐ 团用笔写或画▷不愧为书法家,果然~与众不同。

【落泊】 luòbó 团〈文〉潦倒失意▷~无依丨~江湖。☞不宜写作"落魄"。

【落差】 luòchā ❶团由于河流上、下游河床高度不同而形成的水位差。❷比喻事物由于客观条件变化而产生的差距或不同▷家庭经济收入的前后~较大。

【落成】 luòchéng 团(较大建筑物)竣工▷大厦~丨纪念碑月底~。

【落第】 luòdì 团原指参加乡试以上科举考试未考中,现泛指参加考试未被录取▷高考~。

【落后】 luòhòu ❶团行进中落在别人后面。❷厖比喻工作进度慢、发展水平低▷彻底改变家乡贫困~的面貌。

【落户】 luòhù ❶团迁到另一地长期居住▷他下乡后就在农村~了。❷入户口;取得户籍▷他还不能在本市~。

【落花流水】 luòhuāliúshuǐ 形容暮春的衰败、凋残景象。后也比喻残破零乱的景象或狼狈不堪的惨状。

【落荒而逃】 luòhuāng'értáo 离开战场或大路,向荒野逃去。泛指在斗争中遭受失败而逃避。

【落脚点】 luòjiǎodiǎn 图落脚的地方;也比喻事物的归宿▷寻找他在上海的~丨搞好生产经营是企业各项工作的出发点和~。

【落井下石】 luòjǐngxiàshí 比喻在别人遇到危难时乘机加以陷害。

【落空】 luòkōng 团(想法或目标)没有实现;没有着落▷计划~丨敌人的如意算盘~了。

【落款】 luòkuǎn ❶团在书信、碑刻、字画、礼品等上面题写上下款;在公文尾部写上发文机关和日期▷这幅画还没~,就被拿走了。❷图题写的上下款等▷扇面上的~不清楚。

【落落大方】 luòluòdàfāng 形容人性格开朗、言谈举止自然得体。

【落落寡合】 luòluòguǎhé 形容性情孤傲,跟人很难合得来。

【落马】 luòmǎ 团骑马奔跑时从马上掉下来;比喻作战或比赛失利▷中箭~丨上届奥运会冠军在本届奥运会上纷纷~。

【落墨】 luòmò 团下笔▷这段描写虽~不多,但人物神情却跃然纸上。

【落幕】 luòmù 团闭幕;结束▷国际象棋大赛已于昨日~。

【落难】 luònàn 团遭受灾难,陷于困境。

【落魄】 luòpò 团失掉魂魄,比喻惊慌失措▷失魂~。

【落实】 luòshí ❶团(政策、计划、措施等)落到实处,得到实现▷计划~了丨经费~,电视剧便可开拍。❷使落实▷~责任制丨~资金。❸厖(心情)安稳踏实▷直到小孙子病完全好了,她心里才~。

【落水狗】 luòshuǐgǒu 图比喻失势垮台的坏人。

【落汤鸡】 luòtāngjī 图落在热水里的鸡,比喻浑身湿透的人。

【落拓】 luòtuò 厖〈文〉豪爽,不拘束或形迹放浪▷行为~丨~不羁。☞不宜写作"落魄"(luòtuò)。

【落网】 luòwǎng 团罪犯被抓获▷通缉犯终于~,被绳之于法。

【落伍】 luòwǔ ❶团掉在队伍后面。❷比喻人或事物落在时代后面▷这种型号的汽车已远远~了。

【落选】 luòxuǎn 团(候选人)未被选上。

【落座】 luòzuò 团坐到席位上▷刚一~,演出就开始了。

摞 luò ❶团一个压着一个地往上放▷把书~起来丨韭菜一捆~一捆。❷量用于重叠放置的东西▷一~书丨一~草帽。

漯 luò 图用于地名。漯河,在河南。

M

ma

妈(媽) mā ❶图母亲▷爹~。❷对长辈或年长的已婚女性的称呼▷姑~|姨~|舅~|张~。

抹 mā ❶囫擦▷把桌子上的土~掉。❷用手按着向某一方向移动▷从手腕上一下一副镯子。○另见 mǒ;mò。

【抹脸】 mālian 囫脸色突然变得严肃、严厉▷他一~不认人了|怎么忽然抹下脸来了?

摩 mā [摩挲]māsā 囫用手轻轻按着反复地向一个方向或来回地移动▷把衣褶~平|~头发。○另见 mó。

麻 má ❶图草本植物,有大麻、黄麻、亚麻等。茎皮纤维也叫麻,可以制绳索、麻袋,也可以织布。❷指芝麻(zhīma)▷~油|~酱。❸函表示不光滑的或有细碎斑点的▷~子。❹身体某部分轻度失去知觉,或产生像虫蚁爬过那样不舒服的感觉▷腿压~了。❺某些食物带有的使舌头发木的味道▷川菜以~辣著称。☞在"麻麻黑"中读 mā。

【麻痹】 mábì ❶囫神经系统的病变,人体某一部分的感觉及运动功能完全或部分丧失。❷函思想麻木,失去警惕▷~大意。☞不要写作"痲痹"。

【麻烦】 máfan ❶函费事;头绪多而乱▷手续太~。❷囫使人费事;给人增加负担▷这件事就~你了。❸图额外负担;难对付的问题▷添|惹~。

【麻利】 máli 函快而利索▷动作~。

【麻木】 mámù ❶函肢体发麻或失去感觉▷耳朵冻~了。❷对外界事物反应迟钝,不敏感▷~不仁。

【麻木不仁】 mámùbùrén 比喻思想迟钝,对外界事物漠不关心。

【麻雀】 máquè 图鸟,体小,头圆尾短,羽呈栗褐色,背部有黑色条纹。栖息在树枝及屋檐下,不能远飞,食谷粒及小虫。也叫家雀。

【麻疹】 mázhěn 图一种急性传染病,小儿易受麻疹病毒感染。先高烧、咳嗽,呼吸道和结膜发炎,然后全身起红色的丘疹,常并发肺炎,百日咳等疾病。也说疹子。☞不要写作"痲疹"。

【麻醉】 mázuì ❶囫使有机体全部或局部暂时失去知觉,以便进行外科手术等治疗。❷比喻采用某种手段,使人认识模糊、意志消沉、思想迟钝。

蟆 má 见[蛤蟆]háma。

马(馬) mǎ ❶图哺乳动物,颈上有鬃,尾有长毛,四肢强健,有蹄善跑。是重要的力畜之一。❷函大▷~勺|~蜂|~蝇。

【马鞍形】 mǎ'ānxíng 图像马鞍子(放在骡马背上供骑坐的器具)那样两端高起中间低的形状,多比喻事物发展的曲折、起伏▷经济发展有时呈~。

【马帮】 mǎbāng 图用马驮运货物的商队。

【马不停蹄】 mǎbùtíngtí 比喻一点儿也不停歇地持续进行。

【马达】 mǎdá 图〈外〉电动机的音译,也泛指发动机。

【马大哈】 mǎdàhā ❶粗心大意,马马虎虎▷你也太~了,怎么连自己的生日都搞不清。❷粗心大意的人。

【马到成功】 mǎdàochénggōng 比喻工作一开始就取得成功。

【马蜂窝】 mǎfēngwō 比喻难以对付的人或容易引起诸多麻烦的事▷这回你可算捅了~了。☞不宜写作"蚂蜂窝"。

【马后炮】 mǎhòupào 下象棋的术语,比喻事情过后才出现的不起作用的言论和举措。

【马虎】 mǎhu 函草率;粗心大意▷作业写得太~|对待工作不可马马虎虎。☞不宜写作"马糊"。

【马脚】 mǎjiǎo 图比喻企图隐瞒的问题▷露出了~。

【马厩】 mǎjiù 图养马的棚子。

【马驹】 mǎjū 图幼小的马。

【马拉松】 mǎlāsōng 〈外〉❶图马拉松赛跑,全程42195米。❷函比喻时间很长(含贬义)▷~工程|~报告。

【马力】 mǎlì ❶图马的耐力▷路遥知~,日久见人心。❷量计量功率的单位,1马力等于1秒钟内把75千克重的物体提高1米所做的功;在国际单位制中1马力等于735瓦特。❸图动力;开足~。

【马铃薯】 mǎlíngshǔ 图多年生草本植物。地下块茎也叫马铃薯,多为卵形、椭圆形,可食用。也说土豆儿。

【马路】 mǎlù 图城市和近郊平坦宽阔的道路。

【马路新闻】 mǎlù xīnwén 流传很广但未经证实的消息。

【马趴】 mǎpā 图〈口〉身体向前、面朝下突然倒地的动作▷栽了个大~。

【马屁精】 mǎpìjīng 图指善于拍马逢迎的人。

【马前卒】 mǎqiánzú 旧指在官吏车马前开路当差的人,后比喻为他人效力或受人驱使的人。

【马赛克】 mǎsàikè 图〈外〉一种铺贴在浴室、厨房等地面的小瓷砖。

【马上】 mǎshàng 副立即▷~动身|会议~就结束。

【马失前蹄】 mǎshīqiántí 比喻偶然出现失误而遭受挫折。

【马术】 mǎshù 图骑马的技术,包括赛马、骑马跨越障碍、马上技巧等项目。

【马戏】 mǎxì 图原指驯马或骑马的技艺表演,现指经过专门训练的各种兽类在驯兽人员指挥下的技能表演。

【马扎】 mǎzhá 图一种携带方便的小型坐具,两腿相互交叉,上面绷以帆布或带子等,可合拢。☞不要写作"马剳"。

吗(嗎) mǎ ❶[吗啡]mǎfēi 图〈外〉由鸦片制成的有机化合物,白色粉末,味苦,有毒。医药上用作镇痛剂,连续使用易成瘾。❷囫用在句子末尾,读轻声。a)表示疑问语气▷你去过上海~? b)表示反诘▷你这么做对得起老师~?

玛(瑪) mǎ [玛瑙]mǎnǎo 图矿物,主要成分是二氧化硅,有不同颜色的条纹或环纹,鲜艳美丽,质地坚硬耐磨,可用作仪表轴承、研磨用具、装饰品等。

码(碼) mǎ ❶图代表数目的符号▷号~|页~|明~售货。❷计量数目的用具▷筹~|砝~。❸量用于事情▷一~事|毫不相干的两~事。❹囫〈口〉摞起;堆叠▷把白菜~整齐|~放。❺量〈外〉

英美制长度单位,1码等于3英尺,合0.9144米。

【码头】 mǎtou ❶图专供船只停靠、乘客上下、货物装卸的临水建筑物。❷指水陆交通发达的商业城市。

蚂（螞） mǎ 见下。☞在"蚂蚱"（蝗虫）中读 mà。

【蚂蟥】 mǎhuáng 图环节动物,体狭长,后端有吸盘,雌雄同体。生活在水田和沼泽里,吸食人、畜血液。可以做药材。

【蚂蚁】 mǎyǐ 图蚁科昆虫的统称。包括雌蚁、雄蚁、工蚁三种。

骂（罵） mà ❶团用粗话、恶语侮辱人▷～人。❷用严厉的话斥责▷责～。

【骂街】 màjiē 团〈口〉当众漫骂▷有话好好说,别～。

【骂骂咧咧】 màmaliēliē 团〈口〉边说边骂▷一路上～,也不知是冲谁来的。

嘛 ma ❶团用在陈述句末尾,表示理所当然▷这是我的家～,我当然要回来|人多力量大～。❷用在祈使句末尾,表示期望或劝阻▷动作快一点～！|不让你去,就别去～！❸用在句中,表示提顿,引起对方注意下文▷学生～,主要任务就是学习。❹见[喇嘛]lǎma。

mai

埋 mái ❶团用土盖住;泛指用他物盖住或掩入其中▷把萝卜～在土里保存|大雪～住了道路|掩～。❷隐没▷隐姓～名。☞在"埋怨"（因事情不称心而表示不满）中读 mán。

【埋藏】 máicáng ❶团藏在地下或泥土中▷地下～着石油|据说财宝～在后院。❷隐藏▷有话就说吧,总～在心里不好！

【埋伏】 máifú ❶团在估计攻打对象将经过的地方隐藏起来,待机出击▷～在路边的丛林中。❷图埋伏的行动▷中了～。❸比喻有意隐藏的部分事物▷对方恐怕打了～。

【埋没】 máimò ❶团因被埋起来而见不到▷古城被沙漠～了一千多年。❷对人才、成绩等不予重视或不去发现▷～人才|功绩被～了。

【埋设】 máishè 团把某些设施安放在挖开的地里并掩埋好▷～地下管道。

【埋头】 máitóu 团专心致志;下苦工夫▷～学习|在～科研中。

【埋葬】 máizàng ❶团掩埋尸体。❷比喻彻底消灭▷～一切反动派。

霾 mái 图空气中由于悬浮着大量物质微粒而形成的混浊现象▷阴霾。

买（買） mǎi ❶团用货币换取实物,或以一种货币换另一种货币、债券;购进（跟"卖"相对）▷～粮食|～国库券。❷用财物拉拢▷～通。

【买办】 mǎibàn 图旧指外国资本家在旧中国开设的商行、公司、银行等雇用的中国经纪人、代理人等。

【买方市场】 mǎifāng shìchǎng 当供过于求时,买进的一方有选择、比较、讨价还价等主动权的市场。

【买好】 mǎihǎo 团有目的地用言语或行动讨人喜欢。

【买空卖空】 mǎikōngmàikōng 一种商业投机活动,投机者估计证券、外币、期货等行情的涨落,通过交易所或经纪人乘机买进或卖出。因双方没有货物和现款过手,只是到期结算,按进出的差价计算盈亏,所以称作"买空卖空"。❷比喻招摇撞骗,搞投机活动。

【买卖】 mǎimai ❶图生意;商业经营活动▷做～。❷团贩卖▷～生猪。

【买通】 mǎitōng 团用钱财等收买人,以便做对自己有利的事▷～关节。

【买账】 mǎizhàng 团认为对方比自己强或跟自己交情深,愿意服从或帮忙;给面子▷他不会～的|谁买你的账。

迈（邁） mài ❶团跨步;抬腿向前走▷～过小水沟|～进。❷图年老▷年～|老～。

【迈步】 màibù 团跨步;抬腿向前走▷孩子学会～了。

【迈进】 màijìn 团（向着一定的目标）大步前进▷向现代化～。

麦（麥） mài 图一年生或二年生草本植物,有小麦、大麦、黑麦、燕麦等。子实用来磨面粉,也可以制糖或酿酒。特指小麦。通称麦子。

【麦麸】 màifū 图磨小麦粉时过筛剩下的麦皮屑。

【麦克风】 màikèfēng 图〈外〉传声器。

【麦浪】 màilàng 图大片田里的麦子被风吹得象波浪一样起伏的情景。

【麦芒】 màimáng 图麦穗外皮上的针状细刺。

【麦秋】 màiqiū 图麦子成熟和收割的季节,一般在夏季。

卖（賣） mài ❶团用实物换取货币;售出（跟"买"相对）。❷用劳动、技艺等换取钱财▷～苦力|～艺。❸损害国家民族和他人利益以达到个人目的▷～身投靠|～国投敌。❹尽量使出来▷～力。❺故意显示自己;炫耀▷～功|倚老～老。☞上边是"十",不是"士""土"。

【卖方市场】 màifāng shìchǎng 当市场供不应求时,卖出的一方有限购、惜售、抬价等主动权的市场。

【卖狗皮膏药】 màigǒupígāoyào 江湖郎中兜售名不副实的膏药。泛指说得动听,实际上全是骗人。

【卖乖】 màiguāi 团自夸其能或自夸聪明▷得便宜～。

【卖关子】 màiguānzi ❶说书说到故事情节的关键处突然停止,借以吸引听众继续听下去。❷比喻说话、做事到了关键处故弄玄虚,以引起对方着急,从而达到自己的目的。

【卖官鬻爵】 màiguānyùjué 出卖官职爵位,以大量收受钱财（鬻:卖）。

【卖国】 màiguó 团出卖国家和民族的利益或从事分裂祖国的活动。

【卖劲】 màijìn 团〈口〉不惜费力,使劲儿。也说卖力。

【卖命】 màimìng ❶团拼命地干▷～干活儿。❷为私利受集团或个人所驱使而干有生命危险的事▷为走私集团～,没有好下场。

【卖弄】 màinong 团故意在别人面前显示自己▷～乖巧|～风骚。

【卖俏】 màiqiào 团故意做出娇媚的表情或姿态以诱惑人。

【卖身投靠】 màishēntóukào 形容丧失人格,充当敌人或坏人的走狗。

【卖友求荣】 màiyǒuqiúróng 出卖朋友,以换取个人的名利地位。

【卖座】 màizuò 图上座情况好;观众、顾客多▷好影片真～。

脉 mài ❶图血脉,分布在人和动物体内的血管▷动～|静～。❷脉搏▷弱～|诊～|号～。❸像血管那样连贯而成系统的事物▷山～|叶～。○另见 mò。

【脉搏】 màibó 图心脏收缩时,由于输出血液冲击动脉管壁而使动脉有规律跳动的现象▷～正常◇时代的～。

【脉络】 màiluò ❶图指植物的花、叶和昆虫翅膀上像血脉一样的组织▷叶子的～清晰可见。❷布局、条理▷～清楚|思想～|文章的～。

man

蛮（蠻） mán ❶图我国古代称南方的民族▷南～｜～夷。❷形粗野凶狠，不讲道理▷～横｜～野～。❸鲁莽；强劲有力▷～干｜～力。

【蛮横】mánhèng　形粗暴；不讲道理▷～霸道。☞"横"这里不读 héng。

馒（饅） mán ［馒头］mántou 图一种用发酵面粉蒸熟的食品，形状多为半球体，不带馅儿。

瞒（瞞） mán 团隐藏实情，不让人知道▷欺上～下。

【瞒哄】mánhǒng　团隐瞒欺骗。

【瞒天过海】mántiānguòhǎi　比喻用隐蔽欺骗的手段，躲过上级的监督，做违法乱纪的事。

鳗（鰻） mán ［鳗鲡］mánlí 图鱼。身体圆长，生活在淡水中，成熟后到深海产卵。是名贵食用鱼之一。也说白鳝。

满（滿） mǎn ❶形里面充实，没有余地；达到容量的饱和点▷场场客｜肥猪一圈。❷团感到已经足够▷心～意足。❸形骄傲▷自～。❹团达到一定限度▷不～周岁｜身高～五尺。❺使满▷再上一杯。❻形全；整个▷～口答应。❼副表示完全▷～可以不去。

【满城风雨】mǎnchéngfēngyǔ　比喻某消息到处传播，议论纷纷。

【满腹】mǎnfù　团心中充满▷怨气～｜～狐疑｜牢骚～。

【满腹经纶】mǎnfùjīnglún　形容人富有政治才能（经纶：整理过的蚕丝，比喻治国的才能）。也泛指饱学多才。

【满怀】mǎnhuái　❶团充满胸怀▷～悲愤｜仇恨～。❷图整个前胸▷二人撞了个～。

【满口】mǎnkǒu　❶图口腔全部▷～金牙。❷形（说话）纯正；单一▷～普通话｜～谈的是健康问题。❸副表示坚决的口气或态度▷～称赞｜～否认。

【满目疮痍】mǎnmùchuāngyí　满眼看到的都是遭到严重破坏的残破凄惨景象（疮痍：创伤）。

【满腔】mǎnqiāng　形形容充满心胸▷～热忱｜怒火～。

【满师】mǎnshī　团学徒学习（技艺）期满；出师▷学习家电修理，已经～。

【满堂】mǎntáng　❶团充满厅堂或会场▷儿孙～｜喜气～。❷图全场▷～生辉｜～喝彩。

【满堂彩】mǎntángcǎi　全场喝彩、叫好▷她每次演唱总是获得～。

【满堂灌】mǎntángguàn　在课堂上教师只是讲授，不注意调动学生积极性。

【满堂红】mǎntánghóng　比喻全面胜利或到处兴旺的景象▷射击比赛二连得了个～。

【满意】mǎnyì　团完全符合自己的心意或愿望▷人们很～他的新设计。

【满员】mǎnyuán　团达到规定的人数▷205 次列车已经～了｜招工尚未～。

【满载】mǎnzài　❶团运输工具装得满满的或达到了规定的载重量。❷机器、设备工作时达到规定的负载。

【满足】mǎnzú　❶团感到足够了▷他们不～于现状。❷使得到满足▷可以～你的愿望。

螨（蟎） mǎn 图节肢动物，身长不超过 2 毫米，呈圆形或椭圆形。有 3 万多种，有的危害农作物、果树等，有的能把疾病传播给人和动物，也有的有益于人类。

曼 màn ❶形长（多用于空间）；远▷～延。❷柔美；柔和▷轻歌～舞。

【曼延】mànyán　团连绵不断▷太行山脉～千余里。

谩（謾） màn 团对人无礼▷～骂。

【谩骂】mànmà　团用轻慢的态度辱骂。

墁 màn 团把砖、石、木块等铺在地面上▷用大理石～地。

蔓 màn ❶图草本植物的细长柔软的枝茎▷～草｜生植物。❷团滋生；扩展▷滋～。☞在"蔓菁"（芜菁）中读 mán。○另见 wàn。

【蔓延】mànyán　团形容像蔓草一样向周围延伸、扩展▷大火向四处～｜浪费的恶习～成风。

幔 màn 图悬挂起来供遮挡用的布、纱、绸等▷窗～｜纱～｜～子。

漫 màn ❶团遍布；充满▷～山遍野｜弥～。❷水过满而外流▷杯子里的水～出来了。❸形随意；无拘无束▷～游。❹长；远▷长夜～～｜～长。❺副莫；不要▷～说｜～道。☞统读 màn。

【漫笔】mànbǐ　图漫谈式的文章（多用于标题）。

【漫不经心】mànbùjīngxīn　随随便便，全不在意（漫：随便；经心：在意）。

【漫步】mànbù　团悠闲地随意走▷～街头。

【漫长】màncháng　形延续得很长的（时间、道路等）▷～的冬天｜海岸线曲折～。

【漫道】màndào　匯连接分句，表示让步关系，相当于"不要说"▷～是长江，即使是大海，我们也能跨越过去。也说漫说。☞不宜写作"慢道"。

【漫画】mànhuà　图一种具有幽默性、讽刺性的画。一般通过夸张、比拟、象征等手法，以简单的线条诙谐地表现生活、时事或人物。

【漫话】mànhuà　团随意地谈论（多用作标题）▷～心理失衡。

【漫骂】mànmà　团随意乱骂▷～一气。

【漫山遍野】mànshānbiànyě　布满山岗原野。形容数量很多，到处都是。

【漫谈】màntán　团不拘形式地发表看法。

【漫天】màntiān　❶形满天的▷～乌云。❷没有边际的▷～谎话。

【漫无边际】mànwúbiānjì　非常广阔，看不到边。也形容谈话、演说、写文章等很随意，离主题很远。

【漫延】mànyán　团水满而向四周扩散；泛指向四周低洼处扩散▷湖水～至周围农田｜疮口的脓血向外～着。☞"漫延""曼延""蔓延"意义不同，不要混用。

【漫游】mànyóu　❶团随意在水中游动。❷随意地无拘无束地旅游▷～欧洲。❸在计算机网络中，随意选择浏览对象等▷网上～。❹在移动电话网中，用户携带移动电话机从一个服务区移向另一个服务区仍继续使用。

慢 màn ❶形对人没有礼貌▷～待｜傲～｜怠～。❷速度低；延续的时间长（跟"快"相对）▷走～点儿｜这表～五分钟｜～车。

【慢待】màndài　❶团怠慢▷不要～了客人。❷客套话，用于向对方表示招待不周▷大家远道而来，～了。

【慢腾腾】màntēngtēng　形形容动作慢慢▷～地走。☞"腾腾"这里读变调。

【慢条斯理】màntiáosīlǐ　做事说话不慌不忙，有条有理。

【慢性】mànxìng　形发作缓慢的；拖延得很久的▷～肝炎｜吸烟是～自杀。

【慢悠悠】mànyōuyōu　形形容从容；不急不忙▷老人

~地踱着步子｜她慢慢悠悠地离开了公园。

mang

芒 máng ❶图某些禾本科植物子实外壳上的细刺▷麦～。❷多年生草本植物,秆高1—2米,叶子狭长,叶端尖锐形,秆皮可以造纸、编草鞋▷～鞋。❸指某些针刺状的东西▷光～｜锋～。☞统读máng。

【芒刺在背】　mángcìzàibèi　像芒和刺扎在背上一样坐立不安。

【芒果】　mángguǒ 图亚热带植物,常绿乔木;果实也叫芒果。肾脏形,果肉味美多汁。木材坚韧。

忙 máng ❶形要做的事情多,没有空闲(跟"闲"相对)▷～得没空回家｜农～｜繁～。❷团急着去做(某事)▷撂下饭碗就去～工作｜～着回家。

【忙里偷闲】　mánglǐtōuxián　在繁忙中挤出一点空闲时间。

【忙碌】　mánglù ❶形忙①▷最近他非常～｜她总是在忙忙碌碌地干活。❷团忙着做事▷你在～什么呀?｜～了一天。

【忙乱】　mángluàn 形形容繁忙杂乱、缺乏条理▷生活相当～｜整天忙忙乱乱的,理不出个头绪来。

杠 máng [杠果]mángguǒ 通常写作"芒果"。

盲 máng ❶形眼睛失明;看不见东西▷～人｜夜～症。❷比喻对某些事物或事理不认识或分辨不清▷色～｜文～｜从～。

【盲从】　mángcóng 团不了解实情或不辨清是非就附和、听从▷一切从实际出发,既不自以为是,也不～他人。

【盲点】　mángdiǎn ❶图眼球视网膜上没有感光细胞,不能感受光线而失去视觉的点。❷比喻某方面知识或技能的欠缺。

【盲动】　mángdòng 团在情况和目的不明及筹划不周的情况下贸然行动▷遇事浮躁～,往往导致失败。

【盲目】　mángmù 形比喻情况不明,认识不清▷～投资｜交友不可～。

【盲区】　mángqū 图雷达探测不到、探照灯照不到、胃镜或膀胱镜等仪器观察不到的区域或部位。也比喻人们在某方面的认识或能力上有较大的局限性。

【盲人摸象】　mángrénmōxiàng　佛经故事说,几个失明的人摸象,摸到耳朵的说像簸箕,摸到腿的说像柱子,摸到腹部的说像一堵墙,摸到尾巴的说像一条大蛇。比喻只凭对事物的片面了解,便妄加推断,以偏概全。

【盲文】　mángwén ❶图供盲人使用的拼音文字。字母用排列不同的凸起圆点组成,盲人可以摸读。❷用盲字刻写或印刷的文章。

氓 máng 见[流氓]liúmáng。

茫 máng ❶形广阔无边,看不清楚▷大海～～｜无边际｜迷～。❷不清晰、不明白▷～无所知。

【茫然】　mángrán ❶形完全不了解或不知所措的样子▷～不知｜事情来得太突然,使人很～。❷因失意而神情恍惚的样子▷神色～｜～若失。

【茫无头绪】　mángwútóuxù　事情纷乱而没有头绪,不知如何着手。

硭 máng [硭硝]mángxiāo 图无机化合物,含有10个分子结晶水的硫酸钠。可用作工业原料,医药上用作泻药。☞不宜写作"芒硝"。

莽 máng ❶图茂密的草▷草～｜丛～。❷形(草)茂密▷～原～。❸粗鲁;冒失▷～汉｜～撞｜鲁～。☞中间是"犬",不是"大"。

【莽莽】　mǎngmǎng ❶形草木茂盛的样子▷山林～。❷广阔;没有边际▷～草原。

【莽原】　mǎngyuán 图茂盛的草覆盖着的原野▷千里～。

【莽撞】　mǎngzhuàng 形(言语行动)鲁莽冒失▷小伙子太～,又捅了娄子｜谨慎点,别那么莽莽撞撞的!

蟒 mǎng ❶图蟒蛇。❷蟒袍,明清两代官员的礼服,袍上绣有金色的蟒▷穿～｜～玉(蟒袍和玉带)。

【蟒蛇】　mǎngshé 图无毒大蛇,长可达6米。多生活在热带近水的森林里,捕食动物。

mao

猫 māo ❶图哺乳动物。性温顺,行动敏捷,善跳跃,喜捕鼠类。❷团〈口〉躲藏▷别老～在家里｜～冬。☞在"猫腰"(弯腰)中读máo。

【猫哭老鼠】　māokūlǎoshǔ　比喻假慈悲,假充好人。

【猫眼】　māoyǎn 图安装在门上的窥视透镜。

毛 máo ❶图人和动植物皮上生的细丝状的东西▷寒～。❷形小;细微▷～细血管｜～～雨。❸量角,1元钱的1/10。❹形指货币贬值▷钱～了。❺图物体上长的丝状霉菌▷糕点长～了。❻形不纯净的▷～利｜～重。❼粗糙的;没有加工的▷～坯。❽粗率;不细心▷～手～脚。❾惊慌;害怕▷半夜走山路,心里发～。

【毛笔】　máobǐ 图用兔、羊、黄鼠狼等动物的毛制成的笔,是书法和国画的传统工具。

【毛病】　máobìng ❶图器物等有损坏或故障,泛指事物存在的问题或弊端▷电视机出～了,图像不清｜电灯有～,老是一闪一闪的。❷指人的缺点或不良习惯▷又抽烟又喝酒,～不少。❸疾病▷一点小～,不碍事。

【毛糙】　máocao ❶形粗糙;不细致▷这活儿做得太～。❷粗心;马虎▷他这人毛毛糙糙的,做事只图快,不认真。

【毛涤】　máodí 图羊毛和涤纶的混纺织品。也说毛涤纶。

【毛估】　máogū 团粗略地估摸▷这头猪～不少于二百斤。

【毛骨悚然】　máogǔsǒngrán　身上汗毛竖起,脊梁骨发冷。形容十分恐惧。☞不要写作"毛骨耸然"。

【毛利】　máolì 图在经营销售的总收入中只扣除成本而未扣除其他支出的利润。

【毛料】　máoliào 图用羊毛、兔毛等动物纤维或人造毛纺织成的料子。

【毛毛雨】　máomáoyǔ ❶图极细小的雨。❷比喻事先透露的一点消息或比喻温和委婉的提醒、批评。

【毛坯】　máopī 图初具形体还需加工的半成品,在机器制造中多指铸件或锻件。

【毛茸茸】　máorōngrōng 形细毛丛生柔软的样子▷～的小鸡。☞"茸茸"这里读变调。

【毛手毛脚】　máoshǒumáojiǎo　手忙脚乱,粗心大意。

【毛躁】　máozào ❶形急躁;不沉着▷他这人脾气太～。❷粗心;不细致▷搞科学实验要细心,切不可毛毛躁躁。

【毛毡】　máozhān 图用羊、驼等粗毛压制成的比呢子厚的片状物,用来铺垫或做靴子等。

【毛重】　máozhòng 图货物连同包装物的重量或褪毛剥皮前禽畜的重量(跟"净重"相对)。

矛 máo 图古代兵器,在长杆的一端装有金属枪头▷长～。

【矛盾】 máodùn ❶图比喻观点或行为自相冲突▷你的发言前后有～。❷唯物辩证法指客观事物和人类思维内部各个对立面之间的相互依赖又相互排斥的关系。❸泛指人或事物在关系上存在的问题▷小李和小王有～。

【矛头】 máotóu 图矛的尖端,常比喻评论或举动所指的对象▷把打击的～指向贪污腐化现象。

茅 máo 图白茅,多年生草本植物。

【茅庐】 máolú 图〈文〉草屋,泛指简陋的房屋。

【茅塞顿开】 máosèdùnkāi 茅草堵塞的通道一下子打开了。比喻经过启发诱导,一下子明白了。☞"塞"这里不读 sāi 或 sài。

牦 máo [牦牛]máoniú 图牛的一种,腿矮身健,全身有长毛,耐寒。是我国青藏高原的主要力畜。

旄 máo 图古代一种旗帜,旗杆顶上有牦牛尾作装饰。

锚(錨) máo 图铁或钢制成的停船用具,一端有钩爪,一端用铁链或绳索与船身相连,停泊时抛到水底或岸边,使船稳定。

蟊 máo 图吃苗根的害虫。

【蟊贼】 máozéi 图〈文〉危害国家和人民的坏人。

卯 mǎo ❶图地支的第四位。❷旧时官署规定在卯时开始办公,所以用"卯"作为点名、签到等活动的代称▷点～(点名)|应～(点名时应声)|画～(签到)。❸卯眼▷凿个～。

【卯榫】 mǎosǔn ❶图卯眼和榫头。❷团用榫头插入卯眼,使器物部件牢固连接。

【卯眼】 mǎoyǎn 图某些器物利用凹凸方式相连处的凹进的部分。

铆(鉚) mǎo ❶团用特制的金属钉把金属板或其他器件连接起来▷～接。❷〈口〉集中(力量)▷～劲儿|～足了劲儿。☞统读 mǎo。

【铆钉】 mǎodīng 图铆接金属构件的钉子,短圆柱形,一头有帽。

茂 mào ❶形(草木)长得多而且苗壮;繁盛▷根深叶～。❷丰盛▷声情并～。☞下半是"戊"(wù),不是"戍"(shù)。

【茂密】 màomì 形(草木等)多而密▷～的天然林。

【茂盛】 màoshèng 形(草木等)茂密苗壮▷玉米长得很～|～的橡胶林。

冒 mào ❶团顶着;不顾(危险、恶劣环境等)▷顶风～雪|～着生命危险。❷(大胆地)触犯;违犯▷～天下之大不韪|～犯。❸形轻率;莽撞▷～昧|～进。❹团用假的充当真的▷假～。❺向外涌出或漏出▷地沟往上～水|浑身～汗。☞㊀在"冒顿"(西汉初年匈奴族一个单于的名字)中读 mò。㊁上半是"冃"(mào),不是"曰"(yuē)。

【冒称】 màochēng 团假冒某种名义宣称▷这家伙～军人,到处招摇撞骗。

【冒充】 màochōng 团以假充真▷～警察|假货～正品。

【冒犯】 màofàn 团(言行)触犯或冲撞了对方▷～了长辈。

【冒号】 màohào 图标点符号的一种,形式为":"。用于提示性话语之后,提起下文。有时也用于总括性话语之前。

【冒火】 màohuǒ 团比喻生气;发怒。

【冒尖】 màojiān ❶团装得过满,稍高出于容器▷卡车装得～了。❷超出一般▷业务～。❸图头▷坏风气一

～,就应立刻刹住。

【冒进】 màojìn 团不顾具体条件,过早和过快地进行某项工作▷急躁。

【冒昧】 màomèi 形形容行事不顾是否合适(常用作谦词)▷～前来,打扰了|不揣～。

【冒名】 màomíng 团冒充别人的名义▷～顶替|～行骗。

【冒牌】 màopái 团冒充名牌或正牌▷～货|谨防～。

【冒失】 màoshī 形轻率;莽撞▷做事太～|举止冒冒失失的,一点不稳重。

【冒天下之大不韪】 màotiānxiàzhīdàbùwěi 公然敢于去做天下人都认为是极坏的事(不韪:不是,不对)。

【冒头】 màotóu 团露出苗头▷不良现象刚～就要制止。

【冒险】 màoxiǎn 团不顾危险或困难(做某事)▷～冲进敌阵|～超速行驶。

贸(貿) mào ❶团交易;交换财物▷财～|外～。❷副轻率▷鲁莽～～然|～然从事。

【贸然】 màorán 副轻率地;鲁莽地▷～答应|情况不明,不能～行动。☞不宜写作"冒然"。

【贸易】 màoyì 团进行商品交换等商业活动▷边境～|对外～。

耄 mào 图〈文〉八九十岁的年纪;泛指老年▷～耋(màodié,七八十岁的年纪)|老～之年。

袤 mào 图〈文〉南北的距离▷广～千里。

帽 mào ❶图帽子▷棉～|安全～。❷作用或形状像帽子的东西▷笔～|螺丝～。

【帽徽】 màohuī 图固定在制服帽子正前部,用来表示着装人身份、职业等的标志。

【帽盔】 màokuī 图没有帽檐的半球形硬壳帽子,顶上一般缀一个疙瘩。

【帽子】 màozi ❶图戴在头上用来保护头部或装饰的用品。❷比喻坏名义或罪名(多指强加于人的)▷不要用大～压人。

瑁 mào 见[玳瑁]dàimào。☞统读 mào。

貌 mào ❶图面容▷容～|相～。❷人的外表▷其～不扬|外～|礼～。❸事物的外观▷概～|祖国新～。

【貌合神离】 màohéshénlí 表面上看似一致,实质却完全不同。也指表面上亲密,内心里各有打算。

【貌似】 màosì 团表面上像(实际上不是)▷～诚实|～公正。

me

么(麼) me ❶词的后缀,附着在某些指示代词、疑问代词或副词后面▷这～|什～|多～。❷歌词中的衬字▷二呀～二郎山,高呀～高万丈。

mei

没 méi ❶团没有;无(对"有"的否定)。a)对领有、具有的否定▷手里～钱|这本书～看头。b)对存在的否定▷街上～车|今天～人来。c)表示数量不足,相当于"不到"▷用了～两天就坏了|这间屋子肯定～10平方米。d)用于比较,表示不及▷弟弟～哥哥高|谁都～他跑得快。❷副未;不曾▷老师～来。○另见 mò。

【没大没小】 méidàméixiǎo 言行不分年岁、辈分,没有礼貌和分寸。

【没分晓】 méifēnxiǎo ❶不明事理▷整天糊里糊涂

的,尽说一些~的话。❷(事情)还没结果;(情况)还不清楚▷那事还～,有了结果再告诉你。

【没劲】　méijìn〈口〉❶圈没有力气▷连说话都～了。❷圈没有意思;没有趣味(表示对人或事物不满)▷这人真～|这阵子天天应酬,实在～。

【没门儿】　méiménr〈口〉❶圈没有门路、办法▷我实在～,帮不上你。❷强调不可能;休想得逞▷想让他帮忙,～!|想逃走,~!

【没谱】　méipǔ〈口〉❶圈没有计划;心中无数▷这事我还～呢。❷没准儿;离事实远▷他说话～,别听他的。

【没轻没重】　méiqīngméizhòng(触及的)动作、(批评性的)言语没有分寸(多指过重)。

【没深没浅】　méishēnméiqiǎn　处事或与人交往中亲疏、缓急、冷热的态度没有分寸(多指过亲、过急、过热)。

【没头没脑】　méitóuméinǎo　不知事情的来由、头绪;糊里糊涂。

【没心没肺】　méixīnméifèi❶没心肝(骂人话)。❷办事不动脑筋;缺心眼儿。

【没影儿】　méiyǐngr圈没有踪影;根本不存在▷东西一会儿就～了|什么神鬼？～的事。

【没有】　méiyǒu　义同"没"(méi)。

【没辙】　méizhé圈〈口〉没有办法▷对这样的人真～。

【没准儿】　méizhǔnr〈口〉说不定;有可能▷这事儿～办不成。❷圈不可靠;靠不住的▷他的话可～。

玫　méi [玫瑰]méigui　圈落叶灌木,茎干多带尖刺,叶呈椭圆形,夏季开紫红色或白色花;花也叫玫瑰,有浓郁的香味,是著名的观赏花卉。

枚　méi　圖用于较小的片状物▷两～奖章|邮票三～。

眉　méi❶圈眉毛;人眼眶上边丛生的毛▷浓～。❷书页上端空白的地方▷书～|~批。

【眉飞色舞】　méifēisèwǔ　形容欢乐、得意的表情。

【眉开眼笑】　méikāiyǎnxiào　形容非常高兴的表情。

【眉来眼去】　méiláiyǎnqù　用眉眼传情或示意(多含贬义)。也指暗中勾结。

【眉毛胡子一把抓】　méimaohúziyībǎzhuā　比喻不分主次轻重,一齐下手干。

【眉目】　méimù❶圈眉毛和眼睛,借指容貌▷～传情|～清秀。❷(文章的)条理;纲目▷文章虽长,但～清楚。❸头绪▷你办公司的事有～了吗？ ☞③口语中"目"多读轻声。

【眉批】　méipī圈在书页或文稿页面上方(或两侧)空白处所写的批语或注解。

【眉清目秀】　méiqīngmùxiù　形容容貌清秀俊美。

【眉梢】　méishāo圈眉毛的末端▷喜上～。

【眉头】　méitóu圈双眉内端及附近处(是容易显露神情的地方)▷弄得他直皱～|一皱～,计上心来。

【眉宇】　méiyǔ圈双眉的上方,泛指容貌▷～堂堂|~间多了几分庄重。

莓　méi　圈灌木或多年生草本植物,果实集生在花托上。果实可以吃,可以酿酒。有山莓、草莓、蛇莓等种类。

梅　méi　圈落叶乔木,早春开花,气味清香。果实也叫梅,球形,味酸。

【梅花鹿】　méihuālù　圈鹿的一种,背部有梅花状白斑。

【梅雨】　méiyǔ圈黄梅雨,春末夏初梅子黄熟季节的连阴雨。

湄　méi　圈〈文〉岸边。

媒　méi❶圈介绍婚姻的人▷～妁之言。❷媒介▷~质|传~。

【媒介】　méijiè圈使双方发生联系的人或事物▷新闻~|蚊子是传播疟疾的～。

【媒体】　méitǐ　圈传播和交流信息的各种工具。如电视、广播、报刊、互联网等。

楣　méi　圈门框上方的横木▷门～。

煤　méi　圈黑色固体可燃矿物。主要用作燃料和化工原料。也说煤炭。

【煤核儿】　méihúr圈煤块或煤球没有烧透的部分▷把~拣出来再烧。

【煤气】　méiqì❶圈煤炭等经干馏后得到的气体或产生在油田、煤田的天然气,无色无味,有毒,可用作燃料和化工原料。❷煤炭不完全燃烧时产生的有毒气体,主要成分是一氧化碳,无色无味▷~中毒。❸指液化石油气▷~罐。

【煤田】　méitián圈具有开采价值的大面积的煤层分布地带。

【煤窑】　méiyáo圈指用土法采掘的小型煤矿。

【煤油】　méiyóu圈从石油中分馏、裂化出来的一种无色液体,挥发性低于汽油,高于柴油,多用作燃料▷~灯。

酶　méi　圈生物体的细胞产生的一种蛋白质,可以促进体内的氧化作用、消化作用等。如蛋白酶、淀粉酶等。

霉(黴❷)　méi❶圈东西因受潮或受热而变色变质▷发～。❷圈霉菌。

【霉变】　méibiàn圈发霉变质▷食物已经～,不能吃了。

【霉菌】　méijūn圈能生出可见菌丝的真菌。霉菌可用于食品加工等工业生产和制造抗生素等。也能引起物品发霉变质,有的还可使人和动植物产生病害。

【霉烂】　méilàn圈发霉腐烂。

【霉雨】　méiyǔ圈连绵不断的雨。常使空气含水分过多,衣物易发霉变质。

糜　méi　圈糜子,一年生草本植物,子实发黑而不黏。○另见 mí。

每　měi❶圈指全体中的任何个体(一个或一组)▷~人发一个面包|一组三人。❷圈表示同一动作有规律地反复出现▷~逢双月出版|隔一星期进城一次。

【每况愈下】　měikuàngyùxià《庄子·知北游》原作"每下愈况",意思是越往下越明显。后写作"每况愈下",表示情况越来越糟。

【每每】　měiměi圈表示同样的事情不只发生一次,相当于"往往"▷他～工作到深夜。

美　měi❶圈好看(跟"丑"相对)▷景色～|俊~。❷圈使事物变美▷~容|~发(fà)。❸圈好的;令人满意的▷物~价廉|~味。❹圈指美洲或美国▷北~|~元。

【美不胜收】　měibùshèngshōu　美好的东西多得接受不过来。

【美餐】　měicān❶圈美味可口的饭菜。❷圈非常满意地吃▷~一顿。

【美称】　měichēng圈赞美的称呼▷"凤爪"是红烧鸡爪的~。

【美德】　měidé　圈优秀的品德。

【美感】　měigǎn圈审美感受,即人对于美的主观感受、体验与精神愉悦,是构成审美意识的基础。

【美观】　měiguān圈好看;漂亮▷式样~|~适用。

【美好】 měihǎo 㓁真、善、美的；令人愉快幸福的；人们所喜爱或向往的(多用于抽象事物)▷～的生活。

【美化】 měihuà ❶进行装饰、点缀使美观、美好▷栽树植草，～环境。❷把坏的说成好的，丑的说成美的(跟"丑化"相对)▷～侵略行为。

【美丽】 měilì 㓁十分好看▷～的景色|～的容貌。

【美轮美奂】 měilúnměihuàn 形容建筑物宏伟众多(轮：古代圆形高大的谷仓；奂：众多)。

【美满】 měimǎn 㓁美好圆满▷家庭～|美美满满的小日子。

【美貌】 měimào ❶㓁好看的容貌。❷㓁容貌美丽▷～的姑娘。

【美梦】 měimèng 㓁好梦；梦想；也比喻难以实现的幻想▷～成真|别再做你的～了。

【美妙】 měimiào 㓁美好、奇妙▷～绝伦|～的音乐|～的年华。

【美名】 měimíng 㓁美好的名声或名称▷雷锋的～千古流传。

【美容】 měiróng ❶(通过各种方法)使容貌漂亮。

【美声】 měishēng 㓁一种歌唱发声方法，产生于意大利。特点是音色优美，发声自如，音与音的连接平滑匀称，有花腔装饰，乐句流畅灵活。

【美食】 měishí 㓁色、香、味都好的饮食。

【美术】 měishù 㓁指绘画、雕塑、工艺美术等形象艺术；特指绘画艺术。

【美谈】 měitán 㓁使人们称道的好事▷传为～。

【美学】 měixué 㓁研究人对现实的审美关系和审美意识，美的创造、发展及其规律的科学。

【美言】 měiyán ❶替人说好话▷请你跟他～几句。

【美意】 měiyì 㓁美好的心意▷你的～我们领了。

【美育】 měiyù 㓁关于审美与创造美的教育。通过对艺术美、自然美、社会美的审美活动和理性教育，培养健康的审美情趣，提高对于美的欣赏力和创造力。

【美誉】 měiyù 㓁美好的声誉；美名▷享有全国十佳运动员的～。

【美元】 měiyuán 㓁美国本位货币单位。

【美中不足】 měizhōngbùzú 总体上很好，还略有缺点。

【美滋滋】 měizīzī 㓁非常高兴、得意的情态▷心里～的。

镁(鎂) měi 㓁金属元素，符号 Mg。镁粉可用于制造烟火、照明弹及脱氢剂等，铝镁合金可以制作航空器材。

妹 mèi ❶㓁称呼同父母(或只同父、只同母)而比自己年龄小的女子▷～姉。❷称呼家族或亲朋中同辈而比自己年龄小的女子▷堂～|表～。❸年轻女子；姑娘▷外来～|打工～。

昧 mèi ❶㓁〈文〉昏暗▷幽～。❷愚昧；无知▷蒙～。❸㓁隐匿；背(bèi)着▷拾金不～|瞒心～己。❹冒犯▷冒～。

【昧良心】 mèiliángxīn 背着良心▷他～说假话，没有好结果。也说昧心。

袂 mèi 㓁〈文〉袖子▷联～(手拉手)|分～(分手)。☞不读 jué。

寐 mèi 㓁〈文〉睡着(zháo)▷夜不能～|梦～以求。

媚 mèi ❶㓁故意讨人喜爱；巴结▷崇洋～外|谄～。❷㓁谄媚的姿态▷献～。❸㓁可爱；美好▷妩～|娇～|春光明～。

【媚骨】 mèigǔ 㓁丧失气节的软骨头；奉承谄媚的卑劣品质。

【媚世】 mèishì 㓁讨好世俗(含贬义)▷违心～。

【媚俗】 mèisú 㓁讨好世俗。

【媚态】 mèitài ❶㓁妩媚的神态。❷巴结讨好的姿态▷一副令人恶心的～。

【媚外】 mèiwài 㓁奉承迎合外国▷一副～的神态，叫人恶心。

魅 mèi ❶㓁〈文〉迷信传说中的鬼怪▷鬼～。❷㓁诱惑；吸引▷～惑|～力。

【魅惑】 mèihuò 㓁诱惑▷敌人妄图用金钱和女色来～他|云南中甸一带的景色太～人了。

【魅力】 mèilì 㓁非常吸引人的力量(多用于褒义)▷人格的～|很有～。

men

闷(悶) mēn ❶㓁空气不流通▷天气又～又热。❷㓁密闭使不透气▷让粥再～一会儿。❸呆在家里不出门▷不要老～在家里。❹㓁声音低沉▷～声～气|这把胡琴声音发～。❺㓁不说话；不张扬▷～头儿|～声不响。○另见 mèn。

【闷热】 mēnrè 㓁气压低、温度高、湿度大，使人感觉很热而呼吸不顺畅。

【闷声不响】 mēnshēngbùxiǎng 不吭声，一句话也不说。

【闷声闷气】 mēnshēngmēnqì 形容说话声音低沉放不开。

门(門) mén ❶㓁建筑物或交通工具等的出入口，也指安装在出入口可以开关的装置▷一扇～|车～|防盗～|◇国～。❷器物上可以开关的部分；形状或作用像门的东西▷冰箱的～坏了|柜～儿|闸～|球～|油～|气～。❸家族或家庭▷长～长孙|寒～。❹学术、思想或宗教上的派别▷孔～|佛～。❺指属于一个老师或师傅的▷同～弟子|～生|～徒。❻事物的类别▷分～别类|五花八～|专～。❼生物学分类范畴的第二级，门以下按顺次是界、门、纲、目、科、属、种▷脊索动物～|被子植物～。❽㓁a)用于功课、科学技术等▷三～课程|一～技术。b)用于亲戚、婚事等▷一～亲戚|这～亲事。c)用于火炮▷两～大炮。❾㓁途径；诀窍▷不摸～儿|门路|窍～儿。

【门当户对】 méndānghùduì 指结亲男女双方家庭社会地位、经济状况等相当。

【门道】 méndao 㓁门路；窍门▷商品销售的～很多|下好棋有什么～吗？

【门第】 méndì 㓁旧指家庭的社会地位和家庭成员的经济文化状况等▷书香～|～显赫。

【门额】 mén'é 㓁门楣以上的部分▷～上挂着一块匾。

【门房】 ménfáng ❶㓁大门口内侧供门人使用的小房；传达室。❷看门人。

【门风】 ménfēng 㓁指一家、一族世代传承的道德风气和处世准则▷败坏～。

【门户】 ménhù ❶㓁门▷看守～。❷比喻出入口或必经之地▷塘沽是从海上进入天津的～。❸指家庭；门第▷自立～|～相当。❹派别▷～之争。

【门户之见】 ménhùzhījiàn 指学术等领域中由于派别不同而产生的偏见。

【门禁】 ménjìn 㓁大门口的防范戒备▷～森严。

【门径】 ménjìng 㓁途径；诀窍▷找到了学习的～。

【门槛】 ménkǎn 㓁门框下端紧靠地面的横木或条石。☞"槛"这里不读 jiàn。㊀不宜写作"门坎"。

【门可罗雀】 ménkěluóquè 门前可以张网捕雀。形容客人很少，门庭冷落。

【门类】 ménlèi 图按照一定的标准把相同事物归在一起而形成的类▷～齐全。

【门联】 ménlián 图贴或刻在门两边的对联，有时也包括门楣上的横批。

【门路】 ménlù ❶图解决问题的途径或诀窍。❷特指实现个人目的的途径▷钻～│走～。

【门楣】 ménméi ❶图门框上端的横木。❷指门第▷光耀～。

【门面】 ménmiàn ❶图商店临街的房屋▷一间～。❷比喻外表▷充～。

【门生】 ménshēng 图旧时指某老师的学生；弟子▷～故旧│得意～。

【门市】 ménshì 图指商店的零售业务或某些服务性行业的业务▷～部│～兴旺。

【门闩】 ménshuān 图门关闭后，插在门内使两扇门推不开的铁杠或木杠。☞不宜写作"门栓"。

【门庭】 méntíng ❶图门口和庭院▷～若市。❷家庭或门第▷有辱～。

【门外汉】 ménwàihàn 图外行人▷对绘画艺术，我是个～。

【门下】 ménxià ❶图师长的门庭之下，即老师或师傅跟前▷出自梅兰芳大师的～│拜在先生～。❷图门生。

【门诊】 ménzhěn 团（医生）在医院等医疗机构给不住院的病人看病。

们（們） mén ❶团用于水名和地名。图门江、图门，均在吉林。❷后缀，读轻声。附着在人称代词或指人的名词后面，表示复数▷我～│你～│同学～。☞名词前有数量结构时，后面不加"们"，例如不说"几个学生们"。

扪（捫） mén 团摸；按。☞不读 mèn。

【扪心自问】 ménxīnzìwèn 摸着胸口自己问自己，表示反省。

闷（悶） mèn ❶团烦；不痛快▷心里～得慌│烦～。❷图烦闷的心情▷解～儿。❸图封闭的▷～葫芦罐儿。○另见 mēn。

【闷棍】 mèngùn 图毫无戒备地重重(zhòngzhòng)打来的一棍。比喻莫名其妙突然而来的打击。

【闷葫芦】 mènhúlu 密闭或未开的葫芦，比喻对某事不明白的状态，也比喻不爱说话的人▷别人都知道了，可我还在～里│他是个天生的～。

【闷雷】 mènléi 图声音沉闷的雷▷一声～后，哗哗地下起了大雨。

【闷闷不乐】 mènmènbùlè 形容心事重重(chóngchóng)，烦闷不舒畅。

【闷气】 mènqì 图憋在心里不得发泄的烦闷怨恨情绪。

焖（燜） mèn 团烹调食物时扣紧锅盖，用小火慢煮，使物熟汤干▷～米饭│黄～鸡翅。

懑（懣） mèn 见［愤懑］fènmèn。☞不读 mǎn。

meng

蒙（矇） mēng ❶团哄骗▷你别～我。❷胡乱猜测▷～对了，不能算本事。❸图顿时糊涂；不清楚▷一上台就～了，不知道该说什么好。❹团昏迷▷被人打～了。○另见 méng；měng。

【蒙蒙亮】 mēngmēngliàng 图形容天刚发亮▷天～就起来念书。

【蒙骗】 mēngpiàn 团欺骗▷做生意不能～顾客。

【蒙头转向】 mēngtóuzhuànxiàng 形容头脑发昏，不辨方向。

虻 méng 图虻科昆虫的统称。雄虫吸植物汁液和花蜜，雌虫刺吸牛等牲畜的血液，危害家畜▷牛～│虻～虫。☞统读 méng。

萌 méng ❶团（草木）发芽▷～芽│～发。❷（事物）开始发生▷故态复～│～动。

【萌动】 méngdòng ❶团开始发（芽）▷天气转暖，百草～。❷开始发生（多指抽象事物）▷春心～│～了考研的念头。

【萌发】 méngfā ❶团发（芽）。❷事物开始产生▷心中～出一种异样的感情。

【萌生】 méngshēng 团开始发生▷万物～│～邪念。

【萌芽】 méngyá ❶团植物发芽，比喻新事物开始发生▷新生事物刚～，要加意保护。❷图比喻新事物的初始形态▷神话是宗教的～。

蒙（濛❻懞❼矇❽） méng ❶团覆盖▷～面人。❷遭受▷～冤。❸敬词，表示得到别人的好处▷～您指教│承～。❹隐瞒；遮盖真相▷～哄│～混。❺图不懂事理；没有文化▷～昧│启～。❻雨点小而密▷～～细雨。❼〈文〉忠厚的样子。❽见［蒙眬］ménglóng。○另见 mēng；měng。

【蒙蔽】 méngbì 团隐瞒真相；欺骗▷～真情│受人～。

【蒙哄】 ménghǒng 团掩盖真相哄骗别人▷不准以假货～顾客。

【蒙混】 ménghùn 团用隐瞒欺骗的手段使人相信或通过检查▷～过关。

【蒙眬】 ménglóng 图两眼半睁半闭，看东西模糊不清▷睡眼～│蒙蒙眬眬地快要睡着了。☞不要写作"矇眬"。

【蒙昧】 méngmèi ❶图愚昧无知。❷原始的；没有开化的▷～时代。

【蒙蒙】 méngméng 图形容雨雾、云雪、烟尘等迷茫不清的样子▷烟雨～│云雾～│灰～的天空。☞不要写作"濛濛"。

【蒙难】 méngnàn 团遭受灾难▷孙中山先生曾在英国～受。

【蒙受】 méngshòu 团遭受；受到▷～屈辱│～恩赐。

【蒙太奇】 méngtàiqí 图〈外〉电影制作的一种手法。指电影制作者对拍摄的镜头进行剪辑和组合，使其连贯一致，从而表现主题，成为完整的影片。

【蒙冤】 méngyuān 团遭受冤枉▷～而死│～受屈。

盟 méng ❶图古时指诸侯立誓缔约，现在指国家之间、阶级之间或政治集团之间联合起来▷～主│～国。❷发誓▷对天～誓。❸结拜▷～兄│～弟。❹图依据一定的信约结成的密切联合体或组织▷同～│联～。❺内蒙古自治区的一级行政区域的名称，下辖若干市、县、旗。☞统读 méng。

【盟邦】 méngbāng 图缔结联盟的国家。

【盟誓】 méngshì 团发誓。

【盟约】 méngyuē 图结成同盟时，共同订立的条约。

檬 méng 见［柠檬］níngméng。

朦 méng ［朦胧］ménglóng❶图月光不明▷月色～。❷不分明；模糊▷烟雾～│～往事。

勐 měng 图小块的平地（傣语音译）；用于地名，如勐海县，在云南。

猛 měng ❶图凶暴▷～虎│凶～。❷力量大；气势壮▷用力～│～将│勇～│～烈。❸团（使力气）集中爆发出来▷～力一拉。❹副突然；忽然▷他～地站了起来│～醒。❺〈口〉尽情地▷～吃～喝│两人～侃了一夜。

【猛不防】 měngbufáng 副表示情况突然出现，来不及准备▷他～绊了我一下,我跌倒了。

【猛进】　měngjìn　囫勇猛前进;快速前进▷高歌～I突飞～。

【猛烈】　měngliè　圈力量大,气势盛▷～的爆炸I地抨击了这种社会现象。

【猛然】　měngrán　圖表示动作突然、迅速▷汽车开着开着,～停住了。

【猛士】　měngshì　囵威武有力或奋勇前进的人。

【猛醒】　měngxǐng　囫猛然醒悟▷血的教训促人～。☞不宜写作"猛省"。

蒙 měng 囵指蒙古族▷～文I～语。〇另见 mēng;méng。

【蒙古包】　měnggǔbāo　囵蒙古族牧民居住的用毡子做成的圆顶帐篷,可以随着放牧的需要而拆装搬迁。

锰(錳) měng 囵金属元素,符号 Mn。多用于制造特种钢及其他合金。

蜢 měng 见[蚱蜢]zhàměng。

獴 měng 囵哺乳动物,身体细长,四肢短小,捕食蛙、蛇等,分布在亚洲和非洲。

懜 měng [懜懂]měngdōng 圈糊涂;不明事理▷聪明一世,～一时。☞不宜写作"蒙懂"。

蠓 měng 囵昆虫,长 1—3 毫米,褐色或黑色。有的吸食人畜的血液,有的能传染疾病。

孟 mèng ❶囵〈文〉兄弟排行中最大的▷～仲叔季。❷每个季节开始的第一个月▷～春I～冬。

梦(夢) mèng ❶囵睡眠时,大脑皮层某些还没有完全停止活动的部位受外界和体内的弱刺激引发而产生的一种生理现象▷做～▷～见。❸囵比喻幻想▷～想。

【梦话】　mènghuà　囵梦中说的话;比喻虚妄的、不能实现的话▷大白天说～。

【梦幻】　mènghuàn　囵梦中的幻境。

【梦境】　mèngjìng　囵梦中出现的情境▷恍如～。

【梦寐以求】　mèngmèiyǐqiú　睡梦中还在寻找、追求。形容愿望强烈迫切。

【梦乡】　mèngxiāng　囵熟睡时梦中出现的境界▷很快就进入了～。

【梦想】　mèngxiǎng　❶囫空想;幻想▷～突然发财。❷有某种理想▷他从小就～成为一个音乐家。❸囵理想▷对于生活,充满了美好的～。

【梦魇】　mèngyǎn　囵使人感到压抑并呼吸困难的梦。☞"魇"不读 yàn。

【梦呓】　mèngyì　囵梦话,比喻虚妄的胡言乱语▷他的所谓计划纯属～。

mi

咪 mī [咪咪]mīmī 拟声模拟猫叫的声音或吆喝猫的声音。

眯 mī ❶囫眼皮略微合上而不全闭▷～着眼笑。❷〈口〉短时间地睡▷坐着～了一会儿。〇另见 mí。

弥(彌瀰❶) mí ❶囵满;遍▷大雾～天I～漫。❷囵填;补▷～缝I～补。❸圃更加▷意志～坚I欲盖～彰。

【弥补】　míbǔ　囫补偿;补上▷～赤字。

【弥合】　míhé　囫使合拢;使愈合▷伤口已经～I感情上的裂痕较难～。

【弥留】　míliú　囫〈文〉病危将死▷～之际。

【弥漫】　mímàn　囫(烟尘等)充满(一定空间)▷烟尘～I屋里～着刺鼻的烟草味儿。

【弥天】　mítiān　圈满天,形容极大▷大雾～I～大谎。

迷 mí ❶囫失去辨别、判断的能力▷～了路I～惑。❷醉心于某事物▷被美丽的景色～住了I上了小说。❸囵因特别喜爱某种事物而陷人的沉醉状态;也指陷人了这种状态的人▷着(zháo)～I听流行歌曲入了～I影～I球～。❹囫使分辨不清;使陶醉人迷▷财～心窍I景色～人I～魂阵。

【迷彩】　mícǎi　圈指与周围环境色彩相似,便于迷惑别人、隐蔽自己的▷～服I～坦克。

【迷宫】　mígōng　囵一种专供辨认路径用的娱乐性建筑物。也指结构复杂、路径难辨、容易迷路的建筑物。

【迷航】　míháng　囫(轮船、飞机)迷失航向。

【迷糊】　míhu　❶圈神志或眼睛模糊不清▷双眼～I喝酒喝得迷迷糊糊的。❷囫小睡;打盹儿▷躺着～一会儿。

【迷魂汤】　míhúntāng　传说地狱中能使灵魂忘记过去的药汤,比喻迷惑人的言行。也说迷魂药。

【迷魂阵】　míhúnzhèn　比喻能使人陷人走投无路境地的圈套或计谋。

【迷惑】　míhuò　❶圈不明白;不理解▷～不解I我很～。❷囫使迷惑,受迷惑▷用甜言蜜语～人I被假象所～。

【迷津】　míjīn　囵使人迷惘的境界;错误的方向▷点破～。

【迷离】　mílí　圈形容模糊不明▷烟雨~I扑朔～。

【迷恋】　míliàn　囫沉醉于某种事物而离不开▷～故土I对音乐～得很。

【迷路】　mílù　囫迷失道路;比喻失去正确的方向▷顺着河沿走不会～I关键时刻千万别～。

【迷漫】　mímàn　圈(烟尘、风雪等)铺天盖地,茫茫一片▷风沙～I～的晨雾。

【迷茫】　mímáng　❶圈模糊不清▷～的暮色。❷迷惑茫然▷神色～。

【迷蒙】　míméng　圈迷茫▷夜色～。

【迷梦】　mímèng　囵沉迷不悟的梦想▷严酷的事实使我从～中惊醒。

【迷人】　mírén　圈使人迷恋陶醉的▷～的眼睛I秋色～。

【迷失】　míshī　囫分辨不清▷～方向I～道路。

【迷途】　mítú　❶囫迷路▷～知返。❷囵歧途;错路▷误人～。

【迷雾】　míwù　囵迷漫的雾;比喻使人迷惑的事物▷～笼罩着机场I拨开～,真相大白。

【迷信】　míxìn　囫相信世上不存在的神仙鬼怪等事物;泛指盲目地信仰和崇拜▷封建～I～古人和洋人。

眯 mí 囫灰沙等细小的东西进人眼睛,使眼暂时不能睁开或看不清东西▷灰尘～了眼。〇另见 mī。

猕(獼) mí [猕猴]míhóu 囵猴的一种。面部浅红色,臀部有红色臀疣,两颊有存食物的颊囊。群居山林,采食野果、嫩叶等。

谜(謎) mí ❶囵谜语▷～灯I～猜。❷比喻难以理解或尚未弄清的问题▷揭开生命之～I～团。

【谜底】　mídǐ　囵谜语的答案;比喻事情的真相。

【谜面】　mímiàn　囵供人猜测谜底的话或文字。

【谜语】　míyǔ　囵暗射事物或文字供人猜测的隐语。由谜面和谜底组成。如打一个字的谜语,谜面是"自大一点",谜底是"臭"。

醚 mí 囵有机化合物的一类,由一个氧原子连结两个烃基而成。如甲醚、乙醚。

糜 mí ❶囵〈文〉粥▷肉～。❷囫腐烂▷～烂。❸浪费I侈～。〇另见 méi。

【糜费】　mífèi　圈浪费▷过于～。☞不宜写作"靡费"。

【糜烂】 mílàn 囫腐烂;腐朽▷尸体～|生活～。

麋 mí [麋鹿]mílù 图哺乳动物,雄的有角,角像鹿,头像马,身子像驴,蹄子像牛。也说四不像。

米 mǐ ❶图去掉壳或皮后的子实(多指食用的)▷小～|高粱～。❷特指去掉壳的稻谷;大米▷～饭|～粉。❸图像米的小粒状东西▷虾～|海～。❹量〈外〉法定计量单位中的长度单位,1米等于100厘米,也说公尺。

【米老鼠】 mǐlǎoshǔ 图20世纪20年代末美国动画制作家华特·迪斯尼创作的动画片《威利汽船》中的一个动画明星,是世界各地儿童喜爱的艺术形象。

【米粮川】 mǐliángchuān 图指盛产粮食的平川地带。

【米色】 mǐsè 图白而略带浅黄的颜色。

弭 mǐ 囫〈文〉平息;消除▷～乱|消～。

靡 mǐ ❶囫倒下▷风～一时|望风披～。❷〈文〉无;没有▷～日不思。

【靡靡】 mǐmǐ 圄形容音乐萎靡颓废▷～之音。

汨 mì 图用于水名。汨罗江,发源于江西,流入洞庭湖。☞"汨"和"汩"(gǔ)不同。"汨"字右边是"日","汩"字右边是"曰"。

觅(覓) mì 囫找;寻求▷～食|寻～。

【觅求】 mìqiú 囫寻求▷到处～好书。

泌 mì 囫液体由细孔排出▷分～|尿～。☞㊀在"泌阳"(河南地名)中读 bì。㊁跟"沁"(qìn)不同。

秘 mì ❶囫闭塞;不通▷～结|便～。❷圄不公开的;隐蔽的▷～传|隐～。❸圄稀少的;罕见的▷～籍。❹囫不让人知道;保密▷～而不宣|～不示人。☞在"秘鲁"(国名)中读 bì。

【秘本】 mìběn 图珍藏的稀有的图书或版本。

【秘而不宣】 mì'érbùxuān 保守秘密,不对外宣布。

【秘方】 mìfāng 图不外传的药方、配方▷祖传～。

【秘诀】 mìjué 图不为别人知道的好方法、窍门儿▷学习的～|经商的～。

【秘密】 mìmì ❶圄隐蔽起来不让人知道的▷事情很～。❷图不让人知道的事情▷严守～。

【秘史】 mìshǐ 图不公开的内部史料;私事的辑录▷清宫～|明星～。

【秘书】 mìshū 图管理文书并协助领导起草文件、处理日常工作的人员。

密 mì ❶圄隐蔽的;不公开的▷～码。❷图隐蔽的、不公开的事物▷告～|保～。❸圄间隔小;距离近(跟"稀""疏"相对)▷乌云～布|～麻麻。❹关系亲;感情深▷亲～。❺圄细致;精细▷细～|精～。

【密布】 mìbù 囫稠密地分布▷乌云～。

【密度】 mìdù ❶图疏密的程度▷商业网点的～。❷单位体积中所含某种物质的质量,通常用千克/米³表示。

【密告】 mìgào 囫秘密地报告▷将情况～上级。

【密集】 mìjí 囫稠密地聚集在一起▷高楼～|～的子弹。

【密令】 mìlìng ❶囫秘密下达命令▷～各部撤防。❷图秘密下达的命令。

【密码】 mìmǎ 图秘密的电码或号码(跟"明码"相对)▷～电报|～储蓄|破～译。

【密谋】 mìmóu ❶囫秘密谋划(多含贬义)▷～政变。❷图秘密的计谋。

【密切】 mìqiè ❶圄严密▷～配合|～注视。❷关系紧密亲近▷交往～。❸囫使关系紧密亲近▷～干群关系。

【密实】 mìshi 圄细密;紧密;充实▷鞋底纳得真～|麦穗长得密密实实的。

【密探】 mìtàn 图秘密刺探情报的人(多用于称敌方的)。

【密约】 mìyuē ❶囫暗中约定▷～联合行动。❷图秘密约定的事▷两国签订～|他们两人有～。

【密云不雨】 mìyúnbùyǔ 浓云密布而不下雨。比喻事情虽已酝酿成熟,但还没有发生。

【密致】 mìzhì 圄周密;细密▷质地～|思路～。

幂 mì 图指一个数自乘若干次的形式。如 n 个 a 相乘的积是 a 的 n 次幂。

谧(謐) mì 圄安宁;安静▷安～|静～。

嘧 mì 用于音译。嘧啶(mìdìng),一种有机化合物,可制作化学药品。

蜜 mì ❶图蜜蜂采集花的甜汁而酿成的黄白色黏稠液体▷采～|酿～。❷圄像蜜一样甜的▷橘|～桃。❸比喻甜美▷甜言～语|甜。

【蜜蜂】 mìfēng 图昆虫,由蜂王、工蜂和雄蜂组成,成群居住,各司其职。所产蜂蜜、蜂蜡、王浆等很有经济价值。

【蜜饯】 mìjiàn ❶囫用浓糖浆浸渍果品▷小枣～后更甜了。❷图用浓糖浆渍制的果品▷北京～。

【蜜糖】 mìtáng 图非常甜的糖,常用作比喻▷此人口似～,心如蛇蝎。

【蜜月】 mìyuè 图指新婚后的第一个月▷度～|～旅行。

mian

眠 mián ❶囫睡▷安～|催～。❷指某些动物在一段较长时间内像睡觉那样不食不动▷冬～。

绵(綿) mián ❶囫接连不断▷～延|亘|连～。❷图丝绵。❸圄柔软;薄弱▷～软|薄。☞"绵"(丝绵)和"棉"(木棉、草棉)形、义不同。

【绵薄】 miánbó 圄谦词,指自己能力薄弱▷略尽～之力。☞"薄"这里不读 báo。

【绵长】 miáncháng 圄延续久远;漫长▷岁月～|～的边界。

【绵亘】 miángèn 囫(空间、时间)连续不断▷～千里|中华历史～数千年。

【绵里藏针】 miánlǐcángzhēn 比喻表面柔和而内心尖刻。也比喻外柔内刚,柔中有刚。

【绵密】 miánmì 圄细致周密▷思虑～|～的计划。

【绵绵】 miánmián 圄形容连续不断的样子▷情意～|～细雨|～不绝。

【绵软】 miánruǎn ❶圄柔软▷金丝绒手感～。❷软弱无力▷浑身～。

【绵延】 miányán 囫不断延续▷燕山山脉～在华北平原北部|思绪～。

棉 mián ❶图木棉。❷指草棉,即棉花▷～签。❸像棉花的絮状物▷腈纶～|石～。

【棉纺】 miánfǎng 囫用棉花纺成纱。也指用棉花纺纱织布。

【棉花】 miánhuā 图草棉的通称,一年生草本植物。果实像桃子,内有纤维。果内纤维也叫棉花,可以纺纱和絮衣被等;种子可以榨油。

【棉毛】 miánmáo 图一种较厚的棉针织品▷～衫。

【棉絮】 miánxù ❶图棉花的纤维▷～飞扬。❷用棉花絮成的棉衣、被褥等的胎。

【棉织品】 miánzhīpǐn 图用棉纱或棉线织成的布或衣物。

免 miǎn ❶动除去；取消▷这道手续就～了吧｜～除｜罢～。❷避开▷在所难～｜～疫。❸副不要；不可▷～开尊口｜闲人～进。☞第六画是长撇，不要断成一竖一撇。
【免除】 miǎnchú 动免掉；除去▷～职务｜～烦恼。
【免得】 miǎnde 连以免；省得▷写封信寄回去，～家里惦记。
【免冠】 miǎnguān 动不戴帽子▷半身～正面照片。
【免试】 miǎnshì 动不用考试▷～升入高中｜～外语。也说免考。
【免俗】 miǎnsú 动行为不为世俗常情所拘束▷在这种场合很难～。
【免刑】 miǎnxíng 动免予刑事处罚。
【免役】 miǎnyì 动免除某种规定的服役(现多指免除兵役)。
【免疫】 miǎnyì 名机体对侵入体内的微生物及其毒素具有抵抗力，因而可以不患某种传染病。
【免予】 miǎnyǔ 动不给予▷～处分。
【免职】 miǎnzhí 动解除职务▷～为(wéi)民。
【免罪】 miǎnzuì 动不给予法律处分。

沔 miǎn 名沔水，古代指汉水，今指汉水上游在陕西境内的一段。☞右边是"丏"(miǎn)，不是"丐"(gài)。

眄 miǎn 动〈文〉斜着眼睛看▷～视。

勉 miǎn ❶形努力▷勤～。❷使努力；鼓励▷有则改之，无则加～｜共～。❸形力量不足或心里不愿意，但仍尽力去做▷～为其难。
【勉力】 miǎnlì 形努力▷～而为。
【勉励】 miǎnlì 动劝导并鼓励▷老师～同学好好学习。
【勉强】 miǎnqiǎng ❶形勉③▷～支撑｜～答应。❷动使人做他不愿做的事▷别～他。❸形理由不充分▷这种说法太～。❹将就；凑合▷材料～够用｜考试勉勉强强及格了。☞"强"这里不读 qiáng。
【勉为其难】 miǎnwéiqínán 勉强去做力所不及或本来不愿做的事。

娩 miǎn 动(妇女)生孩子▷分～。☞统读 miǎn。

冕 miǎn 名古代帝王、诸侯、卿、大夫举行朝仪或祭礼时所戴的礼帽；特指王冠▷加～｜～冠｜堂皇◇卫～。

渑(澠) miǎn 名用于地名。渑池，在河南。

湎 miǎn 动〈文〉沉迷；迷恋▷沉～。

缅(緬) miǎn 形遥远▷～怀｜～想。
【缅怀】 miǎnhuái 动追念(已往的人或事)▷～革命先烈。

腼 miǎn [腼腆]miǎntiǎn 形害羞；容易害羞▷说话～｜性格～。☞不要写作"靦觍"。

面(麵❶-⓮) miàn ❶名脸▷汗流满～。❷副当面，面对面▷～谈｜～商。❸动向着；对着▷～壁｜背山～水。❹名事物的前面部分▷门～｜店～。❺事物的方面▷～俱到｜独当一～｜正反两～的经验。❻指词的后缀，附在方位词的后面，相当于"边"▷下～｜里～。❼名表面▷水～｜地～。❽量a)用于带有平面(或近似平面)的东西▷两～锦旗｜一～镜子。b)用于会面的次数▷以前见过几～。❾名几何学上称线移动所成的图形，有长和宽，没有厚▷～积◇以点带～。⓾东西露在外面的一层或纺织品的正面(跟"里"相对)▷缎子～儿的棉袄｜被～。⓫小麦的子实磨成的粉；泛指粮食磨成的粉▷白～｜荞麦～。⓬粉状的东西▷药～儿｜胡椒～儿。⓭特指面条▷挂～｜切～。⓮形〈口〉(食物)柔软而带粉状的▷烤白薯又～又甜。
【面包】 miànbāo 名面粉发酵后烤制而成的一种食品。
【面陈】 miànchén 动当面陈述▷～利弊。
【面呈】 miànchéng 动当面呈交。
【面额】 miàn'é 名票面的数额▷人民币有多种～｜这张邮票的～是 60 分。
【面粉】 miànfěn 名小麦磨成的粉。
【面红耳赤】 miànhóng'ěrchì 形容满脸发红的样子。
【面糊】 miànhu ❶形形容食物很软很烂▷烤白薯很～这种香瓜面面糊糊的，适合老年人吃。❷过分老实，没有棱角。
【面黄肌瘦】 miànhuángjīshòu 脸色发黄，身体消瘦。形容营养不良或有病的样子。
【面积】 miànjī 名平面或物体表面的大小▷操场的～很大｜建筑～。
【面颊】 miànjiá 名鼻子两侧的面部；脸蛋儿▷羞得～绯红。
【面具】 miànjù ❶名戴在脸上起保护或遮蔽作用的用具▷防毒～｜假～。❷假面具，比喻伪装▷他戴上～扮起了猪八戒｜撕掉敌人"亲善"的～。
【面孔】 miànkǒng 名脸▷熟悉的～◇产品要更新换代，不能总是老～。
【面临】 miànlín 动面对着；面前遇到(某种情况)▷～大海｜～考验。
【面貌】 miànmào ❶名脸的形状；容貌▷～清秀。❷比喻事物的形态、状况▷精神～焕然一新。
【面面观】 miànmiànguān 名从多方面对事物所做的观察▷环保～。
【面面相觑】 miànmiànxiāngqù 你看着我，我看着你(觑：看)。形容无可奈何或束手无策的样子。☞"觑"不读 qù 或 xū。
【面目】 miànmù ❶名面貌▷～丑恶｜政治～｜～一新。❷脸面；面子▷哪有～去见老师同学。
【面洽】 miànqià 动当面接洽▷这事电话中谈不清，最好～。
【面前】 miànqián 名面对着的地方；眼前▷～摆着食品｜困难摆在～。
【面容】 miànróng 名面貌；容貌▷～憔悴｜俊俏的～。
【面纱】 miànshā 名妇女蒙在脸部的纱巾▷黑色的～◇揭开古楼兰国的～。
【面善】 miànshàn ❶形面熟▷这人有些～，好像在哪里见过。❷面容和善▷～心软。
【面世】 miànshì 动(作品、产品等)呈现在世人面前▷新产品～｜大作～。
【面试】 miànshì 动采取当面问答的方式进行考试。
【面授】 miànshòu 动当面传授或讲授▷～机宜｜利用假期～。
【面向】 miànxiàng 动面对着；朝向▷屋子～大河◇新产品要～大众。
【面值】 miànzhí 名面额。
【面子】 miànzi ❶名不可缺少的尊严▷爱～｜给人留点～。❷情面▷碍着他的～，不好直说。❸衣被等的表面▷皮袄～。

miao

喵　miāo [拟声]模拟猫叫的声音。

苗　miáo ❶[名]初生的幼小植物;也指某些蔬菜的嫩茎、叶▷麦～|育～|蒜～|豆～。❷后代;年轻的继承者▷张家的独～|裔。❸事物刚出现的征兆、迹象▷祸～|～头。❹某些初生的饲养动物▷鱼～。❺形状像苗的东西▷火～|灯～。❻指疫苗▷牛痘～|卡介～。

【苗床】　miáochuáng [名]培育植物秧苗的田地,分露天苗床和室内苗床。

【苗圃】　miáopǔ [名]培育植物幼苗和幼株的园地。☞"圃"不读 fǔ。

【苗条】　miáotiao [形]形容女子身材修长柔美。

【苗头】　miáotou [名]刚刚显露的趋势或迹象▷事故～|棉铃虫已有繁衍的～。

描　miáo ❶[动]照着原样画或写▷～花样。❷重复涂抹使颜色加重或改变形状▷～眉毛|把这一捺～粗些。

【描红】　miáohóng [动]儿童初学写毛笔字时,在印有红色的楷体大字上摹写。

【描画】　miáohuà [动]用线条、色彩、语言文字等描写▷山水之美,难以～。

【描绘】　miáohuì [动]描画▷～长城风光◇～祖国的未来。

【描摹】　miáomó [动]照着原样画;描画▷根据实物～|评书艺人善于用语言～人物形象。

【描述】　miáoshù [动]描写和叙述▷生动细致地～那段经历。

【描写】　miáoxiě [动]用语言文字具体形象地表现(人或事物)▷～人物|景物～。

瞄　miáo [动]目光集中在一个目标上;注视▷拿眼偷偷地～着他。

【瞄准】　miáozhǔn [动]调整枪口、炮口,使对准(射击目标)▷～敌人◇产品要～市场的需要。

眇　miǎo ❶[形]〈文〉本指一只眼睛失明,后也指两只眼睛失明▷～目|～耳聋。❷小;微小▷～然一粟。

秒　miǎo [量]计量单位名称。a)用于时间,60 秒为 1 分,60 分为 1 小时。b)用于弧和角,经度和纬度,60 秒为 1 分,60 分为 1 度。

渺　miǎo ❶[形]大水辽阔无边▷烟波浩～。❷渺茫▷～无人烟|音信～然。❸微小▷～不足道|～小。

【渺茫】　miǎománg [形]因距离远而模糊不清▷～的大海。❷比喻难以作乐观的预测▷前景～|成功的希望很～。☞不要写作"淼茫"。

【渺无人烟】　miǎowúrényān 空阔渺茫,没有人家和炊烟。形容十分荒凉。

【渺小】　miǎoxiǎo [形]微小▷在大自然中,个人是多么～!

缈(緲)　miǎo 见[缥缈]piāomiǎo。☞统读 miǎo。

藐　miǎo [形]小▷～小|～视。

【藐视】　miǎoshì [动]轻视;看不起▷不应随便～别人|～困难。

【藐小】　miǎoxiǎo 通常写作"渺小"。

邈　miǎo [形]〈文〉遥远▷～然。

【邈远】　miǎoyuǎn [形]遥远▷～的古代。☞不宜写作"渺远"。

妙　miào ❶[形]美好▷情况不～|青春～龄。❷深奥;神奇▷微～|～奥。

【妙笔】　miàobǐ [名]极高超的笔法或文笔▷～生辉|～连篇。

【妙不可言】　miàobùkěyán 美妙得无法用言语表达。

【妙诀】　miàojué [名]高明的诀窍▷他成功的～就是勤奋。

【妙趣横生】　miàoqùhéngshēng 美妙的意趣层出不穷(多用于人的谈吐或文学艺术作品)。

【妙手回春】　miàoshǒuhuíchūn 形容医术高超,能把垂危的病人治好。

【妙语】　miàoyǔ [名]词美意深又富有幽默情趣的话语▷～连珠|～惊人。

【妙招】　miàozhāo [名]巧妙的招数;高招儿。☞不宜写作"妙着"。

庙(廟)　miào ❶[名]供奉祖先、神佛或历史名人的建筑▷宗～|寺～|岳王～。❷庙会▷赶～。

【庙会】　miàohuì [名]在寺庙或寺庙附近举办的集市。通常于节日或规定的时间举行。

【庙宇】　miàoyǔ [名]庙①。

mie

乜　miē [乜斜]miēxié❶[动]眯着眼斜视(有看不起或不满意的意思)。❷眼睛眯成一条缝▷醉眼～。

咩　miē [拟声]模拟羊叫的声音。

灭(滅)　miè ❶[动]停止燃烧或发光▷火～了|灯～了。❷使熄灭▷把灯～了|～火器。❸不再存在;使不存在▷自生自～|物质不～|杀人～口|～种。

【灭迹】　mièjì [动]消除痕迹(多指犯罪留下的痕迹)▷杀人～!销脏～。

【灭绝】　mièjué ❶[动]彻底消灭▷～蚊蝇。❷彻底丧失▷～人性。

【灭口】　mièkǒu [动]为掩盖罪行而害死知情人▷杀人～。

【灭亡】　mièwáng ❶[动]消失;不再存在▷飞蛾扑火,自取～。❷使不存在▷历史上小国～大国的事屡见不鲜。

【灭种】　mièzhǒng ❶[动]灭绝整个种族▷亡国～。❷绝种▷这种动物早已～。

蔑(衊❷)　miè ❶[形]小;轻微▷轻～。❷[动]造谣毁坏别人的名誉▷污～|诬～。

【蔑称】　mièchēng [名]轻蔑的称呼。

【蔑视】　mièshì [动]看不起;轻视。

篾　miè [名]劈成条状的薄竹片,也指苇子秆或高粱秆劈下的条状皮▷竹～|～席。☞"篾"和"蔑"形、义不同。

min

民　mín ❶[名]人民;百姓▷为国为～|民间▷～俗。❸指某个民族或从事某种工作的人▷回～|藏～|农～|渔～。❹非军人;非军事的▷军～一家|～用航空。

【民办】　mínbàn [动]群众集体或个人筹资兴办▷～大学|～医院。

【民不聊生】　mínbùliáoshēng 老百姓失去赖以生存的条件(聊:依靠)。形容老百姓无法维持生活。

【民法】　mínfǎ [名]规定公民和法人的财产关系和社会关系的各种法律。

【民愤】　mínfèn 图民众的愤恨▷激起～|罪恶严重，～极大。

【民风】　mínfēng 图社会风气；民间风尚▷～古朴|考察～。

【民歌】　míngē 图民间口头创作并流传的诗歌、歌曲，具有浓烈的乡土风味。

【民航】　mínháng 图民用航空▷～班机。

【民间】　mínjiān ❶图指人民群众中间▷～艺术|这个故事在～流传至今。❷形非官方的▷～渠道。

【民情】　mínqíng ❶图民间的生产、生活、风俗习惯等情况▷了解地理～。❷民众的心情、愿望等▷体察～。

【民权】　mínquán 图人民的民主权利。

【民生】　mínshēng 图人民的生活、生计▷～凋敝|国计～。

【民事】　mínshì 图有关民法的事宜▷～纠纷|～法庭。

【民俗】　mínsú 图民间的风俗习惯。

【民心】　mínxīn 图民众共同的感情和心愿▷～向背|大得～。

【民意】　mínyì 图民众的意愿▷符合～|～测验。

【民营】　mínyíng 形群众集体或个人筹资经营的(区别于"国营")▷～商店。

【民用】　mínyòng 形普通人生活、生产中所使用的(区别于"军用")▷～产品。

【民怨】　mínyuàn 图人民群众对统治者的怨恨▷～沸腾。

【民约】　mínyuē 图民众共同制定与遵守的公约▷乡规～。

【民乐】　mínyuè 图民间器乐，如二胡、唢呐、笛、箫、锣鼓等。

【民政】　mínzhèng 图政府对国内的有关群众性行政事务的管理，如户政、国籍、婚姻登记、优抚、救济等。

【民脂民膏】　mínzhīmíngāo 比喻人民用血汗创造的财富。

【民众】　mínzhòng 图人民大众。

【民主】　mínzhǔ ❶图指人民群众享有参与政治生活和国家或集体事务的管理，以及对国事自由发表意见等的权利。❷形符合民主原则的▷～选举|办事～。

【民族】　mínzú ❶图泛指历史上形成的处于不同社会发展阶段的各种人的共同体▷古代～|游牧～。❷在历史上形成的一个有共同语言、共同地域、共同经济生活以及在文化上有共同心理素质的稳定的共同体。

岷　mín 图用于山名、水名和地名。岷山，在四川和甘肃交界处；岷江，在四川；岷县，在甘肃。

缗(緡)　mín 图古代穿铜钱用的绳子▷～钱(用绳子穿成串的铜钱)。

皿　mǐn 见[器皿]qìmǐn。☞统读mǐn。

抿　mǐn ❶囫用小刷子蘸水或油抹(头发等)▷往头发上～了点儿油。❷(嘴、翅膀等)略微闭上▷～着嘴笑|小鸟～了～翅膀，落在窗台上。❸抿着嘴唇喝一点儿▷～了一口酒。

黾(黽)　mǐn [黾勉]mǐnmiǎn 形〈文〉勤勉；尽力。

泯　mǐn 囫灭除；消失▷～除成见。

【泯灭】　mǐnmiè 囫消失，磨灭▷留下了不可～的印象|～恩仇。

闽(閩)　mǐn ❶图我国古代民族，居住在今福建一带。❷闽江，水名，在福建。❸福建的别称▷～剧|～南|～语。☞统读mǐn。

悯(憫)　mǐn 囫哀怜；同情▷悲天～人|怜～。

敏　mǐn ❶形敏捷▷灵～。❷聪明▷聪～。

【敏感】　mǐngǎn ❶形生理上、心理上感觉敏锐，对外界事物反应很快▷对新鲜事物非常～。❷使人敏感的▷物价是个～问题。

【敏捷】　mǐnjié 形(思维、行动等)反映快▷动作～|才思～。

【敏锐】　mǐnruì 形灵敏锐利▷思想～|眼光～。

ming

名　míng ❶图名字▷签～|书～。❷囫〈文〉说出；叫出▷莫～其妙|无以～之。❸名字叫▷她姓张～春兰。❹图名义▷～正言顺|～为考察，实为旅游。❺声誉▷赫赫有～|著～。❻形有知名度的▷～人|～医|～画|～牌。❼量用于人▷两～代表。

【名不副实】　míngbùfùshí 名称或名声跟实际不相称(副：相称，一致)。形容徒有其名。

【名不虚传】　míngbùxūchuán 流传的名声确实同实际相符，不是虚假的。

【名称】　míngchēng 图事物的名字。

【名垂青史】　míngchuíqīngshǐ 姓名和事迹载人史册，千古流传(垂：流传)。

【名词】　míngcí 图表示人或事物名称的词。如工人、机器、理论等。汉语名词的主要语法功能是一般不受副词修饰，前面可以带数量词定语(三部机器)，在句中可以做主语(机器开动了)、宾语(开机器)、定语(机器零件)等。

【名次】　míngcì 图按照一定标准排列的姓名或名称的次序▷运动队人场～已确定。

【名存实亡】　míngcúnshíwáng 名义上还存在，实际已消亡。

【名额】　míng'é 图规定的人员数目▷～已满|我区有两个代表～。

【名分】　míngfèn 图人的名义和地位▷正～|从不看重自己的～。☞㊀"分"这里不读 fēn。㊁不宜写作"名份"。

【名副其实】　míngfùqíshí 名称或名声跟实际相称(副：相称，一致)。

【名贵】　míngguì 形著名而且珍贵▷～药材|这瓷器很～。

【名家】　míngjiā 图在学术或技能方面造诣很高的著名专家。

【名节】　míngjié 图名誉和气节▷重～，讲情操。

【名利】　mínglì 图指个人的名声地位和物质利益▷不追逐～。

【名列前茅】　mínglièqiánmáo 春秋时，楚国军队行军，如遇敌情，则前锋举茅以示警。后用来指名次排在前面。

【名流】　míngliú 图知名人士(多指著名学者或社会活动家)▷社会～。

【名落孙山】　míngluòsūnshān 宋代范公偁(chēng)《过庭录》记载：宋朝孙山考取了末名举人，有人问他自己的儿子考中了没有，他只是回答说"解(jiè)名尽处是孙山，贤郎更在孙山外"(解名：发解的人的名字，即榜上的名字)。后用来委婉地说考试没有考取或选拔时没被录取。

【名门】　míngmén 图有声望的门第；声望很高的学术或艺术流派▷世家～|～弟子。

【名目】　míngmù 图名称，项目(多含贬义)▷巧立～|

~繁多。

【名牌】 míngpái ❶图著名的品牌▷~大学|~商标。❷写有名字或名称的牌子▷医生胸前戴着~。

【名片】 míngpiàn 图社交用的印有个人姓名、职务、地址、电话等内容的长方形小卡片。

【名气】 míngqì 图〈口〉名声;知名度▷~挺大|小有~。

【名人效应】 míngrénxiàoyìng 名人在社会上产生的影响力和号召力。

【名声】 míngshēng 图名誉;声望▷~显赫|坏~。

【名胜】 míngshèng 图著名的有优美风景或古迹的地方。

【名士】 míngshì 图旧指知名的文人学者;也指名气大但不做官或恃才放达的知识分子▷~风度。

【名手】 míngshǒu 图因技艺或文笔等高超而著名的人▷围棋~|书法~。

【名望】 míngwàng 图名誉、声望▷他在学术界很有~。

【名义】 míngyì 图做某事时所用的身份、名称或标榜的说法▷以全班的~郑重劝你几句|~上说这是为了方便群众,实际上是方便自己。

【名优】 míngyōu 厖有名并且质量优良的▷~产品。

【名誉】 míngyù ❶图名声;社会舆论的评价▷珍惜~|恢复~。❷厖名义上的(多用于荣誉称号)▷~博士|~会长。

【名噪一时】 míngzàoyīshí 在一个时期名声很大(噪:声音大)。☞"噪"不要写作"躁"。

【名正言顺】 míngzhèngyánshùn 名义正当,话也讲得在理。形容做事理由充分、正当。

【名字】 míngzi ❶图姓名中除姓以外的部分;也指姓名。❷事物的名称▷这条河的~叫子牙河。

明

míng ❶厖亮(跟"暗"相对,⑥同)▷若~若暗|鲜~。❷(从当前算起的)第二(年、日等)▷~天|~年|~春。❸清楚;明白▷来路不~|简~。❹团懂得;了解▷不~真相|深~大义。❺厖公开的;显露的▷有话~说|~标标价。❼团表示显然或确实▷~知故问。❽图视觉;眼力▷双目失~|察秋毫。❾厖视力好;目光敏锐▷耳聪目~|眼~手快|精~。❿图朝代名。

【明白】 míngbai ❶厖清楚;容易了解▷道理说得很~。❷通情达理▷老张是个~人。❸团知道;懂得▷~了不少道理。

【明察暗访】 míngcháànfǎng 指多方面进行仔细调查。☞不宜写作"明查暗访"。

【明察秋毫】 míngcháqiūháo 能看清楚鸟兽秋天长出的毫毛。形容目光敏锐,观察精细。

【明澈】 míngchè 厖清明透彻▷~的蓝天|~的双眸|一条小溪~见底。

【明断】 míngduàn 团明辨是非,公正判断(多用于处理案件或纠纷)。

【明晃晃】 mínghuānghuāng 厖亮光闪烁的样子▷~的战刀。☞"晃晃"这里读变调。

【明火执仗】 mínghuǒzhízhàng 点着火把,拿着武器。指公开抢劫,也泛指毫无顾忌地公开干坏事。

【明净】 míngjìng 厖明亮洁净▷~的天空|湖水十分~。

【明快】 míngkuài ❶厖明朗而流畅(跟"晦涩"相对)▷语句~|节奏~|~的色调。❷性格直爽,办事利索▷作风~。

【明朗】 mínglǎng ❶厖光照充足;明亮▷~的天空|月色~。❷清晰;鲜明▷局势~|态度~。❸光明磊落;

直爽开朗▷心地~|~的笑声。

【明丽】 mínglì 厖明净秀丽▷风光~。

【明亮】 míngliàng ❶厖光线充足▷~的教室。❷明净而发亮▷~的玻璃窗|一双~的大眼睛。❸明白、亮堂▷老师的一席话使他心里~多了。

【明了】 míngliǎo ❶厖明白;清楚▷简单~。❷团完全懂得;清楚地知道▷不甚~。☞不要写作"明瞭"。

【明码】 míngmǎ ❶图公开通用的电码(跟"密码"相对)。❷公开标明的价码▷~标价。

【明媚】 míngmèi 厖明亮动人▷春光~|~的山川|~的眼睛会说话。

【明明】 míngmíng 副显而易见;的确▷~是他错了,怎能怪别人呢?

【明眸皓齿】 míngmóuhàochǐ 明亮的眼睛,洁白的牙齿。形容女子貌美。

【明目张胆】 míngmùzhāngdǎn 公开地、毫无顾忌地做坏事。

【明枪暗箭】 míngqiāngànjiàn 比喻公开的和隐蔽的攻击(含贬义)。

【明确】 míngquè ❶厖明白而确定▷合同上写得很~。❷团使明白而确定▷~了前进的方向。

【明日黄花】 míngrìhuánghuā 原为苏东坡的诗句:"明日花蝶也愁。"指重阳节以后的菊花即将枯萎,没有什么观赏价值了。后用来比喻过了时的事物。

【明天】 míngtiān ❶图今天过后的一天。❷未来;不远的将来▷~会更好。

【明文】 míngwén 图明确的条文(多指法令、规章制度等)▷~禁止。

【明晰】 míngxī 厖明白,清晰▷远山近水,画面层次~|思路~。

【明细】 míngxì 厖明确而细致▷分工~|~账目。

【明显】 míngxiǎn 厖清楚地显现出,容易让人看出▷~的错误|优势~。

【明星】 míngxīng 图指某些领域中著名的人物或集体▷体育~|~企业。

【明修栈道,暗度陈仓】 míngxiūzhàndào,àndùchéncāng 刘邦从汉中出兵攻打项羽时,表面上派兵修复栈道,实际上暗中绕道奔袭陈仓,取得大胜。后用来比喻用明显的行动掩人耳目,暗中却采取其他手段达到目的。☞"度"不要写作"渡"。

【明眼人】 míngyǎnrén 图对事物观察敏锐的人。

【明喻】 míngyù 图比喻的一种,用"像、好像、似、如同"等喻词明显表示出是打比方的一种比喻。如"青年人好像早晨八九点钟的太阳"。

【明哲保身】 míngzhébǎoshēn 原指明智的人回避可能危及自身的事。现指只顾自身利益而不作原则斗争的处世态度。

【明争暗斗】 míngzhēngàndòu 公开和暗中都在争斗。形容双方矛盾很深,斗争不断。

【明知故犯】 míngzhīgùfàn 明明知道不对,却故意违犯。

【明智】 míngzhì 厖聪明;有智慧(多指处理问题)▷为人~|~的办法。

【明珠】 míngzhū 图光亮透明的珍珠;比喻珍爱的人或美好的事物▷掌上~|白洋淀是华北大平原上的一颗~。

【明珠暗投】 míngzhūàntóu 比喻珍贵的东西落入不识货的人手中或有才华的人得不到重用。有时也比喻好人一时误入歧途。

鸣(鳴)

míng ❶团(鸟、兽、昆虫)叫▷蝉~|~禽。❷泛指发出声响;使发出声响▷耳~|

枪。❸表达(见解、感情)▷~不平|争~。

【鸣锣开道】 míngluókāidào 封建时代官吏出行,让差役在前面敲锣,使行人回避让路。比喻为某事物的出台制造舆论,开辟道路。

【鸣谢】 míngxiè 囝公开表示谢意▷向赞助单位~。

【鸣冤叫屈】 míngyuānjiàoqū 申诉所受冤屈。

茗 míng 囝茶树的嫩芽;泛指饮用的茶▷香~|品~。☞统读 míng。

冥 míng ❶圉〈文〉昏暗;幽深▷晦~|幽~。❷〈文〉昏庸;愚昧▷~顽不灵。❸深;深刻▷~思苦想。❹囝〈文〉迷信称人死后进入的世界,即阴间地府。

【冥思苦想】 míngsīkǔxiǎng 深入地、绞尽脑汁地思索。

铭(銘) míng ❶囝铸或刻在器物、碑碣上记述事实、事业的文字;就的用以警惕、勉励自己的文字▷~文|墓志~|座右~。❷囝铭刻;牢记▷~功|~记。

【铭记】 míngjì 囝牢牢地记住▷~恩德。

【铭刻】 míngkè ❶囝在金属或石制器物上铸造或镌刻(文字或图案)。❷比喻深深记住▷把这血的教训~在心上。

【铭牌】 míngpái 囝标明产品名称、型号、性能、规格、出厂期、厂名等的金属牌,多钉在电器、机械、仪表、机动车上面。

溟 míng 囝〈文〉海▷北~|沧~。

暝 míng ❶圉〈文〉昏暗▷天雾昼~。❷囝黄昏▷~色|薄~。

瞑 míng 囝闭上(眼睛)▷~目。

【瞑目】 míngmù 囝闭上眼睛(多指人临终时无怨憾或无牵挂)▷死不~。

螟 míng 囝螟蛾科昆虫的统称。有上万种。如玉米螟、二化螟、三化螟等。危害农作物。

【螟蛉】 mínglíng 囝泛指稻螟蛉、棉蛉虫、菜粉蝶等多种鳞翅目昆虫的幼虫。

酩 mǐng [酩酊]mǐngdǐng 圉形容醉得很厉害▷~大醉。☞统读 mǐng。

命 mìng ❶囝命令①▷~舰队立即返航。❷囝命令②▷待~|遵~。❸命运▷听天由~|~薄。❹寿命;生命▷短~|拼老~。❺囝给予、确定(名称、题目等)▷~名|~题。

【命笔】 mìngbǐ 囝〈文〉拿起笔来(作诗文书画)▷愤然~,直斥奸贼。

【命根子】 mìnggēnzi 囝比喻最重要、最受重视的人或事物。

【命令】 mìnglìng ❶囝发出必须执行的指示▷~三团跑步前进。❷囝发出的必须执行的指示▷服从~。

【命脉】 mìngmài 囝人体的血脉经络,比喻关系重大的事物▷铁路是国民经济的~。

【命名】 mìngmíng 囝起名;给予名称▷这种火箭~长征号。

【命题】¹ mìngtí 囝出题目▷高考~。

【命题】² mìngtí 囝逻辑学上指表达判断的语言形式,用系词"是"把主词和宾词联系起来。如"中国是发展中国家"就是一个命题。

【命运】 mìngyùn ❶囝迷信认为人一生中注定的吉凶遭遇。❷比喻事物的生存和发展▷大家都担心企业的~。

【命中】 mìngzhòng 囝射中;投中;打中(目标)▷~三球|~靶心。☞"中"这里不读 zhōng。

miu

谬(謬) miù ❶圉错误的▷~论。❷圓〈文〉谦词,表示受到的评价或待遇超过自己的实际水平▷当重任|~奖。☞统读 miù。

【谬论】 miùlùn 囝错误的言论。

【谬误】 miùwù 囝跟客观实际不一致的认识;差错▷~百出。

【谬种】 miùzhǒng 囝荒谬错误的东西▷~流传。

mo

摸 mō ❶囝用手接触或轻轻抚摩▷他的脸。❷以手探取▷下水~鱼|从口袋儿里~出几块钱。❸探求;试着做或了解▷刚刚~出一点门道|~情况。❹在黑暗中活动▷~黑回家|~黑儿干活。☞㊀统读 mō。㊁跟"模"(mó;mú)不同。

【摸底】 mōdǐ 囝了解底细;探查内情▷那事他还不~|派人到村里摸摸底。

【摸爬滚打】 mōpágǔndǎ 形容艰苦的训练、作战。也比喻艰苦的工作。

【摸索】 mōsuǒ 囝试探着(前进);寻找(途径、经验等)▷在原始森林里~着往前走|~出一套办法。

【摸着石头过河】 mōzheshítouguòhé 比喻边试探着往前走,边总结经验。

谟(謨) mó 囝〈文〉计谋▷远~。

馍(饃) mó 囝一些地方指馒头或面饼▷羊肉泡~。也说馍馍。

摹 mó 囝照着现成的样子写或画▷临~|描~。

【摹本】 móběn 囝按照原本临摹或翻刻的书画。

【摹写】 móxiě ❶囝模仿原样写▷按照字帖认真~。❷描写▷~出农民生活的现状。☞不宜写作"模写"。

模 mó ❶囝标准;规范▷楷~|~型。❷囝照着现成的样子做▷~仿|~拟。❸囝指模范人物▷劳~|英~。☞跟"摸"(mō)不同。〇另见 mú。

【模范】 mófàn 囝作为榜样的先进人物或事物▷推举~|~家庭。

【模仿】 mófǎng 囝仿照现成样子做▷~字帖写字|~歌星唱歌。☞不宜写作"摹仿"。

【模糊】 móhu ❶圉不明晰;不清楚▷发音~|观点~|想起来模模糊糊的,记不清了。❷囝使不明晰不清楚▷泪水~了他的视线。☞不宜写作"模胡"。

【模棱两可】 mólíngliǎngkě 指态度或意见不明确,既不肯定,也不否定。

【模拟】 móni 囝比照现成的或真实的样子做▷~考试|~蟋蟀鸣叫。☞不宜写作"摹拟"。

【模式】 móshì 囝格式;样式▷管理~|外国~。

【模特儿】 mótèr 〈外〉❶囝艺术工作者用来写生、雕塑、描摹的对象▷她是美院的~。❷作者塑造某个人物形象的原型。❸展示服装等产品的人或人体模型▷广告~|时装~。

【模型】 móxíng ❶囝仿照原物外形按一定比例制作的物品▷火箭~。❷铸造时制砂型用的内衬物,和铸出物的形状、大小完全相同。❸压制、浇灌机件或其他物品所使用的模子▷铸件~|土坯~。

膜 mó ❶囝细胞表面或生物体内一层很薄的组织▷细胞~|耳~|竹~。❷像膜的东西▷橡皮~|塑料薄~。☞统读 mó。

【膜拜】 móbài 囝跪在地上,两掌合着举到额头行礼,表示最虔诚的敬意▷顶礼~。

麼 mó 见[幺麼]yāomó。

摩 mó ❶囫摩擦。❷用手轻轻按着来回移动▷按～。❸接触;接近▷肩接踵l～天大楼。❹研究;探求▷观～l揣～。○另见 mā。

【摩擦】 mócā ❶囫物体之间相互接触,来回移动。❷图比喻个人、集团或党派等因利害关系而引起的小规模冲突▷闹～。☞不宜写作"磨擦"。

【摩肩接踵】 mójiānjiēzhǒng 人与人肩挨着肩,脚尖碰着脚跟。形容人多,非常拥挤。

【摩拳擦掌】 móquáncāzhǎng 形容参与某项活动前激动、振奋,跃跃欲试的样子。☞不宜写作"磨拳擦掌"。

【摩挲】 mósuō 囫抚摸▷～着孩子的小脸。☞"摩挲"(mósuō)跟"摩挲"(māsā)意义不同,不要混用。

【摩托】 mótuō ❶图〈外〉内燃机。❷以内燃机为动力的两轮或三轮车。

磨 mó ❶囫用磨具加工玉石等坚硬材料▷琢～。❷摩擦▷鞋底～破了◇嘴皮子。❸逐渐耗损消失▷～灭。❹消耗(时间)▷一上午就这么～过去了l～洋工。❺折磨;遇到困难或挫折▷好事多～l难(nàn)。❻纠缠不放▷软～硬泡。○另见 mò。

【磨蹭】 móceng ❶囫轻轻地磨▷把刀～～,就快了。❷比喻动作缓慢拖延▷快走吧,别磨磨蹭蹭的l～时间。

【磨合】 móhé ❶囫经过摩擦使更加密合,特指新的或经大修的机器、车辆在使用初期用较慢的运转速度使磨擦面逐渐密合。❷比喻经过一段时间共同工作或生活,达到相互适应或感情的和谐▷到新单位,总得～一段时间。

【磨砺】 mólì 囫经过摩擦使尖锐锋利,比喻磨炼▷在边疆～一番。

【磨炼】 móliàn 囫(在艰苦的环境或完成繁难的任务中)锻炼提高▷自觉～自己。☞不宜写作"磨练"。

【磨灭】 mómiè 囫随时间的推移而逐渐消失▷古陶器上的花纹～了不少◇功绩不可～。

【磨难】 mónàn 图折磨;苦难▷在逆境中他遭受了巨大的～。☞不宜写作"魔难"。

【磨损】 mósǔn 囫(机件、器具等)在使用中由于摩擦而逐渐损耗▷机器～严重。

【磨洋工】 móyánggōng 故意拖延时间或工作懒散,效率低下。

嬷 mó [嬷嬷]mómo❶图〈文〉对年老妇女的称呼。❷对天主教或东正教修女的称呼。☞统读 mó。

蘑 mó 图蘑菇▷口～l鲜～。

【蘑菇】[1] mógu 图食用蕈(xùn)类的通称,特指口蘑。

【蘑菇】[2] mógu 〈口〉❶囫纠缠不休▷你跟他～解决不了问题。❷行动缓慢,拖拉▷你再～,就迟到了。

【蘑菇云】 móguyún 图原子弹、氢弹爆炸或火山爆发时所产生的蘑菇形的云状物,其中含有大量烟尘。

魔 mó ❶图魔鬼▷妖～l恶～。❷比喻害人的东西或邪恶势力▷病～l～爪。❸图神奇的;变幻难测的▷～力l～术。

【魔鬼】 móguǐ 图宗教或神话中指迷惑人、残害人的恶鬼,常比喻恶多端,害人性命的坏人。

【魔窟】 mókū 图魔鬼居住的洞穴;比喻邪恶势力盘踞的处所▷一举捣毁犯罪团伙的～。

【魔力】 mólì 图神秘的巨大力量;比喻使人着迷的吸引力▷没有想到这部电视剧有这么大的～。

【魔术】 móshù 图杂技节目。借助物理、化学方法或特殊装置,以不易被人察觉的敏捷手法或障眼法,制造出使人感觉变化多端的神奇现象。也说戏法、幻术。

【魔王】 mówáng 图佛教指专做坏事的恶魔的首领,也比喻邪恶势力的代表或极其凶残的人。

【魔爪】 mózhǎo 图比喻恶势力▷斩断帝国主义的～。

抹 mǒ ❶囫涂上;搽▷淡妆浓～l涂～。❷涂掉;除去▷从名单上～掉了几个名字。❸擦拭▷～眼泪。○另见 mā;mò。

【抹黑】 mǒhēi ❶囫涂上黑色;比喻丑化别人,使其处于不利境地▷他想往我脸上～没门！❷比喻由于自己的错误言行给亲人、家庭或组织造成耻辱或不光彩后果▷你做坏事,不就是给你爹妈脸上～吗?

【抹杀】 mǒshā 囫彻底勾销;完全抹掉▷成绩是～不了的。☞不宜写作"抹煞"。

末 mò ❶图树梢;事物的尖端▷～梢l秋毫之～。❷事物的最后部分;尽头▷周～l强弩之～。❸囵最后的▷最～一名l穷途～路l～代。❹图次要的、非根本的事物,或事物次要的一面(跟"本"相对)▷舍本逐～l本～倒置。❺碎屑;细粉▷茶叶～l药～l锯～。❻京剧的老生行当,扮演次要角色▷生旦净～丑。

【末班车】 mòbānchē 每天最后发出的一趟公交班车。比喻最后的一次机会。

【末流】 mòliú ❶图处于衰败中的学术或文艺等流派。❷囵下等;品位低的▷～作家l～作品。

【末路】 mòlù 图最后一段路程;比喻潦倒失意或没落衰亡的境地▷穷途～。

【末日】 mòrì 图毁灭的日子▷敌人的～已来临。

【末尾】 mòwěi 图最后部分▷花车在游行队伍的～l报告～太拖沓。

【末叶】 mòyè 图(一个王朝或一个世纪的)最后若干年▷唐朝～l世纪～。

没 mò ❶囫沉入水中▷沉～。❷〈文〉终了;尽▷～世不忘l～齿难忘。❸消失;隐匿▷神出鬼～l隐～。❹没收▷罚～。❺漫过或高过(人或物)▷水深～顶l积雪～膝。○另见 méi。

【没齿难忘】 mòchǐnánwàng 一辈子不会忘记(没齿:终身)。表示感恩不尽。☞"没"这里不读 méi。

【没落】 mòluò 囫衰败▷家境～。

【没收】 mòshōu 囫(因犯罪、投敌或违反禁令等)强制无偿地把财产或物品收归公有。

抹 mò ❶囫用和好的泥、灰等涂在物体表面并弄平▷～墙。❷擦着边绕过▷拐弯～角。○另见 mā;mò。

【抹不开】 mòbukāi 难为情;不好意思▷～脸。☞不宜写作"磨不开"。

【抹得开】 mòdekāi 情面上下得来;想得通▷在原则问题上你要能～,我就放心了l这点事我～。☞不宜写作"磨得开"。

茉 mò [茉莉]mòlì 图常绿灌木,开白色小花。花也叫茉莉,香味浓郁,可以熏制茶叶或提取芳香油。

殁 mò 囫〈文〉死▷病～。

沫 mò ❶图液体形成的聚集在一起的细泡▷口吐白～l泡～。❷唾液▷唾～l口～l飞溅。☞统读 mò。

陌 mò ❶图田间东西方向的小路;泛指田间小路▷阡～。❷泛指道路或街道▷巷～l～头杨柳。

【陌路】 mòlù 图路途上遇到的不相识的人▷形同～。也说陌路人。

【陌生】 mòshēng 囮生疏;不熟识▷～的面孔l工作环境很～。

脉 mò [脉脉]mòmò 形形容含情凝视或用眼神表达情思的样子▷~注视着远去的亲人|~含情。☞不要写作"眽眽"。○另见 mài。

莫 mò ❶代〈文〉没有谁;没有什么(指事物或处所)▷~不欢欣鼓舞|哀~大于心死。❷副不▷望尘~及|一筹~展。❸不要;不可▷闲人~入。

【莫不】mòbù ❶副无不;没有不▷~兴高采烈。❷莫非▷干坏事的~是他?

【莫不是】mòbùshì 副表示推测或反问▷看他那表情,~他真的不知道实情?

【莫大】mòdà 形没有比这个更大;极大▷~的安慰|~的讽刺。

【莫非】mòfēi 副莫不是,相当于"难道"▷~他改变了主意|我~错怪了他不成?

【莫名其妙】mòmíngqímiào 没有人能说出其中的奥妙。形容非常奥妙。

【莫逆之交】mònìzhījiāo 指情投意合的知心朋友。

【莫如】mòrú 连连接分句等,表示比较后的选择,相当于"不如"▷你既然来了,~找他谈谈。☞"不如"还可表示比不上,"莫如"没有这种用法,如"火车不如飞机快"。

【莫须有】mòxūyǒu 宋朝奸臣秦桧(huì)诬告岳飞谋反,韩世忠质问有没有事实,秦桧说"莫须有",意思是也许有。后来指凭空捏造罪名。

【莫衷一是】mòzhōngyīshì 无法判定哪种说法对,指不能取得一致的意见。

秣 mò ❶名牲畜的饲料▷粮~。❷动喂养牲畜▷~马厉兵。

蓦(驀) mò 副突然;忽然▷~然。

【蓦地】mòdì 副表示出乎意料,相当于"突然"▷~进来一个陌生人。

【蓦然】mòrán 副猛然▷~回首。

漠 mò ❶名沙漠▷大~。❷形冷淡;不经心▷冷~|淡~。

【漠不关心】mòbùguānxīn 形容对人对事态度冷淡,毫不关心。

【漠然置之】mòránzhìzhī 漫不经心地放在一边。形容对人对事态度冷淡,漠不关心。

【漠视】mòshì 动冷漠地对待;不重视▷不能~群众意见。

寞 mò 形寂静;冷落▷寂~|落~。

墨 mò ❶名写字绘画用的黑色颜料,传统的墨多用松烟或煤烟为材料制成块状;也指用墨研成的汁▷一块~|研~|蘸~。❷形黑色或接近于黑色的▷~镜|~绿|~菊。❸名〈文〉贪污;不廉洁▷~吏|贪~。❹名借指诗文或书画▷文~|遗~|~宝。❺比喻知识、学问▷胸无点~。❻泛指写字、绘画或印刷用的某些颜料▷红~水|蓝~水|油~。❼名古代一种刑罚,在脸部刺刻,用墨染黑▷~刑。☞统读 mò。

【墨宝】mòbǎo 名著名书法家、画家的珍贵书画真迹,或对别人的字画的敬称▷珍藏着几位画家的~。

【墨黑】mòhēi 形像墨一样的黑,也比喻对事物一无所知▷头发~|刚调到这里,两眼~,不了解情况。

【墨迹】mòjì ❶名墨写的痕迹▷~如新|~清晰。❷某人的字迹真迹▷这条幅是齐老师留下的~。

【墨家】mòjiā 名战国时期墨翟(dí)创立的一个学派。主张"兼爱""非攻",反对厚葬等。

【墨镜】mòjìng 名用墨晶片制作的眼镜,也泛指墨绿色、茶色等深色镜片制作的眼镜。

【墨守成规】mòshǒuchéngguī 战国时期墨翟(dí)善于守城,人称善守为"墨守"。后用以指固守现成的规矩不肯改进(含贬义)。

【墨水】mòshuǐ ❶名墨汁,供写毛笔字用。❷钢笔用颜色水。❸借指知识▷他肚子里~多,向他请教吧!

默 mò ❶动不说话;不明白表示出来▷沉~|许~。❷凭记忆写出(读过的文字)▷~生字|~写。

【默哀】mò'āi 动低头静默肃立,以表示哀悼。

【默读】mòdú 动不出声地读书▷~散文。

【默默】mòmò 副表示动作在没有声音的情况下进行▷~相对而坐|雪花~地飘舞着。

【默默无闻】mòmòwúwén 形容不出名,不被人知道。

【默契】mòqì ❶形心中的意思没有说出,而彼此都明白▷配合~。❷名秘密的约定或协议▷达成~。

【默认】mòrèn 动不用言语表示而心中承认▷你不表态,就算是~了。

磨 mò ❶名碾碎粮食的工具▷一盘~。❷动用磨碾碎▷~麦子|~面。❸〈口〉掉转方向▷在胡同里~车|屋子小得~不开身◇脑子老是~不过弯儿来。○另见 mó。

貘 mò 名哺乳动物,体形略像犀,但比较矮小,皮厚毛少,鼻子很长,能自由伸缩。

mou

哞 mōu 拟声模拟牛叫的声音▷老牛~~叫。

牟 móu 动贪取▷~利|~取。☞在"牟平"(山东地名)、"中牟"(河南地名)中读 mù。

【牟利】móulì 动贪取私利。

【牟取】móuqǔ 动贪取▷~名利|~暴利。

眸 móu 名〈文〉眸子,瞳人,泛指眼睛▷回~一笑|明~皓齿|凝~。

谋(謀) móu ❶动想主意;策划▷~士。❷名主意;计策▷足智多~。❸动谋求▷为人民~幸福|另~出路。❹商量▷不~而合。

【谋反】móufǎn 动暗中策划反叛。

【谋害】móuhài 动暗中策划杀害或陷害▷~知情人。

【谋划】móuhuà 动想主意▷精心~。

【谋略】móulüè 名计谋策略▷~过人。

【谋求】móuqiú 动想办法求得▷~帮助。

【谋取】móuqǔ 动想办法取得▷~暴利。

【谋杀】móushā 动暗中策划杀害▷~证人。

【谋生】móushēng 动设法挣钱过日子▷外出~|靠几亩薄田~。

【谋私】móusī 动谋求私利▷以权~。

【谋算】móusuàn ❶动策划、盘算▷他整天都在~备耕的事。❷暗中算计▷~他人。

缪(繆) móu 见[未雨绸缪]wèiyǔchóumóu。

某 mǒu ❶代指特定的人或事物(不知道名称或知道名称而不说出)▷邻居李~|这是~~经理的指示|~部八连|~评论家。❷指不确定的人或事物▷~天|~些把柄|~种条件。❸代替自己的名字▷赵~赴汤蹈火,在所不辞。❹代替别人的名字(常含不客气的意思)▷请转告孙~~,我的忍耐是有限度的。☞有时可以叠用,如某某人,某某单位,某某事。

【某些】mǒuxiē 代指不确定的一些人或事物▷~单位|~文化人。

mu

模 mú ❶图模子▷铅~｜木~。❷形状；样子▷~样。○另见 mó。

【模具】 mújù 图工业生产中冲压成型所使用的各种模型▷翻铸~｜冷冲~。

【模样】 múyàng ❶图人的容貌或着装打扮的样子▷这孩子~不错｜化妆成这~，吓我一跳。❷表示大约的时间、年龄(多在数量词后)▷他住了半年~｜这孩子有十岁~。❸情况；形势▷看这~，演出得改期。

【模子】 múzi 图压制或浇灌机件或其他物品所使用的工具。

母 mǔ ❶图母亲▷~女｜慈~｜家~。❷亲属中的长辈女子▷祖~｜伯~。❸函禽兽中雌性的(跟"公"相对)▷~牛｜~鸡。❹图指一凸一凹或一大一小配套的两件东西中凹的或大的一件▷螺~｜子扣子~环。❺最初的或能产生出其他事物的东西▷酒~｜字~。

【母爱】 mǔ'ài 图母亲对子女的爱。

【母本】 mǔběn 图参与杂交的亲本之一。在动植物中是雌性个体或产生雌性生殖细胞的个体。也说母株。

【母亲】 mǔqīn 图有子女的女子；子女对生育自己的女子的称呼。

【母系】 mǔxì ❶图血统属于母亲方面的▷舅舅是~亲属。❷母女相承袭的系统▷~社会制度。

【母校】 mǔxiào 图称自己从那里毕业或在那里上过学的学校。

【母语】 mǔyǔ 图一个人最初学会的语言，一般是本民族的共同语或某一方言。

牡 mǔ 函雄性的(鸟兽)；也指植物中的雄株(跟"牝"相对)▷~牛｜~麻。

【牡丹】 mǔdān 图著名的观赏植物。花也叫牡丹。根可做药材，有清热、活血等作用。

【牡蛎】 mǔlì 图软体动物，肉供食用并能提制蚝油。也说蚝。

亩(畝) mǔ 量市制土地面积计量单位，10 分为 1 亩，100 亩为 1 顷。1 市亩等于 60 平方市丈，666.7 平方米。

拇 mǔ 图手或脚的第一个指头；特指手的第一个指头▷~指。

姆 mǔ 见[保姆]bǎomǔ。

木 mù ❶图树木▷伐~。❷木材；木料▷槐~｜楠~｜棺~。❸团行将就~。❹函朴实▷~讷。❺呆；愣；反应不快▷~头~脑｜~然。❻局部感觉丧失▷手指头冻~了｜脑袋发~。

【木本】 mùběn 函木质茎发达的(植物)▷~植物。

【木材】 mùcái 图树木砍伐后，经粗略加工的材料▷一方~。

【木呆呆】 mùdāidāi 函发愣，迟钝死板的样子▷他~地坐在那里。

【木雕】 mùdiāo 图在木头上雕刻人和事物的形象或花纹的艺术，也指其雕成的艺术品。

【木槿】 mùjǐn 落叶灌木，夏秋开花，有白、红、紫等色。可观赏，可作绿色篱笆。

【木刻】 mùkè 图先在木板上刻图再印出来的画儿▷一幅~。也说木版画。

【木料】 mùliào 图经初步加工，具有一定形状，便于制作木器和木构件的木材▷一方~｜一批~。

【木棉】 mùmián 图落叶乔木。叶掌状，红色；种子的表皮有白色纤维，质柔软，可用来作垫褥、枕心等的填

充材料。也说红棉、攀枝花。

【木乃伊】 mùnǎiyī 图〈外〉古代埃及人用防腐剂、香料以及特殊的埋葬方法保存下来的不腐的尸体。比喻没有生气的僵化了的事物。

【木偶】 mù'ǒu 图用木头刻成的人像；比喻没有知觉或神情呆滞的人。

【木头木脑】 mùtóumùnǎo 呆滞、迟钝的样子。

【木樨】 mùxī ❶图常绿小乔木或灌木。开白色或暗黄色小花，有异香，通称桂花。❷指经过烹调的搅碎了的鸡蛋▷~汤｜~肉。☞不宜写作"木犀"。

【木已成舟】 mùyǐchéngzhōu 比喻事情已成定局，无可挽回或不可改变。

目 mù ❶图眼睛▷双~失明。。❷团看；看待▷~为奇迹。❸图网上的孔▷网~｜纲举~张。❹项目，大项下的小项▷细~｜要~。❺目录▷书~｜剧~。❻生物学分类范畴的一个等级，在纲以下科以上▷灵长~｜蔷薇~。❼名称；标题▷名~｜题~。

【目标】 mùbiāo ❶图攻击、射击或寻求的对象▷轰炸的~。❷希望达到的境界、标准▷奋斗的~。

【目不忍睹】 mùbùrěndǔ 不忍心去看。形容景象非常凄惨。

【目不识丁】 mùbùshídīng 形容一个字都不认识(丁：借指简单的字)。

【目不暇接】 mùbùxiájiē 形容可看的东西太多，看不过来。

【目不转睛】 mùbùzhuǎnjīng 眼珠都不转动一下。形容看得十分专注。

【目测】 mùcè 团单纯用眼睛测量▷从这里到山顶有多远，你给~一下。

【目瞪口呆】 mùdèngkǒudāi 瞪着眼睛说不出话来。形容因吃惊或害怕而发愣的样子。

【目的】 mùdì 图想要到达的地点；想要取得的结果▷~地是南疆的喀什｜不达~，决不罢休。

【目睹】 mùdǔ 团亲眼看见▷要不是~了他们的所作所为，还真不敢相信。

【目光】 mùguāng ❶图视线▷~集中在老师身上。❷眼神▷~恍惚。

【目光如豆】 mùguāngrúdòu 目光像豆子那么小。形容眼光短浅。

【目光如炬】 mùguāngrújù 目光像火把那么亮。形容目光锐利逼人。

【目击】 mùjī 团亲眼看到(多指在事件现场)▷~了事件的真相。

【目空一切】 mùkōngyīqiè 什么都不放在眼里。形容极其狂妄自大。

【目录】 mùlù ❶图书刊正文前面所列的篇章名目。❷按一定的序列编排、记录的事物名录▷不动产~｜新书~。

【目前】 mùqián 图当前；最近一段时间▷~形势｜这些要求~还做不到。

【目送】 mùsòng 团以目光相送；用眼睛注视着人或其他事物离去。

【目无法纪】 mùwúfǎjì 不把法律和纪律放在眼里。

【目眩】 mùxuàn 函眼花▷头昏~。☞"眩"不读 xuán。

【目中无人】 mùzhōngwúrén 谁也不放在眼里。形容高傲自大，看不起人。

仫 mù [仫佬族]mùlǎozú 图我国少数民族之一，主要分布在广西。

沐 mù ❶团洗头发；泛指洗▷栉风~雨。

【沐浴】　mùyù　❶囫洗澡。❷比喻被阳光照射和雨露润泽▷~着温暖的阳光|花草~着细雨。❸比喻沉浸在某种氛围中▷~在欢乐的歌声中。

苜　mù　[苜蓿]mùxu 图一年生或多年生草本植物。可以做饲料和绿肥。也说紫花苜蓿。

牧　mù　囫放养牲畜▷~马|~童|~畜。

【牧歌】　mùgē　图流行于牧区的一种民歌，曲调抒情高亢，节拍自由。也指富有乡村生活情趣或草原风情的诗歌或歌曲。

【牧民】　mùmín　图靠畜牧为生的人。

募　mù　囫广泛征求(财物或人员等)▷~捐|~集|招~。

【募股】　mùgǔ　囫广泛征集股份(企业筹资的一种方式)。

【募集】　mùjí　囫通过募捐征集▷~救灾款。

【募捐】　mùjuān　囫广泛征求捐献的款物▷~寒衣|向社会~。

墓　mù　图坟墓▷烈士~。

【墓碑】　mùbēi　图立在坟前的石碑，上面刻有死者的姓氏、生卒年月等。

【墓葬】　mùzàng　图坟墓(多用于考古学)▷发现东汉时期的~群。

【墓志】　mùzhì　图放在墓内刻有死者生平事迹的刻石，也指这种刻石上的文字▷~铭。

幕　mù　❶图遮盖或覆盖用的绸、布等;帐篷▷揭~|帐~。❷悬挂着的大块绸、布等▷银~|帷~|开~。❸古代作战时将帅的帐篷;古代将帅或行政长官的府署▷~府|~僚。❹量戏剧中的一个段落▷五~大型歌剧◇生活中的一~。

【幕后】　mùhòu　图舞台大幕的后边，比喻在暗中的活动(多含贬义)▷~操纵|~指使者|退到~。

睦　mù　图相处和好;亲近▷和~。

【睦邻】　mùlín　❶囫跟邻居或邻国和睦相处▷~友好。❷相处和睦的邻居或邻国▷~关系。

慕　mù　❶囫敬仰;喜爱▷羡~|仰~|不~虚名。❷思念;依恋▷思~|爱~。

【慕名】　mùmíng　囫仰慕某人的名声或崇信某事物的声誉▷~而来|~购买。

暮　mù　❶图日落的时候▷~色。❷形(时间)临近终了;晚▷~春三月|岁~天寒|~年。

【暮霭】　mù'ǎi　图傍晚的云气、烟雾▷~笼罩着原野，一切都模糊不清了。

【暮景】　mùjǐng　图傍晚的景色，也比喻年老时的景况▷残光|桑榆~。

【暮气】　mùqì　图黄昏时昏暗的云气，多比喻缺乏活力，不求进取的精神状态▷~十足|~沉沉。

穆　mù　形〈文〉恭谨;严肃▷肃~|静~。

【穆斯林】　mùsīlín　图〈外〉伊斯兰教教徒的通称。

N

na

拿 ná ❶劻用手握住或抓取;搬取▷手里~着书|给我~杯水来|把箱子~走。❷捕捉;夺取▷~耗子|捉~|打敌人的据点~下来。❸装出或做出(某种姿态、样子)▷~架子|你要~出当哥哥的样子来。❹取得▷~了四枚金牌|~名次。❺掌握▷~权|~不准。❻劻用▷~斧子砍|~鼻子闻|~大话吓唬人。❼把;对▷别~我当傻瓜|故意~他开玩笑。

【拿办】 nábàn 劻逮捕法办▷对为非作歹的人,必须~。

【拿获】 náhuò 劻(将罪犯)抓住▷逃犯终于被~。

【拿腔拿调】 náqiāngnádiào 说话时,故意使用某种特殊的腔调。

【拿手】 náshǒu 形(在某个方面)擅长▷对烹炸炒煮他很~。

【拿手好戏】 náshǒuhǎoxì 演员擅长演出的最好剧目。比喻最擅长的本领和技艺。

哪 nǎ ❶代表示疑问,要求在同类事物中确认某一个▷分不清~是对,~是错|~位还有不同意见?|你喜欢~几种花色?❷指代同一个▷~双鞋也不合适|~件质量好买~件。❸指不确定的一个▷~天有空儿我得进趟城。❹表示反问▷天底下~有这样的好事?☞㊀在口语里,"哪"①-③单用时说 nǎ,后面跟着量词或数词加量词时常说 něi 或 nǎi。㊁语气助词"啊"受前一字韵尾 n 的影响产生音变,读成 na,写成"哪",如"你让我等多少年哪?""这儿怎么没有人哪!"(参见"啊"的提示)。㊂在神话人物"哪吒"(nézhā)中读 né。

【哪个】 nǎge ❶代哪一个(指物,表示疑问)▷你在~单位工作?❷谁(指人,表示疑问或任指)▷刚才说话的是~?|他~也不怕!

【哪里】 nǎli ❶代问处所▷这孩子不知跑到~去了?❷用在反问里,表示否定▷我~知道你会来得这么早?❸表示对处所的虚指或泛指▷好像在~见过你|我今天~也没有去过。❹谦词,用于表示对自己褒奖的婉转推辞▷"多亏了您,帮我解决了一个大难题。""~,~,我不过是做了点应该做的事。"

【哪怕】 nǎpà 连《口》连接分句,常和"也""都""还"配合使用,表示假设和让步▷~情况再复杂,也要如期完成任务。

【哪些】 nǎxiē 代"哪"的复数;哪一些。表示疑问。

【哪样】 nǎyàng ❶代对性质、状态等表示选择性询问▷布料有多种颜色,你要~的?❷表示泛指或虚指▷这家商场的皮鞋,品种繁多,~的都有。

那 nà ❶代指比较远的人或事物(跟"这"相对,②同)▷~孩子|~张桌子|~一次。❷代替比较远的人或事物▷~是谁的书包?|~是刚买来的书。❸指代上文陈述的情况,有"如果那样"的意思▷既然来了,~就多呆两天吧。☞在口语里,"那"①②单用时读 nà,后面跟着量词或数词加量词时常读 nèi 或 nè。

【那个】 nàge ❶代指代比较远的人或事物▷~把~拿过来。❷用在动词、形容词前面,表示强调▷大桥通车,大家~跳啊、~高兴啊,就甭提了。❸代替不愿直说的言词(含有婉转或幽默意味)▷你这个

人的脾气也太~了。

【那里】 nàli 代指代较远的处所。

【那么】 nàme ❶代远指性质、状态、方式、程度等▷~红|总是~坐着|不能~说。❷放在数量短语前,跟"就"配合,强调不多▷我就~几十块钱,你还想借走?❸连根据前面所说的事实或假设,说出后面的结果,常同"既然、如果"等连词配合使用▷如果大家都同意,~就去吧。☞不宜写作"那末"。

【那时】 nàshí 名那个时候。

【那些】 nàxiē 代指示较远的两个以上的人或事物▷~都是远方来的客人|~书都送给你吧。

【那样】 nàyàng ❶代远指性质、状态、程度、方式等▷~的机会不会再有了|穿的是~地鲜艳|不能~对待他|怎么馋得~。❷指代某种动作或情况▷别动它了,就~吧|我们单位的情况就是~。

呐 nà [呐喊]nàhǎn 劻大声喊叫▷~助威|摇旗~。

纳(納) nà ❶劻放进;收入▷闭门不~|出~。❷接受▷吐故~新|采~|容~|~降(xiáng)。❸享受▷~福|~凉。❹交(税款等)▷~税|缴~。❺列入▷~入议事日程|~入计划。❻用细密的针脚缝▷~鞋底。

【纳粹】 nàcuì 名〈外〉德国国家社会党。第一次世界大战后兴起,是以希特勒为首的法西斯主义政党。

【纳罕】 nàhǎn 形惊讶;奇怪▷这件事发生得让人十分~。

【纳贿】 nàhuì ❶劻收受贿赂▷贪污~。❷进行贿赂▷既要惩治受贿者,也要惩治~者。

【纳闷儿】 nàmènr 形不明真相,心存疑团▷面对无端的指责,他感到~。

【纳入】 nàrù 劻放进;归入(多用于抽象事物)▷把该项课题~了科研规划。

钠(鈉) nà 名金属元素,符号 Na。化学性质极活泼。它的化合物如食盐、碱等在工业上用处很大。

衲 nà ❶劻缝缀▷百~衣|百~本廿四史。❷名僧人穿的衣服(常用碎布缝缀而成)。❸僧人用以自称或代称▷老~。

娜 nà 音译用字,多用于女性姓名。☞在"婀娜""袅娜"中读 nuó。

捺 nà ❶劻用手指按▷~一个手印。❷抑制▷~不住心头的怒火。❸名汉字的笔画,形状是"㇏"。

nai

乃 nǎi 〈文〉❶副就(是);确实(是)▷此~先师手稿|虚心~成功之保证。❷于是;就▷登至山顶,~稍事休息|事已至此,~顺水推舟。❸才▷求之久矣,今~得之|因长期放任自流,~至于此。❹代你;你的▷~弟|~翁。

【乃至】 nǎizhì 连甚至▷销售额成倍~两倍、三倍增长。也说乃至于。

奶 nǎi ❶名乳房▷~头|~罩。❷乳汁▷喂~|吃~|~油。❸劻用自己的乳汁喂养(孩子)▷她正在~孩子呢|这孩子是她给~大的。

【奶茶】 nǎichá 名掺和着牛奶、羊奶或马奶的茶。

【奶粉】　nǎifěn　图牛、羊等动物奶汁经脱水后制成的粉末状食品。

【奶酪】　nǎilào　图用牛、羊等动物的奶汁做成的半凝固状食品。也说乳酪。

【奶妈】　nǎimā　图受雇以自己奶汁喂养他人孩子的妇女。

【奶名】　nǎimíng　图年幼时的小名。也说小名、乳名。

【奶奶】　nǎinai　❶图祖母(可用于面称和背称)。❷对跟祖母同辈或年纪相仿的妇女的尊称。

【奶声奶气】　nǎishēngnǎiqì　形容说话的声音、腔调像小孩子一样。

【奶水】　nǎishuǐ　图人和动物的奶汁。

【奶油】　nǎiyóu　图从牛奶中提取的脂肪含量较高的半固体食品,白色而微黄,用于制作糕点,糖果等。

【奶制品】　nǎizhìpǐn　图以牛奶为主要原料的食品的总称。也说乳制品。

氖　nǎi　图非金属元素,符号 Ne。无色无臭,放电时发出红色光,可用来制霓虹灯和指示灯等。

奈　nài　〈文〉❶团对付;处置▷～他不得。❷奈何▷无～(不能怎么办)|怎～(无奈)。

【奈何】　nàihé　❶代〈文〉为什么;如何(用于反问)▷民不畏死,～以死惧之? ❷团怎么办▷无可～。❸对付;处置▷就是不去,他也～不得我|奈他何(怎样处置他)。

柰　nài　图古代指一种同林檎(沙果)类似的果树,果实也叫柰。

耐　nài　团经得起;受得住▷～磨|～火|～忍|难～。

【耐烦】　nàifán　形耐心,不怕烦难▷他伺候病人可～了|他等得不～了。

【耐久】　nàijiǔ　形能够经过较长时间而不损坏▷不锈钢门窗很～。

【耐劳】　nàiláo　形禁受得住劳苦。

【耐力】　nàilì　图耐久的能力。

【耐人寻味】　nàirénxúnwèi　经得起细细体味。形容诗文、语句等意味深长。

【耐心】　nàixīn　❶形遇事不急躁,情绪不厌烦▷～地等候。❷图不急躁、不厌烦的心情▷很有～。

【耐性】　nàixìng　图具有忍耐力的性格▷教育孩子没～不行。

【耐用】　nàiyòng　形不易损坏,能使用很长时间的▷～消费品。

萘　nài　图有机化合物,白色晶体,用来制造染料、药品等。

鼐　nài　图〈文〉大鼎。

nan

男　nán　❶图人类两性之一(跟"女"相对)▷～女老少|～生。❷儿子▷长(zhǎng)～。❸古代贵族五等爵位的第五等▷公侯伯子～|～爵。

【男方】　nánfāng　图婚姻关系中的男性一方(跟"女方"相对。)

【男声】　nánshēng　图声乐中的男子声部,一般分男高音、男中音、男低音。

【男士】　nánshì　图对成年男子的一种称呼(在正规场合含尊敬意,其他场合有时有诙谐意)▷各位女士,各位～|想不到进来了你这位～。

【男子】　nánzǐ　图男性成年人。

【男子汉】　nánzǐhàn　图男子;特指身体强健性格坚毅的男子。

南　nán　❶图四个基本方向之一,早晨面对太阳时右手的一边(跟"北"相对)▷长江以～|坐北朝～|～面。❷指中国南方▷～味|～式|～货。☛佛教用语"南无"读 nāmó(意为"皈依"或"敬礼")。

【南半球】　nánbànqiú　图以赤道为界,地球的南半部称为南半球。

【南货】　nánhuò　图南方所产的货物(多指南方食物)。

【南极】　nánjí　图地轴的最南端,是南半球的顶点。

【南柯一梦】　nánkēyīmèng　唐人笔记小说中说淳于棼(fén)在梦中到了大槐安国,被封为南柯郡太守,娶了公主,享尽荣华富贵。醒来后才知道是一场梦,所谓大槐安国就是住宅南边大槐树下的一个蚂蚁洞,南柯郡不过是槐树下南边的一个小蚂蚁洞。后多用"南柯一梦"泛指一场梦或一场空。

【南腔北调】　nánqiāngběidiào　形容口音不纯,杂有各地方音。

【南下】　nánxià　团我国习惯以北为上,以南为下,所以去往南边的地方就叫南下(跟"北上"相对)▷～广州。

【南辕北辙】　nányuánběizhé　要去南方,却驾车往北走。比喻行动和目的相反。

【南征北战】　nánzhēngběizhàn　转战南北,打过许多仗。

难(難)　nán　❶形不容易做的;困难(跟"易"相对)▷这道题太～了|很～完成|～办。❷团使感到困难▷～不倒我们。❸形令人感觉不好▷～吃|～闻。○另见 nàn。

【难熬】　nán'áo　形难以度过和忍受▷疼痛～|～的长夜。

【难产】　nánchǎn　❶团分娩时胎儿难以产出。❷比喻已经开始做的事迟迟没有结果。

【难处】　nánchǔ　形不好合作或相处▷他个性太强,跟别人很～。

【难处】　nánchu　图需解决的困难问题▷如果有什么～,请说一声。

【难当】　nándāng　团不易担当或承受▷～重任|饥饿～。

【难道】　nándào　副表示反问语气,常同"吗、不成"等配合使用▷我说的～是假的吗? |～非他去不成?

【难得】　nándé　❶团难以得到或办到▷人才～|～的好事。❷很少发生▷～见上一面。

【难点】　nándiǎn　图不容易理解的地方或不容易解决的问题。

【难度】　nándù　图困难的程度。

【难解难分】　nánjiěnánfēn　指矛盾很深,难以排解。也指双方关系密切,不忍分离。

【难怪】　nánguài　❶团难以责怪,表示可以谅解▷这也～他,他还是个新手呢! ❷副表示明白了真相,不再觉得奇怪的语气▷寒流南下,～这么冷。

【难关】　nánguān　图难以通过的关口,比喻不容易克服的困难▷攻克了～。

【难过】　nánguò　❶团不容易通过;难以度过▷恐怕还是外语这道关～|这种沉闷的日子实在～。❷形不好受;痛苦▷考试不及格,心里非常～。

【难堪】　nánkān　❶形难以忍受▷痛苦～。❷尴尬;窘迫▷感到很～。

【难看】　nánkàn　❶形丑;不好看▷这只掉毛狗太～了。❷不光彩;不体面▷说这样的话,你不觉得～吗? ❸(脸色、表情等)严厉;不好看▷他一生气脸色就很～|她的面容憔悴～。

【难能可贵】　nánnéngkěguì　不容易办到的事居然办到了,觉得格外宝贵。

【难色】nánsè 图为难的神态▷脸上露出了～。

【难受】nánshòu ❶厖不舒服▷浑身～。❷(心情)不愉快;伤心▷他这一走我非常～。

【难题】nántí 图难以解答或解决的问题。

【难听】nántīng ❶厖(声音)不悦耳,听起来不舒服▷他说话尖声尖气的,太～。❷(言语)粗俗低下▷多～的话,亏他说得出口。❸形容名声、事情等不堪入耳▷这样的丑事,说出来太～了。

【难为情】nánwéiqíng 厖情面上过不去;不好意思▷事儿没给办成,多～啊|在众人面前露了丑,不免感到有点～。

【难为】nánwei ❶团使人为难(多用于否定式)▷他不愿意去,就别～他了。❷客套话,用于别人为自己做事后的致谢▷～你为我想得这么周到。

【难兄难弟】nánxiōngnándì 本意是说兄弟俩的见识、才智难以分出高低(事见《世说新语·德行》)。今多反用,指两人同样低劣。☞"难"这里不读 nàn。

【难言之隐】nányánzhīyǐn 深藏在内心难以说出口的心事。

喃 nán [喃喃]nánnán 拟声模拟连续低语声▷～自语。

楠 nán [楠木]nánmù 图常绿乔木,木材浓香,可防蠹虫,是建筑房屋和制作器具的上等材料。

赧 nǎn 厖〈文〉由于害羞或惭愧而脸红▷～颜|～然。

蝻 nǎn 图蝗虫的幼虫。☞统读 nǎn。

难(難) nàn ❶图遭到的重大不幸;灾祸▷排～解纷|逃～|民。❷团质问;责问▷非～|责～|问～。○另见 nán。

【难民】nànmín 图因战争或自然灾害而流离失所,丧失生计的人。

【难兄难弟】nànxiōngnándì 共过患难的朋友;处于同样困境的人。☞"难兄难弟"(nànxiōngnàndì)跟"难兄难弟"(nánxiōngnándì)意义不同。

【难友】nànyǒu 图一起蒙受灾难的人,特指一起坐过监狱的人。

nang

囊 nāng [囊膪]nāngchuài 图猪的腹部肥而松软的肉。☞不宜写作"囊揣"。○另见 náng。

囔 nāng [囔囔]nāngnang 团小声说话▷你一个人在那儿～什么呢?

囊 náng ❶图口袋▷探～取物|皮～|背～。❷像口袋的东西▷胆～|毛～。○另见 nāng。

【囊空如洗】nángkōngrúxǐ 口袋空空,象洗过的一样。形容身无分文。

【囊括】nángkuò 团包罗全部▷～了该项所有冠军。

馕(饢) náng 图维吾尔族、哈萨克族人烤制的一种面饼。

攮 nǎng 团(用刀)刺▷让人～了一刀|～子(短而尖的刀)。

齉 nàng 厖鼻子不通气,也指因鼻子不通气而发音不清▷～鼻儿。

nao

孬 nāo 〈口〉❶厖不好;坏▷过去的日子可比现在～多了。❷怯懦;缺乏勇气▷～种。

【孬种】nāozhǒng 〈口〉❶图怯懦、软弱的人▷在歹徒面前不能当～。❷坏人(骂人话)▷这几个不知羞耻的～。

呶 náo [呶呶]náonáo 团说话唠唠叨叨,令人生厌▷～不休。

挠(撓) náo ❶团阻止▷阻～。❷(用手指)轻轻地抓;搔▷抓耳～腮|～～痒。❸弯曲;比喻屈服▷百折不～|不屈不～。☞右上不是"戈"。

【挠头】náotóu 厖用手抓弄头皮,形容事情复杂,叫人为难▷这种事真～。

硇 náo [硇砂]náoshā 图天然的氯化铵,呈粉块状,多产在火山熔岩的空洞里。工业、农业和医药方面有广泛的用途。

铙(鐃) náo ❶图古代军中的铜制打击乐器,像短铃铛,中间没有舌。行军时,用铙声制止击鼓。❷打击乐器,与钹相似,只是中间隆起部分较小。

蛲(蟯) náo [蛲虫]náochóng 图寄生虫,形似线头,白色,寄生在人的盲肠及其附近的肠黏膜上。☞统读 náo。

恼(惱) nǎo ❶团愤怒;生气▷～羞成怒|～火。❷厖烦闷;苦闷▷苦～|烦～|懊～。

【恼恨】nǎohèn 团恼怒和怨恨▷你虽然伤害过他,可他却没有～过你。

【恼火】nǎohuǒ 团发怒;生气▷我也不知道他对这件事怎么会这样。

【恼怒】nǎonù ❶团气恼;发怒▷这种不公平的对待,使他十分～。❷使恼怒▷他的作法～了群众。

【恼人】nǎorén 团使人烦恼、焦躁▷窗外的喧嚣如此～。

【恼羞成怒】nǎoxiūchéngnù 因气恼羞愧而发怒。

脑(腦) nǎo ❶图人和脊椎动物中枢神经系统的主要部分,主管全身的知觉、运动、思维和记忆等。❷指头部▷探头探～|摇头晃～。❸像脑浆的东西;从物体中提取的精华部分▷豆腐～|樟～|薄荷～。

【脑袋】nǎodai 〈口〉❶图人或动物的头颅。❷脑筋▷你的～怎么不开窍呢?

【脑海】nǎohǎi 图头脑(侧重其思维、记忆的功能,多用于文学)▷那激动人心的往事,常在我的～里翻腾。

【脑筋】nǎojīn ❶图思维的器官▷开动～。❷思想意识;观念▷老～|换～。

【脑力】nǎolì 图指记忆、理解、分析、判断、想象等的能力。

【脑满肠肥】nǎomǎnchángféi 形容生活优裕、无所事事而养成肥头大耳、大腹便便(piánpián)的样子。

【脑门儿】nǎoménr 〈口〉图前额。

【脑汁】nǎozhī 图〈口〉脑中的汁液,借指脑筋▷绞尽～也想不出好办法。

【脑子】nǎozi 〈口〉❶图脑①▷～里长了瘤子。❷脑筋①▷～灵活。

瑙 nǎo 见[玛瑙]mǎnǎo。☞右边不是"函"。

闹(鬧) nào ❶图人多声音嘈杂▷市区～|喧～。❷团吵嚷;争吵▷连吵带～|又哭又～|两人～得不可开交。❸搅扰;扰乱▷大～天宫|～事。❹发作;发生(不好的事情)▷～情绪|～病|～灾荒|～别扭。❺戏耍;耍笑▷要笑～着打打～。❻搞;弄▷～罢工|两个人怎么也～不到一块儿。

【闹洞房】nàodòngfáng 新婚之夜,亲朋好友到洞房里跟新婚夫妇说笑取闹。也说闹房、闹新房。

【闹哄哄】nàohōnghōng 厖形容喧嚷吵闹的杂乱人声▷街上～的,不知出了什么事。☞不宜写作"闹轰轰""闹烘烘"。

【闹饥荒】　nàojīhuang　❶指发生普遍性的饥饿。❷〈口〉比喻经济上发生困难▷这阵子家里～,你能不能借点钱给我。

【闹剧】　nàojù　❶图情节滑稽、场面热闹、表演极度夸张的喜剧。也说笑剧。❷比喻荒唐可笑的事▷为了掩人耳目,他们还演出了一场～。

【闹市】　nàoshì　图繁华热闹的街市▷这条街道原来清静得很,现在成了～。

【闹事】　nàoshì　圆聚众生事捣乱,破坏社会秩序。

【闹腾】　nàoteng　❶圆吵嚷;喧闹▷你们别～了,真烦死人。❷逗趣打闹▷又说又笑,～了半天。❸做,搞▷这个厂是他们几个～起来的。

【闹笑话】　nàoxiàohua　因为缺少经验、知识或粗心大意而做出可笑的事▷这个人马马虎虎,大大咧咧,经常～。

【闹意气】　nàoyìqì　意气用事;由于跟别人意见不合而故意为难对方或采取不合作的消极态度。

淖　nào　图〈文〉烂泥;泥沼▷泥～。

ne

讷（訥）　nè　图〈文〉说话迟钝,不善言谈▷口～。☞统读 nè。

呢　ne　❶圆用在疑问句的末尾,加强语气▷这可怎么办～?|你问谁～?|大家都去,你～?❷用在陈述句的末尾,加重肯定语气▷我正忙着做作业|我从来不喝酒|你要是不相信～,我也没有办法。❸用在句中,表示停顿▷我～,从○另见 ní。

nei

馁（餒）　něi　❶图饿;冻～。❷丧失勇气▷胜不骄,败不～|气～|自～。☞统读 něi。

内　nèi　❶图里面;一定范围里(跟"外"相对)▷室～|国～|年～|衣～|～情。❷称妻子或妻子方面的亲属▷～人|～弟|～侄。❸指心里或内脏▷五～俱焚|～功|～伤。

【内部】　nèibù　图在一定范围之内▷～传阅|学校～。

【内地】　nèidì　图离边疆或沿海较远的内陆地区。

【内定】　nèidìng　圆领导机构内部决定(尚未宣布)▷各科室的负责人已经～。

【内服】　nèifú　圆专指吃药(跟"外用"相对)。

【内海】　nèihǎi　❶图大陆内部的海。仅有狭窄水道与外海和大洋相通,如地中海、波罗的海等。也说内陆海。❷指一国领海范围以内的海域,如我国的渤海。

【内涵】　nèihán　❶图反映概念所指对象的本质属性的总和(跟"外延"相对)。❷人的内在涵养▷这个人有很深厚的～。

【内行】　nèiháng　❶图对某种工作、技艺或业务等具有丰富的经验和知识(跟"外行"相对)。❷图内行的人。

【内耗】　nèihào　❶图机器或其他装置由于自身振动等原因的能量损耗。❷比喻部门、单位因内部的矛盾和不协调而造成人力物力方面的消耗▷有些单位～严重,令人痛心。

【内讧】　nèihòng　圆内部相互倾轧、冲突。☞不宜写作"内哄"。

【内奸】　nèijiān　图隐藏在内部伺机进行破坏或向敌方通风报信的敌对分子。

【内景】　nèijǐng　❶舞台剧指台上的室内布景。❷拍摄电影、电视时指摄影棚内的布景(跟"外景"相对)。

【内疚】　nèijiù　图内心感到惭愧和不安▷没完成任务,非常～。☞"疚"不读 jiū。

【内聚力】　nèijùlì　❶图同一种物质内部分子之间的相互吸引力。❷比喻群体内相互团结合作的力量▷办好企业需要有强大的～。

【内科】　nèikē　图医疗单位中主要采用药物而不用手术来治疗内脏疾病的一科。

【内陆】　nèilù　图距离海岸较远的陆地。

【内乱】　nèiluàn　图国家内部发生的叛乱或战争▷平定～。

【内幕】　nèimù　图指不为外部所知的内部情况(多含贬义)▷～曝光。

【内亲】　nèiqīn　图妻子一方亲属的总称。

【内勤】　nèiqín　❶图内部勤务工作。❷从事内勤工作的人员。

【内容】　nèiróng　图事物内部所包含的一切(跟"形式"相对)▷～丰富。

【内伤】　nèishāng　❶图因摔、打、挤、压等外力作用致使体内器官、经络、血、气等受到的损伤。❷中医指由于饮食不当、过度疲劳或精神抑郁等引起的病症。

【内外交困】　nèiwàijiāokùn　内部与外部同时遭遇到困难。

【内务】　nèiwù　❶图国内民政事务。❷集体生活中室内的日常事务▷起床时要整理～。

【内线】　nèixiàn　❶图电话总机控制的内部线路▷通过总机转～。❷在敌方包围形势下的战线▷～作战,十分艰苦。❸打入对方内部的情报人员或情报工作▷～传来新消息|～工作。❹内部的联系渠道▷通过～办事。

【内向】　nèixiàng　言谈少,情感深沉,不轻易表现出来的(跟"外向"相对)▷性格～。

【内销】　nèixiāo　圆自产的商品在本国本地市场销售(跟"外销"相对)▷这种产品适合～。

【内心】　nèixīn　图心中;心里▷～的痛苦|从～感到高兴。

【内秀】　nèixiù　图内心聪慧、细腻。

【内需】　nèixū　图国内的需求▷拉动～。

【内因】　nèiyīn　图促使事物发展变化的事物本身固有的矛盾;事物发展变化的根本原因。

【内应】　nèiyìng　图隐藏在对方内部做策应工作的人。☞"应"这里不读 yīng。

【内忧外患】　nèiyōuwàihuàn　内部和外来的忧虑与祸患。形容形势十分严峻。

【内蕴】　nèiyùn　图事物所蕴含的内容▷这部作品,虽不太长,但有丰富的～。

【内在】　nèizài　❶图事物自身原本就存在的(跟"外在"相对)▷～规律|～的活力。❷存在于内心,不表露在外的▷～感情很丰富。

【内脏】　nèizàng　图人或动物胸腔和腹腔内各种器官的统称。

【内战】　nèizhàn　图指国内战争,包括统治阶级内部争权夺利的战争,也包括被统治阶级反抗统治阶级的战争。

【内政】　nèizhèng　图国家内部的政治事务▷互不干涉～。

【内资】　nèizī　图国内资本▷～企业。

nen

嫩　nèn　❶图初生而柔弱的(跟"老"相对)▷细皮～肉|～韭菜|娇～。❷(某些菜肴)烹调的时间适度,口感好,易咀嚼▷把猪肝炒～点。❸(颜色)浅▷～黄|～绿。❹不成熟;不老练▷他担任这个职务还

嫌~一些。☞统读 nèn。

neng

能 néng ❶名本领;才干▷各尽其~|逞~|无~|智~。❷能量▷电~|光~|原子~。❸形有才干的▷~工巧匠|~人|~手。❹动表示有能力或善于做某事▷腿受伤了,不~走路|~写会画|~歌善舞。❺表示有可能▷看这天气,~下雨吗?|他的病~好吗? ❻应该;可以▷考试时不~交头接耳|为人处事不~只为个人着想。

【能动】 néngdòng 形积极主动,自觉努力的▷~地改造环境。

【能干】 nénggàn 形有能力,会办事的。

【能歌善舞】 nénggēshànwǔ 很会唱歌,擅长跳舞。形容多才多艺。

【能工巧匠】 nénggōngqiǎojiàng 技艺高超的工匠。

【能够】 nénggòu ❶动表示有足够的能力(做某事)。❷表示有条件或情理上许可▷你的愿望~实现|重要的会议,我~不来吗?

【能见度】 néngjiàndù 名正常人视力能将目标分辨清楚的最大距离。

【能力】 nénglì 名完成某项任务所具备的才能和力量。

【能量】 néngliàng ❶名度量物质运动的一种物理量,即物质做功的能力。❷比喻人可以发挥出来的能力和作用▷活动~很大。

【能耐】 néngnài 名〈口〉技能;本领。

【能屈能伸】 néngqūnéngshēn 能弯曲也能伸展。比喻人在失意时能克制自己,在得志时能施展自己的才华。

【能人】 néngrén 名指有突出才能或某种本领的人。

【能手】 néngshǒu 名精通某种技能或非常善于做某项工作的人▷剪纸~。

【能源】 néngyuán 名可以产生能量的各种资源,如燃料、水力、太阳能、风力等。

ni

妮 nī [妮子]nīzi 名〈方〉女孩子(多用于女性名字)。☞统读 nī。

尼 ní 名在寺庙里修行的女佛教徒▷~姑|僧~。☞下边不是"匕"。

【尼古丁】 nígǔdīng 名〈外〉烟碱。

【尼龙】 nílóng 名〈外〉含有酰胺键的树脂以及由它制成的塑料。种类很多,耐磨、耐油、不易吸收水分,可制轴承、滑轮、输油管等机件以及各种日用品。

呢 ní 名呢子▷制服~|花~|~绒。○另见 ne。

【呢喃】 nínán 拟声模拟燕子的叫声,也形容小声说话的声音▷~燕语|~细语。

【呢绒】 níróng 名毛织物的统称。泛指以动物毛或人造毛等为原料(包括混纺)的各种织物。

【呢子】 nízi 名一种质地厚密、挺括的毛织品,多用来做大衣、外套等。

泥 ní ❶名含水较多呈黏稠状或半固体状的土▷踩了一脚~|污~|浊水~|塘|淤~。❷像泥一样的东西▷枣~|印~|土豆~。○另见 nì。

【泥浆】 níjiāng 名稀薄的~▷溅了一身~。

【泥坑】 níkēng ❶名烂泥淤积的低洼处。❷比喻难以自拔的肮脏境地▷被这帮坏人拉进了~。

【泥泞】 nínìng ❶形烂泥多而滑,难以行走▷道路~。❷名淤积成的烂泥▷从~中拔出脚来。☞"泞"不读 níng。

【泥牛入海】 níniúrùhǎi 比喻去而不回,没有消息。

【泥沙俱下】 níshājùxià 泥土和沙子相混杂,一起流下来。比喻好人和坏人、好事和坏事混杂在一起。

【泥石流】 níshíliú 名山洪爆发时,挟带泥沙、石块等物奔泻而下形成的短暂急流。对房屋、村庄、农田、交通等具有很大的破坏力。

【泥塑】 nísù ❶动用粘土塑造(各种人物、动物等)。❷名用粘土塑成的各种人物形象。☞"塑"不读 suò 或 shuò。

【泥潭】 nítán ❶名较大较深的泥坑。❷比喻不能自拔的困境。

【泥土】 nítǔ ❶名土壤。❷尘土。

【泥沼】 nízhǎo 名烂泥淤积的洼地。

【泥足巨人】 nízújùrén 比喻貌似强大而实际上非常虚弱的人或事物。

怩 ní 见[忸怩]niǔní。

倪 ní 名开端,边际▷端~。☞不能简化成"仉"。

霓 ní 名雨后出现在虹外侧的弧形彩带,彩带排列顺序与虹相反。

【霓虹灯】 níhóngdēng 名利用惰性气体通电发光的灯。将玻璃空管按要求弯成各种形状,充入氖或氩等气体,通电后能发出不同颜色的光。多用于广告、标语牌、装饰照明、信号灯等。

鲵(鯢) ní 名两栖动物大鲵和小鲵的统称。大鲵长达1米多。叫声像小孩啼哭,俗称娃娃鱼。

拟(擬) nǐ ❶动相比较▷比~。❷仿照▷模~。❸计划;准备▷此稿~下期采用|~于近日离京。❹设计;起草▷~方案|~稿|草~。

【拟订】 nǐdìng 动起草;初步设计▷~大纲|~实施细则。

【拟定】 nǐdìng 动草拟制定▷方案早已~。☞"拟订"仅限于起草,而"拟定"是起草并制定。

【拟人】 nǐrén 名一种修辞方式,使事物具有人的思想、感情和行为,在童话、寓言等文学作品中常使用。

【拟声词】 nǐshēngcí 名模拟事物发出的声音的词。

【拟物】 nǐwù 名一种修辞方式,把人当作物,或把甲物当作乙物来描写。

你 nǐ ❶代称谈话的对方,即第二人称。❷泛指任何人,包括说话人自己▷要想成绩好,那~就得努力学习|他那认真劲儿真叫~佩服。❸你们,用于集体单位之间▷~厂|~校。

【你们】 nǐmen 代第二人称多数。

【你死我活】 nǐsǐwǒhuó 形容矛盾尖锐,斗争到了非常激烈的程度。

【你追我赶】 nǐzhuīwǒgǎn 形容大家都在争上进,不愿落在后面。

旎 nǐ 见[旖旎]yǐnǐ。

泥 nì ❶动用泥、灰等涂抹▷把窗户缝~严|墙是新~的。❷形固执;死板▷拘~。○另见 ní。

【泥古】 nìgǔ 动拘泥于古代的成规、习惯或说法等,而不知道灵活变通▷继承文化遗产并不等于~。

【泥子】 nìzi 名涂抹物体缝隙,使其表面平整严实的泥状物。多由桐油拌以绿豆面或熟石膏粉制成。☞不宜写作"腻子"。

昵 nì 形亲近;亲热▷亲~|~称。

【昵称】 nìchēng ❶名亲昵的称呼。❷动亲昵地呼(某人)▷将军总爱~他的警卫员为"小李子"。

逆 nì ❶团向反方向(活动)▷~风而行|~流而上。❷形方向相反的;不顺的▷~转|倒行·施。❸团抵触;不顺从▷忠言~耳|~子。❹背叛▷叛~。❺副事先;预先▷~料。

【逆差】 nìchā 图对外贸易中进口总值超过出口总值的贸易差额(跟"顺差"相对)。

【逆耳】 nì'ěr 形听起来觉着不舒服▷忠言~利于行|这话听起来~。

● 【逆反】 nìfǎn 团对事情的反应与对方的意愿或多数人的正常反应完全相反▷~心理。

【逆境】 nìjìng 图坎坷的境遇。

【逆来顺受】 nìláishùnshòu 对恶劣境遇、不公正待遇等顺从、忍受。

【逆料】 nìliào 团预计▷事情难以~。

【逆流】 nìliú ❶团朝着水流相反的方向▷小船~而上。❷图跟主流方向相反的水流;比喻反动潮流或前进的阻碍▷坚持前进,顶住~。

【逆序】 nìxù 形排列顺序跟通常顺序相反的▷~目录|~检索。也说倒序。

【逆转】 nìzhuǎn 团倒转;向相反的方向转化▷形势不可~。

【逆子】 nìzǐ 图不孝顺的儿子。

匿 nì 团隐藏;瞒着▷销声~迹|藏~|~名信。☞第十画是竖折(ㄴ)。

【匿名】 nìmíng 团不写姓名或不写真实姓名▷~举报|~恐吓。

睨 nì 团〈文〉斜着眼看▷~视。

【睨视】 nìshì 团斜着眼看(表示轻视)▷~一切。

腻(膩) nì ❶形食物中脂肪多使人不想吃▷菜太~了|焦熘肉片肥而不~。❷腻烦▷这歌都让人听~了|水果总也吃不~。❸光润;细致▷滑~|细~。❹又黏又滑▷抓泥鳅弄得满手发~。☞右上是"弐",不是"戈"。

【腻烦】 nìfan〈口〉❶形因(某种情况)重复次数多,或时间长而感到厌烦▷就这几句话老是唠叨个没完,真叫人~|整天呆在家里,你不~吗? ❷团讨厌;嫌恶▷我最~噪声。

【腻味】 nìwei 形〈口〉腻烦①。

溺 nì ❶团淹没在水里▷~死。❷过分;沉迷而没有节制▷~于酒色。

【溺爱】 nì'ài 团(对孩子)过分地宠爱▷~孩子有害无益。

nian

拈 niān 团用手指头夹或捏取▷从口袋里~出两枚硬币|信手~来。☞统读 niān。

【拈轻怕重】 niānqīngpàzhòng 对工作只愿拣轻松的,不愿做繁重的。

蔫 niān ❶形植物的花、果、叶等因缺乏水分而萎缩▷花刚开几天就~了。❷比喻无精打采▷他这几天可~了,是不是病了? ❸不活泼▷别看他人~,干起活儿来却挺麻利~脾气。☞下边不是"与"。

年 nián ❶图一年中庄稼的收成▷~景|成~。❷地球环绕太阳运行一周的时间▷三~五载|历~|~产量。❸岁数▷~富力强|~纪|~龄。❹人一生中按年龄划分的阶段▷幼~|少~|青~|老~。❺时期▷早~|近~|清朝末~。❻年节,农历新的一年开始的那天及其前后的几天▷过~|拜~|~货。

【年报】 niánbào ❶图一年只出版一次的刊物▷数学~|财会~。❷(各机关部门)按年度上报的文件、表格等▷财务处的~已经上交了。

【年表】 niánbiǎo ❶图按年度上报的表格(多用于财会方面)。❷按历史年代顺序编制的表格▷中国历史~。

【年成】 niáncheng 图一年内农作物的收获情况▷今年风调雨顺,~特别好。

【年代】 niándài ❶图时间;年数▷这套家具使用~太久了。❷一个世纪中每十年为一个年代。

【年度】 niándù 图按照业务性质和实际需要而规定的有各自起讫日期的十二个月。如学校通常就是从前一年的下半年到第二年的上半年为一个年度。

【年饭】 niánfàn 图农历年三十晚上全家人团聚在一起吃的饭,以祝贺全家团圆。也说年夜饭。

【年份】 niánfèn 图指某一年▷这件古物是汉代的,显然~要比那件六朝的更久。

【年富力强】 niánfùlìqiáng 年岁不大,精力充沛(年富:指未来的年岁多)。

【年号】 niánhào 图旧时帝王纪年所用的名号,如"洪武"是明太祖朱元璋的年号。现在也指公元纪年。

【年华】 niánhuá 图宝贵的岁月;时光。

【年级】 niánjí 图学校根据学生修业年限所划分的级别。如通常把小学分为六个年级,初中和高中各分为三个年级。

【年纪】 niánjì 图(人的)年龄;岁数。

【年间】 niánjiān 图指在某一时期或某一年代之内▷嘉靖~|未来的三十~。

【年检】 niánjiǎn 团某些行政管理部门对管辖业务所进行的一年一度的例行检查,如交通年检、工商年检等。

【年鉴】 niánjiàn 图汇集有关方面一年内重要情况及统计资料等并按年度定期出版的工具书,如经济年鉴,教育年鉴,小说年鉴等。

【年节】 niánjié 图一般指农历春节前后的几天。

【年景】 niánjǐng 图年成。

【年历】 niánlì 图一种印有一年的月份、星期、日期并标明各个节气、各种节日、纪念日等,以备随时查看的印刷品。

【年利】 niánlì 图按年计算的利息。也说年息。

【年龄】 niánlíng 图按年计算的人或动植物已经生存的时间;岁数。

【年轮】 niánlún 图树木主干的横切面显现出的近似圆形的纹理。可以根据轮纹的多少判断树木的年龄。

【年迈】 niánmài 形年岁很大。

【年谱】 niánpǔ 图按照年代次序编写个人生平事迹的著作。

【年青】 niánqīng 形处在青少年时期有青春活力的▷一代~人◇古老而又~的城市。

【年轻】 niánqīng ❶形年青▷他才二十多岁,很~。❷相比之下年纪小▷你比我~多了。

【年事】 niánshì 图〈文〉年纪▷爷爷~已高。

【年头儿】 niántóur〈口〉❶图年份▷母亲去世,到现在有五个~了。❷许多年的时间▷这张桌子是爷爷用过的,有~了。❸时代▷这~讲的就是竞争,不能吃大锅饭了。❹年景▷春旱夏涝,~不好。

【年限】 niánxiàn 图规定的年数;预计的时限▷学习~|工作~。

【年月】 niányuè ❶图时候;日子▷这一走不知什么~才能回来。❷时代▷都什么~了,还那么保守?

【年资】 niánzī 图年龄和资历▷在工资的构成中,也要考虑到~因素。

鲇(鮎) nián 图鲇鱼,体长,无鳞,体表多黏液。生活在淡水中。☞统读 nián。

黏 nián 图能把一种东西粘(zhān)连在另一东西上的性质▷这胶水～得很|糨糊不～|液～性。☞不宜写作"粘"。

【黏度】 niándù 图指黏性液体或半流体流动难易的程度。

【黏附】 niánfù 团黏性物质附着在其他物体上面。

【黏合】 niánhé 团用具有黏性的物质把两个或几个物体粘(zhān)在一起。

【黏糊】 niánhu ❶图又黏又稠▷玉米面粥熬得真～。❷图形容人做事不利索,拖泥带水▷那人办事太～,很少能按时完成任务。

【黏结】 niánjié 团黏合而结成一体。

【黏膜】 niánmó 图覆盖在呼吸、消化、泌尿、生殖等器官管腔内壁的一层薄膜,内部有血管和神经,能分泌黏液。

【黏土】 miántǔ 图黏性较强,含沙粒少的土壤,能保持水份和肥料,养分较丰富,但透气、透水功能较差。

【黏性】 niánxìng 图具有黏着力的性质。

【黏液】 niányè 图人或动植物体内分泌出来的具有黏性的液体。

【黏着】 niánzhuó 团粘在一起;附着。

捻 niǎn ❶团用手指搓或转动▷～线|把煤油灯～亮。❷图捻子▷灯～|纸～儿|药～。

【捻子】 niǎnzi 图用纸、棉等搓成的条状物或用纱织成的带状物。也说捻儿。

辇(輦) niǎn 图古代用人拉或推的车,秦、汉以后专指帝王后妃乘坐的车▷龙车凤～。

撵(攆) niǎn ❶团使人离开;驱逐▷怎么说也～不走他。❷团追赶▷他刚走,还～得上。

碾 niǎn ❶图碾子▷石～|水～|药～。❷团用碾子等滚轧▷～米|～药。

【碾场】 niǎncháng 团〈口〉在场上用碌碡等碾压谷物,以脱下子粒。

【碾子】 niǎnzi 图轧碎谷物或给谷物去皮的石制工具;泛指用于滚压或研磨的工具▷药～|汽～。

廿 niàn 题数字,二十。

念 niàn ❶团惦记;常常想▷想～|怀～|挂～。❷图想法或打算▷一～之差|杂～。❸团出声地读▷把信～给奶奶听。❹指上学▷～小学二年级|大学。☞上边是"今",不是"令"。

【念叨】 niàndao 〈口〉团由于挂念而经常不断地提起▷你走以后我们全家人时常～你。☞不宜写作"念道"。

【念旧】 niànjiù 团把旧日交情记挂在心里▷这个人～,对老朋友重义情。

【念头】 niàntou 图想法;打算。

埝 niàn 图土筑的防水小堤或田间挡水的土埂▷土～|河～。

niang

娘 niáng ❶图母亲▷爹～。❷称长一辈的或年长的已婚妇女▷婶～|姨～|大～。❸年轻女子▷新～|伴～。

【娘家】 niángjiā 图女子出嫁后,称自己父母的家(跟"婆家"相对)。

【娘儿】 niángr 〈口〉图长辈妇女和男女晚辈的合称(后面应带数量词)▷～俩|我们～仨都来看您了。

酿(釀) niàng ❶团酿造▷～酒。❷图指酒▷家～|佳～。❸团逐渐形成▷～成大祸|酝～。

❹蜜蜂做蜜▷～蜜。☞统读 niàng。

【酿造】 niàngzào 团通过发酵等工艺制造(酒、醋、酱油等)▷～美酒◇～幸福生活。

niao

鸟(鳥) niǎo 图脊椎动物,卵生,全身有羽毛,长翅膀,一般能飞。☞跟"乌"(wū)不同。○另见 diǎo。

【鸟瞰】 niǎokàn ❶团从高处俯看地面▷登上电视塔,可以～市区全貌。❷全面概括地描述(多用做书名、篇名)。

【鸟兽散】 niǎoshòusàn 比喻人群像受到惊扰的鸟兽纷纷逃散(含贬义)。

【鸟语花香】 niǎoyǔhuāxiāng 鸟雀啼鸣,花草飘香。形容春天的美好景象。

茑(蔦) niǎo 图常绿寄生植物,茎蔓生,能攀援,多寄生于桑、枫、杨、樟等树上。

【茑萝】 niǎoluó 图一年生蔓草,茎细长,缠绕,开红花或白花。为观赏植物。

袅(裊) niǎo 题柔软细长▷～～。

【袅袅】 niǎoniǎo ❶题烟气回旋上升的样子▷炊烟～。❷纤长柔软的东西随风摇摆的样子▷春光明媚,垂柳～。❸形容声音绵延不绝▷余音～。

【袅袅婷婷】 niǎoniǎotíngtíng 形容女子走路时,体态轻柔优美的样子。

【袅娜】 niǎonuó 〈文〉❶题形容草木细长柔软的样子▷柳丝～。❷形容女子体态轻柔优美的样子▷～多姿。

尿 niào ❶图人或动物从肾脏滤出、由尿道排泄出来的液体。❷团撒尿▷～尿|～床。○另见 suī。

nie

捏 niē ❶团用拇指和其他指头夹住▷～着鼻子|手哆嗦得～不住筷子。❷用手指把可塑的东西做成某种形状▷～面人儿|～橡皮泥|～饺子。❸假造;虚构▷～造。❹握▷～紧拳头|～一把汗。☞右下是"土"不是"工"。

【捏合】 niēhé 团撮合在一起▷他俩个性不同不要硬～在一起。

【捏造】 niēzào 团假造▷～事实,陷害他人。

聂(聶) niè 图姓。

臬 niè 〈文〉❶图箭靶。❷古代测量日影的标杆。❸准则;法规。

涅 niè 〈文〉❶图做黑色染料的矿石。❷团染成黑色。

【涅槃】 nièpán 团〈外〉佛教指达到超脱生死和一切烦恼的精神境界。后称僧人逝世为涅槃。也说圆寂。

啮(嚙) niè 〈文〉(鼠兔等小动物)咬;啃▷虫咬鼠～|～齿。

【啮合】 nièhé 团上下齿咬合在一起;也指齿轮咬合在一起。

嗫(囁) niè [嗫嚅]nièrú 题〈文〉形容想说话又不敢说吞吞吐吐的样子▷口将言而～。☞统读 niè。

镊(鑷) niè ❶图镊子。❷团(用镊子)拔除或夹取▷把～住的虫子放进瓶子里。

【镊子】 nièzi 图用来夹取细小物体或拔除毛发的用具,多用金属制成。

镍(鎳) niè 图金属元素,符号 Ni。银白色,质坚韧,在空气中不氧化。用于电镀及制造不锈钢和合金,也用于制造硬币等。

颞(顳) niè [颞骨]nièɡǔ 图脑颅的组成部分,在头两侧,靠近耳朵上前方,形状扁平。

蹑(躡) niè ❶图踩▷~足。❷追随▷~踪。❸放轻(脚步)▷~着脚上楼。

【蹑手蹑脚】 nièshǒunièjiǎo 手脚动作很轻。多形容走路时脚步不出声。

孽 niè ❶图妖怪▷妖~。❷祸害;罪恶▷造丨冤~丨罪~。

【孽根】 nièɡēn 图罪恶和灾祸的根源▷~不除,国无宁日。

【孽种】 nièzhǒnɡ ❶图孽根。❷旧时长辈对不肖子弟的憎称,有时也用做昵称。

蘖 niè ❶图树木被砍伐后,重新生出的新芽。❷泛指植物从茎的基部滋生出的分枝▷分丨~枝。

nin

您 nín 囮第二人称代词"你"的敬称▷谢谢~丨二位面请。☞用于多数时,一般不说"您们",而是在"您"后加数量词组。

ning

宁(寧) nínɡ ❶圈安定;安宁▷心绪不~丨~静。❷团使安定▷息事~人。❸图南京的别称▷沪~高速公路。○另见 nìnɡ。

【宁静】 nínɡjìnɡ 圈(环境、心境)安静;平静▷~的夜晚丨心里总是不~。

拧(擰) nínɡ ❶团让物体两端分别向相反的方向旋转▷把湿衣服~一干丨~掉萝卜缨子。❷用手指夹住皮肉转动▷在他脸上轻轻~了一下丨不要~孩子的耳朵。○另见 nǐnɡ。

咛(嚀) nínɡ 见[叮咛]dīnɡnínɡ。

狞(獰) nínɡ 圈(面目)凶恶可怕▷~笑丨狰~。

【狞笑】 nínɡxiào 团凶恶可怕地笑▷歹徒们~着,逼他交出身上的钱。

柠(檸) nínɡ [柠檬]nínɡménɡ 图常绿小乔木,果实也叫柠檬,椭圆形或卵圆形,味道极酸,可制作饮料。

聍(聹) nínɡ 见[耵聍]dīnɡnínɡ。

凝 nínɡ ❶团凝结▷猪油已经~住了丨冷丨混丨土。❷聚集;集中▷~神丨~视。

【凝固】 nínɡɡù 团❶从液体变为固体▷油类在低温下会~。❷比喻固定不动或停滞不变▷头脑~了丨~的空气。

【凝集】 nínɡjí 团凝结;聚集▷玻璃上~着水珠丨这部作品~着他的全部心血。

【凝结】 nínɡjié ❶团气体变成液体或液体变成固体。❷集聚▷用鲜血~成的友谊。☞"结"这里不读 jiē。

【凝聚】 nínɡjù ❶团气体由稀薄变得浓厚或者变为液体▷云雾逐渐~,遇冷而成雨。❷聚积▷~力量。

【凝聚力】 nínɡjùlì 图使大家团结在一起的力量▷增强军队~。

【凝练】 nínɡliàn 圈指文章内容紧凑,文笔简练▷文章内容很好,但还不够~。☞不宜写作"凝炼"。

【凝眸】 nínɡmóu 团目不转睛地;注意力高度集中地(观察或欣赏)▷~远眺。

【凝神】 nínɡshén 副聚精会神地▷~谛听丨~注视丨~思考。

【凝视】 nínɡshì 团集中目力看▷运动员~着国旗冉冉升起。

【凝思】 nínɡsī 团聚精会神地思考▷他在窗前~,我不忍惊动他。

【凝滞】 nínɡzhì 团凝固停滞;呆滞▷蜡油遇冷就~不动丨目光~。

【凝重】 nínɡzhònɡ ❶圈浓重;沉重▷气氛~。❷庄重;稳重▷神情~。❸深沉;浑厚(多形容声音、乐曲等)▷曲调~有力。

拧(擰) nǐnɡ ❶团用力使向一个方向旋转▷~螺丝丨水龙头没~紧丨把瓶盖一开。❷颠倒;错▷把"事半功倍"说成"事倍功半",意思全~了。❸别扭;对立▷两人合不到一块儿,越说越~。○另见 nínɡ。

宁(寧) nìnɡ 副宁可▷~死不屈丨~缺勿滥。○另见 nínɡ。

【宁可】 nìnɡkě 副表示比较两种行动的得失之后作出选择(常跟上文的"与其"或下文的"决不""也不"相呼应)▷与其一串空话、套话,~做几件使老百姓满意的事丨~站着死,决不跪着生丨这种事,我们~小心谨慎些。☞当舍弃的一面不明显时,在"宁可"之后也可以只说出选取的一面。

【宁肯】 nìnɡkěn 团宁可;宁愿▷~少些,但要好些。☞"宁肯"用于所选取的作法主要取决于人的意愿,如果不是这种情况,那就只能用"宁可"。

【宁缺勿滥】 nìnɡquēwùlàn 宁可缺少些,也不要不顾质量地一味凑数。

【宁死不屈】 nìnɡsǐbùqū 宁可舍弃生命,也决不屈服。

【宁愿】 nìnɡyuàn 副宁可▷~不吃不睡,也要把这个难关攻下来。

佞 nìnɡ 〈文〉❶圈能说会道,善于奉承▷~人丨奸~。❷有才智▷不~(旧时谦称自己)。

泞(濘) nìnɡ 图烂泥▷泥~。

niu

妞 niū 图〈口〉女孩子▷大~儿丨两个~儿都好。

牛 niú ❶图哺乳动物,吃草,反刍,力气大,能耕田或拉车,肉、奶可以吃,角、皮、骨可以制作器物。常见的有黄牛、水牛、牦牛等。❷圈比喻倔强、固执▷犯~脾气丨耍~性子。❸自以为了不起、很得意▷这人很~气。☞"牛"作左偏旁时,第二横改成提,笔顺也要改成丿⺧牛,如"牡""物""牲""牧""特"。

【牛鼻子】 niúbízi 图牛的鼻子;比喻事物的关键或要害▷解决问题一定要抓住~不放。

【牛刀小试】 niúdāoxiǎoshì 比喻本领很大而先在小事情上尝试一下。

【牛鬼蛇神】 niúɡuǐshéshén 原指牛头蛇身等奇形怪状的鬼神。比喻各种丑恶有害的人。

【牛劲】 niújìn ❶图牛的力气,借指非常大的力气。❷倔强的脾气▷他的~一上来,多少人也劝不住。

【牛郎织女】 niúlánɡzhǐnǚ ❶牵牛星和织女星的合称。❷我国古代神话传说中的两个人物。织女是天帝的孙女,因下凡嫁给牛郎不再为天帝织造云锦,遭天帝怒罚,把他们分隔在天河两边,只准每年农历七月初七由喜鹊在天河上搭桥相会一次。比喻长期分居两地的夫妻。

【牛马】 niúmǎ 图比喻供人役使的劳苦人。

【牛市】 niúshì 图行情看涨、前景看好、交易活跃的股市(跟"熊市"相对)。

【牛仔裤】 niúzǎikù 图用蓝色粗斜纹布料制成的紧腰、浅裆、瘦腿的裤子。原为美国西部年青的牧人穿用，后在世界各地流行。☞不要写作"牛崽裤"。

扭 niǔ ❶动拧(nǐng)▷～断一根树枝｜强～的瓜不甜。❷拧伤(筋骨)▷～了脚脖子。❸掉转方向▷～过脸去｜～头就走。❹走路时身体摇摆▷走起路来一～一～的｜～秧歌。❺揪住▷两个人～成一团。

【扭打】 niǔdǎ 动互相扭扯在一起对打▷两个孩子～得难解难分。

【扭动】 niǔdòng 动左右摇摆转动▷～着腰身。

【扭结】 niǔjié ❶动互相揪住▷二人～在一起，厮打起来。❷缠绕在一起而难以分开▷别把本来不相干的事硬～在一块。

【扭亏】 niǔkuī 动改变经济亏损的状况▷～为盈。

【扭捏】 niǔnie ❶动走路时身体故意左右扭动▷她～着身子慢慢地走进屋里。❷形形容言谈举止太做作▷～作态。

【扭曲】 niǔqū ❶动因扭动而发生错位变形▷癌痛的折磨，把他的脸都～了。❷歪曲；失去本来面貌▷历史｜他的性格被莫名的打击严重～了。

【扭送】 niǔsòng 动当场抓住(犯罪嫌疑人)并送交(治安部门)。

【扭转】 niǔzhuǎn ❶动转过来▷～身子向教室后面看。❷纠正不正常的情况或改变不好的形势▷必须～群众的急躁情绪｜～连年亏损的局面。

忸 niǔ [忸怩]niǔní 形形容羞羞答答、不好意思的样子▷～作态。☞统读 niǔ。

纽(纽) niǔ ❶图某些器物上用来提起或系挂的部件▷秤～。❷衣扣▷～扣｜～襻。❸动连结；联系▷～带。❹图事物的关键▷枢～。

【纽带】 niǔdài 图比喻能起联系或连结作用的人或事物▷欧亚大陆桥的建设将成为欧亚各国之间的～。

【纽扣】 niǔkòu 图能够把衣物扣合起来的小型物品，有球状、片状或条状等。☞不宜写作"钮扣"。

【纽襻】 niǔpàn 图能够扣住纽扣的套。☞不宜写作"纽绊"。

钮(钮) niǔ 图器物上起开关、转动或调节作用的部件▷电～｜旋～｜按～。

拗 niù 形固执；不顺从▷这孩子脾气太～｜谁也～不过他｜执～。☞右边不是"幼"。○另见 ào。

【拗劲】 niùjìn 图固执、倔强的脾气▷一看他撅嘴的样子，就知道他又来～了。

nong

农(農) nóng ❶图种田的事；农业▷务～｜～林牧副渔。❷种田的人；从事农业生产的人▷老～｜工～兵｜菜～。

【农产品】 nóngchǎnpǐn 图由农业所生产出来的各种物品的总称。

【农场】 nóngchǎng 图大规模进行农业生产的企业单位。

【农村】 nóngcūn 图农业人口聚居地。

【农活】 nónghuó 图农业劳动中的各种活计，如耕田、下种、收割、打场等。

【农具】 nóngjù 图从事农业生产所使用的器具。

【农垦】 nóngkěn 图农业垦殖。

【农历】 nónglì ❶图我国现行的夏历，属阴阳历，平年十二个月，闰年十三个月，大月 30 天，小月 29 天，全年 354 天或 355 天，闰年 383 天或 384 天。每年分二十四个节气，便于农事安排。以天干地支配纪年，六十年周而复始。也说阴历。❷农事方面使用的历

法。书。

【农民】 nóngmín 图以农业为主要职业的人。

【农时】 nóngshí 图适合耕地播种、收获等农事的时令▷不违～。

【农事】 nóngshì 图各种农业生产活动。

【农学】 nóngxué 图研究有关农业生产规律的学科，包括育种、栽培、土壤、气象以及农业病虫害等方面。

【农谚】 nóngyàn 图有关农事活动的谚语，是农民生产经验的概括，对农业生产有一定的指导作用。如"枣芽发，种棉花"是指明种棉时间的一句农谚。

【农业】 nóngyè 图一般指种植业和饲养业。我国农业中习惯上还包括林、牧、渔、副等业。

【农艺】 nóngyì 图农作物种选、栽培、管理等各项技艺。

【农作物】 nóngzuòwù 图农业上种植的各种作物的总称。如粮食、油料、蔬菜、棉花、烟草等。

哝(噥) nóng [哝哝]nóngnong 动小声说话▷你们俩在那里～什么呢?

浓(濃) nóng ❶形(液体、气体)含某种成分多(跟"淡""稀"相对)▷茶太～了｜云｜粥～。❷程度深▷～绿色｜～艳｜兴趣不～｜情谊～。

【浓淡】 nóngdàn ❶图(色彩)深浅的程度▷～合适。❷(味道的)浓度。

【浓度】 nóngdù 图单位溶液中所含溶质的量。溶质含量越多，浓度越大。

【浓厚】 nónghòu ❶形(烟雾、云层等)多而密▷云雾～。❷(色彩、气氛、意识、兴趣等)强烈、厚重▷～的民族色彩｜民主气氛很～｜学习空气～。

【浓烈】 nóngliè 形浓重而强烈▷酒味～｜政治色彩十分～。

【浓眉大眼】 nóngméidàyǎn 形容英俊富有活力的面容。

【浓密】 nóngmì 形浓厚稠密▷～的灌木林｜头发～。

【浓缩】 nóngsuō ❶动用加热等方法来蒸发溶剂，以使溶液增加浓度。❷泛指采用一定方法使物体或事物中不需要的部分减少，从而增加需要部分的相对含量▷诗歌更加需要对生活素材的～和提炼。

【浓艳】 nóngyàn 形(色彩)浓重艳丽▷荷花清淡，牡丹～｜着色～。

【浓郁】 nóngyù ❶形(香气等)浓烈▷酒香～。❷茂密▷绿阴～。❸浓厚②▷作品充满了～的幻想色彩。

【浓重】 nóngzhòng 形(气味、色彩、烟雾等)浓厚而给人以分量重的感觉▷夜色～｜～的晨雾。

【浓装艳抹】 nóngzhuāngyànmǒ 形容女子化妆浓重，打扮得非常艳丽。

脓(膿) nóng 图皮肉发炎腐烂后生成的黄白色或黄绿色黏液▷伤口流～了｜化～｜～肿。☞统读 nóng。

【脓包】 nóngbāo ❶图高出皮肤表面，边界清楚，内含脓液的肿块。❷比喻无能或无用的人。

秾(穠) nóng〈文〉❶形(花木)繁盛▷柳暗花～。❷艳丽▷～歌艳舞。

弄 nòng ❶动手里拿着把玩▷摆～。❷搞；做；办▷肚子饿了，快～饭｜把人都～糊涂了｜玩具被我～坏了｜这事儿怎么～呀! ❸耍弄；玩弄▷～巧成拙｜假成真｜捉～｜愚～。☞在"弄堂""里弄"(巷子，上海等地的方言说法)中读 lòng。

【弄潮儿】 nòngcháo'ér ❶图在波涛中搏击、嬉戏的年青人；也指驾木船的人▷五千～横渡长江。❷比喻敢于同风险搏斗的人。

【弄鬼】 nòngguǐ 动〈口〉捣鬼；耍花招▷这家伙心计很

多,一定是他在～。

【弄假成真】 nòngjiǎchéngzhēn 原本是装假,结果却变成了真的。

【弄巧成拙】 nòngqiǎochéngzhuō 本想取巧,结果反而把事情办坏了。

【弄虚作假】 nòngxūzuòjiǎ 制造虚假现象来欺骗人。

nou

耨 nòu 〈文〉❶图除草用的农具,形状像锄。❷团除草▷深耕细～。

nu

奴 nú ❶图受人压迫和役使,没有人身自由的人▷～隶|农～。❷团当作奴隶一样(看待或役使)▷～役。❸图对有某种特点的人的蔑称▷洋～|守财～。

【奴婢】 núbì 〈文〉❶图古代称男女奴仆。❷古时太监对皇帝,后妃等的自称。

【奴才】 núcai ❶图家奴;奴仆。❷明清两代太监和清代旗籍文武官员对皇帝的自称;满族家庭奴仆对主人的自称。❸指甘愿受人驱使并帮着做坏事的人。

【奴化】 núhuà 团侵略者采取种种方法使被侵略的民族不思反抗,甘受奴役。

【奴隶】 núlì ❶图奴隶社会中被奴隶主占有并从事无偿劳动的人,没有人身自由和生命保障。❷泛指受到残酷压迫和剥削的人。

【奴隶主】 núlìzhǔ 图奴隶社会的统治者,占有奴隶和生产资料。

【奴仆】 núpú 图旧时指在主人家里从事杂役的人。也泛指被迫为剥削者从事无偿劳动的人。☞"仆"不读 pú。

【奴性】 núxìng 图甘愿受人役使的品性▷～十足。

【奴颜婢膝】 núyánbìxī 形容谄媚奉承、卑躬屈膝的样子。

【奴颜媚骨】 núyánmèigǔ 形容奉承谄媚,讨好于人的样子。

【奴役】 núyì 图像对奴隶一样地驱使。

孥 nú 〈文〉❶图儿女▷妻～。❷妻子和儿女▷刑不及～。

驽(駑) nú 〈文〉❶图跑不快的劣马▷～马。❷形比喻人的才能平庸低下▷～钝。

努 nǔ ❶团尽量使出(力气)▷～一把劲。❷用力鼓出;凸出▷朝他直～嘴|眼珠向外～着。❸因用力太猛,使身体内部受伤▷不小心～着了。

【努力】 nǔlì 团尽量用力▷～学习|再努一把力。

弩 nǔ 图古代一种利用机械力量射箭的弓▷万～齐发|强～之末|～弓。

怒 nù ❶形气势强盛、猛烈▷百花～放|狂风～号。❷团气愤;生气▷～气冲冲|发～|恼～。

【怒不可遏】 nùbùkě'è 愤怒得不能遏制。形容愤怒到极点。

【怒潮】 nùcháo ❶图汹涌的浪潮。❷比喻大规模的群众反抗运动▷抗日～。

【怒斥】 nùchì 团愤怒地斥责。

【怒冲冲】 nùchōngchōng 形非常愤怒的样子。

【怒发冲冠】 nùfàchōngguān 愤怒得头发直竖,顶起了帽子。形容极端愤怒。

【怒放】 nùfàng (花)盛开▷百花～◇心花～。

【怒号】 nùháo 团咆哮;呼号▷大海～着卷起层层巨浪。☞"号"这里不读 hào。

【怒吼】 nùhǒu 团猛兽大声地吼叫;比喻人或物等发出洪大的声音▷北风～。

【怒火】 nùhuǒ 图像怒火一样强烈的愤怒情绪▷满腔～。

【怒气】 nùqì 图愤怒的情绪。

【怒涛】 nùtāo 图汹涌的浪涛▷狂风大作,海上掀起了～。

【怒形于色】 nùxíngyúsè 心中的愤怒显露在脸上(形:显露;色:脸色)。

nü

女 nǚ ❶图人类两性之一(跟"男"相对)▷男～老幼|少～|妇～|～同学。❷女儿▷子～|儿～。

【女儿】 nǚ'ér 图父母的女性孩子。

【女方】 nǚfāng 图婚姻关系中的女性一方(跟"男方"相对)。

【女将】 nǚjiàng ❶图女性将领。❷泛指在某些活动中出色能干的女子。

【女眷】 nǚjuàn 图女性家属。

【女郎】 nǚláng 图年轻的女性。

【女气】 nǚqì 形形容男子的神态举止像女子▷他演过～十足的太监。

【女权】 nǚquán 图指妇女在社会生活各方面应该享有的权利。

【女声】 nǚshēng 图声乐中的女子声部。一般分女高音、女中音、女低音。

【女士】 nǚshì 图对成年女子的尊称。

【女娲】 nǚwā 图传说中人类的始祖,曾炼五色石补天。

【女婿】 nǚxu ❶图女儿的丈夫。❷指丈夫▷她正在给自己物色一个称心～。

【女子】 nǚzǐ 图女性成年人;泛指妇女。

nuan

暖 nuǎn ❶形(天气等)不冷也不太热▷风和日～|温～|～和。❷团使变热▷把酒～上|快进屋～一～身子。☞㊀统读 nuǎn。㊁右边不是"爱"。

【暖冬】 nuǎndōng 图气温较高的冬天。

【暖烘烘】 nuǎnhōnghōng 形形容温暖适宜▷屋里～的,睡了一个好觉。

【暖乎乎】 nuǎnhūhū 形形容很温暖▷他穿得～的◇几句话,说得我心里～的。☞不宜写作"暖呼呼"。

【暖和】 nuǎnhuo ❶形温暖▷关上窗户,屋里～多了。❷团使温暖▷这么冷,快进屋来～～。

【暖流】 nuǎnliú ❶图从低纬度向高纬度流动的洋流,本身水温比所到区域的水温高。❷比喻心中温暖的感觉▷他置身于同志们友爱的～之中。

【暖气】 nuǎnqì ❶图用来提高室内温度的一套装置和设备,通常包括锅炉房、送水或送气管道、散热器等。❷指流动在送暖管道里的热水或蒸汽▷天刚冷,～就来了。❸泛指暖和的气体▷～融融。

【暖色】 nuǎnsè 图使人有温暖感觉的颜色,如红、橙、黄等色(跟"冷色"相对)。

【暖意】 nuǎnyì 图感觉、意识到的温暖▷春天悄悄来临,天气已经有些～。

nüe

疟(瘧) nüè 图疟疾,疟原虫借疟蚊的叮咬进入人体血液,发作而成的急性传染病,症状是周期性地发冷发热,热后大量出汗,头痛口渴,浑身无力。也说疟子(yàozi)。☞㊀里边是"E",不是"E"。㊁另见 yào。

虐 nüè 形凶狠残暴▷暴～丨～待。

【虐待】 nüèdài 动用残酷凶狠的手段对待▷不准～老人。

【虐杀】 nüèshā 动虐待致死;用残忍手段杀死▷严禁～稀有野生动物。

nuo

挪 nuó 动移动;转移▷把床往外～一～丨～动丨～开丨～用公款丨～借。

【挪动】 nuódòng 动移动位置▷老人的两脚艰难地向前～着丨一～下沙发。

【挪用】 nuóyòng 动把明文确定为专项使用的公款公物擅自改为他用▷教育经费,专款专用,不得～丨～公款是财经纪律所不允许的。

傩(儺) nuó 图古代腊月驱逐疫鬼的一种仪式,后来逐渐变为一种舞蹈形式。

诺(諾) nuò ❶叹〈文〉表示同意的答应声▷～～丨唯唯～～。❷动答应;应允▷一呼百～丨许～丨允～。☞不读 ruò。

【诺言】 nuòyán 图对人有所许诺的话▷兑现～。

懦 nuò 形胆小怕事;软弱无能▷怯～丨～弱。☞不读 rú。

【懦夫】 nuòfū 图懦弱胆怯的人。

【懦弱】 nuòruò 形畏怯,软弱▷生性～。

糯 nuò 形黏性强的(米谷)▷～米丨～稻丨～高粱丨～玉米。

【糯米】 nuòmǐ 图糯稻碾出的米。富有黏性,可用来做糕点、包粽子、酿酒等。也说江米。

【糯米纸】 nuòmǐzhǐ 图将淀粉加工制作成的似纸的薄膜,多用作糖果、糕点的内层的包装。

O

O

哦 ō 函表示理解、赞叹、疑问、诧异、醒悟等多种思想感情，受不同语调影响，声调随之变化▷～，原来是这样丨～，太好了！丨～，他也要来吗？丨～，他也来了！丨～，说了半天，原来是说我呀！☞⊖不宜写作"噢""嚄"。⊜在"吟哦"（吟咏）中读 é。○另见 é。

OU

讴（謳） ōu 团歌唱；歌颂▷～歌。

【讴歌】 ōugē 团歌颂；赞美▷～伟大的祖国。

瓯（甌） ōu ❶图瓯江，水名，在浙江。❷浙江温州的别称▷～绣（温州出产的刺绣）。

欧（歐） ōu 图指欧洲▷亚～大陆丨西～。☞跟"殴"不同。

【欧化】 ōuhuà 团对欧洲的风俗、习惯、文化等进行模仿。

殴（毆） ōu 团击；打▷～伤人命。☞统读 ōu。

【殴打】 ōudǎ 团打（人）▷～致死。

【殴斗】 ōudòu 团（相互）殴打争斗。

鸥（鷗） ōu 图水鸟，善飞翔，能游水，羽毛多为白色，多生活在海边。常见的有海鸥、银鸥、燕鸥。

呕（嘔） ōu 团吐（tù）▷～血丨～心沥血。☞统读 ōu。

【呕吐】 ōutù 团（由于某种原因）胃里的食物等不由自主地从口腔涌出▷因为晕车一路上～不止。

【呕心沥血】 ōuxīnlìxuè 形容穷思苦想，用尽了心血（沥:滴）。

偶 ōu ❶图木雕或泥塑的人像▷木～丨～像。❷形双；成双成对的（跟"奇 jī"相对）▷～数丨～对～。❸

图指夫妻或夫妻中的一方▷配～丨佳～丨丧～。❹形不是必然的；不经常的▷～发事件丨～合。

【偶尔】 ōu'ěr 副表示某种情况发生的次数不是很多▷这条路上～有几辆汽车开过去。

【偶发】 ōufā 形不经常发生的▷～现象。

【偶感】 ōugǎn ❶图一种文章样式，记叙偶然触发的感想。❷团偶然感觉；偶然感染▷～不适丨～风寒。

【偶合】 ōuhé 团偶然地相合▷他们俩生日完全相同，只是～。

【偶然】 ōurán 形超出一般规律的；并非必然的▷～因素丨事故的发生很～。

【偶然性】 ōuránxìng 图在事物的发展变化过程中非本质联系引起的现象（跟"必然性"相对）。▷～后面常常隐藏着深刻的必然性。

【偶数】 ōushù 图能用 2 整除的整数（跟"奇 jī 数"相对）。如 2,4,6,8,10 等。正偶数一般也称双数。

【偶像】 ōuxiàng 图用泥土、木头等雕塑成的神像；比喻人们盲目崇拜的对象▷人们时常把伟人当作～来崇拜。

耦 ōu 团古代两个人并排耕作。

藕 ōu 图莲的地下茎。长圆柱形，肥大有节，里面有许多管状的小孔，折断后有丝。可以吃，也可以加工成藕粉。

【藕断丝连】 ōuduànsīlián 比喻关系还没有彻底断绝，感情上还有牵连（多用于爱情方面）。

沤（漚） òu ❶团（汗、水等）长时间浸泡▷汗水把衣服～烂了丨麻丨～肥。❷长久壅埋堆积而发热发酵▷囤里的粮食都～烂了丨～粪。☞在"浮沤"（水泡）中读 ōu。

怄（慪） òu 团生闷气；闹别扭▷～气。

P

pa

趴 pā 动俯卧或前倾靠在物体上▷~在床上｜~在桌子上睡着了。

啪 pā 拟声模拟枪声、掌声、东西撞击声等▷~,不远处传来一声枪响。

葩 pā 名〈文〉花▷奇~。

扒 pá ❶动用手或耙子等工具使东西聚拢或分散▷~草｜~土。❷扒窃▷包里的钱被扒手~走了。❸烹调时,将半熟的原料整装入锅,加汤水及调味品,小火炖烂收汁▷~肉条｜~鸡。○另见 bā。

【扒窃】 páqiè 动从别人身上窃取(财物)▷警惕小偷~钱物。

【扒手】 páshǒu 名从别人身上窃取钱物的人。☞不要写作"掱手"。

杷 pá 见[枇杷]pípá。☞统读 pá。

爬 pá ❶动人胸腹朝下,手脚并用向前移动;昆虫、爬行动物向前移动▷孩子刚会~｜~行。❷抓着东西往上攀登▷~树｜~竿◇~上了总经理的宝座。❸在卧倒状况下坐起或站起▷累得大家一躺下去就不想~起来了。

【爬格子】 págézi 借指写文章搞创作(因一般手写的稿纸都有方格)。

【爬行】 páxíng ❶动爬①▷他身受重伤,不得不贴地~。❷比喻思想保守,行动迟缓▷低速~赶不上形势的发展。

耙 pá ❶名耙子,一种有齿的农具▷钉~｜竹~。❷动用耙子操作▷把稻草~成一堆｜把麦子堆开。○另见 bà。

琶 pá 见[琵琶]pípá。☞统读 pá。

筢 pá [筢子]pázi 名搂(lōu)柴草等的长柄工具,多用竹制,一端有齿。

帕 pà 名擦手、脸或包头用的柔软织物▷手~｜首~｜罗~。

怕 pà ❶动感到胆怯、发慌或不安▷不~苦｜惧｜可~。❷表示担心、疑虑▷我~你忘了,才提醒你一句。❸副表示担心和估计,或单纯表示估计▷老太太病了三个月,~是不行了。❹动禁受不住▷瓦罐子~摔｜病人~受凉。

【怕生】 pàshēng 动认生;害怕生人。

【怕事】 pàshì 动担心沾惹是非▷胆小~。

pai

拍 pāi ❶动用手掌或片状物打▷~掉身上的雪｜~苍蝇◇惊涛~岸。❷名拍子①▷球~｜苍蝇~。❸拍子②▷慢半~｜合~。❹动拍马屁▷能吹会~。❺拍摄▷~电影｜~照片。❻拍发▷~电报。

【拍案叫绝】 pāi'ànjiàojué 拍着桌子叫好。形容极为赞赏。

【拍板】 pāibǎn ❶名打击乐器。用木板撞击发音,在演奏中起击节、打拍的作用。❷动击打拍板▷他们一边~一边随着表演者唱了起来。❸拍卖货物时,主持人拍击桌案表示可以成交。❹比喻作出决定▷由领导~｜拍不了板。

【拍打】 pāida ❶动用手掌或片状物敲打;击打▷用力~着门环｜浪花~着海边的岩石。❷扇动(翅膀)▷大公鸡~了几下翅膀。

【拍马屁】 pāimǎpì 〈口〉指巴结奉承。

【拍卖】 pāimài ❶动在市场上通过公开竞争出价,择高价而拍板成交的交易活动。❷减价出售;甩卖▷减价~。

【拍摄】 pāishè 动用照相机、摄影机把人或物的形象照在底片上▷~影片。

【拍手称快】 pāishǒuchēngkuài 形容对正义得到伸张或冤屈的事情得到满意的结局而极为高兴的样子。

【拍戏】 pāixì 动摄制电影或电视剧。

【拍子】 pāizi ❶名拍打东西的器具▷乒乓球~。❷音乐节拍▷打~。

俳 pái 名古代的一种滑稽戏,也指演这种戏的人▷~优。☞跟"徘"(pái)不同。

排 pái ❶动除去;消除▷~雷。❷按照一定顺序站位或摆放;编次▷~成单行｜编~。❸名排成的横列▷前｜每~20人。❹用竹、木并排连成的水上运输工具,也指为了便于水运而扎成排的竹木▷放~｜木｜~竹。❺军队编制单位,在连以下班以上。❻指排球或排球队▷男~。❼量用于成行列的人或事物▷排三｜两~椅子。❽动排演▷~新戏｜彩~。❾名一种西式食品,用大而厚的肉片油煎而成▷猪~｜牛~。☞在"排子车"(平板人力车)中读 pǎi。

【排比】 páibǐ 名修辞方法的一种。由三个或三个以上结构相同或相似、内容相关、语气一致的词组或句子组成。作用在于加强语势,提高语言的表达效果。

【排场】 páichǎng ❶名铺张、豪华的场面▷他好讲~｜婚礼动用了几十辆轿车。❷形形容场面铺张、豪华▷没想到酒会如此~。

【排斥】 páichì ❶动因不相容而离开▷严肃与幽默未必互相~。❷不容纳;使离开▷~同事｜~异己。

【排除】 páichú 动去除;除掉▷~污水｜另一种可能性。

【排筏】 páifá 名用原木或毛竹编排成的筏子,便于从水道浮运,也做运载工具。

【排放】 páifàng ❶动排除出去▷~废气。❷(动物)排出精子或卵子。

【排灌】 páiguàn 动排水和灌溉▷自动~。

【排行】 páiháng ❶名(兄弟姐妹)按长幼排列的次序▷他的~是老三。❷动(兄弟姐妹)按长幼排列次序▷她在叔伯姐妹们中~老七。❸排名▷质量~第一。

【排行榜】 páihángbǎng 名书、唱片等的销售量和电台、电视台的收视率等按从多到少排列的名单或顺序。

【排挤】 páijǐ 动利用职权或采用不正当手段使不利于自己的人受到压制或失去原有地位▷~好同志。

【排解】 páijiě ❶动调停使解除(矛盾、纠纷)▷~纠纷。❷排遣▷~郁闷。

【排练】 páiliàn 动为举行某种仪式或演出而进行排演和练习▷抓紧时间~。

【排列】 páiliè 动按一定顺序安排放置▷我已经把书

籍分门别类~好了。

【排难解纷】 páinànjiěfēn （为他人）排除危难,调解纠纷。☞"难"这里不读 nán。

【排遣】 páiqiǎn 囻排除,驱散(思想、情绪等)▷~忧愁。

【排山倒海】 páishāndǎohǎi 推开高山,翻倒大海。形容气势猛,力量大。

【排他性】 páitāxìng 囻在同一范围内,不许另一事物跟自己并存的性质。

【排头兵】 páitóubīng 囻站在队伍最前头的战士,泛指带头的人▷学习上的~。

【排外】 páiwài 囻排斥不属于本国、本地以及本集团等的人或物。

【排污】 páiwū 囻排放污水、废气等污物▷严禁超标。

【排泄】 páixiè ❶囻排出多余的水▷~洪水。❷生物排出体内的废物,如尿液、粪便、汗水等。

【排演】 páiyǎn 囻文艺演出前,在导演指导下按演出程序逐一进行演练。

【排忧解难】 páiyōujiěnán 排除忧虑,解决困难。☞"难"这里不读 nàn。

徘 pái [徘徊]páihuái❶囻在一个地方走来走去▷在江岸独自~。❷比喻犹像不决▷在去不去的问题上~不定。❸比喻(事物在某个数额上下)浮动▷每亩产量在800公斤左右~。

牌 pái ❶囻指张贴文告、广告或作标志用的板状物▷布告~|招~|门~。❷囻词、曲的调子▷词~|曲~。❸文娱用品,也用作赌具▷打~|扑克~。❹企业产品所取的专用名称▷名~|老~。☞统读 pái。

【牌匾】 páibiǎn 囻悬挂在门楣或墙壁上,题写着文字的牌子。用于书写单位名称、建筑物说明等。

【牌号】 páihào ❶囻商店的字号。❷商品的牌子;商标▷这种~的洗衣机销路很好。

【牌价】 páijià 囻由有关权威机构规定并挂牌公布的市场价格。

【牌楼】 páilou 囻装饰性的建筑物。由两个或四个并列的柱子支撑,上有檐额,跨度较宽,多建在街市要冲或名胜处所。有时也临时用竹木搭建,做庆典装饰。

【牌照】 páizhào 囻由政府有关部门颁发的允许营业、行车等的凭证。

派 pài ❶囻〈文〉水的支流▷长江九~。❷指主张、风格等一致的人群▷两~意见不合▷流~。❸作风;风度▷气~|为人正~。❹囻(带有一定强制性地)分配▷~款|摊~。❺派遣;安排▷~代表去|车接送。❻指责▷~别人的不是|编~。❼圖跟"一"连用,用于景象等▷一~春光|一~欣欣向荣的景象|一~胡言。❽囻〈外〉一种西式的带馅点心▷巧克力~|苹果~。

【派别】 pàibié 囻宗教、政党等内部因主张不同形成的分支或小团体。也指不同的学术流派。

【派遣】 pàiqiǎn 囻(政府、团体等)命令人员到某处做某项工作▷向重灾区~救灾工作队。

【派生】 pàishēng 囻从某事物中分化或连带产生出来▷由此~出一连串问题。

【派头】 pàitóu 囻架子;气派(多含贬义)▷~十足。

【派系】 pàixì 囻政党或集团内部的派别。

【派驻】 pàizhù 囻派遣出去并驻在某地(执行任务)▷~联合国任副代表。

湃 pài 见[澎湃]péngpài。☞统读 pài。

pan

潘 pān 囻姓。

攀 pān ❶囻攀登。❷跟地位高的人拉关系▷高~。❸设法接近;牵连▷~谈。

【攀比】 pānbǐ 囻不顾自己的具体情况和条件,跟标准高的相比▷~待遇。

【攀登】 pāndēng 囻抓住借以用力的东西向上爬▷山势险峻,难以~◇~世界科学高峰。

【攀附】 pānfù ❶囻攀援附着▷~藤蔓|~在小树上。❷比喻为高升投靠有权有势的人▷~权门。

【攀龙附凤】 pānlóngfùfèng 比喻巴结、投靠有权势的人。

【攀亲】 pānqīn 囻为达到某种目的拉亲戚关系▷到处~托人。

【攀升】 pānshēng 囻爬升;接连上升(指价格等)▷股价~。

【攀谈】 pāntán 囻为认识或接近而交谈。

【攀援】 pānyuán ❶囻抓住东西往上爬▷~而上。❷比喻投靠有权势的人往上爬▷~高位。

【攀缘】 pānyuán 囻被牵引着往上爬▷葡萄~在架子上~茎。

【攀越】 pānyuè 囻攀登翻越▷~了几座大山。

【攀折】 pānzhé 囻把花木等拉下来折断▷禁止~花木。

盘(盤) pán ❶囻盘子▷茶~|大瓷~。❷囻缠绕;环绕▷把头发~起来|~香。❸逐个或反复清查(数量、情况等)▷把存货~一~|~点。❹砌、垒(灶、炕)▷~了一个灶|~炕。❺囻形状像盘的东西▷磨~|算~|脸~。❻圖 a)最初用于扁平的东西,后来不限▷一~石磨|一~机器。b)用于盘旋缠绕着的东西▷一~蚊香|一~铁丝。c)用于棋类、球类等比赛▷下~棋|开~|收~。❼囻指行情▷开~|收~。❽囻(将房屋、设备、存货等)全部转让▷把铺子~给人家|出~。

【盘剥】 pánbō 囻用放高利贷等手段加重剥削。☞"剥"这里不读 bāo。

【盘查】 pánchá 囻盘问并检查。

【盘缠】 pánchan 囻〈口〉旅费。

【盘存】 páncún 囻清查现存物资的数量和情况。

【盘根错节】 pángēncuòjié 树根盘绕,枝节交错。比喻事情、关系等相互交织,纷乱复杂。☞不宜写作"蟠根错节"。

【盘结】 pánjié 囻盘查追问(可疑的人)▷严加~。

【盘踞】 pánjù 囻非法占据。☞不宜写作"盘据""蟠据""蟠踞"。

【盘曲】 pánqū 圈回环弯曲▷~的小路。☞不宜写作"盘屈""蟠曲"。

【盘绕】 pánrào 囻(在一个物体上)回旋地附着▷牵牛花~在架子上◇那种想法一直~在她的心头。☞"绕"不读 rǎo。

【盘算】 pánsuan 囻思索和筹划▷我心里一直在~怎么办。

【盘陀路】 pántuólù 囻迂回曲折的路。☞不要写作"盘陁路"。

【盘问】 pánwèn 囻详细查问▷再三~。

【盘旋】 pánxuán 囻绕着圈飞或走▷苍鹰在长空~|顺着山路~而上。

【盘子】 pánzi ❶囻扁平浅底的盛物器皿,多为圆形或椭圆形。❷指商品交易市场上商品交易的价格或规模。

磐 pán 图巨大的石头▷~石。

【磐石】 pánshí 图又厚又重的大石头▷团结坚如~。☞不宜写作"盘石"。

蹒（蹒） pán [蹒跚]pánshān 形形容走路缓慢、摇晃的样子▷步履~|~学步。☞○"蹒"统读 pán。○不宜写作"盘跚"。

蟠 pán 团〈文〉盘曲；环绕▷虎踞龙~。

判 pàn ❶团分开；分辨▷~明。❷裁定；评定▷罚点球|评~。❸法院对审理结束的案件作出决定▷宣～。❹形明显(不同)▷～若两人。

【判别】 pànbié 团判断和辨别▷～是非曲直。

【判处】 pànchǔ 团(法庭)判决并处以某种刑罚▷~死刑。☞"处"这里不读 chù。

【判断】 pànduàn ❶图形式逻辑指对反映的对象有所肯定或否定的思维形式。❷团判别断定▷相信他自己能～是非。

【判决】 pànjué ❶团法院对审理的案件作出决定▷～书。❷图作出的判断和决定▷服从裁判员的～。

【判若两人】 pànruòliǎngrén 区别明显像是两个人。形容一个人言行等前后变化极大。

【判刑】 pànxíng 团(法院依据法律给罪犯)判处刑罚▷他因贪污罪被～。

盼 pàn ❶团看▷左顾右～。❷盼望▷眼巴巴～了一年。

【盼头】 pàntou 图可以期盼、指望的东西▷这回可就有～了!

【盼望】 pànwàng 团急切地期望(事物的到来和实现)▷~祖国统一。

叛 pàn 团背离(自己的一方)；投靠敌方▷众~亲离|背~。

【叛变】 pànbiàn 团背叛自己原来所属的一方而投入到敌对的方面去。

【叛离】 pànlí 团背叛离去▷~了自己的亲人和国家。

【叛乱】 pànluàn 团使用武力，叛变作乱▷扫平~。

【叛卖】 pànmài 团叛变并出卖▷~革命，罪责难逃。

【叛逆】 pànnì ❶团背叛。❷图有背叛行为的人▷封建的～。

【叛逃】 pàntáo 团叛变并逃跑。

【叛徒】 pàntú 图叛变的人▷祖国的~，人民的罪人。

畔 pàn 图旁边；近边▷江~|枕~。☞统读 pàn。

襻 pàn ❶图中式服装上扣住纽扣的布环▷纽~。❷像襻的东西▷鞋~儿。❸团把分开的东西用线或绳子等连在一起▷衣服开线了，给我~两针。

pang

乓 pāng 拟声模拟打枪或东西碰撞、崩裂的声音▷枪声~~的响个不停|~的一声，热水瓶摔得粉碎。☞统读 pāng。

滂 pāng 形〈文〉形容水涌出的样子。☞统读 pāng。

【滂沱】 pāngtuó 形形容雨下得很大▷大雨~◇涕泗~。

膀 pāng 形浮肿▷他患肾炎，脸都~了|~肿。○另见 bǎng；páng。

彷 páng [彷徨]pánghuáng 团在一个地方来回走，不知往哪里去；犹豫不决▷歧路~|~不定。☞○"彷"跟"仿"(fǎng)不同。○不宜写作"旁皇"。

庞（龐） páng ❶形极大(多形容形体或数量)▷大|~然大物。❷头绪多▷~杂。❸图脸盘▷~面。

【庞大】 pángdà 形庞①|机构~|队伍~。

【庞然大物】 pángrándàwù 形体非常大的东西。现多形容表面强大而实际虚弱的事物。

【庞杂】 pángzá 形多而杂乱▷人员~不齐。

旁 páng ❶形广泛；普遍▷~征博引。❷图边；侧▷小河~|~边|~门。❸形其他的；别的▷~的事不要管|~人。❹图汉字的偏旁▷言字~|形~|声~。

【旁白】 pángbái 图剧中人物在一旁评价其他人物或表白本人内心活动的台词。

【旁观】 pángguān 团置身事外在一旁观察▷袖手~|当局者迷，~者清。

【旁落】 pángluò 团(应有的权力)落到其他人手中▷大权~。

【旁门左道】 pángménzuǒdào 原指不正派的宗教派别、学术流派。今多用来指不正当的方法、门径。

【旁敲侧击】 pángqiāocèjī 比喻只从侧面隐晦曲折地暗示，而不直接说明。

【旁若无人】 pángruòwúrén 形容态度傲慢，不把别人放在眼里。

【旁听】 pángtīng ❶团听取(会议、审判等)而没有发言权和表决权。❷非正式注册的人随班听课▷~选修课。

【旁征博引】 pángzhēngbóyǐn (说话或写作)广泛地搜集引用多方面的资料。☞"征"不要写作"证"。

【旁证】 pángzhèng 图间接的证据。

膀 páng [膀胱]pángguāng 图体内贮藏尿液的囊状器官。○另见 bǎng；pāng。

磅 páng [磅礴]pángbó 形(气势)雄伟▷大气~。○另见 bàng。

螃 páng [螃蟹]pángxiè 图甲壳动物，横着爬行。也说蟹。

耪 pǎng 团用锄松土▷~地|~高粱。

胖 pàng 形(人体)肉厚，含脂肪多(跟"瘦"相对)▷肥~|~子。☞在"心广体胖"中读 pán。

【胖墩墩】 pàngdūndūn 形〈口〉形容人长得矮胖而壮实。

pao

抛 pāo ❶团投；扔▷把鲜花~向观众|~物线。❷舍弃；甩下▷~头颅，洒热血|~弃。❸显现▷~头露面。

【抛锚】 pāomáo 团(为停止船只行进)把船锚抛入水中，也比喻事物的行进或发展因故中止▷汽车~了|工程~停建。

【抛弃】 pāoqì 团丢弃；扔掉。

【抛售】 pāoshòu 团降低价格大批出售▷~库存物资。

【抛头露面】 pāotóulùmiàn 旧指妇女出现在大庭广众场合。今指某人在公开场合露面。☞"露"这里不读 lòu。

【抛砖引玉】 pāozhuānyǐnyù 比喻用自己粗浅的看法引出别人成熟的高见。

泡 pāo ❶图膨松松软的东西▷肿眼~|豆腐~。❷量用于屎、尿。○另见 pào。

脬 pāo 见[尿脬]suīpāo。☞统读 pāo。

刨 páo ❶䣓挖;挖掘▷～个坑|～白薯。❷〈口〉除去▷～去成本,每天净赚三五百元。○另见 bào。

【刨除】 páochú 䣓除去▷～饭费就所剩无几了。❷挖掉▷～祸根。

【刨根】 páogēn 䣓比喻追问根由底细▷～问底。

咆 páo 䣓(猛兽)嗥叫▷虎哮狼～。☞不读 bāo。

【咆哮】 páoxiào ❶䣓(兽类)狂叫。❷高声大叫▷你～大叫也没用。❸(雷电、炮弹、洪水等)发出轰鸣、呼啸▷黄河在～|大炮～着。

狍 páo 图哺乳动物,鹿的一种。通称狍子。

庖 páo 〈文〉❶图厨房▷～厨。❷厨师▷越俎代～。

炮 páo ❶䣓〈文〉烧烤(食物)。❷中药制作时,把生药放到高温铁锅中急炒,使焦黄爆裂▷～姜|～炼。○另见 bāo;pào。

【炮制】 páozhì ❶䣓把中草药原料制成药物。有煅、炮、炙、炒、渍、泡、洗、蒸、煮等加工过程。❷编造,制作▷如法～。

袍 páo 图袍子,中式的长衣▷长～|旗～|棉～。

匏 páo [匏瓜]páoguā 图葫芦的一种。俗称瓢葫芦。

跑 páo 䣓走兽用爪、蹄刨地▷虎～泉(泉名,在杭州)。○另见 pǎo。

跑 pǎo ❶䣓人或动物用腿脚跳跃式地快速向前移动▷～步。❷走;去▷～了一趟上海。❸为了某种事务而奔走▷～买卖。❹逃走;溜走▷别让敌人～了。❺物体离开了原来的位置;失去▷帽子让风刮～了|到手的买卖～不了。❻泄漏;挥发▷～气|～电|～墒。○另见 páo。

【跑光】 pǎoguāng 䣓感光材料(如感光纸、胶片等)因封闭不严而失效。

【跑龙套】 pǎolóngtào 〈口〉❶在传统戏曲中扮演随从或兵卒等次要角色。❷比喻在别人手下做无关紧要的杂事。

【跑跑颠颠】 pǎopǎodiāndiān 䣓〈口〉不停地大步小步颠,表示奔走忙碌▷她这个人很勤快,整天～的。

【跑题】 pǎotí 䣓说话或写文章离开了中心或主题。

泡 pào ❶图气泡▷水里直冒～|水～。❷泡状的东西▷脚上磨起了～|电灯～。❸䣓较长时间浸在液体里▷衣服用水～一～|茶～|药酒。❹较长时间呆在某个地方;故意消磨时间▷整天～在球场上|在我这儿～了一天。❺纠缠▷软磨硬～。○另见 pāo。

【泡蘑菇】 pàomógu 〈口〉比喻在工作或学习中极端消极,故意拖长时间。

【泡沫】 pàomò 图(液体表面)聚集在一块的许多小气泡▷啤酒～多。

【泡沫经济】 pàomò jīngjì 由于金融投机过度活跃,造成虚拟资本的膨胀,远远脱离了实物资本和实业部门的增长,出现了虚假繁荣的经济现象。这种经济很脆弱,一旦泡沫破碎,会引发经济危机。

【泡影】 pàoyǐng 图比喻没有实现或没有做到的事情▷升学的希望成了～。

炮 pào ❶图口径在两厘米以上,能发射炮弹的射击武器▷一门～|高射～。❷指爆竹▷仗|鞭～|花～。❸爆破土石时,装在凿眼里的炸药▷打眼放～|哑～。○另见 bāo;páo。

【炮兵】 pàobīng 图以火炮、火箭炮、战术导弹等为基本装备的兵种。也指属于这种部队的军人。

【炮灰】 pàohuī 图比喻为非正义战争去送命的士兵。

【炮火】 pàohuǒ 图炮弹爆炸后放出的火光▷在我军强大～控制下,敌人始终未能前进一步。

【炮舰】 pàojiàn 图以火炮为主要武器装备的轻型军舰。

【炮筒子】 pàotǒngzi 比喻性情急躁、心直口快、说话直截了当的人。

疱 pào 图皮肤上起的水泡状的小疙瘩▷～疹。

pei

呸 pēi 叹表示鄙视或斥责▷～,亏你说出这种不要脸的话。

胚 pēi 图发育初期的生物幼体,由受精卵发育而成▷～胎|～芽。☞统读 pēi。

【胚胎】 pēitāi ❶图由受精卵发育而成的在母体内初期发育的动物体。❷比喻事物的萌芽状态。

陪 péi 䣓陪伴▷我～你去医院。

【陪伴】 péibàn 䣓随同做伴▷今晚有课,不能再～您了。

【陪衬】 péichèn ❶䣓放在主要事物近旁,使主要事物更加突出▷绿叶～着红花。❷图起陪衬作用的人或物▷做主角的～。

【陪读】 péidú 䣓陪伴亲属或他人读书,特指留学生在国外学习时,其配偶去陪伴照顾。

【陪客】 péikè ❶䣓陪伴客人。❷图陪伴客人的人▷他是来当～的。

【陪练】 péiliàn ❶䣓陪同、协助他人进行训练。❷图陪同、协助他人训练的人。

【陪审】 péishěn 䣓非职业审判人员参与法庭对案件的审理。在我国,由审判员和人民陪审员组成合议庭,是合议庭的一种组成方式。

【陪同】 péitóng 䣓陪着一同(从事某项活动)▷～视察。

培 péi ❶䣓给植物的根部或其他物体的根基加土,以便保护、加固▷给小树～点儿土|把河堤～厚。❷培养;培育▷代～。

【培训】 péixùn 䣓培养训练▷岗前～。

【培养】 péiyǎng ❶䣓给予适宜的条件使繁殖、生长▷～蘑菇新品种。❷进行长期的教育和训练使之成长▷～专门人才。

【培育】 péiyù 䣓❶对幼小生物进行培养,使它发育成长▷～优良品种。❷培养教育▷～年轻一代。

【培植】 péizhí ❶䣓种植培育▷～树苗。❷培养扶植▷～后备力量。

赔(賠) péi ❶䣓赔偿▷损坏公物要～。❷做买卖亏损(跟"赚"相对)▷～钱。❸向受损害的人道歉、认错▷～不是。

【赔本】 péiběn 䣓(做买卖)亏本。

【赔不是】 péibùshi 䣓〈口〉认错道歉。

【赔偿】 péicháng 䣓因己方的过错使对方受到损失而给予补偿▷～经济损失和名誉损失。

【赔款】 péikuǎn ❶䣓用钱来补偿给他人造成的损失,特指战败国向战胜国赔偿损失和战争费用▷违约～|割地～。❷图补偿损失的钱▷已经支付。

【赔礼】 péilǐ 䣓向人行礼表示道歉▷人家已主动赔了礼,就别再计较了。

【赔罪】 péizuì 䣓向被得罪了的人赔礼认错▷他明天就来给您～。

沛 pèi 圈丰盛；充足▷精力充～｜雨雪丰～。☞右边是"市"(fú，四画)，不是"市"(shì，五画)。

佩 pèi ❶囵佩戴；佩带▷胸前～着一排奖章｜腰～军刀。❷图古人衣带上挂的装饰物▷玉～｜鱼～。❸囵佩服▷可钦可～｜敬～。

【佩带】 pèidài 囵把武器挎在或别在身上▷不得～武器入场。

【佩戴】 pèidài 囵把符号、徽章等加在上衣胸襟、胳臂、肩头以及帽子等部位▷领口上～着领章。

【佩服】 pèifú 囵羡慕敬仰；心悦诚服▷我真～他那种锲而不舍的精神。

配 pèi ❶图配偶▷择～｜元～｜继～。❷囵成婚，男女结合▷牛郎～织女｜婚～｜许～。❸(雌雄动物)交合▷～猪｜～马｜～交。❹按一定的标准、比例调和或拼合▷～颜色｜～药｜调(tiáo)～。❺分派；安排▷分～｜支～｜给(jǐ)～｜发～｜充军。❻把缺少的按一定标准补足或复制▷把班子～齐｜～零件｜～钥匙。❼陪衬▷红花还得绿叶～｜～乐诗朗诵｜～殿。❽适合；相称(chèn)▷～当老师｜年貌相～｜一般～。

【配备】 pèibèi ❶囵配置(人力、物资、装备等)▷～技术人员｜～一挺机枪。❷图成套的装备▷实验室的～十分先进。

【配餐】 pèicān ❶囵按需要和一定标准把各种食品搭配成套▷餐车上有专人～。❷图搭配在一起的食品▷盒装～。

【配搭】 pèidā ❶囵跟主要的人或事物配合起辅助作用▷～一个副手。❷图辅助的人或事物▷熘肉片里可以用木耳和笋片做～。❸囵组合▷原料要合理～。

【配发】 pèifā 囵配备并发放▷邮递员每人～一辆自行车。

【配方】 pèifāng ❶图药方；化学、冶金产品等的配制方法(通常成文)。❷囵(医院或药店)按处方调配药品。

【配合】 pèihé ❶囵分工合作共同做某事▷～默契。❷一方协助另一方做某事▷主动～。

【配角】 pèijué ❶图戏剧、影视等剧目中的次要角色。❷比喻做辅助性工作的人▷我只能从旁协助，给他当个～。☞"角"这里不读jiǎo。

【配偶】 pèi'ǒu 图指结为夫妻的男方或女方(多用于书面文件)。

【配套】 pèitào 囵把相关事物组成一个整体、一个系列▷改革措施要～。

【配套成龙】 pèitàochénglóng 把相关事物密切衔接，搭配成一个整体。

【配音】 pèiyīn 囵译制或摄制电影、电视剧过程中，用另外演员的录音代替原片中演员的声音。也指为影视片的画面配上旁白、歌曲等。

【配乐】 pèiyuè 囵(为增强艺术效果)给话剧或文学作品的朗诵等配上乐曲▷～诗朗颂。

【配制】 pèizhì ❶囵按比例调配原料并制造▷～化学试剂。❷为衬托主体而配合制作▷～插图｜一览表。

【配置】 pèizhì 囵配备并设置▷山头上～了十挺机枪｜人员～要合理。

【配种】 pèizhǒng 囵使雌雄动物的生殖细胞结合。分亲体交配和人工授精两种。

辔(轡) pèi 图驾驭牲口用的嚼子和缰绳▷缓～徐行｜～头。

pen

喷(噴) pēn 囵(液体、气体、粉末等)受到一定压力而分散射出▷给花～点儿水｜油井～油了。☞在"喷香"(香气浓郁)中读pèn。

【喷薄】 pēnbó 囵气势壮盛，像喷射似地涌起▷江水奔腾～，一泻千里｜一轮红日～而出。

【喷发】 pēnfā 囵喷射散发，特指火山喷射熔岩▷火山～。

【喷灌】 pēnguàn 囵将水通过旋转喷头喷洒到空中，形成细小水滴洒落到田间作物或花草上。

【喷泉】 pēnquán 图通过泉眼由地下喷射而出的泉水，现也指为了美化环境而设置的喷水装置▷天然～｜音乐～。

【喷洒】 pēnsǎ 囵喷射洒落▷～农药。

【喷射】 pēnshè 囵(液体、气体或颗粒状固体受压力作用)强劲射出▷～水｜～得很远。

【喷嚏】 pēntì 图鼻黏膜受到刺激而引起的鼻孔猛烈喷气并发声的现象。也说嚏喷(tìpen)。

【喷头】 pēntóu 图喷壶、淋浴设备、喷洒设备等的出水口。

【喷吐】 pēntǔ 囵喷射出来▷机枪～出一发发子弹｜口中的饭～一地。

【喷涌】 pēnyǒng 囵急速冒出▷热水从地下～而出◇文思～。

盆 pén 图盛东西或洗涤、栽种用的有帮、大口、小底的器皿▷脸～｜花～。

【盆地】 péndì 图四周是山或高地的平地。

【盆景】 pénjǐng 图将经过加工造型的花草树苗栽种在盆中，配以泉石等，而构成的一种微缩自然风景。

peng

抨 pēng 囵攻击他人的过失▷～击。

【抨击】 pēngjī 囵(用言论或文字)批评、攻击▷～弊端。

怦 pēng 拟声模拟心跳的声音▷他紧张得心～直跳。

砰 pēng 拟声模拟重物落地、撞击或爆裂的声音▷～的一声，玻璃撞碎了。

烹 pēng ❶囵煮▷兔死狗～。❷烹调时先用热油炸或煎，然后加入调味汁，在旺火中迅速搅拌，使汁液快速收干▷油～大虾。

【烹饪】 pēngrèn 囵做菜做饭烧煮食物。

【烹调】 pēngtiáo 囵烹炒调制(菜肴)。

嘭 pēng 拟声模拟物体爆裂或敲门等的声音▷～的一下，汽球爆炸了｜～～的敲门声惊醒了他。

朋 péng ❶图朋友▷高～满座。❷囵结党；勾结▷～比为奸。

【朋比为奸】 péngbǐwéijiān 互相勾结起来做坏事(朋比：勾结；奸：邪恶)。

【朋友】 péngyou ❶图互相有交情的人▷～之间应该无话不谈◇动物是人类的～。❷友好亲切的称呼▷小～，你读几年级了？❸特指恋爱的对象。

彭 péng 姓。☞左上是"壴"，不是"壴"。

棚 péng ❶图棚子▷草～｜天～｜凉～｜菜～。❷简陋的小房子▷工～｜窝～｜牲口～。

【棚子】 péngzi 图用来遮蔽风雨、日光或保温等的设备，用竹、木等搭成架子，上面覆盖席、油毡、布等。

蓬 péng ❶图飞蓬，二年生草本植物，秋天开花，花外围白色，随风飞扬。❷囵形容松散开；散乱▷

~着头|~松。❸量用于茂盛的花草▷一~挨着一~的野山菊。

【蓬筚生辉】　péngbìshēnghuī 使简陋的房屋增添了光辉。称谢宾客来到自己家中，或张挂别人题赠的字画感到十分荣耀(蓬筚:蓬门筚户的省略,即用草、树枝等做成的门)。

【蓬勃】　péngbó 邢兴旺;繁荣有生气▷朝气~|~向上。

【蓬乱】　péngluàn 邢松散杂乱▷~的头发|院落中杂草~,十分荒凉。

【蓬松】　péngsōng 邢松散;松软而有弹性▷~柔软的毛线上衣。

【蓬头垢面】　péngtóugòumiàn 形容头发散乱,脸面肮脏的样子。

硼　péng 图非金属元素,符号 B。广泛应用于工业、农业和医药等方面。

鹏(鵬)　péng 图古代传说中最大的鸟▷鲲~。

【鹏程万里】　péngchéngwànlǐ 鹏鸟一次能飞千万里。比喻前程远大。

澎　péng [澎湃]péngpài 邢形容大浪相撞击;比喻气势雄壮▷江水奔腾~|热情~。☞"澎"统读péng。

篷　péng ❶图用竹木、帆布等制成的遮蔽风雨的设备▷车~|船~|帐~。❷船帆▷升~|远航。☞跟"蓬"不同。

【篷车】　péngchē ❶图有顶篷的货车。❷一种带篷的马车。☞不宜写作"棚车"。

膨　péng 团胀;体积变大▷~松|~大。

【膨体纱】　péngtǐshā 图一种用特殊工艺纺成的腈纶线。特点是蓬松、柔软,保暖性强。

【膨胀】　péngzhàng ❶团物体的长度增加或体积增大▷气球一吹很快~起来。❷比喻某些事物扩大或增长(多含贬义)▷通货~|机构~。

捧　pěng ❶团两手托着▷~着鲜花◇众星~月。❷量用于可用双手捧的东西▷一~瓜子|一~水果糖。❸团奉承;替人吹嘘▷吹~。

【捧场】　pěngchǎng 团原指特意到场观看戏曲演员演出并喝采叫好,今泛指对他人的某种活动给予支持,并说赞誉的话。

碰　pèng ❶团撞击;物体之间接触▷头~到门框上|不小心~了他一下。❷偶然遇见;正好赶上▷~到老朋友|~上好事。❸通过接触进行试探▷事情不一定能成,我先去~一~机会。❹触犯;顶撞▷这个人火气正旺,别去~他。

【碰壁】　pèngbì 团比喻受到阻碍或遭到拒绝,事情行不通▷到处~。

【碰钉子】　pèngdīngzi 比喻遇到困难和挫折;遭到拒绝和斥责▷他这样独断专行,迟早要~。

【碰巧】　pèngqiǎo 副恰好;凑巧▷这回~赶上了|~中奖。

【碰头】　pèngtóu 团约好会见;会面▷咱们明天晚上~。

【碰硬】　pèngyìng 团比喻触及老大难问题或触及某些有恃无恐、态度恶劣的人▷要敢查敢管,敢于~,一抓到底。

【碰撞】　pèngzhuàng 团(物体)互相撞击▷汽车~◇两种文化~。

pī

丕　pī 邢〈文〉大。

批　pī ❶团对下级的文件、别人的文章、作业等写下意见或评语▷金圣叹~《三国》|审~。❷图批语;批注▷朱~|眉~。❸团批评;批判▷让老师叫去~了一通。❹邢大宗的;大量的▷~购|~量生产。❺量用于大宗的货物或人▷一~货|第二~学员。❻图棉麻等未捻成线、绳时的细缕▷线~|麻~儿。

【批驳】　pībó 团批评驳斥▷~谬论。

【批发】　pīfā 团成批出售商品。

【批复】　pīfù 团(上级机关)对下级请示批注意见后回复▷局领导已~及时。

【批改】　pīgǎi 团对别人的文章、作业等进行修改并加批语▷~作业。

【批号】　pīhào 图主管部门批准(发行、销售等)的注册编号。

【批判】　pīpàn ❶团分析、批评、否定某些思想、言论或行动▷~错误观点。❷分析并判别(正确的和错误的)▷~地继承文化遗产。

【批评】　pīpíng ❶团评论优点和缺点▷文艺作品~。❷专指对缺点和错误提出意见▷~领导脱离群众的作风。

【批示】　pīshì ❶团(上级)对下级的公文、请示等写出书面指示。❷图上级对下级的来文所作的书面指示。

【批文】　pīwén 图上级作了批示的文件。也说批件。

【批语】　pīyǔ ❶图对文章的评语或批注。❷上级对下级公文批示的语句▷文件上有首长的亲笔~。

【批阅】　pīyuè 团阅读并加上批示。

【批注】　pīzhù ❶团加上批语和注释。❷图批语和注释的文字。

【批转】　pīzhuǎn 团批示转发(到有关人或部门)▷此件已~组织部处理。

【批准】　pīzhǔn 团对下级的意见、建议或请求表示同意、准许。

邳　pī 图用于地名。邳州,在江苏。

纰(紕)　pī ❶团纺织品破烂散开▷线~了。❷图疏忽;错误。

【纰漏】　pīlòu 图因疏忽造成的差错▷~百出|未见~。

坯　pī ❶图用黏土、高岭土等原料加工成形,还没有入窑烧制的砖瓦、陶瓷等的半成品▷砖~|~子。❷特指土坯▷打~|脱~。❸指半成品▷毛~|~布。☞统读pī。

【坯料】　pīliào 图具备基本形体,还需再加工的制件或半成品。俗称毛坯。

【坯子】　pīzi ❶图指已成形但尚未烧制的砖瓦、陶瓷器物。❷比喻以后可能胜任某事的人▷他是当领导的~。

披　pī ❶团分开;(竹木等)裂开▷~荆斩棘|木板给钉~了。❷打开▷~览|~阅。❸散开▷~头散发。❹盖或搭在肩背上▷~着大衣|~肩。☞统读pī。

【披戴】　pīdài 团披搭、穿戴(在身上)▷礼仪小姐身上~着绶带。

【披风】　pīfēng 图披在肩上的没有袖子的外衣。也说斗篷。

【披肝沥胆】　pīgānlìdǎn 露出心肝,滴出胆汁。比喻真诚相见或忠心赤胆。

【披挂上阵】　pīguàshàngzhèn 穿戴盔甲上战场打仗。

比喻上任工作或到达现场参加比赛等重要活动。

【披荆斩棘】　pījīngzhǎnjí　比喻扫除前进路上的种种障碍或克服创业过程中的重重困难。

【披露】　pīlù　❶囫公开发表;公布▷这件事报纸已经~。❷表露▷～真情。

【披头散发】　pītóusànfà　形容头发蓬松散乱。☞"散"这里不读sǎn。

【披星戴月】　pīxīngdàiyuè　身披星光,头顶月色。形容起早贪黑地在室外劳动或不分昼夜地赶路。☞不要写作"披星带月"。

砒　pī　❶囵砷的旧称。❷砒霜▷红~|白~。

【砒霜】　pīshuāng　囵砷的氧化物,多为白色粉末,有剧毒。也说信石。

劈　pī　❶囫(用刀斧等)向下破开;砍▷～木头|一~两半◇～山开路。❷(竹木等)裂开▷～木板|~了。❸雷电击毁或击毙▷村口那棵老树被雷～了。❹正对着(人的头、脸、胸)▷大雨～头浇下来了。〇另见pǐ。

【劈头】　pītóu　❶圊当头;迎头▷刚一进门,～就是一通责骂。❷开头;起头▷他～第一句话怎么说来着? ☞不宜写作"辟头"。

【劈头盖脸】　pītóugàiliǎn　正冲着头和脸压下来。形容来势很猛。

噼　pī　见下。

【噼里啪啦】　pīlipālā　拟声模拟连续的爆裂、拍打声▷鞭炮声~响个不停。☞不宜写作"劈里啪啦"。

【噼啪】　pīpā　拟声模拟拍打、爆裂或东西撞击的声音▷风沙打得车篷~作响。☞不宜写作"劈啪"。

霹　pī　见下。

【霹雳】　pīlì　囵来势迅猛、响声巨大的雷。

【霹雳舞】　pīlìwǔ　囵舞蹈。由黑人爵士舞演变而来,20世纪70年代兴起于美国,后流行全球。分硬步和软步:硬步激烈、狂热;软步飘浮、滑动。

皮　pí　❶囵动植物体表面的一层组织▷蛇~|树~。❷加工过的兽皮▷~革|~鞋|~货。❸圊有韧性;不脆▷~糖|花生米都~了。❹不娇嫩;结实▷~实。❺囵指橡胶的某些制品▷胶~|橡~|~筋。❻物体的表面▷地~|水~儿。❼圊表面的;肤浅的▷相(xiàng)|浮~|潦草。❽囵包在外面的东西▷饺子~儿|书~|封~。❾薄片状的物品▷铁~|粉~儿。❿圊顽皮;淘气▷这小家伙真~|调~。⓫由于多次受斥责而满不在乎▷他天天挨批评,已经~了。

【皮包公司】　píbāo gōngsī　没有固定的经营场地和从业人员的所谓"企业"。这类公司只有图章和合同,放在皮包里即可随处流动,买空卖空,投机牟利。

【皮肤】　pífū　囵身体表面包在肌肉外部的组织。是重要的感觉器官,有保护、调节、分泌、排泄等作用。

【皮革】　pígé　囵用牛、羊、猪、鹿等的皮去毛后鞣制成的熟皮,可制作各种用品。

【皮开肉绽】　píkāiròuzhàn　皮肤裂开露出了里面的肉。形容遭受毒打,伤势严重。☞"绽"不读dìng。

【皮毛】　pímáo　❶囵禽兽的皮毛和毛的总称。也专指带毛的兽皮。❷人的皮肤和毛发,泛指人体的浅表部分;比喻浅薄的知识▷只是伤了点~,没事|略知~。

【皮囊】　pínáng　囵皮口袋,比喻人的躯体(含贬义)▷不学无术的空~。

【皮实】　píshi　❶圊健壮▷风里雨里,身体越练越~。❷(器物)结实;禁摔打▷这种自行车很~。

【皮笑肉不笑】　píxiàoròubùxiào　形容虚伪不自然的笑或阴险可憎的笑。

陂　pí　囵用于地名。黄陂,在湖北。

枇　pí　[枇杷]pípá　囵常绿小乔木,果实球形,橙黄色或淡黄色。味甜,可供食用;果核、叶子可以做药材。

毗　pí　囵连接。

【毗连】　pílián　囵连接▷两县~。

【毗邻】　pílín　囵(地域)互相挨近、连接▷北京市与天津市~。

蚍　pí　[蚍蜉]pífú　囵〈文〉古书上指一种大蚂蚁。

【蚍蜉撼树】　pífúhànshù　蚂蚁想撼动大树。比喻不自量力。

疲　pí　❶囫疲倦;感觉到累▷精~力尽|乐此不~。❷不带劲;松懈▷市场~软。

【疲惫】　píbèi　圊极其疲乏▷心神~。

【疲乏】　pífá　圊(因脑力或体力消耗过度)劳累无力▷下班时感到很~。

【疲倦】　píjuàn　❶圊劳累困倦。❷松懈倦怠▷跟不良现象作不~的斗争。

【疲劳】　píláo　❶圊疲乏、劳累▷～不堪|驾驶很危险。❷因外力过强和作用时间太久而无法正常反应▷弹性~|视觉~。

【疲软】　píruǎn　❶圊疲惫无力。❷比喻市场销售不旺,货币汇率呈下降走势▷市场~|汇率~。

【疲沓】　píta　圊松垮拖拉,不振作▷思想~|工作疲疲沓沓。不宜写作"疲塌"。

【疲于奔命】　píyúbēnmìng　因事务繁多,忙于奔走应付而疲惫不堪。

啤　pí　用于音译。啤酒,一种大麦芽加啤酒花酿成的低度酒,有泡沫和特殊的香味。

琵　pí　[琵琶]pípá　囵弹拨乐器,有四根弦,琴身呈瓜子形,上面有长柄,柄端向后弯曲。

脾　pí　囵人或高等动物贮藏血液的部位和最大的淋巴器官,具有过滤血液、破坏衰老的血细胞、调节血量和产生淋巴细胞等功能。也说脾脏。☞不读pǐ。

【脾气】　píqi　❶囵指人的性情,也泛指事物的特性▷～好|摸准了车的~。❷特指怒气;急躁易怒的性子▷发～|没~。

裨　pí　圊〈文〉副的;辅佐的▷～将|偏~。〇另见bì。

蜱　pí　囵节肢动物,大多吸食人、畜血液,能传播多种疾病,有的也可危害植物。也说壁虱。

羆(羆)　pí　囵棕熊的古称。

鼙　pí　囵古代军中用的一种小鼓▷～鼓。

匹　pǐ　❶囫比得上;相当▷～敌|~配。❷圊单独的▷～夫|单枪~马。❸量 a)用于马、骡等▷一马|三~骡子。b)用于整卷的布、绸子等▷一~布|半~绸子。☞统读pǐ。

【匹敌】　pǐdí　囫彼此相当,相称▷力量~|中国奥林匹克队足可与之~。

【匹夫】　pǐfū　❶囵单独一个人,泛指普通人▷天下兴亡,~有责。❷指见识不广、缺乏智谋的人▷～之勇。

【匹配】　pǐpèi　❶囫〈文〉婚配▷~良缘。❷(无线电元器件等)配合▷功率~。❸圊搭配合适;班配▷他们俩很~。

否 pǐ〈文〉❶⤐坏;恶▷～极泰来。❷⤐贬损;贬低▷臧～(褒贬)。○另见 fǒu。

【否极泰来】　pǐjítàilái 指坏事发展到了极限,就可以转化为好事(否、泰:《周易》六十四卦中紧邻的两个卦名)。

痞 pǐ ❶⤐痞块,中医指肚子里可以摸得到的硬块。伤寒病、败血病、慢性疟疾、黑热病等都会出现这种症状。也说痞积。❷流氓;无赖▷～子|地～|兵～。

劈 pǐ ❶⤐分开;分▷把绳子～成三股|把两腿～开。❷使离开;撕扯下来▷～高粱叶。○另见 pī。

【劈叉】　pǐchà ⤐武术、体操等的一种动作,两腿向相反的方向分开,裆部着地。

【劈柴】　pǐchái ⤐作燃料用的碎木块。

癖 pǐ ⤐积久成习的嗜好▷好洁成～|～性。☞不读 pì。

【癖好】　pǐhào ⤐对某种事物的特殊爱好。

屁 pì ⤐从肛门排出的气▷放～。

【屁股】　pìgu ❶⤐〈口〉人体后面大腿与腰之间的部分。❷泛指动物身体后部靠近肛门的部分。❸比喻物体末尾的部分▷香烟～|飞机～喷出一道白烟。

【屁滚尿流】　pìgǔnniàoliú 形容因恐惧而惊慌不堪的状态。

淠 pì ⤐淠河,水名,在安徽,流入淮河。

睥 pì [睥睨]pìnì⤐〈文〉斜着眼睛看,表示傲视▷～一切。

辟(闢) pì ❶⤐开拓;开发▷～地垦荒|另～蹊径|开～。❷⤐透彻▷精～|透～。❸⤐批驳▷～谬|～谣。○另见 bì。

【辟谣】　pìyáo ⤐说明真相,批驳谣言。

媲 pì ⤐比得上▷～美。☞不读 bǐ。

【媲美】　pìměi ⤐比美;美或好的程度差不多▷这种花可与牡丹～。

僻 pì ❶⤐偏远;离中心地区远▷穷乡～壤|偏～。❷不常见的;罕用的▷～字|生～|冷～。❸性情古怪,不易相处▷怪～|孤～。☞统读 pì。

【僻静】　pìjìng ⤐偏僻寂静▷～的小路。

【僻远】　pìyuǎn ⤐遥远偏僻▷～的山区。

譬 pì ❶⤐打比方;比喻▷～喻。❷⤐用作比方或比喻的事物▷设～|取～。☞统读 pì。

【譬如】　pìrú ⤐比如;好像▷大地～是我们的母亲。

pian

片 piān 义同"片"(piàn)❷④,用于"片子""相片儿""唱片儿""画片儿""影片儿""故事片儿"等词。○另见 piàn。

【片子】　piānzi ❶⤐电影胶片。泛指影片、电视片。❷爱克斯光片。❸留声机的唱片。

偏 piān ❶⤐歪;斜(跟"正"相对)▷球踢～了|北风。❷不公正;只注重一方▷心太～了|～见。❸⤐离开正确方向或正常标准▷～离|差(chā)造价～高|题目～难。❹⤐远离中心的,不常见的▷～远|～题。❺不居主位的;辅助的▷～将|～房。❻⤐表示偏离常情或愿望▷明知山有虎,～向虎山行|～不凑巧。

【偏爱】　piān'ài ⤐有偏向地喜爱▷爸爸妈妈都～音乐。

【偏差】　piānchā ❶⤐运动的物体偏离确定方向的角度▷矫正～才能击中目标。❷工作中的失误▷克服工作中的～。

【偏方】　piānfāng ⤐民间流传而不见于经典医药著作的中药方。

【偏废】　piānfèi ⤐必须兼顾的事情由于偏重某一方面而忽视其他▷为了治好病,治疗和锻炼二者不可～。

【偏激】　piānjī ⤐(言语、意见、主张等)激烈过火。

【偏见】　piānjiàn ⤐成见;片面的有偏向的看法▷存有～|比无知更可怕。

【偏科】　piānkē ⤐过分偏重所学课程中的少数科目▷孩子在中学不应～。

【偏劳】　piānláo ⤐客套话,用于请人帮忙或感谢人代做事▷这事还得～二位。

【偏离】　piānlí ⤐离开了原来定的轨道、方向▷～航道|～目标。

【偏旁】　piānpáng ⤐构成汉字形体的基本构件。如"忆"中的"忄"和"乙"。

【偏僻】　piānpì ⤐远离城镇或繁华地区而交通也不方便的▷～的山区。

【偏偏】　piānpiān ❶⤐表示故意跟别人或客观的要求相反▷让他上街,他～不去。❷表示实际情况跟主观想法相反▷信上写得明白,他～又不识字。❸唯独▷别人都能来,～你来不了?

【偏颇】　piānpō ⤐〈文〉偏向于一方面;不公正▷执法不可～。

【偏食】[1]　piānshí ⤐日偏食和月偏食的统称。

【偏食】[2]　piānshí ⤐偏爱吃某些食品而不吃或不爱吃另外的食品▷不要～。

【偏瘫】　piāntān ⤐半边身体瘫痪。多由脑部疾病引起。俗称半身不遂。

【偏袒】　piāntǎn ⤐偏向、祖护(一方)。

【偏题】　piāntí ⤐偏僻的试题、习题。

【偏听偏信】　piāntīngpiānxìn 只听信一方面的意见、情况等。

【偏向】　piānxiàng ❶⤐偏爱;偏祖一方▷处理问题要公正,不能～。❷⤐不正确的倾向▷必须纠正重理轻文的～。❸⤐倾向▷到云南旅游,我～于去滇西北。

【偏斜】　piānxié ⤐偏离中心,倾斜不正▷因奠基不慎,塔身～。

【偏心】　piānxīn ⤐形容偏向,有意祖护一方▷对孩子不能～。

【偏移】　piānyí ⤐移动使位置向旁离开▷向左～两公分,卯榫便可相接。

【偏远】　piānyuǎn ⤐偏僻边远▷～山区。

【偏执】　piānzhí ⤐偏激而执拗▷脾气～。

【偏重】　piānzhòng ⤐侧重(某方面)。

犏 piān [犏牛]piānniú ⤐公黄牛和母牦牛交配所生的第一代杂种牛。

篇 piān ❶⤐文章的整体▷～章。❷写着或印着文字等的单张纸▷单～儿。❸⤐用于文章等▷三～文章。

【篇幅】　piānfú ⤐指文稿所占的版面或篇页的多少▷～太长|这本书的～不小。

【篇目】　piānmù ❶⤐书中篇章的标题▷我只看了看这本书的～,没来得及细读。❷书中篇章标题的目录。

【篇章】　piānzhāng ⤐篇和章,泛指文章▷～结构◇掀开了历史新～。

翩 piān 〈文〉❶⤐轻快地飞▷蜂舞蝶～。❷⤐动作轻快▷～然而至。

【翩翩】　piānpiān ❶⤐形容鸟等轻快飞翔的样子▷蝶

儿在花丛中~飞舞。❷形容动作轻快▷~起舞。❸举止洒脱,仪态大方▷风度~。

【翩跹】 piānxiān 〈形〉形容舞姿轻盈飘逸▷歌舞~。☞不宜写作"骗跹"。

便 pián 见下。○另见 biàn。

【便便】 piánpián 〈形〉〈文〉形容肥胖的样子▷大腹~。

【便宜】 piányi ❶名不应该得到的利益▷贪小~|得~卖乖。❷动使得到好处▷决不能~他们。❸形价钱低▷~货。

骈(騈) pián 〈文〉❶动并列▷~列。❷形对偶的▷~文。

【骈体】 piántǐ 名和"散体"相对的文体。起源于汉魏,形成于南北朝。特点是全篇多用偶句,对仗工整,声韵和谐、词藻华丽。

胼 pián [胼胝]piánzhī 名〈文〉趼子(jiǎnzi)。☞不要写作"骈胝"。

片 piàn ❶形不全的;零星的;简短的▷~面|言只字|~刻。❷名扁平而薄的东西▷铁~|眼镜~|名~|照~。❸量a)用于薄片状的东西▷两~儿面包|几~白云。b)用于具有某种景象的地面或水面等▷一~草地|一~废墟|一~汪洋。c)用于景色、气象、声音、心意等▷一~春色|一~丰收景象|一~嘈杂声|一~好心。❹名指影片▷故事~|酬~|约~。❺整体中的一小部分▷分~包干|这是管咱们这一~儿的民警|~段。☞㊀"相片""照片""画片""唱片""影片""故事片""科教片"等词中的"片"儿化时读 piānr。㊁"片"字右下是"乁"(一画),不是"丁"(两画)。○另见 piān。

【片段】 piànduàn 名整体中相对完整的一部分(多指文章)▷朗诵一个~。

【片断】 piànduàn ❶名整体当中不成系统的部分(多用于生活经历方面)▷我所写的不过是我经历的一些~。❷形零碎而不完整的▷~的记忆。

【片刻】 piànkè 名很短的时间;一小会儿▷稍等~|沉思也说片时。

【片面】 piànmiàn ❶名指事物的某一方面▷这只是问题的一个~。❷形单独一方面▷~之词|~撕毁合同。❸不全面,偏于一方面的▷看问题太~|不能~追求升学率。

【片言只语】 piànyánzhīyǔ 少量的、零碎的话语或文字。

骗(騙) piàn ❶动〈口〉向侧边跨出一条腿骑上▷~腿上了车|~马。❷欺哄;用假话或欺诈手段使人相信,上当▷~人|哄~。❸用欺哄的手段取得▷~钱|~东西。

【骗局】 piànjú 名使人上当受骗的圈套▷揭穿~|大~。

【骗取】 piànqǔ 动通过欺骗手段而得到▷~同情|~外汇。

【骗术】 piànshù 名欺骗人的手段、伎俩▷玩弄~|高明的~。

【骗子】 piànzi 名用伪装或欺骗手段捞取个人利益的人。

piao

剽 piāo ❶动〈文〉抢劫;掠取▷~掠。❷窃取;抄袭▷~取|~窃。❸形〈文〉(动作)轻快;敏捷▷~疾|~悍。☞统读 piāo。

【剽悍】 piāohàn 形轻捷而勇猛▷个个都~异常。☞不要写作"慓悍"。

【剽窃】 piāoqiè 动暗自抄袭他人著作充作自己文章、著作的内容。

漂 piāo 动浮在液体表面;浮在水面上随着水流、风向移动▷木材能在水上~着。○另见 piǎo;piào。

【漂泊】 piāobó ❶动随水漂流或停泊。❷比喻职业和生活不安定▷在国外~了几年。☞不宜写作"飘泊"。

【漂浮】 piāofú ❶动在水面慢慢移动而不下沉▷花瓣~在湖面上。❷比喻浮在上面,不踏实不深入▷工作~。

【漂流】 piāoliú ❶动浮在水面,随水流动。❷漂泊不定▷~他乡。

缥(縹) piāo [缥缈]piāomiǎo 形形容隐隐约约,似有若无的样子▷虚无~。

飘(飄) piāo ❶动随风摆动或飞舞▷彩旗迎风~|~舞|~带。❷形容腿部无力,走路不稳▷走路两腿有点~。❸不踏实▷作风太~。

【飘荡】 piāodàng ❶动在空中或水面飘动游荡▷小舟~|风筝在高空~。❷漂泊;流浪▷四处~。☞不宜写作"漂荡"。

【飘动】 piāodòng 动(在风中、水上)摇摆;游动▷彩旗迎风~|小船在河心~。

【飘拂】 piāofú 动(在微风中轻轻)飘动▷杨花柳絮随风~。

【飘浮】 piāofú 动在空气中慢慢移动而不下落▷大气中~着大量粉尘。

【飘忽】 piāohū ❶动(在空中)轻快地移动▷白云~。❷变化不定▷~不定的战乱生活|他的思绪朦胧而~。

【飘零】 piāolíng ❶动凋零;飘落▷枯叶~。❷漂泊;流落▷~无依。

【飘落】 piāoluò 动飘动着下落▷雪花~。

【飘渺】 piāomiǎo 通常写作"缥缈"。

【飘飘然】 piāopiāorán ❶形感觉自己很轻,像飘浮到空中一样▷如腾云驾雾。❷因得意而忘乎所以▷一听表扬话,他就~起来。

【飘然】 piāorán ❶形形容轻轻飘扬的样子▷黄叶~而下。❷形容轻盈飘洒(piāosǎ)的样子▷~而去。

【飘洒】 piāosǎ 动飘扬着徐徐下落▷春风拂面,细雨~。

【飘洒】 piāosa 形(姿态)轻松自然;不俗气▷~自如|字迹~。

【飘散】 piāosàn 动(气体、气味、烟雾等)飘扬飞散▷果园里~着阵阵果香。

【飘逝】 piāoshì 动飘散流走▷流云~◇时光~。

【飘舞】 piāowǔ 动飘动飞舞▷漫天~的雪花|柳枝在风中~。

【飘扬】 piāoyáng 动飘动飞扬▷柳絮在空中~。☞不要写作"飘飏"。

【飘摇】 piāoyáo ❶动随风飘动摇摆▷柳丝在风中~。❷比喻动荡;不安宁▷风雨~。☞不要写作"飘飖"。

【飘移】 piāoyí 动在空中或水面飘游移动▷朵朵白云~而来。

【飘逸】 piāoyì ❶形(风度、姿态、风格)洒脱自然;优雅不俗▷舞姿~|诗风~。❷动飘浮;散发▷满园果香~。

【飘溢】 piāoyì 动飘散;洋溢▷空气中~着一股淡淡的兰花清香。

【飘游】 piāoyóu 动毫无目的地东游西逛▷到处~。

【飘悠】 piāoyou 动飘舞;飘浮▷花瓣~着落到地上|小船在水中慢慢~。

蟆　piāo [螵蛸]piāoxiāo 图螳螂的卵块。产在桑树上的叫桑螵蛸，可以做药材。

嫖　piáo 团玩弄妓女▷~娼|~客|~宿。

瓢　piáo 图用老熟的匏瓜对半剖开制成的舀水或撮取米面等的半球形器具，也可用木头或金属制成▷照葫芦画~。
【瓢泼大雨】　piáopōdàyǔ 像用瓢泼水一样的大雨。形容雨下得极大。

殍　piǎo 图〈文〉饿死的人▷饿~。☞不读 piáo。

漂　piǎo ❶团用水冲洗▷~洗。❷用化学药剂使纤维或纺织品等变成白色▷这布~过以后真白|~染。○另见 piāo；piào。
【漂白】　piǎobái 团除去纺织纤维材料及其制品等的色素，使它变白。
【漂染】　piǎorǎn 团对纺织品漂白并染色。

瞟　piǎo 团斜着眼睛看▷~了他一眼。

票　piào ❶图印刷或手写的作为凭证的纸片▷投~|车~。❷纸币▷零~|钞~。❸指被匪徒绑架用以勒索钱财的人质▷绑~|撕~。❹业余爱好者的戏曲表演▷玩儿~|~友。
【票据】　piàojù ❶图按照法定形式制成并写明承担付出一定数额货币的有价证券。❷出纳或运送货物的凭证。
【票友】　piàoyǒu 图称业余的戏曲、曲艺演员或乐师等▷京剧~。

漂　piào 见下。○另见 piāo；piǎo。
【漂亮】　piàoliang ❶形好看；美丽▷长得真~|~的时装。❷出色▷干得真~。
【漂亮话】　piàolianghuà 图好听但并不准备去兑现的话▷多干实事，少说~。

骠(驃)　piào 形〈文〉勇猛▷~悍|~勇。

pie

撇　piē ❶团丢下不管；抛弃▷~下一儿一女|~开。❷从液体表面轻轻地舀▷~点稀汤|~沫子。○另见 piě。

瞥　piē 团目光很快地掠过▷~了一眼。
【瞥见】　piējiàn 团突然看到▷抬头~一个熟人正向他招手。

苤　piě [苤蓝]piělan 图甘蓝的一种。茎呈扁球形，外皮绿白或紫色。可以食用。也说球茎甘蓝。☞口语中常读 piěla。

撇　piě ❶图汉字的笔画，向左斜下，形状是"丿"。❷量用于像撇的东西▷留着两~胡子。❸团平着向前扔▷~瓦片。❹〈口〉向外倾斜▷这孩子走路，两脚老向外~着。❺下唇向前伸，嘴角向下倾斜，表示轻视、不高兴等情绪▷你看~嘴|嘴一~就哭了起来。○另见 piē。

pin

拼　pīn ❶团合并在一起▷东~西凑|~图案。❷不顾惜；豁出去▷~体力|~时间。
【拼搏】　pīnbó 团用全力搏斗；奋争▷与大自然~|努力~。
【拼凑】　pīncòu ❶团把零碎分散的组合起来▷用旧木

条~起来钉了个鸡笼。❷临时凑合组成▷仓促~起来的球队怎么能打赢?
【拼读】　pīndú 团根据拼音读出语音▷他对汉语拼音方案不熟练，很吃力。
【拼合】　pīnhé 团把零散的结合在一起▷这些胶合板是用碎木片~的。
【拼接】　pīnjiē 团拼凑连接▷用碎布头~成一块桌布。
【拼力】　pīnlì 团使出全部力量▷~夺冠。
【拼命】　pīnmìng ❶团拿生命来相拼▷~搏斗。❷用尽全力▷~喊叫|~干。
【拼盘】　pīnpán ❶团把两种以上的凉菜，精巧地分类拼放在一个盘内▷请张师傅来~。❷图拼好盘的菜肴▷先上一个~和一瓶啤酒。
【拼抢】　pīnqiǎng 团拼力抢夺▷队员们奋力~。
【拼杀】　pīnshā 团拼死格斗、厮杀▷和敌人~在一起。
【拼写】　pīnxiě 团按照拼音规则用拼音字母书写。
【拼音】　pīnyīn 团把两个或两个以上的音素拼合成为一个复合音或音节。如 i 和 ē 相拼成 iē(耶)，d 和 iē 相拼成 diē(爹)。

姘　pīn 团非夫妻关系的男女同居▷~居|~头|~夫。

贫(貧)　pín ❶形穷(跟"富"相对)▷清~。❷团缺乏;不足▷~血|~油。❸〈口〉说话絮叨可厌▷这个人嘴真~。
【贫乏】　pínfá 形短缺;不丰富▷知识~|~的精神生活。
【贫寒】　pínhán 形贫贱▷出身~。
【贫瘠】　pínjí 形指土地不肥沃，缺乏植物生长的养料、水分▷土地~。
【贫贱】　pínjiàn 形贫穷且社会地位低微。
【贫苦】　pínkǔ 形贫穷困苦▷生活~。
【贫困】　pínkùn 形因贫穷而生活艰难▷这个地区太~了|~的日子。
【贫民】　pínmín 图贫苦的人。特指城镇中没有固定职业和固定收入或家庭收入过低的穷苦人。
【贫民窟】　pínmínkū 图指城市中穷苦人聚居的地段。
【贫穷】　pínqióng 形缺少生产、生活资料;经济不发达，生活不富裕▷有的农民还很~。
【贫弱】　pínruò 形贫穷而衰弱(多指国家、民族)▷国家~就要受人欺负。
【贫血】　pínxuè 图指人体血液中红血球的数量或血红蛋白的含量低于正常的数值的症状。
【贫嘴】　pínzuǐ 形形容爱说玩笑话或废话▷这个人特~。

频(頻)　pín ❶形多次▷~繁|尿~。❷副表示行为连续多次进行，相当于"屡次"▷捷报传~|~招手。❸图频率▷调(tiáo)~|高~|字~。
【频传】　pínchuán 团连续不断地传送(多指好消息)▷捷报~|喜讯~。
【频道】　píndào 图在电视广播中，高频影像信号和伴音信号占有一定频率范围的通道。
【频繁】　pínfán 形多次;连续不断▷~的外交活动|接触~。
【频率】　pínlǜ ❶图单位时间内完成全振动(或振荡)的次数或周数。❷在一定时间内某种事情发生的次数。
【频频】　pínpín 副屡次地;连续不间断地▷~招手|~举杯。

嫔(嬪)　pín 图〈文〉皇帝的妾;宫中女官▷~妃。☞不读 bīn。

颦(顰)　pín 团〈文〉皱眉头▷一~一笑|东施效~。

品 pǐn ❶名东西;物件▷物～|商～|食～。❷事物的种类、等级▷～类|～色|～级。❸德行;品质▷人～。❻动评论好坏;按一定的等级衡量▷～头论足|～评|～鉴。❼尝;体味▷～茶|～味。

【品尝】pǐncháng 动尝试着吃一点儿辨别滋味;尝试▷～美食|～开车的味道。

【品德】pǐndé 名品性道德▷～优秀。

【品格】pǐngé ❶名人的思想品行▷～高尚。❷指文艺作品的质量和格调▷这部小说～低下。

【品牌】pǐnpái 名指用来识别特定商品或劳务的名称、商标等。

【品评】pǐnpíng 动辨别评议优劣、好坏▷～文章|全面～。

【品玩】pǐnwán 动品评玩赏▷～古董。

【品位】pǐnwèi 名质量、水平的高低▷～高的文艺作品。

【品味】pǐnwèi ❶动品尝味道▷这道菜请您～～。❷深人体会,玩味▷反复～这句名言的含义。❸名质量和特色▷这种茶叶～不错。

【品行】pǐnxíng 名能反映道德面貌的行为▷～端正。

【品性】pǐnxìng 名人品和性格。

【品学兼优】pǐnxuéjiānyōu 品行和学业都优秀。

【品质】pǐnzhì ❶名人在实践中表现出来的思想、人品等的素质▷～高尚。❷产品的质量▷～优良的毛织品。

【品种】pǐnzhǒng ❶名指农作物、牲畜、家禽等经过人工选择和培育而形成的具有共同遗传特征的群体。❷泛指物品的种类▷花色～。

牝 pìn 形雌性的(鸟兽)(跟"牡"相对)▷～马。

聘 pìn ❶动请人担任某个职务或参加某项工作▷～他为总经理|延～|解～|应～。❷订婚▷～礼。❸〈口〉嫁出▷～闺女。☞统读 pìn。

【聘礼】pìnlǐ ❶名旧式婚俗中,男方给女方的订婚财物。❷聘请某人时为表示敬意而致送的礼物。

【聘请】pìnqǐng 动请人担任某种职务▷～张老做顾问。

【聘任】pìnrèn 动聘请有关人员担任职务▷～校外辅导员。

【聘用】pìnyòng 动聘请任用▷～科技人才。

ping

乒 pīng ❶拟声模拟打枪、东西碰撞等的声音。❷名指乒乓球▷～坛|～赛。☞统读 pīng。

【乒乓】pīngpāng ❶拟声爆炸、撞击或拍打等的声音▷石子滚落在钢板上～乱响。❷名指乒乓球▷～健儿。

娉 pīng [娉婷]pīngtíng 形〈文〉(女子)姿态美好▷体态～。

平 píng ❶形表面没有高低凹凸;不倾斜▷桌面很～|让病人躺～。❷动使平;平整▷～操场。❸形高低相等或不相上下▷～辈|～列|两队踢～|～起～坐。❹均等;公正▷～均|公～。❻安定▷风～浪静|～静。❼动使安定;抑制▷先～气再慢慢想办法|～心静气。❽用武力镇压▷～乱|～叛。❾形一般的;经常的▷成绩～～|～常。❿名平声▷～上去入|阴～|阳～。

【平安】píng'ān 形不发生事故;平稳安全▷祝你～|平平安安回到家。

【平白无故】píngbáiwúgù 没有理由,无缘无故。☞不宜写作"凭白无故"。

【平板】píngbǎn 形平淡死板,没有变化▷这些照片人物姿势太～。

【平步青云】píngbùqīngyún 比喻不费力便获得很高的官职或地位。

【平常】píngcháng ❶形普通;不特殊▷这事很～。❷名平时▷他爱去图书馆,不知今天去没去。

【平川】píngchuān 名平坦宽阔的土地▷～沃野|一马～。

【平淡】píngdàn 形平平常常;没有曲折变化的▷文章～无味。

【平等】píngděng 形人们在政治、经济、法律、社会地位等方面享有同等权利▷男女～。

【平调】píngdiào ❶动无偿调拨下属单位或个人的生产资料、资金等。❷同级别的工作调动▷他由乡长～到县里当局长。

【平定】píngdìng ❶形平静稳定▷局势～。❷动(用武力)平息使安定▷～天下|～叛乱。

【平凡】píngfán 形普通;平常▷～百姓|～小事。

【平反】píngfǎn 动纠正过去错误的处理或判决,重新做出符合事实的结论▷凡是冤、假、错案一律要～。

【平方】píngfāng ❶名两个相同数的乘积。❷平方米▷小房间只有 7～。

【平分秋色】píngfēnqiūsè 比喻双方各分一半或不分上下。

【平和】pínghé ❶形平缓温和;不激烈▷心气～|气氛～。❷(药物)作用缓和,不强烈▷药性～。

【平衡】pínghéng ❶形对立的各方在数量或质量上大致均衡或抵▷收支～|供求失去～。❷动因作用于物体上的两个或两个以上的力互相抵消,使物体仍保持平稳状态▷心理不～|身体保持～。❸名哲学上指矛盾暂时的、相对的统一。❹动使均衡▷～收支。

【平滑】pínghuá 形表面没有凹凸,很光滑▷粗糙的石材打磨以后会变得很～。

【平缓】pínghuǎn ❶形(地势)平坦,坡度小。❷(心情、语气等)平静,和缓▷语气～。

【平静】píngjìng 形(心情、气氛等)平和安静▷～的生活|局势～。

【平局】píngjú 名体育比赛或对弈中,双方结局比分相等;和局▷双方第二次打成～。

【平均】píngjūn ❶动将总数按份均匀计算▷5 个人共花掉 50 元,～每人 10 元。❷形各部分在轻重或多少上完全一样▷～主义|～分配~。

【平列】píngliè 动(不分程度)平等地排列▷不能把主次问题～起来看待。

【平面】píngmiàn 名几何学上最简单的面。在一个面内任取两点连成直线,如果直线上的所有点都在这个面上,这个面就是平面。

【平民】píngmín 名指普通百姓。

【平年】píngnián ❶名阳历没有闰日或农历没有闰月的年份。❷农业收成一般的年份。

【平平】píngpíng 形很一般▷成绩～|相貌～。

【平铺直叙】píngpūzhíxù 动说话、写文章不讲究修饰,只按顺序直接叙述出来。现常形容说话、写文章平淡无味,重点不突出。

【平起平坐】píngqǐpíngzuò 处于相同的地位,享有同等的权力。

【平日】píngrì 名平时的日子▷～里他总是埋头读书,节假日才出去游玩。

【平生】píngshēng 名一生;出生以来▷我～第一次见到这种奇观。

【平声】píngshēng 名古代汉语四声中跟上、去、入相对的声调;现代汉语普通话四声中包括阴平和阳平,它们多由古代汉语的平声演变而来。

【平时】píngshí ❶图平常的时候▷~努力,考试时轻松自如。❷图平常时期▷~训练是为了战时取胜。

【平实】píngshí 图朴实自然;不华丽▷语言~可信,毫无哗众取宠之意。

【平手】píngshǒu 图比赛(多指球类、棋类)中不分胜负▷他们俩打了个~。

【平素】píngsù 图平常;平时▷他~不好交往|~要求自己严格。

【平摊】píngtān 团平均分摊▷打井的费用,由受益户~。

【平坦】píngtǎn 图(道路、地势等)没有高低凹凸,没有倾斜度▷地势~。◇科学的道路是不~的。

【平稳】píngwěn 图稳定;不摇摆波动▷高速火车行驶得很~|局面~。

【平息】píngxī ❶团停息▷风渐渐~了。❷抑制使停息▷~怒火|~内乱。

【平心而论】píngxīn´érlùn 平心静气地评说。☞不要写作"凭心而论"。

【平心静气】píngxīnjìngqì 心境平和,态度冷静。

【平行】píngxíng ❶图同级的;没有隶属关系的▷~机关。❷同时进行的两个~作业。❸同一平面上的两条直线,或空间里的两个平面,或一条直线与一个平面可作无限延长而不相交的▷~线。

【平易】píngyì ❶图(态度、性格)谦逊和气▷待人~。❷(话语、文章)朴实浅显▷文句流畅,语言~。

【平易近人】píngyìjìnrén 态度和蔼可亲,使人容易接近。

【平庸】píngyōng 图一般;平凡▷~无奇|平平庸庸地度过了大半生。

【平原】píngyuán 图海拔在 200 米以下的宽广平地。如华北大平原。

【平展】píngzhǎn ❶图平整舒展▷~的梯田|衣服熨烫得平平展展。❷团平坦地展开▷把地图~在地上。

【平整】píngzhěng ❶团削高填洼使(土地)平坦▷~土地。❷图平坦整齐▷~的草坪|衣服叠得平平整整。

冯(馮) píng 团〈文〉徒步涉水▷暴虎~河(空手打虎,徒步涉水过河)。☞用作姓氏时读 féng。○另见 féng。

评(評) píng ❶团议论或判定(人或事物的优劣、是非等)▷~理|批~。❷图评论的话或文章▷得到好~|短~|书~。

【评比】píngbǐ 团通过评判比较,分出高低优劣▷年终~。

【评定】píngdìng 团评判裁定▷~成绩|职称~。

【评分】píngfēn ❶团根据成绩或表现评判分数▷给参赛者~。❷图评定的分数▷她的~高居榜首。

【评改】pínggǎi 团评点修改(文章等)▷老师~作业。

【评功】pínggōng 团评论或评定功绩▷~摆好|评了二等功。

【评估】pínggū 团(对质量、水平、工作情况等按一定的标准)进行评议估价。

【评级】píngjí 团评定公务人员、职工在工资和其他待遇方面的级别。

【评价】píngjià ❶团衡量和评定价格或价值▷~艺术品。❷图评定的价值▷很高的~。

【评讲】píngjiǎng 团对文章、作业、活动等进行评论、分析▷~活动。

【评介】píngjiè 团评论介绍▷论著~。

【评理】pínglǐ 团评论裁断是非▷请大家评评理。

【评论】pínglùn ❶团评议和议论▷~了这位历史人物的功过。❷图评论性的演讲、文章▷连续发表~。

【评判】píngpàn 团通过评议,判定胜负和优劣▷~是非|按标准~。

【评审】píngshěn 团评议和审查▷~论文|设计方案~。

【评述】píngshù 团叙述并评论▷~功过。

【评说】píngshuō 团评论▷妄加~。

【评头品足】píngtóupǐnzú 原指无聊地评论妇女的容貌体态。现泛指对人对事说长道短,多方挑剔。

【评选】píngxuǎn 团评比并选拔▷~三好学生。

【评议】píngyì 团经过讨论评定;评论优缺点▷~医院级别|~党员。

【评语】píngyǔ 图评论的话▷作文~。

【评阅】píngyuè 团审阅评判(多指文章、试卷等)。

【评传】píngzhuàn 图传记的一种。在记叙人物生平事迹的同时,也有对其功过是非的评论和分析。

坪 píng ❶图山区或丘陵地区的平地(多用于地名)▷王家~(在陕西)。❷平坦的场地▷晒谷~|草~。

苹(蘋) píng [苹果]píngguǒ 图落叶乔木。果实也叫苹果,圆形,味甜可口。

凭(憑) píng ❶团(身子)倚着;靠着▷~栏远望。❷依赖;倚仗▷~借|~仗。❸团引进动作行为的凭借或依据▷~本事吃饭|~票入场。❹图作为证据的事物▷不足为~|真~实据|文~。❺团〈口〉连接复句,相当于"任凭""不论"▷~你怎么劝,他也不听|~你使多大劲儿,也搬不动这块石头。

【凭吊】píngdiào 团面对坟墓、遗迹或纪念物等缅怀(先人和往事)▷~先烈。

【凭借】píngjiè 团依仗;依靠▷~几十年的经验,我一定能做好这件事。☞不要写作"凭藉"。

【凭据】píngjù 图能起证明作用的事物▷说话要有~。

【凭空】píngkōng 副没有根据地▷~编造。☞不宜写作"平空"。

【凭眺】píngtiào 团站在高处远望▷登上山顶,~海上日出。

【凭证】píngzhèng 图凭据;证据。

屏 píng ❶图遮挡物;障碍物▷~障。❷屏风▷画~|彩~|围~。❸形状像屏一样的东西▷孔雀开~|荧光~。❹字画的条幅,通常以四幅或八幅为一组▷四扇~|条~|挂~。❺团遮挡▷~蔽。○另见 bǐng。

【屏风】píngfēng 图室内用以挡风或遮蔽视线的家具。多由可以折叠的单片框架结构组成。

【屏幕】píngmù 图可显示图像的显像管的一部分,由玻璃制成,呈屏状,里面涂荧光粉▷电视~。

【屏障】píngzhàng 图象屏风一样起遮蔽作用的东西▷太行山是华北平原的一座大~。

瓶 píng 图瓶子,颈细肚大的容器,多用瓷或玻璃制成▷花~|~~罐罐。

【瓶颈】píngjǐng ❶图瓶口附近一段较细的部位。❷比喻对事物发展起阻碍作用的重要环节▷交通运输落后成了经济发展的~。

萍 píng 图浮萍。

【萍水相逢】píngshuǐxiāngféng 比喻不相识的人偶然相遇。

鲆(鮃) píng 图比目鱼的一科。两眼都在左侧,种类很多,广泛分布于热带和温带海洋。肝可制鱼肝油。

po

坡 pō ❶图地势倾斜的地貌▷上~｜黄土~。❷形倾斜▷~度。

【坡度】 pōdù 图斜坡从起点到终点的高度差与其水平距离的比值。如从起点到终点的高度差是1米,水平距离是100米,坡度就是1/100。

泊 pō 图湖▷湖~｜水~。◇倒在血~中。○另见bó。

泼(潑) pō ❶团把液体用力向外洒开▷~水。❷形蛮横;凶悍▷撒~｜~妇。

【泼辣】 pōla ❶形能干;有魄力、胆量大▷新媳妇挺~,干活不比男的差。

【泼冷水】 pōlěngshuǐ 比喻给正在兴头上的人唱反调、泄劲。

【泼墨】 pōmò 图中国画的技法。画面有如泼上墨汁,笔势豪放。

【泼皮】 pōpí 图为非作歹,撒泼不讲理的无赖。

颇(頗) pō ❶形偏;不正▷偏~。❷副表示程度较深▷~为省力｜~不以为然。☞统读pō。

婆 pó ❶图称奶奶辈的或年老的妇女▷外~｜老太~｜老~。❷丈夫的母亲▷~家｜~媳。❸旧指从事某些职业的妇女▷~媒｜~巫｜~产~。

【婆家】 pójia 图丈夫父母的家(跟"娘家"相对)。

【婆婆妈妈】 pópomāmā ❶形形容人说话絮叨,办事不利索▷做事不要~。❷形容人情感脆弱▷别碰到一点事就~地哭天抹泪。

【婆娑】 pósuō 形〈文〉形容舞姿轻盈、盘旋▷~起舞。

鄱 pó 图用于湖名。鄱阳湖,在江西。

叵 pǒ 副不可。

【叵测】 pǒcè 团不可猜测(含贬义)▷居心~。

笸 pǒ [笸箩]pǒluo 图用竹篾或柳条编的盛物器具,帮较浅,多为圆形。

朴 pò 图榆科朴属植物的统称。我国最常见的有朴树、紫弹树、黑弹树。木材可以制作家具,树皮可以造纸,也是人造棉的原料。○另见pǔ。

迫 pò ❶团接近;逼近▷~近。❷用强力压制;用压力使服从▷压~｜~使。❸形急切;急促▷从容不~｜~紧。☞在"迫击炮"中读pǎi。

【迫不及待】 pòbùjídài 紧迫得不能再等待。

【迫害】 pòhài 团打击摧残,使受伤害▷深受~｜致残。

【迫降】 pòjiàng ❶团飞机因故障或其他原因不能再继续飞行而不得不降落。❷强迫正在飞行的飞机在指定机场降落。

【迫近】 pòjìn 团逼近;接近▷~年关~。

【迫切】 pòqiè 形事情急切;愿望强烈▷我~需要这样一本书｜要求十分~。

【迫使】 pòshǐ 团施以压力使(别人做某事)▷缩小包围圈~~敌人投降。

【迫在眉睫】 pòzàiméijié 逼近眼前。形容情况非常紧迫。

珀 pò 见[琥珀]hǔpò。

破 pò ❶团东西受到损伤而残缺▷衣服~了。❷使损坏;毁坏▷牢不可~。❸打败;攻克▷攻~｜击~。❹除掉;消除▷~旧立新｜~除迷信。❺打破(原

有的格局、限制、纪录等)▷连~世界纪录｜~格｜~例。❻使(钱财)受到减损▷花费｜~财｜~费。❼分裂;劈开▷势如~竹｜~冰船。❽把整的换成零的▷~点零钱｜票子~不开。❾揭穿;使现出真相▷~案｜说~｜点~。❿形受到损伤的;破烂的▷~大衣｜~房。⓫指质量低劣的▷这种~书不值一看。

【破案】 pò'àn 团侦破案件(多指刑事案件)▷要尽快~。

【破败】 pòbài 形破损,衰败▷这座古建筑年久失修已经~不堪了。

【破产】 pòchǎn ❶团失去全部财产。❷债务往来中,如债务人无力偿还债务,法院根据本人或债权人的申请依法进行裁决,将债务人全部财产变卖,按比例归还各债权人,不足数额不再偿付。❸比喻事情失败,计划未能实现(含贬义)▷阴谋彻底~了。

【破除】 pòchú 团废除,打破(多指人们原来尊奉的事物)▷~陈规陋习｜~迷信。

【破费】 pòfèi 团花费(钱财或时间等)▷让你~了｜~了不少时间。

【破釜沉舟】 pòfǔchénzhōu 项羽带兵与秦军打仗,过河后就砸锅沉船,表示不打败秦兵不再回来。比喻下定决心,不顾一切去做某件事。

【破格】 pògé 团突破成文的规定▷他被~晋升为教授。

【破罐破摔】 pòguànpòshuāi 比喻有错不改,反而放纵自己任其发展。

【破坏】 pòhuài ❶团摧毁;损坏;使受到损害▷~工事｜道路遭到~。❷变革;清除▷~旧世界｜~旧的风俗习惯。❸不遵守;违反(规章、条约等)▷不要带头~规章制度｜~协议。

【破获】 pòhuò 团侦破案件并抓获案犯▷~一起重大入室抢劫案。

【破戒】 pòjiè ❶团指宗教教徒违反宗教戒律。❷泛指做被严格禁止做的事或重做自己下决心不再做的事▷我今天~陪你喝一杯｜大破杀戒,滥杀无辜。

【破镜重圆】 pòjìngchóngyuán 比喻离异或失散的夫妻再次团圆。

【破旧】 pòjiù 形陈旧并有破损▷~的衣服。

【破旧立新】 pòjiùlìxīn 破除旧的,树立新的(多用于风俗、观念等)。

【破烂】 pòlàn 形残缺,破损▷~的围墙。

【破烂儿】 pòlànr 图废品▷卖~。

【破例】 pòlì 团打破原有的规定或惯例▷不准~｜~接收一名女队员。

【破裂】 pòliè ❶团(东西)遭受损而裂开▷桌面~了。❷(感情、关系等)破坏而分裂▷谈判~｜感情~。

【破落】 pòluò ❶团(家境)衰落▷家道中途~。❷破败▷一个~的小院。

【破门】 pòmén ❶图破损的门。❷团用砸、撬或撞等手段把关着的门打开▷~而入。❸把球攻入球门▷~得分。

【破灭】 pòmiè 团(理想、希望)未能实现。

【破碎】 pòsuì ❶形残破碎裂的▷一~的玻璃洒了一地◇一颗~的心。❷团使破裂粉碎▷一天就~了十几吨矿石。

【破损】 pòsǔn 形残破,有损伤▷箱内的瓷器~严重。

【破涕为笑】 pòtìwéixiào 停止哭泣而露出笑容(涕:眼泪)。形容转悲为喜。

【破天荒】 pòtiānhuāng 唐时荆州每年都没人考中进士,当时人们比喻为天荒。后来有人考中,就叫破天荒。现比喻原来没有过的事情第一次出现。

【破土】　pòtǔ　❶囫挖土,表示工程开始施工▷~动工。❷指春天疏松土地,开始耕种▷~春耕。❸幼芽顶开土层,长出地面▷春雨过后,小苗~而出。

【破相】　pòxiàng　囫由于受伤或疾病而损坏了面容。

【破晓】　pòxiǎo　囫(天)刚刚亮。

【破译】　pòyì　囫识破并译出(密码、古文字、基因等)。

【破绽】　pòzhàn　囵衣物的裂缝,比喻说话、做事不周密,有漏洞▷他做事谨慎,很少出~。☞"绽"不读 dìng。

【破折号】　pòzhéhào　囵标点符号的一种,形式为"——"。它标明下文是解释说明的语句。这类语句如果是插在句子中间的,可以在前面和后面各用一个破折号。破折号还可以表示话题的突然转换等。

粕　pò　囵豆渣▷糟~。

魄　pò　❶囵魂魄;精神▷丧魂落~|惊心动~。❷精力;胆识▷体~|~力。

【魄力】　pòlì　囵处理问题的胆识和敢作敢为、果断坚决的作风▷他工作很有~。

pou

剖　pōu　❶囫切开;破开▷~瓜|解~。❷解析;分析▷~明事理。☞统读 pōu。

【剖视】　pōushì　囫深入分析,仔细观察▷~人生轨迹|~经济走势。

【剖析】　pōuxī　囫剖解辨析▷~典型。

抔　póu　圙〈文〉相当于"捧"▷一~土。

掊　pǒu　〈文〉❶囫击;抨击▷~击权贵。❷击破▷~斗折衡(打破斗,折断秤)。

pu

仆　pū　囫向前倒下▷前~后继。○另见 pú。

扑(撲)　pū　❶囫拍打;拍▷鸟儿~着翅膀向远处飞去|往脸上~粉|~蝇|~灭。❷囵某些拍、拭的工具▷粉~。❸囫身体猛力向前冲,伏在物体上▷一头~在妈妈怀里。❹(气体等)直冲▷冷风~面|香气~鼻。❺把全部精力用到(某方面)▷一心~在工作上。☞统读 pū。

【扑鼻】　pūbí　囫(气味)直冲鼻孔▷花香~。

【扑哧】　pūchī　拟声模拟突然发笑声和水、气挤出的声音▷她~一笑,连忙掩住了嘴。☞不宜写作"噗哧""噗嗤"。

【扑空】　pūkōng　囫到达目的地却没有找到要找的对象。

【扑灭】　pūmiè　囫扑打使熄灭或消灭▷~山火|~蚊蝇。

【扑闪】　pūshan　囫(眼睛)开合眨动▷~着两只大眼睛。

【扑朔迷离】　pūshuòmílí　比喻事物错综复杂,不易看清真相。

【扑簌簌】　pūsùsù　囮形容眼泪不断往下掉的样子▷眼泪~地掉了下来。

【扑腾】　pūteng　❶囫游泳时用手脚反复拍水▷他在池子里~起来没完。❷跳动▷一见到他我心里就~。❸折腾,挥霍浪费▷那几个钱可禁不住他~。

【扑通】　pūtōng　拟声摹拟重物落地或落水的声音▷~一声,从墙上跳下来。☞不宜写作"噗通""扑咚"。

铺(鋪)　pū　❶囫把东西展开或摊平放置▷把褥子~平|~轨。❷圙用于炕等▷一~炕。○另见 pù。

【铺垫】　pūdiàn　❶囫铺放衬垫▷把床~得厚厚实实。❷囵用来铺垫的物品▷床上的~都是新购置的。❸用来做衬托的事物▷小说开头为主人公的出场做了许多~。

【铺盖】　pūgai　囵〈口〉被褥。

【铺路】　pūlù　❶囫铺设道路▷修桥~。❷比喻为办成某事创造条件▷为年青一代顺利成长~。

【铺路石】　pūlùshí　囵比喻为他人的成功默默作奉献的人▷我们愿做冠军们的~。

【铺设】　pūshè　囫铺放,设置▷~地下管道|~铁轨。

【铺天盖地】　pūtiāngàidì　形容声势浩大,来势迅猛。

【铺叙】　pūxù　囫详尽记述▷文章~了事情的原委。

【铺张】　pūzhāng　❶囮过分讲究排场▷~浪费。❷囫夸张,夸大其词。

噗　pū　拟声模拟气或水喷出来的声音▷~的一声吹灭了蜡烛|泉水~~地往上冒。

潽　pū　囫〈口〉液体因沸腾而溢出▷牛奶~了|锅~了。

仆(僕)　pú　囵仆人(跟"主"相对)。☞不读 pǔ。○另见 pū。

【仆从】　púcóng　囵原指跟随在主人身旁的仆人,比喻依附他人、自己无权作主的人或事物▷霸权主义的~。

【仆人】　púrén　囵指受雇为主人做杂事,听候主人差遣的人。

【仆仆】　púpú　囮形容旅途劳顿▷风尘~。

匍　pú　[匍匐]púfú　囫身体贴着地面爬行▷~前进。❷身体贴近地面;趴▷俘虏们~在地,乞求饶命|~茎。

莆　pú　囵用于地名。莆田,在福建。

菩　pú　[菩萨]púsà　囵佛教指修行到了一定程度的人,地位仅次于佛。

脯　pú　囵胸部▷挺着胸~|鸡~。○另见 fǔ。

【脯子】　púzi　囵指供食用的鸡、鸭等家禽胸部的嫩肉。

葡　pú　[葡萄]pútáo　囵落叶木质藤本植物。浆果也叫葡萄,呈圆形或椭圆形,紫、红、黄或绿色,酸甜,有香味,是常见的水果,也可酿酒。

蒲　pú　❶囵指香蒲▷~包儿。❷指菖蒲。❸指蒲州(旧府名,府治在今山西永济县西)▷~剧(蒲州梆子)。

璞　pú　〈文〉❶囵含玉的矿石;未经雕琢的玉。❷囮淳朴的▷返~归真。☞不读 pǔ。

濮　pú　囵用于地名。濮阳,在河南。

朴(樸)　pǔ　囮纯真而没有经过修饰的▷质~无华。⊜在"朴刀"(古代一种双手使用的兵器)中读 pō。⊜作姓氏时读 piáo。○另见 pò。

【朴实】　pǔshí　❶囮朴素;不华丽▷穿着~。❷实在;真诚▷~敦厚。❸踏实;不浮夸▷文章写得~无华。

【朴素】　pǔsù　❶囮(色彩、式样等)不艳丽;质朴不加修饰▷穿着~。❷节俭▷艰苦~。❸朴实自然;不虚夸▷语言~,文笔流畅。❹萌芽状态的;尚未成熟的▷~的辩证法。

【朴直】　pǔzhí　囮朴实直率▷性格~。

【朴质】　pǔzhì　囮朴实纯真,不加任何修饰▷心灵纯洁而又~。

圃　pǔ　囵种植蔬菜、花草、树苗的园地▷菜~|花~|苗~。

浦 pǔ 图水边,也指小河汇入大河的地方或河流入海的地方(多用于地名)▷ ~ 口(在江苏)| 乍 ~ (在浙江)。

普 pǔ 图广泛;全面 ▷ ~ 遍 | ~ 降大雨。

【普遍】 pǔbiàn ❶图广泛的;全面的 ▷ ~ 的看法 | ~ 提高。❷最一般的;具有共同性的 ▷ ~ 规律。

【普及】 pǔjí 团普遍传播;普遍推广 ▷ 很快 ~ 到全国 | ~ 义务教育。❷图大众化的;普通人能了解的 ▷ ~ 读物。

【普天同庆】 pǔtiāntóngqìng 天下人共同庆祝。

【普通】 pǔtōng 图一般的;平常的(跟"特殊"相对) ▷ ~ 百姓 | ~ 住宅 | 一个普普通通的人。

【普通话】 pǔtōnghuà 图现代汉语的标准语。是以北京语音为标准音,以北方话为基础方言,以典范的现代白话文著作为语法规范的现代汉民族共同语。

【普选】 pǔxuǎn 团有选举权的公民普遍地参加国家权力机关代表的选举。

谱(譜) pǔ ❶图根据事物的类别或系统编成的表册、书籍或绘制的图形 ▷ 家 ~ | 年 ~ | 菜 ~ | 画 ~。❷用符号记录下来的音乐作品 ▷ 乐 ~ | 曲 ~ | 五线 ~。❸团作曲;为歌词配曲 ▷ ~ 曲 | ~ 写。❹图做事的标准或大致的打算;把握 ▷ 他办事有 ~ 儿 | 离

~。❺显示的身份或派头 ▷ 摆 ~。

【谱系】 pǔxì ❶图家谱上的系统。❷物种变化和语言亲属关系的系统 ▷ ~ 分类。

【谱写】 pǔxiě 团创作(乐曲和歌词) ▷ 冼星海 ~ 歌曲达五百多首 ◇ 为社会主义建设 ~ 了一曲壮丽的凯歌。

氆 pǔ [氆氇]pǔlu 图一种羊毛织品,产于藏族地区,可以做毯子、衣服等(藏语音译)。

蹼 pǔ ❶图青蛙、乌龟、鸭子、水獭等水栖或有水栖习性的动物脚趾间的皮膜,便于划水 ▷ ~ 趾 | 鸭 ~。❷像蹼的用具 ▷ 脚 ~ | ~ 泳。☞统读 pǔ。

铺(鋪) pù ❶图商店 ▷ 小 ~ 儿 | 药 ~。❷用木板搭的床;泛指床 ▷ 搭一个 ~ | 床 ~。❸古代的驿站,现多用于地名,如三十铺(在陕西)。○另见 pū。

【铺面】 pùmiàn 图店铺的门面。

【铺位】 pùwèi 图火车、轮船、旅馆、集体宿舍等为旅客、住宿者设置的床铺。

暴 pù 团〈文〉晒 ▷ 一 ~ 十寒。○另见 bào。

瀑 pù 图瀑布 ▷ 飞 ~。☞在"瀑河"(河北水名)中读 bào。

曝 pù 现通常写作"暴"。○另见 bào。

Q

qi

七 qī 氢数字,六加一的和。☞㊀数字"七"的大写是"柒"。㊁在去声字前变调读 qí,如"七窍"。为了简便,本词典一律标本调。
【七彩】 qīcǎi 氢红、橙、黄、绿、蓝、靛、紫等七色,泛指多种颜色▷~虹霓。
【七零八落】 qīlíngbāluò 形容零散杂乱。
【七拼八凑】 qīpīnbācòu 把各式各样的人或物拼凑在一起。形容不一致或不协调。
【七窍生烟】 qīqiàoshēngyān 耳目口鼻都起火,形容气愤到了极点。
【七情六欲】 qīqíngliùyù 喜、怒、哀、惧、爱、恶、欲为七情,眼、耳、鼻、口、生、死为六欲。指人的各种感情和欲望。
【七上八下】 qīshàngbāxià 形容心神不定;烦乱不安。
【七手八脚】 qīshǒubājiǎo 形容人多手杂,动作忙乱。
【七嘴八舌】 qīzuǐbāshé 形容人多嘴杂,说个不停。

沏 qī 圆用开水冲泡▷~茶|一碗糖水。☞中间是"七",不是"±"。

妻 qī 图男子的配偶▷夫~|~子。
【妻离子散】 qīlízǐsàn 形容一家人被迫四处离散。

柒 qī 氢数字"七"的大写。

栖 qī ❶圆鸟在树上或巢中停留、歇宿▷~息。❷居住;停留▷~止。
【栖身】 qīshēn 圆安身;寄居▷无处~|临时~。
【栖息】 qīxī 圆停留;止息▷乌鸦~在树林里。

桤(榿) qī [桤木]qīmù 图落叶乔木,木质坚韧,可供建筑、制作器具等用。

凄 qī ❶圆寒冷▷风|月冷。❷圆悲伤;悲苦▷~婉|~楚。❸圆寂寞;冷落▷~凉|~清。
【凄惨】 qīcǎn 圆凄凉悲惨▷此情此景十分~|~的哭声。
【凄风苦雨】 qīfēngkǔyǔ 形容天气恶劣;也比喻处境悲惨凄凉。
【凄惶】 qīhuáng 圆忧伤而惶恐不安▷脸上充满~的神色。
【凄苦】 qīkǔ 圆凄凉困苦▷~的日子。
【凄厉】 qīlì 圆(声音)凄凉而尖厉▷北风|~的惨叫声。
【凄凉】 qīliáng ❶圆荒凉冷落▷孤独寂寞▷满目~|老人晚景很~。❷凄惨悲伤▷心里一阵~。
【凄切】 qīqiè 圆凄凉凄切▷琴声~。
【凄清】 qīqīng 圆凄凉冷清▷心情~。

萋 qī [萋萋]qīqī 圆〈文〉(草)茂盛▷芳草~。

戚 qī ❶图古代兵器,形状像斧▷干~。❷圆〈文〉哀愁;悲伤▷休~相关|~。❸图跟自己家庭有婚姻关系的人或人家▷亲~。☞统读 qī。

期 qī ❶圆约会;约定时间▷不~而遇。❷图预定的时间▷初~|~青春。❸图指一段时间▷办了两~培训班|杂志每月出一~。❹圆用于按一定阶段的时间计算的事物▷办了两~训练班|杂志每月出一~。❺图〈文〉一周年;一整月▷~年|~月。❻图等待预约的人;泛指等待、盼望▷~望|~求。☞统读 qī。
【期待】 qīdài 圆对人或事物的未来有某种希望和等待▷~着你的答复。
【期货】 qīhuò 图约定期限实行交割的商品▷~交易。
【期间】 qījiān 图某一段时间或时期内▷会议~|抗日战争~。
【期考】 qīkǎo 图学校期末举行的考试,一般涉及全学期所学的内容。
【期末】 qīmò 图一学期的最后一段时间▷~考试|临近~。
【期盼】 qīpàn 圆期待和盼望▷~着海峡两岸早日统一。
【期求】 qīqiú 圆期望得到(多用于抽象事物)▷~幸福的生活。
【期望】 qīwàng ❶圆期待;盼望▷~祖国统一尽快实现。❷图对人或事物所抱的希望▷决不辜负师长对我们的~。
【期限】 qīxiàn 图所限定的一段时间,也指所限定的最后界线▷三天~|偿还贷款的~,明天就到了。

欺 qī ❶圆欺骗▷~世盗名|~诈。❷圆欺负▷~软怕硬|~生。
【欺负】 qīfu 圆用蛮横的手段欺压或侮辱▷仗势~别人。
【欺行霸市】 qīhángbàshì 欺压同行,在市场上强买强卖,横行霸道。
【欺凌】 qīlíng 圆欺负凌辱▷~弱国|~弱小。
【欺瞒】 qīmán 圆掩盖真相进行欺骗▷对上阿谀,对下~|~上级。
【欺骗】 qīpiàn 圆用虚假的言行掩盖真相,使人上当受骗。
【欺软怕硬】 qīruǎnpàyìng 欺负软弱的,害怕强硬的。
【欺生】 qīshēng ❶圆欺负或哄骗新来的生人▷这个村子民风淳朴,从不~。❷驴马等牲畜对不常使用或不常接近它的人不驯服▷这匹马~,不要靠近它。
【欺世盗名】 qīshìdàomíng 欺骗世人,窃取名誉。
【欺侮】 qīwǔ 圆欺负侮辱▷~弱小民族。
【欺压】 qīyā 圆凭借势力欺凌压迫▷~乡民。
【欺诈】 qīzhà 圆用狡诈的手段骗人,以谋取不义之财▷企图~顾客。

缉(緝) qī 圆一针挨着一针地缝▷~鞋口。○另见 jī。

嘁 qī 拟声模拟小声说话的声音,多叠用▷~~低语。
【嘁哩喀喳】 qīlikāchā 圆形容说话办事干脆、利落▷~几下就把车子修好了。☞不宜写作"嘁里喀嚓"。
【嘁嘁喳喳】 qīqīchāchā 拟声模拟细微杂乱的说话声音▷窗外有人在~地说话。☞不宜写作"嘁嘁嚓嚓"。

漆 qī ❶图漆树。❷用漆树汁制成的涂料,也指用其他树脂制成的涂料,涂在器物表面,干燥后能结成坚韧而美观的保护膜▷家具还没有涂~。❸圆涂漆▷家~了三道。☞㊀统读 qī。㊁右下不是"水"。
【漆黑】 qīhēi 圆非常黑;非常暗▷头发~|~的夜,伸手不见五指。

蹊 qī [蹊跷]qīqiāo 圈奇怪；可疑▷她突然失踪了，大家都觉得有些～。○另见 xī。

齐(齊) qí ①圈长短、大小等都一致；整齐▷麦苗长得很～。②囝跟某物一样的高度▷野草都～了墙了。③圈同样；一致▷心不～，事难成。④囝使一致▷～心协力。⑤副一起；同时▷百鸟～鸣。⑥囝齐全；完备▷人来～了 l 年货备～了。⑦囝跟某一个作标准的东西靠近▷砖～着墙根儿放 l 见贤思～。⑧图周朝诸侯国名，战国七雄之一。⑨朝代名。

【齐备】qíbèi 圈需要的东西都有。
【齐集】qíjí 团聚集在一起▷各地代表～一堂。
【齐全】qíquán 圈应该有的都有了；完备▷年货已经备办～ l 手续很～。
【齐声】qíshēng 副表示出声一致(说或唱)▷～欢呼 l ～歌唱。
【齐头并进】qítóubìngjìn 不分先后地同时前进或一块进行。
【齐心协力】qíxīnxiélì 思想一致，共同努力。
【齐抓共管】qízhuāgòngguǎn 各个方面同心协力，共同管理好(某项工作)。

祁 qí 图用于地名。祁县，在山西；祁阳，在湖南；祁门，在安徽。

岐 qí 图用于地名。岐山，在陕西。☞跟"歧"不同。

其 qí ①代那个；那样▷确有～人 l 有～父必有～子。②他(她、它)的；他(她、它)们的▷人尽～才，物尽～用 l 出～不意，攻～不备。③他(她、它)；他(她、它)们▷促～早日实现 l 不能任～胡作非为。④表示虚指▷忘～所以。⑤词的后缀(附着在副词后面)▷极～ l 尤～。

【其次】qícì ①代顺序较为靠后；第二(用于列举事项)▷第一项是学术报告，～是自由发言、讨论。②次要的地位▷内容是决定因素，名称是～。
【其乐无穷】qílèwúqióng 其中的乐趣没有穷尽。
【其貌不扬】qímàobùyáng 形容人的容貌不出众。
【其实】qíshí 副事实上(承上文有转折的意思)▷乍看是坏事，～是好事。
【其他】qítā 代别的；前面所说以外的▷只要资金到手，～问题都好解决。
【其它】qítā 通常写作"其他"。
【其余】qíyú 代前面所说以外的；剩下的▷～的人 l ～时间，可以自由支配。
【其中】qízhōng 代那里面▷分配到我系 5 人，～博士 1 人 l 乐在～。

奇 qí ①圈特殊；稀罕▷～形怪状 l ～妙。②出人意料的；不同寻常的▷～遇 l ～计。③团惊异；不足为～ l 惊～。④副特别；非常▷痒难忍 l ～冷。○另见 jī。

【奇兵】qíbīng 图出其不意而突然袭击敌人的部队▷～从天而降。
【奇才】qícái ①图非凡的才能▷屡显～。②具有非凡才能的人。
【奇耻大辱】qíchǐdàrǔ 极大的耻辱。
【奇怪】qíguài ①圈稀奇古怪▷太空中有许多～的现象。②难以料到或理解的▷最近他的言行让人觉得～。
【奇观】qíguān ①图雄伟壮丽、不同寻常的景观▷长城是天下一大～。②比喻奇特少见的事情《今古～》。
【奇光异彩】qíguāngyìcǎi 奇异的光亮和色彩。

【奇货可居】qíhuòkějū 比喻把认定能够图利的人或物当作商品囤积起来；也比喻把某种专长作为捞取名利的资本。
【奇迹】qíjì 图极不平凡的事迹；难以想象的事情▷创造了人间～ l 从三层楼上掉下来，居然没伤着，简直是一个～。
【奇妙】qímiào 圈奇特美妙▷头脑中忽然产生一个～的想法 l ～的大自然。
【奇谋】qímóu 图出奇制胜的谋略。
【奇葩】qípā ①图珍奇的花朵▷各种～异卉，竞相开放。②比喻不同寻常的优秀文艺作品▷艺苑～。
【奇巧】qíqiǎo 圈新奇巧妙▷构思～。
【奇缺】qíquē 圈异常缺乏▷人才～。
【奇谈怪论】qítánguàilùn 荒诞无稽、违背事理的言论。
【奇特】qítè 圈特别；不同寻常▷想法～ l 打扮～。
【奇闻】qíwén 图极难听到的令人惊奇的事情▷古今～。
【奇袭】qíxí 团乘其不备突然袭击▷飞兵～敌巢。
【奇形怪状】qíxíngguàizhuàng 奇特怪异的形状。
【奇勋】qíxūn 图卓越的功勋。
【奇异】qíyì 圈奇特怪异▷～的连体婴儿。
【奇遇】qíyù 图遇到的奇异事物▷人生充满各种～。
【奇珍异宝】qízhēnyìbǎo 罕见的极为贵重的宝物。
【奇装异服】qízhuāngyìfú 不合于一般式样的稀奇古怪的服装(含贬义)。

歧 qí ①图岔(路)；由大路分出来的(小道)▷～路 l ～途。②圈不一致；有差异▷～义 l 分～。☞跟"岐"不同。

【歧视】qíshì 团不平等、不公平地看待▷妇女不再受～。
【歧途】qítú 图岔路；比喻偏离正确方向的错误道路▷～知返。
【歧义】qíyì 图在同一语境中，人们对同一语言形式可能产生的不同理解▷这句话可能产生～ l 要避免～。

祈 qí ①团祈祷▷～雨。②请求▷～求 l ～请。

【祈祷】qídǎo 团信仰宗教的人向神灵默告自己的愿望，祈求免祸降福。
【祈求】qíqiú 团诚恳殷切地希望或请求▷～幸福 l ～宽恕。
【祈使】qíshǐ 团请求、命令、劝告或催促别人做什么▷～语气。

耆 qí 图〈文〉六十岁以上的▷～老 l ～年。

顾(頎) qí 圈〈文〉(身体)修长▷～长 l ～伟 l 秀～。

脐(臍) qí ①图胎儿肚子中间跟母体的胎盘相连接的管子叫脐带，胎儿出生后，脐带脱落结疤形成的凹陷叫脐或肚脐。②螃蟹腹部的甲壳▷尖～ l 团～。

畦 qí 图由田埂分成的排列整齐的小块田地▷种了两～萝卜菜～。☞统读 qí。

崎 qí 圈〈文〉倾斜；高低不平。

【崎岖】qíqū 圈(山路)高低不平▷～的山路◇他的人生道路很～。

淇 qí 图淇河，在河南，流入卫河。

骐(騏) qí 图〈文〉有青黑色纹理的骏马。

骑（騎） qí ❶ 动两腿左右分开坐（在牲口或自行车等上面）▷～马｜摩托。❷ 图供人骑的马或其他牲畜▷坐～。❸骑兵▷轻～｜铁～。❹ 动兼跨两边。☞统读 qí。

【骑缝】 qífèng ❶ 图单据和存根连接的地方。❷报纸的两版或书刊的相邻两页码之间的地方。

【骑虎难下】 qíhǔnánxià 比喻事情难以进行下去，但迫于形势又不能中途停止（只能硬干下去）。

【骑马找马】 qímǎzhǎomǎ 比喻东西就在自己跟前，却到处去找；也比喻一面占着现在的位置，一面寻找更好的工作。也说骑驴找驴。

【骑墙】 qíqiáng 动比喻立场不明确，站在对立的双方中间，游移两可▷态度～。

琪 qí 图〈文〉美玉。

琦 qí 〈文〉❶图美玉。❷形美好。

棋 qí ❶图文体项目的一类，下棋人按规则在棋盘上移动或摆放棋子，比出输赢▷象～｜围～｜下～。❷指棋子▷举～不定。

【棋逢对手】 qíféngduìshǒu 比喻双方力量或水平相当。

祺 qí 图〈文〉吉祥，现多用作书信中祝颂的话▷时～｜近～。

旗 qí ❶图用布、纸等软质材料做成的具有某种象征意义的片状物▷国～｜彩～。❷清朝满族、蒙古族军队或户口的编制，共分八旗。❸属于八旗，特指属于满族的▷～人｜～袍。❹内蒙古自治区的行政区划单位，相当于县。

【旗鼓相当】 qígǔxiāngdāng 原借指两军势力相当，后泛指对峙的双方势均力敌。

【旗号】 qíhào 图旧指标明军队名称或将帅姓氏的旗帜，现多指作坏事时用的好听名义▷打着赈灾的～去骗钱。

【旗开得胜】 qíkāidéshèng 比喻行动一开始便取得好成绩。

【旗手】 qíshǒu 图在队伍前面打旗的人；也比喻领导群众前进的先行者▷民主革命的伟大～。

【旗帜】 qízhì ❶图旗①▷彩色～。❷比喻榜样▷公交战线上的一面～。❸比喻有代表性或号召力的某种思想、学说或政治力量▷高举科学与民主的～。

蕲（蘄） qí 动〈文〉祈求▷～见。

鳍（鰭） qí 图鱼或其他水生脊椎动物的运动器官，由刺状的硬骨或软骨支撑薄膜构成。它有调节运动速度、变换运动方向和护身的作用。

麒 qí [麒麟] qílín 图古代传说中一种象征祥瑞的动物，形状像鹿，头上有一角，全身有鳞。

乞 qǐ 动请求对方给予；讨▷～援｜～求｜～降。

【乞丐】 qǐgài 图靠乞讨过活的人。

【乞怜】 qǐlián 动低声下气地乞求别人同情▷摇尾～。

【乞求】 qǐqiú 动请求对方给予▷～别人施舍｜和平靠斗争取得，不能～。

【乞讨】 qǐtǎo 动向人讨饭要钱等▷靠～度日。

岂（豈） qǐ 副表示反问，相当于"哪""怎么"▷～能如此蛮横｜～敢｜～止。☞下边是"己"，不是"巳"或"巳"。

【岂不】 qǐbù 副难道不，加强反问语气，表示肯定▷～可惜。

【岂敢】 qǐgǎn 副怎么敢，用反问语气表示不敢；也用

作谦词，称自己担当不起▷您的话，我～不听｜～、～，你过奖了。

企 qǐ ❶ 动踮起脚跟▷～足而立。❷希望；希求▷～求。☞统读 qǐ。

【企及】 qǐjí 动〈文〉希望达到、赶上▷不可～｜难以～。

【企盼】 qǐpàn 动盼望▷～和平｜早日团聚。

【企求】 qǐqiú 动盼望得到▷除此之外，别无～。

【企图】 qǐtú ❶动图谋；打算（多含贬义）▷～把公司搞垮。❷图意图▷政治～｜他这样做是有～的。

【企业】 qǐyè 生产、流通及服务性活动中，实行独立核算，具有法人资格的经济组织。如工厂、农场、贸易公司等。

杞 qǐ 图周朝诸侯国名，在今河南杞县。☞㈠统读 qǐ。㈡右边是"己"，不是"巳"或"巳"。

【杞人忧天】 qǐrényōutiān 《列子·天瑞》中说杞国有个人担心天会塌下来，愁得觉也睡不着，饭也吃不下。指不必要的担心、忧虑。

启（啓） qǐ ❶动开；打开▷～封｜开～。❷开导；教导▷～示｜～迪。❸开始▷～用。❹陈述；报告▷敬～者（旧时用于书信的开端）｜谨～（用于书信末尾署名之后）。

【启程】 qǐchéng 通常写作"起程"。

【启齿】 qǐchǐ 动开口说话（多在有求于人时用）▷犹豫半天，终未～。

【启迪】 qǐdí 动启发；开导▷～后辈。

【启动】 qǐdòng 通常写作"起动"。

【启发】 qǐfā 动开导，使有所领悟▷～大家思考｜他的话对我很有～。

【启蒙】 qǐméng ❶动向初学者传授入门的基本知识。❷传播新知识、新思想，使人摆脱愚昧落后状态。

【启示】 qǐshì ❶动启发提示，使有所领悟▷这一切～我们，艺术贵在创新。❷图从启发中领悟的道理▷从中获得了重要的～。

【启事】 qǐshì 图为说明某事而公开发表的文字（多采用登报或张贴等方式）▷寻人～｜招工～。☞"启事"跟"启示"意义不同，不要混用。

【启用】 qǐyòng 动开始使用▷正式～新公章｜新机场将于近日～。

起 qǐ ❶动由躺到坐；由坐而站▷睡到上午10点才～｜～身让座。❷升起；上升▷大～大落｜～伏不平。❸（疙瘩等）凸起▷头上～了一个包。❹发生；开始▷～疑｜～飞。❺建立；兴建▷白手～家｜～了三栋楼。❻拟定▷～草｜～名。❼跟"从""由"等配合，表示开始▷从今天～执行新规定。❽把嵌入、收藏的或积存在里面的东西弄出来▷～钉子｜～货。❾量a)用于发生的事情，相当于"次""件"▷出了一～事故。b)用于人或货，相当于"群""批"▷看热闹的人一～接着一～。❿动用在动词后，表示动作由下向上▷抬头｜扬～鞭子。⓫用在动词后，表示动作开始▷响了一片掌声｜事情就从这里说～。⓬用在动词和"得"（"不"）后面，表示有（没有）某种能力、能（不能）经受住或够（不够）某种标准▷买得～马，配不～鞍｜经得～考验｜称得～模范单位。⓭用在某些动词后，表示动作涉及到某人或某事，相当于"及"或"到"▷他来信问～你｜他从没提～过这件事。

【起笔】 qǐbǐ ❶动书法上指每笔运笔的开始▷～有力。❷图检字法上指一个汉字的第一笔。❸指文章开头的几句▷这篇文章～不凡，很有吸引力。

【起步】 qǐbù 动开始走路；比喻（事业、工作等）开始进行▷工程设计已经～。

【起草】 qǐcǎo 动写草稿；初步写出▷～一份协议书。

【起程】qǐchéng 动行程开始。

【起初】qǐchū 名开始；最初▷我 ~ 不同意,后来才勉强答应。

【起点】qǐdiǎn 名开始的地方或时间▷长城东面的 ~ 是老龙头 | 鸦片战争是中国近代史的 ~。

【起动】qǐdòng ❶动(机器等)开动；发动；开始运作▷用电动机 ~。❷敬词,用于请尊长做某事▷不敢 ~ 大驾。

【起飞】qǐfēi ❶动(飞机等)离开地面,开始飞行▷班机就要 ~ 了。❷比喻事业开始迅速发展▷科技 ~。

【起伏】qǐfú 动连续地一起一落▷连绵 ~ 的群山◇心潮 ~ | 时局 ~ 不定。

【起航】qǐháng 动(轮船、飞机等)开始航行▷正点 ~。☞不宜写作"启航"。

【起哄】qǐhòng 动(多人一起)胡闹；捣乱▷会场上有人 ~ | 你跟着起什么哄?

【起家】qǐjiā 动创立家业,也比喻开创事业▷他靠钉鞋 ~ | 白手 ~。

【起见】qǐjiàn 助与介词"为"(wèi)构成"为…起见"的格式,表示出于某种考虑▷为慎重 ~,把稿子又仔细看了一遍。

【起劲】qǐjìn 形情绪高;劲头大▷干得特别 ~ | 越说越 ~ | 观众看得正 ~。

【起居】qǐjū 名指人的活动、休息等日常生活▷饮食 ~ 很有规律。

【起来】qǐlái ❶动由卧、坐、跪等姿势变为站立。❷起床▷昨天上夜班,现在还没 ~。❸泛指升起、兴起等▷风筝 ~ 了 | 一座座高楼 ~ 了。❹动用在动词后,表示人或事物随动作由低到高▷双手把奖杯举 ~。❺用在动词后,表示动作有了一定结果▷认识统一 ~ 了。❻用在动词后,表示动作开始并继续下去▷做完准备活动,他便跑 ~。❼用在动词后,合起来表示估计或着眼于某一方面▷看 ~,明天去不成了 | 这朵花不很美,闻 ~ 却很香。❽用在形容词后,表示情况、状态出现,并且程度继续加深▷苹果逐渐红 ~。

【起码】qǐmǎ 形最低限度的▷ ~ 条件 | 要等三天 | 俩人 ~ 相差十岁。

【起锚】qǐmáo 动把锚提起,借指开船▷去上海的轮船马上就要 ~。☞不宜写作"启锚"。

【起色】qǐsè 名向好的方面转化的情形▷工作没有 ~ | 病情有了 ~。

【起誓】qǐshì 动发誓▷对父母 ~。

【起死回生】qǐsǐhuíshēng 多形容医术高明或药效不凡;比喻使看来无望的事情发生转机。

【起诉】qǐsù 动向法院提起诉讼▷为寻求法律保护,只有去 ~。

【起头】qǐtóu ❶动开头;领头▷只要有人 ~,别人就都敢说了。❷名事情的起点▷故事的 ~ 就很生动。❸开始的时候▷ ~ 他坚决反对,后来才同意了。

【起先】qǐxiān 名起初;最初▷ ~ 他只是公司的职员,现在当上了总经理。

【起眼儿】qǐyǎnr 形引人注目(多用于否定式)▷水很不 ~,却非常重要。

【起疑】qǐyí 动产生怀疑▷他的所谓诚意不免让人 ~。

【起义】qǐyì ❶名为反抗反动统治而举行武装斗争▷黄巾 ~ | 秋收 ~。❷动反动统治集团中部分军队或个人投向正义阵营▷率部 ~ | 驾机 ~。

【起意】qǐyì 动萌发某种企图(多指坏的)▷见财 ~。

【起因】qǐyīn 名(事情)发生的原因。

【起用】qǐyòng 动重新任用退职或免职人员,也泛指提拔任用▷重新 ~ | 卸任厂长 | 大胆 ~ 年轻干部。☞

"起用"一般指任用人。"启用"指使用物。

【起源】qǐyuán ❶动最初产生;发源▷汉字 ~ 于原始图画。❷名(事物)产生的根源▷探讨艺术的 ~。

【起赃】qǐzāng 动从窝藏处把赃款、赃物搜取出来▷派人到窝主家中 ~。

【起早贪黑】qǐzǎotānhēi 早起、晚睡,形容抓紧时间辛勤地劳作。

【起子】qǐzi 名打开瓶盖或罐头盒的工具,多用金属制成▷用 ~ 把酒瓶打开。

绮(綺) qǐ 〈文〉❶名有花纹的丝织品▷ ~ 纨。❷形艳丽;美妙▷ ~ 丽 | ~ 思。☞统读 qǐ。

【绮丽】qǐlì 形鲜艳明艳丽▷风光 ~。

气(氣) qì ❶名气体的统称▷氧 ~ | 煤 ~。❷特指空气▷大 ~ 层 | 给自行车打 ~。❸指阴晴冷暖等自然现象▷天 ~ | 气 ~ 象。❹气息,呼吸时的气流▷憋得出不来 | 喘 ~。❺动生气;发怒▷ ~ 哭了 | ~ 愤。❻使生气、发怒▷故意 ~ 我 | 真 ~ 人。❼名恼怒的情绪▷怒 ~ 冲冲 | 消消 ~。❽气味▷香 ~ | 腥 ~。❾精神状态;气势▷一鼓作 ~ | 朝 ~。❿作风、习气▷官 ~ | 土 ~ | 娇 ~。⓫中医术语。a)指人体内流动着的、能使各种器官正常发挥机能的精微物质▷元 ~ | 血 ~。b)指某种病象▷湿 ~ | 肝 ~。

【气昂昂】qì'áng'áng 形形容精神振奋、意气昂扬▷雄纠纠,~。

【气冲冲】qìchōngchōng 形形容十分气愤的样子。

【气喘吁吁】qìchuǎnxūxū 形容呼吸急促,上气不接下气的样子。

【气度】qìdù 名气魄和度量▷ ~ 非凡。

【气氛】qìfēn 名一定环境内给人以某种感觉的景象、情绪等▷严肃的 ~。

【气愤】qìfèn 形气恼,愤恨▷严重的吃喝风令人 ~。☞不宜写作"气忿"。

【气概】qìgài 名面临重大问题时显示的精神状态(指好的方面)▷豪迈的 ~。

【气功】qìgōng ❶名一种健身方法,一般采用静止的或柔和运动的方式来集中意念调节机能,以达到祛病强身的目的。❷武功的一种,运气后可增大力气。

【气鼓鼓】qìgǔgǔ 形形容非常生气的样子▷ ~ 地坐在一旁不吭声。

【气贯长虹】qìguànchánghóng 气势直上高空,贯穿彩虹,形容精神崇高,气概豪迈。

【气候】qìhòu ❶名一个地区气象状态总的特点。❷比喻社会动向或态势▷政治 ~。❸比喻较大的成就▷经过刻苦学习,他成了 ~。

【气呼呼】qìhūhū 形生气时喘粗气的样子。☞不宜写作"气乎乎"。

【气话】qìhuà 名生气时说的过头话。

【气急败坏】qìjíbàihuài 上气不接下气,失去常态。形容非常愤怒或慌张。

【气节】qìjié 名气度、节操,多指坚持正义,刚正不屈的品格▷民族 ~。

【气浪】qìlàng 名气体受到强大外力推动时所产生的冲击波。

【气力】qìlì ❶名力气;体力▷年纪幼小,~ 不大。❷精力;功夫▷学习是艰苦的事,得下大 ~。

【气量】qìliàng 名指胸怀;度量▷ ~ 大。

【气流】qìliú ❶名流动的空气▷暖湿 ~。❷由肺的膨胀或收缩形成的进出于呼吸通道的气,是发音的动力。

【气脉】qìmài ❶名血气和脉息▷ ~ 调和。❷比喻诗文中贯穿前后的思路、脉络▷全文 ~ 贯通。

【气恼】 qìnǎo 圐生气,恼怒▷这些不切实际的攻击使他十分～。

【气馁】 qìněi 圐丧失勇气和信心▷受挫折也不～。

【气派】 qìpài ❶图(人的)神情举止所显示的风度▷一副大家～。❷气势▷这组高大雄伟的建筑群多有～。

【气魄】 qìpò ❶图有胆有识,敢作敢为的精神▷工作中雷厉风行,很有～。❷气势▷人民大会堂～宏伟。

【气色】 qìsè 图(人的)神态和面色▷看～,他好像有病。

【气盛】 qìshèng 圐精力旺盛,现多指火气大,易冲动▷年轻～。

【气势】 qìshì 图人或事物显示出来的某种力量、势态▷大桥凌空飞架,～宏伟 | ～逼人。

【气态】 qìtài 图气体状态,是物质存在的一种形态。

【气体】 qìtǐ 图无一定形状和体积,可以流动的物体,如常温下的空气等。

【气吞山河】 qìtūnshānhé 气势能吞下山河,形容气魄极大。

【气味】 qìwèi ❶图发散出的可以闻到的东西▷馨香的～。❷借指脾气、情趣(多含贬义)▷～相投。

【气温】 qìwēn 图空气的温度。

【气息】 qìxī ❶图呼吸时进出的气▷～微弱。❷气味▷鲜花的～。❸显示出来的特点和风格▷乡土～富有时代～。

【气息奄奄】 qìxīyǎnyǎn 形容呼吸微弱。比喻衰败没落,即将灭亡。

【气象】 qìxiàng ❶图大气的状态与现象,如冷、热、风、雨等。❷指气象学、气象专业▷他是学～的。❸自然景色;社会境况▷～万千 | 农村到处是新～。

【气汹汹】 qìxiōngxiōng 圐形容盛怒时的样子▷～地喊叫。

【气压】 qìyā 图气体的压强,通常指大气的压强,即大气压力。

【气焰】 qìyàn 图比喻威风气势(多含贬义)▷～冲天 | 反动～。

【气宇】 qìyǔ 图气概风度▷～非凡。

【气质】 qìzhì ❶图指人的生理、心理等素质综合表现出来的言行个性特点▷淳朴的～。❷泛指人的风格、气度▷诗人的～ | 政治家～。

【气壮山河】 qìzhuàngshānhé 气势像高山大河那样豪壮雄伟。

讫(訖) qì 圐〈文〉停止;截止▷起～ | 完毕;终了▷收～。

迄 qì 〈文〉❶圐到;至▷自古～今。❷副一直▷～未成功 | ～无音信。

【迄今】 qìjīn 圐直到现今▷这座桥～已有一千三百多年的历史了。

弃 qì 圐舍(shě)去;扔掉▷～暗投明 | ～权 | 舍～。

【弃暗投明】 qì'àntóumíng 脱离黑暗,投向光明。比喻脱离反动势力,投向进步、正义的方面。

【弃旧图新】 qìjiùtúxīn 多指离开错误的道路走向正确的道路。

【弃权】 qìquán 圐放弃应该享有的权利(多用于选举、比赛等)▷自动～。

【弃置】 qìzhì 圐扔在一边▷～不顾。

汽 qì 图液体或固体变成的气体;特指水蒸气▷～笛 | ～灯。☞右边是"气",不是"乞"。

【汽车】 qìchē 图以内燃机为动力的一种陆路交通运输工具,通常有两对或两对以上的橡胶轮胎。

【汽船】 qìchuán ❶图用蒸汽机做动力的水上交通运输工具。❷汽艇。

【汽化】 qìhuà 圐物质由液体或固体转化为气体。☞不宜写作"气化"。

【汽轮机】 qìlúnjī 图利用高压蒸汽作动力推动叶轮转动的发动机。

【汽水】 qìshuǐ 图通过加压,使二氧化碳溶于水中,加糖、果汁、香料等制成的冷饮料。

【汽艇】 qìtǐng 图一种用内燃机发动的小型船只,速度高,机动性大,可作为交通工具,也用于体育竞赛等。

【汽油】 qìyóu 图碳氢化合物的混合液体,是轻质石油产品的一类,燃点低、易挥发,可作内燃机燃料或溶剂。

泣 qì ❶圐小声或低声哭▷如～如诉 | 抽～。❷图〈文〉眼泪▷～下如雨。

【泣诉】 qìsù 圐哭边诉说或控诉▷～悲惨的遭遇。

契 qì ❶图刻在甲骨等上面的文字▷殷～ | ～书。❷证明买卖、租赁、借贷、抵押等关系的凭证▷立～ | 卖身～。❸圐符合;投合▷～合 | 相～。☞左上是"丰",一竖上下都出头。

【契机】 qìjī 图事物向好的、有利的方向转化的关键或机会▷把握住～。

【契据】 qìjù 图指各种契约、字据。

【契约】 qìyuē 图双方依法签订的有关买卖、借贷、抵押、租赁、委托、承揽等事项的文书。也说合同。

砌 qì ❶图〈文〉台阶▷雕栏玉～ | 阶～。❷圐用泥、灰等把砖、石等粘合垒起▷～一座花池 | 堆～。☞中间不要写成"七"或"钅"。

葺 qì 圐〈文〉修理(房屋)▷修～。☞跟"茸"(róng)不同。

器 qì ❶图用具▷容～ | 武～ | 陶～。❷指人的气度或才干▷～宇 | 大～晚成。❸圐看重(某人的才能)▷～重。❹图特指器官▷呼吸～ | ～脏。

【器材】 qìcái 图器械和材料。

【器官】 qìguān 图生物体中具有某种独立生理作用的构成部分,如动物的心、肺,植物的根、茎等。

【器件】 qìjiàn 图机器、仪器、仪表的组成部分,常由若干零件或元件组成。

【器具】 qìjù 图工具,用具▷日用～。

【器皿】 qìmǐn 图日常用来盛放东西的碗盘杯碟等用具的统称。

【器械】 qìxiè ❶图具有专门用途的器具▷勘探～ | 口腔～。❷特指武器。

【器乐】 qìyuè 图用乐器演奏的音乐(跟"声乐"相对)。

【器重】 qìzhòng 圐看重;重视(用于上对下)▷局长很～小王。

憩 qì 圐〈文〉休息▷休～ | 游～。

【憩息】 qìxī 圐〈文〉休息。

qia

掐 qiā ❶圐用指甲按▷～人中。❷用指甲掐断;截断▷～一朵花 | 把电话～了。❸用手的虎口使劲卡住▷～住敌人的脖子。☞右边是"臽"(xiàn),不是"舀"(yǎo)。

【掐算】 qiāsuàn 圐〈口〉用拇指指着其他指头进行计算;泛指估计。

【掐头去尾】 qiātóuqùwěi 去掉前后的部分。也比喻除掉不重要或无用的部分,留下有用的部分。

卡 qiǎ ❶圐夹在中间不能活动▷枪膛把弹壳～住了。❷图夹东西的器具▷发～ | 皮带～。❸设在交通要道或地形险隘处的岗哨或检查站▷哨～ | 关

~。❹囵控制或阻拦▷检查站～住了走私贩的车辆。❺拇指和食指分开，用虎口紧紧按住▷～脖子。○另见 kǎ。

【卡脖子】 qiǎbózi 比喻在要害处给予打击或设置障碍▷他们故意～，断了我们的货源。

【卡壳】 qiǎké ❶囵因故障，弹壳不能从枪膛或炮膛退出来。❷比喻说话突然中断，不能继续下去▷你刚才还滔滔不绝地说，怎么一下子～了？❸比喻做事遇到困难而暂时停办▷调动的事～了。

洽 qià ❶圈和谐；协调一致；感情不～I融～。❷囵接洽，跟人商量以求得协调▷～商I面～。☞统读 qià。

【洽商】 qiàshāng 囵接洽商谈▷双方正在～。

【洽谈】 qiàtán 囵洽商▷～贸易I～会。

恰 qià ❶圈适当；合适▷～当I～切。❷圙正；正好▷～逢其时I～好。

【恰当】 qiàdàng 圈合适；妥当▷这种说法不～I～地处理问题。

【恰恰】 qiàqià 圙恰好▷我正想找人问路，就遇上了你这位老朋友。

【恰巧】 qiàqiǎo 圙正好；凑巧(指时间、机会、条件等)▷播种时节，～下了一场透雨I～这里缺人，你就来了。

【恰如其分】 qiàrúqífèn (说话办事等)恰当稳妥，正好达到合适的限度。

【恰似】 qiàsì 囵正好像▷这番推心置腹的话～春雨洒在他的心上。

髂 qià [髂骨]qiàgǔ 囵腰部下面小腹两侧的骨头，左右各一。上缘略成弓形，下缘与坐骨、耻骨相连，合成髋骨。

qian

千(韆❸) qiān ❶囵数字，十个一百。❷表示很多▷～成～上万I～言万语。❸见［秋千］qiūqiān。☞数字"千①"的大写是"仟"。

【千锤百炼】 qiānchuíbǎiliàn 比喻对诗文反复精心修改。也比喻久经艰难曲折的锻炼和考验。

【千方百计】 qiānfāngbǎijì 形容想尽或用尽各种各样的办法和计策。

【千古】 qiāngǔ ❶囵久远的年代▷～流传I流芳～。❷囵婉词，指永别(多用于挽联、花圈等的上款)。

【千金】 qiānjīn ❶囵指数额很大的钱，借指贵重、珍贵▷～价值。❷敬词，用于称别人女儿。

【千钧一发】 qiānjūnyīfà 千钧的重量系在一根头发上，比喻非常危急(钧：合30斤)。

【千里马】 qiānlǐmǎ 可以日行千里的骏马。现多比喻优秀人才。

【千虑一得】 qiānlǜyīdé 指平庸的人反复考虑也能获得一定成果。也指考虑多次得到的一点成果(多用作谦词)。

【千虑一失】 qiānlǜyīshī 指聪明的人考虑多次难免有疏漏的地方。

【千篇一律】 qiānpiānyīlǜ 指诗文公式化，也比喻办事只按一个格式，毫无变化。

【千秋】 qiānqiū ❶囵泛指很长的时间▷～永存。❷指事物的特色▷参赛作品，各有～。

【千万】 qiānwàn ❶囵表示数量很多▷～个。❷圙表示恳切叮嘱的语气▷～要小心。

【千姿百态】 qiānzībǎitài 形容姿态多种多样，丰富多彩。

仟 qiān 囶数字"千"的大写。

阡 qiān 图〈文〉田间纵向的小路▷～陌。

【阡陌】 qiānmò 图〈文〉田间纵横交错的小路▷～纵横。

扦 qiān ❶囵插▷把针线～在衣襟上I～插。❷图用金属或竹木等制成的针状物▷竹～子I蜡～儿。

迁(遷) qiān ❶囵(所在地)转移▷～到别处I搬～。❷变动；转变▷见异思～I变～。

【迁就】 qiānjiù 囵放弃原则去迎合或让步▷对错误的东西，不能～。☞不宜写作"牵就"。

【迁怒】 qiānnù 囵将对甲的怒气发到乙身上；自己不如意，去生别人的气▷～于家人。

【迁徙】 qiānxǐ 囵迁移▷候鸟～。

【迁移】 qiānyí 囵离开原来所在地而挪到新地点▷靶场由近郊～到远郊。

钎(釺) qiān 图钎子，采掘中打眼用的细长金属工具▷钢～I打～I～炮。

牵(牽) qiān ❶囵拉着并引领▷阿姨～着小朋友的手。❷连带；关涉▷～扯I～连。❸挂念；惦记▷～念。❹被拖住；制约▷～制I～累。

【牵肠挂肚】 qiānchángguàdù 形容非常惦记，很不放心。

【牵扯】 qiānchě 囵牵连；涉及▷听说这事还～到你。

【牵动】 qiāndòng 囵因某部分的变动或某一事物的产生或变化而接连引起其他部分或其他事物的变动▷经济改革～人心。

【牵挂】 qiānguà 囵挂念惦记▷她～年迈的祖母。

【牵累】 qiānlěi 囵因人或事物的牵连、牵制而受连累▷案件不要～无辜的人I疾病～了她。

【牵连】 qiānlián ❶囵因人或事使他人受到连累或损害▷因为他，家里人也受到～I这件事～不少人。❷拉扯在一起或联系起来▷请不要把我跟这件事～上。☞不宜写作"牵联"。

【牵强】 qiānqiǎng 圈生硬地把没有关系或关系很远的事物拉扯在一起或联系起来▷这话说得过于～。☞"强"这里不读 qiáng。

【牵涉】 qiānshè 囵一件事而连带涉及到其他事或人▷这些资料～到国家机密。

【牵头】 qiāntóu ❶囵在多方合作共事中，由一方出面负责联系、组织(多指临时性的)。❷牵线；从中介绍促成(某事)▷他二人相识，是二婶牵的头I这笔生意多亏老李～才作成。

【牵线】 qiānxiàn ❶囵耍木偶时牵引提线，比喻暗地里操纵▷这出戏的～原来他也在～。❷从中撮合，搭桥▷他俩恋爱，是小李牵的线。

【牵引】 qiānyǐn ❶囵有动力的车、船带着没有动力的车、船前行。❷骨科指使用器械牵着骨头断碴或骨关节以治疗骨伤。

【牵制】 qiānzhì 囵拖住对方，使受到限制▷由于多方～，工作进展缓慢。

铅(鉛) qiān ❶图金属元素，符号 Pb。青灰色，质软而重，有毒。是优良的还原剂，也用于制造蓄电池等。❷用石墨或加入带颜料的黏土制成的笔心▷～笔I这种笔～太软。

悭(慳) qiān 圈〈文〉吝啬▷～吝(吝啬，小气)。☞不读 jiān。

谦(謙) qiān 圈虚心；不自满▷～虚。

【谦词】 qiāncí 图表示谦虚的客气话，如"谬奖""过誉"

"岂敢岂敢"等。

【谦恭】 qiāngōng 圈谦虚而恭敬▷在长辈面前他十分～｜为人～有礼。

【谦和】 qiānhé 圈谦虚和善。

【谦虚】 qiānxū ❶圈能够自觉地意识到自己的缺点或不足,并且注意学习别人的优点、长处,也乐于听取别人的意见和批评▷为人～。❷团说谦虚的话表示不敢当▷他～好一会,才在首席上落座。

【谦逊】 qiānxùn 圈谦虚,恭谨▷～的品格｜这位老艺术家非常～。

签(簽❶❷籤❸—❺) qiān ❶团在文件或单据上写上姓名、文字或画上记号▷～名｜～到。❷简要地写出(要点或意见)▷～注意见｜～呈。❸图细长的小竹片或小竹棍,上面刻有或写有文字、符号,用来占卜、赌博等▷求～｜抽～。❹一头尖的细竹木棍▷竹～｜牙～儿。❺作为标志用的小条儿▷标～｜行李～。☞统读 qiān。

【签订】 qiāndìng 团签字订立(条约、协议、合同等)。☞不宜写作"签定"。

【签发】 qiānfā 团(公文、证件等)由主管人审核同意后,签字批准并正式发出▷～文件｜～通行证。

【签署】 qiānshǔ 团在重要文件、条约上正式签字署名▷两国边界问题的协定是昨日正式～。

【签约】 qiānyuē 团签订条约或合约▷买卖双方正在～。

【签证】 qiānzhèng ❶团签署证件。特指一国的主管机关在本国或外国公民所持的护照或其他合法证件上签注、盖印,表示准其在一定时限内出入或通过本国国境。❷图指办过上述手续的护照或其他合法证件▷请出示～。

愆 qiān 〈文〉❶团超过;耽误(时间)▷～期。❷图罪过;错误▷罪～。

鸫(鵮) qiān 团(禽类用尖嘴)啄▷麻雀在～谷穗｜孩子的腿让大公鸡～破了。

荨(蕁) qián [荨麻]qiánmá 图多年生草本植物,叶和茎都生有细毛,皮肤接触时会引起刺痛。茎皮可以做纺织原料或制麻绳;叶子可以做药材。○另见 xún。

钤(鈐) qián ❶图〈文〉图章▷～记。❷团盖(印章)▷在纸缝处～印。☞右边是"今",不是"令"。

前 qián ❶团朝前面的方向走▷停滞不～。❷图人面对的方向,或房屋、物体正面所对的方向(跟"后"相对,③同)▷往～走｜房～屋后。❸团过去的或较早的时间▷～几年｜生～。❹图从前的▷～妻｜～总统。❺某种事物产生之前的▷～石器时代。❻图未来;将来▷向～看｜～程。❼次序在先的▷只录取～十名｜～半年。

【前辈】 qiánbèi ❶图辈分大的人。❷指年长而有资历的人。

【前车之鉴】 qiánchēzhījiàn 前面的车子倾覆了,可以作为后面车子行进时的借鉴。比喻可以作为借鉴的前人失败的教训。

【前程】 qiánchéng ❶图前面的路程,比喻未来的生活道路▷～似锦｜～万里。❷旧指功名▷你好歹也去求个～。

【前方】 qiánfāng ❶图前面正对着的方向▷正～有房子。❷前线(跟"后方"相对)▷去～打仗。

【前锋】 qiánfēng ❶图作战时处在最前面的部队▷我军～已突破敌人防线。❷在足球、篮球等项球类比赛中位置在前以进攻为主要任务的队员。

【前赴后继】 qiánfùhòujì 前面的人冲上去了,后面的人就紧跟上去,形容奋勇向前,接续不断。

【前功尽弃】 qiángōngjìnqì 以前的功劳或努力完全丧失或白费。

【前后】 qiánhòu ❶图某一人或物的前边和后边▷他～都有人｜把树栽在院子～。❷某一时点的稍前或稍后的一段时间▷九点～｜开学～。❸指事情从开始到结束的一段时间▷他在这儿上学～共六年。

【前呼后拥】 qiánhūhòuyōng 前面有人吆喝开道,后面有人簇拥保护。形容随从或围绕的人很多,声势显赫。

【前进】 qiánjìn 团向前行进;向前发展▷车队冒雨～｜事业在发展,祖国在～。

【前景】 qiánjǐng ❶图图画、照片以及舞台、银幕上离观看者最近的景物▷画面上的～是小桥流水。❷即将出现的景况▷～鼓舞人心。

【前倨后恭】 qiánjùhòugōng 先前傲慢而后来恭敬,形容态度前后截然不同。

【前例】 qiánlì 图先前发生的同类的事例▷这么做没有～可循。

【前列】 qiánliè ❶图行列当中最前面的一列▷你的个子不高,请站到～来。❷比喻工作、事业中领先的地位▷他的水平已处在世界的最～。

【前面】 qiánmiàn ❶图(人或事物)正面对着的方位▷院子～有两棵白杨树(跟"后面"相对,②③同)。❷次序靠前的空间或时间▷展厅里,～是中国画,后面是西洋画｜这一点我在～已作了说明。

【前怕狼,后怕虎】 qiánpàláng, hòupàhǔ 比喻做事顾虑重重,畏缩不前。

【前仆后继】 qiánpūhòujì 前面的人倒下了,后面的人紧跟上来。形容不怕牺牲,英勇壮烈。☞"仆"这里不读 pú。

【前驱】 qiánqū 图走在前面起带动或引导作用的人或事物▷同盟会的领导者们是中国民族革命的～。

【前任】 qiánrèn 图现任之前担任这一职务的人▷～经理。

【前哨】 qiánshào ❶图向敌军所在方向派出的警戒侦察分队。❷指前线▷国防～。

【前身】 qiánshēn ❶图佛教指前世的身体;现指事物在产生前的形态或名称▷《新青年》的～是《青年杂志》。❷前襟,上衣的前部。

【前事不忘,后事之师】 qiánshìbùwàng, hòushìzhīshī 记取以前的经验教训,可作为以后做事的借鉴。

【前台】 qiántái ❶图舞台前部供演员演出的地方,常用板壁、幕布等与后台隔开。❷比喻公开活动的地方或场合▷他只是在～抛头露面,出谋划策的人在幕后。

【前提】 qiántí ❶图事物产生或发展的先决条件▷双方彻底停火,是解决武装冲突的～。❷指逻辑推理中所根据的已知判断,即推理的根据。

【前途】 qiántú 图前面的道路,比喻未来的境况▷～未卜｜～光明。

【前卫】 qiánwèi ❶图军队行军时派往前方担任警戒的部队。❷足球、手球等球类比赛中担任助攻、助守的队员,位置靠前的称前卫。❸圈时髦;超前▷～发型｜观念很～。

【前无古人】 qiánwúgǔrén 以前从没有人做过,形容具有空前的创造性。

【前夕】 qiánxī ❶图前一天的晚上▷元旦～。❷泛指事情即将发生的时刻▷决战～｜出国～。

【前嫌】 qiánxián 图〈文〉以前的怨恨▷～尽释｜不计

【前线】 qiánxiàn 图作战时双方军队接近的地区，泛指生产、工作等的第一线（跟"后方"相对）▷我们连队要上～了|奋战在地质勘探的～。

【前言】 qiányán ❶图以前说过的话；前面的话▷～有误，今予更正|～不搭后语。❷写在书或文章正文之前的文字，多用来说明跟本书或本文写作及作者有关的内容。

【前沿】 qiányán ❶图防御阵地最前部的边缘▷阵地～急需补充弹药。❷最先进、最尖端的部分▷～技术。

【前仰后合】 qiányǎnghòuhé 形容因大笑等而身体前后摇摆晃动。

【前因后果】 qiányīnhòuguǒ 佛教指因果报应。今泛指起因和结果或事情的整个过程。

【前兆】 qiánzhào 图事情发生前出现的一些征兆▷日晕是天气变化的～。

【前缀】 qiánzhuì 图词缀的一种，附加在词根前的构词成分，如汉语中"老鹰""阿姨""第五"中的老、阿、第等。

【前奏】 qiánzòu ❶图大型器乐曲、歌剧等的序曲。❷比喻事物出现的开端▷这次事件是大罢工的～。也说前奏曲。

虔 qián 形虔诚▷～心。

【虔诚】 qiánchéng 形恭敬心诚（多指宗教信仰）。

钱（錢） qián ❶图铜钱▷一文～|～串儿。❷形状扁圆像铜钱的东西▷榆～儿|纸～。❸货币；钱财▷10元～|零～|找～|有～|有势～|房～。❹量市制重量单位，10分为1钱，10钱为1两。1市钱等于5克。

钳（鉗） qián ❶图钳子，用来夹东西的工具▷克丝～|台～。❷动夹住；限制。

【钳口结舌】 qiánkǒujiéshé 封住嘴巴，把舌头打上结。形容不敢说话。

【钳制】 qiánzhì 动使用强力限制，使难以自主行动▷～敌人。

搢 qián 动用肩扛▷～着行李。

【搢客】 qiánkè 图替人介绍生意，从中赚取佣金的人。也指居间渔利的人▷政治～。

乾 qián 图八卦之一，卦形为"☰"，代表天▷～坤。☞"乾"读 gān 时是"干"的繁体字，读 qián 时是规范字。

【乾坤】 qiánkūn 图本为《易经》的两个卦名，表示阳与阴的对立，后泛指天地、日月等▷朗朗～|扭转～。

潜 qián ❶动深入水中▷～水|～艇。❷秘密进行；不显露在外▷～藏|～在|～逃|～入国境。❸潜力▷挖～。☞统读 qián。

【潜藏】 qiáncáng 动隐藏▷～着危险|～的敌人。

【潜伏】 qiánfú 动隐藏；埋伏▷部队在高坡上～|～着危机。

【潜力】 qiánlì 图还没有发挥出来的能力或力量▷把～充分发挥出来。

【潜台词】 qiántáicí 图指戏剧台词中包含着的言外之意；也泛指话语中的言外之意。

【潜逃】 qiántáo 动秘密出逃（含贬义）▷畏罪～|～出境。

【潜心】 qiánxīn ❶形形容用心专一而深入▷～创作。❷动深入地用心研究▷他～于佛学已有几十年的时间了。

【潜行】 qiánxíng ❶动在水下行动▷河中～。❷秘密行动▷在夜间～。

【潜移默化】 qiányímòhuà 指人的思想、性格等在不知不觉中受到外在影响和感染而逐渐发生变化。

【潜在】 qiánzài 形存在于事物内部、难以发现或尚未显现出来的▷～能力|这种意识是～的。

黔 qián ❶形〈文〉黑色▷～首（古代称老百姓）。❷图贵州的别称▷～驴技穷|～剧。

【黔驴技穷】 qiánlǘjìqióng 唐代柳宗元《黔之驴》载：黔地（今贵州一带）本没有驴，有人从外地运来一头并把它放到山下。开始，老虎看见驴个子很大，躲得远远的。后来逐渐接近它、冲撞它，驴大怒踢了老虎一脚。老虎这才知道驴的本领不过如此，就把它吃掉了。比喻仅有的一点本领用完了，再没有别的办法。

肷 qiǎn ❶图身体两侧肋骨与胯骨之间的部分（多指兽类的）▷～窝。❷狐狸胸腹部和腋下的皮毛▷狐～。

浅（淺） qiǎn ❶形上下或里外的距离小（跟"深"相对，②—⑥同）▷进深太～|水～。❷学问、见识、本领有限；浅薄▷才疏学～|肤～|～见。❸字句、内容等简明易懂▷这本书比较～|～显。❹时间短▷资历～|共事的日子～。❺颜色淡▷～色|～蓝。❻感情不深厚▷缘～。❼程度低▷一丝～笑。

【浅薄】 qiǎnbó ❶形知识、经验贫乏；见解肤浅。❷（感情、交往等）不深厚。

【浅尝辄止】 qiǎnchángzhézhǐ 略微尝试一下就停止了，形容不肯深入钻研。

【浅淡】 qiǎndàn 形（颜色）不浓；（程度）不深▷～的蓝色小花|～的愁容。

【浅近】 qiǎnjìn 形浅显；不深奥▷这首诗～易懂|道理讲得极～。

【浅陋】 qiǎnlòu 形学识贫乏；见闻不广▷内容～。

【浅露】 qiǎnlù 形不委婉▷措词～。

【浅显】 qiǎnxiǎn 形（多指谈话、文章等）浅近明白；不深奥▷～的道理|这本书文句～，适合小学生阅读。

遣 qiǎn ❶动派出去；使离去▷派～|～返。❷排除；发泄▷排～|～愁。☞跟"遗"（yí；wèi）不同。

【遣词造句】 qiǎncízàojù （说话、写文章时）选择、运用词语组成句子。

【遣返】 qiǎnfǎn 动遣送回原处▷～偷渡者。

【遣散】 qiǎnsàn ❶动机关、团体、军队等进行改组或解散时，将原人员解职或使退伍。❷将俘获的敌方军队、机关中的人员解散并遣送。

【遣送】 qiǎnsòng 动指有关部门把不符合居留条件的人员送走▷把非法越境者～回国|～回原住地。

谴（譴） qiǎn 动谴责▷自～|～谪（官吏因犯罪而遭贬谪）。

【谴责】 qiǎnzé 动申斥责备▷～不道德的行为。

欠 qiàn ❶图哈欠▷伸腰打～。❷动不足；缺乏▷说话～考虑|～缺。❸借了别人的没有归还，或该给别人的没有给▷～了许多债|亏～。❹坐卧时上身稍直起或站时脚稍微踮起▷～了～身子。

【欠安】 qiàn'ān 动婉词，指他人生病。

【欠缺】 qiànquē ❶动不够；缺少▷生活困难，衣食～。❷图不足之处▷请指出工作中的～。

【欠身】 qiànshēn 动身体稍微向上向前，作要站起来的姿势，略表对人恭敬或致意▷他赶忙～致谢。

纤（纤） qiàn 图拉船前行的绳子▷拉～|～夫。○另见 xiān。

芡 qiàn ❶图水生草本植物，全株有刺，花托形状像鸡头，因此也说鸡头。种子叫芡实或鸡头米，可以食用,也可以做药材。❷用芡实粉或其他淀粉调成的稠汁,做菜做汤时加进去可使汤汁变稠▷鸡蛋～。☞在音译女性名字中读 xī。

茜 qiàn ❶图茜草,多年生草本植物。根圆锥形,有倒刺;叶轮生,花冠黄色,果实球形红色或黑色。根可提取染料或入药。❷形〈文〉深红▷～纱帐。☞在音译女性名字中读 xī。

倩 qiàn ❶形美好;俏丽▷～装|～女。❷团〈文〉请(人做事)▷～人代笔|～医诊治。
【倩影】 qiànyǐng 图多指女子俏丽的身影,也指年青美貌女子的照片等。

堑(壍) qiàn ❶图防御用的壕沟▷深～|沟～。❷比喻挫折▷吃一～,长一智。
【堑壕】 qiànháo 图在阵地前方挖掘的壕沟,多为曲线形或折线形,筑有射击掩体。

嵌 qiàn 团把较小物体镶进较大物体的凹陷处▷戒指上～着一颗绿宝石|镶～。☞统读 qiàn。

歉 qiàn ❶形作物收成不好▷～年|以丰补～。❷觉得对不住别人▷～疚|～意。❸图歉意▷道～|抱～。
【歉疚】 qiànjiù 图惭愧不安,内心自责▷让母亲如此操劳,他感到很～。
【歉收】 qiànshōu 团收成不好▷小麦～。
【歉意】 qiànyì 图抱歉的心意▷招待不周,谨致～。

qiang

呛(嗆) qiāng 团食物或水进入气管引起咳嗽并突然喷出▷慢点儿吃,别～着|游泳时～了点儿水。○另见 qiàng。

羌 qiāng 图我国古代民族,主要分布在今甘肃、青海、四川一带。☞第六画是长撇,中间不断开。

枪(槍) qiāng ❶图旧时兵器,有长柄,顶端有金属尖头▷扎～|红缨～。❷能发射子弹的武器▷手～|机关～。❸性能或形状像枪的器械▷水～|电～。
【枪林弹雨】 qiānglíndànyǔ 形容战斗激烈,炮火密集的战争场面。
【枪手】 qiāngshǒu ❶图射击手▷弹无虚发的好～。❷冒名替别人考试或写文章的人▷替人当～。
【枪支】 qiāngzhī 图枪②▷携带～。☞不宜写作"枪枝"。

戗(戧) qiāng ❶团逆;彼此方向相对▷来时～风,骑车很费劲。❷言语冲突▷姐妹两个～了两句。○另见 qiàng。

戕 qiāng 团〈文〉杀害;摧残▷～害|自～。☞统读 qiāng。
【戕害】 qiānghài 团损害;伤害▷～人命|～心灵。

腔 qiāng ❶图动物体内或物体中空部分▷腹～|胸～|炉～。❷曲调;唱腔▷昆～|字正～圆。❸说话的声音、语气等▷京～|装～作势。
【腔调】 qiāngdiào ❶图戏曲中成系统的曲调,如京剧中的西皮、二黄等。❷说话时具有某些特点或含有某些意味的声音、语气等▷孩子～|盛气凌人的～。

蜣 qiāng [蜣螂]qiānglɑng 图昆虫,体长圆形,黑色,以牛粪、人粪为食,常把粪滚成丸形。俗称屎壳郎。

锖(錆) qiāng 拟声模拟金属或玉石撞击的声音▷～锣声|～～。

镪(鏹) qiāng [镪水]qiāngshuǐ 图酸性反应或腐蚀性强烈的酸的统称。

强 qiáng ❶形健壮;力量大(跟"弱"相对)▷～劳力|～健|～大。❷团使健壮;使强大▷～身|不

息。❸形坚定;刚毅▷坚～|刚～。❹横暴▷横|～权。❺副用强力(做)▷～渡|～攻。❻形标准高;程度高▷原则性|～求知欲很～。❼好;优越▷生活一年比一年～。☞右上是"口",不是"厶"。○另见 jiàng;qiǎng。

【强暴】 qiángbào ❶形强横凶暴▷～的敌人。❷图强横凶暴的人或势力▷抗拒～。❸团强奸▷～妇女。
【强大】 qiángdà 形(实力)强劲雄厚▷国家日益～|～的人民军队。
【强盗】 qiángdào 图使用暴力夺取他人财物的人▷～拦路抢劫◇帝国主义～。
【强调】 qiángdiào 团特别着重;着重指出▷～要实事求是。
【强度】 qiángdù ❶图声、光、电、磁等的强弱程度▷电流～。❷作用力的大小程度▷气压～|工作～。❸物体对外力作用的抵抗程度▷弹簧的抗拉～。
【强渡】 qiángdù 团强行渡过▷～大渡河|风大浪急,不能～。
【强干】 qiánggàn 形精力充沛、有办事能力▷派一名精明～的人来。
【强悍】 qiánghàn 形强横勇猛▷民风～|粗犷～。
【强横】 qiánghèng 形凶暴蛮横不讲理▷为人～。☞"横"这里不读 héng。
【强化】 qiánghuà 团使加强;加强力度▷～市场意识|～培训。
【强加】 qiángjiā 团强迫加上;强迫他人接受(自己的观点、意志等)▷个人观点不能～给大家|推倒～的不实之词。
【强奸】 qiángjiān 团使用暴力或威逼等手段与女子发生性行为▷～民女◇～民意。
【强健】 qiángjiàn 形强壮结实。
【强劲】 qiángjìng 形强有力的▷东风～|～的球队。☞"劲"这里不读 jìn。
【强烈】 qiángliè 形程度容程度高;极强的;激烈的▷～的台风|～要求|色彩～|～对照。
【强弩之末】 qiángnǔzhīmò 强劲的弩射出的箭,到了最后也没有力量了。比喻原来很强但快要用尽的力量。
【强权】 qiángquán 图(某些国家)凭借军事、政治、经济的优势地位形成的肆意欺压、侵略别国的权势▷～政治。
【强盛】 qiángshèng 形强大兴盛(多指国家民族)▷国家～,人民安乐。
【强项】 qiángxiàng 图实力较强的项目或方面▷排球是我们的～|～学科。
【强行】 qiángxíng 团施加压力强迫或强制进行▷～解散|～着陆。
【强硬】 qiángyìng 形强有力的;坚决不退让的▷态度～|～的立场。
【强制】 qiángzhì 团用强力迫使或约束▷～执行|～措施。
【强壮】 qiángzhuàng ❶形(身体)健壮有力▷体格～。❷团使强壮▷光吃补药未必能～身体。

墙(牆) qiáng 图用土、石、砖等筑成的承架房顶的房体或隔断内外的构筑物▷砖～|板～|～围。
【墙脚】 qiángjiǎo ❶图墙的下段跟地面相接的部分。❷比喻起基础作用的人或事物▷他们以高薪聘请我厂技术工人,目的是挖我们厂的～。

蔷(薔) qiáng [蔷薇]qiángwēi 图落叶灌木,枝上有刺,初夏开花,色彩艳丽,有香味,可以

供观赏。

檣(檣) qiáng 图〈文〉船上挂风帆的桅杆▷帆~如林。

抢(搶) qiǎng ❶团争夺；用强力把东西夺过来▷~球｜~劫。❷团争先▷大家~着报名参军｜~购。❸抓紧；突击▷抢洪~险｜~救｜~修。❹刮去(物体表层)；擦伤▷把旧墙皮~掉｜胳膊肘~掉了一块皮。☞㊀在"呼天抢地"中读 qiāng。㊁跟"抡"(lūn)不同。

【抢白】 qiǎngbái 团当面顶撞或讥讽▷随便插嘴，被人~几句划不来。

【抢夺】 qiǎngduó 团用强力夺取▷不许~革命成果｜~权力。

【抢劫】 qiǎngjié 团用暴力夺取别人财物▷拦路~。

【抢救】 qiǎngjiù 团在危急或濒临灭绝的情况下迅速救护▷~落水儿童｜~古代文化遗产。

【抢手】 qiǎngshǒu 厖形容商品十分畅销，很受欢迎▷这种羊毛衫非常~。

【抢先】 qiǎngxiān 团抢着赶在别人前面▷~干活儿｜~播放。

【抢险】 qiǎngxiǎn 团险情发生时紧急抢救▷~抗灾。

强 qiǎng ❶团迫使▷~人所难｜~迫。❷勁勉强▷牵~附会｜~求。◎另见 jiàng；qiáng。

【强辩】 qiǎngbiàn 团无理辩护▷他嘴上~，但心里也知道理亏。

【强词夺理】 qiǎngcíduólǐ 硬把无理说成有理。☞"强"这里不读 qiáng。

【强迫】 qiǎngpò 团施加压力迫使对方服从。

【强求】 qiǎngqiú 团勉强要求；硬性要求▷什么事都~一致也不现实。

【强人所难】 qiǎngrénsuǒnán 勉强别人做不愿做或难做的事。

襁 qiǎng 图背负婴儿的带子或布兜▷~褓。☞统读 qiǎng。

【襁褓】 qiǎngbǎo ❶图背婴儿用的宽带子和包婴儿用的被子，泛指背负、包裹婴儿所用的东西。❷借指婴幼儿时期▷从~以至成年。

呛(嗆) qiàng 团因刺激性的气体进入鼻、喉而感到难受▷煤烟~得人喘不过气来｜油烟直~嗓子。◎另见 qiāng。

戗(戧) qiàng ❶团支撑；顶住▷墙要倒了，赶快拿杠子一~住。❷承受▷不多吃点，身子骨儿~不住。◎另见 qiāng。

炝(熗) qiàng ❶团烹调时，将菜肴放入沸水中略煮，取出后再用作料来拌▷~茭白｜~虾仁。❷烹调时，先将葱、姜、肉等放在热油中略炒，再加作料和水煮▷~锅鸡丝面｜先放点葱花、姜末~~锅。

跄(蹌) qiàng 见[踉跄]liàngqiàng。

qiao

悄 qiāo [悄悄]qiāoqiāo ❶厖声音很小或没有声音▷在他耳边~说了几句话｜静~~。❷(行动)不惊动人或不让别人知道▷~地溜走了｜他~地自修了大学课程。◎另见 qiǎo。

硗(磽) qiāo 厖〈文〉土壤坚硬贫瘠▷~瘠｜~薄。

跷(蹺) qiāo ❶团抬起(腿)；竖起(指头)▷~着腿｜~起大拇指。❷只用脚尖着地▷~着脚走路。❸图高跷，传统戏曲、民间艺术中供表演者绑

在腿上的有踏脚装置的木棍。

锹(鍬) qiāo 图铁锹，挖土或铲东西的铁制工具▷一把~。

劁 qiāo 团割除牲畜的睾丸或卵巢▷~猪。

敲 qiāo ❶团击打▷~鼓｜~门。❷指敲竹杠▷让人~了一笔钱｜~诈。☞右边是"攴"不是"支"。

【敲边鼓】 qiāobiāngǔ ❶比喻从旁帮腔助势▷你唱主角，我来~。❷比喻旁敲侧击▷目前还不到正面出击的时候，先敲敲边鼓，看他有什么反应。

【敲打】 qiāodǎ ❶团击打▷~锣鼓｜~门环。❷比喻批评提醒▷我这个人说话不注意，你可得随时~着点儿。

【敲定】 qiāodìng 团研究后做出决定▷厂址问题，昨天已最后~。

【敲骨吸髓】 qiāogǔxīsuǐ 敲开骨头吸食骨髓，比喻残酷地剥削压榨。

【敲门砖】 qiāoménzhuān 比喻猎取名利或用来达到某种目的的工具。

【敲诈】 qiāozhà 团依仗权势或采用恐吓、威胁等手段索要财物或获得好处▷横行乡里，~勒索。

【敲竹杠】 qiāozhúgàng 比喻利用别人的弱点勒索财物，也比喻用某种口实抬高价格。

橇 qiāo 图在冰雪上滑行的工具▷雪~。☞㊀统读 qiāo。㊁跟"撬"(qiào)不同。

缲(繰) qiāo 团缝纫时把布边向里卷，藏着针脚缝▷~衣边｜一根带子。

乔(喬) qiáo ❶厖高▷~木｜~迁。❷作假▷~装打扮。☞上边是"夭"(yāo)，下边是一撇一竖。

【乔木】 qiáomù 图有高大树干，且主干与分枝区别明显的木本植物，如松、柏、榆、柳等。

【乔迁】 qiáoqiān 团敬词，祝贺人搬入新居或官职高升▷~新居｜~之喜。

【乔装】 qiáozhuāng 团改换装束打扮以隐瞒身份▷警惕敌人~成自己人。

侨(僑) qiáo ❶团寄居国外▷~居｜~民。❷图寄居国外的人▷华~｜外~。

【侨胞】 qiáobāo 图居住在国外而保留本国国籍的同胞▷海外~。

【侨眷】 qiáojuàn 图指侨民在国内的父母、配偶、子女等直系亲属，也泛指侨民在国内的亲属。

荞(蕎) qiáo [荞麦]qiáomài 图一年生草本植物，茎绿主干红，开白色或淡红色小花。子实也叫荞麦，磨粉后可以制作食品。

桥(橋) qiáo 图横跨河、沟、道路，连接两边以便通行的建筑物▷长江大~｜立交~｜天~｜吊~。

【桥梁】 qiáoliáng ❶图桥▷架设~。❷比喻能连接沟通作用的人或事物▷联系群众的~｜友谊的~。

【桥牌】 qiáopái 图一种扑克牌游戏，由 4 人分两组对抗。源于西方，现流行于世界各地，已列入体育竞赛项目。

【桥头堡】 qiáotóubǎo ❶图战争中为控制桥梁、渡口而设立的碉堡、地堡或据点。❷建在大桥桥头的碉堡形装饰建筑物。❸泛指进攻的据点和前沿阵地。

翘(翹) qiáo ❶团〈文〉抬起(头)▷~首｜~望。❷(木、纸等)平直的东西因遭水变干后不再平直▷案板~了。☞左上是"尧"，不是"戈"。◎另见 qiào。

【翘望】 qiáowàng ❶团抬起头向远处看▷~远去的

列车。❷殷切地盼望▷~两岸统一。

谯(譙) qiáo 图〈文〉谯楼，城门上的瞭望楼。

轿(轎) qiáo 图马鞍上前后翘起的部分▷鞍~。

憔 qiáo[憔悴]qiáocuì 图形容人脸色不好，有倦容▷面容~。☞不要写作"蕉萃""颜顇"。

樵 qiáo ❶团打柴▷~夫。❷图打柴的人▷深山问~。

瞧 qiáo ❶团〈口〉看▷你快来～～｜外行～热闹，内行～门道｜～病。❷看望；访问▷～朋友。

巧 qiǎo ❶图技术；技艺▷技～。❷团手艺高超▷手艺真～｜心灵手～。❸精妙；神妙▷夺天工｜~计。❹虚华不实▷~言令色｜花言～语。❺碰巧；恰巧▷他俩生日相同，太~了｜~遇。
【巧辩】 qiǎobiàn 团巧言辩解；诡辩（含贬义）▷他能说会道，善于～。
【巧夺天工】 qiǎoduótiāngōng 人工的精巧胜过大自然的创造，形容技艺极其精妙。
【巧合】 qiǎohé 团凑巧相合▷失散多年的亲人竟在异国相遇，真是～。
【巧妙】 qiǎomiào 图灵巧高明，超出一般▷解题方法～｜设计～。
【巧取豪夺】 qiǎoqǔháoduó 用狡诈手段骗取或凭借强力抢夺财物等。
【巧舌如簧】 qiǎoshérúhuáng 舌头灵巧得像簧片一样发出动听的声音，形容人善于花言巧语。
【巧言令色】 qiǎoyánlìngsè 形容用花言巧语和谄媚的表情讨好别人。

悄 qiǎo 图没有声音或声音很低▷低声～语。○另见 qiāo。
【悄然】 qiǎorán ❶图形容寂静▷～无声。❷忧伤的样子▷～泪下。

愀 qiǎo 图〈文〉脸色变得严肃或不愉快▷～然不悦｜～然变色。

壳(殼) qiào 图物体外面的硬皮▷金蝉脱～｜甲｜果～｜地～。○另见 ké。

俏 qiào ❶图相貌好看；漂亮▷长得挺～｜俊～。❷货物招人喜爱，销路好▷这批水果卖得很～｜～货。
【俏丽】 qiàolì 图俊俏美丽（多形容女性）▷姑娘长得十分～。
【俏皮】 qiàopi ❶图容貌、装饰等漂亮好看▷模样～得很｜打扮得十分～。❷言谈风趣，举止伶俐▷他说话很～。

诮(誚) qiào ❶团〈文〉责备▷～责。❷讥讽▷讥～。

峭 qiào ❶图山势高而陡▷～壁｜峻。❷严峻；严厉▷~直｜冷。
【峭拔】 qiàobá ❶图（山）又高又陡▷群峰～。❷形容文笔或字体雄健有力▷他的诗～有余，秀逸不足。
【峭立】 qiàolì 团陡峭，直立▷山崖～。

窍(竅) qiào ❶图〈文〉窟窿▷特指人体器官的孔▷七～流血。❷比喻事情的关键▷～门｜诀~。
【窍门】 qiàomén 图能解决问题而又简便易行的妙法▷搞革新想～。

翘(翹) qiào 团〈口〉物体的一头向上扬起▷小辫儿往上～｜～尾巴。○另见 qiáo。
【翘尾巴】 qiàowěiba 尾巴向上翘起；比喻骄傲自大▷要谦虚谨慎，不要～。

撬 qiào 团用棍棒等工具的一端插入缝隙中，用力挑起或拨开▷～起一块大石头｜～锁。

鞘 qiào 图装刀剑的硬套▷刀出～｜剑～。○另见 shāo。

qie

切 qiē ❶团用刀从上往下割；分割▷～西瓜｜～肉｜～除。❷使断开；隔断▷～断敌人的退路。☞左边是"七"，不是"𠂇"。○另见 qiè。
【切磋】 qiēcuō 团反复研讨，共同提高▷相互～棋艺，取长补短。

伽 qié 用于音译。伽蓝，古代称佛寺；伽南香，常绿乔木，茎很高，叶卵形或披针形，花白色，产于严热带，也叫沉香。☞在某些音译词中读 jiā，如"伽利略"（意大利科学家）。

茄 qié 图茄子，一年生草本植物，开紫色花。果实也叫茄子，可以食用▷拌～泥。☞在音译词"雪茄"（一种卷烟）中读 jiā。

且 qiě ❶团表示先做某事，别的事暂时不管▷价钱多少～不谈，首先要保证质量。❷匭连接形容词、动词，表示并列关系▷水流既深～急。❸连接分句，表示递进关系▷此举实属必要，～已见成效。❹两个"且"连用，连接动词，表示两个动作同时进行▷～战～退｜～说～走。❺用在复句的前一分句，表示让步▷死～不怕，何况困难?

切 qiè ❶团靠近；接近▷～身利益｜亲～。❷图急；紧迫▷求胜心～迫。❸团相合；符合▷不实际｜题。❹副一定；务必▷～不可掉以轻心｜抵达后～记写信。❺团中医指诊脉▷望闻问～。○另见 qiē。
【切齿】 qièchǐ 团咬紧牙齿，表示极端愤恨▷恨得咬牙～｜～之恨。
【切肤之痛】 qièfūzhītòng 亲身感受到的痛苦。
【切骨之仇】 qiègǔzhīchóu 深入骨髓的仇恨。
【切合】 qièhé 团极为符合▷～国情。
【切记】 qièjì 团务必牢记▷～戒酒。
【切忌】 qièjì 团务必避免▷～浮躁。
【切近】 qièjìn 团贴近；接近▷这样分析比较～原意｜创作要～生活。
【切盼】 qièpàn 团急切盼望▷～速归。
【切切】 qièqiè ❶副〈文〉表示告诫殷切（多用于书信或布告等公文的结尾）▷事关重大，～勿忘!｜此布。❷图诚恳真挚的样子▷言词～。
【切身】 qièshēn ❶图和自身关系密切的▷～的利害。❷亲身▷～体验。
【切实】 qièshí 图切合实际的;实实在在的▷办法～有效。
【切题】 qiètí 团文章、言论的内容与题目相符合▷文不～。
【切中】 qièzhòng 团（文章言词等）击中（关键部位）▷～要害。

妾 qiè ❶图旧时男子除正妻以外另娶的女子。❷图古时女子的谦称。

怯 qiè ❶团害怕；畏缩▷胆～｜～场。❷图胆子小;勇气不足▷～懦。☞统读 qiè。
【怯场】 qièchǎng 团在参加表演、竞赛、考试等的时候，临场感到紧张和害怕▷表演的是熟段子，当然不会～。
【怯懦】 qiènuò 图胆小怕事▷性格～。
【怯弱】 qièruò 图胆小软弱▷～书生。
【怯生生】 qièshēngshēng 图形容胆怯或害羞的样子。

窃(竊) qiè ❶团偷;不正当地占据、享有▷盗～｜失～｜剽～｜～取胜利果实。❷图偷东西

的人;贼▷惯～。❸副偷偷地;暗中▷～笑|～听。❹图〈文〉谦称自己的意见▷～以为万万不可。

【窃据】 qièjù 团用非法手段将土地、职位等据为己有▷～冲要|～要职。

【窃窃私语】 qièqièsīyǔ 背着别人说悄悄话。

【窃取】 qièqǔ 团偷取;以不正当手段取得(权力、地位等)▷～机密|他们结党营私,妄图～国家大权。

【窃听】 qiètīng 团偷听(现多指利用电子设备等手段进行)。

挈 qiè 〈文〉❶团提起▷提纲～领。❷携带;带领▷扶老～幼|提～。☞统读 qiè。

惬(愜) qiè 图心里满足;畅快▷～意。

【惬意】 qièyì 图意愿得到满足而感到轻松愉快▷他对工作感到很～。

趄 qiè ❶团倾斜▷～着身子。❷见[趔趄]lièqie。

锲(鍥) qiè 〈文〉用刀子刻▷～而不舍。☞不读 qì。

【锲而不舍】 qiè´érbùshě 一直刻下去不放手。比喻学习、做事有毅力,有恒心,坚持不懈。☞"舍"这里不读shè。

箧(篋) qiè 图〈文〉小箱子▷藤～|倾箱倒～。

qin

钦(欽) qīn ❶团敬重▷～佩|～敬。❷副〈文〉表示皇帝亲自(做)▷～差|～定。

【钦敬】 qīnjìng 团钦佩尊敬▷令人～。

【钦佩】 qīnpèi 团敬重佩服▷～战士的奉献精神。

侵 qīn 团(外来的敌人或有害事物)进入内部并造成危害▷全歼入～之敌|～犯。☞统读 qīn。

【侵犯】 qīnfàn ❶团以武力侵入别国领土▷神圣领土,不容～。❷非法损害别人权益▷不得～知识产权。

【侵害】 qīnhài ❶团(用暴力或非法手段)侵犯损害▷～消费者利益。❷(细菌、害虫等)侵入并损害▷喷洒杀虫剂,防止天牛～树木。

【侵略】 qīnlüè 团以武装入侵、政治干涉或经济文化渗透等方式,侵犯别国的领土和主权,掠夺别国财富,奴役别国人民,干涉别国内政,损害别国利益的行为。

【侵权】 qīnquán 团侵犯他人合法权益▷假冒商标、盗版都属于～行为。

【侵扰】 qīnrǎo 团侵犯骚扰▷武装～|平静的生活遭到～。

【侵入】 qīnrù ❶团(某种事物)从外部进入▷冷空气～|病毒～人体。❷侵犯①▷～领空。

【侵蚀】 qīnshí ❶团侵害腐蚀▷防止腐败作风～我们健康的肌体。❷渐渐侵占(钱物等)▷～集体财产。

【侵吞】 qīntūn ❶团非法大量占有(不属于自己的东西)▷～国有资产。❷武力吞并(他国或占有其部分领土)▷大国～小国。

【侵袭】 qīnxí 团侵入,袭击▷渔船遭海盗～|寒潮～我市。

【侵占】 qīnzhàn ❶团非法占有(不属于自己的财物等)▷～他人房产。❷侵略并占有(他国领土)。

亲(親) qīn ❶图关系近;感情深(跟"疏"相对)▷两姐妹可～了|～密。❷图父母,也单指父或母▷双～|父～|母～。❸泛指有血缘关系或婚姻关系的人▷沾～带故|大义灭～。❹图婚姻▷结～。❺特指新娘▷娶～。❻图血缘关系最近的▷～兄弟。❼团〈文〉亲近;接近▷不～酒色。❽用唇、脸

或额接触,表示亲爱▷搂着孩子～了又～。❾副表示动作行为是自己发出的▷～临|～历。○另见 qìng。

【亲爱】 qīn´ài 图关系亲密的;感情深厚的▷～的战友|～的祖国。

【亲本】 qīnběn 图育种中参与杂交的父本与母本。

【亲近】 qīnjìn ❶图(双方)亲密而贴近▷他俩一直很～。❷团(某方对另一方)亲密地接近▷他很～老师。

【亲眷】 qīnjuàn 图亲戚;眷属。

【亲聆】 qīnlíng 团〈文〉亲耳听(含尊敬意)▷～过先生的讲演。

【亲密】 qīnmì 图(感情、关系等)亲近密切▷～的伙伴|～地交谈。

【亲昵】 qīnnì 图非常亲热▷～地抚摸着孙女的头。

【亲切】 qīnqiè ❶图亲近(多指感觉)▷～的笑容。❷热情而关心▷～慰问|～的教导。

【亲情】 qīnqíng 图亲人之间的感情▷母子～|感受到祖国的～。

【亲热】 qīnrè ❶图亲密而热情▷久别重逢,大家～地拥抱在一起。❷团表示出亲密和热情▷她们～了一番。

【亲善】 qīnshàn 图关系亲近友善(多指国家间)▷彼此～,和睦相处。

【亲痛仇快】 qīntòngchóukuài 亲人痛心,仇人高兴。

【亲信】 qīnxìn ❶团亲近而信任▷～小人,必有祸患。❷图亲近而信任的人(多含贬义)▷他培植了一批～。

【亲缘】 qīnyuán 图指父母和子女间的血缘关系,也泛指血缘关系▷经验血查明,他们之间确有～关系|人们终于了解了他与这个家族的～关系。

【亲自】 qīnzì 副表示由自己直接(做)▷许多事他都～去办,不愿麻烦人。

衾 qīn ❶图〈文〉被子▷生同～,死同穴|～枕。❷人殓后盖尸体的单被▷～衣～棺椁。☞统读 qīn。

芹 qín 图芹菜,一年生或二年生草本植物,有特殊香味,羽状复叶,叶柄发达,开白色小花。茎、叶可食用;全草和果实可入药。

秦 qín ❶图周朝诸侯名,战国七雄之一。❷朝代名。

琴 qín ❶图古琴,弦乐器。也说七弦琴。❷部分乐器的统称▷钢～|风～|提～|胡～|口～。

【琴瑟】 qínsè 图两种古代乐器名,二者合奏,音调和谐优美,后多比喻融洽的夫妻情意▷～结为～之好。

禽 qín 图统称鸟类▷飞～|家～。

【禽兽】 qínshòu ❶图鸟类和兽类的总称。❷比喻道德败坏,行为卑劣的人▷衣冠～。

勤 qín ❶图(做事)尽心尽力;不偷懒▷手～|～能补拙|～俭。❷图勤务▷外～|后～。❸按规定时间上下班的工作▷执～|全～。❹图经常;次数多▷～来～往|今年的雨下得很～。

【勤奋】 qínfèn 图(学习、工作)努力,精神振作▷～好学|～写作。

【勤工俭学】 qíngōng jiǎnxué ❶利用课余时间做工,以所得工资作为学习、生活费用。❷也指学校自力更生,勤俭办学的一种方式。

【勤俭】 qínjiǎn 图勤劳节俭▷～治家|～办一切事业。

【勤恳】 qínkěn 图勤劳踏实▷～工作|勤勤恳恳地劳动。

【勤劳】 qínláo 团尽力劳作,不怕苦辛▷～人民|～勇敢。

【勤勉】 qínmiǎn 图勤勤恳恳,努力不懈▷他学习、工作都很～。

【勤务】 qínwù ❶图由领导分派的公共事务;特指日常

事务。❷军队中专做杂务的人▷他是营部的～。

【勤杂】 qínzá 图日常杂务▷～工作|～人员。

擒 qín 团捕捉▷生～|活捉|束手被～。

【擒获】 qínhuò 团捉拿捕获▷歹徒已经全部～。

【擒拿】 qínná ❶团捕捉;捉拿▷～罪犯。❷图指擒拿术,一种用反关节、点穴等方法,使对方不能再反抗的拳术。

嗪 qín 团含着▷嘴里～着一块糖|眼睛里～满了泪水。☞统读 qín。

寝(寢) qǐn ❶团睡觉▷废～忘食|～室|～具。❷图睡觉的地方▷寿终正～|就～。❸帝王陵墓上的正殿▷陵～。

唚 qìn 团猫、狗呕吐。

沁 qìn 团(气味、液体等)渗入或透出▷～人心脾。☞不读 xīn。

【沁人心脾】 qìnrénxīnpí 形容吸入清新的空气或喝了清凉饮料后,使人感到舒适。也形容优美诗文、乐曲等美好动人,使人产生美妙的感觉。

qing

青 qīng ❶形形容颜色。a)蓝色的▷～天。b)深蓝色;绿色的▷～草|～苗。c)黑色的▷～布|～眼。❷图青色的东西▷踏～|返～|出于蓝。❸形年轻▷～年。❹图指青年▷～工|老中～三结合。

【青出于蓝】 qīngchūyúlán《荀子·劝学》中说靛青从蓼蓝中提取出来,但却比蓼蓝的颜色还深。比喻学生向老师学习,又超过老师;后人继承前人,又超过前人。

【青春】 qīngchūn 图指草木青葱的春季,比喻青年时期或兴盛时期▷把～献给人民|考古研究工作恢复了～。

【青葱】 qīngcōng 形(植物)浓绿▷田野一片～。

【青翠】 qīngcuì 形鲜绿▷～的扬柳。

【青黄不接】 qīnghuángbùjiē 旧粮已吃完,新粮还未成熟,比喻人力物力一时短缺,接续不上。

【青稞】 qīngkē 图高寒地区大麦的一种,可做糌粑和酿青稞酒。主要产于西藏、青海、四川等地。

【青睐】 qīnglài 团〈文〉用黑眼珠看人,表示喜爱或看重▷蒙先生～,感激不尽。

【青梅竹马】 qīngméizhúmǎ 形容男女儿时天真无邪,亲昵玩耍。

【青面獠牙】 qīngmiànliáoyá 形容面貌十分丑陋与凶恶。

【青年】 qīngnián ❶图指人十五六岁到三十岁左右的年龄段▷～学生|～时期。❷指这个年龄段的人。

【青纱帐】 qīngshāzhàng 图青纱制成的帐子。比喻长得又高又密的大面积绿色庄稼(如玉米,高粱等)。

【青史】 qīngshǐ 图〈文〉史书,古代取青竹制成竹简,在上面记事,所以称史书为青史▷～留名|永垂～。

【青眼】 qīngyǎn 图对人正眼相看时,黑眼珠在眼的中间叫青眼,借指对人喜爱或看重的感情或态度▷～相待。

【青云直上】 qīngyúnzhíshàng 比喻人的地位迅速迁。

轻(輕) qīng ❶形重量小(跟"重"相对)▷杨木比榆木～|～于鸿毛。❷不笨重;灵巧▷装甲进～盈。❸没有负担;轻松▷无官一身～|～闲。❹不重要;不贵重▷责任～|礼物太～。❺团认为不重要;不重视▷～财重义|～敌。❻形不庄重;不

严肃▷～薄|～佻。❼不慎重;随随便便▷～举妄动|～信。❽程度浅;数量少▷病得不～|年纪很～。❾用力不猛▷～拿～放◇～描淡写。

【轻便】 qīngbiàn ❶形体积较小,重量较轻,使用方便的▷～武器。❷轻松;不费力▷～活儿。

【轻薄】 qīngbó 形(男女之间的言语举动)轻佻;不严肃▷举止～。

【轻车熟路】 qīngchēshúlù 比喻熟悉情况,富有经验,容易把事办好。

【轻而易举】 qīng'éryìjǔ 形容毫不费力地就能把事情办成。

【轻浮】 qīngfú 形(言行等)随便,不严肃,不稳重▷作风～。

【轻歌曼舞】 qīnggēmànwǔ 轻快的歌声和柔美的舞姿。

【轻工业】 qīnggōngyè 图以提供生活消费品为主的工业,如纺织、食品、皮革、钟表、医药等工业。

【轻捷】 qīngjié 形轻松快捷▷～的云雀飞向天空|行走～。

【轻举妄动】 qīngjǔwàngdòng 不经慎重考虑就轻率地随意行动。

【轻快】 qīngkuài ❶形(动作)敏捷;不费力▷她走起路来十分～。❷(感觉)轻松愉快▷～的音乐。

【轻狂】 qīngkuáng 形(言语举止)轻浮而放荡▷出言～。

【轻慢】 qīngmàn ❶形对人傲慢,不尊重▷态度～|言词～。❷团用不尊重、傲慢的态度对待▷～了来客。

【轻描淡写】 qīngmiáodànxiě 绘画时用浅淡的颜色轻轻描绘。比喻说话、作文时将某些事情轻轻带过。

【轻蔑】 qīngmiè 团小看;鄙视▷受到人们的～和排斥|～地看了他一眼。

【轻诺寡信】 qīngnuòguǎxìn 轻易地对人许诺,却很少能够守信用。

【轻飘飘】 qīngpiāopiāo ❶形轻得要飘浮起来的样子▷一头～的秀发。❷(动作)轻快灵活▷她走路一阵风,～的。❸浮泛;不实在▷文章写得～的,没什么实际内容。

【轻巧】 qīngqiǎo ❶形(器物)轻便灵巧(跟"笨重"相对)▷掌上电脑十分～。❷(动作)轻快灵活▷～的舞姿令人赞叹。❸简单;不费事▷办事并不像想的那样～。

【轻柔】 qīngróu ❶形轻而柔软▷～的柳枝。❷轻松柔和▷歌声～,缠绵动人。

【轻生】 qīngshēng 团看轻自己的生命,借指自杀▷你有前途,不该～。

【轻声】 qīngshēng ❶图低声▷～对他说。❷语言中又轻又短的字音。如"说着"的"着"、"桌子"的"子",都要念轻声。

【轻视】 qīngshì 团看不起;不重视▷不愿被人～|任务很繁重,可不能～。

【轻率】 qīngshuài 形(说话、做事)随随便便;不慎重▷你这么讲可有点儿～|切不可～地做出决定。

【轻松】 qīngsōng ❶形没有负担的;不紧张的▷工作～|～的心情。❷团放松;使轻松▷紧张了好些天,该～一下了。

【轻佻】 qīngtiāo 形(言谈、举止等)轻浮;不庄重▷～的口吻|举动显得～。

【轻微】 qīngwēi 形程度浅;分量小▷～的咳嗽|～的损失。

【轻侮】 qīngwǔ 团轻蔑和侮辱▷国旗不容～。

【轻闲】 qīngxián 形轻松安闲;不费力,不紧张▷退休

后~多了|~的工作。

【轻信】 qīngxìn 团(不经过慎重考虑和调查研究就)轻易相信。

【轻型】 qīngxíng 圈(机械、武器等重量、体积、效用等)较小的类型▷坦克|~起重机。

【轻易】 qīngyì ❶圈十分容易▷这不是一件~的事。❷轻率;随便▷不能~表态|从不~得罪人。

【轻音乐】 qīngyīnyuè 图指轻快活泼、旋律优美、结构简单的抒情乐曲,包括器乐曲、舞曲等。

【轻盈】 qīngyíng ❶圈(体态、动作等)轻巧、优美(多用于女子)▷舞姿~。❷(声音)轻松愉快▷~的笑声。

【轻于鸿毛】 qīngyúhóngmáo 比大雁的毛还轻。比喻毫无价值。

【轻重】 qīngzhòng ❶图指重量及用力的大小、声音的强弱▷掂一掂~|下手也不知重~|读音~不同。❷事情的主次,程度的深浅等情况▷做事要分个~缓急|看看伤势的~。

【轻装】 qīngzhuāng ❶团只带简单轻便的行装或装备▷~上路。❷比喻放下思想负担▷放下包袱,~前进。

氢 qīng 图非金属元素,符号H。通称氢气。

【氢弹】 qīngdàn 图核武器的一种,利用氢的同位素氘和氚等轻原子核的聚变反应瞬时释放出巨大能量,威力比原子弹大得多。也说热核武器。

倾 qīng ❶圈斜;不正▷身子向前~|~斜。❷团偏向;趋向▷左~|右~|~向。❸倒塌▷杞人无事忧天~|~覆。❹使器物歪斜翻转,全部倒出(里面的东西)▷~箱倒箧|~倒(dào)垃圾。❺用尽(力量);全部拿出▷~吐|~销。❻圈全▷~城出动。☞统读qīng。

【倾巢而出】 qīngcháo'érchū 比喻敌军或匪徒等全部出动。

【倾倒】 qīngdǎo ❶团歪斜倒下。❷极佩服;仰慕▷先生的品德,令人~。

【倾耳】 qīng'ěr 团侧着耳朵,表示很注意听▷~静听。

【倾覆】 qīngfù ❶团(物体)倒塌;翻倒▷大厦~。❷〈文〉颠覆;覆灭▷政权~。☞不要写作"倾复"。

【倾家荡产】 qīngjiādàngchǎn 全部家产丧失净尽。

【倾慕】 qīngmù 团倾心爱慕▷彼此~已久。

【倾洒】 qīngsǎ 团大量洒落▷~泪水◇月光~在静谧的草原上。

【倾诉】 qīngsù 团(心里话)全部说出来▷~心中的痛苦。

【倾谈】 qīngtán 团倾心交谈。

【倾听】 qīngtīng 团认真听取▷~群众的呼声。

【倾吐】 qīngtǔ 团把憋在心里的话全部说出来▷~心声。

【倾向】 qīngxiàng ❶团偏于赞同(某一观点、意见等)▷在这个问题上,我~老张的看法。❷图发展的趋势;风气▷现在有一种爱虚荣的不好~。❸倾向性▷文学作品都有自己的~。

【倾销】 qīngxiāo 团为击败竞争对手,占领市场,或处理库存积压,以低价大量抛售商品。

【倾斜】 qīngxié ❶团(物体)向一边偏斜。❷比喻政策导向侧重于某一方面▷这次职称评定向中青年~。

【倾泻】 qīngxiè 团大量液体从高处很快地流下来▷暴雨无情地~下来◇~心中的苦闷。

【倾心】 qīngxīn ❶团一心一意地向往、敬仰或爱慕▷~于吟诗作画|一见~。❷竭尽真心诚意▷二人~交往。

【倾轧】 qīngyà 团排挤和打击(同一组织或同一行业内的人)▷有些政党的派系之间相互~,十分激烈。

【倾注】 qīngzhù ❶团(液体)从高处流入(低处)▷高山上的雪水~到江河里。❷比喻把感情、精力、心血集中到某一目标上▷这片土地上~了他全部心力。

卿 qīng 〈文〉❶图古代高级官名▷三公九~。❷古代表示亲切的称呼,用于君称臣或朋友、夫妻间互称。

【卿卿我我】 qīngqīngwǒwǒ 形容男女相爱,十分亲昵。

清 qīng ❶圈(液体或气体)透明纯净,没有杂质(跟"浊"相对)▷~水|~澈。❷洁净;纯洁▷冰~玉洁|~洁。❸单纯▷~一色。❹团使纯洁;使干净▷~除|~洗。❺圈清楚;明白▷把情况弄~|旁观者~。❻团点验;结清▷~一~|人数~|账。❼圈公正廉洁▷~正|~官。❽寂静▷~静|冷~。❾图朝代名。

【清白】 qīngbái 圈品行纯洁,没有污点▷历史~。

【清茶】 qīngchá ❶图用绿茶沏的茶水。❷(待客时)不附加糖果点心等的茶水。

【清查】 qīngchá 团清点检查;彻底检查▷~固定资产|~账目。

【清偿】 qīngcháng 团全部还清(债务)▷~旧债。

【清唱】 qīngchàng 团不化装演唱戏曲片断。❷图指不化装的戏曲演唱形式▷观众对京剧~很欢迎。

【清澈】 qīngchè 圈清净透明▷潭水~。☞不宜写作"清彻"。

【清晨】 qīngchén 图指天亮到太阳刚出来不久的一段时间。

【清除】 qīngchú 团干净彻底地除去▷~垃圾|~恶劣影响。

【清楚】 qīngchu ❶圈(事物)容易辨识和了解的▷笔画很~|口齿~。❷团指对事物了解▷我很~他的情况。

【清纯】 qīngchún ❶圈秀丽纯洁▷~的少女。❷清爽纯净▷~的山泉。

【清脆】 qīngcuì ❶圈(声音)清亮悦耳;不沉闷▷~的笑声。❷(食物)脆而清爽▷~的鸭梨。

【清单】 qīngdān 图详细分项记载有关项目的单子▷开列医疗费~。

【清淡】 qīngdàn ❶圈(颜色)浅,(味儿)不浓厚▷茶水很~。❷(食物)所含油脂少▷~的饮食。❸(买卖)不兴旺▷生意~。

【清点】 qīngdiǎn 团清理查点▷~人数。

【清高】 qīnggāo 圈纯洁高尚,不慕名利,不同流合污。现多指不愿合群,孤芳自赏▷节操~|自视~。

【清官】 qīngguān 图公正廉洁不谋私利的官吏。

【清规戒律】 qīngguījièlǜ ❶佛教、道教中必须遵守的规则和律条。❷泛指繁琐的不切实际的规章制度。

【清洁】 qīngjié 圈干净;没有脏物▷搞好~卫生。

【清静】 qīngjìng ❶圈(环境)安静,没有嘈杂的声音▷放学后,校园里格外~。❷(生活)平静▷日子过得很~。

【清苦】 qīngkǔ 圈清贫穷苦(多形容读书人)▷景况~。

【清朗】 qīnglǎng ❶圈清凉而晴朗▷~的夜空。❷清晰而响亮▷笑声~。❸洁净明亮▷~的大眼炯炯有神。

【清冷】 qīnglěng ❶圈清凉而有寒意▷~的夜风。❷冷清,冷落▷饭店里只剩下几个零星客人,显得很~。

【清理】 qīnglǐ 团彻底整理或处理▷~房间|~垃圾

【清廉】　qīnglián 厖清白自律,不贪脏枉法▷为官 ~ 。

【清凉】　qīngliáng 厖清爽凉快▷ ~ 的晨风 | ~ 饮料。

【清亮】　qīngliàng 厖清晰而响亮,多用于形容声音▷歌声 ~ 。

【清亮】　qīngliang 厖〈口〉清澈明亮▷眼睛 ~ 的◇头脑 ~ 多了。

【清洌】　qīngliè 厖清澈而有寒意▷潭水 ~ | ~ 的月光。

【清明】　qīngmíng ❶厖(政治上)法度严明,秩序井然▷政治 ~ 。❷清澈明亮▷夜月 ~ 。❸图清明节。

【清贫】　qīngpín 厖贫寒(多形容读书人)▷一生 ~ 。

【清润】　qīngrùn ❶厖清亮圆润▷唱腔 ~ 。❷清凉湿润▷雨后的竹林十分 ~ 。❸明亮润泽▷ ~ 精美的玉雕。

【清扫】　qīngsǎo 团彻底打扫干净▷ ~ 车间◇ ~ 黄色书刊。

【清瘦】　qīngshòu 厖瘦而有精神▷面容 ~ 。

【清爽】　qīngshuǎng ❶厖清新凉爽▷金秋八月天气 ~ 。❷(心情)轻松爽快▷到休养所后,觉得 ~ 多了。❸〈口〉清洁而有条理▷房子收拾得很 ~ 。

【清水衙门】　qīngshuǐyámén 旧指不经手钱物,无好处可捞的官府。现多指经费少、福利少的事业单位。

【清算】　qīngsuàn ❶团彻底核算▷ ~ 账目。❷彻底查究并作出相应处理▷对他的罪行要彻底 ~ 。

【清谈】　qīngtán 团原指魏晋时期儒士名流中崇尚虚无、空谈玄理的一种风气,后引用来指那些不解决实际问题的空谈▷埋头苦干,不尚 ~ 。

【清甜】　qīngtián 厖清爽甜美▷这泉水多么 ~ 。

【清退】　qīngtuì 团经清查后退回▷ ~ 非法没收的财物。

【清晰】　qīngxī 厖清楚而明晰▷字迹不很 ~ | 图像 ~ 。

【清洗】　qīngxǐ ❶团彻底洗去(物体上的污垢)。❷比喻彻底清查并清除去(组织内不能容留的分子)▷ ~ 腐败分子。

【清闲】　qīngxián 厖清静悠闲▷退休以后,十分 ~ 。

【清香】　qīngxiāng 厖香味清淡▷ ~ 的茶叶。

【清心】　qīngxīn ❶厖心境清净,没有忧虑,很想过 ~ 日子 | ~ 寡欲。❷中医指清除心火▷ ~ 明目。

【清新】　qīngxīn ❶团清爽新鲜▷空气 ~ 。❷新颖不俗▷居室布置风格 ~ 。

【清醒】　qīngxǐng ❶团从昏迷状态中苏醒过来▷昏睡两天才 ~ 过来。❷厖(头脑)清楚、冷静▷在复杂的环境中,要保持 ~ 的头脑。❸团使(头脑)清楚、冷静▷换个环境 ~ 一下头脑。

【清秀】　qīngxiù 厖清雅秀丽▷眉目 ~ | ~ 的山水。

【清雅】　qīngyǎ ❶厖清新高雅▷格调 ~ 。❷清静幽雅▷环境 ~ 。

【清样】　qīngyàng 图指付印前最后一次校正过的文稿校样。

【清一色】　qīngyīsè 打麻将牌时某一家的一副牌由一种花色组成,比喻整体中的每一个体都属同一类型▷ ~ 的短打扮 | 她们班是 ~ 的女生。

【清幽】　qīngyōu 厖风景清秀而幽静▷这里山青水绿,环境 ~ 。

【清越】　qīngyuè 厖声音清脆而高扬▷琴声 ~ 。

【清真】　qīngzhēn ❶厖伊斯兰教称颂该教所信奉的真主安拉"清净无染""真乃独一",所以该教称为清真教,其寺院为清真寺。❷与伊斯兰教有关的▷ ~ 食堂 | ~ 糕点。

【清正】　qīngzhèng 厖廉洁公正▷为官 ~ 廉明。

蜻　qīng 见下。

【蜻蜓】　qīngtíng 图昆虫,体型细长,休息时双翅展开,平放两侧。生活在水边,捕食蚊子等小飞虫,有益于人类。

【蜻蜓点水】　qīngtíngdiǎnshuǐ 雌蜻蜓产卵时尾部在水面上迅速地一点一起。比喻做事肤浅潦草,不深入。

情　qíng ❶图情绪、感情,内外因素引起的心理反应▷七 ~ 六欲 | 激 ~ | ~ 操。❷事物的一般道理;常情▷ ~ 理 | 通 ~ 达理。❸事物呈现出来的样子;情况▷ ~ 景 | ~ 由。❹男女相爱的感情;对异性的欲望▷谈 ~ 说爱 | ~ 侣 | 春 ~ | ~ 欲。❺私人间的情分和面子▷ ~ 面 | 徇 ~ 枉法。❻思想感情所表现出来的格调;趣味▷闲 ~ 逸致 | ~ 趣。

【情爱】　qíng'ài 图男女之间的爱情,也泛指人与人之间的友好、爱护的感情。

【情报】　qíngbào ❶图以侦察手段或其他方法获取的有关对方的机密情况▷军事 ~ | 窃取 ~ 。❷泛指最新的有一定参考价值的情况报道▷科技 ~ | 商业 ~ 。

【情不自禁】　qíngbùzìjīn 自己控制不住自己的激动感情。

【情操】　qíngcāo 图由思想信念形成的不轻易改变的情感与操守(多指好的)▷高尚 ~ 。

【情调】　qíngdiào ❶图思想感情所表现出来的格调▷乐观向上的 ~ 。❷事物所具有的能引起人们共同感觉的独特风格▷江南水乡 ~ 。

【情窦初开】　qíngdòuchūkāi 刚开始懂得爱情(多指少女)。窦:孔窍,洞)。

【情分】　qíngfèn 图人际感情;交情▷ ~ 不薄 | 处理案子不能照顾 ~ 。

【情感】　qínggǎn 图人受外界刺激而产生的各种心理反应,如喜欢、愤恨、悲哀、恐惧、爱慕、厌恶等。

【情怀】　qínghuái 图充满着某种激情的心境▷少女的 ~ | 战士的高尚 ~ 。

【情节】　qíngjié ❶图事情发展的具体经过▷弄清事故 ~ 。❷罪行或错误的具体情况▷根据 ~ 轻重分别处理。❸特指叙事性文学作品中矛盾冲突的发展演变过程▷小说的 ~ 动人。

【情结】　qíngjié 图心中的感情纠葛;郁积在心中的感情▷海外华人的思乡 ~ 。

【情景】　qíngjǐng 图(某个场合的)情形与景象▷当年战斗的 ~ 仍历历在目。

【情境】　qíngjìng 图情景;境况▷两人所处的 ~ 不同,所以表现也不同。

【情况】　qíngkuàng ❶图情形,状况▷真实 ~ | 落实政策的 ~ 。❷事物发展过程中值得注意的变化或动向▷有 ~ 要及时向连部报告。

【情理】　qínglǐ 图正常的人情与一般的道理▷不通 ~ | ~ 不容。

【情侣】　qínglǚ 图恋爱中的男女,或其中的一方▷对对 ~ 漫步湖边 | 她等待着 ~ 的电话。

【情面】　qíngmiàn 图熟人间的情分和面子▷碍于 ~ | 不留 ~ 。

【情趣】　qíngqù ❶图性情志向▷ ~ 相同。❷情调趣味▷田园 ~ | 缺少 ~ 。

【情人】　qíngrén 图相爱中的男女(互为情人)▷一对 ~ 。

【情势】　qíngshì 图事情的现状与发展态势▷ ~ 紧急,立刻前往处理。

【情思】　qíngsī 图情意,心思(多指思念之情)▷这首诗表现了对故国的 ~ 。

【情愫】　qíngsù 图内心的感情;真情实意▷两人 ~ 相通 | 这是对祖国的一片 ~ 。☞不宜写作"情素"。

【情随事迁】 qíngsuíshìqiān 思想情感随着客观事物的变化而改变。

【情投意合】 qíngtóuyìhé 形容双方思想感情融洽，心意一致。

【情网】 qíngwǎng 图指像网一样难以摆脱的爱情▷坠入～。

【情文并茂】 qíngwénbìngmào 文章所表达的思想感情和所使用的文词都丰富优美。

【情形】 qíngxíng 图事物所表现出来的具体状况▷工作～｜火山喷发的～。

【情绪】 qíngxù ❶图指人的心理状态▷～高涨｜安定一下他的紧张～。❷特指不安心、不愉快的心情▷她在闹～。

【情义】 qíngyì 图人情义理，指同志、亲朋之间，应该有的合乎义理的感情▷父子～｜朋友之间要讲～。

【情谊】 qíngyì 图相互关切、友爱的感情▷重～｜真挚的～。

【情意】 qíngyì ❶图对人的感情和心意▷深厚的～｜表达我们的一点～。❷男女之间表现出来的爱情▷～绵绵。☞"情义""情谊""情意"不同，不要混用。

【情由】 qíngyóu 图事情发生的情形与缘由▷诉说～｜了解～。

【情欲】 qíngyù 图由情感引发的欲望，多指对异性的欲望。

【情缘】 qíngyuán 图男女相爱的缘分▷～未断。

【情愿】 qíngyuàn ❶团从心里愿意▷如果他～，这事就好办了。❷副宁可；宁愿▷～把饭碗砸了，也决不昧着良心说话。

【情真意切】 qíngzhēnyìqiè 感情真挚，心意恳切。

【情致】 qíngzhì 图情趣，兴致▷父亲的～很高，跟我们一块游了长城。

晴 qíng 囮天空无云或少云▷雨过天～｜～空。

【晴和】 qínghé 囮晴朗而暖和▷云开雾散，天气～。

【晴朗】 qínglǎng 囮阳光充足，没有云雾▷～的天空。

【晴雨表】 qíngyǔbiǎo ❶图测试天气状况的仪表。❷比喻能反映某种情况变化的事物▷文艺作品常常是某种思潮的～｜市场往往成为经济形势的～。

擎 qíng 团举；向上托住▷高～红旗。

【擎天柱】 qíngtiānzhù 图支撑着天的柱子（古代传说天有八根柱子支撑），比喻承当重任，支撑大局的人物。

黥 qíng 团古代一种刑罚，在犯人脸上刻字并用墨染黑。

苘 qíng [苘麻]qíngmá 图一年生草本植物，叶子大，开黄花。茎皮纤维可以制作绳子、麻布；种子可以做药材，可以榨油。

顷（頃） qíng ❶量市制土地面积单位，100 亩为 1 顷，1市顷等于 6.6667 公顷。❷图很短的时间▷少～。❸副〈文〉不久以前；刚才▷～接来电。

【顷刻】 qǐngkè 图指极短的时间▷狂风吹过，～下起暴雨。

请（請） qǐng ❶团请求▷～您明天来一趟｜～假。❷〈文〉请求给予▷为民～命。❸邀请；聘请▷～客｜～医生。❹敬词，用于请求对方做某事▷～进｜～关照。

【请柬】 qǐngjiǎn 图请帖。

【请教】 qǐngjiào 团敬词，向人求教（有时也用于质问）▷他经常向有经验的药农～｜～您这究竟是怎么回事？

【请命】 qǐngmìng ❶团代人请求保全生命或解除疾苦▷替百姓～。❷请求上级指派或命令▷听说有新任务，大家都纷纷～。

【请求】 qǐngqiú ❶团提出要求，请上级应允▷～上前线｜～支持。❷图指所提出的要求▷学校满足了他的～。

【请示】 qǐngshì ❶团向上级说明情况并请给予指示▷向上级～过了。❷图请示报告，向上级请示的文字材料▷把这份～发到总部去。

【请帖】 qǐngtiě 图邀请其他单位或个人前来参加某种活动的简短书面通知。

【请愿】 qǐngyuàn 团群众有组织地向政府或主管部门提出某些愿望或要求，希望得到满足。

【请罪】 qǐngzuì 团犯有错误，主动要求处罚；也泛指认错、道歉▷向人民～招待不周，向诸位～。

綮 qìng 见[肯綮]kěnqìng。☞不读 qìng。

庆（慶） qìng ❶团祝贺▷普天同～｜欢～。❷图值得祝贺的事和日子▷十年大～。❸囮吉祥；幸福▷吉～｜喜～。☞右下是"大"，不是"犬"。

【庆典】 qìngdiǎn 图隆重的庆祝典礼▷建国五十周年～｜开业～。

【庆贺】 qìnghè 团庆祝；贺喜▷～大桥建成｜他俩结婚，大家前去～。

【庆幸】 qìngxìng 团为出乎意料的好情况、好结果而高兴▷他们～找到了好工作。

【庆祝】 qìngzhù 团为共同的节日、喜事举行活动表示纪念或欢庆▷～教师节｜～全线正式通车。

亲（親） qìng [亲家]qìngjia ❶图两家子女相婚配结成的亲戚▷儿女～。❷夫妻双方父母间的互称▷～母。○另见 qīn。

磬 qìng 图❶图古代用玉、石或金属制成的曲尺形的打击乐器。❷佛教用的铜制钵形的打击乐器。

罄 qìng 团用尽；空了▷～尽｜告～｜其所有。

【罄竹难书】 qìngzhúnánshū 用尽竹简也难以写完（古人把字写在用竹子制成的简上），形容事实（多指罪行）非常多。

qiong

邛 qióng 用于山名和地名。邛崃山、邛崃县，都在四川。

穷（窮） qióng ❶囮尽；完▷山～水尽｜层出不～。❷副程度极高▷～凶极恶｜～奢极侈。❸囮彻底；极力▷～追猛打｜～究。❹团彻底追究▷深入探求▷追本～源｜皓首～经。❺使尽；用尽▷～兵黩武。❻处境困难，没有出路▷～则思变｜～寇。❼贫困；缺少钱财（跟"富"相对）▷家里很～｜～苦。❽边远；偏辟▷～乡僻壤｜～巷。❾副〈口〉表示本不该如此而偏偏如此；财力达不到勉强去做▷～讲究｜～对付。

【穷兵黩武】 qióngbīngdúwǔ 用尽兵器，滥施武力。形容极端好战，任意发动战争。

【穷愁】 qióngchóu 囮穷困而愁苦▷～一生。

【穷尽】 qióngjìn 图尽头▷科学探索是没有～的。

【穷苦】 qióngkǔ 囮贫穷困苦。

【穷困】 qióngkùn 囮生活穷苦，处境困难。

【穷山恶水】 qióngshānèshuǐ 形容自然环境恶劣、生产条件极差。

【穷奢极欲】 qióngshējíyù 挥霍奢侈、贪婪纵欲到了极点。

【穷酸】 qióngsuān 〖形〗贫穷而寒酸、迂腐(多讥讽文人)▷秀才一副~相。

【穷途末路】 qióngtúmòlù 形容困窘到无路可走的地步。

【穷乡僻壤】 qióngxiāngpìrǎng 荒远偏僻的地区。

【穷凶极恶】 qióngxiōngjí'è 极端凶恶。

【穷则思变】 qióngzésībiàn 指人处于困境就要谋求变革。

茕(煢) qióng 〖形〗〈文〉孤独;孤苦▷~、~孑立。

【茕茕孑立】 qióngqióngjiélì 孤孤单单,无依无靠。☞"孑"不要写作"子""了"。

穹 qióng ❶〖形〗穹隆①▷~庐(古代北方游牧民族住的毡帐)。❷〖名〗天空▷苍~ㅣ~天。☞统读qióng。

【穹隆】 qiónglóng ❶〖形〗中间隆起、四周下垂的样子▷~形屋顶。❷〖名〗指建筑物的穹隆形屋盖,即圆顶。☞不宜写作"穹窿"。

琼(瓊) qióng ❶〖名〗〈文〉美玉。❷〖形〗精美的;美好的▷~楼玉宇ㅣ~浆。❸〖名〗海南的别称(旧称琼州、琼崖)▷~剧。

【琼浆玉液】 qióngjiāngyùyè 古代传说用美玉制成的浆液。比喻名贵的美酒或饮料。

【琼楼玉宇】 qiónglóuyùyǔ 传说神仙居住的精美奢华的楼台宫殿。形容富丽堂皇的建筑物。

qiu

丘 qiū ❶〖名〗小山;土堆▷山~ㅣ~陵。❷坟墓▷~墓ㅣ坟~。

【丘陵】 qiūlíng 〖名〗连绵成片的低矮的小山▷~地区。

秋(鞦❻) qiū ❶〖名〗庄稼成熟的季节▷麦~ㅣ大~。❷一年四季的第三季,我国习惯指立秋到立冬的三个月,也指农历七月至九月▷春夏~冬ㅣ中~。❸借指一年▷一日不见,如隔三~ㅣ千~万代。❹指特定的时期▷危亡之~ㅣ效命之~。❺秋天成熟的庄稼▷收~ㅣ护~。❻见[秋千]qiūqiān。

【秋波】 qiūbō 〖名〗比喻女子含情的眼睛或眼神▷暗送~ㅣ~频传。

【秋高气爽】 qiūgāoqìshuǎng 形容秋天天空明朗,气候凉爽宜人。

【秋毫无犯】 qiūháowúfàn 形容军队纪律严明,一点也不侵犯百姓利益(秋毫:鸟兽在秋天新长的细毛,比喻微小的事物)。

【秋老虎】 qiūlǎohǔ 比喻立秋后的炎热天气。

【秋千】 qiūqiān 〖名〗运动和游戏的器具,在高架上拴两根长绳,绳下端固定在板子上,人坐或踩在板上全身向前用力,借助产生的力量在空中摆动。

蚯 qiū [蚯蚓]qiūyǐn 〖名〗环节动物,身体柔软圆长。生活在土壤中,能使土壤疏松、肥沃。也说曲蟮。

楸 qiū 〖名〗楸树,落叶乔木,树干高大。木材细致、耐湿,可供建筑、造船、制作家具等用。

鳅(鰍) qiū 〖名〗鱼。体长而侧扁,口小,有须。种类很多,常见的有花鳅、泥鳅等。

鞧 qiū 〖名〗拴在驾辕牲口臀部周围的套具▷后~ㅣ坐~。

囚 qiú ❶〖动〗拘禁▷~禁ㅣ~车。❷〖名〗被囚禁的人▷死~ㅣ阶下~。

【囚犯】 qiúfàn 〖名〗监狱里关着的犯人。

【囚禁】 qiújìn 〖动〗关押使不能自由▷遭到长期~ㅣ~犯人。

求 qiú ❶〖动〗设法得到;探求▷~学ㅣ实事~是。❷恳请;乞求▷~援ㅣ~助。❸要求▷~全责备。❹

需要▷供大于~ㅣ需~。

【求和】 qiúhé ❶〖动〗濒临战败的一方向对方请求停战和解▷割地~。❷棋或球类等竞赛时估计自己一方不能获胜而设法造成平局▷这盘棋只能~了。

【求教】 qiújiào 〖动〗请求指教▷专程前去~ㅣ向内行~。

【求救】 qiújiù 〖动〗(遇到危难时)请求援救▷河里有人~ㅣ向民警~。

【求情】 qiúqíng 〖动〗请求对方答应某种要求或给予宽恕。

【求全责备】 qiúquánzébèi 对人对事要求十全十美,完备无缺(责备:要求完备)。

【求实】 qiúshí 〖动〗讲求实际,追求实效▷发扬~精神。

【求索】 qiúsuǒ ❶〖动〗追求,探索▷在人生道路上,他苦苦~。❷索取,索要▷~无厌。

【求同存异】 qiútóngcúnyì 找出共同点,保留不同意见。

【求新】 qiúxīn 〖动〗追求新奇、新颖▷大胆~ㅣ~倾向。

【求学】 qiúxué ❶〖动〗〈文〉探索学问▷年逾古稀,仍~不已。❷上学▷去北京~。

【求知欲】 qiúzhīyù 〖名〗探求知识的欲望▷青少年~很强。

虬 qiú ❶〖名〗虬龙,古代传说中的小龙,有弯曲的角。❷〖形〗〈文〉蜷曲▷~髯客ㅣ青筋~结。

泅 qiú 〖动〗游水▷~水ㅣ武装~渡。

酋 qiú ❶〖名〗部落的首领▷~长。❷(称盗匪或侵略者的)头目▷贼~ㅣ敌~。

逑 qiú 〖名〗〈文〉配偶▷君子好(hǎo)~。

球 qiú ❶〖名〗由中心点到表面各点的距离都相等的立体▷~面ㅣ~体。❷球形的体育用品▷足~ㅣ打~。❸球类运动▷赛~ㅣ看了一场~。❹地球▷全~。❺球形的东西▷煤~ㅣ眼~。

逎 qiú 〖形〗强劲;刚健▷~劲。

【逎劲】 qiújìng 〖形〗雄健有力▷笔力~。

裘 qiú 〖名〗毛皮做的衣服▷集腋成~ㅣ~皮。

【裘皮】 qiúpí 〖名〗羊、兔、狐、貂等动物的皮经过带毛鞣制而成的皮革▷~大衣。

qu

区(區) qū ❶〖名〗陆地、水面或空中的一定范围▷居民~ㅣ山~ㅣ禁渔~ㅣ禁飞~。❷〖动〗分别;划分▷~别ㅣ~分。❸〖名〗行政区划单位。包括省级的民族自治区,市、县所属的市辖区、县辖区等;此外还有地区、特区、军区、特别行政区等。☞做姓氏用时读ōu。

【区别】 qūbié ❶〖动〗区分;辨别▷~正误ㅣ~处理。❷〖名〗差异;不同的地方▷新旧社会有本质~。

【区分】 qūfēn 〖动〗找出彼此之间的不同点,从而把它们划分开来▷~好坏。

【区划】 qūhuà 〖名〗按自然条件或行政管理的传统对区域的划分▷行政~。

【区间】 qūjiān 〖名〗通讯联络、交通运输等全程线路的某一段。

【区区】 qūqū 〖形〗形容小、少,微不足道▷~小事,何必计较。

【区域】 qūyù 〖名〗一定范围内的地方▷~经济ㅣ在少数民族~实行自治。

曲(麯❺) qū ❶〖形〗弯(跟"直"相对)▷~径ㅣ弯~。❷〖动〗使弯▷~着腿坐在炕上。❸〖形〗不公正；不正确▷是非～｜直｜理～。❹图弯曲的地方；偏僻的地方▷河～｜乡～。❺酿酒或做酱时用来引起发酵的块状物，用曲霉和大麦、大豆、麸皮等制成▷酒～｜大～。○另见 qǔ。

【曲笔】 qūbǐ ❶图封建时代史官有意掩盖事情真相的记载。❷图在写作时不直书其事，而是委婉表达的写作方法▷文中使用了～。

【曲解】 qūjiě 团故意歪曲地解释▷～文意｜～领导意图。

【曲尽其妙】 qūjìnqímiào 把其中的奥妙委婉细致地充分表达出来。形容表达技巧高超。

【曲径】 qūjìng 图〈文〉弯曲的小路▷林木蔽天，～幽暗。

【曲线】 qūxiàn 图波状条纹，也指人体的线条。

【曲意逢迎】 qūyìféngyíng 违背本意迎合别人。

【曲折】 qūzhé ❶图弯曲的～的小路。❷形容过程复杂，起伏较大▷故事情节～。❸图借指错综复杂情况▷他的一生经历了不少～。

【曲直】 qūzhí 图弯曲和平直。借指不对和对；无理和有理▷是非～。

岖（嶇）
qū 见[崎岖]qíqū。

驱（驅）
qū ❶团赶牲畜；赶车▷扬鞭～马｜～车。❷奔驰▷长～直入｜并驾齐～。❸赶走▷～逐｜～邪。❹迫使▷～使｜～迫。

【驱车】 qūchē 团驾驶或乘坐车辆▷～赶到事故现场。

【驱除】 qūchú 团赶走或除掉，使不存在▷～敌寇｜～恐惧。

【驱动】 qūdòng ❶团加外力使开动起来▷这种锻压机械要用水压来～。❷驱使▷眼前利益～着一些人搞非法活动。

【驱赶】 qūgǎn ❶团使快走▷挥动鞭子～辕马。❷迫使离开▷～蚊蝇◇～烦恼和忧愁。

【驱遣】 qūqiǎn ❶团驱使①▷不能任人～。❷排解▷～烦恼。

【驱散】 qūsàn 团驱赶使散开或消失▷马队～了人群◇一阵大雨把暑热～了。

【驱使】 qūshǐ ❶团差遣；迫使别人为自己奔走效劳▷受人～。❷促使▷嫉妒心～她干出了那种蠢事。

【驱逐】 qūzhú 团赶走，强使离开▷～外寇｜～出境。

屈
qū ❶团弯曲；使弯曲▷～曲｜能～能伸｜指可数｜～膝投降。❷服从；使服从▷坚贞不～｜威武不能～。❸冤枉▷叫～｜冤～。❹〔理〕亏▷理～词穷。

【屈才】 qūcái 团大才小用，才能得不到充分施展。☞不宜写作"屈材"。

【屈从】 qūcóng 团屈服于压力，违心地服从▷受尽折磨，仍不肯～。

【屈打成招】 qūdǎchéngzhāo （无罪的人）在严刑拷打下被迫承认冤招认。

【屈服】 qūfú 团在外部压力下妥协让步，放弃抗争▷决不向敌人～。☞不宜写作"屈伏"。

【屈驾】 qūjià 团敬词，委屈尊驾（多用于邀请对方）▷恳请～光临。

【屈就】 qūjiù 团降低身份就任较低职位▷～低位。

【屈居】 qūjū 团（地位或名次）委屈地处在别人之下▷～副职｜～第三名。

【屈辱】 qūrǔ 图蒙受的委屈和侮辱。

【屈死】 qūsǐ 团受冤屈被迫害致死。

【屈膝】 qūxī 团膝关节弯曲下跪，借指屈服▷～献城｜～求和。

祛
qū 团除去（某些对人不利的事物）▷～邪｜～痰。☞不读 qù。

【祛除】 qūchú 团除去（病患、疑惧心理、灾凶邪祟等）。

蛆
qū 图苍蝇的幼虫。滋生于粪便、动物尸体和垃圾等污物中。

躯（軀）
qū 图身体▷为国捐～｜身～｜～体。

【躯干】 qūgàn ❶图身体的主干，指人体除去头部、四肢余下的部分。❷比喻树的主干▷去掉枝叶，留下～。

【躯壳】 qūqiào 图肉体（对精神而言）▷不能空有个～，没有灵魂。

焌
qū ❶团〈口〉使微火熄灭▷用鞋底把烟头～了｜把香火搁水里一下，准灭。❷烹调方法。a)在热油锅里放作料，再放蔬菜迅速炒熟▷～豆芽。b)把油加热后浇在菜肴上▷往凉拌莴笋里～点花椒油。

趋（趨）
qū ❶团〈文〉快走；小步快走▷～走｜亦步亦～。❷奔向；追求▷～之若鹜。❸归附；迎合▷～附｜～炎附势。❹向某个方向发展▷日～缓和｜～于平稳。

【趋附】 qūfù 团逢迎依附▷～权门。

【趋光】 qūguāng 团（某些昆虫或鱼类）奔向有光的地方；（某些植物）向着有光的方向生长。

【趋利避害】 qūlìbìhài 趋向有利的方面，避开有害的方面。

【趋时】 qūshí 团追求时髦；迎合时尚▷打扮～。

【趋势】 qūshì 图事物发展的趋向▷天气有转暖的～。

【趋向】 qūxiàng ❶团事物朝着某一方面发展转变▷俩人的关系～缓和。❷图动向▷历史发展的～。

【趋炎附势】 qūyánfùshì 奉迎依附有权势的人。

【趋之若鹜】 qūzhīruòwù 像成群的鸭子争先恐后地跑过去。比喻很多人争相追逐某一事物（鹜：鸭子）。

蛐
qū [蛐蛐儿]qūqur 图蟋蟀。

觑（覷）
qū 团眯着眼细看▷～着眼在地上找针。○另见 qù。

黢
qū 形黑▷～黑｜黑～～。

【黢黑】 qūhēi 形〈口〉特别黑；特别暗▷这孩子小脸儿～一个｜～的夜晚。

劬
qú 形〈文〉劳累▷～劳。

朐
qú 图用于地名。临朐，在山东。

渠
qú 图人工开凿的水沟、河道▷水到～成｜沟～。☞统读 qú。

【渠道】 qúdào ❶图人工挖的水道，多用来引水浇灌▷～年久失修。❷比喻途径、门路▷通过正常的～把问题反映上来。

癯
qú 形〈文〉瘦▷清～｜～瘠。

衢
qú 图〈文〉四通八达的道路；大路▷通～大道｜～路。

曲
qǔ ❶图宋元时期的一种韵文形式，可以演唱▷元～｜散～。❷歌曲▷唱个小～儿｜高歌一～。❸歌的乐调(diào)▷谱～｜作～。○另见 qū。

【曲调】 qǔdiào 图乐曲或戏曲唱腔的调子▷～高雅｜清新的～。

【曲高和寡】 qǔgāohèguǎ 原指曲调越高深，能跟着唱的人就越少，知音难得。现多比喻言论或作品艰深，能理解或欣赏的人少。☞"和"这里不读 hé。

【曲艺】　qǔyì 图具有地方色彩和民族风格的各种说唱艺术,如大鼓、评话、琴书、相声、弹词等。

茋 qǔ [茋荬菜]qǔmǎicài 图多年生草本植物,叶缘为锯齿形,花黄色。嫩茎叶可以吃。○另见 jù。

取 qǔ ❶团拿;去拿应属于自己的东西▷报纸 |汇款 | 领 ~。❷获得,招致▷ ~信于民 | 咎由自取。❸选取▷录 ~ | 景。

【取材】　qǔcái ❶团选择供加工的原材料▷就地 ~,可降低成本。❷选取写作素材▷剧本 ~ 于一位优秀教师的事迹。

【取长补短】　qǔchángbǔduǎn 吸取别人的长处,弥补自己的不足。

【取代】　qǔdài 团取得了别人或别物原来的位置或作用▷他的工作由新来的博士 ~ | 机器生产 ~ 了手工制作。

【取道】　qǔdào 团为到达目的地,选取经过某地的路线(以地名为宾语)▷ ~ 武汉去广州。

【取得】　qǔdé 团拿到;获得▷ ~ 冠军。

【取缔】　qǔdì 团明令取消、关闭或禁止▷ ~ 非法组织。

【取经】　qǔjīng 团本指佛教徒去印度求佛经原本,现多比喻向先进的地区、集体或个人吸取经验▷西天 ~ |她成了种棉能手,各地棉农都来向她 ~。

【取决】　qǔjué 团由某人、某方面或某种情况来决定▷这件事成与不成,并不完全 ~ 于他。☞后面多附"于"。

【取乐】　qǔlè 团寻求乐趣▷大家围坐在一起说笑话 ~ |拿别人 ~ 不好。

【取巧】　qǔqiǎo 团用巧妙的手段谋取非分利益或减轻工作强度▷那人惯会 ~ 谋私 | 这是实在活儿,一点儿也不能 ~。

【取舍】　qǔshě 团择取或舍弃;选择▷按规定标准 ~ | ~ 适当。

【取胜】　qǔshèng ❶团获得胜利▷这次出兵,定能 ~。❷在某一方面占有优势▷这家餐馆以物美价廉 ~。

【取向】　qǔxiàng 图选取的方向▷教育 ~ | 价值 ~。

【取消】　qǔxiāo 团废除,不再保留或施行▷代表资格被 ~ 了 | 原来的安排取消全部。☞不宜写作"取销"。

【取笑】　qǔxiào 团讥笑;寻开心▷被人 ~ | 别拿我 ~。

【取信】　qǔxìn 团取得信任▷ ~ 于民。

【取悦】　qǔyuè 团寻求并争取得到别人的喜欢;讨好▷ ~ 领导。

【取证】　qǔzhèng 团采集证据▷经过多方 ~,案情终于有了进展。

娶 qǔ 团男子结婚(跟"嫁"相对)▷ ~ 媳妇 | ~ 妻。

【娶亲】　qǔqīn ❶团男子到女方家里迎娶新娘。❷男子成婚▷他儿子该 ~ 了。

齲(齲) qǔ 团牙齿被腐蚀而形成空洞▷ ~ 齿。☞统读 qǔ。

【齲齿】　qǔchǐ ❶图一种齿病。口腔中残留的食物,在微生物作用下产生酸类,使牙齿发生腐蚀性病变。❷指发生腐蚀性病变的牙齿▷这两颗 ~ 应该拔掉。也说蛀齿,俗称"虫牙"。

去 qù ❶团离开▷ ~ 世 | ~ 职。❷〈文〉距离;相差▷两国相 ~ 万里 | ~ 今千年。❸失去▷大势已 ~。❹除掉;减掉▷ ~ 火 | 绳子太长,得 ~ 掉一截。❺团指过去的(一年)▷ ~ 冬今春 | ~ 年。❻团离开说话人这里到别的地方(跟"来"相对)▷商场买东西 ~ |处。❼表示后面的动作是前面动作的目的▷拿着锄头 ~ 锄地。❽表示动作行为的持续或趋向等▷随他说 ~ |一眼看 ~ |朝大门外跑 ~。❾图去声▷平上 ~ 入 |阴

阳上 ~。

【去处】　qùchù ❶图去的地方▷谁也不知道他的 ~。❷场所;地方▷休养的好 ~。

【去粗取精】　qùcūqǔjīng 舍弃粗劣的、无用的,选取优良的、有用的。

【去声】　qùshēng ❶图古代汉语四声中的第三种调类。❷现代汉语普通话四声中的第四种调类。调值为51,全降调。

【去世】　qùshì 团离开人世(用于成年人)▷父母都已 ~。

【去伪存真】　qùwěicúnzhēn 把虚假的部分去掉,保留真实的部分。

【去向】　qùxiàng 图(人或物品)去的方向;去处▷敌人的 ~ !钢笔不知 ~。

趣 qù ❶图意向;志向▷旨 ~ | 志 ~。❷趣味,使人感到愉快或有兴味的特性▷相映成 ~ |乐 ~。❸题使人感到愉快或有兴味的▷ ~ 事。☞统读 qù。

【趣谈】　qùtán 图有趣的谈论或描述(常用于书名)▷《汉字 ~》。

【趣味】　qùwèi 图情趣、意味▷低级 ~ | ~ 高雅 |这本书写得有 ~。

【趣闻】　qùwén 图听到的有趣的事;有趣的传闻▷旅游中听到一些 ~。

觑(覷) qù 团〈文〉看;偷看▷面面相 ~ |小 ~。○另见 qū。

quan

悛 quān 团〈文〉悔改▷怙恶不 ~。☞不读 jùn。

圈 quān ❶图环形;环形的东西▷坐成一 ~ |花 ~ |◇说话别兜 ~ 子。❷比喻特定的范围或领域▷话说得出 ~ 儿了 | 文化 ~。❸团画圈做记号▷把不认识的字 ~ 出来 | ~ 点。❹围起来;划定范围▷现场已用绳子 ~ 住了 | ~ 地。○另见 juān;juàn。

【圈定】　quāndìng 团在名单或方案等书面材料上以画圈的方式确定具体的人选或方案▷候选人名单已 ~。

【圈套】　quāntào 图套住东西的圈儿;比喻诱人上当、受骗的计谋策略▷要加倍小心,不能中了敌人的 ~。

【圈阅】　quānyuè 团领导人审阅文件后在自己的名字上画个圆圈,表示已经看过▷这个文件领导都 ~ 过了。

【圈子】　quānzi ❶图中空而圆的平面图形;环状的东西▷在地上画了个 ~ |大铁 ~ |◇有话请直说,不要兜 ~。❷比喻固定格式、传统作法▷作家只有继承传统又能跳出前人的 ~,才能有所创新。❸比喻某种范围、界限▷别总在你们那几个人的小 ~ 里打转转儿。

权(權) quán ❶图〈文〉秤锤。❷团〈文〉衡量▷ ~ 衡利弊。❸随机应变▷通 ~ 达变 | 宜。❹副暂且;姑且▷死马 ~ 当活马医 | 且。❺图权力▷手中有 ~ | ~ 限。❻权利▷选举 ~。❼可以控制的有利形势▷制空 ~ |主动 ~。

【权变】　quánbiàn 团随情况而灵活变化▷这个人头脑灵活,能够应变 ~。

【权当】　quándàng 副姑且当作▷他如此不孝,您就 ~ 没他这个儿子。

【权贵】　quánguì 图旧指官位高、权势大的上层贵族、官僚。

【权衡】　quánhéng 团秤锤和秤杆,借指衡量比较、斟酌考虑▷ ~ 利弊得失。

【权力】　quánlì ❶图政治方面的强制力量▷国家 ~ |机关。❷(个人或机构)在职责范围内的支配力量▷

行使～。

【权利】 quánlì 图公民或法人依法享有的权力和利益（跟"义务"相对）▷政治～|青少年享受义务教育的～。

【权谋】 quánmóu 图具有应变性的谋略▷此人纵横政坛几十年，很有～。

【权且】 quánqiě 副表示暂时先（怎样），相当于"姑且"▷既然来了，～住下。

【权势】 quánshì 图权柄和势力▷不能以～压人。

【权术】 quánshù 团权谋和手段（含贬义）▷玩弄～。

【权威】 quánwēi ❶图使人信服并顺从的力量和威势▷～人士|形成～。❷在某个范围或领域内具有威望和地位的人或事物▷学术～。

【权限】 quánxiàn 图职权范围；权力的界限▷职务～|超越本部门～。

【权宜之计】 quányízhījì 根据特定的时间、特定的情况而采取的变通办法。

【权益】 quányì 图依法享受的权力和利益（偏重指利益）▷保护职工的合法～|消费者～保护法。

全 quán ❶形完整；齐备▷十～十美|齐～。❷团使完整无缺或不受损害；保全▷两～其美|成～。❸形整个的；全体的▷～世界|～民。❹副都▷种的树～活了|大家～来了。❺完全▷～新的衬衫|～不顾个人安危。

【全部】 quánbù 形所有的；没有例外的▷～人员|～产品|敌人～被消灭。

【全才】 quáncái 图指全面发展的人才或具有多方面才能的人才▷音乐～|他什么都懂，真是一个～。

【全称】 quánchēng 图名称的完全形式▷北大的～是北京大学。

【全额】 quán´é 图全部数额；最高数额▷药费～报销|～奖学金。

【全方位】 quánfāngwèi 图四面八方的；包含各个侧面的▷～对外开放。

【全副】 quánfù 形全部的；全套的▷～精力|进口～设备。

【全家福】 quánjiāfú 图指一个家庭所有成员合拍的相片。

【全局】 quánjú 图指事物的整体局面▷从～出发|统筹～。

【全貌】 quánmào 图整个面貌；整体状况▷难睹庐山～|弄清事物的～。

【全面】 quánmiàn ❶图整个的局面；各个方面▷厂长要抓～，不能只管生产。❷形顾及各个方面的▷总结得很～。

【全民】 quánmín 图全体民众▷提高～素质|～所有。

【全能】 quánnéng 形包括多项技能的（多用于体育方面）▷～运动|五项～。

【全盘】 quánpán 图整体；全部▷掌握～|一着不慎，～皆输。

【全勤】 quánqín 团个人或集体在规定的工作或学习日里全部出勤▷他这个月～|我们小组今天～。

【全球】 quánqiú 图整个地球上；全世界▷誉满～。

【全权】 quánquán 形具有某方面的全部权力的▷～代表|～处理。

【全然】 quánrán 副完全▷他～不顾自己有病，跳入河中营救落水的儿童。

【全神贯注】 quánshénguànzhù 精神高度集中。

【全盛】 quánshèng 形最为繁荣昌盛；鼎盛▷当时正值该厂的～时期。

【全速】 quánsù 副表示所能达到的最高速度▷轮船～

航行。

【全体】 quántǐ ❶图所有个体或部分的总和▷～起立|不仅要看到部分，还要看到～。❷形所有的；全部的▷～工作人员|心里要永远装着～人民。

【全天候】 quántiānhòu 形能适应各种天气和气象条件的▷～轰炸机|～航行。

【全心全意】 quánxīnquányì 一心一意，没有任何杂念。

【全优】 quányōu ❶形各个方面、各个环节都是优质的▷～服务。❷德智体美各个方面都优秀或各门功课成绩都优秀▷～学生。

【全自动】 quánzìdòng 形完全由电脑等技术装置操作和控制的▷～机床。

诠（詮） quán 图〈文〉❶团详细解释▷～释。❷图事理▷真～。

荃 quán 图〈文〉菖蒲。

泉 quán ❶图涌出地面的地下水▷清～。❷团流淌地下水的地方；水的源头（一般距地面较深）▷掘地及～。❸团借指人死后埋葬的地下▷九～|黄～。

拳 quán ❶图拳头，五指紧握的手▷握～|～击。❷团弯曲▷～着腿。❸图拳术，徒手的武术▷太极～|打～。

【拳曲】 quánqū 形弯曲；不舒展（多形容物体）▷树枝～。

【拳拳】 quánquán 形〈文〉诚挚恳切▷～之心。☞不宜写作"惓惓"。

【拳头产品】 quántou chǎnpǐn 制造厂商在市场上有竞争优势的重要产品。

铨（銓） quán 〈文〉❶团衡量▷～度（duó）。❷评定高下，选授官职▷～叙|～选。☞跟"诠"不同。

痊 quán 团病好了；恢复健康。

【痊愈】 quányù 团（伤、病）完全治好，恢复了健康▷伤口已经～。

筌 quán 图〈文〉捕鱼用的竹器，带有逆向钩刺，鱼进得去出不来▷得鱼忘～。

蜷 quán 团（肢体）弯曲，不伸展▷～起腿来|～成一团。☞不读 juǎn。

【蜷伏】 quánfú 团弯曲身体卧着▷小猫～不动。

【蜷曲】 quánqū 团（肢体等）弯曲着；伸不开▷四肢僵硬，不能～。☞"蜷曲"用作动词，指身体伸不开；"卷曲（juǎnqū）"用作形容词，形容东西弯曲。

【蜷缩】 quánsuō 团弯着身体缩在一起▷天寒地冻，身体～成一团。

醛 quán 图含有醛基的有机化合物的统称，如甲醛、乙醛等。

鬈 quán ❶形〈文〉头发长得好。❷（毛发）卷曲▷～发。☞不读 juǎn。

颧（顴） quán [颧骨]quángǔ 图眼睛下面两腮上面的骨头。

犬 quǎn 图犬科哺乳动物的统称。性机警，易驯养，是人类最早驯化的家畜之一。通称狗。

【犬马之劳】 quǎnmǎzhīláo 像狗和马那样为别人奔走效力。

【犬牙交错】 quǎnyájiāocuò 形容地界相接处地形互相穿插，像狗牙一样。也指局面错综复杂。

劝（勸） quàn ❶团〈文〉勉励；鼓励▷～善规过|～学。❷说服，讲道理使人听从▷～他别去|奉～～。

【劝导】　quàndǎo 囝规劝和开导▷经过再三～,他终于改正了错误。

【劝告】　quàngào ❶囝劝人接受意见或改正错误▷～他遵纪守法。❷囝劝告的话▷这些～他根本不听。

【劝解】　quànjiě ❶囝劝说解释▷经过耐心～,他回心转意了。❷囝劝说使不再争斗▷把吵架的人～开了。

【劝诫】　quànjiè 囝劝告告诫▷师傅总～我不要暴躁。☞不宜写作"劝戒"。

【劝说】　quànshuō 囝说明道理,使人接受自己的意见。

【劝慰】　quànwèi 囝劝解安慰▷邻居过来～,她才止住了哭声。

【劝诱】　quànyòu 囝劝说诱导▷任凭别人怎样～,他始终不改初衷。

【劝阻】　quànzǔ 囝以劝说方式阻止▷听说他要辞职,许多亲友都来～他。

券　quàn 囝有凭证标志的特制纸片;票据▷国库～|优待～。☞㊀不读 juàn。㊁下边不是"力"。○另见 xuàn。

que

炔　quē 囝有机化合物的一类,分子式 C_nH_{2n-2}▷乙～。

缺　quē ❶囝残破;不完整▷阴晴圆～|～口。❷囝缺少;不足▷桌子～了一条腿|～人手。❸囝不完善▷～点|～憾。❹囝该到而没有到▷～勤。❺囝指官职或一般职务的空额▷不知谁补老部长的～|肥～。

【缺德】　quēdé 囮没有良好的品德▷这人真～|不干～事。

【缺点】　quēdiǎn 囝毛病;短处▷改正～|这种产品有～。

【缺乏】　quēfá 囝不具有或不完全具有(应具备或需要的东西)▷资源～。

【缺憾】　quēhàn 囝不够完美而使人感到遗憾的地方▷这部书没有大～。

【缺漏】　quēlòu 囝短缺和遗漏▷概括全面,毫无～|弥补～。

【缺少】　quēshǎo 囝(应有的人或事物)缺乏▷厂长身边～一位得力助手|～路费。

【缺损】　quēsǔn ❶囝残缺破损▷设备～严重|心脏瓣膜～。❷囝残缺破损的地方▷这幅画有几处严重的～。

【缺席】　quēxí 囝应该出席的场合没有出席▷今天的会他因病～。

【缺陷】　quēxiàn 囝不十分完善或不健全的地方▷雕像有点～|生理～。

阙（闕）　quē ❶囝古同"缺"。❷囝〈文〉缺陷;过失▷～失。☞"阙①"意义同"缺",但"拾遗补阙""阙文""阙疑""阙如"中的"阙",习惯上不作"缺"。○另见 què。

瘸　qué 囮〈口〉腿脚有毛病,走路时身体不能保持平衡▷走路一～一拐|把腿摔～了|～子。

却　què ❶囝退;向后退▷望而～步|退～。❷〈文〉使后退▷～敌之计。❸推辞;拒绝▷盛情难～|推～。❹用在某些单音节动词或形容词后面,表示结果,相当于"去""掉"▷了～一桩心事|忘～。❺囯表示轻微的转折▷虽然天气很冷,大家心里～热乎乎的。

【却步】　quèbù 囝往后退▷望而～|路上行人为之～。

【却之不恭】　quèzhībùgōng 拒绝了别人的赠予或邀

请,就显得不恭敬了。

雀　què ❶囝麻雀▷门可罗～。❷囮小▷～鹰|～麦|～鱼。❸囝鸟类的一科,常见的有燕雀、锡嘴雀等。☞㊀在口语词"雀子"(雀斑)中读 qiāo。㊁在口语词"家雀儿"中读 qiǎo。

【雀斑】　quèbān 囝皮肤病。症状是面部出现黄褐色或黑褐色的小斑点,不疼不痒。患者多为女性。☞不宜写作"雀瘢""雀癍"。

【雀跃】　quèyuè 囝高兴得像小鸟那样蹦蹦跳跳▷欢呼～。

确（確）　què ❶囮坚决;坚定▷～守|～信。❷囮符合实际的;真实的▷消息不～|～准、～。

【确保】　quèbǎo 囝坚决无误地保持或保证▷～通讯畅通。

【确定】　quèdìng ❶囝明确肯定下来▷大方向已经～。❷囮明确而肯定▷人员不太～|～的答复。

【确立】　quèlì 囝稳固地建立或树立▷大政方针已经～|在群众中～威信。

【确切】　quèqiè ❶囮准确;恰当▷解释～。❷准确、可靠▷～的数字。

【确认】　quèrèn 囝十分肯定地认定▷这件事是有关领导～过的。

【确实】　quèshí ❶囮十分真实可信▷数据～|可靠。❷囯的确▷他～有病|这个人～不简单。

【确信】　quèxìn ❶囝十分相信,一点儿也不怀疑▷我～这件事是他干的。❷囝十分可靠的信息▷刚得到～。

【确凿】　quèzáo 囮确实无误;非常真实▷证据～|～无疑。

【确诊】　quèzhěn 囝准确地诊断▷病情复杂,暂不能～。

【确证】　quèzhèng ❶囝明确证实▷目击者～案发时被告不在现场。❷囝确凿的证据▷这些材料就是～。

阕（闋）　què ❶囝〈文〉终了;完毕。❷囯a)歌曲或词一首叫一阕▷高歌一～|收词百余～。b)宋词的一段叫一阕▷上～(前一段)|下～(后一段)。

鹊（鵲）　què 喜鹊,上体羽毛黑褐色,其余为白色,尾巴长,叫声响亮。

阙（闕）　què 囝古代宫殿门前两边的楼台;泛指宫殿或帝王的住所▷宫～。○另见 quē。

榷　què 囝研究;商讨▷商～。

qun

逡　qūn 囝〈文〉往来;退让▷～巡。☞不读 jūn。

裙　qún ❶囝裙子,一种围在腰部遮盖下体的服装,没有裤腿▷连衣～|超短～。❷围绕在物体四边像裙子的东西▷围～|墙～。

【裙带关系】　qúndài guānxì 指妻女姐妹等形成的关系(多用于讽刺利用这种关系在官场活动)。

群　qún ❶囝聚集在一起的许多人或物▷人～|羊～|楼～。❷囮成群的;众多的▷～岛|～集|博览～书。❸囝指众多的人▷～起响应|武艺超～。❹囯用于成群的人或物▷一～人|一～羊。

【群策群力】　qúncèqúnlì 大家一起出主意、出力量。

【群岛】　qúndǎo 囝相距较近的一群岛屿,如我国的南沙群岛,舟山群岛等。

【群集】　qúnjí 囝成群地集合在一起▷各路英豪～一堂|人们～街头。

【群龙无首】　qúnlóngwúshǒu 比喻在一群人当中没有

一个领头的人。

【群落】　qúnluò　❶图生存在一起并与一定的生存条件相适应的各种动植物的总体▷这里有野生动植物形成的原始～。❷众多同类事物聚集而形成的群体▷古建筑～。

【群情】　qúnqíng　图群众的情绪▷～振奋|～沸腾。

【群体】　qúntǐ　❶图由许多在生理上发生联系的同种生物个体组成的整体,如动物中的珊瑚和植物中的某些藻类。❷泛指由许多有共同特点的互相联系的个体组成的整体(跟"个体"相对)▷英雄～|彩塑～。

【群威群胆】　qúnwēiqúndǎn　形容大家团结一致所表现出来的群体力量和勇敢精神。

【群言堂】　qúnyántáng　指主要领导干部由于具有民主作风和群众观点而形成的大家能够广泛发表意见的一种人文环境▷我们要搞～,不要搞"一言堂"。

【群英】　qúnyīng　图众多的英雄人物、杰出人物▷～会|～荟萃。

【群众】　qúnzhòng　❶图众多的人,现指人民大众▷发动～|～路线。❷特指不担任领导职务的人▷关心～生活|深入～。❸特指没有加入共产党、共青团组织的人▷非党～|支部会可以吸收～参加。

麇　qún　副〈文〉成群地▷～集|～至。

R

ran

然 rán ❶代指上文所说的情况,相当于"这样""那样"▷不尽~|理所当~。❷词的后缀,附在副词或形容词的后面,表示事物或动作的状态▷忽~|偶~|默~|飘飘~。❸连〈文〉连接分句,表示转折关系,相当于"然而""但是"▷先生虽已逝世,~其敬业之精神将永留人间。❹形对;正确▷不以为~。❺动〈文〉认为正确▷沛公~其计。

【然而】 rán´ér 连连接分句或句子,表示转折关系▷他原先答应得很好,~,没过几天就变卦了。

【然后】 ránhòu 连连接分句或句子,表示接着某种动作或情况之后发生▷先调查研究,~再下结论。

髯 rán 名〈文〉两腮上的胡子;泛指胡子▷长~|美~|虬~。☞统读 rán。

燃 rán ❶动焚烧▷严禁携带易~物品|死灰复~|~料|点~。❷引火使燃烧▷~香|~放。

【燃点】 rándiǎn ❶动取火点着▷~蜡烛|~炸药包。❷名某种物质开始燃烧时所需要的最低温度。也说着火点、发火点。

【燃放】 ránfàng 动点燃爆竹等使爆发▷市内不准~烟花爆竹。

【燃料】 ránliào 名燃烧时能产生热量或动力的物质,如煤、石油、天然气。也指能产生核能的铀等。

【燃眉之急】 ránméizhījí 像火燃着了眉毛那样的急迫。比喻万分紧急的事情。

【燃烧】 ránshāo ❶动物质剧烈氧化而发光、发热。在高温时,某些物质与空气中的氧气剧烈化合而发热、发光,是最常见的燃烧现象。❷比喻感情欲望等剧烈升腾▷愤怒~着我的心。

冉 rǎn [冉冉]rǎnrǎn 副慢慢地▷一轮红日~升起|红旗~上升。

苒 rǎn 见[荏苒]rěnrǎn。

染 rǎn ❶动给纺织品等着(zhuó)色▷~布|印~|蜡~。❷沾上;感染▷一尘不~|~病|传~。☞㊀右上是"九",不是"丸"。㊁跟"柒"(qī)不同。

【染缸】 rǎngāng 名用来染色的缸,多比喻对人产生不良影响的场所和环境▷赌场是个大~。

【染料】 rǎnliào 名能使纤维或其他材料着色的物质(多为有机物质),分天然染料和合成染料两大类。

【染指】 rǎnzhǐ 春秋时,楚人献给郑灵公一只甲鱼,郑灵公请大臣们品尝,有意识地不给子公吃。子公非常生气,用手指在盛甲鱼的鼎里蘸上点肉汤,尝了尝就离开了。现比喻分享不应得的利益。

rang

禳 ráng 动〈文〉向鬼神祈祷除邪消灾▷~灾|~解|~毒。

瓤 ráng ❶名瓜类果实中与瓜子相连的肉或瓣▷西瓜~|橘子~。❷泛指皮或壳里包着的东西▷枕头~儿|秫秸~。

壤 rǎng ❶名疏松而适于种植的泥土▷沃~|土~。❷大地▷天~之别|霄~。❸地区▷接~|穷乡僻~。

攘 rǎng 〈文〉❶动排斥;抵御▷~除奸邪|~外(抵御外患)。❷捋起(袖子)▷~臂。☞统读 rǎng。

嚷 rǎng ❶动大声喊叫▷别~,大家都在看书呢|大~大叫。❷吵闹▷气得我跟他~了一顿。☞在"嚷嚷"(吵闹)一词中读 rang。

让(讓) ràng ❶动把方便或好处留给别人;谦让▷你推我,谁也不肯坐|~步|退~。❷把原先掌握的所有权或使用权转移给别人▷出一间屋子给亲戚住|~位|~贤。❸邀请;请客人(饮酒、用茶等)▷把客人~进书房里|~茶。❹容许;容忍▷你就~他来吧!|不能~事态这样发展下去。❺使;指使▷他~我来找你|来晚了,~您久等了。❻表示一种愿望,用于号召▷~我们继承先烈遗志继续前进。❼介〈口〉引进动作行为的施事者,相当于"被"▷饭都~他们吃光了|~人打了一顿。☞"讓"简化为"让",但在其他由"襄"构成的字(如"嚷""壤""攘""瓤"等)中,"襄"不能类推简化为"上"。

【让步】 ràngbù 动在谈判、协商争执过程中表示妥协或退让▷他们争论了半天,谁也不肯~|在利润分成的问题上,我们厂家可以让一步。

【让利】 rànglì 动在经济活动中让出部分利益或利润▷~销售|本商场各种电器一律~4%。

【让路】 rànglù 动开道路▷慢车给快车~◇其他工作都要给中心工作~。

【让位】 ràngwèi ❶动让出统治地位或领导职务。❷让出坐位。

【让贤】 ràngxián 动主动把领导职位让给德才兼备的人▷老校长~,受到了老师们的赞扬。

rao

饶(饒) ráo ❶形多;富足▷富~。❷动额外添上▷买十个~一个。❸宽恕▷~恕|~命|求~。☞右上不是"戈"。

【饶人】 ráorén 动宽容待人▷得理也要能~。

【饶舌】 ráoshé 动多嘴;没完没了地说▷不关你的事,你不要~就这么点事儿,看你这个~劲儿。

【饶恕】 ráoshù 动宽恕;不给予处罚。

娆(嬈) ráo 见[妖娆]yāoráo。

扰(擾) rǎo ❶形〈文〉乱▷纷~。❷动搅乱,使混乱或不得安宁▷庸人自~|~民|干~。❸客套话,用于受人款待,表示感谢对方▷~您亲自送来|打~。☞"扰"和"拢"(lǒng)形、音、义都不同,"拢"是"攏"的简化字。

【扰乱】 rǎoluàn 动搅扰;使混乱不安▷意外事件~了她平静的生活|~秩序。

绕(繞) rào ❶动缠▷把线~成团。❷围着中心转动▷~着操场跑步|~圈子|围~。❸通过弯曲的路迂回回过去▷从旁边~|道而行|~远。❹使不顺畅▷~嘴|~口令。❺(问题、事情)纠缠不清▷你把我~糊涂了|一时~住了,没弄清楚。☞统读 rào。

【绕口令】 ràokǒulìng 名民间语言游戏。把声韵调极为相近的字交错重叠组成句子,要求一口气急速说出,容易把音读错引人发笑。也说拗口令、急口令。

【绕远儿】 ràoyuǎnr ❶团不走正路或近路,而另走一条较远的路▷我们今天是有意~走,好顺道看看八达岭。❷形比其他的路线远▷从苏州坐火车到杭州,方便倒是方便,就是有点~。

【绕嘴】 ràozuǐ 形不顺口;不流畅▷这段话他念起来怎么那么~?

re

惹 rě ❶团招引;引起;挑逗▷~麻烦|~祸|招~。❷触犯▷一句话把他~翻了|~不起。

【惹事】 rěshì 团做不合情理的事▷在外边不要~。

【惹是生非】 rěshìshēngfēi 招惹是非,引起麻烦或争端。☞不宜写作"惹事生非"。

热(熱) rè ❶形温度高;感觉温度高(跟"冷"相对)▷天气太~|你穿得那么厚,不~?|~水。❷团加热,使温度升高▷粥凉了,再~一下。❸图温度,疾病引起的高体温▷发~|退~。❹形情意深厚,炽烈▷~心肠|~烈|爱~亲~。❺非常羡慕;很想得到▷眼~。❻吸引人的;引人瞩目的▷~门儿|~货|~点。❼图指某一时期内社会普遍感兴趣的现象▷气功~|旅游~|足球~。❽形(景象)繁华,兴盛▷~闹|~潮。

【热爱】 rè'ài 团强烈深厚地爱。

【热潮】 rècháo 图蓬勃发展,热烈高涨的形势。

【热忱】 rèchén ❶图热烈诚挚的情意▷满腔~|爱国~。❷形情意热烈,诚挚▷白求恩对工作极端~|地希望大家团结起来。

【热诚】 rèchéng ❶形热情而诚恳▷~相待|~欢迎。❷图深厚的诚意▷人们被他无私奉献的~感动了|一片~。

【热处理】 rèchǔlǐ ❶团把金属材料加热到一定温度,再进行不同程度的冷却,以使金属材料内部结构发生变化,从而改善工件内部组织,提高其各种性能,并延长其寿命。❷比喻在事件的进程中,对一些情况立即进行处理▷出现这些情况的原因很复杂,要冷静下来后具体分析,尽量不要~。

【热带】 rèdài 图指赤道两侧,南、北回归线之间的地带。全年的气温高,变化不明显。四季昼夜时间相差不大,雨量充沛。

【热点】 rèdiǎn ❶图科技上指温度高于周围环境的局部区域▷~工序。❷比喻在一定时期,一定场合,人们议论关注的中心或兴趣普遍集中的地方;也指可能爆发武装冲突或重大政治事变的地区▷西部大开发成了人们议论的~|旅游~地区|中东是世界~。

【热度】 rèdù ❶图热量所达到的程度▷~不够,不能焊接。❷指高于正常体温的温度▷连打几针,~才退下来。❸热情▷干好工作,不能靠三分钟的~。

【热烘烘】 rèhōnghōng 形形容很热▷外面很冷,屋里却~的|心里~的。

【热乎乎】 rèhūhū ❶形形容热得适度。❷形容亲热、激动的感觉▷心里~的。☞不宜写作"热呼呼"。

【热乎】 rèhu 〈口〉❶形(饭食等)热▷先喝一碗~粥|沙子晒得很~。❷亲热,近乎▷他们俩人相处得挺~。☞不宜写作"热呼"。

【热火朝天】 rèhuǒcháotiān 比喻群众性场合气氛热烈,情绪高涨。

【热辣辣】 rèlālā 形如同被火烫着那样热▷脸被火炉烤得一~|羞得她脸上~的。☞㈠"辣辣"这里读变调。㈡不宜写作"热刺刺"。

【热浪】 rèlàng 图猛烈流动的热气▷~滚滚,气温持续上升◇掀起了参军的~。

【热泪】 rèlèi 图激动时流出的泪水。

【热恋】 rèliàn 团炽热地相爱。

【热烈】 rèliè 形心情激动,感情强烈。

【热流】 rèliú ❶图温暖振奋的感受▷想到总理的关怀,一股~传遍全身。❷热潮▷改革开放的~冲击着一切保守落后的东西。

【热门儿】 rèménr 图〈口〉比喻能够吸引众多的人,受到广泛关注的事物▷~专业|~货。

【热闹】 rènao ❶形(景象)繁荣兴盛;活跃喧闹▷集市上人来人往,非常~。❷图繁盛喧闹的场面▷过元宵节,到街上看~。❸团使场面活跃,精神振奋▷元旦晚上聚会,大家~~。

【热气】 rèqì ❶图温度高的水蒸气或空气。❷比喻高涨的情绪或热烈的气氛▷工地上~腾腾。

【热切】 rèqiè 形热烈而恳切▷~盼望亲人归来。

【热情】 rèqíng ❶图热烈的感情。❷形感情热烈▷待客她待人很~。

【热身】 rèshēn 团体育运动正式比赛前进行适应性训练或演习性比赛。

【热腾腾】 rètēngtēng 形形容热气往上冒的样子▷喝了一碗~的姜汤。☞"腾腾"这里读变调。

【热土】 rètǔ 图令人怀有深厚感情的长期住过的地方▷我喜欢这片~。

【热线】 rèxiàn ❶图指随时供直接对话的通讯线路▷电话~。❷指运送旅客、货物繁忙的交通线路▷航空~。❸红外线。

【热心】 rèxīn 形热情主动,肯尽心力。

【热血】 rèxuè 图鲜血;比喻献身正义事业的热情。☞"血"这里不读 xiě。

【热衷】 rèzhōng ❶团极力追逐(利益或地位等)▷~于扩大权势。❷非常喜好(某种活动)▷~公益事业。☞不宜写作"热中"。

ren

人 rén ❶图指由类人猿进化而来的,能思维,能制造并使用工具进行劳动,并能进行语言交际的高等动物▷男~|女~|白~|黑~。❷指成年人▷长大成~。❸指别人▷舍己救~|助~为乐|诚恳待~。❹指每个人或一般人;大家▷~手一册|~同此心|~所共知。❺指人手或人才▷那个单位很缺~|学科组~不够|向社会公开招~。❻指为人的品质▷王老师~很正直。❼指人格或声誉▷丢~现眼。❽指人的身体▷注意休息,别把~累坏了|~在心不在。

【人才】 réncái ❶图品德才干兼优的人;有特长的人。❷〈口〉指端庄动人的容貌▷一表~|她长得有几分~。☞不宜写作"人材"。

【人潮】 réncháo 图像潮水一样汹涌的人群▷集市上~涌动。

【人称】 rénchēng 图语法范畴的一种,表示谈话时所说到的动作行为是属于谁的。汉语的代词有人称分别,属于说话人的是第一人称,如"我"、"我们";属于听话人的是第二人称,如"你"、"你们";属于其他人或事物的是第三人称,如"他"、"她"、"它"、"他们"。

【人次】 réncì 量表示同一类活动的若干次人数的总和。如游览八达岭,第 1 次 20 人,第 2 次 40 人,总共就是 60 人次。☞1 个人游览 3 次是 3 人次;3 个人游览 1 次,也是 3 人次。

【人道】 réndào ❶图在社会生活中关心人的生存和发展,尊重人的人格的道德规范。❷形遵循人道规范的▷这样待人很不~。

【人定胜天】 réndìngshèngtiān 人的智慧和力量能够

战胜大自然(人定:人的谋略)。

【人多嘴杂】 rénduōzuǐzá 众人议论纷纷,看法多种多样。也指在场的人多,不容易保密或把事情说清楚。

【人浮于事】 rénfúyúshì 指人员超过工作需要的数量(浮:多,超过)。

【人格】 réngé ❶图人的性格、气质、能力、作风等方面的总和。❷个人的道德品质。❸作为具有社会权益和义务的人的资格▷尊重公民的~|污辱~。

【人格化】 réngéhuà 团描写动植物或非生物时,赋予它们以人的某些外部特征、行动和思想情感。也说拟人化(常用于文艺作品)。

【人各有志】 réngèyǒuzhì 每个人都有自己的志向愿望(意为对他人的志向和愿望应该尊重,不能勉强)。

【人工】 réngōng ❶团人为的;后天造成的(跟"天然"相对)▷~湖|~小气候。❷用人力操作的▷~操作。

【人工智能】 réngōng zhìnéng 在计算机科学的基础上,综合计算机科学、信息论、心理学、生理学、语言学、逻辑学和数学等,研究智能的计算机系统,使计算机系统显示出人类智能行为的特征,从而在某些方面替代人工操作。

【人海】 rénhǎi ❶图像汪洋大海一样那么多的人。❷比喻人类社会▷~茫茫。

【人和】 rénhé 图指良好的人际关系;人心一致;上下团结▷~是搞好工作的基础。

【人欢马叫】 rénhuānmǎjiào 形容激奋欢腾的情景。

【人际】 rénjì 图指人和人之间▷处理好~关系。

【人家】 rénjiā ❶图住户。❷家庭。

【人家】 rénjia ❶代别人▷虚心向~学习。❷某个人、某些人或集体▷不能不理~|我倒想去他们单位工作,可~不要。❸指自己,相当于"我"▷~不愿意去嘛。❹团用在表人的词之后,表身份▷男~|女~|老~。

【人间】 rénjiān 图人类社会。

【人杰地灵】 rénjiédìlíng 有灵秀之气的地方出现杰出的人物。也指杰出人物出生或到过的地方成了名胜之地。

【人口】 rénkǒu ❶图生活在一定地域、一定时间内的人的总和。❷一个家庭的成员。❸泛指人▷拐卖~。

【人力】 rénlì ❶图人的力量。❷从事劳动的人;劳力。

【人伦】 rénlún 图指人与人之间的关系和应当遵守的行为准则。

【人马】 rénmǎ 泛指人员,人手。

【人民】 rénmín 图以劳动群众为主体的社会基本成员及其他在推动社会进步中起作用的人们。

【人民币】 rénmínbì 图我国的法定货币,单位是圆(元),辅币是角、分,十进位制。

【人命关天】 rénmìngguāntiān 涉及人的性命,关系重大。

【人品】 rénpǐn ❶图人的品德、品格▷他~不错,工作也好。❷人的仪表和容貌▷~端庄秀丽。

【人气】 rénqì ❶图人的禀赋;人品▷这个家伙没有一点儿~。❷由众多的人所形成的气氛▷这家商场~旺。

【人情】 rénqíng ❶图人与人之间相互关心的感情▷待人要懂~。❷情分;情面;情谊▷不能因~违反原则|托~。❸民间应酬来往等习俗▷风土~。❹礼物▷过年过节,总得送点~。

【人情味儿】 rénqíngwèir 图指人们相互往来中具有的基本情感▷他这些话说得太没有~了。

【人权】 rénquán 图指人在社会中应当享有的自由平等权利。主要包括生存权利、人身权利以及经济、文化、社会等各方面的民主权利。

【人山人海】 rénshānrénhǎi 形容人聚集得非常多。

【人身】 rénshēn 图指人的身体、生命、行为以及声誉等▷~伤害|维护~自由|攻击。

【人生】 rénshēng 图人的生存和生活▷~价值|有意义的~。

【人生观】 rénshēngguān 图人们对人生目的和人生价值的根本看法和态度,是一定世界观在人生问题上的表现。

【人士】 rénshì 图在社会上有一定影响或某方面有代表性的人物。

【人事】 rénshì ❶图人的遭遇、生死等情况▷~沧桑。❷关于人员的使用、管理、调动等事项▷~调动。❸人际关系▷~瓜葛|~矛盾。❹人情事理▷~通达~。❺人力能做到的事▷尽~|非~可成。❻人的意识的对象▷不省~。

【人手】 rénshǒu 图指做事的人▷办公室~不够。

【人寿年丰】 rénshòuniánfēng 人长寿,年景好。形容生活安乐,社会兴旺。

【人梯】 réntī ❶图一个人踩着另一个人的肩膀搭成的梯子。❷比喻为别人的成功而做出奉献的人▷他这种甘为~的精神,令人钦佩。

【人头】 réntóu ❶图人的脑袋。❷〈口〉人数▷按~分配救灾衣被。

【人微言轻】 rénwēiyánqīng 地位低下,说话就没有分量。

【人文】 rénwén 图旧指诗书礼乐等,今指人类社会的各种文化现象▷~学科|~积淀。

【人物】 rénwù ❶图在某一方面具有一定影响或比较特殊的人▷杰出~|风云~。❷文艺作品中所塑造的人▷~形象|刻画~。❸以描绘人为主的中国画▷这位画家擅长~和花鸟。

【人心】 rénxīn ❶图指人们共同的情感、意愿等▷~思定|大得~。❷善良的心地▷这是个没~的家伙。

【人性】 rénxìng ❶图在一定社会制度和一定历史条件下形成的人的本性。❷人所应有的通常的情感和品行▷没点~。

【人选】 rénxuǎn 图为一定的目的根据某种标准挑选出来的人▷他是市长的~。

【人烟】 rényān 图原指住户的炊烟,借指人家、住户▷~稀少|荒滩百里无~。

【人言可畏】 rényánkěwèi 人们散布的流言蜚语是可怕的。

【人仰马翻】 rényǎngmǎfān 形容遭到惨败的狼狈相。也比喻忙乱或混乱得不可收拾。

【人员】 rényuán 图指某一方面的人▷在职~|退休~。

【人缘儿】 rényuánr 图被人喜爱的性格、处事方法、态度等▷~好|没有~。

【人云亦云】 rényúnyìyún 别人怎么说,自己就跟着怎么说。形容没有主见。

【人造】 rénzào 团人工制造的▷~卫星|~革。

【人造卫星】 rénzào wèixīng 由人工制造并用火箭发射到天空,按一定轨道环绕地球或其他行星运行的航天器。用于探测、通讯、气象等目的。

【人证】 rénzhèng 图由证人提供的有关案件事实的证据。

【人质】 rénzhì 图一方把另一方的人予以扣留或劫持,以迫使对方履行诺言或接受某种条件,这被扣留或劫持的人员就叫作人质。

【人治】 rénzhì 图原指封建时代的君主专制,现指依靠个人的意志来管理国家或推行政策(跟"法治"相对)。

【人种】　rénzhǒng 图具有共同起源和共同遗传体质特征(如皮肤、毛发、眼睛等)的人类群体。世界上的人种主要有:尼格罗——澳大利亚人种(即黑色人种)、蒙古人种(即黄色人种)、欧罗巴人种(即白色人种)。

壬 rén 图天干的第九位。▮下边是"士",不是"土"。

仁 rén ❶形对人亲善友爱,有同情心▷为富不~|~爱|~慈。❷图古代一种含义广泛的道德观念,核心是爱人、待人友善▷义礼智信|~至义尽|杀身成~。❸敬词,用于对朋友的尊称▷~兄|~弟。❹果核或果壳里的东西▷杏~|花生~。❺像仁儿的东西▷虾~儿。

【仁爱】　rén'ài 图同情、爱护和助人的思想感情。

【仁慈】　réncí 形仁爱慈善。

【仁义】　rényì ❶图仁爱和正义。❷形(性情)和善通达▷这位老人待人接物非常~。

【仁者见仁,智者见智】　rénzhějiànrén, zhìzhějiànzhì 指对同一事物,由于观察角度或身份的不同,会有不同的见解和认识。

【仁政】　rénzhèng 图原指儒家规劝统治者宽以待民、施以恩惠的政治主张,后泛指厚仁慈的政治措施。

【仁至义尽】　rénzhìyìjìn 形容对人的爱护帮助已经尽了最大的努力。

忍 rěn ❶团抑制某种感觉或情绪而不表现出来▷~着疼痛|~不住笑|~让|~受。❷忍心▷于心不~|惨不~睹|残~。

【忍俊不禁】　rěnjùnbùjīn 忍不住发笑(忍俊:含笑)。▮"禁"这里不读jìn。

【忍耐】　rěnnài 团尽力不使痛苦、不适的感觉或某种情绪表现出来▷~不住内心的悲痛。

【忍气吞声】　rěnqìtūnshēng 受了气强忍住,不说出来。

【忍让】　rěnràng 团容忍,退让▷对无理要求不能~。

【忍辱负重】　rěnrǔfùzhòng 为了完成承担的重任而忍受屈辱。

【忍受】　rěnshòu 团忍耐着承受(痛苦、困难、不幸的遭遇或不良的待遇等)。

【忍无可忍】　rěnwúkěrěn 即使想忍受,也没办法再忍受下去。

【忍心】　rěnxīn 狠心;硬着心肠的。

荏 rěn ❶图一年生草本植物,有香味,叶子鲜嫩时可以食用,种子可以榨油。通称白苏。❷形软弱;怯懦▷色厉内~|~弱。▮不读rèn。

【荏苒】　rěnrǎn 团〈文〉(时光)渐渐过去▷光阴~,转瞬一年。

稔 rěn〈文〉❶团谷物成熟▷年登岁~|丰~|~年。❷图指一年▷五~|十~。❸形熟悉▷熟~|素~|~知。

刃 rèn ❶图刀剑等的锋利部分▷这把刀卷了刃|迎~而解。❷指刀剑等▷手持利~|白~战。❸团〈文〉用刀杀▷手~国贼。

认(認) rèn ❶团认识;辨别▷这是什么字,你帮我~一~|多年不见,都~不得是什么模样了|辨~。❷承认;表示同意或肯定▷~错|默~|~可|~命。❸对本来没有关系或有关系而不明确的人,建立或明确某种关系▷~了一门干亲|贼作父。❹愿意接受(不如意的情况)▷花点儿冤枉钱我~了|结局既然如此,也只好~了。

【认定】　rèndìng ❶团确定地认为;肯定▷我~这样做是万无一失的。❷因情况证据等明确清楚而可以肯定并承认▷~合同的合理性|罪证确凿,足以~。

【认可】　rènkě 团承认;赞同▷社会~他们的奉献精神|这些名牌产品是经过国家质量检验部门~的。

【认识】　rènshi ❶团认得,相识▷我~他|这个字我不~。❷了解人或事物的本质及其发展规律▷~世界,改造世界|他已经~到自己的缺点。❸图客观事物在人脑中的反映▷感性~|这种~不见得对。

【认识论】　rènshilùn 图关于人类认识的来源、发展过程以及认识与实践的关系的哲学学说。

【认同】　rèntóng ❶团承认跟自己有同一性▷~感|~心理。❷同意;赞同▷这个提议各方都~。

【认为】　rènwéi 团认定某人或某事物是怎样的,并做出某种判断▷我~这个问题现在还不能作结论。

【认账】　rènzhàng 团承认所欠的账;比喻承认做过的事或说过的话。

【认真】¹　rènzhēn 团当做真实的;当真▷这是逗乐说的话,别~。

【认真】²　rènzhēn 形严肃对待;不马虎▷办事~|~听取群众意见。

仞 rèn 圖古代长度单位,七尺为一仞,一说八尺为一仞▷城高十~|万~高山。

任 rèn ❶团担负;担当▷~厂长|~职|~教。❷图职责;职务▷以天下兴亡为己~|上~|~卸~。❸团派人担当职务▷~委~|~命|~用。❹圖担任职务的次数▷做过几~县长|第一~总统。❺团放纵;听凭▷放~自流|~其自然|~人宰割。❻连不管;无论▷~你怎么解释,他就是不相信。▮在地名"任县""任丘"(河北地名)中读rén。

【任何】　rènhé 形不论什么;无论什么▷~困难也吓不倒英雄们。

【任劳任怨】　rènláorènyuàn 承受劳苦和埋怨。形容做事不怕劳苦,不怕埋怨。

【任命】　rènmìng 团下令任用(某人担当某种职务)。

【任凭】　rènpíng ❶团听凭;听任▷这几项工作~你选择。❷连不管▷~你怎么说,他就是不动心。

【任人唯亲】　rènrénwéiqīn 只任用跟自己亲近的人(而不管德才如何)。

【任人唯贤】　rènrénwéixián 只任用德才兼备的人(而不管他跟自己的关系如何)。

【任务】　rènwù 图担负的工作或所负的责任。

【任性】　rènxìng 形放任性情,形容由着自己的性子办事▷他太~,谁说都不听。

【任意】　rènyì ❶形不受条件限制的▷~两点连成直线。❷副随意而为▷我家的东西,你可~使用。

【任用】　rènyòng 团委派起用(人员担任职务)▷~干部|不得~庸碌无能的人担任领导职务。

【任重道远】　rènzhòngdàoyuǎn 担子沉重,路程遥远。比喻责任重大,需要长期奋斗。

纫(紉) rèn ❶团把线穿过针眼▷~上根线。❷缝缀▷缝~。

韧(韌) rèn 形柔软结实,不易断裂(跟"脆"相对)▷柔~|坚~。

【韧带】　rèndài 图连接骨与骨之间或固定内脏,富有坚韧性的纤维带。

【韧劲】　rènjìn 图指百折不挠坚持到底的精神▷他办事就有那么股子~。

【韧性】　rènxìng ❶图物体所具有的柔软结实而不易折断的特性▷桑树皮很有~。❷指坚韧不拔、顽强持久的精神▷参加马拉松赛跑,没有点~是不行的。

轫(軔) rèn 图〈文〉用来阻止车轮滚动的木头▷发~(比喻事业开始)。

饪（飪）　rèn 劢煮熟食物；做饭菜▷烹～。

妊　rèn 劢怀孕▷～娠｜～妇。☛统读 rèn。

【妊娠】　rènshēn 劢怀孕▷～期间。☛"娠"不读 chén。

衽　rèn 〈文〉❶图衣襟。❷睡觉铺的席子▷～席。

reng

扔　rēng ❶劢投掷；抛▷把球～给我｜～手榴弹。❷丢弃；抛掉▷把果皮～进垃圾箱｜不能把工作～下不管。☛统读 rēng。

仍　réng ❶劢〈文〉沿袭；依照▷一～其旧。❷形〈文〉接连不断▷战乱频～。❸副仍然▷夜深了，他～在工作。

【仍旧】　réngjiù ❶劢照旧；仍按原来的不变▷奖惩办法～。❷副依然；仍然▷风已停下来，雨～下着。

【仍然】　réngrán 副表示情况持续不变或恢复原状▷现在条件好了，但他～过着俭朴的生活｜出院后她～按时上班。

ri

日　rì ❶图太阳▷旭～东升｜～落西山｜～照。❷白天，从天亮到天黑的一段时间（跟"夜"相对）▷夜以继～｜～行夜宿。❸一昼夜，地球自转一周的时间；天▷1年365～｜改～登门拜访｜今～。❹每天；一天天▷～新月异｜～积月累｜蒸蒸～上。❺特指某一天▷生～｜忌～｜纪念～。❻泛指某一段时间▷往～｜来～｜夏～。❼指日本国▷～元。

【日薄西山】　rìbóxīshān 太阳迫近西山，即将下落（薄：迫近）。比喻人已衰老接近死亡，或事物已腐朽临近灭亡。

【日常】　rìcháng 形平日的；平时的。

【日程】　rìchéng 图按日排定的办事或活动程序▷比赛～｜纳入会议～。

【日积月累】　rìjīyuèlěi 长期坚持下去，一点一点地积累。

【日记】　rìjì 图每天工作、生活或感想的记录。

【日渐】　rìjiàn 副一天一天逐渐地▷～消瘦｜工作热情～高涨。

【日久天长】　rìjiǔtiāncháng 指经历的时日长久。

【日暮途穷】　rìmùtúqióng 天黑了，路也走到尽头了。比喻已经到了末日。

【日内】　rìnèi 图未来几天之内。

【日期】　rìqī 图确定日子或时期▷开学～临近。

【日趋】　rìqū 副表示一天一天地走向（某种状况）▷～成熟｜管理制度～完善。

【日食】　rìshí 图月球运行到地球和太阳之间，遮蔽太阳的现象，有全食、偏食、环食三种。日食总发生在农历月初，即"朔"日。☛不宜写作"日蚀"。

【日新月异】　rìxīnyuèyì 天天更新，月月不同。形容发展进步很快。

【日夜】　rìyè 图白天黑夜▷～操劳｜小张～守护在病人身边。

【日益】　rìyì 副表示一天比一天更加（好或坏等）▷人民生活～提高。

【日用】　rìyòng ❶形日常所应用的▷～百货｜～化妆品。❷图日常的费用▷留下的钱刚够～。

【日臻】　rìzhēn 副表示一天一天地接近▷～熟练｜～完美。

【日子】　rìzi ❶图日期，指某一天▷难忘的～｜那天是个阳光灿烂的～。❷时日，指一段时间▷有好多～不见他了｜与父母相处的～里。❸指生活或生计▷我们的～比以前好多了。

rong

戎　róng ❶图〈文〉兵器的统称▷兵～相见。❷〈文〉军队；军事▷投笔从～｜～装。❸古代泛指我国西部的民族。

【戎马】　róngmǎ 图〈文〉战马，借指从军征战▷～倥偬｜～一生。

茸　róng ❶形（草初生时）纤细柔软▷草地上绿～～一片。❷（毛）浓密细软▷～毛。❸图鹿茸，雄鹿的嫩角（带有茸毛）▷参(shēn)～。

【茸毛】　róngmáo 图动物、植物表面或器官内壁长的短而细软的毛。

【茸茸】　róngróng 形形容草、毛发等又短又软又密的样子▷～的黑发｜绿～的田野｜围着毛～的围巾。

荣（榮）　róng ❶形（草木）繁盛▷欣欣向～｜本固枝～。❷显贵▷～华。❸光荣（跟"辱"相对）▷引以为～｜～光｜～耀。❹兴盛▷～繁｜～昌盛。

【荣获】　rónghuò 劢光荣地获得（奖励或称号）。

【荣辱与共】　róngrǔyǔgòng 共同享受光荣和承受耻辱。

【荣幸】　róngxìng 形光荣而幸运▷登上天安门我们感到很～｜～地参加大会。

【荣耀】　róngyào 形光荣。

【荣膺】　róngyīng 劢光荣地接受或担当▷～英雄称号。

【荣誉】　róngyù 图光荣的名誉。

【荣誉军人】　róngyù jūnrén 对因伤致残军人的尊称。

绒（絨）　róng ❶图又细又软的短毛▷～毛｜鸭～｜驼～。❷上面有一层细毛的厚实的纺织品▷天鹅～｜长～｜～呢。

【绒毛】　róngmáo 图织物上连成一片的纤细而柔软的短毛。☛"绒毛"跟"茸毛"意义不同，不要混用。

【绒线】　róngxiàn ❶图绣花用的粗丝线。❷毛线。

容　róng ❶劢盛(chéng)；包含▷这个教室能～多少人？｜无地自～｜～量。❷对人宽大；谅解▷情理难～｜～忍｜宽～。❸允许▷不～我解释｜刻不～缓｜～许。❹副〈文〉也许；可能▷～或有之。❺图相貌▷～貌｜美～。❻脸上的神色▷笑～可掬｜倦～。❼事物的景象或状态▷市～｜军～｜阵～。☛统读 róng。

【容光焕发】　róngguānghuànfā 脸上放出光彩。形容身体健康、精神饱满。

【容积】　róngjī 图容器或其他盛具内部体积。

【容量】　róngliàng 图可以容纳物品的数量；容积的大小▷水库～｜有6升的～。

【容貌】　róngmào 图面容，相貌。

【容纳】　róngnà 劢包容接受（人或事物等）▷这个体育场可～5万人。

【容器】　róngqì 图盛装物品的器具。

【容忍】　róngrěn 劢宽容忍耐▷不能～敌人的诬蔑。

【容许】　róngxǔ 劢允许▷形势严峻，不～丝毫懈怠。

【容颜】　róngyán 图容貌；脸色。

【容易】　róngyì ❶形做起来简单；不费事▷动嘴难｜下厨作饭也不是～的事儿。❷副表示某种变化的可能性较大▷这种气候，孩子～生病｜混纺的棉毛衫～起毛。

嵘（嶸）　róng 见[峥嵘]zhēngróng。

蓉 róng ❶图一种粉状物,用某些植物的种子或果肉加工而成,供食用▷绿豆～|苹果～。❷见[芙蓉]fúróng。❸图四川成都的别称▷～城。

溶 róng 团溶解▷油漆不～于水|～剂|～液。

【溶洞】 róngdòng 图石灰岩地区被含有二氧化碳的地下水所溶蚀而形成的天然洞穴。洞里多有各种造型的钟乳石和石笋。

【溶化】 rónghuà 团(固体)溶解在液体里▷糖块～到水里。

【溶解】 róngjiě 团一种物质的分子均匀地分布在另一种液体中。如将食盐放在水中,就会溶解为盐水。

【溶液】 róngyè 图通常指物质溶解在液体中所形成的均匀、稳定状态的混合物。

榕 róng ❶图常绿乔木,树干分枝多,覆盖面广,有气根。木材褐红色,轻软,可以做器具。❷福州的别称。

熔 róng 团熔化▷～点|～炉|～铸。

【熔化】 rónghuà 团(固体)加热到一定温度转化成液体。如硫加热到112.8℃时就熔化成液体。

【熔解】 róngjiě 团固态物质吸热变为液态▷铁块在平炉里渐渐～成铁水。☞"熔解"跟"溶解"意义不同,不要混用。

【熔炼】 róngliàn ❶团熔化炼制▷钢是铁和碳～成的合金。❷比喻在一定的环境中经受教育与锻炼▷解放军部队～了战士们的意志。

【熔炉】 rónglú ❶图熔炼金属的炉子。❷比喻能使思想品德得到锻炼的环境。

【熔铸】 róngzhù 团熔化并铸造,也比喻研究或创作活动中对素材进行提炼▷～铅锭|这部作品～了他对人生的全部情感。

蝾 róng [蝾螈]róngyuán 图两栖动物,形状像蜥蜴,生活在静水池沼或湿地草丛中,捕食小动物。

镕(鎔) róng ❶图〈文〉熔铸金属的模型。❷古代指矛一类的武器。☞"鎔"表示固体在高温下变为液体的意义时是"熔"的异体字;表示以上意义时是规范字,类推简化为"镕"。

融 róng ❶团融化▷冰～成了水|消～。❷融合▷水乳交～。❸流通▷金～。

【融合】 rónghé 团若干种不同的事物互相渗透地合为一体▷葡萄糖和医用蒸馏水～为葡萄糖注射液|音乐界正在探索一条让传统曲目与现代技法～起来的道路。

【融化】 rónghuà 团(冰、雪等)受热而逐渐变为水等。☞"融化""溶化""熔化"意义不同,不要混用。

【融会】 rónghuì ❶团融合;会合▷中、西文化～为一体|刚强和温柔～为一。❷融合领会▷此情此景帮助我～了那些至理名言。☞不宜写作"融汇"。

【融会贯通】 rónghuìguàntōng 融合各方面的知识或道理而得到全面透彻的理解,领会其实质。☞不宜写作"融汇贯通"。

【融洽】 róngqià 图(彼此间感情)和睦没有嫌隙▷婆媳相处得很～。

【融融】 róngróng 〈文〉❶图和睦欢乐的样子▷情意～。❷暖和▷春意～。

冗 rǒng 〈文〉❶图闲散的;多余的▷～员|～长|词赘句|～长。❷烦琐;繁忙▷～杂|～务缠身。❸图繁忙的事务▷务请拨～出席。☞不读 róng 或 yōng。

【冗长】 rǒngcháng 图(言语、文章等)啰唆,长而缺乏实际内容▷～的文章|发言～,让人头痛。

【冗员】 rǒngyuán 图机关、企事业中超过需要的多余人员▷精简机构,裁减～。

【冗杂】 rǒngzá 图(事务)烦琐杂乱▷事务～,纠缠不清。

rou

柔 róu ❶图软;不硬▷～软|～弱|～韧。❷温和(跟"刚"相对)▷～温|～|～顺。❸团使温顺▷怀～。

【柔和】 róuhé ❶图温和;不强烈▷～的话语|这种酒的口感比较～。❷柔软▷手感～。

【柔滑】 róuhuá 图软滑润▷～的柳条|这件皮衣很～,质量不错。

【柔美】 róuměi 图柔和而优美▷旋律～|～的维纳斯雕塑。

【柔嫩】 róunèn 图柔软娇嫩▷～的秧苗|～的小手。

【柔情】 róuqíng 图温柔的感情。

【柔韧】 róurèn 图柔软而有韧性▷质地～。

【柔软】 róuruǎn 图软;不坚硬▷病号饭要做得～些,好消化。

【柔润】 róurùn 图柔和而润泽;轻柔圆润▷春风～|～的歌声。

【柔弱】 róuruò 图软弱;不强壮▷～的性格|幼小～的身体。

【柔顺】 róushùn 图温柔顺从▷妻子对他一向很～。

揉 róu ❶团用手反复擦、搓、按摩▷～眼睛|衣服不太脏,～两把就行|腰扭了,找大夫～一～。❷用手推压搓捏▷～面|～胶泥。

糅 róu 团混杂;混合▷杂～|～合。☞㊀统读 róu。㊁"糅"和"揉"意义不同,不要混用。

【糅合】 róuhé 团掺和;混杂(多指不适宜合在一起的)▷把这两种语音～在一起,就谁也听不懂了。☞不要写作"揉合"。

蹂 róu 团践踏▷～踏|～躏。

【蹂躏】 róulìn 团践踏;比喻用暴力欺凌、摧残▷惨遭～|～人权。

鞣 róu 团使兽皮软化,是皮革加工的一道工序▷这皮子～得好|～制。

肉 ròu ❶图人或动物体内紧挨着皮或皮下脂肪层的柔韧物质▷～体|～肌|猪～。❷某些瓜果皮内能吃的部分▷这种瓜皮薄～厚|果～。

【肉搏】 ròubó 团双方用短兵器或徒手搏斗。

【肉畜】 ròuchù 图专供食用而喂养的牲畜。☞"畜"这里不读 xù。

【肉麻】 ròumá 图形容言语、举动轻佻、过分,给人不舒服的感觉▷吹捧得使人感到～|说话酸溜溜的,让人听了～。

【肉禽】 ròuqín 图专供食用的家禽。如肉鸽、肉鸡等。

【肉色】 ròusè 图浅黄中透微红的颜色。

【肉体】 ròutǐ 图人的躯体(跟"精神"相对)▷～的摧残动摇不了革命者的意志。

【肉眼】 ròuyǎn ❶图指人的眼睛或眼力。❷指平庸普通的眼光▷～凡胎。

【肉中刺】 ròuzhōngcì 比喻最痛恨而急于除去的人或物(常跟"眼中钉"连用)。

ru

如 rú ❶团符合;依照▷～愿以偿|～期完成|实汇报。❷好像;同……一样▷几十年～一日|胆小～鼠|～同。❸匯连接分句,表示假设关系,相当于"如果""假如"▷～有不同意见,请及时提出。❹团比

得上；赶得上(只用于否定，表示比较)▷今年收成不~去年 | 牛马不~。❺引进所超过的对象▷日子一年强~一年。❻团表示举例▷不少欧洲国家都参加了这次会议，~法、英、德等 | 例~。❼〈文〉后缀，附着在某些形容词后面，表示事物或动作的状态▷突~其来 | 应付裕~ | 屋里搬得空空~也。

【如出一辙】　rúchūyīzhé　比喻两种事物、两种言行十分相似(多含贬义)。

【如此】　rúcǐ　代这样▷天天~，年年~ | 大家对我~关心，使我深受感动。

【如堕五里雾中】　rúduòwǔlǐwùzhōng　好像掉进浓重迷茫的烟雾当中。比喻陷入辨不清方向、迷离恍惚的境地。

【如法炮制】　rúfǎpáozhì　原指依照一定方法制作中药。现比喻照着现成的样子做。☞"炮"这里不读pào。

【如果】　rúguǒ　连连接分句，表示假设关系，常同"就"、"那么"等词配合使用▷~情况发生变化，我马上就给你去电话。

【如何】　rúhé　代怎么；怎么样▷~解决水源问题呢？ | 身体~？

【如虎添翼】　rúhǔtiānyì　好像给老虎加上了翅膀。比喻因增添了新的助力，强者更强，凶恶者更凶恶。

【如花似锦】　rúhuāsìjǐn　像花朵和锦缎那样绚丽多彩。形容景色或前程美好。

【如火如荼】　rúhuǒrútú　像火一样红，像荼草的花一样白。原是描绘军容整齐，士气旺盛。现形容气氛热烈、气势旺盛。☞"荼"不读chá。

【如箭在弦】　rújiànzàixián　形容势在必行，不得不做。

【如胶似漆】　rújiāosìqī　像胶和漆那样粘得很结实。形容感情深厚炽烈，不能分离。

【如今】　rújīn　名现在。

【如雷贯耳】　rúléiguàn´ěr　像雷声贯穿耳朵那样响，形容人的名声很大。☞"贯"不要写作"灌"。

【如临深渊】　rúlínshēnyuān　好像面对着深水。形容环境、形势险恶，心情紧张、惊惧，特别小心。

【如履薄冰】　rúlǚbóbīng　像在薄冰上行走一样。形容小心翼翼，战战兢兢。

【如芒在背】　rúmángzàibèi　像芒刺扎背。形容极度不安，坐立不宁。

【如鸟兽散】　rúniǎoshòusàn　像受惊的鸟兽一样四处逃散。形容溃败四散(含贬义)。

【如日中天】　rúrìzhōngtiān　像太阳正在中午时候。形容事物正处于最兴盛的阶段。

【如实】　rúshí　副同实际情况一样▷~报道了事件的经过。

【如是】　rúshì　代〈文〉如此；这样▷理应~处理 | 情况~，敬请酌定。

【如释重负】　rúshìzhòngfù　像放下重担一样。形容解除某种负担后心情轻松愉快。

【如数家珍】　rúshǔjiāzhēn　像数家里的珍宝那样(清楚明白)。形容对所讲的事情十分清楚熟悉。☞"数"这里不读shù。

【如数】　rúshù　副表示同规定的或原来的数目一样▷~赔偿 | 欠款已~还清。

【如同】　rútóng　团好像▷江边盛开的菊花，~遍地耀眼的碎金。

【如意】　rúyì　形符合心意；称心▷这些年来，他一直过得还比较~。

【如鱼得水】　rúyúdéshuǐ　形容环境非常适合自己，或共处的人跟自己情投意合。

【如愿】　rúyuàn　团符合心愿▷不见得事事~ | 这次

敦煌之游总算如了她的愿。

【如坐针毡】　rúzuòzhēnzhān　像坐在带针刺的毡垫上。形容坐卧不宁，心神不安。

茹　rú　团吃；吞咽▷~素 | 含辛~苦 | ~毛饮血。☞统读rú。

儒　rú　❶名旧指教书或读书的人▷腐~ | 鸿~ | 医~。❷指儒家▷~法之争 | ~术。

【儒家】　rújiā　名先秦时期以孔子为代表的一个学派。提倡仁义，主张礼治、仁政，重视伦理教育。后成为中国封建社会占统治地位的学派。

【儒将】　rújiàng　名精通文墨、风度儒雅的将帅。

【儒生】　rúshēng　名原指崇奉儒学的文人。后泛指读书人。

嚅　rú　[嚅动] rúdòng　团嘴唇微动(要说话)▷急得他~着嘴唇说不出话来。

濡　rú　团〈文〉沾湿；沾染▷~笔以待 | 相~以沫 | ~湿 | ~染。

孺　rú　名幼儿；小孩▷妇~皆知 | ~子。☞统读rú。

【孺子】　rúzǐ　名〈文〉小孩子或年轻人▷俯首甘为~牛 | ~可教。

蠕　rú　团蠕动▷~形动物。☞统读rú。

【蠕动】　rúdòng　团爬虫蜿蜒向前移动，也比喻像爬虫那样移动▷小肠在~ | 大蛇在草地上~。

汝　rǔ　代〈文〉称谈话的对方，相当于"你""你的"▷~辈 | ~父。

乳　rǔ　❶名乳房▷双~ | ~罩。❷奶汁▷~水 | ~交融 | 哺~。❸像奶汁或奶酪的东西▷豆~ | ~胶 | ~腐~。❹形初生的；幼小的▷~燕 | ~鸭 | ~牙。❺团繁衍；生育▷孳~。

【乳白】　rǔbái　形像奶汁那样的颜色▷~的灯罩。

【乳名】　rǔmíng　名婴儿或童年时期起的名字。也说奶名、小名。

【乳臭未干】　rǔxiùwèigān　奶腥味还没有退尽。比喻年轻缺乏经验，幼稚无知。☞"臭"这里不读chòu。

【乳汁】　rǔzhī　名乳腺分泌出来的汁液。

辱　rǔ　❶名声誉上受到的损害；可耻的事情(跟"荣"相对)▷奇耻大~ | ~耻 | ~屈。❷团使受到耻辱▷丧权~国 | ~侮 | ~凌。❸使不光彩；玷污▷不~使命 | ~没。☞统读rǔ。

【辱骂】　rǔmà　团侮辱谩骂。

【辱没】　rǔmò　团玷污；使受辱▷不要~你父亲一世的英名 | 你这种行为简直是在~集体的荣誉。

入　rù　❶团由外到内；进(跟"出"相对)▷病从口~ | 渐~佳境 | ~场。❷使进入▷~库 | 纳~。❸参加(某种组织)▷~伍 | ~会 | ~党。❹名进项，收进的钱财▷~不敷出 | 岁~。❺团合乎；合于▷~情~理 | 穿着~时。❻名入声▷平上去~。❼团达到(某种程度或境地)▷~神 | ~化 | ~迷 | ~微。

【入不敷出】　rùbùfūchū　收入抵不上支出(敷：足够)。

【入场券】　rùchǎngquàn　名进入某些公共活动场所的凭证，也比喻参加某种赛事的资格。

【入超】　rùchāo　团在一定时期内(通常为一年)，一国或一地区进口商品的总值超过出口商品的总值(跟"出超"相对)。

【入耳】　rù´ěr　形听得进；中听▷句句~ | 他的话我听着就不~。

【入伙】　rùhuǒ　❶团〈口〉加入某一集体或集团。❷参加集体伙食。

【入殓】　rùliàn　团指把死者放入棺材。

【入门】　rùmén　囫找到解决问题的门径；初步学会▷~不难，但深造也不易|对这门科学还没有~。

【入迷】　rùmí　囵喜欢某一事物达到痴迷的地步▷他听《三国演义》评书听得入了~|看小说很~。

【入魔】　rùmó　囫对某一事物迷恋而失去理智▷走火~|玩电子游艺机玩得他入了魔了。

【入木三分】　rùmùsānfēn　相传晋代书法家王羲之在木板上写字，后来发现墨痕透入木板有三分深。形容笔力雄健有力。也比喻见解、议论深刻。

【入侵】　rùqīn　囫（一国军队）侵入（另一国境内）。

【入神】　rùshén　❶囵对某事物极感兴趣而全神贯注▷看得~。❷形容达到传神的地步▷齐白石把虾画得极为~。

【入声】　rùshēng　囵古代汉语音节四声之一。入声发音一般比较短促，有时还带辅音韵尾。入声在现代汉语普通话里已经消失，但还保留在某些方言中。

【入时】　rùshí　囵合乎当时风尚；时髦▷装束~。

【入世】　rùshì　囫踏入人社会（跟"出世"相对）▷~过浅（形容人生经验不足）。

【入手】　rùshǒu　囫开始去做；着手▷从摸清底数~|提高素质从基本功~。

【入微】　rùwēi　囵形容达到极其细微或精深的地步▷体贴~|他对问题的分析细致~。

【入围】　rùwéi　囫指进入某一范围▷这是我国影片首次~奥斯卡奖评选。

【入乡随俗】　rùxiāngsuísú　到哪个地方就依随哪个地方的风俗习惯。

【入药】　rùyào　囫做药物用▷桂皮可~。

【入赘】　rùzhuì　囫指男子婚配到女家并成为女方家庭的一员。

【入座】　rùzuò　囫坐到席位上▷对号~|先签到后~。☞不宜写作"入坐"。

蓐　rù　囵〈文〉草席；草垫子▷~席|坐~（临产）。

溽　rù　囵〈文〉潮湿▷~热|~暑。

缛　rù　囵繁多；琐碎▷繁文~节。☞"缛"跟"褥"意义不同，不要混用。

褥　rù　囵褥子▷~垫|被~|~单儿。

【褥子】　rùzi　囵睡卧时垫在身体下面的卧具，松软保温。一般用棉絮、兽皮等制成。

ruan

阮　ruǎn　囵阮咸（一种弹拨乐器）的简称▷大~|中~。

软（軟）　ruǎn　❶囵柔软，物体结构疏松，受力后易变形（跟"硬"相对）▷面和（huó）了|保险丝比铁丝~|松~。❷柔和；温和▷~风|~语。❸身体无力▷两腿发~|瘫~。❹不坚决；易动摇▷耳根子~|心~。❺（方式或手段）不强硬▷~磨硬泡|吃~不吃硬。❻质量差；力量弱▷货色~|笔头~|领导班子太~。

【软包装】　ruǎnbāozhuāng　囵用特殊的软质材料对商品进行包装的一种方法。用这种方法包装的商品就叫作软包装商品，如软包装饮料等。

【软刀子】　ruǎndāozi　比喻使人在不觉察中受到折磨、腐蚀或损害的隐蔽手段▷~杀人更狠毒。

【软钉子】　ruǎndīngzi　比喻委婉拒绝的态度▷让他碰了个~。

【软骨头】　ruǎngǔtou　比喻意志薄弱，没有骨气的人。

【软化】　ruǎnhuà　❶（囫）（物质）由硬变软；使变软▷这种药可以~血管。❷（意志、态度等）由坚定、强硬变成动摇顺从；使变成动摇顺从▷敌人妄图用金钱美女来~革命者的意志。

【软话】　ruǎnhuà　囵指退让、道歉、求情、讨好的话▷在老人面前说几句~，这事不就算完了吗?

【软环境】　ruǎnhuánjìng　囵称工作中政策、管理、效率和人员素质等方面的情况和条件▷改善吸引外资的~。

【软和】　ruǎnhuo　囮〈口〉柔软；柔和▷这件羽绒服又轻又~。

【软件】　ruǎnjiàn　❶囵电子计算机进行计算、判断和信息处理的程序系统。分为系统软件和应用软件等（跟"硬件"相对）。❷借指生产、经营、科研等部门中管理水平、人员素质、服务质量等。

【软禁】　ruǎnjìn　囫不在监狱关押，但受人监视，只许在指定范围内活动。

【软科学】　ruǎnkēxué　囵运用决策理论、系统方法和计算技术，对某些特定的社会现象进行综合研究，以解决经济与社会发展中的宏观决策问题的科学。

【软绵绵】　ruǎnmiánmiān　❶囮形容软和▷钢丝床睡上去~。❷形容身体虚弱；说话轻软无力▷大病伤了元气，身体直到现在还是~的|~的话语。☞"绵绵"这里读变调。

【软磨硬泡】　ruǎnmóyìngpào　用软、硬各种手段纠缠人，达到自己的目的。

【软盘】　ruǎnpán　囵聚脂塑料膜片制成的磁盘。不固定在计算机内，可以随时存取数据或信息。

【软弱】　ruǎnruò　❶囮形容没力气的样子▷病刚好身体~无力。❷不坚强▷~无能|改变领导班子~涣散的现状。

【软饮料】　ruǎnyǐnliào　囵不含酒精的饮料，如矿泉水、碳酸饮料等。

【软硬兼施】　ruǎnyìngjiānshī　软的硬的办法同时并用（含贬义）。

【软指标】　ruǎnzhǐbiāo　囵指具有一定伸缩性、没有量化的指标（跟"硬指标"相对）。

【软着陆】　ruǎnzhuólù　❶囫利用一定装置使人造卫星、宇宙飞船等改变运行轨道，逐渐减低降落速度，最后安全地降落到地面或其他星球表面。❷比喻经济结构的改革调整，通过宏观调控的办法使其逐步平稳实现，不出现激烈的震荡。

【软资源】　ruǎnzīyuán　囵指科学技术、信息等。

rui

蕤　ruí　见[葳蕤]wēiruí。

蕊　ruǐ　囵花蕊▷雌~|雄~。

枘　ruì　囵〈文〉榫头▷方~圆凿（比喻意见不合，格格不入）。

蚋　ruì　囵昆虫，成虫形似蝇。雌虫刺吸牛、羊等牲畜血液，也吸人血，传播疾病，叮咬后奇痒。

锐（銳）　ruì　❶囮锋利（跟"钝"相对）▷~利|尖~|~敏。❷囵旺盛的气势；勇往直前的气势▷养精蓄~|~意。❸囮快速；急剧▷~进|~减。

【锐角】　ruìjiǎo　囵小于直角（90°）的角。

【锐利】　ruìlì　❶囮（刃锋等）尖而快▷~的武器|锥子很~。❷（见解、文笔、言论、目光等）敏锐有力▷~的笔锋|目光~。

【锐气】　ruìqì　囵勇猛旺盛的气势▷~不减|切不可挫

伤了~。

【锐意】　ruìyì　副表示意志坚定,勇敢前进▷~求新 | ~改革 | ~进取。

瑞　ruì　❶名征兆;特指吉祥的征兆▷祥~。❷形吉祥的▷~雪。

【瑞雪】　ruìxuě　名指冬雪,能杀虫保温,有利于农作物▷~兆丰年。

睿　ruì　形眼光深远;通达▷聪明~智。

【睿智】　ruìzhì　形〈文〉聪慧而有远见。

run

闰(閏)　rùn　名地球公转1周,即回归年的时间为365天5小时48分46秒,公历把1年定为365天,所余的时间约每4年积累成1天,加在2月里;农历把1年定为354天或355天,所余的时间约3年积累成1个月,加在某1年里。这在历法上叫做闰。

【闰年】　rùnnián　名阳历有闰日或农历有闰月的年份叫闰年。

【闰日】　rùnrì　名阳历每4年在2月末加1天(2月为29天),这1天就叫闰日。

【闰月】　rùnyuè　名农历每逢闰年所加的1个月叫闰月。闰月加在某月之后称为闰某月。

润(潤)　rùn　❶动滋润;使不干燥▷~一~喉咙 | 把笔在砚台上~了一下 | 浸~。❷形潮湿;不干燥▷田地肥 | 气候湿。❸形有光泽▷玉~珠圆。❹动修饰(文章)▷~饰 | ~色。❺名利益;好处▷利 | 分~。

【润笔】　rùnbǐ　名指付给书、画、诗文作者的报酬。

【润滑】　rùnhuá　❶形润泽光滑▷皮肤细腻~。❷动使润泽光滑,多用为物体表面加注油质,以减轻在运动中的摩擦和损伤。

【润色】　rùnsè　动修饰文字,使增添文采▷这篇文章语言还需要~。

【润泽】　rùnzé　❶形滋润;有油脂或水分的▷牡丹开得~鲜艳。❷动使滋润有光泽▷~秀发。

ruo

若　ruò　❶动如同;好像▷天涯~比邻 | 大智~愚 | 有~无 | 旁~无人。❷连用于复句的前一分句,表示假设关系,相当于"如果"▷理论~不与实际相联系,就是空洞的理论。

【若非】　ruòfēi　连连接分句,表示假设关系,相当于"假如不是"(用于书面)▷~他的帮助,事情怎能办得如此顺利?

【若干】　ruògān　数表示不定数量▷~省份 | 急需解决的~问题。

【若即若离】　ruòjíruòlí　好像接近,又好像离开。形容两者保持一定距离,既不亲近,也不疏远。

【若明若暗】　ruòmíngruò'àn　好像明亮,又好像昏暗。比喻对情况认识不十分清楚或态度暧昧不明。

【若无其事】　ruòwúqíshì　就像没有那么回事一样。形容不把事情放在心上。

【若有所失】　ruòyǒusuǒshī　好像丢掉了什么。形容心神不定,内心空虚。

偌　ruò　代这么;那么▷~大年纪。☞多用于早期白话。

弱　ruò　❶形力量小;实力差(跟"强"相对,②⑤同)▷强将手下无~兵 | 不甘示~ | ~国。❷形体质差;力气小▷年老体~ | 不禁风 | 瘦 | 衰~。❸形年纪小▷老~病残。❹形性格不坚强▷怯~ | 脆~。❺用在分数或小数后面,表示比这个数略少一些▷2/3~ | 20%~。

【弱不禁风】　ruòbùjīnfēng　(身体)弱得经不起风吹。形容身体虚弱或娇弱。☞"禁"这里不读jìn。

【弱点】　ruòdiǎn　名不足之处或薄弱方面。

【弱肉强食】　ruòròuqiángshí　原指自然界中弱者被强者吃掉。借指人类社会弱者被强者欺凌、吞并。

【弱视】　ruòshì　名一种视力缺陷,眼球虽无器质性病变,却低于正常视力。

【弱项】　ruòxiàng　名基础差、实力弱、经验少的项目或方面。

【弱小】　ruòxiǎo　形(身体、力量等)又弱又小▷~儿童 | ~国家。

【弱智】　ruòzhì　形先天智商低或脑部发育不良的(人)▷~儿童 | ~教育。

箬　ruò　名箬竹,竹子的一种,叶子宽而大,可用来编制器具或竹笠,也可用来包粽子。

S

sa

仨 sā "三""个"的合音词(用于口语)▷他们 ~ 是一家|姐儿 ~。☞"仨"字后面不能再用"个"或其他量词。

撒 sā ❶囫放出;张开▷把手 ~ 开|~ 网。❷〈口〉排泄;泄出▷ ~ 尿|车带 ~ 气了。❸尽力施展▷ ~ 野|~ 泼。○另见 sǎ。

【撒刁】 sādiāo 囫肆意耍赖▷这个人经常 ~ ,无理搅三分。

【撒谎】 sāhuǎng 囫说谎话。

【撒娇】 sājiāo 囫仗着受宠而故意作态▷在妈妈怀里 ~。

【撒赖】 sālài 囫胡闹;耍赖▷喝了点酒,躺在马路上 ~。

【撒泼】 sāpō 囫大哭大闹,蛮不讲理▷ ~ 乱闹腾。

【撒气】 sāqì ❶囫借别人或事物发泄怒气▷挨了批评,不能拿同学 ~。❷车胎等充气的器物漏气或放气。

【撒手】 sāshǒu ❶囫放开手;松开手▷拿住了,别 ~ |拉住妈妈的衣裳不 ~。❷比喻人去世▷ ~ 西归。

【撒手锏】 sāshǒujiǎn 囵武侠小说中指为出其不意地战胜对方而使出的投锏的招数。比喻在紧急关头出奇制胜的绝招。

【撒野】 sāyě 囫粗野无礼,行为放肆▷规矩些,不要 ~ !

洒(灑) sǎ ❶囫把水散布在地上▷扫地要先 ~ 水|~ 扫。❷散落▷饭粒 ~ 了一地|~ 泪。

【洒落】 sǎluò 囫散(sàn)落▷雨珠 ~ 在荷叶上。

【洒扫】 sǎsǎo 囫洒水打扫▷ ~ 街道。

【洒脱】 sǎtuo 圂自然大方;不拘谨▷他为人 ~ |举止 ~ 。

撒 sǎ ❶囫分散地扔出颗粒或片状的东西;散播▷ ~ 种|~ 化肥|~ 传单。❷分散地落下▷瓜子 ~ 了一地|不小心把油碰 ~ 了。○另见 sā。

【撒播】 sǎbō 囫(种子)均匀地撒在田里,有时需用土覆盖(区别于"条播"等)。

卅 sà 圞数字,三十▷五 ~ 运动。

飒(颯) sà 见下。

【飒飒】 sàsà 拟声模拟风声、雨声等▷西风 ~ |寒雨 ~ 。

【飒爽】 sàshuǎng 圂威武而矫健▷英姿 ~ 。

萨(薩) sà 用于音译。萨其马,一种糕点,把油炸的短面条用蜜糖粘起来制成。

sai

腮 sāi 囵面颊的下半部▷抓耳挠 ~ |~ 腺(两耳下部的唾液腺)。

塞 sāi ❶囫堵住▷把这个洞 ~ 住。❷把东西填入或胡乱放入▷瓷器装箱的时候,要 ~ 上些刨花|抽屉里 ~ 满了乱七八糟的东西。❸囵堵住容器口或孔洞的东西▷软木 ~ |耳 ~ 。○另见 sài;sè。

【塞车】 sāichē 囫车被堵住,不能通过▷这条路较窄,

上班时间常 ~ 。

【塞子】 sāizi 囵堵住并部分嵌入容器口或孔洞里,使内外隔绝的物件。

噻 sāi 用于音译。噻唑,有机化合物,有特殊气味,溶于乙醇和乙醚,可合成药物或染料等。噻吩,有机化合物,容易挥发,可合成药物或染料等。☞统读 sāi。

鳃(鰓) sāi 囵多数水生动物的呼吸器官,用来吸取溶解在水中的氧。

塞 sài 囵边界上险要的地方▷要 ~ |关 ~ 。○另见 sāi;sè。

【塞北】 sàiběi 囵指长城以北的地区。

【塞外】 sàiwài 囵塞北。

赛(賽) sài ❶囫比较高低、强弱▷ ~ 篮球|比 ~ |~ 场。❷比得上;胜过▷他们一个 ~ 一个。❸囵指比赛活动▷足球 ~ 。❹囫旧时为酬报神灵而进行祭祀▷ ~ 会。☞不能简化成"寨"。

【赛程】 sàichéng ❶囵比赛的程序▷排定 ~ 。❷比赛的路程▷马拉松赛跑的 ~ 为 42195 米。

【赛跑】 sàipǎo 囫体育运动项目,比赛跑步的速度。

【赛事】 sàishì 囵比赛的活动▷今年乒乓球的 ~ 较多。

【赛似】 sàisì 囫胜过▷小伙子们干起活来一个 ~ 一个|他们的关系 ~ 亲兄弟。

san

三 sān ❶圞数字,二加一的和。❷指多次▷ ~ 令五申|再 ~ 。☞数字"三"的大写是"叁"。

【三部曲】 sānbùqǔ 指内容各自相对独立而又互相联系的三部文学作品。比喻有内在联系的三件事或者事情发展的三个阶段。

【三长两短】 sānchángliǎngduǎn 指意外的事故或灾祸,特指人死亡。

【三番五次】 sānfānwǔcì 强调多次。

【三废】 sānfèi 囵工业生产排放的废水、废气、废渣的统称▷治理 ~ 。

【三伏】 sānfú ❶囵初伏、中伏、末伏的统称。农历夏至后第三个庚日起为初伏(十天),第四个庚日起为中伏(十天或二十天),立秋后第一个庚日起为末伏(十天),是一年最热的时候。❷特指末伏。

【三更】 sāngēng 囵旧时把一夜分为五更,三更约相当于现在的半夜 23 时至 1 时。

【三顾茅庐】 sāngùmáolú 东汉末年,刘备三次到隆中拜访隐居在茅庐的诸葛亮,请他帮助自己打天下。后用来指诚心诚意再三邀请。

【三皇五帝】 sānhuángwǔdì 传说中的古代帝王。三皇通常指伏羲、燧人、神农;五帝通常指黄帝、颛顼(zhuānxū)、帝喾(kù)、唐尧、虞舜。

【三角债】 sānjiǎozhài 囵指三方或三方以上之间形成循环的债权和债务关系,如甲方是乙方的债务人,同时又是丙方的债权人。

【三角洲】 sānjiǎozhōu 囵河流流入海洋、湖泊的河口地区,河水所挟带的泥沙淤积而成的冲积平原,一般呈三角形或弓形。如珠江三角洲等。

【三教九流】 sānjiàojiǔliú 泛指宗教界、学术界的各种流派和社会上的各种行业或江湖上各种各样的人(三

教:儒教、佛教、道教;九流:儒家、道家、阴阳家、法家、名家、墨家、纵横家、杂家、农家)。

【三九】　sānjiǔ 图从冬至起每九天为一个"九",第三个"九"(冬至后第19天至27天,大寒前后)叫"三九",是一年中最冷的时候▷冬练三伏,夏练三九。

【三军】　sānjūn ❶图古代指中军、上军、下军;泛指军队▷勇冠~。❷指陆军、海军、空军▷~将士|~仪仗队。

【三令五申】　sānlìngwǔshēn 三番五次地命令和告诫。

【三秋】　sānqiū ❶图指秋季或秋季的第三个月。❷指秋收、秋耕、秋种。❸三年,借指长时间▷一日不见,如隔~。

【三思】　sānsī 团反复思考▷~而行。

【三天打鱼,两天晒网】　sāntiāndǎyú,liǎngtiānshàiwǎng 比喻做事或学习时断时续,不能持之以恒。

【三维空间】　sānwéi kōngjiān 具有长、宽、高三种度量的空间。人们活动的客观存在的空间即为三维空间。

【三夏】　sānxià ❶图指夏季的三个月(农历四、五、六月)。❷指夏收、夏种、夏管。

【三心二意】　sānxīnèryì 形容拿不定主意或意志不坚定。

【三言两语】　sānyánliǎngyǔ 三两句话,指很少的几句话。

【三资企业】　sānzī qǐyè 中外合资企业、外商独资企业和中外合作企业的合称。

【三足鼎立】　sānzúdǐnglì 比喻三方面势均力敌,互相对峙。

叁　sān 题数字"三"的大写。

伞(傘)　sǎn ❶图遮挡雨水或阳光的用具,用布、油纸、塑料等制成▷打~|雨~|阳~◇保护~。❷形状像伞的东西▷灯~|降落~。

散　sǎn ❶囮零碎的;不集中的▷一盘~沙|~兵游勇|松~|~页|~座。❷图粉末状药物▷丸~膏丹|健胃~。❸团松开;解体▷包袱~了|~架。○另见sàn。

【散兵游勇】　sǎnbīngyóuyǒng 指失去统属到处游荡的零散士兵,现在常比喻没有组织分散行动的人员。

【散记】　sǎnjì 图零散片断的记载(多用作书名或文章标题)▷《塞北~》。

【散乱】　sǎnluàn 囮杂乱;没有条理▷桌上~地放着些书报。

【散落】　sǎnluò 团零散地分布▷草原上~着许多帐篷。

【散漫】　sǎnmàn ❶囮任意随便,不守纪律▷作风~。❷分散;不集中▷精神~。

【散文】　sǎnwén ❶图古代指不讲韵律、对偶,与韵文、骈体文相对的散体文章;现广义的指除诗歌、戏剧、小说以外的文学作品,包括杂文、小品文、随笔等。狭义的指一种或记人记事或写景状物的抒情性记叙文。

【散文诗】　sǎnwénshī 图兼有诗和散文两种特点的文体,不分行,不押韵,但注重语音节奏和诗的意境。

馓(饊)　sǎn [馓子]sǎnzi 图一种面食,把和(huó)好的面块扭成多重环形细条再用油炸熟。

散　sàn ❶团聚在一起的人或物分开▷一哄而~|~戏。❷四处分散▷~传单|天女~花。❸排除;排遣▷~心|~闷。○另见sǎn。

【散播】　sànbō 团传播▷~流言。

【散布】　sànbù ❶团分散到各处▷杂货铺~在全城各个角落。❷传布▷~紧张空气。

【散步】　sànbù 团不受拘束地随意走动▷晚饭后到公园~。

【散发】　sànfā 团分发;向四处发出▷~传单|牡丹花~出浓郁的香味。

【散伙】　sànhuǒ 团(集体)解散。

【散落】　sànluò ❶团分散地落下▷枯叶~满地。❷由分散而失落或流落▷家人逃难,~异乡|遗墨~。☞"散落"(sànluò)跟"散落"(sǎnluò)音义不同。

【散闷】　sànmèn 团排遣烦闷。

【散失】　sànshī ❶团流散丢失▷馆藏古书多已~。❷消散失去▷茶叶放在纸包里,香味都~了。

【散心】　sànxīn 团通过一些活动消除烦闷,使心情舒畅▷出去旅游,散散心。

sang

丧(喪)　sāng 图有关死了人的事▷吊~|报~。○另见sàng。

【丧服】　sāngfú 图为向死者致哀所穿的衣服。通常由白色粗布或麻布制成。

【丧事】　sāngshì 图人死后遗体处理和操办哀悼等事宜▷~从简。

【丧葬】　sāngzàng 团料理丧事,安葬遗骨。

【丧钟】　sāngzhōng 图西方国家的教堂为死者举行宗教仪式时敲的钟,比喻死亡或灭亡的迹象▷敲响侵略者的~。

桑　sāng 图落叶乔木,叶子可以喂蚕,果实可以生吃或酿酒。

【桑那浴】　sāngnàyù 图一种沐浴方式,先用蒸气使身体发汗而后再清洗。起源于芬兰。也说蒸气浴、芬兰浴。

【桑葚】　sāngshèn 图桑树的果实,成熟时黑紫色或白色,有甜味,可以吃。☞㊀口语说"桑葚儿"(sāngrènr)。㊁不要写作"桑椹"。

搡　sǎng 团用力猛推▷叫人~了个跟头|连推带~|推推~~。

嗓　sǎng 图嗓子▷~音。

【嗓门儿】　sǎngménr 图嗓音▷大~。

【嗓子】　sǎngzi ❶图喉咙▷润润~|~发炎。❷指嗓子发出的声音▷放大~唱。

磉　sǎng 图立柱下面的石礅▷~磴|石~。

颡(顙)　sǎng 图〈文〉额头▷稽~(跪拜时用额触地)。

丧(喪)　sàng ❶团失去;丢掉▷~尽天良|闻风~胆。❷特指失去生命;死去▷老年~子|~亡。❸失意▷沮~|懊~。○另见sāng。

【丧魂落魄】　sànghúnluòpò 吓得失去魂魄,形容非常害怕的样子。

【丧命】　sàngmìng 团丢了性命;死亡(多指非正常死亡)▷在车祸中~。

【丧偶】　sàng'ǒu 团配偶死亡。

【丧气】　sàngqì ❶团因不顺心而情绪低落▷遇到挫折,不要~。❷囮不吉利;倒霉▷大过年的,别说~话。

【丧权辱国】　sàngquánrǔguó 丧失主权,使国家蒙受耻辱。

【丧失】　sàngshī 团失掉▷~听力。

【丧心病狂】　sàngxīnbìngkuáng 失去理智,像发了疯一样。形容没有人性,残忍恶毒。

sao

搔 sāo 团用指甲或别的东西抓挠▷~头皮｜隔靴~痒。☞右半是"蚤"(九画),不要写作"蚤"。
【搔首弄姿】 sāoshǒunòngzī 形容故作姿态,卖弄风情。

骚(騷) sāo ❶团扰乱▷~扰｜~动。❷图指《离骚》,屈原的代表作▷~继~雅｜~体。❸泛指诗文▷~人墨客。❹题举止轻佻,行为放荡(多用于女子)▷风~｜~货。
【骚动】 sāodòng 团秩序紊乱;动荡不安▷人群~｜天下~。
【骚乱】 sāoluàn ❶团混乱不安▷会场突然~起来。❷图指造成混乱的事件▷发生了多起~｜平息~。
【骚扰】 sāorǎo 团扰乱,使不安宁▷~百姓｜~破坏。

缲(繰) sāo 团从泡在开水里的蚕茧中抽出丝▷~丝。

臊 sāo 题像尿那样难闻的腥臭气味▷又~又臭｜腥~｜狐~｜~气。○另见 sào。

扫(掃) sǎo ❶团用笤帚等清除尘土和垃圾▷~地｜打~。❷清除;消除▷~雷｜~了人家的兴。❸题尽;全部▷~数(shù)还清。❹团迅速掠过▷~射｜~描。○另见 sào。
【扫除】 sǎochú ❶团扫掉(脏东西)▷~垃圾。❷清除;消除▷~水雷｜~文盲｜~封建迷信。
【扫荡】 sǎodàng 团用武力肃清;彻底清除▷~残匪｜~精神毒品。
【扫地】 sǎodì 团比喻声誉、威信等完全丧失▷信誉~。
【扫黄】 sǎohuáng 团扫除黄色的书刊和音像制品及卖淫嫖娼等丑恶现象。
【扫盲】 sǎománg 团指对不识字或识字不多的成年人进行识字教育,使脱离文盲状态。
【扫描】 sǎomiáo ❶团用一定设备使无线电波或电子束按一定方向有序地周期性移动而描绘出画面或图形。❷扫视。
【扫墓】 sǎomù 团清扫坟墓,祭奠死者▷清明节~。
【扫平】 sǎopíng 团扫荡平定。
【扫射】 sǎoshè 团(用冲锋枪、机关枪等自动武器)横向连续射击。
【扫视】 sǎoshì 团(视线)快速地横向移动▷两眼像探照灯一样~着天空。
【扫尾】 sǎowěi 团完成工作或工程的最后一部分▷公路建设正在~。
【扫兴】 sǎoxìng 题因遇到不愉快的事情而兴致低落▷刚到公园就下雨了,真~!

嫂 sǎo ❶图哥哥的妻子▷~子｜二~。❷称与自己年龄差不多的已婚妇女▷李大~｜刘~。
【嫂夫人】 sǎofūrén 图对朋友妻子的敬称。

扫(掃) sào 见下。○另见 sǎo。
【扫帚】 sàozhou 图比笤帚大的扫地工具,多用竹枝扎成。
【扫帚星】 sàozhouxīng 图慧星的通称。古人认为扫帚星出现是不祥之兆,所以也用来咒骂被认为带来灾祸的人。

瘙 sào [瘙痒]sàoyǎng 团(皮肤)发痒。

臊 sào 团害羞;难为情▷~红了脸｜没羞没~｜害~。○另见 sāo。

se

色 sè ❶图脸的神色▷面不改~｜厉内荏。❷景象;情景▷暮~｜以壮行~。❸品类;种类▷货齐备｜各~人等。❹颜色▷黄~｜五光十~。❺女子的美好容貌▷国~天香｜姿~好(hào)~。❻物品(多指金银)的成分▷足~｜成~。○另见 shǎi。
【色彩】 sècǎi ❶图颜色▷~鲜艳。❷比喻某种情调或思想倾向▷感情~｜时代~。☞不宜写作"色采"。
【色调】 sèdiào ❶图画面上表现思想感情所使用的色彩及明暗等,如常以红黄等暖色调表现喜悦兴奋,以蓝绿等冷色调表现忧郁伤悲。❷比喻文学作品中思想感情的色彩▷作品~悲壮,催人泪下。
【色拉】 sèlā 图〈外〉一种凉拌食品。一般由香肠丁、土豆丁、水果丁等加调味汁拌和而成。也说沙拉。
【色厉内荏】 sèlìnèirěn 外表严厉强横,内心软弱怯懦。
【色盲】 sèmáng 图眼睛不能辨别颜色的疾病。
【色情】 sèqíng 图男女情欲(含贬义)▷~片。
【色弱】 sèruò 图轻度色盲。
【色素】 sèsù 图使有机体具有各种不同颜色的物质。
【色艺】 sèyì 图姿色和技艺▷~俱佳。
【色泽】 sèzé 图颜色光泽▷~淡雅。

涩(澀) sè ❶题不光滑;不滑润▷两眼干~｜滞~。❷舌头感到麻木不适▷这柿子特别~｜苦~。❸(文章)不流畅▷晦~｜艰~。

啬(嗇) sè 题小气;应当用的财物舍不得用▷吝~。

瑟 sè 图古代一种像琴的弦乐器。
【瑟瑟】 sèsè ❶拟声模拟微风等轻细的声音▷~有声。❷题形容颤抖的样子▷冻得~发抖。
【瑟缩】 sèsuō 团蜷缩并发抖▷筋骨~。

塞 sè 团堵住▷~茅｜顿开｜堵~。☞只用于成语和多音节词。○另见 sāi;sài。
【塞责】 sèzé 团工作不负责,敷衍了事▷敷衍~。

穑(穡) sè 团〈文〉收获(谷物)▷稼~。

sen

森 sēn ❶题树木多而繁密▷~林｜松柏~~。❷〈文〉众多;密密麻麻▷~罗万象｜~列。❸阴暗▷阴~。☞统读 sēn。
【森林】 sēnlín 图大面积生长的树木。
【森森】 sēnsēn ❶题形容树木茂密的样子▷草木~。❷形容阴森可怕▷远处黑影~｜阴~。
【森严】 sēnyán 题威严▷气象~｜法度~｜戒备~。

seng

僧 sēng 图和尚,佛教徒中出家修行的男人(梵语音译词"僧伽"的简称)▷落发为~。
【僧多粥少】 sēngduōzhōushǎo 比喻人多而东西或事情少,不够分配。
【僧侣】 sēnglǚ 图指和尚或某些其他宗教的修道者。

sha

杀(殺) shā ❶团强行把人或动物弄死▷~人｜猪宰羊｜~害。❷搏斗;战斗▷~出一条血路｜~入敌群。❸削弱;降低▷~一~他的威风｜~价。❹题〈口〉药液等刺激而引起疼痛的感觉▷药水涂在伤口上~得慌。❺团用在某些动词后,相当于表示程度很深的"死"(多用于近代汉语)▷秋风秋雨愁

~人|气~我也。

【杀害】 shāhài 圆杀死▷~无辜。

【杀机】 shājī 图杀人的念头▷面露~|动了~。

【杀鸡取卵】 shājīqǔluǎn 比喻贪图眼前利益而不顾长远利益。

【杀价】 shājià 圆买主乘卖主急于出售货物之机压低价格。

【杀戮】 shālù 圆大量杀害;屠杀▷~平民|全家老小惨遭~。

【杀气】 shāqì 图杀伐的气焰;凶恶的神气▷~腾腾|满脸~。

【杀人不见血】 shārénbùjiànxiě 比喻害人的手段阴险狡猾,不留痕迹,使人受了害还难以察觉。

【杀伤力】 shāshānglì 图指武器打死打伤敌人的能力。

【杀手】 shāshǒu ❶图杀人凶手▷职业~。❷比喻比赛中技艺高超,能使对手惨败的人▷网坛~。

【杀一儆百】 shāyījǐngbǎi 杀一个人以警诫许多人。☞不宜写作"杀一警百"。

杉 shā 图与"杉"(shān)义同,用于"杉木"、"杉篙"。○另见shān。

沙 shā ❶图沙子,细碎的石粒▷泥~俱下|~土。❷颗粒小而松散像沙的东西▷豆~|蚕~(蚕粪)。❸指用含沙的陶土制作的(器皿)▷~锅|~罐|~壶。❹圆嗓音嘶哑▷嗓子发~|~哑。

【沙暴】 shābào 图风暴挟带着大量尘沙的天气现象。我国北方春季常见。沙暴起时大气中悬浮颗粒物明显增加,能见度降低,空气严重污染。也说沙尘暴或尘暴。

【沙场】 shāchǎng 图广阔的无人烟的沙地,借指战场▷战死~。

【沙发】 shāfā 图〈外〉一种装有弹簧或软垫的靠背椅。

【沙锅】 shāguō 图用陶土烧制的锅,多用于熬菜或煎中药。

【沙化】 shāhuà 圆由于气候的自然变化或违背自然规律垦牧过度,造成土壤干燥、裸露、沙漠化的状态。

【沙皇】 shāhuáng 图俄国和保加利亚过去皇帝的称号。

【沙里淘金】 shālǐtáojīn 比喻费力大而收效少,也比喻从大量材料中选取精华。

【沙砾】 shālì 图沙子和碎石块。☞不宜写作"砂砾"。

【沙龙】 shālóng 图〈外〉旧时法国巴黎的文人和艺术家常受邀在贵妇人的沙龙(客厅)里聚会谈论文学艺术,后来就把文人雅士聚会交谈的场所叫沙龙▷文艺~|体育~。

【沙漠】 shāmò 图地面完全被沙覆盖,雨量缺乏,气候干燥,草木稀少的地区。

【沙滩】 shātān 图水边或水中由沙子淤积成的陆地。

【沙文主义】 shāwén zhǔyì 一种极端的民族主义,宣扬本民族利益至上,煽动民族仇恨,主张征服和奴役其他民族(沙文:拿破仑手下的一名军人,曾狂热地拥护拿破仑用暴力向外扩张法国势力)。

【沙哑】 shāyǎ 圆声音干涩,低沉,不圆润清脆▷嗓音~。

【沙眼】 shāyǎn 图由沙眼病原体引起的慢性传染病,患者睑结膜上出现灰白色颗粒,逐渐形成瘢痕,刺激角膜,使角膜发生溃疡。

【沙洲】 shāzhōu 图江河湖海中由泥沙淤积而高出水面的土地。

纱(紗) shā ❶图用棉花、麻等纺成的细丝,可以合成线或织成布。❷经纬线稀疏的织物▷~布|窗~。❸像窗纱一类的制品▷铁~。❹某些

轻而薄的纺织品的统称▷羽~|泡泡~。

【纱布】 shābù 图稀疏的织物,消毒后用来包扎伤口。

【纱窗】 shāchuāng 图钉上铁纱或布的窗户。

【纱锭】 shādìng 图纺纱机上的部件,用来把纤维纺成纱并绕成一定形状。

刹 shā 圆使车辆、机器等停止运行▷~车|~闸◇~住这股歪风邪气。○另见chà。

【刹车】 shāchē ❶圆刹。❷图使车辆停止前进的机件▷踩~|~不灵。❸圆比喻使事情马上停下来▷公款旅游必须~。

砂 shā ❶图细碎的石粒▷~布|~纸|~轮|~岩。❷像砂的东西▷矿~。☞"砂"①义同"沙"①,现在的分工趋势是:一般生活词语用"沙";有关工矿业科技词语多用"砂"。

【砂布】 shābù 图粘有金刚砂的布,用来磨光器物的表面。

【砂浆】 shājiāng 图砌砖石用的浆状黏结物质,沙子、水泥(或石灰)等按一定比例混合后再加水合成。

【砂眼】 shāyǎn 图气体或杂质在铸件表面或内部形成的孔洞。

【砂纸】 shāzhǐ 图粘有玻璃粉或砂状物质的纸,用来磨光或擦亮竹木、金属等制成的器物。

莎 shā 用于地名和音译。如莎车,在新疆。莎士比亚,英国诗人、戏剧家。☞在"莎草"(多年生草本植物)中读suō。

铩(鎩) shā ❶图古代一种长刃的矛。❷圆〈文〉摧残;伤残▷~羽(鸟翅受伤,常比喻失意或失败)。

痧 shā 图中医称中暑、肠炎等急性病▷绞肠~|刮~。

煞 shā ❶圆结束;止住▷突然把话~住|~尾|~账。❷勒紧▷装完车用大绳~一下|把口袋~紧。❸损坏▷~风景。○另见shà。

【煞车】 shāchē 圆用绳索把车上装载的东西固定在车身上▷装完车以后一定要注意~。

【煞风景】 shāfēngjǐng 破坏美好的景色。比喻事物因不得体而使人扫兴。☞不宜写作"杀风景"。

【煞尾】 shāwěi ❶圆结束;收尾▷工程已~。❷图文章或事情的末尾部分▷~部分写得很精彩。☞不宜写作"杀尾"。

裟 shā 见[袈裟]jiāshā。

鲨(鯊) shā 图鲨鱼,牙锋利,性凶猛,生活在海洋中。肉可以吃,鳍和唇是名贵食品,肝可制鱼肝油。☞不宜写作"沙鱼"。

啥 shá 四什么▷你干~去? |~时候了? |要~有~。☞统读shá。

傻 shǎ ❶圈智力低下;愚笨▷他一点儿也不~|装~|干~事。❷心眼死板;不灵活▷~等了两个小时|要巧干,不能~干。

【傻瓜】 shǎguā 图傻子(含诙谐或轻蔑意)。

【傻呵呵】 shǎhēhē 圈形容糊涂痴呆或憨厚的样子▷客人来了,他只会冲着大家~地笑|他外表~的,可内心机灵得很。

【傻劲儿】 shǎjìnr ❶图实劲;蛮劲▷这小伙子干活有股~。❷傻气。

【傻气】 shǎqì 图愚笨、糊涂的神态、想法等▷冒~|满脸~。

【傻头傻脑】 shǎtóushǎnǎo 形容愚笨、糊涂的样子。

【傻眼】 shǎyǎn 圆因事出意外而目瞪口呆▷打开试卷,他便~了。

【傻子】　shǎzi　图愚蠢糊涂、智力低下的人。

厦　shà　❶图大房子；大楼▷高楼大～。❷房屋后面的廊子▷前廊后～。☞在地名"厦门"中读 xià。

歃　shà　团〈文〉用嘴吸(血)。

【歃血】　shàxuè　古代订盟时，以指蘸牲牲血涂于口旁，表示信誓▷～为盟。

煞　shà　❶图迷信指凶神▷凶神恶～。❷副表示程度高，相当于"很""极"▷～白｜～费苦心。○另见 shā。

【煞白】　shàbái　图惨白，没有血色▷吓得脸色～。
【煞费苦心】　shàfèikǔxīn　绞尽脑汁，费尽心思。
【煞气】　shàqì　❶图凶恶的神色▷一脸～。❷迷信的人指邪气。

霎　shà　图极短的时间▷～时｜一～～。

【霎时】　shàshí　图不一会儿；马上▷～狂风大作。也说霎时间。

shai

筛(篩)　shāi　❶图筛子▷过～｜～选。❷团用筛子过东西▷把米～干净｜～沙子。❸往杯子里或碗里倒(酒、茶)▷～一碗酒来(多用于近代汉语)。

【筛糠】　shāikāng　团比喻身体发抖▷吓得直～｜冻得他不住地～。
【筛选】　shāixuǎn　团用筛子选种选矿；泛指在同类事物中去掉不需要的，留下需要的▷～良种｜这批运动员是由各赛区～出来的。
【筛子】　shāizi　图一种用细竹篾或铁丝等编成的器具，底面多孔，用来分出细碎和块儿大的东西。

色　shǎi　义同"色"(sè)④(用于口语)▷掉～｜套～｜上～｜落(lào)～。○另见 sè。

【色子】　shǎizi　图一种赌具或玩具，形状为小立方体，六个面分别刻有 1—6 个染有不同颜色的凹点，赌博时投掷它，根据点的不同情况决定胜负。有的地区叫骰子(tóuzi)。

晒(曬)　shài　❶团太阳照射▷～得马路发烫。❷把东西放在太阳光下使它干燥；人或物在阳光下吸收光和热▷～衣服｜～太阳。

【晒台】　shàitái　图建造在屋顶上供晒衣物或乘凉用的露天小平台。
【晒图】　shàitú　团把描有图样的描图纸覆盖在感光纸之上，用日光或灯光照射，复制出图样来。

shan

山　shān　❶图地面上由土、石构成的巨大而高耸的部分▷一座～｜村子四周都是～｜火～｜～区。❷像山的东西▷冰～｜～墙。❸指蚕蔟，供蚕吐丝做茧的设备▷蚕上～了｜蚕～。

【山坳】　shān'ào　图山间平地。
【山地】　shāndì　❶图多山的地带。❷山上的农田。
【山巅】　shāndiān　图山顶。☞不宜写作"山颠"。
【山峰】　shānfēng　图高耸的山头。
【山冈】　shāngāng　图低矮的小山。☞不宜写作"山岗"。
【山歌】　shāngē　图民歌的一种，大多在山野劳动时歌唱，内容质朴，形式短小，节奏自由。
【山沟】　shāngōu　❶图山谷。❷泛指偏僻的山区▷～飞出了金凤凰。
【山谷】　shāngǔ　图两山中间狭长低洼的地带▷～中的

小溪清澈见底。

【山河】　shānhé　图山岭和河流，借指国土▷锦绣～｜～一统。
【山洪】　shānhóng　图由山上突然下泻的大水▷～暴发。
【山货】　shānhuò　❶图山区出产的果品等土产。❷指以竹、木、荷麻、粗陶瓷等为质料的日用杂物，如扫帚、麻绳、瓦盆等。
【山脊】　shānjǐ　图山的高处像脊骨一样隆起的部分。
【山涧】　shānjiàn　图山间的溪沟。
【山岚】　shānlán　图飘浮在山间的云雾。
【山岭】　shānlǐng　图连绵不断的高山。
【山麓】　shānlù　图山脚。
【山峦】　shānluán　图连绵不断的群山▷云贵高原～重叠。
【山脉】　shānmài　图像脉络似的顺着一定方向延伸的成行列的群山。
【山门】　shānmén　图佛寺的外门；借指寺院、佛教▷皈依～。
【山南海北】　shānnánhǎiběi　指遥远的或不能确指的地方。
【山清水秀】　shānqīngshuǐxiù　形容风景优美。
【山穷水尽】　shānqióngshuǐjìn　比喻走投无路、陷入绝境。
【山丘】　shānqiū　图小土山。
【山水】　shānshuǐ　❶图山和水，特指山明水秀的自然风景▷桂林～。❷指山水画▷工于～。
【山头】　shāntóu　❶图山顶。❷比喻独霸一方的宗派势力▷拉～。
【山系】　shānxì　图同一造山运动形成的几条相邻的平行山脉，如长白山系。
【山峡】　shānxiá　图两山之间的峡谷。
【山崖】　shānyá　图山与地面或水面几乎垂直的侧面。
【山野】　shānyě　图山岭和原野。
【山岳】　shānyuè　图又高又大的山。
【山楂】　shānzhā　图落叶乔木，花白色，果实也叫山楂，近球形，深红色，有淡褐色斑点，味酸甜，可以吃，也可以做药材。☞不宜写作"山查"。
【山寨】　shānzhài　❶图在山中险要处筑有防守栅栏等防御工事的据点。❷设有围墙或栅栏的山区村庄；泛指山村。
【山珍海味】　shānzhēnhǎiwèi　山间和海里出产的珍贵食品，泛指各种美味佳肴。

芟　shān　❶图〈文〉除草。❷团除掉；消灭▷～芜存精｜～繁剪秽。

【芟除】　shānchú　❶团除去(草)▷～杂草。❷〈文〉删除(多余的文字)。
【芟秋】　shānqiū　团立秋以后给作物锄草、松土，防止杂草结子。☞不宜写作"删秋"。
【芟夷】　shānyí　〈文〉❶团除掉(杂草)。❷比喻消灭、除掉(某种社会势力)。☞不宜写作"芟荑"。

杉　shān　图常绿乔木，树干高而直，木材可用于建筑和制作家具。☞在"杉篙""杉木"中读 shā。○另见 shā。

删　shān　团删除(某些字句)▷～去多余的话｜这个字应该～掉。

【删除】　shānchú　团删去除掉(某些字句)▷应把重复的部分全部～。
【删繁就简】　shānfánjiùjiǎn　删去繁琐部分，使文字或内容简明。
【删改】　shāngǎi　团去掉多余的文字，改动不妥的词句

▷稍加～，即可发表。

【删节】　shānjié　囫删去文字中可有可无或次要的部分。

【删汰】　shāntài　囫删减淘汰▷～多余的字句段。

【删削】　shānxuē　囫删除；削减▷文章枝蔓之处甚多，要大刀阔斧地加以～。

苫　shān　囵用草编成的覆盖或铺垫的用具▷草～子。○另见 shàn。

衫　shān　❶囵单层的上衣▷汗～│衬～。❷泛指衣服▷夹克～│衣～│褴褛│破衣烂～。☞统读 shān。

姗　shān　[姗姗]shānshān　囵行走缓慢而从容▷～来迟(形容来得很晚)。

珊　shān　[珊瑚]shānhú　❶囵指珊瑚虫，热带海中的腔肠动物。多群居，形似树枝。❷珊瑚虫分泌的钙质骨骼的聚集体，可以供观赏，也可以做装饰品及工艺品。

栅　shān　[栅极]shānjí　囵多极电子管中位于板极和阴极之间的一种栅状电极，有控制电流的程度、改变电子管的性能等作用。○另见 zhà。

舢　shān　[舢板]shānbǎn　囵一种用桨划行的小船。☞不宜写作"舢舨"。

扇　shān　❶囫摇动扇(shàn)子或其他片状物使空气加速流动而生风▷～扇(shàn)子。❷用手掌打(人)▷～他一个耳光。

【扇动】　shāndòng　囫摇动(扇子或其他片状物)▷蝴蝶～着翅膀。

跚　shān　见[蹒跚]pánshān。

煽　shān　❶囫摇动扇子或其他片状物使风吹火旺▷～炉子。❷鼓动(别人做不该做的事)▷～动│～惑。

【煽动】　shāndòng　囫鼓动怂恿(别人去做坏事)▷严防坏人～群众闹事。☞"煽动"和"扇动"，义不同。

【煽风点火】　shānfēngdiǎnhuǒ　比喻煽动别人做坏事。

【煽惑】　shānhuò　囫煽动诱惑▷～人心│受人～，误入歧途。

【煽情】　shānqíng　囫鼓动起热情；引动感情或情欲。

潸　shān　囮〈文〉形容流泪的样子▷～然泪下。

膻　shān　囮像羊身上的那种气味▷他做的红焖羊肉一点儿也不～│～气│腥│～味。

闪(閃)　shǎn　❶囫一晃而过；迅速侧身避开▷黑暗中～过一个人影│躲～。❷突然显现或时隐时现▷脑海里～过一个念头│～烁│～耀。❸囵阴雨天气云层放电时发出的光▷打～。❹囫因动作过猛而扭伤▷小心别～了腰。

【闪避】　shǎnbì　囫迅速侧身躲避。

【闪电】　shǎndiàn　囵阴雨天气时，云与云或云与地面之间发生的放电现象，产生一闪而过的强光。

【闪光】　shǎnguāng　❶囵突然闪现的明暗不定的光亮。❷囫发出光亮▷露珠在晨光下～。

【闪光点】　shǎnguāngdiǎn　囵比喻众多人或事物中比较精美、能引人注意的部分▷未名湖是北大校园里的一个～│要善于发现后进学生身上的～。

【闪念】　shǎnniàn　囵突然闪现的念头。

【闪闪】　shǎnshǎn　囫光芒四射或闪烁▷金光～│～发光。

【闪射】　shǎnshè　囫(光线)明暗交叉地射出；放射▷霓红灯在不断～◇他的眼里～着热情的光芒。

【闪身】　shǎnshēn　囫侧转身体▷一～躲开了。

【闪失】　shǎnshī　囵差错、事故▷千万小心，别有～。

【闪烁】　shǎnshuò　❶囫(光亮)摇动不定，忽明忽暗▷救护车上的急救灯～不停。❷说话吞吞吐吐，躲躲闪闪▷～其词。

【闪现】　shǎnxiàn　囫突然出现▷一个巧妙的构思在脑海中～。

【闪耀】　shǎnyào　囫闪烁；耀眼▷繁星～│金光～。

陕(陝)　shǎn　囵指陕西▷～北│～甘宁边区。

讪(訕)　shàn　❶囫讥笑▷～笑│讥～。❷囮羞惭；难为情▷～～地走开了。☞不读 shān。

【讪讪】　shànshàn　囮形容十分难为情的样子▷他一脸尴尬，～地走开了。

【讪笑】　shànxiào　❶囫讥笑▷遭人～。❷难为情地笑▷说到隐私，他只好～几声。

汕　shàn　囵用于地名。汕头、汕尾，均在广东。

苫　shàn　囫(用席、布等)遮盖▷房顶上～了块油布│～布。○另见 shān。

【苫布】　shànbù　囵遮盖用的大块雨布。

钐(釤)　shàn　❶囵钐镰，一种长柄大镰刀。也说钐刀。❷囫挥动钐镰或镰刀割▷～草│～麦子。

疝　shàn　囵人或动物腹腔内的脏器向周围组织薄弱处隆起的病。

【疝气】　shànqì　囵一般指腹股沟的疝。也说小肠疝气。

剡　shàn　用于水名。剡溪，即曹娥江上游，在浙江嵊州。

扇　shàn　❶囵能摇动生风的用具，呈薄片状▷葵～│折～。❷用来遮挡的板状或片状物▷隔～│窗～。❸量用于门窗等片状器物▷一～门│两～窗子。❹囵功能和主体部分的形状像扇的装置▷电～│排风～。○另见 shān。

善　shàn　❶囮美好；良好▷多多益～│～策。❷善良；心地好(跟"恶"相对，③同)▷性～│慈～。❸囵善良的行为；慈善的事▷隐恶扬～│改恶从～│行～。❹囮友好；和睦▷友～│亲～。❺囫办好；做好▷～始～终│～后。❻囫擅长；交际▷能歌～舞。❼囮易于▷～疑│多愁～感。❽副好好地；妥善地▷～自珍重│～罢甘休。

【善罢甘休】　shànbàgānxiū　好好地了结，不再纠缠下去(多用于否定式)。

【善本】　shànběn　囵指精刻、精印、精抄、精校且内容完善的古书版本；也指珍贵的手稿、孤本、罕见的革命文献。

【善后】　shànhòu　囫妥善处理事后遗留的问题▷这件事还是请他来～吧。

【善举】　shànjǔ　囵慈善的行为或事业▷在农村，铺路修桥历来被看作～。

【善良】　shànliáng　囮心地好；和善▷为人～│～的人们。

【善始善终】　shànshǐshànzhōng　从开头到结尾每个环节都很圆满。

【善于】　shànyú　囫在某方面有专长；擅长▷～游泳│～思考。

【善终】　shànzhōng　❶囫指人正常死亡，而不是死于意外灾祸。❷做好或完成最后阶段的事情。

禅(禪)　shàn　囫(古代君王)把帝位让给别人▷～让│～位。○另见 chán。

骟(騸)　shàn　囫除去牲畜的睾丸或卵巢▷把这匹马～了│～羊。

鄯　shàn　用于地名。鄯善，在新疆。

缮(繕) shàn ❶囫补好▷修～。❷工整地抄写▷～写丨～录。

【缮写】 shànxiě 囫抄写；誊写。

擅 shàn ❶囫〈文〉独揽；专有▷～权丨～国。❷擅自▷～离职守。❸长于；善于▷不～词令丨～长。☞右下是"旦"，不是"且"。

【擅长】 shàncháng 囫在某方面有专长；善于▷～书法丨～烹饪。

【擅自】 shànzì 囵超越职权，自作主张▷～作主丨～离队。

膳 shàn 图饭食▷用～丨～食。

【膳食】 shànshí 图平时吃的饭菜。

嬗 shàn 囫〈文〉更替；演变▷～变。

赡(贍) shàn ❶圈〈文〉丰富；充足▷丰～丨富～。❷囫供给；供养▷～养。☞㊀不读 zhān。㊁跟"瞻"(zhān)不同。

【赡养】 shànyǎng 囫供(gōng)养，特指成年子女对父母物质和精神生活进行帮助。

蟮 shàn 见[曲蟮]qūshàn。

鳝(鱔) shàn 图鳝鱼，外观像蛇，肉鲜美。通常指黄鳝。

shang

伤(傷) shāng ❶图身体或物体受到的损害▷腿上有～丨探～。❷囫伤害；损害▷了胳膊丨～风败俗丨～了自尊心。❸悲哀；忧愁▷～心丨～忧～。❹因某种因素的损害而致病▷别饥一顿饱一顿～了胃丨～风。❺因过度吃或喝某种食物或酒水而对其感到厌烦▷吃方便面吃～了丨喝酒喝～了。❻妨害；妨碍▷无～大局丨无～大雅。

【伤风败俗】 shāngfēngbàisú 指败坏社会道德风气。

【伤感】 shānggǎn 圈因受外界触动而悲伤▷触景生情，不胜～。

【伤害】 shānghài 囫使受损害，伤了元气▷～团结丨～健康。

【伤痕】 shānghén ❶图伤疤；也指器物残破的痕迹▷～累累。❷比喻精神受损伤后留下的痕迹▷儿子英年早逝，在她心灵上刻下深深的～。

【伤筋动骨】 shāngjīndònggǔ 损伤了筋骨。比喻事物受到严重损害，伤了元气。

【伤脑筋】 shāngnǎojīn 遇到棘手问题时耗尽心思▷这类事情真～。

【伤神】 shāngshén 圈费心；劳神▷这样难懂的哲学论文，翻译起来很～。

【伤天害理】 shāngtiānhàilǐ 违背做人的基本道理。形容做事残忍，灭绝人性。

【伤亡】 shāngwáng 囫受伤和死亡▷地震灾区人畜～严重。

【伤心】 shāngxīn 圈心里悲伤、痛苦▷～的往事丨哭得很～。

殇(殤) shāng 〈文〉❶囫未成年而死。❷图战死者▷国～(为国而死的人)。

商 shāng ❶图以买卖物为职业的人▷皮货～丨客～。❷买卖商品的经济活动▷经～丨通～丨～务。❸囫讨论；交换意见▷会～丨～谈丨磋～丨～讨。❹图古代五音(宫、商、角、徵、羽)之一，相当于简谱的"2"。❺算术中除法运算的得数，如10被2除的商是5。❻朝代名。

【商办】 shāngbàn ❶圈由商业界兴办的▷～学校丨～福利院。❷囫协商办理▷请双方～此事。

【商标】 shāngbiāo 图商品的文字和图形标志。

【商场】 shāngchǎng ❶图各种商店、摊贩聚集在一处所组成的市场。❷面积较大、商品比较齐全的综合商店▷百货～。❸泛指商界▷～如战场。

【商调】 shāngdiào 囫通过协商，把人员从一个单位调到另一个单位工作。

【商定】 shāngdìng 囫商量决定▷双方～，下周恢复谈判。

【商机】 shāngjī 图做生意的机遇▷抓住～，开拓市场。

【商检】 shāngjiǎn 囫商品检验。

【商量】 shāngliang 囫互相讨论和交换意见，以求取得一致▷同群众～。

【商旅】 shānglǚ 图指从事长途贩运或来往于外地经商的商人。

【商品】 shāngpǐn ❶图能满足人们某种需要并用来出售的劳动产品，具有使用价值和价值两重属性。❷泛指市场上出售的货物▷～展销。

【商洽】 shāngqià 囫商量并沟通▷～合资事宜丨请派人前来～。

【商榷】 shāngquè 囫(对不同意见的)商量、研讨▷与作者～。

【商谈】 shāngtán 囫口头商量讨论(有郑重色彩)▷此事已～多次。

【商讨】 shāngtǎo 囫(对重大事情、学术观点等)商量讨论▷这个方案还须～丨合作问题。

【商务】 shāngwù 图商业上的事务▷～繁忙丨洽谈～。

【商业】 shāngyè 图从事商品交换的经济活动，也指组织商品流通的国民经济部门▷从事～工作丨～部门。

【商议】 shāngyì 囫为使意见一致而商量议论▷新措施出台前请大家好好～一下丨～～这件事。

【商酌】 shāngzhuó 囫商量斟酌▷此事有待进一步～。

觞(觴) shāng 图古代一种盛酒的器具▷举～相庆。

墒 shāng 图土壤的湿度▷保～丨抢～。☞统读shāng。

【墒情】 shāngqíng 图土壤的湿度情况▷～不错，小麦可望丰收。

上 shǎng 图上声▷平～去入。○另见 shàng。

【上声】 shǎngshēng 图古汉语四声中的第二声；现代汉语普通话四声中的第三声。

垧 shǎng 圕土地面积单位，大小各地不同，东北地区一般合 15 市亩，西北地区合 3 或 5 市亩▷两～地。

晌 shǎng ❶图正午或正午前后▷～午丨歇～。❷指一天内的一段时间▷前半～丨后半～丨晚半～丨半～。☞跟"响"(xiǎng)不同。

赏(賞) shǎng ❶囫赐予；奖励(跟"罚"相对)▷～他一笔钱丨～罚分明。❷图赐予或奖励的东西▷悬～丨领～。❸囫观赏；欣赏▷～花丨识～丨赞～。☞"赏"和"尝"(cháng)不同。"尝"是"嚐"的简化字，指品尝、尝试。

【赏赐】 shǎngcì ❶囫旧指尊长把财物送给下级或晚辈。❷图指赏赐的财物▷得到很多～。

【赏格】 shǎnggé 图悬赏时所定的报酬数额。

【赏光】 shǎngguāng 囫客套话，对方接受邀请等于是赏赐了光彩▷略备水酒，务请～。

【赏脸】 shǎngliǎn 囫〈口〉客套话，对方接受自己的要求或赠品是给自己面子▷这点小意思请～收下。

【赏识】 shǎngshí 囫认识到别人的才能或作品等事物的价值而格外予以重视或赞扬(多指上对下)▷他深得领导~|老师很~他的文章。

【赏析】 shǎngxī 囫欣赏并评析(多用作书名、文章标题)▷《宋词~》。

【赏心悦目】 shǎngxīnyuèmù 形容看到美好的景物而身心愉快。

上 shàng ❶图高处;较高的位置(跟"下"相对,②③④⑤同)▷~有天,下有地|往~走|游~|端。❷指君主、尊长等地位高的人▷~谕|行下效|犯~作乱。❸图时间或顺序在前的▷~午|~旬。❹等级或质量较高的▷~级|~品。❺囫从低处到高处;登▷~楼|逆流而~。❻向前进▷迎着困难~|一拥而~。❼呈献;奉上▷~茶|~供。❽向上报中央|~诉。❾囫去;往▷~天津|~学校。❿达到(一定的数量或程度)▷人均收入~千元|~档次。⓫特指登台;出现在某些场合▷~演|~场。⓬增补;添加▷给机器~油|~膘。⓭记载;登载▷~了光荣榜|他的事迹~了报了|~账。⓮安装;拧紧▷~子弹|~膛|~玻璃|~螺丝。⓯涂;抹▷~漆|~药。⓰按规定的时间活动▷~操|~了两堂课。⓱碰到;遭受▷~圈套|~当受骗。⓲用在某些动词后面,读轻声。a)表示动作由低处向高处的趋向▷飞~蓝天|登~顶峰。b)表示动作达到一定数量▷每次回家最多住~两三天|睡~六七个小时。c)表示动作有了结果或达到了目标▷门关~了|住~了新房。d)表示动作开始并继续下去,相当于"起来"▷大家又聊~了|吃完饭就忙~了。⓳图用在某些名词后面,读轻声。a)表示在某一物体的顶部或表面▷山~|炉台~。b)表示在某一事物范围以内▷会~|课堂~。c)表示某一方面▷领导~|理论~。d)用在表示年龄的词语后,相当于"……的时候"▷他10岁~到了北京|小李25岁~结了婚。○另见 shǎng。

【上班】 shàngbān 囫在规定的时间和地点工作▷~时间|到机关~。

【上报】[1] shàngbào 囫向上级报告▷~材料|立即~有关部门。

【上报】[2] shàngbào 囫刊登在报上▷广告已经~了。

【上辈】 shàngbèi ❶图指祖先。❷家族中的上一代▷他家~有四个人从事教育工作,是教育世家。

【上膘】 shàngbiāo 囫(牲口)长肉▷牲畜秋冬季节更容易~。

【上宾】 shàngbīn 图尊贵的客人。

【上策】 shàngcè 图高明的计谋。

【上层】 shàngcéng ❶图上面的一层▷坐双层车,我喜欢坐~。❷借指地位高的机构、组织、阶层▷~人士|走~路线。

【上乘】 shàngchéng ❶图佛教指大乘。❷图物质或文化产品的品位、质量上等的(跟"下乘"相对)▷~佳作|质量~。

【上窜下跳】 shàngcuànxiàtiào 比喻坏人上下奔走,四处串联。

【上当】 shàngdàng 囫因受骗而造成损失▷小心~|上过一回当。

【上等】 shàngděng 图等级高的;质量好的▷~料子|~大米|成绩~。

【上帝】 shàngdì ❶图中国古代指天上主宰万物的神。也说天帝、天神。❷基督教所信奉的最高神,即《圣经》中的耶和华(现常用于比喻)▷顾客就是~。

【上调】 shàngdiào 囫(人)调到上级机关、部门;(物)调往中心地区▷~中央工作|这批物资~省城。

【上访】 shàngfǎng 囫(人民群众)向上级领导机构反映情况请求解决问题。

【上风】 shàngfēng ❶图风吹过来的那一方▷扬谷时,必须站在~。❷比喻作战或比赛时的有利形势▷上半场我队略占~。

【上浮】 shàngfú ❶囫向上浮出水面。❷(价格等)向上浮动;提升▷油价~|~汇率。

【上岗】 shànggǎng 囫到岗位工作▷值勤人员,要按时~|择优~。

【上告】 shànggào ❶囫向司法部门或上级机关告状▷越级~。❷向上级报告▷救灾情况要及时~中央。

【上供】 shànggòng ❶囫在神像前或坟前摆上祭祀供品。❷比喻向权势者送礼行贿,以求得关照。

【上钩】 shànggōu ❶囫鱼吃鱼饵时被钩住。❷比喻人被引诱上了圈套▷诡计多端的土匪头子终于~了。

【上好】 shànghǎo 图特别好;极好▷~的龙井茶。

【上火】 shànghuǒ ❶囫中医指便秘和某些黏膜发炎▷~生口疮了。❷着急;发怒▷你先别~,冷静下来再说。

【上级】 shàngjí 图指同一个组织系统中等级高于自己的组织或人员▷~机关|他是我的老~。

【上进】 shàngjìn 囫向上进取▷积极~。

【上劲】 shàngjìn 图〈口〉精神抖擞;来劲儿▷越干越~。

【上课】 shàngkè ❶囫(教师)讲课▷今天是李老师给我们~。❷(学生)听课▷学生在教室里~。❸开始某次教学活动▷八点钟~|现在~了。

【上口】 shàngkǒu ❶图朗读纯熟;出口流利▷琅琅~。❷诗文写得流畅,念起来顺口▷文字艰深,不易~。

【上款】 shàngkuǎn 图写书信、赠书画时在开头题写的对方的名字、称呼等。

【上来】 shànglái ❶囫开头▷~就是一通批评。❷由低处到高处▷他在楼下,没~|月亮~了。❸从较低部门到较高部门▷他刚从基层~|下面的意见~了。❹用在动词后,表示人或事物随动作从低处到高处或由远处到近处▷一个人从水里跳~了|又围~一群人。❺用在动词后,表示人或事物随动作由较低部门到较高部门▷把他从基层提拔~。❻用在动词后,表示能够做某事了▷这篇散文他已背~了。❼用在形容词后边,表示程度的增加▷天气热~了。

【上联】 shànglián 图对联的上一半▷~和下联对仗工整。

【上流】 shàngliú ❶图江河的上游。❷图指社会地位居于上层的▷~人士。

【上路】 shànglù ❶囫踏上路途;起程▷时间不多了,赶紧~吧。❷走上正轨▷这孩子的学习已经~了。

【上马】 shàngmǎ 囫比喻(工程、工作等)开始启动▷扶贫工作早已~。

【上门】 shàngmén ❶囫登门;上别人家里去▷~求教。❷插上门闩▷睡觉前别忘了~。❸入赘▷~女婿。

【上面】 shàngmian ❶图位置较高的地方▷飞机在云层~飞行。❷次序靠前的部分▷~几位的发言都很精彩。❸上级▷~有指示。❹某一特定的范围▷他在外文~下了很大功夫。❺指家族中上一辈或先于自己出生的同辈▷我~有父母,还有姐姐。

【上坡路】 shàngpōlù ❶图由低处到高处的坡形路。❷比喻繁荣发展的道路▷生产连年走~。

【上去】 shàngqù ❶囫由低处上到高处去▷从楼梯~。❷走过去▷你~和他握手吧!❸从较低部门到较高部门去▷这个省农业厅长是从我们县里~的。

❹用在动词后,表示人或事物随动作从低处到高处▷把行李搬～。❺用在动词后,表示人或事物随动作由较低部门到较高部门▷省里决定把你调～。❻在动词后,表示人或事物随动作趋近于某处▷冲～一连人追不～了。❼用在动词后,表示添加或合拢于某处▷螺丝拧～了|把这笔钱也算～吧。☞"上去"表示动作离开说话人所在地,与"上来"相反。

【上任】 shàngrèn ❶团就职▷新官～。❷图前一任▷～局长。

【上色】 shàngsè 图(货物品位)上等▷～绸缎|～茶叶。

【上色】 shàngshǎi 团在物体上面涂颜色▷这家具是原色的,不～了。

【上升】 shàngshēng ❶团(空间位置)由低向高移动▷气球缓缓～。❷(等级、地位、质量、数量、程度等)提升;增高▷生产持续～|血压～。

【上市】 shàngshì ❶团(季节性的货物或新产品等)开始在市场上出售▷西瓜大量～|股票～。❷到市场上去▷～买点鱼虾。

【上首】 shàngshǒu ❶图佛教指说法时听众中的主位。❷位置较尊的席位▷请～坐。☞不宜写作"上手"。

【上书】 shàngshū 团给君主、政府或地位高的人书面陈述政见或要求。

【上水】 shàngshuǐ ❶图上游。❷团逆流而上(跟"下水"相对)▷轮船～速度慢。

【上司】 shàngsī 图上级▷～交办。

【上诉】 shàngsù 团诉讼当事人不服第一审的判决或裁定,依法向上一级法院请求改判。

【上溯】 shàngsù ❶团逆水而上▷沿江～,直抵重庆。❷从现在向过去推算▷汉字的产生可～到六千年左右。

【上算】 shàngsuàn 图合算;不吃亏▷～的事|买房比租房～。

【上台】 shàngtái ❶团上舞台或讲台▷～表演|～领奖。❷比喻开始任职或掌权▷～三把火。

【上台阶】 shàngtáijiē 达到一个新的高度,提高到一个新的水平。

【上天】[1] shàngtiān ❶团登天;升向天空▷卫星～了。❷迷信指到神仙所在的天空,借指死亡。

【上天】[2] shàngtiān 图迷信指主宰一切的苍天▷～保佑。

【上调】 shàngtiáo 团向上调整(价格、税率、利率等)▷房屋租金～。☞"上调"(shàngdiào)跟"上调"(shàngtiáo)意义不同,不要混用。

【上网】 shàngwǎng ❶团计算机用户或终端同计算机互联的网络接连。❷进入计算机互联网络,进行信息交流以及学习、娱乐、实务等各种活动。

【上下】 shàngxià ❶图指上面和下面、上级和下级、长辈和晚辈的整体或全部▷这根木头一般粗|举国一片欢腾|全家～都很健康。❷指从上到下的距离▷这座烟囱～有 50 米。❸指程度的好坏优劣▷～差不多。❹用在整数后面,表示大致是这个数目▷五十岁～。❺团从低处到高处,从高处到低处▷～火车。

【上限】 shàngxiàn 图数量最大或时间最早的限度(跟"下限"相对)▷楼房竣工的时间～为八月下旬,下限为九月中旬。

【上相】 shàngxiàng 图形容照出的相片比本人的实际面貌漂亮▷她很～。

【上心】 shàngxīn 团放在心上;用心▷厂里对工人的事样样都～。

【上行】 shàngxíng ❶团船逆流行驶(跟"下行"相对,②③同)▷沿长江～。❷我国铁路部门规定,列车在干线上朝着北京方向行驶,或在支线上朝着干线方向行驶叫上行,在编号上使用偶数。❸图下级送往上级的(公文)▷～公文。

【上行下效】 shàngxíngxiàxiào 上级(或长辈)怎么做,下级(或晚辈)就跟着学(一般含贬义)。

【上旬】 shàngxún 图每个月的第一个十天。

【上扬】 shàngyáng ❶团向上升▷士气～。❷向上浮动▷粮价～。

【上瘾】 shàngyǐn 团对某种事产生嗜好▷这种止痛药吃多了会～。

【上映】 shàngyìng 团放映(影片)。

【上游】 shàngyóu ❶图江、河接近源头的那一段。❷比喻先进的地位或水平▷力争～|～无止境。

【上涨】 shàngzhǎng 团(水位、价格等)升高▷汛期江水～|物价停止～。

【上阵】 shàngzhèn ❶团到战场或现场参加战斗▷披挂～|今晚缉拿毒犯,干警齐～。❷比喻参加比赛、劳动等▷派主力队员～。

尚 shàng ❶图崇高▷高～。❷团推崇;注重▷崇～|不～空谈。❸图指社会上流行的风气;一般人所崇尚的东西▷时～|风～。❹副〈文〉还(hái)▷年纪～小|～未可知。❺〈文〉尚且▷天地～不能久,而况于人乎?

【尚方宝剑】 shàngfāngbǎojiàn 皇帝赏赐的宝剑。现常比喻上级的指示和所给的特定权限。☞不宜写作"上方宝剑"。

【尚且】 shàngqiě 围用于复句前一分句的动词前,提出某种明显的事例作衬托,常与"何况"连用,表示递进关系▷一百元钱～借不到,何况一千元。

【尚未】 shàngwèi 副还没有▷健康～恢复|著作～完成。

shao

捎 shāo 团捎带▷托人给孩子～件衣服。○另见shào。

【捎带】 shāodài ❶团顺便携带▷请帮忙把这本书～给他。❷副顺便;附带▷你回家的时候,～买些菜回来。

【捎话】 shāohuà 团替人传话;捎口信▷家里～来了,让你过年务必回家。

【捎脚】 shāojiǎo 团〈口〉行车途中顺便载客或捎带货物▷不费事,回去是空车,～就办了。

烧(燒) shāo ❶团使着火;火燃着▷～柴|香～了很久。❷加热使物体起变化▷～水|～炭。❸物体因高温或接触某些化学药品而发生破坏性变化▷硫酸～坏了衣服|强碱～|保险丝～。❹施肥过多或不当,使植物枯萎或死亡▷乱施肥,把花给～死了。❺做饭菜,也指某些烹饪方法▷他很会～菜|鸡丨叉～肉|红～鱼|～茄子。❻因病而体温增高▷～得直说胡话|～到 39℃多。❼图比正常体温高的体温▷～退了|发高～。

【烧荒】 shāohuāng 团为垦殖而烧去荒地上的野草。

【烧烤】 shāokǎo ❶团用火烧或烤制(肉食品)。❷图用火烧或烤制的肉食品。

【烧香】 shāoxiāng ❶团求神、拜佛、祭祀时,把香点燃插在香炉中▷～拜佛。❷比喻给权势者送礼,请求关照。

【烧心】 shāoxīn ❶图由于胃酸过多而引起的胃部烧灼感▷今天早饭以前觉得有点～。❷团蔬菜的菜心因病虫害而坏死▷这棵白菜～了。
【烧灼】 shāozhuó ❶囵由于烧、烫而受伤▷他的双手被火～了◇这些话～着他的心。❷中医用烧、烤、烫的方法来止血、消毒，以治疗创伤。

梢 shāo 囵树枝或其他长条形东西较细的一头▷树～|喜上眉～|辫～。☞跟"稍""捎"不同。

稍 shāo 剾表示数量不多、程度不深或时间短暂▷这个班男生～多一些|价钱～贵。☞㊀在"稍息"（军事或体操口令）中读 shào。㊁"稍""捎""梢"意义不同，不要混用。
【稍稍】 shāoshāo 剾稍微▷～往前点。
【稍事】 shāoshì 剾表示程度很低或时间很短▷内部人事～调整，办事效率会高得多|～休息即可恢复体力。
【稍微】 shāowēi 剾表示数量不多或程度不深▷～加点水|请老师～讲慢一点儿|他比你～高一点儿。
【稍逊】 shāoxùn 囵略差一些；略为不及▷说英语，姐姐比弟弟～一筹。
【稍纵即逝】 shāozòngjíshì 形容时间、机遇等稍微一放松就会失去。

筲 shāo 囵竹、木等制的水桶。

艄 shāo ❶囵船尾▷船～。❷舵▷掌～|～公。
【艄公】 shāogōng 囵旧式木船的掌舵人；泛指撑船的人。☞不宜写作"梢公"。

鞘 shāo 囵鞭鞘，拴在鞭绳末端的细皮条。○另见 qiào。

勺 sháo ❶囵舀东西的用具，有柄，一般为空心半球形▷汤～|炒～。❷像勺的半球形物体▷后脑～。

芍 sháo [芍药]sháoyào 囵多年生草本植物。花也叫芍药，大而美丽，像牡丹，是著名观赏植物。根可以做药材。

韶 sháo 厖〈文〉美好▷～光|～华。
【韶光】 sháoguāng 囵〈文〉美好的春光，比喻美好的青春年华▷～易逝。

少 shǎo ❶厖数量小（跟"多"相对，②同）▷参观的人很～|稀～|～量。❷囵短缺▷这种事可～不了他|钱都收齐了，一分不～。❸丢失▷书包找回来了，里面的东西没～。❺剾表示时间短暂或程度轻微▷～待|～安毋躁。○另见 shào。
【少见】 shǎojiàn ❶囵见得不多；见识少▷～多怪。❷厖难见到；罕见▷在密林里，考察队发现了很～的几种昆虫。
【少见多怪】 shǎojiànduōguài 见识不广，遇到不罕见的事也感觉奇怪。多用来嘲讽人孤陋寡闻。
【少量】 shǎoliàng 厖数量少；分量小▷烹调时加入～白糖。
【少陪】 shǎopéi 囵客套话，用于自己离开会晤场合时，表示不能继续相陪▷对不起，～了，我得去参加另一个会议。
【少顷】 shǎoqǐng 囵〈文〉不多一会儿，时间很短▷～，雨过天晴。
【少数】 shǎoshù 囵比较少的数量（跟"多数"相对）▷打击的是极～。
【少许】 shǎoxǔ 厖少量；一点点▷服用时，可加～蜂蜜。
【少有】 shǎoyǒu 厖不多见▷像他这样办事的人也真

～。
少 shào ❶厖年纪轻（跟"老"相对）▷年～无知|～男～女。❷囵旧称有钱有势人家的儿子▷阔～|恶～。❸厖同级军衔中较低的▷～将|～校|～尉。○另见 shǎo。
【少白头】 shàobáitóu ❶囵年纪还轻而头发已经变白或花白。❷囵指少白头的人▷他是个～。
【少不更事】 shàobùgēngshì 年纪轻，经历的事不多（更：经历）。☞"更"这里不读 gèng。
【少儿】 shào'ér 囵少年儿童。
【少妇】 shàofù 囵已婚的年轻女子。
【少年】 shàonián ❶囵指人从十一二岁到十五六岁这一阶段▷初中学生正处于～阶段。❷指上述这一年龄段的人▷～活动中心。❸〈文〉指青年男子▷翩翩～。
【少女】 shàonǚ 囵未婚的年轻女子。
【少先队】 shàoxiānduì 囵中国少年先锋队。
【少相】 shàoxiang 厖外貌显得年轻▷他长得很～，不像那么大年龄的人。
【少壮】 shàozhuàng 厖年富力强；年轻力壮▷～不努力，老大徒伤悲。

邵 shào 囵用于地名。邵阳，在湖南。

劭 shào 厖〈文〉（道德品质）高尚；美好▷年高德～。

绍（紹） shào ❶囵引荐▷介～。❷囵指浙江绍兴▷～酒|～剧。

捎 shào 〈口〉❶囵（牲畜、车辆等）稍向后退▷把马车往后～～。❷（颜色）减退▷～色(shǎi)。○另见 shāo。

哨 shào ❶囵巡逻；警戒▷～探|巡～。❷囵为警戒、巡逻等而设的岗位，也指执行这种任务的士兵▷瞭望～|～兵。❸哨子▷吹～|～声响了。
【哨卡】 shàoqiǎ 囵交通要道或边境上的哨所。☞"卡"这里不读 kǎ。
【哨所】 shàosuǒ 囵警戒人员执行警戒任务的处所▷护林～|边境～。
【哨位】 shàowèi 囵哨兵执行警戒、侦查任务时的岗位。

潲 shào 囵雨被风吹得斜着落下来▷忘了关窗户，雨水把床都～湿了。

she

奢 shē ❶厖挥霍无度；享受过度（跟"俭"相对）▷穷～极欲|～华。❷过分的；过高的▷～望|～愿。
【奢侈】 shēchǐ 厖无节制地花费钱财，追求过分享受▷～浪费。☞"侈"不读 chì。
【奢华】 shēhuá 厖奢侈豪华▷室内陈设过于～。
【奢靡】 shēmí 厖奢侈浪费▷生活～。☞不宜写作"奢糜"。
【奢求】 shēqiú ❶囵要求过分、过高▷对人家不可～。❷囵过分、过高的要求▷要求有个事干，这不是一种～。
【奢望】 shēwàng ❶囵希望过分、过高▷不能～一做生意就马上发大财。❷囵过分、过高的希望▷不怀～。

赊（賒） shē 囵赊欠▷货款先～着，月底还清|～销。
【赊欠】 shēqiàn 囵买卖交易时卖方同意买方延期付款▷～货款。

猞 shē [猞猁]shēlì 囵哺乳动物，像猫而大，四肢粗长，行动敏捷，性凶猛。☞统读 shē。

畲 shē 图畲族,我国少数民族之一,分布在福建、浙江、广东一带。

舌 shé ❶图舌头▷口干～燥|～尖。❷形状像舌头的物体▷帽～|笔～。

【舌苔】 shétāi 图舌头表面上滑腻的苔状物。中医据此来诊断疾病。

【舌头】 shétou ❶图人和某些动物口中辨别滋味、帮助咀嚼和发音的器官。❷借指为了解敌情而设法捉来的敌人。

【舌战】 shézhàn 团激烈辨论▷～群儒。

折 shé ❶团〈口〉断▷椅子腿～了|胳膊被撞～了。❷亏损;损失▷做买卖～了本儿|～耗。○另见 zhē;zhé。

【折本】 shéběn 团〈做买卖〉亏本;赔本▷不做～买卖|做生意折了本。

【折耗】 shéhào 团〈物品或商品〉在加工、制造、运输、保管、出售等过程中损耗▷这批蔬菜～上千斤。

蛇 shé 图爬行动物,身体圆筒形,细长,有鳞,舌头细长分叉。有的有毒。☞在"委蛇"中读 yí。

【蛇蝎】 shéxiē 图蛇和蝎子,比喻凶狠毒辣的人▷～心肠|不与～为伍。

【蛇足】 shézú 图蛇的脚(蛇实际上无脚)。比喻多余无用的事物。

舍(捨) shě ❶团放弃;丢下▷锲而不～。❷把自己的财物送给穷人或出家人▷施～。○另见 shè。

【舍本逐末】 shěběnzhúmò 放弃根本的,追求枝节的。形容轻重不分,本末倒置。

【舍不得】 shěbudé ❶团不忍(放弃或离开)▷～离开自己喜爱的工作岗位。❷很爱惜,不愿(使用或处置)▷～扔掉。

【舍得】 shěde ❶团愿意(放弃或离开)▷你～离开孩子吗?❷不吝惜(愿意使用)▷～出力气|～花钱。

【舍己为公】 shějǐwèigōng 为了公共利益而牺牲个人利益。

【舍近求远】 shějìnqiúyuǎn 放弃近的,寻求远的。形容办事走弯路。

【舍车保帅】 shějūbǎoshuài 下象棋时舍弃车,保住帅。比喻放弃次要的,保住主要的。☞"车"这里不读 chē。

【舍弃】 shěqì 团丢掉;抛开▷为了事业,他可以～一切。

【舍身】 shěshēn 团原指佛教徒为了普度众生而舍弃肉体。后泛指为某个崇高目的而牺牲自己的生命▷～救人|～为国|～求法。

【舍生取义】 shěshēngqǔyì 为了维护正义而牺牲生命。

设(設) shè ❶团摆放;安置▷陈～|幼儿园～在居民区内。❷建立;开办▷这个机构是新～的|～立。❸筹划;考虑▷～一条妙计|～法。❹假定;假想▷～身处(chǔ)地|不堪～想。

【设备】 shèbèi 图有专门用途的成套器材、建筑等▷发电～|现代化～。

【设法】 shèfǎ 团出主意;想办法▷必须～解决。

【设防】 shèfáng ❶团设置防卫的武装力量和设施▷在边境～。❷比喻提高警惕,心存戒备▷对小偷要处处～|对腐朽思想的侵蚀应该～。

【设岗】 shègǎng ❶团布置岗哨▷机场周围已经～。❷设置岗位▷只能因事～,不能因人～。

【设计】 shèjì 团在一项工作或工程开始之前,根据目标与要求,预先制定方案,画出图纸等▷～施工方案|～一座大桥。❷图经过设计后写下的方案或画出的图纸等▷此项～,已经获奖。❸团设置圈套;定下计谋▷～谋害。

【设立】 shèlì 团建立;开办▷医院～了病情监控系统。

【设身处地】 shèshēnchǔdì 设想自己处在别人的地位或情况下。指替别人着想。☞"处"这里不读 chù。

【设施】 shèshī 图为某种需要而配置的建筑、设备等▷军事～|生活～|齐备。

【设想】 shèxiǎng ❶团设计;想像▷～过几个方案,都难以行得通。❷考虑;着想▷必须处处为群众～。

【设置】 shèzhì 团设立;布置▷～岗哨|～障碍。

社 shè ❶图古指土神,后指祭祀土神的地方、日子和祭礼▷～稷|封土为～|春～。❷图指某些团体、机构或场所▷～团|合作～|通讯～|茶～。

【社会】 shèhuì 图以物质生产活动为基础而相互联系的人类生活共同体。

【社稷】 shèjì 图〈文〉古代帝王、诸侯所祭祀的土神(社)和谷神(稷),后借指国家▷～永固,江山永存。

【社交】 shèjiāo 图社会上的人际交往▷～活动。

【社论】 shèlùn 图报纸、刊物上代表编辑部意见,评述当前社会上重大问题的指导性论文。

【社区】 shèqū 图通常指以一定地理区域为基础的社会群体,特指城市街道或居委会范围内的地区。

【社团】 shètuán 图社会群众团体。如工会、妇联、学生会、各种学术团体等。也指学校中学生组织的各种文学、艺术、体育团体。

舍 shè ❶图居住的房屋;住所▷校～|宿～。❷量古代行军三十里为一舍▷退避三～。❸图谦称自己的家或家属中比自己辈分或年纪小的(人)▷寒～|～下|～侄|～弟。❹饲养家畜的窝、棚、圈▷鸡～|猪～。○另见 shě。

【舍间】 shèjiān 图谦词,指自己的家▷～离此不远。也说舍下。

【舍亲】 shèqīn 图谦词,指自己的亲戚▷～早年毕业于清华大学。

射 shè ❶图放箭;泛指借助冲力或弹力迅速发出(子弹、足球等)▷～箭|出一排子弹|～门。❷液体受压通过小孔迅速喷出▷喷～|注～。❸(话里的意思)指向▷影～|暗～。❹发出(光、热、电波等)▷光芒四～|反～。☞统读 shè。

【射程】 shèchéng 图弹头等发射后所能达到的距离。

【射击】 shèjī ❶团用武器向目标发射弹头▷～敌人。❷图竞技体育的一大类项目。

【射手】 shèshǒu ❶图熟练的弓箭手。❷熟练地使用射击武器的人。❸指足球等比赛中射门技术熟练的运动员。

【射线】 shèxiàn ❶图数学上指从一个定点出发沿一定方向运动的点的轨迹。❷指波长较短的电磁波,如红外线、紫外线、可见光、X光等。❸指速度极高、能量极大的粒子流,如甲种射线,乙种射线和阴极射线等。

涉 shè ❶团徒步过水;从水上经过▷跋山～水|远～重洋。❷经历▷～险|～世不深。❸关联;牵连▷～及|～外。

【涉及】 shèjí 团牵扯到;关系到▷此项措施一出台就要～许多部门。

【涉猎】 shèliè 团粗略地阅读或研究▷～甚广|～了一些文学作品。

【涉世】 shèshì 团经历世事▷他年纪太轻,～不深。

【涉外】 shèwài 圈涉及外交或外国的▷～机构|～婚姻。

【涉嫌】　shèxián　囫有跟某罪案相牵连的嫌疑▷～贪污。

【涉足】　shèzú　〈文〉进入某种环境或领域▷从未～经济界｜～文坛。

赦　shè　囫减轻或免除刑罚▷十恶不～｜大～。

【赦免】　shèmiǎn　囫依法减轻或免除对罪犯的刑罚▷对有立功表现的罪犯，可酌情～其刑罚。

摄（攝）　shè　❶囫〈文〉代理▷～政｜～理。❷吸取▷～取｜～食。❸拍摄▷～制｜～影。❹〈文〉保养▷～生｜～养。■统读 shè。

【摄取】　shèqǔ　❶囫吸取并消化▷～蛋白质◇从书中～营养。❷拍摄▷用抓拍的方法～了许多精彩的镜头。

【摄像】　shèxiàng　囫用摄像机拍摄实物影像。

【摄影】　shèyǐng　❶囫用照相机使胶片感光，拍下影像、人物等。通称照相。❷拍摄电影。

【摄制】　shèzhì　囫拍摄和制作（电影片、电视片等）▷～新影片。

滠（灄）　shè　囵用于水名、地名。滠水、滠口，均在湖北。

慑（慴）　shè　囫〈文〉害怕；使害怕▷震～｜威～。■统读 shè。

【慑服】　shèfú　❶囫因害怕而服从▷～于他的权势。❷使害怕而屈服▷大国的威胁～不了小国人民。■不要写作"慑伏"。

歙　shè　囵用于地名。歙县，在安徽。

麝　shè　囵哺乳动物，形状像鹿而小，无角，雄的有獠牙，脐下有香腺，能分泌麝香。通称香獐。

【麝香】　shèxiāng　囵雄麝腺囊的分泌物。干燥后为棕色的颗粒状或块状，有特殊香味，是名贵的香料和药材。

shei

谁（誰）　shéi　❶囵用于疑问句中指所问的人，相当于"什么人""哪个人""哪些人"▷～来做报告？｜去旅游的都有～？❷指不明说或不能肯定的人，相当于"某人""什么人"▷我知道这是～出的主意｜隔壁好像有～在低声说话。❸表示任何人或无论什么人▷～也不知道该干什么｜不论～都得去。❹表示没有一个人（用于反问句）▷～能比上你呀！｜～不说他能干！■在古诗文中读 shuí。

shen

申　shēn　❶囫陈述；说明▷重～我们的立场｜～述。❷囵上海的别称▷～曲（沪剧）。

【申办】　shēnbàn　囫申请办理或举办▷～护照｜～奥运。

【申报】　shēnbào　囫（向上级或有关部门）提出书面申请或某些情况的说明报告▷～户口｜预算必须在年前～。

【申辩】　shēnbiàn　囫对所受指责进行申述，加以辩解▷在诉讼中，被告可以当堂～。

【申斥】　shēnchì　囫（对对方或下级）严厉批评和斥责▷当场予以～｜不要随便～下级。

【申明】　shēnmíng　囫郑重地陈述和说明▷～我方的严正立场。

【申请】　shēnqǐng　❶囫向有关部门或上级机关申述理由，提出请求▷～留学。❷囵指申请书▷～已递交上去。

【申述】　shēnshù　囫全面细致地叙述和说明（观点、理由、情况等）。

【申诉】　shēnsù　❶囫诉讼当事人或一般公民对已生效的判决或裁定不服，依法向司法部门提出重新审理的要求。❷公务员和政党、团体成员对所受处分不服时，向原机关或上级机关提出自己的意见。

【申雪】　shēnxuě　囫申辩并洗雪（冤屈）▷多年的冤狱得到了～。

【申冤】　shēnyuān　囫申说冤屈▷向检察官～。

伸　shēn　囫舒展开或向一定方向延展▷把腿～直｜小路～向远方。

【伸手】　shēnshǒu　❶囫把手伸出来，借指向别人或组织要钱物或名利地位等。❷插手干预别人的事情（含贬义）▷不要到处～。

【伸缩】　shēnsuō　❶囫伸长和缩短；伸展和收缩▷～自如。❷在一定限度内灵活变通▷录取人数可以～。

【伸冤】　shēnyuān　囫洗雪冤案▷～报仇。

【伸展】　shēnzhǎn　囫延伸和展开▷铁路不断地向远方～｜两臂向前～。

【伸张】　shēnzhāng　囫向外扩大（正义等抽象事物）▷～正气。

【伸直】　shēnzhí　囫将躯体或四肢展开，成直线▷把腿～。

身　shēn　❶囵人或动物的躯体▷～体｜～材。❷物体的主体或主干部分▷机～｜车～。❸自身；本人▷～家性命｜～体力行。❹生命▷一生～舍～救人｜奋不顾～｜终～。❺品德；才能▷修～养性｜～手不凡。❻社会地位▷～败名裂｜出～。❼圄用于衣服▷买了两～衣服｜换了～衣裳。

【身败名裂】　shēnbàimíngliè　地位丧失，名誉败坏。

【身不由己】　shēnbùyóujǐ　自身的行动不能由自己作主。

【身材】　shēncái　囵人体的高矮、胖瘦等▷～矮小｜魁梧的～。

【身段】　shēnduàn　❶囵女性的体态▷～优美。❷演员表演的各种舞蹈化或程式化的形体动作。

【身分】　shēnfèn　通常写作"身份"。

【身份】　shēnfèn　❶囵人在社会上、法律上的地位和各种资格▷他以作者的～出席会议。❷受人尊敬的地位▷不失～｜他很有～。

【身后】　shēnhòu　❶囵身体的后边▷那妇女～跟着两个小孩儿。❷指人死后▷病危时他安排了～事。

【身价】　shēnjià　❶囵人的社会地位▷～倍增。❷旧时买卖人身的价格。

【身教】　shēnjiào　囫以自己的行动影响（别人）▷言传～｜～胜过言教。

【身临其境】　shēnlínqíjìng　亲身到了那种境地。

【身强力壮】　shēnqiánglìzhuàng　身体健壮而有力气。

【身躯】　shēnqū　囵身材；躯体▷～魁梧｜瘦弱的～。

【身世】　shēnshì　囵个人的出身、经历和境遇（多指不幸的）▷～悲惨。

【身手】　shēnshǒu　囵本领；技艺▷～高超｜～不凡。

【身受】　shēnshòu　囫亲身遭受▷感同～。

【身体】　shēntǐ　囵人或动物的个体生理组织的整体。有时专指躯干和四肢。

【身体力行】　shēntǐlìxíng　亲身体验，努力实践。

【身外之物】　shēnwàizhīwù　身体之外的东西，如名声、地位、财产等。

【身先士卒】　shēnxiānshìzú　将帅作战时冲锋在士兵的前头。比喻在工作和言行规范方面领导带头走在群众前面。

【身心】 shēnxīn 图身体和精神；生理和心理▷锻炼~｜~健康。

【身影】 shēnyǐng 图身体的外形或影像▷矫健的~。

【身孕】 shēnyùn 图怀孕的情况▷看来她已有了~。

【身子】 shēnzi〈口〉❶图身体；躯体▷用毛巾被裹着~。❷身孕▷她已经有了~。

呻 shēn［呻吟］shēnyín 因痛苦而发出哼哼的声音▷伤员轻微地~着。

参（參） shēn ❶图人参、党参的统称，通常指人参▷~茸(人参和鹿茸)｜高丽~。❷指海参▷梅花~。❸星宿名，二十八宿之一。○另见 cān；cēn。

绅（紳） shēn ❶图古代士大夫束在衣服外面的大带子▷缙~。❷绅士▷乡~｜豪~。

【绅士】 shēnshì ❶图旧时指地方上有权势有影响的人物▷地方~。❷圈泛指文雅的、有礼貌的▷~风度。

莘 shēn［莘莘］shēnshēn 圈〈文〉众多▷~学子。☞㊀在"莘庄"(上海地名)中读 xīn。㊁"莘莘"不读 xīnxīn。

砷 shēn 图非金属元素，符号 As。砷及其可溶性化合物都有毒。可用于制硬质合金、杀虫剂等。旧称砒。

娠 shēn 团怀孕▷妊~。☞统读 shēn。

深 shēn ❶圈从水面到水底的距离大；泛指从上到下或从外到里的距离大(跟"浅"相对，③－⑥同)▷河水很~｜挖一个~坑｜山老林。❷图从上到下或从外到里的距离；深度▷井水有一丈多~｜下了半尺~的雪｜纵~。❸圈(道理、含义等)高深奥妙，不易理解▷这篇文章很~，要反复体会。❹深入；深刻▷想得很~｜发人~省。❺(感情)深厚；(关系)密切▷爱得这么~｜交情极~。❻(颜色)浓▷~蓝｜穿一色~衣服。❼经历的时间久▷~年~月久｜更半夜。❽副表示在程度上超过一般，相当于"很""十分"▷~怕｜~有同感。

【深谙】 shēn'ān 团深刻了解；非常熟悉▷~茶道｜水性。☞"谙"不读 àn。

【深奥】 shēn'ào 圈含义高深而令人难解▷~的理论｜哲学并不~。

【深不可测】 shēnbùkěcè 多形容道理深奥或人心难以揣测。

【深层】 shēncéng 图非表面的、高深的层次▷触及到事物的~｜~研究｜~理论。

【深长】 shēncháng ❶圈形容非常含蓄而耐人思索、体会▷意味~。❷深而长▷~的呼吸｜~的小巷。

【深沉】 shēnchén ❶圈幽深而沉静▷夜色~。❷形容程度深▷爱得很~。❸(声音)低沉▷嗓音~。❹沉着持重▷不外露~的性格。

【深仇大恨】 shēnchóudàhèn 极深极大的仇恨。

【深度】 shēndù ❶图向下或向内的距离▷井水的~。❷接触到事物本质的程度▷对问题认识的~和广度。❸高深层次▷技术革新运动有待于~推进。❹圈程度很深的▷~烧伤｜~昏迷。

【深广】 shēnguǎng 圈程度深，范围大▷意义~｜~的影响。

【深厚】 shēnhòu ❶圈物体上下的距离大▷土层~。❷深切而浓厚▷友情~。❸(基础)牢固而结实▷功底~。

【深化】 shēnhuà ❶团向更深入的阶段发展▷改革逐步~。❷使更深入发展▷~认识。

【深交】 shēnjiāo ❶团密切地交往▷~多年。❷图深厚的交情▷素有~。

【深究】 shēnjiū 团认真深入地追查▷此事关系重大，必须~｜~原委。

【深居简出】 shēnjūjiǎnchū 整日在住所里呆着，很少出来。

【深刻】 shēnkè ❶圈形容触及或揭示了事物的本质▷~的见解。❷印象和感受十分强烈▷~的记忆。

【深谋远虑】 shēnmóuyuǎnlǜ 周密地谋划，长远地考虑。

【深浅】 shēnqiǎn ❶图上下或里外距离的程度▷探测河的~。❷分寸▷说话不知~。

【深切】 shēnqiè ❶圈深挚而关切▷~的抚慰。❷深刻而实在▷~感受~。

【深情】 shēnqíng ❶图深厚的感情▷难忘的~。❷圈带着深厚感情的▷~的话语｜~地望着友人。

【深情厚谊】 shēnqínghòuyì 极为深厚的情感和友谊。

【深入】 shēnrù ❶团进入事物的内部或核心▷孤军~｜~农村。❷圈深刻而透彻▷~地研究和分析。

【深入浅出】 shēnrùqiǎnchū 用明白易懂的话阐述深刻的道理。

【深思熟虑】 shēnsīshúlǜ 深入而周密地思考和谋划。

【深邃】 shēnsuì ❶圈上下、内外距离很大，很深▷石壁峻峭，洞穴~。❷深远；深刻▷~的目光｜~的意味。

【深透】 shēntòu 圈既深刻又透彻▷必须作~的了解才有发言权。

【深恶痛绝】 shēnwùtòngjué 极端厌恶和痛恨。

【深信不疑】 shēnxìnbùyí 非常相信，毫不怀疑。

【深省】 shēnxǐng 团彻底地觉悟过来。☞不宜写作"深醒"。

【深渊】 shēnyuān 图极深的水，比喻非常危险、困难的处境▷堕入~。

【深远】 shēnyuǎn 圈深刻而长远▷~的寓意｜影响极其~。

【深造】 shēnzào 团为了提高学识水平而进一步深入学习▷离职~。

【深宅大院】 shēnzháidàyuàn 院子大，房子多，进深长的宅院。

【深挚】 shēnzhì 圈深厚而诚挚▷~的友情｜感情~。

【深重】 shēnzhòng 圈程度很深；十分严重(多形容罪行、灾难等)▷罪恶~｜~的苦难。

糁（糝） shēn 图谷物磨成的小碎粒▷玉米~儿。

什 shén［什么］shénme ❶代表示疑问▷这是~？｜她是你的~人？❷指不确定的事物▷随便吃点~｜困难也吓不倒我们｜你要~样的~样的。❸表示惊讶或不满▷~！都8点了，要迟到了！｜看电视，不知谁把电视机弄坏了。❹表示列举不尽▷~花呀、草呀，种了一院子｜桌上摆满了苹果、橘子、香蕉~的。☞不宜写作"甚么"。○另见 shí。

神 shén ❶图古代传说和宗教中指天地万物的创造者和主宰者，或能力超人、可以长生不老的人物▷惊天地，泣鬼~｜~仙。❷圈玄妙莫测的；极其高超的▷~机妙算｜~医。❸图指人的精神或注意力▷全~贯注｜~不守舍。❹人的表情和所显示的内心状态▷眼~｜~采。

【神不守舍】 shénbùshǒushè 形容心神不定。☞"舍"这里不读 shě。

【神采】 shéncǎi 图外露的神情和风采▷~焕发。☞不宜写作"神彩"。

【神驰】 shénchí 囫心思飞往(某种境界)▷～故乡|心动～。

【神出鬼没】 shénchūguǐmò 原指用兵神奇迅速,行踪莫测。现也指变化多端,时隐时现,难以捉摸。

【神乎其神】 shénhūqíshén 形容离奇神秘到了极点。

【神化】 shénhuà 囫把某一对象说得像神一样▷小说家把诸葛亮～了。

【神话】 shénhuà ❶囵关于神仙或超人的古代英雄故事。产生于远古时代,是古代先民借助想象表达对于自然现象和社会生活的认识。一定程度上反映了古代先民对自然力的斗争和对理想的追求。是原始的文学。❷指荒诞无稽的说法▷说人能长生不老,这只是～。

【神魂颠倒】 shénhúndiāndǎo 形容因过度迷恋而精神恍惚,颠三倒四。

【神交】 shénjiāo ❶囫不曾见面,但相互倾慕、精神上相沟通▷他二人～多年,最近才见面。❷囵指感情投合,相知已久的朋友▷忘年～。

【神经】 shénjīng ❶囵一般指神经干,由神经纤维和包绕它们的结缔组织构成。身体内的大多数神经是混合神经,即包含感觉(传入)神经和运动(传出)神经。❷圀精神不正常▷～兮兮。

【神经质】 shénjīngzhì 囵指人的神经系统的感觉过于敏锐,情感易于冲动的病态表现。

【神来之笔】 shénláizhībǐ 指超乎寻常的绝妙文思或词句。

【神聊】 shénliáo 囫天南海北、漫无边际地闲聊。也说神侃。

【神秘】 shénmì 圀不可捉摸的;玄妙莫测的▷有些自然现象看上去很～,但仍然是可以认识的。

【神妙】 shénmiào 圀非常高明巧妙▷用兵～|构思～。

【神奇】 shénqí 圀神妙而奇特▷黄山的云海,变化莫测,十分～。

【神气】 shénqì ❶囵神态▷看他的～,不像知道了这件事。❷圀精神头儿很充足▷穿上这套西服,显得很～。❸囫自以为了不起、表现出得意的样子▷～什么?这又不是他的功劳。

【神情】 shénqíng 囵内心活动从面部显露出来的表情▷～异常|悲哀的～。

【神色】 shénsè 囵神态脸色▷～大变|鄙夷的～。

【神圣】 shénshèng 圀极为崇高而庄严的;不可轻慢和亵渎的▷～的事业|保卫祖国～的主权。

【神思】 shénsī 囵精神;心思▷～恍惚。

【神似】 shénsì ❶圀精神实质相似(跟"形似"相对)▷漫画不重形似,只求～。❷囫非常相似▷仿作~原作。

【神速】 shénsù 圀极其迅速▷进展～。

【神态】 shéntài 囵神情姿态▷～自然。

【神通】 shéntōng 囵佛家指无往不胜的力量,借指极其高明的本事▷～广大。

【神往】 shénwǎng 囫内心向往▷长城雄姿令人～。

【神威】 shénwēi 囵神奇的威力▷大显～。

【神仙】 shénxiān ❶囵神话传说中指有超凡能力可以长生不老的人;道家指修练得道而获神通的人。❷比喻能够预测和预言的人。❸比喻无牵无挂、逍遥自在的人▷你这是过的～日子。

【神效】 shénxiào 囵神奇的效果▷这药确有～。

【神医】 shényī 囵称有超群医术的医生▷～华佗。

【神异】 shényì ❶囵神怪▷～故事。❷圀神奇▷～的本领。

【神勇】 shényǒng 圀勇猛异常,非常人所能及▷将军～,非常人可及。

【神韵】 shényùn 囵神采韵味(多用于艺术作品)▷这首七律颇有李白～。

【神志】 shénzhì 囵人的知觉和意识▷～清醒。

【神智】 shénzhì 囵精神智慧▷这本书可以益人～|～超人。

【神州】 shénzhōu 囵借指中国▷～大地。

沈(瀋) shěn 囵用于地名。沈阳,在辽宁。

审(審) shěn ❶囫仔细地观察;考查▷这篇论文请专家一一～|～察。❷圀精细;周密▷～慎|精～。❸囫审问;审讯▷～案子|～理。

【审查】 shěnchá 囫进行仔细的检查与核对▷资格～|～批准。

【审察】 shěnchá 囫详细、周密地验看检查▷这几处疑点,要详加～。

【审订】 shěndìng 囫审阅订正▷～教材|请专家～。

【审定】 shěndìng 囫认真审查并作出决定或定论▷经过专家～,这幅画确是真迹|改革方案～。

【审读】 shěndú 囫阅读审查▷～书稿|上报材料～。

【审度】 shěnduó 囫仔细观察和揣度▷～时局。

【审核】 shěnhé ❶囫审查与核实▷～职称申报材料。❷审查与核定▷～经费预算。

【审计】 shěnjì 囫由专职机构和注册会计师对各单位的经济活动记录(如会计账目、报表等)进行审核检查,判定其财务收支是否合法和有效。

【审理】 shěnlǐ 囫(法院对案件)审查处理▷大案、要案要加快～。

【审美】 shěnměi 囫欣赏、鉴别事物和艺术品的美。

【审判】 shěnpàn 囫(法院对案件)进行审理和判决▷公开～|～战犯。

【审批】 shěnpī 囫(对下级呈报上来的文件、报告等)进行审阅批示。

【审慎】 shěnshèn 圀周详而又谨慎▷～从事|采取～的态度。

【审时度势】 shěnshíduóshì 仔细研究时局或局面,正确估计形势。☞"度"这里不读 dù。

【审视】 shěnshì 囫认真而仔细地观察▷我又没干坏事,为什么用～的眼光看着我。

【审题】 shěntí 囫命题作文或考试答题前仔细分析题目的内涵和要求。

【审问】 shěnwèn 囫审讯。

【审讯】 shěnxùn 囫公安、司法机关向民事案件的当事人或刑事案件中的自诉人、被告人查问有关案件的事实。

【审议】 shěnyì 囫审查评议▷～提案|这个计划在～中。

【审阅】 shěnyuè 囫仔细审查阅读▷～稿件|讲话记录未经本人～。

哂 shěn (文)❶囫微笑▷聊博一～|微～。❷讥笑▷～笑。

婶(嬸) shěn ❶囵叔叔的妻子▷～子|～母。❷称跟父母同辈而年龄比较小的已婚妇女▷李二～。

肾(腎) shèn 囵肾脏,人和高等脊椎动物的主要排泄器官之一。俗称腰子。

甚 shèn 〈文〉❶圀大▷～风。❷厉害;严重▷欺人太～。❸副很;非常▷反映～佳。❹囫超过▷日～一日。

【甚而】 shèn'ér 副甚至▷时间久了,我～连他的名字都忘了。

【甚为】 shènwéi 圖非常▷～流行。

【甚嚣尘上】 shènxiāochénshàng 原形容忙乱喧哗的样子，后形容对传闻之事议论纷纷。现多用来形容某些言论非常嚣张。

【甚至】 shènzhì 圖强调突出的一项，表示进一层的意思▷经过长期的、反复的、～是痛苦的磨练，才能完成思想上的彻底变化。也说甚至于。

渗（滲）　shèn 圖液体逐渐透入或沁出▷水～到地里去了。

【渗流】 shènliú ❶圖（液体）渗透流出▷有地下水～出来。❷图渗透流出的液体▷拦水坝一切正常，现在没有～。

【渗入】 shènrù ❶圖液体缓慢地渗透进来▷雨水慢慢～土地。❷比喻某种力量慢慢地钻进▷各种敌对势力无孔不入地～我们的内部。

【渗透】 shèntòu ❶圖液体或气体从物体的细小空隙中透过▷鲜血从衣服上～出来。❷比喻一种事物逐渐进入另一种事物▷这部书～了作者的几十年的心血。❸一种势力逐渐侵蚀另一种势力▷政治～。

甚　shèn 见［桑葚］sāngshèn。

蜃　shèn 图〈文〉大蛤蜊▷～景（古人误认为是蜃吐气形成的）|海市～楼。☞统读 shèn。㊁"蜃"是左上包围结构，不是上下结构。

瘆（瘆）　shèn 图害怕；使害怕▷夜里走山路真～得慌|那个鬼地方可～人了。

慎　shèn 圈谨慎；小心▷谨小～微|～重。

【慎密】 shènmì 圈审慎周密▷～从事。

【慎重】 shènzhòng 圈谨慎持重，不轻率随便▷言行～|～表态。

sheng

升　shēng ❶圖向上或向高处移动（跟"降"相对，②同）▷太阳～起来了|～旗。❷（级别）提高▷格|晋～。❸图量粮食的器具，容量为斗的 1/10。❹圖市制容量单位，10 合（gě）为 1 升，10 升为 1 斗。1 市升等于法定计量单位中的 1 升。❺法定计量单位中的容积单位，1000 毫升为 1 升。

【升幅】 shēngfú 图涨幅。

【升格】 shēnggé 圖（身份、地位、规格等）提高▷县级～为地级|接待～了。

【升华】 shēnghuá ❶圖晶体固态（如樟脑、碘等）不经液态而直接变为气态。❷比喻事物提炼并上升到新的境界▷他的思想～到了一个崭新的境界。

【升级】 shēngjí ❶圖从较低的等级或年级升到较高的等级或年级▷这支球队今年可望～。❷事物规模扩大或事态紧张程度加深▷冲突不断～。

【升迁】 shēngqiān 圖指官员调动并提升职务▷他颇受上级赏识，不断～。

【升堂入室】 shēngtángrùshì 古代宫室前为堂，后为室。比喻学识和技能逐步提高，达到很高的境界。

【升腾】 shēngténg 圖（气体、烟雾、火焰等）向上腾飞▷浓烟～◇一种崇高的感情在他的心里～起来。

【升温】 shēngwēn 圖温度上升，比喻事物发展呈上升趋势▷人们收入提高以后，购房热也～不断。

【升值】 shēngzhí ❶圖本国单位货币的含金量增加或本国货币对外国货币的比价提高（跟"贬值"相对）。❷泛指事物的价值提高▷知识～了。

生　shēng ❶圖图生物体长出▷～根发芽|小蝌蚪已经～了脚。❷生孩子；产仔▷母猫～小猫。❸出生▷～于北京|1978 年～人|降～。❹图读书人；学生▷门～|～书|～考|男～|研究～。❺传统戏曲里的一个行当，扮演男子，包括小生、老生、武生等。❻图产生；发生▷熟能～巧|～病|～效。❼点燃～火|～炉子。❽活着；生存（跟"死"相对）▷死存亡|死里逃～|谋～。❾图生命▷有～之年|丧～|毕～。❿图有生命力的；活的▷～龙活虎|～猪。⓫（食物）没有做熟的；（果实）没有成熟的▷～鸡蛋|～瓜。⓬没有经过加工、锻制或驯养的▷～漆|～马驹。⓭不熟悉▷～人|～地|～陌～。⓮图不熟悉的人▷欺～|认～。⓯图生硬；勉强▷～搬硬套|～造词语。⓰圖〈口〉表示程度深▷～怕|～疼。

【生搬硬套】 shēngbānyìngtào 脱离实际生硬地照搬别人的经验等。

【生变】 shēngbiàn 圖发生意外的变故▷此事恐日久～。

【生财有道】 shēngcáiyǒudào 原指获取财富有正当的方法、途径。现多指某人有发财的办法。

【生产】 shēngchǎn ❶圖人们使用工具改变劳动对象、创造生产资料和生活资料▷～粮食|～机器。❷生孩子。

【生产关系】 shēngchǎn guānxì 人们在物质资料的生产过程中形成的社会关系。包括生产资料的所有制形式，各种不同的社会集团在生产中所处的地位和相互关系，产品的分配形式。也说社会生产关系。

【生产力】 shēngchǎnlì 图人类把自然物质改造为适合自身需要的物质资料的能力。在生产力中人是决定性的因素，科学技术居首位，此外还有生产工具和劳动对象。

【生产率】 shēngchǎnlǜ 图单位时间内劳动的生产效能。

【生产线】 shēngchǎnxiàn 图工业生产中为某种产品设计的从材料投入到产品制成的连贯工序以及完成这些工序的全套设备▷汽车～。

【生辰】 shēngchén ❶图人出生的年、月、日和时辰▷～八字。❷生日。

【生成】 shēngchéng ❶圖产生和形成▷洋面上～了强热带风暴。❷生就▷这姑娘～一副俊俏的面孔。

【生存】 shēngcún 圖生命继续存在（跟"死亡"相对）▷癌症患者为～而斗争。

【生动】 shēngdòng 圈有生气、有活力；描写逼真、有趣能感动人▷形象～|～的语言。

【生分】 shēngfen 圈关系或感情疏远▷长期离家，孩子都显得有点～了。

【生根】 shēnggēn ❶圖植物的根在土地里生长。❷比喻建立稳固的基础▷在基层～。

【生还】 shēnghuán 圖（脱离危险）活着回来▷～无望|侥幸～。

【生活】 shēnghuó ❶图人和动物的各种活动▷社会～|猴子的～状况。❷圖人和动物为了生存和发展而进行各种活动▷顽强地～下去。❸图衣、食、住、行的状况▷幸福～。

【生机】 shēngjī ❶图生命的活力；向上发展的景象▷～盎然|蓬勃～。❷生存的可能性▷病人还有一线～。

【生计】 shēngjì 图维持生活的办法▷设法找～|无着～。

【生就】 shēngjiù 圖天生就有▷他～一个倔脾气。

【生理】 shēnglǐ 图生物整体及其各个部分所表现的各

种生命现象▷~特征I~缺陷。

【生力军】 shēnglìjūn ❶图新投入战斗的、有强大战斗力的军队。❷比喻新投入某种工作或活动并能起积极作用的人员▷新教师是教育界的~。

【生灵】 shēnglíng ❶图〈文〉指百姓▷荼毒~。❷泛指有生命的东西▷蜜蜂,多么勤奋的~啊。

【生灵涂炭】 shēnglíngtútàn 形容人民群众处于水深火热的困境之中(涂:泥沼;炭:炭火)。

【生龙活虎】 shēnglónghuóhǔ 形容富有生气,充满活力。

【生路】 shēnglù 图逃生的道路或求生的办法▷放你一条~I自谋~。

【生猛】 shēngměng 圈活蹦乱跳的,新鲜的(鱼虾等)▷~海鲜。

【生米煮成熟饭】 shēngmǐzhǔchéngshúfàn 比喻已成事实,无法改变。

【生命】 shēngmìng 图生物体所具有的活动能力,是一种特殊的、复杂的、高级的物质运动形态,新陈代谢是生命的最基本过程▷~在于运动。

【生命力】 shēngmìnglì ❶图生物体所具有的活力▷这棵树~强,经历了数百年沧桑。❷比喻事物所具有的生存和发展的能力▷艺术的~。

【生命线】 shēngmìngxiàn 图保证事物存在和发展的最重要的条件▷团结奋斗是我们事业的~。

【生僻】 shēngpì 圈很生疏的;不常见的▷~字I用典~,十分费解。

【生平】 shēngpíng 图一生的经历▷死者~。

【生气】 shēngqì ❶团对人、对事不满而表现出恼怒▷劝他别为这事~。❷图生命的活力▷虎虎有~。

【生擒】 shēngqín 团活捉(敌人、坏人等)▷~匪首。

【生趣】 shēngqù ❶图活泼而生动的情趣▷写得极富~。❷生活的兴趣▷连遭打击,他已失去~。

【生人】 shēngrén 图不熟悉、不认识的人▷他怕和~打交道。

【生日】 shēngrì ❶图出生的那一天▷孩子的~是1990年9月6日。❷每年满周岁的那天▷今天是他50岁~。

【生荣死哀】 shēngróngsǐ'āi 活着时光荣,死了值得哀悼(常用来称颂受人尊敬的死者)。

【生色】 shēngsè 团增加光彩▷演员精湛的演技使影片~增辉。

【生涩】 shēngsè 圈(文章言词等)不流利;不纯熟▷他汉语讲得很~。☞"涩"不读 shē。

【生杀予夺】 shēngshāyǔduó 指掌握生死、赏罚大权(予夺:给予和剥夺)。

【生事】 shēngshì 团制造事端;招惹麻烦▷挑衅~。

【生手】 shēngshǒu 图对某项工作或技术还不熟悉的人。

【生疏】 shēngshū ❶圈由于没有接触或很少接触而不熟悉▷对这门学科很~。❷因长期荒废而不熟练▷几年没打算盘,现在打起来很~了。❸(感情)疏远▷关系越来越~。

【生死】 shēngsǐ ❶团生存与死亡▷同~,共忧患。❷圈同生共死的,形容情谊十分深厚▷~情谊I~弟兄。

【生死与共】 shēngsǐyǔgòng 生死相依,同生共死。形容情谊极深。

【生态】 shēngtài 图生物在一定的自然环境下生存和发展的状态;也指生物的生理特性和生活习性▷~环境I~工程。

【生吞活剥】 shēngtūnhuóbō 比喻生硬地照搬或机械地模仿(别人的言词、理论、经验、方法等)。

【生物】 shēngwù 图自然界中一切动物、植物和微生物。生物是有生命的,具有生长、发育、繁殖等能力。

【生物圈】 shēngwùquān 图生物本身和生物生存、活动范围的总称。

【生物钟】 shēngwùzhōng 图生物生命活动的内在节奏和周期性节律。生物通过长时期的适应使自身的节奏和节律跟自然界的环境变化相适应。如植物的开花结果,夜来香晚间放香,雄鸡清晨啼叫,候鸟迁徙,都是生物钟的作用和表现。

【生息】 shēngxī ❶团生存;生活▷祖祖辈辈在这黑土地上劳动~。❷(人口)繁殖▷休养~。

【生肖】 shēngxiào 图用来标记人的出生年的十二种动物,代表十二地支。它们是:鼠、牛、虎、兔、龙、蛇、马、羊、猴、鸡、狗、猪。也说属相。

【生效】 shēngxiào 团产生效力▷合同即日起~。

【生性】 shēngxìng 图生来就有的特性▷公鸡~好斗。

【生涯】 shēngyá 图指从事某种事业或活动的生活▷文学~I战斗~。

【生硬】 shēngyìng ❶圈粗暴;不细致▷态度~,方法简单。❷勉强;不自然▷用词比较~,讲话效果不好。

【生育】 shēngyù 团生孩子▷~子女。

【生造】 shēngzào 团违背语言习惯生硬地编造(词语)▷~词语。

【生长】 shēngzhǎng ❶团在一定环境和条件下,生物通过新陈代谢增长体积和重量▷这棵树~得很快。❷出生和成长▷自幼~在南方。

【生殖】 shēngzhí 团生物由母体产生出幼体,繁衍后代,是生命的基本特征之一。分为有性生殖和无性生殖两类。

声(聲) shēng ❶图声音,物体振动发出的音响。❷团发出声音;宣扬▷不~不响I~称。❸图音讯;消息▷销~匿迹I无~无息。❹名誉;威望▷名~I~望。❺声母▷双~叠韵。❻声调(字调)▷第三~I去~。❼量用于发出声音的次数▷大喝(hè)一~I哭了几~。

【声部】 shēngbù 图两种或两种以上的旋律,互相配合同时进行的声乐曲或器乐曲。其中,每一种旋律就是一个声部。如弦乐四重奏就有四个声部。

【声称】 shēngchēng 团用语言或文字公开表示▷~与这事无关。

【声调】 shēngdiào ❶图音调,指说话或唱歌等的高低▷说话~尖厉I用高亢的~唱歌。❷字调。在某些语言中指一个音节发音的高低、升降、曲直等变化状况,有区别意义的作用。汉语普通话分阴平、阳平、上声、去声4个声调。

【声东击西】 shēngdōngjīxī 在这面虚张声势,在那面实行攻击。用以迷惑敌人,攻其不备。

【声价】 shēngjià 图名誉地位▷抬高~I~百倍。☞"声价"(shēngjià)和"身价"(shēnjià)读音和意义不同,不要混用。

【声控】 shēngkòng 团用声音来控制开关▷~喷泉I~电灯。

【声泪俱下】 shēnglèijùxià 边诉说边流哭泣。形容悲痛陈说的样子。

【声名狼藉】 shēngmínglángjí 形容名声极坏(狼藉:乱七八糟)。

【声明】 shēngmíng ❶团公开表明态度或说明事实真相▷严正~。❷图声明的文件▷在联合~上签字。

【声母】 shēngmǔ 图指每个汉字读音开头的部分,多数由辅音充任,如"声"字读 shēng,sh 就是声母。也有少数汉字的读音开头没有辅音,只有元音,如"爱"

读ài，这类读音的声母称作零声母。

【声情并茂】 shēngqíngbìngmào 形容演唱或演奏的声音优美，感情充沛。

【声色】[1] shēngsè 图〈文〉旧指歌舞和女色▷沉迷于～之中|～犬马。

【声色】[2] shēngsè 图指生气和活力▷晚会办得很有～。

【声色】[3] shēngsè 图说话时的声音和表情▷不露～|～俱厉。

【声势】 shēngshì 图声音和气势▷大造～|虚张～。

【声嘶力竭】 shēngsīlìjié 嗓子喊哑，力气用尽。形容拼命呼喊（多含贬义）。

【声讨】 shēngtǎo 团公开地谴责▷～卖国贼的罪行。

【声望】 shēngwàng 图名声和威望▷很有～|社会～。

【声威】 shēngwēi ❶图声望▷～大震。❷声音与威力▷黄河咆哮，～巨大。

【声息】 shēngxī ❶图声响气息▷夜晚的山村，毫无～。❷消息▷互通～。

【声言】 shēngyán 团声称；扬言▷～要对对方采取报复行动。

【声音】 shēngyīn 图听觉对声波产生的感知▷～低沉|流水的～。

【声誉】 shēngyù 图声望，名誉▷享有很高的～。

【声援】 shēngyuán 团发表言论表示支援▷～反霸权主义的正义斗争。

【声乐】 shēngyuè 图用人声演唱的音乐，可以有乐器伴奏（区别于"器乐"）。

【声韵】 shēngyùn ❶图汉字的声母和韵母的合称。❷指诗文的节奏、韵律▷～和谐|写诗讲究～。

【声张】 shēngzhāng 团把消息、事情等传扬出去▷四处～。

牲 shēng ❶图指供祭祀用的牛、羊、猪等▷三～。❷家畜▷口～|一～。

【牲畜】 shēngchù 图家畜。

【牲口】 shēngkou 图用来耕地、运输等的家畜。

笙 shēng 图我国传统的簧管乐器，在锅形的座子上装有13—19根带簧的竹管和1根吹气管。

甥 shēng 图姐姐或妹妹的子女▷外～|～女。

绳（繩） shéng ❶图绳子。❷〈文〉指绳墨，木工用来定曲直的工具▷木直中（zhòng）～。❸标准；规矩▷准～。❹团〈文〉纠正；制裁▷～之以法。

省 shěng ❶团减少；免除▷～了不少麻烦|～时间|～工|～料。❸简略▷～称|～写。❹图我国地方行政区划单位，直属中央政府▷山东～|～代表队|～辖市。❺省会▷近日来～|到～里参观。○另见 xǐng。

【省吃俭用】 shěngchījiǎnyòng 形容生活上精打细算，十分俭朴。

【省得】 shěngde 困用在后一分句开头，表示避免发生某种不希望的情况▷还是早点去，～他又要唠叨。

【省份】 shěngfèn 图省④（前面不和专有名词连用）▷南方几个～有旱有涝。☞不宜写作"省分"。

【省会】 shěnghuì 图省级政府机关所在地，多为全省经济、文化中心，也说省城。

【省略】 shěnglüè ❶团免去和删掉（不必要的语言文字、手续、程序等）▷～了一道工序。❷语法中指依靠语言环境的帮助，在一定条件下省去一个或几个句子成分。

【省略号】 shěnglüèhào 图标点符号的一种，形式为"……"（6个圆点，占两个字的位置），表示文中省略的

部分或表示说话声音的断断续续。

【省事】 shěngshì 图方便；不费事▷有了洗衣机，洗衣服就～多了。

【省心】 shěngxīn 图思想轻松；不费心▷退休以后的日子过得真～。

圣（聖） shèng ❶图品格高尚，智慧超群▷～明|～人。❷图圣人▷先～|～贤。❸在某方面有极高成就的人▷诗～|画～。❹图最崇高；最庄严▷神～|～洁。❺图君主时代尊称帝王▷～上|～旨。❻宗教徒对所崇拜信仰的人或事物的尊称▷～母|～经。

【圣诞】 shèngdàn ❶图旧时指孔子的诞辰。❷基督教徒称耶稣的生日。

【圣诞节】 shèngdànjié 图指公历每年的12月25日。基督教和天主教规定纪念耶稣诞生的节日。

【圣地】 shèngdì ❶图宗教徒称与宗教创始人的生平有重大关系的地方。如伊斯兰教称麦加为圣地。❷指有重大历史意义的地方▷革命～|延安。

【圣火】 shènghuǒ 图神圣的火焰，现多指奥林匹克运动会的火炬。

【圣洁】 shèngjié 图神圣而纯洁▷～的天使|～的灵魂。

【圣人】 shèngrén ❶图古代指品格才智极为出众的人。如孔子在汉代以后被历代帝王推崇为圣人。❷古代对天子的尊称。

【圣手】 shèngshǒu 图指在某方面有极高造诣的人▷围棋～。

【圣贤】 shèngxián 图圣人和贤人。

【圣旨】 shèngzhǐ 图古代臣民称皇帝的命令。

胜（勝） shèng ❶团能承担；经得住▷不～其烦|～任。❷副尽▷不可～数|不～枚举。❸团在斗争或竞赛中压倒或超过对方（跟"负""败"相对）▷这场比赛他们～了|得～。❹打败（对方）▷以少～多|主队五比一大～客队。❺超过▷～过|事实～于雄辩。❻图优美的；美好的▷～地|～会。❼图优美的地方或境界▷名～|引人入～。☞统读 shèng。

【胜败】 shèngbài 图胜利和失败▷～乃兵家常事。

【胜地】 shèngdì 图著名的度假、游览的地方▷观光～。

【胜过】 shèngguò 团超过▷那里的风景，～杭州西湖。

【胜迹】 shèngjì 图有名的古迹▷～遍布京城内外。

【胜景】 shèngjǐng 图优美的景致▷岛内有多处～，引来大批国内外游客。

【胜境】 shèngjìng ❶图环境优美的地方▷旅游～。❷非常美好的境界▷品茶渐入～。

【胜利】 shènglì ❶团在战争、斗争、竞赛中击败对方（跟"失败"相对）▷在对抗中，我方～了。❷（工作、事业等）达到预定的目的▷我们的事业必定～。❸图斗争取得的成果▷取得了一个又一个～。

【胜券】 shèngquàn 图取得胜利的把握▷～在握。☞"券"不读 juàn。

【胜任】 shèngrèn 团有足够的能力担任（职务等）▷他能～此项工作。

【胜似】 shèngsì 团超过；胜过▷一年～一年。

【胜诉】 shèngsù 团打赢了官司（跟"败诉"相对）▷原告～。

乘 shèng 〈文〉❶量用于四匹马拉的兵车，相当于"辆"▷兵车二百|～万～之国。❷图春秋时晋国的史书叫乘，后来泛指一般史书▷史～|稗～|杂说。☞

盛 shèng ❶囮兴旺;繁荣(跟"衰"相对)▷由~转衰|太平~世。❷充足;丰富▷~筵|丰~。❸大;隆重▷久负~名|~誉|~典|~举。❹范围广;普遍▷~传|~行。❺极力▷~夸|~赞。❻深厚▷~情|~意。❼强壮;强烈▷~年|鼎~|牢骚太~。○另见 chéng。

【盛产】 shèngchǎn 囮大量出产▷~石油和天然气。

【盛大】 shèngdà 囮规模宏大、仪式隆重的(活动)▷国庆节~招待会。

【盛典】 shèngdiǎn 囜盛大的典礼。

【盛会】 shènghuì 囜盛大的会议或聚会▷体育~|欣逢~即将举行。

【盛极一时】 shèngjíyīshí 在一段时间内特别兴盛和流行。

【盛举】 shèngjǔ 囜规模宏大、意义重大的仪式或活动▷建立中华世纪坛是我国为迎接新世纪到来的~。

【盛名】 shèngmíng 囜很大的名声▷久负~。

【盛期】 shèngqī 囜旺盛、茂盛的时期▷正值花事~。

【盛气凌人】 shèngqìlíngrén 以骄横的气势凌驾于别人之上。

【盛情】 shèngqíng 囜深厚的情谊▷~款待。

【盛世】 shèngshì 囜昌盛的时代▷欣逢~。

【盛事】 shèngshì 囜盛大的事情▷千载难逢的~。

【盛衰】 shèngshuāi 囜兴盛和衰败▷国家的~关系亿万人民。

【盛誉】 shèngyù 囜很高的荣誉▷这种牌子的电视机素有~。

【盛赞】 shèngzàn 囮极力赞扬▷当地媒体对这个演讲~不绝。

【盛装】 shèngzhuāng 囜华丽的装束▷身着~出席晚宴。

剩 shèng 囮余下;留下▷一分钱也没~|残汤~饭。

【剩余】 shèngyú ❶囮从某个数量里除去一部分以后遗留下来▷~不少资金。❷囜剩余的东西▷还有少量~。

【剩余价值】 shèngyú jiàzhí 由雇佣工人剩余劳动创造而被资本家无偿占有的那一部分价值。

【剩余劳动】 shèngyú láodòng 在一定劳动时间里超过维持劳动力生产和再生产的那部分劳动。

嵊 shèng 囜用于地名。嵊州,在浙江。

shi

尸 shī ❶囮〈文〉空占着(职位)▷~位素餐。❷囜人或动物死后的躯体▷~横遍野|~首。

【尸骨】 shīgǔ ❶囜尸体腐烂后剩下的骨头▷古墓中的~保留完整。❷借指尸体▷~未寒(指人刚死不久)。

【尸骸】 shīhái 囜尸骨。

【尸首】 shīshǒu 囜人的尸体。

【尸体】 shītǐ 囜人或动物死后的躯体。

失 shī ❶囮原有的没有了;丢掉(跟"得"相对)▷去信心|得而复~|~踪|群孤雁。❸没有控制住▷~言|~声痛哭。❹改变(常态)▷~色|~态。❺没有达到(愿望、目的)▷~意|~望。❻违背;背离▷~礼|~实。❼囜过错▷智者千虑,必有一~|过~。

【失败】 shībài ❶囮在战争、斗争、竞赛中被对方击败(跟"胜利"相对)▷在象棋比赛中,他~了。❷(工作、事业等)没有达到预期目的(跟"成功"相对)▷计划~了。❸囜失败的结果▷惨重的~。

【失策】 shīcè 囮失算;用了错误的策略▷只听了介绍就大批订货,显然~。

【失察】 shīchá 囮没有做应有的督察;该发现的问题没有发现▷~就是失职。

【失常】 shīcháng 囮失去正常状态▷举止~|机器运行~。

【失宠】 shīchǒng 囮失去在上者的宠爱(含贬义)。

【失传】 shīchuán 囮没有流传下来▷药方已经~。

【失措】 shīcuò 囮举止失常,不知道用什么办法▷木然~|惊愕~。

【失当】 shīdàng 囮不恰当;不相宜▷安排~|考虑~。

【失道寡助】 shīdàoguǎzhù 违反正义,无人支持。

【失掉】 shīdiào ❶囮(原有的)丢失了;没有了▷~了联系|~工作。❷没有把握好;没有取得▷~了机遇。

【失魂落魄】 shīhúnluòpò 形容心神不定、举止失常的状态。

【失火】 shīhuǒ 囮着火;发生火灾。

【失禁】 shījìn 囮(排泄器官)失去控制能力▷大小便~。

【失敬】 shījìng 囮客套话,用于因礼貌不周向对方表示歉意▷未能远迎,~、~!

【失控】 shīkòng 囮失去控制▷生育~。

【失礼】 shīlǐ ❶囮缺少礼节▷不得~。❷客套话,用于自己感到礼貌不周,向对方致歉▷没想到您大驾光临,~了。

【失利】 shīlì 囮战争、斗争、竞赛中输给了对方▷战争~|比赛暂时~。

【失恋】 shīliàn 囮恋爱中失去对方的爱情。

【失灵】 shīlíng 囮(机械、仪器、器官等)丧失灵敏度或不再起作用▷刹车~|耳目~|◇方法~。

【失落】 shīluò ❶囮丢掉;遗失▷文件~。❷囮像丢失了东西似的空虚▷退休后感到有些~。

【失密】 shīmì 囮泄漏机密。

【失眠】 shīmián 囮夜里睡不着觉。

【失明】 shīmíng 囮丧失视力。

【失陪】 shīpéi 囮客套话,用于向对方表示不能继续作陪的歉意▷我有事要先走一步,~了。

【失窃】 shīqiè 囮被人偷走了财物。

【失去】 shīqù 囮丢掉;失掉▷~了记忆|~地位和金钱。

【失散】 shīsàn 囮离散;散失▷亲人在战乱中~|书稿~多年。

【失色】 shīsè ❶囮不再保持原来的色彩或光彩▷黯然~。❷因惊恐而面部改变颜色▷大惊~。

【失神】 shīshén ❶囮一时没有注意▷偶一~,手里的东西掉在了地上。❷囮因精神不振而失去神采▷两眼~。

【失声】 shīshēng ❶囮情不自禁地发出声音▷~大叫。❷因嗓子使用过度而变哑▷痛哭~|昨天连续讲了一天课,今天~了。

【失时】 shīshí 囮失掉时机▷由于播种~,以致颗粒无收。

【失实】 shīshí 囮与实情不符▷指控~|报道严重~。

【失事】 shīshì 囮发生意外的灾难性事故(多指交通运输)▷轮船~。

【失势】 shīshì 囮失掉了权力或权力的支持▷虽然尚未下台,却已~显然。

【失收】 shīshōu ❶囮农作物等因受灾而没有收成。❷该收录而没有收录▷说是全集,却~不少文章。

【失手】 shīshǒu ❶囫因手一时没有控制好或疏忽而造成意外后果▷~把书撕了I一时~,伤了对方。❷比喻失利▷在比赛中,他~输给了对方。

【失守】 shīshǒu 囫没有防守住▷要塞~。

【失算】 shīsuàn 囫事先没有算计或算计失误▷今年炒股,他~过几次了。

【失态】 shītài 囫言谈举止失去常态▷由于太紧张,他今天有些~。

【失调】 shītiáo ❶囫调配失当,失掉平衡▷产销~I比例~。❷没有很好地调养▷病后~。

【失望】 shīwàng 圈希望落空而灰心▷悲观~I他对儿子近来的表现很~。

【失误】 shīwù 囫因疏忽大意或水平不高而产生差错▷不小心使操作~。

【失陷】 shīxiàn 囫丧失和陷落(多指国土、城市被敌人占领)▷领土~。

【失笑】 shīxiào 囫忍不住发笑▷话语一出,满座~。

【失效】 shīxiào 囫丧失效力。

【失信】 shīxìn 囫不守信用;失去信任▷不可~于民。

【失修】 shīxiū 囫(房屋等建筑)应修而没修▷房子年久~,十分破烂。

【失学】 shīxué 囫应该上学的青少年和儿童没有上学或中途退学。

【失言】 shīyán 囫误说了不该说的话▷酒后~。

【失业】 shīyè 囫有劳动和工作能力的人失去了工作岗位。

【失意】 shīyì 圈不如意;不得志▷官场~。

【失迎】 shīyíng 囫客套话,用于向来客表示未能亲自迎接的歉意。

【失约】 shīyuē 囫没有履行约会或约定。

【失真】 shīzhēn ❶囫和原来的不一样(多指声音、图象、信息等)▷传话~I照片有些~。❷无线电技术中指输出与输入的信号不一致,因而产生音质变化和图像变形等。

【失之交臂】 shīzhījiāobì 形容当面错过机会(交臂:胳膊相碰,擦肩而过)。

【失职】 shīzhí 囫没有尽到职责(多指工作中出现了严重失误)。

【失踪】 shīzōng 囫失去踪迹;下落不明▷此人~已久。

【失足】 shīzú ❶囫走路时不慎摔倒▷~落水。❷比喻堕落或犯罪▷一~成千古恨。

师(師) shī ❶图军队▷挥~东进I正义之~。❷军队编制单位,在军以下,旅或团以上。❸传授知识或技艺的人▷教~I~徒。❹图〈文〉学习;效法▷承I~古。❺图〈文〉榜样▷前事不忘,后事之~。❻掌握专门知识或技艺的人▷工程~I理发~。❼对和尚、尼姑、道士的尊称▷禅~I法~。❽由于师徒关系而产生的称谓▷~母I~兄。

【师表】 shībiǎo 图品德、学识上值得学习的榜样▷万世~I为人~。

【师承】 shīchéng ❶囫学习并继承某人或某流派的学说或传统▷他在唱腔上~梅派。❷图师生或师徒相传的系统▷两人各有~。

【师出无名】 shīchūwúmíng 出兵打仗没有正当名义,泛指做事没有正当理由。

【师道尊严】 shīdàozūnyán 知识的传授和教学是非常庄严和尊贵的。

【师德】 shīdé 图教师应遵循的道德规范和应具备的道德品质。

【师法】 shīfǎ 〈文〉❶囫学习、效法(某人或某个流派)

▷齐白石的花卉~八大山人(朱耷)。❷图师徒相传的学问或技艺▷不失~。

【师范】 shīfàn ❶图〈文〉学习的榜样。❷培养教师的学校。

【师父】 shīfu ❶图对和尚、尼姑、道士等的称呼。❷徒弟对自己师傅的尊称。

【师傅】 shīfu ❶图传授技艺的人▷教我们修车的~姓李。❷对有某种技艺的人的尊称▷电工~。

【师母】 shīmǔ 图对老师或师傅的妻子的敬称。

【师长】 shīzhǎng 图老师或长辈;特指教师▷要尊敬~。

【师资】 shīzī 图指能胜任教师职务的人才▷引进~I~力量雄厚。

诗(詩) shī 图文学的一种体裁,通常以丰富的想象和抒情的方式来反映社会生活与个人情感,语言精练,节奏鲜明,大多数带有韵律。

【诗词】 shīcí 图诗和词的合称。

【诗歌】 shīgē 图文学的一大类别,我国古代不合乐的称诗,合乐的称歌,现在各种体裁的诗都统称诗歌。

【诗境】 shījìng ❶图诗歌中所描绘出的意境。❷富有诗意的气氛和环境▷小说所描绘的~,给人以美的享受。

【诗篇】 shīpiān ❶图诗歌▷动人的~。❷比喻富有诗意的事迹、文章等▷教育的~I民族振兴的~。

【诗情画意】 shīqínghuàyì 形容像诗和画一样优美感人的意境。

【诗史】 shīshǐ ❶图诗歌发展史。❷能反映一个时代的风貌并具有历史意义的诗歌。

【诗兴】 shīxìng 图做诗的兴致▷触景生情,一时~大发I~正浓。

【诗意】 shīyì 图像诗一样给人以美感的意境▷这儿的山水~盎然。

虱 shī 图虱子,昆虫,寄生在人、畜身上,吸食血液,能传播疾病。

狮(獅) shī 图哺乳动物,四肢强壮,有钩爪,雄狮头大脸阔,颈部有长毛。产于非洲和亚洲西部。通称狮子。

【狮子大开口】 shīzǐdàkāikǒu 比喻漫天要价或提出很高的要求。

施 shī ❶囫给予▷~恩I~加。❷把自己的财物送给穷人或出家人▷~主I布~。❸(把某些东西)加在物体上▷~肥I不~脂粉。❹实行;施展▷倒行逆~I略~小计。

【施暴】 shībào ❶囫实施暴力▷审讯时不得~。❷指强奸。

【施放】 shīfàng 囫发放出▷~气球。

【施工】 shīgōng 囫实施工程。指按设计要求建造房屋道路、桥梁等▷紧张。

【施加】 shījiā 囫给予(影响、压力等)▷不要给孩子~压力。

【施舍】 shīshě ❶囫将财物送给穷苦的人或寺院。❷图指施舍的钱财。

【施行】 shīxíng ❶囫实施和执行(法令、规章制度、办法等)。❷照某种方法进行▷~隔离。

【施展】 shīzhǎn 囫展现、实施(能力、本领、计谋等)▷~才干。

【施政】 shīzhèng 囫施行政务;推行政治方针、政策、举措。

湿(濕) shī ❶圈沾了水的;含水分多的(跟"干"相对)▷窗户淋~了I墙刚抹好,还~着呢。❷图中医指致病的一个重要因素▷祛风除~I风~。

【湿淋淋】 shīlīnlīn 形形容物体很湿往下滴水。☛"淋淋"这里读变调。
【湿漉漉】 shīlūlū 形形容物体潮湿,含水分较多。☛㊀"漉漉"这里读变调。㊁不宜写作"湿渌渌"。
【湿润】 shīrùn 形潮湿滋润▷气候~。
蓍 shī 名多年生草本植物,叶互生。全株可以做药材;茎、叶可以做香料。我国古代用它的茎占卜。
酾(釃) shī 〈文〉❶动过滤(酒)。❷斟(酒)。
嘘 shī 叹表示制止、驱赶等▷~! 别说话|~,回窝里去! ○另见 xū。
十 shí ❶数数字,九加一的和。❷形表示达到极点▷~全~美|~足。☛数字"十"的大写是"拾"。
【十恶不赦】 shí'èbùshè 罪大恶极,不可饶恕(十恶:古代刑律规定的十种重大罪名)。
【十分】 shífēn 副很;非常▷~赞成。
【十进制】 shíjìnzhì 名逢十进位的计数方法。
【十拿九稳】 shínájiǔwěn 指办事很有把握。
【十年树木,百年树人】 shíniánshùmù,bǎiniánshùrén 形容培养人才是百年大计(树:种植,培养)。
【十全十美】 shíquánshíměi 各个方面都极为完美,毫无缺陷。
【十万火急】 shíwànhuǒjí 形容情势万分紧急,刻不容缓。
【十指连心】 shízhǐliánxīn 十个指头,哪个指头伤着了都会痛得钻心。比喻骨肉亲人之间关系密切。
【十字架】 shízìjià 名古罗马帝国的一种残酷刑具。基督教《新约全书》记载耶稣被钉死在十字架上,故其信徒用十字架作为信仰的标记,也作为苦难和死亡的象征。
【十字路口】 shízì lùkǒu 纵横两条路交叉的地方。比喻在重大问题上需要作出抉择的关头。
【十足】 shízú ❶形纯净的(黄金等)。❷十分充足▷神气~|干劲~。
什 shí ❶形各种各样的;混杂的▷~物|~锦。❷名各种杂物▷家~。○另见 shén。
【什锦】 shíjǐn ❶形多种原料制成的或多种花样的▷~汤圆|~果脯。❷名多种原料制成的或多种花样拼成的食品▷素~。☛不宜写作"十锦"。
【什物】 shíwù 名家庭日常用的各种器物及零碎物件▷家用~。
石 shí ❶名岩石,构成地壳的主要成分▷水落~出|花岗~|矿~。❷指刻有文字、图画的石制品▷金~。❸指古代医生用来治病的石针▷砭~|药~罔效。○另见 dàn。
【石沉大海】 shíchéndàhǎi 比喻不见踪影或杳无音信。
【石雕】 shídiāo ❶名在石头上面雕刻形象、花纹的艺术▷学习~。❷用石头雕刻成的艺术品▷线条流畅的~。
【石刻】 shíkè ❶名刻着文字、图画的石碑或石壁▷泰山~。❷指碑碣上面刻着的文字、图画▷~清晰。
【石窟】 shíkū 名古时一种就着山崖开凿而成的宗教建筑物,里面有佛像或佛教故事的壁画、石刻等。如敦煌、云岗、龙门等地的石窟。
【石林】 shílín 名由许多柱状岩石组成的地形,是石灰岩地区特有的景象。
【石棉】 shímián 名纤维状硅酸盐矿物。多为白色、灰色或浅绿色。纤维柔软,有弹性,耐高温,耐酸碱,是热和电的绝缘体。
【石英】 shíyīng 名矿物,即结晶的二氧化硅。工业上用来制造光学仪器、无线电器材、耐火材料、玻璃和陶瓷等。
【石油】 shíyóu 名液体矿物。是多种碳氢化合物的混合物,经蒸馏或裂化等加工过程,可提炼出汽油、煤油、柴油、润滑油、固体石蜡及沥青等产品。
时(時) shí ❶名季节;时令▷四~八节|不误农~。❷时间;岁月▷等候多~|历~十载。❸指某一段时间▷彼一~,此一~|古~。❹指规定的时间▷过~不候|届~光临。❺时辰▷子~|午~。❻小时。❼形当前的;目前的▷~事|~价。❽一时的;适时的▷~机|~装。❾名时机;时宜▷~来运转|背~。❿副表示时间、频率。a)相当于"常常""经常"▷~有所闻。b)两个"时"字连用,相当于"有时……,有时……"▷~松~紧|~断~续。
【时弊】 shíbì 名当前社会的弊病▷痛砭~。
【时不我待】 shíbùwǒdài 时间不会等待我们。指要抓紧时间。
【时差】 shíchā 名一般指不同时区之间时点的差别。
【时常】 shícháng 副经常▷他~来这儿。
【时辰】 shíchen ❶名我国古代计时单位。把一昼夜平分为十二段,每一段就叫一个时辰。以十二地支(子、丑、寅、卯、辰、巳、午、未、申、酉、戌、亥)为名,二十三点至一点为子时,一点至三点为丑时……以此类推。❷时间;时候▷只要是您的事,不管什么~要我帮忙,我决不耽搁。
【时代】 shídài ❶名根据经济、政治、文化等状况划分的历史时期和阶段▷铁器~|原始~|信息~。❷指人一生中的某个阶段▷青年~|少年~。
【时点】 shídiǎn 名时间上的某个点(回答什么时候)。如"昨天""下午"等。
【时段】 shíduàn 名时间上的某一段落(回答多少时候)。如"三年""五天"等。
【时而】 shí'ér ❶副表示动作或情况不定时地重复发生▷~传来小贩的吆喝声。❷连用时,表示不同现象或事情在一定时间内交替发生▷声音~高~低。
【时分】 shífēn 名时候▷鸡叫~。
【时光】 shíguāng ❶名时间;光阴▷珍惜~。❷日子;时候▷幸福~。
【时过境迁】 shíguòjìngqiān 时间过去了,环境或情况也发生了变化。
【时候】 shíhou ❶名一段时间▷等了多少~? ❷某个时间▷他是什么~到的?
【时机】 shíjī 名有利的时间、机会▷良好~|抓住~|不失~。
【时间】 shíjiān ❶名指物质运动的持续性、顺序性的表现▷~和空间。❷指时段或时点▷完成这项任务要多少~? |总攻~为今夜零点 10 分。
【时节】 shíjié 名节令;季节▷三伏~|麦收~。
【时局】 shíjú 名当前的政治局势▷~动荡|关心~。
【时刻】 shíkè ❶名某个时间▷庄严~。❷副时时;随时▷~关心祖国的命运。
【时空】 shíkōng 名时间和空间▷~漫长而辽阔。
【时来运转】 shíláiyùnzhuǎn 时机到来,运气好转。
【时令】 shílìng 名古时各个季节的农事政令称时令,后泛指季节、节气、物候等▷~反常|正合~。
【时髦】 shímáo 形一时风行的,时兴的▷着装~|说~话。
【时期】 shíqī 名具有某种特征的一段时间▷五四~|困难~。
【时区】 shíqū 名 1884 年国际经度会议将地球表面按经线等分为二十四个区,称时区。以本初子午线为基准,东西经度各 7.5°的范围为零时区,然后每隔 15°为一时区。

【时尚】 shíshàng 图当时社会上崇尚的风气。

【时事】 shíshì 图当前的国内外大事▷评论~|~手册。

【时势】 shíshì 图某一时期的社会形势;时代发展的趋势▷~造英雄|~逐渐好转。

【时俗】 shísú 图当时流行的风俗习惯▷小说家很重视研究~。

【时务】 shíwù 图当前有关国计民生的大事或客观形势▷深通~|不识~。

【时下】 shíxià 图目前;眼下▷~,股市没有大的变化。

【时鲜】 shíxiān 图应时的新鲜蔬菜、果品、鱼、虾、蟹等▷供应~|~果品。

【时限】 shíxiàn 图期限▷出国签证有一定的~|合同的~已到。

【时效】 shíxiào ❶图指在一定的时间内能起的效用▷这瓶药~已过。❷法律规定的某种权得以行使的期限。如诉讼时效、追诉时效等。

【时新】 shíxīn 圈一段时间里最新的或最流行的▷~服装|~式样。

【时兴】 shíxīng 团一段时间里流行▷红裙子~过一阵子|眼下~自费旅游。

【时序】 shíxù 图时间的先后▷按~排列。

【时宜】 shíyí 图当时的需要或风尚▷提这个问题很合~。

【时运】 shíyùn 图命运;运气▷~不佳。

【时政】 shízhèng 图当时的政治情况▷议论~|~清明。

【时装】 shízhuāng ❶图最新流行的服装▷~表演。❷当代通行的服装(跟"古装"相对)。

识(識)

shí ❶团知道;体会到▷~趣|~羞。❷认得;能辨别▷~字|~货。❸图知识;见识▷常~|胆~。☞不读 shì。○另见 zhì。

【识辨】 shíbiàn 图识别;分辨▷~罪犯|~真伪。

【识别】 shíbié 团认识辨别▷~是非。

【识大体】 shídàtǐ 明白大道理,不从个人或小圈子出发考虑问题▷~,顾大局|要做好工作须~。

实(實)

shí ❶圈里面饱满;没有空隙▷皮球是空心的,垒球是~心的|充~。❷具体的;实际存在的▷~惠|~力。❸有实力的▷丰~|殷~。❹真实▷~话|情况不~。❺图实际▷名存~亡|事~|史~。❻圖的确;本来▷属难得|~不相瞒。❼团填充;填满▷荷枪~弹。❽图果实;种子▷开花结~|子~。

【实处】 shíchù 图实在的地方,能起作用的地方▷把政策落到~。

【实词】 shící 图意义比较具体,能够充当句子成分的词。汉语的实词包括名词、动词、形容词、数词、量词、代词等。

【实打实】 shídǎshí 〈口〉(说话、做事)实实在在;不掺假▷~的人|~地干。

【实地】 shídì ❶图现场▷~调查研究。❷图实实在在;不虚浮▷光说不行,还要~去做。

【实感】 shígǎn 图切实的感受▷真情~。

【实干】 shígàn 团实实在在地做▷要~,不要玩花枪。

【实惠】 shíhuì ❶图实际的利益▷不图虚名,讲~。❷图有实际好处的▷这种做法比较~。

【实际】 shíjì ❶图客观存在的事物或情况▷符合~|理论与~相结合。❷图实有的;符合实际的▷这个方案很~|~情况。❸圖其实▷他所说的哥哥,~并不是

他亲哥哥。

【实绩】 shíjì 图实际的成果▷注重~,不尚空谈。

【实践】 shíjiàn ❶团实行;履行▷~计划|他的许诺~了。❷图人们改造自然和社会的实际行动及行动的结果▷社会~|~是检验真理的唯一标准。

【实景】 shíjǐng 图拍摄电影或电视剧时作为背景的真实景物▷这部电影用的是故宫~,不是布景。

【实况】 shíkuàng 图现场的实际情况▷~转播|大会~。

【实力】 shílì 图实际拥有的力量▷加强~|综合~。

【实录】 shílù ❶团如实地记录或录制▷对现场进行~。❷图实录下来的文字、图片、影片▷《鲁迅日记》是鲁迅先生生活、战斗的~。❸编年体史书。专记某一皇帝统治时期的大事,如《顺宗实录》(唐·韩愈撰)。

【实权】 shíquán 图能够实际行使的权力▷手中掌握着~|~人物。

【实施】 shíshī 团按规定做;实际施行(纲领、法令等)▷~兵役法。

【实事】 shíshì ❶图真实的事▷文章反映的是件~。❷有实际效果的事▷为群众办~。

【实事求是】 shíshìqiúshì 原指按查实客观事物,探求真相。后指按照客观实际,正确地对待和处理问题。

【实体】 shítǐ ❶图不同的哲学派别所指极不相同,马克思主义哲学认为,实体就是永远运动着和发展着的物质。❷指实际存在的起作用的组织或机构▷经济~|政治~。

【实物】 shíwù 图实际物品;真实而具体的东西▷有~为证。

【实习】 shíxí 团初步参加一定的实际工作,把学到的书本知识运用到实践中去,以熟悉社会和工作环境,锻炼工作能力,是教学的一种形式、一个阶段。如野外实习、毕业实习。

【实现】 shíxiàn 团使(理想、计划等)成为事实▷~四个现代化。

【实效】 shíxiào 图实际的效果。

【实心】 shíxīn ❶圈诚实而不虚假▷这可是句~话。❷物体内部是实的,不是空的▷~球。

【实行】 shíxíng 团切实地推行;用行动去实现▷~计划生育|~责任制。

【实验】 shíyàn ❶团指教学或科学研究中为检验某一理论或假设而通过一定的设施进行某种操作或从事某种实践活动。❷图指实验的工作▷搞~|科学~。

【实业】 shíyè 图工商企业的总称▷~重组|开办~。

【实用】 shíyòng ❶团实际应用▷产品近该~。❷圈有实际应用价值又廉价▷~技术。

【实在】 shízài ❶圈诚实;不虚伪▷为人~。❷扎实;地道▷活儿做得很~。❸圖的确▷~不知道。❹其实▷打扮得花花绿绿,~并不好看。

【实战】 shízhàn 图实际的战斗▷~演习|要做好~准备。

【实质】 shízhì 图事物的本质▷谈问题应该抓住~|不要回避~。

【实足】 shízú 圈实实在在的;没有丝毫虚假成分在内的▷~人数|一年~收入 3 万元。

拾

shí ❶团从地下捡取▷~柴火|路不~遗。❷题数字"十"的大写。☞在"拾级"(逐步登阶)中读 shè。

【拾掇】 shíduo 〈口〉❶团整理▷把书架~得整整齐齐。❷修理▷镐头活动了,你给~~。❸收拾;惩治▷谁干坏事,就依法~他!

【拾金不昧】 shíjīnbùmèi 捡到钱物不藏起来据为已有

（昧:隐藏）。

【拾零】　shílíng　动把某方面零碎的材料收集起来整理成文(多用于标题)▷《市场 ~》|《艺海 ~》。

【拾取】　shíqǔ　动把地上的东西捡起来▷在果园 ~ 树上掉下来的果子。

【拾人牙慧】　shírényáhuì　比喻抄袭或因袭别人的言论或见解(牙慧:原指言外的理趣,借指说过的话)。

食　shí　❶图食物;食品▷丰衣足 ~ |甜 ~。❷动吃;吃饭▷绝 ~ |吞 ~ |蚕 ~。❸日、月部分或全部被遮住▷日 ~ |月 ~。❹囮供食用的▷ ~ 盐| ~ 油。

【食补】　shíbǔ　动通过吃有滋补作用的饭食来补养身体(区别于"药补")▷病后宜加强 ~。

【食不甘味】　shíbùgānwèi　形容心中有事,吃饭也吃不出滋味来。

【食古不化】　shígǔbùhuà　学习古代文化知识而不善于结合现实灵活运用,就像吃东西不消化一样。

【食粮】　shíliáng　❶图粮食▷ ~ 充足。❷比喻某些能转化为力量或能量的东西▷精神 ~ |煤是工业的 ~。

【食品】　shípǐn　图加工制作成成品的食物▷小 ~ | ~ 店。

【食谱】　shípǔ　❶图系统介绍饭菜烹饪方法的书。❷为调配饭菜品种而制定的每顿饭的菜单子▷食堂每天公布 ~。

【食物】　shíwù　图可以吃的东西。

【食言】　shíyán　动言而无信;不履行诺言▷决不 ~。

【食用】　shíyòng　❶动做食物用▷可供 ~。❷囮可以吃的▷ ~ 油| ~ 植物。

【食欲】　shíyù　图吃东西的欲望▷ ~ 甚佳|提高 ~。

【食指】　shízhǐ　图拇指和中指之间的手指。

蚀（蝕）　shí　动损伤;亏缺▷侵 ~ | ~ 本。

【蚀本】　shíběn　动赔掉了部分或全部本钱。

炻　shí　[炻器]shíqì　图介于陶器和瓷器之间的一种陶瓷制品,质硬,耐高温。如沙锅、水缸等。

鲥（鰣）　shí　图鲥鱼。肉鲜嫩肥美,鳞下富有脂肪,是名贵的食用鱼。

史　shí　❶图古代掌管记载史事的官员▷太 ~。❷历史,也指记载历史的文字和研究历史的学科▷社会发展 ~ |有 ~ 以来| ~ 前时期| ~ 料。

【史册】　shǐcè　图记载历史的书册或文字材料▷千秋功业,永垂 ~。

【史籍】　shǐjí　图记载历史的书籍▷ ~ 浩繁|载入 ~。

【史迹】　shǐjì　图历史上有重要意义的遗物或遗址等▷辛亥革命 ~ 展览|旧石器时代 ~。

【史料】　shǐliào　图历史资料。

【史前】　shǐqián　图指没有文字记载的远古▷ ~ 传说。

【史诗】　shǐshī　❶图叙述古代英雄传说或重大历史事件的叙事长诗▷荷马 ~。❷较全面地反映一个历史时代的社会面貌和人民群众多方面生活的优秀长篇叙事作品▷《格萨尔王传》是藏族人民的 ~。

【史实】　shǐshí　图历史事实▷这部历史小说大部分都有 ~ 根据。

【史书】　shǐshū　图记载评述历史事实、历史发展过程的书籍。

【史无前例】　shǐwúqiánlì　历史上没有这样的先例。

矢　shǐ　❶图箭▷无的(dì)放 ~。❷动发誓▷ ~ 志不渝|不读 ~。

【矢口否认】　shǐkǒufǒurèn　一口咬定,绝不承认。

【矢志不渝】　shǐzhìbùyú　发誓不改变志向,形容志向坚定。

豕　shǐ　图〈文〉猪▷ ~ 突狼奔。

使　shǐ　❶动派;打发人办事▷ ~ 人 ~ 惯了,自己什么也不会干 | ~ 唤。❷让;令▷这事 ~ 他兴奋不已 |他的才干 ~ 我佩服。❸囮〈文〉假使;假如▷六国各爱其人,则足以拒秦。❹动用;使用▷你 ~ 锹,我 ~ 镐 | ~ 劲。❺奉命去国外办外交▷出 ~。❻图派往外国的外交代表▷大 ~ | ~ 节。

【使馆】　shǐguǎn　图外交使节在所驻国家的办公机关。按使节规格分别叫大使馆、公使馆等。

【使坏】　shǐhuài　动〈口〉出坏点子;暗地里做损害他人的事▷背地里 ~。

【使唤】　shǐhuan　〈口〉❶动叫人给自己做事▷别老 ~ 人,自己动手吧! ❷使用(牲口、工具等)▷这机器太旧了,不好 ~ 了。

【使节】　shǐjié　图本指国家使者出使时所拿的符节,借指派驻他国或国际组织的外交官,或临时派往他国办理事务的外交代表。

【使劲】　shǐjìn　动用力▷ ~ 拉。

【使命】　shǐmìng　❶图指使者所执行的命令▷不辱 ~。❷泛指所肩负的重大责任▷时代 ~ |光荣 ~。

【使用】　shǐyòng　动调配动用,让人员、钱财、器物等为预定目的服务▷ ~ 人才| ~ 现款。

【使者】　shǐzhě　图遵照一定使命去办事的人(多用于进行外交活动的人)▷作为中国人民的 ~ 出国访问。

始　shǐ　❶图事物发生的最初阶段(跟"终"相对)▷有 ~ 有终 | ~ 末。❷动开始▷这种现象 ~ 于年初|周而复 ~。❸副才▷会议至下午 7 时 ~ 散。

【始创】　shǐchuàng　动创始。

【始发站】　shǐfāzhàn　图有固定班次的铁路或公路车辆开始发车的那一个车站。如京广线上 T2 次列车的始发站是长沙。

【始末】　shǐmò　图(事情)从开始到结束的过程▷这件事情的 ~,你很清楚。

【始终】　shǐzhōng　❶图事情的全部过程▷贯彻 ~。❷副从开始到终了;一直▷小学阶段,他学习成绩 ~ 很好| ~ 不渝| ~ 如一。

【始祖】　shǐzǔ　❶图有世系可考的最早的祖先。❷比喻某一学派或某一行业的创始人。❸囮某类原始的(动物)▷ ~ 鸟。

【始作俑者】　shǐzuòyǒngzhě　最早用俑殉葬的人。比喻第一个做某种事或提倡某种风气的人(多含贬义)。

驶（駛）　shǐ　❶动(车马等)快跑▷汽车向远处 ~ 去 | ~ 疾。❷操纵(车船等)行进▷行 ~ |驾 ~。

【驶离】　shǐlí　动(车船等)开动后离开▷战舰已 ~ 海湾。

屎　shǐ　❶图从肛门排泄出来的东西。❷眼睛、耳朵里分泌的东西▷眼 ~ |耳 ~。

士　shì　❶图古代对读书人的通称▷名 ~ |寒 ~。❷对人的美称▷烈 ~ |壮 ~ |女 ~。❸对某些专业人员的称呼▷院 ~ |护 ~。❹指军人▷将 ~ |兵 ~。❺军衔名,在尉以下▷上 ~ |中 ~ |下 ~。

【士气】　shìqì　图部队的战斗意志,泛指群众的积极性▷ ~ 正旺。

氏　shì　❶图姓▷王 ~ 兄弟。❷称某些在历史上有影响的人物▷神农 ~ |太史 ~。❸称某些专家学者或名人(在上文清楚的情况下可以只用姓连称)▷陈景润 ~ |陈 ~ 之"1 陈 ~ + 2"成为哥德巴赫猜想研究上的里程碑|摄 ~ 温度计。❹旧时在氏前冠以夫姓和父姓作为对已婚妇女的称呼▷张王 ~。

【氏族】　shìzú　图原始社会由血缘关系结成的基本经济

单位和社会组织。产生于旧石器时代晚期。

示 shì 圆把事物摆出来给人看,让人知道▷出～|启～|～众|～意。

【示范】 shìfàn 圆做出可供学习、模仿的榜样▷老师～,大家跟着做。

【示警】 shìjǐng 圆发出某种动作或信号,使人警惕、注意▷鸣枪～。

【示例】 shìlì 圆举出有代表性的例子给大家看▷～如下|三角函数～。

【示弱】 shìruò 圆表示自己力量弱或条件差,不敢与对方较量(多用于否定式)▷我们在赛场上决不能～。

【示威】 shìwēi 圆向对方显示自己的威力和不满(多指为表示抗议或请愿而采取的集体行动)▷游行～。

【示意】 shìyì 圆用表情、动作、含蓄的话或图形表示意思▷点头～|挥手～。

【示众】 shìzhòng 圆展示给大家看,特指当众惩罚罪人▷斩首～。

世 shì ❶圆父子相承而形成的辈分,一世就是一代▷第十～孙|～代相传。❷一代又一代;代代▷～传|～仇。❸称有世交情谊的▷～叔|～兄。❹人的一生▷今生今～|来～。❺时代▷孔子之～|当～。❻天下;社会▷举～闻名|～间。

【世仇】 shìchóu ❶圆世世代代结下的仇恨▷化解矛盾,消除～。❷借指世世代代有仇的人或人家▷～成了和睦相处的邻居。

【世代】 shìdài ❶圆(很多)年代▷长城经历了许多～。❷好几代人▷～相传|世世代代教书。

【世道】 shìdào 圆指社会状况等▷如今～变了,百姓也能告官了。

【世风】 shìfēng 圆社会风气▷～淳厚。

【世故】 shìgù 圆处世经验▷不通～|老于～。

【世故】 shìgu 圈(处世待人)圆滑▷此人挺～,见什么人说什么话。

【世纪】 shìjì 圆100年为1个世纪。

【世家】 shìjiā ❶圆封建社会中门第高,世代为官的人家。❷指世代传承某一专长的家族▷梨园～。

【世交】 shìjiāo 圆称世代有交谊的人或人家▷他们两家是～。

【世界】 shìjiè ❶圆佛教指无限的时间和空间▷大千～。❷地球上所有地方▷～各国|全～。❸指自然界和人类社会的一切客观存在的总和▷客观～不依人的意志为转移。❹某个领域、范畴▷精神～|现实～。❺世道▷现在是什么～,还能允许你横行霸道。

【世界观】 shìjièguān 圆人们对整个世界的根本看法。也说宇宙观。

【世界遗产】 shìjiè yíchǎn 联合国教科文组织公布的具有世界意义的人类文化遗产,如中国的古长城、埃及的金字塔等。

【世界语】 shìjièyǔ 圆指波兰人柴门霍夫(1859—1917)1887年公布的人造国际辅助语。它以印欧语为基础,吸收了它们共同的因素加以合理化而成。书写采用拉丁字母。

【世面】 shìmiàn 圆指社会上各方面的情况▷经风雨,见～。

【世俗】 shìsú ❶圆社会的流俗▷不以～为然。❷圈指非宗教的▷～社会。

【世态】 shìtài 圆指社会上人与人间的关系;世俗情态▷～人情。

【世外桃源】 shìwàitáoyuán 原为晋代陶渊明《桃花源记》中虚构的一个与世隔绝、没有战乱的安乐而美好的地方。后来就用"世外桃源"指不受外界干扰、生活安乐的理想处所,或与世隔绝、脱离现实的幻想境界。

【世袭】 shìxí 圆(帝位、爵位、领地等)世代承袭相传。

【世系】 shìxì 圆家族世代相承的系统▷考证一个家族的～。

仕 shì 圆〈文〉做官▷出～|～途|～宦。

【仕途】 shìtú 圆指做官的道路、经历▷～坎坷|～顺畅。

市 shì ❶圆做买卖的场所▷上～|～场。❷人口密集,工商业和文化事业发达的地方▷都～|～区。❸行政区划单位,有直辖市和省(或自治区)辖市等▷北京～|合肥～。❹圈属于市制的(度量衡单位)▷～尺|～斤|～里|～亩。☞上面是"`",下面是"巾",五画。

【市场】 shìchǎng ❶圆买卖商品较集中的场所▷小商品～。❷商品流通领域▷国内～|欧洲～。❸比喻某种观点、言论等传播的区域或接受对象▷拜金主义在这里是没有～的。

【市场经济】 shìchǎng jīngjì 资源配置、生产、流通、价格等主要由市场进行调节的国民经济。

【市场竞争】 shìchǎng jìngzhēng 指商品交易方面的竞争,即以商品的质量、价格、售后服务和宣传等方面的优势去夺取市场份额,形成优胜劣汰的局面。

【市价】 shìjià 圆商品在市场上交易的价格。

【市侩】 shìkuài 圆原指拉拢买卖双方以取利的中间人,后指唯利是图的奸商,也泛指贪图私利、圆滑奸诈的人。

【市面】 shìmiàn ❶圆街面上;进行贸易的街市▷～上的商店很多|这几天～上买不到西瓜。❷城市经济和工商业活动的状况▷～繁荣|～景气。

【市民】 shìmín ❶圆城市居民。❷旧指城市中的手工业者和中小商人▷～文学|～阶层。

【市容】 shìróng 圆城市街道、建筑、绿地、橱窗等的外观和面貌。

【市政】 shìzhèng 圆城市行政管理工作,包括工商业、交通、公安、卫生、公用事业、基本建设、文化教育等。

【市制】 shìzhì 圆我国曾经使用的一种计量制度。长度的主单位是市尺,1市尺等于1/3米;质量的主单位是市斤,1市斤等于1/2公斤;容量的主单位是市升,1市升等于1升。

式 shì ❶圆规格▷法～|格～。❷样式▷老～织布机|～形。❸仪式;典礼▷阅兵～|闭幕～。❹自然科学中表明某种规律的一组符号▷方程～|公～。

【式样】 shìyàng 圆建筑物、产品等的形状▷箱包～|～新颖。

【式子】 shìzi ❶圆姿势;架势▷练太极拳,要摆好～。❷算式、代数式、方程式的总称。

似 shì [似的]shìde 圆用在词或词组之后,表示跟某事物相像▷淋得落汤鸡～|看起来很轻松～。☞不宜写作"是的"。○另见sì。

势(勢) shì ❶圆势力▷有权有～|权～。❷事物所显示的力量▷～均力敌|声～|气～。❸自然界的外表形貌▷山～|地～。❹人的姿态、样子▷装腔作～|架～。❺社会或事物发展的状况或趋向▷局～|趋～|走～。

【势必】 shìbì 圆表示根据情况和规律推测必然发生某种情况▷乱砍滥伐森林,～造成水土流失。

【势不可挡】 shìbùkědǎng 形容来势迅猛,不可抵挡。

【势不两立】 shìbùliǎnglì 双方处于矛盾十分尖锐的态势,不能共存。

【势均力敌】 shìjūnlìdí 双方力量相当,难分高下(敌:

相当）。

【势力】 shìlì 图指政治、经济、军事等方面的权力和力量▷～强大。

【势利】 shìli 形形容对有钱有势的人奉承，对没钱没势的人歧视的恶劣作风▷～小人|这个人特～。

【势如破竹】 shìrúpòzhú 形势像劈竹子一样，破开上面之后，下面的就迎刃裂开了。形容发展顺利，毫无阻碍。

【势头】 shìtóu 图情势；来头▷发展的～很好|～有点不对，要多加注意。

【势在必行】 shìzàibìxíng 根据客观形势的发展必须这样做。

事 shì ❶图事情▷找你有点～|好人好～。❷图职业；工作▷我想在城里谋个～儿做。❸图变故；事故▷街上出～了|平安无～。❹团〈文〉为……做事；侍奉▷～亲|善～主人。❺从事；做▷大～宣传|不～生产。❻图责任；关系▷不关我的～|没你的～，快走开。

【事半功倍】 shìbàngōngbèi 费力小而收效大。

【事倍功半】 shìbèigōngbàn 费力多而收效少。

【事必躬亲】 shìbìgōngqīn 不管什么事情一定要亲自去做。

【事变】 shìbiàn 图政治上、军事上突然发生的非常事件▷九一八～|皖南～。

【事端】 shìduān 图（蓄意造成的）纠纷；事故▷制造～。

【事故】 shìgù 图意外的变故或灾祸（多指生产、工作等方面的）▷交通～。

【事过境迁】 shìguòjìngqiān 事情已经过去，环境也有了改变。

【事迹】 shìjì 图个人或集体做过的比较重要或有意义的事情▷英雄～。

【事件】 shìjiàn 图历史上或社会上发生的重大事情▷流血～|中山舰～。

【事理】 shìlǐ 图蕴含在事情中的道理▷不明～|阐发～。

【事例】 shìlì 图有代表性的用来做例子的事情▷举出具体～进行讲解。

【事略】 shìlüè 图传记文体的一种，用以记述人物生平事迹的梗概。

【事情】 shìqing 图人类社会生活中的各种活动和发生的一切社会现象▷我们有许多～要做。

【事实】 shìshí 图事情的实际情况▷～真相|客观～。

【事态】 shìtài 图某一事件的发展状态（多指坏的）▷～激化|控制～|～蔓延。

【事务】 shìwù ❶图具体的琐碎的事情▷～繁杂。❷总务（后勤、卫生、安全等方面的事）▷～处。

【事物】 shìwù 图客观存在的一切物体和现象▷客观～|新鲜～。

【事项】 shìxiàng 图事情的项目▷有关～。

【事业】 shìyè ❶图具有明确目标和一定规模、系统而对社会发展有较大影响的活动和工作▷现代化～|教育～|治沙～。❷特指没有或仅有少量生产和经营收入，主要由国家或民间经费开支的部门或团体（区别于"企业"），如机关、学校等。

【事业心】 shìyèxīn 图全身心地投入到事业中，力图取得成就的理想和决心▷他是个很有～的人。

【事宜】 shìyí 图关于工作、生产和事情应作的安排、处理（多用于公文、法令等）▷经费～正在报批之中。

【事由】 shìyóu ❶图事情经过；根由▷先把～说清楚。❷指公文的主要内容▷发文～。

【事与愿违】 shìyǔyuànwéi 事情的发展或结果同主观愿望相违背。

【事在人为】 shìzàirénwéi 事情是要靠人去做的。强调事情能否成功全在于人的主观努力。

侍 shì 团（在尊长身边）陪伴；伺候▷～从|服～。

【侍从】 shìcóng 图在帝王后妃或高级官员左右侍候护卫的人▷总统～。

【侍奉】 shìfèng 团侍候奉养（长辈）。

【侍候】 shìhòu 团伺候；照料▷～伤员|～周到。

【侍弄】 shìnòng ❶团呵护、照料、管理▷他退休之后，每天就～着花呀、草呀的。❷摆弄；修理▷～录音机。

【侍卫】 shìwèi ❶团护卫▷在～。❷图官名，在帝王或国家领导左右担任护卫的武官。

【侍养】 shìyǎng 团侍候赡养▷～老人。

饰（飾） shì ❶团装饰；修整装点，使整齐美观▷修～|妆～。❷图用来装饰的东西▷首～|服～。❸团掩盖（缺点或错误）▷文过～非|掩～。❹扮演▷在剧中～杨贵妃|～演。❺修饰（语言文字）▷润～|增～。☞"饰"字右半是"布"，不是"布"。

【饰词】 shìcí 图掩饰真相的言词；推托的话。

【饰物】 shìwù ❶图首饰。❷器物上的装饰用品，如花边、飘带等。

【饰演】 shìyǎn 团扮演▷～皇后。

试（試） shì ❶团尝试；试验▷这些方法我都～过|跃跃欲～。❷考试▷口～|复～。

【试点】 shìdiǎn ❶团正式开展某项工作前，先在局部进行试验，以便取得经验▷先～后推广。❷图进行小型试验的地方▷这所小学是教改的～。

【试金石】 shìjīnshí ❶图黑色坚硬的硅质岩石。用黄金在试金石上画一条纹，看颜色的深浅就可以知道黄金的成色。❷比喻考验鉴别的可靠方法。

【试卷】 shìjuàn 图印好试题的卷子或应试人已经在上面写上答案的卷子。

【试探】 shìtàn ❶团尝试着探索（某个问题或某种情况）▷～前进的道路。❷用含义不很明显的言语或举动引起对方的反应，借以了解对方的实情或意图▷先～～他。

【试图】 shìtú 团计划（做）；打算（做）▷～写一部专著。

【试问】 shìwèn 团请问（多用于质问或表示不同意对方的意见）▷～，你这样一再阻挠老人的婚事是为了什么？

【试想】 shìxiǎng 团试着想想（多用于提醒或质问）▷～，谁能承担责任？

【试销】 shìxiāo 团在产品大量生产前先试制一部分进行销售，以便对市场进行试探并检验产品质量▷产品正～，受到用户好评。

【试行】 shìxíng 团试探着实行▷新的条例先～一下，然后再修改。

【试验】 shìyàn ❶团为考察某事物的效果或性能而进行某些活动▷～新农药效果。❷图指试验活动▷有趣的～。

【试验田】 shìyàntián ❶图农业上进行试验的地块。❷比喻试点或试点工作▷这里是县领导推广农机具的～。

视（視） shì ❶团看▷～而不见|注～。❷观察；考察▷～察|巡～。❸看待；对待▷～死如归|重～。

【视察】 shìchá 团多指上级到下级察看检查▷～工作|～阵地。

【视而不见】 shì'érbùjiàn 看了却没有看见。形容不重视或不注意。

【视角】shìjiǎo ❶图物理学指由物体两端射向眼睛的两条光线所夹的角。物体越小或距离越远，视角就越小。❷摄影镜头视野大小的角度。❸观察、审视问题的角度▷从旁观者的～来观察这一事件。

【视觉】shìjué 图光源直射或物体影像作用于视网膜所产生的感觉。

【视力】shìlì 图在一定距离内眼睛辨别物体形状、颜色的能力▷～测验。

【视如敝屣】shìrúbìxǐ 就当作是一双破旧的鞋子那样看待，表示极为轻视。

【视若路人】shìruòlùrén 把认识的人看得像路上的陌生人一样。形容架子大或缺少情意。

【视死如归】shìsǐrúguī 把死看得像回家一样。形容为正义事业不怕牺牲。

【视线】shìxiàn ❶图用眼睛看物体时，在眼睛和物体之间的假想直线。❷借指注意力▷～转向证券市场。

【视野】shìyě ❶图眼球固定注视一点时所能看见的空间范围。❷所见事物的范围▷学术～｜～广阔。

拭 shì 团擦▷～泪｜揩～。

【拭目以待】shìmùyǐdài 擦亮眼睛等待着。形容密切关注事态的发展。

柿 shì 柿树，落叶乔木，果实叫柿子，橙黄色或红色，脱涩后甘甜，可生吃，或制作柿饼、柿酒等。

是 shì ❶代〈文〉a)表示近指，相当"这""这个""这样"▷～岁大旱｜～可忍，孰不可忍｜如～。b)复指前置宾语▷唯命～从｜唯利～图。❷团联系两种事物。a)表示判断▷《红楼梦》的作者～曹雪芹｜我们的任务～守卫大桥。b)表示解释或描述▷今年又～丰年｜刘老师～近视眼。c)跟"的"相呼应，表示强调▷他的手艺～很高明的｜我～不会干这种事的。d)表示存在▷沿街～一排商店｜屋子里全～人。❸联系相同的两个词语。a)连用两次这样的格式，表示严格区分，互不相干▷丁～丁，卯～卯｜说～说，做～做，该干还得干。b)单用这种格式，表示让步▷朋友～朋友，原则还得坚持▷东西好～好，就是太贵。❹用于名词前，含有"适合"的意思▷来得～时候｜放得不～地方。❺用于名词前，含有"凡是"的意思▷～活儿他都肯干。❻表示肯定▷这间房子～太小，没法住｜没错儿，他～辞职了。❼用于选择问句、是非问句或反问句▷你～喝啤酒，还～喝白酒？｜他～走了不～？｜他不～来了吗？❽副正确▷你说得～｜似～而非。❾图指正确的论断或肯定的结论▷实事求～｜各行其～。❿团〈文〉认为正确；肯定▷～古非今｜深～其言。⓫表示答应▷～，我明白。

【是非】shìfēi ❶图正确的和错误的▷分清～。❷口舌；纠纷▷招惹～。

【是非窝】shìfēiwō 图经常产生矛盾、纠纷的地方。

【是否】shìfǒu 副表示商量、怀疑或不确定的语气▷菜～还新鲜？｜他～已经走了？｜我不知道他～已经懂得这个道理。

适（適） shì ❶团〈文〉往；到▷离京～沪｜可而止。❷〈文〉嫁到夫家去▷～人。❸符合▷削足～履｜～龄。❹副〈文〉恰好▷～逢其会｜～值中秋佳节。❺形舒服▷舒～｜闲～。

【适当】shìdàng 形合适；恰当▷～的时候｜处理得很～。

【适得其反】shìdéqífǎn 恰恰得到跟愿望相反的结果。

【适度】shìdù 形程度适宜▷批评要～。

【适合】shìhé 团合宜；符合▷安排很～这种打扮挺

～他的气质。

【适可而止】shìkě'érzhǐ 到了适当的程度就停下来，指做事不过分。

【适口】shìkǒu 形符合口味；对口味▷～的饭菜。

【适量】shìliàng 形数量合适▷参加任何锻炼都要～。

【适龄】shìlíng 形年龄适合某种要求的▷～青年纷纷应征入伍。

【适时】shìshí 形正合时宜，不早也不晚▷～的商品｜这场雨下得很～。

【适宜】shìyí ❶形合适；合宜▷颜色深浅～｜女孩子选择这个职业很～。

【适应】shìyìng 团适合；随着条件的变化不断地作相应的改变以求一致▷她很～这里的一切｜～新形势。

【适中】shìzhōng 形（情况、位置等）正合适▷程度～｜地点～。

恃 shì 团仗着；依赖▷有～无恐｜仗～。

【恃才傲物】shìcái'àowù 仗着自己有才能而瞧不起别人(物：众人)。

【恃强凌弱】shìqiánglíngruò 依仗力量强大欺侮弱小。

室 shì ❶图房间；屋子▷升堂入～｜会议～。❷家；家族▷十～九空｜～宗。❸家庭或妻子▷家～｜妻～。❹工作机构内部的某些部门▷办公～｜调度～｜研究～。☞读说法 shì。

逝 shì ❶团（水流、时光等）消失▷年华易～｜消～。❷死亡的委婉说法▷长～｜病～。

【逝世】shìshì 团离开人世▷不幸～｜～于 1999 年。

莳（蒔） shì 团〈文〉种植▷播～五谷｜～花。

轼（軾） shì 图古代车箱前供乘车人扶着的横木▷登～而望之。

舐 shì 团〈文〉舔▷举笔～墨｜吮痈～痔(比喻无耻的谄媚行为)。

【舐犊情深】shìdúqíngshēn 比喻父母疼爱子女的感情很深。

弑 shì 团〈文〉指臣下杀死君主或子女杀死父母▷～君｜～母。

释（釋） shì ❶团〈文〉解开；松开▷～缚。❷放走（关押的人）▷开～｜～放。❸解除；消散▷涣然冰～｜～怀。❹解说；阐明▷唐诗浅～｜～解。❺放开；放下▷爱不～手｜如～重负。❻图指佛教创始人释迦牟尼，也指佛教▷～门｜～教。

【释放】shìfàng ❶团恢复被逮捕、被拘押或被判刑人员的人身自由▷～俘虏。❷把所含的物质或能量放出来▷药力 24 小时内～完。

【释怀】shìhuái 团（思念、怨愤等感情）在心中消除▷畅然～｜难以～。

【释然】shìrán 形〈文〉形容嫌隙、疑虑、猜忌等消释后内心舒畅▷～开怀。

【释疑】shìyí ❶团解释疑难▷～解惑。❷消除疑虑▷这样能使群众～。

【释义】shìyì ❶团解释字词或文章的意义▷词语～。❷图解释字、词意义的文字▷词典的每一条～都要反复斟酌。

谥（謚） shì 团古代帝王、贵族、大臣或其他有地位的人死后，依其生前事迹给予带有褒贬意义的称号。

嗜 shì 团极端爱好▷～酒｜～杀成性。

【嗜好】shìhào 图特别深的爱好（多指不良的）。

【嗜痂之癖】shìjiāzhīpǐ 原指爱吃疮痂的癖好，后泛指怪僻的嗜好。

【嗜血】 shìxuè 圆(猛兽等)贪吃血食,也形容人贪婪凶残▷牛虻|~侵略者|~成性。

【嗜欲】 shìyù 图嗜好和欲望▷节制~。

笾 shì 圆〈文〉用著(shī)草占卜▷卜~。

誓 shì ❶圆发誓,表示决心依照约定或所说的话去做▷~不两立|~死不二。❷图誓言▷信~|旦旦|宣~。

【誓师】 shìshī 圆军队将要出征时主帅向全军宣布作战意义,表示决心;也泛指为完成某项重要任务集体表示决心▷~北伐|治理沙漠~大会。

【誓死】 shìsǐ 圆立下誓言,表示至死不变的决心▷~保卫祖国。

【誓言】 shìyán 图宣誓时说的话▷实现自己的~。

噬 shì 圆〈文〉咬▷~啮|吞~。

螫 shì 圆〈文〉蜇。☞口语读 zhē。

shou

收 shōu ❶圆逮捕;拘禁▷~押|~监。❷把散开的东西聚合到一起▷把摊在桌上的书~起来|~集。❸获得(利益)▷坐~渔利|~益|~支平衡。❹收取(农作物)▷~麦子|抢~。❺收取;收回▷~税|~归国有。❻接受▷~来信|~到|~礼物。❼约束;使停止或恢复常态▷玩野了,~不住心|连忙~住脚步。❽结束▷~工|~操。

【收兵】 shōubīng ❶圆撤回军队,停止战斗▷鸣金~。❷比喻结束某项工作▷打假工作不获全胜,决不~。

【收藏】 shōucáng 圆收集并保藏▷~古钱币|这件珍贵纪念物,我一直精心~着。

【收场】 shōuchǎng ❶圆结束;了结▷草草~。❷图结局▷体面的~。

【收成】 shōucheng 图农业、渔业的收获结果▷小麦~不错|今年海产~欠佳。

【收存】 shōucún 圆收好并保存▷把电视机的发票~好。

【收发】 shōufā ❶圆企、事业团体收进和发出(公文、信件、报刊等)▷~邮件。❷图担任收发工作的人。

【收服】 shōufú 圆制服对方,使投诚归顺▷~残敌。☞不宜写作"收伏"。

【收复】 shōufù 圆夺回(失去的领土、阵地)▷~沦陷区。

【收割】 shōugē 圆收获▷~水稻|~甘蔗。

【收购】 shōugòu 圆收集买进▷~废品|~棉花。

【收获】 shōuhuò ❶圆从田地里收取(成熟的农作物)▷秋天~玉米。❷图收获的农作物产品▷今年秋粮~不错。❸比喻取得的成果▷读书~|科研~。

【收集】 shōují 圆收拢聚集▷~素材。

【收缴】 shōujiǎo ❶圆接收,缴获▷~赃款赃物。❷征收上交▷~所得税。

【收据】 shōujù 图收到钱物后写给对方的字据。也说收条。

【收看】 shōukàn 圆收听观看(电视节目)▷~电视连续剧。

【收敛】 shōuliǎn ❶圆减弱或消失▷~笑容。❷检点、约束狂放的言行▷快~些,指导员来了。❸使伤口收缩或腺液分泌减少▷敷药后,伤口~多了。

【收留】 shōuliú 圆接收并容留▷~孤儿。

【收拢】 shōulǒng 圆把散开的合拢起来▷~双翅|~

人马。

【收录】 shōulù ❶圆接纳录用▷~百名工人。❷收集登载(诗文等)▷这本书~了他两篇论文。❸借助录音设备将声音录制下来▷这盒磁带~了她二十首歌曲。

【收罗】 shōuluó 圆寻求、聚集人才或物品▷~各方人士|~奇花异草。

【收买】 shōumǎi ❶圆收购▷~旧电器|~生猪。❷用钱物等拉拢人,使受利用▷他被~去给人家当传声筒。

【收盘】 shōupán 圆交易市场每天最后报告一次行情,营业结束▷到~时人气仍旺,价格没有下跌的迹象。

【收讫】 shōuqì 圆交付清楚(常用印戳将"收讫"加盖在票据上)。

【收容】 shōuróng 圆收留并接纳▷~队|~难民。

【收入】 shōurù ❶圆收进来▷一个月~一千五百元。❷图收进来的钱▷农民的~年年增加。

【收市】 shōushì 圆集市、市场等停止交易或营业▷农贸市场已经~了。

【收视】 shōushì 圆收看(电视节目)▷~率|~效果。

【收拾】 shōushi ❶圆整理;整顿▷~行李|~烂摊子。❷修理▷~桌椅板凳。❸〈口〉惩罚▷再调皮,小心有人~你。❹〈口〉消灭▷这帮匪徒全让武警给~了。

【收束】 shōushù ❶圆结束▷文章到这里就该~了。❷约束▷快开学了,你的心也该~一下了。❸收拾(行李)▷~行装。

【收缩】 shōusuō ❶圆(物体)缩小或缩短▷钢铁受热膨胀,遇冷~。❷紧缩;压缩▷~战线,集中兵力|~支出。

【收听】 shōutīng 圆听(播音)▷~小说连播。

【收尾】 shōuwěi ❶圆结束;煞尾▷工程已在~。❷图(文章)末尾▷剧本的~可以再含蓄一点。

【收悉】 shōuxī 圆收到(信件)并已了解了内容▷来函~。

【收效】 shōuxiào ❶圆收到成效▷黄河的水利工程,已逐年~。❷图收到的成效▷~甚微。

【收心】 shōuxīn ❶圆收敛散漫的心思▷这孩子得先~,才谈得上用功读书。❷把干坏事的念头收起来▷他已经~息念,改恶从善。

【收养】 shōuyǎng 圆收留抚养▷~了两个孤儿。

【收益】 shōuyì 图取得的好处、利益▷坚持学习,必有~|该厂获得巨大~。

【收支】 shōuzhī 图收入和支出▷~账目|~不符。

【收执】 shōuzhí ❶圆收下并保存(公文用语)▷合同一式二份交双方~。❷图政府机关收到税金或其他物品时开出的书面凭证▷~已存档。

熟 shóu 义同"熟"(shú),用于口语▷饭~了|葡萄~了|我们俩很~。○另见 shú。

手 shǒu ❶图人体上肢手腕以下由指、掌组成的部分。❷函小巧的、便于携带或使用的▷~机|~枪|~册。❸亲手写的▷~稿|~迹。❹圖用手▷~抄|~植。❺图指本领或手段▷妙~回春|心灵~巧|出~|下毒~。❻擅长某种技艺或做某种事的人▷国~|神枪~|新~|扒~。❼圖用于技术、本领等▷露两~|留一~。❽用于经手的次数▷第一~材料|二~货。

【手把手】 shǒubǎshǒu 亲自具体(传授和指点)。

【手笔】 shǒubǐ ❶图名人亲手所写的字或所画的画;手迹▷这幅画是齐白石的~。❷文学或文字的造诣▷~不凡。

【手不释卷】 shǒubùshìjuàn 手里的书从不放下，形容勤奋好学。

【手册】 shǒucè ❶图汇集手头经常需要查考的基本资料和数据的工具书▷《时事～》。❷便于翻检的记事小册▷劳动～。

【手段】 shǒuduàn ❶图为达到一定目的而使用的方法▷打短工也是一种谋生～。❷权术；伎俩▷～毒辣|玩～。

【手法】 shǒufǎ ❶图（文学艺术作品创作的）技巧▷倒叙～。❷手段②▷这是骗子常用的～。

【手感】 shǒugǎn 图抚摸时手的感觉▷这种面料～光滑轻薄。

【手稿】 shǒugǎo 图亲笔写的原稿。

【手工】 shǒugōng ❶团用手（不用机器）制作▷～刺绣。❷图用手的技能进行的工作▷扬州漆器，～精良。❸〈口〉手工劳动的报酬▷～不贵。

【手工业】 shǒugōngyè 图使用简单工具靠手工劳动的工业生产。

【手工艺】 shǒugōngyì 图有较高技艺水平的手工，如刺绣、雕塑等。

【手机】 shǒujī 图可随身携带的移动电话机。

【手疾眼快】 shǒujíyǎnkuài 形容机警灵敏，动作迅速（疾；急速）。

【手迹】 shǒujī 图亲笔写的字或画的画。

【手脚】 shǒujiǎo ❶图举动；动作▷～灵便。❷暗中采取的不正当的举动▷这批货有人做了～。

【手紧】 shǒujǐn ❶图看重钱财，不随便花钱或轻易给人▷她～，老伴手松。❷钱不够用▷炒股赔了，近来手很紧。

【手铐】 shǒukào 图束缚双手的刑具。

【手辣】 shǒulà 图手段毒辣。

【手令】 shǒulìng 图亲笔写的命令。

【手忙脚乱】 shǒumángjiǎoluàn 形容做事慌乱，没有条理。

【手气】 shǒuqì 图指赌博或抓彩时的运气▷她～好，抓了个头彩。

【手软】 shǒuruǎn 图不忍心下手或下手不重▷对罪犯不能～！

【手势】 shǒushì 图用手所做的表情达意的动作和姿势▷交警的～干净利落。

【手书】 shǒushū 图亲手写的信或字；笔迹▷这几个字是先父的～。

【手术】 shǒushù ❶图医生所做的切除、修补、置换、缝合等治疗▷他刚动了～。❷团做手术▷下午三点～。

【手松】 shǒusōng 图花钱随便或给人钱物大方▷他～，花钱大手大脚。

【手头】 shǒutóu ❶图手边；随手可以够得着的地方▷东西不在～。❷个人经济状况▷最近～不宽裕。

【手腕】 shǒuwàn 图手段▷～灵活|玩弄～。

【手舞足蹈】 shǒuwǔzúdǎo 形容极高兴的样子（舞：舞动；蹈：跳动）。

【手下】 shǒuxià ❶图管辖下；领导下▷他在司令员～当过参谋。❷下手时▷～开恩。

【手写体】 shǒuxiětǐ 图汉字或拼音字母的手写形式（区别于"印刷体"）。

【手心】 shǒuxīn ❶图手掌中心部位。❷比喻控制的范围▷逃不出他的～。

【手续】 shǒuxù 图办事的步骤和程序▷买房～|贷款～。

【手艺】 shǒuyì 图手工技艺；泛指技艺▷耍～|靠～吃饭。

【手语】 shǒuyǔ 图用手势和手指字母代替语言进行交际的方式（用于聋哑人等）。

【手谕】 shǒuyù 图〈文〉上级首长或尊长亲笔写的指示或命令。

【手足】 shǒuzú ❶图手和脚▷～无措。❷比喻亲弟兄▷～情深。

守 shǒu ❶团守卫，使不丢失（跟"攻"相对）▷为祖国～边疆|镇～。❷遵循；保持▷～规矩|～信|～秘密。❸在旁边照料；看守▷在家～着病人|～护。❺靠近▷～着炉子取暖|～着大山不怕没柴烧。

【守备】 shǒubèi 团守卫；防备▷严加～|无人～。

【守财奴】 shǒucáinú 图讥讽拼命积财而吝啬的人。

【守成】 shǒuchéng 团保持前人的成就与功业▷创业～更难。

【守法】 shǒufǎ 团遵守法律。

【守候】 shǒuhòu ❶团在某处等候▷我在这里已～多时，仍不见他到来。❷看护；侍候▷～病人。

【守护】 shǒuhù 团看守护卫▷～油库|～重病人。

【守旧】 shǒujiù 图拘泥于旧的说法或做法而不肯改变▷思想～。

【守口如瓶】 shǒukǒurúpíng 闭住嘴像塞紧的瓶口一样。形容说话谨慎或严守秘密。

【守灵】 shǒulíng 团守在灵床、灵柩或灵位旁▷彻夜～。

【守时】 shǒushí 团遵守约定的时间▷和人相约要～。

【守势】 shǒushì 图守卫的态势▷采取～。

【守岁】 shǒusuì 图农历除夕整夜不睡，直到天明。

【守望】 shǒuwàng 团在边上或在原地看着▷我在山上～，你快回村报信。

【守卫】 shǒuwèi ❶团守护保卫▷～国门。❷图担任守卫的人。

【守信】 shǒuxìn 团讲究信用▷他一向～|商业最重～。

【守业】 shǒuyè 团保持前人遗留下来的事业或保持已经创立的事业。

【守则】 shǒuzé 图共同遵守的规则▷会员～|工作～。

【守株待兔】 shǒuzhūdàitù 《韩非子·五蠹》说战国时宋国一农夫见一只兔子撞死在树桩上，他就每天守在树桩旁，希望再得到撞死的兔子。比喻死抱住老经验不放，也比喻心存侥幸，幻想不劳而获。

首 shǒu ❶图头；脑袋▷昂～|阔步|斩～。❷领头的人；头领▷～长|祸～。❸副首先；最早▷～倡|～创。❹图最高的▷～都|～相。❺数第一▷～届|～次。❻团出头交代或检举罪行▷自～|出～。❼量用于诗词、歌曲等▷一～诗|两～民歌。

【首倡】 shǒuchàng 团首先倡导▷中印两国～和平共处五项原则。

【首创】 shǒuchuàng 团最先创造；创始▷全国～|～世界记录。

【首当其冲】 shǒudāngqíchōng 首先面对交通要冲（当：面对；冲：要冲，交通要道）。比喻首先受到攻击或遭遇灾难。

【首都】 shǒudū 图国家政治中心和最高权力机关所在地▷～北京。

【首恶】 shǒu'è 图犯罪集团的头目。

【首发式】 shǒufāshì 图为有重大影响的图书、画册或有纪念意义的邮票等隆重举行的首次发行的仪式。

【首犯】 shǒufàn 图进行犯罪活动的首要分子▷严惩～。

【首富】 shǒufù 图最富有的人或单位▷当地～|该厂是全省～。

【首肯】 shǒukěn 团点头同意▷他的建议领导已～。

【首领】 shǒulǐng ❶图〈文〉头和脖子。❷借指做头儿的人▷李自成是明末农民起义军的～。

【首脑】 shǒunǎo ❶图领导人▷政府～｜～会议。❷团为首的▷～人物｜～机关。

【首屈一指】 shǒuqūyīzhǐ 扳指头计数时首先弯下大拇指,表示居第一位。

【首日封】 shǒurìfēng 图邮政部门发行新邮票的当天所出售的贴有该新邮票并加盖当日邮戳的特制信封。

【首饰】 shǒushi 图头上戴的饰物,如簪、钗、耳环之类。▼泛指身上佩戴的饰物,如项练、胸针、手镯、戒指等。

【首推】 shǒutuī 团首先数到;排在第一▷八大名酒～茅台｜他是～人选。

【首席】 shǒuxí ❶图最尊贵的席位▷坐～。❷职位居第一位的▷～法官｜～顾问｜～科学家。

【首先】 shǒuxiān ❶副最早;最先▷～到达终点。❷凹第一(用于排列次序)▷～,请领导讲话;其次,……。

【首选】 shǒuxuǎn 凹首先选择的▷～面料｜～阵容。

【首要】 shǒuyào ❶凹最重要的;头等的▷～任务。❷图首脑▷政府～｜集团～。

【首映式】 shǒuyìngshì 图(电影、电视片)首次放映的仪式。

【首长】 shǒuzhǎng 图指政府各部门或军队中担负较高职务的长官▷中央～｜部队～｜地区～。

【首座】 shǒuzuò ❶图会议或筵席上最尊贵的席位。❷寺庙中地位最高的僧人。▼不宜写作“首坐”。

寿(壽) shòu ❶凹活得长久;年纪大▷人～年丰｜福～双全。❷图年岁;生命▷～比南山｜长～。❸生日(多用于中老年人)▷祝～｜～礼。❹凹装殓死者的(东西)▷～衣｜～材。

【寿比南山】 shòubǐnánshān 寿命像终南山那样长久(用于祝颂)。

【寿辰】 shòuchén 图生日(多用于年岁较大的人,有庄重色彩)。

【寿命】 shòumìng ❶图人生存的年限。❷比喻物品使用或有效的年限▷延长电器的～。

【寿星】 shòuxing ❶图老人星,象征长寿,民间把它画成老人的样子,头部长而前额隆起▷老～。❷称被祝寿的人或长寿的老人▷～请上坐。

【寿终正寝】 shòuzhōngzhèngqǐn 原指年老病死在家中(正寝:旧式住宅的正房),现多比喻事物消亡(含诙谐意)。

受 shòu ❶团接受;得到▷～宠若惊｜享～。❷遭到(不幸或损害)▷～折磨｜～损失。❸忍受▷～不了｜又饿又累,真够人～的。❹〈口〉适合▷他写的字一点也不～看｜我有一句话,不知～听不～听。

【受宠若惊】 shòuchǒngruòjīng 因受到宠爱赏识而感到惊喜。

【受挫】 shòucuò 团遭受挫折。

【受罚】 shòufá 团遭受处罚。

【受害】 shòuhài 团遭受伤害或杀害。

【受贿】 shòuhuì 团接受贿赂▷行贿～。

【受惠】 shòuhuì 团得到好处。

【受惊】 shòujīng 团遭受突然的刺激或威胁而惊骇▷对不起,让您～了。

【受窘】 shòujiǒng 团遭遇难为情的状况▷见他～,真替他着急。

【受累】 shòulěi 团遭受牵累▷这是我个人的事,决不能让别人～。

【受累】 shòulèi 团受到劳累;劳神费力(常用作客气话)▷～我不怕,可这口气实在咽不下去！｜老师,孩子不懂事,让您～了。

【受理】 shòulǐ 团接受并办理(案件、业务等)▷法院～了这个案件｜～外币存储业务。

【受命】 shòumìng 团接受命令、任务▷我部～狙击增援的敌人｜临危～。

【受聘】 shòupìn ❶团旧俗定亲时女方接受男方的聘礼。❷应聘▷他已～为公司经理｜～为客座教授。

【受权】 shòuquán 团接受国家或上级授予的权力处理某事▷新华社～发表公告。

【受降】 shòuxiáng 团接受敌人投降▷我军在前线某地～。

【受业】 shòuyè 〈文〉❶团跟老师学习▷～于王教授。❷图在书信中学生对老师的自称。

【受益】 shòuyì 团得到利益;获得好处▷听先生讲课～匪浅｜～面宽。

【受罪】 shòuzuì 团遭受痛苦、折磨▷这种病弄得他没少～。

狩 shòu 〈文〉❶团打猎▷～猎。❷帝王出外巡视▷巡～。▼不读 shǒu。

授 shòu ❶团给予;交付▷～奖｜～旗。❷把学问、技艺等教给别人▷讲～｜面～。

【授课】 shòukè 团讲授课程。

【授权】 shòuquán 团把权力委托给他人代为执行▷～他代行职权。

【授受】 shòushòu 团给予和接受;交接▷～贿赂｜私相～。

【授意】 shòuyì 团把意图告诉别人,让别人照着办▷我出于自愿,无人～。

【授予】 shòuyǔ 团领导机关或上级部门给予(勋章、奖状、学位、荣誉等)▷博士学位｜～“有突出贡献的专家”称号。▼不宜写作“授与”。

售 shòu ❶团卖;卖出▷～票已～完｜销～。❷〈文〉施展(奸计)▷以～其奸。▼上边不是“佳”。

兽(獸) shòu ❶图通常指有四条腿、浑身长毛的哺乳动物▷飞禽走～｜野～。❷凹野蛮;下流;残忍▷～性｜～行。

【兽王】 shòuwáng 图一般指狮子。

【兽行】 shòuxíng ❶图猛兽般凶残的行为▷法西斯的～令人发指。❷发泄兽欲的行为。

【兽性】 shòuxing 图猛兽般凶残的性情▷匪徒们～大发,纵火焚烧整个村庄。

【兽欲】 shòuyù 图野兽般的性欲▷鬼子兵～大发,轮奸幼女。

绶(綬) shòu 图一种用来系官印或勋章等的彩色丝带▷印～。

【绶带】 shòudài ❶图绶。❷斜挂在肩上表示某种身份的彩带。

瘦 shòu ❶凹肌肉不丰满;脂肪少(跟“胖”相对)▷他最近～了｜面黄肌～。❷指食用肉不肥▷这块肉挺～｜～肉馅。❸(衣服等)窄小;不肥大▷裤子太～｜穿在脚上肥～正合适。❹(土壤)不肥沃▷～田｜土地～瘠。▼“叟”上边是“白”中间加一竖,上下出头。

【瘦骨嶙峋】 shòugǔlínxún 骨头突出有如山石,形容人十分消瘦。

【瘦瘠】 shòují ❶凹瘦弱▷～的身躯。❷(土地)不肥沃▷～的沙地。

【瘦弱】 shòuruò 凹(身体)消瘦,衰弱。

【瘦削】 shòuxuē ❶凹形容身体或面容很瘦。❷形容笔迹瘦硬▷笔锋～。

shu

【书（書）】 shū ❶囫写字；记载▷罄竹难～｜～写。❷图汉字的字体▷草～｜隶～。❸装订成册的著作▷教科～｜图～。❹文件▷文～｜说明～。❺信件▷家～｜～信。

【书本】 shūběn 图书③（总称）▷～知识。

【书呆子】 shūdāizi 图泛指只有书本知识，缺乏社会实际生活经验和适应社会变革能力的人。

【书法】 shūfǎ 图文字的书写技法、书写艺术；特指汉字的书写技法、书写艺术及其作品▷长于～｜王羲之的～。

【书稿】 shūgǎo 图著作的原稿。

【书画】 shūhuà 图书法和绘画▷～大家｜～精品。

【书籍】 shūjí 图书③（总称）。

【书脊】 shūjǐ 图书的背脊，书籍封面和封底的连结处。一般印有书名，作者名、出版单位名称等。也说书背。

【书记】 shūjì ❶图党、团等各级组织的主要负责人▷党委～｜全国妇联书记处～～员。❷指做文书、记录等工作的人员▷～员。

【书简】 shūjiǎn 图书信▷《两地书》是鲁迅和许广平的往来～。☞不宜写作"书柬"。

【书眉】 shūméi ❶图直排本书页上端空白处，常作眉批用。❷横排本书籍排印在版心上方的书名、篇章次序和标题等文字。

【书面】 shūmiàn 囵用文字写出来的▷～汇报｜～证明。

【书面语】 shūmiànyǔ 图书面交际使用的语言（跟"口语"相对）。

【书名号】 shūmínghào 图标点符号的一种，形式分为双书名号"《 》"和单书名号"〈 〉"。用来标示书名、篇名、报纸名、刊物名等。例如《中国语文》、《〈中国工人〉发刊词》。

【书评】 shūpíng 图评介书刊的文章▷开展～活动。

【书签】 shūqiān ❶图贴在线装书籍封面上，印着书名的签条。❷夹在书页中作为阅读进度标记的薄片，用纸、塑料等材料制成。

【书生气】 shūshēngqì ❶图待人接物时表现出来的读书人的气质▷看他言行举止，都有一股～。❷只知读书，不了解社会，脱离实际的习气。

【书香门第】 shūxiāngméndì 指世代读书的人家。

【书写】 shūxiě 囵写▷～条幅。

【书信】 shūxìn 图信。

【书札】 shūzhá 图〈文〉书信。

【书斋】 shūzhāi 图书房。

【书展】 shūzhǎn 囵图书展览或展销▷这次～盛况空前。

【书证】 shūzhèng 图著作、论文、词典中引自文献的例证▷引用～要注出篇名，以便查核。

【抒】 shū 囵表达；发表▷各～己见｜～情。☞右边是"予"，不是"矛"。

【抒发】 shūfā 囵表达；表露▷～见解｜～情怀。

【抒怀】 shūhuái 囵抒情▷吟诗～。

【抒情】 shūqíng 囵抒发感情▷散文可以叙事，也可以～。

【抒写】 shūxiě 囵抒发描写▷他在文章中尽情～个人的怀抱。

【枢（樞）】 shū ❶图门扇的转轴▷流水不腐，户～不蠹。❷事物的中心部分或关键部分▷交通～纽｜神经中～。☞跟"抠"(kōu)不同。

【枢纽】 shūniǔ 图事物的关键或相互联系的中心环节▷～工程｜铁路～。

【叔】 shū ❶图〈文〉兄弟排行次序中代表第三▷伯仲～季。❷丈夫的弟弟▷～嫂｜小～子。❸父亲的弟弟▷二～｜～侄｜～父。❹跟父亲辈分相同而年纪较小的男子▷表～｜张～～。☞统读 shū。

【叔伯】 shūbai 囵同祖父或同曾祖父的（兄弟姐妹）▷～兄弟｜～姐妹。

【姝】 shū 〈文〉❶囵容貌美丽（指女子）▷容色～丽。❷图美女▷绝代～｜天下名～。☞不读 zhū。

【殊】 shū ❶囵〈文〉断绝▷～死搏斗。❷囵不相同的▷～途同归｜悬～。❸特别的▷～遇（特别的待遇）｜特～。❹囵〈文〉很；极▷～感不安。☞统读 shū。

【殊荣】 shūróng 图特殊的荣誉▷获得冠军～。

【殊死】 shūsǐ 囵拼命；尽死力▷～搏斗。

【殊途同归】 shūtútóngguī 由不同的途径，到达同一目的地。比喻用不同的方法，取得同样的结果。

【殊勋】 shūxūn 图特殊的功勋▷中国人民解放军屡建～。

【倏】 shū 囵〈文〉忽然▷京城一别，～已二载。

【倏地】 shūdì 囵迅速地；突然地▷汽车～一闪而过。

【倏忽】 shūhū 囵忽然；转眼之间▷时间过得真快，～已数月。

【菽】 shū 图〈文〉豆类的统称▷～粟不辨｜～麦。☞统读 shū。

【梳】 shū ❶图梳子，理顺头发、胡子的用具▷木～。❷囵用梳子整理头发▷～妆打扮。

【梳理】 shūlǐ ❶囵纺织工艺中用有针或齿的机件使纤维梳开，伸直，排列一致，并清除其中的短纤维和杂质。❷用梳子整理（须、发等）▷把发辫～一下◇～思绪。

【梳妆】 shūzhuāng 囵（女子）梳洗打扮▷每次出门前，她都要～一番。☞不宜写作"梳装"。

【淑】 shū 囵善良；美好▷～女｜贤～。☞统读 shū。

【淑静】 shūjìng 囵（女子）贤惠文静。

【舒】 shū ❶囵伸展；宽松▷～眉展眼｜～心。❷囵缓慢；从容▷～缓。❸轻松愉快▷～服｜～畅。

【舒畅】 shūchàng 囵舒适畅快▷山风吹来，心胸～。

【舒服】 shūfu 囵身心感到愉快舒适▷劳动之后洗个热水澡，真～。

【舒缓】 shūhuǎn ❶囵轻松缓慢▷～的旋律。❷从容缓和▷语气～。❸（坡度）平缓▷山路比较～，不大吃力。

【舒散】 shūsàn ❶囵活动（身子）▷～筋骨。❷消除（疲劳或闷郁的心情）▷到外边走走，～一下心中的烦闷。

【舒适】 shūshì 囵舒服安适▷身体～。

【舒坦】 shūtan 囵〈口〉舒服▷身体不大～舒舒坦坦地睡一觉。

【舒心】 shūxīn 囵心情舒畅▷过上了～的日子。

【舒展】 shūzhǎn ❶囵伸展；展开▷～身躯。❷囵（身心）舒畅；舒适▷老人的心情很～。❸形容放得开或伸展开▷线条～｜衣服～地穿在身上。

【舒张】 shūzhāng 囵舒展；张开▷刚洗过热水澡，全身毛孔都～开来了｜做几次深呼吸，肺部～开了。

【疏】 shū ❶囵除去阻塞，使畅通▷～浚｜～通。❷图古书中对"注"所作的进一步解释或发挥的文字▷注～。❸囵分散，使变稀▷～散｜～剪。❹囵稀，物体之间距离远或空隙大(跟"密"相对)▷稀～｜密相间。❺人与人之间关系远;不亲密▷亲～｜远近｜～远。❻不熟悉;不熟练▷生～｜荒～。❼空虚;浅薄▷才～学浅｜空～。❽粗心大意▷～忽。❾图古代官员向君主分条陈说意见的文字▷上～｜《论贵粟～》。☞统读shū。

【疏财仗义】　shūcáizhàngyì　轻钱财,讲义气。指慷慨解囊,扶贫济困。

【疏导】　shūdǎo　❶团疏通淤塞的水道▷～黄河。❷泛指疏通引导▷～交通◇做好学生思想的～工作。

【疏忽】　shūhu　团因粗心大意而没有注意到▷由于工作～,酿成大错。

【疏浚】　shūjùn　团清除淤塞,或挖深河道以便水流畅通▷～大运河。

【疏朗】　shūlǎng　❶形形容稀疏清晰的样子▷～的星空。❷爽朗愉快▷襟怀～。❸清秀明亮▷眉目～。

【疏理】　shūlǐ　❶团疏通修整▷～河道。❷分辨整理;阐明事理▷～古籍。

【疏漏】　shūlòu　图错漏▷校对应仔细,不要有～。

【疏密】　shūmì　图稀疏和稠密;疏远和亲密▷～有致｜公事公办,不论～。

【疏散】　shūsǎn　形疏落;稀疏▷小山村的住户非常～。

【疏散】　shūsàn　团分散;散开▷战备时～城市居民。

【疏松】　shūsōng　❶形(土质等)松散;不紧密▷骨质～。❷团使松散▷～土壤。

【疏通】　shūtōng　❶团疏浚;开通▷～河道。❷疏导;沟通▷～感情｜～关系。❸解释;阐释▷～文字｜～章句。

【疏远】　shūyuǎn　❶形形容关系冷淡,感情有距离▷感情～。❷团使关系冷淡;不亲近▷你为什么～了他?

输(輸)　shū　❶团运送;传送▷～液｜运～。❷〈文〉交出;捐献▷～财｜捐～。❸在赌博或其他较量中失败(跟"赢"相对)▷～钱｜在循环赛中一场也没～。

【输出】　shūchū　❶团从内部往外部输送▷血液从心脏～到全身组织中。❷销售或投放出去(多指国外)▷商品～｜资本～。❸发送出(能量、信号等)▷发电站～大量电能。

【输入】　shūrù　❶团从外部往内部输送▷医生给重伤员～新鲜血液。❷(商品、资金或劳力等)从国外进入(本国)▷～先进技术。❸使能量、信号等进入某种机构或装置▷将书稿～电脑。

【输送】　shūsòng　团运送;供给▷把灾民～到安全地带｜给细胞～养料。

蔬　shū　图蔬菜▷布衣～食｜菜～。☞统读shū。

【蔬菜】　shūcài　图可以当副食的植物和真菌,一般都是人工栽培的,以十字花科和葫芦科植物为最多。

秫　shú　图黏高粱;泛指高粱▷～米｜～秸。

孰　shú　〈文〉❶代指人或事物,作句子或分句的主语,表示询问或反问,相当于"谁""什么"等|人非圣贤,～能无过|是可忍,～不可忍? ❷前面有主语时,表示选择,相当于"谁""哪个"等|吾与徐公～美?

赎(贖)　shú　❶团用财物换回人身自由或抵押品▷把房子～回来｜～当(dàng)｜～身｜～金。❷用钱财或功绩抵消罪过▷～罪。

【赎买】　shúmǎi　团指国家有代价地把私有企业收归国有。

塾　shú　图旧时家族内或民间设立的教学处所▷村～｜家～｜～师。

熟　shú　❶形食物烧煮到可以吃的程度(跟"生"相对,②—④同)▷半生不～｜～食。❷图植物果实生长到可以收获的程度▷黄～｜～成。❸经过加工或治理的▷～铁｜～土。❹熟悉;有经验,不生疏▷眼～｜面～｜～人｜～手。❺程度深▷～睡｜深思～虑。○另见shóu。

【熟谙】　shú'ān　团熟悉▷～风俗。☞"谙"不读àn。

【熟练】　shúliàn　形熟练、老练▷动作～｜～的技巧。

【熟能生巧】　shúnéngshēngqiǎo　熟练就会产生巧妙的方法。

【熟识】　shúshi　团和人认识较久,很了解;对事知道较深,很清楚▷我们是邻居,彼此都很～他在瓷窑工作多年,～各种瓷土。

【熟视无睹】　shúshìwúdǔ　经常看见却跟没看见一样。形容对事情极不关心。也说视若无睹。

【熟手】　shúshǒu　图熟悉某项技巧或工作的人▷修理手表,他是～。

【熟睡】　shúshuì　团睡得很香;沉睡▷病人已经～了,不要惊醒他。

【熟悉】　shúxī　❶团了解得很清楚▷他很～这里的情况。❷由不了解到了解▷先～一下情况,再发表意见吧!

【熟习】　shúxí　团(对某项业务或技术)熟练掌握▷十分～行政工作。

【熟语】　shúyǔ　图语言中常用的定型的词组或句子,包括成语、惯用语、谚语、歇后语等。如"一叶知秋""刮脸皮""东虹日头西虹雨""猫哭老鼠——假慈悲"等。

暑　shǔ　❶形炎热(跟"寒"相对)▷～气｜～热。❷图炎热的季节▷寒来～往｜～假。☞跟"署"不同。

【暑期】　shǔqī　❶图农历小暑大暑期间,相当于公历七八月份,是一年中最热的时期。❷暑假期间▷～作业｜～社会实践。

【暑气】　shǔqì　图盛夏时的热气▷一场秋雨过后,～全消了。

黍　shǔ　[黍子]shǔzi　图粮食作物,子实淡黄色,去皮后叫黄米,性黏,可酿酒、做糕。

属(屬)　shǔ　❶团从属;受管辖▷我们学校～教育部直接领导｜直～。❷属于;是▷恐龙～爬行动物｜纯～虚构｜查明～实。❸属于某方面▷姐姐～兔,弟弟～马。❹图类别▷金～。❺亲属▷家～｜眷～。❻生物学分类范畴的一个等级,科以下为属,如猫科有虎属,禾本科有稻属等。

【属地】　shǔdì　图在本国领土外侵占统治的国家或地区,通常指殖民地或附属国▷印度、澳大利亚、新加坡等国独立前都曾是英国～。

【属相】　shǔxiàng　图生肖。

【属性】　shǔxìng　图事物固有的性质特征▷人具有自然～和社会～。

【属于】　shǔyú　团归某方或为某方所有▷我国的矿产资源～国家。

署　shǔ　❶团布置;安排▷部～。❷图处理公务的处所▷公～｜行～。❸团〈文〉代理某个官职▷～理｜暂～。❹署名▷～上笔名｜～签。☞跟"暑"不同。

【署名】　shǔmíng　团在文稿、文件或信函上写上自己的姓名▷～权｜～签发。

蜀　shǔ　❶图周朝诸侯国名。❷指蜀汉,三国之一。❸四川的别称▷～锦｜～绣。

【蜀犬吠日】　shǔquǎnfèirì　四川山高雾重,多雨少晴,偶而日出,群狗惊叫。比喻少见多怪。

鼠　shǔ　图老鼠,哺乳动物,体小尾长,繁殖力强,常盗食粮食,破坏器物,能传播鼠疫等疾病。有的地区叫耗子。

【鼠辈】 shǔbèi 图指微不足道的人(蔑称)▷无名~。

【鼠标】 shǔbiāo 图电子计算机的坐标定位部件。是一种方便的手持操纵器。由于它拖着一根长线,样子像老鼠而得名。

【鼠目寸光】 shǔmùcùnguāng 比喻目光短浅。

数(數) shǔ ❶团查点(数目);一个一个地计算▷~~~有多少人丨不可胜~。❷跟同类相比较最突出▷同学中~他最小丨要说种菜,还得~老孙。❸一一列举▷如~家珍。○另见 shù;shuò。

【数不胜数】 shǔbùshèngshǔ 多得数不过来。形容很多。

【数典忘祖】 shǔdiǎnwàngzǔ 比喻忘掉自己本来的情况或事物的本源(数典:谈论典籍;忘祖:忘记祖先历史)。

【数九寒天】 shǔjiǔhántiān 从冬至开始,每九天为一个"九",共有九个"九",是一年中最冷的时节。

【数落】 shǔluo ❶〈口〉列举过失加以指责▷他挨妻子~一顿。❷不停地诉说▷母亲拉着女儿的手,~着这几年的遭遇。

【数说】 shǔshuō ❶团逐一叙述▷他把发生的事又从头~了一遍。❷数落①。

薯 shǔ 图甘薯、马铃薯、木薯等块根、块茎类农作物的统称。

曙 shǔ 图天刚亮的时候▷~光丨~色。☞统读 shǔ。

【曙光】 shǔguāng ❶图清晨的光线▷~照耀大地。❷比喻美好的前景▷~在前。

术(術) shù ❶图方法;手段▷权~丨战~。❷技艺;学问▷剑~丨学~。☞在"白术""苍术"等药草名中读 zhú。

【术语】 shùyǔ 图各学科专门用语▷"概念"、"判断"等是逻辑学的。

戍 shù 团军队驻守▷~守丨卫~。☞㊀统读 shù。㊁"戍"和"戌"(xū)、"戊"(wù)形、音、义都不同。

【戍守】 shùshǒu 团驻守;守卫▷~祖国的心脏——北京。

束 shù ❶团系(jì);捆缚▷~腰丨~皮带丨~之高阁。❷图捆在一起或聚集成条状的东西▷花~丨光~。❸量用于捆起来的东西▷一~鲜花丨一~箭。❹团控制;限制▷约~丨管~。☞㊀不读 sù。㊁跟"柬"(cì)不同。

【束缚】 shùfù ❶团捆绑。❷约束;限制▷旧观念~思想。

【束手待毙】 shùshǒudàibì 把双手捆起来等死。比喻不积极想法解决危机,坐等失败。

【束手束脚】 shùshǒushùjiǎo 捆住手脚。比喻顾虑多或有牵制,做事放不开手脚。

【束手无策】 shùshǒuwúcè 比喻遇事拿不出办法来。

【束之高阁】 shùzhīgāogé 把东西捆好放在高阁上。比喻扔在一边,弃置不用。

述 shù 团叙说;陈述▷复~丨叙~丨上~丨~说。

【述评】 shùpíng ❶团叙述并评论▷体坛~。❷图述评文章▷这篇~很深刻。

【述说】 shùshuō 团叙述说明▷~原委丨~事件真相。

【述职】 shùzhí 团向主管部门或下属人员汇报履行职务情况▷大使回国~丨校长向教职工~。

沭 shù 图沭河,源于山东,流入江苏。

树(樹) shù ❶团种植;培养▷十年~木,百年~人。❷树立;建立▷~碑立传丨建~。❸图木本植物的通称▷~木丨松~。❹量用于树木▷一~红梅丨千~万~梨花开。

【树碑立传】 shùbēilìzhuàn 把一个人的生平事迹刻在石碑上或写成传记加以颂扬。比喻树立个人声望,抬高个人地位(含贬义)。

【树大根深】 shùdàgēnshēn 比喻势力强大,根基稳固。

【树倒猢狲散】 shùdǎohúsūnsàn 比喻以势利聚集在一起的人,为首的一倒台,依附他的人也就散去了(猢狲:猴子)。

【树敌】 shùdí 团因自己的言行使别人反对自己▷到处~,使自己孤立。

【树冠】 shùguān 图乔木主干上端和所长的枝叶。☞"冠"这里不读 guàn。

【树立】 shùlì 团建立▷~良好形象丨~新观念。

【树林】 shùlín 图成片生长的树木群落(比森林面积小)。

【树木】 shùmù 图树的总称▷~繁茂。

【树丫】 shùyā 图树的分枝处;树干上端分出的枝。☞不要写作"树桠"。

【树阴】 shùyīn 图阳光下树木枝叶形成的阴影▷在马路两旁的~里散步。☞不要写作"树荫"。

竖(竪) shù ❶团立;直立▷把旗杆~起来丨~立。❷形同地面垂直的(跟"横"相对,③同)▷~井丨~琴。❸形上下或前后方向的▷对联要~着写丨~线。❹图汉字的笔画,从上一直向下,形状是"丨"。

【竖井】 shùjǐng 图由矿井直接通到地面的垂直井筒,用以提升矿石,供工人上下班以及通风、排水等。

【竖立】 shùlì 团物体与地面垂直而立▷长安街两边~着漂亮的华灯柱子。

恕 shù ❶团以仁爱、善良之心推想别人▷~道丨忠~。❷原谅;不计较(别人的过错)▷~罪丨宽~。❸客套话,请对方原谅▷~我直言丨~不奉陪。

【恕罪】 shùzuì 团请别人宽恕自己的过错▷让大家受惊了,请~。

庶 shù ❶形众多▷富~丨~务。❷图〈文〉平民▷~民丨黎~。❸旧时指家庭的旁支,非正妻所生的子女(跟"嫡"相对)▷~出丨~子。❹副〈文〉表示希望或可能出现某种情况,略相当于"但愿"或"或许"▷~免于难丨~不致误。

数(數) shù ❶图数目▷您要多少,说个~吧丨~字◇心中有~。❷题几;几个▷~次。❸用于某些数词或量词后表示约数▷亩产千来斤丨~个~来月。❹图天命;命运▷气~已尽丨天~。❺数学上表示事物的量的基本概念▷整~丨小~丨有理~丨无理~。○另见 shǔ;shuò。

【数词】 shùcí 图表示数目的词。数词连用或者加上别的词可以表示序数、分数、倍数、概数,如一、十、百、千、万、亿、第一、第三、二分之一、五成、二倍、六七十、二十一二。

【数额】 shù'é 图一定的数目▷~巨大。

【数据】 shùjù 图进行某种工作所依据的数值▷经测试有了可靠~。

【数控】 shùkòng 团数字控制。用数字形式表示加工程序的一种自动控制方式,一般要和专用电子计算机配合使用。如数控机床。

【数量】 shùliàng 图事物的多少▷控制人口~,提高人口素质。

【数码】 shùmǎ ❶名表示数目的文字或号码▷阿拉伯~。❷数目;数量▷这笔交易的~很大。❸数字编码,代表信息的数字符号,用于信息传输。

【数目】 shùmù 名以一定单位表现出来的事物的多少▷把各单位捐款~报上来。

【数学】 名研究现实世界的空间形式和数量关系的科学,包括算术、代数、几何、三角、函数论、概率论等。

【数值】 shùzhí 名用数目表示出来的一个量的多少,就是这个量的数值,如5米的5,9千克的9。

【数字】 shùzì ❶名表示数目的字。汉语书写中常用的数字除汉字本身外还有阿拉伯数字、罗马数字。汉字的数字有小写和大写两种。❷数量▷对工薪阶层来说,这真是个天文~。

墅 shù 名别墅。

漱 shù 团含水荡洗(口腔)▷~口|洗~。☞统读 shù。

shua

刷 shuā ❶名刷子,用毛、棕、金属丝等制成的清洗用具。❷团用刷子涂抹▷~油漆|~墙。❸用刷子清洗▷刷地板|~干净|~牙。❹〈口〉淘汰▷头一轮比赛就被~掉了。❺拟声模拟物体迅速擦过或撞击发出的声音▷小汽车~地开了过去|树叶被风吹得~~响。☞在"刷白"(颜色苍白或青白)中读 shuà。

【刷洗】 shuāxǐ 团用刷子蘸水清洗▷~锅碗瓢盆|~地面。

【刷新】 shuāxīn ❶团刷洗一新▷墙壁已~了。❷比喻创造新纪录等▷~世界纪录。

耍 shuǎ ❶团玩;游戏▷玩~。❷戏弄;捉弄▷他把大伙儿~了|受人~弄。❸摆弄着玩;表演▷~刀弄棒|~龙灯。❹施展;卖弄▷~威风|~嘴皮子。☞跟"要"(yào)不同。

【耍笔杆】 shuǎbǐgǎn 从事文字写作工作▷他不光会~,还会做木工活儿。

【耍花腔】 shuǎhuāqiāng 比喻用花言巧语欺骗、蒙混▷大家都是明白人,谁也别~。

【耍滑】 shuǎhuá 团玩弄手段,使自己占便宜或免负责任▷他经常~,躲避重活、脏活。也说耍奸、耍滑头。

【耍赖】 shuǎlài 使用无赖手段;抵赖▷他当众~,蛮不讲理。也说耍无赖、耍赖皮。

【耍流氓】 shuǎliúmáng 撒野、放刁、诈骗或用下流手段欺负人、侮辱人等。

【耍弄】 shuǎnòng ❶团玩弄▷~权术。❷捉弄▷他太爱~人,人们都不喜欢他。

【耍贫嘴】 shuǎpínzuǐ 〈口〉油嘴滑舌,无用或开玩笑的话说个没完。

【耍态度】 shuǎtàidù 发脾气▷动不动就~,谁吃得消。

【耍威风】 shuǎwēifēng 摆出盛气凌人的派头▷别~,没人买你的账!

shuai

衰 shuāi 团由强转弱(跟"盛"相对)▷未老先~|~弱|~退。

【衰败】 shuāibài 团破败;衰落▷草木~|~的王朝。

【衰减】 shuāijiǎn 团逐渐减弱,减退▷功率~|视力~。

【衰竭】 shuāijié ❶团由于严重疾病导致生理机能减弱以至丧失▷肾功能~。❷耗尽▷资源~。

【衰老】 shuāilǎo 形年老体衰▷这几年,他确实~了,连楼梯都爬不动了。

【衰落】 shuāiluò 团由兴盛转向衰败▷家业~。

【衰弱】 shuāiruò 形衰退虚弱▷体质~|国力~。

【衰颓】 shuāituí ❶形(事物)衰落颓败▷~的古庙|家业~。❷(身体、精神等)衰弱颓废▷意志~。

【衰退】 shuāituì ❶形(身体、意志等)衰弱退步▷精力~。❷(政治、经济等)衰落减退▷经济~,生产下降。

【衰亡】 shuāiwáng 团衰落直到灭亡。

摔 shuāi ❶团用力往下扔▷气得抄起茶杯就往地上~|~盆。❷从高处落下▷从梯子上~下来。❸因落下而损坏▷可别把这古董花瓶~了。❹跌倒▷~了个跟头。

【摔打】 shuāida ❶团握在手里磕打▷~手巾上沾的头发碴子。❷比喻磨炼▷青年人应该到艰苦环境中去~。

【摔跟头】 shuāigēntou 跌倒;比喻遭受挫折或犯错误▷不重视教育,迟早要~的。

【摔跤】 shuāijiāo ❶团跌倒▷小孩刚学走路难免~。❷体育竞技,两人相抱较劲,按照一定规则,先摔倒对方者为胜▷蒙古族运动员擅长~。❸名指这种体育项目。☞不宜写作"摔交"。

甩 shuǎi ❶团(胳膊等)向下摆动;抡▷~胳膊|把鞭子一~。❷挥动胳膊往外扔▷~石头子儿。❸抛开;抛弃▷把别人~得老远|~掉了盯梢的。

【甩包袱】 shuǎibāofu 比喻除去拖累或负担▷下岗分流,优化组合是~。

【甩卖】 shuǎimài 团大幅度降价,抛售商品。

【甩手】 shuǎishǒu ❶团手前后摆动。❷扔下不管▷他一~把工作给撂了|~掌柜。

帅(帥) shuài ❶名军队的最高将领▷元~|统~。❷形〈口〉漂亮;潇洒▷小伙子长得真~|~气。

【帅才】 shuàicái ❶名能胜任军队最高指挥员的才能。比喻担任高级领导职务的才能。❷具有帅才的人。

【帅气】 shuàiqi 形〈口〉(仪表、风度)潇洒、俊秀。

率 shuài ❶团带领▷教练~队前往参赛|~领。❷〈文〉遵循;顺着▷~由旧章。❸名榜样▷表~。❹形考虑不周密;不行细慎重▷粗|~|草~。❺直爽;坦诚▷坦~|~真。❻副〈文〉大约;大抵▷大~如此|~皆肤浅。○另见 lǜ。

【率领】 shuàilǐng 团带领▷~部队奔赴前线|~代表团出席会议。

【率先】 shuàixiān 副带头;最先▷~到达|领导干部~垂范。

【率真】 shuàizhēn 形直爽真诚▷性格~。

【率直】 shuàizhí 形坦率直爽▷他为人~、开朗。

蟀 shuài 见[蟋蟀]xīshuài。☞统读 shuài。

shuan

闩(閂) shuān ❶名插门的木杠或铁棍▷上~|门~。❷团把门闩插上▷请把门~好。☞㊀跟"栓"不同。名词"闩"只指门的木杠或铁棍,"栓"指器物上可以开关的部件,如"枪栓""消火栓"。㊁动词"闩"指用门闩插门,"拴"指用绳子等系上。

拴 shuān 团用绳子等系(jì)住▷~绳子|~结实|~马桩。

栓 shuān ❶名器物上用作开关的部件▷枪~|灭火~。❷塞子;形状或作用像塞子的东西▷血~|

~剂。

涮 shuàn ❶囫摇动着冲洗▷在池子里~手|洗~。❷把食物从滚水里过一下便取出来蘸作料吃▷~羊肉|~锅子。❸〈口〉戏弄；欺骗▷让人家给~了|说话得算数，别~我。☞不读 shuā。

shuang

双（雙） shuāng ❶囫两个的；成对的（跟"单"相对，②同）▷~层|~季稻|~手。❷囮偶数的▷~日|~号。❸双倍的▷~工资|~份。❹圈用于左右对称的某些肢体、器官或成对使用的东西▷一~眼睛|一~皮鞋。

【双边】 shuāngbiān 囮双方的；特指两个国家之间▷~关系|~会谈。

【双重】 shuāngchóng 囵两重；两方面▷~国籍|~人格|~领导。

【双方】 shuāngfāng 囵某种关系或某种场合中相对的两个人或集体▷夫妻~|军民~|~冲突~。

【双关】 shuāngguān 囵修辞方法的一种。表面说的是一层意思，实际指的是另一层意思。如"外甥打灯笼——照舅(旧)"。

【双管齐下】 shuāngguǎnqíxià 指两手握笔同时作画。比喻两个方面同时进行或两种方法同时并用。

【双轨】 shuāngguǐ 囵可供两列机车同时向相反方向运行的两组轨道。

【双轨制】 shuāngguǐzhì 囵指并行的两种体制▷实行公办和民办~办学。

【双簧】 shuānghuáng ❶囵曲艺的一种。两人合作，一人在后面说或唱，一人在前面表演说、唱的动作，互相配合。❷比喻两人串通一气的手法▷你们不要再演~了。

【双料】 shuāngliào ❶囮使用加倍的材料制成的（产品）▷~鞋|~卡叽布。❷比喻双重的▷运动会上既拿 100 米冠军，又拿跨栏冠军，真是~冠军。

【双亲】 shuāngqīn 囵父亲和母亲。

【双全】 shuāngquán 囫成双的或相对的两方面都存在或具备▷儿女~|智勇~。

【双声】 shuāngshēng 囵两个音节声母相同，如气球(qìqiú)、崎岖(qíqū)等。

【双喜临门】 shuāngxǐlínmén 两桩喜事同时到来。

【双向】 shuāngxiàng 囮双方互相的▷~交流|~选择。

【双休日】 shuāngxiūrì 囵星期六和星期天两个休息日。

【双学位】 shuāngxuéwèi 囵一个人取得的两个不同专业的同一级学位。后一学位称第二学位。

【双语】 shuāngyǔ 囵一个国家（社会、民族、家庭）里，同时使用的两种共同语。这种制度叫双语制。

霜 shuāng ❶囵空气中的水蒸气遇冷在地面或物体上凝结成的冰晶。❷囮〈文〉比喻白色▷~刃|~剑。❸像霜的白色粉末或细颗粒等▷葡萄上挂着一层~|杏仁~。

【霜冻】 shuāngdòng 囵接近地面的气温骤然降到摄氏零度以下，使植物受到冻害的天气现象。

【霜期】 shuāngqī 囵秋季首次见霜到次年春季最后一次见霜的时间段。

孀 shuāng ❶囵死了丈夫的女人▷遗~。❷囫守寡▷~居。☞统读 shuāng。

爽 shuǎng ❶囮清亮；明朗▷秋高气~|清~。❷性格开朗；直率▷豪~|~快。❸舒适；畅快▷身体不~|人逢喜事精神~。❹囫产生差误；违背▷毫厘

不~|~约。

【爽口】 shuǎngkǒu 囮(味道)清爽可口▷这盘海蜇真~。

【爽快】 shuǎngkuài ❶囮舒服畅快▷洗个热水浴通体~。❷(性格)直爽；(办事)利索▷答应不答应，~一点！

【爽朗】 shuǎnglǎng ❶囮(天空)清朗，使人感到舒畅▷雨后天晴，空气~。❷直率开朗▷性格~。

【爽目】 shuǎngmù 囮悦目▷亭榭在青山绿水的衬托下，显得十分~。

【爽气】 shuǎngqi 囮(性格)爽快。

【爽约】 shuǎngyuē 囫违背诺言。

【爽直】 shuǎngzhí 囮直爽。

shui

水 shuǐ ❶囵无色、无臭、无味的液体，分子式 H_2O。❷河流▷汉~|赤~。❸泛指一切水域▷~陆两栖|三面环~。❹泛指某些含水或像水的液体▷血~|花露~。❺圈用于洗涤的次数▷这件衣服刚洗过一~就掉色了。

【水彩】 shuǐcǎi 囵绘画颜料，用水调和后使用。

【水草】 shuǐcǎo 囵某些水生植物的通称，如浮萍、水球藻等。

【水产品】 shuǐchǎnpǐn 囵江河湖海里出产的物品（多指可供食用的），如鱼、鳖、虾、蟹、海带、贝类、石花菜等。

【水到渠成】 shuǐdàoqúchéng 水流到的地方就会成渠，或水流到时，渠正修成。比喻条件具备了，事情自然成功。

【水滴石穿】 shuǐdīshíchuān 水长期不断下滴，能把石头穿透。比喻力量虽小，只要坚持不懈，总会成功。

【水电】 shuǐdiàn 囵水力发的电。

【水分】 shuǐfèn ❶囵物体所含的水▷鸭梨~大，口感好|吸收~。❷比喻不实或多余的成分▷这统计材料有~。☞不宜写作"水份"。

【水垢】 shuǐgòu 囵硬水煮沸后在容器内部所积聚的白色沉淀物。也说水碱、水锈。

【水果】 shuǐguǒ 囵含水分较多的供食用的果品。☞不要写作"水菓"。

【水患】 shuǐhuàn 囵水灾。

【水荒】 shuǐhuāng 囵指严重缺水的情况▷江河断流，~严重。

【水火】 shuǐhuǒ ❶囵水和火，比喻严重对立的事物▷关系紧张，势如~|为人民服务和唯利是图~不相容。❷比喻大灾大难▷救民于~之中。

【水货】 shuǐhuò 囵从水路走私的货物，泛指走私物品。

【水晶】 shuǐjīng 囵透明的石英晶体。可制光学仪器、无线电器材和工艺品等。

【水酒】 shuǐjiǔ 囵谦词，用于对人称自己所准备的酒，表示酒味很淡薄▷略备~，敬请光临。

【水库】 shuǐkù 囵拦洪、蓄水、调节水流的水利工程，可用来灌溉、发电等。

【水力】 shuǐlì 囵自然能源之一。江、河、湖、海的水流所产生的动力，可转化为机械能、电能等。

【水利】 shuǐlì ❶囵水力资源在航运、发电、灌溉等方面的益处▷农田~。❷指水利工程▷~失修。

【水淋淋】 shuǐlínlín 囮形容往下滴水的样子▷大雨把他浇得~的。☞"淋淋"这里读变调。

【水灵灵】 shuǐlínglíng ❶囮清澈；鲜亮▷~的大眼睛|刚出水的荷花~的。❷润泽而有生气▷小白杨长得

~的。☞"灵灵"这里读变调。

【水灵】　shuǐlíng　❶形(水果、蔬菜)鲜嫩多汁▷顶花带刺的黄瓜多～。❷美丽而有神▷这小闺女长得真～。

【水陆】　shuǐlù　图水路和陆路▷～交通。❷水上和陆地▷～两栖。

【水落石出】　shuǐluòshíchū　水落下去,石头露出来。比喻事情真相大白。

【水墨画】　shuǐmòhuà　图只用水和墨而不着其他色彩的国画。

【水鸟】　shuǐniǎo　图栖息在水面或水边,捕食水中鱼蚌等为生的鸟类。

【水暖】　shuǐnuǎn　❶图利用热水通过暖气设备散热取暖的一种装置。❷自来水和暖气设备的总称▷～工程丨～材料。

【水平】　shuǐpíng　❶形跟水平面平行的▷～测量。❷图在某一方面达到的高度▷文化～丨欣赏～丨一流～。

【水情】　shuǐqíng　图水位、水流量的情况▷监视～变化,做好防洪准备。

【水渠】　shuǐqú　图人工开挖的水道。

【水乳交融】　shuǐrǔjiāoróng　水和奶互相融合在一起,比喻关系融洽或结合紧密。

【水深火热】　shuǐshēnhuǒrè　比喻处境极端艰难困苦。

【水势】　shuǐshì　图指水流的速度、涨落和冲力▷河水暴涨,～很猛。

【水手】　shuǐshǒu　❶图在大型船舶上负责舱面工作的普通船员。❷指水兵。

【水獭】　shuǐtǎ　图哺乳动物,体长二尺多,头宽而扁,尾长,四肢粗短,趾间有蹼。穴居水边,善于游泳,昼伏夜出,捕食鱼、蛙等。皮毛很珍贵。☞"獭"不读 lài。

【水土】　shuǐtǔ　❶图指各地寒暖干湿等自然环境和气候▷不服～丨一方～养一方人。❷土地表面的水和土▷～流失丨～保持。

【水土流失】　shuǐtǔ liúshī　地表面的肥沃土壤被水冲走或被风刮走。

【水汪汪】　shuǐwāngwāng　❶形水多的样子▷雨下得很大,地上～的。❷形容眼睛明亮、润泽▷～的大眼睛。

【水网】　shuǐwǎng　图像网一样纵横交错的河湖港汊。

【水位】　shuǐwèi　图江河、湖泊、水库、海洋的自由水面及地下水面离标准基面的高度。我国通常以黄海基面为标准。

【水文】　shuǐwén　图自然界中水的性质、分布和运动的规律▷～勘探丨～特征。

【水蛭】　shuǐxī　图腔肠动物,圆筒形,褐色,口周围有触手,是捕食工具。大多雌雄同体。

【水系】　shuǐxì　图江河流域内的干流支流、湖泊沼泽以及地下暗流等构成的系统,通常以干流命名▷黄河～。

【水乡】　shuǐxiāng　图河流、湖泊较多的地方▷江南～丨～泽国。

【水泄不通】　shuǐxièbùtōng　比喻拥挤异常或包围、防守严密。

【水榭】　shuǐxiè　图临水修建的供游憩的建筑。

【水性】　shuǐxìng　❶图游泳的本领▷他～好。❷水的深浅、流速等方面的特性▷他很了解长江的～。

【水印】[1]　shuǐyìn　图某种纸张特殊加工后经过光透射显现出的有明暗纹理的图形或文字。常用于需防伪造的高级公文纸、纸币、护照等的制造上。

【水印】[2]　shuǐyìn　图洒在某些物体上的水干燥后留下的痕迹。

【水域】　shuǐyù　图江、河、湖、海从水面到水底的区域▷长江～丨国际～。❷港湾和河道中供航行停泊或作业的水面▷轮船停在港口～丨上～航道～。

【水源】　shuǐyuán　❶图江河的源头。❷生活用水,工、农业用水的来源。

【水涨船高】　shuǐzhǎngchuángāo　水位上涨,船身也随着升高。比喻事物随着它的基础的提高而相应提高。☞"涨"这里不读 zhàng。

【水蒸气】　shuǐzhēngqì　图水的气态。常压下的液态水加热到100℃,即气化成无色无味透明的水蒸气。☞不宜写作"水蒸汽"。

【水质】　shuǐzhì　图水的质量,特指饮用水所含矿物质和化学成分的情况。

【水中捞月】　shuǐzhōnglāoyuè　在水中捞取月亮。比喻去做根本做不到的事,白费力气。☞"捞"不读 láo。

【水准】　shuǐzhǔn　❶图地球各部分的水平面。❷水平▷艺术～。

【水族】　shuǐzú　图水生动物的统称▷～中最凶悍的是鲨鱼。

说(説)　shuì　团说服别人同意自己的主张▷游～丨～客。○另见 shuō。

【说客】　shuìkè　图指替别人做劝说工作的人。

税　shuì　图税收▷苛捐杂～丨关～。

【税收】　shuìshōu　图国家对有纳税义务的单位和个人征收的货币或实物。

【税务】　shuìwù　图税收工作。

【税制】　shuìzhì　图国家税收制度。

睡　shuì　❶团睡觉▷～了一下午丨酣～。❷躺▷这张床～不下三个人。

【睡觉】　shuìjiào　团进入睡眠状态▷该～了丨一个晚上只睡了两个小时的觉。

【睡梦】　shuìmèng　图熟睡状态▷电话铃声把我从～中吵醒。

【睡眠】　shuìmián　图人与高等动物一种与醒交替出现的机能状态。睡眠时大脑皮层得到抑制,对外界刺激相对失去感受能力,骨骼放松,血压稍降,心跳变慢,代谢率降低,能使脑力和体力得到恢复。

【睡意】　shuìyì　图想睡的感觉▷毫无～。

shun

吮　shǔn　团用嘴吸;嘬▷～乳丨吸～。☞不读 yǔn。

【吮吸】　shǔnxī　❶团撮拢嘴唇吸▷婴儿～奶汁。❷比喻榨取▷贪官污吏～人民的血汗。

顺(順)　shùn　❶团依从▷别什么事都～着孩子丨孝～。❷朝同一方向(跟"逆"相对)▷～流而下丨～风。❸形有条理;通畅▷文从字～丨通～。❹团使有秩序或有条理▷把这堆竹竿～一下,不要乱放丨这段文字还得～一～。❺形顺利;畅顺▷日子过得挺～丨～境。❻团适合▷～了他的心丨看不～眼。❼[介]沿着▷～河边往北走。☞第一画是竖撇,不是竖。

【顺便】　shùnbiàn　副趁便▷路过邮局～把这封信发了。

【顺差】　shùnchā　图对外贸易中出口总值超过进口总值的贸易差额(跟"逆差"相对)。

【顺产】　shùnchǎn　团胎儿头朝下经母体阴道顺畅生产出来(跟"难产"相对)。

【顺畅】　shùnchàng　❶形顺利畅达,没有阻碍▷汽车一路～。❷顺心,舒畅▷改革开放后,日子过得越来～了。❸(文字)通顺▷行文～,一气呵成。

【顺次】 shùncì 囫按照次序▷～进场。

【顺从】 shùncóng 囫听从；服从▷即使武力胁迫，他也决不～。

【顺当】 shùndang 囵〈口〉顺利▷事情很～｜坐出租车，顺顺当当地回到家。

【顺耳】 shùn´ěr 囵爱听；听着舒服▷他越听越觉得这话不～。

【顺风】 shùnfēng ❶囫顺着风向▷～行船。❷囵风向跟前进方向一致的风。❸囫祝人旅途平安、顺利▷祝您一路～。

【顺境】 shùnjìng 囵顺利的处境▷身处～，无忧无虑。

【顺口】 shùnkǒu ❶囵念起来通畅▷这首诗朗诵起来很～。❷囫随口说出▷我不过～说说，你不要介意。❸囵口感好▷这饭菜挺～。

【顺口溜】 shùnkǒuliū 囵民间的一种口头说唱词。讲究押韵，句子长短不拘，念起来通畅自然。

【顺理成章】 shùnlǐchéngzhāng 顺着条理自然地写成文章。形容说话、办事合乎情理，自然地达到目的。

【顺利】 shùnlì ❶囵做事没有阻碍或极少遇到困难▷球队～进入决赛。

【顺路】 shùnlù ❶囫在去某处时无需绕道多走路，就能顺便到另一处去▷从城里回来，我～去看王老师。❷囵不绕道；方便▷去你们学校，乘哪路公交车最～？

【顺气】 shùnqì ❶囫使顺心、舒畅▷你快去劝劝她，让她顺顺气。❷中医指体气顺畅▷萝卜能～化痰。

【顺手】 shùnshǒu ❶囵办事顺利，没有阻碍▷调动工作的事，办得很～。❷囼顺带；随手▷路过副食店～买瓶醋回来｜～把灯关了。

【顺手牵羊】 shùnshǒuqiānyáng 比喻趁便拿走别人的东西。

【顺水人情】 shùnshuǐrénqíng 不必费力顺便给人的好处。

【顺水推舟】 shùnshuǐtuīzhōu 比喻顺应某种趋势说话、行事。

【顺藤摸瓜】 shùnténgmōguā 比喻根据已有的线索追根究底。

【顺心】 shùnxīn 囵称心如意▷退休后，老两口子过得很～。

【顺序】 shùnxù ❶囵次序▷按笔画～检索。❷囫依照次序▷请～下船。

【顺延】 shùnyán 囫按次序往后推延(日期等)▷明日有雨，运动会～一天。

【顺眼】 shùnyǎn 囵看着舒服▷心里有气，看什么都不～。

【顺应】 shùnyìng 囫顺从适应▷～时代潮流｜～大局的变化。

舜 shùn 囵人名，传说中上古的帝王。

瞬 shùn 囫眼珠转动；眨眼▷转～一～间。

【瞬间】 shùnjiān 囵一眨眼的工夫；极短的时间▷流星划过天空，～消失。

【瞬息】 shùnxī 囵一眨眼、一次呼吸的时间；一刹那▷～之间｜～万变。

shuo

说(說) shuō ❶囫用言语表达意思；讲解▷～～你的心里话｜把道理～明白。❷囵主张；道理▷自圆其～｜学～。❸囫劝告；责备▷他太不注意身体，你得～～他｜让我～他一顿。❹说合；介绍▷～媒｜～婆家。❺谈论；意思上指▷听他的话音，像是～你。○另见 shuì。

【说长道短】 shuōchángdàoduǎn 议论他人的好坏、是非。

【说唱】 shuōchàng 囵有说有唱的曲艺，如大鼓、弹词等。

【说东道西】 shuōdōngdàoxī 说这说那，随意谈论；也指谈论是非。

【说法】 shuōfa ❶囵表达意见的方法▷换一个～，也许你就明白了。❷所说的内容；看法▷～不一。❸道理；解释▷讨个～｜对这件事得有个～。

【说服】 shuōfú 囫讲述充分的理由使人心服▷只能～，不能压服。

【说合】 shuōhe ❶囫从中牵线介绍，促成其事▷～亲事。❷商量；讨论▷两口子～一阵才做出决定。

【说和】 shuōhe 囫从中劝说，使争执双方和解▷你去给那两口子～～吧。

【说话】 shuōhuà ❶囫说①▷我正～呢，你别打岔儿。❷〈口〉闲聊▷有空就来我家说会儿话。❸〈口〉批评；指责▷快把教室收拾好，不然人家要～了。

【说教】 shuōjiào ❶囫宗教徒宣传教义。❷比喻枯燥生硬地空谈道理▷他不是在讲课，是在～。

【说客】 shuōkè 囵指能说会道的人(含贬义)▷他是个～，能把死的说活。☞"说客"(shuōkè)和"说客"(shuìkè)音、义不同。

【说理】 shuōlǐ ❶囫说明道理▷～透彻。❷讲道理(多用于否定式)▷这个人不～｜到哪里也得～不是？

【说明】 shuōmíng ❶囫解释明白▷～来意。❷囵解释的话▷按～服药。❸囫表明；证明▷事实～你是故意说谎。

【说破】 shuōpò 囫说穿底细▷他的心事被人～了。

【说情】 shuōqíng 囫替人求情。

【说书】 shuōshū 囫表演评书、评话、大鼓等▷茶馆里每天都有人～。

【说一不二】 shuōyībù´èr 说话算数；说了不变。

妁 shuò 囵〈文〉媒人▷媒～。

烁(爍) shuò 囵光亮▷繁星闪～｜～～有光。

铄(鑠) shuò 囫〈文〉熔化▷众口～金｜～石流金(形容天气极热)。

朔 shuò ❶囵农历每月初一，地球上看不到月光，这种月相叫朔▷～～望。❷北▷～风｜～方。

硕(碩) shuò 囵大▷～大无比｜肥～。☞统读shuò。

【硕大】 shuòdà 囵巨大；高大▷～的汉白玉石碑｜～的身躯。

【硕果】 shuòguǒ 囵大果实；比喻巨大的成就▷秋来～累累｜科研结～。

【硕士】 shuòshì 囵学位的一级。高于学士，低于博士。

蒴 shuò [蒴果]shuòguǒ 囵干果的一种类型。由两个以上的心皮构成，内含许多种子，成熟时干燥开裂，如芝麻、百合、牵牛等的果实。☞统读shuò。

数(數) shuò 囷〈文〉屡次▷～见不鲜。○另见shǔ；shù。

sī

司 sī ❶囫掌管；主持；操作▷各～其职｜～令。❷囵中央机关以下一级的行政部门▷外交部亚洲～｜～长。

【司法】 sīfǎ 囫指检察机关或法院依法进行侦查、审判民事或刑事等案件。

【司机】　sījī　图火车、汽车、电车等交通工具上的驾驶员。

【司空见惯】　sīkōngjiànguàn　唐代曾任司空的李绅请刘禹锡喝酒，刘在席上吟了一首七绝，其中有"司空见惯浑闲事"一句。后来就用"司空见惯"表示事情常见，不足为奇的意思。

【司令】　sīlìng　图负责军事指挥的高级军官▷卫戍区｜兵团～。

【司仪】　sīyí　图举行典礼或开大会时主持仪式的人▷婚礼～。

丝（絲）　sī　❶图蚕丝，是织绸缎等的原料。❷泛指又细又长像蚕丝的东西▷蛛～马迹｜粉～。❸量市制长度、重量单位，10忽为1丝，10丝为1毫，1丝是1钱的1/10000。❹表示极少的量▷～毫不差｜一～不苟。☞上边不要写成两个"幺"。

【丝绸】　sīchóu　图用蚕丝或人造丝织成的织品的总称。

【丝毫】　sīháo　形一点儿（多用于否定式）▷～不冷｜没有～关系。

【丝绵】　sīmián　图用残次茧和蚕茧表面的浮丝为原料，经扯松整理而成的絮状物。轻柔，保暖性好。

【丝绒】　sīróng　图用蚕丝和人造丝为原料织成的丝织品。表面起绒毛，色泽光亮，质地柔软。

【丝丝入扣】　sīsīrùkòu　织布时，每条经线都丝毫不差地从筘(kòu)齿(织布机的梳齿状构件)通过。比喻周密细致，一一合拍(多指写文章和艺术表演)。

【丝弦】　sīxián　❶图用丝拧成的琴弦。借指弦乐器。❷流行在河北省的一种地方戏曲。

【丝织品】　sīzhīpǐn　图用蚕丝或人造丝织成的绸缎、衣物及工艺品的总称。

【丝竹】　sīzhú　图我国民间弦乐器和管乐器的合称。泛指音乐。

私　sī　❶形属于个人或个人之间的；非官方或集体的（跟"公"相对，②同）▷～事｜～产。❷图个人；个人的事；个人的财产▷有｜公而忘～｜万贯家～。❸形只顾个人利益的；只为自己打算的▷～心｜自～。❹不公开的；不合法的▷～话｜～货。❺副暗地里；私下▷～相授受｜～访。❻图违法贩运的商品▷贩～｜走～。

【私奔】　sībēn　团指女子未经婚嫁私自投奔所爱的人或一起逃走。

【私党】　sīdǎng　图少数人纠集的非法宗派小集团。也指这种集团的成员。

【私邸】　sīdǐ　图高级官员的私宅(跟"官邸"相对)。

【私房】　sīfáng　❶图产权属于私人的房屋。❷家庭成员私下的积蓄▷积攒～。❸形不愿让外人知道的▷～话。

【私访】　sīfǎng　团官员不公开身份到民间了解情况▷微服～。

【私愤】　sīfèn　图因私人利害冲突而产生的愤恨▷泄～。

【私货】　sīhuò　❶图非法贩运或来路不明的违禁货物。❷比喻在漂亮的言词掩饰下的错误观点▷以弘扬民族文化为名兜售封建迷信的～。

【私交】　sījiāo　图私人之间的交谊。

【私立】　sīlì　团私自设立；私人设立▷～公堂｜诊所可公立，也可～学校。

【私了】　sīliǎo　团不经过司法程序而私下了结(争端)。

【私囊】　sīnáng　图私人的腰包▷损公肥私，中饱～。

【私人】　sīrén　❶形个人所有或从事的；非公家的▷

房产｜～企业。❷个人或个人之间的▷～问题｜～来往。❸图和自己有密切关系的人▷用人不用～｜用贤能。

【私生活】　sīshēnghuó　图个人日常生活▷尊重正常的～｜～不检点。

【私淑】　sīshū　团敬仰其人但未能得到直接传授的▷他是齐白石的～弟子。

【私塾】　sīshú　图旧时私人设立的教学处所，一般只有一位教师，没有一定的教材和学习年限。依所教内容分为蒙馆和经馆两种。

【私通】　sītōng　❶团秘密串通▷～外敌。❷通奸。

【私吞】　sītūn　团私下占有▷～公款。

【私下】　sīxià　❶形暗地里▷～打听。❷私自进行的；不通过公众的▷～了结。

【私心】　sīxīn　图利己的念头▷～膨胀。

【私营】　sīyíng　团私人经营▷～商店。

【私有】　sīyǒu　团私人所有▷～企业。

【私有制】　sīyǒuzhì　图生产资料归私人所有的制度。

【私自】　sīzì　副没有经过组织批准或有关人员同意(一般指做不该做的事)▷～挪用公款。

咝（噝）　sī　拟声模拟导火线点燃、子弹在空中飞过时发出的声音。

思　sī　❶团想；认真考虑▷～前想后｜～考。❷挂念；想念▷朝～暮想｜～乡。❸图情思；心绪▷哀～｜神～｜文～。

【思辨】　sībiàn　❶团思考辨别▷～是非。❷图哲学上指运用逻辑进行理论上的思考。☞不宜写作"思辩"。

【思潮】　sīcháo　❶图某一时期内影响较大的思想倾向▷社会～。❷不断涌现的思绪▷～汹涌。

【思忖】　sīcǔn　团〈文〉思量▷～良久。

【思旧】　sījiù　团怀念故旧或旧事。

【思考】　sīkǎo　团进行分析、综合、判断、推理、概括等思维活动▷反复～。

【思恋】　sīliàn　团想念；怀恋▷～旧情。

【思量】　sīliang　团考虑；盘算▷他暗自～｜这事～已久。

【思路】　sīlù　图思考问题的轨迹或方向▷～清晰｜开拓新～。

【思虑】　sīlǜ　团思索考虑▷～再三。

【思念】　sīniàn　团想念；怀念▷日夜～远方的亲人。

【思索】　sīsuǒ　团思考探索▷苦苦～｜不假～｜～问题的答案。

【思维】　sīwéi　❶团进行思考。❷图理性认识及其过程。即把经过感性阶段获得的大量材料，通过整理和改造，形成概念、判断和推理，以反映事物的本质和规律性。☞不宜写作"思惟"。

【思乡】　sīxiāng　团想念故乡▷～情切。

【思想】　sīxiǎng　❶图理性认识的成果▷改造～｜～觉悟。❷念头；想法▷有参军的～。❸理论体系▷毛泽东～。❹团想▷～起往事，潸然泪下。

【思想性】　sīxiǎngxìng　图作品的政治倾向和社会意义。

【思绪】　sīxù　❶图思路；思想的头绪▷～清晰。❷心情▷～郁闷的。

【思议】　sīyì　团设想；理解(用于否定式)▷不可～。

斯　sī　代〈文〉指人、事物、处所等，相当于"这""这样""这里"等▷以至于～｜生于～，长于～。

【斯文】　sīwén　图〈文〉指文化、文明或文化人▷假充～｜～扫地。

【斯文】　sīwen　形(举止)文雅▷小伙子说话～，举止大方。

蛳（螄） sī 见[螺蛳]luósī。

厮 sī ❶名古代指男性仆人▷小～。❷对人的蔑称（多用于近代白话）▷这～｜那～｜打｜～杀。❸副互相▷打｜～杀。

【厮混】 sīhùn ❶动苟且相处；鬼混▷你不要和他们～。❷混杂▷广场上，汽笛声、小贩的叫声、～在一起。

【厮杀】 sīshā 动互相拼杀▷两军～。

【厮守】 sīshǒu 动相依相靠，相互照料▷娘俩｜度日｜夫妻常年～在一起。

撕 sī 动扯开；剥开▷把报纸～了｜把邮票～下来。

【撕扯】 sīchě 动撕开；扯断▷恶狼贪婪地～着捕获的羔羊。

【撕毁】 sīhuǐ ❶动撕破毁坏▷别把稿子～了。❷单方面背弃双方商定的协议、条约等▷～合同。

【撕破脸】 sīpòliǎn 〈口〉比喻不讲情面，彻底翻脸（多指公开吵闹，关系破裂）。

嘶 sī ❶动〈文〉（马）叫▷马～。❷形（声音）沙哑▷声｜力竭｜～哑。

【嘶鸣】 sīmíng 动大声鸣叫▷大象～。

【嘶哑】 sīyǎ 形嗓音沙哑。

死 sǐ ❶动生物丧失生命（跟"活""生"相对）▷人～了｜花枯～了。❷不顾性命；拼死▷～战｜～守阵地。❸形坚持不变；坚决▷～不悔改｜～心塌地。❹不活动或不流动的▷把门钉～了｜火山｜～水。❺无法调和的▷～对头｜～敌。❻难以改变的▷别把话说～。❼不灵活；死板▷～脑筋｜～规矩。❽表示程度达到极点▷～保守｜桌～沉｜～沉的。

【死板】 sǐbǎn ❶形不活泼；没有生气的▷～的面孔。❷刻板；不灵活▷处理问题不能太～。

【死不瞑目】 sǐbùmíngmù 人死前心里有牵挂，死了也闭不上眼。现常形容不达目的，至死也不甘心。

【死党】 sǐdǎng ❶死心塌地为某人或某集团出力的党羽。❷死硬的反动集团。

【死得其所】 sǐdéqísuǒ 指死得有意义，有价值（所：处所，地方）。

【死胡同】 sǐhútòng 走不通的小街道，比喻绝路▷办厂的事走进了～。

【死灰复燃】 sǐhuīfùrán 已经熄灭的灰又重新燃烧起来。比喻已经消失的恶势力、坏现象又重新活跃起来。

【死活】 sǐhuó ❶名死或活，偏指死▷不顾老人～，只管自己享受。❷副无论如何（多用于否定式）▷这件事，他～不管。

【死寂】 sǐjì 形没有一丝生气；非常寂静▷～的坟场。

【死角】 sǐjiǎo ❶名在射程之内但射击不到的地方，也指视力范围内观察不到的地方。❷比喻形势、风气等影响不到的地方▷环保～。❸无路可退的地方▷匪徒被逼到～里。

【死路】 sǐlù 名走不通的路（跟"活路"相对），比喻走向死亡的道路▷顽抗到底，～一条。

【死难】 sǐnàn 形遭遇灾难而死的▷～同胞｜～烈士。

【死脑筋】 sǐnǎojīn ❶形容思想陈旧，思维僵化▷处事该灵活时要灵活，不能～。❷比喻思想陈旧，思维僵化的人▷他这个～，不接受新事物。

【死皮赖脸】 sǐpílàiliǎn 形容不顾羞耻地纠缠。

【死气沉沉】 sǐqìchénchén 形容没有生气，气氛沉闷。

【死契】 sǐqì 名写明不能赎回所卖房地产等的契约。

【死守】 sǐshǒu ❶动拼死防守▷～阵地。❷固执地遵

守▷～教条。

【死水】 sǐshuǐ 名不流动的水，比喻长期停滞不变的地方▷一潭改革开放，～就变活了。

【死亡】 sǐwáng 动丧失生命。

【死心塌地】 sǐxīntādì 下定决心不再改变（多含贬义）。☞不宜写作"死心踏地"。

【死心眼儿】 sǐxīnyǎnr ❶形固执、死板；不灵活▷你也太～，不会另想个办法？❷名死心眼儿的人。

【死刑】 sǐxíng 名判处犯人死亡的刑罚。

【死硬】 sǐyìng ❶形呆板；生硬▷说话不宜太～。❷顽固▷他是个～派。

【死有余辜】 sǐyǒuyúgū 即使处死也不足以抵罪（辜：罪）。形容罪恶极大。

【死于非命】 sǐyúfēimìng 遭横祸死亡。

巳 sì 名地支的第六位▷～时。

四 sì 数数字，三加一的和。☞数字"四"的大写是"肆"。

【四不像】 sìbùxiàng ❶名麋鹿。❷比喻不伦不类的事物。☞不要写作"四不象"。

【四处】 sìchù 名到处▷～活动。

【四方步】 sìfāngbù 名悠闲稳重的步子▷迈着～。

【四分五裂】 sìfēnwǔliè 形容支离破碎，不完整或不统一。

【四海为家】 sìhǎiwéijiā 原指天下都是帝王私有。现指志在四方，到处都可以作为自己的家。

【四合院】 sìhéyuàn 名我国一种传统住宅院落。四面是房子，中间是庭院。

【四季】 sìjì 名温带和副热带地区一年内春季、夏季、秋季、冬季的合称。

【四面楚歌】 sìmiànchǔgē 楚汉交战，项羽被困于垓下，夜间听到汉军四面都唱楚歌，项羽吃惊地问："汉军把楚地都占领了吗？为什么楚人这么多呢？"比喻四面受包围、孤立无援的困境。

【四平八稳】 sìpíngbāwěn 〈口〉原形容说话办事慎重稳妥。现多指只求无过，不思创新。

【四射】 sìshè 动向四周发散；向周围放射▷目光～｜光芒～。

【四声】 sìshēng 名汉字字调。古汉语字调有平、上、去、入四调；普通话字调有阴平、阳平、上声、去声四个调。

【四通八达】 sìtōngbādá 四面八方都有路相通。形容交通非常便利。

【四维】 sìwéi ❶名旧时合称礼、义、廉、耻。❷由空间的长、宽、高再加上时间组成的整体。

【四野】 sìyě 名四周的原野，也泛指四方。

【四则】 sìzé 名加、减、乘、除四种运算方法的总称▷～应用｜～整数。

【四周】 sìzhōu 名周围▷环顾～｜白杨树环绕在操场～。

【四座】 sìzuò 名四周在座的人▷语惊～。

寺 sì ❶名古代官署名▷大理～｜光禄～。❷佛教的庙宇▷白马～｜～院。❸伊斯兰教礼拜、讲经的处所▷清真～。

【寺庙】 sìmiào 名佛寺和庙宇的总称。

似 sì ❶动像；相类▷晚霞恰～一条彩绸｜类～。❷副表示不确定，相当于"仿佛""好像"▷曾相识｜～～欠妥当。❸介用在"好""强"之类的形容词后面，引进比较的对象▷日子一天好～一天。○另见 shì。

【似乎】 sìhū 副仿佛；好像▷这话～不错｜我们～在哪儿见过。

【似是而非】 sìshì'érfēi 好像正确，其实并不正确。

汜 sì 图汜水，在河南，流入黄河。

兕 sì 图古代指雌性犀牛▷虎～豺狼。

伺 sì ❶团（暗中）观察；侦察▷窥～｜～探。❷守候▷～机而动。〇另见 cì。

【伺机】 sìjī 团观察、等待时机▷～反扑｜～行事。

祀 sì 团置备供品对祖先或神佛行礼，表示崇敬并祈求保佑▷祭～｜奉～。

姒 sì 古代弟妻称兄妻▷娣～。

饲（飼） sì 团喂养（动物）▷～育｜～料。

【饲养】 sìyǎng 团对家禽家畜等的喂养和照料▷～水獭｜～精心～。

泗 (tǎ) sì 图❶〈文〉鼻涕▷涕～滂沱。❷泗河，水名，在山东。

驷（駟） sì 图古代指同驾一辆车的四匹马，也指四匹马驾的车▷一言既出，～马难追。

俟 sì 团〈文〉等待▷～机而动｜～完稿后即刻寄上。

肆 sì ❶团毫无顾忌，任意胡来▷～无忌惮｜放～。❷图〈文〉商店；店铺▷市～｜酒～。❸围数字"四"的大写。☞跟"肄"（yì）不同。

【肆虐】 sìnüè 团任意残害▷瘟疫～｜洪水～。

【肆无忌惮】 sìwújìdàn 毫无顾忌任意妄为（忌惮：顾忌，畏惧）。

【肆行】 sìxíng 团放肆地胡作非为▷～杀戮。

【肆意】 sìyì 副放肆地；任意地▷～横行｜～诽谤。

嗣 sì ❶团〈文〉继承；接续▷～位。❷图继承人；子孙后代▷后～｜子～。

song

忪 sōng 见[惺忪]xīngsōng。

松（鬆❷—❺） sōng ❶图松树，常绿或落叶乔木，树皮多为鳞片状，种子叫松子，木材和树脂用途很广。常见的有马尾松、油松、黑松、白皮松、落叶松等。❷图不紧密；不紧张（跟"紧"相对，④同）▷行李捆得太～容易散｜～弛。❸不坚实；酥▷这种饼干又～又脆。❹团使不紧张；放开▷不能一劲｜～心｜绑～手。❺图用肉、鱼等做成的纤维状或颗粒状的食品▷鱼～｜鸡～。

【松绑】 sōngbǎng ❶团解开绑人的绳索。❷比喻放宽各种束缚▷深化改革，给企业～。

【松弛】 sōngchí ❶图放松；不紧张▷精神～。❷松懈；不严格▷管理～。❸团使放松▷～一下肌肉。

【松脆】 sōngcuì 图松散酥脆▷～可口｜饼干十分～。

【松动】 sōngdòng ❶团固定不紧；放松▷榫子～了｜政策有所～。❷开始散开▷围观的人群～了。

【松紧】 sōngjǐn 图松弛或紧张的状态▷毛衣～正合适｜～带。

【松劲儿】 sōngjìnr 团减弱努力程度；工作抓得不紧▷坚持到底别～。

【松口】 sōngkǒu ❶团张嘴把叼住的东西放开。❷不再坚持▷对儿子的婚事，老俩口昨天才～。

【松软】 sōngruǎn ❶团松散软和▷～的蛋糕。❷（肢体）发软无力▷四肢～。

【松散】 sōngsǎn ❶图不紧密；不紧凑▷小说的结构有些～｜～的联合形式。❷松懈；涣散▷纪律～｜人心～。

~手】 sōngshǒu ❶团放开手▷别～，拿住了。❷放松▷反腐斗争不能～。

【松爽】 sōngshuǎng 图轻松爽快▷休息后身体～多了。

【松松垮垮】 sōngsōngkuǎkuǎ ❶图松散；不牢固▷这张桌子～的，都要散架了。❷松懈①▷这个人～的，不会有什么作为。

【松涛】 sōngtāo 图风吹松林时发出的像波涛一样的声响▷～阵阵。

【松懈】 sōngxiè ❶图懈怠；懒散▷纪律～。❷团使懈怠▷不可～自己的斗志。❸图不密切▷关系～。

淞 sōng 图寒冷天气里云雾、雨滴在树枝、电线等上面凝结的白色松散冰晶。

凇 sōng 图凇江，源于江苏，至上海与黄浦江汇合，流入长江。通称吴淞江。☞"淞"和"凇"形、义不同。

嵩 sōng 图〈文〉山大而高；高▷～峦｜～呼（指高呼万岁）。

怂（慫） [怂恿]sǒngyǒng 团从旁鼓动别人（去做某事）▷自己躲在后面，却～别人出头。

耸（聳） sǒng ❶团使害怕；惊动▷～人听闻｜危言～听。❷高高地立起▷高～｜～入云｜～立。❸向上动▷～了～肩膀。

【耸动】 sǒngdòng ❶团向上抖动▷他～了一下双肩，表示无可奈何。❷捏造或夸大某种事实，使人震惊▷言词夸张，～听闻。

【耸立】 sǒnglì 团高高地直立▷这座古塔～在海滨。

【耸人听闻】 sǒngréntīngwén 故意夸大其词，使人震惊。

【耸身】 sǒngshēn 团纵身跳起▷～一跃｜～上房。

悚 sǒng 团恐惧；害怕▷～然。

【悚然】 sǒngrán 图惊恐不安的样子▷他不禁～一惊｜毛骨～。

竦 sǒng 图〈文〉恭敬▷～然肃立｜～慕。

讼（訟） sòng ❶团〈文〉争论；争辩（是非）▷聚～纷纭｜～辩。❷打官司▷诉～。

【讼案】 sòng'àn 图诉讼案件。

【讼词】 sòngcí 图诉讼的文字材料，旧称状纸▷这一篇～，有理有据。☞不宜写作"讼辞"。

宋 sòng ❶图周朝诸侯国名。❷朝代名。

送 sòng ❶团陪同离去的人一起到目的地或走一段路▷～孩子上学｜～客。❷赠给▷～你一支笔｜～礼。❸把东西运去或带给对方▷～货上门｜运～。❹无意义；无价值地付出▷丧失～死｜断～。

【送别】 sòngbié 团送行▷～亲人。

【送殡】 sòngbìn 团陪送灵柩或骨灰到安葬或寄放的地点。

【送审】 sòngshěn 团送交有关方面审查或审批▷文件已～。

【送往迎来】 sòngwǎngyínglái 送别走的，迎接来的。指人际交往中的应酬接待。

【送行】 sòngxíng 团到将离别的人起程的地方，与他告别▷到机场～｜饯别。

【送葬】 sòngzàng 团把死者遗体送到火化场或埋葬处。

【送终】 sòngzhōng 团一般指长辈亲属临终时在身旁

照料,也指为长辈亲属操办丧事▷养老～。

诵(誦) sòng ❶囫念出声来;朗读▷朗～ㅣ背～。❷述说▷传～ㅣ称～。❸背诵▷过目成～ㅣ记～。

【诵读】sòngdú 囫出声地读▷～诗文ㅣ学习外语,对单词和课文要反复～。

颂(頌) sòng ❶囫赞扬▷歌功～德ㅣ歌～。❷囵以颂扬为内容的诗文、歌曲等▷《祖国～》。❸祝愿(多用于书信)▷敬～近安ㅣ顺～时祺。

【颂词】sòngcí 囵赞扬或祝贺的言词▷新年～。☞不宜写作"颂辞"。

【颂歌】sònggē 囵祝颂的歌曲▷～献给伟大的祖国。

【颂扬】sòngyáng 囫歌颂赞扬▷这种奋不顾身,见义勇为的精神值得～。

SOU

搜 sōu ❶囫仔细寻找、检查(犯罪的人或违禁的东西)▷～身ㅣ～捕。❷寻求▷～寻ㅣ～罗。

【搜捕】sōubǔ 囫搜查和逮捕▷～逃犯ㅣ全市大～。

【搜查】sōuchá 囫对犯罪嫌疑人或违禁物品进行搜索和检查。

【搜肠刮肚】sōuchángguādù 形容苦思苦想,费尽心思。

【搜刮】sōuguā 囫用各种办法聚敛榨取(百姓钱财)▷窃取职权～人民血汗。

【搜集】sōují 囫搜寻汇集▷～资料。

【搜罗】sōuluó 囫寻求聚集▷～人才。

【搜索】sōusuǒ ❶囫军事上为查明某地域、海域、空域的可疑情况而搜查▷～敌兵。❷仔细查找▷各处～。

【搜寻】sōuxún 囫四处寻找▷～案件线索。

嗖 sōu 阣声模拟物体迅速通过的声音▷子弹～～地从头上飞过。

馊(餿) sōu ❶囫食物变质发出酸臭的味道▷饭～了。❷囮〈口〉比喻(主意等)不高明▷这主意真够～的ㅣ～点子。

飕(颼) sōu 阣声模拟风吹过的声音▷凉风～～地吹来。

艘 sōu 量用于船只▷两～船ㅣ一～航空母舰。☞统读sōu。

叟 sǒu 囵〈文〉老年男子▷童～无欺ㅣ老～。☞"叟"的上部是一竖穿过"白"。

嗾 sǒu ❶阣声驱使狗时发出的声音。❷囫教唆,指使(别人干坏事)▷～使。☞统读sǒu。

【嗾使】sǒushǐ 囫怂恿人做坏事▷这家伙～青年吸毒犯罪,死有余辜。

擞(擻) sǒu 见[抖擞]dǒusǒu。

薮(藪) sǒu ❶囵〈文〉野草丛生的湖泽。❷人或物聚集的地方▷渊～。

嗽 sòu 囫咳嗽▷干～了一阵子ㅣ～嗓子。

SU

苏(蘇) sū ❶囵植物名▷紫～ㅣ白～。❷像须发一样下垂的饰物▷流～。❸囫从昏迷中醒过来▷复～ㅣ～醒。❹囵指江苏或苏州▷～杭ㅣ～绣。

【苏醒】sūxǐng ❶囫从昏迷状态醒过来▷经抢救,他终于～了。❷比喻万物复苏▷春天来了,大地～了。

酥 sū ❶囵酥油。❷用面粉、油、糖等制成的一种松脆的食品▷桃～ㅣ杏仁～。❸囮松脆▷这点心真～。

～ㅣ墙皮都～了。❹(身体)无力,发软▷累得浑身都～了ㅣ～软无力。

【酥脆】sūcuì 囮(食品)酥松易碎。

【酥麻】sūmá 囮(肢体)酥软发麻。

【酥软】sūruǎn 囮(身体)软弱无力。

【酥松】sūsōng 囮(土壤等)松散;内部结构不紧密。

【酥油】sūyóu 囵从牛羊乳中提炼出来的脂肪。是蒙藏等族人民的一种食品,也可以用来点灯、制成酥油花。

稣(穌) sū 用于音译。耶稣,基督教徒信奉的救世主。☞"稣"和"酥"形、义不同。

窣 sū 见[窸窣]xīsū。

俗 sú ❶囵社会上的风尚、习惯▷移风易～ㅣ风～。❷囮粗俗;不高雅▷这个名字太～ㅣ庸～。❸大众的;民间的▷～文学ㅣ通～。❹囵佛教称尘世间或不出家做僧尼的人▷还～ㅣ断了～念。

【俗不可耐】súbùkěnài 庸俗到叫人不能忍受。

【俗称】súchēng ❶囫通俗地叫做▷磷火～鬼火。❷囵通俗的名称▷鬼火是磷火的～。

【俗气】súqì 囮粗俗;不高雅▷打扮得太～ㅣ这名字有点～。

【俗人】súrén ❶囵庸俗的人▷～之见。❷佛教、道教指非出家的世俗之人。

【俗尚】súshàng 囵社会上崇尚的风气▷～是不断变化的。

【俗套】sútào ❶囵礼节上的陈规旧习▷他举止洒脱,不拘～。❷陈旧的框子或格调▷陷入～。

【俗语】súyǔ 囵民间流行的、通俗而语意警醒或表意诙谐生动的现成语句。如"三个臭皮匠,赛过诸葛亮""佛靠金装,人靠衣装"。也说俗话。

夙 sù ❶囵〈文〉早晨▷～兴夜寐。❷囮早就有的;平素的▷～愿。

【夙敌】sùdí 通常写作"宿敌"。

【夙兴夜寐】sùxīngyèmèi 早起晚睡,形容勤奋不懈。

【夙怨】sùyuàn 通常写作"宿怨"。

【夙愿】sùyuàn 囵很早就有的愿望▷捐建希望小学,了却了老人的～。

【夙志】sùzhì 囵早就树立的志向▷～难酬。

诉(訴) sù ❶囫说出来让人知道;陈述▷衷情ㅣ倾～。❷向法院陈述案情;控告▷～状ㅣ起～。

【诉苦】sùkǔ 囫向人倾诉自己的苦难或苦处。

【诉说】sùshuō 囫倾诉;陈说▷他～着自己的衷肠。

【诉讼】sùsòng 囵法律上指司法机关和案件当事人在处理案件时所进行的活动。

【诉冤】sùyuān 囫诉说冤屈▷有冤的～到法院去～。

肃(肅) sù ❶囮恭敬▷～然起敬。❷庄重;严肃▷～静。❸囫整饬▷整～军纪。❹清除▷～反。

【肃静】sùjìng 囮肃穆寂静。

【肃立】sùlì 囫恭敬严肃地站立▷全体～ㅣ默哀。

【肃穆】sùmù 囮严肃恭敬▷气氛～。

【肃清】sùqīng 囫清除干净▷～残敌ㅣ贪污分子。

【肃然起敬】sùránqǐjìng 形容产生十分崇敬的心情。

【肃杀】sùshā 囮形容严酷萧瑟的景象或气氛▷～的隆冬ㅣ古战场笼罩着～的气氛。

素 sù ❶囵〈文〉本色的、没有经过加工的丝织品▷织～。❷囮本色;白色▷～服ㅣ～丝。❸色彩单纯的▷～雅ㅣ～淡。❹原有的;未加修饰的▷～材ㅣ朴～。❺囵构成事物的基本成分▷元～ㅣ要～。❻囮一

般的;平时的▷~日|~养。❼副〈文〉空;白白地▷彼
君子兮,不~餐兮。❽一向;向来▷四川~称天府之
国|~来。❾名指蔬菜、瓜果等没有荤腥的食物(跟
"荤"相对)▷吃~|荤~搭配。

【素材】　sùcái 名文学艺术创作的原始材料▷积累
～。

【素常】　sùcháng 名平素;往常▷他～不这样|按照～
习惯,他早该到了。

【素称】　sùchēng 动一向被称做▷济南~泉城|景德镇
~瓷都。

【素淡】　sùdàn ❶形素净,淡雅▷~的装束。❷(味儿)
清淡不荤▷~的菜。

【素净】　sùjing 形(颜色)淡雅▷穿着～。

【素来】　sùlái 副一向;从来▷他～不喝酒。☞不宜写
作"夙来"。

【素昧平生】　sùmèipíngshēng 从来不认识,不了解
(昧:不了解;平生:平素)。

【素描】　sùmiáo ❶名绘画技法,单纯用线条描绘,不着
色彩,是一切造型艺术的基础。❷用素描法画的图画
▷风景|人物~。❸文学上指简洁朴素不加渲染的
写法。也说白描。

【素食】　sùshí ❶名不含荤腥的食物。❷动吃素食▷
老人长年～。

【素雅】　sùyǎ 形素净雅致▷着装～。

【素养】　sùyǎng 名平素的修养▷他在文学上～很深。

【素油】　sùyóu 名食用的植物油,如麻油、豆油、菜油
等。

【素质】　sùzhì ❶名人或事物本来具备的性质,特指人
的神经系统和感觉器官的先天特点▷从她的~看,体
瘦腿长,动作灵活,善模仿,搞舞蹈是有潜力的。❷素
养;人的全面品质▷提高人员的~|加强~教育。

【素装】　sùzhuāng 名白色或朴素淡雅的装束▷身着
~。

速

速　sù ❶形快▷欲~则不达|迅~。❷名速度▷时
~|车~。❸动〈文〉邀请▷不~之客。☞统读
sù。

【速成】　sùchéng 动缩短学习期限,很快学完规定课程
▷~识字法。

【速度】　sùdù ❶名运动的物体在一定方向上单位时间
内所经过的距离▷飞行~。❷事物发展变化的快慢
程度▷建设|衰老~。

【速记】　sùjì ❶动用简便而有系统的符号,快速记录语
言。❷名快速记录语言的技术▷学习~。

【速效】　sùxiào 形见效迅速▷~救心丸|追肥常施用
~肥料。

【速写】　sùxiě ❶名绘画方法,用简单的线条快速勾勒
出的人物或景物▷瞧这幅~多传神! ❷以简括的
笔触及时地反映现实的短篇记叙文。

宿

宿　sù ❶动夜晚住下;过夜▷住~|~营。❷形平素
的;旧有的▷~怨|~疾。❸〈文〉年老的;有经验
的▷~着|~儒。○另见 xiǔ;xiù。

【宿弊】　sùbì 名〈文〉由来已久的弊病▷剔除~,须加
大整饬力度。

【宿敌】　sùdí 名过去一向敌对的人或势力。

【宿根】　sùgēn ❶名茎叶枯萎后,次年春天仍能重新发
芽滋长的二年生或多年生植物的根,例如薄荷、韭菜
等的根。❷比喻旧事物的根源或基础▷不铲除旧思
想的~,就不能树立新思想。

【宿疾】　sùjí ❶名长久没治好的病。❷比喻长久积累
的弊端▷~难改。

【宿将】　sùjiàng 名久经沙场的将领。

【宿命论】　sùmìnglùn 名唯心主义的理论。认为人的

生死、荣辱、贫富等是由命运来决定和支配的。

【宿舍】　sùshè 名机关、学校、企业等单位提供给职工
或学员居住的房屋。

【宿营】　sùyíng 动军队行军或作战后住宿,泛指集体
组织在外over夜▷部队在山脚|地质队员在野外~。

【宿缘】　sùyuán 名迷信指前生结下的缘分。

【宿怨】　sùyuàn 名旧有的怨恨▷~难平。

【宿愿】　sùyuàn 通常写作"夙愿"。

【宿债】　sùzhài 名旧债▷还清~。

【宿志】　sùzhì 通常写作"夙志"。

粟

粟　sù ❶名谷子,粮食作物,子实去壳后叫小米。☞
"粟"和"栗"(lì)不同。"栗"字下半是"木",指一种
落叶乔木。

嗉

嗉　sù 名嗉子,鸟类食道下面储存食物的囊,是消化
器官的一部分▷鸡~子。

塑

塑　sù ❶动塑造▷可~性。❷名指塑料▷全~家
具。☞统读 sù。

【塑料】　sùliào 名以天然树脂或合成树脂为主要成分
制成的高分子化合物,可作工业和日用品原material。

【塑像】　sùxiàng 名用石膏、泥土、金属、木料等雕塑的
人像。

【塑性】　sùxìng 名材料或物体受力时,形变而不断裂
的性质▷~指标|~指数。

【塑造】　sùzào ❶动用石膏、泥土等可塑材料塑制(人、
动物或其他物体的形象)▷~了一尊英雄像。❷艺术
创作中用语言文字或其他艺术手段刻画(人物形象)
▷这部小说~了一个爱国知识分子的形象。

溯

溯　sù ❶动〈文〉逆流而上▷~江而上。❷从现在向
过去推求;回想▷上|~追。

【溯源】　sùyuán 动探寻水流的源头,比喻追寻社会或
历史根源▷追根~。

愫

愫　sù 名〈文〉真情实意▷情~。

簌

簌　sù [簌簌]sùsù ❶拟声模拟风吹树叶的声音▷
秋风~。❷形形容眼泪不断落下的样子▷泪水
~地流下来。❸形容肢体颤动的样子▷失子之痛使
母亲浑身~发抖。

suan

酸

酸　suān ❶形像醋的味道或气味▷这杏真~|~菜。
❷悲痛;难过▷心里发~|心~。❸因为疲劳或
生病而微痛乏力▷腰~腿疼|浑身~懒。❹迂腐▷
秀才~。❺名化学上指能在水溶液中电离产生氢
离子的化合物,这类物质的水溶液有酸味▷~性|~
碱中和。

【酸楚】　suānchǔ 形辛酸痛苦▷内心~。

【酸溜溜】　suānliūliū ❶形形容味道或气味酸▷这话梅
糖~的。❷形容身体某部分有酸痛感▷肩膀受风了,
~的。❸形容有点妒忌或难过的感觉▷看着别人的
成绩,心里~的。

【酸软】　suānruǎn 形身体酸痛无力▷浑身~。

【酸涩】　suānsè 形又酸又涩▷这菠萝不熟,~难吃。

【酸痛】　suāntòng 形(肢体)发酸疼痛▷关节炎发作,
两腿~得很。

【酸雨】　suānyǔ 名工业排放的二氧化碳、二氧化硫等
有害气体与大气的水蒸气结合成酸性云所形成的自
然降水,包括雨、雪、雾等。酸雨腐蚀建筑物,污染水
源,酸化土壤,损害植物,危害人体健康。

蒜

蒜　suàn 名多年生草本植物,叶和花轴嫩时可以食
用;地下鳞茎即蒜瓣,味辣,有刺激性气味。可以
做调料,也可以做药材。

算 suàn ❶励计数;用数学方法,从已知数推求未知数▷~~这道题|~账。❷计划;筹划▷机关~尽|打~。❸计算进去▷明天劳动~上我一个。❹认作;当作▷老王~是一个好人|~我请客。❺表示不再进行或不再计较(后面跟"了")▷~了,不用去了。❻承认有效▷说话~话。❼副总算▷到月底才~有了结果。

【算计】suànjì ❶励计算数目▷这笔账要认真~~。❷考虑▷我~过了,还是去好。❸猜测▷我~他明天也该到家了。❹设计坑害▷~别人。

【算盘】suànpán ❶图我国传统的运算用具。可以进行加减乘除等计算。❷比喻主意▷~错打了。

【算是】suànshì ❶励作为;当作▷今天我~客人。❷副总算▷这一下你~说对了。

【算术】suànshù 图数学中最初等的和最基础的部分。

【算数】suànshù ❶励承认有效▷你说话~不~?❷表示达到目标才停止▷这篇文章,今天不写完不~。

【算账】suànzhàng ❶励计算账目▷月底~。❷再次较量或寻机报复▷这次算是吃亏了,以后再找他~。

sui

尿 suī 义同"尿(niào)"①,用于口语▷尿(niào)了一泡~。○另见niào。

【尿泡】suīpāo 通常写作"尿脬"。

【尿脬】suīpāo 图〈口〉膀胱▷猪~。

虽(雖) suī ❶围虽然▷办法~好,却很难实施|天气~冷,冬泳队员却毫不在意。❷纵然;即使▷~败犹荣。☞统读suī。

【虽然】suīrán 围用于前一分句,表示承认该分句的事为事实,而"但是"等所在的分句表示后一事并不因此而被否定;在书面语中,"虽然"有时在后一个分句出现,起补充、说明等作用▷~你比我高,但是力气没我大|我喜爱你,~你不认识我。

【虽说】suīshuō 围〈口〉虽然▷~房间不大,但很雅致。

【虽则】suīzé 围虽然▷我仍然主张动手术,~保守疗法也有一定疗效。☞"虽则"有书面色彩,常用于前一分句。

荽 suī 见[芫荽]yánsuī。

眭 suī 见[恣睢]zìsuī。

绥(綏) suí 〈文〉❶励安抚▷~靖|~抚。❷形安好(多用于书信祝颂语)▷顺颂时~。

隋 suí 图朝代名。

随(隨) suí ❶励跟从▷生产发展了,生活水平也~着提高了|如影~形。❷介引进动作行为所依赖的条件▷彩旗~风飘扬|~机应变。❸顺便;趁着做一件事的方便(做另一件事)▷~手关门。❹表示不拘什么(时间、地点)▷~处可见|不~地吐痰|~时恭候。❺依从;顺从▷不管干什么,我都~你|入乡~俗。❻任凭;由着▷去不去~你|~意。

【随笔】suíbǐ 图一种散文体裁,篇幅短小,内容广泛,形式灵活,可以抒情、叙事或议论。

【随便】suíbiàn ❶形散漫;放纵▷你也太~了。❷不拘束▷大家~点好了。❸围无论;不管▷~你怎么说,我也不去。

【随波逐流】suíbōzhúliú 随着波浪起伏,跟着流水漂荡。比喻没有主见,盲目跟着别人走。

【随处】suíchù 副处处;到处▷高层建筑,~可见。

【随从】suícóng ❶励随同▷~领导下乡调查。❷图跟随的人员▷两个~跟在后面。

【随带】suídài ❶励随某物带去▷送上协议书草稿,并~样品一件。❷随身携带▷物品过重。

【随地】suídì 副表示到处▷随时~都要注意礼节。

【随风倒】suífēngdǎo 比喻没有原则立场,哪边势力大就倒向哪边▷在原则问题上不能~。

【随感】suígǎn 图随时产生的感受(多用于标题)▷《~录》。

【随和】suíhe 形和气;不固执▷他这个人一向很~。

【随后】suíhòu 副表示紧接前一动作或情况之后▷你先走,我~就到。

【随机应变】suíjīyìngbiàn 根据当时的情况,灵活地应付事态的变化。☞"应"这里不读yīng。

【随即】suíjí 副立即;马上▷我刚到,他~也就到了。

【随口】suíkǒu 副不经思考,信口说出▷他是~说的,别当真!

【随身】suíshēn 形带在身边的;跟在身旁的▷~衣物|~警卫。

【随声附和】suíshēngfùhè 别人怎么说就跟着怎么说。形容一味盲从或迁就。☞"和"这里不读hé。

【随时】suíshí ❶副时时刻刻▷~准备着。❷立即▷发现问题,~处理。

【随手】suíshǒu 副顺便▷~关灯。

【随俗】suísú 励从俗;顺应时尚▷入乡~。

【随同】suítóng 励跟随陪同▷~领导视察。

【随心所欲】suíxīnsuǒyù 顺着自己的愿望,想怎样就怎样。

【随意】suíyì 励不受拘束;任意▷要坚持德才兼备的用人标准,不能~提拔任用干部|请~(请客时主人向客人让菜的客气话)|这事勉强不得,随他的意吧。

【随遇而安】suíyù'érān 顺应环境,不管遇到什么境况都能安心。

【随员】suíyuán 图随行人员。

【随着】suízhe ❶励跟着▷您前边走,我后边~。❷介引进表示某种结果的条件▷人民物质生活水平的提高,文化消费的要求也越来越高。

髓 suǐ ❶图骨髓,骨头内腔中的柔软组织。❷身体内像骨髓的东西▷脑~|脊~。❸比喻精华部分▷精~|神~。☞㊀统读suǐ。㊁跟"随"(suí)不同。

岁(歲) suì ❶图年▷~末|去~。❷量表示年龄的单位▷六~上学|过年又长了一~。❸图〈文〉指收成▷人寿~丰|丰~。

【岁暮】suìmù 图〈文〉一年将尽时;也指年老▷年终~|~之年不言勇。

【岁数】suìshu 图〈口〉人的年龄▷上~了|老人的~不小了。

【岁月】suìyuè 图泛指时间▷峥嵘~|~不饶人。

祟 suì 图迷信指鬼神带来的灾害;借指不光明正大的行为▷作~|~祸|~鬼。☞跟"崇"(chóng)不同。

遂 suì ❶励完成;成功▷功成名~|未~。❷称心;如愿▷~心如意|~愿。❸副〈文〉于是;就▷病三月,~不起。☞在"半身不遂"中读suí。

【遂心】suìxīn 形可心;满意▷他的工作不~|~如意。

【遂愿】suìyuàn 励如愿;满足心愿▷多年的追求,现在终于了。

碎 suì ❶励物件破裂成小片或小块▷玻璃~了|破~◇把心都操~了。❷使破碎▷粉身~骨|~石机。❸形零星的;不完整的▷~砖头|零~。❹指说话絮叨、啰唆▷嘴~|闲言~语。

【碎步】 suìbù 图小而快的步子▷她踏着～走到前台。

【碎裂】 suìliè 团破碎;破裂▷瓶胆已经～。

隧 suì 图在地面下或在山腹挖成的通路▷～道|～洞。☞统读 suì。

【隧道】 suìdào 图从山中或地下开凿的通道。也说隧洞。

燧 suì ❶图古代取火的用具▷～石。❷古代边防报警点的烟火,白天放的烟叫"烽",夜间点的火叫"燧"▷～烽。

【燧人氏】 suìrénshì 图传说中的上古帝王,发明钻木取火,教民熟食。

穗 suì ❶图稻、麦等粮食作物生在茎秆顶上的花或果实▷稻～|抽～。❷用丝线等扎成的、挂起来下垂的装饰品▷灯笼～儿|剑把儿上拴着一条红～。❸广州的别称。

邃 suì ❶囮(空间、时间)深远▷深～的峡谷|古～。❷(学问或理论)精深▷精～。☞跟"遽"(jù)不同。

sun

孙(孫) sūn ❶图儿子的子女▷祖～|～女。❷跟孙子同辈的亲属▷外～|侄～。❸孙子以下的各代▷曾～|玄～。❹某些植物的再生或滋生体▷稻～|竹～。

荪(蓀) sūn 图〈文〉古书上说的一种香草名。也说荃。

狲(猻) sūn 见[猢狲]húsūn。

损(損) sǔn ❶团减少;丧失(跟"益"相对)▷～益|亏～。❷使受到损失▷～人利已|公肥私。❸〈口〉用尖酸刻薄的话挖苦人▷瞧他太狂了,我就～了他几句。❹囮〈口〉尖刻;恶毒▷为人太～|这一招真够～的。❺团损坏▷残～|～了名誉。

【损公肥私】 sǔngōngféisī 损害国家或集体的利益以中饱私囊。

【损害】 sǔnhài 团伤害;使蒙受损失▷～身心健康|～领导的威信。

【损耗】 sǔnhào ❶团损失,耗费▷～能源。❷图产品在产、运、销过程中由于自然或人为的原因所造成的损失。

【损坏】 sǔnhuài 团使功能、效果等受到破坏▷～公物|～了名誉。

【损人】 sǔnrén 团〈口〉挖苦人▷有意见好好提,不要～。

【损伤】 sǔnshāng ❶团损害;伤害▷肌肉～|～群众的积极性。❷损失、伤亡▷这一仗敌军～惨重。

【损失】 sǔnshī ❶团白白耗去▷这场大火～了几千亩森林。❷图白白耗去的事物▷这个～要努力补救。

【损益】 sǔnyì ❶团〈文〉减少和增加▷斟酌～,权衡利弊。❷图会计上指盈与亏▷～相抵,略有盈余。

笋 sǔn ❶图竹笋,竹子的嫩芽,可以吃▷冬～。❷囮嫩的▷～鸡|～鸭。

隼 sǔn 图猛禽,上嘴钩曲,飞得很快,善袭击其他鸟类,驯养后可以帮助捕猎。也说鹘(hú)。☞统读 sǔn。

榫 sǔn 图榫子,器物或构件上利用凹凸方式相连接的地方;特指嵌进凹入部分的凸出部分▷椅子脱～了|～眼|～头。

suo

唆 suō 团指使或怂恿(别人去做坏事)▷～使|教～。

【唆使】 suōshǐ 团挑动或怂恿(别人去干坏事)▷坏人～他走上了犯罪道路。

娑 suō 见[婆娑]pósuō。☞不读 shā。

梭 suō 图梭子,织布机上用来牵引纬线使它同经线交织的工具,形状像枣核▷织布|～穿。

【梭镖】 suōbiāo 图一头装有单尖两刃刀的长柄武器。☞不宜写作"梭标"。

挱 suō 见[摩挱]mósuō。☞在"摩挲"(māsa)中读 sa。

蓑 suō 图蓑草,多年生草本植物,秆紧密丛生,直立,叶狭线形,卷折呈针状。全草可以作造纸原料,也可以编织蓑衣、草鞋等。也说龙须草。

【蓑衣】 suōyī 图用草或棕编成的雨披。

嗍 suō 见[哆嗦]duōsuō。

嗍 suō 团〈口〉用唇舌吸食▷孩子一生下来就会～奶头|别～手指头!☞统读 suō。

缩 suō ❶团由大变小或由长变短;收缩▷这种布一下水就～了|伸～。❷没伸开或伸开了又收回去;不伸出▷探了一下头,又～了回去|～着脖子。❸后退▷畏～不前|退～。❹节省;减少(开支)▷节衣～食|紧～。

【缩编】 suōbiān ❶团紧缩编制。❷把作品、节目等压缩部分内容或情节重新编辑,使篇幅减少,重点突出或故事集中。

【缩短】 suōduǎn 团使时间、长度等变短▷～距离|～篇幅。

【缩减】 suōjiǎn 团紧缩减少▷～编制。

【缩手】 suōshǒu 团把手收回来,比喻不再参与某事▷此人伤势极重,名医～|事到如今,我们不能～不管。

【缩手缩脚】 suōshǒusuōjiǎo 形容过分谨慎或有顾虑,不敢放手去干。

【缩水】 suōshuǐ 团某些纺织品浸水后收缩。

【缩微】 suōwēi 团原指把大型的图书资料用照相法缩小,然后复制在微型胶片上;泛指按较小的比例缩小▷～景观。

【缩小】 suōxiǎo ❶团由大变小▷面积～。❷使大的变成小的▷～包围圈。

【缩写】 suōxiě ❶团拼音文字把一些常用词语或专名用比较简便的写法标出。如英文缩写 MTV(音乐电视)。❷缩短长篇文学作品的篇幅▷《简·爱》～本。

【缩印】 suōyìn 团用摄影法把书画、资料等原件缩小,然后制版印刷。

【缩影】 suōyǐng 图指可以代表或反映同一类型情况的具体或个别的事物▷北京的巨大发展变化就是改革开放的中国的～。

所 suǒ ❶图地方;处所▷场～|哨～。❷团放在动词前,跟动词组成名词性词组▷～见～闻|不出～料。❸跟"为"合用,表示被动▷为实践～证明|不要为假象～迷惑。❹放在"有"的后面和双音节动词的前面,表示程度上的减弱▷成绩有～提高。❺囮a)用于房屋▷一～楼房。b)用于学校、医院等▷三～大专院校。❻图某些机关或机构的名称▷税务～|派出～。

【所得】 suǒdé 图得到的(财物、知识、劳动成果等)▷一无～|劳动～。

【所得税】 suǒdéshuì 图国家依法对个人或企业的各种收入所征的税收。

【所属】 suǒshǔ ❶囮管辖下的▷希～各部门一律遵照执行。❷管辖自己的▷费用由本人～单位报销。

【所谓】 suǒwèi ❶动所说的▷~"阳春白雪"是指那些高深的、不够通俗的文学艺术。❷所标榜或歪曲的（含否定的意思）▷帝国主义的~"援助"，实际上是对弱国的掠夺。

【所向披靡】 suǒxiàngpīmǐ 风过处，草木随风倒伏。比喻力量达到的地方，一切阻碍全被扫除。

【所向无敌】 suǒxiàngwúdí 形容力量强大，不可阻挡。

【所以】 suǒyǐ ❶名情由；原因▷忘乎~｜不知~。❷连用于分句，常和"因为"、"由于"配搭表示因果关系▷因为森林对人类有益，~一定要保护森林｜我之~信任你，是由于你很诚实。

【所以然】 suǒyǐrán 名所以这样，指原因或道理▷总得讲出个~来吧。

【所有】 suǒyǒu ❶形一切；全部▷~的人。❷动拥有；占有▷国家~｜个人~。❸名拥有的全部物品或财富▷罄其~｜竭尽~。

【所有权】 suǒyǒuquán 名法律确认的占有生产资料和生活资料的权利，是所有制在法律上的表现▷土地的~属于国家｜专利~任何人不得侵犯。

【所有制】 suǒyǒuzhì 名生产资料的占有形式，是生产关系的基础。不同社会发展阶段，有不同形式和性质的所有制。

【所在】 suǒzài 名地方；存在的地方▷请问这是什么~｜海滨浴场~有一片沙滩｜关键~｜困难~是缺乏资金。

索 suǒ ❶名粗绳▷绳~｜铁~｜桥~。❷动搜求▷大~天下｜探~。❸讨取；要▷~取｜勒~。❹形孤独▷离群~居。❺寂寞；没有兴趣▷~然无味｜兴致~然。☞统读suǒ。

【索道】 suǒdào 名把钢索架在两地之间的空中通道。

【索还】 suǒhuán 动讨回（借出的或被强占的财物）▷~债款｜~被占土地。

【索贿】 suǒhuì 动索取贿赂。

【索赔】 suǒpéi 动依法索取赔偿▷照章~｜投保人有

理由~。

【索求】 suǒqiú 动寻求▷~良骥。

【索取】 suǒqǔ 动讨取；要回▷向大自然~｜有的人只讲~，不思奉献。

【索然】 suǒrán 形乏味；没有兴致的样子▷~不快｜兴味~。

【索性】 suǒxìng 副表示动作行为直截了当▷他理屈词穷，~闭上嘴巴。

【索要】 suǒyào 动讨取（有强制意味）▷~回扣｜~彩礼。

【索引】 suǒyǐn 名检索图书资料的一种工具。把书刊中的内容或项目分类摘录，注明页数，按一定次序排列，附在书刊之后，或单独编辑出版。如《二十五史人名索引》。

唢（嗩） suǒ [唢呐] suǒnà 名管乐器，有八个音孔，发音响亮。

琐（瑣） suǒ ❶形零碎；细小▷~闻｜繁~。❷卑微▷~猥~。

【琐事】 suǒshì 名琐碎的事▷起居~｜撇开~。

【琐碎】 suǒsuì 形细小而繁杂▷~的工作｜琐琐碎碎的家务事。

【琐细】 suǒxì 形琐碎▷~的针线活。

锁（鎖） suǒ ❶名用铁环互相勾连而成的链子▷拉~｜~链。❷安装或加在门、箱子、抽屉等上面使人不能随便打开的器具▷门~暗~。❸动用锁关住▷~紧屋门｜~车。❹封闭▷封~｜闭关~国。❺指缝衣物边缘或扣眼▷~扣眼｜~边。

【锁定】 suǒdìng 动固定▷这几天将电视机~在中央一台｜比分~在3∶1。

【锁链】 suǒliàn 名用铁环相互钩连成串的用具，比喻束缚人或物的东西▷砸碎封建主义的铁~。

【锁钥】 suǒyuè ❶名锁和钥匙。❷比喻军事要地▷居庸关，人称"北门~"。❸比喻做好某件事的关键▷办好一个企业的~是领导有方，人尽其才。

T

ta

他 tā ❶代称自己和对方以外的某个人▷~是你表哥吧｜~妻子跟我同事。❷指另外的;别的▷~人｜~乡｜别无~图。❸与"你"配合使用,称任何人或许多人▷你也喊,~也叫,会场里一片混乱。❹用在动词后面,表示虚指▷查~个一清二楚。☞现代书面语中一般只用来指男性,但在性别不明或不必区分性别时也用"他"。"五四"以前,"他"兼指男性、女性及事物。

【他们】 tāmen 代第三人称代词的复数。

【他人】 tārén 名其他的人;别人▷要学会体贴~,尊重~。

【他日】 tārì 名以后;将来的某一天或某一时期▷~再来拜访。

【他杀】 tāshā 动被别人杀害▷他不是自杀,是~。

【他乡】 tāxiāng 名异乡;远离家乡的地方▷远在~。

它 tā 代指事物▷这狗不咬人,别怕~｜~的功能多着呢! ☞下边是"匕",不是"乜"。

【它们】 tāmen 代称两个以上的事物。

她 tā ❶代称自己和对方以外的某个女性▷~是我母亲｜我跟~哥哥是同学。❷称所尊重、敬爱、珍视的事物▷祖国啊,~永远连着我的心。

【她们】 tāmen 代女性第三人称复数。☞在书面上,有男有女时,用"他们"。

趿 tā [趿拉]tāla 动不提起鞋后帮而把它踩在脚后跟下▷~着鞋走出来。☞统读 tā。

塌 tā ❶动(建筑物等)倒;沉陷▷土墙~了｜坍~。❷凹陷▷瘦得两腮都~下去了。❸稳定;安稳▷最近心老~不下来。

【塌方】 tāfāng 动道路、堤坝、渠道、悬崖等边上的陡坡或坑道、隧道、矿井等的顶部突然坍塌或陷落▷隧道突然~。

【塌架】 tājià ❶动(房屋等建筑)倒塌。❷比喻垮台▷这个领导班子非~不可。

【塌陷】 tāxiàn 动凹陷;沉陷▷大雨过后,新地基有一片~下去。

遢 tā 见[邋遢]lātā。

踏 tā [踏实]tāshi ❶形(态度)切实;不浮躁▷他学习很~｜工作~。❷(情绪)稳定▷麦子上了场(cháng),心里就~了｜问题没解决,怎么也不~。☞不宜写作"塌实"。○另见 tà。

塔 tǎ ❶名佛教特有的一种多层尖顶建筑物▷一座~｜宝~。❷形状像塔的建筑物▷金字~｜电视~｜灯~。

【塔吊】 tǎdiào 名塔式起重机。具有高塔、长臂和加压重底座,可以在轨道上运行旋转,可把重物从一边吊到另一边。多用于建筑工地。

【塔楼】 tǎlóu ❶名塔形高层楼房。❷建筑物顶部的塔形小楼。

獭(獺) tǎ 名水獭、海獭、旱獭的统称,通常指水獭。☞统读 tǎ。

鳎(鰨) tǎ 名比目鱼的一科。体卵圆形而侧扁,呈片状,两眼都在右侧,种类很多,通称鳎目鱼。○统读 tǎ。

拓 tà 动在石碑、器物上蒙一层薄湿纸,用墨轻轻拍打,使石碑器物上的文字、图形印在纸上▷把青铜器上的花纹~下来。○另见 tuò。

【拓片】 tàpiàn 名从碑刻、铜器等文物上拓下其形状、文字或图画的单页纸片▷泰山石刻的~。

沓 tà 形重复;繁多▷纷至~来｜复~｜杂~。☞在"疲沓"中读轻声。○另见 dá。

挞(撻) tà 动(用鞭、棍等)打(人)▷鞭~。

闼(闥) tà 名〈文〉门;小门▷排~直入。

榻 tà 名狭长的矮床;泛指床▷竹~｜病~｜下~。

踏 tà ❶动用脚踩▷一脚~空了｜脚~两只船｜践~｜~青◇~上工作岗位。❷到实地(查看)▷~看｜~访。○另见 tā。

【踏步】 tàbù 动身体直立,两脚在原地做行走的动作而不向前迈步▷原地~。

【踏勘】 tàkān 动工程设计前,实地勘察地形、地质情况▷~大峡谷。

【踏平】 tàpíng 动彻底平定、消灭▷~匪巢◇~东海千里浪。

蹋 tà 〈文〉❶动古同"踏"。❷踢▷~鞠(鞠:古代一种皮球)。

tai

胎 tāi ❶名哺乳动物母体内的幼体▷~儿｜胚~。❷量用于怀孕或生育的次数▷第一~｜这只猫一~下了五只小猫。❸名某些器物尚待加工的粗坯或内瓤▷泥~菩萨｜铜~｜棉花~。❹〈外〉轮胎▷车~｜内~。

【胎儿】 tāi'ér 名母体中怀着的幼体(一般指人的幼体)。

【胎教】 tāijiào 动指孕妇在怀孕期间情绪安定,精神愉快,并通过谈话、拍抚、音乐等与胎儿沟通,给胎儿良好影响。

【胎生】 tāishēng 动受精卵在母体内发育,经胎盘从母体获取营养,到一定阶段脱离母体,叫胎生。

台(臺檯❹颱❾) tái ❶名高而平的建筑▷瞭望~｜观礼~｜舞~｜检阅~。❷做底座用的东西▷灯~｜蜡~｜炮~。❸像台的小型建筑设施▷井~｜窗~｜灶~。❹像台的家具或器具▷写字~｜手术~。❺敬词,用于称对方或跟对方有关的事物、动作▷兄~｜甫~｜鉴~｜启~。❻量用于戏剧、演出等▷一~戏｜一~晚会。❼用于机器设备等▷一~拖拉机｜一~车床｜两~洗衣机。❽名指台湾▷港~地区｜~胞。❾见[台风]¹、táifēng。

【台胞】 táibāo 名台湾同胞。☞"胞"不读 pāo。

【台步】 táibù 名戏曲演员等舞台表演时的走步法。

【台词】 táicí 名剧中人物所说的话,包括对白、独白、旁白。

【台风】¹ táifēng 名发生在北太平洋西部的一种热带气旋,中心周围风力在 12 级或 12 级以上,同时伴有暴雨。夏秋两季常侵袭我国南方。

【台风】² táifēng 图演员在舞台上表现出来的风度或作风▷~洒脱|~稳重。

【台阶】 táijiē ❶图在门前、楼内或其他坡道上建造的一级级供人上下的设施▷门前有三级~。❷比喻比过去更大的成绩或更高的水平▷明年的生产再上一个新~。❸比喻摆脱僵局或窘况的机会▷给他一个~下。

【台柱子】 táizhùzi 支撑戏台一类建筑物的柱子。比喻戏班中的主要演员或集体中的骨干力量。

抬 tái ❶团往上提;举起▷把手~起来|~头。❷共同用手提或用肩扛▷把床~到里屋|~轿。

【抬杠】 táigàng 团〈口〉争辩(多指非原则性的)▷这个人喜欢~,什么事都要和别人争几句|抬了半天杠,也没得出什么结果。

【抬轿子】 táijiàozi 比喻对有权势的人庸俗的捧场▷领导干部要警惕有人~。

【抬举】 táiju 团因看重某人而夸奖举荐;提拔▷您太~我了|不识~。

【抬头】¹ táitóu 团抬起头或抬着头;比喻被压制的人或事物得以伸展。

【抬头】² táitóu ❶图旧时书信、公文的一种格式,涉及对方时要另起一行,表示尊敬。❷单据上写收款人或收件人的地方。

苔 tái 图苔藓植物,根、茎、叶之间的区别不明显,一般生长在阴暗潮湿的地方。☞㊀"苔"不是"薹"的简化字。㊁在"舌苔"中读 tāi。

【苔藓】 táixiǎn 图苔和藓两种隐花植物的统称。颜色为绿、青、紫等,生长在潮湿的地方。

炱 tái 图烟气凝结成的黑灰▷煤~|松~(松烟)。

跆 tái 团〈文〉用脚踩踏▷~拳道(朝鲜民族一种技击性运动项目,由日本空手道演变而来)。

薹 tái 图蒜、韭菜、油菜等蔬菜从中央部分生出的长茎,茎顶开花,嫩的可以食用。☞不要写作"苔"。

太 tài ❶形极大;最高▷~空|~学|~湖。❷形称比自己高两辈以上的▷~姥姥|~爷。❸副 a)表示程度最高(多用于感叹)▷这本书~好了|你来得~及时了。b)表示程度过头▷地方~小了|文章~长了|~相信自己了。c)用在否定副词"不"后,减弱否定程度,含委婉语气▷不~好|不~满意|这样做不~合适吧。

【太古】 tàigǔ 图远古的时代。一般指唐虞以前。

【太后】 tàihòu 图帝王的母亲。

【太极拳】 tàijíquán 图拳术的一种。我国民族形式的运动项目。动作柔和缓慢,连贯圆活,有保健医疗作用。

【太监】 tàijiàn 图旧时被阉割的在宫廷服役的男子。也说宦官。

【太空】 tàikōng 图高远广阔的天空;大气层以外的宇宙空间。

【太平】 tàipíng 形(社会、国家)安定,平安▷天下~|~盛世。

【太平间】 tàipíngjiān 图医院里停放尸体的房间。

【太平洋】 tàipíngyáng 图世界上最大、最深、岛屿最多的洋,位于亚洲、大洋洲、南极洲和南北美洲之间,面积约占全球海洋面积的一半。

【太上皇】 tàishànghuáng ❶图旧时对皇帝父亲的称号,特指把皇位让给儿子后的皇帝。❷比喻掌握实权而在幕后操纵的人(含贬义)。

【太太】 tàitai ❶图旧时对官绅妻子的通称。❷旧时仆人对女主人的称呼。❸对已婚妇女的尊称(前面冠以丈夫的姓氏)▷王~。❹指自己或他人的妻子(要前加人称代词)▷我~|您~。

【太阳】 tàiyáng 图银河系的恒星之一,太阳系的中心天体,是一个炽热的巨大气体球,体积是地球的130万倍,地球和其他行星都围绕它旋转,并从它获得光和热。

【太阳能】 tàiyángnéng 图太阳辐射出的能量。是地球上光和热的源泉。人类还可以利用一定的装置,直接用它来烧水、煮饭、发电等。

【太阳系】 tàiyángxì 图以太阳为中心,与受它的引力支配并环绕它运行的天体所构成的系统。

汰 tài 团去掉差的、不合适的▷优胜劣~|淘~|裁~。

态(態) tài ❶图形状;样子▷姿~|神~|液~。❷情况▷事~|保持原态。

【态度】 tàidù ❶图举止神情▷~生硬|大方的~。❷对人或事物的看法和采取的行动▷~暧昧|转变~。

【态势】 tàishì 图事物的状态和发展趋势▷国民经济呈现出良好的发展~|摆出进攻的~。

泰 tài ❶形安定;平安▷国~民安|~然自若|康~。❷〈文〉极▷~古|~西(旧时指西洋)。☞下边不是"水"。

【泰斗】 tàidǒu 图泰山北斗,比喻学术或技艺深湛、德高望重的权威人士▷文坛~|京剧界~。

【泰然自若】 tàiránzìruò 形容沉着镇定毫不慌乱的样子(泰然:不在意;自若:保持常态)。

【泰山】 tàishān ❶图五岳中的东岳,在山东省中部,多名胜古迹,是著名的游览胜地。❷比喻所敬仰的人或有重大价值的事物▷有眼不识~|他的死比~还重。❸岳父的别称▷老~。

tan

坍 tān 团倒塌▷山墙~了|~塌|~陷。

【坍塌】 tāntā 团倒塌;沉陷▷房屋~|堤坝~。

贪(貪) tān ❶团一心追求(财物及其他东西);不知足▷~便宜|~玩|~财。❷利用职务上的便利非法取得财物▷~官污吏|~污。☞㊀上边不是"令"。㊁跟"贫"(pín)不同。

【贪得无厌】 tāndéwúyàn 贪心特大,永不满足(含贬义)。

【贪婪】 tānlán ❶形非分地贪求(含贬义)▷~成性。❷急切追求而不知满足▷~地吸取着最新知识。

【贪恋】 tānliàn 团非常留恋▷~舒适的生活。

【贪求】 tānqiú 团极力追求▷~享乐。

【贪生怕死】 tānshēngpàsǐ 贪恋生存,畏惧死亡。多形容在紧要关头退缩以苟全性命。

【贪天之功】 tāntiānzhīgōng 指抹杀群众或他人的作用,把功劳归于自己。

【贪图】 tāntú 团贪婪地追求谋取(某种好处)▷~数量|~富贵。

【贪污】 tānwū 团利用职权非法获取财物▷~公款。

【贪心】 tānxīn ❶图非分贪求的强烈欲望。❷形非分贪求▷你也太~了。☞"贪婪①"比"贪心②"语义重;"贪婪"有书面语色彩,"贪心"有口语色彩。

【贪赃枉法】 tānzāngwǎngfǎ 贪污受贿,歪曲和破坏法纪。

【贪嘴】 tānzuǐ 形贪吃,嘴馋。

摊(攤) tān ❶团铺开;摆开▷把地图~在桌子上|~牌。❷分担(财物)▷这笔费用,我~六成,你~四成|分~|~派。❸碰到;遇到▷倒霉的事

都让我～上了。❹图设在路边、广场上的无铺面的售货处▷摆～儿｜地～儿◇烂～子。❺量用于摊开的液体或糊状物▷一～水｜一～血。

【摊贩】　tānfàn　图摆摊售货的小商贩。

【摊牌】　tānpái　❶团打牌时，把手中的牌都摊开，跟对方比高低，决胜负。❷比喻到最后关头把意见、实力向对方公开；也比喻双方摆开斗争或竞争的阵势▷要摸清对方的实力，不要一下子就～。

【摊派】　tānpài　团让群众或下属各部门分担（经费、任务等）▷不要硬性～｜～捐款。

【摊子】　tānzi　❶图摊④▷杂货～。❷图比喻组织机构或工作局面▷留下个烂～让谁来收拾？

滩（灘）

tān　❶图江河中水浅石多而流急的地方▷急流险～。❷江、河、湖、海边沿水涨淹没、水退显露的淤积平地▷海｜沙～。

【滩头】　tāntóu　图江、河、湖、海岸边的沙滩▷～堡｜抢占～阵地。

瘫（癱）

tān　❶团瘫痪▷偏～。❷指肢体绵软无力，难以动弹▷累得一进门就～在床上了。

【瘫痪】　tānhuàn　❶团由于神经机能障碍，身体的某一部分完全或不完全地丧失活动能力，有面瘫、偏瘫、截瘫等类型。❷比喻组织涣散，不能正常活动或工作▷机构～｜停水、停电造成城市～。

【瘫软】　tānruǎn　形（肢体）绵软无力▷吓得四肢～。

坛（壇罎⑥）

tán　❶图土、石等筑成的高台，古代用于举行祭祀、会盟、誓师等大典▷天～｜日～｜祭～｜登～拜将。❷用土堆成的可以种花的平台▷花～。❸指文艺或体育界▷文～｜影～｜体～。❹讲学或发表言论的场所▷讲～｜论～。❺僧道过宗教生活或举行祈祷法事的场所；某些会道门拜神集会的场所或组织▷济公～｜乩～。❻坛子，一种口小腹大的陶器▷瓷～。

【坛坛罐罐】　tántánguànguàn　图泛指各类家用物品；借指财物▷虽只成家一年，～可不少。

昙（曇）

tán　图昙花，常绿灌木，开白色大花，香味浓烈，几小时就凋谢。

【昙花一现】　tánhuāyīxiàn　昙花开放瞬时即谢。比喻某些显赫的人或稀有的事物一出现就很快消失。

谈（談）

tán　❶团说出；对话；讨论▷～一～心里话｜两人～得很高兴｜～了半天。❷图言论；话语▷奇～怪论｜老生常～｜美～｜笑～。

【谈锋】　tánfēng　图言词犀利，对答如流的劲头儿▷～极佳。

【谈虎色变】　tánhǔsèbiàn　比喻一谈到可怕的事物，就神情紧张，脸色异常。

【谈话】　tánhuà　❶团两个人或许多人在一起交谈▷他们正～呢，别打搅。❷用谈话的形式做思想工作▷领导找他个别～。❸图以谈话的形式发表的主张、看法或指示▷发表了重要～｜书面～。

【谈论】　tánlùn　团口头议论▷～时事。

【谈判】　tánpàn　团各方就彼此间有待解决的重大问题进行会谈，以求达成协议▷限制核武器～｜贸易～｜～中断。

【谈吐】　tántǔ　图谈话时的措词和神态▷～得体｜～大方。

【谈笑风生】　tánxiàofēngshēng　有说有笑，轻松而有风趣。

【谈笑自若】　tánxiàozìruò　形容在危急或异常情况下照常说说笑笑，不失常态。也说谈笑自如。

【谈心】　tánxīn　团说心里话，交流思想。

【谈资】　tánzī　图谈论的资料▷这类传闻不过是饭后的～而已。

弹（彈）

tán　❶团用弹（dàn）弓发射；泛指利用弹（tán）性作用发射▷～射。❷用力把被别的指头压住的指头挣开，就势猛然触击物体▷把纸上的灰尘～掉。❸用手指或器具拨弄或敲打乐器▷～琵琶。❹抨击；检举（官吏的失职行为）▷～劾。❺图物体受力变形，失去外力后又恢复原状▷～力。❻团利用有弹（tán）力的器械使纤维变松软▷～棉花。○另见 dàn。

【弹拨】　tánbō　团用手指或拨子拨动琴弦▷～乐器。

【弹唱】　tánchàng　团边弹边唱，一般指自弹自唱▷为听众再～一曲。

【弹词】　táncí　图曲艺的一个类别。流行于江南地区，表演者自弹自唱，伴奏乐器以三弦、琵琶、月琴为主。

【弹冠相庆】　tánguānxiāngqìng　《汉书·王吉传》说到王吉做了官，他的好友贡禹也把帽子掸干净，准备去做官。后用来指即将做官而互相庆贺（多含贬义）。

【弹劾】　tánhé　❶团君主国家担任监察职务的官员检举官吏的罪状。❷某些国家的议会指控、揭发政府高级官员（包括总统）的罪状。☞"劾"不读 kè。

【弹簧】　tánhuáng　图一种有弹性的零件，在外力作用下能发生形变，除去外力后恢复原状。

【弹力】　tánlì　图物体形变时所产生的使自身恢复原状的作用力。

【弹跳】　tántiào　团凭借肌体或器械的弹力向上跳起。

【弹性】　tánxìng　❶图物体受外力时产生形变，外力消失能恢复原状的性能▷塑料｜～极限。❷比喻处理事物的灵活性▷～外交｜处理问题要有一定的～。

【弹奏】　tánzòu　团用弹（tán）、拨的方式演奏▷～钢琴｜～琵琶。

覃

tán　形〈文〉深▷～思。☞作姓氏用义读 qín。

痰

tán　图肺泡和气管分泌出的一种液体。某些疾病患者的痰里含有病菌，可以传播疾病。

谭（譚）

tán　❶图古同"谈"▷《天方夜～》。❷姓。

潭

tán　❶图深水池▷深～｜龙～虎穴。

檀

tán　图乔木，包括黄檀、青檀、檀香、紫檀等。木材坚韧，其中檀香木极香，紫檀木很名贵。☞右下是"旦"，不是"且"。

忐

tǎn　［忐忑］tǎntè　形心神不定；胆怯▷～～不安。

坦

tǎn　❶形平而宽阔▷～途｜平～。❷比喻胸怀宽广，心境平定▷～然。❸直爽；不隐讳▷～率｜～白。

【坦白】　tǎnbái　❶形心地纯正，言谈率直▷襟怀～｜～地说。❷团（把错误或罪行）如实说出来▷～交代。

【坦诚】　tǎnchéng　形直率诚恳▷～地交换意见｜态度～。

【坦荡】　tǎndàng　❶形平坦而宽广▷～的高速公路。❷形容心地纯洁，胸怀宽阔▷襟怀～｜～的心胸。

【坦克】　tǎnkè　图〈外〉装有火炮、机枪和旋转炮塔的履带式装甲战车。

【坦然】　tǎnrán　形形容心里平静，没有顾虑的样子▷～的微笑｜神色～。

【坦率】　tǎnshuài　形坦白直率▷～地交换意见｜他为人～｜耿直。

【坦途】　tǎntú　图平坦的路途，比喻顺利的境况▷人生的道路不全是～。

袒 tǎn ❶囫脱掉或敞开上衣，露出(身体的一部分)▷~胸露怀｜~露。❷有意保护错误思想行为▷偏~｜~护。

【袒护】 tǎnhù 囫偏袒庇护。

【袒露】 tǎnlù ❶囫裸露▷~前胸。❷公开表露▷~心声。☞"露"这里不读 lòu。

毯 tǎn 图毯子，铺在床上、地上或挂在墙上的较厚的毛织品、棉织品或混纺织品▷毛~｜线~｜地~｜挂~。

叹(嘆) tàn ❶囫叹气▷悲~｜长吁短~。❷吟咏，有节奏地拉长腔诵读▷一唱三~｜咏~。❸赞美▷赞~｜~服。

【叹词】 tàncí 图表示感叹、呼唤、应答的词，充当独立成分或独立成句。如啊、唉、哼、呸、咦、喂、嗯。

【叹服】 tànfú 囫赞叹佩服。

【叹号】 tànhào 图标点符号的一种，形式为"!"，表示感叹句末尾的停顿。语气强烈的祈使句、反问句末尾也用叹号。

【叹绝】 tànjué 囫称赞事物极好▷高超的演技令人~。

【叹气】 tànqì 囫因不如意或无可奈何而口出长气，发出声音▷唉声｜长长地叹了一口气。

【叹赏】 tànshǎng 囫特别赞赏▷~不止。

【叹为观止】 tànwéiguānzhǐ 《左传·襄公二十九年》记载，春秋时吴国季札在鲁国观看乐舞，看到《韶箾(xiāo)》时说："观止矣，若有他乐，吾不敢请已!"意思是好到无以复加了。后用叹为观止赞美没有比所看到的事物更好的了。

【叹息】 tànxī 囫感叹；叹气▷摇头~｜~自己的命运。

【叹惜】 tànxī 囫感叹惋惜▷他英年早逝，令人~。

炭 tàn ❶图木炭，一种用木材烧制的黑色燃料▷~火｜雪中送~。❷指煤▷煤~｜~焦。☞不读 tǎn。

【炭画】 tànhuà 图用炭质材料绘成的画，有炭粉画和炭笔画之分。

探 tàn ❶囫把手伸进去摸取▷~囊取物｜~取。❷深入寻求▷~矿｜~险｜钻~。❸暗中考察或打听▷~敌情｜刺~。❹囫打探情报的人▷密~｜敌~。❺囫看望，访问▷~亲｜~病。❻伸出(头或上身)▷~头往窗外看｜~头~脑。☞统读 tàn。

【探测】 tàncè ❶囫用仪器考察和测量▷~地下资源。❷探讨、测度(事物的未知情况)▷~深海奥秘｜~心事。

【探查】 tànchá 囫深入或暗中探寻检查▷派人去~一下动静｜~事故的原因。

【探察】 tànchá 囫通过细致观察进行了解▷~灾情｜~虚实。

【探访】 tànfǎng ❶囫寻求；打听▷~民间秘方。❷看望；访问▷~故旧。

【探风】 tànfēng 囫探听消息，观察动静▷你们等着，我先去｜先探探风，再采取行动。

【探究】 tànjiū 囫探讨深究▷~生活真谛｜~事理。

【探秘】 tànmì 囫探求隐秘▷沙漠~。

【探囊取物】 tànnángqǔwù 手伸到口袋里掏东西。常比喻事情很容易办到。

【探亲】 tànqīn 囫看望外地的亲属(多指看望父母或配偶)。

【探求】 tànqiú 囫探索寻求▷~宇宙奥秘｜~真理。

【探身】 tànshēn 囫上身向前伸出▷行车时不要~窗外｜~向里张望。

【探视】 tànshì ❶囫看望问候(病人)。❷伸出头察看▷不时向门外~。

【探索】 tànsuǒ 囫深入研究思索，寻求答案▷~生命

奥秘｜~革命真理。

【探讨】 tàntǎo 囫探索讨论▷~解决分歧的办法｜~理论问题。

【探听】 tàntīng 囫探问；打听▷~消息。

【探望】 tànwàng ❶囫看望问候(多指远道专程)▷他特地从外地来~您。❷察看▷张望｜~到阵前。

【探问】 tànwèn ❶囫试探地询问▷~领导的意图。❷看望问候▷~老友。

【探悉】 tànxī 囫打听了解到▷记者已从警方~全部案情。

【探险】 tànxiǎn 囫到无人烟或情况不明的险境去考察▷去罗布泊~｜深海~。

【探寻】 tànxún 囫探访寻找▷~古城遗址｜~人生价值。

【探询】 tànxún 囫探问▷~解决问题的方法｜一再~。

碳 tàn 图非金属元素，符号 C。是构成有机物的主要成分。在工业和医药上用途很广。

tang

汤(湯) tāng ❶图热水；开水▷赴~蹈火｜扬~止沸｜~锅。❷中药加水煎出的药液▷煎~服用｜~剂。❸汁多菜少的菜肴；食物煮后所得的汁液▷三鲜~｜四菜一~｜鸡~。❹古代指温泉，现多用于地名▷~泉｜小~山(在北京)。☞在"浩浩汤汤"(水流又大又急的样子)中读 shāng。

【汤匙】 tāngchí 图喝汤用的小勺。也说调羹、羹匙。

【汤剂】 tāngjì 图中药剂型之一。把草药按配方混合，加水熬出汁液服用。也说汤药。

耥 tāng ❶图水稻中耕的一种农具，也说耥耙。❷囫用耥耙松土除草或平整土地▷把地~平｜耘。

嘡 tāng 拟声模拟敲锣、撞钟等的声音▷街上传来一阵~~的锣声。

趟 tāng ❶囫从浅水里或草地里走过去▷踩~着水过河｜在草原上~出一条路来。❷用犁、耥子等翻地除草▷~地。☞不要写作"蹚"。○另见 tàng。

唐 táng ❶圈(言谈)虚夸，不切实际▷荒~。❷图朝代名。

【唐三彩】 tángsāncǎi 图原指唐代陶器的彩釉颜色。现多借指唐代饰有黄、绿、蓝等多种彩釉的陶器工艺品，唐代以前我国陶器多用单一的釉彩。

【唐突】 tángtū 〈文〉❶囫冒犯；得罪▷~尊长。❷圈莽撞；冒失▷出言~。☞"突"不读 tù。

堂 táng ❶图本指厅堂，后泛指正房▷升~入室｜满~喝彩。❷旧时官府审案办事的地方▷公~｜升~。❸专为某种活动用的房屋▷礼~｜课~｜食~。❹堂房，同族父、曾祖或更远的父系亲属▷~兄弟｜~姐妹。❺圍 a)用于能摆满整间房屋的成套家具▷一~红木家具。b)用于分节的课▷上午上了四~课。

【堂而皇之】 táng'érhuángzhī 形容有气派或规模宏大。也形容大模大样，满不在乎。

【堂房】 tángfáng 圈同宗但不是嫡亲的(亲属)▷~姐妹｜~侄子｜~兄弟。

【堂皇】 tánghuáng 圈形容庄严正大而有气派▷~的外表｜冠冕~｜富丽~。

【堂堂】 tángtáng ❶圈形容阵容整齐，势力强大▷~大国。❷形容仪表端庄；心志宏大▷相貌~｜~男子汉。☞"堂堂"常用于讽刺，如"堂堂局长怎么能动手打人?""堂堂大国怎么能出尔反尔。"

【堂堂正正】 tángtángzhèngzhèng 原指军容盛大整齐。后指光明正大或身材威武、仪表出众。

棠 táng ❶图杜梨，也叫棠梨，落叶乔木，多用来嫁接梨树。❷[棠棣]tángdì 图落叶小乔木，花白色，果

实蓝黑色。

塘 táng ❶图水池▷池~|鱼~|堤▷海~|河~。❸坑状的东西▷洗澡~|火~。

搪 táng ❶团挡▷~寒|~风|~饥。❷应付;敷衍▷~差事|~账。❸把泥或涂料涂抹(在炉子或金属坯胎上)▷~炉子。
【搪瓷】 tángcí 图在金属坯胎上涂上珐琅釉后烧制而成的釉面制品,具有光滑、美观、耐酸碱等功能。❷指金属坯胎表面所覆盖的珐琅层。
【搪塞】 tángsè 团敷衍;应付▷发生了什么事,他不明说,只是支支吾吾~过去。☞"塞"这里不读 sāi。

溏 táng 形像泥浆一样半流动的▷~心鸡蛋|~便(稀薄的大便)。

樘 táng ❶图门或窗户的框▷门~|窗~。❷量一副门扇和门框或一副窗扇和窗框叫一樘▷两~门|四~窗。

膛 táng ❶图胸背之间的体腔,里面有心肺等器官▷开~|胸~。❷某些器物中空的部分▷子弹上~|炉~。

镗(鏜) táng 团用旋转的刀具伸入工件上已有的孔眼中进行切削▷~孔|~床。

糖 táng ❶图从甘蔗、甜菜、米、麦等植物中提炼出来的物质,包括白糖、红糖、冰糖、麦芽糖等。❷糖制的食品▷奶~|水果~。❸碳水化合物。人体内产生热能的主要物质。
【糖衣】 tángyī 图包在某些苦味药片或药丸表层的糖胶。
【糖衣炮弹】 tángyīpàodàn 糖衣裹着的炮弹。比喻腐蚀、拉拢、拖人下水的手段。也说糖弹。

螳 táng 图螳螂▷~臂。
【螳臂当车】 tángbìdāngchē 螳螂举起前腿妄想挡住前进的车子。比喻不自量力去做办不到的事或抗拒强大力量必然招致失败。☞"当"不读 dǎng;"当"不要写作"挡"(dǎng)。
【螳螂】 tángláng 图昆虫,黄褐色或绿色,头三角形,前腿镰刀状。捕食害虫,对农业有益。

帑 tǎng 图〈文〉国库的钱财▷国~|公~|~银。☞不读 nǔ。

倘 tǎng 连连接分句,表示假设关系,相当于"假使""如果"▷~有闪失,后果严重。
【倘若】 tǎngruò 连假设;假如。也说倘或、倘使。

淌 tǎng 团向下流▷~眼泪|~汗。

傥(儻) tǎng ❶古同"倘"。❷见[倜傥]tìtǎng。

躺 tǎng 团身体平卧▷~在草坪上看云彩|在床上~着。

烫(燙) tàng ❶团皮肤被火或高温的物体灼痛或灼伤▷手上~了一个泡|~伤。❷用温度高的物体使低温物体升温或改变状态▷~酒|~发(fà)。❸形温度高▷水太~|滚~的开水。
【烫手】 tàngshǒu 形温度高不能用手触摸;比喻事情棘手▷这事儿难办,真~。

趟 tàng ❶图行进中的队伍▷快点走,跟上~儿。❷量a)用于来往的次数▷来过两~|跟我走一~。b)用于成套的武术动作▷练了一~拳|玩了一~剑。c)用于按一定次序运行的车▷这~列车开往天津|最后一~长途汽车。○另见 tāng。

tao

叨 tāo 团客套话,指承受(别人的好处)▷~光(沾光)|~教(领教)|~扰(打扰)。☞"叨"和"叼"(diāo)不同。○另见 dāo;dáo。

涛(濤) tāo 图大浪▷波~|汹涌|惊~骇浪。❷像波涛的声音▷松~|林~。☞统读 tāo。

绦(縧) tāo 图绦子,用丝线编织成的带子▷丝~|~带。☞不读 tiáo。

焘(燾) tāo 图现多用于人名。

掏 tāo ❶团挖▷在墙上~个洞。❷伸进去取;往外拿▷~耳朵|~口袋◇把心里话~出来。
【掏底】 tāodǐ ❶团摸清底细▷对方派人来~,要注意保密。❷把东西全部拿出;把底细和盘托出▷我都~了,你该满足了吧。
【掏心】 tāoxīn 团把心里话都说出来▷~的话|他都~了,对方还是不信。

滔 tāo 团大水漫流▷浊浪~天。☞右边是"舀"(yǎo),不是"臽"。
【滔滔不绝】 tāotāobùjué 形容说话像滚滚波浪连续不断。
【滔天】 tāotiān ❶形容水势盛大,弥漫天际▷白浪~。❷形容罪恶、灾祸极其严重▷罪恶~|酿下~大祸。

韬(韜) tāo 〈文〉❶图弓套或剑套。❷团隐藏▷~光。❸图用兵的谋略▷~略。
【韬晦】 tāohuì 团〈文〉韬光养晦,掩藏锋芒或才能,暂不使外露。
【韬略】 tāolüè 图指用兵的谋略,也泛指计谋▷胸中的~|颇有经营~。

饕 tāo 图饕餮▷老~(贪食的人)。
【饕餮】 tāotiè 图〈文〉传说中一种贪吃的凶兽。比喻贪吃或凶恶贪婪的人。

逃 táo ❶团迅速离开对自己不利的环境▷~跑|~犯。❷躲避▷什么事都~不过他的眼睛|~难(nàn)|~税。
【逃奔】 táobèn 团向某地逃走▷~他乡|拼命~。☞"奔"这里不读 bēn。
【逃避】 táobì 团躲避不愿或不敢接触的事物▷检查|~现实|~灾祸。
【逃兵】 táobīng ❶图私自逃离部队的士兵。❷比喻面临困难危险而擅离岗位的人。
【逃窜】 táocuàn 团(到处)狂奔流窜▷敌人四下~。
【逃遁】 táodùn 团逃避隐藏▷闻风~。
【逃荒】 táohuāng 团因灾荒而到别处谋生。
【逃命】 táomìng 团为保全生命而逃离险境。
【逃跑】 táopǎo 团为避开危险或不利的情况而迅速离开。
【逃生】 táoshēng 团逃离险境,保全生命▷死里~。
【逃脱】 táotuō ❶团逃离(险境)。❷摆脱▷~责任。
【逃亡】 táowáng 团被迫出逃,流亡在外▷~海外。

洮 táo 图洮河,水名,在甘肃,流入黄河。

桃 táo ❶图桃树,落叶乔木。花色艳丽,果实是常见的水果。❷形状像桃的东西▷棉~。
【桃花汛】 táohuāxùn 图春季桃花盛开时发生的河水暴涨现象。也说春汛、桃汛、桃花水。
【桃李】 táolǐ 图桃树和李树,比喻培养的优秀人才▷~遍天下|~盈门。

【桃色】 táosè ❶图粉红色。❷形与不正当男女关系有关的▷~事件。

陶 táo ❶图用黏土烧制的器物▷~彩|~|~器。❷团制造陶器，比喻教育、培养▷~铸|~冶|熏~。❸形喜悦；快乐▷~然|~醉|乐~~。■在"皋陶"(古人名)中读 yáo。

【陶瓷】 táocí 图陶器和瓷器的总称。

【陶然】 táorán 形〈文〉喜悦舒畅的样子▷~自得。

【陶冶】 táoyě 团烧制陶器和冶炼金属，比喻对人的思想、情操产生良好的影响▷~心灵|从小~在音乐之中。

【陶醉】 táozuì 团热中或沉浸在某种境界或感受之中▷美景令人~|~于艺术的海洋里。

萄 táo 见[葡萄]pútáo。

啕 táo 见[号啕]háotáo。

淘 táo ❶团把颗粒状的东西装入盛器后放在水里搅荡，以除去杂质▷~米|~金。❷〈文〉冲刷▷大浪~沙。❸从深处舀出(泥沙、污秽等)▷~井|~茅坑。❹形顽皮▷这孩子真~。

【淘金】 táojīn ❶团用水从含有金粒的沙砾中淘去沙子，选出金粒。❷比喻设法赚大钱▷到国外去~。

【淘气】 táoqì 形〈口〉顽皮▷~的孩子。

【淘汰】 táotài 团除去差的、不适用的▷他已被~出局|陈规陋习终究要被社会所~。

讨(討) tǎo ❶团出兵攻打▷~伐|征~。❷公开谴责▷声~|申~。❸查究;商议▷探~|商|检~|论。❹索要;请求▷~债|乞~。❺娶▷~个老婆。❻招惹▷~人喜欢|自~没趣。

【讨伐】 tǎofá 团出兵征讨。

【讨好】 tǎohǎo ❶团为求得别人好感而逢迎别人▷百般~|用不着讨别人的好。❷取得好效果(多用于否定式)▷费力不~。

【讨还】 tǎohuán 团要求偿还▷~血债|~欠款。

【讨价还价】 tǎojiàhuánjià 买卖双方争议商品价格。比喻谈判时争讨对己有利的条件，或接受任务时计较得失。

【讨论】 tǎolùn 团围绕某一问题交换意见或进行辩论。

【讨饶】 tǎoráo 团请求饶恕。

【讨嫌】 tǎoxián 形惹人嫌弃。也说讨人嫌。

【讨厌】 tǎoyàn 团惹人厌烦;厌恶。

套 tào ❶图罩在物体外面的东西▷给沙发做个~儿|手~|枕~。❷团罩在物体的外面▷~上一件罩衣|~袖。❸互相重叠或间杂▷~色|~印|~种(zhòng)。❹图装在衣被里面的棉絮▷棉花~子|被~。❺同类事物组合成的整体▷上衣和裤子配不上~|成~设备。❻沿用已久的规矩、办法▷老一~|俗~|客~。❼团模仿;沿袭▷~公式|生搬硬~。❽图用于成套的事物▷一~设备|两~衣服。❾团用绳子等结成的环扣▷挽个~儿|活~儿。❿团用绳具拴或捕捉▷~车|~牲口|~狼。⓫笼络;拉拢▷~近乎|~交情。⓬团用计引出(实情)▷~他说出实情|拿话~他。⓭图使人上当的诡计▷给我们下了个~儿|圈~。⓮团骗取;用不正当的手段购买▷~汇|~购。

【套餐】 tàocān 图搭配成套的饮食、饭菜▷中式~|买三份鸡块米饭~。

【套房】 tàofáng ❶图配有卧室、客厅、厨房、卫生间等的成套房间。❷住宅中与正房通连的配间。

【套购】 tàogòu 团以非法手段大量购买国家计划控制的商品，并转手牟取暴利。

【套话】 tàohuà ❶图应酬的客套话▷都是自家人，不必说~。❷现成的、可到处套用的空话▷去掉~空话，要实话实说。

【套近乎】 tàojìnhu 主动和不太熟识的人表示亲近。也说拉近乎。

【套问】 tàowèn 团不露意图，拐弯抹角地盘问▷想从他嘴里~出什么东西来。

【套用】 tàoyòng 团仿照着用;沿用▷~老方法|~公式。

【套种】 tàozhòng 团在前季作物生长后期，就在其行间把后作物播种进去。可充分利用生长季节，多种多收。也说套作。

【套装】 tàozhuāng 图上下身配套设计制作的服装(多用同一种面料)。也说套服。

【套子】 tàozi ❶图做成一定形状、罩在器物外面起保护作用的物件▷给电子琴做个~。❷〈口〉棉衣、棉被里的棉絮。❸固定的格式、办法▷俗~|老~。❹用绳子等结成的环状物;比喻圈套▷小心落入他的~。

te

忐 tè 见[忐忑]tǎntè。

忒 tè 图〈文〉差错▷差~。

特 tè ❶形不同于一般的▷~色|~权|奇~|殊~。❷副 a)表示专为某事，相当于"特地"▷~此声明|~作如下规定。b)〈口〉特别;非常▷~冷|~早|实力~强。❸图指特务(tèwu)▷敌~。

【特别】 tèbié ❶形不一般;与众不同▷他的性格很~。❷副非常;格外▷心事~重|脾气~好。❸着重;特意▷~把环保问题提了出来。❹尤其▷她喜欢读古典小说，~是《红楼梦》。

【特产】 tèchǎn 图某地特有的或特别著名的产品。

【特长】 tècháng 图特有的专长。

【特地】 tèdì 副表示专为某人某事▷今天~为你举行欢送会。

【特点】 tèdiǎn 图人或事物所具有的独特的地方。

【特定】 tèdìng 形特别指定的或特殊限定的;一定的，特殊的▷~的人选|~的范围|~的历史时期。

【特辑】 tèjí 图为特定主题而编辑的文字资料、报刊、电影等▷纪念中华人民共和国成立 50 周年~。

【特技】 tèjì 图特种技术或技能。

【特价】 tèjià 形特别降低价格的▷~书|~出售。

【特刊】 tèkān 图为纪念某个节日、事件或人物等而编辑的一期或一版报刊。

【特快】 tèkuài 形速度特别快的▷~列车|~专递。

【特区】 tèqū 图在政治、经济等方面实行特殊政策的地区。

【特权】 tèquán 图一般人不享受不到的特殊的权利。

【特色】 tèsè 图事物的特殊色彩、风格等▷地方~|~产品。

【特赦】 tèshè 团在特殊情况下，国家最高权力机关或国家元首对某些有悔改表现的罪犯或特定犯人宣布赦免或减刑。

【特使】 tèshǐ 图国家临时委派的担任特殊使命的代表(多为外交代表)。

【特殊】 tèshū 形不同寻常;不同一般(跟"普通"相对)▷~地位|情况很~。

【特务】 tèwù 图军队中指警卫、通讯、运输等特殊任务▷~连。

【特务】 tèwu 图经过特殊训练,从事刺探情报、颠覆、破坏等秘密活动的特工人员,特指敌特▷便衣~。

【特效】 tèxiào 图特别好的效果;特别好的疗效▷实行股份制对企业扭亏为盈有~1这种药治疗哮喘有~。

【特写】 tèxiě 图❶一种新闻体裁。描写新闻事件中富有特征的片断,要求真实、及时,使读者获得深刻的印象。❷一种文学体裁。描写现实生活中真实的有意义的人物事件。但在细节上也可有适当的想象或艺术加工。❸电影艺术的一种手法。把人或物的局部放大、强调,造成清晰而强烈的视觉形象,取得独特的艺术效果▷~镜头。

【特性】 tèxìng 图事物特有的性质或性能。

【特异】 tèyì ❶圈特别优秀▷成就~。❷奇异的;不凡的▷~功能I~的色调。

【特地】 tèyì 圃特地▷~拜访1~前往。

【特征】 tèzhēng 图人或事物表露出来的可供识别的特殊的征象或标志;可作区别性标志的显著特点▷个性~I本质~。

【特种】 tèzhǒng 圈同类事物中特殊的一种▷~钢I股票I~兵I~工艺。

teng

熥 tēng 囝把凉了的熟食蒸热或烤热▷把馒头放到锅里~一~I热了再吃I~包子。

疼 téng ❶圈伤、病等引起的极不舒服的感觉;痛▷肚子~I伤口很~I~痛。❷囝疼爱▷妈妈最~小儿子。

【疼爱】 téng'ài 囝心疼;喜爱▷~女儿I地望着儿子。

【疼痛】 téngtòng 圈疼①。

腾(騰) téng ❶囝上升▷~空I飞~I~达。❷跳;奔驰▷~跃1欢~I奔~。❸上下左右翻动▷沸~I翻~。❹用在某些动词后,表示动作反复延续▷倒(dǎo)~I闹~I折(zhē)~。❺使空出来▷~出屋让客人住。

【腾飞】 téngfēi 囝腾空飞起,比喻迅速崛起和发展▷实现经济~I渴望中华民族早日~。

【腾腾】 téngténg 圈(气体、火焰等)旺盛,不断上升的样子▷热气~I烈焰~◇杀气~。

【腾越】 téngyuè 囝腾空跨越▷~而过I~障碍。

【腾云驾雾】 téngyúnjiàwù 传说中指施行法术乘云雾飞行。多形容飞驰无比迅速或神志恍惚的感觉。

誊(謄) téng 囝照底稿或原文抄写▷稿子太乱,要~一遍I~写。

滕 téng 囝周朝诸侯国名,在今山东滕县一带。☞右下不是"水"。

藤 téng 囝某些植物只能沿着地面生长或依附其他东西向上生长的茎。

【藤编】 téngbiān ❶圈用藤的茎皮或茎编织的▷~椅子。❷图用藤的茎皮或茎编织的器物▷这些~十分精巧。

ti

体(體) tǐ [体己]tǐjǐ ❶圈贴身的;亲近的▷~人I~话。❷家庭成员个人积蓄或保存的▷~钱。❸图家庭成员个人积蓄或保存的私房钱▷把自己的~拿出来I攒了些~。☞不宜写作"梯己"。○另见见。

剔 tī ❶囝(把肉从骨头上)刮下来▷把排骨上的肉~干净I~骨肉。❷(从缝隙或孔洞里)往外挑(tiāo)▷~牙缝I~指甲。❸(把不好的挑(tiāo)拣出

去▷把残次品~出来I~除。

【剔除】 tīchú 囝把不好的或不合适的东西去掉▷~糟粕。

【剔透】 tītòu 圈明澈透亮▷晶莹~。

梯 tī ❶图供人登高或下降用的器具或设备▷~子扶~I楼~。❷形状或作用像梯子的▷~田I~队。

【梯队】 tīduì ❶图指军队作战时按任务和行动顺序分成的若干支队伍,每支队伍就是一个梯队。❷比喻依次接替上一拨人任务的领导干部、运动员、科技人员等▷干部~。

锑(銻) tī 图金属元素,符号Sb。多用在化学工业和医药上,超纯锑是重要的半导体及红外探测器材料,锑的合金可用来制造铅字、轴承等。

踢 tī 囝用脚或蹄子撞击▷拳打脚~I~球。

【踢皮球】 tīpíqiú 比喻工作不负责任,互相推诿▷这么点事儿,两个单位来回~。

提 tí ❶囝垂着手拿(有提梁或绳套的东西)▷手里~着书包◇心吊胆。❷往上或往前移▷把裤子往上~I~价I~升I~早。❸举出;指出▷~条件I~名I~醒。❹说起;谈起▷这一点前面已经~过了I只字不~。❺图舀油、酒等的量具,长柄,下端装一圆筒形容器▷油~I酒~。❻汉字的笔画,形状是"ㄟ"。❼囝取出;拿出来▷~货I~款I~炼I~成。❽从关押的地方带出犯人▷~犯人I~审。☞在"提防"(小心防备)中读dī。

【提案】 tí'àn 图提请会议讨论或处理的方案或建议▷~获得通过。

【提拔】 tíbá 囝选拔提升▷~人才。

【提倡】 tíchàng 囝宣传事物的优点、好处,鼓励大家实行或使用▷~尊老爱幼I~饭前洗手。

【提成】 tíchéng 囝从财物的总额中按一定比例提取▷按5%的比例~I他已从利润中提了成。

【提纯】 tíchún 囝除去杂质,使变得纯净▷~酒精I这批种子还需~。

【提纲】 tígāng 图比喻内容的要点▷写作~I复习~。

【提纲挈领】 tígāngqièlǐng 提起鱼网的总绳,拎住衣服的领子。比喻抓住事物的关键,或把问题扼要地提示出来。

【提高】 tígāo 囝使(地位、位置、程度、水平、数量、质量等方面)比原来高▷~劳动效率I产量~了一倍。

【提供】 tígōng 囝供给;给予▷~方便I~优质服务。☞"供"这里不读gòng。

【提炼】 tíliàn ❶囝用化学或物理方法从物质中提取所需要的东西▷从石油中可以~出汽油、煤油等多种产品。❷比喻对经验、文艺创作和语言等进行加工、提高;从生活中概括出命题▷要学会~语言I从生活中~主题。

【提名】 tímíng 囝在评选或选举前由个人或组织根据一定的规则提出有当选可能的人或事物作为候选者▷代表~,大会选举I各系都~他当学术委员会委员。

【提请】 tíqǐng 囝提出并请求▷~注意I~各位代表审议。

【提取】 tíqǔ ❶囝从负责保管的机构中取出▷~存款I~行李。❷索取(罪证)▷~作案人指纹。❸经提炼而取得▷从石油中~汽油。

【提神】 tíshén 囝使有精神▷~醒脑I咖啡能~。

【提审】 tíshěn 囝❶把犯人从关押处提出来审讯。❷上级法院依法将下级法院受理的或可能错判的案件提归自己审判。

【提示】 tíshì 团提起注意▷历史～我们，毋忘国耻。

【提问】 tíwèn 团提出问题要求回答▷老师向学生～。

【提携】 tíxié ❶团提拔；扶植▷～后进。❷携手合作▷彼此～。

【提心吊胆】 tíxīndiàodǎn 形容十分担心、害怕。

【提醒】 tíxǐng 团提出来使注意▷～孩子写作业。

【提要】 tíyào ❶团从书籍或文章里摘出要点。❷图摘出的要点。

【提议】 tíyì ❶团提出建议或意见供讨论、研究▷向大会～。❷图提出的意见、建议▷这个～获得通过。

啼

tí ❶团鸣叫▷雄鸡～明｜虎啸猿～。❷出声地哭▷～笑皆非｜～哭。

【啼饥号寒】 tíjīháohán 因饥寒而啼哭号叫。形容极端穷苦。☛"号"这里不读 hào。

【啼笑皆非】 tíxiàojiēfēi 哭笑不得。形容事情既难堪又好笑。

鹈(鵜)

tí［鹈鹕］tíhú 图水鸟，体长，翼大，嘴的尖端弯曲，嘴下有皮囊，可存食物。善捕鱼。喜群居。

题(題)

tí ❶图题目▷文不对～｜命～｜考试～。❷团写；签署▷～字｜～签｜～名。

【题跋】 tíbá 图写在书籍、字画等前面的文字叫题，写在后面的叫跋，总称"题跋"。内容多为评价、鉴赏、考订等。

【题材】 tícái 图文艺作品描写的社会、历史的生活事件或生活现象。由作者对生活素材进行选择、集中、加工、提炼而成。

【题词】 tící ❶团写一段话表示纪念或勉励。❷图题写的留作纪念或勉励的文字。

【题解】 tíjiě ❶图关于诗文典籍题旨的阐释，也指汇编成册的此类专集。❷关于数理化等学科中间题的推演、计算、解答。也指汇编成册的此类专集。

【题目】 tímù ❶图标题。❷提出的问题。

【题签】 tíqiān ❶团为书刊题写名字或题词、签名。❷图封面的题字或扉页的题词、签名。

醍

tí 见下。

【醍醐】 tíhú〈文〉❶图从酥酪中提制的奶油▷如饮～。❷佛教比喻最高的佛法或最大的佛性▷～灌顶。

【醍醐灌顶】 tíhúguàndǐng 佛教密宗以醍醐灌洒头顶。比喻灌输智慧，使人大彻大悟。也比喻感觉清凉舒适。

蹄

tí 图牲畜生在趾端的坚硬的角质层，也指具有这种角质层的脚▷马不停～｜铁～｜～子｜～筋。

体(體)

tí ❶图人或动物的全身▷～无完肤｜量～裁衣｜身～。❷身体的一部分▷四～不勤｜五～投地｜肢～。❸事物的整体▷月色中，两座山浑然一～｜集～。❹事物的形状或形态▷液～｜气～。❺事物的规格、形式或规矩▷～例｜～制｜政～｜～统。❻文字的书写形式或文章的表现形式▷字～｜旧～诗｜～裁。❼圖亲身(经历)；设身处地(着想)▷～会｜～验｜～谅｜～恤。○另读 tǐ。

【体裁】 tǐcái 图文学作品的形式。

【体操】 tǐcāo 图体育运动项目。分徒手体操和器械体操两大类。

【体察】 tǐchá 团体验察看▷～民情。

【体罚】 tǐfá 团对少年儿童用罚站、罚跪、打骂等方式处罚。

【体格】 tǐgé 图人体发育情况和健康状况▷～检查｜～健壮。

【体会】 tǐhuì ❶团体验领会▷～到集体的温暖。❷图

体验领会到的道理、经验▷交流～｜～深刻。

【体积】 tǐjī 图物体所占空间的大小。

【体力】 tǐlì 图人体活动时所能付出的力量。

【体例】 tǐlì 图文章、著作的组织形式或编写规则。

【体谅】 tǐliàng 团设身处地替人着想，理解、原谅别人的困难、痛苦或过失。

【体面】 tǐmiàn ❶圈好看；漂亮▷这姑娘长得很～。❷光彩；光荣▷勤劳致富是～事。❸图面子；名誉▷有失～。

【体魄】 tǐpò 图体格和精力▷强壮的～。

【体态】 tǐtài 图人体的姿态▷～端庄｜～臃肿。

【体贴】 tǐtiē 团关怀；体察别人的心情和处境，给予同情和照顾▷～病人｜～受灾群众。

【体统】 tǐtǒng 图应有的体制、格局、规矩▷成何～？｜有失～。

【体味】 tǐwèi 团体会品味▷要深入～才能了解其中深刻含意。

【体无完肤】 tǐwúwánfū 全身没有一块完好的皮肤。形容全身受伤。也比喻论点被批驳得一无是处。

【体惜】 tǐxī 团体谅爱护(多指上对下或长对幼)▷～部下｜～儿女。

【体系】 tǐxì 图由许多互相关联的事物或思想意识形成的系统▷金融～｜哲学～。

【体现】 tǐxiàn 团某种精神、性质或现象通过某一事物具体表现出来▷大会～人们的意愿。

【体形】 tǐxíng 图(人、动物的)身体形状；(机器等的)外表形状。

【体型】 tǐxíng 图人体的类型，主要指身体的胖瘦、高矮和各部分之间的比例状况。

【体恤】 tǐxù 团设身处地为人着想并给以帮助▷～下情｜～烈士子女。

【体验】 tǐyàn ❶团亲身经历；实地领会▷～生活。❷图通过亲身实践所获得的经验▷各人经历不同，～也各不相同。

【体育】 tǐyù ❶图增强体质、促进健康的教育。❷体育运动。

【体制】 tǐzhì ❶图国家机关、企事业单位等的组织和运作的制度。❷艺术作品的体裁、格局。

【体质】 tǐzhì 图身体的健康状况，抵抗疾病和适应环境的能力。

屉

tì ❶图抽屉。❷笼屉，一套大小相等可以摞起来蒸食品的器具▷竹～｜布～｜～盖。❸床架或椅架上可以自由取下的部分▷床～。

剃

tì 团用刀具刮去毛发▷～胡子｜～刀。

【剃光头】 tìguāngtóu 把全部头发剃光。比喻在考试、比赛或评比中积分为零或无一项取胜。

倜

tì［倜傥］tìtǎng〈文〉洒脱大方；不为世俗所拘束▷风流～｜不羁。☛不宜写作"俶傥"。

涕

tì ❶图〈文〉眼泪▷痛哭流～｜破～为笑。❷鼻涕▷～泪交流。

悌

tì 团〈文〉敬爱兄长▷孝～。☛统读 tì。

惕

tì 圈小心；谨慎▷警～｜厉(警惕；谨慎)。

替

tì ❶圈〈文〉衰落；废▷衰～｜兴～。❷团代换▷你休息吧，我～你｜～班｜接～。❸⑩给；为▷请你～我画一张像｜大家都～他捏一把汗。

【替补】 tìbǔ ❶团替换，补充▷～队员。❷图替换补充的人▷～充当。

【替换】 tìhuàn 团调换；倒换▷这工作很累，咱们～着

干｜~零件。

【替身】 tìshēn 图替代别人的人。多指在影视拍摄现场代替演员出现在某些惊险场合或代人受罪的人。

【替罪羊】 tìzuìyáng 古代指犹太教赎罪日祭祀中替人承担罪过而宰杀的羊。比喻替别人受过的人。

嚏 tì 见[喷嚏]pēntì。

tian

天 tiān ❶图日月星辰罗列的空间；天空▷~上飘着白云｜苍~。❷古人指世界的主宰者▷~命。❸古人或某些宗教指神、佛、仙人居住的地方▷归~｜国｜西~。❹自然界▷人定胜~｜~灾。❺图自来就有的；天生的▷~资｜~险｜~性。❻图气候▷~很热｜晴~。❼季节；时令▷春~｜三伏｜黄梅~。❽一昼夜的时间；有时指从日出到日落的时间▷两~｜两夜｜明~。❾指一天里某一段时间▷~不早了，赶紧走吧｜晌午~｜三更~。❿图位置在上面的；架在空中的▷~窗｜~线。

【天崩地裂】 tiānbēngdìliè 天崩塌，地开裂。比喻巨大的灾难、重大的事变或强烈的声响。

【天才】 tiāncái ❶图超凡的才能，突出的聪明智慧。❷具有天才的人。

【天长地久】 tiānchángdìjiǔ 同天地一样长久。形容永恒不变(多用于表示爱情专一)。

【天敌】 tiāndí 图天然的敌人。在自然界中，一种动物被另一种动物所专门捕杀，后者就称为前者的天敌。~

【天地】 tiāndì ❶图天和地(多指自然界或社会)▷~之大，无奇不有。❷境界；境地▷开辟科研新~｜广阔的~。❸某事物的范围▷集邮~｜影视~｜法制~。

【天翻地覆】 tiānfāndìfù 形容发生根本的变化。也形容秩序大乱。☞不要写作"天翻地复"。

【天分】 tiānfèn 图天资。☞"分"这里不读 fēn。

【天赋】 tiānfù 图天生的资质▷~聪颖｜~很高。

【天干】 tiāngān 图见"干支"。

【天候】 tiānhòu 图一定时间内，某地的大气物理状态，如气温、气压、湿度、风、降水等▷记录~｜全~飞行。

【天花乱坠】 tiānhuāluànzhuì 佛教传说，法师讲经，感动上天，香花从空中纷纷落下。形容言谈、想象生动美妙，但不切实际。

【天昏地暗】 tiānhūndì'àn 形容雷雨风暴时的景象，也形容战斗非常激烈。比喻政治腐败或社会混乱。

【天机】 tiānjī ❶图迷信指上天的意旨。❷比喻机密的事▷泄漏~。

【天际】 tiānjì 图天边。

【天经地义】 tiānjīngdìyì 理当如此的不可改变的道理法则。

【天籁】 tiānlài 图自然界声响的统称，如风声、鸟虫声、流水声等。

【天良】 tiānliáng 图人性；良心▷做人要讲~｜丧尽~。

【天伦之乐】 tiānlúnzhīlè 骨肉团聚的欢乐(天伦：指父母、子女、兄弟、姐妹等亲属关系)。

【天罗地网】 tiānluódìwǎng 天空地面遍设张罗网。比喻法禁森严或比喻严密包围，无法逃脱。

【天马行空】 tiānmǎxíngkōng 神马腾空飞行。比喻才华横溢、不受拘束。也用以讽刺夸夸其谈，脱离实际。

【天怒人怨】 tiānnùrényuàn 上天震怒，百姓怨恨。形容作恶多端，引起公愤。

【天平】 tiānpíng 图精密衡器。杠杆两头有小盘，一盘放砝码，一盘放所称物。指针停在刻度中央时，所称物与砝码重量相同。

【天气】 tiānqì ❶图大气的物理状态在一定区域一定时间内的具体表现，如温度、湿度、气压、降水、风、云等的情况。❷〈口〉指时间▷~已晚，快走吧。

【天堑】 tiānqiàn 图天然形成的隔断交通的大沟，有时指大江大河(多指长江)，以突出其险要。

【天桥】 tiānqiáo ❶图火车站上横跨铁路的人行高桥。也指城镇闹市区横跨马路的人行高桥。❷桥形体育设施。多供空军、消防人员训练用。

【天趣】 tiānqù 图自然的情趣▷山川秀丽，富有~。

【天然】 tiānrán 图自然存在或自然产生的(区别于"人工")▷~气｜~树脂。

【天色】 tiānsè 图天空的颜色，借指时间的早晚和天气的变化▷~还早｜~阴沉。

【天生】 tiānshēng 团自然生成▷这孩子~好学。

【天时】 tiānshí ❶图自然气候条件▷~不如地利，地利不如人和｜种庄稼要不违~。❷时候▷~尚早。

【天使】 tiānshǐ ❶图某些宗教指天神的使者，现多比喻天真可爱、给人带来幸福欢乐的人(多指女子或小孩儿)。❷天子的使者。

【天堂】 tiāntáng ❶图某些宗教指善良人死后灵魂回归的极乐世界。❷比喻幸福温馨的生活环境。

【天体】 tiāntǐ 图宇宙间物质实体，如太阳、地球、月亮及其他恒星、行星、卫星、彗星、流星、宇宙尘等。

【天外有天】 tiānwàiyǒutiān 达到一个高境界之后还有更高的境界。多表示学习、技艺、本领等永无止境。也比喻能人之外有能人。

【天文】 tiānwén ❶图指日月星辰等天体在宇宙间分布运行的现象和规律。❷指天文学。

【天下】 tiānxià ❶图古时多指中国全部领土；全中国▷~兴亡，匹夫有责。❷指全世界▷世界局势虽已缓和但~并不太平。❸指国家的政权▷人民的~。

【天险】 tiānxiǎn 图自然形成的险地。

【天象】 tiānxiàng ❶图泛指各种天文现象。❷指风、云变化等气象情况。

【天性】 tiānxìng 图人的禀性；也指动物的本性▷~刚烈｜温柔的~。

【天涯海角】 tiānyáhǎijiǎo 极远而偏僻的地方(涯：边际)。也形容相隔极远。

【天衣无缝】 tiānyīwúfèng 传说天仙穿的衣裳没有接缝。比喻诗文浑然天成，或事物周密完美，没有破绽。

【天灾】 tiānzāi 图旱、涝、风、雪、雹、虫、地震等自然灾害。

【天真】 tiānzhēn ❶形心地单纯，性格直率，不造作和虚伪▷~无邪。❷头脑简单，思想幼稚▷东郭先生相信狼的谎言，真是太~了。

【天职】 tiānzhí 图应尽的职责。

【天诛地灭】 tiānzhūdìmiè (罪大恶极)为天地所不容(多用于诅咒或发誓)。

【天资】 tiānzī 图先天具有的素质(主要指智力)。

添 tiān 团增加▷~新｜~了几件家具｜~人进口。☞右下不是"水""氺"。

【添补】 tiānbǔ 团增添补充▷~衣裳｜~用具。

【添加】 tiānjiā 团增添▷~道具｜~人手。

【添乱】 tiānluàn 团〈口〉增添麻烦▷说是帮忙，实际上尽给人~了。

【添设】 tiānshè 团增设；增添▷~安全设备｜~机构。

【添油加醋】 tiānyóujiācù 比喻叙事或转述别人的话时，任意增添内容，夸大或歪曲事实真相。

【添置】 tiānzhì 团增添；购置。

【添砖加瓦】 tiānzhuānjiāwǎ 比喻为某项事业贡献微

薄力量。

田 tián ❶图耕种的土地▷种了几亩~｜梯~。❷指蕴藏矿物的地带▷煤~｜油~｜气~。

【田地】 tiándì ❶图耕地。❷地步；程度(多指坏的方面)▷竟然穷到了这般~。

【田间】 tiánjiān ❶图田地里▷~管理。❷借指农村、乡间▷深知~疾苦。

【田垄】 tiánlǒng ❶图田埂。❷在耕地上培起的用来种植农作物的土埂。

【田赛】 tiánsài 图田径运动中各种跳跃和投掷比赛项目的总称。

【田园】 tiányuán 图田地和园圃，泛指农村。

畋 tián 团〈文〉打猎▷~猎。

恬 tián 圈❶安静▷~静。❷淡泊▷~淡。❸坦然；不放在心上▷~不知耻。☞不读 tiǎn。

【恬不知耻】 tiánbùzhīchǐ 安然不以为耻。指做了坏事还满不在乎，不知羞耻。

【恬静】 tiánjìng 圈宁静；清静▷心里十分~｜~的山村。

甜 tián ❶圈象糖或蜜的滋味(跟"苦"相对)。❷舒适，令人愉快▷这孩子嘴真~｜笑得很~｜睡得正~。

【甜美】 tiánměi ❶圈甜而可口▷味道~。❷愉快；舒服；美好▷~的生活｜嗓音~｜动听。

【甜蜜】 tiánmì 圈形容幸福、愉快、舒适。

【甜润】 tiánrùn 圈(声音等)甜美圆润▷歌声~、动听｜花园里的空气清新而~。

【甜丝丝】 tiánsīsī ❶圈形容味道甘甜▷~的泉水沁人心脾。❷形容幸福、愉快的感觉▷看到学生健康成长，老师心里~的。

【甜头】 tiántou 图微甜的味道，比喻好处、利益▷尝到了坚持体育锻炼的~。

【甜言蜜语】 tiányánmìyǔ 为了讨好或哄骗人而说的动听的话。

填 tián ❶团把低洼的地方垫平；把空缺的地方塞满▷把坑~平｜欲壑难~。❷补充▷~空补缺｜~充。❸按照要求在表格、单据等空白处写▷~上姓名、住址｜~表。

【填补】 tiánbǔ 团补足(空缺或缺欠)▷~空白｜~亏空。

【填充】 tiánchōng ❶团填补(某个空间)▷~空缺。❷测验时把问题写成一句话，空出要求回答的部分，让人填写。也说填空。

【填写】 tiánxiě 团按要求在表格、单据等的空白处写上(文字或数字)▷~存款单。

【填鸭式】 tiányāshì 图比喻教师不顾学生的接受能力，一味灌输知识的授课方法。

忝 tiǎn 副〈文〉谦词，表示辱没他人而有愧▷~为人师｜~列门墙(表示愧在师门)。☞上边是"天"，不是"夭"。

殄 tiǎn 团尽；绝▷暴~天物｜~灭。

腆 tiǎn ❶团胸、腹凸出或挺起▷~着肚子｜~着胸脯。❷见[腼腆]miǎntiǎn。

舔 tiǎn 团用舌头沾取或擦拭▷~掉嘴角的饭粒｜~嘴唇。

掭 tiàn 团用毛笔蘸墨汁后在砚台上顺笔毛。

tiāo

佻 tiāo 圈轻薄；不庄重▷轻~。☞统读 tiāo。

挑 tiāo ❶团用肩膀担着▷~着两筐菜｜~担子。❷图扁担和它两头挂着的东西▷挑~儿卖菜的｜~子。❸量用于成挑儿的东西▷一~儿水｜两~儿土。❹团选取；取出▷~几个身强力壮的｜~西瓜｜~毛病｜~错。○另见 tiǎo。

【挑刺儿】 tiāocìr 团特意挑剔(细微的毛病)▷有的人专门爱~。

【挑肥拣瘦】 tiāoféijiǎnshòu 指挑来挑去，一味挑对自己有利的(多含贬义)。

【挑拣】 tiāojiǎn 团挑选(多涉及具体事物)▷把不合格的产品~出来｜这几件衣服随您~。

【挑食】 tiāoshí 团指对食物过于挑拣，有的爱吃，有的不爱吃或不吃▷孩子~对健康不利。

【挑剔】 tiāotī 团过分地在细节上找(毛病)▷对别人不要过于~。

【挑选】 tiāoxuǎn 团从众多的人或事物中选出符合要求的▷~演员｜~商品。

条(條) tiáo ❶图植物细长的枝▷柳~｜荆~｜枝~。❷泛指细长的东西▷面~｜布~｜金~。❸圈细长形的▷~纹｜~幅｜~凳。❹图条理▷有~不紊｜井井有~。❺图按条理分项的▷~目｜~令｜~约。❻量 a)用于细长的东西▷两~腿｜一~河｜两~鱼。b)用于分项的东西▷两~意见｜三~新闻。

【条播】 tiáobō 团播种时将种子均匀地撒成长条形，行与行之间保持一定距离。

【条分缕析】 tiáofēnlǚxī 一条一条地详加分析。形容分析得细致而有条理。

【条幅】 tiáofú 图直挂的长条字画。

【条件】 tiáojiàn ❶图影响事物发生、存在或发展的各种因素▷生存~｜提供最好的发展~。❷针对某些事物而提出的要求或标准▷按~录取｜这批水果不符合出口~。❸情况；状态▷学校各方面~都好｜卫生~太差。

【条件反射】 tiáojiàn fǎnshè 生理学上指有机体因信号的刺激而发生的反应。

【条款】 tiáokuǎn 图法规、条约、章程等文件和契约上的项目。

【条理】 tiáolǐ ❶图思想、言语、文字等的次序、层次、系统。❷生活、工作或物品摆放的秩序。

【条例】 tiáolì ❶图由国家最高权力机关、中央政府制定或批准的法律性文件，是对政治、经济、文化等某些事项，或对某一机关的组织、职权等所做的规定。❷泛指团体分条订立的章程、规则。

【条令】 tiáolìng 图由军事统帅机关颁布的、用简明条文规定的军队及其成员行动的准则。

【条目】 tiáomù ❶图(法规、条约、章程等)按内容分类的细目。❷特指词典的词条。

【条条】 tiáotiáo 图各事业部门纵的组织系统(跟"块块"相对)▷要处理好~与块块的关系。❷条文▷用~去约束。

【条条框框】 tiáotiáokuàngkuàng 图各种规章制度的通俗说法，多指落后于形势的陈旧的规章制度，也泛指各种限制和束缚。

【条文】 tiáowén 图法规、章程等分条说明的文字。

【条形码】 tiáoxíngmǎ 图商品的代码标记。用粗细相间的黑白线条表示数字和数字的组合，这些数字组合代表各种各样的信息，可以用光电阅读器读出并输入计算机处理。

【条约】 tiáoyuē 图国与国之间签订的关于政治、经济、军事、文化等方面的相互权利和义务的各种协议。

【条子】 tiáozi ❶图细长的东西▷布～|纸～。❷便条▷不能单凭领导的一张～就让他得到这个职位。

迢 tiáo [迢迢]tiáotiáo 形(路程)遥远▷千里～。

调(調) tiáo ❶形和谐;配合得当▷风～雨顺|比例失～。❷团使配合得当或适合要求▷这台收音机总是～不好|～味|～色。❸使和解▷～解|～处(chǔ)|～停。❹嘲弄;挑逗▷～笑|～戏|调情。❺挑拨▷～嘴学舌|～唆。○另见 diào。

【调处】 tiáochǔ 团调停处理▷从中～|～民事纠纷。☞"处"这里不读 chù。

【调和】 tiáohé ❶形和谐;配合得适当▷气氛～|雨水～。❷团使和解;使矛盾缓和▷～婆媳关系。❸搅拌均匀▷～佐料|～颜料。

【调剂】 tiáojì 团调节;调整▷～药物|～伙食|～余缺。

【调教】 tiáojiào 团教导;训练▷对小孩儿要耐心～|～役畜。

【调节】 tiáojié 团从数量上或程度上调理节制,使符合要求▷～水流量|～市场供应。

【调解】 tiáojiě ❶团用劝说的方式消除矛盾,排解纠纷▷～纷争。❷法律上特指处理民事纠纷和轻微刑事案件时,通过说服教育和当事人的协商,使纠纷得到解决,以增进人民内部的团结。

【调侃】 tiáokǎn 团用诙谐的话戏弄,调笑▷没想到他竟然会如此～人。

【调控】 tiáokòng 团调节和控制▷宏观～|～经济。

【调理】 tiáolǐ ❶团调治;护理▷他的身子很虚弱,要好好～。❷料理▷～伙食|把家务～。❸调教;训练▷把学生～得很守纪律。

【调配】 tiáopèi 团调和,配搭▷～颜料|～药物|饮食要～好。☞"调配"(tiáopèi)和"调配"(diàopèi)音、义不同。

【调皮】 tiáopí ❶形顽皮▷～的孩子|这孩子真～。❷不驯顺,难对付▷这个人太～,不服管束。❸要小聪明,做事不认真▷做学问要老老实实,来不得半点～。❹机灵;狡黠▷她～地眨了眨眼睛。

【调试】 tiáoshì 团调整并试用(仪器、设备等)▷新设备需要～。

【调唆】 tiáosuō 团挑拨,唆使▷他听信坏人～,走上了邪路。也说挑唆。

【调停】 tiáotíng 团从中调解,平息争端▷出面～。

【调戏】 tiáoxì 团对妇女进行侮辱性挑逗戏弄。

【调笑】 tiáoxiào 团戏谑取笑;开玩笑▷姑嫂俩互相～|～别人。

【调养】 tiáoyǎng 团调节饮食起居,辅以药物,使健康恢复▷病后要注意～身体。

【调匀】 tiáoyún ❶团调和使均匀▷把颜色～。❷形调和;均匀▷雨水～。

【调整】 tiáozhěng 团为适应新的情况而调配、整顿▷～机构|方案要～一下。

【调治】 tiáozhì 团调养和治疗▷对老年病人要悉心～。

笤 tiáo [笤帚]tiáozhou 图扫除灰尘的用具,用去粒的高粱穗、黍子穗或棕等扎成。☞不宜写作"苕帚"。

龆(齠) tiáo 团〈文〉儿童乳牙脱落,长出恒齿▷～年(童年)。

髫 tiáo 图古代指儿童下垂的发式▷垂～|～龄(童年)。

挑 tiáo ❶团用带尖的或细长的东西先向下再向上用力▷～野菜|把脓包～开。❷用言语或行动刺激对方,以引起冲突、纠纷或某种情绪▷～战|～衅|～拨。❸扬起▷眉毛一～|～起大拇指。❹用细长东西的一头把物体支起或举起▷～灯夜战|～帘子。❺图汉字的笔画,由左向右斜上,形状是"ㄟ"。也说提。○另见 tiāo。

【挑拨】 tiǎobō 团搬弄是非,挑起矛盾或纠纷▷防止坏人～。

【挑大梁】 tiǎodàliáng 比喻承担重要的任务或在工作中起主要作用。

【挑动】 tiǎodòng ❶团引起;激发▷～了他的好奇心。❷挑拨煽动▷～群众闹事|～内战。

【挑逗】 tiǎodòu 团撩拨,逗引▷存心～|他发怒。

【挑明】 tiǎomíng 团说穿;揭开▷～关系|把这件事～了吧。

【挑弄】 tiǎonòng ❶团挑逗戏弄▷再不敢～人了。❷挑拨;搬弄▷～是非。

【挑衅】 tiǎoxìn 团蓄意挑起矛盾或争端▷敌人不断向我们～。

【挑战】 tiǎozhàn 团激起敌方出战;鼓动对方和自己竞赛▷敌人在向我们～|彼此～和应战。

窕 tiǎo 见[窈窕]yǎotiǎo。

眺 tiào 团往远处看▷远～。

【眺望】 tiàowàng 团从高处远望▷～全城夜景。

粜(糶) tiào 团卖(粮食)(跟"籴"相对)▷～了粗粮籴细粮。

跳 tiào ❶团腿部用力,使身体离地向上或向前▷～过一道小溪|～高|～远。❷一起一伏地振动▷心～个不停|眼皮直～。❸越过▷她～着行看完了这本书|～级。

【跳槽】 tiàocáo ❶团牲口离开原来所在的槽头到别的槽头争食。❷比喻人改变行业或变动工作处所▷他工作很不安心,总想～。

【跳荡】 tiàodàng ❶团跳跃;激荡▷金丝猴在树林里～|山谷间～着激流。❷(心情)激动▷一颗年轻的心在～。

【跳行】 tiàoháng ❶团另起一行书写▷每段开头要～书写。❷阅读或抄写时漏去一行。❸改换行业▷他～去了金融部门。

【跳级】 tiàojí 团越级;连升两级(或更多)▷学生一般不让～。

【跳梁小丑】 tiàoliángxiǎochǒu 指上窜下跳,搬弄是非的卑鄙小人(跳梁:跳跃)。

【跳舞】 tiàowǔ 团舞蹈。

【跳跃】 tiàoyuè 团跳起腾跃▷～前进|～运动。☞"跃"不读 yào。

【跳闸】 tiàozhá 团电源开关自动断开,即电闸断路。

tie

帖 tiē ❶形安定;稳妥▷妥～。❷团驯服;顺从▷服～。○另见 tiě;tiè。

贴(貼) tiē ❶团把片状的东西粘在别的东西上▷剪～|张～。❷紧紧靠近▷把脸～在妈妈怀里|～心。❸补偿;补助▷把本钱都～进去了|倒～。❹圉用于膏药等。

【贴补】 tiēbǔ 团用财物补助不足▷～贫困学生。

【贴金】 tiējīn 团在神佛塑像上贴上金箔；比喻对人或事物夸饰、美化(含贬义)▷别给自己~了。

【贴近】 tiējìn ❶团靠近▷~生活。❷形亲近▷~的人。

【贴切】 tiēqiè 形(措词)恰当；确切▷用词要~。

【贴身】 tiēshēn ❶形紧挨着肌肤的▷~的内衣。❷合身的▷这套衣服很~。❸跟随在身边的；亲近的▷~警卫|~的人。

【贴心】 tiēxīn 形最亲近；最知己▷~话|女儿和娘最~。

帖 tiè 图写有简短文字的纸片▷请~|名~。○另见 tiē;tiè。

铁(鐵) tiě ❶图金属元素，符号 Fe。用途极广，可用来炼钢，制造各种机械、器具。❷指刀枪等武器▷手无寸~。❸形确定不移的▷~的纪律|~证。❹(性质)坚硬；(意志)坚强▷~拳|~人|~腕。❺强暴或无情的▷~蹄。❻团使表情严肃▷着脸说。

【铁案如山】 tiě'ànrúshān 证据确凿的定案，像山一样不可推翻。

【铁窗】 tiěchuāng 图装有铁栅的窗户，借指监狱。

【铁定】 tiědìng 形确定无疑或不可改变的▷~的证据|~的法则。

【铁饭碗】 tiěfànwǎn 比喻非常稳定的职业或职位▷打破~。

【铁杆儿】 tiěgǎnr 图铁制的棍状物；比喻坚定不移或顽固不化的分子▷他是那个组织的一|~汉奸。

【铁骨铮铮】 tiěgǔzhēngzhēng 形容性格刚强不屈。

【铁轨】 tiěguǐ 图指铺铁路的钢铁构件和这种构件铺成的轨道。也说钢轨。

【铁路】 tiělù 图在坚固的路基上铺设铁轨供火车行驶的道路。也说铁道。

【铁面无私】 tiěmiànwúsī 形容秉公办事，不讲私情。

【铁骑】 tiěqí ❶图〈文〉披挂铁甲的战马。❷借指精锐的骑兵。

【铁青】 tiěqīng 形青黑，常形容人恐惧、盛怒或重病时的脸色▷脸色~|脸顿时气得~。

【铁拳】 tiěquán 图借指强劲的打击力量。

【铁石心肠】 tiěshíxīncháng 像铁和石头一样硬的心肠。形容不易为感情所动。

【铁树开花】 tiěshùkāihuā 比喻事情特别罕见或极难实现(铁树：苏铁，常绿乔木，多年才开花一次)。

【铁算盘】 tiěsuànpán 借指高超的计算技能；也借指精通计算或很会算计的人。

【铁蹄】 tiětí 图比喻践踏人民的残暴行径▷不容侵略者的~踩躏我们的家园。

【铁腕】 tiěwàn 图比喻强有力的控制手段(多作定语)▷~人物|实行~统治。

【铁心】 tiěxīn 团下定决心不动摇▷~干革命|参军我是铁了心了。

【铁证】 tiězhèng 图非常确实的证据▷~如山，不容抵赖。

帖 tiè 图习字或绘画时摹仿的样本▷碑~|字~|画~。○另见 tiē;tiè。

饕 tiè 见[饕餮]tāotiè。

ting

厅(廳) tīng ❶图会客、聚会、娱乐等用的大房间▷客~|门~|~堂。❷政府中按业务划分的办事机构▷国务院办公~|省教育~。

汀 tīng 图〈文〉水边的平地▷~洲|沙~|绿~。

听(聽) tīng ❶团用耳朵接收声音▷~妈妈讲故事|~力|~众。❷依从(命令、劝告等)；接受(意见、教导等)▷一切行动~指挥|言~计从。❸任凭；随▷~其自然|~任|~凭。❹图〈外〉用金属皮制成的筒子或罐子▷~装。❺量用于罐装食品▷一~奶粉。☞统读 tīng。

【听便】 tīngbiàn 团听凭自己决定▷你想吃什么、~去与不去，听你的便|食宿标准，悉听尊便。

【听从】 tīngcóng 团接受并服从▷~指挥|~分配|你说得对，我就~。

【听而不闻】 tīng'érbùwén 听了像没听见一样。指不重视或漠不关心。

【听候】 tīnghòu 团等候(上级的指示、决定等)▷~调动|~安排。

【听觉】 tīngjué 图(人和脊椎动物的)耳鼓膜受声波振动而产生的感觉▷~灵敏|失去~。

【听力】 tīnglì 图耳朵接收分辨声音的能力。

【听命】 tīngmìng ❶团听从命运的安排▷到这个地步，只好~了。❷〈文〉听从指令▷~于他人。

【听凭】 tīngpíng 团让别人随意去做，自己不去过问或干预；任凭▷写不写，~你自己作主|自己要有主见，不能~别人摆布。

【听取】 tīngqǔ 团专注地听(意见、反映等)▷虚心~群众呼声|~汇报。

【听天由命】 tīngtiānyóumìng 听任天意和命运的安排。现多指听凭事情自然发展，有时也指碰运气。

【听写】 tīngxiě 团进行语文等教学时，教师或其他人发音或朗读，学生笔录，训练听和写的能力▷英语~练习|学生~生字。

【听信】 tīngxìn 团听到并相信(多指不正确的话或消息)▷~谗言|别~那些流言蜚语。

【听众】 tīngzhòng 图听讲演、音乐或广播等的人▷精彩的讲演引起~阵阵掌声|~点播节目。

廷 tíng ❶图君主接受朝见、处理政事的地方▷宫~|朝~|~试。❷封建王朝以君主为首的最高统治机构▷清~(清朝政府)。☞㊀跟"延"不同。㊁"壬"一撇下面是"土"，不是"士"。

莛 tíng 图草本植物的长而硬的茎▷草~|麦~。

亭 tíng ❶图亭子，一种有顶无墙的小型建筑物。❷形状像亭子的小屋▷书~|岗~。

【亭亭玉立】 tíngtíngyùlì 形容女子身材修长，体态秀美。也形容花木主干挺拔匀称。

庭 tíng ❶图厅堂▷大~广众。❷正房前的院子▷~院|前后院|门~若市。❸审理案件的处所▷法~|开~。☞统读 tíng。

【庭园】 tíngyuán 图种植花草树木的庭院或住宅花园。

【庭院】 tíngyuàn 图宅院。

停 tíng ❶团止息；中断▷大雨~了|手表~了|~下脚步。❷停留或放置▷路边~着一辆汽车|~泊|~放。❹形稳妥▷~当|~妥。

【停摆】 tíngbǎi 团钟摆不动了；比喻事情中止▷钟~了|双方各不相让，会谈~。

【停泊】 tíngbó 团(船只)靠岸；停留▷客轮~在码头上。☞"泊"这里不读 pō。

【停当】 tíngdang 形妥当；完毕▷一切都安排~了。

【停顿】 tíngdùn ❶团中止或暂停▷生产不能~|部队稍作~再继续前进！❷语流中的间歇▷讲话要注意~。

【停放】tíngfàng 囫(车辆、灵柩等)暂时放置▷死者～在太平间。

【停火】tínghuǒ ❶囫停止烧火▷砖窑中午～。❷交战双方或一方停止战斗▷呼吁各方～。

【停靠】tíngkào 囫(车船)在某处停留▷小船～在岸边｜火车～在车站。

【停留】tíngliú ❶囫暂停前进▷途中在武汉～了几天。❷停滞不前▷人类的认识决不会～在一个水平上。

【停息】tíngxī 囫停止;止息▷爆竹声渐渐～了｜河水滔滔,永不～。

【停歇】tíngxiē ❶囫终止营业▷生意清淡,有的餐馆只好～。❷停下来休息▷忙碌多时,一直没有～。❸停止;停息▷大风刮了一天一夜还没～。

【停学】tíngxué 囫(学生)因故停止上学▷因病～一年。

【停业】tíngyè ❶囫中止营业▷这家歌舞厅～整顿。❷终止营业▷～拍卖。

【停职】tíngzhí 囫暂时解除所任职务,是一种行政处分▷～检查。

【停止】tíngzhǐ ❶囫不再进行;不再实行▷～供电｜使用粮票。❷暂停;停息▷～前进｜哭声～了。

【停滞】tíngzhì 囫因受阻而滞留▷经济～｜思想～。

蜓 tíng 见[蜻蜓]qīngtíng。

婷 tíng [婷婷]tíngtíng 囮〈文〉姿态美好▷袅袅～。

霆 tíng 囵迅急而猛烈的雷▷雷～。

挺 tǐng ❶囮直▷笔～｜～进｜直～～。❷囫伸直或凸出▷身子～得笔直｜～身。❸勉强支撑▷发着烧还硬～着上课｜～得住。❹囵用于机枪▷一～机枪。❺囵很▷～好｜～和气｜～快。

【挺拔】tǐngbá ❶囮直立高耸的样子▷～的古柏。❷强劲有力▷笔势～｜军容整齐。

【挺进】tǐngjìn 囫(军队)直向目标前进▷～大别山｜向边疆～。

【挺立】tǐnglì 囫直立▷傲然～。

【挺直】tǐngzhí ❶囮形容特别直▷～的树干｜～的身躯。❷囫直起来▷～腰板。

梃 tǐng 囵梃子,门框、窗框或门扇、窗扇两侧直立的边框▷门～｜窗～。○另见 tìng。

铤(鋌) tǐng 囮形容快跑的样子。

【铤而走险】tǐng'érzǒuxiǎn 因走投无路而采取冒险行动。☞不宜写作"挺而走险"。

艇 tǐng 囵轻便的小船,也指某些较大的军用船▷快～｜潜水～。

梃 tìng ❶囫在杀死的猪的腿上割开一个口子,用铁棍贴着猪皮往里捅(以便吹气刮毛)▷～猪。❷囵梃猪用的铁棍。○另见 tǐng。

tong

通 tōng ❶囫可以到达;没有阻碍▷直～矿山｜四～八达｜畅～｜～行◇这办法行不～。❷全都了解;彻底懂得▷～英语｜～情达理｜～晓｜精～。❸囵精通某一方面情况、事务的人▷中国～｜万事～。❹囮(文章)思路和文字合理而流畅▷文理不～｜～顺。❺共同的;一般的▷～病｜～称｜～常。❻全部;整个▷～宵｜～体｜～盘。❼囫使不堵塞▷～一～炉子｜疏～。❽互相往来;连接▷～邮｜～商。❾告诉别人;使知道▷～知｜～告｜～敌。○另见 tòng。

【通报】tōngbào ❶囫上级机关把有关情况通告下属单位▷～批评｜～全军。❷囵上级机关通告下属单位的文件▷草拟～。❸报道学术动态或成果的刊物▷《数学～》。❹囫通知禀报(上级或主人)▷请～厂长一声,有位客人来访。❺国与国或国际组织之间告知重要事项▷我国公安部向国际刑警组织～缉捕国际贩毒集团的情况。

【通病】tōngbìng 囵普遍存在的缺点、毛病。

【通常】tōngcháng 囮普通,平常▷这次列车～不晚点。

【通畅】tōngchàng ❶囮通行无阻▷线路～｜呼吸～。❷(思路、文笔)通顺流畅▷语言～。

【通称】tōngchēng ❶囫通常称为▷薯蓣(shǔyù)～山药。❷囵通常使用的名称▷香菜是芫荽(yánsuī)的～。

【通达】tōngdá ❶囮畅通无阻▷道路～。❷通情达理▷～世事。

【通敌】tōngdí 囫与敌人勾结▷有人～。

【通电】tōngdiàn ❶囫开始供电;电流通过▷这个住宅小区早就～了。❷把某种政治主张或决定用电报的方式告知有关方面并公开发表▷～全国,宣布起义。❸囵通电的电文▷～的内容精辟,说服力极强。

【通牒】tōngdié 囵国与国之间的外交文书。要求对方马上照办的叫"最后通牒"。现在通常说"照会"。

【通读】tōngdú 囫从头至尾阅读全书或全文▷他～了《资本论》。

【通风】tōngfēng ❶囫空气流通,使空气流通▷～降温｜打开窗户通通风。❷比喻泄漏消息▷～报信。

【通告】tōnggào ❶囫普遍告知▷特此～全市。❷囵普遍告知群众的文告▷省人民政府～。

【通观】tōngguān 囫从整体或全局观察▷～事件的全过程。

【通过】tōngguò ❶囫穿过或经过▷～敌人封锁线｜队伍从主席台前～。❷(计划、议案等)经过法定人数的同意而成立▷大会～了五项决议。❸囵引进动作的媒介或方式、手段等▷～调查研究取得第一手材料｜我们～翻译交谈。

【通航】tōngháng 囫有船只或飞机航行。

【通红】tōnghóng 囮非常红▷小手冻得～｜炉火～。

【通话】tōnghuà ❶囫通过电话交谈▷我已经和他～了。❷用彼此能懂的语言交谈▷他和外商用英语～。

【通货】tōnghuò 囵社会中流通的货币。

【通货膨胀】tōnghuò péngzhàng 一个国家的纸币发行量超过流通中所需要的货币量,引起纸币贬值,物价上涨。☞"胀"不要写作"涨"(zhàng)。

【通缉】tōngjī 囫执法机关对在逃犯通令缉捕▷～罪犯。

【通假】tōngjiǎ 囫古代典籍中用音同或音近的字代替本字。如借"蚤"为"早"。

【通力】tōnglì 囷一齐出力▷～协作。

【通令】tōnglìng ❶囫把命令广泛下达到(各处)▷～全军｜～嘉奖。❷囵广泛下达的命令▷接到中央军委的～。

【通明】tōngmíng 囮特别明亮▷大厅里灯火～。

【通盘】tōngpán 囮全盘;全面▷～考虑｜～核计。

【通票】tōngpiào ❶囵联运票。不同交通部门或分段的交通路线之间接续运输,只需买一次的全程通用票。❷公园等娱乐场所出售的通用票,可进入各分场所而不必再购票。

【通气】tōngqì ❶囫使空气流通▷打开窗子～。❷互通信息▷希望常跟我通通气。❸(煤气,暖气等)开始供气▷管道煤气昨天～了。

【通情达理】　tōngqíngdálǐ　说话、做事合乎人情事理。

【通融】　tōngróng　❶囫变通办法给予方便▷工作调动的事请你～一下|这事可不可以～～？❷暂时借钱▷他手头较紧，想跟人～一笔款子。

【通史】　tōngshǐ　囡连续叙述各个时代政治、经济、文化等各方面发展演变的史书▷《中国～》。

【通顺】　tōngshùn　囵(文章)在语法上、逻辑上通畅，条理分明▷语言|这个句子不～。

【通俗】　tōngsú　囵浅显易懂，符合普通群众的水平和需要的▷～歌曲|内容～。

【通天】　tōngtiān　❶囮与天相通，形容本领极大或权势极重。❷比喻与最高层人士往来▷～的人物。

【通通】　tōngtōng　圖〈口〉全都；统统▷除了值班人员，人们～下班回家了。

【通途】　tōngtú　囡〈文〉畅通的大道▷天堑变～。

【通宵达旦】　tōngxiāodádàn　一整夜，直到天亮。

【通晓】　tōngxiǎo　囮透彻地理解、掌握▷～事理|中外历史。

【通信】　tōngxìn　❶囮书信来往。❷用电波、光波信号等互通信息▷～联络|数字～。

【通行】　tōngxíng　❶囮(行人、车辆等)在道路上通过▷前面施工，禁止～。❷通用；流行▷～全国。

【通讯】　tōngxùn　❶囮通信②▷～班|～网|～社。❷囡新闻体裁的一种，用叙述、描写和评论等多种手法，具体生动地报道事件、人物等。

【通用】　tōngyòng　❶囮普遍使用▷普通话在全国～|这种标准件在建筑业～。❷字形不同但意义相通、字音相同的汉字可以换用(这是一种需要逐步规范的混乱现象)。

【通知】　tōngzhī　❶囮把情况、要求告诉别人▷县委～他去组织部报到。❷囡通知的文字或口信▷下发会议～。

嗵　tōng　拟声模拟物体撞击、心跳等的声音▷敲起鼓来～～响|紧张得心～～直跳。

同　tóng　❶囮一样，没有差别▷形状不～|乡～辈|～时。❷跟(某事物)相同▷用法～前。❸圖一同；一起▷三人～行|～学|～属第三世界。❹厼跟▷干部必须～群众打成一片|今年～往年大不一样。❺囲和▷屋里只有他～我两个人。☞在"胡同"中读tòng。

【同伴】　tóngbàn　囡同行或在一起学习、工作、生活的人。

【同胞】　tóngbāo　❶囡同父母所生的▷～兄弟|手足～。❷同一国家或民族的人▷十三亿～|台湾～。

【同病相怜】　tóngbìngxiānglián　比喻有同样不幸遭遇的人相互同情。

【同步】　tóngbù　❶囵两个或两个以上随时间变化的量在变化过程中保持一定的相对关系▷～电动机|～卫星。❷彼此协调，步调一致▷城市住宅建设要同社区服务设施～。

【同仇敌忾】　tóngchóudíkài　怀着相同的愤怒和仇恨一致对敌。☞"忾"不读qì。

【同窗】　tóngchuāng　❶囮同师授业或同在一个学校学习▷～十载，情同手足。❷囡借指同师授业的人或同学▷昔日的～。

【同床异梦】　tóngchuángyìmèng　比喻表面上一起生活或合作共事，实际上各有打算。

【同等】　tóngděng　囵相同；相等▷～机会|～学力|～重要。

【同甘共苦】　tónggāngòngkǔ　同享欢乐，共受患难。

【同感】　tónggǎn　囡同样的感想或感受。

【同归于尽】　tóngguīyújìn　一同走向死亡或毁灭。

【同行】　tóngháng　❶囡同一行业▷～竞争激烈。❷同一行业的人▷小刘和小赵是～。

【同化】　tónghuà　囮不同的事物在接触中由于互相影响而逐渐变得相近或相同；使别的事物逐渐与自身相近或相同▷生活习惯逐渐被当地人～了。

【同伙】　tónghuǒ　❶囡同为一伙的人。❷囮结成一伙，共同干某事(多含贬义)▷这些人～贩卖伪劣产品。

【同流合污】　tóngliúhéwū　跟坏人合流，一同做坏事。

【同路人】　tónglùrén　❶囡一路同行的人。❷比喻在一定阶段或一定程度上赞同或追随革命的人▷大家不认识，但都是革命的～。

【同门】　tóngmén　〈文〉❶囵受业于同一师长的▷～弟子。❷囡同师受业的人。

【同盟】　tóngméng　❶囮为采取共同的行动或因共同利害而结盟▷攻守～|～条约。❷囡由结盟而形成的关系▷订立军事～。

【同谋】　tóngmóu　❶囮一同谋划(多含贬义)▷～抢劫。❷囡参与谋划做坏事的人。

【同情】　tóngqíng　❶囮对别人的遭遇产生理解和关心的感情▷对他的处境，我深表～。❷对于别人的行动或言论表示理解，赞同▷～并支持被压迫民族的解放斗争。

【同人】　tóngrén　通常写作"同仁"。

【同仁】　tóngrén　囡同事或同行。

【同时】　tóngshí　❶囡同一时候▷与此～|她在做饭的～，还背诵英语单词。❷圖表示行为、动作在同一时间发生▷两项任务～完成了|他们～举起了手。❸囲表示并列关系(常含进一层的意味)▷个子长高了，～性格也更开朗了|秦代兵马俑是中国艺术殿堂中的瑰宝，～也是世界艺术宝库中的珍品。

【同事】　tóngshì　❶囮在同一个单位工作▷他们～多年了。❷囡在同一个单位工作的人。

【同室操戈】　tóngshìcāogē　自家人拿起武器相斗。比喻内部相争。

【同乡】　tóngxiāng　囡同一籍贯的人(在外地时彼此互称)。

【同心同德】　tóngxīntóngdé　思想一致，信念相同。

【同心协力】　tóngxīnxiélì　团结一致，齐心合力。

【同样】　tóngyàng　❶囵相同；一样▷～的方法|自学～能成才。❷囲连接两个并列的句法结构，表示所说的道理一样或情况相同▷盖楼，要打好基础，一层一层地盖；～，学习也要打好基础，循序渐进地学。

【同一】　tóngyī　囵相同的；一致的▷～目的|～形式|步调～|～性。

【同义词】　tóngyìcí　囡意义相同或相近的词互为同义词。如"西红柿、蕃茄"，"结果、成果、后果"。

【同意】　tóngyì　囮赞成；准许▷我～他的意见|法院～原告撤诉。

【同音词】　tóngyīncí　囡读音相同而意义不同的词互为同音词。如"仪表"(人的外表)与"仪表"(一种仪器)，"期终"与"期中"。

【同志】　tóngzhì　❶囡为共同的理想、事业而奋斗的人。❷我国公民之间的一种称呼。

【同舟共济】　tóngzhōugòngjì　比喻利害一致，共同战胜困难(济：渡河)。

彤　tóng　囵红色▷红～～。

【彤云】　tóngyún　〈文〉❶囡红云；彩云▷朵朵～，格外绚丽。❷下雪前聚集在天空的阴云▷～密布，朔风渐

茼 tóng [茼蒿]tónghāo 图一年生或二年生草本植物,嫩茎和叶有特殊气味,可以食用。有的地区也说蓬蒿。

桐 tóng 图落叶乔木,包括泡桐、梧桐、油桐。泡桐可以营造固沙防风林,梧桐木可以制乐器,油桐的种子可以榨油,用作涂料。

铜(銅) tóng 图金属元素,符号 Cu。淡紫红色,有光泽。常用于制造导电、导热器件,也用于制造合金等。

【铜墙铁壁】 tóngqiángtiěbì 比喻极其坚固、不可摧毁的事物。

【铜臭】 tóngxiù 图铜钱的气味,借指贪财爱钱、唯利是图的恶劣品质▷一身~|~熏天。☞"臭"这里不读 chòu。

童 tóng ❶图小孩儿▷儿~|~年|~心。❷形指未结婚的▷~男~女。

【童工】 tónggōng 图未成年的雇工。

【童话】 tónghuà 图儿童文学的一种。题材多取自神话和民间故事。采用幻想和夸张的手法塑造形象,情节神奇曲折、语言浅显生动,对自然事物往往作拟人化描写,适合儿童的接受能力。

【童年】 tóngnián 图幼年;儿童时期。

【童趣】 tóngqù 图儿童的情趣▷~浓厚|这部动画片富有~。

【童声】 tóngshēng 图儿童的嗓音▷~合唱。

【童心】 tóngxīn 图儿童天真纯朴的心理;儿童一样的天真纯朴的心理▷纯真的~|~未泯。

【童养媳】 tóngyǎngxí 图旧社会穷苦人家的幼女被迫让人领养,长成后做人家儿媳,这样的幼女叫童养媳。

【童谣】 tóngyáo 图流传于儿童中间的短小歌谣,有节奏和韵脚,便于儿童背诵。

【童真】 tóngzhēn 图儿童的纯洁天真▷这首儿歌富有~情趣。

【童稚】 tóngzhì ❶图〈文〉儿童;小孩▷三尺~|~无邪。❷形幼稚;稚气▷从那带着几分~的脸上看,他绝不够参年年龄。

酮 tóng 图有机化合物的一类,如丙酮。

僮 tóng 图〈文〉未成年的奴仆。

潼 tóng 图用于地名。潼关,临潼,均在陕西。

瞳 tóng 图瞳孔。

【瞳孔】 tóngkǒng 图眼球虹膜中央进光的圆孔,随光线的强弱而缩小或扩大。

统(統) tǒng ❶团总括;总管▷~称|~筹。❷管辖▷~兵|~治。❸图事物的连续关系▷系~|血~|~法|~传。

【统称】 tǒngchēng ❶团总起来叫作▷民歌、民谣和儿歌、童谣~歌谣。❷图总的名称▷戏剧是戏曲、话剧、歌剧等的~。

【统筹】 tǒngchóu 团统一筹划;通盘筹划▷~兼顾|~安排。

【统共】 tǒnggòng 副总共;一共▷这个班~才有 5 个男同学。

【统计】 tǒngjì ❶团总括地计算▷把参加考试的人数~一下。❷图做统计工作的人▷小王是我们单位的~。❸指统计学,研究统计理论和方法的科学▷本学期只开两门课:商业~、工业~。

【统考】 tǒngkǎo 图(在某种范围内)统一命题、统一考试。

【统揽】 tǒnglǎn 团统辖;全面掌握▷~全局|大权。

【统帅】 tǒngshuài 图武装力量的最高领导人▷全军~。

【统率】 tǒngshuài 团统辖率领(部队)▷~三军|军委主席~全国武装力量。

【统统】 tǒngtǒng 副都;全▷全校师生~参加植树了。

【统辖】 tǒngxiá 团统一管辖▷中央政府~各省(市)、自治区政府。

【统一】 tǒngyī ❶团把分开的各部分合为整体;使分散变为集中;分歧归于一致▷~全国|~认识。❷形整体的;单一的;一致的▷上级~安排|使用~教材|~的意见。

【统治】 tǒngzhì ❶团凭借政权控制和治理国家▷专制~|殖民~。❷控制;支配▷~思想|该银行能~当地金融界。

捅 tǒng ❶团戳;刺▷~马蜂窝|~了一刀。❷碰;触动▷刚睡着就被他~醒了。❸戳穿;揭露▷把问题全~出来。

【捅娄子】 tǒnglóuzi〈口〉闯祸;惹是非▷老王~了,酒后驾车撞伤了人。

桶 tǒng 图盛东西的器具,多为圆柱形。

筒 tǒng ❶图粗竹管▷竹~。❷筒状器物▷笔~|烟~|茶叶~。❸衣服鞋袜等的筒状部分▷袖~|长~袜|高~靴。☞"筒③"不宜写作"统"。

【筒子楼】 tǒngzilóu 图中间有一条长通道、两侧是房间的筒状住宅楼,设公共卫生间。多用作集体宿舍。

恸(慟) tòng 团极度悲哀▷悲~|~哭。

【恸哭】 tòngkū 团极哀痛地哭▷伟人长逝,人民~。

通 tòng 量用于动作,相当于"阵""顿"等▷擂了三~鼓|闹了一~|挨了一~打。○另见 tōng。

痛 tòng ❶团疼▷腰酸腿~|伤口~。❷悲伤;痛苦▷亲~仇快|~心。❸副表示程度极深▷~饮|~感|~惜。

【痛斥】 tòngchì 团狠狠地斥责;严厉斥责▷~歪理邪说。

【痛楚】 tòngchǔ 形痛苦;疼痛(多形容身体或精神受折磨)▷~地呻吟|心中极为~。

【痛处】 tòngchù ❶图感到疼痛或痛苦的地方。❷比喻要害所在▷这篇文章戳到了敌人的~。

【痛悼】 tòngdào 团沉痛哀悼▷~英烈|~亡友。☞"悼"不读 dāo。

【痛定思痛】 tòngdìngsītòng 悲痛的心情平静之后,再来回味当时的痛苦。

【痛改前非】 tònggǎiqiánfēi 彻底改正以前的错误。

【痛感】 tònggǎn ❶团深切地感觉到▷~基础教育的重要性。❷图痛苦或疼痛的感觉。

【痛恨】 tònghèn 团极其憎恨或悔恨▷~自己轻信谎言。

【痛击】 tòngjī 团狠狠打击;严厉打击▷给侵略者以迎头~。

【痛哭】 tòngkū 团痛心地哭;大哭▷~流涕|放声~起来。

【痛苦】 tòngkǔ 团肉体或精神感到非常难受▷~呻吟|心中万分~。

【痛快】 tòngkuài ❶形舒畅;愉快▷难题解决了,大家很~。❷尽情;尽兴▷~地唱|痛痛快快地玩。❸爽快;干脆;利索▷她是个~人|这仗打得真~,把敌人

连窝端掉了。

【痛切】 tòngqiè 〔形〕沉痛深切▷～地反省自己的错误。

【痛恶】 tòngwù 〔形〕极其厌恶；憎恨▷～不正之风｜为富不仁，人人～。☞"恶"这里不读è。

【痛惜】 tòngxī 〔动〕痛切地惋惜▷他英年早逝，让人倍感～。

【痛心】 tòngxīn 〔形〕极度伤心▷深为他的悲惨处境而～。

【痛心疾首】 tòngxīnjíshǒu 形容悲伤痛恨到极点（疾首：头痛）。

【痛痒】 tòngyǎng ❶〔名〕痛和痒的感觉。❷比喻疾苦▷关心群众～。❸比喻紧要的事、主要的事▷不要说些不关～的话。

tou

偷 tōu ❶〔动〕只顾眼前，得过且过▷苟且～生｜～安。❷趁人不备暗中拿走别人的财物▷～东西｜～窃。❸〔名〕偷东西的人▷小～｜～儿｜惯～。❹〔副〕悄悄地；趁人不备地▷～着跑出来｜～听｜～看｜～～溜走。❺〔动〕抽（时间）▷忙里～闲。

【偷安】 tōu'ān 〔动〕只顾眼前或局部的安逸▷苟且～。

【偷盗】 tōudào 〔动〕偷窃；盗窃▷～文物。

【偷工减料】 tōugōngjiǎnliào 不顾质量要求，暗中削减工时工序和用料。比喻工作贪图省事而马虎敷衍。

【偷鸡摸狗】 tōujīmōgǒu 小偷小摸。也指男女间不正当的往来。

【偷懒】 tōulǎn 〔动〕逃避应做的事；不肯出力工作▷～成性｜他工作从不～。

【偷梁换柱】 tōuliánghuànzhù 比喻玩弄手法，暗中改变事物的性质或内容，以假充真。

【偷生】 tōushēng 〔动〕得过且过地活着▷忍辱～｜苟且～。

【偷偷】 tōutōu 〔副〕表示行动暗中进行▷他～溜走了｜～告诉他。

【偷袭】 tōuxí 〔动〕趁敌不备，突然袭击▷～敌营｜～成功。

【偷闲】 tōuxián ❶〔动〕抽空▷忙里～。❷偷懒▷终年忙碌，未曾～。

头（頭） tóu ❶〔名〕人和动物身体上长着口、鼻、眼、耳等器官的部分。❷头发；发式▷把～剃光了｜白～到老｜梳～｜寸～。❸首领；为首的▷谁是你们的～儿｜工～｜目～。❹〔形〕第一▷鸡叫～遍｜～班车。❺次序或时间在前的▷两节车厢｜一次｜～半个月（靠前的半个月）。❻〈口〉用在"年"或"天"前面，表示某一时点以前的▷～年（去年或上一年）。❼〔名〕物体的最顶端或最末端▷山～｜一根绳子有两个～儿｜源～｜地～。❽起点或终点▷你起个～儿，我们跟着唱｜从～说起｜一年到～。❾某些东西的残存部分▷铅笔～｜烟～。❿方面▷工作、学习两～都要抓紧｜分～寻找。⓫〔量〕a)用于牛、驴等牲畜▷一～牛｜一～驴｜五～猪。b)用于形状像头的东西▷两～蒜｜一～洋葱。⓬词的后缀。a)加在名词性成分后面▷石～｜木～｜锄～｜苗～。b)加在方位词成分后面▷上～｜下～｜前～｜后～。c)加在动词性成分后面，构成名词，其中有些表示有做这个动作的价值▷念～｜饶～｜听～｜盼～｜吃～。d)加在形容词性成分后面，构成名词▷尝到了苦～｜准～。

【头领】 tóulǐng 〔名〕首领；为首的人。

【头颅】 tóulú 〔名〕头；脑袋。

【头面人物】 tóumiàn rénwù 社会上有较高声望和相当地位的代表人士。

【头目】 tóumù 〔名〕某些集团中为首的少数骨干分子（多含贬义）▷几个坏～被法办了。

【头脑】 tóunǎo ❶〔名〕心眼；思维能力▷～单纯｜很有政治～。❷头绪；条理▷摸不着～。

【头疼脑热】 tóuténgnǎorè 头部出现的疼痛发热现象。泛指一般小病。

【头痛】 tóutòng 〔形〕头部疼痛，借指感到为难或讨厌▷这件事真叫人～｜见了他我就非常～。也说头疼。

【头痛医头，脚痛医脚】 tóutòngyītóu,jiǎotòngyījiǎo 比喻做事缺乏通盘计划，只忙于应付眼前出现的具体问题，不从根本上解决。

【头头是道】 tóutóushìdào 形容说话或做事有条有理。

【头头】 tóutou 〔名〕〈口〉俗称单位或集团为首的人。

【头衔】 tóuxián 〔名〕官衔、学衔、职称等名称。

【头绪】 tóuxù 〔名〕事情的条理线索▷～太乱｜茫无～｜理出～。

【头重脚轻】 tóuzhòngjiǎoqīng 形容头昏脑胀，立脚不稳。比喻基础不稳固。

投 tóu ❶〔动〕掷向目标；扔▷把球～进篮筐｜～掷。❷跳进去(自杀)▷～河｜～井。❸放进去▷～票｜～资｜～放。❹迎合；合得来▷情～意合｜～缘｜其所好。❺寄送出去▷～稿｜～递｜～书。❻（光线等）射向物体▷把目光～向远方｜～影。❼投靠；参加▷～奔｜～师访友｜～考。❽〈口〉把衣物放在水中漂洗▷先用清水～一～，再打肥皂｜～毛巾。

【投案】 tóu'àn 〔动〕犯法的人主动向公安或司法部门交代罪行，听候处理▷主动～，争取从轻处理。

【投保】 tóubǎo 〔动〕跟保险机构订立保险契约；参加保险。

【投奔】 tóubèn 〔动〕有目的地奔往某处▷～亲友。☞"奔"这里不读bēn。

【投标】 tóubiāo 〔动〕承包企业、建筑工程或承买大宗商品时，承包人或买主根据招标条件估算价格，填写标单，交寄招标人，等候开标。

【投诚】 tóuchéng 〔动〕诚心归附▷敌军前来～。

【投递】 tóudì 〔动〕递送（公文、信件等）▷～信件。

【投放】 tóufàng 〔动〕投入；放进▷把高科技产品尽快～市场｜今年兴修水利～了大量资金和劳力。

【投合】 tóuhé ❶〔形〕融洽；合得来▷他俩经常在一起，意气～｜兴味～。❷〔动〕迎合▷不可一味～少数读者的胃口。

【投机】 tóujī ❶〔形〕合得来；见解一致▷两人谈得很～｜一～倒把｜～钻营。❷〔动〕钻空子谋私利▷一～倒把｜～钻营。

【投机倒把】 tóujīdǎobǎ 指窥伺时机，囤积居奇，转手倒卖，操纵市场，以谋取暴利。

【投靠】 tóukào 〔动〕前去依靠他人过活；依附▷～亲戚｜～反动势力。

【投入】 tóurù ❶〔动〕投到里面去；参加进去▷～母亲的怀抱｜～战斗。❷（把资金等）投放进去▷这个项目～了不少人力、物力｜少～，多产出。❸〔名〕指投放的资金等▷增加了不少～｜科技～成倍增加。❹〔形〕全神贯注▷讲课很～。

【投射】 tóushè ❶〔动〕（向某一目标）投掷出去▷～飞镖。❷（光线等向某一方向）放射▷阳光～到翠绿的山峦上。

【投身】 tóushēn 〔动〕把全身心都投入进去▷～革命。

【投鼠忌器】 tóushǔjìqì 要打老鼠又怕打坏老鼠旁边的器物。比喻想除掉坏人又有所顾忌。

【投诉】 tóusù 〔动〕向有关部门或有关人员反映受害、受损情况，要求解决问题▷消费者有权～伪劣产品给自己所造成的损害。

【投宿】 tóusù 团找临时住处;临时住在某处▷~农家|无处~。

【投桃报李】 tóutáobàolǐ《诗经·大雅·抑》:"投我以桃,报之以李。"表示彼此赠答,礼尚往来。

【投降】 tóuxiáng 团被迫停止抵抗,归顺对方▷无条件~。

【投掷】 tóuzhì 团向一定目标扔出▷~手榴弹|不准向公园的动物~石块。

【投资】 tóuzī ❶团为达到一定目的而投入资金▷~办学|向山区~两千万。❷图为达到一定目的而投入的资金▷增加智力~。

透 tòu ❶团穿通;通过▷一点气也不~|扎~了|~过现象看本质。❷图清楚;彻底▷把道理说~|把他看~了|彻~。❸达到充分的程度▷柿子熟~了|下了一场~雨|恨~了。❹团泄漏,暗中说出去▷消息~|信儿~露。❺露出▷脸上~着俏皮|白里~红。

【透彻】 tòuchè 图(了解情况、分析事理等)详尽而深入▷道理讲得很~|对情况有~的了解。☞不宜写作"透澈"。

【透底】 tòudǐ ❶团透露底细▷不能轻易向对方~。❷看到底部,形容水清亮透明(多与"清澈"连用)▷湖水清澈~。

【透顶】 tòudǐng 图形容程度达到极点(一般用于形容词之后)▷狡猾~|聪明~。

【透风】 tòufēng ❶团风可以通过▷窗户有点~。❷让风吹一吹▷室内太闷人,要打开窗户透透风|把东西晾出去透一会儿风吧。❸比喻透露消息▷关于人事调整的事,他早就向我~了。

【透亮】 tòuliàng ❶图极其明亮▷日光灯把房间照得~~的|皮鞋擦得~。❷清楚明白▷经他指点,我心里~了。

【透露】 tòulù ❶团泄漏▷~消息|~秘密。❷显露;露出▷脸上~出一丝笑容。☞"露"这里不读 lòu。

【透明】 tòumíng 图能透过光线的▷~玻璃|通体~。

【透明度】 tòumíngdù ❶图物体透过光线的程度▷水晶的~高。❷比喻公开的程度▷加强司法工作的~。

【透辟】 tòupì 图透彻精辟▷分析得很~。

【透气】 tòuqì ❶团空气可以流通▷门窗紧闭,室内不~。❷喘气;呼吸▷到外面~去了◇忙得透不过气来。❸透露消息▷有什么情况你先给我透透气。

【透视】 tòushì ❶团利用 X 射线透过人体在荧光屏上显示的影像观察人体内部▷肺部~。❷比喻透过表面现象看清事物的本质▷新闻焦点~。❸在平面上用线条来表现立体空间。

【透支】 tòuzhī ❶团银行允许存户在一定限额之内提取超过存款数额的款项。❷开支超过收入▷工厂这月又~了。

tu

凸 tū ❶图高出四周(跟"凹"相对)▷凹~不平|版~|~透镜。❷团鼓起▷挺胸~肚。☞统读 tū。

【凸出】 tūchū 团高出;鼓起来▷巨石~河面。

【凸面镜】 tūmiànjìng 图球面镜的一种。反射面为凸面,光线反射所成的像是缩小的正面虚像。汽车车头两侧供司机观察情况的镜子即凸面镜。也说凸镜。

【凸透镜】 tūtòujìng 图一种透镜,中央比四周厚。物体放在焦点以内,由另一侧看去可得一个放大的虚像。凸透镜可作光学仪器的镜头。也说放大镜。

秃 tū ❶图很少或没有毛发▷他刚五十,头就~了|~鹰|~尾巴鹌鹑。❷(山)没有草木;(树)没有枝叶▷~山|~树。❸物体的尖端缺损,不锐利▷锥子磨~了|~笔。☞下边是"几",不是"几"。

突 tū ❶团忽然;出人意料▷~如其来|风云~变。❷团冲撞;猛冲▷狼奔豕~|冲~|~击|破~。❸凸起;高出周围▷奇峰~起|成绩~出。❹拟声模拟某种有节奏的声音▷抽水机~~~地发动起来了|心~~地乱跳。☞统读 tū。

【突变】 tūbiàn ❶团忽然发生急剧的变化▷政坛~|天气~。❷哲学上指质变或飞跃(跟"渐变"相对)。

【突出】 tūchū ❶团冲出去▷~重围。❷图超过一般▷成就很~|表现~。❸团使超过一般▷~主旋律。

【突发】 tūfā 团突然爆发;突然发生▷心脏病~|~奇想。

【突飞猛进】 tūfēiměngjìn 形容发展、进步得特别快。

【突击】 tūjī ❶团出其不意地向敌人进行猛烈攻击▷凌晨三点向敌军阵地~。❷集中力量在短时间内迅速完成任务▷~收麦|~抢险。

【突破】 tūpò ❶团集中兵力,打开缺口▷~包围|~防线。❷超过;打破某个界限▷~纪录|~指标。

【突破口】 tūpòkǒu ❶图进攻时在敌方防御阵地上打开的缺口。❷决口▷地表的薄弱处常常是岩浆喷发的~。❸比喻完成任务或解决问题最有利的入手处▷抓住这两个问题作为整改的~。

【突起】 tūqǐ ❶团突然发生或出现▷异军~|风浪~。❷耸立▷奇峰~。

【突然】 tūrán 图形容情况发生得急促;出人意料▷病得太~了|电灯~亮了。

【突如其来】 tūrúqílái (事物)来得突然,出乎人的意料(突如:突然)。

【突围】 tūwéi 团突破包围▷游击队胜利~。

【突兀】 tūwù ❶图高耸▷危崖~。❷突然▷泥石流~而来,顿时浊浪翻腾。☞"兀"这里不读 wū。

葵 tū 见[菁葵]gūtū。

图（圖） tú ❶图用线条、颜色等描绘出来的形象▷画一张~|文并茂|绘~。❷团思虑;谋划▷~谋|企~。❸图制定的计划;谋略▷雄~|大略|宏~|意~。❹团谋取;极力希望得到▷不能只~自己方便|不~名利。

【图案】 tú'àn 图有装饰作用的花纹或图形,多用在建筑物、纺织品和工艺美术品上。

【图画】 túhuà 图用线条或色彩描绘出来的形象。

【图解】 tújiě 团用图形来分析或演算▷~抽象道理|这道方程式不易~。

【图景】 tújǐng 图(现实或理想中的)景象▷眼前展现出一幅壮阔的~|描绘欣欣向荣的~。

【图例】 túlì 图地图等图表中各种符号的说明。

【图谋】 túmóu ❶团暗中筹划(含贬义)▷~不轨。❷图计谋;意图▷他的~不会得逞。

【图谱】 túpǔ 图按类编制、附有文字说明的图册▷汽车~|遗传基因~。

【图穷匕首见】 túqióngbǐshǒuxiàn《战国策·燕策》载荆轲受燕太子丹之命去刺杀秦王时,向秦王献上内藏匕首的燕国督亢地图,地图打开后露出了匕首。比喻事情发展到最后,真实企图完全显露出来(含贬义)。☞"见"同"现",这里不读 jiàn。

【图书】 túshū 图泛指各类书籍、图片、刊物▷~展销|~目录。

【图腾】 túténg 图〈外〉原始人认为每个氏族都和某自然物(多为动物)有血缘关系,此物即被尊奉为该氏族的图腾(印第安语,意为"他的亲族")。图腾被视为氏族的保护者和标志。

【图文并茂】 túwénbìngmào 形容书中的插图和文字都很丰富精彩。

【图像】 túxiàng 图画成或印制、摄制成的形象。

【图章】 túzhāng ❶图私人或公家用作标记的印章▷刻制～。❷图章印在纸上的痕迹▷公文上的～模糊不清。

【图纸】 túzhǐ ❶图用标明尺寸的图形和文字来说明工程建筑、机械、设备等的结构、形状、尺寸及其他要求的一种技术文件。❷绘图用的纸张。

荼 tú ❶图古书上说的一种苦菜。❷图茅草、芦苇等所开的白花▷如火如～。❸团使痛苦▷～毒。☞跟"茶"(chá)不同。

【荼毒】 túdú 团〈文〉毒害或残害▷～生灵。

徒 tú ❶图徒弟;学生▷尊师爱～|门～|工。❷某类人(含贬义)▷党～|亡命～|不法之～。❸信仰宗教的人▷信～|教～。❹团空的▷～手|～步。❺副a)表示除此外没有别的;仅仅▷～有虚名|家～四壁。b)白白地;不起作用地▷～劳无功|～然。☞跟"徙"(xǐ)不同。

【徒步】 túbù 团步行▷～前往|～旅行。

【徒弟】 túdì 图跟从师傅学习的人。

【徒劳】 túláo 团白费力气▷～无益。

【徒然】 túrán ❶副白白地;不起作用▷～损失了几百万|～浪费口舌。❷仅仅;只是▷他从不亲自动手,～说空话罢了。

【徒手】 túshǒu 图空手▷～搏斗|～体操。

【徒刑】 túxíng 图刑罚名。将罪犯拘禁在一定场所,剥夺其自由并强制劳动。分有期徒刑和无期徒刑两类。

【徒有虚名】 túyǒuxūmíng 空有好名声,实际上名不副实。

途 tú 图道路▷老马识～|长～|路。◇用～。

【途经】 tújīng 团途中经过▷～武汉、长沙,抵达广州。

【途径】 tújìng 图道路;门路▷改革的～|外交～。

涂(塗) tú ❶团把油漆、颜料等抹在物体表面▷先～底色,然后～清漆|～脂抹粉|～饰。❷抹去(文字)▷把错字～掉|～改。❸乱写乱画▷把一本新书～得乱七八糟|～鸦。❹图泥▷～炭。❺海涂▷围～造田。

【涂改】 túgǎi 团抹去和改动▷存单～无效。

【涂抹】 túmǒ ❶团乱写乱画▷信笔～。❷涂①▷～油漆。❸抹去(文字)▷试卷多处～。

【涂写】 túxiě 团胡乱写;随意写▷严禁在街巷～标语广告。

【涂鸦】 túyā 团指字或诗文写得幼稚拙劣(多用作谦词)▷信笔～|～之作。

【涂脂抹粉】 túzhīmǒfěn 指妇女面部化妆。比喻为掩盖丑恶事物本质而加以粉饰、美化。

屠 tú ❶团宰杀(牲畜)▷～宰|～户|～夫。❷残杀▷杀戮▷～杀|～戮|～城。

【屠刀】 túdāo 图宰杀牲畜的刀,借指反动暴力▷三十万南京军民惨死在日军的～下。

【屠戮】 túlù 团〈文〉残杀;屠杀。

【屠杀】 túshā 团成批杀害。

土 tú ❶图土壤;泥土▷～墙|～坯|山～|黏～。❷土地;国土▷寸～必争|领～|疆～。❸家乡;本地▷本乡本～|故～|生～长。❹图本地的;具有地方性的▷～产|～著|～语|～音。❺不时兴;不开通▷这身衣服真～|～里～气|～包子。❻民间的(跟"洋"相对)▷～洋结合|～布|～办法|～专家。

【土崩瓦解】 tǔbēngwǎjiě 像土崩塌、瓦碎裂一样。比喻彻底崩溃、垮台。

【土产】 tǔchǎn 图当地产的有特色的农副产品及手工艺品。

【土法】 tǔfǎ 图民间沿用的方法▷～治疗|～上马。

【土方】[1] tǔfāng 图各种土建工程中填土、挖土或运土的计量单位。1个土方即1立方米土。

【土方】[2] tǔfāng 图民间流行的、不见于专门医学著作的药方。也说偏方。

【土匪】 tǔfěi 图在地方上抢劫财物、为非作歹的武装匪徒。

【土豪】 tǔháo 图旧时地方上的豪强,即农村中有钱有势的恶霸地主。

【土话】 tǔhuà 图使用范围小的方言。也说土语。

【土皇帝】 tǔhuángdì 图指盘踞一方的军阀或恶霸。现也用来讥讽个别作威作福,贪脏枉法,独霸一方的干部。

【土木】 tǔmù 图指土木工程,即房屋、道路、桥梁等工程的统称▷大兴～|～工程师。

【土气】 tǔqi 形不时髦▷这衣服的式样和颜色都太～。

【土壤】 tǔrǎng 图有肥力、能长植物的陆地表层;土地。

【土葬】 tǔzàng 团把死者遗体装进棺材,埋在土里。

【土政策】 tǔzhèngcè 图指某地区或部门为少数人或局部的利益而自己作出的规定或实施的办法(多同国家政策抵触)。

【土著】 tǔzhù 图世代居住在当地的人。

吐 tǔ ❶团让东西从嘴里出来▷～痰|～唾沫。❷说▷～一～为快|～露真情|谈～。❸从缝隙里露出▷～穗|～絮。○另见 tù。

【吐故纳新】 tǔgùnàxīn ❶我国古代的一种养生方法:吐纳法(呼出污浊之气,吸收新鲜之气)。❷比喻扬弃旧的,吸收新的。

【吐露】 tǔlù 团把内情如实说出来▷～心声|他自己的困难从不跟同事～。☞"露"这里不读 lòu。

【吐穗】 tǔsuì 抽穗▷扬花～。

【吐絮】 tǔxù ❶团棉桃成熟裂开,露出丝絮。❷柳树、芦苇等开花后结子,子上带有絮状白色绒毛▷垂柳～。

吐 tù ❶团体内的东西不由自主地从嘴里呕出▷吃的饭全～了|上～下泻|～血。❷比喻被迫退出(非法侵吞的财物)▷把赃款全部～了出来。☞"吐"(tù)跟"吐"(tǔ)意义不同,不要混用。○另见 tǔ。

兔 tù 图哺乳动物,耳朵长,尾巴短,上唇中间裂开,善于跳跃、奔跑。肉可以吃,毛可以纺织,毛皮可以做衣物。☞跟"免"(miǎn)不同。

【兔死狗烹】 tùsǐgǒupēng 兔子死了,猎狗就被煮熟吃了。比喻事成后就杀害有功之人。

【兔死狐悲】 tùsǐhúbēi 兔子死了,狐狸感到悲伤。比喻为同类或同伙的不幸而悲伤(含贬义)。

堍 tù 图桥两端连接平地的倾斜部分▷桥～。

菟 tù [菟丝子]tùsīzi 图一年生寄生草本植物,茎细长,呈丝状。种子也叫菟丝子,可以做药材。

tuan

湍 tuān ❶形湍急▷～流。❷图急流的水▷急～。

【湍急】 tuānjí 形(水流)快而猛▷水流～|～的河流。

团(團糰)[9] tuán ❶形圆;圆形的▷～扇|～城|～鱼。❷团把东西弄成球形▷把废

纸~成一个球儿｜~煤球儿。❸聚集；会合▷~圆｜~聚｜~结。❹图军队编制单位，在师以下，营以上。❺聚合体▷云~｜疑~。❻从事某种工作或活动的集体▷考察~｜剧~｜社~。❼青少年的政治组织；特指共产主义青年团▷儿童~｜~员。❽球形或圆形的东西▷线~｜蒲~。❾团子▷糯米~。❿量用于成团的东西▷两~毛线｜一~乱麻◇漆黑一~。

【团拜】 tuánbài 团（单位内的成员）在元旦或春节时聚会并互相祝贺。

【团伙】 tuánhuǒ 图进行违法犯罪活动的小集团▷抢劫~｜流氓~。

【团结】 tuánjié ❶形联合一致，紧密合作；和睦相处▷进步力量十分~｜邻里~。❷动跟相关的或周围的人相处好、合作好▷~同学｜大家做好工作。

【团聚】 tuánjù ❶动分别后相聚▷兄弟~｜老校友~。❷团结聚集▷~民众。

【团体】 tuántǐ 图根据一定的目的和活动范围成立的群众性的组织。

【团团】 tuántuán ❶形形容浑圆▷~的明月｜凝结成~的一块。❷形容环绕或旋转▷~围住｜忙得~转。

【团员】 tuányuán ❶图代表团、旅游团、参观团等的成员。❷特指中国共产主义青年团的成员。

【团圆】 tuányuán 动家人团聚▷阖家~｜夫妻~｜吃~饭。

抟（摶） tuán ❶动〈文〉盘旋。❷同"团"②。通常写作"团"。

tui

推 tuī ❶动手向外用力使物体移动▷~门｜~磨。❷用力使工具贴着物体的表面向前移动，进行工作▷用刨子把桌面~平｜~平头。❸磨（mò）或碾（粮食）▷~了几斗麦子。❹推行；使开展▷~广｜~销。❺把预定的时间向后延▷会议~到明年二月｜~延。❻推选；举荐▷~荐｜公~。❼抬举；尊崇▷~崇｜~重（zhòng）｜~许。❽从已知的求出或想到未知的▷~断｜~测｜~论｜~类。❾不肯接受▷~辞｜~让。

【推本溯源】 tuīběnsùyuán 探求事物发生的根源。☞"溯"不读 suò。

【推波助澜】 tuībōzhùlán 比喻助长声势，使事物进一步发展（多含贬义）。

【推测】 tuīcè 动根据已经知道的事情估计或想象还不知道的事情▷根据线索，刑警队员~罪犯就藏在附近。

【推陈出新】 tuīchénchūxīn 对旧事物去其糟粕取其精华，并在此基础上创新。

【推诚相见】 tuīchéngxiāngjiàn 真诚相待（推诚：给人以诚心）。

【推迟】 tuīchí 动把预定时间向后移▷会议~一天结束。

【推崇】 tuīchóng 动崇敬；尊崇▷深受~｜十分~。

【推出】 tuīchū 动郑重献上；提供；出现▷电视台~一部电视剧｜公司又~一批新产品｜文坛~一批新人。

【推辞】 tuīcí 动（对任命、邀请、馈赠等）辞谢；拒绝▷婉言~｜竭力~。

【推导】 tuīdǎo 动根据已知的公理、定理、定律、定义等进行演算或逻辑推理，以得出新的结论。

【推动】 tuīdòng 动（用某种力量）使事物启动或前进▷~谈判进程｜采取有力措施，~再就业工作。

【推断】 tuīduàn ❶动推测断定▷研究过去，~未来。❷图推测判断的结论▷事实证明这一~是正确的。

【推翻】 tuīfān ❶动用力使（竖立着的物体）翻倒▷

了桌子｜花盆给~了。❷打倒原来的政权或改变社会制度▷~清王朝｜殖民主义的统治被~了。❸彻底否定已有的说法、结论、决定、计划、协议等▷~合同要负法律责任｜计划被~了。

【推广】 tuīguǎng 动扩大应用或施行的范围▷~新技术｜~普通话。

【推己及人】 tuījǐjírén 由自己推想到别人。指设身处地为他人着想。

【推荐】 tuījiàn 动把认为合适的人或事物向有关方面介绍，希望接纳或采用▷给你们~一位会计｜工会向职工~了十本优秀图书。

【推进】 tuījìn ❶动推动使前进▷中西医结合，~了我国医学的发展。❷向前进击▷我军全线~。

【推举】 tuījǔ 动把符合要求或条件的人推选出来▷~候选人。

【推理】 tuīlǐ 动逻辑学指由一个或几个已知的判断（前提），推出一个新的判断（结论）。是思维的基本形式之一。

【推论】 tuīlùn ❶动推理▷不凭事实乱~，不能令人信服。❷图推理的过程及结论▷这个~是正确的。

【推敲】 tuīqiāo 动指斟酌字句或对问题反复考虑、琢磨。

【推让】 tuīràng 动（对职位、荣誉、利益）推辞，谦让▷既然选你，你就不要再~了。

【推算】 tuīsuàn 动根据已知数据和条件进行推演计算。

【推托】 tuītuō 动借故拒绝或推让▷他~有事，不来了。

【推脱】 tuītuō 动推卸、开脱（责任）▷~罪责。

【推诿】 tuīwěi 动把事情或责任推给别人▷互相~。☞不宜写作"推委"。

【推想】 tuīxiǎng 动揣摩；推测▷不能凭空~｜你~得不一定正确。

【推销】 tuīxiāo 动推广销路；销售▷~商品◇~自己。

【推卸】 tuīxiè 动推诿；拒绝承担▷~责任。

【推心置腹】 tuīxīnzhìfù 把自己的心放在对方肚子里，形容真心实意地待人。

【推行】 tuīxíng 动推广实行▷~国家公务员考核制度。

【推选】 tuīxuǎn 动推举，选拔▷一致~王老师为优秀教师。

【推移】 tuīyí 动（时间、地点、形势等）移动、变化或发展▷战线向这里~｜岁月在~，他的额头上也添了几道皱纹。

【推重】 tuīzhòng 动尊重并高度评价（某人的学识、品格等）▷人们~他的学问，更~他的人品。

颓（頽） tuí ❶形〈文〉倒塌；衰败▷倾~｜~败。❷形消沉；委靡不振▷~丧。☞统读 tuí。

【颓废】 tuífèi 形意志消沉，精神不振▷人生病，思想不能~。

【颓丧】 tuísàng 形消沉；沮丧▷神情~｜敌军士气~。☞"丧"这里不读 sāng。

【颓势】 tuíshì 图衰败的情势▷已显~｜挽回~。

【颓唐】 tuítáng 形形容情绪低落，精神不振的样子▷~的情绪｜神色~。

【颓垣断壁】 tuíyuánduànbì 倒塌、残破的墙壁。形容荒凉破败的景象。

腿 tuǐ ❶图人的下肢或动物的肢体▷~疼｜鸡~｜盘~而坐。❷器物下部像腿一样起支撑作用的部分▷桌子~儿｜椅子~儿。

退 tuì ❶囫向后移动(跟"进"相对)▷敌人～了|不进则～。❷离开;脱离▷从领导岗位上～下来|～场|～职。❸下降;衰减▷高烧不～|～色|衰～。❹交还▷把多收的货款～给顾客|～稿|～还。❺取消(已定的事)▷～租|～婚。

【退避三舍】 tuìbìsānshè 春秋时,晋楚两国在城濮交战,晋文公遵守曾向楚成王许下的诺言,主动把晋国军队撤退三舍(古代行军三十里为一舍)。比喻退让、回避,不与相争。

【退兵】 tuìbīng ❶囫撤退军队▷下令～。❷使敌军撤退▷寻思～之计。

【退步】 tuìbù ❶囫倒退,比原来差;落后▷你的功课～了。❷图后路;退路▷留个～儿。

【退化】 tuìhuà ❶囫生物的种类或某种器官逐渐变小,机能衰退,甚至完全消失。❷泛指事物衰退(由好变坏,由优变劣)▷智力～|品质～。

【退换】 tuìhuàn 囫退还不合适的,换回合适的(多指成交不久的货物)。

【退居】 tuìjū 囫后退而居住在(某处);后退而处在(较次要或较低地位)▷～山林|～二线|～第三位。

【退路】 tuìlù 图向后退的道路;比喻回旋的余地▷给自己留个～。

【退赔】 tuìpéi 囫退还(财物),赔偿(损失)▷挥霍公款者,必须如数～|在落实政策中,要做好～工作。

【退坡】 tuìpō 囫比喻意志衰退▷年龄虽大,但思想没有～。

【退却】 tuìquè ❶囫军队在作战中撤退或转移▷敌人全线～了|战略～。❷畏缩后退▷在困难面前决不～。

【退让】 tuìràng 囫退避;让步▷事关国家主权,谈判桌上决不～。

【退色】 tuìsè ❶囫颜色逐渐变浅;掉色▷这身衣服没～。❷比喻本色、意识等逐渐淡漠以至消失▷许多往事在记忆中～了。

【退缩】 tuìsuō 囫向后退,向后缩;畏缩▷刚爬出碉堡的敌人又～回去|在困难面前毫不～。☞"缩"不读suò。

【退伍】 tuìwǔ 囫军人退出现役▷～官兵。

【退休】 tuìxiū 囫干部、职工因年老或其他原因离开工作岗位。

【退役】 tuìyì ❶囫军人退出现役或服预备役期满后停止服役▷战士～|～军官。❷军事装备因陈旧而淘汰▷这艘驱逐舰该～了。❸运动员、演员结束原职业生涯▷老队员已～|她从此息影舞坛,～还乡。

【退职】 tuìzhí ❶囫辞去工作或被辞退▷申请～|责令～。❷任职期满而离职▷王校长～后继续教他的专业课。

蜕 tuì ❶图某些动物脱下的皮▷蚕～|蝉～|蛇～。❷囫蝉、蛇等脱皮▷～皮。❸变化或变质▷～化|～变。☞统读tuì。

【蜕变】 tuìbiàn 囫比喻人或事物发生质变(往坏变)▷他由国家干部～成为罪犯,是有深刻原因的。

【蜕化】 tuìhuà 囫昆虫、爬行动物脱皮;比喻品质变坏,腐化堕落▷思想～|～变质。

煺 tuì 囫宰杀的猪、鸡等经滚水浸烫后去毛。

褪 tuì ❶囫颜色变淡或消失▷颜色早已～尽|衣裳～色了。❷(羽毛等)脱落▷兔子～毛了|老母鸡～毛了。○另见tùn。

tun

吞 tūn ❶囫不嚼或不细嚼,大块地往下咽▷蛇把鸡蛋～到肚子里|囫囵～枣。❷侵占;兼并▷集体的钱全让他给独～了|侵～|并～。☞上边是"天",不是"夭"。

【吞并】 tūnbìng 囫并吞。

【吞灭】 tūnmiè ❶囫并吞消灭▷强国企图～弱国。❷吞没②▷烈火～了大片森林。

【吞没】 tūnmò ❶囫把公共或他人财物据为己有▷～公款|～救灾物资。❷淹没;罩▷洪水～了良田|浓雾～了远山。

【吞食】 tūnshí 囫吞①▷大口～不利健康。

【吞蚀】 tūnshí 囫吞没,侵蚀▷～公物应受法律制裁◇罪恶～着他那颗善良的心。

【吞噬】 tūnshì ❶囫吞吃掉,比喻夺去生命▷白血球能～细菌|洪水～了多少无辜的生命。❷湮没;消融▷无边的寂寞～着她。

【吞吐】 tūntǔ ❶囫比喻旅客或货物进进出出▷机场昼夜～着国内外旅客。❷言语支吾,含混不清▷言词～,令人费解。

暾 tūn 图〈文〉初升的太阳▷朝～。☞不读dūn。

屯 tún ❶囫蓄积;聚集▷～粮|～聚。❷驻扎;戍守▷～兵|～田|～扎。❸图村庄(多用于地名)▷～落|～子|皇姑～(在辽宁)。☞"屯"字的第一笔,旧字形是"ㄥ",新字形是"一"。

【屯兵】 túnbīng ❶囫驻扎军队▷～海岛。❷图驻扎的军队,也指屯田垦荒的军队▷百万～,开荒种粮。

【屯积】 túnjī 囫聚积;储存▷～物资。

【屯聚】 túnjù 囫集结;聚集(人马等)▷野战部队～十里堡。

囤 tún 囫积贮;储存▷～粮|～积。○另见dùn。

【囤积】 túnjī 囫积聚贮存;专指商人为牟取暴利而积存货物▷～粮食|～棉花。☞"囤积"跟"屯积"意义不同,不要混用。

【囤积居奇】 túnjījūqí 积存大批紧缺货物,待机高价出售,牟取暴利(居奇:储存贵重或难得的货物)。

【囤聚】 túnjù 囫聚集贮存(货物)▷大量～|～生丝|～茶叶。☞"囤聚"跟"屯聚"意义不同,不要混用。

饨(飩) tún 见[馄饨]húntun。

豚 tún 图〈文〉小猪;泛指猪▷犬豕鸡～|～蹄。

鲀(魨) tún 图鱼,体粗短,口小。生活在海中,少数进入淡水。我国产的通称河豚。

臀 tún 图高等动物两腿或后肢上端跟腰相连接的部分▷～部|～围。☞统读tún。

褪 tùn 囫收缩或晃动肢体,使套在它上面的东西脱落▷～下一条裤腿|～下手镯。○另见tuì。

tuo

托 tuō ❶囫用器物或手掌向上承受(物体)▷手～着枪|～盘。❷图某些物件下面起支垫作用的部分▷茶～|花瓶～|子。❸囫陪衬▷烘云～月|～衬|烘～。❹寄托▷～身|～迹。❺仰仗;靠▷～您的福,一切顺利。❻假借(言词、理由或名义)▷～病不出|假～。❼请别人办事▷～人说情|～拜。

【托词】 tuōcí ❶图推托的话;借口▷他说有病不能参加会议,不过是～罢了。❷囫找借口▷～拒绝赴约。

☞不宜写作"托辞"。

【托福】[1] tuōfú 囫客套话,指因对方或别人的福气使自己幸运▷病已～痊愈。

【托福】[2] tuōfú 图〈外〉英语国家对非英语国家留学生的英语等级考试。

【托付】 tuōfù 囫托人照料、办理▷我出差,孩子～给您了。☞不要写作"托咐"。

【托管】 tuōguǎn ❶囫委托保管▷这部珍贵手稿在博物馆～已十年。❷由联合国委托一个或几个会员国在联合国监督下管理还没有获得自治权的地区。

【托运】 tuōyùn 囫委托运输部门运送(货物、包裹或行李等)▷～行李。

拖 tuō ❶囫用力使物体擦着地面或另一物体表面移动;牵引▷把箱子从床下～出来|～地板。❷垂在身体后面▷小松鼠～着个尾巴。❸延长;延续(时间)▷工程～了一年才完工|～欠|声音～得很长。❹牵累;牵制▷～家带口|把敌人死死～住。

【拖拉】 tuōlā 圈办事迟缓;拖延▷他办事利索,从不～|这件事拖拉拉的,一直到现在还没办成。

【拖累】 tuōlèi 囫使受牵累或连累▷家务～|是我～了他。☞"累"这里不读 lèi。

【拖泥带水】 tuōnídàishuǐ 比喻说话写文章不简洁或办事不利索。

【拖欠】 tuōqiàn 囫久欠不还▷～电费|～工资。

【拖沓】 tuōtà ❶圈拖拉拖沓;不爽快麻利▷作风～|答应人家的事,就别拖拖沓沓的。❷语言不简洁;结构不紧凑▷语言～|影片结构松散,叙事～。

【拖延】 tuōyán 囫延长时间,不及时办理▷～时间|还债期已到,不能～。

【拖曳】 tuōyè 囫牵引;拖或拉着走▷～船舶|～着婚纱缓缓步向前。

脱 tuō ❶囫(皮肤、毛发等)掉下▷～发|～皮。❷(从身上)取下▷～帽|～衣。❸除去▷～水机|～色。❹离开▷～产|～轨|～贫。❺(文字)缺漏▷这个句子有～字|～漏。

【脱产】 tuōchǎn 囫脱离直接生产岗位,从事其他工作或专门学习▷～搞行政管理|～进修两年。

【脱稿】 tuōgǎo 囫文稿写完▷论文还没～呢|这本字典于今年六月底～。

【脱钩】 tuōgōu 囫火车车厢的挂钩脱落;比喻关系中断▷他已和原单位～|政府必须和企业～。

【脱轨】 tuōguǐ ❶囫车轮离开轨道▷火车～,造成重大伤亡。❷比喻事物脱离正轨▷他那样做就～了,非栽跟头不可。

【脱节】 tuōjié 囫事物不相衔接或失去联系▷产销～|言与行～。

【脱口而出】 tuōkǒu'érchū 不假思考,随口说出。也形容才思敏捷,对答如流。

【脱离】 tuōlí 囫离开;断绝▷～险境|～群众。

【脱漏】 tuōlòu 囫遗漏;缺漏▷经校对,打印稿第 32 页～了一行文字。

【脱落】 tuōluò 囫遗漏;落下▷～几个字|牙齿已经～好几颗了。

【脱盲】 tuōmáng 囫脱离文盲状态▷这个乡的青壮年文盲全部～。

【脱贫】 tuōpín 囫摆脱贫困▷～致富。

【脱身】 tuōshēn 囫抽身摆脱▷应酬太多,～不得|他已～,平安离去。

【脱手】 tuōshǒu ❶囫离开手▷铅球～而出|刀子～飞出。❷售出货物▷这批布料,他急于～。

【脱俗】 tuōsú 囫没有庸俗气▷言谈～,不同凡响。

【脱胎】 tuōtāi 囫比喻新事物在旧事物中孕育变化而成▷新中国～于半殖民地半封建的旧中国。

【脱胎换骨】 tuōtāihuàngǔ 比喻从根本上改变立场和世界观。

【脱逃】 tuōtáo 囫(从某处)逃走▷临阵～|罪犯越狱～。

【脱险】 tuōxiǎn 囫脱离危险▷经抢救患儿已经～。

【脱颖而出】 tuōyǐng'érchū 锥尖从颖中脱出,比喻人的才能全部显露出来(颖:指嵌住锥针的两片铁)。

驮 (馱) tuó 囫用背(bèi)背(bēi)▷马背上～着两袋化肥|～运。○另见 duò。

陀 tuó [陀螺]tuóluó 图儿童玩具,圆锥形,多用木头制成,用鞭子抽打,可以在地上直立旋转。

坨 tuó ❶图坨子,成块或成堆的东西▷泥～|盐～|面～。❷囫面食煮熟后黏结在一起▷面条～了|饺子～了。

沱 tuó 图可以停泊船只的水湾(多用于地名、水名)▷唐家～|～江(均在四川)。

驼 (駝) tuó ❶图骆驼▷～峰|～绒|～铃。❷圈脊背向外拱起变形,像驼峰一样▷眼不花,背不～|～背。☞跟"鸵"不同。

【驼背】 tuóbèi ❶图骆驼的脊背,有单峰或双峰。❷囫人的脊柱向后拱起▷儿童上课要保持正确的坐姿,防止～。

柁 tuó 图木结构屋架中,架在前后柱子上的大横梁▷房～|梁～。

砣 tuó ❶图碾盘上的石滚子▷碾～。❷秤锤。

铊 (鉈) tuó 同"砣"②。通常写作"砣"。☞化学元素读 tā。

鸵 (鴕) tuó 图鸵鸟,现代鸟类中最大的鸟。高可达三米,不能飞,腿长善走,生活在非洲和阿拉伯沙漠地带。☞跟"驼"不同。

【鸵鸟政策】 tuóniǎo zhèngcè 据说鸵鸟遇到危险时就把头埋入沙堆里,却把身子露在外面。指不敢正视现实的政策。

跎 tuó 见[蹉跎]cuōtuó。

橐 tuó ❶图〈文〉袋子;口袋▷囊～。❷拟声模拟某些物体撞击的声音(多叠用)▷～～的木鱼声。

鼍 (鼉) tuó 图爬行动物,体长两米多,背部、尾部有鳞甲,穴居河岸边。也说扬子鳄、鼍龙,俗称猪婆龙。

妥 tuǒ ❶圈稳当可靠▷～为安置|欠～|稳～|当～|～善。❷停当;完备▷事已办～|条件谈～了。

【妥当】 tuǒdang 圈稳妥恰当;稳当▷～的办法|安顿～。

【妥善】 tuǒshàn 圈稳妥完善▷～处理。

【妥帖】 tuǒtiē 圈停当;合适▷布置～|举止～。☞不宜写作"妥贴"。

【妥协】 tuǒxié 囫为避免冲突或争执而有所让步▷既善于斗争,又善于～。

庹 tuǒ 量成年人两臂左右平伸时,从一只手的中指端到另一只手的中指端的长度,五尺左右▷一～多长。

椭 (橢) tuǒ 圈长圆形▷～圆。

拓 tuò 囫开辟;扩充▷开～|～荒|～展|～宽。○另见 tà。

【拓荒】 tuòhuāng ❶囫开荒▷～种地|～移民。❷比喻从事新领域的研究或探索▷他正在生命科学里～。

【拓宽】　tuòkuān 囫扩大;加宽▷~财路|~研究领域。

【拓展】　tuòzhǎn 囫开拓扩展▷~市区|~产品销路。

柝　tuò 图〈文〉打更用的梆子,多用空心木头或竹子做成▷击~|~声。

唾　tuò ❶图口水▷~液|~沫。❷囫吐(唾沫)▷~了一口唾沫。❸(吐唾沫)表示轻视、鄙弃▷~骂|~弃。☛统读 tuò。

【唾骂】　tuòmà 囫唾弃责骂▷世人~。

【唾弃】　tuòqì 囫厌恶;鄙弃▷为人民所~|~腐朽丑恶的东西。

【唾手可得】　tuòshǒukědé 往手上吐口唾沫就可以得到。形容极容易得到。☛"唾"不读 chuí,不要写作"垂"。

【唾液】　tuòyè 图口水。

【唾余】　tuòyú 图比喻别人言论或意见中的毫无价值的东西▷拾人~。

W

wa

挖 wā 國用工具或手掘;掏▷～土｜～防空洞◇～潜力。☞㊀统读wā。㊁右下是"乙",不是"九"。

【挖掘】 wājué ❶國往深处挖▷～古城遗址。❷比喻深入开发,探求▷～作品思想内涵。

【挖空心思】 wākōngxīnsī 形容想尽一切办法(含贬义)。

【挖苦】 wāku 國用刻薄的言语讥讽▷～别人只能激发矛盾。

【挖潜】 wāqián 國挖掘潜力。

【挖墙脚】 wāqiángjiǎo 比喻从根本上破坏▷贪污盗窃就是挖国家的墙脚。☞不宜写作"挖墙角"。

哇 wā ❶拟声模拟呕吐、哭、叫的声音▷～的一声吐了出来｜小孩子～～地哭。❷國"啊"(ā)受前一字收尾的 u、ao、ou 的影响发生音变而采用的书写形式▷你让我得好苦(kǔ)～!｜这样多好(hǎo)～!｜快走(zǒu)～。

【哇啦】 wālā 拟声模拟吵闹或快速说话的声音▷嘴里～～说个不停。☞不宜写作"哇喇"。

洼(窪) wā ❶形四周高,中间低▷地势太～!｜地低～。❷图四周高,中间低的地方▷山～水～。❸國地面下陷▷地～下去一块。

【洼陷】 wāxiàn 國向内或向下陷进去▷地面～。

娲(媧) wā 见[女娲]nǚwā。☞统读wā。

蛙 wā 图两栖动物。善于跳跃和泅水,捕食昆虫,对农业有益。种类很多,常见的有青蛙等。

娃 wá 图小孩子▷男～｜女～。

瓦 wǎ ❶图用泥土或水泥等烧制的、铺屋顶的建筑材料▷一块～｜琉璃～｜～房。❷用泥土烧制的(器物)▷～盆｜～罐｜～器。❸量〈外〉电的功率单位瓦特的简称。☞第二画是"乚"。○另见wà。

【瓦解】 wǎjiě ❶國比喻分裂、崩溃▷～冰消。❷使分裂、崩溃▷～敌军。

【瓦楞】 wǎléng 图屋顶上用瓦铺成的凹凸相间行列的凸起部分。也说瓦垄。

【瓦砾】 wǎlì 图碎瓦片和碎砖块。

【瓦斯】 wǎsī 图〈外〉气体,特指从煤矿中泄出的有毒并可引起爆炸的可燃气体。

瓦 wà 國在屋顶上铺瓦▷～瓦(wǎ)｜～刀。○另见wǎ。

袜(襪) wà 图袜子,套在脚上的纺织品▷连裤～｜线～｜～套。☞右半是"末",不是"未"。

wai

歪 wāi ❶形偏;斜(跟"正"相对)▷线画～了｜字写～了。❷不正当;不正派▷邪门～道｜风邪气。

【歪才】 wāicái ❶图指被认为不合正道的才能。❷指具有歪才的人。

【歪打正着】 wāidǎzhèngzháo 比喻方法不当,却意外地取得了满意的结果。☞"着"这里不读zhuó。

【歪风邪气】 wāifēngxiéqì 不正派的作风和不好的风气。

【歪门邪道】 wāiménxiédào 不正当的门路或手段。

【歪曲】 wāiqū 國故意不照事实说或写▷～作者的原意｜真相被～了。☞"曲"这里不读qǔ。

【歪歪扭扭】 wāiwāiniǔniǔ 形又歪又斜的样子▷字写得～。

【歪斜】 wāixié 形不直;不正▷那根柱子有点儿～｜口眼～。

崴 wǎi ❶图崴子,山、水弯曲的地方(多用于地名)▷山～子｜海参～。❷國(脚)扭伤▷～了脚。☞不读wěi。

外 wài ❶图表层;不在某种界限或范围之内的(跟"内""里"相对)▷室～｜8 小时之～｜意料之～。❷特指外国▷古今中～｜～币。❸形非自己所在或所属的(跟"本"相对)▷～地｜～单位｜～姓。❹非正式的;不正规的▷～号｜～史。❺关系远;不亲近▷都不是～人,不要客气｜见～。❻称家庭成员中女性一方的亲属▷～祖父｜～孙女。

【外表】 wàibiǎo ❶图人的仪表▷从～看,她像个学生。❷表面▷这笔质量好,～也很美观。

【外宾】 wàibīn 图外国客人。

【外埠】 wàibù 图本地以外的较大城镇。☞"埠"不读fù。

【外场】 wàichǎng 图指对外处理人际关系、交际、应酬等方面的事▷注意～｜负责把～搞好。

【外钞】 wàichāo 图外国钞票。

【外电】 wàidiàn 图外国通讯社的电讯。

【外调】 wàidiào ❶國到外地或外单位调查。❷调出;向外调拨(物资)或调动(人员)▷～物资｜需一一部分人员。

【外敷】 wàifū 國把药膏、药粉等涂抹或洒在体表的患处。

【外观】 wàiguān 图物体外表的样子。

【外行】 wàiháng ❶形对某种专业或某项工作不懂或没有经验(跟"内行"相对)▷办教育他并不～。❷图外行的人。

【外号】 wàihào 图别人根据某人的特征,在本名之外给起的名号,大都具有临时性和玩笑意味。

【外患】 wàihuàn 图外来的祸患(多指外国的侵略)▷～频仍｜内忧～。

【外汇】 wàihuì 图指用于国际结算的外币以及面值为外币的支票、汇票、有价证券等。如进口货物需支付外汇,出口货物可以取得外汇。

【外籍】 wàijí ❶图外国国籍▷～华人。❷外地户籍▷本地人不要歧视～人。

【外交】 wàijiāo 图国家以和平手段实行其对外政策的活动。一般由国家元首、政府首脑、外交部、外交代表机关等进行诸如访问、谈判、交涉、缔结条约、参加国际会议和国际组织等对外活动。

【外界】 wàijiè ❶图某物体以外的空间▷植物离不开～的生存条件。❷某一个体或集体以外的社会▷他与～接触很少｜消息发布后,～反响较大。

【外景】 wàijǐng ❶图影视界指在摄影棚外拍摄的景物(跟"内景"相对)。❷戏剧界指舞台上的室外布景。

【外科】 wàikē 图医学上指主要用手术来治疗身体内外疾病的一科▷～手术。

【外快】 wàikuài 图工资以外的收入；额外得到的收入或好处▷捞～。

【外来】 wàilái 圈从外地或外国来的▷～经商人员｜～影响。

【外来词】 wàiláicí 图从别的民族语言吸收来的词语。也说外来语。

【外流】 wàiliú 团(人或财富等)由本国本地转移到外国或外地▷绝不能让文物～！～了不少人才。

【外貌】 wàimào 图外表；长相▷城市的～｜～漂亮。

【外强中干】 wàiqiángzhōnggān 外表强大，内里虚弱(干:空虚)。

【外勤】 wàiqín ❶图在外地进行的工作。❷从事外勤工作的人。

【外人】 wàirén ❶图指没有亲属、朋友关系的人。❷指某个范围以外的人▷肥水不流～田。

【外事】 wàishì 图外交及涉外事务▷～工作｜～活动。

【外围】 wàiwéi ❶图四周▷～作战｜攻打～。❷圈围绕中心事物而存在的▷世界杯～赛｜～组织。

【外侮】 wàiwǔ 图来自外国的侵略和凌辱▷反抗～。

【外线】 wàixiàn ❶图在防区外作战的战线；从外部包围敌人作战的战线▷～作战。❷在安有电话分机的地方称对本总机以外通话的线路▷打～｜接通～。

【外向】 wàixiàng ❶圈(性格)开朗，内心活动容易表露(跟"内向"相对)。❷面向国际市场的▷～型产品。

【外销】 wàixiāo 团向国外或外地销售(跟"内销"相对)▷产品全部～｜～转内销。

【外泄】 wàixiè 团(气体、液体)向外排出；泄漏▷管道破裂，石油大量～◇公司机密不得～。

【外心】 wàixīn 图二心；背逆之心。如配偶不忠实，想跟别人产生爱情的念头；同外国或外单位勾结，企图搞对内不利活动的念头。

【外需】 wàixū 图国外的需求。

【外延】 wàiyán 图逻辑学指一个概念所确指的全部对象(跟"内涵"相对)。如"国家"这个概念的外延包括古今中外所存在的一切国家。

【外溢】 wàiyì ❶团(容器里的液体)溢了出来▷防止水库～。❷比喻资金等向外转移▷硬通货～。

【外因】 wàiyīn 图事物发展变化的外部原因。

【外用】 wàiyòng 团医学上指用药于身体外部，如敷、涂、熏、洗等(跟"内服"相对)。

【外遇】 wàiyù 图已婚者跟配偶以外的异性发生的不正当关系。

【外圆内方】 wàiyuánnèifāng 比喻表面随和，内心却能坚持原则(圆:圆通;方:有棱角。

【外援】 wàiyuán 图来自外部(多指外国)的支持和援助▷争取～。

【外在】 wàizài ❶圈事物本身以外的(跟"内在"相对)▷～力量。❷事物外部的；看得见的▷～的变化｜～原因。

【外资】 wàizī 图外国投入的资金▷～企业｜引进～。

wan

弯(彎) wān ❶圈曲折；不直▷扁担压～了。❷团使弯曲▷～下腰｜把铁丝～成圆圈。❸图弯曲的地方▷拐～抹角◇脑子一时转不过～儿来。

【弯路】 wānlù 图弯曲的路,多比喻工作、学习、生活中的曲折▷学习得法,就可少走～。

【弯曲】 wānqū ❶圈弯而不直▷一条～的山间小路。❷团使弯曲▷竹片～成弓形。☞"曲"这里不读 qǔ。

【弯子】 wānzi ❶图弯曲的地方▷咱们抄近道走,别绕那个大～。❷比喻言行中暗设的曲折之处▷有话直

说,不要绕～。也说弯儿。

剜 wān 团用刀、铲等挖去▷把脚上的鸡眼～掉｜～野菜。

【剜肉补疮】 wānròubǔchuāng 比喻用有害的手段来救急而不顾及后果。

湾(灣) wān ❶图河流弯曲的地方▷河～｜水～。❷海洋向陆地深入的地方▷海～｜～港。

蜿 wān [蜿蜒]wānyán 圈形容弯曲曲向前延伸的样子▷～的山路｜小溪在山谷里～地流淌。☞统读 wān。

豌 wān [豌豆]wāndòu 图一年或二年生草本植物。种子也叫豌豆,可以吃,鲜嫩的豆荚、豆粒和茎叶可以做蔬菜。

丸 wán ❶图小的球形物▷肉～｜药～。❷量用于丸药▷每次服两～。

【丸剂】 wánjì 图将药物研成细末跟水、蜂蜜或淀粉糊混合团成丸状的制剂。

纨(紈) wán 图〈文〉白色细绢;精细的丝织品▷～素｜～扇。

【纨绔】 wánkù 图〈文〉细绢做成的裤子,泛指富家子弟的华美穿着,也借指富家子弟▷～子弟。☞不要写作"纨袴""纨裤"。

完 wán ❶圈应有的各部分都具备;齐全▷体无～肤。❷团使事全部做好▷～工｜～婚。❸结束;终▷戏演～了｜～结。❹用光;没有剩余▷墨水使～了｜材料用～了。❺(把赋税)交齐▷～粮纳税｜～税。

【完备】 wánbèi 圈完全而齐备,应有的都有▷设施～｜手续～。

【完璧归赵】 wánbìguīzhào 将和氏璧完整地归还赵国(故事见《史记·廉颇蔺相如列传》)。比喻把原物完整无损地归还原主。☞"璧"不要写作"壁"。

【完成】 wánchéng 团(事情)按预期的目标办好▷提前～任务｜完不成指标。

【完蛋】 wándàn 团〈口〉毁灭或垮台。也夸张说某事搞坏了。

【完好】 wánhǎo 圈完整;没有缺损▷保存～｜车辆～。

【完婚】 wánhūn 团结婚(多指男子娶妻)▷回乡～。

【完美】 wánměi 圈完备美好,没有缺点▷～的结合｜形象～。

【完全】 wánquán ❶圈齐全▷材料很～。❷副全;整个▷这～是两码事儿。

【完人】 wánrén 图没有任何缺点的人▷谁也不是～,总会有这样那样的不足。

【完善】 wánshàn ❶圈完备良好▷设备～｜改革方案还不够～。❷团使完善▷～岗位责任制。

【完整】 wánzhěng 圈应有的部分都具有;没有损坏或残缺▷这件文物保存～｜结构～。

玩 wán ❶团拿在手里摆弄▷～把。❷图供观看欣赏的东西▷古～｜珍～。❸团观赏;欣赏▷游山～水｜游～。❹体味;研习▷～细｜～文义。❺以不庄重、不认真的态度对待▷～世不恭｜～忽职守。❻使用(不正当的手段);要弄▷～花招｜～手段。❼游戏;玩耍▷～捉迷藏｜去公园～。❽进行某种文体活动▷～扑克｜～双杠。☞统读 wán。

【玩忽职守】 wánhūzhíshǒu 对本职工作极不严肃认真,极不负责任。

【玩火自焚】 wánhuǒzìfén 比喻冒险干坏事的人,最终自食恶果。

【玩儿命】 wánrmìng 团〈口〉不怕危险,拿性命当儿戏(含谐谑意)▷酒后开车,简直是～。

【玩弄】 wánnòng ❶团摆弄把玩▷～魔方◇～词藻。❷戏弄；耍弄▷～他人的情感。❸施展；耍弄▷～权术。

【玩赏】 wánshǎng 团摆弄，欣赏▷～古董｜～字画。

【玩世不恭】 wánshìbùgōng 指用不严肃的态度处世待人(不恭：不严肃)。

【玩味】 wánwèi 团仔细深入地体会其中的意味▷书中的某些细节，颇堪～。

【玩物丧志】 wánwùsàngzhì 沉迷于玩赏所喜好的东西而丧失进取的理想和意志。

【玩艺儿】 wányìr 通常写作"玩意儿"。

【玩意儿】 wányìr〈口〉❶团玩具。❷泛指东西▷你手里拿的是什么～。❸指曲艺、杂技等技艺▷变魔术这～我可不会｜游艺厅里～真不少。

顽(頑) wán ❶形不易制服的；固执不化的▷～敌｜～固。❷愚昧无知▷冥～不灵。❸(小孩子)不听劝导，爱玩闹▷～童｜～皮。❹坚硬；坚强▷～强｜～抗。

【顽敌】 wándí 名难以制服的敌人。

【顽固】 wángù ❶形(思想)极端保守，不愿接受新事物的▷～不化｜守旧思想很～。❷不肯改变的；难以改变的▷～到底，死路一条｜哮喘这种病很～。

【顽抗】 wánkàng 团顽固抵抗▷犯罪嫌疑人还在～。

【顽劣】 wánliè ❶形顽固恶劣▷态度～。❷顽皮无知；不守规矩▷这孩子～异常。

【顽皮】 wánpí 形(少年儿童等)贪玩爱闹、不听劝导；淘气▷～的孩子。

【顽强】 wánqiáng 形坚强；不怕困苦，坚持不懈▷～拼搏。

【顽症】 wánzhèng 名难以治好或久治不愈的病症，比喻不易矫治的社会问题或错误倾向。也说顽疾。

烷 wán 名有机化合物的一类。分子式是 C_nH_{2n+2}，如甲烷、乙烷。

宛 wǎn〈文〉❶形弯曲，曲折▷萦～｜～曲。❷副仿佛；好像▷音容～在。☞右下不是"巳""已""己"。

【宛然】 wǎnrán 副好像▷往日情景，～在目。

【宛如】 wǎnrú 团好像是▷长江大桥～天上长虹。也说宛若。

挽 wǎn ❶团拉；牵引▷～弓｜手～着手。❷哀悼死者▷～联。❸弯臂勾住▷胳膊上～着个篮子。❹使改变方向；挽回▷～力～狂澜。❺卷起▷～起～袖子。

【挽歌】 wǎngē ❶名对死者哀悼的歌。❷对死亡事物哀悼的诗文▷这是一首旧时代的～。

【挽回】 wǎnhuí 团设法使情况好转或弥补损失▷～尴尬局面｜～经济损失。

【挽救】 wǎnjiù 团使脱离危险的境地▷～失足青年｜～濒危的珍稀动物。

【挽联】 wǎnlián 名对死者哀悼的对联▷灵堂里挂满了～。

【挽留】 wǎnliú 团劝说要走的人留下。

莞 wǎn [莞尔]wǎn'ěr 形〈文〉形容微笑的样子▷～一笑｜相顾～。☞㊀不读 wán。㊁在"东莞"(广东地名)中读 guǎn。

晚 wǎn ❶名日落的时候▷～霞。❷天黑以后到深夜以前的时间；泛指黑夜▷一天忙到～｜夜～。❸过了原定或合适时间的▷大器～成｜～一点～了。❹时间上靠近或临近终了的；特指人一生的最后一段时间▷～稻｜～期｜～岁｜～节。❺形后来的；后一辈▷～辈｜娘(继母)。

【晚安】 wǎn'ān 形客套话，用于晚上道别或向人问候。

【晚辈】 wǎnbèi 名辈分低的人▷做～的，应当体谅老人。

【晚春】 wǎnchūn 指春季接近结束的时期。也说暮春。

【晚点】 wǎndiǎn 团(车、船、飞机等)发出、运行或到达晚于规定时间▷火车～半个小时到达。

【晚会】 wǎnhuì 名晚上举行的文娱集会▷篝火～｜春节联欢～。

【晚婚】 wǎnhūn 团达到法定结婚年龄后再推迟若干年结婚▷～晚育。

【晚节】 wǎnjié 名晚年的品行气节▷保持～。

【晚景】 wǎnjǐng ❶名傍晚的景色。❷晚年的景遇▷～幸福。

【晚境】 wǎnjìng 名晚年的境况▷～寂寞。

【晚年】 wǎnnián 名人一生中最后的一个阶段▷安度～｜～丧子。

【晚期】 wǎnqī 名最后一个时期▷旧石器时代的～｜～癌症。

【晚熟】 wǎnshú 团指农作物生长期长、成熟较晚▷～品种。☞"熟"这里不读 shóu。

【晚霞】 wǎnxiá 名日落时出现的云霞。

【晚育】 wǎnyù 团婚后晚几年生育。

脘 wǎn 名中医指胃腔▷胃～。☞统读 wǎn。

惋 wǎn 团痛惜；同情▷～惜。☞统读 wǎn。

【惋惜】 wǎnxī 团对别人的不幸遭遇表示同情；对不如意的事感到遗憾▷功亏一篑，实在令人～。

婉 wǎn ❶形温和；柔顺▷和～｜温～｜～顺。❷(说话)委婉▷～言相告。

【婉辞】 wǎncí 团委婉言谢绝；婉言推辞▷对本公司的高薪聘请，他竟～不就。

【婉言】 wǎnyán 名委婉的话语▷～规劝｜～谢绝。

【婉约】 wǎnyuē 形〈文〉柔婉含蓄▷诗词的风格不同，有的～，有的豪放。

【婉转】 wǎnzhuǎn ❶形(话语)委婉曲折▷话虽然说得很～，意思却很明白。❷(声音)悠扬动听。☞不宜写作"宛转"。

绾(綰) wǎn 团盘绕起来打成结▷～了个扣儿｜把头发～在脑后。

皖 wǎn 名安徽的别称▷～南事变。

碗 wǎn ❶名吃饭用的器皿。❷形状像碗的东西▷～轴～。

万(萬) wàn ❶数数字，十个一千。❷形容数量极大▷日理～机。❸副表示程度极高▷～没想到｜～不得已。☞在复姓"万俟(mòqí)"中读 mò。

【万般】 wànbān ❶形千万种；各式各样▷～花样｜～招数。❷副极其；非常▷～无奈。

【万变不离其宗】 wànbiànbùlíqízōng 形式变化多样，但本质没有改变。

【万端】 wànduān 形形容头绪多而纷繁▷～思绪｜感触～。

【万恶】 wàn'è ❶名各种罪恶▷极端个人主义是～之源。❷形罪恶多端▷罪恶深重～的法西斯。

【万方】 wànfāng ❶名全国或世界各地▷登高一呼，～响应。❷形(姿态、形式)多种多样▷仪态～。

【万分】 wànfēn 副极其▷～感谢｜痛苦～。

【万劫不复】 wànjiébùfù 指永世不能恢复(万劫：佛教

指世界从生成到毁灭为一劫,万劫,即万世、永远)。

【万金油】 wànjīnyóu ❶图药名,现称清凉油。❷比喻什么工作都会一点儿,但什么都不精通的人。

【万籁俱寂】 wànlàijùjì 自然界的各种声音都静下来了。形容极其宁静。☞"俱"不要写作"具"。

【万马齐喑】 wànmǎqíyīn 千万匹马都沉寂无声。比喻人们沉默不言,气氛沉闷。☞"喑"不读 àn;不要写作"暗"。

【万难】 wànnán ❶图一切困难▷排除～。❷圈非常难▷～从命。

【万能】 wànnéng ❶圈无所不能▷教育不是～的。❷有多种功能的▷～刀。

【万念俱灰】 wànniànjùhuī 一切念头都灭了。形容极端灰心失望。☞"俱"不要写作"具"。

【万千】 wànqiān ❶数表示数量多▷～将士。❷圈形容事物的方面很多▷感慨～|气象～。

【万全】 wànquán 圈十分周密稳妥,绝无疏漏▷～之策。

【万人空巷】 wànrénkōngxiàng 指众多的人都出来了,致使小巷空无一人。形容某件事哄动一时或群众积极参与的盛况。

【万事俱备,只欠东风】 wànshìjùbèi, zhǐqiàndōngfēng《三国演义》描述赤壁之战,周瑜设计火攻曹操战船,一切都准备妥当,只差东风这个自然条件了。比喻其余条件都准备好了,只差最后一个重要条件。

【万死不辞】 wànsǐbùcí 死一万次也不推辞。表示不畏艰险,不怕牺牲。

【万万】 wànwàn ❶数一万个万,也用于表示数目多。❷副绝对;无论如何(用于否定式)▷～不能|～没想到。

【万无一失】 wànwúyīshī 绝对不会有差错(失:失误)。形容非常稳妥。

【万物】 wànwù 图一切事物▷～复苏|～欣欣向荣。

【万象】 wànxiàng 图世间的一切事物或景象▷～回春|包罗～|～更新。

【万幸】 wànxìng 圈万分幸运(多指有幸免于灾难)▷这次空难,他免于一死,真～。

【万一】 wànyī ❶图万分之一。表示数目小▷损失极微,不过～。❷可能性极小的意外情况▷不怕一万,只怕～。❸圉用于分句,表示假设关系,相当于"如果"▷～有急事,我就不来了。

【万状】 wànzhuàng 圈多种状态,形容程度极深(多用于消极现象)▷惶恐～|悲惨～。

【万紫千红】 wànzǐqiānhóng 形容百花齐放,色彩艳丽。也比喻事物丰富多彩或事业繁荣兴盛。

腕 wàn 图人的手掌跟前臂之间或脚跟小腿之间相连接的可以活动的部分▷手～|脚～|～子。

【腕力】 wànlì ❶图手腕的力量,特指写字时运笔的力量▷下笔极具～。❷比喻办事的能力▷领导干部需要有胆识、有～。

蔓 wàn 义同"蔓"(màn)①,用于口语▷丝瓜爬～儿了|该压～儿了|瓜～儿。○另见 màn。

wang

汪 wāng ❶圈形容水又深又广▷～洋大海。❷团(液体)积聚在地上▷着水|两眼～着泪水。❸量用于液体▷一～秋水|眼里含着一～泪水。❹拟声模拟狗叫的声音▷～～乱叫。

【汪汪】 wāngwāng ❶圈形容水面宽广▷～百里湖面。❷充满水或眼泪等的样子▷水～|泪～。

【汪洋】 wāngyáng ❶圈形容水势广阔浩大▷～大海。

❷〈文〉形容气度恢宏▷～恣肆。

亡 ❶wáng 团逃走▷逃～|流～。❷丢掉;失去▷唇～齿寒。❸灭亡(跟"兴"相对)▷国破家～|兴～。❹死亡▷父母双～|阵～|～友。

【亡故】 wánggù 团〈文〉死去▷父母相继～。

【亡国】 wángguó ❶团国家灭亡。❷使国家灭亡▷～灭种。❸图灭亡了的国家▷～之君。

【亡灵】 wánglíng 图迷信指人死后的魂灵,比喻某种旧事物残留下来的影响▷某些人还在为法西斯的～招魂。

【亡命】 wángmìng〈文〉❶团流亡;逃命▷～他乡。❷圈冒险作恶,不顾性命▷～之徒。

【亡羊补牢】 wángyángbǔláo 羊丢失了以后再修补羊圈。比喻出了差错以后及时纠正补救。

王 wáng ❶图君主制国家的最高统治者▷国～。❷汉代以后封建社会的最高封爵▷亲～|郡～。❸首领;头目▷占山为～|山大(dài)～。❹同类中为首的、最大的或最强的▷花～|猴～|～牌。

【王朝】 wángcháo 图朝廷;朝代。

【王法】 wángfǎ 图封建王朝的法令,也泛指国家法律。

【王冠】 wángguān ❶图帝王的帽子。❷借指冠军的荣誉。

【王国】 wángguó ❶图君主制或君主立宪制国家▷摩洛哥～|泰～。❷比喻某个专门领域或集中某种事物的专门场所▷足球～|兵器～|面面观，徜徉在数学～里。

【王牌】 wángpái 图扑克牌游戏中最大或最强的牌,比喻最强有力的手段或人物▷手里握有谈判的～|～飞行员。

网 wǎng ❶图用绳、线等结成的有孔眼的捕鱼捉鸟的工具▷鱼～。❷形状像网的东西▷蜘蛛～|铁丝～|电～。❸纵横交错如网的组织、系统▷通讯～|交通～|法～|关系～。❹团像网似的笼罩着▷眼睛里～着红丝。❺用网捕捉▷下河～了三条鱼。

【网吧】 wǎngbā 图公众电脑屋。指面向社会开放的、利用计算机网络提供浏览、查询等信息服务的营业性场所。

【网点】 wǎngdiǎn 图指商业、服务业等行业网络中有计划地设置在各处的基层单位▷销售～|固定维修～。

【网开一面】 wǎngkāiyīmiàn 把捕捉禽兽的网打开一面。比喻采取宽大态度,给人留条出路。

【网罗】 wǎngluó ❶图罗网▷冲决～。❷团从各方面罗致▷～各地能工巧匠|～人才。

【网络】 wǎngluò ❶图网状的东西▷～图。❷由若干元件组成的用来使电信号按一定要求传输的电路或其中的一部分。❸泛指由许多互相交错的分支组成的周密系统▷计算机～|通讯～|交通运输～|经营～|监督～。❹特指互联网。

【网迷】 wǎngmí 图上网入迷的人。

【网民】 wǎngmín 图电子计算机互联网的用户。

【网友】 wǎngyǒu 图在互联网上有来往的朋友。

【网站】 wǎngzhàn 图建立在互联网上的、将各种信息归纳分类的、图像化的应用系统。

【网址】 wǎngzhǐ 图某一网站在互联网上的地址,以便于用户访问,获取信息资料,一般用一组字符来表示。

枉 wǎng ❶圈弯曲;不正▷矫～过正。❷团使歪曲不正▷贪赃～法。❸圈冤屈;受屈▷冤～|～屈。❹副空;白白地▷～然。

【枉费】 wǎngfèi 团白费▷～唇舌|～时光。

【枉然】 wǎngrán 形白费劲;徒然▷想的再好,不去实践也是～。

【枉自】 wǎngzì 副白白地▷～多情|～送死。

罔 wǎng〈文〉❶动蒙骗▷欺君～上|欺～。❷无;没有▷药石～效|置若～闻。❸副不;不要▷～知所措|～失法度。

往 wǎng ❶动去;到▷礼尚～来|心驰神～|来～。❷向(某处去)▷你～东,我～西。❸介引进动作行为的方向,相当于"朝""向"▷～前看|劲～一处使|～高里长。❹形从前的;过去的▷～年|～事。☞统读 wǎng。

【往常】 wǎngcháng 名过去的、平常的日子;以往▷听他的口气明显不同于～。

【往来】 wǎnglái ❶动来来去去▷船在河里～不断。❷名互相交往、交际的情况▷两国友好、日益增多。

【往往】 wǎngwǎng 副表示某种情况经常出现或存在▷轻敌～是失败的原因。

【往昔】 wǎngxī 名以前▷～旧友。

惘 wǎng 形失意;不顺心▷怅～|迷～。

【惘然】 wǎngrán 形形容失意的样子▷神情～|～若失。

魍 wǎng [魍魉]wǎngliǎng 名古代传说中的精怪▷魑魅～～。☞不要写作"蝄蜽"。

妄 wàng ❶形不合实际的;不近情理的▷狂～|～图。❷随意;胡乱▷轻举～动|～加评论。

【妄称】 wàngchēng 动不合实际或狂妄地宣称▷～自己的功夫天下第一。

【妄动】 wàngdòng 动轻率地行动▷不可|轻举～。

【妄断】 wàngduàn 动胡乱决断;没有根据地轻率地做出结论▷～是非。

【妄说】 wàngshuō ❶动没有根据地乱说;瞎说▷对他不了解,不敢～。❷名胡乱说的话▷无知～。

【妄图】 wàngtú 动狂妄地打算▷～称霸世界。

【妄为】 wàngwéi 动不受法律、纪律和舆论的约束,随意行动▷胆大～。

【妄想】 wàngxiǎng ❶动虚妄地打算▷痴心～。❷名虚妄的想法▷纯粹是～。

【妄言】 wàngyán ❶动胡说▷～恶语伤人|并非～。

【妄自菲薄】 wàngzìfěibó 过分低估自己。☞"菲"这里不读 fēi。

【妄自尊大】 wàngzìzūndà 狂妄地自大。

忘 wàng 动忘记,不记得▷这事我早～了|遗～|出门别～了带钥匙。☞统读 wàng。

【忘本】 wàngběn 动忘记了自己的根本;境遇变好后忘掉了自己本来的情况和幸福的来源。

【忘恩负义】 wàng'ēnfùyì 忘掉人家对自己的恩惠,辜负人家对自己的情义。

【忘乎所以】 wànghūsuǒyǐ 由于过度高兴或骄傲自满而忘掉了一切。

【忘怀】 wànghuái 动忘掉▷老师的教诲怎能～。

【忘记】 wàngjì ❶动经历过的事情未能留在记忆中▷不能～近百年来的国耻。❷该做的或准备做的事没有想起去做▷到了厨房,她却～了要干什么。

【忘年交】 wàngniánjiāo 名年龄差距大或辈分不同而交情深厚的朋友。

【忘情】 wàngqíng ❶形不能控制自己的感情▷他～地大哭起来。❷动感情上割舍得开(常用于否定式)▷生我养我的故乡,我怎能～?

【忘却】 wàngquè 动忘记▷～了许多往事。

【忘我】 wàngwǒ 动忘掉自己;公而忘私▷～地工作|～的精神境界。

【忘形】 wàngxíng 动因得意或兴奋而忘记了保持应有的态度和形象等▷高兴时切莫～。

旺 wàng 形兴盛▷人畜两～|麦子长得真～|炉火正～|～兴。

【旺季】 wàngjì 名某种农副产品大量出产或商业上买卖兴隆的季节(跟"淡季"相对)▷蔬菜～|销售～|旅游～。

【旺盛】 wàngshèng ❶形火焰高▷～的火焰。❷生命力强▷草木～。❸(精神、活力)高涨;饱满▷～的斗志|精力～。

【旺销】 wàngxiāo 动卖得很多很快;畅销▷～势头|～季节。

望 wàng ❶动往远方看▷一～无际。❷察看▷～风观～。❸名古代称月圆的一天▷日|朔~。❹名望,声誉▷德高～重|名～|声～|威～。❺形有名望的▷名门～族。❻动盼望;期待▷绝～|无～|失～。❼向着;对着▷中日两国隔海相～。❽介引进动作行为的方向,相当于"向"▷～那边看|靶子正中打。❾动问候、探视(尊长或亲友)▷探～|拜～|看～。

【望尘莫及】 wàngchénmòjí 比喻远远地落后,不能赶上。

【望穿秋水】 wàngchuānqiūshuǐ 把眼睛都望穿了(秋水:秋天清澈的水,比喻女子的眼睛)。形容企盼殷切。

【望风而逃】 wàngfēng'értáo 远远看见对方气势很盛就逃跑了。

【望风披靡】 wàngfēngpīmǐ 草一遇到风就倒伏。比喻远远看见对方来势汹汹就不敢抵抗,或自行溃散。☞"靡"这里不读 mí。

【望梅止渴】 wàngméizhǐkě 比喻愿望无法实现,只能借想象来自慰。

【望其项背】 wàngqíxiàngbèi 远远看到前面人的脖颈和后背。比喻有希望赶上或达到(多用于否定式)。

【望文生义】 wàngwénshēngyì 只按照字面牵强附会地做出片面或错误的解释。☞"义"不要写作"意"。

【望眼欲穿】 wàngyǎnyùchuān 眼睛都要望穿了。形容盼望极其殷切。

【望洋兴叹】 wàngyángxīngtàn 原指看到人家的宏伟才感到自己的渺小(望洋:仰望的样子;兴:发出;叹:感叹)。现多比喻因力量或条件不够而感到无可奈何。

【望子成龙】 wàngzǐchénglóng 盼望儿子成为有出息或杰出的人物(龙:比喻杰出人才)。

wei

危 wēi ❶形环境险恶;不安全(跟"安"相对)▷转～为安|～险|～机。❷动使不安全;损害▷～及国家|～害社会。❸特指生命危险(将要死亡)▷垂～|病～。❹形恐惧;使恐惧▷人人自～|言耸听。❺端正▷正襟～坐。☞㊀统读 wēi。㊁下边是"巳",不是"巳"。

【危房】 wēifáng 名有倒塌危险的房屋。

【危害】 wēihài ❶动严重损害;使受到破坏▷吸烟～健康。❷名危险和损害▷破坏植被对生态环境带来～。

【危机】 wēijī ❶名潜伏的危险或祸患▷～重重|～四伏。❷严重困难的局面和危险关头▷金融～。

【危急】 wēijí 形危险紧急▷情况～。

【危难】 wēinàn 图危险和灾难▷遇到～|民族生死存亡的～时刻。☞"难"这里不读 nán。

【危如累卵】 wēirúlěiluǎn 形容形势极其危险,好像摞起来的蛋,随时可能倒塌粉碎。

【危亡】 wēiwáng 图(国家、民族等)面临灭亡的危险局势。

【危险】 wēixiǎn ❶图危急凶险;有可能遭到失败或损害▷山路～|～关头。❷图遭到失败、损失或伤亡的可能性▷他们随时都有死亡的～。

【危言耸听】 wēiyánsǒngtīng 故意说夸大吓人的话,使人听了震惊(耸:惊动)。

【危在旦夕】 wēizàidànxī 危险就在眼前(旦夕:早晨和晚上,指时间短)。

委 wēi [委蛇]wēiyí〈文〉囮听从;依顺▷虚与～。○另见 wěi。

威 wēi ❶图使人敬畏的气势或使人畏惧的力量▷耀武扬～|～权|～示～。❷团凭借威力制服或压迫▷～逼|～胁。

【威逼】 wēibī 团用强力威胁和逼迫▷用枪～无辜百姓。

【威风】 wēifēng ❶图让人敬畏的气势▷～扫地|八面～。❷形形容气势令人敬畏▷女特警队好～呀!

【威吓】 wēihè 团用权势或威力来恐吓▷用经济制裁进行～。☞"吓"这里不读 xià。

【威力】 wēilì 图使人信服或畏惧的力量;具有推动或摧毁等作用的强大力量▷政策的～|专政的～|发挥了～。

【威慑】 wēishè 团用强大武力或声势使对方畏惧(而不敢随意行动)▷～敌人。☞"慑"不要写作"摄"。

【威势】 wēishì ❶图威风和权势▷～逼人|～日盛。❷威力和气势▷强台风的～已逐渐收敛。

【威望】 wēiwàng 图众所敬服的声誉和名望▷崇高的～|享有～。

【威武】 wēiwǔ ❶图武力和权势▷～不能屈。❷形威风凛凛;雄壮▷～之师|～豪迈。

【威胁】 wēixié ❶团用威力逼迫恐吓▷敌人妄想用死来～他。❷造成危险或危害▷这种疾病～人类健康。❸来自外部的危险或危害▷噪音、尘埃和湿气是对纺纱工人的三大～。

【威信】 wēixìn 图威望和信誉。

【威严】 wēiyán ❶图威武而严肃▷军容～。❷图威风和尊严▷法律的～。

【威仪】 wēiyí 图庄严的仪容举止和气派▷三军～显示出强大的战斗力。

【威震】 wēizhèn 团凭借威势使震撼▷～海内|～敌胆。

逶 wēi [逶迤]wēiyí 形曲折蜿蜒▷山路～。☞不宜写作"委蛇"。

偎 wēi 团紧紧挨在一起▷孩子紧紧～在大人怀里|脸～着脸。

【偎依】 wēiyī 团紧紧地挨着;亲热地靠着▷跟母亲～在一起。

葳 wēi [葳蕤]wēiruí 形〈文〉(草木枝叶)茂盛。

微 wēi ❶形小;轻微;少▷细～|风～|量～。❷团由大变小;由盛变衰▷衰～。❸形地位低下▷卑～|人～言轻。❹精妙深奥▷～言大义|～妙。❺〈文〉不显露的▷～服私访。❻图稍;略▷～感不适|面色～红。❼图同一物理量的单位连用时,表示该单位的百万分之一▷～米|～伏。☞统读 wēi。

【微波】 wēibō ❶图轻轻荡漾的水波▷～荡漾。❷物

理学上指分米波、厘米波、毫米波波段(频率为 300 兆赫－300 千兆赫)的电磁波▷～炉。

【微薄】 wēibó 形微小单薄;数量很少▷～的财力|收入～。

【微不足道】 wēibùzúdào 非常微小,不值一提。

【微词】 wēicí 图隐含贬斥的言词▷细听他的发言,其中颇有～。

【微服私访】 wēifúsīfǎng 官员隐瞒身份,着便装到民间暗自查访。

【微观】 wēiguān ❶形深入到分子、原子、电子等极微小的基本粒子领域的(跟"宏观"相对,②同)▷～世界。❷指整体中的一小部分或较小范围的▷～经济活动分析。

【微乎其微】 wēihūqíwēi 形容非常少或非常小。

【微机】 wēijī 图微型电子计算机。

【微量】 wēiliàng 图数量极少的或含量极少的▷本药如有～沉淀,不影响疗效|～元素。

【微妙】 wēimiào 形复杂深奥,不易弄清楚和说清楚▷～的问题|关系～。

【微弱】 wēiruò 形又小又弱▷声音～|光线～|心脏还有～的跳动。

【微生物】 wēishēngwù 图生物的一大类,形体微小,结构简单,广泛分布于自然界,繁殖力极强。如细菌、真菌、病毒等。

【微缩】 wēisuō 团按一定的比例缩小▷～景观|这些古籍已～成胶卷保存。

【微微】 wēiwēi ❶形微弱▷～的声响。❷副稍微;轻微▷手在～地颤抖。

【微小】 wēixiǎo 形非常小▷蛋壳上约有一万个肉眼看不见的～气孔。

【微笑】 wēixiào ❶团不明显、不出声地笑▷他对着照相机～。❷图不明显的笑容▷迷人的～。

【微型】 wēixíng 形(形体、范围、容量等)比同类事物小的▷～摄像机|～小说。

【微言大义】 wēiyándàyì 精深微妙的言词中包含的深奥道理。☞"义"不要写作"意"。

煨 wēi ❶团把食物埋在有火的热灰中烤熟▷～白薯|～栗子。❷烹调时用文火慢煮▷～鸡汤。

薇 wēi 见[蔷薇]qiángwēi。☞统读 wēi。

巍 wēi 形〈文〉高大。☞统读 wēi。

【巍峨】 wēié 形形容高大而雄伟▷山峰～挺拔|一座～耸立的古代建筑。

【巍然】 wēirán 形形容高大雄伟的样子▷纪念碑～挺立。

【巍巍】 wēiwēi 形又高又大▷～昆仑。

韦(韋) wéi 图〈文〉熟皮子▷～编三绝。☞统读 wéi。

为(爲) wéi ❶团做▷尽力而～。❷〈文〉表示某些动作行为,代替治理、从事、设置、研究等动词▷～政|步步～营|～学。❸当作;充当▷拜他～师|四海～家。❹变成;成为▷一分～二|反败～胜。❺是▷见习期～一年|珠穆朗玛峰～世界最高峰。❻介相当于"被"(常与"所"合用)▷～人民所拥护|～事实证明。❼团〈文〉表示反问或感叹▷匈奴未灭,何以家～?○另见 wèi。

【为非作歹】 wéifēizuòdǎi 做各种各样的坏事。

【为富不仁】 wéifùbùrén 一心追求发财而没有好心肠。

【为害】 wéihài 团造成危害或损害▷～乡里|蝗虫～。

【为难】　wéinán　❶题感到难办▷使人～的要求|左右～。❷动作对；刁难▷他处处与我～|不要～他。

【为期】　wéiqī　动需要时间；离规定的期限▷训练班～三个月|～尚远。

【为人】　wéirén　❶动作人；作人处世▷～一世|～爽快。❷图作人处世的态度▷不了解他的～。

【为人师表】　wéirénshībiǎo　作为别人学习的榜样。

【为所欲为】　wéisuǒyùwéi　原指做自己想要做的事。现指想做什么就做什么，多指任意妄为。

【为伍】　wéiwǔ　动做伙伴；跟某些人同伙▷终日与坏人～|羞与～。

【为止】　wéizhǐ　动停止；截止（用于表示时间的介词结构之后）▷到目前～|到此～。

圩　wéi　图圩子▷筑～|堤～|埂～|田。

【圩子】　wéizi　图江河附近低洼地区防水护田的堤岸。☞不宜写作"围子"。

违（違）　wéi　❶动离开▷久～。❷背离；不遵从▷阳奉阴～|～法。☞统读 wéi。

【违拗】　wéi'ào　动执意不依从，闹别扭▷他对妈妈的话从不～。

【违背】　wéibèi　动违反；背离▷～事理|～诺言|～法律制度。

【违法乱纪】　wéifǎluànjì　违背法律或法令，破坏纪律。

【违反】　wéifǎn　动不遵守或不符合（法则、规章等）▷～客观规律|～政策法令。

【违犯】　wéifàn　动违背或触犯（法律、法规等）▷～治安管理条例|～禁令。

【违抗】　wéikàng　动违背并抗拒▷～指示|～命令。

【违心】　wéixīn　动违背自己本来的心意▷说话、办事不能～。

【违约】　wéiyuē　动违背条约、契约或共同的约定▷条约一旦签定，就不能～。

【违章】　wéizhāng　动违反规章▷骑车～。

围（圍）　wéi　❶动四面拦起来；环绕▷场地四边～了一圈席子|～巾。❷图四周▷外～。❸周长；胸～|腰～。❹量两只胳膊合拢起来的长度▷这棵古树有五六～粗。

【围攻】　wéigōng　❶动包围起来进行攻击▷～敌人据点。❷多人联合起来进行指责▷不该～少数派代表。

【围剿】　wéijiǎo　动包围起来加以剿灭▷～土匪◇反动派对革命文化进行～。

【围困】　wéikùn　动从四面团团围住，使没有出路或活动的余地▷～敌人。

【围绕】　wéirào　❶动以某一事物为中心在其周围环绕▷地球～着太阳旋转。❷以某个问题或事件为中心进行活动▷论述～着主题展开。☞"绕"不读 rǎo。

【围子】　wéizi　图围绕村庄的屏障物，一般用土石筑成，也有的由密植的荆棘构成。

闱（闈）　wéi　❶图古代后妃的居室，也指妇女居室▷宫～|房～。❷指科举时代的考场▷春～|入～。

桅　wéi　图桅杆，船上挂帆或信号、旗帜等用的长杆▷船～|～灯。

唯　wéi　〈文〉❶网表示答应。❷副单单；只▷～利是图。❸团只是▷学识渊博，～不善言谈。☞统读 wéi。

【唯独】　wéidú　副单单；只▷心里装着别人，～没有自己。

【唯恐】　wéikǒng　动只怕▷～天下不乱。

【唯利是图】　wéilìshìtú　只贪图财利，别的什么都不顾。

【唯命是从】　wéimìngshìcóng　只服从命令。指绝对服从。也说唯命是听。

【唯唯诺诺】　wéiwéinuònuò　形容连声答应，一味顺从。

【唯我独尊】　wéiwǒdúzūn　只有自已最了不起，形容极端狂妄自大。

【唯物主义】　wéiwù zhǔyì　哲学的两大基本派别之一，是同唯心主义相对立的思想体系。认为世界按其本质来说是物质的，是不依赖人的意识而客观存在的，精神或意识是物质的产物。物质是第一性的，意识是第二性的。

【唯心主义】　wéixīn zhǔyì　哲学的两大基本派别之一，是同唯物主义相对立的思想体系。认为精神是世界的本源，物质世界是精神、意识的产物，精神是第一性的，物质是第二性的。

【唯一】　wéiyī　题独一无二的▷～的办法。

【唯有】　wéiyǒu　团只有▷～革命才有出路|大家都到了，～他不见踪影。

帷　wéi　图围在四周的帐子▷～幕|车～|子～|罗～。

【帷幕】　wéimù　图挂在屋子中间或舞台上起遮挡作用的幕布。

【帷幄】　wéiwò　图〈文〉古时军中将帅用的帐幕▷运筹～。

【帷子】　wéizi　图围起来起遮挡保护作用的布等▷炕～|墙～。☞不宜写作"围子"。

惟　wéi　原义同"唯"❷❸和"维"❺，现通常写作"唯"或"维"。如"wéi独""wéi恐"等均写作"唯"；"思wéi""wéi妙 wéi肖"均写作"维"。

维（維）　wéi　❶图〈文〉系（jì）东西的大绳。❷动拴住；连结▷～系。❸动保持；保护▷～持|～护|～修。❹图数学上指确定图形中点的位置所需要的坐标（或参数）个数为维数。比如普通空间中的点由三个坐标确定，普通空间是三维的；平面上的点由两个坐标确定，平面是二维的；直线是一维的。❺团思考▷思～。

【维持】　wéichí　❶动保持；使继续存在▷～现状|～原判。❷支持；保护▷有你在中间～，我心里踏实了许多。

【维护】　wéihù　动维持加以保护，使免遭破坏▷～祖国的统一。

【维妙维肖】　wéimiàowéixiào　模仿或描写得非常生动逼真。

【维生素】　wéishēngsù　图生物有机体维持健康所必需的某些微量有机化合物。通常认为有几十种。许多维生素，动物自身不能合成，食物中必须有足够的含量。

【维系】　wéixì　❶动维持并联系，使不分散、不中断▷设法～他们的关系。❷维护▷只要～一个公平竞争的环境，就会有很好的发展。

【维新】　wéixīn　团一般指政治上改变旧法推行新法▷变法～。

【维修】　wéixiū　动保养和修理▷～汽车。

嵬　wéi　题〈文〉山势高大耸立▷～然|崔～。

潍（濰）　wéi　图用于水名和地名。潍河、潍坊，均在山东。

伟（偉）　wěi　❶题高大▷魁～。❷卓越；超出寻常▷～业|丰功～绩|雄～。

【伟岸】　wěi'àn　题（身材）魁梧；（容貌气度）非凡▷身材～|风骨～◇～的白杨树。

【伟大】 wěidà ❶圈品格崇高,贡献超卓,令人景仰的▷～的人物|～的科学家。❷气象雄伟,规模宏大,值得无限自豪的▷～的祖国|～的时代|～的长城。

【伟人】 wěirén 图伟大的人物。

伪(僞) wěi ❶圈假的;故意做作以掩盖真相的(跟"真"相对)▷去～存真|辨别真～|科学|～造。❷非法的▷～军|～政府。☞统读 wěi。

【伪君子】 wěijūnzǐ 图假装成高尚正派而欺世盗名的人▷要善于识破～。

【伪劣】 wěiliè 圈假冒的质量低劣的▷～产品|工程。☞"劣"不读 lüè。

【伪善】 wěishàn 圈假装善良的▷～的面孔。

【伪证】 wěizhèng 图假造的证据,指证人、鉴定人、记录人、翻译人对与案件有重要关系的情节故意做出的虚假证明、鉴定、记录或翻译。

【伪装】 wěizhuāng ❶团假装▷侦察员～成毒品贩子|～积极。❷军事上用某些东西隐蔽自己以迷惑敌人▷炮身上～着树枝。❸图伪装成的样子;伪装物▷那是敌人的～|剥去～。

【伪作】 wěizuò ❶团假托别人名义写作诗文或制作艺术品。❷图假造的作品▷这幅画儿是～。

苇(葦) wěi 图芦苇▷～塘|～箔|～子。

尾 wěi ❶图尾巴,某些动物身体末端突出的部分▷摇～乞怜。❷泛指事物的末端▷船～|首～相连|末～。❸主要部分以外的部分;末尾的阶段▷～数|扫～工程。❹量用于鱼▷一～鲤鱼。〇另见 yǐ。

【尾巴】 wěiba ❶图尾①▷猫～|鱼～。❷尾②▷船～|彗星～。❸追随附和或总是被别人带着的人▷领导不能做群众的～|她是妈妈的小～。❹比喻跟踪盯梢的人▷注意,你后面有～。❺破绽;把柄▷终于露出了～。❻比喻事物的残留部分▷工程还有点儿～。

【尾大不掉】 wěidàbùdiào 尾巴太大,不易摆动(掉:摆动)。比喻属下势力过大或机构组织庞杂涣散,难于指挥。

【尾气】 wěiqì 图以液体燃料为动力的车辆或其他设备在工作过程中所排放出来的废气▷汽车～|～污染。

【尾声】 wěishēng ❶图某些乐曲、乐章基本部分结束后的结尾部分。❷叙事性文学作品的结尾部分。❸某项活动或事情快要结束的阶段▷该剧外景拍摄已接近～。

【尾数】 wěishù ❶图一个数字小数点后面的数。❷账目中大数目之外余下的小数目。❸多位号码中末尾的数字▷那辆肇事汽车牌号的～是 6。

【尾随】 wěisuí 团紧跟在后面▷他像影子一样～厂长。

【尾追】 wěizhuī 团紧跟在后面追赶▷～不放。

纬(緯) wěi ❶图织物上跟纵向的经线相交叉的横线▷～纱。❷指纬书,汉代以儒家经义附会吉凶祸福、预言治乱兴废的书。❸纬线②。☞统读 wěi。

【纬度】 wěidù 图地理坐标之一。地球表面南北距离的度数,以赤道为零度,从赤道到南北两极各分为90°,赤道以北的叫北纬,赤道以南的叫南纬▷北京的～是北纬 39°57′。

【纬线】 wěixiàn ❶图纬纱或编织品上的横线。❷地理学上假定的沿地球表面与赤道平行的线。

委 wěi ❶团请人代办;任命▷～托|～以重任。❷同"诿",现通常写作"诿"。❸图委员或委员会的简称▷政～|常～|省～|军～。❹圈精神不振作;衰

颓▷～靡不振。❺曲折▷～曲|～婉。❻副〈文〉确实;的确▷～系冤案|～实。〇另见 wēi。

【委顿】 wěidùn 圈困倦;打不起精神▷神情～不堪。☞不宜写作"萎顿"。

【委过】 wěiguò 通常写作"诿过"。

【委靡】 wěimǐ 圈意志消沉;精神不振▷连遭挫折,～不振。☞〇"靡"这里不读 mí。☞不宜写作"萎靡"。

【委派】 wěipài 团委任派遣(去担当某项职务或执行某项任务)。

【委曲】 wěiqū ❶圈(曲调、道路、河流等)曲折▷歌声～婉转。❷图事情的经过和原委▷细问～。❸团勉强迁就▷～从俗。

【委曲求全】 wěiqūqiúquán 曲意迁就、忍让以求把事情办成。☞"曲"不要写作"屈"。

【委屈】 wěiqu ❶圈受到不公平的对待或指责而心中难受▷她心里很～。❷团使委屈▷谁～你了?|他受了～。

【委任】 wěirèn 团正式任命(担当某种职务)▷他被～为谈判的全权代表。

【委身】 wěishēn ❶团把身体托付给别人▷这弱女子不得已而～于人。❷把命运交给他人▷～豪门。

【委实】 wěishí 副确实;的确▷这事我～不知道。

【委托】 wěituō 团把事情托付给别人或别的机构(办理)▷当事人～律师出庭辩护|～您办一件事。

【委婉】 wěiwǎn 圈(言词)婉转,不生硬▷～的批评|语气～。☞不宜写作"委宛"。

【委罪】 wěizuì 通常写作"诿罪"。

诿(諉) wěi 团把过错、责任等推给别人▷推～。

【诿过】 wěiguò 团把过失推到别人身上▷～于人。

【诿罪】 wěizuì 团把罪责推给别人▷不该～于人。

娓 wěi [娓娓]wěiwěi 圈说话不知疲倦或十分动听▷～而谈|～动听。

萎 wěi ❶团(植物)干枯;凋谢▷枯～。❷衰退;衰弱▷气～|经济～缩。☞统读 wěi。

【萎缩】 wěisuō ❶团(人体器官、组织或草木等)因脱水或功能减退等而体积缩小、干枯▷肌肉～。❷(经济)衰退▷股市～。

【萎谢】 wěixiè 团(花草)干枯凋谢▷这时节,花朵都早已～。☞不宜写作"委谢"。

猥 wěi ❶圈〈文〉多而杂乱▷～杂。❷鄙贱;下流▷～琐|～亵。

【猥琐】 wěisuǒ 圈(容貌、举止、态度)鄙俗;不大方▷卑微～的小人。☞不宜写作"委琐"。

【猥亵】 wěixiè ❶圈淫秽下流▷～行为。❷团做下流的动作▷不可～女性。

巋(巋) wěi 团〈文〉是;对(常跟否定词"不"连用)▷冒天下之大不～。☞不读 huì。

痿 wěi 团中医指身体某些部分萎缩或丧失机能▷～痹|阳～。

卫(衛) wèi ❶团保护;防守▷保家～国|自～|防～。❷团担负保护、防守任务的人员▷门～|侍～|后～。❸明代军队屯田驻防的地点,后代沿用作地名▷威海～(今山东威海市)。

【卫道士】 wèidàoshì 图卫护正统思想的人(现多含贬义)。

【卫冕】 wèimiǎn 团比赛中力求保住上次获得的冠军称号▷他再次～成功。

【卫生】 wèishēng ❶圈能够预防疾病,有益于健康的;干净▷～标准|环境不～。❷图卫生的状况▷检查～|搞好公共～。

【卫戍】 wèishù 团保卫戍守(多用于首都)▷~部队。☞"戍"不要写作"戌""戎"。
【卫星】 wèixīng ❶图按一定轨道围绕行星运动的天体▷月球是地球的~。❷特指人造卫星▷气象~。
【卫星城】 wèixīngchéng 图围绕大城市建设的小城市。
【卫星电视】 wèixīng diànshì 指利用卫星技术进行播放的电视。
【卫星通讯】 wèixīng tōngxùn 利用卫星作为转发站的无线电通讯方式。可用于一般电话、电报、电视转播等。

为(爲) wèi ❶介引进动作行为的受益者,相当于"替"或"给"▷~人民服务|~朋友出力|~大会题词。❷引进动作行为的原因或目的,相当于"由于"或"为了"▷~他取得的成绩感到高兴|~方便读者,书后附有说明。○另见 wéi。
【为虎作伥】 wèihǔzuòchāng 比喻做坏人的帮凶,帮助恶人做坏事(伥:传说中被老虎吃掉的人变成的鬼,专门引诱人给老虎吃)。
【为了】 wèile 介表示目的或动机▷~祖国,我们必须认真学习。
【为民请命】 wèimínqǐngmìng 替老百姓向统治者请求让他们正常生活下去或解决他们的正当要求。
【为人作嫁】 wèirénzuòjià 替别人制作出嫁的衣裳。比喻白白为别人辛苦忙碌。也说为他人作嫁衣裳。
【为渊驱鱼】 wèiyuānqūyú 把鱼赶到深渊里去。比喻不善于团结人,把可以依靠或争取的力量赶到敌对的方面去。

未 wèi ❶副没有▷~成年|前所~有|~定。❷图地支的第八位。❸副〈文〉不▷~敢苟同|~可厚非。
【未必】 wèibì 副不一定(带委婉否定的语气)▷事情~会这样发展。
【未卜先知】 wèibǔxiānzhī 不用算卦事先就能知道将要发生的事情。形容有先见之明。
【未曾】 wèicéng 副从来没有;不曾▷我~去过广州。
【未尝】 wèicháng ❶副不曾▷毕业二十年来~会面。❷加在否定词前构成双重否定(口气较委婉)▷这样做~不可。
【未来】 wèilái 图今后的时间或前景▷~三天内|展望~|光明的~。
【未老先衰】 wèilǎoxiānshuāi 年纪还不大,但身体或精神却先衰老了。
【未免】 wèimiǎn 副表示不能不说的委婉否定▷这话说得~太不客气了|这想法~过于天真。
【未遂】 wèisuì 团(目的)没有达到或(想法)没能实现▷犯罪~|~心愿。☞"遂"这里不读 suí。
【未雨绸缪】 wèiyǔchóumóu 趁还没下雨时先修缮房屋门窗(绸缪:用绳索缠捆,引申为修补)。比喻事先做好准备。
【未知数】 wèizhīshù ❶图代数式或方程中数值需要经过运算才能确定的数,如在方程"4y + 5 = 13"中,y就是未知数。❷借指还不了解的情况▷他对我来说全然是个~。

位 wèi ❶图位置①▷各就各~|~席|~泊。❷人在社会生活某一领域中所处的位置▷职~|岗~。❸特指君主的统治地位▷继~|篡~|退~。❹量用于人(含敬意)▷诸~请看|四~客人。❺图算术中指数位▷个~|十~|财产达到七~数。
【位于】 wèiyú 团位置处在(某处)▷中国~亚洲东部。
【位置】 wèizhì ❶图所处或所占的具体地点▷地理~|

他站的~在我的左边。❷地位▷他在人们心目中的~。❸职位▷放弃了总裁的~。
【位子】 wèizi ❶图坐位▷学生们都有固定的~。❷借指职位▷他在副处长的~上坐久了。

味 wèi ❶图舌头尝或鼻子闻东西得到的感觉▷这个菜~儿不错|滋~|臭~。❷团辨别滋味;体会▷回~|品~|玩~。❸图指某种菜肴▷野~|海~|腊~。❹情趣;意味▷这本书越读越有~儿|趣~|韵~。❺量 a)用于菜肴▷酒过三巡,菜过五~。b)用于中草药▷这张处方共有十~药。
【味道】 wèidào ❶图滋味▷尝尝~如何。❷气味▷空气里有一股焦糊的~。❸比喻某种感受、情趣、意味▷两盆花给房间平添了温馨的~。
【味觉】 wèijué 图人的舌头对物体味道的感觉。
【味同嚼蜡】 wèitóngjiáolà 味道如同嚼蜡一样。多形容文章或言词枯燥无味。

畏 wèi ❶团害怕▷望而生~|不~强暴|难~。❷敬佩▷后生可~|令人~服。
【畏惧】 wèijù 团害怕▷不要~困难。
【畏怯】 wèiqiè 形恐惧胆怯▷露出了~的神情。☞"怯"不读 què。
【畏首畏尾】 wèishǒuwèiwěi 怕前怕后。形容胆子小,疑虑重重。
【畏缩】 wèisuō 团因为害怕而退缩,不敢向前。
【畏途】 wèitú 图〈文〉危险可怕的路途,借指不敢做的事情▷视为~。
【畏友】 wèiyǒu 图令人敬畏的朋友。
【畏罪】 wèizuì 团犯了罪怕受刑罚▷~潜逃|~自杀。

胃 wèi 图人和某些动物消化器官的一部分,上端同食道相连,下端同肠相连。
【胃口】 wèikǒu ❶图食欲;消化能力▷~不好。❷比喻对事物或活动的兴趣、欲望▷适合旅客的~。

谓(謂) wèi ❶图〈文〉说▷可~恰到好处。❷叫作;称谓▷这种艺术,现在~之"版画"|何~真正的友谊? ❸图语法中指谓语▷主~结构。
【谓语】 wèiyǔ 图语法学中指对主语加以陈述,说明主语怎么样或是什么的句子成分。

尉 wèi ❶图古代官名(多为武职)▷太~|都~|县~。❷军衔名,在校官之下,士之上▷上~。

遗(遺) wèi 图〈文〉赠送▷~之良马。☞跟"遣"(qiǎn)不同。○另见 yí。

喂 wèi ❶团给动物吃东西;饲养▷给牛~草|我家~了两头牛。❷把饮食等送进别人嘴里▷~伤员~奶。❸叹表示打招呼(比喻随便)▷~,等等我|~,你快过来呀。☞作叹词时声调比较灵活,如打电话时常读 wéi。

猬 wèi 图刺猬。
【猬集】 wèijí 团〈文〉事情繁多,像刺猬的硬刺那样聚集。

渭 wèi 图渭河,发源于甘肃,流经陕西入黄河。

蔚 wèi 〈文〉❶形茂盛;盛大▷~然成风。❷团扩大▷~成风气。☞在"蔚县"(河北地名)中读 yù。
【蔚蓝】 wèilán 形像晴朗的没有污染的天空那样的颜色▷~的海洋。
【蔚然成风】 wèiránchéngfēng 形容某种事物正在发展、兴盛,形成一种风气。
【蔚为大观】 wèiwéidàguān 形容事物丰富多彩,汇聚成盛大壮观的景象。

慰 wèi ❶团使心情安适、平静▷抚~。❷形心情安适▷欣~|快~。

【慰藉】 wèijiè ❶图安慰;宽解▷给他带来 ~。❷团使得到安慰▷以出色的成绩来 ~ 烈士的英灵。☞"藉"(jí)不要写作"籍"(jí)。

【慰劳】 wèiláo 团慰问犒劳▷ ~ 前方将士。

【慰勉】 wèimiǎn 团慰问勉励(用于上对下)▷ ~ 一线工人。

【慰问】 wèiwèn 团表示安慰和问候▷ ~ 演出。

魏 wèi ❶图西周诸侯国名。❷战国七雄之一。❸三国之一。❹北朝之一。

wen

温 wēn ❶形冷热适度;暖和▷ ~ 水 | ~ 暖。❷团使变暖;适当加热▷酒凉了,再 ~ 一下。❸复习学过的东西,使巩固▷ ~ 书 | ~ 习◇重 ~ 旧梦。❹图冷热的程度;温度▷ ~ 室 | 气 ~ | 体 ~ | 顺 ~ | 情。❺形和顺;宽厚▷ ~ 和 | ~ 顺 | ~ 情。

【温饱】 wēnbǎo 图吃饱穿暖的生活。

【温差】 wēnchā 图温度的差别,如一天中最高温度和最低温度的差距,不同地方温度的差别等。

【温床】 wēnchuáng ❶图有人加温保温设备的苗床。❷比喻对某种事物产生和发展有利的环境或条件(多含贬义)▷麻痹大意是造成失密的 ~。

【温存】 wēncún 形温柔体贴(多用于对异性)▷ ~ 的言语 | 对她很 ~。

【温带】 wēndài 图地球表面南北半球各自的回归线和极圈之间的地带,气候比较温和。

【温度】 wēndù 图表示物体冷热程度的量。

【温故知新】 wēngùzhīxīn 复习学过的知识,可以得到新的认识。也指重温历史经验,更好地认识现在。

【温和】 wēnhé ❶形(气候)不冷不热,温度适当。❷(性情、态度、言语、声音等)不粗暴;平和▷性情 ~ ◇药性 ~。

【温厚】 wēnhòu 形温和宽厚。

【温良】 wēnliáng 形温和善良。

【温暖】 wēnnuǎn ❶形暖和▷ ~ 的阳光 | ~ 的集体。❷团使感到温暖▷几句话 ~ 了他的心。❸图亲切、幸福的感觉▷领导送来 ~。

【温情】 wēnqíng 图温柔的感情▷ ~ 脉脉。

【温泉】 wēnquán 图水温超过20℃的泉或温度高于当地年平均气温的泉水。

【温柔】 wēnróu 形温和柔顺(多用于女性)▷脾气 ~ ◇ ~ 的月光。

【温润】 wēnrùn 形温暖湿润▷昆明四季 ~。

【温室】 wēnshì ❶图冬季栽培不耐寒植物的房子,有防寒、透光等设备。❷比喻舒适的生活环境▷我可不是 ~ 里长大的。

【温室效应】 wēnshì xiàoyìng 指地球大气层中的二氧化碳由于燃烧煤炭等燃料而不断增加,使地球热量无法充分向空间散发,造成全球气温升高的现象。这种现象会导致冰川融化、海洋水位升高等后果。

【温顺】 wēnshùn 形温柔和顺▷性情 ~。

【温文尔雅】 wēnwéněryǎ 态度温和有礼,举止文雅。

【温习】 wēnxí 团复习▷ ~ 所学知识。

【温馨】 wēnxīn 形温暖馨香;亲切幸福▷一首 ~ 的散文诗 | ~ 的家庭。

【温驯】 wēnxùn 形温和驯顺▷ ~ 的小猫。

瘟 wēn ❶图中医指流行性急性传染病▷春 ~ | 鸡 ~。❷形(像得了瘟病似的)神情呆板,缺乏生气▷ ~ 头 ~ 脑。

【瘟神】 wēnshén 图传说中指专门散播瘟疫害人的恶神,比喻给人带来灾难的人或事物。

【瘟疫】 wēnyì 图瘟①。

文 wén ❶图字;语言的书面形式▷甲骨 ~ | ~ 盲 | 识 ~ 断字。❷文章▷ ~ 不对题 | 散 ~ | ~ 范。❸指社会科学▷ ~ 理并重 | ~ 科。❹公文,机关之间联系事务的文字材料▷收 ~ | 呈 ~ | 换 ~。❺文言▷ ~ 白夹杂。❻团在身上或脸上刺画花纹或字▷ ~ 身。❼图〈文〉花纹;纹理▷ ~ 车。❽指古代的礼乐仪制▷繁 ~ 缛节。❾非军事的事物(跟"武"相对)▷ ~ 官 | ~ 武双全 | ~ 职人员。❿形温和;不猛烈▷ ~ 雅 | ~ 火。⓫图指自然界或人类社会某些规律性的现象▷天 ~ | 水 ~ | 人 ~。⓬量用于旧时的铜钱(铜钱的一面铸有文字)▷分 ~ 不取 | 一 ~ 不名。⓭团遮掩▷ ~ 过饰非。☞统读 wén。

【文本】 wénběn 图文件的某种文字的本子,也指某种文件▷这份合同有中文、英文两种 ~ | 这不过是个意向书,并非最后的 ~。

【文笔】 wénbǐ 图诗文遣词造句的风格和技巧▷ ~ 优美流畅 | ~ 犀利。

【文不对题】 wénbùduìtí 文章或话语的内容与题目或中心不相符合,也指答非所问。

【文不加点】 wénbùjiādiǎn 写文章不用修改涂抹(点:删改)。形容思路敏捷、明晰。

【文才】 wéncái 图写作才能。

【文采】 wéncǎi ❶图华美的文词▷文章很有 ~。❷文艺方面的才华▷ ~ 飞扬。

【文词】 wéncí 图文章的语言▷ ~ 鄙陋 | 优美的 ~。☞不宜写作"文辞"。

【文从字顺】 wéncóngzìshùn 遣词造句通顺妥帖。

【文牍】 wéndú 图文件、书信的总称。

【文风】 wénfēng 图在运用语言文字方面所体现出来的作风▷朴实的 ~。

【文告】 wéngào 图机关或团体发布的书面通告。

【文过饰非】 wénguòshìfēi 掩饰自己的过失或错误。

【文豪】 wénháo 图著作多而杰出的伟大作家。

【文化】 wénhuà ❶图人类创造的物质财富和精神财富的总和,特指精神财富▷中华民族传统 ~ | 中西 ~ 交流。❷运用语言文字的能力,泛指一般的书本知识▷高中 ~ 程度。❸特指在某一领域体现的观念、道德和行为规范、风俗习惯等▷企业 ~ | 饮食 ~。❹考古学指同一历史时期的不依分布地点为转移的遗迹、遗物的综合体▷仰韶 ~。

【文化课】 wénhuàkè 图指提高语文水平、传授基础知识的课程。

【文化衫】 wénhuàshān 图指印有各种文字、图案或人像等的反映某种文化心态的圆领针织汗衫。

【文火】 wénhuǒ 图煮东西时使用的较弱的火。

【文件】 wénjiàn ❶图公文、函件等。❷有关政治理论、政策等方面的重要文章▷传达 ~ | 会议 ~ 汇编。❸以代码形式记录于电子载体中并依赖计算机读取的信息。所采用的存储介质主要有磁盘、磁带和光盘。按信息存在形式和用途,可分为文本文件、命令文件、图象文件和数据文件等类型。

【文教】 wénjiào 图文化教育。

【文静】 wénjìng 图(性格、举止等)文雅娴静▷小姑娘挺 ~。

【文科】 wénkē 图对社会科学各学科(如文学、语言、哲学、历史、经济、教育等)的总称。

【文理】 wénlǐ 图文章内容和表达方面的条理▷ ~ 不通。

【文盲】 wénmáng 图不识字的成年人。

【文明】 wénmíng ❶图文化①▷物质 ~ | 精神 ~。❷

图社会发展到较高文化阶段的(跟"野蛮"相对,③同)▷ ~ 社会 | ~ 古国。❸有教养、讲礼貌、言行不粗野的 ▷ ~ 观众 | ~ 执勤。

【文墨】 wénmò 图写文章的事儿 ▷ 粗通 ~ 。

【文凭】 wénpíng 图旧指用作凭证的官方文书,现专指学校的毕业证书。

【文人】 wénrén 图指会写诗做文章的读书人;泛指知识分子 ▷ ~ 雅士。

【文如其人】 wénrúqírén 作品的风格同作者本人的性格特点相似。现也指文章必然反映作者的思想、立场和世界观。

【文弱】 wénruò 形文静柔弱 ▷ ~ 书生。

【文山会海】 wénshānhuìhǎi 形容文件、会议多得泛滥成灾。

【文饰】 wénshì ❶团用文词加以修饰。❷掩饰(错误或不足)。

【文书】 wénshū ❶图公文、契约、函件等。❷机关、部队中专门处理公文、书信工作的人。

【文思】 wénsī 图对文章的构思;文章的思路 ▷ ~ 涌动 | ~ 畅达。

【文坛】 wéntán 图文学界 ▷ 蜚声 ~ 。

【文体】¹ wéntǐ 图文章的体裁。

【文体】² wéntǐ 图文娱和体育。

【文物】 wénwù 图历史上遗留下来的有价值的古迹和文献古物 ▷ 出土 ~ | ~ 革命 ~ 。

【文戏】 wénxì 图传统戏曲中,以唱功或做功为主的戏(跟"武戏"相对)。

【文献】 wénxiàn 图专指具有历史价值的图书文物资料,如历史文献。也指与某一学科有关的重要图书资料,如医学文献。今还指录有各学科重要知识的一切载体,如磁带、磁盘、光盘等。

【文学】 wénxué 图以语言文字为工具塑造形象,反映客观现实的艺术。包括小说、诗歌、剧本、散文等。

【文雅】 wényǎ 形温和高雅;不粗俗 ▷ 举止 ~ | 谈吐 ~ 。

【文言】 wényán 图以古汉语为基础的书面语(跟"白话"相对)。

【文艺】 wényì 图文学和艺术的总称,有时专指文学或表演艺术 ▷ ~ 工作者 | ~ 演出。

【文娱】 wényú 图有文化意义的娱乐。如唱歌、听戏、跳舞等。

【文摘】 wénzhāi ❶图对书籍或文章的重要内容所做的扼要摘述。❷所摘录的文章片断。也用作书刊名。

【文章】 wénzhāng ❶图独立成篇的不太长的作品,也泛指著作。❷比喻隐含的意思 ▷ 总觉得他的话里大有 ~ 。❸指做事的办法或施展的空间(一般与"做"搭配)▷ 在基础教育方面可以大做 ~ | 利用他们的矛盾大做 ~ 。

【文质彬彬】 wénzhìbīnbīn 原指文质兼备,配合协调(文:文采;质:实质;彬彬:配合协调)。后形容人举止文雅,态度端庄。

【文绉绉】 wénzhōuzhōu 形形容人言语、行动斯文的样子(含讥讽义)。☞"绉"不读 zōu。

【文字】 wénzì ❶图记录语言的书写符号。❷指书面语 ▷ ~ 流畅。

纹(紋) wén 图丝织品上的条纹或图形;泛指物体、人体上呈线条状的花纹 ▷ 斜 ~ | 布 ~ | 木 ~ | 笑 ~ | 抬头 ~ 。

【纹理】 wénlǐ 图物体上的线条花纹 ▷ 岩石 ~ 。

【纹丝不动】 wénsībùdòng 丝毫也不动。

闻(聞) wén ❶团听见;听到 ▷ 听而不 ~ | 耳 ~ 目睹。❷图听到的事;消息 ▷ 新 ~ | 趣 ~ 。❸图〈文〉名声 ▷ 令 ~ (美好的名声) | 秽 ~ (丑恶的名声)。❹团〈文〉知道;闻名 ▷ 一而知十 | 以勇气 ~ 于诸侯。❺用鼻子嗅 ▷ 这味儿真难 ~ | 统读 wén。

【闻风丧胆】 wénfēngsàngdǎn 听到一点儿风声就吓破了胆。形容十分恐惧。

【闻过则喜】 wénguòzéxǐ 听到别人指出自己的过错就高兴。形容虚心听取批评。

【闻名】 wénmíng ❶团听到别人的名字或名声 ▷ ~ 不如见面。❷名声大 ▷ ~ 于世 | ~ 的风景区。

【闻所未闻】 wénsuǒwèiwén 听到从来没有听说过的。形容事物非常新奇。

【闻讯】 wénxùn 团听到消息 ▷ ~ 而来。

蚊 wén 图昆虫,其幼虫(称为"孑孓")生活于水中。雌蚊吸人畜的血液,能传播疟疾等疾病,雄蚊吸食花果汁液。

【蚊帐】 wénzhàng 图罩在床上阻挡蚊子的帐子。

雯 wén 图〈文〉形成花纹的云彩。

刎 wěn 团用刀割颈部 ▷ 自 ~ 。

吻 wěn ❶图嘴唇 ▷ 接 ~ | ◇ ~ 合。❷团用嘴唇接触以表示喜爱 ▷ 妈妈在孩子脸上 ~ 了一下。

【吻别】 wěnbié 团亲吻告别。

【吻合】 wěnhé ❶团完全符合 ▷ 其作法与国际惯例 ~ 。❷两个部分合拢时,结合紧密,没有缝隙 ▷ 两个构件完全 ~ 。

紊 wěn 形杂乱;纷乱 ▷ 有条不 ~ 。☞统读 wěn。

【紊乱】 wěnluàn 形乱;没有条理和次序 ▷ 账目 ~ | 心律 ~ 。

稳(穩) wěn ❶形固定不动;不摇晃 ▷ 桌子没放 ~ | 车子开得 ~ 。❷安定平静,没有波动 ▷ 情绪不 ~ | 平 ~ 。❸团使稳定 ▷ 把阵脚 ~ 住。❹形妥帖;可靠 ▷ 这个人办事十 ~ 十拿九 ~ 。❺沉着;不轻浮 ▷ ~ 重 | ~ 健。

【稳步】 wěnbù 副步履平稳地;稳重而脚踏实地地 ▷ ~ 前进 | ~ 发展。

【稳操胜券】 wěncāoshèngquàn 指有充分把握取得胜利。☞"券"不读 juàn;不要写作"卷"。

【稳当】 wěndang ❶形稳重妥当;不浮躁 ▷ 他工作很 ~ 。❷稳定牢靠 ▷ 杯子放 ~ ,别掉下来。

【稳定】 wěndìng ❶形平稳安定;没有大的起落 ▷ 思想 ~ | 成绩 ~ 。❷团使平稳安定 ▷ ~ 民心。❸形物质的一种性质,指不容易与酸、碱、强氧化剂的作用所腐蚀,不容易因光和热的作用而改变性能 ▷ 产品功能 ~ 。

【稳固】 wěngù 形稳定、牢固 ▷ 地位 ~ 。

【稳健】 wěnjiàn ❶形(步履、动作等)平稳有力 ▷ 步伐 ~ 。❷沉稳持重;不冒失 ▷ 作风 ~ 。

【稳妥】 wěntuǒ 形稳当;妥善可靠 ▷ 要想一个最 ~ 的办法 | 办事 ~ 。

【稳扎稳打】 wěnzhāwěndǎ 稳妥地扎下营寨,有把握地出击。比喻有把握有步骤地进行工作。

【稳重】 wěnzhòng 形沉稳庄重而不浮躁 ▷ 说话 ~ | 办事 ~ 。

问(問) wèn ❶团让人回答或解答自己提出的问题 ▷ 不懂就 ~ | 询 ~ 。❷关切地询问 ▷ 慰 ~ | ~ 候 | ~ 安。❸审讯 ▷ ~ 案 | 审 ~ | 拷 ~ 。❹责问;追究 ▷ 胁从不 ~ | 唯你是 ~ 。❺管;干预 ▷ 不 ~ 青红

皂白|不闻不一|过～。

【问道于盲】　wèndàoyúmáng　向盲人问路。比喻向一无所知的人请教。

【问鼎】　wèndǐng　囝春秋时，楚庄王曾陈兵洛水，并向周王的特使王孙满问周朝的传国之宝九鼎的大小轻重，透露出要夺取周天下的意图。后来就用"问鼎"指图谋夺取政权,现也比喻希望在赛事中夺冠。

【问寒问暖】　wènhánwènnuǎn　详细询问生活情况。形容对别人极为体贴关切。

【问号】　wènhào　❶囝标点符号的一种,形式为"?",表示疑问句末尾的停顿。❷借指不能确定的事▷他明天能不能来还是个～。

【问候】　wènhòu　囝向人问好▷～老师。

【问津】　wènjīn　囝原指询问渡口所在,后泛指探问或尝试(多用于否定式)▷无人～|极少～此事。

【问难】　wènnàn　囝反复提出质问,进行论辩(多指学术研究)▷切磋～|～经传。☞"难"这里不读nán。

【问世】　wènshì　囝(著作、发明创造、新产品等)最终完成并与世人见面。

【问题】　wèntí　❶囝要求解答的题目▷回答老师三个～。❷疑难的事情;存在的矛盾▷物资供应已不成|经济～。❸重要的事情;关键▷～在于没有找到规律。❹意外的麻烦;某种不好的情况▷出了什么～|心脏有～。

【问心无愧】　wènxīnwúkuì　扪心自问,没有什么感到惭愧的地方。

【问讯】　wènxùn　❶囝打听,询问▷到处～。❷僧尼向人双手合十打招呼▷打～。

【问罪】　wènzuì　囝声讨或严厉指责对方的罪状▷兴师～|当面～。

汶　wèn　囝汶河,水名,在山东。☞不读wén。

璺　wèn　囝陶瓷、玻璃器物上的裂痕▷碟子裂了一道～|打破沙锅～(谐"问")到底。

weng

翁　wēng　❶囝男性老人▷老～|渔～。❷〈文〉丈夫或妻子的父亲▷～姑(公公和婆婆)|～婿(岳父和女婿)。

嗡　wēng　抵声模拟蜜蜂等昆虫飞翔或机器发动的声音,多叠用▷蜜蜂～～|地飞来飞去|耳朵里～～直响。

蓊　wěng　圈〈文〉(草木)茂盛▷郁|～茂。

【蓊郁】　wěngyù　圈草木茂盛的样子▷草木～|大院里树很多,蓊蓊郁郁的。

瓮　wèng　囝一种盛水、酒等的大腹陶器▷水～|酒～。

【瓮声瓮气】　wèngshēngwèngqì　形容说话的声音粗浊低沉。

【瓮中捉鳖】　wèngzhōngzhuōbiē　比喻捕捉的对象已在掌握之中,可以手到擒来。

蕹　wèng　[蕹菜]wèngcài　囝蔬菜,蔓生,茎中空。也说空心菜。

wo

莴　wō　[莴苣]wōjù　囝蔬菜。一年生或二年生草本植物。根据不同的性状,可以分为叶用莴苣(生菜)和茎用莴苣(莴笋)两种。☞"莴"下边是"内",不是"内"。

倭　wō　囝我国古代称日本▷～国|～人|～寇。

【倭寇】　wōkòu　囝明、清时代,经常侵扰抢劫朝鲜半岛和中国沿海地区的日本海盗。

涡(渦)　wō　❶囝旋涡▷水～。❷像旋涡的东西▷～轮机。

【涡流】　wōliú　❶囝绕着瞬时轴线作旋转运动的流体。❷涡电流。迅速变化的磁场在导体内引起的流动路线呈涡旋形的感应电流。

喔　wō　❶抵声模拟公鸡叫的声音▷大公鸡～～叫。❷囡表示了解▷～,我知道了。

窝(窩)　wō　❶囝鸟兽昆虫的巢穴▷喜鹊～|兔子～|趴|一抱～。❷比喻人安身、聚集或藏匿的地方▷安乐～|土匪～。❸人或物体所在或所占的位置▷坐了半天没动～儿|帮我把这个柜子挪挪～。❹像窝的地方或东西▷～棚|被～|～头。❺凹陷的地方▷山～|眼～|心口～。❻藏匿▷～赃|～主。❼情绪闷在心里,得不到发泄▷～了一肚子火|～气。❽人力或物力闲置不能发挥作用▷库里～着大批产品|～工。❾囯用于一胎所生或一次孵出的家畜家禽▷一～下了六个小猪|一～小鸡。

【窝藏】　wōcáng　囝私藏(罪犯、罪证、脏款脏物及违禁品)。

【窝工】　wōgōng　囝(因计划或调度不当)人员无事可做或不能充分发挥作用。

【窝火】　wōhuǒ　圈心里憋着火气,无法发泄出来▷没事干又不让走,真让人～。

【窝里斗】　wōlidòu　群体内部勾心斗角。

【窝囊】　wōnang　〈口〉❶圈形容由于受了委屈而烦闷、恼火又不能表白▷这事越想越～。❷平庸无能,胆小怕事▷他真～,不敢担一点儿责任。

【窝棚】　wōpeng　囝低矮简陋的小屋。

【窝心】　wōxīn　圈〈口〉碰上不如意的事却只能憋在心中,使内心郁闷▷无端被他奚落了一顿,实在～。

【窝赃】　wōzāng　囝明知是犯罪所得的赃款、赃物而予以窝藏、转移、收购等。

蜗(蝸)　wō　囝蜗牛▷～居。☞统读wō。

【蜗居】　wōjū　❶囝像蜗牛壳般的居室,谦称自己窄小的住所▷躲进～,以书为伴。❷囝像蜗牛那样居住(在窄小的房子里)▷～于斗室。

【蜗牛】　wōniú　囝软体动物,壳扁圆,黄褐色,有螺旋纹,吃草本植物的表皮。

我　wǒ　❶代说话人称自己▷～认识你|～的老师。❷称自己的一方,相当于"我们"▷～校|敌～双方|～军。❸用于"你""我"对举,泛指许多人▷你来～往|你一言,～一语。❹自己▷忘～工作。

【我们】　wǒmen　代"我"的复数形式,称包括自己在内的多人或群体。

【我行我素】　wǒxíngwǒsù　不论别人怎么看或说,仍旧照自己平素的那一套去行事。

沃　wò　❶囝〈文〉浇灌▷血～中原|～灌。❷圈(土地)肥▷肥～|～土。☞右边不是"夭"。

【沃野】　wòyě　囝肥沃的田野。

卧　wò　❶囝(人)躺着;(动物)趴伏▷床不起|小花猫～窗台上|～倒。❷睡觉▷～具|～榻。

【卧病】　wòbìng　囝因生病而躺着▷～在床。

【卧车】　wòchē　❶囝小型轿车。❷设卧铺的火车车厢。

【卧底】　wòdǐ　囝潜伏在敌方内部,暗中侦探或做内应。

【卧铺】　wòpù　囝火车或轮船、长途汽车上供旅客睡卧的铺位。

【卧式】　wòshì　圈水平躺卧式样的(跟"立式"相对)▷

~车床。

【卧薪尝胆】 wòxīnchángdǎn 春秋时，越国被吴国打得大败，越王勾践成了俘虏。他不忘国耻，立志报仇，每日睡在柴草上，饭前、睡前都要尝尝苦胆的滋味，以策励自己。经过长期奋斗，终于打败了吴国。后来就用卧薪尝胆形容刻苦自励，发愤图强。

握 wò ❶团拿;攥▷～笔|～手◇掌～。❷手指弯曲成拳头▷把手～起来|～拳。❸掌握▷～有财权|大权在～|胜利在～。

【握别】 wòbié 团握手道别▷与送行的人一一～。

【握手言和】 wòshǒuyánhé 双方握手，表示和好，不再争斗。也表示竞赛的双方不分胜负。

硪 wò 图砸地基或打桩用的工具，用石头或铁制成，多为扁圆体，四周系有绳索供多人牵拉▷石～|打～。☞统读 wò。

幄 wò 图〈文〉帐幕▷运筹帷～。

斡 wò [斡旋]wòxuán 团在有争端的双方或多方之间进行调解▷经他从中～，双方握手言和。

齷(齷) wò [齷齪]wòchuò ❶图脏;不洁净▷破烂的衣衫|浑身～。❷比喻人品卑劣▷为人卑鄙～。

WU

乌(烏) wū ❶图乌鸦▷月落～啼|爱屋及～。❷图黑色▷～木|～梅|～黑。❸代〈文〉哪里;怎么▷～有此事? |～足道哉? ☞㊀跟"鸟"(niǎo)不同。㊁在"乌拉"(我国东北地区一种垫有乌拉草的皮制防寒鞋)中读 wù。

【乌龟】 wūguī ❶图爬行动物，体扁，有甲壳，受到威胁时，头、足能迅速缩进甲壳里。俗称王八。❷指妻子有外遇的人(含讥讽意)。

【乌合之众】 wūhézhīzhòng 比喻临时杂凑起来无组织无纪律的人群。

【乌黑】 wūhēi 图深黑▷这马全身～。

【乌亮】 wūliàng 图又黑又亮▷～的原油|一双～～的大眼睛。

【乌七八糟】 wūqībāzāo 形容环境十分杂乱。也形容下流，不正经。☞不宜写作"污七八糟"。

【乌纱帽】 wūshāmào ❶图古代的一种官帽，是用黑色麻布或棉布制成的，品级不同，形制也不同。❷借指官位▷不要怕丢～。

【乌托邦】 wūtuōbāng 图〈外〉英国空想社会主义创始人托马斯·莫尔所著《关于最完美的国家制度和乌托邦新岛的既有益又有趣的金书》的简称。在这本书中，作者虚构了一个社会组织——乌托邦。借喻脱离现实的、不可能实现的设想、方案等。

【乌烟瘴气】 wūyānzhàngqì 比喻环境嘈杂，空气恶浊。也比喻社会秩序混乱，歪风邪气盛行。

污 wū ❶图肮脏的东西▷藏～纳垢|去～粉。❷图肮脏▷～泥浊水|～点。❸不廉洁▷贪官～吏。❹团使不洁净▷～染|玷。

【污点】 wūdiǎn ❶图物体上沾染的斑斑点点的污垢。❷比喻不光彩或罪恶的事情▷历史上的～。

【污垢】 wūgòu 图人身或物体表面积聚的油泥等脏东西▷满身～。

【污秽】 wūhuì ❶图肮脏▷～不堪。❷图脏东西。

【污蔑】 wūmiè 团用污秽肮脏的语言玷污别人的名声。

【污泥浊水】 wūnízhuóshuǐ 烂泥浑水。比喻落后、反动、腐朽的东西。

【污染】 wūrǎn ❶团使沾染上脏的东西，特指人类活动中废弃或排出的物质损害自然环境▷大气～|～水源。❷比喻坏思想、坏作风等败坏社会风气、毒害人的思想▷精神～。

【污辱】 wūrǔ ❶团侮辱。❷玷污▷～了人格和国格|～人民法官的光荣称号。

【污损】 wūsǔn 团弄脏，损坏▷因保管不善，许多书籍～严重。

【污言秽语】 wūyánhuìyǔ 肮脏下流的话;不文明的话。

【污浊】 wūzhuó ❶图(水、空气等)肮脏浑浊。❷图肮脏的事物▷荡涤～。

【污渍】 wūzì 图积留在物体上的油泥等。

巫 wū 图以装神弄鬼替人祈祷、治病等为职业的人▷～师|女～|～婆。

呜(嗚) wū 拟声模拟哭声、风声、汽笛声等▷～～地哭|狂风～～地刮着。☞跟"鸣"(míng)不同。

【呜呼】 wūhū ❶叹〈文〉表示叹息▷～哀哉。❷团借指死亡▷一命～。☞不宜写作"乌呼""於乎""於戏"。

【呜呼哀哉】 wūhūāizāi 唉，悲哀啊! 原为祭文中对死者表示哀悼的感叹语，后借指死亡或灭亡(含谐谑意)。

【呜咽】 wūyè 团低声抽泣▷睡梦里她还在～。☞"咽"这里不读 yān。

钨(鎢) wū 图金属元素，符号 W。主要用于制造高速切削合金钢、灯丝、火箭喷嘴、太阳能装置等。

诬(誣) wū 团把捏造的坏事硬加在别人身上▷～良为盗。☞统读 wū。

【诬告】 wūgào 团捏造事实，控告别人有犯罪行为。

【诬害】 wūhài 团捏造罪名陷害他人。

【诬赖】 wūlài 团捏造事实，硬说别人说了坏话或做了坏事▷别～好人。

【诬蔑】 wūmiè 团捏造事实，诋毁他人▷造谣～。☞"诬蔑"跟"污蔑"意义不同，不要混用。

【诬陷】 wūxiàn 团捏造事实，加以陷害▷～好人。☞不宜写作"污陷"。

屋 wū ❶图房子▷茅草～|脊|房～。❷房间▷一间小～里。

恶(惡) wū 〈文〉❶代表示反问，相当于"哪里""怎么"▷～能治天下? ❷叹表示惊讶▷～，是何言也(啊，这是什么话)! ○另见 ě;è;wù。

无(無) wú ❶团没有(跟"有"相对)▷四肢～力|从～到有。❷副不▷～须。❸连不论▷事～巨细，他都要过问。☞在佛教用语"南无"中读 mó。

【无本之木】 wúběnzhīmù 没有根的树。比喻没有基础、没有根据的事物。

【无比】 wúbǐ 图没有能够与之相比的▷威力～|～激动。

【无病呻吟】 wúbìngshēnyín 比喻没有值得忧伤的事却叹息感慨。也比喻文艺创作无真实情感而矫揉造作。

【无补】 wúbǔ 团没有补益;没有帮助▷这样做于事～。

【无产者】 wúchǎnzhě 图资本主义社会中不占有生产资料而靠出卖劳动力为生的雇佣劳动者。

【无常】 wúcháng 图经常处于非正常状态;变化不定▷冷热～|出没～。

【无偿】 wúcháng 图不要报酬的;不用偿还的▷～维

修|~劳动。

【无耻】 wúchǐ 厖不知羞耻的;不顾羞耻的▷~行为|~诽谤。

【无从】 wúcóng 副表示没有门路或找不到依据来做某事(常修饰双音动词)▷~知道|~下手。

【无敌】 wúdí 励没有对手▷~于天下。

【无地自容】 wúdìzìróng 没有地方能让自己藏身。形容羞愧到了极点。

【无的放矢】 wúdìfàngshǐ 比喻言行没有明确的目标,不看对象,不顾实际。☞"矢"不读 shī。

【无动于衷】 wúdòngyúzhōng 内心没有受到任何触动(衷:内心)。☞不要写作"无动于中"。

【无独有偶】 wúdúyǒuǒu 不只一个,还有配对的(多含贬义)。

【无度】 wúdù 厖毫无限度▷饮酒~。

【无端】 wúduān 副无缘无故▷~受辱。

【无恶不作】 wú'èbùzuò 没有什么坏事不干。

【无法无天】 wúfǎwútiān 无视法纪,不顾天理。形容毫无顾忌地干坏事。

【无妨】 wúfáng ❶励没有关系▷有话就讲,讲错了也~。❷副不妨▷试验失败了,~再试一次。

【无非】 wúfēi 副只不过;不外乎▷反复强调~是为了引起大家的重视。

【无干】 wúgān 励没有牵涉▷这事与你~。

【无功受禄】 wúgōngshòulù 没有功劳却得到奖赏或报酬。

【无辜】 wúgū ❶厖没有罪过的▷~百姓|孩子是~的。❷图没有罪过的人▷不准滥杀~。

【无关】 wúguān ❶励毫无关系▷这件事与我~。❷不涉及▷~大局。

【无关宏旨】 wúguānhóngzhǐ 跟事物的宗旨、大局没有关系或关系不大。

【无稽之谈】 wújīzhītán 没有根据、无从查考的话(稽:查考)。☞"稽"不读 jì。

【无几】 wújǐ 厖不多▷相差~。

【无计可施】 wújìkěshī 没有什么计谋、办法可以施展。

【无际】 wújì 厖没有边际的▷星空~。

【无济于事】 wújìyúshì 对事情没有帮助;解决不了什么问题(济:补益)。

【无价】 wújià 厖价值无法衡量,形容极为珍贵▷~之宝|情义~。

【无坚不摧】 wújiānbùcuī 没有什么坚固的东西不能摧毁。形容力量非常强大。

【无间】 wújiàn 厖没有空隙的;没有隔阂的▷~可乘|亲密~。☞"间"这里不读 jiān。

【无尽】 wújìn 厖没有穷尽的▷~的哀思|无穷~。

【无精打采】 wújīngdǎcǎi 形容情绪低沉;鼓不起劲。

【无可非议】 wúkěfēiyì 没有什么可以批评指摘的。表示言行合情合理,并无过错。

【无可厚非】 wúkěhòufēi 没有什么可以过分指责的。表示有缺点但可以原谅。

【无可奈何】 wúkěnàihé 没有办法。

【无孔不入】 wúkǒngbùrù 比喻有空子就钻,有机会就利用(含贬义)。

【无愧】 wúkuì 励没有可惭愧的▷问心~|要~于人民。

【无赖】 wúlài ❶厖厚颜无耻,撒泼放刁▷~之徒|没想到他会这样~。❷图指厚颜无耻,撒泼放刁的人。

【无理取闹】 wúlǐqǔnào 毫无道理地跟人争吵或瞎胡闹。

【无聊】 wúliáo ❶厖由于过分清闲,精神没有寄托而烦闷▷整日无事可作,~极了。❷使人感到没有意思而生厌▷这些话真~。

【无论】 wúlùn 匨不管;不论▷~环境怎么艰苦,我们都要坚持下去。

【无米之炊】 wúmǐzhīchuī 比喻没有必要的条件却要把事情做好,是不可能的。

【无冕之王】 wúmiǎnzhīwáng 比喻虽无权位而影响、作用却很大的人。多指新闻记者。

【无名】 wúmíng ❶厖没有名字的或叫不出名字的▷~小草|~烈士。❷不出名的▷~小卒。❸没有来由的(多指不愉快的情绪)▷~怒火。❹励没有正当理由或借口▷师出~。

【无奈】 wúnài ❶励没有办法;不得已▷出此下策,实属~|出于~。❷匨表示转折关系,有因前一分句所说的愿望未能实现而婉惜的意味▷本该早就大学毕业了,~一连两场大病,耽误了两年。

【无能为力】 wúnéngwéilì 想使劲却没有足够的力量。形容无力解决问题。

【无奇不有】 wúqíbùyǒu 什么稀奇古怪的事都有。

【无情】 wúqíng ❶励没有感情▷~无义|草木~。❷不讲情面▷法律~|事实~。

【无穷】 wúqióng 厖无限;没有穷尽▷~的力量和智慧|后患~|~大|~小。

【无伤大体】 wúshāngdàtǐ 对事物的全局或主要方面没有损害。

【无上】 wúshàng 厖没有什么能比得上的;最高▷至高~|~光荣。☞不宜写作"无尚"。

【无神论】 wúshénlùn 图否定鬼神迷信和宗教信仰的学说。

【无声无息】 wúshēngwúxī 没有声音,没有消息。比喻没有名声或没有影响。

【无师自通】 wúshīzìtōng 没有老师的传授和指导,靠自己自学思考而通晓。

【无事不登三宝殿】 wúshìbùdēngsānbǎodiàn 没事不找上门来(三宝殿:佛殿)。比喻有事才来登门拜访。

【无事生非】 wúshìshēngfēi 无缘无故地制造纠纷。

【无视】 wúshì 励漠视;对人或事不当回事儿▷~群众|~国法。

【无数】 wúshù ❶厖数量大,不好计算的▷树林里有~小鸟。❷励不了解内情或底细;没把握▷心中~,不敢答应。

【无损】 wúsǔn ❶励不会造成损害▷找出缺点~于成绩。❷没有损坏▷房屋安然~。

【无所不为】 wúsuǒbùwéi 没有什么事不干,多指什么坏事都干得出来。

【无所不用其极】 wúsuǒbùyòngqíjí 原指无处不用尽心力。现多指做坏事时什么极端的手段都使得出来。

【无所事事】 wúsuǒshìshì 不做任何事情(事事:做事情)。指游手好闲,什么事也不干。

【无所适从】 wúsuǒshìcóng 不知道依从谁好,指不知道该怎么办。

【无所谓】 wúsuǒwèi ❶励谈不到;说不上▷~好,也~坏。❷没有什么关系;不在乎▷多花点钱~,只要病好得快|他对什么事都~。

【无所用心】 wúsuǒyòngxīn 指什么事都不放在心上,不动脑筋。

【无所作为】 wúsuǒzuòwéi 没有做出或不想做出什么成绩。也指安于现状,不思进取。

【无望】 wúwàng 励没有希望▷治愈~。

【无微不至】 wúwēibùzhì 没有一处细微的地方没有照顾到。形容关怀、照顾得十分周到、细致。

【无谓】wúwèi 函没有意义和价值的▷～的牺牲｜～的争论。

【无隙可乘】wúxìkěchéng 没有空隙可以利用。

【无瑕】wúxiá 团玉上没有斑点,比喻人和物没有缺点、毛病▷白璧｜清白～。

【无暇】wúxiá 团没有空闲▷～过问。

【无限】wúxiàn 函没有限度的▷～风光｜～的生命力｜～忠诚。

【无线电】wúxiàndiàn ❶图利用电磁波的振荡从空中传送信号的技术设备。❷无线电收音机。

【无效】wúxiào 函没有功效的;不起作用的▷～劳动｜通行证过期～。

【无懈可击】wúxièkějī 没有破绽或漏洞可以被人挑剔或攻击。形容非常严谨周密。

【无形】wúxíng 函不露形迹而有类似作用的;看不见摸不着的▷～的影响｜～资产。

【无性生殖】wúxìng shēngzhí 不经过生殖细胞的结合而由本体直接产生子代。

【无须】wúxū 副不必▷～过分牵挂。也说无须乎。

【无需】wúxū 团〈文〉不需要▷桥身～大跨度。☞"无需"跟"无须"意义和词性不同。

【无序】wúxù 函不确定和无规则的▷～结晶｜～状态。

【无遗】wúyí 团没有遗漏(多用作双音动词的补语)▷罪恶暴露～｜揭露～。

【无疑】wúyí 函毫无疑问▷这～是明智之举｜确凿～。

【无以复加】wúyǐfùjiā 不能再增加什么了。形容在程度上已达到极限(含贬义)。

【无意】wúyì ❶团没有做某事的兴趣或打算▷他～于功名｜他～下海经商。❷函无心的;不是存心的▷他碰坏电视机是～的｜～中透露了一个秘密。

【无意识】wúyìshi 函出于不自觉的;未加注意的▷～的动作｜他讲话时,总爱～地点头。

【无垠】wúyín 函〈文〉没有边际的▷碧波～｜一望～。

【无余】wúyú 团〈文〉没有剩余▷一览～｜揭露～。

【无与伦比】wúyǔlúnbǐ 没有什么能相比(伦比:类比)。形容特别完美突出。

【无缘】wúyuán 函没有缘分▷～相会。

【无源之水】wúyuánzhīshuǐ 没有源头的水。比喻没有基础的事物。

【无中生有】wúzhōngshēngyǒu 把本来没有的事说成有。形容凭空捏造。

【无足轻重】wúzúqīngzhòng 不足以影响事物的轻重。形容无关紧要。

毋 wú 副〈文〉表示禁止或劝阻,相当于"不要""不可"▷临财～苟得,临难～苟免｜宁缺～滥。☞不读 wù。

【毋宁】wúnìng 国连接分句,相当于"不如",常与"与其"连用,表示在两项中选后一项▷与其等死,～拼命冲出去。☞不宜写作"无宁"。

【毋庸】wúyōng 副〈文〉无须;不必▷～讳言｜～置疑。☞不宜写作"无庸"。

芜(蕪) wú ❶图田地荒废,野草丛生▷荒～｜～秽。❷繁杂(多指文词)▷去～存菁。

【芜杂】wúzá 函形容没有条理和次序▷写文章要注意剪裁,避免～。

吾 wú 代〈文〉我;我们▷～身｜～辈｜～国。☞不读 wǔ。

吴 wú ❶图周朝诸侯国名。❷三国之一。❸五代时十国之一。❹指江苏南部和浙江北部一带▷～语｜～歌。

梧 wú 图指梧桐▷碧～。☞统读 wú。

【梧桐】wútóng 图落叶乔木,树干挺直,叶子掌状分裂。木材质轻而坚韧,可以制作乐器和多种器具,种子可以食用或榨油。

蜈 wú [蜈蚣]wúgōng图节肢动物,身体长而扁,由许多环节组成,每节有一对足,第一对足有发达的爪和毒腺。干燥的全虫可以做药材。

五 wǔ 数四加一的和。☞数字"五"的大写是"伍"。

【五爱】wǔˊài 图指爱祖国、爱人民、爱劳动、爱科学、爱护公共财物。是我国全体公民应当遵循的社会公德,也是社会主义道德建设的基本要求。

【五彩】wǔcǎi 图指青、黄、赤、白、黑五种颜色;泛指多种颜色▷～旗帜｜～陶瓷。☞不宜写作"五采"。

【五大三粗】wǔdàsāncū 形容人长得高大粗壮。

【五短身材】wǔduǎnshēncái 四肢和躯干都短小的身材。

【五方】wǔfāng 图指东、西、南、北、中五个方位,泛指各地▷～杂处。

【五更】wǔgēng ❶图过去一种计时制度,把黄昏至拂晓这段时间分为五个时段,依次为一更、二更、三更、四更、五更,合起来就叫"五更"。也说五鼓。❷指第五个更次▷三更睡,～起。

【五谷】wǔgǔ 图五种谷物,一般指稻、黍(谷子)、稷(高粱)、麦、菽(豆);泛指粮食作物▷～丰登｜～不分。

【五官】wǔguān 图中医指鼻、目、口(唇)、舌、耳;通常指头部的眼、耳、口、鼻、眉▷～端正。

【五光十色】wǔguāngshísè 形容色泽鲜艳,花样繁多。

【五湖四海】wǔhúsìhǎi 泛指四面八方,全国各地。

【五花八门】wǔhuābāmén 原指古代的五行阵和八门阵,是古代战术变化很多的阵势。现比喻花样繁多。

【五金】wǔjīn 图原指金、银、铜、铁、锡五种金属,后泛指金属或金属制品。

【五雷轰顶】wǔléihōngdǐng 比喻受到突然的重大打击。

【五内如焚】wǔnèirúfén 五脏就像被火烧一样。形容心里非常焦急忧虑。

【五十步笑百步】wǔshíbùxiàobǎibù 败逃五十步的人讥笑败逃一百步的人。比喻具有同样缺点或错误的人,程度轻一些的却讥笑程度重的。

【五体投地】wǔtǐtóudì 双手、双膝、头触地(佛教最虔诚的礼拜方式)。形容佩服、崇敬到了极点。

【五味】wǔwèi 图酸、甜、苦、辣、咸五种味道。泛指各种味道。

【五香】wǔxiāng 图花椒、八角、茴香、桂皮、丁香等有不同香味的调料。

【五行】wǔxíng 图指金、木、水、火、土五种物质。古人用五行来说明宇宙万物的起源和变化;星相家用五行相生相克的道理来臆测人的命运;中医学用五行相生相克的道理来说明病理现象。

【五言诗】wǔyánshī 图每句五字的旧体诗,可分为五言古诗、五言律诗、五言绝句、五言排律等。

【五颜六色】wǔyánliùsè 形容颜色繁多。

【五音】wǔyīn ❶图中国古代音乐的五个音阶,分别称宫、商、角(jué)、徵(zhǐ)、羽,相当于现代简谱中的1、2、3、5、6。借指音乐。❷中国音韵学上从发音部位分出的五类声母,即喉音、牙音、舌音、齿音、唇音。

【五岳】wǔyuè 图指中国历史上的五大名山:东岳泰山,西岳华山,南岳衡山,北岳恒山,中岳嵩山。

【五脏】 wǔzàng 图心、肺、肝、脾、肾五种脏器的合称。也说五内、五中。

【五指】 wǔzhǐ 图人手的五个指头:大拇指、食指、中指、无名指、小指▷~连心。

午 wǔ ❶图地支的第七位。❷指午时,即11—13点;特指中午12点▷中~|正~|~饭|上~|~后。❸气象学上指11—14点。

【午间】 wǔjiān 图中午12点前后的一段时间。

【午夜】 wǔyè 图半夜,指24点前后的一段时间。

伍 wǔ ❶图古代军队的最小编制单位,五人为伍,现在泛指军队▷退~|队~|◇落~。❷同伙▷不要与坏人为~。❸题数字"五"的大写。

庑(廡) wǔ〈文〉❶图正房对面和两侧的房子▷东~。❷堂下四周的走廊▷廊~。

忤 wǔ 团违逆;违背。

【忤逆】 wǔnì 团对父母不孝顺或虐待▷~不孝。

妩(嫵) wǔ [妩媚]wǔmèi 圈形容姿态美好,招人喜爱。

武 wǔ ❶图同军事、强力有关的事物(跟"文"相对)▷文~双全|~夫|~动。❷圈勇猛▷英~|勇~|威~。❸图同搏斗有关的▷~术|~功。

【武打】 wǔdǎ 图中国传统戏曲和现代影视片中用武术表演的搏斗▷影片中的几场~很精彩|~动作。

【武断】 wǔduàn ❶团原指凭借势力妄加判断,后指在缺乏根据的情况下主观地做判断▷未经详尽调查,怎敢~?❷圈形容言行主观片面▷做事太~|~的结论。

【武功】 wǔgōng ❶图军事方面的勋绩▷~盖世。❷武术功夫。❸戏曲中的武术表演。☞不宜写作"武工"。

【武火】 wǔhuǒ 图做饭、炒菜等所用的比较猛的火(跟"文火"相对)。

【武力】 wǔlì ❶图军事力量▷~征服|炫耀~。❷强制的暴力▷他想用~强迫对方让步。

【武器】 wǔqì ❶图直接用于杀伤和破坏攻防设施的器械、装置。也说兵器。❷比喻进行斗争的工具▷拿起批评~。

【武术】 wǔshù 图中国传统的体育项目,包括拳术和使用刀枪剑棍等旧式兵器的技艺。

【武戏】 wǔxì 图以武打为主的戏(跟"文戏"相对)。

【武侠】 wǔxiá 图旧时指武功高强、见义勇为、惯于打抱不平的人▷~小说。

【武艺】 wǔyì 图武术方面的技艺▷~出众。

【武装】 wǔzhuāng ❶团用武器等军用设施装备起来▷用缴获的战利品~我们自己。❷比喻用精神、思想、知识等充实起来▷用科学~我们的头脑。❸图军事装备;军队;武力▷解除~|人民的~。

侮 wǔ 团欺负;凌辱▷中国人民不可~|抵御外~|欺~|~辱。

【侮辱】 wǔrǔ 团以言行使他人的名誉、人格等受到损害,蒙受羞辱▷不许~他的人格。☞"侮辱"(wǔrǔ)跟"污辱"(wūrǔ)①意义相同,但没有"污辱"②的意义。

捂 wǔ 团严密地遮挡住或封住▷~着鼻子|~得严严实实。

【捂盖子】 wǔgàizi 比喻竭力掩盖矛盾,不让问题或坏人坏事被揭露出来。

悟 wǔ 团〈文〉抵触;违背▷抵~。☞统读wǔ。

鹉(鵡) wǔ 见[鹦鹉]yīngwǔ。

舞 wǔ ❶团跳舞▷载歌载~|手~足蹈|~厅|~伴。❷图舞蹈▷民族~|芭蕾|~。❸团挥动;飘动▷张牙~爪|挥~|飘~。❹玩弄;耍弄▷~文弄墨。

【舞弊】 wǔbì 团弄虚作假;用欺骗的手段做违法乱纪的事▷考场~|营私~。

【舞蹈】 wǔdǎo ❶图以动作为主要表现手段的形体表演艺术▷专攻~|~美学。❷团跳舞▷~时,有音乐伴奏。

【舞动】 wǔdòng 团挥动;摇摆▷双手|垂柳的枝条在春风里~着。

【舞剧】 wǔjù 图主要通过舞蹈来表现故事和主题的戏剧▷《白毛女》。

【舞弄】 wǔnòng ❶团挥舞▷~棍棒。❷玩弄(多指文字方面的)▷~文墨。

【舞台】 wǔtái ❶图文艺演出用的台子。❷比喻社会活动的领域▷政治~|历史~。

【舞文弄墨】 wǔwénnòngmò 旧指通过歪曲法律条文来舞弊。后泛指玩弄文字技巧(含贬义)。

兀 wù〈文〉❶圈高耸突出▷突~|~立。❷光秃▷~鹫。

【兀鹫】 wùjiù 图鸟,身大头小,嘴端有钩,头部羽毛稀少或全秃,翼长,视觉敏锐,主要吃死尸。也说兀鹰。

【兀立】 wùlì 团高耸直立▷奇峰~。

勿 wù 圃表示禁止或劝阻,相当于"不要""别"▷己所不欲,~施于人|~动手|请~打扰。

戊 wù 图天干的第五位。☞"戊"和"戌"(shù)、"戍"(xū)形、音、义都不同。

务(務) wù ❶团专力去做;致力于▷~农|不~正业。❷追求;谋求▷不~虚名|~实。❸图事;事情▷公~|商~|税~。❹圃必须;一定▷除恶~尽。

【务必】 wùbì 圃一定要;必须▷请您~光临。

【务求】 wùqiú 团一定要求(达到某种程度或目的)▷稳扎稳打,~获胜。

【务实】 wùshí ❶团讨论研究具体问题;从事具体工作。❷圈讲求实际的;不尚浮华的▷他的作风很~。

【务须】 wùxū 圃务必;必须▷~正视问题的严重性。

坞(塢) wù ❶图四面高而中央低的地方▷山~|花~|竹~|柳~。❷船坞。☞不读wū。

机 wù 图矮小的坐凳▷~凳|~子。☞统读wù。

物 wù ❶图东西▷公~|文~。❷指别人或别的环境▷免遭~议|待人接~|超然~外。

【物产】 wùchǎn 图天然出产的物品,也指人造物品▷~丰富。

【物耗】 wùhào 图物资方面的消耗▷减少~,降低成本。

【物候】 wùhòu 图指动植物或非生物受气候和外界环境因素的影响而出现的周期性变化现象。如植物的萌芽、开花、结实;动物的蛰眠、始鸣、繁育、迁徙等。非生物的始霜,始雪,初冰、解冻等。

【物换星移】 wùhuànxīngyí 景物改变,星辰位置移动。形容节令变化或世事变迁。

【物极必反】 wùjíbìfǎn 事物发展到了极端,就会走向它的反面。☞不宜写作"物极必返"。

【物价】 wùjià 图商品的价格。

【物件】 wùjiàn 图成件的东西▷卧室有不少~。

【物尽其用】 wùjìnqíyòng 各种物品都充分发挥它们的作用。

【物理】 wùlǐ ❶图事物的道理、规律▷人情~。❷物理学,是自然科学的一门基础学科。

【物力】 wùlì 图可供使用的物资▷给予人力、~支援。

【物品】 wùpǐn 图东西(多指日常生活中用的物件)▷各人管好自己的~。

【物色】 wùsè 团按照一定标准寻找、挑选(人或物)▷~办公用房|~人才。

【物伤其类】 wùshāngqílèi 动物因同类遭到不幸而悲伤。比喻人因同类遭到打击而伤心。

【物态】 wùtài 图物质存在的状态。通常有气态、液态、固态三种。

【物体】 wùtǐ 图占有一定空间的物质个体▷远处有一发光~。

【物象】 wùxiàng ❶图动物、植物、器物等在不同的环境中显示的现象,可作为预测天气变化的辅助手段。❷事物的形象▷摹写。

【物像】 wùxiàng 图来自物体的光通过小孔或受到反射、折射后形成的像。

【物业】 wùyè 图指已建成并投入使用的各类房屋及与之配套的设备、设施和场地。

【物以类聚】 wùyǐlèijù 同类的东西常聚在一起。现多比喻坏人勾结在一起。

【物议】 wùyì 图〈文〉众人的非议▷恐遭~。

【物欲】 wùyù 图想获得物质享受的欲望▷强烈的~常会冲垮理性的堤坝。

【物证】 wùzhèng 图对查明案件真实情况有证明作用的物品或痕迹。如犯罪凶器、赃物、现场指纹等。

【物质】 wùzhì ❶图不依赖于意识又能被意识所反映的客观存在。❷人类生活中所使用的实体物▷~生活|~奖励。

【物质文明】 wùzhì wénmíng 指人类在改造自然的过程中所创造的物质成果(跟"精神文明"相对)。

【物种】 wùzhǒng 图具有一定的形态和生理特征,并占有一定的自然分布区域的生物类群,是生物分类的基本单位。

【物资】 wùzī 图生产和生活等所需要的物质资料▷工业~|调剂|战备~。

误(誤)
wù ❶形错误▷~解|谬~。❷图不正确的事物或行为等▷失~|笔~。❸团耽误;使受损害▷~事|延~。❹使受害▷~人不浅|人子弟。❺形非有意的(造成某种不良后果)▷~人歧途|~伤|~杀。

【误差】 wùchā 图测定的数值或计算中的近似值与准确值的差数。

【误导】 wùdǎo 团错误地引导▷广告不应~消费者。

【误工】 wùgōng ❶团耽误工作进程▷千方百计避免

~。❷在生产劳动中缺勤或迟到▷~要受到处罚。

【误会】 wùhuì ❶团错误地领会了对方的意思▷他~了我的意思。❷图对对方意思的误解▷产生~。

【误解】 wùjiě ❶团错误地理解▷我不是这个意思,您~了。❷图不正确的理解▷对他有~。

【误期】 wùqī 团延误期限▷资金不到位,工程~了。

【误区】 wùqū 图较长时间未得到纠正的不正确认识或做法▷要设法引导他们走出~。

【误人子弟】 wùrénzǐdì 耽误了人家的孩子。常指教育者因不称职或失职耽误了受教育者。

【误诊】 wùzhěn 团错误地诊断;耽误了诊治▷把伤寒~为感冒|路途遥远,他的病~了。

恶(惡)
wù 团憎恨;不喜欢▷好逸~劳|深~痛绝|可~|~憎~。○另见 ě;è;wū。

悟
wù 团明白;变得清醒▷这件事让我~出一个道理|翻然悔~|领~。

【悟性】 wùxìng 图对事物的理解和领悟的能力▷他在学画上有很高的~。

晤
wù 团相会;见面▷~面|~谈|会~。

焐
wù 团用温度高的东西接触温度低的东西使变暖▷用热水袋~被窝|把手揣在怀里~一~。

痦
wù [痦子]wùzi 图皮肤上隆起的红色或黑褐色的痣。

婺
wù 图用于地名。婺源,在江西。

骛(騖)
wù 〈文〉❶团纵横驰骋▷驰~。❷追求;致力▷心无外~|好高~远。☞统读 wù。

雾(霧)
wù ❶图空气中的水蒸气遇冷凝结而成的、飘浮在接近地面的空气中的细小水珠▷云消~散|云~。❷像雾的东西▷喷~器。

【雾霭】 wù'ǎi 图〈文〉雾气▷~弥漫,能见度很低。

【雾沉沉】 wùchénchén 形形容雾气浓重▷一早就~的,五步之外看不清人。

【雾里看花】 wùlǐkànhuā 原形容老眼昏花。后比喻对事情看不真切,模模糊糊。

【雾凇】 wùsōng 图雾气受冷凝结在树枝或线状物体表面凝结成的白色不透明松散冰层,表面有粒状突起。也说树挂。☞"凇"不要写作"淞"。

寤
wù 团〈文〉睡醒▷~寐难忘。

鹜(鶩)
wù 图〈文〉鸭子▷趋之若~。☞"鹜"和"骛""婺"形、义不同。

X

xī

夕 xī ❶图傍晚▷~阳。❷晚上▷除~|朝~相处。☞统读 xī。

【夕阳】 xīyáng 图傍晚的太阳。

【夕照】 xīzhào 图傍晚的阳光。

兮 xī 囫〈文〉用在句尾或句中,表示感叹语气,相当于"啊"▷彼君子~,不素餐~|魂~归来。

【兮兮】 xīxī 后缀,用在形容词后表示程度加深▷脏~|神秘~|可怜~。

西 xī ❶图四个基本方向之一,太阳落下的一边(跟"东"相对)。❷指西洋(多指欧美各国)▷学贯中~|~学。❸跟"东"对举,表示"到处"或"零散、没有次序"的意思▷东游~逛|东一个,~一个。

【西半球】 xībànqiú 图地球的西半部。南北美洲以及南极洲的一部分所在的半球,从西经20°起向西到东经160°止。

【西方】 xīfāng ❶图西①。❷指位于地球西部的欧美各国,特指西欧、北美等地区的资本主义国家▷~国家。

【西风】 xīfēng ❶图从西边吹来的风;常指秋风。❷指西洋文化、风俗▷~渐是鸦片战争以后的事。

【西化】 xīhuà 囫政治、经济、文化等转变为欧美的式样、风格或状态等▷全盘~是错误的。

【西式】 xīshì 囮西洋样式的▷~家具|~建筑|~点心。

【西洋】 xīyáng ❶图旧指中国南海以西的海洋、岛屿和沿海各地▷郑和下~。❷指欧美各国▷不能照搬~语法。

【西药】 xīyào 图指西医所用的药物。

【西医】 xīyī ❶图近代从欧美各国传入的医学。❷指西医医生。

【西乐】 xīyuè 图西方音乐。

【西装】 xīzhuāng 图西式服装。

吸 xī ❶囫把气体或液体通过鼻、口抽入体内(跟"呼"相对)▷~一口气|吮~。❷把外界的某些物质摄取到内部▷海绵能~水|~尘器|~音板。❸把别的东西引到自己方面来▷~铁石|~力|~引。

【吸取】 xīqǔ 囫吸收采取▷~营养|从失败中~教训。

【吸收】 xīshōu ❶囫动、植物把体外的有益物质摄取到体内▷肠胃~营养物质|植物~水分。❷泛指物体把某些物质引进到内部来▷生石灰能~水分。❸囫团体或组织接收新成员▷~新会员。

【吸血鬼】 xīxuèguǐ 比喻靠非法抢夺、榨取他人劳动成果过寄生生活的人。

【吸引】 xīyǐn 囫把其他物体或别人的注意力引到自己这方面来▷磁石~铁粉|新颖的广告~路人仁足观看。

汐 xī 图夜晚的潮水▷潮~。☞统读 xī。

希 xī 囫盼望;企求▷~遵守时间|~望|~图。

【希求】 xīqiú ❶囫渴望得到(某种事物)▷不~廉价的同情。❷图愿望,要求▷她唯一的~就是儿子能痊愈。

【希图】 xītú 囫〈文〉企图;谋求(达到某种目的)▷~高官厚禄|~时来运转。

【希望】 xīwàng ❶囫盼着所想的成为现实▷~上大学|~下雨。❷图愿望▷~寄托在你们身上|提出一个~。❸有可能把愿望变成现实的人或事物▷好的当家人是全体村民的~|研制新产品是工厂扭亏为盈的唯一~。❹可能性;盼头▷完成计划大有~。

【希望工程】 xīwàng gōngchéng 由共青团中央和中国青少年发展基金会发起的一项帮助贫困地区失学、辍学儿童就学的长期捐赠活动。

昔 xī 图从前;过去▷今非~比|抚今追~|往~。☞统读 xī。

【昔日】 xīrì 图过去;以前的日子▷~的荒漠如今变成了现代化的石油城。

析 xī ❶囫分开;分散▷分崩离~。❷分析;辨别▷辨~|剖~。☞统读 xī。

【析出】 xīchū ❶囫分析出来▷~文章要义。❷分离出来(多指从液体或气体中分离出固体)▷海盐是从海水中~的。

唏 xī 囫〈文〉哀叹▷长~不已。

【唏嘘】 xīxū 囫〈文〉抽泣;叹息▷相对~。☞不要写作"欷歔"。

牺(犧) xī 图古代指供祭祀用的毛色纯一的牲畜▷~牛|~羊。

【牺牲】 xīshēng ❶图〈文〉古代指为祭祀而宰杀的牲畜。❷囫为正义事业舍弃自己的生命▷流血~。❸泛指付出代价▷~休息时间。

息 xī ❶囫呼出和吸入的气▷气~|鼻~。❷囫歇;休息▷歇~|~作|~时间。❸停;止▷奋斗不~|~怒|平~。❹滋生;增生▷~生|~肉。❺图利钱▷年~|利~。❻消息;音信▷信~。

【息怒】 xīnù 囫止怒;消除恼怒▷请~,听我解释。

【息肉】 xīròu 图因黏膜发育异常而增生的肉质团块。多发生在鼻腔、肠道和子宫颈内。☞不要写作"瘜肉"。

【息事宁人】 xīshìníngrén 使争端平定下来,使人们相安无事。

【息息相关】 xīxīxiāngguān 一呼一吸都互相关联,比喻关系极为密切。

奚 xī 囮〈文〉用于疑问,相当于"哪里""什么""为什么"▷~以此~疾哉|子~不为政?

【奚落】 xīluò ❶囫用尖刻的话数落讥讽他人▷他总爱~别人。❷图奚落的话语▷受不了人家的~。

浠 xī 图浠水,水名,又地名,均在湖北。

晞 xī 囮〈文〉干;失去水分▷白露未~。

悉 xī ❶囮〈文〉详尽。❷囫详尽地知道;知道▷来函敬~|知~|熟~。❸囮全▷~心照料。❹副都▷~听尊便。☞统读 xī。

【悉数】 xīshǔ 囫一一列举;全部数(shǔ)出▷条例浩繁,难以~。

【悉数】 xīshù 副全部,全数▷~奉还|~交出。

【悉心】 xīxīn 副尽心,全心▷~照顾|~钻研。

烯 xī 图有机化合物的一类。如乙烯。

浙 xī [浙沥]xīlì 拟声模拟微风细雨声、落叶声等▷风吹落叶，～作响｜浙浙沥沥的雨声。☞跟"浙"（zhè）不同。

惜 xī ❶团对不幸的人或事表示同情▷痛～｜可～｜叹～。❷爱护；十分疼爱▷珍～｜爱～｜怜～。❸舍不得丢弃▷在所不～｜力～。☞统读xī。

【惜别】 xībié 团舍不得离别▷依依～｜母女～的感人情景。

【惜力】 xīlì 团舍不得出力▷不～。

【惜墨如金】 xīmòrújīn 原指作画时不轻易使用重墨，后多指写文章力求精练。

晰 xī 图明白；清楚▷清～｜明～｜透～。☞统读xī。

稀 xī ❶图事物在空间或时间上间隔大（跟"密"相对）▷苗留得不能太～｜枪声由密而～。❷事物的数量少或出现的次数少▷人生七十古来～｜少～｜～客。❸液体中含某种物质少（跟"稠""浓"相对）▷～汤寡水｜～泥｜～硫酸。❹图某些含水分多的东西▷顿顿饭有干有～｜糖～｜～拉。❺副用在某些形容词前面，表示程度深，相当于"极"▷～软｜～烂。

【稀薄】 xībó 图形容气体、烟雾等轻淡不浓▷珠峰顶上空气～。

【稀罕】 xīhan ❶图少见而不同于一般的▷～事儿｜很～。❷团珍爱▷老太太最～这个小孙子｜我才不～这个呢。❸图稀罕的事物▷看～｜图个～。☞不宜写作"希罕"。

【稀烂】 xīlàn ❶图（食物煮得）很烂，很软。❷（东西）破坏得很严重▷椅子被砸得～。

【稀里糊涂】 xīlihútú 图糊涂不清楚；马虎不认真。

【稀落】 xīluò 图稀疏零落▷远处传来了～的枪声｜街上只有稀稀落落的几处摊点。

【稀奇】 xīqí 图少见而新奇的▷～事儿｜非常～。☞不宜写作"希奇"。

【稀少】 xīshǎo 图稀疏，不多见▷人烟～｜今年雨雪～。☞不宜写作"希少"。

【稀世】 xīshì 图人间少有的▷～珍宝。☞不宜写作"希世"。

【稀释】 xīshì 团使溶液浓度变小▷～盐酸。

【稀疏】 xīshū 图空间相隔大或时间距离长▷毛发～｜锣鼓声渐渐～下来。

【稀有】 xīyǒu 图很少有的；少见的▷～元素｜～金属。☞不宜写作"希有"。

翕 xī 团〈文〉收敛；闭合▷～张（一合一张）。

【翕动】 xīdòng 团〈文〉（嘴唇等）一开一合地动▷嘴唇～｜鼻翼～。☞不要写作"噏动"。

犀 xī 图哺乳动物，形状略像牛，颈短，四肢粗大，鼻子上有一个或两个角。通称犀牛。

【犀利】 xīlì 图（刀、剑）等坚固锋利；（言辞等）尖锐明快▷一把～的宝剑｜笔锋～｜目光～。

锡（錫） xī 图金属元素，符号Sn。最常见的是白锡，银白色，富延展性，可以制造日用器具、镀铁和焊接金属。☞统读xī。

溪 xī 图山谷里的小水流；小河沟▷～水｜小～。☞统读xī。

【溪流】 xīliú 图山中流出的小河；泛指小河。

熙 xī 图〈文〉明亮。☞左上是"臣"，不是"巨"。

【熙攘】 xīrǎng 图形容人来人往热闹拥挤▷～的人群｜集市里人们熙熙攘攘，买卖十分兴隆。

蜥 xī [蜥蜴]xīyì 图爬行动物，有3000余种。体表被角质鳞，尾细长，容易断，能再生。捕食昆虫和其他小动物。☞统读xī。

熄 xī 团停止燃烧；灭（灯、火）▷火已经～了｜灭～灯。☞统读xī。

【熄灭】 xīmiè 团停止燃烧；灭火熄灯▷篝火渐渐～了｜～战火。

嘻 xī 拟声模拟笑声▷他～～～地笑着。

【嘻嘻哈哈】 xīxīhāhā ❶图形容欢乐嬉笑的样子▷孩子们整天～的，一点也不知道愁。❷不严肃，不认真▷我说的是正事，你别～的。

膝 xī 图连接大小腿的关节的前部，通称膝盖▷护～｜卑躬屈～。

【膝下】 xīxià 图〈文〉子女幼小时常偎依于父母膝下，所以常借指父母身边。在书信中，常用作对父母的敬词▷～无儿无女｜父母亲大人～。

嬉 xī 团玩耍；游玩▷～笑｜皮笑脸｜～戏。☞"嬉"是动词，"嘻"是拟声词，模拟笑声。

【嬉皮笑脸】 xīpíxiàoliǎn 嬉笑顽皮，不庄重不严肃的样子。☞不宜写作"嘻皮笑脸"。

【嬉戏】 xīxì 团游戏，玩耍▷孩子们在庭院里～。

【嬉笑】 xīxiào 团嬉戏笑闹▷刚进楼门就听见姑娘们的～声。☞不宜写作"嘻笑"。

熹 xī 图〈文〉明亮；光明。

【熹微】 xīwēi 图〈文〉形容清晨时阳光微弱▷晨光～，山影朦胧。

樨 xī 见[木樨]mùxī。☞统读xī。

蟋 xī 见[水螅]shuǐxī。

羲 xī 图用于人名。如伏羲（传说中的远古帝王）；王羲之（晋代著名书法家）。☞左下角不是"乃"。

窸 xī [窸窣]xīsū 拟声模拟轻微摩擦的声音▷老鼠弄得窸窸窣窣地响。

蹊 xī 图〈文〉径；小路▷桃李不言，下自成～｜～径。○另见qī。

【蹊径】 xījìng 图〈文〉小路、山路；比喻方法、门径▷另辟～。

蟀 xī [蟋蟀]xīshuài 图昆虫，黑褐色，后腿粗，尾部有一对尾须。雄虫好斗。吃植物的根、茎和种子，危害农作物。俗称蛐蛐儿，也说促织。

曦 xī 图〈文〉日光▷晨～｜春～～。

习（習） xí ❶团反复地学▷复～｜练～｜～字。❷因反复接触而熟悉▷～非成是｜～以为常。❸副经常；常▷～见｜～闻｜～用语。❹图习惯，长期形成的不易改变的行为或风气▷相沿成～｜积～｜恶～｜～俗。

【习非成是】 xífēichéngshì 错误成了习惯，就以为是正确的。

【习惯】 xíguàn ❶团由反复接触而适应▷我已经～了冬泳。❷图长期养成的不易改变的行为、生活方式或社会风尚▷好～｜不良～。

【习气】 xíqì 图长期形成的习惯、作风（含贬义）▷粗俗～｜官僚～｜流氓～。

【习尚】 xíshàng 图在一定的时期里，社会上流行的习俗和风尚▷不甚了解异国～｜良好的～。

【习俗】 xísú 图社会上长期形成而沿用下来的习惯、

风俗▷不同国家～不同|民间～。

【习题】 xítí 图供复习和练习用的题目。

【习习】 xíxí 园〈文〉形容微风轻轻吹动▷～晚风|和风～。

【习性】 xíxìng 图长期处在某种环境中所养成的特性▷耐寒的～|～难改。

【习焉不察】 xíyānbùchá 对某种事物习惯了，就觉察不到其中的问题(焉:助词)。

【习以为常】 xíyǐwéicháng 习惯了，就认为它很正常。

【习用】 xíyòng 园惯常使用▷画上有他～的签名和印章。

【习作】 xízuò ❶园练习作画、写文章▷经常～练笔。❷图文章、绘画等方面的练习作品▷把～交给老师修改。

席

xí ❶图铺垫用的片状物，用竹篾、芦苇、蒲草等编成▷炕～|凉～|竹～。❷图坐位；位次▷软～|首～。❸图成桌的酒菜▷今天摆了三桌|～酒。❹量用于酒席、谈话等▷一～酒菜|听君一～话，胜读十年书。

【席地而坐】 xídìérzuò 园以地为席而坐，即坐在地上。

【席卷】 xíjuǎn 园像卷席子一样囊括无余▷飓风～整个西印度群岛|～一空。

【席位】 xíwèi 图坐位。特指议会中议员的名额▷前排还空着两个～|议会里，这个党有107个～。

袭(襲)

xí ❶园照过去的或别人的样子做▷因～|沿～|抄～。❷继承▷～位|世～。❸乘对方不防备而进攻；泛指进攻▷偷～|夜～|击◇花香～人。■统读xí。

【袭击】 xíjī 园乘对方没有戒备，突然进行攻击；比喻突然打击▷小分队～了敌军的指挥部|他经受不住灾祸的突然～。

【袭用】 xíyòng 园沿袭采用(旧有的事物)▷只知～老一套。

媳

xí 图儿子的妻子▷儿～|～婆。

【媳妇】 xífù ❶图儿子的妻子，也说儿媳妇。❷晚辈亲属的妻子▷外甥～|侄～。

檄

xí〈文〉❶图檄文▷羽～|传～。❷园用文书征召、声讨、晓谕▷严～诸将。

【檄文】 xíwén 图古代用于晓谕、征召、声讨的文书、文告。特指声讨叛逆或征讨敌人的文书、文告。

洗

xí ❶园用水或其他溶剂除掉物体上的污垢▷～脚|～衣服|刷～。❷除掉▷～冤|把那段录音～掉。❸(像洗过一样地)杀光或抢光▷～劫|～城。❹冲洗(胶卷、照片)▷～印|又～了两张相片。❺图洗礼▷受～|领～。❻园把麻将、扑克等牌经过掺和整理，打乱原来排列的顺序▷～牌。

【洗尘】 xíchén 园设酒席宴请远道而来的人，表示为他洗去旅途的风尘▷接风～。

【洗涤】 xídí 园用水或汽油等把物体上的污垢清除掉▷～衣物。

【洗耳恭听】 xíěrgōngtīng 形容听别人讲话时恭敬专心(客套话)。

【洗劫】 xíjié 园抢光▷不幸遭到～|一空。

【洗礼】 xílǐ ❶图基督教接收人入教时的仪式，把水滴在入教人的额上，或把入教人身体浸在水中，表示洗掉过去的罪恶。❷比喻锻炼和考验▷战斗的～。

【洗练】 xíliàn 园(语言、文字、技艺等)简洁精练▷手法～。■不宜写作"洗炼"。

【洗钱】 xíqián 园把非法得来的钱款(黑钱)通过银行的秘密账户或假账户转变为合法收入，即变成"干净的钱"。

【洗染】 xírǎn 园用水洗去污垢和用染料着色▷～店|这件大衣经过～就象新的一样。

【洗刷】 xíshuā ❶园清洗，用刷子蘸水刷▷～得干干净净。❷除去(耻辱、冤屈、污点等)▷平反冤案，～罪名|不白之冤。

【洗涮】 xíshuàn 园把衣物等放到水里搓洗摆动，使除去污垢▷把这些餐具～一下|帮着妈妈洗洗涮涮。

【洗心革面】 xíxīngémiàn 清除掉思想上的污秽，改变原来的面貌。形容痛改前非，重新做人。

【洗雪】 xíxuě 园洗刷，昭雪(耻辱、冤屈)▷～国耻|～沉冤。

【洗印】 xíyìn 园胶卷冲洗和印制放大工作的统称。

玺(璽)

xǐ 图皇帝的印章▷玉～。

铣(銑)

xǐ 园用能旋转的圆形多刃刀具加工金属工件的平面、曲面或凹槽▷～床|～刀|～工。

徙

xǐ 园〈文〉离开原地向搬到别处▷～居|迁～。■跟"徙"(tú)不同。

喜

xǐ ❶园欢乐；高兴▷～出望外|欢天～地|欣～。❷园令人高兴的；可庆贺的▷～事|～讯。❸图值得高兴和庆贺的事▷贺～|报～|双～临门。❹身孕▷有～了。❺园喜爱▷好(hào)大～功|～好。❻(生物)需要或适宜于(某种环境或某种东西)▷仙人掌～旱不～涝|～光植物。■中间不是"艹"。

【喜爱】 xǐài 园喜欢，爱好；对事物产生兴趣或好感▷～文学|博得观众～。

【喜出望外】 xǐchūwàngwài 遇上出乎意料的喜事而感到特别高兴。

【喜好】 xǐhào 园对某种事物特别感兴趣▷～书法|对集邮特别～。

【喜欢】 xǐhuan ❶园喜爱▷～小动物|～打网球。❷园喜悦▷哥哥回家探亲，全家～得不得了|太～了。

【喜剧】 xǐjù 图戏剧类型之一。以夸张的手法，诙谐的台词和出人意料的情节引人发笑，讽刺、揭露丑恶和荒唐的现象，多有圆满的结局(跟"悲剧"相对)。

【喜气】 xǐqì 图喜悦的神色，欢快的气氛▷～洋洋。

【喜庆】 xǐqìng ❶园值得高兴和庆贺的▷～的时刻|～场合。❷园高兴地庆祝▷～新春佳节。

【喜闻乐见】 xǐwénlèjiàn 喜欢听，乐意看，指群众欢迎、喜爱。

【喜笑颜开】 xǐxiàoyánkāi 形容十分高兴，满面笑容的样子。

【喜形于色】 xǐxíngyúsè 心里的喜悦流露在脸上。

【喜洋洋】 xǐyángyáng 园形容欢乐的样子▷新春佳节，大家～的。

【喜盈盈】 xǐyíngyíng 园形容充满喜悦满面含笑的样子▷她抱着新生儿子～地出院回家。

【喜悦】 xǐyuè 园欣喜，愉快▷满心～|万分～的心情。

【喜滋滋】 xǐzīzī 园形容发自内心的喜悦▷心里～的。■不宜写作"喜孜孜"。

葸

xǐ 园〈文〉害怕；胆怯▷畏～不前。■跟"崽"(zǎi)不同。

屣

xǐ 图〈文〉鞋▷敝～(比喻废物)。

禧

xǐ 图幸福；吉利▷恭贺新～|年～|鸿～。

戏(戲)

xì ❶园玩耍▷儿～|嬉～|游～。❷嘲弄；开玩笑▷～弄|言|调(tiáo)～。❸图指戏剧、杂技等▷京～|一台～|马～。

【戏称】　xìchēng　❶囫戏谑地称呼▷大家都～他"小辣椒"。❷囵戏谑的称呼。

【戏剧】　xìjù　囵一种有舞台布景的艺术形式。由演员扮演故事中的各种角色，可说，可唱，可舞，或综合运用几种表演手段。

【戏弄】　xìnòng　囫戏耍捉弄▷～人。

【戏曲】　xìqǔ　囵我国传统的舞台艺术表演形式，以歌唱、舞蹈、对白为表演手段。

【戏谑】　xìxuè　囫用诙谐的话开玩笑▷～开心。

系（繫❶❻❼ 係❷❺）　xì　❶囫〈文〉拴或绑▷～马｜～缚(束缚)。❷结合；联系▷维～｜成败～于此举。❸囵系统，同类的事物按一定的关系组成的整体▷水～｜语～｜嫡～。❹高等学校中按学科划分的教学行政单位▷数学～｜〈文〉是～李白～唐代诗人｜确～冤狱。❻挂念▷情～祖国。❼把捆好的人或东西往上提或向下送▷把大件东西从窗户～上来｜把桶～到井下。○另见 jì。

【系列】　xìliè　囵多而又相关联的事物▷～产品｜一～的问题。

【系统】　xìtǒng　❶囵由同类事物结合成的有组织的整体▷血液循环～｜人员在～内部调整。❷囵全面的，完整的▷～介绍｜学得很不～。

细（細）　xì　❶囵条状物横剖面面积小或长条形的宽度窄(跟"粗"相对，③－⑥同)▷房檩太～，得换根粗的｜～腰｜眉毛又～又弯。❷微小▷～菌｜～节｜事无巨～｜琐～。❸声音轻微▷嗓音～｜～声～语。❹颗粒小▷～沙｜白面比玉米面磨得～。❺精致；细密▷她的针线活做得～｜江西～瓷｜精雕～刻。❻周到而详细；仔细▷胆大心～｜精打～算。❼囵密探▷间谍▷奸～｜～作。

【细胞】　xìbāo　❶囵生物学指构成生物体的基本单位，非常微小，在显微镜下才能看到。由细胞核、细胞质和细胞膜等构成，植物的细胞膜外还有细胞壁。有运动、营养和繁殖的机能。❷比喻构成事物的基本单位▷家庭是社会的～。

【细节】　xìjié　❶囵细小的环节或细微的组成部分▷商谈了协议的～。❷文艺作品中详细描写的人物性格、事件发展、环境、场景和自然景物的最小组成单位。

【细究】　xìjiū　囫仔细地推究▷何必～。

【细菌】　xìjūn　囵微生物的一大类，形体微小，没有真正细胞核和叶绿素的单细胞微生物。必须用显微镜才能看见。有的对人类有益，有的能使人畜等致病。

【细粮】　xìliáng　囵一般指白面、大米等食粮品种(跟"粗粮"相对)。

【细密】　xìmì　❶囵细致密实▷这种布质地～｜～的针线。❷细致周密▷～地分析｜笔法～。

【细嫩】　xìnèn　囵细腻柔嫩▷～的皮肤。❷细弱娇嫩▷～的小苗。

【细腻】　xìnì　❶囵细润光滑▷这种绸缎手感非常～。❷(描写、表演)精细入微▷人物刻画得非常～。

【细软】　xìruǎn　❶囵纤细柔软▷～的枝条。❷囵贵重而又便于携带的衣服首饰等。

【细水长流】　xìshuǐchángliú　细小的水流持续不断地流淌。比喻节约使用人力物力，保持经常不缺。也比喻一点一滴不断进行。☞不宜写作"细水常流"。

【细碎】　xìsuì　囵细小零碎；细微琐碎。

【细微】　xìwēi　囵细小微弱▷～差别｜呼吸～。

【细心】　xìxīn　囵(思考、办事)认真细致▷～护理｜做事很～。

【细枝末节】　xìzhīmòjié　细小的枝权，末梢的竹节。比喻无关紧要的小事。

【细致】　xìzhì　❶囵细密精致▷工艺～。❷精细、周密▷考虑得很～｜～办事。

阅（閲）　xì　囫〈文〉吵架；争斗▷兄弟～于墙。☞里边的"儿"不能简化成"儿"。

隙　xì　❶囵缝隙▷白驹过～｜门～｜～缝。❷时间上的空(kòng)隙▷间(jiàn)～。❸漏洞；机会▷无～可乘｜寻～闹事。❹(思想感情上的)裂痕▷嫌～｜仇～。☞"隙"字右上是"小"，不是"少"。

xia

虾（蝦）　xiā　囵节肢动物，身体由许多环节构成，有透明的软壳。生活在水里。常见的有对虾、毛虾、米虾、白虾、龙虾等等。

【虾兵蟹将】　xiābīngxièjiàng　神话中龙王统率的由虾、蟹等充当的兵将。常用来比喻由不合格者杂凑起来的兵员或成员。

瞎　xiā　❶囫眼睛失明▷～了一只眼｜盲人骑～马。❷囵盲目地；胡乱地▷～操心｜～闹｜～说｜～指挥。❸囫〈口〉指某些事情失败了或没有收到预期效果▷庄稼～了(没有收成)｜～子弹(不响的子弹)｜～信(无法投递的信)｜井打～了(不出水)｜～账(收不回的款)。☞右边中间是"丰"。

【瞎话】　xiāhuà　囵谎话；无根据的话。

匣　xiá　囵匣子，盒子▷木～｜纸～｜梳妆～｜一～点心。

侠（俠）　xiá　❶囵勇武豪迈、见义勇为的▷～肝义胆｜～义｜～骨｜～客。❷囵旧指见义勇为、扶弱抑强的人▷江湖大～｜武～｜女～。

【侠义】　xiáyì　囵形容讲义气，扶危济困，见义勇为▷～行为｜～心肠。

狎　xiá　囫〈文〉不庄重地亲近；玩弄▷～侮｜～昵｜～妓。

峡（峽）　xiá　囵两山之间的水道▷～谷｜长江三～｜三门～(在河南)。☞统读 xiá。

【峡谷】　xiágǔ　囵深而狭窄的山谷，中间多有河流。

狭（狹）　xiá　囵窄；不宽阔(跟"广"相对)▷～路相逢｜～窄。

【狭隘】　xiá'ài　❶囵窄▷～的山道。❷(气度、见识等)不宽广宏大▷心胸～。

【狭路相逢】　xiálùxiāngféng　在狭窄的路上相遇，没有回避的余地。比喻仇人相遇，互不相容。

【狭义】　xiáyì　囵范围比较狭窄的定义(跟"广义"相对)。如"金"广义指一切金属，狭义则专指黄金。

【狭窄】　xiázhǎi　❶囵宽度小▷胡同很～，只容一人通过。❷(知识、气量等)不宽广，不宏大▷他的知识面比较～。

遐　xiá　❶囵遥远▷～迩闻名｜～想。❷长久▷～年｜～寿。

【遐迩】　xiá'ěr　囵〈文〉远近▷～声闻。

【遐想】　xiáxiǎng　囫悠远地想；无拘无束地想▷～联翩。

瑕　xiá　囵玉的斑点；比喻缺点(跟"瑜"相对)▷～疵｜～瑜互见(缺点、优点同时存在)。

【瑕不掩瑜】　xiábùyǎnyú　玉上的斑点掩盖不了玉的光彩。比喻缺点掩盖不了优点，优点是主要的。

【瑕疵】　xiácī　囵〈文〉微小的缺点和毛病。

暇　xiá　囵(时间)空闲▷闲～｜～日｜自顾不～｜无～兼顾。☞统读 xiá。

辖（轄）　xiá　囫管理；管束▷统～｜管～｜直～市。

【辖区】　xiáqū　囵所管辖的区域。

【辖制】 xiázhì 囫管制;管辖▷～交通|受环卫部门～。

霞 xiá 囵日出、日落前后天空上因日光斜照而出现的彩色的光或云▷～光|云～|～彩|晚～。

【霞光】 xiáguāng 囵阳光透过云雾射出的彩色光芒。

黠 xiá 〈文〉❶囵聪慧机敏▷慧～。❷狡猾奸诈▷狡～|～吏。

下 xià ❶囵低处;底部(跟"上"相对)▷往～跳|面～|楼～|～层|～肢。❷指时间或次序靠后的▷～年|～个世纪|～一个就该轮到我了|～册|～次。❸囵指等级低的▷高～不同|～级|～策。❹囶低于;少于(常用否定式)▷这袋米不～50公斤|参加集会的群众不～10万人。❺从高处到低处▷～坡|～楼|～马|～山|～乡|～基层。❻降;落▷～雪|～得很大|～冰雹。❼发布;投送▷～命令|～文件|～战表|～请帖。❽退出;离开▷轻伤不～火线|～场|～岗。❾按时结束(工作等)▷～班|～工|～课。❿开始使用;用▷～笔|～刀|～毒手。⓫投入;放进▷～米|～锅|～网|～面条。⓬取下来;卸掉▷把车轮～下来|～枪|～装。⓭(动物)生产▷～羊羔|～蛋|～崽。⓮囦用于动作的次数▷打了好几～|收拾一～屋子。⓯囵表示属于一定的范围、处所、条件等▷手～|在上级的领导～|在困难的情况～。⓰表示方位或方面▷往四～里看|两～里都同意。⓱囷作出(某种结论、决定、判断等)▷～断语|～定义|～决心。⓲用在动词后边。a)表示从高处到低处▷跳～|传～|命令～。b)表示动作完成或有结果▷定～方针|留～姓名。c)表示能容纳▷这个瓶子盛得～三斤酒|这个屋子再来两个人也睡～了。☞"下"用在动词后多读轻声。

【下摆】 xiàbǎi 囵大衣、长袍、上衣、裙子等最下边的部分。

【下半旗】 xiàbànqí 将国旗升到旗杆顶,再下降到离旗杆顶约三分之一的地方,是一种表示哀悼的隆重的国家礼节▷～致哀。

【下辈】 xiàbèi 囵后辈,指子孙,也指家庭中的后代。

【下辈子】 xiàbèizi 囵来生;来世。

【下笔】 xiàbǐ 囷落笔;动笔写或画▷～快捷|构思好了再～。

【下不来】 xiàbulái ❶受窘,难为情▷当着那么多人揭短,真叫他～。❷办不成,解决不了▷这个活儿,没个把月～。

【下不为例】 xiàbùwéilì 以后不能拿这一次的事作为先例。表示只通融或宽恕这一次。

【下策】 xiàcè 囵不高明的或不大有利的计谋、办法。

【下层】 xiàcéng ❶囵下面的一层。❷机关、团体的下属部门▷深入～了解情况。❸社会底层。

【下场】[1] xiàchǎng 囷演员或运动员离开舞台或运动场。

【下场】[2] xiàchǎng 囵结局(多指不好的,含贬义)▷他这样的～是咎由自取。

【下乘】 xiàchéng 囵本为佛家语,现指质量不高的作品(跟"上乘"相对)▷～之作。☞"乘"这里不读shèng。

【下达】 xiàdá 囷向下发布或传达▷～总攻令|上情～。

【下凡】 xiàfán 囷神话中称神仙由天堂、仙境下到人间▷天女～。

【下放】 xiàfàng ❶囷(把某些权力)交给下层机构▷权力～。❷上级机关的人员下到基层或生产第一线工作或锻炼▷～到车间|～了一年。

【下风】 xiàfēng ❶囵风向的下方▷～口。❷比喻处于弱势或不利的位置;有时用作谦词▷黑队暂时处于～|甘拜～。

【下浮】 xiàfú 囷向下浮动▷汇率～了两个百分点。

【下岗】 xiàgǎng ❶囷离开守卫、警戒的岗哨。❷离开原有的工作岗位▷～待业。

【下海】 xiàhǎi ❶囷下水▷～捕鱼|～行船。❷戏曲界指票友转为正式演员。❸比喻干部等非从商人员改行经商(进商海)。

【下级】 xiàjí 囵同一系统里级别低的组织或人员▷～服从上级。

【下贱】 xiàjiàn ❶囵旧指出身卑微,社会地位低下。❷卑劣,下流▷～货(骂人话)。

【下降】 xiàjiàng ❶囷从高处向低处落▷降落伞徐徐～。❷程度、数量由高变低,由多变少▷体温有所～。

【下款】 xiàkuǎn 囵信件或送人的字画上所署的自己的名字。

【下来】 xiàlái ❶囷从上级部门到下级部门;从前线到后方;从上一个到下一个▷领导～视察|前线～的伤病员|他～就该你了。❷收获农作物▷谷子快～了。❸表示一段时间终结▷一年～,盈余不少。❹用在动词后,表示从高处到低处▷从楼上走～几个人。❺用在动词后,表示动作完成,有时兼有脱离或固定的意思▷把电话号码记～|把书从书架上拿～|车停～了。❻用在动词后,表示动作从过去继续到现在▷优良作风一代一代传～。❼用在形容词后,表示某种状态开始出现,并继续发展▷教室刚刚安静～|声音慢慢低了～。

【下里巴人】 xiàlǐbārén 战国时期楚国民间的通俗歌曲(下里即乡里,巴人即巴蜀的人),后泛指通俗文艺(跟"阳春白雪"相对)。

【下流】 xiàliú ❶囵江河的下游。❷旧指卑微的地位▷位居～。❸囵卑鄙无耻▷～东西。

【下落】 xiàluò 囵寻找中的人或物的去处,去向▷已有～|～不明。

【下马】 xiàmǎ 囷比喻某项工作停止进行▷重复建设项目要～。

【下马看花】 xiàmǎkànhuā 比喻停留下来,仔细地观察研究。

【下马威】 xiàmǎwēi 原指官吏初到任对下属显示的威风。后泛指一开始接触就向人显示威风。

【下面】 xiàmian ❶囵位置较低的地方▷从飞机上看,～是一片云海。❷次序靠后的部分▷请看～的介绍。❸指下级▷上级的决定～不能擅自更改。

【下品】 xiàpǐn 囵质量差、等级低的。

【下坡路】 xiàpōlù 比喻向落后、衰败方向发展的趋势▷这个大家族已经走～了。

【下情】 xiàqíng 囵下级单位或群众的状况或情绪。

【下去】 xiàqù ❶囷从高处到低处;从较高部门到较低部门;从前线撤下来▷从楼梯～|部里都派人～处理这件事|二排～了,三排进入阵地。❷表示事物从有到无▷肿块～了。❸用在动词后边,表示动作由高到低;由近到远;由上到下等▷砖掉～了|尽快把这些文件发～。❹用在动词后边,表示动作继续进行▷这个故事你接着讲～。❺用在形容词后边,表示某种状态继续发展▷人一天天瘦～。

【下身】 xiàshēn ❶囵身体的下半部。❷指阴部。

【下手】[1] xiàshǒu 囷动手,开始进行▷不知从哪儿～。

【下手】[2] xiàshǒu ❶囵下家,(打牌、行酒令等)下一个轮到的人。❷助手▷你主持,我当～。

【下首】 xiàshǒu 囵右边的位子或位置▷你是客,坐上首,我只能坐～。

【下属】 xiàshǔ 囵部下,下级。

【下水】¹ xiàshuǐ ❶囫把棉麻等纤维制品放入水中使收缩▷新布最好先下一下水。❷比喻干坏事▷拉他～。

【下水】² xiàshuǐ 囮顺流而下的(跟"上水"相对)▷～船。

【下水】 xiàshui 图屠宰后的牲畜内脏。有时特指肠子、肚(dǔ)。

【下榻】 xiàtà 团〈文〉(旅行时)住宿▷客人～于西山宾馆。

【下台】 xiàtái ❶团从舞台、讲台等处下来。❷比喻卸去职务▷～后，轻闲多了。❸比喻摆脱困难、窘迫的处境▷我给你圆圆场，你就趁势～吧！｜弄得我下不了台。

【下文】 xiàwén ❶图文章中某句话或段落以后的部分。❷比喻事情的发展或结果▷这事谈过一次，就再也没有～了。

【下限】 xiàxiàn 图数量最少或时间最晚的限度(跟"上限"相对)。

【下泄】 xiàxiè 团(水流)往下排泄▷山洪～｜工业废水～造成了河流污染。

【下泻】 xiàxiè ❶团(水)急速下流▷下水道堵塞，污水不能～。❷比喻价格等急速下跌▷金价～。❸腹泻▷上吐～。

【下行】 xiàxíng ❶团船只由上游驶向下游(跟"上行"相对)▷～船。❷我国铁路规定列车由北京向外地行驶或由干线向支线行驶叫下行，编号用奇数▷～列车。❸公文从上级发往下级▷～公文。

【下旬】 xiàxún 图每月二十一日至月底的日子为下旬(区别于"上旬""中旬")。

【下野】 xiàyě 团旧指当权的要人被迫下台(野：指乡野、民间)▷～为民。

【下意识】 xiàyìshí 图心理学指不知不觉、没有意识的心理活动，是有机体对外界刺激的本能反应▷一打闪，她就～地捂住耳朵。

【下游】 xiàyóu ❶图河流接近出口的地方；也指这一段流经的地区。❷比喻落后的地位▷不能甘居～。

【下载】 xiàzǎi 团把电脑的网上资料拷贝到自己的硬盘上。

【下作】 xiàzuo 囮卑鄙下流▷～小人。

吓(嚇) xià ❶团害怕▷小孩儿～得哇哇直哭｜出一身冷汗来。❷使害怕▷任何困难也～不倒他们｜唬(xiàhu)。☞在"恐吓""恫吓"中读 hè。○另见 hè。

【吓唬】 xiàhu 团〈口〉恐吓；使害怕▷你别～我｜～他。

【吓人】 xiàrén ❶团使人害怕▷别做鬼脸～。❷囮可怕▷这个影片有些镜头怪～的。

夏 xià ❶图一年的第二季，我国习惯指立夏到立秋的三个月，也指农历四月至六月。❷朝代名。❸指中国▷华～。

【夏历】 xiàlì 图我国的农历。相传始创于夏代。

【夏令营】 xiàlìngyíng 图暑假期间开设的供青少年短期休息、娱乐，开展各种有益活动的组织或营地。

【夏收】 xiàshōu ❶团夏季收割农作物▷正是～大忙季节。❷图夏季的收成▷今年～比去年好。

【夏熟】 xiàshú 囮在夏天成熟的▷～作物。

罅 xià 〈文〉❶图缝隙；裂缝▷石～窗～｜隙｜裂～。❷比喻漏洞；缺陷▷～漏｜补～。

xian

仙 xiān ❶图神仙，仙人(跟"凡"相对)▷修炼成～｜～女◇～逝。❷比喻不同凡俗的人▷诗～｜酒～。

【仙境】 xiānjìng 图传说中仙人居住的地方(跟"凡间"相对)。比喻环境幽静、风景优美的地方▷山青水秀，鸟语花香，～一般。

先 xiān ❶图位置、次序或时间在前的(跟"后"相对)▷～争～恐后｜有言在～｜～锋｜事｜～原～。❷前人；祖先▷～民｜～祖。❸图尊称已故去的▷～父｜～师｜～烈。

【先辈】 xiānbèi 图本指辈分排列在前的人；今多指已经去世的让人崇敬的前辈。

【先导】 xiāndǎo ❶团开道；引路▷～部队。❷图引路的人；向导。

【先睹为快】 xiāndǔwéikuài 以最先看到为快乐。

【先发制人】 xiānfāzhìrén 先发动进攻以制服对方。

【先锋】 xiānfēng ❶图作战或行军时的先头部队。❷泛指起先锋作用的人或集体▷我们是开路的～。

【先河】 xiānhé 古代认为黄河是海的源头，所以祭海时先祭河，表示重视本源。比喻倡导在先的事物▷深圳特区是我国改革开放的～。

【先后】 xiānhòu ❶图次序；先和后▷排名不分～。❷团表示前后相继▷～问了我两次。

【先见之明】 xiānjiànzhīmíng 事先洞察事物发展趋势的眼力(明：眼力)。

【先进】 xiānjìn ❶囮代表事物发展方向，具有模范作用的▷技术很～｜～经验。❷图水平高的、走在前面的人或事▷这个单位是多年的～了｜表扬～。

【先决】 xiānjué 囮处理某事必须首先解决和具备的▷～条件。

【先礼后兵】 xiānlǐhòubīng 先以礼相待，行不通时再采用强力的手段。

【先例】 xiānlì 图已有的事例▷这在历史上是没有～的。

【先烈】 xiānliè 图壮烈牺牲的先辈。

【先前】 xiānqián 图〈口〉以前；在这之前▷如今生活比～好多了｜～没听说过。

【先遣队】 xiānqiǎnduì 图事先派出的执行联络或侦察等任务的队伍。

【先秦】 xiānqín 图指秦统一以前的历史时期；多指春秋战国时期。

【先驱】 xiānqū 图走在前列，起开创引导作用的人▷革命～。也说先驱者。

【先人】 xiānrén ❶图祖先。❷专指已故的父亲▷～在世时，我年纪还小。

【先人后己】 xiānrénhòujǐ 先为他人着想，最后才考虑自己。

【先入为主】 xiānrùwéizhǔ 以初始的看法、印象为依据来判断事物。

【先声】 xiānshēng 图重大事件发生前，对该事件有促发作用的事件或舆论▷"五四"运动是中国共产党诞生的～。

【先声夺人】 xiānshēngduórén 先造成声势震慑对方。

【先生】 xiānsheng ❶图老师。❷敬称年龄长于自己的有学问有声望的人▷鲁迅～。❸对男士的敬称▷～贵姓？❹称别人的丈夫或对人称自己的丈夫(前面常有人称代词限定所指)▷她～非常精明｜我～不在家。❺某些地区对医生的称呼▷老人病得很重，赶快去请～吧！❻旧时称从事某些职业的人员▷账房～｜风水～｜算命～。

【先天】 xiāntiān ❶图指人在身体、性格等方面的遗传因素(跟"后天"相对)▷～不足。❷哲学上指与生俱来，先于感觉经验和实践的▷正确思想不是～就有的。

【先贤】 xiānxián 图已故的有才德的人。

【先行】 xiānxíng ❶团走在前面▷兵马未动，粮草～。❷先期进行，预先去做▷～安排。

【先行官】 xiānxíngguān 图先头部队的指挥官；常也比喻某些事业、行业中起前导作用的因素▷高科技是经济发展的～。

【先验论】 xiānyànlùn 图一种唯心主义的认识论。与唯物主义的反映论相对立。认为人的知识、才能是先于客观存在，先于社会实践和感觉经验的，是先天就有的。

【先斩后奏】 xiānzhǎnhòuzòu 原指官员先处决罪犯或违命者，然后再向皇帝奏明。今比喻先采取行动，然后再向上级报告。

【先兆】 xiānzhào 图事物发生、产生前显露出的征兆。

【先哲】 xiānzhé 图已故的有才德的思想家。

纤（纖） xiān ❶圈细小；细微▷～细｜～尘｜～维｜～弱。❷图纤维▷化～。○另见 qiàn。

【纤巧】 xiānqiǎo 圈细小，灵巧▷那双～的小手。❷指艺术风格纤细柔弱▷～有余，豪放不足。

【纤柔】 xiānróu 圈细而柔软▷～的绒毛。

【纤弱】 xiānruò 圈细弱▷～的幼苗｜身子骨～。

【纤维】 xiānwéi 图动植物机体中细而长、呈线状的物质；人工合成的丝状物。

【纤细】 xiānxì 圈非常细小▷～的头发。

氙 xiān 图非金属惰性气体元素，符号 Xe。可用来充填光电管、闪光灯和氙气高压灯，还可用作深度麻醉剂。

籼 xiān [籼稻]xiāndào 图水稻的一种。茎秆较高较软。碾出来的米叫籼米，米粒较长而细，黏性小，胀性大。

掀 xiān ❶团翻腾；使翻倒▷大海～起波涛｜从马背上被～下来。❷揭起；打开▷～锅盖｜～被窝儿。

【掀动】 xiāndòng 团挑动；翻动▷轻轻～了一下门帘｜狂风～恶浪。

【掀起】 xiānqǐ ❶团揭开▷～锅盖。❷向上涌动、翻腾▷～了一层层巨浪。❸使兴起、发动▷～了生产高潮。

跹（躚） xiān 见[翩跹]piānxiān。☞不读 qiān。

锨（鍁） xiān 图铲东西或挖土用的工具，前端有铁板或木板▷一把铁～。☞统读 xiān。

鲜（鮮） xiān ❶图供食用的鱼、虾等水产品▷鱼～｜海～。❷刚宰杀或刚收获的鱼、肉、蔬菜，水果等▷时～｜尝～。❸圈没有变质的；新鲜的▷～鱼｜～果｜～牛奶｜～货。❹滋味可口▷味道真～｜～美。❺不干枯；润泽▷～花｜～嫩。❻明亮▷～艳｜～红｜～明。○另见 xiǎn。

【鲜红】 xiānhóng 圈鲜艳夺目的红色▷～的上衣｜～的血。

【鲜活】 xiānhuó ❶圈鲜灵活跃▷～的大虾。❷鲜明生动▷童年的往事又～地出现在眼前。

【鲜货】 xiānhuò 图新鲜的水果、蔬菜、鱼虾等。

【鲜亮】 xiānliàng 圈鲜艳明亮；鲜艳漂亮▷～的红色｜小姑娘打扮得挺～。

【鲜美】 xiānměi 圈(食品)味道好▷～可口。

【鲜明】 xiānmíng ❶圈(色彩)鲜艳明亮▷～的颜色给人以轻快、明朗的感觉。❷分明而确定，不含糊▷态度非常～｜塑造了一个～的艺术形象。

【鲜嫩】 xiānnèn ❶圈新鲜柔嫩▷～的幼芽。❷(食物)味道鲜美而且容易咀嚼▷肉丝炒得十分～。

【鲜润】 xiānrùn 圈新鲜而滋润▷～的玉兰花。

【鲜艳】 xiānyàn 圈鲜明艳丽▷色彩～。

闲（閑） xián ❶圈无事可做；空闲(跟"忙"相对)▷～着没事干｜游手好～｜清～｜～散。❷放着不使用的；正事以外的▷别让机器～着｜～置｜～事。❸图空闲的时间▷忙里偷～｜农～｜～余｜不得～。

【闲话】 xiánhuà ❶团随意谈谈▷～京城。❷图无关紧要的话；正题之外的话▷老朋友见面，谈了一会儿～。❸背后不负责任地议论他人是非的话▷张家长，李家短，总爱说人家的～。

【闲情逸致】 xiánqíngyìzhì 闲适安逸的兴致。

【闲散】 xiánsǎn ❶圈悠闲自在▷～的心情。❷闲置不用的(人员、物资、土地)▷～劳力｜在村旁的～地上种了瓜、豆。☞"散"这里不读 sàn。

【闲适】 xiánshì 圈悠闲舒适▷日子～自在。

【闲暇】 xiánxiá 图空闲时间▷哪有～过问这些琐事？

【闲言碎语】 xiányánsuìyǔ 闲话③。

【闲杂】 xiánzá 圈与某事无关的；琐碎杂乱的▷～人员不得入内｜处理～事件。

【闲职】 xiánzhí 图空闲时间较多或事情不繁忙的职务。

【闲置】 xiánzhì 团放在一旁不用▷这些衣物已～多年。

贤（賢） xián ❶圈品德高尚，才能突出的▷～人｜～士｜～良｜～明。❷图品德高尚，有才能的人▷圣～｜先～｜社会～达。❸圈善良▷～德｜～妻良母｜～内助。❹用于称说年岁比自己小的平辈或晚辈(含亲切和尊重意味)▷～弟｜～婿｜～侄。

【贤达】 xiándá 图有德才、有声望、通达事理的人▷海内～｜社会～。

【贤惠】 xiánhuì 圈形容女子善良、宽厚、明理▷～的内助。☞不宜写作"贤慧"。

【贤良】 xiánliáng ❶圈道德品行好，才学出众▷～之士。❷图指道德品行好，才能出众的人▷推荐～。

【贤明】 xiánmíng 圈才德高超、明达事理▷～的领导。

【贤淑】 xiáshū 圈善良文静▷你嫂嫂很～。

【贤哲】 xiánzhé 图品德才智超群的人▷古今～。

弦 xián ❶图紧绷在弓两端之间的绳状物▷箭在～上｜弓～。❷乐器上用来发音的丝线或金属线▷胡琴上有两根～｜五～琴。❸数学术语。a)直角三角形中对着直角的斜边。b)连接圆周上任意两点的线段。❹指半圆形的月亮，农历初七、初八，月亮缺上半叫上弦，农历二十二、二十三，月亮缺下半叫下弦。❺发条▷给闹钟上～｜手表的～断了。☞统读 xián。

【弦外之音】 xiánwàizhīyīn 琴弦停止弹拨以后的余音。比喻言外之意。

【弦乐】 xiányuè 图以琴、瑟等弦乐器为主奏出的音乐。

咸（鹹②） xián ❶圈〈文〉全；都▷老少～宜｜少长～集。❷圈盐的味道浓▷太～了｜～菜。

【咸淡】 xiándàn 圈指菜肴盐味的浓度▷尝尝～｜适中。

涎 xián 图口水；唾液▷垂～三尺｜馋～欲滴。☞统读 xián。

娴（嫻） xián ❶圈文静▷～雅｜～静。❷熟练▷～于词令。

【娴静】 xiánjìng 圈稳重文静▷性格～。☞不宜写作"闲静"。

【娴熟】 xiánshú 圈熟练▷武艺～｜～的技法。

【娴雅】 xiányǎ 圈娴静文雅▷举止～。☞不宜写作

"闲雅"。

衔(銜) xián ❶囫含;用嘴叼▷嘴里 ~ 着一块糖 | 燕子 ~ 泥。❷〈文〉藏在心中;怀着▷ ~ 恨 | ~ 冤。❸〈文〉接受;担任▷ ~ 命。❹互相连接▷首尾相 ~ | ~ 接。❺囵职务或学识水平的等级或称号▷官 ~ | 军 ~ | 学 ~ | 头 ~ | 授 ~。

【衔恨】 xiánhèn 囵心怀怨恨或悔恨▷ ~ 九泉 | 终生 ~。

【衔接】 xiánjiē 囵两事物(或事物的两个部分)前后相接▷上下文要 ~。

舷 xián 囵船、飞机等两侧的边沿部分,也指两侧▷船 ~ | 左 ~ | ~ 窗。☛不读 xuán。

【舷梯】 xiántī 囵专门用来上、下轮船或飞机的梯子。

痫(癇) xián 见[癫痫]diānxián。

嫌 xián ❶囵仇怨;怨恨▷尽释前 ~ | 挟 ~ 报复 | ~ 隙。❷囵厌恶(wù);不满▷不 ~ 脏,不怕累 | 讨人 ~ | ~ 弃。❸囵嫌疑▷有贪污之 ~ | ~ 避。

【嫌弃】 xiánqì 囵因厌恶而鄙弃▷对有错误的同志不应 ~ 他。

【嫌隙】 xiánxì 囵互相间因不满或猜忌而产生的怨恨▷渐生 ~ | 从无 ~。

【嫌疑】 xiányí 囵有犯某种错误或罪行的疑点▷避免 ~ | 这个人有作案的 ~。

显(顯) xiǎn ❶囵外露的;容易发现的▷ ~ 而易见 | ~ 著 | ~ 眼。❷囵表露出 ~ 出了优越性 | ~ 示 | ~ 现。❸囵(名声、权势)大▷ ~ 赫 | ~ 贵 | ~ 达。

【显达】 xiǎndá ❶囵地位显赫,有名望▷不求 ~。❷囵指高官或有名望的人▷名流 ~。

【显贵】 xiǎnguì ❶囵显达尊贵▷ ~ 人家。❷囵显达尊贵的人▷达官 ~。

【显赫】 xiǎnhè 囵(名声、权势等)盛大显著▷功劳 ~ | ~ 一时。

【显豁】 xiǎnhuò 囵清晰突出▷文理 ~。

【显露】 xiǎnlù 囵显示、表露▷ ~ 出愉快的神情。

【显然】 xiǎnrán 囵(情况或道理)容易看出和理解▷这件大衣, ~ 是太大了 | 很 ~, 每个人都感到惊喜。

【显示】 xiǎnshì ❶囵明显地表现▷这些建筑群,充分 ~ 了我国古代人民的智慧。❷炫耀▷到处 ~ 自己。

【显现】 xiǎnxiàn 囵表露,出现▷ ~ 出无穷的力量 | 又 ~ 在人们的眼前。

【显性】 xiǎnxìng 囵已经显露出来的特性▷ ~ 语法关系。

【显眼】 xiǎnyǎn 囵容易被人看到;引人注目▷这块补丁太 ~ 了。

【显要】 xiǎnyào ❶囵显赫、重要▷地位 ~。❷囵指官职高、权力大、地位重要的人▷政坛 ~。

【显耀】 xiǎnyào ❶囵显赫荣耀▷门庭 ~。❷囵显示;夸耀▷ ~ 自己的地位。

【显著】 xiǎnzhù 囵显明突出▷ ~ 的功效 | 成绩 ~。

险(險) xiǎn ❶囵险要而难以通过或达到的地方▷ ~ 履 | 如夷 | 无 ~ 可守 | 天 ~。❷囵地势复杂恶劣,难以通过▷ ~ 峰 | ~ 峻 | ~ 阻。❸内心狠毒,难以推测▷用心 ~ 恶 | 阴 ~。❹危险,有可能遭受灾难、失败或损失▷惊 ~ | 艰 ~ | ~ 情。❺囵危险的情况或境地▷脱 ~ | 抢 ~ | 遇 ~。❻囵差一点 ~ 遭不测。

【险毒】 xiǎndú 囵阴险狠毒▷居心 ~ | ~ 的手段。

【险恶】 xiǎn'è 囵凶险恶劣;阴险恶毒▷地势异常 ~ | 用心 ~。

【险境】 xiǎnjìng 囵危险的境地,境况▷被人逼入 ~。

【险峻】 xiǎnjùn ❶囵又高又险▷重峦叠嶂, ~ 异常。❷危险,严峻▷局势 ~。

【险情】 xiǎnqíng 囵危险的情形、征兆▷排除 ~。

【险象】 xiǎnxiàng 囵危险的现象▷球门前, ~ 环生。

【险些】 xiǎnxiē 囵差一点(发生不好的事)▷ ~ 丧命 | 一个大浪 ~ 把我从小船上打下去。

【险要】 xiǎnyào 囵(地势)险峻而处于要冲▷在 ~ 处埋伏。

【险诈】 xiǎnzhà 囵阴险诡诈▷ ~ 小人。

【险阻】 xiǎnzǔ ❶囵(道路)险峻而有阻碍▷ ~ 难行。❷囵道路上阻塞难行处,比喻较大的困难与挫折▷科学有 ~, 只要肯攀登。

蚬(蜆) xiǎn 囵软体动物,介壳呈圆形或近三角形,生活在淡水中或河流入海口处,肉可以食用,壳可以做煅烧石灰的原料。

鲜(鮮) xiǎn 囵少▷寡廉 ~ 耻 | ~ 有。○另见 xiān。

【鲜为人知】 xiǎnwéirénzhī 很少有人知道。

藓(蘚) xiǎn 囵苔藓植物,茎和叶都很小,绿色,无根或有假根,多生长在阴暗潮湿的地方。

燹 xiǎn 囵〈文〉野火;兵火▷兵 ~ | 战祸)。

见(見) xiàn 囵〈文〉显现▷华陀再 ~ | 图穷匕首 ~ | 读书百遍,其义自 ~。○另见 jiàn。

苋(莧) xiàn [苋菜]xiàncài 囵一年生草本植物,叶子椭圆,茎叶暗紫色或绿色,可以食用。

县(縣) xiàn 囵我国行政区划单位,在地区、自治州、省辖市以下,乡、镇以上▷ ~ 城 | ~ 长。

【县志】 xiànzhì 囵记载一个县的历史、地理、风俗、人物、文教、物产等的专书。

现(現) xiàn ❶囵显露;露出▷ ~ 了原形 | 昙花一 ~ | 显 ~。❷囵现在;目前▷已查明 | ~ 行 | ~ 存。❸囵当时;临时▷ ~ 炸的油饼 | ~ 编 ~ 演。❹囵当时就有的▷ ~ 金 | ~ 货。❺囵现金▷兑 ~ | 贴 ~。

【现场】 xiànchǎng ❶囵发生案件或事故的场所以及当时遗留的状况▷作案 ~。❷进行生产、演出、试验的场所▷火箭发射 ~ | ~ 指挥抢险 | ~ 表演。

【现成】 xiànchéng 囵原来就有的,已经准备好的▷ ~ 的饭,吃了就走。

【现代】 xiàndài 囵现今这个时代;我国历史分期上特指 1919 年"五四"运动到现今这个时期,有时也指"五四"运动到中华人民共和国成立前的一段时期,以区别于 1949 年以后到现在的"当代"。

【现代化】 xiàndàihuà ❶囵就一国而言,现代化指改变落后的、不发达状态而成为发达社会。其主要标志是科学技术和生产、消费水平逐步赶上或接近发达国家水平,实现工业、农业、科学技术和国防的现代化。中国的现代化是具有中国特色的社会主义现代化。❷就某一个行业、部门或企业而言,现代化主要指使具有现代化先进科学技术水平和管理水平▷工业 ~ | ~ 的管理。

【现今】 xiànjīn 囵如今,现在(指较长的一段时间)。

【现金】 xiànjīn 囵马上拿得出的钞票;现款。

【现身说法】 xiànshēnshuōfǎ 佛教用语,指佛显示种种化身宣讲佛法。今比喻用自己的经历作为例证,对他人进行讲解或劝导。

【现实】 xiànshí ❶囵当前存在的客观实际;有时也可以指过去有过的或将来可能有的客观实际▷把理想变为 ~。❷囵符合实际情况的▷考虑问题要 ~ 一点。

【现实主义】 xiànshí zhǔyì ❶图文学艺术上最基本的创作方法之一。用典型化的方法对现实生活进行提炼、概括和加工，塑造典型环境中的典型人物，来真实地反映现实生活的本质特征。❷指从客观实际出发的思想方法▷多想想自己周围的实际情况，讲点～。

【现象】 xiànxiàng 图事物在发展变化中表现出来的外部形态▷自然～｜～和本质。

【现行】 xiànxíng ❶形正在实施的；现时有效的▷改革～规章制度。❷正在进行或不久前进行(犯罪活动)的▷～犯。

【现眼】 xiànyǎn 团〈口〉丢人，出丑▷他不怕～，我还嫌丢人呢。

【现役】 xiànyì ❶图公民从应征入伍之日起到退伍之日止所服的兵役(区别于"预备役")。❷形正在服兵役的▷～军人。

【现在】 xiànzài 图现时，当前▷我们就走｜～汽车很多。

【现状】 xiànzhuàng 图当前的状况。

限 xiàn ❶图不同事物的分界；指定的范围▷界～｜期～｜宽～。❷团规定范围▷作文不～字数｜～制｜～量。

【限定】 xiàndìng 团在数量、范围等方面予以规定▷参赛的人数没有～｜～日期。

【限度】 xiàndù 图规定的范围或程度；最高或最低的范围、程度▷忍耐是有一定～的。

【限量】 xiànliàng 团限定止境、数量等▷前途不可～｜～供应。

【限期】 xiànqī ❶团规定日期，不许逾期▷～完成项工程。❷图限定的日期▷超过了～。

【限制】 xiànzhì ❶团控制约束，不允许超过规定▷活动范围加以｜～。❷图规定的范围▷突破～，闯出新路。

线(綫) xiàn ❶图棉、毛、丝、麻等纺成的细长的东西▷丝～｜麻～｜～衣。❷像线一样细长的东西▷电～｜铜～｜◇光～｜射～。❸从一个地方到另一个地方所经过的道路▷路～｜京九～｜铁路干～。❹指探求问题的途径或探听消息的人▷索～｜眼～｜内～。❺彼此交界的地方▷海岸～｜分界～｜前～。❻某种境况的边缘▷贫困～｜死亡～｜录取分数～。❼指工作岗位所处的位置▷生产第一～｜退居二～。❽量跟"一"连用，表示极少、微弱▷一～光明｜一～希望。

【线段】 xiànduàn 图直线上任何两点间的部分▷铁路上各个～都有巡道员。

【线路】 xiànlù 图电流、运动物体等所经过的路线▷电话～畅通无阻｜检查一下行车～。

【线索】 xiànsuǒ 图比喻事物发展的轨迹或探求问题的途径▷此案～还不太清晰。

【线条】 xiàntiáo ❶图绘画时勾勒出的轮廓线。❷指人体或工艺品的轮廓▷～清晰圆润。

【线装】 xiànzhuāng 形我国传统书籍装订方式。用线装订，装订线露在书皮外▷～本｜～古籍。

宪(憲) xiàn ❶图〈文〉法令▷～令。❷宪法▷立～｜～政。

【宪法】 xiànfǎ 图国家的根本法，具有最高的法律效力，是其他一切法律的基础。通常规定一个国家的社会制度、国家制度、国家机构和公民的基本权利与义务等。

【宪章】 xiànzhāng ❶图〈文〉典章制度▷。❷具有国家宪法或国际法作用的文件▷联合国～。

陷 xiàn ❶团掉进(泥沙、沼泽等松软的地方)▷双腿～到雪里去了｜～入。❷被攻破或占领▷沦～｜～落。❸设计害人▷～害｜诬～｜构～。❹物体表面的一部分凹进去▷两颊深～｜天塌地～｜洼～。❺图缺点；不完善的部分▷缺～。☞统读 xiàn。㊀右边是"臽"，不是"舀"(yǎo)。

【陷害】 xiànhài 团设计坑害▷～好人｜被人～。

【陷阱】 xiànjǐng ❶图为捕捉野兽或敌人而挖的坑。坑上浮盖着伪装的东西，使来者走过时不防而陷入坑内。❷比喻陷害人的圈套▷他因收受贿赂而跌入了～。☞不宜写作"陷井"。

【陷落】 xiànluò ❶团表面的一部分向里凹进去；塌陷▷地震使多处地面～。❷落入、掉进▷～深渊之中。❸(领土等)被敌人占据。

【陷入】 xiànrù ❶团落进(不利的地境)▷～包围圈｜～困境。❷比喻深深地沉浸在(某种境界或思想活动中)▷～沉思。

馅(餡) xiàn ❶图包在某些食物里的内瓤，一般用糖、豆沙、肉、菜等制成▷豆沙～儿月饼｜包子～儿｜肉～儿。❷比喻内情▷露(lòu)了～儿了。

羡 xiàn ❶团因喜爱而希望得到▷欣～｜惊～。❷形〈文〉多余；剩余▷～余。

【羡慕】 xiànmù 团对美的、好的、强的事物喜爱、佩服、向往▷他的书法令很多人～｜他的好名声。

献(獻) xiàn ❶团恭敬而庄重地送上▷～上一束鲜花｜贡～｜～捐～。❷恭敬地表现出来给人看▷～殷勤｜～艺。

【献策】 xiàncè 团把计策提供出来▷献计～。

【献丑】 xiànchǒu 团谦词，用于向人出示作品或呈献技艺时，表示自己水平低▷大家让我画一幅画，那我就在这里～了。

【献词】 xiàncí 图(节庆时)表示祝贺的话或文字▷元旦～。

【献礼】 xiànlǐ 团为了表示庆祝而奉献礼物▷国庆～。

【献媚】 xiànmèi 团为讨好别人而做出令对方欢心的姿态和举动(含贬义)▷～取宠。

【献身】 xiànshēn 团把全部精力，甚至生命奉献出来▷～祖国的教育事业｜为抗洪而～。

【献艺】 xiànyì 团把技艺表演给大家欣赏▷登台～。

腺 xiàn 图生物体内具有分泌功能的组织和器官。如人体内的汗腺、淋巴腺、腮腺，花的蜜腺。

霰 xiàn 图空气中水蒸汽遇冷凝成白色不透明小冰粒，常呈球形或圆锥形，多在下雪前或下雪时出现。通称米雪。☞统读 xiàn。

xiang

乡(鄉) xiāng ❶图县或区以下的农村基层行政区划单位▷～政府。❷农村(跟"城"相对)▷下～｜城～交流｜～村｜鱼米之～。❸家乡；老家▷背井离～｜回～｜故～｜～。

【乡愁】 xiāngchóu 图思念家乡的忧愁心情▷收到寄来的东西，更增添了几分～。

【乡里】 xiānglǐ ❶图家族久居的地方(指农村或小城镇)▷阔别多年，重返～。❷指同乡▷我们俩是～。

【乡亲】 xiāngqīn ❶图同乡的人。❷对当地人民的称呼▷～们，大家辛苦了。

【乡情】 xiāngqíng 图对故乡的感情。

【乡思】 xiāngsī 图怀念故乡的情思▷～绵绵。

【乡土】 xiāngtǔ 图家乡；故土▷～人情｜～观念｜～气息。

【乡音】 xiāngyīn 图家乡的口音。

相　xiāng ❶副互相▷～见恨晚|～亲～爱|～同|～逢。❷表示动作是一方对另一方的▷～信|～劝|～托|实不～瞒。❸囵亲自察看(是否合意)▷那姑娘他没～中(zhòng)|～亲|～看。○另见xiàng。

【相爱】 xiāng'ài ❶囵相互爱护▷相亲～。❷相互爱恋▷他们俩早就～了。

【相安无事】 xiāng'ānwúshì 平安相处，没有什么冲突发生。

【相悖】 xiāngbèi 囵相反；违背▷这事与一般情理～。

【相称】 xiāngchèn 彤事物之间配合适宜▷他的言谈与他的身份很～。

【相称】 xiāngchēng 囵相互称呼▷彼此兄弟～。☞"相称"(xiāngchēng)和"相称"(xiāngchèn)音、义不同。

【相承】 xiāngchéng 囵递相传承；先后继承▷传统技艺，代代～。

【相持】 xiāngchí 囵双方争持▷因两方意见～，没有达成协议|敌我～阶段。

【相斥】 xiāngchì 囵相互排斥▷同性～，异性相吸。

【相处】 xiāngchǔ 囵一起生活；彼此接触、交往▷夫妇～多年|这人不易～。

【相传】 xiāngchuán ❶囵长期以来递相传说▷水浒故事代代～。❷传授，传递▷父子～|一脉～。

【相当】 xiāngdāng ❶囵差不多；相抵▷旗鼓～|收支～。❷彤相宜，合适▷～人选|还没有找到～的工作。❸副表示达到一定程度▷～好|～艰深|水～浅。

【相得益彰】 xiāngdéyìzhāng 互相配合，互相补充，各自的长处更能充分地显露出来。

【相对】 xiāngduì ❶囵面对面▷～而坐。❷相互对立而存在▷上与下～|天与地～。❸彤在一定条件下存在，随一定条件而变化的(跟"绝对"相对)▷～高度|～真理。

【相反】 xiāngfǎn ❶囵互相对立，互相排斥▷～成|两人的意见～。❷连承接上文，表示从反面递进，即表示出现了相反的情况▷他不但没有接受大家的意见，～，却在错误的路上走得更远了。

【相反相成】 xiāngfǎnxiāngchéng 指相反的事物也存在着同一性。即两个矛盾方面互相对立或互相斗争并在一定的条件下互相转化、互相统一。

【相仿】 xiāngfǎng 囵大体相同，差不多▷年纪～|穿着～。

【相符】 xiāngfú 囵彼此符合▷他汇报的情况与事实完全～|名实～。

【相辅相成】 xiāngfǔxiāngchéng 互相配合，互相促成。

【相干】 xiānggān 囵关联；牵涉(多用于否定或反问)▷毫不～|这事跟你有什么～！

【相顾】 xiānggù ❶囵相互照顾▷打得敌人首尾不能～。❷两人我看你，你看我▷～而笑。

【相关】 xiāngguān 囵相关联▷环境卫生和人们的生活密切～|息息～。

【相互】 xiānghù 副两方面或多方面之间相对应地(存在一定关系)；彼此▷～依存|～了解。

【相继】 xiāngjì 囵一个跟着一个；前后▷～|～发言。

【相间】 xiāngjiàn 囵(不相同的人或事物)互相间隔▷男女队～，排成四列纵队。

【相交】 xiāngjiāo ❶囵相互交叉▷两条线路～。❷相互交往▷～多年。

【相近】 xiāngjìn 彤彼此接近，差距小▷两人年龄～。

【相敬如宾】 xiāngjìngrúbīn 互相尊敬，如同对待宾客(多用于夫妻之间)。

【相看】 xiāngkàn ❶囵观看；注视▷他在～柜台里的

首饰。❷看待▷另眼～。

【相瞒】 xiāngmán 囵隐瞒▷实不～|切勿～。

【相配】 xiāngpèi 彤配得上；相称▷裤子和上衣的颜色不太～|二人条件～。

【相去】 xiāngqù 囵相距；相差▷二人的看法～甚远。

【相扰】 xiāngrǎo ❶囵相互干扰▷各行其事，互不～。❷客套话，打扰▷一再～，实感不安。

【相濡以沫】 xiāngrúyǐmò 鱼困在干涸的地方，用唾沫相互滋润(见《庄子·大宗师》)。比喻人在困境之中用微弱的力量相互救助。

【相识】 xiāngshí ❶囵相互认识▷素不～|似曾～。❷囵指认识的人▷老～。

【相思】 xiāngsī 囵指男女之间因爱恋而思念对方▷两地～|单～|～病。

【相似】 xiāngsì 彤相像；相近▷工作性质～|～的外貌。

【相提并论】 xiāngtíbìnglùn 把两个或两种人或事物放在一起进行谈论或同等看待▷二者不可～。

【相同】 xiāngtóng 彤彼此一样，没有差别▷观点～。

【相投】 xiāngtóu 彤(思想、感情、兴趣、脾气等)彼此投合▷情意～|臭味～。

【相信】 xiāngxìn 囵认为是对的；不怀疑▷～这种说法|～你。

【相形见绌】 xiāngxíngjiànchù 跟另一方比较，显得远远不足。

【相沿成俗】 xiāngyánchéngsú 承袭某种作法，逐渐形成习惯风俗。

【相依为命】 xiāngyīwéimìng 互相依靠着过日子，彼此不能分离。

【相宜】 xiāngyí 彤适宜，合适▷你去请他也不太～。

【相应】 xiāngyìng ❶囵相互照应或响应▷文章要首尾～。❷彤相适应▷工作对象不同了，工作方法也要做～的改变。

【相映成趣】 xiāngyìngchéngqù 相互映衬，更有情趣。

【相约】 xiāngyuē 囵相互约定。

【相知】 xiāngzhī ❶囵彼此知心，感情好▷～恨晚。❷囵知心的朋友▷老～。

【相助】 xiāngzhù 囵帮助▷承蒙鼎力～，感激万分。

【相左】 xiāngzuǒ 囵相违反，不一致▷他反映的情况，与事实～|两人意见～。

香　xiāng ❶彤气味好闻(跟"臭"相对)▷桂花真～|～水|芳～。❷味道好；觉得东西好吃▷你做的菜很～|～甜可口。❸睡得舒服、踏实▷睡得～。❹彤天然带有香味的东西▷檀～。❺用木屑加香料等做成的细条，用于拜祭祖先或神佛，也用于驱除异味或蚊子▷烧～|念佛|线～|蚊～。❻跟燃香拜神佛有关的事物▷～客|～案|～会。❼旧时称跟女子有关的事物或女子▷～闺|怜～惜玉。

【香醇】 xiāngchún 彤(气味或滋味)又香又纯正▷酒味～|～可口。☞不宜写作"香纯"。

【香花】 xiānghuā 囵带有香味的鲜花，比喻有益的言论或作品。

【香料】 xiāngliào 囵在常温下能发出香味的有机物质。分天然香料和人造香料两大类。

【香甜】 xiāngtián ❶囵又香又甜。❷形容睡得踏实、舒服。

【香烟】 xiāngyān ❶囵烧香时冒的烟▷～缭绕。❷指祭祀祖先的事，也借指后嗣▷～不断，后继有人。❸纸烟。

厢　xiāng ❶囵厢房，正房前面两旁的房屋▷东～|西～。❷旁边；方面▷这～|两～。❸类似单间房

子的设施▷车~|包~。

湘 xiāng ❶图湘江,水名,发源于广西,流经湖南入洞庭湖。❷湖南的别称▷~绣|~剧|~莲|~语。

箱 xiāng ❶图箱子▷皮~|帆布~。❷像箱子的东西▷风~|信~。

襄 xiāng 囝帮助;协助▷~办|~理|~助。

镶（鑲） xiāng 囝把东西嵌入某物或在物体的外围加边▷袖口~着花边|~牙。

【镶嵌】 xiāngqiàn 囝把一物体嵌入另一物体上的凹处▷戒指上~着一颗闪光的宝石。

详（詳） xiáng ❶图细密;完备▷~情|~谈。❷囝〈文〉细细说明▷内~|面~。❸详细知道（一般用于否定形式）▷内容不~。

【详备】 xiángbèi 圂详细完备▷记载~。

【详尽】 xiángjìn 圂详细无遗漏▷~地叙述了南极探险的经过。

【详密】 xiángmì 圂周详细密▷该文逻辑性强,分析也很~。

【详实】 xiángshí 圂详尽而确实▷~的资料|内容~。

【详细】 xiángxì 圂详尽细致▷事件的来龙去脉讲得~。

降 xiáng ❶囝停止反抗,向对手屈服▷投~|受~|诈~。❷使投降;使驯服▷~龙伏虎|一物~一物|~伏。○另见 jiàng。

【降伏】 xiángfú 囝制伏▷烈马被~了。

【降服】 xiángfú ❶囝投降▷终于迫使这帮坏蛋~。❷使驯服▷~了顽敌|~了那匹烈马。

【降龙伏虎】 xiánglóngfúhǔ 降服巨龙,制伏猛虎。比喻战胜强大的对手。

【降顺】 xiángshùn 囝归降顺从。

庠 xiáng 图〈文〉古代的乡学;泛指学校▷~序|~生。

祥 xiáng 圂吉利;幸运▷吉~|不~之兆|~瑞(好事的征兆)。

【祥和】 xiánghé 圂吉祥融和▷~愉快的春节|~的景象。

翔 xiáng 囝(鸟)展翅盘旋地飞▷飞行|~翔|~飞|~滑~。

【翔实】 xiángshí 通常写作"详实"。

享 xiǎng ❶囝享受▷有福同~|坐~其成|~乐。❷享有▷~年九十(岁)。

【享福】 xiǎngfú 囝享受幸福,生活得美满安逸▷这人真会~|老了,也该享享福了。

【享乐】 xiǎnglè 囝享受安适和欢乐▷贪图~。

【享年】 xiǎngnián 囝享受天年,敬称死者(多指老人)的寿命▷大师~八十五岁。

【享受】 xiǎngshòu 囝在物质上或精神上获得▷~高干待遇|吃苦在前,~在后。

【享用】 xiǎngyòng 囝享有、使用▷这些钱供老人~|创造了~不尽的财富。

【享有】 xiǎngyǒu 囝取得,拥有(权利、声誉)▷公民~各种民主权利|在社会上~很高声誉。

【享誉】 xiǎngyù 囝享有声誉▷该产品~国内外。

响（響） xiǎng ❶图回声▷反~|影~。❷声音▷听见~儿了|~彻云霄。❸囝发声;使发声▷上课铃~了|~起一片欢呼声|不~。❹圂声音大;洪亮▷电话铃真~|~亮。

【响彻云霄】 xiǎngchèyúnxiāo 声音能穿透云层,直达九霄之上。形容声音极其响亮。

【响当当】 xiǎngdāngdāng 圂敲击时声音响亮,比喻有名气、实实在在的▷~的先进工作者|~的品牌。

【响动】 xiǎngdòng 图动静,声响▷楼上有~,我上去看一看。

【响遏行云】 xiǎng'èxíngyún 声响直上云霄,遏止了流动的浮云。形容声音极其响亮。

【响亮】 xiǎngliàng 圂声音大而清晰▷~的回答|口号声很~。

【响器】 xiǎngqì 图打击乐器的统称。如铙、钹、锣、鼓等。

【响应】 xiǎngyìng 囝回声应和,用言语、行动对号召、倡议等表示赞同或支持▷他的建议没有人~|党的号召。

饷（餉） xiǎng 图古代指军粮,后多指军警、政府机关工作人员的薪俸▷军~|粮~|银~|发~。

飨（饗） xiǎng ❶囝〈文〉设酒宴招待▷~宴|~客。❷请人享用▷以~读者。

想 xiǎng ❶囝动脑筋;思考▷让我~一~|冥思苦~|~法。❷估计;认为▷我~他不会答应|当然|猜~。❸计划;希望▷我~去北京读书。❹记挂;怀念▷妈妈~你了|朝思暮~|~念。

【想必】 xiǎngbì 圖表示较为肯定的推想▷他今天没来,~是忘了吧。

【想当然】 xiǎngdāngrán 单凭主观经验或推测,就认为事情是怎么样的▷只凭~去办事,哪有不碰壁的呢?

【想法】 xiǎngfǎ 囝想出办法;设法▷~让她早点熟悉情况。

【想法】 xiǎngfa 图思索的结果;念头▷我有个~|我的~是马上扩大投资。

【想见】 xiǎngjiàn 囝由推想而得知▷可以~两位老人当年是多么清苦。

【想念】 xiǎngniàn 囝思念,怀念▷日夜~着海外的亲人|~家乡。

【想入非非】 xiǎngrùfēifēi 原指意念进入离奇变幻的玄妙境界;现指完全脱离实际地胡思乱想。

【想象】 xiǎngxiàng ❶囝指在知觉材料的基础上,经过头脑加工而创造出新形象▷他凝视着,~着,不久就勾画出了一幅水墨画来。❷推想将要出现的事物的状况▷前途如何,难以~。

【想像】 xiǎngxiàng 通常写作"想象"。

向（嚮❶❷） xiàng ❶囝朝着;对着▷屋门~北|奋勇~前。❷图方向▷去~|风~|志~|意~。❸囝偏袒;袒护▷妈妈~着小妹妹。❹圖从过去到现在;从来▷~来|~。❺囚表示动作行为的对象▷~老师致敬|~英雄学习。☞统读 xiàng。

【向背】 xiàngbèi 囝拥护和反对▷人心~。

【向导】 xiàngdǎo ❶囝引路▷前面有人~,不用操心。❷图引路的人▷迷路了,需要找一个~。

【向来】 xiànglái 圖一贯;从来▷这个人~说话算数。

【向往】 xiàngwǎng 囝希望实现某种追求或理想▷~成为海员|~着美好的新生活。

【向心力】 xiàngxīnlì ❶图物体围绕圆心运动时向着圆心的力。❷比喻一个集体的凝聚力▷车间的工人~很强。

【向隅而泣】 xiàngyú'érqì 面对着房间的角落哭泣。形容极其孤立和绝望(隅:墙的角落)。

项（項） xiàng ❶图脖子的后部;脖子▷颈~|~链。❷事物的门类或条目▷事~|~目。❸指款项▷进~|欠~|用~。❹圆用于分项的事物

▷条例共有十～|两～开支|十～全能。

【项链】 xiàngliàn 图一种套在颈项上的首饰,多用金银或珍珠宝石制作。☞不宜写作"项练"。

【项目】 xiàngmù 图事物分成的种类或条目。

【项庄舞剑,意在沛公】 xiàngzhuāngwǔjiàn,yìzàipèigōng《史记·项羽本纪》记载,刘邦应邀到鸿门跟项羽相会,在酒宴上项羽的谋士范增让项庄在舞剑时乘机杀死刘邦。刘邦的谋士张良识破了范增的意图,提醒樊哙说:"今者项庄拔剑舞,其意常在沛公也。"后用来比喻说话或做事除表面意思之外别有所图。

巷 xiàng 图狭窄的街道;小胡同▷一条小～|街头～尾|～战。☞在"巷道"(采矿或探矿时在地下挖的水平方向的坑道)中读 hàng。

相 xiàng ❶团观察看▷人不可貌～|～机行事|马～。❷图容貌;人的外表▷狼狈～|长(zhǎng)～|扮～。❸泛指事物的外观▷月～|星～|真～大白。❹姿势;样子▷站～|坐～|睡～|吃～。❺团辅佐;帮助▷吉人自有天～。❻图古代辅佐帝王的最高官员▷宰～|丞～。❼用来称某些国家中央政府一级的官员▷外～|首～。○另见 xiāng。

【相机】[1] xiàngjī 图照相机。

【相机】[2] xiàngjī 团观察寻找时机▷～而行。

【相貌】 xiàngmào 图长相、容貌▷～端庄。☞不宜写作"像貌"。

【相片】 xiàngpiàn 图照片。☞口语里常说"相片儿(xiàngpiānr)"。

【相声】 xiàngsheng 图曲艺的一种。以说为主,语言幽默生动,奇妙流畅,有时辅以唱、做,常常引起观(听)众捧腹大笑。

象 xiàng ❶图陆地上现存最大的哺乳动物。皮厚毛稀,耳大腿粗,筒状长鼻能垂到地面,可以伸卷,多数有一对象牙伸出口外。❷外观;样子▷万～更新|天～|现～|险～|印～|形～。❸团模仿;仿效▷～形|～声。☞"象"和"像"的区别,参见"像"字的提示。

【象形】 xiàngxíng 图六书之一。用描画实物形状来造字的方法。如"日""月"即由古代象形字"☉","☽"变形而来。

【象牙之塔】 xiàngyázhītǎ 比喻脱离群众和现实生活的作家、艺术家的小天地。

【象征】 xiàngzhēng ❶团用具体的事物来表现某种特殊的意义▷苍松～坚强。❷团用来表示某种特别意义的具体事物▷白色是纯洁的～。❸文艺创作的一种具有假托、替代或暗示性质的表现手法,一般都是在准确把握象征体和本体的内在联系的因素的基础上,通过某一特定的具体形象,曲折地表现某种概念或某种思想感情。

像 xiàng ❶团跟某事物相似▷孩子长得～他爸爸|两人写的字很～。❷图比照人物制成的图画、雕塑等▷一张～|画～|铜～|肖～。❸团如同▷他这样的人才,到处都需要|～这种情况真少见。❹圃似乎;好像▷天～要下雨|这车～有毛病|看上去～是很漂亮。☞"像"和"象"不同。同是名词用法,"像"指以模仿、比照等方法制成的人或物的形象,如:"画像""神像""塑像""图像""肖像""摄像"等;"象"指自然界、人或物等的形态、样子,如:"表象""气象""旱象""景象""印象""万象更新"等。"像"能单独用作动词,"象"不能。

【像话】 xiànghuà 圃(言行)合乎情理(多用于反问或否定句中)▷让大家等你一个人,～吗? |太～了。

【像机】 xiàngjī 通常写作"相机"。

【像片】 xiàngpiàn 通常写作"相片"。

【像样】 xiàngyàng 圃够一定水平;符合一定标准▷一个～的实验室。

【像章】 xiàngzhāng 图印铸人像的纪念章。☞不要写作"象章"。

橡 xiàng ❶图栎树▷～实(栎树的果实)。❷橡胶树(常绿乔木,是最主要的生产天然橡胶的树种)。

【橡胶】 xiàngjiāo 图高弹性的聚合物。分为天然橡胶和合成橡胶两类。具有绝缘性,不透水,不透气。在工业上和生活上应用广泛。

xiāo

枭(梟) xiāo ❶图鸮。❷团〈文〉悬挂起来▷～首示众。❸圃〈文〉强悍;不驯服▷～雄|～将。❹图犯罪集团的首领▷毒～|匪～。

【枭雄】 xiāoxióng 图〈文〉指强横而野心勃勃的人物。也指有抱负的英雄豪杰。

削 xiāo ❶团用刀斜着去掉物体的表层▷～梨|～铅笔|切～。❷像削的动作▷～球。○另见 xuē。

【削价】 xiāojià 团降价▷大幅～|～商品。

骁(驍) xiāo 圃勇猛矫健▷～健|～悍。

【骁将】 xiāojiàng 图勇猛的战将。

【骁勇】 xiāoyǒng 圃勇猛▷～过人|～善战。

逍 xiāo 见下。

【逍遥】 xiāoyáo 圃无拘无束,自由自在▷～自在。

【逍遥法外】 xiāoyáofǎwài 指罪犯没有受到法律应有的制裁。

鸮(鴞) xiāo 图鸱鸮科各种鸟的统称。喙和爪呈钩状,很锐利,眼大而圆,头部像猫,昼伏夜出,捕食鼠、鸟、昆虫等。通称猫头鹰。

消 xiāo ❶团(事物)逐渐减少,以至不复存在▷烟～云散|冰～瓦解|气～了。❷使不复存在▷消除▷～灾|～愁|～灭|～取。❸排遣;度过(时光)▷闲～|～夏|～遣。❹花费;用去▷～费。❺需要▷只～你一句话,他就来了|不～说。

【消沉】 xiāochén ❶团消失沉没▷呼救声～在茫茫大海之中。❷圃情绪低落,委靡不振▷小李最近很～。

【消除】 xiāochú 团去掉,使不存在▷隐患已经～了|～误会。☞"消除"的对象多为不好的事物。

【消防】 xiāofáng 团灭火和防火▷～队员|加强～措施。

【消费】 xiāofèi 团对物质资料和劳务活动的使用▷不要追求高～|这样浪费,一天要～多少东西! |～品|～观念。

【消耗】 xiāohào ❶团(精神、力量或物质等)因使用或受损失而逐渐减少▷一天要～三吨煤|精力～了很多。❷使消耗▷～敌人的有生力量。

【消化】 xiāohuà ❶团人或动物的消化器官把食物变成可以为机体吸收的养料的过程▷～系统|～不好～。❷比喻理解、吸收所学的知识▷要真正～这些知识,需要经过认真的思考。

【消极】 xiāojí ❶圃反面的;阻碍发展的(跟"积极"相对)▷～影响|～作用。❷(对某事)不支持,不表态赞同▷对于建办公楼,他的态度比较～。❸不求进取;消沉▷最近他变得比较～,什么活动都不想参加。

【消减】 xiāojiǎn 团减退;减少▷功能～|实力～。

【消灭】 xiāomiè ❶团消失,消亡▷这些古生物在地球上已经～了几十万年了。❷除掉;使不存在▷～不及格现象|～害虫。

【消磨】 xiāomó ❶团使(意志、精力)逐渐消耗、磨灭▷

~意志|诗兴~得荡然无存了。❷打发(日子)、虚度(时光)▷闲得无聊,靠下棋、打牌~岁月。

【消遣】 xiāoqiǎn 囫做自己感到轻松愉快的事来度过空闲时间,或以此消解烦闷▷养点鱼、种点花,不过是~~吧。

【消融】 xiāoróng 囫(冰雪)融化。☞不宜写作"消溶"。

【消散】 xiāosàn 囫(烟雾、气味、情绪等)消失、散开▷浓烟在高空渐渐~了◇刚才的不快很快就~在歌声中了。

【消失】 xiāoshī ❶囫(事物)不存在了▷兴趣~了|这个小湖在地球上~了。❷看不见了;失踪了▷飞机~在云层里|这个人突然~了。

【消逝】 xiāoshì 消失;不复存在▷小船~在茫茫大海里|~了的青春年华。

【消释】 xiāoshì 囫(疑虑、怨恨、苦闷等)消除、解除▷怒气顿然~了。

【消受】 xiāoshòu ❶囫享受;受用▷有福~这深深的爱。❷忍受▷难以~这无奈的寂寞。

【消瘦】 xiāoshòu 囫(身体)变瘦▷病是好了,人却~了很多。

【消停】 xiāoting ❶圈安静;安稳;安定▷兵荒马乱不得~|这孩子没~的时候。❷停歇▷干了一个多小时了,~~再干吧。

【消亡】 xiāowáng 囫衰亡,消失(多指抽象事物)▷有的语言在历史上~了|事物都有一个发生、发展、~的过程。

【消息】 xiāoxi ❶囫音信▷出国的同志最近有~吗?❷新闻体裁的一种。以简要的形式,及时报导新近发生的重要事情。

【消夏】 xiāoxià 囫避暑;用消遣的方式过夏天▷到庐山去~|~晚会。

【消闲】 xiāoxián 囫消磨、打发空闲时间▷去公园~~。

【消长】 xiāozhǎng 囫消减和增长▷敌我力量的~。☞"长"这里不读 cháng。

宵 xiāo 囵夜▷良~|通~|春~|~禁。

【宵禁】 xiāojìn 囫(政府或军事管制区的首脑)下令禁止夜间通行▷解除~。

萧(蕭) xiāo 圈冷落;缺乏生机▷~然|~条|~索。☞㊀不能简化成"肖"。㊁跟"箫"不同。

【萧墙】 xiāoqiáng 囵〈文〉照壁。借指内部▷祸起~|~之患。

【萧瑟】 xiāosè ❶拟声模拟风吹树木的声音▷~的风声。❷圈情景冷落凄凉▷把秋天描绘得那么~、阴沉。

【萧索】 xiāosuǒ 圈荒凉冷落,缺乏生机▷几个~的村庄|~的寒秋,百草凋零。

【萧条】 xiāotiáo ❶圈冷落而没有生气▷荒山老树,景象非常~|市场~。❷囵资本主义再生产周期中紧接危机之后的一个阶段。其特点是生产停滞、物价低落、商业萎缩、游资充斥等。

硝 xiāo 囵硝石、碰硝、朴硝等矿物盐的统称。可以用来制造炸药或做肥料等。

【硝烟】 xiāoyān 囵炸药、爆炸后产生的烟雾▷~弥漫|滚滚~。

销(銷) xiāo ❶囫加热使固态金属成为液态▷~熔。❷去掉;使不存在▷把这笔账~了|注~|报~|勾~。❸花费掉;耗费▷花~|开~。❹出售▷这种货最近不好~|供~|滞~。❺销子,插在器物中起连接或固定作用的东西▷插~|~钉。☞跟"锁"(suǒ)不同。

【销毁】 xiāohuǐ 囫烧掉;毁掉▷~罪证|~材料。

【销魂】 xiāohún 囫灵魂离开了肉体。原形容因极度欢乐、哀愁、惊惧而心神恍惚,现多形容极度欢乐▷那情景便最使人~|~夺魄。☞不宜写作"消魂"。

【销路】 xiāolù 囵(商品)销售的去路;销售状况▷打开~|~不好。

【销声匿迹】 xiāoshēngnìjì 不显露声音和行踪。也形容事物消失。

【销售】 xiāoshòu ❶囫卖出(商品)▷产品对路,~一空。❷囵指销售工作▷他在公司搞~。

【销赃】 xiāozāng ❶囫销毁赃物▷没等那些盗窃犯~,警察便一举将他们捉拿归案。❷销售赃物▷这伙人把偷来的东西很快转手~。

箫(簫) xiāo 囵一根竹管做的竖着吹的乐器,上有吹孔及六个音孔。也说洞箫。☞跟"萧"不同。

潇(瀟) xiāo 见下。

【潇洒】 xiāosǎ 圈举止神态大方自然,洒脱不拘束▷风姿。☞不宜写作"萧洒"。

【潇潇】 xiāoxiāo 圈形容刮风下雨或小雨飘洒的样子▷风雨~|春雨~。

霄 xiāo ❶囵云▷云~。❷天空▷九~|重~。

【霄汉】 xiāohàn 囵云霄和天河,指高空▷气冲~。

【霄壤之别】 xiāorǎngzhībié 如天和地一样距离遥远,形容差别极大。

嚣(囂) xiāo ❶囫喧哗;叫嚷▷喧~|尘~。❷圈放肆;猖狂▷~张。

【嚣张】 xiāozhāng 圈(恶势力、邪气)张狂;放肆▷气焰~|这群土匪~得很|~一时。

消 xiáo 圈混杂;混乱▷混~|~杂。☞统读 xiáo。

小 xiǎo ❶圈在数量、规模、程度等某一方面比不上一般的或不如比较的对象(跟"大"相对)▷房子太~|五比十~|力气~|声音~|学问~。❷时间短▷~坐片刻|~住|~睡。❸排行最后的▷~女儿。❹谦词,称自己或自己一方的人或事物▷~弟|~女|~婿|~店。❺用于对年纪比自己小的人的称呼▷~王|~李。❻圈稍稍;略微▷~有名气|牛刀~试。

【小辈】 xiǎobèi 囵晚辈,辈分低的人。

【小本经营】 xiǎoběn jīngyíng 本钱少、规模小的买卖。

【小丑】 xiǎochǒu ❶囵戏剧中的丑角或杂技中做滑稽表演的人。❷指卑鄙龌龊,好耍阴谋的小人▷跳梁~。

【小春】 xiǎochūn ❶囵即小阳春,指农历十月。❷指小春时节播种的作物,如小麦、豌豆等。

【小道消息】 xiǎodào xiāoxi 指从非正式渠道来的消息和传闻。

【小调】 xiǎodiào 囵流行于民间的各种曲调。

【小动作】 xiǎodòngzuò 指为了达到某种个人目的,在背地里搞的见不得人的活动▷有话可以在桌面上讲出来,别搞~。

【小费】 xiǎofèi 囵顾客、旅客额外付给饭店、旅店服务人员的钱。

【小钢炮】 xiǎogāngpào 比喻说话爽快直率的人▷他是我们组里有名的"~",说话特别冲。

【小广播】 xiǎoguǎngbō 指私下传播小道消息,或指私下传播小道消息的人▷刚一熄灯,她就又开始了~|他这人是村里有名的~。

【小户】 xiǎohù ❶囵人口少的家庭。❷旧指贫寒的人家。

【小家子气】 xiǎojiāziqì 形容行事小气,办事没有气魄。

【小将】 xiǎojiàng 图古代称军队中年龄小的将领。现常比喻某个领域内敢干敢闯的年轻人。

【小节】 xiǎojié ❶图非原则性的琐细小事(跟"大节"相对)▷不拘 ~。❷音乐节拍的段落,由某一强拍起至下一个强拍前止为一小节。

【小姐】 xiǎojiě ❶图旧时仆人称主人家的女儿。❷现泛称年轻女子。

【小看】 xiǎokàn 团轻视,看不起▷你别 ~ 人。

【小康】 xiǎokāng 图指比较宽裕的生活水平▷ ~ 水平 | ~ 生活。

【小年】 xiǎonián ❶图指农历12月为29天的年份。❷指果树歇枝、竹子歇年(生长缓慢)的年份▷今年是 ~,苹果挂果明显少于去年。

【小品】 xiǎopǐn ❶图指小品文。❷短小的戏剧表演形式▷演 ~ | 电视 ~。

【小品文】 xiǎopǐnwén 图散文的一种形式。篇幅短小,以生动活泼的文笔说理抒情。

【小气候】 xiǎoqìhòu ❶由于局部地区自然环境以及人类和生物活动的特殊性所造成的特殊气候。❷比喻在具体的地区、单位、行业中形成的人文环境、社会氛围等▷不仅大气候要好, ~ 也要好,这样才有利于孩子们的成长。

【小憩】 xiǎoqì 团〈文〉稍事休息▷ ~ 片刻。

【小气】 xiǎoqi ❶形过分看重自己的财物;吝啬,不大方▷这个人太 ~。❷(举止、装束等)不自然,不大方▷这件衣服穿着太 ~。☞不宜写作"小器"。

【小巧玲珑】 xiǎoqiǎolínglóng 形容器物小而精巧。有时也形容女人体态娇小,举止灵巧。

【小秋收】 xiǎoqiūshōu 图指入秋以后采集野生植物的活动。

【小区】 xiǎoqū 图城市居民集中居住的一定范围的楼群区,内有成套生活服务设施和管理机构。

【小圈子】 xiǎoquānzi ❶狭小的活动范围▷终于摆脱了自我封闭的 ~。❷来往过于密切而言行不利于集体团结的一小伙人▷不要搞 ~。

【小人】 xiǎorén 图人格低下卑鄙的人▷势利 ~。

【小日子】 xiǎorìzi 图人口少而富足、温暖的家庭生活▷去年,他俩结了婚, ~ 过得很美满。

【小市民】 xiǎoshìmín ❶图城镇中占有少量生产资料或财产的居民。如手工业者、小商人、小房东。❷指有小市民的习性、格调不高的人。

【小试锋芒】 xiǎoshìfēngmáng 稍稍显露一下本领(锋芒:刀剑的刃口或尖端,比喻人的才能)。

【小视】 xiǎoshì 团轻视;小看▷这股势力不可 ~。

【小手小脚】 xiǎoshǒuxiǎojiǎo 形容不敢放开手脚大胆办事。

【小说】 xiǎoshuō 图一种叙事性的文学体裁,通过人物塑造、情节和环境的叙述描写来反映社会生活,表现社会生活中的矛盾。

【小算盘】 xiǎosuànpan 比喻为个人或局部利益所做的筹划;打算。

【小题大作】 xiǎotídàzuò 比喻把小事当作大事来渲染、处理(多含贬义)。

【小我】 xiǎowǒ 图个人,自我▷牺牲 ~,顾全大我。

【小巫见大巫】 xiǎowūjiàndàwū 小巫师遇见大巫师,法术无法与大巫师相比。比喻两者相差悬殊,无法相比。

【小鞋】 xiǎoxié 图比喻暗中给人的刁难或不合理的限制▷不要在工作上给人 ~ 穿。

【小写】 xiǎoxiě ❶图汉字数目字的一种写法。如一、二、三、四(大写是壹、贰、叁、肆)。❷拼音字母的一种写法。如 a、b、c(大写是 A、B、C)。

【小心】 xiǎoxīn ❶团留神;当心▷ ~ 触电。❷形慎重▷ ~ 非常。

【小心眼儿】 xiǎoxīnyǎnr ❶指度量狭小▷她这个人 ~,你可千万别跟她开玩笑。❷指小的心计▷要 ~。

【小心翼翼】 xiǎoxīnyìyì 原为严肃恭敬的样子;现形容小心谨慎,不敢疏忽。

【小意思】 xiǎoyìsi ❶图客套话,用于送礼等场合,指微薄的心意▷这两瓶酒是我的一点 ~,请笑纳。❷指事情很小,算不了什么▷这点开销 ~,由我来付好了。

【小住】 xiǎozhù 团短暂居住▷在北京只能 ~ 几日。

【小传】 xiǎozhuàn 图指篇幅较小的传记。

【小字辈】 xiǎozìbèi 图指年轻的资历较浅的一代人。

【小卒】 xiǎozú 图小兵;指被领导的一般人员▷咱在车间不过是个 ~。

晓(曉) xiǎo ❶图天刚亮时▷ ~ 行夜宿 | 公鸡报 ~ | ~ 拂。❷团明白;知道▷家喻户 ~ | 知 ~ | 通 ~。❸使人知道;告诉▷ ~ 之以理 | ~ 以大义。

【晓畅】 xiǎochàng 形(语言)明白通畅。

孝 xiào ❶团孝顺▷ ~ 心 | ~ 子。❷图居丧,旧俗尊长死后在一定时期内穿孝服,不娱乐等▷守 ~ | ~ 满了。❸居丧穿的孝服▷披麻戴 ~ | 穿 ~。

【孝敬】 xiàojìng ❶团(对父母长辈)孝顺尊敬▷ ~ 父母。❷把钱物送给老人或尊长,表示孝心或敬意▷这枝人参给准备 ~ 奶奶。

【孝顺】 xiàoshùn 团尽心侍奉父母或尊长并顺从他们的意志▷这孩子很 ~ 父母。

肖 xiào ❶团像;相似▷ ~ 像 | 不 ~ 之子。

【肖像】 xiàoxiàng 图人的画像或照片。

校 xiào ❶图学校▷早上 7 点到 ~ | ~ 址 | 母 ~。❷军衔名,在将官之下,尉官之上▷上 ~ | 少 ~。○另见 jiào。

【校风】 xiàofēng 图学校的风气。

【校官】 xiàoguān 图校级军官,低于将官,高于尉官,由低到高常分为少校、中校、上校、大校四级。

【校庆】 xiàoqìng 图建校纪念日。也指在校庆期间举行的纪念活动。

【校容】 xiàoróng 图一个学校的环境面貌▷整顿 ~。

【校训】 xiàoxùn 图学校规定的对全校师生员工起激励作用的词语。

【校友】 xiàoyǒu 图学校的师生称在本校学习或工作过的人;在同一个学校学习或工作过的人互称。

【校园】 xiàoyuán 图指学校范围内的地方▷ ~ 整洁 | ~ 内栽满了鲜花。

哮 xiào ❶图急促的呼吸声。❷团野兽怒吼▷咆 ~。❸统读 xiào。

【哮喘】 xiàochuǎn 图由于支气管痉挛引起的呼吸道疾病,症状是呼吸急促困难,有哮鸣声。

笑 xiào ❶团露出喜悦的表情;发出高兴的声音▷开心地 ~ 了 | 微 ~ | ~ 容。❷讥笑;嘲笑▷贻 ~ 大方 | ~ 耻 ~。❸形令人发笑的▷ ~ 话 | ~ 谈 | ~ 料。

【笑柄】 xiàobǐng 图被人嘲讽或讥笑的把柄▷当作 ~ | 传为 ~。

【笑话】 xiàohua ❶图使人发笑的话或故事▷说 ~ | ~ 三则。❷团讥讽;嘲笑▷不要 ~ 他 | 难免让人 ~。❸图给人做笑料的事▷闹 ~ | 这回他出的 ~ 不少。

【笑里藏刀】 xiàolǐcángdāo 比喻外表很和善,内心却奸诈阴险。

【笑料】 xiàoliào 图引人发笑的资料。

【笑眯眯】 xiàomīmī 形眯着眼睛而略带笑容的样子▷母亲总是～的,待人非常和气。☞不宜写作"笑咪咪"。

【笑面虎】 xiàomiànhǔ 比喻外表装得善良而心地阴险的人。

【笑纳】 xiàonà 团客套话,用于请人收下礼物▷这点薄礼请先生～。

【笑容可掬】 xiàoróngkějū 面部的笑容可以用两手捧住,形容和蔼亲切的神情。

【笑谈】 xiàotán ❶团笑着谈论▷几人闲坐,～古往今来的一些奇闻趣事。❷图开玩笑的话▷我的话不过是一句～而已,可别当真。

【笑嘻嘻】 xiàoxīxī 形喜笑的样子。☞不宜写作"笑嬉嬉"。

【笑星】 xiàoxīng 图称著名的相声演员、滑稽演员、喜剧演员等逗笑高手。

【笑盈盈】 xiàoyíngyíng 形笑容满面的样子▷至亲好友都～地来参加婚礼。

【笑逐颜开】 xiàozhúyánkāi 形容满心欢喜、笑容满面的神态。

效 xiào ❶团模仿▷上行下～|～法|仿～。❷献出(力量或生命);尽力▷～劳|～忠|为国～力|～命疆场。❸图功用;行为的积极结果▷有～|见～|～果。

【效法】 xiàofǎ 团(切实向榜样)学习▷～前辈,报效祖国。

【效果】 xiàoguǒ ❶图指事物或行为、动作产生的有效结果▷这种服装样式穿起来～很好。❷戏剧、电影中配合剧情制作的各种声响或采制的某些自然现象▷音响～|光影～。

【效劳】 xiàoláo 团出力做事▷为国～|他甘心为主人～。

【效力】[1] xiàolì 团出力,效劳▷为家乡建设～。

【效力】[2] xiàolì 图事物所产生的积极作用▷这种农药～不强|这番话很有～,竟把他给说动了。

【效率】 xiàolǜ ❶团消耗的劳动量与所获得的劳动效果的比率;单位时间内完成的工作量▷讲求工作～|提高学习～。❷机械、电器等在工作时输出能量与输入能量的比值。

【效命】 xiàomìng 团拼命地出力▷～沙场。

【效能】 xiàonéng 图事物所具有的功用▷充分发挥设备的～|提高职能部门的～。

【效验】 xiàoyàn 图方法、药物等所取得的预期的效果▷用按摩治腰痛,很见～。

【效益】 xiàoyì 图效果和收益▷工厂的～很好|经济～有所提高。

【效应】 xiàoyìng 图物理或化学作用所产生的效果,如光电效应、热效应等。☞"应"在这里不读yīng。

【效用】 xiàoyòng 图功效、作用▷这种药的～不大|发挥组织的～。

【效忠】 xiàozhōng 团全心全意地报效▷～于祖国和人民。

啸(嘯) xiào 团(人、兽、自然界等)发出长而响亮的声音▷仰天长～|虎～|猿～|海～|呼～的山风。

xie

些 xiē ❶量用在名词前面,表示不确定的量▷多看～书|好～人|这～年。❷用在形容词或部分动词后面,表示一个微小的量▷再举高～|大水好像退

了～|对集体的事,多关心～。☞统读xiē。

【些微】 xiēwēi ❶形微薄,一点儿▷拿不出～的勇气。❷副稍微,略微▷我感到～有点冷|～靠上了一点。

揳 xiē 团(把楔子、钉子等)牢固地钉进去▷板凳腿活动了,得～个楔子|墙上～个钉子。

楔 xiē 钉入木榫缝中的上宽下平的木橛、木片,起固定作用▷这张桌子腿松动了,得加个～|～木。

【楔子】 xiēzi ❶图楔。❷钉在墙上可以挂东西的竹木钉。❸比喻插进去的人或事物▷大家都在排队,你为什么夹～?|现在会议休息,我夹个～说点事。❹戏曲或小说的引子,一般在开头引起正文,元杂剧也有用于两折之间起衔接剧情作用的。

歇 xiē ❶团休息▷～一会儿再干|～脚。❷停止▷～业|～工。❸〈口〉特指睡觉▷这么晚了,您还没～着?

【歇乏】 xiēfá 团休息以解除疲劳▷在树阴下乘凉～走累了,咱们歇歇乏。

【歇伏】 xiēfú 团伏天停工休息▷趁～那几天,回家去看望父母。

【歇后语】 xiēhòuyǔ 图熟语的一种。由前后两部分组成。前一部分像谜语的谜面;后一部分是本意,像谜语的谜底。通常只说前一部分,后边的本意留给人去体会。如"黄鼠狼给鸡拜年——没安好心","芝麻开花——节节高"。

【歇脚】 xiējiǎo 团停下脚步休息▷这是我们经常～的地方|歇歇脚再走。

【歇气】 xiēqì 团停下休息,喘口气▷他干起活来不肯～|在大树下歇歇气。

【歇斯底里】 xiēsīdǐlǐ ❶图〈外〉癔病。平时情绪不稳定,易激动,敏感;发作时哭笑无常,言语混乱。❷形形容因情绪过分激动而举止失常▷～地大喊大叫起来。

【歇息】 xiēxi ❶团休息▷～一下|～再干。❷住宿;睡觉▷今晚就在这家旅馆～吧。

【歇业】 xiēyè 团停止营业▷今日～|这家商店已～多天了。

蝎 xiē 图蝎子,节肢动物,有一尾刺,内有毒腺,用来御敌或捕食。

协(協) xié ❶团合;共同▷同心～力|～商。❷形和谐▷色彩～调(tiáo)。❸团帮助▷～助|～办。☞左边是"十",不是"丬"。

【协定】 xiédìng ❶图经过协商订立的共同遵守的条款▷文化～|双方在～上签了字。❷团经协商订立(共同遵守的条款)▷经双方～,从明日起共同修建横跨界河的大桥。

【协会】 xiéhuì 图以促进某种共同事业为目的而组成的群众团体。

【协商】 xiéshāng 团为取得一致意见而共同商议▷～解决问题|反复～。

【协调】 xiétiáo ❶形配合适宜▷各部门的工作步调一致,十分～。❷团使配合适宜▷～双方的关系。

【协同】 xiétóng 团协助、会同;互相配合▷～作战|警方将协同罪犯缉拿归案。

【协议】 xiéyì ❶团共同商议▷三方～,共同治理这条江。❷图经过谈判、协商达成的一致意见,包括口头协议和书面协议。

【协约】 xiéyuē 图(国家间)经谈判订立的条约▷两国签订了～。

【协助】 xiézhù 团帮助,辅助▷请给以～|～解决这个难题。

【协奏曲】 xiézòuqǔ 图通常指以一种独奏乐器(如小

提琴、钢琴等)为主,辅以乐队配合演奏的大型器乐曲▷小提琴～|钢琴～。

【协作】　xiézuò 劚互相配合,共同完成(某项任务)▷双方～,开发新产品。

邪 xié ❶圃不正当;不正派▷歪风～气|天真无～|念|～恶。❷圃迷信的人指妖魔鬼怪给人的灾祸▷驱～|中(zhòng)～。❸圃中医指致病的因素▷风～寒|扶正祛～。❹圃反常的▷这事真～了|憋了一肚子～火儿。

【邪道】　xiédào 图不正当的途径▷别走～。

【邪恶】　xié'è 圃(心术、行为)凶狠恶毒▷不向～势力低头。

【邪路】　xiélù 图错误的道路▷走上～。

【邪念】　xiéniàn 图不正当的想法、念头。

【邪气】　xiéqì 图不正当的风气、作风▷打击歪风～。

【邪说】　xiéshuō 图荒谬有害的言论或理论▷歪理～。

胁(脅) xié ❶图人体从腋下到腰上胁骨尽处的部分▷两～。❷劚逼迫;强迫▷～迫|～从|威～。

【胁从】　xiécóng ❶劚受胁迫而参与(做坏事)▷他是～的,不是主犯。❷图胁从者▷首恶必办,～不问。

【胁迫】　xiépò 劚威胁逼迫。

挟(挾) xié ❶劚心怀(怨恨不满等)▷～嫌报复|～怨。❷挟持▷～制|要～。☞统读 xié。

【挟持】　xiéchí ❶劚从左右抓住或架住被捉的人(多指坏人捉住好人)▷他被歹徒～到一间暗室里。❷用威力强逼对方服从▷～他签了字。

【挟带】　xiédài 劚裹挟夹带▷河水～着大量泥沙,向东流去|～私货|搜出～的毒品。

【挟嫌报复】　xiéxián bàofù 怀着仇恨打击曾经批评或损害过自己的人。

【挟制】　xiézhì 劚倚仗势力或抓住对方的弱点,强制对方服从自己▷处处受人～|他们交所谓保护费。

偕 xié 剾〈文〉一起;共同▷二人～行|同～。☞统读 xié。

【偕老】　xiélǎo 劚夫妻共同生活到老▷白头～。

【偕同】　xiétóng 剾跟别人一起(行动)▷他～夫人去参观访问。

斜 xié ❶圃不正;不直▷格子画～了|对面是饭馆～～坡|倾～|歪～。❷劚向偏离正中或正前方的方向移动▷太阳已经西～|了他一眼。☞“斜”和“邪”不同。“斜”指方位或物体不正,“邪”多指行为、品德不正。

【斜路】　xiélù 图歪斜的路,比喻错误的人生道路▷从这条～上插过去|这个孩子不走正路走～。

【斜视】　xiéshì ❶劚斜着眼睛看▷正襟危坐,目不～|～对方。❷图视线偏斜的眼病。

【斜阳】　xiéyáng 图下午至傍晚时的太阳。

谐(諧) xié ❶圃协调,配合得当▷和～|～音。❷滑稽有趣,引人发笑▷诙～|～谑。

【谐趣】　xiéqù 图诙谐的趣味▷这些小品～横生,非常精彩。

【谐调】　xiétiáo 圃和谐,协调▷～的舞步|布景和剧情不～。

【谐谑】　xiéxuè 圃话语诙谐而略带戏弄▷～的语气。

【谐音】　xiéyīn ❶劚字词的音相同或相近▷双关、～。❷图声学上指发音体的复合振动所产生的音。

携 xié 劚随身带着;用手拉着▷～眷|扶老～幼。☞统读 xié。

【携带】　xiédài 劚带着▷～枪支|随身～。

【携手】　xiéshǒu 劚彼此用手拉着手▷～游园|～合作。

撷(擷) xié 劚〈文〉摘取▷采～。☞不读 jié。

【撷取】　xiéqǔ 劚采摘;撷取▷～一束野花|～了辩论比赛的桂冠。

鞋 xié 图穿在脚上着地起保护作用的物品▷一双～|皮～。

写(寫) xiě ❶劚描摹,照着样子画▷～生。❷书写;抄写▷誊～|默～。❸劚写作;创作▷～文章|～实|～小说。☞上边不是“宀”。

【写生】　xiěshēng 劚直接以实物或风景为对象进行绘画▷去黄山～|静物～。

【写实】　xiěshí 劚说明或描绘事物的真实情况▷～主义|运用了～的手法。

【写意】　xiěyì 图中国画的传统画法之一。技法注重用简练、洒脱的笔法描绘神态,表现作者的情趣(区别于“工笔”)。

【写照】　xiězhào ❶劚画人像▷为某人～|～传神。❷图如实的描写▷巴金先生的《家》是封建大家庭的真实～。

【写真】　xiězhēn ❶劚画人物肖像▷请一位老农作模特儿,我们练习～。❷图人的画像。❸劚对事物的真实描写▷不要把生活的～与艺术虚构对立起来。

【写字楼】　xiězìlóu 图比较高级的商务办公楼。

【写作】　xiězuò 劚写文章;写书。

血 xiě 义同“血”(xuè)①,用于口语,多单用▷流了好多～|鸡～|吐(tù)～。○另见 xuè。

【血糊糊】　xiěhūhū 圃形容鲜血流出后涂得满处都是的样子▷满脸～。

【血淋淋】　xiělínlín ❶圃形容鲜血流淌的样子▷全身被打得～的。❷比喻惨烈残酷▷～的教训。☞“淋淋”这里读变调。

泄 xiè ❶劚排出(液体、气体等)▷水～不通|排～。❷尽量发出(情绪、欲望等)▷～愤|发～。❸漏出;露出▷～密|～露。❹失去(信心等)▷～气|～劲。

【泄愤】　xièfèn 劚发泄愤恨▷借故～无处～。☞不宜写作“泄忿”。

【泄洪】　xièhóng 劚排泄洪水▷开闸～。☞不要写作“泻洪”。

【泄劲】　xièjìn 劚失去信心,松懈劲头▷不要～,坚持到底。

【泄漏】　xièlòu ❶劚(液体、气体)漏出;渗漏▷贮油库～原油|核～。❷通常写作“泄露”。

【泄露】　xièlòu 劚(秘密)透露出去▷～机密|考题～了。

【泄密】　xièmì 劚泄露机密▷严防～。

【泄气】　xièqì ❶劚泄劲▷碰到困难不要～。❷出气,发泄胸中的气愤▷他在别处吃了亏,回到家就拿孩子老婆～。

泻(瀉) xiè ❶劚液体急速地流▷江水一～千里|倾～。❷拉肚子▷上吐下～|～药。

绁(紲) xiè 〈文〉图绳子▷缧～(捆绑犯人的绳索,借指牢狱)。

卸 xiè ❶劚把牲口身上的绳套等去掉▷把鞍子～下来|～牲口|～磨杀驴。❷把东西拿下来或去掉▷把这车砖～下来|把汽车轮子～下来|～妆。❸解除;推脱▷～任|推～。☞左边是“缶”,不是“缶”。

【卸任】　xièrèn 劚官员解除或辞去职务。也说卸职。

【卸载】　xièzài 劚卸下运输工具上装载的货物。☞不要写作“卸傤”。

【卸责】　xièzé 劚推卸卸责任▷决不～。

【卸妆】 xièzhuāng 囫指妇女除去身上的装饰和涂抹在脸上的化妆品。

【卸装】 xièzhuāng 囫演员除去化装时穿戴的服饰和涂抹的化妆品。

屑 xiè ❶囫碎末、碎片▷铁～|木～|纸～。❷圈琐碎;微小▷琐～。☞不读 xiāo。

械 xiè ❶囫有专门用途的或较精密的器具▷器～|机～。❷囫武器▷缴～|枪～|～斗。☞统读 xiè。

【械斗】 xièdòu 囫使用武器,聚众斗殴。

亵(褻) xiè ❶圈轻慢不恭▷～渎|～慢。❷淫秽▷～语|猥～。

【亵渎】 xièdú 囫轻慢;不敬▷～了这神圣的工作。

谢(謝) xiè ❶囫〈文〉辞去官职▷～官|～职。❷推辞;拒绝▷辞～|～绝|～客。❸辞别;离开▷～世。❹凋落;脱落▷花～了|凋～|～顶。❺认错;表示歉意▷～罪|～过。❻感激▷不要～我,应该～他|感～|多～|～意。

【谢忱】 xièchén 囵〈文〉感谢的诚意▷深表～。

【谢顶】 xièdǐng 囫头顶上的头发脱落。

【谢绝】 xièjué 囫委婉地拒绝▷婉言～。

【谢客】 xièkè 囫谢绝会客▷闭门～|会议期间一律～。

【谢幕】 xièmù 囫演出结束后观众鼓掌时,演员走到幕前敬礼表示感谢。

【谢世】 xièshì 囫去世。

【谢天谢地】 xiètiānxièdì 感谢天地。现用作感叹语。表示"还好"或"万幸"等意思▷～,论文答辩总算通过了|～,孩子总算平安回来了。

【谢罪】 xièzuì 囫向人认错,请求原谅▷登门～。

解 xiè 囵解池,湖名;解州,地名。均在山西。○另见 jiě;jiè。

榭 xiè 囵建在高台上的房屋▷舞～|歌台|水～。

薤 xiè 囵多年生草本植物,地下有鳞茎。鲜鳞茎可做蔬菜。通称藠头(jiàotou)。

邂 xiè [邂逅]xièhòu 囫〈文〉意外地遇见▷途中～故友。

澥 xiè 囫〈口〉变稀;使变稀▷粥～了|鸡蛋～黄了|把芝麻酱～一～。

懈 xiè 圈注意力不集中;工作不紧张▷常备不～|～怠|松～。

【懈怠】 xièdài 圈松懈懒散▷精神状态有些～|未敢～。

燮 xiè 囫〈文〉调和;协和▷～理阴阳。

蟹 xiè 囵螃蟹▷河～|～黄。

澥 xiè 见[沆瀣一气]hàngxièyīqì。

xin

心 xīn ❶囵心脏。❷指大脑(古人认为心是思维的器官)▷～灵手巧|～口如一|～领神会|用～得。❸思想;感情▷～烦意乱|谈～|自尊～|声声变～。❹思虑;图谋▷有口无～|～机|～计。❺事物的中央或内部▷湖～|圆～|手～|白菜～儿|中～|工作重～。

【心安理得】 xīn'ānlǐdé 自认为做事符合情理,心里安然自得。

【心病】 xīnbìng 囵内心的忧虑;忧虑的事情▷他近日来好像有什么～|孩子没正当职业,是他的一大～。

【心不在焉】 xīnbùzàiyān 心思不在这里。形容做某事时精神不集中。

【心肠】 xīncháng ❶囵心地;用心;性情▷～坏|不要辜负他的好～|菩萨～|蛇蝎～|～硬|～软。❷心事;思想的事▷互相倾吐～。

【心潮】 xīncháo 囵比喻像潮水起伏般激动的思绪、心情▷～起伏|～澎湃。

【心驰神往】 xīnchíshénwǎng 心神急切地向着(某一目标)。形容异常爱慕或向往。

【心慈手软】 xīncíshǒuruǎn 内心慈善,不忍下手。

【心得】 xīndé 囵在工作、学习中思想上的收获和体会▷交流读书～。

【心底】 xīndǐ 囵心灵深处▷～无私天地宽。

【心地】 xīndì 囵指人的内心世界;胸襟▷～纯洁|～好|～狭窄。

【心烦意乱】 xīnfányìluàn 心情烦躁,思绪杂乱。

【心扉】 xīnfēi 囵内心;思想▷敞开～|一句话就触动了他的～。

【心服口服】 xīnfúkǒufú 内心里和口头上都服气。

【心浮】 xīnfú 圈心情浮躁,不踏实▷～气躁。

【心腹】 xīnfù ❶囵比喻要害部位▷～之患。❷亲信▷这个人是经理的～。❸内心▷说的都是～话。

【心甘情愿】 xīngānqíngyuàn 从心底里愿意,丝毫不勉强。

【心肝】 xīngān ❶囵比喻最亲近、最心爱的人▷儿子是妈妈的～儿。❷比喻良心▷他是个忘恩负义、没有～的人。

【心广体胖】 xīnguǎngtǐpán 胸襟宽阔,身体就安祥舒适。☞"胖"这里不读 pàng。

【心寒】 xīnhán ❶囫害怕▷～胆战。❷失望,痛心▷听了这话,真让人～。

【心狠手辣】 xīnhěnshǒulà 内心凶狠,手段毒辣。

【心花怒放】 xīnhuānùfàng 形容内心高兴到了极点,就像鲜花盛开一样。

【心怀鬼胎】 xīnhuáiguǐtāi 心中藏着不可告人的坏主意。

【心怀叵测】 xīnhuáipǒcè 心里藏有难以测度的恶意。

【心慌意乱】 xīnhuāngyìluàn 心神慌乱。

【心灰意懒】 xīnhuīyìlǎn 灰心失望,意志消沉。

【心机】 xīnjī 囵计谋▷有～,也有胆量|枉费～。

【心急火燎】 xīnjíhuǒliǎo 心里焦急得像火烧一样。

【心计】 xīnjì 囵计谋;算计▷他是一个很有～的人|工于～。

【心迹】 xīnjì 囵内心的真实想法▷坦露～|剖明～。

【心悸】 xīnjì ❶囫心脏跳动加速、加强和心律不齐的症状。❷害怕▷阴森恐怖,令人～。

【心焦】 xīnjiāo 囫(因盼望、担忧等而)心里焦急▷孩子大了,不必总为他们～。

【心惊胆战】 xīnjīngdǎnzhàn 形容极其惊慌。

【心境】 xīnjìng 囵心情▷～极佳|～不好。❷内心的境界▷～宽阔。

【心坎】 xīnkǎn ❶囵胸口,心口。❷心灵深处▷你的话,句句落在我的～上。

【心口如一】 xīnkǒurúyī 心里想的和嘴上说的一致。形容说话诚实。

【心旷神怡】 xīnkuàngshényí 心境开阔,精神愉快。

【心理】 xīnlǐ 囵心理学上对感觉、知觉、记忆、思维和情绪等内心活动的总称。是人的头脑对客观事物的反映。

【心力交瘁】 xīnlìjiāocuì 精神和体力都极度疲劳。

【心灵】 xīnlíng 囵指精神、思想等内心世界▷孩子们的～纯洁无邪。

【心灵手巧】 xīnlíngshǒuqiǎo 心和手都很灵巧。形容聪明能干。

【心领】 xīnlǐng 团客套话,用于谢绝馈赠和宴请,表示已领受对方情意▷你的一片好意,我～了。

【心领神会】 xīnlǐngshénhuì 已经透彻地领会。

【心满意足】 xīnmǎnyìzú 称心如意,十分满足。

【心明眼亮】 xīnmíngyǎnliàng 形容善于辨别真伪,分清是非。

【心目】 xīnmù 图想法和看法▷在群众的～中,他是个好干部。

【心平气和】 xīnpíngqìhé 心情平静,态度温和。

【心窍】 xīnqiào 图指思考的能力(古人以为心有孔窍,能运思)▷财迷～｜～未开。

【心切】 xīnqiè 形心情急切▷求学～。

【心情】 xīnqíng 图心境;情绪的状况。

【心曲】 xīnqū ❶图内心深处▷娓娓长谈,道出了她的～。❷内心深处的想法▷倾诉～。

【心神】 xīnshén ❶图心思和神情▷～不定｜～恍惚。❷精神;精力▷听课～集中｜空耗～。

【心声】 xīnshēng 图内心深处的声音,即心里话▷这些话道出了老战士的～。

【心事】 xīnshì 图心里惦记着的事。

【心术】 xīnshù ❶图心计;手段▷使～｜～不足,遇事常常不知所措。❷思想品质;居心(含贬义)▷～不端,为人歹毒。

【心思】 xīnsi ❶图念头、想法▷坏～｜猜不准他的～。❷脑筋;思考能力▷动～｜费尽～｜挖空～。❸(想做某事的)情绪(多用于否定式)▷没有～逛公园｜哪有～下棋?

【心酸】 xīnsuān 形因悲痛而内心酸楚▷叫人好不～｜～落泪。

【心态】 xīntài ❶图心理状态或心理活动▷～不平衡｜各有各的～,情绪就有波动。❷心理特征;用于较大的范围▷国民～｜中国人的～不同于美国人的～。

【心疼】 xīnténg ❶团疼爱▷奶奶最～我。❷爱惜;舍不得▷～粮食｜水在哗哗白流,看了多～。

【心田】 xīntián 图内心▷他的话像雨露滋润着我的～。

【心头肉】 xīntóuròu 图比喻最疼爱的人▷儿女是娘的～。

【心心相印】 xīnxīnxiāngyìn 思想感情完全一致。

【心胸】 xīnxiōng ❶图胸怀,胸襟▷～开阔。❷抱负,志气▷有～,有胆识｜远大的～。

【心虚】 xīnxū ❶形胆怯,害怕;心里没把握▷～胆怯｜做贼～｜备课时间不足,上台时有些～。❷团神经衰弱;心跳失常▷～多梦｜常常～盗汗。

【心绪】 xīnxù 图心情;情绪▷乱得很｜没有～唱歌。

【心血】 xīnxuè 图指心思和精力▷多年～的结晶。

【心血来潮】 xīnxuèláicháo 心里突然产生超越常规的念头。

【心眼儿】 xīnyǎnr ❶图内心▷看到你们学成归来,我们打～里高兴。❷心地,用心(多指善恶情况)▷刘大妈～好,处处为别人着想。❸心计▷大儿子有～,办事很灵活。❹胸怀,度量▷～小,想不开。❺(过多的、不必要的)思虑,谋算▷～太多｜爱耍小～。

【心意】 xīnyì ❶图意思;心情▷我们懂得老人的～。❷情意▷你的～,我们领了。

【心有余悸】 xīnyǒuyújì 指经历一场危险之后,回想起来还会害怕。

【心余力绌】 xīnyúlìchù 心里很想干但力量不够(绌:不够,不足)。

【心猿意马】 xīnyuányìmǎ 形容人的注意力不集中。

【心愿】 xīnyuàn 图内心的希望。

【心悦诚服】 xīnyuèchéngfú 从心眼里佩服。

【心脏】 xīnzàng ❶图人和脊椎动物体内推动血液循环的器官。❷比喻中心或要害部位▷北京是祖国的～｜战斗在敌人的～。

【心照不宣】 xīnzhàobùxuān 彼此心里都明白,不必明说。

【心直口快】 xīnzhíkǒukuài 性情直爽,有话就说。

【心醉】 xīnzuì 形因极感愉悦、满足而陶醉▷秀丽的山水令人～。

芯 xīn 图去了皮的灯芯草,可以放在灯油中点燃照明。○另见 xìn。

辛 xīn ❶形辣,一种带刺激性的味道▷～辣。❷劳苦;困难▷千～万苦｜～劳｜～艰。❸悲伤▷～酸。❹图天干的第八位。

【辛苦】 xīnkǔ ❶形辛勤劳苦▷工作很～｜辛辛苦苦地干了几十年。❷团客气话,用于求别人办事或感谢别人给办了事▷～你跑一趟｜同志们～了。

【辛辣】 xīnlà ❶形(味道、气味)非常辣▷一道～的菜｜空气中弥漫着一股～味。❷比喻语言、文章尖锐深刻,刺激性强▷文章的用语～尖刻。

【辛劳】 xīnláo 形辛苦劳累▷一生～。

【辛勤】 xīnqín 形辛苦勤劳▷为教育事业～耕耘。

【辛酸】 xīnsuān 形比喻痛苦和悲伤▷流下～泪｜一部～史。

忻 xīn 图用于地名。忻州,在山西。

欣 xīn 形喜悦;快乐▷欢～鼓舞｜～喜｜～慰。

【欣然】 xīnrán 副高兴地▷～接受邀请｜～同意｜～命笔。

【欣赏】 xīnshǎng ❶团以喜悦的心情去享受美好的事物,领略其中的美妙和情趣▷诗歌～｜～音乐。❷认为好,赞扬▷～他的才干。

【欣慰】 xīnwèi 形喜悦而感到宽慰▷～的微笑｜感到～。

【欣喜】 xīnxǐ 形高兴,欢喜▷～的心情｜令人～。

【欣欣向荣】 xīnxīnxiàngróng 形容花草树木生长茂盛;比喻事业蓬勃发展。

锌(鋅) xīn 图金属元素,符号 Zn。用于制镀锌铁(白铁)、干电池等。

新 xīn ❶形初次出现或初次经验到的(跟"旧"或"老"相对)▷～产品｜～消息｜～风气｜～纪录。❷团使变新▷改过自～｜耳目一～。❸形还没有使用过的(跟"旧"相对)▷衣服是～的｜～皮鞋。❹刚结婚的(跟"旧"相对)▷～姑爷｜～媳妇｜～娘子。❺指新人新事新物▷～迎｜～尝。❻副最近;刚～来的｜～近。

【新潮】 xīncháo ❶图新的社会风气或潮流▷一股股～不断地冲击着旧的思想观念。❷形符合新的社会风气或潮流的▷～时装｜他的观念很～。

【新陈代谢】 xīnchéndàixiè ❶指维持生物体的生长、繁殖、运动等生命活动过程中变化的总称。❷新旧事物经过斗争导致新事物代替旧事物的过程。

【新春】 xīnchūn 图初春,指春节过后的半个月左右。

【新风】 xīnfēng 图新的风气、风尚▷除旧俗,树～｜都市～。

【新欢】 xīnhuān 图新的情侣,或为婚外或为丧偶后的新对象。

【新纪元】 xīnjìyuán 图新的历史阶段的开始；划时代事业的开端▷开创了世界历史的~。

【新近】 xīnjìn 图刚过去的一段时间▷医院~来了一批实习生。

【新居】 xīnjū 图新建的或刚刚迁入的家庭住所。

【新奇】 xīnqí 图新鲜奇特▷衣服的式样~美观｜西藏的一切都使她感到~。

【新巧】 xīnqiǎo 图新颖巧妙▷设计~｜~的玩具。

【新人】 xīnrén ❶图单位新来的人员▷我们单位~很少。❷指新婚夫妇▷一对~。❸具有高尚道德的新时代的人▷社会主义~｜~新事。❹某方面新出现的突出人才▷文艺~｜体坛~辈出。

【新生】¹ xīnshēng ❶图再生；获得新生命、新生活▷解放了，我们~了！❷图刚出生的；刚产生的~事物。❸图新生命▷获得~。

【新生】² xīnshēng 图刚刚入学的学生。

【新生力量】 xīnshēng lìliàng ❶图代表新的社会生产力和社会发展方向的社会势力▷~一定会战胜腐朽势力。❷新出现的、可以挑重任的人群▷培植~｜文坛~正在茁壮成长。

【新诗】 xīnshī 图指"五四"运动以来产生的新体诗歌。它在形式上打破了旧体诗词格律的限制，采用了比较自由的形式和接近口语的白话，便于反映社会生活和表达思想感情。

【新式】 xīnshì 图新出现的样式；新的形式▷~飞机｜这种武器是~的｜~婚礼。

【新手】 xīnshǒu 图刚开始从事某项工作的人。

【新闻】 xīnwén ❶图指新闻媒体报道的国内外最新消息。❷泛指社会上新近发生的新鲜事▷这件事成了社会上的一大~。

【新鲜】 xīnxiān ❶图刚出产或刚加工的▷~蔬菜｜鱼很~｜~花朵。❷清新洁净，没有污染的▷~空气。❸色彩鲜艳▷衣服的颜色很~。❹新出现的、有生机的~事物。❺少见的，稀罕的▷~而又离奇｜事不少｜这事真~。

【新星】 xīnxīng ❶图在短时间内亮度突然增大到几千倍甚至几百万倍，后来又逐渐回降到原来亮度的恒星。❷新发现的星。❸某一领域新出现的杰出人物▷歌坛~｜科技界的~。

【新兴】 xīnxīng 图新近兴起的▷~产业｜~城市｜~学科。

【新秀】 xīnxiù 图新出现的优秀人才▷京剧~｜人才济济，~辈出。

【新异】 xīnyì 图新颖奇特▷这幅画的~构思引人注目。

【新意】 xīnyì 图新的内容，新的见解▷文章很有~。

【新颖】 xīnyǐng 图新奇别致▷建筑风格~独特｜款式~｜非常~的布局。

歆 xīn〈文〉图羡慕▷~羡｜~慕。

薪 xīn ❶图作燃料用的木材▷卧~尝胆｜釜底抽~。❷工资；薪水▷发~｜调(tiáo)~｜~阶层。

馨 xīn 图芳香；特指散布得很远的香气▷清~｜芳~｜温~。

【馨香】 xīnxiāng ❶图芳香▷茉莉花开，满园~。❷图指香火的香味▷~飘散在寺院的上空。

鑫 xīn 图〈文〉财源兴盛。

囟 xìn 图囟门，婴儿头顶骨未合缝的地方。☞㊀统读 xìn。㊁"囟"和"卤"(lǔ)"卤"(cōng)形、音、义都不同。

芯 xìn [芯子]xìnzi ❶图装在器物中心的捻子或起引发作用的东西▷蜡~｜爆竹~。❷蛇和蜥蜴等动物的舌头▷蛇~。○另见 xīn。

信 xìn ❶图〈文〉言语真实；确实▷~而有征｜~史。❷对人真诚，不虚伪▷~守诺言。❸图凭据；证明真实性的东西▷~物。❹图消息▷等着听~｜儿吧｜~息。❺按固定格式、写给一定的对象、传达信息的文字材料▷一封~｜写~｜介绍~。❻图认为可靠而不怀疑；相信▷你说的我全~｜真实可~。❼信仰(宗教)▷~教｜~奉~徒。❽任凭；随着▷~口开河｜~步走去。

【信笔】 xìnbǐ 图随意用笔写或画▷~写下了这些读后感。

【信步】 xìnbù 图漫步，随意行走▷~走到院外。

【信贷】 xìndài 图银行存款、贷款等信用活动的总称。特指银行的贷款。

【信访】 xìnfǎng 图群众来信来访▷~工作｜~办公室。

【信风】 xìnfēng 图由亚热带高气压带在低空吹向赤道地区的风。北半球盛行东北风，南半球盛行东南风。这种风的方向很少改变，所以叫信风。

【信奉】 xìnfèng ❶图信仰敬奉▷~神明。❷相信奉行▷~马克思主义。

【信服】 xìnfú 图相信，佩服▷文章有理有据，令人~。

【信函】 xìnhán 图书信▷来往~不断。

【信号】 xìnhào ❶图用光线、声音或动作、标志等传送的约定通信符号，一般用来指挥行动或指示目标，如口令、气笛、红绿灯等。❷电信专门名词。指带有信息的电流、电压或电波等。

【信汇】 xìnhuì 图用邮寄汇款单通知收款人的一种汇兑方式。

【信笺】 xìnjiān 图信纸。

【信口雌黄】 xìnkǒucíhuáng 比喻不顾事实，随口乱说(雌黄：鸡冠石，可作颜料，古代用黄纸书写，写错了就用雌黄涂抹重写。后借指任意窜改)。

【信口开河】 xìnkǒukāihé 不经思索，不负责任地随意乱说。

【信赖】 xìnlài 图信任而依赖▷一位值得~的好同志。

【信念】 xìnniàn 图坚信不疑的认识。

【信任】 xìnrèn 图相信并敢于任用或托付▷人民~他｜感谢大家~我。

【信赏必罚】 xìnshǎngbìfá 该赏的一定赏，该罚的一定罚，赏罚严明。

【信誓旦旦】 xìnshìdàndàn 形容誓言说得非常肯切(旦旦：诚恳的样子)。

【信守】 xìnshǒu 图忠实地遵守▷~合同。

【信条】 xìntiáo 图遵循的准则▷生活~。

【信徒】 xìntú 图本指信仰某一宗教的人，也泛指信仰某一主义、学派或某个代表人物的人。

【信托】 xìntuō ❶图把事情托付给自己信任的人▷我受人~办理这件事。❷图接受他人委托，经营代办业务的▷~贸易｜~商店。

【信物】 xìnwù 图作为凭据的物件，常特指作为爱情证据的物件▷定情~。

【信息】 xìnxī ❶图音信、消息▷~灵通。❷现代科学指人或事物发出的消息、指令、数据、符号等所包含的内容(对接受者来说一般是预先不知道的)▷~处理｜~传输｜网络~。

【信息量】 xìnxīliàng ❶图指消息中未知程度的大小。消息未知的程度大，信息量就大；未知的程度小，信息量就小。❷也常指信息数量的多少。

【信心】 xìnxīn 图确信目标、愿望、事情等一定能实现和做好的心理。

【信仰】　xìnyǎng　囝对某种宗教或某种主义信服、崇拜并奉为言行的准则和指南。

【信义】　xìnyì　囝信用和道义。

【信用】　xìnyòng　❶囝诚恳忠实、言行一致而取得的信任▷他是一位很讲 ~ 的人｜一定要守 ~ ｜贷款。❷囝信任并任用▷ ~ 德才兼备的人。

【信用卡】　xìnyòngkǎ　囝经过一定申办手续，由银行或其他专门机构发给私人使用的短期消费的信用凭证。

【信誉】　xìnyù　囝信用和名声。也指信用方面的名声。

衅（釁）　xìn　囝裂痕；争端▷寻 ~ ｜闹事｜挑 ~ 。

xing

兴（興）　xīng　❶囝〈文〉起；起来▷夙 ~ 夜寐｜水波不 ~ 。❷发动；动员▷ ~ 兵作乱｜师动众。❸开始出现；创办▷百废俱 ~ ｜大 ~ 土木｜建 ~ 。❹流行；使盛行▷现在又 ~ 长裙子了｜时 ~ 。❺囝昌盛；旺盛▷ ~ 盛｜ ~ 隆｜ ~ 衰。❻囝〈口〉允许；许可（多用于否定）▷不 ~ 装神弄鬼｜不 ~ 打人骂人。○另见 xìng。

【兴奋】　xīngfèn　❶囝激动▷ ~ 的心情｜很 ~ ｜得一夜未睡。❷囝使振作▷喝杯咖啡， ~ ~ 头脑。❸生物体对刺激发生的反应之一。如人类大脑神经细胞可在内部或外部的刺激下兴奋或抑制，从而引起肌肉的收缩或松弛，腺体的分泌或停止分泌等。☞不读 xìngfèn。

【兴奋剂】　xīngfènjì　囝使中枢神经系统兴奋的药剂▷参赛选手不准服用｜◇表扬青少年的上进心是一服良好的 ~ 。

【兴风作浪】　xīngfēngzuòlàng　比喻无事生非，挑起事端▷有坏人在里边 ~ 。

【兴利除弊】　xīnglìchúbì　兴办有利的事业，革除弊端。

【兴隆】　xīnglóng　囝兴旺发达▷买卖 ~ 。

【兴起】　xīngqǐ　囝开始出现并兴旺地发展起来▷ ~ 了一股读书热。

【兴盛】　xīngshèng　囝兴旺昌盛▷ ~ 起来｜ ~ 时期｜国运 ~ 。

【兴师动众】　xīngshīdòngzhòng　动用很多人（多含贬义）。

【兴师问罪】　xīngshīwènzuì　出兵讨伐，追究罪责；今泛指找上门去严厉责问。

【兴衰】　xīngshuāi　囝兴盛和衰败▷一个家族的 ~ 史。

【兴亡】　xīngwáng　囝兴盛和衰亡。也偏指衰亡▷国家 ~ ，匹夫有责。

【兴旺】　xīngwàng　囝生气勃勃，发达强盛▷祖国日益 ~ ｜事业 ~ 起来。

星　xīng　❶囝星星，天空中除太阳、月亮以外用眼或望远镜可以看到的发光的天体。❷形状像星的东西，也指细小零碎或闪亮的东西▷帽徽是五角 ~ ｜肩章上有两颗 ~ ｜冒火 ~ 儿｜定盘 ~ 。❸比喻某种突出的、有特殊作用或才的人▷ ~ 教｜ ~ 灾｜ ~ 影｜ ~ 歌。

【星辰】　xīngchén　囝星的总称▷日月 ~ 。

【星斗】　xīngdǒu　囝泛指星星▷满天 ~ 。

【星汉】　xīnghàn　囝天河，银河▷仰望夜空， ~ 灿烂。

【星级】　xīngjí　囝高级宾馆的等级。国际上通行用一至五个星标志宾馆由低到高的等级。

【星空】　xīngkōng　囝有星光的夜空。

【星罗棋布】　xīngluóqíbù　像天上的星星和棋盘上的棋子那样罗列分布。形容数量多，分布广。

【星期】　xīngqī　❶囝根据国际习惯，把连续排列的七天作为作息日期的计算单位，称星期。❷特指星期日▷明天是 ~ ，全家去郊游。❸跟"日、一、二、三、四、五、六"连用，表示一个星期中的某一天，如星期二。

【星球】　xīngqiú　囝宇宙间发光或反射光的天体。如太阳、织女星、地球、月亮等。

【星体】　xīngtǐ　囝指称个别星球。

【星相】　xīngxiàng　囝星象和相貌。根据星象和人的相貌去占卜人事吉凶的迷信活动。

【星象】　xīngxiàng　囝指星体的明暗、位置移动等现象。古人迷信，认为根据星象可以推测人事。

【星星点点】　xīngxīngdiǎndiǎn　❶囝形容多而分散▷ ~ 的火把，满山遍野。❷形容很少或细碎▷哪怕是 ~ 的素材也要注意保存｜水花 ~ 地四处飞溅。

【星宿】　xīngxiù　囝泛指星星，我国古代指星座。☞"宿"这里不读 sù。

【星夜】　xīngyè　❶囝群星闪烁的夜晚▷无月的 ~ ，繁星格外明亮。❷夜晚▷ ~ 起程｜ ~ 赶工。

【星座】　xīngzuò　囝天文学把星空分为若干区域，每一个区域叫一个星座。

猩　xīng　囝猩猩▷ ~ 红。

【猩红】　xīnghóng　囝像猩猩的血那样红▷一件 ~ 的毛呢大衣。

【猩猩】　xīngxing　囝哺乳动物，形状略像人，全身有赤褐色长毛，前肢特长，有筑巢习性，能较长时间直立行走，昼间活动，主食野果。

惺　xīng　〈文〉❶囝聪明。❷清醒。

【惺忪】　xīngsōng　囝形容刚醒时视觉模糊不清的样子▷睡眼 ~ 。☞不宜写作"惺松"。

【惺惺惜惺惺】　xīngxīngxīxīngxīng　性格、才能或境遇相同的人互相看重、同情（惺惺：原指聪明的人，泛指性格等相同的人）。

【惺惺作态】　xīngxīngzuòtài　假装某种姿态▷他那 ~ 的样子，令人作呕。

腥　xīng　❶囝古代指生肉，现在指鱼、肉等食物▷荤 ~ 。❷生鱼肉等的气味▷做鱼放料酒可以去 ~ 。❸囝有腥气▷这鱼做得一点不 ~ 。

【腥臭】　xīngchòu　囝又腥又臭▷一股 ~ 难闻的气味。

【腥风血雨】　xīngfēngxuèyǔ　风里带着腥味，血溅得像下雨一样。形容人民横遭屠杀的残酷景象或惨烈的斗争形势。

刑　xíng　❶囝国家依据法律对罪犯施行的制裁▷判了三年 ~ ｜徒 ~ ｜死 ~ ｜缓 ~ 。❷对犯人的各种体罚▷动了 ~ ｜受 ~ ｜严 ~ ｜拷打。

【刑罚】　xíngfá　囝依据法律对罪犯实行的强制处分。

【刑法】　xíngfǎ　囝关于犯罪和刑罚的各种法律。

【刑事】　xíngshì　囝涉及刑法的▷ ~ 案件｜应负 ~ 责任。

【刑讯】　xíngxùn　囝动用刑具审讯▷禁止 ~ 逼供。

邢　xíng　囝用于地名。邢台，在河北。

行　xíng　❶囝走▷步步难 ~ ｜航 ~ ｜游 ~ ｜走。❷出行；旅行▷不虚此 ~ ｜欧洲之 ~ ｜ ~ 装｜ ~ 程。❸流动；流通▷流 ~ ｜发 ~ ｜ ~ 销｜时 ~ 。❹囝行书，汉字字体的一种，介于草书和楷书之间▷ ~ 草。❺囝做；从事▷倒 ~ 逆施｜相机 ~ 事｜ ~ 不通。❻囝举止行为▷品 ~ ｜ ~ 罪｜言 ~ 。❼囝可以▷你看这样做 ~ 不 ~ ｜就这么办。❽囝能干▷小王真 ~ ，什么事一办就成。❾囝进行（多用于双音节动词前）▷自 ~ 处理｜另 ~ 规定。❿副〈文〉快要▷ ~ 将就木。○另见 háng。

【行笔】 xíngbǐ 囫写字时笔锋在纸上的运转动作▷~刚劲有力。也说运笔。

【行成于思】 xíngchéngyúsī 事业的成功在于勤动脑筋、多想办法。

【行程】 xíngchéng ❶囵路程；旅程▷~遥远。❷进程▷人类进化的~。

【行刺】 xíngcì 囫(用凶器)暗杀。

【行动】 xíngdòng ❶囫走动，行走▷脚扭伤了，~不便。❷囵举动；动作▷他的~引起了公安人员的注意。❸囫为达到某种目的而进行活动▷同学们都~起来了|采取军事~。

【行贿】 xínghuì 囫进行贿赂。

【行迹】 xíngjì 囵行动的踪迹。

【行将】 xíngjiāng 圖〈文〉即将，就要▷这座旧建筑~坍塌。

【行经】 xíngjīng 囫行进中经过▷从武汉乘车，~郑州到达石家庄。

【行径】 xíngjìng 囵行为，举动(含贬义)▷卑劣~。

【行李】 xíngli 囵出门时携带的包裹、箱囊等。

【行若无事】 xíngruòwúshì 举止行动就像没出什么事一样。形容态度镇静，不慌不忙。有时也指对坏人坏事听之任之。

【行色匆匆】 xíngsècōngcōng 形容出行或走路匆忙仓促。

【行尸走肉】 xíngshīzǒuròn 能走动但没有灵魂的躯体。比喻毫无理想、稀里糊涂混日子的人。

【行使】 xíngshǐ 囫执行(职责)，使用(权力)▷当家做主的权力。

【行驶】 xíngshǐ 囫(车、船)运行、行进▷车辆~，安全第一。

【行为】 xíngwéi 囵人的有意识的活动。

【行文】 xíngwén ❶囫运用书面语言表达意思▷怎么~要反复推敲。❷发送公文给(某人、某单位)▷~省直属机关。

【行销】 xíngxiāo 囫向各地销售▷~海内外。

【行星】 xíngxīng 囵环绕太阳运行的天体。本身不发光，能反射太阳光。太阳系的九大行星是水星、金星、地球、火星、木星、土星、天王星、海王星和冥王星。

【行刑】 xíngxíng 囫执行刑罚，常特指执行死刑。

【行凶】 xíngxiōng 囫打人，杀人。

【行云流水】 xíngyúnliúshuǐ 比喻诗文、音乐等像飘着的云、流着的水那样自然流畅。

【行政】 xíngzhèng ❶囮执掌政权，管理国家事务的▷~区划|~机构。❷囵企事业单位或机关团体等内部的管理工作▷他分管~，我负责党务。

【行装】 xíngzhuāng 囵出远门时携带的衣物等▷打点~。

【行踪】 xíngzōng 囵活动的踪迹▷~诡秘|~飘忽不定。

形 xíng ❶囵实体；生物的形体▷~影不离|有~无~。❷形状；样子▷奇~怪状|四方~|地~。❸囫现出；表露▷喜~于色。❹对照；比较▷相~见绌。

【形成】 xíngchéng 囫经过发展变化而成为(某种事物)▷~了自己的风格|好的风气正在~。

【形单影只】 xíngdānyǐngzhī 一个身子一个影子，形容十分孤独。

【形而上学】 xíng'érshàngxué 同辩证法相对立的世界观和方法论。它用孤立、静止、片面的观点来看世界，认为一切事物都是永远不变的，即使有变化，也只是数量的增减和场所的变更；而这种变化的原因，不在事物内部而在事物外部。

【形迹】 xíngjì ❶囵举动和神色▷~可疑。❷行动留下的痕迹▷不留~。

【形容】 xíngróng 囫描绘、描述▷找不到一个恰当的词来~。

【形容词】 xíngróngcí 囵词类的一种。表示人或事物的形状、性质，或者动作、行为的状态的词。如"高""好""美""勇敢""坚强""通红""冰凉"等。

【形声】 xíngshēng 囵六书之一。字由"形"和"声"两部分合成。形旁表示字的意义类属，声旁表示字的读音。如"材"字，"木"是形旁，"才"是声旁。

【形式】 xíngshì ❶囵事物的外形▷房屋建筑~各不相同。❷表现内容的方式方法▷内容和~的统一。

【形式逻辑】 xíngshì luójí 囵研究概念、判断、推理等思维形式及同一律、矛盾律、排中律等思维规律的科学。

【形式主义】 xíngshì zhǔyì 囵片面追求形式而忽视内容实质的思想方法和工作作风。

【形势】 xíngshì ❶囵地势▷剑门关的~十分险要。❷情况；局势▷经济~|国际~。

【形似】 xíngsì 囫外观相似▷这件牙雕作品与真的熊猫不仅~，而且神似。

【形态】 xíngtài ❶囵事物的表现形式▷物质的~|观念~。❷形状、姿态▷黄山松的~千变万化。❸词的内部变化形式，包括构词形式和词形变化形式。

【形体】 xíngtǐ ❶囵身体的外部形状；身材▷~训练|~匀称。❷事物的形状和结构▷汉字的~|~美。

【形象】 xíngxiàng ❶囵能启发人的认识活动的具体形状▷~教学。❷人或集体的表现及其给予他人的总体印象▷完美的~|树立企业~。❸文学艺术反映社会生活的特殊形式，是作者通过艺术概括塑造出来的具体生动的生活图景，通常以人物形象为主。❹囮表达具体生动▷他讲得非常~。

【形形色色】 xíngxíngsèsè 囮各式各样，种类很多▷~的案件|地球上的生物~，门类繁多。

【形影不离】 xíngyǐngbùlí 形容关系密切，像形体和影子一样分不开。

【形影相吊】 xíngyǐngxiāngdiào 身体和影子互相安慰。形容孤独无依靠。

【形状】 xíngzhuàng 囵物体或图形的形态、样子。

陉(陘) xíng 囵山脉中间断开的地方，多用于地名▷井~(在河北)。

型 xíng ❶囵铸造器物的模具▷砂~|纸~|模~。❷规格；种类；样式▷巨~|血~|类~|造~|典~。

【型号】 xínghào 囵工业制成品的性能、规格和大小。

荥(滎) xíng 囵用于地名。荥阳，在河南。

省 xǐng ❶囫检查(自己的思想、言行)▷反~|内~。❷〈文〉看望；问候(尊长)▷~亲|归~。❸明白；醒悟▷不~人事|发人深~。○另见 shěng。

【省视】 xǐngshì 囫探望；察看▷市长~了敬老院、工人疗养院|~民情。

醒 xǐng ❶囫酒醉、麻醉或昏迷后恢复常态▷酒~了|昏迷不~|苏~。❷结束睡眠状态或还没有睡着▷睡~了|我~着呢，没睡着(zháo)。❸醒悟▷清~|猛~。

【醒目】 xǐngmù 囮显眼；引人注目▷~的大标题。

【醒悟】 xǐngwù 囫从迷惑、错误的状态中清醒、觉悟过来▷帮助他尽快~|他恍然~了。

擤 xǐng 囫排除鼻孔中的鼻涕▷~鼻涕。

兴（興） xìng 名对事物喜爱的情绪▷～高采烈|助～|诗|雅。○另见 xīng。

【兴冲冲】 xìngchōngchōng 形形容非常高兴的样子▷拿着大学录取通知书,～地跑回家去。

【兴高采烈】 xìnggāocǎiliè 兴致很高,神采飞扬。☞不宜写作"兴高彩烈"。

【兴趣】 xìngqù 名情趣;爱好或关切的情绪▷产生了浓厚的～。

【兴头】 xìngtou 名因有兴趣而产生的劲头▷他看足球赛的～真大。

【兴味】 xìngwèi 名兴趣;趣味▷～正浓|饶有～。

【兴致】 xìngzhì 名兴趣;高兴的情绪▷～高|有～。

杏 xìng 名杏树,落叶乔木,果肉味酸甜,核仁叫杏仁,可食用、榨油、做药材。

【杏黄】 xìnghuáng 形像成熟的杏那样黄而微红的颜色。

幸 xìng ❶形意外(得到好处或免去灾难)▷～存|免于难。❷名幸运;幸福▷荣|万|不～。❸副敬词,希望▷～勿推辞。❹团为幸运而高兴▷庆|欣～|～灾乐祸。❺〈文〉皇帝宠爱▷得～|臣|宠～。

【幸存】 xìngcún 团人或物侥幸地存活或存留下来▷～者|劫后～的文物。

【幸而】 xìng'ér 副幸亏;多亏▷～抢救及时,才转危为安。

【幸福】 xìngfú ❶形(生活、境遇)美满如意▷～的家庭|日子越过越～。❷名美满如意的生活和境遇,也指高尚充实的人生和由此而生的精神满足▷靠自己的劳动创造～。

【幸好】 xìnghǎo 副幸亏▷～叫了一辆出租车,要不就误点了。

【幸会】 xìnghuì 团敬词,表示跟对方会面很荣幸▷久仰大名,今日～。

【幸亏】 xìngkuī 副亏得,表示由于某种原因而侥幸避免了某种不良后果▷～带了雨衣,否则就要挨浇了。

【幸运】 xìngyùn ❶形运气好;称心如意▷中了头彩,真～。❷名好运气▷能向他请教,真是我的～。

【幸灾乐祸】 xìngzāilèhuò 因他人遭遇灾祸而高兴。

性 xìng ❶名人固有的心理素质;性情▷人|急|耐|格|任～。❷名事物的性质、特征▷药|词~|能|共|惯。❸附在某些名词、动词、形容词后面,表示事物的性质、性能、范围或方式等▷纪律～|创造|特殊|先天。❹名性别▷男|女|雄~|雌~。❺与生殖、性欲有关的▷器官|行为|~病。

【性别】 xìngbié 名雌雄两性或男女两性的区别。

【性格】 xìnggé ❶名在态度和行为方面表现出来的心理特征▷～开朗。❷个性▷一个有～的女孩。

【性急】 xìngjí 形性情急躁▷你太～了。

【性命】 xìngmìng 名生命。

【性能】 xìngnéng 名器物具有的功效和能力。

【性情】 xìngqíng 名禀性;性格▷～柔顺|我很了解她的～。

【性质】 xìngzhì 名事物的特性和本质。

【性状】 xìngzhuàng 名性质和状态。

姓 xìng ❶名标志家族系统的字▷百家～|尊～大名|～氏|～名。❷团以……为姓▷你～什么? 我～王。

【姓氏】 xìngshì 名姓和氏。最早姓起于女系,氏起于男系。后来姓氏不分,统称姓氏,专指姓。

悻 xìng 形〈文〉恼怒;怨恨▷～然。

【悻悻】 xìngxìng 形愤懑不平的样子▷她～地说了一阵,转身走了。

xiong

凶 xiōng ❶形不吉利的;不幸的(跟"吉"相对)▷吉～祸福|信|兆。❷凶恶;残暴▷穷～极恶|~神恶煞。❸名杀伤人的行为▷行～|逞~|犯~|器。❹形厉害;过分▷这病来势很～|闹得太～了。

【凶暴】 xiōngbào 形凶狠残暴▷行为~|性情~。

【凶残】 xiōngcán 形凶狠残忍▷手段极其～。

【凶恶】 xiōng'è 形凶狠恶毒▷～的目光。

【凶悍】 xiōnghàn 形凶暴强悍▷消灭~的敌人。

【凶狠】 xiōnghěn ❶形凶恶狠毒▷～的暴徒。❷凶猛有力▷～出拳。

【凶横】 xiōnghèng 形凶暴蛮横▷这伙人欺行霸市,异常～。☞"横"这里不读 héng。

【凶狂】 xiōngkuáng 形凶恶猖狂▷坚决打击犯罪团伙的～气焰。

【凶猛】 xiōngměng 形凶恶猛烈▷决堤洪水,来势～。

【凶器】 xiōngqì 名行凶的器具。

【凶杀】 xiōngshā 团杀人害命▷险遭～。

【凶神恶煞】 xiōngshénèshà 比喻凶恶的人。

【凶手】 xiōngshǒu 名行凶的人。

【凶险】 xiōngxiǎn ❶形狠毒阴险▷～狡诈。❷险恶可怕▷处境～。

【凶相】 xiōngxiàng 名凶恶的面目▷～毕露。

【凶兆】 xiōngzhào 名指不吉利的预兆。

兄 xiōng ❶名哥哥▷父～|嫂|妹。❷指同辈亲戚中比自己年龄大的男子▷表|内。❸对男性朋友的尊称▷仁|李～。

【兄弟】 xiōngdì ❶名哥哥和弟弟▷～俩◇～单位。❷泛指志同道合,友情深厚的人▷梁山众～。

【兄弟】 xiōngdi 〈口〉❶名弟弟▷我有个～在北京工作。❷称呼年龄比自己小的男子▷,注意安全! ❸旧时男子跟辈分相同的人或当众人说话时谦称自己。

【兄长】 xiōngzhǎng ❶名哥哥▷～请放心。❷旧时同辈男性间的尊称▷久闻～大名。

芎 xiōng [芎䓖]xiōngqióng 名多年生草本植物,根状茎可以做药材。也说川芎。☞统读 xiōng。

匈 xiōng [匈奴]xiōngnú 名我国古代民族。

汹 xiōng 形水向上猛烈翻腾▷～涌澎湃。

【汹汹】 xiōngxiōng 形气势大或声势大▷气势～。☞不要写作"讻讻"。

【汹涌】 xiōngyǒng 形水流奔腾激荡▷波涛～|上游的江水～而来。☞不要写作"汹湧"。

胸 xiōng ❶名人或高等动物躯干的一部分,在颈与腹或头与腹之间。❷指内心▷～怀大志|心～开阔|～襟。

【胸怀】 xiōnghuái ❶名胸部,借指内心▷敞开～。❷胸襟;抱负▷远大的～|～宽广。

【胸襟】 xiōngjīn ❶名上身衣服前面的部分▷把纪念章别在～上。❷志向,气度▷开阔的～。

【胸卡】 xiōngkǎ 名佩带在胸前的一种标志,上面有姓名、单位名称、职务,有的还贴有照片。

【胸无点墨】 xiōngwúdiǎnmò 形容文化水平很低,没有学问。

【胸臆】 xiōngyì 名内心的想法;心里▷直抒～|发自

【胸有成竹】 xiōngyǒuchéngzhú 高明的画家画竹子之前胸中已有竹子的完整形象。比喻做事之前已经有全面的设想和安排。也说成竹在胸。

雄 xióng ❶动植物中能产生精细胞的(跟"雌"相对)▷～鸡｜～蜂｜～蕊。❷图才能、勇气过人的人；有强大实力的集团或国家▷奸～｜群～｜英～｜战国七～。❸形强有力的；有气魄的▷～兵｜～心。

【雄辩】 xióngbiàn ❶图强有力的论辩▷事实胜于～。❷形富有说服力的▷～的口才。

【雄才大略】 xióngcáidàlüè 卓越的才能和谋略。

【雄风】 xióngfēng 图强劲的风。今多指威猛的风度▷老将军～不减当年。

【雄关】 xióngguān 图雄伟险要的关口▷山海关以"天下～"著称。

【雄厚】 xiónghòu 形充足，丰富▷实力～。

【雄浑】 xiónghún ❶形雄健浑厚▷粗犷～的书法。❷雄壮浩翰▷～的大海。

【雄健】 xióngjiàn 形雄壮刚健▷～的步伐｜笔力～。

【雄劲】 xióngjìng 形雄健有力▷笔力～。☞"劲"这里不读 jìn。

【雄赳赳】 xióngjiūjiū 形形容威武雄壮的样子▷队伍～地走过检阅台。☞不宜写作"雄纠纠"。

【雄踞】 xióngjù ❶图威武雄壮地盘坐▷猛虎～山颠◇电视塔～在城北的小山上。❷比喻有力地占有▷西瓜在夏季瓜果中～首席。

【雄奇】 xióngqí 形雄伟奇特▷这一古建筑群，风格～，十分壮观。

【雄师】 xióngshī 图英勇善战的军队▷～压境｜百万～过大江。

【雄视】 xióngshì 图称雄；以压倒一切的气势注视着▷～一方｜～百代的气魄。

【雄图】 xióngtú 图宏伟深远的谋略▷胸有～。

【雄威】 xióngwēi ❶图强大的威力▷万里海疆振～。❷形威武雄壮▷～之师。

【雄伟】 xióngwěi 形高大雄壮▷～的泰山｜纪念碑魏峨～。

【雄心】 xióngxīn 图远大的理想和抱负▷～壮志｜满怀～踏进高科技领域。

【雄鹰】 xióngyīng 图矫健勇猛的鹰。

【雄壮】 xióngzhuàng ❶形雄伟健壮▷身材威武～。❷声音洪亮有气势▷～的军乐。❸雄伟壮观▷军威～｜钱塘江潮神奇～。

【雄姿】 xióngzī 图雄壮威武的姿态▷老将军～犹在。

熊 xióng 图哺乳动物，身体大，能直立行走，会爬树。有黑熊、棕熊、白熊等。

【熊猫】 xióngmāo 图我国特有的珍稀哺乳动物。体肥胖，像熊而略小。眼圈、耳朵、四肢和肩部黑色，其余部位白色。生活在高山竹林中，以竹类为食。产于我国四川、甘肃以及陕西部分地区。也说大熊猫。

【熊市】 xióngshì 图指股票价格趋向持续下跌的行情(跟"牛市"相对)。

【熊熊】 xióngxióng 形光焰旺盛的样子▷～烈火。

xiu

休 xiū ❶团歇息▷～假｜～息｜午～｜退～。❷停止；完结▷争论不～｜～战｜～罢。❸副别；不要▷想想蒙混过关。❹旧时指丈夫离弃妻子▷～妻｜～书。❺形欢乐；喜庆▷～戚与共。

【休会】 xiūhuì 团正在进行的会议暂时停下来▷～一天｜中途～。

【休假】 xiūjià 团按照规定或经批准，不工作、学习而休息▷学校同意他～一个月｜夏天去北戴河～。

【休克】 xiūkè 团〈外〉人体受到剧烈创伤、大量出血、严重感染、过敏、中毒等强刺激而引起血压下降、脸色苍白、四肢发冷甚至昏迷▷他突然～了。

【休眠】 xiūmián 团某些生物为了适应不利的外界环境而停止生长或活动的现象。如蛇冬季不吃不动。

【休戚与共】 xiūqīyǔgòng 喜庆同享，忧患同当。形容彼此同甘共苦(休：喜悦；戚：忧愁，悲伤)。

【休憩】 xiūqì 团〈文〉休息▷稍事～。

【休息】 xiūxi 团暂停工作、学习或体力活动，使体力和精神得到恢复。

【休闲】 xiūxián 团休息；消闲▷去公园～｜～服。

【休想】 xiūxiǎng 团不要企图▷～霸占我们的一寸土地！

【休学】 xiūxué 团学生因故暂时停学，保留学籍。

【休养】 xiūyǎng ❶团休息调养▷在家～。❷安定人民生活，使国民经济得到恢复和发展▷～国力。

【休养生息】 xiūyǎngshēngxī 在国家大动荡或大变革后，减轻人民负担，安定人民生活，以便恢复元气。

【休业】 xiūyè 团停止营业▷本店因盘点，～一天。

【休整】 xiūzhěng 团休息整顿▷部队从前线撤下来～五天。

【休止】 xiūzhǐ 团停息；中止▷无～地争论。

咻 xiū [咻咻]xiūxiū 拟声模拟喘气声或某些动物的叫声▷～地喘个不停｜小鸭～地叫着。

修 xiū ❶团整理装饰使整齐美观▷不～边幅｜装～｜～饰。❷修理；整治▷～鞋｜把河堤～好｜年久失～。❸兴建；建造▷～水库｜建～｜兴～。❹〈文〉撰写▷～史｜～志｜编～。❺学习和锻炼，使(品德、学识)完善或提高▷进～｜自～｜选～课。❻学习并实行佛、道等宗教的教义▷～行｜～道｜～士。❼剪或削，使整齐美观▷～树枝｜～指甲｜～剪。❽形长▷茂林～竹｜～长。

【修补】 xiūbǔ 团修理破损的东西，使能继续使用▷～一下还能用。

【修长】 xiūcháng 形细长、瘦高▷～的身材。

【修辞】 xiūcí ❶团依据题旨情境修饰文词，以提高语言表达效果。❷图修饰文词，提高语言表达效果的规律▷学习～｜研究～。

【修辞格】 xiūcígé 图为加强语言表达效果而形成的特定表达形式，如比喻，借代，对偶等。也说辞格、辞式。

【修订】 xiūdìng 团修改订正▷～本｜～教学大纲。

【修复】 xiūfù 团修整使恢复原样▷被洪水冲坏的堤坝正在～。

【修改】 xiūgǎi ❶团改正文稿中的错误缺点▷文章要反复～。❷修缮改建；修理改进▷这间房子～后可作演练厅｜衣服太肥，请～一下。

【修好】 xiūhǎo 团国与国或人与人之间结成友好关系▷与邻国～｜二人重新～。❷行善▷～积德。

【修旧利废】 xiūjiùlìfèi 修理、利用废旧物品，变无用为有用。

【修浚】 xiūjùn 团整修疏浚▷～航道｜～河床。

【修理】 xiūlǐ ❶团使损坏的东西经加工后能再使用▷～自行车。❷修剪梳理▷～果木｜～胡须。

【修炼】 xiūliàn ❶团道教修道、炼气、炼丹或气功门派练气功等。❷学习锻炼▷～本领｜～武功。

【修配】 xiūpèi 团修理损坏的部分，配齐残缺的部件▷汽车～厂。

【修葺】 xiūqì 团〈文〉修理(建筑物)▷商场～一新。☞"葺"跟"茸"(róng)不同。

【修缮】 xiūshàn 团修理、修整(建筑物)▷～房屋｜古建筑得到～。

【修饰】 xiūshì ❶团修理装饰，使整齐美观▷公园～一新。❷梳妆打扮，使仪容漂亮▷没加任何～。❸对语言文字进行修改、润色▷～文词。

【修养】 xiūyǎng ❶图思想、理论、知识或艺术等方面所达到的水平▷文学～｜思想～。❷个人思想品德方面的培养提高▷素质低，～差。

【修业】 xiūyè 团学生在校学习▷～期满，准予毕业。

【修造】 xiūzào 团修盖建造；修理制造▷～拦河坝｜重型机械～厂。

【修整】 xiūzhěng 团修理使整齐完美▷残垣断壁要一一～｜～后的街道，宽阔整齐。

【修正】 xiūzhèng 团修改订正；改正▷～错误｜～文稿中的不妥之处。

【修筑】 xiūzhù 团修造、建筑▷～工事。

羞 xiū ❶图不光彩；不体面▷遮～｜～耻｜～愧。❷团不好意思；难为情▷～得面红耳赤｜怕｜～涩。❸使人难于情▷说出真情来～她！

【羞惭】 xiūcán 图羞愧▷～得低头不语｜感到非常～。

【羞耻】 xiūchǐ ❶图不光彩，不体面▷很～。❷图耻辱▷不知｜莫大的～。

【羞答答】 xiūdādā 图形容害羞的样子▷～地不敢抬头｜～的样子。也说羞羞答答。

【羞愧】 xiūkuì 图感到羞耻惭愧▷他十分～｜～的目光。

【羞赧】 xiūnǎn 图因害羞而脸红▷姑娘～地低下了头。

【羞怯】 xiūqiè 图又害羞又胆怯▷～的目光｜～不语。

【羞辱】 xiūrǔ ❶图感到耻辱▷～得抬不起头来。❷团使蒙受耻辱▷～了人家一通｜怎能这样～人呢？

【羞涩】 xiūsè 图害羞而不自然的样子▷～得两颊绯红。

【羞与为伍】 xiūyǔwéiwǔ 以跟某人在一起为耻辱。

馐(饈) xiū 图〈文〉精美的食物▷珍～。

朽 xiū ❶团腐烂▷这段木头已经～了｜腐～｜磨～；消失▷不～的业绩。❸图衰老▷衰～｜老～。☞统读 xiǔ。

【朽木】 xiǔmù ❶图腐朽的木头▷这堆～只好当柴烧了。❷比喻不堪造就的人▷他简直是一根～，难以造就。

宿 xiǔ 圖〈口〉一夜叫一宿▷只住一～｜半～没睡。○另见 sù；xiù。

秀 xiù ❶团庄稼等植物抽穗开花▷水稻～穗了｜六月六，看谷～。❷图优异出众▷优～｜～才。❸图优秀出众的人才▷后起之～｜文坛新～。❹图俊美；美丽而不俗气▷山清水～｜俊～｜眉清目～。

【秀才】 xiùcai 图明清两代称通过最低一级科举考试得以在府、县学读书的人。❷泛指读书人或有一定知识的人▷～不实践也不行｜他是我们连里的大～。

【秀丽】 xiùlì 图清秀美丽▷山川～｜字迹～｜～的身影。

【秀美】 xiùměi 图秀丽▷风景～｜～的容貌。

【秀气】 xiùqi ❶图清秀雅致▷姑娘长得很～。❷轻便细巧▷这只笔真～。

【秀色】 xiùsè ❶图秀丽的景色▷西湖美景，～可餐。❷秀美的容貌▷丽姿～早已消逝。

【秀雅】 xiùyǎ 图清秀文雅；秀丽雅致▷这姑娘很～｜景色～。

臭 xiù 图气味▷空气是无色无～的气体▷乳～未干。☞这个意义不读 chòu。○另见 chòu。

袖 xiù 图袖子▷衣～｜短～｜～衬衫。

【袖手旁观】 xiùshǒupángguān 把手笼在袖子里在一旁观看。比喻置身事外不参与。

【袖珍】 xiùzhēn 图原指可以藏在宽大的袖筒里的，现用于形容小型物品▷～英汉词典。

绣(繡) xiù ❶团用彩色的线在绸、布上缀出花纹、图案或文字▷在衣襟上～了朵花｜描龙～凤。❷图刺绣的成品▷湘～｜川～｜苏～。

【绣花枕头】 xiùhuāzhěntou 比喻外表好看而没有真才实学的人。

宿 xiù 图我国古代指某些星的集合体▷星～｜二十八～。○另见 sù；xiǔ。

锈(鏽) xiù ❶图铜、铁等金属表面因氧化而生成的一种物质▷刀上面生了一层～｜铜～｜铁～。❷团生锈▷刀～了｜不～钢｜防～漆。❸图器物表面像锈一样的物质▷水～｜茶～。❹锈病▷黑～病｜抗～剂。

嗅 xiù 团闻气味▷警犬用鼻子～了～旅行包。

【嗅觉】 xiùjué 图鼻子对气味的感觉；比喻识别事物的能力▷～正常｜政治～。

溴 xiù 图非金属元素，符号 Br。红褐色液体。在染料、医药、摄影、制冷等行业中有重要用途。

XU

戌 xū 图地支的第十一位。☞"戌"和"戊"(wù)、"戍"(shù)形、音、义都不同。

吁 xū 团叹息▷长～短叹。○另见 yù。

【吁吁】 xūxū 拟声模拟喘气的声音▷气喘～。

须(須鬚❷❸) xū ❶团须要；一定要▷务～努力｜旅客～知｜必～。❷图胡子▷～发｜胡～。❸生物体上长的像胡须的东西▷触～｜玉米～｜～根。

【须眉】 xūméi 图胡须和眉毛；借指男子▷巾帼不让～。

【须要】 xūyào 团一定要；必须要▷～帮助｜这种大手术～特别细心。

【须臾】 xūyú 图片刻，一会儿。

【须知】 xūzhī ❶团必须要知道▷～创业的艰难。❷图应用文体之一，对所从事的活动必须知道的注意事项▷报考～｜游园～。

胥 xū 图〈文〉官府中的小吏▷～吏。

项(頊) xū 见[颛顼]zhuānxū。

虚 xū ❶图空▷座无～席｜空～。❷虚心；不自满▷谦～。❸图空隙；弱点▷乘～而入｜避实就～。❹图体质弱▷～症｜～弱｜～汗。❺虚假▷～情假意｜～名。❻圆白白地▷～度年华｜弹(dàn)无～发。❼图胆怯▷心里发～｜～胆。

【虚词】 xūcí ❶图不能单独充当句法成分，但有帮助造句作用的词。汉语介词、连词、助词等属于虚词。❷虚夸不实之词▷切忌～应付。

【虚度】 xūdù 团白白地度过▷～年华｜～时光。

【虚浮】 xūfú 图不切实；飘浮不实▷～的工作作风｜这个规划有些～。

【虚构】 xūgòu ❶团凭空编造▷这些材料都是～的，没有根据。❷文艺创作通过编写故事情节，塑造艺术形象反映生活▷艺术～｜小说～了一个典型人物。

【虚怀若谷】 xūhuáiruògǔ 胸怀像山谷那样深广。形容谦虚大度，能容纳各种意见。

【虚幻】 xūhuàn 厖虚无缥缈；虚假不实▷~梦境|太~了。

【虚假】 xūjiǎ 厖不真实；与实际不符▷~的消息|表演过于~。

【虚惊】 xūjīng 厖不必要的惊慌▷一场~。

【虚夸】 xūkuā 厖虚假浮夸▷~的言词|力戒~。

【虚拟】 xūnǐ ❶囝假设；虚构▷~语气|这部影片的情节是~的。❷利用计算机模拟人在现实中视、听、动的环境，通过多种传感器使用户"投入"到该环境中，实现人与该环境间的自然交互▷~现实。

【虚情假意】 xūqíngjiǎyì 虚假的情意。

【虚荣】 xūróng 图表面上的荣耀▷~心|爱~。

【虚弱】 xūruò 厖❶体虚气弱，不健康▷这孩子从小就很~的身体。❷(力量等)空虚薄弱▷国力~。

【虚设】 xūshè 囝(机构、职位等)名义上有而实际上没有或不起作用▷了一个办事处|这个职位形同~。

【虚实】 xūshí 图真和假，泛指情况▷探听~。

【虚脱】 xūtuō 图因失血过多、脱水等原因引起心脏和血液循环衰竭的现象。症状是体温、血压下降，脉搏微弱，盗汗，面无血色。

【虚妄】 xūwàng 厖荒诞无稽的；不合乎情理的▷~之词。

【虚伪】 xūwěi 厖虚假；不实在▷~的人|非常~|他很~。

【虚无缥缈】 xūwúpiāomiǎo 形容空虚渺茫(缥缈：隐约，若有若无的样子)▷~的海市蜃楼。

【虚无主义】 xūwú zhǔyì 对历史遗产、民族文化等一概否定的唯心主义历史观。

【虚心】 xūxīn 厖不自满；谦虚▷要~些|听取意见。

【虚张声势】 xūzhāngshēngshì 假装出强大的声势(张：铺张，夸大)。

【虚掷】 xūzhì 囝白白扔掉▷~年华|岁月~。

墟 xū 图过去人群居住过而现在荒芜了的地方▷废~|殷~。

蓿 xū 见[苜蓿]mùxu。

需 xū ❶囝需要，应该有或一定要有▷~求|用急~|必~品。❷图需要用的东西▷军~。

【需求】 xūqiú 图因需要而产生的要求▷满足农民对化肥的~。

【需要】 xūyào ❶囝要求得到；必须有▷~一批钢材。❷应该，必要▷~冷静地考虑。❸图对事物的要求▷祖国的~。

嘘 xū 囝从嘴里慢慢地吐气▷~了一口气。☞作叹词用时(表示制止、驱赶等)读 shī，如"嘘，别说话"

【嘘寒问暖】 xūhánwènnuǎn 形容对别人生活很关心(嘘寒：呵出热气，使受冷的人温暖)。

徐 xú 厖〈文〉缓慢▷慢慢~|清风~来|~图|~缓|~~。

【徐缓】 xúhuǎn 厖缓慢▷火车~地停了下来。

许(許) xǔ ❶囝应允；认可▷只~看，不~摸|准~|默~|特~。❷事先答应给予▷~愿|~婚|~配。❸称赞▷~为佳作|赞~|称~|推~。❹圖〈口〉可能▷他今天没来，~是病了。❺在"多、久"等前面表示程度高；在"少、些"后面表示程度低▷多~|久~|少~。❻图〈文〉表示约数▷城外二里~|上午十时~。

【许多】 xǔduō 厖很多▷~房子|广场上有许许多多的人。

【许久】 xǔjiǔ 厖很久▷交谈~|~未见。

【许可】 xǔkě 囝准许，允许▷未经~，不得入内。

【许诺】 xǔnuò ❶囝答应别人的请求▷这事我曾~过我|~之后，又后悔了。❷图许诺的话▷实践了对她的~。

【许愿】 xǔyuàn ❶囝对神佛有所祈求，许诺事成后给予酬谢。❷借指事前答应将来给予对方某种好处▷他再三~，姐姐终于同意了。

诩(詡) xǔ 囝〈文〉说大话；夸耀▷自~。

栩 xǔ [栩栩]xǔxǔ 厖生动活泼的样子▷~如生。

旭 xù 厖太阳初出的样子。

【旭日】 xùrì 图初升的太阳▷~东升。

序 xù ❶图排列的先后▷循~渐进|顺~|程~|秩~。❷序文，介绍或评价书的内容的文章▷请他写篇~|代~。❸厖在正式内容开始之前的▷~幕|~曲。

【序列】 xùliè 图按顺序排成的行列▷按~进行|产品~。

【序幕】 xùmù ❶图多幕剧开始之前的一场戏，介绍剧中人物历史和剧情发生的原因，或预示全剧的主题。也泛指某些叙事性文学作品正文对作品时代背景、人物历史及其相互之间关系所作的交代或提示。❷比喻重大事件的开端。

【序曲】 xùqǔ ❶图歌剧、舞剧等开场前演奏的乐曲。也指大型器乐的前奏曲或以这种形式写成的独立器乐曲。❷比喻事件、行动的开端▷他被暗杀，仅仅是这次政变的~。

【序数】 xùshù 图表示次序的数。如：第一、第二、第三。

【序文】 xùwén 图写在著作正文前面的文章。作者自己写的多是交代成书的宗旨和经过。别人写的则多为介绍或评论著作内容。也说序言。☞不宜写作"叙文"。

叙 xù ❶囝交谈；说▷~家常|叙~旧。❷叙述▷~说|~事。

【叙旧】 xùjiù 囝谈论彼此交往的旧事▷老友在一起~。

【叙事】 xùshì 囝记述事情经过▷~诗|条理清晰。

【叙事诗】 xùshìshī 图以叙述历史或事件为内容的诗歌，有比较完整的故事情节和人物形象。

【叙述】 xùshù 囝写出或说出事情的经过▷~一件事|~简洁生动。

【叙说】 xùshuō 囝口头叙述▷~事件的前前后后。

【叙谈】 xùtán 囝交谈▷请到我家来~~。

恤 xù ❶囝怜悯▷怜贫~老|体~|怜~。❷救济；周济▷抚~|~金。

畜 xù 囝饲养(禽兽)▷~养|~牧|~产。☞表动作义不读 chù。❍另见 chù。

【畜牧】 xùmù 囝饲养牲口或家禽▷发展~业。

【畜养】 xùyǎng 囝饲养(牲口)▷~良种牛。

酗 xù [酗酒]xùjiǔ 囝无节制地饮酒▷切忌~|~闹事。☞不读 xiōng。

绪(緒) xù ❶图〈文〉丝的头儿。❷开端▷头~|论~|就~。❸心情▷情~|思~|心~。

【绪论】 xùlùn 图著作开头的概述部分，说明全书主旨和内容等。也说绪言。

续(續) xù ❶囝连接；接连不断▷持~|连~。❷接在原有事物的后面或下面▷狗尾~貂|

继~|~集。❸〈口〉添;加▷往杯子里~点茶水|火快灭了,赶紧~煤。

【续假】　xùjià　囫在原定假期之后,继续请假▷因事~三天。

【续聘】　xùpìn　囫继续聘任▷厂里~老王,请他继续指导技术部。

絮　xù　❶囵古代指粗丝棉。❷像丝棉一样轻柔容易飞扬的东西▷柳~|芦~。❸弹制好的棉花胎▷棉~。❹囫把棉花等铺进衣、被里▷棉袄里的棉花没~匀|~棉裤。❺囵(言语)啰唆,重复▷~叨|~烦。

【絮叨】　xùdāo　囵说话啰唆,不简练▷这位老太太太~|他絮絮叨叨没完。

【絮烦】　xùfan　囵因啰唆而使人腻烦。

【絮语】　xùyǔ　❶囫连续不断地低声说话。❷囵絮叨的话。

婿　xù　❶囵丈夫▷夫~。❷女儿的丈夫▷乘龙快~|翁~。

蓄　xù　❶囫积聚;储藏▷水库~满了水|积~|~电池。❷(心里)存有▷~意。❸留着(须、发)不剃▷~发。

【蓄洪】　xùhóng　囫为防止洪水泛滥成灾,把超过河道泄洪能力的洪水储存在一定的地方。

【蓄谋】　xùmóu　囫早已谋划(含贬义)▷~陷害。

【蓄养】　xùyǎng　囫储存并培养▷~人才。

【蓄意】　xùyì　囫存心;有意▷~破坏。

煦　xù　囵〈文〉温暖▷~日|~暖|和~。☞统读xù。

xuan

轩(軒)　xuān　❶囵〈文〉古代指前顶较高而有帷幕的车;泛指车。❷囵高▷~昂|~然大波。❸囵有窗的长廊或小屋,多用作书房或某些商店的名字。

【轩昂】　xuān'áng　囵形容意气高扬▷衣冠楚楚,气宇~。

【轩敞】　xuānchǎng　囵(房屋)高大宽敞▷车间~整洁。

【轩然大波】　xuānrándàbō　高高涌起的波涛,比喻大的纠纷或风潮。

【轩轾】　xuānzhì　囵〈文〉大车前高后低为轩,前低后高为轾。引申为高低、轻重▷不分~。

宣　xuān　❶囫发表;传播▷心照不~|誓|战|布。❷疏通;发散▷~泄。❸囵指宣纸▷玉版~|生~。

【宣布】　xuānbù　囫公开告诉大家▷~参赛运动员名单|考试成绩已经~了。

【宣称】　xuānchēng　囫声称;公开表白▷他~自己是清白的。

【宣传】　xuānchuán　囫向群众公布、说明、解释,使尽可能多的群众知道、相信、支持。

【宣读】　xuāndú　囫当众朗读(文告等)。

【宣告】　xuāngào　囫宣布▷~竣工|诗社~成立。☞"宣告"后必须带动词性宾语。

【宣讲】　xuānjiǎng　囫对众人宣传讲解。

【宣判】　xuānpàn　囫法院向当事人宣布判决结果。

【宣誓】　xuānshì　囫参加某一组织或担任某一职务时,在一定仪式上当众说出表达忠诚和决心的誓言▷~就职。

【宣泄】　xuānxiè　❶囫使水流排出▷务使上游来水得以~。❷吐露发泄(心中的愁闷)▷他痛哭一场,来内心的积郁。

【宣言】　xuānyán　❶囵国家、政党团体及其领导者为表明对重大问题的立场、观点而发表的文告。❷公开声明▷郑重~。

【宣扬】　xuānyáng　囫公开传扬▷~先进工作者的事迹。

【宣战】　xuānzhàn　❶囫(国家与国家或集团与集团之间)宣布开始处于战争状态。❷泛指有目标地展开大规模斗争▷向贫困~。

【宣纸】　xuānzhǐ　囵安徽宣城、泾县出产的一种质地绵软柔韧的纸张,用于画国画或写毛笔字。

萱　xuān　囵萱草,多年生草本植物,花蕾加工后即成黄花菜,可食用,根可以做药材。

喧　xuān　囫(许多人)大声说话;叫嚷▷~嚷|~扰|~器一时。

【喧宾夺主】　xuānbīnduózhǔ　客人的声音超过了主人的声音。比喻次要的或外来的占据了主要的或原有的地位。

【喧哗】　xuānhuá　❶囵声音大而嘈杂▷大街上一片~。❷囫大声说话▷阅览室内,禁止~。

【喧闹】　xuānnào　❶囵喧哗热闹▷~的农贸市场。❷囫吵闹▷孩子们~不止。

【喧扰】　xuānrǎo　囫喧哗骚扰▷人声~。

【喧腾】　xuānténg　囫喧闹欢腾▷人们立即~起来。

【喧嚣】　xuānxiāo　❶囵声音嘈杂▷繁华而~的大都市。❷囫吵闹;喧嚷▷不论他们怎样~,老人都不动声色。

【喧笑】　xuānxiào　囫(众人)大声说笑▷人们~不止。

暄　xuān　囵阳光温暖▷寒~。☞跟"喧"形、义不同。

煊　xuān　[煊赫]xuānhè　囵气势盛;名声大▷~一时。

玄　xuán　❶囵黑色▷~狐|~青。❷悠远;远▷~古|~远|~孙。❸深奥难懂▷~妙|~机。❹虚妄;不可靠▷这话也太~了,谁敢相信|故弄~虚。

【玄奥】　xuán'ào　囵深奥难懂▷这道理并不~。

【玄乎】　xuánhu　囵〈口〉玄虚;捉摸不透▷他讲的太~,没人敢信。

【玄机】　xuánjī　❶囵旧指天意、天机▷~不可泄露。❷神妙的机宜、计谋▷~在握,克敌有望。❸深奥微妙的道理▷~难测。

【玄妙】　xuánmiào　❶囵事理深奥,难以捉摸▷这理论太~了。❷囵玄妙的道理▷其中~只有他自己明白。

【玄虚】　xuánxū　❶囵神秘莫测▷这话说得也太~了。❷囵使人捉摸不透的话或事▷故弄~。

悬(懸)　xuán　❶囫吊挂▷~灯结彩|明镜高~|~挂。❷囵距离远或差别大▷天~地隔|~隔|~殊。❸囫没有着落;没有结束▷这件事一直在那里~而未决|~案。❹牵挂;挂念▷~心|~念。❺凭空▷~想|~拟。❻不着地,也没有支撑▷~空|~肘|~浮。❼囵〈口〉危险▷小路又陡又窄,走起来~的真,差一点撞车。

【悬案】　xuán'àn　囵长期拖延没有了结的案件或问题。

【悬浮】　xuánfú　囫在空中或液体中飘浮▷一轮新月~在天际|~列车。

【悬挂】　xuánguà　❶囫吊;挂▷门前~着两盏红灯。❷挂念▷日夜~。

【悬乎】　xuánhu　囵〈口〉不牢靠,不保险;危险▷这门亲事有点~|单轮走钢丝真~。

【悬空】　xuánkōng　囫悬在空中。比喻事情没有着落▷气球上~挂着一幅长长的标语|问题~,长期不得解决。

【悬念】xuánniàn ❶动牵挂、惦念▷日夜～。❷名小说、戏剧、影视等通过对情节发展和人物命运的描写技巧，给读者或观众造成的心理期待。

【悬赏】xuánshǎng 动(公布奖励的钱物数额)征招人做某事▷重金～捉拿。

【悬殊】xuánshū 形差距很大▷实力～｜比分～。

【悬崖】xuányá ❶名高耸陡峭的山崖▷万丈～。❷比喻危险的境地▷你这种做法实际上是把他进一步推向～。

【悬崖勒马】xuányálèmǎ 行至陡峭的山崖边勒住缰绳，使马停下。比喻面临危险及时回头。

旋 xuán ❶动物体围绕一个中心转动▷天～地转｜盘～｜返～｜回来了凯～。❷副〈文〉很快地▷奖券～即售罄。❹名圈子▷飞机在空中打一～｜～涡。○另见xuàn。

【旋卷】xuánjuǎn 动盘旋卷动▷火场上空浓烟～狂风～着尘沙，冲上天空。

【旋律】xuánlǜ ❶名音乐上指若干乐音的有规律、有节奏的组合。是音乐的内容、风格、体裁和民族特征等的主要表现手段▷优美的～。❷比喻事物的和谐运动▷快节奏的生活～。

【旋绕】xuánrào 动环绕，缠绕▷小狗～着我撒欢儿｜这个小装饰是用彩线一圈圈～成的。

【旋涡】xuánwō ❶名流体旋转成的涡形▷江面有不少巨大的～。❷比喻矛盾或事物的中心▷不要卷进是非的～。

【旋转】xuánzhuǎn ❶动围绕一个点或一个轴做圆周运动▷地球绕地轴～｜高难度的～动作。❷扭转▷～乾坤。

漩 xuán 名旋涡。

选(選) xuǎn ❶动(从若干人或物中)挑出符合要求的▷～种｜～女婿｜～修｜挑～。❷名被挑中的人或物▷人～｜入～。❸挑选后被编在一起的作品▷小说～｜诗～｜文～。❹动选举▷～代表｜候～｜～票。

【选拔】xuǎnbá 动挑选出优秀者▷～优秀节目｜田径～赛。

【选本】xuǎnběn 名按一定标准从一人或多人的著作中选出若干篇章编辑成的书。

【选调】xuǎndiào 动选拔抽调(人员)▷～到国家女子篮球队。

【选集】xuǎnjí 名按一定标准从一人或多人的著作中选录若干篇编成的集子。

【选辑】xuǎnjí ❶动挑选辑录▷～有关论文编成一个集子。❷名选辑成的书。

【选举】xuǎnjǔ 动用投票或举手等表决方式选代表或担任职务的人▷代表是～产生的｜工会主席和副主席。

【选录】xuǎnlù ❶动选择收录▷本书共～了20篇论文。❷选拔录用；选择录取▷～了5名木工。❸选择录制▷这盘磁带～了几首抒情歌曲。

【选民】xuǎnmín 名有选举权的公民。

【选派】xuǎnpài 动挑选并委派(合格人员担任某职或干某事)▷～运动员参加奥运会｜应～优秀的教师担任班主任。

【选配】xuǎnpèi ❶动选择搭配；选择配备▷服装颜色～得当｜～领导班子。❷选择优良种畜品种▷～良马。

【选送】xuǎnsòng 动选择输送▷～优质产品参展｜～出国留学人员。

【选题】xuǎntí ❶动选择题材或课题▷正在着手～。❷名选择的题材或课题▷这个～具有较高的实用价值。

【选修】xuǎnxiū 动学生从可供选择的科目中选定自己要学习的科目▷本学期有十几门～课｜～德语。

【选择】xuǎnzé ❶动挑选▷～专业｜～题材。❷名选中的人或物▷这个～是完全正确的。

癣(癬) xuǎn 名霉菌感染引起的皮肤病的统称，如头癣、脚癣、牛皮癣等。☞统读xuǎn。

券 xuàn 名拱券，门窗、桥梁等建筑物上的弧形部分▷打～｜发～。○另见quàn。

炫 xuàn ❶动(强烈的光线)照射▷光彩～目。❷显示；夸耀▷～耀武力。☞不读xuán。

【炫目】xuànmù 形耀眼；光彩夺目▷～的阳光｜入夜，霓虹灯光彩～。☞不宜写作"眩目"。

【炫示】xuànshì 动故意在人前夸耀、显示▷她从不～自己的才华。

【炫耀】xuànyào ❶动照耀▷阳光～。❷夸耀显示▷～自己的才能｜大加～。

绚(絢) xuàn 形色彩华丽▷～丽｜～烂。☞不读xún。

【绚烂】xuànlàn ❶形光华灿烂▷～的晚霞｜～夺目。❷文词华丽▷文章～｜多彩。

【绚丽】xuànlì 形灿烂华丽▷～的花朵｜文词～。

眩 xuàn ❶形眼睛花；晕▷头晕目～｜～晕。❷动〈文〉迷惑；惑乱▷～于虚名。

【眩晕】xuànyùn 动头昏眼花，感觉自身或周围东西在旋转▷一阵～，她有点支撑不住了。

旋 xuàn ❶形转着圈的▷～风。❷动用车床或刀子转着圈地切削▷把苹果皮～掉｜～床。○另见xuán。

渲 xuàn [渲染]xuànrǎn ❶动国画的一种技法，使用水墨或淡彩来加强表现效果。❷比喻夸张地描述▷小事一件，何必大肆～。☞不读xuān。

楦 xuàn ❶名楦子▷鞋～头｜帽～。❷动用楦子把鞋帽定形、撑大▷新鞋穿着太紧，要～一～。

【楦子】xuànzi 名制做鞋帽时，放在鞋里面用来定型的模子，一般用木料制成。也说楦头。

xue

削 xuē ❶义同"削"(xiāo)①，用于合成词和成语▷～铁如泥｜～足适履。❷动减少；减弱▷～价｜减～｜～弱。❸除去▷～职为民｜～平叛乱。○另见xiāo。

【削壁】xuēbì 名陡峭如刀削一般的山崖▷断崖～。

【削减】xuējiǎn 动在已定的数额中减少▷人员～一半｜～军费。

【削弱】xuēruò 动使减弱；变弱▷～敌军｜实力大大地～了。

【削足适履】xuēzúshìlǚ 为了适应小鞋，把脚削去一块(履：鞋)，比喻无原则迁就或生搬硬套。

靴 xuē 名靴子▷一双～子｜～马｜～筒。

【靴子】xuēzi 名鞋帮高到踝骨以上的鞋。

薛 xuē 名姓。

穴 xué ❶名洞；窟窿▷洞～｜石～。❷动物的窝▷龙潭虎～｜蛇～｜蚁～｜～巢。❸名中医指身体上可以针灸的部位▷～位。☞统读xué。

【穴居】xuéjū 动居住在洞穴里▷～野处。

【穴头】xuétóu 名组织和介绍演员自行外出表演的经

纪人。

芡 xué 囝用芡子围起来囤粮食。

【芡子】 xuézi 囝用高粱杆、芦苇等编成的狭长的粗席子。☞不宜写作"踅子"。

学(學) xué ❶囝学习▷活到老，~到老丨勤－苦练丨～文化丨～校丨～生。❷仿照▷孩子～着大人的样子说话丨鹦鹉～舌。❸囝学校▷入～丨上～丨大～丨小～。❹学问;知识▷品～兼优丨真才实～丨科～丨国～。❺学科▷物理～丨哲～。☞统读 xué。

【学报】 xuébào 囝高等院校或学术团体、科研机构编辑出版的学术性刊物。

【学潮】 xuécháo 囝学校师生因对时政或校务有所不满而掀起的抗议示威活动。

【学而不厌】 xué'érbùyàn 专心学习，永不满足。形容勤奋好学(厌:满足)。

【学阀】 xuéfá 囝学术界有较高成就和地位，但独断专行排斥异己的人。

【学费】 xuéfèi ❶囝在校学生按规定缴纳的学习费用。❷个人求学所需全部费用。❸比喻取得某些经验教训而付出的代价▷尊重科学，吸取前人的经验教训就可以少交点～。

【学分制】 xuéfēnzhì 囝高等学校的一种教学管理制度。按课程性质、周课时等给每门课程规定一定的学分。学生每修完一门课经考试合格便得到相应的学分,学生读满规定的学分,方能毕业。

【学风】 xuéfēng 囝学习的风气;治学的态度。

【学府】 xuéfǔ 囝权威性的高等学校。

【学会】 xuéhuì 囝某一学科的研究者组成的学术团体。

【学籍】 xuéjí 囝本指学生名册,现指学生在校学习的资格。

【学究】 xuéjiū 囝原指科举中的一个科目。后引申指一般读书人,也指迂腐的读书人或治学方法(含贬义)▷一个迂腐的老～丨这篇文章～气太浓。

【学科】 xuékē ❶囝按照知识的性质划分的门类▷历史～丨物理～。❷学校教学的科目。如语文、数学、外语等。❸军事或体育训练中的各种知识性的科目(区别于"术科")。

【学力】 xuélì 囝文化程度或学术造诣▷～深厚丨同等～。

【学历】 xuélì 囝求学的经历,毕业或肄业于什么学校的什么教学层次。☞"学历"侧重于求学的历程,"学力"突出学识的造诣。

【学名】 xuémíng ❶囝上学使用的正式名字。❷科学上使用的专名▷煤气的～叫一氧化碳。

【学派】 xuépài 囝同一学科中由于学说、见解不同而形成的派别。

【学舌】 xuéshé ❶囝模仿他人说话▷小孩～。❷没有主见,人云亦云▷她只会鹦鹉～。❸嘴不严,随便把听到的话告诉别人▷这人好～,非常讨厌。

【学生】 xuésheng ❶囝在学校求学的人。❷泛指虚心向别人学习的人;对当过自己老师的人自称▷做人民群众的小学生。

【学识】 xuéshí 囝学问知识。

【学士】 xuéshì ❶囝读书人;研究学问的人。❷学位中最低的一级,大学本科毕业时合符规定要求者由学校授予。

【学术】 xuéshù 囝系统的、专业性强的学问。

【学说】 xuéshuō 囝学术上自成系统的理论、主张。

【学位】 xuéwèi 囝根据攻读专业的学生的学术水平授

予的称号。我国学位分学士、硕士、博士三级。

【学问】 xuéwen ❶囝较高深的知识;学识▷这个人可有～了。❷科学地反映客观事物规律的系统知识▷懂得这门～的人现在还不多。

【学无止境】 xuéwúzhǐjìng 学习永远没有尽头。指知识永远学不完。

【学习】 xuéxí ❶囝通过读书、听课、研究、实践等手段获取知识或技能▷～语言丨～使他变聪明了。❷效法▷～英雄。

【学校】 xuéxiào 囝专门进行教育的机构。

【学业】 xuéyè 囝学习的课程、作业。

【学以致用】 xuéyǐzhìyòng 使所学的知识得到应用。

【学院】 xuéyuàn 囝以某种专业教育为主的高等学校。如音乐学院、美术学院。

【学长】 xuézhǎng 囝对比自己年长或比自己年级高的同学的尊称。

【学者】 xuézhě 囝在学术上有一定造诣和成就的人。

【学制】 xuézhì ❶囝国家对各级各类学校的课程设置、组织系统、学习年限、入学条件等的规定。❷规定的在校学习年限▷～五年。

【学子】 xuézǐ 囝学生。☞"学子"书面色彩浓,有尊重意味,一般指高等学校学生。

噱 xué 囝笑▷发～丨头(逗人发笑的话或举动)。

雪 xué ❶囝从云层中落向地面的白色结晶体,由水蒸气遇冷凝结而成,多为片状六角形。❷颜色、光泽或形态像雪的▷～白丨～亮丨～糕。❸囝洗刷;除去▷报仇～恨丨～耻丨～冤。☞统读 xuě。

【雪白】 xuěbái 囮像雪一样白▷～的工作服丨～的墙壁。

【雪耻】 xuěchǐ 囝彻底清除耻辱▷复仇～。

【雪恨】 xuěhèn 囝通过报仇而彻底消除心头之恨▷报仇～。

【雪亮】 xuěliàng ❶囮十分明亮▷～的眼睛丨照得～的。❷明白▷她嘴不说,心里是～的。

【雪上加霜】 xuěshàngjiāshuāng 比喻在一次灾祸以后,接连又遭受新的灾祸,使损害越来越重。

【雪线】 xuěxiàn 囝终年积雪区的下界线。一般随纬度增高而降低。赤道附近,雪线约高 5000 米。两极地区,雪线就是地平线。

【雪中送炭】 xuězhōngsòngtàn 比喻在别人困难、急需时给以帮助。

鳕(鱈) xuě 囝鱼,体长形而略侧扁,肉雪白,生活在海洋中。肝可以制鱼肝油。

血 xuè ❶囝流动于心脏和血管内的红色液体,主要成分是血浆和血细胞。❷有血缘关系的▷～亲丨～统。❸比喻刚强、热诚的气质或精神▷～气方刚丨～性男儿。○另见 xiě。

【血案】 xuè'àn 囝杀人案件。

【血本】 xuèběn 囝做买卖的本钱▷不惜～。

【血海深仇】 xuèhǎishēnchóu 因亲人被杀害而结下的极深的仇恨。

【血汗】 xuèhàn 囝血和汗,借指辛勤的劳动和劳动成果▷这些存款是我父母的～换来的。

【血口喷人】 xuèkǒupēnrén 比喻用恶毒的话语诬蔑他人。

【血泪】 xuèlèi 囝带血的眼泪;古人认为极悲痛时泪尽而流血。比喻悲惨的遭遇▷～仇丨一部～史。

【血泊】 xuèpō 囝流淌面积大的血。☞"泊"这里不读 bó。

【血气方刚】 xuèqìfānggāng 精力正旺盛,富有刚强的气质。

【血亲】xuèqīn 图有血缘关系的亲属,分直系血亲和旁系血亲。

【血肉】xuèròu ❶图血和肉▷～横飞┃～模糊。❷比喻关系非常亲密▷两岸同胞,～相连。

【血书】xuèshū 图用自己的鲜血写成的文字,以表示仇大冤深或志向坚决。

【血统】xuètǒng 图人类因生育而形成的亲属系统。

【血洗】xuèxǐ 指残酷屠杀。

【血腥】xuèxīng 题血液的腥臭。形容屠杀或战斗的残酷▷空气里散发着浓烈的～气味┃～镇压。

【血型】xuèxíng 图血液的类型。根据红细胞含的特殊抗原(凝集原)不同,分 O、A、B、AB 四种主要类型。

【血性】xuèxìng 图刚强正直的气质品性▷有～的男子汉。

【血压】xuèyā 图动脉血管内血液对血管壁的侧压力。心脏收缩时的最高血压叫做"收缩压"(高压),心脏舒张时的最低血压叫做"舒张压"(低压)。

【血液】xuèyè ❶图血①。❷比喻主要成分或力量▷教师队伍增加了新鲜～。

【血缘】xuèyuán 图血统。

【血债】xuèzhài 图杀人者犯下的罪行。

【血战】xuèzhàn ❶图十分激烈的战斗。❷题进行十分激烈的的战斗▷台儿庄┃～到底。

谑(謔) xuè 题〈文〉开玩笑;轻微地嘲弄▷～而不虐(开玩笑而不使人难堪)┃戏～。☛统读 xuè。

xun

勋(勳) xūn ❶图很大的功劳▷功～┃奇～┃～劳┃～章。❷有很大功劳的人▷开国元～。

【勋业】xūnyè 图功勋和业绩▷～彪炳史册。

【勋章】xūnzhāng 图授予有功人员的荣誉证章。

熏 xūn ❶题食品加工方法,用烟火接触物体,使具有某种特殊的味道▷～鱼┃～鸡┃～制。❷烟、气等刺激人或沾染、侵袭物体▷～衣服┃烟～火燎┃臭气～天。❸由于长期接触而受到影响▷利欲～心┃～染┃～陶。○另见 xùn。

【熏染】xūnrǎn 题人的思想和生活习惯逐渐受到影响(多指不良的)▷～了一些恶习。

【熏陶】xūntáo 题人的思想、行为、爱好、习惯等逐渐受到影响(多指积极健康的)▷从小受到艺术的～。

薰 xūn 图〈文〉一种香草▷～莸不同器(香草和臭草不能放在同一个器物里,比喻好的和坏的不能共处)。

醺 xūn 题形容酒醉的样子▷微～┃醉～～。

旬 xún ❶图十天,一个月分上、中、下三旬▷本月中～┃～刊。❷十岁▷六～大寿┃年满七～┃九～老人。

寻(尋) xún ❶量古代长度单位,八尺为一寻。❷题探求;找▷～人┃～觅。

【寻常】xúncháng 题平常;普通▷～百姓┃太～。

【寻访】xúnfǎng 题寻找探访▷～失散的亲人。

【寻根】xúngēn 题寻找根源。特指寻找祖籍宗亲▷海外赤子回大陆～。

【寻根究底】xúngēnjiūdǐ 寻求、追究事物的根底、来龙去脉。也说寻根问底。☛不宜写作"寻根究柢"。

【寻觅】xúnmì 题寻找;寻求▷四处～┃～知音。

【寻求】xúnqiú 题追求;寻找探求▷～真理┃科学知识。

【寻事】xúnshì 题故意制造事端、找麻烦▷无端～。

【寻死觅活】xúnsǐmìhuó 闹着自杀,以死吓人。

【寻思】xúnsi 题〈口〉思考;琢磨▷我～这件事不能办。

【寻味】xúnwèi 题琢磨体会▷值得～。

【寻隙】xúnxì 题寻找缝隙或裂痕。比喻找借口或钻空子▷～闹事┃～而人。

【寻衅】xúnxìn 题找借口挑衅▷～打人┃前来～。

【寻章摘句】xúnzhāngzhāijù 读书只搜寻摘录只言片语,不去深入研究;写文章摘取他人词句,没有创造性。

【寻找】xúnzhǎo 题找▷～机会┃四处～。

巡 xún ❶题往来查看;在一定范围内活动▷～哨┃～夜┃～回┃～行┃～诊。❷量用于为所有客人斟酒,相当于"遍"▷酒过三～,菜过五味。

【巡查】xúnchá 题巡逻检查▷～夜间～。

【巡察】xúnchá 题边走边察看▷～考场纪律。

【巡回】xúnhuí 题按一定路线或范围到各处(活动)▷～演出┃～展览。

【巡警】xúnjǐng ❶图旧时通称警察。❷现指负责治安巡逻的警察。

【巡礼】xúnlǐ 题原指宗教信徒朝拜庙宇或圣地。现在借指在某地观光或游览。

【巡逻】xúnluó 题巡查警戒▷日夜～┃加强～┃在祖国的海疆。

【巡视】xúnshì ❶题去各地视察▷～大江南北┃到海南～。❷(目光)来回扫视;向四处观看▷目光～整个大厅┃～考场。

【巡行】xúnxíng 题出行巡察▷在南方各地～。

【巡弋】xúnyì 题(舰只)在水上巡逻▷舰队在东海～。

【巡诊】xúnzhěn 题巡回治疗▷到山区～┃欢迎前来我区～的医疗队。

询(詢) xún 题征求意见;打听▷咨～┃征～┃～问。

【询问】xúnwèn 题征求意见;打听▷～有什么好的办法┃电话～号码。

荨(蕁) xún [荨麻疹]xúnmázhěn 图一种过敏性皮肤疾病,症状是皮肤上成片地红肿发痒,愈后易复发。☛"荨麻"的"荨"读 qián,"荨麻疹"的"荨"读 xún。○另见 qián。

峋 xún 见[嶙峋]línxún。

洵 xún 题〈文〉确实;实在▷～可宝贵┃～非偶然。

浔(潯) xún 用于地名。江西九江古称浔阳;长江流经江西九江市北的一段,古称浔阳江。

循 xún 题依照;遵守▷～序渐进┃～规蹈矩┃～例┃～遵～。

【循规蹈矩】xúnguīdǎojǔ 指一举一动都遵守规矩。☛"矩"不读 jù。

【循环】xúnhuán 题周而复始地运动或变化▷血液～。

【循例】xúnlì 题依照惯例▷～支付劳务费用。

【循名责实】xúnmíngzéshí 按照名称考察实际内容,做到名实相副。

【循序渐进】xúnxùjiànjìn 按照顺序逐步地提高或发展。

【循循善诱】xúnxúnshànyòu 善于有步骤地引导、启发。

鲟(鱘) xún 图鲟鱼,体略呈圆筒状,长可达 3 米多。生活在沿海或淡水中。

【训】（訓）xùn ❶囫教导；告诫▷教～｜～话｜～导。❷名教导或告诫的话▷遗～｜家～。❸准则；典范▷不足为～。❹囫训练▷集～｜军～｜培～。

【训斥】xùnchì 囫训诫与责备▷把我～了一顿。

【训诂】xùngǔ 囫解释古书中字、词、句的意义。

【训话】xùnhuà 囫上级对下属发表教导和告诫性的言词▷校长～｜临出发前团长又训了一通话。

【训诫】xùnjiè 囫教导劝诫▷～犯错误的同学。☞不宜写作"训戒"。

【训练】xùnliàn 囫有目的、有计划地采取一定措施进行教育培养，使掌握或提高某种技能▷～学生的写作能力｜受过专门～。

【讯】（訊）xùn ❶囫询问；问候▷问～｜问下落。❷审问▷审～｜传～｜刑～。❸名音信；信息▷音～｜电～｜简～｜通～。☞右边不是"凡"。

【讯问】xùnwèn ❶囫问；打听▷～事情经过。❷审问▷对罪犯进行～。

【汛】xùn ❶名江河季节性涨水的现象▷防～｜～期｜春～｜潮～。❷指某些鱼类在一定时期内成群出现在一定海域的现象▷鱼～｜黄鱼～。

【汛期】xùnqī 名江河水位定期性的上涨时期▷今年～提前。

【汛情】xùnqíng 名汛期江河水位涨落的情况▷～通报要及时｜～严重。

【迅】xùn 囮速度很快▷～雷不及掩耳｜～速｜～猛。

【迅即】xùnjí 副〈文〉立即，立刻▷接到调令，～赴京。

【迅疾】xùnjí 囮十分迅速，飞快地▷～赶赴现场。

【迅捷】xùnjié 囮迅速敏捷▷动作～。

【迅雷不及掩耳】xùnléibùjíyǎn´ěr 比喻来势迅猛，不给人以防备的时间。

【迅猛】xùnměng 囮迅速凶猛；迅急猛烈▷～扑去｜～发展。

【迅速】xùnsù 囮速度快▷～得很｜行动要～。

【驯】（馴）xùn ❶囮顺从的；听从指使的▷～顺｜良｜温～。❷囫使顺从▷～马｜～兽｜～养。☞统读 xùn。

【驯服】xùnfú ❶囮顺从▷～的小羊。❷囫使驯服▷～野马｜奔腾咆哮的洪水终于～了。

【驯化】xùnhuà 囫人类把野生动植物培养成家养动物或栽培植物的过程▷～野马｜这些名贵的牡丹，是经过人们长期～才培育出来的。

【驯良】xùnliáng 囮和顺善良；驯服和善▷那些动物有的很～，有的非常凶暴。

【驯顺】xùnshùn 囮驯服温顺▷大白马～地跟在主人的后边走。

【驯养】xùnyǎng 囫饲养野生动物使逐渐驯服▷～老虎。

【徇】xùn 囫依从；无原则地顺从▷～私舞弊｜～情。☞统读 xùn。

【徇情】xùnqíng 囫为照顾私情而不讲原则▷～枉法。

【徇私】xùnsī 囫为私利而做不合法的事情▷～受贿｜～舞弊。

【逊】（遜）xùn ❶囫〈文〉让出（王位）▷～位。❷囮谦让▷出言不～｜谦～。❸囫有差距；比不上▷稍～一筹。

【逊色】xùnsè 囮差；不如▷有些～｜毫不～。

【殉】xùn ❶囫古代用人或物陪葬▷～葬。❷为了某种理想、追求而牺牲生命▷以身～职。☞统读 xùn。

【殉国】xùnguó 囫为国捐躯。

【殉难】xùnnàn 囫为国家或正义事业遇难身亡▷因遭反动派暗杀，不幸～。

【殉情】xùnqíng 囫为爱情而死▷她的～表现了对封建礼教的抗争。

【殉葬】xùnzàng ❶囫陪葬；随同死者一起埋葬。❷比喻人甘愿随同已经没落或消灭的旧思想、旧制度、旧事物一起灭亡▷你难道要当邪教的～品？

【殉职】xùnzhí 囫因公牺牲。

【熏】xùn 囫〈口〉（煤气）使人中毒窒息▷让煤气给～着了。○另见 xūn。

【蕈】xùn 名伞菌科各种真菌的统称。生长在树林里或草地上，地上部分呈伞状，包括菌盖和菌柄两部分。种类很多，有的可以食用。☞统读 xùn。

Y

ya

丫 yā ❶图树木分枝的地方▷树～｜～杈。❷指物体上端或前端分叉的部分▷五个指头四个～｜脚～子。❸指丫头▷小～。

【丫头】 yātou ❶图长辈对女孩的爱称。❷丫环(旧指供人使唤的女孩子)。

【丫枝】 yāzhī 图枝杈▷叶子落了,但～还挺立着。☞不要写作"桠枝"。

压(壓) yā ❶团从上往下施加重力▷在苫布上｜几块砖｜担子～在肩上。❷用强力制服▷树正气｜～邪气｜镇｜欺｜～制。❸竭力抑制▷强～怒火。❹胜过▷超过▷技～群芳。❺逼近;迫近▷大军～境。❻搁置不动▷货～在仓库里卖不出去｜积～。❼图指压力▷加｜减～。❽指电压、气压或血压▷变～器｜高｜低～。☞㊀右下是"土",不是"士"。㊁在口语词"压根儿"(根本,从来)中读 yà。

【压场】 yāchǎng 团控制场面▷靠权威～讲话吞吞吐吐的,怎么压得住场?

【压秤】 yāchèng ❶形(同体积的物体)称起来分量大▷铁块比棉花～。❷团过秤时,有意压低所称物品的重量▷收购时严禁～。

【压倒】 yādǎo 团胜过或超过▷他的旧体诗,～了在座的诗友｜～多数。

【压服】 yāfú 团用压力使服从▷思想问题,要说服教育,不能～。☞不宜写作"压伏"。

【压价】 yājià 团被迫或强制压低价码▷销路不畅,不得不～出售｜这伙人欺行霸市,随意～或随意抬价。

【压惊】 yājīng 团以设酒宴等方式对受惊者进行安慰▷这杯酒,为你～。

【压力】 yālì ❶图物体所承受的或垂直作用于物体表面的力▷大气的～。❷承受的负担(多指精神、心理方面)▷时间紧,任务重,～大｜变～为动力｜舆论｜人口～。

【压迫】 yāpò ❶团依仗权势,压制强迫▷不许～老百姓。❷对有机体的局部加大压力▷骨质增生～神经。

【压强】 yāqiáng 图垂直作用于物体单位面积上的压力。

【压缩】 yāsuō ❶团加压力,使体积缩小▷把氧气～到钢罐里。❷使人员、经费、材料、篇幅等缩减▷～资金｜～机构。☞"缩"不读 suò。

【压抑】 yāyì 团(情感、力量等)受到抑制,不能自由地流露和发挥▷心情很～｜～的气氛｜不要～群众的积极性。

【压榨】 yāzhà ❶团用压力榨取物体中的汁液▷植物油是从种子中～出来的。❷比喻残酷地剥削或搜刮▷资本家～工人的血汗。

【压阵】 yāzhèn ❶团排在或走在队伍的最后护卫或监督。❷稳住阵脚▷今天考试班主任～｜秩序这么乱,谁来也压不住阵。

【压制】[1] yāzhì 团强力限制或制止;抑制▷不能～群众的批评｜他努力～着满腔的愤怒。

【压制】[2] yāzhì 团用加压的方法制造▷用塑料～成各种小动物。

【压轴戏】 yāzhòuxì ❶图原指一次演出中,安排在大

轴戏(最后一出戏)之前的一出戏,现泛指一次演出中安排在最后的一个节目,一般是最精彩、最叫好的节目。❷比喻精彩的或令人注目的结尾▷改革刚刚开始,～还在后面呢。☞"轴"这里不读 zhóu。

呀 yā ❶叹表示惊异▷～,这下可糟了! ❷拟声模拟物体摩擦的声音▷大门～的一声打开了。❸团表示语气,读轻声,是助词"啊(a)"受前面一个音节末一音素 a、e、o、i、ü 的影响产生音变而采用的不同写法▷你怎么不回家(jiā)～? 我是昨天到的(de)～｜这成果来之不易(yì)～｜快请坐(zuò)～｜快去(qù)～!

押 yā ❶图在公文、合同上签的名字或代替签字画的符号▷画～。❷团以财物作担保▷把房子～出去｜～金｜抵～。❸拘留,不准自由行动▷把犯人～起来｜关～｜扣～。❹途中跟随并负责保护或看管(人或财物)▷～运｜～车｜～解｜～送。❺诗词歌赋中,某些句子的末字用韵母相同或相近的字,使音调和谐优美▷～韵。❻特指赌博时把赌注下在某一门上▷～宝。☞统读 yā。

【押车】 yāchē 团随车押运,监护(人犯、物品等)。☞不宜写作"压车"。

【押解】 yājiè 团押送(多用于犯人或俘虏)▷把犯人～到监狱。☞"解"这里不读 jiè。

【押金】 yājīn 图作为抵押的钱。

【押送】 yāsòng ❶团监押送▷这批货物你亲自～到港口。❷监押解送▷把犯人～到劳改农场。

【押题】 yātí 团考试之前猜测试题内容并作重点准备▷考试前～不利于全面掌握科学文化知识。

【押运】 yāyùn 团跟随监护运送▷～战备物资。

鸦(鴉) yā 图鸟,全身多为黑色,嘴大,翼长。我国常见的有乌鸦、寒鸦、白颈鸦等。

【鸦片】 yāpiàn 图用罂粟还未成熟的果实中的乳状汁液制成的一种毒品。俗称"大烟"。☞不宜写作"雅片"。

【鸦雀无声】 yāquèwúshēng 连乌鸦和麻雀的叫声都没有。形容非常安静。

鸭(鴨) yā 图鸭子,包括家鸭和野鸭,家鸭嘴长而扁平,腿短,趾间有蹼,善游泳。卵、肉都可以食用。

【鸭绒】 yāróng 图加过工的鸭酰(rǒng)毛,保温性能很强。

牙 yá ❶图牙齿。❷特指象牙▷～雕｜～章。❸形状像排列整齐的牙齿的东西▷～轮(齿轮)。

【牙碜】 yáchen 形❶食物里夹着沙子,嚼起来硌牙的▷菜没洗净,有点～。❷比喻不得体,使人不舒服▷姑娘家说出这种话来,听着真～。

【牙床】 yáchuáng ❶图齿龈。❷用象牙雕刻装饰的卧床。

【牙雕】 yádiāo 图在象牙上雕刻形象的技艺,也指用象牙雕刻而成的艺术品。

【牙垢】 yágòu 图牙齿表面积留的黄色或黑褐色的污垢,硬化后即成牙石。

【牙关】 yáguān 图上颌(hé)下颌之间的关节,在下巴骨的后上方▷咬紧～。

【牙口】 yákou ❶图从生长的牙齿数目可以推定牲口

的年龄,用来指牛马等牲口的年龄。❷(老年人)牙齿咀嚼的能力▷年纪不太大,可‑很不好。

【牙牙学语】 yáyáxuéyǔ (婴儿)牙牙地学说话(牙牙:模拟婴儿学说话的声音)。☞不要写作"呀呀学语"。

【牙质】 yázhì ❶图构成牙的一种钙化结缔组织。在齿髓外层的釉质里面。淡黄色,有坚韧性。也说象牙质。❷图以象牙为质料的▷~扇骨。

【牙子】 yázi ❶图物体的突出外沿或器物周围的雕饰部分▷马路~｜廊檐~。❷俗称经纪人。

芽 yá 图植物的幼体,可以发育成茎、叶或花的部分▷土豆长～儿了｜柳树发～｜豆～儿嫩｜~一体。

【芽接】 yájiē 团把植物的幼芽嫁接到另一植物体上,使成长为独立的植株,可达到改良品种的目的。

蚜 yá 图蚜虫▷棉~｜麦~。

【蚜虫】 yáchóng 图昆虫,身体卵圆形。具有刺吸式口器,刺入植物幼嫩组织吸食汁液,危害农作物。也说腻虫。

崖 yá 图高山或高地陡峭的侧面▷悬~｜山~。☞统读yá。

涯 yá ❶图〈文〉水边;岸▷津~｜岸~。❷边际;极限▷天~海角｜苦海无~｜生~｜~际。

睚 yá 图〈文〉眼眶▷~眦必报(睚眦:怒目而视)。

衙 yá 图旧时指官府▷官~｜~门(旧时官吏办公的官署)。

哑(啞) yǎ ❶圈失去说话的能力▷~巴。❷不说话的;无声的▷~口无言｜~剧｜~铃｜~谜。❸(炮弹、枪弹等因故障)打不响的▷~炮｜~火。❹发音困难或声音发沙▷沙~｜~嗓子。

【哑巴亏】 yǎbakuī 图吃亏后却不说或不便说的苦处▷吃~｜这种~,真让人心里窝气。

【哑场】 yǎchǎng ❶图戏剧表演时突然中断一切声响的场面。❷团开会时没人发言或中断发言▷领导一问,大家一下子~了。

【哑剧】 yǎjù 图一种戏剧形式,没有对白、歌唱和伴奏,而只用动作和表情表现剧情。

【哑口无言】 yǎkǒuwúyán 像哑巴一样说不出话来。形容理屈词穷,无话可说。

【哑谜】 yǎmí 图用非语言手段(如动作、表情、图画等)设置的谜语,比喻让人难以猜测的隐晦的话或问题▷有话就直说,别跟大家打~。

【哑然】 yǎrán〈文〉❶圈形容寂静▷全场~｜~失笑(情不自禁地笑出声来)。❷形容惊异得说不出话▷~失惊。

【哑语】 yǎyǔ 图手语。

雅 yǎ ❶圈〈文〉正统的;合乎标准的▷~言｜~正。❷高尚;不庸俗▷文人~士｜~俗共赏｜~兴｜高~。❸美好▷~观｜~致。❹〈文〉敬词,用于称对方的情意、举动▷~意｜~教｜~鉴｜~嘱。

【雅观】 yǎguān 圈文雅(多形容举止、装束、布置等,常用于否定式)▷赤膊上街不太~。

【雅号】 yǎhào 图高雅的名字(多用于尊称他人的名字),有时也指绰号(含诙谐意)▷见过两次面,但不知他的~是什么｜原来他还有个"博士"的~。

【雅静】 yǎjìng ❶圈幽雅,宁静▷树木葱郁的小山庄,非常~。❷文雅,沉静▷一位~的女孩。

【雅量】 yǎliàng ❶图宏大的气量。❷大的酒量。

【雅气】 yǎqì ❶圈高雅;不俗气▷名字很~。❷图高雅的气质▷缺乏~。

【雅趣】 yǎqù 图高雅的情趣。

【雅士】 yǎshì 图品格高雅的人(多指读书人)。

【雅俗共赏】 yǎsúgòngshǎng 文艺作品既精美又通俗,文化水平高的和低的都能欣赏。

【雅兴】 yǎxìng 图高雅的兴致。

【雅意】 yǎyì 图敬词,用于尊称对方的情意或意见▷不能赴宴,有负~。

【雅正】 yǎzhèng ❶圈〈文〉典雅纯正,合乎规范的▷文词～。❷团敬词,请对方指正(多用于赠送诗文书画的题款)▷奉寄拙作一本,请~。

【雅致】 yǎzhì 圈高雅;不落俗套▷她的装束挺~｜客厅里陈设很~。

【雅座】 yǎzuò 图茶馆、饭店等所设的雅致舒适的小单间。

轧(軋) yà ❶团用车轮或圆柱形的工具压;碾▷让汽车~扁了｜~棉花｜~路。❷排挤▷倾~｜挤~。○另见 zhá。

【轧场】 yàcháng ❶团用碌碡等压平打谷场或场院。❷用碌碡滚压摊在场上的谷物使脱粒。☞"场"这里不读 chǎng。

亚(亞) yà ❶圈略差;位居第二等的▷他的学问并不~于你｜~军｜~圣｜~热带。❷图指亚洲▷~欧大陆｜东南~｜~太地区。☞统读yà。

【亚军】 yàjūn 图比赛中评出的第二名,仅次于冠军。

【亚于】 yàyú 团次于;比不上(多用于否定式)▷这种人造纤维,不~棉纤维｜就工作能力来说,他并不~小李。

讶(訝) yà 团〈文〉惊奇;诧异▷惊~｜怪~｜~然失色。

迓 yà 团〈文〉迎接▷迎~。

研 yà 团用石具碾压或摩擦皮革、布、纸等,使密实光亮▷~皮子｜~光。

娅(婭) yà 图〈文〉连襟,姊妹的丈夫间的亲戚关系▷姻~(亲家和连襟,泛指姻亲)。

氩(氬) yà 图稀有气体元素,符号 Ar。无色无臭,不易同其他元素化合,也不易导热,可用来充入电灯泡或真空管。

揠 yà 团拔起▷~苗助长。

【揠苗助长】 yàmiáozhùzhǎng 拔苗助长。

yan

咽 yān 图进食和呼吸的共同通道。分为鼻咽、口咽、喉咽三部分。通常跟喉头合称咽喉。○另见yàn;yè。

【咽喉】 yānhóu ❶图咽头与喉头▷~疼痛。❷比喻形势险要的通道▷天津是从海上进入北京的~之地。

恹(懨) yān [恹恹]yānyān 圈病体衰弱无力;精神萎靡不振▷病~的｜~欲睡。

胭 yān [胭脂]yānzhi 图一种红色的化妆品,涂在脸颊上,也用作国画的颜料。

烟 yān ❶图燃烧时所产生的气体▷~熏火燎｜冒~｜炊~。❷像烟的东西▷~霭｜~波｜~雾。❸烟气附着在其他物体上凝结成的黑色物质▷松~｜锅子油~子。❹烟草▷种了两亩~｜~叶｜烤~。❺特指鸦片▷~土｜大~。

【烟波】 yānbō 图烟雾渺茫的水面。

【烟尘】 yānchén ❶图烟雾和灰尘。❷战场上的烽烟和扬起的尘土,借指战火▷军阀混战,~四起。

【烟花】 yānhuā ❶图〈文〉烟霭中的花,借指春天艳丽的景物▷~三月。❷旧时指妓女或艺妓▷~女子。

❸烟火(yānhuo)▷禁止燃放~爆竹。

【烟火】yānhuǒ ❶图烟和火▷库房重地,严禁~。❷借指熟食▷不食人间~。❸指祭祀祖先的事,也借指后代▷绝了~。

【烟火】yānhuo 图在火药中掺入某些金属盐类,经加工包裹,燃放时能发出各种颜色和图案的火花,主要供人欣赏。也说焰火。

【烟幕】yānmù ❶图用化学药剂造成的浓厚烟雾,作战时可起遮蔽作用。❷比喻掩饰真相或某种企图的言行▷这些所谓的和平论调,都是掩盖其侵略实质的~。

【烟幕弹】yānmùdàn ❶图爆炸后能造成烟雾的炮弹或炸弹。也说发烟弹。❷比喻掩饰真相或某种企图的言行▷政治~。

【烟雾】yānwù 图指烟、云、雾、气等▷~缭绕|~茫茫。

【烟霞】yānxiá 图烟雾和云霞▷西边~还留着落日的余晖。

【烟消云散】yānxiāoyúnsàn 像烟云那样消失飘散。形容消失净尽。

【烟雨】yānyǔ 图烟雾般的细雨▷~霏霏|苗壮的禾苗笼罩在~里。

【烟子】yānzi 图烟气凝聚成的黑色小颗粒,有煤烟子、油烟子等。可以制墨、做肥料等。

焉 yān 〈文〉❶囚指人、事物或处所,相当于“之”或“于(介词)是(这里,代词)”▷众好(hào)之,必察~|三人行,必有我师~。❷表示疑问,相当于“哪里”“怎么”▷不入虎穴,~得虎子|~能不败?❸囯用于句末,起加强语气等作用▷虽鸡狗不得宁~。☞上面是“正”,下边不是“与”。

阉(閹) yān 囯割掉睾丸或卵巢▷~割|~猪|~鸡。

【阉割】yāngē ❶囯摘除睾丸或卵巢,使丧失生殖能力(现仅用于动物)。❷比喻有意删掉别人文章或理论的主要内容,使失去应有的作用或改变实质▷文章的价值就在被~掉的部分|论文发表时,其主要论点被~了,以致失去了光彩。

淹 yān ❶囯浸泡▷墙根一直~在水里。❷(大水)漫过或吞没▷洪水~了村庄|~没。❸函〈文〉(时间)久▷~留。

【淹没】yānmò ❶囯(大水)浸没▷洪水~良田。❷比喻声音被盖过▷他的喊声被涛声~。

腌 yān 囯用盐、糖等浸渍(食物)▷榨菜没~透|~鸡蛋|~黄瓜。

【腌制】yānzhì 囯以盐、糖、酱油、酒等浸渍食品,使水分渗出,并形成抑制微生物繁殖的环境,达到防腐、保鲜和改变风味的目的。

湮 yān ❶囯〈文〉沉没;埋没▷~没|~灭。❷因泥沙淤积而堵塞▷河道久~。

【湮灭】yānmiè 囯埋没消失▷碑文清晰可辨,历史的记载未被~|一阵暴风雪袭来,雪原上的足迹被~得无影无踪。

【湮没】yānmò 囯埋没▷那些古城堡已为黄沙所~。☞“湮没”和“淹没”形、义不同。

鄢 yān 图用于地名。鄢陵,在河南。

嫣 yān 囷❶函女子容貌好▷~然一笑。❷颜色鲜艳▷姹紫~红。

【嫣红】yānhóng 函鲜艳的红色▷~的脸庞|~的山茶花。

【嫣然一笑】yānrányīxiào 形容女子甜美动人的微笑。

燕 yān ❶图周朝诸侯国名,战国七雄之一。❷指河北北部。○另见 yàn。

延 yán ❶囯引长;伸展▷年益寿|蔓~|绵~。❷引进;邀请▷~师|~请。❸推迟;放宽(限期)▷~迟|顺~。第四画是竖折(乚),左下不是“辶”。

【延长】yáncháng 囯加长;增加(距离或时间)▷高速公路又向海滨~了十公里|讨论会~十分钟。

【延迟】yánchí 囯推迟;拖延▷开幕日期~了|马上抢救,一秒钟也不能~。

【延搁】yángē 囯拖延耽搁▷迅速诊治,不可~。

【延缓】yánhuǎn 囯推迟;使速度放慢▷~开工|~衰老。

【延年益寿】yánniányìshòu 延长年龄,增加寿命。

【延聘】yánpìn ❶囯〈文〉聘请▷~兼职教授。❷延长聘用期▷如果工作需要,到了退休年龄还可以~一段时间。

【延期】yánqī 囯推迟原定日期▷会议~举行。

【延请】yánqǐng 囯邀请(别人担任一定工作,多为临时性的)▷~有名望的老师来我校讲学。

【延烧】yánshāo 囯火势蔓延,继续燃烧▷控制大火~。

【延伸】yánshēn 囯延展伸长▷长城从山海关向西~到嘉峪关。

【延误】yánwù 囯因拖延而耽误▷~战机。

【延续】yánxù 囯延长持续下去▷室外的喧闹声~了一个多小时|排练~到深夜。

【延展】yánzhǎn 囯延长伸展;扩展▷铁能~|工业区逐渐~到远郊。

芫 yán [芫荽]yánsuī 图草本植物,茎和叶有特殊香气,可做调味品。通称香菜。

严(嚴) yán ❶函庄重;认真▷庄~|威~|~肃。❷严格,不放松▷要求很~|~守纪律|~厉|威~。❸厉害的;程度深的▷~刑峻法|~寒|~重。❹图指父亲▷家~。❺图严密▷把门关~|~紧。

【严惩不贷】yánchéngbùdài 严加惩处,绝不宽恕(贷:宽恕)。☞“惩”不读 chěng。

【严词】yáncí 图严厉的词语▷~批驳|~厉色。

【严冬】yándōng 图极其寒冷的冬天。

【严格】yángé ❶函在执行制度掌握标准方面非常认真,一丝不苟▷~划清界限|~的规章制度。❷囯使严格▷~纪律|~考试制度。

【严加】yánjiā 囯严厉地加以(管理、教育等)▷~管束|~惩处。

【严紧】yánjǐn ❶函紧密;无缝隙的▷瓶口封得很~。❷严格;严厉▷管理~多了。

【严谨】yánjǐn ❶函严格谨慎▷态度很~|~的治学精神。❷严密;无疏漏的▷文章结构~。

【严禁】yánjìn 囯严厉禁止▷~浪费粮食|~攀折花木。

【严峻】yánjùn ❶函严厉;严肃▷态度~|~的目光。❷严重;严格▷形势~|~的考验。

【严酷】yánkù ❶函严厉;极为严格▷~的考验。❷残酷;冷酷▷~的战争|~无情。

【严厉】yánlì 函严肃而厉害;不宽容▷~的措施|~的批评。

【严密】yánmì ❶函紧密;不留空隙的▷把守要道|温室封闭得很~。❷严谨周密▷~的逻辑推理|~地观察周围的动静。❸囯使严密▷~制度。

【严明】yánmíng ❶函严格明确▷~的纪律|号令~。❷囯使严明▷~法纪。

【严师】　yánshī　图要求严格的老师▷～出高徒。

【严实】　yánshi　厖〈口〉严密；没有空隙或漏洞的▷箱子盖得很～l藏得很～，谁也找不到。

【严守】　yánshǒu　❶囵严格遵守，不违背▷～信用l～诺言。❷严密保守，使不泄露▷～秘密。❸严密把守▷～关口。

【严丝合缝】　yánsīhéfèng　结合处很严密，没有一丝缝隙。

【严肃】　yánsù　❶厖（神情、气氛等）庄重，使人感到敬畏的▷态度很～l～的气氛。❷严格认真～地对待工作。❸囵使严肃（有认真整顿的意思）▷～党纪。

【严刑峻法】　yánxíngjùnfǎ　严酷的刑律，苛刻的法令（含贬义）。

【严于律己】　yányúlǜjǐ　严格要求自己。

【严阵以待】　yánzhènyǐdài　摆好严整的阵势，等待来犯的敌人。

【严整】　yánzhěng　❶厖严明整齐▷队列～。❷严密而有条理▷布阵～l文章的思路～。

【严正】　yánzhèng　厖严肃郑重▷立论～l～态度。

【严重】　yánzhòng　厖（情势）危急；（影响）重大；（程度）深重▷事态～l问题越来越～l～的干旱l遭到～破坏。

言　yán　❶囵说▷～之有理l不～而喻l不苟～笑。❷图话▷～语留l名～。❸汉语的一句话或一个字▷一～难尽l千～万语l七～诗l万～书。

【言必有中】　yánbìyǒuzhòng　说话一定很中肯，说到点子上。☞"中"这里不读 zhōng。

【言不及义】　yánbùjíyì　说话说不到正经的事情上（及：涉及；义：指正经的事情）。

【言不由衷】　yánbùyóuzhōng　说的不是内心话。形容心口不一。☞"衷"不要写作"中"。

【言传】　yánchuán　囵用言语来传授或表达▷身教l只可意会，不可～。

【言传身教】　yánchuánshēnjiào　既用语言传授，又以行动示范。指用自己的言行教育影响别人。

【言词】　yáncí　图说话或写文章用的词语▷～生动l～华而不实。

【言辞】　yáncí　通常写作"言词"。

【言归正传】　yánguīzhèngzhuàn　把话转回到正题上来（章回小说、话本的套语）。

【言过其实】　yánguòqíshí　说话夸大，超过实际情况。

【言和】　yánhé　囵和解▷停火～。

【言简意赅】　yánjiǎnyìgāi　言词简洁而意思完备。☞"赅"不读 hé 或 hái。

【言教】　yánjiào　囵用言语开导、教育别人▷身教胜过～。

【言近旨远】　yánjìnzhǐyuǎn　言语浅近而含意深远。☞"旨"不要写作"指"。

【言路】　yánlù　图向政府或上级提出批评和建议的途径▷发扬民主，拓宽～。

【言论】　yánlùn　图对人或事所发表的议论▷～自由l错误的～。

【言情】　yánqíng　❶囵描述男女情爱的▷～作品。❷抒情▷叙事～，皆成文章。

【言谈】　yántán　❶囵交谈；说话▷不善～。❷图说话的内容和态度▷～得体。

【言听计从】　yántīngjìcóng　说的话，出的主意都听从采纳。形容对某人非常信任。

【言外之意】　yánwàizhīyì　没有直接说而能使人体会出来的意思。

【言为心声】　yánwéixīnshēng　言语是思想的表现形式。

【言行】　yánxíng　图言语和行为。

【言语】　yányǔ　图指说的话▷～不清l～粗鲁。

【言语】　yányu　囵〈口〉说▷有什么想法，尽管～。

【言重】　yánzhòng　囵话说得严重，过分▷你这话～了，实际情况不是这样。

【言状】　yánzhuàng　囵用言语来描写或形容（多用于否定式）▷莫可～l不堪～。

妍　yán　厖〈文〉美；美好（跟"媸"相对）▷不辨～媸l百花争～。

岩　yán　❶图岩石▷沉积～l石灰～l～层。❷岩石形成的山峰▷七星～（一在广东肇庆、一在广西桂林）。

【岩洞】　yándòng　图岩层中因地下水多年侵蚀冲刷而形成的屈折幽深的洞窟。

【岩石】　yánshí　图组成地壳的矿物集合体。根据成因可分为岩浆岩、沉积岩（水成岩）、变质岩三类。

炎　yán　❶厖酷热▷烈日～l～夏。❷图炎症▷肺～l发～消～。❸比喻显赫的权势▷趋～附势。❹指炎帝，传说中的上古帝王▷～黄子孙。

【炎黄子孙】　yánhuáng zǐsūn　泛指中华民族的后代（炎黄：中国上古帝王炎帝和黄帝）。

【炎凉】　yánliáng　厖热和冷，比喻对待不同人的两种迥然不同的态度，或者奉承巴结，或者疏远冷淡▷世态～。

【炎热】　yánrè　厖（天气）非常热▷～的伏天。

【炎夏】　yánxià　图酷热的夏天▷～时节。

【炎炎】　yányán　❶厖形容盛夏阳光灼热▷夏日～。❷形容火势炽热▷～大火。

【炎症】　yánzhèng　图机体受到强烈刺激（如损伤、微生物感染、化学物品作用等）后引起的一种病理反应，局部有红、热、肿、痛和功能障碍，全身可能有白细胞增多和体温升高现象。

沿　yán　❶囵沿袭▷～用l相～至今l革～。❷囧表示顺着▷～河边走l～着正确方向前进。❸图边缘▷炕～l前～l阵地～。❹囵〈口〉镶边▷鞋～l大红的衣服，～一道蓝边。☞统读 yán。

【沿岸】　yán'àn　图顺着岸边▷～随意走走。❷图临近江、河、湖、海的地带▷长江～l渤海～l太湖～。

【沿革】　yángé　图事物沿袭变革的历程▷政区～l（历史上行政区划的变化）。

【沿路】　yánlù　❶囵顺着路边▷～寻找。❷图临近道路的地带▷～有许多名胜古迹。

【沿途】　yántú　图沿路。

【沿袭】　yánxí　囵照老样子继续下去▷～旧说l老传统一直～下来。

【沿线】　yánxiàn　图靠近铁路、公路或航线的地方。

【沿用】　yányòng　囵继续使用▷十年前定的规章制度，～至今l～老方法。

研　yán　❶囵细细地磨（mó）或碾▷～墨l～成细末l～碎。❷精细地考虑▷深入探求▷～究l钻～。

【研究】　yánjiū　❶囵钻研探究（事物的本质、规律等）▷～培育水稻新品种l～历史。❷商量讨论▷调工作的事，我们～后答复你。

【研究生】　yánjiūshēng　图具有高等学校本科毕业以上的水平，经考试录取并按规定年限在大学研究生院（部、班）或科学研究机关学习进一步深造的学生，有硕士研究生和博士研究生两级。

【研究员】　yánjiūyuán　图科学研究机构中的一种高级职称，相当于教授。

【研磨】　yánmó　❶囵用工具细磨▷把羚羊角放在乳钵

里~成粉末。❷打磨，用磨料摩擦器物使光滑▷~玉镯丨出土文物不可~。

【研讨】yántǎo 动研究讨论或探讨▷共同~施工方案丨对保护水资源问题进行~。

【研制】yánzhì ❶动❷图食盐，有咸味的调味品，化学成分是氯化钠。❷化学上指由金属离子和酸根离子组成的化合物。

盐（鹽） yán

阎（閻） yán 见下。☛不能简化成"闫"。

【阎罗】yánluó ❶图佛教指主管地狱的神（梵语译音"阎魔罗阇"的省称）。也说阎罗王、阎王、阎王爷。❷比喻凶恶残暴的人。

【阎王账】yánwangzhàng 图比喻高利贷。也说阎王债。

筵 yán 图指筵席▷寿~丨婚~丨庆功~。☛统读yán。

【筵席】yánxí 图宴饮时所设的坐位，借指酒席。

颜（顏） yán ❶图脸面；表情▷鹤发童~丨容~丨正~厉色丨喜笑~开。❷颜色▷五~六色丨~料。❸脸皮；面子▷厚~无耻丨无~相见。

【颜料】yánliào 图用来着色的物质。以无机化合物为主，广泛用于油画、油漆、塑料着色、印染、陶瓷彩绘等。

【颜面】yánmiàn ❶图面容；面部▷~红肿丨~憔悴。❷面子▷丢尽~丨~扫地。

【颜色】yánsè ❶图色彩▷这种布料~不太新鲜丨绿~的画笔。❷颜料或染料等▷柜台上备有各种~，请选购丨买包~染被面。❸脸色；容貌▷~娇艳丨那女孩长得有几分~。❹显示给人看的厉害的脸色或行动▷不要动不动给人家~看，要耐心说服教育。

檐 yán ❶图屋顶边沿伸出屋墙的部分▷屋~丨廊~丨飞~走壁。❷某些器物伸出的部分▷帽~。

奄 yǎn [奄奄]yǎnyǎn 形形容气息微弱▷生命垂危，气息~丨一息~。

兖 yǎn 图用于地名。兖州，在山东。☛跟"衮"（gǔn）不同。

俨（儼） yǎn ❶形〈文〉庄严。❷副好像。☛不读yán。

【俨然】yǎnrán ❶形〈文〉庄重的样子▷~危坐丨不苟。❷〈文〉整齐的样子▷冠带~。❸宛然；很像▷画中人物，~如生丨他端坐在正席上，~是一位权威人士。

【俨如】yǎnrú 副〈文〉十分像▷远眺普陀山，~仙境。

衍 yǎn ❶动滋生▷繁~。❷多出来（字句）▷~字丨~文。

【衍变】yǎnbiàn 动演变。

【衍化】yǎnhuà 动发展变化▷昆虫一生要~成几种形态。

【衍生】yǎnshēng ❶动繁衍生息▷中华民族是最早从黄河流域~至今的。❷一种较简单的化合物分子中的氢原子或原子团被其他原子或原子团置换而生成较复杂的化合物。

【衍文】yǎnwén 图在缮写、打字、刻版、排版中误增的字句。

掩 yǎn ❶动隐藏；遮盖▷~耳盗铃丨~人耳目丨盖~丨遮~。❷关闭；合上▷把门~上。❸〈文〉趁对方没有防备（袭击或捕捉）▷~杀丨大军~至丨~捕逃犯。

【掩闭】yǎnbì 动关闭▷门窗~。

【掩蔽】yǎnbì ❶动遮掩掩隐蔽（多用于军事方面）▷把高射炮阵地~起来丨队伍~在一条山梁背后。❷图遮掩掩蔽隐人或物的东西或处所▷前面的矮树丛成了部队前进的~丨一片空旷地，任何~都没有。

【掩藏】yǎncáng 动遮掩隐藏▷~好秘密文件丨把内心的痛苦~起来。

【掩耳盗铃】yǎn'ěrdàolíng 捂住耳朵去偷铃。比喻自己欺骗自己。

【掩盖】yǎngài ❶动遮盖▷用树枝把陷阱~起来。❷遮掩；隐瞒▷~过错。

【掩护】yǎnhù ❶动隐蔽保护，不使人发现▷~地下工作者。❷对敌人采取某种牵制手段以保护己方安全行动▷你们在这儿截击敌人，~大部队安全转移。❸图指作战时遮蔽身体的屏障▷以青纱帐为~。

【掩埋】yǎnmái 动埋葬；用泥土等覆盖▷~烈士尸骨丨~光缆。

【掩人耳目】yǎnrén'ěrmù 遮挡住别人的耳朵和眼睛。比喻用假象蒙蔽别人。

【掩饰】yǎnshì 动掩盖粉饰（缺点、错误等）▷~罪责丨~真实意图。

【掩体】yǎntǐ 图掩蔽工事，作战时供指挥、射击、观察敌情等使用。

【掩映】yǎnyìng 动或隐或现，彼此遮掩，互相映衬▷楼台亭阁~在青松翠柏之中。

郾 yǎn 图用于地名。郾城，在河南。

眼 yǎn ❶图眼睛，人或动物的视觉器官▷浓眉大~丨明手快丨~珠子。❷小窟窿；小孔洞▷钻（zuàn）一个~儿丨泉~丨枪~。❸量用于井、泉水或窑洞▷清泉一~丨打两~井丨一~窑洞。❹图指识别能力；识见▷~慧丨识英雄丨~浅。❺指事物的关键▷诗~丨一句中有~丨节骨~儿。❻戏曲中的节拍▷一板三~丨快三~丨板~◇办事有板有~。

【眼巴巴】yǎnbābā ❶形急切盼望的样子▷姐妹俩在门口~地等着母亲。❷心情急切而又无可奈何的样子▷不能~地看着匪徒把自己的牛牵走。

【眼馋】yǎnchán 动看到自己喜欢的东西很想得到▷他对同学们拿到奖状特别~。

【眼眵】yǎnchī 图眼睑分泌出的淡黄色糊状物。也说眼屎。

【眼福】yǎnfú 图眼的享受，对能够观赏难以看到的珍奇或美好事物的幸运感▷大饱~。

【眼高手低】yǎngāoshǒudī 指要求的标准高而动手能力差。

【眼光】yǎnguāng ❶图视线▷同学都把~盯在老师的脸上。❷观察鉴别事物的能力；见识▷~短浅丨他提拔新人有~。❸观点；看法▷不能用旧~看新事物。

【眼红】yǎnhóng ❶动对别人的名利或好东西羡慕、嫉妒，也渴望得到▷别~别人的钱财。❷形愤怒的样子▷仇人相见，分外~。

【眼花缭乱】yǎnhuāliáoluàn 看到纷繁或新奇的东西而感到眼睛昏花、神志迷乱。☛"缭"不要写作"撩"。

【眼尖】yǎnjiān 形视觉敏锐▷船老大~，一回头就发现了溺水者。

【眼见】yǎnjiàn ❶动亲眼看见▷耳听为虚，~为实。❷副马上▷~天就亮了，还睡什么？

【眼界】yǎnjiè 图目光所涉及的范围，借指见闻或知识的广度▷~大开丨开阔学生的~。

【眼看】yǎnkàn ❶动看着（正在发生的情况）▷他~着火熄灭了才离开。❷任凭；坐视（不如意的事情发生或发展而无可奈何）▷不能~着她走上邪路而不管。

❸圖马上;即刻▷～要开学了,你应该准备一下。

【眼力】　yǎnlì 图❶视力。❷观察、判断事物的能力▷～不错,一下子就看出这幅画是赝品。

【眼帘】　yǎnlián 图眼皮;眼睛(多用于文学作品)▷～低垂|映入～。

【眼色】　yǎnsè 图向人传情示意的目光▷使～|看～办事。

【眼神】　yǎnshén 图眼睛的神态▷今天他的～不对劲,好像有心事。

【眼生】　yǎnshēng 圈对看到的人或物不认识、不熟悉▷家乡的道路,看着有点～|这个人很～。

【眼熟】　yǎnshú 圈对看到的人或物好像见过,但一时又把握不准或想不起来▷这个人,我觉得很～。☞"熟"这里不读 shóu。

【眼下】　yǎnxià 图现在;目下。

【眼睁睁】　yǎnzhēngzhēng 圈形容因发楞或无能为力而目不转睛地看着▷他～地看着天花板出神|我不能～地看着敌人烧杀抢掠。

【眼中钉】　yǎnzhōngdīng 比喻最痛恨、最厌恶的人或事物。

偃　yǎn ❶圖〈文〉使倒下▷～旗息鼓。❷停止;停息▷～武修文|～兵。

【偃旗息鼓】　yǎnqíxīgǔ 放倒军旗,停击军鼓。形容军队隐蔽行踪或停止战斗。

演　yǎn ❶圖发展变化▷～变|～化|～进。❷推演;发挥▷～绎|～义。❸当众表演技艺▷他～了一辈子戏|～奏|～扮。❹(根据程式)练习或计算▷～习|～算|～武|～操。

【演变】　yǎnbiàn 圖发展变化▷历史～|生物～。

【演播】　yǎnbō 圖通过广播、电视等手段演出并播放▷～新节目|首次～,获得成功。

【演唱】　yǎnchàng 圖表演歌唱(歌曲、歌剧、戏曲)。有独唱、合唱、重唱等。

【演出】　yǎnchū 圖公开表演▷到工厂～|今晚～戏曲。

【演化】　yǎnhuà 圖发展变化(多用于自然界)▷天体也在不断～|高等动物是由低等动物～来的。

【演技】　yǎnjì 图表演的技巧。

【演讲】　yǎnjiǎng 圖演说,讲演。

【演进】　yǎnjìn 圖演变进化▷哺乳动物由原生动物～而来。

【演示】　yǎnshì 圖把事物发展变化的过程用实验、实物或图表等手段显示出来▷～实验|老师一边讲解,一边～。

【演说】　yǎnshuō ❶圖就某个问题对听众进行讲解,发表看法▷站在高台上～。❷图就某个问题对听众所作的讲解和发表的看法▷他的～,引起了强烈反响。

【演算】　yǎnsuàn 圖依照原理、公式计算▷～代数题。

【演习】　yǎnxí 圖按照预想的方案进行实地练习(多用于军事方面)▷～海上救护。

【演戏】　yǎnxì ❶圖表演戏剧▷会上还要～,请你去看。❷比喻装假▷你也真会～,把他们给蒙(mēng)了。

【演义】　yǎnyì 图小说体裁的一种。在史实或传说的基础上,经过艺术加工,用章回体写成的长篇小说,如《隋唐演义》、《封神演义》、《三国演义》。

【演艺】　yǎnyì 图表演的艺术、技巧、手法等▷～高超|～界。

【演绎】　yǎnyì ❶圖推演引申▷他的文章是从某人的观点～出来的。❷由一般原理推演出特殊情况下的结论,三段论就是演绎推理的基本形式之一。❸抒发;表现▷歌手把这首民歌～得有声有色。

【演奏】　yǎnzòu 圖用乐器表演。

魇(魘)　yǎn 圖梦中惊骇或产生被东西压住的感觉▷～住了|梦～。☞不读 yàn。

鼹　yǎn 图外形像鼠,前肢发达,有利爪。善掘土,生活在土里,对农业有害。通称鼹鼠。☞不读 yàn。

厌(厭)　yàn ❶圖满足;满意▷学而不～|贪得无～。❷觉得过多而失去兴趣,产生反感▷武打片看～了|～烦。❸嫌弃▷～战|～世|～恶(wù)|讨～。☞右下是"犬",不是"大"。

【厌烦】　yànfán 圖厌倦、腻烦▷无休止的争吵,实在让人～。

【厌倦】　yànjuàn 圖对某件事情感到乏味而不愿继续下去▷对生意场上的那一套早已～了。

【厌弃】　yànqì 圖厌恶嫌弃▷无事生非的人,走到哪儿都会让人～。

【厌恶】　yànwù 圖讨厌憎恶▷不能～劳动|～那种弄虚作假的人。☞"恶"这里不读 è。

砚(硯)　yàn 图研墨用的文具,多用石头制成▷纸笔墨～|～台。

咽　yàn 圖使食物等通过咽喉进入食道▷把这口饭～下去|狼吞虎～|细嚼慢～|◇话只说了一半又～回去了。○另见 yān;yè。

【咽气】　yànqì 圖断气,即死亡。

彦　yàn 图〈文〉贤士;才德出众的人▷硕～|名儒～士|俊～。

艳(艷)　yàn ❶圈色彩明丽夺目▷这件衣裳太～|争奇斗～|鲜～|～丽。❷有关男女爱情的▷～情|～史。❸圖〈文〉羡慕▷～羡。

【艳丽】　yànlì 圈鲜艳,美丽▷～的服装|文词～。

【艳阳天】　yànyángtiān 图阳光明媚的春天。

晏　yàn 〈文〉❶圈晚,迟▷～起。❷平静;安定▷河清海～|海内～如|～然自得。☞跟"宴"(yàn)形、义不同。

唁　yàn 圖吊丧;对遭遇丧事的表示慰问▷吊～|～函。

【唁电】　yàndiàn 图对死者所属一方表示慰问的电报。

宴　yàn ❶圖用酒饭款待宾客;聚在一起会餐▷～请|大～宾客|欢～。❷图酒席▷设～|盛～|国～|便～。

【宴会】　yànhuì 图款待宾客酒食的比较隆重的聚会。

【宴请】　yànqǐng 圖摆酒席款待▷～亲朋|～劳动模范。

【宴席】　yànxí 图招待客人的酒席。

验(驗)　yàn ❶圖通过实践等途径得到证实▷～方|～证。❷察看;检查▷把货～一～|～血|～收|检～。❸出现预想的效果▷应～|灵～|屡试屡～。

【验方】　yànfāng 图中医指经临床验证疗效显著的现成药方。

【验关】　yànguān 圖由海关官员查验(出入境人员的证件及所带物品等)。

【验光】　yànguāng 圖检验眼球晶状体的屈光度,以测定近视、远视、散光的程度。

【验看】　yànkàn 圖检验察看▷～学历证明|专家～送审产品。

【验收】　yànshōu 圖检验后收下。

【验算】　yànsuàn 圖检验运算结果,有无差错。

【验证】　yànzhèng 圖检验证实▷只有实践才能～所学知识是否有用。

谚(諺)　yàn 图谚语▷农～|民～。

【谚语】　yànyǔ　图熟语的一种，是民间广泛流传的言简意深的固定语句。如"上梁不正下梁歪"、"众人拾柴火焰高"、"无风不起浪"等。

堰　yàn　图较低的堤坝▷都江~（在四川）。

雁　yàn　图大雁，形状略像鹅，颈和翼较长，足和尾较短。属候鸟，雁群飞行时排列成人字形或一字形。

【雁过拔毛】　yànguòbámáo　大雁从此飞过也要拔它一根毛下来。比喻唯利是图的人对经手的事绝不放过任何机会牟利。

焰　yàn　❶图火苗▷火~。❷比喻威风，气势▷气~｜凶~。❸统读yàn。

【焰火】　yànhuǒ　图烟火（yānhuo）。

酽（釅）　yàn　圈（茶酒等饮料）汁浓味厚▷泡杯~茶来。

餍（饜）　yàn　❶团〈文〉吃饱▷食~。❷满足▷其求无~。

燕　yàn　图燕子，体型小，尾巴像张开的剪刀，捕食昆虫，对农作物有益。属候鸟。〇另见yān。

【燕窝】　yànwō　图金丝燕在海边岩洞里筑的巢穴。由吞下而未消化的海藻、鱼虾等混合唾液凝结而成，有止咳去痰补肺养阴等效用，是珍贵补品。

赝（贗）　yàn　圈假的；伪造的▷~品｜~币｜~本。☞跟"膺"（yīng）形、音、义都不同。

【赝品】　yànpǐn　图伪造的东西（多指假的书画文物）。

yang

央　yāng　❶图正中；中心▷中~。❷团〈文〉尽▷夜未~｜乐无~。❸请求▷~人从中斡旋。

【央告】　yānggào　团央求▷了几次，他才答应帮忙。

【央求】　yāngqiú　团恳切地请求▷苦苦~｜｜姑妈帮忙。

泱　yāng　［泱泱］yāngyāng　圈〈文〉形容水面深广或气势宏大▷江水~｜大国。

殃　yāng　❶图灾祸▷遭~｜祸~｜灾~。❷团使受灾祸▷祸国~民。

鸯（鴦）　yāng　见［鸳鸯］yuānyang。

秧　yāng　❶图稻苗；泛指植物的幼苗▷插~｜田~｜育~｜树~。❷某些植物的茎或植株▷白薯~｜。❸某些初生的饲养动物▷鱼~。

【秧歌】　yānggge　图汉族民间舞蹈的一种，流行于北方农村，用锣鼓伴奏，边歌边舞。

【秧苗】　yāngmiáo　图水稻的幼苗。也泛指农作物的幼苗。

鞅　yāng　图古代套在拉车的牛马颈上的皮带。☞在"牛鞅"中读yàng。

扬（揚）　yáng　❶团举起；升起▷~起胳膊｜鞭~一~帆。❷往上抛撒；在空中飘▷晒干｜净一~起一片尘土｜飘~｜纷纷~。❸传出去▷传~｜宣~｜名~｜言。❹称颂；表彰▷颂~｜赞~。❺图指江苏扬州▷~剧。

【扬长避短】　yángchángbìduǎn　发扬长处，避开短处。

【扬长而去】　yángcháng'érqù　大模大样地离去。

【扬场】　yángcháng　团用机器、木锨等扬起已脱粒的谷物，借助风力去掉壳皮、碎叶、尘土等物，以分离出纯净的子粒。

【扬帆】　yángfān　团升起帆（开船）▷条条渔船，～出海。

【扬幡招魂】　yángfānzhāohún　迷信认为扬起白幡可以招回死者的灵魂。比喻为已灭亡的人或事物呼号（含贬义）。

【扬花】　yánghuā　团农作物如小麦、水稻、高粱等开花，雄蕊的花药裂开，花粉飘散。

【扬眉吐气】　yángméitǔqì　舒展眉头，吐出闷气。形容摆脱压抑，心情舒畅的神态。

【扬名】　yángmíng　图传扬名声▷为人民英雄立传。

【扬弃】　yángqì　❶团哲学上指新事物在代替旧事物的过程中发扬旧事物的积极因素，抛弃旧事物的消极因素。❷抛弃▷~恶习｜旧观念。

【扬汤止沸】　yángtāngzhǐfèi　把开水舀起来再倒回去，使沸腾停止。比喻办法不当，不解决根本问题。

【扬言】　yángyán　团有意说出要做某事的话以示威胁或探测对方动静（多含贬义）▷小儿子~要分家｜匪首~要报复我们这支小分队。

【扬扬】　yángyáng　同"洋洋"❷，通常写作"洋洋"。

羊　yáng　图哺乳动物，一般头上有一对角，吃草，反刍。种类很多，有山羊、绵羊、羚羊、黄羊等。

【羊肠小道】　yángchángxiǎodào　弯曲而狭窄的小路（多指山路）。

【羊毫】　yángháo　图羊的毛，借指用柔软的羊毛做笔头的毛笔▷~小楷。

阳（陽）　yáng　❶图日光；太阳▷向~｜夕~｜历｜~光。❷图山的南面；水的北面（跟"阴"相对，③—⑦同）▷衡~（在衡山的南面）｜沈~（在沈水的北面）。❸图显露；表面的▷~沟｜~奉阴违。❹凸出的▷~文图章。❺图我国古代哲学指宇宙间的两大对立面之一（另一面是"阴"）▷阴~二气。❻关于活人和人世的▷~世｜~间｜还~。❼带正电的▷~极｜~离子。❽指男性生殖器或生殖机能▷~痿｜~壮~。

【阳春】　yángchūn　图春天；温暖的春天。

【阳春白雪】　yángchūnbáixuě　战国时楚国的一种高深典雅的歌曲。后用来泛指高雅不通俗的文学艺术（跟"下里巴人"相对）。

【阳奉阴违】　yángfèngyīnwéi　表面顺从，暗中违抗。☞"违"不读wěi。

【阳刚】　yánggāng　圈男性的刚强气质，往往表现在体魄、风度等方面。也用来指文艺作品中刚劲有力、雄伟壮丽的风格。

【阳关道】　yángguāndào　图指经过阳关（今甘肃敦煌西南）通向西域的大道，比喻宽阔平坦，通向光明前途的道路▷你走你的~，我过我的独木桥。

【阳光操作】　yángguāng cāozuò　公开地、光明正大地处理问题▷将~引入高考录取工作中。

【阳极】　yángjí　❶图一般指电子管中收集阴极所发射的电子的电极。❷电池、蓄电池等直流电源中吸收电子、带正电的电极。

【阳历】　yánglì　❶图历法的一种。以地球绕太阳公转一周的时间（365.2419天）为一年，一年分多少月以及每月分多少天均由人意规定。也说太阳历。❷公历的通称。

【阳平】　yángpíng　图普通话声调的第二声。调值是35，调号是"〆"。

【阳台】　yángtái　图楼房一侧的平台，多有栏杆。

【阳痿】　yángwěi　团成年男子性功能障碍之一，阴茎不能勃起或起而不坚不能正常性交。多由前列腺炎、神经机能障碍、过度疲劳等引起。

【阳文】　yángwén　图印章或器物上凸起的文字或花纹（跟"阴文"相对）。

【阳性】[1]　yángxìng　团某些语言表示名词（及代词、形容词)类别的一种语法范畴。一般有阴性、阳性或分阴性、中性、阳性三类。

【阳性】² yángxìng 图疾病诊断时对某种试验或化验所得结果的表示方法。常用"＋"表示结果为阳性，"－"表示结果为阴性。"＋"愈多表示超出正常值程度愈高。

杨（楊） yáng 图杨树，落叶乔木，树干高大，枝条上挺，速生丰产，是主要的造林树种，木材可用来制作器具、造纸等。

【杨柳】 yángliǔ ❶图杨树和柳树的合称。❷泛指柳树。

炀（煬） yáng 团熔化(金属)。

佯 yáng 团〈文〉伪装▷～攻｜～狂｜～死｜～称。

【佯攻】 yánggōng 团军事上指故意虚张声势，但并不真正地向敌人进攻。

疡（瘍） yáng 团皮肤或黏膜溃烂▷溃～。

徉 yáng 见[徜徉]chángyáng。

洋 yáng ❶图广大；盛多▷～溢｜～～大观｜喜气～～。❷图比海更广大的水域。❸泛指外国(跟"土"相对)▷～为中用｜西～｜货～｜葱～｜办法。❹钱，旧时特指银币(洋钱)▷罚～20元｜一块大～。

【洋财】 yángcái 图跟外国人交往或做买卖得到或赚取的钱物，也泛指意外得到的财物▷爷爷年轻时下过一次南洋，发了点～｜不指望着发什么～，只想凭自己的劳动增加点收入。

【洋行】 yángháng 图旧指外国资本家在中国开设的商行；也指专门跟外国商人做买卖的商行。

【洋货】 yánghuò 图指从外国进口的货物。

【洋奴】 yángnú 图崇洋媚外，甘愿当外国人奴仆的人▷中国人有骨气，绝不当～。

【洋气】 yángqì 图仿效外国流行的风俗、习惯、样式等形成的气派。

【洋为中用】 yángwéizhōngyòng 把外国好的东西吸收过来，为中国所利用。

【洋相】 yángxiàng 图令人发笑的行为或样子▷出～。

【洋洋】 yángyáng ❶囷广大，盛多▷～万言。❷形容很得意或欢乐的样子▷喜气～｜～自得。

【洋洋大观】 yángyángdàguān 丰富多采，非常壮观。

【洋洋洒洒】 yángyángsǎsǎ 形容说话或写文章篇幅长，连续不断(洒洒:连绵不断)。

【洋溢】 yángyì 团充分地显示、流露出来(多指较抽象的情感、气氛、景象等)▷晚会上～着热烈的气氛｜秋天的农村到处～着丰收的景象。

仰 yǎng ❶团抬头向上▷脸朝上(跟"俯"相对)▷～起来｜人～马翻｜～望｜～卧。❷敬慕；佩服敬～｜信～。❸依仗；借助▷～人鼻息｜～仗｜～赖。☞右边不是"卬"(mǎo)。

【仰承】 yǎngchéng ❶团依靠、承受(用于下对上)▷～师长教诲，懂得了些人情事理。❷遵从(有奉承、迎合的意思；有时用作敬词)▷～鼻息｜～父母的意愿。

【仰赖】 yǎnglài 团仰仗依赖▷～救援｜～政府的救济。

【仰慕】 yǎngmù 团敬仰倾慕▷先生的道德文章，人人～。

【仰人鼻息】 yǎngrénbíxī 比喻迎合别人的意旨，看别人的脸色行事(鼻息:从鼻孔里出来的气息)。

【仰望】 yǎngwàng ❶团仰着头向上看▷～乌云翻滚

的天空。❷敬仰期望▷～老师指导。

【仰仗】 yǎngzhàng 团依靠靠倚仗▷人民的军队～人民的支持。

养（養） yǎng ❶团给动物喂食，照顾它的生活，使成长▷～牲口｜～猪｜～鸡。❷供给维持生活必需的钱、物；抚育▷～家｜赡～｜抚～｜抱～。❸生(孩子)▷头胎～了个胖小子。❹使身体得到休息和滋补▷～病｜～生｜精蓄锐｜保～｜休～。❺修养▷教～｜学～。❻培养▷～成良好的习惯。❼领养的；非亲生的▷～子｜～母。❽培植(农作物或花草)▷～桑麻｜～花。❾扶持▷以副业～农业。

【养病】 yǎngbìng 团调理休养使病体逐渐康复▷静心～｜养了一个月的病。

【养成】 yǎngchéng 团修养形成；培育使长成▷～了良好的习惯｜经过两个月，才～架子猪。

【养分】 yǎngfèn 图营养成分，含在物质中，能促使有机体发育成长。☞"分"这里不读 fēn。

【养护】 yǎnghù 团保养；保护(器械、道路、房舍等)▷～水源｜～电讯设施。

【养家糊口】 yǎngjiāhúkǒu 供给家庭费用，维持家人生活。☞"糊"不要写作"餬"。

【养精蓄锐】 yǎngjīngxùruì 保养精神，积蓄锐气。

【养老】 yǎnglǎo ❶团侍奉老人▷～育幼。❷老年人闲居休养▷退休在家～。❸保养调理，延缓衰老▷这种中草药，可以益气～。

【养料】 yǎngliào 图对有机体有营养价值的物质▷树苗的～不足｜要给架子猪增加～。

【养神】 yǎngshén 团使身心恢复平静，保养精神▷静坐～。

【养生】 yǎngshēng 团保养身体，增强生命力▷～有道。

【养痈遗患】 yǎngyōngyíhuàn 对毒疮不及早治疗，就会造成祸害(痈:一种毒疮)。比喻姑息纵容坏人坏事，就会留下祸根使自己受害。

【养育】 yǎngyù 团抚养和教育▷～孤儿。

【养殖】 yǎngzhí 团饲养繁殖(多指水产动植物)▷～紫菜｜～珍稀动物。

【养尊处优】 yǎngzūnchǔyōu 生活在尊贵、优裕的环境中。☞"处"这里不读 chù。

氧 yǎng 图非金属元素，符号 O。无色无臭无味，是燃烧过程和动植物呼吸所必需的气体。在工业上用途很广，也用于医疗。通称氧气。

【氧化】 yǎnghuà 团在化学反应中，物质跟氧化合，称为氧化。如铁生锈、煤燃烧等。也泛指物质的原子失去电子或化合价升高。

痒（癢） yǎng ❶囷皮肤受到刺激而引起的想抓挠的感觉▷身上～得难受｜不疼不～。❷比喻(心情)难以抑制，跃跃欲试▷看人踢球，心里就发～。

怏 yàng 囷不满意；不高兴▷～然不悦｜～～不乐。☞不读 yāng。

【怏怏不乐】 yàngyàngbùlè 不称心不高兴的样子。

样（樣） yàng ❶图形状▷～式｜模～｜花～。❷人的模样或神情▷几年没见，你一点没变～儿。❸用作标准的东西▷品～｜榜～｜鞋～儿。❹圍用于事物的种类▷两～货色｜三～菜｜～～都行。

【样板】 yàngbǎn ❶图板状的样品▷依照～切割钢板。❷板状工具，工业上用来作为检验尺寸、形状等的标准▷用～比照一下。❸比喻榜样▷我们小组被树为～。

【样本】 yàngběn ❶图当作样品以征求意见的书本▷

把~送交专家审阅。❷商品图样的印本或出版物的摘印本，用作广告或征求意见▷精装的~。

【样品】yàngpǐn 图作为样子的物品（多用于商品推销或材料试验）。

【样式】yàngshì 图样子①▷~新潮｜称心的~｜多种~可供选择。

【样子】yàngzi ❶图式样▷衣服的~。❷情态；状态▷欢乐的~｜这个地方变了~。❸作为标准供人模仿的物品▷鞋~｜衣服~。❹趋势▷看~，他不来了。

恙　yàng 图〈文〉疾病▷别来无~｜~染在身。

漾　yàng ❶团水轻微动荡▷湖面上~起层层波纹｜荡~。❷液体溢出▷澡盆里的水都~出来了｜今天胃里直~酸水。

yao

幺　yāo ❶圈〈文〉细；小▷~麽。❷图旧称色(shǎi)子和骨牌里的一点，今在某些场合读数字时代替"1"▷呼一喝六｜查电话号码请拨~~四(114)。

【幺麽】yāomó 圈〈文〉微小▷~小丑（微不足道的小人）。

夭　yāo ❶团早死；未成年而死▷~亡｜~逝｜~折。❷圈〈文〉（草木）茂盛▷繁杏~桃｜~桃秾李。☞统读yāo。

【夭折】yāozhé ❶团未到成年而死亡。❷比喻事情中途失败或废止▷由于资金缺少，工厂的技术改造计划~了。

吆　yāo 团大声呼喊▷~五喝六｜~喝。

【吆喝】yāohe ❶团〈口〉大声叫喊或呵斥▷小贩在门前一｜~着毛驴往前走。❷呼唤▷快~几个人来帮忙。❸图叫喊声▷门外传来几声~。

约(約)　yāo 团〈口〉用秤称重量▷~二斤苹果｜~一~这捆菜有多重。○另见yuē。

妖　yāo ❶图妖怪▷魔鬼怪｜~精｜蛇~。❷圈荒诞的；蛊惑人心的▷~术｜~道｜~言。❸圈艳丽妖媚；~娆。❹过分艳丽，不正派（多指女性）▷~里~气｜~冶｜~艳。

【妖风】yāofēng ❶图传说中妖魔鬼怪施行妖术时兴起的风。❷比喻有害于社会的风气、潮流▷~邪气。

【妖怪】yāoguài 图神话、传说或童话中所说形状奇怪可怕的害人精灵。

【妖精】yāojing ❶图妖怪，精灵。❷比喻以容貌姿色迷惑人的女子。

【妖里妖气】yāoliyāoqì 圈形容服装奇异、神态妖冶、举止轻佻、作风不正派的样子。

【妖魔】yāomó 图传说中一切有害于人的妖精魔怪。比喻各种邪恶势力。

【妖孽】yāoniè ❶图指妖魔鬼怪及一切怪异不祥的事物。❷比喻做坏事的人▷铲除一切害国害民的~。

【妖娆】yāoráo 圈〈文〉娇媚艳丽。

【妖言】yāoyán 图怪异而又迷惑人的话▷~惑众。

【妖艳】yāoyàn 圈有失庄重的艳丽▷打扮得十分~。

要　yāo ❶团求▷~求。❷强行要求；胁迫▷~挟。○另见yào。

【要求】yāoqiú 团提出自己的愿望和条件，并希望能实现和满足▷~大家给以支持｜对同学们一定要严格。~图指提出的愿望和条件▷你的几条~是合理的｜没有提什么~。

【要挟】yāoxié 团抓住对方的弱点或把柄，依仗自己的某种势力和手段，迫使对方就范▷扬言以自杀相~。

哟(喲)　yāo ❶团用法同"呦"(yōu)。❷团用在句子末尾，表示祈使语气，读轻声▷大家快来~。❸歌词中的衬字▷山丹丹开花~，红艳艳。

腰　yāo ❶图人体中部胯上肋下的部分▷弯~。❷〈口〉肾脏；食用的动物肾脏▷~子｜猪~｜炒~花。❸裙、裤等围束在腰上的部分▷裙子~肥了点｜裤~。❹指腰包或衣兜▷~里没钱｜把镯子揣在~里。❺事物的中部▷山~｜墙~。

【腰板儿】yāobǎnr ❶图指人的腰和脊背▷挺直~坐着，保持良好姿势。❷借指身体▷您这么大年纪了，~还挺好。

【腰杆子】yāogǎnzi ❶图腰①，比喻后台，靠山▷人家有~，咱也不怕他。

【腰斩】yāozhǎn ❶图古代的一种酷刑，从腰部把人斩为两段。❷比喻把同一或相连的事物从中截断▷刊物停办，小说只登了一半就被~了。

邀　yāo ❶团〈文〉希求；谋取▷~官｜~功求赏｜~取。❷约请▷应~出席｜~请｜~集。❸拦截▷~击｜~截。

【邀功】yāogōng 团把别人的功劳抢过来作为自己的▷他没有出多少力，却去~请赏。☞不宜写作"要功"。

【邀集】yāojí 团邀请较多的人集中到一起▷~大家集体参加植树活动。

【邀请】yāoqǐng 团请人来或到约定的地方去。

爻　yáo 图构成《易》卦的长短横道，"—"是阳爻，"--"是阴爻，每三爻合成一卦，共有八卦，任取两卦排列，可得六十四卦。

尧(堯)　yáo 图人名，传说中的上古帝王。☞上边不是"戈""弋"。

【尧舜】yáoshùn 图唐尧和虞舜，传说是上古圣明的君主。后泛指圣人。也说舜尧。

肴　yáo 图鸡鸭鱼肉等做成的荤菜▷美味佳~｜菜~。☞统读yáo。

姚　yáo 图姓。

珧　yáo ❶图江珧，生活在海里的一种软体动物。壳呈三角形，肉可以吃，后闭壳肌的干制品叫"江珧柱"或"干贝"，是珍贵的海味。❷蚌、蛤的甲壳，古代用作刀、弓等器物上的装饰。

窑　yáo ❶图烧制砖瓦陶瓷等的大炉灶▷一座~｜石灰~｜装~｜出~。❷古代名窑烧制的陶瓷器▷汝~（北宋时河南临汝瓷窑烧制的瓷器）。❸指用土法采掘的煤矿▷小煤~｜下~干活去了。❹窑洞。

【窑洞】yáodòng 图依土崖开掘的拱形洞，多见于我国西北黄土高原地区，可供人居住。

谣(謠)　yáo ❶图民间流传的诗歌▷歌~｜民~｜~谚。❷图谣言▷~传｜辟(pì)~｜造~。

【谣传】yáochuán ❶团凭空捏造的假话四处传播▷市民中纷纷~今夏有地震。❷图传播的谣言▷不可听信~。

【谣言】yáoyán 图没有事实根据的传言。

摇　yáo 团来回摆动；使来回摆动▷树枝在空中~来~去｜了~手｜~铃。

【摇摆】yáobǎi ❶团向相反方向往复移动或变动▷舢板在海浪里~着前进。❷（立场、观点等）动摇不定▷在大是大非面前绝不能~不定。

【摇唇鼓舌】yáochúngǔshé 指利用能说会道的特点大发歪论，蛊惑人心，或四处煽动，播弄是非。也指卖弄口才。

【摇荡】 yáodàng 团摇摆飘荡▷渔船在大海里颠簸~。

【摇动】 yáodòng ❶团摇晃摆动▷~扇子。❷用力摇晃物体使它动▷~木桩。

【摇滚乐】 yáogǔnyuè 图流行于西方的一种通俗音乐，兴起于20世纪50年代中期的美国。由美国白人乡村音乐和称为布鲁斯的爵士乐演变而来。节奏强烈，音响丰富。

【摇撼】 yáohàn 团使劲摇动▷呼啸的寒风~着干枯的树枝◇~不了人们战斗地的意志。

【摇晃】 yáohuàng 团摇摆晃动▷大树在狂风中~着丨醉汉摇摇晃晃地走着。

【摇篮】 yáolán ❶图婴儿的一种睡具，形似篮子，能左右摇动，使婴儿容易入睡。❷比喻重要事物的发源地▷黄河流域是中华民族的~。

【摇旗呐喊】 yáoqínàhǎn 古代出战时，部卒摇着旗子，大声呼喊，以助声威。比喻替别人助长声势(多含贬义)。

【摇钱树】 yáoqiánshù 神话中一种宝树，一摇晃就会落下钱来。比喻能获取钱财的人或物。

【摇身一变】 yáoshēnyībiàn 原为神怪小说所描写的一晃动身子就能迅速改变形象的本领。现多形容坏人坏事迅速改变面貌、身份、态度，以掩盖真相。

【摇头摆尾】 yáotóubǎiwěi 原形容鱼轻快游动的样子。现多形容人得意轻狂的样子。

【摇头晃脑】 yáotóuhuàngnǎo 脑袋摇来晃去。多形容读书、说话时所表现的自得其乐或自以为是的情态。

【摇尾乞怜】 yáowěiqǐlián 狗摇着尾巴乞求主人怜爱。形容人卑躬屈膝、谄媚讨好的丑态。

【摇摇欲坠】 yáoyáoyùzhuì 摇摆晃动，就要掉下来。形容地位不稳固，就要垮台。

【摇曳】 yáoyè 团摇摆▷小草在微风中~丨树下是~不定的阴影。

徭 yáo 图〈文〉徭役，古代官府向百姓摊派的无偿劳动▷轻~薄赋。

遥 yáo 圈长远;长久▷路~知马力丨~望丨~控丨~无期。

【遥测】 yáocè 团对远距离的事物进行测量(现多用电子、光学仪器)。

【遥控】 yáokòng ❶团在一定距离外对机器、飞机或自动化生产线等进行操纵和控制(通常借助有线或无线电装置来实现)。❷比喻不直接出面而在暗中或远距离操纵▷~指挥丨受人~。

【遥望】 yáowàng 团往远处看▷~星空。

【遥想】 yáoxiǎng ❶团回想(遥远的过去)▷~当初的情景。❷想象(未来)▷~着人类总有一天要遨游太阳系外的空间。

【遥远】 yáoyuǎn 圈(时间或空间的距离)很远▷~的太平洋彼岸丨~的古代。

瑶 yáo ❶图〈文〉美玉▷琼~丨~琴(镶玉的琴)。❷圈〈文〉美好的▷~浆(美酒)。❸瑶族▷~寨丨~歌。

杳 yǎo 圈〈文〉远得不见踪影▷~无音信丨~然。☞统读yǎo。

【杳然】 yǎorán 圈形容沉寂或毫无音讯▷荒村~一别十载，音讯~。

咬 yǎo ❶团上下牙相对用力，把东西夹住、切断或磨碎▷~紧牙关丨饼太硬，~不动。❷受审讯或责难时牵扯上无关或无辜的人▷乱~好人丨反~一口。❸把话说死了不再改变▷一口~定。❹念出或

唱出(字音)▷这个字我~不准丨~字清楚。❺过分地计较(字句意义)▷字眼儿丨~文嚼字。❻(狗)叫▷半夜狗~了好一阵子。

【咬定】 yǎodìng 团说出来就不改口▷他一口~这事不是自己干的。

【咬耳朵】 yǎo'ěrduo 凑到别人耳朵边小声说话;说悄悄话▷有话向大家说，不要~了丨在一边咬了半天耳朵才把事情定下来。

【咬合】 yǎohé 团凹凸交错的物体相互卡住▷两个齿轮~不紧丨榫~得严丝合缝。

【咬文嚼字】 yǎowénjiáozì 形容过分地斟酌推敲字句。也用来讽刺死抠字眼或卖弄文字知识。☞过去多用于贬义，现也有用于褒义的，即表示认真过细的讲求、推敲文字。

【咬牙切齿】 yǎoyáqièchǐ 形容极端痛恨。

舀 yáo 团用瓢、勺等器具取(东西)▷~水丨~一勺菜丨~碗水。☞统读yáo。

【舀子】 yáozi 图舀水、酒、油等液体的用具，多用竹筒、铝或铁皮制成，底平口圆，有把儿。

窈 yǎo ［窈窕］yǎotiáo 圈(仪态等)美好的样子▷~淑女丨身材~。

药(藥) yào ❶图能防治疾病、病虫害或改善人体机能的物质▷吃~良丨苦口丨~材丨补~丨~。❷团用药治病▷不可救~。❸用药毒死▷棉铃虫都~死了丨~耗子。❹图某些人工配制的有化学作用的物质▷火~丨焊~丨麻~。

【药方】 yàofāng 图医生诊病后给病人开列的药物方剂，包括药物名称、用量、用法等;也指开着方剂的纸片。

【药检】 yàojiǎn ❶团对药物的质量进行检验▷这批药物经过~全部合格。❷对运动员是否服用违禁药物进行检验▷比赛前对运动员进行~，发现问题，取消其参赛资格。

【药膳】 yàoshàn 图配有中药的膳食，有调理、防治慢性病的作用。如薏仁粥、参芪鸡等。

要 yào ❶图主要的内容▷摘~丨纪~丨扼~。❷圈重大▷~事丨~职丨~紧丨次~。❸团想、希望▷若~人不知，除非己莫为。❹盼望得到或保有▷想~这本书吗?丨这把扇子我还~呢。❺索取▷~账。❻要求;请求▷小王~我陪他去。❼需要▷买件衬衣~多少钱。❽应该▷我们~团结起来丨说话~简单明了。❾将要▷下个月他~探亲去丨天~晴了，不必带伞。❿表示做某事的决心和希望▷一定~把淮河修好。⓫团连接分句，表示假设关系，相当于"如果"▷明天~起风，我们就不出海了。⓬连接分句，表示选择关系，相当于"要么……，要么……"▷~就学钢琴，~就学提琴，总之要学一样。☞跟"要"(shuǎ)不同。○另见yāo。

【要不】 yàobù ❶团连接分句，用在后边分句前面，表示假设关系，相当于"否则"▷你一定要好好学习，~怎么对得起师长呢?❷连接分句，表示选择关系，相当于"或者"▷今天咱们总得碰一次面，~在上午，~在下午。也说要不然。

【要冲】 yàochōng 图交通要道会合的地方▷郑州是中原交通的~。

【要地】 yàodì 图要害的地方或处所。

【要点】 yàodiǎn ❶图(讲话或文章等)内容纲要▷介绍文章~。❷重要的据点▷占据战略~。

【要犯】 yàofàn 图重要的罪犯。

【要害】 yàohài ❶图身体上可以致命的部位。❷比喻事物关键的部分或军事要地▷~单位丨扼住~，截击

敌军。

【要津】yàojīn ❶图重要渡口，泛指要道或要地▷天津位于九河下梢，是华北地区入海的～|武汉是京广铁路的～。❷〈文〉比喻显要的职位▷位居～。

【要紧】yàojǐn ❶图重要；紧急急切▷这件事十分～，你快去办。❷严重▷他只是有点感冒，不～。

【要诀】yàojué 图重要的诀窍。

【要领】yàolǐng ❶图关键；事物的核心部分▷抓住～，切中要害。❷对某项动作的基本要求▷发球的～|机器的操作～。

【要么】yàome ❶团连接分句，表示在两种或几种情况中加以选择▷～你去，～我去，～他去，反正得去一个人。❷要不①▷电话里说不清楚，～你自己来一趟。☞不宜写作"要末"。

【要强】yàoqiáng 囮好胜心强，不甘落后▷她是非常～的，年年被评为先进工作者。

【要塞】yàosài 图战略地位重要、防御设施坚固的军事要地。

【要是】yàoshi 团〈口〉连接分句，表示假设关系，相当于"如果"▷～放假，我就去。

【要素】yàosù 图事物构成的根本因素▷语言的三个～是语音、词汇、语法。

【要言不烦】yàoyánbùfán 说话、写文章扼要简明，毫不烦琐。

【要义】yàoyì 图关键内容或重要道理。

【要员】yàoyuán 图担任重要职务的人员▷公司～|联合国～。

【要职】yàozhí 图重要的职位。

【要旨】yàozhǐ 图中心思想。

钥（鑰） yào [钥匙]yàoshi 图开锁的用具▷一把～|开一把锁。○另见yuè。

勒 yào 图靴子、袜子套在脚踝骨以上部位的筒状部分▷这靴子的～儿太高|矮～儿袜子。

鹞（鷂） yào 图鹞子，猛禽，象鹰而较小，捕食小鸟。

曜 yào 图〈文〉指日、月和星辰▷七～(日、月和金、木、水、火、土五星的合称)。☞统读yào。

耀 yào ❶团强光照射▷光|闪|炫～。❷显示；夸耀▷武扬威|显～|炫～。❸囮光荣▷荣～。
☞㊀统读yào。㊁不能简化成"妖"。

【耀武扬威】yàowǔyángwēi 炫耀武力，显示威风。也形容傲气十足的神态。

【耀眼】yàoyǎn 囮光线或色彩强烈、刺眼▷～的阳光|绿得～。

ye

耶 yē 用于音译。耶稣，基督教信奉的救世主。也说基督。耶路撒冷，地名，位于亚洲西部。○另见yé。

掖 yē 团塞进(某处)；藏▷书包里～满了书|在怀里你把钱～在哪儿了？◇我没～着藏着，知道的都告诉你们了。○另见yè。

椰 yē 图椰子▷～林|～汁。☞统读yē。

【椰子】yēzi 图常绿乔木，高25－30米，树干直立，生于热带。果肉可以食用或榨油，果汁可以做饮料。

噎 yē ❶团食物等塞住喉咙▷慢点吃，别～着|因～废食|～嗝。❷因痛苦、激动或顶风而喘不上气来▷哭着他不住地～气|顶着大风骑车，～得人喘不过气来。❸用话顶撞别人，使人受窘而说不出话来▷他说话真～人|一句话～得人家满脸通红。☞统读

yē。

爷（爺） yé ❶图对于父辈或老年男子的尊称▷老大～|七～。❷旧时对主人或尊贵者的称呼▷老～|县太～。❸对神佛等的称呼▷老天～|财神～|阎王～。

【爷爷】yéye ❶图〈口〉祖父。❷对男性老年人的敬称。

耶 yé 团〈文〉用在句末表示疑问或反问的语气，相当于"吗""呢"▷然则何时而乐～？○另见yē。

揶 yé [揶揄]yéyú 团〈文〉讥笑；耍弄▷屡遭～。

也 yě ❶团〈文〉用于句尾，表示肯定的语气▷陈胜者，阳城人～|治乱非天～|子子孙孙，无穷匮～。❷〈文〉用于句尾，与"何"等照应，表示疑问、感叹语气▷此乃何许人～？|何其多～。❸〈文〉用于句中，表示提顿▷君子之过～，如日月之食焉|大道之行～，天下为公。❹团用在并列复句中，表示两件事或多件事有相同之处(可以并用在各分句中，也可以单用在后一分句中)▷看～行，不看～行|地～扫了，玻璃～擦了|风停了，雨～住了。❺用在单句中，暗含着跟另一件事相同▷昨天你～去看电影了吗？|将来我～要参军。❻表示不管怎样，后果都相同▷无论困难有多大，我们～能克服|宁可牺牲，～不投降|拼命～要把事情办完。❼用在否定句中，表示强调▷树叶一动～不动|一点～不累|他连头～不抬。

【也罢】yěbà 团❶语气一般用在句子末尾，表示容忍、无可奈何的语气，有"算了"、"也就算了"、"也好"的意思▷你身体不好，不去～|他不愿起床～，就多睡会吧。❷连用两个或几个，表示不管什么情况都会有同样的结果▷你来～，不来～，问题总是要解决的|学中文～，历史～，法律～，反正有学校上了。☞不宜写作"也吧"。

【也许】yěxǔ 团表示猜测、估计，有不能肯定的意思▷他明天～会来|我的理解～不太恰当。

冶 yě ❶团熔炼金属▷～金|炼～|陶～。❷囮〈文〉女子打扮得过分艳丽；妖媚▷～艳|妖～|～容。☞冶跟"治"(zhì)不同。

【冶炼】yěliàn 团通过熔烧、熔化、电解以及使用化学药品等方法提取矿石中的金属。

野 yě ❶图离城区较远的地方；偏远的地方▷～外|郊～|山～|原～。❷不当权的；非官方的▷朝～|在～|～史。❸囮粗鲁无礼；蛮横▷说话太～|粗～|～撒～。❹不受约束的；放荡不羁的▷放了一个暑假，心都玩～了|～性。❺非人工饲养或培育的(动植物)▷～兽|～牛|～菊花。❻非正式的；不合法的▷～史|～种。❼图范围；界限▷视～|分～。☞右半是"予"，不是"矛"。

【野炊】yěchuī 团在野外生火做饭。

【野蛮】yěmán 囮❶不开化；不文明(跟"文明"相对)▷先民还处在茹毛饮血的～时代。❷凶狠残暴▷狂轰滥炸、屠杀平民。

【野趣】yěqù 图山野的情趣▷家宅依山傍水，倒也颇有些～。

【野生】yěshēng 囮在大自然环境里生长而非人工栽培或畜养的▷～动植物。

【野史】yěshǐ 图私家著述的史书；未经朝廷批准的史书。

【野兽】yěshòu 图野生的兽类。

【野味】yěwèi 图用野生鸟兽所做的菜肴。

【野心】yěxīn 图对领土、权势、名利等的狂妄欲望和非分之想▷侵略～|～勃勃。

【野营】　yěyíng 动到野外扎营训练,是体育或军事训练项目之一▷学校组织~|部队去大别山~。

【野战】　yězhàn 动在要塞和大城市以外的广阔地区作战▷~部队|这支部队既善攻守,又善。

业（業） yè ❶图学业▷毕~|课~|受~。❷图职业▷务农为~|不务正~|安居乐~|就~。❸职业类别▷各行各~|手工~|运输~。❹动〈文〉从事某种职业▷~农|~医。❺图事业▷创~|功~|基~|~绩。❻财产▷家大~大|~产|家~|~主。❼副表示动作行为已经完成,相当于"已经"▷~已完工|~经宣布。

【业绩】　yèjì 图建立的功业;重大的成就。

【业经】　yèjīng 副已经(多用于公文)▷~上报待批|各项手续~办妥。

【业精于勤】　yèjīngyúqín 学业上的精深造诣,从勤奋中得来。

【业务】　yèwù 图专业工作或事务▷钻研~|~水平|承揽运输~。

【业已】　yèyǐ 副业经(多用于公文)。

【业余】　yèyú ❶形业务时间之外的▷~培训|~时间。❷非本专业的▷~歌手|踢足球是我的~爱好。

叶（葉） yè ❶图植物进行光合作用吸取营养的器官,通常由叶片、叶柄和托叶组成,长在茎上,大多呈片状,绿色。❷历史上较长时期的分段▷明代中~|19 世纪末~。❸像叶子的东西▷铁~子|肺~|百~|~窗。❹页▷活~|~文选|册~。

【叶公好龙】　yègōnghàolóng 据汉刘向《新序》说,我国古代有位叶公子高,对龙非常喜爱,家里到处都画着龙、刻着龙。天龙有感于他的一片诚心,就降临到他的住所。叶公见到真龙却怕得失魂落魄,夺路而跑。后来用以比喻对某事物表面喜爱而实际并不喜爱。☞"叶"这里旧读 shè,今读 yè。

【叶黄素】　yèhuángsù 图指植物体中同叶绿素一起进行光合作用的黄色素。

【叶绿素】　yèlǜsù 图存在于植物细胞叶绿体中的绿色素,是植物进行光合作用时吸收和传递光能的主要物质。

【叶落归根】　yèluòguīgēn 比喻人不忘本源,也比喻事物都要有一定的着落和归宿。多用来指客居异国他乡的人,总想要回到故土。

【叶序】　yèxù 图叶子在茎上的排列方式。叶序主要有三种:①互生,每节生一叶;②对生,每节生两叶,相对排列;③轮生,每节生叶三枚或三枚以上,辐射状排列。

页（頁） yè ❶图书册中单张的纸▷扉~|活~|夹~|画~|插~。❷量旧指线装书的一篇儿,现指一篇儿书的一面▷每天晚上都看几~书|第 48 ~。

【页码】　yèmǎ 图书页上标明页数次第的数码。

曳 yè 动拖拉;牵引▷弃甲~兵|~光弹|拖~|摇~|右上没有点。

夜 yè 图从天黑到天亮的一段时间(跟"日""昼"相对)▷一连几~没合眼|以继日|昼~。

【夜长梦多】　yèchángmèngduō 比喻时间拖长了,事情可能向不利的方面变化。

【夜郎自大】　yèlángzìdà 夜郎为汉代西南诸小国中的一个,比其它小国面积大一些,便自以为土地广大。其国君竟然问汉朝使者:汉朝和夜郎国哪一个大? 后比喻孤陋寡闻而又妄自尊大。

【夜幕】　yèmù 图夜色(夜间的万物像被一个大的幕布罩住一样,故称)▷徐徐降下。

【夜色】　yèsè 图夜晚的天色。

【夜市】　yèshì 图夜晚进行交易的市场。

【夜宵】　yèxiāo 图供深夜里吃的饭食等。☞不宜写作"夜消"。

【夜以继日】　yèyǐjìrì 晚上接着白天,昼夜不停。

【夜莺】　yèyīng ❶图鸟名。大小如麻雀,体态玲珑,鸣叫婉转,多鸣叫于月夜。❷文学作品中特指鸣叫清脆婉转的鸟,如歌鸲(qú)等。

【夜游神】　yèyóushén 传说中在夜晚巡游的神,也借指喜欢深夜在外面活动游荡的人。

【夜总会】　yèzǒnghuì 图城市中供人们夜间吃喝玩乐的高档娱乐场所。

咽 yè 动悲哀得说不出话来;因悲哀而声音阻塞▷悲~|呜~|哽~。○另见 yān;yàn。

烨（燁） yè〈文〉图明亮;光辉灿烂。

掖 yè 动〈文〉搀扶人的胳膊;比喻扶助或奖励、提拔▷提~|扶~|奖~。○另见 yē。

液 yè 图液体▷汁~|唾~|~化|~态。

【液化】　yèhuà ❶动采用冷却或加压的方法,使物质由气体转化为液体。❷有机体的组织因病变而转化成液体。

【液态】　yètài 图液体状态,是物质存在的一种形态。

【液体】　yètǐ 图有一定体积而没有一定形状的流动物质。如常温下的油、水等。

谒（謁） yè 动〈文〉进见;拜见▷晋~|拜~|参~。

【谒见】　yèjiàn 动进见(地位或辈分较高的人)▷~首长|~老师。

腋 yè ❶图人的上肢和肩膀连接处的内侧呈窝状的部分。通称胳肢窝(gāzhiwō)。❷狐狸腋下的毛皮▷集~成裘。❸其他生物体上跟腋类似的部分▷~芽。

靥（靨） yè 图〈文〉酒窝,笑时面颊上出现的小圆窝▷酒~|笑~。☞不读 yàn。

yī

一 yī ❶图数字,最小的正整数▷~秒|~人|~克。❷形相同;一样▷咱们坐~趟车|长短不~|视同仁。❸满;整个;完全▷坐了~屋子人|~身土|病了~夏天|~如所见。❹专;纯▷~心~意|~色的二层小楼。❺遍每;各▷全班分六个组,~组八个人|~年一次。❻某▷~天晚上|有~年。❼另一种;又一个▷乌贼~名墨斗鱼。❽副表示猛然发出某种动作或突然出现某种情况▷右手~挥|眼前~黑。❾跟"就""便"等呼应,表示两件事紧接着发生▷~叫就~|~问便知。❿图表示动作是短暂的或尝试性的▷跳~跳|瞧~瞧|说~说。㈠"一"在词句中要发生变调现象:1.在去声前变为 yí,如"~定""~望无际";2.用在阴平、阳平、上声前,变为 yì,如"~般""~回"~览无余"。为了简便,本词典一律标本调。㈡数字"一"的大写是"壹"。

【一把手】　yībǎshǒu ❶图一个成员▷我们要合伙做买卖,你也算~吧。❷在某个方面有能力的人▷要说做木工活儿,他可是~。也说一把好手。❸单位或组织的第一负责人▷她是我们厂的~。也说第一把手。

【一败涂地】　yībàitúdì 一旦失败,就会肝脑涂地。形容失败得十分惨重。

【一般】　yībān ❶形一样;同样▷两本书~厚。❷普通;通常▷~情况|长相~|学生们~都很尊重老师。❸一种;一番▷别有~风味。

【一斑】　yībān　图指豹身上的一块斑纹,比喻相类似的许多事情中很小的一部分▷管中窥豹,可见～。

【一板一眼】　yībǎnyīyǎn　原指民族音乐和戏曲中的节拍,两个拍子的叫一板一眼,节奏较慢。多比喻说话做事有条有理,认真踏实,一步一个脚印。也比喻办事死板,不知变通。

【一本万利】　yīběnwànlì　形容花的本钱很少,获得的利润很多。

【一本正经】　yīběnzhèngjīng　态度庄重严肃的样子。

【一鼻孔出气】　yībíkǒngchūqì　比喻相互间观点、态度完全一致,言行如出自一人(含贬义)。

【一边】　yībiān　❶图物体的一面;事情有关的一方▷立柜的～紧靠着墙|争论很激烈,你站在哪～呢? ❷一侧;一旁▷学校～是家商店,～是个邮局。❸副表示两种动作行为同时进行▷～吃饭,～看报|她站在街旁看热闹,还～织着毛衣。

【一表人才】　yībiǎoréncái　形容人容貌英俊,风度潇洒(表:仪表、外表)。

【一并】　yībìng　副表示两种或两种以上的事情合在一块▷～处理|工资与奖金～发放。

【一波三折】　yībōsānzhé　原指写字时笔势曲折多姿。后多比喻文章结构曲折起伏或事情波折很多。

【一不做,二不休】　yībùzuò,èrbùxiū　除非不干,已经干了就索性干到底,多表示下定决心。

【一步登天】　yībùdēngtiān　一步跨上天宫。比喻一下子到达最高的境界或程度,或突然得到很高的职位。

【一场空】　yīchǎngkōng　形容希望全部落空。

【一唱百和】　yīchàngbǎihè　一个人唱首,很多人附和。形容响应的人极多。☞"和"这里不读 hé。

【一唱一和】　yīchàngyīhè　一个人唱另一个人应和。多指以诗词相酬答,也比喻相互配合,相互呼应(多含贬义)。☞"和"这里不读 hé。

【一尘不染】　yīchénbùrǎn　佛教以色、香、声、味、触、法为六尘,修行者不被六尘所沾染叫"一尘不染"。后泛指人品纯洁高尚或环境非常清洁。

【一成不变】　yīchéngbùbiàn　原指刑法一经制定,便不可改变。后用来形容墨守成规,不随机应变。

【一筹莫展】　yīchóumòzhǎn　一点计策也施展不出。形容想不出一点办法。

【一触即发】　yīchùjífā　形容事态非常紧张,已经到了一触动就要爆发的程度。

【一锤定音】　yīchuídìngyīn　本指熟练的制锣工人在敲最后一锤时决定锣的音色。后比喻凭某个人的一句话把事情最后决定下来。☞不宜写作"一槌定音"。

【一蹴而就】　yīcù'érjiù　一踏脚就能成功(蹴:踏、踩;就:成功)。形容事情很容易办成。

【一带】　yīdài　图泛指某地及其周围的地区。

【一旦】　yīdàn　❶图一天之内,指很短的时间▷强烈的地震,使一座上百年的城市毁于一～。❷副表示不确定的时间,含"有一天"的意思▷任务一～完成,即刻返回。

【一刀两断】　yīdāoliǎngduàn　一刀砍成两截。比喻坚决地断绝关系。

【一刀切】　yīdāoqiē　比喻不管实际情况如何,都做同样的处理▷不同情况不同对待,不能搞～。也说一刀齐。

【一道】　yīdào　副一同;一起▷～走|～学习。

【一定】　yīdìng　❶图适当的;某种程度的▷种子在～条件下才发芽|有～的提高。❷特定的▷～的社会形态反映～的生产关系。❸规定的;确定的▷律诗、绝句字数都有～|结果怎样还不～。❹副表示态度坚决▷～好好学习|～挽回不良影响。❺表示主观推断▷

孩子回来就不高兴,～是没有考好。

【一度】　yīdù　图一次;一段时间▷四年～的奥运会|有～他在北京工作。

【一帆风顺】　yīfānfēngshùn　原指船挂满帆,一路顺风行驶。比喻境遇顺利,毫无挫折。

【一反常态】　yīfǎnchángtài　跟平时的状态完全相反。

【一分为二】　yīfēnwéi'èr　哲学上指世界上一切事物、现象和过程都可分为互相对立又互相联系的两个方面,这两个方面又统一又斗争,并在一定条件下各自向其相反的方面转化。泛指把一个事物分成两部分。

【一风吹】　yīfēngchuī　比喻一下子全部勾销▷旧的规章制度也有合理的部分,不能你一上任就都～啊。

【一概】　yīgài　副表示没有例外,相当于"全""都"▷～不知|～从宽。

【一共】　yīgòng　副表示数量的总计▷两项收入～是多少? |我们厂～有五百人。

【一鼓作气】　yīgǔzuòqì　原指作战时第一次擂鼓,以振作士气(作:振作)。现多形容做事时鼓足干劲,趁势一次把它做完。

【一贯】　yīguàn　图(思想、作风、政策等)向来如此,从未改变▷这是我的～看法|他对工作～积极负责。

【一锅煮】　yīguōzhǔ　比喻对不同情况或不同事物不加区别地同样处理。也说一勺烩、一锅烩。

【一哄而散】　yīhòng'érsàn　在一片哄闹声中一下子散去。☞"哄"这里不读 hōng。

【一哄而上】　yīhòng'érshàng　形容没有经过组织和准备而轻率地同时行动起来。☞"哄"这里不读 hōng。

【一呼百应】　yīhūbǎiyìng　一声呼唤,很多人响应。☞"应"这里不读 yīng。

【一挥而就】　yīhuī'érjiù　笔一挥就写成了。形容才思敏捷。

【一会儿】　yīhuìr　❶图很短的时间;很短时间内▷等～|才～工夫,天色就变了|火车～就开。❷叠用在两个动词或形容词前,表示在很短时间内两种情况(多为相反的)的交替▷～哭～笑|～冷～热|～喜～怒|～阴～晴。

【一技之长】　yījìzhīcháng　指一种专业或技艺方面的特长。

【一家之言】　yījiāzhīyán　指有独到见解、自成一家的学说和著述。也泛指学术研究中的一个学派或个人的观点、理论。

【一见如故】　yījiànrúgù　第一次见面就像老朋友一样。形容情投意合。

【一箭双雕】　yījiànshuāngdiāo　一箭射中两只雕。比喻做一件事达到两个目的。

【一经】　yījīng　副表示只要采取某种措施,就会得到相应的结果,用在前一分句,后一分句用"就""便"呼应▷双方矛盾一～调解,便很快消除|理论和实践～结合,就会发挥巨大的作用。

【一举成名】　yījǔchéngmíng　原指科举时考中了进士就天下闻名。后泛指一下子就成了有名望的人。

【一举两得】　yījǔliǎngdé　做一件事达到两个目的或得到两方面的好处。

【一蹶不振】　yījuébùzhèn　跌了一跤就爬不起来(蹶:跌倒)。比喻一遇到失败和挫折就再也振作不起来。

【一孔之见】　yīkǒngzhījiàn　从一个小洞里所看到的。借指片面狭隘的见解(常用作谦词)。

【一览】　yīlǎn　❶图用图表或简明的文字做成的关于某种概况的介绍(多用于书名)。如《全国旅游景点一览》。❷団看一眼▷～便知。

【一揽子】　yīlǎnzi　一系列问题、情况等都包括在内的▷

~计划|~工程|~解决办法

【一劳永逸】 yīláoyǒngyì 就辛劳一次而使事情彻底解决，得到永久的安逸。

【一连】 yīlián 副表示动作或情况连续不断发生▷~去了几趟|~出了好几件事。

【一了百了】 yīliǎobǎiliǎo 关键的事情了结了，其他有关的事情也就能跟着了结。

【一鳞半爪】 yīlínbànzhǎo 原指龙在云中，东露鳞，西露爪，使人难见全貌。比喻事物的零星片断。

【一流】 yīliú ❶形一类的；同一类的▷他们是~货色，你就不要掺和进去了。❷名第一等▷质量上乘，堪称~|~作家。

【一溜烟】 yīliùyān 副表示跑得非常快▷孩子们见事不好，都~地跑了。

【一路】 yīlù ❶名沿路；整个行程▷~打听|走~唱~。❷形同一类的▷他们都是~货。❸副一起；一块儿(行动等)▷我们~去吧，好有个照顾。❹一直▷改革开放以来，人民生活水平~上升。

【一律】 yīlǜ ❶形一样；相同▷规格一|着装~。❷副表示全部，没有例外▷进校门，~出示证件|国家不分大小，~拥有自己的主权。

【一落千丈】 yīluòqiānzhàng 形容地位、声誉、景况等急剧下降。☞"落"这里不读 lào。

【一马当先】 yīmǎdāngxiān 打仗时骑马冲在最前边。比喻走在最前面，起带头作用。

【一马平川】 yīmǎpíngchuān 能纵马奔驰的平原。泛指辽阔的平地。

【一脉相承】 yīmàixiāngchéng 指同一血统的人一代传一代。泛指思想、文化、学术等代代相承袭的继承关系。

【一毛不拔】 yīmáobùbá 一根汗毛也舍不得拔下来。比喻极端自私吝啬。

【一面】 yīmiàn ❶名物体的几个面之一▷这块木板~干净~脏。❷一个方面▷这只是问题的~，还有另一|只听~之词|独当~。❸副表示两种或两种以上动作或活动同时进行，可以单用，也可以连用▷跟客人说着话，还~打着毛衣|~工作，~学习。

【一面之交】 yīmiànzhījiāo 仅仅是见过一次面的交情。

【一鸣惊人】 yīmíngjīngrén 比喻平时默默无闻，但一干就取得惊人的成绩。

【一目了然】 yīmùliǎorán 一眼就看得清清楚楚。

【一诺千金】 yīnuòqiānjīn 形容说话算数，绝对守信用(诺：诺言)。

【一拍即合】 yīpāijíhé 一打拍子就合乎乐曲的节奏。比喻双方很快取得一致(多含贬义)。

【一盘散沙】 yīpánsǎnshā 一盘黏合不到一块的沙子。比喻力量分散或不团结的状态。☞"散"这里不读 sàn。

【一瞥】 yīpiē ❶动迅速地看一眼▷他向门里~，就发现了自己要找的东西。❷名借指极短时间内粗略看到的概况(多用于文章的题目或书名)▷《上海市场经济~》。

【一贫如洗】 yīpínrúxǐ 形容穷得一无所有，就像被水冲洗过一样。

【一暴十寒】 yīpùshíhán 晒一天，冻十天。比喻做事、学习不能持之以恒。☞"暴"这里不读 bào。

【一曝十寒】 yīpùshíhán 通常写作"一暴十寒"。

【一齐】 yīqí 副同时▷~动手|精神文明和物质文明~抓。

【一起】 yīqǐ ❶名同一处所；一块儿▷你们两个站在~|两样东西加在~。❷副共同；都▷你跟我们~去吧|

奶粉和糖~买来了。

【一气】 yīqì ❶名声气相通的一伙；串连而成的一体▷他们勾结成~|连成~|欺负人。❷一段时间▷胡扯~|穷折腾~。❸副表示接连不断地(做某事)▷~干了个通宵。

【一气呵成】 yīqìhēchéng 不间断地做完某件事。形容文章或说话气势畅达，首尾贯通。☞"呵"不读 hā。

【一窍不通】 yīqiàobùtōng 没有一个心窍是通的。比喻什么都不懂。

【一切】 yīqiè 代指代事物的全部、所有▷祖国的利益高于|你的~我都知道|权力归人民。

【一穷二白】 yīqióngèrbái 形容基础差，底子薄(穷：经济不发达；白：文化科学落后)。

【一丘之貉】 yīqiūzhīhé 同一座土山上的貉。比喻没有差别，同属一类(含贬义)。☞"貉"不读 hè。

【一日千里】 yīrìqiānlǐ 形容进展迅猛。

【一日三秋】 yīrìsānqiū 一天好像过了三年(三秋：三年)。形容对人怀念得深切。

【一如既往】 yīrújìwǎng 跟过去完全相同。☞"既"不要写作"即"(jí)。

【一生】 yīshēng 名从出生到死亡的时间▷他~坎坷|他把~献给了祖国的石油事业。

【一石二鸟】 yīshíèrniǎo 扔一个石子打着两只鸟。比喻做一件事有两种收获。

【一时】 yīshí ❶名一个时期；一段时间▷风靡|为了~的快乐，牺牲了一生的幸福。❷较短时间▷问题很复杂，~还闹不清楚。❸副偶然▷~心血来潮|~高兴。❹连用，有"时而"的意思，表示情况交替出现▷病情~好，~坏。

【一世】 yīshì ❶名一生；一辈子。❷形一个时代内的▷~英雄。

【一事无成】 yīshìwúchéng 一件事也做不成。指在事业上没有任何成就。

【一视同仁】 yīshìtóngrén 不分亲疏厚薄，同样看待。

【一手】 yīshǒu ❶名一种技能、本领▷露~。❷玩弄的伎俩▷我知道他会来这~，早有防备。❸满手▷弄了~墨汁。❹副表示单独或独自做某事▷这件事是哥哥~经办的。❺名一只手(连用，表示同时做两件事)▷~抓生产，~抓生活。

【一手遮天】 yīshǒuzhētiān 形容一人倚仗权势，独断专行，瞒上欺下。

【一瞬】 yīshùn 名转眼工夫，比喻极短的时间。

【一丝不苟】 yīsībùgǒu 形容做事认真仔细，一点也不马虎。

【一丝不挂】 yīsībùguà 形容不穿衣服，赤身裸体。

【一塌糊涂】 yītāhútú 混乱到极点；糟糕到极点。☞"塌"不读 tà。

【一潭死水】 yītánsǐshuǐ 比喻死气沉沉或停滞不前的局面。

【一体】 yītǐ ❶名因关系密切或协调一致而形成的一个整体▷三位~|湖光山色融为~。❷全体(多用于公文)▷~知照。

【一条龙】 yītiáolóng ❶比喻一条长长的行列▷游行队伍高举彩旗，排成~。❷比喻紧密联系和配合的工作环节或程序▷生产、教学、科研|~服务。

【一同】 yītóng 副表示同时同地(做某事)▷~劳动|~作战。

【一统天下】 yītǒngtiānxià 统一全国。借指某些人把自己所管的地区或部门当作独立王国。

【一头】 yītóu ❶名满头；整个头部▷~白发。❷一端▷把绳子的~系在木桩上。❸一个方面▷娘家、婆家

哪~都应照顾到。❹相当于一个头部的高度▷他比我高出~。❺副表示头部突然往下扎或往下倒的状态▷~扎进水里。❻突然;猛然▷没想到在街上走着,~撞见了他|他~闯进去。❼表示全身心地投入的情态▷~钻进实验室|~埋进故纸堆。

【一吐为快】　yītǔwéikuài　把想说的话都说出来而感到痛快。

【一团和气】　yītuánhéqì　原指态度和蔼。现多指不讲原则地和气相处(含贬义)。

【一往情深】　yīwǎngqíngshēn　对人或事物的感情始终真挚、深厚(一往:一直,始终)。

【一往无前】　yīwǎngwúqián　不把困难放在眼里,毫不动摇地奋勇向前。

【一味】　yīwèi　副总是;一个劲儿▷对孩子不能~迁就|不能~地强调客观。

【一文不名】　yīwénbùmíng　一点钱也没有(名:占有;文:旧指一枚铜钱)。形容极为贫困。

【一窝蜂】　yīwōfēng　形容很多人乱哄哄地同时做某事▷一个一个地说,不要这么~地嚷。

【一无是处】　yīwúshìchù　什么对的地方都没有(一:全,都)。

【一无所长】　yīwúsuǒcháng　什么专长都没有(一:全,都;所长:专长)。

【一五一十】　yīwǔyīshí　原指以五为单位数数儿,一五、一十、十五、二十……地数下去。比喻从头到尾无所遗漏地叙说。

【一线】[1]　yīxiàn　图战场的最前线,比喻直接从事实际工作的基层或岗位▷生产~|深入~|离开~,退居二线。

【一线】[2]　yīxiàn　图像一条线的;极为细微的▷~可能|~希望。

【一厢情愿】　yīxiāngqíngyuàn　指只管自己单方面愿意,不考虑对方是否同意或客观条件是否允许(一厢:单方面)。☞不宜写作"一相情愿"。

【一向】　yīxiàng　❶图过去的一段时间▷这~,你都在哪里工作?❷副向来;从某时到现在▷他~敢做敢当|我~对他不薄。

【一笑置之】　yīxiàozhìzhī　略微地笑一下,就把它放在一边,表示不屑理会。

【一泻千里】　yīxièqiānlǐ　形容江河流速很快,流程远,奔流直下的气势。比喻文笔流畅奔放。

【一心】　yīxīn　❶图全心全意▷~为公。❷齐心▷万众~。

【一行】　yīxíng　图同行的人▷~八人游览了故宫。☞"行"这里不读háng。

【一言九鼎】　yīyánjiǔdǐng　一句话有九个鼎的分量(九鼎:夏、商、周三代传国的宝物)。形容说话有分量能起极大的作用。

【一言堂】　yīyántáng　❶旧时店铺门上挂的匾额,上写"一言堂",表示决无二价。❷比喻领导者的独断专行作风。

【一言以蔽之】　yīyányǐbìzhī　用一句话来概括(蔽:掩蔽,引申为概括)。

【一样】　yīyàng　图相同;没有差别▷我和他不~|他俩~高。

【一叶知秋】　yīyèzhīqiū　看到一片梧桐叶子落地,就知道秋天即将来临。比喻从细微的个别的现象就可以洞察到事物发展变化的势头。

【一衣带水】　yīyīdàishuǐ　像一条衣带那么窄的水面。形容仅一水之隔,相距很近。

【一意孤行】　yīyìgūxíng　不听批评和劝告,坚持按自己

的意愿行事。

【一应俱全】　yīyīngjùquán　一切应该有的全有。☞㊀"应"这里不读yìng。㊁"俱"不要写作"具"。

【一语破的】　yīyǔpòdì　一句话说到要害处(的:箭靶,比喻关键、要害)。

【一元化】　yīyuánhuà　团由多样或分散向单一或统一发展;集中▷农村费改税~|~领导。

【一元论】　yīyuánlùn　图认为世界只有一个本原的哲学学说(跟"多元论"相对)。有唯物主义一元论和唯心主义一元论之别。

【一再】　yīzài　副屡次;一次又一次地▷~强调|~说明。

【一朝一夕】　yīzhāoyīxī　一个早晨或一个晚上。指短促的时间。☞"朝"这里不读cháo。

【一针见血】　yīzhēnjiànxiě　比喻言词直截了当,切中要害。☞"血"这里不读xuè。

【一阵风】　yīzhènfēng　❶形容动作像一阵风吹过那样迅速▷大家~似地跑了过来。❷比喻经历的时间很短▷卫生工作要常抓不懈,不能~。

【一知半解】　yīzhībànjiě　知道的不多,理解得肤浅。

【一直】　yīzhí　❶副表示不改变方向▷~向北走。❷表示动作或状态的持续▷上午我们~在干活儿|这朵花都好多天了,还~开着。❸表示所及的范围▷从中央领导~到普通百姓都关注着汛情。

【一致】　yīzhì　❶图相同;没有分歧▷目标~|取得了~的意见。❷副一齐;一同▷~反对|~拥护。

【一掷千金】　yīzhìqiānjīn　形容任意挥霍浪费钱财(掷:扔;千金:许多钱)。

【一总】　yīzǒng　❶副表示合在一起(计算)▷先记上账,月底~结算。❷全都▷这些杂活儿~交给我。

伊　yī　❶囷〈文〉用在主语或谓语前面,加强句子的语气或感情色彩▷~谁之力|下车~始。❷代称第三个人,相当于"他"或"她"("五四"前后有的文学作品中专指女性)。

【伊甸园】　yīdiànyuán　图《旧约全书》中称人类始祖亚当、夏娃所居住的乐园。借指人间乐园。

【伊斯兰教】　yīsīlánjiào　图世界三大宗教之一。公元7世纪初阿拉伯人穆罕默德创立,盛行于亚洲西部、非洲北部。唐代(7世纪中叶)传入中国,现在是回、维吾尔、哈萨克等少数民族信奉的宗教。也说清真教、回教。

衣　yī　❶图衣服,穿在身上遮体御寒的东西。❷像衣服一样包在物体外面的东西▷糖~|炮~。❸母体内包裹胎儿的胎盘和胎膜▷胎~|胞~。

【衣钵】　yībō　图佛教僧尼传授给弟子的袈裟和钵盂,比喻师授的思想、学说、技能等▷传授~|不囿于先师的~。

【衣不蔽体】　yībùbìtǐ　衣服破烂,不能遮蔽身体。形容贫困到极点。

【衣冠楚楚】　yīguānchǔchǔ　穿戴整齐漂亮(楚楚:鲜明整齐)。

【衣冠禽兽】　yīguānqínshòu　穿衣戴帽的畜牲。指行为卑劣,道德败坏,如同禽兽的人。

【衣襟】　yījīn　图上衣或袍子前面的部分。

【衣衫】　yīshān　图单衣,也泛指衣服。

【衣裳】　yīshang　图衣服。

【衣着】　yīzhuó　图指衣服、帽子、鞋、袜等身上的穿戴▷~入时|~朴素。☞不宜写作"衣著"。

医(醫)　yī　❶图医生▷牙~|军~。❷团治疗▷不要头疼~头,脚疼~脚|~治。❸图防治疾病的科学或工作▷他是学~的|从~多年。

【医德】 yīdé 图医务工作者行医应具备的职业道德。
【医疗】 yīliáo 图疾病的预防和治疗(多作定语)▷~器械｜~事故。
【医生】 yīshēng 图掌握医药卫生知识、以防治疾病为职业的人的统称。
【医务】 yīwù 图对疾病的预防、诊断、治疗、护理等事务▷~部门｜~工作。
【医治】 yīzhì 团治疗▷~疾病◇~战争留下的创伤。

依 yī ❶团靠着;倚仗▷倚仗~｜~山傍水｜~偎｜相~为命｜互相~存｜~附。❷团顺从;听从▷你就~了他吧｜不~不饶｜~从。❸介按照;根据▷~法惩处。
【依从】 yīcóng 团依顺听从▷~真理｜不能~无理要求。
【依存】 yīcún 团依附对方而存在▷祖孙二人相互~｜矛盾的双方相互~,又互相对立。
【依附】 yīfù ❶团附着▷爬山虎~墙壁生长。❷团投靠;从属▷~权贵｜~于人。
【依旧】 yījiù ❶团(情况)没有改变▷山河~｜风采~。❷副表示情况跟原先一样▷风~刮个不停。
【依据】 yījù ❶团以某种事实为前提和基础▷这幅画的构思~了中国画的审美观点。❷图被作为前提、理由、基础的根据▷理论~｜科学的论断须以一定的客观现实为~。
【依靠】 yīkào ❶团把某种人或事物作为达到某种目的的凭借▷~自己的力量｜科技致富。❷图可以作为凭借的人或事物▷他想找个~。
【依赖】 yīlài ❶团不能自立或依靠别的人或事物▷不能总是~父母。❷团指客观事物或现象互为条件而存在▷客观存在的事物都是相互~,相互制约的。
【依恋】 yīliàn 团留恋;舍不得离开或分离▷牧民们~着草原。
【依然】 yīrán 副依旧②▷她~那么年轻｜长城~矗立在山巅上。
【依然故我】 yīrángùwǒ 仍是自己原来的老样子(故我:从前的我)。形容思想、地位等情况没有变化。
【依顺】 yīshùn 团听从;顺从▷没有更好的办法,只好~了他。
【依托】 yītuō ❶团依靠;凭借▷~自然资源优势,大力发展旅游业。❷图可以依靠、凭借的人或事▷以艺术展览为~,开拓商业经营。
【依偎】 yīwēi 团亲热地紧靠在一起▷小孙子~在祖母的怀抱里。
【依稀】 yīxī 形隐隐约约,模糊不清▷远处琴声~可闻。
【依依】 yīyī ❶形形容树枝柔弱,随风摇摆▷扬柳~。❷形容留恋,不忍分离的样子▷~不舍｜惜别。
【依仗】 yīzhàng 团依靠;仗恃▷~权势。
【依照】 yīzhào 团以某事物为依据进行▷职工上下班要严格~作息时间▷❷引进行事的某种标准等,相当于"按照"▷~上级指示精神办事。

咿 yī [咿呀]yīyā❶拟声模拟小学儿学说话的声音▷~学语。❷模拟琴声、摇桨声等。☞不宜写作"咿哑"。

揖 yī 团两手抱拳,放在胸前,旧时行礼方式▷作~｜~让。

壹 yī 数数字"一"的大写。

漪 yī 图〈文〉波纹▷涟~｜~澜。

黟 yī 图用于地名。黟县,在安徽。

仪(儀) yí ❶图礼节;仪式▷行礼如~｜礼~｜司~。❷礼物▷谢~｜贺~。❸图指容貌、举止、风度等▷~表｜容~｜威~。❹仪器▷半圆~｜浑天~。
【仪表】[1] yíbiǎo 图仪态▷~端庄｜~不凡｜~堂堂。
【仪表】[2] yíbiǎo 图测量各种自然量的仪器,这些自然量包括温度、血压、电压、电量、流体流量、速度等。
【仪器】 yíqì 图在实验、检测、绘图、计量时所用的器具或装置,一般较精密。也泛指科技工作中所使用的各种器具。
【仪容】 yíróng 图人的容貌姿态▷~清秀大方。
【仪式】 yíshì 图礼仪的程序和形式▷欢迎~｜升旗~｜~庄重。
【仪态】 yítài 图人的容貌、姿态、风度等▷~潇洒｜~万方。
【仪仗】 yízhàng ❶图古代帝王及将相外出时,护卫所持的兵器、旗帜、伞扇等。❷国家举行大典、迎送外国贵宾时,担任仪式护卫的军人所持的武器、乐器等;游行时队伍前列所举的彩旗、标语、图表、模型等。

夷 yí ❶图古代称中国东部各民族▷淮~｜东~。❷古代对中原以外各民族的蔑称▷四~。❸旧时泛指外国或外国人▷~情｜华~杂处。❹形平坦;平安▷履险如~｜化险为~。❺团〈文〉铲平;灭除▷~为平地｜~灭九族。

沂 yí 图沂河,发源于山东,流入江苏。

诒(詒) yí 团〈文〉留传;赠送。

迤 yí 见[逶迤]wēiyí。

饴(飴) yí 图米、麦芽熬成的糖浆;今指某些软糖类糖果▷甘之如~｜~糖｜高粱~。

怡 yí 形喜悦;愉快▷心旷神~｜~然自得｜~乐。

宜 yí ❶形合适;适当▷适~｜相~｜得~。❷团适合于▷景色~人｜这间屋子最~读书写字。❸应该;应当(多用于否定式)▷~早不~晚｜事不~迟。❹副〈文〉表示理应发生,相当于"当然""无怪"▷~其事倍而功半。
【宜人】 yírén 团适合人心意、需要▷风景~｜~的环境。

荑 yí 团〈文〉除掉(田里的杂草)▷芟~。

咦 yí 叹表示惊异▷~,你是怎么知道的?

贻(貽) yí ❶团〈文〉赠;送给▷~赠｜馈~。❷留下;遗留▷~害无穷｜~患。
【贻人口实】 yírénkǒushí 给人留下借口或话柄。
【贻误】 yíwù ❶团留下不良后果和影响▷~子孙｜~大局。❷耽误▷不可~时机｜~公事。
【贻笑大方】 yíxiàodàfāng 给行家里手留下笑话(大方:大方之家,见多识广的行家)。

姨 yí ❶图妻子的姐妹▷大~子｜小~子。❷母亲的姐妹▷大~｜二~｜~妈｜~夫。❸称年纪同自己母亲差不多的妇女▷张~｜李~。
【姨表】 yíbiǎo 图姐妹双方的子女之间的亲戚关系▷~兄妹。

胰 yí 图人和部分高等动物体内的一种腺体,它的分泌物能帮助消化,调节体内新陈代谢。也说胰腺。

移 yí ❶团变动所在的位置;迁徙▷把花~到盆里去｜~栽｜居~｜迁~。❷改变;变更▷~风易俗｜坚定不～。

【移动】yídòng 团挪动；变动位置▷～一下落地扇l热带风暴中心已～到东南沿海一带。

【移风易俗】yífēngyìsú 改变旧的风俗、风气和习惯。

【移花接木】yíhuājiēmù 把带花的枝条嫁接在别的品种的花木上。比喻暗地里巧使手段更换人或事物以欺骗他人。

【移交】yíjiāo ❶团把人或事物转给有关方面▷抓到的罪犯已～公安部门处理l有关材料～组织部。❷离职前把自己所经管的工作交代给接替的人▷他把工作～给新到任的人了。

【移民】yímín ❶团有组织地迁移居民；移居外国▷修建三峡水库，～百万l～海外。❷图有组织移居外地的人；移居国外的人▷安置～l香港居民中有不少外国～。

【移植】yízhí ❶团将秧苗或树木移到别处栽种。❷将生物体的某一器官或某一部分，移置到同一机体或另一机体的特定部位▷血管～l肾脏～。❸比喻引进别处的经验、剧目等▷将三厂的经验～到本厂l京剧也～地方戏曲的剧目。

痍 yí 图〈文〉创(chuāng)伤▷伤～l满目疮～。

遗(遺) yí ❶团丢失▷～失。❷脱漏；疏漏▷～漏l～忘。❸图丢失或漏掉的东西▷路不拾～l补～。❹团留下▷余l～不～余力l臭万年l～迹l～风。❺特指死者留下▷～产l～著l～愿。❻不自主地排泄(粪便或精液)▷～尿l～精。○另见 wèi。

【遗产】yíchǎn ❶图死者遗留的个人合法财产，包括动产、不动产及债权、债务。❷历史上遗留下来的精神和物质财富▷世界文化～。

【遗臭万年】yíchòuwànnián 死后恶名永远留传下去，受人唾骂。☞"臭"这里不读 xiù。

【遗传】yíchuán 团生物体的构造及生理机能等依靠基因代代相传。

【遗存】yícún 团遗留而保存下来▷古代～下来的恐龙化石。

【遗风】yífēng 图遗留下来的风气、作风▷前代～l大有其母～。

【遗腹子】yífùzǐ 图孕妇在丈夫死后才生的孩子。

【遗骸】yíhái 图遗体；尸骨。

【遗憾】yíhàn 形觉得有所缺；惋惜▷这次我来不及去看望你，真～。

【遗恨】yíhèn ❶团临终还感到悔恨或不称心▷～事业未竟。❷图临终还感到悔恨或不称心的事▷毫无～。

【遗患】yíhuàn 团留下祸患或隐患▷劣质工程必然～无尽。

【遗迹】yíjì 图历史上留下来的事物的痕迹▷地道战的～l原始人活动的～。

【遗教】yíjiào 图先人遗留下来的教训、学说、主张、著作等▷先师～。

【遗老】yílǎo 图指改朝换代后仍然忠于前朝的上岁数的人。

【遗留】yíliú 团某种事物和现象继续保留下来；死后留下来▷历史上～下来的一些问题l他的手稿～给后代了。

【遗漏】yílòu ❶团因疏忽而漏掉不该漏掉的东西▷文章～了两个重要数据。❷图被遗漏的东西▷这个～一定要赶快补上。

【遗墨】yímò 图死者遗留下来的亲笔文稿、字画、书札等。

【遗弃】yíqì ❶团丢弃；抛弃▷敌人～了大批军用物资。❷对自己有责任关心照顾的亲属不尽责任▷收容被～的孤残儿童l老人是不道德的。

【遗容】yíróng ❶图人去世后的容貌。❷遗像。

【遗失】yíshī 团遗落，丢失▷几度迁徙，所藏字画，大部～。

【遗书】yíshū ❶图遗作。❷临死前留下的书信。

【遗孀】yíshāng 图称死者寡居的妻子。

【遗忘】yíwàng 团忘记▷这么大的事，怎么能～呢?

【遗愿】yíyuàn 图死者生前未能实现的心愿。

【遗址】yízhǐ 图毁弃已久的建筑物所在地▷圆明园～。

【遗志】yízhì 图死者尚未实现的志向。

【遗嘱】yízhǔ 图死者生前对其遗产或其他事务如何处置留下的嘱咐，有书面形式或口头形式两种。

【遗作】yízuò 图死者留下的作品，有时特指死者没有发表的作品。

颐(頤) yí〈文〉❶图面颊；腮▷方额广～。❷团保养▷～养天年。☞左边是"臣"，不是"臣"。

【颐养天年】yíyǎngtiānnián 保养身体，达到尽可能长的寿命。

【颐指气使】yízhǐqìshǐ 不说话而用面部表情支使人(颐：面颊；气：指神情)。形容有权势的人非常骄横。

疑 yí ❶团不能确定；不相信▷坚信不～l半信半～l～惑。❷形无法确定的；难于解决的▷～问l～义l～云l～难。❸图指疑难问题▷存～l质～l释～。

【疑案】yí'àn ❶图有疑问而难以解决的案件。❷泛指情况不清，使人疑惑的事情▷这事至今是一件～。

【疑点】yídiǎn 图有疑问的地方；令人怀疑的地方。

【疑惑】yíhuò ❶团不明白；不理解▷大为～l～不解。❷图感到怀疑迷惑的地方▷恐生～l消除～。

【疑忌】yíjì 团因怀疑而猜忌▷无端～l～得力助手。

【疑虑】yílǜ ❶团疑惑忧虑▷无所～。❷图因疑惑而产生的顾虑▷心生～。

【疑难】yínán 形有疑惑而难以判断或处理的▷～病症l～问题。☞"难"这里不读 nàn。

【疑神疑鬼】yíshényíguǐ 疑虑重重，胡乱猜疑。形容疑心很大。

【疑团】yítuán 图理不出头绪的一堆疑问▷满腹～l～顿解。

【疑问】yíwèn 图怀疑的或不理解的问题。

【疑心】yíxīn ❶图猜疑的心思。❷团心里犯疑▷早就～他有不轨的行为。

【疑义】yíyì ❶图不明白、不理解的含义、道理▷切磋古籍中的～。❷疑问▷这本书由我社出版，已无～。

【疑云】yíyún 图比喻指集在心里像浓云一样的疑虑。

彝 yí ❶图古代青铜祭器的通称▷～器l鼎～器。❷彝族，我国少数民族之一，主要分布在西南▷～剧。

乙 yǐ 图天干的第二位。

已 yǐ ❶团止住；停止▷争论不～l大哭不～。❷副已经▷由来～久l木～成舟。☞不要写作"己""巳"。

【已经】yǐjing ❶副表示动作、变化完成或时间过去▷火车～开了l情况～清楚了。❷表示达到某种程度▷～八十岁了l能做到这一点，～很不容易了。

【已往】yǐwǎng 图过去；从前▷对～的经验分析，不能照搬。

以 yǐ ❶团用；拿▷～管窥天l～卵击石l～理服人l～实际行动表明我们的决心。❷用于具有"给

予"一类意义的动词后，引进动作行为涉及的内容，即所给予的事物▷给敌人～沉重的打击|报之～热烈的掌声。❸按照；根据▷每户～四口人计算|～高标准要求自己|～质量高低分等级。❹因为；由于▷古城西安～历史悠久闻名于世|我们～生活在伟大的国度里而自豪。❺匯连接两个动词性词组或分句，表示后者是前者的目的▷应该广交朋友，～孤立敌人|养精蓄锐，～再作战。❻彺用在单音节方位词、处所词前面，表示时间、空间、数量上的界限▷三年～前|五天～后|十层～上|黄河～东|一百～内|六十岁～下。

【以便】 yǐbiàn 匯连接分句，用在下半句开头，表示有了前面的情况和条件，后面的情况就容易实现▷让他住在我家好了，～照顾他。

【以德报怨】 yǐdébàoyuàn 用恩德回报别人的怨恨。

【以毒攻毒】 yǐdúgōngdú 用毒性药物攻治毒疮等疾病。比喻利用坏人打击坏人，或用对方使用的手段制服对方。

【以讹传讹】 yǐéchuáné 把错误的话又错误地传出去，越传越错(讹:谬误)。

【以攻为守】 yǐgōngwéishǒu 把进攻作为积极防御的手段。

【以观后效】 yǐguānhòuxiào (对犯法或犯错误的人从宽处理)用来观察是否有改正的表现。

【以后】 yǐhòu 图现在或某时间后面的时间。

【以及】 yǐjí 匯连接并列的词或词组等，表示联合关系，后面有时是较次要的部分▷工业、农业～服务行业|读了这篇文章～对这篇文章的分析之后，收获很大。

【以己度人】 yǐjǐduórén 用自己的想法去揣测别人。☞"度"这里不读 dù。

【以儆效尤】 yǐjǐngxiàoyóu (用严肃处理某坏人、坏事的办法)来警告学做坏事的人，使他们觉悟(儆:警告;效尤:学做坏事)。☞"儆"不读 jìng。

【以来】 yǐlái 图从过去某时到说话时的一段时间▷立春～|改革开放～。

【以邻为壑】 yǐlínwéihè 把邻国当作排泄洪水的沟壑(壑:深沟)。比喻嫁祸于人或把困难、问题推给别人。

【以貌取人】 yǐmàoqǔrén 单凭外貌作为评价人的标准。

【以免】 yǐmiǎn 匯连接分句，表示目的关系，多用于后一分句的开头，有避免发生某种不好的情况的意思▷过马路时要小心，～发生意外。

【以内】 yǐnèi 图一定的界限里边(多指时间、数量、处所、范围等方面)。

【以偏概全】 yǐpiāngàiquán 用局部来概括全体。指看问题不全面。

【以期】 yǐqī 匯连接分句，用在后一分句前面，表示希望达到某目的▷全队秣马厉兵，～比赛获胜。

【以前】 yǐqián 图现在或某时间前面的时间。

【以强凌弱】 yǐqiánglíngruò 仗恃自己强大而欺凌弱小的。

【以柔克刚】 yǐróukègāng 用软的来制服强硬的。比喻避开锋芒，用温和的手段取胜。

【以上】 yǐshàng ❶图某一点的上面(多指数量、位置、级别等)▷处级～干部|90～为优|三层及其～的层次。❷前面的(话或文字)▷～是我们单位的基本情况。

【以身试法】 yǐshēnshìfǎ 用自身的行为试探法律的威力。指明知法律的规定，却还要去做犯法的事。

【以身作则】 yǐshēnzuòzé 以自己的行动做榜样。

【以售其奸】 yǐshòuqíjiān 用来施展他们的奸计(售:实现,实施)。

【以外】 yǐwài 图一定的界限外边(多指数量、时间、处所、范围等方面)。

【以往】 yǐwǎng 图以前;过去。

【以为】 yǐwéi 团认为(用于对人或事物做出判断)▷不要～我软弱可欺。

【以下】 yǐxià ❶图某一点的下面(多指数量、位置、级别等方面)▷二十岁～|半山腰～，树木繁茂|县级～单位。❷后面的(话或文字)▷请你注意～四点|～几篇都是古文。

【以眼还眼，以牙还牙】 yǐyǎnhuányǎn,yǐyáhuányá 比喻对方用什么手段来进攻，我们就用什么手段去还击。☞"还"这里不读 hái。

【一当十】 yǐyīdāngshí 一个人抵挡十个人。形容兵士斗志旺盛，也比喻以少胜多。

【以逸待劳】 yǐyìdàiláo 指作战时采取守势，养精蓄锐，以对付疲惫的敌人。

【以怨报德】 yǐyuànbàodé 用怨恨回报别人的恩德。

【以正视听】 yǐzhèngshìtīng 用来纠正人们的不正确认识。

【以至】 yǐzhì ❶匯连接词或词组，连接词语不止两项时就用在最后两项之间，表示在时间、数量、范围、程度等方面的延伸，有"直到"、"直至"的意思▷熟练的技能技巧是经十次、百次～上千次的练习获得的|家用电器、服装鞋帽、床上用品～日用小百货都已准备齐全。❷连接分句，用在后半句开头，表示上述情况所产生的结果▷科学技术发展得如此迅猛，～科学工作者也感到有重新学习的必要。也说以至于。

【以致】 yǐzhì 匯连接分句，用在后半句开头，表示由于上述原因而造成的结果(多指不好的或说话人不希望的结果)▷只听一面之词，～做出了错误的判断|没有领会文件精神，～工作中出了偏差。☞"以致"跟"以至"意义不同，不要混用。

苡 yǐ 图指薏苡▷～仁(薏米)。

尾 yǐ 义同"尾"(wěi)①，用于"马尾儿"(马尾上的毛)、"三尾儿"(雌蟋蟀)等口语词。○另见 wěi。

矣 yǐ 〈文〉❶团表示陈述语气，相当于"了"▷法已定～|祸将至～|可～。❷表示感叹语气▷欲人之无惑也难～|甚～，汝之不惠!

迤 yǐ 彺往;向(表示向前的延伸)▷村庄～北是一条小河。☞㊀不读 tuō。㊁在"逶迤"中读 yí。

【迤逦】 yǐlǐ ❶彺连绵曲折的样子▷五岭～。❷缓慢行进的样子▷顺着崎岖山路～而行。☞"逦"不读 lí。

蚁(蟻) yǐ 图指蚂蚁▷～蝼(蝼蛄和蚂蚁)|～穴。

倚 yǐ ❶团靠着▷孩子～在妈妈腿上|～着栏杆|～靠。❷依仗;凭着▷～势欺人|～托。❸彺偏斜▷不偏不～。

【倚靠】 yǐkào ❶团身体靠在别人身上或物体上▷孩子～在妈妈身旁。❷倚仗▷出门～朋友帮助。❸图倚仗的人或物▷老人的～是他的女儿|助力车是他出行的～。☞"倚靠"(yǐkào)跟"依靠"(yīkào)意义不同，不要混用。

【倚老卖老】 yǐlǎomàilǎo 仗着岁数大，卖弄老资格。☞不要写作"以老卖老"。

【倚仗】 yǐzhàng 团凭借某种力量或有利条件▷他～权势，横行乡里|她～有好身段，学芭舞去了。

【倚重】 yǐzhòng 团看重;器重▷～拔尖人才。

椅 yǐ 图椅子▷桌～|板凳~|藤～|折叠~。

旖　yǐ [旖旎]yǐnǐ 圈〈文〉柔美▷风光~。

弋　yì 图古代一种射鸟的箭,上面系(jì)有细丝线。

亿(億)　yì 题数字,一万万,古代以十万为一亿。

义(義)　yì ❶图公正的、有利于社会和大众的道理▷大~灭亲|~正词严|~不容辞|正~|道~。❷旧指合乎伦理道德的人际关系,今指人与人之间应有的情谊▷有情有~|忠~|信~|气。❸图符合正义或大众利益的▷~战|~师。❹没有报酬的;义务的▷~学|~演|~卖。❺因抚养、拜认而成为亲属的;名义上的▷~父|~子|~妹。❻人造的(人体的部分)▷~齿|~肢。❼图意思;意义▷词~|同~|词|歧~|定~。

【义不容辞】yìbùróngcí 因符合道义而不能推辞。指理应接受。

【义愤填膺】yìfèntiányīng 义愤充满胸膛(膺:胸)。

【义举】yìjǔ ❶图正义的举动▷反抗侵略的~。❷仗义疏财的举动▷捐资助教的~。

【义卖】yìmài 团为捐助正义或公益事业而出售物品(物品多为捐献来的或卖出后所得货币捐献,价格一般比市价高)。

【义气】yìqi ❶图为了情谊而甘愿担当风险或自我牺牲的精神▷~凛然|讲~。❷图形容为情谊而甘冒风险或自我牺牲的气概▷那人很~|可真~。

【义无反顾】yìwúfǎngù 为了道义勇往直前,绝不回头退缩(义:道义;反顾:回头看)。☞不宜写作"义无返顾"。

【义务】yìwù ❶图公民或法人在政治、经济、法律、道义上应尽的责任(跟"权利"相对)。❷图没有报酬的▷~劳动|~献血。

【义项】yìxiàng 图字典、词典的字头或词条下,按字义或词义所列的项目。

【义演】yìyǎn 团为捐助正义或公益事业而举行演出▷为希望工程~。

【义诊】yìzhěn 团为患者义务诊治疾病▷在广场为群众~三天。

【义正词严】yìzhèngcíyán 理由正当而措词严厉。☞不宜写作"义正辞严"。

艺(藝)　yì ❶图技能;本领▷多才多~|高人胆大~手|~技|~。❷艺术▷文~|曲~|坛新秀。

【艺林】yìlín 图旧指文艺图书荟萃的地方。后泛指艺术界。

【艺术】yìshù ❶图通过塑造形象反映社会生活、表现作者情感理想的一种意识形态,如文学、雕塑、舞蹈、绘画、戏剧等。❷比喻高明的方式方法▷领导~|教学~。❸图形式独特优美的▷屋里布置得非常~。

【艺术性】yìshùxìng 图指文学艺术作品的完美程度,包括通过塑造形象反映现实生活、表现思想感情所产生的审美感染力的程度以及构思、形式、技巧、结构等方面所达到的完美程度。

刈　yì 团〈文〉割(草或谷物);铲除▷~草|~麦|~除。

忆(憶)　yì ❶团回想;想念▷回~|追~。❷记住;不忘▷记~。

议(議)　yì ❶团谈论;商讨▷街谈巷~|事~|商~|审~。❷评论;批评▷公~|评~|免遭物~|非~。❸图意见;主张▷异~|提~|抗~。❹指议会▷~席|~员|~院。

【议案】yì'àn 图列入会议讨论的提案。

【议程】yìchéng 图会议议事的程序。

【议定】yìdìng 团商议决定▷双方~合作方案。

【议会】yìhuì 图实行三权(立法、行政、司法)分立制的某些国家的最高立法机构。一般由上、下两院组成,也有只设一院的。

【议决】yìjué 图对提案经过讨论后做出决定。

【议论】yìlùn ❶团对人或事的好坏、是非发表意见,交换看法▷投资建厂问题先在会上~一下|没有听到~你的话。❷图对人或事发表的意见或看法。

【议论文】yìlùnwén 图分析论证事物的本质和规律的一种文体。也说论说文。

【议题】yìtí 图会议商议讨论的问题;文章议论的中心▷大会~有两个|写文章不能离开~。

屹　yì 图山势高耸▷~立。☞统读yì。

【屹立】yìlì 团高耸直立,也比喻坚定不可动摇▷烈士纪念塔~在陵园中央|1960万平方公里的中华人民共和国巍然~在世界东方。

亦　yì 圖〈文〉表示人和人、事物和事物之间具有相同的关系,相当于"也"▷人云~云。

【亦步亦趋】yìbùyìqū 别人慢走跟着慢走,别人快走也跟着快走(步:慢走;趋:快走)。比喻事事追随或模仿别人。

异　yì ❶团分开▷离~。❷图不同▷规格各~|口同声|日新月~|~议。❸代其他的;别的▷~乡|~日|~国|~族。❹图新奇的;特别的▷奇花~草|优~|~香|~味。❺团惊奇,觉得奇怪▷惊~|诧~|怪~。

【异彩】yìcǎi 图特别奇异的光彩,比喻不寻常的成就▷晚会节目~纷呈。☞不要写作"异采"。

【异常】yìcháng ❶图不同于平常▷聪慧~|~的表情。❷圖非常▷心情~沉重|生活~艰苦。

【异端】yìduān 图和正统思想对立的观点或言论。

【异己】yìjǐ 图在重大问题上跟自己持不同立场、观点,有根本分歧或利害冲突的人▷排除~。

【异军突起】yìjūntūqǐ 比喻一种新生的派别或力量突然兴起。

【异口同声】yìkǒutóngshēng 不同的人说出同样的话。形容众人的意见完全一致。

【异曲同工】yìqǔtónggōng 曲调不同却同样精巧(工:工巧、精致)。比喻作品不同,却同样出色;说法或做法不同,却收效相同。

【异体字】yìtǐzì 图跟规范字音同、义同而形体不同的字。如"闇"是"暗"的异体字,"卻"是"却"的异体字。

【异想天开】yìxiǎngtiānkāi 形容想法荒诞离奇,不切实际。

【异心】yìxīn 图二心;不忠诚的心思▷久怀~。

【异议】yìyì 图不同的或反对的意见。

【异域】yìyù ❶图外国▷~风情。❷相距遥远的外乡。

抑　yì 团往下压;压制▷~恶扬善|~制|~扬|压~。

【抑扬顿挫】yìyángdùncuò 形容声音高低起伏,停顿转折,和谐有序。

【抑郁】yìyù 图压抑忧郁;有怨愤或愁苦不能说出而心中烦闷▷~寡欢|心情~而死。

【抑制】yìzhì ❶图机体对内外界刺激反应的生理现象,常表现为活动的减弱或相对静止。❷压抑;控制▷~自己的感情|~通货膨胀。

呓（囈） yì 团梦中说话▷梦丨~语。

【呓语】 yìyǔ 图梦话；比喻糊涂荒唐的话▷梦中~，不足为据丨我看他的这些话，简直就是~，千万别信。

邑 yì〈文〉①图城市▷通都大~丨城~。②县▷~令丨~志。

佚 yì 团〈文〉散失；失传▷本~丨书散~丨亡~名。

【佚文】 yìwén 图散失的文章。

役 yì ①团役使▷奴~丨畜（chù）~。②图当兵的义务▷兵~丨服~丨退~丨现~丨预备~。③强迫性的无偿劳动▷劳~丨徭~。④旧指供使唤的人▷仆~丨杂~丨侍~。⑤战事▷石家庄之~丨战~。

【役龄】 yìlíng ①图适于服兵役的年龄▷~青年。②服兵役的年数▷~三年。

【役使】 yìshǐ 团驱使牲畜；把人当牲畜使用▷有两匹马供~丨~奴仆。

译（譯） yì ①团翻译▷这本外国名著~得好丨古文今~丨口~丨~文丨直~。②把代表语言文字的符号或数码转换成语言文字▷把旗语~出来丨请~一下这份电报丨破~。☞右下不是"丰"。

【译本】 yìběn 图翻译成另一种文字的版本▷《水浒传》有英~。

【译名】 yìmíng 图翻译成另一种文字的名称。人名、地名多用音译的方式翻译，书名及其他名称多用意译的方式翻译。

【译制】 yìzhì 团翻译制作（影视片等）。

【译注】 yìzhù 团翻译并注释▷~古文。

易 yì ①团更改；替代▷移风~俗丨改弦~辙丨变~移~。②交换▷以物~物丨地再战丨贸~丨交~。③图容易，不费力（跟"难"相对）▷~如反掌丨轻而~举丨简便~行丨轻~丨浅~。④（性情或态度）谦逊，平和▷平~近人。☞不能简化成"𢀖"（yáng）。"𢀖"是简化偏旁，其繁体是"昜"。

【易如反掌】 yìrúfǎnzhǎng 比喻事情非常容易办，像翻一下手掌一样。

【易手】 yìshǒu 团从一方所有转为另一方所有▷权柄~丨奖杯~。

【易帜】 yìzhì 团国家或军队更换旗帜，表示政权或军队性质发生变化。

诣（詣） yì ①团〈文〉前往，到……去▷~其家丨黄帝陵祭奠。②谒见，到某地见某人（多为所尊敬的）▷吏缚二人~王丨至宾馆~陈师。③图（学问、技艺等）所达到的高度或深度▷造~丨苦心孤~。☞统读yì。

驿（驛） yì 图驿站，现多用于地名▷白市~（在重庆）丨桥头~（在湖南）。

【驿站】 yìzhàn 图古代在驿道上设置的供传递公文的人或来往官员中途换马或休息、住宿的地方。

绎（繹） yì ①团〈文〉抽丝。②理出头绪或线索▷演~丨抽~。③连续不断▷络~不绝。☞跟"译"不同。

轶（軼） yì ①团〈文〉超过▷~群丨超~。②同"佚"。☞统读yì。

【轶事】 yìshì 图过去没有正式记载，很少为人知道的事迹▷奇闻~。

【轶闻】 yìwén 图过去没有正式记载，很少为人知道的传闻▷《古今谭概》里收录的~，大多构思精巧。

弈 yì〈文〉①图围棋▷博~。②团下棋▷对~。

奕 yì〈文〉盛大。☞"奕"和"弈"形、义不同。

【奕奕】 yìyì 圈（精神）饱满、（神采）焕发▷神采~。

疫 yì 图流行性传染病的统称▷瘟~丨防~丨免~力丨~情。

【疫病】 yìbìng 图流行性传染病。

【疫苗】 yìmiáo 图用病毒、细菌或其他病原微生物等制成的生物制剂。接种或注射于机体内，能产生免疫力，对有关疾病起预防或治疗作用。如牛痘疫苗、伤寒疫苗等。

【疫情】 yìqíng 图疫病发生和流行的情况▷西欧口蹄疫~严重。

羿 yì 图人名，传说为夏代有穷国的君主，擅长射箭。

益 yì ①团增长（跟"损"相对）▷延年~寿丨损丨~增丨~智。②副表示程度进一步加深，相当于"更加"▷老当~壮丨相得~彰丨多多~善。③图对人或对事物的好处；利益（跟"害"相对，④同）▷受~不浅丨开卷有~丨徒劳无~丨收~丨效~丨权~。④圈有益的▷~虫丨良师~友丨~处。

【益处】 yìchu 图好处；有利的因素。

【益发】 yìfā 副更加；越发▷进了初中，这小孩儿~聪明了。

浥 yì 团〈文〉沾湿▷渭城朝雨~轻尘。

悒 yì 圈〈文〉忧郁不安▷~郁丨~闷丨忧~丨~~不乐。

谊（誼） yì 图交情，人与人之间互相交往而产生的良好情感▷深情厚~丨情~丨友~丨联~。☞统读yì。

埸 yì〈文〉①图田界。②边界；边疆▷疆~丨边~。☞右边不是"𠃓"。

逸 yì ①团奔跑；逃▷逃~。②逃隐；隐居▷隐~丨~民。③圈闲适；安乐▷以~待劳丨安~。☞右上不是"免"。

翊 yì〈文〉团辅助；帮助▷~戴（辅佐拥戴）。

翌 yì 圈〈文〉时间紧接在之后的，相当于"次"▷~晨丨~日。

肄 yì 团学习▷~业。☞跟"肆"（sì）不同。

【肄业】 yìyè ①团修业；学习▷曾在师范大学~两年。②没有学到规定的年限或没有达到毕业的程度而离开学校▷大学~丨~证书。

裔 yì 图后代▷后~丨华~。☞不读yí。

意 yì ①图心愿；心思▷称心如~丨满~丨愿丨民~丨授~丨随~。②意思①▷言不尽~丨示~丨同~。③团推测；料想▷~外丨不~丨~想。

【意表】 yìbiǎo 图意料之外▷结局出人~。

【意会】 yìhuì 团没有说明或无法说明而需用内心去领会理解▷其中奥妙，只能靠自己~了。

【意见】 yìjiàn ①图看法；见解。②对人或事物不满意的想法▷对他的表现，大家很有~。

【意境】 yìjìng 图文艺作品在形象或景物描写中所表现出来的境界。

【意料】 yìliào 团事先预料和估计▷出人~丨早就~到了的事。

【意念】 yìniàn 图思绪；念头。

【意气】 yìqì ①图志向、趣味和性情▷~相投。②意志和气概▷~风发。③由于主观偏激而产生的任性的情绪｜～用事。

【意气风发】 yìqìfēngfā 形容精神振奋，气概豪迈。

【意气用事】 yìqìyòngshì 缺乏理智，只凭一时感情冲动处理事情。

【意识】 yìshí ❶名人的头脑对于客观物质世界的主观反映，是感觉、思维等各种心理过程的总和，是人的高级心理反映形式。❷对某一问题的认识和重视程度▷提高国防～｜参与～。❸自觉抱有某种目的▷无～地玩弄着钥匙链｜有～地注意他俩的举动。❹动觉察、认识▷已经～到自己的错误带来的危害。

【意思】 yìsi ❶名用语言文字等表达出来的思想内容▷这句话什么～｜文章的中心～。❷意义▷争论这样的问题，有什么～啊？❸想法；意见▷我的～是早点去。❹趣味；意味▷这部小说可有～了。❺心意；情意▷这点礼物，只是表示点～。❻动表示一点心意▷别人都送了礼，咱们也～一下吧。❼名某种动向或迹象▷大有"不达目的，誓不罢休"的～。

【意图】 yìtú 名希望达到某种目的的想法▷你能不能把～说明白点？

【意外】 yìwài ❶形意料之外▷出人～。❷形料想不到的▷感到很～｜～发现。❸名料想不到的不幸事件▷以免发生～。

【意味】 yìwèi ❶名隐含着的某种意思▷他的话里对此事好像有不赞成的～。❷意趣情味▷诗的～无穷。❸动含有某种意义，标志着▷产品质量的提高，～着科学技术、生产管理水平的提高｜今年风调雨顺，～着又是一个好年景。

【意向】 yìxiàng 名心意所向；意图▷合作～｜他有投资旅游业的～。

【意义】 yìyì ❶名语言文字或其他符号所表达的含义；事物所包含的内容和道理▷这个词的～｜文章～很深刻。❷作用；价值▷搞些有～的活动｜改革开放具有深远的～。

【意译】 yìyì ❶动不是逐字逐句而是根据原文的大意进行翻译（区别于"直译"）▷～讲究信、达、雅，与直译不同。❷根据词语所表示的意义翻译成另一种语言的词语（跟"音译"相对）。如"巴士"是音译，"公共汽车"则是意译。

【意愿】 yìyuàn 名心意，愿望。

【意蕴】 yìyùn 名内含的意义▷丰富的～。

【意旨】 yìzhǐ 名（地位较高的人或群体的）意愿和要求▷领导的～｜遵从人民的～。

【意志】 yìzhì 名为了达到某种目的而表现出来的一种心理状态▷克服困难的～｜～薄弱。

【意中人】 yìzhōngrén 名特指心中爱慕的异性。

溢 yì ❶动水满而向外流出▷河水～出堤岸｜江河横～。❷泛指流出；表露出▷言于言表｜花香四～。❸形〈文〉过分▷～美｜～誉。

【溢美】 yìměi 形过分夸奖▷～之言。

【溢于言表】 yìyúyánbiǎo 从言谈和表现中完全流露出来。

缢（縊） yì 动〈文〉勒死；吊死▷～杀｜～自。

蜴 yì 见[蜥蜴]xīyì。

蜴 yì 形刚强；果断▷～力｜坚～｜刚～。

毅 yì 形刚强；果断▷～力｜坚～｜刚～。

【毅力】 yìlì 名坚定而持久的意志。

【毅然】 yìrán 副坚定而果断地▷～决定回国｜他～挑起了这副重担。

熠 yì 形〈文〉光亮；鲜明▷～～生辉。☞右边的"習"不能简化成"习"。

薏 yì [薏苡]yìyǐ 名多年生草本植物，茎直立，叶披针形，颖果卵形。果仁叫薏米，也说苡仁，可食用、酿酒或做药材。

翳 yì ❶动〈文〉遮盖▷林木阴～。❷名长在眼角膜上的白斑▷白～｜～子。

臆 yì ❶名胸▷胸～。❷形主观的▷～见｜～说。

【臆测】 yìcè ❶动主观推测▷不能随便～。❷名主观推测得出的看法▷这不过是我的一种～，不一定对。

【臆断】 yìduàn ❶动凭臆测来决断▷工程质量要经过检验，不能～。❷名凭臆测作出的决断▷凡事须调查研究，不轻信他人的～。

【臆想】 yìxiǎng ❶动主观想象▷怎么能随便～呢？❷名主观的想象▷我的想法是有根据的，绝非～。

【臆造】 yìzào 动凭主观想象编造▷不能凭想象～历史。

翼 yì ❶名动物的飞行器官。通称翅膀。❷（事物的）两侧；政治活动中的派别▷两～阵地｜侧～｜左～｜右～。❸动〈文〉从旁帮助；辅助▷～助｜～佐。❹名像翅膀的东西；两侧的部分▷机～｜鼻～。

癔 yì [癔病]yìbìng 名较严重的神经官能症，发作时神态失常，有的还伴有痉挛、麻痹等现象。也说歇斯底里。

懿 yì 形〈文〉（德行等）美好▷～德｜～行。☞统读yì。

yin

因 yīn ❶动〈文〉依靠；凭借▷为高必～丘陵。❷因袭；沿袭▷陈陈相～｜～循守旧。❸介按照；根据▷～势利导｜～材施教。❹名原因（跟"果"相对）▷事出有～｜前～后果。❺连由于；因为▷～经验不足而失败｜～故缺席。❻连由于；因为▷～他未曾通知到我，我并不知道今天你要来。

【因材施教】 yīncáishījiào 根据教育对象的不同，采用不同的教育方法。

【因此】 yīncǐ 连连接分句、句子等，表示因果关系▷由于他长期生活在农村，～比较了解农民。

【因地制宜】 yīndìzhìyí 根据当地的情况，制定适宜的措施。

【因而】 yīn'ér 连连接分句，表示因果关系，有下文是上文的结果的意思▷他是家里最小的孩子，～是家中的"骄子"。

【因果】 yīnguǒ 名原因和结果▷弄清事件的～｜～倒置。

【因陋就简】 yīnlòujiùjiǎn 根据简陋的条件将就着办事。

【因势利导】 yīnshìlìdǎo 顺应事物的发展规律加以引导（因：顺应｜势：趋势）。

【因素】 yīnsù ❶名事物的构成要素、成分▷调动一切积极～。❷事物发展的原因或条件▷科学的学习方法是搞好学习的重要～之一。

【因为】 yīnwèi ❶连连接分句，表示因果关系，一般用在前一分句里，常同"所以"配合使用▷～他是游泳的好手，所以能够横渡渤海海峡。❷介引进表示原因的人或事物▷～这件事他们立了功｜小伟～想念妈妈而偷偷流泪。☞"为"这里不读wéi。

【因袭】 yīnxí 动沿用；照搬（过去的制度、法令、方法等）▷～旧制。

【因循】 yīnxún ❶动沿袭；不变▷～守旧，不思进取。

❷拖延;延迟▷~时日|~不前。

【因噎废食】 yīnyēfèishí 因为吃饭噎住了,干脆就不吃饭了。比喻因为怕出问题,连该做的事也不做了。

【因缘】 yīnyuán 图缘分▷前世~。

阴(陰) yīn ❶图云层密布,不见或少见阳光▷多云转~|天~了|~雨|~云。❷图指日光照不到的地方▷树~|背~。❸山的北面;水的南面(跟"阳"相对,④⑦一⑪同)▷山~(在会稽山的北面)|江~(在长江的南面)。❹图隐蔽的;不外露的▷~沟|阳奉~违。❺不光明正大▷这个人很~|~谋|~险。❻图生殖器,有时特指女性生殖器▷~茎|外~|~道。❼图凹下的▷~文印章。❽图我国古代哲学指宇宙间通贯物质和人事的两大对立面之一▷~阳二气。❾古代指太阴,即月亮▷~历。❿跟鬼神有关的;跟冥间有关的▷~德|~间|~曹地府|~魂。⓫带负电的▷~极|~离子。

【阴暗】 yīn'àn 图像阴天那样昏暗;不光明▷~潮湿|前途~|~的心理。

【阴暗面】 yīn'ànmiàn 图比喻社会上存在的消极、落后、不健康的一面。

【阴差阳错】 yīnchāyángcuò 把阴、阳搞混了。比喻由于多种偶然因素而造成错误。☞"差"这里不读chà。

【阴沉】 yīnchén 图天气阴暗,也比喻表情忧郁沉重▷天色~|她脸色~,没有一丝笑容。

【阴风】 yīnfēng ❶图阴冷的风。❷从阴暗的地方吹来的风,比喻暗中制造的诋毁性传闻▷不知从哪吹来这股~,凭空作贱人。

【阴魂】 yīnhún 图迷信指人死后的鬼魂,现多比喻反动腐朽事物的流毒▷邪教组织~不散。

【阴极】 yīnjí ❶图电子管发射电子的电极。❷电池直流电源放出电子带负电的电极。

【阴茎】 yīnjīng 图男性和某些雄性动物外生殖器官。

【阴冷】 yīnlěng ❶图阴湿寒冷。❷阴沉冷漠▷脸色~|~的气氛。

【阴历】 yīnlì 图根据月球围绕地球运转的周期而制定的历法。

【阴凉】 yīnliáng ❶图因阳光照不到而凉爽▷在~的地方休息。❷图阳光照不到的凉爽之地▷找~休息。

【阴霾】 yīnmái 图〈文〉空中悬浮大量烟尘而形成的大气混浊现象(常用作比喻)▷一场大雨驱除了空中的~◇一扫~。

【阴谋】 yīnmóu ❶团秘密谋划(做坏事)▷~背叛。❷图暗中做坏事的计谋▷识破敌人的~|他的~决不会得逞。

【阴平】 yīnpíng 图普通话声调的第一声,调值是55,调号是"-"。

【阴森】 yīnsēn 图幽暗瘆人,形容脸色、气氛、环境等▷可怖|~的脸色。

【阴文】 yīnwén 图器物或印章上刻铸的凹下去的字迹或花纹(跟"阳文"相对)。

【阴险】 yīnxiǎn 图内心险恶▷~狠毒。

【阴性】[1] yīnxìng 图某些语言中表示名词(及代词或形容词)类别的一种语法范畴,一般有阴性、阳性或或阴性、阳性和中性的区别。

【阴性】[2] yīnxìng 图诊断疾病时表示试验或化验结果的方法。说明体内不存在某种病原体或对某种药物没有过敏反应。常用"一"表示。

【阴阳怪气】 yīnyángguàiqì 形容性格言行怪僻,对人爱搭不理,态度若明若暗,言行诡秘难测。

【阴影】 yīnyǐng 图阴暗的影子,也比喻生活中不愉快不顺利的事情▷透视发现肺部有~|她自幼生活在疾病的~里。

【阴郁】 yīnyù ❶图(天气)阴暗沉闷▷~的天气。❷(心情等)忧烦郁闷▷~的表情。

茵 yīn 图褥子▷绿草如~。

音 yīn ❶图声音或乐音▷这个~唱得不太准|乐|播~。❷特指语音、音节▷国际~标|正~|乡~|~译|单~词。❸信息;消息▷佳~|~信|回~|福~。

【音标】 yīnbiāo 图标记语音的符号。如国际音标。

【音调】 yīndiào ❶图说话或读书时的腔调。❷音乐上指音高或乐曲的旋律。

【音节】 yīnjié 图由一个或几个音素构成,是语言中最小的能够自然感到的语音结构单位。

【音容】 yīnróng 图人的声音和容貌。

【音色】 yīnsè 图声音的个性特色,取决于发音体、发音条件、发音方法的不同。不同的乐器音色都不相同,语言中不同的音素音色也不相同。也说音品、音质。

【音素】 yīnsù 图语音的最小单位。如 biān 这个音节是由除了声调以外的 b、i、a、n 四个音素构成的。音素分元音、辅音两大类。

【音响】 yīnxiǎng ❶图声音。多指声音产生的效果。❷具有收音、录放、播送唱片等性能的高档立体声电器。

【音像】 yīnxiàng 图录音和录像;录音和录像设备。

【音信】 yīnxìn 图消息;信件。

【音域】 yīnyù 图乐器或人声所能发出的最低音到最高音之间的范围。

【音乐】 yīnyuè 图艺术的一个门类。通过旋律和节奏创造艺术形象,表达思想情感,反映社会生活。通常分为声乐和器乐两大部门。

【音乐电视】 yīnyuè diànshì 用电视画面配合歌曲的演唱,以达到较好的视听效果的一种电视节目。英文的字母缩写形式是"MTV"。

【音韵】 yīnyùn ❶图声音▷~和谐。❷诗文的节奏韵律▷悠扬悦耳。❸汉语音节的声、韵、调三要素的总称。

【音质】 yīnzhì ❶图音色。❷录音、广播、电话、放声等传播系统声音的逼真或清晰的程度。

洇 yīn 团液体接触纸、布等物体后向四外浸润或渗透▷这种纸一沾墨水就~|墙让雨水~湿了。☞不宜写作"湮"。

姻 yīn ❶图男女婚嫁的事▷婚~|联~|~缘。❷有婚姻关系的(称)弟兄的岳父、姐妹的公公)▷~伯(称弟兄的岳父、姐妹的公公)|~弟(称姐夫或妹夫的弟弟、妻子的表弟)。

【姻亲】 yīnqīn 图有婚姻关系的亲戚。如妹夫、姨夫、嫂子的兄弟姐妹或者比这更间接的亲戚。

【姻缘】 yīnyuán 图结成夫妻的缘分。

氤 yīn [氤氲]yīnyūn 图〈文〉形容烟云弥漫的样子▷云烟~。☞不要写作"绵缊"。

殷 yīn ❶图富裕;富足▷~实|~富。❷(情意等)深厚▷~切|~勤。❸图朝代名。☞在"殷红"(黑红色)中读 yān。

【殷切】 yīnqiè 图深切;急切▷~期待|~关怀。

【殷勤】 yīnqín ❶图热情周到▷~招待。❷图恳切周到的情意▷献~。☞不要写作"慇懃"。

【殷实】 yīnshí 图富裕;厚实▷~的人家|他有~的家底。

喑 yīn ❶团沉默▷万马齐～。❷形哑▷～哑(嗓子干涩发不出声音或发音不清楚)。

吟 yín ❶团有节奏地诵读诗文▷～诗|～诵。❷名古代诗歌体裁的一种▷《梁甫～》|《白头～》|《水龙～》。

【吟唱】 yínchàng 团吟咏歌唱▷～小曲儿。

【吟诵】 yínsòng 团吟咏诵读▷～散文。

【吟咏】 yínyǒng 团有节奏地诵读(诗文)▷～民歌。

垠 yín 名边际;边界▷一望无～|无边无～。

银(銀) yín ❶名金属元素,符号 Ag。白色,用于电镀,也用于制造货币、首饰等。通称银子、白银。❷指货币或与货币有关的事物▷包～|两～|票～|行～|根～。❸形像银子的颜色▷～白色|～河|～幕|～燕。

【银行】 yínháng 名经营存款、贷款、汇兑、储蓄等业务的金融机构。

【银河】 yínhé 名晴天夜空呈现的银白色的光带,由众多的恒星和其他物质构成。也说天河、银汉。

【银婚】 yínhūn 名称结婚二十五周年。

【银屏】 yínpíng 名电视机的荧光屏,借指电视节目。也说荧屏。

【银针】 yínzhēn 名针灸用的针。

淫 yín ❶形过度;过分▷～威|～雨。❷放纵;没有节制▷骄奢～逸。❸指男女关系不正当▷～乱|奸～。

【淫荡】 yíndàng 形淫乱放纵。

【淫秽】 yínhuì 形淫乱污秽▷查禁～录相。

【淫乱】 yínluàn 形违反道德标准,性行为放纵,混乱。

【淫威】 yínwēi 名滥用的权威▷暴政|专制的～。

【淫雨】 yínyǔ 名长时间下的过量的雨▷～绵绵。☞不宜写作"霪雨"。

寅 yín 名地支的第三位。

龈(齦) yín 名包住牙根的肉。通称牙龈、牙床。

夤 yín 〈文〉❶形深▷～夜。❷团攀附▷～缘(攀附上升,比喻向上巴结)。

尹 yín 名古代官名▷京兆～|令～|府～|道～。

引 yǐn ❶团〈文〉拉弓▷～而不发|～号。❷拉长;延伸▷～领西望|～申|～桥。❸量古代长度单位,10 丈为一引,15 引为 1 里。❹团牵拉▷～车|穿针～线|牵～。❺带领▷～路|～狼入室|～航|～索。❻招来;使发生▷抛砖～玉|～火烧身。❼推荐▷～荐。❽把别人的言行或某个事物作为根据▷～以为荣|～经据典|～援|～书证。❾离开▷～退|～避。❿名古乐府诗体的一种▷《箜篌～》。

【引导】 yǐndǎo 团带领▷在村长的～下,参观了果园。❷指引,诱导▷～学生独立思考。

【引逗】 yǐndòu 团挑逗;招引▷故意～大家发笑。

【引渡】 yǐndù ❶团引导渡过水面▷～过江。❷一国应他国要求,把该国逃至本国的罪犯拘留押解交回国▷把劫机分子～回国。

【引而不发】 yǐn'érbùfā 拉满弓弦却不把箭射出。比喻做好准备,待机而动。也比喻善于启发诱导。

【引发】 yǐnfā 团引起;触发▷这场精彩报告～出青年人的爱国激情。

【引吭高歌】 yǐnhánggāogē 亮开嗓门,放声歌唱(吭:喉咙)。☞"吭"不读 kàng。

【引号】 yǐnhào 名标点符号的一种,形式为双引号"

"、『 』,单引号 ' '、「 」,表示引用的部分。有时表示特定的称谓或需要着重指出的部分。也表示讽刺或否定的意思。

【引火烧身】 yǐnhuǒshāoshēn 比喻自己惹来灾祸或麻烦。现在也比喻主动暴露缺点、错误,争取别人的批评帮助。

【引见】 yǐnjiàn 团导引使相见;介绍▷想向张教授请教几个问题,请你给一下。

【引荐】 yǐnjiàn 团介绍举荐(人员)。☞"引荐"跟"引见"意义不同,不要混用。

【引进】 yǐnjìn 团从外部引入▷～资金|～新品种|～人才。

【引经据典】 yǐnjīngjùdiǎn 引用经书典籍中的语句和故事作为依据或例证。

【引咎】 yǐnjiù 团自己承担起过错的责任▷～自责|～辞职。

【引狼入室】 yǐnlángrùshì 比喻把坏人或敌人引入内部。

【引力】 yǐnlì 名物体之间相互吸引的力。

【引起】 yǐnqǐ 团一种事物、现象或活动使另一事物、现象或活动发生▷～重视|～关注。

【引桥】 yǐnqiáo 名把正桥和路堤连接起来的桥。

【引擎】 yǐnqíng 名〈外〉发动机。特指内燃机、蒸气机等。

【引人入胜】 yǐnrénrùshèng 吸引人进入美妙的境界。多形容艺术作品或山水、风景等特别吸引人。

【引蛇出洞】 yǐnshéchūdòng 比喻用计谋把敌人或坏人从隐蔽处引出来。

【引申】 yǐnshēn 团由一事一义推引出相关的其他意义。特指字、词由本义产生新义。☞不宜写作"引伸"。

【引申义】 yǐnshēnyì 名词的一种转义。由词的本义经过引申而产生的意义。如"打家具"的"打",是从"打"的本义(击打)引申为制造的意义。

【引述】 yǐnshù 团引用叙述▷作者～了我那篇文章的观点。

【引退】 yǐntuì 团辞官;辞职。

【引线】 yǐnxiàn ❶名引火线▷点燃鞭炮的～。❷团使线穿过针眼;比喻充当媒介▷穿针～为双方引个线。❸名充当媒介的人或物▷为他们二人做～。

【引信】 yǐnxìn 名装在爆炸物(地雷、炸弹等)上的一种引爆装置。也说信管。

【引以为鉴】 yǐnyǐwéijiàn 把有教育、训诫作用的事情拿来当作借鉴(避免今后再发生类似的情况)。

【引以为荣】 yǐnyǐwéiróng 为某事而感到光荣。

【引诱】 yǐnyòu 团诱惑;引人(犯错误)▷被坏人～上了大当|～敌人上钩。

【引证】 yǐnzhèng 团引用事实或资料作为印证▷文章～了大量资料,很有说服力。

【引子】 yǐnzi ❶名中国古代小说开头的部分。有的用诗词,有的用故事,引出正文。❷引起正文的话;启发别人发言的话▷我的发言只是个～,希望大家畅所欲言,发表高见。❸中医处方中另加的增强药剂效力的药物。

饮(飲) yǐn ❶团喝▷～茶|～料。❷特指喝酒▷对～|畅～|～宴。❸心中含着;忍着▷～恨自杀。❹名指饮料▷冷～|热～。○另见 yìn。

【饮恨】 yǐnhèn 团〈文〉含冤抱恨(多用于死者)▷终身～。

【饮泣】 yǐnqì 团眼泪流到了嘴里,形容流泪很多,极度悲伤。

【饮水思源】 yǐnshuǐsīyuán 喝水时要想到水是怎样来的。比喻不忘本。

【饮誉】 yǐnyù 囫受到赞誉；享有盛誉▷～海内外。

【饮鸩止渴】 yǐnzhènzhǐkě 喝毒酒解渴（鸩：浸泡过鸩鸟羽毛的毒酒）。比喻用有害的办法解决当前的困难，不顾后患。

蚓 yǐn 见［蚯蚓］qiūyǐn。

隐（隱） yǐn ❶囫躲藏起来不外露▷～身｜～士。❷囫掩盖真相不让人知道▷～姓埋名｜～瞒。❸囵深藏的；不外露的▷～患｜～情｜～疾。❹不明显；不清楚▷～晦。❺图秘密的事▷难言之～。

【隐蔽】 yǐnbì ❶囫用别的东西遮蔽躲藏▷～在芦苇荡里。❷囵不容易被发现的▷一条～的小路｜～地接近敌人。

【隐藏】 yǐncáng 囫藏起来，不外露▷在亲戚家～起来｜心里～着秘密。

【隐含】 yǐnhán 囫暗含▷他的言谈～着不快的心情。

【隐患】 yǐnhuàn 囵没有显露出来的祸患。

【隐讳】 yǐnhuì 囫有所忌讳，不愿说▷毫不～自己的观点。

【隐晦】 yǐnhuì 囵含义曲折而不明显▷内容～难懂。

【隐疾】 yǐnjí 图不便向别人说的疾病。

【隐居】 yǐnjū 囫旧指深居山野，不出来做官。现指深居简出，不与人往来。

【隐瞒】 yǐnmán 囫掩盖真相，不让人知道▷～产量｜～真情。

【隐秘】 yǐnmì ❶囵不易觉察的▷犯罪手段相当～。❷图秘密的事▷心中的～。

【隐没】 yǐnmò 囫隐蔽起来；在视线中消失▷月亮～在淡淡的云层里｜战士们～在灰暗的夜色里。☞"没"这里不读 méi。

【隐匿】 yǐnnì 囫隐藏▷～赃款｜～形迹。

【隐情】 yǐnqíng 图不愿或难以向人公开说的情况或原因。

【隐忍】 yǐnrěn 囫克制忍耐，不说出▷～冤情。

【隐私】 yǐnsī 图不愿让人知道或不愿公开的私事。

【隐痛】 yǐntòng ❶图隐藏在内心的痛苦▷老年丧子的～折磨着他。❷轻微疼痛▷腹内时觉～。

【隐退】 yǐntuì ❶囫逐渐隐没消退▷夕阳渐渐～。❷退职隐居▷～托疾。

【隐现】 yǐnxiàn 囫时隐时现；似有似无▷远处似有船只～。

【隐形】 yǐnxíng ❶囫隐去形体使不容易被发现▷孙悟空能～。❷囵不容易被发现的▷～飞机｜～眼镜。

【隐性】 yǐnxìng 囵没有显露出来的▷～感染｜～心衰｜～负担。

【隐隐】 yǐnyǐn 囵隐约；不清晰▷雨声中夹杂着～的松涛声｜～望见了阴山。

【隐忧】 yǐnyōu 图藏在心底的忧虑。

【隐语】 yǐnyǔ 图不直接说出而是借用别的词语来暗示的话。古代叫隐语，类似后世的谜语。❷暗语；黑话▷接头的～他熟悉土匪的～。

【隐约】 yǐnyuē 囵似有似无，模糊不清晰▷～听到远处的嘈杂声｜隐隐约约望见如烟的淡影。

【隐衷】 yǐnzhōng 图不愿对人诉说的苦楚。☞"衷"不要写作"中"。

瘾（癮） yǐn ❶图长期形成的难改的习惯▷抽烟成～。❷泛指浓厚的兴趣▷下棋上了～。

印 yìn ❶图图章▷盖～｜把（bà）子治～。❷囫符合▷心心相～｜～证。❸图痕迹▷桌上划了一道

~儿｜脚～｜烙～。❹囫印刷▷～一份材料｜背心上～着校名｜复～◇深深地～在脑海里。

【印记】 yìnjì ❶图旧时机关、团体使用的图章，多为长方形。也说钤记。❷盖章后留的痕迹；痕迹▷不很清楚｜作品带有鲜明的时代～。❸囫深刻地记住▷鲜明的人物形象永远～在我的脑海里。

【印鉴】 yìnjiàn 图印章的底样，供有关方面核对，以防假冒▷他在银行留了～，以防存单遗失。

【印染】 yìnrǎn 囫对纺织品进行练漂、染色、印花、整理等。

【印刷】 yìnshuā 囫把制成版的文字、图画等用印刷机印在纸张等上面。

【印刷体】 yìnshuātǐ 图印刷字体（区别于"手写体"）。汉字常用的印刷体有宋体、仿宋体、楷体、黑体及各种美术体等。

【印象】 yìnxiàng 图客观事物在头脑里留下的迹象。☞不要写作"印像"。

【印行】 yìnxíng 囫印刷发行▷这本书也在国外～。

【印张】 yìnzhāng 量印刷书籍所用纸张的计算单位。一整张平板纸的二分之一为一个印张。

【印证】 yìnzhèng ❶囫证明跟所说情况一致▷这种观点有待在实践中进一步～。❷图跟事实一致的证明▷在实践中得到了～。

【印制】 yìnzhì 囫印刷制作▷～图书｜～名片。

饮（飲） yìn 囫给牲口喝水▷牲口～过了｜～马。○另见 yǐn。

荫（蔭） yìn ❶囫封建时代子孙因先世有功而得到封赏或庇护▷封妻～子。❷囵〈口〉阴凉潮湿▷地下室太～了，没法住。☞统读 yìn。

【荫蔽】 yìnbì 囫树木枝叶遮蔽▷那个小山庄就～在这片树林之中。

胤 yìn 图〈文〉后代。

窨 yìn 图地下室；地窖▷地～子。

ying

应（應） yīng ❶囫应该；应当▷做事～分轻重缓急。❷允诺；同意（做某事）▷所有的条件他都～了｜～许。○另见 yìng。

【应当】 yīngdāng 囫应该。

【应该】 yīnggāi ❶囫情理上必须如此▷做事～认真｜～赡养父母。❷估计情况必然如此▷经过努力～能够完成｜他今天～来了。

【应届】 yīngjiè 图这一届（毕业生）。

【应声】 yīngshēng 囫回答；答应▷喊你半天，你没～。

【应许】 yīngxǔ 囫应允▷是我～她买这件衣服的。

【应有尽有】 yīngyǒujìnyǒu 应该有的都有了。表示一切齐备。

【应允】 yīngyǔn 囫答应；允许▷他已～暑假带孩子去旅游。

英 yīng ❶图〈文〉花▷残～｜落～。❷囵才能出众的▷～才｜～明｜～俊｜～魂。❸图才能出众的人▷～豪｜群～会｜精～。❹指英国▷～尺｜～镑。

【英镑】 yīngbàng 量英国的本位货币单位。

【英才】 yīngcái ❶图才智杰出的人。❷杰出的才智▷大展～。

【英豪】 yīngháo ❶图英雄豪杰。❷过人的才智，宏大的气魄▷～逞～。

【英俊】 yīngjùn ❶囵才智过人▷～之才。❷容貌俊秀而帅气▷小伙子长得～潇洒。

【英烈】yīngliè ❶形英武刚烈▷将军虽年迈，但～之气尚存。❷名为国为民而牺牲的烈士▷民族～｜永生！

【英灵】yīnglíng 名对所崇敬的人死后灵魂的敬称▷慰藉烈士的～。也说英魂。

【英名】yīngmíng 名指英雄人物的姓名或名声。

【英明】yīngmíng 形有远见卓识的▷决策～｜～的决定。

【英年】yīngnián 名朝气蓬勃的年龄，指青壮年时期▷～大展宏图。

【英武】yīngwǔ 形英俊神武▷～善战｜～的军人。

【英雄】yīngxióng ❶名胆识非凡、勇武出众的人。❷为国家民族不畏艰险、作出重大贡献的人。❸形具有英雄品质的▷～的人民｜～的国家。

【英勇】yīngyǒng 形非常勇敢。

【英语】yīngyǔ 名英、美等国的通用语言，是国际上主要的通用语言之一。

【英制】yīngzhì 名单位制的一种。长度的主单位是英尺，重量的主单位是磅，时间的主单位是秒，盎司、加仑、码等也都是英制单位。

【英姿】yīngzī 名英俊的风姿▷～勃勃。

莺(鶯) yīng 名鸟，体小，嘴短而尖，鸣声清脆，吃昆虫。通称黄鹂。

【莺歌燕舞】yīnggēyànwǔ 黄莺啼鸣，燕子飞舞。形容充满生机的春天景色。也比喻蓬勃兴旺的大好形势。

婴(嬰) yīng 名不满周岁的孩子▷～儿｜女～｜妇～。

瑛 yīng 名〈文〉像玉的美石。

嘤(嚶) yīng [嘤嘤]yīngyīng❶拟声〈文〉模拟鸟叫声▷鸟鸣～～。❷模拟低微的哭泣声▷～～的哭声。

罂(罌) yīng 名古代一种容器，比缶大，腹大口小。

【罂粟】yīngsù 名二年生草本植物，未成熟的果实含乳汁，可以制成鸦片。果壳可以做药材。

缨(纓) yīng ❶名〈文〉带子；绳子▷长～。❷用丝或毛等制作的穗状饰物▷红～枪｜～帽。❸像穗状饰物的蔬菜叶子▷萝卜～儿｜芥菜～子。

樱(櫻) yīng 见下。

【樱花】yīnghuā 名即山樱花。落叶乔木，产于我国和日本，为著名的观赏植物。花也叫樱花。

【樱桃】yīngtáo 名落叶灌木或小乔木，结红色球形小果，味稍甜带酸。果实也叫樱桃。

鹦(鸚) yīng 见下。

【鹦鹉】yīngwǔ 名鸟，上嘴钩屈，羽毛绚丽，有的经训练以后能模仿人说话的声音，是著名的观赏鸟。通称鹦哥。

【鹦鹉学舌】yīngwǔxuéshé 鹦鹉学人说话。比喻没有主见，人家怎么说，自己也跟着怎么说。

膺 yīng 〈文〉❶名胸▷义愤填～。❷动承当▷身～重任｜～此荣－英雄称号。

鹰(鷹) yīng ❶名鸟，上嘴弯曲呈钩形，翼大善飞，性凶猛，食肉。常见的有苍鹰、雀鹰等。❷比喻军用飞机▷银～｜～战～。

【鹰犬】yīngquǎn 名打猎时追捕禽兽的鹰和狗。比喻被人豢养、受人驱使而奔走效劳的人。

迎 yíng ❶动迎接▷我去路上～他｜送旧～新｜～欢～。❷面向着；正对着▷～着风｜～着他走去｜面｜

～击。☞右上是"卬"(áng)，不是"卯"(mǎo)。

【迎合】yínghé 动为了讨好而使自己的言行适合别人的心意▷～权贵｜～观众。

【迎候】yínghòu 动在客人到来的不经地等候迎接▷去机场｜早已～多时。

【迎接】yíngjiē 动迎上前去接客人，也比喻迎候某一情况发生或某一时刻到来▷～客人｜～国庆节｜～新的挑战。

【迎面】yíngmiàn ❶动对着脸▷一进门，～扑来一股热气。❷名对面；正面▷～有一座影壁。

【迎刃而解】yíngrènérjiě 劈竹子时，劈开头几节，下面就迎着刀口裂开了。比喻关键问题解决了，其他事情就容易解决了。

【迎送】yíngsòng 动迎来送往，泛指接待应酬▷～来宾｜忙于～。

【迎头赶上】yíngtóugǎnshàng 朝着最前面的、最先进的追赶上去。

【迎新】yíngxīn ❶动迎接新年、新春▷辞旧～。❷迎接新来的人▷高年级学生在车站、校门口～。

茔(塋) yíng 名〈文〉墓地▷祖～｜坟～。☞"茔"和"莹"不同。

荧(熒) yíng 〈文〉❶形容光线微弱▷～烛｜青灯～然。❷眩惑；迷惑▷～惑人心。

【荧光】yíngguāng 名某些物质受外来光线或其他射线照射而发出的可见光▷～屏｜～灯。

【荧屏】yíngpíng 名荧光屏，特指电视屏幕，借指电视机。

盈 yíng ❶动充满▷顾客～门｜恶贯满～｜充～。❷比原有的多出来(跟"亏"相对)▷～利｜～余。

【盈亏】yíngkuī ❶动月圆和月缺▷花有开谢，月有～。❷名盈利和亏本。

【盈利】yínglì ❶动取得利润；赚钱▷企业只有～，才能生存发展。❷名取得的利润。

【盈盈】yíngyíng ❶形清澈；晶莹▷溪水～｜泪水。❷形容姿容美好▷～一笑｜笑语～。❸(动作)轻盈▷～起舞。❹(事物)很多；充盈▷愁绪～｜车马。

【盈余】yíngyú ❶名收入中，除去开支后的剩余▷减少开支，增加～。❷动开支后剩余▷本月结账仅～百余元。

莹(瑩) yíng 形光洁而明亮▷晶～。☞"莹"和"萤"不同。

【莹莹】yíngyíng 形晶莹，闪亮▷～的月光｜～的泪花。

萤(螢) yíng 名昆虫，腹部末端下方有发光的器官，能发出绿光，夜间活动。通称萤火虫。

【萤光】yíngguāng ❶名萤火虫发的光，泛指微弱的光▷～点点。❷借指磷光▷乱坟间不时闪着～。☞"萤光"跟"荧光"意义不同，不要混用。

营(營) yíng ❶名军营▷～地｜宿。❷军队编制单位，隶属于团，下辖若干连。❸动建造▷～造｜～建。❹经营；管理▷～业｜私～运～。❺谋求▷～生｜～利｜～救｜～私。

【营房】yíngfáng 名驻扎军队的房屋及周围划定的区域。

【营火】yínghuǒ 名宿营处燃烧的火堆▷～晚会。

【营救】yíngjiù 动设法援救▷～难友｜～灾民。

【营垒】yínglěi ❶名军营及其周围的防御工事。❷阵营▷瓦解敌人～｜清除自己～内部的蛀虫。

【营利】yínglì 动谋求利润；获利▷不能只为～不顾信誉。☞"营利"跟"盈利"意义不同，不要混用。

【营私】yíngsī 动谋取私利▷～舞弊。

【营养】yíngyǎng ❶动生物体摄取养料，以维持生命并促使发育生长或维持生命▷～身体。❷图养分；养料。

【营业】yíngyè 团经营业务(商业、交通、服务性行业等)▷开张～。

【营造】yíngzào 团建造；创造▷～园林|～气氛，烘托人物。

【营帐】yíngzhàng ❶图行军宿营用的帐篷，借军营▷在～中召开军事会议。❷野外工作住宿用的帐篷。

萦(縈) yíng 团缠绕；盘绕▷～绕|～怀。

【萦怀】yínghuái 团缠绕在心上▷琐事～。

【萦回】yínghuí 团盘旋往复▷山泉～|母亲慈祥的面影一直在我心中～。

【萦绕】yíngrào 团萦回缠绕▷彩云～。☞"绕"不读rǎo。

蓥(鎣) yíng 图用于山名。华蓥山，在四川东部与重庆市交界处。

楹 yíng 图厅堂的前柱；泛指柱子▷两～|～联。

【楹联】yínglián 图挂或贴在厅前楹柱上的对联。泛指对联。

蝇(蠅) yíng 图昆虫，种类很多，幼虫叫蛆，能传播霍乱、伤寒、结核、痢疾等疾病。通称苍蝇。

【蝇头】yíngtóu 圈像苍蝇头那样小的▷～小楷|～小利。

【蝇营狗苟】yíngyínggǒugǒu 像苍蝇那样到处乱飞，像狗那样摇尾乞怜。比喻到处钻营，追逐名利。

赢(贏) yíng ❶团通过经营获得利润▷～利|～余。❷(打赌或比赛)获胜后得到(东西)(跟"输"相对，③同)▷～钱。❸获胜▷这盘棋我准|～了一场球|官司打～了。❹获得；争取到▷～得大家的信任|～得了时间。

【赢利】yínglì 通常写作"盈利"。

【赢余】yíngyú 通常写作"盈余"。

瀛 yíng 图〈文〉大海▷～海|～东~(常指日本)。

郢 yǐng 图周朝楚国的都城，在今湖北江陵西北。

颍(潁) yǐng 图颍河，水名，淮河最大的支流。

颖(穎) yǐng ❶图古代指禾穗的末端，现指某些植物子实带芒的外壳▷～果。❷某些细小物体的尖端▷短～羊毫。❸聪明▷聪～。❹与众不同▷新～。☞"颖"和"颍"形、义不同。

【颖慧】yǐnghuì 圈聪慧(多指少年)。

【颖悟】yǐngwù 圈聪明；理解能力强(多指少年)。

影 yǐng ❶图影子，物体挡住光线后投射出的暗像▷形～相吊|树～|阴～。❷人或物体在镜子、水面等反射物中显现出来的形象▷水中倒～。❸模糊的印象▷这事忘得连点～儿都没了。❹图像；照片▷摄～|合～。❺团临摹，把薄纸蒙在原件上，照着原字的样子写▷～写|～本|仿～。❻指影印，用照相的方法制版印刷▷～宋本。❼指电影▷～院|～评|～迷|～坛。

【影碟】yǐngdié 图视频光盘的俗称。英文字母的缩写形式是"VCD"。

【影片】yǐngpiàn ❶图电影胶片。❷电影。

【影评】yǐngpíng 图评论电影的文章。

【影射】yǐngshè 团借此说彼，暗指某人某事▷文章是有所～的。

【影视】yǐngshì 图电影电视。

【影响】yǐngxiǎng ❶团对他人或周围事物起作用▷团结。❷图对他人或周围事物所起的作用▷良好的～。

【影印】yǐngyìn 团用照相制版方法印刷，多用于翻印善本书和图表等。

【影影绰绰】yǐngyǐngchuòchuò 圈模糊不清，似隐似现▷夜光下，～有个人影闪了进去。☞"绰"这里不读chāo。

瘿(癭) yǐng ❶图中医指颈部甲状腺肿大一类的疾病。❷植物体受害虫或真菌的刺激而形成的瘤状物。

应(應) yìng ❶团回答▷一呼百～|答～|响～。❷团承诺；接受▷有求必～|承～|邀～|征～。❸适应▷～运而生|得心～手。❹采取措施对付、处理▷～接不～|付。❺应验▷今天的事可真～了他的话。○另见 yīng。

【应变】yìngbiàn 团应付突然事件或随时发生的情况变化▷随机～。

【应承】yìngchéng 团答应承诺▷先～下来，再想办法解决。

【应酬】yìngchou ❶团交际，接待▷客人来了，我去～一下。❷图交际活动▷她的～多得不得了。

【应答】yìngdá 团对答；回答。

【应付】yìngfù ❶团采取办法或措施对付(人或事)▷很难～|～无理取闹的人。❷敷衍▷办事要认真，不应该～。❸凑和；将就▷电视虽有点毛病，还可以～一段时间。

【应接不暇】yìngjiēbùxiá 原指美景很多，看不过来。后形容人多事繁，应付不过来。

【应景】yìngjǐng ❶团顺应当时情况而勉强做某事▷人家非叫你去，你就去～吧。❷圈适应当时节令的▷中秋节就要到了，置备些～的食品。

【应聘】yìngpìn 团接受聘任。

【应声】yìngshēng 团随着声音▷一声巨响，大楼～坍塌。

【应声虫】yìngshēngchóng 比喻没有主见，只会随声附和的人。

【应时】yìngshí ❶圈适合时令；顺应时尚的▷～商品|～水果。❷副立刻；随时▷～赶到。

【应试】yìngshì ❶团参加考试▷上京～。❷圈适应考试的▷～教育。

【应验】yìngyàn 团后来的事实和事先预计的相符▷她的话全都～了。

【应用】yìngyòng ❶团运用▷理论～于实践才有意义。❷圈具有实用价值的▷～科学|～软件。

【应运而生】yìngyùnérshēng 原指顺应天命而降生。后形容顺应时代的需要产生或发生。

【应战】yìngzhàn ❶团跟来犯的敌人作战▷奋勇～。❷接受对方的挑战。

【应征】yìngzhēng ❶团适龄公民响应征兵的号召▷～参军。❷响应某种征集活动▷～参加志愿者活动。

映 yìng ❶团照▷朝霞～红了天际|～入眼帘。❷因照射而显出▷亭台楼阁倒～在湖面上。❸特指放映影片▷新片上～|首～式。☞统读 yìng。

【映衬】yìngchèn ❶团映照衬托▷在蓝天、雪山和绿草的～下，牧女们显得更加健美。❷图一种修辞方式。为了突出主要事物，用类似的或反面的、有差别的事物作陪衬。如鲁迅在《故乡》中用美丽的海边沙地夜景，映衬了少年闰土充满活力的形象。

【映现】yìngxiàn 团显现；呈现▷他的身影～在火光中

|那激动人心的场面不时地～在眼前。

硬 yìng ❶〚形〛物体质地坚固,受外力后不易变形(跟"软"相对)▷花岗石很～|坚～。❷坚定不移,坚强有力▷～汉子|欺软怕～|强～。❸〚副〛表示不顾条件强做某事;勉强▷不给他,他～向我要|写不出的时候不～写|生拉～拽。❹〚形〛能力强;质量好▷功夫～|货色～|过～。❺不灵活▷舌头～,发音不准|僵～。❻不可改变的▷这是～任务|指标|～性规定。

【硬邦邦】 yìngbāngbāng ❶〚形〛坚硬;结实▷白菜冻得～的|～的小伙子。❷生硬;不自然▷一句～的话,噎得我透不过气来|刚学会跳舞,动作～的。☞不宜写作"硬梆梆"。

【硬笔】 yìngbǐ 〚名〛用硬材料做笔尖的笔,如钢笔、铅笔、圆珠笔等▷～书法。

【硬币】 yìngbì 〚名〛金属货币。

【硬撑】 yìngchēng 〚动〛勉强地支撑着▷别～了,快回去休息吧!

【硬度】 yìngdù 〚名〛固体坚硬的程度,即抵抗磨损或挤压能力的大小。也指水中含钨、镁、钙等盐类的多少。

【硬环境】 yìnghuánjìng 〚名〛指生活、工作环境中的交通、电力、通讯、供水等基础设施和服务措施。

【硬化】 yìnghuà ❶〚动〛(物体)在一定条件下由软变硬▷动脉粥样～。❷比喻思想停滞不前▷思想如此～,怎么跟上时代的脉膊。也说僵化。

【硬件】 yìngjiàn ❶〚名〛电子计算机系统中的实际装置。一般由中央处理器、存储器、输入输出设备等组成(跟"软件"相对)。也说硬设备。❷指生产、科研、教学、经营等过程,以及其他社会活动中的设备及其他物质材料(有时也用作比喻)▷把普及农村有线广播电视,作为农村精神文明建设的～来抓◇破格提升靠的是～,要有专著,出席过国际学术会议,还要考两门外语等。

【硬朗】 yìnglang 〚形〛(老年人)身体健壮▷老人的身子骨还很～。

【硬盘】 yìngpán 〚名〛固定在电子计算机内的磁盘。也说硬磁盘。

【硬气】 yìngqi ❶〚形〛理直气壮的样子▷有理说话就～。❷刚直;坚强▷他是个～的汉子,在困难面前从不低头。

【硬水】 yìngshuǐ 〚名〛含钙盐、镁盐较多的水,加热时会产生水垢。

【硬性】 yìngxìng 〚形〛不能变更、变通的▷～指标。

【硬仗】 yìngzhàng 〚名〛双方实力相当,正面硬拼,需付出很大代价的战斗,也比喻艰巨的任务。

【硬着陆】 yìngzhuólù ❶航天器、人造卫星等以较高速度降落到地球或其他星球上,是毁坏性着陆。❷比喻解决问题过急、过猛,引起较大震动▷完成今年的生产指标不能采取～的办法。

yong

佣(傭) yōng ❶〚动〛受人雇用▷雇～|～工。❷〚名〛受人雇用的仆人▷女～。☞在"佣金"(交易中给予经纪人的报酬)中读 yòng。

拥(擁) yōng ❶〚动〛搂抱▷～抱。❷围着▷前呼后～|簇～。❸聚集到一起▷人都～在门口|～兵自重|蜂～而上|～挤。❹拥护▷～政爱民|～戴。☞统读 yōng。

【拥抱】 yōngbào 〚动〛表示友好、亲热而相抱。

【拥戴】 yōngdài 〚动〛拥护爱戴▷群众～他为村主任。

【拥护】 yōnghù 〚动〛赞成支持(用于党派、领袖、政策、路线等)▷民众～这项方针。

【拥挤】 yōngjǐ ❶〚动〛因人群拥集在一起而互相挤靠、推搡▷请排好队不要～。❷〚形〛形容车船人群等密集▷交通～。

【拥塞】 yōngsè 〚动〛拥挤堵塞▷车辆过多,交通～。☞"塞"这里不读 sāi 或 sāi。

【拥有】 yōngyǒu 〚动〛领有;具有▷～丰富的矿产资源|～博士头衔。

痈(癰) yōng 〚名〛皮肤或皮下组织化脓性炎症,症状是皮肤局部红肿变硬,表面有许多脓泡,疼痛异常。

邕 yōng ❶〚名〛邕江,水名,在广西。❷南宁市的别称▷～剧。

庸 yōng 〈文〉❶〚动〛用;需要(常用于否定式)▷毋～置疑。❷〚形〛平常;不高明▷平～|～俗|～人|～才|～医。☞统读 yōng。

【庸才】 yōngcái 〚名〛才能平庸或较低的人。

【庸碌】 yōnglù 〚形〛平庸而无所作为的▷～无能之辈|平生庸庸碌碌,一事无成。

【庸人】 yōngrén 〚名〛没有志气、没有作为的人。

【庸人自扰】 yōngrénzìrǎo 见识少的人本来没有事而找事,自寻烦恼。

【庸俗】 yōngsú 〚形〛平庸低俗;俗气▷～作风|内容～不堪。

雍 yōng 〚形〛〈文〉和谐▷～合|～睦。

【雍容华贵】 yōngrónghuáguì 仪态大方、服饰豪华高贵。

慵 yōng 〚形〛〈文〉疲倦;懒散▷～困|～惰。

壅 yōng ❶〚动〛〈文〉堵塞▷～塞(sè)。❷指把土或肥料培在植物的根部▷～土|～肥。☞统读 yōng。

臃 yōng [臃肿]yōngzhǒng ❶〚形〛(身体)因过胖或穿衣过多而特别肥大▷全身～,动作不灵。❷比喻机构过于庞大,运转不灵▷机构～,人浮于事。☞统读 yōng。

饔 yōng 〈文〉❶〚名〛熟的食物;特指熟肉。❷早饭▷～飧(sūn,晚饭)不继(有上顿没下顿)。

喁 yōng 〚形〛〈文〉鱼嘴向上露出水面的样子。○另见 yú。

【喁喁】 yóngyóng 〈文〉〚形〛形容众人仰望期待的样子▷～期盼。

颙(顒) yóng 〚动〛〈文〉仰慕;盼望▷～仰|～望。

永 yǒng 〚形〛长久;久远▷～不消逝|～志不忘|～葆青春|～恒|～世。

【永垂不朽】 yǒngchuíbùxiǔ (名声、业绩、精神等)长久流传,永不泯灭(垂:流传)。

【永恒】 yǒnghéng 〚形〛长久不变的;永远存在的▷～的主题|蒙娜丽莎～的微笑。

【永久】 yǒngjiǔ 〚形〛历时长久。

【永诀】 yǒngjué 〚动〛〈文〉永别(指死别)▷不想此去,竟成～。

【永生】 yǒngshēng ❶〚动〛永远生存不灭;借指肉体虽死,但精神不灭▷烈士们～|在烈火中～。❷〚名〛一辈子;一生▷你对我的帮助,我会～不忘。

【永远】 yǒngyuǎn 〚副〛表示时间特别长久,没有终止▷～兴旺发达。

【永驻】 yǒngzhù 〚动〛永远停留、留住▷青春～|民族英雄的精神～华夏。

甬 yǒng ❶〚名〛甬道。❷宁波的别称▷～剧|沪杭～。

【甬道】　yǒngdào　❶图院落或墓地中用砖石砌成的对着主要建筑物的通路。也说甬路。❷过道;走廊。

咏　yǒng　❶团声调抑扬地诵读;歌唱▷吟～|歌～|～叹。❷用诗词的形式描述▷～怀|～史|～梅。☞统读 yǒng。

【咏怀】　yǒnghuái　团用诗吟咏抒发情怀。

【咏叹】　yǒngtàn　团吟咏赞叹▷诗人墨客到此不免要～一番。

泳　yǒng　团在水里游动;游泳▷～装|自由～。☞统读 yǒng。

俑　yǒng　图古代殉葬用的人形或兽形物,多为木制或陶制▷秦～|兵马～|木～|陶～。

勇　yǒng　❶圈有胆量;在危险、困难面前不退缩▷～敢|～士|英～|～于认错。❷图指士兵▷散兵游～。

【勇敢】　yǒnggǎn　圈有勇气有胆量,不怕艰险▷～的战士|～顽强。

【勇猛】　yǒngměng　圈勇敢有气势▷～作战|冲锋十分～。

【勇气】　yǒngqì　图敢做敢为,无所畏惧的气概。

【勇士】　yǒngshì　图敢于斗争,不怕艰难险阻的人。

【勇往直前】　yǒngwǎngzhíqián　勇敢地一直向前进。

【勇武】　yǒngwǔ　圈勇猛威武▷～超群。

【勇于】　yǒngyú　团遇事不推诿,不退缩(后面带动词)▷～进取|～承担责任。

涌　yǒng　❶团水向上冒;泛指液体或气体向上升腾▷泪如泉～|风起云～。❷像水升腾那样冒出或升起▷从云层中～出一轮明月|敌军～上公路|现◇脸上～出笑容。

【涌动】　yǒngdòng　团奔涌,流动▷浊流～|窗外白雾在～|◇激情～。

【涌现】　yǒngxiàn　团大量出现▷～出一批青年作家|许多感人事迹在斗争中～。

恿　yǒng　见[怂恿]sǒngyǒng。

蛹　yǒng　图昆虫由幼虫变为成虫的过渡形态。此时大多不食不动,原有的幼虫组织器官逐渐破坏,新的成虫组织器官逐渐形成,最后变为成虫。

踊(踴)　yǒng　团向上跳;跳跃▷～跃。☞统读 yǒng。

【踊跃】　yǒngyuè　❶团跳动,跃起▷～欢呼。❷圈情绪激昂,争先恐后▷发言～|～报名。

用　yòng　❶团让人或物发挥功能,为某种目的服务▷大家都～上计算机了|大材小～|～法|～品。❷图用处;功效▷旧报纸还有～|物尽其～|效～|功～。❸费用▷家～|零～。❹团需要(多用于否定)▷不～帮忙,我自己能做完|不～说了。❺敬词,指吃喝▷请～茶|请～便饭。❻团引进动作凭借或使用的工具、手段等▷～开水沏茶|～鲜血和生命保卫祖国。

【用场】　yòngchǎng　图能起作用的地方。

【用处】　yòngchu　图能起作用的地方。

【用度】　yòngdù　图费用;开支。

【用功】　yònggōng　❶团努力学习▷孩子正在～。❷圈努力;下功夫▷学习很～。

【用户】　yònghù　图消费性工业产品和一些服务项目的使用单位和个人▷电话～|有线电视～|满足各种～需要。

【用具】　yòngjù　图生产、生活中使用的器具。

【用途】　yòngtú　图适用的方面或范围。

【用武之地】　yòngwǔzhīdì　能够使用武力的地方。比喻可以发挥才干的岗位。

【用心】　yòngxīn　❶团形容注意力集中,认真思考▷～学习|备课很～。❷图居心;用意▷～良苦|别有～。❸团使用心力▷无所～。

【用意】　yòngyì　图意图;企图。

you

优(優)　yōu　❶圈丰厚;充足▷待遇从～|～厚。❷团厚待;优待▷拥军～属|～抚。❸圈好;非常好(跟"劣"相对)▷品学兼～|～点|～秀。❹图古代称以表演乐舞或杂戏为职业的人,后来泛称戏曲演员▷名～|～伶。

【优待】　yōudài　❶团给予优厚的待遇▷～现役军人家属。❷图优厚的待遇▷给予许多～。

【优点】　yōudiǎn　图长处;好的方面。

【优抚】　yōufǔ　团(对军烈属、残废军人等)优待抚恤▷～残废军人。

【优厚】　yōuhòu　圈优越;丰厚▷～的待遇。

【优化】　yōuhuà　团使变为优秀、优等▷～企业管理。

【优化组合】　yōuhuà zǔhé　20 世纪 80 年代中期企业内部改革的一种形式,指劳动者之间、劳动者与劳动对象之间、劳动者与劳动手段之间最有利于事业发展的选择和配置▷实施～,加速企业改造。

【优惠】　yōuhuì　团从优给予的(政策、条件、价格等)▷～政策|展销|价格～。

【优良】　yōuliáng　圈十分好(多形容成绩、作风、传统等)▷～品种|学习成绩～。

【优美】　yōuměi　圈美妙;美好▷姿势～|唱腔～|～的环境。

【优柔寡断】　yōuróuguǎduàn　做事多犹豫而缺少果断精神。

【优生】　yōushēng　团运用科学方法指导人类生育,以提高婴儿先天素质▷～优育。

【优胜】　yōushèng　圈(成绩)优异,胜过别人▷获得～奖。

【优胜劣汰】　yōushèngliètài　在生存竞争中,强者取胜得以生存,弱者则被淘汰。

【优势】　yōushì　图能超过或压倒对方的有利形势▷发挥整体～。

【优先】　yōuxiān　团摆在他人或他事之前▷～晋升|军烈属～。

【优秀】　yōuxiù　圈非常出色▷品行～。

【优雅】　yōuyǎ　圈优美雅致▷～的居室|谈吐～。

【优异】　yōuyì　圈特别出色▷贡献～。

【优于】　yōuyú　团比别的好;有优势▷新一代电话机～老式电话机。

【优育】　yōuyù　团运用科学的方法抚养婴幼儿,以提高其后天的体质、智力、品德等素质▷优生～。

【优裕】　yōuyù　圈富足,充裕▷生活～。

【优越】　yōuyuè　圈优异▷社会制度～。

【优质】　yōuzhì　圈质量优良的▷～产品|～服务。

攸　yōu　团〈文〉用在动词前面,组成名词性词组,相当于"所"▷性命～关|责有～归(责:责任;归:属)。

忧(憂)　yōu　❶团发愁;担心▷～国～民|～虑。❷图让人发愁、担心的事▷无～无虑|内～外患|分～|隐～。❸〈文〉指父母的丧事▷丁～。

【忧愁】　yōuchóu　圈忧虑苦恼▷孩子的病,使他们非常～。

【忧愤】　yōufèn　圈忧郁愤慨▷～成疾。

【忧患】　yōuhuàn　图忧虑和患难▷生于～,死于安乐。

【忧虑】　yōulǜ　团忧愁焦虑▷～孩子的前途|让人～。

【优伤】 yōushāng 圈忧愁哀伤▷神色~|令人~。

【忧思】 yōusī ❶团忧虑▷~成疾。❷图忧愁的思绪▷几句话使她心上的~消失了。

【忧心忡忡】 yōuxīnchōngchōng 心情忧虑，十分不安（忡忡：忧愁不安的样子）。

【忧心如焚】 yōuxīnrúfén 忧愁得心如火烧一样。

【忧郁】 yōuyù 圈忧愁苦闷郁结于心的样子▷目光｜~的表情。

呦 yōu ❶叹表示惊讶、惊恐▷~，饭糊了！|~！那边有个人影！❷表示突然发现或想起▷~，书包丢了！|~，忘了带身份证了。

幽 yōu ❶圈昏暗；深远；僻静▷~光｜~谷｜~径。❷隐蔽的；秘密的▷~会｜~居。❸团〈文〉囚禁▷身~囹圄。❹圈藏在心里的▷~思｜~怨。❺图迷信指阴间▷~魂｜~灵。

【幽暗】 yōu'àn 圈昏暗▷~的峡谷。

【幽愤】 yōufèn 图郁积在心底的愤恨▷屈原满怀~投入汨罗江。■"幽愤"跟"忧愤"意义不同，不要混用。

【幽会】 yōuhuì 团指相爱的男女私下约会。

【幽寂】 yōujì 圈幽静寂寞▷~的古庙。

【幽禁】 yōujìn 团软禁。

【幽径】 yōujìng 图寂静的小路。

【幽静】 yōujìng 圈幽雅清静▷~恬适的生活。

【幽灵】 yōulíng 图迷信指人死后的灵魂，泛指鬼神（常用作比喻）▷深夜，她~似地在树林里走来走去。

【幽美】 yōuměi 圈幽雅秀美▷群山环抱、溪水常流的~山庄。

【幽默】 yōumò 圈〈外〉言谈举止诙谐风趣而意味深长▷谈吐~。

【幽深】 yōushēn 圈幽静深邃▷~的竹林｜~冷清的天空。

【幽娴】 yōuxián 圈〈女子〉娴静文雅▷姑娘举止~。■不宜写作"幽闲"。

【幽香】 yōuxiāng ❶图清淡的香味▷峡谷里满是野花的~。❷圈〈气味〉清香▷春兰~的气味隐隐飘来。

【幽雅】 yōuyǎ 圈恬静雅致▷风景~｜别致的书房。

【幽咽】 yōuyè 〈文〉❶圈形容低声哭泣▷哭声~。❷形容微弱的流水声▷溪水~。

【幽远】 yōuyuǎn 圈久远▷~的年代。

【幽怨】 yōuyuàn 图郁结在心里的怨恨▷深闺长叹，满腔~。

悠 yōu ❶圈遥远；长久▷~久｜~长｜~远。❷闲适；自在▷~闲｜~游｜~然。❸团在空中摆动▷小猴子在树枝上~来~去｜~荡｜~晃。

【悠长】 yōucháng ❶圈漫长；长远▷~的小路｜岁月~。❷形容声音徐缓持久▷~的汽笛声。

【悠久】 yōujiǔ 圈久远；长久▷年代~｜汉语是历史最~的语言之一。

【悠然自得】 yōuránzìdé 形容神态悠闲从容，心情舒畅。

【悠闲】 yōuxián 圈安闲舒适▷~的生活｜奶奶~地摇着蒲扇。■不宜写作"幽闲"。

【悠扬】 yōuyáng 圈形容声音持续而和谐▷~的琴声｜笛声~。

【悠悠】 yōuyōu ❶圈久远；辽阔▷~岁月｜苍天~。❷众多的样子▷~万物。❸飘；飘忽不定▷荡荡～｜飘飘~。

【悠远】 yōuyuǎn ❶圈〈距离〉遥远▷路途~｜湛蓝的天空~、宁静。❷离现在时间久远▷~的年代。

尤 yóu ❶圈〈文〉特殊的；突出的▷~花异木｜无耻之~。❷副格外；更加▷~喜书画｜山林~美｜

甚。❸图过失；过错▷效~（仿效错误的做法）。❹团归罪于；责怪▷怨天~人。

【尤其】 yóuqí 副表示更进一层，相当于"特别""更加"▷他喜欢读书，~喜欢读科技书|她进步很快，今年~显著。

【尤为】 yóuwéi 副表示全体或同类事物中突出强调某一种▷语文课~重要|他对你~不满。

由 yóu ❶团经过；经由▷必~之路｜言不~衷。❷介从▷~小路走｜~东门入场｜早9点到晚8点｜蝌蚪变成青蛙。❸团〈文〉经费~我方提供｜客人~厂长陪同。❹根据▷~上述史料可以作出结论｜~此可知。❺图原因▷原~｜情~｜理~。❻介由于▷咎~自取｜成~勤俭败~奢。❼团顺从；听任▷身不~己｜~他去吧！

【由来】 yóulái ❶图来源；原因▷矛盾的~｜取胜的~。❷副表示从开始到现在都如此，相当于"从来"▷~创业多艰辛。

【由于】 yóuyú ❶介引进原因或理由▷~技术问题，工程没有按时开工。❷团连接分句，表示因果关系，相当于"因为"▷~他刻苦努力，因而进步很快｜教练指导有方，因此队员运动成绩提高很快。☞"由于"多用于书面，后面常和"所以、因此、因而"等配合使用；"因为"多用于口语，不能和"因此、因而"等配合使用。

【由衷】 yóuzhōng 团发自内心▷言不~｜~地感谢。

邮（郵） yóu ❶圈跟邮政有关的▷~局｜~票｜~筒。❷〈口〉团邮寄▷~封信｜往家里~钱。❸图指邮票▷集~｜~市。

【邮电】 yóudiàn 图邮政和电信。

【邮购】 yóugòu 团通过邮局汇款购买（物品）。

【邮汇】 yóuhuì 团通过邮局汇款。

【邮寄】 yóujì 团通过邮局寄送（信件、包裹等）。

【邮票】 yóupiào 图邮政部门发行的、贴在邮件上表示邮资已付的凭证。

【邮品】 yóupǐn 图集邮爱好者搜集的邮票、明信片、首日封、邮折等的统称。

【邮政】 yóuzhèng 图由国家管理专门经营寄递、信件、汇兑、发行报刊等业务的部门。

【邮政编码】 yóuzhèng biānmǎ 由邮政部门统一编定的邮政代码，用来代表一定的投递区域。中国由六位数字组成。

犹（猶） yóu ❶团像；如▷虽死~生｜过~不及｜~如。❷副还；仍然▷言~在耳｜记忆~新。

【犹如】 yóurú 团如同；好像▷窗外风声~惊涛，狂吼不已。

【犹疑】 yóuyí 团犹豫疑惑。

【犹豫】 yóuyù 团迟疑不决▷~徘徊｜不能再~了，下决心吧。

油 yóu ❶图动植物体内的脂肪，也指某些含碳氢化合物的液体矿产品▷盐酱醋~｜豆~｜牛~｜柴~。❷团用桐油或油漆等涂饰▷~家具｜~饰。❸圈圆滑▷这人太~了｜一腔滑调。

【油彩】 yóucǎi 图含油质的颜料，多用于演员化装。

【油滑】 yóuhuá ❶圈圆滑世故；不实在▷这人很~，可会两面讨好了。❷油腔滑调▷幽默而不~。

【油画】 yóuhuà 图西洋画的一种。用含油质的颜料在布、木板或厚纸板上绘画。

【油亮】 yóuliàng 圈油光发亮▷马驹子毛色~｜玉米叶子~的。

【油料】 yóuliào ❶图能制取植物油的原料，如黄豆、油菜子、芝麻等。❷做燃料用的油▷军用~。

【油绿】 yóulǜ 圈浓绿而有光泽▷~的秧苗｜~~的庄

稼。

【油腻】　yóunì　❶形含油多的▷米粉肉吃起来不觉得～。❷图含油多的食物▷今天多吃了些～|忌食生冷～。❸油垢；油污▷衣服上全是～。

【油漆】　yóuqī　❶图通常指含有干性油和颜料的粘液状涂料。涂在器物表面，起装饰、保护作用。❷团用油漆涂抹▷～家具|～门窗。

【油腔滑调】　yóuqiānghuádiào　形容说话轻浮圆滑，不诚恳，不严肃。

【油然】　yóurán　形自然而然的▷～而生敬意。

【油水】　yóushui　❶图饭菜中放的油脂。❷比喻盈利或额外的好处和不正当的收益▷～不大|捞～。

【油田】　yóutián　图有开采价值的油层分布地带。如大港油田、大庆油田。

【油头粉面】　yóutóufěnmiàn　形容打扮得花俏轻浮。

【油渍】　yóuzì　图衣物等上面的油污▷手套上都是～。

柚　yóu　[柚木]yóumù　图落叶乔木，木材坚硬耐久，纹理美观，为著名用材树种之一。○另见 yòu。

疣　yóu　图皮肤病，症状是皮肤上长出小疙瘩，不疼不痒。通称瘊子。

莜　yóu　[莜麦]yóumài　图一年生草本植物，很像燕麦。子粒也叫莜麦，成熟后容易与外壳脱离。磨成粉可以食用。☞不宜写作"油麦"。

蓛（蕕）　yóu　图古书上说的一种有恶臭味的草，常用来比喻恶人▷薰～不同器。

铀（鈾）　yóu　图放射性金属元素，符号U。铀—235是重要能源，铀—238可用于中子反应堆。

蚰　yóu　[蚰蜒]yóuyán　图节肢动物，像蜈蚣而略小，灰白色。生活在房屋内外阴湿的地方。

鱿（魷）　yóu　[鱿鱼]yóuyú　图软体动物，形状像乌贼而稍长，生活在海洋里，可以吃。

游　yóu　❶团流动；移动▷～击|散兵～勇。❷从容行走；闲逛▷～山玩水|～荡|旅～。❸玩▷～戏|～艺|～乐。❹在水里行动▷鱼在河里～来～去|畅～长江|～泳|～弋。❺图江河的一段▷上～|下～。

【游程】　yóuchéng　❶图游泳时从起点到终点的距离。❷旅游的路程▷这次旅游，～近千里。❸旅游的日程▷旅行社安排好了～。

【游荡】　yóudàng　❶团飘荡▷轻舟～。❷闲游；闲逛▷他们在街头～着。❸生活不稳定，到处漂泊▷在海外～了几年。

【游动】　yóudòng　❶团缓慢移动▷羊群在草地上慢慢地～。❷形位置不固定，经常改换位置的▷～哨|～靶。

【游逛】　yóuguàng　团游览闲逛▷在大街上～|到风景胜地去～。

【游记】　yóujì　图记述游览亲历和感受的文章。

【游览】　yóulǎn　团游玩观赏（风景名胜等）▷～香山|～胜地。

【游离】　yóulí　❶团化学上指一种物质或从化合物中分离出来，或不与其他物质化合而单独存在▷～于集体之外。❷从集体或所依附的事物中脱离出来▷～于集体之外。

【游历】　yóulì　团到各地游览考察▷～欧洲|～大江南北。

【游民】　yóumín　图没有正当职业、游荡于社会的人▷无业～。

【游牧】　yóumù　团没有定居之处，带着牲畜逐水草转移▷在大草原～。

【游刃有余】　yóurènyǒuyú　原指解牛技术非常熟练，运转刀刃于骨缝之间尚有余地（语出《庄子·养生主》）。比喻技术精熟、经验丰富，解决问题毫不费力。

【游手好闲】　yóushǒuhàoxián　闲散游荡，不务正业，好逸恶劳。

【游说】　yóushuì　团原指战国时代"说客"周游列国，凭自己的口才，劝说各国君主接受自己的政治主张；后指劝说别人接受其意见、主张▷四处～。☞"说"这里不读 shuō。

【游戏】　yóuxì　❶团玩耍▷幼儿园的孩子都在院子里～。❷图娱乐玩耍或某些非比赛的智力或体育活动。如猜谜语、玩魔方、捉迷藏、跳橡皮筋等。

【游戏规则】　yóuxì guīzé　比喻竞赛、竞争时应该共同遵守的规定▷遵守市场经济的～。

【游戏人生】　yóuxìrénshēn　把人生当作游戏。指玩世不恭。

【游行】　yóuxíng　团有目的有组织地在街上结队而行，表示庆祝、纪念、示威等▷上街～。

【游弋】　yóuyì　❶团（舰艇等）在水面巡逻。❷在水中自由地游来游去▷几只白天鹅在湖面上安闲地～。

【游艺】　yóuyì　图游戏娱乐活动。

【游泳】　yóuyǒng　❶团人或动物在水里游动。❷图水上运动项目。

【游资】　yóuzī　❶图从生产过程中游离出来的货币资金▷吸纳～，用于治理荒沙。❷游览或旅游需用的资金。

【游子】　yóuzǐ　图指远离家乡或久居外地、外国的人。

蜉　yóu　见[蜉蝣]fúyóu。

友　yǒu　❶图关系密切、有交情的人▷良师益～|探亲访～|朋～。❷形关系好；亲近▷～好|～爱。❸有亲近、和睦关系的▷～邦|～军|～邻部队。

【友爱】　yǒu'ài　形友好亲密▷互助～。

【友邦】　yǒubāng　图友好的国家。

【友好】　yǒuhǎo　❶形友爱和睦▷～国家|～如初。❷图好朋友。

【友情】　yǒuqíng　图朋友之间的感情。

【友善】　yǒushàn　形友好亲善▷邻里～|～相待。

【友谊】　yǒuyì　❶图朋友之间的交往情谊▷～深厚。❷形友爱▷向同学伸出了～的手。☞"谊"不读 yì。

有　yǒu　❶团表示存在（跟"无"相对，❷❸同）▷天上～云彩|马路上～许多汽车。❷表示领有或具有▷他家～三辆自行车|人贵～自知之明|～本领|～罪。❸表示具有某种性质▷这棵树～五层楼那么高。❹表示发生或出现▷情况～了变化。❺表示不定指，跟"某"近似▷～一天你会明白的|～人不喜欢，～人喜欢。❻表示一部分▷～人爱吃甜的，～人爱吃辣的。❼〈文〉词的前缀，附在某些朝代名和民族名前面▷～殷|～周|～苗。

【有碍】　yǒu'ài　团对某人或某事有防碍；阻碍▷～身体健康|～交通|～观瞻。

【有板有眼】　yǒubǎnyǒuyǎn　我国民族音乐的节拍分为一板三眼和一板一眼两种，强拍为板，弱拍为眼。后比喻做事或说话有条理，有节奏。

【有备无患】　yǒubèiwúhuàn　事前有准备就可以防止祸患。

【有偿】　yǒucháng　形有报酬的；收费的▷～转让。

【有成】　yǒuchéng　团有成就；成功▷事业～|此事或可～。

【有待】　yǒudài　团需要等待▷这些建议～职代会研究解决|他的病～会诊。

【有底】　yǒudǐ　团了解底细；心中有把握▷我心里～，知道该怎么办。

【有的放矢】　yǒudìfàngshǐ　对着靶子放箭（的:靶子）。

比喻说话做事有明确的目的。☞"矢"不读 shǐ。

【有方】 yǒufāng 团得法;有办法▷用人～|教子～。

【有关】 yǒuguān ❶团关涉到;牵涉▷～大局|～国计民生。❷形有关系的;牵涉到的▷～情况|各～人员。

【有过之而无不及】 yǒuguòzhī'érwúbùjí（比较起来）只有超过的,而没有赶不上的(多用于坏人、坏事)。

【有机】 yǒujī ❶形原指跟生物体有关或从生物体来的(化合物),现指除一氧化碳、二氧化碳、碳酸、碳酸盐之外的所有含碳的(化合物)▷～肥料|～染料。❷形容事物的各部分具有的相关性、不可分割性▷各方面要～地结合起来。

【有机可乘】 yǒujīkěchéng 有机会可以利用,有空子可钻(多含贬义)。☞不要写作"有机可趁"。

【有机体】 yǒujītǐ ❶图自然界具有生命的个体,包括人和一切动植物。❷比喻各部分相互关连、具有完整统一性的事物▷一篇好文章是一个完整的～。

【有教无类】 yǒujiàowúlèi 指教育学生不分高低贵贱,都一视同仁(类:类别)。

【有口皆碑】 yǒukǒujiēbēi 每个人的嘴都是功德碑。形容众人一致颂扬。

【有赖】 yǒulài 团需要依靠、依赖▷科研经费缺少,～各企业的资助。

【有劳】 yǒuláo 团客套话,用于请别人做事,相当于"劳驾、拜托";也用于答谢▷～你,带我去一趟。

【有利可图】 yǒulìkětú 有利益可以获得;可从中牟利。

【有门儿】 yǒuménr 团〈口〉找到点儿门径;有望▷她驾驶汽车已经～了|签订合同的事～了。

【有名无实】 yǒumíngwúshí 空有虚名而没有实际。

【有目共睹】 yǒumùgòngdǔ 人人都看得见。形容事实非常明显。

【有气无力】 yǒuqìwúlì 有气息而没有力气。形容精神不振。

【有求必应】 yǒuqiúbìyìng 只要有请求就一定应允。☞"应"这里不读 yīng。

【有趣】 yǒuqù 形有意思;能引起人的兴味▷故事生动～|他是个非常～的人。

【有如】 yǒurú 团犹如;就像▷她的心～明镜。

【有色眼镜】 yǒusè yǎnjìng 比喻成见或偏见▷戴着～看人,不可能看得正确。

【有生力量】 yǒushēng lìliàng ❶原指军队中的人员、马匹,泛指能作战的部队▷消灭敌人～。❷指活力旺盛的力量▷新分配来的大学生是我们单位的～。

【有声有色】 yǒushēngyǒusè ❶形容说话、表演或文章非常鲜明生动。❷形容工作、表现等非常突出,富有生气▷工作得～|会议开得～。

【有识之士】 yǒushízhīshì 有远见卓识的人。

【有始有终】 yǒushǐyǒuzhōng 做事有头有尾,能坚持做完。

【有恃无恐】 yǒushìwúkǒng 因有所倚仗而毫不害怕(含贬义)。

【有数】 yǒushù ❶形数目很少的▷只剩下～的几块钱了。❷团(对情况)很了解;有主意,有主见▷他对每位职工的情况都～|你别看他不言不语的,心里可～了。

【有条不紊】 yǒutiáobùwěn 有条理,一点不乱。

【有头有脸】 yǒutóuyǒuliǎn 比喻有面子,有声望。

【有望】 yǒuwàng 团有希望;有指望▷这试验,成功～|只要儿女们都有出息,我后半生也就～了。

【有为】 yǒuwéi 团有作为▷年轻～。

【有喜】 yǒuxǐ 团〈口〉指怀上身孕。

【有隙可乘】 yǒuxìkěchéng 有漏洞可以利用,有空子可

可以钻。

【有限】 yǒuxiàn ❶形有一定限度的▷～的生命|～战争。❷数量少;程度较低▷～的财力物力|能力～。

【有线】 yǒuxiàn 形靠传输线传送信号的▷～电视|～广播。

【有心】 yǒuxīn ❶团有某种心意或心计▷我～拉他一把|言者无意,听者～。❷副成心▷我看你是～制造混乱。

【有形】 yǒuxíng 形人能看得见、摸得着或能感觉到的▷～损耗|～资产|～贸易。

【有幸】 yǒuxìng 形幸运;有运气的▷～生活在这个时代|三生～。

【有血有肉】 yǒuxuèyǒuròu 比喻文艺作品人物形象生动,内容充实具体。☞"血"这里不读 xiě。

【有眼无珠】 yǒuyǎnwúzhū 长着眼睛却没有眼珠子。形容见识短浅,缺乏识别能力。

【有缘】 yǒuyuán 团有缘分▷你我～,难得在这里相聚。

【有章可循】 yǒuzhāngkěxún 有规章可以遵照执行。

【有朝一日】 yǒuzhāoyīrì 将来有那么一天。

【有致】 yǒuzhì 形富于韵味和情趣▷错落～|节奏抑扬～。

酉 yǒu ❶图地支的第十位。

莠 yǒu ❶图一年生草本植物,常见的田间杂草,圆椎形花序密集成圆柱形,像狗尾巴。俗称狗尾巴草。❷形〈文〉坏;恶▷～言乱政|良～不齐。☞统读 yǒu。

牖 yǒu 图〈文〉窗户▷户～。

黝 yǒu 形淡黑色;黑色▷～黑|～暗。

【黝黑】 yǒuhēi 形黑;没有光亮▷皮肤～。

又 yòu ❶副表示重复或继续▷昨天～刮了一天风|咱们～见面了|装了～拆,拆了～装。❷表示几种情况同时存在▷既当爹～当妈|天～黑,路～滑。❸表示意思上更进一层▷天这么冷,他～没穿大衣,恐怕会冻病的|纯而～纯。❹表示另外有所补充▷工资之外,～发了奖金。❺表示整数之外又加零数▷二～三分之一|十小时～五分钟。☞"又"和"再"都可用来表示行为的重复或继续,但有不同:"又"主要指已实现的情况,如"唱过一遍,又唱了一遍";"再"主要指尚未实现的情况,如"唱过一遍,还要再唱一遍"。

右 yòu ❶图面朝南时靠西的一边(跟"左"相对,②④同)▷车辆靠～行驶|向～转|～手。❷古代特指西的方位(以面朝南为准)▷江～。❸〈文〉较高的位置或等级(唐以前常以右为尊)▷无出其～。❹形政治上、思想上保守的或反动的▷～翼组织|～倾。

【右派】 yòupài 图通常指政治上反动或保守的政党或派别,有时也指个人。

【右倾】 yòuqīng 形向反动势力妥协或投降的;思想保守的▷～路线|～思想。

【右手】 yòushǒu ❶图右边的手。❷通常写作"右首"。

【右首】 yòushǒu 图右边(多指位置)▷～放着钢琴|上中学时,我～坐着个不声不响的小姑娘。

【右翼】 yòuyì ❶图作战或检阅时处在主力右边的部队;比赛中处在右边的力量。❷政党或阶级、集团中在政治思想上保守、落后以至反动的部分▷～分子|～势力。

幼 yòu ❶形年纪小▷年～无知|～儿|～年|～稚。❷初生的▷～苗|～林|～虫。❸图儿童▷男女

老~|扶老携~|妇~保健站。

【幼儿】 yòu´ér 图一般指满周岁到学龄前的孩子。

【幼苗】 yòumiáo 图幼小的植物体(如禾苗、树苗等),常用来比喻儿童或新生事物。

【幼年】 yòunián 图一般指人三岁到十岁左右的时期。

【幼体】 yòutǐ 图没有脱离母体或刚脱离母体的小生物体。

【幼小】 yòuxiǎo 图未长成的;未到成年的▷~的树苗|~儿童。

【幼稚】 yòuzhì ❶图幼小稚嫩▷孩子~,不懂事|~的声音。❷不成熟的;经验不足或头脑简单的▷这种做法是~的|群众是真正的英雄,而我们自己则往往是~可笑的。

佑 yòu 团辅助;保护▷~助|保~|护|庇~。

柚 yòu 图常绿乔木,果实叫柚子,比橘子大,味酸甜,可以吃。○另见 yóu。

囿 yòu 〈文〉❶图畜养动物的园子▷园~。❷团局限▷~于一隅|~于成规。

宥 yòu 团〈文〉宽容;饶恕▷~其罪责|宽~|原~。

诱(誘) yòu ❶团引导;劝导▷循循善~|~导|劝~。❷用手段引人上当▷~敌深入|引~|~惑|~饵。❸引发;导致▷~致|~因|~发。

【诱导】 yòudǎo 团劝说;引导▷启发~学生。

【诱饵】 yòu'ěr 图引诱动物的食物;也指诱人上钩的事物▷用~捕鼠|以所谓情报为~诱捕敌特。

【诱发】 yòufā ❶团引导启发▷~潜在的因素|家信~了我的思乡情绪。❷导致发生(多指疾病)▷过度忧伤容易~各种病变。

【诱惑】 yòuhuò 团用手段进行迷惑引诱▷受人~走上邪路|声东击西~敌人。

【诱因】 yòuyīn 图引发某事的原因▷过度疲劳是这种病急性发作的~。

蚴 yòu 图泛指绦虫、血吸虫、线虫等的幼体。有毛蚴、尾蚴、胞蚴等。

釉 yòu [釉子]yòuzi 图在陶瓷半成品表面上涂抹的一种物质,烧制后可发出玻璃光泽。

鼬 yòu 图鼬属动物的统称。体小而长,肛腺通常很发达。种类有黄鼬、白鼬、香鼬、臭鼬等。黄鼬俗称黄鼠狼。

yu

迂 yū ❶圈弯;曲折▷~回|~曲。❷不合时宜,不切实际▷~夫子|~论。

【迂腐】 yūfǔ 圈拘泥守旧;不能适应新的社会风尚的▷~气|~的观点。

【迂回】 yūhuí ❶圈形容曲折环绕▷~曲折。❷团绕到敌侧或敌后(攻击)▷~包抄|向敌人两侧~。☞不宜写作"纡回"。

【迂阔】 yūkuò 圈不切合实际▷~|笨拙。

纡(紆) yū 圈〈文〉弯曲▷~曲|~徐。

淤 yū ❶图水底沉积的泥沙▷放~|清~。❷团泥沙在水底沉积▷河床逐年~高|~积|~地。❸图积血▷活血化~。❹圈(血液)凝滞不通▷~血。

【淤积】 yūjī 团沉积;凝积▷洪水过后,河床~了大量泥沙|血~在伤口处结了痂。

【淤塞】 yūsè 团(水道)堵塞不畅▷地下污水管道~通。☞"塞"这里不读 sāi 或 sài。

【淤血】 yūxuè ❶团血液凝结不动▷局部已~。❷图

凝滞不动的血液▷肺部有~。☞"血"这里不读 xiě。

【淤滞】 yūzhì ❶圈(水道等)因泥沙等沉积而不通畅▷挖泥船正疏通~的河道。❷团中医指经络血脉等郁结不通▷冻疮由局部血液~所致。

于 yú ❶团引进处所或时间,相当于"在"▷自立~世界民族之林|鲁迅逝世~1936 年。❷引进对象,相当于"向""对""给"▷求助~大家|满足~现状|嫁祸~人。❸引进来源、起点,相当于"从""自"▷毕业~著名大学|青出~蓝|黄河发源~青海。❹引进行为的主动者▷学生队败~教工队|限~条件。❺引进方面、原因、目的▷勇~自我批评|死~霍乱|忙~工作。❻引进方向、目标▷气候趋~寒冷|工程接近~完成。❼引进比较的对象▷轻~鸿毛|高~一切。❼〈文〉词的前缀▷黄鸟~飞。

【于是】 yúshì 连连接分句,表示承接关系,用在后面的分句里▷两国之间利害冲突日益严重,~一场战争迫在眉睫。也说于是乎。

与(與) yú 古同"欤"。○另见 yǔ;yù。

予 yú 代〈文〉说话人称自己,相当于"我"▷~取~求。○另见 yǔ。

欤(歟) yú 团〈文〉表示疑问语气,相当于"呢"或"吗"▷子非三闾大夫~?|是谁之过~?

余(餘❷—❹) yú ❶代〈文〉说话人称自己,相当于"我"▷~幼好书,家贫难致。❷团剩下▷多出来▷除去成本,还~三万多元|~粮|富~。❸图(某事)以外或以后的时间▷劳动之~|课~|痛心之~。❹圈表示整数之外所剩的零头▷二十~人|三百~元。

【余波】 yúbō 图比喻事后留下来的影响▷~未息。

【余地】 yúdì ❶图空余的地方。❷说话做事留下的可能回旋的地步▷这事还有商量的~。

【余毒】 yúdú ❶图残存的毒素▷烧虽退了,但~尚存,要继续服药。❷残存的毒害▷肃清封建~。

【余晖】 yúhuī 图傍晚的阳光。☞不宜写作"余辉"。

【余悸】 yújì 图事后未消的恐惧▷~尚存|~未消。

【余力】 yúlì 图余下的力量;残存的精力。

【余孽】 yúniè 图残留下来的坏分子或恶势力▷残渣~|封建~。

【余热】 yúrè ❶图工业生产中剩余的热能。也说废热。❷比喻老年人的作用▷虽已退休,还在发挥~。

【余生】 yúshēng ❶图剩余的生命;晚年。❷幸存的生命▷大难~。

【余味】 yúwèi ❶图饭菜等留下的气味,味道。❷余留的耐人回想的意味▷小说读罢,~不尽。

【余暇】 yúxiá 图工作之外的空余时间。

【余兴】 yúxìng 图未尽的兴致▷~尚浓。

【余音】 yúyīn 图歌唱或演奏结束后,耳边似有的未尽之音▷~袅袅|袅袅不绝于耳。

【余勇可贾】 yúyǒngkěgǔ 还有剩余的勇力可以用出来(贾:卖出)。表示力量还没有用完。☞"贾"这里不读 jiǎ。

盂 yú 图一种盛液体的敞口器皿▷痰~|漱口~。

臾 yú 见[须臾]xūyú。

鱼(魚) yú ❶图生活在水中的脊椎动物,一般身体侧扁,用鳍游泳,用鳃呼吸。种类极多,大部分可供食用。❷称某些像鱼类的水栖动物▷鳄~|鱿~|鲸~|鲍~。

【鱼翅】 yúchì 图鲨鱼的鳍(qí)加工成的软骨条,是珍

贵的海味食品。

【鱼肚白】 yúdùbái 图白里透青像鱼肚的颜色(多指黎明时东方的天色)。

【鱼贯】 yúguàn 副像游鱼一样一个紧接一个▷～而入｜～退场｜～而驶。

【鱼雷】 yúléi 图在水中能自动推进控制方向和深度的炸弹,长圆筒状,由舰艇发射或飞机投掷,用来摧毁敌方舰船或其他目标。

【鱼鳞坑】 yúlínkēng 图在山坡上挖的鱼鳞状的坑,用以蓄水或植树。

【鱼龙混杂】 yúlónghùnzá 鱼和龙混在一起。比喻各色各样的人混在一起,好坏难分。

【鱼米之乡】 yúmǐzhīxiāng 盛产鱼虾和水稻的地方。泛指土地肥沃、物产丰盛的富庶地区。

【鱼目混珠】 yúmùhùnzhū 用鱼眼珠冒充珍珠。比喻以假乱真,以次充好。

【鱼水情】 yúshuǐqíng 图鱼和水不能分离,比喻情谊极其亲密▷军民～情。

【鱼死网破】 yúsǐwǎngpò 比喻争斗双方同归于尽。

【鱼尾纹】 yúwěiwén 图人眼角和鬓角之间像鱼尾一样的皱纹,多从中年开始出现。

禺 yú 图用于地名。番禺(pānyú),在广东。

竽 yú 图古代一种簧管乐器,像笙而稍大。☞跟"竿"(gān)不同。

馀(餘) yú 同"余②③④"。☞"餘"是"余"的繁体字,在"餘"和"余"意义可能混淆时,《简化字总表》规定仍用"餘",但要类推简化为"馀",如文言句"馀年无多"。

谀(諛) yú 圗〈文〉奉承献媚▷阿(ē)～｜谄～。

娱 yú ❶圀快乐;欢乐▷～悦。❷圗使快乐▷文～。☞统读 yú。

【娱乐】 yúlè ❶圗使人快乐▷假日里到海滨～～。❷图使人欢乐的活动▷吹笛子、跳交际舞,是他的～｜文化～。

萸 yú 见[茱萸]zhūyú。

渔(漁) yú ❶圗捕鱼▷竭泽而～｜～民｜～猎｜～轮。❷谋求(不该得到的东西)▷从中～利。

【渔霸】 yúbà 图剥削、欺压渔民的恶霸。

【渔具】 yújù 图捕捞或垂钓鱼类的用具。☞不宜写作"鱼具"。

【渔利】 yúlì ❶圗以不正当的手段谋取私利▷从中～。❷图以不正当手段谋取的私利▷坐收～。

【渔汛】 yúxùn 图某些鱼类在某一水域高度集中,适于捕捞的时期。

【渔业】 yúyè 图研究、开发、养殖和捕捞水生动植物的生产事业。

隅 yú ❶图角落▷城～｜向～而泣｜负～顽抗。❷〈文〉旁边;边侧▷海～。

揄 yú 见[揶揄]yéyú。

喁 yú [喁喁]yúyú 拟声〈文〉模拟小声说话的声音▷～私语。○另见 yóng。

嵎 yú 图〈文〉山势弯曲险阻的地方。

逾 yú ❶圗越过;超过▷不可～越｜年～花甲｜～期。❷圖〈文〉更加▷～甚。

【逾期】 yúqī 圗超过原定的期限▷借书～不还者,不

能继续借阅。

【逾越】 yúyuè 圗跨越;超越▷～边境线｜各部门的职权,不可～行使。

腴 yú ❶圀丰满;肥胖▷丰～。❷肥沃▷膏～之地。

渝 yú ❶圗(态度、感情等)改变▷忠贞不～｜始终不～。❷图重庆的别称▷成～铁路。

愉 yú 圀喜悦;欢乐▷～快｜～悦｜欢～。☞统读 yú。

【愉快】 yúkuài 圀快乐;舒畅▷心情非常～｜～的生活。

【愉悦】 yúyuè ❶圀快乐;喜悦▷轻松、～的节日气氛。❷圗使快乐、喜悦▷～身心。

瑜 yú 图玉的光彩,常用来比喻优点(跟"瑕"相对)▷瑕～互见。

榆 yú 图落叶乔木,果实通称榆钱,木材可以制作器具或用作建筑材料。

虞 yú 〈文〉❶圗料想;猜度(duó)▷不～之誉。❷忧虑;担忧▷不～匮乏。❸欺诈▷尔～我诈。❹图传说中上古朝代名,舜所建。

愚 yú ❶圀笨;傻▷大智若～｜～笨｜～昧。❷圗愚弄;欺骗▷～民政策。❸圗〈文〉谦词,用于称跟自己有关的▷～见｜～兄。☞统读 yú。

【愚笨】 yúbèn 圀头脑不聪明,做事不灵活。

【愚不可及】 yúbùkějí 形容愚笨到了极点。

【愚蠢】 yúchǔn 圀愚昧;愚笨▷～无知｜敌人并非那么～。

【愚钝】 yúdùn 圀愚笨迟钝▷生性～｜竭尽～之虑。

【愚见】 yújiàn 图谦词,用于称自己的见解▷～仅供参考。

【愚昧】 yúmèi 圀蒙昧不明事理▷～无知｜昏愦。

【愚弄】 yúnòng 圗欺骗玩弄▷～百姓。

【愚顽】 yúwán ❶圀愚昧顽固▷～不灵。❷图愚昧顽固的人▷化导～。

【愚拙】 yúzhuō 圀愚昧拙笨▷手段～｜～的举动。

舰(艦) yú 见[觊觎]jìyú。

舆(輿) yú 〈文〉❶图车▷舟～之便。❷地▷～地｜～图。❸轿子▷肩～｜彩～。❹圀众多;众人的▷～论｜～情。

【舆论】 yúlùn 图公众的言论▷造～｜进步～｜～监督。

【舆论界】 yúlùnjiè 图社会言论传播媒体(即交流传播信息的工具如报刊、广播等)的总称▷～褒贬不一。

与(與) yǔ ❶圗给▷～人方便｜给～。❷〈文〉帮助▷～人为善。❸〈文〉交往;亲近▷彼此相～｜～国(友邦)。❹圙引进动作行为有关的对象,相当于"跟""同"▷～朋友约定。❺圙连接词性相同的词或结构相近的词或词组,表示并列或选择关系,相当于"和"或"或"(多用于书面)▷教学～科研｜行～不行,速作决定。○另见 yù;yù。

【与虎谋皮】 yǔhǔmóupí 同老虎商议剥它的皮(谋:商议)。比喻与对方谋划有害于对方的事,是绝对办不到的。

【与其】 yǔqí 圙连接分句,表示先舍后取时,用于舍弃部分,后边常同"不如"、"宁可"等配合使用▷～在这里等,不如到他家去我｜～花钱吃药,宁可花钱健身。

【与人为善】 yǔrénwéishàn 原指跟别人一同做好事(善:好事)。现指帮助别人或善意待人。

【与日俱增】 yǔrìjùzēng 随着时间推移不断增加。

予 yǔ 圗给▷～以协助｜免～处分｜授～。○另见 yú。

【予人口实】yǔrénkǒushí 给人留下可以利用的把柄（口实：借口，把柄）。

【予以】yǔyǐ 囫给以▷~奖励|~优先照顾|大会提案逐个~落实。

屿（嶼） yǔ 图小岛▷岛~。☞统读 yǔ。

伛（傴） yǔ 囫曲（背）；弯（腰）▷~着背|下腰。☞统读 yǔ。

宇 yǔ ❶图房屋▷屋~|庙~|楼~。❷指整个空间；世界▷~宙|寰~。❸仪表；风度▷眉~不凡|器~轩昂。

【宇航】yǔháng ❶囫宇宙航行，如人造地球卫星，空间站、行星探测器、宇宙飞船等在地球大气层外及太阳系内外空间航行。❷圈跟宇航有关的▷~站|~局。

【宇宙】yǔzhòu ❶图天地万物；地球及其他一切天体的广袤空间。❷哲学上指世界，即一切物质及其存在形式的总体（宇：指广袤的空间；宙：指漫长的时间）。

羽 yǔ ❶图长在鸟类身体表面的毛▷~绒|~扇。❷翅膀▷振~。❸古代五音（宫、商、角、徵、羽）之一，相当于简谱的"6"。

【羽毛】yǔmáo ❶图鸟的毛，有保护身体、帮助飞翔等作用。❷羽和兽毛，比喻人的声誉▷珍惜~。

【羽毛未丰】yǔmáowèifēng 羽毛还没有长丰满。比喻学问阅历尚浅，或力量还未壮大。

【羽绒】yǔróng 图禽类腹部、背部的绒毛，特指经过加工处理的鸭、鹅羽毛。

【羽翼】yǔyì ❶图禽类的翅膀。❷比喻辅佐的人或力量▷~广有。~未成|广有~。

雨 yǔ 图空中水蒸气遇冷凝结而落向地面的水滴。

【雨过天晴】yǔguòtiānqíng 比喻情况由坏变好。

【雨后春笋】yǔhòuchūnsǔn 比喻新生事物大量涌现。

【雨具】yǔjù 图防雨的用具，如雨衣、雨鞋、雨伞等。

【雨露】yǔlù ❶图雨和露。❷比喻恩情▷不忘先师~之恩。

【雨凇】yǔsōng 图下雨时，由于温度过低而形成的冰层。常附着枝条、电线或运动的物件、人身上。也说冰挂。☞"凇"不要写作"淞"。

【雨雾】yǔwù 图细得像雾一样的雨。

禹 yǔ 图传说为夏后氏部落首领。因治理洪水有功，接受舜禅位，舜死后任部落联盟领袖。

语（語） yǔ ❶囫说；谈论▷自言自~|耳~|笑~|絮~。❷图话；语言▷花言巧~|气~|汉~|外~。❸代替语言表达意思的动作或信号▷手~|旗~|灯~|哑~。❹诗、文或谈话中的词、词组或句子▷~病|词~|引~。

【语病】yǔbìng 图语言运用中出现的毛病，如语序不当、有歧义、语义不清、成分多余或残缺等。

【语词】yǔcí 图词和词组的统称。

【语调】yǔdiào ❶图表示不同语气和情感的声音高低、快慢、轻重的变化。也说句调。❷泛指说话的腔调▷她用平静的~诉说着。

【语法】yǔfǎ ❶图指客观存在的语言的结构规律，包括词法和句法。❷指对语法的研究▷~理论|传统~。

【语感】yǔgǎn 图对言语（口头的和书面的）的感知▷熟练掌握一种语言，交际中~才会敏锐。

【语汇】yǔhuì 图一种语言、一个人或一部作品所用词和固定词组的总汇。

【语境】yǔjìng 图语言环境。内部语境指一定的上下文（说话时的上下句）。外部语境指语言交际的社会环境、场合、时间、对象和话题等。

【语录】yǔlù 图记录或摘录的某人或某些人的言论。

【语气】yǔqì ❶图表示说话人对动作行为所持态度的语法形式，一般分为陈述、疑问、祈使和感叹四种语气。语气通常用语调和语气词等表示出来。❷说话的口气▷听~他的气魄还是很大的。

【语气词】yǔqìcí 图用在句末或句中停顿处，表示陈述、疑问、祈使、感叹等不同语气或句中停顿的词。如啊、呢、吗、吧等。

【语塞】yǔsè 囫短时间内言语梗塞（多因理亏、气愤或激动所致）▷他被大家质问得面红耳赤，频频~。☞"塞"这里不读 sāi 或 sài。

【语素】yǔsù 图语言中最小的语音、语义结合体，有单音节的、双音节的、多音节的。如去、琵琶、巧克力、奥林匹克。

【语体】yǔtǐ ❶图语言运用的不同体式▷口头~|书面~|文艺~|科技~。也说文体。❷白话（跟"文言"相对）▷~文|"五四"以来提倡~。

【语文】yǔwén ❶图语言和文字▷~规范化。❷语言和文学▷~教学|大学~。

【语无伦次】yǔwúlúncì 话说得很乱，没有条理（伦次：条理、层次）。

【语序】yǔxù 图语言里词组合的次序。现代汉语语序的一般规律是：主语在谓语之前，宾语在动词谓语之后，定语、状语在中心语之前，补语在中心语之后等。也说词序。

【语焉不详】yǔyānbùxiáng 话说得简略、不详细（语：说话；焉：古汉语助词）。

【语言】yǔyán ❶图人类最重要的交际工具，是形成和表达思想的手段，也是人类社会最重要的信息载体。❷指用语言表达的思想观点▷双方经协商有了共同~。

【语义】yǔyì 图语言所表达的意义，包括词汇意义、语法意义和语用意义，即词语的概念意义，词语和句子由语法关系所产生的意义，词语和句子在交际中因适应语境所具有的意义。

【语意】yǔyì 图话语（口头或书面语）所包含的思想内容或意思。

【语音】yǔyīn ❶图语言的物质外壳，由人类的发音器官发出的能表示一定意义的声音▷普通话~。❷指人说话的口音▷他说话~不纯。

【语重心长】yǔzhòngxīncháng 话语恳切，情意深长。

圉 yǔ 见[囹圄]língyǔ。

庾 yǔ 图〈文〉露天的谷仓▷~仓。☞"庾"和"瘐"形、义不同。

瘐 yǔ 囫〈文〉（罪犯）在狱中因受刑、饥寒、疾病而死▷~死|~毙。

龉（齬） yǔ 见[龃龉]jǔyǔ。

与（與） yù 囫参加▷参~|~闻。○另见 yú；yǔ。

【与会】yùhuì 囫参加会议▷请准时~|~代表。☞不宜写作"预会"。

玉 yù ❶图玉石，质地细腻，坚韧而有光泽的石头▷~器|~雕。❷圈像玉一样晶莹、洁白和美丽▷~颜|~手|亭亭~立。❸〈文〉敬词，用于尊称有关对方自身的▷~体|~音|~照。

【玉帛】yùbó 图玉器和丝织品，古代诸侯会盟朝聘时用作礼物，后借指和好▷化干戈为~（变战争为和平）。

【玉成】 yùchéng 团〈文〉敬词,用于请对方帮助成全某事▷烦望先生~此事。

【玉雕】 yùdiāo ❶团用玉石进行雕刻▷从事~30多年。❷图用玉石雕成的艺术品。

【玉米】 yùmǐ 图一年生草本植物。子实也叫玉米,外形呈齿状,可食用或制淀粉等。也说玉蜀黍。

【玉石俱焚】 yùshíjùfén 大火中美玉和石头都被烧毁。比喻好的坏的一起毁掉。

【玉体】 yùtǐ 图敬词,用于指别人身体▷不知~如何?

驭(馭) yù ❶团驱使车马▷~手|驾~。❷控制;支配▷以简~繁。

芋 yù ❶图多年生草本植物,地下块茎呈球形或椭圆形。通称芋头。❷有些地区常指某些薯类植物▷洋~(马铃薯)|山~(甘薯)。

吁(籲) yù 团为某种要求而呐喊▷呼~|请~。○另见 xū。

妪(嫗) yù 图〈文〉老年妇女▷老~。☞不读 ōu。

郁(鬱❶❸) yù ❶形(草木)繁茂▷~~葱葱。❷香气浓烈▷浓~。❸团(忧愁、愤怒等情绪)在心里积聚,得不到发泄▷抑~|忧~。

【郁积】 yùjī 团长期郁结在心中▷忧愁~。

【郁结】 yùjié 团聚结在心里,不得发泄▷冤仇~在心头。☞"结"这里不读 jiē。

【郁闷】 yùmèn 形忧郁烦闷▷心情~。

【郁郁葱葱】 yùyùcōngcōng 形容草木茂密葱翠的样子。

【郁郁寡欢】 yùyùguǎhuān 心里苦闷,缺少乐趣。

育 yù ❶团生孩子▷生~。❷养活▷~婴|封山育林|养~。❸教育;培养▷教书~人|~才。❹图教育活动▷德~|体~|智~。

【育龄】 yùlíng 图适合生育的年龄。

【育苗】 yùmiáo 团培育植物幼苗。

【育种】 yùzhǒng 团用人工方法培育动、植物新品种。

昱 yù 〈文〉❶形明亮▷~耀。❷团照耀▷日~乎昼,月~乎夜。

狱(獄) yù ❶图官司;案件▷冤~|文字~。❷监禁罪犯的地方▷银铛入~|出~|监~。

峪 yù 图山谷(多用于地名)▷~口|嘉~关(在甘肃)。

钰(鈺) yù 图〈文〉珍宝。

浴 yù 团洗澡▷沐~|~池|~巾◇日光~。

【浴场】 yùchǎng 图露天的游泳场地。

【浴血】 yùxuè 形形容战斗激烈、残酷▷~激战。☞"血"这里不读 xiě。

预(預) yù ❶形事先▷~兆|~祝胜利|~定|~演|~料。❷团参与▷干~。☞㊀不要简化成"予"。㊁左边不是"矛"。

【预报】 yùbào ❶团事先报告▷~水情。❷图事先的报告▷发布未来24小时天气。

【预备】 yùbèi 团准备;打算▷别~车了|他~上北京。

【预卜】 yùbǔ 团预先料定▷祸福难以~。

【预测】 yùcè 团预先推测▷气象部门~,明年雨量将加大。

【预订】 yùdìng ❶团预先订购▷~报刊。❷预先订租▷在饭店~了房间。

【预定】 yùdìng 团预先确定或约定▷这件事~下个月开会研究|二人~一年后在上海会面。

【预防】 yùfáng 团预先防备▷~传染病流行|虫害是可以~的。

【预感】 yùgǎn ❶团预先觉察▷早就~到要出事。❷图预先的觉察▷~果然不错。

【预告】 yùgào 团预先告知▷~电视节目|新书出版~。

【预计】 yùjì 团预先估计;推测▷~再过五十年,中国将基本实现社会主义现代化。

【预见】 yùjiàn ❶团预料到事物的发展过程和结果▷可以~到这个地区未来的发展。❷图预料未来的见识▷科学的~|他的~已被历史证实了。

【预科】 yùkē 图为高等学校培养合格新生的机构。多附设在高校内。

【预料】 yùliào ❶团预先猜测▷比赛胜负很难~。❷图预先的猜测▷事态的发展果然不出人们的~。

【预谋】 yùmóu ❶团预先谋划(干坏事)▷~报复。❷图干坏事前的谋划▷犯罪分子早有~。

【预期】 yùqī 团预先盼望▷收到了~效果。

【预示】 yùshì 团预先显示▷市场抽样调查的结果,~今后一段时间物价不会大幅增长。

【预算】 yùsuàn 图国家机构、企事业单位等一定时期内收支的预计。

【预习】 yùxí 团学生上课前自学将要讲授的内容▷~课文。

【预先】 yùxiān 副表示发生事情或进行活动以前▷报告|~准备。

【预言】 yùyán ❶团预先断言(未来将发生的事)▷气象学者~天气变暖将给人类带来一系列问题。❷图预先的断言▷~终于被证实了。

【预演】 yùyǎn ❶团预先演试,特指电影、戏剧、时装表演等正式演出前的试演▷剧组出国前~过三场。❷图比喻某项大规模的行动开展之前进行的试验性行动▷俄国二月革命是十月革命的~。

【预约】 yùyuē 团预先约定▷~购货|~采访。

【预兆】 yùzhào ❶团事前显示出某种征兆▷今冬几场大雪,~明年是个丰收年。❷图事前显示的某种征兆▷一些动物突然惊恐不安,往往是地震的~。

【预支】 yùzhī 团预先支付或支取▷出版社~给作者部分稿费。

【预祝】 yùzhù 团预先祝贺或祝愿▷~大会圆满成功。

域 yù 图一定疆界内的地方;范围▷流~|地~|区~|领~|音~。

【域外】 yùwài 图〈文〉疆域之外;国外▷~飞鸿|饮誉~。

欲 yù ❶团想要;希望▷~擒故纵|~罢不能|畅所~言。❷图欲望▷利~熏心|食~|私~。❸副将要▷欣喜~狂|东方~晓|摇摇~坠。

【欲盖弥彰】 yùgàimízhāng 本想掩盖事实的真相,反而暴露得更加明显(弥:更加;彰:明显)。

【欲壑难填】 yùhènántián 欲望像沟壑一样很难填满。形容贪欲太大,难以满足。

【欲念】 yùniàn 图欲望▷断绝一切~。

【欲擒故纵】 yùqíngùzòng 想想拿他而故意放掉他。比喻为了更好的控制,故意先放松一步。

【欲速不达】 yùsùbùdá 一味求快,反而难以达到目的。

【欲望】 yùwàng 图想得到某种东西或达到某种目的的强烈愿望▷求知~。

阈(閾) yù 〈文〉图界限;范围▷界~|视~|痛~。

谕(諭) yù ❶囫〈文〉告诉(用于上对下)▷劝～晓｜～。❷囵旧时指上对下的文告、指示;特指皇帝的诏令▷手～｜上～｜～旨。

遇 yù ❶囫相逢;碰到▷～见一个朋友｜不期而～｜百年不～｜～难。❷囫对待▷礼～｜待～｜优～｜冷～。❸囵机会▷机～｜～际。

【遇刺】 yùcì 囫遭到暗杀▷不幸～。

【遇害】 yùhài 囫遭到杀害▷途中～。

【遇难】 yùnàn 囫因遭意外或受迫害而死亡▷飞机失事,乘客全部～｜他被捕后不久就～了。❷遇到危难▷渔民在海上～｜解救～群众。

喻 yù ❶囫说明;开导▷～之以理｜不可理～｜晓～。❷明白;了解▷不言而～｜家～户晓。❸打比方▷比～。

御(禦❸) yù ❶囫〈文〉驱使车马▷～者。❷囵古代指同帝王有关的▷～驾｜～医｜～笔｜～赐。❸囫抵挡;抵抗▷～敌｜～寒｜防～｜抵～。

【御寒】 yùhán 囫防御寒冷▷用皮衣～｜鸟类靠羽毛～。

【御侮】 yùwǔ 囫抵御外来侵略▷团结～。

【御用】 yùyòng ❶囵帝王所用的▷～印章。❷为反动统治者所利用的▷～工会｜～文人。

寓 yù ❶囫寄居;居住▷寄～｜～居｜～所。❷囵住处▷公～｜张～(张姓的住所)。❸囫寄托;隐含▷～教于乐。

【寓居】 yùjū 囫寄居;侨居▷～于天津｜～海外。

【寓言】 yùyán 囵用假托的故事或拟人的手法说明某个道理的文学作品,有劝诫、教育作用。

【寓意】 yùyì 囵寄托或隐含的意义。

裕 yù ❶囵财物多;充足▷富～｜充～。❷囫〈文〉使富足▷～民富国。

愈 yù ❶囫(病)好▷病～｜痊～｜～合。❷副叠用,表示程度随着事物的发展而发展,相当于"越……越"▷～战～勇。☞"愈……愈"带有书面语色彩,"越……越"书面语和口语通用。

【愈合】 yùhé 囫疮口或伤口长好▷伤口很快就会～◇心灵的创伤很难～。

【愈加】 yùjiā 副更加发;更加(多用于书面)▷脸色～严肃｜雨下得～大了。

【愈演愈烈】 yùyǎnyùliè (事态)越来越严重。

煜 yù 囫〈文〉照耀。

誉(譽) yù ❶囫称(chēng)许;赞扬▷称～｜过～｜毁～。❷囵名声;特指好名声▷～满全球｜声～。

蜮 yù 囵〈文〉传说中的怪物,专在水里含沙射人影,使人得病▷鬼～。

毓 yù 囫〈文〉生养;养育▷钟灵～秀。

豫 yù ❶囵〈文〉欢快;高兴▷面有不～之色。❷囵河南的别称▷～剧。☞左边不是"矛"。

鹬(鷸) yù 囵鸟,嘴和腿都很长,常在水边觅食小鱼、贝类和昆虫。

【鹬蚌相争,渔翁得利】 yùbàngxiāngzhēng, yúwēngdélì 蚌张开壳晒太阳,鹬去啄它的肉,被蚌壳夹住了嘴,双方相持不下,最后都被渔人捉住。比喻双方相争,第三者得利。

鬻 yù 囫〈文〉卖▷卖儿～女｜卖官～爵｜～画。

yuan

鸢(鳶) yuān 囵猛禽,上嘴弯曲,趾有利爪,翼大,善于翱翔。通称老鹰。☞上边是"弋",不是"戈"。

鸳(鴛) yuān [鸳鸯]yuānyāng ❶囵鸟,形体像野鸭而略小,雄鸟羽毛绚丽多彩,善游泳,雌雄成对生活。❷〈文〉像鸳鸯一样成对的人或物▷～侣｜～瓦。

冤 yuān ❶囫受屈;使人受屈▷～案｜～情｜～魂｜～狱｜～枉。❷囵冤案;冤枉事▷不白之～｜含～负屈｜伸～｜～鸣。❸囵冤仇;仇恨▷～～相报｜～家｜～孽。❹囮不合算▷这钱花得真～。☞上边不是"宀",下边不是"兔"。

【冤案】 yuān'àn 囵错判或被诬陷而造成冤枉的案件。

【冤仇】 yuānchóu 囵受冤而产生的仇恨。

【冤家】 yuānjiā ❶囵死对头▷～路窄。❷昵称所爱的人,泛指似恨实爱、给自己带来烦恼又难以割舍的人▷小～总让妈妈操心｜他们夫妇是一对老～了。

【冤家路窄】 yuānjiālùzhǎi 仇人或不愿相见的人,却偏偏相遇。比喻矛盾回避不开。

【冤屈】 yuānqū 冤枉①②。

【冤枉】 yuānwang ❶囫无端或错误地给人加上罪名或过错▷你～他了。❷囵被无端地或错误地加上的罪名或过错▷天大的～我有｜～。❸囮形容徒劳无益▷这段弯路走得太～了｜～钱不能花。

【冤狱】 yuānyù 囵被冤枉的案件▷～昭雪。

渊(淵) yuān ❶囵深潭;深池▷天～之别｜深～。❷囮深▷～深｜～博。

【渊博】 yuānbó 囮(学识)深厚广博▷知识～。

【渊源】 yuānyuán 囵水流的源头,比喻事物产生的本原▷家学～｜追溯～。

元 yuán ❶囮为首的;居第一位的▷～首｜～帅｜～勋｜～老｜～凶。❷开头的;第一的▷～旦｜～年｜～配。❸主要的;基本的▷～素｜～音｜～气。❹囵要素;元素▷一～论｜多～论。❺构成整体的一部分▷单～｜～件。❻朝代名。❼同"圆"⑤⑥(正式场合应写作"圆")。

【元旦】 yuándàn 囵一年的第一天。今指公历一月一～。

【元件】 yuánjiàn 囵机器、仪表等的基本器件,常由若干零件组合而成,可以在同类装置中替换使用。如无线电装置中的晶体管、电容器等。

【元老】 yuánlǎo 囵政界年纪大、资历深而又德高望重的人。

【元配】 yuánpèi ❶囵第一个妻子。❷囮第一次结婚的▷他们是～夫妻。

【元气】 yuánqì ❶囵中国古代哲学指产生和构成天地万物的原始物质,或阴阳二气混沌未分的实体▷天地成于～。❷中医指肾中的精气,人体生命活动的原动力▷扶正固本,培育～。❸国家、团体、组织等生存发展的物质力量和精神力量▷连年内战,国家～大伤。

【元首】 yuánshǒu ❶囵君主。❷国家最高领导人。

【元帅】 yuánshuài ❶囵古指统率全军的首领。❷军衔,将官之上的军官。

【元素】 yuánsù 囵具有相同质子数的一类原子的总称。如氢元素就是质子数为1的氢原子的总称。

【元宵】 yuánxiāo ❶囵农历正月十五日为上元节,这一天的晚上称元宵。也说元夜。❷汤圆,元宵节应时食品,用糯米粉做成,球形,有馅。

【元凶】 yuánxiōng 囵罪魁祸首。

【元勋】 yuánxūn 图对开国和建设有最大功勋的人▷革命～｜创业～。

【元音】 yuányīn 图音素的一种。声带颤动,气流经过口腔通路不受阻碍而发出的音。如普通话语音的 a、o、e、i、u、ü 等音。也说母音。

园（園） yuán ❶图种植蔬菜、花果、树木的地方▷菜～｜花～｜果～｜～林｜～艺。❷游览娱乐的场所▷游乐～｜公～｜戏～。☞"园"和"圆"形、义不同。

【园地】 yuándì ❶图种植蔬菜、花卉或果树等的田地。❷比喻某种活动的处所、范围▷学习～｜群众文化活动～。❸比喻报刊杂志的专栏▷诗歌～｜学术～。

【园丁】 yuándīng ❶图园艺工人。❷比喻教育工作者▷教师是辛勤的～。

【园林】 yuánlín 图有花草树木和亭阁等设施,供人游览休息的处所▷苏州～｜建筑。

【园陵】 yuánlíng 图皇家有园林的墓地▷寝庙～。

【园圃】 yuánpǔ 图种植树木、花草、蔬菜的园地。☞"圃"不读 fǔ。

【园艺】 yuányì 图培育蔬菜、花卉、果木等的技术。

员（員） yuán ❶图某种身份的人▷官～｜职～｜雇～｜指挥～｜伤～｜人～。❷指团体或组织中的成员▷会～｜党～｜组～。❸量多用于武将▷十～大将。

【员额】 yuán'é 图机构人员的定额▷～已满。

【员工】 yuángōng 图职员和工人▷师生～｜这家商场的～不多。

沅 yuán 图沅江,源于贵州,流入洞庭湖。

垣 yuán ❶图墙▷残～断壁｜城～。❷〈文〉城市▷省～(省城)。

爰 yuán 匭〈文〉于是▷～书其事以告。

袁 yuán 图姓。

原 yuán ❶图事物的根本或开端▷穷～竟委｜有本有～｜～委｜本～。❷图开始的;最初的▷～人｜～始｜～虫｜～生林。❸没有经过加工的▷～粮｜～盐｜～料｜～型｜～稿。❹本来的;没有改变的▷～封不动｜～班人马｜～籍｜～价｜～意。❺副本来;原来▷～有两辆车｜～是一片荒地。❻团宽容;谅解▷情有可～｜～谅。❼图平坦而广阔的地面▷星星之火,可以燎～｜～野｜平～。

【原本】[1] yuánběn ❶图原稿;最初的刊本▷这是鲁迅《野草》的～。❷翻译时所据的原书▷《死魂灵》是根据俄文～翻译的。

【原本】[2] yuánběn 副原来②;本来▷这个地下商场～是防空洞｜你～就不该让孩子去。

【原材料】 yuáncáiliào 图原料和材料▷采购～。

【原动力】 yuándònglì 图产生动力的力▷电力是各种机械力的～◇推动历史前进的～。

【原告】 yuángào 图向法院提出诉讼的一方(跟"被告"相对)。

【原籍】 yuánjí 图祖籍,祖居的地方。

【原来】 yuánlái ❶图没有变化的;本来的▷街道还是～的样子。❷副表示以前某一时期存在那样情况,相当于"当初"▷母亲～也读过两年书,但认字不多。❸表示发现了从前不知道的情况而有所醒悟▷～足球最初起源于中国。

【原理】 yuánlǐ 图具有普遍意义的基本理论或科学道理。

【原谅】 yuánliàng 团对疏忽、过失甚至错误,给以宽恕和谅解▷错怪了你,请～｜请～我的无知。

【原料】 yuánliào 图加工制造产品所用的材料。如家具厂所用的木材,制糖厂所用的甜菜或甘蔗。

【原色】 yuánsè 图能调配成各种颜色的基本颜色。红、黄、蓝是颜料中的三原色。也说基色。

【原生】 yuánshēng 图最原始的;最初生成的▷～林｜～矿物｜～动物。

【原始】 yuánshǐ ❶图最古老的;没有开发或开化的▷～人｜～森林｜～部落。❷原来的;第一手的▷～证据。

【原委】 yuánwěi 图事情从始至终的过程;始末▷探究～。

【原先】 yuánxiān 图从前;最初。

【原形毕露】 yuánxíngbìlù 本来面目完全暴露。形容伪装被完全剥掉。

【原型】 yuánxíng 图原来的类型或模型,特指艺术创作塑造人物形象所依据的现实生活中的具有某些特征的真实人物。也说模特儿。

【原野】 yuányě 图平原旷野。

【原因】 yuányīn ❶图引起一件事情发生或造成某种结果的条件。❷发出某种言论或做出某种行动的理由。

【原由】 yuányóu 图原因;由来。

【原原本本】 yuányuánběnběn 按事情原样不加任何改动(叙述等)。☞不宜写作"源源本本""元元本本"。

【原则】 yuánzé ❶图说话、做事遵循的准则▷掌握～。❷指总的方面;大体上▷～上同意。

【原子】 yuánzǐ 图构成化学元素的最小粒子,也是物质进行化学反应的最基本单位,由带正电的原子核和围绕原子核运动的、与核所带的负电荷数相等的负电子组成。

【原子弹】 yuánzǐdàn 图一种核武器,利用铀、钚等重元素的原子核裂变于瞬间放出巨大能量,发生猛烈爆炸。

【原子核】 yuánzǐhé 图原子的核心部分,带正电,由质子和中子组成。

【原子能】 yuánzǐnéng 图原子核发生裂变或聚变反应时释放出来的能量。这种能量比燃烧同量的煤所放出的化学能量约大数百万倍以至一千万倍以上。也说核能。

圆（圓） yuán ❶图从中心点到周边任何一点的距离相等的图形▷画一个～｜～心｜半～｜～周。❷图圆形的▷～桌｜～～的脸盘。❸完备;周全▷把话说～了｜～满。❹团使完备;使周全▷自～其说｜～场｜～梦。❺图圆形的金属货币▷银～｜铜～。❻量我国的本位货币单位,10 角为 1 圆。通常写作"元"。☞"圆"和"园"形、义不同。

【圆场】 yuánchǎng ❶图戏曲动作程式,为了表现舞台空间的转换,剧中人在舞台上按规定的环行路线绕行▷跑～。❷团从中周旋以打破僵局或调解纠纷或弥补以往的缺失▷上回冷淡了他,今天请他过来喝杯酒,圆个场｜小俩口吵架,我去圆圆场。

【圆鼓鼓】 yuángǔgǔ 图〈口〉形容圆而突出的样子▷他肚子～的。

【圆滑】 yuánhuá 图形容为人处世、向各方面敷衍讨好而不负责任▷这个人老于世故,处世～。

【圆溜溜】 yuánliūliū 图〈口〉形容十分圆▷～的葡萄｜她两只眼睛瞪得～的。

【圆满】 yuánmǎn 图形容完满无缺▷～完成了任务｜事情办得很～。

【圆梦】 yuánmèng ❶动解说梦境，预测吉凶(迷信)。❷实现梦想▷终于圆了他的冠军梦。

【圆润】 yuánrùn ❶形(技法)纯熟流利▷用笔遒劲～。❷(物体)饱满光泽▷～的雨花石。❸(声音)滑爽甜润▷她的嗓音～甜美。

【圆舞曲】 yuánwǔqǔ 图流行很广的一种民间舞曲，起源于奥地利。每节三拍，节奏明快，旋律流畅。也说华尔兹。

【圆桌会议】 yuánzhuō huìyì 一种会议形式，与会者环圆桌而坐或把坐位排成圆圈，不分主次，以示一律平等。

鼋(黿) yuán 图爬行动物，背甲近圆形，体大，生活在河中。

援 yuán ❶动用手牵引▷攀～。❷引用▷～引｜～用｜～例。❸帮助；救助▷～助｜支～｜声～｜救～。

【援救】 yuánjiù 图支援救援，使人脱离危险和痛苦▷迅速～遇险旅游者。

【援例】 yuánlì 团引用先例或惯例▷～按离休对待｜事情比较特殊，不可能。

【援引】 yuányǐn ❶团引用▷～经典著作｜～法律条文。❷引进；举荐；引荐▷～人才。

【援助】 yuánzhù 团支援帮助▷～灾民｜～西部地区。

湲 yuán 见[潺湲]chányuán。

缘(緣) yuán ❶介〈文〉相当于"沿""顺"▷～江而行。❷图原因▷无～无故｜由｜～故。❸缘分▷一生跟文学无～｜姻～。❹图边▷～边。

【缘分】 yuánfèn 图泛指人与人或人与事物之间发生联系的可能性或机会▷我们千里相聚真有些～｜我好像跟这地方没有～。

【缘故】 yuángù 图原因▷他好几天没来上班，必定有什么～。☞不宜写作"原故"。

【缘木求鱼】 yuánmùqiúyú 爬到树上捕鱼(缘木：爬树)。比喻方向或方法有错误，不可能达到目的。

【缘起】 yuánqǐ ❶图事情发生的原因或起因▷查明事故的～。❷说明发生某事起因的文字▷首页刊登了编辑～。

【缘由】 yuányóu 图起因；根由▷探其～｜说明～。

塬 yuán 图我国西北黄土高原上的一种地貌，周围是沟壑，边缘陡峭，顶上较平坦广阔。

猿 yuán 图哺乳动物，比猴大，没有尾巴，生活在森林中。种类很多，有大猩猩、黑猩猩、猩猩和长臂猿等，是除人以外最高级的动物。

【猿人】 yuánrén 图最原始的人类，生活在距今约300万至20多万年之间，属旧石器时代早期。特点是能直立行走，有简单的语言，能制造简单的工具，知道用火熟食，居于洞穴或河岸，以采集和渔猎为生。如北京猿人、爪哇猿人等。

源 yuán ❶图水流开始的地方▷～远流长｜饮水思～｜水～｜～头。❷来源；根源▷推本溯～｜财～｜能～。

【源流】 yuánliú 图江河的本源和支流，比喻事物的起源和发展▷汉字演变的～。

【源泉】 yuánquán 图水源，比喻事物发生的本源▷生活是文艺创作的～。

【源头】 yuántóu 图江河发源的地方，比喻事物的根源▷治理黄河要从～治起｜中华民族历史的～。

【源源不断】 yuányuánbùduàn 水流不断的样子。形容连续不断。

【源远流长】 yuányuǎnliúcháng 源头很远，流程很长。

比喻历史久远。

辕(轅) yuán ❶图车前部驾牲畜的两根直木杠▷驾～｜马｜车｜～门。❷官署▷行～。

螈 yuán 见[蝾螈]róngyuán。

远(遠) yuǎn ❶形空间或时间的距离长(跟"近"相对)▷路很～｜不～的将来｜～方｜久～。❷关系不密切▷～亲｜房｜疏～。❸团不接近；不亲近▷敬而～之｜亲贤臣，～小人。❹形差距大▷差了｜～不如他。❺〈文〉深奥▷言近旨～。

【远程】 yuǎnchéng 形远距离的；远射程的▷～旅行｜～导弹。

【远大】 yuǎndà 形长远的；广阔的▷理想～｜～的志向｜～的前途。

【远东】 yuǎndōng 图欧洲人称亚洲东部地区。

【远房】 yuǎnfáng 形宗族成员中血统较远的▷～叔叔｜～姐姐。

【远古】 yuǎngǔ 图遥远的古代。

【远见卓识】 yuǎnjiànzhuóshí 远大的目光，卓越的见识。

【远近】 yuǎnjìn ❶图距离▷路程的～。❷远处和近处；到处▷～闻名。

【远景】 yuǎnjǐng ❶图远处的景物。❷未来的景象▷瞻望～，信心倍增。

【远虑】 yuǎnlǜ 图长远的打算▷深谋～｜人无～，必有近忧。

【远亲】 yuǎnqīn ❶图血缘关系远或婚姻关系远的亲戚。❷居住较远的亲戚▷～不如近邻。

【远视】 yuǎnshì 图一种视力缺陷。远处的东西看得清，近处的东西反而看不清。

【远水救不了近火】 yuǎnshuǐjiùbùliǎojìnhuǒ 比喻缓慢的办法解决不了当前的急难。

【远眺】 yuǎntiào 团向远处看▷极目～｜蓝天白云。

【远远】 yuǎnyuǎn 圖表示强调程度很高或数量很多▷～落在后边｜～超过了原纪录。

【远征】 yuǎnzhēng 团远道出征；长途行军▷随军～◇～北冰洋。

【远走高飞】 yuǎnzǒugāofēi 向远处跑，往高处飞。形容到很远的地方去。

苑 yuàn ❶图(帝王或贵族)的园林▷鹿～｜梅｜林～。❷(文学艺术)会集的地方▷文～｜艺～。☞㊀不读 yuán。㊁右下不是"己""已""巳"。

怨 yuàn ❶团不满或仇恨▷天怒人～｜～恨｜恩～｜～积。❷责怪▷这事不能～你｜任劳任～。

【怨恨】 yuànhèn ❶团强烈不满；仇恨▷他～自己听信了谣言。❷图强烈不满或仇恨的情绪▷满腔～。

【怨气】 yuànqì 图怨恨的情绪。

【怨声载道】 yuànshēngzàidào 怨恨的话语充塞道路。形容民众强烈不满。

【怨天尤人】 yuàntiānyóurén 抱怨命运，责怪别人。形容把不如意的事一概归咎于客观，不从主观上找原因。

【怨言】 yuànyán 图埋怨的话。

院 yuàn ❶图院子，房屋及其周围用墙或栅栏等围起来的空间▷深宅大～｜四合～｜～里种着花草｜庭～。❷某些机关或公共场所的名称▷国务～｜法～｜医～｜学～｜电影～。❸特指医院或学院▷住～｜～校。

【院落】 yuànluò 图院子。

【院士】 yuànshì 图国家授予的科学院、工程院研究人员最高的学术称号。

垸 yuàn 图垸子,沿江、湖地区围绕房屋、田地等修筑的像坝的防水建筑▷堤~。

媛 yuàn 图〈文〉美女▷名~淑女。

愿(願) yuàn ❶图图愿望▷如~以偿|夙~|望|心~|志~。❷团乐意▷他很~帮忙|甘~|情~。❸希望▷您尽快康复|但~如此|祝~。❹图向神佛祈祷时所许下的酬谢心愿▷许~还~。

【愿望】 yuànwàng 图希望能达到某种目的的心愿。

【愿意】 yuànyì ❶团同意(做符合自己心意的事情)▷让你到新闻部门工作,你~吗?❷希望(做什么)▷你~读书,这是好事。

yue

曰 yuē〈文〉❶团说▷国人皆~可杀|子~:"己所不欲,勿施于人"。❷叫作▷距圆明园十里,有村~谢庄。

约(約) yuē ❶团限制▷~束|制~。❷事先说定(须要共同遵守的事)▷她俩~好九点见面|~定|预~。❸图事先说定的事;共同遵守的条款▷有~在先|失~|践~|条~。❹团邀请▷~他来吃晚饭|特~代表|应~。❺形简要▷简~。❻节俭▷节~|俭~。❼副表示对数量等的估计,相当于"大概"▷年~七十|~计。❽团约分▷18/36可以~成1/2。○另见yāo。

【约定】 yuēdìng 团事前商定▷我们~下午在办公室碰头。

【约定俗成】 yuēdìngsúchéng 经长期社会实践而确定或形成某事物的名称或某种社会习惯。

【约法三章】 yuēfǎsānzhāng 汉高祖刘邦率军攻占咸阳后,废除秦法,同时制定了三条法令,即无故杀人者偿命,伤人及偷盗者治罪。后泛指制定简单条款,共同遵守。

【约会】 yuēhuì ❶团事先约定会面▷我们已经~过了。❷图事先约定的会面▷我另有~,明天不能来了。

【约计】 yuējì 团约略估计▷会议开支~五万元。

【约略】 yuēlüè 副表示对某种情况的感觉不十分清楚(多用在表示感知活动的动词之前)▷老人~记得来人的模样。

【约摸】 yuēmo ❶团估计▷小姑娘~十岁上下。❷副约略▷~过了一小时,他才赶到会场。

【约请】 yuēqǐng 团预先邀请▷~他明天参加会议。

【约束】 yuēshù 团限制管束,使不超出范围▷对部下要严加~|自己的言行。

哕(噦) yuě 团呕吐▷干~。

月 yuè ❶图月亮▷~光|新~。❷计时单位,一年分为十二个月。❸每个月的▷~报表|~刊|~薪。❹形状像月亮那样圆的▷~琴|~门。

【月度】 yuèdù 图当作统计单位的一个月▷~报表|~产量。

【月份】 yuèfèn 图某一个月。

【月宫】 yuègōng 图神话指月中宫殿,是嫦娥居住的地方。也指月亮。也说广寒宫。

【月季】 yuèjì 图常见的灌木花卉,茎有刺,羽状复叶,夏季开花,有红色、粉红或白色等多种颜色。

【月经】 yuèjīng ❶图生殖细胞发育成熟至绝经的妇女子宫周期性出血的生理现象。一般二十八天左右出血一次,持续三至七天。❷月经期流出的血。

【月令】 yuèlìng 图农历每个月的气候和物候▷按~种植不同的作物。

【月球】 yuèqiú 图地球的卫星,直径约为地球的1/4,平均距地球384401千米,每29.5日绕地球一周。本身不发光,靠反映太阳光而发亮;表面凹凸不平,昼夜温差达300多摄氏度;南北两极有固态冰,基本上没有大气。通称月亮。

【月色】 yuèsè 图月光。

【月食】 yuèshí 图月球绕地球运行,当行至地球阴影中时,月球表面变黑的天文现象。月球全部受不到阳光照射,叫月全食,部分受不到阳光照射,叫做月偏食。月食总发生在望日(农历十五日前后)。☞不宜写作"月蚀"。

【月台】 yuètái ❶图旧时为赏月而构筑的露天平台。❷正殿或正房前面突出的平台。❸站台。

【月下老人】 yuèxià lǎorén 传说中掌管婚姻的仙人,后多用"月下老人"代称媒人。也说月下老儿、月老。

【月相】 yuèxiàng 图人们看到的月球圆缺变化所历经的各种形状。包括朔、上弦、望和下弦。

【月牙】 yuèyá 图农历月初天空出现的弯月▷她望着~陷入沉思。☞不宜写作"月芽"。

【月晕】 yuèyùn 图月亮周围的光圈,是月光经过云层中的冰晶时折射而产生的,是天气发生变化的预兆▷~而风,础润而雨。也说风圈。

乐(樂) yuè 图音乐▷奏~|~曲|~章|~队。○另见lè。

【乐府】 yuèfǔ ❶图秦汉时主管音乐的官署,兼采民歌和乐曲。❷诗体名。初指乐府官署采集的民歌。后把这类民歌或文人模拟的作品也叫乐府。如《陌上桑》就是一首著名的汉乐府。

【乐感】 yuègǎn 图对乐音的感悟程度▷他的~特别好。

【乐谱】 yuèpǔ 图歌谱或演奏乐曲用的谱子。如简谱、五线谱等。

【乐器】 yuèqì 图演奏用的器具。如胡琴、笛子、唢呐、小提琴、钢琴等。

【乐曲】 yuèqǔ 图音乐作品。演奏和演唱的曲子。

【乐音】 yuèyīn 图由发音体有规律的振动而发出的和谐悦耳的声音(区别于"噪音")。

【乐章】 yuèzhāng 图成套的乐曲中,具有一定主题的组成部分。一般具有相对独立性,可以单独演奏。

刂 yuè 团把脚砍掉,古代一种酷刑。

岳 yuè ❶图大山▷山~。❷对妻子的父母或叔伯的称呼▷~父|~母|~叔|~家。

钥(鑰) yuè〈文〉图开锁的用具▷~钩|锁~(比喻军事要地)。○另见yào。

钺(鉞) yuè 图古代兵器,形状像斧而较大,后多用于仪仗。

阅(閱) yuè ❶团查点;视察▷检~|~兵。❷看(文字)▷~卷|传~。❸经历▷~尽沧桑|~历。

【阅兵】 yuèbīng 团对军队进行检阅。

【阅读】 yuèdú 团看(书籍、报刊、文件等),并了解其意义▷~文件。

【阅览】 yuèlǎn 团阅读浏览▷~了大量报刊杂志。

【阅历】 yuèlì ❶团经历▷这几年~了很多事情。❷图由经历而获得的知识和经验▷~丰富|战士们各有不同的~。

悦 yuè ❶形欢乐;欣喜▷心~诚服|和颜~色|喜~。❷团使高兴▷赏心~目。

【悦耳】 yuè'ěr 形动听,听起来舒服▷笛音清脆~。

【悦目】 yuèmù 圈好看▷景色～。

跃（躍） yuè 圈跳▷跳～｜～进｜～居第一。☞㊀统读 yuè。㊀右边不是"天"。

【跃进】 yuèjìn 圈跳跃式前进；快速前进▷向前～｜从感性认识～到理性认识。

【跃居】 yuèjū 圈（名次等）很快处在（前列位置）▷～全国冠军。

【跃然纸上】 yuèránzhǐshàng 活跃地呈现在纸上。形容诗文或图画描写生动逼真。

【跃跃欲试】 yuèyuèyùshì 形容急切地想试一试。

越 yuè ❶圈从上面跨过去▷～过高山｜～野｜跨～。❷经过▷～冬｜穿～。❸超出（范围）▷～俎代庖｜～权。❹圈超出一般的▷卓～｜优～。❺圈"越……越……"表示程度随着情况的发展而加重；"越来越……"表示程度随着时间而加重▷你～说，他～不听｜～跑～快｜天气～来～热。❻圈扬起▷声音清～～。❼〈文〉夺取；抢劫▷杀人～货。❽图周朝诸侯国名。❾指浙江东部▷～剧。

【越冬】 yuèdōng 圈过冬（多用于病菌、植物、昆虫、鱼类等）▷春小麦不能～｜黑点常在树洞里～。

【越发】 yuèfā ❶圈表示程度上更进一层，相当于"更加"▷久住海外的人，～怀念祖国和亲人。❷与上文的"越"或"越是"相呼应，作用跟"越……越"相同▷越到年底，我们单位～忙。

【越轨】 yuèguǐ 圈超出轨道，也比喻超出常规或违反制度▷火车的几节车厢不慎～了｜～行为。

【越级】 yuèjí 圈超越直属的上级▷～上报｜～申请。

【越权】 yuèquán 圈超出职权范围。

【越是】 yuèshì 圈表示程度上后者随着前者增加而增加，后面常与"越""越发"连用▷艰苦的地方越需要有志青年。

【越野】 yuèyě 圈在野地、山地上长距离地行进▷～赛跑｜～行军。

【越狱】 yuèyù 圈（犯人）从监狱里逃走。

【越俎代庖】 yuèzǔdàipáo《庄子·逍遥游》中说，厨师虽不做饭，司祭也不能放下祭品去代替他（俎：盛放牛羊肉的器具；庖：厨师）。后比喻超越权范围去处理别人所管的事。☞"庖"不读 bāo。

粤 yuè 图广东的别称▷～剧｜～菜。

龠 yuè 图古代乐器，类似后世的排箫。

yun

晕（暈） yūn ❶圈头脑昏乱▷头～。❷圈昏迷；失去知觉▷突然～过去了｜吓～了｜～倒。○另见 yùn。

【晕厥】 yūnjué 圈因脑供血不足引起暂时失去知觉。

【晕头转向】 yūntóuzhuànxiàng 形容神智昏乱，迷失方向。☞"转"这里不读 zhuǎn。

氲 yūn 见[氤氲]yīnyūn。

云（雲❷❸） yún ❶圈说▷人～亦～｜不知所～。❷图成团地聚集并悬浮在空中的细微水滴或冰晶▷随风飘来一片～｜白～。❸指云南▷～贵高原。

【云彩】 yúncai 图彩云；泛指云▷绚丽的～｜天空布满了～。

【云海】 yúnhǎi 图从高处向下看，像海一样广阔无际的云▷黄山～。

【云集】 yúnjí 圈比喻从四面八方聚集在一起▷各国运动员～北京。

【云锦】 yúnjǐn ❶图朝霞；彩云▷傍晚，一天～，美不胜收。❷织有花纹图案的高级提花丝织物，色彩艳丽，花纹如彩云，是我国的特产。

【云散】 yúnsàn 圈像云一样向四处散开或消失▷亲朋～｜家财～。

【云山雾罩】 yúnshānwùzhào 云雾弥漫笼罩，看不清真面目。比喻言谈不着边际，令人困惑。

【云梯】 yúntī ❶图古代攻城时登城的长梯；救火时攀高的长梯。❷高山上的石级或栈道▷爬过十八盘一磴磴～，登上南天门。

【云图】 yúntú 图记录某地某时云的形状和情况的图片，是研究气象和天气预报的参考资料▷高空卫星～。

【云雾】 yúnwù 图云和雾，比喻忧愁的脸色▷满脸～。

【云消雾散】 yúnxiāowùsàn 天气由阴暗转为晴朗。比喻疑虑、怨愤得以消除。

【云霄】 yúnxiāo 图高空▷雄鹰展翅，直上～。

【云崖】 yúnyá ❶图云端；云际。❷高耸入云的山崖▷金沙水拍～暖。

【云烟】 yúnyān 图云雾、烟气，比喻极易消失的事物▷往事化作～。

【云游】 yúnyóu 圈四处游历，没有一定行踪（多用于僧道出家人）▷～四方。

【云蒸霞蔚】 yúnzhēngxiáwèi 云雾升腾，彩霞聚集（蒸：升腾；蔚：聚集）。形容景物绚丽多彩。

匀 yún ❶圈分布在各部分的数量基本相同▷种子撒得很～｜鸡蛋大小不一｜均～｜～称（chèn）。❷圈使大体相等或相同▷把这两袋米～一～。❸分出一部分给别人或用在别处▷～一间屋子给客人｜～不出工夫。☞"匀"里边一点一提，不是两点。

【匀称】 yúnchèn 圈均匀；相称▷玉米苗株距很～｜身材很～。☞"称"这里不读 chēng。

【匀净】 yúnjìng 圈均匀；粗细、深浅等一致▷呼吸～｜颜色调得很～。

【匀速】 yúnsù 圈物体在单位时间内运动快慢不变的▷～直线运动｜～前进。

芸（蕓） yún 见下。☞"蕓"仅是"芸薹"中"芸"的繁体字。

【芸薹】 yúntái ❶图油菜的一种，多指白菜型油菜。❷十字花科芸薹属植物的统称。

【芸芸众生】 yúnyúnzhòngshēng 佛教原泛指一切有生命的东西（芸芸：众多的样子）。后指众多的普通百姓。

【芸香】 yúnxiāng 图多年生草本植物，花、叶、茎有强烈气味。古人用来驱虫，也可做药材。

纭（紜） yún 圈多而杂乱▷纷～｜～～。

郧（鄖） yún 图用于地名。郧县，在湖北。

耘 yún 圈除去田里的杂草▷～田｜耕～｜～锄（中耕除草用的锄）。

筠 yún 〈文〉图竹皮；借指竹子▷在"筠连"（四川地名）中读 jūn。

允 yǔn ❶圈答应；许可▷应～｜～诺。❷圈公平；恰当▷公～｜～平。

【允诺】 yǔnnuò 圈允许；答应▷慨然～。

【允许】 yǔnxǔ 圈表示同意▷～不～有违纪行为｜未经～不得入内。

陨（隕） yǔn 圈从高空坠落▷～落。

【殒落】 yǔnluò ❶団(星体或其他物体)从高空坠落▷流星~在地球上。❷婉称死亡▷音乐界一颗巨星~了。

【殒灭】 yǔnmiè ❶団物体从高空落下而毁灭▷流星~。❷死亡▷自取~。

【殒石】 yǔnshí 名含石质较多或全为石质的陨星残体。

【殒星】 yǔnxīng 名由高空坠落在地面上的流星残骸。

殒(殞) yǔn 団〈文〉死▷~命丨~灭。☞"殒"和"陨"形、义不同。

孕 yùn ❶団怀胎▷~妇丨~畜(chù)丨~育丨~期◇~穗。❷名胎儿▷她有~了丨怀~。❸団包含;包裹▷包~。

【孕穗】 yùnsuì 団禾谷类作物(如稻、麦等)幼穗在叶鞘内形成而尚未抽出来。

【孕育】 yùnyù ❶団怀胎▷体内~着一个生命。❷比喻原有事物中酝酿着新事物▷沉默中~着一场风暴。

运(運) yùn ❶団移动▷~动丨~行丨~转。❷搬运;运送▷把货~走丨~煤丨空~丨~输。❸使用▷~笔丨~用。❹名指人的生死、祸福等遭遇▷时来~转丨~气。

【运筹帷幄】 yùnchóuwéiwò 在帐幕中谋划、指挥作战,泛指策划、指挥。

【运动】 yùndòng ❶名哲学上指物质的存在形式及其固有属性,包括宇宙间的一切变化和过程,从简单的位置变动到复杂的人类思维。❷体育活动▷~员丨游泳~。❸政治、经济、文化等方面有组织有目的的大规模群众性活动▷五四~丨政治~。

【运河】 yùnhé 名人工挖掘的可以沟通不同水系的通航河道。

【运气】 yùnqì 団把气贯注到身体某部位▷小伙子一~能把钢筋掰弯。

【运气】 yùnqi ❶名命运▷好~来了,挡也挡不住。❷形幸运;机遇好▷你真~,半年赚了一大笔钱。

【运输】 yùnshū 団把人或物资用交通工具从一地运送到另一地。

【运算】 yùnsuàn 団按数学法则计算出一个算题或算式的结果。

【运行】 yùnxíng 団按一定轨道反复运转▷火车正点~丨人造卫星~正常◇按新体制~。

【运营】 yùnyíng 団运行并营业▷高速公路~情况良好。

【运用】 yùnyòng 団依照事物的特点加以利用▷~经济杠杆解决水资源浪费问题。

【运载】 yùnzài 団装载并运送▷火车~抗洪物资。

【运转】 yùnzhuǎn ❶団在一定轨道上周期性地运动▷电气机车第一次在这条铁路上~丨这颗人造卫星~了许多年。❷机器转动▷一号机组已~发电。❸比喻各种机构、团体等行使职责,进行工作▷自筹资金也要使博物馆~起来。☞"转"这里不读 zhuàn。

【运作】 yùnzuò 団运转、工作▷电脑网络~正常。

郓(鄆) yùn 名用于地名。郓城,在山东。

晕(暈) yùn ❶名日月周围的光圈▷日~丨月~。❷光影或色泽周围逐渐模糊的部分▷灯~丨墨~丨脸上泛起一层红~。❸団(外在因素)使眩晕(yūn)▷我一坐汽车就~丨~船丨~针。○另见 yūn。

【晕场】 yùnchǎng 団(在考场或舞台上)由于过度紧张或其他原因而头晕▷天气太热,预防考生~。

【晕车】 yùnchē 団乘车时头晕甚至呕吐。

酝(醖) yùn 〈文〉❶団酿酒▷~造丨春~夏成。❷名酒▷良~丨佳~。☞统读 yùn。

【酝酿】 yùnniàng ❶団制酒时发酵。❷比喻事先考虑磋商▷候选人名单已经~好了。❸形成并逐渐达到成熟▷~感情丨心中~复仇的怒火。☞"酿"不读 ràng。

愠 yùn 団〈文〉恼怒▷~怒。

韵 yùn ❶名韵母;特指文学作品中所押的韵▷标上这个字的声、~、调丨这首诗押什么~? ❷情趣;风度▷~味丨风~丨余~。

【韵调】 yùndiào ❶名气韵格调▷~高雅。❷音调;腔调▷~铿锵丨~优美动听。

【韵脚】 yùnjiǎo 名韵文句末押韵的字。

【韵律】 yùnlǜ 名声韵格律,指诗词中的平仄格式和押韵的规则;也指运动的节奏规律▷既是韵文,就应讲究~丨她的两臂摆动很有~。

【韵母】 yùnmǔ 名汉语音节中声母、声调以外的部分。韵母可分为韵头、韵腹、韵尾三部分。如"床"chuáng,uang 是韵母。其中 u 是韵头,a 是韵腹,ng 是韵尾。

【韵事】 yùnshì 名风雅的事,也指男女私情▷唱和(hè)~丨风流~。

【韵味】 yùnwèi ❶名声韵体现的意味▷京派唱腔~醇厚。❷神韵、情趣▷改编要体现原作的~和风格。

【韵文】 yùnwén 名押韵的文体或作品,如诗、词、曲、赋等。

【韵致】 yùnzhì 名韵味情致▷南国~丨承德避暑山庄别有~。

蕴(蘊) yùn ❶団包藏;包含▷~藉(jiè)丨~藏。❷名〈文〉事理的深奥处▷精~丨底~。

【蕴藏】 yùncáng 団蕴涵深藏▷海底~着丰富的石油丨~着极大的热情。

【蕴含】 yùnhán 団含有;包含▷诗中~着深意。

【蕴涵】 yùnhán 団逻辑学上指判断中前后两个命题间有某种条件的关系,表示形式是"如果……就……"。

【蕴蓄】 yùnxù 団蕴藏蓄积▷一片深情将永远~在我的心坎里丨激动的泪水宣泄出~已久的思念之情。

熨 yùn 団用烙铁、熨斗等烧热的金属器具烫平(衣物)▷~衣服丨烫~丨电~斗。☞在"熨帖"(妥帖)中读 yù。

Z

zā

扎 zā 团捆绑;束▷把裤腿~上|结~。○另见 zhā。

匝 zā 〈文〉❶量环绕一周叫一匝▷绕树三~。❷形满;遍▷柳阴一地|时已~月。☞统读 zā。

咂 zā ❶团用嘴吸▷~手指头|~奶。❷〈口〉少尝一点,仔细辨别▷~滋味。

【咂嘴】 zāzuǐ 团舌尖抵上颚吸气发声,表示赞美、惋惜、为难等▷观看儿童杂技表演,不时有人一称羡|姐姐为难地咂了咂嘴,我知道事情很难办成。

杂(雜) zá ❶形不纯;多种多样▷这院里住的人很|一色|复~。❷团掺合在一起▷这批大米中一有少量稗子|夹~|掺~。❸形正项以外的;非正规的▷~费|~牌军。☞统读 zá。

【杂草】 zácǎo 图间杂生长的各种野草▷院落荒芜,~丛生。

【杂凑】 zácòu 团各种人或东西凑合在一起▷~起来一套家具。

【杂感】 zágǎn ❶图零星、琐碎的感想。❷抒写零星的、多方面的感想并发议论的一种文体。

【杂烩】 záhuì ❶图几种菜烩在一起做成的菜。❷比喻多种东西凑合在一起的事物。

【杂记】 zájì ❶图记载琐事的笔记。❷文体名称。题材多样,以写景、抒情、记事为主。

【杂技】 zájì 图各种技艺表演的总称。如车技、口技、顶碗、魔术等。俗称杂耍。

【杂家】 zájiā 图古代指能融合各家学说的学派,现代指对多种学科都有些了解,知识面较广的人才。

【杂交】 zájiāo 团基因类型不同的动植物进行交配或授粉,以繁殖新种▷有性~|无性~。

【杂居】 zájū 团不同籍贯、不同民族的人居住在同一地区▷多民族~地区。

【杂剧】 zájù 图通常指盛行于元代的戏曲形式。又称元曲。

【杂粮】 záliáng 图稻米、小麦以外的各种粮食,如小米、玉米、各种豆类等。

【杂乱无章】 záluànwúzhāng 混杂零乱没有条理和秩序(章:条理)。

【杂念】 zániàn 图不纯正的念头▷私心~。

【杂牌】 zápái 形非品牌的;非正规的▷~货|~学校。

【杂糅】 záróu 团把不同的事物掺杂糅合在一起▷☞"糅"不要写作"揉"。

【杂碎】 zásuì 图供食用的牛羊等动物的内脏▷羊~。

【杂沓】 zátà 形形容纷杂繁多▷人声鼎沸,哗然~。☞不要写作"杂遝"。

【杂文】 záwén 图夹以叙事、抒情的议论文。特点是内容广泛,形式多样,篇幅短小,活泼,语言犀利,能迅速反映社会变革。

【杂志】 zázhì 图装订成册的期刊。

【杂质】 zázhì 图指某种物质中夹杂的其他物质。

【杂种】 zázhǒng ❶图基因类型不同的动植物杂交而产生的新品种。❷骂人话。

砸 zá ❶团重物落在物体上;用重物撞击▷房子塌了,~伤了两个人|~地基。❷打坏;捣毁▷杯子~了|戏园子让流氓给~了。❸〈口〉事情做坏或失败▷戏唱~了|考~了。

【砸饭碗】 záfànwǎn 比喻失去工作。

【砸锅】 záguō 团〈口〉比喻事情办坏了▷那事~了。

【砸牌子】 zápáizi 比喻损害声誉▷残次品绝不能出厂,出厂就~了。

zai

灾 zāi ❶图灾害;祸害▷天~人祸|~难|~祸。❷个人遇到的不幸▷招~惹祸|没病没~。

【灾害】 zāihài 图自然现象异常或人为造成的严重损害▷自然~|~严重。

【灾荒】 zāihuāng 图自然灾害造成的荒歉▷百年不遇的大~。

【灾祸】 zāihuò 图自然或人为造成的灾难祸害▷意外~|地震~。

【灾难】 zāinàn 图灾祸造成的苦难▷一场~|~临头|战胜~。

甾 zāi 图有机化合物的一类。广泛存在于动植物体内,胆固醇和许多激素都属于甾类化合物。

哉 zāi 〈文〉❶团表示感叹语气▷善~!|难矣~!|呜呼哀~!❷a)表示反问语气▷客何负于秦~?b)表示疑问▷此何鸟~?

栽 zāi ❶团种植▷~花|~种|移~。❷加上▷~上罪名|~赃。❸头朝下跌倒▷~一头~到地上|~倒。

【栽跟头】 zāigēntou 摔跤,比喻做事失败、犯错误或遭到挫折▷办事脱离实际,必定~|栽了个跟头,捡了个明白。

【栽培】 zāipéi ❶团种植,培育▷~果树。❷比喻对人的培养教育和扶植提拔▷领导非常器重他,想给以精心~。

【栽赃】 zāizāng 团把错误的或违法的事无根据地移到他人身上▷~陷害|有人给他~。

【栽种】 zāizhòng 团种植▷公园里又~了不少珍贵花木。

仔 zǎi 图指有某些特征或从事某种职业的年轻人(多指男性)▷肥~|打工~。○另见 zǐ。

载(載) zǎi ❶图年▷一年半~|千~难逢。❷团把事情记录下来;刊登▷~入史册|刊~|连~。○另见 zài。

宰 zǎi ❶图古代官名▷~相。❷团主管;主持▷主~。❸杀▷杀猪~羊|屠~|~割。

【宰割】 zǎigē 团宰杀切割,比喻侵略、掠夺、压榨▷我们决不能任人~。

【宰相】 zǎixiàng 图我国封建王朝协助皇帝管理朝政的最高官员。

崽 zǎi 图幼小的动物▷狗~|兔~子。☞跟"蒽"(xǐ)不同。

再 zài ❶题〈文〉两次;第二次▷一而~,~而三|~拜。❷团〈文〉重现▷青春不~。❸副表示同一动作、行为的重复或继续▷学习,学习,~学习|~唱一遍。❹表示动作将在一段时间后出现▷这事以后~说吧。❺更加▷字小了,还要~大些。

【再次】 zàicì 副第二次;又一次▷~登上珠穆朗玛峰|

在北京 ~ 相会。

【再见】　zàijiàn 國表示希望以后还会见面(告别用语)。

【再接再厉】　zàijiēzàilì 一次又一次地不断努力。☞不要写作"再接再励""再接再砺"。

【再三】　zàisān 副一次又一次地;反复多次地▷ ~ 劝说 | ~ 考虑。

【再生】　zàishēng ❶國重新获得生命、生机▷枯树 ~。❷有机体的一部分在脱落、损坏或截除后又重新生长▷ ~ 细胞 | 毛发。❸废品加工后恢复原有性能成为新产品▷ ~ 纸。

【再生产】　zàishēngchǎn 國经济学上指生产过程不断重复和经常更新。分为简单再生产和扩大再生产两种。

【再世】　zàishì ❶國来生。❷國〈文〉又一次出现在世上(强调某人极像去世的某人)▷包青天 ~。

【再说】　zàishuō ❶搁置下来,以后再考虑、办理▷这件事先放一放,等以后 ~。❷ 迟连接分句,表示追加一层理由,有"而且"的意思▷他不愿再上学就别勉强了吧, ~ 妈妈也同意。

【再现】　zàixiàn 國(已往的事物或情况)再次显现▷ ~ 光明 | 这部记录片把这次勘探过程完整地 ~ 出来了。

【再造】　zàizào ❶國重新建造;重新制作▷ ~ 家园。❷重新给予生命(用于对大恩大德的感激)▷身心 ~,终生难忘。

【再植】　zàizhí 國把离体后的组织或器官重新植于身体原来部位▷断肢 ~。

在　zài ❶國存在;生存▷青春长 ~ | 父母健 ~。❷处于某个地点或位置▷ ~ 教室里 | ~ 职 | ~ 野。❸取决于▷谋事 ~ 人,成事 ~ 天 | 事 ~ 人为。❹副正在▷他 ~ 看书。❺介引进动作行为有关的时间、处所、范围、条件等▷列车 ~ 夜间到达 | ~ 北京长大 | ~ 老师的指导下完成了毕业设计。

【在案】　zài'àn 國(某事)已经记录在档案中,可备查考▷口供已经记录 ~。

【在编】　zàibiān 國在单位人员编制之内▷他已不 ~。

【在岗】　zàigǎng ❶國(人员)在岗位上,指当班工作▷ ~ 司乘人员下班后开会。❷在编(人员)▷全体 ~ 人员普调一级工资。

【在行】　zàiháng 圈内行;对某种业务熟悉▷他修理电视机很 ~。

【在乎】　zàihu 國介意,放在心上▷满不 ~ | 只要买的东西称心,不 ~ 价钱高低。也说在意。

【在即】　zàijí 國即将进行或开始▷高考 ~。

【在劫难逃】　zàijiénántáo 宿命论者认为命中注定的灾难,不能逃脱。今借指某些不幸的事情或灾祸避免不了。

【在理】　zàilǐ 圈合情合理▷说得很 ~。

【在所不辞】　zàisuǒbùcí 表示决不推辞。

【在逃】　zàitáo 國在押犯人或犯罪嫌疑人逃跑,还没有捕获。

【在天之灵】　zàitiānzhīlíng 迷信指人去世后升了天的灵魂。今用以尊称死者的精神。

【在望】　zàiwàng ❶國(远处的东西)已在可看到的范围之内▷狼牙山遥遥 ~。❷(盼望的事情)就要到来▷胜利 ~。

【在位】　zàiwèi ❶國正居于君主、帝王的地位。❷身居某一领导岗位▷他已退休不 ~ 了。

【在握】　zàiwò 國握在手中;在掌握之中▷大权 ~ | 冠军 ~。

【在下】　zàixià 國谦词,用于自称▷先生高明, ~ 自愧不如。

【在押】　zàiyā 國(罪犯)在拘押之中。

【在野】　zàiyě 國不在朝廷当官;不在中央政府里掌权▷ ~ 党。

【在于】　zàiyú ❶國引出判断的内容,相当于"是"▷进行正义战争的目的 ~ 消灭战争。❷取决于▷全民素质的提高 ~ 科学教育的普及。

【在职】　zàizhí 國在工作岗位上▷ ~ 培训 | 老局长还 ~。

【在座】　zàizuò 國在现场的座位上,指到场、出席▷开会时,除了主席团成员之外,有关专家也 ~。

载(載)　zài ❶國用运输工具装▷这辆卡车能 ~ 四吨 | 车 ~ 斗量 | ~ 客◇ ~ 誉而归。❷充满(道路)▷风雪 ~ 途 | 怨声 ~ 道。❸國叠用相当于"一边……一边……"▷ ~ 歌 ~ 舞 | ~ 笑 ~ 言。○另见 zǎi。

【载歌载舞】　zàigēzàiwǔ 边唱歌,边跳舞,形容尽情欢乐。

【载体】　zàitǐ ❶國把元素或原子团从一种化合物中分离出来带到另一种化合物中去的物质。❷泛指承载其他事物的事物▷语言文字是信息的 ~。

【载誉】　zàiyù 國带着荣誉▷运动员 ~ 归来。

【载重】　zàizhòng 國指(交通工具)承载(货物等)的重量▷运货汽车一般 ~ 5 吨至 10 吨。

zan

糌　zān [糌粑]zānba 图用炒熟的青稞磨成的面,可以用酥油茶拌着吃,是藏族人民的主要食物。

簪　zān ❶图簪子▷玉 ~。❷國插在头发里▷头上 ~ 了朵绒花 | ~ 戴。☞统读 zān。

【簪子】　zānzi 图用来别住发髻使不散乱的条状装饰品,多用金属、玉石等制成。

咱　zán ❶说话人称自己,相当于"我"▷ ~ 不认识你这个理 | ~ 懂。❷〈口〉囮咱们▷ ~ 为 ~ 中国人争光 | ~ 班 | ~ 俩。☞统读 zán。

【咱们】　zánmen 囮复数人称代词,代指说话人(我、我们)和听话人(你、你们)双方▷我们走了, ~ 再见吧 | ~ 都是炎黄子孙,都热爱自己的祖国。

攒(攢)　zǎn 國积累;储蓄▷ ~ 钱买房子 | 积 ~。○另见 cuán。

暂(暫)　zàn ❶圈不久;时间短(跟"久"相对)▷短 ~ | ~ 时。❷副表示在短时间之内▷ ~ 缓办理 | ~ 住。☞统读 zàn。

【暂缓】　zànhuǎn 國暂时延缓▷这个方案 ~ 施行 | 还款只能 ~,不能久拖。

【暂且】　zànqiě 副暂时;姑且▷会议 ~ 停一停,明天再开 | 这个问题 ~ 先不说。

【暂时】　zànshí 副表示较短的时间▷ ~ 借用 | 不妨 ~ 在我家住几天。

【暂行】　zànxíng 圈暂时实行的(条例、规章)▷ ~ 规定 | ~ 办法。

錾(鏨)　zàn ❶图雕凿金属或石头的工具。❷國在金石上雕凿▷ ~ 字 | ~ 花 | ~ 金。

赞(贊)　zàn ❶國辅佐;支持▷ ~ 助 | ~ 同。❷称颂;颂扬▷ ~ 扬 | 称 ~ | ~ 礼。

【赞不绝口】　zànbùjuékǒu 连声称赞。

【赞成】　zànchéng 國(对别人的主张或行为)表示同意▷他的建议我 ~ | 你 ~ 他当班长吗?

【赞歌】　zàngē 图赞美、颂扬的诗文或歌曲▷民族英雄的 ~ | 唱 ~。

【赞美】　zànměi 國用美好的言词颂扬▷我 ~ 白杨树 | ~ 我的故乡。

【赞赏】 zànshǎng 囫称赞,赏识▷她对孩子们的爱心,值得～和称颂。

【赞颂】 zànsòng 囫称赞颂扬;赞美▷～我们的祖国。

【赞叹】 zàntàn 囫称赞感叹▷他的歌声使人～不已。

【赞同】 zàntóng 囫赞成;同意。

【赞许】 zànxǔ 囫称赞并鼓励▷他全心全意为人民服务,受到群众～。

【赞扬】 zànyáng 囫称赞;表扬▷群众～廉洁奉公的干部。

【赞誉】 zànyù 囫赞美称誉▷学术界广泛～这项研究成果。

【赞助】 zànzhù 囫给予财物的支持和援助▷三家大公司～他搞这项研究。

zang

赃(臓) zāng 图贪污、受贿或盗窃等所得的财物▷贪～枉法|销～|物|～款。

【赃官】 zāngguān 图贪赃枉法、徇私舞弊的官吏。

【赃款】 zāngkuǎn 图贪污、受贿或盗窃等所得的钱财。

【赃物】 zāngwù 图贪污、受贿或盗窃等所得的物品。

脏(髒) zāng 囮有污垢;不干净▷衣服～了|～东西◇说话不带～字。○另见 zàng。

【脏话】 zānghuà 图下流的话。

【脏乱】 zāngluàn 囮不清洁;没条理▷屋子里～不堪。

【脏字】 zāngzì 图粗鄙下流的词语。

臧 zāng 囫〈文〉褒扬;称赞▷～否(pǐ)人物。☞不读 zàng。

【臧否】 zāngpǐ 对人或事物进行或褒或贬的评论▷～人物。

脏(臟) zàng 图❶中医称心、肝、脾、肺、肾为脏。❷人或动物胸腔和腹腔内器官的统称▷内～|～器。○另见 zāng。

【脏腑】 zàngfǔ 图中医对人体内脏的总称。包括五脏(心、肝、脾、肺、肾)六腑(胃、胆、三焦、膀胱、大肠、小肠)。

奘 zàng 囮〈文〉壮大。多用于人名,如唐代和尚玄奘。

葬 zàng ❶囫掩埋人的尸体▷死无～身之地|埋◇～送。❷泛指处理人的尸体▷火～|天～。

【葬礼】 zànglǐ 图殡葬仪式。

【葬身】 zàngshēn 囫埋葬尸体,借指死亡▷死无～之地|～于沙漠中。

【葬送】 zàngsòng 囫埋葬和送殡,借指断送(生命、事业、前程等)▷～了个人前程|一家的幸福被邪教～了。

藏 zàng ❶图储存大量东西的地方▷宝～。❷指西藏或藏族▷青～高原|～香|～医。○另见 cáng。

【藏蓝】 zànglán 囮蓝而略显微红的。

【藏历】 zànglì 图藏族的传统历法,计时方法与农历相近。

【藏青】 zàngqīng 囮蓝而略显微黑的。

【藏文】 zàngwén 图我国藏族使用的历史悠久的拼音文字。

【藏学】 zàngxué 图研究藏族历史、宗教、文化、政治、经济等的综合学科。

zao

遭 zāo 囫碰到(不幸或不利的事)▷惨～|杀害|～灾|～遇。

【遭劫】 zāojié 囫遭到劫难。

【遭受】 zāoshòu 囫遭遇;受到▷～严重挫折|～遗弃。

【遭殃】 zāoyāng 囫遭受祸害▷军阀混战,百姓～。

【遭遇】 zāoyù ❶囫遭到;碰上▷～不少困难。❷图遇到的事情(多指不幸的)▷一次危险的～|不幸的～。

糟 zāo ❶图酿酒余下的渣子。❷囫用酒或酒糟腌制食物▷～肉|～鸭|～蛋。❸囮朽烂;不结实▷房梁全～了|木头～。❹(事情或情况)坏;不好▷生意越来越～|一团～。

【糟糕】 zāogāo 囮状况很坏▷这次怎么考得那么～?|公司亏损越来越严重,～透了。

【糟粕】 zāopò 图指酒糟、豆渣等。比喻毫无价值而又有害的东西▷封建～|剔除～,汲取精华。☞"粕"不读 bò。

【糟蹋】 zāota ❶囫任意浪费或损坏▷不要～粮食。❷侮辱蹂躏;特指奸污。

【糟踏】 zāota 通常写作"糟蹋"。

凿(鑿) záo ❶图凿子▷斧～。❷囫打孔;钻(zuān)▷在木板上～一眼儿|壁偷光。❸挖掘▷～井|～运河。❹囮明确;真实▷确～|言之～～。☞统读 záo。

【凿子】 záozi 图挖槽、打孔的工具,木杆前端安有铲状刃口。

早 zǎo ❶图早晨▷起～贪黑|～饭。❷囮比一时间靠前;时间靠前的▷离上班时间还～|能～两天来更好|～期|～稻。❸副表示很久以前▷问题～解决了。❹囮早晨见面时互相问候的话▷您～!

【早晨】 zǎochen 图日出前后的一段时间;气象学上特指清晨5点到8点的一段时间。

【早恋】 zǎoliàn 囫未成年男女过早地谈恋爱。

【早年】 zǎonián 图指多年以前;很久以前▷～在英国留学|～没有这么严重的空气污染。

【早期】 zǎoqī 图某个时代、事物或个人发展变化过程的最初阶段▷～文物|～作品|食道癌。

【早日】 zǎorì ❶囫以前;从前▷小城～的古色古香的景象已看不到了。❷在预定时间之前▷快一点儿(用于表示期待)▷祝你～成功|希望～学成回国。

【早熟】 zǎoshú ❶囫农作物生长时间短,成熟较早▷～作物。❷人的身体发育成熟较早▷有的儿童～。

【早晚】 zǎowǎn ❶图早晨和晚上▷每天～他都去锻炼身体。❷副迟或早▷人多嘴杂,～他总会知道的。❸图〈口〉时候▷这～该到家了。

【早先】 zǎoxiān 图以前;先前▷生活比～强多了|那些不愉快的事儿都过去了。

【早育】 zǎoyù ❶囫提早育苗。❷过早地生育(跟"晚育"相对)。

【早造】 zǎozào 图一年中成熟期较早的农作物(跟"晚造"相对)▷～米煮的饭不太香。

枣(棗) zǎo 图枣树,落叶乔木,果实也叫枣,椭圆形,暗红色,味甘甜,可以食用,也可以做药材。

【枣红】 zǎohóng 囮像熟透的红枣那样颜色的▷～马|～色的锦缎被面。

蚤 zǎo 图跳蚤,昆虫,善于跳跃,寄生在人和动物身上,吸食血液,能传播疾病。☞上边是"又"字中间加一点。

澡 zǎo 囫洗(身体)▷洗～|～堂子|搓～。

藻 zǎo ❶图藻类植物,生活在水中,没有根、茎、叶的区别,主要有红藻、绿藻、蓝藻、褐藻等。❷华丽的文词或色彩▷词～|～饰|～井。

皂 zào ❶囮黑色▷～衣|～靴|不分青红～白。❷图皂荚。❸一种能洗涤去污的日用品▷肥～|香

~|浴~。

【皂荚】 zàojiá 图落叶乔木,有分枝的圆柱形刺。荚果也叫皂荚,呈带状,含胰皂质,可以用来洗衣物。

灶(竈) zào 图①烧火做饭的设备▷炉~|~台。②指厨房▷下~。

造 zào ①団到;去;来▷登峰~极|~访。②(学业、技艺等)培养;达到▷~诣|深~。③做;制作▷~一条船|制~。④虚构;瞎编▷~了许多谣言|捏~。⑤图农作物的收成▷早~稻。⑥量用于农作物收获的次数▷一年两~。

【造成】 zàochéng ①団制造成功▷一架飞机已经~了。②形成;导致(多指不好的结果)▷~严重的后果。

【造反】 zàofǎn ①団发动叛乱。②反对压迫、剥削的群众性反抗行动。

【造访】 zàofǎng 団〈文〉拜会;访问▷每有亲朋~,必热情接待。

【造福】 zàofú 団(为人)谋求幸福▷为人类~|~子孙后代。

【造化】 zàohuà 图〈文〉创造化育万物的自然界▷风调雨顺是~之功。

【造化】 zàohua 图运气;福分▷能平安过日子就是我的~了。

【造假】 zàojiǎ 団制造虚假的东西;特指制造伪劣商品▷~奸商|~窝点。

【造就】 zàojiù ①団培养使成才▷这个学校为国家~了不少人才。②图造诣,成就▷学术上的~。

【造孽】 zàoniè 団佛教指做坏事要遭报应,泛指做坏事▷贪污灾区的救济款,真是~。也说作孽。

【造血】 zàoxiě ①団体内产生血液。②比喻激发自身活力,进行更新、创造▷脱贫致富要着眼于加强自身的~功能。

【造型】 zàoxíng ①団创造艺术形象▷用冰雪~。②图创造的艺术形象▷~美观生动。☞不宜写作"造形"。

【造型艺术】 zàoxíng yìshù 用不同的物质材料和表现手段创造的可视的形象艺术。如建筑、雕塑、绘画、书法、篆刻、舞蹈等。也说空间艺术、静态艺术、视觉艺术。

【造谣惑众】 zàoyáohuòzhòng 制造谣言,盅惑群众。

【造诣】 zàoyì 图(学术、技艺等)达到的程度;水平▷学术~高深。☞"诣"不读 zhǐ。

【造作】 zàozuò 団做作▷矫揉~|她落落大方,毫不~。

噪 zào ①団(许多人)大声叫嚷▷鼓~|◇名声大~。②图(声音)杂乱刺耳▷~音。

【噪音】 zàoyīn 图①物理学上指不同强度的声音无规律的组合(区别于乐音)。②环境上指一切人们主观上不希望的干扰声音,包括自然噪音和人为噪音。也说噪声。

燥 zào 图干;干热▷口干舌~|~热|干~。

【燥热】 zàorè 图气候干燥炎热▷天气~,混身难受。

躁 zào 图性情急;不冷静▷这个人性子太~|戒骄戒~|急~|烦~。☞"燥"和"躁"不同。"燥"表示缺少水分,"躁"表示性情急躁。

【躁动】 zàodòng ①団因急躁而不能平静▷一句话使整个会场~起来。②乱动▷胎儿不停地~着。

ze

则(則) zé ①图规章▷规~|总~|附~。②榜样▷以身作~。③量用于自成段落的文字▷摘录宋人笔记三|笑话五~。④團〈文〉表示顺承关系,相当于"就"▷寒往~暑来,暑往~寒来。⑤表示条件或因果关系▷欲速~不达|水至清~无鱼。⑥〈文〉表示对比或列举▷其事~易为,其理~难明。

责(責) zé ①団要求;命令使负责▷~人从宽,己从严|求全~备|成|~令。②批评指责▷~怪|~骂|斥~。③质问▷~问。④旧指为惩罚而打▷重~四十大板|~打|~杖|~笞。⑤图责任▷人人有~|尽责尽~|负~|塞(sè)~|~罪。

【责备】 zébèi 団批评;指责▷应多检查自己,不要只~别人。

【责成】 zéchéng 団指示某人或某机构负责办理完成▷市长~公安局一个月内破案。

【责怪】 zéguài 団责备,怪罪▷出了问题,不要只是~别人。

【责令】 zélìng 団命令(某人或某机构)负责完成(某事)▷~有关单位尽快处理代表的意见。

【责骂】 zémà 団用严厉或粗野的话斥责▷不要随意~孩子。

【责难】 zénàn 団指责,非难▷出了问题,会受~。☞"难"这里不读 nán。

【责任】 zérèn ①图分内应尽的职责▷~很重,应尽全力完成。②应承担的过失▷出了问题,要追究~。

【责无旁贷】 zéwúpángdài 自己该尽的责任不能推卸给别人(贷:推卸)。☞"贷"不要写作"货"。

择(擇) zé 団挑选;挑拣▷~手段|~善而从|饥不~食|抉~。○另见 zhái。

【择偶】 zé'ǒu 団选择配偶。

【择善而从】 zéshàn'ércóng 选择好的榜样学习,按照好的榜样去做。

【择优】 zéyōu 団选择优秀的▷~录用。

咋 zé 団〈文〉咬住▷~舌。☞在北方口语中还有 zǎ、zhā 的读音。如"咋(zǎ)办"(怎么办)、"咋(zhā)呼"(大声嚷)。

【咋舌】 zéshé 団〈文〉把舌头咬住或停住不动,形容因惊讶、害怕而说不出话来▷不语|令人~。

泽(澤) zé ①图积水的低地▷沼~|草~|深山大~|竭~而渔。②图湿;润▷光~|色~。○另见 zhái。③图恩惠▷恩~。④物体表面反射出来的光▷光~|色~。

【泽国】 zéguó 图河流湖泊密布的地区,也特指被洪水淹没的地方▷水乡~|大水淹没一切,这一带已成为~。

啧(嘖) zé 图〈文〉形容很多人说话或争辩的样子▷~有烦言。

【啧有烦言】 zéyǒufányán 议论纷纷,抱怨责备。

【啧啧称羡】 zézéchēngxiàn 连声赞叹,表示羡慕。

仄 zè ①图〈文〉倾斜▷~而归。②狭窄▷道~。③图指仄声▷平~相间。

【仄声】 zèshēng 图古代汉语平、上、去、入四声中后三声的统称(跟"平声"相对)。现代汉语普通话中指上声和去声。

zei

贼(賊) zéi ①图〈文〉危害人民和国家的人▷独夫民~。②偷窃财物的人▷做~心虚|窃~。③图邪恶的;不正派的▷~头~脑|~眼。☞统读 zéi。

【贼喊捉贼】　zéihǎnzhuōzéi 比喻干了坏事的人反诬别人干了坏事，以混淆视听，逃脱罪责。
【贼眉鼠眼】　zéiméishǔyǎn 形容神情鬼鬼祟祟。
【贼头贼脑】　zéitóuzéinǎo 形容动作情态鬼鬼祟祟。

zen

怎　zěn 匹怎么▷你～能这么干?

【怎么】　zěnme ❶匹表示询问或反问▷这是～回事|他～啦|他～没来上课呢|这该～办哪? ❷指代性质、状况或方式等▷该～办就～办|你～说我就～办。❸用于否定句，指一定程度▷这里的情况，我不～了解|京戏，他不～会唱。
【怎么样】　zěnmeyàng ❶匹表示疑问，询问性质、状况或方式等▷她长得～|你～剪枝? ❷表示任指▷不管你～劝，他还是哭|说都一个样。❸跟"不"连用，表示评价较低▷他唱得不～|他的文章写得不～。❹代替某种做法▷说错了一句话你能～他?
【怎样】　zěnyàng ❶匹义同"怎么样"①。❷义同"怎么样"②。❸表示虚指▷不知道她～一变，就变出一只鸽子来|他说这个产品展销会～好，引得大家都想去看一看。

zeng

曾　zēng 匹相隔两代的(亲属关系)▷～祖父|～孙。○另见 céng。

增　zēng 团加多；添加▷干劲倍～|为国～光|～产|～强|～援。

【增拨】　zēngbō 团在原有数额以外再增加调拨▷又～了一批救灾物资。
【增补】　zēngbǔ 团增加，补充；补齐了缺漏的▷向上级申请～五十万元经费|缺额人员已经～到位了。
【增订】　zēngdìng ❶团增补和修订(多用于书籍)▷这部教材还要进一步～。❷增加预订(书刊)▷再～三种杂志。
【增加】　zēngjiā 团比原有的加多▷名额～了|～收入。
【增强】　zēngqiáng 团增进，加强▷～竞争力|～身体的抵抗力|信心～了。
【增色】　zēngsè 团增加光彩、趣味等▷百人大合唱为庆功大会～不少。
【增生】　zēngshēng 团指生物体某部分组织细胞量增多，体积增大▷颈椎～|骨质～。也说增殖。
【增援】　zēngyuán 团增加人力、物力支援▷派一个团～前线|～紧急。
【增长】　zēngzhǎng 团增加；提高；上长▷见识～|税收～百分之七。
【增值】　zēngzhí 团增加产值或价值▷货币～|股票～。

憎　zēng 团厌恶；痛恨▷面目可～|爱～分明|～恶(wù)。☞统读 zēng。
【憎恨】　zēnghèn 团憎恶；痛恨▷～侵吞国家财产的蛀虫。
【憎恶】　zēngwù 团憎恨，厌恶▷这种恶劣行径，人人～我最～那些拿别人的痛苦取乐的人。☞"恶"这里不读 è。

罾　zēng 图一种方形鱼网，用竹竿或木棍做支架，在水边起落。

锃(鋥)　zèng 匹〈口〉器物被打磨或擦拭得闪光耀眼▷～亮。

赠(贈)　zèng 团赠送▷～礼|捐～|～言。

【赠送】　zèngsòng 团把财物送给别人▷～礼品|每人～一本相册。

甑　zèng ❶图瓦制(或木制)炊具，底部有许多透气的小孔，放在鬲(lì)上蒸食物。❷蒸馏或使物体分解用的器皿▷曲颈～。☞统读 zèng。

zha

扎　zhā ❶团刺▷脚让钉子～了|～针。❷〈口〉钻入▷一头～到水里。❸(军队)在某地住下▷安营～寨|驻～。☞在"挣扎"中读 zhá。○另见 zā。
【扎堆儿】　zhāduīr 团〈口〉(人或动物)聚拢、挤凑在一起▷各就各位，别～。
【扎根】　zhāgēn ❶团植物的根向土壤深处生长▷禾苗已～。❷比喻长期安心在某处生活工作▷～边疆|～基层|在农村扎了根。❸比喻牢固地树立(某种思想)▷让质量第一的观念在头脑里～。
【扎实】　zhāshi ❶团结实；牢固▷把葱捆～，别散了|知识基础挺～。❷形容踏实、实在▷～的学问|扎扎实实地工作。
【扎眼】　zhāyǎn 形刺眼；惹人注目(含贬义)▷她的穿着打扮太～了。

喳　zhā ❶叹旧时奴仆对主人的应诺声。❷拟声模拟鸟叫的声音▷小鸟～～叫。○另见 chā。

渣　zhā ❶图提炼出精华或汁液后剩下的东西▷豆腐～|油～。❷碎屑▷饼干～儿|水泥～。
【渣滓】　zhāzi ❶图物质经过提炼后剩余的东西。❷比喻社会上为人不齿的坏人▷清除社会～。

楂　zhā 见[山楂]shānzhā。

札　zhá ❶图书信▷书～|手～。❷笔记▷～记。☞不要写作"劄"。
【札记】　zhájì 图读书时所记的心得、体会或摘记的要点。

轧(軋)　zhá 团(用机器)压▷～钢|～辊。○另见 yà。

闸(閘)　zhá ❶图一种水利设施，可以开关，调节水流量▷堤坝上有一道～|～门|水～。❷团用闸门或其他东西把水截住▷水流太急，怎么也～不住|水沟里～着木板。❸图使运输工具、机器等减速或停止运动的装置▷捏～|自行车～。❹具有一定规模的电流开关▷合～。
【闸门】　zhámén 图控制水闸、管道，调节流量的门。

炸　zhá 团把食物放在沸油里使熟▷～油条|～鱼。○另见 zhà。

铡(鍘)　zhá ❶图铡刀，切草等的器具，刀的一头固定在底槽上，另一头有柄，可以上下掀动▷虎头～。❷团用铡刀切▷～了一捆草。

拃　zhǎ ❶团张开拇指和中指(或小指)量长短▷不用找尺了，～一下就行。❷量张开的拇指和中指(或小指)两端之间的长度▷三～长两～宽。

眨　zhǎ 团眼皮迅速地一开一合▷～眼|一～眼的工夫|～巴眼。☞跟"贬"(biǎn)不同。
【眨眼】　zhǎyǎn 团上下眼睑快速地一闭一张；也指时间短暂▷瞪得他直～|孩子刚刚还在这里，怎么一～间就不见了?

砟　zhǎ 图砟子(小的石块、煤块等)▷焦～|煤～|炉灰～子|道～(铁路路基上铺的石子)。

鲊(鮓)　zhǎ ❶图腌制加工的鱼类食品。❷用米粉、面粉等拌制的菜▷茄子～|扁豆～。

乍　zhà ❶副忽然▷～冷～热。❷刚刚▷新来～到|～暖还寒。

诈(詐) zhà ❶囫用手段诓骗▷～财|尔虞我～|兵不厌～|狡～。❷假装;冒充▷～降|～死。

【诈唬】 zhàhu 囫带有夸张性地吓唬▷不要怕他～。

【诈骗】 zhàpiàn 囫欺诈哄骗▷～财物。

【诈降】 zhàxiáng 囫假装投降。

栅 zhà 图用竹、木、铁条等做成的围栏▷～栏|门铁～。☞在"栅极"(多极电子管中最靠近阴极的一个电极)中读 shān。

【栅栏】 zhàlan 图围圈房屋、院落或场地等的设施,类似篱笆,多用铁条、木条等做成。

咤 zhà 见[叱咤风云]chìzhàfēngyún。☞不读 chà。

炸 zhà ❶囫(物体)突然爆裂▷暖瓶～了|爆～。❷(用炸药、炸弹)爆破▷房子被～塌了|轰～。○另见 zhá。

【炸弹】 zhàdàn 图外有壳体、内装炸药,牵动信管就爆炸的武器。通常有一定体积,多用飞机投掷。

【炸窝】 zhàwō 囫指鸟或蜂受到惊扰从窝内向四处飞散,比喻受到惊扰的人群突然骚乱▷听了这个信儿,大家便～了。

【炸药】 zhàyào 图指受热或受撞击会立即发生爆炸的物质,爆炸时产生大量的能和高温气体,有严重的破坏作用。

痄 zhà [痄腮]zhàsāi图流行性腮腺炎的通称。症状是耳朵前面和下面肿胀疼痛,同时发烧、头痛。

蚱 zhà [蚱蜢]zhàměng图昆虫,样子像蝗虫,体长形,善跳跃。常固定生活在一个地区,危害禾本科、豆科等植物。

榨 zhà 囫挤压出物体中的汁液▷～花生|～甘蔗|～油。

【榨菜】 zhàcài 图芥菜的变种,茎膨大瘤状,可供食用。也指这种茎腌制而成的咸菜类食品。

【榨取】 zhàqǔ ❶囫通过压榨而取得▷～食油|～汁液。❷比喻剥削搜刮▷～人民的血汗。

zhai

斋(齋) zhāi ❶图房屋,多用作书房、商店、学校宿舍的名称▷书～|荣宝～。❷信仰佛教、道教的人所吃的素食▷吃～|信佛。❸伊斯兰教徒在伊斯兰教历九月白天不进饮食的斋戒习俗▷～月。

【斋戒】 zhāijiè ❶囫为表示虔诚,祭祀前沐浴、更衣、素食或戒欲等。❷指伊斯兰教规定教徒每年教历九月,每天从黎明到日落禁止饮食和房事一个月。也说把斋。

摘 zhāi ❶囫采下;取下▷～苹果|～眼镜|采～。❷选取▷寻章～句|～录|～要|文～。❸斥责▷指～。☞❶统读 zhāi。㊀右边不是"商"。

【摘编】 zhāibiān ❶囫摘录并加以整理编辑▷这个小册子是由几部书～而成的。❷图摘录并加以整理编辑成的资料▷有了这本～,节省了很多查找资料的时间。

【摘除】 zhāichú 囫摘下;去掉▷～肿瘤。

【摘记】 zhāijì ❶囫摘选记录▷～文章要点。❷图摘选记录的文字▷本子上有他写的～。

【摘录】 zhāilù ❶囫有选择地抄录▷把原文要点～下来。❷图选择抄录下来的文字▷资料～。

【摘取】 zhāiqǔ 囫摘下;得到▷是谁～了墙上那幅画?|～了奥运会金牌。

【摘要】 zhāiyào ❶囫选录要点▷～刊登。❷图选录的要点▷论文～。

宅 zhái 图住所;家庭居住的房子▷两所～子|住～。

宅第 zháidì 图住宅(多用于有名望的上层人家)▷富豪～。

【宅院】 zháiyuàn 图带院子的住宅。

择(擇) zhái〈口〉义同"择"(zé),一般单用▷～韭菜|把好的～出来,剩下的扔了。○另见 zé。

【择席】 zháixí 囫换个地方就睡不着(zháo)或睡不安稳▷他常有～的毛病。

窄 zhǎi ❶囫横向的距离小(跟"宽"相对)▷马路太～|行距留～了|狭～|～小。❷(心胸)不开阔;(气量)小▷心眼儿～|越想心越～。

债(債) zhài 图所欠下的钱财▷欠了一身～|讨～|公～|◇血～|文～|相思～。

【债权】 zhàiquán 图依法要求债务人偿还所借贷钱财并履行一定义务的权利。

【债券】 zhàiquàn 图公共有价证券;证明债权债务关系的凭证。

【债台高筑】 zhàitáigāozhù 战国时周赧王怕人要债而躲到高台上,后用债台高筑形容欠债极多。

【债务】 zhàiwù 图欠债人所承担的还债义务。也指所欠的债。

寨 zhài ❶图旧时的军营;营房▷安营扎～|劫～|营～。❷四周有栅栏或围墙的村子;村子▷～子|村村～～。

【寨子】 zhàizi ❶图围在四周的栅栏、围墙。❷四周有栅栏或围墙的村子。

zhan

占 zhān 囫占卜(吉凶)▷算命先生～了一卦。○另见 zhàn。

【占卜】 zhānbǔ 囫迷信者借用某些物品推算吉凶祸福。在中国古代用龟甲、蓍草,后世用铜钱、竹签、牙牌等,在国外用水晶球、纸牌等。

沾 zhān ❶囫浸湿;浸润▷泪水～湿衣襟|～润。❷因某种关系而受到好处;分享▷利益均～|～光。❸因接触而被别的东西附着上▷衣服上～了许多土|双手不～泥。❹接触;染上▷烟酒不～|～染。

【沾光】 zhānguāng 囫凭借某人或某事而得到好处。

【沾亲带故】 zhānqīndàigù 指有亲朋关系(故:朋友)。

【沾染】 zhānrǎn ❶囫接触或附着上某种东西而受到感染▷伤口～上细菌,发炎了。❷因接触而受到不良影响▷～了不少坏毛病。

【沾沾自喜】 zhānzhānzìxǐ 自以为自己做得很好而洋洋得意。

毡(氈) zhān 图用羊毛等压制成的片状物▷～帽|～垫。

粘 zhān ❶囫黏性物附着在别的物体上或者物体互相附着在一起▷锅巴～在锅底上|两块糖～在一起了。❷用黏性物把东西连接起来▷折扇破了,～一～还能用。

【粘连】 zhānlián 囫体内的黏膜、浆膜等因炎症、病变而粘在一起▷肠～|腹膜～。

【粘贴】 zhāntiē 囫用糨糊、胶水等把纸张或其他东西附着在另一种东西上▷～邮票|～广告。

谵(譫) zhān 囫〈文〉病中说胡话▷～语|～呓|～妄。

瞻 zhān 囫向上或向前看▷高～远瞩|前顾后～|仰～|观～。

【瞻前顾后】 zhānqiángùhòu 看看前面,又看看后面,形容做事之前考虑周全细致;也指做事犹豫不决,顾虑过多。

【瞻望】 zhānwàng 囫向高处或远处看；向未来看▷~蓝天白云｜～人生旅途。

【瞻仰】 zhānyǎng 囫崇敬地观看▷～英雄纪念碑。

斩(斬) zhǎn 囫砍断；砍▷披荆～棘｜～钉截铁｜～首。

【斩草除根】 zhǎncǎochúgēn 比喻要免除后患，必须彻底除掉祸根。

【斩钉截铁】 zhǎndīngjiétiě 比喻言行坚决果断，干脆利落。

盏(盞) zhǎn ❶图小而浅的杯子▷酒～｜把～。❷量用于灯▷两～灯｜明灯万～。

展 zhǎn ❶囫张开；放开▷～翅高飞｜愁眉不～｜伸～。❷扩大▷扩～｜～宽。❸展览▷画～｜菊～。❹施展▷大～宏图｜一筹莫～。

【展翅高飞】 zhǎnchìgāofēi 展开翅膀向高处飞翔。常比喻奔向远大前程。

【展开】 zhǎnkāi ❶囫张开，铺开▷～翅膀｜～被褥。❷大规模地开展▷向敌人～了猛烈进攻。

【展览】 zhǎnlǎn 囫把物品陈列出来供人参观▷文物～｜时装～。

【展示】 zhǎnshì 囫清楚地摆出来；显示▷作品～出一幕幕动人的画面。

【展望】 zhǎnwàng ❶囫向远处看▷登上高塔～，全城尽收眼底。❷对未来的估计和对事物发展的预测▷～未来，充满希望。

【展现】 zhǎnxiàn 囫显现；展示出来▷祖国～出一片繁荣景象。

【展销】 zhǎnxiāo 囫集中展出并销售(产品)▷～家用电器｜～会。

崭(嶄) zhǎn ❶囵〈文〉高；突出▷～露头角。❷副很▷～新｜～齐。

【崭露头角】 zhǎnlùtóujiǎo 比喻突出地显示出才华和能力。☞"露"这里不读 lòu。

【崭新】 zhǎnxīn 囵非常新▷～的服饰｜～的气象。

搌 zhǎn 囫(用松软的东西)擦拭或轻轻按压湿处，把液体吸去▷轻轻地一～一～眼角｜用纸一～一～墨｜～布。

辗(輾) zhǎn [辗转]zhǎnzhuǎn ❶囫(躺在床上)翻来覆去▷～反侧｜～不能成寐。❷中间经过许多人或许多地方▷～相告｜于各地～｜～托人。☞不宜写作"展转"。○另见 niǎn。

占 zhàn ❶囫用强力或不正当的手段取得并据有▷家乡被敌人～了｜强～｜～领｜～便宜。❷占用▷杂志把书架都～满了｜积压的产品～了许多资金。❸处于(某种地位)；属于(某种情况)▷～了上风｜～多数。○另见 zhān。

【占据】 zhànjù 囫抢先或强行据有或占用(地域、场所等)▷～有利地形。

【占领】 zhànlǐng ❶囫凭借军事力量取得(领土、阵地等)▷部队已～县城｜～交通要道。❷占有▷～市场。

【占线】 zhànxiàn 囫电话线路被占用而接不通▷电话总～，打不进去。

【占用】 zhànyòng 囫占有并使用▷～车辆｜～业余时间。

【占有】 zhànyǒu ❶囫占据▷谁先～市场谁就主动。❷处在(较高的位置)；拥有▷～优势地位｜～丰富的材料。

栈(棧) zhàn ❶图栈道。❷堆放货物或留宿客商的处所▷货～｜客～。

【栈道】 zhàndào 图在悬崖峭壁上凿孔、架桩、铺设垫板搭成的小路。

【栈房】 zhànfáng 图堆放货物的库房。

【栈桥】 zhànqiáo 图车站、码头或货场等供装卸货物用的桥形建筑物。

战(戰) zhàn ❶囫打仗▷屡～屡胜｜南征北～。❷泛指斗争、竞赛、论辩等▷～天斗地｜中国队出～美国队｜论～。❸发抖▷胆～心惊｜冷得直打～｜寒～。

【战败】 zhànbài ❶囫战争或竞技中失败；被打败▷敌人～投降了｜围棋队～了。❷战胜(对方)；击败(对方)▷甲队～了乙队｜～来犯之敌。

【战备】 zhànbèi 图战争的准备工作▷～动员。

【战场】 zhànchǎng 图两军作战的地方；比喻紧张工作的场所▷～救护｜造林大军又开辟新的～。

【战斗】 zhàndòu ❶囫同敌手交战▷同敌人～到底。❷图敌对双方的武装冲突▷～非常激烈｜一场殊死的～。❸囫泛指紧张工作▷～在生产第一线。❹图紧张的工作▷打击流氓恶势力的～｜抗洪～。

【战犯】 zhànfàn 图战争罪犯，对发动非正义战争负有重大责任的人或在这类战争中犯有严重罪行的人。

【战俘】 zhànfú 图战争中俘虏的敌方人员。

【战果】 zhànguǒ 图战斗中取得的胜利成果，比喻工作中取得的成绩▷扩大～｜取得丰硕～。

【战火】 zhànhuǒ 图战争的烟火，借指战争(侧重其破坏性)▷～连绵｜生灵涂炭｜重燃～。

【战机】[1] zhànjī 图作战的有利时机▷把握～｜贻误～。

【战机】[2] zhànjī 图作战用的飞机。

【战绩】 zhànjì 图战果；作战或工作取得的成绩▷～卓著｜辉煌～。

【战将】 zhànjiàng 图能征惯战的将领、军官，也比喻工作能力强，能独当一面的人。

【战局】 zhànjú 图战争局势；敌我双方的态势▷扭转～｜～趋于缓和。

【战栗】 zhànlì 囫发抖；哆嗦▷病人高烧，浑身～。☞不要写作"战慄"，也不宜写作"颤栗"。

【战略】 zhànlüè ❶图指导战争全局的方略，泛指工作中带全局性的指导方针▷持久战的～｜外交～。❷囵有关全局的▷～物资｜～部署。

【战士】 zhànshì ❶图士兵。❷比喻为正义事业奋斗的人▷反法西斯～｜文艺～。

【战术】 zhànshù 图作战的具体策略和方法▷闪电～｜战略～◇球队进攻～。

【战线】 zhànxiàn ❶图交战双方军队的接触线▷东部～。❷比喻某工作领域▷教育～｜金融～。

【战役】 zhànyì 图根据战略需要，在一定区域和时间内所进行的一系列战斗的总和▷淮海～。

【战友】 zhànyǒu 图一起战斗或工作的同志。

【战战兢兢】 zhànzhànjīngjīng 形容因恐惧而发抖，也形容谨慎畏惧的样子(兢兢：小心谨慎)。

【战争】 zhànzhēng ❶囫打仗▷那儿正在进行～，你暂时不要去为好。❷图人类社会集团之间为了一定的政治目的而进行的具有一定规模的武装斗争。是用来解决国家之间、民族之间、阶级之间和政治集团之间矛盾的最高斗争形式。

站 zhàn ❶囫直立▷～起身来｜～在讲台上｜岗～｜～立。❷停下；停留▷不怕慢，只怕～｜～住，给我回来！❸图交通线上设置的固定停车地点▷终点～｜火车～。❹为开展某项工作而建立的工作点▷兵～｜气象～。

【站队】 zhànduì 囫站成队列。

【站稳】 zhànwěn ❶囫比喻坚持某种立场不动摇▷～

立场。❷比喻有了稳固基础▷大军在这一带～了脚跟。

【站住】 zhànzhù ❶团(人、马、车辆等)停止行进。❷站稳。❸(理由等)确立▷他的论点能～。

绽(綻) zhàn 团开裂▷皮开肉～｜～裂｜～放。☞不读 dìng。

【绽开】 zhànkāi 团裂开;开放▷鞋～了｜山茶花～了。

【绽裂】 zhànliè 团破裂;裂开▷棉桃～。

湛 zhàn ❶形(学识、技术等)深▷精～｜深～。❷清澈▷清～。

【湛蓝】 zhànlán 形清澈蔚蓝▷～的海水｜～的天空。

颤(顫) zhàn 团发抖。现在通常写作"战"。○另见 chàn。

蘸 zhàn 团把物体放在液体、粉状物或糊状物里接触一下,使沾上这些东西▷用棉球～点碘酒｜～着花椒盐吃炸小鱼。

zhang

张(張) zhāng ❶团打开;展开▷～开翅膀｜～嘴｜纲举目～。❷扩大;夸大▷虚～声势｜扩～｜夸～。❸陈设;布置▷大～筵席｜灯结彩｜贴～｜～挂。❹量主要用于带有平面的东西▷一～纸｜两～烙饼｜三～桌子｜一～床。

【张榜】 zhāngbǎng 团张贴文告或名单▷～招贤｜～公布。

【张灯结彩】 zhāngdēngjiécǎi 挂起灯笼、扎上彩绸,形容喜庆、热烈的场面。☞"结"这里不读 jiē。

【张冠李戴】 zhāngguānlǐdài 把姓张的帽子戴在姓李的头上。比喻搞错了对象或名实不符。☞"冠"这里不读 guàn。

【张皇失措】 zhānghuángshīcuò 慌慌张张,言行失去了常态。

【张口结舌】 zhāngkǒujiéshé 指人由于紧张、害怕或理屈而张着嘴说不出话来(结舌:舌头不能活动)。

【张罗】 zhāngluo 团安排料理;为某事而忙碌▷正～办公司｜忙于～儿子的婚事｜参加会的人很多,咱们去帮着～一下。

【张目】 zhāngmù ❶团瞪着眼睛▷～怒视。❷助长声势、气焰▷不要为敌人～。

【张贴】 zhāngtiē 团贴出▷～标语。

【张望】 zhāngwàng 团向某处看;向四周或远处看▷向门里～｜四处～。

【张牙舞爪】 zhāngyáwǔzhǎo 形容禽兽凶猛。比喻坏人凶恶猖狂。

【张扬】 zhāngyáng 团把不必让众人知道的事情宣扬出去;过于声张▷这事不要～出去｜丧事从简,不宜～。

章 zhāng ❶图法规;规程▷党～｜规～｜简～。❷条目;条款▷约法三～。❸乐曲、诗文的段落▷乐～｜篇～｜～节。❹条理▷杂乱无～。❺身上佩戴的标志▷勋～｜肩～｜徽～｜证～。❻图章▷印～｜公～。❼古代一种文体,用于臣子向帝王表明自己意见▷奏～。

【章程】 zhāngchéng 图(政府、政党、团体或企业等)制定的制度规则或办事条例。

【章法】 zhāngfǎ ❶图诗文写作谋篇布局的法则▷～严谨。❷比喻办事的规则程序▷他办事很有～。

獐 zhāng 图獐子,哺乳动物,形状像鹿而较小,无角。皮可制革。

【獐头鼠目】 zhāngtóushǔmù 獐子的脑袋和老鼠的眼睛,形容人相貌丑陋猥琐而神情狡猾(多指坏人)。

彰 zhāng ❶形非常明显,容易看清楚▷欲盖弥～｜昭～｜～明。❷团宣扬;表露▷表～。

漳 zhāng 图漳河,发源于山西,流入河北;漳州,地名,在福建。

璋 zhāng 图古代一种长条形板状玉器,像半个圭(guī),用作礼器等。

樟 zhāng 图樟树,常绿乔木,有香气,可提取樟脑和樟油;木材制家具,能防蛀。也说香樟。

蟑 zhāng [蟑螂]zhāngláng 昆虫,能分泌特殊的臭味,常咬坏衣物,传播疾病。

长(長) zhǎng ❶团生物体在发育过程中由小到大,直至成熟▷儿女都～大了｜～势喜人。❷形年纪大;辈分高;排行第一▷年～｜～辈｜～子。❸图年龄大或辈分高的人▷兄～｜师～。❹图领导者;负责人▷首～｜官～｜局～。❺团生出▷果树～虫子了｜～锈｜～毛儿｜～疮。❻图增进(用于抽象事物)▷～知识｜～志气｜助～。○另见 cháng。

【长房】 zhǎngfáng 图家族中长子那一支。也说长门。

【长进】 zhǎngjìn 团在学习、修养、能力等方面有进步▷他学业～了。

【长势】 zhǎngshì 图(植物,有时也指动物)生长的势头▷～良好｜～喜人。

【长者】 zhǎngzhě ❶图年龄和辈分高的人。❷年高有德行的人▷忠厚～。

涨(漲) zhǎng 团(水位、物价等)上升▷河水又～了｜行市看～。○另见 zhàng。

【涨幅】 zhǎngfú 图上涨的幅度(多指物价)。

掌 zhǎng ❶图手握拳时指尖触着的一面▷摩拳擦～｜手～。❷团用手掌打▷～嘴。❸用手拿着;持着▷～着灯。❹主持▷执～｜～权。❺图人或某些动物脚的底面▷脚～｜熊～｜鸭～。❻图钉或缝或粘在鞋底前后的加层皮子或橡胶等▷给这双鞋钉个～儿。❼钉在马、驴、骡蹄子底下的U形铁▷给这匹马钉～｜马～。

【掌舵】 zhǎngduò ❶团掌握船舵,比喻把握方向▷公司经营全靠总经理～。❷图掌舵的人。

【掌故】 zhǎnggù 图有关历史人物及典章制度等的传说或故事▷历史～｜～传说。

【掌管】 zhǎngguǎn 团掌握和管理▷公司财务由他～。

【掌上明珠】 zhǎngshàngmíngzhū 手中的珍珠。原比喻极珍爱的人或物,现多指倍受父母宠爱的女儿。

【掌握】 zhǎngwò ❶团熟悉并能充分运用▷～科学技术。❷管理和控制▷～财政大权。

【掌子】 zhǎngzi 图挖隧道或采矿工程中采掘的工作面。也说掌子面。☞不要写作"礃子"。

丈 zhàng ❶图市制长度单位,10尺为1丈,1丈等于3.3333米。❷团测量(土地)▷～地｜～量(liáng)。❸图对长辈或老年男子的尊称▷岳～(岳父)｜老～。❹指丈夫▷姑～｜妹～。

【丈夫】 zhàngfu 图女子的配偶。

仗 zhàng ❶图刀、戟等兵器▷明火执～｜仪～。❷团依赖;依靠▷这事全～着乡亲们了｜～势欺人｜狗～人势｜依～。❸图战斗;战争▷打了三年～｜胜～｜硬～。

【仗势欺人】 zhàngshìqīrén 依仗权势欺压别人。

【仗恃】 zhàngshì 团凭借;依靠(多含贬义)▷这个团伙～后台硬,到处欺压群众。

【仗义】 zhàngyì ❶团坚持正义▷～执言。❷形重义气▷～疏财｜太不～。

【仗义执言】 zhàngyìzhíyán 坚持正义讲公道话。

杖 zhàng ❶图走路时拄的棍子▷拐~|手~。❷泛指棍棒▷擀面~。

帐（帳） zhàng 图用纱、布等材料制成的具有遮蔽作用的东西▷蚊~|幔~|篷◇青纱~。

【帐篷】 zhàngpeng 图用帆布、尼龙布等蒙在地面支架上做成的篷子。

账（賬） zhàng ❶图财物出入的记载▷记~|目~|~簿|结~。❷债▷借~|欠~|还~|放~。☞不宜写作"帐"。

【账簿】 zhàngbù 图记载财务收支或物品进出的本子。

【账号】 zhànghào 图企事业单位或个人在银行开户存款后，银行存单(折)记载的编号。

【账户】 zhànghù ❶图账簿中对资金来源、资金运用、经营过程及成果所作的分类。❷会计上在某一科目内为有账务往来的单位或个人立的户头。

【账目】 zhàngmù 图账上记载钱物种类及数额的项目▷清查~|~公开。

胀（脹） zhàng ❶图物体体积变大▷膨~|热~冷缩。❷身体某部位产生的膨胀感觉▷肚子~|头脑发~。❸浮肿▷肿~。

涨（漲） zhàng ❶团体积增大▷木耳泡~了。❷充满，多指头部充血▷脸~得通红。○另见 zhǎng。

障 zhàng ❶团阻隔；遮蔽▷~碍。❷图用来阻隔、遮蔽的东西▷路~|屏~。

【障碍】 zhàng'ài ❶图阻碍通行的东西▷清除~。❷团阻碍；挡住▷~交通。

嶂 zhàng 图〈文〉形状像屏障的山峰▷层峦叠~。

幛 zhàng 图幛子▷喜~|寿~|挽~。

【幛子】 zhàngzi 图用作庆贺或吊唁礼物的整幅绸布，常展开悬挂，上面多附着题词的长幅纸条。

瘴 zhàng 图瘴气。

【瘴疠】 zhànglì 图流行在亚热带潮湿地区的传染病，主要为恶性疟疾。

【瘴气】 zhàngqì 图热带、亚热带山林里的湿热空气，旧时认为是能引起瘴疠的毒气。

zhao

钊（釗） zhāo 团〈文〉劝勉；鼓励(多用作人名)。

招 zhāo ❶团打手势叫人来▷~手|~呼。❷引来(多指不好的后果或反应)▷~蚊子|~灾惹祸|~人讨厌。❸通过相应的传媒手段使人来▷~聘|~标|~募。❹用言语或行动触动对方▷他这阵子心烦，别~他|这人~不得。❺供认罪行▷~供|不打自~|~认。❻图武术上的动作；泛指手段或计策▷一~一式|~数|这一~真绝|高~|绝~|耍花~。

【招标】 zhāobiāo 团兴建工程、合作经营某项目或进行大宗商品交易前，当事人公布标准、条件、价格，招人承包应征，择优选定中标人，双方订立合同，构成法律行为(跟"投标"相对)。

【招兵买马】 zhāobīngmǎimǎ 招募士兵，购置马匹，组织或扩充武装力量。也比喻招揽人才、扩充力量。

【招待】 zhāodài 团对宾客给予礼遇和照料▷~周到|热情~。

【招风】 zhāofēng 团受风，比喻引人注意，招惹是非▷树大~。

【招供】 zhāogòng 团供认犯罪事实▷铁证如山，不得不~。

【招呼】 zhāohu ❶团呼唤▷门口有人~你。❷用言语或点头、招手等动作表示问候，致意▷忙着~老战友。

【招魂】 zhāohún 团迷信指招回死者的灵魂(现多用于比喻)▷决不允许为军国主义~。

【招集】 zhāojí 团招呼人们聚在一起▷~人马。

【招架】 zhāojià 团抵挡；应付▷~不住。

【招徕】 zhāolái 团招引前来▷~顾客。

【招揽】 zhāolǎn 团招引▷~顾客|~生意。

【招领】 zhāolǐng 团出启事叫失主认领(失物)▷~启事|~失物。

【招聘】 zhāopìn 团公开聘请(工作人员)▷~会计师|~启事。

【招惹】 zhāorě 团用言行逗引；招引▷别~她|~麻烦。

【招认】 zhāorèn 团承认不良行为或犯罪事实。

【招商】 zhāoshāng 团招人前来投资、办厂、经商等。

【招数】 zhāoshù ❶图下棋的步子；武术的动作▷他下棋的~可多了|舞枪弄棒的~。❷比喻手段、计谋▷哭哭啼啼也是她的一个~。

【招贴】 zhāotiē 图张贴在公共场合以达到宣传目的的文字、图画。

【招降纳叛】 zhāoxiángnàpàn 招纳敌方投降、叛变过来的人员为己用。现多指网罗坏人，扩充势力(含贬义)。

【招眼】 zhāoyǎn 彨引人注目▷打扮得花枝招展的，格外~。

【招摇】 zhāoyáo 团故意炫耀张扬▷~过市|过分~。

【招摇过市】 zhāoyáoguòshì 故意在人多的地方张扬声势或炫耀自己，惹人注意。

【招摇撞骗】 zhāoyáozhuàngpiàn 借用某种名义或虚张声势，进行诈骗。

【招引】 zhāoyǐn 团(用某种方式或手段)吸引▷用低价~旅客|香花~蝴蝶。

【招展】 zhāozhǎn 团飘扬；摇曳▷红旗~|柳枝在微风中~。

【招致】 zhāozhì 团招引使来；招来▷多方~人才|~失败。

【招赘】 zhāozhuì 团招人上门做女婿。

昭 zhāo 彨明白；明显▷~示|~彰|~然。

【昭然若揭】 zhāoránruòjiē (真相)清楚地暴露出来。

【昭示】 zhāoshì 团明白地表达或宣告▷~后代|~群众。

【昭雪】 zhāoxuě 团洗清(冤屈)▷平反~|冤案得到~。

【昭彰】 zhāozhāng 彨显明；显著▷天理~|恶行~。

【昭著】 zhāozhù 彨非常明显▷功业~|罪恶~。

着 zhāo 图下棋时下一子或走一步叫一着▷看棋别支~|走错了一~。○另见 zháo；zhe；zhuó。

【着数】 zhāoshù 通常写作"招数"。

朝 zhāo ❶图早晨▷~思暮想|~阳|~夕。❷日；天▷有~一日|今~。○另见 cháo。

【朝不保夕】 zhāobùbǎoxī 能保住早晨，保不住晚上。形容情势危急。

【朝晖】 zhāohuī 图早晨的阳光。

【朝令夕改】 zhāolìngxīgǎi 早晨发出的命令，晚上就变了。形容政令或主张等随意更改。

【朝气】 zhāoqì 图指人精神奋发、进取心强的气概▷~勃勃|青年人富有~。

【朝秦暮楚】 zhāoqínmùchǔ 战国时代，秦楚两国争霸,其他国家及游说者根据各自的利益,时而助秦,时而助楚。形容人没有准主意,反复无常。

【朝三暮四】 zhāosānmùsì 形容反复无常。

【朝夕】 zhāoxī 图①从早到晚;时时▷天天～|相伴|～思念。②短暂的时间▷只争～。

着 zháo ❶圐挨;接触▷上不～天,下不～地|脚疼得不敢～地。❷受到(某种侵袭);进入(某种状态)▷～魔|～急。❸表示动作有了结果或达到了目的▷睡～了|猜～了|点～了|找不～。❹进入睡眠状态▷一挨枕头就～了。❺燃烧;(灯)发光▷干柴一点就～|屋里还～着(zhe)灯。○另见 zhāo;zhe;zhuó。

【着慌】 zháohuāng 圐急得慌张起来▷遇事要沉着,不要～。

【着急】 zháojí 圐情绪激动,烦躁不安▷光～解决不了问题。

【着凉】 zháoliáng 圐受到低温的刺激而生病▷盖上被子,免得～。

【着迷】 zháomí 圐对人或事物喜爱到入迷的程度▷他弹钢琴弹得～了。

爪 zhǎo 图鸟兽的有尖甲的脚,也指尖利的趾甲▷鹰～|虎～|张牙舞～|魔～。○另见 zhuǎ。

【爪牙】 zhǎoyá ❶图禽兽的脚趾和牙齿。❷比喻坏人的帮凶▷～还在作恶。

找 zhǎo ❶圐寻回(丢的东西);寻求(所需的人或物)▷～钥匙|～了半天还没～着。❷退还多收的部分;补上不足的部分▷～钱|差多少明天一齐补。

【找补】 zhǎobu 圐〈口〉把不够的补足▷分量不够,再～点儿。

【找碴儿】 zhǎochár 圐成心挑毛病;故意找事▷～闹事|～报复。

【找事】 zhǎoshì ❶圐寻找工作▷到开发区～干。❷挑刺寻衅;找麻烦▷他们是来～的|你真是没事～。

沼 zhǎo 图水池▷池～|～泽|～气。☞统读 zhǎo。

【沼气】 zhǎoqì 图甲烷、二氧化碳和氮的混合气体,可作燃料或化工原料。

【沼泽】 zhǎozé 图草密而又充满泥泞的洼地。也说沼泽地。

召 zhào 圐呼唤;叫人来▷号～|～见|～唤|～集|～开会议。☞统读 zhào。

【召唤】 zhàohuàn 圐呼唤(多用于抽象意义)▷祖国在～我们。

【召集】 zhàojí 圐把有关人集合在一起▷～全厂职工开会。

【召见】 zhàojiàn ❶圐上级指示下级来见▷部长有事～。❷外交部通知外国使节前来见面。

【召开】 zhàokāi 圐召集有关人开会▷～座谈会。

兆 zhào ❶图兆头▷吉～|不祥之～|预～|征～。❷圐预先显示▷瑞雪～丰年。❸题数字,一百万。

【兆头】 zhàotou 图事前显露的征候或迹象;预兆。

诏(詔) zhào 图皇帝发布的命令▷～书|～令。

赵(趙) zhào ❶图战国七雄之一。❷姓。

笊 zhào [笊篱]zhàoli 图用竹篾或铁丝等制成的有漏眼的用具,有长柄,用来在液体中捞东西。

棹 zhào ❶图〈文〉船桨。❷〈文〉船▷归～。

照 zhào ❶圐光射到物体上▷灯光～得屋里亮堂堂的|阳光普～。❷阳光▷夕～。❸对着镜子等看自己影子▷～镜子|衣柜漆得锃亮,能～见人影儿。❹察看;查对▷对～|查～。❺圙遵照;按照▷～计划执行。❻对着;朝着;朝着▷～目标前进。❼圐看顾;看管▷～顾|～管|～应。❽拍摄▷～相。❾图指相片▷玉～|近～。❿主管机关所发的凭证▷执～|护～|牌～。

【照本宣科】 zhàoběnxuānkē 照着本子宣读课文(科:条目;条文)。形容只会死板照念,不能灵活讲解、发挥。

【照常】 zhàocháng 圐跟平时一样▷节日～营业。

【照顾】 zhàogù ❶圐考虑到;顾及▷～群众利益|～全面。❷关心;优待▷～孤老户。❸照料;看护▷～病人。

【照会】 zhàohuì ❶圐一国政府就有关事项行文通知另一国政府。❷图用来照会的外交文件。

【照料】 zhàoliào 圐照管;料理▷好老人和孩子。

【照猫画虎】 zhàomāohuàhǔ 比喻只从形式上模仿,没有掌握事物的本质。

【照明】 zhàomíng 圐用灯或其他发光体照亮▷用蜡烛～。

【照射】 zhàoshè 圐(光线)映照▷阳光～大地|用紫外线～。

【照实】 zhàoshí 圙依照事实▷～说,不要有什么顾虑。

【照样】 zhàoyàng ❶圙照某种样子▷这件上衣的款式很新颖,我也～做一件。❷依旧;仍旧▷尽管身体不适,还是～去上班了。

【照妖镜】 zhàoyāojìng 神话小说中指一种能照出妖精原形的宝镜;比喻能够识破坏人真面目的事物。

【照耀】 zhàoyào 圐(强烈的光线)把物体照亮▷湖面在阳光～下晶莹闪亮◇先烈的英雄业绩将永远～后世。

【照应】 zhàoyìng 圐呼应;联系▷文章前后～。☞"应"这里不读 yīng。

【照应】 zhàoying 圐照顾;照料▷请～一下老年人。

罩 zhào ❶图罩子,某些有遮掩作用的东西▷灯～|口～|胸～|被～。❷圐覆盖;套在外面▷拿玻璃罩把闹钟～住|外面～了一件白大褂|笼(lǒng)～。

肇 zhào 圐引发;引起▷～事|～祸。

【肇祸】 zhàohuò 圐引起灾祸;闯祸▷屡屡～|～车辆已经逃匿。

【肇事】 zhàoshì 圐引起事故;挑起事端▷这伙人连续～,必须绳之以法。

zhe

折 zhē 〈口〉❶圐翻转▷～了几个跟头|～腾。❷倾倒(dào)▷把剩菜都～到盆里|拿两个碗把热水～一～就凉了。○另见 shé;zhé。

【折腾】 zhēteng 圐①多次反复;翻过来掉过去▷一篇文章改了抄,抄了改,～了几遍才定稿。❷使精神或肉体受折磨▷工厂的噪音把居民～得睡不好觉。❸捣乱;挥霍▷家业快让你～完了。

蜇 zhē 圐某些昆虫用毒刺刺人或动物▷马蜂～人|被蝎子～了一下。☞㊀在"海蜇"中读 zhé。㊁跟"蛰"(zhé)不同。

遮 zhē ❶圐挡住▷月亮被乌云～住了|拿把伞～～阳光|一手～天蔽日。❷掩盖▷～人耳目|～羞|～掩。☞统读 zhē。

【遮蔽】 zhēbì 圐挡住;掩蔽▷～视线|乌云～。

【遮挡】 zhēdǎng ❶圐遮蔽阻挡▷植树造林～风沙。

❷图用来遮挡的东西▷暴风袭来，千里沙漠没有一点～。
【遮盖】zhēgài ❶团掩盖；蒙上▷用苫布把自行车～住。❷掩饰；隐瞒▷存在的问题～不住。
【遮拦】zhēlán ❶团拦挡▷海堤起到了～海潮的作用。❷图用来拦挡的东西▷光秃秃的一点～也没有。
【遮羞】zhēxiū ❶团遮挡住身体上不宜见人的部位。❷用言语掩饰错误或不光彩的事▷他这番话不过是为自己～而已。
【遮掩】zhēyǎn ❶团遮盖使不显露▷林木～了山村。❷掩饰；使不暴露▷知错就改，不要遮遮掩掩的。
【遮阴】zhēyīn 团遮蔽阳光，使阴凉▷树木～，可以乘凉。☞"阴"不要写作"荫"。

折（摺⑨）zhé ❶团断；弄断▷骨～｜～了根柳条。❷图死，多指早死▷夭～｜～寿。❸团挫败；使受损▷挫～百｜不挠｜损兵～将｜～寿｜～福。❹图减到原价的几成叫几折▷打个对～（减价五成）｜八～优惠。❺图弯；曲▷曲～｜～周。❻团心服▷心～｜～服。❼团返回；改变方向▷走到半路，又～回来｜向东南｜转～｜～射。❽图汉字的笔画，代表形状是"乛"。❾团翻转物体的一部分，使同另一部分紧贴在一起▷～尺｜～叠。❿圜元杂剧剧本中的一个段落，每剧大都是四折。一折大致相当现代戏曲的一场或一幕。⓫团按一定的比价或单位换算▷～价｜～算｜～合。☞跟"拆"（chāi）不同。○另见shé；zhē。
【折叠】zhédié 翻翻折叠▷～被褥｜～伞。
【折服】zhéfú ❶团说服；制服▷有理才能～人。❷从内心服气▷说到做到，令人～。
【折合】zhéhé 团按货币比价或计量单位换算▷1英里～1.6093公里。
【折旧】zhéjiù 团指补偿固定资产在使用过程中所耗损的价值▷房产～。
【折扣】zhékòu ❶图买卖时价款按原定价减成计收的一种销售方式。如按八成计收的叫八折或八扣。❷比喻说话、做事不实在、有水分的现象▷他的话你不能全听，要打很大的～。
【折磨】zhémó 团使肉体或精神受痛苦▷久病不愈，真够～人的。
【折射】zhéshè ❶团指光线或声波由一种媒质传到另一种媒质时因某种原因而使方向发生偏折。❷比喻通过某种方式反映出事物的表象或实质来▷一部优秀小说可以～出时代的精神。
【折腰】zhéyāo 〈文〉❶团弯腰行礼，比喻屈身侍候人▷不为权贵～。❷崇敬，倾倒▷江山如此多娇，引无数英雄竞～。
【折中】zhézhōng ❶团把对立的或分歧的事物使其趋于接近或统一▷～一下｜把两个方案～一下。❷图折中主义，即企图把对立的思想、观点和理论无原则地调和拼凑在一起▷在原则问题上我们不能搞～。☞不宜写作"折衷"。

哲 zhé ❶图明智；智慧超群▷明｜～人。❷图智慧超群的人▷先～。
【哲理】zhélǐ 图有关宇宙和人生的原理▷他的讲话富有～。
【哲学】zhéxué 图关于世界观的理论体系。它研究自然、社会和思维的最一般的规律。根据对思维与存在、精神与物质的关系问题在认识上的对立，哲学分为唯物主义和唯心主义两大派别。

辄（輒）zhé ❶副就▷浅尝～止。❷往往；总是▷动～得咎。

蛰（蟄）zhé ❶团动物冬眠▷～伏｜惊～。❷隐居▷～居｜～处。☞统读zhé。㊀跟"蜇"（zhē）不同。
【蛰伏】zhéfú 团一些动物冬季隐身潜伏，不食不动。

谪（謫）zhé 团〈文〉官吏因获罪而被降到远地任职▷～居｜～贬。

摺 zhé 同"折"⑨。☞"摺"简化为"折"，但在"摺"和"折"意义可能混淆时，《简化字总表》规定仍用"摺"。

磔 zhé 图汉字的笔画，笔形为"乀"。通称捺。

辙（轍）zhé ❶图车轮在地面上碾出的痕迹▷车～｜重蹈覆～。❷〈口〉办法；路子▷现在是一点～都没有了｜晌午饭还没～呢！❸北方戏曲、曲艺等的唱词所押的韵▷合～｜～口｜十三～。☞统读zhé。

者 zhě ❶団跟动词、形容词或动词、形容词词组结合，构成"者"字结尾的词或词组，表示做这一动作的或有这一属性的人、事、物▷劳动～｜弱｜长（zhǎng）～｜始作俑｜不遵守劳动纪律～。❷用在数词或方位词的后面，指称上文说过的事物▷二～不可得兼｜前｜～。❸团〈文〉a)放在词语后面，表示提顿，引出后面的说明解释▷北山愚公～，年且九十，面山而居｜吾妻之美我～，私我也。b)用在句末，表示疑问或推测▷何人可使收责于薛～？｜言之，貌若甚戚～。

赭 zhě 图红褐色的▷～衣｜～石。

褶 zhě ❶图衣服等经折叠挤压而形成的痕迹▷百～裙。❷脸上的皱纹▷快六十的人了，脸上一点～儿都没有。☞右边的"習"不能类推简化成"习"。
【褶皱】zhězhòu ❶图受地壳运动压力而形成的曲折状岩层。❷皮肤上的皱纹▷老人脸上有许多～。

这（這）zhè ❶代指距离比较近的人或事物（跟"那"相对）▷～个｜～孩子｜～是王老师。❷这时候▷他～就出发。☞在口语中，"这"后面跟量词或数词加量词（如"这双鞋""这两本书"）时，常读zhèi；在"这个""这些""这样""这会儿""这阵子"等词中，也常读zhèi。
【这儿】zhèr 代指较近的处所或时间▷那座桥离～不远｜我～正忙着。
【这里】zhèlǐ 代指跟前或较近的处所▷～天气很热｜～是集贸市场。
【这么】zhème 代指示性质、状态、程度以及方式方法等▷～大的孩子怎么一点礼貌也不懂｜～说就～干。☞不宜写作"这末"。
【这些】zhèxiē 代指近处的一些人或事物▷我要说的就是～来的～人我一个也不认识。
【这样】zhèyàng 代指性质、状态、程度、方式▷做人要做～的人｜～怕出问题只有～，才能取得群众的信任。

柘 zhè 图柘树，落叶灌木或小乔木，木材可做黄色染料，叶子可喂蚕，根皮可做药材。

浙 zhè 图指浙江▷～江～一带。☞跟"淅"（xī）不同。

蔗 zhè 图甘蔗▷～糖｜～农。

鹧（鷓）zhè [鹧鸪]zhègū 图鸟，头顶棕色，背部和腹部黑白相间，脚黄色，吃谷粒、昆虫、蚯蚓等，生活在我国南方。

着 zhe ❶劢表示动作或状态的继续▷打～一把伞｜饭还热～呢。❷表示以某种状态存在▷桌上放

~一本书。❸附在某些单音节动词之后构成介词▷照~|顺~|朝~。❹用在动词之后,表示动作正在进行▷他跳~,唱~|会议正在紧张地进行~。❺用在某些动词或形容词之后,表示命令或提醒的语气▷你听~!|快~点儿。○另见 zhāo;zháo;zhuó。

zhen

贞(貞) zhēn ❶彨忠于自己的信仰和原则▷忠~不二|坚~不屈。❷贞节▷~女。☞统读 zhēn。

【贞操】 zhēncāo 名坚贞的操守▷忠于信仰,坚守~。

【贞节】 zhēnjié ❶名坚贞的气节▷保持革命者的~。❷封建礼教指女子不失身,不改嫁的道德观念▷~烈女|~牌坊。

针(針) zhēn ❶名缝制或编织衣物时引线用的细长形工具,多用金属制成。❷中医用刺穴位治病的针状物▷扎~|刺麻醉|~灸。❸形状像针的东西▷指南~|大头~|时~。❹西医注射液体药物用的器械▷~头|~筒。❺针剂▷一天打两|预防~。

【针砭】 zhēnbiān ❶名古代一种以石针治病的方法(今已失传)。❷动比喻深刻批评▷~时弊。

【针对】 zhēnduì 动朝着;对准▷~存在的问题,采取措施|~病情下药。

【针锋相对】 zhēnfēngxiāngduì 针尖对着针尖,比喻双方在观点、言论、行动上尖锐对立。

【针灸】 zhēnjiǔ 名中医按经脉穴道使用针刺(用毫针刺入穴位调整气血)或艾灸(点燃艾绒熏烤穴位温通气血)的治病方法。☞"灸"不读 jiǔ。

【针织品】 zhēnzhīpǐn 名用织针或针织机编织成的物品,如毛巾、围巾、手套、线衣裤等。

侦(偵) zhēn 动暗地里调查;探听▷~破盗窃案|~探。☞统读 zhēn。

【侦查】 zhēnchá 动公安、检察机关在办案过程中为了搜集证据,确定犯罪事实和犯罪嫌疑人而依法进行调查和采取有关强制措施。

【侦察】 zhēnchá 动为查清敌情、地形和其他有关作战情况而采取行动▷对敌军进行空中~|海上~。

【侦缉】 zhēnjī 动侦查缉拿▷在逃罪犯。

【侦探】 zhēntàn ❶动暗中查探机密或案情▷~对方的动向|~失窃案。❷名从事侦探工作的人。

珍 zhēn ❶名珠玉一类的宝物,泛指宝贵的东西▷奇~异宝|~宝|山~海味。❷形贵重的;稀有的▷~禽异兽|~品|~贵。❸动看重;重视▷自~自爱|~重|~视|~爱。

【珍爱】 zhēn'ài 动十分爱护▷~生命|~历史文物。

【珍宝】 zhēnbǎo 名指珍珠、宝石等,泛指价值极高的物品。

【珍本】 zhēnběn 名具有特别收藏价值的珍贵图书版本。包括善本、孤本,具有特别用途的图书或文献资料等。

【珍藏】 zhēncáng ❶动认为珍贵而妥善地收藏起来▷~名家墨迹|祖父的遗物,我一直~至今。❷名指收藏的珍贵物品▷博物馆~很多。

【珍贵】 zhēnguì 形价值高而意义深远(像珍珠玉器那样贵重)▷~文物|~药材。

【珍品】 zhēnpǐn 名值得珍爱的宝贵物品▷稀世~。

【珍奇】 zhēnqí 形珍贵而稀奇▷~物种|名贵~药材。

【珍禽异兽】 zhēnqínyìshòu 珍贵而奇异的飞禽走兽。

【珍视】 zhēnshì 动珍爱重视▷~劳动成果|~绿色家园。

【珍惜】 zhēnxī 动珍视爱惜▷~友情|~劳动成果。

【珍稀】 zhēnxī 形珍贵稀少的▷~文物|~动物。

【珍重】 zhēnzhòng 动爱惜重视▷~友谊和团结|贵体欠安,千万~。

【珍珠】 zhēnzhū 名某些贝类在一定外界条件刺激下,分泌出有套膜的圆粒状物,光泽艳丽,是一种比较贵重的装饰品,也可以研细入药。☞不宜写作"真珠"。

帧(幀) zhēn 量用于字画,相当于"幅"▷一~山水画。☞统读 zhēn。

胗 zhēn 名〈口〉禽鸟的胃▷鸡~儿。☞统读 zhēn。

真 zhēn ❶形符合事实的;正确的(跟"假""伪"相对)▷他说的都是~的|~人~事|~理。❷确切;清楚▷声音太小,听不~|带上眼镜看得很~。❸副确实;实在▷~漂亮|~英明|~该批评|~不是滋味。❹名指事物的原样▷描写失~|传~|电报。

【真才实学】 zhēncáishíxué 真正的才能和实在的学问,指真实的本领。

【真诚】 zhēnchéng 形真心诚意的;没有虚假的▷~相见|态度~、坦率。

【真传】 zhēnchuán 名指技艺超凡、学术精湛的某人或某一派传授的东西。

【真谛】 zhēndì 名真正的道理;真实的意义▷领悟做人的~|文章的~。

【真迹】 zhēnjì 名真实的笔迹。一般指出于著名书画家本人手笔的作品。

【真空】 zhēnkōng ❶名物理学上指没有空气或空气极少的状态和空间。❷借指没有某类事物的空间▷这是一段双方均不进入的~地带。

【真理】 zhēnlǐ 名正确的道理,是人对客观事物及其规律的正确反映,是人们对于实践经验的科学总结。真理随着实践的发展而发展。真理与谬误相比较而存在,在一定的条件下可以相互转化。

【真品】 zhēnpǐn 名真正出自某一时代、某一名家的艺术品或文物(区别于"赝品"或"仿制品")。

【真凭实据】 zhēnpíngshíjù 确凿可信的证据。

【真切】 zhēnqiè ❶形清楚确切▷我听得很~,绝不会有错|他记得真真切切,说过这样的话。❷诚挚恳切▷态度很~|真真切切的心意。

【真情】 zhēnqíng ❶名真实的情况▷和盘托出内幕~。❷真挚的情感▷流露出对祖国的一片~。

【真实】 zhēnshí 形符合客观实际的;非虚假的▷~的故事。

【真相】 zhēnxiàng 名事物的真实面貌和情况▷不明~。☞不宜写作"真象"。

【真心实意】 zhēnxīnshíyì 心意真诚实在。

【真正】 zhēnzhèng ❶形真实的;名实相符的▷这是~的苹果汁,没掺假。❷副表示对行为或状况的肯定,相当于"确实"▷这种品牌的家电~是高质量的。

【真知灼见】 zhēnzhīzhuójiàn 正确的认识,透彻的见解(灼:透彻)。

【真挚】 zhēnzhì 形真切诚恳▷崇高而~的感情。

砧 zhēn 名切、捶、砸东西时垫在下面的东西▷~石(捣衣石)|铁~子|~板。

斟 zhēn ❶动往杯子等容器里倒(茶、酒等)▷~酒|~上一碗茶|自~自饮。❷仔细思考▷字~句酌。

【斟酌】 zhēnzhuó 动思考权衡(决定取舍)▷要多加~|~再三,你还是不去为好。

甄 zhēn 动考察;鉴别▷~审|~别。

【甄别】zhēnbié 囫审查鉴别(真伪、优劣)▷对已有资料要认真～|考核～应聘人员。

榛 zhēn 囝榛树,落叶灌木或小乔木,果实叫榛子,可以吃,也可榨油。

箴 zhēn 囫规劝;告诫▷～言|～规。

【箴言】zhēnyán 囝〈文〉规劝告诫的话▷恩师～,永记心中。

臻 zhēn 囫达到▷日～完善。

诊(診) zhēn 囫检查病人,了解病情▷～脉|急～。☞统读 zhěn。

【诊断】zhěnduàn 囫医生判断病人所患的病症▷医生～他患的是心脏病。

【诊治】zhěnzhì 囫诊断并医治▷有病应该找医生～。

枕 zhěn ❶囝躺着的时候用来垫头的东西▷～头|～巾。❷囫躺着的时候把头放在枕头上或其他东西上▷～着枕头睡觉。☞统读 zhěn。

【枕戈待旦】zhěngēdàidàn 枕着武器等待天亮,形容随时准备战斗。

【枕木】zhěnmù 囝横铺在铁路路基床上的方形木头,用来固定钢轨和承受车轮的压力。如今多用钢筋水泥制造。

畛 zhěn 〈文〉❶囝田间小路。❷界限▷～域。

疹 zhěn 囝一种皮肤病,皮肤表层因发炎而起小疙瘩,多为红色,小的像针尖,大的像豆粒,如麻疹、湿疹等。

缜(縝) zhěn 囮细密▷～密。

【缜密】zhěnmì 囮(思想、文章等)细致严密▷思考～。

圳 zhèn 囝田间水沟(多用于地名)▷深～|～口(两地均在广东)。

阵(陣) zhèn ❶囝古代交战时布置的战斗队列或队列的组合方式,现在也指作战时的兵力部署▷八卦～|～容|～营。❷囫阵地;战场▷临～磨枪|上～|～亡。❸指一段时间▷这～子上哪儿去了? ❹量用于延续了一段时间的事情或现象▷一～风|一～掌声。

【阵地】zhèndì ❶囝军队在前沿布置火力和构筑工事的地方。❷比喻某一重要领域▷舆论～|教育～|宣传～。

【阵脚】zhènjiǎo 囝作战时所摆队列的最前方,也泛指整个队伍(今多用于比喻)▷你们连长住～,我们连组织冲锋◇谈判时我方不能自乱了～。

【阵容】zhènróng 囝战斗队伍的风貌,也比喻人力的配备▷部队～严整|演员～强大。

【阵势】zhènshì ❶囝军队作战的兵力和部署▷我们对敌人的～已经了如指掌。❷情景;场面▷见过大～|看这～,很快要下雪了。

【阵痛】zhèntòng ❶囝间歇性的疼痛。❷比喻事物因猛烈变化而产生的暂时困难和不适应。

【阵亡】zhènwáng 囫在战场上战死。

【阵线】zhènxiàn 囝战线,多比喻联合起来的力量▷联合～|反法西斯～。

【阵营】zhènyíng 囝交战双方各自的军事阵势和力量,比喻为了共同的利益和目标而联合起来的集团。

鸩(鴆) zhèn 囝传说中的一种鸟,羽毛有剧毒,可以用来泡酒做毒药。☞跟"鸠"(jiū)不同。

振 zhèn ❶囫摇动;挥动▷～翅|～臂高呼。❷奋起;奋发精神为之一～|军心大～|一蹶不～|

～奋|～作。❸振动▷共～|～幅。☞统读 zhèn。

【振荡】zhèndàng 囫随时间作周期性重复变化的物理过程。

【振动】zhèndòng 囫物体以某一空间位置为中心不断往复运动,如钟摆等的运动就是振动。

【振奋】zhènfèn ❶囮振作奋起▷精神～。❷囫使振作奋起▷～人心。

【振聋发聩】zhènlóngfākuì 比喻唤醒糊涂麻木的人,使之清醒。多形容议论精辟,发人警醒。

【振兴】zhènxīng 囫使奋发兴旺盛▷～科技|～华夏。

【振振有词】zhènzhènyǒucí 形容自以为理由充分说个没完(多含贬义)。

【振作】zhènzuò ❶囮精神振奋,情绪饱满▷精神不太～。❷囫奋发起来▷要～精神,努力上进。

朕 zhèn 囮自秦始皇起专用作皇帝的自称。

赈(賑) zhèn 囫赈济▷～灾|～饥。

【赈济】zhènjì 囫用钱粮或其他实物救济。

震 zhèn ❶囫猛烈地颤动;使颤动▷炮弹把门窗～得直响|地～|～撼。❷特指地震▷～级|～情。❸情绪非常激动▷～惊|～怒。

【震颤】zhènchàn 囫颤抖;使颤抖▷机身～得很厉害|响雷～大地。

【震荡】zhèndàng 囫震颤;动荡▷炮声在耳边～|金融风暴,使一些国家的经济～不已。

【震动】zhèndòng ❶囫物体因受外力的影响而颤动▷窗户～了一下。❷(事件、情况)引起强烈反响▷日本侵略者南京大屠杀的暴行～了全世界。

【震撼】zhènhàn 囫震荡;摇动▷炮声～山河◇新中国的诞生～了全世界。

【震惊】zhènjīng 囫非常吃惊或使人非常吃惊▷感到～|～中外。

【震怒】zhènnù 囫极为愤怒。

【震慑】zhènshè 囫使感到震动并害怕▷敌人为之～。☞"慑"不要写作"摄"。

镇(鎮) zhèn ❶囫压;压制;抑制▷～纸(压纸的东西)|～压|～痛。❷囮安定;稳定▷～静|～定。❸囫用武力守卫▷～守|坐～。❹囝市镇;集镇▷镇上有十几家店铺|城～|乡～。❺囫把食物、饮料等放在冰块上或冷水里使变凉▷把啤酒～一～|冰～。

【镇定】zhèndìng ❶囮在紧急情况下沉着而不慌乱▷表现得非常～。❷囫使稳定▷～情绪。

【镇静】zhènjìng 囮安定;冷静▷情绪～下来了|她遇事不慌,非常～。

【镇守】zhènshǒu 囫在军事要地驻兵把守▷～边防重镇。

【镇压】zhènyā ❶囫用强力手段压制▷～叛乱。❷特指处决反动分子和坏人。

zheng

正 zhēng 囝正月▷新～。〇另见 zhèng。

【正月】zhēngyuè 囝农历一年的第一个月。☞"正"这里不读 zhèng。

争 zhēng ❶囫抢夺;力求获得或做到▷孩子们～着帮老人拿东西|～冠军|寸土必～。❷较量;打斗▷鹬蚌相～。❸争吵;争论▷论～|～执。

【争霸】zhēngbà 囫争夺霸主或霸权地位▷超级大国～|拳王～战。

【争辩】 zhēngbiàn 团争论,辩解▷～是非。

【争吵】 zhēngchǎo 团激烈、大声地争论。

【争持】 zhēngchí 团争论得相持不下,互不让步▷双方～多时。

【争斗】 zhēngdòu ❶团打架斗殴。❷对立的双方争▷派系～。

【争端】 zhēngduān 图发生争执的事由,泛指争执不下的事端▷国际～。

【争夺】 zhēngduó 团争相夺取▷～冠军|～市场份额。

【争光】 zhēngguāng 团争取荣誉▷为华夏～。

【争论】 zhēnglùn 团不同的意见发生交锋▷双方激烈～|～了半天。

【争鸣】 zhēngmíng 团比喻在学术上各自发表不同意见并进行辩论▷百家～。

【争奇斗艳】 zhēngqídòuyàn 各种鲜花竞相开放,非常好看。比喻在新奇和华美方面互相比赛。

【争气】 zhēngqì 团不甘落后奋发向上▷这孩子真～。

【争取】 zhēngqǔ 团力求获得;努力实现▷～第一名。

【争先恐后】 zhēngxiānkǒnghòu 抢在前头,唯恐落后。形容奋勇进取。

【争议】 zhēngyì ❶团争论;争辩▷不再～了,由领导决定吧!❷图分歧和争论▷这个问题大家还有～。

【争执】 zhēngzhí ❶团各执己见,互不相让▷～不下。❷图对问题的不同看法▷双方对此仍有～。

征(徵❸—❺) zhēng ❶团远行▷～途|远～|长～。❷团讨伐▷出兵～讨|～伐|讨～|～服。❸政府召集或收取▷～兵|～粮|～收|应～。❹寻求▷～文|～稿|～求。❺图现象;迹象▷特～|象～|～兆。

【征尘】 zhēngchén 图远行路程中身上所沾的尘土,形容路途辛苦劳顿▷～未除,又投入新的战斗。

【征调】 zhēngdiào 团政府对人员或物资进行征集或调用▷～药品|～人员。

【征服】 zhēngfú ❶团用武力使屈服;战胜▷不能～弱小民族|～大自然。❷使人信服▷他的小提琴独奏～了听众。

【征候】 zhēnghòu 图预兆;事先出现的某些现象▷从～上看,近日可能有地震。

【征集】 zhēngjí ❶团征求收集(文稿、资料、文物等)▷～资料。❷招募▷～志愿者。

【征求】 zhēngqiú 团征集,求取▷～建议。

【征收】 zhēngshōu 团国家依法对公民或单位收取(公粮或税款等)▷～营业税。

【征讨】 zhēngtǎo 团出兵讨伐。

【征途】 zhēngtú 图走向战场的路;泛指远行的路途▷万里～◇踏上实现四个现代化的～。

【征象】 zhēngxiàng 图征候迹象▷心悸、胸闷、气短是冠心病的～。

【征询】 zhēngxún 团征求,询问(意见、建议等)▷向广大工人～意见。

【征用】 zhēngyòng 团国家依法有偿或无偿对集体或公民个人土地房产等征调使用。

【征兆】 zhēngzhào 图征候;预兆。

挣 zhēng [挣扎]zhēngzhá 团尽力支撑或摆脱(困境)▷～着坐起来|垂死～。○另见 zhèng。

峥 zhēng [峥嵘]zhēngróng ❶图山势高峻突兀▷山石～。❷超乎寻常的▷～岁月。

狰 zhēng [狰狞]zhēngníng 图(面目)凶恶可怕▷面目～。

症(癥) zhēng [症结]zhēngjié 图中医指肚子里结硬块的病,比喻事情的纠葛或不好解决的

关键所在▷查找问题的～。○另见 zhèng。

睁 zhēng 团张开眼▷～着眼。

【睁眼瞎】 zhēngyǎnxiā 文盲,不识字的成年人。

铮(錚) zhēng [铮铮]zhēngzhēng 拟声〈文〉模拟金属等的撞击声▷～然作金石声|～有声。

筝 zhēng 图我国传统的拨弦乐器,音箱为木制长方形,上面张弦。

蒸 zhēng ❶团蒸发,液体受热转化成气体上升▷～腾|～气。❷利用水蒸气加温▷剩饭～～再吃|～笼。

【蒸气】 zhēngqì 图液体或固体(如汞、水、碘等)受热转化成的气体。

【蒸汽】 zhēngqì 图水蒸气。

【蒸腾】 zhēngténg 团指气体上升▷水汽～。

【蒸蒸日上】 zhēngzhēngrìshàng 形容事业一天天兴旺发展(蒸蒸:热气上升的样子)。

拯 zhēng 团救助▷～救。☞不读 chéng 或 chěng。

整 zhěng ❶图整齐▷衣冠不～|～洁|工～|严～。❷团整理,整顿▷重～旗鼓|～队|休～。❸修理▷～旧如新|～修|修～。❹使受苦▷～人|挨～。❺图完全;没有残缺或损坏▷一套设备|～体|完～。❻没有零头的(跟"零"相对)▷～10 年|1 万元～|晚 8 点～|～化～为零。☞左上不是"束"(cì)。

【整饬】 zhěngchì ❶团〈文〉整顿并使条理化▷～纪律|～军容。❷图整齐▷～装束。

【整顿】 zhěngdùn 团进行治理,使变得健全有序,符合要求▷～队伍|～作风。

【整风】 zhěngfēng 团整顿(思想、工作)作风▷进行～。

【整改】 zhěnggǎi 团(对工作)进行整顿和改革▷对存在问题要认真～。

【整洁】 zhěngjié 图整齐清洁▷房间很～|～的服装。

【整理】 zhěnglǐ 团使散乱的有条理▷～档案材料|～遗物。

【整齐】 zhěngqí ❶图有秩序,有条理,不凌乱▷书架上的书很～|步伐～|屋里收拾得又～又干净。❷外形完整,合乎规格▷穿着～|小区里的楼房～美观。❸大小、长短、程度、水平等相接近▷麦苗长得十分～|人员素质比较～。

【整容】 zhěngróng 团修饰美化容貌;特指通过手术整治容貌上的缺陷。

【整饰】 zhěngshì 团整顿并装饰▷校园～一新|新居～得很雅致。

【整肃】 zhěngsù ❶图庄严;严肃▷警容～|法纪～。❷团整顿,整理▷～军纪|～军容。

【整体】 zhěngtǐ 图全部,全体▷部分服从～|新学员的～素质是好的。

【整形】 zhěngxíng 团通过医疗整治手术,除去人体的缺陷或畸形,恢复生理机能和正常外形▷被烧伤的面部～了多次。

【整修】 zhěngxiū 团修理;修饰;治理▷～门面|～水利。

【整治】 zhěngzhì ❶团治理;修理▷～下水道。❷惩治▷要～坏人。

正 zhèng ❶图方向或位置不偏不斜;时间不前不后;位置在中间(跟"偏""歪"相对)▷把帽子戴～,不要歪了|～点到达|这根杆竖得不～|～南。❷合乎标准▷～楷|～品。❸正直的;正当的▷～义|～词

严|心术不～|～派|走～路。❹(色、味)纯而不杂▷颜色不～|味儿～。❺团使思想行为端正▷～人先已。❻改掉错误的,使成正确的▷～音|～字|～误表。❼形主要的▷他是～的,我是副的|～职|～文。❽副a)表示动作在进行中或状态在持续中▷我们～开着会。b)表示恰好,刚好▷一进门～赶上开饭。❾图正面,片状物露在外面或主要使用的一面(跟"反"相对)▷这种纸～反两面都是光滑的。❿形指大于零的或失去电子的(跟"负"相对)▷～数|～极。⓫图形的各个边的长度和各个角的度数都相等的▷～方形|～多边形。○另见zhēng。

【正本】 zhèngběn 图图书原本,又称正刻本;也指文件中可作为依据的一份。

【正本清源】 zhèngběnqīngyuán 从根本上纠正,从源头上清理。

【正比】 zhèngbǐ ❶图两个有关联的事物,或事物相关联的两个方面,一方发生变化,另一方也随之在相同方向上发生相应的变化(跟"反比"相对)▷学习成绩同努力程度成～。❷两个数的比(参见"反比②")。

【正常】 zhèngcháng 形无特殊的情况;合乎一般的规律(跟"反常"相对)▷运转～|～的气候。

【正当】 zhèngdāng 团恰好处在(事情发生的某时期或阶段)▷～秋收之时|～年富力强。

【正当】 zhèngdàng 形合理合法;正派▷～行为|～防卫。

【正道】 zhèngdào 图正当的路,正确的途径▷人要走～。也说正路。

【正电】 zhèngdiàn 图物体在失去电子时出现的带电现象。也说阳电。

【正法】 zhèngfǎ 团执行死刑;处决▷就地～。

【正方】¹ zhèngfāng 图正方形或立方体。

【正方】² zhèngfāng 图对某观点持赞成意见的一方(跟"反方"相对)。

【正告】 zhènggào 团严肃认真地警告或告知▷～司机们切不可酒后开车。

【正规】 zhèngguī 形跟正式规定相符的或者与公认标准一致的▷～军队|训练很～。

【正轨】 zhèngguǐ 图正常的发展道路▷经过整顿,生产走上～。

【正极】 zhèngjí 图阳极。

【正襟危坐】 zhèngjīnwēizuò 整理好衣襟,规规矩矩地坐着(危:端正)。形容严肃、拘谨或恭敬的坐姿。

【正经】 zhèngjing ❶形正派的;正当的▷这是个～人|做～事。❷认真的;不是开玩笑的▷说～的|～点儿。❸正式的;合乎标准的▷～货。

【正剧】 zhèngjù 图戏剧中最普通、最主要的类型,兼有悲剧和喜剧的因素,以表现严肃冲突为主要剧情。也说悲喜剧。

【正面】 zhèngmiàn ❶图靠前的那一面;被使用的或面向人的那一面(区别于"反面""背面""侧面")。❷好的、积极的一面(跟"反面"或"负面"相对)▷作用|～人物。❸直接的或直接显示出来的一面▷把问题～提出来|～描写。

【正名】 zhèngmíng 团辨正名分,使名义与实际相符、一致。

【正派】 zhèngpài 形作风端正▷作风～|不做不～的事。

【正品】 zhèngpǐn 图质量符合规定标准的产品。

【正气】 zhèngqì ❶图正派的和公正的风气或作风▷发扬～,压倒邪气。❷正直刚强的气概▷浩然～|凛然。

【正巧】 zhèngqiǎo 副恰巧;正好▷咱们～一路同行。

【正确】 zhèngquè 形没有错误,符合事实或公认的标准的▷回答～|～的态度。

【正人君子】 zhèngrénjūnzǐ 指道德品行端正的人(现多用于讥讽)。

【正史】 zhèngshǐ 图指《史记》《汉书》等二十四部纪传体史书。

【正式】 zhèngshì 形合乎法定标准的;被认定有效身份的或严格按照一定程序的▷～职员|～批准。

【正视】 zhèngshì ❶团直视;面对面相看▷他没有考好,不敢～老师。❷用认真的态度对待,不回避,不敷衍▷～矛盾。

【正题】 zhèngtí 图文章的主要内容或要讨论的中心问题。

【正统】 zhèngtǒng ❶图封建王朝一脉相承的系统。❷党派或学术派别一脉相承的系统。

【正文】 zhèngwén 图著述的本文(区别于"注释""附录"等)。

【正误】 zhèngwù 团纠正错误(一般指书面材料的)。

【正颜厉色】 zhèngyánlìsè 神情严肃,态度严厉。

【正义】 zhèngyì ❶图公正合理,于国于民有利的▷～事业。❷图公正的道理▷弘扬～|主持～。

【正音】 zhèngyīn ❶团矫正读音;规范读音▷～对播音员来说,很重要。❷图正确、规范的读音。

【正在】 zhèngzài 副表示动作或状态在持续中▷～上课。

【正直】 zhèngzhí 形公正直率。

【正值】 zhèngzhí 副正当;适逢▷～金秋时节。

【正职】 zhèngzhí ❶图处于第一的职务。❷本职。

【正中下怀】 zhèngzhòngxiàhuái 正好符合自己心意。☞"中"这里不读zhōng。

【正字】 zhèngzì 团矫正不规范的字形或拼写错误▷要注意给小学生～。

【正宗】 zhèngzōng 图原指佛教各派的创始者所传下来的嫡派,后泛指各种技艺的真正传统▷少林拳的～传人|～的广东小吃。

证(證) zhèng ❶团用可靠的凭据来断定真假▷～人|论～|查～。❷图凭据,能起到证明作用的人或事物▷人～|凭～|通行～。

【证词】 zhèngcí 图对案件或事情提供可做证据的言词或文字材料。

【证婚】 zhènghūn 团给男女结婚作证明▷～人。

【证件】 zhèngjiàn 图用来证明身份、职业、学历等的文件或材料。

【证据】 zhèngjù 图特指具有法律规定的表现形式,能证明案件真实情况的一切凭据。

【证明】 zhèngmíng ❶团用真实材料来说明、判断人或事情的真实性▷我可以为这件事作～。❷图证明性的文字材料。

【证券】 zhèngquàn 图代表一定数额金钱或实物的书面凭证。也说有价证券。

【证人】 zhèngrén ❶图法律上了解案件真实情况而被通知到庭作证的非当事人。❷可以提供证明的人。

【证实】 zhèngshí 团证明确实如此▷实践～了改革是正确的。

【证物】 zhèngwù 图对事情或案件的事实能加以证明的物件。

【证言】 zhèngyán 图证人对案件作证明时所说的话或所写的材料。

郑(鄭) zhèng ❶图周朝诸侯国名。❷姓。

【郑重】 zhèngzhòng 厖庄重严肃▷～声明 | 态度异常

怔 zhèng 勔发愣▷听说要动手术，他马上～住了。

诤(諍) zhèng 勔直率地规劝▷～谏 | ～友 | ～言。☞不读 zhēng。

政 zhèng ❶图指政治▷～府 | ～权。❷政府部门主管的业务▷财～ | 民～ | 邮～ | 市～。

【政变】 zhèngbiàn 勔国家统治集团内部少数人采取军事或政治手段使国家政权突然变更，执政者下台。

【政策】 zhèngcè 图国家或政党处理内政外交事务的行动准则。

【政党】 zhèngdǎng 图阶级、阶层或集团的政治组织。它集中体现一定阶级、阶层或集团的利益。

【政敌】 zhèngdí 图在政治斗争中处于敌对地位的人。

【政府】 zhèngfǔ 图国家行政机关，一般分中央政府和地方政府。它是国家权力机关的执行机关。

【政工】 zhènggōng 图思想和政治工作▷～干部。

【政纪】 zhèngjì 图国家公务员必须遵守的纪律。

【政绩】 zhèngjì 图政府官员或其他管理人员履行职务的成绩。

【政见】 zhèngjiàn 图对政治问题的见解或主张。

【政局】 zhèngjú 图政治的局势。

【政客】 zhèngkè 图依靠从事政治活动谋求个人和集团私利并善于进行政治投机的人。

【政令】 zhènglìng 图政府颁布的施政法令。

【政论】 zhènglùn 图针对政治问题和形势发表的评论文章。

【政权】 zhèngquán ❶图实行政治统治的权力▷巩固～。❷指实行统治权力的机关▷建立新～。

【政体】 zhèngtǐ 图国家政权的组织形式。政体和国体要相适应，为国体服务。我国的政体是人民代表大会制。

【政务】 zhèngwù 图有关政治方面的事务，泛指政府的管理工作。

【政要】 zhèngyào 图政界的重要人物。

【政治】 zhèngzhì 图阶级、政党、国家或个人参与的在内政和国际关系方面的斗争和活动。主要是夺取、建立、巩固国家政权的斗争，以及运用政权治理国家和社会的活动。

【政治犯】 zhèngzhìfàn 图由于从事某种政治活动而被司法部门认定为犯了罪的人。

挣 zhèng ❶勔用力摆脱▷～开绳索 | ～脱。❷努力取得▷～钱养家 | ～面子。○另见 zhēng。

症 zhèng 图因生病而出现的异常状态；疾病▷对～下药 | ～状。○另见 zhēng。

【症候】 zhènghòu 图疾病或疾病的症状▷孩子高烧不退，看来～不轻 | 这种病的是心悸、胸闷、头晕。

【症状】 zhèngzhuàng 图病人机体因病表现出的异常状态，如咳嗽、发烧等。

zhi

之 zhī ❶勔〈文〉到……去；往▷不知君之所～。❷咃〈文〉用在名词前，相当于"这"或"那"▷～子于归。❸代替人或事（只作宾语）▷言～成理 | 置～不理 | 好自为～ | 取而代～。❹勔 a)用在定语和中心词之间，表示前后是领有或修饰关系▷赤子～心 | 三口家 | 大半～年 | 二分～一。b)用在主谓词组的主语和谓语之间，使它变成偏正词组▷影响～深远 | 决心～大。❺指代作用虚化，不代替什么▷久而久～。

【之所以】 zhīsuǒyǐ 咃用在因果复句中引出结果▷他

～请假回家，是因为他爷爷病危。

支 zhī ❶图从总体中分出的部分▷分～ | ～流 | ～线。❷勔分派；打发▷～使 | ～派 | ～配。❸付出或领取（款项）▷从财务科～一点钱 | ～平衡 | ～出 | 超～ | 预～。❹图指地支。详见"干支"。❺量用于杆状物、乐曲、队伍等▷一～笔 | 三～分队 | 两～曲子。❻勔架起▷把蚊帐～起来 | ～柱 | ～点。❼支持▷体力不～。❽支援▷～农 | ～前 | ～边。

【支部】 zhībù 图党派的分支机构或基层组织；特指中国共产党的基层组织。

【支撑】 zhīchēng ❶勔承受并顶住压力使不倒塌▷用柱子～着要倒的树。❷（勉强）维持着▷全家生活靠他一人～。☞"撑"不读 zhǎng。

【支持】 zhīchí ❶勔支撑，维持▷这里的事情我先～着 | 经济上他已～不住了。❷支援；帮助▷得到了大力～。

【支出】 zhīchū ❶勔付出；支付（款项）。❷图支付的钱款▷这笔～不在预算之内。

【支付】 zhīfù 勔付出、付给（款项）▷～修理费 | 以现金～。

【支离破碎】 zhīlípòsuì 形容事物零散残缺不完整。

【支流】 zhīliú ❶图直接或间接流入干流的河流。❷比喻事物的非本质的次要的方面（跟"主流"相对）▷观察形势要区别主流和～。

【支配】 zhīpèi ❶勔安排；分配▷要好好～时间。❷控制；限制▷行动受思想～。

【支票】 zhīpiào 图向银行支取或划拨现金的凭据。

【支取】 zhīqǔ 勔领取（钱财）▷～利息。

【支吾】 zhīwú 勔用话应付、搪塞；躲躲闪闪地说话▷～其词 | ～了半天也没说清楚。☞不宜写作"枝梧""枝捂"。

【支援】 zhīyuán 勔一方对另一方给以钱财、物资、人力等方面的援助或精神上的鼓励▷大力～灾区。

【支柱】 zhīzhù ❶图用作支撑的柱子。❷比喻中坚力量▷企业～ | ～产业。

只(隻) zhī ❶形单个的；极少的▷～身 | 言片语。❷量 a)用于某类动物▷一～鸟 | 两～猫 | 三～羊。b)用于成对东西中的一个▷两～袜子 | 一～筷子 | 一～手。○另见 zhǐ。

【只身】 zhīshēn 图独自一人▷～去采访。

【只言片语】 zhīyánpiànyǔ 零碎、不完整的话。☞"只"这里不读 zhǐ。

卮 zhī 图古代盛酒的器皿。

汁 zhī 图含特定物质的液体▷果～ | 胆～ | 墨～。

芝 zhī ❶图指灵芝。❷古书上说的一种香草，常跟兰草并列，比喻高尚、美好等▷～兰玉树（比喻优秀子弟）| ～兰之室。

【芝麻】 zhīma 图一年生草本植物，茎直立，花白色。种子也叫芝麻，小而扁平，可以榨油。

【芝麻官】 zhīmaguān 图比喻低级官吏（含自嘲或讽刺义）▷七品～。

吱 zhī 拟声模拟物体摩擦、鸟虫鸣叫等的声音▷门～的一声开了 | 老鼠～～地叫着。

枝 zhī ❶图植物主干上生出来的杈▷～～ | 繁叶茂 | 树～ | ～条。❷量用于带枝的花朵▷一～桃花。

【枝繁叶茂】 zhīfányèmào 形容花草树木生长茂盛。

【枝节】 zhījié ❶图比喻有关的小事或次要问题▷主要问题解决了，～问题好办。❷比喻在一件事情的处理过程中出现的意外问题▷横生～。

【枝蔓】 zhīmàn 图植物的枝条和蔓生物,比喻烦琐纷乱的事物、文字等▷文章～太多,不集中。
【枝叶】 zhīyè 图比喻次要、琐碎的事情▷～问题暂缓解决。

知 zhī ❶团知道;了解▷明～故犯|温故～新|熟～|周～。❷图见解;知识▷真～|灼见|无～|求～。❸团使了解▷告～|照。❹图指知己▷新～|友。❺团〈文〉主管;主持▷～县|～政。☞统读 zhī。
【知道】 zhīdào 团对事情或道理已经了解、明白▷他～很多情况。
【知底】 zhīdǐ 团了解并明白事情的原委和内情▷知根～。
【知己】 zhījǐ ❶圈相互了解,情深谊厚▷～的朋友。❷图相互了解,情谊密切的人▷他是我的～。
【知己知彼】 zhījǐzhībǐ 知道自己的情况,也知道对方的情况。
【知觉】 zhījué ❶图心理学指客观事物的整体和表面联系在人脑中的直接反映,是感觉的基础上形成的,比感觉复杂完整。❷感觉▷两手冻得失去了～。
【知名】 zhīmíng 圈著名的;名声大的▷～学者|～度。
【知难而进】 zhīnán'érjìn 明知有困难但仍然努力向前。☞"难"这里不读 nàn。
【知趣】 zhīqù 圈识时务;不惹人讨厌▷这人就是不～,动不动就去麻烦他。
【知人善任】 zhīrénshànrèn 了解识别人才,并善于任用人才。
【知识】 zhīshi ❶图人类在实践中对客观世界(包括人类自身)反复进行认识的成果。❷圈有关知识的▷～产业|～分子。
【知识经济】 zhīshi jīngjì 靠高科技知识获得效益的经济方式。
【知悉】 zhīxī 团〈文〉知道;详情早已～。
【知心】 zhīxīn 圈知己①▷～朋友|他俩很～。
【知音】 zhīyīn 图《列子·汤问》记载,有个叫伯牙的人,他弹琴只有钟子期才能听得懂。后来借指了解和赞赏自己所长的人。

肢 zhī 图人体两臂两腿的统称,也指兽类的四条腿和鸟类的两翅两足▷上～|四～。
【肢解】 zhījiě 团古代割去四肢的酷刑。现多比喻某事物被割裂分解▷国土被～。☞不宜写作"支解"、"枝解"。
【肢体】 zhītǐ 图四肢;也指四肢和躯体。

织(織) zhī ❶团把丝、纱、毛等交错制成绸、布、呢等▷纺～|棉～品。❷用互相交错、勾连的方法把线编成衣物▷～毛衣|～鱼网|编～。☞统读 zhī。
【织女】 zhīnǚ ❶图织女星;也指神话传说中的人物牛郎～。❷指纺织女工。

栀 zhī [栀子]zhīzi 图常绿灌木,开白色大花,有浓烈的香味,果实赤黄色。

胝 zhī 见[胼胝]piánzhī。

脂 zhī ❶图动植物体内所含的油性物质▷～肪|松～。❷含脂的化妆品;特指胭脂▷涂～抹粉。☞统读 zhī。
【脂肪】 zhīfáng 图有机化合物,存在于动植物体内。是生物体的储能物质,能供给人体中所需要的热能。
【脂粉】 zhīfěn 图胭脂和化妆用的粉。
【脂麻】 zhīma 通常写作"芝麻"。

蜘 zhī [蜘蛛]zhīzhū 图节肢动物,分泌的黏液在空气中凝成丝,用来结网捕食昆虫。

执(執) zhí ❶团拿着▷手～大旗|～笔。❷主持;掌管▷～政|～掌。❸执行;从事(某种工作)▷～法|～勤。❹坚持▷～意不肯|各～一词。❺图凭证▷回～|～照。☞右边不是"九"。
【执笔】 zhíbǐ ❶团持笔▷用右手～写字。❷用笔写文章,特指集体撰写中负责拟稿▷文章由他～。
【执法】 zhífǎ 团执行法律和法令▷秉公～|～如山。
【执教】 zhíjiào 团当教师;当教练▷～30 多年了|举重队有多人～。
【执迷不悟】 zhímíbùwù 坚持错误,不醒悟。
【执拗】 zhíniù 圈固执任性,坚持己见▷性格～,不听别人劝阻。☞"拗"这里不读 ào。
【执勤】 zhíqín 团执行勤务▷上岗～。
【执行】 zhíxíng 团实施;实行▷～命令。
【执意】 zhíyì 团他～要去。
【执掌】 zhízhǎng 团掌管;掌握(权力)▷～财政大权。
【执照】 zhízhào 图由主管部门签发的准许从事某项经营或事务的书面凭证▷营业～|驾驶～。
【执政】 zhízhèng 团掌握政权▷上台～|～党。
【执著】 zhízhuó 圈佛教原指对尘世的事物追逐不舍,不能解脱。后泛指始终坚持不变或拘泥不变通▷他对绘画异常～|对有些事不必太～。
【执着】 zhízhuó 通常写作"执著"。

直 zhí ❶圈不弯曲(跟"曲"相对)▷把绳子拉～|笔～|～线。❷团使变直;伸直▷累得～不起腰来。❸圈同地面垂直的;竖的(跟"横"相对)▷～升机。❹公正▷刚～不阿|理～气壮|正～|耿～。❺爽快;坦率▷说话很～|心～口快|性子～|率。❻副直接▷～通天津|～达。❼一直▷对着妈妈～哭|热得～出汗。
【直拨】[1] zhíbō 团不经过中间环节直接划拨▷这笔款～灾区。
【直拨】[2] zhíbō 团直接拨打外线或长途线路电话。
【直播】[1] zhíbō 团把农作物的种子直接播种到土地里,不经过育苗或移栽。
【直播】[2] zhíbō 团广播电台和电视台不经过预先录制而直接播放现场情况。
【直肠子】 zhíchángzi 比喻性格直爽的人。
【直达】 zhídá 团直接到达,中途不需换乘▷这次列车～上海。
【直观】 zhíguān ❶圈感官直接感受的;直接观察到的▷这种示范讲解很～。❷图指外界事物作用于人的感官而产生的感觉、知觉和印象▷从生动的～到抽象的思维。
【直角】 zhíjiǎo 图两条直线或两个平面垂直相交而形成的 90°角。
【直接】 zhíjiē 圈不经过中间环节的(跟"间接"相对)▷～办理|～找他。
【直截了当】 zhíjiéliǎodàng (言行)干脆爽快,不绕圈子。☞不宜写作"直捷了当"。
【直径】 zhíjìng 图通过圆心并连接圆周上的两点或通过球心并连接球面上两点的线段。
【直觉】 zhíjué 图对事物未经充分思考的直感。它是以已经获得的知识和累积的经验为依据的。
【直属】 zhíshǔ 团直接管辖或隶属▷中央～机关。
【直率】 zhíshuài 圈坦率,说话办事不绕弯子▷他的性格很～。
【直爽】 zhíshuǎng 圈痛快,说话办事干脆利索▷他这人十分～,说话做事从不拖泥带水。

【直挺挺】zhítǐngtǐng 形〈口〉(人或动物)僵直的样子▷～地躺着。

【直系】zhíxì 名指有直接血统关系或婚姻关系的人,包括父、母、子、女、夫、妻。

【直辖】zhíxiá 动直接管理、统辖▷由中央～。

【直线】zhíxiàn ❶名一点在平面或空间沿一定方向和其相反方向运动的轨迹▷平面上两点间～距离最短|画条～。❷形直接而没有间接环节或曲折的▷～联系|～上升。

【直销】zhíxiāo 动厂家将产品直接推向市场。

【直言不讳】zhíyánbùhuì 直率地说出来,没有什么顾忌和隐讳。☞"讳"不读 wěi。

【直译】zhíyì 动按照原文的字面意义翻译(跟"意译"相对)。

侄 zhí 名哥哥或弟弟的儿子;泛指男性同辈亲属或朋友的儿子▷他是我～儿|～媳妇。

值 zhí ❶动碰到;遇上(某种情况)▷正～樱花盛开的时节。❷动轮到(执行公务)▷～夜班|～勤|～日。❸形当～此新春佳节。❹动价值同价格相当▷这件衣服～五六十块钱|一钱不～。❺名价值;价格▷产～|贬～。❻动有价值;值得▷这一趟来得很～|不～一提。❼名数值,或按照数学式演算所得的结果▷函数的～|比～。

【值班】zhíbān 动在规定的时间内轮流上班工作。

【值得】zhídé ❶形价钱合适;划得来▷这件衣服1000元,～吗? ❷动有意义,有必要▷为这点小事伤了两家和气,太不～。

【值勤】zhíqín 动执行勤务;在治安、保卫、交通等部门值班▷上岗。

【值日】zhírì 动单位内人员轮流负责执行卫生、安全等日常事务。

职(職) zhí ❶名职务▷立足本～|任～。❷职位▷在～|到～。❸职责▷失～|尽～。

【职称】zhíchēng 名各种专业技术职务的名称。分高级、中级、初级。

【职工】zhígōng 名职员和工人。

【职能】zhínéng 名人、事物和机构等的作用和功能▷充分发挥各部门的～。

【职权】zhíquán 名职务所赋予的权力▷正确行使～|～范围。

【职守】zhíshǒu 名工作的岗位和责任▷忠于～|擅离～。

【职位】zhíwèi 名执行职务时所处的地位▷不论～高低都是人民的公仆。

【职务】zhíwù 名按规定分内应做的工作;也指职位▷他的技术职称是会计师,行政～是财务处副处长。

【职业】zhíyè ❶名谋求生活来源的主要工作。❷形专业的;非业余的▷～外交官。

【职员】zhíyuán 名在单位中担任行政管理或从事其他业务工作的人员。

【职责】zhízé 名职务所规定的责任;泛指义务和责任▷你要尽到一个科长的～|服兵役是公民的神圣～。

植 zhí ❶动栽种▷～树|种～。❷培养;树立▷培～|扶～。❸动移植,把有生命的个体的器官或组织切割下来,补在同一机体或另一机体有缺陷的部分上,使它长好,发挥正常功能▷断指再～|～皮。❹名指植物▷～保|～被|～株。❺统读 zhí。

【植被】zhíbèi 名地表上覆盖着的具有一定密度的许多植物的总和▷～保护。

【植物】zhíwù 名生物的一大类,多以无机物为养料,一般有叶绿素,没有神经、没有感觉。如稻麦、花草、树木等。

【植株】zhízhū 名长成的整个植物体,包括根、茎、花、叶等。

殖 zhí 动生育;生息▷生～|繁～|养～。☞在"骨殖"(尸骨)中读 shi。

【殖民】zhímín 动历史上指强大的国家向被它征服的地区迁移居民。在资本主义时期,指资本主义强国剥夺别国和地区的独立和主权,掠夺和压迫当地的人民。

【殖民地】zhímíndì 名指被资本主义强国剥夺了政治经济的独立权力并受其控制和掠夺的国家或地区。

跖 zhí 〈文〉名脚掌▷～骨。☞不要写成"蹠"(已淘汰的异体字)。

摭 zhí 动〈文〉拾取;摘取▷～人余唾|~其切要,纂成一书。

踯(躑) zhí [踯躅]zhízhú 动〈文〉徘徊不前▷～街头。

止 zhǐ ❶动停住,不再进行▷血流不～|到年底为～|终～|休～。❷使停住▷阻拦▷望梅～渴|~血|~痛|制～。

【止境】zhǐjìng 名终点;停止下来的地方▷宇宙运动没有～。

【止息】zhǐxī 动平息▷战斗还没有～。

只(祇) zhǐ 副仅仅▷教室里～有一个人|～去了一年就回来了。○另见 zhī。

【只得】zhǐdé 副表示只能如此▷我～自己去一趟。

【只顾】zhǐgù 副表示只专心做某事▷他～欣赏音乐,旁人说的话一句也没听见。

【只管】zhǐguǎn 副表示没有或不要有什么顾虑;放心做某事▷有意见你～提,大家可以讨论。

【只好】zhǐhǎo 副只得▷据预报,明天有大雨,运动会～推迟了。

【只怕】zhǐpà 副〈口〉表示推测或担心▷他们～不来了。

【只是】zhǐshì ❶副表示限于某种动作或限定动作的范围,相当于"只""仅仅"▷～听说,并没有见面。❷强调在任何条件下情况不变,相当于"就是"(用于否定句)▷随你怎么批评他,他～不吭声。❸连连接分句,表示轻微的转折,相当于"不过"▷他的话没有错,～态度生硬了点儿。

【只消】zhǐxiāo 动只需要▷这种药喷撒后,～半个小时,就会生效。

【只要】zhǐyào 连连接分句,表示充足条件关系,常和"就'、"便"呼应使用▷～认真学习,成绩就可以不断提高。

【只有】zhǐyǒu 连连接分句,表示唯一条件关系,后面常用"才"等呼应▷～派个能干的人去,问题才能解决。

旨 zhǐ ❶名用意;目的▷宗～|~趣。❷特指帝王的命令▷圣～。

【旨在】zhǐzài 动目的在于▷办训练班,~培养技术人员。

址 zhǐ 名地址;建筑物的位置和处所▷校～|会～|住～。

抵 zhǐ 动〈文〉侧击;拍▷～掌而谈(高兴地谈话)☞"抵"和"抵"(dǐ)形、音、义都不同。

芷 zhǐ 名香草名。又名白芷。

纸(紙) zhǐ ❶名可供书写、绘画、印刷、包装等用的薄片状的东西,多用植物纤维制成▷一张～|~张。❷量用于书信、文件等▷一～家书|一~

空文。

【纸老虎】 zhǐlǎohǔ 纸糊的虎,比喻外强中干的人或事物▷一切反动派都是～丨万众一心,就能战胜困难这个～。

【纸上谈兵】 zhǐshàngtánbīng 在书面上谈论用兵策略。比喻空谈理论,不能解决实际问题。

【纸醉金迷】 zhǐzuìjīnmí 形容令人沉迷的奢侈豪华的生活环境。

祉 zhǐ 图〈文〉幸福▷福～。

指 zhǐ ❶图手指▷十～连心丨大拇～丨～纹。❷团(用手指或物体的尖端)对着▷～着鼻子丨～桑骂槐丨～南针丨～向。❸指点①▷～出缺点丨～示。❹批评或斥责▷～责丨千夫所～。❺量一个手指的宽度叫"一指",用来计量深浅、宽窄等▷肝大二～丨下了三～雨。❻团仰仗▷全家人都～着他的工资生活丨～望丨～靠。☞统读 zhǐ。

【指标】 zhǐbiāo ❶图反映经济与社会某一方面发展要求的绝对数字或升降百分比。包括数量指标和质量指标。❷团规定达到的数量。

【指导】 zhǐdǎo 团指点、教导▷请派教练来～。

【指点】 zhǐdiǎn ❶团指明并使人明白;点明▷技术活儿要有专门人才加以～。❷在旁边或背后挑毛病▷有话当面说,不要在背地里乱～。

【指定】 zhǐdìng 团(上级或有关方面)确定;认定▷人选由上级～。

【指挥】 zhǐhuī ❶团发出指令进行调度▷～打仗丨交响乐团演奏。❷图发出指令进行调度的人▷攻坚战的总～丨管弦乐队～。

【指挥棒】 zhǐhuībàng ❶图指挥乐队或合唱团演奏或演唱时用的小棒。❷比喻左右或影响事物正常发展的东西(多含贬义)。

【指教】 zhǐjiào ❶团指导教育▷这孩子从小缺少～。❷(请人)提出批评、意见和建议▷务请多多～。

【指靠】 zhǐkào 团指望和依靠(多用于生活方面)▷摆摊过活。

【指控】 zhǐkòng 团指责和控告▷他被～有失职行为。

【指令】 zhǐlìng ❶团指示命令。❷图计算机中用来指定实现某种运算过程或控制的代码▷键入～。

【指鹿为马】 zhǐlùwéimǎ 《史记·秦始皇本纪》载:秦丞相赵高想篡位,怕群臣不服,便设法试探,把一只鹿献给二世,说这是马儿。二世说:"丞相错了,把鹿说成马了。"再问旁边的人,有的不说话;有的说是马;有的说是鹿。赵高把说是鹿的人都暗害了。比喻故意歪曲事实,颠倒黑白。

【指明】 zhǐmíng 团明确地指点▷～正确方向。

【指南】 zhǐnán 图比喻正确的指导和辨别方向的依据▷人生～丨学习～。

【指南针】 zhǐnánzhēn ❶图指示方向的仪器。我国古代用磁铁磨成针,装在直轴上做水平旋转,磁针受地磁吸引,针的一头永远指向南方。❷比喻指明正确方向的事物。

【指派】 zhǐpài 团指定和派遣(人去做某件事情)▷他去南方工作。

【指日可待】 zhǐrìkědài 形容某事就要完成或希望就要实现(指日:可以确定的日期)。

【指桑骂槐】 zhǐsāngmàhuái 比喻表面上骂这个人,实际上是骂另一个人。

【指使】 zhǐshǐ 团自己不出面,出主意让别人去做(含贬义)▷背后～人丨他是受人～才做这样的事。

【指示】 zhǐshì ❶团指出给人看▷用手～往东走。❷

上级给下级或长辈给晚辈下达指导性意见▷团长～连队搞好拥政爱民活动。❸图上级给下级或长辈给晚辈下达的指导性意见▷这个～非常及时。

【指事】 zhǐshì 图六书之一。指用象征性的符号构成汉字的方法。如上、下、刃、本等。

【指手画脚】 zhǐshǒuhuàjiǎo 说话时手脚做出各种动作。形容说话得意忘形或轻率地批评指点。☞不宜写作"指手划脚"。

【指望】 zhǐwàng ❶团仰仗;盼望▷大家都～你来给全队扳回损失分呢!丨～着今年的收成好。❷图所仰仗、盼望的事▷只有这么一点点～了。

【指向】 zhǐxiàng ❶团指示(某种)方向▷～远方。❷图指出的方向▷路标的～是正北。

【指引】 zhǐyǐn 团指点和引导▷～着胜利的方向。

【指责】 zhǐzé ❶团批评;责难▷大家～他工作不负责任。❷图所受到的批评责难▷这种～他有点不能接受。

【指摘】 zhǐzhāi 团从中挑剔出毛病错误并进行批评和责备▷无可～。

【指正】 zhǐzhèng 团指出错误,以便改正(多用于请别人对自己提出批评意见)▷我的缺点错误不少,望各位～。

枳 zhǐ 图落叶灌木或小乔木,未成熟和成熟的果实都可以做药材,分别称枳实和枳壳。

咫 zhǐ 量古代长度单位,八寸为一咫。

【咫尺天涯】 zhǐchǐtiānyá 形容虽然距离很近,却如同远在天边,难以相见。

趾 zhǐ ❶图脚指头▷脚～。❷脚▷～高气扬。

【趾高气扬】 zhǐgāoqìyáng 走路时高抬起脚步,十分神气。形容得意忘形,傲气十足。

酯 zhǐ 图有机化合物的一类,有的有香味,可用作溶剂或香料;有的是动植物油脂的主要部分。

徵 zhǐ 图古代五音(宫、商、角、徵、羽)之一。相当于简谱的"5"。☞这个意义不能简化成"征"(zhēng)。

至 zhì ❶团到▷时～今日丨人迹罕～。❷形达到极点的;最好的▷如获～宝丨～交。❸图极点▷荣幸之～丨冬～。❹副表示达到最高程度,相当于"极""最"▷～高无上丨～少要五天才行。

【至诚】 zhìchéng ❶形十分诚实的;诚心诚意▷～待人。❷图非常真挚诚恳的感情▷给我一片温馨,还你一个～。

【至多】 zhìduō 副表示最大限度和最高程度▷他很年轻,～有二十岁。

【至高无上】 zhìgāowúshàng 形容没有比这更高的了。

【至关重要】 zhìguānzhòngyào 没有比它更重要的了。

【至交】 zhìjiāo 图最要好的朋友▷世代～丨忘年～。

【至理名言】 zhìlǐmíngyán 最正确的道理和最精辟的话语。

【至亲】 zhìqīn 图血缘关系最近的亲戚。

【至上】 zhìshàng 形最高;看得最重的▷祖国利益～丨他有个人～的思想,所以很不合群。

【至少】 zhìshǎo 副表示最低限度和最小的程度▷～再去一趟丨～半年。

【至于】 zhìyú ❶团发展到某种程度(常用于否定式)▷他听课很用心,不～考不及格吧。❷介引出另一个话题▷开发区盖了不少高档的住宅,～宾馆和写字楼,那就更豪华了。

志 zhì ❶图要有所作为的意愿或决心▷有～者事竟成｜立～｜气～｜～愿。❷团记住；不忘▷永～不忘｜～哀｜～喜。❸图记事的文字▷杂～｜地方～｜县～｜墓～。❹记号▷标～。

【志哀】 zhì'āi 团以某种方式表示哀悼和悲伤▷～三天。

【志大才疏】 zhìdàcáishū 志向高远而才能不济。☞"才"不要写作"材"。

【志气】 zhìqì 图上进的决心、勇气；实现理想的气概▷不要长他人的～，灭自己的威风。

【志趣】 zhìqù 图志向和兴趣；心意趋向▷～不凡｜高尚的～。

【志士】 zhìshì 图节操高尚，意志坚强的人。

【志书】 zhìshū 图专门记载地方情况的史志。如各省通志、府志、县志等。也说方志。

【志同道合】 zhìtóngdàohé 志向相同，思想观点一致。

【志向】 zhìxiàng 图有关实现个人的理想的愿望和决心▷远大｜坚定。

【志愿】 zhìyuàn ❶图志向和意愿▷共同的～。❷团出于自愿▷～支边。

豸 zhì 图〈文〉没有脚的虫▷虫～。

识（識） zhì 〈文〉❶团记住▷博闻强～｜默～不忘。❷图记号；标志▷标～。☞㊀以上意义不读 shí。㊁现通常写作"志"。○另见 shí。

帜（幟） zhì 图旗子▷独树一～｜旗～。

帙 zhì 〈文〉❶图书籍或画册外面包的布套；书的卷册▷卷～浩繁。❷量用于套装的线装书，一函为一帙。

制（製）❶ zhì ❶团做；造▷～革｜～图。❷拟定；规定▷因地～宜｜～订。❸图制度；准则▷议会～｜体～。❹团强力管束、限定▷～裁｜限～。

【制裁】 zhìcái 团强制管束、惩处▷依法严厉～这些歹徒。

【制订】 zhìdìng 团创制，拟订（方案、条例等）▷～汉语拼音方案｜～管理条例。

【制定】 zhìdìng 团规定；确定（方针、政策、法律等）▷～方针政策｜～和颁布通用语言文字法。

【制度】 zhìdù ❶图指在一定历史阶段和条件下所形成的政治、经济、法律、文化等方面的体制和体系▷社会主义～｜资本主义～。❷办事规章和程序规定▷财会～｜请假～。

【制伏】 zhìfú 通常写作"制服"。

【制服】[1] zhìfú 团用强力或法律迫使驯顺或服从▷他把烈马～了｜～歹徒。

【制服】[2] zhìfú 图规定的特制的服装，包括军服、政府部门公务制服；某些行业特制的工作服和校服等。

【制高点】 zhìgāodiǎn 图军事上指可以俯瞰并用武器控制四周的高地或建筑物。

【制海权】 zhìhǎiquán 图海军在一定时间内对一定海域（水上、水下、空中）所掌握的控制权。

【制剂】 zhìjì 图加工成的药品。如水剂、丸剂、软膏等。

【制空权】 zhìkōngquán 图空军在一定时间内对一定空域所掌握的控制权。

【制胜】 zhìshèng 团取得胜利▷克敌～｜出奇～。

【制约】 zhìyuē 团当一种事物的存在和变化以另一种事物的存在和变化为条件时，前一种事物就为后一种事物所制约▷棉花生产与纺织业相互联系并相互～。

【制造】 zhìzào ❶团把原料变为成品▷中国～｜计算机～。❷人为地故意地去造成（某种局面或气氛）▷～混乱。

【制止】 zhìzhǐ 团用强力迫使停止（行动）；不允许继续（干某事）▷走私活动必须～｜乱砍滥伐森林。

【制作】 zhìzuò 团制造，使材料成为成品▷～糕点｜～电视片。

质（質） zhì ❶团〈文〉抵押▷典～｜以衣物～钱。❷图作抵押的东西▷人～。❸实体；本质▷物～｜～变。❹质地▷木～家具｜杂～。❺（产品或工作的）好坏程度▷保～保量｜优～产品。❻团朴实▷～朴。❼团依据事实问明或辨别是非▷～疑｜～问。☞统读 zhì。

【质变】 zhìbiàn 团事物的量变达到一定程度而引起事物根本性质的变化。也说突变。

【质地】 zhìdì 图材料的性质和结构▷～细密｜～坚硬。

【质感】 zhìgǎn 图质地的真实感（多指艺术作品所表现出来的酷似真实事物的感觉）▷这幅油画有浑厚、坚实的～。

【质量】 zhìliàng ❶图产品或工作的好坏程度▷产品～很差。❷指物体惯性的大小，即物体中所包含的物质的量。

【质料】 zhìliào 图生产产品所使用的材料▷～上乘。

【质朴】 zhìpǔ 图朴实淳厚；自然不矫饰▷他为人～，诚实｜作品～浑厚。

【质问】 zhìwèn 团责问；问清是非▷他们～商场为什么销售假货。

【质询】 zhìxún 团质疑和询问▷省人民代表向省政府提出～。

【质疑】 zhìyí 团请别人解答疑问▷向作者～。

【质子】 zhìzǐ 图物理学指带正电的、构成原子核的基本粒子之一。

炙 zhì ❶团烤▷～手可热。❷图烤熟的肉食▷脍～人口｜残羹冷～。☞㊀统读 zhì。㊁"炙"和"灸"（jiǔ）不同。"炙"字上半是"多"，"灸"字上半是"久"。

【炙烤】 zhìkǎo 团火烤，比喻高温难耐▷烈日～着人们。

【炙热】 zhìrè 图火烤一般的热▷阳光～，令人汗如雨下。

【炙手可热】 zhìshǒukěrè 手一靠近就觉得热得烫手。比喻权势极大，气焰极盛。

治 zhì ❶团治理▷～水｜～校。❷图治理得好；太平▷天下大～｜～世。❸团处罚；惩办▷～罪｜处～。❹治疗▷～病救人｜医～。❺消灭（害虫）▷～棉铃虫｜～蝗。❻研究学问▷～学严谨。❼图旧称地方政府所在地▷府～｜省～。

【治安】 zhì'ān 图社会的秩序和安定的状态▷加强社会～管理。

【治本】 zhìběn 团对问题从根本上解决（跟"治标"相对）▷既要治标，又要～。

【治标】 zhìbiāo 团对显露在外面和枝节性的问题作应急处理（跟"治本"相对）▷只～不治本，必有后患。

【治病救人】 zhìbìngjiùrén 比喻帮助人并使之改正错误。

【治理】 zhìlǐ 团通过整治、管理使变好。特指对国家进行统治和管理，使安定和发展▷～沙漠｜～淮河｜～国家。

【治疗】 zhìliáo 团采取药物、手术或其他方法来消除疾病▷精心～｜～皮肤病。

【治丧】 zhìsāng 团办理丧葬事宜。

【治学】 zhìxué 团钻研学问▷～严谨。

【治罪】 zhìzuì 团依法给罪犯以应有的惩处。

栉(櫛) zhì〈文〉❶图梳子、篦子等梳头用具▷银~｜鳞次~比。❷团梳头；梳理▷~发｜风沐雨。☞统读 zhì。

【栉风沐雨】zhìfēngmùyǔ 用风梳发，以雨洗头。比喻奔波劳苦，历尽艰辛。

峙 zhì图高高地直立；屹立▷对~｜耸~｜~立。☞在"繁峙"(山西地名)中读 shì。

贽(贄) zhì图古人初次拜见尊长时所持的礼物▷~礼｜~见。

挚(摯) zhì形真诚而恳切▷真~｜~友。

【挚爱】zhì'ài图真切、深挚的爱▷对祖国的~使得他学成后立即回国。

【挚友】zhìyǒu图真挚而亲密的朋友。

桎 zhì图古代套住犯人两脚的刑具，相当于现在的脚镣。

【桎梏】zhìgù图〈文〉脚镣和手铐，比喻束缚人手脚、阻碍事物发展的东西▷从封建礼教的~中挣脱出来。☞"桎"不读 gào 或 kù。

轾(輊) zhì图见[轩轾]xuānzhì。

致(緻)❻ zhì ❶团送达；给予▷~电声援｜~函祝贺。❷表达(情意等)▷~意｜~谢｜~敬。❸招引；使达到▷~癌｜学以~用。❹竭尽(精力)；集中(意志等)▷~力于明史研究｜专心~志。❺图意态；情趣▷兴~｜剧情曲折有~。❻形周密；精密▷细~｜~密。

【致哀】zhì'āi 团向死者表示哀悼。

【致词】zhìcí 团在集会和仪式上发表关于祝贺、感谢、欢迎、哀悼等的简短讲话。☞不宜写作"致辞"。

【致富】zhìfù 团达到富裕；实现富裕▷脱贫~。

【致力】zhìlì 团集中力量从事(某项事业、工作)▷~于体育事业。

【致密】zhìmì 形细致周密；精致细密▷思维~｜材质~。

【致命】zhìmìng 形可以危及生命的▷~的一枪◇~的弱点。

【致使】zhìshǐ 团以至于使得(发生某种情况)▷滥开荒～水土流失严重。

【致死】zhìsǐ 团导致死亡▷因病~。

【致意】zhìyì 团表示问候▷招手~｜向您的家属~。

轶 zhì❶图次序▷~序。❷量〈文〉十年(用于老年人的年纪)▷年逾六~｜八~晋三(八十三岁)。☞统读 zhì。

【秩序】zhìxù 图整齐而有规则；有条理而不混乱▷遵守~｜社会~良好。

鸷(鷙) zhì〈文〉图凶猛的鸟，如鹰、雕、鹘之类。

掷(擲) zhì 团抛；扔▷孤注一~｜投~。☞统读 zhì。

【掷地有声】zhìdìyǒushēng 扔在地下可以发出声音。形容诗文作品或话语很有力量。

痔 zhì 图痔疮▷内~｜外~。

【痔疮】zhìchuāng 图一种肛管疾病，症状是发痒、灼热、疼痛、出血等。

窒 zhì 团阻塞▷~息｜~塞(sè)｜~闷。

【窒闷】zhìmèn 形窒息憋闷▷空气~◇会场沉寂多时，令人感到~。

【窒息】zhìxī 团呼吸不畅或停止呼吸▷因缺氧而~◇

压制言论自由、~了民主。

蛭 zhì 图环节动物，身体长而扁平，前后各有一个吸盘，能吸人畜血液。通称蚂蟥。☞统读 zhì。

智 zhì ❶图智慧；才识▷~足~多谋｜才~。❷形聪明；有见识▷~者千虑，必有一失｜明~｜机~。

【智多星】zhìduōxīng《水浒传》中梁山泊军师吴用的绰号，泛指足智多谋的人。

【智慧】zhìhuì图分析判断、发明创造、解决问题的能力▷群众有高度的~。

【智力】zhìlì 图人认识客观事物并运用知识、经验解决实际问题的能力，其核心是思维能力。

【智谋】zhìmóu 图智慧和谋略▷~出众。

【智囊】zhìnáng 图比喻足智多谋、善于出谋划策的人。

【智能】zhìnéng ❶图聪明才智和处理问题的能力▷发挥~。❷形具有人的某些智慧和能力的▷~机器人。

【智商】zhìshāng 图智力商数，指一个人智力水平的数量化指标，标示人的聪明程度。

【智育】zhìyù 图提高学生智力的教育。也指文化科学知识的教育。

痣 zhì 图皮肤上长的有色的斑点或小疙瘩，不疼不痒。

滞(滯) zhì ❶团停留▷停~不前｜~留。❷形流通不畅▷~销｜淤~。❸呆板；不灵活▷呆~｜~板｜~~。

【滞后】zhìhòu 团(事物的发展)落后于形势的发展▷广告业发展迅速，但管理~。

【滞留】zhìliú 团停留原地；停滞不动▷~他乡。

【滞纳金】zhìnàjīn 图因没有按期交纳税款或规定的费用而必须额外多交的款项。

【滞销】zhìxiāo 团(货物)积压，销售不畅▷商品~，库房爆满。

彘 zhì 图〈文〉猪▷行同狗~。

置 zhì ❶团设立；建立▷设~｜配~。❷团购买；备办▷买房~地｜~办。❸团安放▷~身事外｜安~。

【置备】zhìbèi 团备办；购置▷~办公设备。

【置若罔闻】zhìruòwǎngwén 放到一边儿，好像没听见，不予理睬(罔：没有)。

【置信】zhìxìn 团相信(多用于否定式)▷真是难以~。

【置疑】zhìyí 团(表示)怀疑(多用于否定式)▷不容~。

【置之度外】zhìzhīdùwài 把事情(多指生死、利害等大事)放在考虑的范围之外，即不放在心上(度：指考虑所及的范围)。

雉 zhì 图雉科部分鸟的统称。形状像鸡，雄的羽毛华丽，尾长。通称野鸡。

稚 zhì 形幼小▷~弱｜~子｜幼~。

【稚嫩】zhìnèn ❶形幼小娇柔▷~的小手｜~的幼苗。❷不老练▷文笔虽~，却透出一股新意。

【稚气】zhìqì 图小孩子的神态表情▷~十足｜一脸~。

zhong

中 zhōng ❶图跟四周、上下或两端的距离相等的部位▷东南西北~｜~部地区｜左~右。❷里面▷空~心｜~假期。❸表示事情正在进行，状态正在持续▷在设计~｜发展~国家。❹性质、等级在两端之间▷~等。❺指中国▷古今~外｜~医~药。❻团适合▷~看不~用｜~听。〇另见 zhòng。

【中饱私囊】 zhōngbǎosīnáng 贪污经手的钱财,装满自己的口袋。

【中断】 zhōngduàn 团中途停止▷交通～｜～贸易会谈。

【中耕】 zhōnggēng 团在农作物生长初期进行松土、锄草和培土。

【中和】 zhōnghé ❶团酸和碱混合产生化学反应(形成水和盐类)。❷抗毒素或抗毒血清与毒素起作用,使毒素的致病力和毒性消失。❸物体含正电量与负电量相等,不显带电现象。

【中华】 zhōnghuá 图我国古代对黄河流域的称谓。这里是汉族的发祥地。后来借指中国。

【中华民族】 zhōnghuá mínzú 我国 56 个兄弟民族的总称。

【中坚】 zhōngjiān 图社会、团体、单位中起骨干作用的部分▷社会～｜～力量。

【中间】 zhōngjiān ❶图里边▷人群～。❷两者(人、地、时、物等)之间或事物的两头之间▷两楼～是草地｜两个月～有一次会议。❸当中▷大厅～。

【中间派】 zhōngjiānpài 图处于对立的两派或两种势力之间的人或力量。

【中介】 zhōngjiè 图为两者介绍使双方产生联系的人或机构▷他是我们取得联系的～。

【中看】 zhōngkàn 图〈口〉好看;顺眼▷这道菜是～不中吃｜姑娘长得很～。

【中立】 zhōnglì 团在对立的两种力量之间,采取不支持不偏袒任何一方的态度▷严守～｜～国。

【中流】 zhōngliú ❶图水流中心;流程中段▷到～击水,浪遏飞舟｜长江～各省市。❷中等▷他的学习成绩在班上数～｜～家庭。

【中流砥柱】 zhōngliúdǐzhù 屹立在黄河激流中的三门峡的砥柱山。比喻在危局中能起坚强支撑作用的人或力量。

【中年】 zhōngnián 图指四五十岁的年龄。

【中期】 zhōngqī ❶图一定时期里的中间阶段▷封建社会～｜八十年代～。❷图时间在长期和短期之间的▷～贷款。

【中秋】 zhōngqiū ❶图秋季的第二个月,即农历八月。❷中秋节。

【中人】 zhōngrén 图买卖的介绍人或纠纷的调解人、打赌的见证人。

【中式】 zhōngshì 图中国式样的▷～服装。

【中枢】 zhōngshū 图系统中起主导作用的中心枢纽▷神经～｜指挥～。

【中堂】 zhōngtáng ❶图正房居中的一间。❷挂在厅堂中的较大幅的字画。

【中听】 zhōngtīng 图好听;令人满意▷他的话倒是很～。

【中文】 zhōngwén 图中国的语言和文字;特指汉族的语言和文字。

【中西合璧】 zhōngxīhébì 中国的和西方的某些特色相结合。

【中心】 zhōngxīn ❶图与四周距离相等的中间位置▷广场的～座落着纪念塔。❷事物的核心部分▷抗洪是当前的～工作｜～思想。❸具有重要地位的城市或地区▷首都是全国政治～。❹某方面有突出优势的单位(多见于单位名称)▷电脑培训～。

【中兴】 zhōngxīng 团由衰败转而兴盛(多指国家、家道)。

【中性】 zhōngxìng ❶图化学指既非酸性又非碱性的性质,如纯水的性质。❷指语词本身不含褒义或贬义的色彩。

【中央】 zhōngyāng ❶图中心①▷岛的～有一座建筑物。❷国家政权或政治组织的最高领导机构▷～政府。

【中药】 zhōngyào 图中国传统医学所使用的药物。

【中叶】 zhōngyè 图中期(用于朝代或年代)▷明代～｜20 世纪～。

【中医】 zhōngyī ❶图中国的传统医学。❷用中国的传统医学理论、方法和中药治病的医生。

【中庸】 zhōngyōng ❶图我国古代儒家的处世思想和伦理道德观念,即主张折中与调和,处理事情不偏不倚。❷图〈文〉德才不突出▷～之辈。

【中用】 zhōngyòng 图管用、顶事;能解决问题▷这东西实际上不～。

【中游】 zhōngyóu ❶图江河的上下游之间的部分。❷比喻水平在高、低之间;地位在前后之间▷处于～。

【中原】 zhōngyuán 图指黄河的中下游地区。

【中止】 zhōngzhǐ 团半路中断和停止▷～合同。

【中转】 zhōngzhuǎn 团(旅客、货运)中途转换(车、船、飞机等)▷～旅客｜～货物。

【中缀】 zhōngzhuì 图处于词中间的词缀。如嵌于汉语形容词不完全重叠式中间的非表义成分。如"糊里糊涂""慌里慌张"中的"里"。

【中子】 zhōngzǐ 图一种构成原子核的基本粒子。单独存在时不稳定,不带电,容易进入原子核内,可以用来轰击原子核以引起核反应。

【中子弹】 zhōngzǐdàn 图新式的战术核武器。

忠 zhōng 图尽心尽力,赤诚无私▷～于祖国｜～言。

【忠诚】 zhōngchéng 图实心实意,尽心尽力▷无限～｜～老实。

【忠告】 zhōnggào ❶团诚恳地劝告▷多次对他～。❷图诚恳劝告的话▷对这些～,他牢记在心。

【忠厚】 zhōnghòu 图老实厚道▷为人～｜～老实｜～长者。

【忠魂】 zhōnghún 图英烈的灵魂、精神▷香港回归慰～｜万众祭～。

【忠良】 zhōngliáng ❶图忠诚善良▷～之士。❷图忠诚善良的人▷历史上不少～受到陷害。

【忠烈】 zhōngliè ❶图为国家和人民英勇献身的▷～之家。❷图为国家、人民英勇献身的人▷满门～。

【忠实】 zhōngshí 图忠诚老实;不虚假▷～可靠｜～的纪录。

【忠心耿耿】 zhōngxīngěnggěng 形容非常忠诚(耿耿:忠诚的样子)。

【忠言逆耳】 zhōngyánnì'ěr 诚恳劝诚的话听了不舒服。

【忠勇】 zhōngyǒng 图忠诚勇敢▷招募～之士,杀敌报国。

【忠贞】 zhōngzhēn 图忠诚而坚贞▷～不渝｜～之士。

终(終) zhōng ❶图最后;结局(跟"始"相对)▷年～｜有始有～。❷团结束▷剧～｜告～。❸指人死▷临～｜无疾而～。❹图从头到最后的▷～日｜～身。❺副到底;毕竟▷～将胜利｜～必获益。

【终点】 zhōngdiǎn ❶图行程终止的地点。❷特指径赛终止的地点▷向～冲刺。

【终归】 zhōngguī 副表示最后必然如此▷问题～会得到解决的。

【终极】 zhōngjí 图最终的;最后的▷～目标。

【终结】 zhōngjié 团结束,了结▷这起案子还没～呢。

【终究】 zhōngjiū 副终归;毕竟▷～是件憾事｜歹徒～逃脱不了法律的制裁。

【终局】zhōngjú ❶图最后的局面;结局▷棋赛的～,我方获胜。❷团结束▷大赛～了。

【终了】zhōngliǎo 团完结;结束▷演出～,掌声雷动。

【终年】zhōngnián ❶图一年到头▷～积雪。❷去世时的年龄▷～八十一岁。

【终日】zhōngrì 图从早到晚;整天▷～劳碌。

【终身】zhōngshēn 图一辈子(多就切身的事说)▷～大事|～制。

【终审】zhōngshěn ❶团法院对案件做最后一级审理。❷最后一级的审查。

【终生】zhōngshēng 图一辈子(多就事业说)▷～难忘|奋斗～。

【终于】zhōngyú 圖表示经过较长过程最后出现某种结果(多用于希望达到的结果)▷经过艰苦奋斗,～取得了丰硕的成果。

【终止】zhōngzhǐ 团结束;使结束▷毕业了,但学习永不会～|裁判了了比赛。

盅　zhōng 图没有把儿的小杯子▷茶～|酒～。

钟(鐘❶－❸鍾❹)　zhōng ❶图金属制的响器▷敲～|楼◇警～。❷计时的器具,比手表大▷挂～|闹～|～表。❸指时刻▷点|3点～|10分～。❹团(情感等)集中;专注▷～情|～爱。

【钟爱】zhōng'ài 团异常爱(用于对子女、晚辈)▷父亲最～小女儿。

【钟点】zhōngdiǎn ❶图某一特定的时间(时点)▷～到了,请大家准备入场。❷钟头▷整整过了一个～。

【钟鸣鼎食】zhōngmíngdǐngshí 吃饭时鸣钟奏乐,用鼎盛着珍贵的食品。形容贵族豪门生活奢侈豪华。

【钟情】zhōngqíng 团感情专注;倾心▷一见～|～他所从事的研究工作。

衷　zhōng 图内心▷～心|苦～。☞中间是"中",上下合起来是"衣"。

【衷肠】zhōngcháng 图〈文〉内心的话▷尽吐～|倾诉～。

【衷情】zhōngqíng 图内心真挚的感情▷聊表～|一片～。

【衷心】zhōngxīn 厖形容发自内心▷～祝贺。

螽　zhōng [螽斯]zhōngsī 图昆虫。生活在野外或室内,危害农作物。

肿(腫)　zhǒng 团皮肉等因发炎、化脓、内出血等而浮胀▷腿～了|肿气～|红～|浮～。

【肿瘤】zhǒngliú 图有机体的某一局部组织细胞由于异常增生所形成的新生组织。分良性肿瘤、恶性肿瘤两种。也说瘤或瘤子。

种(種)　zhǒng ❶图种子①;泛指生物借以繁殖传代的物质▷稻～|播～|传～|配～。❷具有共同起源和共同遗传特征的人群▷人～|～族。❸事物的门类▷～类|工～|兵～|军～。❹圖用于人或事物的类别▷两～人|两～语言|几～颜色|各～意见。❺胆量;骨气▷有～的你敢再碰我|孬～。○另见 zhòng。

【种畜】zhǒngchù 图为配种传代而饲养的公畜或母畜。

【种类】zhǒnglèi 图以事物本身的性质和特点为依据而分成的类别。

【种禽】zhǒngqín 图配种用的家禽。

【种子】zhǒngzi ❶图某些植物所特有的器官,由完成了受精过程的胚珠发育而成,通常包括种皮、胚和胚乳等三个部分。❷体育竞赛中进行分组淘汰赛时,分配到各组实力较强的运动员或运动队▷～选手|一号～。

【种族】zhǒngzú 图人类学指在体质、形态上具有共同遗传特征(如肤色、发色、眼色等)的人群。也说人种。

冢　zhǒng 图高大的坟墓▷古～|荒～。

踵　zhǒng 图脚跟▷摩肩接～|接～而至。

中　zhòng ❶团对准;正好符合▷猜～|有奖~|击～目标。❷受到▷身上～了一枪|～暑。○另见 zhōng。

【中标】zhòngbiāo 团在竞标中取得成功▷这一次我们公司没有～。

【中的】zhòngdì ❶团射中靶心;击中目标▷一箭～。❷比喻(话语)说得中肯、切当▷一语～。

【中毒】zhòngdú ❶团人或动物由于接触或服用了含毒素物质而发生生理机能障碍或组织被破坏甚至死亡▷一氧化碳～◇他经常接触黄色读物,～很深。❷人体因疾病产生毒素并发生生理机能障碍▷代谢性酸～。

【中肯】zhòngkěn 厖(话语)切中要害;点明主要问题和要点(肯:肯綮,筋骨结合处,比喻要害)▷批评～|意见～。

【中伤】zhòngshāng 团采取造谣诬蔑等手段伤害别人▷有意～|～别人,抬高自己。

【中选】zhòngxuǎn 团当选;被选中▷老王在这次选举中～了。

【中意】zhòngyì 团感到满意;合乎心意▷他倒很～这种新式自行车。

仲　zhòng ❶图〈文〉兄弟排行中第二▷伯～叔季。❷指一个季度里的第二个月▷～夏|～秋。

【仲裁】zhòngcái 团公断;权威机构依据法律规定和争议当事人申请,对较大争议事项作出裁决▷劳动争议|对国际海事进行～。

众(衆)　zhòng ❶图许多人▷万～一心|大～。❷厖多(跟"寡"相对)▷芸芸～生|～人。

【众多】zhòngduō 厖数量大(多形容人)▷吸引了～游客。

【众口难调】zhòngkǒunántiáo 众人口味不同,饭菜很难调制得每个人都满意。比喻办事难以让每个人都满意。☞"调"这里不读 diào。

【众口铄金】zhòngkǒushuòjīn 形容舆论的力量不可低估,连金属也可熔化。比喻人多嘴杂,可以混淆是非。

【众口一词】zhòngkǒuyīcí 很多人都说完全一样的话。

【众目睽睽】zhòngmùkuíkuí 很多人都睁大眼睛看着(睽睽:注视)。

【众怒难犯】zhòngnùnánfàn 众人的愤怒不可触犯。

【众叛亲离】zhòngpànqīnlí 众人背叛,亲信背弃。形容不得人心,完全陷于孤立。

【众擎易举】zhòngqíngyìjǔ 许多人一齐往上托就可以轻易地举起来(擎:向上托举)。比喻齐心协力,就能取得成功。

【众矢之的】zhòngshǐzhīdì 许多箭共射的靶子。比喻众人攻击的目标。☞"的"这里不读 dí。

【众说纷纭】zhòngshuōfēnyún 各种各样的说法很多很杂乱。

【众所周知】zhòngsuǒzhōuzhī 人们普遍都知道。

【众望】zhòngwàng 图大家的期望▷不负～|～所归。

【众星捧月】zhòngxīngpěngyuè 群星环绕着月亮。比喻许多东西围绕着一个中心,或许多人拥戴着一个有威望的人。

【众志成城】 zhòngzhìchéngchéng 万众一心就如同坚不可摧的城堡。比喻大家团结一致就会形成强大的力量。

种（種） zhòng 园把植物的种子或幼苗的根部埋在土里，让它发芽、生长▷~花｜~地。○另见 zhǒng。

【种瓜得瓜，种豆得豆】 zhòngguādéguā, zhòngdòudédòu 比喻做什么样的事情，就会得到什么样的回报。

【种植】 zhòngzhí 园播种、栽培（植物）▷房前屋后~了很多树苗。

重 zhòng ❶形分量大（跟"轻"相对）▷这根木头很~｜负担太~。❷图分量▷有二两｜净~。❸形重要▷以国事为~｜军事~地。❹园认为重要；看重▷~男轻女是错误的｜器~。❺形程度深▷伤势很~｜恩~如山。❻图庄重；不轻率▷慎~｜隆~。○另见 chóng。

【重兵】 zhòngbīng 图实力雄厚的部队▷~镇守。

【重创】 zhòngchuāng 园使受到惨重的伤亡▷~敌军。☞"创"这里不读 chuàng。

【重大】 zhòngdà 形分量重，影响大▷责任~｜~案件。

【重担】 zhòngdàn 图比喻重大的责任；繁重的负担▷革命~｜生活~。

【重地】 zhòngdì 图重要的地方；特指需要严密防范守护的场所▷机房~｜军事~。

【重点】 zhòngdiǎn ❶图同类事物中重要的或主要的部分▷抓住~带动全面｜学习~。❷形重要的或主要的▷~大学｜~检查。

【重负】 zhòngfù 图沉重的负担▷不堪~。

【重工业】 zhònggōngyè 图产品主要为生产资料的工业，如电力、煤炭、钢铁、石油等工业。

【重力】 zhònglì ❶图地球对物体的引力。也说地心引力。❷泛指其他天体的吸引力。

【重量】 zhòngliàng ❶图物体所受地心引力的大小。常用的单位是牛顿。❷物体的轻重。常用的单位有克、公斤等。

【重任】 zhòngrèn 图繁重的任务；重要的责任▷~在肩｜身负~。

【重视】 zhòngshì 园看重；郑重看待▷领导很~他｜值得~。

【重托】 zhòngtuō 图郑重的委托；托付办理的重大事情▷不负~｜人民的~。

【重武器】 zhòngwǔqì 图射程远、火力强的武器，转移时一般需动用车辆牵引或运载。如火箭炮等。

【重心】 zhòngxīn ❶图物体所受重力合力的作用点▷物体的~。❷几何学指三角形的三条中线的相交点。❸比喻事情重点或中心的部分▷国民经济的~｜计划生育工作的~在农村。

【重要】 zhòngyào 形具有重大意义、关键作用和深远影响的▷~文件｜~的资料｜十分~的工作。

【重用】 zhòngyòng 园委以重要的职务或重要的工作▷~要~德才兼备的干部。

【重镇】 zhòngzhèn 图重要城镇，常指军事要地，也泛指在某方面占重要地位的地方▷军事~｜经济~。

zhou

舟 zhōu 图船▷同~共济｜泛~（划船游玩）。☞"舟"作左偏旁时，中间一横向右不出头，如"船""般"。

州 zhōu ❶图旧时行政区划名称。有些作为地名还保留到现在，如徐州、沧州等。❷少数民族地区

的自治行政区划，介于自治区和自治县之间，如湖南的湘西土家族苗族自治州。

诌（謅） zhōu 园随口编造▷瞎~｜胡~。☞统读 zhōu。

周 zhōu ❶园环绕；循环▷~而复始。❷形全面；普遍▷~身发热｜~游｜众所~知。❸完备；完善▷考虑不~｜~密｜~详｜~到。❹图圈子▷圆~｜~围｜四~。❺量用于动作环绕的圈数▷绕场一~｜转体三~半。❻图时间的一轮，特指一个星期▷~期｜~年｜上~｜~末。❼园接济▷~济。❽图朝代名。

【周边】 zhōubiān ❶图周围▷~国家。❷数学上指多边形各边长度的总和。

【周长】 zhōucháng 图平面图形外周的长度。

【周到】 zhōudào 形形容（安排、照顾等）很全面，没有疏漏之处▷考虑得十分~｜~的服务。

【周而复始】 zhōu'érfùshǐ 循环往复不断。

【周济】 zhōujì 园给予贫困者财物上的支援▷~特困户。☞不要写作"赒济"。

【周密】 zhōumì 形全面、细致而没有疏漏▷~的计划｜准备工作十分~。

【周期】 zhōuqī ❶图物体作往复运动（或振荡）时，重复一次所需要的时间▷地球自转~｜振动~。❷事物在运动、变化的过程中某些特征连续两次出现所经历的时间▷经济危机的~。

【周全】 zhōuquán ❶形周到；齐全▷想得很~｜计划要~。❷园成全；助人事成▷就~他们吧。

【周围】 zhōuwéi 图环绕一个处所或对象的外围部分▷房屋~｜~的人。

【周详】 zhōuxiáng 形全面而详细▷计划~｜完备。

【周旋】 zhōuxuán ❶园回旋；盘旋▷苍鹰在~觅食。❷应付；打交道▷这件事还得你去~。

【周延】 zhōuyán ❶形逻辑学上指运用的某概念所指对象的范围周全而没有遗漏。如"所有的动物都有感觉器官"这个命题中，主项"动物"包括了其全部外延。❷周密；全面▷这话说得很不~。

【周游】 zhōuyóu 园到处游历▷~各国。

【周折】 zhōuzhé 图所遇到的阻力或遭受的挫折▷没有什么~，很顺利。

【周转】 zhōuzhuǎn ❶园指资金投入生产到销售产品收回货币的过程的反复▷加速资金~。❷指个人或团体的经济开支或物品的调度使用▷现金~不开了。

洲 zhōu ❶图河流中的陆地▷沙~｜三角~。❷海洋所包围的大陆及其附近岛屿的统称。地球上有七大洲，即亚洲、欧洲、非洲、北美洲、南美洲、大洋洲、南极洲。☞"州"和"洲"不同。"亚洲""非洲""绿洲""沙洲"的"洲"不要写作"州"。

啁 zhōu ［啁啾］zhōujiū 拟声〈文〉模拟鸟叫的声音▷乳雀~。

粥 zhōu 图用粮食等熬成的糊状食物▷喝~｜八宝~。

妯 zhóu ［妯娌］zhóuli 图指兄妻和弟妻的关系▷她们俩是~｜~和睦。

轴（軸） zhóu ❶图轮子中间的圆杆，轮子绕着它或随着它转动▷自行车~｜轮~。❷用来往上绕或卷东西的圆柱形器物▷线~｜画~。❸量用于带轴的东西▷两~线｜一~山水画。❹在"压轴戏"中读 zhòu。

【轴承】 zhóuchéng 图用于支撑轴旋转并保持其准确位置的机械零件。

【轴心】 zhóuxīn ❶图轮轴的中心▷车轮的~。❷比喻核心、中心。

碡　zhóu　见[碌碡]liùzhóu。

肘　zhǒu　❶图上臂与下臂交接处可以弯曲的部位▷捉襟见～。❷作为食品用的猪腿的上部▷后～｜棒～酱｜～子。

帚　zhǒu　图扫除尘土、垃圾等的用具▷扫～(sàozhou)｜笤～(tiáozhou)。

纣(紂)　zhòu　图人名,商代最后一个帝王,暴虐无道。

咒　zhòu　❶团说希望别人不吉利的话▷诅～｜～骂。❷图某些宗教巫术中自称可以除灾降妖驱鬼的口诀▷念～｜～语｜符～。

【咒骂】zhòumà　团用加祸于人或恶毒的话语骂。

宙　zhòu　图古往今来漫长的时间▷宇～。

绉(縐)　zhòu　图一种织出特殊皱纹的丝织品。

胄　zhòu　❶图古代帝王或贵族的后代▷王室之～｜贵～。❷古代作战时戴的保护头部的帽子,多用厚皮革或金属制成▷甲～。☞跟"胃"(wèi)不同。

昼(晝)　zhòu　图白天(跟"夜"相对)▷冬天～短夜长｜白～｜～夜。

【昼夜】zhòuyè　图白天和夜晚▷不分～地工作｜～兼程。

皱(皺)　zhòu　❶图皱纹▷这块布起～了。❷团起褶子;收缩▷衬衣～了｜～着眉头。

【皱眉】zhòuméi　团把眉头收缩在一起,表示内心发愁或为难。

【皱纹】zhòuwén　图皮肤或物体表面因收缩或搓弄挤压而形成的凹凸不平的条纹。

骤(驟)　zhòu　❶形速度非常快▷急～｜暴风～雨。❷副突然;忽然▷狂风～起｜～然。☞统读zhòu。

籀　zhòu　图籀文▷篆～。

【籀文】zhòuwén　图古汉字的字体,因录于《史籀篇》而得名。春秋战国时通行于秦国。今存石鼓文即为这种字体。也说籀书、大篆。

zhu

朱(硃❷)　zhū　❶形大红色▷近～者赤｜～门。❷图朱砂。

【朱门】zhūmén　图红漆大门,代指贵族豪富人家▷～酒肉臭。

【朱砂】zhūshā　图矿物辰砂的别称。成分为硫化汞,呈红色或棕红色,是炼汞的主要原料,也可做颜料和药材。

侏　zhū　[侏儒]zhūrú　图身材超常矮小的人。

诛(誅)　zhū　❶团指责▷口～笔伐。❷杀死▷罪不容～｜～戮。

【诛杀】zhūshā　团杀害▷～无辜｜～功臣。

茱　zhū　[茱萸]zhūyú　图古时指某些有浓烈香气的植物。旧俗以为重阳节登高,佩茱萸囊可以去邪免灾。

珠　zhū　❶图珍珠,某些蚌类动物壳内分泌物形成的圆粒,有光泽,可做装饰品和药材▷～宝｜掌上明～。❷像珠子的东西▷水～｜算盘～。

【珠宝】zhūbǎo　图珍珠和宝石;对珍珠宝石等饰物的统称。

【珠光宝气】zhūguāngbǎoqì　珍珠宝石一类饰物放射的光彩。形容衣饰、陈设豪华富丽。

【珠联璧合】zhūliánbìhé　珍珠串联在一起,美玉结合在一处。比喻杰出人才或美好事物聚集在一起。☞"璧"不要写作"壁"。

【珠穆朗玛峰】zhūmùlǎngmǎfēng　图喜马拉雅山脉的主峰,在中国、尼泊尔边界,是世界最高峰。海拔8848.13米。

【珠算】zhūsuàn　图用算盘运算的方法,也指这种运算器具▷～口诀。

【珠圆玉润】zhūyuányùrùn　像珍珠那样圆浑,像美玉那样光滑。形容歌声优美圆润婉转;文词明快流畅。

株　zhū　❶图露在地面上的树根或树桩▷守～待兔。❷植物体▷植～｜幼～。❸量用于草木,相当于"棵"▷一～树｜两～苗。

【株连】zhūlián　团指一人犯罪而连累无辜的人;牵连▷受到～｜～全家。

诸(諸)　zhū　❶匹指某一范围的全体;指全体的每一个体▷～位｜～子百家。❷〈文〉代词"之"和介词"于"的合音词▷付～实践｜公～同好(hào)｜诉～武力。☞"诸"后面不能再用"于",如不能说"公诸于社会"。

【诸多】zhūduō　形很多▷～爱好｜～问题。

【诸侯】zhūhóu　图周初至春秋时代封的各国国君,泛指古代帝王分封的各国君主,后比喻掌管军政大权的地方官。

【诸如此类】zhūrúcǐlèi　许多与此相类似的事物。

【诸子百家】zhūzǐ bǎijiā　先秦汉初各种学术思想流派的总称(诸子:各派的代表人物;百家:各学派)。

铢(銖)　zhū　量古代重量单位,1两的1/24▷锱～必较｜～两悉称(形容轻重相当,丝毫无误)。

【铢积寸累】zhūjīcùnlěi　一铢一寸地积累。形容一点一滴地积累。

猪　zhū　图哺乳动物,肉供食用,皮可以制革,鬃、骨等可以做工业原料。

蛛　zhū　图蜘蛛▷～网｜丝马迹。

【蛛丝马迹】zhūsīmǎjì　比喻隐约可寻的痕迹和线索(多指坏事)。

潴　zhū　团水停聚▷～积｜～留。

【潴留】zhūliú　团医学上指液体在体内不正常地积聚停留▷尿～。

竹　zhú　❶图常绿植物,茎中空,有节。茎可用来建造房屋、制造器具、造纸;嫩芽叫笋,是鲜美的蔬菜。❷指箫、笛一类竹制管乐器▷丝～乐。

【竹帛】zhúbó　图〈文〉竹简和丝绢。古代用来书写文字。也借指典籍。

【竹雕】zhúdiāo　❶团用竹子作材料雕刻人物、花、鸟、虫、鱼等艺术形象。❷图用竹子雕成的工艺品。

【竹筏】zhúfá　图用较粗的竹竿编排的一种水上交通工具。

【竹简】zhújiǎn　图战国至魏晋时代写记事的竹片。

竺　zhú　❶图古同"竹"。❷印度古译名"天竺"的简称。

逐　zhú　❶团道;赶上▷夸父～日｜追～。❷驱赶▷驱～｜～客令。❸按照次序一个挨着一个▷～字～句｜～步。☞统读zhú。

【逐步】zhúbù　副表示一步一步地▷～熟悉｜～提高。

【逐渐】zhújiàn　副表示程度、数量等缓慢地变化▷～升高｜～增加。

【逐鹿】 zhúlù 囫〈文〉比喻争夺政权▷～中原|军阀混战,群雄～。

【逐年】 zhúnián 副表示程度、数量等一年一年地变化▷～提高|～扩大。

【逐一】 zhúyī 副逐个。

烛（燭） zhú ❶图蜡烛。❷囫〈文〉照亮▷火光～天。❸量俗称灯泡的瓦特数为烛,如50烛就是50瓦。

【烛光工程】 zhúguāng gōngchéng 旨在关怀和援助偏远地区农村贫困教师的慈善事业。

【烛泪】 zhúlèi 图燃烧的蜡烛滴下的蜡油。

躅 zhú 见[蹢躅]zhízhú。

主 zhǔ ❶图拥有权力或财产的人(跟"仆"相对)▷人民当家作～|房～|物～。❷邀请并接待客人的人(跟"宾""客"相对)▷喧宾夺～|东道｜宾～。❸囫主持;负责主要责任▷～考|～办|～讲|～编。❹主张;决定▷～战|～和|婚姻自～。❺图当事人▷失～|卖～|顾～。❻厖最基本的;最重要的▷～力|～角(jué)。

【主笔】 zhǔbǐ 图报刊评论的主要撰稿人,也指报刊编辑部的负责人。

【主币】 zhǔbì 图本位货币。

【主场】 zhǔchǎng 图体育比赛中己方所在地的赛场。

【主持】 zhǔchí ❶囫掌握和处理▷～婚礼。❷主张并维护▷～公道。

【主次】 zhǔcì 图主要的与次要的▷～分明|不分～。

【主刀】 zhǔdāo ❶囫(医生)主持并亲自操刀做手术▷由经验丰富的医生～。❷图主持并亲自做手术的医生。

【主导】 zhǔdǎo ❶厖起主要和领导作用的▷～思想|～地位。❷图起主导作用的事物▷封建社会里,自然经济是～。

【主调】 zhǔdiào ❶图音乐作品中的主要旋律。❷借指议论、观点等的主要倾向▷发言的～|大会的～。

【主动】 zhǔdòng ❶厖自发或自觉的(行动)(跟"被动"相对,❷同)▷学习很～|～争取。❷图使事情能按自己意图进行的有利局面▷占据了～|丧失～。

【主犯】 zhǔfàn 图组织、策划犯罪或在共同犯罪活动中起主要作用的罪犯。

【主妇】 zhǔfù 图家庭的女主人。

【主干】 zhǔgàn ❶图植物的主茎。❷比喻事物的主体部分▷句子的～。

【主攻】 zhǔgōng ❶囫担任主要进攻任务(跟"助攻"相对);主要攻克(某任务)▷～敌人暗堡群|～技术难关。❷图担负主攻任务的部队▷三团是～。

【主观】 zhǔguān ❶图人的意识,精神(跟"客观"相对)▷～力量|～条件。❷厖不从客观实际情况出发,而坚持己见的▷他这个人太～。

【主观能动性】 zhǔguān néngdòngxìng 人在实践中认识客观规律并根据客观规律自觉地改造世界和改造人类自身的能力和作用。

【主观主义】 zhǔguān zhǔyì 不从客观实际出发,而依主观愿望和想象来认识和对待事物的思想作风。

【主婚】 zhǔhūn ❶囫主持婚事。❷图主婚人。

【主见】 zhǔjiàn 图自己的见解、主张▷人虽年轻,却很有～。

【主将】 zhǔjiàng ❶图主要将领▷跟随～征战南北。❷借指在事业中起主要作用的人▷新文化运动的～。

【主角儿】 zhǔjuér ❶图戏剧、电影等中的主要角色;扮演主要角色的演员。❷泛指主要人物▷小说中的～|

他是技术革新活动的～。

【主力】 zhǔlì 图主要的力量;发挥主力作用的人。

【主流】 zhǔliú ❶图江河的干流▷无数支流汇入～。❷比喻事物的主导方面▷对于干部要看～、看大节。

【主谋】 zhǔmóu ❶囫主要谋划(干坏事)。❷图主谋者。

【主权】 zhǔquán 图独立自主的国家拥有的制定内外政策,处理内外事务,维护国家尊严不受外来侵犯、干涉的最高权力。

【主权国】 zhǔquánguó 图不从属任何国家,也不受任何国家操纵而独立行使自己主权的国家。也说独立国。

【主人】 zhǔrén ❶图接待宾客者和会议主办者。❷权力或财物的领有者▷国家的～|房子的～|小狗的～。❸旧指仆役的雇用者。

【主人公】 zhǔréngōng 图文艺作品中的主要人物形象。

【主人翁】 zhǔrénwēng ❶图当家作主的人▷～精神。❷主人公。

【主使】 zhǔshǐ 囫出计谋指使别人(干坏事)▷～他人抢劫。

【主题】 zhǔtí ❶图文学作品或文章中所表现的中心思想。❷泛指议论、谈话等的主要观点▷谈话的～。

【主题词】 zhǔtící 图经过规范化并具有检索意义和组配功能的单词、词组,是用来标引和检索图书、信息、资料主题的依据。

【主题歌】 zhǔtígē 图贯穿电影、戏剧、电视剧中最主要的插曲,对作品的主题起渲染、烘托的作用。

【主体】 zhǔtǐ ❶图事物组成的主要部分▷海军的～是舰艇部队|～工程。❷哲学上指和客体相对的对客体有认识和实践能力的人。❸为属性所依附的实体,如人是语言和思维的主体。❹民法中指享受权利和承担义务的自然人或法人;刑法中指因犯罪而应负刑事责任的人。

【主席】 zhǔxí ❶图主持会议的人▷～团|大会执行～。❷某些国家的政府机关、党派或团体某一级组织的最高领导职务▷国家～|工会～。

【主线】 zhǔxiàn ❶图绘画中被描绘物体的基本线条。❷事物发展的主要线索;文艺作品或文章的主要线索。

【主心骨】 zhǔxīngǔ ❶图可依靠的核心力量▷他是我们这个集体的～。❷主见;主意▷他是个有～的人。

【主刑】 zhǔxíng 图法院判刑时可以单独使用的刑罚。中国刑法规定的主刑有管制、拘役、有期徒刑、无期徒刑、死刑五种。

【主修】 zhǔxiū 囫主要学习▷～普通物理|～古汉语。

【主旋律】 zhǔxuánlǜ ❶图多声部演奏或多声部演唱中的主要曲调。❷比喻基本观点、主要精神▷弘扬时代～。

【主演】 zhǔyǎn ❶囫(在表演艺术中)扮演主角▷他～过三部电影。❷图扮演主角的演员▷他是这部电影的～。

【主要】 zhǔyào 厖事物中关系最大、最重要的;起决定作用的▷～原因|～作用。

【主义】 zhǔyì ❶图系统的理论、学说或思想体系▷马克思～|达尔文～。❷一定的社会制度或政治经济体系▷社会～|资本～。❸某个方面的主张、观点、作风▷乐观～|独身～。

【主意】 zhǔyì ❶图见解;主张▷心里没了～。❷办法;点子▷出～。

【主语】 zhǔyǔ 图主谓句或主谓结构的主要成分之一,

是谓语的陈述对象。

【主宰】 zhǔzǎi ❶圙统治;支配;控制▷～天下。❷图起统治、支配作用的人或势力▷命运的～。

【主张】 zhǔzhāng ❶圙提出见解或办法▷我们～公平竞争。❷图提出的见解或办法▷正确的～。

【主旨】 zhǔzhǐ 图中心思想。

【主子】 zhǔzi ❶图旧时奴仆对主人的称谓。❷指操纵、主使的后台人物(含贬义)▷替～卖命。

拄 zhǔ 圙用棍棒等触地来支撑身体▷～着一根拐棍儿。

渚 zhǔ 图〈文〉水中的小块陆地。

煮 zhǔ 圙把食物或其他东西放在水中加热使熟▷～鸡蛋。

嘱(囑)

【嘱咐】 zhǔfù ❶圙告诉对方记住▷妈妈～他在路上要多加小心。❷嘱咐的话▷牢记乡亲们的～。

【嘱托】 zhǔtuō ❶圙托付(别人办事)▷他～我照看好他的家。❷图托付的事情▷接受～|牢记他的～。

瞩(矚) zhǔ 圙往远处看;注目▷高瞻远～。

【瞩目】 zhǔmù 圙注视;注目▷举世～|万众～。

【瞩望】 zhǔwàng ❶圙期待;期望▷滨海人民～早日引来淡水。❷举目看▷深情～。

伫 zhù 圙〈文〉长时间站立▷～立|～听。

【伫候】 zhùhòu 圙〈文〉伫立敬候,泛指等候▷～大驾。

【伫立】 zhùlì 圙〈文〉较长时间地站立▷～静候。

苎(苧) zhù [苎麻]zhùmá 图多年生草本植物,茎可高达 2 米以上,茎部纤维也叫苎麻,是纺织工业的重要原料。

助 zhù 圙替人出力、出主意或给以物质上、精神上的支持▷一臂之力|～战|～援。

【助词】 zhùcí 图附着在词语或句子上表示某种附加意义的词,包括结构助词(的、地、得、所)、动态助词(着、了、过)、语气助词(呢、吗、吧、啦、啊)三类。

【助攻】 zhùgōng 圙用部分兵力在次要方向上协助进攻(跟"主攻"相对)。

【助理】 zhùlǐ ❶圙协助办理▷你负总责,他来～。❷图协助主要负责人处理事务的人▷总经理～。

【助手】 zhùshǒu 图协助别人处理事务的人。

【助威】 zhùwēi 圙加大声势,制造气氛▷为运动员～。

【助兴】 zhùxìng 圙增添兴致▷以歌舞～。

【助战】 zhùzhàn ❶圙协助作战▷从后方赶来～。❷鼓士气,壮声威▷为体育健儿擂鼓～。

【助长】 zhùzhǎng 圙促使增长(多指坏的方面)▷不能～歪风邪气。

【助阵】 zhùzhèn 圙帮助增加声势和力量▷呐喊～。

【助纣为虐】 zhùzhòuwéinüè 帮助殷纣王做暴虐无道的事。比喻帮助坏人做坏事。

住 zhù ❶圙暂时留宿或长期定居▷～旅馆|居～|～址。❷停息;止住▷雨～了|手|～口。❸表示停顿或静止▷车停～了|闲不～。❹表示稳当或牢固▷老人站不～了|抓～不放|记～。

【住宿】 zhùsù 圙在自家以外的地方暂住;过夜▷在旅馆～。

【住宅】 zhùzhái 图住房(多指规模较大或有院落的)▷职工～楼|这所～设计新颖。

【住址】 zhùzhǐ 图居住地址。

【住嘴】 zhùzuǐ ❶圙住口▷快～。❷停止咀嚼▷她一

直在不～地吃。

杼 zhù 图〈文〉织布机上的梭子▷机～声|鸣～。☞㊀不读 shū。㊁跟"抒"(shū)不同。

贮(貯) zhù 圙储藏;储存▷粮三万斤|～藏。

【贮存】 zhùcún ❶圙储存▷～粮食◇～在记忆深处。❷图储存的物品▷～还没有动用。

注 zhù ❶圙灌进去;投入▷灌～|射|新～资金200 万元。❷(精神、目光等)集中到某一点上▷全神贯～|～视。❸图投入赌博的钱物▷孤～一掷|赌～。❹量用于赌注、钱财、交易等▷五十元为一～|发了一～洋财|做了十来～交易。❺圙用文字解释书中的字句▷校～|～释。❻图解释书中字句的文字▷夹～|附～。

【注册】 zhùcè 圙向主管机关、团体或学校等登记备案▷商标业已～|会计师必须到有关部门～。

【注定】 zhùdìng 圙由客观规律或某种原因决定,不可逆转▷反动派～要失败|命运不是前生～。

【注解】 zhùjiě ❶圙用文字解释词句;也泛指解释▷～难懂的字句|他对自己的话,又～了一番。❷图注解的文字▷书末有～。也说注释。

【注明】 zhùmíng 圙写清楚▷信上没有～日期。

【注射】 zhùshè 圙用特制器具把液体药剂注进机体内。

【注视】 zhùshì 圙集中目光看▷～事态的发展。

【注销】 zhùxiāo 圙勾销登记在册的事项▷～户口。

【注意】 zhùyì 圙留心;集中精神于一方面▷很～卫生|请大家～听讲。

【注音】 zhùyīn 圙用符号或同音字等标注文字的读音。

【注重】 zhùzhòng 圙重视;着重▷～实践|培养能力。

驻(駐) zhù ❶圙〈文〉停留▷～足聆听。❷(军队或机关)居留在执行公务的地方;(机构)设立在(某地)▷华大使馆|～扎。☞"驻"和"住"意义不同。"住"泛指居住,住宿;"驻"特指军队或公务人员为执行公务而留住。

【驻地】 zhùdì ❶图部队驻扎或外勤工作人员驻留的地方▷部队～|勘探队到达～。❷地方行政机关的驻在地▷这里是省政府的～。

【驻防】 zhùfáng 圙(部队)驻扎防守;(机构在某地)留人守候、照应▷部队～在边陲要镇。

【驻守】 zhùshǒu 圙驻扎守卫▷～在祖国的边疆|我公司已在香港设立办事处,有人～。

【驻扎】 zhùzhā 圙(部队)较为稳定地住在某地。

【驻足】 zhùzú 圙停留;止步▷～观看。

柱 zhù ❶图建筑中直立的起支撑作用的条形构件▷石～|顶梁～。❷形状像柱子的东西▷水～|冰～|中流砥～。

【柱石】 zhùshí 图顶梁柱和垫柱子的基石▷～已损坏◇老师们是共和国大厦的～。

炷 zhù 量用于点着的香▷烧一～香|半～香的工夫。

祝 zhù ❶圙向神鬼祈祷求福▷～告|～祷。❷向人表示良好愿望▷敬～健康|～寿|～贺。

【祝词】 zhùcí 图隆重庆典、社交场合或喜庆活动中表示祝贺的话▷大会～|新婚～。

【祝福】 zhùfú 圙原指向神祈福,今指祝愿人平安、幸福,获得好运。

【祝贺】 zhùhè 圙庆贺▷～新春。

【祝捷】 zhùjié 圙庆祝胜利。

【祝酒】 zhùjiǔ 团敬酒表示祝愿。

【祝寿】 zhùshòu 团(向老人)祝贺寿辰。

【祝颂】 zhùsòng 团祝愿和颂扬▷~祖国繁荣昌盛。

【祝愿】 zhùyuàn 团(向人)表示良好的愿望▷~你健康长寿。

著 zhù ❶团明显▷显~|昭~。❷团显露出▷~名|~称。❸写作▷~书|编~。❹图写成的作品▷名~|新~。❺指世世代代居本地的人▷土~。

【著称】 zhùchēng 团(在某方面)著名而被人称道▷景德镇以精美的瓷器~。

【著名】 zhùmíng 团闻名;有显赫名声▷~科学家|京东的板栗很~。

【著述】 zhùshù ❶团撰写;编著▷一心~|~科普读物。❷图撰写编著的作品▷各类~相继问世。

【著作】 zhùzuò ❶团写作▷~一世。❷图写的书或文章▷不朽的~|~颇丰。

蛀 zhù 团(蛀虫)咬▷虫~|鼠咬|~蚀。

【蛀虫】 zhùchóng ❶图指咬食树干、衣服、书籍、谷物等的小虫。❷比喻侵吞国家或集体财产的犯罪分子。

【蛀蚀】 zhùshí 团因被虫蛀而受到损害,常比喻伤害▷害虫~了根茎◇黄色刊物~了他的灵魂。

铸(鑄) zhù 团把熔化的金属或某些液态非金属材料倒入模子里,凝固成器物▷钟~好了|~造|浇~。

【铸成】 zhùchéng 团造成;酿成▷~大错|大祸已经~。

【铸造】 zhùzào 团经高温熔化后注入铸型腔中,经冷却、凝固、清整处理后成为所需要的工件或器物。

筑(築❷) zhù ❶图古代一种弦乐器,形状像筝,有13根弦,用竹尺击弦发声。❷团建造;修建▷~路|构~|建~。☞统读 zhù。

【筑巢引凤】 zhùcháoyǐnfèng 比喻完善投资环境,吸引外来的各种投资者和外来人才。

箸 zhù 图〈文〉筷子▷举~|下~|象~(象牙筷子)。☞跟"著"不同。

zhua

抓 zhuā ❶团聚拢手指或爪趾取;用手握东西▷老鹰~小鸡|~阄儿。❷用指甲或爪在物体上划▷~痒痒|~耳挠腮。❸把握住;不放过▷~住机会|~紧时间。❹着重做;注意▷~重点|~农业。❺逮捕▷~小偷|~获。

【抓辫子】 zhuābiànzi 比喻抓住别人的缺点错误作为把柄。也说揪辫子。

【抓耳挠腮】 zhuā'ěrnáosāi 一种心神不安,手足无措的样子。

【抓获】 zhuāhuò 团抓住;捕获▷~犯罪嫌疑人。

【抓阄儿】 zhuājiūr 团〈口〉每人拿一个内有事先做着记号的纸卷或纸团,纸上的记号分别表明有无中奖或(体育比赛)人群分组的归属等。

【抓总儿】 zhuāzǒngr 图〈口〉负责抓全面工作▷由王主任~。

爪 zhuǎ 〈口〉图鸟兽的脚▷猪~儿|鸡~子。○另见 zhǎo。

zhuai

转(轉) zhuǎi 团为了显示有学问,说话时故意使用生僻深奥的词句。▷这位老先生说话好(hào)~。也说转文。○另见 zhuǎn;zhuàn。

拽 zhuài 团拉;拖▷~住不放|生拉硬~。

zhuan

专(專) zhuān ❶图集中在一件事情上的;单一的▷~心|~业。❷团单独掌握或控制▷~权|~卖。❸图专长▷一~多能。

【专案】 zhuān'àn 图需专门处理的重要事件或案件。

【专长】 zhuāncháng 图专门的知识、技能或特长。

【专场】 zhuānchǎng ❶图影、剧院为一部分人专门演出或放映的场次。❷特定内容的专项演出▷小品~|曲艺~。

【专诚】 zhuānchéng 图专心诚意▷~邀请|~拜访。

【专程】 zhuānchéng 副表示专为某事而前往▷~前去探视病情。

【专断】 zhuānduàn 团应该共同商量的不共同商量而独自做出决定▷~独行。

【专访】 zhuānfǎng ❶团专程访问;专门性采访▷~当事人|~名家。❷图指专门采访而写成的文章▷人物~。

【专攻】 zhuāngōng 团专门学习研究(某一门类的学问)▷~物理。

【专横】 zhuānhèng 图专断蛮横▷~无理。☞"横"这里不读 héng。

【专辑】 zhuānjí 图只刊登某一特定内容或某一文体的稿子的书刊。

【专家】 zhuānjiā 图在某门专业的研究或实际工作中成就突出的人;在某方面技艺精湛的人。

【专科】 zhuānkē ❶图专门科目▷~门诊。❷修业年限二至三年,层次较本科低的专业教育▷~毕业。

【专栏】 zhuānlán ❶图报刊上专门刊登某方面内容稿件的栏目,有固定的名称▷国际~|经济信息~。❷具有专题内容的墙报、板报▷学习~|新闻~。

【专利权】 zhuānlìquán 图创造发明人在法律规定的期限内对其发明创造依法享有占有、使用、收益和处分的权利。

【专论】 zhuānlùn 图以某一内容为中心论题的论文;专题评论。

【专门】 zhuānmén ❶副表示专为某事,相当于"特地"▷~来了解情况。❷表示专心一意地(从事某项事业或研究某门学问)▷~经商|~研究有机化学。❸图专属某一方面的▷~人才|~技术。

【专名】 zhuānmíng 图专用的名字或名称。如人名、地名、机构名、年号等。

【专名号】 zhuānmínghào 图标点符号的一种,形式为"——"。只用在古籍或某些文史著作中横排文字的底下或竖排文字的左侧,标示专名。

【专权】 zhuānquán 团独自包揽大权▷个人~|外戚~。

【专任】 zhuānrèn 团专门担任▷辞去其他职务,~校长。

【专心】 zhuānxīn 图用心专一;注意力集中▷听课|学习很~。

【专心致志】 zhuānxīnzhìzhì 一心一意,集中全部精力。

【专修】 zhuānxiū ❶团专门修理▷~录音机。❷专门学习进修(某一学科)▷~英语|网络~班。

【专业】 zhuānyè ❶图高等学校或中等专业学校所分的学业门类▷数学~|环保~。❷产业部门或科研机构分设的各业务门类▷~分工|~生产线。❸专门从事某种职业的▷~演员|~作家|~户。

【专业户】 zhuānyèhù 图特指我国农村中从事某种专业性生产的农户▷粮食~|运输~。

【专一】 zhuānyī 图用心专注▷爱情~|兴趣~|努力

方向很～。

【专政】zhuānzhèng 图统治阶级依靠国家机器对敌对阶级和敌对分子实行的强力统治。

【专职】zhuānzhí 图由专人担任的职务(跟"兼职"相对)▷设立～｜～教师。

【专制】zhuānzhì ❶囵专断独行▷家长～。❷统治者独自控制政权,操纵一切▷～政体。

【专注】zhuānzhù 囵精力集中,专心于某一方面▷神情～｜～于学习。

【专著】zhuānzhù 图某一专业的专门著作▷经济学～｜天文学～。

砖(磚) zhuān ❶图用土制成的建筑材料,多是方形或长方形的▷砌～｜～窑。❷像砖的东西▷茶～｜金～。

【砖雕】zhuāndiāo 图以砖块为原料雕刻成的工艺品。多为人物、花卉等图像,是建筑物上的装饰品。

颛(顓) zhuān [颛顼]zhuānxū 图传说中的五帝之一,号高阳氏。

转(轉) zhuǎn ❶囵变换(方向、情况等)▷向后～｜～学｜～手。❷把一方的物品、意见等带给另一方▷把信～给他｜～告。○另见 zhuǎi;zhuàn。

【转变】zhuǎnbiàn 囵转换、改变▷～思想。

【转播】zhuǎnbō 囵电台或电视台播送其他电台或电视台的节目。

【转产】zhuǎnchǎn 囵改换生产的产品▷我们厂已经～电子零件。

【转达】zhuǎndá 囵把一方的心意或话语转告给另一方▷请～我对他的敬意。

【转发】zhuǎnfā ❶囵批转发送(文件)▷～上级文件。❷报刊刊登别的报刊发表过的文章或消息。❸接收某地发射来的无线电信号,再发射到其他地点▷～电视信号。

【转轨】zhuǎnguǐ ❶囵(火车等)由一组轨道转入另一组轨道运行。❷比喻经济体制的转换▷经济体制～。

【转化】zhuǎnhuà ❶囵指矛盾发展过程中两个对立面在一定条件下各自向着自己相反的方向转变。❷泛指转变;变化▷把科学发明～为生产力。

【转换】zhuǎnhuàn 囵以某种情况替代原有情况▷～话题。

【转机】[1]zhuǎnjī 图好转的机会或可能(多指事情能挽回或病症能脱离危险)▷事情有了～｜病症出现～。

【转机】[2]zhuǎnjī 囵中途转乘其他飞机▷在香港～飞往北京。

【转嫁】zhuǎnjià 囵把负担、损失、罪名等转移到别人身上▷～危机。

【转让】zhuǎnràng 囵把财物的所有权或应享有的权利等转移给他人▷有偿～。

【转述】zhuǎnshù 囵把别人的话告诉另外的人▷向妹妹～了老师的话。

【转瞬】zhuǎnshùn 囵转眼(表示时间极短)▷～即逝。

【转弯】zhuǎnwān ❶囵拐弯儿▷～后再向前走 20 米就到了。❷比喻(说话)曲折隐晦,不直截了当▷他说话净～。❸比喻改变想法▷他头脑灵活,～也快。

【转弯抹角】zhuǎnwānmòjiǎo 顺着曲曲折折的道路走;比喻说话、做事不直截了当。

【转危为安】zhuǎnwēiwéi'ān 把危险转化为平安。

【转向】zhuǎnxiàng 囵改变方向▷车头一～就朝北驶去了。

【转型】zhuǎnxíng 囵转变类型▷产品～｜经济～。

【转眼】zhuǎnyǎn 囵转动一下眼睛,形容时间短▷～就不见了｜～又是一年。

【转业】zhuǎnyè 囵由这个行业转到另一个行业。特指中国人民解放军军官退出现役转到地方工作。

【转移】zhuǎnyí 囵改换方向或地方▷～视线｜～阵地｜这是一条不以我们的主观意愿为～的客观法则。

【转引】zhuǎnyǐn 囵引用别的报刊、书籍上曾引用过的话。

【转运】[1]zhuǎnyùn 囵把运来的货物再运到别的地方▷把东北运来的煤炭,再～到江南。

【转运】[2]zhuǎnyùn 囵迷信指运气好转。

【转战】zhuǎnzhàn 囵在不同的地区辗转作战▷随部队～大江南北。

【转折】zhuǎnzhé ❶囵事物发展的趋向、形势等发生大变化▷战争形势迅猛,我军由防御转为进攻。❷图文章或语意由一个意思转向另一个意思的情况▷文章的内容突然来了个～。

【转折点】zhuǎnzhédiǎn 图事物发展的趋向、形势等发生大变化的时间或事件▷1949 年 10 月 1 日,是我国现代史上的一个～。

【转正】zhuǎnzhèng 囵非正式的组织成员或工作人员转为正式的组织成员或工作人员。

传(傳) zhuàn ❶图古代注解、阐述经文的著作▷《春秋》三～｜～经～。❷记载人物生平事迹的文字▷自～。❸描述人物故事的文学作品(多用作小说名称)▷《水浒～》｜《儿女英雄～》。○另见 chuán。

【传记】zhuànjì 图记述人物生平事迹的文章或著作。

【传略】zhuànlüè 图简略的传记。

转(轉) zhuàn ❶囵围绕着一个中心运动▷车轮飞～｜～动。❷闲逛▷到公园～一～｜～悠。○另见 zhuǎi;zhuàn。

【转筋】zhuànjīn 囵肌肉痉挛▷小腿肚子～。也说抽筋。

【转向】zhuànxiàng 囵辨不清方向▷晕头～。

【转悠】zhuànyou 囵〈口〉漫步;闲逛▷来回～。☞不宜写作"转游"。

啭(囀) zhuàn 囵〈文〉(鸟)婉转地鸣叫▷莺啼鸟～。

赚(賺) zhuàn 囵做生意获得利润(跟"赔"相对)▷～钱了。

撰 zhuàn 囵写作▷～文｜编～。

【撰稿】zhuàngǎo 囵起草;写文章▷大家统一意见后,由他负责～。

【撰述】zhuànshù 囵著述;写作▷精心～。

【撰写】zhuànxiě 囵写作▷～毕业论文。

篆 zhuàn 图篆书,汉字字体的一种▷真草隶～｜大～｜小～。

【篆刻】zhuànkè ❶囵雕刻篆体字印章,泛指雕刻印章▷～印章。❷图篆刻的印章▷一方精美的～。

【篆书】zhuànshū 图汉字字形体。分大篆、小篆两种,始于周末,盛行于秦,汉代以后则仅用于碑额及印章中。也说篆文、篆字。

馔(饌) zhuàn 图〈文〉饭菜;肴▷～盛(shèng)～。

zhuang

妆(妝) zhuāng ❶囵女子修饰▷～饰｜梳～。❷图指女子的陪嫁物品▷嫁～。

【妆饰】zhuāngshì ❶囵梳妆打扮▷着意～。❷图梳妆打扮的样子▷她的～古朴、淡雅。

庄(莊) zhuāng ❶圈严肃;不轻浮;不随便▷～重｜端～。❷图村落;田舍▷村～｜～户。❸

旧称规模较大的商号▷钱~|布~|饭~。❹庄家▷轮流坐~。☞右下是"土",不是"土"。

【庄户】 zhuānghù 图农户。

【庄家】 zhuāngjiā ❶图赌博或打牌时每一局的主持者,参加者轮流主持。轮到谁,谁就是庄家。❷指一些实力雄厚,掌握股票数量特别巨大,能在一定程度上操纵影响股市的大炒股人。

【庄稼】 zhuāngjia 图生长着的农作物(多指粮食作物)▷茂盛的~。

【庄严】 zhuāngyán 圈庄重严肃▷~的乐曲|会场~肃穆。

【庄重】 zhuāngzhòng 圈端庄郑重;不轻浮▷~大方|举止~。

桩(椿) zhuāng ❶图插入地里的棍子或柱子▷打三根~|拴马~。❷量用于事物,相当于"件"▷一~喜事。

装(裝) zhuāng ❶图衣服▷服~|时~。❷团指演员为演出需要而装饰、打扮▷在这部戏里~老太太的其实是一个很年轻的演员|化~|饰|~扮。❸图演员演出时穿戴打扮用的东西▷上~|定~卸~。❹团装订(书籍)▷线~书|精~本。❺冒充,做出某种假象▷~神弄鬼|不懂~懂|~糊涂。❻把东西放进去;容纳▷往被套里~棉被|人太多,会议室~不下。❼安装;把零部件配成整体▷~电话|配|~|~修。

【装扮】 zhuāngbàn ❶团装饰;打扮▷一起来益发光彩照人。❷化装;假扮▷土匪头子~成普通农民。

【装备】 zhuāngbèi ❶团给军队配备武器、军装等▷用最现代化的武器、技术~我们的军队。❷图给军队配备的武器、军装等▷你部所需~已悉数调拨。

【装裱】 zhuāngbiǎo 团装饰裱褙(书画、碑帖、拓片等)。用纸附托在书画等的背面,再用绫、绢或纸镶上边框,然后装上轴子。

【装点】 zhuāngdiǎn 团装饰点缀▷~客厅。

【装订】 zhuāngdìng 团把零散的印刷品或纸张装成本册。

【装疯卖傻】 zhuāngfēngmàishǎ 为遮人耳目假装疯癫呆傻。

【装潢】 zhuānghuáng ❶团装饰得美观好看▷~书刊|房子~一新。❷图物品的装饰与包装▷美观大方的~赢得了客户的好评。☞不宜写作"装璜"。

【装甲】 zhuāngjiǎ 圈装有防弹钢板的▷~车。

【装殓】 zhuāngliàn 团把死人装裹好,放入棺材。

【装聋作哑】 zhuānglóngzuòyǎ 假装耳聋口哑。形容故意不闻不问。

【装门面】 zhuāngménmiàn 比喻粉饰装点,以图表面好看。

【装模作样】 zhuāngmúzuòyàng 假意做出某种样子给人看。☞"模"这里不读 mó。

【装配】 zhuāngpèi ❶团把零件或部件组装为成品▷~汽车。❷安装,配备▷~了一些新设备。

【装腔作势】 zhuāngqiāngzuòshì 拿腔拿调,故意做出某种姿态。

【装神弄鬼】 zhuāngshénnòngguǐ 假装鬼神附体。比喻故弄玄虚,借以骗人。

【装饰】 zhuāngshì ❶团装点修饰▷舞台~得非常美观。❷图用来点缀修饰的物品▷裙子上的各种小~闪着耀眼的光芒。

【装束】 zhuāngshù ❶团〈文〉束装;整理行装▷~完毕。❷图穿着打扮;打扮出的样子▷~美观大方。

【装蒜】 zhuāngsuàn 团〈口〉装糊涂;做姿态掩饰真相

▷快交出脏款吧,别再~了。

【装卸】 zhuāngxiè ❶团往运输工具上装货或从运输工具上把货取下来▷~货物。❷装配和拆卸▷他会~摩托车。

【装修】 zhuāngxiū 团对房屋建筑进行装饰美化▷他把卧室~得很温馨别致。

【装载】 zhuāngzài 团(用运输工具)运载(人或物)▷轮船上~着出口的商品。

【装帧】 zhuāngzhēn 图书刊的装潢设计,包括封面、插图等美术设计和版式、装订形式等技术设计▷~精美。

【装置】 zhuāngzhì ❶团安装配置▷房屋里~了空调设备。❷图具备一定独立功能的机件(多用在机器、仪器或其他设备中,或与机器、仪表及其他设备配套使用)▷遥控~。

【装作】 zhuāngzuò 团假装成▷表面上~若无其事。

壮(壯) zhuàng ❶圈强健有力▷年轻力~|~士。❷雄壮;气势盛▷理直气~|豪~|悲~。❸团加强;使雄壮▷~胆|~军威。❹图指壮族▷~锦|~戏。

【壮大】 zhuàngdà ❶圈强大▷队伍更加~。❷粗壮结实▷身体~,性格豪放。❸团使壮大▷~自己的力量。

【壮胆】 zhuàngdǎn 团增加勇气,使胆子增大▷夜里走路,自己给自己~。

【壮观】 zhuàngguān 圈景象雄壮宏伟▷古老的长城非常~。

【壮举】 zhuàngjǔ 图豪迈的举动;壮烈的行为▷震惊世界的~。

【壮阔】 zhuàngkuò 圈雄壮开阔▷声势浩大,场面~。

【壮丽】 zhuànglì 圈宏伟而美丽▷山河~|他把~的青春献给了祖国。

【壮烈】 zhuàngliè 圈豪壮刚烈有气节▷~殉国。

【壮年】 zhuàngnián 图盛年;三四十岁的年龄。

【壮实】 zhuàngshi 圈健壮结实。

【壮志】 zhuàngzhì 图宏伟豪迈的志向▷凌云~。

状(狀) zhuàng ❶图形态;外貌▷~态|形~。❷情形▷况|罪~。❸团形容;描述▷写景~物|不可名~。❹图指起诉书▷诉~|~纸。❺褒奖、委任等的文字凭证▷奖~|委任~。

【状况】 zhuàngkuàng 图(事物)呈现出来的样子、状态▷生活~|文化~。

【状态】 zhuàngtài 图人或事物呈现出的形态▷精神~。

【状语】 zhuàngyǔ 图动词性或形容词性偏正结构中的修饰语。如"快跑"、"很干净",其中"快、很"是状语。

【状元】 zhuàngyuán ❶图指科举时代殿试的第一名。❷比喻在某行业中成绩最突出的人▷致富~|三百六十行,行行出~。

撞 zhuàng ❶团物体猛然相碰▷~钟|~击。❷偶然遇到▷让我给~上了|~见。☞统读 zhuàng。

【撞车】 zhuàngchē ❶团车辆相撞。❷比喻互相矛盾冲突;重复抵触等。

【撞击】 zhuàngjī 团运动着的物体猛然碰到别的物体;冲撞▷波涛~着堤岸。

幢 zhuàng 量用于房屋,相当于"座"▷一~高楼|几~房屋。○另见 chuáng。

zhui

追 zhuī ❶团紧跟在后面赶▷他走得太快了,我~不上|~随。❷回顾;回忆▷~思|~悼。❸事后补

做▷～加｜～认｜～赠｜～肥。❹追求▷不少小伙子都在～这个姑娘｜～名逐利｜～寻。❺追究▷一定要把这件事～个水落石出｜～查。

【追逼】zhuībī ❶団追赶逼近▷把敌军～得走投无路。❷追索逼取▷狗腿子仗势向百姓～钱财。

【追捕】zhuībǔ 団追逐抓捕▷～犯罪嫌疑人。

【追查】zhuīchá 団追究查问；事后追溯调查▷～谣言｜～肇事者。

【追悼】zhuīdào 団对死者表示追念哀悼▷沉痛～牺牲的战友。

【追肥】zhuīféi ❶団给正在成长的农作物施肥料▷给小麦～。❷图给正在生长的农作物追施的肥料▷现在施用的～多为化肥。

【追赶】zhuīgǎn ❶団快速赶往（捉拿或打击）▷～溃逃敌军。❷快速赶上（前面的人或事物）▷～先遣人员｜～新潮流。

【追怀】zhuīhuái 団追忆怀念▷～童年。

【追悔】zhuīhuǐ 団事后追忆，感到懊悔▷～以前的过失｜～莫及。

【追击】zhuījī 団逼近攻击（逃跑的敌人）▷～逃窜的敌人。

【追记】zhuījì ❶団人逝世后记上（功劳）；事后记上或记载▷给烈士～一等功｜～会议代表的发言。❷图事后的补记、记载▷战争年代往事的～。

【追缴】zhuījiǎo 団追补收缴（逾期欠款或非法所得）▷～所欠税款｜～赃款、赃物。

【追究】zhuījiū 団追查，究问（原因、责任等）▷～火灾的起因。

【追求】zhuīqiú 団尽力寻求、探求▷～自由｜～光明。

【追认】zhuīrèn ❶団事后认可▷罢免委员一事，大会予以～。❷某人的某种身份或申请，在其死后给以认可或批准▷英雄牺牲后被～为共产党员。

【追述】zhuīshù 団回忆，述说（过去的事情）▷～着痛心的往事。

【追溯】zhuīsù 団向着江河源头逆流而行，比喻向前推求事物的历史或回顾过去的人和事▷中国人民反抗外国侵略的历史可以～到很久很久以前。

【追随】zhuīsuí 団紧紧跟随▷～时尚。

【追问】zhuīwèn 団步步进逼地询问、质问▷～罪犯的下落。

【追叙】zhuīxù ❶団追述。❷图一种写作手法。先展示结局或矛盾斗争最尖锐、最突出的部分，倒过来叙述故事的经过。

【追逐】zhuīzhú ❶団追赶▷～嬉闹。❷追求；牟取▷～钱财。

【追踪】zhuīzōng 団随着踪迹或线索追寻▷按线索～罪犯｜～调查。

骓（騅） zhuī 图〈文〉毛色黑白相间的马▷乌～。

椎 zhuī 图椎骨，构成脊柱的短骨▷颈～｜腰～｜脊～。

锥（錐） zhuī ❶图锥子，尖端锐利，用来钻孔的工具。❷像锥子的东西▷冰～｜改～｜棱～。❸団用锥子钻（孔）▷～了一个眼儿。

【锥处囊中】zhuīchǔnángzhōng 锥子放在口袋里，会露出锥尖来。比喻有才能的人不会被埋没，总会显露头角。☞"处"这里不读 chù。

坠（墜） zhuì ❶団掉下来；摇摇欲～｜马～落。❷（重物）往下沉；垂在下面的▷耳朵上～着一副大耳环。❸图垂吊在下面的东西▷耳～｜扇～。

【坠毁】zhuìhuǐ 団（飞机等）从高空掉下来摔坏。

【坠落】zhuìluò 団下落；落下▷断线的风筝～下来。

【坠入】zhuìrù 団落人；陷人▷～情网｜～深渊。

缀（綴） zhuì ❶団用线缝合▷～扣子｜补～。❷连结；组合▷～玉联珠（比喻撰写得好的诗文）｜连～。❸装饰▷点～。

惴 zhuì 囮既忧虑又害怕的样子▷～～不安。☞跟"揣"（chuǎi）不同。

缒（縋） zhuì 団用绳子拴住人或东西从高处放下▷把空灰浆桶从上～下来。

赘（贅） zhuì ❶囮多余无用的▷累～｜～瘤｜～言。❷団男子结婚后成为女家的家庭成员▷～人｜～婿。

【赘述】zhuìshù 団过多地叙述▷限于篇幅，不再一一～。

【赘疣】zhuìyóu ❶图长在皮肤上的肉赘。❷比喻多余的东西▷思想上的～。

zhun

肫 zhūn 图鸟类的胃▷鸡～｜鸭～。

谆（諄） zhūn ［谆谆］zhūnzhūn 囮恳切而有耐心▷～教导。

准（準❶—❺） zhǔn ❶图标准▷水～｜绳～｜则｜以此为～。❷囮程度上接近某事物，可以当成某事物看待的▷～军事组织｜～将（jiàng）。❸正确无误▷这一枪打得～｜瞄～｜～确。❹确定不变的▷说～了，别再变了！❺囮保准；一定▷～能赢｜他～干不好。❻団允许，许可▷不～外出｜批～｜～许。

【准保】zhǔnbǎo 副表示可以认定或保证▷～成功。

【准备】zhǔnbèi ❶団预先安排或筹办▷事先～好了｜～好一切条件。❷打算；计划▷我～去一趟北京。❸图预先考虑好的想法或预先做好的安排▷思想～｜做好充分的～。

【准确】zhǔnquè 囮认识、行动、描述等与客观实际完全相符▷～地命中目标｜说得非常～。

【准绳】zhǔnshéng 图测定物体平直的器具，比喻言行依据的准则或标准▷以事实为依据，以法律为～。

【准头】zhǔntou 图〈口〉（说话、办事、射击等）的准确性、可靠性▷说话没个～。

【准星】zhǔnxīng ❶图秤杆上的定盘星；比喻言行的标准▷他办事连个～也没有。❷枪口上端瞄准装置的一部分。

【准许】zhǔnxǔ 団允许；许可▷有关部门～他出国了。

【准予】zhǔnyǔ 団〈文〉准许；同意（用于公文）▷～毕业｜～登记｜～离境。

【准则】zhǔnzé 图言论、行动等所遵循的标准、原则。

zhuo

拙 zhuō ❶囮笨；不灵巧▷手～｜笨嘴～舌｜笨～｜～劣。❷谦词，称有关自己的事物▷～作｜～见。☞㊀统读 zhuō。㊁跟"绌"（chù）不同。

【拙见】zhuōjiàn 图谦词，称自己的见解▷提出～，仅供参考。

【拙劣】zhuōliè 囮笨拙低劣▷手法十分～｜～的伎俩。

【拙著】zhuōzhù 图谦词，称自己的作品。

捉 zhuō ❶団〈文〉握；拿▷～笔｜～襟见肘。❷抓；逮▷～贼｜瓮中～鳖｜～拿｜～活。

【捉刀】zhuōdāo 団传说曹操曾让人代替自己接见匈奴使者，而自己却拿了刀站在旁边。接见以后匈奴使者认为站在魏王床头的拿刀人是个了不起的英雄。

后用捉刀代指替别人写文章。

【捉襟见肘】 zhuōjīnjiànzhǒu 拉一下衣襟就看见了胳膊肘儿,形容衣服破烂。引申为顾此失彼,难于应付。

【捉迷藏】 zhuōmícáng ❶蒙住眼睛摸索寻找躲避者的游戏。❷比喻言行隐晦故意使人难以捉摸▷你别跟我～了,有话直说吧。

【捉摸】 zhuōmō 团揣摸推测▷～不透|难以～。

【捉弄】 zhuōnòng 团戏弄、耍笑,使人难堪▷他总爱出鬼点子～人|抓住别人的缺陷或缺点进行～是不道德的。

桌 zhuō ❶图桌子▷～上放着电脑|～椅板凳。❷量用于酒席▷一～酒席|三～客人。

【桌面上】 zhuōmiànshang 图比喻公开商讨的场合▷这是～的话|把问题摆到～来讨论。

涿 zhuō 图用于地名。涿州、涿鹿,均在河北。

灼 zhuó ❶团烧;烤▷～伤|～热|烧～。❷形亮;～然可见|目光～～|闪～。❸明白透彻▷真知～见。☞统读 zhuó。

【灼热】 zhuórè 形像火烧烤着一样热▷～的阳光|一颗～的心。

茁 zhuó 形动植物生长旺盛的样子▷～实|～壮。☞统读 zhuó。

【茁壮】 zhuózhuàng 形健壮、旺盛▷麦苗～|～的牛羊|孩子们在～地成长。

卓 zhuó ❶形又高又直▷孤峰～立。❷不平凡;超出一般▷远见～识|～越|～绝|～著。☞统读 zhuó。

【卓见】 zhuójiàn 图高明而不同寻常的见解▷聆听先生的～,很受教益。

【卓绝】 zhuójué 形形容超过一切,无与伦比▷艰苦～的斗争|技艺～。

【卓识】 zhuóshí 图卓越高明的见识▷他的～,远见超乎常人。

【卓越】 zhuóyuè 形优秀杰出,超越一般▷～的人才|～的成就。

【卓著】 zhuózhù 形优异而突出▷功勋～|成绩～|～的信誉。

斫 zhuó 团〈文〉用刀斧等砍、削▷～轮老手(指富有经验的人)。

浊(濁) zhuó ❶形液体由于含有杂质而不透明(跟"清"相对)▷污泥～水|～酒。❷〈文〉(社会)混乱;不清明▷～世|～尘。

【浊浪】 zhuólàng 图浑浊的波浪▷～滔天◇不断掀起反华的～。

酌 zhuó ❶团斟(酒);饮(酒)▷自～自饮|对～。❷图〈文〉酒饭;酒宴▷聊备小～|便～。❸团估量;斟酌▷～情处理|～办。

【酌定】 zhuódìng 团酌情决定▷～对策|请你～。

【酌量】 zhuóliáng 团斟酌估量▷请照此标准～增补。

【酌情】 zhuóqíng 团斟酌情况▷～决断|～处理。

诼(諑) zhuó 团〈文〉毁谤;说别人坏话▷谣～。

啄 zhuó 团鸟类用嘴叼取食物或敲击东西▷小鸡～米|～木鸟。☞㊀不读 zhuó。㊁右边不是"豖"。

着 zhuó ❶团接触;挨上▷附～|陆～|不～边际。❷使接触或附着别的事物▷～色|～墨。❸穿(衣)▷身～灰色西服|～装。❹指派▷～专人处理。○另见 zhāo;zháo;zhe。

【着力】 zhuólì 副尽力;用力▷～渲染|～描绘农村新貌。

【着落】 zhuóluò ❶图下落▷失散多年的妹妹终于有了～。❷归宿;依靠▷儿子回国定居,大妈从此有了～。❸可靠的根据或来源▷教育经费有了～。

【着墨】 zhuómò 团用墨,指写作或绘画时下笔▷这个人物～不多,形象却很丰满。

【着色】 zhuósè 团染上颜色▷给山水画～。

【着实】 zhuóshí ❶副确实;的确▷庄稼长势～喜人。❷狠狠;大力▷～批评了一通。

【着手】 zhuóshǒu 团动手;开始▷大处着眼,小处～|～制订科研发展规划。

【着想】 zhuóxiǎng 团考虑;打算▷为孩子们的健康成长～。

【着眼】 zhuóyǎn 团(从某方面)考虑;把眼光放在某个方面▷从长远利益～|～于人民大众。

【着意】 zhuóyì 副留心;用心▷～刻画|～钻研。

【着重】 zhuózhòng ❶团侧重;把重点放在某个方面▷分析问题,要～本质方面。❷副表示侧重地,重点地▷～叙述了事件的经过|～指出了问题的严重性。

【着重号】 zhuózhònghào 图标点符号的一种,形式为".。"用在横排文字的下边或竖排文字的右边,标示出需要强调的词句。

【着装】 zhuózhuāng ❶团穿、戴(衣帽)▷演员们正在～|～完毕。❷图身上穿着的衣帽等物▷检查～|～齐整。

琢 zhuó 团加工玉石▷玉不～,不成器|碧玉～成的绿叶|精雕细～|～磨。○另见 zuó。

【琢磨】 zhuómó 团雕琢、打磨(玉石)▷比喻对诗文等作精益求精的加工▷对词句反复～,以求精练生动。

擢 zhuó 团〈文〉选拔▷～升|～用。

【擢发难数】 zhuófànánshǔ 即使拔下头发来计算,也难数清(擢:拔)。比喻罪恶极多,数也数不清。

濯 zhuó 团清洗▷洗～。

镯(鐲) zhuó 图镯子▷手～|脚～|玉～。

【镯子】 zhuózi 图戴在手腕或脚腕上的环形装饰品,多用金银或玉石等制成。

zī

孜 zī [孜孜]zīzī 形勤勉▷～不倦|～以求(勤勉不懈地追求探索)。☞不宜写作"孳孳"。

咨 zī 团商议▷～询|～议。

【咨文】 zīwén 图旧时用于同级机关或同级官阶之间的一种公文,今用于某些国家元首向国会提出的关于国情的报告。

【咨询】 zīxún 团商量,询问,征求意见▷有关法律事宜可向律师事务所～。

姿 zī ❶图身体的样子;形态▷舞～|～态|～势。❷容颜;相貌▷～色|丰～。

【姿容】 zīróng 图身姿容貌▷秀丽俊美的～。

【姿色】 zīsè 图妇女漂亮的外貌▷那女孩颇有几分～。

【姿势】 zīshì 图身体表现出来的各种样子▷～优美|立正～。

【姿态】 zītài ❶图姿势体态▷优美的～。❷态度▷以普通干部的～出现在群众中。❸风度;气度▷解决你们的矛盾,你的～应该高一些。

兹 zī 图〈文〉现在▷～订于4月20日召开全校运动会。

资(資) zī ❶图物产、钱财的总称▷物～|～财|～源。❷费用▷耗～数万|工～|～金|投～

|外~。❸囵帮助▷有~敌之嫌|~助。❹提供▷可~借鉴|以~鼓励。❺囵指人的素质▷天~|~质。❻身份、条件或经历▷~格|~历|年~|论~排辈。

【资本】　zīběn　囵用来生产或经营以赚取利润的生产资料和货币▷固定~|筹集~。❷比喻某种行为的凭借、条件▷不能以过去的功劳为~,向组织提不合理的要求。

【资本家】　zīběnjiā　囵占有生产资料,使用雇用劳力,剥削工人创造的剩余价值的人。

【资财】　zīcái　囵物资、钱财▷~雄厚。

【资产】　zīchǎn　❶囵资财;产业▷有大量的~。❷企业资金▷企业注册~。❸资产负债表所列的一栏,表示资金的运用情况。

【资格】　zīgé　❶囵参加某种学习、工作和活动,进入某团体所应具备的条件▷入学~|代表~|审查~。❷指从事某种工作或活动的经历、身份、地位▷老~|某人~还嫩点。

【资金】　zījīn　❶囵经营工商业的本钱▷流动~|~很充足。❷国民经济中以货币形式表现的物资▷农业和轻工业的发展,为国家积累了大量的~。

【资历】　zīlì　囵资格和经历▷~较深。

【资料】　zīliào　❶囵生产和生活上所用的东西▷生产~|生活~。❷(工作、学习、科学研究等)供参考或作为依据的材料▷有参考价值的~|学习~|科研~|图书~很丰富。

【资深】　zīshēn　囵阅历丰富,资格老▷~外交家。

【资源】　zīyuán　❶囵资财的来源,即人类借以生存和发展的自然物质基础,如土地、江河、矿藏、动植物等。❷一国或一定地区内拥有的物力、财力、人力等物质要素的总称。

【资质】　zīzhì　囵人的天资、禀赋和素质▷~聪颖。

【资助】　zīzhù　囵用财物支持帮助▷~亲友|~贫困学生。

淄　zī　囵淄河,在山东,流入小清河。

缁(緇)　zī　囷〈文〉黑色▷~衣。

辎(輜)　zī　❶囵古代装载军需物资的车▷~重。

【辎重】　zīzhòng　囵军队行军中随带的车辆及各种重型武器和粮草、被服等军需物资。

嗞　zī　❶拟声模拟水喷射的声音。

孳　zī　囵繁衍▷~生|~乳。

【孳乳】　zīrǔ　❶囵〈文〉繁殖。❷派生。

【孳生】　zīshēng　通常写作"滋生"。

滋　zī　❶囵生长;繁殖▷~生|~长|~蔓。❷引起(事端)▷~事。❸囵味道▷~味。☞右上是"丷"。

【滋补】　zībǔ　囵增加身体所需的养分;补养▷~身体。

【滋蔓】　zīmàn　囵〈文〉滋生蔓延。

【滋扰】　zīrǎo　囵滋生事端,进行骚扰▷~百姓|聚众~。

【滋润】　zīrùn　❶囷含水分多;湿润▷土地很~。❷囵增添水分;使湿润▷雨露~着禾苗|有~皮肤的作用。❸囷〈口〉宽裕;富裕▷日子过得挺~。

【滋生】　zīshēng　❶囵繁殖,生长▷草木~|蚊蝇~地。❷产生;引起▷~疾病|~事端。

【滋事】　zīshì　囵引起事端;制造纠纷▷酗酒~|有意~。

【滋味】　zīwèi　❶囵食物的味道▷~鲜美。❷比喻内心的感受▷人生的苦辣酸甜,样样~在心头。

【滋养】　zīyǎng　囵滋补。

【滋长】　zīzhǎng　❶囵生长▷割过的韭菜宿根,又~出黄嫩的韭芽来。❷慢慢地产生(多用于抽象事物)▷~骄傲自满情绪。

锱(錙)　zī　圍古代重量单位,1两的1/4▷~铢。

【锱铢必较】　zīzhūbìjiào　很少的钱或极小的事情都要计较。形容做事认真或十分小气。

龇(齜)　zī　囵张嘴露出牙齿▷嘴里~出两颗大金牙。☞不读cī。

【龇牙咧嘴】　zīyáliězuǐ　❶形容凶狠可怕的样子。❷形容疼痛难忍的表情。

髭　zī　囵〈文〉嘴唇上方的胡须▷短~。

子　zǐ　❶囵儿子▷独生~|~女。❷人的通称▷男~|女~。❸古代对男子的美称▷孔~。❹古代贵族五等爵位的第四等▷公侯伯~男。❺动物的幼崽或卵▷不入虎穴,焉得虎~|鱼~。❻囷幼小的;稚嫩的▷~鸡|~姜。❼囵植物的子实▷茉莉花结~了儿|种~。❽小而硬的颗粒状物体▷棋~儿|弹~|算盘~儿。❾地支的第一位。❿后缀,读轻声,附在其他词后面,组成名词▷鼻~|胖~|夹~。☞做左偏旁时,末笔横改写成(一),如"孙""孩""孤"。

【子畜】　zǐchù　囵幼小的牲畜。

【子堤】　zǐdī　囵为防止洪水漫溢或决口,在大堤上面加筑的小堤。

【子弟】　zǐdì　❶囵儿子和弟弟等,也泛指子侄辈▷干部~。❷泛指年轻的后一辈▷工人~|纨绔~。

【子弟兵】　zǐdìbīng　❶囵旧指由带兵将帅的本乡子弟组成的军队▷亲率三千~东征。❷现指人民的军队(人民解放军、武警部队的士兵等)▷各界人民欢迎~凯旋。

【子宫】　zǐgōng　囵女子或雌性哺乳动物生育器官的一部分。受精卵在子宫内发育成胎儿。

【子母扣儿】　zǐmǔkòur　囵纽扣的一种。一凸一凹两个合成一对,一般用金属制成。也说摁扣儿。

【子目】　zǐmù　囵总目下的细目▷查阅了该类图书的~。

【子女】　zǐnǚ　❶囵儿子和女儿▷~各一个。❷儿子或女儿▷独生~。

【子实】　zǐshí　囵农作物穗上的种粒;豆荚中的豆粒▷~饱满。也说子粒。

【子孙】　zǐsūn　囵儿子和孙子,也泛指后代。

【子虚乌有】　zǐxūwūyǒu　汉朝司马相如在所作《子虚赋》中,虚构子虚、乌有、亡是公三个人物互相问答,因此后世用以表示不真实的或假托的事情。

【子夜】　zǐyè　囵午夜;半夜。

仔　zǐ　❶囷密▷~细。❷同"子"❻,通常写作"子"。○另见zǎi。

【仔细】　zǐxì　❶囷细心;认真▷他办事很~|~研究。❷囵当心;注意▷天气不正常,很易感冒,~点儿。☞不宜写作"子细"。

姊　zǐ　囵姐姐▷~妹。

【姊妹】　zǐmèi　❶囵姐姐和妹妹。❷对年岁、辈分相当的女性的通称▷这些~们来自山村。

籽　zǐ　同"子"❼▷棉~。☞"籽"仅用于"棉籽""菜籽""油菜籽""葵花籽""花籽儿""籽棉"等少数词中,其余均用"子"。

梓 zǐ ❶名梓树,落叶乔木。木材轻软耐朽,可制作家具、乐器或做建筑材料。❷〈文〉指故乡▷乡~|桑~。❸〈文〉用来印书的雕版,引申为印刷▷付~。

紫 zǐ 形蓝色和红色合成的颜色▷嘴唇都冻~了。

【紫红】zǐhóng 形深红中稍微带紫的(颜色)。

【紫禁城】zǐjìnchéng 名北京市内城中央的故宫。为明清两代皇宫。

【紫砂】zǐshā 名陶土,产于江苏宜兴。用它烧制的茶壶、茶杯享誉国内外。质地细腻光洁,呈赤褐色或紫黑色。

【紫外线】zǐwàixiàn 名波长比可见光线短的电磁波,在光谱上位于紫色光的外侧。它不能引起视觉反映,但对生物体的细胞组织可起各种作用。医学上常用来进行消毒,治疗皮肤病、软骨病等。

訾 zǐ 团〈文〉说人坏话▷~毁|~议(指责和议论)。

滓 zǐ 名沉淀的渣子▷渣~|沉~。

自 zì ❶代称自己▷~告奋勇|~杀|~学。❷副自然;当然▷~当别论|~有后来人。❸介从▷~上海开往广州|~古以来。

【自爱】zì'ài 团自己爱惜自己(主要指名誉、身体)▷倍加~。

【自傲】zì'ào 形自以为了不起而骄傲▷居功~。

【自拔】zìbá 团自己摆脱(痛苦、错误或罪恶的境地)▷陷入痛苦中不能~。

【自白】zìbái ❶团自己说明自己的情况、观点、立场等▷难以~。❷名自白的话或自白书。

【自暴自弃】zìbàozìqì 自己糟踏自己,自己鄙弃自己。形容不求上进或自甘堕落。

【自卑】zìbēi 形自己瞧不起自己▷帮助残疾儿童克服~思想。

【自便】zìbiàn 团按自己的意愿和方便行事▷随其~。

【自不待言】zìbùdàiyán 自然不需要说,表示大家都很明白。

【自残】zìcán 团残害自己;内部自相残害▷因沉迷邪教、身亡|同胞~,亲痛仇快。

【自惭形秽】zìcánxínghuì 因自己形貌丑陋而羞愧。泛指因不如别人而羞愧。

【自称】zìchēng ❶团以某种名号称呼自己▷项羽~西楚霸王。❷自己声称▷这个骗子~是一个大干部的秘书。

【自成一家】zìchéngyījiā 在某种学术或技艺上有独特的理论或风格,能自成体系。

【自持】zìchí 团自我克制▷感情冲动不能~。

【自吹自擂】zìchuīzìléi 比喻自我吹嘘。

【自从】zìcóng 介引进过去的时间作为起点▷~进了小学,这孩子懂事多了。

【自得】zìdé 形自己感到得意或舒适▷很~的样子|悠然~。

【自动】zìdòng ❶形自己主动▷~报名。❷不凭借人为的力量而动▷门~地开了。❸借助科技装置操作的▷~开关|全~控制|电脑~调节温度。

【自发】zìfā ❶形指在缺乏对规律性认识时自然发生▷~行动。❷团指不是有领导有组织地发生的▷~捐款。

【自封】zìfēng 团自己给自己头衔(含贬义)▷~为专家学者。

【自负】zìfù 形对自己估计过高,自以为了不起▷这个人目空一切,~得很。

【自负盈亏】zìfù yíngkuī 不论盈利还是亏损,都由企业或单位自身负担,或由企业或单位的经营承包人负担。

【自高自大】zìgāozìdà 自以为比别人强,看不起别人。

【自古】zìgǔ 名从古以来▷台湾~就是我国领土。

【自顾不暇】zìgùbùxiá 自己都没有功夫照顾自己(暇:闲暇)。

【自豪】zìháo 形自己感到骄傲和光荣▷我们为有这样的英雄子弟兵而感到~。

【自己】zìjǐ 代指本身,即说到对象的本人或本团体一方,常常用于复指前面的名词或代词(跟"别人"相对)▷我~来吧|教育学生~管理~。

【自给】zìjǐ 团自己生产供给自己的需要▷粮食~有余。☞"给"这里不读 gěi。

【自荐】zìjiàn 团自己推荐自己▷毛遂~|~当候选人。

【自尽】zìjìn 团自己结束自己的生命;自杀▷悬梁~。

【自咎】zìjiù 团〈文〉自己责备自己,归罪自己。

【自疚】zìjiù 团自己感到惭愧、内疚▷万分~。☞"疚"不读 jiū。

【自居】zìjū 团自己把自己放在某种地位上(含贬义)▷~老大|以英雄~。

【自决】zìjué 自己决定自己的事▷公民~。

【自觉】zìjué ❶团自己感觉▷老王的病日渐沉重,他~不妙。❷形自己有所觉悟的▷这个人一点也不~|~地遵守纪律。❸把握规律后有目的地行动(跟"自发"相对)▷~地投身于社会变革。

【自绝】zìjué 团不愿悔改而自行断绝一切关系(多指自杀)▷~于人民。

【自理】zìlǐ ❶团自己照顾安排料理▷缺乏~能力|生活完全能~。❷团自己承担▷医药费~。

【自力更生】zìlìgēngshēng 靠自己的力量获得更新和发展。

【自立】zìlì 团依靠自己的力量生存▷几个孩子都已~成人。

【自量】zìliàng 团估计自己的力量▷这个年轻人有点狂,太不~了。

【自流】zìliú ❶团(水)自动地流▷泉水~。❷比喻没有领导、没有约束地自由发展▷不能放任~。

【自律】zìlǜ 团自己管束自己▷廉洁~|严于~|行业~。

【自满】zìmǎn 团满足于自己的所作所为和已有成绩▷骄傲~。

【自勉】zìmiǎn 团自己鼓励自己。

【自鸣得意】zìmíngdéyì 自己显示出非常称心满意(含贬义)。

【自命不凡】zìmìngbùfán 自己认为自己很了不起,不同凡俗。

【自馁】zìněi 团对自己失去信心而畏缩不前▷在困难面前不应~。

【自欺欺人】zìqīqīrén 欺骗自己,也欺骗别人。

【自强】zìqiáng 团奋发向上,不甘落后▷我们的民族是一个~不息的伟大民族。

【自轻自贱】zìqīngzìjiàn 自己看不起自己。

【自然】zìrán ❶名自然界▷回归~|改造~。❷形天然的;原本就有的;不经人力干预的▷~美|~免疫。❸副当然▷一年最冷的季节~是冬季。

【自然界】zìránjiè 名通常指自然科学的研究对象,即宇宙的自然物质。也指客观存在的物质世界。

【自然主义】zìrán zhǔyì 文艺创作中的一种倾向。它重视描写现实生活中的外在真实和细节,但缺乏典型性,不能很好地反映社会真实和社会本质。

【自然】 zìran 🅱不造作;不勉强;不拘谨▷教态很～｜不～的表情。

【自如】 zìrú ❶🅱保持常态,镇定自然▷神态～。❷活动或操作灵活顺畅,不受阻碍▷旋转｜运用～。

【自食其果】 zìshíqíguǒ 自己吞食自己种出来的果实。比喻自己做了错事或坏事,结果自己受到损害或惩罚。

【自食其力】 zìshíqílì 依靠自己的劳动来养活自己。

【自恃】 zìshì ❶自以为是,骄傲自满▷盲目～。❷倚仗(自己的强势)▷贡献大,蛮横无理。

【自首】 zìshǒu 🅱作案分子向有关部门自动投案。

【自赎】 zìshú 自己弥补自己的罪过▷立功～。

【自述】 zìshù ❶🅱自己说自己的情况▷～生平。❷🅰自己叙说自己情况的材料▷这是那位著名科学家的～。

【自私】 zìsī 🅱只为自己打算而不顾他人的利益▷极端～。

【自诉】 zìsù 法律上指在刑事诉讼中由案件的受害人或其代理人直接向法院提起诉讼(区别于"公诉")▷～案件。

【自卫】 zìwèi 🅱自己保卫自己▷～还击。

【自慰】 zìwèi 🅱自己安慰自己▷聊以～。

【自刎】 zìwěn 用割颈的方法自杀▷项羽因愧见江东父老而～乌江。

【自问】 zìwèn ❶🅱自己反问自己▷扪心～。❷自己估量、揣度自己▷我～有能力完成学业。

【自新】 zìxīn 自我更新,指(有违法犯罪行为的人)自觉地重新做人▷改恶从善,悔过～。

【自信】 zìxìn ❶🅱相信自己,对自己有信心▷他～能够成功。❷🅱对自己有信心的样子▷他很～地宣布了实验的结果。❸🅰对自己的信心▷亲人的鼓励使他对人生多了一份～。

【自行】 zìxíng ❶🅰自己进行(不依靠或通过别人)▷～设计｜～制造。❷自然(不需外力)▷～脱落｜～消亡。

【自行其是】 zìxíngqíshì (不管别人的看法)自己按照自己以为正确的想法去做。

【自修】 zìxiū ❶🅱自习。❷自学。

【自诩】 zìxǔ 🅱自我夸耀;自吹▷他～可以解决任何难题。

【自序】 zìxù 🅰作者给自己的著作写的序言▷鲁迅《呐喊》～。

【自学】 zìxué 🅱不用老师教而自己独立学习▷～成才｜～了本专业全部必修课。

【自已】 zìyǐ 🅱控制住自己的感情(多用于否定式)▷他激动得不能～。

【自以为是】 zìyǐwéishì 自己认为自己正确。多指不虚心,看不到自己的不足或缺点。

【自由】 zìyóu ❶🅰在宪法和法律范围内公民享有的人身、言论、通信等权利。❷哲学上指人对必然的认识和对客观世界的改造(跟"必然"相对)▷～王国。❸🅱不受局限;不受束缚▷～参加,不求统一。

【自由港】 zìyóugǎng 🅰外国船舶或外国货物可以自由出入的港口或海港地区。全部或绝大部分外国货物可以免征关税进出该港,一般还可进行加工、贮藏、销售,但必须遵守有关法规。

【自由主义】 zìyóu zhǔyì ❶早期资产阶级的一种政治思想。主张自由竞争、维护公民自由和私有制的安全,强调国家不干预经济生活,宣扬国家和法律具有"超阶级"性质。❷革命队伍中无组织、无纪律、无原则的错误思想作风。

【自圆其说】 zìyuánqíshuō 使自己的说法圆满周全,没有破绽。

【自怨自艾】 zìyuànzìyì 原意是自己怨恨自己的错误,自己改正。现多指对自己的错误悔恨不已。☞"艾"这里不读 ài。

【自在】 zìzài 🅱不受限制,没有拘束▷自由～。

【自在】 zìzai 🅱安闲舒畅▷小日子过得很～。

【自责】 zìzé 🅰自己责备自己▷她为没有照顾好儿子而～。

【自制】 zìzhì 🅰自我克制▷极度悲痛,难以～。

【自治】 zìzhì 🅰在法律范围内行使管理自己事务的权力▷民族区域～。

【自重】 zìzhòng ❶🅱尊重自己的人格,言行谨慎▷他们都很～。❷🅰抬高自己的地位、身份▷拥兵～。

【自主权】 zìzhǔquán 🅰自己决定和处理自己事务的权力▷改革开放给企业带来更多的～。

【自助餐】 zìzhùcān 🅰将烹调好的各种主副食陈列在桌上,就餐人在一次性付款后,可随意自取的用餐方式。

【自传】 zìzhuàn 🅰叙述自己生平的文章或书籍。

【自转】 zìzhuàn 🅰天体围绕自身轴心而转动▷太阳和地球都在～。

【自尊】 zìzūn 🅰对自己尊重,在交往中不降低自己的人格,不受他人的侮辱和歧视▷～自爱。

【自作多情】 zìzuòduōqíng 自以为对方对自己有好感而作出种种温情的表示。也泛指单方面地极力讨好对方。

【自作自受】 zìzuòzìshòu 自己做错了事,自己承受后果。

字 zì ❶🅰文字▷汉～｜常用～。❷人的别名▷仲谋是孙权的～。❸字体;书法的不同派别▷篆～｜草～｜我学的是柳～,你学的是赵～。

【字典】 zìdiǎn 🅰语文工具书,以字为单位,按某种检字法排列,并注明每个字的读音、意义和用法。

【字调】 zìdiào 🅰字音的高低升降。也说声调。

【字符】 zìfú ❶🅰汉字的偏旁或部件。❷电子计算机或无线电通信技术使用的汉字、字母、数字以及各种符号的统称。在电子计算机中每个字符与一个二进制编码对应。简称字。

【字号】 zìhào 🅰印刷业指标志字的大小的规格。有初号至 7 号大小不同的规格。

【字号】 zìhao ❶🅰店铺的名称。❷借指商店▷这条街上都是些小～,没有大商店｜老～。

【字迹】 zìjì 🅰文字的笔迹和形体▷～清晰工整。

【字据】 zìjù 🅰用文字书写的凭证▷空口无凭,要立个～。

【字库】 zìkù 🅰一种字体风格、大小、格式相同而字形不同的字符的集合。计算机应用中,将字符转换为数字化信号,存储在计算机中或相关的存储器中组成字库。西文字库通常包括 256 个字符,汉字字库超过 7400 个字符。

【字母】 zìmǔ 🅰拼音文字或注音符号的最小书写单位▷汉语拼音～。

【字幕】 zìmù 🅰在银幕、电视画面的下面和舞台左右侧映出的有关文字。也指舞台左右侧能映出文字的屏幕。

【字体】 zìtǐ ❶🅰同一种文字的不同形体,如手写体中有楷书、草书、行书等;印刷体中有宋体、黑体、楷体等。❷汉字书法的派别,如颜体、柳体等。

【字帖】 zìtiè 🅰学习书法时临摹的范本。多是书法名家的墨迹拓(tà)本。☞"帖"这里不读 tiē 或 tiě。

【字眼儿】 zìyǎnr 图句子里的字词。

【字斟句酌】 zìzhēnjùzhuó 字字句句都推敲斟酌。形容说话或写作慎重认真，每字每句都反复考虑。

【字正腔圆】 zìzhèngqiāngyuán 指唱戏、唱歌吐字字音清晰准确，腔调圆润悦耳。

恣 zì 囮放纵；毫无拘束▷~意妄为｜~睢。☞不读zǐ。

【恣情】 zìqíng 囮放纵感情▷~酒色｜~狂欢。

【恣肆】 zìsì 〈文〉❶囮豪放恣洒，毫不拘束（多指言谈或诗文创作）▷诗笔～｜文如汪洋～。❷言行放纵，无所顾忌▷～无忌。

【恣睢】 zìsuī 囮〈文〉放纵骄横▷暴戾～。

【恣意】 zìyì 囮放纵自己的性情和意愿▷～寻衅｜～妄为。

眦 zì 图眼角。上下眼睑相交处，接近鼻子的叫内眦，通称大眼角；接近两鬓的叫外眦，通称小眼角。

渍（漬） zì ❶囮浸泡；沤▷汗水～黄了内衣。❷图沾染在物体上的脏印迹▷血～｜油～｜污～。❸地上的积水▷防洪排～。

zong

宗 zōng ❶图祖先▷列祖列～｜光～耀祖｜祖～。❷派别▷正～｜～派。❸根本；主旨▷万变不离其～｜～旨。❹被尊崇或效法的人▷～匠｜～师。❺囲用于钱财、货物等▷一～贷款｜大～货物。

【宗法】 zōngfǎ 图古代以家族为中心，按血统远近来区分亲疏的法则。

【宗匠】 zōngjiàng 图在学术、艺术等方面有重大成就被众人推崇的人。

【宗教】 zōngjiào 图社会意识形态之一，是对客观世界的虚幻反映。

【宗派】 zōngpài ❶图〈文〉指宗族内部的分支。❷政治、学术、宗教等方面的不同派别，今多指少数人为自身利益而结成的小集团。

【宗师】 zōngshī 图受到推崇和尊敬的堪称师表的人物。

【宗旨】 zōngzhǐ 图主要的思想、意图和目的▷阐明～。

【宗主国】 zōngzhǔguó 图对附庸国拥有宗主权的国家。

【宗主权】 zōngzhǔquán 图一国使他国从属于自己、并支配其内政外交的权力。

【宗族】 zōngzú 图同一父系的家族或同一父系家族的成员，包括未出嫁的女性。

综（綜） zōng 囮总合；聚合▷~合｜~述｜~错。

【综合】 zōnghé ❶囮把经过分析的各部分组合为统一的整体加以考察（跟"分析"相对）。❷把不同种类、不同性质的事物组合在一起▷～利用｜～国力。

【综合国力】 zōnghé guólì 一个国家所拥有的全部实力、潜力及其在国际社会中的影响力。主要包括经济、科学技术、军事国防和国民素质等方面的总体实力。

【综述】 zōngshù ❶囮综合概括地叙述▷一周要闻。❷图综合概括的叙述▷长篇～｜国际时事～。

棕 zōng 图棕榈▷~树。

【棕榈】 zōnglǘ 图热带常绿乔木。茎干直立，不分枝，外有棕毛，叶片大，聚集在树干顶部，棕毛可做绳子、刷子、床垫等。通称棕树。

踪 zōng 图脚印；行动留下的痕迹▷~迹｜行~。

【踪迹】 zōngjì 图脚印；行踪▷找到了探险者的～◇留下时代～。

【踪影】 zōngyǐng 图踪迹和形影▷不见～｜～皆无。

鬃 zōng 图马、猪等动物颈上部的长毛▷马～｜~刷。

总（總） zǒng ❶囮聚集；汇合到一起▷~而言之｜~括｜~结。❷囮所有的；全面的▷~的情况｜~产量｜~复习。❸统领全面的▷~经理｜~公司。❹副一直；一贯▷他～是这么年轻｜上课～爱说话。❺毕竟；终归▷将来～会好起来的。

【总裁】 zǒngcái ❶图某些政党的首脑。❷某些大型企业的首要负责人▷～公司。

【总产值】 zǒngchǎnzhí 图用货币表现的一定时期内全部产品的价值总量。反映生产单位、生产部门或整个国民经济这个时期内生产活动的总成果。也说生产总值。

【总称】 zǒngchēng ❶囮合起来称谓▷排以上的干部～军官。❷图总的称谓▷船舶是各种船只的～。

【总得】 zǒngděi 副〈口〉必须▷～想个办法｜事情～有个了结。

【总而言之】 zǒng'éryánzhī 总起来说；总之。

【总纲】 zǒnggāng 图（法规、章程等）总的纲领；主要的原则和内容要点。

【总共】 zǒnggòng 囮加起来；一共▷人手不多，~七八个。

【总归】 zǒngguī 副表示无论如何；最后必然如此▷潜逃得再远，~要被抓回来。

【总合】 zǒnghé 囮全部合起来▷把各乡镇的财力、物力~在一起。

【总和】 zǒnghé 图合在一起的总量或全部内容▷全年产量的~｜建筑面积的～。

【总汇】 zǒnghuì ❶囮（河流）汇总；会合▷湘、资、沅、澧~成洞庭湖。❷图汇聚在一起的事物▷《诗经》是我国第一部诗歌~。

【总计】 zǒngjì 囮总起来合计▷全校~20个班级。

【总结】 zǒngjié ❶囮对一个阶段的学习、思想、工作等情况进行全面系统回顾和分析，做出有指导意义的结论。❷图系统回顾后所做出的结论；表达总结成果的文章。

【总括】 zǒngkuò 囮汇总；概括▷~群众意见｜对基层工作经验加以~提炼。

【总揽】 zǒnglǎn 囮全面掌握或把持▷~大权｜财务~全局。

【总理】 zǒnglǐ ❶图某些国家的政府首脑。❷囮全面管理、主持▷~内务｜~农业工作。

【总论】 zǒnglùn 图总的概括性的论述；说明主旨和内容提要的论述。

【总目】 zǒngmù 图书籍的总目录▷四库全书~｜图书~。

【总是】 zǒngshì 副一直；一向▷他~把困难留给自己，把方便让给别人。

【总算】 zǒngsuàn ❶副表示经过一段时间或执著努力终于实现了某种愿望或做成某事▷连续三年报考，今年~被录取了。❷表示大体还可以；还算不错▷虽不理想，~还能用。

【总体】 zǒngtǐ 图由个体合起来的整体；事物的全部▷~工程｜从~看，这部作品是好的。

【总统】 zǒngtǒng 图某些共和国的国家元首。

【总务】 zǒngwù ❶图机关、团体、学校等单位的后勤部门。❷从事总务工作的人员。

【总则】zǒngzé 图各种法律、规章、制度、条例最前面的叙述指导原则的条文。

【总之】zǒngzhī 匣表示总括上文,提出结论▷读了以后至少能让人获得点享受,能让人爱国、爱乡、爱人类,爱自然,爱儿童,爱一切美好的东西。一句话,能让人在精神境界中有所收益。❷强调地引出一个结论,含有"无论如何"的意思▷不管刮风、下雨、降雪,~我们出发的时间不再改变。

【总值】zǒngzhí 图用货币形式表现出的全部价值▷国民生产~。

【总装】zǒngzhuāng 团把所有零部件装配成整体▷~车间。

偬 zǒng 见[倥偬]kǒngzǒng。

纵(縱) zòng ❶匣直的;竖的;南北方向的(跟"横"相对)▷排成一队|~横。❷团不加约束▷~情歌唱|~容|放~。❸匣即使▷~有天大的本事,在这里也无法施展|~使。❹团身体猛力向上或向前跳▷向上一~,越过了横竿|~身。☞统读 zòng。

【纵队】zòngduì 图纵列的队形。

【纵观】zòngguān 团从前到后系统地看;放开眼界全面观察▷~历史|~全局。

【纵贯】zòngguàn 团南北贯穿▷京广铁路~华北、华中和华南。

【纵横】zònghéng ❶匣横竖交错的样子▷公路~交错,四通八达。❷团不受限制和拘束;豪放不羁▷文笔~。❸团走南闯北▷考察队~数千里。

【纵横捭阖】zònghéngbǎihé 原指战国时策士游说的政治主张和方法(纵横:合纵和连横;捭阖:开合),后指运用政治或外交手段进行联合或分化瓦解。

【纵火】zònghuǒ 团放火▷罪犯~烧毁了厂房。

【纵论】zònglùn 团无拘束地广泛地议论▷~天下大事。

【纵目】zòngmù 副表示极尽眼力往远望▷~远眺。

【纵剖面】zòngpōumiàn 图指顺着物体的轴心方向切断该物体后所得的表面▷长方体和圆柱体的~都是一个长方形。也说纵断面、纵切面。

【纵情】zòngqíng 团尽情▷~欢呼。

【纵然】zòngrán 匣连接分句,表示让步假设关系,相当于"即使"▷面前~有千难万险,也挡不住我们前进的道路。

【纵容】zòngróng 团对错误言行放纵、容忍,任其发展▷不要~坏人。

【纵深】zòngshēn 图作战部署和作战任务的纵向深度▷先头部队已向~前进◇改革正向~发展。

【纵向】zòngxiàng 匣南北方向的;上下走向的▷京九铁路是又一条~交通干线|~钻井,横向凿洞。

粽 zòng 图粽子,端阳节的传统食品,用竹叶或苇叶包裹糯米,扎成角锥体等形状,煮熟后食用。☞统读 zòng。

ZOU

邹(鄒) zōu 图周朝诸侯国名,在今山东邹县一带。

走 zǒu ❶团〈文〉跑▷~马观花|奔~相告。❷人或鸟兽的脚交互向前移动,不同时离开地面▷~回家去|竞~。❸离去▷他刚~|把椅子搬~。❹(物体)移动;挪动(物体)▷船~得很慢|两步棋。❺泄漏;偏离▷说~了嘴|~了风声|~调|~样。❻(亲友间)交往▷~亲戚|~娘家。☞古代的"走"是现代的"跑";现代的"走",古代说"行"。

【走调】zǒudiào 团唱歌、唱戏、演奏中偏离音调。也说跑调儿。

【走动】zǒudòng ❶团行走;活动▷饭后在屋里~一会儿。❷(亲朋间)互相来往▷久不~,就疏远了。

【走访】zǒufǎng 团前往访问▷~烈士亲属。

【走狗】zǒugǒu 图猎犬,比喻受人豢养帮助主子作坏事的人▷汉奸~。

【走过场】zǒuguòchǎng 演戏时指角色从一侧上场后,在场上不停留就从另一侧下场;多比喻做形式,不讲实效▷工作不能~。

【走红】zǒuhóng ❶匣走红运,连连碰上好机遇▷他一路~,由勤杂工提升为副总经理。❷很吃香,大受欢迎称赞▷这种电冰箱在市场上十分~。

【走后门】zǒuhòumén 比喻不按正当途径办事,用请客送礼托人情或行贿等不正当的手段,通过私人关系达到某种目的。

【走火】zǒuhuǒ ❶团不慎使枪械射出子弹或电线破损短路引起火灾。❷比喻说话或做某事过头▷一激动起来,往往说话~。

【走马观花】zǒumǎguānhuā 比喻匆忙粗略地观看了一下。

【走马上任】zǒumǎshàngrèn 官员接任新职,泛指就任。

【走南闯北】zǒunánchuǎngběi 指四处闯荡,到过许多地方。

【走俏】zǒuqiào ❶匣(货物)畅销▷皮衣很~|~商品。❷比喻(人才)紧缺,用人单位抢着要▷实用型人才特~。

【走神】zǒushén 团注意力分散、思想不集中▷攀岩运动稍一~就可能出危险|上课不能~。

【走失】zǒushī ❶团(人或家畜)迷了路;出去后不知下落▷孩子~了。❷比喻脱离、失去(原意)▷作品改编后原意~了。

【走势】zǒushì ❶团走向▷大山是东西向~。❷发展趋势▷市场~。

【走兽】zǒushòu 图兽类▷飞禽~。

【走私】zǒusī 团违反海关法规、逃避海关监管,非法运输、携带或邮寄货物、金银、货币、有价证券及其他违禁物品进出国境或边界。

【走题】zǒutí ❶团说话、写文章离开了主题。❷泄漏试题▷这门功课考试~了,需重新拟题考试。

【走投无路】zǒutóuwúlù 无处投奔,无路可走。形容处于绝境,没有出路。☞不要写作"走头无路"。

【走向】zǒuxiàng ❶图(山川、矿脉、岩层、道路等)延伸的方向▷线路的~|河流~。❷走势②。

【走形】zǒuxíng 团走样▷这柜子用了不到两个月就~了。

【走穴】zǒuxué 团原指未出师的艺员背着师傅外出演戏挣钱,现专指演员经穴头牵线,私自参加本单位以外的演出挣钱。

【走样】zǒuyàng 团变样;失去了原来的样子▷这双鞋已经穿得~了|什么事他一说准得走了样。

【走运】zǒuyùn 团〈口〉碰到了好运气、好机遇▷今年他挺~的,找上了好工作,又中了头奖。

【走卒】zǒuzú 图旧指差役,今比喻受坏人驱使的人▷他不过是这个团伙里的~。

奏 zòu ❶团臣子向君主报告情况或说明意见▷上一本|~折|~章。❷取得或建立(功效或功绩)▷~效|屡~奇功。❸用乐器表演▷~国歌。

【奏捷】 zòujié 囫取胜;得胜▷出师～,喜报频传。

【奏效】 zòuxiào 囫取得预期的效果;有收效▷这个办法果然～。

【奏乐】 zòuyuè 囫演奏乐曲。

揍 zòu 囫打人▷～个半死|把他～了一顿|挨～。

ZU

租 zǔ ❶囫租用▷～几亩地种|～了三间房。❷出租▷房子都～出去了。❸囵出租所收取的钱或实物▷房～。

【租界】 zūjiè 囵帝国主义国家利用不平等条约强迫半殖民地国家在城市和口岸划出的由其侨民居留经商的一定区域。它不受当地政府管辖,成为帝国主义国家进行侵略的据点。

【租借】 zūjiè ❶囫出租▷这家书店～图书。❷租用▷～房子办幼儿园。

【租赁】 zūlìn 囫租借。

【租用】 zūyòng 囫以交付租金和按期归还为条件,使用别人的房屋、土地或实物▷～厂房和机器。

足 zú ❶囵脚▷手舞～蹈|～球|～迹。❷囮富裕;充足▷丰衣～食|富|干劲很～。❸囫完全可以;值得▷微不～道。❹表示充分达到某种数量或程度;完全可以▷这根竹竿～有四米长|一小时～能完成|～不为凭|～以胜任。

【足额】 zú'é囫达到规定或标准的数额;满额▷～录取|养老金按月～发放。

【足够】 zúgòu ❶囫达到了需要或应有的程度▷每晚巡逻的人～一个加强排。❷囮充分▷给予～的重视。

【足迹】 zújì 囵脚步的痕迹▷～遍天下◇人生道路的～。

【足球】 zúqiú ❶囵球类运动项目,主要用脚踢球,除守门员外,其他运动员不得用手、臂触球。球场长方形,两端各有球门,由守门员把守。两队各上场 11 人,把球踢进或用头顶进对方球门为得分。❷足球运动所使用的球。

【足色】 zúsè 囮(金银)成色十足。

【足岁】 zúsuì 囵实足年龄。

【足以】 zúyǐ 圖完全可以达到(某种结果)▷不杀不～平民愤。

【足智多谋】 zúzhìduōmóu 富有智慧,善于谋划。

卒 zú ❶囵士兵▷一兵一～|士～。❷旧指差役▷狱～。❸囫〈文〉终了;完毕▷～岁(度过一年)|～业(毕业)。❹囫死亡▷生～年月。❺圖〈文〉终于▷～并六国而成帝业。

族 zú ❶囵家族▷宗～|～长。❷民族▷汉～|斯拉夫～。❸同一大类事物或人▷水～|卤～元素|工薪～。

【族谱】 zúpǔ 囵家族或宗族的世系和重要族人事迹的纪录。

【族权】 zúquán 囵封建宗法制度下,族长对家族或家长对家庭成员的支配权。

镞(鏃) zú 囵〈文〉箭头▷矢～。☞统读 zú。

诅(詛) zǔ [诅咒]zǔzhòu 囫原指祈求鬼神降祸于所恨之人。后因指痛恨而咒骂。

阻 zǔ 囫拦挡▷通行无～|～力|劝～。☞跟"狙" (jū)不同。

【阻碍】 zǔ'ài ❶囫使不能顺利前进或发展▷马路上的摊点～交通。❷囵起阻碍作用的事物▷排除～,才能前进。

【阻挡】 zǔdǎng 囫拦住;挡住▷～敌人的进攻|和平与发展的浪潮不可～。

【阻断】 zǔduàn 囫阻挡拦截使断开▷～增援之敌。

【阻隔】 zǔgé 囫阻断隔绝▷关山～。

【阻击】 zǔjī 囫用防御手段阻止敌人(进攻、逃跑、增援)▷～前来增援的敌人。

【阻截】 zǔjié 囫阻挡和拦截▷～肇事汽车。

【阻拦】 zǔlán 囫阻止,拦挡▷他去采访当事人,被人～住了。

【阻力】 zǔlì ❶囵物理学指阻碍物体运动的作用力▷大气～。❷泛指阻碍事物向前发展和前进的外部力量▷冲破重重～。

【阻挠】 zǔnáo 囫阻碍或扰乱使不能顺利进行▷再三～和平进程。

【阻塞】 zǔsè ❶囫有阻碍不能通过▷公路～。❷使有阻碍不能通过▷车辆～道路◇～言路。☞"塞"这里不读 sāi 或 sài。

【阻止】 zǔzhǐ 囫阻拦使停止▷必须～这种情况的发生。

组(組) zǔ ❶囫结合构成▷～成|～合|改～。❷囵由若干人员结合成的单位▷一个～|小～|教研～。❸囷用于事物的集合体▷几～电池。❹囮成套的(文艺作品)▷～歌|～曲。☞统读 zǔ。

【组成】 zǔchéng 囫若干部分组合在一起▷～新的机构。

【组歌】 zǔgē 囵同一主题的若干支歌曲组成的一组歌。如《长征组歌》。

【组阁】 zǔgé 囫组织政府内阁。泛指组织领导班子。

【组合】 zǔhé ❶囫组织合成整体▷这所大学由原有的四所大学～而成。❷囵组织合成的整体▷企业集团是若干公司的～。❸囮用若干独立的单体或构件组成的▷～家具|～音响。

【组画】 zǔhuà 囵同一主题的多幅画组成的一个系列,每幅画具有相对的独立性。

【组诗】 zǔshī 囵组合在一起的同一主题的若干首诗。

【组团】 zǔtuán 囫组成团体▷旅行社～到泰国旅游。

【组织】 zǔzhī ❶囫将分散的人员或事物集中起来,使之有序化和具有系统性、整体性▷民兵参加冬训|～灾民重建家园。❷囵机体中构成各种器官的单位,由许多形态、功能相同的细胞按一定方式组成▷高等动物都有上皮～,结缔～、肌肉～和神经～。❸有一定目标和结构系统的集体▷党～|～建设。

【组装】 zǔzhuāng 囫组合与装配▷这些计算机是由国产零件～的。

俎 zǔ ❶囵古代盛放食品的器皿▷越～代庖。❷囵〈文〉切肉的砧板▷刀～|～上肉。

祖 zǔ ❶囵家族中较早的上辈▷～宗|～籍|高～|曾～。❷比父母高一辈的人▷～父|外～母。❸某种事业或宗派的创始人▷鼻～|～师|～师爷。

【祖辈】 zǔbèi ❶囵祖宗;先辈▷～流传下来的。❷世代▷他家～种田|我家祖祖辈辈住在山沟里。

【祖传】 zǔchuán ❶囮祖先留传下来的▷～宅院|～宝物。❷囵祖先留传下来的东西▷这秘方是他家的～。

【祖国】 zǔguó 囵祖籍所在的国家;自己的国家▷报效～。

【祖籍】 zǔjí 囵原籍;祖先的籍贯。

【祖师】 zǔshī ❶囵创立学说或技艺派别的人。❷佛教、道教中创立宗派的人。❸会道门的创始人。❹旧时手工业者称本行业的创始人。也说祖师爷。

【祖先】 zǔxiān ❶囵家族或民族的上代,特指年代比较久远的先辈。❷进化成现代各类生物的各种古代生物。

【祖宗】　zǔzōng 图祖先①▷爱护老～留下的文物。

zuan

钻（鑽）　zuān ❶囻打孔▷～木取火｜～孔。❷深入研究▷道理越～越透｜～研。❸穿过或进入▷～山洞｜孙悟空～到铁扇公主肚皮里去了。❹设法找门路（谋私利）▷～营。○另见 zuàn。

【钻劲】　zuānjìn 图深入研究的劲头儿▷谁都比不了他那股～。

【钻空子】　zuānkòngzi 比喻利用客观上的漏洞进行有利于自己的活动▷要严防坏人～。

【钻牛角尖】　zuānniújiǎojiān 比喻固执地枉费精力去死抠或琢磨难以解决或没有价值的问题。

【钻探】　zuāntàn 囻用钻孔取样的方法探明矿藏地层构造、地下水位、土壤性质等。

【钻心】　zuānxīn 囮像在心上钻孔那样无法忍受▷一阵～的疼痛。

【钻研】　zuānyán 囻深入地认真研究▷刻苦～业务。

【钻营】　zuānyíng 囻用走门路、托人情，逢迎拍马的手段谋求私利▷投机～｜～拍马。

蹭（躦）　zuān 囻乱走动▷～上～下。

纂　zuǎn 囻编辑▷编～｜～集。☞跟"篡"（cuàn）不同。

钻（鑽）　zuàn ❶图穿孔打眼的工具▷电～｜～头。❷指钻石▷～戒。❸指宝石轴承▷17～手表。○另见 zuān。

【钻床】　zuànchuáng 图在工件上加工圆孔用的机床。

【钻井】　zuànjǐng ❶囻用钻机打井。❷图地质勘探井。

【钻石】　zuànshí ❶图由金刚石加工而成的贵重宝石▷～首饰｜～项链。❷用宝石做的精密仪器、仪表的轴承。

攥　zuàn 囻〈口〉用手握住▷～着不撒手｜～紧拳头。

zui

嘴　zuǐ ❶图进食器官；发声的器官。❷像嘴的东西▷茶壶～｜瓶～。❸指吃的东西▷零～｜忌～。❹指话语▷多～｜插～。☞"嘴"不能简化成"咀"（jǔ）。

【嘴馋】　zuǐchán 囵爱吃好的；贪吃。

【嘴刁】　zuǐdiāo 囵吃东西讲究、挑剔▷她～，好多东西都不爱吃。

【嘴乖】　zuǐguāi 囵〈口〉谈话乖巧，让人爱听（多用于幼儿）▷这孩子就是～，把奶奶哄得好高兴。

【嘴紧】　zuǐjǐn 囵〈口〉说话谨慎，不说不该说的事▷这事可轻易不能让人知道，你可得～点。

【嘴脸】　zuǐliǎn 图面貌；面部的表情和脸色（含贬义）▷丑恶～。

【嘴软】　zuǐruǎn 囵〈口〉说话不硬气▷吃人家的～，拿人家的手短。

【嘴碎】　zuǐsuì 囵〈口〉说话唠叨、啰唆▷这个人～，让人心烦。

【嘴损】　zuǐsǔn 囵〈口〉说话尖酸刻薄▷别那么～，积点德吧。

【嘴甜】　zuǐtián 囵〈口〉说话亲切委婉▷这孩子～，让你生不了气。

【嘴稳】　zuǐwěn 囵说话谨慎，不泄漏机密。

【嘴硬】　zuǐyìng 囵〈口〉比喻明知理亏而不肯在口头上认错和服软▷错了还～。

【嘴直】　zuǐzhí 囵〈口〉说话直出直入▷他这个人就是

～，心里没什么歪点子。

最　zuì 圖表示程度达到极点▷珠穆朗玛峰是世界上最高的山峰｜走在队伍的～前面。

【最初】　zuìchū 图开始时；最早的时候▷～，这本书有30万字，后来才压缩成现在的20万字。

【最后】　zuìhòu 图在所有其它的之后（指时间上或顺序上）▷～的结果｜～阶段。

【最后通牒】　zuìhòu tōngdié 一国对另一国提出的外交文书，令对方必须在限定时间内接受其不可改变的要求，否则将使用武力或采取其他强制措施。

【最惠国】　zuìhuìguó 图通过条约或协定，一国给予另一国在贸易、关税、航海、公民法律地位等方面不低于任何第三国的优惠待遇。这另一国称最惠国。

【最近】　zuìjìn 图距说话前、后不久的时间▷小王去了南方｜我～就要出发。

【最为】　zuìwéi 圖表示某种属性或程度超过任何同类的人或事物▷这项工作～重要。

罪　zuì ❶图应当处以刑罚的犯法行为▷正当防卫是无～的｜认～｜～人。❷刑罚▷判～｜畏～自杀。❸痛苦；苦难▷从小没爹没娘，受的～可不少。❹过失；错误▷言者无～｜不要归～于人。

【罪不容诛】　zuìbùróngzhū 罪恶极大，虽杀掉都不能抵偿。

【罪大恶极】　zuìdà'èjí 罪恶极其严重，达到了极点。

【罪恶】　zuì'è 图严重的犯罪行为；罪行▷～昭彰｜滔天。

【罪犯】　zuìfàn 图触犯刑律，被法院依法判处刑罚的人。

【罪过】　zuìguò ❶图罪行；过失▷若弃暗投明，以往～可以不咎。❷愧不敢当的心情（表示歉意）▷为这事叫您白跑一趟，真是～。

【罪魁祸首】　zuìkuíhuòshǒu 犯罪团伙的头目和制造祸端的首要分子。

【罪孽】　zuìniè 图佛教指要遭到报应的罪恶▷～深重。

【罪行】　zuìxíng 图触犯法律应受刑罚的行为。

【罪有应得】　zuìyǒuyīngdé 犯罪的人或干了坏事的人得到了应有的惩罚。指罚当其罪。

【罪责】　zuìzé 图对所犯罪行应负的责任▷～难逃｜必须承担。

【罪证】　zuìzhèng 图犯罪的证据▷～确凿｜～如山。

【罪状】　zuìzhuàng 图犯罪的事实；罪行的具体状况▷历数敌人～。

醉　zuì ❶囻饮酒过量而神志不清或昏迷▷喝～了｜～意。❷过于喜爱，达到痴迷的程度▷看到眼前的景色，我的心都～了｜陶～。❸图用酒浸泡的（食品）▷～枣｜～虾。

【醉鬼】　zuìguǐ 图经常喝醉酒的人；酗酒成性的人（含厌恶意）。

【醉人】　zuìrén ❶囻使人喝醉▷酒不～人自醉。❷使人陶醉▷～的春光。

【醉生梦死】　zuìshēngmèngsǐ 昏昏沉沉地生活，胡里胡涂地混日子，像在醉梦之中。

【醉心】　zuìxīn 囻对某种事物有强烈兴趣而沉浸其中▷他一直～于戏剧。

【醉醺醺】　zuìxūnxūn 囵喝醉了酒的样子▷他这个人一天到晚～的。

zūn

尊　zūn ❶囵地位或辈分高▷～卑｜～贵。❷囻敬重；崇敬▷～师重教｜～老爱幼。❸囵敬词，称跟对方有关的人或事物▷～姓大名。❹圖 a)用于神佛

塑像▷一～佛像|五百～罗汉。b)用于大炮▷一～加农炮。

【尊称】 zūnchēng ❶勔尊敬地称呼(别人)▷大家都～他为王老。❷图尊敬的称呼▷令尊是对对方父亲的～。

【尊崇】 zūnchóng 勔尊敬和推崇▷～科学。

【尊贵】 zūnguì 图高贵而可尊敬的▷～的客人。

【尊敬】 zūnjìng ❶勔尊崇敬重▷～老师。❷图值得尊敬的▷～的大使先生。

【尊容】 zūnróng 图称他人的相貌(含讽刺意)▷那副～,实在不敢恭维。

【尊师重道】 zūnshīzhòngdào 尊敬师长,尊重其传承的道德和学术。

【尊姓大名】 zūnxìngdàmíng 敬词,用于询问对方的姓名。

【尊严】 zūnyán 图崇高庄严的地位、身份、人格等▷维护祖国的～。

【尊长】 zūnzhǎng 图辈分或地位高的人▷目无～|敬重～。

【尊重】 zūnzhòng ❶勔尊敬,敬重▷～长辈|科学家在社会上备受～。❷重视;认真对待▷～科学。❸图庄重,不轻浮▷放～点!

遵 zūn 勔依从▷～命|～照。

【遵从】 zūncóng 勔依照,服从▷～上级的指令。

【遵纪守法】 zūnjìshǒufǎ 遵守纪律和法律。

【遵命】 zūnmìng 勔按照对方或上级、长辈的命令、意见(去做)▷～照办。

【遵守】 zūnshǒu 勔遵从;不违反▷～纪律。

【遵循】 zūnxún 勔遵照执行;依照实行▷～正确的方针。

【遵照】 zūnzhào 勔依照;按照▷～宪法和法律规定办事。

【遵嘱】 zūnzhǔ 勔遵照嘱咐▷事情已～办理。

樽 zūn 图古代盛酒的器具▷金～美酒。

鳟(鱒) zūn 图鳟鱼,全身有黑点,背上青褐色,肚皮银白色。

ZUO

作 zuō 图作坊▷石～|油漆～。○另见 zuò。

【作坊】 zuōfang 图手工业劳动者从事生产的场所。

嗫 zuō 勔〈口〉用嘴吸吮▷～奶嘴儿|～手指头不卫生。

昨 zuó ❶图今天的前一天▷～天|～夜。❷〈文〉泛指过去▷觉今是而～非。

琢 zuó [琢磨]zuómo 勔思考;考虑▷他没事总爱～。☞"琢磨"(zuómo)和"琢磨"(zhuómó)音、义不同。○另见 zhuó。

左 zuǒ ❶图面向南时靠东的一侧(跟"右"相对,②③⑦同)▷往～拐|顾～盼右。❷地理上指东方▷江～(江东)。❸〈文〉指较低的地位(古代常以右为上,左为下)▷～迁(指降职)。❹图偏邪▷旁门～道|～脾气。❺勔抵触;不一致▷意见相～。❻图近旁;附近▷～邻|～近。❼图进步的;革命的▷～派|～翼。

【左膀右臂】 zuǒbǎngyòubì 比喻得力的助手。

【左道旁门】 zuǒdàopángmén 指非正统的宗教派别(左道:邪道;旁门:不正经的门派)。借指不正派的学术派别。泛指不正派的东西。

【左顾右盼】 zuǒgùyòupàn 左面瞧瞧,右面看看。形容犹豫观望。

【左派】 zuǒpài 图在阶级、政党和集团内,政治上倾向激进或进步的派别,也指这一派的人。

【左撇子】 zuǒpiězi 图〈口〉习惯于做事以左手为主的人。如用左手拿筷子、刀、剪、球拍等。

【左倾】 zuǒqīng ❶图革命和进步的倾向▷～知识分子。❷超越现阶段实际,在革命斗争中表现自动、急躁的倾向▷～冒险主义|幼稚病。

【左首】 zuǒshǒu 图左边(多指坐位)▷会议主席的～是大会主要发言人。

【左翼】 zuǒyì ❶图左边的翅膀。❷军队作战时正面部队左侧的部队或左侧的阵地▷从～向敌军包抄。❸左派▷～作家联盟。

【左右】 zuǒyòu ❶图左面和右面。❷身旁、周围▷警卫人员时刻不离首长的～。❸身旁或周围的人▷命～退下去。❹勔控制;支配▷～局势|任人～。❺图用在数量词之后,表示概数,与"上下"相同▷九点～|四十岁～。

【左右逢源】 zuǒyòuféngyuán 到处都能遇到水源。比喻做事得心应手,处处顺利。

【左右开弓】 zuǒyòukāigōng 本指双手都能拉弓射箭。形容左右手能同时操作。也比喻同时进行几项工作。

【左右手】 zuǒyòushǒu 图比喻得力的帮手、助手▷他一直是局长的～。

【左支右绌】 zuǒzhīyòuchù 指财力或能力不足,顾此失彼(支:支撑;绌:不足)。

佐 zuǒ 勔辅助;帮助▷辅～|助～。☞统读 zuǒ。

【佐餐】 zuǒcān 勔助餐;下饭▷～佳品。

【佐证】 zuǒzhèng 图证据▷～确凿|旁无～。☞不宜写作"左证"。

撮 zuǒ 量用于成丛的毛发▷一～毛|一～头发。○另见 cuō。

作 zuò ❶勔制造;劳作▷深耕细～|息～操～。❷兴起;出现▷兴风～浪|鼾声大～。❸进行某种活动▷～报告|～弊。❹当作▷认贼～父。❺创作;写▷～画|～曲|～文。❻图创作的作品▷杰～|新～。❼勔装作▷装腔～势|忸怩～态。○另见 zuō。

【作案】 zuò'àn 勔犯罪。进行危害社会、触犯刑律的活动。

【作罢】 zuòbà 勔了结;停止进行▷这件事很难进行,只好～。

【作弊】 zuòbì 勔采取欺骗手段做违纪、违法的事。

【作壁上观】 zuòbìshàngguān 别人交战,自己在营垒上观看,不帮助任何一方(出自《史记·项羽本纪》)。比喻置身事外,在一旁观望。

【作答】 zuòdá 勔做出回答;答复▷对所提问题,已一一～。

【作对】 zuòduì 勔做对头;跟人为难▷故意找碴和我～。

【作恶】 zuò'è 勔干坏事▷～多端。

【作法自毙】 zuòfǎzìbì 自己立下的法令却使自己受害。比喻自作自受。

【作风】 zuòfēng ❶图(思想、工作、生活上)一贯表现出的行为、态度▷官僚主义～|正派。❷风格▷我们的文学要有中国～和气派。

【作梗】 zuògěng 勔有意阻挠;设置障碍▷他们处处～,致使新产品的开发半途而废。

【作怪】 zuòguài ❶勔(迷信认为)鬼神跟人为难,进行破坏▷兴妖～。❷比喻起坏作用▷重男轻女的思想至今还在～。

【作家】zuòjiā 图创作了一定数量的文学作品,在文学创作上取得成就的人。

【作奸犯科】zuòjiānfànkē 为非歹,违法乱纪(奸:坏事;科:法律条目)。

【作茧自缚】zuòjiǎnzìfù 蚕吐丝做成茧,把自己裹在里面。比喻自己把自己束缚起来,陷入困境。

【作践】zuòjian〈口〉❶团糟踏①▷别～粮食。❷糟踏②▷你这不是～人吗?

【作客】zuòkè团〈文〉暂住异地他乡▷异乡～。☞这个意义不要写作"做客"。

【作乐】zuòlè 团取乐,行乐▷寻欢～。

【作料】zuòliào 图烹调用的配料、调味品。

【作乱】zuòluàn 团发动叛乱▷犯上～。

【作难】zuònán 团为难;感到难办或使人难办▷你不要从中～了。

【作孽】zuòniè 团干坏事;制造灾难▷大水冲倒了房,淹了地,真是～啊! 也说造孽。

【作弄】zuònòng 团捉弄▷这样～人,很不道德。

【作呕】zuò'ǒu 团想吐,恶心;比喻十分厌恶▷令人～。

【作派】zuòpài ❶图戏曲演员的表情动作▷这个演员唱功、～都不错。❷泛指人的言行所表现的作风、派头▷这个人的～可实在让人看不惯。

【作陪】zuòpéi 团当陪客。

【作品】zuòpǐn 图文学、艺术等方面的创作成品。

【作势】zuòshì 团故意做出某种姿态架势;装出某种模样▷装腔～|趁机～。

【作祟】zuòsuì 团作怪▷电脑出了问题,又有病毒～。

【作态】zuòtài 团故意做出姿态▷忸怩～|～给人看。

【作威作福】zuòwēizuòfú 形容妄自尊大,滥用权力,欺压群众。

【作为】¹ zuòwéi ❶图举动;行为▷自己的～自己负责。❷成就▷大有～。

【作为】² zuòwéi ❶团当作▷我一直把他～朋友的。❷团就某种身份或某种性质的事物来说▷～公务员,一定要全心全意为人民服务。

【作文】zuòwén ❶团写文章(多指学生的写作训练)▷他在～。❷图(学生)写成的文章▷一篇～。

【作物】zuòwù 图栽种的各种农作物▷粮食～。俗称庄稼。

【作息】zuòxī 团工作和休息▷按时～。

【作业】zuòyè ❶图由教师或领导布置下来的学习、训练任务▷课堂～|～训练。❷团从事工作、训练等活动▷水下～|～步骤。

【作用】zuòyòng ❶团对人或事物发生影响▷外界刺激～于人们的感官。❷图对人或事物发生的影响、效果▷发挥～|带头～。❸对事物发生影响的活动▷催化～|化合～。

【作者】zuòzhě 图文章或书籍的写作人;艺术作品的创作人。

【作贼心虚】zuòzéixīnxū 比喻做了坏事自己提心吊胆,总是怕被别人察觉。

【作主】zuòzhǔ 团做主人;对事情负责并作出决定▷当家～|你可得给我～。

坐 zuò ❶团把臀部平放在物体上以支持身体▷～在沙发上|正襟危～。❷获罪;定罪▷～死罪。❸〈文〉引进动作的原因,相当于"因"▷～此解职|停车～爱枫林晚。❹团掌管;主持▷～江山|～庄。❺搭乘▷～火车|～船。❻(建筑物)背对着某一方向

(跟"朝"相反)▷大殿～北朝南。❼(把锅、壶等)放在(炉火上)▷把蒸锅～在火上。❽形成(疾病等)▷～下了寒腿病|～胎。❾瓜果等结出果实▷瓜～果。❿物体下沉或后移▷这座塔往下～了半尺多|无～力炮。

【坐班】zuòbān 团每天按时到工作岗位上班。

【坐吃山空】zuòchīshānkōng 指只坐着吃,不从事生产,即使有堆成山的财物也会耗尽。

【坐次】zuòcì 通常写作"座次"。

【坐地分赃】zuòdìfēnzāng (匪首、窝主等)不直接参加偷盗抢劫而分得赃物。

【坐江山】zuòjiāngshān 比喻掌握政权▷打江山不易,～更难。

【坐井观天】zuòjǐngguāntiān 比喻眼界狭窄,目光短浅。

【坐具】zuòjù 图供人坐的家具,如椅子、沙发等。

【坐冷板凳】zuòlěngbǎndèng 比喻受冷遇或做寂寞清苦的工作。

【坐落】zuòluò 团(城市、建筑物等)处在某处▷故宫～在北京的中轴线上。

【坐山观虎斗】zuòshānguānhǔdòu 比喻在一旁观看别人争斗,以便伺机从中取利。

【坐视】zuòshì 团坐在那里看着,不采取行动;指对该过问的事漠不关心▷～不救。

【坐收渔利】zuòshōuyúlì 比喻利用别人之间的矛盾从中捞到好处。

【坐位】zuòwèi 图供人坐的位子(多用于公共场所)。☞不宜写作"座位"。

【坐享其成】zuòxiǎngqíchéng 不付出辛苦而享受他人的劳动成果。

【坐以待毙】zuòyǐdàibì 坐着等死,比喻遇到危险不采取积极措施而坐视失败。

【坐镇】zuòzhèn 团(军官)亲自镇守某地▷～前线|指挥部◇董事长亲自～展销会。

怍 zuò 团〈文〉惭愧;羞惭▷愧～。

柞 zuò ❶图柞木,常绿灌木或小乔木。木质坚硬,可用来制作家具等。❷柞树,栎树的通称▷～蚕|～丝。☞在"柞水"(陕西地名)中读zhà。

祚 zuò〈文〉❶图福▷福～。❷皇位;帝位▷践～|帝～。

唑 zuò 用于音译,如"咔唑"(kǎzuò)、"噻唑"(sāizuò)等。

座 zuò ❶图坐位;位子▷帮他找个～|雅～。❷星座▷天琴～|仙后～|大熊～。❸器物的基础部分或托底的东西▷炮～|钟～。❹量多用于体积大而固定的物体▷一～山|一～宫殿。❺图旧时对某些官长的敬称▷军～|处～。

【座舱】zuòcāng ❶图大型客机载客的部分。❷战斗机的驾驶舱。

【座次】zuòcì 图坐位的顺序▷排～。

【座机】zuòjī 图供某人专用的客机▷总统～。

【座上客】zuòshàngkè 图受主人尊敬的贵客。也泛指受到邀请的客人。

【座谈】zuòtán 团比较随便和不拘形式地讨论▷准备邀请几位专家来～。

【座无虚席】zuòwúxūxí 没有空着的坐位。形容出席的人或听众、观众很多。

【座右铭】zuòyòumíng 图写好后放在坐位旁边的警句,泛指用以自励、自警的格言▷我的～是"有志者事竟成"。

做 zuò ❶囵干,从事某种工作或进行某种活动▷~事情|~买卖|~工|~一套家具|~饭|~文章。❷举办;举行▷~礼拜|~寿。❸充当;成为▷~个好孩子|~媒人。❹结成(某种关系)▷~夫妻|~伴儿|~街坊。❺用作▷这间屋子~教室|送本书~纪念。❻装出(某种样子)▷~鬼脸|~样子。☞统读 zuò。

【做东】 zuòdōng 囵当东道主▷今天这顿饭由我~。

【做法】 zuòfǎ 囮办事或制作物品的方式方法▷实验的~|这道菜的~。

【做工】 zuògōng ❶囵在工厂、矿山等进行体力劳动;干活。❷囮制作的工艺▷这几件衣服~精细。

【做功】 zuògōng 囮指戏曲演员表演动作的功底▷演员,~尤为出色。☞不宜写作"做工"。

【做客】 zuòkè 囵当客人▷外出~|在朋友家~。☞这个意义不要写作"作客"。

【做媒】 zuòméi 囵给男女双方介绍婚姻。

【做梦】 zuòmèng ❶囵睡眠中因大脑里的抑制过程不彻底,在意识中呈现种种幻境、幻象。❷比喻幻想▷你想不劳而获,别~了。

【做人】 zuòrén 囵为人处世▷学做事,先要学~|堂堂正正地~。

【做声】 zuòshēng 囵发出声音(说话、咳嗽等)▷默不~|别~。

【做手脚】 zuòshǒujiǎo 暗中使用不正当的手段▷这笔买卖没成,肯定有人从中~。

【做文章】 zuòwénzhāng ❶比喻达到某种目的而借题发挥▷不要再在这个问题上~了。❷比喻进行工作或开拓发挥▷我们在改造山林方面还可以大~。

【做戏】 zuòxì ❶囵演戏。❷比喻故意做出某种姿态,迷惑欺骗他人▷事情真相已经知道,你别再~了。

【做作】 zuòzuo 囮装腔作势▷别太~了,自然些。

酢 zuò 囵〈文〉客人酌酒回敬主人▷酬~(宾主相互敬酒)。

西文字母开头的词语

【α粒子】阿尔法粒子,也叫甲种粒子。穿透力不大,能伤害动物的皮肤。

【α射线】阿尔法射线,也叫甲种射线。由于其质量比电子大得多,故穿透物质的本领比 β 射线弱得多,易被薄层物质所阻挡。

【β粒子】贝塔粒子,也叫乙种粒子。某些放射性物质衰变时放射出来的高速运动的电子,带负电。

【β射线】贝塔射线,也叫乙种射线。放射性物质衰变时放射出来的贝塔粒子流。

【γ刀】伽马刀。一种三维高能聚焦的 γ 射线治疗装置。主要用于治疗脑动静脉畸形、胶质瘤等恶性肿瘤。

【γ射线】伽马射线,也叫丙种射线。镭和其他一些放射性元素的原子放出的射线,是波长极短、能量较高的电磁辐射。

【AA制】聚餐等场合各人付各人的钱。

【AB角】指在 AB 制剧中担任同一角色的两个演员。

【AB制】剧团在演某剧时,其中的一个主角由两个演员担任,当 A 角不能上场时,则由 B 角上,这种安排就叫 AB制。

【ABC】某方面的基础知识。

【APEC】亚洲太平洋经济合作组织(英 Asian Pacific Economic Cooperation 的缩写)。成员包括我国在内共 21 个。

【ATM】自动柜员机;自动取款机(英 Automatic Teller Machine 的缩写)。

【B超】B 超声诊断检查,二维扫描(Biscan)。

【BTV】1)北京电视台(Beijing TV);2)视听理容中心,内有电视、音响设备的理发美容屋(英 Barber TV 的缩写),属台湾用语。

【CCTV】(中国)中央电视台(英 China Central TV 的缩写)。

【CD】光碟,光盘,激光唱盘(英 Compact Disc 的缩写)。

【CPU】中央处理器(英 Central Processing Unit 的缩写)。它是电脑的头脑,从技术上说,是控制和执行运算的芯片。

【CT】1)X 射线电子计算机断层扫描(英 Computed Tomography,或 Computerized Tomography 的缩写);2)X 射线电子计算机断层扫描仪。

【DNA】脱氧核糖核酸(英 DeoxyriboNucleic Acid 的缩写)。基因就是由 DNA 构成的。

【DOS】磁盘操作系统(英 Disk Operating System 的缩写)。

【DVD】数字影碟,数字视盘(英 Digital Video Disc 的缩写)。

【E-mail】电子邮件(英 Electronic mail 的缩写)。俗称'伊妹儿'。

【EMS】邮政特快专递(英 Express Mail Service 的缩写)。

【EPT】英语水平考试(英 English Proficiency Test 的缩写)。专供选拔到英语国家学习的出国留学生使用。

【Fax】1)传真机;2)传真文本。(英 Facsimile 的简化形式)。

【GB】国标(中文 GuoBiao 的缩写),'国家标准'的简称。

【GDP】国内生产总值(英 Gross Domestic Product 的缩写)。综合反映一国或地区生产水平最基本的总量指标。

【GNP】国民生产总值(英 Gross National Product 的缩写)。

【GRE】研究生入学资格考试(英 Graduate Record Examination 的缩写)。

【HSK】汉语水平考试(中文 Hanyu Shuiping Kaoshi 的缩写),每年 6 月 15 日在北京、上海、大连等城市设考。

【IC卡】集成电路卡(英 Integrated Circuitcard 的缩写)。

【ID卡】1)身份证(IDentity card)。2)标识卡(IDentification card),一种可识别持卡人身份和发卡方的卡。

【Internet】因特网(国际)互联网。

【IOC】国际奥(林匹克)委(员)会(英 International Olympic Committee 的缩写)。

【IP地址】即因特网协议(英 Internet Protocol 的缩写)地址,用以表明互联网中的主机地址。

【IP电话】网络电话(IP = Internet Protocol'因特网协议')。由于以数字形式作为传输媒介,成本低,价格便宜,初期通话质量较差。

【IP卡】IP 电话卡;IP 储值卡。

【IQ】智商(英 Intelligence Quotient 的缩写)。

【ISBN】国际标准书号(英 International Standard Book Number 的缩写)。国际上通用的一种比较合理并便于计算机管理的图书编码系统。我国分配的组号为 7,最大编号容量为 1 亿种。

【ISO】国际标准化组织(英 International Standards Organization 的缩写)。

【IT】信息技术;资讯技术(英 Information Technology 的缩写)。IT 界,IT 人才。

【KTV】娱乐或餐饮场所的卡拉 OK 包间(K = 卡拉 OK,TV = TeleVision)。

【LD】激光碟(英 Laser Disc/Disk 的缩写)。

【MBA】工商管理硕士(英 Master of Business Administration 的缩写)。

【MPA】公共(政策)管理硕士(英 Master of Public Administration 的缩写)。

【MTV】音乐电视(英 Music TV 的缩写)。

【OA】办公(室)自动化(英 Office Automation 的缩写)。

【PC(机)】个人计算机,个人电脑(英 Personal Computer 的缩写)。

【PSC】普通话水平测试(中文 Putonghua Shuiping Ceshi 的缩写)。

【ROM】只读存储器（英 Read Only Memory 的缩写）。其中的信息被永久存储起来,它们只能被读出而不能被消除或改写。

【SOS 儿童村】收养孤儿的慈善机构。（SOS = Save OurSouls '救救我们'的缩写,原来用作国际上船舶等方面的呼救信号)。

【T 型台】模特儿表演用的台子,因形状像 T 而得名。

【T 恤衫】一种短袖针织上衣,略呈 T 形。"恤"音似英文 Shirt。

【Tel】电话号码。（英 Telephone 的缩写）。

【TOEFL】托福(英 Test Of English as Foreign Language 的缩写)。美国对非英语国家留学生的英语考试。

【TV】电视(英 TeleVision 的缩写)。

【VCD】影碟,激光视盘 (英 Video Compact Disc 的缩写)。

【WC】厕所,盥洗时(英 Water Closet 的缩写)。

【WTO】世界贸易组织（英 World Trade Organization 的缩写）。

【WWW】万维网,环球网(英 World Wide Web 的缩写)。建立在互联网基础上、按照 HTTP 协议组合在一起的环球网服务器的整体。绝大多数的网上信息是以 WWW 的形式体现出来的。通常使用的浏览器也都是浏览万维网的工具,通过它们在网页上可以看到文本、图像、动画、影片,还可听到声音。

【X 染色体】人的体细胞有 46 个染色体,其中 2 个是性染色体。女性有两个 X 性染色体,男性有一个 X 和一个 Y 性染色体。受精时,带 X 的精子与卵子结合产生雌性个体。

【X 射线】爱克斯射线(X - ray)。又称'X 线'、'X 光'、'伦琴射线',由德国人伦琴在 1895 年发现。

(这些字母词是由中国社会科学院语言研究所研究员刘涌泉提供的)。

附　录

汉字笔画名称表

一、基本笔画：一(横)　丨(竖)　丿(撇)　丶(点)　乛(折)

二、变形笔画：

笔形	名称	例字	笔形	名称	例字
㇀	提	刁　红	㇏	捺	又　进
㇕	横折	尺　马	㇂	横折斜钩	飞　气
㇇	横撇	又　水	乙	横折弯钩	亿　九
㇖	横钩	予　买	㇌	横撇弯钩	阵　都
㇆	横折折	凹	㇠	横折折折	凸
㇄	横折弯	朵　没	㇋	横折折撇	建　及
㇊	横折提	计	㇉	横折折折钩	仍　场
㇆	横折钩	幻　有	丨㇀	竖提	长　以
㇚	竖钩	丁　小	㇙	竖折折钩	与　弓
㇗	竖折	山　母	㇜	撇折	台　么
㇟	竖弯	西　四	㇛	撇点	女　巡
㇟	竖弯钩	礼　已	㇂	斜钩	戏　式
㇅	竖折撇	专	㇃	弯钩	狂　家
㇞	竖折折	鼎	㇁	卧钩	心　必

说明：

1.本字典的字头用的是楷体字(手写体)，其他汉字是宋体字(印刷体)。两种字体略有细微差别，但都正确。

(1)宋体有的撇，楷书写成点。如：

小　条／小　条

(2)宋体有的竖，楷书写成撇。如：

廿　四／廿　四

(3)几种字笔形的特殊变化：

△"雨"字头，宋体里面是四横，楷书是四点：

雾／雾

△"火"字左上的点，宋体尖朝右，楷书朝左：

火／火

△走之儿第二笔，宋体是横折，楷书是横折折撇：

迈 ／ 迈

(4)宋体一些横笔同两边笔画相接。而楷体有的左边相接,右边不接;有的两边都不相接。如:

日 月 ／ 日 月

田 用 ／ 田 用

2.合体字笔画的照应

(1)左右结构的合体字左偏旁最后一笔的横变为提,如培、球、歧、轧、牲等,有的竖弯钩也变为竖提,如辉、凯。这样使左右笔势顺畅、联系紧密。还有的左偏旁最后一笔的竖变为撇,如翔、邦、叛、掰、拜等,使字左右分立,端正稳健。

(2)左右结构的合体字左偏旁最后一笔的捺变为点,如欢、村、秋、释、熔、麸。上下结构的合体字,上面部件的竖钩变为竖,如尖、峦、少等。这样避让,使部件之间结合紧密,浑然一体。

(3)上下结构的合体字在保持字体端正匀称的原则下一般不出现重捺,如有两个捺时,其中一个写成点,如秦、达、类、裹、趣。

常见部首名称和笔顺

部首	名称	例字	笔　顺
匚	匠字框	巨医	一匚
卜	上字头	占贞	丨卜
刂	立刀旁	刑刚	丨刂
冂(冂)	同字框	同周	丨冂
亻	单立人	化仇	丿亻
厂	反字旁	后质	一厂
⺈	危字头	争负	丿⺈
勹	包字头	句勿	丿勹
几	风字头	风凰	丿几
亠	六字头	亡交	丶亠
冫	两点水	冲次	丶冫
丷	兰字头	并关	丶丷
冖	秃宝盖	写军	丶冖
讠	言字旁	订认	丶讠
凵	凶字框	画函	凵凵
卩	单耳旁	印卸	乛卩
阝	左耳旁	阳际	阝阝
阝	右耳旁	邦那	阝阝
厶	私字头	允台	厶厶
廴	建之旁	廷延	乛廴
艹	草字头	艺节	一十艹
廾	弄字底	弃弄	一ナ廾
尢	尤字身	尤尬	一ナ尢
兀	尧字底	尧尴	一丆兀
扌	提手旁	扔扫	一十扌
弋	式字框	式忒	一弋弋
囗	国字框	回困	丨冂囗
业	光字头	当尚	丨业业
彳	双立人	往很	丿彳彳

部首	名称	例字	笔　　顺
彡	三撇儿	形影	ノ ノ 彡
犭	反犬旁	犯狼	ノ 犭 犭
夂	折文儿	务复	ノ 夂 夂
饣	食字旁	饥饭	ノ ノ 饣
丬	将字旁	壮状	ﾞ ｺ 丬
忄	竖心旁	忙怀	ﾞ ﾞ 忄
宀	宝盖儿	安完	ﾞ 宀 宀
氵	三点水	汉汗	ﾞ ﾞ 氵
辶	走之儿	进远	ﾞ 辶 辶
彐	录字头	绿碌	ｺ ﾖ 彐
彐	寻字头	归灵	ﾖ ⺄ 彐
纟	绞丝旁	红级	ﾞ ﾞ 纟
幺	幼字旁	幻幼	ﾞ 幺 幺
巛	三拐儿	巢	ﾞ 巛 巛
耂	老字头	考孝	一 十 土 耂
小	竖心底	恭	亅 亅 小 小
攵	反文旁	故救	ノ 亠 ケ 攵
爫	采字头	妥受	一 ⺈ 爫 爫
火	火字旁	炸炮	ﾞ ﾞ 少 火
灬	四点底	煮照	ﾞ ﾞ 灬 灬
礻	示字旁	视祥	ﾞ 礻 礻 礻
皿	皿字底	盐监	丨 冂 冊 皿 皿
钅	金字旁	钉针	ノ 𠂉 ⻒ 钅 钅
疒	病字旁	疮疯	ﾞ 广 广 疒
衤	衣字旁	补被	ﾞ 衤 衤 衤 衤
癶	登字头	癸登瞪	ﾌ 癶 癶 癶 癶
虍	虎字头	虑虚	丨 ⺊ 卢 卢 虍
竹	竹字头	第策	ノ 𠂉 𠂉 竹 竹 竹
羊	撇尾羊	差着	ﾞ ﾞ 羊 羊 羊
羊	羊字头	美羔	ﾞ ﾞ 羊 羊 羊 羊
聿	建字里	肇肆	ｺ ﾖ ﾖ 聿 聿 聿

部首	名称	例字	笔　顺
艮	垦字头	恳良	一 ㄱ ㅋ ㅌ ㅌ 艮
𧾷	足字旁	跌跑	丨 冂 口 口 ㇄ 𧾷 𧾷
釆	番字头	悉释	一 ㇀ ㅜ 平 平 釆
豸	豹字旁	豺豹	一 ㇀ ㇒ 豸 豸 豸 豸
卓	朝字旁	韩戟	一 十 ㅗ 占 古 直 卓
隹	隹字旁	雄雌	丿 亻 亻 ㇐ 亻 亻 隹 隹

说明：凡单独成字或易于称说的部首，如"山、马、日、月、厂、鸟"等，本表未收录。

汉字笔顺规则

一、基本规则

    1.从左到右　　礼:礻 礼 ／ 谢:讠 谢 谢

    2.从上到下　　三:一 三 三 ／ 竟:产 音 竟

    3.先横后竖　　十:一 十 ／ 王:三 干 王

    4.先撇后捺　　八:丿 八 ／ 文:亠 丆 文

    5.先外后里　　同:冂 同 ／ 司:刁 司

    6.先外后里再封口　　国:冂 囯 国 ／ 回:冂 囘 回

二、补充规则

    1.当中间部分长或宽时,先写中间后写两边。如:

    水:亅 水 水 ／ 办:力 办

    2.正上、左上的点,必须先写。如:

    立:丶 亠 立 ／ 头:丶 丷 头

    3.右上、里边的点,必须后写。如:

    戈:一 弋 戈 戈 ／ 瓦:一 厂 瓦 瓦

    4."走之儿""建之旁"最后写。如:

    迟:尺 迟 ／ 延:正 延

    5."匠字框"的字,先写上边一横,然后写里边,最后写竖折。如:

    匾:一 扁 匾

    6."凶字框"的字,先里后外。如:

    函:了 丞 函

常用姓氏字 500 个

我国传统的"百家姓"有 505 个,今仿照传统"百家姓",将国家语言文字工作委员会和中国科学院遗传研究所对第三次全国人口普查资料的抽样统计中出现最多的 504 个姓氏附列在这里。次序依使用频率由高到低排列。

1	王 wáng	42	钟① zhōng	82	毛 máo	122	向 xiàng
2	李 lǐ	43	蔡 cài	83	阎③ yán	123	管 guǎn
3	张 zhāng	44	魏 wèi	84	郝 hǎo	124	殷 yīn
4	刘 liú	45	沈 shěn	85	钱 qián	125	霍 huò
5	陈 chén	46	卢 lú	86	段 duàn	126	翟 zhái
6	杨 yáng	47	余 yú	87	俞 yú	127	佘 shé
7	周 zhōu	48	杜 dù	88	洪 hóng	128	葛 gě
8	黄 huáng	49	蒋 jiǎng	89	顾 gù	129	伍 wǔ
9	赵 zhào	50	汪 wāng	90	贺 hè	130	辛 xīn
10	吴 wú	51	丁 dīng	91	龚 gōng	131	练 liàn
11	孙 sūn	52	方 fāng	92	庞 páng	132	申 shēn
12	徐 xú	53	苏 sū	93	尹 yǐn	133	付④ fù
13	林 lín	54	贾 jiǎ	94	万 wàn	134	曲 qū
14	胡 hú	55	姜 jiāng	95	龙 lóng	135	焦 jiāo
15	朱 zhū	56	姚 yáo	96	赖 lài	136	代 dài
16	郭 guō	57	陆 lù	97	孔 kǒng	137	鲁 lǔ
17	梁 liáng	58	戴 dài	98	武 wǔ	138	季 jì
18	马 mǎ	59	傅 fù	99	邢 xíng	139	覃⑤ qín / tán
19	高 gāo	60	夏 xià	100	颜 yán	140	毕 bì
20	何 hé	61	廖 liào	101	汤 tāng	141	麦 mài
21	郑 zhèng	62	萧 xiāo	102	章 zhāng	142	耿 gěng
22	罗 luó	63	石 shí	103	梅 méi	143	舒 shū
23	宋 sòng	64	范 fàn	104	常 cháng	144	尚 shàng
24	谢 xiè	65	金 jīn	105	阮 ruǎn	145	聂 niè
25	叶 yè	66	谭 tán	106	黎 lí	146	庄 zhuāng
26	韩 hán	67	邹 zōu	107	倪 ní	147	项 xiàng
27	任 rén	68	崔 cuī	108	施 shī	148	盛 shèng
28	潘 pān	69	薛 xuē	109	乔 qiáo	149	童 tóng
29	唐 táng	70	邱 qiū	110	樊 fán	150	祝 zhù
30	于 yú	71	史 shǐ	111	严 yán	151	柴 chái
31	冯 féng	72	江 jiāng	112	齐 qí	152	柳 liǔ
32	董 dǒng	73	侯 hóu	113	陶 táo	153	单⑥ shàn / dān
33	吕 lǚ	74	邵 shào	114	温 wēn	154	岳 yuè
34	邓 dèng	75	肖② xiào / xiāo	115	易 yì	155	阳 yáng
35	许 xǔ	76	熊 xióng	116	兰 lán	156	骆 luò
36	曹 cáo	77	康 kāng	117	文 wén	157	纪 jǐ
37	曾 zēng	78	秦 qín	118	闫 yán	158	欧 ōu
38	袁 yuán	79	雷 léi	119	芦 lú	159	左 zuǒ
39	程 chéng	80	孟 mèng	120	牛 niú	160	尤 yóu
40	田 tián	81	白 bái	121	安 ān		
41	彭 péng						

① 繁体为"鍾"。
② 历史上有肖(xiào)姓。今肖姓多为"萧"姓的俗写,读作 xiāo。注意"肖"不是"萧"的简化字,萧姓最好不要随意写成肖姓。
③ 不可简化为"闫"。
④ 付姓本很少。今有人将傅姓写为付姓,这是不规范的写法。
⑤ 覃姓有两读。
⑥ 两音分别为来源不同的两个姓,今 shàn 姓居多。

161	凌	líng	212	宫	gōng	264	屠	tú
162	韦	wéi	213	甄	zhēn	265	蒙	měng
163	景	jǐng	214	宣	xuān	266	占	zhān
164	詹	zhān	215	穆	mù	267	辜	gū
165	莫	mò	216	谈	tán	268	匡	kuāng
166	路	lù	217	帅	shuài	269	廉	lián
167	宁①	níng	218	车	chē	270	巩	gǒng
		nìng	219	母	mǔ	271	麻	má
168	关	guān	220	查	zhā	272	晏	yàn
169	丛	cóng	221	戚	qī	273	师	shī
170	翁	wēng	222	符	fú	274	鄢	yān
171	容	róng	223	缪	miào	275	泮	pàn
172	柯	kē	224	娄	lóu	276	燕	yān
173	鲍	bào	225	亢	kàng	277	岑	cén
174	蒲	pú	226	滕	téng	278	官	guān
175	苗	miáo	227	位	wèi	279	仲	zhòng
176	牟	móu	228	奚	xī	280	揭	jiē
177	谷	gǔ	229	边	biān	281	仇	qiú
178	裴	péi	230	卞	biàn	282	邸	dǐ
179	初	chū	231	桂	guì	283	宗	zōng
180	屈	qū	232	苟	gǒu	284	荆	jīng
181	成	chéng	233	柏	bó	285	甄②	tú
182	包	bāo	234	井	jǐng	286	盖③	gě
183	游	yóu	235	冀	jì	287	原	yuán
184	司	sī	236	邬	wū	288	昌	chāng
185	祁	qí	237	吉	jí	289	茅	máo
186	靳	jìn	238	敖	áo	290	扬	yáng
187	甘	gān	239	池	chí	291	荣	róng
188	席	xí	240	简	jiǎn	292	沙	shā
189	瞿	qú	241	蔺	lìn	293	郜	gào
190	欧阳	ōuyáng	242	连	lián	294	巫	wū
191	卜	bǔ	243	艾	ài	295	邝	kuàng
192	褚	chǔ	244	蓝	lán	296	鞠	jū
193	解	xiè	245	窦	dòu	297	未	wèi
194	时	shí	246	封	fēng	298	劳	láo
195	费	fèi	247	古	gǔ	299	来	lái
196	班	bān	248	迟	chí	300	诸	zhū
197	华	huà	249	姬	jī	301	计	jì
198	全	quán	250	刁	diāo	302	乐④	lè
199	房	fáng	251	商	shāng			yuè
200	涂	tú	252	栾	luán	303	花	huā
201	卓	zhuó	253	强	qiáng	304	冼	xiǎn
202	饶	ráo	254	冷	lěng	305	尉	wèi
203	应	yīng	255	植	zhí	306	木	mù
204	卫	wèi	256	郁	yù	307	丰	fēng
205	丘	qiū	257	臧	zāng	308	寇	kòu
206	隋	suí	258	晋	jìn	309	栗	lì
207	米	mǐ	259	党	dǎng	310	干	gān
208	闵	mǐn	260	虞	yú	311	楼	lóu
209	郎	láng	261	佟	tóng	312	满	mǎn
210	喻	yù	262	苑	yuàn	313	桑	sāng
211	冉	rǎn	263	畅	chàng	314	湛	zhàn
						315	谌	chén

316	储	chǔ
317	皮	pí
318	楚	chǔ
319	胥	xū
320	明	míng
321	平	píng
322	腾	téng
323	厉	lì
324	励	lì
325	竺	zhú
326	闻	wén
327	刚	gāng
328	宇	yǔ
329	支	zhī
330	都	dū
331	折	zhé
332	杭	háng
333	南	nán
334	战	zhàn
335	稽	jī
336	展	zhǎn
337	糜	mí
338	衣	yī
339	国	guó
340	门	mén
341	崇	chóng
342	裘	qiú
343	薄	bó
344	束	shù
345	宿	sù
346	藏	cáng
347	东	dōng
348	相	xiāng
349	逯	lù
350	伊	yī
351	修	xiū
352	粟	sù
353	漆	qī
354	阙	què
355	禹	yǔ
356	银	yín
357	台	tái
358	和	hé
359	祖	zǔ
360	惠	huì
361	伦	lún
362	候	hòu
363	慕	mù
364	戈	gē
365	富	fù
366	伏	fú
367	僧	sēng

① 两音分别为来源不同的两个姓,宁(nìng)姓又写作甯(异体)。
② 与"涂"本为一姓。
③ 某些姓盖的也读 gài。
④ 两音分别为来源不同的两个姓。

368	习	xí	402	敬	jìng	436	罡	gāng	471	药	yào
369	云	yún	403	巴	bā	437	缠	chán	472	逄	páng
370	狄	dí	404	权	quán	438	农	nóng	473	造	zào
371	危	wēi	405	茆	máo	439	菅	jiān	474	普	pǔ
372	先	xiān	406	鱼	yú	440	潭	tán	475	鲜	xiān
373	雍	yōng	407	凡	fán	441	佐	zuǒ	476	五	wǔ
374	蔚	yù	408	戎	róng	442	赫	hè	477	仝	tóng
375	索	suǒ	409	淡	dàn	443	字	zì	478	扆	yǐ
376	居	jū	410	区	ōu	444	双	shuāng	479	暴	bào
377	浦	pǔ	411	幸	xìng	445	油	yóu	480	但	dàn
378	税	shuì	412	海	hǎi	446	綦	qí	481	庚	gēng
379	阚	kàn	413	弓	gōng	447	美	měi	482	降	xiáng
380	谯	qiáo	414	阴	yīn	448	利	lì	483	昝	zǎn
381	於	yū	415	住	zhù	449	钮	niǔ	484	奕	yì
382	芮	ruì	416	晁	cháo	450	信	xìn	485	问	wèn
383	濮	pú	417	印	yìn	451	勾	gōu	486	招	zhāo
384	基	jī	418	汝	rǔ	452	火	huǒ	487	贵	guì
385	寿	shòu	419	历	lì	453	圣	shèng	488	山	shān
386	卿	qīng	420	幺	yāo	454	颉	xié	489	巨	jù
387	酆	fēng	421	羊	yáng	455	从	cóng	490	厚	hòu
388	苻	fú	422	乌	wū	456	靖	jìng	491	恽	yùn
389	保	bǎo	423	贡	gòng	457	禤	xuān	492	上官	shàngguān
390	郗	xī	424	妙	miào	458	开	kāi	493	过	guō
391	渠	qú	425	盘	pán	459	公	gōng	494	达	dá
392	琚	jū	426	荀	xún	460	那②	nuó	495	邴	bǐng
393	元	yuán	427	鹿	lù	461	智	zhì	496	咸	xián
394	由	yóu	428	梁	liáng	462	况	kuàng	497	洛	luò
395	豆	dòu	429	邰	tái	463	补	bǔ	498	忻	xīn
396	扈	hù	430	随	suí	464	虎	hǔ	499	皇甫	huángfǔ
397	仁	rén	431	雒	luò	465	才	cái	500	檀	tán
398	呼	hū	432	贝	bèi	466	布	bù	501	化	huà
399	矫	jiǎo	433	录	lù	467	邦	bāng	502	户	hù
400	令狐①	línghú	434	茹	rú	468	亓	qí	503	毋	wú
401	巢	cháo	435	种	chóng	469	仉	zhǎng	504	同	tóng
						470	旷	kuàng			

---

① 令狐的"令"不读 lìng。
② 令那姓也有读 nà 的。

标点符号主要用法简表

名　称	符　号	主 要 用 法	举　　例
句号	。	用在叙述、说明事情的句子后面。	▷这里的庄稼长得好。
问号	？	用在问句后面。	▷哪一天是教师节？
叹号	！	用在表示强烈感情的句子后面。	▷天安门多么庄严、美丽！
逗号	，	表示句子中间的停顿。	▷他开始学画的时候，老师先让他画鸡蛋，画了一个又让他画一个。
顿号	、	用在并列的词语中间。	▷啄木鸟、蜜蜂、青蛙比美的故事。
分号	；	用在复杂的句子里并列的小句子中间。	▷大树南面见阳光多，枝叶就长得茂盛；北面见阳光少，枝叶也就稀少。
冒号	：	表示提起下文。	▷人们欢呼着："周总理来了！"
引号①	" " ' '	①表示引用的话。	▷他笑着说："没关系！吃点墨水好哇，我肚子里的'墨水'还太少呢！"
		②表示具有特殊含义的词语。	
		③表示着重论述的对象。	▷想一想"闪闪发光的河"指的是什么？
括号②	（　）	标明文中注释性质的话。	▷把观察到的建筑物的外观特点(形状、大小、高低、颜色等)用一两段话写下来。
破折号	——	①标明解释说明的语句。	▷我打下手儿——递烙铁，添火，送热水等。
		②表示声音延长。	▷海水哗——哗——
省略号③	……	表示文中省略的部分。	▷我的心里，好像有一颗种子在生根发芽……
着重号		标明要求特别注意的字、词、句。	▷注意带点的部分，想象句子描绘的景象：有像镰刀的；有像盘子的；有像莲花的……

名称	符号	主要用法	举　例
连接号①	—　~	用于连接有联系的事物名称、数字等。	▷北京—上海特快列车 ▷ 1000 千克 ~ 1500 千克
间隔号	·	①用于外国人和某些少数民族人名内各部分的分界。	▷四百多年前,有个意大利人叫达·芬奇。
		②书名与篇名的分界。	▷《唐诗三百首·登鹳雀楼》
书名号	《　》	表示书名、篇名、报纸名、刊物名等。	▷今天学的课文是《刻舟求剑》。 ▷我读了《中国少年报》。

说明:

本简表根据中华人民共和国国家标准《标点符号用法》编成。

①引号用于竖行时,用:﹁﹂、﹃﹄。

②括号还有方括号[ ]、六角括号〔 〕和方头括号【 】。

③省略号为六个点,占两字位置。

④连接号占一个字的位置。此外,横线还有占两个字位置和占半个字位置的两种。

文章中数字的一般用法

按国家标准，必须用汉字或阿拉伯数字的，一律用汉字或阿拉伯数字。可用阿拉伯数字或汉字的，按局部协调一致的原则统一。

一、必须使用汉字的

1.定型的词、词组、成语、惯用语和缩略语等。如：一律、一齐、三心二意、一方面、星期五、八国联军、二万五千里长征、十一届三中全会、三七二十一等。

2.中国干支纪年和夏历月日以及其他非公历纪年月日。如：丙寅年十月十五日、正月初五、八月十五。这些非公历纪年月日，可用阿拉伯数字括注公历，以示二者不混用。如：秦文公四十四年(公元前722年)、清咸丰十年九月二十日(公元1860年11月2日)、日本庆应三年(公元1867年)。

3.含有月、日简称，表示事件、节日等的词组。如：五四运动、七七事变。如涉及"一月""十一月""十二月"，为了不产生歧义，将表示月和日的数字用间隔号隔开。如："一二·九"运动、"一·二八"事变。

这种词组前后是否用引号，视知名度和习惯用法决定。如："五四运动"可以不用，"一·二八事变"就需要用。

4.表示概数和约数的词组。如：二三米、三五天、一两个小时、五六万人。

凡与"几""余""多"等搭配使用表示约数概数时，也用汉字。如：几千年、十几天、几十人、几十万分之一、十余次、一百多件。

二、必须使用阿拉伯数字的

1.统计表中的数值。如：500、-105、34.05%、1/4。

2.公历纪年月日。如：公元前8世纪、20世纪70年代、1994年7月1日。

年份不能简写，1990年不能写作90年或九〇年。在行文注释、表格等处，可按扩展格式表达。如：1997年7月1日，可写作1997-07-01。

3.表示时间的时、分、秒。如：4时15分、15时8分32秒。也可写作04:15、15:08:32。

4.物理量用阿拉伯数字，并正确使用计量单位。计量单位可使用中文符号(千米、克、平方米等)。如：800米、910千米、500克、34摄氏度。

5.非物理量，一般情况下也用阿拉伯数字。如：21.35元、48岁、11个月、148人。

6.代号、序号和引文标注。如：8317部队、21次特快、[1997]9号文件、维生素B_1、《王力全集》第12卷第85页。

三、可用汉字，也可用阿拉伯数字时，按局部协调一致的原则统一

1.如前文无阿拉伯数字，此种情况用汉字。如：全国设中文系的高校六十个，设文秘专业的高校九十一个。

2.如前文有必须使用阿拉伯数字的地方，为协调一致，上述写法改写为：1997年前，全国设中文系的高校60个，设文秘专业的高校91个。

3.表示数值可以用汉字万、亿作单位，特别是数值巨大时更应如此。如：三亿四千五百万人，也可写作34,500万或3.45亿。但一般不写作3亿4千5百万。

4.表示数值范围时，就使用～。如：150千米～200千米。

(本用法摘编自《中华人民共和国国家标准·出版物上数字用法的规定》，国家技术监督局1995-12-13发布)

我国历史四字歌

中华民族,历史悠长。
三皇五帝,传位禅让。
夏禹开始,建立家邦。
汤灭夏桀,国号殷商。
武王伐纣,西周辟疆。
幽王贪色,身死国丧。
平王迁都,东周洛阳。
春秋五霸,齐桓楚庄;
秦穆晋文,还有宋襄。
战国七雄,各据一方。
即秦楚燕,齐赵魏韩。
嬴①政统一,自称始皇。
反抗暴政,陈胜吴广。
楚汉相争,胜者刘邦。
西汉开国,长安称帝。
新莽篡位,绿林赤眉。
刘秀兴兵,反莽杀敌。
再造东汉,洛阳登极。
黄巾起义,分崩离析。
惟魏蜀吴,三国鼎立。
西晋代魏,司马称帝。
五族乱晋,干戈不息。
永嘉南渡,东晋是继。
北十六国,分裂割据。
宋齐梁陈,南方更替。

北有北魏,北周北齐。
南朝北朝,隔江峙立。
杨坚创隋,南北统一。
灭隋建唐,高祖李渊。
安史之乱,黄巢造反。
五代十国,分裂重现。
赵氏篡周,北宋始建。
辽夏女真,觊觎中原。
金袭汴梁,靖康国难。
南宋高宗,迁都临安。
蒙古崛起,成吉思汗。
忽必烈时,灭宋建元。
顺帝腐败,丧失政权。
洪武建明,定都应天。
成祖永乐,改都顺天。
明帝崇祯②,自缢煤山。
闯王进京,四十二天。
三桂请兵,清帝入关。
道光以后,列强侵犯。
武昌起义,领袖中山。
建立共和,宣统交权。
老袁窃国,军阀混战。
工农革命,帝封俱歼。
各族人民,同掌政权。
华夏文明,史称五千。

(本文由北京大学教授高明先生撰稿)

---

* 以下各字,本词典未收,特予注释:
①嬴 yíng (嬴政即秦始皇)
②祯 zhēn (崇祯,指明朝亡国皇帝朱由检)